Richmond
pocket Dictionary
consulta rápida de inglés

Español/Inglés   Inglés/Español

Santillana

Santillana

Richmond
PUBLISHING

www.richmondelt.com

London • Miami • Buenos Aires • Madrid • México D. F.

Dirección general/General Management
Nicholas Rollin

Dirección editorial/Editorial Management
Roy Russell

Redactores/Editors
Victoria Romero Cerro, Sharon Peters
Christine Somerville, Rafael Alarcón Gaeta

Colaboradores/Contributors
Meic Haines
María Isabel Tercedor Sánchez, Lorena Ruano

Asesoría general/General Consultancy
Beatriz Galimberti Jarman

Gestión de la base de datos/Data Management
Jane Millar

Diseño/Design
Lorna Heaslip, Claire-louise Marsh

Diseño de cubierta/Cover Design
Emiliocalvinho+lacompañía

Informatización/Data manipulation
Compulexis Ltd., Charlton-on-Otmoor, Oxford

Santillana-Richmond Publishing
19 Berghem Mews
Blythe Road
London W14 OHN

© 2000 by Grupo Santillana de Ediciones, S.A.
Torrelaguna, 60. 28043 MADRID

Fotocomposición/Typesetting
Tradesprools Ltd., Frome,
Somerset

Printed in Spain
Impreso en España por
Cayfosa-Quebecor.
Sta. Perpètua de Mogoda
(Barcelona)
D.L.: B-868-2001
ISBN: 84-294-9860-5

◤ Prólogo

Este diccionario constituye una guía concisa para la comprensión y el uso del inglés, con un formato práctico y de fácil manejo.

Ha sido compilado por un experimentado equipo de lexicógrafos y presenta características innovadoras con respecto a otros diccionarios de bolsillo.

Las irregularidades ortográficas y morfológicas del inglés pueden presentar dificultades para el hispanohablante. Este diccionario ofrece amplia información sobre plurales y formas irregulares, además de contrastar el uso de las preposiciones en ambas lenguas. La pronunciación de las palabras inglesas está indicada en la transcripción fonética que acompaña a cada lema.

Cuando un vocablo tiene más de un significado, el uso de indicadores deslinda claramente las diferentes acepciones, facilitando así la elección de la traducción que corresponde a cada contexto.

En este diccionario se da amplia cobertura al inglés americano y al español de Latinoamérica, lo cual lo convierte en la herramienta ideal para los hablantes de español o inglés de todas partes del mundo.

◤ Prologue

This Dictionary provides a concise and portable route to understanding and using Spanish. It has been compiled by a team of experienced lexicographers and has important new features not found in previous pocket dictionaries.

For English native speakers, one of the classic problems of Spanish is when to use *ser* and when to use *estar* with adjectives. The Richmond Pocket Dictionary breaks new ground by showing which to use. Prepositional use is also contrasted in each language.

Great efforts have been made to make the entries as unambiguous as possible. Thus whenever a word has two or more meanings, each one is clearly defined so that the user is in no doubt about which translation to choose.

American English and Latin American Spanish are given full coverage in the Dictionary, making this the ideal dictionary for speakers of Spanish and English worldwide.

◼◣ Abreviaturas, Abbreviations

adj	adjetivo, adjective
adv	adverbio, adverb
Agr	Agricultura y Ganadería, Agriculture
Amér C	América Central, Central America
Amér L	América Latina, Latin America
Amér S	América del Sur, South America
Anat	Anatomía, Anatomy
apos.	sustantivo usado en aposición, noun used in apposition
Archit	Architecture, Arquitectura
Arg	Argentina
Arquit	Arquitectura, Architecture
Art	the Arts, Artes Plásticas
art	artículo, article
Artes	Artes Plásticas, the Arts
Astrol	Astrología, Astrology
Astron	Astronomía, Astronomy
Auto	Automóviles, Automobiles
Av	Aviación, Aviation
Biol	Biología, Biology
Bol	Bolivia
Bot	Botánica, Botany
Chem	Chemistry, Química
Chi	Chile
Col	Colombia
conj	conjunción, conjunction
C Sur	Cono Sur, Argentina, Chile, Paraguay and Uruguay
Culin	Culinario, Culinary
def	definido, definite
Dep	Deportes, Sport
Ec	Ecuador
Ecol	Ecología, Ecology
Educ	Educación, Education
Elec	Electricidad, Electricity
Eng	Engineering, Ingeniería
Esp	España, Spain
etc.	etcétera, etcetera
excl	exclamación, exclamation
f	feminine, femenino
fam	familiar
Fin	Finanzas, Finance
Fís	Física, Physics

RP	Río de la Plata, River Plate
sbdy	somebody, alguien
sf	sustantivo femenino, feminine noun
sf pl	sustantivo femenino plural, feminine plural noun
sing	singular
sm	sustantivo masculino, masculine noun
sm/f	sustantivo masculino y femenino, masculine and feminine noun
sm * sf	sustantivo masculino o femenino, masculine or feminine noun
sm pl	sustantivo masculino plural, masculine plural noun
sthg	something, algo
subj	subjuntivo, subjunctive
suf	sufijo, suffix
Tauro	Tauromaquia, Bullfighting
Tec	Tecnología, Technology
Telec	Telecomunicaciones, Telecommunications
Transp	Transporte, Transport
Urug	Uruguay
US	United States, Estados Unidos
v aux	verbo auxiliar, auxiliary verb
Ven	Venezuela
vi	verbo intransitivo, intransitive verb
v impers	verbo impersonal, impersonal verb
v prnl	verbo pronominal, pronominal verb
vt	verbo transitivo, transitive verb
vt/i	verbo transitivo e intransitivo, transitive and intransitive verb
Zool	Zoología, Zoology

◥ Símbolos, Symbols

♦	cambio de categoría gramatical, change of part of speech
★	takes *el* or *un* in singular
⟿	remisión, cross-reference
!!	de argot o muy coloquial, slang or very colloquial
!!!	ofensivo, offensive
®	marca registrada, registered trademark
•	giro o frase hecha, idiom
/	alternativas con distinto significado, alternatives with different meanings
*	alternativas con el mismo significado, alternatives with the same meaning
[E]	used with *estar*, se utiliza con el verbo *estar*
[S]	used with *ser*, se utiliza con el verbo *ser*

f pl	feminine plural noun, sustantivo femenino plural
frml	formal
GB	Great Britain, Gran Bretaña
gen	en general, generally
Geog	Geografía, Geography
Geol	Geología, Geology
Hist	Historia, History
indef	indefinido, indefinite
Indum	Indumentaria, Clothing
inf	infinitivo, infinitive
Inform	Informática, Information Technology
Ing	Ingeniería, Engineering
-ing	gerund form, forma del gerundio
inv	invariable
Jur	Jurisprudencia, Law
Ling	Lingüística, Linguistics
Lit	Literatura, Literature
loc	locución, phrase
m	masculine, masculino
masc	masculine, masculino
Mat, Maths	Matemática, Mathematics
Med	Medicina, Medicine
Meteo	Meteorología, Meteorology
Méx	México, Mexico
m/f	masculine and feminine, masculino y femenino
m * f	masculine or feminine, masculino o femenino
Mil	Militar, Military
m pl	masculine plural noun, sustantivo masculino plural
Mús, Mus	Música, Music
n	noun, sustantivo
Náut, Naut	Náutica, Nautical
n pl	plural noun, sustantivo plural
Phys	Physics, Física
pl	plural
Pol	Política, Politics
pp	participio pasado, past participle
pref	prefijo, prefix
prep	preposición, preposition
pret	pretérito, preterite
Prof	Profesiones, Professions
pron	pronombre, pronoun
Quím	Química, Chemistry
Relig	Religión, Religion

a *prep* [**a** + **el** = **al**] **1.** (*de dirección*) to: **fuimos a Bilbao** we went to Bilbao; **voy a casa/al colegio** I'm going home/to school. **2.** (*de situación*) on: **está a la derecha** it's on the right. **3.** (*de distancia*) away: **a unos veinte metros** about twenty metres away. **4.** (*de tiempo*): **a las tres** at three o'clock; **se jubiló a los sesenta** she retired at sixty; **a los dos meses de comprarlo** two months after I bought it. **5.** (*de modo*): **hecho a mano** hand-made. **6.** (*para expresar precio*): **¿a cómo ∗ a cuánto están los tomates?** how much are the tomatoes? **7.** (*de velocidad*) at: **a setenta kilómetros por hora** at seventy kilometres an hour. **8.** (*de objeto indirecto*) to: **le di el libro al profesor** I gave the teacher the book ∥ I gave the book to the teacher; **se lo compré a un amigo** I bought it from a friend. **9.** (*de objeto directo*): **acabo de ver a los niños** I have just seen the children. **10.** (*en frases imperativas*): **¡a trabajar!** get on with your work! **11.** (+ *inf*) to: **se negó a hablarme** she refused to speak to me.

abadía *sf* abbey.

abajeño, -ña *adj* (*Amér S: de las tierras bajas*) lowland; (*: de la costa*) of ∗ from the coast.

abajo I *adv* **1.** (*de situación: gen*): **ahí abajo** down there; (*: en un edificio*) downstairs. **2.** (*de dirección: gen*) down: **cuesta abajo** downhill; (*: en un edificio*) downstairs. II **abajo de** *prep* (*Amér L*) under. III *excl*: **¡abajo el dictador!** down with the dictator!

abalanzarse [⇨ cazar] *vprnl* to rush forward: **abalanzarse sobre**

alguien to pounce on sbdy.

abalorio *sm* **1.** (*cuenta*) (glass) bead. **2.** (*baratija*) trinket.

abanderado, -da *sm/f* standard-bearer.

abandonar *vt* **1.** (*un lugar*) to leave. **2.** (*a una persona*) to abandon, to desert; (*los estudios*) to give up. **3.** (*una idea*) to abandon.

abandonarse *vprnl* **1.** (*desaliñarse*) to let oneself go. **2.** (*a un estado de ánimo*) to abandon oneself (**a** to).

abandono *sm* **1.** (*gen*) abandonment. **2.** (*Dep*) withdrawal. **3.** (*falta de aseo*) neglect.

abanicar [⇨ sacar] *vt* to fan.

abanicarse *vprnl* to fan oneself.

abanico *sm* **1.** (*objeto*) fan. **2.** (*gama*) range.

abaratar *vt* to lower the price of.

abaratarse *vprnl* (*bienes*) to become cheaper.

abarcar [⇨ sacar] *vt* to take in, to comprise.

abarrotado, -da *adj* packed (**de** with).

abarrotar *vt* **1.** (*llenar*) to pack, to fill. **2.** (*C Sur: el mercado*) to flood.

abarrotería *sf* (*Méx*) grocer's, (*US*) grocery store.

abarrotes *sm pl* (*Amér L*) groceries *pl*.

abastecedor, -dora *sm/f* supplier.

abastecer [⇨ agradecer] *vt* to supply (**de** with), to provide (**de** with).

abastecerse *vprnl* to stock up (**de** with ∗ on).

abasto I *sm*: **no daba abasto** I couldn't cope. II **abastos** *sm pl* supplies *pl*, provisions *pl*.

abatible *adj* folding.

abatido, -da *adj* dejected, despondent.

abatir *vt* **1.** (*un edificio*) to demolish, to knock down; (*un árbol*) to cut down. **2.** (*matar*) to kill.

abatirse *vprnl* **1.** (*ave, avión*) to swoop (**sobre** on). **2.** (*desalentarse*) to get dejected ∗ despondent.

abdicación *sf* abdication.

abdicar [⇨ sacar] *vi* to abdicate.

abdomen *sm* abdomen.

abdominal I *adj* abdominal. **II abdominales** *sm pl* (*Dep*) sit-ups *pl*.

abecé *sm* **1.** (*abecedario*) alphabet. **2.** (*rudimentos*) basics *pl*.

abecedario *sm* alphabet.

abedul *sm* birch.

abeja *sf* bee.

abeja reina *sf* queen bee.

abejorro *sm* bumblebee.

aberración *sf* aberration.

abertura *sf* opening.

abertzale /aβertʃale/ *adj, sm/f* (*en Esp*) radical Basque nationalist.

abeto *sm* fir.

abierto, -ta I *pp* ⇨ **abrir. II** *adj* (*puerta, persona, sonido*) open.

abismal *adj* huge, enormous.

abismo *sm* **1.** (*Geog*) abyss. **2.** (*diferencia*) gulf.

abjurar *vi:* **abjurar de algo** to renounce sthg.

ablandar *vt* **1.** (*un material*) to soften. **2.** (*a una persona*) to soften (up).

ablandarse *v prnl* **1.** (*material*) to soften, to go soft. **2.** (*persona*) to relent.

abnegación *sf* self-denial.

abnegado, -da *adj* selfless.

abocado, -da *adj* destined: **abocado al fracaso** destined to fail.

abochornado, -da *adj* embarrassed.

abofetear *vt* to slap.

abogacía *sf* law.

abogado, -da *sm/f* lawyer.

abogado, -da de oficio *sm/f* court-appointed lawyer. **abogado, -da defensor, -sora** *sm/f* defence lawyer. **abogado, -da del diablo** *sm/f* devil's advocate. **abogado, -da del Estado** *sm/f* public prosecutor. **abogado, -da laboralista** *sm/f:* lawyer specializing in labour law.

abogar [⇨ pagar] *vi:* **abogar por algo** to advocate sthg; **abogar por alguien** to intercede for sbdy.

abolición *sf* abolition.

abolir *vt* to abolish.

abollado, -da *adj* dented.

abombado, -da *adj* **1.** (*curvado*) convex. **2.** (*Amér S: fam, persona*) dopey.

abominable *adj* abominable.

abominar *vt* to detest.

abonado, -da *sm/f* subscriber.

abonar *vt* **1.** (*Agr*) to fertilize. **2.** (*pagar*) to pay.

abonarse *v prnl* (*a una publicación*) to take out a subscription (**a** to); (*a conciertos, partidos*) to buy a season ticket (**a** for).

abono *sm* **1.** (*Agr*) fertilizer. **2.** (*pago*) payment. **3.** (*pase de temporada*) season ticket (**para** for).

abordar *vt* **1.** (*un navío*) to board. **2.** (*a una persona*) to approach. **3.** (*un problema*) to tackle.

aborigen *sm/f* native.

aborrecer [⇨ agradecer] *vt* (*frml*) to detest.

abortar *vi* **1.** (*Med: por causas naturales*) to miscarry; (*: intencionalmente*) to have an abortion. **2.** (*plan*) to fail. ♦ *vt* (*frustrar*) to foil.

abortista *sm/f* abortionist.

aborto *sm* **1.** (*Med: natural*) miscarriage; (*: intencionado*) abortion. **2.** (*fam: engendro*) freak.

abotagarse, abotargarse [⇨ pagar] *v prnl* **1.** (*hincharse*) to swell (up), to become bloated. **2.** (*atontarse*): **me abotargué** I couldn't think straight.

abotonar *vt* to button up.

abovedado, -da *adj* vaulted.

abracadabra *sm* abracadabra.

abrasador, -dora *adj* burning.

abrasar *vt* to burn. ♦ *vi* (*sol*) to burn: **la sopa abrasa** the soup is boiling hot.

abrasión *sf* abrasion.

abrasivo, -va *adj* abrasive.

abrazadera *sf* clamp.

abrazar [⇨ cazar] *vt* **1.** (*con los brazos*) to embrace, to hug. **2.** (*una fe*) to embrace.

abrazarse *v prnl* to hug, to embrace.

abrazo *sm* (*gen*) embrace, hug; (*en correspondencia*): **un abrazo** best wishes; (*más informal*) love.

abrebotellas *sm inv* bottle opener.

abrecartas *sm inv* paperknife, letter-opener.

abrelatas *sm inv* can-opener, (*GB*) tin-opener.

abrevadero *sm* (*natural*) watering place; (*recipiente*) trough.

abreviar *vt* (*gen*) to shorten; (*una palabra*) to abbreviate; (*un texto*) to abridge.

abreviatura *sf* abbreviation.

abridor *sm* opener.

abrigado, -da *adj* **1.** [E] (*con ropa*) wrapped up. **2.** [E] (*lugar*) sheltered. **3.** [S] (*RP: ropa*) warm.

abrigador, -dora *adj* (*Amér L*) warm.

abrigar [⇨ pagar] *vt* **1.** (*con ropa*) to wrap up. **2.** (*esperanzas*) to hold out; (*un pensamiento*) to harbour, (*US*) to harbor. ♦ *vi* (*prenda*) to be warm.

abrigarse *v prnl* to wrap up.

abrigo *sm* **1.** (*prenda*) coat, overcoat. **2.** (*protección*) shelter.

abril *sm* April ⇨ **febrero**.

abrillantador *sm* polish.

abrillantar *vt* to polish.

abrir [*pp* **abierto**] *vt* **1.** (*gen*) to open; (*un grifo*) to turn on. **2.** (*paréntesis*) to open. **3.** (*un túnel*) to dig. **4.** (*iniciar*) to start, to open. **5.** (*ir a la cabeza de*) to lead, to head.

abrirse *v prnl* **1.** (*gen*) to open. **2.** (*iniciarse*) to start, to open. **3.** (*sincerarse*) to open up. **4.** (*estar orientado*) to open (**a** onto). **5.** (*fam: irse*) to go.

abrochadora *sf* (*Arg*) stapler.

abrochar *vt* (*una prenda*) to button up; (*un botón, una cremallera*) to do up; (*un cinturón*) to fasten.

abrumador, -dora *adj* overwhelming.

abrumar *vt* to overwhelm.

abrupto, -ta *adj* **1.** (*terreno*) rugged, rough. **2.** (*actitud*) abrupt.

absceso *sm* abscess.

absentismo *sm* absenteeism.

ábside *sm* apse.

absolución *sf* **1.** (*Relig*) absolution. **2.** (*Jur*) acquittal.

absolutamente *adv* absolutely.

absolutista *adj, sm/f* absolutist.

absoluto, -ta *adj* absolute ● **en absoluto** not at all.

absolver [⇨ volver] *vt* **1.** (*Relig*) to absolve (**de** of). **2.** (*Jur*) to acquit (**de** of).

absorbente *adj* **1.** (*material*) absorbent. **2.** (*tarea*) demanding. **3.** (*persona*) domineering.

absorber *vt* **1.** (*un gas, un líquido*) to absorb. **2.** (*captar el interés de*) to engross, to absorb. **3.** (*el tiempo, los ingresos*) to take up. **4.** (*una empresa*) to take over.

absorción *sf* **1.** (*gen*) absorption. **2.** (*de una empresa*) takeover.

absorto, -ta *adj* engrossed (**en** in), absorbed (**en** in).

abstemio, -mia **I** *adj* teetotal. **II** *sm/f* teetotaller.

abstención *sf* abstention.

abstenerse [⇨ tener] *v prnl* **1.** (*gen*) to refrain (**de** from). **2.** (*Pol*) to abstain (**de** from).

abstinencia *sf* abstinence.

abstracto, -ta *adj* abstract.

abstraerse [⇨ traer] *v prnl* to become absorbed.

abstuve *etc.* ⇨ **abstener**.

absuelvo *etc.* ⇨ **absolver**.

absurdo, -da *adj* absurd.

abuchear *vt* to boo, to jeer.

abucheo *sm* booing, jeering.

abuelo, -la **I** *sm/f* **1.** (*pariente*) grandfather/mother. **2.** (*fam: anciano*) old man/woman. **II** **abuelos** *sm pl* (*abuelo y abuela*) grandparents *pl*.

abulense *adj* of ∗ from Ávila.

abulia *sf* apathy.

abultado, -da *adj* bulging.

abultar *vi* to be bulky, to take up a lot of room.

abundancia *sf* abundance: **había comida en abundancia** there was plenty of food.

abundante *adj* abundant, plentiful.

abundar *vi*: **abundaban los errores** there were many mistakes.

aburguesarse *v prnl* (*persona*)

to become bourgeois.

aburrido, -da I *adj* **1.** [S] (*que aburre*) boring. **2.** [E] (*que se aburre*) bored (**de** with); (*harto*) fed up (**de** with). **II** *sm/f* bore.

aburrimiento *sm* boredom.

aburrir *vt* to bore.

aburrirse *v prnl* to get bored.

abusar *vi* **1.** (*excederse*): **abusa del tabaco** he smokes too much; **abusa de su poder** she abuses her power. **2.** (*aprovecharse*) to take advantage (**de** of). **3.** (*sexualmente*): **abusó de ella** he sexually abused her.

abuso *sm* abuse.

abusos deshonestos *sm pl* indecent assault.

abusón, -sona *sm/f* (*fam*) bully.

abyecto, -ta *adj* abject, wretched.

a/c. = a cuenta.

a. C. ⇨ a. de C.

acá *adv* **1.** (*de lugar*) here. **2.** (*de tiempo*): **desde entonces (para) acá** since then.

acabado, -da I *adj* **1.** (*terminado*) finished, over. **2.** (*persona*) finished. **II** *sm* finish.

acabar *vt* to finish. ◆ *vi* **1.** (*gen*) to finish, to end, to end up: **acabé haciéndolo yo** I ended up doing it. **2. acabar con** (*destruir*) to put an end to. **3. acabar de** (*acción recién finalizada*): **acabo de llegar** I have just arrived; **acabábamos de verla** we had just seen her.

acabarse *v prnl* **1.** (*actividad*) to end, to come to an end. **2.** (*producto, dinero*): **se nos acabó el dinero** we ran out of money.

acabóse *sm* (*fam*): **¡esto es el acabóse!** this is the limit!

acacia *sf* acacia.

academia *sf* **1.** (*institución*) academy. **2.** (*escuela*) school, academy.

academia de choferes *sf* (*Amér L*) driving school. **academia de idiomas** *sf* language school. **academia militar** *sf* military academy.

académico, -ca I *adj* academic. **II** *sm/f*: member of an academy.

acaecer [⇨ agradecer] *vi* [only 3rd pers] (*frml*) to occur.

acallar *vt* (*una protesta*) to silence; (*la conciencia*) to ease.

acalorado, -da *adj* **1.** (*con calor*) hot. **2.** (*exaltado: persona*) worked up; (*: discusión*) heated.

acampada *sf*: **irse de acampada** to go camping.

acampanado, -da *adj* (*gen*) bell-shaped; (*Indum*) flared.

acampar *vi* to camp.

acantilado *sm* cliff.

acaparar *vt* **1.** (*acumular*) to hoard, to stock up on. **2.** (*llevarse*) to take. **3.** (*monopolizar*) to monopolize.

acariciar *vt* **1.** (*hacerle caricias a: gen*) to caress; (*: a un perro*) to stroke. **2.** (*una idea*) to toy with.

acarrear *vt* **1.** (*transportar*) to carry. **2.** (*causar*) to cause: **me acarreó muchos disgustos** it caused me a lot of problems.

acartonado, -da *adj* stiff.

acaso *adv*: **si acaso llamara** if she should call; **¿acaso crees que es mentira?** do you think it's a lie or something?; **¿acaso te lo prometimos?** did we ever make any promises? ● **por si acaso** just in case.

acatar *vt* **1.** (*obedecer*) to obey. **2.** (*Amér C, Col, Ven: darse cuenta de*) to realize.

acatarrado, -da *adj*: **estoy acatarrado** I have a cold.

acatarrarse *v prnl* to catch a cold.

acaudalado, -da *adj* well-off, affluent.

acceder *vi* **1.** (*transigir*) to agree (**a** to), to accede (**a** to). **2.** (*entrar*): **se accede por detrás** you go in round the back. **3.** (*a un puesto*): **accedió a la cátedra** she became professor.

accesible *adj* accessible.

acceso *sm* **1.** (*entrada*) access. **2.** (*carretera*) approach. **3.** (*Inform*) access. **4.** (*Med: de tos*) fit, bout; (*: de fiebre*) bout.

accesorio, -ria I *adj* supplementary, extra. **II** *sm* accessory.

accidentado, -da I *adj* **1.** (*persona*) injured. **2.** (*viaje*) full of problems.

3. (*terreno*) rough. **II** *sm/f* casualty, injured person.

accidental *adj* 1. (*casual*) chance (*apos.*). 2. (*secundario*) incidental.

accidentarse *v prnl* to have an accident.

accidente *sm* 1. (*percance*) accident. 2. (*casualidad*) chance. 3. (*Geog*) feature. **accidente de tráfico** *sm* road accident. **accidente laboral** *sm* industrial accident.

acción *sf* 1. (*gen*) action: **entrar en acción** to go into action. 2. (*Fin*) share. 3. (*Jur*) lawsuit.

accionar *vt* (*deliberadamente*) to activate; (*accidentalmente*) to set off.

accionista *sm/f* shareholder.

acebo *sm* holly.

acechar *vt* to lie in wait for.

acecho *sm*: **estaban al acecho** they were lying in wait.

aceite *sm* oil.

aceite de colza *sm* rape-seed oil. **aceite de girasol** *sm* sunflower oil. **aceite de maíz** *sm* corn oil. **aceite de oliva** *sm* olive oil.

aceitera *sf* (*Culin*) oil bottle; (*Auto, Tec*) oilcan.

aceitoso, -sa *adj* oily.

aceituna *sf* olive.

aceitunado, -da *adj* olive-coloured.

aceleración *sf* acceleration.

acelerador *sm* accelerator.

acelerar *vi* 1. (*Auto, Fís*) to accelerate. 2. (*darse prisa*) to hurry up. ♦ *vt* (*un proceso*) to speed up; (*Auto, Fís*) to accelerate.

acelerón *sm*: **dio un acelerón** he accelerated.

acelga *sf* chard.

acento *sm* (*gen*) accent; (*énfasis*) stress.

acentuar [⇨ actuar] *vt* 1. (*Ling: con acento escrito*) to accentuate; (*: con énfasis*) to stress. 2. (*resaltar*) to stress, to emphasize.

acentuarse *v prnl* to become more marked.

acepción *sf* sense, meaning.

aceptable *adj* acceptable.

aceptación *sf* 1. (*de oferta*) acceptance. 2. (*buena acogida*) success.

aceptar *vt* to accept.

acequia *sf* irrigation channel.

acera *sf* pavement, (*US*) sidewalk.

acerca de *prep* about.

acercamiento *sm* 1. (*gen*) approach. 2. (*de posturas*) rapprochement.

acercar [⇨ sacar] *vt* 1. (*aproximar*) to bring near. 2. (*llevar*): **¿quieres que te acerque?** do you want a lift?

acercarse *v prnl* 1. (*aproximarse*) to approach: **se me acercó ✳ se acercó a mí** she approached me ✳ came up to me. 2. (*ir*): **me acerqué a su casa** I went round to his house.

acero *sm* steel.

acero inoxidable *sm* stainless steel.

acérrimo, -ma *adj* 1. (*enemigo*) bitter. 2. (*defensor*) staunch.

acertado, -da *adj* 1. (*respuesta*) correct. 2. (*comentario*) apt; (*decisión*) good: **estuviste muy acertado en la elección** you made just the right choice.

acertante **I** *adj* winning. **II** *sm/f* winner.

acertar [⇨ pensar] *vi* (*al dar una respuesta*): **acerté** I got it right; (*en una decisión*) to be right: **acertó con la calle** he found the right street. ♦ *vt* (*una respuesta*) to get right; (*adivinando*) to guess.

acertijo *sm* riddle.

acervo *sm* heritage.

achacar [⇨ sacar] *vt* to attribute (**a** to).

achacoso, -sa *adj* infirm.

achantar *vt* (*fam*) to scare.

achantarse *v prnl* (*fam*) 1. (*asustarse*) to get scared. 2. (*callarse*) to keep quiet.

achaparrado, -da *adj* short.

achaque *sm* ailment.

achatado, -da *adj* flattened.

achicar [⇨ sacar] *vt* 1. (*reducir el tamaño de*) to make smaller. 2. (*agua*) to bail out.

achicarse *v prnl* to be intimidated.

achicharrar *vt* to burn.

achicharrarse *v prnl* to roast.

achicoria *sf* chicory.

achís *excl* atishoo!

achispado, -da *adj* tipsy.

achuras *sf pl* (*RP*) offal.

aciago, -ga *adj* fateful.

acicalado, -da *adj* smart.

acicalarse *v prnl* to get dressed up.

acicate *sm* spur.

acidez *sf* 1. (*Culin*) sharpness, acidity, sourness. 2. (*Quím*) acidity. 3. (*Med*) heartburn.

ácido, -da I *adj* 1. (*sabor*) sharp, acid, sour. 2. (*comentario*) acid. II *sm* acid.

acierto I *sm* 1. (*respuesta correcta*) correct answer. 2. (*buena idea*) good idea. 3. (*habilidad*) skill. II *also* ⇨ **acertar**.

aclamación *sf* acclaim.

aclamar *vt* to acclaim.

aclaración *sf* clarification.

aclarado *sm* rinse.

aclarar *vt* 1. (*un concepto*) to clarify. 2. (*la pintura*) to thin. 3. (*el pelo*) to lighten. 4. (*la ropa*) to rinse. ♦ *v impers* to clear up.

aclararse *v prnl* 1. (*enterarse*) to understand: **no me aclaro con este ejercicio** I don't understand this exercise. 2. (*decidirse*) to make up one's mind. 3. (*la voz*): **se aclaró la voz** he cleared his throat.

aclimatarse *v prnl* to become acclimatized ∗ (*US*) acclimated.

acné *sm* acne.

acobardar *vt* to intimidate.

acobardarse *v prnl* to get frightened.

acogedor, -dora *adj* 1. (*persona, ambiente*) welcoming. 2. (*lugar*) cosy, (*US*) cozy.

acoger [⇨ proteger] *vt* 1. (*recibir: gen*) to receive; (*: con entusiasmo*) to welcome. 2. (*amparar*) to take in.

acogerse *v prnl*: **se acogieron a la nueva ley** they sought protection under the new law.

acogida *sf* reception.

acolchado, -da *adj* quilted.

acólito *sm* acolyte.

acometer *vt* 1. (*agredir*) to attack: **lo acometieron las dudas** he was beset by doubts. 2. (*emprender*) to tackle.

acomodado, -da I *adj* (*de buena posición económica*) well-off. II *sm/f* (*C Sur: fam, en un empleo*): **es un acomodado** he got the job because he had contacts.

acomodador, -dora *sm/f* (*hombre*) usher; (*mujer*) usherette.

acomodar *vt* 1. (*en una vivienda*) to accommodate. 2. (*reconciliar*) to accommodate. 3. (*Amér L: fam, recomendar*) to get a job for.

acomodarse *v prnl* 1. (*colocarse*) to install oneself. 2. (*C Sur: fam, en un empleo*) to land a really good job.

acomodaticio, -cia *adj* (*adaptable*) flexible; (*en sentido negativo*) too willing to compromise.

acompañante *sm/f* companion.

acompañar *vt* 1. (*ir con*) to accompany. 2. (*hacer compañía a*) to keep company. 3. (*incluir*) to enclose.

acomplejado, -da *adj*: **está acomplejado por...** he has a complex about....

acondicionador *sm* conditioner.

acondicionar *vt* to fit out.

acongojado, -da *adj* distressed, upset.

aconsejable *adj* advisable.

aconsejar *vt* to advise.

acontecer [⇨ agradecer] *vi* [only 3rd pers] (*frml*) to happen, to occur.

acontecimiento *sm* event.

acoplar *vt* (*Tec*) to fit (**a** onto/into).

acoplarse *v prnl* 1. (*Tec*) to fit together. 2. (*nave espacial*) to dock (**a** with). 3. (*persona*) to fit in (**a** with).

acorazado, -da I *adj* armoured, (*US*) armored. II *sm* battleship.

acordar [⇨ contar] *vt* to agree.

acordarse *v prnl* to remember: **¿te acuerdas de mí?** do you remember me?

acorde I *adj*: **acorde con sus creencias** in accordance with his beliefs. II *sm* (*Mús*) chord.

acordeón *sm* accordion.

acordonar *vt* to cordon off.

acorralar *vt* to corner.

acortar *vt* to shorten. ♦ *vi* to take a short cut.

acortarse *v prnl* to get shorter.

acosar *vt* 1. (*perseguir*) to pursue. 2. (*molestar*) to pester: **la acosaba sexualmente** he was sexually harassing her.

acoso *sm* 1. (*persecución*) pursuit. 2. (*molestia*) harassment.

acoso sexual *sm* sexual harassment.

acostar [➪ contar] *vt* to put to bed.

acostarse *v prnl* to go to bed.

acostumbrado, -da *adj* 1. (*habituado*): **está acostumbrada a levantarse temprano** she is used to getting up early. 2. (*normal*) usual.

acostumbrar *vt*: **acostumbrar a alguien a algo** to get sbdy used to sthg. ♦ *vi*: **acostumbra a dar un paseo** he usually goes for a walk.

acostumbrarse *v prnl*: **me acostumbré al frío** I got used to the cold.

acotación *sf* (*nota*) note; (*en obra teatral*) stage direction.

acotar *vt* to mark (out).

acre *adj* 1. (*al gusto*) tart, sour; (*al olfato*) acrid. 2. (*carácter*) acid; (*comentario*) biting.

acrecentar [➪ pensar] *vt* to increase.

acreditar *vt* 1. (*demostrar*): **acredita su bondad** it is proof of his kindness. 2. (*dar fama a*) to establish (**como** as). 3. (*dar autorización a*) to accredit (**como** as).

acreedor, -dora I *adj* worthy (**de** of). II *sm/f* creditor.

acribillar *vt* (*con balas*): **lo acribillaron a balazos** they riddled him with bullets; (*a preguntas*) to bombard (**a** with).

acrílico *sm* acrylic.

acrobacia *sf* acrobatics.

acróbata *sm/f* acrobat.

acrónimo *sm* acronym.

acta *sf* ★ (*de una reunión*) minutes *pl*.

acta de nacimiento *sf* ★ (*Méx*) birth certificate. **acta notarial** *sf* ★ *document certified by a notary*.

actitud *sf* 1. (*disposición*) attitude (**hacia** to ★ towards). 2. (*posición*) position.

activar *vt* 1. (*accionar*) to activate. 2. (*estimular*) to stimulate.

actividad *sf* activity.

activista *sm/f* activist.

activo, -va I *adj* active. II *sm* assets *pl*.

acto *sm* 1. (*acción*) act. 2. (*de una obra teatral*) act. 3. (*ceremonia*) ceremony.

acto de clausura *sm* closing ceremony. **acto de inauguración** *sm* opening ceremony. **acto reflejo** *sm* reflex action.

actor *sm* actor.

actriz *sf* [-trices] actress.

actuación *sf* 1. (*en deportes, espectáculos*) performance. 2. (*intervención*) intervention.

actual *adj* 1. (*del momento*) present, current. 2. (*moderno*) modern.

actualidad *sf* 1. (*tiempo actual*) present time: **en la actualidad** (*hoy en día*) nowadays, (*ahora*) at present. 2. (*Medios*) current affairs *pl*: **un tema de actualidad** a subject that everyone is talking about.

actualizar [➪ cazar] *vt* to bring up to date, to update.

actualmente *adv* (*hoy en día*) nowadays; (*ahora*) at the moment, currently.

actuar [➪ table in appendix 2] *vi* 1. (*gen*) to act. 2. (*ejercer*) to act (**de** as). 3. (*producir un efecto*) to act (**sobre** on). 4. (*en una película, en televisión*) to act, to appear.

acuarela *sf* watercolour, (*US*) watercolor.

acuario *sm* 1. (*para peces*) aquarium. 2. (*or* Acuario) (*Astrol*) Aquarius.

acuartelar *vt* to confine to barracks.

acuático, -ca *adj* water (*apos*), aquatic.

acuchillar *vt* to stab.

acuciante *adj* pressing.

acudir *vi* 1. (*a un lugar*) to come. 2. (*en busca de ayuda*): **acudieron a mí/al diccionario** they turned to me/to the dictionary.

acueducto *sm* aqueduct.

acuerdo I *sm* 1. (*arreglo*) agreement. 2. **de acuerdo** (*conforme*): **estoy de acuerdo contigo en eso** I agree with you on that; (*expresando asentimiento*) okay! ✳ right! II *also* ➪ **acordar**.

acuesto *etc.* ➪ **acostar**.

acumular *vt* to accumulate.

acumularse *v prnl* to accumulate.

acuñar *vt* 1. (*moneda*) to mint. 2. (*un término*) to coin.

acupuntura *sf* acupuncture.

acurrucarse [➪ sacar] *v prnl* to curl up.

acusación *sf* 1. (*inculpación: gen*) accusation; (∴*en derecho*) charge. 2. (*personas*) prosecution.

acusado, -da *adj* 1. (*Jur*) accused (**de** of), charged (**de** with). 2. (*acentuado*) marked.

acusar *vt* 1. (*inculpar: gen*) to accuse (**de** of); (∴*en derecho*) to charge (**de** with). 2. (*manifestar*) to show. 3. (*hacer constar*): **acusar recibo de algo** to acknowledge receipt of sthg.

acusica *adj, sm/f* (*fam*) telltale.

acústica *sf* 1. (*ciencia*) acoustics. 2. (*Mús*) acoustics *pl*.

acústico, -ca *adj* acoustic.

adaptación *sf* adaptation.

adaptador *sm* adaptor.

adaptar *vt* to adapt.

adaptarse *v prnl* to adapt.

a. de C. (= **antes de Cristo**) BC.

adecentar *vt* to clean up.

adecuado, -da *adj* suitable (**para** for), appropriate (**para** for).

adecuar [➪ actuar *o* averiguar] *vt* to adapt (**a** to).

adecuarse *v prnl* to be right (**a** for).

adefesio *sm* (*fam: persona*) freak; (∴*objeto*) monstrosity.

adelantado, -da *adj* 1. (*desarrollado*) advanced. 2. (*en el tiempo*): **por adelantado** in advance; **tienes el reloj adelantado** your watch is fast.

adelantar *vt* 1. (*avanzar*) to move forward. 2. (*anticipar*) to pay in ad-

vance. 3. (*Auto*) to overtake, to pass. 4. (*un reloj*) to put forward. 5. (*conseguir*) to achieve. ♦ *vi* 1. (*reloj*) to gain. 2. (*progresar*) to make progress.

adelantarse *v prnl* 1. (*ir delante*) to go on ahead. 2. (*anticiparse*) to arrive ✳ be early: **se me adelantó** she got in before me. 3. (*reloj*) to gain.

adelante I *adv* 1. (*indicando posición*): **seguir adelante** to carry on; **un paso adelante** a step forward. 2. (*en el tiempo*): **más adelante** later on; **de ahora en adelante** from now on ● **sacó adelante el proyecto** he saw the project through ● **sacar adelante a un niño** to bring a child up. II **adelante de** *prep* (*Amér L*) in front of. III *excl* (*para hacer entrar*) come in!; (*para animar*) come on!

adelanto *sm* 1. (*progreso*) advance. 2. (*dinero*) advance.

adelgazar [➪ cazar] *vi* to lose weight. ♦ *vt* to lose.

ademán *sm* (*con la mano*) gesture; (*con el cuerpo*) movement.

además *adv* as well, besides: **además de** as well as.

adentrarse *v prnl* 1. (*entrar*): **nos adentramos en el bosque** we went (further) into the wood. 2. (*en un problema*): **se adentró en el tema** she went into the matter.

adentro I *adv* inside. II **adentro de** *prep* (*Amér L*) inside. III *excl* get inside! IV **adentros** *sm pl*: **lo dije para mis adentros** I said it to myself.

adepto, -ta *sm/f* supporter, follower.

aderezar [➪ cazar] *vt* 1. (*Culin: gen*) to season; (∴*una ensalada*) to dress. 2. (*darle interés a*) to liven up.

aderezo *sm* 1. (*Culin: gen*) seasoning; (∴*para ensaladas*) dressing. 2. (*adorno*) decoration ● **sin aderezos** unadorned.

adeudar *vt* to owe.

adherir [➪ sentir] *vt* to stick (**a** to).

adherirse *v prnl* 1. (*a una superficie*) to stick (**a** to), to adhere (**a** to). 2. (*a* *una idea*): **me adhiero a lo dicho** I support what has been said. **3.** (*a una organización*) to become a member (**a** of).

adhesión *sf* **1.** (*adherencia*) adhesion (**a** to). **2.** (*apoyo*) support (**a** for).

adhesivo *sm* adhesive.

adicción *sf* addiction.

adición *sf* **1.** (*Mat*) addition. **2.** (*RP: cuenta*) bill, (*US*) check.

adicional *adj* additional, extra.

adicto, -ta **I** *adj* **1.** (*a la droga*) addicted (**a** to). **2.** (*a un ideal*): **es adicta a la causa** she supports the cause. **II** *sm/f* **1.** (*a la droga*) addict. **2.** (*a una causa*) supporter (**a** of).

adiestrar *vt* to train.

adinerado, -da *adj* wealthy, affluent.

adiós **I** *sm* goodbye. **II** *excl* (*al despedirse*) goodbye!, bye!; (*al cruzarse con alguien*) hello!

aditivo *sm* additive.

adivinanza *sf* riddle.

adivinar *vt* **1.** (*acertar*) to guess. **2.** (*predecir*) to foretell.

adivino, -na *sm/f* fortune-teller.

adjetivo, -va **I** *adj* adjectival. **II** *sm* adjective.

adjudicar [➪ sacar] *vt* to award.

adjudicarse *v prnl* **1.** (*apropiarse de*) to take. **2.** (*Dep*): **se adjudicaron la victoria** they won.

adjuntar *vt* to enclose (**a** with).

adjunto, -ta **I** *adj* **1.** (*anexo*) enclosed. **2.** (*ayudante*) assistant (*apos.*). **II** *adjunto* *adv*: **adjunto le envío...** please find enclosed....

administración *sf* **1.** (*gen*) administration. **2.** (*de una empresa*) management. **3.** (*gobierno*) government, (*US*) administration.

administración de lotería *sf* lottery outlet. **administración pública** *sf* civil service.

administrar *vt* **1.** (*gen*) to administer. **2.** (*una empresa*) to manage, to run. **3.** (*frml: un medicamento*) to give, to administer.

administrarse *v prnl* to manage one's finances.

administrativo, -va **I** *adj* administrative. **II** *sm/f* administrative worker.

admiración *sf* admiration.

admirador, -dora *sm/f* (*gen*) admirer; (*de un cantante*) fan.

admirar *vt* **1.** (*apreciar*) to admire. **2.** (*asombrar*) to amaze.

admirarse *v prnl* to be amazed (**de** by * at).

admisible *adj* **1.** (*comportamiento*) acceptable. **2.** (*pruebas*) admissible.

admisión *sf* admission.

admitir *vt* **1.** (*reconocer*) to admit. **2.** (*aceptar*) to admit, to accept. **3.** (*tolerar*) to tolerate.

admón. = **administración**.

admonición *sf* (*frml*) warning.

ADN *sm* DNA.

adobar *vt* to marinate.

adobe *sm* adobe.

adobo *sm* marinade.

adoctrinar *vt* (*frml*) to indoctrinate.

adolecer [➪ agradecer] *vi* to suffer (**de** from).

adolescencia *sf* adolescence.

adolescente **I** *adj* adolescent. **II** *sm/f* adolescent, teenager.

adonde *adv relativo* where.

adónde *adv interrogativo* where.

adondequiera *adv* wherever.

adopción *sf* adoption.

adoptar *vt* to adopt.

adoptivo, -va *adj* (*padres*) adoptive; (*hijo*) adopted.

adoquín *sm* cobblestone.

adorable *adj* adorable.

adorar *vt* **1.** (*rendir culto a*) to worship. **2.** (*sentir un gran cariño por*) to adore, to love.

adormecer [➪ agradecer] *vt* to send to sleep.

adornar *vt* to decorate.

adorno *sm* ornament.

adosado, -da *adj* attached (**a** to): **casas adosadas** terraced houses.

adquiero *etc*. ➪ **adquirir**.

adquirir [➪ table in appendix 2] *vt* **1.** (*gen*) to acquire. **2.** (*frml: comprar*) to buy, to purchase.

adquisición *sf* (*gen*) acquisition; (*compra*) buy.

adrede *adv* on purpose, deliberately.

adrenalina *sf* adrenalin.

Adriático *sm*: **el (mar) Adriático** the Adriatic (Sea).

adscribir [*pp* **adscrito**] *vt* **1**. (*a una corriente*) to ascribe (**a** to). **2**. (*a un cargo*) to appoint; (*a un departamento*) to attach.

aduana *sf*: **pasamos por la aduana** we went through customs.

aduanero, -ra *adj* customs (*apos*).

aducir [➪ conducir] *vt* to claim.

adueñarse *v prnl* to take possession (**de** of).

aduje *etc.* ➪ aducir.

adular *vt* to flatter.

adulterar *vt* to adulterate.

adulterio *sm* adultery.

adúltero, -ra I *adj* adulterous. **II** *sm/f* (*esposo*) adulterer; (*esposa*) adulteress.

adulto, -ta *adj*, *sm/f* adult.

advenedizo, -za *sm/f* upstart.

adverbio *sm* adverb.

adversario, -ria *sm/f* adversary, opponent.

adversidad *sf* adversity.

adverso, -sa *adj* adverse.

advertencia *sf* warning.

advertir [➪ sentir] *vt* **1**. (*avisar*) to warn (**de** of * about): **me lo había advertido** she had warned me (about it). **2**. (*percibir*) to notice.

advierto *etc.* ➪ advertir.

adyacente *adj* adjacent.

aéreo, -rea *adj* **1**. (*tráfico*) air (*apos.*). **2**. (*vista, fotografía*) aerial.

aerobic *sm* aerobics.

aerodeslizador *sm* hovercraft.

aerodinámico, -ca *adj* aerodynamic.

aeródromo *sm* aerodrome, (*US*) airdrome.

aeroespacial *adj* aerospace (*apos.*).

aerolínea *sf* airline.

aeromodelismo *sm* model aeroplane making.

aeromoza *sf* (*Amér L*) flight attendant, air hostess.

aeronave *sf* aircraft *n inv*.

aeropuerto *sm* airport.

aerosol *sm* aerosol.

afable *adj* affable, pleasant.

afamado, -da *adj* famous.

afán *sm* **1**. (*interés*) effort. **2**. (*anhelo*) desire. **3**. (*Col: prisa*): **¿tiene afán?** are you in a hurry?

afanador, -dora *sm/f* **1**. (*Méx: limpiador*) cleaner. **2**. (*RP: fam, ladrón*) thief.

afanar *vt* (*fam*) to steal.

afanarse *v prnl* to work hard.

afear *vt*: **la afea muchísimo** it makes her look awful.

afección *sf* condition.

afectación *sf* affectation.

afectado, -da *adj* **1**. (*perjudicado*) affected. **2**. [E] (*apenado*) upset. **3**. [S] (*amanerado*) affected.

afectar *vt* **1**. (*producir efecto en*) to affect. **2**. (*conmover*) to move. **3**. (*frml: fingir*) to feign.

afectivo, -va *adj* emotional.

afecto *sm* affection.

afectuoso, -sa *adj* affectionate.

afeitadora *sf* electric razor * shaver.

afeitarse *v prnl* to shave.

afeminado, -da *adj* effeminate.

aferrarse *v prnl* to cling (**a** to).

afianzar [➪ cazar] *vt* to strengthen, to reinforce.

afianzarse *v prnl* to become consolidated.

afición *sf* **1**. (*inclinación*) love (**por** of). **2**. (*hobby*) interest. **3**. **la afición** the fans *pl*.

aficionado, -da I *adj* **1**. [S] (*que tiene afición*) keen (**a** on). **2**. [S] (*no profesional*) amateur. **II** *sm/f* **1**. (*entusiasta*) enthusiast: **los aficionados a la música** music lovers * enthusiasts. **2**. (*no profesional*) amateur.

aficionarse *v prnl* to become interested (**a** in).

afilado, -da *adj* sharp.

afilalápices *sm inv* pencil sharpener.

afilar *vt* to sharpen.

afiliarse *v prnl* to become a member (**a** of).

afín *adj* 1. (*parecido*) similar (**a** to). 2. (*relacionado*) related (**a** to).

afinar *vt* 1. (*Mús*) to tune. 2. (*mejorar*) to improve, to fine-tune.

afincarse [⇨ sacar] *v prnl* to settle.

afinidad *sf* affinity.

afirmar *vt* 1. (*asegurar*) to state. 2. (*consolidar*) to strengthen. ♦ *vi*: **afirmó con la cabeza** he nodded (in agreement).

afirmativo, -va *adj* affirmative.

aflicción *sf* sorrow, sadness.

afligir [⇨ surgir] *vt* to upset.

aflojar *vt* 1. (*un cinturón, un tornillo*) to loosen. 2. (*fam: dinero*): **aflojó la pasta** he paid up. ♦ *vi* (*tormenta*) to abate; (*fiebre*) to go down.

aflojarse *v prnl* (*tornillo*) to work loose.

aflorar *vi* to emerge.

afluente *sm* tributary.

afónico, -ca *adj*: **está afónico** he has lost his voice.

aforo *sm* capacity.

afortunadamente *adv* fortunately.

afortunado, -da *adj* [S] fortunate, lucky.

afrenta *sf* (*frml*) affront.

África *sf* ⋆ Africa.

africano, -na *adj, sm/f* African.

afrodisiaco *sm* aphrodisiac.

afrontar *vt* to confront.

afrutado, -da *adj* fruity.

afuera I *adv* 1. (*gen*) outside. 2. (*RP: el campo*): **nos fuimos para afuera** we went out to the country. **II afuera de** *prep* (*Amér L*) outside. **III las afueras** *sf pl* the outskirts *pl*.

agachar *vt* (*la cabeza*) to lower.

agacharse *v prnl* 1. (*inclinarse*) to bend down. 2. (*acuclillarse*) to crouch down.

agallas *sf pl* 1. (*Zool*) gills *pl*. 2. (*valor*) guts *pl*.

agarrado, -da *adj* (*fam*) mean, stingy.

agarrar *vt* 1. (*asir*) to grab; (*sujetar*) to hold. 2. (*pillar*) to catch. 3. (*Amér*

L: velocidad) to pick up. 4. (*C Sur: una transmisión*) to receive. ♦ *vi* 1. (*echar raíces*) to take root. 2. **agarrar y...** (*fam*): **agarró y se fue** he upped and left. 3. (*Amér L: ir*): **agarró por esa calle** he went along that street; **agarramos para la costa** we headed for the coast.

agarrarse *v prnl* 1. (*asirse*) to hold on (**a** ⋆ **to**) ● (*Amér L*) **agarrárselas con alguien** to pick on sbdy. 2. (*pegarse*) to stick. 3. (*Méx: fam, pelearse*) to come to blows.

agarrotado, -da *adj* 1. (*músculo*) stiff. 2. (*mecanismo*) seized up.

agasajar *vt* to fête.

agazaparse *v prnl* to hide.

agencia *sf* agency.

agencia de colocaciones *sf* employment agency. **agencia de viajes** *sf* travel agent's. **agencia inmobiliaria** *sf* estate agent's, (*US*) real estate office.

agenciarse *v prnl* to get hold of.

agenda *sf* 1. (*librito*) diary. 2. (*programa*) schedule, agenda.

agente I *sm* (*Ling, Quím*) agent. **II** *sm/f* (*intermediario*) agent; (*policía*) officer.

agente de bolsa *sm/f* stockbroker. **agente de policía** *sm/f* police officer. **agente de tráfico** *sm/f* traffic policeman/woman. **agente secreto, -ta** *sm/f* secret agent.

ágil *adj* agile, nimble.

agilizar [⇨ cazar] *vt* to speed up.

agitación *sf* agitation.

agitado, -da *adj* 1. [E] (*persona*) agitated, upset. 2. [S] (*vida*) hectic. 3. [E] (*mar*) rough, choppy.

agitar *vt* 1. (*un frasco*) to shake; (*los brazos*) to wave. 2. (*excitar*) to stir (up).

agitarse *v prnl* to become agitated, to get worked up.

aglomeración *sf* crowd.

agnóstico, -ca *adj, sm/f* agnostic.

agobiante *adj* 1. (*calor*) stifling, oppressive. 2. (*responsabilidad*) overwhelming. 3. (*persona*): **es una persona muy agobiante** he is a very overwhelming person.

agobiar *vt* **1.** (*físicamente*): **me ago-bia el calor** I find the heat oppressive ✳ stifling. **2.** (*psicológicamente: trabajo*) to get down, to get on top of; (*: persona*) to keep on at.

agobiarse *v prnl* to feel overwhelmed.

agolparse *v prnl* to crowd together.

agonía *sf* **1.** (*estado terminal*): **sufrió una lenta agonía** he took a long time to die. **2.** (*padecimiento*) anguish.

agonizante *adj* dying.

agonizar [➪ cazar] *vi* to be dying.

agosto *sm* August ● **hoy han hecho su agosto** they've made a fortune today ➪ **febrero**.

agotado, -da *adj* **1.** (*persona*) worn-out, exhausted. **2.** (*reservas*) exhausted. **3.** (*localidades*) sold out; (*libro*) out of print; (*mercancías*) out of stock.

agotador, -dora *adj* exhausting.

agotar *vt* **1.** (*fatigar*) to wear out. **2.** (*terminar*) to use up.

agotarse *v prnl* **1.** (*persona*) to get worn out. **2.** (*terminarse*) to run out. **3.** (*venderse*) to sell out.

agraciado, -da *adj* **1.** (*guapo*) attractive. **2.** (*ganador*) winning.

agradable *adj* pleasant, nice.

agradar *vi*: **no me agrada** I don't like it.

agradecer [➪ table in appendix 2] *vt* **1.** (*dar gracias por*): **nos agradeció el regalo** he thanked us for the gift. **2.** (*sentirse agradecido por*) to appreciate.

agradecido, -da *adj* grateful (**por** for).

agradecimiento *sm* gratitude.

agradezco *etc.* ➪ **agradecer**.

agrado *sm* pleasure: **no fue de su agrado** it wasn't to her liking.

agrandar *vt* to make bigger.

agrandarse *v prnl* to get bigger.

agrario, -ria *adj* **1.** (*relativo a la tierra*) land (*apos.*), agrarian. **2.** (*relativo a la agricultura*) agricultural.

agravante *sf*: **con la agravante de que…** and what made it worse was that….

agravar *vt* to aggravate, to make worse.

agravarse *v prnl* to get worse.

agraviar *vt* to offend.

agravio *sm* offence, (*US*) offense.

agredir *vt* to attack.

agregado, -da *sm/f* **1.** (*Educ*) senior teacher/lecturer. **2.** (*Pol*) attaché.

agregar [➪ pagar] *vt* to add.

agresión *sf* (*gen*) aggression; (*ataque*) attack (**a** on).

agresivo, -va *adj* aggressive.

agresor, -sora *sm/f* aggressor.

agreste *adj* rough.

agriarse *v prnl* (*leche, vino*) to go sour.

agrícola *adj* agricultural.

agricultor, -tora *sm/f* farmer.

agricultura *sf* agriculture, farming.

agridulce *adj* (*gen*) bittersweet; (*salsa*) sweet-and-sour.

agrietarse *v prnl* (*pared*) to crack; (*labios*) to chap.

agrio, -gria *adj* sour.

agrónomo, -ma *sm/f* agronomist, agricultural engineer.

agropecuario, -ria *adj* farming (*apos.*), agricultural.

agrupación *sf* association.

agrupar *vt* to put into groups, to group.

agruparse *v prnl* to form a group, to gather together.

agua **I** *sf*★ **1.** (*gen*) water. **2.** (*Méx: refresco*) *drink made from fruit juices.* **II aguas** *excl* (*Méx: cuidado*) look out!

agua con gas *sf*★ sparkling (mineral) water. **agua de colonia** *sf*★ eau de Cologne. **agua dulce** *sf*★ fresh water. **agua mineral** *sf*★ mineral water. **agua oxigenada** *sf*★ hydrogen peroxide. **agua potable** *sf*★ drinking water. **agua salada** *sf*★ salt water. **agua sin gas** *sf*★ still (mineral) water. **aguas frescas** *sf pl* (*Méx*) *drinks made from fruit juices.* **aguas jurisdiccionales** *sf pl* territorial waters *pl*. **aguas residuales** *sf pl* effluent. **aguas territoriales** *sf pl* territorial waters *pl*.

aguacate *sm* avocado.

aguacero *sm* downpour.

aguachirle *sm* ∗ *sf* dishwater.

aguafiestas *sm/f inv* spoilsport, killjoy.

aguafuerte *sm* etching.

aguanieve *sf* ★ sleet.

aguantar *vt* 1. (*un peso*) to support, to take. 2. (*la respiración*) to hold. 3. (*a una persona, un dolor*) to put up with: **¿cómo lo aguantas?** how do you put up with him?; **no la aguanto** I can't stand her. ♦ *vi* 1. (*en el tiempo*) to last (out). 2. (*ante una tentación*) to hold out. 3. (*en una situación*): **no aguanto más** I can't take any more.

aguantarse *v prnl* 1. (*conformarse*): **tendré que aguantarme** I'll have to put up with it. 2. (*dominarse*) to contain oneself.

aguante *sm* 1. (*paciencia*) patience. 2. (*resistencia física*) stamina, endurance.

aguar [⟶ averiguar] *vt* 1. (*mezclar con agua*) to water down. 2. (*estropear*) to spoil.

aguardar *vt* to await, to wait for. ♦ *vi* to wait.

aguardiente *sm*: *type of strong spirit.*

aguarrás *sm* turpentine, turps.

agudizar [⟶ cazar] *vt* 1. (*un problema*) to make worse. 2. (*el oído*) to sharpen.

agudo, -da I *adj* 1. (*gen*) sharp. 2. (*sonido*) shrill, piercing. 3. (*ángulo*) acute. 4. (*acento*) acute; (*palabra*) stressed on the last syllable. II **agudos** *sm pl* (*Audio*) treble.

agüero *sm* omen.

aguijada *sf* (cattle) prod.

aguijón *sm* sting.

aguijonear *vt* to spur on.

águila *sf* ★ eagle.

águila imperial *sf* ★ imperial eagle.

águila real *sf* ★ golden eagle.

aguinaldo *sm* (*propina*) Christmas tip; (*sobresueldo*) Christmas bonus.

aguja I *sf* 1. (*Med, Tec*) needle; (*de tocadiscos*) needle; (*de reloj*) hand; (*de instrumento*) needle, pointer. 2. (*Arquit*) spire. II **agujas** *sf pl* (*Transp*) points *pl*, (*US*) switch.

aguja de hacer punto ∗ (*Amér L*) **de tejer** *sf* knitting needle.

agujerear *vt* to make holes in.

agujero *sm* 1. (*abertura*) hole. 2. (*Fin*) amount missing.

agujero negro *sm* black hole.

agujeta I *sf* (*Méx*) shoelace. II **agujetas** *sf pl*: **tengo agujetas** I'm stiff.

aguzar [⟶ cazar] *vt*: **agucé el oído** I strained my ears.

ahí *adv* 1. (*a o en ese lugar*) there. 2. **por ahí**: **ése que va por ahí** that guy over there; **siempre está por ahí con sus amigos** he's always out and about with his friends. 3. (*en eso*): **ahí está el problema** that's the problem. 4. **de ahí**: **de ahí que haya escasez de agua** that's why there is a water shortage.

ahijado, -da *sm/f* godson/daughter.

ahínco *sm*: **trabajar con ahínco** to work hard.

ahogar [⟶ pagar] *vt* 1. (*asfixiar*) to suffocate, to choke; (*en agua*) to drown. 2. (*Auto*) to flood. 3. (*protestas*) to stifle.

ahogarse *v prnl* (*asfixiarse*) to suffocate, to choke: **me estoy ahogando** I can't breathe; (*en agua*) to drown.

ahogo *sm* 1. (*al respirar*) difficulty in breathing. 2. (*de dinero*): **viven sin ahogos** they don't have any money worries.

ahondar *vt* to deepen, to make deeper. ♦ *vi*: **ahondar en un tema** to go into a subject in depth.

ahora I *adv* 1. (*en este instante*) now: **de ahora en adelante** from now on; **por ahora** for the time being; **hasta ahora** up until now ● **¡hasta ahora!** see you soon! 2. (*dentro de poco*): **ahora voy** I'll be there in a moment. 3. (*hace unos instantes*) just now. II *conj* **1.** (*sin embargo*) on the other hand, however. **2. ahora bien** however.

ahorcar [⇨ sacar] *vt* to hang.

ahorcarse *v prnl* to hang oneself.

ahorita *adv* (*Amér L: fam*) ⇨ **ahora I.**

ahorrar *vt* to save.

ahorrarse *v prnl*: **ahórrate el viaje** save yourself the trip.

ahorro I *sm* saving. II **ahorros** *sm pl* savings *pl*.

ahuecar [⇨ sacar] *vt* **1.** (*dejar hueco*) to hollow out. **2.** (*un cojín*) to plump up; (*el pelo*) to fluff out. ♦ *vi* (*fam*): ¡**ahueca!** beat it!

ahumado, -da *adj* smoked.

ahuyentar *vt* **1.** (*hacer huir a*) to scare * frighten away. **2.** (*desechar*) to get rid of.

airado, -da *adj* furious, irate.

aire I *sm* **1.** (*gen*) air: **tomar el aire** to get some fresh air; **al aire libre** in the open air ● **estar en el aire** (*en radio, televisión*) to be on (the) air, (*estar por decidir*) to be up in the air. **2.** (*brisa*) breeze; (*corriente*) draught, (*US*) draft. **3.** (*apariencia*) air, look. **4.** (*Mús*) air. II **aires** *sm pl* (*actitud pretenciosa*) airs and graces *pl*: **darse aires** to put on airs. III *excl* (¡*lárgate!*) clear off!; (¡*date prisa!*) get a move on!

aire acondicionado *sm* air conditioning. **aire comprimido** *sm* compressed air.

airear *vt* **1.** (*ventilar*) to air. **2.** (*divulgar*) to publicize.

airearse *v prnl* to get some fresh air.

airoso, -sa *adj* **1.** (*garboso*) graceful. **2.** (*con éxito*): **salió airoso del trance** he came out of it well.

aislado, -da *adj* **1.** (*gen*) isolated. **2.** (*Tec*) insulated.

aislamiento *sm* **1.** (*gen*) isolation. **2.** (*Tec*) insulation.

aislar [⇨ table in appendix 2] *vt* **1.** (*gen*) to isolate. **2.** (*Tec*) to insulate.

ajado, -da *adj* **1.** (*persona*) old-looking. **2.** (*flor*) withered. **3.** (*gastado*) shabby; (*RP: arrugado*) creased.

ajardinar *vt* to landscape.

ajarse *v prnl* **1.** (*persona*) to age. **2.** (*flor*) to wither. **3.** (*gastarse*) to get shabby; (*RP: arrugarse*) to get creased.

ajedrecista *sm/f* chess player.

ajedrez *sm* chess.

ajeno, -na *adj* **1.** (*de otro*): **los problemas ajenos** other people's problems. **2.** (*sin conocimiento*) unaware (**a** of). **3.** (*no relacionado*): **por razones ajenas a nuestra voluntad** for reasons beyond our control. **4.** (*extraño*): **no me resulta del todo ajeno** it is not totally unfamiliar to me.

ajetreado, -da *adj* hectic, busy.

ajetreo *sm* activity.

ají *sm* (*Amér L: picante*) chilli; (*RP: no picante*) pepper.

ajo *sm* garlic.

ajuar *sm* trousseau.

ajustado, -da *adj* **1.** (*prenda*) tight-fitting. **2.** (*precio*) reasonable. **3.** (*presupuesto*) tight.

ajustar *vt* to adjust. ♦ *vi* to fit.

ajustarse *v prnl* (*ceñirse*): **ajustarse al horario** to keep to the timetable.

ajuste *sm* adjustment ● **fue un ajuste de cuentas** it was a settling of old scores.

ajusticiar *vt* to execute.

al *contraction of* **a** + **el**. **1.** (*gen*) ⇨ **a.** **2.** (+ *inf*): **lo vi al entrar** I saw it when I went in ● **estarán al llegar** they must be about to arrive.

ala *sf★* **1.** (*gen*) wing. **2.** (*de un sombrero*) brim.

ala delta *sf★* (*deporte*) hang-gliding; (*aparato*) hang-glider.

alabanza *sf* praise.

alabar *vt* to praise.

alabeado, -da *adj* warped.

alacena *sf* larder.

alacrán *sm* scorpion.

alambique *sm* still.

alambrada *sf* wire fence.

alambre *sm* wire.

alambre de espino * de púa *sm* barbed wire.

alameda sf boulevard, avenue.

álamo sm poplar.

alarde sm show: **hacer alarde de** to display.

alardear vi to brag (**de** about).

alargadera sf extension cable * lead.

alargado, -da adj long, elongated.

alargador sm extension cable * lead.

alargar [⇨ pagar] vt 1. (gen) to lengthen; (un plazo de tiempo) to extend, to prolong. 2. (el brazo) to stretch (out). 3. (alcanzar) to pass, to hand.

alargarse v prnl to get longer.

alarido sm howl.

alarma sf alarm.

alarma antirrobo sf burglar alarm.

alarmante adj alarming.

alarmar vt to alarm.

alarmarse v prnl to become alarmed.

alavés, -vesa adj of * from Álava.

alba sf★ dawn, daybreak.

albacea sm/f executor.

albaceteño, -ña adj of * from Albacete.

albahaca sf basil.

albanés, -nesa I adj, sm/f Albanian. **II** sm (Ling) Albanian.

Albania sf Albania.

albañil sm/f (gen) building worker; (que pone ladrillos) bricklayer.

albarán sm delivery note.

albaricoque sm apricot.

albatros sm inv albatross.

albedrío sm (free) will.

alberca sf 1. (Agr: depósito) reservoir. 2. (Méx: piscina) swimming pool.

albergar [⇨ pagar] vt 1. (contener) to house. 2. (hospedar) to accommodate, to put up. 3. (rencor) to harbour, (US) to harbor; (esperanzas) to hold out.

albergarse v prnl to stay.

albergue sm 1. (residencia) hostel. 2. (cobijo) shelter.

albergue juvenil sm youth hostel.

albino, -na adj, sm/f albino.

albis: in albis loc adv: **me quedé in albis** I didn't understand a word.

albóndiga sf meatball.

albor I sm dawn light. **II albores** sm pl dawn.

alborada sf dawn, daybreak.

albornoz sm [-noces] bathrobe.

alborotador, -dora sm/f troublemaker.

alborotar vt to stir up.

alborotarse v prnl 1. (agitarse) to get worked up * excited. 2. (soliviantarse) to riot.

alboroto sm 1. (bullicio) noise, racket. 2. (tumulto) uproar.

alborozo sm (frml) delight, joy.

albufera sf salt-water lagoon.

álbum sm album.

alcachofa sf 1. (vegetal) artichoke. 2. (de ducha) shower head; (de regadera) rose.

alcaide sm (prison) governor * (US) warden.

alcalde sm mayor.

alcaldesa sf 1. (Pol: mujer alcalde) mayoress, mayor. 2. (esposa del alcalde) mayoress, mayor's wife.

alcalino, -na adj alkaline.

alcance sm 1. (gen): **no está a su alcance** * **está fuera de su alcance** (cosa, objetivo) it is beyond his reach, (precio) he can't afford it. 2. (Tec) range. 3. (importancia): **consecuencias de gran alcance** far-reaching consequences.

alcancía sf 1. (hucha) money box. 2. (Amér L: en una iglesia) collection box.

alcanfor sm camphor.

alcantarilla sf drain.

alcanzar [⇨ cazar] vt 1. (un lugar, un punto) to reach. 2. (un objetivo) to achieve. 3. (pillar): **corre, a ver si lo alcanzas** hurry up, see if you can catch him up. 4. (dar) to pass. 5. (flecha, disparo) to hit. ♦ vi 1. (a hacer algo) to manage. 2. (bastar) to be enough.

alcaparra sf caper.

alcaucil sm (RP) artichoke.

alcayata sf hook.

alcazaba sf citadel.

alcázar sm 1. (fortaleza) fortress.

2. (*palacio*) palace.

alce *sm* elk, moose *n inv*.

alcista *adj* upward.

alcoba *sf* bedroom.

alcohol *sm* (*gen*) alcohol; (*de farmacia*) surgical spirit.

alcohólico, -ca *adj, sm/f* alcoholic.

alcoholímetro *sm* Breathalyzer®, (*US*) drunkometer.

alcoholismo *sm* alcoholism.

alcornoque *sm* **1.** (*árbol*) cork oak. **2.** (*fam: persona*) blockhead.

alcurnia *sf* (noble) lineage.

aldaba *sf* (door) knocker.

aldea *sf* (small) village, hamlet.

aldeano, -na *sm/f* villager.

ale *excl* ⇨ **hala**.

aleación *sf* alloy.

aleatorio, -ria *adj* (*muestra*) random; (*resultado*) unpredictable.

aleccionar *vt* to instruct, to teach.

aledaño, -ña I *adj* nearby. **II aledaños** *sm pl* surrounding area, environs *pl*.

alegar [⇨ pagar] *vt* (*aducir*) to claim. ♦ *vi* (*Amér L: disputar*) to argue.

alegato *sm* **1.** (*Jur*) submission. **2.** (*Amér L: discusión*) argument.

alegoría *sf* allegory.

alegórico, -ca *adj* allegorical.

alegrar *vt* **1.** (*poner contento*) to make happy. **2.** (*animar*) to cheer up.

alegrarse *v prnl* to be glad: **me alegro de saberlo** I'm glad to hear it.

alegre *adj* **1.** [S] (*por naturaleza*) happy, cheerful. **2.** [E] (*de buen humor*) cheerful. **3.** [S] (*color*) bright; (*habitación*) light; (*melodía*) lively, cheerful. **4.** [E] (*fam: borracho*) merry.

alegría *sf* happiness, joy.

alegro *sm* allegro.

alejado, -da *adj* faraway.

alejar *vt* to move away: **alejar algo del pensamiento** to get sthg out of one's mind.

alejarse *v prnl* to move away, to go away.

alelado, -da *adj* mesmerized.

aleluya I *sm* alleluia. **II** *excl* alleluia!

alemán, -mana I *adj, sm/f* German. **II** (*Ling*) German.

Alemania *sf* Germany.

alentador, -dora *adj* encouraging.

alentar [⇨ pensar] *vt* to encourage.

alergia *sf* allergy (**a** to).

alérgico, -ca *adj* [S] allergic (**a** to).

alerta I *adj* alert. **II** *sf* (*situación*) alert: **estar en alerta roja** to be on red alert; (*señal*) alarm.

alertar *vt* to alert, to warn.

aleta *sf* **1.** (*de pez*) fin; (*de foca*) flipper. **2.** (*para nadar*) flipper. **3.** (*Auto*) wing, (*US*) fender.

aletargado, -da *adj* drowsy, lethargic.

aletear *vi* (*pájaro*) to flutter ✳ flap its wings.

alevín *sm* **1.** (*pez*) young fish. **2.** (*persona*) beginner.

alfabético, -ca *adj* alphabetical.

alfabetizar [⇨ cazar] *vt* to teach to read and write.

alfabeto *sm* alphabet.

alfarería *sf* pottery.

alfarero, -ra *sm/f* potter.

alféizar *sm* (or **alféizar de la ventana**) windowsill, window ledge.

alfeñique *sm* weakling.

alférez *sm* [-**reces**] second lieutenant.

alfil *sm* bishop.

alfiler *sm* **1.** (*en costura*) pin. **2.** (*joya*) brooch; (*de corbata*) tiepin.

alfiler de gancho *sm* (*Amér S*) safety pin.

alfombra *sf* (*gen*) carpet; (*de tamaño pequeño*) rug.

alfombrar *vt* to carpet.

alfombrilla *sf* mat.

alforja *sf* saddlebag.

algarabía *sf* racket, hubbub.

algarroba *sf* carob.

algas *sf pl* (*nombre genérico*) algae *pl*; (*de mar*) seaweed.

álgebra *sf* ★ algebra.

álgido, -da *adj*: **el punto álgido** the climax.

algo I *pron indefinido* **1.** (*gen: en oraciones afirmativas*) something:

come algo eat something; **algo así** something like that; (: *en oraciones interrogativas o condicionales*) anything: **¿le has dicho algo?** have you said anything to her? **2.** (*poca cantidad*): **tengo algo de dinero** I have some money. **II** *adv* a little.

algodón *sm* cotton.

algodón de azúcar *sm* candyfloss, (*US*) cotton candy.

algodonero, -ra *adj* cotton (*apos.*).

alguacil *sm* **1.** (*Jur*) bailiff. **2.** (*RP*: *insecto*) dragonfly.

alguien *pron indefinido* (*en oraciones afirmativas*) somebody, someone; (*en oraciones interrogativas o condicionales*) anybody, anyone: **¿había alguien en casa?** was there anybody at home?; **si alguien te pregunta...** if anybody asks you... ● **se cree alguien** he thinks he's important.

algún *adj indefinido* ⇨ **alguno**.

alguno, -na I *adj indefinido* [**algún** before masc. sing. nouns] **1.** (*en oraciones afirmativas*) some. **2.** (*en oraciones interrogativas y condicionales*) any: **¿te dio alguna pista?** did he give you any clues? **3.** (*en oraciones negativas*) [always after noun]: **no me prestó ayuda alguna** she didn't give me any help. **II** *pron indefinido* **1.** (*en oraciones afirmativas: gen*) some; (: *referido a persona*) somebody, someone. **2.** (*en oraciones interrogativas y condicionales*) any.

alhaja *sf* **1.** (*objeto*) piece of jewellery ✳ (*US*) jewelry. **2.** (*persona*) treasure.

alhelí *sm* wallflower, stock *n inv.*

aliado, -da I *adj* allied. **II** *sm/f* ally.

alianza *sf* **1.** (*Mil*, *Pol*) alliance. **2.** (*anillo*) wedding ring ✳ (*US*) band.

aliarse [⇨ ansiar] *v prnl* to form an alliance.

alias *adv, sm inv* alias.

alicaído, -da *adj* down.

alicantino, -na *adj* of ✳ from Alicante.

alicatar *vt* to tile.

alicate *sm*, **alicates** *sm pl* **1.** (*Tec*) pliers *pl.* **2.** (*RP*: *cortaúñas*) nail clippers *pl.*

aliciente *sm* **1.** (*estímulo*) incentive. **2.** (*atractivo*) attraction.

alienar *vt* to alienate.

alienarse *v prnl* to become alienated.

aliento *sm* **1.** (*respiración*) breath. **2.** (*estímulo*) encouragement.

aligerar *vt* **1.** (*el paso*) to quicken. **2.** (*quitar peso a*) to make lighter, to lighten.

alijo *sm* consignment.

alimentación *sf* **1.** (*dieta*) diet. **2.** (*acción*) feeding.

alimentar *vt* **1.** (*dar de comer a*) to feed; (*mantener*) to sustain, to support. **2.** (*una máquina*) to power; (*una caldera*) to stoke. **3.** (*fomentar*) to foster, to encourage. ♦ *vi* to be nourishing.

alimentarse *v prnl* to feed (**de** on).

alimenticio, -cia *adj* **1.** (*de la comida*) food (*apos.*). **2.** (*nutritivo*) nutritious.

alimento *sm* **1.** (*comida*) food. **2.** (*valor nutritivo*) nourishment.

alimentos naturales *sm pl* health foods *pl.*

alimón: al alimón *loc adv* together.

alineación *sf* **1.** (*gen*) alignment. **2.** (*Dep*) line-up.

alinear *vt* **1.** (*poner en línea*) to align, to line up. **2.** (*Dep*) to select.

alinearse *v prnl* **1.** (*ponerse en línea*) to line up. **2.** (*Pol*) to align oneself.

aliñar *vt* to dress.

aliño *sm* dressing.

alioli *sm* garlic mayonnaise.

alisar *vt* **1.** (*gen*) to smooth. **2.** (*el cabello*) to straighten.

aliscafo *sm* (*RP*) hydrofoil.

alisio *sm* trade wind.

alistarse *v prnl* to enlist, to join (up).

aliviar *vt* (*un dolor*) to relieve, to ease.

aliviarse *v prnl* (*Méx: de enfermedad*) to recover.

alivio *sm* relief.

aljibe *sm* **1.** (*depósito*) cistern.

2. (*pozo*) well.

allá *adv* **1.** (*ese lugar*) over there, there: **voy para allá** I'm on my way over; **más allá** further along/away; **más allá de** beyond ● **¡allá ellos!** that's their problem! **2.** (*en el tiempo*): **allá por los años sesenta** back in the sixties.

allanamiento *sm* **1.** (*del terreno*) levelling (out). **2.** (*Amér L: Jur*) raid.

allanamiento de morada *sm* unlawful entry.

allanar *vt* **1.** (*alisar*) to level (out). **2.** (*obstáculos*) to overcome. **3.** (*ladrón*) to break into. **4.** (*Amér L: policía, militares*) to raid.

allegado, -da I *adj* close. **II** *sm/f* (*amigo*) close friend; (*pariente*) relative.

allí *adv* there.

alma *sf* ★ soul ● **tener el alma en vilo** to be worried to death.

almacén *sm* **1.** (*depósito*) warehouse, store. **2.** (*C Sur: de comestibles*) grocer's. **II almacenes** *sm pl* store.

almacenamiento, almacenaje *sm* storage.

almacenar *vt* to store.

almanaque *sm* (*calendario*) calendar; (*con más información*) almanac.

almeja *sf* clam.

almenas *sf pl* battlements *pl*.

almendra *sf* almond.

almeriense *adj* of ✳ from Almería.

almiar *sm* haystack, hayrick.

almíbar *sm* syrup.

almidón *sm* starch.

almidonar *vt* to starch.

almirante *sm* admiral.

almirez *sm* [**-reces**] mortar.

almizcle *sm* musk.

almohada *sf* pillow.

almohadilla *sf* **1.** (*cojín*) cushion. **2.** (*de costura*) pincushion.

almorranas *sf pl* piles *pl*.

almorzar [⇨ forzar] *vi* (*al mediodía*) to have lunch; (*a media mañana*) to have a mid-morning snack. ♦ *vt* (*al mediodía*) to have for lunch; (*a media mañana*) to have for a mid-morning snack.

almuerzo I *sm* (*al mediodía*) lunch; (*a media mañana*) mid-morning snack. **II** *also* ⇨ **almorzar**.

aló *excl* (*Amér S*): **¿aló?** hello?

alocado, -da *adj* (*persona*) irresponsible, crazy; (*idea*) crazy, harebrained.

alocución *sf* (*frml*) speech.

alojamiento *sm* accommodation, (*US*) accommodations *pl*.

alojar *vt* to accommodate, to put up.

alojarse *v prnl* **1.** (*persona*) to stay. **2.** (*bala*) to lodge.

alondra *sf* lark.

alpaca *sf* **1.** (*Indum, Zool*) alpaca. **2.** (*aleación*) nickel silver.

alpargata *sf* espadrille.

Alpes *sm pl*: **los Alpes** the Alps.

alpinismo *sm* climbing, mountaineering.

alpinista *sm/f* climber, mountaineer.

alpino, -na *adj* alpine.

alpiste *sm* birdseed.

alquería *sf* farmhouse, farmstead.

alquilar *vt* **1.** (*usuario: gen*) to hire; (*: una vivienda*) to rent. **2.** (*propietario: gen*) to hire (out); (*: una vivienda*) to let, to rent (out).

alquiler *sm* **1.** (*gen*) hire; (*de una vivienda*) renting. **2.** (*dinero*) rent.

alquimista *sm/f* alchemist.

alquitrán *sm* tar.

alrededor I *adv* round (about). **II alrededor de** *prep* **1.** (*rodeando*) around, round: **alrededor de la hoguera** around the bonfire. **2.** (*más o menos*) around, about. **III los alrededores** *sm pl* the surrounding area.

alta I *sf* ★ **1.** (*Med*): **me dieron de alta** they discharged me. **2.** (*en la seguridad social, etc.*): **se dio de alta como trabajador autónomo** he registered as a self-employed worker. **II** *adj* ⇨ **alto**.

altanero, -ra *adj* haughty, arrogant.

altar *sm* altar.

altavoz *sm* [**-voces**] (*para anunciar*) loudspeaker; (*Mús*) speaker.

alterado, -da *adj* (*inquieto*) agitated, distressed; (*irritado*) upset, angry.

alterar *vt* **1.** (*modificar*) to alter, to change. **2.** (*inquietar*) to distress. **3.** (*irritar*) to upset.

alterarse *v prnl* **1.** (*modificarse*) to alter, to change. **2.** (*inquietarse*) to get agitated. **3.** (*irritarse*) to get upset. **4.** (*Culin*) to go bad, to go off.

altercado *sm* quarrel.

alternador *sm* alternator.

alternancia *sf* alternation.

alternar *vt* to alternate. ♦ *vi* to mix, to socialize.

alternarse *v prnl* to take turns, to alternate.

alternativa *sf* alternative.

alternativo, -va *adj* alternative.

alterno, -na *adj* **1.** (*gen*) alternate. **2.** (*corriente*) alternating.

alteza *sf* (*tratamiento*) Highness.

altibajos *sm pl* ups and downs *pl*.

altillo *sm* **1.** (*armario*) top cupboard. **2.** (*habitación*) attic.

altímetro *sm* altimeter.

altiplanicie *sf*, **altiplano** *sm* high plateau.

altisonante *adj* high-flown.

altitud *sf* (*gen*) height; (*Av*) altitude.

altivez *sf* haughtiness, arrogance.

altivo, -va *adj* haughty, arrogant.

alto, -ta I *adj* **1.** (*persona, mueble, edificio*) tall; (*montaña, muro*) high; (*techo, estante*) high: **un estante más alto** a higher shelf; **el estante más alto** the top shelf ● **pasar por alto** to overlook. **2.** (*precio, número, temperatura*) high. **3.** (*sonido*) loud; (*nota*) high. **II alto** *sm* **1.** (*altura*): **tiene un metro de alto** it's one metre high. **2.** (*colina*) hill. **3.** (*parada*): **hacer un alto** to stop. **III alto** *adv* **1.** (*volar*) high (up). **2.** (*hablar*) loud, loudly. **IV alto** *excl* halt!, stop!: **¡alto el fuego!** cease fire!

alta mar *sf*: **en alta mar** on the high sea. **alto cargo** *sm* (*posición*) important position; (*persona*) high-ranking official. **alto el fuego** *sm* cease-fire. **alto horno** *sm* blast furnace.

altoparlante *sm* (*Amér L*) loudspeaker.

altruista I *adj* altruistic. **II** *sm/f* altruist.

altura I *sf* **1.** (*medida, altitud*) height: **veinte metros de altura** twenty metres high; (*Av*) height, altitude. **2.** (*nivel*) level: **¿a qué altura de la calle está?** how far along the street is it? **II a la altura de** *prep* **1.** (*en el espacio*) near, in the area of. **2.** (*en competición*) on a par with. **3.** (*de una situación*): **no estuvo a la altura de la situación** he wasn't up to it. **III de altura** *loc adj* (*Náut*) deep-sea. **IV alturas** *sf pl* **1.** (*en el tiempo*): **a estas alturas** at this point. **2. las alturas** (*Relig*) heaven.

alubia *sf* bean.

alucinación *sf* hallucination.

alucinante *adj* **1.** (*Med*) hallucinatory. **2.** (*fam: asombroso*) great, brilliant.

alucinar *vi* **1.** (*Med*) to hallucinate. **2.** (*fam: quedar asombrado*) to be amazed (**con** at): **¡es que yo alucino!** I'm amazed!; (*: asombrar*): **me alucina que no entienda** I'm amazed she doesn't understand; (*: entusiasmar*): **le alucinan las motos** he's crazy about motorbikes.

alucinógeno, -na *adj* hallucinogenic.

alud *sm* avalanche.

aludir *vi* to refer (**a** to), to make reference (**a** to).

alumbrado, -da I *adj* lit. **II** *sm* (*gen*) lighting: **el alumbrado público** the street lighting; (*de un vehículo*) lights *pl*.

alumbrar *vt* **1.** (*echar luz sobre*) to light (up), to illuminate. **2.** (*parir*) to give birth to. ♦ *vi* (*dar luz*): **alumbra mucho** it gives out a lot of light.

aluminio *sm* aluminium, (*US*) aluminum.

alumnado *sm* pupils *pl*, students *pl*.

alumno, -na *sm/f* (*gen*) student; (*en primaria*) pupil.

alusión *sf* (*mención*) mention (**a** of),

allusion (**a** to).

aluvión *sm* flood.

alza *sf*★ increase, rise: **está en alza** it is rising.

alzamiento *sm* uprising.

alzar [⇨ cazar] *vt* to raise.

alzarse *v prnl* **1.** (*levantarse*) to rise. **2.** (*sublevarse*) to rebel, to rise up. **3.** (*con un triunfo*): **se alzaron con la victoria** they were victorious. **4.** (*destacarse*) to stand (out).

amabilidad *sf* kindness.

amable *adj* kind.

amado, -da *adj* beloved, dear.

amaestrar *vt* to train.

amagar [⇨ pagar] *vt* to make as if to. ♦ *vi* to threaten.

amago *sm* (*de hacer algo*): **hizo amago de cogerlo** he made as if to grab it; (*de enfermedad*): **un amago de infarto** a minor heart attack.

amainar *vi* (*lluvia*) to ease off; (*viento*) to die down, to drop.

amalgamar *vt* to amalgamate.

amamantar *vt* (*mujer*) to breast-feed; (*animal*) to suckle.

amanecer I *sm* dawn, daybreak. **II** [⇨ agradecer] *v impers*: **amanecía** day was breaking ‖ it was getting light. ♦ *vi* to wake up.

amanerado, -da *adj* **1.** (*sin natu-ralidad*) affected. **2.** (*afeminado*) ef-feminate.

amante I *adj* [S] (*aficionado*) fond (**de** of). **II** *sm/f* lover.

amañar *vt* to fix, to rig.

amapola *sf* poppy.

amar *vt* to love.

amargado, -da *adj* bitter.

amargar [⇨ pagar] *vt* **1.** (*a una per-sona*) to make bitter. **2.** (*el día, la ocasión*) to ruin.

amargarse *v prnl* to become bitter.

amargo, -ga *adj* bitter.

amargor *sm* (*sabor*) bitterness.

amargura *sf* (*sentimiento*) bitter-ness.

amarillento, -ta *adj* yellowish.

amarillo, -lla *adj, sm* yellow.

amarrar *vt* (*atar*) to tie; (*Náut*) to moor, to tie up.

amarrete, -ta (*C Sur, Perú: fam*) **I** *adj* stingy. **II** *sm/f* skinflint.

amasar *vt* **1.** (*el pan*) to knead; (*el cemento*) to mix. **2.** (*una fortuna*) to amass.

amasijo *sm* (*de objetos*) jumble: **un amasijo de ideas** a mishmash of ideas.

amateur *adj, sm/f* amateur.

amatista *sf* amethyst.

amazona *sf* rider, horsewoman.

Amazonas *sm* Amazon.

amazónico, -ca *adj* Amazonian.

ambages: **sin ambages** *loc adv* frankly, bluntly.

ámbar *adj, sm* amber.

ambición *sf* ambition.

ambicionar *vt* to have an ambition to, to long to.

ambicioso, -sa *adj* ambitious.

ambientador *sm* air freshener.

ambientar *vt* **1.** (*una obra*) to set. **2.** (*crear ambiente en*) to create an atmosphere in/at.

ambientarse *v prnl* to settle in.

ambiente *sm* **1.** (*atmósfera*) atmos-phere. **2.** (*medio*) environment. **3.** (*círculo*) circle. **4.** (*animación*) at-mosphere.

ambigüedad *sf* ambiguity.

ambiguo, -gua *adj* ambiguous.

ámbito *sm* **1.** (*medio*) circles *pl*. **2.** (*extensión*): **de ámbito nacional** national.

ambivalente *adj* ambivalent.

ambos, -bas *adj, pron* both: **ambos son escoceses** both of them are Scottish.

ambulancia *sf* ambulance.

ambulante *adj* travelling, (*US*) traveling.

ambulatorio *sm* (*gen*) health centre ∗ (*US*) center; (*en un hospital*) out-patients' department.

ameba *sf* amoeba, (*US*) ameba.

amedrentar *sf* to scare, to terrify.

amén I *excl* amen! **II** *amén de conj* (*frml: además de*) in addition to.

amenaza *sf* threat.

amenazar [⇨ cazar] *vt* **1.** (*intimi-dar*) to threaten. **2.** (*dar señales de*) to threaten. ♦ *vi* to threaten: **amenazó con disparar** he threatened to shoot.

amenizar [⇨ cazar] *vt* to provide the entertainment for.

ameno, -na *adj* entertaining, enjoyable.

América *sf* (*gen*) America; (*Estados Unidos*) America; (*Latinoamérica*) Latin America.

América Central *sf* Central America. **América del Norte** *sf* North America. **América del Sur** *sf* South America. **América Latina** *sf* Latin America.

americana *sf* jacket.

americano, -na *adj, sm/f* (*gen*) American; (*de Estados Unidos*) American; (*de Latinoamérica*) Latin American ● (*Amér L*) **pagar a la americana** to split the bill.

amerindio, -dia *adj, sm/f* American Indian.

ametralladora *sf* (heavy) machine gun.

amianto *sm* asbestos.

amigable *adj* friendly.

amígdalas *sf pl* tonsils *pl*.

amigdalitis *sf* tonsillitis.

amigo, -ga I *adj* 1. (*amistoso*) friendly; (*que tiene amistad*): **son muy amigos** they are close friends. 2. [S] (*aficionado*) fond (**de** of). **II** *sm/f* friend.

amiguismo *sm* string-pulling.

amilanar *vt* to daunt.

amilanarse *v prnl* to be daunted.

aminoácido *sm* amino acid.

aminorar *vt* to decrease, to reduce.

amistad I *sf* friendship. **II amistades** *sf pl* friends *pl*.

amistoso, -sa *adj* friendly.

amnesia *sf* amnesia.

amnistía *sf* amnesty: **les concedieron una amnistía** they were granted an amnesty.

amnistiar [⇨ ansiar] *vt* to grant an amnesty to.

amo, -ma *sm/f★* 1. (*de animal: hombre*) master; (: *mujer*) mistress. 2. (*propietario*) owner.

ama de casa *sf★* housewife. **ama de llaves** *sf★* housekeeper.

amodorrado, -da *adj* drowsy, sleepy.

amoldarse *v prnl* 1. (*acostumbrarse*) to adapt (**a** to). 2. **amoldarse a** (*tomar la forma de*) to mould to.

amonestación I *sf* 1. (*reprimenda*) reprimand. 2. (*en fútbol*) booking, yellow card. **II amonestaciones** *sf pl* (*de boda*) banns *pl*.

amonestar *vt* 1. (*reñir*) to reprimand. 2. (*en fútbol*) to show the yellow card to.

amoniaco, amoníaco *sm* ammonia.

amontillado *sm*: *medium dry sherry*.

amontonar *vt* to pile up.

amontonarse *v prnl* 1. (*objetos, problemas*) to pile up. 2. (*gente*) to crowd together.

amor *sm* love (**por** for).

amor propio *sm* pride.

amoratado, -da *adj* 1. (*por el frío*) blue with cold. 2. (*por un golpe*) bruised.

amordazar [⇨ cazar] *vt* to gag.

amorfo, -fa *adj* amorphous.

amorío *sm* affair, fling.

amortiguador *sm* shock absorber.

amortiguar [⇨ averiguar] *vt* (*un golpe*) to cushion, to absorb; (*un ruido*) to muffle.

amortización *sf* 1. (*de un préstamo*) repayment. 2. (*pérdida de valor*) depreciation. 3. (*del dinero invertido*) recovery.

amortizar [⇨ cazar] *vt* 1. (*un préstamo*) to repay, to pay off. 2. (*un bien*) to depreciate. 3. (*el dinero invertido*) to recoup.

amotinarse *v prnl* (*gen*) to mutiny; (*en una prisión*) to riot.

amparar *vt* to protect.

ampararse *v prnl* 1. (*cobijarse*) to shelter. 2. (*en un derecho*) to seek protection.

amparo *sm* shelter, protection.

amperio *sm* amp.

ampliar [⇨ ansiar] *vt* 1. (*una imagen*) to enlarge. 2. (*un edificio*) to extend. **3.** (*el capital, la plantilla*) to increase. **4.** (*un negocio*) to expand. **5.** (*un plazo*) to extend.

amplificador *sm* amplifier.

amplificar [⟶ sacar] *vt* to amplify.

amplio, -plia *adj* **1.** (*habitación*) large, spacious; (*ropa*) loose-fitting. **2.** (*gama*) broad. **3.** (*mayoría*) large.

ampolla *sf* **1.** (*Med*) blister. **2.** (*botellita*) phial, ampoule.

ampolleta *sf* (*Chi*) light bulb.

ampuloso, -sa *adj* pompous.

amputar *vt* to amputate.

amueblado, -da I *adj* furnished. II *sm* (*RP*) hotel (*renting rooms by the hour*).

amuermar *vt* **1.** (*fam: aburrir*) to bore. **2.** (*adormecer*) to make drowsy.

amuleto *sm* charm.

anacardo *sm* cashew nut.

anacoreta *sm/f* hermit.

anacrónico, -ca *adj* anachronistic.

anacronismo *sm* anachronism.

ánade *sm* (*frml*) duck.

anagrama *sm* **1.** (*Ling*) anagram. **2.** (*logotipo*) logo.

anales *sm pl* annals *pl*.

analfabeto, -ta I *adj* illiterate. II *sm/f* illiterate person.

analgésico *sm* painkiller, analgesic.

análisis *sm inv* **1.** (*gen*) analysis. **2.** (*Med*) test.

análisis de mercado *sm inv* market research. **análisis de orina** *sm inv* urine test. **análisis de sangre** *sm inv* blood test.

analista *sm/f* analyst.

analizar [⟶ cazar] *vt* **1.** (*gen*) to analyse, (*US*) to analyze. **2.** (*Med*) to test.

analogía *sf* analogy.

analógico, -ca *adj* analogue, (*US*) analog.

análogo, -ga *adj* analogous (**a** to), similar (**a** to).

ananá *sm* (*RP*) pineapple.

anaquel *sm* shelf.

anaranjado, -da *adj* orange.

anarquía *sf* anarchy.

anárquico, -ca *adj* anarchic.

anarquismo *sm* anarchism.

anatema *sm* anathema.

anatomía *sf* anatomy.

anca *sf* ★ haunch.

ancas de rana *sf pl* (*Culin*) frogs' legs *pl*.

anchas *sf pl*: **se sentía a sus anchas** she felt at home.

ancho, -cha I *adj* (*gen*) wide, broad; (*prenda*): **te queda ancho** it's too loose on you. II *sm* width.

anchoa *sf* anchovy.

anchura *sf* width.

anciano, -na I *adj* old. II *sm/f* old man/woman.

ancla *sf* ★ anchor.

anclar *vt/i* to anchor.

anda *excl* (*fam*) **1.** (*de sorpresa*) good grief!; (*de admiración*) wow! **2.** (*de incredulidad*): **¡anda (ya)!** come off it! **3.** (*de prisa, ánimo*) come on!, go on!; (*al pedir algo*) go on!

andadas *sf pl* (*fam*): **ha vuelto a las andadas** he's gone back to his old ways.

andadera *sf* (*Méx*) baby-walker.

andador *sm* (*para bebé*) baby walker; (*para ancianos*) zimmer® frame.

ándale *excl* (*Méx: fam*) **1.** (*de prisa, ánimo*) come on!, go on!; (*al pedir algo*) go on! **2.** (*de sorpresa*) good grief! **3.** (*de admiración*) wow!

Andalucía *sf* Andalusia.

andaluz, -luza *adj*, *sm/f* [**-luces, -luzas**] Andalusian.

andamio *sm* scaffolding.

andanza *sf* adventure.

andar [⟶ table in appendix 2] *vi* **1.** (*caminar*) to walk. **2.** (*funcionar*) to work; (*moverse*) to go. **3.** (*estar*) to be: **¿cómo andas?** how are you? ● **andará por los cuarenta** he must be about forty. **4.** (*curiosear*) to rummage. **5.** (*Amér L: montar*): **¿sabes andar en bicicleta?** can you ride a bike? **6. anda** (*Amér S*) ✳ **andá** (*RP*) [used as the singular imperative of **ir**]: **anda a verlo** go and see him. ♦ *vt* **1.** (*recorrer a pie*) to walk. **2.** (*Amér*

C: *una prenda*) to be wearing.

andarse *v prnl* **1. andarse con** (*obrar con*): **ándate con cuidado** be careful. **2. ándate** (*Amér S*) ✳ (*RP*) **andate** [used as the singular imperative of **irse**]: **ándate de aquí** get out of here.

ándele *excl* **1.** (*Méx: fam*) ⇨ **ándale**. **2.** (*Col: fam*) come on!

andén *sm* **1.** (*en estación*) platform. **2.** (*Amér C, Col: acera*) pavement, (*US*) sidewalk.

Andes *sm pl*: **los Andes** the Andes.

andinismo *sm* (*Amér L*) mountaineering, climbing.

andino, -na *adj, sm/f* Andean.

andorrano, -na *adj, sm/f* Andorran.

andrajo *sm* rag.

andrajoso, -sa *adj* ragged.

androide *sm* android.

anduve *etc.* ⇨ **andar**.

anécdota *sf* anecdote.

anegar [⇨ pagar] *vt* to flood.

anegarse *v prnl* to flood.

anejo, -ja I *adj* attached (**a** to). **II** *sm* annexe, (*US*) annex.

anemia *sf* anaemia, (*US*) anemia.

anémico, -ca *adj* anaemic, (*US*) anemic.

anémona *sf* anemone.

anestesia *sf* anaesthesia, (*US*) anesthesia: **bajo los efectos de la anestesia** under the anaesthetic.

anestesiar *vt* to anaesthetize, (*US*) to anesthetize.

anestesista *sm/f* anaesthetist, (*US*) anesthetist.

anexar *vt* to annex.

anexarse *v prnl* to annex.

anexionar *vt* to annex.

anexionarse *v prnl* to annex.

anexo, -xa I *adj* attached (**a** to). **II** *sm* **1.** (*edificio*) annexe, (*US*) annex. **2.** (*en un libro*) appendix. **3.** (*Chi: Telec*) extension.

anfetamina *sf* amphetamine.

anfibio, -bia I *adj* amphibious. **II** *sm* amphibian.

anfiteatro *sm* amphitheatre, (*US*) amphitheater.

anfitrión, -triona *sm/f* (*hombre*) host; (*mujer*) hostess.

ánfora *sf* ✶ amphora.

ángel *sm* angel.

angina I *sf* (or **angina de pecho**) angina. **II anginas** *sf pl* (*inflamación de las amígdalas*) tonsillitis; (*dolor de garganta*) sore throat.

anglicano, -na *adj, sm/f* Anglican.

anglosajón, -jona *adj* **1.** (*Hist*) Anglo-Saxon. **2.** (*en la actualidad*) of ✳ from an English-speaking country.

angosto, -ta *adj* narrow.

anguila *sf* eel.

angula *sf* elver.

ángulo *sm* **1.** (*gen*) angle. **2.** (*rincón*) corner.

ángulo recto *sm* right angle.

angustia *sf* **1.** (*sufrimiento*) anguish, distress. **2.** (*preocupación*) anxiety.

angustioso, -sa *adj* (*que provoca sufrimiento*) distressing, upsetting; (*preocupante*) worrying.

anhelar *vt* to long for.

anidar *vi* to nest.

anilla *sf* ring.

anillo *sm* ring.

anillo de boda *sm* wedding ring ✳ (*US*) band. **anillo de compromiso** *sm* engagement ring.

ánima *sf* ✶ soul.

animación *sf* **1.** (*actividad*) activity. **2.** (*en cine*) animation.

animado, -da *adj* **1.** (*persona*) cheerful. **2.** (*fiesta*) lively.

animador, -dora *sm/f* **1.** (*de espectáculos*) compere. **2.** (*Dep*) cheerleader. **3.** (*de actividades culturales*) activities organizer.

animadversión *sf* animosity.

animal I *adj* animal. **II** *sm* **1.** (*Zool*) animal. **2.** (*persona: bruta*) brute, animal; (*: ignorante*) stupid fool.

animar *vt* **1.** (*alegrar: a una persona*) to cheer up; (*: una fiesta*) to liven up. **2.** (*motivar*) to encourage.

animarse *v prnl* **1.** (*alegrarse: persona*) to cheer up; (*: fiesta*) to liven up. **2.** (*a hacer algo*): **¿te animas a venir?** do you fancy coming?; (*Amér*

L: *atreverse*) to dare.

ánimo I *sm* **1.** (*humor*): **me levantó el ánimo** it cheered me up. **2.** (*empuje*): **me dio ánimos** it encouraged me. **3.** (*voluntad*) intention. **II** *excl* come on!

animosidad *sf* animosity.

aniquilar *vt* to annihilate, to wipe out.

anís *sm* **1.** (*semilla*) aniseed. **2.** (*licor*) anisette.

aniversario *sm* anniversary.

aniversario de bodas *sm* wedding anniversary.

ano *sm* anus.

anoche *adv* (*temprano*) yesterday evening; (*tarde*) last night.

anochecer I *sm* nightfall. **II** [⇨ agradecer] *v impers* to get dark.

anodino, -na *adj* dull.

anomalía *sf* anomaly.

anonadado, -da *adj* stunned.

anonimato *sm* anonymity.

anónimo, -ma I *adj* anonymous. **II** *sm* anonymous letter.

anorak *sm* [-raks] anorak.

anorexia *sf* (*or* **anorexia nerviosa**) anorexia (nervosa).

anormal *adj* abnormal.

anotación *sf* note.

anotar *vt* to make a note of. ♦ *vi* (*Dep*) to score.

anotarse *v prnl* **1.** (*Dep: un tanto*) to score. **2.** (*RP: inscribirse*) to put one's name down (**en ✴ para** for).

anquilosado, -da *adj* **1.** (*Med*) stiff. **2.** (*estancado*) stagnant.

ansia *sf*★ **1.** (*ansiedad*) eagerness. **2.** (*deseo*) longing (**de** for). **3.** (*desasosiego*) anxiety.

ansiar [⇨ table in appendix 2] *vt* to long for.

ansiedad *sf* anxiety.

ansioso, -sa *adj* **1.** [E] (*anhelante*) eager. **2.** [E] (*inquieto*) anxious.

antagonista *adj* antagonistic.

antaño *adv* in the old days.

antártico, -ca I *adj* Antarctic. **II el océano (Glacial) Antártico** *sm* the Antarctic Ocean.

ártida *sf*: **la Antártida** (*Geog*)

Antarctica.

ante I *sm* **1.** (*Zool*) elk, moose *n inv*. **2.** (*piel*) suede. **II** *prep*: **ante el rey** in front of the king; **ante una situación así...** faced with a situation like this....

anteayer *adv* the day before yesterday.

antebrazo *sm* forearm.

antecedente I *sm* (*Ling, Mat*) antecedent. **II antecedentes** *sm pl* **1.** (*de un acontecimiento*) background (**de** to). **2.** (*or* **antecedentes penales**) criminal record.

anteceder *vt* to precede.

antecesor, -sora *sm/f* predecessor.

antediluviano, -na *adj* (*fam*) prehistoric.

antelación *sf*: **con antelación** in advance; **avisar con un mes de antelación** to give a month's notice.

antemano: **de antemano** *loc adv* beforehand.

antena *sf* **1.** (*Telec*) aerial, antenna. **2.** (*Zool*) antenna.

antena parabólica *sf* satellite dish.

anteojo I *sm* (*telescopio*) telescope. **II anteojos** *sm pl* **1.** (*gafas*) glasses *pl*. **2.** (*prismáticos*) binoculars *pl*.

antepasado, -da *sm/f* ancestor.

antepenúltimo, -ma *adj* third from last.

anteponer [⇨ poner] *vt* **1.** (*dar prioridad a*) to give priority to (**a** over). **2.** (*colocar delante de*) to put before.

anteproyecto *sm* **1.** (*estudio previo*) first draft. **2.** (*or* **anteproyecto de ley**) draft bill.

anterior *adj* **1.** (*de tiempo*) previous: **fue anterior a su visita** it was before his visit. **2.** (*de lugar*) front: **la parte anterior** the front; **la parada anterior a la mía** the stop before mine.

antes I *adv* **1.** (*con anterioridad*) before: **dos años antes** two years before; (*más temprano*) earlier ● **lo antes posible** as soon as possible; (*en el pasado*) before. **2.** **antes de** (*de tiempo*) before: **antes de vestirte** before you get dressed; **antes de que**

llegaran before they arrived; **antes de ayer** the day before yesterday; (*en el espacio*) before: **antes del cruce** before the crossroads. **3. antes que** (*de tiempo*) before, (*de preferencia*) rather than. **II** *adj*: **el día antes** the previous day.

antesala *sf* anteroom.

antiadherente *adj* non-stick.

antiaéreo, -rea *adj* anti-aircraft.

antibalas *adj inv* bulletproof.

antibiótico *sm* antibiotic.

anticiclón *sm* anticyclone.

anticipado, -da *adj* (*elecciones*) early ● **pagó por anticipado** he paid in advance.

anticipar *vt* **1.** (*las elecciones*) to bring forward. **2.** (*dinero*) to pay in advance.

anticiparse *v prnl* **1.** (*en una acción*): **se me anticipó** he beat me to it. **2.** (*llegar temprano*) to come early. **3. anticiparse a** (*prever*) to anticipate.

anticipo *sm* advance.

anticonceptivo *sm* contraceptive.

anticongelante *sm* antifreeze.

anticuado, -da *adj* old-fashioned.

anticuerpo *sm* antibody.

antidisturbios *adj inv* riot (*apos.*).

antídoto *sm* antidote (**contra** * **de** to * for).

antier *adv* (*Amér L*) ⇨ **anteayer**.

antifaz *sm* [**-faces**] mask.

antigualla *sf* (*fam*) old relic.

antiguamente *adv* formerly, in the past.

antigüedad *sf* **1.** (*edad*) (great) age, antiquity. **2.** (*en un trabajo*) seniority. **3.** (*pasado*): **en la antigüedad** in ancient times. **4.** (*objeto*) antique.

antiguo, -gua *adj* **1.** (*viejo*) old, ancient. **2.** (*anterior*) former. **3.** (*anticuado*) old-fashioned.

antillano, -na *adj* of * from the West Indies.

Antillas *sf pl* West Indies *pl*.

antílope *sm* antelope.

antipático, -ca *adj* (*poco amable*) unfriendly; (*tarea*) annoying.

antirrobo *adj inv* antitheft.

antisemítico, -ca, antisemita *adj* anti-Semitic.

antiséptico *sm* antiseptic.

antitetánica *sf* tetanus injection.

antojarse *v prnl*: **se le antojó ir al cine** he suddenly decided he wanted to go to the cinema.

antojitos *sm pl* (or **antojitos mexicanos**) (*Méx*) tapas *pl*, appetizers *pl*.

antojo *sm* **1.** (*capricho: gen*) whim, urge; (*:de embarazada*) craving. **2.** (*en la piel*) birthmark.

antología *sf* anthology ● **de antología** tremendous.

antorcha *sf* torch.

antro *sm* (*fam*) dive, dump.

antropófago, -ga *sm/f* cannibal.

antropólogo, -ga *sm/f* anthropologist.

anual *adj* **1.** (*que sucede cada año*) annual, yearly. **2.** (*que dura un año*) one-year (*apos.*).

anudar *vt* to tie.

anular *vt* **1.** (*gen*) to cancel; (*un matrimonio*) to annul; (*un gol*) to disallow. **2.** (*un efecto*) to cancel out.

anunciar *vt* **1.** (*notificar*) to announce. **2.** (*un producto*) to advertise.

anuncio *sm* **1.** (*de noticia*) announcement. **2.** (*en televisión, prensa*) advertisement. **3.** (*en un tablón*) poster, advertisement.

anuncios por palabras *sm pl* classified advertisements *pl*.

anzuelo *sm* hook.

añadidura: **por añadidura** *loc adv* in addition.

añadir *vt* to add (**a** to).

añejo, -ja *adj* **1.** (*antiguo*) old. **2.** (*vino*) mature.

añicos *sm pl*: **se hizo añicos** it smashed into tiny pieces.

añil *adj inv* indigo.

año *sm* year: **los años treinta** the thirties; **tiene diez años** he's ten (years old).

año escolar *sm* school year. **año fiscal** *sm* tax year. **Año Nuevo** *sm* New Year.

añoranza *sf* longing (**de ❋ por** for).

apabullar *vt* to overwhelm.

apachurrar *vt* (*fam*) to squash.

apacible *adj* mild, placid.

apaciguar [➭ averiguar] *vt* to pacify.

apagado, -da *adj* 1. [E] (*luz, aparato*) (switched) off. 2. [E] (*fuego*) out, extinguished. 3. [S] (*color*) dull. 4. (*persona*) [E] subdued; [S] lifeless.

apagar [➭ pagar] *vt* 1. (*una luz, un aparato*) to turn off, to switch off. 2. (*el fuego*) to put out.

apagarse *v prnl* (*fuego, luz*) to go out; (*radio, ordenador*) to go off; (*motor*) to stop.

apagón *sm* power cut, (*US*) outage.

apalear *vt* to beat.

apañado, -da *adj* 1. [E] (*arreglado*) (neat and) tidy ● **¡estamos apañados!** now we're in trouble! 2. [S] (*habilidoso*) handy (**para** at). 3. [E] (*amañado*) fixed.

apañar *vt* 1. (*una habitación*) to tidy (up). 2. (*un resultado*) to rig, to arrange. 3. (*reparar*) to repair, to mend. 4. (*Amér S: fam, encubrir*) to cover up for. 5. (*Méx: fam, pillar*) to catch red-handed. 6. (*Méx: fam, regañar*) to tell off.

apañarse *v prnl* 1. (*arreglarse*) to manage ● **¿cómo se las apaña para...?** how does he manage to...? 2. (*Méx: fam, apropiarse de*) to take.

apapachar *vt* (*Amér C, Méx: fam*) to cuddle.

apapacho *sm* (*Amér C, Méx: fam*) cuddle.

aparador *sm* 1. (*mueble*) sideboard, dresser. 2. (*Méx: de tienda*) shop window.

aparato I *sm* 1. (*máquina*) machine; (*instrumento*) device; (*de cocina*) appliance. 2. (*radio, televisión*) set; (*teléfono*) phone; (*avión*) aircraft. 3. (*Biol*) system. 4. (*Pol*) apparatus. 5. (*pompa*) pomp, ostentation. II **aparatos** *sm pl* (*Dep*) apparatus.

aparatoso, -sa *adj* 1. (*ostentoso*) showy, flashy. 2. (*espectacular*) spectacular.

camiento *sm* ➭ **parking**.

aparcar [➭ sacar] *vt/i* to park.

aparearse *v prnl* to mate.

aparecer [➭ agradecer] *vi* (*gen*) to appear; (*algo perdido*) to turn up; (*llegar*) to turn up.

aparejado, -da *adj*: **llevar aparejado** to entail.

aparejador, -dora *sm/f* quantity surveyor, site manager.

aparejo *sm* 1. (*utensilios*) equipment. 2. (*de caballo*) harness. 3. (*Náut*) rig.

aparejos de pesca *sm pl* fishing tackle.

aparentar *vt* 1. (*fingir*) to pretend, to feign. 2. (*parecer*) to look. ♦ *vi* (*presumir*) to show off.

aparente *adj* 1. (*gen*) apparent. 2. (*Méx: adecuado*) suitable.

aparición *sf* 1. (*acción*) appearance. 2. (*visión*) apparition.

apariencia *sf* appearance.

apartado, -da I *adj* (*lugar*) isolated, remote. II *sm* 1. (*sección*) section. 2. (*or* **apartado de correos**) PO Box.

apartamento *sm* apartment.

apartar *vt* 1. (*separar*) to put to one side. 2. (*mover*) to remove (**de** from). 3. (*en una tienda*) to keep. 4. (*Méx: reservar*) to keep, to reserve.

apartarse *v prnl* 1. (*quitarse*): **apártate de la ventana** get away from the window. 2. (*desviarse*) to stray (**de** from).

aparte I *adj inv* separate ● **es un caso aparte** he's a special case. II *adv* 1. (*a distancia*) apart. 2. (*a un lado*) aside. 3. (*separadamente*) separately. III **aparte de** *prep* 1. (*a excepción de*) apart from. 2. (*además de*) besides, as well as.

apasionado, -da I *adj* passionate. II *sm/f* enthusiast.

apasionante *adj* thrilling, exciting.

apasionar *vi*: **me apasiona** I love it.

apático, -ca *adj* apathetic.

apátrida *adj* stateless.

apeadero *sm* unstaffed station.

apearse *v prnl* (*gen*) to get off; (*de un coche*) to get out.

apechugar [➭ pagar] *vi* (*fam*): **ape-**

chugar con las consecuencias to face the consequences.

apedrear *vt* to throw stones at.

apego *sm* 1. (*cariño*) fondness (**a** for). 2. (*Amér L*) **con apego a** (*de acuerdo a*) in accordance with.

apelación *sf* appeal.

apelar *vi* to appeal.

apellidarse *v prnl*: **se apellida Vargas** his surname is Vargas.

apellido *sm* surname.

apelmazarse [⇨ cazar] *v prnl* to go stodgy.

apenado, -da *adj* 1. (*triste*) sad. 2. (*Amér L: avergonzado*) embarrassed.

apenas *adv* 1. (*escasamente*) hardly, scarcely. 2. (*en el momento en que*) as soon as.

apencar [⇨ sacar] *vi* (*fam*): **apencar con algo** to take sthg on.

apéndice *sm* appendix.

apendicitis *sf* appendicitis.

apercibir *vt* to warn (**de** of ✳ about).

aperitivo *sm*: pre-dinner drink and *appetizers*.

apertura *sf* 1. (*inauguración*) opening. 2. (*de un país*) opening-up, liberalization.

apesadumbrado, -da *adj* troubled, upset.

apestar *vi* to stink (**a** of), to reek (**a** of).

apestoso, -sa *adj* stinking.

apetecer [⇨ agradecer] *vi*: **me apetece salir** I feel like going out.

apetito *sm* appetite: **me abrió el apetito** it gave me an appetite.

apetitoso, -sa *adj* appetizing.

apiadarse *v prnl* to take pity (**de** on).

ápice *sm*: **ni un ápice de...** not an ounce of....

apilar *vt* to pile up.

apiñarse *v prnl* to crowd together.

apio *sm* celery.

apisonadora *sf* steamroller.

aplacar [⇨ sacar] *vt* to calm.

aplacarse *v prnl* to calm down.

aplanadora *sf* (*Amér L*) steamroller.

aplanar *vt* to level, to flatten.

aplastar *vt* to crush.

aplaudir *vt/i* to applaud.

aplauso *sm* round of applause: **fuertes aplausos** loud applause.

aplazar [⇨ cazar] *vt* 1. (*posponer*) to postpone. 2. (*RP: Educ*) to fail.

aplicación *sf* application.

aplicado, -da *adj* [S] hard-working.

aplicar [⇨ sacar] *vt* to apply.

aplicarse *v prnl* to apply oneself.

aplique *sm* wall light.

aplomo *sm* composure.

apocado, -da *adj* shy, timid.

apoderado, -da *sm/f* representative.

apoderarse *v prnl* to take control (**de** of).

apodo *sm* nickname.

apogeo *sm* peak.

apología *sf* defence, (*US*) defense.

apoltronarse *v prnl* to settle (down).

apoquinar *vi* (*fam*) to pay up.

aporrear *vt* to thump, to hammer.

aportación *sf* contribution.

aportar *vt* to contribute (**a** to).

aporte *sm* contribution.

aposento *sm* (*frml*) room.

aposta *adv* on purpose, deliberately.

apostar *vt* 1. [⇨ contar] (*Juegos*) to bet. 2. [⇨ cantar] (*emplazar*) to station. ♦ *vi* [⇨ contar] 1. (*Juegos*) to bet (**a** on). 2. **apostar por** (*frml*) to opt for, to put one's faith in.

apóstol *sm* apostle.

apóstrofo *sm* apostrophe.

apoteósico, -ca *adj* tremendous.

apoteosis *sf* climax.

apoyar *vt* 1. (*recostar*) to lean (**en** against). 2. (*fundar*) to base (**en** on). 3. (*respaldar*) to support, to back.

apoyarse *v prnl* 1. (*físicamente*) to lean. 2. (*moralmente*): **se apoya mucho en él** she relies heavily on him for support.

apoyo *sm* support.

apreciable *adj* 1. (*considerable*) considerable. 2. (*perceptible*) noticeable, appreciable.

apreciar vt 1. (valorar) to appreciate, to value. 2. (sentir afecto por) to think highly of, to like. 3. (percibir) to see.

apreciarse v prnl (Fin) to appreciate.

aprehender vt (a una persona) to detain; (un alijo) to seize.

apremiante adj pressing.

apremio sm urgency.

aprender vt/i to learn.

aprendiz, -diza sm/f [-dices, -dizas] apprentice.

aprendizaje sm 1. (gen) learning. 2. (en un trabajo) apprenticeship.

aprensivo, -va adj apprehensive.

apresamiento sm capture, seizure.

apresar vt to capture, to seize.

apresto sm size.

apresurado, -da adj hasty.

apresurar vt to hurry.

apresurarse v prnl (ir más rápido) to hurry up; (a hacer algo) to hurry.

apretado, -da adj 1. (ceñido) tight. 2. (en un lugar) packed ✱ squeezed together. 3. (agenda) busy.

apretar [⇨ pensar] vt 1. (un botón) to press. 2. (una tuerca, un nudo) to tighten. 3. (comprimir) to squeeze. 4. (fam: exigir) to push hard. ♦ vi to be (too) tight.

apretón sm crush.

apretón de manos sm handshake.

apretujar vt (fam) to cram, to squeeze.

aprieto I sm difficult situation. II also ⇨ **apretar**.

aprisa adv quickly.

aprobación sf approval.

aprobado, -da I adj approved. II sm (Educ) pass (generally between 50% and 65%).

aprobar [⇨ contar] vt 1. (un proyecto) to approve. 2. (una conducta) to approve of. 3. (un examen) to pass. ♦ vi to pass.

apropiado, -da adj appropriate (para for), suitable (para for).

apropiarse v prnl: **apropiarse de** to take.

aprovechado, -da sm/f scrounger, sponger.

aprovechar vt (una oportunidad) to take advantage of, to make the most of; (una situación) to take advantage of: **aproveché que estaba en Madrid** I took advantage of the fact that I was in Madrid; (utilizar) to make use of.

aprovecharse v prnl to take advantage (de of).

aprovisionar vt to supply (de with).

aproximado, -da adj approximate.

aproximarse v prnl to approach.

apruebo etc. ⇨ **aprobar**.

apto, -ta adj suitable (para for).

apuesta sf bet.

apuesto, -ta adj handsome.

apunarse v prnl (Amér S) to get altitude sickness.

apuntador, -dora sm/f prompter.

apuntalar vt to shore up.

apuntar vt 1. (tomar nota de) to note down. 2. (inscribir) to enrol (en ✱ a in/on; para for). 3. (indicar) to point out. ♦ vi 1. (con un arma) to aim (at); (con el dedo) to point (at). 2. (en teatro) to prompt.

apuntarse v prnl 1. (inscribirse) to put one's name down (en ✱ a for; para for). 2. (un éxito) to notch up.

apuntes sm pl notes pl.

apuñalar vt to stab.

apurado, -da adj 1. (económicamente) short of money. 2. (avergonzado) embarrassed. 3. (Amér L: con prisa) in a hurry. 4. (situación) difficult.

apurar vt 1. (acabar) to finish off. 2. (meter prisa a) to hurry. 3. (presionar) to press.

apurarse v prnl 1. (darse prisa) to hurry up. 2. (inquietarse) to worry.

apuro sm 1. (aprieto) difficult situation. 2. (azoramiento) embarrassment: **¡qué apuro!** how embarrassing! 3. (Amér L: prisa) rush.

aquejado, -da adj afflicted (de with), suffering (de from).

aquel, aquella I adj demostrativo that. II pron demostrativo ⇨ **aquél**.

aquél, aquélla pron demostrativo

that one.

aquello *pron demostrativo* that.

aquellos, -llas I *adj demostrativo* those. **II** *pron demostrativo* ⇨ **aquéllos.**

aquéllos, -llas *pron demostrativo* those (ones).

aquí *adv* 1. (*en este lugar*) here ● **de aquí para allá** running around. 2. (*ahora*) now: **de aquí en adelante** from now on.

árabe I *adj* Arab, Arabic. **II** *sm/f* Arab. **III** *sm* (*Ling*) Arabic.

aragonés, -nesa *adj* Aragonese.

arancel *sm* tariff.

arándano *sm* bilberry, blueberry.

arandela *sf* washer.

araña *sf* 1. (*Zool*) spider. 2. (*lámpara*) chandelier.

arañar *vt* to scratch.

arañazo *sm* scratch.

arbitrar *vi* 1. (*Dep: gen*) to referee; (: *en tenis, béisbol*) to umpire. 2. (*en un conflicto*) to arbitrate.

arbitrario, -ria *adj* arbitrary.

árbitro, -tra *sm/f* 1. (*Dep: gen*) referee; (: *en tenis, béisbol*) umpire. 2. (*en un conflicto*) arbitrator.

árbol *sm* 1. (*Bot*) tree. 2. (*Tec*) shaft. **árbol de Navidad** *sm* Christmas tree. **árbol genealógico** *sm* family tree.

arbolado, -da *adj* wooded.

arboleda *sf* wood, grove.

arbusto *sm* bush, shrub.

arca *sf*★ 1. (*baúl*) chest. 2. (*para dinero*) coffer.

Arca de Noé *sf*★ **el Arca de Noé** Noah's Ark.

arcada *sf* 1. (*soportales*) arcade. 2. (*Med*): **me dio arcadas** it made me retch.

arcaico, -ca *adj* archaic.

arcén *sm* (*de carretera*) verge; (*de autopista*) hard shoulder, (*US*) berm.

archipiélago *sm* archipelago.

archivador *sm* (*mueble*) filing cabinet; (*carpeta*) file.

archivar *vt* 1. (*un documento*) to file. 2. (*un asunto*) to consider closed. 3. (*Inform*) to save.

archivo *sm* 1. (*documentación*) file. 2. (*Inform*) file.

arcilla *sf* clay.

arco *sm* 1. (*Arquit*) arch. 2. (*Mil, Mús*) bow. 3. (*Mat*) arc. 4. (*Amér L: Dep*) goal.

arco iris *sm* rainbow.

arder *vi* to burn ● **está que arde** he's furious.

ardid *sm* trick, ruse.

ardiente *adj* burning.

ardilla *sf* squirrel.

ardor *sm* 1. (*gen*) burning. 2. (*apasionamiento*) fervour, (*US*) fervor.

ardor de estómago *sm* heartburn.

arduo, -dua *adj* arduous.

área *sf*★ area: **área de servicio** service area.

arena *sf* 1. (*materia*) sand: **arenas movedizas** quicksand. 2. (*Hist, Tauro*) arena.

arenga *sf* harangue.

arenisca *sf* sandstone.

arenoso, -sa *adj* sandy.

arenque *sm* herring *n inv*.

arete *sm* (*Amér L*) earring.

argamasa *sf* mortar.

Argelia *sf* Algeria.

argelino, -na *adj, sm/f* Algerian.

Argentina *sf* Argentina.

argentino, -na *adj, sm/f* Argentinian.

argolla *sf* (large) ring.

argot *sm* [-gots] (*de un grupo social*) slang; (*de una profesión*) jargon.

argüir [⇨ huir] *vt/i* to argue.

argumentación *sf* arguments *pl.*

argumento *sm* 1. (*razón*) argument. 2. (*trama*) plot.

árido, -da *adj* arid.

aries, Aries *sm* Aries.

ario, -ria *adj, sm/f* Aryan.

arisco, -ca *adj* unfriendly.

arista *sf* 1. (*Mat*) edge. 2. (*Geog*) ridge.

aristócrata *sm/f* aristocrat.

aritmética *sf* arithmetic.

arma *sf*★ weapon.

arma blanca *sf*★ knife. **arma de fuego** *sf*★ firearm. **armas nucleares** *sf pl* nuclear weapons *pl.*

armada *sf* 1. (*marina*) navy. 2. (*flota*) fleet.

armado, -da *adj* armed.

armadura *sf* 1. (*Hist*) armour, (*US*) armor. 2. (*estructura*) frame.

armamento *sm* arms *pl*.

armar *vt* 1. (*proporcionar armas a*) to arm. 2. (*montar*) to put together. 3. (*fam: causar*): **armar bronca** to kick up a fuss.

armarse *v prnl* 1. (*Mil*) to arm (oneself). 2. (*de valor*): **armarse de valor** to pluck up courage. 3. (*ocurrir*): ¡**qué lío se armó!** what a commotion there was!

armario *sm* (*gen*) cupboard; (*ropero*) wardrobe.

armario empotrado *sm* built-in wardrobe/cupboard, (*US*) closet.

armatoste *sm* (*fam*) big piece of junk.

armazón *sm* * *sf* 1. (*gen*) framework. 2. (*Amér L: de anteojos*) frames *pl*.

armiño *sm* ermine.

armonía *sf* harmony.

armónica *sf* harmonica.

armonioso, -sa *adj* harmonious.

arnés *sm* harness.

aro *sm* 1. (*gen*) hoop. 2. (*Arg, Chi*: *pendiente*) earring.

aroma *sm* (*gen*) smell; (*del café*) aroma; (*de una flor*) fragrance.

arpa *sf* ★ harp.

arpón *sm* harpoon.

arqueólogo, -ga *sm/f* archaeologist.

arquero, -ra *sm/f* 1. (*Mil*) archer. 2. (*Amér L: en fútbol*) goalkeeper.

arquitecto, -ta *sm/f* architect.

arquitectura *sf* architecture.

arrabal *sm* poor outer suburb.

arraigado, -da *adj* 1. (*costumbre*) deep-rooted. 2. (*en un lugar*) well established.

arraigar [⇨ pagar] *vi* to take root.

arrancar [⇨ sacar] *vt* 1. (*sacar*) to pull out. 2. (*arrebatar*) to snatch. 3. (*Auto*) to start (up). ♦ *vi* 1. (*Auto*) to start. 2. (*comenzar*) to begin.

arranque *sm* 1. (*Auto*) ignition system. 2. (*energía*) drive. 3. (*impulso*) fit.

arrasar *vt* (*destruir*) to devastate. ♦ *vi* (*ganar*) to sweep to victory.

arrastrar *vt* 1. (*un saco, un mueble*) to drag (**por** along); (*llevarse*) to carry away. 2. (*un problema*): **lo arrastra desde pequeña** she's had it since she was a child. ♦ *vi* to trail (on the ground) (**por** along).

arrastrarse *v prnl* to crawl (**por** along).

arrastre *sm* 1. (*acción*) dragging ● **estoy para el arrastre** I'm shattered. 2. (*de esquí*) drag lift.

arre *excl* gee up!

arrear *vt* 1. (*a animales*) to drive. 2. (*fam: dar*): **le arreó una torta** she slapped him.

arrebatar *vt* to snatch (**a** from).

arrebato *sm* fit, attack.

arreciar *vi* to get worse.

arrecife *sm* reef.

arredrar *vt* to intimidate, to frighten.

arreglar *vt* 1. (*reparar*) to fix, to mend, to repair; (*Indum*) to alter. 2. (*poner en regla*) to sort out. 3. (*ordenar*) to tidy (up).

arreglarse *v prnl* 1. (*prepararse*) to get ready. 2. (*apañarse*) to manage ● **arreglárselas** to manage. 3. (*problema*) to sort itself out.

arreglo *sm* 1. (*reparación*) repair; (*Indum*) alteration (**de** to). 2. (*solución*) solution ● **fue un arreglo de cuentas** it was a settling of old scores. 3. (*acuerdo*) agreement. 4. (*Mús*) arrangement.

arrellanarse *v prnl* to settle.

arremeter *vi* (*físicamente*) to charge (**contra** at); (*verbalmente*): **arremetió contra los liberales** he attacked the liberals.

arremolinarse *v prnl* 1. (*agua, hojas*) to swirl. 2. (*gente*) to mill around.

arrendamiento *sm* rental.

arrendar [⇨ pensar] *vt* 1. (*el usuario*) to rent. 2. (*el propietario*) to rent (out), to let.

arrendatario, **-ria** sm/f tenant, leaseholder.

arreos sm pl harness.

arrepentirse [⇨ sentir] v prnl 1. (sentir pesar) to be sorry: **arrepentirse de** to regret. 2. (Relig) to repent. 3. (cambiar de idea) to change one's mind.

arrepiento etc. ⇨ **arrepentirse**.

arrestar vt to arrest.

arresto sm arrest.

arresto domiciliario sm house arrest.

arriar [⇨ ansiar] vt to lower.

arriba I adv 1. (de situación: gen) up: **arriba en la montaña** up on the mountain; (: en un edificio) upstairs; (: en un escrito) above. 2. (de dirección: gen) up: **cuesta arriba** uphill ● **de arriba abajo** from top to bottom; (: en un edificio) upstairs. II **arriba de** prep (Amér L) on top of.

arribar vi to arrive (**a** at * in).

arribista sm/f social climber.

arriesgado, **-da** adj 1. [S] (acción) dangerous, risky. 2. [S] (persona) daring.

arriesgar [⇨ pagar] vt (poner en peligro) to risk; (aventurar) to venture.

arriesgarse v prnl to take risks: **te arriesgas a perderlo** you risk losing it.

arrimar vt to bring * move closer.

arrimarse v prnl to move closer.

arrinconar vt 1. (rodear) to corner. 2. (un objeto) to leave in a corner. 3. (marginar) to leave out.

arrobar vt to fascinate.

arrodillarse v prnl to kneel down.

arrogancia sf arrogance.

arrogante adj arrogant.

arrojado, **-da** adj daring.

arrojar vt 1. (lanzar) to throw. 2. (un resultado) to produce. ♦ vi (fam) to be sick.

arrojarse v prnl (gen) to throw oneself; (sobre alguien) to pounce (**sobre** on).

arrollador, **-dora** adj overwhelming.

arrollar vt 1. (camión, tren) to hit. 2. (Dep) to thrash. ♦ vi to triumph.

arropar vt 1. (con ropa) to wrap up. 2. (proteger) to protect.

arroyo sm 1. (río) stream. 2. (en la calle) gutter.

arroz sm [arroces] rice.

arroz a la cubana sm: boiled rice and fried egg with tomato sauce. **arroz a la milanesa** sm (RP) risotto. **arroz con leche** sm rice pudding. **arroz integral** sm brown rice.

arruga sf (en una prenda, un papel) crease; (en la piel) wrinkle.

arrugar [⇨ pagar] vt (una prenda, un papel) to crease.

arrugarse v prnl (piel) to wrinkle; (prendas) to crease.

arruinar vt to ruin.

arruinarse v prnl to be ruined.

arrullar vt to lull (to sleep).

arrumaco sm: **se estaban haciendo arrumacos** they were kissing and cuddling.

arsenal sm arsenal.

arsénico sm arsenic.

arte sm [usually feminine in plural] art ● **por amor al arte** for the love of it.

artes de pesca sf pl fishing gear.

artefacto sm device.

arteria sf artery.

artesanal adj traditional.

artesanía sf crafts pl.

artesano, **-na** sm/f craftsman/woman.

ártico, **-ca** I adj Arctic. II **el océano (Glacial) Ártico** * **el Ártico** sm the Arctic Ocean.

articulación sf joint.

articular vt to articulate.

artículo sm (gen) article; (producto) product, item.

artífice sm/f architect (**de** of).

artificial adj artificial.

artificiero sm explosives expert.

artificio sm 1. (artefacto) device. 2. (artimaña) cunning trick.

artillería sf artillery.

artilugio sm gadget.

artimaña sf trick.

artista sm/f artist.

artístico, -ca *adj* artistic.
artritis *sf* arthritis.
arveja *sf* (*Amér S*) pea.
arzobispo *sm* archbishop.
as *sm* ace.
asa *sf* ★ handle.
asado, -da I *adj* **1.** (*fam: con calor*) very hot. **2.** (*Culin*) *pp* ⇨ asar. **II** *sm* **1.** (*gen*) roast. **2.** (*C Sur: comida, reunión*) barbecue.
asador *sm* **1.** (*restaurante*) restaurant (*specializing in roast meat*). **2.** (*varilla*) spit; (*C Sur: parrilla*) barbecue; (*: cocinero*) cook (*at a barbecue*).
asalariado, -da *adj* wage-earning.
asaltante *sm/f* (*agresor*) attacker; (*ladrón*) robber, raider.
asaltar *vt* (*gen*) to attack; (*un banco*) to rob, to raid.
asalto *sm* **1.** (*gen*) attack (**a** on); (*a un banco*) robbery, raid. **2.** (*en boxeo*) round.
asamblea *sf* (*reunión*) meeting; (*foro*) assembly.
asar *vt* (*carne: en el horno*) to roast: **pollo asado** roast chicken; (*: en una parrilla*) to grill, (*US*) to broil; (*una patata*) to bake.
asarse *v prnl* (*fam*) to roast.
ascendencia *sf* **1.** (*linaje*) ancestry. **2.** (*influjo*) influence (**sobre** on ∗ over).
ascendente *adj* ascending.
ascender [⇨ tender] *vi* **1.** (*temperatura*) to rise. **2.** (*a un lugar*) to go up, to ascend. **3.** (*a un cargo*) to rise; (*al trono*): **ascendió al trono** he ascended the throne; (*Dep*) to be promoted. **4.** (*a una cantidad*) to add up (**a** to). ♦ *vt* to promote.
ascendiente I *sm/f* ancestor. **II** *sm* influence (**sobre** on ∗ over).
ascenso *sm* **1.** (*promoción*) promotion. **2.** (*subida*) ascent.
ascensor *sm* lift, (*US*) elevator.
asceta *sm/f* ascetic.
asciendo *etc.* ⇨ ascender.
asco *sm* (*repulsión*) disgust: **da asco** it's revolting ● **estaba hecha un asco** she was in a terrible state.

ascua *sf* ★ ember ● **no me tengas en ascuas** don't keep me on tenterhooks.
asear *vt* to clean up.
asearse *v prnl* to have a wash.
asediar *vt* to besiege.
asedio *sm* siege.
asegurado, -da *adj* **1.** (*Fin, Jur*) insured (**contra** against). **2.** (*garantizado*) assured.
asegurador, -dora I *adj* insurance (*apos.*). **II** *sm/f* insurer.
asegurar *vt* **1.** (*afianzar*) to secure. **2.** (*afirmar*) to say; (*prometer*) to assure. **3.** (*garantizar*) to guarantee. **4.** (*Fin*) to insure (**contra** against).
asegurarse *v prnl* (*cerciorarse*) to make sure.
asemejarse *v prnl*: **asemejarse a** to resemble.
asentamiento *sm* settlement.
asentar [⇨ pensar] *vt* **1.** (*instalar*) to set up. **2.** (*estabilizar*) to settle. **3.** (*consolidar*) to consolidate.
asentarse *v prnl* **1.** (*estabilizar*) to settle. **2.** (*estar situado*) to be situated.
asentir [⇨ sentir] *vi* (*expresar acuerdo*) to agree (**a** to); (*con la cabeza*) to nod.
aseo *sm* **1.** (*retrete*) toilet, (*US*) washroom. **2.** (*acción*) cleaning.
asequible *adj* **1.** (*precio*) affordable. **2.** (*texto*) accessible.
aserradero *sm* sawmill.
aserrín *sm* sawdust.
asesinar *vt* (*gen*) to murder; (*Pol*) to assassinate.
asesinato *sm* (*gen*) murder; (*Pol*) assassination.
asesino, -na I *adj* murderous. **II** *sm/f* (*gen*) murderer, killer; (*Pol*) assassin.
asesino, -na a sueldo *sm/f* hired killer.
asesor, -sora I *adj* advisory. **II** *sm/f* adviser, consultant.
asesorar *vt* to advise.
asesorarse *v prnl* to get advice (**con** from).
asesoría *sf* consultancy.

asestar *vt*: me asestó un golpe/ una puñalada he hit me/stabbed me.

aseverar *vt* (*frml*) to state.

asfalto *sm* tarmac, asphalt.

asfixia *sf* asphyxia, suffocation.

asfixiar *vt* to asphyxiate, to suffocate.

asfixiarse *vprnl* to asphyxiate, to suffocate.

así *adv, adj* **1**. (*gen*) like this/that: hazlo así do it like this; gente así people like that ● **así de grande** this big ● **así así** so-so ● **así como así** just like that ● **... o así** ... or thereabouts ● **¿no es así?** isn't that so? **2**. **así que** so.

Asia *sf*★ Asia.

asiático, -ca *adj, sm/f* Asian.

asiduo, -dua *adj* regular.

asiento *sm* **1**. (*silla*) seat. **2**. (*en contabilidad*) entry.

asignación *sf* **1**. (*acción*) allocation. **2**. (*dinero: para institución*) budget; (*: para persona*) allowance.

asignar *vt* **1**. (*una tarea*) to assign; (*una cantidad*) to allocate. **2**. (*a una persona*) to assign.

asignatura *sf* subject.

asilado, -da *sm/f* refugee.

asilo *sm* **1**. (*or* **asilo político**) (*Pol*) (political) asylum. **2**. (*residencia*) home. **3**. (*cobijo*) shelter.

asimilar *vt* to assimilate.

asimismo *adv* (*frml*) furthermore.

asir [⟳ table in appendix 2] *vt* to grab (**de** ∗ **por** by), to seize (**de** ∗ **por** by).

asirse *vprnl* to grab hold (**a** of).

asistencia *sf* **1**. (*auxilio*) assistance, help. **2**. (*concurrencia*) attendance (**a** at).

asistencia médica *sf* medical care.

asistenta *sf* cleaning lady.

asistente *sm/f* **1**. (*en un lugar*): los asistentes those present. **2**. (*ayudante*) assistant.

asistente social *sm/f* social worker.

asistir *vi* to attend: asistió a la reunión he attended the meeting. ♦ *vt* to assist, to help.

asma *sf*★ asthma.

asmático, -ca *adj, sm/f* asthmatic.

asno *sm* ass, donkey.

asociación *sf* association.

asociado, -da **I** *adj* associated. **II** *sm/f* (*miembro*) member; (*Fin*) partner.

asociar *vt* to associate (**con** ∗ **a** with).

asociarse *vprnl* to go into partnership.

asolar *vt* to devastate.

asomar *vt* (*sacar*) to put out. ♦ *vi* (*surgir*) to appear.

asomarse *vprnl* **1**. (*sacar el cuerpo*) to lean out (**a** of). **2**. (*mirar*) to look out.

asombrar *vt* to surprise.

asombrarse *vprnl* to be surprised: se asombró muchísimo he was astonished ∗ amazed.

asombroso, -sa *adj* astonishing, amazing.

asomo *sm* hint, sign ● **ni por asomo** no way.

asorocharse *vprnl* (*Amér S*) to get altitude sickness.

aspa *sf*★ **1**. (*de molino*) sail; (*de ventilador*) blade. **2**. (*cruz*) cross.

aspamento *sm* (*RP: fam*): hacer ∗ armar aspamento to make a fuss.

aspaviento *sm* wild gesture: hacer aspaviento(s) to make a fuss.

aspecto *sm* **1**. (*apariencia*) look, appearance. **2**. (*faceta*) aspect.

áspero, -ra *adj* **1**. (*superficie*) rough. **2**. (*voz, sonido*) harsh. **3**. (*poco amable*) abrupt.

aspersor *sm* sprinkler.

aspiración *sf* **1**. (*deseo*) ambition, aspiration. **2**. (*Med*) inhalation.

aspirador *sm* ⟳ aspiradora.

aspiradora *sf* vacuum cleaner, (*GB*) Hoover®: pasar la aspiradora to vacuum ∗ hoover.

aspirante *sm/f* **1**. (*a un cargo*) candidate (**a** for). **2**. (*al trono*) pretender (**a** to).

aspirar *vt* **1**. (*aire*) to inhale, to breathe (in). **2**. (*Tec*) to suck in ∗ up. ♦ *vi* (*pretender*) to aspire (**a** to)

aspirina *sf* aspirin.

asquear vt to disgust, to revolt.

asqueroso, -sa adj **1.** (sucio) filthy. **2.** (repulsivo) disgusting, revolting. **3.** (Amér L: malo) mean.

asta sf★ **1.** (de bandera) flagpole. **2.** (de toro) horn.

asterisco sm asterisk.

asteroide sm asteroid.

astigmatismo sm astigmatism.

astilla I sf (de madera) splinter. II **astillas** sf pl (para fuego) kindling.

astillero sm shipyard.

astringente adj astringent.

astro sm **1.** (Astron) heavenly body. **2.** (del cine, la canción) star.

astrología sf astrology.

astrólogo, -ga sm/f astrologer.

astronauta sm/f astronaut.

astronomía sf astronomy.

astronómico, -ca adj astronomical.

astrónomo, -ma sm/f astronomer.

astucia sf cunning.

asturiano, -na adj of ✳ from Asturias.

astuto, -ta adj astute, shrewd.

asumir vt **1.** (hacerse cargo de) to assume. **2.** (aceptar) to come to terms with.

asunceño, -ña adj of ✳ from Asunción.

asunto sm **1.** (tema) issue, matter. **2.** (negocio) affair.

asustadizo, -za adj jumpy.

asustar vt to frighten, to scare.

asustarse v prnl to be scared ✳ frightened.

atacar [➪ sacar] vt/i to attack.

atado sm **1.** (de ropa) bundle. **2.** (RP: de cigarrillos) packet, (US) pack.

atadura sf **1.** (ligadura) bond. **2.** (vínculo) tie.

atajar vt **1.** (cortarle el paso a) to cut off. **2.** (detener) to stop. **3.** (Amér L: atrapar) to catch. ♦ vi to take a shortcut (por through).

atajo sm short cut.

atalaya sf watchtower.

atañer vi: no me atañe it doesn't concern me.

ataque sm (Med, Mil) attack: me dio

un ataque de risa I couldn't stop myself laughing.

ataque al corazón sm heart attack.

atar vt **1.** (amarrar) to tie. **2.** (quitar libertad a) to tie down.

atarse v prnl (los cordones) to tie, to do up.

atardecer I sm dusk, nightfall. II [➪ agradecer] v impers to get dark.

atareado, -da adj busy.

atascar [➪ sacar] vt to block.

atascarse v prnl **1.** (obstruirse) to get blocked. **2.** (encajarse) to get stuck. **3.** (Méx: fam, de comida) to stuff oneself.

atasco sm traffic jam.

ataúd sm coffin, (US) casket.

ataviarse [➪ ansiar] v prnl to get dressed up (con in).

atavío sm dress, attire.

atemorizar [➪ cazar] vt to frighten.

Atenas sf Athens.

atenazar [➪ cazar] vt to grip.

atención I sf **1.** (interés) attention: **prestar atención** to pay attention; **llama la atención** it attracts attention ● **le llamaron la atención** he was told off. **2.** (cortesía) kindness. II excl (gen): ¡**atención, por favor!** attention, please!; (advirtiendo) look out!

atender [➪ tender] vt **1.** (a un enfermo) to look after. **2.** (a un cliente: gen) to see; (: en tienda) to serve. ♦ vi to pay attention.

atenerse [➪ tener] v prnl (al reglamento) to abide (a by): **atenerse a las consecuencias** to accept the consequences.

atentado sm attack (contra ✳ a on).

atentamente adv **1.** (gen) attentively, carefully. **2.** (en carta) yours faithfully.

atentar vi: **atentaron contra su vida** they tried to kill him.

atento, -ta adj **1.** [E] (concentrado): **estar atento a algo** to pay attention to sthg. **2.** [S] (considerado) obliging (con towards), polite (con to).

atenuante adj extenuating.

atenuar [➪ actuar] vt to lessen.

ateo, -tea *sm/f* atheist.

aterido, -da *adj* numb.

aterrar *vt* to terrify.

aterrizaje *sm* landing.

aterrizaje forzoso *sm* emergency landing.

aterrizar [⇨ cazar] *vi* to land.

aterrorizar [⇨ cazar] *vt* to terrify.

atesorar *vt* to amass.

atestado, -da I *adj* (*lleno*) packed (**de** with). **II** *sm* (*Jur*) statement.

atestiguar [⇨ averiguar] *vi* to testify.

atiborrar *vt* to cram (**de** with).

atiborrarse *v prnl* (*fam*) to stuff oneself (**de** with).

ático *sm* **1.** (*último piso*) top floor; (*apartamento*) top floor apartment. **2.** (*buhardilla*) attic.

atiendo *etc.* ⇨ **atender.**

atinar *vi* to manage (**a** to): **atinó con la respuesta** she got the answer right.

atípico, -ca *adj* atypical.

atisbar *vt* **1.** (*divisar*) to make out. **2.** (*mirar*) to peer at.

atizar [⇨ cazar] *vt* **1.** (*el fuego*) to poke; (*discordias*) to stir up. **2.** (*fam: propinar*): **me atizó un golpe** he hit me.

atlántico, -ca I *adj* Atlantic. **II el (océano) Atlántico** *sm* the Atlantic (Ocean).

atlas *sm inv* atlas.

atleta *sm/f* athlete.

atlético, -ca *adj* athletic.

atletismo *sm* athletics.

atmósfera *sf* atmosphere.

atolladero *sm* jam.

atolón *sm* atoll.

atolondrado, -da *adj* scatterbrained.

atómico, -ca *adj* atomic.

atomizador *sm* spray.

átomo *sm* atom.

atónito, -ta *adj* astounded, amazed.

atontado, -da *adj* dazed, stunned.

atorar *vt* to block.

atormentar *vt* to torture.

atornillar *vt* to screw down/on.

atorrante, -ta (*C Sur: fam*) **I** *adj*

(*vago*) lazy. **II** *sm/f* **1.** (*vago*) lazy devil. **2.** (*sinvergüenza*) crook.

atosigar [⇨ pagar] *vt* to pester, to harass.

atracadero *sm* landing stage, jetty.

atracador, -dora *sm/f* (*de bancos*) robber, raider; (*callejero*) mugger.

atracar [⇨ sacar] *vt* (*un banco*) to rob, to raid; (*a una persona*) to mug. ♦ *vi* (*Náut*) to berth.

atracarse *v prnl* (*fam: de comida*) to stuff oneself (**de** with).

atracción *sf* attraction.

atraco *sm* robbery, hold-up: **atraco a mano armada** armed robbery.

atractivo, -va I *adj* attractive. **II** *sm* attraction.

atraer [⇨ traer] *vt* to attract.

atragantarse *v prnl* to choke (**con** on) ● **se me ha atragantado** I can't stand him.

atraigo *etc.* ⇨ **atraer.**

atrancar [⇨ sacar] *vt* (*una puerta*) to bar.

atrancarse *v prnl* (*fam: persona*) to get stuck.

atrapar *vt* to catch, to trap.

atrás I *adv* **1.** (*indicando posición*): **me senté atrás** I sat at the back; **se quedó atrás** she fell behind; **miré hacia atrás** I looked back. **2.** (*en el tiempo*): **meses atrás** months ago. **II atrás de** *prep* (*Amér L*) behind. **III** *excl* get back!

atrasado, -da *adj* **1.** [E] (*en estudios*) behind; [E] (*en desarrollo*) backward. **2.** [E] (*reloj*) slow. **3.** (*antiguo*) old.

atrasar *vt* **1.** (*aplazar*) to postpone. **2.** (*un reloj*) to put back.

atrasarse *v prnl* **1.** (*demorarse*) to be late. **2.** (*reloj*) to run slow. **3.** (*rezagarse*) to fall behind.

atravesar [⇨ pensar] *vt* **1.** (*perforar*) to go through. **2.** (*cruzar*) to cross. **3.** (*pasar por*) to go through. **4.** (*colocar*) to put across.

atravieso *etc.* ⇨ **atravesar.**

atreverse *v prnl* to dare.

atrevido, -da *adj* **1.** (*arriesgado*) daring. **2.** (*fresco, impertinente*) impudent, cheeky.

atribuciones *sf pl* powers *pl*.

atribuir [⇨ huir] *vt* to attribute (**a** to).

atributo *sm* attribute.

atrocidad *sf* atrocity.

atrofiarse *v prnl* to atrophy.

atropellar *vt* (*Auto*) to knock down; (*empujar*) to push.

atropello *sm* outrage, violation (*of sbdy's rights*).

atroz *adj* [**atroces**] atrocious.

ATS *sm/f* (*en Esp*) nurse.

atuendo *sm* attire.

atún *sm* tuna (fish).

aturdir *vt* to stun.

aturdirse *v prnl* to be taken aback.

aturullarse *v prnl* (*fam*) to get confused.

audacia *sf* daring, audacity.

audaz *adj* [**daces**] audacious.

audición *sf* 1. (*facultad*) hearing. 2. (*prueba*) audition.

audiencia *sf* 1. (*gen*) audience. 2. (*tribunal*) court.

audífono *sm* hearing aid.

auditar *vt* to audit.

auditoría *sf* audit.

auditorio *sm* 1. (*oyentes*) audience. 2. (*local*) auditorium.

auge *sm* 1. (*apogeo*) pinnacle, peak. 2. (*relevancia*) importance.

augurar *vt* (*indicio*) to augur; (*persona*) to foretell.

augurio *sm* omen, sign.

aula *sf* ★ (*de colegio*) classroom; (*de universidad*) lecture theatre.

aullar [⇨ aunar] *vi* to howl.

aullido *sm* howl.

aumentar *vt/i* to increase.

aumento *sm* increase: **va en aumento** it is increasing.

aun *adv* even.

aún *adv* 1. (*en oraciones negativas*) yet, still: **aún no ha llamado** he hasn't phoned yet ‖ he still hasn't phoned. 2. (*en oraciones no negativas*) still. 3. (*en comparaciones*) even: **aún más ancho** even wider.

aunar [⇨ table in appendix 2] *vt* to combine.

aunque *conj* (+ *indicativo*) although,

even though; (+ *subjuntivo*) even if.

aúpa *excl* up you get! ● **de aúpa** tremendous.

aureola *sf* halo.

auricular I *sm* (*de teléfono*) receiver. II **auriculares** *sm pl* (*Mús*) headphones *pl*, earphones *pl*.

aurora *sf* dawn.

ausencia *sf* absence.

ausentarse *v prnl* to leave, to go away.

ausente *adj* 1. (*de un lugar*) absent (**de** from). 2. (*abstraído*) in a dream.

ausentismo *sm* (*Amér L*) absenteeism.

auspiciar *vt* (*Amér L*) to sponsor.

auspicio I *sm* (*patrocinio*): **bajo el auspicio de** under the auspices of. II **auspicios** *sm pl* signs *pl*, omens *pl*.

austeridad *sf* austerity.

austero, -ra *adj* austere.

austral *adj* southern.

Australasia *sf* Australasia.

Australia *sf* Australia.

australiano, -na *adj*, *sm/f* Australian.

Austria *sf* Austria.

austriaco, -ca *adj*, *sm/f* Austrian.

autenticidad *sf* authenticity.

auténtico, -ca *adj* authentic, real.

auto *sm* 1. (*coche*) car. 2. (*Jur*) decision.

auto de procesamiento *sm* committal order. **auto sport** *sm* (*RP*) sports car.

autobiografía *sf* autobiography.

autobús *sm* bus.

autocar *sm* coach.

autóctono, -na *adj* indigenous, native.

autodeterminación *sf* (*Pol*) self-determination.

autodidacta *sm/f*, **autodidacto, -ta** *sm/f* self-taught person.

autoedición *sf* desktop publishing.

autoescuela *sf* driving school.

autógrafo *sm* autograph.

automático, -ca I *adj* automatic. II *sm* press stud.

automatización *sf* automation.

automóvil *sm* car.

automovilismo *sm* driving, motoring.

automovilista *sm/f* driver, motorist.

autonomía *sf* 1. (*autogobierno*) autonomy. 2. (*en Esp: región*) autonomous region.

autónomo, -ma *adj* 1. (*región*) autonomous. 2. (*trabajador*) self-employed.

autopista *sf* motorway, (*US*) freeway.

autopsia *sf* postmortem, autopsy.

autor, -tora *sm/f* 1. (*escritor*) writer, author. 2. (*de un crimen*) perpetrator.

autoridad *sf* authority.

autoritario, -ria *adj*, *sm/f* authoritarian.

autorizar [⇨ cazar] *vt* to authorize.

autorretrato *sm* self-portrait.

autoservicio *sm* (*tienda*) supermarket; (*restaurante*) self-service restaurant.

auto-stop, autostop /autoes'top/ *sm* hitchhiking: **hacer auto-stop** to hitch ‖ to hitchhike.

autosuficiencia *sf* self-sufficiency.

autovía *sf* dual carriageway, (*US*) divided highway.

auxiliar I *vt* to help. **II** *adj* auxiliary. **III** *sm/f* assistant.

auxiliar de vuelo *sm/f* flight attendant.

aval *sm* guarantee.

avalancha *sf* avalanche.

avance *sm* 1. (*progreso*) advance. 2. (*de una película*) trailer.

avance informativo *sm* news bulletin.

avanzar [⇨ cazar] *vt/i* to advance.

avaricioso, -sa *adj* avaricious, greedy.

avaro, -ra *sm/f* miser.

avasallar *vt* to subjugate.

Avda. (= **Avenida**) Ave.

AVE /'aβe/ *sm* = (**tren de**) **alta velocidad español**.

ave *sf* ★ bird.

ave de corral *sf* ★ domestic fowl. **ave**

rapaz ∗ **de rapiña** *sf* ★ bird of prey.

avecinarse *v prnl* to approach.

avejentar *vt* to age.

avellana *sf* hazelnut.

avemaría *sf* ★ Hail Mary.

avena *sf* oats *pl*.

avenida *sf* avenue.

avenido, -da *adj*: **una familia muy bien avenida** a very united family.

aventajar *vt* to be ahead of.

aventón *sm* (*Méx*) lift, ride.

aventura *sf* 1. (*gen*) adventure. 2. (*amorosa*) affair, fling.

aventurado, -da *adj* risky.

aventurar *vt* to risk.

aventurero, -ra I *adj* adventurous. **II** *sm/f* adventurer.

avergonzado, -da *adj* ashamed (**de** of).

avergonzar [⇨ forzar] *vt* 1. (*dar vergüenza a*): **me avergüenza** I'm ashamed of it. 2. (*hacer pasar vergüenza a*) to embarrass.

avergonzarse *v prnl* to be ashamed (**de** of).

avergüenzo etc. ⇨ **avergonzar**.

avería *sf* (*Tec*) fault; (*Auto*) breakdown.

averiado, -da *adj* (*Tec*) out of order; (*Auto*) broken-down.

averiguaciones *sf pl* investigations *pl*.

averiguar [⇨ table in appendix 2] *vt* to find out.

aversión *sf* aversion.

avestruz *sm* [**-truces**] ostrich.

aviado, -da *adj* ready ● **¡estamos aviados!** now we're in trouble!

aviador, -dora *sm/f* 1. (*Av*) pilot. 2. (*Méx: fam, ocupante ilegal*) squatter.

avicultura *sf* poultry farming.

ávido, -da *adj* avid, eager.

avinagrarse *v prnl* to turn sour.

avío I *sm* (*servicio*): **me hace buen avío** it does a good job. **II avíos** *sm pl* (*fam*) kit.

avión *sm* plane.

avioneta *sf* light aircraft *n inv*.

avisar *vt* 1. (*de un problema*) to warn (**de** of ∗ about). 2. (*decir*) to tell.

3. (*llamar*) to send for.
aviso *sm* 1. (*advertencia*) warning.
2. (*comunicación*) notice. 3. (*Amér L: en publicidad*) advertisement.
avispa *sf* wasp.
avispado, -da *adj* sharp.
avispero *sm* 1. (*nido*) wasps' nest.
2. (*embrollo*) hornet's nest.
avistar *vt* to glimpse, to catch sight of.
avituallar *vt* to provide with food.
avivar *vt* 1. (*el fuego*): **avivó el fuego** he got the fire going again. 2. (*intensificar*) to intensify.
avivarse *v prnl* (*RP: fam*) 1. (*espabilarse*) to get one's act together.
2. (*aprovecharse*) to take advantage.
axila *sf* armpit.
ay *excl* (*de dolor*) ow!, ouch!; (*de lamento, susto*) oh!
ayer I *adv* yesterday: **ayer por la mañana** yesterday morning. II *sm* past.
ayuda *sf* help.
ayudante *sm/f* assistant.
ayudar *vt* to help.
ayunar *vi* to fast.
ayunas: **en ayunas** *loc adv*: **está en ayunas** he hasn't eaten anything.
ayuntamiento *sm* 1. (*institución*) town/city council. 2. (*edificio*) town/city hall.
azabache *sm* jet.
azada *sf* hoe.
azadón *sm* mattock.
azafata *sf* (*en un avión*) flight attendant; (*de congresos*) hostess; (*en televisión*) assistant.
azafrán *sm* saffron.
azahar *sm* orange/lemon blossom.
azar *sm* fate, chance: **al azar** at random.
azorado, -da *adj* embarrassed.
azotador *sm* (*Méx*) caterpillar.
azotaina *sf* spanking.
azotar *vt* 1. (*con la mano*) to spank, to smack; (*con un látigo*) to whip.
2. (*enfermedad, hambre*) to grip.
3. (*lluvia, nieve*) to lash.
azote *sm* 1. (*con la mano*) smack, slap; (*con un látigo*) lash. 2. (*des-*

gracia) scourge.
azotea *sf* (*flat*) roof.
azteca *adj, sm/f* Aztec.
azúcar *sm* ∗ *sf* sugar.
azúcar de caña *sm* cane sugar. **azúcar moreno** *sm* brown sugar.
azucarera *sf* 1. (*refinería*) sugar refinery. 2. (*recipiente*) sugar bowl.
azucarero, -ra I *adj* sugar (*apos.*). II *sm* sugar bowl.
azufre *sm* sulphur, (*US*) sulfur.
azul *adj, sm* blue.
azul marino *adj inv, sm* navy blue.
azulado, -da *adj* bluish.
azulejo *sm* tile.
azuzar [⇨ cazar] *vt* to egg on.

baba *sf* dribble.
babero *sm* bib.
babi *sm* (*fam*) (child's) overall.
Babia *sf*: **estar en Babia** to be miles away.
babor *sm* port.
babosa *sf* slug.
babuino *sm* baboon.
baca *sf* roof rack.
bacalao *sm* cod *n inv*.
bache *sm* 1. (*en camino*) pothole.
2. (*en el aire*) air pocket. 3. (*mal momento*) bad patch.
bachillerato *sm*: *final two years of secondary school*.
bacon /'beɪkɒn/ *sm* bacon.
bacteria *sf* bacterium.
badajocense *adj* ∗ from Badajoz.
badén *sm* 1. (*en carretera*) speed bump, (*GB*) sleeping policeman.
2. (*en río*) ford.

bafle sm speaker.

bagatela sf: item of little value.

bah excl bah!

bahía sf bay.

bailaor, -ora sm/f flamenco dancer.

bailar vt to dance. ♦ vi **1.** (danzar) to dance. **2.** (estar suelto): **le baila un diente** he has a loose tooth. **3.** (prenda): **me baila** it's much too big for me.

bailarín, -rina sm/f dancer.

baile sm **1.** (actividad) dancing. **2.** (estilo) dance. **3.** (fiesta: gen) dance; (: de etiqueta) ball.

baile de disfraces sm fancy-dress ball.

baja sf **1.** (descenso) drop. **2.** (de un trabajo, una asociación): **causar baja** to leave; **me di de baja en el club** I resigned from the club; **me dieron de baja** (de un trabajo) they dismissed me, (de una asociación) they cancelled my membership. **3.** (parte médico) sickness certificate; (ausencia): **estar de baja** to be off sick; **baja por maternidad** maternity leave. **4.** (en combate) casualty.

bajada sf **1.** (disminución) drop (de in). **2.** (camino) descent.

bajada de bandera sf (en taxi) minimum fare.

bajante sf drainpipe.

bajar vi **1.** (ir: si el hablante está arriba) to go down; (: si el hablante está abajo) to come down. **2.** (de un coche) to get out (de of); (de un autobús, un tren) to get off: **bajaron del tren** they got off the train. **3.** (marea) to go out. **4.** (precios, temperatura) to fall. **5.** (de categoría) to go down. ♦ vt **1.** (una cuesta, las escaleras: si el hablante está abajo) to come down; (: si el hablante está arriba) to go down. **2.** (llevar abajo) to take down; (traer abajo) to bring down. **3.** (mover hacia abajo) to lower. **4.** (los precios, la temperatura) to lower; (el volumen, la radio) to turn down; (la voz) to lower.

bajarse v prnl **1.** (de un lugar más

elevado) to get down. **2.** (de un coche) to get out (de of); (de un autobús, un tren) to get off: **se bajó del tren** she got off the train; (de una bicicleta) to get off. **3.** (los pantalones) to drop; (la cremallera) to undo.

bajío sm **1.** (en el mar) shallows pl. **2.** (Amér L: tierras bajas) low-lying land.

bajista I adj downward. **II** sm/f bass player.

bajo, -ja I adj **1.** (persona) short; (muro, edificio) low; (techo, estante) low: **un estante más bajo** a lower shelf; **el estante más bajo** the bottom shelf. **2.** (precio, temperatura, nota) low. **3.** (Mús: nota) low: **pon la radio más baja** turn the radio down. **4.** (mezquino) contemptible. **II bajo** adv **1.** (volar) low. **2.** (hablar, cantar) quietly. **III bajo** prep under. **IV bajo** sm **1.** (or **bajos** sm pl) (de un edificio) ground floor. **2.** (de una prenda) hem. **3.** (instrumento, voz) bass; (músico) bass player. **V bajos** sm pl underside.

bajo cero loc adv below zero. **bajo fianza** adv on bail. **bajos fondos** sm pl underworld.

bajón sm **1.** (descenso) sharp drop (de in). **2.** (psicológico) slump.

bakalao sm rave music.

bala sf **1.** (proyectil) bullet. **2.** (paquete) bale. **3.** (Amér L: Dep) shot.

balacera sf (Amér L) shoot-out.

balada sf ballad.

baladí adj [**-díes** ∗ **-dís**] trivial, minor.

balance sm **1.** (Fin: activo y pasivo) balance sheet; (: resultado) balance. **2.** (de víctimas) total number. **3.** (valoración) review.

balancear vt to rock.

balancearse v prnl to rock, to swing.

balancín sm **1.** (en los columpios) seesaw. **2.** (mecedora) rocking chair; (con toldo) garden hammock.

balanza sf scales pl.

balar vi to bleat.

balasto sm ballast.

balazo *sm* 1. (*tiro*) shot: **le pegaron un balazo** they shot him. 2. (*herida*) bullet wound.

balboa *sm*: currency of Panama.

balbucear *vt/i* (*niño*) to babble; (*persona nerviosa*) to stammer.

balbucir *vt/i* ⇨ **balbucear**.

Balcanes *sm pl* Balkans *pl*.

balcánico, -ca *adj* Balkan.

balcón *sm* balcony.

balda *sf* shelf.

baldado, -da *adj* (*fam*) 1. (*dolorido*) bruised (and battered). 2. (*agotado*) worn-out.

balde *sm* bucket ● **en balde** in vain ● **de balde** without paying.

baldosa *sf* (*en casa*) floor tile; (*en la calle*) paving stone.

baldosín *sm* (small) wall tile.

balear I *adj* Balearic. II *vt* (*Amér L*) to shoot at.

Baleares *sf pl* (or **islas Baleares**) Balearics *pl*.

baliza *sf* 1. (*Náut*) buoy. 2. (*Av*) runway light.

ballena *sf* whale.

ballesta *sf* 1. (*arma*) crossbow. 2. (*resorte*) spring.

ballet /ba'le/ *sm* ballet.

balneario *sm* 1. (*de aguas medicinales*) spa. 2. (*C Sur: con playa*) seaside resort.

balompié *sm* (*frml*) football.

balón *sm* football.

baloncesto *sm* basketball.

balonmano *sm* handball.

balonvolea *sm* volleyball.

balsa *sf* raft.

bálsamo *sm* balsam.

báltico, -ca I *adj* Baltic. II **el (mar) Báltico** *sm* the Baltic (Sea).

baluarte *sm* bastion.

bamba *sf*: Latin American dance.

banal *adj* banal.

banana *sf* banana.

bananero, -ra I *adj* banana (*apos.*). II *sm* banana tree.

banano *sm* 1. (*árbol*) banana tree. 2. (*Col: fruto*) banana.

banca *sf* 1. (*bancos*) banks *pl*; (*sistema*) banking. 2. (*en un casino*)

bank. 3. (*Col, RP: Pol*) seat.

bancada *sf* (*Col, RP: Pol*) parliamentary group.

bancal *sm* terrace.

bancar *vt* [⇨ sacar] (*RP: fam*) 1. (*soportar*) to put up with. 2. (*pagar*) to pay for.

bancario, -ria I *adj* bank (*apos.*). II *sm/f* (*C Sur*) bank employee.

bancarrota *sf* bankruptcy.

banco *sm* 1. (*Fin*) bank. 2. (*de sangre*) bank. 3. (*en parque*) bench; (*en iglesia*) pew; (*en taller*) workbench. 4. (*de peces*) shoal.

banco de arena *sm* sandbank.

banda *sf* 1. (*cinta*) sash. 2. (*franja*) band. 3. (*parte lateral: gen*) side; (*: de un río*) bank ● **cerrarse en banda** to dig one's heels in. 4. (*en fútbol*) touchline; (*en billar*) cushion. 5. (*grupo: de criminales*) gang; (*: de músicos*) band.

banda sonora *sf* (*de película*) soundtrack; (*en la carretera*) rumble strip.

bandada *sf* flock.

bandazo *sm*: **dar bandazos** to lurch from side to side.

bandeja *sf* tray.

bandera *sf* flag.

banderilla *sf* 1. (*Tauro*) short lance stuck into the bull's neck. 2. (*Culin*) olive, gherkin, etc. on a cocktail stick.

banderín *sm* 1. (*bandera*) pennant. 2. (*soldado*) scout.

bandido, -da *sm/f* 1. (*delincuente*) bandit. 2. (*granuja*) crook.

bando *sm* 1. (*grupo*) side, faction. 2. (*edicto*) edict.

bandolero, -ra *sm/f* bandit.

banjo *sm* banjo.

banquero, -ra *sm/f* banker.

banqueta *sf* 1. (*para sentarse*) stool; (*para los pies*) footstool. 2. (*Méx: acera*) pavement, (*US*) sidewalk.

banquete *sm* banquet.

banquete de boda *sm* wedding reception.

banquillo *sm* 1. (*Jur*) dock. 2. (*Dep*) bench.

banquina *sf* (*RP*) hard shoulder,

(*US*) berm.

bañadera *sf* (*RP*) bath, (*US*) bathtub.

bañador *sm* (*de mujer*) swimming costume, swimsuit; (*de hombre*) swimming trunks *pl*.

bañar *vt* 1. (*a un niño*) to bath. 2. (*en cocina*) to cover, to coat.

bañarse *v prnl* 1. (*en una bañera*) to have ✷ take a bath; (*Amér L: ducharse*) to have a shower. 2. (*en el mar, una piscina*) to go swimming.

bañera *sf* bath, (*US*) bathtub.

bañista *sm/f* 1. (*en una piscina*) swimmer; (*en el mar*) bather. 2. (*socorrista*) lifeguard.

baño I *sm* 1. (*en una bañera*) bath: **me di un baño** I had ✷ took a bath; (*Amér L: ducha*) shower. 2. (*en una piscina, el mar*) swim. 3. (*habitación*) bathroom: **¿dónde están los baños?** where are the toilets? 4. (*bañera*) bath, (*US*) bathtub. 5. (*capa: en cocina*) coating; (*: en metalurgia*) plating, coating. II **baños** *sm pl* spa.

bar *sm* bar.

barahúnda *sf* din, racket.

baraja *sf* deck ✷ pack of cards.

barajar *vt* 1. (*naipes*) to shuffle. 2. (*posibilidades*) to consider. 3. (*datos*) to make use of. 4. (*C Sur: atajar*) to catch.

baranda *sf* handrail.

barandilla *sf* handrail.

baratija *sf* trinket.

baratillo *sm* 1. (*tienda*) junk shop. 2. (*puesto*) junk stall.

barato, -ta I *adj* cheap. II **barato** *adv* cheap, cheaply.

baraúnda *sf* ➪ **barahúnda**.

barba *sf* beard.

barbacoa *sf* barbecue.

barbaridad *sf* 1. (*hecho atroz*) atrocity. 2. (*situación injusta*): **¡qué barbaridad!** it's outrageous! 3. (*afirmación tonta*): **dijo una barbaridad** what he said was nonsense. 4. (*fam: cantidad enorme*) tremendous amount.

bárbaro, -ra I *adj* 1. (*Hist*) barbarian. 2. (*brutal*) brutal. 3. (*fam:*

enorme): **hace un frío bárbaro** it's absolutely freezing. 4. (*fam: muy bueno*) fantastic. II *sm/f* (*Hist*) barbarian. III **bárbaro** *adv* (*fam*): **lo pasé bárbaro** I had a great time.

barbecho *sm* fallow land.

barbería *sf* barber's (shop), (*US*) barbershop.

barbero *sm* barber.

barbilla *sf* chin.

barbudo, -da *adj* bearded.

barca *sf* (small) boat: **una barca de remos** a rowing boat, (*US*) a rowboat.

barcaza *sf* barge.

barcelonés, -nesa *adj* of ✷ from Barcelona.

barco *sm* (*gen*) boat; (*grande*) ship: **en barco** by ship. **barco de pasajeros** *sm* passenger ship. **barco de vapor** *sm* steamer. **barco de vela** *sm* sailing ship.

baremo *sm* criteria *pl*.

barítono *sm* baritone.

barman *sm* [-mans] barman.

barniz *sm* [-nices] 1. (*para madera*) varnish; (*para cerámica*) glaze. 2. (*de cultura*) veneer.

barnizar [➪ cazar] *vt* (*madera*) to varnish; (*cerámica*) to glaze.

barómetro *sm* barometer.

barón *sm* 1. (*noble*) baron. 2. (*hombre poderoso: Fin*) baron; (*: Pol*) chief.

baronesa *sf* baroness.

barquillo *sm* wafer.

barra *sf* 1. (*de metal*) bar; (*de pan*) loaf. 2. (*en un bar*) bar. 3. (*de gimnasia*) bar. 4. (*Amér S: de hinchas*) supporters *pl*; (*RP: de amigos*) gang. **barra de labios** *sf* lipstick.

barraca *sf* 1. (*chabola*) shack; (*en Valencia*) traditional thatched cottage. 2. (*de feria*) stall. 3. (*RP: para almacenaje*) storehouse.

barracón *sm* accommodation block.

barranca *sf* ➪ **barranco**.

barranco *sm* (*cauce hondo*) ravine; (*precipicio*) precipice.

barrena *sf* 1. (*Tec: pequeña*) gimlet; (*: grande*) drill. 2. (*Av*) spin.

barrendero, **-ra** sm/f road sweeper.

barreño sm washing-up bowl.

barrer vi 1. (con escoba) to sweep. 2. (llevarse): **barrieron con todo** they took everything. ♦ vt to sweep.

barrera sf barrier: **la barrera del sonido** the sound barrier.

barriada sf (barrio) district; (Amér L: barrio pobre) shantytown.

barricada sf barricade.

barriga sf belly.

barrigón, **-gona** adj potbellied.

barrigudo, **-da** adj potbellied.

barril sm barrel.

barrio sm district: **el barrio judío/chino** the Jewish/Chinese quarter.

barrios bajos sm pl poorer areas pl.

barriobajero, **-ra** adj (fam) vulgar, coarse.

barrizal sm quagmire.

barro sm 1. (fango) mud; (arcilla) clay. 2. (en la piel: grano) spot; (: punto negro) blackhead.

barroco, **-ca** adj baroque.

barrote sm bar.

barruntar vt 1. (sospechar) to suspect. 2. (presentir) to sense.

bartola: **a la bartola** loc adv (fam): **tumbarse a la bartola** to lounge around.

bártulos sm pl (fam) things pl, stuff.

barullo sm row, racket.

basar vt to base (**en** on).

basarse v prnl 1. (persona) to base one's ideas (**en** on). 2. (teoría) to be based (**en** on).

basca sf 1. (fam: pandilla) gang. 2. (náusea) nausea.

báscula sf scales pl.

base I sf 1. (Arquit) base. 2. (fundamento) basis; (conocimientos elementales) grounding (**en** in); (motivo) reason, grounds pl ● **a base de esfuerzo** through hard work ● **un plato a base de pimientos** a dish with peppers as the main ingredient. 3. (Mil: instalaciones) base. II sm/f (en baloncesto) guard. III **bases** sf pl 1. (de un concurso) rules pl. 2. (Pol) grass roots pl.

base de datos sf database.

básico, **-ca** adj basic.

básquetbol sm (Amér L) basketball.

bastante I adj 1. (suficiente) enough. 2. (mucho) quite a lot of. II pron 1. (suficiente) enough. 2. (mucho) quite a lot. III adv 1. (suficientemente) enough. 2. (por encima de la media) quite.

bastar vi to be enough: **con diez nos bastará** ten will be enough.

bastardilla sf italics pl.

bastidor sm 1. (armazón) frame. 2. (Auto) chassis n inv. 3. (en teatro) wing ● **entre bastidores** behind closed doors.

bastión sm bastion.

basto, **-ta** I adj 1. (material) rough, coarse. 2. (persona) coarse, vulgar. II **bastos** sm pl: suit in Spanish playing cards.

bastón sm 1. (para andar) walking stick. 2. (insignia de mando) staff of office.

basura sf 1. (desperdicios) refuse, rubbish, (US) garbage: **tirar algo a la basura** to throw sthg away. 2. (porquería): **era una basura** it was rubbish.

basural sm (Amér L) rubbish * (US) garbage dump.

basurero, **-ra** I sm/f rubbish * (US) garbage collector. II sm 1. (vertedero) rubbish * (US) garbage dump. 2. (Méx: recipiente) rubbish bin, (US) trash can.

bata sf (de casa) dressing gown; (de peluquero) overall; (de dentista, médico) white coat.

batalla sf battle.

batallón sm battalion.

batata sf sweet potato.

bate sm bat.

bateador, **-dora** sm/f (en béisbol) batter; (en críquet) batsman.

batear vi to bat.

batería I sf 1. (Mil) (gun) battery. 2. (Auto) battery; (Méx: pila) battery. 3. (Mús) drums pl. II sm/f (Mús) drummer.

batería de cocina sf set of pots and pans.

batida *sf* 1. (*en caza*) beat. 2. (*Mil: reconocimiento*) reconnaissance; (*: registro*) search.

batido, -da I *adj* (*huevo*) beaten; (*nata*) whipped. II *sm* milk shake.

batidor *sm* whisk.

batidora *sf* mixer.

batir *vt* 1. (*huevos, una mezcla*) to beat; (*nata*) to whip. 2. (*golpear: gen*) to beat; (*: un metal*) to hammer. 3. (*las alas*) to beat. 4. (*un récord*) to break. 5. (*una zona*) to search.

batirse *v prnl* to fight.

batuta *sf* baton ● **llevar la batuta** to be in charge.

baúl *sm* 1. (*arcón*) trunk. 2. (*Amér S: Auto*) boot, (*US*) trunk.

bautismo *sm* (*sacramento*) baptism; (*celebración*) christening.

bautizar [⇨ cazar] *vt* to baptize, to christen.

bautizo *sm* christening.

baya *sf* berry.

bayeta *sf* cloth.

bayoneta *sf* bayonet.

baza *sf* trick ● **meter baza** to butt in.

bazar *sm* 1. (*tienda*) shop selling domestic appliances, toys, etc. 2. (*mercado oriental*) bazaar.

bazo *sm* spleen.

bazofia *sf* 1. (*comida*): **nos sirvieron una bazofia** the food they gave us was disgusting. 2. (*libro, programa*): **es pura bazofia** it's absolute rubbish.

beato, -ta *adj* 1. (*pío*) devout. 2. (*santurrón*) sanctimonious.

bebé, bebe *sm* baby.

bebedor, -dora *sm/f* heavy drinker.

beber *vt/i* to drink.

bebida *sf* drink.

bebido, -da *adj* (*borracho*) drunk; (*achispado*) tipsy.

beca *sf* (*gen*) grant; (*de organización privada*) scholarship.

becario, -ria *sm/f* (*gen*) *recipient of a grant*; (*de organización privada*) scholar.

becerro *sm* calf.

bechamel *sf* white sauce.

bedel *sm* caretaker ✱ (*US*) janitor

(*with some administrative responsibilities*).

begonia *sf* begonia.

beige, beis /'beis/ *adj inv*, *sm* beige.

béisbol, (*Méx*) **beisbol** *sm* baseball.

belén *sm* crib, Nativity scene.

belga *adj*, *sm/f* Belgian.

Bélgica *sf* Belgium.

Belice *sm* Belize.

beliceño, -ña *adj*, *sm/f* Belizean.

bélico, -ca *adj*: **material bélico** military hardware; **conflictos bélicos** armed conflicts.

belicoso, -sa *adj* (*guerrero*) warlike; (*pendenciero*) aggressive.

beligerante *adj* 1. (*Mil*) warring. 2. (*combativo*) aggressive, belligerent.

belleza *sf* beauty.

bello, -lla *adj* 1. (*hermoso*) beautiful. 2. (*bondadoso*) good.

bellas artes *sf pl* fine arts *pl*.

bellota *sf* acorn.

bemol *adj* flat: **sol bemol** G flat.

bencina *sf* (*Chi*) petrol, (*US*) gasoline.

bendecir [⇨ table in appendix 2] *vt* to bless.

bendición *sf* blessing.

bendigo etc. ⇨ **bendecir**.

bendito, -ta *adj* blessed.

benefactor, -tora *sm/f* benefactor.

beneficencia *sf* charity.

beneficiar *vt* to benefit.

beneficiarse *v prnl* to benefit (**de** from).

beneficiario, -ria *sm/f* beneficiary.

beneficio *sm* 1. (*ventaja*) benefit. 2. (*Fin*) profit.

beneficioso, -sa *adj* beneficial.

benéfico, -ca *adj* 1. (*de caridad*) charity (*apos.*). 2. (*bueno*) beneficial.

beneplácito *sm* approval.

benévolo, -la *adj* kind (**con** to).

bengala *sf* 1. (*Mil*) flare. 2. (*de niños*) sparkler.

benigno, -na *adj* 1. (*Med*) benign. 2. (*clima*) mild.

benjamín, -mina *sm/f* youngest child.

beodo, -da I *adj* drunk. **II** *sm/f* drunkard.

berberecho *sm* cockle.

berenjena *sf* eggplant, (*GB*) aubergine.

Bermudas *sf pl* (*or* **islas Bermudas**) Bermuda.

bermudas *sf pl* Bermuda shorts *pl*.

berrear *vi* 1. (*fam: persona*) to yell. 2. (*animal*) to bellow.

berrinche *sm* (*fam*) (temper) tantrum.

berro *sm* watercress.

berza *sf* cabbage.

besamel *sf* white sauce.

besar *vt* to kiss.

beso *sm* kiss.

bestia I *sf* (*animal*) beast. **II** *sm/f* (*fam: persona bruta*) brute; (*:persona necia*) dimwit; (*:persona brillante*) genius (**en** at). **III** *adj* (*fam: poco inteligente*) stupid; (*:ordinario*) rude.

bestial *adj* 1. (*brutal*) brutal. 2. (*fam: muy grande*) huge, tremendous; (*:muy bueno*) fantastic.

bestialidad *sf* 1. (*atrocidad*) atrocity. 2. (*insensatez*) **me parece una bestialidad** I think it's a very stupid thing to do. 3. (*cantidad enorme*) huge amount.

besugo *sm* 1. (*pez*) sea bream. 2. (*fam: persona*) idiot.

besuquear *vt* to smother with kisses.

besuquearse *v prnl* to kiss and cuddle.

betún *sm* 1. (*para zapatos*) shoe polish ● **quedó a la altura del betún** he ended up looking a complete fool. 2. (*Tec*) bitumen.

biberón *sm* (feeding) bottle.

Biblia, biblia *sf* Bible, bible.

bíblico, -ca *adj* biblical.

bibliografía *sf* bibliography.

biblioteca *sf* 1. (*lugar, libros*) library. 2. (*mueble*) bookcase.

bibliotecario, -ria *sm/f* librarian.

bicarbonato *sm* bicarbonate.

bíceps *sm inv* biceps *n inv*.

bicho *sm* 1. (*insecto*) bug; (*animal*) animal. 2. (*persona: traviesa*) brat; (*:malvada*) nasty person ● **es un bicho raro** she's very weird.

bici *sf* (*fam*) bike.

bicicleta *sf* bicycle: **vine en bicicleta** I came by bicycle.

bicicleta de montaña *sf* mountain bike.

bicoca *sf* (*fam*) 1. (*cosa barata*) bargain. 2. (*chollo*) cushy job.

bidé *sm* bidet.

bidón *sm* drum.

Bielorrusia *sf* Belarus.

bielorruso, -sa I *adj, sm/f* Belarussian. **II** *sm* (*Ling*) Belarussian.

bien I *adv* 1. (*gen*) **well: habla muy bien inglés** he speaks English very well; **hiciste bien en decírmelo** you were right to tell me ● **se le da muy bien** she's very good at it. 2. (*agradablemente*): **olía muy bien** it smelt very nice; **suena bien** it sounds good. 3. (*para intensificar*) very: **tiene que estar bien caliente** it has to be very hot. **II** *adj inv* 1. (*referido a un estado*) well: **¿bien?** is she well?; —**¿Cómo estás? —Bien, gracias.** "How are you?" "Fine, thank you." 2. (*correcto*) right: **¿esta suma está bien?** is this addition right? 3. (*suficiente*) enough: **con dos kilos está bien** two kilos is enough. 4. (*referido a aspecto*): **está muy bien** (*algo*) it's very nice, (*alguien*) he's/she's very good-looking; (*referido a calidad*) good. 5. (*referido al estatus social*): **niños bien** rich kids; **un barrio de gente bien** a well-to-do neighbourhood. **III** *excl* 1. (*expresando aprobación*) fine! 2. (*al cambiar de tema*) right! **IV** *sm* 1. (*lo bueno*) good: **el bien y el mal** good and evil. 2. (*beneficio*) good: **por su propio bien** for his own good. 3. (*Educ*) *mark between 60% and 70%*. **V bienes** *sm pl* (*propiedades*) assets *pl*. **VI** *conj*: **(o) bien... (o) bien...** either... or....

bienes de consumo *sm pl* consumer goods *pl*. **bienes inmuebles** ✳

raíces *sm pl* real estate.

bienal I *adj (que ocurre cada dos años)* biennial, two-yearly; *(que dura dos años)* two-year *(apos.).* **II** *sf* biennial.

bienestar *sm* welfare.

bienhechor, -chora *sm/f* benefactor.

bienvenida *sf* welcome: **les dimos la bienvenida** we welcomed them.

bienvenido, -da *adj* [S] welcome.

bife *sm (C Sur)* **1.** *(Culin)* steak. **2.** *(fam: bofetón)* slap.

bífido, -da *adj* forked.

bifocal *adj* bifocal.

bifurcación *sf* fork.

bifurcarse [⋄ sacar] *v prnl* to fork, to branch.

bigamia *sf* bigamy.

bígamo, -ma I *adj* bigamous. **II** *sm/f* bigamist.

bígaro *sm* winkle.

bigote *sm* **1.** *(de hombre)* moustache, *(US)* mustache. **2.** *(de animal)* whiskers *pl.*

bikini *sm* bikini.

bilateral *adj* bilateral.

bilbaíno, -na *adj* of ∗ from Bilbao.

bilingüe *adj* bilingual.

billar *sm* **1.** *(juego)* billiards. **2.** *(or* **billares** *sm pl) (local)* billiard hall.

billar americano *sm* pool.

billete *sm* **1.** *(de dinero)* note, *(US)* bill. **2.** *(Transp)* ticket.

billete de ida *sm* one-way ticket. **billete de ida y vuelta** *sm* return (ticket), *(US)* round-trip ticket. **billete sencillo** *sm* single (ticket).

billetera *sf,* **billetero** *sm* wallet.

billón *sm* trillion *(a million million)* ⋄ apéndice 4.

bimensual *adj* twice-monthly.

bimestral *adj* **1.** *(que ocurre cada dos meses)* bimonthly. **2.** *(que dura dos meses)* two-month *(apos.).*

bimotor *adj* twin-engined.

binario, -ria *adj* binary.

bingo *sm* **1.** *(juego)* bingo. **2.** *(local)* bingo hall.

biodegradable *adj* biodegradable.

biografía *sf* biography.

biógrafo, -fa *sm/f* biographer.

biología *sf* biology.

biológico, -ca *adj* biological.

biólogo, -ga *sm/f* biologist.

biombo *sm* (folding) screen.

biopsia *sf* biopsy.

bioquímica *sf* biochemistry.

biplano *sm* biplane.

biquini *sm* bikini.

birlar *vt (fam)* to pinch.

birome *sf (RP)* ballpoint (pen).

birria *sf* **1.** *(porquería)*: **son una birria** they are complete rubbish. **2.** *(Méx: Culin)* spicy pork or mutton soup.

bis I *adj (en direcciones)*: **el número 20 bis** number 20A. **II** *adv (Mús)* bis, twice. **III** *sm (en un recital)* encore.

bisabuelo, -la I *sm/f* great-grandfather/mother. **II bisabuelos** *sm pl (bisabuelo y bisabuela)* great-grandparents *pl.*

bisagra *sf* hinge.

bisbisear *vt (fam)* to whisper.

bisexual *adj, sm/f* bisexual.

bisiesto *adj*: **año bisiesto** leap year.

bisnieto, -ta I *sm/f* great-grandson/daughter. **II bisnietos** *sm pl (bisnieto y bisnieta)* great-grandchildren *pl.*

bisonte *sm* bison *n inv,* buffalo.

bistec *sm* [-tecs] steak.

bisturí *sm* [-ríes ∗ -rís] scalpel.

bisutería *sf* costume jewellery ∗ *(US)* jewelry.

bit *sm (Inform)* bit.

bíter *sm*: *bitter-tasting soft drink.*

bizco, -ca *adj* cross-eyed.

bizcocho *sm* sponge cake.

bizcocho borracho *sm*: *cake soaked in liqueur.*

bizcochuelo *sm (RP)* ⋄ **bizcocho**.

blanco, -ca I *adj* **1.** *(gen)* white ● **en blanco**: **una hoja en blanco** a blank sheet of paper; **una noche en blanco** a sleepless night; **me quedé en blanco** my mind went blank. **2.** *(persona, raza)* white; *(pálido)* pale. **II** *sm/f (de raza)* white person, white man/woman. **III** *sm* **1.** *(color)* white. **2.** *(objetivo)* target.

blancura *sf* whiteness.

blancuzco, -ca *adj* whitish, off-white.

blandir *vt* to brandish.

blando, -da *adj* **1.** (*material, colchón*) soft. **2.** (*indulgente*) soft.

blanqueador *sm* (*Méx*) bleach.

blanquear *vt* **1.** (*poner blanco*) to whiten; (*con cal*) to whitewash. **2.** (*dinero*) to launder.

blasfemia *sf* blasphemy.

blasón *sm* coat of arms.

bledo *sm*: **me importa un bledo** I couldn't care less about it.

blindado, -da *adj* **1.** (*Mil*) armoured, (*US*) armored. **2.** (*puerta*) reinforced.

bloc *sm* [blocs] notebook.

bloque *sm* **1.** (*gen*) block. **2.** (*Mil, Pol*) bloc.

bloquear *vt* (*gen*) to block; (*Mil*) to blockade.

bloqueo *sm* **1.** (*de ciudad*) siege; (*de puerto*) blockade. **2.** (*Méx: anestesia*): **me pusieron bloqueo** I was given an anaesthetic.

blues /blus/ *sm pl* blues *pl.*

blusa *sf* blouse.

bobada *sf* (*fam: acción, dicho*) silly thing; (*: nimiedad*) trivial/little thing.

bobina *sf* **1.** (*de hilo*) reel. **2.** (*Auto, Tec*) coil.

bobo, -ba I *adj* **1.** (*tonto*) silly. **2.** (*inocente*) naive. **II** *sm/f* **1.** (*tonto*) silly fool. **2.** (*ingenuo*) naive person.

boca *sf* **1.** (*Anat*) mouth ● **boca abajo/arriba** face down/up ● **se me hacía la boca agua** my mouth was watering ● **me dejó con la boca abierta** I was flabbergasted. **2.** (*de cueva, túnel*) entrance, mouth; (*de arma de fuego*) muzzle. **3.** (*de crustáceo*) claw.

boca a boca *sm* mouth-to-mouth resuscitation. **boca de incendios** *sf* fire hydrant. **boca de metro** *sf* underground station entrance. **boca de riego** *sf* hydrant. **boca del estómago** *sf* upper part of the stomach.

bocacalle *sf* (*calle lateral*) side street; (*cruce*) intersection.

bocadillo *sm* **1.** (*sándwich*) sandwich. **2.** (*Col: dulce*) guava jelly cake. **3.** (*en un cómic*) speech bubble.

bocadito *sm* (*Amér L*) canapé.

bocado *sm* **1.** (*porción de comida*) mouthful; (*refrigerio*) snack ● **sin probar bocado** without eating anything. **2.** (*mordisco*) bite. **3.** (*de caballo*) bit.

bocajarro: a bocajarro *loc adv* (*disparar*) at point-blank range; (*preguntar*) point-blank.

bocanada *sf* **1.** (*de humo*) puff, cloud. **2.** (*de aire: ráfaga*) gust; (*: al respirar*) lungful.

bocata *sm* (*fam*) sandwich.

bocazas *sm/f inv* (*fam*) loudmouth.

boceras *sm/f inv* (*fam*) loudmouth.

boceto *sm* sketch.

bochinche *sm* (*fam*) **1.** (*jaleo*) racket. **2.** (*RP: desorden*) mess.

bochorno *sm* **1.** (*sentimiento*) embarrassment; **¡qué bochorno pasé!** I was so embarrassed! **2.** (*calor*) sultry weather.

bochornoso, -sa *adj* embarrassing.

bocina *sf* **1.** (*de coche*) horn. **2.** (*megáfono*) megaphone.

boda *sf* wedding.

bodas de oro *sf pl* golden wedding (anniversary). **bodas de plata** *sf pl* silver wedding (anniversary).

bodega *sf* **1.** (*sótano*) (wine) cellar. **2.** (*establecimiento*) wine shop. **3.** (*de barco*) hold. **4.** (*Amér L: tienda*) grocery store; (*: depósito*) warehouse.

bodegón *sm* **1.** (*Artes*) still life. **2.** (*mesón*) traditional bar/restaurant.

bodeguero, -ra *sm/f* (*Amér L*) grocer.

bodrio *sm*: **era un bodrio** it was rubbish.

body /'boði/ *sm* (*prenda interior*) body; (*de gimnasia*) leotard.

bofetada *sf* **1.** (*en la cara*) slap. **2.** (*fam: accidente*): **se dio una bofetada** he crashed.

bofetón *sm* (*fam*) slap.

bofia *sf* (!!) cops *pl*.

boga *sf*: **en boga** in vogue.

bogar [⇨ pagar] *vi* to row.

bogavante *sm* lobster.

bogotano, -na *adj* ∗ from Bogotá.

bohemio, -mia *adj*, *sm/f* bohemian.

boicot *sm* [-cots] boycott.

boicotear *vt* to boycott.

boina *sf* beret.

bol *sm* bowl.

bola I *sf* **1.** (*esfera*) ball; (*de helado*) scoop. **2.** (*fam: embuste*) fib. **3.** (*Méx: grupo*) bunch. **II bolas** *sf pl* (*Amér L: !!!, testículos*) balls *pl*.

bola de cristal *sf* crystal ball. **bola de naftalina** *sf* mothball. **bola de nieve** *sf* snowball.

bolada *sf* (*fam*) **1.** (*Amér C, Méx: embuste*) fib. **2.** (*RP: ocasión*) chance.

boleadoras *sf pl* bolas *pl*.

bolear *vt* (*Méx: el calzado*) to polish.

bolera *sf* bowling alley.

bolero, -ra I *sm/f* **1.** (*fam: mentiroso*) fibber. **2.** (*Méx: limpiabotas*) shoe-shine. **II** *sm* bolero.

boleta *sf* **1.** (*or* **boleta electoral**) (*Amér L*) ballot paper. **2.** (*C Sur: de una compra*) receipt. **3.** (*or* **boleta de calificaciones**) (*Méx*) report card.

boletería *sf* (*Amér L: gen*) ticket office; (*: en cine, teatro*) box office.

boletín *sm* bulletin.

boleto *sm* **1.** (*de sorteo*) ticket; (*de quinielas*) (pools) coupon. **2.** (*Amér L: billete, entrada*) ticket. **boleto de ida** *sm* (*Amér L*) one-way ticket. **boleto de ida y vuelta** *sm* (*Amér S*) return ∗ (*US*) round-trip ticket. **boleto redondo** *sm* (*Méx*) ⇨ **boleto de ida y vuelta**.

boli *sm* (*fam*) ballpoint (pen).

boliche *sm* **1.** (*bola pequeña*) jack. **2.** (*Méx: bolera*) bowling alley. **3.** (*C Sur: fam, bar*) bar; (*: con música*) disco bar; (*: tienda*) store.

bólido *sm* **1.** (*Astron*) meteorite ● **como un bólido** as quick as lightning. **2.** (*Auto*) racing car.

bolígrafo *sm* ballpoint (pen).

bolilla *sf* (*RP*): **no me da bolilla** he takes no notice of me.

bolillo *sm* (*Méx*) bread roll.

bolívar *sm*: *currency of Venezuela*.

Bolivia *sf* Bolivia.

boliviano, -na I *adj*, *sm/f* Bolivian. **II** *sm*: *currency of Bolivia*.

bollo *sm* **1.** (*producto de bollería: gen*) pastry; (*: panecillo dulce*) bun. **2.** (*abolladura*) dent.

bolo I *sm* (*Juegos*) pin. **II bolos** *sm pl* (*con diez bolos*) tenpin bowling; (*con nueve*) skittles.

bolsa *sf* **1.** (*gen*) bag. **2.** (*Méx: bolso de mujer*) handbag, (*US*) purse. **3.** (*pliegue*) bulge. **4.** (*Fin*) stock exchange. **5.** (*Méx: bolsillo*) pocket.

bolsa de agua caliente *sf* hot-water bottle. **bolsa de aseo** *sf* sponge bag. **bolsa de dormir** *sf* (*RP*) sleeping bag. **bolsa de estudios** *sf* grant. **bolsa de trabajo** *sf*: register of jobs and qualified workers.

bolsear *vt* (*Amér C, Méx*): **lo bolsea-ron** he had his pocket picked.

bolsillo *sm* pocket.

bolso *sm* handbag, (*US*) purse.

boludo, -da *sm/f* (*Amér L: !!*) jerk.

bomba I *sf* **1.** (*para líquidos, aire*) pump. **2.** (*Mil*) bomb. **3.** (*Chi, Col, Ven: gasolinera*) petrol ∗ (*US*) gas station. **4.** (*RP: Culin*) cream bun. **II** *adv* (*fam*): **lo pasamos bomba** we had a fantastic time.

bomba de relojería *sf* time bomb.

bombacha *sf*, **bombachas** *sf pl* (*RP*) panties *pl*.

bombardear *vt* (*desde aviones*) to bomb; (*con artillería*) to shell.

bombardero *sm* bomber.

bombero, -ra *sm/f* firefighter, fire-man/woman.

bombilla *sf* **1.** (*de luz*) (light) bulb. **2.** (*C Sur: para mate*) metal tube for drinking maté.

bombillo *sf* (*Amér C, Col, Ven*) light bulb.

bombín *sm* bowler, (*US*) derby.

bombita *sf* (*RP*) light bulb.

bombo *sm* **1.** (*Mús*) bass drum ● **a bombo y platillo** in a blaze of publicity. **2.** (*en un sorteo*) drum.

bombón *sm* **1.** (*dulce*) chocolate. **2.** (*fam: persona*) stunner.

bombona *sf* cylinder.

bonachón, -chona *adj* good-natured.

bonaerense *adj* of * from Buenos Aires.

bondad *sf* goodness: **tenga la bondad de decírselo** would you tell him, please?

bondadoso, -sa *adj* kind.

boniato *sm* sweet potato.

bonificación *sf* **1.** (*descuento*) discount; (*Dep*) bonus. **2.** (*gratificación*) bonus.

bonito, -ta I *adj* **1.** (*lindo*) pretty. **2.** (*considerable*) tidy. **II bonito** *sm* tuna fish. **III bonito** *adv* (*Amér L*) well.

bono *sm* **1.** (*Fin*) bond. **2.** (*vale*) voucher. **3.** (*Transp: para autobús, metro*): **un bono de diez viajes** a ten-journey ticket.

boñiga *sf*, **boñigo** *sm* cowpat.

boom *sm* boom.

boquerón *sm* (fresh) anchovy.

boquete *sm* hole.

boquiabierto, -ta *adj* amazed.

boquilla *sf* **1.** (*para cigarrillos*) cigarette holder; (*de pipa*) mouthpiece. **2.** (*parte de cigarrillo*) filter tip. **3.** (*Mús*) mouthpiece. **4.** (*Tec*) nozzle.

borbónico, -ca *adj* Bourbon (*apos.*).

borbotón *sm*: **brotaba a borbotones** it was gushing out.

borda *sf* gunwale ● **tirar algo por la borda** to throw sthg away.

bordado, -da I *adj* embroidered ● **me salió bordado** it turned out perfectly. **II** *sm* embroidery.

bordar *vt/i* to embroider.

borde I *sm* (*de taza*) rim; (*de carretera, mesa*) edge ● **al borde de un ataque de nervios** on the verge of a nervous breakdown. **II** *adj* (*fam*) stroppy.

bordear *vt* **1.** (*rodear*) to go round; (*estar al borde de*) to border. **2.** (*acercarse a*) to be close to.

bordillo *sm* kerb, (*US*) curb.

bordo: **a bordo** *loc adv* on board: **a bordo del buque** on board the vessel.

bordó *adj inv* (*RP*) maroon.

borla *sf* **1.** (*adorno*) tassel. **2.** (*para cosméticos*) powder puff.

borne *sm* terminal.

borrachera *sf*: **pilló una borrachera** he got drunk.

borracho, -cha I *adj* drunk. **II** *sm/f* drunk.

borrador *sm* **1.** (*escrito*) draft. **2.** (*para pizarra*) board rubber.

borrar *vt* (*con goma*) to erase, to rub out; (*la pizarra*) to clean; (*una grabación*) to erase; (*Inform*) to delete: **borrar algo de la memoria** to wipe sthg from one's memory.

borrarse *v prnl* **1.** (*inscripción*) to disappear. **2.** (*persona*): **se borró del club** she cancelled her membership of the club; **me borré de la clase** I stopped going to the class.

borrasca *sf* (*depresión*) depression; (*tormenta*) storm.

borrascoso, -sa *adj* stormy.

borrego, -ga *sm/f* **1.** (*Agr*) young sheep *n inv*. **2.** (*fam: persona*) person who is easily led. **3.** (*RP: fam, niño*) kid.

borrico, -ca *sm/f* **1.** (*Zool*) donkey. **2.** (*fam: persona poco inteligente*) dimwit; (*: persona terca*) stubborn person.

borrón *sm* **1.** (*de tinta*) blot, smudge. **2.** (*deshonra*) blemish.

borroso, -sa *adj* blurred.

Bosnia *sf* (or **Bosnia Herzegovina**) Bosnia, Bosnia-Hercegovina.

bosnio, -nia *adj*, *sm/f* Bosnian.

bosque *sm* (*pequeño*) wood; (*grande*) forest.

bosquejo *sm* **1.** (*Artes*) sketch. **2.** (*de plan*) outline.

bostezar [➪ cazar] *vi* to yawn.

bostezo *sm* yawn.

bota *sf* **1.** (*calzado*) boot ● **ponerse las botas** (*comer mucho*) to stuff oneself, (*enriquecerse*) to make a lot of money. **2.** (*para vino*) wineskin.

bota de agua ∗ lluvia *sf* wellington (boot).

botamanga *sf* (*RP: de pantalón*) turn-up, (*US*) cuff; (*: de camisa*) cuff.

botánica *sf* botany.

botánico, -ca I *adj* botanical. **II** *sm/f* botanist.

botar *vt* **1.** (*una pelota*) to bounce. **2.** (*Náut*) to launch. **3.** (*fam: echar*) to throw out. **4.** (*Amér L: tirar*) to throw away ∗ out. ♦ *vi* **1.** (*pelota*) to bounce. **2.** (*persona*) to jump up and down.

botarate *sm/f* (*fam*) **1.** (*alocado*) crazy fool. **2.** (*Amér L: derrochador*) spendthrift.

bote *sm* **1.** (*recipiente: de vidrio*) jar; (*: de hojalata*) can ● **la tengo en el bote** I have her eating out of my hand. **2.** (*en un bar*) container for tips. **3.** (*en un sorteo*) jackpot; (*en naipes*) pot, kitty. **4.** (*Náut*) boat. **5.** (*de pelota*) bounce; (*dado por persona*) jump.

bote de humo *sm* smoke bomb. **bote de la basura** *sm* (*Méx*) dustbin, (*US*) trash can. **bote salvavidas** *sm* lifeboat.

botella *sf* bottle: **una botella de vino** (*bebida*) a bottle of wine, (*recipiente*) a wine bottle.

botellero *sm* bottle rack.

botijo *sm* earthenware water jug.

botín *sm* **1.** (*de un delito*) loot. **2.** (*calzado*) ankle boot.

botiquín *sm* (*estuche*) first-aid kit; (*armario*) medicine cabinet.

botón I *sm* (*Indum, Tec*) button. **II botones** *sm inv* bellboy.

bóveda *sf* vault.

box /boks/ *sm* [**boxes**] **1.** (*en automovilismo*) pit. **2.** (*para un caballo*) stall. **3.** (*Amér L: boxeo*) boxing.

boxeador *sm* boxer.

boxear *vi* to box.

boxeo *sm* boxing.

boya *sf* **1.** (*Náut*) buoy. **2.** (*de caña de pescar*) float.

boyante *adj* buoyant.

bozal *sm* muzzle.

bragas *sf pl* panties *pl*.

bragueta *sf* fly, flies *pl*.

braille *sm* Braille.

bramante *sm* string.

bramar *vi* **1.** (*toro*) to bellow. **2.** (*persona, viento*) to roar.

brasa *sf* ember: **a la brasa** barbecued.

brasero *sm* brazier.

Brasil *sm* Brazil.

brasileño, -ña *adj, sm/f* Brazilian.

bravata *sf* **1.** (*amenaza*) threat. **2.** (*bravuconería*) boast.

bravo, -va I *adj* **1.** (*valeroso*) brave. **2.** (*mar*) rough. **II bravo** *excl* bravo!

bravucón, -cona *sm/f* (*fam*) braggart.

braza *sf* breaststroke: **nadar a braza** to swim breaststroke.

brazada *sf* **1.** (*Dep*) stroke. **2.** (*cantidad*) armful.

brazalete *sm* **1.** (*pulsera*) bracelet. **2.** (*distintivo*) armband.

brazo *sm* **1.** (*Anat*) arm: **la llevaba en brazos** he was carrying her (in his arms); **cogidos del brazo** arm in arm ● **con los brazos cruzados** doing nothing. **2.** (*de asiento, balanza*) arm. **3.** (*de río*) branch.

brazo armado *sm* armed wing. **brazo de gitano** *sm* (*Culin*) Swiss roll, (*US*) jelly roll. **brazo de mar** *sm* inlet. **brazo derecho** *sm* (*persona*) right-hand man/woman.

brea *sf* (*gen*) tar; (*para embarcaciones*) pitch.

brebaje *sm* concoction.

brecha *sf* **1.** (*en una pared*) opening, hole; (*Mil*) breach. **2.** (*herida*) gash.

brécol *sm* broccoli.

bregar [↪ pagar] *vi* **1.** (*trabajar*) to slave away. **2.** (*luchar*) to struggle.

brete *sm* tight spot.

breve *adj* brief, short: **en breve** shortly.

brevedad *sf* **1.** (*de tiempo*) brevity: **con la mayor brevedad posible** at your earliest convenience. **2.** (*de extensión*) conciseness.

bribón, -bona *sm/f* rascal.

bricolaje *sm* do it yourself.

brida *sf* bridle.

brigada I *sf* (*Mil*) brigade; (*de salva-mento, de obreros*) squad. **II** *sm* (*Mil*) sergeant major.

brillante I *adj* **1.** (*luz*) bright; (*joya*) sparkling; (*metal*) gleaming; (*pelo*) shiny. **2.** (*actuación, persona*) brilliant. **II** *sm* diamond.

brillantina *sf* hair cream.

brillar *vi* (*luz, sol*) to shine; (*ojos, diamante*) to sparkle; (*metal*) to gleam.

brillo *sm* (*gen*) shine: **sacarle brillo a algo** to polish sthg; (*de luz, del sol*) brightness; (*de diamante*) sparkle; (*del pelo*) sheen.

brilloso, -sa *adj* (*Amér L: pelo, superficie*) shiny; (*: metal*) gleaming.

brincar [⇨ sacar] *vi* to jump.

brinco *sm* jump.

brindar *vi* to drink a toast (**por** to). ♦ *vt* **1.** (*ofrecer*) to offer. **2.** (*Tauro*) to dedicate.

brindis *sm inv* toast (**por** to).

brío *sm* energy, spirit.

brisa *sf* breeze.

brisca *sf*: card game.

británico, -ca I *adj* British. **II** *sm/f* Briton: **los británicos** the British ‖ British people.

brizna *sf* blade.

broca *sf* bit.

brocha *sf* paintbrush.

brocha de afeitar *sf* shaving brush.

broche *sm* **1.** (*para cerrar: gen*) fastener; (*: de collar*) clasp. **2.** (*prendedor*) brooch; (*Amér L: para pelo*) (hair) slide, (*US*) barrette. **3.** (*RP: para tender*) clothes peg * (*US*) pin.

broche de presión *sm* press stud.

brocheta *sf* (*varilla*) skewer; (*plato*) kebab.

brochette *sf* (*RP*) ⇨ **brocheta**.

brócoli *sm* broccoli.

broma *sf* joke: **lo dije en broma** I was (only) joking; **nos gastaron una broma** they played a (practical) joke on us; **me gastó una broma pesada** he played a nasty joke on me.

bromear *vi* to joke.

bromista *sm/f* joker.

bronca *sf* **1.** (*disputa*) fight, quarrel: **están buscando bronca** they're trying to pick a fight. **2.** (*regañina*) telling-off. **3.** (*abucheo*) jeering. **4.** (*C Sur: fam, rabia*): **me tiene bronca** he can't stand me; **¿no te da bronca?** doesn't it make you cross?

bronce *sm* bronze.

bronceado, -da I *adj* suntanned. **II** *sm* suntan.

bronceador *sm* suntan lotion.

broncearse *v prnl* to get a suntan.

bronco, -ca *adj* hoarse.

bronquitis *sf* bronchitis.

brotar *vi* **1.** (*planta*) to sprout. **2.** (*manantial*) to rise.

brote *sm* **1.** (*Bot: yema*) bud; (*: tallo*) shoot. **2.** (*de enfermedad*) outbreak.

bruces: de bruces *loc adv*: **se cayó de bruces** he fell flat on his face.

bruja *sf* witch.

brujo *sm* **1.** (*hechicero*) wizard. **2.** (*de pueblos primitivos*) witch doctor.

brújula *sf* compass.

bruma *sf* mist.

bruñir [⇨ gruñir] *vt* to polish.

brusco, -ca *adj* **1.** (*súbito*) sudden. **2.** (*descortés*) abrupt.

Bruselas *sf* Brussels.

brushing /ˈbrʌʃɪŋ/ *sm* (*RP*) blow-dry.

brusquedad *sf* **1.** (*de movimiento*) suddenness. **2.** (*de persona*) abruptness.

brutal *adj* **1.** (*comportamiento*) brutal. **2.** (*grande*) huge; (*intenso*) dreadful. **3.** (*fam: estupendo*) terrific.

bruto, -ta I *adj* **1.** (*tonto*) stupid; (*ordinario*) uncouth; (*bestia*) rough. **2.** (*peso, sueldo*) gross. **II** *sm/f* **1.** (*necio*) fool. **2.** (*bestia*) brute. **3.** (*patán*) lout. **III** *sm* beast.

bucear *vi* (*en el fondo del mar*) to dive; (*cerca de la superficie: gen*) to swim underwater; (*: con tubo para respirar*) to snorkel.

buche *sm* **1.** (*de ave*) crop. **2.** (*fam: estómago*) stomach. **3.** (*trago*) sip; (*Amér L: Med*): **hacerse buches** to rinse out one's mouth. **4.** (*Méx: fam, boca*) mouth.

bucle *sm* curl.

budín *sm* pudding.

budista *adj, sm/f* Buddhist.

buen *adj* ⇨ **bueno**.

buena I *sf* (*fam*): **se metió en una buena** he got himself into real trouble ● **estar de buenas** to be in a good mood ● **de buenas a primeras** all of a sudden ● **solucionar algo por las buenas** to sort sthg out amicably. **II buenas** *excl* hello!

buenamente *adv*: **lo haré como buenamente pueda** I'll do the best I can.

buenamoza *adj* (*Amér L: mujer*) attractive.

buenaventura *sf* (*suerte*) good luck; (*adivinación*) fortune.

buenmozo *adj* (*Amér L*) handsome.

bueno, -na I *adj* [**buen** before masc. sing. nouns] **1.** (*gen*) good: **hizo buen tiempo** the weather was good. **2.** [S] (*bondadoso*) good, kind-hearted. **3.** [E] (*referido a alimentos: apetitoso*) good, nice; (: *en buen estado*): **esta leche ya no está buena** this milk has gone off. **4.** (*grande, intenso*): **una buena nevada** a good * considerable fall of snow; **un buen catarro** a terrible cold. **5.** [E] (*fam: atractivo*) good-looking. **II** *sm/f* **1.** (*bonachón*): **el bueno de Fernando** good old Fernando. **el bueno** (*en una película*) the goody. **III bueno** *adv* all right. **IV bueno** *excl* **1.** (*gen*) well; (*para expresar irritación*): **¡bueno! ¡vale ya!** right! that's enough! **2.** (*Méx: por teléfono*): **¿bueno?** hello?

buey *sm* ox.

búfalo *sm* buffalo.

bufanda *sf* scarf.

bufar *vi* to snort.

bufé *sm* buffet.

bufete *sm* legal practice.

bufón *sm* (*persona ridícula*) buffoon; (*Hist*) jester.

buhardilla *sf* (*habitación*) attic; (*ventana*) dormer window.

búho *sm* owl.

buitre *sm* (*ave*) vulture.

bujía *sf* spark plug.

bulbo *sm* bulb.

bulerías *sfpl*: Andalusian song and dance.

bulevar *sm* boulevard.

Bulgaria *sf* Bulgaria.

búlgaro, -ra I *adj, sm/f* Bulgarian. **II** *sm* (*Ling*) Bulgarian.

bulla *sf* noise.

bullanguero, -ra *adj* lively.

bulldog [**-dogs**] *sm* bulldog.

bulldozer [**-zers**] *sm* bulldozer.

bullicio *sm* noise: **el bullicio de la ciudad** the hustle and bustle of the city.

bullicioso, -sa *adj* noisy.

bullir [⇨ **gruñir**] *vi* **1.** (*lugar*) to be bustling (**de** with). **2.** (*líquido*) to bubble.

bulo *sm* untrue story.

bulto *sm* **1.** (*protuberancia*) lump, bulge; (*Med*) lump. **2.** (*de equipaje*) piece of luggage; (*paquete*) package. **3.** (*volumen*) bulk. **4.** (*forma, silueta*) form, shape.

bumerán *sm* boomerang.

bungalow /'bungalo/ *sm* bungalow.

búnker *sm* bunker.

buñuelo *sm*: ball-shaped fritter.

BUP /bup/ *sm* (*en Esp*) secondary education (14-17 years old).

buque *sm* ship.

buque cisterna *sm* tanker. **buque de guerra** *sm* warship. **buque escuela** *sm* training ship. **buque insignia** *sm* flagship.

buqué *sm* bouquet.

burbuja *sf* bubble.

burbujear *vi* to bubble.

burdel *sm* brothel.

burdeos I *sm inv* **1.** (*vino*) Bordeaux. **2.** (*color*) maroon. **II** *adj inv* maroon.

burdo, -da *adj* **1.** (*imitación*) crude. **2.** (*modales*) coarse. **3.** (*tela*) rough.

burgalés, -lesa *adj* of * from Burgos.

burgués, -guesa I *adj* (*gen*) middle-class; (*en sentido negativo*) bourgeois. **II** *sm/f* (*gen*) member of the middle classes; (*en sentido negativo*) bourgeois. **III los burgueses** *sm pl* the bourgeoisie.

burguesía *sf* (*gen*) middle classes *pl*; (*en sentido negativo*) bourgeoisie.

burla *sf* 1. (*para ridiculizar*): **me hizo burla** she made fun of me. 2. (*desconsideración*) mockery.

burladero *sm* protective barrier.

burlar *vt* (*engañar*) to outwit; (*eludir*) to elude.

burlarse *vprnl* 1. (*reírse*) to laugh (**de** at). 2. (*engañar*): **se burló de nosotros** he tricked us.

burlete *sm* draught excluder.

burlón, -lona *adj* mocking.

burocracia *sf* bureaucracy.

burócrata *sm/f* bureaucrat.

burrada *sf* (*fam*) 1. (*disparate*): **decir/hacer una burrada** to say/do something stupid. 2. (*gran cantidad*) enormous amount; (*gran número*) huge number.

burro, -rra I *adj* 1. (*tonto*) stupid. 2. (*bruto*) rough. II *sm/f* 1. (*Zool*) donkey ● **trabaja como un burro** he works really hard ● **bajarse del burro** to back down. 2. (*tonto*) blockhead. 3. (*bruto*) oaf.

bursátil *adj* stock-exchange (*apos.*).

bus *sm* bus.

busca I *sf* search: **ir en busca de algo** to go looking for sthg. II *sm inv* (*fam*) pager, bleeper.

buscapersonas *sm inv* pager, bleeper.

buscapleitos *sm/f inv* (*fam*) troublemaker.

buscar [⇨ sacar] *vt* 1. (*intentar encontrar: gen*) to look for; (*: en un diccionario*) to look up. 2. (*recoger*) to pick up.

buscarse *vprnl*: **tú te lo buscaste** you brought it on yourself.

buseca *sf* (*RP*) tripe and bean stew.

búsqueda *sf* search.

busto *sm* bust.

butaca *sf* 1. (*mueble*) armchair. 2. (*en un teatro*) seat: **butaca de patio ✳ platea** seat in the stalls.

butano *sm* butane (gas).

butifarra *sf*: salami-type sausage.

buzo *sm* 1. (*submarinista*) diver.

2. (*mono*) overalls *pl*, (*US*) coveralls *pl*. 3. (*C Sur: conjunto*) tracksuit; (*: parte superior*) sweatshirt; (*Col, Urug: suéter*) sweater.

buzón *sm* letter box, (*US*) mailbox.

byte /bait/ *sm* byte.

C (= **centígrado ✳ Celsius**) C.

c/ 1. (= **calle**) St. 2. (= **cuenta**) a/c.

cabal *adj* 1. (*recto*) upright ● **no está en sus cabales** he's out of his mind. 2. (*preciso*) accurate.

cabalgar [⇨ pagar] *vt/i* to ride.

cabalgata *sf* parade.

caballa *sf* mackerel *n inv*.

caballeresco, -ca *adj* chivalrous.

caballería *sf* 1. (*Mil*) cavalry. 2. (*animal*) mount.

caballeriza *sf* stable.

caballero *sm* 1. (*señor*) gentleman: **sección de caballeros** menswear section. 2. (*Hist*) knight.

caballete *sm* 1. (*Artes*) easel; (*Tec*) trestle. 2. (*de la nariz*) bridge.

caballito I *sm* 1. (*Zool*) pony. 2. (*Méx: vasito*) small glass for tequila and other spirits. II **caballitos** *sm pl* carousel, merry-go-round.

caballo *sm* 1. (*Zool*) horse. 2. (*en ajedrez*) knight. 3. (*en la baraja*) equivalent of the queen in Spanish playing cards. 4. (*en gimnasia*) (vaulting) horse. 5. (*fam: droga*) heroin.

caballo de fuerza ✳ vapor *sm* horsepower *n inv*.

cabaña *sf* 1. (*casa*) hut, cabin. 2. (*RP: Agr*) (pedigree) cattle ranch.

cabecear *vi* 1. (*mover la cabeza*) to

nod. **2.** (*en fútbol*) to head the ball. **3.** (*Náut*) to pitch.

cabecera *sf* (*gen*) head; (*de cama*) headboard.

cabecilla *sm/f* ringleader.

cabellera *sf* **1.** (*pelo*) hair. **2.** (*de cometa*) tail.

cabello *sm* hair.

cabello de ángel *sm*: *sweet made with pumpkin or eggs and spun sugar*.

caber [⇨ table in appendix 2] *vi* **1.** (*encajar*) to fit: **cabe otro** there's room for one more ● **no cabía en sí** he was beside himself; (*pasar*): **no cabe por la puerta** it won't go through the door. **2.** (*ser posible*) to be possible.

cabestrillo *sm* sling.

cabeza *sf* **1.** (*gen*) head ● **$200 por cabeza** $200 each ● **se le subió a la cabeza** it went to her head ● **no me entra en la cabeza** I can't understand it. **2.** (*primera posición*) top.

cabeza de ajo *sf* bulb of garlic. **cabeza de chorlito** *sm/f* (*fam*) scatterbrain. **cabeza de turco** *sm/f* scapegoat. **cabeza dura** *adj* (*Amér L*) pigheaded. **cabeza rapada** *sm/f* skinhead.

cabezada *sf* **1.** (*golpe*) head butt. **2.** (*inclinación*): **estaba dando cabezadas** he was nodding off.

cabezal *sm* **1.** (*de cama*) headboard; (*reposacabezas*) headrest. **2.** (*Tec*) head.

cabezota *adj* (*fam*) pigheaded, stubborn.

cabida *sf* space, room.

cabina *sf* (*Av*) cabin; (*de camión*) cab; (*de teléfono*) telephone box.

cabizbajo, -ja *adj* crestfallen.

cable *sm* (*gen*) cable; (*Elec*) wire, cable.

cabo I *sm* **1.** (*de cuerda*) end ● **quedan cabos sueltos** there are still some loose ends ● **al cabo de** after ● **llevar a cabo** to carry out ● **al fin y al cabo** after all. **2.** (*Geog*) cape. **II** *sm/f* (*Mil*) corporal; (*de policía*) sergeant.

cabra *sf* goat.

cabré *etc*. ⇨ **caber**.

cabrear *vt* (*fam*) to make furious.

cabrearse *v prnl* (*fam*) to lose one's temper.

cabrito *sm* kid.

cabrón, -brona *sm/f* (!!!) bastard.

caca *sf* (*fam*) pooh, (*US*) poop: **hacer caca** to go to the toilet.

cacahuate *sm* (*Méx*) peanut.

cacahuete *sm* peanut.

cacao *sm* **1.** (*polvo*) cocoa. **2.** (*para los labios*) lipsalve.

cacarear *vi* (*gallo*) to crow; (*gallina*) to cackle; (*persona*) to boast.

cacé *etc*. ⇨ **cazar**.

cacereño, -ña *adj* ✳ from Cáceres.

cacería *sf* hunting party.

cacerola *sf* saucepan.

cachada *sf* (*RP: fam*) joke.

cachar *vt* (*fam*) **1.** (*Amér L: atrapar, pillar*) to catch. **2.** (*RP: tomarle el pelo a*): **te está cachando** he's pulling your leg.

cacharro *sm* **1.** (*de cocina*) pot. **2.** (*fam: objeto inútil*) piece of junk.

cachas *adj inv* (*fam*): **está cachas** he has tremendous muscles.

cachear *vt* to frisk.

cachetazo *sm* (*RP: fam*) slap.

cachete *sm* **1.** (*mejilla*) cheek. **2.** (*bofetada*) slap.

cachiporra *sf* truncheon.

cachivache *sm* piece of junk.

cacho *sm* **1.** (*fam: pedazo*) piece. **2.** (*RP: de bananas*) bunch. **3.** (*Amér L: cuerno*) horn.

cachondearse *v prnl* (*fam*) to make fun of (**de** d).

cachondeo *sm* (*fam*) **1.** (*broma*): **¿estáis de cachondeo?** are you joking? **2.** (*juerga*): **irse de cachondeo** to go out on the town.

cachondo, -da *adj* **1.** [S] (*fam: gracioso*) funny. **2.** [E] (!!: *en sentido sexual*) horny.

cachorro, -rra *sm/f* (*de perro*) puppy; (*de otro animal*) cub.

cacique *sm* **1.** (*de tribu*) chief. **2.** (*Pol*) local (political) boss.

caco *sm* (*fam*) thief.

cactus *sm inv* cactus.

cacumen *sm* (*fam*) brains *pl*.

cada *adj* each: **uno para cada alumno** one for each pupil; **cada día** every day; **cada vez que sucede** every time it happens; **¿cada cuánto los ves?** how often do you see them? ● **cada dos por tres** all the time ● **cada vez más gente** more and more people ● **¡tiene cada ocurrencia!** he comes up with some incredible ideas!

cadalso *sm* scaffold.

cadáver *sm* corpse, body.

cadena *sf* 1. (*gen*) chain. 2. (*de montañas*) range. 3. (*Telec: red*) network; (*: canal*) channel.

cadena perpetua *sf* life imprisonment.

cadera *sf* hip.

cadete *sm* cadet.

caducar [➪ sacar] *vi* (*plazo*) to run out; (*permiso*) to expire.

caer [➪ table in appendix 2] *vi* 1. (*gen*) to fall ● **caí enfermo** I fell ill ● **me cae mal** I don't like him ● **¡ahora caigo!** now I get it! 2. **caer sobre** to attack, to pounce on.

caerse *v prnl* 1. (*gen*) to fall: **se me cayó** I dropped it. 2. (*desprenderse*): **se le cae el pelo** he's losing his hair.

café I *sm* 1. (*planta, bebida*) coffee. 2. (*cafetería*) café; (*bar*) bar. 3. (*Amér L: color*) brown. 4. (*RP: fam, regañina*) telling-off. **II** *adj inv* (*Amér L*) brown.

café americano *sm* filter coffee. **café con leche** *sm* white coffee. **café cortado** *sm*: espresso coffee with a little milk. **café instantáneo** *sm* instant coffee. **café molido** *sm* ground coffee. **café solo** *sm* black coffee.

cafeína *sf* caffeine.

cafetal *sm* coffee plantation.

cafetera *sf* coffeepot.

cafetería *sf* (*gen*) café, coffee shop; (*en estación*) cafeteria.

cafetero, -ra I *adj* 1. (*del café*) coffee (*apos.*). 2. (*persona*): **soy muy cafetero** I'm very fond of coffee. **II** *sm/f* (*productor*) coffee grower; (*trabajador*) coffee worker.

cafeto *sm* coffee tree.

cagada *sf* (*!!*) 1. (*error*) stupid mistake; (*algo mal hecho*) botched job. 2. (*excremento*) shit.

caída *sf* 1. (*gen*) fall. 2. (*pendiente*) drop.

caigo *etc*. ➪ **caer**.

caimán *sm* cayman.

caja *sf* 1. (*gen*) box; (*ataúd*) coffin; (*de reloj*) case. 2. (*en banco*) cashier's desk; (*en tienda*) cash desk; (*en supermercado*) checkout.

caja de ahorros *sf* savings bank. **caja de cambios** *sf* gearbox. **caja fuerte** *sf* safe, strongbox. **caja registradora** *sf* cash register.

cajero, -ra *sm/f* cashier.

cajero automático *sm* cash dispenser, (*US*) ATM.

cajeta *sf* (*Méx*) sweet caramel spread.

cajetilla *sf* packet, (*US*) pack.

cajón *sm* 1. (*de mueble*) drawer. 2. (*caja grande*) crate. 3. (*Dep: de salida*) starting stall. 4. (*C Sur: ataúd*) coffin.

cajón de sastre *sm* rag bag.

cajuela *sf* (*Méx*) boot, (*US*) trunk.

cal *sf* (*gen*) lime; (*para pintar*) whitewash.

cala *sf* cove, bay.

calabacín *sm* courgette, (*US*) zucchini.

calabaza *sf* pumpkin.

calabozo *sm* cell.

calada *sf* puff.

caladero *sm* fishing ground.

calado *sm* draught, (*US*) draft.

calamar *sm* squid *n inv*: **calamares a la romana** squid fried in batter.

calambre *sm* 1. (*Anat*) cramp. 2. (*Elec*) electric shock.

calamidad *sf* calamity.

calaña *sf*: **gente de esa calaña** people of that sort.

calar *vt* 1. (*penetrar en*) to soak (through). 2. (*fam: a una persona*) to see through. ♦ *vi* (*argumentos*) to be accepted.

calarse *v prnl* 1. (*un gorro*) to pull on. 2. (*mojarse*) to get soaked.

3. (*automóvil*) to stall.

calato, -ta *adj* (*Chi, Perú: fam*) naked.

calavera I *sf* 1. (*Anat*) skull. 2. (*Méx: Auto*) rear light. **II** *sm* (*fam*) rake.

calcado, -da *adj* [S] identical (**a** to).

calcar [⇨ sacar] *vt* 1. (*un dibujo*) to trace. 2. (*imitar*) to copy.

calce *sm* 1. (*Tec*) wedge; (*Auto*) chock. 2. (*Amér C, Méx: de documento*) foot, bottom.

calcetín *sm* sock.

calcinar *vt* to burn.

calcio *sm* calcium.

calcomanía *sf* transfer.

calculador, -dora *adj* calculating.

calculadora *sf* calculator.

calcular *vt* 1. (*una cifra*) to calculate. 2. (*al hacer suposiciones*) to guess.

cálculo *sm* (*Mat*) calculation.

cálculo biliar *sm* gallstone. **cálculo renal** *sm* kidney stone.

caldear *vt* to warm (up).

caldera *sf* boiler.

calderilla *sf* small change.

caldo *sm* 1. (*Culin: gen*) stock; (*:sopa*) clear soup. 2. (*vino*) wine.

caldo de cultivo *sm* breeding ground.

calefacción *sf* heating.

calefactor *sm* heater.

calefón *sm* (*RP*) water heater.

calendario *sm* calendar.

caléndula *sf* marigold.

calentador *sm* 1. (*Hogar*) heater. 2. (*Indum*) legwarmer.

calentar [⇨ pensar] *vt* to heat (up).

calentarse *v prnl* 1. (*algo*) to heat up ● **se calentaron los ánimos** things got heated; (*persona*) to warm oneself. 2. (*Amér L: fam, enfadarse*) to get angry.

calentura *sf* fever, high temperature.

calesita *sf* (*RP*) merry-go-round.

calibrar *vt* 1. (*un arma*) to calibrate. 2. (*valorar*) to gauge.

calibre *sm* calibre, (*US*) caliber.

calidad *sf* 1. (*categoría*) quality. 2. (*condición*) capacity (**de** as).

cálido, -da *adj* warm.

caliente *adj* 1. (*gen*) hot. 2. [E] (*Amér L: fam, enfadado*) angry.

caliento *etc.* ⇨ **calentar**.

calificación *sf* grade, mark.

calificar [⇨ sacar] *vt* 1. (*valorar*) to consider. 2. (*Educ*) to mark, to grade.

californiano, -na *adj, sm/f* Californian.

calima *sf* haze, mist.

cáliz *sm* [-lices] 1. (*Relig*) chalice. 2. (*Bot*) calyx.

callado, -da *adj* 1. [E] (*silencioso*) quiet, silent. 2. [S] (*reservado*) quiet, reserved.

callar *vi* to go quiet: ¡**a callar!** be quiet!

callarse *v prnl* 1. (*cesar de hablar*) to stop talking, to shut up. 2. (*guardar silencio*) to keep quiet. 3. (*una información*) to keep quiet (about).

calle *sf* street.

calle cortada *sf* (*RP*) cul-de-sac. **calle de sentido único** ∗ (*RP*) **de una mano** *sf* one-way street. **calle sin salida** *sf* cul-de-sac.

callejear *vi* to wander about the streets.

callejero, -ra I *adj* 1. (*en la calle*) street (*apos.*). 2. (*perro*) stray. **II** *sm* street guide.

callejón *sm* alley: **callejón sin salida** dead end.

callicida *sm* corn cure.

callista *sm/f* chiropodist, (*US*) podiatrist.

callo I *sm* (*en el pie*) corn; (*en la mano*) callus. **II callos** *sm pl* (*Culin*) tripe.

calma *sf* calm: **no perdió la calma** she kept calm.

calmante I *adj* soothing. **II** *sm* (*para el dolor*) painkiller; (*para los nervios*) sedative.

calmar *vt* 1. (*el dolor*) to relieve. 2. (*sosegar*) to calm (down).

calmarse *v prnl* 1. (*tranquilizarse*) to calm down. 2. (*Meteo*) to abate.

caló *sm* gypsy language.

calor *sm* heat: **hace calor** it's hot;

tengo calor I'm hot; **entrar en calor** to get warm.

caloría sf calorie.

calumnia sf slander.

calumniar vt to slander, to defame.

caluroso, -sa adj warm.

calva sf bald patch.

calvario sm (Relig) Stations pl of the Cross ● **fue un calvario** it was hell!

calvicie sf baldness.

calvo, -va adj bald.

calzada sf road.

calzado sm footwear.

calzador sm shoehorn.

calzar [⇨ cazar] vt (un número) to take: **¿qué número calzas?** what size do you take?; (zapatos) to wear.

calzarse v prnl to put one's shoes on.

calzas sf pl (C Sur) leggings pl.

calzo sm (Tec) wedge; (Auto) chock.

calzón sm 1. (Dep) shorts pl. 2. (or **calzones** sm pl) (Amér L: de mujer) panties pl.

calzoncillos sm pl underpants pl, (US) shorts pl.

cama sf bed.

cama de matrimonio * (Amér L) **de dos plazas** sf double bed. **cama elástica** sf trampoline. **cama individual** * (Amér L) **de una plaza** sf single bed.

camada sf litter.

camaleón sm chameleon.

cámara I sf 1. (de fotos, cine) camera ● **a** * **en cámara lenta** in slow motion. 2. (Fís, Tec) chamber; (de fusil) chamber; (de neumático) inner tube. 3. (Pol) chamber. **II** sm/f cameraman.

cámara alta/baja sf upper/lower house. **cámara frigorífica** sf cold store.

camarada sm/f comrade.

camarera sf (en hotel) maid.

camarero, -ra sm/f 1. (en restaurante: hombre) waiter; (: mujer) waitress. 2. (en bar: hombre) barman; (: mujer) barmaid.

camarilla sf clique.

camarón sm shrimp.

camarote sm cabin.

cambiar vt 1. (gen) to change: **cambiar algo de lugar** to move sthg. 2. (trocar) to exchange (**por** for), to swap (**por** for). ♦ vi to change.

cambiarse v prnl to change: **cambiarse de ropa** to change one's clothes; **cambiarse de casa** to move house.

cambio sm 1. (gen) change ● **en cambio** on the other hand. 2. (trueque) exchange: **a cambio de** ⇥ in exchange for. 3. (de divisas) exchange rate. 4. (vuelta) change.

cambio de marchas sm gear change, (US) gearshift. **cambio de rasante** sm brow of a hill.

cambur sm (Ven) banana.

camelar vt (fam) 1. (convencer) to win over. 2. (galantear) to flirt with.

camello, -lla sm/f 1. (Zool) camel. 2. (!!: traficante) drug pusher.

camilla sf stretcher.

caminar vi to walk.

caminata sf long walk, hike.

camino sm 1. (senda) path, track. 2. (itinerario) way: **de camino** on the way.

camino forestal sm forest track. **camino vecinal** sm unclassified road.

camión sm 1. (de mercancías) truck, (GB) lorry. 2. (Méx: de pasajeros) bus.

camionero, -ra sm/f 1. (gen) truck driver, (GB) lorry driver. 2. (Méx: de autobús) bus driver.

camioneta sf 1. (furgoneta) van; (camión pequeño) pick-up truck. 2. (Amér L: coche familiar) estate (car), (US) station wagon.

camisa sf shirt.

camisa de fuerza sf straitjacket.

camiseta sf (prenda: interior) vest, (US) undershirt; (: exterior) T-shirt; (de deporte) shirt, jersey.

camisón sm nightgown, nightdress.

camorra sf (fam) trouble.

camote sm (Amér L: tubérculo) sweet potato; (: dulce) sweetmeat made from sweet potato.

campamento *sm* camp.

campana *sf* bell.

campana extractora *sf* extractor hood.

campanada *sf* stroke.

campanario *sm* bell tower.

campante *adj* unperturbed.

campaña *sf* campaign (**en pro * a favor de** for; **en contra de** against).

campechano, -na *adj* 1. (*llano*) straightforward. 2. (*Méx: fam, mezclado*) mixed.

campeón, -ona *sm/f* champion.

campeonato *sm* championship.

campera I *sf* (*C Sur*) jacket. II **camperas** *sf pl* cowboy boots *pl*.

campesino, -na I *adj* country (*apos.*). II *sm/f* (*gen*) country person; (*Hist*) peasant.

campestre *adj* country (*apos.*).

camping /kampin/ *sm* 1. (*lugar*) camp site, (*US*) campground. 2. (*actividad*) camping: **ir de camping** to go camping.

campiña *sf* countryside.

campo *sm* 1. (*zona rural*) country, countryside. 2. (*de cultivo*) field. 3. (*de deportes*) field, ground; (*de fútbol*) pitch, field; (*de golf*) course. 4. (*ámbito*) field.

campo de concentración *sm* concentration camp.

cana I *sf* 1. (*Anat*) white hair. 2. (*Amér S: fam, cárcel*) prison; (: *policías*) cops *pl*. II *sm/f* (*Amér S: fam*) cop.

Canadá *sm* Canada.

canadiense *adj, sm/f* Canadian.

canal *sm* 1. (*Geog*) channel; (*artificial*) canal; (*de riego*) channel. 2. (*de televisión*) channel.

Canal de la Mancha *sm* (English) Channel. **Canal de Panamá** *sm* Panama Canal.

canalizar [⇨ cazar] *vt* to channel.

canalla I *sm/f* swine. II *sf* riffraff.

canalón *sm* gutter.

Canarias *sf pl* (*or* **islas Canarias**) Canaries *pl*, Canary Islands *pl*.

canario, -ria I *adj* of * from the Canaries. II *sm* (*pájaro*) canary.

canasta *sf* basket.

cancela *sf* gate.

cancelar *vt* to cancel.

cáncer *sm* 1. (*enfermedad*) cancer. 2. (*or* **Cáncer**) (*Astrol*) Cancer.

cancerígeno, -na *adj* carcinogenic.

cancha *sf* (*de fútbol*) pitch, field; (*de baloncesto*) court; (*Amér L: de tenis*) court.

canciller *sm/f* (*gen*) chancellor; (*Amér L: de Asuntos Exteriores*) foreign minister.

canción *sf* song.

canción de cuna *sf* lullaby.

candado *sm* padlock.

candelabro *sm* (*con brazos*) candelabra; (*para una vela*) candlestick.

candente *adj* 1. (*metal*) red-hot. 2. (*tema*) burning.

candidato, -ta *sm/f* (*gen*) candidate (**a * para** for); (*solicitante*) applicant (**a * para** for).

cándido, -da *adj* innocent, naive.

candil *sm* 1. (*de aceite*) oil lamp. 2. (*Méx: de techo*) chandelier.

candilejas *sf pl* footlights *pl*.

canela *sf* cinnamon.

cangrejo *sm* (*de mar*) crab; (*de río*) crayfish *n inv*.

canguro I *sm* (*Zool*) kangaroo. II *sm/f* (*fam: persona*) baby-sitter.

caníbal *sm/f* cannibal.

canica *sf* marble.

caniche *sm/f* poodle.

canijo, -ja *adj* (*fam*) weak, puny.

canilla *sf* 1. (*espinilla*) shinbone. 2. (*espita*) spout. 3. (*RP: grifo*) tap, (*US*) faucet.

canillita *sm/f* (*RP*) newspaper seller.

canino, -na *adj* canine.

canjear *vt* to exchange (**por** for).

cano, -na *adj* white, grey.

canoa *sf* canoe.

canonizar [⇨ cazar] *vt* to canonize.

canoso, -sa *adj* white-haired, grey-haired.

cansado, -da *adj* 1. [E] (*fatigado*) tired. 2. [S] (*agotador*) tiring.

cansador, -dora *adj* [S] (*Amér S:*

agotador) tiring.

cansancio *sm* tiredness: ¡qué cansancio tengo! I'm so tired!

cansar *vt* to tire (out).

cansarse *v prnl* to get tired (**de** of).

cantábrico, -ca *adj* Cantabrian.

cántabro, -bra *adj, sm/f* Cantabrian.

cantante *sm/f* singer.

cantaor, -ora *sm/f* flamenco singer.

cantar I [⇨ table in appendix 2] *vi* 1. (*Mús*) to sing. 2. (*fam: confesar*) to sing, to squeal. 3. (*fam: oler*) to stink. ♦ *vt* 1. (*Mús*) to sing. 2. (*fam: números, nombres*) to call out. II *sm* poem.

cántaro *sm* pitcher ● **llover a cántaros** to pour with rain.

cantautor, -tora *sm/f* singer-songwriter.

cantera *sf* 1. (*de piedra*) quarry. 2. (*Dep*) junior teams *pl*.

cantidad I *sf* 1. (*gen*) quantity, amount; (*de dinero*) sum, amount. 2. (*fam: abundancia*) lots *pl*. II *adv* (*fam*) a lot.

cantimplora *sf* water bottle.

cantina *sf* (*gen*) bar; (*en cuartel*) mess.

canto *sm* 1. (*Mús*) singing. 2. (*borde*) edge. 3. (*piedra*) stone.

canturrear *vt/i* to hum.

cánula *sf* catheter.

canutas *sf pl* (*fam*): **las pasé canutas** it was really tough.

canuto *sm* 1. (*tubo*) tube. 2. (*fam: porro*) joint.

caña *sf* 1. (*Bot: de bambú*) cane; (*: planta*) reed. 2. (*cerveza*) (small) beer. 3. (*RP: aguardiente*) rum.

caña de azúcar *sf* sugar cane. **caña de pescar** *sf* fishing rod.

cañada *sf* (*quebrada*) ravine; (*camino*) cattle trail.

cañaveral *sm* reedbed.

cañería *sf* (*tubo*) pipe; (*conjunto*) pipes *pl*.

caño *sm* 1. (*tubo*) pipe, tube. 2. (*en fuente*) jet. 3. (*Perú: grifo*) tap, (*US*) faucet.

caño de escape *sm* (*RP: Auto*) ex-

haust (pipe).

cañón *sm* 1. (*de pistola*) barrel. 2. (*arma*) cannon. 3. (*Geog*) canyon. 4. (*RP: Culin*) puff pastry cake.

caoba *adj inv, sf* mahogany.

caos *sm* chaos.

caótico, -ca *adj* chaotic.

cap. (= **capítulo**) ch.

capa *sf* 1. (*prenda*) cloak, cape; (*Tauro*) cape. 2. (*revestimiento*) coat. 3. (*estrato*) layer.

capa de ozono *sf* ozone layer.

capacidad *sf* capacity.

capacitar *vt* to qualify.

capar *vt* to castrate.

caparazón *sm* ✲ *sf* shell.

capataz *sm* [-**taces**] foreman.

capaz I *adj* [-**paces**] 1. [S] (*que puede*) capable (**de** of). 2. [S] (*competente*) able, competent. II *adv* (*Amér S*) maybe.

capazo *sm* basket.

capcioso, -sa *adj* cunning.

capea *sf* (amateur) bullfight.

capear *vt* 1. (*un toro*) to play (*using the cape*). 2. (*una tormenta*) to ride out, to weather.

capellán *sm* chaplain.

caperuza *sf* 1. (*Indum*) hood. 2. (*de bolígrafo*) top, cap.

capicúa *sm* reversible number.

capilar *adj* 1. (*del cabello*) hair (*apos.*). 2. (*vaso*) capillary.

capilla *sf* chapel.

capilla ardiente *sf* chapel of rest.

capital I *adj* (*importancia*) prime, primary. II *sm* (*Fin*) capital. III *sf* (*ciudad*) capital (city).

capitalino, -na *adj* (*Amér L*) of ✲ from the capital.

capitalismo *sm* capitalism.

capitalista *adj, sm/f* capitalist.

capitalizar [⇨ cazar] *vt* 1. (*Fin*) to capitalize. 2. (*aprovechar*) to capitalize on, to take advantage of.

capitán, -tana *sm/f* captain.

capitanear *vt* (*Mil*) to lead; (*Dep, Náut*) to captain.

capitular *vi* to capitulate, to surrender.

capítulo *sm* (*de libro*) chapter; (*de*

serie) episode.

capó *sm* bonnet, (*US*) hood.

caporal *sm* foreman.

capota *sf* (*de coche de bebé*) hood; (*Auto*) top.

capote *sm* cape.

capricho *sm* whim.

capricornio, Capricornio *sm* Capricorn.

cápsula *sf* capsule.

captar *vt* 1. (*una emisión*) to receive. 2. (*entender*) to grasp. 3. (*la atención*) to attract.

captura *sf* capture.

capturar *vt* to capture.

capucha *sf* hood.

capuchón *sm* 1. (*Indum*) (large) hood. 2. (*de bolígrafo*) top, cap.

capullo *sm* 1. (*Zool*) cocoon. 2. (*Bot*) bud.

caqui *adj inv* khaki.

cara *sf* 1. (*rostro*) face. 2. (*aspecto*): **tiene buena cara** it looks good. 3. (*fam: descaro*) nerve, cheek; **¡qué cara!** what a cheek! 4. (*de papel, disco*) side; (*de moneda*): **¿cara o cruz?** heads or tails?

cara dura *sf* (*fam*) cheek.

carabela *sf* caravel.

carabina *sf* 1. (*arma*) carbine. 2. (*fam: acompañante*) chaperone.

carabinero, -ra I *sm/f* (*en algunos países*) police officer. **II** *sm* (*Culin*) prawn.

caracol *sm* snail.

carácter *sm* [**caracteres**] character.

característica *sf* 1. (*gen*) characteristic. 2. (*RP: de teléfono*) code.

característico, -ca *adj* characteristic.

caracterizar [➪ *cazar*] *vt* to characterize.

caradura (*fam*) **I** *adj* cheeky. **II** *sm/f* cheeky person. **III** *sf* cheek.

carajillo *sm*: *coffee laced with brandy.*

caramba *excl* good grief!, gosh!

carambola *sf* 1. (*en billar*) cannon. 2. (*Méx: Auto*) pile-up.

caramelo *sm* 1. (*golosina*) sweet, (*US*) candy. 2. (*Culin*: *azúcar derre-*

tido) caramel.

caraqueño, -ña *adj* of ✳ from Caracas.

carátula *sf* (*de libro*) cover; (*de disco*) sleeve.

caravana *sf* 1. (*en el desierto*) caravan; (*de coches*) tailback. 2. (*roulotte*) caravan, (*US*) trailer.

caray *excl* good grief!

carbón *sm* 1. (*Geol*) coal. 2. (*Artes*) charcoal.

carbón vegetal *sm* charcoal.

carboncillo *sm* charcoal.

carbonizarse [➪ *cazar*] *v prnl* to be reduced to ashes.

carbono *sm* carbon.

carburador *sm* carburettor, (*US*) carburetor.

carburante *sm* fuel.

carca *sm/f* (*fam: gen*) narrow-minded person; (*Pol*) reactionary.

carcajada *sf* peal of laughter: **reírse a carcajadas** to laugh one's head off.

carcamal *sm/f* (*fam*) old fogey.

cárcel *sf* jail, prison.

carcoma *sf* woodworm.

carcomer *vt* to eat away at.

cardenal *sm* 1. (*Relig*) cardinal. 2. (*Zool*) cardinal. 3. (*Med*) bruise.

cardiaco, -ca, cardíaco, -ca *adj* cardiac, heart (*apos.*).

cárdigan *sm* (*Amér L*) cardigan.

cardinal *adj* cardinal.

cardiólogo, -ga *sm/f* cardiologist, heart specialist.

cardo *sm* 1. (*Bot*) thistle. 2. (*fam: persona antipática*) horrible person; (*: persona fea*) ugly person.

carecer [➪ *agradecer*] *vi*: **carecen de experiencia** they lack ✳ they don't have experience.

carencia *sf* (*gen*) lack; (*Med*) deficiency.

carente *adj* lacking (**de** in).

careo *sm*: *confrontation between two witnesses.*

carero, -ra *adj* expensive.

carestía *sf* 1. (*precio alto*) high cost. 2. (*escasez*) shortage.

careta *sf* mask.

carey *sm* tortoiseshell.

carga *sf* 1. (*cargamento*) cargo, load. 2. (*acción*) loading. 3. (*explosivo*) charge. 4. (*responsabilidad*) burden (**para** on). 5. (*Elec, Fís*) charge.

cargada *sf* (*RP: fam*) joke.

cargado, -da *adj* 1. (*vehículo*) loaded (**de** with); (*persona*) loaded down (**de** with). 2. (*ambiente*) stuffy. 3. (*café, etc.*) strong.

cargar [⇨ **pagar**] *vt* 1. (*un vehículo*) to load (**de** with); (*cajas, mercancías*) to load (**en** into/onto); (*RP*): **cargar nafta** to fill up with petrol. 2. (*un arma, una cámara*) to load (**de** with). 3. (*una batería*) to charge. 4. (*RP: fam, tomarle el pelo a*) to tease; (*: intentar conquistar*) to chat up. ♦ *vi* 1. (*arremeter*) to charge. 2. **cargar con** (*un peso*) to carry; (*una responsabilidad*) to take, to bear.

cargarse *v prnl* (*fam*) 1. (*llenarse*) to burden oneself (**de** with). 2. (*romper*) to break. 3. (*asesinar*) to kill.

cargo *sm* 1. (*empleo*) post, position. 2. (*custodia*) charge: **a cargo de** in charge of; **hacerse cargo de** to take over. 3. (*Jur*) charge.

carguero *sm* (*Náut*) freighter; (*Av*) transport plane.

cariacontecido, -da *adj* downcast.

Caribe *sm* Caribbean.

caribeño, -ña *adj* Caribbean.

caricatura *sf* caricature.

caricia *sf* caress, stroke.

caridad *sf* charity.

caries *sf inv* 1. (*proceso*) tooth decay. 2. (*cavidad*) cavity.

cariño *sm* 1. (*afecto*) love, affection: **le tengo mucho cariño** I'm very fond of her. 2. (*esmero*) care. 3. (*apelativo*) darling.

cariñoso, -sa *adj* loving, affectionate.

carioca *adj* of ✱ from Rio de Janeiro.

carisma *sm* charisma.

caritativo, -va *adj* charitable.

cariz *sm*: **el cariz que están tomando las cosas** the way things are going.

carmesí *adj, sm* [**-síes** ✱ **-sís**] crimson.

carmín *sm* lipstick.

carnada *sf* bait.

carnal *adj* 1. (*Relig*) carnal. 2. (*de parentesco*): **primo carnal** first cousin.

carnaval *sm* carnival.

carne *sf* 1. (*Culin: de animal*) meat; (*: de fruta*) flesh. 2. (*Anat*) flesh. 3. (*Relig*) flesh.

carne de gallina *sf* goose pimples *pl*. **carne picada** ✱ (*Amér L*) **molida** *sf* minced ✱ (*US*) ground meat. **carne vacuna** *sf* beef/veal.

carné *sm* card.

carné de conducir *sm* driving licence, (*US*) driver's license. **carné de identidad** *sm* identity card.

carnero *sm* ram.

carnet *sm* [**-nets**] ⇨ **carné**.

carnicería *sf* 1. (*negocio*) butcher's. 2. (*matanza*) carnage, slaughter.

carnicero, -ra *sm/f* butcher.

cárnico, -ca *adj* meat (*apos.*).

carnívoro, -ra *adj* carnivorous.

carnoso, -sa *adj* fleshy.

caro, -ra *adj* expensive, dear.

carozo *sm* (*C Sur*) stone.

carpa *sf* 1. (*toldo: gen*) marquee; (*: de circo*) big top. 2. (*Amér L: tienda de campaña*) tent. 3. (*Zool*) carp *n inv*.

carpeta *sf* folder.

carpintería *sf* 1. (*actividad*) carpentry. 2. (*taller*) carpenter's workshop.

carpintero, -ra *sm/f* carpenter.

carraspear *vi* to clear one's throat.

carrera *sf* 1. (*Dep*) race. 2. (*corrida*): **nos tuvimos que dar una carrera** we had to run. 3. (*en la universidad*) course. 4. (*de un profesional*) career. 5. (*en medias*) run, (*GB*) ladder.

carrera armamentista *sf* arms race. **carrera de obstáculos** *sf* obstacle race. **carrera de relevos** *sf* relay (race).

carreta *sf* cart.

carrete *sm* 1. (*de hilo*) reel. 2. (*de fotos*) roll (of film).

carretera *sf* road.

carretera comarcal *sf* minor road. **carretera de circunvalación** *sf* ring road, (*US*) beltway. **carretera de cuota** *sf* (*Méx*) toll road. **carretera nacional** *sf* main road.

carretilla *sf* wheelbarrow.

carretilla elevadora *sf* forklift.

carril *sm* lane.

carril bus *sm* bus lane.

carrillo *sm* cheek.

carrito *sm* trolley, (*US*) cart.

carro *sm* 1. (*carreta*) cart. 2. (*Amér L: automóvil*) car. 3. (*para maletas, compras*) trolley, (*US*) cart. 4. (*or carro de combate*) tank.

carrocería *sf* bodywork.

carromato *sm* covered wagon.

carroña *sf* carrion.

carroza I *sf* 1. (*de caballos*) carriage. 2. (*de desfile*) float. 3. (*C Sur, Perú: coche fúnebre*) hearse. II *sm/f* (*fam: viejo*) old fogey.

carruaje *sm* carriage, coach.

carta *sf* 1. (*misiva*) letter. 2. (*naipe*) card. 3. (*Culin*) menu.

carta blanca *sf* carte blanche. **carta bomba** *sf* letter bomb. **carta de ajuste** *sf* test card. **carta verde** *sf* green card.

cartabón *sm* set square.

cartagenero, -ra *adj* of * from Cartagena.

cartapacio *sm* folder.

cartearse *v prnl* to exchange letters.

cartel *sm* (*póster*) poster; (*letrero*) sign.

cártel *sm* (*Fin*) cartel.

cartelera *sf* (*de cine*) billboard; (*en periódico*) listings *pl*.

cartera *sf* 1. (*para dinero*) wallet. 2. (*para libros*) satchel. 3. (*Amér S: de mujer*) handbag, (*US*) purse. 4. (*Pol*) portfolio.

carterista *sm/f* pickpocket.

cartero, -ra *sm/f* postman/woman, (*US*) mailman/woman.

cartílago *sm* cartilage.

cartilla *sf* 1. (*de lectura*) reader. 2. (*libreta*) book.

cartógrafo, -fa *sm/f* cartographer.

cartón *sm* 1. (*material*) cardboard. 2. (*envase*) carton.

cartón piedra *sm* papier-mâché.

cartucho *sm* cartridge.

cartulina *sf* card.

casa *sf* 1. (*edificio*) house. 2. (*hogar*) home: **en casa** at home. 3. (*Dep*): **jugar en casa** to play at home. 4. (*comercio*) establishment; (*empresa*) company.

casa de huéspedes *sf* guesthouse. **casa de socorro** *sf* first-aid post. **casa discográfica** *sf* record company.

casado, -da *adj* married (**con** to).

casamiento *sm* wedding.

casar *vt* (*a una pareja*) to marry; (*hacer concordar*) to match.

casarse *v prnl* to get married: **se casó con Eva** he got married to * he married Eva.

cascabel *sm* bell.

cascada *sf* waterfall, cascade.

cascanueces *sm inv* nutcracker.

cascar [⇨ sacar] *vt* 1. (*un huevo*) to crack. 2. (*RP: una taza, etc.*) to chip. ♦ *vi* (*fam: pegar*): **le cascaron** they hit him.

cáscara *sf* (*de fruta*) peel, skin; (*de huevo, nuez*) shell.

cascarrabias *adj inv* (*fam*) bad-tempered.

casco I *sm* 1. (*Indum*) helmet. 2. (*de barco*) hull. 3. (*de ciudad*): **el casco urbano** the town centre; **el casco antiguo** the old quarter. 4. (*botella*) empty bottle. 5. (*pezuña*) hoof. II **cascos** *sm pl* (*fam: auriculares*) headphones *pl*.

casco azul *sm* blue beret * helmet.

cascotes *sm pl* rubble.

caserío *sm* 1. (*aldea*) hamlet. 2. (*granja*) farmhouse.

casero, -ra I *adj* 1. (*hecho en casa*) home-made. 2. (*hogareño*) home-loving. II *sm/f* (*propietario*) landlord/landlady.

caseta *sf* 1. (*casa pequeña*) hut. 2. (*en la playa*) beach hut. 3. (*puesto, en mercado, etc.*) stand, stall. 4. (*de perro*) kennel.

casete I *sm* (*aparato*) cassette player. II *sf* (*cinta*) cassette, tape.

casetera *sf* (*Amér L*) cassette player.

casi *adv* nearly, almost: **casi nunca** hardly ever.

casilla *sf* 1. (*para cartas*) pigeonhole. 2. (*en tablero*) square; (*en impreso*) box. 3. (*RP: de perro*) kennel.

casilla de correo(s) *sf* (*C Sur*) PO Box.

casino *sm* 1. (*asociación*) social club. 2. (*de juego*) casino.

caso *sm* 1. (*gen*) case: **un caso perdido** a hopeless case; **en caso de** in case of ● **no viene al caso** it's irrelevant ● **no le hagas caso** don't pay any attention to him ● **hizo caso omiso** he took no notice. 2. (*asunto*) affair.

caspa *sf* dandruff.

casquillo *sm* 1. (*Mil*) cartridge case. 2. (*Tec*) fitting.

cassette *sm*, *sf* ⇨ **casete**.

casta *sf* 1. (*raza*) breed. 2. (*social*) caste.

castaña *sf* chestnut.

castaña de cajú *sf* (*RP*) cashew nut. **castaña de la India** *sf* (*Méx*) cashew nut.

castaño I *sm* chestnut (tree). II *adj inv* brown.

castañuelas *sf pl* castanets *pl*.

castellano, -na I *adj*, *sm/f* Castilian. II *sm* (*Ling*) Castilian, Spanish.

castellonense *adj* of ∗ from Castellón de la Plana.

castidad *sf* chastity.

castigar [⇨ *pagar*] *vt* to punish.

castigo *sm* punishment.

Castilla *sf* Castile.

castillo *sm* castle.

castizo, -za *adj* pure, traditional.

casto, -ta *adj* chaste.

castor *sm* beaver.

castrar *vt* to castrate.

castrense *adj* military.

casual *adj* chance (*apos.*).

casualidad *sf*: **por casualidad** by chance; **¡qué casualidad!** what a coincidence!

casualmente *adv* by chance.

cataclismo *sm* cataclysm.

catacumbas *sf pl* catacombs *pl*.

catalán, -lana I *adj*, *sm/f* Catalan. II *sm* (*Ling*) Catalan.

catalejo *sm* telescope.

catalizador *sm* 1. (*Quím*) catalyst. 2. (*Auto*) catalytic converter.

catálogo *sm* catalogue, (*US*) catalog.

Cataluña *sf* Catalonia.

catamarán *sm* catamaran.

catapulta *sf* catapult.

catar *vt* to taste.

catarata *sf* 1. (*cascada*) waterfall. 2. (*Med*) cataract.

catarro *sm* (*secreción*) catarrh; (*resfriado*) cold.

catastro *sm* land registry ∗ office.

catástrofe *sf* disaster, catastrophe.

catastrófico, -ca *adj* catastrophic, disastrous.

catchup *sm* ketchup.

catear *vt* 1. (*Educ: fam*) to fail. 2. (*Méx: registrar*) to search.

catecismo *sm* catechism.

catedral *sf* cathedral.

catedrático, -ca *sm/f* (*de universidad*) professor; (*de escuela secundaria*) senior teacher.

categoría *sf* 1. (*clase*) category. 2. (*grado*) level, division. 3. (*importancia*) importance.

categórico, -ca *adj* categorical.

cateto, -ta *sm/f* (*fam*) yokel.

cátodo *sm* cathode.

catolicismo *sm* Catholicism.

católico, -ca *adj*, *sm/f* Catholic.

catorce *adj*, *pron* (*cardinal*) fourteen; (*ordinal*) fourteenth ⇨ *apéndice 4*.

catorceavo, -va *adj*, *sm* fourteenth ⇨ *apéndice 4*.

catre *sm* (*camp*) bed.

catsup *sm* ketchup.

cauce *sm* river bed, channel.

caucho *sm* rubber.

caudal *sm* 1. (*de río*) rate of flow. 2. (*riqueza, abundancia*) wealth.

caudillo *sm* leader.

causa *sf* 1. (*gen*) cause, reason: **a causa de** because of. 2. (*ideal*) cause. 3. (*Jur*) trial.

causar *vt* to cause.

cáustico, -ca *adj* caustic.

cautela *sf* caution.

cauteloso, -sa *adj* cautious.

cautivar *vt* to captivate, to enthral.

cautiverio *sm* captivity.

cautivo, -va *sm/f* captive.

cauto, -ta *adj* cautious.

cava I *sm*: *sparkling wine*. II *sf* (wine) cellar.

cavar *vt/i* to dig.

caverna *sf* cave.

cavidad *sf* cavity.

cayo *sm* key.

caza I *sf* hunting. II *sm* fighter (plane).

caza furtiva *sf* poaching. **caza mayor** *sf* big game.

cazador, -dora *sm/f* hunter.

cazadora *sf* jacket.

cazar [⇨ table in appendix 2] *vi* to hunt. ♦ *vt* (*perseguir*) to hunt; (*pillar*) to catch.

cazatalentos *sm/f inv* talent scout.

cazo *sm* 1. (*cacerola*) saucepan. 2. (*cucharón*) ladle.

cazuela *sf* (*de barro*) *flame-proof earthenware dish*; (*metálica*) saucepan; (*que se puede meter al horno*) casserole.

c/c = cuenta corriente.

c.c. (= **centímetros cúbicos**) cc.

CC. OO. (= **Comisiones Obreras**) *Spanish trade union.*

cebada *sf* barley.

cebador *sm* 1. (*Elec*) starter. 2. (*Amér L: Auto*) choke.

cebar *vt* 1. (*alimentar*) to fatten (up). 2. (*una trampa*) to bait. 3. (*RP: el mate*) to brew.

cebo *sm* bait.

cebolla *sf* onion.

cebolleta *sf* spring onion, (*US*) scallion.

cebollino *sm* chive.

cebra *sf* zebra.

cecear *vi* 1. (*Med*) to lisp. 2. (*Ling*) to pronounce /s/ as /θ/ in Spanish.

cedazo *sm* sieve.

ceder *vt* 1. (*dar*) to give up; (*Auto*): **ceda el paso** give way, (*US*) yield. 2. (*Jur: transferir*) to transfer. ♦ *vi* 1. (*transigir*) to give way. 2. (*tormenta*) to ease. 3. (*muelle, cuerda*) to give out.

cedro *sm* cedar.

cédula *sf* 1. (*Fin*) bond. 2. (*or* **cédula de identidad**) (*Amér L*) identity card.

cegar [⇨ regar] *vt* to blind.

ceguera *sf* blindness.

ceja *sf* eyebrow.

cejar *vi* to falter.

celada *sf* trap.

celador, -dora *sm/f* (*de colegio*) caretaker, (*US*) janitor; (*de prisión*) warder; (*de hospital*) security guard; (*de museo*) custodian.

celda *sf* cell.

celebración *sf* celebration.

celebrar *vt* 1. (*una victoria, un aniversario*) to celebrate. 2. (*una reunión*) to hold. 3. (*alegrarse de*) to be glad about.

celebrarse *v prnl* (*reunión*) to be held, to take place.

célebre *adj* famous, well-known.

celeste *adj* 1. (*celestial*) heavenly. 2. (*color*) pale blue.

celestial *adj* celestial, heavenly.

célibe *adj, sm/f* celibate.

celo I *sm* 1. (*esmero, fervor*) zeal. 2. (*Biol*): **estar en celo** to be in season. 3. (*cinta adhesiva*) Sellotape®, (*US*) Scotch® tape. II **celos** *sm pl* jealousy: **tiene celos de mí** he's jealous of me.

celofán *sm* Cellophane®.

celosía *sf* (*de madera*) lattice; (*de hierro*) grille.

celoso, -sa *adj* 1. (*que siente celos*) jealous (**de** of). 2. (*concienzudo*) conscientious.

celta I *adj* Celtic. II *sm/f* Celt. III *sm* (*Ling*) Celtic.

célula *sf* cell.

celular I *adj* cellular. II *sm* (*RP*) mobile (phone).

celulitis *sf* cellulite.

celuloide *sm* celluloid.

cementerio *sm* cemetery.

cementerio de coches *sm* scrap yard.

cemento *sm* cement.

cena *sf* (*ligera, informal*) supper; (*completa, formal*) dinner.

cenar *vi* to have supper/dinner. ♦ *vt* to have for supper/dinner.

cencerro *sm* cowbell.

cenicero *sm* ashtray.

cenit *sm* zenith.

ceniza *sf* ash.

cenote *sm* (*Méx*) stream or pool, *usually underground*.

censo *sm* census.

censo electoral *sm* electoral roll, (*US*) voter list.

censor *sm* censor.

censura *sf* 1. (*Artes, Pol*) censorship. 2. (*desaprobación*) censure.

censurar *vt* 1. (*Artes, Pol*) to censor. 2. (*criticar*) to censure.

centavo *sm* cent.

centellear *vi* (*gen*) to sparkle; (*estrellas*) to twinkle.

centena *sf* hundred.

centenar *sm* hundred: **un centenar de personas** about a hundred people.

centenario, -ria I *adj* hundred-year-old. **II** *sm* centenary, (*US*) centennial.

centeno *sm* rye.

centésimo, -ma *adj, sm* hundredth ⇨ apéndice 4.

centígrado, -da *adj* centigrade.

centilitro *sm* centilitre, (*US*) centiliter.

centímetro *sm* 1. (*unidad*) centimetre, (*US*) centimeter. 2. (*RP: cinta métrica*) tape measure.

céntimo *sm* cent.

centinela *sm/f* sentry.

centolla *sf*, **centollo** *sm* spider crab.

central I *adj* central. **II** *sf* 1. (*Elec*) power station: **una central nuclear** a nuclear power station. 2. (*Telec*) telephone exchange. 3. (*oficina principal*) head office, headquarters *pl*.

centralita *sf* switchboard.

centralizar [⇨ cazar] *vt* to centralize.

centrar *vt* 1. (*gen*) to centre, (*US*) to center. 2. (*concentrar*) to concentrate. 3. (*en fútbol*) to cross.

céntrico, -ca *adj* central.

centrifugar [⇨ pagar] *vt* to spin.

centrífugo, -ga *adj* centrifugal.

centro *sm* 1. (*gen*) centre, (*US*) center. 2. (*en fútbol*) cross.

centro comercial *sm* shopping mall.

centro urbano *sm* town centre, (*US*) center of town.

Centroamérica *sf* Central America.

centroamericano, -na *adj, sm/f* Central American.

centrocampista *sm/f* midfield player.

ceñido, -da *adj* tight.

ceñirse [⇨ reñir] *v prnl* 1. (*limitarse*): **se ciñó al presupuesto** he stuck to the budget. 2. (*frml: ponerse*) to put on.

ceño *sm*: **fruncir el ceño** to frown.

cepillar *vt* 1. (*gen*) to brush. 2. (*en carpintería*) to plane.

cepillo *sm* 1. (*Hogar*) brush. 2. (*en carpintería*) plane. 3. (*para limosnas*) collection box.

cepillo de dientes *sm* toothbrush.

cepo *sm* 1. (*trampa*) trap. 2. (*Auto*) (wheel) clamp.

cera *sf* wax.

cerámica *sf* pottery, ceramics *pl*.

cerca I *adv* 1. (*próximo*) near: **cerca de Huesca** near Huesca. 2. **cerca de** (*casi*) nearly, almost. **II** *sf* fence, wall.

cercanía I *sf* (*proximidad*) proximity. **II cercanías** *sf pl* (*alrededores*) vicinity.

cercano, -na *adj* 1. (*lugar*) nearby. 2. (*pariente*) close.

cercar [⇨ sacar] *vt* 1. (*vallar*) to fence in. 2. (*Mil*) to surround.

cercenar *vt* 1. (*cortar*) to cut off. 2. (*libertades*) to violate.

cerciorarse *v prnl* to check, to make sure.

cerco *sm* 1. (*círculo*) ring. 2. (*Mil*:

asedio) siege.

cerda *sf* bristle.

cerdo, -da I *sm/f* 1. (*Zool*) pig. 2. (*fam: persona sucia*) (filthy) pig. 3. (*fam: persona despreciable*) swine. II *sm* (*carne*) pork.

cereal I *sm* cereal. II **cereales** *sm pl* (breakfast) cereal.

cerebral *adj* cerebral, brain (*apos.*).

cerebro *sm* 1. (*Anat*) brain. 2. (*cabecilla*) brains, leader.

ceremonia *sf* ceremony.

cereza *sf* cherry.

cerezo *sm* cherry tree.

cerilla *sf* match.

cerillo *sm* (*Amér C, Méx*) match.

cerner [⇨ tender] *vt* ⇨ **cernir**.

cernir [⇨ discernir] *vt* to sift.

cernirse *v prnl* to loom (**sobre** over).

cero *sm* 1. (*Mat*) zero. 2. (*Dep*) nothing, nil.

cerrado, -da *adj* 1. [E] (*no abierto*) shut, closed. 2. [S] (*acento*) broad. 3. [S] (*curva*) sharp, tight. 4. [S] (*de ideas fijas*) narrow-minded. 5. [S] (*introvertido*) reserved.

cerradura *sf* lock.

cerrajero, -ra *sm/f* locksmith.

cerrar [⇨ pensar] *vt* 1. (*gen*) to shut, to close; (*con llave*) to lock. 2. (*un grifo*) to turn off. 3. (*un sobre*) to seal. 4. (*un camino*) to block. 5. (*un acto*) to bring to an end. ♦ *vi* 1. (*puerta*) to shut, to close. 2. (*empresa*) to close down.

cerro *sm* hill.

cerrojo *sm* bolt.

certamen *sm* competition, contest.

certero, -ra *adj* good, accurate.

certeza *sf* certainty.

certidumbre *sf* certainty.

certificado, -da I *adj* (*carta*) registered. II *sm* (*documento*) certificate.

certificar [⇨ sacar] *vt* 1. (*un hecho, un documento*) to certify. 2. (*una carta*) to register.

cerumen *sm* earwax.

cervatillo *sm* fawn.

cervecería *sf* 1. (*bar*) bar. 2. (*fábrica*) brewery.

cerveza *sf* beer.

cerveza de barril *sf* draught beer. **cerveza negra** *sf* stout. **cerveza rubia** *sf* lager.

cervical I *adj* neck (*apos.*). II *sf* cervical vertebra.

cesante *adj* redundant.

cesar *vi* 1. (*acabar*) to stop, to cease. 2. (*dimitir*) to resign (**en** from). ♦ *vt* to dismiss, to fire.

cesárea *sf* Caesarean ✳ (*US*) Cesarean (section).

cese *sm* 1. (*dimisión*) resignation. 2. (*despido*) dismissal. 3. (*de actividad*) cessation.

cese del fuego *sm* (*Amér L*) ceasefire.

cesio *sm* caesium, (*US*) cesium.

césped *sm* (*hierba*) grass; (*terreno*) lawn.

cesta *sf* basket.

cesto *sm* basket.

cetro *sm* sceptre, (*US*) scepter.

ceutí *adj* of ✳ from Ceuta.

chabacano, -na I *adj* (*persona*) vulgar; (*decoración*) tacky; (*broma*) in poor taste. II *sm* (*Méx: albaricoque*) apricot.

chabola *sf* shack.

chacal *sm* jackal.

chacha *sf* (*fam*) 1. (*criada*) maid. 2. (*niñera*) nanny.

cháchara I *sf* (*fam: parloteo*) chatting. II **cháchara** *sf pl* (*Méx: fam, cosillas*) odds and ends *pl*.

chachi *adj* (*fam*) brilliant, great.

chacolí *sm* [-líes ✳ -lís] light, dry wine.

chacra *sf* (*Amér S*) farm, smallholding.

chafa *adj* (*Méx: fam*) tacky.

chafar *vt* 1. (*aplastar*) to squash. 2. (*fastidiar*) to spoil.

chal *sm* shawl.

chalado, -da *adj* [E] (*fam*) nuts (**por** about), crazy (**por** about).

chalé *sm* house.

chalé adosado *sm* terraced house. **chalé pareado** *sm* semi-detached house.

chaleco *sm* 1. (*de traje*) waistcoat, (*US*) vest. 2. (*de punto*) sleeveless pullover.

chaleco antibalas *sm* bulletproof vest. **chaleco de fuerza** *sm* (*C Sur*) straitjacket. **chaleco salvavidas** *sm* life jacket.

chalet *sm* [-lets] ⇨ **chalé**.

chalupa *sf* boat.

chamaco -ca *sm/f* (*Amér C, Méx: fam*) kid.

chamarra *sf* (*Amér L*) jacket.

chamba *sf* (*Méx: fam*) job.

champán, champaña *sm* champagne.

champiñón *sm* mushroom.

champión *sm* (*RP: gen*) trainer; (: *de lona*) plimsoll, (*US*) sneaker.

champú *sm* [-púes * -pús] shampoo.

chamuscar [⇨ sacar] *vt* to scorch.

chancho, -cha *sm/f* (*Amér L*) **1.** (*cerdo*) pig. **2.** (*fam: persona sucia*) mucky pup.

chanchullo *sm* (*fam*) fiddle.

chancla, chancleta *sf* flip-flop.

chándal *sm* tracksuit.

changa *sf* (*RP: fam*) odd job.

changador, -dora *sm/f* (*RP*) **1.** (*de equipaje*) porter. **2.** (*en el puerto*) docker.

chanquete *sm* whitebait *n inv*.

chanta *sm/f* (*RP: fam*) **1.** (*fanfarrón*) big-mouth. **2.** (*irresponsable*) clown.

chantaje *sm* blackmail.

chantajear *vt* to blackmail.

chao *excl* (*Amér L: fam*) bye!

chapa I *sf* **1.** (*de metal*) sheet, plate; (*de madera*) panel. **2.** (*de botella*) top. **3.** (*insignia*) badge, (*US*) button. **4.** (*carrocería*) bodywork. **5.** (*RP: de matrícula*) number * (*US*) license plate. **II chapas** *sf pl* (*Méx*) rosy cheeks *pl*.

chaparrón *sm* heavy shower.

chapoteadero *sm* (*Méx*) paddling * (*US*) wading pool.

chapotear *vi* to splash (about).

chapucero, -ra I *adj* amateurish, shoddy. **II** *sm/f* bungler, amateur.

chapurrear *vt* to speak badly.

chapuza *sf* amateurish job.

chaqueta *sf* (*gen*) jacket; (*de punto*) cardigan.

chaquetero, -ra *sm/f* (*fam*) turncoat.

charanga *sf* brass band.

charca *sf* pond, pool.

charco *sm* puddle.

charcutería *sf* (*productos*) cooked meats, pâtés, sausages, etc.; (*tienda*) delicatessen.

charla *sf* **1.** (*informal*) talk, chat. **2.** (*conferencia*) talk, lecture.

charlar *vi* to talk, to chat.

charlatán, -tana *sm/f* **1.** (*hablador*) chatterbox. **2.** (*embaucador*) charlatan, conman.

charol *sm* patent leather.

charro, -rra I *adj* **1.** (*de Salamanca*) of * from Salamanca. **2.** (*Amér L: de mal gusto*) gaudy, flashy. **II** *sm* (*Méx*) horseman.

chascarrillo *sm* (*fam*) joke.

chasco *sm* disappointment: **llevarse un chasco** to be disappointed.

chasis *sm inv* chassis *n inv*.

chasquido *sm* (*gen*) crack; (*de los dedos*) snap; (*de la lengua*) click.

chata *sf* bedpan.

chatarra *sf* scrap metal.

chato, -ta I *adj* **1.** (*nariz*) snub. **2.** (*objeto*) squat. **3.** (*C Sur: ambiente, nivel*) mediocre. **II** *sm/f* (*fam: apelativo*) love. **III** *sm* (*de vino*) (small) glass.

chau *excl* (*Amér L: fam*) bye!

chaucha *sf* (*RP*) green bean.

chaval, -vala *sm/f* (*fam*) **1.** (*chico*) boy; (*chica*) girl. **2.** (*persona joven*) young man/woman.

che I *sf*: name for Ch, formerly a separate letter in the Spanish alphabet. **II** *excl* (*RP: para llamar la atención*) hey!

checar [⇨ sacar] *vt/i* (*Méx*) to check.

checo, -ca I *adj*, *sm/f* Czech. **II** *sm* (*Ling*) Czech.

chelo *sm* cello.

chepa *sf* (*fam*) hump.

cheque *sm* cheque, (*US*) check.

cheque al portador *sm* bearer cheque ✱ (*US*) check. **cheque de viaje** *viajero sm* traveller's cheque, (*US*) traveler's check. **cheque nominal** ✱ **nominativo** *sm*: *cheque in favour of a named person.* **cheque sin fondos** *sm* bad cheque ✱ (*US*) check.

chequear *vt/i* (*Amér L*) to check.

chequeo *sm* checkup.

chequera *sf* (*Amér L*) cheque book, (*US*) checkbook.

cheto, -ta *adj* (*RP: fam*) posh.

chica *sf* maid.

chicano, -na *adj, sm/f* chicano.

chicha *sf* 1. (*bebida*) maize liquor ● **ni chicha ni limonada** ✱ **limoná** neither one thing nor the other. 2. (*fam: carne*) meat.

chícharo *sm* (*Amér C, Méx*) pea.

chicharra *sf* 1. (*Zool*) cicada. 2. (*timbre*) buzzer.

chichón *sm* bump, lump.

chicle *sm* chewing gum.

chico, -ca I *adj* (*en tamaño*) small, little; (*en demasía*): **me está** ✱ **me queda chico** it's too small for me. II *sm/f* (*muchacho*) boy; (*muchacha*) girl.

chiflado, -da *adj* [E] (*fam*) crazy (**por** about), nuts (**por** about).

chiflar *vi* 1. (*fam: gustar*): **me chiflan** I love them. 2. (*silbar*) to whistle.

chií, chiíta *adj, sm/f* Shiite.

Chile *sm* Chile.

chile *sm* (*guindilla picante*) chilli (pepper); (*Méx: pimiento*) pepper.

chileno, -na *adj, sm/f* Chilean.

chillar *vi* 1. (*persona: gen*) to shout; (: *de miedo*) to scream. 2. (*Méx: fam, llorar*) to cry. 3. (*ratón*) to squeak; (*cerdo*) to squeal.

chillido *sm* 1. (*de persona: gen*) shout; (: *de miedo*) scream. 2. (*de ratón*) squeak; (*de cerdo*) squeal.

chimenea *sf* 1. (*gen*) chimney; (*de barco*) funnel. 2. (*hogar*) fireplace.

chimpancé *sm* chimpanzee.

China *sf* China.

chinchar *vt* (*fam*) to annoy.

chinche I *sm* 1. (*Zool*) bedbug ● **caían como chinches** they were dropping like flies. 2. (*Chi, Perú*) ⇨ **chincheta**. II *sf* (*Amér L*) ⇨ **chincheta**.

chincheta *sf* drawing pin, (*US*) thumbtack.

chinchín *excl* (*fam*) cheers!

chinchulines *sm pl* (*RP*) chitterlings *pl*.

chino, -na I *adj* 1. (*de China*) Chinese. 2. (*Amér S: fam, mestizo*) of mixed race. 3. (*Méx: pelo*) curly. II *sm/f* 1. (*de China*) Chinese man/ woman: **los chinos** the Chinese. 2. (*Amér S: fam, mestizo*) person of mixed race. III *sm* 1. (*Ling*) Chinese ● **me suena a chino** it doesn't mean a thing to me. 2. (*Méx: rizo*) curl; (: *de plástico*) curler, roller.

chipirón *sm* baby squid.

Chipre *sm* Cyprus.

chipriota *adj, sm/f* Cypriot.

chiquero *sm* (*Amér L*) pigsty.

chiquilín, -lina (*fam*) I *adj* (*Amér L*) childish. II *sm/f* (*RP*) kid, child.

chiquillo, -lla *sm/f* kid, child.

chiquito, -ta *adj* small, little.

chirimoya *sf* custard apple.

chiringuito *sm* stall (*selling drinks and snacks*).

chiripa: de chiripa *loc adv* by sheer luck.

chirla *sf* clam.

chirolas *sf pl* (*RP: fam*) peanuts.

chirona *sf* (*fam*) prison.

chirriar [⇨ ansiar] *vi* (*puerta*) to creak; (*frenos*) to screech.

chisme *sm* 1. (*murmuración*) piece of gossip. 2. (*fam: cosa*) thing.

chismoso, -sa I *adj*: **es muy chismoso** he's such a gossip. II *sm/f* (*fam*) gossip.

chispa *sf* 1. (*Tec*) spark ● **estaba que echaba chispas** he was furious. 2. (*gracia*) wit.

chispear *v impers* to spit (with rain).

chiste *sm* joke.

chistera *sf* top hat.

chistoso, -sa I *adj* funny. II *sm/f*

(*persona*) joker.

chivarse *v prnl* (*fam*) to tell.

chivatazo *sm* tip-off.

chivato, -ta *sm/f* (*fam: niño*) telltale; (*: adulto*) informer.

chivo, -va *sm/f* kid.

chivo expiatorio *sm* scapegoat.

chocar [⟿ sacar] *vi* 1. (*colisionar*) to crash (**con** into), to collide (**con** with). 2. (*enfrentarse*) to clash (**con** with). 3. (*sorprender*) to surprise.

chocarrero, -ra *adj* coarse.

chochear *vi* (*Med*) to be senile ● **chochea por ella** he dotes on her.

chocho, -cha *adj* (*fam: senil*) gaga, senile ● **está chocho con su hijo** he dotes on his son.

choclo *sm* (*Amér S*) 1. (*Agr*) maize, (*US*) corn; (*Culin*) sweet corn. 2. (*mazorca*) corn cob.

chocolate *sm* 1. (*dulce*) chocolate; (*bebida*) (hot) chocolate. 2. (*fam: droga*) hashish.

chocolatina *sf* chocolate bar.

chófer, (*Amér L*) **chofer** *sm* (*gen*) driver; (*de un particular*) chauffeur.

chollo *sm* (*fam*) 1. (*trabajo*) cushy job. 2. (*ganga*) bargain.

cholo, -la *sm/f* (*Amér L*) person of mixed Amerindian and European ancestry.

chomba *sf* (*C Sur*: con cuello y botones) polo shirt; (*: suéter*) sweater.

chompa *sf* (*Amér S*: suéter) sweater, pullover; (*: sudadera*) sweatshirt.

chopo *sm* poplar.

choque *sm* 1. (*colisión*) crash. 2. (*disputa*) clash. 3. (*impresión*) shock.

chorizo, -za I *sm/f* (*fam*) thief. II *sm*: highly spiced pork sausage.

chorrada *sf* (*fam*) 1. (*tontería*) nonsense. 2. (*bagatela*) trinket.

chorrear *vi* to drip.

chorrearse *v prnl* (*Amér L*) to get dirty.

chorro, -rra I *sm/f* (*C Sur: fam, ladrón*) thief. II *sm* 1. (*gen*) jet, stream. 2. (*Méx: fam, montón*): **un chorro de amigos** lots of friends.

chotearse *v prnl* (*fam*) to make fun (de of).

chovinista I *adj* chauvinistic. II *sm/f* chauvinist.

choza *sf* hut.

christmas *sm inv* Christmas card.

chubasco *sm* (heavy) shower.

chubasquero *sm* (light) raincoat.

chuchería *sf* 1. (*bagatela*) knick-knack. 2. (*Culin*) snack.

chucho, -cha *sm/f* (*fam*) (mongrel) dog.

chucho de frío *sm* (*RP*) shiver.

chueco, -ca *adj* (*Amér L: torcido*) crooked; (*: con piernas torcidas*) bow-legged.

chufa *sf* tiger nut.

chulada *sf* (*fam*): **es una chulada** it's great.

chulear *vi* (*fam: presumir*) to brag (**de** about). ♦ *vt* (*Méx: fam, piropear*) to make flirtatious remarks to.

chuleta *sf* 1. (*Culin*) chop. 2. (*fam: en un examen*) crib.

chulo, -la (*fam*) I *adj* 1. (*insolente*) cocky. 2. (*bonito: objeto*) nice; (*Méx: guapo*) good-looking. II *sm* (*de prostitutas*) pimp.

chungo, -ga *adj* (*fam*) 1. (*enfermo*) ill. 2. (*difícil*) tough.

chupa *sf* (*fam*) jacket.

chupa-chups® *sm* lollipop.

chupar *vt* 1. (*un caramelo*) to suck. 2. (*un líquido*) to suck up. ♦ *vi* (*Amér L: fam*) to booze.

chupe *sm* (*Amér L*) 1. (*sopa*) spicy fish or meat and vegetable stew. 2. (*fam: bebidas alcohólicas*) booze; (*: acción de beber*) boozing.

chupete *sm* dummy, (*US*) pacifier.

chupón *sm* 1. (*Amér L*) ⟿ **chupete**. 2. (*C Sur: fam, beso*) passionate kiss.

churrasco *sm* (*gen*) steak; (*a la parrilla*) barbecued steak.

churrete, churretón *sm* (*fam*) stain.

churro *sm* 1. (*Culin*) deep-fried twist of batter. 2. (*fam: birria*) mess. 3. (*Amér S: fam, persona*) good-looker.

chusma *sf* riffraff.

chut *sm* shot.

chutar *vi* (*Dep*) to shoot.

chutarse *v prnl* (*fam: inyectarse*) to shoot up.

chute *sm* (*fam: de drogas*) fix.

chutear *vi* (*C Sur: Dep*) to shoot.

Cía. (= **compañía**) Co.

cianuro *sm* cyanide.

ciática *sf* sciatica.

cicatriz *sf* [**-trices**] scar.

cicatrizar [⇨ **cazar**] *vi* to heal.

ciclista *sm/f* cyclist.

ciclo *sm* (*gen*) cycle; (*serie*) series *n inv*.

ciclomotor *sm* moped.

ciclón *sm* cyclone.

ciego, -ga I *adj* blind. **II** *sm/f* blind person.

cielo I *sm* 1. (*firmamento*) sky. 2. (*Relig*) heaven. 3. (*persona*) angel. **II cielos** *excl* good heavens!

ciempiés *sm inv* centipede.

cien *adj, pron* (*cardinal*) hundred; (*ordinal*) hundredth ⇨ *apéndice 4*.

ciénaga *sf* swamp, bog.

ciencia *sf* science.

ciencia ficción *sf* science fiction.

cieno *sm* silt, mud.

científico, -ca I *adj* scientific. **II** *sm/f* scientist.

ciento I *adj* a * one hundred: **ciento cincuenta pesetas** a hundred and fifty pesetas. **II** *sm* 1. (*cardinal*) hundred. 2. (*en porcentajes*): **el diez por ciento** ten per cent * (*US*) percent ⇨ *apéndice 4*.

cierre *sm* 1. (*acción*) closing, closure. 2. (*Indum*) fastener. 3. (*or* **cierre relámpago**) (*C Sur, Perú*) zip, (*US*) zipper.

cierro *etc.* ⇨ **cerrar**.

cierto, -ta *adj* 1. [S] (*verdadero*) true. 2. (*un poco de*) some. 3. (*un, algún*): **en cierta ocasión** on one occasion; **en ciertos casos** in some cases ‖ in certain cases.

ciervo, -va *sm/f* (*gen*) deer *n inv*; (*macho*) stag; (*hembra*) hind.

cierzo *sm* north wind.

cifra *sf* figure.

cifrar *vt* 1. (*un mensaje*) to encode. 2. (*esperanzas*) to place (**en** on).

cigala *sf* Dublin Bay prawn.

cigarra *sf* cicada.

cigarrillo *sm* cigarette.

cigarro *sm* (*puro*) cigar; (*pitillo*) cigarette.

cigüeña *sf* stork.

cigüeñal *sm* crankshaft.

cilantro *sm* coriander.

cilindro *sm* cylinder.

cima *sf* summit.

címbalo *sm* cymbal.

cimentar *vt* 1. (*un edificio*) to lay the foundations of * for. 2. (*una relación*) to strengthen.

cimientos *sm pl* foundations *pl*.

cinc *sm* zinc.

cincel *sm* chisel.

cincha *sf* girth.

cinchar *vi* (*RP*) 1. (*tirar*) to pull (**de** on). 2. (*fam: trabajar*) to slave (away).

cinco *adj, pron* (*cardinal*) five; (*ordinal*) fifth ⇨ *apéndice 4*.

cincuenta *adj, pron* (*cardinal*) fifty; (*ordinal*) fiftieth ⇨ *apéndice 4*.

cine *sm* 1. (*gen*) cinema. 2. (*local*) cinema, (*US*) movie theater.

cineasta *sm/f* film * movie director.

cineclub *sm* [**-clubs** * **-clubes**] film club * society.

cíngaro, -ra *adj, sm/f* gypsy.

cínico, -ca I *adj* cynical. **II** *sm/f* cynic.

cinismo *sm* cynicism.

cinta *sf* (*gen*) ribbon; (*Tec*) tape. **cinta adhesiva** *sf* adhesive tape. **cinta aislante** *sf* insulating tape. **cinta de vídeo** * (*Amér L*) **video** *sf* videotape. **cinta métrica** *sf* tape measure. **cinta scotch®** *sf* (*Amér L*) adhesive tape. **cinta virgen** *sf* blank tape.

cinto *sm* belt.

cintura *sf* waist.

cinturón *sm* belt.

cinturón de seguridad *sm* seat belt, safety belt. **cinturón negro** *sm* black belt.

ciño *etc.* ⇨ **ceñir**.

ciprés *sm* cypress.

circo *sm* circus.

circuito *sm* circuit.

circulación *sf* (*gen*) circulation; (*tráfico*) traffic.

circular *vi* 1. (*gen*) to circulate; (*líquido*) to flow; (*personas*) to move about: **circulen por la derecha** keep to the right. 2. (*autobús, tren*) to run; (*rumor*) to go round. 3. (*Auto*) to drive: **circule por la derecha** keep right.

círculo *sm* 1. (*gen*) circle. 2. (*asociación*) club.

círculo vicioso *sm* vicious circle.

circundante *adj* surrounding.

circunferencia *sf* circumference.

circunscribir [*pp* **circunscrito**] *vt* to confine (**a** to).

circunscripción *sf* district.

circunscripción electoral *sf* constituency.

circunspecto, -ta *adj* reserved.

circunstancia *sf* circumstance.

circunvalación *sf* ring road, (*US*) beltway.

cirio *sm* candle.

cirrosis *sf* cirrhosis.

ciruela *sf* plum.

ciruela pasa *sf* prune.

cirugía *sf* surgery.

cirugía estética *sf* cosmetic surgery.

cirujano, -na *sm/f* surgeon.

cisco *sm* 1. (*carbón*) slack. 2. (*fam: alboroto*) row.

cisma *sm* 1. (*Relig*) schism. 2. (*Pol*) split.

cisne *sm* swan.

cisterna *sf* cistern.

cistitis *sf* cystitis.

cita *sf* 1. (*encuentro: gen*) appointment; (*: con novio*) date. 2. (*referencia*) quotation.

citación *sf* summons.

citar *vt* 1. (*convocar*) to arrange a meeting with. 2. (*hacer referencia a*) to quote. 3. (*Jur*) to summons.

citología *sf* (*gen*) cytology; (*del cuello del útero*) cervical smear.

cítrico *sm* citrus fruit.

ciudad *sf* (*gen*) city; (*más pequeña*) town.

Ciudad Condal *sf* Barcelona. **Ciudad de México** *sf* Mexico City. **ciudad perdida** *sf* (*Méx*) shantytown. **ciudad universitaria** *sf* university campus.

ciudadanía *sf* citizenship.

ciudadano, -na I *adj* civic. **II** *sm/f* citizen.

ciudadrealeño, -ña *adj* of * from Ciudad Real.

cívico, -ca *adj* civic.

civil I *adj* (*población*) civilian; (*derecho, aviación*) civil: **se casaron por lo civil** they were married in a registry office * (*US*) in a civil ceremony. **II** *sm/f* civilian.

civilización *sf* civilization.

civilizado, -da *adj* civilized.

civismo *sm* public-spiritedness.

cizaña *sf*: **sembrar cizaña** to stir up trouble.

cl (= **centilitro**) cl.

clamar *vt* to cry out for.

clamor *sm* clamour, (*US*) clamor.

clandestinidad *sf* secrecy: **en la clandestinidad** underground.

clandestino, -na *adj* clandestine, secret.

claqué *sm* tap dancing.

claraboya *sf* skylight.

clarete *adj, sm* rosé.

claridad *sf* 1. (*de luz*) brightness. 2. (*de ideas*) clarity.

clarín *sm* bugle.

clarinete *sm* clarinet.

clarividente *sm/f* clairvoyant.

claro, -ra I *adj* 1. [E] (*obvio*) clear. 2. [S] (*color*) light. 3. (*mezcla*) thin. **II claro** *sm* 1. (*en bosque*) clearing. 2. (*Meteo*) sunny period. **III claro** *adv* clearly. **IV claro** *excl* of course!: **¡claro que no!** of course not!

clase *sf* 1. (*categoría*) class: **en clase preferente/turista** in club/economy (class); **la clase alta/media/trabajadora** the upper/middle/working class. 2. (*tipo*) kind, sort. 3. (*Educ: aula*) classroom; (*: estudiantes*) class; (*: lección*) class, lesson: **clases nocturnas** evening classes. 4. (*fam: distinción*) class, style.

clásico, -ca I *adj* **1.** (*Artes*) classical. **2.** (*característico*) classic, typical. **3.** (*tradicional*) traditional. **II** *sm* classic.

clasificación *sf* **1.** (*acción*) classification. **2.** (*Dep*) table.

clasificar [⇨ sacar] *vt* (*gen*) to classify; (*datos, fichas*) to sort.

clasificarse *v prnl* (*Dep*) to qualify.

clasista *adj* snobbish.

claustro *sm* **1.** (*Arquit*) cloister. **2.** (*profesorado*) staff, (*US*) faculty.

claustrofobia *sf* claustrophobia.

cláusula *sf* clause.

clausura *sf* closure.

clausurar *vt* to close.

clavado, -da I *adj* (*fam*) **1.** [S] (*idéntico*) identical (**a** to). **2.** [E] (*Méx: enamorado*) in love (**con** with); (*:concentrado*) concentrating (**en ∗ con** on). **II** *sm* (*Méx*): **se echó un clavado al agua** she dived into the water.

clavar *vt* **1.** (*un clavo*) to hammer (**en** into); (*madera*) to nail (**en** to). **2.** (*una navaja*) to stick (**en** into): **le clavé el cuchillo** I stabbed him (with the knife). **3.** (*fam: estafar*) to rip off. **4.** (*fijar*) to fix.

clave I *sf* **1.** (*código*) code. **2.** (*solución*) key (**de** to). **3.** (*Mús: tono*) key; (*:signo*) clef. **II** *adj inv* key.

clavel *sm* carnation.

clavícula *sf* collarbone.

clavija *sf* peg.

clavo *sm* **1.** (*Tec*) nail. **2.** (*Culin*) clove.

claxon *sm* horn.

clemencia *sf* mercy, clemency.

clementina *sf* clementine.

cleptómano, -na *adj, sm/f* kleptomaniac.

clérigo, -ga *sm/f* clergyman/woman.

clero *sm* clergy.

cliché *sm* **1.** (*tópico*) cliché. **2.** (*en fotografía*) negative.

cliente, -ta *sm/f* customer, client.

clientela *sf* customers *pl*, clientele.

clima *sm* **1.** (*Meteo*) climate. **2.** (*ambiente*) atmosphere.

climatizado, -da *adj* air-conditioned.

clínica *sf* (private) hospital.

clínico, -ca *adj* clinical.

clip *sm* paperclip.

cloaca *sf* sewer.

cloch *sm* (*Col*) clutch.

clon *sm* clone.

cloro *sm* chlorine.

clorofila *sf* chlorophyll.

closet *sm* (*Amér L*) built-in wardrobe, (*US*) closet.

club *sm* [**clubs ∗ clubes**] club.

clueca *adj* broody.

clutch *sm* (*Méx*) clutch.

cm (= **centímetro**) cm.

CNT *sf* (*en Esp*) (= **Confederación Nacional de Trabajadores**) Spanish trade union.

coacción *sf* coercion.

coagularse *v prnl* (*sangre*) to clot; (*leche*) to curdle.

coágulo *sm* clot.

coalición *sf* coalition.

coartada *sf* alibi.

coba *sf* (*fam*): **no me des coba** don't soft-soap me.

cobarde I *adj* cowardly. **II** *sm/f* coward.

cobardía *sf* cowardice.

cobaya *sm ∗ sf* guinea pig.

cobertizo *sm* shed.

cobertor *sm* (*cubrecama*) bedspread; (*manta*) blanket.

cobertura *sf* (*de noticia*) coverage.

cobija *sf* (*Amér L*) blanket.

cobijar *vt* to shelter.

cobijarse *v prnl* to take shelter (**de** from).

cobrador, -dora *sm/f* (*de autobús*) bus conductor; (*a domicilio*) collector.

cobrar *vt* **1.** (*pedir*) to charge; (*recibir*) to be paid. **2.** (*un cheque*) to cash. ♦ *vi* (*recibir dinero*) to be paid.

cobrarse *v prnl* to take: **¿se cobra, por favor?** I'd like to pay for this, please.

cobre *sm* copper.

cobro *sm* collection.

coca *sf* **1.** (*planta*) coca. **2.** (*fam: co-*

caína) coke.

cocaína *sf* cocaine.

cocainómano, -na *sm/f* cocaine addict.

cocción *sf* **1.** (*de alimentos*) cooking. **2.** (*de cerámica*) firing.

cocer [⇨ table in appendix 2] *vt* (*Culin*: *gen*) to cook; (: *en agua*) to boil; (: *en horno*) to bake.

cochambroso, -sa *adj* filthy.

coche *sm* **1.** (*Auto*) car: **fuimos en coche** we went by car ‖ we drove. **2.** (*de caballos*) carriage, (*US*) car. **3.** (*de tren*) carriage, (*US*) car. **4.** (*de niño*) pram, (*US*) baby carriage.

coche bomba *sm* car bomb. **coche cama** *sm* sleeping car, sleeper. **coche de bomberos** *sm* fire engine, (*US*) fire truck. **coche familiar** *sm* estate (car), (*US*) station wagon. **coche fúnebre** *sm* hearse.

cochera *sf* (*de coches*) garage; (*de autobuses*) bus depot.

cochinillo *sm* sucking pig.

cochino, -na *sm/f* **1.** (*Zool*) pig. **2.** (*fam*: *persona sucia*) (filthy) pig. **3.** (*fam*: *persona despreciable*) swine.

cocido, -da I *adj* (*gen*) cooked; (*hervido*) boiled. **II** *sm*: *type of stew*.

cocina *sf* **1.** (*habitación*) kitchen; (*aparato*) cooker. **2.** (*arte*) cuisine, cooking.

cocinar *vt/i* to cook.

cocinero, -ra *sm/f* cook.

coco *sm* **1.** (*Bot*) coconut. **2.** (*fam*: *cabeza*) head ● **le comí el coco** I persuaded him. **3.** (*fam*: *hombre del saco*) bogeyman; (: *persona fea*) ugly devil.

cocodrilo *sm* crocodile.

cocotero *sm* coconut palm.

cóctel, coctel *sm* cocktail.

cóctel de mariscos *sm* seafood cocktail. **cóctel Molotov** *sm* petrol bomb.

codazo *sm*: **me dio un codazo** (*suave*) he nudged me, (*más fuerte*) he elbowed me.

codearse *v prnl* to rub shoulders.

codeína *sf* codeine.

codicia *sf* greed.

codiciar *vt* to covet.

codicioso, -sa *adj* greedy.

codificar [⇨ sacar] *vt* to encode, to code.

código *sm* code.

código de barras *sm* bar code. **código postal** *sm* postcode, (*US*) zip code.

codo *sm* **1.** (*Anat*) elbow. **2.** (*Tec*) bend.

codorniz *sf* [-nices] quail.

coetáneo, -nea *adj*, *sm/f* contemporary.

coexistir *vi* to coexist.

cofradía *sf* brotherhood.

coger [⇨ proteger] [replaced by **agarrar** or **tomar** in many Latin American countries]. *vt* **1.** (*gen*) to take: **le he cogido manía** I've taken a dislike to him. **2.** (*ocupar*) to take up. **3.** (*recoger*) to pick up. **4.** (*velocidad, una costumbre*) to pick up. **5.** (*una pelota*) to catch. **6.** (*una enfermedad*) to catch: **coger una borrachera** to get drunk. **7.** (*atrapar, sorprender*) to catch. **8.** (*alcanzar*) to catch up with. **9.** (*atropellar*) to run over; (*Tauro*) to gore. **10.** (*captar*) to catch. **11.** (*Amér L*: !!!) to have sex with. ♦ *vi* **1.** (*ir*): **cogí por Serrano** I went up/down Serrano (Street) ● **me coge lejos** it's a long way ● (*fam*) **cogí y me fui** I just (upped and) left. **2.** (*Amér L*: !!!) to have sex.

cogida *sf* goring.

cogollo *sm* heart.

cogote *sm* back of the neck.

coherencia *sf* coherence.

coherente *adj* (*argumentación*) coherent; (*persona*) consistent (**con** with).

cohete *sm* rocket.

cohibido, -da *adj* inhibited, self-conscious.

coima *sf* (*Amér S*: *fam*, *actividad*) bribery; (: *dinero*) bribe.

coincidencia *sf* coincidence.

coincidir *vi* **1.** (*en un lugar*): **coincidimos en la fiesta** we were both at the party; (*en el tiempo*) to coincide.

2. (*estar de acuerdo*) to agree.
3. (*ajustarse*) to fit in.

cojear *vi* 1. (*Med*) to limp. 2. (*mueble*) to wobble.

cojín *sm* cushion.

cojinete *sm* bearing.

cojo, -ja I *adj* (*persona, animal*) lame; (*mueble*) wobbly. II *sm/f* lame man/woman. III *also* ⇨ **coger.**

cojones *sm pl* (!!!) balls *pl*.

cojonudo, -da *adj* (!!) fabulous.

col *sf* cabbage.

col de Bruselas *sf* brussels sprout.

cola *sf* 1. (*Av, Zool*) tail. 2. (*fila*) queue, (*US*) line: **hacer cola** to queue, (*US*) to stand in line. 3. (*de vestido*) train. 4. (*bebida*) cola. 5. (*pegamento*) glue.

cola de caballo *sf* ponytail.

colaboracionista *sm/f* (*Pol*) collaborator.

colaborador, -dora *sm/f* (*en un trabajo*) worker; (*en una publicación*) contributor.

colaborar *vi* (*gen*) to collaborate (**en** on), to work together (**en** on); (*en la prensa*) to contribute (**en** to).

colada *sf* washing.

colado, -da *adj* (*fam*): **está colado por ella** he's crazy about her.

colador *sm* (*para té*) strainer; (*para verduras*) colander.

colapsar *vt* to bring to a standstill.

colapso *sm* collapse.

colar [⇨ contar] *vt* to strain. ♦ *vi* (*fam: ser creído*): **no colará** it won't wash.

colarse *v prnl* (*fam*) 1. (*introducirse*) to come in. 2. (*en una fiesta*) to sneak in, to gatecrash. 3. (*en una cola*) to jump the queue, (*US*) to cut the line. 4. (*equivocarse*) to make a mistake.

colcha *sf* bedspread.

colchón *sm* mattress.

colchón hinchable ∗ inflable *sm* air mattress.

colchoneta *sf* (*de camping*) camping mat; (*de playa*) air mattress.

cole *sm* (*fam*) school.

colección *sf* collection.

coleccionar *vt* to collect.

coleccionista *sm/f* collector.

colecta *sf* collection.

colectivero, -ra *sm/f* (*Arg*) bus driver.

colectividad *sf* community, group.

colectivo, -va I *adj* (*gen*) collective; (*transporte*) public. II *sm* 1. (*grupo*) group. 2. (*Amér L: autobús*) bus; (*: microbús*) (mini)bus; (*: taxi*) collective taxi.

colega *sm/f* 1. (*de profesión*) colleague. 2. (*fam: amigo*) pal.

colegiado, -da I *adj* (*profesional*) registered. II *sm/f* (*frml: árbitro*) referee.

colegial, -giala *sm/f* pupil, schoolboy/girl.

colegio *sm* 1. (*escuela*) school. 2. (*agrupación profesional*) college.

colegio electoral *sm* polling station.

colegio mayor *sm* hall of residence, (*US*) dormitory.

cólera I *sf* (*ira*) anger, rage. II *sm* (*Med*) cholera.

colesterol *sm* cholesterol.

coleta *sf* ponytail.

colgado, -da *adj* hanging (**de** from) ● (*fam*) **me dejó colgado** he left me high and dry.

colgante *sm* pendant.

colgar [⇨ table in appendix 2] *vt* 1. (*gen*) to hang (up). 2. (*ahorcar*) to hang. 3. (*el teléfono*) to put down. ♦ *vi* 1. (*gen*) to hang. 2. (*Telec*) to hang up.

colgué *etc.* ⇨ **colgar.**

colibrí *sm* hummingbird.

cólico *sm* colic.

coliflor *sf* cauliflower.

colilla *sf* (*cigarette*) butt.

colina *sf* hill.

colindante *adj* adjoining.

colirio *sm* eye drops *pl*.

colisión *sf* collision.

colisionar *vi* to collide.

collado *sm* mountain pass.

collar *sm* 1. (*Indum*) necklace. 2. (*para perro*) collar.

colleras *sf pl* (*Chi*) cuff links *pl*.

colmar *vt* 1. (*llenar*) to fill (to the

top) (**de** with). **2.** (*satisfacer*) to fulfil.

colmena *sf* beehive.

colmillo *sm* (*de persona*) canine tooth; (*de carnívoro*) fang; (*de elefante*) tusk.

colmo *sm* height (**de** of) ● **¡esto es el colmo!** this is the limit! ● **para colmo...** to cap it all....

colocar [⇨ sacar] *vt* **1.** (*poner*) to put, to place. **2.** (*emplear*) to get a job for.

colocarse *v prnl* **1.** (*encontrar empleo*) to find a job (**de** as). **2.** (!!: *drogarse*) to get stoned.

Colombia *sf* Colombia.

colombiano, -na *adj, sm/f* Colombian.

colon *sm* (*Anat*) colon.

colón *sm*: currency of Costa Rica and El Salvador.

colonia *sf* **1.** (*gen*) colony. **2.** (*de viviendas*) development; (*Méx*: *barrio*) residential district. **3.** (*campamento*) summer camp. **4.** (*perfume*) cologne.

colonialismo *sm* colonialism.

colonización *sf* colonization.

colonizador, -dora I *adj* colonizing. **II** *sm/f* colonist, settler.

colono *sm* colonist, settler.

coloquial *adj* colloquial.

coloquio *sm* discussion.

color *sm* colour, (*US*) color.

colorado, -da *adj* **1.** (*rojo*) red. **2.** (*Méx*: *chiste*) dirty, rude.

colorante *sm* colouring, (*US*) coloring.

colorear *vt* to colour (in), (*US*) to color (in).

colorete *sm* blusher.

colorido *sm* (*gen*) colouring, (*US*) coloring; (*animación*) colour, (*US*) color.

colosal *adj* colossal, huge.

columna *sf* column.

columna vertebral *sf* spine.

columnista *sm/f* columnist.

columpio *sm* swing.

colza *sf* oil-seed rape.

coma I *sf* **1.** (*Ling*, *Mús*) comma.

2. (*Mat*) point. **II** *sm* (*Med*) coma.

comadre *sm* **1.** (*en relaciones de madrinazgo*) mother of one's godchild or godmother of one's child. **2.** (*fam*: *chismosa*) gossip.

comadreja *sf* weasel.

comadrona *sf* midwife.

comandante *sm/f* **1.** (*Mil*: *gen*) commanding officer; (*rango*) major. **2.** (*de avión*) pilot, captain.

comando *sm* **1.** (*soldado*) commando; (*grupo*) unit. **2.** (*Inform*) command.

comarca *sf* area, district.

comarcal *adj* local, district (*apos.*).

comba *sf* skipping-rope: **saltar a la comba** to skip.

combarse *v prnl* (*por la humedad*) to warp; (*por el peso*) to sag.

combate *sm* **1.** (*pelea*) fight. **2.** (*Mil*) combat.

combatir *vt* to fight (against), to combat.

combi *sf* (*Amér L*) minibus.

combinación *sf* **1.** (*gen*) combination. **2.** (*Transp*) connection. **3.** (*Indum*) slip, petticoat.

combinado, -da I *adj* combined. **II** *sm* (*bebida*) cocktail.

combinar *vt* **1.** (*mezclar*) to combine, to mix. **2.** (*armonizar*) to combine.

combustible *sm* fuel.

comedia *sf* **1.** (*obra teatral: gen*) play; (: *cómica*) comedy; (*Amér L*: *telenovela*) soap opera; (: *radionovela*) radio soap opera. **2.** (*fingimiento*) act.

comedido, -da *adj* **1.** (*moderado*) restrained (**en** in). **2.** (*Amér S*: *servicial*) obliging.

comedor *sm* (*gen*) dining room; (*en empresa*) canteen.

comencé ⇨ **comenzar**.

comensal *sm/f* diner.

comentar *vt* **1.** (*mencionar*) to mention; (*hablar de*) to discuss. **2.** (*un partido*) to commentate on. **3.** (*un texto*) to comment on.

comentario *sm* comment, remark.

comentarista *sm/f* commentator.

comenzar [⇨ table in appendix 2] *vt/i* **1.** (*gen*) to begin, to start. **2. comenzar a** to begin, to start: **comenzó a llover** it began ∗ started to rain ‖ it began ∗ started raining.

comer *vt* **1.** (*gen*) to eat. **2.** (*en ajedrez*) to take. ♦ *vi* (*gen*) to eat; (*al mediodía*) to have lunch; (*Amér L: por la noche*) to have dinner.

comerse *v prnl* **1.** (*gen*) to eat. **2.** (*gastar*) to wear away. **3.** (*omitir*) to miss out.

comercial *adj* commercial, business (*apos.*).

comercializar [⇨ cazar] *vt* to market.

comerciante *sm/f* shopkeeper, (*US*) storekeeper.

comerciar *vi* to trade (**en** in).

comercio *sm* **1.** (*actividad*) commerce, trade. **2.** (*establecimiento*) shop, (*US*) store.

comestible I *adj* edible. II **comestibles** *sm pl* food.

cometa I *sm* (*Astron*) comet. II *sf* (*Juegos*) kite.

cometer *vt* **1.** (*un error*) to make. **2.** (*un delito*) to commit.

cometido *sm* mission.

comezón *sm* itch.

cómic *sm* [-mics] comic.

comicios *sm pl* (*frml*) elections *pl*.

cómico, -ca I *adj* **1.** (*gracioso*) funny. **2.** (*de comedia*) comedy (*apos.*), comic. II *sm/f* **1.** (*humorista*) comedian, comic. **2.** (*actor*) comic actor, comedian.

comida *sf* **1.** (*alimento*) food. **2.** (*acto: gen*) meal; (*: al mediodía*) lunch; (*Amér L: por la noche*) dinner.

comida para llevar *sf* takeaway food, (*US*) take-out food.

comienzo I *sm* beginning: **a comienzos de** at the beginning of. II *also* ⇨ **comenzar**.

comillas *sf pl* inverted commas *pl*: **entre comillas** in inverted commas.

comilón, -lona *sm/f* (*fam*): **es una comilona** she's a big eater.

comilona *sf* (*fam*) big meal.

comino *sm* cumin ● **me importa un comino** I don't care less.

comisaría *sf* police station.

comisario, -ria *sm/f* **1.** (*de policía*) superintendent. **2.** (*de exposición*) organizer. **3.** (*de la UE*) commissioner.

comisión *sf* **1.** (*Fin*) commission. **2.** (*junta*) committee.

comisura *sf* corner.

comité *sm* committee.

comitiva *sf* retinue.

como I *conj* **1.** (*según*) as: **como ves...** as you can see.... **2.** (*para introducir ejemplos*) such as. **3.** (*comparando*): **como tú** like you; **tan alto como yo** as tall as me. **4.** (*si*) if: **como no me lo digas...** if you don't tell me.... **5.** (*dado que*) as, since. **6. como si** as if: **como si fuéramos niños** as if we were children. II *adv* (*aproximadamente*) about. III *prep* (*en calidad de*) as.

cómo I *adv interrogativo* **1.** (*de qué manera*) how. **2.** (*fam: al no entender algo*): **¿cómo?** sorry? II *adv exclamativo* **1.** (*gen*) how: **¡cómo me gustó!** how I enjoyed it! **2. cómo no** of course.

cómoda *sf* chest of drawers.

comodidad *sf* comfort.

comodín *sm* **1.** (*en la baraja*) joker. **2.** (*Inform*) wild card.

cómodo, -da *adj* **1.** (*confortable*) comfortable. **2.** (*fácil*) convenient.

comoquiera que *conj* **1.** (*de cualquier modo*: + *subjuntivo*) however. **2.** (*dado que*: + *indicativo*) since.

compacto, -ta *adj* compact.

compadecer [⇨ agradecer] *vt* to pity.

compadecerse *v prnl* to take pity (**de** on).

compadre *sm* **1.** (*en relaciones de padrinazgo*) father of one's godchild or godfather of one's child. **2.** (*fam: apelativo*) friend, pal.

compaginar *vt* to combine.

compañero, -ra *sm/f* **1.** (*de trabajo*) colleague; (*de clase*) classmate: **fuimos compañeros de colegio** we were at school together. **2.** (*pareja*) partner. **3.** (*de un calcetín, etc.*) other one (*of a pair*).

compañía *sf* company.

comparación *sf* comparison: **en comparación con** in comparison with ‖ compared to * with.

comparar *vt* to compare (**con** with *; **to**).

comparativo, -va *adj* comparative.

comparecer [➪ agradecer] *vi* (*frml*) to appear.

compartimento, compartimiento *sm* compartment.

compartir *vt* to share.

compás *sm* **1.** (*para dibujar*) compasses *pl*. **2.** (*Mús: gen*) time: **al compás de la música** in time to the music; (*: división*) bar.

compasión *sf* compassion, pity.

compasivo, -va *adj* compassionate.

compatible *adj* compatible.

compatriota *sm/f* fellow countryman/woman.

compendio *sm* summary.

compenetración *sf* mutual understanding.

compensación *sf* compensation.

compensar *vt* **1.** (*equilibrar*) to make up for. **2.** (*indemnizar*) to compensate (**por** for). ♦ *vi* to be worthwhile.

competencia *sf* **1.** (*gen*) competition. **2.** (*jurisdicción*) responsibility. **3.** (*aptitud*) ability, competence.

competente *adj* competent.

competer *vi*: **no me compete** it is not my responsibility.

competición *sf* competition.

competidor, -dora *sm/f* competitor.

competir [➪ pedir] *vi* to compete.

competitivo, -va *adj* competitive.

compilar *vt* to compile.

compinche *sm/f* (*fam*) **1.** (*de fechorías*) accomplice. **2.** (*amigo*) pal, buddy.

compito *etc.* ➪ **competir**.

complacer [➪ agradecer] *vt* to please.

complejidad *sf* complexity.

complejo, -ja I *adj* complex, complicated. **II** *sm* complex.

complementar *vt* to complement.

complementario, -ria *adj* complementary.

complemento *sm* **1.** (*gen*) complement. **2.** (*Indum*) accessory. **3.** (*de verbo*) object.

completar *vt* to complete.

completo, -ta *adj* **1.** (*entero*) complete, whole ● **por completo** completely. **2.** (*lleno*) full.

complexión *sf* build.

complicación *sf* complication.

complicado, -da *adj* **1.** [S] (*difícil*) complicated. **2.** [E] (*involucrado*) involved.

complicar [➪ sacar] *vt* **1.** (*dificultar*) to complicate. **2.** (*involucrar*) to involve.

complicarse *v prnl* to become complicated.

cómplice *sm/f* accomplice.

compló, complot *sm* [**-plós** * **-plots**] plot, conspiracy.

componente I *sm/f* (*miembro*) member. **II** *sm* (*elemento*) component. **III** *sf* (*de un viento*) direction.

componer [➪ poner] *vt* **1.** (*formar*) to form, to make up. **2.** (*Lit, Mús*) to compose. **3.** (*Amér L: reparar*) to repair.

componerse *v prnl* (*estar formado*) to consist (**de** of), to be made up (**de** of) ● **me las compondré yo solo** I'll manage on my own.

comportamiento *sm* behaviour, (*US*) behavior.

comportar *vt* to involve.

comportarse *v prnl* to behave.

composición *sf* composition ● **hacerse una composición de lugar** to size up the situation.

compositor, -tora *sm/f* composer.

compostelano, -na *adj* of * from Santiago de Compostela.

compostura *sf* **1.** (*serenidad*) composure. **2.** (*Amér L: reparación*) repair.

compota *sf* compote.

compra *sf* 1. (*lo comprado*): **una buena compra** a good buy. 2. (*actividad*): **ir de compras** to go shopping; **hacer la compra** to do the shopping.

comprador, -dora *sm/f* buyer.

comprar *vt* 1. (*adquirir*) to buy: **se lo compré a Juan** (*para él*) I bought it for Juan, (*él me lo vendió*) I bought it from Juan. 2. (*sobornar*) to bribe.

compraventa *sf* buying and selling.

comprender *vt* 1. (*entender*) to understand. 2. (*abarcar*) to comprise, to include.

comprensión *sf* understanding.

comprensivo, -va *adj* understanding.

compresa *sf* sanitary towel * (*US*) napkin.

comprimido *sm* tablet.

comprimir *vt* to compress.

comprobante *sm* (*gen*) supporting document; (*de pago*) receipt.

comprobar [⇨ contar] *vt* to check.

comprometedor, -dora *adj* compromising.

comprometer *vt* 1. (*implicar*) to compromise. 2. (*poner en peligro*) to jeopardize, to put at risk. 3. (*obligar*) to oblige.

comprometerse *v prnl* 1. (*responsabilizarse*) to commit oneself. 2. (*novios*) to get engaged. 3. (*arriesgarse*) to take a risk.

compromiso *sm* 1. (*obligación*) obligation. 2. (*cita*) appointment, engagement. 3. (*de boda*) engagement. 4. (*apuro*) difficult position. 5. (*acuerdo*) compromise.

compruebo *etc.* ⇨ comprobar.

compuerta *sf* sluice.

compuesto, -ta I *pp* ⇨ componer. II *adj* compound. III *sm* compound.

computador *sm*, **computadora** *sf* computer.

computar *vt* to calculate.

computarizado, -da, computerizado, -da *adj* computerized.

cómputo *sm* calculation.

comulgar [⇨ pagar] *vi* to receive Holy Communion.

común *adj* 1. (*ordinario*) common. 2. (*colectivo*) shared.

comuna *sf* 1. (*comunidad*) commune. 2. (*C Sur: frml, municipio*) municipality.

comunicación *sf* communication.

comunicado *sm* communiqué.

comunicado de prensa *sm* press release.

comunicar [⇨ sacar] *vt* 1. (*una noticia*): **me comunicaron el resultado** they informed me of the result. 2. (*entusiasmo*) to communicate. ♦ *vi* 1. (*estar conectado*) to be linked * connected (**con** to). 2. (*teléfono*) to be busy. 3. (*con una persona*) to communicate.

comunicarse *v prnl* 1. (*gen*) to communicate; (*ponerse en contacto*) to get in touch.

comunidad *sf* community.

comunidad autónoma *sf* (*en Esp*) autonomous region.

comunión *sf* (Holy) Communion.

comunista *adj*, *sm/f* communist.

comunitario, -ria *adj* 1. (*de la comunidad*) community. 2. (*de la UE*) of * relating to the EU.

con *prep* 1. (*gen*) with: **está con su prima** he is with his cousin; **lo corté con un cuchillo** I cut it with a knife. 2. **con tal de** in order to. **con tal de que** as long as.

conato *sm* outbreak.

cóncavo, -va *adj* concave.

concebir [⇨ pedir] *vt* 1. (*un hijo, una idea*) to conceive. 2. (*comprender*) to understand.

conceder *vt* 1. (*un premio*) to award; (*un préstamo*) to give; (*permiso*) to grant. 2. (*admitir*) to admit.

concejal, -jala *sm/f* councillor, (*US*) councilor.

concentración *sf* 1. (*gen*) concentration. 2. (*de manifestantes*) rally.

concentrar *vt* to concentrate.

concentrarse *v prnl* to concentrate (**en** on).

concepto *sm* 1. (*idea*) concept, idea ● **bajo ningún concepto** under no

circumstances. **2.** (*juicio*) opinion.
3. (*Fin*): **en concepto de** for.

concernir [⇨ discernir] *vi*: **no me concierne** it does not concern * affect me.

concertar [⇨ pensar] *vt* **1.** (*una reunión*) to arrange. **2.** (*un precio*) to agree (on). **3.** (*esfuerzos*) to coordinate.

concesión *sf* **1.** (*en negociaciones*) concession. **2.** (*contrato*) dealership.

concesionario *sm* dealer.

concha *sf* shell.

conchabarse *v prnl* **1.** (*para hacer algo*) to hatch a scheme. **2.** (*contra alguien*) to gang up (**contra** on).

concheto, -ta *adj* (*RP: fam*) ⇨ **cheto**.

concibo *etc.* ⇨ **concebir**.

conciencia *sf* **1.** (*facultad moral*) conscience. **2.** (*Med*) consciousness; (*conocimiento*) awareness ● **tener/tomar conciencia de algo** to be/become aware of sthg.

concienciar *vt* to make aware (**de** of).

concienciarse *v prnl* to become aware (**de** of).

concientizar [⇨ cazar] *vt* (*Amér L*) ⇨ **concienciar**.

concienzudo, -da *adj* conscientious.

concierto *sm* (*Mús: función*) concert; (*: composición*) concerto.

conciliador, -dora *adj* conciliatory.

conciliar *vt* to reconcile.

conciso, -sa *adj* concise, brief.

concluir [⇨ huir] *vt* **1.** (*acabar*) to finish. **2.** (*deducir*) to conclude. ♦ *vi* to finish, to end.

conclusión *sf* conclusion: **llegar a una conclusión** to come to a conclusion.

concluyente *adj* **1.** (*categórico*) categoric. **2.** (*pruebas*) conclusive.

concordar [⇨ contar] *vi* to agree.

concretar *vt* **1.** (*fijar*) to fix. **2.** (*resumir*) to sum up.

concreto, -ta I *adj* **1.** (*preciso*) concrete. **2.** (*determinado*) specific. **II** *sm* (*Amér L*) concrete.

concurrido, -da *adj* (*lugar*) crowded; (*función*) well attended.

concurrir *vi* **1.** (*converger*) to converge, to meet. **2.** (*asistir*) to attend.

concursante *sm/f* contestant.

concursar *vi* to compete (**en** in).

concurso *sm* **1.** (*competición: gen*) competition; (*: en televisión*) quiz. **2.** (*de propuestas*) tender.

condado *sm* county.

conde *sm* count.

condecoración *sf* decoration, medal.

condecorar *vt* to decorate.

condena *sf* **1.** (*Jur*) sentence. **2.** (*repulsa*) condemnation.

condenar *vt* **1.** (*a un delincuente*) to sentence (**a** to). **2.** (*censurar*) to condemn.

condensación *sf* condensation.

condensar *vt* to condense.

condensarse *v prnl* to condense.

condesa *sf* countess.

condescendencia *sf* (*en sentido positivo*) consideration; (*en sentido negativo*) condescending manner.

condescender [⇨ tender] *vi* (*en sentido positivo*) to agree (**con** to); (*en sentido negativo*) to condescend (**a** to).

condición *sf* condition: **a condición de que vengas** on condition that you come.

condicional *adj* conditional.

condicionar *vt* **1.** (*supeditar*) to make conditional (**a** on). **2.** (*influir en*) to condition.

condimentar *vt* to season.

condimento *sm* seasoning.

condolencia *sf* condolence, sympathy.

condón *sm* condom.

cóndor *sm* condor.

conducir [⇨ table in appendix 2] *vt* **1.** (*Auto*) to drive. **2.** (*llevar*) to take. **3.** (*dirigir*) to lead.

conducta *sf* behaviour, (*US*) behavior.

conducto *sm* **1.** (*Tec*) pipe. **2.** (*procedimiento*) channel. **3.** (*Anat*) duct.

conductor, -tora I *sm/f* (*Auto*)

driver. II *sm* (*Fís*) conductor.

conduje *etc.* ⇨ **conducir.**

conduzco *etc.* ⇨ **conducir.**

conectar *vt* to connect (**a** to).

conejo, -ja *sm/f* rabbit.

conexión *sf* connection.

confabularse *vprnl* to conspire (**contra** against).

confeccionar *vt* (*un vestido*) to make (up); (*una lista*) to draw up; (*un plato*) to prepare.

confederación *sf* confederation.

conferencia *sf* 1. (*Educ*) lecture. 2. (*Telec*) long-distance call (**con** to). 3. (*reunión*) conference.

conferencia de prensa *sf* press conference.

conferenciante *sm/f* (*gen*) speaker; (*Educ*) lecturer.

conferir [⇨ sentir] *vt* to confer (**a** on).

confesar [⇨ pensar] *vt* 1. (*gen*) to confess. 2. (*Relig*): **me confesó** he heard my confession.

confesarse *vprnl* (*Relig*) to go to confession.

confesión *sf* confession.

confesionario *sm* confessional.

confeti *sm* confetti.

confiado, -da *adj* 1. [S] (*que se fía*) trusting. 2. [E] (*esperanzado*) confident (**en que** that).

confianza *sf* 1. (*gen*) trust (**en** in), confidence (**en** in). 2. (*en uno mismo*) (self-)confidence. 3. (*en el trato*) familiarity: **tengo confianza con él** I know him very well.

confiar [⇨ ansiar] *vt* 1. (*encomendar*) to entrust (**a** to). 2. (*contar*) to confide. ♦ *vi*: **confiar en** to trust.

confiarse *vprnl* (*descuidarse*) to get overconfident.

confidencia *sf* secret.

confidencial *adj* confidential.

confidente *sm/f* 1. (*de secretos: hombre*) confidant; (*: mujer*) confidante. 2. (*soplón*) informer.

confieso *etc.* ⇨ **confesar.**

configuración *sf* configuration.

confín *sm* edge, border.

confinar *vt* (*encerrar*) to confine (**en** to); (*desterrar*) to exile (**en** to).

confirmar *vt* to confirm.

confiscar [⇨ sacar] *vt* to confiscate.

confite *sm* sweet, (*US*) candy.

confitería *sf* 1. (*bombonería*) sweet shop, (*US*) candy store; (*pastelería*) patisserie. 2. (*Amér L*: *salón de té*) teashop.

confitura *sf* jam.

conflictivo, -va *adj* 1. (*asunto, persona*) difficult. 2. (*zona*) of conflict.

conflicto *sm* conflict.

confluir [⇨ huir] *vi* to converge, to meet.

conformar *vt* 1. (*dar forma a*) to shape. 2. (*un cheque*) to approve.

conformarse *vprnl*: **me conformo con esto** I'm satisfied with this.

conforme I *adj* 1. (*de acuerdo*): **no estoy conforme** I don't agree. 2. (*satisfecho*) satisfied. II *conj* (*según*) as. III **conforme a** *prep* in accordance with.

conformista *adj*, *sm/f* conformist.

confort *sm* [-forts] comfort.

confortable *adj* comfortable.

confrontar *vt* 1. (*comparar*) to compare. 2. (*un problema*) to face up to.

confundir *vt* 1. (*una cosa por otra*) to mistake (**con** for). 2. (*embarullar*) to confuse.

confundirse *vprnl* (*equivocarse*) to make a mistake.

confusión *sf* 1. (*error*) mistake. 2. (*desbarajuste*) confusion.

confuso, -sa *adj* 1. (*situación*) confused; (*instrucciones*) confusing. 2. (*persona*) confused.

congelado, -da I *adj* frozen. II **congelados** *sm pl* frozen food.

congelador *sm* (*compartimento*) freezer compartment; (*electrodoméstico*) freezer.

congelar *vt* to freeze.

congelarse *vprnl* to freeze.

congeniar *vi* to get on well.

congénito, -ta *adj* congenital.

congestionarse *vprnl* to become congested.

congoja *sf* grief.

congraciarse *vprnl* to ingratiate oneself (**con** with).

congratularse *v prnl* to congratulate oneself (**de ∗ por** on).

congregación *sf* (*asamblea*) gathering; (*Relig*) congregation.

congregarse [⇨ pagar] *v prnl* to come together, to congregate.

congreso *sm* 1. (*convención*) conference. 2. (*Pol: en EE.UU.*) Congress.

Congreso de los Diputados *sm* Chamber of Deputies.

congrio *sm* conger eel.

congruente *adj*: **congruente con algo** in keeping with sthg.

conjetura *sf* conjecture.

conjugar [⇨ pagar] *vt* 1. (*Ling*) to conjugate. 2. (*combinar*) to combine.

conjuntivitis *sf* conjunctivitis.

conjunto, -ta I *adj* combined, joint. **II** *sm* 1. (*agrupación*) collection, group. 2. (*totalidad*) whole. 3. (*Indum*) outfit. 4. (*Mús*) group. 5. (*Mat*) set.

conjurarse *v prnl* to conspire.

conllevar *vt* to involve, to entail.

conmemorar *vt* to commemorate.

conmemorativo, -va *adj* commemorative.

conmigo *pron* with me.

conmoción *sf* commotion.

conmoción cerebral *sf* concussion.

conmocionar *vt* to affect deeply.

conmovedor, -dora *adj* moving, poignant.

conmover [⇨ mover] *vt* to move.

conmoverse *v prnl* to be moved.

conmuevo etc. ⇨ **conmover**.

conmutador *sm* 1. (*Tec*) switch. 2. (*Amér L: centralita*) switchboard.

cono *sm* cone.

Cono Sur *sm*: Argentina, Uruguay, Chile and Paraguay.

conocedor, -dora *sm/f* expert (**de** on).

conocer [⇨ agradecer] *vt* 1. (*gen*) to know; (*por primera vez*) to meet. 2. (*reconocer*) to recognize. 3. (*notar*): **se conoce que no lo sabía** it seems he didn't know.

conocerse *v prnl* (*gen*) to know each

other; (*por primera vez*) to meet.

conocido, -da I *adj* [S] well-known. **II** *sm/f* acquaintance.

conocimiento I *sm* 1. (*de hechos*) knowledge. 2. (*Med*) consciousness: **perder/recobrar el conocimiento** to lose/recover consciousness. **II conocimientos** *sm pl* knowledge.

conozco etc. ⇨ **conocer**.

conque *conj* so.

conquense *adj* of ∗ from Cuenca.

conquista *sf* conquest.

conquistador, -dora *sm/f* (*gen*) conqueror; (*de América*) conquistador.

conquistar *vt* 1. (*Mil*) to conquer. 2. (*a una persona*): **la conquistó** he won her affection.

consabido, -da *adj* usual.

consagrado, -da *adj* 1. (*Relig*) consecrated. 2. (*famoso*) established.

consciente *adj* 1. (*sabedor*) aware (**de** of). 2. (*Med*) conscious.

conscripción *sf* (*Amér L*) military service.

conscripto *sm* (*Amér L*) conscript.

consecución *sf* achievement.

consecuencia *sf* consequence: **a consecuencia de** as a result of.

consecuente *adj* 1. [S] (*congruente*) consistent (**con** with). 2. (*subsiguiente*) consequent, resulting.

consecutivo, -va *adj* consecutive.

conseguir [⇨ seguir] *vt* 1. (*una cosa*) to (manage to) get. 2. (*un objetivo*) to achieve. 3. (*+ inf*): **conseguimos sacarlo** we succeeded in getting it out ‖ we managed to get it out; (*+ que + subjuntivo*): **conseguí que me escucharan** I got them to listen to me.

consejero, -ra *sm/f* 1. (*asesor*) adviser. 2. (*Fin*) board member.

consejero, -ra delegado, -da *sm/f* managing director.

consejo *sm* 1. (*recomendación*) piece of advice. 2. (*Pol*) council.

consejo de administración *sm* board of directors. **consejo de guerra** *sm* court martial. **consejo de ministros** *sm* cabinet meeting.

consenso *sm* consensus.

consentido, -da *adj* **1.** (*mimado*) spoilt. **2.** (*Méx: favorito*) favourite, (*US*) favorite.

consentimiento *sm* consent (**a** to), agreement (**a** to).

consentir [⇨ sentir] *vt* **1.** (*permitir*) to allow, to permit. **2.** (*malcriar*) to spoil. ♦ *vi* to agree: **consintió en ayudarnos** he agreed to help us.

conserje *sm* caretaker, (*US*) janitor.

conservador, -dora *adj* conservative.

conservante *sm* preservative.

conservar *vt* **1.** (*guardar*) to keep. **2.** (*alimentos*) to preserve.

conservatorio *sm* conservatory.

considerable *adj* considerable.

consideración *sf* consideration • **heridas de consideración** serious injuries.

considerado, -da *adj* **1.** [S] (*atento*) considerate. **2.** [E] (*estimado*): **muy bien considerado** highly regarded.

considerar *vt* to consider.

consigna *sf* **1.** (*para equipaje*) left-luggage office, (*US*) baggage room. **2.** (*orden*) order. **3.** (*eslógan*) slogan.

consigo I *pron* with him/her/them. **II** *also* ⇨ **conseguir**.

consiguiente *adj* consequent • **por consiguiente** therefore.

consistencia *sf* consistency.

consistente *adj* **1.** (*que consiste*) consisting (**en** of). **2.** (*masa*) firm; (*material*) solid.

consistir *vi* to consist (**en** of).

consola *sf* console.

consolación *sf* consolation.

consolar [⇨ contar] *vt* to console.

consolidar *vt* to consolidate.

consomé *sm* consommé.

consonante *adj, sf* consonant.

consorcio *sm* consortium.

conspiración *sf* conspiracy, plot.

conspirar *vi* to conspire, to plot.

constancia *sf* **1.** (*perseverancia*) perseverance. **2.** (*prueba*) proof.

constante I *adj* (*continuo, sin cambio*) constant; (*perseverante*) perse-

vering. **II** *sf* (*Mat*) constant.

constar *vi* **1.** (*figurar*) to appear. **2.** (*ser sabido*): **me consta que...** I know for sure that.... **3.** (*componerse*) to consist (**de** of).

constatar *vt* to verify.

constelación *sf* constellation.

consternado, -da *adj* dismayed.

constipado, -da I *adj* **1.** (*resfriado*): **estoy constipado** I have a cold. **2.** (*RP: estreñido*) constipated. **II** *sm* cold.

constiparse *v prnl* to catch a cold.

constitución *sf* constitution.

constitucional *adj* constitutional.

constituir [⇨ huir] *vt* **1.** (*componer*) to comprise, to make up. **2.** (*representar*) to constitute. **3.** (*establecer*) to set up.

constituyente *adj* constituent.

constreñir [⇨ reñir] *vt* **1.** (*limitar*) to restrict. **2.** (*obligar*) to force.

constriño *etc.* ⇨ **constreñir**.

construcción *sf* construction, building.

constructivo, -va *adj* constructive.

constructor, -tora *sm/f* builder.

construir [⇨ huir] *vt* to build.

consuelo *sm* consolation, comfort.

consulado *sm* consulate.

consulta *sf* **1.** (*pregunta*) query, question. **2.** (*discusión*) consultation. **3.** (*Med*) surgery, (*US*) doctor's office.

consultar *vt* (*gen*) to consult; (*en un diccionario*) to look up.

consultorio *sm* **1.** (*Med*) surgery, (*US*) doctor's office. **2.** (*en revista*) advice column.

consumado, -da *adj* consummate, accomplished.

consumar *vt* **1.** (*el matrimonio*) to consummate. **2.** (*un delito*) to carry out.

consumición *sf* **1.** (*acción*) consumption. **2.** (*bebida*) drink.

consumidor, -dora *sm/f* consumer.

consumir *vt* to consume: **consumir preferentemente antes de...** best before....

consumirse *v prnl* (*Med: debilitarse*)

to waste away.

consumismo *sm* consumerism.

consumo *sm* consumption.

contabilidad *sf* 1. (*disciplina*) accountancy, book-keeping. 2. (*cuentas*) accounts *pl*.

contable *sm/f* accountant.

contactar *vi* to make contact (**con** with).

contacto *sm* 1. (*gen*) contact. 2. (*Auto*) ignition.

contado, -da I *adj*: **en contadas ocasiones** rarely. II **al contado** *loc adv*: **lo pagué al contado** (*en metálico*) I paid cash for it, (*no a plazos*) I paid for it in full.

contador, -dora I *sm/f* (*Amér L: Prof*) accountant. II *sm* (*de luz, agua*) meter.

contagiar *vt* to pass on.

contagiarse *v prnl* (*enfermedad*) to be transmitted; (*persona*): **no quiero que te contagies** I don't want you to catch it.

contagioso, -sa *adj* contagious, infectious.

contaminación *sf* (*gen*) contamination; (*del medio ambiente*) pollution.

contaminar *vt* (*gen*) to contaminate; (*el medio ambiente*) to pollute.

contar [⇨ table in appendix 2] *vt* 1. (*enumerar*) to count. 2. (*relatar*) to tell. 3. (*considerar*) to consider, to count. ♦ *vi* 1. (*enumerar*) to count. 2. (*importar*) to count, to be important. 3. **contar con** (*tener en cuenta*) to expect; (*confiar en*) to count on; (*frml: tener*) to have.

contemplar *vt* 1. (*gen*) to contemplate. 2. (*tener en cuenta*) to provide for.

contemporáneo, -nea *adj, sm/f* contemporary.

contendiente *sm/f* contender.

contenedor *sm* 1. (*para transporte*) container. 2. (*para escombros*) skip, (*US*) Dumpster®. 3. (*para vidrio*) bottle bank.

contener [⇨ tener] *vt* to contain, to hold.

contenerse *v prnl* to control oneself.

contenido *sm* (*gen*) contents *pl*; (*vitamínico, de azúcar*) content.

contento, -ta *adj* [E] happy.

contestación *sf* answer, reply.

contestador *sm* (or **contestador automático**) answering machine.

contestar *vt* to answer. ♦ *vi* (*gen*) to answer, to reply; (*de mala manera*) to answer back.

contexto *sm* context.

contienda *sf* conflict.

contigo *pron* with you.

contiguo, -gua *adj* adjoining, adjacent (**a** to).

continental *adj* continental.

continente *sm* continent.

continuación *sf* (*gen*) continuation; (*de una obra*) sequel (**de** to) ● **a continuación** next.

continuar [⇨ actuar] *vt/i* to continue, to carry on.

continuo, -nua *adj* 1. (*ininterrumpido*) continuous. 2. (*frecuente*) constant, continual.

contorno *sm* 1. (*perfil*) outline. 2. (*alrededores*) surrounding area.

contorsionista *sm/f* contortionist.

contra I *prep* against. II *sf* (*Amér L*): **no me lleves la contra** don't contradict me.

contraataque *sm* counterattack.

contrabajo *sm* double bass.

contrabandear *vt* to smuggle.

contrabandista *sm/f* smuggler.

contrabando *sm* smuggling.

contracción *sf* contraction.

contradecir [⇨ decir] *vt* to contradict.

contradicción *sf* contradiction.

contradigo *etc.* ⇨ **contradecir**.

contraer [⇨ traer] *vt* (*una enfermedad*) to contract; (*una deuda*) to incur: **contraer matrimonio** to marry.

contraerse *v prnl* to contract.

contrapartida *sf* compensating factor.

contrapeso *sm* counterweight.

contraportada *sf* back page.

contraproducente *adj* counterproductive.

contrapunto *sm* counterpoint.

contraria *sf*: **no me lleves la contraria** don't contradict me.

contrariado, -da *adj* upset, annoyed.

contrariedad *sf* 1. (*problema*) setback. 2. (*descontento*) annoyance.

contrario, -ria I *adj* opposed (**a** to). II *sm/f* (*Dep*) opponent ● **al** * **por el contrario** on the contrary ● **de lo contrario** otherwise.

contrarrestar *vt* to counteract.

contraseña *sf* password.

contrastar *vi* to contrast.

contraste *sm* contrast.

contrata *sf* contract.

contratar *vt* to employ, to take on.

contratiempo *sm* setback.

contrato *sm* contract.

contraventana *sf* shutter.

contribución *sf* contribution.

contribución urbana *sf* local taxes *pl*.

contribuir [⇨ huir] *vi* to contribute: **contribuir a algo** to contribute to sthg; **contribuir con algo** to give sthg.

contribuyente *sm/f* taxpayer.

contrincante *sm/f* opponent, adversary.

control *sm* 1. (*gen*) control. 2. (*lugar*) checkpoint.

control remoto *sm* remote control.

controlador aéreo, controladora aérea *sm/f* air-traffic controller.

controlar *vt* 1. (*dominar*) to control. 2. (*inspeccionar*) to check.

controversia *sf* controversy.

controvertido, -da *adj* controversial.

contundente *adj* 1. (*objeto*) heavy. 2. (*concluyente*) conclusive.

contusión *sf* bruise, contusion.

conurbano *sm* (*RP*) area outside the city boundaries.

convalecer [⇨ agradecer] *vi* to convalesce (**de** from), to recover (**de** from).

convalidar *vt* to validate.

convencer [⇨ table in appendix 2]

vt 1. (*persuadir*) to persuade, to convince: **lo convencí para que continuara** I persuaded him to carry on. 2. (*gustar*): **el color no me convence** I'm not sure about the colour.

convencido, -da *adj* convinced, sure.

convencimiento *sm* conviction: **tengo el convencimiento de que...** I am convinced that....

convención *sf* convention.

convencional *adj* conventional.

conveniencia *sf* 1. (*interés*) benefit: **un matrimonio de conveniencia** a marriage of convenience. 2. (*lo aconsejable*) advisability.

conveniente *adj* 1. (*oportuno*) convenient. 2. (*aconsejable*) advisable.

convenio *sm* agreement.

convenir [⇨ venir] *vi* 1. (*ser aconsejable*) to be advisable: **no te conviene hacer eso** it would be better if you didn't do that. 2. (*ponerse de acuerdo*) to agree.

convento *sm* convent.

convenzo *etc.* ⇨ **convencer**.

convergencia *sf* convergence.

converger, convergir [⇨ proteger] *vi* to converge, to meet.

conversación I *sf* (*diálogo*) conversation. II **conversaciones** *sf pl* (*Pol*) talks *pl*.

conversador, -dora I *adj* talkative, chatty. II *sm/f* talker.

conversar *vi* to talk.

conversión *sf* conversion.

convertir [⇨ sentir] *vt* 1. (*cambiar: gen*) to change (**en** into); (*: una medida*) to convert (**en** to). 2. (*hacer*) to turn (**en** into). 3. (*Relig*) to convert (**a** to).

convertirse *v prnl* 1. (*Relig*) to convert (**a** to). 2. **convertirse en** (*hacerse*) to become.

convexo, -xa *adj* convex.

convicción *sf* conviction.

convidar *vt* (*gen*) to invite; (*pagando*) to treat. ♦ *vi* to encourage.

convierto *etc.* ⇨ **convertir**.

convincente *adj* convincing.

convite sm (fam) meal.

convivencia sf life together.

convivir vi 1. (vivir juntos) to live together. 2. (coexistir) to coexist.

convocar [⇨ sacar] vt 1. (un examen, un concurso) to announce; (un referéndum) to call; (una huelga) to call. 2. (a personas) to call.

convulsión sf convulsion.

conyugal adj conjugal, marital.

cónyuge sm/f spouse.

coñac sm [-ñacs] brandy, cognac.

coño excl (!!!) hell!: ¿qué coño...? what the hell...?

cooperación sf cooperation.

cooperar vi to cooperate.

cooperativa sf cooperative.

cooperativo, -va adj cooperative.

coordenada sf coordinate.

coordinador, -dora I sm/f coordinator. II sf coordinating committee.

coordinar vt to coordinate.

copa I sf 1. (vaso) glass ● tomar una copa to have a drink. 2. (trofeo) cup. 3. (de árbol) top. II copas sf pl: suit in Spanish playing cards.

copar vt 1. (ocupar) to take. 2. (RP: fam, encantar): me copa I love it.

copeo sm (fam): fuimos de copeo we went out for a few drinks.

copetín sm (RP) pre-dinner drink and appetizers.

copia sf copy.

copia de seguridad sf backup.

copiar vt/i to copy.

copiloto sm/f (Av) co-pilot; (Auto) co-driver.

copioso, -sa adj abundant.

copo sm flake.

copo de nieve sm snowflake. **copos de avena** sm pl rolled oats pl. **copos de maíz** sm pl cornflakes pl.

coquetear vi to flirt.

coqueto, -ta adj 1. (presumido) vain; (con el sexo opuesto) flirtatious. 2. (agradable) pretty, nice.

coraje sm 1. (valor) courage. 2. (rabia): me da coraje it makes me really angry. 3. (caradura) cheek.

coral I sm (Zool) coral. II sf (Mús) choir.

Corán sm Koran.

corazón I sm heart. II **corazones** sm pl (Juegos) hearts pl.

corazonada sf hunch.

corbata sf tie, (US) necktie.

Córcega sf Corsica.

corchete sm 1. (Indum) fastener. 2. (Ling) square bracket.

corcho sm cork.

cordel sm string, cord.

cordero sm lamb.

corderoy sm (C Sur) corduroy.

cordial adj (gen) friendly, cordial; (en cartas): un cordial saludo with best wishes.

cordillera sf mountain range.

córdoba sm: currency of Nicaragua.

cordobés, -besa adj of ✳ from Córdoba.

cordón sm 1. (cuerda) cord, piece of string; (de zapato) shoelace; (Elec) lead. 2. (de personas) cordon.

cordón umbilical sm umbilical cord.

cordura sf sanity.

Corea sf Korea.

coreano, -na I adj, sm/f Korean. II sm (Ling) Korean.

corear vt to sing in chorus.

coreografía sf choreography.

coreógrafo, -fa sm/f choreographer.

corista sf chorus girl.

cornada sf: sufrió una cornada he was gored.

cornamenta sf (gen) horns pl; (de ciervo) antlers pl.

corneta I sf bugle. II sm/f bugler.

coro sm (gen) choir; (en ópera, teatro) chorus.

corona sf (gen) crown; (de flores) wreath.

coronar vt to crown.

coronario, -ria adj coronary, heart (apos.).

coronel sm colonel.

coronilla sf (Anat) crown ● estoy hasta la coronilla de él I'm really fed up with him.

corpiño sm 1. (de vestido) bodice. 2. (RP: sostén) bra, brassière.

corporación sf corporation.

cortejo

corporal *adj* body (*apos.*), corporal.

corpulento, -ta *adj* stocky.

Corpus Corpus Christi.

corral *sm* 1. (*Agr*) farmyard. 2. (*Amér L: para niños*) playpen.

correa *sf* 1. (*gen*) strap; (*de pantalón*) belt; (*de perro*) lead, leash. 2. (*Tec*) belt.

corrección *sf* 1. (*enmienda*) correction. 2. (*educación*) correctness.

correccional *sm* youth detention centre.

correcto, -ta *adj* 1. (*sin error*) correct. 2. (*educado*) correct, polite.

corredizo, -za *adj* sliding.

corredor, -dora *sm/f* 1. (*Dep*) runner. 2. (*agente*) agent, broker. II *sm* (*Arquit*) corridor, passage.

corregir [⇨ regir] *vt* (*enmendar*) to correct; (*calificar*) to mark, (*US*) to grade.

correo *sm* mail, (*GB*) post: **fui a Correos *** (*Amér L*) **al correo** I went to the post office.

correo aéreo *sm* airmail. **correo certificado** *sm* (*GB*) registered post, (*US*) certified mail. **correo electrónico** *sm* electronic mail, E-mail. **correo vocal** *sm* voice mail.

correoso, -sa *adj* tough.

correr *vi* 1. (*gen*) to run. 2. (*darse prisa*) to hurry. 3. (*rumor*) to spread. 4. **correr con** (*hacerse cargo de*) to take care of. ♦ *vt* 1. (*gen*) to run. 2. (*un mueble*) to move; (*una cortina*) to pull. 3. (*Amér L: fam, de un lugar*) to throw out; (*: del trabajo*) to fire, to sack.

correrse *v prnl* 1. (*para hacer sitio*) to move up * along. 2. (*colores*) to run.

correspondencia *sf* 1. (*gen*) correspondence. 2. (*Transp*) connection.

corresponder *vi* 1. (*concordar*) to correspond (**a** to). 2. (*pertenecer: gen*) to belong (**a** to); (*: responsabilidad*): **te corresponde** it's your responsibility.

correspondiente *adj* corresponding.

corresponsal *sm/f* correspondent.

corretear *vi* to run about.

corrida *sf* bullfight.

corrido, -da I *adj* continuous. II *sm* ballad.

corriente I *adj* 1. (*normal*) ordinary. 2. (*frecuente*) common. 3. (*mes*) current. 4. (*agua*) running. 5. **al corriente** (*informado*) informed; (*al día*) up to date. II *sf* 1. (*de agua, electricidad*) current. 2. (*de aire*) draught, (*US*) draft. 3. (*tendencia*) trend.

corrijo *etc.* ⇨ **corregir**.

corrillo *sm* small group.

corrimiento (*or* **corrimiento de tierras**) landslide, landslip.

corro *sm* ring, circle.

corroborar *vt* to corroborate.

corroer [⇨ roer] *vt* 1. (*Quím*) to corrode. 2. (*celos, envidia*) to consume, to eat away.

corromper *vt* to corrupt.

corrosión *sf* corrosion.

corrupción *sf* corruption.

corrupto, -ta *adj* corrupt.

corso, -sa I *adj, sm/f* Corsican. II *sm: carnival parade*.

cortacésped *sm* lawn mower.

cortado, -da I *adj* 1. (*fam: persona*) shy. 2. (*leche*) sour, off. II *sm: coffee with a dash of milk*.

cortafuego *sm* firebreak.

cortante *adj* 1. (*que corta*) cutting. 2. (*persona*) brusque, sharp.

cortar *vt* 1. (*gen*) to cut; (*un árbol*) to cut down; (*el césped*) to mow. 2. (*cercenar*) to cut off. 3. (*interrumpir*) to cut off. 4. (*eliminar*) to cut (out). ♦ *vi* to cut.

cortarse *v prnl* 1. (*herirse*) to cut oneself. 2. (*labios*) to chap. 3. (*leche*) to go off. 4. (*fam: persona*) to get embarrassed.

cortaúñas *sm inv* nail clippers *pl*.

corte I *sm* 1. (*gen*) cut. 2. (*réplica*) rude reply. 3. (*apuro*): **me da corte** I'm embarrassed. II *sf* 1. (*del rey*) court. 2. (*Amér L: Jur*) court.

cortejar *vt* to court.

cortejo *sm* (*de un rey*) entourage.

cortejo fúnebre *sm* funeral cortege.

Cortes *sfpl*: **las Cortes** (*en Esp*) Parliament.

cortés *adj* polite, courteous.

cortesía *sf* politeness, courtesy.

corteza *sf* **1.** (*de un árbol*) bark. **2.** (*del queso*) rind; (*del pan*) crust.

cortijo *sm* farm.

cortina *sf* curtain.

cortina de hierro *sf* (*Amér L*) Iron Curtain. **cortina de humo** *sf* smoke screen.

cortisona *sf* cortisone.

corto, -ta *adj* **1.** (*gen*) short; (*en demasía*): **te está** ∗ **te queda corto** it's too short for you. **2.** (*fam: tonto*) dim, dumb.

cortocircuito *sm* short circuit.

cortometraje *sm* short film ∗ movie.

coruñés, -ñesa *adj* of ∗ from La Coruña.

cosa *sf* thing: **las cosas iban bien** things were going well; **esto es cosa de Victoria** this is Victoria's doing; **es cosa de una hora** it'll take about an hour.

coscorrón *sm* blow (*on the head*).

cosecha *sf* **1.** (*Agr*) harvest. **2.** (*añada*) vintage.

cosechadora *sf* combine harvester.

cosechar *vt* to harvest.

coser *vt* **1.** (*una prenda*) to sew; (*un botón*) to sew on. **2.** (*una herida*) to stitch (up).

cosmético *sm* cosmetic.

cósmico, -ca *adj* cosmic.

cosmopolita *adj* cosmopolitan.

cosmos *sm inv* cosmos.

cosquillas *sfpl*: **me hizo cosquillas** he tickled me; **tengo cosquillas** I'm ticklish.

cosquilleo *sm* tickling.

costa *sf* **1.** (*litoral*) coast. **2.** (*coste*): **a toda costa** at all costs; **lo consiguió a costa de mucho esfuerzo** he managed it with a great deal of effort.

Costa Rica *sf* Costa Rica.

costado *sm* side.

costanera *sf* (*C Sur*) seafront/river-side avenue.

costar [⇨ contar] *vt* **1.** (*dinero*) to cost. **2.** (*tiempo*) to take. **3.** (*esfuerzo*): **me cuesta mucho** I find it very difficult.

costarricense *adj*, *sm/f* Costa Rican.

coste *sm* cost.

coste de la vida *sm* cost of living.

costear *vt* to pay for.

costero, -ra *adj* coastal.

costilla *sf* **1.** (*Anat, Culin*) rib. **2.** (*RP*: chuleta) chop.

costo *sm* **1.** (*Fin*) cost. **2.** (*fam: hachís*) dope.

costoso, -sa *adj* expensive.

costra *sf* **1.** (*Med*) scab. **2.** (*corteza*) crust.

costumbre *sf* **1.** (*hábito*) habit. **2.** (*tradición*) custom, way.

costura *sf* **1.** (*labor*) sewing. **2.** (*serie de puntadas*) seam.

cota *sf* height, level.

cotejar *vt* to compare.

cotidiano, -na *adj* everyday.

cotilla *sm/f* (*fam*) gossip.

cotillear *vi* (*fam*) to gossip (**de** about).

cotillón *sm* party (*especially on New Year's Eve*).

cotización *sf* **1.** (*de moneda*) rate of exchange; (*de acciones*) share price. **2.** (*a la seguridad social*) contribution.

cotizar [⇨ cazar] *vi* **1.** (*en bolsa*) to be quoted. **2.** (*a la seguridad social*) to pay contributions.

coto *sm* nature reserve.

coto de caza *sm* game preserve.

cotorra *sf* **1.** (*Zool*) parrot. **2.** (*fam: persona*) chatterbox.

COU /kou/ *sm* (*en Esp*) = **Curso de Orientación Universitaria**.

coyuntura *sf* situation.

coz *sf* [coces] kick.

crac *sm* **1.** (*sonido*) crack. **2.** (*Fin*) crash.

cráneo *sm* cranium, skull.

crayola® *sf* (wax) crayon.

crayón *sm* (*RP*) (wax) crayon.

creación *sf* creation.

crear *vt* to create.

creativo, -va *adj* creative.

crecer [⇨ agradecer] *vi* to grow.

creces *sfpl*: **con creces** with interest.

crecida *sf* flood.

crecido, -da *adj* 1. (*número*) large. 2. [E] (*persona*) grown-up. 3. [E] (*río*) swollen.

creciente *adj* growing.

credibilidad *sf* credibility.

crédito I *sm* (*Fin: gen*) credit: **a crédito** on credit; (*:préstamo*) loan. II **créditos** *sm pl* (*de película*) credits *pl*.

credo *sm* creed.

crédulo, -la *adj* gullible, credulous.

creencia *sf* belief.

creer [⇨ leer] *vt* 1. (*aceptar por verdadero*) to believe. 2. (*suponer*) to think. ♦ *vi* to believe (**en** in).

creerse *v prnl* 1. (*aceptar por verdadero*) to believe: **¡y se lo creyó!** and he believed it! 2. (*suponerse*): **se cree muy listo** he thinks he's very clever.

creíble *adj* believable, credible.

creído, -da *adj* (*fam*) bigheaded.

crema I *sf* 1. (*con leche y huevos*) custard; (*de la leche*) cream. 2. (*sopa*): **crema de espárragos** cream of asparagus soup. 3. (*en cosmética*) cream. 4. (*betún*) shoe polish. 5. (*élite*) cream. II *adj inv* (*color*) cream.

crema catalana *sf*: type of custard topped with caramelized sugar.

crema doble *sf* (*RP*) double cream.

crema pastelera *sf* confectioner's custard, crème pâtissière.

cremallera *sf* zip, (*US*) zipper.

crematorio *sm* crematorium, (*US*) crematory.

cremoso, -sa *adj* creamy.

crepa *sf* (*Méx*) pancake.

crêpe, crepe *sf* crêpe, pancake.

crepúsculo *sm* twilight.

crespo, -pa *adj* curly.

cresta *sf* crest.

Creta *sf* Crete.

cretense *adj, sm/f* Cretan.

cretino, -na *sm/f* cretin.

creyente *sm/f* believer.

cría *sf* 1. (*crianza*) breeding. 2. (*cachorro*): **una cría de conejo** a young rabbit.

criado, -da *sm* (*hombre*) servant; (*mujer*) maid, servant.

criar [⇨ ansiar] *vt* (*a un niño*) to bring up; (*animales*) to breed.

criarse *v prnl* to grow up.

criatura *sf* 1. (*ser vivo*) creature. 2. (*niño*) baby, child.

criba *sf* sieve.

crimen *sm* (*delito*) crime; (*asesinato*) murder.

criminal *adj, sm/f* criminal.

crin *sf* mane.

crío, -a *sm/f* (*fam*) child.

criollo, -lla *adj* 1. (*persona*) born in Latin America of European descent. 2. (*costumbre, comida*) local.

cripta *sf* crypt.

críptico, -ca *adj* cryptic.

crisantemo *sm* chrysanthemum.

crisis *sf inv* 1. (*problema*) crisis. 2. (*Med*) attack.

crisis nerviosa *sf inv* nervous breakdown.

crisma *sf* (*fam*) head.

crismas *sm inv* Christmas card.

crispar *vt* 1. (*músculos*) to tense. 2. (*fam: irritar*) to annoy.

cristal *sm* 1. (*de un mineral*) crystal. 2. (*vidrio: gen*) glass; (*:fino*) crystal. 3. (*de gafas*) lens; (*de ventana*) pane; (*pedacito*) piece of glass.

cristalero, -ra *sm/f* glazier.

cristalino, -na *adj* transparent, crystal clear.

cristalizar [⇨ cazar] *vi* to crystallize.

cristianismo *sm* Christianity.

cristiano, -na *adj, sm/f* Christian.

Cristo *sm* Christ.

criterio *sm* 1. (*norma*) criterion. 2. (*discernimiento*) judgement.

crítica *sf* 1. (*censura*) criticism. 2. (*reseña*) review. 3. **la crítica** (*los críticos*) the critics *pl*.

criticar [⇨ sacar] *vt* to criticize.

crítico, -ca I *adj* [S] critical. II *sm/f*

(*persona*) critic.

Croacia *sf* Croatia.

croata I *adj, sm/f* Croat, Croatian. **II** *sm* (*Ling*) Croat.

crol *sm* crawl.

cromo *sm* 1. (*metal*) chrome. 2. (*estampa*) picture card, sticker.

cromosoma *sm* chromosome.

crónica *sf* 1. (*Medios*) report. 2. (*Hist*) account, chronicle.

crónico, -ca *adj* chronic.

cronológico, -ca *adj* chronological.

cronometrar *vt* to time.

cronómetro *sm* stopwatch.

croqueta *sf* croquette.

croquis *sm inv* sketch.

cross *sm* cross country.

cruasán *sm* croissant.

cruce *sm* 1. (*gen*) crossing. 2. (*Auto*) crossroads *n inv*; (*de peatones*) pedestrian crossing, (*US*) crosswalk. 3. (*Telec*) crossed line. 4. (*mezcla*) cross.

crucero *sm* 1. (*viaje*) cruise. 2. (*buque*) cruiser. 3. (*Méx: de carreteras*) crossroads *n inv*; (*: de trenes*) level * (*US*) grade crossing.

crucial *adj* crucial.

crucificar [⇨ sacar] *vt* to crucify.

crucifijo *sm* crucifix.

crucigrama *sm* crossword (puzzle).

cruda *sf* (*Méx: fam*) hangover.

crudo, -da I *adj* 1. [E] (*sin cocer*) raw; [E] (*insuficientemente cocido*) undercooked. 2. (*seda*) raw. 3. [S] (*invierno*) harsh; [S] (*descripción*) stark. **II** *sm* crude (oil).

cruel *adj* cruel.

crueldad *sf* cruelty.

cruento, -ta *adj* bloody.

crujiente *adj* crunchy.

crujir *vi* (*muebles*) to creak; (*papel*) to rustle.

crustáceo *sm* crustacean.

cruz *sf* [**cruces**] 1. (*gen*) cross. 2. (*de moneda*) **si sale cruz, vamos** tails, we'll go.

cruz gamada *sf* swastika. **Cruz Roja** *sf* Red Cross.

cruzada *sf* crusade.

cruzar [⇨ cazar] *vt* (*gen*) to cross;

(*brazos*) to fold.

cruzarse *v prnl* 1. (*gen*) to cross. 2. (*personas*): **cruzarse con alguien** (*encontrarse*) to meet sbdy, (*sin pararse*) to pass sbdy.

cta. (= **cuenta**) a/c.

ctra. = **carretera**.

cuaderno *sm* exercise book, notebook.

cuadra *sf* 1. (*caballeriza*) stable. 2. (*fam: lugar sucio*) pigsty. 3. (*Amér L: entre esquinas*) block.

cuadrado, -da I *adj* 1. [S] (*forma*) square. 2. (*kilómetro*) square. 3. [E] (*fam: macizo*) well-built; [E] (*: gordo*) fat. 4. [S] (*RP: fam, burro*) dim. **II** *sm* square.

cuadragésimo, -ma *adj, pron* fortieth ⇨ apéndice 4.

cuadrar *vt* to balance. ♦ *vi* 1. (*cuentas*) to balance. 2. **cuadrar con** (*ajustarse a*) to fit in (with).

cuadrarse *v prnl* (*Mil*) to stand to attention.

cuadriculado, -da *adj* squared.

cuadrilátero *sm* 1. (*Mat*) quadrilateral. 2. (*Dep*) (boxing) ring.

cuadrilla *sf* group, gang.

cuadro *sm* 1. (*Artes: gen*) picture; (*: pintura*) painting. 2. (*figura*) square: **una chaqueta de cuadros** a checked jacket. 3. (*Tec*) frame. 4. (*esquema*) table, graph. 5. (*RP: Dep*) team.

cuadrúpedo *sm* quadruped.

cuádruple *adj, sm* quadruple.

cuádruplo *sm* quadruple.

cuajada *sf* curds *pl*.

cuajado, -da *adj* full (**de** of).

cuajar *vi* 1. (*leche*) to curdle. 2. (*nieve*) to settle. 3. (*idea*) to gain acceptance.

cual I *pron relativo* 1. **el cual, la cual, los cuales, las cuales** (*referido a personas*) whom; (*referido a cosas, etc.*) which. 2. **lo cual** which: **dijo que era suyo, lo cual no es cierto** she said it was hers, which is not true. **II** *conj* (*frml*) like.

cuál *pron interrogativo* [**cuáles**] which (one).

cualidad *sf* quality.

cualificado, -da *adj* qualified.

cualquier *adj indefinido* [always before *n*] any: **cualquier trabajo** any job.

cualquiera I *adj indefinido* [always after *n*] [**cualesquiera**] **1.** (*impreciso*) any: **un alumno cualquiera** any pupil. **2.** (*poco importante*) ordinary: **no es una pistola cualquiera** it isn't just an ordinary pistol. **II** *pron indefinido* **1.** (*persona*) anybody, anyone. **2.** (*cosa*) any one. **III** *sm/f* nobody.

cuán *adv interrogativo* (*frml*) how.

cuando I *conj* **1.** (*de tiempo*) when ● **de cuando en cuando** from time to time. **2.** (*de condición*) if. **II** *prep* at the time of.

cuándo *adv interrogativo* when.

cuantía *sf* amount.

cuantificar [⇨ sacar] *vt* to quantify.

cuantioso, -sa *adj* substantial, large.

cuanto, -ta *adj, pron, adv* **1.** (*todo*(*s*) *lo*(*s*) *que*): **compra cuantos libros te hagan falta** buy as many books as you need; **comimos cuanto quisimos** we ate as much as we wanted; **le dije cuanto sabía** I told him everything I knew. **2.** (*en proporciones*): **cuanto antes, mejor** the sooner the better; **cuantos más libros leas, mejor** the more books you read, the better; **cuanto menos sepa, mejor** the less he knows, the better. **3. en cuanto** as soon as. **en cuanto a** regarding. **4. unos cuantos/unas cuantas** (quite) a few.

cuánto, -ta I *adj & pron interrogativo* (*referido a un sustantivo inglés: en sing*) how much; (*: en pl*) how many: **¿cuánta leche queda?** how much milk is there left?; **¿cuánta gente había?** how many people were there?; **¿cuánto cuesta?** how much does it cost?; **¿cada cuánto?** how often? **II** *adj exclamativo* what a lot of: **¡cuánta agua/gente!** what a lot of water/people! **III** *pron exclamativo*: **¡cuánto fumas!** you smoke a lot!

cuarenta *adj, pron* (*cardinal*) forty; (*ordinal*) fortieth ⇨ apéndice 4.

cuarentena *sf* quarantine.

cuarentón, -tona *sm/f* person in his/her forties.

cuaresma *sf* Lent.

cuartel *sm* barracks *n inv*.

cuartel general *sm* headquarters *pl*.

cuarteto *sm* quartet.

cuartilla *sf*: A5 sheet of paper.

cuarto, -ta I *adj, pron* fourth ⇨ apéndice 4. **II** *sm* **1.** (*parte*) quarter: **un cuarto de hora** a quarter of an hour. **2.** (*habitación*) room.

cuarto de baño *sm* bathroom.

cuarto de estar *sm* living room.

cuarzo *sm* quartz.

cuate, -ta *sm/f* (*Méx*) **1.** (*mellizo*) twin. **2.** (*fam: camarada*) pal, buddy.

cuatrero, -ra *sm/f* rustler.

cuatrillizo, -za *sm/f* quadruplet.

cuatro *adj, pron* **1.** (*cardinal*) four; (*ordinal*) fourth ⇨ apéndice 4. **2.** (*pocos*) a few.

cuatrocientos, -tas *adj, pron* (*cardinal*) four hundred; (*ordinal*) four hundredth ⇨ apéndice 4.

Cuba *sf* Cuba.

cuba *sf* cask, barrel ● **estar como una cuba** to be as drunk as a lord.

cubalibre *sm* rum/gin and cola.

cubano, -na *adj, sm/f* Cuban.

cubertería *sf* (canteen of) cutlery.

cubeta *sf* **1.** (*Tec*) dish. **2.** (*Méx: cubo*) bucket.

cúbico, -ca *adj* cubic.

cubículo *sm* cubicle.

cubierta *sf* **1.** (*gen*) cover. **2.** (*Náut*) deck.

cubierto, -ta I *pp* ⇨ cubrir. **II** *adj* (*gen*) covered; (*piscina*) indoor. **III** *sm* **1.** (*utensilio*) piece of cutlery: **los cubiertos** the cutlery; (*servicio de mesa*) place setting. **2.** (*en restaurante*): **dos mil pesos por cubierto** two thousand pesos per head; (*menú del día*) set menu.

cubilete *sm* shaker.

cubista *adj, sm/f* Cubist.

cubito *sm* (*or* **cubito de hielo**) ice cube.

cubo *sm* **1.** (*balde*) bucket. **2.** (*de rueda*) hub. **3.** (*Mat*) cube.

cubo de la basura *sm* rubbish bin, (*US*) trash can.

cubrecama *sm* bedspread.

cubrir [*pp* **cubierto**] *vt* **1.** (*gen*) to cover; (*ocultar*) to hide. **2.** (*una vacante*) to fill.

cubrirse *v prnl* **1.** (*taparse*) to cover oneself. **2.** (*llenarse*) to become covered (**de** with). **3.** (*nublarse*) to cloud over.

cucaracha *sf* cockroach.

cuchara *sf* spoon.

cuchara de madera ✳ **de palo** *sf* wooden spoon.

cucharada *sf* spoonful.

cucharadita *sf* teaspoonful.

cucharilla, cucharita *sf* teaspoon.

cucharón *sm* ladle.

cucheta *sf* (*RP*) bunk.

cuchichear *vi* to whisper.

cuchilla *sf* **1.** (*hoja*) blade; (*cuchillo*) (large) knife. **2.** (*Amér S: cadena*) range; (*: ceja*) summit. **3.** (*Méx: bifurcación*) fork.

cuchilla de afeitar *sf* razor blade.

cuchillo *sm* knife.

cuco *sm* **1.** (*Zool*) cuckoo. **2.** (*C Sur: fam, para asustar a niños*) bogeyman; (*: persona fea*) ugly devil.

cucurucho *sm* cone.

cuece *etc.* ⇨ **cocer**.

cuelgo *etc.* ⇨ **colgar**.

cuello *sm* **1.** (*Anat*) neck. **2.** (*Indum*) collar.

cuenca *sf* **1.** (*de río*) basin. **2.** (*del ojo*) socket.

cuenco *sm* bowl.

cuenta *sf* **1.** (*Mat: operación*) sum; (*: recuento*) count: **perdí la cuenta** I lost count; **más de la cuenta** too much/many. **2.** (*factura*) bill, (*US*) check: **¿me trae la cuenta?** could I have the bill, please? **3.** (*de banco*) account. **4.** (*abalorio*) bead. **5.** (*consideración*): **lo tendré en cuenta** I'll bear it in mind; **darse cuenta de algo** to realize sthg.

cuenta atrás *sf* countdown. **cuenta corriente** *sf* current account.

cuentagotas *sm inv* dropper.

cuentakilómetros *sm inv* (*de distancia*) milometer; (*velocímetro*) speedometer.

cuento I *sm* **1.** (*Lit*) tale, (short) story: **cuento de hadas** fairy tale. **2.** (*fam: mentira*) lie. II *also* ⇨ **contar**.

cuerda *sf* **1.** (*soga*) rope; (*cordel*) (piece of) string. **2.** (*Mús*) string. **3.** (*de reloj*) spring: **darle cuerda a algo** to wind sthg up.

cuerdo, -da *adj* sane.

cuernito *sm* (*Méx*) croissant; (*RP*) knot-shaped bread roll.

cuerno *sm* **1.** (*Zool*) horn; (*de ciervo*) antler. **2.** (*Mús*) horn.

cuero *sm* (*piel curtida*) leather ● **en cueros** naked.

cuero cabelludo *sm* scalp.

cuerpo *sm* body.

cuerpo de bomberos *sm* fire brigade ✳ (*US*) department. **cuerpo diplomático** *sm* diplomatic corps *n inv*.

cuervo *sm* raven.

cuesta *sf* slope ● **lo llevaba a cuestas** I was carrying it on my back. II *also* ⇨ **costar**.

cuesta abajo *loc adv* downhill. **cuesta arriba** *loc adv* uphill.

cuestación *sf* charity collection.

cuestión *sf* question.

cuestionar *vt* to question.

cuestionario *sm* questionnaire.

cuete I *sm* **1.** (*Amér L: petardo*) rocket. **2.** (*RP: fam, pedo*) fart; (*: borrachera*): **¡tenía un cuete!** he was plastered! II *adj* [E] (*Méx: fam*) plastered.

cueva *sf* cave.

cuezo *etc.* ⇨ **cocer**.

cui *sm*, **cuis** *sm inv* (*Amér S*) guinea pig.

cuidado, -da I *adj* cared for, looked after. II **cuidado** *sm* care: **ten cuidado** be careful ● **me trae sin cuidado** I couldn't care less. III **cuidado** *excl* be careful!, watch out!

cuidados intensivos *sm* intensive care.

cuidadoso, -sa *adj* [S] careful.

cuidar *vt* 1. (*una cosa, a una persona*) to look after. 2. (*los detalles*) to take care over.

cuidarse *v prnl* to look after oneself.

culantro *sm* coriander.

culata *sf* 1. (*de rifle*) butt. 2. (*Auto*) cylinder head.

culebra *sf* snake.

culebrilla *sf* shingles.

culebrón *sm* (television) soap opera.

culinario, -ria *adj* culinary.

culminación *sf* climax, high point.

culminar *vi* 1. (*alcanzar el punto álgido*) to reach a climax. 2. (*concluir*) to end (**con** with), to culminate (**con** in).

culo *sm* (*!!*) bum, (*US*) ass.

culpa *sf* fault; **tú tienes la culpa** it's your fault; **me echó la culpa a mí** he blamed me.

culpabilidad *sf* guilt.

culpable I *adj* guilty. II *sm/f* culprit.

culpar *vt* to blame (**de** ✱ **por** for).

cultivar *vt* to cultivate, to grow.

cultivo *sm* 1. (*acción*) cultivation, growing. 2. (*producto*) crop. 3. (*Biol*) culture.

culto, -ta I *adj* well-educated. II *sm* 1. (*devoción*) worship. 2. (*religión*) cult.

cultura *sf* culture.

cultural *adj* cultural.

culturismo *sm* body-building.

cumbia *sf*: Colombian dance.

cumbre *sf* 1. (*de montaña*) summit. 2. (*punto álgido*) peak. 3. (*Pol*) summit (meeting).

cumpleaños *sm inv* birthday.

cumplido, -da I *adj* 1. [S] (*atento*) correct, polite. 2. [E] (*terminado*) completed. II *sm* compliment.

cumplir *vt* 1. (*una orden*) to carry out; (*una condena*) to serve. 2. (*años*): **hoy cumple 40 (años)** he's 40 today. ♦ *vi* 1. (*quedar bien*): **fui por cumplir** I went because I felt I ought to. 2. **cumplir con** to carry out.

cumplirse *v prnl* 1. (*un plazo*) to expire. 2. (*hacerse realidad*) to be fulfilled, to come true.

cúmulo *sm* pile.

cuna *sf* cradle.

cundir *vi* 1. (*dar de sí*) to go far, to go a long way. 2. (*propagarse*) to spread.

cuneta *sf* ditch.

cuña *sf* 1. (*calce*) wedge. 2. (*Med*) bedpan. 3. (*en publicidad*) slot. 4. (*C Sur: fam, influencia*) pull.

cuñado, -da *sm/f* (*hombre*) brother-in-law; (*mujer*) sister-in-law.

cuota *sf* 1. (*de asociación*) membership fee; (*Amér L: de colegio*) monthly fees *pl*. 2. (*Amér L: de una compra*) instalment, (*US*) installment. 3. (*parte*) share.

cuota inicial *sf* (*Amér L*) deposit.

cupe *etc.* ⇨ **caber**.

cupé *sm* coupé.

cupo *sm* 1. (*Fin*) quota. 2. (*de plazas*): **está completo el cupo** there are no places left. 3. (*Méx: cabida*): **tiene cupo para...** it can hold/take....

cupón *sm* 1. (*de sorteo*) ticket. 2. (*de promoción*) coupon.

cúpula *sf* 1. (*Arquit*) dome. 2. (*de organización*) leadership.

cura I *sf* (*Med*) cure. II *sm* (*Relig*) priest.

curandero, -ra *sm/f* healer.

curar *vt* 1. (*una enfermedad*) to cure; (*una herida*) to treat. 2. (*Culin: carne*) to cure; (*: queso*) to mature.

curarse *v prnl* (*Med*) to recover.

curda *sf* (*fam*): **coger una curda** to get drunk.

curiosear *vi* 1. (*fisgonear*) to pry. 2. (*echar un vistazo*) to look around.

curiosidad *sf* curiosity.

curioso, -sa I *adj* 1. (*indiscreto*) curious, nosy. 2. (*raro*) strange, odd. II *sm/f* 1. (*metomentodo*) busybody. 2. (*espectador*) onlooker.

curita® *sf* (*Amér L*) plaster, (*US*) BandAid®.

currar *vi* (*fam*) to work.

currículum *sm* curriculum vitae, CV, (*US*) résumé.

curro *sm* (*fam*) work: **un curro a** job.

cursar *vt* 1. (*estudiar*) to study. 2. (*un documento*) to process. 3. (*una orden*) to give.

cursi *adj* (*fam*) corny, twee.

cursillo *sm* (short) course.

cursiva *sf* italics *pl*.

curso *sm* 1. (*trayectoria*) course. 2. (*año académico*) (academic) year; (*nivel*) year. 3. (*de estudios*) course.

cursor *sm* cursor.

curtido, -da *adj* 1. (*piel de animal*) tanned. 2. (*por la intemperie*) weather-beaten. 3. (*experimentado*) hardened.

curva *sf* 1. (*línea*) curve. 2. (*en carretera*) bend.

cuscús *sm* couscous.

custodia *sf* custody.

custodiar *vt* (*vigilar*) to guard; (*proteger*) to protect.

cutáneo, -nea *adj* skin (*apos.*).

cutícula *sf* cuticle.

cutis *sm* complexion, skin.

cutre *adj* (*fam*) seedy.

cuy *sm* (*Amér S*) guinea pig.

cuyo, -ya *adj relativo* whose.

cuzqueño, -ña *adj* of * from Cuzco.

D. = Don.

D.ª = Doña.

dactilografía *sf* typing.

dadivoso, -sa *adj* generous.

dado, -da I *pp* ⇨ **dar.** II *adj* 1. (*pro-*

penso): **es muy dado a gritar** he is given to shouting. 2. (*determinado*): **en un momento dado** at a certain point. III **dado que** *conj* since. IV *sm* dice *n inv*, die.

daga *sf* dagger.

dálmata *adj*, *sm/f* Dalmatian.

daltónico, -ca *adj* colour-blind, (*US*) color-blind.

dama *sf* 1. (*señora*) lady. 2. (*en ajedrez*) queen; (*en damas*) draught, (*US*) checker: **las damas** (*el juego*) draughts, (*US*) checkers.

damasco *sm* (*C Sur*) apricot.

damnificado, -da I *adj* affected. II *sm/f* victim.

danés, -nesa I *adj* Danish. II *sm/f* Dane: **los daneses** the Danish * Danes. III *sm* (*Ling*) Danish.

danza *sf* dance.

dañar *vt* to damage.

dañino, -na *adj* harmful (**para** to), damaging (**para** to).

daño *sm* 1. (*a una persona*): **me hizo daño** he hurt me. 2. (*a una cosa*) damage.

dar [⇨ table in appendix 2] *vt* 1. (*gen*) to give: **dar órdenes** to give orders; **me dio una bofetada** she slapped me; **da rabia/gusto** it's annoying/a pleasure; **da mucho dinero** it's very profitable; **dar un paseo** to go for a walk; **dar una fiesta** to have a party; **acaba de dar la una** it's just struck one o'clock ● **no doy ni una** I can't do anything right. 2. (*las cartas*) to deal. 3. (*una película*) to show: **¿qué dan en el Metro?** what's on at the Metro? 4. (*la luz*) to switch on. 5. (*tener*): **los dieron por muertos** they gave them up for dead. ♦ *vi* 1. (*alcanzar*): **no da para vivir** it isn't enough to live on. 2. (*restando importancia*): **da igual** it doesn't matter. 3. (*pegar*): **le dio en la cabeza** it hit him on the head. 4. (*sobrevenir*): **le dio un ataque** he had an attack. 5. (*en naipes*) to deal. 6. **dar a** (*mirar hacia*) to overlook; (*comunicar con*) to lead into/onto. 7. **dar con** (*encontrar*) to find. 8. **dar**

de sí (*estirarse*) to stretch.

darse *v prnl* **1**. (*entregarse*) to devote oneself (**a** to). **2**. (*ocurrir*) to happen. **3**. (*pegarse*): **me di en la cabeza** I hit * banged my head. **4**. (*considerarse*): **se dio por vencido** he gave up. **5**. (*referido a una habilidad*): **se me da bien** I'm good at it.

dardo *sm* dart: **los dardos** (*el juego*) darts.

dársena *sf* dock.

datar *vt/i* to date.

dátil *sm* date.

dato **I** *sm* (*información*) fact; (*Inform, Mat*) piece of data. **II datos** *sm pl* (*gen*) information; (*Inform, Mat*) data.

datos personales *sm pl* personal details *pl*.

d.C. ⇨ **d. de C.**

dcha. = **derecha.**

d. de C. (= **después de Cristo**) AD.

de *prep* [**de** + **el** = **del**] **1**. (*de contenido, material*) of: **una botella de leche** a bottle of milk; **zapatos de cuero** leather shoes. **2**. (*de posesión*): **la moto de mi hermano** my brother's motorbike; **la casa de mis primos** my cousins' house. **3**. (*de naturaleza*): **zapatos de vestir** formal shoes. **4**. (*para describir*): **el hombre de la camisa roja** the man in the red shirt; **una niña de tres años** a three-year-old girl. **5**. (*de autoría, agente*) by: **una pieza de Schubert** a piece by Schubert. **6**. (*partitivo*) of: **uno de sus hijos** one of his children. **7**. (+ *superlativo*) in: **el más alto del colegio** the tallest boy in the school. **8**. (*de asunto*) on, about: **libros de arte** books on art ‖ art books. **9**. (*en calidad de*) as: **trabaja de taxista** he works as a taxi-driver. **10**. (*de origen*) from: **llegó de Barcelona** he arrived from Barcelona; **es de Sevilla** he's from Seville. **11**. (*de tiempo*) from. **12**. (*de causa*) of: **murió de hambre** he died of starvation. **13**. (+ *inf*) if: **de haberlo sabido...** if I had known....

dé ⇨ **dar.**

deambular *vi* to stroll, to wander.

debajo **I** *adv* below, underneath. **II debajo de** *prep* **1**. (*un lugar*) under. **2**. (*en categoría*) below.

debate *sm* debate.

debatir *vt* to debate.

debe *sm* debit side.

deber **I** *sm* duty. **II deberes** *sm pl* homework. **III** *vt* **1**. (*dinero, un favor*) to owe. **2**. (*tener que: en presente, futuro*) must, to have to: **debes ir** you must go ‖ you have to go; (*: en condicional, pasado*) should, ought to: **debería haberme avisado** he should have * ought to have warned me. ♦ **deber de** *v aux* (*para expresar suposición*) must: **debe de estar en casa** he must be at home.

deberse *v prnl* (*tener por causa*) to be due (**a** to).

debido, -da **I** *adj* [S] proper, due. **II debido a** *prep* because of.

débil *adj* weak.

debilidad *sf* weakness.

debilitar *vt* to weaken, to debilitate.

debutar *vi* to make one's debut.

década *sf* decade.

decadencia *sf* **1**. (*moral, económica*) decadence. **2**. (*declive*) decline.

decadente *adj* decadent.

decaer [⇨ caer] *vi* to decline.

decaído, -da *adj* down.

decano, -na *sm/f* (*Educ*) dean.

decantar *vt* to decant.

decantarse *v prnl* to opt (**por** for).

decapitar *vt* to behead, to decapitate.

decatlón *sm* decathlon.

decena *sf* ten: **una decena de cartas** about ten letters.

decente *adj* decent.

decepción *sf* disappointment: **se llevó una decepción** he was disappointed.

decepcionante *adj* disappointing.

decepcionar *vt* to disappoint.

decibelio *sm* decibel.

decidido, -da *adj* **1**. [E] (*a hacer algo*) determined. **2**. [S] (*firme*) decisive, firm.

decidir vt **1.** (tomar la decisión de) to decide: **decidí marcharme** I decided to leave. **2.** (determinar) to decide: **decidió el partido** it decided the game. **3.** (a una persona): **¿qué te decidió a ir?** what made you decide to go?

decidirse v prnl to make up one's mind, to decide.

decimal adj, sm decimal.

décimo, -ma I adj, pron tenth ⇨ apéndice 4. II sm **1.** (parte) tenth. **2.** (de lotería) ticket (for a tenth share of a number).

decimoctavo, -va adj, pron eighteenth ⇨ apéndice 4.

decimocuarto, -ta adj, pron fourteenth ⇨ apéndice 4.

decimonónico, -ca adj **1.** (del siglo XIX) nineteenth-century. **2.** (anticuado) old-fashioned, outdated.

decimonoveno, -na adj, pron nineteenth ⇨ apéndice 4.

decimoquinto, -ta adj, pron fifteenth ⇨ apéndice 4.

decimoséptimo, -ma adj, pron seventeenth ⇨ apéndice 4.

decimosexto, -ta adj, pron sixteenth ⇨ apéndice 4.

decimotercero, -ra adj, pron [**decimotercer** before masc. sing. nouns] thirteenth ⇨ apéndice 4.

decir I sm saying. II [⇨ table in appendix 2] vt **1.** (gen: sin complemento personal) to say: **dijo una tontería** she said something stupid; **el letrero dice...** the sign says...; **¿cómo se dice "pera" en alemán?** how do you say "pear" in German?; **¡eso no se dice!** you mustn't say that!; **su expresión lo decía todo** her expression said it all ● **es decir...** that is (to say)... ● **cuatro, digo, cinco** four, I mean five ● **dicho y hecho** no sooner said than done; (: cuando hay complemento personal) to tell: **dile que es imposible** tell him it's impossible ● **¡no me digas!** you don't say! **2.** (la verdad) to tell: **no digas mentiras** don't tell lies. **3.** (apodar) to call.

4. querer decir (significar) to mean. ♦ vi (por teléfono): **¡diga!** * **¡dígame!** hello?

decisión sf **1.** (de hacer algo) decision. **2.** (de carácter) decisiveness: **con decisión** decisively.

decisivo, -va adj decisive.

declaración sf **1.** (proclamación) declaration. **2.** (a la prensa) comment. **3.** (ante un juez) statement: **prestar declaración** to give evidence.

declaración de la renta sf tax return.

declarar vt **1.** (manifestar) to declare, to state. **2.** (atestiguar) to testify. **3.** (proclamar) to declare. **4.** (en aduana) to declare.

declararse v prnl **1.** (culpable, inocente) to plead. **2.** (epidemia) to break out. **3.** (enamorado): **se le declaró** he told her he loved her. **4.** (pronunciarse): **se declaró a favor/en contra del aborto** she said she was in favour of/against abortion.

declinar vt to decline.

declive sm **1.** (inclinación) slope. **2.** (decadencia) decline.

decolar vi (Amér S) to take off.

decomiso sm seizure, confiscation.

decoración sf **1.** (actividad: gen) decorating; (: por profesionales) interior design. **2.** (aspecto) décor.

decorador, -dora sm/f (de casas) interior designer; (de cine, teatro) set designer.

decorar vt to decorate.

decorativo, -va adj decorative.

decoro sm **1.** (corrección) decorum. **2.** (decencia) decency.

decrépito, -ta adj decrepit.

decretar vt (gobierno) to decree; (juez) to order: **decretó su libertad** he ordered her release.

decreto sm decree.

dedal sm thimble.

dedicación sf dedication.

dedicado, -da adj dedicated.

dedicar [⇨ sacar] vt to dedicate.

dedicarse v prnl **1.** (entregarse) to devote oneself (a to). **2.** (a una ocu-

pación): **¿a qué te dedicas?** what do you do for a living?

dedicatoria *sf* dedication.

dedillo: **se lo sabe al dedillo** he knows it inside out.

dedo *sm* (*de la mano*) finger; (*del pie*) toe ● **está para chuparse los dedos** it's delicious ● **poner el dedo en la llaga** to hit a raw nerve ● **fui a dedo** I hitched a lift ● **no tiene dos dedos de frente** he just doesn't think.

dedo gordo *sm* big toe. **dedo índice** *sm* index finger. **dedo meñique** *sm* little finger.

deducción *sf* deduction.

deducir [⇨ conducir] *vt* 1. (*razonar*) to deduce (**de** from), to work out (**de** from). 2. (*descontar*) to deduct (**de** from).

defecto *sm* 1. (*gen*) defect. 2. (*de carácter*) fault, shortcoming.

defectuoso, -sa *adj* faulty, defective.

defender [⇨ tender] *vt* to defend (**de** from/against).

defenderse *v prnl* 1. (*protegerse*) to defend oneself (**de** from/against). 2. (*manejarse*) to get by.

defensa I *sf* 1. (*protección*) defence, (*US*) defense. 2. (*Náut*) fender; (*Amér L*: *Auto*) bumper. 3. (*Dep*) defence, (*US*) defense. II *sm/f* (*Dep*: *jugador*) defender. III **defensas** *sfpl* (*Med*) defences *pl*, (*US*) defenses *pl*.

defensivo, -va *adj* defensive.

defensor, -sora I *adj* defending. II *sm/f* defender.

defensor, -sora del pueblo *sm/f* ombudsman.

deferencia *sf* deference.

deficiencia *sf* (*imperfección*) defect; (*insuficiencia*) deficiency.

deficiente I *adj* (*trabajo, calidad*) poor; (*insuficiente*) deficient: **deficiente en proteínas** deficient in proteins. II **deficiente** *sm* (*Educ*) *mark below 40%*.

deficiente mental *sm/f* mentally handicapped person.

déficit *sm* [**-cits**] deficit.

defiendo etc. ⇨ **defender**.

definición *sf* definition.

definir *vt* to define.

deforestación *sf* deforestation.

deformar *vt* 1. (*una parte del cuerpo*) to deform; (*una prenda*) to pull out of shape; (*la imagen*) to distort. 2. (*información*) to distort.

deforme *adj* deformed.

defraudar *vt* 1. (*decepcionar*) to disappoint. 2. (*Fin*) to defraud, to cheat.

defunción *sf* (*frml*) death.

degenerado, -da *adj*, *sm/f* degenerate.

degenerar *vi* to degenerate (**en** into).

degollar [⇨ contar] *vt*: **lo degollaron** they cut * slit his throat.

degradar *vt* to degrade.

degustar *vt* (*frml*) to taste, to sample.

dehesa *sf* meadow.

deidad *sf* deity.

dejadez *sf* (*descuido*: *gen*) carelessness; (: *del aspecto personal*) neglect.

dejado, -da *adj* 1. (*en el aspecto personal*) untidy. 2. [S] (*vago*) lazy.

dejar *vt* 1. (*gen*) to leave. 2. (*un beneficio*) to earn. 3. (*permitir a*) to let: **no lo dejan fumar** they don't let him smoke; (*permitir*): **no dejes que se vaya** don't let her leave. 4. (*prestar*) to lend. ◆ *vi*: **dejar de:** **¿cuándo dejaste de fumar?** when did you stop * give up smoking?; **no deja de preocuparme** I can't stop worrying about it; **no dejes de visitarnos** be sure to visit us.

dejarse *v prnl* 1. (*permitir que*): **no se dejó convencer** he would not be persuaded. 2. (*barba, pelo largo*) to grow. 3. (*olvidarse*) to leave: **me lo dejé en casa** I left it at home. 4. (*abandonarse*) to neglect oneself, to let oneself go. 5. **dejarse de:** **¡déjate de bromas!** stop messing about!

deje, dejo *sm* (slight) accent.

del *contraction of* **de** + **el** ⇨ **de**.

delantal *sm* apron.

delante I *adv* 1. (*indicando posición*) in front: **lo tenía delante** it was right in front of me; **tiene una cremallera delante** it has a zip at the front. 2. **por delante** (*en el espacio*) at the front ● **me llevé la mesa por delante** I walked ∗ bumped into the table; (*en el tiempo*) ahead (of me/us/them). II **delante de** *prep* in front of.

delantera *sf* 1. (*parte*) front. 2. (*ventaja*) lead: **nos tomaron la delantera** they got ahead of us. 3. (*en fútbol*) forward line.

delantero, -ra I *adj* front. II *sm/f* forward.

delatar *vt* to betray.

delatarse *v prnl* to give oneself away.

delco *sm* distributor.

delegación *sf* 1. (*de empresa, ministerio*) local ∗ regional office. 2. (*Méx: de policía*) police station; (*: municipio*) municipality. 3. (*acción*) delegation.

delegado, -da *sm/f* representative.

delegar [⇨ pagar] *vt* to delegate (**en** to).

deleitar *vt* to delight.

deleitarse *v prnl*: **se deleita comiendo** ∗ **con la comida** she delights in eating.

deletrear *vt* to spell.

deleznable *adj* contemptible.

delfín *sm* dolphin.

delgado, -da *adj* thin.

deliberado, -da *adj* deliberate.

deliberar *vi* to deliberate.

delicadeza *sf* 1. (*tacto*) tact, tactfulness. 2. (*finura*) delicacy.

delicado, -da *adj* 1. (*Med*) delicate. 2. (*refinado*) delicate. 3. (*frágil*) fragile. 4. (*susceptible*) sensitive; (*quisquilloso*) fussy, finicky.

delicioso, -sa *adj* delicious.

delictivo, -va *adj* criminal.

delimitar *vt* 1. (*responsabilidades*) to define. 2. (*un terreno*) to mark the boundaries of.

delincuencia *sf* crime.

delincuencia juvenil *sf* juvenile delinquency.

delincuente *adj*, *sm/f* criminal.

delinquir [⇨ table in appendix 2] *vi* to commit a crime.

delirar *vi* to be delirious.

delito *sm* (*gen*) crime; (*de menor importancia*) offence, (*US*) offense.

delta *sm* delta.

demacrado, -da *adj* haggard.

demanda *sf* 1. (*petición*) request (**de** for); (*exigencia*) demand (**de** for). 2. (*de un producto*) demand (**de** for). 3. (*Jur*) lawsuit.

demandante *sm/f* plaintiff.

demandar *vt* to sue (**por** for).

demás I *adj* other, remaining: **los demás libros** the other books. II *pron*: **los demás lo hicieron** the others ∗ the rest did it; **lo demás** the rest.

demasía *sf*: **en demasía** in excess.

demasiado, -da I *adj*, *pron* (*referido a un sustantivo inglés: en sing*) too much; (*: en pl*) too many: **demasiada sal** too much salt; **demasiados muebles** too much furniture; **demasiada gente** too many people. II **demasiado** *adv* (+ *adj o adv*) too; (+ *verbo*) too much: **habla demasiado** he talks too much.

demencia *sf* dementia.

demencial *adj* insane.

demente *adj* insane, demented.

democracia *sf* democracy.

demócrata *sm/f* democrat.

democrático, -ca *adj* democratic.

demográfico, -ca *adj* demographic.

demoler [⇨ mover] *vt* to demolish.

demolición *sf* demolition.

demonio *sm* devil.

demora *sf* delay.

demorar *vt* to delay. ♦ *vi* (*Amér L*): **demoró en contestar** he took a long time to answer.

demorarse *v prnl* 1. (*retrasarse*) to be delayed. 2. (*entretenerse*) to linger.

demostración *sf* (*gen*) demonstration: **me hizo una demostración** he gave me a demonstration; (*de emoción*) show.

demostrar [⇨ contar] *vt* 1. (*mos-*

trar) to demonstrate, to show. 2. (*probar*) to prove.

demudado, -da *adj* contorted.

denegar [↝ regar] *vt* to refuse.

denigrante *adj* degrading, demeaning.

denodado, -da *adj* determined.

denominar *vt* to name, to designate.

denominarse *v prnl* to be called.

denotar *vt* to denote.

denso, -sa *adj* 1. (*Quím*) dense. 2. (*espeso*) thick, dense. 3. (*texto*) heavy.

dentadura *sf* teeth *pl*.

dentadura postiza *sf* false teeth *pl*, dentures *pl*.

dental *adj* dental.

dentellada *sf* bite.

dentera *sf*: me da dentera it sets my teeth on edge.

dentífrico *sm* toothpaste.

dentista *sm/f* dentist.

dentro I *adv* inside: **por dentro** (on the) inside. II **dentro de** *prep* 1. (*un lugar*) inside, in. 2. (*un periodo de tiempo*): **dentro de tres días** in three days' time; **dentro de poco** soon.

denuncia *sf* (*de un incidente*) report; (*contra una persona*) formal complaint.

denunciar *vt* 1. (*dar parte de*) to report. 2. (*públicamente*) to denounce.

deparar *vt* to bring.

departamento *sm* 1. (*gen*) department. 2. (*Amér L: apartamento*) apartment, (*GB*) flat.

depauperar *vt* to impoverish.

dependencia *sf* 1. (*subordinación*) dependence (**de** on). 2. (*departamento*) department, section. 3. (*habitación*) room.

depender *vi* to depend (**de** on).

dependiente, -ta *sm/f* 1. (*de tienda*) sales assistant ✳ (*US*) clerk. 2. (*Méx: familiar, etc.*) dependant.

depilarse *v prnl* (*las cejas*) to pluck; (*las piernas: gen*) to remove the hair from; (*: con cera*) to wax.

depilatorio, -ria *adj* hair-removing.

deplorable *adj* deplorable, terrible.

deplorar *vt* (*frml: lamentar*) to regret; (*: censurar*) to deplore.

deponer [↝ poner] *vt* 1. (*Pol*) to depose, to overthrow: **fue depuesto de su cargo** he was removed from his post. 2. (*las armas*) to lay down.

deportado, -da I *adj* deported. II *sm/f* deportee.

deportar *vt* to deport.

deporte *sm* sport: **hago mucho deporte** I do a lot of sport.

deportista *sm/f* sportsman/woman.

deportividad *sf* sportsmanship.

deportivo, -va I *adj* 1. (*gen*) sports (*apos.*): **ropa deportiva** sportswear. 2. (*actitud*) sporting. II *sm* sports car.

deposición *sf* 1. (*Pol*) overthrow. 2. (*Med*) bowel movement.

depositar *vt* 1. (*dinero*) to deposit. 2. (*colocar*) to put.

depositarse *v prnl* to settle.

depósito *sm* 1. (*de dinero*) deposit. 2. (*para líquido*) tank. 3. (*almacén*) warehouse.

depravado, -da *adj* depraved.

depre (*fam*) I *adj* depressed. II *sf* depression.

depreciarse *v prnl* to depreciate.

depredador, -dora I *adj* predatory. II *sm* predator.

depresión *sf* depression.

deprimente *adj* depressing.

deprimir *vt* to depress.

deprimirse *v prnl* to get ✳ become depressed.

deprisa, de prisa *adv* quickly.

depuesto *pp* ↝ **deponer**.

depuradora *sf* (*planta*) water-treatment plant; (*máquina*) (water) purifier.

depurar *vt* 1. (*quitar impurezas a*) to purify; (*perfeccionar*) to refine. 2. (*Pol*) to purge.

derecha *sf* 1. (*lado*) right: **está a la derecha** it's on the right. 2. (*mano*) right hand; (*pierna*) right leg. 3. (*Pol*) right: **de derechas** ✳ (*Amér L*) **de derecha** right-wing.

derechista I *adj* right-wing. II *sm/f* right-winger.

derecho, -cha I *adj* 1. (*lado, mano*) right. 2. (*recto*) straight. II *adv* straight. III *sm* 1. (*Educ, Jur*) law. 2. (*a hacer algo*) right: **estás en tu derecho** you're within your rights ● **¡no hay derecho!** it's not fair! 3. (*de ropa*) right side.

derecho de admisión *sm* right of admission. **derechos arancelarios** ✳ **de aduana** *sm pl* customs duties *pl*. **derechos de autor** *sm pl* royalties *pl*. **derechos de sucesión** *sm pl* death duties *pl*. **derechos humanos** *sm pl* human rights *pl*.

deriva *sf*: **iba a la deriva** it was adrift.

derivado *sm* derivative.

derivar *vi* 1. (*originarse*) to derive (**de** from), to stem (**de** from). 2. (*cambiar*) to move on (**hacia** to).

dermatología *sf* dermatology.

derogar [➪ pagar] *vt* to repeal.

derramamiento *sm* spillage.

derramamiento de sangre *sm* bloodshed.

derramar *vt* 1. (*verter*) to spill. 2. (*lágrimas*) to shed.

derrame *sm* bleeding.

derrame cerebral *sm* brain haemorrhage ✳ (*US*) hemorrhage.

derrapar *vi* to skid.

derrengar [➪ pagar] *vt* to wear out.

derretir [➪ pedir] *vt* to melt.

derretirse *v prnl* to melt.

derribar *vt* 1. (*un edificio*) to knock down, to demolish. 2. (*a una persona*) to knock down; (*un avión*) to shoot down.

derrito *etc.* ➪ **derretir**.

derrocar [➪ sacar] *vt* to overthrow.

derrochar *vt* 1. (*despilfarrar*) to squander, to waste. 2. (*rebosar*) to brim with.

derroche *sm* 1. (*despilfarro*) waste. 2. (*despliegue*): **con gran derroche de energía** with great energy.

derrota *sf* defeat.

derrotar *vt* to defeat.

derrotero *sm* course.

derrotista *adj, sm/f* defeatist.

derruido, -da *adj* ruined.

derrumbamiento *sm* collapse.

derrumbar *vt* to knock down, to demolish.

derrumbarse *v prnl* to collapse.

desabastecido, -da *adj* without supplies.

desaborido, -da *adj* 1. (*Culin*) insipid. 2. (*fam: persona*) dull.

desabotonar *vt* to unbutton.

desabotonarse *v prnl* to come undone.

desabrido, -da *adj* 1. (*Culin*) insipid. 2. (*persona: desagradable*) surly; (*Amér L: sosa*) dull. 3. (*tiempo*) unpleasant.

desabrigado, -da *adj*: **vas muy desabrigada** you're not wearing warm enough clothes.

desabrochar *vt* to undo.

desabrocharse *v prnl* (*botón, camisa*) to come undone.

desacato *sm* disrespect (**a** towards).

desacato al tribunal *sm* contempt of court.

desacertado, -da *adj* (*gen*) wrong, mistaken; (*decisión*) unwise.

desaconsejar *vt* to advise against.

desactivar *vt* to deactivate.

desacuerdo *sm* disagreement.

desafiar [➪ ansiar] *vt* 1. (*retar*) to challenge. 2. (*enfrentarse a*) to face up to.

desafinar *vi* to be out of tune.

desafío *sm* 1. (*reto*) challenge. 2. (*combate*) duel.

desaforado, -da *adj* 1. (*desenfrenado*) wild. 2. (*desmedido*) boundless.

desafortunado, -da *adj* 1. (*sin suerte*) unlucky. 2. (*inoportuno*) unfortunate.

desagradable *adj* unpleasant.

desagradar *vi*: **les desagrada** they don't like it.

desagradecido, -da *adj* ungrateful.

desagrado *sm* displeasure.

desaguar [➪ averiguar] *vi* to flow (**en** into).

desagüe *sm* (*cañería*) wastepipe; (*acción*) drainage.

desaguisado *sm* (*fam*) mess.

desahogado, -da *adj* 1. (*económicamente*) comfortable. 2. (*holgado*) roomy.

desahogarse [⇨ pagar] *v prnl* 1. (*desfogarse*) to vent one's anger. 2. (*hacer confidencias*) to unburden oneself (**con** to).

desahogo *sm* 1. (*alivio*) relief. 2. (*económico*) comfort.

desahuciar *vt* 1. (*Med*) to declare to be terminally ill. 2. (*desalojar*) to evict.

desaire *sm* snub, slight.

desajustar *vt* to loosen.

desalentador, -dora *adj* discouraging.

desalentar [⇨ pensar] *vt* to discourage.

desalentarse *v prnl* to get discouraged.

desaliñado, -da *adj* scruffy.

desalmado, -da *adj* heartless.

desalojar *vt* 1. (*evacuar*) to clear, to evacuate. 2. (*irse de*) to leave. 3. (*de una vivienda*) to evict.

desamparado, -da *adj* defenceless, (*US*) defenseless.

desangelado, -da *adj* 1. (*persona*) charmless. 2. (*lugar*) drab.

desangrar *vt* 1. (*Med*) to bleed. 2. (*arruinar*) to bleed dry.

desangrarse *v prnl* (*perder sangre*) to bleed heavily; (*morirse*) to bleed to death.

desanimado, -da *adj* dejected, down.

desanimar *vt* to discourage.

desanimarse *v prnl* to become discouraged, to lose heart.

desapacible *adj* unpleasant.

desaparecer [⇨ agradecer] *vi* to disappear, to vanish.

desaparecido, -da I *adj* 1. (*perdido*) missing. 2. (*frml: fallecido*) late. **II** *sm/f* missing person.

desaparición *sf* disappearance.

desapasionado, -da *adj* dispassionate.

desapego *sm* lack of affection.

desapercibido, -da *adj* unnoticed.

desaprensivo, -va *adj* unscrupulous.

desaprobar [⇨ contar] *vt* to disapprove of.

desaprovechar *vt* to waste.

desarmadero *sm* (*RP*) scrap yard, breaker's yard.

desarmar *vt* 1. (*Mil*) to disarm. 2. (*desmontar*) to dismantle, to take to pieces.

desarme *sm* disarmament.

desarraigado, -da *adj* rootless.

desarreglo *sm* problem, disorder.

desarrollado, -da *adj* developed.

desarrollar *vt* 1. (*gen*) to develop. 2. (*exponer*) to explain. 3. (*una actividad*) to undertake.

desarrollarse *v prnl* 1. (*aumentar*) to develop. 2. (*transcurrir*): **se desarrolló con normalidad** it went off without incident.

desarrollo *sm* development.

desarroparse *v prnl* 1. (*destaparse*) to throw off the bedclothes. 2. (*desabrigarse*) to take some clothes off.

desarticular *vt* 1. (*una organización*) to break up. 2. (*Med*) to dislocate.

desaseado, -da *adj* scruffy, untidy.

desasosiego *sm* anxiety, unease.

desastre *sm* disaster.

desastroso, -sa *adj* disastrous.

desatar *vt* 1. (*un nudo*) to untie, to undo; (*a una persona*) to untie. 2. (*provocar*) to unleash.

desatarse *v prnl* 1. (*nudo*) to come untied ✳ undone; (*perro*) to get loose. 2. (*tormenta*) to break out.

desatascador *sm* plunger.

desatascar [⇨ sacar] *vt* to unblock, to clear.

desatender [⇨ tender] *vt* 1. (*descuidar*) to neglect. 2. (*desoír*) to pay no attention to, to ignore.

desatino *sm* mistake.

desatornillar *vt* to unscrew.

desautorizar [⇨ cazar] *vt* 1. (*una manifestación*) to declare illegal. 2. (*una declaración*) to refute, to deny; (*a una persona*) to undermine the authority of.

desavenencia *sf* disagreement.

desayunar *vi* to have breakfast. ♦ *vt* to have for breakfast.

desayuno *sm* breakfast.

desazón *sf* uneasiness.

desbancar [⇨ sacar] *vt* 1. (*de un puesto*) to oust (**de** from). 2. (*Juegos*) to clean out.

desbandada *sf*: **salir en desbandada** to scatter.

desbarajuste *sm* mess.

desbaratar *vt* to spoil, to ruin.

desbloquear *vt* 1. (*un camino*) to unblock. 2. (*una cuenta*) to unfreeze.

desbocarse [⇨ sacar] *v prnl* 1. (*cuello*) to stretch. 2. (*caballo*) to bolt.

desbordar *vt* 1. (*un recipiente*) to overflow. 2. (*exceder*) to go beyond, to exceed. 3. (*apabullar*) to overwhelm.

desbordarse *v prnl* to overflow.

descabellado, -da *adj* ridiculous, ludicrous.

descafeinado, -da *adj* decaffeinated.

descalabro *sm* disaster.

descalificar [⇨ sacar] *vt* 1. (*eliminar*) to disqualify. 2. (*desacreditar*) to discredit.

descalzo, -za *adj* barefoot.

descambiar *vt* (*cambiar*) to exchange; (*devolver*) to return.

descaminado, -da *adj* mistaken, misguided.

descampado *sm* patch of waste ground, (*US*) vacant lot.

descansar *vi* 1. (*reposar*) to rest, to have a rest. 2. (*hacer una pausa*) to have a rest, to take a break. 3. (*dormir*) to sleep. 4. (*yacer*) to lie. 5. (*Arquit*) to rest (**sobre** on).

descansillo *sm* landing.

descanso *sm* 1. (*reposo*) rest. 2. (*pausa*) break, rest. 3. (*en deportes, espectáculos*) interval.

descapotable *adj, sm* convertible.

descarado, -da *adj* cheeky.

descarga *sf* 1. (*Transp*) unloading.

2. (*Elec*): **me dio una descarga** I got an electric shock.

descargar [⇨ pagar] *vt* 1. (*Transp*) to unload. 2. (*una pistola: disparar*) to fire; (*:quitar la munición a*) to unload. 3. (*la ira*) to vent (**sobre** on).

descargarse *v prnl* (*batería*) to go flat.

descaro *sm* nerve, cheek.

descarozado, -da *adj* (*C Sur*) pitted.

descarriarse [⇨ ansiar] *v prnl* to go astray.

descarrilamiento *sm* derailment.

descarrilar *vi* to be derailed.

descartable *adj* (*RP*) disposable.

descartar *vt* to rule out, to reject.

descascarillarse *v prnl* (*loza*) to chip; (*pintura*) to flake.

descendencia *sf* descendants *pl*.

descendente *adj* descending.

descender [⇨ tender] *vi* 1. (*de altura*) to go down, to descend. 2. (*temperatura, nivel*) to fall, to drop. 3. (*Dep: de categoría*) to be relegated. 4. (*proceder*) to be descended. 5. (*salir: de un tren, autobús*) to get off; (*:de un coche*) to get out.

descendiente *sm/f* descendant.

descenso *sm* 1. (*de avión, alpinista*) descent. 2. (*de nivel, precio*) drop (**de** in). 3. (*Dep: de categoría*) relegation. 4. (*en esquí*) downhill (race).

descentrado, -da *adj* 1. (*Tec*) off-centre. 2. (*persona*) disorientated.

descentralizar [⇨ cazar] *vt* to decentralize.

desciendo *etc.* ⇨ **descender**.

descifrar *vt* 1. (*un mensaje*) to decipher, to decode. 2. (*un enigma*) to solve.

descocado, -da *adj* (*vestido*) daring; (*persona*) brazen.

descodificar [⇨ sacar] *vt* to decode.

descolgar [⇨ colgar] *vt* 1. (*el teléfono: gen*) to pick up; (*:desconectar*) to take off the hook. 2. (*un cuadro*) to take down. 3. (*deslizar*) to let down, to lower.

descollar [⇨ contar] *vi* to stand out.

descolorido, -da *adj* faded.

descomponer [⇨ poner] *vt* 1. (*dividir*) to split, to break up. 2. (*irritar*) to irritate.

descomponerse *v prnl* 1. (*pudrirse*) to rot, to decompose. 2. (*rostro*): **se le descompuso la cara** (*de dolor*) his face contorted, (*de impresión*) he looked shocked. 3. (*estómago*): **se le descompuso el estómago** he got an upset stomach; (*Amér L: persona*) to feel unwell. 4. (*Amér L: estropearse*) to break down.

descomposición *sf* 1. (*división*) break-up, separation. 2. (*putrefacción*) rotting, decomposition. 3. (*Med*) diarrhoea, (*US*) diarrhea.

descompostura *sf* 1. (*Amér L: indisposición*) stomach upset; (*:diarrea*) diarrhoea, (*US*) diarrhea. 2. (*Méx: avería*) breakdown.

descompresión *sf* decompression.

descompuesto, -ta I *pp* ⇨ **descomponer**. II *adj* 1. (*podrido*) rotten, decomposed. 2. (*rostro: de dolor*) contorted, twisted; (*: de impresión*) shocked. 3. (*Med*): **estoy descompuesto (del estómago)** I've got an upset stomach; (*Amér L: indispuesto*) unwell. 4. (*Amér L: averiado*) broken-down.

descomunal *adj* enormous, huge.

desconcertante *adj* disconcerting.

desconcertar [⇨ pensar] *vt* (*sorprender*) to disconcert; (*confundir*) to baffle.

desc="=concharse *v prnl* (*pared*) to flake, to peel; (*loza*) to chip.

desconcierto I *sm* 1. (*confusión*) bewilderment, confusion. 2. (*desorden*) chaos, disorder. II *also* ⇨ **desconcertar**.

desconectar *vt* (*Tec*) to disconnect. ♦ *vi* (*fam: relajarse*) to switch off.

desconfiado, -da *adj* [S] distrustful, wary.

desconfiar [⇨ ansiar] *vi* to be suspicious: **desconfía de ellos** he doesn't trust them.

desconforme *adj* ⇨ **disconforme**.

descongelar *vt* to defrost.

descongelarse *v prnl* to defrost.

descongestionar *vt* 1. (*Med*) to clear. 2. (*una calle*) to relieve congestion in.

desconocer [⇨ agradecer] *vt*: **desconozco la respuesta** I don't know the answer.

desconocido, -da I *adj* 1. [S] (*no conocido*) unknown. 2. [E] (*muy cambiado*) unrecognizable. II *sm/f* stranger.

desconsiderado, -da *adj* inconsiderate, thoughtless.

desconsolado, -da *adj* disconsolate.

descontado, -da *adj*: **lo daba por descontado** I took it for granted.

descontar [⇨ contar] *vt* 1. (*del precio*): **me descontó el 10%** he gave me a 10% discount; (*del sueldo*) to deduct (**de** from). 2. (*no contar*) to leave out, to exclude.

descontento, -ta I *adj* [E] unhappy. II *sm* discontent.

desconvocar [⇨ sacar] *vt* to call off.

descorazonador, -dora *adj* disheartening, discouraging.

descorchar *vt* to uncork.

descorrer *vt* to pull back.

descortés *adj* impolite, discourteous.

descoser *vt* to unpick.

descoserse *v prnl* to come unstitched ＊ undone.

descrédito *sm* discredit.

descremado, -da *adj* (*leche*) skimmed; (*US*) low-fat.

describir [*pp* descrito] *vt* 1. (*detallar*) to describe. 2. (*recorrer*) to trace.

descripción *sf* description.

descrito *pp* ⇨ **describir**.

descuajaringarse [⇨ pagar] *v prnl* (*fam*) 1. (*romperse*) to break, to fall apart. 2. (*de risa*) to fall about (laughing).

descuartizar [⇨ cazar] *vt* to cut up.

descubierto, -ta I *pp* ⇨ **descubrir**. II *adj* 1. (*sin cubrir*) open, uncovered. **2.** (*Meteo*) clear. **III** *sm* overdraft. **IV al descubierto** *loc adv* **1.** (*a la intemperie*) in the open. **2.** (*Fin*): **girar al descubierto** to overdraw.

descubridor, -dora *sm/f* discoverer.

descubrimiento *sm* discovery.

descubrir [*pp* **descubierto**] *vt* **1.** (*gen*) to discover, to find. **2.** (*destapar*) to uncover. **3.** (*revelar*) to give away, to reveal.

descuento I *sm* discount, reduction. **II** *also* ⇨ **descontar**.

descuidado, -da *adj* **1.** [S] (*despreocupado*) careless. **2.** [E] (*poco cuidado*) untidy.

descuidar *vt* to neglect.

descuidarse *v prnl* **1.** (*distraerse*): **si te descuidas...** if you aren't careful.... **2.** (*en el aspecto personal*) to let oneself go.

descuido *sm* **1.** (*error*) oversight, mistake. **2.** (*negligencia*) carelessness, negligence.

desde I *prep* **1.** (*de lugar*) from. **2.** (*de tiempo*): **no lo veo desde entonces/desde hace un año** I haven't seen him since then/for a year; **desde ahora** from now on; **desde... hasta...** from... until.... **3.** (*hablando de una gama*): **desde... hasta...** from... to.... **II desde luego** *loc adv* of course.

desdecirse [⇨ decir] *v prnl* to take back one's words.

desdén *sm* disdain, contempt.

desdeñar *vt* to scorn.

desdeñoso, -sa *adj* scornful.

desdicha *sf* misfortune.

desdichado, -da *adj* unfortunate.

desdoblar *vt* (*un papel*) to unfold; (*un alambre*) to straighten (out).

desear *vt* **1.** (*al expresar deseo*) to wish: **te deseo suerte** I wish you luck. **2.** (*querer*) to want: **¿qué desea?** may I help you?

desecar [⇨ sacar] *vt* (*gen*) to dry (out); (*un estanque*) to drain.

desechable *adj* disposable.

desechar *vt* **1.** (*abandonar*) to give

up, to drop. **2.** (*rechazar*) to turn down, to reject. **3.** (*deshacerse de*) to throw away.

desecho *sm*: **materiales de desecho** waste materials.

desechos radiactivos *sm pl* radioactive waste.

desembarazarse [⇨ cazar] *v prnl*: **desembarazarse de algo** to get rid of sthg.

desembarcar [⇨ sacar] *vt* (*un cargamento*) to unload. ♦ *vi* (*pasajeros*) to disembark.

desembocadura *sf* mouth.

desembocar [⇨ sacar] *vi* **1.** (*río*) to flow (**en** into). **2.** (*calle*) to come out (**en** onto). **3.** (*terminar*) to end (**en** in).

desembolsar *vt* to pay (out).

desembolso *sm* payment, outlay.

desembragar [⇨ pagar] *vi* to release the clutch.

desembuchar *vi* (*fam*): **¡desembucha!** spit it out!

desempacar [⇨ sacar] *vt/i* (*Amér L*) to unpack.

desempaquetar *vt* to unwrap, to unpack.

desempatar *vi* to break the deadlock. ♦ *vt* to decide.

desempeñar *vt* **1.** (*un cargo*) to hold; (*una función*) to carry out, to fulfil; (*US*) to fulfill; (*una tarea*) to carry out. **2.** (*un papel*) to play.

desempeñarse *v prnl* (*Amér L*: *trabajar*) to work; (*: rendir*) to perform.

desempleado, -da I *adj* unemployed, out of work. **II** *sm/f* unemployed person.

desempleo *sm* unemployment.

desencadenar *vt* **1.** (*causar*) to unleash, to spark (off). **2.** (*quitar las cadenas a*) to unchain.

desencadenarse *v prnl* (*originarse*) to break out.

desencajado, -da *adj* (*hueso*) dislocated; (*puerta*) off its hinges; (*rostro*): **tenía el rostro desencajado por el dolor** his face was contorted with pain.

desencajarse *v prnl* **1.** (*hueso*) to

get dislocated. **2.** (*puerta*) to come off its hinges.

desencanto *sm* disillusionment, disenchantment.

desenchufar *vt* to unplug.

desenfadado, -da *adj* carefree, uninhibited.

desenfrenado, -da *adj* uncontrolled, wild.

desenfreno *sm* lack of self-control.

desenfundar *vt* to draw, to pull out.

desenganchar *vt* **1.** (*un vagón*) to uncouple; (*un caballo*) to unhitch. **2.** (*de un clavo, etc.*) to free, to unhook.

desengancharse *vprnl* (*fam: deshabituarse*) to come off drugs.

desengañar *vt* (*desilusionar*) to disillusion.

desengañarse *vprnl* (*ver la realidad*) to face facts.

desengaño *sm* disappointment: **me llevé un desengaño con ellas** I was disappointed with them.

desenlace *sm* **1.** (*resultado*) outcome, result. **2.** (*final*) ending.

desenmarañar *vt* **1.** (*desenredar*) to untangle. **2.** (*un misterio*) to solve, to sort out.

desenmascarar *vt* to expose, to uncover.

desenredar *vt* (*el pelo*) to untangle.

desenredarse *vprnl* (*de un asunto*) to disentangle oneself.

desenrollar *vt* (*un papel*) to unroll; (*una persiana*) to let down; (*un hilo*) to unwind.

desenroscar [⇨ sacar] *vt* to unscrew.

desenroscarse *vprnl* **1.** (*desatornillarse*) to work loose. **2.** (*extenderse*) to uncoil.

desentenderse [⇨ tender] *vprnl* **1.** (*de una responsabilidad*): **se desentendió del caso** he wouldn't have anything to do with the case. **2.** (*fingir desconocimiento*) to feign ignorance.

desenterrar [⇨ pensar] *vt* **1.** (*un objeto*) to dig up. **2.** (*un recuerdo*) to bring back.

desentonar *vi* **1.** (*desafinar*) to be out of tune. **2.** (*no combinar*) to clash. **3.** (*estar fuera de lugar*) to be out of place.

desentrañar *vt* to get to the bottom of.

desentrenado, -da *adj* **1.** (*Dep*) out of training. **2.** (*deshabituado*) out of practice ✳ (*US*) practise.

desentumecer [⇨ agradecer] *vt* to loosen up.

desenvainar *vt* to draw, to unsheathe.

desenvoltura *sf* **1.** (*soltura*) assurance, confidence. **2.** (*facilidad*) ease.

desenvolver [⇨ volver] *vt* to unwrap.

desenvolverse *vprnl* **1.** (*transcurrir*) to proceed. **2.** (*arreglárselas*) to manage.

desenvuelto, -ta I *pp* ⇨ **desenvolver. II** *adj* confident, assured.

desenvuelvo *etc.* ⇨ **desenvolver.**

deseo *sm* wish, desire: **con mis mejores deseos** with best wishes.

deseoso, -sa *adj* eager.

desequilibrado, -da *adj* unbalanced.

desequilibrar *vt* to unbalance.

desertar *vi* to desert.

desértico, -ca *adj* (*árido*) desert (*apos.*), desert-like.

desertor, -tora *sm/f* deserter.

desesperación *sf* (*gen*) desperation; (*pesimismo total*) despair.

desesperante *adj* exasperating.

desesperar *vt* to exasperate. ♦ *vi* to give up hope (**de** of).

desesperarse *vprnl* to despair.

desespero *sm* (*pesimismo*) despair; (*ansia*) desperation.

desestabilizar [⇨ cazar] *vt* to destabilize.

desestimar *vt* **1.** (*rechazar*) to turn down. **2.** (*menospreciar*) to scorn.

desfachatez *sf* nerve, cheek.

desfalco *sm* embezzlement.

desfallecer [⇨ agradecer] *vi* to flag.

desfallecido, -da *adj* (*agotado*) exhausted; (*débil*) weak.

desfasado, -da *adj* outdated.

desfavorable *adj* unfavourable, (*US*) unfavorable.

desfigurado, -da *adj* disfigured.

desfiladero *sm* narrow mountain pass.

desfilar *vi* (*tropas, modelos*) to parade; (*pasar*) to pass.

desfile *sm* parade.

desfile de modelos *sm* fashion show.

desfogarse [⇨ pagar] *vprnl* to vent one's feelings (**con** on).

desforestación *sf* deforestation.

desgajar *vt* to break off.

desgana *sf* (*falta de apetito*) lack of appetite; (*falta de interés*) lack of interest.

desganado, -da *adj* 1. (*sin apetito*): **está desganada** she's lost her appetite. 2. (*sin interés*) apathetic.

desgarbado, -da *adj* ungainly.

desgarrador, -dora *adj* heart-rending.

desgarrar *vt* to tear, to rip.

desgarrarse *vprnl* to tear, to rip.

desgarro *sm* rip, tear.

desgastar *vt* 1. (*ropa, zapatos*) to wear out. 2. (*Geol*) to erode; (*Tec*) to wear away.

desglosar *vt* to break down.

desgracia *sf* 1. (*fatalidad*) tragedy. 2. (*mala suerte*) misfortune ● **por desgracia** unfortunately ● **caer en desgracia** to fall out of favour.

desgraciado, -da I *adj* (*persona, accidente*) unfortunate, unlucky; (*vida*) unhappy. II *sm/f* 1. (*persona desdichada*) unfortunate person. 2. (*canalla*) swine.

desgravable *adj* tax-deductible.

desgravar *vt*: **desgrava un diez por ciento** it qualifies for ten per cent tax relief.

desgreñado, -da *adj* dishevelled.

desguace *sm* scrap yard, breaker's yard.

desguazar [⇨ cazar] *vt* to break up, to scrap.

deshabitado, -da *adj* (*casa*) unoccupied; (*pueblo*) uninhabited.

deshabituarse [⇨ actuar] *vprnl* 1. (*de una droga*): **deshabituarse del tabaco** to give up smoking. 2. (*de una costumbre*) to get out of the habit.

deshacer *vt* 1. (*un paquete*) to undo; (*una costura*) to unpick; (*una cama*) to strip; (*una maleta*) to unpack. 2. (*destruir*) to destroy; (*romper*) to break.

deshacerse *vprnl* 1. (*nudo*) to come undone. 2. (*disolverse*) to dissolve. 3. (*organización*) to break up. 4. **deshacerse de** to get rid of. 5. **deshacerse en: se deshicieron en atenciones** they went out of their way to be hospitable; **se deshizo en lágrimas** he cried his heart out.

desharrapado, -da *adj* ragged, scruffy.

deshecho, -cha I *pp* ⇨ **deshacer**. II *adj* 1. (*por una tragedia*) devastated. 2. (*rendido*) exhausted.

desheredar *vt* to disinherit.

deshidratarse *vprnl* to become dehydrated.

deshielar *vt* (*RP*) ⇨ **descongelar**.

deshielo *sm* thaw.

deshilacharse *vprnl* to fray.

deshinchado, -da *adj* (*neumático*) flat; (*balón*) deflated.

deshincharse *vprnl* to go down.

deshollinador, -dora *sm/f* chimney sweep.

deshonesto, -ta *adj* 1. (*no honrado*) dishonest. 2. (*indecente*) indecent, lewd.

deshonra *sf* 1. (*deshonor*) dishonour, (*US*) dishonor. 2. (*vergüenza*) disgrace.

deshonrar *vt* to dishonour, (*US*) to dishonor.

deshora: **a deshora(s)** *loc adv* at odd times.

deshuesadero *sm* (*Méx*) scrap yard, breaker's yard.

deshuesar *vt* 1. (*la carne*) to bone; (*una fruta*) to pit, to remove the stone from. 2. (*Méx: Auto*) to break up, to scrap.

deshumanizar [⇨ cazar] *vt* to dehumanize.

desidia *sf* (*falta: de cuidado*) lack of care; (*: de interés*) apathy; (*: de energía*) lethargy.

desierto, -ta **I** *adj* 1. (*despoblado*) deserted, uninhabited. 2. (*vacío*) deserted. 3. (*premio*): **el premio quedó desierto** the prize was declared void. **II** *sm* desert.

designar *vt* 1. (*nombrar*) to designate, to appoint. 2. (*representar*) to represent. 3. (*llamar*) to call. 4. (*una fecha, un lugar*) to fix.

desigual *adj* 1. (*no igual*) unequal. 2. (*con altibajos*) variable. 3. (*terreno*) uneven, rough.

desilusión *sf* disappointment.

desilusionar *vt* 1. (*decepcionar*) to disappoint. 2. (*desengañar*) to disillusion.

desinfectante *sm* disinfectant.

desinfectar *vt* to disinfect.

desinflar *vt* 1. (*un neumático, un colchón*) to let the air out of, to let down. 2. (*fam: desanimar*) to dishearten.

desinflarse *v prnl* 1. (*neumático, balón*) to go down. 2. (*fam: desanimarse*) to lose heart.

desinhibirse *v prnl* to lose one's inhibitions.

desintegración *sf* disintegration, break-up.

desintegrarse *v prnl* to disintegrate, to break up.

desinterés *sm* 1. (*apatía*) lack of interest, disinterest. 2. (*altruismo*) unselfishness, selflessness.

desinteresado, -da *adj* unselfish.

desintoxicar [⇨ sacar] *vt* to detoxify.

desistir *vi*: **desistió de encontrarlo** he gave up trying to find it.

desleal *adj* [S] (*gen*) disloyal; [S] (*competencia*) unfair.

deslenguado, -da *adj* (*insolente*) insolent; (*mal hablado*) foul-mouthed.

desligar [⇨ pagar] *vt* to separate (**de** from).

desligarse *v prnl* 1. (*independizarse*) to sever one's connections (**de** with). 2. (*de una obligación*) to get out (**de** of).

deslindar *vt* 1. (*un terreno*) to mark the boundaries of. 2. (*distinguir*) to differentiate.

desliz *sm* [-lices] 1. (*desacierto*) slip. 2. (*lapso moral*) indiscretion.

deslizar [⇨ cazar] *vt* 1. (*mover*) to slide. 2. (*dar*) to slip.

deslizarse *v prnl* to slide.

deslomado, -da *adj* (*fam*) exhausted.

deslucido, -da *adj* 1. (*mediocre*) dull, unexciting. 2. (*descolorido*) faded.

deslumbrante *adj* dazzling.

deslumbrar *vt* to dazzle.

desmadrado, -da *adj* [E] (*fam*) unruly, wild.

desmadrarse *v prnl* (*fam*) to get out of control, to go wild.

desmadre *sm* (*fam*) chaos.

desmán *sm* excess.

desmandarse *v prnl* (*rebelarse*) to get out of control; (*desmadrarse*) to go wild.

desmano: **a desmano** *loc adv*: **me cae a desmano** it's out of my way.

desmantelar *vt* to dismantle.

desmaquillador *sm* make-up remover.

desmaquillarse *v prnl* to take off one's make-up.

desmarcarse [⇨ sacar] *v prnl* 1. (*Dep*) to get into an unmarked position. 2. (*apartarse*) to dissociate oneself (**de** from).

desmayar *vi* to lose heart.

desmayarse *v prnl* to faint, to pass out.

desmayo *sm*: **sufrió un desmayo** he fainted.

desmedido, -da *adj* excessive, disproportionate.

desmejorado, -da *adj* 1. (*de salud*) worse. 2. (*de aspecto*) less attractive.

desmembrarse [⇨ pensar] *v prnl* to break up.

desmemoriado, -da *adj* forgetful.

desmentir [⇨ sentir] *vt* **1.** (*negar*) to deny. **2.** (*decir lo contrario de*) to contradict.

desmenuzar [⇨ cazar] *vt* (*gen*) to break into small pieces; (*el pescado*) to flake.

desmerecer [⇨ agradecer] *vt* to spoil (the look of). ♦ *vi* (*en comparaciones*): **desmerecer de algo** to compare unfavourably with sthg.

desmesurado, -da *adj* enormous.

desmilitarizar [⇨ cazar] *vt* to demilitarize.

desmitificar [⇨ sacar] *vt* to demystify.

desmontable *adj*: **es desmontable** it can be taken apart ✳ dismantled.

desmontar *vt* **1.** (*Auto, Tec*) to dismantle, to take apart. **2.** (*una tienda de campaña*) to take down.

desmontarse *v prnl* (*de un caballo*) to dismount.

desmoralizar [⇨ cazar] *vt* to dishearten, to demoralize.

desmoralizarse *v prnl* to become disheartened ✳ demoralized.

desmoronarse *v prnl* **1.** (*edificio*) to crumble, to fall apart. **2.** (*persona*) to go to pieces; (*institución*) to collapse.

desmovilización *sf* demobilization.

desnatado, -da *adj* (*leche*) skimmed; (*yogur*) low-fat.

desnaturalizado, -da *adj* **1.** (*Quím*) denatured. **2.** (*descastado*) cold and unloving.

desnivel *sm* **1.** (*desequilibrio*) gap, difference. **2.** (*del terreno*) difference in height.

desnivelar *vt* (*una balanza*) to tip; (*una situación*): **el gol que desniveló el partido** the goal that tipped the balance of the match.

desnucarse [⇨ sacar] *v prnl* to break one's neck.

desnudar *vt* to undress.

desnudarse *v prnl* to get undressed, to take one's clothes off.

desnudo, -da I *adj* **1.** (*sin ropa: gen*) naked; (*: hombros, pies*) bare.

2. (*paredes*) bare. **II** *sm* (*Artes*) nude.

desnutrido, -da *adj* malnourished.

desobedecer [⇨ agradecer] *vt* to disobey.

desobediencia *sf* disobedience.

desocupado, -da I *adj* **1.** (*libre*) free. **2.** (*sin trabajo*) unemployed. **II** *sm/f* unemployed person.

desocupar *vt* **1.** (*desalojar*) to vacate. **2.** (*vaciar*) to empty.

desodorante *sm* deodorant.

desodorante ambiental *sm* (*C Sur*) air-freshener.

desoír [⇨ oír] *vt* to ignore.

desolación *sf* **1.** (*ruina*) desolation, devastation. **2.** (*angustia*) grief.

desolar [⇨ contar] *vt* to devastate.

desorbitado, -da *adj* exorbitant.

desorden *sm* mess.

desorganización *sf* lack of organization, disorganization.

desorientar *vt* **1.** (*extraviar*) to disorientate, to disorient. **2.** (*confundir*) to confuse.

desorientarse *v prnl* (*extraviarse*) to lose one's bearings.

desovar *vi* (*peces*) to spawn; (*insectos, anfibios*) to lay eggs.

despabilar *vt/i* ⇨ **espabilar**.

despachante de aduana *sm/f* (*RP*) customs clerk.

despachar *vt* **1.** (*en un comercio: atender*) to serve; (*: vender*) to sell. **2.** (*enviar*) to send, to dispatch. **3.** (*concluir*) to complete, to finish. **4.** (*solucionar*) to resolve. **5.** (*discutir*) to deal with, to discuss; (*arreglar*) to deal with.

despacho *sm* **1.** (*oficina: gen*) office; (*: en casa*) study. **2.** (*noticia*) report. **3.** (*venta*) sale.

despacio *adv* **1.** (*lentamente*) slowly. **2.** (*Amér L: en voz baja*) quietly.

despampanante *adj* amazing.

desparejo, -ja *adj* **1.** (*sin pareja*) odd. **2.** (*Amér L: desigual*) uneven.

desparpajo *sm* (*seguridad*) self-confidence; (*descaro*) cheek.

desparramar *vt* **1.** (*dispersar*) to scatter. **2.** (*derramar*) to spill.

despatarrarse *v prnl* (*fam*) to sprawl.

despecho *sm* resentment.

despectivo, -va *adj* 1. (*actitud*) contemptuous. 2. (*término*) pejorative, derogatory.

despedazar [⟳ cazar] *vt* to tear apart.

despedida *sf* 1. (*adiós*) farewell: **odio las despedidas** I hate saying goodbye. 2. (*fiesta*) farewell party.

despedida de soltera/soltero *sf* hen/stag party.

despedir [⟳ pedir] *vt* 1. (*decir adiós a*) to say goodbye to. 2. (*de un trabajo*) to fire, to sack. 3. (*un olor*) to give off. 4. (*arrojar*) to throw.

despedirse *v prnl* 1. (*decir adiós*) to say goodbye (**de** to). 2. (*fam: olvidarse*) to forget: **despídete del aumento** you can forget about the increase.

despegar [⟳ pagar] *vt* (*separar*) to remove. ♦ *vi* (*avión*) to take off.

despegarse *v prnl* (*desprenderse*) to come unstuck.

despegue *sm* takeoff.

despeinarse *v prnl*: **te has despeinado** your hair's messed up.

despejado, -da *adj* 1. (*cielo*) clear. 2. [E] (*espabilado*) awake; (*mente*) clear.

despejar *vt* 1. (*un lugar*) to clear. 2. (*una duda*) to clear up. 3. (*Dep*) to clear.

despejarse *v prnl* 1. (*cielo*) to clear. 2. (*espabilarse*) to clear one's head.

despellejar *vt* 1. (*un animal*) to skin. 2. (*fam: criticar*) to tear to pieces.

despenalización *sf* legalization, decriminalization.

despensa *sf* 1. (*en una casa*) pantry, larder. 2. (*RP: tienda*) grocer's.

despeñadero *sm* precipice.

desperdiciar *vt* to waste.

desperdicio I *sm* waste. **II desperdicios** *sm pl* leftovers *pl*.

desperdigar [⟳ pagar] *vt* to scatter.

desperezarse [⟳ cazar] *v prnl* to stretch.

desperfecto *sm* 1. (*daño*) damage: **no sufrió desperfectos** it wasn't damaged. 2. (*defecto*) flaw, defect.

despertador *sm* alarm clock.

despertar [⟳ pensar] *vt* 1. (*del sueño*) to wake (up). 2. (*interés*) to arouse. ♦ *vi* (*del sueño*) to wake (up).

despertarse *v prnl* to wake (up).

despiadado, -da *adj* merciless, pitiless.

despido I *sm* (*gen*) dismissal; (*por falta de trabajo*) redundancy. **II** *also* ⟳ **despedir**.

despido improcedente *sm* unfair ✻ wrongful dismissal.

despierto, -ta I *adj* 1. [E] (*no dormido*) awake. 2. [S] (*listo*) sharp, bright. **II** *also* ⟳ **despertar**.

despilfarrar *vt* to squander, to waste.

despilfarro *sm* waste.

despistado, -da I *adj* 1. [S] (*distraído*) absent-minded. 2. [E] (*confundido*) confused. **II** *sm/f* absent-minded person.

despistar *vt* 1. (*a un perseguidor*) to shake off. 2. (*confundir*) to confuse.

despistarse *v prnl* 1. (*distraerse*) to get distracted. 2. (*confundirse*) to get confused. 3. (*olvidarse*) to forget.

despiste *sm* 1. (*distracción*) absent-mindedness. 2. (*error*) slip.

desplazado, -da *adj* (*gen*) out of place; (*Pol*) displaced.

desplazamiento *sm* 1. (*movimiento*) movement. 2. (*viaje*) journey, trip.

desplazar [⟳ cazar] *vt* 1. (*mover*) to move. 2. (*suplantar*) to take the place of, to displace.

desplazarse *v prnl* 1. (*moverse*) to move. 2. (*viajar*) to travel. 3. (*voto, opinión*) to swing.

desplegado *sm* (*Méx*) open letter.

desplegar [⟳ regar] *vt* 1. (*un mapa*) to unfold; (*las alas*) to spread. 2. (*emplear*) to use.

desplegarse *v prnl* 1. (*desdoblarse*) to unfold. 2. (*Mil*) to deploy.

despliegue *sm* 1. (*Mil*) deployment. 2. (*alarde*) display, show.

desplomarse *v prnl* to collapse.

desplumar *vt* 1. (*un pollo*) to pluck. 2. (*fam: a una persona*) to clean out.

despoblado, -da I *adj* deserted, un-inhabited. II *sm* uninhabited area.

despojar *vt* (*frml*) to strip (**de** of).

despojos *sm pl* 1. (*de un animal*) offal. 2. (*de comida*) leftovers *pl*.

desportillar *vt* to chip.

desposeer [⇨ leer] *vt* to dispossess (**de** of), to deprive (**de** of).

déspota *sm/f* despot, tyrant.

despótico, -ca *adj* despotic.

despotricar [⇨ sacar] *vi* to rant and rave.

despreciable *adj* 1. (*que merece desprecio*) contemptible, despicable. 2. (*inapreciable*) negligible.

despreciar *vt* 1. (*menospreciar: gen*) to look down on; (*: más fuerte*) to despise. 2. (*subestimar*) to underestimate.

desprecio *sm* 1. (*menosprecio*) contempt. 2. (*ofensa*) snub.

desprender *vt* 1. (*separar*) to detach. 2. (*un olor*) to give off. 3. (*RP: desabrochar*) to undo.

desprenderse *v prnl* 1. (*separarse*) to come off. 2. (*emanar*) to come. 3. (*deducirse*) to emerge. 4. (*de un bien*): **desprenderse de algo** to part with sthg.

desprendimiento *sm* (*generosidad*) generosity.

desprendimiento de retina *sm* detachment of the retina. **desprendimiento de tierras** *sm* landslide.

despreocupación *sf* lack of concern (**por** for), lack of interest (**por** in).

despreocuparse *v prnl*: **se despreocupó de ello** she stopped worrying about it.

desprestigiar *vt* to discredit.

desprestigio *sm* loss of prestige.

desprevenido, -da *adj* unprepared.

desprolijo, -ja *adj* (*RP*) untidy.

desproporcionado, -da *adj* out of proportion (**con** to ∗ with).

desprotegido, -da *adj* defenceless, (*US*) defenseless.

desprovisto, -ta *adj* [E] devoid (**de** of), lacking (**de** in).

después *adv* 1. (*más tarde*) later: **un año después** a year later; (*entonces*) then. 2. **después de** (*de tiempo*) after: **después de pintarla** after painting it; **después de que yo haya terminado** after ∗ when I've finished; (*en el espacio*) after, past: **después del puente** after ∗ past the bridge ● **después de todo** when all is said and done. 3. **después que** after: **llegó después que tú** he arrived after you did.

desquiciado, -da *adj* crazy.

desquicio *sm* (*RP*) mess, shambles.

desquitarse *v prnl* 1. (*vengarse*) to get one's own back (**de** for). 2. (*resarcirse*): **desquitarse de algo** to make up for sthg; **no te desquites conmigo** don't take it out on me.

destacado, -da *adj* (*persona*) prominent; (*actuación*) outstanding.

destacar [⇨ sacar] *vt* to emphasize. ♦ *vi* to stand out.

destacarse *v prnl* to stand out.

destapador *sm* (*RP*) bottle opener.

destapar *vt* 1. (*abrir*) to open, to take the lid ∗ top off. 2. (*desarropar*) to uncover.

destape *sm* nudity.

destartalado, -da *adj* dilapidated.

destello *sm* 1. (*de luz*) gleam; (*de estrella*) twinkle; (*de relámpago*) flash. 2. (*de inteligencia*) spark.

destemplado, -da *adj* 1. (*Med*): **estás destemplado** you've got a slight fever. 2. (*Meteo*) unpleasant.

desteñir [⇨ reñir] *vi* (*perder el color*) to fade; (*desprender tinte*) to run.

desternillarse *v prnl* (*fam*) to laugh one's head off, to fall about laughing.

desterrar [⇨ pensar] *vt* to exile.

destetar *vt* to wean.

destiempo: a destiempo *loc adv* at the wrong moment.

destierro *sm* exile.

destilar *vt* 1. (*alambicar*) to distil. 2. (*exudar*) to ooze, to exude.

destilería *sf* distillery.

destinar *vt* 1. (*dinero*) to set aside,

to allot. **2.** (*a un empleado*) to assign, to post.

destinatario, -ria *sm/f* addressee.

destino *sm* **1.** (*Transp*) destination. **2.** (*sino*) fate, destiny. **3.** (*de un empleado*) post, posting.

destiñe *etc.* ⇨ **desteñir.**

destitución *sf* dismissal.

destituir [⇨ huir] *vt* to dismiss.

destornillador *sm* screwdriver.

destreza *sf* skill, dexterity.

destrozado, -da *adj* **1.** (*edificio*) destroyed; (*máquina*) wrecked; (*prenda*) ruined. **2.** (*persona: agotada*) worn-out; (*: triste*) devastated.

destrozar [⇨ cazar] *vt* **1.** (*estropear*) to ruin. **2.** (*afligir*) to devastate.

destrozo *sm* (*acción*) destruction; (*resultado*): **produjo graves destrozos** it caused serious damage.

destrucción *sf* destruction.

destruir [⇨ huir] *vt* (*gen*) to destroy; (*un plan*) to ruin, to wreck.

desubicado, -da *adj* (*C Sur*) **1.** [E] (*desorientado*) disorientated. **2.** [E] (*no en su lugar*) out of place. **3.** (*fam: en comportamiento*): **¡qué desubicado!** he hasn't got a clue!

desuso *sm* disuse: **cayó en desuso** it fell into disuse.

desvalido, -da *adj* destitute.

desvalijar *vt* to clean out.

desvalorizar [⇨ cazar] *vt* to devalue.

desvalorizarse *v prnl* to go down in value.

desván *sm* loft, attic.

desvanecerse [⇨ agradecer] *v prnl* **1.** (*esfumarse*) to vanish, to disappear. **2.** (*Med*) to faint.

desvariar [⇨ ansiar] *vi* **1.** (*Med*) to be delirious, to rave. **2.** (*fam: decir disparates*) to talk nonsense.

desvelar *vt* **1.** (*un secreto*) to reveal. **2.** (*a una persona*) to keep awake.

desvelarse *v prnl* **1.** (*perder el sueño*): **me desvelé** I couldn't get (back) to sleep. **2.** (*desvivirse*) to do one's utmost (**por** for).

desvencijado, -da *adj* dilapidated, rickety.

desventaja *sf* disadvantage.

desvergonzado, -da *adj* **1.** (*impúdico*) brazen, shameless. **2.** (*descarado*) rude, cheeky.

desviar [⇨ ansiar] *vt* (*un río, el tráfico*) to divert; (*un balón, un golpe*) to deflect; (*un barco, un avión*): **fue desviado a Gatwick** it was diverted to Gatwick; **desviar la conversación** to change the subject.

desviarse *v prnl* **1.** (*avión, barco*) to go off course. **2.** (*en coche*) to make a detour. **3.** (*al hablar*): **se desvió del tema** he went ∗ strayed off the point.

desvincularse *v prnl* to cut one's links (**de** with).

desvío *sm* **1.** (*cambio de ruta*) diversion. **2.** (*carretera secundaria*) turnoff.

desvirtuar [⇨ actuar] *vt* to distort.

desvivirse *v prnl* to do one's utmost.

detalladamente *adv* in detail.

detallado, -da *adj* detailed.

detallar *vt* to detail.

detalle *sm* **1.** (*pormenor*) detail. **2.** (*atención*): **tuvo el detalle de llamarme** she was kind enough to call me; (*regalo*) small gift.

detallista **I** *adj* **1.** (*minucioso*): **es muy detallista** he's a stickler for detail. **2.** (*atento*) considerate, thoughtful. **II** *sm/f* retailer.

detectar *vt* to detect.

detective *sm/f* detective.

detector *sm* detector.

detención *sf* arrest.

detener [⇨ tener] *vt* **1.** (*parar*) to stop. **2.** (*Jur: capturar*) to arrest: **queda usted detenido** you are under arrest; (*: retener*) to detain.

detenerse *v prnl* to stop.

detenido, -da **I** *adj* **1.** (*parado*) stopped. **2.** (*Jur: capturado*) under arrest; (*: retenido*) detained. **3.** (*esmerado*) careful. **II** *sm/f* (*persona: capturada*) person under arrest; (*: retenida*) detainee.

detenimiento *sm* care.

detergente *sm* detergent.

deteriorado, -da adj damaged.

determinación sf 1. (medida) decision. 2. (actitud) determination.

determinado, -da adj 1. (cierto) certain: **antes de determinada fecha** before a certain date; (preciso) specific; (fijado) fixed, set. 2. (artículo) definite.

determinante adj determining, deciding.

determinar vt 1. (concretar) to set, to fix. 2. (averiguar) to determine. 3. (estipular) to indicate, to stipulate. 4. (decidir) to decide. 5. (influir en) to determine.

detestar vt to hate, to detest.

detonador sm detonator.

detonante sm detonator.

detractor, -tora sm/f detractor.

detrás I adv: **tienes un coche detrás** there's a car behind you; **hay un jardín detrás** there's a garden at the back; **por detrás** at the back. **II detrás de** prep 1. (en posición) behind. 2. (en orden) after.

detrimento sm: **en detrimento de** to the detriment of.

deuda sf debt: **estar en deuda con alguien** to be indebted to sbdy.

deudor, -dora sm/f debtor.

devaluar [➪ actuar] vt to devalue.

devastador, -dora adj devastating.

devastar vt to devastate.

devengar [➪ pagar] vt to earn.

devoción sf devotion.

devolución sf (gen) return; (de dinero) refund.

devolver [➪ volver] vt 1. (gen) to return, to give back; (una compra) to take back. 2. (fam: vomitar) to bring up. ♦ vi to be sick, to vomit.

devolverse v prnl (Amér L: a un lugar) to return.

devorar vt 1. (la comida) to wolf (down); (la presa) to devour; (un libro) to devour. 2. (llamas) to devour; (envidia) to consume.

devoto, -ta I adj (Relig) devout. **II** sm/f (aficionado) devotee, fan.

devuelto pp ➪ devolver.

devuelvo etc. ➪ devolver.

DF sm (en Méx) = **Distrito Federal**.

di 1. (1st pers sing. of preterite) ➪ dar. 2. (imperative) ➪ decir.

día sm 1. (gen) day: **¡buenos días!** ✳ **¡buen día!** good morning!; **un día sí y otro no** ‖ (C Sur) **día por medio** every other day; **tres veces al día** three times a day ● **hoy en día** nowadays ● **tiene los días contados** his days are numbered ● **estar al día** to be up to date. 2. (horas de claridad) daytime, daylight: **ya es de día** it's morning already; **en pleno día** in broad daylight; **funciona día y noche** it operates twenty-four hours a day.

día azul sm (en Esp: en trenes) blue day (when fares are lower). **día de fiesta** sm public holiday. **día feriado** sm (Amér L) public holiday. **día festivo** sm public holiday. **día hábil** ✳ **laborable** sm working day. **día libre** sm day off.

diabetes sf diabetes.

diabético, -ca adj, sm/f diabetic.

diablo sm devil.

diabluras sf pl (fam) mischief.

diáfano, -na adj clear.

diafragma sm diaphragm.

diagnosticar [➪ sacar] vt to diagnose.

diagnóstico sm diagnosis.

diagrama sm diagram.

dial sm dial.

dialecto sm dialect.

diálisis sf dialysis.

dialogar [➪ pagar] vi to talk (con to), to hold talks (con with).

diálogo sm dialogue, (US) dialog.

diamante I sm (Geol) diamond. **II diamantes** sm pl (Juegos) diamonds pl.

diámetro sm diameter.

diana sf 1. (Mil) reveille. 2. (Dep) bull's-eye.

diapasón sm tuning fork.

diapositiva sf slide, transparency.

diariero, diarero sm (RP) newspaper boy.

diario, -ria I adj (paseo, baño) daily: **a diario** everyday; **ropa de diario**

everyday clothes. **II** *sm* **1.** (*periódico*) (daily) newspaper. **2.** (*agenda*) diary.

diarrea *sf* diarrhoea, (*US*) diarrhea.

dibujar *vt* to draw.

dibujo *sm* **1.** (*Artes*) drawing. **2.** (*estampado*) pattern, design. **3.** (*de neumático*) tread.

dibujos animados *sm pl* cartoons *pl*.

diccionario *sm* dictionary.

dice *etc.* ⇨ **decir**.

dicho, -cha I *pp* ⇨ **decir**. **II** *adj* the aforesaid. **III** *sm* saying.

diciembre *sm* December ⇨ **febrero**.

dictador, -dora *sm/f* dictator.

dictadura *sf* dictatorship.

dictamen *sm* verdict, judgement.

dictar *vt* **1.** (*un texto*) to dictate. **2.** (*una ley*) to announce: **dictó sentencia** he passed sentence. **3.** (*una conferencia*) to give, to deliver.

diecinueve *adj, pron* (*cardinal*) nineteen; (*ordinal*) nineteenth ⇨ *apéndice 4*.

diecinueveavo, -va *adj, sm* nineteenth ⇨ *apéndice 4*.

dieciocho *adj, pron* (*cardinal*) eighteen; (*ordinal*) eighteenth ⇨ *apéndice 4*.

dieciochoavo, -va *adj, sm* eighteenth ⇨ *apéndice 4*.

dieciséis *adj, pron* (*cardinal*) sixteen; (*ordinal*) sixteenth ⇨ *apéndice 4*.

dieciseisavo, -va *adj, sm* sixteenth ⇨ *apéndice 4*.

diecisiete *adj, pron* (*cardinal*) seventeen; (*ordinal*) seventeenth ⇨ *apéndice 4*.

diecisieteavo, -va *adj, sm* seventeenth ⇨ *apéndice 4*.

diente *sm* **1.** (*Anat*) tooth. **2.** (*de maquinaria*) cog; (*de sierra*) tooth. **3.** (*de ajo*) clove.

diesel *adj inv* diesel (*apos.*).

diestro, -tra *adj* **1.** (*frml: derecho*) right. **2.** (*persona*) right-handed. **3.** (*hábil*) skilful.

dieta I *sf* (*Culin*) diet. **II dietas** *sf pl* (*Fin*) expenses *pl*.

diez *adj, pron* (*cardinal*) ten; (*or-*

dinal) tenth ⇨ *apéndice 4*.

difamación *sf* (*gen*) defamation; (*Jur: oral*) slander; (*: por escrito*) libel.

diferencia *sf* difference.

diferenciar *vt* **1.** (*persona*) to distinguish (**de** from). **2.** (*característica*) to make different (**de** from).

diferenciarse *v prnl* to differ (**de** from).

diferente *adj* different (**de** ∗ **a** from).

diferido, -da *adj*: **se emitió en diferido** they broadcast a recording of it.

diferir [⇨ sentir] *vi* to differ (**de** from), to be different (**de** from).

difícil *adj* difficult.

dificultad *sf* **1.** (*complejidad*) difficulty. **2.** (*problema*) problem, difficulty.

dificultar *vt* to make difficult.

difiero *etc.* ⇨ **diferir**.

difteria *sf* diphtheria.

difundir *vt* **1.** (*la luz*) to diffuse. **2.** (*un rumor*) to spread.

difunto, -ta *adj* late, deceased.

digerir [⇨ sentir] *vt* **1.** (*Biol*) to digest. **2.** (*asimilar*) to absorb, to digest.

digestión *sf* digestion.

digiero *etc.* ⇨ **digerir**.

digital *adj* **1.** (*Tec*) digital. **2.** (*Anat*) finger (*apos.*).

dignarse *v prnl* to condescend, to deign.

dignidad *sf* dignity.

digno, -na *adj* **1.** [S] (*merecedor*) worthy (**de** of). **2.** [S] (*comportamiento, trabajo*) honourable, (*US*) honorable. **3.** [S] (*sueldo*) decent, reasonable.

digo *etc.* ⇨ **decir**.

dije *etc.* ⇨ **decir**.

dilación *sf* delay.

dilapidar *vt* to squander, to fritter away.

dilatar *vt* **1.** (*Med*) to dilate. **2.** (*Fís*) to expand. **3.** (*prolongar*) to extend.

dilema *sm* dilemma.

diligencia I *sf* **1.** (*cualidad*) diligence. **2.** (*Transp*) stagecoach. **II diligencias** *sf pl* (*trámites*) business.

diligente *adj* diligent.

dilucidar *vt* to clarify, to clear up.

diluir [⇨ huir] *vt* (*un sólido*) to dissolve (**en** in); (*un líquido*) to dilute (**con** with).

diluviar *v impers* to pour (with rain).

diluvio *sm* deluge.

dimensión *sf* dimension.

diminuto, -ta *adj* minute.

dimisión *sf* resignation.

dimitir *vi* to resign (**de** from).

Dinamarca *sf* Denmark.

dinámico, -ca *adj* dynamic.

dinamita *sf* dynamite.

dinamo, dínamo *sf*, (*Amér L*) *sm* dynamo.

dinastía *sf* dynasty.

dineral *sm* fortune.

dinero *sm* money.

dinero en efectivo *sm* cash. **dinero suelto** *sm* (loose) change.

dinosaurio *sm* dinosaur.

dintel *sm* lintel.

dio ⇨ **dar**.

diócesis *sf inv* diocese.

dios *sm* god ● **¡Dios mío!** oh, my goodness! ● **¡por Dios!** for heaven's sake! ● **si Dios quiere** God willing ● **todo dios** absolutely everyone ● **¡válgame Dios!** good heavens!

diosa *sf* goddess.

diploma *sm* diploma.

diplomacia *sf* diplomacy.

diplomarse *v prnl* to qualify (**en** in).

diplomático, -ca I *adj* diplomatic. **II** *sm/f* diplomat.

diputado, -da *sm/f* deputy (*member of Parliament*).

dique *sm* dyke.

dique seco *sm* dry dock.

diré *etc.* ⇨ **decir**.

dirección *sf* **1.** (*señas*) address. **2.** (*sentido*) direction: **un tren con dirección a París** a train bound for Paris. **3.** (*de empresa*) management; (*de partido*) leadership. **4.** (*Auto*) steering.

dirección asistida * hidráulica *sf* power steering.

direccional *sf* (*Méx*) indicator.

directa *sf* top gear.

directiva *sf* **1.** (*de empresa*) board, directors *pl*; (*de club*) committee; (*de partido*) leadership. **2.** (*recomendación*) guideline; (*norma*) directive.

directivo, -va *sm/f* (*gerente*) manager; (*miembro de la directiva*) director, board member.

directo, -ta *adj* direct: **un programa en directo** a live programme.

director, -tora *sm/f* **1.** (*gen*) director: **director ejecutivo** managing director; (*de banco, hotel*) manager; (*de periódico*) editor; (*de colegio*) principal, (*GB*) head teacher; (*de prisión*) (*GB*) governor, (*US*) warden. **2.** (*de cine*) director.

director, -tora de orquesta *sm/f* conductor.

directorio telefónico *sm* (*Méx*) phone book, telephone directory.

directriz *sf* [**-trices**] (*recomendación*) guideline; (*norma*) directive.

dirigente *sm/f* leader.

dirigible *sm* airship.

dirigir [⇨ surgir] *vt* **1.** (*una película*) to direct; (*una orquesta*) to conduct. **2.** (*una empresa*) to manage; (*un periódico*) to edit; (*un partido*) to lead. **3.** (*un comentario, una campaña*) to aim, to direct: **iba dirigido a ti** it was aimed at you.

dirigirse *v prnl* **1.** (*a un lugar*) to go. **2.** (*a alguien: por escrito*) to write; (*: oralmente*) to speak.

discado directo *sm* (*Amér S*) direct dialling.

discapacitado, -da *adj* disabled.

discar [⇨ sacar] *vt* (*Amér S*) to dial.

discernir [⇨ table in appendix 2] *vt* to discern, to tell.

disciplina *sf* discipline.

disciplinar *vt* to discipline.

discípulo, -la *sm/f* **1.** (*seguidor*) follower; (*Relig*) disciple. **2.** (*alumno*) pupil, student.

disco *sm* **1.** (*gen*) disc, (*US*) disk. **2.** (*Mús*) record. **3.** (*Inform*) disk. **4.** (*Dep*) discus. **5.** (*Auto: señal* *circular*) (road) sign; (: *semáforo*) (traffic) light.

disco compacto *sm* compact disc. **disco compacto interactivo** *sm* interactive compact disc. **disco duro** *sm* hard disk.

disconforme *adj*: **estar disconforme con algo** to disagree with sthg.

disconformidad *sf* disagreement.

discontinuo, -nua *adj* discontinuous, intermittent.

discordante *adj* discordant.

discordia *sf* discord.

discoteca *sf* discotheque.

discreción *sf* discretion.

discrecional *adj* discretional, discretionary.

discrepancia *sf* **1.** (*diferencia*) discrepancy. **2.** (*desacuerdo*) disagreement, difference of opinion.

discrepar *vi* **1.** (*oponerse*) to disagree (**de** with). **2.** (*diferenciarse*) to differ (**de** from).

discreto, -ta *adj* discreet.

discriminación *sf* discrimination.

discriminar *vt* to discriminate against.

disculpa *sf* **1.** (*perdón*) apology: **me pidió disculpas por ello** he apologized to me for it. **2.** (*pretexto*) excuse.

disculpar *vt* to make excuses for: **disculpe** (*gen*) excuse me, (*para pedir perdón*) I'm sorry.

disculparse *v prnl* to apologize (**por** for).

discurrir *vi* **1.** (*tiempo*) to pass, to go by. **2.** (*río*) to run. **3.** (*razonar*) to think.

discurso *sm* speech.

discusión *sf* **1.** (*riña*) argument (**por** about ✳ over). **2.** (*debate*) discussion (**acerca de** ✳ **sobre** about).

discutible *adj* arguable, debatable.

discutir *vt* **1.** (*debatir*) to discuss. **2.** (*cuestionar*) to dispute, to question. ♦ *vi* **1.** (*reñir*) to argue (**por** about ✳ over). **2.** (*debatir*) to have a discussion (**acerca de** ✳ **sobre** about).

disecar [⇨ sacar] *vt* **1.** (*animales*) to stuff. **2.** (*flores*) to dry.

diseccionar *vt* to dissect.

diseminar *vt* to spread, to scatter.

diseminarse *v prnl* to spread.

disensión *sf* disagreement.

disentería *sf* dysentery.

disentir [⇨ sentir] *vi* to disagree (**de** with; **en** about).

diseñador, -dora *sm/f* designer.

diseñar *vt* to design.

diseño *sm* design.

disertar *vi* to speak, to lecture.

disfraz *sm* [-**fraces**] (*gen*) disguise; (*para fiesta*) fancy dress (costume).

disfrazarse [⇨ cazar] *v prnl* (*gen*) to disguise oneself (**de** as); (*para fiesta*) to dress up (**de** as).

disfrutar *vi* to enjoy oneself: **disfrutar de algo** to enjoy sthg. ♦ *vt* to enjoy.

disgustado, -da *adj* upset.

disgustar *vi*: **le disgustó mucho** she was very upset about it.

disgustarse *v prnl* to get upset.

disgusto *sm* (*pesar*): **se llevó un gran disgusto** she was terribly upset ● **sentirse a disgusto** to feel uncomfortable.

disidente *adj, sm/f* dissident.

disimular *vt* (*ocultar*) to hide. ♦ *vi* (*fingir*) to keep up a pretence.

disipar *vt* **1.** (*gen*) to disperse, to dissipate; (*una duda*) to dispel. **2.** (*derrochar*) to squander.

disléxico, -ca *adj, sm/f* dyslexic.

dislocar [⇨ sacar] *vt* to dislocate.

disminución *sf* decrease.

disminuido, -da I *adj* disabled. **II** *sm/f* disabled person.

disminuido, -da físico, -ca *sm/f* disabled person. **disminuido, -da psíquico, -ca** *sm/f* mentally handicapped person.

disminuir [⇨ huir] *vi* (*número, ventas*) to decrease, to drop; (*temperatura, viento*) to drop. ♦ *vt* (*la velocidad*) to reduce, to decrease.

disociar *vt* to separate.

disociarse *v prnl* to dissociate oneself.

disoluto, -ta *adj* dissolute.

disolvente *sm* solvent.

disolver [⇨ volver] *vt* **1.** (*diluir*) to dissolve. **2.** (*un grupo*) to dissolve; (*una reunión*) to break up.

disolverse *v prnl* to dissolve.

disparador *sm* **1.** (*de un arma*) trigger. **2.** (*de una cámara*) shutter release.

disparar *vt* (*un arma*) to fire; (*una flecha*) to shoot. ♦ *vi* **1.** (*con un arma*) to fire (**contra** at). **2.** (*en fútbol*) to shoot.

dispararse *v prnl* **1.** (*arma*) to go off. **2.** (*mecanismo*) to switch on/off. **3.** (*precios*) to shoot up, to rocket.

disparatado, -da *adj* ridiculous, absurd.

disparate *sm* **1.** (*dicho*): **decir disparates** to talk nonsense; (*hecho*): **fue un disparate** it was a stupid thing to do. **2.** (*cantidad*) huge amount.

disparejo, -ja *adj* (*Amér L*) uneven.

disparo *sm* shot.

dispensar *vt* **1.** (*dar*) to give. **2.** (*eximir*) to excuse (**de** from). **3.** (*excusar*) to forgive.

dispensario *sm* outpatients' (clinic).

dispersar *vt* **1.** (*esparcir*) to scatter. **2.** (*a personas*) to disperse.

dispersarse *v prnl* to disperse.

disperso, -sa *adj* **1.** (*separado*) dispersed. **2.** (*desparramado*) scattered.

displicencia *sf* (*desdén*) disdain; (*indiferencia*) indifference.

disponer [⇨ poner] *vt* **1.** (*colocar*) to arrange, to place. **2.** (*preparar*) to prepare, to get ready. **3.** (*establecer*) to stipulate, to decree. ♦ *vi*: **disponer de** (*tener*) to have; (*usar*) to make use of.

disponerse *v prnl*: **me disponía a salir** I was about to go out.

disponible *adj* available.

disposición *sf* **1.** (*forma de colocar*) arrangement. **2.** (*servicio*) disposal. **3.** (*ley*) law; (*norma*) regulation. **4.** (*talento*) aptitude (**para** for).

dispositivo *sm* **1.** (*mecanismo*) device. **2.** (*plan*) operation.

dispuesto, -ta I *pp* ⇨ **disponer. II** *adj* **1.** [E] (*inclinado*) prepared (**a** to). **2.** [E] (*preparado*) ready. **3.** [S] (*capaz*) able, capable.

disputa *sf* dispute, argument.

disputar *vt* (*competir en*) to play in; (*jugar*) to play.

disputarse *v prnl* (*una herencia*) to fight over; (*un puesto*) to compete for.

disquería *sf* (*C Sur*) record shop ∗ (*US*) store.

disquete *sm* diskette, floppy disk.

disquetera *sf* disk drive.

disquisición *sf* digression.

distancia *sf* distance.

distanciar *vt* to space out.

distanciarse *v prnl* **1.** (*amigos*) to grow apart. **2.** (*de un asunto*) to distance oneself, to dissociate oneself.

distante *adj* distant.

distar *vi*: **dista mucho de la verdad** it is far from true; **dista dos kilómetros de aquí** it is two kilometres from here.

distinción *sf* distinction.

distingo *etc.* ⇨ **distinguir.**

distinguido, -da *adj* distinguished.

distinguir [⇨ table in appendix 2] *vt* **1.** (*diferenciar*) to distinguish (**de** from). **2.** (*ver*) to see, to make out.

distinguirse *v prnl* **1.** (*verse*) to be visible. **2.** (*caracterizarse*) to be known (**por** for).

distintivo *sm* **1.** (*insignia*) badge. **2.** (*característica*) hallmark.

distinto, -ta *adj* different (**a** ∗ **de** from).

distorsión *sf* distortion.

distorsionar *vt* to distort.

distracción *sf* **1.** (*entretenimiento*) entertainment. **2.** (*despiste*): **en un momento de distracción** while I was distracted for a moment.

distraer [⇨ traer] *vt* **1.** (*hacer perder la concentración*) to distract. **2.** (*divertir*) to entertain.

distraerse *v prnl* **1.** (*perder la con-*

centración) to get distracted. **2.** (*divertirse*) to amuse oneself, to entertain oneself.

distraído, -da *adj* **1.** (*despistado*) [S] absent-minded; [E] distracted. **2.** (*entretenido*) entertaining.

distraigo *etc.* ⇨ **distraer**.

distribución *sf* **1.** (*gen*) distribution. **2.** (*de un edificio*) layout.

distribuidor, -dora I *sm/f* (*persona*) distributor. II *sm* (*Auto*) distributor.

distribuidora *sf* distributor.

distribuir [⇨ huir] *vt* to distribute.

distrito *sm* district.

Distrito Federal *sm* (*en Méx*) Federal District. **distrito postal** *sm* postal district.

disturbio *sm* riot.

disuadir *vt* to dissuade (**de** from).

disuelvo *etc.* ⇨ **disolver**.

diu /dru/ *sm inv* IUD, coil.

diurético *sm* diuretic.

diurno, -na *adj* day (*apos.*).

diva *sf* diva.

divagar [⇨ pagar] *vi* to digress.

divergencia *sf* difference.

diversidad *sf* **1.** (*diferencia*) diversity. **2.** (*variedad*) variety.

diversificar [⇨ sacar] *vt* to diversify.

diversión *sf* **1.** (*recreo*) fun, amusement. **2.** (*actividad*) pastime: **aquí hay pocas diversiones** there is not much to do around here.

diverso, -sa *adj* **1.** (*diferente*) different. **2. diversos -sas** (*varios*) several, various.

divertido, -da *adj* **1.** (*gracioso*) funny, amusing. **2.** (*entretenido*) entertaining.

divertir [⇨ sentir] *vt* to entertain, to amuse.

divertirse *v prnl* to enjoy oneself.

dividendo *sm* dividend.

dividir *vt* **1.** (*en partes*) to divide (**en** into); (*Mat*) to divide (**entre** ✳ **por** by). **2.** (*a un grupo*) to divide.

divierto *etc.* ⇨ **divertir**.

divino, -na *adj* divine.

divisa *sf* **1.** (*Fin*: *de un país*) currency; (: *moneda extranjera*) foreign

currency. **2.** (*insignia*) insignia. **3.** (*lema*) motto.

divisar *vt* to make out.

división *sf* division.

divo, -va *sm/f* star.

divorciado, -da I *adj* divorced. II *sm/f* divorcee.

divorciarse *v prnl* to get divorced.

divorcio *sm* divorce.

divulgar [⇨ pagar] *vt* (*un secreto, un descubrimiento*) to reveal; (*una noticia, un rumor*) to spread.

DNI *sm* (*en Esp*) (= **Documento Nacional de Identidad**) identity card.

dobladillo *sm* hem.

doblaje *sm* dubbing.

doblar *vt* **1.** (*un número*) to double. **2.** (*la ropa*) to fold (up). **3.** (*curvar*) to bend. **4.** (*una esquina*) to go round, to turn. **5.** (*una película*) to dub.

doble I *adj* double. II *sm*: **me costó el doble** it cost me twice as much ✳ double. III *sm/f* **1.** (*especialista*) stunt man/woman. **2.** (*persona parecida*) double.

doblegar [⇨ pagar] *vt* to break.

doblegarse *v prnl* to give in.

doce *adj*, *pron* (*cardinal*) twelve; (*ordinal*) twelfth ⇨ *apéndice 4*.

doceavo, -va *adj*, *sm* twelfth ⇨ *apéndice 4*.

docena *sf* dozen.

docencia *sf* teaching.

docente *adj* teaching (*apos.*).

dócil *adj* docile.

docto, -ta *adj* learned, knowledgeable.

doctor, -tora *sm/f* doctor.

doctrina *sf* doctrine.

documentación *sf* **1.** (*gen*) documentation. **2.** (*de persona, coche*) papers *pl*, documents *pl*.

documental *adj*, *sm* documentary.

documentar *vt* to document.

documentarse *v prnl* to gather information, to do research.

documento *sm* document.

dogma *sm* dogma.

dogmático, -ca *adj* dogmatic.

dogo, -ga *sm/f* Great Dane.

dólar *sm* (*Fin*) dollar.

dolencia *sf* complaint.

doler [⇨ mover] *vi* 1. (*hacer daño*) to hurt: **me duele la pierna** my leg hurts. 2. (*apenar*) to sadden, to hurt.

dolido, -da *adj* hurt.

dolor *sm* 1. (*Med*) pain, ache. 2. (*tristeza*) sorrow.

dolorido, -da *adj* 1. (*gen*): **tengo el brazo dolorido** my arm hurts. 2. (*entristecido*) saddened, hurt.

dolorosa *sf* (*fam*) bill, (*US*) check.

doloroso, -sa *adj* painful.

doma *sf* (*en RP*) rodeo.

domar *vt* 1. (*a un animal*) to tame. 2. (*a una persona*) to control. 3. (*unos zapatos*) to break in.

domesticar [⇨ sacar] *vt* to domesticate, to tame.

doméstico, -ca I *adj* (*servicio*) domestic; (*uso*) household: **animales domésticos** domestic animals. II *sm/f* servant.

domiciliar *vt* (*un recibo*) to pay by direct debit; (*la nómina*) to pay by bank transfer.

domiciliarse *v prnl* (*frml*) to reside.

domicilio *sm* 1. (*casa*) home. 2. (*dirección*) address.

dominante *adj* 1. (*predominante*) predominant. 2. (*mandón*) domineering.

dominar *vt* 1. (*a una persona*) to dominate. 2. (*un idioma*) to have a very good command of. 3. (*un incendio*) to control. 4. (*con la vista*) to have a view of. ♦ *vi* to prevail.

domingo *sm* Sunday ⇨ **lunes**.

dominguero, -ra *sm/f* (*fam*) daytripper.

dominical *adj* Sunday (*apos.*).

dominicano, -na *adj, sm/f* (*Geog*) Dominican.

dominico, -ca, (*Amér L*) **dominíco -ca** *adj, sm/f* (*Relig*) Dominican.

dominio I *sm* 1. (*control*) domination. 2. (*de un idioma*) command; (*de un tema*) mastery. 3. (*esfera*) sphere, scope. II **dominios** *sm pl* (*territorios*) lands *pl*.

dominó *sm* dominoes.

don *sm* 1. (*or* Don) (*fórmula de tratamiento*): **don José Martínez** Mr José Martínez; **don José** Mr Martínez. 2. (*habilidad*) gift, talent. 3. (*frml: obsequio*) gift, present.

dona *sf* (*Méx*) doughnut, (*US*) donut.

donación *sf* donation.

donante *sm/f* donor: **donante de sangre** blood donor.

donar *vt* to donate, to give.

donativo *sm* donation.

donde *adv relativo, conj* where.

dónde *adv interrogativo* where: **¿de dónde eres?** where do you come from?; **¿por dónde has venido?** which way did you come?

dondequiera *adv* wherever.

donjuán, don Juan *sm* womanizer.

donostiarra *adj* of * from San Sebastián.

dónut *sm* doughnut, (*US*) donut.

doña, Doña *sf*: **doña Rosa García** Mrs Rosa García; **doña Rosa** Mrs García.

doparse *v prnl* (*Dep*) to take drugs; (*RP: Med*) to dope oneself up.

doping /'dopin/ *sm* drug-taking.

doquier: por doquier *loc adv* everywhere.

dorada *sf* gilthead bream.

dorado, -da *adj* 1. (*color*) gold, golden. 2. (*glorioso*) golden.

dorar *vt* 1. (*Tec*) to gild. 2. (*Culin*) to brown.

dorarse *v prnl* to brown.

dormido, -da *adj* 1. (*durmiendo*) asleep. 2. (*soñoliento*) sleepy.

dormilón, -lona *sm/f* (*fam*) sleepyhead.

dormir [⇨ table in appendix 2] *vi* to sleep.

dormirse *v prnl* 1. (*persona*) to fall asleep. 2. (*parte del cuerpo*): **se le durmió el pie** her foot went to sleep.

dormitar *vi* to doze.

dormitorio *sm* bedroom.

dorsal *sm* number: **con el dorsal (número) cuatro** wearing the number four (jersey/shirt).

dorso *sm* back: **ver al dorso** see overleaf.

dos *adj, pron* (*cardinal*) two; (*ordinal*) second ⇨ *apéndice 4*.

doscientos, -tas *adj, pron* (*cardinal*) two hundred; (*ordinal*) two hundredth ⇨ *apéndice 4*.

dosis *sf inv* dose.

dotado, -da *adj* **1.** (*provisto*) equipped (**de** with): **un premio dotado con mil dólares** a prize worth $1,000. **2.** (*con talento*) gifted; **un niño dotado para la música** a musically gifted child.

dotar *vt* to provide (**de** with).

dote I *sf* (*de novia*) dowry. **II dotes** *sf pl* talent.

doy [⇨ **dar**.

Dr. (= **doctor**) Dr.

Dra. (= **doctora**) Dr.

dragar [⇨ **pagar**] *vt* to dredge.

dragón *sm* dragon.

drama *sm* **1.** (*género*) drama; (*obra*) play. **2.** (*desgracia*) drama.

dramático, -ca *adj* dramatic.

dramaturgo, -ga *sm/f* playwright, dramatist.

dramón *sm* (*fam*) melodrama.

drástico, -ca *adj* drastic.

drenar *vt* to drain.

driblar *vi* to dribble. ♦ *vt* (*a un jugador*) to dribble past.

droga *sf* drug.

droga blanda *sf* soft drug. **droga dura** *sf* hard drug.

drogadicto, -ta I *adj* addicted to drugs. **II** *sm/f* drug addict.

drogar [⇨ **pagar**] *vt* to drug.

drogarse *v prnl* to take drugs.

droguería *sf* **1.** (*en Esp*) shop selling toiletries, etc. **2.** (*Col: farmacia*) pharmacy. **3.** (*RP: mayorista*) pharmaceutical supplier.

ducha *sf* shower: **darse una ducha** to have ✻ take a shower.

ducharse *v prnl* to have ✻ take a shower.

ducho, -cha *adj* [S] (*con conocimientos*) knowledgeable (**en** about); (*con experiencia*) experienced (**en** in).

duda *sf* **1.** (*gen*) doubt: **fuera de toda duda** beyond all doubt; **sin lugar a duda** without doubt.

2. (*pregunta*) query, question.

dudar *vt* to doubt. ♦ *vi* **1.** (*vacilar*): **estoy dudando entre estos dos** I can't make my mind up between these two. **2. dudar de** (*recelar*) to be wary of.

dudoso, -sa *adj* **1.** [E] (*indeciso*) unsure, uncertain (**en cuanto a** ✻ **sobre** as to ✻ about). **2.** [S] (*poco probable*) unlikely; [S] (*cuestionable*) dubious, questionable.

duele *etc.* ⇨ **doler**.

duelo *sm* **1.** (*enfrentamiento*) duel. **2.** (*luto*) mourning.

duende *sm* **1.** (*criatura*) elf, pixie. **2.** (*encanto*) charm.

dueño, -ña *sm/f* (*gen*) owner; (*de vivienda de alquiler*) landlord/lady ● **se hizo dueño de la situación** he took control of things.

duermo *etc.* ⇨ **dormir**.

dulce I *adj* sweet. **II** *sm* **1.** (*caramelo*) sweet, (*US*) candy. **2.** (*de repostería*) cake. **3.** (*RP: mermelada*) jam.

dulce de leche *sm* (*RP*) *sweet caramel spread*.

dulzura *sf* sweetness.

duna *sf* (*sand*) dune.

dúo *sm* duet.

duodécimo, -ma *adj, pron* twelfth ⇨ *apéndice 4*.

duodeno *sm* duodenum.

dúplex *sm inv* apartment on two floors, (*US*) duplex.

duplicado, -da I *adj* duplicate. **II** *sm* duplicate, copy.

duplicar [⇨ **sacar**] *vt* **1.** (*reproducir*) to duplicate, to copy. **2.** (*aumentar al doble*) to double.

duplicarse *v prnl* to double.

duque, -quesa *sm/f* (*hombre*) duke; (*mujer*) duchess.

duración *sf* duration: **de larga duración** long-life.

duradero, -ra *adj* **1.** (*relación*) lasting. **2.** (*ropa*) hard-wearing.

durante *prep* **1.** (*al especificar un momento*) during: **fui dos veces durante el verano** I went twice during the summer. **2.** (*al referirse a* *un periodo completo*) for: **vivió allí durante muchos años** she lived there for many years.

durar *vi* to last.

duraznero *sm* (*Amér L*) peach tree.

durazno *sm* (*Amér L*) peach.

duraznos en almíbar *sm pl* (*Amér L*) peaches *pl* in syrup.

durex® *sm* (*Amér L*) Sellotape®, (*US*) Scotch® tape.

dureza *sf* 1. (*gen*) hardness. 2. (*de persona*) severity. 3. (*en la piel*) callus.

durmiente *sm* sleeper, (*US*) crosstie.

durmió *etc.* ⇨ **dormir**.

duro, -ra I *adj* 1. (*gen*) hard; (*carne*) tough. 2. (*difícil*) hard, tough. 3. (*persona: fuerte*) strong; (*: insensible*) hard. II **duro** *sm* (*en Esp*) five-peseta coin. III **duro** *adv* hard.

duvet *sm* (*RP*) 1. (*acolchado*) duvet. 2. (*plumas*) goose feathers *pl*.

e *conj* [before words beginning i-, hi-, but not **hie-**] and: **padre e hijo** father and son.

ébano *sm* ebony.

ebrio, -bria *adj* drunk, inebriated.

ebullición *sf* boiling.

eccema *sm* eczema.

echado, -da *adj* lying (down).

echar *vt* 1. (*expulsar: gen*) to throw out; (*: de un colegio*) to expel; (*: del trabajo*) to fire, to sack. 2. (*arrojar*) to throw. 3. (*mover*) to move: **lo echamos para atrás** we moved it back. 4. (*poner*) to put: **¿le has**

echado azúcar? have you put sugar in it?; **eché el freno de mano** I put the handbrake on. 5. (*fam: servir*) to serve, to give. 6. (*despedir*): **el motor echaba humo** there was smoke coming from the engine. 7. (*desarrollar*): **echar raíces** to put down roots; **está echando barriga** he's developing a paunch. 8. (*dar*): **nos echó un sermón** she gave us a ticking off. 9. (*fam: una película*) to show. 10. (*una partida*) to play. 11. (*calcular*): **yo le echo unos veinte años** I would guess he's about twenty. 12. (*+ ciertos sustantivos*) to have: **échale una mirada** have a look at it; **echar una siesta** to have a nap. 13. **echar de menos a alguien**, **echar en falta a alguien** to miss sbdy. 14. **echar a** (*empezar a*): **echó a correr** she started to run; ⇨ **perder** *vi* 2.

echarse *v prnl* 1. (*tenderse*) to lie down. 2. (*arrojarse*) to throw oneself. 3. (*moverse*) to move. 4. **echarse a** (*empezar a*): **se echó a correr** she started running; ⇨ **perder** *vi* 3.

echarpe *sm* shawl.

eclesiástico, -ca I *adj* ecclesiastical, church (*apos.*). II *sm* clergyman.

eclipsar *vt* to eclipse.

eclipse *sm* eclipse.

eco *sm* echo.

ecografía *sf* (ultrasound) scan.

ecología *sf* ecology.

ecológico, -ca *adj* ecological.

ecologismo *sm* environmentalism.

ecologista I *adj* ecological. II *sm/f* ecologist, environmentalist.

economato *sm*: discount store for employees, military personnel, etc.

economía *sf* 1. (*finanzas*) economy. 2. (*ahorro*) economy, saving. 3. (*Educ*) economics.

economía sumergida ∗ (*Amér L*) **informal** *sf* black economy.

económicas *sf pl* economics.

económico, -ca *adj* 1. (*política, situación*) economic; (*problema*) financial, money (*apos.*). 2. (*coche*) economical; (*hotel*) cheap.

economista *sm/f* economist.

economizar [⇨ cazar] *vt* to save, to economize on. ♦ *vi* to economize, to save money.

ecosistema *sm* ecosystem.

ecu, ECU *sm* ecu.

ecuación *sf* equation.

Ecuador *sm* Ecuador.

ecuador *sm* 1. (*Geog*) equator. 2. (*punto medio*) halfway point.

ecuánime *adj* 1. (*sereno*) calm. 2. (*imparcial*) unprejudiced, impartial.

ecuatorial *adj* equatorial.

ecuatoriano, -na *adj, sm/f* Ecuadorean.

ecuestre *adj* equestrian.

eczema *sm* eczema.

edad *sf* 1. (*de una persona*) age: ¿qué **edad tiene?** how old is he? 2. (*periodo*) age.

edición *sf* 1. (*gen*) edition. 2. (*de una competición*): **la cuarta edición del torneo Ramón Goland** the fourth Ramón Goland tournament.

edificante *adj* edifying.

edificar [⇨ sacar] *vt* 1. (*Arquit*) to build, to construct. 2. (*ennoblecer*) to edify.

edificio *sm* building.

edil, -dila *sm/f* (town/city) councillor.

Edimburgo *sm* Edinburgh.

editar *vt* 1. (*publicar*) to publish. 2. (*corregir*) to edit; (*Inform*) to edit.

editorial I *adj* publishing (*apos.*). II *sf* (*empresa*) publishing house ∗ company. III *sm* (*de un periódico*) editorial.

edredón *sm* quilt.

edredón nórdico *sm* duvet.

educación *sf* 1. (*instrucción*) education. 2. (*modales*) manners *pl*.

educado, -da *adj* polite, well-mannered.

educar [⇨ sacar] *vt* 1. (*enseñar*) to educate. 2. (*criar*) to bring up.

educarse *v prnl* to be educated.

educativo, -va *adj* educational.

edulcorante *sm* sweetener.

EE. UU. *sm pl* (= **Estados Unidos**) USA.

efectivamente *adv* (*realmente*) sure enough; (*en respuestas*) that's right.

efectivo, -va I *adj* effective. II *sm* (*Fin*) cash. III **efectivos** *sm pl* (*Mil*) forces *pl*.

efecto I *sm* 1. (*consecuencia*) effect: **no surtió efecto** it didn't work. 2. **en efecto** indeed. 3. (*propósito*) purpose. 4. (*impacto*) impression: **causó mal efecto** it made a bad impression. 5. (*Dep*) spin. II **efectos** *sm pl* 1. (*pertenencias*) effects *pl*. 2. (*géneros*) stock.

efectos especiales *sm pl* special effects *pl*. **efecto invernadero** *sm* greenhouse effect. **efecto secundario** *sm* side effect. **efectos sonoros** *sm pl* sound effects *pl*.

efectuar [⇨ actuar] *vt* to carry out, to perform.

efeméride *sf* anniversary (*of an important event*).

efervescente *adj* (*bebida*) fizzy, sparkling; (*pastilla*) effervescent.

eficacia *sf* effectiveness.

eficaz *adj* [**-caces**] effective.

eficiencia *sf* efficiency.

eficiente *adj* efficient.

efímero, -ra *adj* ephemeral.

efusivo, -va *adj* effusive.

EGB /exeˈβe/ *sf* (*en Esp*) = **Educación General Básica.**

Egeo *sm*: **el (mar) Egeo** the Aegean (Sea).

egipcio, -cia *adj, sm/f* Egyptian.

Egipto *sm* Egypt.

egocéntrico, -ca *adj* self-centred, (*US*) self-centered.

egoísta *adj* selfish.

egresar *vi* (*Amér L: del colegio*) to leave school, (*US*) to graduate; (*: de la universidad*) to graduate.

ej. (= **ejemplo**) e.g.

eje *sm* 1. (*Tec*) shaft; (*Auto*) axle. 2. (*Mat, Pol*) axis.

ejecución *sf* execution.

ejecutar *vt* 1. (*realizar*) to carry out, to execute. 2. (*Mús*) to perform, to execute. **3.** (*a un condenado*) to execute.

ejecutiva *sf* executive.

ejecutivo, -va I *adj* executive. **II** *sm/f* executive.

ejemplar I *adj* exemplary, model (*apos.*). **II** *sm* **1.** (*de un libro*) copy. **2.** (*Bot, Zool*) specimen.

ejemplo *sm* example.

ejercer [⇨ convencer] *vt* **1.** (*una profesión*) to practise, (*US*) to practice. **2.** (*poder*) to exert. **3.** (*un derecho*) to exercise, to use.

ejercicio *sm* **1.** (*físico*) exercise. **2.** (*Educ*) exercise. **3.** (*de una profesión*) practice, (*US*) practise. **4.** (*Fin*) financial year.

ejercicios espirituales *sm pl* retreat.

ejercitar *vt* **1.** (*un derecho*) to exercise. **2.** (*un músculo, la memoria*) to exercise.

ejercitarse *v prnl* (*entrenarse*) to train.

ejército *sm* army.

ejote *sm* (*Amér C, Méx*) green bean.

el, la *art def* [*pl* **los, las**] **1.** (*gen*) the: **el sobre/las cartas** the envelope/ the letters. **2.** (*a menudo no se traduce*): **el señor López** Mr López; **el caviar es caro** caviar is expensive; **me gustan los gatos** I like cats; **prefiero el tuyo/las mías/el de Juan** I prefer yours/mine/Juan's; **llegó el lunes** she arrived on Monday; **es la una** it is one o'clock. **3.** (*a veces se traduce por un posesivo*): **se rompió el brazo** he broke his arm; **ponte los zapatos** put your shoes on. **4.** (*the siempre va con un sustantivo o con one o ones*): **la de la minifalda** the girl in the miniskirt; **el azul/las pequeñas** the blue one/ the small ones; **el que te regalé** the one I gave you.

él *pron personal* (*sujeto*) he; (*tras to be, prep o comparativo*) him: **es él** it's him; **para él** for him; **más que él** more than him; **de él** (*suyo*) his: **es de él** it's his.

elaborado, -da *adj* **1.** (*manufacturado*) produced, made. **2.** (*traba-*

jado) elaborate.

elaborar *vt* **1.** (*gen*) to produce, to make. **2.** (*un plan*) to draw up.

elástico *sm* elastic.

elección I *sf* **1.** (*gen*) choice. **2.** (*votación*) election. **II elecciones** *sf pl* (*Pol*) elections *pl*.

elecciones autonómicas *sf pl* (*en Esp*) *elections to regional parliaments*. **elecciones generales** *sf pl* general election.

electorado *sm* electorate.

electoral *adj* (*sistema*) electoral; (*campaña*) election (*apos.*).

electoralista *adj* electioneering (*apos.*).

electricidad *sf* electricity.

electricista *sm/f* electrician.

eléctrico, -ca *adj* (*cocina, luz*) electric: **aparatos eléctricos** electrical appliances; (*ingeniería*) electrical.

electrocardiograma *sm* electrocardiogram.

electrocutar *vt* to electrocute.

electrodo *sm* electrode.

electrodoméstico *sm* electrical appliance.

electroencefalograma *sm* electroencephalogram.

electroimán *sm* electromagnet.

electromagnético, -ca *adj* electromagnetic.

electrón *sm* electron.

electrónica *sf* electronics.

electrónico, -ca *adj* electronic.

elefante *sm* elephant.

elegancia *sf* elegance.

elegante *adj* **1.** (*persona, vestido, restaurante*) elegant, smart. **2.** (*movimientos*) elegant, graceful.

elegía *sf* elegy.

elegir [⇨ regir] *vt* (*escoger*) to choose; (*Pol*) to elect.

elemental *adj* **1.** (*básico*) basic, fundamental. **2.** (*sencillo*) elementary.

elemento I *sm* **1.** (*gen*) element. **2.** (*medio natural*) habitat, element. **II los elementos** *sm pl* (*Meteo*) the elements *pl*.

elementos de juicio *sm pl* facts *pl*.

elenco *sm* cast.

elepé *sm* (*Mús*) LP.

elevado, -da *adj* **1.** (*alto*) high. **2.** (*pensamiento*) noble.

elevador *sm* (*para mercancías*) hoist; (*para personas*) lift, (*US*) elevator.

elevar *vt* to raise.

elevarse *v prnl* to rise.

elijo *etc.* ⇨ **elegir**.

eliminar *vt* **1.** (*gen*) to eliminate. **2.** (*expulsar*) to get rid of, to eliminate.

eliminatoria *sf* (*de una carrera*) heat; (*de un concurso*) qualifying round.

elipse *sf* ellipse.

élite, elite *sf* élite.

elitista *adj* elitist.

ella *pron personal* (*sujeto*) she; (*tras to be, prep o comparativo*) her: **es ella** it's her; **para ella** for her; **más que ella** more than her; **de ella** (*suyo*) hers: **es de ella** it's hers.

ello *pron personal* it: **todo ello** the whole thing.

ellos, ellas *pron personal* (*sujeto*) they; (*tras to be, prep o comparativo*) them: **son ellos** it's them; **para ellas** for them; **más que ellos** more than them; **de ellos/ellas** (*suyo*) theirs: **los nuestros y los de ellas** ours and theirs.

elocuente *adj* eloquent.

elogiable *adj* praiseworthy.

elogiar *vt* to praise.

elogio *sm* praise: **recibió muchos elogios** she received much praise.

elote *sm* (*Méx*) **1.** (*Agr*) maize, (*US*) corn; (*Culin*) sweet corn. **2.** (*mazorca*) corncob.

El Salvador *sm* El Salvador.

elucubrar *vi* **1.** (*meditar*) to think long and hard. **2.** (*divagar*) to ramble. ♦ *vt* (*un plan*) to think up.

eludir *vt* **1.** (*una obligación*) to get out of, to evade; (*una dificultad*) to avoid, to evade; (*a una persona*) to dodge, to avoid.

emanar *vi* **1.** (*olor, gas*) to emanate (*de* from). **2.** (*problema*) to stem (*de* from).

emancipado, -da *adj* (*esclavo*) emancipated, freed; (*mujer, actitud*) liberated.

embadurnar *vt* to smear (*de* with).

embadurnarse *v prnl* to get covered (*de* in).

embajada *sf* embassy.

embajador, -dora *sm/f* ambassador.

embalaje *sm* packing.

embalar *vt* (*envolver*) to wrap; (*empaquetar*) to pack.

embalarse *v prnl* (*fam*) **1.** (*aumentar velocidad*) to speed up. **2.** (*precipitarse*) to get ahead of oneself.

embaldosar *vt* to tile.

embalsamar *vt* to embalm.

embalsar *vt* to dam (up).

embalsarse *v prnl* to collect.

embalse *sm* reservoir.

embarazada I *adj* pregnant. **II** *sf* pregnant woman.

embarazo *sm* **1.** (*Biol*) pregnancy. **2.** (*apuro*) embarrassment.

embarazoso, -sa *adj* embarrassing.

embarcación *sf* boat, vessel.

embarcadero *sm* pier, quay.

embarcar [⇨ sacar] *vt* (*mercancías*) to load; (*a personas*) to embark.

embarcarse *v prnl* **1.** (*en un barco*) to embark, to go on board; (*en un avión*) to board. **2.** (*en un asunto*) to get involved.

embargar [⇨ pagar] *vt* **1.** (*bienes*) to seize. **2.** (*emoción*) to overcome.

embargo I *sm* **1.** (*de bienes*) seizure. **2.** (*prohibición*) embargo. **II sin embargo** *conj* ⇨ **sin**.

embarque *sm* (*de personas*) boarding; (*de mercancías*) loading.

embarrado, -da *adj* muddy.

embaucar [⇨ sacar] *vt* to deceive, to take in.

embeber *vt* (*un líquido*) to absorb; (*un algodón*) to soak.

embelesado, -da *adj* spellbound.

embeleso *sm* fascination, enchantment.

embellecer [⇨ agradecer] *vt* to make (more) beautiful.

embestida *sf* charge.

embestir [⇨ pedir] *vt* to charge at.
♦ *vi* **1.** (*toro*) to charge. **2.** (*personas*) to charge (**contra** against ✳ at).

emblema *sm* emblem.

embobado, -da *adj* fascinated.

embocar [⇨ sacar] *vt* **1.** (*entrar en*) to go into. **2.** (*en golf*) to hole; (*en billar*) to pot ● (*RP*) **no embocar una** to get everything wrong.

embolar *vt* (*Col: los zapatos*) to polish. ♦ *vi* (*RP: fam, fastidiar*): **me embola** it's a real drag.

embolia *sf* embolism.

émbolo *sm* **1.** (*de motor*) piston. **2.** (*de jeringa*) plunger.

embolsarse *v prnl* to pocket.

emborrachar *vt* to get drunk.

emborracharse *v prnl* to get drunk.

emborronar *vt* to smudge.

emboscada *sf* ambush.

embotado, -da *adj* (*de comer mucho*) bloated ● **tengo la cabeza embotada** I can't think straight.

embotellamiento *sm* **1.** (*Transp*) traffic jam. **2.** (*de bebidas*) bottling.

embotellar *vt* to bottle.

embragar [⇨ pagar] *vi* to let out the clutch pedal.

embrague *sm* clutch.

embravecerse [⇨ agradecer] *v prnl* **1.** (*animal*) to become enraged. **2.** (*mar*) to become rough.

embrear *vt* to tar.

embriagado, -da *adj* (*frml*) inebriated, intoxicated.

embriagar [⇨ pagar] *vt* (*frml*) to make drunk.

embriagarse *v prnl* (*frml*) to get drunk.

embriaguez *sf* (*frml*) intoxication, drunkenness.

embridar *vt* to put the bridle on.

embrión *sm* embryo.

embrionario, -ria *adj* embryonic.

embrollar *vt* **1.** (*confundir*) to muddle. **2.** (*implicar*) to involve.

embrollarse *v prnl* to get muddled.

embrollo *sm* (*confusión*) muddle; (*aprieto*) mess.

embromado, -da *adj* (*fam*) **1.** (*C Sur: enfermo*) unwell. **2.** (*C Sur: difícil*) tricky. **3.** (*Col: en apuros*) in trouble.

embromar *vt* (*Amér S: fam, engañar*) to deceive, to fool. ♦ *vi* (*C Sur: fam, fastidiar*): **déjense de embromar** stop being a nuisance; (*: bromear*): **¡no embromes!** you're kidding!

embromarse *v prnl* (*Amér S: fam, fastidiarse*): **si no le gusta, que se embrome** if she doesn't like it, she can lump it.

embrujar *vt* to bewitch, to cast a spell on.

embrujo *sm* spell.

embuchado *sm*: salami-type sausage.

embudo *sm* funnel.

embuste *sm* lie.

embustero, -ra *sm/f* liar.

embutido *sm*: any salami-type sausage.

embutir *vt* to stuff (**en** into; **de** with).

emergencia *sf* **1.** (*urgencia*) emergency. **2.** (*aparición*) emergence, appearance.

emerger [⇨ proteger] *vi* to emerge.

emigración *sf* (*de personas*) emigration; (*de aves*) migration.

emigrante *adj, sm/f* emigrant.

emigrar *vi* **1.** (*personas*) to emigrate. **2.** (*aves*) to migrate.

eminencia *sf* **1.** (*lumbrera*) leading figure. **2.** (*Relig*): **Su Eminencia** Your/His Eminence.

eminente *adj* eminent, leading.

emirato *sm* emirate.

emisión *sf* **1.** (*Fís, Quím*) emission. **2.** (*Medios: acción*) transmission; (*: programa*) broadcast. **3.** (*de sellos, bonos*) issue.

emisión en directo *sf* live transmission ✳ broadcast.

emisora *sf* television/radio station.

emitir *vt* **1.** (*calor, luz*) to emit, to give off. **2.** (*transmitir*) to broadcast, to transmit. **3.** (*un sonido*) to utter, to let out. **4.** (*monedas, sellos*) to issue. **5.** (*una opinión*) to express.
♦ *vi* to broadcast.

emoción *sf* 1. (*sentimiento*) emotion. 2. (*excitación*) excitement.

emocionante *adj* 1. (*conmovedor*) moving. 2. (*excitante*) exciting.

emocionar *vt* 1. (*conmover*) to move. 2. (*excitar*) to excite.

emocionarse *v prnl* 1. (*conmoverse*) to be moved. 2. (*excitarse*) to get excited.

emotivo, -va *adj* 1. (*persona*) emotional. 2. (*situación*) moving; (*palabras*) emotive, moving.

empacar [⇨ sacar] *vt* (*gen*) to pack; (*paja*) to bale. ♦ *vi* (*Amér L: hacer las maletas*) to pack.

empacarse *v prnl* (*RP: fam*) to dig one's heels in.

empacharse *v prnl* to get an upset stomach (*from over-eating*).

empacho *sm* 1. (*de comida*) upset stomach (*from over-eating*). 2. (*vergüenza*) inhibition.

empadronarse *v prnl* to register (*as a resident*).

empalagar [⇨ pagar] *vi* to be sickly sweet.

empalagoso, -sa *adj* 1. (*Culin*) sickly sweet, over-rich. 2. (*persona*) sickly sweet; (*forma de ser*) cloying.

empalizada *sf* (wooden) fence.

empalmar *vt* to join, to connect. ♦ *vi* 1. (*unirse*) to join up (**con** with), to connect (**con** with). 2. (*estar relacionado*) to be related (**con** to). 3. (*seguir*) to follow on (**con** from).

empalme *sm* 1. (*Tec*) connection, junction. 2. (*Transp*) junction.

empanada *sf* pie.

empanadilla *sf* pasty.

empanado, -da *adj* (covered) in breadcrumbs.

empantanado, -da *adj* 1. (*anegado*) flooded. 2. (*fam: estancado*) bogged down.

empantanarse *v prnl* 1. (*terreno*) to flood. 2. (*proyecto*) to get bogged down.

empañar *vt* (*un espejo*) to steam up.

empapado, -da *adj* soaked.

empapar *vt* 1. (*mojar*) to soak, to drench. 2. (*absorber*) to soak up.

emparparse *v prnl* 1. (*mojarse*) to get soaked. 2. (*de ideas*): **se empapó de su filosofía** he immersed himself in their philosophy.

empapelar *vt* to wallpaper.

empaquetar *vt* to wrap, to pack.

emparedado *sm* sandwich.

emparentado, -da *adj* related (**con** to).

empaste *sm* filling.

empatar *vi* (*Dep: al final del partido*) to draw, to tie; (*: igualar el marcador*) to equalize, to tie the score.

empate *sm* draw, tie: **un empate a tres** a three-all draw.

empecé ⇨ **empezar**.

empecinarse *v prnl* to insist (**en** on).

empedernido, -da *adj* hardened.

empedrado, -da *adj* cobbled.

empeine *sm* instep.

empellón *sm* push, shove.

empeñado, -da *adj* [E] determined (**en** to).

empeñar *vt* (*Fin*) to pawn, (*US*) to hock.

empeñarse *v prnl* 1. (*endeudarse*) to get into debt. 2. (*obstinarse*) to insist: **se empeñó en ir** she insisted on going.

empeño *sm* 1. (*esfuerzo*) effort. 2. (*deseo*) desire.

empeorar *vi* to get worse, to worsen. ♦ *vt* to make worse.

emperador *sm* 1. (*soberano*) emperor. 2. (*pez*) swordfish *n inv*.

emperatriz *sf* [-trices] empress.

emperifollarse *v prnl* (*fam*) to get dressed up.

empero *conj* (*frml*) nevertheless.

emperrarse *v prnl* (*fam*): **se emperró en ir** he took it into his head that he had to go.

empezar [⇨ comenzar] *vt/i* 1. (*gen*) to begin, to start. 2. **empezar a** to begin to start: **empezó a cantar** he started ∗ began singing ‖ he started ∗ began to sing.

empiezo *etc.* ⇨ **empezar**.

empilcharse *v prnl* (*RP: fam*) to get dressed up.

empinado, **-da** *adj* steep.

empinar *vt* to lift, to raise.

empinarse *v prnl* **1.** (*persona*) to stand on tiptoe. **2.** (*fam: beber*) to drink.

empírico, **-ca** *adj* empirical.

emplazamiento *sm* **1.** (*situación*) position. **2.** (*Jur*) summons.

emplazar [⇨ cazar] *vt* **1.** (*situar*) to locate, to site. **2.** (*Jur*) to summons.

empleado, **-da** I *adj* employed. II *sm/f* (*gen*) employee; (*Amér L: de tienda*) (shop) assistant.

emplear *vt* **1.** (*dar trabajo a*) to employ. **2.** (*utilizar*) to use; (*el tiempo, el dinero*) to spend.

empleo *sm* **1.** (*trabajo*) job. **2.** (*uso*) use.

emplomadura *sf* (*RP*) filling.

emplomar *vt* (*RP*) to fill.

empobrecer [⇨ agradecer] *vt* to impoverish.

empollar *vt* (*huevos*) to sit on, to incubate. ♦ *vi* (*fam: estudiar mucho*) to swot, (*US*) to grind.

empollón, **-llona** *sm/f* (*fam*) swot, (*US*) grind.

emporio *sm* (*centro: gen*) centre, (*US*) center; (*: comercial*) trading centre ✳ (*US*) center.

empotrado, **-da** *adj* built-in.

empotrarse *v prnl* to crash (**en** into).

emprendedor, **-dora** *adj* enterprising.

emprender *vt* **1.** (*una tarea*) to take on, to undertake. **2.** (*un viaje*) to set off on.

empresa *sf* **1.** (*compañía*) company, firm. **2.** (*tarea*) task, undertaking.

empresarial *adj* business (*apos.*).

empresario, **-ria** *sm/f* businessman/woman.

empujar *vt* **1.** (*mover*) to push. **2.** (*animar*) to drive (**a** to). ♦ *vi* to push.

empuje *sm* drive, initiative.

empujón *sm* push, shove: **me dio un empujón** he pushed me.

empuñadura *sf* **1.** (*de espada*) hilt. **2.** (*de herramienta*) handle.

empuñar *vt* to take hold of.

emular *vt* to emulate.

emulsión *sf* emulsion.

en *prep* **1.** (*país, ciudad*) in: **en Málaga** in Málaga; (*edificio*) **trabaja en un hotel** she works in a hotel; **están en casa** they're at home; (*indicando posición imprecisa*): **lo olvidó en el colegio** she left it at school; **se encontraron en el aeropuerto** they met at the airport; **en el campo** in the countryside; **está en la playa** she is on the beach. **2.** (*dentro de*) in: **está en la caja** it's in the box; (*si hay movimiento*) into: **entró en el bar** she went into the bar. **3.** (*sobre*) on: **está en la mesa** it is on the table. **4.** (*mes, estación, año*) in: **en 1992** in 1992; **en aquel momento** at that moment. **5.** (*duración*) in: **en diez segundos** in ten seconds. **6.** (*indicando medio*) by: **vinieron en coche** they came by car. **7.** (*indicando transformación*) into: **se rompió en cuatro piezas** it broke into four pieces.

enagua *sf* petticoat, slip.

enajenación *sf* **1.** (*de un bien*) disposal. **2.** (*or* **enajenación mental**) insanity.

enajenar *vt* **1.** (*un bien*) to dispose of. **2.** (*trastornar*) to drive mad ✳ insane.

enamorado, **-da** *adj* in love (**de** with).

enamorarse *v prnl* to fall in love (**de** with).

enano, **-na** *sm/f* dwarf.

enarbolar *vt* to hoist, to raise.

enardecer [⇨ agradecer] *vt* (*a una multitud*) to whip up, to inflame.

encabezamiento *sm* heading.

encabezar [⇨ cazar] *vt* **1.** (*un escrito*) to head. **2.** (*una manifestación*) to lead. **3.** (*una clasificación*) to head.

encabritarse *v prnl* **1.** (*caballo*) to rear up. **2.** (*enfadarse*) to get angry.

encabronarse *v prnl* (*fam*) to get angry.

encadenar *vt* to chain (up).

encajar vt **1.** (una pieza) to fit (**en** into). **2.** (una noticia) to take. **3.** (fam: atizar): **le encajé un puñetazo** I punched him. **4.** (fam: una tarea): **me lo encajó a mí** he lumbered me with it. ♦ vi **1.** (acoplarse) to fit (**en** into). **2.** (coincidir) to fit in (**con** with).

encaje sm lace.

encajonar vt to box in.

encalar vt to whitewash.

encallar vi to run aground.

encaminado, -da adj (dirigido) aimed (**a** at) ● **vas bien/mal encaminado** you're on the right/wrong track.

encaminar vt (encauzar) to guide, to direct.

encaminarse vprnl (a un lugar) to set off (**a ∗ hacia** for).

encandilar vt to dazzle.

encantado, -da adj **1.** (contento) delighted (**con** with); (en presentaciones): **encantado (de conocerla/lo)** pleased to meet you. **2.** (hechizado) enchanted.

encantador, -dora adj delightful, charming.

encantar vi (gustar mucho): **me encanta bailar** I love dancing. ♦ vt (embrujar) to put a spell on.

encanto sm **1.** (atractivo) charm. **2.** (maravilla): **es un encanto** he's lovely; (como apelativo) love, darling. **3.** (hechizo) spell.

encañonar vt: **me encañonó con la pistola** he pointed the gun at me.

encapotado, -da adj cloudy, overcast.

encapricharse vprnl: **encapricharse con ∗ de algo** to take a fancy to sthg.

encapuchado, -da adj hooded.

encaramarse vprnl to climb.

encarar vt to confront.

encararse vprnl: **se encaró con él** she faced up to him.

encarcelación sf imprisonment.

encarcelar vt to imprison, to put in prison.

encarecer [⇨ agradecer] vt to make

more expensive.

encargado, -da adj in charge (**de** of). II sm/f person in charge.

encargar [⇨ pagar] vt **1.** (un producto) to order. **2.** (encomendar): **me encargó que se lo dijera** he asked me to tell them.

encargarse vprnl (aceptar responsabilidad) to take charge; (tener responsabilidad) to be in charge.

encargo sm **1.** (servicio): **¿te puedo hacer un encargo?** can I ask you to do something for me? **2.** (en comercio) order: **hechos por encargo** made to order.

encargue sm (RP): **está de encargue** she's pregnant. Other uses ⇨ **encargo**.

encariñado, -da adj attached (**con** to), fond (**con** of).

encariñarse vprnl: **encariñarse con alguien** to become fond of ∗ attached to sbdy.

encarnación sf **1.** (Relig) incarnation. **2.** (representación) embodiment.

encarnar vt **1.** (una idea) to personify, to embody. **2.** (un papel) to play.

encarnizado, -da adj fierce.

encarrilar vt (a una persona) to point in the right direction ● **encarriló mal el asunto** he got off to a bad start.

encasillar vt (gen) to label, to classify; (a actores) to typecast.

encasquetar vt (una tarea): **me lo encasquetó a mí** he lumbered me with it.

encasquetarse vprnl (un sombrero) to put on.

encasquillarse vprnl to jam.

encauzar [⇨ cazar] vt **1.** (las aguas) to channel. **2.** (dirigir) to steer, to direct.

encendedor sm lighter.

encender [⇨ tender] vt **1.** (un fuego, un cigarrillo) to light. **2.** (Elec) to turn on, to switch on.

encenderse vprnl **1.** (Elec) to come on. **2.** (ruborizarse) to go red.

encendido, -da I adj **1.** (fuego)

alight, burning. **2.** (*Elec*) switched on, on. **3.** (*cara*) red. **II** *sm* (*Auto*) ignition.

encerado, -da I *adj* polished. **II** *sm* blackboard.

encerar *vt* (*lustrar*) to polish; (*dar cera a*) to wax.

encerrar [➪ pensar] *vt* **1.** (*a propósito*) to lock up: **me encerraron en esta habitación** they locked * shut me in this room; (*sin querer*) to shut in, to lock in. **2.** (*papeles, joyas*) to lock away. **3.** (*contener*) to contain; (*entrañar*) to involve, to imply.

encerrarse *v prnl* **1.** (*en un lugar*) to shut * lock oneself away. **2.** (*en uno mismo*) to become withdrawn.

encerrona *sf* trap.

encestar *vt/i* to score (*in basketball*).

enchapado, -da *adj* (*con metal*) plated; (*con madera*) veneered.

encharcado, -da *adj* **1.** (*campo*) flooded. **2.** (*Med*) full of fluid.

encharcar [➪ sacar] *vt* (*inundar*) to flood.

encharcarse *v prnl* **1.** (*campo*) to get flooded. **2.** (*Med*) to fill with fluid.

enchastrar *vt* (*RP: fam*) to get dirty.

enchilada *sf*: corn tortilla with spicy filling.

enchilado, -da (*Méx*) **I** *adj* **1.** (*Culin*) seasoned with chilli. **2.** (*rojo*) bright red. **3.** (*colérico*) furious. **II** *sm*: chilli dish.

enchinarse *v prnl* (*Méx: pelo*) to curl; (*: piel*): **se me enchinó la piel** I got goose pimples * (*US*) bumps.

enchufado, -da *sm/f*: **es un enchufado** he got the job because he had connections.

enchufar *vt* **1.** (*Elec*) to plug in; (*fam: encender*) to turn on. **2.** (*fam: recomendar*) to pull strings for.

enchufe *sm* **1.** (*Elec: hembra*) socket, power point; (*: macho*) plug. **2.** (*fam: contactos*) connections *pl*.

enchufismo *sm* string-pulling.

encía *sf* gum.

encíclica *sf* encyclical.

enciclopedia *sf* encyclopedia.

enciendo *etc.* ➪ **encender**.

encierro I *sm* **1.** (*Pol*) sit-in. **2.** (*Tauro*) running of bulls through the streets. **II** also ➪ **encerrar**.

encima I *adv* **1.** (*arriba*) on top ● **me lo quité de encima** I got rid of him. **2. por encima** (*sobre la superficie*) on top; (*superficialmente*): **lo leí muy por encima** I only skimmed through it. **3.** (*consigo, conmigo*): **no lo llevo encima** I haven't got it on me. **4.** (*además*) what's more. **5.** (*muy cerca*): **ya tenemos los exámenes encima** the exams are almost upon us. **II encima de** *prep*: **encima de la mesa** on the table; **vivimos encima de una tienda** we live above a shop; **por encima de los treinta grados** above thirty degrees.

encimera *sf* worktop.

encina *sf* holm oak.

encinta *adj* pregnant.

enclaustrarse *v prnl* to shut oneself away.

enclavado, -da *adj* situated, located.

enclave *sm* enclave.

enclenque *adj* (*debilucho*) weak, puny; (*flaco*) skinny.

encoger [➪ proteger] *vi* (*ropa*) to shrink.

encogerse *v prnl* (*ropa*) to shrink ● **encogerse de hombros** to shrug one's shoulders.

encolar *vt* to glue.

encolerizarse [➪ cazar] *v prnl* to get angry, to lose one's temper.

encomendar [➪ pensar] *vt* to entrust (**a** to).

encomiable *adj* laudable, praiseworthy.

encomienda *sf* **1.** (*tarea*) assignment, task. **2.** (*Amér L: paquete*) parcel.

enconado, -da *adj* fierce.

enconarse *v prnl* to become heated.

encontrado, -da *adj* (*opuesto*) opposed, conflicting.

encontrar [➪ contar] *vt* **1.** (*hallar*) to find. **2.** (*juzgar*) to find: **lo**

encuentro aburrido I find it boring. **3.** (*problemas*) to meet with, to encounter.

encontrarse *v prnl* **1.** (*hallar*) to find, to come across. **2.** (*personas*) to meet. **3.** (*estar*) to be. **4.** (*sentirse*) to feel. **5. encontrarse con** (*una persona*) to meet; (*descubrir*) to find.

encontronazo *sm* **1.** (*colisión*) crash. **2.** (*disputa*) clash.

encorvado, -da *adj*: **está encorvado** he has a stoop.

encrespar *vt* (*irritar*) to madden, to infuriate.

encresparse *v prnl* **1.** (*pelo*) to curl. **2.** (*mar*) to become choppy. **3.** (*persona*) to get angry.

encrucijada *sf* crossroads.

encuadernar *vt* to bind.

encuadrar *vt* **1.** (*en un marco*) to frame. **2.** (*en un grupo*) to place, to include.

encubierto, -ta I *pp* ⇨ **encubrir.** II *adj* (*crítica*) veiled.

encubrir [*pp* **encubierto**] *vt* **1.** (*gen*) to conceal. **2.** (*a una persona*) to cover up for; (*un delito*) to cover up.

encuentro I *sm* **1.** (*acto*) meeting, encounter. **2.** (*partido*) game, match. II *also* ⇨ **encontrar.**

encuesta *sf* survey, poll.

encumbrar *vt* to raise up.

encurtidos *sm pl* pickles *pl*.

endeble *adj* feeble, weak.

endémico, -ca *adj* endemic.

endemoniado, -da *adj* **1.** (*Relig*) possessed. **2.** (*fam: molesto*) wretched.

enderezar [⇨ cazar] *vt* to straighten out.

endeudarse *v prnl* to get into debt.

endiablado, -da *adj* ⇨ **endemoniado.**

endibia *sf* endive.

endilgar [⇨ pagar] *vt* (*fam: una tarea*): **me lo endilgó a mí** he lumbered me with it; (*: un sermón*): **el discurso que nos endilgó** the speech she made us listen to.

endiosar *vt* to idolize.

endivia *sf* endive.

endomingarse [⇨ pagar] *v prnl* to dress up in one's Sunday best.

endosar *vt* **1.** (*Fin*) to endorse. **2.** (*una tarea*): **me lo endosó a mí** she lumbered me with it.

endrogado, -da *adj* (*Méx: fam*) in debt (**con**).

endulzante *sm* (*RP*) sweetener.

endulzar [⇨ cazar] *vt* to sweeten.

endurecer [⇨ agradecer] *vt* **1.** (*un material*) to harden, to make hard. **2.** (*el carácter*) to make tough, to harden.

endurecerse *v prnl* **1.** (*material*) to harden, to go hard. **2.** (*persona*) to become hardened, to become tough.

enea *sf* bulrush.

enebro *sm* juniper.

enema *sm* enema.

enemigo, -ga I *adj* (*Mil*) enemy (*apos.*), hostile: **es enemigo de la violencia** he is opposed to violence. II *sm/f* enemy.

enemistad *sf* enmity, hostility.

enemistarse *v prnl* to fall out.

energético, -ca *adj* energy (*apos.*).

energía *sf* energy.

energía eléctrica *sf* electricity. **energía solar** *sf* solar power.

enérgico, -ca *adj* (*movimiento*) energetic; (*medida*) strong; (*persona*) assertive: **sé enérgica con él** be firm with him.

energúmeno, -na *sm/f* (*fam*) madman/woman.

enero *sm* January ⇨ **febrero.**

enervante I *adj* (*irritante*) annoying, exasperating. II *sm* (*Méx: estupefaciente*) narcotic.

enervar *vt* (*fam*): **me enerva** it gets on my nerves.

enésimo, -ma *adj* (*Mat*) nth ● **por enésima vez** for the umpteenth time.

enfadado, -da *adj* angry (**con** with), mad (**con** at).

enfadarse *v prnl* **1.** (*enojarse*) to get angry (**con** with), to get mad (**con** at). **2.** (*enemistarse*) to fall out.

enfado *sm* anger, annoyance.

énfasis *sm inv* emphasis (**en** on).

enfático, -ca *adj* emphatic.

enfatizar [▷ cazar] *vt* to emphasize, to stress.

enfermar *vi* to fall ill. ♦ *vt* (*fam: disgustar*) to make angry.

enfermarse *v prnl* (*Amér L*) to fall ill.

enfermedad *sf* (*Med: gen*) illness; (*: al especificar el tipo*) disease.

enfermería *sf* 1. (*lugar*) infirmary, sickbay. 2. (*estudios*) nursing.

enfermero, -ra *sm/f* nurse.

enfermizo, -za *adj* sickly.

enfermo, -ma I *adj* 1. (*Med*) ill, sick: **se puso enfermo** he got * fell ill; **un niño enfermo** a sick child. 2. (*enfadado*): **me pone enfermo** it makes me so angry. II *sm/f* (*gen*) sick person: **los enfermos mentales** people suffering from mental illness; (*paciente*) patient.

enfermo, -ma terminal *sm/f* terminally ill patient.

enfervorizar [▷ cazar] *vt* to whip up, to stir up.

enfilar *vi* to head (**por** along; **hacia** towards).

enflaquecer [▷ agradecer] *vi* to grow thin.

enfocar [▷ sacar] *vt* 1. (*una imagen*) to focus on, to get into focus; (*una cámara*) to focus. 2. (*con una luz*): **me enfocó con la linterna** he shone the torch on me. 3. (*un tema*) to approach.

enfoque *sm* 1. (*en fotografía: acción*) focusing; (*: efecto*) focus. 2. (*de un tema*) approach (**de** to).

enfrascarse [▷ sacar] *v prnl* to become absorbed (**en** in).

enfrentamiento *sm* confrontation, clash.

enfrentar *vt* 1. (*la realidad, un problema*) to face up to. 2. (*a dos personas*) to set against each other.

enfrentarse *v prnl* 1. (*equipos, rivales*) to meet: **se enfrentan hoy al * con el Madrid** they play Madrid today. 2. (*ejércitos*) to meet, to clash. 3. **enfrentarse a** (*una dificultad*) to face. 4. **enfrentarse con** (*chocar*

con) to clash with; (*discutir con*) to confront.

enfrente I *adv* opposite. II **enfrente de** *prep* opposite.

enfriamiento *sm* 1. (*acción*) cooling. 2. (*resfriado*) cold.

enfriar [▷ ansiar] *vt* 1. (*bajar la temperatura de*) to cool. 2. (*sentimientos*) to cool.

enfriarse *v prnl* 1. (*ligeramente*) to cool down; (*completamente*) to get * go cold. 2. (*sentimientos*) to cool (**down** * **off**).

enfundar *vt* to sheathe.

enfurecer [▷ agradecer] *vt* to infuriate.

enfurecerse *v prnl* to lose one's temper, to fly into a rage.

enfurecido, -da *adj* furious.

enfurruñarse *v prnl* (*fam*) to go into a sulk.

engalanar *vt* to decorate, to deck out.

engalanarse *v prnl* to dress up.

enganchar *vt* 1. (*gen*) to hook (**a** on * onto). 2. (*un caballo*) to harness (**a** to); (*vagones de tren*) to couple (**a** to). 3. (*fam: atraer*) to catch.

engancharse *v prnl* 1. (*quedar prendido*) to catch (**en** on), to get caught up (**en** on). 2. (*fam: a una droga*) to become addicted (**a** to), to get hooked (**a** on).

enganchón *sm* snag.

engañar *vt* 1. (*confundir*) to deceive, to fool. 2. (*estafar*) to cheat, to trick. 3. (*ser infiel a*) to be unfaithful to. ♦ *vi* to be deceptive.

engañarse *v prnl* 1. (*no aceptar la verdad*) to fool * deceive oneself. 2. (*equivocarse*) to be mistaken.

engaño *sm* 1. (*mentira*) deception, lie. 2. (*falsa impresión*): **sacar a alguien del engaño** to open sbdy's eyes. 3. (*artimaña*) trick.

engarzar [▷ cazar] *vt* 1. (*un diamante*) to set, to mount. 2. (*ideas, palabras*) to link (up), to string together.

engastar *vt* to set, to mount.

engatusar *vt* (*fam*) to win over, to

get round.

engendrar vt 1. (procrear) to engender. 2. (causar) to give rise to, to engender.

engendro sm 1. (animal, persona) freak. 2. (obra) monstrosity.

englobar vt to include, to bring together.

engomar vt to glue.

engominar vt to put hair gel on.

engordar vt 1. (kilos): **he engordado dos kilos** I've put on two kilos. 2. (animales) to fatten (up). ♦ vi 1. (persona) to put on weight. 2. (alimento) to be fattening.

engorde sm fattening up.

engorro sm nuisance, drag.

engorroso, -sa adj (tedioso) tedious; (difícil) tricky, difficult.

engrampar vt (Amér S) to staple.

engranaje sm gears pl.

engranar vi (Tec) to mesh, to engage.

engrandecer [▷ agradecer] vt to increase the stature of.

engrapar vt (Amér L) to staple.

engrasar vt 1. (lubricar: con aceite) to oil, to lubricate; (: con grasa) to grease. 2. (manchar) to make ✽ get greasy.

engreído, -da adj conceited.

engreimiento sm conceit.

engripado, -da adj (RP): **está engripada** she's got the flu.

engrosar vt to swell, to increase.

engrosarse v prnl to increase, to grow.

engrudo sm paste.

engullirse [▷ gruñir] v prnl to swallow, to wolf down.

enharinar vt to coat in flour.

enhebrar vt 1. (una aguja) to thread. 2. (ideas) to connect.

enhorabuena sf congratulations pl: **le di la enhorabuena por su victoria** I congratulated him on his victory.

enigma sm enigma.

enigmático, -ca adj enigmatic.

enjabonar vt 1. (con jabón) to soap. 2. (fam: adular) to butter up.

enjambre sm swarm.

enjaular vt to cage.

enjuagar [▷ pagar] vt to rinse.

enjuagarse v prnl (la boca) to rinse out; (Amér L: el pelo) to rinse.

enjugar [▷ pagar] vt 1. (las lágrimas) to wipe away; (un líquido) to mop up. 2. (un déficit) to clear.

enjuiciar vt (gen) to judge, to pass judgement on; (Jur) to institute proceedings against.

enjundia sf depth, substance.

enjuto, -ta adj lean.

enlace sm 1. (vínculo) link, connection. 2. (Transp) connection. 3. (frml: boda) wedding. 4. (persona) link, go-between.

enlace sindical sm (GB) shop steward, (US) union delegate.

enlatado, -da I adj (comida) canned, (GB) tinned. II sm canning.

enlatar vt to can.

enlazar [▷ cazar] vt 1. (atar) to tie together. 2. (unir) to link, to relate. ♦ vi 1. (unirse) to link up, to connect. 2. (Transp) to connect.

enlodar vt 1. (embarrar) to splash with mud, to get muddy. 2. (la reputación) to blacken.

enloquecedor, -dora adj maddening.

enloquecer [▷ agradecer] vt 1. (trastornar) to drive crazy ✽ mad. 2. (encantar): **me enloquecen** I love them. ♦ vi to go crazy ✽ mad.

enlosar vt to pave.

enlucir [▷ lucir] vt to plaster.

enlutado, -da adj in mourning.

enmadrado, -da adj: **está muy enmadrada** she's too attached to her mother.

enmantecar [▷ sacar] vt (RP: el pan) to butter; (: una fuente) to grease.

enmarañado, -da adj 1. (pelo) tangled. 2. (asunto) confused.

enmarañar vt 1. (el pelo) to tangle. 2. (un asunto) to complicate, to muddle.

enmarañarse v prnl 1. (cabello) to get in a tangle. 2. (embrollarse) to get complicated.

enmarcar [➪ sacar] *vt* **1.** (*encuadrar*) to frame. **2.** (*en un contexto*) to set (**en** in).

enmarcarse *v prnl* to belong (**dentro de** to), to lie (**dentro de** in).

enmascarado, -da *adj* masked.

enmendar [➪ pensar] *vt* **1.** (*rectificar*) to put right, to correct. **2.** (*Jur, Pol*) to amend.

enmendarse *v prnl* to mend one's ways.

enmienda *sf* **1.** (*corrección*) correction. **2.** (*Jur, Pol*) amendment.

enmohecerse [➪ agradecer] *v prnl* **1.** (*Biol, Culin*) to go mouldy * (*US*) moldy. **2.** (*oxidarse*) to rust.

enmoquetado, -da *adj* carpeted.

enmudecer [➪ agradecer] *vi* to fall silent.

ennoblecer [➪ agradecer] *vt*: **te ennoblece** it does you credit.

enojadizo, -za *adj* touchy, irritable.

enojado, -da *adj* angry, annoyed.

enojarse *v prnl* to get angry * annoyed.

enojoso, -sa *adj* **1.** (*engorroso*) tiresome. **2.** (*incómodo*) awkward.

enorgullecer [➪ agradecer] *vt* to fill with pride.

enorgullecerse *v prnl* to be proud (**de** of).

enorme *adj* enormous, huge.

enraizar [➪ table in appendix 2] *vi,* **enraizarse** *v prnl* **1.** (*persona*) to settle. **2.** (*costumbre*) to become established. **3.** (*planta*) to take root.

enrarecido, -da *adj* **1.** (*aire*) rarefied. **2.** (*tenso*) strained, tense.

enredadera *sf* climbing plant.

enredador, -dora I *adj*: **es muy enredador** he's always making trouble. **II** *sm/f* troublemaker.

enredar *vt* **1.** (*un hilo, el pelo*) to tangle. **2.** (*un asunto*) to complicate. **3.** (*involucrar*) to involve (**en** in).

enredarse *v prnl* **1.** (*hilo, pelo*) to get tangled. **2.** (*asunto*) to become complicated. **3.** (*involucrarse*) to become involved (**en** in), to get mixed up (**en** in). **4.** (*confundirse*) to get into a

muddle, to get confused. **5.** (*fam: tener un lío*) to have an affair.

enredo *sm* **1.** (*de hilos*) tangle. **2.** (*complicación*) mess; (*confusión*) mix-up. **3.** (*lío amoroso*) (love) affair.

enrejado *sm* **1.** (*verja*) fence, railings *pl.* **2.** (*de ventana*) grille. **3.** (*para enredadera*) trellis.

enrevesado, -da *adj* complex, complicated.

enriquecer [➪ agradecer] *vt* **1.** (*a un país, una persona*) to make rich. **2.** (*la lengua*) to enrich.

enriquecerse *v prnl* to get rich.

enrojecer [➪ agradecer] *vi* to go red.

enrolarse *v prnl* **1.** (*inscribirse*) to enrol, (*US*) to enroll. **2.** (*Mil*) to join up, to enlist.

enrollado, -da *adj* **1.** (*papel*) rolled up; (*soga*) coiled; (*hilo*) wound. **2.** (*fam: absorto*) engrossed. **3.** (*fam: sentimentalmente*): **estaba enrollado con Marisa** he had a thing going with Marisa. **4.** (*fam: estupendo*) cool.

enrollar *vt* (*una alfombra, un papel*) to roll up; (*una soga*) to coil. ♦ *vi* (*fam: gustar*): **me enrolla un montón** I think it's great.

enrollarse *v prnl* (*fam*) **1.** (*haciendo algo*): **se enrollaron hablando de política** they got engrossed talking about politics. **2.** (*sentimentalmente*): **se enrolló con Julio** she started going out with Julio.

enroscar [➪ sacar] *vt* **1.** (*un tapón*) to screw on; (*un tornillo*) to tighten. **2.** (*una cuerda*) to wind (**en** around).

enroscarse *v prnl* (*serpiente*) to coil up; (*persona*) to curl up.

ensaimada *sf*: type of Danish pastry.

ensalada *sf* salad.

ensalada de frutas *sf* fruit salad.

ensaladera *sf* salad bowl.

ensaladilla *sf* (or **ensaladilla rusa**) Russian salad.

ensalzar [➪ cazar] *vt* **1.** (*alabar*) to praise. **2.** (*ennoblecer, engrandecer*) to do credit to.

ensamblar *vt* to assemble.

ensanchar *vt* (*un camino*) to widen; (*una prenda*) to let out.

ensancharse *v prnl* (*río*) to get wider; (*prenda*) to stretch.

ensanche *sm* 1. (*agrandamiento*) widening. 2. (*zona nueva*) new district.

ensangrentado, -da *adj* bloodstained.

ensañarse *v prnl* to show no mercy (**con** to * towards).

ensartar *vt* to string together.

ensayar *vt* 1. (*en música, teatro*) to rehearse. 2. (*un material*) to test, to try out. ♦ *vi* (*en música, teatro*) to rehearse.

ensayo *sm* 1. (*en música, teatro*) rehearsal: **ensayo general** dress rehearsal. 2. (*experimento*) experiment, test. 3. (*Lit*) essay. 4. (*en rugby*) try.

enseguida *adv* straight away, immediately.

ensenada *sf* cove, inlet.

enseña *sf* ensign.

enseñanza *sf* (*educación*) education; (*docencia*) teaching.

enseñar *vt* 1. (*una asignatura, una técnica*) to teach: **me enseñó a hacerlo** he taught me (how) to do it. 2. (*una foto, el camino*) to show.

enseres *sm pl* 1. (*pertenencias*) belongings *pl*, possessions *pl*. 2. (*herramientas*) equipment.

ensillar *vt* to saddle.

ensimismado, -da *adj* absorbed: **ensimismado en sus pensamientos** absorbed in his own thoughts.

ensombrecer [⇨ agradecer] *vt* 1. (*oscurecer*) to darken. 2. (*entristecer*) to overshadow.

ensordecedor, -dora *adj* deafening.

ensordecer [⇨ agradecer] *vt* 1. (*dejar sordo*) to deafen. 2. (*atenuar*) to muffle.

ensortijarse *v prnl* to curl.

ensuciar *vt* 1. (*manchar*) to get * make dirty. 2. (*el nombre, el honor*)

to tarnish.

ensuciarse *v prnl* to get dirty.

ensueño *sm* fantasy, daydream: **un viaje de ensueño** a dream trip.

entablar *vt* (*una conversación*) to strike up; (*relaciones*) to establish; (*un proceso*) to start.

entablillar *vt* to put in a splint.

entallado, -da *adj* (*vestido*) fitted.

entarimado *sm* wooden floor.

ente *sm* 1. (*ser*) being. 2. (*organismo*) body, entity.

entendederas *sf pl* (*fam*) brains *pl*.

entender I *sm*: **a mi entender** to my way of thinking. II [⇨ tender] *vt* 1. (*comprender*) to understand ● **dio a entender que...** he implied that.... 2. (*opinar*) to think, to believe. ♦ *vi* 1. (*comprender*) to understand. 2. **entender de** (*saber de*) to know about.

entenderse *v prnl* (*con alguien*) to get on.

entendido, -da I *adj* 1. [S] (*persona*) knowledgeable (**en** about). 2. [E] (*comprendido*) understood ● **tengo entendido que...** I gather that.... II *sm/f* expert (**en** on).

enterado, -da *adj*: **está enterado de lo que pasó** he knows what happened.

enterarse *v prnl* 1. (*informarse*) to hear (**de** about), to find out (**de** about): **me enteré de que...** I heard that.... 2. (*comprender*) to understand: **enterarse de algo** to understand sthg. 3. (*darse cuenta*) to realize.

entereza *sf* 1. (*serenidad*) composure, calmness. 2. (*fortaleza*) strength of character.

enternecedor, -dora *adj* moving, poignant.

enternecer [⇨ agradecer] *vt* (*conmover*) to move to pity.

enternecerse *v prnl* (*conmoverse*) to be moved; (*ablandarse*) to relent.

entero, -ra I *adj* 1. (*completo*) whole: **el día entero** the whole day. 2. (*sin daño*) intact, undamaged. 3. (*sereno*) composed. 4. (*Mat*) whole. II *sm*

1. (*Fin: en la bolsa*) point. **2.** (*Mat*) whole number.

enterrador, -dora *sm/f* grave-digger.

enterrar [⟶ pensar] *vt* to bury.

entidad *sf* **1.** (*organismo*) body, entity; (*empresa*) firm, company. **2.** (*trascendencia*) importance, significance.

entidad financiera *sf* financial institution.

entiendo *etc.* ⟶ **entender**.

entierro I *sm* (*acción*) burial; (*ceremonia*) funeral. **II** *also* ⟶ **enterrar**.

entlo. = **entresuelo**.

entoldado *sm* **1.** (*toldo*) awning. **2.** (*para fiestas*) marquee.

entomología *sf* entomology.

entonación *sf* intonation.

entonado, -da *adj* **1.** (*Mús*) in tune. **2.** (*fam: bebido*) tipsy, merry.

entonar *vt* **1.** (*Mús: la voz*) to pitch; (: *una canción*) to sing. **2.** (*reanimar*) to revive, to perk up. ♦ *vi* (*Mús*) to sing in tune.

entonarse *v prnl* to get tipsy.

entonces *adv* **1.** (*referido al tiempo*) then ● **en aquel entonces** at that time. **2.** (*pues*) then.

entorno *sm* environment.

entorno familiar *sm* family circle.
entorno social *sm* social environment.

entorpecer [⟶ agradecer] *vt* (*el paso*) to obstruct; (*un proceso*) to hinder.

entrada *sf* **1.** (*lugar de acceso: gen*) entrance (**a** * **de** to), way in; (: *por carretera*) **todas las entradas a Madrid** all the roads into Madrid. **2.** (*vestíbulo*) entrance hall. **3.** (*acción*) entry, entrance: **prohibida la entrada** no entry; **entrada gratuita** free admission. **4.** (*para un espectáculo*) ticket. **5.** (*principio*) beginning. **6.** (*Fin*) deposit (**de** on). **7.** (*Culin*) first course. **8.** (*en diccionario*) entry. **9.** (*en fútbol*) tackle. **10.** (*en el pelo*): **tiene entradas** his hair is receding.

entrado, -da *adj*: **un hombre**

entrado en años quite an elderly man; **una mujer entrada en carnes** an overweight woman.

entramparse *v prnl* (*fam*) to get into debt.

entrante I *adj* **1.** (*mes, semana*) next. **2.** (*presidente*) incoming. **II** *sm* **1.** (*Geog*) inlet. **2.** (*Culin*) first course.

entrañable *adj* (*amistad*) deep, close; (*amigo*) dear; (*recuerdo*) fond.

entrañar *vt* to entail, to involve.

entrañas *sf pl* **1.** (*Anat*) entrails *pl*. **2.** (*interior*) innermost * furthest part.

entrar *vi* **1.** (*en una habitación, un edificio*) to go/come in, to enter: **entró en * a la cocina** she went/came into the kitchen. **2.** (*meterse*): **me entró arena en los ojos** I got sand in my eyes. **3.** (*en música*) to come in; (*en teatro*) to come on, to enter. **4.** (*en un estado, un tema*) to go (**en** into). **5.** (*en una empresa*): **entró en la compañía** he joined the company. **6.** (*emoción, deseo*): **le entraron ganas de llorar** he felt like crying; **me entró miedo** I got scared. **7.** (*fam: concepto*): **no le entra** he can't get it into his head. **8.** (*fam: bebida*) to go down. **9.** (*estar incluido*) to be included: **entra en el precio** it's included in the price. **10.** (*caber*) to fit: **no me entra nada más** I can't eat any more. **11. entrarle a alguien** (*abordarlo*) to tackle sbdy. ♦ *vt* to take/bring in: **lo entró en la casa** he took/brought it into the house.

entre *prep* (*dos cosas, personas*) between; (*varias cosas, personas: gen*) among; (: *expresando cooperación*) between: **entre los tres** between the three of us.

entreabierto, -ta *adj* half-open.

entreacto *sm* intermission, interval.

entrecasa: **de entrecasa** *loc adj* (*RP*) everyday.

entrecortado, -da *adj* halting, faltering.

entrecot *sm* entrecôte.

entredicho: **en entredicho** *loc adv* in doubt, in question: **no lo pongo en entredicho** I am not questioning it.

entrega *sf* 1. (*gen*): **hacer entrega de algo** to hand sthg over; (*de una carta, mercancías*) delivery: **la entrega de premios** the prize-giving ceremony. 2. (*sacrificio*) dedication, devotion. 3. (*de una obra*) instalment, (*US*) installment.

entregar [⇨ pagar] *vt* 1. (*gen*) to give, to hand over; (*mercancías, el correo*) to deliver; (*un trabajo*) to hand in. 2. (*a las autoridades*) to hand over, to turn in.

entregarse *v prnl* 1. (*dedicarse*) to devote oneself. 2. (*a las autoridades*) to give oneself up.

entrelazar [⇨ cazar] *vt* to interweave, to intertwine.

entremedias *adv* in between.

entremés *sm* hors d'oeuvre.

entrenador, -dora *sm/f* trainer, coach.

entrenar (*Dep*) *vt* to coach, to train. ♦ *vi* to train.

entrenarse *v prnl* to train.

entreplanta *sf* mezzanine.

entresijos *sm pl* ins and outs *pl*.

entresuelo *sm* mezzanine.

entretanto, entre tanto *adv* meanwhile, in the meantime.

entretejer *vt* to interweave.

entretener [⇨ tener] *vt* 1. (*divertir*) to amuse, to entertain. 2. (*retrasar*) to hold up, to delay.

entretenerse *v prnl* 1. (*divertirse*) to amuse oneself. 2. (*retrasarse*) to dawdle.

entretenido, -da *adj* 1. [S] (*ameno*) entertaining, enjoyable. 2. [E] (*distraído*) busy.

entretenimiento *sm* entertainment, amusement.

entrevero *sm* (*C Sur*) muddle.

entrevista *sf* (*gen*) interview; (*reunión*) meeting.

entrevistar *vt* to interview.

entrevistarse *v prnl* to meet.

entristecer [⇨ agradecer] *vt* to sadden, to make sad.

entrometerse *v prnl* to interfere (**en** in), to meddle (**en** in).

entrometido, -da I *adj* nosy. II *sm/f* busybody.

entronque *sm* (*Méx*) junction.

entumecerse [⇨ agradecer] *v prnl* to go numb.

entumecido, -da *adj* numb.

enturbiar *vt* 1. (*un líquido*) to make cloudy, to cloud. 2. (*una relación*) to spoil, to cast a shadow over.

entusiasmar *vt* (*provocar entusiasmo en*): **no conseguí entusiasmarla** I couldn't get her interested; **la idea me entusiasmó** I got excited about the idea. ♦ *vi* (*gustar mucho*): **le entusiasman las motos** he loves motorbikes.

entusiasmarse *v prnl* to be/get enthusiastic (**con** about).

entusiasmo *sm* enthusiasm.

entusiasta I *adj* enthusiastic. II *sm/f* enthusiast.

enumerar *vt* to list.

enunciar *vt* to set out.

envalentonarse *v prnl* to get bolder.

envasar *vt* (*en botella*) to bottle; (*en lata*) to can; (*en paquete*) to pack.

envase *sm* (*gen*) container; (*paquete*) packet; (*botella*) (empty) bottle.

envejecer [⇨ agradecer] *vi* to grow old, to age. ♦ *vt* 1. (*a una persona*) to age. 2. (*el vino*) to age, to mature.

envenenar *vt* to poison.

envergadura *sf* 1. (*de un ave*) wing span. 2. (*magnitud*) importance.

envés *sm* back.

enviado, -da *sm/f* envoy.

enviar [⇨ ansiar] *vt* to send.

enviciarse *v prnl* to become addicted (**con** to), to get hooked (**con** on).

envidar *vt/i* to bet.

envidia *sf* envy: **tiene envidia de su hermano** he's envious of his brother.

envidiable *adj* enviable.

envidiar *vt* to envy.

envidioso, -sa *adj* envious.

envío *sm* **1.** (*acto*) dispatch, sending. **2.** (*mercancías*) consignment, shipment.

envío contra reembolso *sm* cash on delivery.

enviudar *vi* to be widowed.

envoltorio *sm* (*paquete*) bundle; (*de un regalo*) wrapping; (*de un caramelo*) wrapper.

envoltura *sf* **1.** (*de papel*) wrapping. **2.** (*capa*) layer.

envolver [➪ volver] *vt* **1.** (*un objeto, a un bebé*) to wrap (up): **envuelto para regalo** gift-wrapped. **2.** (*niebla*) to shroud. **3.** (*involucrar*) to involve (**en** in).

envuelto *pp* ➪ **envolver**.

envuelvo *etc*. ➪ **envolver**.

enyesar *vt* **1.** (*una pared*) to plaster. **2.** (*Med*) to put in plaster: **tenía el brazo enyesado** her arm was in plaster.

enzarzarse [➪ cazar] *v prnl* to get embroiled (**en** in).

enzima *sf* enzyme.

eólico, -ca *adj* wind (*apos.*).

epicentro *sm* epicentre, (*US*) epicenter.

épico, -ca *adj* epic.

epidemia *sf* epidemic.

epidural *sf* epidural.

epiléptico, -ca *adj*, *sm/f* epileptic.

epílogo *sm* epilogue, (*US*) epilog.

episcopal *adj* episcopal.

episodio *sm* episode.

epitafio *sm* epitaph.

epíteto *sm* epithet.

época *sf* **1.** (*en la historia*) period, age. **2.** (*del año*) season, time.

epopeya *sf* **1.** (*poema*) epic poem. **2.** (*acción difícil*) saga.

equidad *sf* fairness, equity.

equidistante *adj* equidistant.

equilibrado, -da *adj* well-balanced.

equilibrio *sm* (*estabilidad*) balance; (*Fís*) equilibrium.

equilibrista *sm/f* tightrope walker.

equino, -na *adj* equine.

equinoccio *sm* equinox.

equipaje *sm* luggage, baggage.

equipaje de mano *sm* hand luggage.

equipar *vt* to equip (**con** with).

equiparar *vt* (*considerar equivalente*) to compare (**a** ✱ **con** to ✱ with), to liken (**a** ✱ **con** to); (*poner al mismo nivel*) to put on the same footing (**a** as).

equipo *sm* **1.** (*de personas*) team. **2.** (*Dep, Tec*) kit: **todo el equipo** all the equipment.

equipo de música *sm* hi-fi.

equis *sf inv* **1.** (*Ling*) name of the letter X. **2.** (*Mat*) x (number).

equitación *sf* horse-riding, (*US*) horseback riding.

equitativo, -va *adj* fair, equitable.

equivalente **I** *adj* equivalent (**a** to). **II** *sm* equivalent (**de** of).

equivaler [➪ valer] *vi* to be equivalent (**a** to).

equivocación *sf* mistake, error.

equivocado, -da *adj* **1.** [E] (*en un error*) wrong, mistaken. **2.** (*erróneo: respuesta*) wrong.

equivocarse [➪ sacar] *v prnl* to make a mistake.

equívoco, -ca **I** *adj* ambiguous. **II** *sm* misunderstanding.

era **I** *sf* (*periodo*) era, age. **II** *also* ➪ **ser**.

erección *sf* erection.

eremita *sm* hermit.

erguir [➪ table in appendix 2] *vt* to raise, to lift (up).

erguirse *v prnl* **1.** (*edificio*) to stand. **2.** (*persona*) to stand/sit up.

erigir [➪ surgir] *vt* to build, to erect.

erigirse *v prnl* to set oneself up (**en** as).

erizar [➪ cazar] *vt* to make stand on end.

erizarse *v prnl* to stand on end.

erizo *sm* hedgehog.

erizo de mar *sm* sea urchin.

ermita *sf* chapel.

ermitaño, -ña *sm/f* hermit.

erosión *sf* erosion.

erosionar *vt* to erode.

erótico, -ca *adj* erotic.

erradicar [➪ sacar] *vt* to eradicate, to eliminate.

errado, -da adj 1. [E] (en un error) mistaken, wrong. 2. (erróneo: respuesta) wrong. 3. (golpe) missed.

errar [⇨ table in appendix 2] vt 1. (un cálculo) to get wrong. 2. (el blanco) to miss; (un golpe) to miss with. ♦ vi (frml: deambular) to wander.

errata sf misprint.

errático, -ca adj erratic.

erróneo, -nea adj wrong, incorrect.

error sm mistake, error.

ertzaina /ertʃanʃa/ sf (en Esp) Basque police force.

eructar vi to belch.

erudición sf erudition, learning.

erudito, -ta adj erudite, learned.

erupción sf 1. (Med) rash. 2. (Geol) eruption.

es ⇨ **ser**.

esa adj demostrativo ⇨ **ese, esa**.

ésa pron demostrativo ⇨ **ése, ésa**.

esbelto, -ta adj slender.

esbirro sm (paid) thug.

esbozar [⇨ cazar] vt 1. (Artes) to sketch. 2. (un proyecto) to outline, to sketch out.

esbozo sm 1. (Artes) sketch. 2. (esquema) outline.

escabeche sm pickling mix: **en escabeche** pickled.

escabechina sf (fam) massacre.

escabroso, -sa adj 1. (terreno) rough. 2. (tema) delicate.

escabullirse [⇨ gruñir] v prnl 1. (escaparse) to disappear, to slip away. 2. (escurrirse): **se me escabulló por entre los dedos** it slipped through my fingers.

escafandra sf (traje: de buzo) diving suit; (: de astronauta) spacesuit; (casco) helmet.

escai, escay sm imitation leather.

escala sf 1. (baremo, proporción) scale. 2. (Mús) scale. 3. (Náut) port of call; (Av) stopover.

escala de cuerda sf rope ladder. **escala técnica** sf refuelling stop.

escalada sf 1. (Dep) climb. 2. (aumento) increase (**de** in).

escalafón sm (jerarquía) hierarchy; (en relación con sueldos) wage * salary scale.

escalar vt to climb.

escaldar vt to scald.

escalera sf 1. (de un edificio) stairs pl, staircase. 2. (portátil) ladder. 3. (en naipes) run.

escalera de caracol sf spiral staircase. **escalera de incendios** sf fire escape. **escalera de tijera** sf stepladder. **escalera mecánica** sf escalator.

escalerilla sf (Náut) gangway; (Av) steps pl.

escalfado, -da adj poached.

escalinata sf steps pl.

escalofriante adj horrifying.

escalofrío sm 1. (de frío, fiebre) shiver. 2. (de terror) shudder.

escalón sm (gen) step; (de escalera portátil) rung.

escalonado, -da adj 1. (terreno) terraced. 2. (proceso) gradual; (aumento) staggered. 3. (pelo) layered.

escalope sm escalope.

escama sf 1. (Bot, Zool) scale. 2. (de jabón, en la piel) flake.

escamado, -da adj (fam) suspicious.

escamoso, -sa adj 1. (Zool) scaly. 2. (Med: piel) flaky.

escamotear vt 1. (no dar) to withhold: **nos escamotean la verdad** they keep the truth from us; **les escamoteaba la comida** he deprived them of food. 2. (robar) to steal.

escampar v impers to stop raining, to clear up.

escanciar vt (frml) to pour.

escandalizar [⇨ cazar] vt to shock, to scandalize.

escandalizarse v prnl to be shocked.

escándalo sm 1. (jaleo) racket: **armó un escándalo** he made a scene. 2. (asunto vergonzoso) scandal.

escandaloso, -sa adj 1. (vergonzoso) scandalous, shameful. 2. (bullicioso) noisy, rowdy.

Escandinavia sf Scandinavia.

escandinavo, -va adj, sm/f (Geog)

Scandinavian.

escáner sm [**escáners**] 1. (aparato) scanner. 2. (prueba) scan.

escaño sm seat.

escapada sf 1. (evasión) escape. 2. (viaje breve) short trip, break. 3. (en ciclismo) breakaway.

escapar vi (huir) to escape (**de** from).

escaparse v prnl 1. (huir) to escape (**de** from). 2. (escabullirse) to slip away. 3. (gas, líquido) to leak. 4. (librarse) to escape. 5. **escapársele a alguien** (perro): **se me escapó** he got away from me; (tren): **se le escapó el tren** she missed the train; (oportunidad): **que no se te escape la oportunidad** don't miss the chance; (concepto): **la idea se me escapa** the idea is beyond me; (secreto): **se me escapó que...** I let it slip that....

escaparate sm 1. (de una tienda) shop window. 2. (Col, Ven: armario en general) cupboard; (:vitrina) display cabinet; (:ropero) wardrobe.

escapatoria sf way out.

escape sm 1. (de gas) leak. 2. (Auto) exhaust.

escaquearse v prnl (fam): **escaquearse de sus obligaciones** to shirk one's duties.

escarabajo sm beetle.

escaramuza sf skirmish.

escarapela sf rosette.

escarbadientes sm inv toothpick.

escarbar vt (la tierra) to scratch (in), to dig around in. ♦ vi 1. (en la tierra) to scratch around. 2. (en un asunto) to delve (**en** into), to dig around in (**en** in).

escarbarse v prnl (los dientes) to pick.

escarceos sm pl forays pl.

escarcha sf frost.

escarchado, -da adj 1. (Meteo) frosty. 2. (fruta) candied, crystallized.

escarlata adj inv, sm scarlet.

escarmentar [⇨ pensar] vi to learn

one's lesson. ♦ vt: **te voy a escarmentar** I'm going to teach you a lesson.

escarmiento I sm lesson: **le sirvió de escarmiento** it taught him a lesson. II also ⇨ **escarmentar**.

escarola sf (curly) endive.

escarpado, -da adj sheer, steep.

escasear vi to be scarce, to be in short supply.

escasez sf [**-seces**] 1. (insuficiencia) shortage, scarcity. 2. (pobreza) poverty.

escaso, -sa adj 1. (recursos) limited: **tuvieron escasas oportunidades** they had few chances. 2. (falto): **andaba escaso de dinero** I was short of money. 3. (apenas): **lleva un mes escaso aquí** he has scarcely been here a month; **pesa un kilo escaso** it weighs just under a kilo.

escatimar vt: **nos escatiman la comida** they're very mean with the food; **no escatimaron esfuerzos** they spared no effort; **intentan escatimar materiales** they try to skimp on materials.

escayola sf plaster.

escayolar vt to put in plaster: **tenía el brazo escayolado** her arm was in plaster.

escena sf 1. (gen) scene ● **montar una escena** to make a scene. 2. (escenario) stage.

escenario sm 1. (de teatro) stage; (de cine) scene. 2. (lugar) scene, setting.

escenografía sf (arte: en el teatro) stage design; (: en el cine) set design; (decorados) scenery.

escéptico, -ca I adj sceptical, (US) skeptical. II sm/f sceptic, (US) skeptic.

escindir vt to split (**en** into).

escindirse v prnl 1. (fragmentarse) to split (**en** into). 2. (segregarse) to break away (**de** from).

escisión sf 1. (fragmentación) split. 2. (segregación) break.

esclarecer [⇨ agradecer] vt (gen)

to throw light on; (*un misterio*) to clear up.

esclava *sf* 1. (*mujer*) slave. 2. (*pulsera*) bangle.

esclavitud *sf* slavery.

esclavizar [⇨ cazar] *vt* 1. (*sojuzgar*) to enslave. 2. (*limitar*) to tie down.

esclavo, -va *sm/f* slave.

esclusa *sf* lock.

escoba *sf* (*de paja*) broom; (*cepillo*) brush.

escobilla *sf* 1. (*Hogar*) small brush. 2. (*de limpiaparabrisas*) wiper blade.

escocer [⇨ cocer] *vi* to smart, to sting.

escocés, -cesa I *adj* Scottish: **tela escocesa** tartan. II *sm/f* Scot, Scotsman/woman: **los escoceses** the Scottish ∗ Scots.

Escocia *sf* Scotland.

escoger [⇨ proteger] *vt/i* to choose.

escolar I *adj* school (*apos.*). II *sm/f* schoolboy/girl.

escolaridad *sf* education, schooling.

escollera *sf* breakwater.

escollo *sm* 1. (*obstáculo*) obstacle. 2. (*roca*) reef.

escolta I *sf* escort. II *sm/f* bodyguard, escort.

escoltar *vt* to escort.

escombros *sm pl* rubble, debris.

esconder *vt* to hide, to conceal.

esconderse *v prnl* to hide (**de** from).

escondidas I **a escondidas** *loc adv* secretly: **a escondidas de su padre** behind her father's back. II *sf pl* (*Amér L: juego*) hide-and-seek.

escondite *sm* 1. (*lugar*) hiding place. 2. (*juego*) hide-and-seek.

escondrijo *sm* (*gen*) hiding place; (*de delincuentes*) hide-out.

escopeta *sf* shotgun.

escopetado, -da *adj* (*fam*) ⇨ **escopeteado**.

escopeteado, -da *adj* (*fam*): **iba escopeteado** he was going really fast.

escoplo *sm* chisel.

escorar *vi* to list.

escorchar (*RP: fam*) *vt* to pester. ◆ *vi* to be a nuisance.

escoria *sf* 1. (*Tec*) slag. 2. (*personas*): **la escoria de la sociedad** the dregs of society.

escorpio, Escorpio *sm* Scorpio.

escorpión *sm* scorpion.

escotado, -da *adj* low-cut.

escote *sm* (*de prenda*) neckline; (*de mujer*) bosom ● **lo pagamos a escote** we split the bill.

escotilla *sf* hatch.

escozor *sm* stinging.

escribano, -na *sm/f* 1. (*Hist*) scribe. 2. (*RP: Jur*) notary.

escribir [*pp* **escrito**] *vt* (*gen*) to write; (*referido a la ortografía*) to spell: **se escribe con "y"** it's spelt with a "y".

escrito, -ta I *pp* ⇨ **escribir**. II *adj* written: **por escrito** in writing. III *sm* (*documento*) document; (*carta*) letter: **en sus escritos** in her writings.

escritor, -tora *sm/f* writer.

escritorio *sm* (*mesa*) desk; (*buró*) bureau.

escritura I *sf* 1. (*gen*) writing. 2. (*Jur*) deed. II **las Escrituras** *sf pl* (*Relig*) the Scriptures *pl*.

escriturar *vt* (*un contrato*) to formalize; (*una propiedad*) to register.

escrúpulo *sm* scruple: **sin escrúpulos** unscrupulous.

escrupuloso, -sa *adj* 1. (*honrado*) scrupulous. 2. (*cuidadoso*) meticulous. 3. (*melindroso*) particular.

escrutar *vt* 1. (*examinar*) to scrutinize. 2. (*votos*) to count.

escrutinio *sm* count.

escuadra *sf* (*de dibujo*) set square; (*en carpintería*) square.

escuadrón *sm* squadron.

escuálido, -da *adj* emaciated, thin.

escucha I *sf* 1. (*gen*): **mantenerse a la escucha** to keep listening. 2. (*or escucha telefónica*) telephone tap.

escuchar *vt* to listen to. ◆ *vi* to listen.

escuchimizado, -da *adj* (*fam*:

flaco) scrawny.

escudarse *v prnl:* **escudarse en algo** to use sthg as an excuse.

escudería *sf* motor-racing team.

escudero *sm* squire.

escudo *sm* 1. (*arma*) shield. 2. (*insignia*) badge, crest. 3. (*or* **escudo de armas**) coat of arms. 4. (*moneda*) escudo.

escudriñar *vt* 1. (*el horizonte*) to scan. 2. (*un asunto*) to inquire into.

escuela *sf* 1. (*Educ*) school. 2. (*tendencia*) school. 3. (*formación*) training.

escuela de formación profesional *sf* technical college. **escuela de idiomas** *sf* language school.

escueto, -ta *adj* concise, succinct.

escuincle, -cla *sm/f* (*Méx: fam*) kid.

esculpir *vt* to sculpt.

escultor, -tora *sm/f* sculptor.

escultura *sf* sculpture.

escupidera *sf* 1. (*para escupir*) spittoon. 2. (*orinal*) chamber pot.

escupir *vi* to spit. ♦ *vt* to spit out.

escupitajo *sm* (*fam*) gob of spit.

escurreplatos *sm inv* plate rack.

escurridero *sm* draining board.

escurridizo, -za *adj* 1. (*resbaladizo*) slippery. 2. (*persona*) elusive.

escurridor *sm* (*para verdura*) colander; (*para platos*) plate rack.

escurrir *vt* 1. (*verdura*) to drain. 2. (*una prenda*) to wring out. ♦ *vi* (*platos*) to drain; (*prenda*) to drip-dry.

escurrirse *v prnl* 1. (*resbalarse*) to slip (out). 2. (*esfumarse*) to slip away.

esdrújulo, -la *adj:* stressed on the antepenultimate syllable.

ese *sf* (*Ling*) name of the letter S ● **hacer eses** (*camino*) to twist and turn, (*coche*) to zigzag.

ese, esa I *adj demostrativo* that. II *pron demostrativo* ➪ **ése**.

ése, ésa *pron demostrativo* that (one).

esencia *sf* essence.

esencial *adj* essential.

esfera *sf* 1. (*gen*) sphere, globe.

2. (*de reloj*) face; (*de indicador*) dial. 3. (*campo*) sphere, field.

esférico, -ca I *adj* spherical. II *sm* (*en fútbol*) ball.

esfero *sm* (*Col*) ballpoint (pen).

esfinge *sf* sphinx.

esforzar [➪ forzar] *vt* to strain.

esforzarse *v prnl* (*gen*) to make an effort, to try hard; (*físicamente*) to exert oneself.

esfuerzo I *sm* effort: **hacer un esfuerzo** to make an effort. II *also* ➪ **esforzar**.

esfumarse *v prnl* to disappear.

esgrima *sf* fencing.

esgrimir *vt* 1. (*un arma*) to brandish. 2. (*razones*) to put forward; (*una excusa*) to use.

esguince *sm* sprain.

eslabón *sm* link.

eslálom *sm* slalom.

eslogan *sm* [**eslóganes**] slogan.

eslora *sf* length.

eslovaco, -ca I *adj, sm/f* Slovak. II *sm* (*Ling*) Slovak.

Eslovaquia *sf* Slovakia.

Eslovenia *sf* Slovenia.

esloveno, -na I *adj, sm/f* Slovene. II *sm* (*Ling*) Slovene.

esmalte *sm* 1. (*Tec*) enamel. 2. (*or* **esmalte de uñas**) nail polish ✻ varnish.

esmerado, -da *adj* 1. (*trabajo*) carefully done. 2. [S] (*persona*) painstaking, conscientious.

esmeralda *sf* emerald.

esmerarse *v prnl* to take great care (**en** over).

esmero *sm* care.

esmirriado, -da *adj* (*fam*) scrawny.

esmoquin *sm* [**esmóquines**] dinner jacket, (*US*) tuxedo.

esnifar *vt* (*pegamento*) to sniff; (*cocaína*) to snort, to sniff.

esnob I *adj* snobbish. II *sm/f* snob.

esnobismo *sm* snobbery.

esnórquel *sm* snorkel.

eso *pron demostrativo* that: **¡eso es!** that's it!; **por eso** that's why ● **a eso de las doce** at about twelve o'clock.

esófago *sm* (*Anat*) oesophagus,

(*US*) esophagus.

esos, esas I *adj demostrativo* those. **II** *pron demostrativo* ➪ **ésos.**

ésos, ésas *pron demostrativo* those (ones).

esotérico, -ca *adj* esoteric.

espabilado, -da *adj* **1.** (*listo*) bright, clever. **2.** (*avispado*) sharp, shrewd.

espabilar *vi* **1.** (*tener cuidado*): **si no (te) espabilas...** if you're not careful... ‖ if you don't get your act together.... **2.** (*darse prisa*) to hurry up, to get a move on. ♦ *vt* to revive.

espabilarse *v prnl* (*despejarse*) to wake oneself up. *Other uses* ➪ **espabilar** *vi.*

espachurrar *vt* (*fam*) to squash.

espaciador *sm* space-bar.

espacial *adj* (*apos.*).

espaciar *vt* to space out.

espacio *sm* **1.** (*gen*) space. **2.** (*programa*) programme, (*US*) program.

espacio aéreo *sm* air space.

espacioso, -sa *adj* roomy, spacious.

espada I *sf* sword. **II espadas** *sf pl:* suit in Spanish playing cards.

espadachín *sm* swordsman.

espaguetis *sm pl* spaghetti.

espalda *sf* **1.** (*Anat*) back: **la vi de espaldas** I saw her from behind; **lo atacaron por la espalda** he was attacked from behind ● **a espaldas de alguien** behind sbdy's back. **2.** (*en natación*) backstroke.

espalda mojada *sm/f* wetback.

espaldarazo *sm* **1.** (*golpe*) slap on the back. **2.** (*reconocimiento*) recognition; (*impulso*) boost.

espamento *sm* (*RP*) ➪ **aspamento.**

espantajo *sm* **1.** (*espantapájaros*) scarecrow. **2.** (*cosa, persona*) terrible sight.

espantapájaros *sm inv* scarecrow.

espantar *vt* **1.** (*aterrar*) to frighten, to terrify. **2.** (*moscas, gallinas*) to shoo away; (*aspirantes*) to scare away. ♦ *vi*: **me espanta la idea** the idea horrifies me.

espanto *sm* **1.** (*pánico*) fright. **2.** (*desagrado*): **me produce**

espanto I hate it.

espantoso, -sa *adj* **1.** (*horrible*) dreadful, terrible. **2.** (*para enfatizar*): **hace un frío espantoso** it's terribly cold.

España *sf* Spain.

español, -ñola I *adj* Spanish. **II** *sm/f* Spaniard: **los españoles** the Spanish ✳ Spaniards. **III** *sm* (*Ling*) Spanish.

esparadrapo *sm* sticking plaster, (*US*) adhesive tape.

esparcimiento *sm* relaxation.

esparcir [➪ zurcir] *vt* (*objetos*) to scatter; (*un rumor*) to spread.

espárrago *sm* asparagus.

espasmo *sm* spasm.

espatarrarse *v prnl* (*fam*) to sprawl.

espátula *sf* (*gen*) spatula; (*en pintura*) palette knife.

especia *sf* spice.

especial *adj* **1.** (*singular*) special. **2.** (*melindroso*) fussy.

especialidad *sf* speciality, specialty.

especialista *sm/f* **1.** (*experto*) specialist. **2.** (*en una película*) stunt man/woman.

especializarse [➪ cazar] *v prnl* to specialize.

especie *sf* **1.** (*Biol, Zool*) species *n inv.* **2.** (*tipo*) kind, sort. **3. en especie** (*en productos*) in kind.

especificación *sf* specification.

especificar [➪ sacar] *vt* to specify.

específico, -ca *adj* specific.

espécimen *sm* [*pl* **especímenes**] specimen.

espectacular *adj* spectacular.

espectáculo *sm* **1.** (*cabaret, teatro*) show. **2.** (*escena: gen*) spectacle; (*: llamativa*) spectacle. **3.** (*escándalo*) spectacle: **dio un espectáculo** he made a spectacle of himself.

espectador, -dora *sm/f* **1.** (*en cine, teatro*) member of the audience; (*en estadio*) spectator; (*de televisión*) viewer. **2.** (*observador*) onlooker.

espectro *sm* **1.** (*aparición*) ghost. **2.** (*Fís*) spectrum. **3.** (*gama*) range.

especulación *sf* speculation.

especular *vi* to speculate (**sobre** on
❋ about).

espejismo *sm* mirage.

espejo *sm* mirror.

espejo lateral *sm* wing mirror.
espejo retrovisor *sm* rear-view
mirror.

espeleólogo, -ga *sm/f* potholer.

espeluznante *adj* terrifying, hair-
raising.

espera *sf* wait: **estar a la espera de
algo** to be waiting for sthg.

esperanza *sf* hope.

esperanza de vida *sf* life expectancy.

esperanzador, -dora *adj* encouraging.

esperar *vt* 1. (*un tren, a una persona*) to wait for. 2. (*una respuesta,
un suceso*) to await. 3. (*un bebé*) to be
expecting. 4. (*imaginar, prever*) to
expect: **esperaba encontrarlos allí**
she expected to find them there.
5. (*desear*) to hope: **espero que pue-
das venir** I hope you can come. ❋ *vi*
to wait.

esperarse *v prnl* to expect: **no me lo
esperaba** I wasn't expecting it.

esperma *sm* sperm *n inv*.

espermatozoide *sm* sperm.

espermicida I *adj* spermicidal. II
sm spermicide.

esperpéntico, -ca *adj* grotesque.

espesar *vt* to thicken.

espesarse *v prnl* to thicken.

espeso, -sa *adj* (*gen*) thick; (*vegetación*) dense, thick.

espesor *sm* thickness.

espesura *sf* dense vegetation.

espía *sm/f* spy.

espiar [❏ ansiar] *vt* to spy on.

espichar *vi* (*fam*) to die, to kick the
bucket. ❋ *vt* (*Col: fam*) 1. (*aplastar*)
to squash. 2. (*apretar*) to press.

espiedo *sm* (*C Sur*) (roasting) spit.

espiga *sf* 1. (*de cereal*) ear. 2. (*en
tejidos*) herringbone pattern.

espigado, -da *adj* tall and slim.

espigón *sm* breakwater.

espina *sf* (*de un pez*) bone; (*de una
planta*) thorn.

espina dorsal *sf* spine, backbone.

espinacas *sf pl* spinach.

espinazo *sm* spine, backbone.

espinilla *sf* 1. (*de la pierna*) shin.
2. (*en la piel*) blackhead.

espinillera *sf* shin pad.

espino *sm* hawthorn.

espinoso, -sa *adj* thorny, prickly.

espionaje *sm* espionage, spying.

espiral I *adj* spiral. II *sf* 1. (*gen*)
spiral. 2. (*RP: para mosquitos*) mosquito coil.

espirar *vi* to exhale.

espiritismo *sm* spiritualism.

espíritu *sm* spirit.

espiritual *adj*, *sm* spiritual.

espita *sf* tap, (*US*) faucet.

espléndido, -da *adj* 1. (*estupendo*)
splendid, magnificent. 2. (*generoso*)
generous.

esplendor *sm* splendour, (*US*)
splendor.

espolear *vt* (*a un caballo*) to spur
on; (*a una persona*) to encourage.

espolón *sm* 1. (*malecón*) sea wall.
2. (*de gallo*) spur. 3. (*Geog*) spur.

espolvorear *vt* to sprinkle.

esponja *sf* sponge.

esponjarse *v prnl* (*gen*) to become
fluffy; (*masa*) to swell.

esponjoso, -sa *adj* (*lana*) soft,
fluffy; (*bizcocho*) spongy, soft;
(*tierra*) soft.

espontáneo, -nea *adj* spontaneous.

espora *sf* spore.

esporádico, -ca *adj* sporadic.

esposar *vt* to handcuff.

esposas *sf pl* handcuffs *pl*.

esposo, -sa *sm* (*hombre*) husband;
(*mujer*) wife.

esprintar *vi* to sprint.

espuela *sf* spur.

espulgar [❏ pagar] *vt* (*de piojos*) to
delouse; (*de pulgas*) to get the fleas
off.

espuma *sf* 1. (*del jabón*) lather,
foam; (*de la cerveza*) froth. 2. (*material*) foam.

espuma de afeitar *sf* shaving foam.

espumadera *sf* skimmer, perfor-
ated spoon.

espumillón *sm* tinsel.

espumoso, -sa I *adj* **1.** (*baño*) bubbly, foamy; (*mar*) foaming. **2.** (*vino*) sparkling; (*cerveza*) frothy. **II** *sm* sparkling wine.

espurio, -ria *adj* spurious.

esqueje *sm* cutting.

esquela *sf* **1.** (*or* **esquela mortuoria**) death announcement. **2.** (*frml*: *nota breve*) note.

esqueleto *sm* **1.** (*Anat*) skeleton ● **está hecho un esqueleto** he's as thin as a rake. **2.** (*armazón*) framework, skeleton.

esquema *sm* **1.** (*croquis*) diagram, plan. **2.** (*resumen*) outline, summary.

esquemático, -ca *adj* **1.** (*dibujo*) diagrammatic. **2.** (*resumido*) simplified.

esquí *sm* **1.** (*actividad*) skiing. **2.** (*tabla*) ski.

esquí acuático *sm* water-skiing. **esquí alpino** *sm* alpine skiing. **esquí de fondo** *sm* cross-country skiing.

esquiador, -dora *sm/f* skier.

esquiar [⇨ ansiar] *vi* to ski.

esquilar *vt* to shear.

esquimal *adj*, *sm/f* Eskimo.

esquina *sf* corner ● **a la vuelta de la esquina** just around the corner.

esquinazo *sm*: **me dio el esquinazo** he managed to avoid me.

esquirol *sm/f* strikebreaker, blackleg.

esquivar *vt* to dodge, to avoid.

esquivo, -va *adj* (*mirada*) shifty; (*persona*) unsociable.

esquizofrénico, -ca *adj*, *sm/f* schizophrenic.

esta *adj demostrativo* ⇨ **este -ta**.

ésta *pron demostrativo* ⇨ **éste -ta**.

estabilidad *sf* stability.

estabilizar [⇨ cazar] *vt* to stabilize.

estabilizarse *v prnl* to stabilize, to become stable.

estable *adj* (*gen*) stable; (*trabajo*) steady.

establecer [⇨ agradecer] *vt* **1.** (*crear: gen*) to establish; (*: un*

récord) to set. **2.** (*disponer*) to lay down, to state. **3.** (*determinar*) to establish.

establecerse *v prnl* **1.** (*en un lugar*) to settle. **2.** (*en una profesión*) to set up.

establecimiento *sm* establishment.

establo *sm* cattle shed.

estaca *sf* (*gen*) stake, post; (*de tienda*) (tent) peg; (*palo grueso*) big stick.

estacada *sf* stockade.

estación *sf* **1.** (*de tren, autobús*) station. **2.** (*del año*) season. **3.** (*or* **estación radial ∗ de radio**) (*Amér L*) (radio) station.

estación de esquí *sf* ski resort. **estación de servicio** *sf* petrol ∗ (*US*) gas station.

estacionamiento *sm* (*acción*) parking. (*lugar*) ⇨ **parking**.

estacionar *vt/i* to park.

estacionarse *v prnl* **1.** (*Auto*) to park. **2.** (*proceso*) to stabilize.

estacionario, -ria *adj* stationary.

estadía *sf* stay.

estadio *sm* stadium.

estadista *sm/f* statesman/woman.

estadística *sf* **1.** (*cifra*) statistic. **2.** (*ciencia*) statistics.

estadístico, -ca I *adj* statistical. **II** *sm/f* statistician.

estado *sm* (*gen*) state; (*Med*) condition ● **está en estado** she's expecting.

estado civil *sm* marital status. **estado de ánimo** *sm* state of mind. **estado de cuenta** *sm* (bank) statement.

Estados Unidos *sm* United States (of America).

Estados Unidos Mexicanos *sm pl* (*frml*) United States of Mexico.

estadounidense I *adj* United States (*apos.*), American. **II** *sm/f* American.

estafa *sf* swindle, con.

estafar *vt* to swindle.

estafeta *sf* (*or* **estafeta de correos**)

sub-post office.

estalactita *sf* stalactite.

estalagmita *sf* stalagmite.

estallar *vi* 1. (*bomba*) to explode, to go off; (*globo*) to burst ● **estalló en llanto** he burst into tears. 2. (*guerra*) to break out.

estampa *sf* 1. (*lámina*) illustration. 2. (*aspecto*) appearance. 3. (*Relig*) prayer card.

estampado *sm* print, pattern.

estampar *vt* 1. (*imprimir*) to print. 2. (*un sello*) to put; (*un beso*) to plant. 3. (*arrojar*) to hurl.

estamparse *v prnl* (*chocar*) to crash (**contra** into).

estampida *sf* stampede.

estampido *sm* bang.

estampilla *sf* 1. (*de caucho*) rubber stamp. 2. (*Amér S: de correos*) (postage) stamp; (*: en documentos*) tax stamp.

estancado, -da *adj* 1. (*agua*) stagnant. 2. (*proyecto*) at a standstill.

estancia *sf* 1. (*permanencia*) stay. 2. (*frml: habitación*) room. 3. (*RP: hacienda*) ranch.

estanciero, -ra *sm/f* (*RP*) rancher, (cattle) farmer.

estanco *sm* (*en Esp*) tobacconist's (*also selling stamps*); (*en Col*) state liquor store.

estándar *adj*, *sm* standard.

estandarizar [⇨ cazar] *vt* to standardize.

estandarte *sm* standard, banner.

estanque *sm* pond.

estante *sm* shelf.

estantería *sf* (*gen*) shelves *pl*; (*para libros*) bookcase.

estaño *sm* tin.

estar [⇨ table in appendix 2] *vi* 1. (*gen*) to be: **está en Londres** he is in London; **¿está María?** is María in?; **¿cómo estás?** how are you?; **estamos de vacaciones** we're on holiday; **te está un poco estrecho** it's a bit tight on you; **¿a cuánto están las peras?** how much are the pears?; **¿a cuántos estamos?** what date is it today? ● **¿estamos?**

agreed? ✳ ok?; **¿estará para el lunes?** will it be ready by Monday? 2. **estar por**: **está por llover** it's going to rain; **estuve por decírselo, pero...** I nearly told him but...; **la cama está por hacer** the bed hasn't been made. ◆ *v aux* (+ *gerundio*): **¿qué estás haciendo?** what are you doing?

estarse *v prnl* (*en una situación*) to keep: **estáte quieto** keep still.

estárter *sm* choke.

estatal *adj* state.

estático, -ca *adj* static.

estatua *sf* statue.

estatura *sf* height.

estatus *sm inv* status.

estatutario, -ria *adj* statutory.

estatuto *sm* statute.

este I *sm* east. II *adj inv* (*gen*) east; (*región*) eastern; (*dirección*) easterly.

este, -ta I *adj demostrativo* this. II *pron demostrativo* ⇨ **éste -ta**.

esté *etc.* ⇨ **estar**.

éste, -ta *sm pron demostrativo* this one.

estela *sf* wake.

estelar *adj* star (*apos.*).

estentóreo, -rea *adj* booming.

estepa *sf* steppe.

estera *sf* mat.

estéreo *adj inv*, *sm* stereo.

estereotipado, -da *adj* stereotyped.

estéril *adj* sterile.

esterilización *sf* sterilization.

esterlina *adj* sterling.

esternón *sm* sternum, breastbone.

esteticista *sm/f* beautician.

estético, -ca *adj* aesthetic, (*US*) esthetic.

estetoscopio *sm* stethoscope.

estibador, -dora *sm/f* docker.

estiércol *sm* (*excremento*) dung; (*abono*) manure.

estigma *sm* stigma.

estilarse *v prnl* to be in fashion.

estilista *sm/f* (*peluquero*) stylist; (*de moda*) designer.

estilístico, -ca *adj* stylistic.

estilo *sm* 1. (*gen*) style. 2. (*en natación*) stroke.

estilográfica *sf* fountain pen.

estima *sf* esteem.

estimación *sf* 1. (*juicio*) evaluation. 2. (*estima*) esteem. 3. (*cálculo*) estimate.

estimado, -da *adj* 1. (*en cartas*) Dear. 2. (*calculado*) estimated.

estimar *vt* 1. (*apreciar*) to hold in high regard. 2. (*calcular*) to estimate (*en* at). 3. (*juzgar*) to think.

estimativa, -va *adj* approximate, rough.

estimulante I *adj* stimulating. II *sm* stimulant.

estimular *vt* 1. (*activar*) to stimulate. 2. (*animar*) to encourage.

estímulo *sm* 1. (*Biol, Fís*) stimulus. 2. (*incentivo*) incentive.

estipulación *sf* stipulation, condition.

estirado, -da *adj* [S] snooty, stuck-up.

estirar *vt* 1. (*extender*) to stretch; (*alisar*) to smooth out. 2. (*hacer durar*) to spin out.

estirpe *sf* stock.

esto *pron demostrativo* this.

estocada *sf* sword thrust.

estofado, -da I *adj* stewed. II *sm* meat stew.

estoico, -ca *adj, sm/f* stoic.

estola *sf* stole.

estómago *sm* stomach: **me duele el estómago** I have a stomach ache; **tengo el estómago revuelto** I feel sick ● **me revuelve el estómago** it turns my stomach.

Estonia *sf* Estonia.

estonio, -nia *adj, sm/f* Estonian.

estoperol *sm* (*Col*) Cat's-eye®.

estoque *sm* (*en esgrima*) rapier; (*Tauro*) sword.

estor *sm* roller blind.

estorbar *vt* 1. (*dificultar*) to hinder. 2. (*molestar*): **me estorba allí** it's in my way there; **no lo estorbes** don't disturb him. ♦ *vi* to be ✳ get in the way.

estorbo *sm* hindrance.

estornino *sm* starling.

estornudar *vi* to sneeze.

estos, -tas I *adj demostrativo* these. II *pron demostrativo* ⇨ **éstos -tas**.

éstos, -tas *pron demostrativo* these (ones).

estoy ⇨ **estar**.

estrafalario, -ria *adj* (*comportamiento*) eccentric; (*ropa*) outlandish.

estragón *sm* tarragon.

estragos *sm pl* destruction, havoc.

estrambótico, -ca *adj* (*fam: comportamiento*) eccentric; (*ropa*) outlandish.

estrangular *vt* to strangle.

estraperlo *sm* black market.

Estrasburgo *sm* Strasbourg.

estrategia *sf* strategy.

estratégico, -ca *adj* strategic.

estrato *sm* stratum.

estratosfera *sf* stratosphere.

estrechar *vt* 1. (*gen*) to narrow; (*una prenda*) to take in. 2. (*una relación*) to strengthen. 3. (*con los brazos*) to hold: **le estreché la mano** I shook his hand.

estrecharse *v prnl* 1. (*camino*) to narrow. 2. (*lazos*) to strengthen, to get stronger.

estrecho, -cha I *adj* 1. (*angosto*) narrow. 2. (*apretado: ropa*) tight: **íbamos un poco estrechos** it was a bit of a squeeze. 3. (*relación*) close, intimate. 4. (*mentalidad*): **tiene una mentalidad muy estrecha** he's very narrow-minded. II *sm* (*Geog*) strait, straits *pl*.

estrella *sf* star.

estrellar *vt* to smash.

estrellarse *v prnl* to crash.

estremecerse [⇨ agradecer] *v prnl* (*gen*) to shake, to tremble; (*de miedo*) to shudder; (*de frío*) to shiver.

estrenar *vt* 1. (*una prenda*) to wear for the first time; (*un coche*) to drive for the first time. 2. (*una obra de teatro*) to premiere, to perform for the first time; (*una película*) to premiere, to release.

estrenarse *v prnl* to make one's debut.

estreno *sm* 1. (*de una obra de teatro*)

first performance, premiere; (*de una película*) premiere; (*en el periódico*): **estrenos** new releases. 2. (*de una persona*) debut.

estreñido, -da *adj* constipated.

estrépito *sm* din, racket.

estrepitoso, -sa *adj* 1. (*ruido*) deafening. 2. (*fracaso*) spectacular.

estrés *sm* stress.

estresante *adj* stressful.

estribar *vi* to lie (**en** in).

estribillo *sm* refrain, chorus.

estribo *sm* 1. (*de un jinete*) stirrup
● **perdí los estribos** I lost my temper. 2. (*en una motocicleta*) footrest.

estribor *sm* starboard.

estricto, -ta *adj* strict.

estridente *adj* strident.

estropajo *sm* scourer.

estropear *vt* 1. (*un aparato*) to break. 2. (*un plan*) to spoil, to ruin.

estropearse *v prnl* 1. (*aparato*) to break down. 2. (*comida*) to go off ✱ bad. 3. (*plan*) to go wrong.

estropicio *sm* mess.

estructura *sf* 1. (*organización*) structure. 2. (*armazón*) frame, framework.

estruendo *sm* din, racket.

estrujar *vt* 1. (*exprimir*) to squeeze; (*un trapo*) to wring out; (*un papel*) to crumple up. 2. (*apretar*) to crush; (*abrazar*) to hug. 3. (*fam: explotar*) to exploit.

estuario *sm* estuary.

estuche *sm* case.

estudiante *sm/f* student.

estudiantil *adj* student (*apos.*).

estudiar *vt* 1. (*una asignatura*) to study. 2. (*pensar en*) to look into, to study. ♦ *vi* to study.

estudio I *sm* 1. (*proceso, trabajo*) study. 2. (*apartamento*) studio flat ✱ (*US*) apartment. 3. (*despacho*) study. 4. (*de pintor*) studio. 5. (*de cine, radio*) studio. 6. (*RP: de abogado*) office. II **estudios** *sm pl* (*carrera*) studies *pl*, education.

estudios de mercado *sm pl* market research. **estudio de viabilidad** *sm* feasibility study.

estudioso, -sa *adj* studious, hard-working.

estufa *sf* 1. (*para calentar*) stove: **estufa eléctrica** electric heater. 2. (*Méx: para cocinar*) cooker.

estupefaciente *adj, sm* narcotic.

estupefacto, -ta *adj* astonished, speechless.

estupendo, -da *adj* fantastic, wonderful.

estupidez *sf* [-deces] 1. (*cualidad*) stupidity. 2. (*acción, comentario*) stupid thing.

estúpido, -da I *adj* stupid. II *sm/f* idiot, stupid person.

estupor *sm* 1. (*asombro*) astonishment, amazement. 2. (*Med*) stupor.

estuve *etc*. ⇨ **estar**.

esvástica *sf* swastika.

ETA *sf* ETA (*Basque terrorist organization*).

etapa *sf* stage.

etarra *sm/f* member of ETA.

etcétera *sm* etcetera: **y un largo etcétera de artículos** and many other articles.

eternidad *sf* eternity.

eterno, -na *adj* eternal.

ética *sf* ethics.

ético, -ca *adj* ethical.

etimología *sf* etymology.

etiqueta *sf* 1. (*con señas, etc.*) label; (*con precio*) tag, ticket. 2. (*normas*) etiquette.

etnia *sf* ethnic group.

étnico, -ca *adj* ethnic.

eucalipto *sm* eucalyptus.

eufemismo *sm* euphemism.

eufórico, -ca *adj* euphoric.

euro *sm* Euro, euro.

eurodiputado, -da *sm/f* MEP, member of the European Parliament.

Europa *sf* Europe.

europeo, -pea *adj, sm/f* European.

Euskadi *sm* the Basque Country.

euskera *adj, sm* (*Ling*) Basque.

eutanasia *sf* euthanasia.

evacuar [⇨ actuar] *vt* to evacuate.

evadir *vt* 1. (*eludir*) to avoid. 2. (*impuestos*) to evade.

evadirse *v prnl* (*fugarse*) to escape.

evaluación *sf* assessment.

evaluar [⇨ actuar] *vt* to assess.

evangélico, -ca *adj* evangelical.

evangelio *sm* gospel.

evaporar *vt* to evaporate.

evaporarse *v prnl* to evaporate.

evasión *sf* (*fuga*) escape; (*de la realidad*): **literatura de evasión** escapist literature.

evasión fiscal ∗ de impuestos *sf* tax evasion.

evasiva *sf* evasive reply.

evasivo, -va *adj* evasive.

evento *sm* event.

eventual *adj* 1. (*temporal*) temporary. 2. (*fortuito*): **en el caso eventual de que...** in the event of....

evidencia *sf* proof, evidence ● **me puso en evidencia** he showed me up.

evidenciar *vt* to demonstrate.

evidente *adj* obvious, evident.

evitar *vt* 1. (*gen*) to avoid: **me evitó el viaje** it saved me the trip. 2. (*prevenir*) to prevent.

evocar [⇨ sacar] *vt* (*traer el recuerdo de*) to evoke; (*acordarse de*) to recall.

evolución *sf* 1. (*Biol*) evolution. 2. (*de una situación*) development.

evolucionar *vi* 1. (*Biol*) to evolve. 2. (*situación*) to develop.

ex I *pref* ex-. II *sm/f inv* (*fam: antiguo esposo, novio*) ex.

exacerbar *vt* to exacerbate, to make worse.

exactitud *sf* (*precisión*) exactness, precision; (*falta de error*) accuracy.

exacto, -ta *adj* (*preciso*) exact, precise; (*sin error*) accurate.

exagerado, -da *adj* 1. (*cifra*) exaggerated; (*precio*) exorbitant. 2. (*persona*): **es muy exagerada** she's always exaggerating.

exagerar *vt/i* to exaggerate.

exaltado, -da I *adj* 1. (*persona: temporalmente*) [E] excited, worked up. (*: permanentemente*) [S] hot-headed. 2. (*discusión*) impassioned, heated. II *sm/f* hothead.

exaltar *vt* 1. (*excitar*) to excite, to get worked up. 2. (*alabar*) to extol, to praise.

exaltarse *v prnl* to get excited ∗ worked up.

examen *sm* 1. (*Educ*) examination, exam. 2. (*Med*) examination. 3. (*observación*) inspection, study.

examen de conducir ∗ (*Amér L*) de manejar *sm* driving test. **examen de ingreso ∗ de admisión** *sm* entrance exam.

examinar *vt* to examine.

examinarse *v prnl* to sit an examination: **me examiné de inglés** I sat ∗ took my English exam.

exasperar *vt* to exasperate.

exasperarse *v prnl* to get exasperated.

excarcelar *vt* to release (from prison).

excavadora *sf* (mechanical) digger.

excavar *vt* (*un túnel*) to dig, to excavate; (*una zona*) to excavate, to dig in.

excedencia *sf* (extended) leave of absence.

excedente I *adj* 1. (*de más*) surplus. 2. (*trabajador*) on (extended) leave. II *sm* surplus.

exceder *vt* to exceed. ♦ *vi*: **exceder de** to exceed.

excederse *v prnl* to go too far, to go overboard.

excelencia *sf* 1. (*cualidad*) excellence. 2. (*or* **Excelencia**) (*título*) excellency.

excelente *adj* excellent.

excéntrico, -ca *adj*, *sm/f* eccentric.

excepción *sf* exception: **con ∗ a excepción de** except for.

excepcional *adj* exceptional.

excepto *prep* except.

exceptuar [⇨ actuar] *vt* to exclude, to except: **exceptuando ése** with the exception of that one.

excesivo, -va *adj* excessive.

exceso *sm* excess.

exceso de equipaje *sm* excess luggage ∗ baggage. **exceso de velocidad** *sm* speeding.

excitante *adj* 1. (*gen*) exciting. 2. (*Med*): **bebidas excitantes** drinks that act as a stimulant.

excitar *vt* 1. (*gen*) to excite. 2. (*un sentimiento*) to arouse. 3. (*sexualmente*) to arouse.

excitarse *v prnl* to get excited.

exclamación *sf* exclamation.

exclamar *vt/i* to exclaim.

excluir [⇨ huir] *vt* 1. (*dejar fuera*) to exclude (**de** from), to leave out (**de** of). 2. (*una posibilidad*) to rule out.

exclusión *sf* exclusion: **con exclusión de** apart from.

exclusiva *sf* 1. (*Medios*) exclusive (story). 2. (*monopolio*) exclusive rights *pl* (**de** to).

exclusive *adv* exclusive.

exclusivo, -va *adj* 1. (*único*) sole. 2. (*selecto*) exclusive, select.

excombatiente *sm/f* veteran.

excomulgar [⇨ pagar] *vt* to excommunicate.

excomunión *sf* excommunication.

excremento *sm* excrement.

excursión *sf* 1. (*viaje*) trip, excursion: **ir de excursión** to go on a trip. 2. (*a pie*) hike.

excursionismo *sm* hiking.

excusa I *sf* (*pretexto*) excuse. II **excusas** *sf pl* (*disculpas*) apologies *pl*: **les presenté mis excusas** I apologized to them.

excusar *vt* 1. (*disculpar*) to excuse. 2. (*perdonar*) to forgive.

exención *sf* exemption.

exento, -ta *adj* exempt (**de** from), free (**de** of ✳ from).

exhalar *vt* 1. (*un suspiro*) to utter. 2. (*un olor*) to give off.

exhaustivo, -va *adj* exhaustive.

exhausto, -ta *adj* exhausted.

exhibición *sf* 1. (*demostración*) demonstration, display. 2. (*de una película*) screening, showing.

exhibir *vt* to exhibit, to show.

exhortar *vt* to urge, to exhort.

exhumar *vt* to exhume.

exigencia *sf* demand.

exigente *adj* demanding.

exigir [⇨ surgir] *vt* 1. (*pedir*) to de-

mand: **exige que se lo devuelvan** he demands ✳ insists that they give it back; **nos exige mucho** he's very demanding. 2. (*necesitar*) to require.

exiguo, -gua *adj* meagre, (*US*) meager.

exiliado, -da I *adj* exiled, in exile. II *sm/f* exile.

exiliar *vt* to exile.

exiliarse *v prnl* to go into exile.

exilio *sm* exile: **en el exilio** in exile.

eximir *vt* to exempt (**de** from), to absolve (**de** of ✳ from).

existencia *sf* 1. (*gen*) existence; (*vida*) existence, life. 2. (*Fin*): **en existencia** in stock; **todas las existencias** all the stock.

existencialista *adj, sm/f* existentialist.

existente *adj* existing.

existir *vi* (*gen*) to exist; (*haber*): **existe otra posibilidad** there is another possibility.

exitazo *sm* (*fam*) huge success.

éxito *sm* success.

éxito de taquilla *sm* box-office hit.

éxito de ventas *sm* best seller.

exitoso, -sa *adj* successful.

éxodo *sm* exodus.

exonerar *vt* to exonerate.

exorbitante *adj* exorbitant.

exorcista *sm/f* exorcist.

exorcizar [⇨ cazar] *vt* to exorcize.

exótico, -ca *adj* exotic.

expandir *vt* to expand.

expandirse *v prnl* 1. (*Fin*, *Fís*) to expand. 2. (*difundirse*) to spread.

expansión *sf* 1. (*gen*) expansion. 2. (*entretenimiento*) recreation, relaxation.

expectativa I *sf* (*espera*) expectancy: **estar a la expectativa de algo** to be waiting for sthg. II **expectativas** *sf pl* (*perspectivas*) prospects *pl*; (*lo que se espera*) expectations *pl*.

expedición *sf* expedition.

expedicionario, -ria I *adj* expeditionary. II *sm/f* expedition member.

expedientar *vt* (*gen*) to open a file

on; (*a un empleado*) to take disciplinary action against.

expediente *sm* 1. (*documentación*) file, dossier. 2. (*investigación*) investigation.

expediente académico *sm* school record.

expedir [⇨ pedir] *vt* 1. (*un documento*) to issue. 2. (*un paquete*) to send; (*mercancías*) to dispatch.

expendedor, -dora I *adj*: **máquina expendedora** vending machine. II *sm/f* seller.

expensas: **a expensas de** *loc adv* at the expense of.

experiencia *sf* 1. (*gen*) experience. 2. (*experimento*) experiment.

experimentado, -da *adj* experienced.

experimental *adj* experimental.

experimentar *vt* 1. (*sentir*) to experience, to feel. 2. (*una transformación*) to go through, to undergo. ♦ *vi* (*hacer experimentos*) to experiment.

experimento *sm* experiment.

experto, -ta *adj*, *sm/f* expert (**en** on).

expiar [⇨ ansiar] *vt* to expiate, to atone for.

expirar *vi* 1. (*plazo*) to expire, to run out. 2. (*persona*) to pass away, to expire.

explayarse *v prnl* to talk/write at length.

explicación *sf* explanation.

explicar [⇨ sacar] *vt* to explain: **explícaselo** explain it to him.

explicarse *v prnl* 1. (*hacerse entender*) to make oneself clear. 2. (*concebir*) to understand.

explicativo, -va *adj* explanatory.

explícito, -ta *adj* explicit.

exploración *sf* 1. (*gen*) exploration. 2. (*de un enfermo*) examination.

explorar *vt* to explore.

exploratorio, -ria *adj* exploratory.

explosión *sf* 1. (*estallido*) explosion: **hacer explosión** to explode. 2. (*arrebato*) outburst.

explosión demográfica *sf* population explosion.

explosivo, -va *adj*, *sm* explosive.

explotar *vt* 1. (*recursos naturales*) to exploit; (*una granja, una mina*) to work. 2. (*una situación*) to exploit, to take advantage of; (*a una persona*) to exploit. ♦ *vi* 1. (*bomba*) to go off, to explode. 2. (*de ira*) to explode.

expoliar *vt* to plunder, to pillage.

exponer [⇨ poner] *vt* 1. (*exhibir*) to display, to exhibit. 2. (*a la luz*) to expose. 3. (*una teoría*) to expound, to explain; (*una propuesta*) to set out. 4. (*arriesgar*) to risk. ♦ *vi* (*Artes*) to exhibit.

exponerse *v prnl* to expose oneself (**a** to).

exportación *sf* export.

exportador, -dora I *adj*: **países exportadores de trigo** wheat exporting countries. II *sm/f* exporter.

exportar *vt* to export.

exposición *sf* 1. (*Artes*) exhibition, (*US*) exhibit. 2. (*de un tema*) explanation. 3. (*a la luz*) exposure.

exposición rural *sf* (*RP*) agricultural show.

expósito, -ta *adj* (*frml*) abandoned.

expositor, -tora *sm/f* exhibitor.

exprés *adj inv* express.

expresamente *adv* specifically, expressly.

expresar *vt* to express.

expresarse *v prnl* to express oneself.

expresión *sf* expression.

expresivo, -va *adj* expressive.

expreso, -sa I *adj* 1. (*condición, deseo*) express, specific. 2. (*tren*) express. II *sm* (*tren*) express.

exprimidor *sm* lemon squeezer.

exprimir *vt* 1. (*fruta*) to squeeze. 2. (*fam*: *a una persona*) to exploit.

expropiar *vt* to expropriate.

expuesto, -ta I *pp* ⇨ **exponer**. II *adj* 1. [E] (*objeto, obra*) on show, on display. 2. [E] (*expresado*) stated. 3. [E] (*falto de protección*) exposed. 4. [S] (*peligroso*) dangerous, risky.

expulsar *vt* (*gen*) to throw out, to expel; (*Dep*) to send off.

expulsión *sf* (*gen*) expulsion; (*Dep*) sending off.

expurgar [➪ pagar] *vt* to expurgate.

exquisito, -ta *adj* **1.** (*Culin*) delicious. **2.** (*muy refinado*) refined, exquisite.

éxtasis *sm* ecstasy.

extender [➪ tender] *vt* **1.** (*en el tiempo*) to extend. **2.** (*un mantel*) to spread out; (*la mano*) to hold out. **3.** (*untar*) to spread. **4.** (*un cheque*) to make out, to write.

extenderse *v prnl* **1.** (*ocupar*) to stretch. **2.** (*divulgarse*) to spread. **3.** (*durar*) to last. **4.** (*explayarse*) to go into detail.

extendido, -da *adj* **1.** (*brazos*) outstretched; (*mapa*) spread out. **2.** (*costumbre*) widespread.

extensión *sf* (*gen*) extension; (*superficie*) area.

extenso, -sa *adj* **1.** (*finca*) extensive, vast. **2.** (*libro*) long, lengthy.

extenuado, -da *adj* exhausted.

exterior I *adj* **1.** (*externo: gen*) exterior, outer; (*: habitación*) overlooking the street. **2.** (*Pol*) foreign. **II** *sm* **1.** (*parte externa*) outside, exterior. **2.** (*aspecto*) exterior, outward appearance. **3. el exterior** (*el extranjero*) abroad. **III exteriores** *sm pl* (*de una película*) location shots *pl*.

exteriorizar [➪ cazar] *vt* to exteriorize.

exterminar *vt* to exterminate, to wipe out.

exterminio *sm* extermination.

externo, -na I *adj* **1.** (*apariencia*) external, outward; (*capa*) outer: **para uso externo** for external use. **2.** (*alumno*) day (*apos.*). **3.** (*Pol*) foreign. **II** *sm/f* (*alumno*) day pupil.

extiendo *etc.* ➪ **extender**.

extinción *sf* extinction.

extinguidor *sm* (*Amér L*) fire extinguisher.

extinguir [➪ distinguir] *vt* **1.** (*a una especie*) to wipe out. **2.** (*un fuego*) to put out, to extinguish.

extinguirse *v prnl* **1.** (*especie*) to become extinct, to die out. **2.** (*fuego*) to go out. **3.** (*plazo*) to expire, to run out.

extintor *sm* fire extinguisher.

extirpar *vt* **1.** (*un tumor*) to remove. **2.** (*un mal social*) to stamp out, to eradicate.

extorsión *sf* extortion.

extra I *adj* **1.** (*excelente*): **calidad extra** top quality. **2.** (*adicional*) extra. **II** *sm/f* (*en películas*) extra. **III** *sm* (*cobro adicional*) bonus; (*gasto adicional*) additional expense.

extracción *sf* (*gen*) extraction; (*en lotería*) draw.

extracto *sm* **1.** (*resumen*) summary; (*fragmento*) extract. **2.** (*Culin, Quím*) extract.

extracto de cuenta *sm* bank statement.

extractor *sm* extractor (fan).

extradición *sf* extradition.

extraditar *vt* to extradite.

extraer [➪ traer] *vt* (*gen*) to extract; (*una conclusión*) to draw.

extraigo *etc.* ➪ **extraer**.

extralimitarse *v prnl* to go too far.

extranjero, -ra I *adj* foreign. **II** *sm/f* foreigner. **III el extranjero** *sm*: **al/en el extranjero** abroad.

extrañar *vi* (*producir sorpresa*) to surprise: **me extrañó no verlo** I was surprised not to see him. ♦ *vt* (*añorar*) to miss.

extrañarse *v prnl* to be surprised.

extraño, -ña I *adj* **1.** (*raro*) strange, odd. **2.** (*Med*) foreign. **II** *sm/f* stranger.

extraoficial *adj* unofficial.

extraordinario, -ria *adj* **1.** (*extraño*) extraordinary, unusual. **2.** (*estupendo*) outstanding. **3.** (*sorteo*) special.

extrapolar *vt* to extrapolate.

extrarradio *sm*: *area outside the city boundaries.*

extraterrestre I *adj* extraterrestrial. **II** *sm/f* alien, extraterrestrial.

extravagante *adj* (*atuendo*) outlandish, flamboyant; (*persona*) flamboyant.

extravertido, -da *adj, sm/f* extrovert.

extraviar [➪ ansiar] *vt* (*un objeto*)

to lose, to mislay.

extraviarse *v prnl* **1.** (*persona*) to get lost, to lose one's way. **2.** (*objeto*) to go astray, to get lost.

extremado, -da *adj* extreme.

extremar *vt*: **extremaron las precauciones** they took all possible precautions.

extremaunción *sf* last rites *pl*.

extremeño, -ña *adj* of * from Extremadura.

extremidad *sf* (*gen*) end; (*Anat*) extremity.

extremista *adj, sm/f* extremist.

extremo, -ma I *adj* **1.** (*radical*) extreme. **2.** (*máximo*) utmost, extreme. II **extremo** *sm* **1.** (*final*) end. **2.** (*referido a actitudes*) extreme: **llegó al extremo de amenazarme** he went so far as to threaten me. **3.** (*punto*) point, item. III **extremo** *sm/f* (*Dep*) wing.

Extremo Oriente *sm* Far East.

extrovertido, -da *adj, sm/f* extrovert.

exuberante *adj* **1.** (*vegetación*) lush. **2.** (*persona*) exuberant.

eyectar *vt* to eject.

fabada *sf*: bean and pork stew.

fábrica *sf* factory.

fabricación *sf* manufacturing: **de fabricación casera** home-made.

fabricante *sm/f* manufacturer.

fabricar [⇨ sacar] *vt* to manufacture, to make: **fabricado en serie** mass-produced.

fábula *sf* fable.

fabuloso, -sa *adj* fabulous.

facción I *sf* (*grupo*) faction. II **facciones** *sf pl* (*rasgos*) features *pl*.

faceta *sf* side, facet.

facha (*fam*) I *sf* (*aspecto*) look ● **iba hecho una facha** he looked a sight. II *adj* **1.** (*Pol*) fascist. **2.** (*RP: vanidoso*) vain.

fachada *sf* façade.

fachista *adj, sm/f* (*Amér S*) fascist.

facho, -cha *adj, sm/f* (*C Sur: fam*) fascist.

fácil I *adj* **1.** (*sencillo*) easy. **2.** (*probable*) likely. II *adv* easily.

facilidad *sf* **1.** (*sencillez*) ease: **se rompe con facilidad** it breaks easily. **2.** (*aptitud*): **tiene facilidad para los idiomas** he picks up languages easily.

facilidades de pago *sf pl* credit terms *pl*.

facilitar *vt* **1.** (*hacer más fácil*) to make easier. **2.** (*suministrar*): **me lo facilitaron** they provided * supplied me with it.

factible *adj* [S] feasible.

factor *sm* factor.

factura *sf* **1.** (*Fin*) invoice, bill. **2.** (*RP: bollos*) pastries, croissants, etc.

facturar *vt* **1.** (*en un aeropuerto*) to check in; (*en una estación*) to register. **2.** (*Fin: mercancías*) to invoice for; (*: referido al volumen de transacciones*): **¿cuánto facturan al año?** what is their annual turnover?

facultad *sf* **1.** (*capacidad*) faculty: **facultades mentales** mental faculties. **2.** (*poder*) authority, power. **3.** (*de la universidad*) faculty.

facultar *vt* to authorize.

faena *sf* **1.** (*labor*): **las faenas del campo** farm work. **2.** (*Tauro*) series of passes. **3.** (*acción perjudicial*): **¡menuda faena me hicieron!** (*adrede*) they played a really dirty trick on me!, (*sin querer*) they left me in a real fix! **4.** (*RP: matanza*) slaughter.

faenar *vi* **1.** (*en el campo*) to work. **2.** (*pescar*) to fish; (*RP: referido a* *ganado*) to slaughter.

fagot *sm* bassoon.

faisán *sm* pheasant.

faja *sf* 1. (*de terreno*) strip. 2. (*prenda interior*) girdle. 3. (*cinta ancha*) sash.

fajo *sm* (*de papeles*) bundle, sheaf; (*de billetes*) wad.

falda I *sf* 1. (*prenda*) skirt. 2. (*parte del cuerpo*) lap. 3. (*de una montaña*) lower slopes *pl*. **II faldas** *sfpl* (*de mesa*) tablecloth.

falda escocesa *sf* (*gen*) tartan skirt; (*tradicional*) kilt. **falda pantalón** *sf* culottes *pl*.

falla I *sf* 1. (*Geol*) fault. 2. (*Amér L: Tec*) fault; (*: equivocación*) mistake. **II las Fallas** *sfpl*: St Joseph's day festival in Valencia.

fallar *vi* 1. (*mecanismo, memoria*) to fail; (*piernas*) to give way. 2. (*persona: en un intento*) to fail; (*: en un tiro*) to miss; (*: defraudando a alguien*): **no me falles** don't let me down. 3. (*Jur*) to find (**a favor de** for; **en contra de** against). ◆ *vt* 1. (*errar*): **falló el tiro** he missed; **falló dos preguntas** he got two questions wrong. 2. (*un premio*) to award.

fallecer [⇨ agradecer] *vi* to die.

fallecimiento *sm* death.

fallido, -da *adj* unsuccessful.

fallo *sm* 1. (*equivocación*) mistake. 2. (*Tec*) fault: **un fallo del motor** a problem with the engine. 3. (*Jur*) ruling.

falluto, -ta *adj* (*RP*) two-faced.

falopa *sf* (*RP: fam*) drug.

falsedad *sf* 1. (*de una afirmación*) falseness; (*de una persona*) falseness, hypocrisy. 2. (*embuste*) lie.

falsificación *sf* 1. (*acción*) forgery. 2. (*objeto*) fake, forgery.

falsificar [⇨ sacar] *vt* (*gen*) to forge; (*dinero*) to counterfeit.

falso, -sa *adj* 1. (*no cierto*) false. 2. (*pasaporte*) forged; (*dinero*) counterfeit. 3. (*persona*) false, insincere.

falta *sf* 1. (*carencia*) lack; (*escasez*) shortage. 2. **hacer falta** (*ser necesa-*

rio): **me hacen falta** I need them; **no hace falta ir** there's no need to go. 3. (*ausencia*) absence ● **sin falta** without fail. 4. (*defecto*) fault, defect. 5. (*equivocación*) mistake: **falta de ortografía** spelling mistake. 6. (*en fútbol: infracción*) foul; (*: golpe*) free kick; (*en tenis*) fault.

faltar *vi* 1. (*no estar, haber desaparecido*) to be missing: **¿quién falta?** who's missing? ● **¡lo que faltaba!** that's all I/we needed! 2. (*no acudir*): **faltó al trabajo** he didn't turn up for work. 3. (*expresando insuficiencia*): **le falta sal** it needs more salt. 4. (*quedar*): **¿cuántos kilómetros faltan?** how many kilometres are there to go?; **¿te falta mucho?** will you be long? 5. (*no cumplir*): **faltó a su promesa** he didn't keep his promise. 6. (*insultar*) to be rude.

falto, -ta *adj*: **está falto de cariño** he lacks affection; **un lugar falto de atractivo** a place lacking in charm.

fama *sf* 1. (*popularidad*) fame. 2. (*reputación*) reputation.

famélico, -ca *adj* starving.

familia *sf* family.

familia monoparental *sf* single-parent family. **familia numerosa** *sf* large family.

familiar I *adj* 1. (*de la familia*) family. 2. (*conocido*) familiar: **su cara me resulta familiar** his face is familiar. II *sm* relative.

familiaridad *sf* familiarity.

familiarizarse [⇨ cazar] *v prnl* to familiarize oneself.

famoso, -sa *adj* famous.

fan *sm/f* [fans] fan.

fanático, -ca I *adj* fanatical. II *sm/f* fanatic.

fanfarrón, -rrona *sm/f* (*fam*) show-off.

fanfarronear *vi* (*fam*) to show off.

fango *sm* mud.

fangote *sm* (*RP: fam*): **costó un fangote** it cost a fortune.

fantasear *vi* to daydream, to fantasize.

fantasía *sf* fantasy: **joyas de fanta-**

sía costume jewellery.

fantasma *sm* **1.** (*espíritu*) ghost, phantom. **2.** (*fam: presuntuoso*) big-mouth.

fantástico, -ca *adj* fantastic.

fantoche *sm* **1.** (*mamarracho*): **va hecho un fantoche** he looks a real sight. **2.** (*presuntuoso*) big-mouth.

faraón *sm* pharaoh.

fardar *vi* (*fam*) **1.** (*presumir*) to show off. **2.** (*lucir*) to be cool.

fardo *sm* bundle.

farfullar *vt* to gabble.

faringitis *sf* pharyngitis.

farmacéutico, -ca **I** *adj* pharmaceutical. **II** *sm/f* pharmacist, (*GB*) chemist, (*US*) druggist.

farmacia *sf* pharmacy, (*GB*) chemist's.

farmacia de guardia ✳ (*RP*) **de turno** *sf* duty pharmacy.

fármaco *sm* drug.

faro *sm* **1.** (*Náut*) lighthouse. **2.** (*Auto*) headlight, headlamp.

faro antiniebla *sm* fog lamp.

farol *sm* **1.** (*de mano*) lantern. **2.** (*en una casa*) outside light; (*en la calle*) streetlamp. **3.** (*fam: en naipes*) bluff; (*: mentira, exageración*): **echarse un farol** to brag. **4.** (*Méx: fam, fanfarrón*) big-mouth.

farola *sf* streetlamp, streetlight.

farolero, -ra *adj* (*fam*): **es muy farolero** he's always shooting his mouth off.

farra *sf* (*fam*): **irse de farra** to go out on the town.

farragoso, -sa *adj* muddled, confused.

farsa *sf* farce.

farsante *sm/f* impostor, fraud.

fascículo *sm* issue, part.

fascinante *adj* fascinating.

fascinar *vt* (*mantener la atención de*) to fascinate. ♦ *vi* (*gustar mucho*): **la historia le fascina** he loves history.

fascismo *sm* fascism.

fascista *adj, sm/f* fascist.

fase *sf* **1.** (*gen*) phase, stage. **2.** (*Astrol, Fís*) phase.

fastidiado, -da *adj* **1.** (*enfermo*) sick.

2. (*C Sur: fam, difícil*) tricky.

fastidiar *vt* **1.** (*molestar*) to disturb, to bother. **2.** (*echar a perder*) to spoil, to ruin. ♦ *vi*: **le fastidian esas cosas** those things annoy him.

fastidiarse *v prnl* **1.** (*aguantarse*): **si no le gusta, que se fastidie** if she doesn't like it, she can lump it. **2.** (*echarse a perder*) to be spoiled ✳ ruined. **3.** (*averiarse*) to go wrong.

fastidio *sm* **1.** (*molestia*) nuisance. **2.** (*irritación*) annoyance.

fastidioso, -sa *adj* annoying, irritating.

fastuoso, -sa *adj* splendid, sumptuous.

fatal **I** *adj* **1.** (*mortal*) fatal. **2.** (*muy malo*) awful, terrible. **II** *adv* very badly: **lo pasamos fatal** we had an awful time; **me encuentro fatal** I feel terrible.

fatídico, -ca *adj* fateful.

fatiga **I** *sf* (*cansancio*) fatigue. **II** **fatigas** *sf pl* (*dificultades*) difficulties *pl*, trouble.

fatigar [➪ pagar] *vt* to tire out.

fatigarse *v prnl* to get tired.

fatuo, -tua *adj* conceited.

fauces *sf pl* mouth, jaws *pl*.

fauna *sf* fauna.

favor *sm* **1.** (*servicio*) favour, (*US*) favor: **¿me puedes hacer un favor?** can you do me a favour?; **por favor** please. **2.** (*apoyo*): **estar a favor de algo** to be in favour of sthg.

favorable *adj* [S] favourable, (*US*) favorable.

favorecer [➪ agradecer] *vt* **1.** (*beneficiar*) to favour, (*US*) to favor. **2.** (*sentar bien*) to suit.

favoritismo *sm* favouritism, (*US*) favoritism.

favorito, -ta *adj, sm/f* favourite, (*US*) favorite.

fax /faks/ *sm* fax: **me lo mandó por fax** he faxed it to me.

fayuca *sf* (*fam*) contraband.

fayuquero, -ra *sm/f* (*Méx: fam*) smuggler.

faz *sf* face.

fe *sf* **1.** (*Relig*) faith: **de buena fe** in

good faith. **2.** (*testimonio*): **dar fe de** to testify to.

febrero *sm* February: **el diez de febrero** on the tenth of February; **a primeros/finales de febrero** at the beginning/end of February.

febril *adj* feverish.

fecha *sf* (*gen*) date: **hasta la fecha** so far.

fecha de caducidad *sf* use-by date. **fecha de nacimiento** *sf* date of birth. **fecha límite** ✳ **tope** *sf* deadline.

fechar *vt* to date.

fécula *sf* starch.

fecundo, -da *adj* **1.** (*fértil*) fertile. **2.** (*productivo*) prolific.

federación *sf* federation.

federal *adj* federal.

felicidad I *sf* happiness. **II felicidades** *excl* (*en cumpleaños*) happy birthday!; (*enhorabuena*) congratulations!; (*Amér S*: *al despedirse*) goodbye!

felicitación *sf* **1.** (*enhorabuena*): **mis más sinceras felicitaciones** my very sincere congratulations. **2.** (*tarjeta*) greetings card.

felicitar *vt* **1.** (*dar la enhorabuena a*) to congratulate (**por** on). **2.** (*por una festividad*): **me felicitó por mi cumpleaños** he wished me a happy birthday.

feligrés, -gresa *sm/f* parishioner.

feliz *adj* [-**lices**] happy.

felpudo *sm* doormat.

femenino, -na I *adj* (*Biol*) female; (*característica, mujer, género*) feminine; (*ropa, equipo*) women's. **II** *sm* (*género*) feminine.

feminismo *sm* feminism.

feminista *adj*, *sm/f* feminist.

fémur *sm* thighbone, femur.

fenomenal I *adj* wonderful, great. **II** *adv* really well.

fenómeno I *sm* **1.** (*de la naturaleza*) phenomenon. **2.** (*persona sobresaliente*): **es un fenómeno del golf** she's a brilliant golfer. **II** *adj* (*fam*) fantastic, superb. **III** *adv* really well.

feo, -a I *adj* **1.** (*persona, casa*) ugly.

2. (*situación, tiempo*) nasty, unpleasant. **II** *sm*: **me hizo un feo** he snubbed me.

féretro *sm* coffin.

feria *sf* **1.** (*comercial, de atracciones*) fair. **2.** (*Méx: dinero*) (some) money. **3.** (*C Sur, Perú: mercado*) (street) market.

feriado *sm* (*Amér L*) public holiday.

fermentación *sf* fermentation.

feroz *adj* [-**roces**] ferocious, fierce.

férreo, -rrea *adj* (*voluntad*) iron (*apos.*); (*disciplina*) strict.

ferretería *sf* **1.** (*establecimiento*) hardware store, (*GB*) ironmonger's. **2.** (*productos*) hardware.

ferrocarril *sm* railway, (*US*) railroad.

ferroviario, -ria I *adj* rail (*apos.*). **II** *sm/f* railway ✳ (*US*) railroad worker.

fértil *adj* fertile.

fertilizante *sm* fertilizer.

fertilizar [⇨ cazar] *vt* to fertilize.

ferviente *adj* ardent, fervent.

fervor *sm* fervour, (*US*) fervor.

festejar *vt* to celebrate.

festejo *sm* festivity, celebration.

festín *sm* feast, banquet.

festival *sm* festival.

festividad *sf* festivity.

festivo, -va *adj* **1.** (*no laborable*): **día festivo** public holiday. **2.** (*ambiente*) festive.

feta *sf* (*RP*) slice.

fetal *adj* foetal, (*US*) fetal.

fetén *adj* (*fam*) great, fantastic.

fetiche *sm* fetish.

fétido, -da *adj* foul-smelling, fetid.

feto *sm* **1.** (*embrión*) foetus, (*US*) fetus. **2.** (*fam: persona fea*) ugly person.

feudal *adj* feudal.

FF. AA. = **Fuerzas Armadas.**

fiable *adj* reliable.

fiaca *sf* (*C Sur: fam*): **tengo fiaca** I'm feeling very lazy.

fiambre *sm* **1.** (*alimento*) cold meat ✳ cut. **2.** (*fam: muerto*) stiff, corpse.

fiambrera *sf* (*gen*) airtight container (*for food*); (*para ir a un traba-*

jar) lunch box.

fiambrería *sf* (*C Sur*) delicatessen.

fianza *sf* 1. (*depósito*) deposit. 2. (*Jur*) bail: **bajo fianza** on bail.

fiar [➪ ansiar] *vi* 1. (*en una tienda*) to give credit: **lo compré fiado** I bought it on credit. 2. (*confiar*): **no es de fiar** he's not to be trusted. ♦ *vt*: **me lo fió** he let me have it on credit.

fiarse *v prnl*: **no me fío de ella** I don't trust her.

fiasco *sm* fiasco.

fibra *sf* fibre, (*US*) fiber.

fibra de vidrio *sf* fibreglass, (*US*) fiberglass.

ficción *sf* fiction.

ficha *sf* 1. (*en juegos de mesa*) counter; (*de dominó*) domino; (*para apostar*) chip. 2. (*tarjeta*) index card.

ficha policial *sf* police record.

fichaje *sm* signing.

fichar *vt* 1. (*registrar*) to open a file on. 2. (*a un deportista*) to sign (up); (*a un empleado*) to take on. ♦ *vi* 1. (*en el trabajo: al entrar*) to clock in ✳ on; (*: al salir*) to clock out ✳ off. 2. (*Dep*) to sign (for).

fichero *sm* 1. (*mueble*) filing cabinet; (*caja*) card index. 2. (*Inform*) file.

ficticio, -cia *adj* fictitious.

ficus *sm inv* rubber plant.

fidedigno, -na *adj* trustworthy, reliable.

fidelidad *sf* fidelity.

fideo *sm* noodle.

fiebre *sf* 1. (*gen*) fever: **tenía fiebre** he had a temperature ✳ fever. 2. (*fam: afición: colectiva*) craze; (*: de un individuo*) bug.

fiebre del heno *sf* hay fever.

fiel I *adj* 1. (*leal*) faithful (**a** to). 2. (*al original*) faithful (**a** to). II **los fieles** *sm pl* (*Relig*) the faithful *pl*. III *sm* (*de una balanza*) pointer.

fiera *sf* 1. (*bestia*) beast, wild animal ● **se puso hecho una fiera** he went wild. 2. (*fam: en una actividad*): **es una fiera nadando** he's a fantastic swimmer.

fiero, -ra *adj* fierce, ferocious.

fierro *sm* (*Amér L*) iron.

fiesta I *sf* 1. (*reunión*) party. 2. (*día no laborable*) public holiday. 3. (*religiosa*) festivity, feast. II **fiestas** *sf pl* 1. (*festejos*) festivities *pl*, celebrations *pl* ● **hacerle fiestas a alguien** to make a fuss of sbdy. 2. (*Navidad*) Christmas holidays *pl*.

fiesta nacional *sf* 1. (*día festivo*) public holiday. 2. (*Tauro*) bullfighting.

figura *sf* 1. (*gen*) figure. 2. (*en naipes*) face card.

figurado, -da *adj* figurative.

figurar *vi* 1. (*estar*) to appear. 2. (*socialmente*) to be seen.

figurarse *v prnl* to imagine.

figurita *sf* (*RP*) picture card, sticker.

fija *sf* (*Amér S: dato*) tip; (*: caballo*) favourite, (*US*) favorite ● **es una fija** it's a dead cert ● **va a la fija** he always plays safe.

fijación *sf* fixation, obsession.

fijador *sm* 1. (*gomina*) hair gel; (*Amér L: laca*) hair spray. 2. (*en fotografía*) fixer; (*en pintura*) fixative.

fijar *vt* 1. (*asegurar*) to fix (**a** to), to attach (**a** to). 2. (*la atención*) to concentrate: **fijó la mirada en mí** he stared at me. 3. (*un precio, una fecha*) to set, to fix. 4. (*residencia*) to take up.

fijarse *v prnl* 1. (*notar*) to notice: **me fijé en ellos** I noticed them. 2. (*prestar atención*) to pay attention (**en** to).

fijo, -ja I *adj* 1. [E] (*sujeto*) fixed (**a** ✳ **en** to), attached (**a** ✳ **en** to). 2. [E] (*atención, ojos*) fixed (**en** on). 3. [S] (*horario, hora*) fixed; [S] (*trabajo*) permanent. 4. [S] (*clientela*) regular. II **fijo** *adv* (*fam*) definitely.

fila I *sf* 1. (*hilera*) line: **ponerse en fila** to line up. 2. (*de asientos*) row. II **filas** *sf pl* (*de una organización*) ranks *pl*; (*Mil*): **fue llamado a filas** he was called up.

fila india *sf* single file.

filamento *sm* filament.

filántropo, -pa *sm/f* philanthropist.

filarmónica *sf* philharmonic orchestra.

filatelia *sf* stamp collecting, philately.

filete *sm* **1.** (*de carne*) (thin) steak; (*de pescado*) fillet. **2.** (*Artes, Indum*) border.

filiación *sf* **1.** (*Pol*) sympathies *pl.* **2.** (*datos*) personal details *pl.*

filial I *adj* (*amor*) filial. **II** *sf* subsidiary.

Filipinas *sf pl* Philippines *pl.*

filipino, -na *adj, sm/f* Filipino.

filmar *vt/i* to film.

filme *sm* (*frml*) movie, (*GB*) film.

filmina *sf* transparency.

filo *sm* (*de un cuchillo*) blade, cutting edge ● **al filo de las cinco** (*exactamente*) at exactly five o'clock, (*aproximadamente*) at around five o'clock.

filología *sf* philology.

filón *sm* **1.** (*Geol*) seam, vein. **2.** (*negocio*) gold mine.

filoso, -sa *adj* (*Amér L*) sharp.

filosófico, -ca *adj* philosophical.

filósofo, -fa *sm/f* philosopher.

filtrar *vt* **1.** (*un líquido*) to filter. **2.** (*una noticia*) to leak.

filtrarse *v prnl* **1.** (*líquido*) to filter. **2.** (*noticia*) to leak out.

filtro *sm* filter.

fin *sm* **1.** (*gen*) end: **a fin de mes** at the end of the month; **al * por fin** finally ‖ at last; **poner fin a algo** to put an end to sthg. **2.** (*finalidad*) objective, aim: **a fin de** in order to.

fin de año *sm* New Year's Eve. **fin de semana** *sm* weekend.

final I *adj* final, last. **II** *sm* end: **al final** in the end; **a finales de agosto** at the end of August. **III** *sf* final.

finalidad *sf* purpose, objective.

finalista *sm/f* finalist.

finalizar [⇨ *cazar*] *vt/i* to finish, to end.

financiar *vt* to finance.

financiera *sf* finance company.

financiero, -ra I *adj* financial. **II** *sm/f* financier.

financista *sm/f* (*Amér L*) financier.

finanzas *sf pl* finances *pl.*

finca *sf* **1.** (*en la ciudad*) property. **2.** (*en el campo: grande*) estate; (: *pequeña*) farm. **3.** (*casa de recreo*) house in the country.

finés, -nesa *adj, sm/f, sm* ⇨ **finlandés.**

fingir [⇨ *surgir*] *vt* to feign: **fingió sorpresa** he feigned surprise ‖ he pretended to be surprised.

fingirse *v prnl* to pretend to be.

finito, -ta *adj* finite.

finlandés, -desa I *adj* Finnish. **II** *sm/f* Finn: **los finlandeses** the Finnish ✳ Finns. **III** *sm* (*Ling*) Finnish.

Finlandia *sf* Finland.

fino, -na I *adj* **1.** (*delgado*) thin. **2.** (*refinado: persona*) refined; (: *cosa*) fine, delicate. **3.** (*lluvia*) fine. **4.** (*oído*) good, acute. **II** *sm*: dry sherry.

finolis *adj inv* (*fam*) affected.

finta *sf* feint.

fiordo *sm* fjord, fiord.

firma *sf* **1.** (*rúbrica*) signature; (*acción*) signing. **2.** (*compañía*) firm, company.

firmar *vt/i* to sign.

firme I *adj* firm. **II** *sm* road surface, (*US*) pavement. **III** *adv* (or **de firme**) hard.

firmeza *sf* firmness.

fiscal I *adj* (*Fin*) tax (*apos.*). **II** *sm/f* public prosecutor.

fisco *sm* tax authorities *pl*, (*GB*) Inland Revenue, (*US*) IRS.

fisgar [⇨ *pagar*] *vi* to snoop around.

fisgón, -gona *sm/f* snooper, nosy person.

fisgonear *vi* to snoop around.

física *sf* physics.

físico, -ca I *adj* physical. **II** *sm/f* (*persona*) physicist. **III** *sm* (*aspecto*) physical appearance.

fisiológico, -ca *adj* physiological.

fisión *sf* fission.

fisioterapeuta *sm/f* physiotherapist.

fisura *sf* fissure, crack.

flácido, -da *adj* flaccid.

flaco, -ca *adj* thin.

flagrante *adj* flagrant, gross ● **en flagrante delito** in the act.

flamante *adj* **1.** (*espléndido*) radiant. **2.** (*nuevo: objeto*) brand-new; (*: persona*) new.

flambear *vt* to flambé.

flamenco, -ca I *adj* **1.** (*Mús*) flamenco. **2.** (*de Flandes*) Flemish. **II** *sm* **1.** (*Mús*) flamenco. **2.** (*Ling*) Flemish. **3.** (*ave*) flamingo.

flan *sm* crème caramel.

flanco *sm* flank.

flash *sm* [-shes] flash.

flato *sm* (*gases*) wind, (*US*) gas; (*al correr*): **me dio flato** I got a (a) stitch.

flatulencia *sf* flatulence.

flauta *sf* **1.** (*Mús*) flute: **flauta dulce** ✳ **de pico** recorder. **2.** (*RP: Culin*) baguette.

flautín *sm* piccolo.

flautista *sm/f* flautist, (*US*) flutist.

flecha *sf* arrow.

flechazo *sm* **1.** (*herida*) arrow wound. **2.** (*amor repentino*) love at first sight.

fleco *sm* (*gen*) fringe; (*borde desgastado*) frayed edge.

flema *sf* **1.** (*Med*) phlegm. **2.** (*serenidad*) phlegm, sang-froid.

flemático, -ca *adj* phlegmatic.

flemón *sm* gumboil.

flequillo *sm* fringe, (*US*) bangs *pl*.

fletar *vt* **1.** (*un avión*) to charter; (*un autocar*) to hire. **2.** (*mercancías*) to send.

flete *sm* **1.** (*Transp*) freight. **2.** (*Col, RP: caballo*) fast horse.

flexibilidad *sf* flexibility.

flexible *adj* flexible.

flexión *sf* (*gen*) bend; (*en gimnasia*) press-up, (*US*) push-up.

flexionar *vt* (*un músculo*) to flex; (*las piernas*) to bend.

flexo *sm* reading lamp.

flipar *vi* (*fam*): **me flipa** I'm crazy about it.

flirtear *vi* to flirt.

flojera *sf* (*fam*): **tengo flojera** I'm feeling lazy.

flojo, -ja *adj* **1.** (*bombilla, tuerca*) loose. **2.** (*café*) weak. **3.** (*examen,*

estudiante) poor. **4.** (*perezoso*) lazy.

flor *sf* **1.** (*Bot*) flower ● **en la flor de la vida** in the prime of life ● **la flor y nata** the cream. **2.** (*RP: de ducha*) shower head. **3. flor de** (*RP: fam, intensificador*): **es flor de sueldo** it's a huge salary.

flora *sf* flora.

floreado, -da *adj* flowery.

florecer [⟳ agradecer] *vi* **1.** (*gen*) to flower, to bloom; (*árbol frutal*) to blossom. **2.** (*prosperar*) to flourish.

floreciente *adj* thriving, flourishing.

florería *sf* (*C Sur, Méx*) florist's (shop).

florero *sm* vase.

florete *sm* foil.

florido, -da *adj* flowery.

floristería *sf* florist's (shop).

flota *sf* **1.** (*Auto, Náut*) fleet. **2.** (*Col: autobús*) long-distance bus.

flotador *sm* **1.** (*para nadar: en la cintura*) rubber ring; (*: en el brazo*) armband; (*: de corcho*) float. **2.** (*Tec: gen*) float; (*: de cisterna*) ballcock.

flotar *vi* to float.

flote: a flote *loc adv* afloat.

fluctuación *sf* fluctuation.

fluctuar [⟳ actuar] *vi* to fluctuate.

fluido, -da I *adj* **1.** (*Fís*) fluid. **2.** (*circulación*) free-flowing. **3.** (*estilo*) fluid. **II** *sm* **1.** (*Fís*) fluid. **2.** (*or* **fluido eléctrico**) electricity, power.

fluir [⟳ huir] *vi* to flow.

flujo *sm* **1.** (*gen*) flow. **2.** (*secreción*) discharge. **3.** (*de la marea*) incoming tide: **el flujo y reflujo** the ebb and flow.

flúor *sm* **1.** (*en pasta de dientes*) fluoride. **2.** (*gas*) fluorine.

fluorescente *adj* fluorescent.

fluvial *adj* river (*apos.*).

FMI *sm* (= **Fondo Monetario Internacional**) IMF.

fobia *sf* **1.** (*Med*) phobia. **2.** (*fam: manía*): **le tengo fobia** I can't stand him.

foca *sf* seal ● **está como una foca** he's as fat as a pig.

foco *sm* **1.** (*en óptica, fotografía*)

focus. **2.** (*núcleo*) focal point. **3.** (*luz: en monumento*) floodlight; (*: en teatro*) spotlight. **4.** (*Amér L: bombilla*) light bulb. **5.** (*Méx: farola*) streetlamp.

fofo, -fa *adj* (*fam*) flabby.

fogata *sf* (*gen*) fire; (*en festejos*) bonfire.

fogón *sm* **1.** (*hogar*) hearth; (*cocina*) stove, range. **2.** (*Amér L: fogata*) bonfire.

fogonazo *sm* flash.

fogueo *sm*: **balas de fogueo** blank ammunition.

foja de servicio *sf* (*Amér L*) service record.

folio *sm* sheet of paper.

folk *sm* folk music.

folklórico, -ca *adj* traditional, folk.

follaje *sm* foliage.

folleto *sm* (*tipo revista*) brochure; (*tipo cuaderno*) booklet.

follón *sm* (*fam*) **1.** (*desorden*) mess. **2.** (*bronca*) fuss: **armar un follón** to make a fuss. **3.** (*confusión*): **me hice un follón** I got confused.

fomentar *vt* to promote.

fonda *sf* **1.** (*pensión*) guest house. **2.** (*restaurante*) cheap restaurant.

fondear *vt/i* to anchor.

fondo I *sm* **1.** (*gen*) bottom: **llegar al fondo de algo** to get to the bottom of sthg. **2.** (*profundidad*) depth ● **a fondo** in depth. **3.** (*de habitación*) back; (*de pasillo*) end. **4.** (*de cuadro*) background. **5.** (*contenido*) content. **6.** (*Fin*) fund. **7.** (*Dep*) **carreras de fondo** long-distance races. **8.** (*Amér L: Indum*) slip, petticoat. **9.** (*RP: jardín*) back garden, (*US*) backyard. **II fondos** *sm pl* (*dinero*) funds *pl*, money.

fonética *sf* phonetics.

fono *sm* (*C Sur*) telephone.

fonoteca *sf* record library.

fontanero, -ra *sm/f* plumber.

footing /futin/ *sm* jogging: **hacer footing** to go jogging.

forajido, -da *sm/f* outlaw.

foráneo, -nea *adj* foreign.

forastero, -ra *sm/f* (*de otro país*) foreigner; (*de otra región*) outsider.

forcejeo *sm* struggle.

fórceps *sm inv* forceps *pl*.

forense I *adj* forensic. **II** *sm/f* forensic scientist.

forestal *adj* forest.

forjar *vt* (*metales*) to forge.

forjarse *v prnl* (*un porvenir*) to build, to forge.

forma *sf* **1.** (*de un objeto*) shape. **2.** (*modo*) way: **no hay forma de moverlo** there's no way we can move it; **ponlo de forma que no se caiga** put it so that it doesn't fall. **3.** (*condición física*): **mantenerse en forma** to keep fit; **el equipo está en baja forma** the team is off form. **4.** (*Lit, Ling*) form.

formación *sf* **1.** (*gen*) formation. **2.** (*Educ*) education; (*para una profesión*) training.

formación profesional *sf* vocational training.

formal *adj* **1.** (*lenguaje, situación*) formal. **2.** (*referido al comportamiento*) well-behaved. **3.** (*de fiar*) reliable. **4.** (*relación*) serious. **5.** (*relativo a la forma*) formal.

formalidad *sf* **1.** (*de una situación*) formality. **2.** (*fiabilidad*) reliability. **3.** (*requisito*) formality.

formar *vt* **1.** (*gen*) to form. **2.** (*educar*) to educate; (*para una profesión*) to train.

formarse *v prnl* **1.** (*crearse*) to form. **2.** (*educarse*) to be educated; (*en una profesión*) to be trained. **3.** (*ponerse en fila*) to line up.

formatear *vt* to format.

formativo, -va *adj* formative.

formato *sm* format.

formidable *adj* wonderful, great.

fórmula *sf* **1.** (*Mat, Quím*) formula. **2.** (*Col: receta*) prescription.

formular *vt* (*una teoría*) to formulate; (*una pregunta*) to ask; (*un deseo*) to express.

formulario *sm* form.

fornido, -da *adj* well-built.

foro *sm* **1.** (*Hist*) forum. **2.** (*debate*) debate.

forofo, -fa *sm/f* (*fam*) supporter, fan.

forraje *sm* fodder.

forrar *vt* (*por dentro*) to line (**de** with); (*por fuera*) to cover (**de** with).

forrarse *v prnl* (*fam*) to make a fortune.

forro *sm* (*interior*) lining; (*exterior*) cover.

fortalecer [⇨ agradecer] *vt* to strengthen, to make stronger.

fortalecerse *v prnl* to grow stronger.

fortaleza *sf* 1. (*entereza*) fortitude. 2. (*fuerza*) strength. 3. (*Mil*) fortress.

fortificar [⇨ sacar] *vt* to fortify.

fortuito, -ta *adj* fortuitous, chance (*apos.*).

fortuna *sf* 1. (*suerte*) luck, fortune: **probamos fortuna** we tried our luck. 2. (*buena suerte*): **por fortuna** fortunately. 3. (*riqueza*) fortune.

forúnculo *sm* boil.

forzado, -da *adj* forced.

forzar [⇨ table in appendix 2] *vt* 1. (*obligar*) to force. 2. (*una cerradura*) to force.

forzoso, -sa *adj* (*necesario*) necessary; (*obligatorio*) compulsory.

forzudo, -da *adj* strong.

fosa *sf* 1. (*zanja*) ditch; (*hoyo*) pit. 2. (*tumba*) grave. 3. (*oceánica*) trench. 4. (*RP: de mecánico*) pit.

fosa séptica *sf* septic tank. **fosa nasal** *sf* nostril.

fósforo *sm* 1. (*cerilla*) match. 2. (*Quím*) phosphorus.

fósil *sm* fossil.

foso *sm* 1. (*zanja*) ditch. 2. (*de teatro*) (orchestra) pit. 3. (*de castillo*) moat. 4. (*de mecánico*) pit.

foto *sf* (*fam*) photo, picture: **le saqué una foto** I took her photo.

fotocopia *sf* photocopy.

fotocopiadora *sf* photocopier.

fotogénico, -ca *adj* photogenic.

fotografía *sf* (*técnica*) photography; (*imagen*) photograph.

fotógrafo, -fa *sm/f* photographer.

fotomatón *sm* photo booth.

fotonovela *sf* photostory.

frac *sm* dress coat, tails *pl*.

fracasar *vi* to fail.

fracaso *sm* failure.

fracción *sf* fraction.

fractura *sf* fracture.

fragancia *sf* fragrance.

fraganti: in fraganti *loc adv* in the act.

fragata *sf* frigate.

frágil *adj* fragile.

fragmentar *vt* to fragment.

fragmentarse *v prnl* (*objeto*) to break into pieces, to fragment; (*territorio*) to break up.

fragmento *sm* 1. (*gen*) fragment, piece. 2. (*Lit*) extract (**de** from).

fragua *sf* forge.

fraguar [⇨ averiguar] *vt* 1. (*metales*) to forge. 2. (*un plan*) to forge. ♦ *vi* 1. (*cemento*) to harden, to set. 2. (*plan*) to be successful.

fraile *sm* friar.

frambuesa *sf* raspberry.

francés, -cesa I *adj* French. II *sm/f* Frenchman/woman: **los franceses** the French. III *sm* (*Ling*) French.

Francia *sf* France.

franco, -ca I *adj* 1. [S] (*sincero*) frank, sincere. 2. (*evidente*) notable, clear. 3. (*Fin*) tax-free. II *sm* (*moneda*) franc.

francófono, -na *adj* French-speaking.

francotirador, -dora *sm/f* sniper.

franela *sf* 1. (*tela*) flannel. 2. (*RP: trapo*) duster.

franja *sf* strip.

franquear *vt* 1. (*traspasar*) to go through, to cross. 2. (*una carta*) to stamp, to frank.

franqueo *sm* postage.

franquicia *sf* 1. (*exención*) exemption. 2. (*de un negocio*) franchise.

franquista I *adj* (*doctrina*) Francoist; (*era*) Franco (*apos.*). II *sm/f* (*persona*) supporter of Franco.

frasco *sm* (small) bottle.

frase *sf* (*oración*) sentence; (*expresión*) expression, phrase.

frase hecha *sf* set phrase.

fraternal *adj* fraternal, brotherly.

fraternidad *sf* fraternity, brother-hood.

fraterno, -na *adj* fraternal, broth-erly.

fraude *sm* fraud.

fraudulento, -ta *adj* fraudulent.

frazada *sf* (*Amér L*) blanket.

frecuencia *sf* frequency.

frecuentar *vt* to frequent.

frecuente *adj* 1. (*que ocurre a menudo*) frequent. 2. (*habitual*) usual.

freezer /ˈfriser/ *sm* (*Amér L*) freezer.

fregadero *sm* sink.

fregado, -da *adj* (*Amér L: fam*) 1. (*difícil*) difficult, tricky. 2. (*fasti-dioso*) annoying.

fregar [⇨ regar] *vt* 1. (*restregar*) to scrub. 2. (*limpiar: el suelo*) to mop, to clean; (*: los platos*) to wash. 3. (*Amér L: fam, a una persona*) to bother; (*: un plan*) to spoil; (*: un aparato*) to break. ♦ *vi* 1. (*lavar los pla-tos*) to do the dishes. 2. (*Amér L: fam, dar la lata*) **déjate de fregar** stop being a nuisance.

fregona *sf* 1. (*utensilio*) mop. 2. (*fam: persona*) cleaner.

freidora *sf* deep-fat fryer.

freiduría *sf*: bar selling fried fish.

freír [⇨ reír; *pp* **frito**] *vt* to fry.

freírse *v prnl* 1. (*Culin*) to fry. 2. (*fam: de calor*) to roast.

frenar *vi* (*Auto*) to brake. ♦ *vt* (*un deseo*) to curb, to restrain.

frenazo *sm*: **pegué un frenazo** I jammed on the brakes.

frenesí *sm* frenzy.

frenético, -ca *adj* 1. (*ritmo, activi-dad*) frenzied, frenetic. 2. (*furioso*) furious; (*nervioso*) anxious.

freno *sm* 1. (*Auto*) brake. 2. (*de ca-ballo*) bit. 3. (*impedimento*) curb (**a** on): **poner freno a algo** to curb sthg.

freno de mano *sm* handbrake.

frente I *sf* (*Anat*) forehead. II *sm* 1. (*parte delantera*) front: **chocaron de frente** they crashed head on; **frente a frente** face to face ● **hacer frente a algo** to face up to sthg.

2. (*Meteo, Mil, Pol*) front. III **frente a** *prep* 1. (*un edificio*) opposite. 2. (*un problema*) faced with, con-fronted with.

fresa I *sf* 1. (*Bot*) strawberry. 2. (*Tec*) cutter; (*de dentista*) drill. II *adj inv* 1. (*color*) strawberry. 2. (*Méx: fam, barrio*) posh, up-market.

fresco, -ca I *adj* 1. (*tiempo*) cool, fresh; [E] (*bebida*) cool, cold. 2. [S] (*ropa*) light, cool. 3. (*alimentos*) fresh. 4. [S] (*noticia*) fresh. 5. [E] (*descansado*) fresh. 6. [S] (*desca-rado*) cheeky. II *sm/f* (*persona des-carada*) cheeky devil. III *sm* 1. (*Meteo*: *frío*): **hace bastante fresco** it's quite cold; (*: temperatura agradable*): **aquí hace más fresco** it's cooler here; **salir a tomar el fresco** to go out for some fresh air. 2. (*Artes*) fresco. 3. (*Amér L: refresco*) cool drink.

fresón *sm* (large) strawberry.

frialdad *sf* 1. (*indiferencia*) coldness. 2. (*sangre fría*) coolness.

fricción *sf* 1. (*rozamiento*) friction. 2. (*frotación*) rub, rubbing. 3. (*entre personas*) friction.

frie *etc.* ⇨ **freír**.

friega *sf* 1. (*acción*) rub, rubbing. 2. (*Amér L: fam, fastidio*) nuisance.

friegaplatos *sm inv* dishwasher.

friego *etc.* ⇨ **fregar**.

frígido, -da *adj* frigid.

frigorífico *sm* 1. (*electrodoméstico*) refrigerator, fridge. 2. (*RP: estable-cimiento*) meat processing plant.

frijol, fríjol *sm* (*Amér L*) bean.

frío, -a I *adj* 1. (*de temperatura*) cold. 2. (*poco cordial*) cold, indifferent. 3. (*sereno*) cool. 4. (*impresionado*): **me quedé frío** I was shocked. II *sm* (*Meteo*) cold: **hoy hace mucho frío** it's very cold today; **tengo frío** I'm cold. III *also* ⇨ **freír**.

friolento, -ta *adj* (*Amér L*) ⇨ **frio-lero**.

friolera *sf* (*fam*): **la friolera de un millón de dólares** a million dollars, no less.

friolero, -ra *adj*: **es muy friolero** he feels the cold a lot.

friso *sm* frieze.

fritada *sf*: *dish of chopped fried food*.

fritanga *sf* (*Amér L*) *dish of chopped fried food*.

fritar *vt* (*Amér L*) ⇨ **freír**.

frito, -ta I *pp* ⇨ **freír**. **II** *adj* **1**. (*Culin*) fried ● **me tiene frito** I'm fed up with him ● (*RP*) **estamos fritos** we've had it. **2**. (*fam: dormido*) fast asleep. **III fritos** *sm pl* fried food.

frívolo, -la *adj* frivolous.

frondoso, -sa *adj* leafy.

frontal *adj* head-on.

frontera *sf* border.

fronterizo, -za *adj* **1**. (*puesto*) border (*apos.*). **2**. (*país*) neighbouring, (*US*) neighboring.

frontón *sm* (*juego*) pelota, (*US*) jai alai; (*cancha*) pelota * (*US*) jai alai court.

frotar *vt* to rub.

frotis *sm inv* swab.

fructífero, -ra *adj* fruitful.

fruncir [⇨ **zurcir**] *vt* **1**. (*una tela*) to gather. **2**. (*el ceño*): **fruncir el ceño** to frown.

frustrante *adj* frustrating.

frustrar *vt* **1**. (*un plan*) to thwart. **2**. (*a una persona*) to frustrate.

frustrarse *v prnl* **1**. (*planes*) to come to nothing. **2**. (*persona*) to get frustrated.

fruta *sf* fruit.

fruta del tiempo * (*RP*) **de estación** *sf* seasonal fruit.

frutal *sm* fruit tree.

frutera *sf* (*C Sur*) fruit bowl.

frutería *sf* (*en mercado*) fruit stall; (*tienda*) fruit store.

frutero *sm* fruit bowl.

frutilla *sf* (*C Sur*) strawberry.

fruto *sm* **1**. (*de una planta*) fruit. **2**. (*resultado*) result, fruit.

frutos secos *sm pl* nuts *pl*.

fucsia *adj inv*, *sf* fuchsia.

fue *etc.* ⇨ **ir, ser**.

fuego *sm* **1**. (*gen*) fire. **2**. (*para fumar*): **me dio fuego** he gave me a light. **3**. (*Mil*): **abrir fuego** to open fire. **4**. (*de cocina*): **a fuego lento** on a low heat. **5**. (*frml: apasionamiento*) fire, passion. **6**. (*Amér S: fam, en los labios*) cold sore.

fuegos artificiales *sm pl* fireworks *pl*.

fuel, fuel-oil *sm* fuel oil.

fuelle *sm* bellows *pl*.

fuente *sf* **1**. (*Culin*) serving dish, platter. **2**. (*manantial*) spring; (*decorativa*) fountain. **3**. (*origen*) source.

fuera I *adv* **1**. (*al o en el exterior*) outside: **estaba/lo llevó fuera** he was/he took it outside. **2**. (*en otra parte*) away: **estará fuera unos días** he'll be away for a few days. **II fuera de** *prep* **1**. (*un lugar*) out of, outside. **2**. (*aparte de*) apart from. **3**. (*Dep*): **está (en) fuera de juego** * (*Amér L*) **de lugar** he's offside. **III** *excl* get out! **IV** *also* ⇨ **ir, ser**.

fuera de serie *sm/f*: **es un fuera de serie** he is one in a million.

fueraborda *adj*, *sm* outboard.

fuero *sm* **1**. (*privilegio*) privilege. **2**. (*Hist*) charter.

fuero interno *sm* heart of hearts.

fuerte I *adj* **1**. (*persona, material*) strong. **2**. (*ruido*) loud. **3**. (*café, olor*) strong; (*comida*) heavy. **4**. (*viento*) strong; (*lluvia*) heavy; (*dolor*) severe. **5**. [E] (*bien preparado*) strong (*en in*). **6**. (*escena*) shocking; (*lenguaje*) strong. **II** *sm* **1**. (*especialidad*) strong point, forte. **2**. (*fortificación*) fort. **III** *adv* **1**. (*sujetar*) tight; (*pegar*) hard. **2**. (*hablar*) loud. **3**. (*mucho*): **desayuno fuerte** I have a big breakfast.

fuerza *sf* **1**. (*fortaleza*) strength: **no tengo fuerza** I'm not strong. **2**. (*violencia física*) force: **a la fuerza** by force. **3**. (*Mil, Pol*) force. **4**. (*Fís*) force.

fuerza de voluntad *sf* willpower.

fuerzas armadas *sf pl* armed forces *pl*.

fuerzo *etc.* ⇨ **forzar**.

fuese *etc.* ⇨ **ir, ser**.

fuet *sm*: *thin, salami-type sausage*.

fuete *sm* (*Amér L*) whip.

fuga *sf* 1. (*de preso*) escape. 2. (*de gas*) leak. 3. (*Mús*) fugue.

fugarse [↪ pagar] *v prnl* (*preso*) to flee, to escape; (*de casa*) to run away.

fugaz *adj* [-gaces] brief, fleeting.

fugitivo, -va *adj*, *sm/f* fugitive.

fui *etc.* ↪ **ir, ser.**

fulana *sf* (*fam*) prostitute.

fulano, -na I *sm/f* (*sustituyendo el nombre*) so-and-so. II *sm* (*fam: tipo*) guy.

fulgurante *adj* brilliant.

fullero, -ra (*fam*) I *adj* cheating, double-crossing. II *sm/f* cheat.

fulminante *adj* 1. (*mirada*) withering. 2. (*enfermedad*) very severe, devastating; (*efecto*) instantaneous.

fumador, -dora *sm/f* smoker.

fumar *vt/i* to smoke.

fumarse *v prnl* 1. (*cigarrillos*) to smoke. 2. (*fam: dinero*) to blow, to fritter away. 3. (*fam: una tarea*) to skip.

fumigar [↪ pagar] *vt* (*un edificio*) to fumigate; (*un terreno*) to spray.

función I *sf* 1. (*finalidad, rol*) function. 2. (*de teatro*) performance, show. 3. (*Mat*) function ● **en función de** according to. II **funciones** *sf pl* (*en un cargo*) duties *pl*: **el presidente en funciones** the acting president.

funcionamiento *sm* working.

funcionar *vi* to work.

funcionario, -ria *sm/f* (*en la administración*) civil servant; (*en la enseñanza, correos*) government employee.

funcionario, -ria de prisiones *sm/f* prison officer.

funda *sf* (*gen*) cover; (*de gafas*) case; (*de almohada*) pillowcase; (*de disco*) sleeve; (*de pistola*) holster.

fundación *sf* foundation.

fundador, -dora *sm/f* founder.

fundamental *adj* fundamental, basic.

fundamentalista *adj*, *sm/f* fundamentalist.

fundamentar *vt* to base (**en** on).

fundamentarse *v prnl* to be based

(**en** on).

fundamento *sm* 1. (*base*) basis. 2. (*seriedad*) good sense.

fundar *vt* 1. (*establecer*) to found. 2. (*una afirmación*) to base (**en** on).

fundarse *v prnl* to be based ✳ founded (**en** on).

fundición *sf* 1. (*taller*) foundry. 2. (*acción*) casting, smelting.

fundido, -da I *adj* 1. (*metal*) molten; (*queso*) melted. 2. (*Amér L: fam, agotado*) worn out. II *sm* (*en cine*) fade-in.

fundido en negro *sm* fade-out.

fundir *vt* 1. (*gen*) to melt. 2. (*una estatua*) to cast. 3. (*los plomos*) to blow.

fundirse *v prnl* 1. (*plomos*) to blow; (*bombilla*) to fuse. 2. (*fusionarse*) to merge (**en** into). 3. (*fam: gastar*) to blow, to squander. 4. (*RP: fam, arruinarse*) to go bankrupt.

fundo *sm* (*Chi*) ranch.

fúnebre *adj* funereal.

funeral *sm*, **funerales** *sm pl* funeral.

funeraria *sf* undertaker's.

funesto, -ta *adj* ill-fated.

fungir *vi* [↪ surgir] (*Amér C, Méx*) to act (**de** as).

funicular *sm* (*ferrocarril*) funicular (railway); (*cabina*) cable car.

furgón *sm* luggage van, (*US*) baggage car.

furgoneta *sf* van.

furia *sf* 1. (*ira*) fury, rage. 2. (*fuerza*) force, fury.

furibundo, -da *adj* furious.

furioso, -sa *adj* furious.

furor *sm* 1. (*furia*) fury, rage. 2. (*afición*) passion ● **está haciendo furor** it is all the rage.

furtivo, -va *adj* (*mirada*) furtive: **cazador furtivo** poacher.

furúnculo *sm* boil.

fuselaje *sm* fuselage.

fusible *sm* fuse.

fusil *sm* rifle.

fusilar *vt* 1. (*Mil*) to execute, to shoot. 2. (*fam: copiar*) to copy.

fusión *sf* 1. (*Fís*) fusion. 2. (*Fin*) merger.

fusionarse *v prnl* to merge.

fusta *sf* riding crop, whip.

futbito *sm* five-a-side football.

fútbol, (*Amér C*, *Méx*) **futbol** *sm* football, soccer.

fútbol americano *sm* American football. **fútbol-sala** *sm* five-a-side football.

futbolín® *sm* table football.

futbolista *sm/f* footballer, soccer player.

futurista *adj* futuristic.

futuro, -ra *adj*, *sm* future.

g (= **gramo**) g.

gabardina *sf* 1. (*abrigo*) raincoat. 2. (*tela*) gabardine.

gabarra *sf* barge.

gabinete *sm* 1. (*Pol*) cabinet. 2. (*médico*) consulting room; (*de investigación*) laboratory. 3. (*en casa*) study.

gacela *sf* gazelle.

gachas *sf pl*: type of porridge made with flour.

gachupín, -pina *sm/f* (*Méx*: *fam*) Spaniard.

gaditano, -na *adj* ✳ from Cádiz.

gafas *sf pl* 1. (*para ver*) glasses *pl*, spectacles *pl*. 2. (*para protección*) goggles *pl*.

gafas de sol *sf pl* sunglasses *pl*. **gafas graduadas** *sf pl* prescription glasses *pl*.

gafe *sm/f* (*fam*) jinx.

gaita I *sf* (*Mús*) bagpipes *pl*. II *sm/f* (*RP*: *fam*) Spaniard.

gaitero, -ra *sm/f* piper.

gajes *sm pl*: **son gajes del oficio** they're the drawbacks of the job.

gajo *sm* 1. (*de naranja*) segment. 2. (*RP*: *esqueje*) cutting.

gala I *sf* 1. (*ceremonia*) ceremony: **una cena de gala** a gala dinner. 2. (*función*) show. II **galas** *sf pl* (*ropa*) clothes *pl*.

galán *sm* 1. (*hombre atractivo*) handsome man. 2. (*actor*) male star ✳ idol.

galápago *sm* turtle.

galardón *sm* prize, award.

galaxia *sf* galaxy.

galeón *sm* galleon.

galera *sf* 1. (*embarcación*) galley. 2. (*Amér C*, *Méx*: *cobertizo*) shed. 3. (*C Sur*: *sombrero*) top hat.

galería *sf* 1. (*gen*) gallery. 2. (*de tiendas*) arcade. 3. (*habitación*) enclosed balcony with large windows.

galería de arte *sf* art gallery.

Gales *sm* Wales.

galés, -lesa I *adj* Welsh. II *sm/f* Welshman/woman: **los galeses** the Welsh. III *sm* (*Ling*) Welsh.

galgo *sm* greyhound.

galimatías *sm inv* (*fam*) incomprehensible mess.

gallardo, -da *adj* 1. (*valiente*) gallant. 2. (*de buena presencia*) good-looking.

gallego, -ga I *adj* 1. (*de Galicia*) Galician. 2. (*Amér L*: *fam*, *español*) Spanish. II *sm* (*Ling*) Galician.

galleta *sf* 1. (*Culin*: *dulce*) biscuit, (*US*) cookie; (*: salada*) cracker. 2. (*fam*: *bofetada*) slap.

gallina I *sf* (*ave*) hen. II *sm/f* (*persona*) chicken, coward.

gallinazo *sm* turkey buzzard ✳ vulture.

gallinero *sm* 1. (*cobertizo*) henhouse. 2. (*fam*: *lugar ruidoso*): **era un gallinero** it was bedlam. 3. (*fam*: *en teatro*) the gods *pl*.

gallito, -ta *adj* (*fam*) cocky.

gallo *sm* 1. (*ave*) cock, (*US*) rooster ● **en menos que canta un gallo** in a flash. 2. (*pez*) John Dory. 3. (*al cantar*) flat note. 4. (*Dep*: *en boxeo*) bantamweight.

galón sm 1. (de militar) stripe.
2. (medida) gallon.

galopar vi to gallop.

galope sm gallop.

galpón sm (RP) shed.

gama sf range.

gamba sf prawn.

gamberro, -rra sm/f hooligan, vandal.

gambetear (Amér L) vi to dribble.
♦ vt to dribble past.

gamín sm (Col) street urchin.

gamulán sm (RP) sheepskin coat/jacket.

gamuza sf 1. (animal) chamois.
2. (cuero) suede. 3. (paño) chamois
* shammy leather.

gana sf: **tengo ganas de ir** I want to
go; **no tengo ganas (de comer)** I'm
not hungry ● **haz lo que te dé la
gana** do whatever you like ● **no me
da la gana** I don't feel like it ● **lo
hizo con ganas** he did it with great
enthusiasm.

ganadería sf 1. (actividad) cattle
breeding. 2. (ganado) livestock.

ganado sm (gen) livestock; (vacas)
cattle pl.

ganado bovino sm cattle pl. **ganado
lanar * ovino** sm sheep pl. **ganado
vacuno** sm cattle pl.

ganador, -dora I adj winning. II
sm/f winner.

ganancia sf (gen) gain; (Fin) profit.

ganar vt 1. (una competición, una
batalla) to win. 2. (dinero: trabajando) to earn; (: en negocios) to
make; (: en juegos) to win. 3. (tiempo)
to save. 4. (frml: llegar a) to reach.
♦ vi 1. (vencer): **siempre gana** he
always wins; **siempre me gana** he
always beats me. 2. **salir ganando**
to gain.

ganarse v prnl 1. (el sustento):
ganarse la vida to make * earn
one's living. 2. (merecerse) to earn
(oneself). 3. (conquistarse: el respeto)
to gain, to win; (: a una persona) to
win over.

ganchillo sm crochet.

gancho sm 1. (gen) hook. 2. (RP:
grampa) staple. 3. (fam: encanto)
charm. 4. (cebo) lure. 5. (en boxeo)
hook; (en baloncesto) hook shot.
6. (Amér L: para el pelo) hairpin.
7. (Amér L: percha) hanger. 8. (Col,
Ven: para tender) clothes peg * (US)
pin.

gandul, -dula adj (fam) lazy.

ganga sf bargain.

gangrena sf gangrene.

gansada sf (fam) silly thing.

ganso, -sa sm/f 1. (Zool) goose.
2. (fam: tonto) fool.

ganzúa sf picklock.

garabatear vt/i (dibujar) to doodle;
(escribir) to scribble, to scrawl.

garabato sm 1. (dibujo) doodle;
(algo escrito) scribble, scrawl.
2. (Chi: taco) swearword.

garaje sm garage.

garantía sf 1. (gen) guarantee.
2. (fianza) security.

garantizar [⇨ cazar] vt to guarantee.

garbanzo sm chickpea.

garbeo sm (fam) stroll.

garbo sm grace.

garfio sm hook.

garganta sf 1. (Anat) throat.
2. (Geog) gorge.

gárgaras sf pl: **hacer gárgaras** to
gargle.

garito sm gambling den.

garra sf 1. (Zool: gen) claw; (: de
pájaro) talon ● **cayó en sus garras**
she fell into his clutches. 2. (de un
equipo) spirit. 3. (de un programa):
es un programa con mucha garra
it's a compelling programme.

garrafa sf 1. (vasija) large container.
2. (RP: de gas) cylinder.

garrafal adj: **un error garrafal** a
huge mistake.

garrapata sf tick.

garrapiñado, -da adj sugar-coated.

garrocha sf (Amér L) pole.

garronear vt/i (RP: fam) to
scrounge.

garronero, -ra sm/f (RP: fam)
scrounger.

garrote *sm* 1. (*palo*) club. 2. (*or* **garrote vil**) garrotte.

garúa *sf* (*Amér L*) drizzle.

garza *sf* heron.

gas I *sm* 1. (*gen*) gas. 2. (*Auto: fam*): **dale gas** step on it! **II gases** *sf pl* (*Med*) wind, (*US*) gas.

gas butano *sm* butane gas. **gas ciudad** *sm* gas (*piped to the consumer*). **gas lacrimógeno** *sm* tear gas.

gasa *sf* 1. (*Med*) gauze. 2. (*Indum*) chiffon.

gaseosa *sf* (*GB*) lemonade, (*US*) soda pop.

gásfiter *sm/f* (*Chi*), **gasfitero -ra** (*Perú*) plumber.

gasoil, gasóleo *sm* diesel.

gasolero *sm* (*RP*) diesel (vehicle).

gasolina *sf* petrol, (*US*) gas, gasoline.

gasolina normal *sf* two-star petrol, (*US*) regular gasoline. **gasolina sin plomo** *sf* unleaded petrol ✳ (*US*) gasoline. **gasolina súper** *sf* four-star petrol, (*US*) super gasoline.

gasolinera *sf* petrol ✳ (*US*) gas station.

gastado, -da *adj* 1. (*zapatos, ropa*) worn-out. 2. (*acabado*) finished.

gastar *vt* 1. (*dinero*) to spend (**en** on); (*energía*) to use. 2. (*desgastar*) to wear out. 3. (*Indum*): **¿qué número gastas?** what size do you take? 4. (*una broma*) to play (**a** on).

gastarse *v prnl* 1. (*dinero*) to spend (**en** on). 2. (*terminarse*) to run out. 3. (*desgastarse*) to wear out.

gasto *sm* 1. (*de dinero*) expense: **con todos los gastos pagados** all expenses paid; **redujeron los gastos** they reduced spending. 2. (*de energía*) consumption.

gastos de envío *sm pl* postage and packing.

gástrico, -ca *adj* gastric.

gastroenteritis *sf* gastroenteritis.

gastronomía *sf* gastronomy.

gatear *vi* to crawl.

gatillo *sm* trigger.

gato, -ta I *sm/f* 1. (*Zool*) cat ● **a gatas** (*de rodillas*) on all fours; (*RP:*

apenas) hardly ● **había cuatro gatos** there were very few people. 2. (*Méx: !!, sirviente*) flunky. **II** *sm* (*Auto*) jack.

gauchada *sf* (*C Sur: fam*) good turn.

gaucho *sm* gaucho, cowboy.

gaveta *sf* 1. (*cajón*) drawer. 2. (*RP: guantera*) glove compartment.

gavilán *sm* sparrow hawk.

gaviota *sf* seagull, gull.

gay I *adj* gay. **II** *sm* [*pl* **gay** ✳ **gays**] gay man.

gazpacho *sm* gazpacho, *cold vegetable soup*.

gel *sm* 1. (*gen*) gel. 2. (*or* **gel de baño**) shower gel.

gelatina *sf* 1. (*sustancia*) gelatin. 2. (*postre*) jelly, (*US*) Jell-O®.

gema *sf* gem.

gemelo, -la I *sm/f* (*identical*) twin. **II gemelos** *sm pl* 1. (*de camisa*) cuff links *pl*. 2. (*prismáticos*) binoculars *pl*.

gemido *sm* groan, moan.

géminis, Géminis *sm* Gemini.

gemir [➪ pedir] *vi* to groan, to moan.

gen *sm* gene.

generación *sf* generation.

generador *sm* generator.

general I *adj* general ● **por lo general** generally ‖ usually. **II** *sm/f* general.

Generalitat /dʒenerəliˈtat/ *sf*: *autonomous government of Catalonia/ Valencia*.

generalizado, -da *adj* widespread.

generalizar [➪ cazar] *vt* to generalize.

generar *vt* to generate.

género *sm* 1. (*Biol*) genus: **el género humano** mankind. 2. (*Ling*) gender. 3. (*Lit*) genre. 4. (*tipo*) kind, type. 5. (*tejido*) material, fabric. 6. (*en una tienda*) goods *pl*.

géneros de punto *sm pl* knitwear.

generosidad *sf* generosity.

generoso, -sa *adj* generous.

genética *sf* genetics.

genético, -ca *adj* genetic.

genial *adj* brilliant.

genio *sm* 1. (*mal carácter*) (bad)

temper: tiene mucho genio he's very bad tempered. **2.** (*estado de ánimo*): **está de mal genio** she's in a bad mood. **3.** (*persona*) genius.

genitales *sm pl* genitals *pl.*

genocidio *sm* genocide.

gente *sf* **1.** (*personas*) people *pl.* **2.** (*fam: familia*) family, (*US*) folks *pl.* **3.** (*Amér C, Méx: fam, persona*) person.

gentileza *sf* **1.** (*amabilidad*) kindness: **tenga la gentileza de...** would you be so kind as to...? **2.** (*cortesía*) courtesy.

gentío *sm* crowd.

gentuza *sf* rabble.

geografía *sf* geography.

geología *sf* geology.

geólogo, -ga *sm/f* geologist.

geometría *sf* geometry.

geranio *sm* geranium.

gerente *sm/f* manager.

geriátrico, -ca *adj* geriatric.

germen *sm* germ.

germinar *vi* to germinate.

gerundense *adj* of ✳ from Girona (Gerona).

gerundio *sm* present participle.

gestación *sf* (*gen*) gestation; (*de mujer*) pregnancy.

gestarse *v prnl* (*proyecto*) to take shape; (*idea*) to develop.

gesticular *vi* to gesticulate.

gestión *sf* **1.** (*trámite*) step. **2.** (*dirección*) management.

gestionar *vt* **1.** (*tramitar*) to arrange. **2.** (*un negocio*) to manage.

gesto *sm* **1.** (*ademán*) gesture; (*con la cara*) expression. **2.** (*acto*) gesture.

gestor, -tora *sm/f* agent, representative.

Gibraltar *sm* Gibraltar.

gibraltareño, -ña *adj, sm/f* Gibraltarian.

gigante I *sm* **1.** (*gen*) giant. **2.** (*en fiestas*) giant effigy. **II** *adj* gigantic, giant.

gijonés, -nesa *adj* of ✳ from Gijón.

gil, gila *sm/f* (*C Sur: fam*) fool.

gilipollas *sm/f inv* (!!) jerk.

gimnasia *sf* **1.** (*actividad*) gymnastics; (*ejercicios*) exercises *pl.* **2.** (*en el colegio*) gym, physical education.

gimnasio *sm* gym, gymnasium.

gimnasta *sm/f* gymnast.

gimotear *vi* to whine.

gin *sm* gin: **un gin tonic** a gin and tonic.

ginebra *sf* gin.

ginecología *sf* gynaecology, (*US*) gynecology.

ginecólogo, -ga *sm/f* gynaecologist, (*US*) gynecologist.

gira *sf* tour: **de gira** on tour.

girar *vi* **1.** (*planeta, rueda*) to go round, to revolve; (*centrifugadora*) to spin; (*hélice*) to rotate, to turn; (*conversación*) to revolve (**en torno a** around). **2.** (*doblar*) to turn. ♦ *vt* (*una llave*) to turn.

girasol *sm* sunflower.

giro *sm* **1.** (*movimiento*) turn. **2.** (*or* **giro postal**) money order. **3.** (*expresión*) expression.

gis *sm* (*Méx*) chalk.

gitano, -na *adj, sm/f* gypsy, gipsy.

glacial *adj* (*zona*) glacial; (*temperatura*) freezing.

glaciar *sm* glacier.

glándula *sf* gland.

global *adj* (*visión*) overall, global; (*suma*) total; (*mundial*) global.

globo *sm* **1.** (*Av, Juegos*) balloon. **2.** (*or* **globo terráqueo**) globe. **3.** (*en tenis*) lob.

glóbulo *sm* (*gen*) globule; (*Med*): **glóbulo blanco/rojo** white/red blood cell.

gloria *sf* **1.** (*honor*) glory. **2.** (*Relig*) eternal life. **3.** (*personaje famoso*) great figure. **4.** (*placer*): **da gloria** it's a delight.

glorieta *sf* **1.** (*Auto*) roundabout, (*US*) traffic circle. **2.** (*plaza*) small square. **3.** (*en jardín*) arbour, (*US*) arbor.

glorificar [↪ sacar] *vt* to glorify.

glosario *sm* glossary.

glotón, -tona *sm/f* glutton.

glucosa *sf* glucose.

gobernador, -dora *sm/f* governor.

gobernanta *sf* 1. (*de hotel*) head housekeeper. 2. (*Amér L: institutriz*) governess.

gobernante *sm/f*: **los gobernantes del país** those who govern the country.

gobernar [⇨ pensar] *vt* 1. (*una nación*) to govern. 2. (*un barco*) to steer.

gobierno I *sm* government. II *also* ⇨ **gobernar**.

gofio *sm* toasted maize ∗ (*US*) corn meal.

gol *sm* goal.

golero, -ra *sm/f* (*C Sur*) goalkeeper.

golf *sm* golf.

golfa *sf* (*fam*) slut, hussy.

golfo *sm* 1. (*Geog*) gulf. 2. (*vividor*) good-for-nothing. 3. (*gamberro*) hooligan.

golfo de México *sm* Gulf of Mexico. **golfo de Vizcaya** *sm* Bay of Biscay.

golondrina *sf* swallow.

golosina *sf* sweet, (*US*) candy.

goloso, -sa *adj*: **es muy golosa** she has a sweet tooth.

golpe *sm* 1. (*que se le da a algo*): **darle un golpe a algo** to bang sthg; (*que alguien da o recibe*) blow: **un golpe en la cabeza** a blow on the head; **me di un golpe en la rodilla** I hit my knee ● **no da golpe** he doesn't do any work ● **de golpe** (*de una vez*) in one go, (*de repente*) suddenly. 2. (*en la puerta: gen*) knock; (*:fuerte*) thump, bang. 3. (*psicológico*) blow. 4. (*robo*) robbery. 5. (*or* **golpe de estado**) coup (d'état).

golpe bajo *sm* 1. (*en boxeo*) punch below the belt. 2. (*fam: mala jugada*) dirty trick. **golpe de suerte** *sm* stroke of luck.

golpear *vt* (*gen*) to hit; (*una puerta*) to knock/bang on.

golpearse *v prnl* (*gen*) to hit oneself; (*la cabeza*) to hit.

golpista *sm/f* coup plotter.

golpiza *sf* (*Amér L*) beating.

goma *sf* 1. (*material*) rubber; (*sustancia*) gum. 2. (*para sujetar*) rubber band. 3. (*or* **goma de borrar**) rubber, (*US*) eraser. 4. (*RP: neumático*) tyre, (*US*) tire.

goma de mascar *sf* chewing gum. **goma 2**, **goma dos** *sf* plastic explosive.

gomería *sf* (*RP*) tyre ∗ (*US*) tire workshop.

gomero *sm* (*Amér L*) rubber plant.

gomina *sf* hair gel.

gordo, -da I *adj* 1. (*persona*) fat. 2. (*jersey, libro*) thick. 3. (*fam: problema*) big. II *sm* first prize, jackpot.

gordura *sf* fatness.

gorila *sm* 1. (*animal*) gorilla. 2. (*fam: guardaespaldas*) bodyguard. 3. (*C Sur: Pol*) die-hard reactionary.

gorjear *vi* (*pájaro*) to chirp; (*niño*) to gurgle.

gorra *sf* (*gen*) cap; (*de niño*) bonnet ● **de gorra** for nothing.

gorrear *vt/i* (*fam*) to scrounge.

gorrión *sm* sparrow.

gorro *sm* (*gen*) hat; (*de bebé*) bonnet. **gorro de baño** *sm* (*para nadar*) swimming cap; (*para ducharse*) shower cap.

gorrón, -rrona *sm/f* (*fam*) scrounger.

gorronear *vt/i* (*fam*) to scrounge.

gota I *sf* 1. (*de líquido*) drop ● **ni gota de pan** no bread at all ● **la gota que colmó el vaso** the last straw. 2. (*enfermedad*) gout. II **gotas** *sf pl* (*Med*) drops *pl*.

gota a gota *sm* drip. **gota fría** *sf* cold front.

gotear *vi* (*líquido, grifo*) to drip. ♦ *v impers* (*Meteo*) to spit (with rain).

gotera *sf* (*grieta*) leak.

gotero *sm* 1. (*gota a gota*) drip. 2. (*Amér L: cuentagotas*) dropper.

gótico, -ca *adj* Gothic.

gozada *sf* (*fam*) pleasure.

gozar [⇨ cazar] *vi* 1. (*disfrutar*): **goza viéndolos jugar** she loves seeing them play. 2. **gozar de** (*tener*) to have ∗ enjoy.

gozne *sm* hinge.

gozo *sm* pleasure, joy.

grabación *sf* recording.

grabado *sm* (*técnica*) engraving; (*estampa*) print.

grabador *sm* (*Amér L*) tape recorder.

grabadora *sf* tape recorder.

grabar *vt* 1. (*sonidos, imágenes*) to record (**en** on). 2. (*labrar*) to engrave (**en** on).

grabarse *v prnl*: **se me grabó en la memoria** it engraved * etched itself on my memory.

gracia I *sf* 1. (*comicidad*): **tiene mucha gracia** he's very funny; **me hizo gracia** I thought it was funny; **no le veo la gracia** I don't find it funny. 2. (*cosa divertida*): **le reían las gracias** they laughed at his antics. 3. (*elegancia*) grace; (*salero*) flair. 4. (*Relig*) grace. II **gracias** *sf pl* thanks *pl*.

gracioso, -sa I *adj* 1. (*divertido*) amusing, funny. 2. (*curioso*) strange. 3. (*mono*) cute. II *sm/f* (*bromista*) joker.

gradas *sf pl* terraces *pl*.

gradería *sf* stands *pl*.

grado *sm* 1. (*unidad*) degree. 2. (*intensidad*) degree, extent. 3. (*Educ*) year, (*US*) grade. 4. (*Mil*) rank. 5. (*voluntad*): **de buen/mal grado** willingly/reluctantly. 6. (*Amér L: universitario*) degree.

graduación *sf* 1. (*de universidad*) graduation; rank. 2. (*en las fuerzas armadas*) rank. 3. (*ajuste*) adjustment. 4. (*de gafas*) prescription. 5. (*alcohólica*) alcohol content.

graduar *vt* (*regular*) to adjust.

graduarse *v prnl* 1. (*de universidad*) to graduate (**en** in). 2. (*Med*): **graduarse la vista** to have one's eyes tested.

graffiti *sm inv* graffiti.

gráfica *sf* graph.

gráfico, -ca I *adj* graphic. II *sm* (*Mat*) graph. III **gráficos** *sm pl* (*Inform*) graphics *pl*.

gragea *sf* tablet.

grajo, -ja *sm/f* rook.

gramática *sf* grammar.

gramo *sm* gram.

grampa *sf* (*RP*) staple.

gran *adj* ⇨ **grande**.

gran premio *sm* grand prix.

granada *sf* 1. (*fruto*) pomegranate. 2. (*Mil: de mano*) (hand) grenade; (*: de mortero*) shell.

granadino, -na *adj* * from Granada.

granate *adj, sm* maroon.

Gran Bretaña *sf* Great Britain.

grande I *adj* [**gran** before sing. nouns] 1. (*en tamaño*) big, large: **un gran número de...** a large number of...; (*en demasía*): **me está * me queda grande** it's too big for me. 2. (*en importancia, intensidad*) great: **una gran pianista** a great pianist; **un gran placer** a great pleasure ● **nos divertimos en grande** we had a great time. 3. (*fam: en edad*) grown-up. II *sm/f* (*adulto*) adult, grown-up. III *sm* (*or* **grande de España** grandee. IV *sf* (*RP: en la lotería*) first prize, jackpot.

grandes almacenes *sm pl* department store.

grandeza *sf* greatness.

grandioso, -sa *adj* impressive.

granel: a granel *loc adv* (*no empaquetado*) loose ● **quejas a granel** loads of complaints.

granero *sm* granary, barn.

granito *sm* granite.

granizada *sf* hailstorm.

granizado *sm*: *drink served with crushed ice*.

granizar [⇨ cazar] *v impers* to hail.

granja *sf* farm.

granjero, -ra *sm/f* farmer.

grano *sm* 1. (*gen*) grain; (*de café*) bean ● **ir al grano** to get to the point ● **puse mi grano de arena** I made my contribution. 2. (*en la piel*) spot.

granuja *sm/f* (*gen*) crook; (*cariñosamente*) rascal.

gránulo *sm* granule.

grapa *sf* 1. (*Tec*) staple. 2. (*C Sur: bebida*) grappa.

grapadora *sf* stapler.

grapar *vt* to staple.

grasa *sf* 1. (*Tec*) grease. 2. (*de persona, animal*) fat; (*en pelo, piel*) grease; (*RP: Culin*): **grasa de cerdo** lard; **grasa de vaca** dripping.

grasiento, -ta *adj* greasy.

graso, -sa *adj* (*carne*) fatty; (*pelo, piel*) greasy.

grasoso, -sa *adj* (*Amér L*) greasy.

gratificación *sf* 1. (*recompensa*) reward. 2. (*dinero extra*) bonus.

gratificante *adj* rewarding, gratifying.

gratinado, -da *adj* au gratin.

gratis *adv, adj inv* free.

gratitud *sf* gratitude.

grato, -ta *adj* (*gen*) pleasant; (*visita*) enjoyable.

gratuito, -ta *adj* 1. (*entrada, muestra*) free. 2. (*violencia*) gratuitous.

grava *sf* gravel.

gravar *vt* (*gen*) to tax; (*una propiedad*) to impose a charge on.

grave I *adj* 1. [S] (*situación, tono*) serious, grave. 2. [S] (*enfermedad*) serious; (*enfermo*): **está muy grave** she's seriously ill. 3. [S] (*sonido*) low; [S] (*voz*) deep. 4. [S] (*palabra*) stressed on the last syllable but one. **II graves** *sm pl* (*Audio*) bass.

gravedad *sf* 1. (*gen*) seriousness: **resultó herido de gravedad** he was seriously injured. 2. (*Fís*) gravity.

gravilla *sf* gravel.

graznido *sm* (*gen*) squawk; (*de pato*) quack; (*de cuervo*) caw; (*de ganso*) honk.

Grecia *sf* Greece.

gremio *sm* 1. (*Hist*) guild; (*en la actualidad*): **el gremio de la hostelería** the hotel industry ✳ trade. 2. (*C Sur: sindicato*) trade union.

greñas *sf pl* (untidy) hair.

gres *sm* stoneware.

gresca *sf* 1. (*pelea*) argument, row. 2. (*jaleo*) racket, noise.

griego, -ga I *adj, sm/f* Greek. **II** *sm* (*Ling*) Greek.

grieta *sf* crack.

grifo *sm* 1. (*de agua*) tap, (*US*) faucet. 2. (*Perú: gasolinera*) petrol ✳ (*US*) gas station.

grill *sm* grill, (*US*) broiler.

grillo *sm* cricket.

grima *sf*: **me da grima** (*dentera*) it sets my teeth on edge, (*disgusto*) it makes me really angry.

gringo, -ga *sm/f* (*Amér L: fam, estadounidense*) Yankee, American; (: *extranjero*) foreigner; (*RP: fam, italiano*) Italian.

gripa *sf* (*Amér C, Col, Méx*) ⇨ **gripe**.

gripe *sf* flu, influenza.

gris *adj* grey.

grisáceo, -cea *adj* greyish.

gritar *vi* 1. (*gen*) to shout: **no me grites** don't shout at me. 2. (*de dolor, miedo*) to cry out. ♦ *vt* to shout.

grito *sm* 1. (*gen*): **me pegó ✳ dio un grito** (*de enfado*) he shouted at me, (*para decirme algo*) he shouted to me ● **a grito limpio** at the top of one's voice ● **el último grito** the last word. 2. (*de dolor, miedo*) cry: **pegué un grito** I cried out. 3. **el grito** (*en Méx*) annual celebration of proclamation of independence.

groenlandés, -desa I *adj* (✳ from Greenland. **II** *sm/f* Greenlander.

Groenlandia *sf* Greenland.

grogui *adj* groggy.

grosella *sf* redcurrant.

grosella negra *sf* blackcurrant.

grosería *sf* 1. (*cualidad*) rudeness. 2. (*comentario*) rude remark; (*Amér L: mala palabra*) swearword.

grosero, -ra *adj* rude.

grosor *sm* thickness.

grotesco, -ca *adj* grotesque.

grúa *sf* 1. (*Ing, Tec*) crane. 2. (*Auto*) tow truck.

grueso, -sa I *adj* 1. (*tela*) thick. 2. (*persona*) fat. **II** *sm* 1. (*espesor*) thickness. 2. (*mayoría*) main body.

grulla *sf* (*Zool*) crane.

grumo *sm* lump: **tiene grumos** it's lumpy.

gruñir [⇨ table in appendix 2] *vi* 1. (*cerdo*) to grunt; (*perro*) to growl. 2. (*quejarse*) to grumble.

gruñón, -ñona *adj* (*fam*) grumpy.

grupo *sm* 1. (*de gente, cosas*) group.
2. (*or* **grupo musical**) group, band.

grupo sanguíneo *sm* blood group.

gruta *sf* grotto, cave.

guaca *sf*: South American Indian tomb.

guacamayo *sm* macaw.

guacamole *sm*: avocado dip or salad.

guachimán *sm* (*Amér L*) watchman.

guacho, -cha *sm/f* (*Amér S: huérfano*) orphan; (*: hijo ilegítimo*) illegitimate child; (*: como insulto*) bastard.

guaco *sm*: pre-Columbian ceramic artefact.

guadalajareño, -ña *adj* v * from Guadalajara (Spain).

guagua *sf* 1. (*en algunas regiones: autobús*) bus. 2. (*Amér S: fam, bebé*) baby.

guajolote *sm* (*Méx*) turkey.

guampa *sf* (*C Sur*) horn.

guano *sm* (*de aves marinas*) guano; (*Amér L: de otro animal*) dung.

guante *sm* glove ● **le echaron el guante** they caught him.

guantera *sf* glove compartment.

guapo, -pa *adj* 1. (*hombre*) handsome, good-looking; (*mujer*) pretty, attractive. 2. (*fam: estupendo*) great, fantastic. 3. (*Amér L: fam, valiente*) brave.

guarango, -ga *adj* (*C Sur: fam*) rude.

guaraní I *adj, sm/f* Guarani. II *sm* 1. (*Ling*) Guarani. 2. (*moneda*) currency of Paraguay.

guarda *sm/f* 1. (*gen*) guard; (*de parque*) keeper. 2. (*RP: de tren*) guard; (*: de ómnibus*) conductor.

guarda jurado *sm/f* security guard.

guardabarros *sm inv* (*de coche*) mudguard; (*de bicicleta*) (*GB*) mudguard, (*US*) fender.

guardabosques *sm/f inv* (*gen*) forest ranger; (*en finca*) gamekeeper.

guardacostas I *sm inv* (*barco*) coastguard cutter. II *sm/f inv* (*persona*) coastguard.

guardaespaldas *sm/f inv* body-

guard.

guardameta *sm/f* goalkeeper.

guardapolvo *sm* (*bata*) overall; (*delantal*) apron.

guardar *vt* 1. (*tener en un lugar*) to keep (**en** in). 2. (*poner en un lugar*) to put (away) (**en** in). 3. (*reservar: gen*) to save, to put aside; (*: un sitio*) to save, to keep. 4. (*conservar: gen*) to keep; (*: un recuerdo*): **todavía guarda el recuerdo** he still remembers it ● **¡ésta te la guardo!** I'm not going to forget this! 5. **guardar silencio** to keep quiet * silent. 6. (*Inform*) to save. 7. (*vigilar*) to guard.

guardarropa *sm* 1. (*habitación*) cloakroom. 2. (*ropa, armario*) wardrobe.

guardería *sf* (*or* **guardería infantil**) nursery, crèche.

guardia I *sm/f* (*gen*) guard; (*policía*) police officer. II *sf* 1. (*vigilancia*) guard, watch: **estaba de guardia** I was on watch ● **bajar la guardia** to lower one's guard. 2. (*turno*) duty: **está de guardia** he's on duty. 3. (*grupo armado*) guard.

guardia acostado *sm* speed bump, (*GB*) sleeping policeman. **guardia civil** (*en Esp*) I *sf* (*cuerpo*) Civil Guard (*police force in rural areas*). II *sm/f* (*persona*) civil guard. **guardia tumbado** *sm* ⇨ **guardia acostado**. **guardia urbano** * **municipal** *sm/f* (*local*) police officer.

guarecerse [⇨ agradecer] *v prnl* to shelter (**de** from), to take shelter (**de** from).

guarida *sf* 1. (*de animales*) lair. 2. (*de delincuentes*) hide-out.

guarnición *sf* 1. (*soldados*) garrison. 2. (*Culin*) **con una guarnición de patatas** with potatoes.

guarrada *sf* (*fam*) 1. (*porquería*) disgusting thing. 2. (*acción injusta*) dirty trick.

guarro, -rra *sm/f* 1. (*Zool*) pig. 2. (*fam: persona sucia*) (filthy) pig. 3. (*fam: persona despreciable*) swine.

guarura *sm* (*Méx*: *fam*) bodyguard.

guasa *sf* (*fam*): **¿estás de guasa?** are you joking?

guaso, -sa *adj* (*C Sur*: *fam*) rude.

guasón, -sona *sm/f* joker.

guata *sf* 1. (*para acolchar*) wadding. 2. (*Amér S*: *Anat*, *fam*) belly.

Guatemala *sf* Guatemala.

guatemalteco, -ca *adj*, *sm/f* Guatemalan.

guateque *sm* party.

guau *excl* 1. (*de perro*) bow-wow!, woof! 2. (*fam*: *de admiración*) wow!

guay *adj inv* (*fam*) great.

guayaba *sf* 1. (*fruto*) guava. 2. (*Amér L*: *fam*, *embuste*) lie.

guayabera *sf*: lightweight shirt worn outside the trousers.

gubernamental *adj* government (*apos*.).

güero, -ra *adj* (*Méx*: *pelo*) blond(e), fair; (: *persona*) blond(e), fair-haired.

guerra *sf* war (**contra** against; **con** with): **estar en guerra** to be at war ● **buscar guerra** to look for trouble ● **dar guerra** to give problems.

guerra bacteriológica *sf* germ warfare. **guerra civil** *sf* civil war. **guerra mundial** *sf* world war.

guerrero, -ra I *adj* warlike. II *sm/f* warrior.

guerrilla *sf* guerrilla group ✳ organization.

gueto *sm* ghetto.

güey *sm* (*Amér C*, *Méx*: *fam*) pal, buddy.

guía I *sf* 1. (*de hoteles*) guide; (*de teléfonos*) directory, phone book; (*de calles*) street map. 2. (*raíl*) guide. 3. (*pauta*) guide: **me sirvió de guía** it was a useful guide. II *sm/f* (*persona*) guide.

guía turística, -ca *sm/f* tour guide.

guiar [↔ ansiar] *vt* to guide.

guiarse *v prnl*: **me guié por mi instinto** I followed my instinct.

guijarro *sm* pebble.

guinche *sm* (*RP*) crane.

güinche *sm* (*Col*) winch.

guinda *sf* 1. (*fruto*) morello cherry. 2. (*toque final*) finishing touch.

guindilla *sf* chilli (pepper).

guineo *sm* (*Amér C*) banana.

guiñapo *sm* 1. (*persona*) wreck. 2. (*prenda*) rag.

guiñar *vt*: **le guiñó un ojo** he winked at her.

guiñol *sm* puppet show.

guión *sm* 1. (*signo ortográfico*) hyphen, dash. 2. (*de película*) script.

guionista *sm/f* scriptwriter.

guipuzcoano, -na *adj* of ✳ from Guipuzcoa.

guirnalda *sf* garland.

guisa *sf* (*frml*) manner ● **a guisa de** as.

guisante *sm* pea.

guisar *vt/i* to cook.

guiso *sm* stew.

guita *sf* (*fam*) cash, money.

guitarra *sf* guitar.

guitarrista *sm/f* guitarist.

gurí, -risa *sm/f* [-rises, -risas] (*RP*: *fam*) kid.

gusanillo *sm*: **le entró el gusanillo de viajar** she got the itch to travel.

gusano *sm* (*gen*) worm; (*de mariposa*) caterpillar; (*de mosca*) maggot.

gustar *vi* 1. (*gen*): **no le gustan** she doesn't like them. 2. (*al ofrecer algo*): **¿gusta?** would you like some?

gusto *sm* 1. (*sentido*) taste; (*sabor*) taste, flavour, (*US*) flavor. 2. (*satisfacción*) pleasure: **da gusto** it's a pleasure; **encontrarse a gusto** to feel at ease; (*en presentaciones*): **mucho gusto** pleased to meet you. 3. (*agrado*) taste, liking: **para mi gusto** for my liking. 4. (*capacidad de apreciar*) taste: **de mal gusto** in bad taste.

Guyana *sf* Guyana.

guyanés, -nesa *adj*, *sm/f* Guyanan, Guyanese.

Ha, ha (= **hectárea**) ha.
ha ⇨ **haber**.
haba *sf* broad bean ● **en todas partes cuecen habas** it's the same everywhere.
Habana *sf*: **La Habana** Havana.
habanera *sf* 1. (*Mús*) *choral sea shanty*. 2. (*Méx*: *Culin*) cracker.
habanero, -ra *adj* of ∗ from Havana.
habano *sm* Havana cigar.
haber I *sm* (*en una cuenta*) credit. **II haberes** *sm pl* (*bienes*) assets *pl*. **III** [⇨ table in appendix 2] *v aux* (*en tiempos compuestos*) to have: **¿ha llegado?** has she arrived?; **si lo hubiera sabido no habría ido** if I'd known I wouldn't have gone. ♦ *v impers*: **hay un pájaro** there's a bird; **hay dos pájaros** there are two birds ● **¿qué hay?** how are things? ● **no hay de qué** you're welcome. ♦ **haber que** *v impers* [+ inf] (*expresando necesidad, obligación*): **hay que apretar este botón** you have to press this button. ♦ **haber de** *v aux* [+ inf] 1. (*tener que*) to have to: **he de irme** I have to go ‖ I must go. 2. (*expresando conjetura*) must: **ha de estar aquí** it must be here.
habichuela *sf* 1. (*judía*) bean. 2. (*Col*: *verde*) green bean.
hábil *adj* (*ingenioso*) clever; (*habilidoso*) skilful, (*US*) skillful.
habilidad *sf* skill.
habilidoso, -sa *adj* skilful, (*US*) skillful.
habilitar *vt* 1. (*un lugar*) to fit out. 2. (*a una persona*) to authorize (**para** to).
habitación *sf* (*cuarto*) room; (*dormitorio*) bedroom: **una habitación doble/individual** a double/single room.
habitante *sm/f* inhabitant.
habitar *vt* to inhabit, to live in. ♦ *vi* to live (**en** in).
hábito *sm* 1. (*costumbre*) habit (**de** of), custom (**de** of). 2. (*Relig*) habit.
habitual *adj* usual.
habituarse [⇨ actuar] *v prnl*: **se habituó al frío** she got used to the cold.
habla *sf*★ 1. (*capacidad*) speech. 2. (*lengua*): **países de habla inglesa** English-speaking countries.
hablador, -dora I *adj* (*que habla mucho*) talkative. **II** *sm/f* (*Méx*: *fam*, *presumido*) bigmouth.
habladurías *sf pl* gossip, talk.
hablar *vi* 1. (*gen*) to speak, to talk (**con** to ∗ (*US*) with). 2. (*en un idioma*) to speak (**en** in). 3. (*conversar*) to talk (**de** about) ● **¡ni hablar!** no way! 4. (*texto*): **habla de las reformas** it deals with the reforms. 5. (*confesar, ser indiscreto*) to talk. 6. (*criticar*) to talk: **dio mucho que hablar** it gave people plenty to talk about. ♦ *vt* 1. (*un idioma*) to speak: **¿hablas inglés?** do you speak English?; **se habla español** Spanish spoken. 2. (*tratar*) to talk about.
hablarse *v prnl* (*con alguien*) to speak (to each other).
habré *etc.* ⇨ **haber**.
hacendado, -da *sm/f* landowner.
hacer [⇨ table in appendix 2] *vt* 1. (*crear, fabricar*: *un mueble, un pastel*) to make; (:*un nudo*) to tie; (:*una casa*) to build: **haz un dibujo** draw a picture. 2. (*arreglar*: *la cama*) to make; (:*la maleta*) to pack. 3. (*ocasionar*): **no hagas ruido** don't make any noise; **me hizo daño** he hurt me; **te hará bien** it'll do you good. 4. (*conseguir*) to make: **hacer dinero/amigos** to make money/friends. 5. (*refiriéndose a actos, actividades*) to do: **¿qué vas a hacer?** what are you going to do? ● **¡bien hecho!** well done! 6. (*un milagro*) to perform;

(*un favor, los deberes*) to do; (*un viaje*) to go on; (*un regalo*) to give; (*una visita*) to pay; (*una pregunta*) to ask: **¿haces ejercicio?** do you exercise?; (*fam*): **hacer pis** to go to the toilet. 7. (*sustituyendo a otro verbo*) to do: —**Llámala.** —**Ya lo he hecho.** "Call her." "I already have (done)." 8. (*suponer*) [only in imperfect]: **te hacía en Madrid** I thought you were in Madrid. 9. (*expresando un resultado: gen*) to make: **me hizo muy feliz** it made me very happy; (*: + inf*): **me hizo trabajar** he made me work; **hicimos arreglar el tejado** we had the roof mended; (*: + que + subjuntivo*): **esto hizo que se rompiera** this caused it to break ✳ made it break.

♦ *vi* 1. (*actuar*): **hiciste bien/mal** you did the right/wrong thing; **hacer como que...** to pretend that.... 2. **hacer de** (*interpretar el papel de*) to play the role of; (*ejercer de*) to act as: **hice de niñera** I looked after the children.

♦ *v impers* 1. (*en expresiones de tiempo*): **llegué hace una hora** I arrived an hour ago; **hace una hora que espero** I've been waiting for an hour. 2. (*Meteo*): **hace frío/sol/viento** it's cold/sunny/windy.

hacerse *v prnl* 1. (*a sí mismo*): **me he hecho un vestido** I've made myself a dress; (*causativo*): **se ha hecho la permanente** she's had her hair permed. 2. (*comida*) to cook. 3. (*volverse*) to become: **se hicieron amigos** they became friends. 4. (*parecer*): **se me hizo eterno** it seemed never-ending. 5. (*fingirse*): **se hizo el dormido** he pretended to be asleep. 6. (*necesidades fisiológicas*): **se ha hecho pis** he's wet himself. 7. **hacerse a** (*acostumbrarse a*) to get used to. 8. **hacerse con** (*ganar*) to win; (*conseguir*) to get. 9. **hacerse de** (*RP: conseguir*) to get.

hacha *sf*★ 1. (*herramienta*) axe, (*US*) ax. 2. (*fam: persona hábil*) genius.

hachís *sm* hashish.

hacia *prep* 1. (*de dirección: gen*) toward(s); (*:con partícula*): **hacia abajo** down, downward(s); **hacia adelante** forward(s); **hacia allá** ✳ **allí** that way. 2. (*de tiempo*) around. 3. (*de sentimiento*) towards, for.

hacienda *sf* 1. (*de ganado*) ranch; (*de cultivo*) (large) farm, plantation. 2. (*bienes*) wealth. 3. (*RP: ganado*) livestock. 4. **Hacienda** (*Fin*) the tax authorities *pl*.

hacienda pública *sf* national finances *pl*.

hacinarse *v prnl* to crowd together.

hada *sf*★ fairy.

hago etc. ⇨ **hacer.**

hala *excl* 1. (*para animar, meter prisa*) come on! 2. (*de incredulidad*) oh, come on!; (*de sorpresa*) wow!

halagar [⇨ pagar] *vt* to flatter.

halago *sm* flattering comment: **halagos** flattery.

halcón *sm* falcon.

hale *excl* ⇨ **hala.**

hallar *vt* to find.

hallarse *v prnl* 1. (*encontrarse*) to be. 2. (*Amér L: encontrarse a gusto*): **no se hallaba allí** he didn't feel comfortable there.

hallazgo *sm* find, discovery.

hamaca *sf* 1. (*red*) hammock. 2. (*tumbona*) deck chair. 3. (*Amér S: mecedora*) rocking chair. 4. (*C Sur: columpio*) swing.

hamacarse [⇨ sacar] *v prnl* (*Amér S: columpiarse*) to swing; (*:mecerse*) to rock.

hambre *sf*★ 1. (*ganas de comer*) hunger: **tenía hambre** I was hungry; **pasaron hambre** they went hungry ● **es más listo que el hambre** he's as clever as they come. 2. (*inanición*): **se murieron de hambre** they starved to death ✳ died of starvation.

hambriento, -ta *adj* (*con ganas de comer*) hungry; (*que sufre de inanición*) starving.

hambruna *sf* famine.

hamburguesa *sf* (*gen*) hamburger,

burger; (*de ternera*) beefburger.

hamburguesa con queso *sf* cheeseburger.

hampa *sf* ★ underworld.

haragán, -gana I *adj* lazy. II *sm/f* layabout.

harapo *sm* rag.

haré *etc.* ⇨ **hacer**.

harina *sf* flour.

hartarse *v prnl* 1. (*aburrirse*) to get tired (**de** of), to get fed up (**de** with). 2. (*de comer*) to eat one's fill (**de** of). 3. (*expresando abundancia*): **me voy a hartar a dormir** I'm going to sleep all I want.

harto, -ta I *adj* 1. [E] (*cansado*) fed up (**de** with * of). 2. [E] (*de comida*) full. 3. (*Amér L: mucho(s)*) a lot of. II *harto* *adv* very.

hasta I *prep* 1. (*de tiempo: gen*) until; (: *en fórmulas*): **hasta la vista** * **hasta pronto** see you soon; **hasta luego** (*nos vemos luego*) see you later, (*adiós*) bye. 2. **hasta que** until. 3. (*de cantidad*) (up) to. 4. (*de lugar*) as far as. II *adv* (*incluso*) even.

hastío *sm* boredom.

hatillo *sm* small bundle.

Hawai *sm* Hawaii.

hawaiano, -na *adj, sm/f* Hawaiian.

hay ⇨ **haber**.

Haya *sf*: **La Haya** the Hague.

haya I *sf* ★ beech. II *also* ⇨ **haber**.

haz I *sm* [**haces**] 1. (*de luz*) shaft, beam. 2. (*de leña*) bundle. II *imperative* ⇨ **hacer**.

hazaña *sf* feat, exploit.

hazmerreír *sm* laughing stock.

he I *v impers* (*frml*): **he aquí...** here is.... II *also* ⇨ **haber**.

hebilla *sf* 1. (*gen*) buckle. 2. (*RP: para el pelo*) (hair) slide, (*US*) barrette.

hebra *sf* 1. (*de hilo*) piece of thread. 2. (*de vaina*) string.

hebreo, -brea I *adj, sm/f* Hebrew. II *sm* (*Ling*) Hebrew.

heces *sf pl* (*frml*) faeces *pl*, (*US*) feces *pl*.

hechizar [⇨ cazar] *vt* 1. (*encantar*) to cast a spell on, to bewitch. 2. (*fascinar*) to captivate, to enchant.

hechizo *sm* 1. (*encantamiento*) spell. 2. (*fascinación*) fascination.

hecho, -cha I *pp* ⇨ **hacer**. II *adj* 1. (*Culin*): **un filete poco hecho/ muy hecho** a rare/well-done steak. 2. **hecho y derecho** (*crecido*) grown. 3. (*acostumbrado*): **está hecho a todo** he's used to anything. III **hecho** *sm* fact ● **un hecho consumado** a fait accompli ● **de hecho** in fact. IV **Hecho** *excl* done!

hechura *sf* (*confección*) making up; (*modelo*) style.

hectárea *sf* hectare (*10,000 square metres or 2.47 acres*).

hedor *sm* stink, stench.

helada *sf* frost.

heladera *sf* (*RP*) refrigerator, fridge.

heladera portátil *sf* (*RP*) cool box.

helado, -da I *adj* 1. (*congelado*) frozen: **estoy helada** I'm freezing * frozen. 2. (*de asombro*): **me dejó helado** I was stunned. II *sm* ice cream.

helar [⇨ pensar] *v impers* (*Meteo*): **va a helar** there's going to be a frost.

helarse *v prnl* 1. (*estanque*) to freeze. 2. (*persona*) to freeze to death.

helecho *sm* fern.

hélice *sf* propeller.

helicóptero *sm* helicopter.

helio *sm* helium.

helvético, -ca *adj, sm/f* (*frml*) Swiss.

hematíe *sm* red blood corpuscle.

hembra *sf* 1. (*Bot, Zool*) female. 2. (*enchufe*) socket.

hemisferio *sm* hemisphere.

hemofilia *sf* haemophilia, (*US*) hemophilia.

hemorragia *sf* haemorrhage, (*US*) hemorrhage.

hemorroide *sf* haemorrhoid, (*US*) hemorrhoid.

henchido, -da *adj* swollen (**de** with).

heno *sm* hay.

hepatitis *sf* hepatitis.

herbicida *sm* weedkiller, herbicide.
herbívoro, -ra **I** *adj* herbivorous. **II** *sm/f* herbivore.
herbolario *sm* health food shop.
herboristería *sf* health food shop.
heredar *vt* to inherit.
heredero, -ra *sm/f* (*gen*) heir; (*de una fortuna: hombre*) heir (**de** to); (*: mujer*) heiress (**de** to).
hereditario, -ria *adj* hereditary.
hereje *sm/f* heretic.
herejía *sf* heresy.
herencia *sf* **1.** (*Jur*) inheritance. **2.** (*Biol*) heredity.
herida *sf* wound.
herido, -da **I** *adj* **1.** (*en accidente*) injured; (*por un arma*) wounded. **2.** (*psicológicamente*) hurt. **II** *sm/f* (*en accidente*) casualty, injured person; (*por un arma*) wounded person: **los heridos** the injured/wounded.
herir [⇨ sentir] *vt* **1.** (*en accidente*) to injure; (*con un arma*) to wound. **2.** (*ofender*) to hurt.
hermanastro, -tra *sm/f* **1.** (*sin progenitor común*) stepbrother/stepsister. **2.** (*con progenitor común*) half-brother/half-sister.
hermandad *sf* fraternity, brotherhood.
hermano, -na *sm/f* (*varón*) brother; (*hembra*) sister.
hermético, -ca *adj* **1.** (*recipiente*) airtight. **2.** (*inescrutable*) impenetrable, secretive.
hermoso, -sa *adj* **1.** (*bonito*) beautiful, lovely. **2.** (*lozano*) healthy.
hermosura *sf* (*cualidad*) beauty; (*cosa hermosa*): **¡qué hermosura!** how beautiful!
héroe *sm* hero.
heroína *sf* **1.** (*mujer*) heroine. **2.** (*droga*) heroin.
herradura *sf* horseshoe.
herramienta *sf* tool.
herrar [⇨ pensar] *vt* **1.** (*un caballo*) to shoe. **2.** (*el ganado*) to brand.
herrero, -ra *sm/f* blacksmith.
herrumbre *sf* rust.
herrumbroso, -sa *adj* rusty.
hervidero *sm* **1.** (*de gente*) crowd,

throng. **2.** (*de actividad*) hotbed.
hervir [⇨ sentir] *vi* **1.** (*agua, leche*) to boil. **2.** (*lugar*): **hervía de actividad** it was a hive of activity. ♦ *vt* to boil.
hervor *sm*: **dales un hervor** blanch them.
heterosexual *adj*, *sm/f* heterosexual.
hexágono *sm* hexagon.
hibernar *vi* to hibernate.
hice *etc*. ⇨ **hacer**.
hidalgo *sm* (*Hist*) gentleman.
hidratante *adj* moisturizing.
hidratar *vt* (*la piel*) to moisturize; (*Quím*) to hydrate.
hidráulico, -ca *adj* hydraulic.
hidroeléctrico, -ca *adj* hydroelectric.
hidrógeno *sm* hydrogen.
hiedra *sf* ivy.
hiel *sf* **1.** (*Anat*) bile. **2.** (*amargura*) bitterness.
hielera *sf* (*Méx: nevera*) refrigerator.
hielo *sm* ice.
hierba *sf* **1.** (*Bot*) grass. **2.** (*Culin*) herb. **3.** (*!!: marihuana*) grass.
hierbabuena *sf* mint.
hierbajo *sm* (*fam*) weed.
hiero *etc*. ⇨ **herir**.
hierro *sm* **1.** (*metal, elemento*) iron ● **una salud de hierro** an iron constitution. **2.** (*para ganado*) brand. **3.** (*en golf*) iron.
hierro colado ✳ **fundido** *sm* cast iron. **hierro forjado** *sm* wrought iron.
hiervo *etc*. ⇨ **hervir**.
hígado *sm* liver.
higiene *sf* hygiene.
higo *sm* fig ● **de higos a brevas** once in a blue moon.
higo chumbo *sm* prickly pear.
higuera *sf* fig tree.
hijastro, -tra *sm/f* stepson/stepdaughter.
hijo, -ja *sm/f* **1.** (*sin especificar sexo*) child: **tiene cuatro hijos** he has four children; (*varón*) son; (*hembra*) daughter. **2.** (*fam: apelativo*): **hijo/hija, yo no te entiendo** I just don't

understand you.

hijo, -ja *adoptivo*, **-va** *sm/f* adopted child, adopted son/daughter. **hijo, -ja de papá** *sm/f* rich kid. **hijo, -ja natural** *sm/f* illegitimate child, illegitimate son/daughter. **hijo, -ja político, -ca** *sm/f* son-in-law/daughter-in-law.

híjoles *excl* (*Méx: fam*) wow!

hilar *vt/i* to spin • **hilar muy fino** to split hairs.

hilaridad *sf* hilarity.

hilera *sf* row.

hilo *sm* 1. (*para coser*) thread. 2. (*alambre*) wire. 3. (*de agua*) trickle. 4. (*de conversación*) thread.

hilo musical *sm* piped music.

hilvanar *vt* 1. (*en costura*) to tack. 2. (*ideas, palabras*) to link together.

Himalaya *sm*: **el Himalaya** the Himalayas *pl*.

himno *sm* 1. (*gen*) hymn (**a** to). 2. (*or* **himno nacional**) national anthem.

hincapié *sm*: **hacer hincapié en** to stress * emphasize.

hincar [⇨ sacar] *vt* to drive (**en** into).

hincarse *v prnl*: **hincarse (de rodillas)** to kneel.

hincha *sm/f* fan, supporter.

hinchado, -da *adj* swollen.

hinchar *vt* 1. (*inflar*) to inflate, to blow up. 2. (*RP*: *!!, molestar*) to pester.

hincharse *v prnl* 1. (*inflamarse*) to swell up. 2. (*fam: comer*) to stuff oneself (**de** * **a** with).

hinchazón *sf* swelling.

hindú *adj*, *sm/f* Hindu.

hinojo *sm* fennel.

hipermercado *sm* large supermarket, (*GB*) hypermarket.

hipertensión *sf* hypertension, high blood pressure.

hípica *sf* (*carreras*) horse racing; (*salto de obstáculos*) show jumping.

hipnosis *sf* hypnosis.

hipnotizar [⇨ cazar] *vt* to hypnotize.

hipo *sm* hiccups *pl*: **tengo hipo** I've got hiccups.

hipocondríaco, -ca *adj*, *sm/f* hypochondriac.

hipocresía *sf* hypocrisy.

hipócrita I *adj* hypocritical. II *sm/f* hypocrite.

hipódromo *sm* racecourse, (*US*) racetrack.

hipopótamo *sm* hippopotamus.

hipoteca *sf* mortgage.

hipotecar [⇨ sacar] *vt* to mortgage.

hipotensión *sf* hypotension, low blood pressure.

hipótesis *sf inv* hypothesis.

hippie, hippy /'xipi/ *adj*, *sm/f* [**hippies**] hippie.

hiriente *adj* wounding.

hispánico, -ca *adj* Hispanic.

hispano, -na I *adj* Hispanic. II *sm/f* (*latinoamericano: gen*) Spanish American; (*: que vive en EE. UU.*) Hispanic.

hispanoamericano, -na *adj*, *sm/f* Spanish American.

hispanohablante *sm/f* Spanish speaker.

histeria *sf* hysteria.

histérico, -ca *adj* hysterical.

historia *sf* 1. (*disciplina*) history • **pasar a la historia** (*cobrar fama*) to go down in history, (*dejar de usarse*) to pass into history. 2. (*narración*) story. 3. (*fam: excusa*) tale, excuse.

historiador, -dora *sm/f* historian.

historial *sm* 1. (*curriculum*) curriculum vitae, (*US*) résumé. 2. (*de paciente*) medical record.

histórico, -ca *adj* 1. (*documento*) historical; (*monumento*) historic. 2. (*trascendente*) historic, memorable.

historieta *sf* cartoon.

histrionismo *sm* histrionics *pl*, dramatics *pl*.

hito *sm* 1. (*poste: gen*) marker post * stone; (*: de distancia*) milestone. 2. (*suceso importante*) milestone, landmark.

hizo ⇨ **hacer.**

Hnos. (= **hermanos**) Bros.

hobby /'xobi/ *sm* [**hobbies**] hobby.

hocico *sm* 1. (*de perro, gato*) muzzle; (*de cerdo*) snout. 2. (*Méx: fam, boca*) mouth.

hockey *sm* hockey.

hockey sobre hielo *sm* ice hockey. **hockey sobre hierba** *sm* hockey, (*US*) field hockey. **hockey sobre patines** *sm* roller hockey.

hogar *sm* 1. (*vivienda, familia*) home: **sin hogar** homeless; **las tareas del hogar** the housework. 2. (*de chimenea*) hearth.

hogareño, -ña *adj* 1. (*relativo al hogar*) home (*apos.*). 2. (*amante del hogar*) home-loving.

hogaza *sf* (large) loaf of bread.

hoguera *sf* bonfire.

hoja *sf* 1. (*de planta*) leaf. 2. (*de papel*) sheet: **una hoja en blanco** a blank sheet of paper; (*: de libro*) page. 3. (*lámina*) sheet. 4. (*de cuchillo*) blade. 5. (*de mesa*) leaf.

hoja de afeitar *sf* razor blade. **hoja de cálculo** *sf* spreadsheet.

hojalata *sf* tin plate.

hojaldre *sm* puff pastry.

hojear *vt* to browse ✳ leaf through.

hola *excl* (*al saludar*) hello!; (*Amér S: al contestar el teléfono*) hello?

Holanda *sf* Holland.

holandés, -desa I *adj* Dutch. II *sm/f* Dutchman/woman: **los holandeses** the Dutch. III *sm* (*Ling*) Dutch.

holgado, -da *adj* 1. (*prenda de vestir*) loose, loose-fitting. 2. (*de dinero*) comfortably off. 3. (*de espacio*): **íbamos muy holgados** we had plenty of space.

holgar [➪ colgar] *vi*: **huelga decir que...** it goes without saying that....

holgazán, -zana *sm/f* layabout.

holgazanear *vi* to laze around.

hollín *sm* soot.

holocausto *sm* holocaust.

hombre I *sm* 1. (*gen*) man. 2. **el hombre** (*el ser humano*) man, mankind. II *excl* 1. (*para expresar sorpresa*): ¡**hombre, qué alegría verte!** it's really good to see you! 2. (*para enfatizar*): ¡**hombre, claro!**

(well,) of course!

hombre de negocios *sm* businessman. **hombre rana** *sm* frogman.

hombrera *sf* shoulder pad.

hombro *sm* shoulder: **se encogió de hombros** he shrugged his shoulders ● **me miran por encima del hombro** they look down on me.

homenaje *sm* 1. (*demostración de respeto*) tribute: **rendir homenaje a** to pay tribute to; **en homenaje a** in honour of. 2. (*acto público*) tribute.

homeópata I *adj* (*médico*) homeopathic. II *sm/f* homeopath.

homeopatía *sf* homeopathy.

homeopático, -ca *adj* (*remedio*) homeopathic.

homicida I *adj* murder (*apos.*). II *sm/f* killer.

homicidio *sm* homicide.

homogéneo, -nea *adj* homogenous.

homologar [➪ pagar] *vt* 1. (*normas*) to standardize (**con** with). 2. (*un récord*) to recognize. 3. (*un título*) to validate.

homólogo, -ga *sm/f* counterpart, opposite number.

homosexual *adj*, *sm/f* homosexual.

honda *sf* 1. (*tira de cuero*) sling. 2. (*Amér S: en forma de Y*) catapult, (*US*) slingshot.

hondo, -da *adj* 1. (*pozo, río*) deep. 2. (*pesar*) deep.

hondonada *sf* hollow.

Honduras *sf* Honduras.

hondureño, -ña *adj*, *sm/f* Honduran.

honesto, -ta *adj* honest.

hongo I *sm* (*Bot*) fungus; (*comestible*) mushroom. II **hongos** *sm pl* (*Med*) athlete's foot.

honor *sm* honour, (*US*) honor ● **en honor a la verdad** to be fair.

honorarios *sm pl* fees *pl*.

honorífico, -ca *adj* honorary.

honra *sf* honour, (*US*) honor ● **y a mucha honra** and proud of it.

honradez *sf* honesty.

honrado, -da *adj* 1. [S] (*íntegro*) honest. 2. (*halagado*): **me siento**

honrado I feel honoured ✱ (*US*) honored.

honrar *vt* 1. (*ennoblecer*) to be a credit to. 2. (*mostrar respeto a*) to honour, (*US*) to honor.

honrarse *v prnl* to be ✱ feel honoured ✱ (*US*) honored.

honroso, -sa *adj* (*GB*) honourable, (*US*) honorable.

hora *sf* 1. (*unidad de tiempo*) hour; (*momento del día*) time: **¿qué hora es?** what time is it?; **¿a qué hora sale?** what time does it leave?; **a todas horas** all the time ● **a última hora** at the last minute ● **ya va siendo hora de que lo hagas** it's about time you did it. 2. (*cita*) appointment (**en** at).

hora punta ✱ (*Amér L*) **pico** *sf* rush hour. **horas de oficina** *sfpl* business hours *pl*. **horas extra** ✱ **extraordinarias** *sfpl* overtime.

horadar *vt* to make a hole in.

horario, -ria *sm* timetable, (*US*) schedule.

horca *sf* gallows *n inv.*

horcajadas: a horcajadas *en loc adv* astride.

horchata *sf. cold drink made from tiger nuts.*

horda *sf* horde.

horizontal *adj*, *sf* horizontal.

horizonte *sm* horizon.

horma *sf* shoe tree.

hormiga *sf* ant.

hormigón *sm* concrete.

hormigueo *sm* 1. (*cosquilleo*) pins and needles *pl*. 2. (*nerviosismo*) nervousness.

hormiguero *sm* 1. (*Zool*) anthill. 2. (*fam: lugar concurrido*) hive of activity.

hormona *sf* hormone.

hornada *sf* batch.

hornalla *sf* (*RP*) ring (*of cooker*).

hornear *vt* to bake.

hornillo *sm* 1. (*cocina portátil*) stove. 2. (*quemador*) ring.

horno *sm* 1. (*de cocina*) oven: **al horno** baked. 2. (*para metales*) furnace; (*para cerámica*) kiln.

3. (*panadería*) bakery.

horno microondas *sm* microwave oven.

horóscopo *sm* horoscope.

horquilla *sf* 1. (*Agr*) pitchfork. 2. (*de pelo*) hairpin. 3. (*de bicicleta*) fork.

horrendo, -da *adj* 1. (*horripilante*) horrific. 2. (*feo, malo*) terrible, dreadful.

horrible *adj* 1. (*horripilante*) horrific. 2. (*malo, feo*) horrible, dreadful. 3. (*intenso*) tremendous.

horripilante *adj* horrifying.

horror *sm* 1. (*pavor*) horror: **¡qué horror!** how dreadful! ● **sufrí horrores** ✱ **un horror** I suffered terribly. 2. (*aborrecimiento*): **le tengo horror** I hate it. 3. (*cosa fea*): **es un horror** it's awful.

horroroso, -sa *adj* 1. (*muy feo*) hideous; (*muy malo*) dreadful. 2. (*muy intenso*) awful, terrible: **hacía un frío horroroso** it was terribly cold. 3. (*aterrador*) horrifying.

hortaliza *sf* vegetable.

hortera *adj* (*persona, gusto*) common; (*ropa, decoración*) tacky.

hosco, -ca *adj* sullen.

hospedaje *sm* accommodation, (*US*) accommodations *pl*.

hospedar *vt* (*con pago*) to accommodate; (*sin pago*) to put up.

hospedarse *v prnl* to stay.

hospicio *sm* orphanage, children's home.

hospital *sm* hospital.

hospitalario, -ria *adj* 1. (*persona*) hospitable, welcoming. 2. (*Med*) hospital (*apos.*).

hospitalidad *sf* hospitality.

hospitalizar [⇨ cazar] *vt* to hospitalize.

hostal *sm* hotel (*with basic facilities*).

hostal residencia *sm* guesthouse.

hostelería *sf* (*estudios*) hotel management; (*ramo*) hotel industry.

hostia I *sf* 1. (*Relig*) Host. 2. (*!!: golpe*) slap; (*: choque*): **se dieron una hostia** they crashed. II *excl* (*!!*) bloody hell!

hostigar [⇨ pagar] *vt* 1. (*a caballos*) to whip. 2. (*a personas*) to pester. 3. (*Mil*) to harass.

hostil *adj* hostile.

hostilidad *sf* hostility.

hotel *sm* hotel.

hotelero, -ra I *adj* hotel (*apos.*). II *sm/f* hotel owner/manager.

hotelito *sm* detached house (*with garden*).

hoy *adv* 1. (*en este día*) today. 2. (*or* **hoy día** ✳ **hoy en día**) (*en la actualidad*) nowadays.

hoyo *sm* 1. (*agujero*) hole. 2. (*tumba*) grave.

hoyuelo *sm* dimple.

hoz *sf* [**hoces**] sickle.

HR = hostal residencia.

huaca *sf* ⇨ guaca.

huachafo, -fa *adj* (*Perú: fam*) pretentious.

huacho, -cha *sm/f* (*Amér S*) ⇨ gua-cho.

huaco *sm* ⇨ guaco.

huaso, -sa *sm/f* (*Chi*) peasant.

hube *etc.* ⇨ haber.

hucha *sf* money box.

hueco, -ca I *adj* 1. (*objeto, sonido*) hollow; (*palabras*) empty. 2. (*esponjoso*) fluffed up. 3. (*de orgullo*) proud. II *sm* 1. (*sitio: gen*) space: **hazme un hueco** make some room for me; (*:aparcamiento*) parking space. 2. (*cavidad*) cavity; (*agujero*) hole. 3. (*tiempo libre*) gap.

hueco del ascensor *sm* lift ✳ (*US*) elevator shaft.

huelga I *sf* (*Pol*) strike: **declararse en huelga** to come out on strike. II *also* ⇨ holgar.

huelga de hambre *sf* hunger strike. **huelga general** *sf* general strike.

huella *sf* 1. (*de persona*) footprint; (*de animal*) print: **las huellas del oso** the bear's tracks. 2. (*vestigio*): **sin dejar huella** without (leaving) a trace.

huella dactilar ✳ **digital** *sf* fingerprint.

huelo *etc.* ⇨ oler.

huérfano, -na *sm/f* orphan.

huerta *sf* 1. (*de verduras*) (vegetable) garden; (*de frutales*) orchard. 2. (*tierra de regadío*) irrigated agricultural land.

huerto *sm* (*de verduras*) (vegetable) garden; (*de frutales*) orchard.

hueso *sm* 1. (*Anat*) bone ● **es un hueso** (*cosa*) it's very hard, (*persona*) he's a tough nut. 2. (*de frutas*) stone, (*US*) pit. 3. (*Méx: fam, puesto*) cushy job.

huésped I *sm/f* (*gen*) guest; (*en casa de huéspedes*) boarder, lodger. II *sm* (*Biol*) host.

huesudo, -da *adj* bony.

hueva *sf* 1. (*de peces*) roe. 2. (*Méx: fam, pereza*): **tengo hueva** I feel lazy.

huevera *sf* (*recipiente*) egg box; (*para servir*) egg cup.

huevo I *sm* egg ● **costar un huevo** to cost an arm and a leg. II **huevos** *sm pl* (!!!: *testículos*) balls *pl*.

huevo al plato *sm* baked egg. **huevo de Pascua** *sm* Easter egg. **huevo duro** *sm* hard-boiled egg. **huevo escalfado** *sm* poached egg. **huevo estrellado** *sm* (*Méx*) fried egg. **huevo frito** *sm* fried egg. **huevo pasado por agua** *sm* soft-boiled egg. **huevo poché** *sm* (*RP*) poached egg. **huevos a la mexicana** *sm pl* (*Méx*) scrambled eggs with onion, tomato and chillies. **huevos pericos** *sm pl* (*Col*) scrambled eggs *pl*. **huevos rancheros** *sm pl* (*Méx*) fried eggs in tomato sauce on a fried corn cake. **huevos revueltos** *sm pl* scrambled eggs *pl*.

huevón, -vona *sm/f* (!!) 1. (*Amér L: imbécil*) jerk. 2. (*Méx: perezoso*) lazy good-for-nothing.

huida *sf* escape (**de** from).

huidizo, -za *adj* evasive, shy.

huincha *sf* (*Bol, Chi, Perú*) 1. (*cinta: gen*) ribbon; (*:de pelo*) hair band. 2. (*cinta métrica*) tape measure.

huinche *sm* (*Chi, Col*) winch.

huipil *sm*: traditional blouse of Mexico and Central America.

huir [⇨ table in appendix 2] *vi*

1. (*fugarse*) to flee. **2.** (*rehuir*) to avoid.

hule *sm* **1.** (*tela*) oilskin. **2.** (*Méx: goma*) rubber; (*: plástico*) plastic.

hulla *sf* coal.

humanidad *sf* humanity.

humanitario, -ria *adj* humanitarian.

humano, -na I *adj* **1.** (*relativo al hombre*) human. **2.** (*bondadoso*) humane. II *sm* human.

humareda *sf* cloud of smoke.

humedad *sf* **1.** (*Meteo*) humidity; (*en pared*) damp. **2.** (*gotas de vapor*) moisture.

humedecer [⇨ agradecer] *vt* to moisten, to dampen.

humedecerse *v prnl* to become moist ✳ damp.

húmedo, -da *adj* **1.** (*gen*) damp. **2.** (*clima*) damp, wet.

humildad *sf* humility.

humilde *adj* **1.** (*de carácter*) humble. **2.** (*económicamente*) poor, humble.

humillar *vt* to humiliate.

humita *sf*: South American dish made of grated sweetcorn wrapped in maize leaves.

humo *sm* (*de fuego*) smoke; (*gases*) fumes *pl* ● **tiene muchos humos** he's extremely arrogant ● **bajarle los humos a alguien** to take sbdy down a peg or two.

humor *sm* **1.** (*estado de ánimo*) mood: **está de buen/mal humor** he's in a good/bad mood. **2.** (*comicidad*) humour, (*US*) humor.

humorista *sm/f* **1.** (*actor*) comedian. **2.** (*escritor*) humorist; (*dibujante*) cartoonist.

hundido, -da *adj* **1.** (*bajo el agua*) sunken. **2.** (*deprimido*) devastated.

hundimiento *sm* **1.** (*de barco*) sinking. **2.** (*de edificio, empresa*) collapse. **3.** (*socavón*) subsidence.

hundir *vt* **1.** (*una nave*) to sink. **2.** (*un negocio*) to destroy. **3.** (*el techo*) to bring down. **4.** (*psicológicamente*) to devastate.

hundirse *v prnl* **1.** (*nave*) to sink. **2.** (*techo, negocio*) to collapse.

3. (*psicológicamente*) to go to pieces.

húngaro, -ra I *adj, sm/f* Hungarian. II *sm* (*Ling*) Hungarian.

Hungría *sf* Hungary.

huracán *sm* hurricane.

huraño, -ña *adj* unsociable.

hurgar [⇨ pagar] *vi* to rummage (**en** through).

hurgarse *v prnl*: **hurgarse la nariz** to pick one's nose.

hurón *sm* ferret.

hurra *excl* hurray!, hurrah!

hurtadillas: a hurtadillas *loc adv*: **entrar/salir a hurtadillas** to sneak in/out.

hurto *sm* theft.

husmear *vi* **1.** (*olfatear*) to sniff. **2.** (*fisgonear*) to snoop.

huy *excl* (*de dolor*) ouch!; (*de sorpresa*) wow!; (*de alivio*) phew!

huyo *etc.* ⇨ **huir**.

iba *etc.* ⇨ **ir**.

ibérico, -ca *adj* Iberian.

ibicenco, -ca *adj* of ✳ from Ibiza.

iceberg /iθe'βer/ (*Amér L*) /'ais-ber(ɣ)/ *sm* [**-bergs**] iceberg.

icono *sm* icon.

ictericia *sf* jaundice.

I+D (= **investigación y desarrollo**) R & D (= research and development).

id *imperative* ⇨ **ir**.

ida *sf*: **a la ida** on the outward journey.

idea *sf* idea: **no tengo ni idea** I haven't a clue.

ideal *adj, sm* ideal.

idealista I *adj* idealistic. **II** *sm/f* idealist.

idear *vt* to think up, to devise.

ídem *adv* ditto.

idéntico, -ca *adj* identical (**a** to).

identidad *sf* identity.

identificar [⇨ sacar] *vt* to identify.

identificarse *v prnl* **1.** (*darse a conocer*) to identify oneself. **2.** (*con alguien*) to identify (**con** with).

identi-kit *sm* (*Amér L*) Identikit® picture.

ideología *sf* ideology.

idílico, -ca *adj* idyllic.

idioma *sm* language.

idiota I *adj* stupid. **II** *sm/f* idiot.

ido, -da *adj* **1.** [E] (*despistado*) absent-minded. **2.** [E] (*fam: loco*) crazy.

ídolo *sm* idol.

idóneo, -nea *adj* **1.** (*adecuado*) suitable. **2.** (*perfecto*) ideal.

iglesia *sf* church.

iglú *sm* igloo.

ignorante *adj* ignorant.

ignorar *vt* **1.** (*no saber*): **lo ignoraba** I didn't know. **2.** (*no hacer caso de*) to ignore.

igual I *adj* **1.** (*idéntico: tamaño, precio*) equal: **es igual que el mío * al mío** it's just like mine; **son iguales** they are the same; **está igual** she hasn't changed. **2.** (*expresando indiferencia*): **me es igual** I don't mind. **3.** (*en tenis*): **treinta iguales** thirty-all. **II** *adv* **1.** (*expresando indiferencia*): **me da igual** I don't mind. **2.** (*quizás*) maybe. **3.** (*C Sur: a pesar de ello*) all the same. **III** *sm/f* equal. **IV** *sm* (*Mat*) equals sign.

igualar *vt* to make equal.

igualdad *sf* equality.

igualdad de derechos/oportunidades *sf* equal rights/opportunities *pl*.

igualmente *adv* (*respondiendo a deseos*) the same to you; (*aburrido, interesante*) equally; (*de la misma manera*) likewise.

iguana *sf* iguana.

ikurriña *sf*: Basque flag.

ilegal *adj* illegal.

ilegible *adj* illegible.

ilegítimo, -ma *adj* illegitimate.

ilerdense *adj* of * from Lleida (Lérida).

ileso, -sa *adj* unhurt, unharmed.

ilícito, -ta I *adj* illicit. **II** *sm* (*RP*) illegal activity.

ilimitado, -da *adj* unlimited.

ilógico, -ca *adj* illogical.

iluminación *sf* lighting.

iluminar *vt* **1.** (*alumbrar*) to light. **2.** (*Méx: colorear*) to colour in.

ilusión *sf* **1.** (*esperanza*) hope: **no te hagas ilusiones** don't build your hopes up. **2.** (*sueño*) dream. **3.** (*alegría*): **me hace ilusión** I'm looking forward to it. **4.** (*espejismo, visión*) illusion.

ilusión óptica *sf* optical illusion.

ilusionar *vt* **1.** (*dar esperanzas a*): **no la ilusiones** don't build her hopes up. **2.** (*entusiasmar*): **me ilusiona** I'm excited about it.

ilusionarse *v prnl* (*esperanzarse*) to build one's hopes up.

ilusionista *sm/f* illusionist.

iluso, -sa *adj* naive.

ilusorio, -ria *adj* unrealistic.

ilustración *sf* **1.** (*en libro*) picture, illustration. **2.** **la Ilustración** (*Hist*) the (Age of) Enlightenment.

ilustrado, -da *adj* illustrated.

ilustrar *vt* **1.** (*con dibujos, fotos*) to illustrate. **2.** (*con ejemplos*) to explain, to illustrate.

ilustre *adj* distinguished, illustrious.

imagen *sf* **1.** (*gen*) image. **2.** (*en televisión*) picture.

imaginación *sf* imagination.

imaginar *vt* **1.** (*gen*) to imagine. **2.** (*inventar*) to invent, to think up.

imaginarse *v prnl* to imagine.

imaginario, -ria *adj* imaginary.

imaginativo, -va *adj* imaginative.

imán *sm* magnet.

imbancable *adj* (*RP: fam*) unbearable.

imbécil I *adj* stupid. **II** *sm/f* idiot.

imitación *sf* imitation.

imitar vt **1**. (hacer lo mismo que) to imitate, to copy. **2**. (para parodiar: gen) to mimic, to imitate; (: humorista) to impersonate.

impaciencia sf impatience.

impacientarse v prnl to get impatient.

impaciente adj impatient.

impacto sm impact.

impago sm non-payment.

impar adj odd.

imparcial adj impartial, unbiased.

impartir vt (frml) to give.

impasible adj impassive.

impávido, -da adj **1**. (sin miedo) fearless. **2**. (impasible) impassive.

impecable adj (conducta) impeccable; (casa) spotless: **iba impecable** she was impeccably dressed.

impedido, -da adj disabled, physically handicapped.

impedimento sm obstacle, impediment.

impedir [⇨ pedir] vt: **impidió que fuéramos** it prevented us from going; **impide el paso** it blocks the way.

impenetrable adj (selva) impenetrable; (persona) inscrutable.

impensable adj unthinkable.

impepinable adj (fam) certain.

imperar vi to prevail.

imperativo, -va I adj imperative, authoritative. **II** sm (Ling) imperative.

imperceptible adj imperceptible.

imperdible sm safety pin.

imperdonable adj unforgivable.

imperfecto, -ta adj imperfect.

imperial adj imperial.

imperialismo sm imperialism.

imperialista adj, sm/f imperialist.

imperio sm empire.

imperioso, -sa adj **1**. (vital) imperative. **2**. (autoritario) imperious.

impermeable I adj waterproof. **II** sm raincoat.

impersonal adj impersonal.

impertinencia sf (cualidad) impertinence; (comentario) cheeky comment.

impertinente adj impertinent.

imperturbable adj [S] (tranquilo) unflappable; (en determinada situación) unperturbed.

ímpetu sm **1**. (energía) energy. **2**. (impulso) impetus. **3**. (fuerza) force.

impetuoso, -sa adj impetuous.

impido etc. ⇨ **impedir**.

implacable adj implacable, relentless.

implantar vt **1**. (establecer) to introduce. **2**. (Med) to implant.

implementar vt to implement.

implicar [⇨ sacar] vt **1**. (trabajo, gasto) to involve: **implica que...** it means that.... **2**. (a una persona) to involve.

implícito, -ta adj implicit, implied.

implorar vt (clemencia, perdón) to beg for: **me imploró que lo hiciera** he implored me to do it.

imponente adj (edificio) imposing, impressive; (belleza) stunning.

imponer [⇨ poner] vt **1**. (una idea, una sanción) to impose: **le impusieron una multa** he was fined. **2**. (respeto) to inspire. ♦ vi to be frightening.

imponerse v prnl **1**. (hacerse respetar) to assert oneself. **2**. (prevalecer) to prevail. **3**. (moda) to become popular.

impopular adj unpopular.

importación sf import.

importancia sf importance.

importante adj **1**. (persona, hecho) important: **es importante que asistas** it is important that you attend. **2**. (cantidad) considerable, significant.

importar vi (tener importancia) to matter: **no importa** it doesn't matter; **no me importa** I don't care; **eso a ti no te importa** that is none of your business; **¿le importaría acompañarme?** would you mind coming with me? ♦ vt (Fin) to import.

importe sm amount, sum.

importunar vt to bother. ♦ vi to

intrude.

imposibilidad *sf* impossibility.

imposibilitar *vt* to make impossible.

imposible *adj* impossible ● **hicimos lo imposible** we did absolutely everything we could.

imposición *sf* 1. (*de una medida*) imposition. 2. (*en una cuenta*) deposit.

impositivo, -va *adj* tax (*apos.*).

impostor, -tora *sm/f* impostor.

impotencia *sf* impotence.

impotente *adj* impotent.

impracticable *adj* 1. (*plan*) impracticable, unworkable. 2. (*carretera*) impassable.

imprecisión *sf* imprecision.

impreciso, -sa *adj* imprecise, vague.

impregnar *vt* to impregnate (**de** ∗ **en** with), to soak (**de** ∗ **en** in).

impregnarse *v prnl* (*de líquido*) to become impregnated (**de** with); (*de un olor*) to be filled (**de** with).

imprenta *sf* (*técnica*) printing; (*taller*) printing works *n inv*.

imprescindible *adj* essential.

impresentable *adj* unpresentable.

impresión *sf* 1. (*sensación*) impression: **cambiar impresiones sobre algo** to compare notes about sthg. 2. (*impacto*) shock: **me causó mucha impresión** I was very shocked by it. 3. (*de libros*) printing.

impresionante *adj* 1. (*gen*) shocking. 2. (*uso enfático*): **un logro impresionante** an amazing achievement.

impresionar *vt* (*sorprender: negativamente*) to shock; (*:positivamente*) to impress; (*conmover*) to move.

impresionarse *v prnl* (*sorprenderse*) to be shocked; (*conmoverse*) to be moved.

impresionista *adj, sm/f* impressionist.

impreso, -sa I *adj* printed. II *sm* form: **rellenar un impreso** to fill in a form.

impresora *sf* printer.

imprevisible *adj* (*persona, tiempo*) unpredictable; (*consecuencias*) unforeseeable.

imprevisto, -ta I *adj* unexpected, unforeseen. II *sm* (*suceso*) unforeseen event; (*gasto*) unforeseen expense.

imprimir [*pp* **impreso** ∗ **imprimido**] *vt* (*un libro*) to print; (*Inform*) to print (out).

improbable *adj* improbable, unlikely.

improcedente *adj* improper.

improductivo, -va *adj* unproductive.

improperio *sm* insult.

impropio, -pia *adj* inappropriate (**de** for).

improvisación *sf* improvisation.

improvisar *vt/i* to improvise.

improviso: **de improviso** *loc adv* unexpectedly.

imprudencia *sf* imprudence, rashness.

imprudencia temeraria *sf* criminal negligence.

imprudente *adj* 1. (*temerario*) careless, reckless. 2. (*poco aconsejable*) unwise, imprudent.

impúdico, -ca *adj* indecent.

impuesto, -ta I *pp* ⇨ **imponer**. II *sm* (*Fin*) tax.

impuesto sobre el valor añadido ∗ (*Amér L*) **al valor agregado** *sm* value-added tax. **impuesto sobre la renta (de las personas físicas)** *sm* income tax.

impugnar *vt* to challenge.

impulsar *vt* 1. (*a una persona*) to drive (**a** to). 2. (*empujar*) to propel, to drive forward. 3. (*la producción*) to boost.

impulsivo, -va *adj* impulsive, impetuous.

impulso *sm* 1. (*estímulo*) boost. 2. (*fuerza*) momentum. 3. (*deseo*) impulse, urge.

impune *adj* unpunished.

impureza *sf* impurity.

imputar *vt* to attribute (**a** to).

inacabable *adj* interminable,

never-ending.

inaccesible *adj* **1.** (*lugar, concepto*) inaccessible. **2.** (*persona*) unapproachable.

inaceptable *adj* unacceptable.

inactividad *sf* inactivity.

inactivo, -va *adj* inactive.

inadecuado, -da *adj* unsuitable.

inadmisible *adj* inadmissible, unacceptable.

inadvertido, -da *adj*: **pasó inadvertido** it went unnoticed.

inagotable *adj* (*recurso*) inexhaustible.

inaguantable *adj* unbearable, intolerable.

inalcanzable *adj* unattainable.

inanición *sf* starvation.

inanimado, -da *adj* inanimate.

inapreciable *adj* **1.** (*imperceptible*) imperceptible. **2.** (*valioso*) invaluable.

inaudito, -ta *adj* unheard-of.

inauguración *sf* opening, inauguration.

inaugurar *vt* to inaugurate, to open.

inca *adj*, *sm/f* Inca.

incaico, -ca *adj* Inca.

incalculable *adj* incalculable.

incansable *adj* tireless.

incapacidad *sf* **1.** (*de hacer algo*) inability. **2.** (*física, mental*) incapacity.

incapacitado, -da **I** *adj* (*físicamente*) disabled; (*mentalmente*) unfit. **II** *sm/f* disabled person.

incapaz *adj* [-**paces**] incapable: **es incapaz de hacer eso** he's incapable of doing that.

incautarse *v prnl*: **incautarse de** to seize.

incauto, -ta *adj* **1.** (*confiado*) unsuspecting. **2.** (*ingenuo*) naive, gullible.

incendiar *vt* to burn down.

incendiarse *v prnl* (*edificio*) to burn down; (*bosque*) to be destroyed by fire.

incendio *sm* fire.

incendio provocado *sm* arson attack.

incentivar *vt* (*a una persona: gen*) to encourage; (: *económicamente*) to offer incentives to; (*un proceso*) to boost.

incentivo *sm* incentive.

incertidumbre *sf* uncertainty.

incesante *adj* incessant, continuous.

incesto *sm* incest.

incidencia *sf* **1.** (*influencia*) effect (**sobre** on). **2.** (*frecuencia*) incidence. **3.** (*de acontecimiento*) highlight.

incidente *sm* incident.

incidir *vi* **1.** (*influir*) to have an effect (**en** on). **2.** (*incurrir*): **incidí en el mismo error** I made the same mistake.

incienso *sm* incense.

incierto, -ta *adj* **1.** (*dudoso*) uncertain, doubtful. **2.** (*falso*) false, untrue.

incinerar *vt* (*la basura*) to incinerate, to burn; (*un cadáver*) to cremate.

incipiente *adj* incipient.

incisión *sf* incision.

incisivo, -va **I** *adj* incisive. **II** *sm* incisor.

incitar *vt* to incite (**a** to).

inclemencia *sf*: **contra las inclemencias del tiempo** against bad weather.

inclinación *sf* **1.** (*pendiente*) slope, incline. **2.** (*afición*): **siente inclinación por el arte** he has artistic leanings. **3.** (*del cuerpo*) bow: **con una inclinación de cabeza** with a nod.

inclinar *vt* (*un objeto*) to tilt, to lean: **inclinó la cabeza** she nodded.

inclinarse *v prnl* **1.** (*estar predispuesto*): **me inclino a creer que...** I'm inclined to think that.... **2.** **inclinarse por** (*preferir*) to prefer. **3.** (*físicamente: persona*) to bend over; (: *como reverencia*) to bow; (: *poste*) to lean.

incluido, -da *adj* included.

incluir [⇨ huir] *vt* to include.

inclusive *adv* inclusive.

incluso *adv* even.

incógnita *sf* **1.** (*Mat*) unknown (quantity). **2.** (*enigma*): **es una**

incógnita we don't know.

incógnito *sm*: **viaja de incógnito** he's travelling incognito.

ncoherente *adj* incoherent.

ncoloro, -ra *adj* colourless, (*US*) colorless.

ncombustible *adj* fireproof.

ncomodar *vt* 1. (*causar molestia a*) to inconvenience. 2. (*causar apuro a*) to embarrass.

ncomodidad *sf* 1. (*molestia*) inconvenience. 2. (*de una postura*) discomfort.

ncómodo, -da *adj* 1. (*físicamente: silla, zapatos*) uncomfortable: **esta cama es incómoda** this bed is uncomfortable; **estoy incómoda** I'm uncomfortable. 2. (*violento: situación*) awkward: **me sentí muy incómoda** I felt very awkward. 3. (*molesto*) inconvenient.

ncomparable *adj* incomparable.

ncompatible *adj* incompatible.

ncompetente *adj* incompetent.

ncompleto, -ta *adj* incomplete.

ncomprensible *adj* incomprehensible.

ncomunicado, -da *adj* 1. (*por nieve, lluvia*) cut off. 2. (*preso*) in solitary confinement.

nconcebible *adj* inconceivable.

ncondicional *adj* 1. (*seguidor*) staunch, faithful. 2. (*oferta*) unconditional.

nconexo, -xa *adj* (*texto*) disjointed; (*frases*) unconnected.

nconformista *sm/f* nonconformist.

nconfundible *adj* unmistakable.

ncongruencia *sf* inconsistency.

nconsciente *adj* 1. [E] (*Med*) unconscious. 2. [S] (*imprudente*) irresponsible.

nconsiderado, -da *adj* inconsiderate.

nconsistente *adj* weak.

nconstante *adj* lacking perseverance.

nconstitucional *adj* unconstitutional.

ncontable *adj* countless.

incontinencia *sf* incontinence.

inconveniente *sm* 1. (*desventaja*) disadvantage. 2. (*reparo*) objection. 3. (*obstáculo*) problem, snag.

incordiar *vt* (*fam*) to bother, to annoy.

incordio *sm* (*fam*) nuisance.

incorporado, -da *adj* built-in.

incorporar *vt* (*añadir*) to add (**a** to).

incorporarse *v prnl* 1. (*sentarse*) to sit up. 2. (*unirse*): **me incorporé al equipo** I joined the team.

incorrecto, -ta *adj* wrong, incorrect.

incorregible *adj* incorrigible.

incrédulo, -la *adj* sceptical: **me miró incrédulo** he looked at me incredulously.

increíble *adj* incredible, unbelievable.

incrementar *vt* to increase.

incrementarse *v prnl* to increase.

increpar *vt* to rebuke.

incrustado, -da *adj* 1. (*metido*) embedded (**en** in). 2. (*decorado*) encrusted (**de** with).

incrustar *vt* (*piedras preciosas*) to set.

incrustarse *v prnl* to become embedded.

incubadora *sf* incubator.

incubar *vt* 1. (*un huevo*) to incubate. 2. (*una enfermedad*) to develop.

inculcar [⇨ sacar] *vt* to instil (**a** in), (*US*) to instill (**a** in).

inculpar *vt* to charge (**de** with).

inculto, -ta *adj* uneducated.

incumbir *vi*: **no me incumbe** it is not my responsibility.

incumplir *vt* 1. (*una promesa*) to break. 2. (*una obligación*) to fail to fulfil; (*una norma*) to break.

incurable *adj* incurable.

incurrir *vi*: **incurrir en un error** to make a mistake; **incurrir en gastos** to incur expenses.

indagar [⇨ pagar] *vt* (*frml*) to investigate.

indebido, -da *adj* improper, wrongful.

indecente *adj* indecent.

indeciso, -sa *adj* **1.** [S] (*por naturaleza*) indecisive. **2.** [E] (*en una situación específica*): **está indeciso** he can't decide.

indefenso, -sa *adj* defenceless.

indefinible *adj* indefinable.

indefinido, -da *adj* **1.** (*gen*) indefinite. **2.** (*impreciso*) indefinable.

indemnización *sf* compensation.

indemnizar [⇨ cazar] *vt* to compensate (**por** for).

independencia *sf* independence.

independiente *adj* independent (**de** from).

independizarse [⇨ cazar] *v prnl* to become independent.

indeseable *adj*, *sm/f* undesirable.

indeterminado, -da *adj* **1.** (*no precisado*) indeterminate. **2.** (*Ling*) indefinite.

indexado, -da *adj* index-linked.

indexar *vt* **1.** (*datos*) to index. **2.** (*Fin*) to index-link.

India *sf*: (**la**) **India** India.

indicación *sf* **1.** (*instrucción*) instruction; (*señal*) sign; (*señal*) signal; (*consejo*) advice. **2.** (*indicio*) sign, indication.

indicado, -da *adj* **1.** (*apropiado*) appropriate, suitable. **2.** (*aconsejado*) recommended. **3.** (*fijado*) specified.

indicador *sm* **1.** (*Tec*) indicator, dial. **2.** (*de un problema*) indicator.

indicar [⇨ sacar] *vt* **1.** (*mostrar*) to show, to indicate. **2.** (*hacer señas a*): **nos indicó que paráramos** he signalled to us to stop.

indicativo *sm* (*Ling*) indicative.

índice *sm* **1.** (*de contenido*), index, contents *pl*. **2.** (*Anat*) forefinger, index finger. **3.** (*cifra, tasa*) index. **4.** (*indicio*) sign, indication.

índice de audiencia *sm* audience ratings *pl*. **índice de mortalidad** *sm* death rate. **índice de natalidad** *sm* birth rate.

indicio *sm* **1.** (*vestigio*) trace, sign. **2.** (*indicación*) sign, indication.

Índico *sm* Indian Ocean.

indiferente *adj* **1.** (*persona*) indifferent. **2.** (*igual*) immaterial: **me es**

indiferente I don't mind.

indígena I *adj* indigenous. **II** *sm/f* native.

indigencia *sf* penury.

indigestión *sf* indigestion.

indigesto, -ta *adj* indigestible.

indignación *sf* indignation, anger.

indignar *vt* to anger.

indignarse *v prnl* to become indig nant, to be outraged.

indigno, -na *adj* **1.** [S] (*no merece dor*) unworthy (**de** of). **2.** [S] (*despre ciable*) despicable.

indio, -dia *adj*, *sm/f* Indian ● **hacer el indio** to play the fool.

indirecta *sf* hint: **me soltó varias indirectas** she dropped several hints.

indirecto, -ta *adj* indirect.

indiscreción *sf* (*comentario: que revela información*) indiscreet re mark; (*: que ofende*) tactless remark.

indiscreto, -ta *adj* (*que revela in formación*) indiscreet; (*sin tacto*) tactless.

indiscriminado, -da *adj* indiscrim inate.

indiscutible *adj* indisputable.

indispensable *adj* essential, indis pensable.

indispuesto, -ta *adj* unwell, indis posed.

individual I *adj* (*habitación, cama*) single; (*caja, paquete*) individual. **II** *sm* place mat. **III individuales** *sm p* (*Dep*) singles *pl*.

individuo *sm* (*gen*) person; (*uso des pectivo*) character.

indocumentado, -da *adj* without proof of identification.

índole *sf* **1.** (*tipo*) sort, kind. **2.** (*carácter*) nature, character.

indolente *adj* lazy, indolent.

indomable *adj* **1.** (*espíritu*) indom itable. **2.** (*animal*) untameable. **3.** (*persona*) uncontrollable.

indómito, -ta *adj* indomitable.

inducción *sf* induction.

inducir [⇨ conducir] *vt* to lead (**a** to).

indudable *adj* unquestionable, un deniable.

indulgencia *sf* indulgence.

indulto *sm* pardon.

indumentaria *sf* clothing, clothes *pl*.

industria *sf* industry.

industrial I *adj* industrial. II *sm/f* industrialist.

industrialización *sf* industrialization.

inédito, -ta *adj* 1. (*obra*) unpublished. 2. (*desconocido*) unknown.

ineludible *adj* unavoidable.

INEM /i'nem/ *sm* (*en Esp*) = **Instituto Nacional de Empleo.**

inepto, -ta *adj* inept.

inequívoco, -ca *adj* unequivocal.

inercia *sf* (*Fís*) inertia ● **por inercia** (*por costumbre*) out of habit, (*por apatía*) out of inertia.

inerte *adj* 1. (*Fís, Quím*) inert. 2. (*sin movimiento*) inert, motionless.

inesperado, -da *adj* unexpected.

inestable *adj* (*gen*) unstable; (*tiempo*) changeable.

inevitable *adj* inevitable.

inexacto, -ta *adj* (*no exacto*) inaccurate; (*falso*) untrue.

inexistente *adj* non-existent.

inexperto, -ta *adj* inexperienced.

inexplicable *adj* inexplicable.

infalible *adj* (*gen*) infallible; (*puntería*) unerring.

infame *adj* (*despreciable*) despicable; (*muy malo*) awful, dreadful.

infancia *sf* childhood.

infanta *sf* princess.

infante *sm* prince.

infante de marina *sm* marine.

infantería *sf* infantry.

infantil *adj* 1. (*programa, libro*) children's. 2. (*inmaduro*) childish, infantile.

infarto *sm* (or **infarto de miocardio**) heart attack.

infatigable *adj* tireless.

infección *sf* infection.

infeccioso, -sa *adj* infectious.

infectar *vt* to infect.

infectarse *v prnl* to become infected.

infeliz *adj* [-**lices**] [S] unhappy.

inferior *adj* 1. (*en posición*) lower: **la mandíbula inferior** the lower * bottom jaw. 2. (*número*) lower (**a** than). 3. (*en categoría*) inferior (**a** to).

inferioridad *sf* inferiority.

inferir [⇨ sentir] *vt* to infer.

infernal *adj* awful, infernal.

infestado, -da *adj* infested (**de** with).

infidelidad *sf* infidelity.

infiel I *adj* (*desleal*) unfaithful (**a** to). II *sm/f* (*Relig*) non-believer.

infierno *sm* hell.

infiltrar *vt* to infiltrate.

infiltrarse *v prnl*: **infiltrarse en una organización** to infiltrate an organization.

ínfimo, -ma *adj* (*cantidad*) very small; (*valor*) very little.

infinidad *sf* infinity.

infinito, -ta *adj* infinite.

inflación *sf* inflation.

inflador *sm* (*RP*) pump.

inflamable *adj* flammable, inflammable.

inflamar *vt* to inflame.

inflar *vt* 1. (*con aire*) to blow up, to inflate. 2. (*exagerar*) to exaggerate.

inflexible *adj* inflexible.

infligir [⇨ surgir] *vt* to inflict (**a** on).

influencia *sf* influence (**sobre** on * **over**).

influenciar *vt* to influence.

influir [⇨ huir] *vt* to influence. ♦ *vi*: **influyó en mi decisión** it influenced my decision.

influjo *sm* influence (**sobre** on).

influyente *adj* influential.

información *sf* 1. (*datos*) information. 2. (*noticias*) news. 3. (*mostrador*): **pregunta en información** ask at the information desk. 4. (*de teléfonos*) directory enquiries, (*US*) information.

informal *adj* 1. (*incumplidor*) unreliable. 2. (*sin solemnidad*) informal.

informar *vi* to inform: **nos informaron mal** we were misinformed. ♦ *vt* to tell, to inform.

informarse *v prnl* to get information (**de** about), to find out (**de** about).

informática *sf* computing, information technology.

informativo *sm* news programme.

informatizar [⇨ cazar] *vt* to computerize.

informe I *adj* (*sin forma*) shapeless. II *sm* (*documento*) report. III **informes** *sm pl* (*para trabajo*) references *pl*.

infortunio *sm* misfortune.

infracción *sf* (*de una ley*) infringement.

infracción de tráfico *sf* traffic offence, (*US*) traffic violation.

infraestructura *sf* infrastructure.

infranqueable *adj* insurmountable.

infravalorar *vt* to undervalue.

infringir [⇨ surgir] *vt* to infringe, to break.

infructuoso, -sa *adj* unsuccessful, fruitless.

infundado, -da *adj* unfounded, groundless.

infundir *vt* to instil (**a** in), (*US*) to instill (**a** in).

infusión *sf* infusion.

ingeniar *vt* to devise.

ingeniárselas *v prnl*: **se las ingeniaron para no pagar** they found a way to avoid paying.

ingeniería *sf* engineering.

ingeniería genética *sf* genetic engineering.

ingeniero, -ra *sm/f* engineer.

ingeniero, -ra agrónomo, -ma *sm/f* agronomist. **ingeniero, -ra civil** ∗ **de caminos, canales y puertos** *sm/f* civil engineer.

ingenio *sm* 1. (*inventiva*) ingenuity. 2. (*agudeza*) wit. 3. (*or* **ingenio azucarero**) sugar refinery.

ingenioso, -sa *adj* 1. (*inteligente*) ingenious. 2. (*agudo*) witty.

ingenuo, -nua *adj* naive.

ingestión *sf* (*frml*) ingestion, consumption.

Inglaterra *sf* England.

ingle *sf* groin.

inglés, -glesa I *adj* (*de Inglaterra*) English; (*por extensión*) British. II *sm/f* Englishman/woman: **los ingleses** (*de Inglaterra*) the English, (*por extensión*) the British. III *sm* (*Ling*) English.

ingrato, -ta *adj* 1. [S] (*persona*) ungrateful. 2. [S] (*tarea*) unpleasant.

ingrediente I *sm* ingredient. II **ingredientes** *sm pl* (*Arg*) tapas *pl*, appetizers *pl*.

ingresar *vi* 1. (*incorporarse*): **ingresar en una organización** to join an organization. 2. (*Med*) to be admitted (**en** to). ♦ *vi* 1. (*Med*) to admit (**en** to). 2. (*dinero*) to deposit, to pay in.

ingreso I *sm* 1. (*Educ*) entrance: **la prueba de ingreso** the entrance exam. 2. (*en un hospital, una universidad*) admission (**en** to). 3. (*de dinero*) deposit. II **ingresos** *sm pl* (*dinero*) income.

inhabitable *adj* uninhabitable.

inhalar *vt* to inhale.

inherente *adj* inherent (**a** to ∗ in).

inhibir *vt* to inhibit.

inhibirse *v prnl* to become inhibited.

inhóspito, -ta *adj* inhospitable.

inhumano, -na *adj* inhuman.

inicial *adj, sf* initial.

iniciar *vt* 1. (*comenzar*) to initiate, to begin. 2. (*en un tema*) to introduce (**en** to).

iniciarse *v prnl* (*comenzar*) to begin.

iniciativa *sf* initiative.

iniciativa privada *sf* private enterprise.

inicio *sm* beginning, start.

inigualable *adj* unparalleled.

ininterrumpido, -da *adj* uninterrupted.

injerencia *sf* interference.

injerto *sm* graft.

injusticia *sf* injustice.

injusto, -ta *adj* unfair, unjust.

inmaculado, -da *adj* immaculate.

inmaduro, -ra *adj* (*persona*) immature; (*fruto*) unripe.

inmediaciones *sf pl* surrounding area, vicinity.

inmediato, -ta *adj* 1. (*de tiempo*) immediate: **de inmediato** immediately. 2. (*de lugar*): **inmediato a**

right next to.

inmenso, -sa *adj* immense, enormous.

inmerecido, -da *adj* undeserved.

inmersión *sf* immersion.

inmigración *sf* immigration.

inmigrante *adj*, *sm/f* immigrant.

inminente *adj* imminent.

inmiscuirse [⇨ huir] *v prnl* to interfere (**en** in).

inmobiliaria *sf* 1. (*de alquiler, compraventa*) estate agency, (*US*) real estate company. 2. (*de construcción*) property company.

inmoral *adj* immoral.

inmortal *adj* immortal.

inmóvil *adj* still, immobile.

inmueble *sm* building.

inmundo, -da *adj* filthy, dirty.

inmune *adj* immune (**a** to).

inmunidad *sf* immunity (**a** to).

inmunizar [⇨ cazar] *vt* to immunize (**contra** against).

inmutarse *v prnl*: **ni se inmutó** he didn't bat an eyelid.

innato, -ta *adj* innate, inborn.

innecesario, -ria *adj* [S] unnecessary.

innovación *sf* innovation.

innovador, -dora *adj* innovative.

innumerable *adj* innumerable, countless.

inocencia *sf* innocence.

inocentada *sf* practical joke.

inocente *adj* 1. [S] (*no culpable*) innocent. 2. [S] (*crédulo*) naive, gullible.

inocuo, -cua *adj* (*frml*) innocuous, harmless.

inodoro, -ra I *adj* odourless, (*US*) odorless. II *sm* toilet.

inofensivo, -va *adj* harmless, inoffensive.

inolvidable *adj* unforgettable.

inoportuno, -na *adj* 1. (*visita*) untimely: ¡**qué inoportuno eres!** you always pick a bad time! 2. (*comentario*) inappropriate, inopportune.

inquietar *vt* to worry.

inquietarse *v prnl* to worry, to get worried.

inquieto, -ta *adj* 1. (*preocupado*) worried. 2. (*nervioso*) restless.

inquietud *sf* 1. (*preocupación*) worry. 2. (*nerviosismo*) restlessness. 3. (*interés*) interest.

inquilino, -na *sm/f* tenant.

inri *sm* ● **para más inri...** to make things worse....

insaciable *adj* insatiable.

insatisfecho, -cha *adj* unsatisfied.

inscribir [*pp* **inscrito**] *vt* 1. (*en curso*) to enrol (**en** on * for); (*en competición*) to enter (**en** for); (*en registro*) to register. 2. (*grabar*) to inscribe.

inscribirse *v prnl* (*en curso*) to enrol (**en** on * for); (*en competición*) to enter (**en** for); (*en registro*) to register.

inscripción *sf* 1. (*en curso*) enrolment; (*en competición*) entry; (*en registro*) registration. 2. (*cuota*) registration fee. 3. (*palabras*) inscription.

insecticida *sm* insecticide.

insecto *sm* insect.

inseguridad *sf* (*gen*) insecurity; (*al andar*) unsteadiness.

inseguro, -ra *adj* (*gen*) insecure; (*al andar*) unsteady.

inseminación *sf* insemination.

insensato, -ta *adj* foolish.

insensible *adj* insensitive (**a** to).

inseparable *adj* inseparable.

insertar *vt* to insert (**en** into).

inservible *adj* useless.

insignia *sf* 1. (*distintivo*) insignia, badge. 2. (*bandera*) flag.

insignificancia *sf* 1. (*cosa sin importancia*): **es una insignificancia** it's nothing. 2. (*cualidad*) insignificance.

insignificante *adj* insignificant.

insinuar [⇨ actuar] *vt* (*gen*) to hint; (*algo negativo*) to insinuate.

insípido, -da *adj* insipid.

insistente *adj* insistent.

insistir *vi* to insist: **insistió en la importancia de...** he stressed the importance of....

insolación *sf* sunstroke.

insolente *adj* insolent.

insólito, -ta *adj* unusual.

insolvente *adj* insolvent.

insomnio *sm* insomnia.

insonorizado, -da *adj* soundproof.

insoportable *adj* unbearable.

insostenible *adj* untenable.

inspección *sf* inspection, examination.

inspeccionar *vt* to inspect, to examine.

inspector, -tora *sm/f* inspector.

inspiración *sf* inspiration.

inspirar *vt* 1. (*infundir*) to inspire. 2. (*aspirar*) to inhale.

inspirarse *vprnl* to be inspired (**en** by).

instalación I *sf* (*sistema, acción*) installation. II **instalaciones** *sfpl* facilities *pl*.

instalación eléctrica *sf* electrical system.

instalar *vt* 1. (*Elec, Tec*) to install, to put in. 2. (*poner*) to put.

instalarse *vprnl* (*persona*): **se instaló en mi piso** he installed himself in my flat; (*empresa*) to set up.

instancia *sf* 1. (*solicitud*) application: **a instancias de...** at the request of... ● **en última instancia** as a last resort. 2. (*institución*) authority.

instantánea *sf* snapshot.

instantáneo, -nea *adj* 1. (*inmediato*) immediate, instantaneous. 2. (*café*) instant.

instante *sm* instant, moment.

instar *vt* (*frml*) to urge.

instaurar *vt* to establish.

instigar [⇨ pagar] *vt* to incite (**a** to).

instintivo, -va *adj* instinctive.

instinto *sm* instinct.

institución *sf* institution.

instituir [⇨ huir] *vt* to establish, to set up.

instituto *sm* 1. (*gen*) institute. 2. (*Educ: en Esp*) secondary school, (*US*) high school.

institutriz *sf* [-trices] governess.

instrucción I *sf* 1. (*formación*) education. 2. (*Mil: práctica*) drill;

(*: periodo*) military training. II **instrucciones** *sfpl* (*de un producto*) instructions *pl*.

instruir [⇨ huir] *vt* to teach, to instruct.

instrumento *sm* instrument.

instrumento de cuerda/viento *sm* string/wind instrument.

insubordinado, -da *adj* insubordinate.

insubordinarse *vprnl* to refuse to obey orders.

insuficiencia *sf* insufficiency.

insuficiencia cardiaca/renal *sf* heart/kidney failure.

insuficiente I *adj* insufficient. II *sm* (*Educ*) fail (*mark between 40% and 50%*).

insufrible *adj* unbearable, insufferable.

insular I *adj* of the island, island (*apos.*). II *sm/f* islander.

insulina *sf* insulin.

insulso, -sa *adj* 1. (*alimento*) insipid. 2. (*persona*) dull.

insultar *vt* to insult.

insulto *sm* insult.

insumir *vt* (*RP*) to require.

insumiso *sm*: *person refusing to do military or community service.*

insuperable *adj* 1. (*calidad*) unbeatable. 2. (*problema*) insurmountable.

insurgente *adj, sm/f* rebel.

insurrección *sf* insurrection, rebellion.

insurrecto, -ta *adj, sm/f* rebel.

insustituible *adj* irreplaceable.

intachable *adj* irreproachable.

intacto, -ta *adj* intact.

integración *sf* integration.

integral *adj* 1. (*total*) complete, total. 2. (*pan*) wholemeal; (*arroz*) brown.

integrar *vt* to make up, to compose.

integrarse *vprnl* to integrate (**en** into).

integridad *sf* integrity.

integrista *adj, sm/f* fundamentalist.

íntegro, -gra *adj* 1. (*completo*) whole, complete. 2. (*honrado*, *honesto*) upright, honest.

intelectual *adj, sm/f* intellectual.

inteligencia *sf* intelligence.

inteligente *adj* intelligent.

inteligible *adj* intelligible.

intemperie: a la intemperie *loc adv* outdoors ✳ in the open air.

intempestivo, -va *adj* inconvenient.

intención *sf* intention.

intencionado, -da *adj* deliberate, intentional.

intendente *sm/f* **1.** (*Mil*) quartermaster general. **2.** (*en Méx: de policía*) (police) inspector. **3.** (*en RP: alcalde*) mayor. **4.** (*en Col: gobernador*) governor of an administrative district.

intensidad *sf* (*gen*) intensity; (*del viento*) force.

intensificar [➪ sacar] *vt* (*la vigilancia*) to intensify; (*la producción*) to increase, to step up.

intensificarse *v prnl* (*tráfico*) to increase; (*problema*) to worsen, to get worse.

intensivo, -va *adj* intensive.

intenso, -sa *adj* (*gen*) intense; (*dolor*) acute, intense.

intentar *vt* to try.

intento *sm* attempt.

intentona *sf* (*or* **intentona golpista**) coup attempt.

interactivo, -va interactive.

intercalar *vt* to insert (**en** into).

intercambiar *vt* to exchange.

intercambio *sm* exchange.

interceder *vi* to intercede (**por** for; **ante** with).

interceptar *vt* to intercept.

interés *sm* **1.** (*gen*) interest. **2.** (*egoísmo*) self-interest.

interesado, -da *adj* **1.** [E] (*gen*) interested (**en** in). **2.** [S] (*calculador*) self-interested, self-seeking.

interesante *adj* interesting.

interesar *vt* to interest (**en** in). ♦ *vi* **1.** (*motivar interés*): **no le interesa** he's not interested. **2.** (*concernir*): **a ti no te interesa** it's none of your business. **3.** (*convenir*): **nos inte-**

resa acabarlo it is in our interests to finish it.

interesarse *v prnl* **1.** (*tener interés*) to be interested (**por** in). **2.** (*mostrar preocupación*): **se interesó por tu salud** he asked about your health.

interfaz *sm* ✳ *sf* [**-faces**] interface.

interferencia *sf* interference.

interferir [➪ sentir] *vi* to interfere (**en** in).

interfiero *etc.* ➪ **interferir**.

interfón *sm* (*Méx*) intercom, (*GB*) Entryphone®.

interfono *sm* (*gen*) intercom; (*en la puerta*) intercom, (*GB*) Entryphone®.

ínterin, interín *sm*: **en el ínterin** in the meantime.

interino, -na **I** *adj* temporary. **II** *sm/f* temporary appointee.

interior **I** *adj* **1.** (*gen*) inside: **la parte interior** the inside. **2.** (*patio*) interior; (*habitación*) overlooking an inner courtyard. **3.** (*comercio, política*) domestic, internal. **II** *sm* **1.** (*parte de dentro*) inside. **2.** **el interior** (*de un país*) the interior. **III** **interiores** *sm pl* (*en cine*) interiors *pl.*

interiorismo *sm* interior design.

interiorizar [➪ cazar] *vt* **1.** (*en psicología*) to internalize. **2.** (*C Sur: informar*) to inform (**de** of).

interiorizarse *v prnl* (*C Sur*) to acquaint oneself (**de** with).

interjección *sf* interjection.

intermediario, -ria *sm/f* **1.** (*mediador*) intermediary. **2.** (*comerciante*) middleman.

intermedio, -dia **I** *adj* intermediate. **II** *sm* interval.

interminable *adj* interminable, endless.

intermitente **I** *adj* intermittent. **II** *sm* indicator.

internacional *adj* international.

internado *sm* boarding school.

internar *vt* **1.** (*en un colegio*) to put (**en** in), to send (**en** to). **2.** (*Med*) to admit (**en** to).

internarse *v prnl* (*C Sur: Med*) to go

into hospital.

Internet /ínternet/ *sm* Internet: **en Internet** on the Internet.

interno, -na I *adj* internal. **II** *sm/f* 1. (*en un colegio*) boarder. 2. (*en una prisión*) inmate.

interponer [⇨ poner] *vt* 1. (*poner*) to place. 2. (*Jur*) to lodge.

interponerse *v prnl* to intervene.

interpretación *sf* 1. (*gen*) interpretation. 2. (*actuación*) performance.

interpretar *vt* 1. (*gen*) to interpret. 2. (*una obra, una pieza musical*) to perform.

intérprete *sm/f* 1. (*actor, músico*) performer; (*cantante*) singer. 2. (*de idiomas*) interpreter.

interrogación *sf* 1. (*pregunta*) question. 2. (*signo*) question mark.

interrogante I *sm* (*Ling*) question mark. **II** *sm* * *sf* (*enigma*) question.

interrogar [⇨ pagar] *vt* to question, to interrogate.

interrogatorio *sm* questioning, interrogation.

interrumpir *vt* 1. (*gen*) to interrupt; (*un servicio*) to suspend. 2. (*un embarazo*) to terminate. ♦ *vi* to interrupt.

interrupción *sf* 1. (*gen*) interruption. 2. (*de un embarazo*) termination.

interruptor *sm* switch.

intersección *sf* intersection.

interurbano, -na *adj* (*llamada*) national; (*transporte*) intercity.

intervalo *sm* interval, interlude.

intervención *sf* 1. (*actuación*) intervention. 2. (*en un debate*) contribution (**en** to). 3. (*Med*) operation.

intervenir [⇨ venir] *vi* (*tomar parte*) to take part (**en** in); (*en una disputa*) to intervene (**en** in); (*en un debate*) to take part (**en** in). ♦ *vt* 1. (*Med*) to operate on. 2. (*un teléfono*) to tap. 3. (*bienes, drogas*) to seize.

interventor, -tora *sm/f* 1. (*en unas elecciones*) scrutineer; (*de cuentas*) auditor. 2. (*Transp*) ticket inspector.

intestino *sm* intestine, bowel.

intimar *vi* to become close.

intimidad I *sf* 1. (*cualidad*) intimacy. 2. **la intimidad** (*vida privada*) privacy; (*carácter privado*) privacy. **II intimidades** *sf pl* (*cosas íntimas*) intimate matters *pl*.

intimidar *vt* to intimidate.

íntimo, -ma *adj* (*ambiente*) intimate; (*amigo, relación*) close.

intolerable *adj* intolerable.

intoxicación *sf* 1. (*gen*) poisoning. 2. (*or* **intoxicación alimenticia**) food poisoning.

intranquilizar [⇨ cazar] *vt* to worry, to make anxious.

intranquilizarse *v prnl* to get worried.

intranquilo, -la *adj* worried, uneasy.

intransigencia *sf* intransigence.

intransitable *adj* impassable.

intrascendente *adj* unimportant.

intravenoso, -sa *adj* intravenous.

intrépido, -da *adj* intrepid, daring.

intriga *sf* 1. (*conspiración*) intrigue. 2. (*curiosidad*) curiosity: **tengo intriga por saberlo** I'm curious to find out.

intrigar [⇨ pagar] *vt* (*hacer curioso*) to intrigue. ♦ *vi* (*para conseguir algo*) to scheme.

intrincado, -da *adj* intricate, complicated.

intrínseco, -ca *adj* intrinsic (**a** to).

introducción *sf* introduction (**a** to).

introducir [⇨ conducir] *vt* 1. (*gen*) to introduce (**en** into). 2. (*una cosa en otra*) to insert (**en** into).

introducirse *v prnl* to get in: **se introdujo en la casa** she got into * she entered the house.

intromisión *sf* interference (**en** in), intrusion (**en** into).

introvertido, -da I *adj* introverted. **II** *sm/f* introvert.

intruso, -sa *sm/f* intruder.

intuición *sf* intuition.

intuir [⇨ huir] *vt* to sense.

inundación *sf* flood.

inundar *vt* 1. (*de agua*) to flood.

2. (*de quejas, productos*) to inundate (**de** with), to swamp (**de** with).

inundarse *v prnl* to be flooded.

inútil *adj* useless.

inutilizar [⇨ cazar] *vt* to render useless.

invadir *vt* to invade.

inválido, -da I *adj* disabled. II *sm/f* disabled person.

invasión *sf* invasion.

invasor, -sora I *adj* invading. II *sm/f* invader.

invención *sf* 1. (*Tec*) invention. 2. (*embuste*) story.

inventar *vt* to invent.

inventarse *v prnl* to make up, to invent.

inventario *sm* inventory.

invento *sm* invention.

inventor, -tora *sm/f* inventor.

invernadero *sm* greenhouse.

invernar *vi* to hibernate.

inverosímil *adj* implausible.

inversión *sf* 1. (*Fin*) investment. 2. (*de imagen, objeto*) inversion.

inverso, -sa *adj* (*orden*) inverse; (*sentido*) opposite: **a la inversa** the other way round.

inversor, -sora *sm/f* investor.

invertir [⇨ sentir] *vt* 1. (*dinero*) to invest (**en** in); (*tiempo*) to devote (**en** to). 2. (*una imagen*) to invert; (*el orden*) to reverse.

investigación *sf* 1. (*policial*) investigation. 2. (*científica*) research.

investigación y desarrollo *sf* research and development.

investigador, -dora *sm/f* researcher.

investigador, -dora privado, -da *sm/f* private investigator.

investigar [⇨ pagar] *vt* 1. (*un delito, un asunto*) to investigate. 2. (*en ciencia*) to research (into).

invicto, -ta *adj* undefeated.

invidente (*frml*) I *adj* blind. II *sm/f* blind person.

invierno *sm* winter.

invierto *etc.* ⇨ **invertir**.

invisible *adj* invisible.

invitación *sf* invitation.

invitado, -da *sm/f* guest.

invitar *vt* (*gen*) to invite; (*pagando*) to treat: **te invito a un helado** I'll treat you to ∗ I'll buy you an ice-cream.

invocar [⇨ sacar] *vt* to invoke.

involucrar *vt* to involve (**en** in).

involucrarse *v prnl* to get involved (**en** in).

involuntario, -ria *adj* unintentional, involuntary.

inyección *sf* injection.

inyectar *vt* to inject (**en** into): **se lo inyectaron** they injected her with it.

ir [⇨ table in appendix 2] *vi* 1. (*a un lugar: gen*) to go; (*: acudir*) to come: **¡voy!** coming! 2. (*conducir*): **¿esta calle va al parque?** does this street lead to the park? 3. (*fam: para introducir algo inesperado*): **¡y va y se lo cuenta!** and then he goes and tells her! 4. (*abarcar*): **va desde esta página hasta el final** it goes from this page to the end. 5. **ir para** (*encaminarse hacia*): **iba para médico** he was studying to be a doctor; **va para los treinta** she's getting on for thirty. 6. (*referido a algo dicho*): **esto va por ti también** this includes you ● —**¿Estás cansada?** —**¡Qué va!** "Are you tired?" "Not at all!" 7. (*en una posición: gen*) to go: **¿dónde va esto?** where does this go?; (*: en una clasificación*) to be. 8. (*en un proceso*): **¿por dónde vas?** how far have you got? 9. (*funcionar*) to go: **¿cómo te va?** how are things going? 10. (*en descripciones*): **iba andando** he was on foot ∗ walking; **fui en avión** I flew; **iba cargada de paquetes** she was loaded (down) with parcels; **iba muy elegante** she was very smartly dressed ● **¿de qué vas?** what are you playing at? 11. (*fam: tratar*): **¿de qué va el libro?** what's the book about? 12. (*combinar*) to go; (*favorecer*) to suit: **ese sombrero no te va** that hat doesn't suit you. 13. (*referido al tiempo transcurrido*): **en lo que va**

de (la) semana so far this week.
14. (al enumerar): con éste van
siete this is the seventh one;
⇨ vamos, vaya.
♦ v aux I (+ a + inf) 1. (para indicar
futuro): voy a comprarlo I'm going
to buy it; ¿qué ibas a decir? what
were you going to say? 2. (para
expresar: incertidumbre): ¡vaya
usted a saber! who knows?; (: irritación): ¡no irás a cambiar de idea! I
hope you're not going to change
your mind!; (: resignación): ¡qué le
vamos a hacer! what can we do? II
(+ gerundio): se van alejando
they're getting further away.
irse v prnl 1. (marcharse) to leave:
me voy a casa I'm going home.
2. (consumirse) to go: ¡cómo se va el
dinero! money goes so quickly!
ira sf anger, rage.
Irak sm Iraq.
Irán sm Iran.
iraní adj, sm/f Iranian.
iraquí adj, sm/f Iraqi.
irascible adj (frml) irritable, irascible.
iris sm iris.
Irlanda sf Ireland.
Irlanda del Norte sf Northern Ireland.
irlandés, -desa I adj Irish. II sm/f
Irishman/woman: los irlandeses
the Irish. III sm (Ling) Irish
(Gaelic).
irónico, -ca adj ironic.
IRPF sm (= Impuesto sobre la
Renta de las Personas Físicas)
income tax.
irradiar vt 1. (luz, felicidad) to radiate. 2. (con radiaciones) to irradiate.
3. (RP: un programa) to broadcast.
irreal adj unreal.
irreemplazable adj irreplaceable.
irreflexivo, -va adj (persona) impetuous; (conducta) impulsive, rash.
irrefutable adj (argumentación) un-
answerable; (pruebas) irrefutable.
irregular adj irregular.
irreparable adj irreparable.
irresistible adj irresistible.

irrespetuoso, -sa adj disrespectful.
irresponsable adj irresponsible.
irreversible adj irreversible.
irrigar [⇨ pagar] vt to irrigate.
irrisorio, -ria adj ridiculous.
irritación sf irritation.
irritante adj irritating.
irritar vt to irritate.
irritarse v prnl to get irritated.
irrompible adj unbreakable.
irrumpir vi: irrumpieron en la sala
they burst into the room.
isla sf island.
Islas Británicas sf pl British Isles pl.
islámico, -ca adj Islamic.
islandés, -desa I adj Icelandic. II
sm/f Icelander. III sm (Ling) Icelandic.
Islandia sf Iceland.
isleño, -ña I adj of the island, island
(apos.). II sm/f islander.
Israel sm Israel.
israelí adj, sm/f Israeli.
israelita adj, sm/f Israelite.
istmo sm isthmus.
Italia sf Italy.
italiano, -na I adj, sm/f Italian. II sm
(Ling) Italian.
itinerario sm itinerary, route.
ITV sf (= Inspección Técnica de
Vehículos) (en Esp) roadworthiness
test.
IVA /ˈiβa/ sm (= impuesto sobre el
valor añadido ✳ (Amér L) al valor
agregado) VAT.
izar [⇨ cazar] vt to hoist.
izda., izq. = izquierda.
izquierda sf 1. (lado) left: está a la
izquierda it is on the left. 2. (Pol)
left: de izquierdas ✳ (Amér L) de
izquierda left-wing.
izquierdista I adj left-wing. II sm/f
left-winger.
izquierdo, -da adj left.

jabalí *sm* [-líes * -lís] (wild) boar.

jabalina *sf* javelin.

jabón *sm* soap.

jabonar *vt* to soap.

jabonera *sf* soapdish.

jaca *sf* (*caballo pequeño*) small horse, cob; (*yegua*) mare.

jacal *sm* (*Amér C, Méx*) shack, hut.

jacinto *sm* hyacinth.

jactarse *v prnl* to boast (**de** about), to brag (**de** about).

jade *sm* jade.

jadear *vi* to pant, to gasp.

jaguar *sm* jaguar.

jalar *vt* 1. (*Amér L: tirar de*) to pull. 2. (*Amér L: fam, robar*) to pinch. ♦ *vi* (*Amér L: tirar*) to pull: **me jaló del pelo** he pulled my hair.

jalarse *v prnl* (*fam*) 1. (*comerse*) to wolf down. 2. (*Méx: ir*) to go; (*: venir*) to come: **jálate a la fiesta** come to the party (with us). 3. (*Col, Ven: emborracharse*) to get drunk.

jalea *sf* jelly.

jalea real *sf* royal jelly.

jaleo *sm* (*fam*) 1. (*alboroto*) din, racket. 2. (*lío*): **me armé un jaleo** I got into a real muddle.

jalón *sm* 1. (*hito*) milestone, landmark. 2. (*para marcar*) marker stake. 3. (*Amér L: tirón*) pull.

jamás *adv* never.

jamón *sm* ham.

jamón cocido *sm* boiled ham. **jamón crudo** *sm* (*RP*) cured ham. **jamón de York** * **en dulce** *sm* boiled ham. **jamón serrano** *sm* cured ham.

Japón *sm* Japan.

japonés, -nesa I *adj* Japanese. II *sm/f* Japanese man/woman: **los japoneses** the Japanese. III *sm* (*Ling*) Japanese.

jaque *sm* (*en ajedrez*) check ● **la tiene siempre en jaque** he is a constant source of worry to her.

jaque mate *sm* checkmate.

jaqueca *sf* migraine.

jarabe *sm* 1. (*Culin*) syrup. 2. (*Med*) syrup: **jarabe para la tos** cough mixture * syrup. 3. (*Mús*) *popular Mexican dance.*

jarcia *sf* rigging, ropes *pl*.

jardín *sm* garden.

jardín de infancia * (*Amér L*) **jardín infantil** * (*C Sur*) **de infantes** *sm* nursery school.

jardinera *sf* 1. (*para plantas*) window box. 2. (*Culin*): **a la jardinera** with vegetables. 3. (*C Sur: Indum*) dungarees *pl*, (*US*) overalls *pl*.

jardinería *sf* gardening.

jardinero, -ra I *sm/f* 1. (*persona*) gardener. 2. (*Dep*) outfielder. II *sm* (*RP: Indum*) dungarees *pl*, (*US*) overalls *pl*.

jarra *sf* jug, (*US*) pitcher.

jarro *sm* jug, (*US*) pitcher ● **me cayó como un jarro de agua fría** it came as a complete shock to me.

jarrón *sm* vase.

jaspeado, -da *adj* mottled, speckled.

jaula *sf* cage.

jauría *sf* pack (of hunting dogs).

jazmín *sm* jasmine.

jazz /dʒaz/ *sm* jazz.

J.C. (= **Jesucristo**) J.C.

je *excl* ha!

jeep *sm* [**jeeps**] jeep.

jefatura *sf* 1. (*oficina*) headquarters: **en la jefatura de policía** at (the) police headquarters. 2. (*de un partido político*) leadership (**de** of).

jefe, -fa *sm/f* 1. (*superior*) boss. 2. (*Pol*) leader. 3. (*de tribu*) chief.

jefe, -fa de estación *sm/f* stationmaster. **jefe, -fa de estado** *sm/f* head of state. **jefe, -fa de estudios** *sm/f* director of studies. **jefe, -fa de personal** *sm/f* personnel manager.

jején *sm*: *type of midge.*

jengibre *sm* ginger.

jeque *sm* sheik, sheikh.

jerarquía *sf* **1**. (*escala*) hierarchy. **2**. (*categoría*) rank.

jerez *sm* sherry.

jerga *sf* **1**. (*Ling: profesional*) jargon; (*: de un grupo social*) slang. **2**. (*Méx: trapo*) floorcloth.

jeringa *sf* syringe.

jeringuilla *sf* syringe.

jeroglífico *sm* **1**. (*Ling*) hieroglyph. **2**. (*pasatiempo*) rebus.

jersey *sm* [-séis] sweater.

Jesucristo *sm* Jesus Christ.

jesuita *adj, sm* Jesuit.

Jesús I *sm* Jesus. **II** *excl* **1**. (*al expresar sorpresa*) good heavens! **2**. (*tras estornudo*) bless you!

jeta *sf* (*fam*) **1**. (*cara*) mug, face. **2**. (*caradura*) cheek, nerve.

jibia *sf* cuttlefish.

jicote *sm* (*Méx*) hornet.

jienense, jiennense *adj* of ✱ from Jaén.

jijona *sm*: traditional Christmas sweet made from ground almonds.

jilguero *sm* goldfinch.

jinete *sm* rider.

jirafa *sf* giraffe.

jirón *sm* shred, strip.

jitomate *sm* (*Méx*) tomato.

jocketta /dʒoˈketa/ *sf* (*C Sur*) (woman) jockey.

jockey /ˈdʒoki/ *sm* jockey.

jocoso, -sa *adj* funny, comic.

jogging /ˈdʒoyin/ *sm* **1**. (*Dep*) jogging. **2**. (*RP: Indum*) tracksuit.

jolgorio *sm* (*fam*): ¡qué jolgorio tuvieron anoche! they had quite a party last night!

jolín, jolines *excl* (*fam*) **1**. (*de sorpresa*) goodness!, gosh! **2**. (*de enfado*) for Pete's sake!

Jordania *sf* Jordan.

jordano, -na *adj, sm/f* Jordanian.

jornada I *sf* **1**. (*día*) day. **2**. (*or jornada laboral*) working day. **II jornadas** *sf pl* conference, congress.

jornada intensiva *sf*: working day with no break for lunch. **jornada partida** *sf*: working day with long break for lunch.

jornal *sm* day's wage.

jornalero, -ra *sm/f* day labourer ✱ (*US*) laborer.

joroba *sf* hump.

jorobar *vt* (*fam*) **1**. (*fastidiar*) to annoy. **2**. (*romper*) to break.

josefino, -na *adj* of ✱ from San José (*Costa Rica*).

jota *sf* **1**. (*en la baraja*) jack. **2**. (*Mús*) traditional Spanish dance. **3**. (*Ling*) name of the letter J ● no entendió ni **jota** he didn't understand a thing.

joven I *adj* young. **II** *sm/f* (*hombre*) youth, young man; (*mujer*) girl, young woman: los jóvenes young people ‖ the young.

jovial *adj* cheerful.

joya *sf* **1**. (*alhaja*) piece of jewellery ✱ (*US*) jewelry. **2**. (*algo, alguien valioso*) treasure.

joyería *sf* **1**. (*tienda*) jeweller's, (*US*) jewelry store. **2**. (*actividad*) jewellery ✱ (*US*) jewelry trade.

joyero, -ra I *sm/f* jeweller, (*US*) jeweler. **II** *sm* jewel box.

juanete *sm* bunion.

jubilación *sf* **1**. (*acto*) retirement. **2**. (*dinero*) pension.

jubilado, -da I *adj* retired. **II** *sm/f* pensioner, (*US*) retiree.

jubilarse *v prnl* to retire.

júbilo *sm* joy.

judaísmo *sm* Judaism.

judía *sf* bean.

judía blanca *sf* haricot bean. **judía verde** *sf* green bean.

judicial *adj* judicial.

judío, -día I *adj* Jewish. **II** *sm/f* Jew.

judo /ˈdʒuðo/ *sm* judo.

juego I *sm* **1**. (*recreativo*) game. **2**. (*de apuestas*) gambling ● estar en **juego** to be at stake. **3**. (*Dep: gen*) play; (*: en tenis*) game. **4**. (*de sábanas, cubiertos*) set ● hacer juego to match. **5**. (*Tec*) play. **II juegos** *sm pl* (*competición*) games *pl*. **III** also ⇨ jugar.

juego de azar *sm* game of chance. **juego de manos** *sm* sleight of hand. **juego de palabras** *sm* play on words, pun. **juego limpio/sucio** *sm* fair/foul play. **Juegos Olímpicos**

sm pl Olympic Games pl.

juerga sf: **irse de juerga** to go out on the town.

jueves sm inv Thursday ➪ **lunes**. **Jueves Santo** sm inv Maundy Thursday.

juez sm/f [jueces] (or juez, jueza sm/f) judge.

juez de línea * (RP) raya sm/f linesman/woman. **juez de silla** sm/f umpire.

jugada sf 1. (Dep, Juegos) move. 2. (jugarreta) dirty trick.

jugador, -dora sm/f (Dep, Juegos) player; (que apuesta) gambler.

jugar [➪ table in appendix 2] vi 1. (gen) to play: **jugar al tenis/al póker/a la ruleta** to play tennis/poker/roulette; **España juega contra México** Spain play * plays Mexico • **jugar limpio/sucio** to play fair/dirty. 2. (en juegos de azar): **su marido juega** her husband gambles. 3. (con sentimientos) to play. ♦ vt 1. (gen) to play; (Amér L): **jugar tenis** to play tennis. 2. (apostar) to bet.

jugarse v prnl (arriesgarse) to risk.

juglar vi (Hist) minstrel.

jugo sm 1. (zumo) juice. 2. (fam: contenido) substance.

jugoso, -sa adj 1. (Culin) juicy. 2. (chisme) juicy.

jugué etc. ➪ **jugar**.

juguete sm toy.

juguetear vi to play about.

juguetón, -tona adj playful.

juicio sm 1. (entendimiento) judgement, discernment. 2. (opinión) opinion: **a juicio de** in the opinion of. 3. (cordura): **perder el juicio** to go mad. 4. (Jur) trial.

juicioso, -sa adj sensible.

julepe sm 1. (naipes) type of card game. 2. (C Sur: susto) fright.

julio sm 1. (mes) July ➪ **febrero**. 2. (Fís) joule.

jumbo /ˈdʒumbo/ sm (Av) jumbo jet.

jumper /ˈdʒumper/ sm * sf (Amér L) pinafore dress.

junco sm rush.

jungla sf jungle.

junio sm June ➪ **febrero**.

junta sf 1. (comité) committee, board. 2. **Junta** (en Esp: de autonomía) autonomous government. 3. (reunión) meeting, assembly. 4. (en fontanería, carpintería) joint; (Auto) gasket. 5. (Mil) junta.

junta de accionistas sf shareholders' meeting. **junta directiva** sf board of directors.

juntar vt 1. (acercar) to join, to put together. 2. (reunir: a personas) to gather, to bring together; (: dinero) to get together.

juntarse v prnl 1. (acercarse) to move closer together. 2. (reunirse) to get together.

junto, -ta I adj [E] together. II **junto** adv: **junto a** next to; **junto con** together with.

juntura sf joint.

Júpiter sm Jupiter.

jurado sm 1. (Jur) jury. 2. (en competiciones) panel of judges.

juramento sm oath.

jurar vt to swear: **el ministro juró su cargo** the minister was sworn in.

jurídico, -ca adj judicial, legal.

jurisdicción sf jurisdiction.

justamente adv 1. (precisamente) precisely. 2. (con equidad) fairly.

justicia sf justice.

justificación sf justification.

justificar [➪ sacar] vt (algo) to justify; (a alguien) to make excuses for.

justo, -ta I adj 1. [S] (castigo, persona) fair, just. 2. (exacto) exact; (escaso): **ando justo de dinero** I'm a bit short of money. 3. (momento) precise. 4. (prenda) tight. II **justo** adv exactly, precisely.

juvenil adj (aspecto) youthful; (categoría) junior.

juventud sf 1. (edad) youth. 2. **la juventud** (los jóvenes) youth, young people.

juzgado sm court.

juzgar [➪ pagar] vt 1. (Jur) to try. 2. (considerar) to judge • **a juzgar por** judging by.

kárate, karate *sm* karate.

katiusca *sf* wellington, Wellington boot.

kermese *sf* fête.

ketchup /'ketʃup/ *sm* ketchup.

Kg, kg (= kilogramo) kg.

kilo *sm* **1.** (*Medidas*) kilo. **2.** (*fam: gran cantidad*) ton, heap.

kilogramo *sm* kilogram.

kilometraje *sm*: *distance travelled in kilometres*.

kilómetro *sm* kilometre, (*US*) kilometer.

kilovatio *sm* kilowatt.

kindergarten, (*Amér L*) **kinder** *sm* nursery school, kindergarten.

kiosco *sm* ⇨ **quiosco.**

kiwi *sm* **1.** (*Zool*) kiwi. **2.** (*Bot*) kiwi fruit.

Km, km (= kilómetro) km.

K.O. *adj* (*Dep*): **lo dejó K.O.** he knocked him out.

koala *sm* koala (bear).

Kw, kw (= kilovatio) kW.

---

l (= litro) l.

la **I** *art def* ⇨ **el.** **II** *pron personal* **1.** (*referido a persona: a ella*) her; (*: a usted*) you: **la comprendo** I understand her/you. **2.** (*referido a cosa*) it.

laberinto *sm* maze, labyrinth.

labia *sf* way with words.

labio *sm* lip.

labor *sf* **1.** (*trabajo, actividad*) work. **2.** (*en un impreso*): **profesión: sus labores** occupation: housewife. **3.** (*de costura*) sewing; (*de punto*) knitting.

laborable *adj* working: **ese lunes es laborable** that Monday is a working day.

laboral *adj* labour (*apos.*), (*US*) labor (*apos.*).

laboratorio *sm* laboratory.

laborioso, -sa *adj* **1.** (*trabajoso*) arduous. **2.** (*trabajador*) industrious, hard-working.

laborista *adj* (*en GB*) Labour (*apos.*).

labrador, -dora *sm/f* (*con tierras propias*) farmer; (*empleado por otro*) farm worker.

labranza *sf* farming, working the land.

labrar *vt* **1.** (*la tierra*) to farm. **2.** (*la piedra, la madera*) to carve; (*el metal*) to work.

labrarse *v prnl* to carve out ✱ build (for oneself).

laburo *sm* (*C Sur: fam*) work.

laca *sf* **1.** (*para muebles*) lacquer. **2.** (*para el pelo*) (hair) lacquer, hairspray.

laca de uñas *sf* nail polish ✱ varnish.

lacayo *sm* lackey.

lacio, -cia *adj* **1.** (*pelo*) straight. **2.** (*flores*) limp.

lacón *sm*: *type of cured ham or bacon.*

lacra *sf* scourge.

lactante *sm/f*: *unweaned baby.*

lácteo, -tea *adj* dairy (*apos.*).

ladera *sf* side (*of a mountain or hill*).

ladino, -na **I** *adj* (*astuto*) cunning. **II** *sm/f* (*Amér C, Méx*) *indio*) Spanish-speaking Indian; (*: mestizo*) mestizo. **III** *sm* (*idioma*) Judeo-Spanish, Sephardic Spanish.

lado *sm* **1.** (*de persona, objeto*) side: **ponlo de lado** put it on its side ● **se puso de nuestro lado** he took our side ● **por un lado..., por otro**

lado... on the one hand..., on the other hand.... 2. (*lugar*): **vámonos a otro lado** let's go somewhere else. 3. (*dirección*): **se fue por ese lado** he went that way * in that direction. 4. **al lado** (*de contigüidad*): **la casa de al lado** the house next door; (*cerca*): **aquí al lado** just round the corner from here. 5. **al lado de** (*de posición*) next door to; (*en comparaciones*) compared to. 6. **a un lado: lo puso a un lado** he put it to one side; **háganse a un lado** move * stand aside.

ladrar *vi* to bark.

ladrido *sm* bark.

ladrillo *sm* brick.

ladrón, -drona I *sm/f* (*gen*) thief; (*que entra en casas*) burglar. II *sm* two-way/three-way adaptor (plug).

lagaña *sf* ⇨ **legaña**.

lagartija *sf* small lizard.

lagarto *sm* lizard.

lago *sm* lake.

lágrima *sf* tear.

laguna *sf* 1. (*Geog*) lagoon, small lake. 2. (*en conocimiento*) gap .

laico, -ca *adj* secular.

lamentable *adj* (*que causa pesar*) regrettable, lamentable; (*indignante*) appalling, dreadful.

lamentar *vt* (*al expresar pena*): **lamento que no te agrade** I'm sorry you don't like it; **lamento lo ocurrido** I'm sorry about what happened; (*arrepentirse de*) to regret.

lamentarse *v prnl* to complain.

lamento *sm* (*quejido*) wail; (*palabras*) lament.

lamer *vt* to lick.

lámina *sf* 1. (*ilustración: en libro*) illustration, plate; (*:suelta*) print. 2. (*de metal*) sheet. 3. (*para reproducir un dibujo*) plate.

lámpara *sf* lamp.

lamparita *sf*(*RP*) light bulb.

lamparón *sm* (*fam*) (greasy) stain.

lamprea *sf* lamprey.

lana *sf* 1. (*de oveja*) wool: **un jersey de lana** a woollen jumper. 2. (*Amér L:fam, dinero*) money.

lancha *sf* (*barca*) boat; (*con motor*) motorboat, motor launch.

lancha motora *sf* motorboat, motor launch. **lancha neumática** *sf* rubber * inflatable dinghy. **lancha salvavidas** *sf* lifeboat.

langosta *sf* 1. (*insecto*) locust. 2. (*crustáceo*) lobster.

langostino *sm* king prawn.

languidecer [⇨ agradecer] *vi* 1. (*persona*) to languish. 2. (*conversación*) to dry up.

lánguido, -da *adj* listless.

lanza *sf*lance, spear.

lanzadera *sf* (or **lanzadera espacial**) (space) shuttle.

lanzado, -da *adj* 1. [S] (*decidido*) determined; (*con confianza en sí mismo*) self-assured; (*irreflexivo*) hasty. 2. (*fam: muy rápido*): **iba lanzado** it was going very fast.

lanzador, -dora *sm/f* (*gen*) thrower; (*en béisbol*) pitcher.

lanzamiento *sm* 1. (*de cohete, producto*) launch, launching; (*de misil*) firing; (*de bomba*) dropping. 2. (*Dep: en baloncesto*) throw; (*:en béisbol*) pitch: **el lanzamiento de disco/ jabalina/martillo** (*la prueba*) the discus/javelin/hammer (event); **el lanzamiento de peso** * (*Amér L*) **de bala** the shot put.

lanzar [⇨ cazar] *vt* 1. (*una piedra*) to throw; (*un misil*) to launch, to fire; (*una bomba*) to drop; (*una flecha*) to shoot. 2. (*el disco, la jabalina, el martillo*) to throw; (*el peso*) to put; (*una pelota: gen*) to throw; (*:en béisbol*) to pitch. 3. (*una mirada*) to give; (*un grito*) to let out. 4. (*un producto*) to launch.

lanzarse *v prnl* 1. (*arrojarse*) to jump, to leap (**a** into). 2. (*hacia un lugar*) to rush (**hacia** towards); (*sobre algo*) to leap (**sobre** on); (*sobre alguien*) to fling oneself (**sobre** at).

lapa *sf*limpet.

lapicera *sf*(*Amér S*) pen.

lapicera fuente *sf* (*Amér S*) fountain pen.

lapicero sm 1. (*portaminas*) propelling pencil. 2. (*lápiz*) pencil.

lápida sf (*en tumba*) gravestone, headstone; (*en nicho*) memorial plaque.

lápiz sm [-pices] pencil: **a lápiz** in pencil.

lápices de colores sm pl coloured * (*US*) colored pencils pl. **lápiz de cera** (wax) crayon. **lápiz de labios** sm lipstick. **lápiz de ojos** sm eyeliner.

lapso sm 1. (*periodo de tiempo*) period (of time). 2. (*error*) slip.

lapsus sm inv slip.

largar [⟳ pagar] vt 1. (*fam: un golpe*) to give, to deal. 2. (*fam: un discurso*) to subject to; (*: información*) to reveal. 3. (*fam: del trabajo*) to fire. 4. (*Náut*): **largar amarras** to cast off. 5. (*C Sur: una carrera*) to start.

largarse v prnl (*fam: irse*) to clear off.

largavistas sm inv (*C Sur*) binoculars pl.

largo, -ga I adj 1. (*gen*) long; (*en demasía*): **te está * te queda largo** it's too long for you • **a la larga** in the long run. 2. (*con medidas*): **un kilo/mes largo** a good kilo/month. II **largo** sm 1. (*longitud*) length: **tiene dos metros de largo** it's two metres long • **a lo largo** lengthwise • **nos pasamos de largo** we went right past the place. 2. (*de piscina*) length. 3. **a lo largo de** (*en el espacio*) along; (*en el tiempo*) in the course of. III **largo** excl get away from here!

largometraje sm feature film.

laringe sf larynx.

larva sf larva.

las I art def ⟳ **el**. II pron personal ⟳ **los** II.

lasaña sf lasagne.

láser sm laser.

lástima sf pity: **¡qué lástima!** what a pity! ‖ what a shame!; **me da * le tengo lástima** I feel sorry for her.

lastimar vt to hurt.

lastimarse v prnl to hurt oneself.

lastimero, -ra adj mournful.

lastre sm 1. (*en un barco, un globo*) ballast. 2. (*estorbo*) burden.

lata sf 1. (*de comida*) can, (*GB*) tin: **tomates de lata** canned * (*GB*) tinned tomatoes; (*de bebida*) can. 2. (*hojalata*) tin plate. 3. (*fam: cosa molesta*) drag, pain (in the neck) • **dar la lata** to be a nuisance • **darle la lata a alguien** to pester sbdy.

latente adj [E] latent.

lateral I adj side (*apos.*). II sm (*de una avenida*) service road. III sm/f back.

latido sm (*del corazón: cada movimiento*) beat; (*: ritmo*) beating.

latifundio sm large estate (*often underexploited*).

látigo sm whip.

latín sm Latin.

latino, -na adj Latin.

Latinoamérica sf Latin America.

latinoamericano, -na adj, sm/f Latin American.

latir vi 1. (*corazón*) to beat. 2. (*Méx: fam, parecer*): **me late que...** I have a feeling that...; (*: gustar*): **me late** I love it.

latitud sf latitude.

latón sm brass.

latoso, -sa adj (*fam*) annoying.

laucha sf (*C Sur*) mouse.

laúd sm lute.

laurel sm bay tree: **una hoja de laurel** a bay leaf • **dormirse en los laureles** to rest on one's laurels.

lava sf lava.

lavabo sm 1. (*pila*) basin, (*US*) washbowl. 2. (*habitación*) lavatory, toilet; (*en lugares públicos*) lavatory, (*US*) rest room.

lavadero sm 1. (*cuarto*) utility room, laundry (room). 2. (*RP*) ⟳ **lavandería**.

lavado sm washing.

lavado de cerebro sm brainwashing. **lavado en seco** sm (*Chi, Méx, Perú*) dry-cleaning.

lavadora sf washing machine.

lavanda sf lavender.

lavandería sf (*con empleados*) laundry; (*autoservicio*) Launderette®, (*US*) Laundromat®.

lavandina *sf* (*Arg*) bleach.

lavaplatos *sm inv* dishwasher.

lavar *vt* (*gen*) to wash: **lavar la ropa** to do the washing; (*una herida*) to bathe.

lavarse *v prnl* to wash: **lávate las manos** wash your hands; **me lavé los dientes** I cleaned * brushed my teeth.

lavarropas *sm inv* (*RP*) washing machine.

lavatorio *sm* (*C Sur*) basin.

lavavajillas *sm inv* **1.** (*aparato*) dishwasher. **2.** (*jabón*) washing-up * (*US*) dish liquid.

laxante *adj, sm* laxative.

lazarillo *sm*: *person or animal who guides a blind person.*

lazo *sm* **1.** (*tipo de nudo*) bow. **2.** (*cinta*) ribbon. **3.** (*de vaquero*) lasso • **echarle el lazo a alguien** to catch sbdy. **4.** (*vínculo*) bond, link.

Ldo., Lda. = **licenciado -da**.

le *pron personal* **1.** (*objeto indirecto: a él*) him; (*a ella*) her; (*a usted*) you: **le di las llaves** I gave him/her/you the keys ‖ I gave the keys to him/to her/to you; (*a una cosa*): **le dio un golpe** she gave it a knock; [when noun is present]: **¿por qué no le preguntas a tu madre?** why don't you ask your mother? **2.** (*objeto directo: a él*) him; (*a usted*) you: **le conozco** I know him/you.

leal *adj* (*amigo, apoyo*) loyal: **es leal a la causa** he's loyal to the cause; (*animal*) faithful.

lealtad *sf* loyalty (**a** to).

lección *sf* lesson • **para darles una lección** to teach them a lesson.

leche *sf* **1.** (*alimento*) milk. **2.** (*para la piel*) lotion, cream. **3.** (*fam: golpe*) knock, bump • **iban a toda leche por la carretera** they were tearing along the road.

leche condensada *sf* condensed milk. **leche descremada** * **desnatada** *sf* skimmed milk, skim milk. **leche en polvo** *sf* powdered milk.

leche entera *sf* full-fat milk, whole milk. **leche semidesnatada** *sf* semi-skimmed milk.

lechero, -ra I *adj* dairy (*apos.*). **II** *sm/f* milkman/woman.

lecho *sm* **1.** (*frml: cama*) bed. **2.** (*de un río*) bed.

lecho de muerte *sm* deathbed.

lechón, -chona *sm/f* suckling pig.

lechuga *sf* lettuce.

lechuza *sf* owl.

lector, -tora *sm/f* **1.** (*persona que lee*) reader. **2.** (*Educ*) (language) assistant.

lectura *sf* **1.** (*acción*) reading. **2.** (*texto*) reading material.

leer [➪ table in appendix 2] *vt/i* to read.

legado *sm* legacy.

legal *adj* **1.** (*Jur*) legal. **2.** (*fam: persona*): **un tío legal** a great guy.

legalizar [➪ cazar] *vt* **1.** (*una situación*) to legalize. **2.** (*un documento*) to authenticate.

legaña *sf*: **quitarse las legañas de los ojos** to rub the sleep from one's eyes.

legar [➪ pagar] *vt* (*frml*) to bequeath.

legión *sf* **1.** (*Mil*) legion. **2.** (*gran cantidad*) large number.

legislación *sf* legislation.

legislar *vi* to legislate.

legislatura *sf* **1.** (*de un parlamento: entre elecciones*) term; (*año parlamentario*) session; (*de un presidente*) term of office. **2.** (*Amér L: asamblea*) legislature.

legítimo, -ma *adj* **1.** (*Jur*) legitimate, lawful. **2.** (*verdadero*) genuine, real.

legrado *sm* (*gen*) scrape; (*en ginecología*) D and C.

legumbre *sf* (*seca*) pulse; (*fresca*) vegetable (*with pod*).

lehendakari /leenda'kari/ *sm*: president of the Basque autonomous regional government.

lejanía *sf* distance.

lejano, -na *adj* distant.

Lejano Oriente *sm* Far East.

lejía *sf* bleach.

lejos *adv* far (away): **¿está lejos de aquí?** is it far ∗ **a lo lejos** in the distance; **de lejos** from a distance ● **llegar lejos** to go far.

lelo, -la *adj* (*fam*) **1.** (*tonto*) stupid, (*US*) dumb. **2.** (*atontado*) stunned.

lema *sm* **1.** (*divisa*) motto. **2.** (*Ling*) headword (*in dictionary*).

lempira *sm*: currency of Honduras.

lencería *sf* (*ropa: interior*) lingerie; (*: de cama*) linen.

lengua *sf* **1.** (*de persona, animal*) tongue: **me sacó la lengua** he stuck his tongue out at me ● **con la lengua fuera** worn out ● **irse de la lengua** to blab. **2.** (*idioma*) language.

lengua materna *sf* mother tongue.

lenguado *sm* sole.

lenguaje *sm* language.

lengüeta *sf* **1.** (*pieza alargada: gen*) tab; (*: de zapato*) tongue. **2.** (*de instrumento musical*) reed.

lente I *sf* lens. **II lentes** *sm pl* (*Amér L*) glasses *pl*.

lente de contacto *sf* ∗ (*Amér L*) *sm* contact lens.

lenteja *sf* lentil.

lentejuela *sf* sequin.

lentilla *sf* contact lens.

lentitud *sf* slowness.

lento, -ta *adj* slow: **a fuego lento** over a low heat.

leña *sf* firewood.

leñador, -dora *sm/f* woodcutter, lumberjack.

leño *sm* log.

leo, Leo *sm* Leo.

león, -ona *sm/f* **1.** (*africano: gen*) lion; (*: hembra*) lioness. **2.** (*or* **león americano**) (*Amér L*) puma.

león marino *sm* sea lion.

leonés, -nesa *adj* ∗ from León.

leopardo *sm* leopard.

leotardos *sm pl* (thick) tights ∗ (*US*) pantyhose *pl*.

lepra *sf* leprosy.

leridano, -na *adj* ∗ from Lleida (Lérida).

les *pron personal* **1.** (*objeto indirecto: a ellos, ellas*) them; (*: a ustedes*) you: **¿quién les dijo eso?** who told them/ you that?; (*: a cosas*) them: **les di una mano de pintura** I gave them a coat of paint; [*when noun is present*]: **no les dijo nada a sus padres** she didn't say anything to her parents. **2.** (*objeto directo: a ellos*) them; (*: a ustedes*) you: **les vi ayer** I saw them/ you yesterday.

lesbiana *sf* lesbian.

lesión *sf* injury.

lesionarse *v prnl* to injure oneself.

letal *adj* lethal.

letanía *sf* litany.

letargo *sm* lethargy.

letón, -tona I *adj, sm/f* Latvian. **II** *sm* (*Ling*) Latvian.

Letonia *sf* Latvia.

letra I *sf* **1.** (*símbolo*) letter. **2.** (*caligrafía*) handwriting. **3.** (*de canción*) words *pl*, lyrics *pl*. **4.** (*or* **letra de cambio**) (*Fin*) bill of exchange; (*en compra a plazos*) **me quedan dos letras por pagar** I still have two payments to make. **II letras** *sf pl* (*Educ*) arts *pl*.

letra de imprenta *sf* print. **letra pequeña** *sf* small print.

letrado, -da *sm/f* (*frml*) lawyer.

letrero *sm* sign, notice.

letrero luminoso *sm* neon sign.

leucemia *sf* leukaemia, (*US*) leukemia.

levadura *sf* (*para pan, cerveza*) yeast; (*a base de bicarbonato*) baking powder.

levadura en polvo *sf* (*para pan*) dried yeast; (*a base de bicarbonato*) baking powder.

levantamiento *sm* (*Mil*) uprising.

levantamiento de pesas *sm* weightlifting.

levantar *vt* **1.** (*gen*) to raise: **levantó la mano** he raised his hand; (*del suelo*) to pick up; (*un peso*) to lift. **2.** (*poner fin a: una prohibición*) to lift: **me levantó el castigo** he let me off my punishment; **se levanta la sesión** the meeting is adjourned; **levantaron el campa-**

mento they struck camp. **3.** (*un edificio*) to put up; (*una calle*) to dig up. **4.** (*Amér L: la mesa*) to clear.

levantarse *v prnl* **1.** (*de la cama*) to get up. **2.** (*ponerse de pie*) to stand up, to get up. **3.** (*erigirse*) to stand. **4.** (*temporal*) to brew; (*viento*): **se está levantando viento** it's getting windy. **5.** (*sublevarse*) to rise up. **6.** (*RP: fam, a una conquista*) to pick up.

levante *sm* **1.** (*Geog: el este*) East. **2.** (*viento*) east wind, easterly. **3. el Levante** (*de España*) *region comprising Valencia and Murcia*; (*del Mediterráneo*) *the Eastern Mediterranean region*.

levantino, -na *adj* **1.** (*en España*) of * *from the Valencia/Murcia region*. **2.** (*del Mediterráneo oriental*) Levantine.

levar *vt*: **levar anclas** to weigh anchor.

leve *adj* **1.** (*herida, mejoría, sospecha*) slight; (*perfume*) delicate; (*velo*) light. **2.** (*llevadero*) bearable.

léxico, -ca I *adj* lexical. **II** *sm* (*frml*) vocabulary.

ley *sf* **1.** (*Fís, Jur*) law. **2.** (*de metal noble*) standard measure.

leyenda *sf* **1.** (*narración*) legend. **2.** (*frml: inscripción*) inscription.

leyó *etc.* ⇨ **leer**.

liana *sf* liana.

liar [⇨ **ansiar**] *vt* **1.** (*un cigarrillo*) to roll. **2.** (*a una persona: confundir*) to confuse; (*: involucrar*) to involve (**en** in). **3.** (*complicar*) to complicate.

liarse *v prnl* **1.** (*confundirse*) to get confused. **2.** (*complicarse*) to get complicated. **3.** (*fam: con alguien*) to get involved. **4. liarse a** (*fam: empezar a*): **se liaron a hablar** they got talking.

libanés, -nesa I *adj* Lebanese. **II** *sm/f* Lebanese man/woman: **los libaneses** the Lebanese.

Líbano *sm*: **el Líbano** (the) Lebanon.

libelo *sm*: *defamatory text*.

libélula *sf* dragonfly.

liberal *adj, sm/f* liberal.

liberar *vt* (*un país*) to liberate; (*a un prisionero*) to free, to release.

libertad *sf* **1.** (*gen*) freedom, liberty: **lo pusieron en libertad** he was released * set free. **2.** (*familiaridad*) liberty. **libertad bajo fianza** *sf* bail. **libertad condicional** *sf* parole. **libertad de expresión** *sf* freedom of speech. **libertad provisional** *sf* bail. **libertades individuales** *sf pl* individual rights *pl*.

libertinaje *sm* permissive behaviour * (*US*) behavior.

Libia *sf* Libya.

libio, -bia *adj, sm/f* Libyan.

libra *sf* **1.** (*moneda, unidad de peso*) pound. **2.** (*or* **Libra**) (*Astrol*) Libra. **libra esterlina** *sf* pound (sterling).

libramiento *sm* (*Méx: carretera*) bypass, (*US*) beltway.

librar *vt* **1.** (*de un peligro*) to save (**de** from). **2.** (*una batalla*) to fight. **3.** (*un cheque*) to draw. ♦ *vi* to be free, to be off.

librarse *v prnl*: **se libró del castigo** he escaped punishment.

libre *adj* **1.** (*gen*) free: **eres libre de irte** you are free to go; **estar libre de culpa** to be free from blame; **libre de impuestos** tax-free ● **trabaja por libre** she's self-employed. **2.** (*en natación*): **los cien metros libres** the one hundred metres freestyle.

librería *sf* **1.** (*establecimiento*) bookshop, (*US*) bookstore. **2.** (*mueble*) bookcase.

librero, -ra I *sm/f* (*persona*) bookseller. **II** *sm* (*Méx: mueble*) bookcase.

libreta *sf* **1.** (*para escribir*) notebook. **2.** (*or* **libreta de ahorros**) (savings) passbook. **3.** (*RP: Educ*) (school) report.

libreta de cheques *sf* (*RP*) chequebook, (*US*) checkbook.

libreto *sm* **1.** (*de ópera*) libretto. **2.** (*Amér L: de programa*) script.

libro I *sm* book. **II libros** *sm pl* (*en contabilidad*) accounts *pl*. **libro de bolsillo** *sm* paperback. **libro**

de consulta *sm* reference book. **libro de reclamaciones** *sm* complaints book. **libro de texto** *sm* textbook.

licencia *sf* 1. (*documento*) permit, licence, (*US*) license. 2. (*Mil*) leave: **de licencia** on leave. 3. (*Amér L: de permiso*) leave; (: *de vacaciones*) holiday, (*US*) vacation: **de licencia** on leave/on holiday ✳ (*US*) on vacation.

licencia de armas *sf* gun licence ✳ (*US*) permit. **licencia de conductor** *sf*(*RP*) ⇨ **licencia de manejar**. **licencia de manejar** *sf* (*Amér L*) driving licence, (*US*) driver's license.

licenciado, -da *sm/f* 1. (*Educ*) graduate. 2. (*Amér L: tratamiento*) *form of address used to lawyers.*

licenciarse *v prnl* 1. (*Educ*) to graduate (**en** in). 2. (*Mil*) to be discharged.

licenciatura *sf* 1. (*título*) degree. 2. (*carrera universitaria*) degree course.

liceo *sm* secondary school, (*US*) high school.

lícito, -ta *adj* (*en sentido legal*) legal; (*en sentido moral*) acceptable.

licor *sm* liqueur.

licuadora *sf* liquidizer.

licuar [⇨ actuar] *vt* 1. (*comida*) to liquidize. 2. (*un gas*) to liquefy.

líder I *adj* leading. **II** *sm/f* leader.

liderato, liderazgo *sm* 1. (*Pol*) leadership. 2. (*Dep*) lead, leading position.

lidiar *vt* (*Tauro*) to fight. ♦ *vi* to struggle, to wrestle.

liebre *sf* hare.

liendre *sf* nit.

lienzo *sm* (*gen*) piece of material; (*Artes*) canvas.

lifting /ˈliftin/ *sm* face-lift.

liga *sf* 1. (*para medias*) garter. 2. (*Méx: goma elástica*) elastic band. 3. (*Dep, Pol*) league.

ligadura I *sf* (*Med, Mús*) ligature. **II ligaduras** *sf pl* (*lazos*) ties *pl*.

ligadura de trompas *sf* tubal ligation, sterilization.

ligamento *sm* ligament.

ligar [⇨ pagar] *vt* 1. (*unir*) to bind. 2. (*fam: conseguir*) to get hold of. ♦ *vi* 1. (*fam: en relaciones amorosas*): **estaba intentando ligar con ella** he was trying to pick her up. 2. (*en naipes*) to get a good hand.

ligarse *v prnl* (*fam*) 1. (*a un chico, una chica*) to get off with, (*US*) to make out with. 2. (*RP: una paliza*) to get.

ligereza *sf* 1. (*de peso*) lightness. 2. (*al actuar*): **con ligereza** frivolously. 3. (*al moverse*) nimbleness.

ligero, -ra I *adj* 1. (*material, comida*) light; (*sabor, dolor*) slight ● **se lo tomó a la ligera** she did not take it seriously. 2. (*rápido*) quick: **a paso ligero** quickly. **II ligero** *adv* quickly.

liguero *sm* suspender ✳ (*US*) garter belt.

lijar *vt* to sand (down).

lila I *sf* (*flor*) lilac. **II** *adj inv, sm* (*color*) lilac.

lima *sf* 1. (*herramienta, de uñas*) file. 2. (*árbol*) lime tree; (*fruta*) lime; (*bebida*) lime juice.

lima de uñas *sf* nail file.

limar *vt* to file.

limeño, -ña *adj* ✳ from Lima.

limitar *vt* to limit. ♦ *vi*: **limitar con** (*tener frontera con*) to border on.

limitarse *v prnl*: **me limité a decírselo** I just told him.

límite *sm* 1. (*extremo*) limit. 2. (*de territorio*) boundary.

limítrofe *adj* bordering.

limón I *sm* (*fruto, color*) lemon. **II** *adj inv* (*color*) lemon.

limonada *sf* (*de zumo de limón*) (traditional) lemonade; (*embotellada*) fizzy lemon drink.

limosna *sf*: **pedir limosna** to beg; **una limosna, por favor** can you spare some money, please?

limpiabotas *sm/f inv* shoeshine.

limpiacristales *sm inv* window cleaner.

limpiador, -dora I *sm/f* (*persona*) cleaner. **II** *sm* (*producto*) cleaner.

limpiaparabrisas *sm inv* windscreen ∗ (*US*) windshield wiper.

limpiar *vt* (*gen*) to clean; (*con un trapo*) to wipe: **limpiar algo en seco** to dry-clean sthg.

limpieza *sf* 1. (*pulcritud*) cleanliness. 2. (*acción*) cleaning.

limpieza en seco *sf* dry-cleaning.

limpio, -pia I *adj* 1. (*gen*) clean ● **¿qué sacaste en limpio?** what did you make of it? ● **pasar algo a** ∗ (*Amér L*) **en limpio** to make a fair copy of sthg. 2. (*tras deducir impuestos*) net. 3. (*fam: sin dinero*) broke. II **limpio** *adv* fair, fairly.

linaje *sm* lineage.

lince *sm* lynx ● **ser un lince** to be very sharp.

linchar *vt* to lynch.

lindar *vi* 1. (*estar contiguo*) to be adjacent (**con** to). 2. (*aproximarse*) to border (**con** on).

linde *sm* ∗ *sf* (*frml*) boundary.

lindo, -da I *adj* (*bonito*) pretty; nice; (*agradable*) nice ● **trabajaron de lo lindo** they worked extremely hard. II **lindo** *adv* (*Amér L*) well.

línea *sf* 1. (*gen*) line ● **en líneas generales** in general terms ● **guardar la línea** to watch one's figure ∗ weight. 2. (*de autobús*) route; (*de tren, metro*) line.

línea aérea *sf* airline. **línea continua** *sf* (*Auto*) continuous white line.

línea de banda *sf* (*Dep*) touchline.

línea de meta *sf* (*en atletismo*) finishing line, tape; (*en fútbol*) goal line. **línea de puntos** *sf* dotted line.

línea de salida *sf* start, starting line. **línea discontinua** *sf* (*Auto*) broken white line.

lingote *sm* ingot.

lingüística *sf* linguistics.

lino *sm* (*tejido*) linen; (*planta*) flax.

linóleo, linóleum *sm* linoleum, lino.

linterna *sf* (*con pilas*) flashlight, (*GB*) torch; (*con llama*) lantern.

linyera *sm/f* (*C Sur*) tramp, (*US*) bum.

lío *sm* 1. (*problema*) trouble, difficulty: **meterse en un lío** to get into

trouble. 2. (*desorden*) mess; (*confusión*) muddle. 3. (*cosas envueltas*) bundle. 4. (*fam: aventura amorosa*) affair.

liofilizado, -da *adj* freeze-dried.

liquen *sm* lichen.

liquidación *sf* 1. (*de empresa*) winding up, liquidation. 2. (*de deuda*) settlement, payment. 3. (*rebajas*) (clearance) sale. 4. (*Méx: por despido*) redundancy pay.

liquidar *vt* 1. (*una deuda*) to pay (off). 2. (*mercancías*) to sell off, to clear. 3. (*una fortuna*) to spend. 4. (*un trabajo*) to finish (off). 5. (*fam: matar*) to kill, to eliminate. 6. (*Méx: despedir*) to dismiss.

líquido, -da I *adj* 1. (*gen*) liquid. 2. (*cantidad*) net. II *sm* 1. (*fluido: gen*) liquid; (*:como alimento*) fluid. 2. (*cantidad*) net amount; (*capital*) liquid assets *pl*.

lira *sf* 1. (*Mús*) lyre. 2. (*moneda*) lira.

lírico, -ca *adj* (*Lit*) lyrical; (*Mús*): **un cantante lírico** a light-opera singer.

lirio *sm* iris.

lirón *sm* dormouse.

Lisboa *sf* Lisbon.

lisboeta *adj* of ∗ from Lisbon.

lisiado, -da I *adj* crippled. II *sm/f* cripple.

liso, -sa *adj* 1. (*superficie, piel*) smooth; (*pelo*) straight; (*Dep*): **los doscientos metros lisos** the two hundred metres (race). 2. (*no estampado*) plain.

lisonjero, -ra *adj* flattering.

lista *sf* 1. (*listado: gen*) list; (*:en el colegio*) roll, (*GB*) register: **pasar lista** (*GB*) to take the register ‖ (*US*) to take roll. 2. (*raya*) stripe.

lista de espera *sf* waiting list. **lista de precios** *sf* price list. **lista negra** *sf* blacklist.

listín *sm* telephone directory, phone book.

listo, -ta *adj* 1. [S] (*inteligente*) clever, bright ● **no te pases de listo** don't try to be too clever. 2. [E] (*preparado*) ready.

listón sm 1. (*tabla*) strip (of wood).
2. (*en salto de altura*) bar.
litera sf (*en un dormitorio*) bunk
(bed); (*en un tren*) berth.
literal adj literal.
literario, -ria adj literary.
literato, -ta sm/f (*frml*) writer.
literatura sf literature.
litigio sm (*disputa*) dispute; (*Jur*)
lawsuit.
litoral I adj coastal. II sm 1. (*del
mar*) coast. 2. (*RP: de un río*) area
along a river.
litro sm litre, (*US*) liter.
Lituania sf Lithuania.
lituano, -na I adj, sm/f Lithuanian.
II sm (*Ling*) Lithuanian.
liviano, -na adj 1. [S] (*ligero*) light.
2. (*inconstante*) fickle.
lívido, -da adj livid.
living /'liβin/ sm (*Amér L*) living
room.
llaga sf (*en el cuerpo*) sore, ulcer; (*en
la boca*) (mouth) ulcer.
llama sf 1. (*de fuego, sentimiento*)
flame. 2. (*Zool*) llama.
llamada sf 1. (or **llamada telefónica**) (telephone) call. 2. (*en un
escrito*) reference (mark). 3. (*atracción*) call.

llamada a cobro revertido sf
reverse-charge call, (*US*) collect
call. **llamada de larga distancia**
sf long-distance call. **llamada por
cobrar** sf (*Méx*) ⇨ llamada a cobro
revertido.
llamado, -da I adj called. II sm
(*Amér L*) (or **llamado telefónico**)
(telephone) call. 2. (*llamamiento*)
appeal.
llamamiento sm appeal: **hizo un
llamamiento a la nación** she
made an appeal to the nation.
llamar vt 1. (*gen*) to call. 2. (*por
teléfono*) to call, (*GB*) to ring (up).
3. (*ponerle de nombre a*) to call, to
name. 4. (*atraer*) to attract. ♦ vi
1. (*por teléfono*) to call, to telephone.
2. (*a la puerta: con los nudillos*) to
knock; (*: con el timbre*) to ring.
llamarse v prnl to be called: **se llama**

Eva her name is Eva ‖ she's called
Eva.
llamarada sf 1. (*de fuego*) flare-up,
surge of flame. 2. (*arrebato*) surge.
llamativo, -va adj 1. (*prenda,
adorno*) eye-catching. 2. (*persona*)
striking.
llano, -na I adj 1. (*terreno*) flat, level.
2. (*persona*) unaffected, straightforward. 3. (*palabra*) stressed on the
penultimate syllable. II sm (*Geog*)
plain.
llanta sf 1. (*aro*) wheel rim; (*RP*):
estar en llanta to have a flat tyre ✳
(*US*) tire. 2. (*Amér L: neumático*)
tyre, (*US*) tire.
llanto sm crying.
llanura sf plain.
llave sf 1. (*de cerradura*) key: **las
llaves del coche** the car keys; **la
llave del sótano** the key to the
cellar; **cerré (la puerta) con llave**
I locked the door ● **bajo llave** locked
up ✳ away. 2. (*de la luz*) switch.
3. (or **llave de paso**) (*del gas*) (gas)
tap; (*del agua*) stopcock. 4. (or **llave
de agua**) (*Amér L*) tap, (*US*) faucet.
5. (*herramienta*) wrench, (*GB*)
spanner. 6. (*en judo*) hold. 7. (*símbolo*) (curly) bracket, brace.
llave de contacto sf ignition key.
llave inglesa sf adjustable spanner,
monkey wrench. **llave maestra** sf
master key.
llavero sm keyring.
llegada sf 1. (*a un sitio*) arrival.
2. (*línea de meta*) finishing line.
llegar [⇨ pagar] vi 1. (*a un sitio*) to
arrive: **llegamos a París/al hotel**
we arrived in Paris/at the hotel;
llegamos tarde/temprano we
were late/early. 2. (*época, momento*)
to come. 3. (*ser suficiente*) to be
enough. 4. **llegar a** (*un punto determinado*) to reach, to get to; (*una
conclusión, un acuerdo*) to reach, to
come to; (*una cantidad*): **no llega a
los dos millones** it's less than two
million; (*en altura*) to come up to:
me llega al hombro he comes up to
my shoulder; (+ *inf*): **llegó a in-**

sultarnos he went so far as to insult us. **5. llegarle** (*Méx: fam, irse*) to go.

llenar *vt* **1.** (*un lugar, un recipiente*) to fill (**de** with; **hasta** up to); (*una superficie*) to cover (**de** with). **2.** (*de alegría, tristeza*) to fill (**de** with). **3.** (*un impreso*) to fill out, (*GB*) to fill in. **4.** (*satisfacer*): **este trabajo no me llena** I don't find this job very fulfilling. **5.** (*el tiempo*) to occupy, to spend. **6.** (*de besos, regalos*) to shower (**de** with). **7.** (*RP: fam, fastidiar*) to pester. ♦ *vi* to be filling.

llenarse *v prnl* **1.** (*lugar, recipiente*) to fill (up) (**de** with). **2.** (*de comida: sentirse lleno*) to feel full; (*: atiborrarse*) to fill oneself up (**de** with).

lleno, -na I *adj* **1.** (*lugar, recipiente*) full (**de** of); (*Auto*): **lleno, por favor** fill it up, please. **2.** (*superficie*) covered (**de** with). **3.** (*saciado*) full (up). **4.** (*RP: fam, harto*) fed up. **5.** (*un poco gordo*) plump. **6. de lleno**: **se dedicó a ello de lleno** she devoted herself to it entirely. **II** *sm* (*en espectáculo*) full house.

llevadero, -ra *adj* bearable.

llevar *vt* **1.** (*transportar: gen*) to take; (*: encima, a cuestas*) to carry. **2.** (*tener*) to have; (*contener*) to contain. **3.** (*ropa, gafas*) to wear: **lleva el pelo corto/largo** he wears his hair short/long. **4.** (*un negocio*) to run, to manage; (*una desgracia*) to bear. **5.** (*el ritmo*) to keep. **6.** (*en edad*): **me lleva dos años** he is two years older than me. **7.** (*tiempo: gen*) to take: **me llevó un mes** it took me a month; (*: en un lugar, una circunstancia*): **llevo un año aquí** I've been here for a year. **8.** (+ *participio*): **llevo leídas dos páginas** I've read two pages. **9. llevar a** (*impulsar a*) to make: **¿qué te llevó a cambiar de idea?** what made you change your mind? ♦ *vi*: **llevar a** (*camino*) to lead to; (*causar*) to bring (about).

llevarse *v prnl* **1.** (*tomar: gen*) to take; (*: un premio*) to get. **2.** (*arrastrar*): **se lo llevó la corriente** he was carried away by the current. **3.** (*ex-*

perimentar): **se llevó una desilusión/una sorpresa** he was disappointed/surprised. **4.** (*en relaciones*): **llevarse mal** to get on badly; **nos llevamos bien** we get along * on well. **5.** (*Mat*) to carry. **6.** (*estar de moda*) to be in fashion.

llorar *vi* **1.** (*derramar lágrimas: gen*) to cry (**por** over); **ponerse** * **echarse a llorar** to burst into tears; (*: ojos*) to water. **2.** (*quejarse*) to whine, to moan. ♦ *vt* (*una muerte*) to mourn.

lloriquear *vi* to snivel, to whimper.

llorón, -rona I *adj*: **es muy llorón** he cries a lot. **II** *sm/f* crybaby.

lloroso, -sa *adj* [E] tearful.

llover [⇨ mover] *v impers* to rain.

lloviznar *v impers* to drizzle.

llueve *etc.* ⇨ **llover**.

lluvia *sf* **1.** (*Meteo*) rain: **bajo la lluvia** in the rain. **2.** (*de balas*) hail; (*de insultos, regalos*) shower.

lluvia ácida *sf* acid rain.

lluvioso, -sa *adj* rainy, wet.

lo I *art def neutro* **1.** (*para sustantivar*): **lo curioso/lo bueno es que...** the funny thing/the good thing is that...; **lo que me preocupa** what worries me; **lo del dinero** the business about the money; (*con comparativos*): **lo más pronto posible** as soon as possible; **menos de lo que piensas** less than you think. **2. lo cual** which. **3.** (*cuán*): **me sorprendió lo pequeño que era** I was surprised by how small it was. **II** *pron personal* **1.** (*referido a persona: a él*) him; (*: a usted*) you: **el jefe lo quiere ver** the boss wants to see him/you. **2.** (*referido a cosa*) it.

loable *adj* (*frml*) praiseworthy.

lobezno *sm* wolf cub.

lobo, -ba *sm/f* wolf.

lobo de mar *sm* (*fam*) old sea dog.
 lobo marino *sm* sea lion.

lóbrego, -ga *adj* gloomy.

lóbulo *sm* lobe.

local I *adj* local. **II** *sm* premises *pl*.

localidad *sf* **1.** (*asiento*) seat; (*billete*)

ticket. **2.** (*población*) village, town or city.

localizar [⇨ cazar] *vt* to find, to locate.

localizarse *v prnl* to be located.

loción *sf* lotion.

loco, -ca I *adj* crazy, mad: **volverse loco** to go mad * crazy ● **estoy loco de alegría** I'm thrilled to bits ● **está loca por él** she's crazy * mad about him. **II** *sm/f* lunatic, madman/woman.

locomoción *sf* **1.** (*transporte*) transport. **2.** (*movimiento*) movement.

locomotora *sf* locomotive, engine.

locro *sm*: South American dish made with sweetcorn, beef and beans.

locuaz *adj* [-cuaces] talkative, loquacious.

locución *sf* idiom, expression.

locura *sf* **1.** (*demencia*) madness ● **me gusta con locura** I just love it. **2.** (*acción imprudente*): **es una locura** it's crazy.

locutor, -tora *sm/f* (*gen*) announcer; (*de noticias*) newsreader, newscaster.

lodo *sm* mud.

logaritmo *sm* logarithm.

lógica *sf* logic.

lógico, -ca *adj* **1.** (*normal*) natural, understandable. **2.** (*de la lógica*) logical.

logotipo *sm* logo.

logrado, -da *adj* well done, successful.

lograr *vt* **1.** (*un objetivo*) to achieve. **2.** (+ *inf*) to manage to, to succeed in: **logramos hacerlo** we succeeded in doing it ‖ we managed to do it; (+ *que* + *subjuntivo*): **logré que me escucharan** I got them to listen to me.

logro *sm* achievement.

logroñés, -ñesa *adj* of * from Logroño.

loma *sf* ridge, hill.

lombriz *sf* [-brices] **1.** (*or* **lombriz de tierra**) (earth)worm. **2.** (*or* **lombriz intestinal**) roundworm.

lomo *sm* **1.** (*de animal*) back. **2.** (*Culin: de cerdo*) pork loin; (*Amér L: de vaca*) fillet steak. **3.** (*de un libro*) spine.

lona *sf* canvas.

loncha *sf* (*de jamón*) slice; (*de bacon, panceta*) rasher.

lonche *sm* (*Amér L: almuerzo*) lunch; (*:refrigerio*) snack; (*:fiesta de cumpleaños*) (birthday) party.

lonchera *sf* (*Amér L*) lunch box.

lonchería *sf* (*Amér L*) diner.

londinense *sm/f* Londoner.

Londres *sm* London.

longaniza *sf*: spicy pork sausage.

longevo, -va *adj* long-lived.

longitud *sf* **1.** (*largo*) length: **tiene dos metros de longitud** it is two metres long. **2.** (*Geog, Náut*) longitude.

longitud de onda *sf* wavelength.

lonja *sf* market.

loquero, -ra *sm* (*fam*) **I** *sm/f* **1.** (*enfermero*) psychiatric nurse. **2.** (*Amér L: psiquiatra*) shrink. **II** *sm* nut house.

loro *sm* **1.** (*Zool*) parrot ● **como un loro** (*hablar*) non-stop, (*repetir*) parrot-fashion. **2.** (*fam: persona*) chatterbox.

los I *art def* ⇨ **el**. **II** *pron personal* **1.** (*referido a personas: a ellos*) them; (*: a ustedes*) you: **los vi ayer** I saw them/you yesterday. **2.** (*referido a cosas*) them.

losa *sf* (*de suelo*) flagstone, slab; (*de tumba*) gravestone.

lote *sm* **1.** (*parte*) part. **2.** (*de productos*) batch; (*en una subasta*) lot. **3.** (*Amér L: de terreno*) plot, (*US*) lot.

lotería *sf* **1.** (*sorteo*) lottery. **2.** (*juego familiar*) bingo, lotto.

lotería de cartones *sf* (*RP*) bingo.

lotería nacional *sf* national lottery.

lotería primitiva *sf* (*en Esp*) state lottery in which you choose six numbers out of forty-nine.

loto I *sm* (*Bot*) lotus. **II** *sf* (*fam*) ⇨ **lotería primitiva**.

loza *sf* (*material*) china; (*objetos de cocina*) crockery.

lozano, -na *adj* **1.** (*persona*)

healthy-looking. **2.** (*verduras*) fresh.
lubina *sf* bass.
lubricante, lubrificante *sm* lubricant.
lucense *adj* of ✳ from Lugo.
lucero *sm* (bright) star.
lucero del alba *sm* morning star.
lucha *sf* **1.** (*gen*) fight (**contra** against; **por** for); (*por derechos, justicia*) struggle (**por** for). **2.** (*Dep*) wrestling.
lucha libre *sf* freestyle wrestling.
luchador, -dora *sm/f* **1.** (*persona que se esfuerza*) fighter. **2.** (*Dep*) wrestler.
luchar *vi* **1.** (*gen*) to fight (**por** for), to battle (**por** for); (*por derechos, justicia*) to struggle (**por** for), to fight (**por** for). **2.** (*Dep*) to wrestle.
lucidez *sf* lucidity.
luciérnaga *sf* glow-worm.
lucio *sm* pike *n inv*.
lucir [⟳ table in appendix 2] *vt* **1.** (*mostrar presumiendo*) to show off, to flaunt. **2.** (*frml: llevar puesto*) to wear. ♦ *vi* **1.** (*dar prestigio*): **luce mucho decir que...** it sounds impressive to say that...; (*resaltar*): **luce más allí** it looks better over there; (*dar resultados*) to be noticeable. **2.** (*Amér L: en aspecto*) to look.
lucirse *v prnl* **1.** (*hacer algo bien*) to distinguish oneself, to do very well; (*uso irónico*): **¡te has lucido con esa idea!** that was a brilliant idea of yours! **2.** (*fanfarronear*) to show off.
lucro *sm* profit: **sin fines de lucro** non-profit making, (*US*) nonprofit.
lúdico, -ca *adj* (*frml*) leisure (*apos.*), recreational.
ludo *sm* (*C Sur*) ludo.
luego I *adv* **1.** (*más tarde*) later: **lo haré luego** I'll do it later; (*a continuación: en el tiempo*) then, afterwards; (*: en el espacio*) then. **2.** (*Amér L: pronto*) soon; (*Méx: fam*): **luego, luego** straight away. **II** *conj* (*frml*) therefore.
lueguito *adv* (*Amér L: fam, enseguida*) right away, at once: **hasta lueguito** see you later.

lugar *sm* **1.** (*espacio*) room, space: **no hay lugar** there's no room ✳ space; (*sitio*) place: **cada libro en su lugar** each book in its place; **la gente del lugar** the local people ● **en lugar de** instead of ● **dar lugar a** to give rise to ● **tener lugar** to take place. **2.** (*posición, puesto*) position: **en primer lugar...** first of all....
lugar común *sm* cliché, platitude.
lugareño, -ña *sm/f* local inhabitant.
lugarteniente *sm* (*segundo en jerarquía*) deputy; (*Mil*) lieutenant.
lúgubre *adj* dismal, gloomy.
lujo *sm* luxury: **un hotel de lujo** a luxury hotel ● **con todo lujo de detalles** in great detail.
lujoso, -sa *adj* luxurious.
lujuria *sf* lust.
lumbre *sf* **1.** (*para calentar, cocinar*) fire. **2.** (*para encender algo*) light.
lumbrera *sf* genius.
luminoso, -sa *adj* **1.** (*Fís*) luminous. **2.** (*lugar*) light; (*colores, sonrisa*) bright; (*idea*) brilliant.
luna *sf* **1.** (*Astron*) moon: **luna llena/nueva** full/new moon. **2.** (*de escaparate*) (window) pane; (*espejo*) mirror. **3.** (*RP: fam, mal humor*) bad mood.
luna de miel *sf* honeymoon.
lunar I *adj* (*Astron*) lunar. **II** *sm* (*de persona*) mole; (*de animal*) spot; (*en tela*) spot: **una blusa de lunares** a spotted ✳ polka-dot blouse.
lunático, -ca *adj, sm/f* lunatic.
lunes *sm inv* Monday: **llegó el lunes** she arrived on Monday; **el lunes por la mañana** ✳ (*Amér L*) **en la mañana** on Monday morning; **el lunes pasado** last Monday; **el lunes que viene** next Monday; **todos los lunes** every Monday.
lunfardo *sm*: River Plate slang.
lupa *sf* magnifying glass.
luso, -sa *adj* (*frml*) Portuguese.
lustrabotas *sm/f inv* (*Amér S*) shoeshine.
lustramuebles *sm inv* (*C Sur*) furniture polish.
lustrar *vt* to polish.

lustre *sm* **1.** (*brillo*) shine. **2.** (*prestigio*) prestige, distinction.

lustro *sm* (*frml*) (period of) five years.

luto *sm* mourning: **de luto** in mourning.

luxación *sf* dislocation.

Luxemburgo *sm* Luxembourg.

luxemburgués, -guesa I *adj* of ∗ from Luxembourg. **II** *sm/f* Luxembourger.

luz I *sf* [**luces**] **1.** (*luminosidad*) light: **a la luz de la luna/del sol** in the moonlight/sunlight ● **dar a luz** to give birth. **2.** (*dispositivo*) light: **encendió/apagó la luz** she turned the light on/off. **3.** (*corriente eléctrica*) electricity. **II luces** *sf pl* (*fam: inteligencia*) intelligence.

luces altas *sf pl* (*RP*) ⟳ **luces largas. luces bajas** *sf pl* (*RP*) ⟳ **luces cortas. luces cortas** ∗ **de cruce** *sf pl* dipped headlights *pl*. **luces de posición** *sf pl* sidelights *pl*, (*US*) side-marker lights *pl*. **luces largas** *sf pl* full ∗ main beam headlights *pl*.

lycra /'likra/ *sf* Lycra®.

m 1. (= **metro**) m. **2.** (= **minuto**) min. **3.** (= **mujer**) f.

macabro, -bra *adj* macabre.

macaco, -ca *sm/f* **1.** (*Zool*) macaque. **2.** (*fam: niño*) kid.

macana *sf* **1.** (*Amér L: cachiporra*) baton. **2.** (*C Sur, Perú: fam, mentira*) fib; (*: tontería*): **dijo/hizo muchas macanas** he talked a lot of nonsense/did a lot of silly things. **3.** (*C*

Sur, Perú: fam, inconveniente) snag: **¡qué macana!** what a pity!

macanear *vi* (*C Sur, Perú: fam*) **1.** (*mentir*) to fib. **2.** (*decir tonterías*) to talk nonsense; (*hacer tonterías*) to fool around.

macanudo, -da (*fam*) **I** *adj* great. **II** *excl* great!

macarra I *sm* (*de prostitutas*) pimp. **II** *adj* (*fam*) **1.** (*chuleta*) cocky. **2.** (*hortera*) common, tacky.

macarrones *sm pl* macaroni.

Macedonia *sf* Macedonia.

macedonia *sf* fruit salad.

macedonio, -nia I *adj, sm/f* Macedonian. **II** *sm* (*Ling*) Macedonian.

maceta *sf* flowerpot, plant pot.

macetero *sm* flowerpot holder.

machacar [⟳ sacar] *vt* **1.** (*aplastar*) to crush. **2.** (*fam: derrotar*) to thrash, to trounce. ♦ *vi* (*fam*) **1.** (*insistir*): **a fuerza de machacar** by keeping on and on. **2.** (*empollar*) to cram, to swot up (*US*) to grind.

machete, -ta I *adj* (*RP: fam*) stingy. **II** *sm* **1.** (*cuchillo*) machete. **2.** (*Arg: fam, en un examen*) crib.

machista *adj* (*sociedad, hombre*) male chauvinist; (*actitud*) sexist.

macho I *adj* **1.** (*del sexo masculino*) male. **2.** (*fam: varonil*) macho, tough. **II** *sm* **1.** (*Zool*) male. **2.** (*Tec: pieza*) male (fitting). **3.** (*fam: apelativo*) pal, (*GB*) mate, (*US*) buddy.

machucón *sm* (*Amér L: fam*) bruise.

macilento, -ta *adj* (*frml*) **1.** (*cara*) pallid. **2.** (*luz*) pale.

macizo, -za I *adj* **1.** [S] (*no hueco*) solid. **2.** [E] (*fam: atractivo*) good-looking. **3.** [E] (*Méx: fam, con poder*) powerful. **II** *sm* **1.** (*Geog*) massif. **2.** (*de flores*) bed.

macrobiótico, -ca *adj* macrobiotic.

macuto *sm* haversack, knapsack.

madeja *sf* skein, hank.

madera *sf* (*gen*) wood: **una caja de madera** a wooden box; (*para construcción*) timber, (*US*) lumber.

maderero, -ra *adj* timber (*apos.*), (*US*) lumber (*apos.*).

madero *sm* 1. (*tabla*) piece of timber ∗ (*US*) lumber. 2. (*tronco*) log. 3. (*fam: policía*) cop.

madrastra *sf* stepmother.

madre *sf* 1. (*pariente*) mother. 2. (*religiosa*) mother.

madre de familia *sf* mother. **madre política** *sf* mother-in-law. **madre soltera** *sf* single mother. **madre superiora** *sf* mother superior.

madreselva *sf* honeysuckle.

madriguera *sf* (*de conejos*) burrow; (*de zorros*) lair, earth.

madrileño, -ña *adj* of ∗ from Madrid.

madrina *sf* 1. (*de bautismo*) godmother. 2. (*de boda*) *woman who performs a similar function to the matron of honour*.

madroño *sm* 1. (*árbol*) strawberry tree. 2. (*fruto*) tree strawberry.

madrugada *sf*: **de madrugada** in the early hours of the morning; **a las tres de la madrugada** at three in the morning.

madrugador, -dora *adj*: **es muy madrugador** he's an early riser ‖ he gets up very early.

madrugar [↪ pagar] *vi* to get up early.

madurar *vi* 1. (*fruta*) to ripen. 2. (*persona*) to mature.

madurez *sf* 1. (*de fruta*) ripeness. 2. (*de persona*) maturity.

maduro, -ra *adj* 1. [E] (*fruta*) ripe. 2. [S] (*persona*) mature.

maestría *sf* 1. (*habilidad*) skill. 2. (*Amér L: Educ*) master's degree (**en** in).

maestro, -tra I *sm/f* (*de colegio*) teacher. II *sm* 1. (*Artes*) master; (*Mús*) maestro. 2. (*en un oficio*) master. 3. (*Tauro*) matador.

mafia *sf* mafia.

magdalena *sf*: (*small*) sponge cake.

magia *sf* magic.

mágico, -ca *adj* 1. (*de la magia*) magic, magical. 2. (*fabuloso*) magical, wonderful.

magisterio *sm* 1. (*estudios*) teacher training. 2. (*profesión*) teaching.

magistrado, -da *sm/f* 1. (*juez*) judge. 2. (*or primer, -mera magistrado, -da*) (*Amér C*) president.

magistral *adj* masterly.

magnánimo, -ma *adj* magnanimous.

magnate *sm/f* tycoon, magnate.

magnesio *sm* magnesium.

magnetismo *sm* magnetism.

magnetofón, magnetófono *sm* tape recorder.

magnífico, -ca *adj* magnificent.

magnitud *sf* magnitude.

mago, -ga I *sm/f* (*prestidigitador*) magician. II *sm* wizard.

magrebí *adj* of ∗ from the Maghreb.

magro, -gra *adj* lean.

maguey *sm* maguey, agave.

magulladura *sf* bruise.

magullar *vt* to bruise.

mahometano, -na *adj*, *sm/f* Muslim.

mahonesa *sf* mayonnaise.

maillot /maiʎot/ *sm* 1. (*en ciclismo*) jersey. 2. (*para gimnasia*) leotard.

maíz *sm* maize, (*US*) corn.

majada *sf* 1. (*redil*) fold. 2. (*C Sur: de ovejas*) flock.

majadero, -ra *sm/f* idiot, fool.

majestad *sf* majesty.

majestuoso, -sa *adj* majestic.

majo, -ja *adj* nice.

mal I *adv* 1. (*gen*) badly: **se portaron mal** they behaved badly; **hiciste mal en mentirle** you were wrong to lie to him ● **de mal en peor** from bad to worse. 2. (*desagradablemente*): **sabe/huele mal** it tastes/smells bad. 3. (*difícilmente*) hardly, scarcely. II *adj* (*antes de un nombre*) ↪ **malo**. III *adj inv* [E]. 1. (*referido a un estado*): **está muy mal** he is not at all well; **me sentía mal** I felt ill. 2. (*referido a calidad, aspecto*): **no está mal** (*algo*) it's not bad, (*alguien*) he's/she's not bad looking. 3. (*incorrecto*) wrong: **esta suma está mal** this addition is wrong. IV *sm* 1. (*lo malo*): **el bien y el mal** good and evil. 2. (*daño*) wrong, harm. 3. (*dolencia*) illness.

malabarismo *sm* juggling.

malabarista *sm/f* juggler.

malagueño, **-ña** *adj* of ✳ from Malaga.

malaria *sf* malaria.

malcriado, **-da** *adj* spoiled, spoilt.

malcriar [⮑ ansiar] *vt* to spoil.

maldad *sf* (*cualidad*) wickedness, evil; (*acción*) wicked act.

maldecir [⮑ bendecir] *vt* to curse.
♦ *vi* to speak ill (**de** of).

maldición I *sf* curse. II *excl* damn it!, blast!

maldito, **-ta** *adj* damned, blasted ● ¡**maldita sea**! damn it! ✳ blast!

maleante *sm/f* criminal, villain.

malecón *sm* 1. (*rompeolas*) breakwater. 2. (*Amér L: paseo marítimo*) esplanade, seafront.

maledicencia *sf* evil gossip ✳ talk.

maleducado, **-da** *adj* rude, bad-mannered.

maleficio *sm* curse.

malentendido *sm* misunderstanding.

malestar *sm* 1. (*Med*) discomfort. 2. (*inquietud*) uneasiness; (*social*) unrest.

maleta *sf* 1. (*para ropa*) suitcase, case: **tengo que hacer la maleta** I have to pack my case. 2. (*Chi, Perú: Auto*) ⮑ **maletera**.

maletera *sf* (*Chi, Perú*) boot, (*US*) trunk.

maletero, **-ra** I *sm/f* (*en aeropuerto, estación*) porter. II *sm* (*Auto*) boot, (*US*) trunk.

maletín *sm* (*para documentos*) briefcase; (*maleta pequeña*) small case; (*de doctor*) bag.

maleza *sf* 1. (*espesura*) scrub. 2. (*hierbajos*) weeds *pl*.

malgastar *vt* (*gen*) to waste; (*dinero*) to squander, to waste.

malhablado, **-da** *adj* foul-mouthed.

malhechor, **-chora** *sm/f* criminal.

malherido, **-da** *adj* (*por un arma*) badly wounded; (*en un accidente*) badly injured.

malhumorado, **-da** *adj*: **un viejo malhumorado** a bad-tempered old

man; **estar malhumorado** to be in a bad mood.

malicia *sf* 1. (*maldad*) malice. 2. (*picardía*) slyness, cunning.

malicioso, **-sa** *adj* malicious.

maligno, **-na** *adj* malignant.

malla I *sf* 1. (*red*) mesh. 2. (*para gimnasia*) leotard. 3. (*or* **malla de baño**) (*RP: traje de baño*) swimsuit. 4. (*RP: de reloj*) strap. II **mallas** *sf pl* (*pantalones*) leggings *pl*.

Mallorca *sf* Majorca.

mallorquín, **-quina** I *adj*, *sm/f* Majorcan. II *sm* (*Ling*) Majorcan dialect of Catalan.

malo, **-la** I *adj* [**mal** before masc. sing. nouns] 1. (*gen*) bad: **hizo mal tiempo** the weather was bad. 2. [S] (*malvado*) nasty; (*del comportamiento*) naughty. 3. [E] (*enfermo*) ill. 4. [E] (*referido a alimentos*) off. II *sm/f*: **el malo** the baddy. III **malo** *excl* that's a bad sign!

mala hierba *sf* weed. **mala leche** *sf* (*fam: mal humor*): **estar de mala leche** to be in a very bad mood; (*: maldad*): **tener mala leche** to be a nasty person. **mala pasada** *sf* dirty trick.

malogrado, **-da** *adj* ill-fated.

malograrse *v prnl* (*proyecto*) to fail; (*cosecha*) to be ruined.

maloliente *adj* foul-smelling, stinking.

malparado, **-da** *adj*: **salió malparado** he came out of it badly.

malpensado, **-da** *adj* [S] nasty-minded.

malsano, **-na** *adj* unhealthy.

malsonante *adj* rude, offensive.

malta *sf* malt.

maltratar *vt* to ill-treat.

maltrecho, **-cha** *adj* (*tras ser golpeado*) bruised and battered; (*de cansancio*) exhausted.

malva I *sf* (*Bot*) mallow ● **como una malva** as meek as a lamb. II *adj*, *sm inv* mauve.

malvado, **-da** *adj* evil, wicked.

malversación *sf* (*or* **malversación de fondos**) embezzlement.

Malvinas *sf pl* (*or* **islas Malvinas**) Falklands *pl*, Falkland Islands *pl*.

malvón *sm* (*RP*) geranium.

mama *sf* breast.

mamá *sf* (*fam*) mum, mummy, (*US*) mom, mommy.

mamadera *sf* (*CSur*) (feeding) bottle.

mamar *vi* (*bebé, cachorro*) to feed: **darle de mamar a un bebé** to (breast-)feed a baby. ♦ *vt* (*aprender*): **lo mamó desde pequeño** it was part of his upbringing.

mamarracho *sm* 1. (*fantoche*): **va hecho un mamarracho** he looks a real sight. 2. (*cosa mal hecha*): ¡**qué mamarracho de película!** what a dreadful movie!

mameluco *sm* (*Amér L*) 1. (*con mangas*) overalls *pl*, (*US*) coveralls *pl*. 2. (*con peto*) dungarees *pl*, (*US*) (bib) overalls *pl*.

mamífero *sm* mammal.

mamón, -mona *adj* (*Méx: fam*) stuck-up.

mamotreto *sm* 1. (*libro*) weighty tome. 2. (*mueble, objeto*) massive thing.

mampara *sf* screen.

mamporro *sm* (*fam*) 1. (*puñetazo*) punch. 2. (*porrazo*): **me di un mamporro contra la pared** I bumped into ∗ against the wall.

mampostería *sf* masonry.

mamut *sm* [-muts] mammoth.

manada *sf* herd ● **entramos en manada** we all crowded in.

manager /'manadʒer/ *sm/f* manager.

managüense *adj* of ∗ from Managua.

manantial *sm* (*de agua*) spring; (*de conocimientos*) source.

manar *vi* to flow.

manazas *adj inv* (*fam*) clumsy.

mancha *sf* 1. (*de suciedad*) stain. 2. (*en la piel: de una persona*) blotch, mark; (*: de un animal*) patch, spot. 3. (*en la reputación*) blot, blemish.

manchar *vt* 1. (*ensuciar: gen*) to dirty; (*: con marca permanente*) to stain. 2. (*la reputación*) to tarnish.

mancharse *v prnl* (*prenda: gen*) to get dirty; (*: con marca permanente*) to get stained; (*persona*): **se manchó** he got dirty; **se manchó la camisa** he got his shirt dirty; **se manchó la camisa de grasa** he got grease on his shirt.

manchego, -ga I *adj* of ∗ from La Mancha. II *sm*: *cheese from La Mancha*.

mancillar *vt* (*frml*) to tarnish.

manco, -ca *adj* (*sin un brazo, sin una mano*) one-armed/-handed, with one arm/hand; (*sin brazos, sin manos*) with no arms/hands.

mancomunidad *sf* (*de personas, organizaciones*) association; (*Pol*) commonwealth, federation.

mancuernas *sf pl* (*Méx*) 1. (*pesas*) dumbbells *pl*. 2. (*de camisa*) cuff links *pl*.

mandado *sm* errand.

mandamiento *sm* 1. (*Relig*) commandment. 2. (*orden*) order.

mandamiento judicial *sm* warrant.

mandar *vt* 1. (*enviar*) to send. 2. (*ordenar*): **harás lo que te manden** you'll do as you're told; (*Amér L*): **hay que mandarlo (a) arreglar** we must get it fixed. 3. (*tropas*) to command. ♦ *vi* 1. (*dirigir*) to be in command. 2. (*Amér C, Méx: para pedir repetición*): ¿**mande?** pardon?

mandarín *sm* Mandarin, Mandarin Chinese.

mandarina *sf* mandarin, tangerine.

mandatario, -ria *sm/f* leader.

mandato *sm* 1. (*orden*) order. 2. (*Pol*) term of office.

mandíbula *sf* jaw.

mandil *sm* apron.

mandioca *sf* cassava, manioc.

mando I *sm* command: **estar al mando** to be in charge. II **mandos** *sm pl* (*autoridades*) authorities *pl*.

mando a distancia *sm* remote control.

mandón, -dona *adj* (*fam*) bossy.

manecilla *sf* hand.

manejable *adj* (*aparato*) easy to use; (*persona*) easily led.

manejar vt 1. (utilizar) to use. 2. (dinero, un negocio) to manage. 3. (a una persona): **lo maneja a su antojo** she has him wrapped round her little finger. 4. (Amér L: conducir) to drive. ♦ vi (Amér L) to drive.

manejarse v prnl (arreglárselas) to manage.

manejo I sm (utilización) use. II **manejos** sm pl (maquinaciones) schemes pl.

manera I sf (modo) way: **de la misma manera** in the same way ● **¡de ninguna manera!** absolutely not! ● **...de manera que...** ...so that... ● **de todas maneras** in any case ‖ anyway. II **maneras** sf pl (modales) manners pl.

manga sf 1. (Indum) sleeve: **una camisa de manga corta/larga** a short-sleeved/long-sleeved shirt. 2. (manguera) hose. 3. (en una competición) round.

mangar [⇨ pagar] vt (fam) 1. (robar) to pinch, to swipe. 2. (RP: gorronear) to scrounge.

manglar sm mangrove swamp.

mango sm 1. (para asir) handle. 2. (fruto) mango. 3. (C Sur: fam, peso) peso.

mangonear vi (fam) 1. (mandar) to be bossy. 2. (entrometerse) to meddle (**en** in).

manguear vt/i (RP: fam) to scrounge.

manguera sf (de riego) garden hose, hosepipe; (de incendios) fire hose.

maní sm [-níes] (Amér S) peanut.

manía sf 1. (Med) mania, obsession. 2. (costumbre) habit: **tiene la manía de...** he's in the habit of.... 3. (antipatía) dislike: **me tiene manía** he can't stand me.

manía persecutoria sf persecution complex.

maniaco, -ca, **maníaco, -ca** sm/f maniac.

maniatar vt: **la maniataron** they tied her hands.

maniático, -ca adj (obsesivo) obsessive; (particular, exigente) fanatical.

manicomio sm mental hospital, mental institution.

manicura sf manicure.

manido, -da adj well-worn.

manifestación I sf 1. (Pol) demonstration (**contra** against). 2. (muestra, expresión: gen) sign; (: de sentimientos) display; (: verbal) expression. II **manifestaciones** sf pl (declaraciones) comments pl.

manifestante sm/f demonstrator.

manifestar [⇨ pensar] vt 1. (mostrar) to show. 2. (declarar) to state.

manifestarse v prnl 1. (hacerse evidente) to become apparent. 2. (declararse): **se manifestó a favor de...** he declared his support for.... 3. (Pol) to demonstrate.

manifiesto, -ta I adj obvious, patent. II sm (Pol) manifesto.

manija sf handle.

manilla sf 1. (de puerta) handle. 2. (de reloj) hand.

manillar sm handlebars pl.

maniobra sf 1. (con un vehículo) manoeuvre, (US) maneuver. 2. (maquinación) ploy. II **maniobras** sf pl (Mil) manoeuvres pl, (US) maneuvers pl.

maniobrar vt/i to manoeuvre, (US) to maneuver.

manipular vt 1. (manejar) to handle. 2. (influir en) to manipulate.

maniquí [-quíes ✳ -quís] I sm (muñeco) dummy, mannequin. II sm/f (persona) model.

manirroto, -ta adj, sm/f spendthrift.

manisero, -ra sm/f (Amér S) peanut seller.

manitas I adj: **es muy manitas** he's/she's very good with his/her hands. II sm/f inv (fam) handyman/woman.

manito, -ta I sm/f (Amér L: fam) mate, (US) pal. II **manito** sf (Amér S) (little) hand.

manivela sf handle.

manjar sm delicacy.

manjar blanco sm (Chi, Perú) sweet caramel spread.

mano sf 1. (Anat) hand: **dame la**

mano hold my hand; **le di la mano** (*como saludo*) I shook hands with him; **hecho a mano** handmade ● **¿las tienes a mano?** have you got them handy ✳ to hand? ● **échame una mano** give me a hand ● **a mano derecha/izquierda** on the right/left ● **de segunda mano** second-hand. **2.** (*en fútbol*) handball. **3.** (*de pintura*) coat. **4.** (*en naipes: cartas*) hand; (: *vuelta*) round. **5.** (*maña*) skill.

mano de obra *sf* labour, (*US*) labor.

mano derecha *sf* right-hand man/woman.

mano, -na *sm/f* (*Amér L: fam*) mate, (*US*) buddy.

manojo *sm* (*de llaves*) bunch; (*puñado*) handful.

manómetro *sm* pressure gauge, manometer.

manopla *sf* **1.** (*guante*) mitten; (*para lavarse*) wash mitt. **2.** (*C Sur: arma*) knuckle-duster.

manoseado, -da *adj* **1.** (*libro, cuaderno*) grubby. **2.** (*tema*) well-worn.

manosear *vt* **1.** (*una cosa*) to handle. **2.** (*a una persona*) to grope.

mansión *sf* mansion.

manso, -sa *adj* (*animal*) tame; (*persona*) meek.

manta I *sf* **1.** (*de cama*) blanket. **2.** (*Méx: tela*) calico. **II** *sm/f* (*fam*) layabout.

manteca *sf* **1.** (*de animal*) fat; (*elaborada*) lard. **2.** (*RP: mantequilla*) butter.

manteca de cacao *sf* cocoa butter.
manteca de cerdo *sf* lard.

mantecado *sm* **1.** (*dulce*) *Christmas sweet made with lard.* **2.** (*helado*) ice cream. **3.** (*RP: bollo*) *small sponge cake.*

mantel *sm* tablecloth.

mantel individual *sm* table mat.

mantener [⇨ **tener**] *vt* **1.** (*gen*) to keep: **manténgalo cubierto** keep it covered. **2.** (*afirmar*) to maintain. **3.** (*económicamente*) to support. **4.** (*relaciones: diplomáticas*) to maintain; (: *amorosas*) to have; (*una*

conversación) to have: **mantener correspondencia** to correspond. **5.** (*una promesa*) to keep: **mantuvo su promesa** he kept his word.

mantenerse *v prnl* **1.** (*gen*) to keep: **se mantiene en pie** it's still standing; **se mantiene en forma** she keeps fit. **2.** (*alimentarse*): **se mantiene a base de verduras** he lives on vegetables.

mantengo etc. ⇨ **mantener**.

mantenimiento *sm* **1.** (*gen*) maintenance. **2.** (*sustento*) upkeep.

mantequilla *sf* butter.

mantilla *sf* **1.** (*de mujer*) mantilla. **2.** (*de bebé*) shawl.

mantis *sf* (*or* **mantis religiosa**) praying mantis.

manto *sm* **1.** (*prenda de vestir*) cloak. **2.** (*Geol*) mantle.

mantón *sm* shawl.

manual I *adj* manual. **II** *sm* manual, handbook.

manualidades *sf pl* crafts *pl*.

manubrio *sm* **1.** (*Tec*) handle, crank. **2.** (*Amér L: de una bicicleta*) handlebars *pl*; (: *volante*) (steering) wheel.

manufactura *sf* manufacture.

manufacturar *vt* to manufacture.

manuscrito *sm* manuscript.

manutención *sf* maintenance.

manzana *sf* **1.** (*fruta*) apple. **2.** (*de casas*) block.

manzanilla *sf* **1.** (*planta*) camomile; (*infusión*) camomile tea. **2.** (*vino*) *type of dry sherry.*

manzano *sm* apple tree.

maña I *sf* (*habilidad*) skill: **darse mucha maña para algo** to be very good at sthg. **II mañas** *sf pl* **1.** (*ardides*) guile, wiles *pl*. **2.** (*Amér L: caprichos*) annoying or fussy ways.

mañana I *adv* tomorrow: **mañana por la mañana/por la tarde** tomorrow morning/tomorrow afternoon ● **¡hasta mañana!** see you tomorrow! **II** *sm* (*futuro*) future. **III** *sf* morning: **por la mañana** in the morning; **a las diez de la mañana**

at ten o'clock in the morning.

mañanitas *sf pl* (*Méx*) serenade (*on one's birthday*).

maño, -ña *adj* (*fam*) of ∗ from Aragón.

mañoso, -sa *adj* skilful, (*US*) skillful.

mapa *sm* map: **un mapa de carreteras** a road map.

mapache *sm* racoon, raccoon.

mapamundi *sm* world map.

mapuche *adj, sm/f, sm* Mapuche.

maqueta *sf* 1. (*reproducción*) scale model. 2. (*de libro*) dummy. 3. (*de disco*) demo.

maquiladora *sf* (*Méx*) assembly plant.

maquillador, -dora *sm/f* make-up artist.

maquillaje *sm* make-up.

maquillar *vt* to make up.

maquillarse *v prnl* to put one's make-up on: **no se maquilla** she doesn't wear make-up.

máquina *sf* 1. (*gen*) machine: **escribir a máquina** to type. 2. (*locomotora*) engine, locomotive. 3. (*de un barco*) engine. 4. (*or* **máquina expendedora**) (vending) machine.

máquina de afeitar ∗ (*Méx*) **de rasurar** *sf* electric razor ∗ shaver. **máquina de coser** *sf* sewing machine. **máquina de escribir** *sf* typewriter. **máquina fotográfica** ∗ **de fotos** *sf* camera. **máquina tragaperras** *sf* slot machine.

maquinal *adj* mechanical.

maquinar *vt* to plot.

maquinaria *sf* 1. (*máquinas*) machinery. 2. (*mecanismo*) mechanism.

maquinilla *sf* (*or* **maquinilla de afeitar**) razor.

maquinilla eléctrica *sf* electric razor ∗ shaver.

maquinista *sm/f* 1. (*de tren*) engine driver, (*US*) engineer. 2. (*de barco*) engineer.

mar *sm* [sometimes *sf*] sea ● **hacerse a la mar** to put out to sea ● **es la mar de simpático** he's very nice.

mar del Norte *sm* North Sea. **mar Muerto** *sm* Dead Sea. **mar Negro** *sm* Black Sea. **mar Rojo** *sm* Red Sea.

maracuyá *sf* passion fruit.

maraña *sf* 1. (*enredo*) tangle. 2. (*de arbustos*) thicket.

maratón *sm* ∗ *sf* marathon.

maravilla *sf* wonder: **es una maravilla** it's marvellous.

maravillar *vt* to amaze.

maravilloso, -sa *adj* wonderful, marvellous, (*US*) marvelous.

marca *sf* 1. (*señal*) mark. 2. (*de ropa, automóviles*) make; (*de alimentos*) brand. 3. (*récord*) record.

marca registrada *sf* (registered) trademark.

marcado, -da *adj* 1. [E] (*gen*) marked. 2. [S] (*pronunciado*) pronounced.

marcador *sm* 1. (*Dep*) scoreboard. 2. (*Amér L: para escribir*) felt-tip (pen); (*: de punta gruesa*) marker (pen).

marcapasos *sm inv* pacemaker.

marcar [↻ sacar] *vt* 1. (*gen*) to mark. 2. (*or* **marcar al hierro**) (*el ganado*) to brand. 3. (*poner precio a*) to put a price on. 4. (*una hora, una temperatura*) to show. 5. (*en el teléfono*) to dial. 6. (*Dep: un gol*) to score; (*: a otro jugador*) to mark, to cover. 7. (*resaltar*) to emphasize. 8. (*el pelo*) to set.

marcha *sf* 1. (*acción de caminar*) march ● **ponerse en marcha** to set off ● **a toda marcha** at top speed. 2. (*Mús*) march. 3. (*manifestación*) march. 4. (*de un proceso*) progress. 5. (*partida*) departure. 6. (*funcionamiento*): **el motor está en marcha** the engine is running. 7. (*fam: diversión*): **salir de marcha** to go out on the town. 8. (*de vehículo*) gear.

marcha atrás *sf* reverse (gear): **dar marcha atrás** to reverse.

marchante, -ta *sm/f* 1. (*de arte*) dealer. 2. (*Méx: en mercado*) trader.

marchar *vi* 1. (*andar*) to walk; (*Mil*) to march. 2. (*funcionar*) to go.

marcharse *v prnl* to leave: **me marcho** I'm off.

marchitarse *v prnl* **1.** (*plantas*) to wither. **2.** (*hermosura*) to fade.

marchito, -ta *adj* **1.** (*planta*) withered. **2.** (*hermosura*) faded.

marcial *adj* martial.

marciano, -na *adj, sm/f* Martian.

marco *sm* **1.** (*de cuadro, ventana*) frame. **2.** (*ámbito*) framework, context. **3.** (*Dep*) goal. **4.** (*moneda*) mark.

marea *sf* tide.

marea alta/baja *sf* high/low tide. **marea negra** *sf* oil slick.

marear *vt* (*fam*) to confuse.

marearse *v prnl* **1.** (*por la altura, al bailar*) to get dizzy; (*por un olor*) to feel sick; (*en viajes: gen*) to get sick; (*: en barco*) to get seasick. **2.** (*emborracharse*) to get tipsy.

maremágnum *sm* (*fam: de cosas, ideas*) confusion, morass; (*: de personas*) crowd.

maremoto *sm* seaquake.

mareo *sm* **1.** (*por la altura, al bailar*) dizziness: **le dio un mareo** she felt dizzy; (*al viajar: gen*) travel sickness; (*: en barco*) seasickness. **2.** (*aturdimiento*) muddle.

marfil *sm* ivory.

margarina *sf* margarine.

margarita **I** *sf* **1.** (*Bot*) daisy. **2.** (*Inform*) daisywheel. **II** *sm* (*cóctel*) margarita.

margen **I** *sf* (*de río*) bank; (*de camino*) side. **II** *sm* (*de página, ganancias, error*) margin; (*borde*) border, edge • **se mantuvo al margen del asunto** she kept out of the matter.

marginado, -da I *adj* [E] marginalized. **II** *sm/f*: social outcast.

marginar *vt* **1.** (*excluir*) to exclude. **2.** (*de la sociedad*) to marginalize.

maría *sf* **1.** (*galleta*) plain biscuit. **2.** (*fam: asignatura fácil*) easy subject. **3.** (*!!: marihuana*) grass.

mariachi *sm* (*música*) traditional Mexican music; (*músico*) mariachi (musician).

marica *adj, sm* (*!!*) queer.

Maricastaña *sf* • **del año de Maricastaña** as old as the hills.

marido *sm* husband.

mariguana, marihuana *sf* mariahuana, marijuana.

marimacho *sm* (*fam*) **1.** (*niña*) tomboy. **2.** (*mujer*) butch woman.

marimba *sf*: type of xylophone.

marina *sf* **1.** (*flota*) navy. **2.** (*Artes*) seascape.

marina de guerra *sf* navy. **marina mercante** *sf* merchant navy.

marinero, -ra I *adj* **1.** (*tradición*) seafaring. **2.** (*Culin*): **almejas a la marinera** clams in garlic and parsley sauce. **II** *sm* sailor, seaman.

marino, -na I *adj* (*fauna, vida*) marine; (*corriente, brisa*) sea (*apos.*). **II** *sm* sailor (*usually an officer*).

marioneta I *sf* (*muñeco*) puppet. **II** **marionetas** *sf pl* (*espectáculo*) puppet show.

mariposa *sf* **1.** (*Dep, Zool*) butterfly. **2.** (*tuerca*) wing nut.

mariquita I *sf* (*Zool*) ladybird, (*US*) ladybug. **II** *sm/f* (*fam: persona*) sissy.

mariscal *sm* marshal.

marisco *sm* shellfish *n inv*.

marisma *sf* marsh.

marítimo, -ma *adj* sea (*apos.*).

marketing, márketing /'marketin/ *sm* marketing.

marmita *sf* cooking pot.

mármol *sm* marble.

marmota *sf* **1.** (*Zool*) marmot. **2.** (*fam: persona*) sleepyhead.

marqués, -quesa *sm/f* (*hombre*) marquis, marquess; (*mujer*) marchioness.

marquesina *sf* (*de edificio*) canopy; (*de parada de autobús*) shelter.

marrano, -na *sm/f* **1.** (*Zool*) pig. **2.** (*fam: persona sucia*) (filthy) pig. **3.** (*fam: persona despreciable*) swine.

marrón *adj* brown.

marroquí *adj, sm/f* Moroccan.

Marruecos *sm* Morocco.

marta *sf* marten.

Marte *sm* Mars.

martes *sm inv* Tuesday ⇨ **lunes**.

martillero, -ra *sm/f* (*C Sur*) auctioneer.

martillo *sm* hammer.

martín pescador *sm* kingfisher.

mártir *sm/f* martyr.

martirio *sm* (*Relig*) martyrdom ● **es
un martirio** it's unbearable.

martirizar [⇨ *cazar*] *vt* 1. (*Relig*) to
martyr. 2. (*atormentar*) to torment.

marxista *adj*, *sm/f* Marxist.

marzo *sm* March ⇨ **febrero**.

mas *conj* (*frml*) but.

más I *adv* 1. (*comparativo*) more:
más inteligente que yo more intelligent than me; **más alta que yo**
taller than me ● **por más que lo
intentó...** no matter how hard he
tried.... 2. (*superlativo*) most: **el vestido más caro** the most expensive
dress; **el chico más alto de la clase**
the tallest boy in the class ● **es de lo
más inteligente** he's extremely intelligent. 3. (*tan*) ¡**estaba más
guapo!** he looked so handsome!
4. **más bien** rather. 5. **no...más**
not...again: **no volverás a verlo
más** you won't see him again.
II *adj inv* 1. (*gen*) more: ¿**algo más?**
anything else? 2. (*comparativo*)
more: **más de veinte** more than
twenty; **hay más turistas que
antes** there are more tourists than
before. 3. (*superlativo*) most: **el que
tenga más puntos** whoever has the
most points. 4. **de más: cinco sillas
de más** five extra ✱ spare chairs
● **está de más decirte que...** I
needn't tell you that... ● **estoy de
más aquí** I'm not needed here.
III *pron* more: ¿**quieres más?** do
you want some more?
IV *prep* (*Mat*) plus.

más allá *sm*: **el más allá** the other
world.

masa *sf* 1. (*Fís*) mass: **masa atómica** atomic mass ● **en masa** en
masse. 2. (*para pan*) dough; (*para
empanadas, etc.*) pastry; (*para pas-*

teles, bizcochos) cake mixture.
3. (*RP: pastel*) (small) cake. 4. (*en
electricidad*) earth, (*US*) ground.

masacre *sf* massacre.

masaje *sm* massage.

masajista *sm/f* 1. (*gen: hombre*)
masseur; (*: mujer*) masseuse. 2. (*en
fútbol*) physio.

mascar [⇨ *sacar*] *vt* to chew ● **se lo
tienes que dar mascado** you have
to spoon-feed them.

máscara *sf* mask.

máscara antigás *sf* gas mask. **máscara de oxígeno** *sf* oxygen mask.

mascarilla *sf* 1. (*máscara*) mask.
2. (*de belleza*) face pack.

mascota *sf* 1. (*figura representativa*) mascot. 2. (*animal doméstico*)
pet.

masculino, -na I *adj* (*Biol*) male;
(*característica, hombre, género*)
masculine; (*ropa, equipo*) men's. II
sm (*género*) masculine.

mascullar *vt/i* to mumble, to mutter.

masía *sf*: traditional Catalan farmhouse.

masificación *sf* 1. (*de un lugar*)
overcrowding. 2. (*de una afición*)
growing popularity. 3. (*uniformiza-
ción*) loss of individuality.

masivo, -va *adj* 1. (*explosión, dosis*)
massive. 2. (*manifestación, emigración*) mass; (*asistencia*) massive.

masón, -sona *sm/f* (free)mason.

masoquista I *adj* masochistic. II
sm/f masochist.

máster *sm* master's degree (**en** in).

masticar [⇨ *sacar*] *vt* to chew.

mástil *sm* 1. (*Náut*) mast. 2. (*para
bandera*) flagpole. 3. (*de tienda de
campaña*) tent pole.

mastín *sm* mastiff.

mastodonte *sm* 1. (*Zool*) masto-
don. 2. (*fam: algo enorme*): **es un
mastodonte** it's enormous ✱ gigantic.

mata *sf* 1. (*Bot*) shrub, bush. 2. (*de
pelo*) head of hair.

matadero *sm* slaughterhouse, abattoir.

matador, -dora *sm/f* matador, bull-fighter.

matambre *sm* (*RP*) *stuffed rolled beef*.

matamoscas *sm inv* 1. (*pala*) fly swatter. 2. (*insecticida*) fly spray.

matanza *sf* 1. (*masacre*) massacre, slaughter. 2. (*de cerdo*) slaughter.

matar *vt* 1. (*a una persona*) to kill. 2. (*a animales : gen*) to kill; (*:para alimentación*) to slaughter ● **matar el tiempo** to kill time. ♦ *vi* to kill.

matarse *v prnl* 1. (*morir*) to be killed. 2. (*suicidarse*) to kill oneself. 3. (*esforzarse*) to wear oneself out.

matarife *sm* slaughterman.

matarratas *sm inv* rat poison.

matasellos *sm inv* (*marca*) postmark; (*estampilla*) (date) stamp.

mate I *adj inv* matt. II *sm* 1. (*en ajedrez*) checkmate, mate. 2. (*en baloncesto*) dunk. 3. (*Culin*) tea-like drink and gourd in which it is brewed.

matemáticas *sf pl* mathematics, maths, (*US*) math.

matemático, -ca I *adj* mathematical. II *sm/f* mathematician.

materia *sf* 1. (*Fís*) matter. 2. (*asignatura*) subject. 3. (*tema*): **un entendido en materia de seguros** an expert in insurance matters.

materia prima *sf* raw material.

material I *adj* material. II *sm* 1. (*sustancia*) material. 2. (*datos*) material. 3. (*instrumentos, utensilios*) equipment.

materialista I *adj* materialistic. II *sm/f* materialist.

materialmente *adv* 1. (*de manera material*) materially. 2. (*realmente*) absolutely, utterly.

maternal *adj* maternal, motherly.

maternidad *sf* 1. (*estado*) motherhood. 2. (*hospital*) maternity hospital; (*sala*) maternity ward.

materno, -na *adj* (*amor*) motherly, maternal; (*en parentesco*) maternal; (*seno, leche*) mother's.

matinal *adj* morning (*apos.*).

matiz *sm* [**-tices**] 1. (*de un color*)

shade. 2. (*aspecto*) nuance.

matización *sf* clarification.

matón *sm* 1. (*delincuente*) thug. 2. (*chulo*) bully.

matorral *sm* (*arbustos*) bushes *pl*; (*terreno*) scrubland.

matraz *sm* [**-traces**] flask.

matriarca *sf* matriarch.

matrícula *sf* 1. (*inscripción*) registration, enrolment. 2. (*Auto: número*) registration * (*US*) license number; (*:placa*) number * (*US*) license plate.

matrícula de honor *sf* distinction (*mark usually above 95%*).

matricular *vt* to register.

matricularse *v prnl* to enrol, to register.

matrimonio *sm* 1. (*institución*) marriage. 2. (*pareja*) (married) couple. 3. (*Amér L: ceremonia*) wedding.

matriz *sf* [**-trices**] 1. (*Anat*) womb. 2. (*molde*) mould, (*US*) mold. 3. (*Mat*) matrix. 4. (*de talonario*) stub. 5. (*para hacer copias*) stencil.

matrona *sf* 1. (*mujer madura*) matron. 2. (*comadrona*) midwife.

Matusalén *sm*: **más viejo que Matusalén** as old as the hills.

matutino, -na *adj* morning (*apos.*).

maullar *vi* to miaow, to mew.

maullido *sm* miaow.

mausoleo *sm* mausoleum.

máx. (= **máximo**) max.

maxilar *sm* jaw bone, jaw.

máxima *sf* 1. (*proverbio*) saying, maxim. 2. (*Meteo*) maximum temperature.

máxime *adv* especially.

máximo, -ma I *adj* (*temperatura, precio*) maximum, highest; (*responsabilidad*) maximum, greatest. II *sm* maximum: **como máximo** at the most.

maya *adj*, *sm/f* Mayan.

mayo *sm* May ⇨ **febrero**.

mayonesa *sf* mayonnaise.

mayor I *adj* 1. (*de más edad: comparativo*) older: **mayor que tú** older than you; **niños mayores de diez**

años children over ten years of age; **es mayor de edad** he's over the legal age of majority; (: *superlativo*) **la hija mayor** (*de más de dos*) the oldest ∗ eldest daughter, (*de dos*) the older daughter; (*de edad avanzada*) elderly, old. **2.** (*en calidad, intensidad: comparativo*) greater; (: *superlativo*) greatest. **3.** (*en tamaño: comparativo*) bigger, larger; (: *superlativo*) biggest, largest. **4. al por mayor** (*en comercio*) wholesale. **II** *sm/f* **1.** (*adulto*) adult: **cuando sea mayor** when I grow up. **2. el/la mayor** (*de entre más de dos*) the oldest ∗ eldest; (*de entre dos*) the older one. **3.** (*Mil*) major.

mayordomo *sm* butler.

mayoría *sf* majority: **la mayoría de la gente** most people.

mayoría absoluta *sf* absolute majority. **mayoría de edad** *sf*: **alcanzar la mayoría de edad** to come of age.

mayorista *sm/f* wholesaler.

mayoritario, -ria *adj* majority.

mayúscula *sf* capital letter.

mayúsculo, -la *adj* **1.** (*letra*) capital. **2.** (*muy grande*) enormous.

maza *sf* **1.** (*herramienta*) sledgehammer. **2.** (*arma*) mace. **3.** (*Dep*) club. **4.** (*en billar*) butt.

mazacote *sm* (*fam*) stodgy mass.

mazamorra *sf* sweetened maize ∗ (*US*) corn porridge.

mazapán *sm* marzipan.

mazmorra *sf* dungeon.

mazo *sm* **1.** (*de papeles*) bunch; (*de naipes*) deck, (*GB*) pack; (*de billetes*) wad. **2.** (*herramienta*) mallet.

mazorca *sf* (*or* **mazorca de maíz**) corncob: **comimos mazorcas** we ate corn on the cob.

me *pron personal* **1.** (*objeto directo o indirecto*) me: **me llevó a casa** he took me home; **me compró un regalo** she bought me a present. **2.** (*reflexivo*) myself: **me hice un café** I made myself a coffee.

mear *vi* (*!!*) to have a pee ∗ piss.

mecánica *sf* **1.** (*disciplina*) mechanics. **2.** (*mecanismo*) mechanism.

3. (*funcionamiento*) workings *pl*, mechanics *pl*.

mecánico, -ca I *adj* mechanical. **II** *sm/f* mechanic.

mecanismo *sm* mechanism.

mecanografía *sf* typing.

mecanógrafo, -fa *sm/f* typist.

mecate *sm* (*Amér C, Méx, Ven: fino*) string; (: *más grueso*) rope.

mecedora *sf* rocking chair.

mecenas *sm/f inv* patron.

mecer [⇨ convencer] *vt* to rock.

mecerse *v prnl* **1.** (*en silla*) to rock; (*en columpio*) to swing. **2.** (*con el viento*) to sway.

mecha I *sf* **1.** (*de vela*) wick; (*de explosivo*) fuse. **2.** (*de pelo*) tuft. **3.** (*C Sur: de un taladro*) bit. **II mechas** *sf pl* **1.** (*en peluquería*) highlights *pl*. **2.** (*Amér L: fam, pelo*) hair, thatch.

mechero *sm* (cigarette) lighter.

mechón *sm* lock.

medalla I *sf* (*Dep, Mil*) medal. **II** *sm/f* (*Dep*): **el joven medalla de oro/plata** the young gold/silver medallist ∗ (*US*) medalist.

medallón *sm* medallion.

media I *sf* **1.** (*promedio*) average. **2.** (*referido a la hora*): **las seis y media** half past six. **II medias** (*sf pl*) (*hasta la cintura*) tights *pl*, (*US*) panty hose *pl*; (*hasta el muslo*) stockings *pl*; (*Amér L: calcetines*) socks *pl*. **III** *adj* ⇨ **medio**.

mediación *sf* mediation.

mediados: a mediados de *prep*: **a mediados de agosto** in mid-August.

medialuna *sf* [**mediaslunas**] **1.** (*forma*) crescent. **2.** (*RP: Culin*) croissant.

mediano, -na *adj* **1.** (*talla, tamaño*) medium. **2.** (*estatura, inteligencia*) average. **3.** (*hermano*) middle. **4.** (*edad*): **de mediana edad** middle-aged.

medianoche *sf* **1.** (*las doce*) midnight. **2.** [**mediasnoches**] (*panecillo*) roll, bun.

mediante *prep* by means of.

mediar *vi* **1.** (*interceder*) to mediate

(**entre** between), to intervene. **2**. (*distancia*): **entre ellos una distancia de diez kilómetros** they are ten kilometres apart; (*tiempo*) to pass, to go by.

medicación *sf* medication.

medicamento *sm* medicine.

medicina *sf* medicine.

médico, -ca I *adj* medical. II *sm/f* doctor, physician.

médico, -ca de cabecera *sm/f* family doctor. **médico, -ca de medicina general ∗ de familia** *sm/f* GP, general practitioner.

medida *sf* **1**. (*dimensión*) measurement: **hecho a (la) medida** made-to-measure ● **a medida que...** as.... **2**. (*unidad*) measure, unit. **3**. (*grado*) extent: **en gran medida** to a large extent. **4**. (*disposición*) measure. **5**. (*moderación*) moderation.

medidor *sm* (*Amér L*) meter.

medio, -dia I *adj* **1**. (*la mitad de*) half a/an: **media manzana** half an apple ● **a media mañana/tarde** midway through the morning/afternoon ● **a medio camino** halfway ● **a medias** (*a partes iguales*): **lo compramos a medias** we went halves on it; (*no completamente*) by halves. **2**. (*de promedio*) average. II **medio** *adv* half: **a medio hacer** half finished. III **medio** *sm* **1**. (*centro, mitad*) middle: **en medio de la calle/película**; **quítalo de en medio** get it out of the way. **2**. (*quebrado*) half. **3**. (*método*) means *n inv*, way ● **por todos los medios** by all possible means. **4**. (*entorno: social*) surroundings *pl*, environment; (*: de animal, planta*) habitat. **5**. (*Fís, Tec*) medium. IV **medios** *sm pl* (*recursos*) means *pl*.

media pensión *sf* half board. **medio ambiente** *sm* environment. **medio de transporte** *sm* means of transport ∗ (*US*) transportation *n inv*. **medios de comunicación ∗ difusión** *sm pl* (mass) media *pl*.

mediocre *adj* mediocre.

mediodía *sm* **1**. (*las doce*) noon,

midday; (*periodo*) midday, early afternoon: **al mediodía** around midday. **2**. (*sur*) south.

medir [➪ pedir] *vt* to measure: **mide tus palabras** be careful what you say.

meditabundo, -da *adj* [E] thoughtful, pensive.

meditar *vi* (*gen*) to think (**sobre** about); (*como ejercicio espiritual*) to meditate. ♦ *vt*: **lo meditó** he thought about it.

mediterráneo, -nea I *adj* Mediterranean. II **el (mar) Mediterráneo** *sm* the Mediterranean (Sea).

médula *sf* **1**. (*or* **médula ósea**) (bone) marrow. **2**. (*or* **médula espinal**) spinal cord.

medusa *sf* jellyfish *n inv*.

megabyte /meɣaˈbait/ *sm* megabyte.

megafonía *sf* public address system.

megáfono *sm* megaphone.

megalómano, -na *adj, sm/f* megalomaniac.

mejicano, -na *adj, sm/f* Mexican.

Méjico *sm* Mexico.

mejilla *sf* cheek.

mejillón *sm* mussel.

mejor *adj, adv* **1**. (*comparativo*) better: **es mejor que el mío** it's better than mine; **cantas mejor que él** you sing better than him ∗ than he does ● **tanto mejor ∗ mejor que mejor** so much the better. **2**. (*superlativo*) best: **la mejor habitación de la casa** the best room in the house; **es el que mejor toca** he's the one who plays best ● **en el mejor de los casos** at best. **3**. **a lo mejor** maybe.

mejora *sf* improvement.

mejorar *vt* to improve. ♦ *vi* to improve, to get better.

mejoría *sf* improvement.

melancólico, -ca *adj* (*paisaje, tarde*) mournful; (*persona*) sad.

melanina *sf* melanine.

melaza *sf* molasses.

melé *sf* scrum.

melena *sf* (*de persona*): **lleva la**

melena suelta/una melena corta she wears her hair down/in a bob; *(de león)* mane.

melenudo *sm (fam)* long-haired man.

melillense *adj* of ✳ from Melilla.

melindroso, -sa *adj* fussy, finicky.

mella *sf* 1. *(marca)* notch. 2. *(impresión)* impression.

mellizo, -za *sm/f* twin.

melocotón *sm* peach.

melocotón en almíbar *sm* peaches in syrup *pl*.

melocotonero *sm* peach tree.

melodía *sf* melody.

melodioso, -sa *adj* melodious.

melodrama *sm* melodrama.

melómano, -na *sm/f* music-lover.

melón *sm* melon.

membrana *sf* membrane.

membrete *sm* letterhead.

membrillo *sm* 1. *(árbol)* quince tree; *(fruto)* quince. 2. *(dulce)* quince jelly.

memo, -ma *(fam)* **I** *adj* silly, dumb. **II** *sm/f* idiot, twit.

memoria I *sf* 1. *(gen)* memory ● **de memoria** by heart ● **haz memoria** try to remember. 2. *(informe)* report; *(relación)* record. **II memorias** *sf pl (biografía)* memoirs *pl*.

memorizar [➪ cazar] *vt* to memorize.

menaje *sm* household goods *pl*.

mención *sf* mention.

mencionar *vt* to mention: **mencionado más arriba** above-mentioned.

mendigar [➪ pagar] *vi* to beg.

mendigo, -ga *sm/f* beggar.

mendrugo *sm*: *piece of stale bread*.

menear *vt (la cola)* to wag; *(las caderas)* to wiggle.

menester *sm* 1. *(tarea)* activity. 2. **ser menester** *(frml)* to be necessary.

menestra *sf (or* **menestra de verduras)** *sautéed vegetables pl*.

mengano, -na *sm/f (fam)* so-and-so.

menguar [➪ averiguar] *vi* 1. *(número, cantidad)* to diminish, to dwindle. 2. *(luna)* to wane. 3. *(en*

labores de punto) to decrease.

menisco *sm* cartilage.

menopausia *sf* menopause.

menor I *adj* 1. *(de menos edad: comparativo)* younger: **es menor que tú** he's younger than you; **los menores de veinte años** people under twenty; *(: superlativo)*: **la hija menor** *(de más de dos)* the youngest daughter, *(de dos)* the younger daughter. 2. *(en importancia, intensidad: comparativo)* lesser; *(: superlativo)* least. 3. *(en tamaño: comparativo)* smaller; *(: superlativo)* smallest. 4. **al por menor** *(en comercio)* retail. **II** *sm/f* 1. **el/la menor** *(de entre más de dos)* the youngest; *(de entre dos)* the younger one. 2. *(or* **menor de edad** *)* minor.

Menorca *sf* Minorca.

menorquín, -quina I *adj, sm/f* Minorcan. **II** *sm (Ling)* Minorcan dialect of Catalan.

menos I *adv* 1. *(comparativo)* less: **menos tímida que él** less shy than him ● **menos mal** (it's) just as well. 2. *(superlativo)* least: **el menos generoso del grupo** the least generous one in the group ● **al menos** ✳ **por lo menos** at least. **II** *adj inv* 1. *(comparativo, + sustantivo inglés: en sing)* less: **tengo menos dinero que tú** I have less money than you; *(: en pl)* fewer: **hay menos turistas que antes** there are fewer tourists than before; **menos de cinco** fewer than five. 2. *(superlativo, + sustantivo inglés: en sing)* least: **el que tenía menos dinero** the one who had (the) least money; *(: en pl)* fewest: **el que obtuvo menos puntos** the one that got (the) fewest points. 3. **de menos:** **me cobró de menos** he undercharged me; **me dieron uno de menos** they gave me one short ● **echar de menos** to miss.

III *pron (referido a un sustantivo inglés: en sing)* less; *(: en pl)* fewer.

IV *prep* 1. *(excepto)* except ● **a menos que venga** unless he comes. 2. *(Mat)* minus. 3. *(referido a la* *hora*): **las siete menos diez** ten to seven.

menoscabar *vt* **1.** (*el prestigio, el poder*) to undermine. **2.** (*la salud*) to impair, to undermine. **3.** (*el valor*) to diminish, to reduce.

menospreciar *vt* **1.** (*despreciar*) to despise, to disdain. **2.** (*subestimar*) to underestimate, to underrate.

menosprecio *sm* disdain (**por** for).

mensaje *sm* message.

mensajero, -ra *sm/f* (*gen*) messenger; (*para repartos urgentes*) courier, messenger.

menstruación *sf* menstruation.

menstruar [⇨ actuar] *vi* to menstruate.

mensual *adj* monthly.

mensualidad *sf* **1.** (*pago*) monthly instalment ✻ payment. **2.** (*salario*) monthly salary.

menta *sf* mint.

mental *adj* mental.

mentalidad *sf* mentality.

mentalizar [⇨ cazar] *vt* to make aware (**de** of).

mentalizarse *v prnl* **1.** (*prepararse*) to prepare oneself (mentally) (**para** for). **2.** (*hacerse a la idea*): **tienes que mentalizarte de que...** you must accept that....

mente *sf* mind.

mentir [⇨ sentir] *vi* to lie: **no me mientas** don't lie to me.

mentira *sf* lie: **una mentira piadosa** a white lie ● **aunque parezca mentira** believe it or not.

mentiroso, -sa I *adj* lying: **es muy mentiroso** he is such a liar. II *sm/f* liar.

mentolado, -da *adj* mentholated.

mentón *sm* chin.

menú *sm* (*Culin, Inform*) menu.

menú del día *sm* set menu.

menudencia *sf* trifle.

menudeo *sm* (*Méx*) retail.

menudillos *sm pl* giblets *pl*.

menudo, -da I *adj* **1.** (*persona*) slight; (*objeto*) small. **2.** (*expresando ironía*): **¡menudo lío!** what a mess! II **a menudo** *loc adv* often. III

menudos *sm pl* (*de ave*) giblets *pl*.

meñique *sm* little finger, (*US*) pinky.

meollo *sm* heart, essence.

mercader *sm* merchant.

mercadería *sf* (*Amér L*) merchandise, goods *pl*.

mercadillo *sm* flca market.

mercado *sm* market.

mercado de valores *sm* stock market. **mercado negro** *sm* black market.

mercancía *sf* merchandise, goods *pl*.

mercante *adj* merchant.

merced *sf*: **a merced de algo/alguien** at the mercy of sthg/sbdy.

mercería *sf* haberdashery, (*US*) notions store.

mercromina® *sf* Mercurochrome®.

Mercurio *sm* Mercury.

mercurio *sm* mercury.

merecer [⇨ agradecer] *vt* to deserve.

merecerse *v prnl* to deserve.

merecido, -da I *adj* well-deserved. II *sm*: **le dieron su merecido** he got his just deserts.

merendar [⇨ pensar] *vt*: **merendó una manzana** he had an apple for his afternoon snack. ♦ *vi* to have an afternoon snack.

merendero *sm* (*establecimiento comercial*) open-air snack bar; (*zona*) picnic area.

merengue *sm* **1.** (*Culin*) meringue. **2.** (*baile*) merengue.

merezco *etc.* ⇨ **merecer**.

meridiano *sm* meridian.

meridional *adj* southern.

merienda *sf* (*gen*) (afternoon) snack, tea; (*reunión social*) tea party.

merienda cena *sf*: light evening meal.

meriendo *etc.* ⇨ **merendar**.

mérito *sm* merit: **tener mérito** to be commendable.

merluza *sf* hake *n inv*.

mermar *vi* (*gen*) to diminish, to

decrease; (*entusiasmo, población*) to dwindle. ♦ *vt* to reduce, to diminish.

mermelada *sf* (*gen*) jam; (*de cítricos*) marmalade.

mero, -ra I *adj* 1. (*simple*) mere. 2. (*Amér C, Méx: para enfatizar*): **es la mera verdad** it's absolutely true; **en el mero centro** right in the middle. II **mero** *adv* (*Amér C, Méx*) 1. (*casi*) nearly, almost. 2. (*para enfatizar*): **allí mero** right there. III *sm* 1. (*pez*) grouper. 2. **el mero mero** (*Méx: fam, el jefe*) the boss.

merodear *vi* to loiter, to prowl.

mersa (*RP: fam*) I *adj inv* (*persona*) common; (*lugar, gusto*) tacky. II *sm/f* pleb.

mes *sm* month: **dentro de un mes** in a month's time; **el mes pasado/que viene** last/next month.

mesa *sf* 1. (*mueble: gen*) table: **poner/quitar** * (*Amér L*) **levantar la mesa** to lay/to clear the table; (*: escritorio*) desk. 2. (*personas*) committee, board.

mesa camilla *sf*: round table with a heater beneath. **mesa de luz** *sf* (*RP*) bedside table. **mesa redonda** *sf* round table.

mesada *sf* 1. (*Amér L: asignación*) allowance; (*: que se da a un niño*) pocket money, (*US*) allowance. 2. (*RP: en la cocina*) worktop.

mesero, -ra *sm/f* (*Amér C, Col, Méx: hombre*) waiter; (*: mujer*) waitress.

meseta *sf* plateau.

mesilla *sf* (*or* **mesilla de noche**) bedside table.

mesita de noche *sf* bedside table.

mesón *sm* 1. (*restaurante*) traditional-style restaurant. 2. (*Hist: hostal*) inn.

mesonero, -ra *sm/f* 1. (*Hist: tabernero*) innkeeper. 2. (*Ven*) ⇨ **mesero**.

mestizo, -za *sm/f*: person of mixed race, particularly of Amerindian and European origin.

mesura *sf* (*frml*) restraint, moderation.

meta *sf* 1. (*en atletismo*) finishing line; (*en carreras de caballos*) winning post. 2. (*en fútbol*) goal. 3. (*aspiración*) aim, goal.

metabolismo *sm* metabolism.

metafísica *sf* metaphysics.

metáfora *sf* metaphor.

metal *sm* metal.

metálico, -ca I *adj* metallic. II *sm* cash: **lo pagó en metálico** she paid for it in cash.

metalurgia *sf* metallurgy.

metamorfosis *sf inv* metamorphosis.

metedura de pata *sf* (*fam*) blunder.

meteorito *sm* meteorite.

meteoro *sm* meteor.

meteorológico, -ca *adj* meteorological.

meter *vt* 1. (*introducir*) to put: **metió la ropa en la maleta** he put his clothes into * in the case; **metió el dinero en su cuenta** she put the money into * in her account. 2. (*Auto*): **mete la segunda** put it in second gear. 3. (*involucrar*) to involve (**en** in). 4. (*fam: producir*): **mete mucho ruido** he's very noisy; **nos metió miedo** he frightened us. 5. (*un gol*) to score.

meterse *v prnl* 1. (*entrar*): **se metió en la tienda** she went into the shop; **se metió en la cama** he got into bed. 2. (*poner*): **métetelo en el bolsillo** put it in your pocket. 3. (*involucrarse*) to get mixed up * involved (**en** in); (*entrometerse*): **no te metas** don't interfere. 4. **meterse con** (*provocar, molestar*) to pick a quarrel with.

meterete *sm/f* (*RP: fam*) busybody.

metiche *sm/f* (*fam*) busybody.

meticuloso, -sa *adj* meticulous.

metida de pata *sf* (*Amér L: fam*) blunder.

metódico, -ca *adj* methodical.

metodista *adj, sm/f* Methodist.

método *sm* method.

metomentodo *sm/f* (*fam*) busybody.

metralla *sf* shrapnel.

metralleta *sf* sub-machine-gun.

métrico, -ca *adj* metric.

metro *sm* 1. (*unidad*) metre, (*US*) meter: **un metro cuadrado/cúbico** a square/cubic metre ✳ (*US*) meter. 2. (*cinta métrica*) tape measure. 3. (*Transp*) underground (railway), (*US*) subway.

metropolitano, -na *adj* metropolitan.

mexicano, -na *adj, sm/f* Mexican.

México *sm* Mexico.

mezcal *sm*: type of agave plant and spirit distilled from it.

mezcla *sf* (*gen*) mixture; (*de té, café*) blend.

mezclar *vt* 1. (*gen*) to mix; (*té, café*) to blend. 2. (*revolver*) to mix up.

mezclarse *v prnl* 1. **mezclarse con** (*relacionarse con*) to mix with. 2. **mezclarse en** (*involucrarse en*) to get involved in.

mezclilla *sf* (*Amér L*) denim.

mezquino, -na I *adj* mean. **II** *sm/f* miser.

mezquita *sf* mosque.

mg (= **miligramo**) mg.

mi *adj posesivo* [**mis**] my.

mí *pron personal* [always after prep] 1. (*no reflexivo*) me: **se fueron sin mí** they went without me. 2. (*reflexivo*) myself: **lo quiero para mí** I want it for myself.

miau *sm* miaow.

michelín *sm* (*fam*) roll of fat, spare tyre ✳ (*US*) tire.

mico, -ca *sm/f* 1. (*mono*) (long-tailed) monkey. 2. (*fam: niño*) kid.

micro I *sm* (*fam*) 1. (*micrófono*) mike. 2. (*Amér L: autobús*) bus; (*: microbús*) minibus. **II** *sf* (*Chi: autobús*) bus.

microbio *sm* microbe, germ.

microbiología *sf* microbiology.

microchip *sm* microchip.

microcosmos *sm* microcosm.

microfilm *sm* microfilm.

micrófono *sm* microphone.

microondas *sm inv* microwave (oven).

microscopio *sm* microscope.

mido *etc.* ⇨ **medir**.

miedo *sm* 1. (*temor*) fear: **tengo miedo** I'm frightened ✳ scared; **les tengo miedo a** ✳ **me dan miedo los perros** I'm frightened ✳ scared of dogs ‖ dogs frighten ✳ scare me ● **lo pasamos de miedo** we had a great time. 2. (*preocupación*): **tengo miedo de que se rompa** I'm worried it might break.

miedoso, -sa I *adj*: **es muy miedoso** he is easily scared. **II** *sm/f* coward, scaredy-cat.

miel *sf* honey.

miembro *sm* 1. (*gen*) member. 2. (*brazo, pierna*) limb.

miento *etc.* ⇨ **mentir**.

mientras I *adv* (*or* **mientras tanto**) in the meantime. **II** *conj* 1. (*de tiempo*) while. 2. (*de condición*) as long as. 3. **mientras que** (*de contraste*) whereas, while.

miércoles *sm inv* Wednesday ⇨ **lunes**.

mierda *sf* (*!!*) shit.

miga I *sf* 1. (*del pan: parte blanda*) soft part of the bread; (*: trocito*) crumb ● **hacer buenas migas** to get on well. 2. (*fam: contenido*) substance, meat. **II migas** *sf pl* (*Culin*) dish made with fried breadcrumbs.

migraña *sf* migraine.

mijito, -ta *sm/f* (*Amér S: fam*) dear.

mijo, -ja I *sm/f* (*Amér S: fam, apelativo*) dear. **II** *sm* millet.

mil *adj, pron* (*cardinal*) thousand; (*ordinal*) thousandth ⇨ **apéndice 4**.

milagro *sm* miracle.

milagroso, -sa *adj* miraculous.

milanesa *sf* (*RP*) breaded beef escalope.

milano *sm* kite.

milenario, -ria *adj* thousand-year-old.

milenio *sm* millennium.

milésimo, -ma *adj, sm* thousandth ⇨ **apéndice 4**.

mili *sf* (*fam*) military service.

milicia *sf* 1. (*ejército*) army; (*de rebeldes, civiles*) militia. 2. (*servicio militar*) military service.

milico *sm* (*C Sur, Méx: fam*) soldier

or policeman.

miligramo *sm* milligram.

mililitro *sm* millilitre, (*US*) milliliter.

milímetro *sm* millimetre, (*US*) millimeter.

militante *sm/f* activist.

militar I *adj* military. II *sm/f* member of the armed forces. III *vi* (*Pol*) to be an active member (**en** of).

milla *sf* mile.

millar *sm* thousand.

millón *sm* million ➪ *apéndice 4*.

millonario, -ria *sm/f* millionaire.

millonésimo, -ma *adj, sm* millionth ➪ *apéndice 4*.

milonga *sf*: dance and music from the River Plate region.

milpa *sf* (*Amér C, Méx*) 1. (*campo*) maize field, (*US*) cornfield. 2. (*cultivo*) maize, (*US*) corn.

milpiés *sm inv* millipede.

mimar *vt* 1. (*malcriar*) to spoil. 2. (*tratar con cariño*) to take great care of.

mimbre *sm* 1. (*planta*) willow. 2. (*material*) wicker.

mímica *sf* mime.

mimo I *sm* 1. (*género teatral*) mime. 2. (*cariño*) loving care; (*demostración*): **le hizo mimos** she made a fuss of him. 3. (*exceso de tolerancia*) pampering, overindulgence. II *sm/f* (*artista*) mime artist.

mimoso, -sa *adj*: **es muy mimoso** he likes to be made a fuss of.

min (= **minuto**) min.

mín. (= **mínimo**) min.

mina *sf* 1. (*de minerales*) mine ● **es una mina de oro** it's a gold mine. 2. (*de lápiz*) lead. 3. (*artefacto explosivo*) mine. 4. (*RP: fam, mujer*) (*GB*) bird, (*US*) broad.

minar *vt* 1. (*Geol, Mil*) to mine. 2. (*debilitar*) to undermine.

minarete *sm* minaret.

mineral *adj, sm* mineral.

minero, -ra I *adj* mining (*apos.*). II *sm/f* miner.

mini *sf* mini, miniskirt.

miniatura *sf* miniature.

minifalda *sf* miniskirt.

minifundio *sm*: *uneconomical small family farm*.

mínima *sf* minimum temperature.

mínimo, -ma I *adj* 1. (*menor: cantidad, temperatura*) minimum. 2. (*muy pequeño*) minimal. II *sm* minimum: **como mínimo** at least.

minino, -na *sm/f* (*fam*) pussycat.

minipimer® *sm* ∗ *sf* blender.

ministerio *sm* ministry, government department.

ministro, -tra *sm/f* minister.

minoría *sf* minority.

minorista *sm/f* retailer.

minoritario, -ria *adj* minority.

minucia *sf* (*pequeñez*) minor matter, tiny thing; (*detalle*) small detail.

minucioso, -sa *adj* 1. (*persona*) meticulous. 2. (*trabajo*) detailed.

minúscula *sf* small letter, lower-case letter.

minúsculo, -la *adj* 1. (*letra*) lower case. 2. (*muy pequeño*) minute, tiny.

minusválido, -da *adj* handicapped, disabled.

minuta I *sf* 1. (*de abogado*) bill. 2. (*Culin*) menu. II **minutas** *sf pl* (*RP: en restaurantes*) *quickly prepared dish.*

minutero *sm* minute hand.

minuto *sm* minute.

mío, -a I *adj posesivo* mine: **es mío** it's mine; **un amigo mío** a friend of mine. II *pron posesivo*: **el mío/la mía es azul** mine is blue; **los míos/las mías son grandes** mine are big.

miope *adj* short-sighted, near-sighted.

miopía *sf* short-sightedness, near-sightedness.

mira *sf* 1. (*propósito*) aim ● **con miras a** with a view to. 2. (*de arma*) sight.

mirada *sf* look: **échale una mirada** have a look at it.

mirado, -da *adj* 1. [S] (*cuidadoso*) careful. 2. [S] (*respetuoso*) considerate. 3. [E] (*considerado*): **está mal mirado** it's frowned upon.

mirador sm 1. (*sitio elevado*) lookout (point). 2. (*balcón*) enclosed balcony.

miramiento sm 1. (*consideración*) consideration. 2. (*cuidado*) care.

mirar vt 1. (*algo, a alguien*) to look at: **mírame** look at me; **lo miró por encima** she glanced at it; (*observar*) to watch: **mirar fijamente a alguien** to stare at sbdy. 2. (*televisión*) to watch. 3. (*en diccionario*) to look up. 4. (*registrar*) to search. 5. (*comprobar*) to check. 6. (*reflexionar sobre*): **mira bien lo que haces** be careful what you do. 7. (*tener cuidado con*) to be careful with. ♦ vi to look: **mirar por la ventana** to look out of the window ● **¡mira que eres tonto!** you are so stupid!

mirarse v prnl 1. (*a sí mismo*): **mirarse al ✳ en el espejo** to look at oneself in the mirror. 2. (*recíprocamente*) to look at each other.

mirilla sf 1. (*de puerta*) peephole. 2. (*Tec*) viewfinder.

mirlo sm blackbird.

mirra sf myrrh.

misa sf mass.

miscelánea sf 1. (*mezcla*) assortment, mixture. 2. (*en una publicación*) miscellany. 3. (*Méx: tienda*) corner shop, (*US*) grocery store.

miserable I adj 1. (*tacaño*) mean. 2. (*pobre, desdichado*) miserable. 3. (*insignificante*) miserable. II sm/f 1. (*canalla*) despicable person. 2. (*tacaño*) miser.

miseria sf 1. (*gran pobreza*) terrible poverty. 2. (*cantidad pequeña*) pittance, miserable amount. 3. (*sufrimiento*) woe, misfortune.

misericordia sf (*gen*) mercy, pity; (*Relig*) mercy.

misil sm missile.

misión sf mission.

misionero, -ra sm/f missionary.

misiva sf (*frml*) letter.

mismo, -ma I adj 1. (*igual*) same: **los mismos profesores que antes** the same teachers as before. 2. (*para enfatizar*): **tú misma me lo dijiste** you told me yourself; **por eso**

mismo for that very reason. II pron 1. **el mismo/la misma** the same one. **los mismos/las mismas** the same ones. 2. **lo mismo** the same (thing) ● **me da lo mismo** it's all the same to me. III adv (*para enfatizar*): **ahora mismo** right now.

misterio sm mystery.

misterioso, -sa adj mysterious.

místico, -ca adj mystical.

mitad sf 1. (*parte*) half: **la mitad del pastel** half the cake; **cuesta la mitad** it's half the price. 2. (*punto o momento central*) middle: **pártelo por la mitad** cut it in half; **voy por la mitad** I'm halfway through.

mitificar [➪ sacar] vt to turn into a legend.

mitigar [➪ pagar] vt to mitigate.

mitin, (*C Sur*) **mítin** sm rally.

mito sm 1. (*gen*) myth. 2. (*persona*) legend.

mitología sf mythology.

mitote sm (*Méx: fam*) commotion.

mixto, -ta adj 1. (*gen*) mixed. 2. (*sandwich*) containing cheese and ham.

mm (= milímetro) mm.

mobiliario sm furniture.

moca sm 1. (*café*) mocha. 2. (*crema de café*) coffee-flavoured cake filling.

mocasín sm moccasin.

mochila sf rucksack, backpack.

mochuelo sm little owl.

moción sf motion: **una moción de censura** a censure motion.

moco sm 1. (*de persona*): **tienes mocos** you've got a snotty nose. 2. (*de pavo*) crest.

moda sf fashion: **de moda** in fashion; **pasado de moda** old-fashioned.

modales sm pl manners pl.

modalidad sf form.

modelo I adj inv model. II sm 1. (*ideal, prototipo*) model. 2. (*maqueta*) (scale) model. 3. (*prenda*) outfit; (*diseño*) design. III sm/f (*en arte, moda*) model.

módem sm modem.

moderado, -da adj 1. (*gen*) moderate. 2. (*precio*) reasonable.

moderador, **-dora** *sm/f* chairperson, moderator.

modernizar [⇨ cazar] *vt* to modernize.

moderno, **-na** *adj* **1**. (*gen*) modern. **2**. (*a la moda*) fashionable.

modestia *sf* modesty.

modesto, **-ta** *adj* modest.

módico, **-ca** *adj* modest.

modificar [⇨ sacar] *vt* to modify.

modificarse *v prnl* to alter, to change.

modismo *sm* idiom.

modista *sf* (*costurera*) dressmaker.

modisto, **-ta** *sm/f* (*diseñador*) (fashion) designer, couturier.

modo I *sm* **1**. (*manera*) way: **del mismo modo** in the same way ● **¡de ningún modo!** absolutely not! ● **...de modo que... ...so... ● de todos modos** in any case ‖ anyway ● **en cierto modo** in a way. **2**. (*Ling*) mood. II **modos** *sm pl* (*modales*): **de malos modos** rudely.

modo de empleo *sm* instructions for use *pl*.

modorra *sf* drowsiness.

módulo *sm* **1**. (*gen*) module. **2**. (*de mobiliario*) unit.

mofarse *v prnl*: **mofarse de alguien** to mock sbdy ‖ to make fun of sbdy.

mofeta *sf* skunk.

mofle, **mofler** *sm* (*Amér C, Méx*) silencer, (*US*) muffler.

moflete *sm* (*fam*) chubby cheek.

mogollón *sm* (*fam*) **1**. (*montón*) loads *pl*. **2**. (*alboroto*) rumpus.

mohín *sm*: **hacer un mohín** to pull a face.

moho *sm* mould, (*US*) mold.

mohoso, **-sa** *adj* mouldy, (*US*) moldy.

mojado, **-da** *adj* wet.

mojar *vt* **1**. (*gen*) to wet. **2**. (*en salsa, café*) to dip (**en** in * into).

mojarse *v prnl* to get wet: **se me mojó el pelo** I got my hair wet.

mojigato, **-ta** *adj* prudish, straitlaced.

mojón *sm* **1**. (*para delimitar*) boundary marker. **2**. (*para indicar distancias*) milestone.

molar I *sm* (*Anat*) molar, back tooth. II *vi* (*fam*: *gustar*): **me mola tu camisa** I love your shirt.

Moldavia *sf* Moldavia.

moldavo, **-va** I *adj*, *sm/f* Moldavian. II *sm* (*Ling*) Moldavian.

molde *sm* mould, (*US*) mold.

moldeado *sm* soft perm.

mole I *sf* (*bulto*) mass, bulk. II *sm* (*Culin*) spicy Mexican sauce.

molécula *sf* molecule.

moler [⇨ mover] *vt* **1**. (*el café, el trigo*) to grind; (*Amér L*: *la carne*) to mince. **2**. (*Méx*: *fam, molestar*) to pester, to bug.

molestar *vt* to disturb, to bother. ♦ *vi* **1**. (*dar la lata*) to be a nuisance; (*resultar desagradable*): **le molesta** it bothers him. **2**. (*disgustar*): **le molestó** it upset her. **3**. (*importar*): **¿le molesta si abro la ventana?** do you mind if I open the window?

molestarse *v prnl* **1**. (*ofenderse*) to be offended. **2**. (*esforzarse*) to bother.

molestia *sf* **1**. (*fastidio*) nuisance. **2**. (*trabajo*): **tomarse la molestia** to bother. **3**. (*dolor*) discomfort.

molesto, **-ta** *adj* **1**. [S] (*fastidioso*) annoying. **2**. [E] (*enfadado*) cross, annoyed.

molido, **-da** *adj* **1**. (*café, maíz*) ground; (*Amér L*: *carne*) minced, ground. **2**. (*fam*: *agotado*) shattered.

molinero, **-ra** *sm/f* miller.

molinillo *sm* **1**. (*de café*) grinder; (*de pimienta*) mill. **2**. (*juguete*) toy windmill.

molino *sm* mill.

molino de viento *sm* windmill.

molleja *sf* (*de ave*) gizzard; (*de res*) sweetbread.

molusco *sm* mollusc, (*US*) mollusk.

momentáneo, **-nea** *adj* **1**. (*breve*) momentary. **2**. (*pasajero*) temporary.

momento *sm* **1**. (*gen*) moment: **un momento, por favor** just a moment, please; **en ese momento** at that moment ● **de momento** * **por**

el momento for the moment; (*ocasión*) time. **2.** (*actualidad*) present time: **el tema del momento** the topic of the moment.

momia *sf* mummy.

mona *sf* **1.** (*fam: borrachera*): **dormir la mona** to sleep it off. **2.** (*en naipes*) old maid. **3.** (*or* **mona de Pascua**) (*Culin*) Easter cake.

monada *sf* (*fam*): **es una monada** it's lovely.

monaguillo *sm* altar boy.

monarca *sm/f* monarch.

monarquía *sf* monarchy.

monasterio *sm* monastery.

mondar *vt* to peel.

moneda *sf* **1.** (*pieza*) coin. **2.** (*divisa*) currency.

monedero *sm* purse, (*US*) change purse.

monetario, -ria *adj* monetary.

mongólico, -ca *adj* with Down's syndrome.

monigote *sm* **1.** (*dibujo*) matchstick person; (*muñeco*) rag or paper doll. **2.** (*fam: tonto*) fool.

monitor, -tora I *sm/f* (*de esquí, etc.*) instructor; (*en colegio, campamento*) monitor. **II** *sm* (*Inform*) monitor.

monja *sf* nun.

monje *sm* monk.

mono, -na I *sm/f* (*Zool: de rabo largo*) monkey; (*:sin rabo*) ape. **II** *adj* **1.** (*fam: bonito*) nice, lovely. **2.** (*Col: pelo*) blond(e), fair; (*:persona*) blond(e), fair-haired. **III** *sm* **1.** (*traje: de trabajo*) overalls *pl*, (*US*) coveralls *pl*; (*:de bebé*) babygrow. **2.** (*fam: de la droga*) withdrawal symptoms.

monoambiente *sm* (*RP*) studio apartment.

monocromo, -ma *adj* monochrome.

monólogo *sm* monologue.

mononucleosis *sf* mononucleosis, (*GB*) glandular fever.

monopatín *sm* (*sin manillar*) skateboard; (*Amér L: con manillar*) scooter.

monopolio *sm* monopoly.

monopolizar [⟶ *cazar*] *vt* to monopolize.

monosílabo, -ba I *adj* monosyllabic. **II** *sm* monosyllable.

monotonía *sf* monotony.

monótono, -na *adj* monotonous.

monovolumen *sm* people carrier, APV.

monstruo *sm* monster.

monstruoso, -sa *adj* monstrous.

montacargas *sm inv* service lift, (*US*) freight elevator.

montaje *sm* **1.** (*de una máquina*) assembly. **2.** (*de cine*) editing; (*de teatro*) production. **3.** (*farsa*): **fue un montaje** it was a setup.

montaña *sf* (*elevación*) mountain; (*zona montañosa*) mountains *pl*.

montaña rusa *sf* roller coaster.

montañés, -ñesa *adj* **1.** (*de la montaña*) mountain (*apos.*). **2.** (*de Cantabria*) of ✳ from Cantabria.

montañismo *sm* hill-walking.

montañoso, -sa *adj* mountainous.

montar *vt* **1.** (*un mueble*) to assemble, to put together; (*una tienda de campaña*) to put up. **2.** (*una obra de teatro, una exposición*) to stage. **3.** (*un negocio*) to set up. **4.** (*fam: crear*): **montó un escándalo** ✳ **un número** he made a scene. **5.** (*la clara de huevo*) to beat (*until stiff*); (*la nata*) to whip. **6.** (*un caballo: cabalgar sobre*) to ride; (*:subirse a*) to mount. **7.** (*en joyería*) to set. ♦ *vi* (*a caballo, en bicicleta*) to ride: **montar a caballo/en bici** to ride a horse/a bike.

montarse *v prnl*: **se montó en el coche/el avión/la bici/el caballo** she got into the car/onto the plane/on her bike/on the horse ● **sabe montárselo** he's good at looking after himself.

monte *sm* **1.** (*Geog*) mountain: **el Monte Sinaí** Mount Sinai. **2.** (*terreno: arbolado*) woodland; (*:arbustivo*) scrub, scrubland.

montenegrino, -na *adj*, *sm/f* Montenegrin.

Montenegro *sm* Montenegro.

montería *sf* hunting.

montevideano, -na *adj* of ∗ from Montevideo.

montgomery /moŋˈgomeri/ *sm* (*C Sur*) duffle coat.

montículo *sm* mound.

montón *sm* 1. (*pila*) heap, pile ● **del montón** very average. 2. (*gran cantidad*): **un montón de gente** loads of people.

montura *sf* 1. (*silla*) saddle; (*caballería*) mount. 2. (*de gafas*) frame; (*de joya*) setting.

monumental *adj* 1. (*grandioso*) monumental. 2. (*de monumentos*): **una ciudad monumental** a city with many great monuments.

monumento *sm* 1. (*Arquit*) monument (**a** to). 2. (*fam: belleza*) stunner.

monzón *sm* monsoon.

moño *sm* 1. (*en el pelo*) bun. 2. (*Amér L: en una cinta*) bow.

moquear *vi* (*nariz*) to run; (*persona*) to have a runny nose.

moqueta *sf* fitted carpet.

moquette /moˈket/ *sf* (*RP*) fitted carpet.

mora *sf* 1. (*zarzamora*) blackberry. 2. (*fruto del moral*) mulberry.

morada *sf* (*frml*) dwelling, abode.

morado, -da I *adj* (*de color*) purple ● **las pasé moradas** I had a really tough time ● **me puse morado de cerezas** I stuffed myself with cherries. II *sm* (*moratón*) bruise.

moral I *adj* moral. II *sf* 1. (*moralidad*) morality, morals *pl*. 2. (*ánimo*) morale. III *sm* (*Bot*) mulberry tree.

moraleja *sf* moral.

moralidad *sf* morality.

morar *vi* (*frml*) to dwell, to live.

moratón, moretón *sm* bruise.

morbo *sm* morbid fascination.

morboso, -sa *adj* morbid.

morcilla *sf* black pudding, blood sausage.

mordaz *adj* [**-daces**] (*comentario*) sharp, biting; (*persona*) caustic, acerbic.

mordaza *sf* gag.

mordedor *sm* teething ring.

morder [⇨ mover] *vt/i* to bite.

mordida *sf* 1. (*mordisco*) bite. 2. (*Amér L: fam, soborno*) bribe.

mordisco *sm* bite.

mordisquear *vt* to nibble (at).

moreno, -na I *adj* 1. [S] (*pelo, piel*) dark. 2. [S] (*persona: de pelo oscuro*) dark-haired; (*: de piel oscura*) dark-skinned, swarthy. 3. [E] (*bronceado*) brown, (sun)tanned. 4. (*pan*) brown. II *sm/f* 1. (*persona de pelo oscuro: hombre*) dark-haired man; (*: mujer*) brunette. 2. (*negro*) black person.

morera *sf* (white) mulberry tree.

morfar *vt/i* (*RP: fam*) to eat.

morfina *sf* morphine.

morfología *sf* morphology.

moribundo, -da *adj* dying, moribund.

morir [⇨ dormir; *pp* **muerto**] *vi* 1. (*fallecer*) to die (**de** of). 2. (*acabar*) to end.

morirse *v prnl* to die (**de** of) ● **se muere por ir** she's dying to go ● **¡me muero de hambre!** I'm starving!

mormón, -mona *adj*, *sm/f* Mormon.

moro, -ra I *adj* 1. (*Hist: norteafricano*) Moorish. 2. (*musulmán*) Moslem, Muslim. II *sm/f* 1. (*Hist: norteafricano*) Moor ● **no hay moros en la costa** the coast is clear. 2. (*musulmán*) Moslem, Muslim.

morocho, -cha I *adj* (*C Sur: de pelo oscuro*) dark-haired; (*: de piel oscura*) dark-skinned. II *sm/f* 1. (*C Sur: hombre de pelo oscuro*) dark-haired man; (*: mujer de pelo oscuro*) brunette. 2. (*RP: pelo, negro*) black person. 3. (*Ven: mellizo*) twin.

moroso, -sa *sm/f* slow ∗ late payer, doubtful debtor.

morral *sm* 1. (*de cazador*) gamebag. 2. (*de caballería*) nosebag.

morriña *sf* homesickness.

morro *sm* 1. (*Zool*) snout. 2. (*fam: de persona*) lips *pl*. 3. (*fam: descaro*): **¡qué morro!** what a cheek ∗ a nerve! 4. (*de vehículo*) nose, front.

morrón *sm* (*or* **ají morrón**) (*RP*)

pepper, capsicum.

morsa *sf* walrus.

morse *sm* Morse (code).

mortaja *sf* shroud.

mortal I *adj* 1. (*no inmortal*) mortal. 2. (*letal*) fatal ● **de un aburrimiento mortal** dreadfully boring. II *sm/f* mortal.

mortalidad *sf* mortality.

mortecino, -na *adj* 1. (*luz*) dim. 2. (*color*) faded, dull.

mortero *sm* mortar.

mortificar [⇨ sacar] *vt* 1. (*atormentar*) to torment. 2. (*Relig*) to mortify.

mortificarse *v prnl* to torture oneself.

mosaico *sm* 1. (*Arquit, Artes*) mosaic. 2. (*conjunto variado*) patchwork.

mosca I *sf* fly ● **por si las moscas** just in case. II *adj inv* [E] (*fam: intrigado*) suspicious; (*: enojado*) annoyed.

moscardón *sm* (*azulado*) blowfly, bluebottle; (*pardo*) botfly.

moscatel *adj* muscatel.

moscón *sm* ⇨ **moscardón**.

Moscú *sm* Moscow.

mosquear *vt* (*fam*) 1. (*enojar*) to annoy. 2. (*escamar*) to make suspicious.

mosquearse *v prnl* (*fam*) 1. (*enojarse*) to get annoyed. 2. (*escamarse*) to become suspicious.

mosqueo *sm* (*fam*) 1. (*enojo*) anger. 2. (*recelo*): **¡tengo un mosqueo...!** there's something fishy going on....

mosquetero *sm* musketeer.

mosquitera *sf*, **mosquitero** *sm* (*para cama*) mosquito net; (*para ventana*) mosquito netting.

mosquito *sm* mosquito.

mostaza *sf* mustard.

mosto *sm* (*para vino*) must, grape juice; (*bebida*) grape juice.

mostrador *sm* (*en comercio*) counter; (*en bar*) bar, counter.

mostrar [⇨ contar] *vt* to show.

mostrarse *v prnl*: **se mostró interesado** he appeared to be interested.

mota *sf* 1. (*porción pequeña*) speck,

fleck. 2. (*mancha*) spot. 3. (*Méx: !!*, *mariguana*) grass.

mote *sm* 1. (*sobrenombre*) nickname. 2. (*Amér S: maíz cocido*) boiled maize * (*US*) corn.

motín *sm* (*militar, en barco*) mutiny; (*en cárcel*) riot.

motivar *vt* 1. (*originar*) to lead to, to give rise to. 2. (*estimular*) to motivate.

motivo *sm* 1. (*razón*) reason, cause: **no tengo motivos de queja** I have no cause * grounds for complaint. 2. (*Artes, Mús*) motif.

moto *sf* motorbike.

motocicleta *sf* motorcycle.

motociclismo *sm* motorcycling.

motoneta *sf* (*Amér L*) (motor) scooter.

motor *sm* (*gen*) motor; (*Auto*) engine.

motor a reacción *sm* jet engine.

motor de explosión *sm* internal combustion engine.

motora *sf* motorboat.

motorista *sm/f* (*gen*) motorcyclist; (*policía*) police motorcyclist.

mover [⇨ table in appendix 2] *vt* 1. (*gen*) to move. 2. (*Tec*) to drive.

moverse *v prnl* 1. (*gen*) to move. 2. (*fam: darse prisa*) to get a move on, to get one's skates on. 3. (*desenvolverse*) to move. 4. (*diente*) to be loose.

Movicom® *sm* (*RP*) mobile phone.

movida *sf* 1. (*Juegos*) move. 2. (*fam: agitación*) hassle, fuss. 3. (*ambiente animado*): **la movida madrileña** the Madrid scene. 4. (*Méx: fam, amante*) lover; (*: aventura*) affair.

movido, -da *adj* 1. (*ajetreado*) busy. 2. (*fotografía*) blurred.

móvil I *adj* movable. II *sm* 1. (*razón*) motive (**de** for). 2. (*Artes*) mobile. 3. (*teléfono*) mobile (phone).

movimiento *sm* 1. (*gen*) movement. 2. (*Fís, Tec*) motion. 3. (*actividad*) activity.

mozo, -za I *adj* young. II *sm/f* 1. (*chico*) (young) boy, lad; (*chica*) (young) girl. 2. (*C Sur: camarero*) waiter; (: *camarera*) waitress.

mozo, -za de estación *sm/f* porter.

mucama *sf* (*Amér L*) maid.

muchacha *sf* (*criada*) maid.

muchacho, -cha *sm/f* (*chico*) boy; (*chica*) girl.

muchedumbre *sf* crowd.

mucho, -cha I *adj* (+ *sustantivo inglés: en sing*) a lot of, much: **muchos muebles** a lot of furniture, **no me queda mucho dinero** I don't have much money left; **¿tiene mucha experiencia?** does he have much experience?; **hace mucho (tiempo)** a long time ago; (: *en pl*) a lot of, many: **tiene muchos amigos** she has a lot of friends ✳ many friends.
II *pron* **1.** (*referido a un sustantivo inglés: en sing*) a lot, much; (: *en pl*) a lot, many. **2.** (*en expresiones*): **como mucho** at the most; **con mucho** by far.
III *adv* (+ *verbo*) a lot: **me gusta mucho** I like it a lot ‖ I like it very much; (+ *comparativo*) much, a lot: **mucho mejor** much better ‖ a lot better.

mucosidad *sf* mucus.

muda *sf* **1.** (*de ropa*) change (of clothes). **2.** (*de los pájaros: proceso*) moulting, (*US*) molting; (: *temporada*) moulting ✳ (*US*) molting season; (*de las serpientes*) sloughing.

mudanza *sf* move.

mudar *vt* **1.** (*gen*) to change. **2.** (*la voz*): **está mudando la voz** his voice is breaking. **3.** (*las plumas, la piel*) to shed.

mudarse *v prnl* **1.** (*cambiar de casa*) to move. **2.** (*cambiarse la ropa*) to change (one's clothes).

mudéjar *adj* (*Arquit*) combining Arab and Christian influences.

mudo, -da *adj* **1.** (*persona*) dumb: **me quedé muda** I was speechless. **2.** (*letra, cine*) silent.

mueble *sm* **1.** (*cama, mesa, etc.*) piece of furniture: **los muebles son nuevos** the furniture is new. **2.** (*RP: hotel para parejas*) hotel (*renting rooms by the hour*).

mueca *sf*: **hacer muecas** (*gen*) to make ✳ pull faces, (*de dolor*) to grimace.

muela *sf* **1.** (*Anat*) back tooth, molar. **2.** (*para afilar*) grindstone; (*para moler*) millstone.

muela del juicio *sf* wisdom tooth.

muelle *sm* **1.** (*en puerto*) wharf, quay. **2.** (*de cama, reloj*) spring.

muérdago *sm* mistletoe.

muerdo *etc.* ⇨ **morder**.

muermo *sm* (*fam*) **1.** (*persona, situación*) bore. **2.** (*somnolencia*) drowsiness.

muero *etc.* ⇨ **morir**.

muerte *sf* death: **dar muerte a alguien** to kill sbdy ✳ **se odian a muerte** they detest each other ● **de mala muerte** horrible.

muerto, -ta I *pp* ⇨ **morir**. **II** *adj* **1.** [E] (*gen*) dead. **2.** [E] (*fam: cansado*) exhausted, shattered. **3.** (*fam: para intensificar*): **está muerto de hambre/de envidia** he's starving/green with envy. **III** *sm/f* (*persona fallecida: gen*) dead person; (: *en accidente*) fatality. **IV** *sm* (*cadáver*) corpse.

muesca *sf* **1.** (*corte*) notch. **2.** (*ranura*) groove, slot.

muestra *sf* **1.** (*de un producto, en estadística*) sample; (*de sangre*) specimen, sample. **2.** (*señal*) sign: **dar muestras de algo** to show signs of sthg; **como ✳ en muestra de algo** as a token of sthg. **3.** (*modelo*) model, guide. **4.** (*exposición*) exhibition.

muestrario *sm* samples pl.

muestro *etc.* ⇨ **mostrar**.

muevo *etc.* ⇨ **mover**.

mugido *sm* moo.

mugir [⇨ **surgir**] *vi* to moo.

mugre *sf* filth, grime.

mugriento, -ta *adj* filthy, grimy.

mujer *sf* **1.** (*individuo de sexo femenino*) woman. **2.** (*esposa*) wife. **3.** (*apelativo*): **¡que sí, mujer!** yes, I tell you!

mujer de negocios *sf* businesswoman.

mujeriego *sm* womanizer, lady-killer.

mula *sf* mule.

mulato, -ta *sm/f*: person of mixed African and European origin.

muleta *sf* 1. (*para caminar*) crutch. 2. (*de torero*) red cape attached to a stick.

muletilla *sf* pet word ✳ phrase.

mulita *sf* (*RP*) armadillo.

mullido, -da *adj* soft.

multa *sf* (*gen*) fine; (*Auto*) ticket: **le pusieron una multa** he was given a fine.

multar *vt* to fine.

multinacional *adj, sf* multinational.

múltiple *adj* 1. (*gen*) multiple. 2. **múltiples** (*muchos*) numerous, many.

multiplicación *sf* multiplication.

multiplicar [⇨ sacar] *vt/i* to multiply (**por**) by.

multiplicarse *v prnl* to multiply ● **no puedo multiplicarme** I can't be everywhere at once.

múltiplo *sm* multiple.

multiprocesadora *sf* (*RP*) food processor.

multitud *sf* 1. (*gentío*) crowd. 2. (*infinidad*) multitude: **multitud de problemas** a multitude of problems; **te lo he dicho en multitud de ocasiones** I've told you on numerous occasions.

multitudinario, -ria *adj* mass.

mundano, -na *adj* worldly.

mundial **I** *adj* world (*apos.*): **a escala mundial** on a worldwide scale. **II** *sm* (*Dep: gen*) world championship; (*: de fútbol*) World Cup.

mundo *sm* world: **por/en todo el mundo** all over the world ● **todo el mundo lo sabe** everybody knows it ● **tiene mucho mundo** he's worldly-wise.

munición *sf*, **municiones** *sf pl* ammunition.

municipio *sm* 1. (*organismo*) town/city council; (*edificio*) city hall, (*GB*) town hall. 2. (*división administra-*

tiva) town, municipality.

muñeca *sf* 1. (*Anat*) wrist. 2. (*juguete*) doll. 3. (*RP: fam, habilidad*) skill; (*: influencia*) influence.

muñeco *sm* 1. (*Juegos*) (male) doll; (*de ventrílocuo*) dummy. 2. (*persona débil*) puppet.

muñeco de nieve *sm* snowman. **muñeco de peluche** *sm* soft toy.

muñeira *sf*: Galician folk dance.

muñequera *sf* wristband.

muñón *sm* stump.

mural *sm* (*Artes*) mural.

muralla *sf* (city) wall.

murciano, -na *adj* of ✳ from Murcia.

murciélago *sm* bat.

murmullo *sm* (*de voces*) murmur; (*de agua*) babbling; (*de hojas*) rustling.

murmuraciones *sf pl* gossip.

murmurar *vi* 1. (*hablar en voz baja: gen*) to whisper; (*: quejándose*) to murmur, to mutter. 2. (*criticar*) to gossip.

muro *sm* wall.

mus *sm*: Spanish card game.

musa *sf* muse.

musaraña *sf* shrew ● **pensar en las musarañas** to daydream.

músculo *sm* muscle.

musculosa *sf* (*RP*) sleeveless T-shirt.

musculoso, -sa *adj* muscular.

museo *sm* museum.

musgo *sm* moss.

música *sf* music.

música ambiental *sf* piped music.

musical *adj, sm* musical.

músico, -ca *sm/f* musician.

musitar *vt* (*frml*) to murmur.

muslo *sm* 1. (*de persona*) thigh. 2. (*de pollo*) leg.

mustio, -tia *adj* 1. (*flor*) wilting. 2. (*persona*) gloomy, downhearted.

musulmán, -mana *adj, sm/f* Moslem, Muslim.

mutación *sf* 1. (*frml: cambio*) transformation. 2. (*Biol*) mutation.

mutilado, -da *sm/f* disabled person.

mutua, mutualidad *sf* friendly ✳ (*US*) benefit society.

mutual *sf* (*Arg*) employees' medical

insurance scheme.

mutuo, -tua *adj* mutual.

muy *adv* 1. (*gen*) very: **el muy sinvergüenza** the shameless devil • **eso es muy de Ana** that's typical of Ana * just like Ana. 2. (*demasiado*) too.

nabo *sm* turnip.

nácar *sm* mother-of-pearl.

nacer [⇨ agradecer] *vi* 1. (*mamíferos*) to be born: **nació aquí** he was born here; (*aves, peces, insectos*) to hatch (out). 2. (*cabello, plumas*) to start to grow. 3. (*iniciarse*) to originate.

nacido, -da *adj* born.

naciente *adj* (*gen*) new; (*sol*) rising.

nacimiento *sm* 1. (*gen*) birth. 2. (*de un río*) source. 3. (*belén*) crib, Nativity scene.

nación *sf* nation.

nacional *adj* 1. (*Geog, Pol*) national. 2. (*producción, vuelo*) domestic.

nacionalidad *sf* nationality.

nacionalismo *sm* nationalism.

nacionalizar [⇨ cazar] *vt* to nationalize.

nacionalizarse *v prnl* to be naturalized.

Naciones Unidas *sfpl* United Nations.

naco, -ca *adj* (*Méx: fam, persona, gusto*) common; (*: prenda, adorno*) tacky.

nada I *pron indefinido* 1. (*gen*) nothing; (*si hay otro negativo en la oración inglesa*) anything: **no dijo nada** he didn't say anything ‖ he said nothing. 2. **de nada** (*como respuesta*) you're welcome; (*sin importancia*): **un corte de nada** just a little cut. 3. **nada más** (*gen*) that's all: —**¿Algo más?** —**Nada más.** "Anything else?" "That's all."; (+ *inf*): **comimos nada más llegar** we had lunch as soon as we arrived. 4. (*en tenis*) love. II *adv* (*en absoluto*): **no me gusta nada** I don't like it at all.

nadador, -dora *sm/f* swimmer.

nadar *vi* to swim.

nadie *pron indefinido* (*gen*) nobody, no one; (*si hay otro negativo en la oración inglesa*) anybody, anyone: **no se lo contó a nadie** he didn't tell anybody * anyone ‖ he told nobody * no one.

nado: a nado *loc adv*: **cruzó el río a nado** he swam across the river.

nafta *sf* (*RP*) petrol, (*US*) gasoline.

nailon *sm* nylon.

naipe *sm* (playing) card.

nalga *sf* buttock.

nana *sf* lullaby.

naranja *adj inv*, *sf* orange.

naranjada *sf* orange drink.

naranjo *sm* orange tree.

narciso *sm* daffodil.

narcótico, -ca *adj*, *sm* narcotic.

narcotraficante *sm/f* drug trafficker.

narcotráfico *sm* drug trafficking.

nardo *sm* spikenard.

nariz *sf* [-**rices**] nose • **meter las narices en algo** to stick one's nose into sthg. **nariz aguileña** *sf* aquiline nose. **nariz chata** *sf* snub nose. **nariz respingada** *sf* (*Amér L*) turned-up nose. **nariz respingona** *sf* turned-up nose.

narración *sf* (*cuento*) story; (*género*) narrative; (*acción*) narration.

narrador, -dora *sm/f* narrator.

narrar *vt* to narrate, to tell.

narrativa *sf* narrative.

nata *sf* (*crema*) cream; (*en la superficie de la leche*) skin.

nata líquida *sf* single cream. **nata montada** *sf* whipped cream.

natación *sf* swimming.

natación sincronizada *sf* synchronized swimming.

natal *adj*: **mi ciudad natal** the city of my birth.

natalidad *sf* birth rate.

natillas *sf pl*: *custard eaten cold as a dessert.*

nativo, -va *adj, sm/f* native.

nato, -ta *adj* born: **un futbolista nato** a born footballer.

natural I *adj* 1. (*gen*) natural. 2. (*oriundo*): **es natural de Cádiz** he comes from Cádiz. II *sm/f* national, native.

naturaleza *sf* nature.

naturaleza muerta *sf* still life.

naturalidad *sf* naturalness: **actuó con naturalidad** he behaved naturally.

naturalmente *adv* naturally, of course.

naufragar [➪ pagar] *vi* (*barco*) to sink; (*persona*) to be shipwrecked.

naufragio *sm* shipwreck.

náufrago, -ga I *adj* shipwrecked. II *sm/f*: *shipwrecked person.*

nauseabundo, -da *adj* 1. (*olor*) nauseating. 2. (*actitud*) sickening.

náuseas *sf pl* nausea, sickness.

náutico, -ca *adj* nautical.

navaja *sf* 1. (*como utensilio*) pen-knife; (*como arma*) knife; (*de afeitar*) razor. 2. (*Zool*) razor shell ✱ (*US*) clam.

navaja automática *sf* flick knife.

naval *adj* naval.

Navarra *sf* Navarre.

navarro, -rra *adj of* ✱ *from* Navarre.

nave *sf* 1. (*Náut*) vessel, ship. 2. (*or* **nave espacial**) spacecraft *n inv*, spaceship. 3. (*de iglesia*) nave. 4. (*almacén*) (large) warehouse.

nave industrial *sf* industrial unit.

navegable *adj* navigable.

navegación *sf* 1. (*técnica*) navigation. 2. (*buques*) shipping.

navegación aérea *sf* (*frml*) flying.

navegante *sm/f* navigator.

navegar [➪ pagar] *vi* 1. (*Náut*) to sail. 2. (*Av*) to fly.

Navidad, navidad *sf* Christmas.

navideño, -ña *adj* Christmas (*apos.*).

navío *sm* ship.

nazareno *sm*: *penitent in Easter procession.*

neblina *sf* mist.

nebulosa *sf* nebula.

necedad *sf* (*acción necia*) stupid act; (*dicho necio*) piece of nonsense.

necesario, -ria *adj* necessary: **no es necesario que vayas** you needn't go.

neceser *sm* sponge bag.

necesidad I *sf* (*gen*) need: **no hay necesidad de que vayas** there's no need for you to go; (*cosa necesaria*) necessity. II **necesidades** *sf pl* 1. (*fisiológicas*): **hacer alguien sus necesidades** to go to the toilet. 2. (*penurias*): **pasar necesidades** to suffer hardship.

necesitado, -da *adj* (*gente, familia*) needy: **estar necesitado de algo** to be in need of sthg.

necesitar *vt* to need: **se necesita camarero** waiter required.

necio, -cia *adj* stupid.

necrológicas *sf pl*: *deaths section of newspaper.*

necrópolis *sf inv* (*frml*) cemetery.

nectarina *sf* nectarine.

nefasto, -ta *adj* 1. (*funesto*) ill-fated. 2. (*dañino*) harmful.

negación *sf* 1. (*gen*) negation. 2. (*negativa*) refusal. 3. (*Ling*) negative.

negado, -da *adj* hopeless, useless.

negar [➪ regar] *vt* 1. (*una acusación, un hecho*) to deny. 2. (*un permiso*) to refuse: **le negaron el pasaporte** he was refused ✱ denied a passport.

negarse *v prnl* to refuse: **se negó a ir** he refused to go.

negativa *sf* (*a una petición*) refusal; (*respuesta*): **contestó con una negativa** his reply was no.

negativo, -va *adj, sm* negative.

negligencia *sf* (*gen*) carelessness;

(*profesional*) negligence.
negligente *adj* (*gen*) careless; (*Jur*) negligent.

negociable *adj* negotiable.

negociación *sf* negotiation.

negociado *sm* 1. (*departamento*) department. 2. (*Amér L: negocio poco limpio*) shady deal.

negociante *sm/f* (*gen*) businessman/woman; (*en tono despectivo*) money-grubber.

negociar *vi* 1. (*mantener negociaciones*) to negotiate. 2. (*comerciar*) to do business. ♦ *vt* to negotiate.

negocio *sm* 1. (*actividad, empresa*) business: **dedicarse a los negocios** to be in business. 2. (*tienda*) shop, (*US*) store. 3. (*trato*) deal.

negro, -gra I *adj* 1. [S] (*gen*) black • **pasarlas negras** to have an awful time. 2. [S] (*persona, raza*) black. 3. [E] (*fam: muy bronceado*) very tanned. 4. [E] (*fam: harto*) fed up. 5. [E] (*tabaco*) black. II *sm/f* (*de raza*) black person, black man/woman. III *sm* (*color*) black.

negruzco, -ca *adj* blackish.

nene, -na *sm/f* 1. (*niño*) little boy; (*niña*) little girl. 2. (*apelativo*) baby.

nenúfar *sm* water lily.

neocelandés, -desa *adj*, *sm/f* ➪ **neozelandés**.

neoclásico, -ca *adj* neoclassic, neoclassical.

neologismo *sm* neologism.

neón *sm* neon.

neoyorquino, -na *sm/f* New Yorker.

neozelandés, -desa I *adj* of ∗ from New Zealand. II *sm/f* New Zealander.

nepotismo *sm* nepotism.

Neptuno *sm* Neptune.

nervio I *sm* 1. (*Anat, Bot*) nerve. 2. (*carácter, energía*) spirit, vigour, (*US*) vigor. II **nervios** *sm pl* 1. (*Med*) nerves *pl*: **tengo los nervios de punta** I'm very tense; **me crispa los nervios** he gets on my nerves. 2. (*en un filete*) gristle.

nerviosismo *sm* nervousness.

nervioso, -sa *adj* nervous.

neto, -ta *adj* net.

neumático *sm* tyre, (*US*) tire.

neumonía *sf* pneumonia.

neurasténico, -ca *sm/f* 1. (*Med*) neurasthenic (person). 2. (*histérico*) hysterical person.

neurología *sf* neurology.

neurólogo, -ga *sm/f* neurologist.

neurona *sf* neuron, nerve cell.

neurótico, -ca *adj* neurotic.

neutral *adj* neutral.

neutralizar [➪ cazar] *vt* to neutralize.

neutro, -tra *adj* 1. (*gen*) neutral. 2. (*Ling*) neuter.

neutrón *sm* neutron.

nevada *sf* snowfall.

nevado, -da *adj* snow-covered.

nevar [➪ pensar] *v impers* to snow.

nevera *sf* refrigerator, fridge.

nevera portátil *sf* cool box.

ni *conj* 1. (*siquiera*) even: **no quiero ni pensarlo** I don't even want to think about it. 2. **ni un..., ni una...** a single...: **no dijo ni una palabra** he didn't say a single word. 3. **ni ... ni: ni estudia ni trabaja** he neither studies nor works; **no vino ni el sábado ni el domingo** he didn't come (either) on Saturday or on Sunday.

Nicaragua *sf* Nicaragua.

nicaragüense *adj*, *sm/f* Nicaraguan.

nicho *sm* niche.

nicotina *sf* nicotine.

nido *sm* 1. (*Zool*) nest. 2. (*refugio*) den.

niebla *sf* fog: **hay niebla** it's foggy.

niego *etc.* ➪ **negar**.

nieto, -ta I *sm/f* (*varón*) grandson; (*hembra*) granddaughter. II **nietos** *sm pl* (*nieto y nieta*) grandchildren *pl*.

nieva *etc.* ➪ **nevar**.

nieve *sf* 1. (*Meteo*) snow. 2. (*!!: cocaína*) coke, snow. 3. (*Amér C, Méx: helado*) sorbet.

NIF /nif/ *sm* = **Número de Identificación Fiscal**.

nimiedad *sf* **1.** (*cualidad*) insignificance. **2.** (*asunto*) minor * trifling matter.

nimio, -mia *adj* insignificant, trifling.

ninfa *sf* nymph.

ningún *adj indefinido* ⇨ **ninguno**.

ninguno, -na **I** *adj indefinido* [**ningún** before masc. sing. nouns] (*gen*) no; (*si hay otro negativo en la oración inglesa*) any: **no tiene ninguna paciencia** she has no patience ‖ she doesn't have any patience; **no compré ningún regalo** I didn't buy any presents. **II** *pron indefinido* **1.** (*de dos personas o cosas: gen*) neither; (*: si hay otro negativo en la oración inglesa*) either; (*de más de dos personas o cosas: gen*) none; (*: si hay otro negativo en la oración inglesa*) any: **no sirve ninguno** none of them is any good; **no me gusta ninguno** I don't like any of them. **2.** (*nadie*) nobody, no one.

niña *sf* (*del ojo*) pupil.

niñada *sf* ⇨ **niñería**.

niñera *sf* nursemaid, nanny.

niñería *sf*: **estoy harto de sus niñerías** I'm fed up with her childishness.

niñez *sf* childhood.

niño, -ña **I** *sm/f* **1.** (*sin especificar sexo, por oposición a adulto*) child: **de niño/niña...** as a child...; **tres niños** three children; (*chico*) boy; (*chica*) girl. **2.** (*bebé*) baby. **II** *adj* **1.** (*pequeño*) young. **2.** (*inmaduro*) childish.

niño -ña bien * **de papá** *sm/f* rich kid, rich boy/girl. **niño -ña probeta** *sm/f* test-tube baby. **niño -ña prodigio** *sm/f* child prodigy.

nipón, -pona *adj* Japanese.

níquel *sm* nickel.

niquelado, -da *adj* nickel-plated.

niqui *sm* polo shirt.

níspero *sm* medlar.

nitidez *sf* (*claridad: gen*) clarity; (*: del aire*) clearness; (*: de una fotografía*) sharpness.

nítido, -da *adj* (*gen*) clear; (*aire*)

clear; (*fotografía*) sharp.

nitrógeno *sm* nitrogen.

nitroglicerina *sf* nitroglycerin.

nivel *sm* **1.** (*gen*) level. **2.** (*en cuanto a calidad*) standard: **el nivel de vida** the standard of living. **3.** (*or* **nivel de aire** * **de burbuja**) (*Tec*) spirit level.

nivelar *vt* (*un terreno*) to level (off); (*dos o más cosas*) to make level.

nixtamal *sm* (*Méx*) boiled maize (*for tortillas*).

no **I** *adv* **1.** (*solo, como respuesta*) no: **no, gracias** no, thank you. **2.** (*modificando a otros elementos de la oración*) not: **no compré nada** I didn't buy anything; **¿no te gusta?** don't you like it? **3.** (*en coletillas interrogativas*) es inglés, ¿no? he's English, isn't he?; **puedo ir, ¿no?** I can go, can't I? **4.** (*prefijo negativo*) non-, no-: **sección de no fumadores** non-smoking section. **II** *sm* [**noes**] no. **III no bien** *conj* as soon as. **IV no obstante** *conj, prep* ⇨ **obstante**.

noble *adj* noble.

nobleza *sf* nobility.

noche *sf* (*gen*) night: **pasamos la noche allí** we spent the night there; **hacerse de noche** to get dark; **ya es de noche** it's already dark; (*última parte del día*) (late) evening: **a las nueve de la noche** at nine in the evening; **vino por la noche** he came in the evening; **buenas noches** (*al llegar*) good evening, (*al despedirse*) good night.

Nochebuena *sf* Christmas Eve.

Nochevieja *sf* New Year's Eve.

noción **I** *sf* notion, idea. **II nociones** *sf pl* basics *pl*, rudiments *pl*.

nocivo, -va *adj* harmful.

noctámbulo *-la* *sm/f* night owl.

nocturno, -na *adj* **1.** (*servicio, turno*) night (*apos.*): **clases nocturnas** evening classes. **2.** (*Zool*) nocturnal.

nodriza *sf* wet nurse.

nogal *sm* walnut (tree).

nómada **I** *adj* nomadic. **II** *sm/f* nomad.

nomás, no más *adv* 1. (*Amér L: sólo*) only: **quiere uno nomás** he only wants one; **queda aquí nomás** it's very close. 2. (*Amér L: sin más*): **pase nomás** come on in. 3. (*Amér C, Méx: en cuanto*): **nomás que lleguen** as soon as they arrive.

nombramiento *sm* appointment.

nombrar *vt* 1. (*decir el nombre de*): **no la ha vuelto a nombrar** he hasn't mentioned her name again. 2. (*para un cargo*) to appoint: **lo nombraron director** he was appointed director.

nombre *sm* 1. (*gen*) name; (*opuesto a apellido*) first name. 2. (*Ling*) noun. 3. (*fama*) name, reputation.

nombre de pila *sm* Christian name, forename. **nombre propio** *sm* proper noun.

nómina *sf* 1. (*lista de empleados*) payroll. 2. (*sueldo*) salary; (*recibo del sueldo*) payslip.

nominal *adj* nominal.

nominar *vt* to nominate.

nonagésimo, -ma *adj, pron* ninetieth ⇨ *apéndice 4.*

nono, -na *adj* ⇨ **noveno.**

nopal *sm* (*Amér C, Méx*) prickly pear.

nordeste *sm, adj inv* ⇨ **noreste.**

nórdico, -ca *adj* Nordic.

noreste I *sm* northeast. II *adj inv* (*gen*) northeast; (*región*) northeastern; (*dirección*) northeasterly.

noria *sf* 1. (*de una feria*) Ferris wheel, (*GB*) big wheel. 2. (*para sacar agua*) water wheel.

norirlandés, -desa *adj* Northern Irish.

norma *sf* regulation, norm.

normal *adj* 1. (*gen*) normal. 2. (*lógico, natural*) normal, natural. 3. (*frecuente, común*) usual, common ● **normal y corriente** ordinary. 4. (*gasolina*) two-star, (*US*) regular.

normalidad *sf* normality.

normalizar [⇨ cazar] *vt* to restore to normal.

normalizarse *v prnl* (*situación*) to get back to normal.

normando, -da *adj, sm/f* Norman.

normativa *sf* regulations *pl.*

noroeste I *sm* northwest. II *adj inv* (*gen*) northwest; (*región*) northwestern; (*dirección*) northwesterly.

norte I *sm* 1. (*Geog*) north. 2. (*objetivo, dirección*) aim, goal. II *adj inv* (*gen*) north; (*región*) northern; (*dirección*) northerly.

Norteamérica *sf* North America.

norteamericano, -na *adj, sm/f* North American.

Noruega *sf* Norway.

noruego, -ga I *adj, sm/f* Norwegian. II *sm* (*Ling*) Norwegian.

nos *pron personal* 1. (*objeto directo o indirecto*) us: **nos vio** he saw us; **nos prestó el dinero** she lent us the money. 2. (*reflexivo*) ourselves: **tenemos que felicitarnos** we must congratulate ourselves. 3. (*recíproco*) each other: **no nos vimos** we didn't see each other.

nosocomio *sm* (*frml*) hospital.

nosotros, -tras *pron personal* (*sujeto*) we; (*tras to be, prep o comparativo*) us: **somos nosotras** it's us; **con nosotros** with us; **más que nosotros** more than us.

nostálgico, -ca *adj* nostalgic.

nota *sf* 1. (*escrito*) note: **tomar notas** to take notes; **una nota a pie de página** a footnote. 2. (*factura*) bill. 3. (*calificación*) mark, grade. 4. (*Mús*) note.

notable I *adj* 1. (*considerable*) marked, noticeable. 2. (*destacado*) outstanding. II *sm* (*Educ*) mark between 70% and 85%.

notar *vt* 1. (*apreciar*) to notice: **la mancha no se nota** the stain doesn't show; **se nota que está contento** you can tell he is happy. 2. (*encontrar*) to find: **lo noto muy cambiado** I find him very different.

notario, -ria *sm/f* notary (public).

noticia I *sf* (*gen*) news; (*con numerales*) piece of news: **tengo una buena noticia** I have some good news; **dos noticias** two pieces of news; **tener noticias de alguien** to hear from sbdy. **II noticias** *sf pl* (*en radio, televisión*) news: **ver las noticias** to watch the news.

noticiero *sm* (*Amér L: en radio, televisión*) news.

notificación *sf* notification.

notificar [⟶ *sacar*] *vt* to notify of, to inform of.

notoriedad *sf* fame, renown.

notorio, -ria *adj* **1**. (*evidente*) obvious, clear. **2**. (*famoso*) well-known, famous.

novatada *sf*: *joke played on a new recruit, student, etc.*

novato, -ta I *adj* inexperienced. **II** *sm/f* (*gen*) beginner; (*estudiante*) new student; (*soldado*) new recruit.

novecientos, -tas *adj, pron* (*cardinal*) nine hundred; (*ordinal*) nine hundredth ⟶ *apéndice 4*.

novedad *sf* **1**. (*cualidad*) novelty. **2**. (*noticia*) ¿**alguna novedad?** any news? **3**. (*cosa reciente*): **las últimas novedades en bicicletas** the latest in bicycles.

novedoso, -sa *adj* novel.

novel *adj* **1**. (*principiante*) new. **2**. (*inexperto*) inexperienced.

novela *sf* novel.

novela policiaca *sf* detective novel. **novela rosa** *sf* romance, romantic novel.

novelista *sm/f* novelist.

noveno, -na *adj, pron, sm* ninth ⟶ *apéndice 4*.

noventa *adj, pron* (*cardinal*) ninety; (*ordinal*) ninetieth ⟶ *apéndice 4*.

noviazgo *sm* engagement.

novicio, -cia *sm/f* novice.

noviembre *sm* November ⟶ **febrero**.

novillada *sf*: *bullfight with young bulls.*

novillero, -ra *sm/f* apprentice bullfighter.

novillo, -lla *sm/f* (*Zool: macho*) young bull; (*:hembra*) heifer ● **hacer novillos** to skive off school, (*US*) to play hooky.

novio, -via *sm/f* **1**. (*gen: hombre*) boyfriend; (*:mujer*) girlfriend; (*prometido: hombre*) fiancé; (*:mujer*) fiancée. **2**. (*en una boda: hombre*) groom, bridegroom; (*:mujer*) bride: **los novios** the bride and groom.

nubarrón *sm* storm cloud.

nube *sf* cloud ● **vive en las nubes** he lives on another planet.

nublado, -da *adj* overcast, cloudy.

nublar *vt* to cloud.

nublarse *v prnl* **1**. (*Meteo*) to cloud over, to become cloudy. **2**. (*vista*) to become cloudy ✱ blurred.

nubosidad *sf*: **se prevé abundante nubosidad** heavy cloud is forecast.

nuca *sf* nape (of the neck).

nuclear *adj* nuclear.

núcleo *sm* **1**. (*Biol, Fís, Quím*) nucleus. **2**. (*parte fundamental*) essence, core.

núcleo urbano *sm* urban centre, city.

nudillo *sm* knuckle.

nudista *adj, sm/f* nudist.

nudo *sm* knot ● **un nudo en la garganta** a lump in one's throat.

nuera *sf* daughter-in-law.

nuestro, -tra I *adj posesivo* ours: **es nuestro** it's ours; **un colega nuestro** a colleague of ours. **II** *pron posesivo*: **el nuestro/la nuestra está aquí** ours is here; **los nuestros/las nuestras son verdes** ours are green.

Nueva York *sf* New York.

Nueva Zelanda *sf* New Zealand.

nuevamente *adv* again.

nueve *adj, pron* (*cardinal*) nine; (*ordinal*) ninth ⟶ *apéndice 4*.

nuevo, -va *adj* **1**. (*gen*) new ● **como nuevo** as good as new. **2**. (*adicional*) further. **3**. **de nuevo** (once) again.

Nuevo México *sm* New Mexico.

nuez *sf* [**nueces**] **1**. (*Bot*) walnut. **2**. (*Anat*) Adam's apple.

nuez moscada *sf* nutmeg.

nulidad *sf* nullity ● **es una nulidad** he's absolutely useless.

nulo, -la *adj* **1**. (*inválido: voto*) (null

and) void; (: *salida*) false. **2.** (*incapaz*) hopeless, useless. **3.** (*inexistente*): **su valor es nulo** it has no value.

núm. (= **número**) No.

numeración *sf* numbering.

numeral *sm* numeral, number.

numerar *vt* to number.

número *sm* **1.** (*gen*) number. **2.** (*en una cola*) numbered ticket. **3.** (*de zapatos*) size. **4.** (*de una publicación*) issue. **5.** (*en teatro*) act.

número arábigo *sm* Arabic numeral. **número de matrícula** *sm* registration ∗ (*US*) license number. **número impar/par** *sm* odd/even number. **número romano** *sm* Roman numeral.

numeroso, -sa *adj* **1.** (*grupo, familia*) large. **2. numerosos -sas** (*muchos*) numerous, many.

nunca *adv* **1.** (*gen*) never ● **es lo nunca visto** it's unheard of; (*si hay otro negativo en la oración inglesa*) ever: **nunca digas eso** don't ever say that. **2. casi nunca** hardly ever. **3. nunca jamás** never ever.

nupcias *sf pl* (*frml*) wedding.

nutria *sf* (*europea*) otter; (*sudamericana*) coypu.

nutrición *sf* nutrition.

nutrido, -da *adj* **1.** (*alimentado*) nourished. **2.** (*abundante*) large.

nutrir *vt* to nourish.

nutrirse *v prnl* to feed (**de** on).

nutritivo, -va *adj* nourishing, nutritious.

nylon /ˈnajlon, niˈlon/ *sm* nylon.

ñame *sm* yam.

ñandú *sm* rhea.

ñandutí *sm*: Paraguayan lace.

ñapa *sf* (*Amér S: fam*) ⇨ **yapa**.

ñato, -ta *adj* (*Amér L: fam*) snub-nosed.

ñoño, -ña *adj*: **es muy ñoño** he is a complete drip.

o *conj* **1.** (*gen*) or. **2. o... o...** either... or....

oasis *sm inv* oasis.

obcecar [⇨ sacar] *vt* (*ofuscar*) to blind.

obcecarse *v prnl*: **se obcecó en que...** he stubbornly insisted that....

obedecer [⇨ agradecer] *vt* to obey.
♦ *vi* **1.** (*cumplir órdenes*) to obey. **2.** (*frenos*) to respond. **3. obedecer a** (*ser consecuencia de*) to be the result of.

obediencia *sf* obedience.

obediente *adj* obedient.

obertura *sf* overture.

obesidad *sf* obesity.

obeso, -sa *adj* obese.

obispo *sm* bishop.

objeción *sf* objection.

objeción de conciencia *sf* conscientious objection.

objetar *vt* to object. ♦ *vi* to be a conscientious objector.

objetividad *sf* objectivity.

objetivo, -va I *adj* objective. II *sm* 1. (*finalidad*) objective, aim. 2. (*Mil*) target. 3. (*de cámara*) lens.

objeto *sm* object.

objetos perdidos *sm pl* lost property, (*US*) lost and found.

objetor de conciencia, objetora de conciencia *sm/f* conscientious objector.

oblicuo, -cua *adj* oblique.

obligación *sf* 1. (*gen*) obligation. 2. (*Fin*) bond.

obligar [⇨ pagar] *vt* to force, to oblige.

obligatorio, -ria *adj* compulsory.

oboe *sm* oboe.

obra I *sf* 1. (*Artes*) work. 2. (*or* **obra teatral ✳ de teatro**) play. 3. (*acción*) deed. 4. (*resultado*) result. 5. (*construcción*) building site. II **obras** *sf pl* (*en edificio*) building work; (*en carretera*) road works *pl*.

obra benéfica *sf* (*organización*) charity; (*acto*): **hacer obras benéficas** to do charity work. **obra de arte** *sf* work of art. **obra de caridad** *sf* charitable act: **hacer obras de caridad** to do charity work. **obra maestra** *sf* masterpiece.

obrar *vi* 1. (*gen*) to act. 2. (*frml: estar*) to be. ♦ *vt* (*milagros*) to work.

obrero, -ra I *adj* (*barrio, familia*) working-class; (*movimiento*) labour (*apos.*), (*US*) labor (*apos.*). II *sm/f* (*manual*) worker.

obrero, -ra especializado, -da *sm/f* skilled worker.

obscenidad *sf* obscenity.

obsceno, -na *adj* obscene.

obsequiar *vt* (*frml*): **los obsequiaron con sendos relojes** they were each presented with a watch.

obsequio *sm* (*frml*) present, gift.

observación *sf* 1. (*estudio*) observation. 2. (*comentario*) observation, comment (**sobre** on).

observador, -dora I *adj* observant. II *sm/f* observer.

observar *vt* 1. (*examinar, mirar*) to observe: **observa lo que hace** watch what he's doing. 2. (*darse cuenta de*) to notice. 3. (*señalar*) to point out. 4. (*acatar*) to observe.

observatorio *sm* observatory.

obsesión *sf* obsession.

obsesionar *vt* to obsess.

obsesionarse *v prnl* to become obsessed (**con** with).

obsesivo, -va *adj* obsessive.

obsoleto, -ta *adj* obsolete.

obstaculizar [⇨ cazar] *vt* 1. (*el paso*) to block. 2. (*un proceso*) to hinder, to hamper.

obstáculo *sm* obstacle.

obstante: no obstante I *conj* nevertheless, however. II *prep* (*frml*) in spite of, despite.

obstinado, -da *adj* stubborn, obstinate.

obstinarse *v prnl* to insist: **se obstina en hacerlo solo** he insists on doing it alone.

obstrucción *sf* obstruction.

obstruir [⇨ huir] *vt* to obstruct.

obstruirse *v prnl* to become blocked.

obtener [⇨ tener] *vt* (*gen*) to obtain, to get: **se obtiene de...** it is obtained from...; (*un premio*) to win.

obturador *sm* shutter.

obtuso, -sa *adj* obtuse.

obvio, -via *adj* [S] obvious.

oca *sf* 1. (*Zool*) goose. 2. **la oca** (*juego*) board game similar to snakes and ladders.

ocasión *sf* 1. (*momento*) occasion. 2. (*circunstancia oportuna*) opportunity, chance. 3. **de ocasión** (*de segunda mano*) second-hand; (*con descuento*) cut-price.

ocasionar *vt* to cause.

ocaso *sm* 1. (*del sol*) sunset. 2. (*decadencia*) decline.

occidental *adj* western.

occidente *sm* west.

Oceanía *sf* Oceania.

océano *sm* ocean.

ochenta *adj, pron* (*cardinal*) eighty;

(*ordinal*) eightieth ⇨ *apéndice 4*.

ocho *adj, pron* (*cardinal*) eight; (*ordinal*) eighth ⇨ *apéndice 4*.

ochocientos, -tas *adj, pron* (*cardinal*) eight hundred; (*ordinal*) eight hundredth ⇨ *apéndice 4*.

ocio *sm* 1. (*tiempo libre*) leisure time. 2. (*inactividad*) idleness.

ocioso, -sa *adj* 1. [E] (*no activo*) idle. 2. [S] (*inútil*) pointless.

octavo, -va *adj, pron, sm* eighth ⇨ *apéndice 4*.

octogenario, -ria *adj, sm/f* octogenarian.

octogésimo, -ma *adj, pron* eightieth ⇨ *apéndice 4*.

octubre *sm* October ⇨ *febrero*.

ocular *adj* ocular, eye (*apos*.).

oculista *sm/f* ophthalmologist.

ocultar *vt* to hide, to conceal.

ocultarse *v prnl* to hide.

oculto, -ta *adj* hidden.

ocupa *sm/f* (*fam*) squatter.

ocupación *sf* occupation.

ocupado, -da *adj* [E]. 1. (*persona*) busy. 2. (*referido a: asiento*) taken; (*: cuarto de baño*) engaged. 3. (*Amér L: Telec*): **está * da ocupado** it's busy. 4. (*Mil*) occupied.

ocupar *vt* 1. (*espacio*) to take up; (*una vivienda: gen*) to occupy; (*: ilegalmente*) to squat in. 2. (*un cargo*) to hold. 3. (*tiempo*) to take up.

ocuparse *v prnl*: **ocuparse de** (*una persona*) to look after; (*un asunto*) to deal with; (*tener a su cargo*) to be in charge of.

ocurrencia *sf* 1. (*idea*) (bright) idea. 2. (*dicho gracioso*) witty remark.

ocurrir *vi* to occur, to happen.

ocurrirse *v prnl*: **se me ocurrió que...** it occurred to me that...; **¡ni se te ocurra!** don't even think about it!

odiar *vt* to hate, to loathe.

odio *sm* hatred, loathing.

odioso, -sa *adj* hateful, odious.

odontólogo, -ga *sm/f* (*frml*) dental surgeon.

OEA *sf* (= Organización de Estados Americanos) OAS.

oeste I *sm* west. II *adj inv* (*gen*) west; (*región*) western; (*dirección*) westerly.

ofender *vt* to offend.

ofenderse *v prnl* to be offended (**por** at), to take offence * (*US*) offense (**por** at).

ofensa *sf* insult, affront.

ofensiva *sf* offensive.

ofensivo, -va *adj* offensive.

oferta *sf* 1. (*gen*) offer: **está de oferta** it's on offer. 2. (*en economía*) supply: **la oferta y la demanda** supply and demand. 3. (*de actividades*): **una gran oferta cultural** a wide range of cultural activities.

oficial I *adj* official. II *sm/f* officer.

oficialismo *sm* (*C Sur*) ruling party.

oficina *sf* office.

oficina de correos *sf* post office.

oficina de empleo *sf* jobcentre, (*US*) unemployment office. **oficina de turismo** *sf* 1. (*en una población*) tourist information office. 2. (*de un país*) tourist board.

oficinista *sm/f* office worker.

oficio *sm* 1. (*manual*) trade; (*profesión*) profession, occupation. 2. (*Relig*) service.

oficioso, -sa *adj* (*extraoficial*) unofficial.

ofimática *sf* office automation.

ofrecer [⇨ agradecer] *vt* 1. (*bebida, dinero, ayuda*) to offer. 2. (*una recepción, una cena*) to hold; (*una misa*) to celebrate. 3. (*una posibilidad*) to give.

ofrecerse *v prnl* 1. (*a hacer algo*) to offer: **se ofreció a ayudar** he offered to help. 2. (*en fórmulas de cortesía*): **¿qué se le ofrece?** what can I do for you?

ofrecimiento *sm* offer.

ofrenda *sf* offering.

oftalmólogo, -ga *sm/f* ophthalmologist.

ofuscar [⇨ sacar] *vt* to blind.

ofuscarse *v prnl* to become confused.

ogro *sm* ogre.

oh *excl* oh!

oídas: de oídas *loc adv*: **la conozco**

de oídas I know her by repute.

oído *sm* 1. (*facultad*) hearing. 2. (*órgano*) ear.

oigo *etc.* ⇨ **oír**.

oír [⇨ table in appendix 2] *vt* (*gen*) to hear; (*escuchar*) to listen to. ♦ *vi* 1. (*gen*) to hear. 2. **¡oye!, ¡oiga!** (*para llamar la atención*) hey!

ojal *sm* buttonhole.

ojalá *excl*: **¡ojalá le guste!** I hope she likes it!; **ojalá me lo hubieras dicho** I wish you'd told me.

ojeada *sf* quick look, glance.

ojeras *sf pl* rings *pl* under the eyes.

ojeroso, -sa *adj* with rings under one's eyes.

ojo *sm* 1. (*Anat*) eye ● **no pegó ojo** she didn't sleep a wink ● **es su ojo derecho** she is the apple of his eye. 2. (*talento*): **tiene ojo para los negocios** she has a good head for business. 3. (*cuidado*): **tener ojo** to be careful; **¡ojo!** watch out! 4. (*de una aguja*) eye; (*de una cerradura*) keyhole.

ojo de buey *sm* porthole.

ojota *sf* (*C Sur*) sandal.

okupa *sm/f* (*fam*) squatter.

ola *sf* wave.

ola de calor *sf* heat wave. **ola de frío** *sf* cold snap.

olá *excl* (*RP*): **¿olá?** hello?

olé, ole *excl* bravo!

oleada *sf* wave.

oleaje *sm* swell.

óleo *sm* 1. (*técnica*): **al óleo** in oils. 2. (*cuadro*) oil painting.

oler [⇨ table in appendix 2] *vi* 1. (*despedir olor*) to smell (**a** of). 2. (*fam*: *expresando sospecha*): **me huele mal** it smells fishy to me. ♦ *vt* to smell.

olerse *v prnl* (*fam*) to suspect.

olfatear *vt* to sniff, to smell. ♦ *vi* (*fam*: *curiosear*) to snoop.

olfato *sm* 1. (*sentido*) sense of smell. 2. (*intuición*): **tiene olfato para los negocios** he has a good nose for business.

oligarquía *sf* oligarchy.

Olimpiada *sf*, **Olimpiadas** *sf pl*

Olympic Games *pl*, Olympics *pl*.

olímpico, -ca *adj* Olympic.

oliva *sf* olive.

olivo *sm* olive tree.

olla *sf* 1. (*recipiente*) (cooking) pot. 2. (*guiso*) type of stew.

olla a presión *sf* pressure cooker. **olla común** *sf* (*C Sur*) soup kitchen. **olla exprés** *sf* pressure cooker. **olla popular** *sf* soup kitchen.

olmo *sm* elm (tree).

olor *sm* smell: **un fuerte olor a gas** a strong smell of gas.

oloroso, -sa I *adj* fragrant. II *sm*: type of sherry.

olote *sm* (*Amér C, Méx*) corncob.

OLP *sf* (= **Organización para la Liberación de Palestina**) PLO.

olvidadizo, -za *adj* forgetful.

olvidar *vt* 1. (*gen*) to forget. 2. (*en un sitio*) to leave (behind).

olvidarse *v prnl* 1. (*gen*) to forget: **me olvidé de pagar** ‖ **se me olvidó pagar** I forgot to pay. 2. (*en un sitio*) to leave (behind).

olvido *sm* 1. (*omisión*) oversight. 2. (*ausencia de recuerdo*) oblivion.

ombligo *sm* navel, belly button.

ombú *sm* pampas tree.

omelette, omelet /ome'le(t)/ *sf* (*RP*: *gen*) omelette; (: *de queso*) cheese omelette.

omisión *sf* omission.

omiso *adj* ⇨ **caso**.

omitir *vt* to omit.

ómnibus *sm* (*Amér C, C Sur*: *urbano*) bus; (: *interurbano*) long-distance bus, coach.

omnipotente *adj* omnipotent.

omnívoro, -ra *adj* omnivorous.

omoplato, omóplato *sm* shoulder blade.

OMS *sf* (= **Organización Mundial de la Salud**) WHO.

ONCE /'onθe/ *sf* = **Organización Nacional de Ciegos Españoles**.

once I *adj*, *pron* (*cardinal*) eleven; (*ordinal*) eleventh ⇨ *apéndice 4*. II *sm* ⇨ **onces**.

onceavo, -va *adj*, *sm* eleventh ⇨ *apéndice 4*.

onces *sm pl*, **once** *sm* (*Chi, Col*) (afternoon) snack, tea.

oncología *sf* oncology.

onda *sf* (*en el aire, el pelo*) wave; (*en el agua*) ripple.

onda corta/larga/media *sf* short/long/medium wave.

ondear *vi* (*bandera*) to flutter. ♦ *vt* (*un pañuelo*) to wave.

ondulación *sf* undulation.

ondulado, -da *adj* 1. (*cabello*) wavy. 2. (*terreno*) undulating. 3. (*cartón, metal*) corrugated.

ondularse *v prnl* (*pelo*) to go wavy; (*persona*): **se onduló el pelo** she had her hair waved.

ONG *sf* (= Organización No Gubernamental) NGO.

onomástica *sf* (*frml*) day commemorating the saint one is named after.

ONU /'onu/ *sf* (= Organización de las Naciones Unidas) UNO, UN.

onubense *adj* of ∗ from Huelva.

onza *sf* 1. (*unidad*) ounce. 2. (*de chocolate*) piece, square.

OPA *sf* (= Oferta Pública de Adquisición) takeover bid.

opa *adj* (*RP: fam*) stupid.

opaco, -ca *adj* 1. (*no transparente*) opaque. 2. (*sin brillo*) dull.

opción *sf* 1. (*elección, cosa a elegir*) option, choice: **no tuve opción** I had no choice. 2. (*derecho*) entitlement.

OPEP /o'pep/ *sf* (= Organización de Países Exportadores de Petróleo) OPEC [sin artículo].

ópera *sf* opera.

operación *sf* 1. (*gen*) operation. 2. (*Fin*) transaction. 3. (*proceso*) process.

operación retorno *sf*: mass return to the cities at the end of a holiday.

operador, -dora *sm/f* (*gen*) operator; (*de proyector*) projectionist; (*de una cámara*) cameraman/woman.

operar *vt* 1. (*Med*) to operate on. 2. (*obrar*) to bring about. ♦ *vi* to operate.

operarse *v prnl* 1. (*Med*) to have an operation. 2. (*efectuarse*) to take place, to occur.

operario, -ria *sm/f* 1. (*obrero*) (manual) worker. 2. (*de una máquina*) operator.

operativo *sm* (*Amér L*) operation.

opinar *vt* to think. ♦ *vi* to give an opinion (**sobre** on).

opinión *sf* opinion, view.

opio *sm* 1. (*sustancia*) opium. 2. (*RP: fam, aburrimiento*): **¡qué opio!** how boring!

oponente *sm/f* opponent.

oponer [⇨ poner] *vt* (*resistencia*) to put up (**a** against).

oponerse *v prnl* 1. (*a una idea, un hecho*) to be opposed (**a** to). 2. (*contraponerse*) to be the opposite (**a** of).

oporto *sm* port (wine).

oportunidad I *sf* (*ocasión*) opportunity, chance. II **oportunidades** *sf pl* (*en comercio*) bargains *pl*.

oportunista *adj, sm/f* opportunist.

oportuno, -na *adj* 1. (*llegada, visita*) timely. 2. (*momento*): **el momento oportuno** the right moment; **el momento menos oportuno** the worst possible moment. 3. (*intervención, respuesta*) appropriate.

oposición I *sf* opposition. II **oposiciones** *sf pl*: competitive examinations for civil service, public companies, state schools.

opositor, -tora *sm/f* 1. (*Pol*) opponent. 2. (*a un puesto*) candidate sitting *oposiciones* ⇨ **oposición** II.

opresión *sf* oppression.

opresivo, -va *adj* oppressive.

opresor, -sora *sm/f* oppressor.

oprimir *vt* 1. (*un botón*) to press. 2. (*Pol*) to oppress.

optar *vi* 1. (*escoger*) to opt, to decide: **he optado por no ir** I've decided not to go. 2. **optar a**: **puede optar a la beca** she's eligible for the grant ‖ she can apply for the grant.

optativo, -va *adj* optional.

óptica *sf* 1. (*disciplina*) optics. 2. (*establecimiento*) optician's. 3. (*perspectiva*) point of view, perspective.

óptico, -ca I *adj* optical. II *sm/f* optician.

optimismo *sm* optimism.

optimista I *adj* optimistic. II *sm/f* optimist.

opuesto, -ta I *pp* ⇨ **oponer**. II *adj* 1. (*opinión, dirección, carácter*) opposite. 2. (*en actitud*) opposed (**a** to).

opulencia *sf* opulence.

opulento, -ta *adj* opulent.

oración *sf* 1. (*Relig*) prayer. 2. (*Ling*) sentence: **la oración principal/subordinada** the main/subordinate clause.

orador, -dora *sm/f* orator, speaker.

oral *adj* oral.

orangután *sm* orang-utan.

orar *vi* (*frml*) to pray.

oratoria *sf* oratory.

órbita *sf* 1. (*Astron*) orbit. 2. (*del ojo*) socket.

orca *sf* killer whale.

orden I *sm* 1. (*gen*) order ● **de primer orden** first-rate. 2. (*género*): **de orden político** of a political nature. II *sf* 1. (*de hacer algo*) order. 2. (*Jur*) warrant. 3. (*religiosa, militar*) order.

orden del día I *sm* agenda. II *sf*: **estar a la orden del día** to be commonplace.

ordenado, -da *adj* 1. [E] (*en orden*) tidy. 2. [S] (*persona: con las cosas*) tidy; (: *metódico*) organized; (*vida*) orderly. 3. (*disciplinado*) orderly.

ordenador *sm* computer.

ordenador personal *sm* personal computer.

ordenanza I *sm* 1. (*en oficina*) messenger. 2. (*Mil*) orderly. II **ordenanzas** *sf pl* regulations *pl*.

ordenar *vt* 1. (*una habitación*) to tidy (up): **ordena tus cosas** tidy up your things; (*poner en determinado orden*) to put in order: **las ordenó alfabéticamente** he put them in alphabetical order. 2. (*mandar*) to order. 3. (*Relig*) to ordain.

ordenarse *v prnl* (*Relig*) to be ordained.

ordeñar *vt* to milk.

ordinario, -ria *adj* 1. (*gesto, lenguaje*) coarse, vulgar; (*persona*) bad-

mannered. 2. (*de mala calidad*) low quality. 3. (*habitual*) usual: **de ordinario** usually.

orégano *sm* oregano.

oreja *sf* ear.

orensano, -na *adj* of ✻ from Orense.

orfanato *sm* orphanage.

orfandad *sf*: **quedaron en la orfandad** they were orphaned.

orfebre *sm/f* (*del oro*) goldsmith; (*de la plata*) silversmith.

orgánico, -ca *adj* organic.

organigrama *sm* organization chart.

organismo *sm* 1. (*Biol*) organism. 2. (*institución*) organization, body.

organización *sf* organization.

organización benéfica *sf* charity.

organizar [⇨ cazar] *vt* 1. (*una actividad, una fiesta*) to organize, to arrange. 2. (*causar*): **organizó un escándalo** he made a scene.

organizarse *v prnl* 1. (*persona*) to get organized; (*grupo de personas*): **organícense en grupos** organize yourselves into groups. 2. (*producirse*): **se organizó un atasco terrible** there was a terrific traffic jam.

órgano *sm* organ.

orgasmo *sm* orgasm.

orgía *sf* orgy.

orgullo *sm* pride.

orgulloso, -sa *adj* 1. [E] (*satisfecho*) proud (**de** of). 2. [S] (*soberbio*) arrogant, proud.

orientación *sf* 1. (*dirección*) direction. 2. (*de una casa*) aspect. 3. (*guía*) guidance. 4. (*tendencia*) leanings *pl*: **de orientación centrista** with centrist leanings.

oriental *adj* (*gen*) eastern; (*de Asia*) oriental.

orientar *vt* 1. (*una antena*) to position, to direct. 2. (*aconsejar*) to advise. 3. (*indicar el camino a*): **¿me podría orientar, por favor?** could you give me directions, please?

orientarse *v prnl* to find one's way.

oriente *sm* east.

Oriente Medio/Próximo *sm* Middle East.

orificio sm (gen) hole; (Anat) orifice.

origen sm 1. (principio, procedencia) origin: **tiene su origen aquí** it originated here; **de origen humilde** of humble extraction. 2. (causa) cause: **dar origen a algo** to give rise to sthg.

original adj, sm original.

originalidad sf originality.

originar vt to cause, to bring about.

originarse v prnl to originate.

originario, -ria adj: **es originario de Madrid** he comes from Madrid.

orilla I sf (de un río) bank; (del mar, de un lago) shore. II **orillas** sf pl (C Sur) poor outer suburbs pl.

orina sf urine.

orinal sm chamber pot.

orinar vi to urinate.

orinarse v prnl to wet oneself.

oriundo, -da adj: **es oriunda de Asturias** she comes from Asturias.

orla sf 1. (adorno) edging, border. 2. (cuadro) class graduation photograph.

ornamento sm ornament.

ornitología sf ornithology.

oro I sm gold ● **prometer el oro y el moro** to promise the earth. II **oros** sm pl: suit in Spanish playing cards.

orquesta sf (gen) orchestra; (en fiesta popular) band.

orquídea sf orchid.

ortiga sf (stinging) nettle.

ortodoxo, -xa adj orthodox.

ortografía sf spelling.

ortopedia sf orthopaedics, (US) orthopedics.

ortopédico, -ca adj orthopaedic, (US) orthopedic.

oruga sf caterpillar.

orujo sm: spirit made from grape pressings.

orzuelo sm sty, stye.

os pron personal 1. (objeto directo o indirecto) you: **os vimos en la plaza** we saw you in the square; **os he comprado esto** I've bought this for you. 2. (reflexivo) yourselves: **compraros ✳ compraos algo** buy yourselves something. 3. (recíproco)

each other: **¿os conocíais?** did you know each other?

osadía sf 1. (valor) boldness, daring. 2. (descaro) cheek, impudence.

osar vi to dare.

oscense adj of ✳ from Huesca.

oscilación sf 1. (movimiento) oscillation. 2. (variación) fluctuation.

oscilar vi 1. (objeto) to swing, to oscillate. 2. (dentro de una gama): **los precios oscilan entre...** prices range between...; (variar) to fluctuate.

oscurecer [↪ agradecer] vt (un objeto, un color) to darken, to make darker. ◆ v impers (hacerse de noche) to get dark.

oscurecerse v prnl (un material, un color) to get darker.

oscuridad sf 1. (falta de luz) darkness. 2. (falta de fama, de claridad) obscurity.

oscuro, -ra adj 1. (habitación, color) dark ● **a oscuras** in the dark. 2. (poco claro, poco conocido) obscure.

óseo, -sea adj bone (apos.), osseous.

oso, -sa sm/f bear.

oso de peluche sm teddy (bear). **oso hormiguero** sm anteater. **oso pardo** sm brown bear. **oso polar** sm polar bear.

ostensible adj obvious.

ostentar vt 1. (un cargo, un título) to hold. 2. (mostrar: gen) to show, to display; (:con presunción) to flaunt, to show off.

ostentoso, -sa adj ostentatious.

ostión sm (ostra grande) large oyster; (C Sur: vieira) scallop.

ostra I sf oyster. II **ostras** excl (de sorpresa) wow!; (de enfado) for heaven's sake!

OTAN /ˈotan/ sf (= **Organización del Tratado del Atlántico Norte**) NATO [sin artículo].

otario, -ria sm/f (RP: fam) fool.

otitis sf inflammation of the inner ear, otitis.

otoñal adj autumn (apos.), autumnal, (US) fall (apos.).

otoño *sm* autumn, (*US*) fall.

otorgar [⇨ pagar] *vt* (*un favor*) to grant; (*un premio, una beca*) to award, to give.

otorrino *sm/f* ⇨ **otorrinolaringólogo**.

otorrinolaringólogo, -ga *sm/f* ear, nose and throat specialist.

otro, -tra I *adj indefinido* 1. (*precedido de artículo o posesivo*) other: **las otras casas** the other houses; **mi otro coche** my other car. 2. (*sin artículo ni posesivo: con sustantivo sing*) another: **otra chica** another girl; (*: con sustantivo pl*) other: **en otros países** in other countries; (*: con numerales*) another: **otros diez dólares** another ten dollars. II *pron indefinido* 1. (*precedido de artículo*): **el otro/la otra** the other one; **los otros/las otras** the others ‖ the other ones. 2. (*sin artículo, referido a: un objeto*) another one: **me dio otro** she gave me another one; (*: varios objetos*) (some) others: **tengo otras** I have (some) others; (*: una persona*) somebody else: **pregúntale a otro** ask somebody else; (*: personas*) others, other people.

ovación *sf* (*frml*) ovation.

ovalado, -da *adj* oval.

óvalo *sm* oval.

ovario *sm* ovary.

oveja *sf* sheep *n inv*.

overol *sm* ⇨ **mameluco**.

ovetense *adj* of ✳ from Oviedo.

ovillo *sm* ball (*of wool, twine, etc.*) ● **hacerse un ovillo** to curl up.

OVNI, ovni /ˈoβni/ *sm* (= **Objeto Volador No Identificado**) UFO.

ovulación *sf* ovulation.

óvulo *sm* 1. (*Biol*) ovum. 2. (*medicamento*) pessary.

oxidado, -da *adj* rusty.

oxidar *vt* to rust, to oxidize.

oxidarse *v prnl* to rust.

óxido *sm* 1. (*Quím*) oxide. 2. (*herrumbre*) rust.

oxígeno *sm* oxygen.

oye *etc.* ⇨ **oír**.

oyente *sm/f* 1. (*Telec*) listener.

2. (*en la universidad*) unregistered student attending lectures.

ozono *sm* ozone.

pabellón *sm* 1. (*en feria*) pavilion; (*en hospital*) block. 2. (*bandera, nacionalidad*) flag.

pacense *adj* of ✳ from Badajoz.

paceño, -ña *adj* of ✳ from La Paz.

pacer [⇨ agradecer] *vi* to graze.

pachanga *sf* (*Amér L: fam*): **les gusta la pachanga** they like partying.

pacharán *sm: spirit made from sloes.*

pachorra *sf* (*fam*): ¡**qué pachorra tiene!** (*lentitud*) he's so slow!, (*despreocupación*) he's so laid-back!

pachucho, -cha *adj* (*fam*) [E] under the weather, (*GB*) off-colour.

paciencia *sf* patience: **ten paciencia** be patient.

paciente *adj, sm/f* patient.

pacificador, -dora *adj* pacifying.

pacificar [⇨ sacar] *vt* 1. (*Mil, Pol*) to pacify. 2. (*apaciguar*) to calm down.

pacífico, -ca I *adj* 1. (*protesta*) peaceful. 2. (*persona*) peaceable. II **el (océano) Pacífico** *sm* the Pacific (Ocean).

pacifismo *sm* pacifism.

pacifista *adj, sm/f* pacifist.

pacotilla: de pacotilla *loc adj* (*fam*) third-rate.

pactar *vt* to agree. ♦ *vi* to come to an agreement.

pacto *sm* pact, agreement.

padecer [⮕ agradecer] *vt* (*una enfermedad*) to suffer from. ♦ *vi* **1.** (*sufrir*) to suffer; (*preocuparse*) to worry. **2.** (*Med*): **padece del riñón** he has kidney trouble.

padecimiento *sm* suffering.

padrastro *sm* **1.** (*persona*) stepfather. **2.** (*Med*) hangnail.

padre I *sm* father. **II padres** *sm pl* (*padre y madre*) parents *pl*. **III** *adj* (*fam: muy bueno*) great ● **se pega la vida padre** he lives like a king.

Padre nuestro *sm* (*Relig*) Lord's Prayer. **padre político** *sm* father-in-law.

padrino I *sm* **1.** (*de un niño*) godfather. **2.** (*en una boda*) man who gives the bride away. **II padrinos** *sm pl* (*padrino y madrina*) godparents *pl*.

padrón *sm* **1.** (*registro municipal*) register (*of local residents*). **2.** (*or* **padrón electoral**) (*Amér L*) electoral roll, (*US*) electoral register.

paella *sf* paella (*rice dish with seafood and/or meat*).

pág. (= **página**) p.

paga *sf* **1.** (*sueldo*) pay, wages *pl*. **2.** (*de niños*) pocket money, (*US*) allowance.

pagadero, -ra *adj* payable.

pagano, -na *adj, sm/f* pagan.

pagar [⮕ table in appendix 2] *vt* **1.** (*una factura, una cuenta*) to pay; (*un coche, una comida*) to pay for. **2.** (*un favor*) to repay. **3.** (*un error*) to pay for. ♦ *vi* to pay: **pagar al contado/a plazos** to pay cash/in instalments.

pagaré *sm* IOU, promissory note.

página *sf* page.

páginas amarillas *sf pl* Yellow Pages® *pl*.

pago I *sm* **1.** (*acto*) payment. **2.** (*recompensa*) reward: **en pago por algo** in return for sthg. **II pagos** *sm pl* (*fam: región*) area.

pago al contado *sm* cash payment. **pago inicial** *sm* down payment. **pago por adelantado** *sm* payment in advance.

pagué *etc.* ⮕ **pagar.**

pai *sm* (*Amér C, Méx*) pie.

país I *sm* country. **II del país** *loc adj* local.

País de Gales *sm* Wales. **País Vasco** *sm* Basque Country. **Países Bajos** *sm pl* Netherlands *pl*.

paisaje *sm* landscape.

paisano, -na *sm/f* **1.** (*del mismo país*) fellow countryman/woman; (*del mismo lugar*): **un paisano mío de Orense** someone from Orense like me. **2.** (*RP: campesino*) person from the country. **3. de paisano** (*soldado*) in civilian clothes, (*policía*) in plain clothes.

paja *sf* **1.** (*Agr*) straw. **2.** (*contenido inútil*) waffle.

pajarita *sf* bow tie.

pájaro *sm* bird.

pájaro carpintero *sm* woodpecker. **pájaro de mal agüero** *sm* bird of ill omen.

pajarón *sm/f* (*C Sur: fam*) fool.

Pakistán *sm* Pakistan.

pakistaní *adj, sm/f* Pakistani.

pala *sf* **1.** (*gen*) spade; (*para mover tierra, nieve*) shovel; (*para recoger la basura*) dustpan. **2.** (*de servir*) slice. **3.** (*de frontón*) racket; (*de tenis de mesa*) bat, (*US*) paddle. **4.** (*de remo, hélice*) blade.

palabra *sf* **1.** (*vocablo*) word ● **no se dirigen la palabra** they don't speak to each other. **2.** (*promesa*) word: **me dio su palabra** he gave me his word ● **¡palabra!** honestly! ● **no tiene palabra** she never keeps her word. **3.** (*turno para hablar*): **tiene la palabra** he has the floor.

palabra de honor *sf* word of honour ✱ (*US*) honor. **palabras cruzadas** *sf pl* (*RP*) crossword.

palabrota *sf* swearword.

palacio *sm* palace.

palacio de congresos *sm* convention hall. **palacio de deportes** *sm* sports centre ✱ (*US*) center. **palacio de justicia** *sm* lawcourts *pl*.

paladar *sm* palate.

paladear *vt* to savour, (*US*) to savor.

palanca *sf* **1.** (*Tec*) lever. **2.** (*fam:* *influencia*) connections *pl*.

palanca de cambio ∗ (*Méx*) **de velocidades** *sf* gearstick, (*US*) gearshift.

palangana *sf* washbasin, (*US*) washbowl.

palco *sm* box.

palentino, -na *adj* of ∗ from Palencia.

paleontología *sf* palaeontology, (*US*) paleontology.

Palestina *sf* Palestine.

palestino, -na *adj, sm/f* Palestinian.

paleta *sf* **1.** (*de albañil*) trowel. **2.** (*de pintor*) palette. **3.** (*de tenis de mesa*) bat, (*US*) paddle. **4.** (*de una hélice, un ventilador*) blade; (*de un molino*) sail. **5.** (*diente*) incisor. **6.** (*Amér L: helado*) ice lolly, (*US*) Popsicle®; (*: caramelo*) lollipop.

paleto, -ta *sm/f* hick.

paliar [⇨ ansiar] *vt* (*un dolor*) to alleviate; (*un efecto*) to lessen.

paliativo, -va *adj* palliative.

palidecer [⇨ agradecer] *vi* to turn pale, to blanch.

palidez *sf* pallor, paleness.

pálido, -da *adj* pale: **se puso pálido** he turned pale.

palier /pal'je(r)/ *sm* (*RP*) landing.

palillo *sm* **1.** (*mondadientes*) toothpick ● **está hecho un palillo** he's as skinny as a rake. **2.** (*para comida china*) chopstick. **3.** (*Mús*) drumstick.

palique *sm* (*fam*): **estaban de palique** they were chatting.

palito *sm* (*RP*) ice lolly, (*US*) Popsicle®.

paliza *sf* **1.** (*a golpes: gen*) beating; (*: a un niño*) spanking. **2.** (*Dep*) thrashing. **3.** (*fam: algo aburrido*): **¡qué paliza!** how boring!; (*: algo duro*): **¡qué paliza de andar nos dimos!** we walked for miles!

palma I *sf* **1.** (*Anat*) palm. **2.** (*árbol*) palm tree; (*hoja*) palm leaf. **II palmas** *sf pl*: **dar** ∗ **batir palmas** (*aplaudir*) to clap, (*marcando el ritmo*) to clap in time.

palmada *sf* **1.** (*amistosa*) pat; (*Amér*

L: como castigo) spank. **2.** (*con ambas manos*): **dio unas palmadas** he clapped his hands several times.

palmar *vt*: **palmarla** (*fam*) to kick the bucket.

palmear *vt* to slap.

palmense *adj* of ∗ from Las Palmas.

palmera *sf* **1.** (*Bot*) palm tree. **2.** (*Culin*) palmier (*a sweet pastry*).

palmero, -ra *adj* of ∗ from La Palma.

palmesano, -na *adj* of ∗ from Palma de Mallorca.

palmípedo, -da *adj* web-footed.

palmito *sm* **1.** (*Bot*) palmetto. **2.** (*Culin*) hearts of palm *pl*.

palmo *sm* span.

palmotear *vi* to clap.

palo *sm* **1.** (*estaca*) stick ● **de tal palo tal astilla** a chip off the old block. **2.** (*Náut*) mast. **3.** (*de golf*) club. **4.** (*en fútbol: vertical*) post; (*: horizontal*) bar. **5. de palo** (*de madera*) wooden. **6.** (*golpe: físico*) blow: **lo molieron a palos** they beat him up; (*: moral*): **fue un palo para mí** it came as a great blow to me. **7.** (*de naipes*) suit. **8.** (*C Sur: fam, en dinero*) million pesos: **un palo verde** a million dollars.

paloma *sf* (*gen*) pigeon; (*blanca, en arte*) dove.

paloma mensajera *sf* carrier pigeon.

palomar *sm* dovecote.

palometa *sf* **1.** (*pez*) (Ray's) bream *n inv*. **2.** (*tuerca*) wing nut.

palomilla *sf* **1.** (*tuerca*) wing nut. **2.** (*soporte*) wall bracket.

palomitas *sf pl* (*or* **palomitas de maíz**) popcorn.

palpar *vt* **1.** (*tocar*) to feel. **2.** (*percibir*) to feel, to sense.

palpitaciones *sf pl* (*del corazón: gen*) beating; (*: anormales*) palpitations *pl*; (*en las sienes*) throbbing.

palpitante *adj* **1.** (*corazón*) beating. **2.** (*tema*) burning.

palpitar *vi* **1.** (*latir*) to beat. **2.** (*RP: fam, parecer*): **me palpita que...** I have a feeling that....

palta *sf* (*Amér S*) avocado.

paludismo *sm* malaria.

pamela *sf* wide-brimmed hat.

pampa *sf* pampas *pl*.

pamplina *sf* nonsense.

pamplonés, -nesa *adj* of * from Pamplona.

pamplonica *adj* ⇨ **pamplonés**.

pan *sm* (*alimento*) bread; (*hogaza*) loaf.

pan blanco *sm* white bread. **pan con mantequilla** *sm* bread and butter. **pan con tomate** *sm*: bread rubbed with fresh tomato. **pan de molde** *sm* (standard) loaf of bread. **pan integral** *sm* wholemeal bread. **pan rallado** *sm* breadcrumbs *pl*.

pana I *sf* corduroy. II **en pana** *loc adv* (*Chi*): **nos quedamos en pana** the car broke down.

panadería *sf* baker's, bakery.

panadero, -ra *sm/f* baker.

panal *sm* honeycomb.

Panamá *sm* Panama.

panameño, -ña *adj, sm/f* Panamanian.

pancarta *sf* banner, placard.

panceta *sf* (*fresca*) belly pork; (*RP: curada*) bacon.

pancho, -cha I *adj* (*fam*): **se quedó tan pancho** he didn't turn a hair. II *sm* (*RP: pan*) roll; (*: con salchicha*) hot dog.

pancito *sm* (*Amér S*) bread roll.

páncreas *sm inv* pancreas.

panda I *sm* (*Zool*) panda. II *sf* (*fam*) ⇨ **pandilla**.

pandereta *sf* tambourine.

pandilla *sf* (*fam: de amigos*) group, crowd; (*: de malhechores*) gang.

panecillo *sm* bread roll.

panel *sm* 1. (*de puerta, pared*) panel. 2. (*de anuncios*) notice * (*US*) bulletin board. 3. (*de vehículo*) dashboard. 4. (*de personas*) panel.

panera *sf* breadbasket.

pánfilo, -la *sm/f* (*fam*) dimwit, moron.

panfleto *sm* (political) pamphlet.

pánico *sm* panic.

panorama *sm* 1. (*vista*) panorama, view. 2. (*situación*) outlook.

panorámica *sf* panorama, view.

panorámico, -ca *adj* panoramic.

panqueque *sm* (*Amér L*) pancake.

pantaletas *sf pl* (*Méx, Ven*) panties *pl*.

pantalla *sf* 1. (*gen*) screen. 2. (*de lámpara*) lampshade. 3. (*de organización*) front, screen.

pantalón *sm* ⇨ **pantalones**.

pantalones *sm pl* trousers *pl*, (*US*) pants *pl*.

pantalones cortos *sm pl* shorts *pl*. **pantalones vaqueros** *sm pl* jeans *pl*.

pantano *sm* 1. (*ciénaga*) swamp, marsh. 2. (*embalse*) reservoir.

pantanoso, -sa *adj* (*terreno*) swampy, marshy.

panteón *sm* 1. (*tumba*) (family) vault. 2. (*Col: cementerio*) cemetery.

pantera *sf* panther.

pantis *sm pl* tights *pl*, (*US*) panty hose *pl*.

pantomima *sf* 1. (*en teatro*) mime. 2. (*fingimiento*) pretence.

pantorrilla *sf* calf.

pantufla *sf* slipper.

panza *sf* (*fam*) belly.

panzada *sf* (*fam*): **me di una panzada de paella** I ate too much paella.

pañal *sm* nappy, (*US*) diaper.

paño *sm* 1. (*tela*) woollen * (*US*) woolen cloth. 2. (*trapo*) cloth.

paño de cocina *sm* tea towel. **paño higiénico** *sm* sanitary towel * (*US*) napkin.

pañuelo *sm* 1. (*para la nariz*) handkerchief: **un pañuelo de papel** a (paper) tissue. 2. (*para el cuello*) scarf; (*para la cabeza*) headscarf.

papa I *sf* potato ● **no entendí ni papa** I didn't understand a word. II *sm* (or **Papa**) pope.

papas fritas *sf pl* (*calientes*) French fries *pl*, (*GB*) chips *pl*; (*de bolsa*) crisps *pl*, (*US*) (potato) chips *pl*.

papá I *sm* (*fam*) dad, daddy. II **papás** *sm pl* (*fam: padre y madre*) parents *pl*.

Papá Noel *sm* Santa Claus, Father Christmas.

papada *sf* double chin.

papagayo *sm* parrot.

papalote *sm* (*Amér C, Méx*) kite.

papanatas *sm/f inv* (*fam*) sucker.

papanicolau *sm* (*C Sur*) cervical smear.

papaya *sf* papaya, pawpaw.

papear *vt/i* (*fam*) to eat.

papel I *sm* 1. (*material*) paper; (*trozo*): **escrito en un papel** written on a piece of paper. 2. (*personaje, función*) part, role. II **papeles** *sm pl* (*documentos*) papers *pl*, documents *pl*.

papel carbón *sm* carbon paper. **papel cuadriculado** *sm* squared paper. **papel de aluminio** *sm* tinfoil. **papel de lija** *sm* sandpaper. **papel de plata** *sm* tinfoil. **papel de regalo** *sm* wrapping paper. **papel higiénico** *sm* toilet paper. **papel moneda** *sm* paper money. **papel pintado** *sm* wallpaper.

papeleo *sm* (*fam*) paperwork, red tape.

papelera *sf* (*gen*) wastepaper basket, (*US*) wastebasket; (*en la calle*) litter bin, (*US*) trash can.

papelería *sf* stationer's.

papeleta *sf* 1. (*de rifa*) raffle ticket; (*de votación*) ballot paper; (*de examen*) results slip. 2. (*fam: situación difícil*): **me tocó la papeleta** I got stuck with it.

papelón *sm* (*fam*): **hacer un papelón** to make oneself look stupid.

paperas *sf pl* mumps.

papi *sm* (*fam*) daddy.

papilla *sf* (*para bebé*) baby food; (*para enfermo*) invalid's food.

papiroflexia *sf* origami.

paquete I *sm* 1. (*objeto envuelto*) parcel, package. 2. (*de tabaco*) (*GB*) packet, (*US*) pack. 3. (*de acciones, medidas*) package; (*Inform*) package. 4. (*fam: en moto*): **ir de paquete** to ride pillion. 5. (*fam: persona torpe*): **es un paquete** he's hopeless. II *adj* (*RP: fam, elegante*) smart.

Paquistán *sm* Pakistan.

paquistaní *adj, sm/f* Pakistani.

par I *adj* (*Mat*) even. II *sm* 1. (*de zapatos*) pair; (*dos más o menos*) couple: **un par de días** a couple of days. 2. (*Mat*) even number. 3. (*en golf*) par. 4. (*noble*) peer. 5. (*igual*) equal. III **de par en par** *loc adv* wide open. IV *sf*: **a la par** at the same time.

para *prep* 1. (*de finalidad: gen*) for: **¿para qué?** what for?; **es para Lola** it's for Lola; **no tengo para el autobús** I haven't enough money for the bus; (*: + inf*): **para complacerla** (in order) to please her; **para no tener que hacerlo** so as not to have to do it; (*+ que + subjuntivo*): **te lo digo para que lo sepas** I'm telling you so that you know. 2. (*al expresar una opinión*): **para mí que se han ido I** think they may have gone. 3. (*en expresiones de tiempo*): **estará listo para las cinco** it'll be ready by five o'clock; **tienen para rato** it's going to take them a long time. 4. (*Amér L: al dar la hora*): **son veinte para las nueve** it's twenty to nine. 5. (*expresando dirección*): **voy para la estación** I'm going to the station. 6. (*en comparaciones*) for, considering: **para su edad...** for * considering his age... ● **no es para tanto** it's not as bad as that. 7. (*al expresar contrariedad*): **para una vez que viene...** the one time he comes....

parábola *sf* 1. (*Relig*) parable. 2. (*Mat*) parabola.

parabrisas *sm inv* windscreen, (*US*) windshield.

paracaídas *sm inv* parachute.

paracaidista *sm/f* 1. (*Dep*) parachutist; (*Mil*) paratrooper. 2. (*Amér L: fam, en una fiesta*) gatecrasher. 3. (*Méx: en propiedad ajena*) squatter.

parachoques *sm inv* (*Auto*) bumper.

parada *sf* 1. (*gen*) stop. 2. (*en fútbol*) save, catch.

parada de autobús *sf* bus stop. **parada de taxis** *sf* taxi rank * (*US*) stand.

paradero *sm* 1. (*lugar*) where-

abouts *pl*. **2**. (*Amér L: parada*) bus stop.
paradisíaco, -ca, paradisiaco, -ca *adj* heavenly.
parado, -da I *adj* **1**. [E] (*sin avanzar, sin funcionar*) at a standstill. **2**. [E] (*Amér L: de pie*) standing. **3**. (*fam: sorprendido*): **me dejó parado** I was stunned. **4**. [S] (*sin iniciativa*) lacking in initiative. **5**. [E] (*sin empleo*) unemployed. **6**. (*precedido de bien, mal*): **salió bien/mal parado del asunto** he came out of it better/worse off. II *sm/f* unemployed person.
paradójico, -ca *adj* paradoxical.
parador *sm* (*or* **parador nacional**) (*en Esp*) parador (*state-owned hotel*).
paráfrasis *sf inv* paraphrase.
paragolpe *sm* (*RP: Auto*) bumper.
paraguas *sm inv* umbrella.
Paraguay *sm* Paraguay.
paraguayo, -ya *adj*, *sm/f* Paraguayan.
paragüero *sm* umbrella stand.
paraíso *sm* paradise.
paraíso fiscal *sm* tax haven.
paraje *sm* spot, place.
paralelo, -la *adj*, *sm* parallel.
parálisis *sf* paralysis.
parálisis cerebral *sf* cerebral palsy.
paralítico, -ca *adj* paralyzed. ♦ *sm/f* paralytic.
paralizar [⇨ *cazar*] *vt* **1**. (*Med*) to paralyse, (*US*) to paralyze. **2**. (*una actividad*) to stop; (*un país*) to bring to a halt.
paralizarse *v prnl* (*actividad*) to come to a standstill.
parámetro *sm* parameter.
paramilitar *adj* paramilitary.
páramo *sm* (*gen*) moor(land); (*en los Andes*) Andean highlands.
parangón *sm* comparison: **sin parangón** unrivalled.
paranoico, -ca I *adj* paranoid. II *sm/f* paranoic.
parapléjico, -ca *adj*, *sm/f* paraplegic.
parar *vi* **1**. (*gen*) to stop. **2**. (*darse por vencido*) to give up. **3**. (*acabar*):

¿en qué parará todo esto? where will it all end? ♦ **fue a parar a la cárcel** he ended up in jail. **4**. (*alojarse*) to stay. ♦ *vt* **1**. (*gen*) to stop. **2**. (*un gol*) to save; (*la pelota*) to stop. **3**. (*Amér L: poner vertical*) to stand.
pararse *v prnl* **1**. (*gen*) to stop. **2**. (*Amér L: ponerse de pie*) to stand up.
pararrayos *sm inv* lightning conductor.
parásito, -ta I *adj* parasitic. II *sm* parasite.
parasol *sm* **1**. (*sombrilla*) parasol, sunshade. **2**. (*en un coche*) visor.
parcela *sf* **1**. (*terreno*) plot (of land), (*US*) lot. **2**. (*parte*) area.
parche *sm* **1**. (*en prenda, neumático*) patch. **2**. (*arreglo provisional*) stopgap measure.
parchís *sm* ludo.
parcial I *adj* **1**. (*incompleto*) partial. **2**. (*arbitrario*) biased. II *sm* (*examen*) mid-term exam (*counting towards the final grade*).
parcialidad *sf* bias, partiality.
parco, -ca *adj* **1**. (*sobrio*) moderate. **2**. (*lacónico*) laconic. **3**. (*escaso*) meagre.
pardo, -da *adj* grey-brown.
parecer I *sm* **1**. (*opinión*) opinion. **2**. (*aspecto físico*): **es de buen parecer** he's handsome. II [⇨ *agradecer*] *vi* **1**. (*dar determinada impresión*) to seem: **parece tener prisa** he seems to be in a hurry. **2**. (*tener determinado aspecto*) to look: **parece nuevo** it looks new. **3**. (*al expresar una opinión*) to seem: **me parece caro** I think it's expensive; **¿qué te parece?** what do you think of it? ♦ *v impers* to seem: **parece que están contentos** it seems that they are happy.
parecerse *v prnl*: **se parece a ti** (*físicamente*) he looks like you, (*en carácter*) he's like you.
parecido, -da I *adj* **1**. (*semejante*) similar (**a** to). **2**. **bien parecido** (*guapo*) good-looking. II *sm* resemblance (**con** to; **entre** between), simil-

arity (**con** to; **entre** between).

pared *sf* wall.

pareja *sf* 1. (*en una relación: dos personas*) couple; (*: una persona*) partner; (*en deportes: dos personas*) pair; (*: una persona*) partner. 2. (*de un par*): **la pareja de este pendiente** the other one of this pair of earrings.

parejo, -ja *adj* 1. (*igual*) equal; (*similar*) similar. 2. (*Amér L: nivelado*) level, even.

parentela *sf* (*fam*) relations *pl*.

parentesco *sm* relationship.

paréntesis *sm inv* 1. (*Ling*) bracket, parenthesis: **entre paréntesis** in brackets. 2. (*pausa*) break.

pareo *sm* wrapover skirt.

parezco *etc*. ⇨ **parecer**.

pariente, -ta *sm/f* relative.

parir *vt* to give birth to. ♦ *vi* to give birth.

París *sm* Paris.

parisiense *sm/f* Parisian.

parisino *-na sm/f* Parisian.

parking /ˈparkin/ *sm* (*descubierto*) car park, (*US*) parking lot; (*en un edificio*) car park, (*US*) parking garage.

parlamentario, -ria **I** *adj* parliamentary. **II** *sm/f* member of Parliament, (*US*) congressman/woman.

parlamento *sm* parliament.

Parlamento Europeo *sm* European Parliament.

parlanchín, -china *adj* (*fam*) talkative.

parlante *sm* (*Amér L: para anunciar*) loudspeaker; (*: de equipo de música*) speaker.

paro *sm* 1. (*desempleo*) unemployment. 2. (*subsidio*) unemployment benefit ✳ (*US*) compensation. 3. (*huelga*) strike.

paro cardiaco *sm* cardiac arrest, heart failure.

parodia *sf* (*gen*) parody; (*película, obra*) spoof.

parodiar *vt* to parody.

parpadear *vi* 1. (*persona*) to blink. 2. (*luz*) to flicker, to blink.

párpado *sm* eyelid.

parque *sm* 1. (*zona verde*) park. 2. (*para niños*) playpen.

parque automovilístico ✳ (*RP*) **automotor** *sm* ⇨ **parque móvil** 2.

parque de atracciones *sm* amusement park. **parque de bomberos** *sm* fire station. **parque de diversiones** *sm* (*RP*) amusement park. **parque móvil** *sm* 1. (*de una organización*) fleet (*of cars*). 2. (*de un país o región*) vehicles in a country or region. **parque nacional** *sm* national park. **parque natural** *sm* nature reserve. **parque zoológico** *sm* zoo.

parqueadero *sm* (*Col*) ⇨ **parking**.

parquear *vt/i* (*Col*) to park.

parquedad *sf* (*gen*) moderation; (*al hablar*): **se expresa con parquedad** he's a man of few words.

parquímetro *sm* parking meter.

parra *sf* grapevine.

párrafo *sm* paragraph.

parranda *sf* (*fam*): **nos fuimos de parranda** we went out on the town.

parrilla *sf* 1. (*Culin: para asar a las brasas*) barbecue; (*: de una cocina*) grill, (*US*) broiler. 2. (*Amér L: portaequipajes*) roof rack.

parrillada *sf* 1. (*plato*) mixed grill. 2. (*Amér L: fiesta*) barbecue. 3. (*RP: restaurante*) restaurant serving barbecued meat.

párroco *sm* parish priest.

parroquia *sf* (*iglesia*) parish church; (*zona, congregación*) parish.

parroquiano, -na *sm/f* 1. (*Relig*) parishioner. 2. (*cliente habitual*) regular.

parsimonia *sf* unhurriedness.

parte **I** *sf* 1. (*de un todo: gen*) part; (*: en un reparto*) share. 2. (*lado*) side: **no se puso de parte de nadie** she didn't take sides. 3. (*Jur*) party. 4. (*lugar*) **no voy a ninguna parte** I'm not going anywhere; **estará en alguna parte** it must be somewhere; **quiero irme a otra parte** I want to go somewhere else; **en todas partes** everywhere. 5. (*al expresar* *puntos de vista*): **por mi parte** as far as I'm concerned; **por otra parte** on the other hand. **6.** (*en teatro*) part, role. **7.** (*en expresiones*): **vengo de parte del Señor Gómez** I've come on behalf of Mr Gómez; **dale saludos de mi parte** give him my regards; **muy amable de su parte** very kind of you; **en parte estoy contenta** to a certain extent, I'm happy; (*Telec*): **¿de parte de quién?** who's calling, please? **II** *sm* **1.** (*comunicado*) report. **2.** (*fam: noticiario*) news bulletin.

parte facultativo * **médico** *sm* medical bulletin. **parte meteorológico** *sm* weather report.

partera *sf* midwife.

participación *sf* **1.** (*intervención*) participation, involvement. **2.** (*Fin*) holding. **3.** (*de lotería*) part share of lottery ticket. **4.** (*notificación*) notification.

participante *sm/f* participant.

participar *vi* **1.** (*intervenir*) to take part (**en** in), to participate (**en** in). **2. participar de** (*frml: compartir*) to share. ♦ *vt* (*frml: comunicar*): **participarle algo a alguien** to inform sbdy of sthg.

participio *sm* participle: **el participio pasado** the past participle.

particular I *adj* **1.** (*privado*) private. **2.** (*concreto*) specific ● **en particular** in particular. **3.** (*raro*) unusual: **no tiene nada de particular** there's nothing unusual about it. **II** *sm/f* (*private*) individual. **III** *sm* (*frml: asunto*) matter.

particularidad *sf* **1.** (*peculiaridad*) distinguishing feature, peculiarity. **2.** (*pormenor*) particular.

partida *sf* **1.** (*marcha*) departure. **2.** (*remesa*) batch, consignment. **3.** (*certificado*) certificate: **una partida de nacimiento/de defunción** a birth/death certificate. **4.** (*Juegos*) game.

partidario, -ria I *adj*: **es partidaria de...** she's in favour of.... **II** *sm/f* supporter, follower.

partido, -da I *adj* **1.** (*dividido*) divided. **2.** (*roto*) split. **II** *sm* **1.** (*Pol*) party: **un partido político** a political party. **2.** (*Dep*) match, game: **un partido amistoso** a friendly match. **3.** (*beneficio*): **sacar partido de algo** to make the most of sthg. **4.** (*posición*): **tomar partido por alguien** to take sbdy's side.

partir [⟡ table in appendix 2] *vt* **1.** (*cortar, trocear*) to cut: **lo partió por la mitad** he cut it in half. **2.** (*romper: gen*) to break; (*: nueces*) to crack. ♦ *vi* **1.** (*marcharse*) to leave (**para** for). **2. a partir de** (*desde*) from: **a partir de ahora** from now on. **3. partir de** (*dar por supuesto*) to assume: **parto de la base de que...** my starting point is that....

partirse *v prnl* to break up ● **se partía de risa** he was splitting his sides with laughter.

partitura *sf* score.

parto *sm* (*todo el proceso*) labour, (*US*) labor: **está de parto** she's in labour * (*US*) labor; (*nacimiento*) birth.

parvulario *sm* nursery school.

pasa *sf* raisin.

pasa de Corinto *sf* currant.

pasable *adj* passable.

pasacasete, pasacassette /pasaka'se(t)/ *sm* cassette player.

pasada *sf* **1.** (*con trapo, fregona*) wipe. **2. de pasada** in passing. **3.** (*fam: para intensificar*): **es una pasada de grande** it's enormous.

pasadizo *sm* passageway.

pasado, -da I *adj* **1.** (*tiempo, época*) past. **2.** (*último*) last: **el jueves pasado** last Thursday. **3.** (*después de*) after: **pasado mañana** the day after tomorrow. **4.** (*anticuado*) dated. **5.** (*en malas condiciones*) off, bad. **6.** (*Culin*): **me gusta la carne bien pasada** I like my meat well done; **el arroz está pasado** the rice is overcooked. **II** *sm* past.

pasador *sm* **1.** (*para pelo*) (hair) slide, (*US*) barrette. **2.** (*de corbata*) tiepin. **3.** (*cerrojo*) bolt.

pasaje *sm* 1. (*billete*) ticket. 2. (*viajeros*) passengers *pl*. 3. (*callejón*) passageway; (*comercial*) arcade of shops. 4. (*Lit, Mús*) passage.

pasajero, -ra I *adj* passing. II *sm/f* passenger.

pasamano *sm*, **pasamanos** *sm inv* (*barra: gen*) handrail; (*: en escalera*) banister.

pasamontañas *sm inv* balaclava.

pasaporte *sm* passport.

pasar *vt* 1. (*un periodo de tiempo*) to spend ● **pasarlo bien/mal** to have a good/difficult time. 2. (*padecer*) to suffer: **pasamos hambre** we were hungry. 3. (*dar: un objeto*) to pass; (*: un recado, un negocio*) to pass on; (*: una enfermedad*) to give. 4. (*ir más allá de*) to go past; (*una frontera, una calle*) to cross. 5. (*Auto: adelantar*) to overtake, to pass. 6. (*una página*) to turn. 7. (*superar: gen*): **hemos pasado lo más difícil** we're over the most difficult part now; (*: un examen*) to pass. 8. (*tragar*) to swallow ● **no lo paso** I can't stand him. 9. (*consentir*) to tolerate ● **lo pasaré por alto** I'll overlook it. 10. (*una película*) to show. 11. (*por una superficie*): **pasa el trapo por aquí** give this a wipe with the cloth. 12. (*transcribir*): **pasó la carta a máquina** she typed out the letter. 13. (*RP: fam, engañar*) to cheat. ♦ *vi* 1. (*suceder*) to happen ● **hola, ¿qué pasa?** hi, how are things? 2. (*transcurrir*) to go by, to pass. 3. (*terminar*): **ya pasó** it's over now. 4. (*por un lugar*): **¿qué autobuses pasan por aquí?** which buses go this way?; **pasaremos a verte** we'll call in and see you. 5. (*entrar*): **¡pasa!** come in! 6. (*ser aceptable*): **puede pasar** it will do. 7. (*arreglárselas*) to manage, to get by. 8. (*circular*): **pasó de mano en mano** it went from person to person. 9. (*Telec*): **¿me pasa con la extensión dos?** can you put me through to extension two?; **te paso con Juan** I'll hand you over to Juan. 10. (*Juegos*) to pass.

11. (*fam: expresando indiferencia*): **yo paso** I don't care. 12. **pasar a** (*indicando progresión*): **pasamos a hablar de otras cosas** we went on to talk about other things; **pasen a la página seis** turn to page six. 13. **pasar de** (*exceder*): **pasa de los treinta** she's over thirty. 14. **pasar por** (*una situación, un espacio*) to go through; (*ser considerado*) to pass for.

pasarse *v prnl* 1. (*día, tiempo*): **el día se ha pasado volando** the day has flown. 2. (*persona: el día, la tarde*) to spend. 3. (*terminarse, quitarse*): **¿se te ha pasado el dolor de cabeza?** has your headache worn off? 4. (*ir a otro bando*) to go over. 5. (*ir demasiado lejos*) to go too far; (*excederse*): **oye, no te pases** hey, don't overdo it. 6. (*ir*) to call in. 7. (*olvidarse*): **se me pasó** I forgot.

pasarela *sf* 1. (*puente*) footbridge; (*Náut*) gangway. 2. (*en desfile de modas*) catwalk.

pasatiempo I *sm* pastime, hobby. II **pasatiempos** *sm pl* (*Medios*) games and puzzles.

Pascua, pascua I *sf* (*fiesta: cristiana*) Easter; (*: judía*) Passover. II **Pascuas, pascuas** *sf pl* Christmas.

pase *sm* 1. (*en fútbol, toros*) pass. 2. (*de película*) showing. 3. (*autorización*) pass, permit.

pase de modelos *sm* fashion show.

pase de temporada *sm* season ticket.

pasear *vi* (*a pie*) to walk: **ir ✶ salir a pasear** to go for a walk; (*en coche, en bicicleta*): **me llevó a pasear en su coche nuevo** he took me for a drive in his new car; **salimos a pasear en bici** we went for a bike ride. ♦ *vt* to take for a walk.

paseo *sm* 1. (*a pie*) walk, stroll: **ir a dar un paseo** to go for a walk; (*en coche*) drive; (*en bicicleta*) bicycle ride. 2. (*en nombre de calles*) avenue.

paseo marítimo *sm* seafront, esplanade.

pasillo *sm* (*corredor*) corridor; (*en*

cine, avión) aisle.

pasión *sf* passion.

pasivo, -va I *adj* passive. II *sm* liabilities *pl.*

pasmado, -da *adj* 1. (*por una sorpresa*) stunned, dumbfounded: **me quedé pasmada** I was stunned. 2. (*por distracción*): **¡no te quedes ahí pasmado!** don't just stand there!

paso *sm* 1. (*gen*) step ● **a dos pasos** a stone's throw away ● **paso a paso** step by step. 2. (*pisada*) footstep. 3. (*ritmo al andar*): **afloja el paso** slow down. 4. (*acción de pasar*): **a mi paso por Madrid** as I was passing through Madrid ● **está de paso** she's just passing through ● **tráelo de paso** bring it while you're about it ● **¡abran paso!** make way!; (*Auto*) **ceda el paso** give way, (*US*) yield. 5. (*de contador*) unit. 6. (*Relig*) *float used in Holy Week processions.*

paso a nivel *sm* level ✳ (*US*) grade crossing. **paso atrás** *sm* step backwards. **paso de cebra** *sm* zebra crossing, (*US*) crosswalk. **paso de montaña** *sm* mountain pass. **paso de peatones** *sm* pedestrian crossing, (*US*) crosswalk. **paso elevado** *sm* flyover, (*US*) overpass. **paso subterráneo** *sm* (*para peatones*) subway; (*para coches*) underpass.

pasota *adj* (*fam*): **son muy pasotas** they don't care about anything.

paspado, -da *adj* (*RP*) chapped.

pasta *sf* 1. (*mezcla*) paste. 2. (*para empanadas, bases de tartas*) pastry. 3. (*italiana*) pasta. 4. (*or* **pasta de té**) biscuit, (*US*) cookie. 5. (*cruasán, bollo*) pastry. 6. (*de libro*): **está encuadernado en pasta dura/blanda** it's a hardback/paperback. 7. (*fam: dinero*) cash, dough.

pasta dentífrica ✳ **de dientes** *sf* toothpaste.

pastar *vi* to graze.

pastel I *sm* 1. (*Culin: dulce*) cake; (*: salado*): **un pastel de carne/verdura** a meat/vegetable pie. 2. (*Artes*) pastel: **un dibujo al pastel** a pa-

stel drawing. II *adj inv* (*tono*) pastel.

pastelería *sf* (*tienda*) cake shop; (*técnica*) baking, pastry-making.

pasteurizado, -da *adj* pasteurized.

pastilla *sf* 1. (*Med*) tablet, pill ● **a toda pastilla** at top speed. 2. (*de jabón*) bar. 3. (*caramelo*) sweet, (*US*) candy.

pasto *sm* 1. (*Agr*) pasture; (*terreno*) pasture land. 2. (*Amér L: hierba*) grass; (*: césped*) lawn.

pastor, -tora *sm/f* 1. (*Agr: hombre*) shepherd; (*: mujer*) shepherdess. 2. (*Relig*) minister.

pastor alemán *sm* Alsatian, German shepherd.

pata *sf* (*pierna*) leg; (*pie de perro, etc.*) paw ● **meter la pata** to put one's foot in it ● **la casa está patas arriba** the house is in a mess.

patas de gallo *sf pl* (*Anat*) crow's-feet *pl.*

patada *sf* 1. (*puntapié*) kick. 2. (*en el suelo*) stamp. 3. (*RP: fam, descarga eléctrica*) electric shock.

pataleo *sm* 1. (*de bebé*) kicking. 2. (*en el suelo*) stamping. 3. (*fam: protesta*) protest.

patata *sf* potato.

patatas bravas *sf pl*: potatoes in spicy sauce. **patatas fritas** *sf pl* (*calientes*) French fries *pl*, (*GB*) chips *pl*; (*de bolsa*) (potato) crisps *pl*, (*US*) (potato) chips *pl.*

paté *sm* pâté.

patear *vt* (*una pelota, a una persona*) to kick.

patearse *v prnl* (*fam: un lugar*) to walk around.

patentar *vt* to patent.

patente I *adj* obvious, clear. II *sf* 1. (*Fin*) patent. 2. (*C Sur: Auto, chapa*) number ✳ (*US*) license plate; (*: pago*) road tax.

paternal *adj* fatherly.

paternidad *sf* paternity, fatherhood.

paterno, -na *adj* paternal.

patético, -ca *adj* 1. (*conmovedor*) moving. 2. (*lamentable*) pathetic.

patilla *sf* 1. (*de pelo*) sideburn, (*GB*)

sideboard. **2.** (*de gafas*) arm.

patilludo, -da *adj* (*RP: fam*) [E] fed up.

patín *sm* **1.** (*gen*) skate: **patines de ruedas/de hielo** roller/ice skates; **patines en línea** in-line skates ‖ Rollerblades®. **2.** (*Náut*) pedalo.

patinaje *sm* skating: **patinaje artístico** figure skating; **patinaje sobre hielo** ice-skating; **patinaje sobre ruedas** roller-skating.

patinar *vi* **1.** (*con patines: gen*) to skate; (*:sobre hielo*) to ice-skate; (*:sobre ruedas*) to roller-skate; (*:con patines en línea*) to Rollerblade®. **2.** (*deslizarse*) to slide; (*resbalar*) to slip; (*derrapar*) to skid. **3.** (*fam: equivocarse*) to slip up.

patinarse *vprnl* (*RP: fam, gastar*) to blow.

patineta *sf* (*RP*) skateboard.

patinete *sm* scooter.

patio *sm* **1.** (*en casas*) courtyard. **2.** (*en colegio*) playground: **es la hora del patio** it's break time now. **3.** (*or* **patio de butacas**) (*en un cine, un teatro*) stalls *pl*, (*US*) orchestra.

pato, -ta I *sm/f* (*gen*) duck; (*macho*) drake ● **pagar el pato** to get the blame. II *adj* [E] (*C Sur: fam, sin dinero*) broke.

patología *sf* pathology.

patólogo, -ga *sm/f* pathologist.

patoso, -sa *adj* (*fam*) clumsy.

patota *sf* (*RP: fam*) gang.

patraña *sf* lie, story.

patria *sf* homeland, fatherland.

patrimonio *sm* personal assets *pl*.

patrimonio artístico/cultural *sm* artistic/cultural heritage.

patriota I *adj* patriotic. II *sm/f* patriot.

patriotero, -ra *adj* jingoistic.

patriotismo *sm* patriotism.

patrocinador, -dora *sm/f* sponsor.

patrocinar *vt* to sponsor.

patrocinio *sm* sponsorship.

patrón, -trona I *sm/f* **1.** (*Relig*) patron saint. **2.** (*casero*) landlord/lady. **3.** (*empresario*) employer. **4.** (*jefe*) boss. **5.** (*de barco*) skipper. II *sm* (*en costura*) pattern.

patronal *sf* (*empresarios en general*) employers *pl*; (*de una determinada empresa*) management.

patronato *sm* **1.** (*fundación*) foundation. **2.** (*consejo*) board of management.

patrulla *sf* **1.** (*Mil*) patrol. **2.** (*Méx: coche*) patrol car.

paulatino, -na *adj* gradual.

pausa *sf* (*breve interrupción*) pause; (*descanso*) break.

pausado, -da *adj* unhurried.

pauta *sf* guideline.

pava *sf* (*RP*) kettle.

pavada *sf* (*RP: fam, acción, dicho*) silly thing; (*:cosa fácil*) cinch; (*:nimiedad*) trivial/little thing.

pavimento *sm* (*de asfalto*) road surface, (*US*) pavement; (*de adoquines*) paving.

pavo, -va I *sm/f* **1.** (*Zool*) turkey. **2.** (*fam: persona*) silly person. II *adj* (*fam*) silly.

pavo real *sm* peacock.

pavor *sm* dread, terror.

pay *sm* (*Amér C, Méx*) pie.

payador *sm: singer who performs improvised songs.*

payasada *sf:* ¡**deja de hacer payasadas!** stop fooling around!

payaso, -sa *sm/f* clown.

payo, -ya *sm/f: name given by gypsies to non-gypsies.*

paz *sf* **1.** peace ● **hacer las paces** to make up ● ¡**déjame en paz!** leave me alone! **2.** (*acuerdo*) peace treaty.

pazo *sm: stately home in Galicia.*

PBI *sm* (*RP*) (= **producto bruto interno**) GDP.

PC /peˈθe, peˈse/ *sm* **1.** (*Inform*) PC. **2.** (*Pol*) = **Partido Comunista**.

P.D. (= **posdata**) PS.

peaje *sm* **1.** (*importe*) toll. **2.** (*lugar*) tollgate.

peatón, -tona *sm/f* pedestrian.

peatonal *adj* pedestrian.

peca *sf* freckle.

pecado *sm* sin: **el pecado original** original sin.

pecador, -dora *sm/f* sinner.

pecaminoso, -sa *adj* sinful.

pecar [⇨ sacar] *vi* **1.** (*Relig*) to sin. **2.** (*pasarse*): **peca de generoso** he's far too generous.

pecera *sf* goldfish bowl.

pecho *sm* (*tórax*) chest; (*de mujer: busto*) bust; (*: seno*) breast: **darle el pecho a un niño** to breast-feed a baby ● **tomarse algo a pecho** (*disgustarse*) to take sthg to heart, (*tomárselo en serio*) to take sthg very seriously ● **a lo hecho, pecho** it's no use crying over spilt milk.

pechuga *sf* breast.

pecoso, -sa *adj* freckled, freckly.

pectoral *sm* pectoral.

peculiar *adj* distinctive, characteristic.

peculiaridad *sf* characteristic.

pedagógico, -ca *adj* teaching (*apos.*), pedagogical.

pedagogo, -ga *sm/f* educationalist.

pedal *sm* pedal.

pedalear *vi* to pedal.

pedante **I** *adj* pedantic. **II** *sm/f* pedant.

pedantería *sf* pedantry.

pedazo *sm* piece ● **caerse a pedazos** to fall to pieces ● **¡es un pedazo de pan!** he's such a nice person!

pedernal *sm* flint.

pedestal *sm* pedestal.

pediatra *sm/f* paediatrician, (*US*) pediatrician.

pedicuro, -ra *sm/f* chiropodist, (*US*) podiatrist.

pedida *sf* engagement party.

pedido *sm* **1.** (*Fin*) order. **2.** (*Amér L: petición*) request.

pedigrí *sm* [**-gries** ✳ **-grís**] pedigree.

pedir [⇨ table in appendix 2] *vt* **1.** (*algo*) to ask for: **le pedí su opinión** I asked for his opinion. **2.** (*que se haga algo*) to ask: **pídele que nos ayude** ask him to help us. **3.** (*en restaurante*) to order. ♦ *vi* to beg.

pedo **I** *sm* (*fam*) **1.** (*ventosidad*) fart. **2.** (*borrachera*): **agarrarse un pedo** to get plastered. **II** *adj inv* [E] (*fam*) plastered.

pedregullo *sm* (*C Sur*) gravel.

pedrería *sf* precious stones *pl*.

pega *sf* **1.** (*objeción*) objection: **le pone pegas a todo** he always finds some objection. **2.** (*inconveniente*) drawback.

pegadizo, -za *adj* catchy.

pegajoso, -sa *adj* sticky.

pegamento *sm* glue.

pegar [⇨ pagar] *vt* **1.** (*adherir*) to stick. **2.** (*coser*) to sew on. **3.** (*fam: una enfermedad*) to give; (*: una costumbre*): **¿quién te ha pegado esa costumbre?** who have you picked up that habit from? **4.** (*dar*): **me pegó una bofetada** she gave me a slap; **su hermano pegó un grito** her brother shouted. ♦ *vi* **1.** (*adherir*) to stick. **2.** (*quedar bien*) to go (well). **3.** (*indicando proximidad*): **está pegando al parque** it's right next to the park. **4.** (*dar golpes*): **no le pegues** don't hit her.

pegarse *v prnl* **1.** (*adherirse*) to stick. **2.** (*fam: contagiarse*): **se me ha pegado tu resfriado** I've caught your cold. **3.** (*darse*): **se pegó un tiro** he shot himself; **¡qué susto me pegué!** what a fright I got! **4.** (*darse un golpe*): **se pegó contra una farola** she bumped into a street lamp. **5.** (*pelearse*) to fight, to hit each other.

pegatina *sf* **1.** (*adhesivo*) sticker. **2.** (*RP: Pol*) political poster sticking.

peinado *sm* (*estilo*) hairstyle; (*arreglo*) hairdo.

peinar *vt* **1.** (*pasarle un peine o cepillo a*): **peinar a alguien** to comb/brush sbdy's hair; (*hacerle un peinado a*): **peinar a alguien** to do sbdy's hair. **2.** (*registrar*) to comb, to search.

peinarse *v prnl* (*pasarse un peine o cepillo*) to comb/brush one's hair; (*en una peluquería*) to have one's hair done.

peine *sm* comb.

peineta *sf* comb (*worn in hair*).

p. ej. (= **por ejemplo**) e.g.

pelada *sf* (*C Sur: fam*) **1.** (*cabeza calva*) bald head; (*trozo sin pelo*) bald patch. **2.** (*corte de pelo*) haircut.

peladilla *sf* sugared almond.

pelado, -da I *adj* **1.** (*fruta, marisco*) peeled. **2.** (*cabeza*): **lleva la cabeza pelada** he wears his hair very short; (*espalda, nariz*): **tengo la espalda pelada** my back is peeling. **3.** (*paredes*) bare. **4.** (*fam: sin dinero*) broke. **II** *sm* (*fam: corte de pelo*) haircut. **III** *sm/f* (*Méx: fam*) uncouth person.

pelaje *sm* fur, hair.

pelapapas *sm inv* (*Amér L*) potato peeler.

pelar *vt* **1.** (*una manzana, un langostino*) to peel. **2.** (*un pollo*) to pluck. **3.** (*fam: cortarle el pelo a*): **¿quién te peló?** who cut your hair? **4.** (*Méx: fam, hacerle caso a*) to pay attention to.

pelarse *v prnl* **1.** (*fam: cortarse el pelo*) to have one's hair cut. **2.** (*espalda, nariz*) to peel. **3.** (*Méx: fam, largarse*) to beat it.

peldaño *sm* (*de escalera*) step, stair; (*de escalera de mano*) rung.

pelea *sf* **1.** (*gen*) fight. **2.** (*discusión*) argument, row.

pelear *vi* **1.** (*luchar*) to fight. **2.** (*discutir*) to argue, to quarrel. **3.** (*fam: hacer un esfuerzo*) to work hard, to struggle.

pelearse *v prnl* **1.** (*luchar*) to fight. **2.** (*discutir*) to argue, to quarrel. **3.** (*enemistarse*) to fall out.

pelele *sm* **1.** (*muñeco, persona*) dummy. **2.** (*fam: persona manejable*) puppet. **3.** (*prenda de niño*) babygrow.

peletería *sf* **1.** (*establecimiento*) fur shop, furrier's. **2.** (*artículos de piel*) furs *pl*.

peli *sf* (*fam*) movie, (*GB*) film.

pelícano *sm* pelican.

película *sf* **1.** (*largometraje*) movie, (*GB*) film. **2.** (*carrete*) film. **3.** (*capa delgada*) film. **película de aventuras** *sf* adventure movie ✳ (*GB*) film. **película de dibujos animados** *sf* animated movie ✳ (*GB*) film. **película de terror** *sf* horror movie ✳ (*GB*) film. **película del oeste** *sf* western.

peligrar *vi* to be in danger.

peligro *sm* **1.** (*situación*) danger: **no corre peligro** she's in no danger. **2.** (*cosa peligrosa*) hazard; (*persona peligrosa*) menace.

peligroso, -sa *adj* dangerous.

pelirrojo, -ja I *adj*: **es pelirrojo** he has red hair. **II** *sm/f* redhead.

pellejo *sm* skin ● **jugarse el pellejo** to risk one's neck.

pellizcar [⇨ sacar] *vt* to pinch. ♦ *vi* to nibble.

pellizco *sm* pinch: **le dio un pellizco** she pinched him.

pelma, pelmazo, -za *sm/f* (*fam*) pain in the neck.

pelo *sm* **1.** (*de persona*) hair: **se cortó el pelo** she had her hair cut ● **con pelos y señales** in great detail ● **no tiene pelos en la lengua** he doesn't mince his words ● **aprobó por los pelos** ✳ **por un pelo** he just scraped through the exam ● **tomarle el pelo a alguien** to pull sbdy's leg ● (*Méx*) **de pelos** fantastic. **2.** (*de animal*) coat, fur.

pelón (*RP*) nectarine.

pelota I *sf* **1.** (*bola*) ball ● **le hizo la pelota al jefe** he buttered up the boss. **2.** (*or* **pelota vasca**) pelota, (*US*) jai alai. **II** *sm/f* (*fam: persona*) flatterer. **III pelotas** *sf pl* (*!!!: testículos*) balls *pl* ● **en pelotas** naked.

pelota de fútbol *sf* football.

pelotari *sm/f* (*Dep*) player of ⇨ **pelota I,2.**

pelotazo *sm* **1.** (*golpe*) blow. **2.** (*enriquecimiento rápido*): **la cultura del pelotazo** the fast-buck mentality.

peloteo *sm* **1.** (*en fútbol*) kickabout; (*en tenis*) knock-up. **2.** (*fam: coba*) flattery.

pelotero, -ra *sm/f* (*Amér L: jugador de fútbol*) footballer; (*: jugador de béisbol*) baseball player.

pelotón *sm* **1.** (*Mil*) squad. **2.** (*en ciclismo*) pack, peloton.

pelotudo, -da *sm/f* (*Amér S: !!*) jerk.

peluca *sf* wig.

peludo, -da *adj* (*persona*) hairy; (*animal*) furry.

peluquería *sf* 1. (*establecimiento*) hairdresser's. 2. (*profesión*) hairdressing.

peluquero, -ra *sm/f* hairdresser.

pelusa *sf* 1. (*en la cara, en fruta*) down. 2. (*de polvo*) fluff. 3. (*fam: celos*) jealousy.

pelvis *sf inv* pelvis.

pena *sf* 1. (*tristeza*) sadness: **siento mucha pena** I feel very sad ● **a duras penas** with great difficulty ● **merece la pena verlo** it's worth seeing. 2. (*lástima*) shame, pity: **es una pena** it's a shame; **me da pena** I feel sorry for her/him. 3. (*condena*) sentence. 4. (*Amér L: vergüenza*): **me da pena** I'm embarrassed.

pena de muerte *sf* death penalty.

penal I *adj* (*sistema*) penal; (*responsabilidad*) criminal. II *sm* 1. (*cárcel*) jail, prison. 2. (*RP: en fútbol*) penalty.

penalidades *sfpl* suffering, hardship.

penalizar [⇨ cazar] *vt* to penalize.

penalti, penalty /peˈnalti/ *sm* penalty.

penar *vt* to punish. ◆ *vi* (*frml*) to suffer.

pendejo, -ja *sm/f* (*fam*) 1. (*Amér L: idiota*) jerk. 2. (*C Sur: niño*) kid.

pender *vi* to hang.

pendiente I *adj* 1. (*no resuelto*) pending, outstanding. 2. (*a la espera*): **estoy pendiente de que me contesten** I'm waiting to hear from them. 3. (*atento*): **estáte pendiente del niño** keep an eye on the child. II *sm* earring. III *sf* slope, incline.

péndulo *sm* pendulum.

pene *sm* penis.

penetración *sf* 1. (*entrada*) penetration. 2. (*inteligencia*) insight.

penetrante *adj* (*mirada*) penetrating; (*dolor, sonido*) piercing; (*frío*) biting; (*olor*) pervasive. 2. (*mente, análisis*) incisive.

penetrar *vi* (*entrar*): **penetrar en** **territorio enemigo** to go into enemy territory; **penetraron en el edificio** they got into the building. ◆ *vt* 1. (*entrar en*) to penetrate: **el frío te penetra hasta los huesos** the cold chills you to the bone. 2. (*un misterio*) to decipher.

penicilina *sf* penicillin.

península *sf* 1. (*gen*) peninsula. 2. **la Península** (*referido a España*) mainland Spain.

penique *sm* penny.

penitencia *sf* penance; (*RP*): **está en penitencia** he's being punished.

penitenciario, -ria *adj* prison (*apos.*).

penitente *sm/f*: Easter penitent.

penoso, -sa *adj* 1. (*triste*) upsetting. 2. (*estado*) dreadful. 3. (*trabajo*) difficult. 4. (*Amér L: tímido*) shy; (*: bochornoso*) embarrassing.

pensador, -dora *sm/f* thinker.

pensamiento *sm* 1. (*idea, facultad*) thought. 2. (*forma de pensar*) thinking. 3. (*Bot*) pansy.

pensar [⇨ table in appendix 2] *vt* 1. (*reflexionar sobre*) to think about: **lo pensaré** I'll think about it. 2. (*idear*) to come up with. 3. (*opinar*) to think, to believe. 4. (*decidir*) to decide. 5. (*tener intención de*) to intend: **pienso ir** I intend to go. ◆ *vi* 1. (*reflexionar*) to think: **lo dije sin pensar** I said it without thinking. 2. **pensar en** (*reflexionar sobre*) to think about; (*tener en cuenta*) to think of.

pensarse *v prnl*: **piénsatelo** think about it.

pensativo, -va *adj* thoughtful, pensive.

pensión *sf* 1. (*a jubilado*) pension; (*a ex cónyuge*) maintenance. 2. (*fonda*) boarding house, guesthouse.

pensión completa *sf* full board.

pensionado, -da *sm/f* (*Amér S*) pensioner.

pensionista *sm/f* 1. (*persona que recibe una pensión*) pensioner. 2. (*persona que vive en una pensión*) lodger (*in boarding house*).

Pentecostés, pentecostés *sm* Whitsun, Pentecost.

penúltimo, -ma *adj* penultimate.

penumbra *sf* half-light.

penuria *sf* extreme poverty: **pasar penurias** to suffer hardship.

peña *sf* **1.** (*roca*) rock, crag. **2.** (*grupo de seguidores*) supporters' club; (*para quinielas*) syndicate. **3.** (*fam: pandilla*) group.

peñasco *sm* crag.

peñón *sm* crag: **el Peñón (de Gibraltar)** the Rock (of Gibraltar).

peón *sm* **1.** (*or* **peón agrícola**) farm hand, farm worker. **2.** (*obrero*) labourer, (*US*) laborer. **3.** (*en ajedrez*) pawn.

peonza *sf* (spinning) top.

peor *adj, adv* **1.** (*comparativo*) worse: **es peor que el mío** it's worse than mine; **juega peor que yo** he plays worse than I do. **2.** (*superlativo*) worst: **el peor alumno de la clase** the worst student in the class; **es la que peor canta** she's the one who sings worst • **en el peor de los casos** at worst.

pepinillo *sm* gherkin.

pepino *sm* cucumber.

pepita *sf* **1.** (*de fruta*) pip, seed. **2.** (*de oro*) nugget.

pepito *sm* (*or* **pepito de ternera**) steak sandwich.

peque *sm/f* (*fam*) kid, child.

pequeñez *sf* [**-ñeces**] **1.** (*insignificancia*) triviality. **2.** (*cualidad de pequeño*) smallness.

pequeño, -ña I *adj* **1.** (*en tamaño*) small, little; (*en demasía*): **me está * me queda pequeño** it's too small for me. **2.** (*en importancia*) minor. **3.** (*en estatura, duración*) short. **4.** (*en edad*) little. **II** *sm/f* child.

pequeña empresa *sf* small business.

pera *sf* **1.** (*fruta*) pear. **2.** (*barba*) goatee. **3.** (*C Sur: fam, mentón*) chin.

peral *sm* pear tree.

percance *sm* mishap.

percatarse *v prnl* to realize: **percatarse de algo** to realize sthg.

percebe *sm* barnacle.

percepción *sf* perception.

percha *sf* **1.** (*colgador: en armario*) coat hanger; (*: gancho*) hook. **2.** (*para aves*) perch.

perchero *sm* (*de pie*) hat stand; (*en pared*) coat hooks *pl*.

percibir *vt* **1.** (*captar*) to perceive. **2.** (*recibir*) to receive.

percusión *sf* percussion.

perdedor, -dora I *adj* losing. **II** *sm/f* loser.

perder [⇨ tender] *vt* **1.** (*gen*) to lose. **2.** (*desperdiciar*) to waste: **no pierdas el tiempo** don't waste your time. **3.** (*el tren, el avión, una oportunidad*) to miss. **4.** (*líquido*): **pierde agua** it's leaking. ♦ *vi* **1.** (*ser derrotado*) to lose. **2.** **echar a perder** (*una sorpresa, un plan*) to spoil, to ruin. **3.** **echarse a perder** (*alimentos*) to go off. **4.** **salir perdiendo**: **así la que salgo perdiendo soy yo** this way I end up worse off.

perderse *v prnl* **1.** (*extraviarse*) to get lost. **2.** (*una película*) to miss.

perdición *sf* ruin, downfall.

pérdida I *sf* **1.** (*gen*) loss. **2.** (*de gas, fluido*) leak. **II pérdidas** *sf pl* (*Med*) bleeding.

pérdida de tiempo *sf* waste of time.

perdido, -da I *adj* **1.** (*gen*) lost. **2.** (*perro, bala*) stray. **3.** (*fam: sucio*): **ponerse perdido** to get very dirty. **II** *adv* (*fam: absolutamente*) completely.

perdigón *sm* pellet.

perdiz *sf* [**-dices**] partridge.

perdón I *sm* **1.** (*gen*) forgiveness: **me pidió perdón por lo que había hecho** he apologized * said sorry to me for what he had done. **2.** (*por un delito*) pardon. **II** *excl* **1.** (*por un pisotón, un retraso*) sorry!, (*US*) excuse me! **2.** (*al abordar a alguien*) excuse me, (*US*) pardon me.

perdonar *vt* **1.** (*gen*) to forgive: **nunca le perdonó que le mintiera** he never forgave her for lying to him. **2.** (*eximir de*): **nos perdonó los deberes** she let us off our home-

perdurar

work; (*eximir de un castigo*) to let off: **por esta vez te perdono** I'll let you off this time. **3.** (*Jur*) to pardon. ♦ *vi* **1.** (*gen*) to forgive. **2.** (*al disculparse*) ¡**perdone!**/¡**perdona!** sorry!, (*US*) excuse me!; (*al abordar a alguien*) **perdone.../perdona...** excuse me..., (*US*) pardon me....

perdurar *vi* (*mantenerse*) to continue; (*durar*) to last.

perecedero, -ra *adj* (*alimentos*) perishable; (*recuerdos*) which do not last.

perecer [⇨ agradecer] *vi* (*frml*) to die, to perish.

peregrinación *sf*, **peregrinaje** *sm* pilgrimage.

peregrino, -na I *adj* (*idea*) extraordinary, odd. **II** *sm/f* pilgrim.

perejil *sm* parsley.

perenne *adj* **1.** (*Bot*) perennial. **2.** (*perpetuo*) perpetual.

perentorio, -ria *adj* **1.** (*necesidad*) urgent, pressing. **2.** (*orden*) peremptory; (*plazo*) fixed.

pereza *sf* laziness, idleness.

perezoso, -sa *adj* lazy, idle.

perfección *sf* perfection.

perfeccionar *vt* (*una lengua*) to improve; (*una técnica, un método*) to perfect.

perfeccionista *adj, sm/f* perfectionist.

perfectamente *adv* perfectly.

perfecto, -ta I *adj* **1.** (*gen*) perfect. **2.** (*imbécil, desconocido*) complete, absolute. **II perfecto** *adv* fine!

pérfido, -da *adj* (*frml*) **1.** (*traidor*) treacherous. **2.** (*perverso*) perverse.

perfil *sm* **1.** (*contorno*) outline; (*lado*) profile: **de perfil** in profile. **2.** (*Arquit, Mat*) cross-section. **3.** (*descripción*) profile.

perfilar *vt* **1.** (*dibujar*) to draw an outline of. **2.** (*un plan*) to put the finishing touches to.

perfilarse *v prnl* **1.** (*objeto*) to be outlined. **2.** (*persona*): **se está perfilando como...** he's beginning to look like....

perforación *sf* (*gen*) perforation;

(*en busca de petróleo*) drilling.

perforadora *sf* drill.

perforar *vt* (*gen*) to perforate; (*en busca de petróleo*): **están perforando la zona** they're drilling for oil in the area.

performance /perfor'mans/ *sf* performance.

perfumar *vt* to perfume.

perfumarse *v prnl* to put on perfume.

perfume *sm* perfume, scent.

perfumería *sf* perfumery.

pergamino *sm* parchment.

pericia *sf* skill, expertise.

peridural *sf* epidural.

periferia *sf* (*gen*) periphery; (*de la ciudad*) outskirts *pl*.

periférico, -ca I *adj* (*gen*) peripheral; (*barrio*) outlying. **II** *sm* (*Méx: carretera*) ring road, (*US*) beltway.

perímetro *sm* perimeter.

perimido, -da *adj* (*RP*) **1.** (*costumbres, valores*) obsolete. **2.** (*plazo*) expired.

periódico, -ca I *adj* periodic. **II** *sm* newspaper, paper.

periodismo *sm* journalism.

periodista *sm/f* journalist, reporter.

periodístico, -ca *adj* journalistic.

periodo, período *sm* period.

periquete *sm*: **en un periquete** in a second.

periquito *sm* budgerigar, parakeet.

peritaje *sm* **1.** (*estudio*) expert's investigation. **2.** (*Educ*) technical training.

perito, -ta *sm/f* expert.

perito, -ta agrícola ✱ **agrónomo, -ma** *sm/f* agronomist. **perito, -ta industrial** *sm/f* engineer.

perjudicar [⇨ sacar] *vt* to affect adversely.

perjudicial *adj* detrimental (**para** to), damaging (**para** for ✱ to).

perjuicio *sm* damage, harm.

perjurio *sm* perjury.

perla *sf* pearl ● **nos vino de perlas** it came in really handy.

permanecer [⇨ agradecer] *vi*

(*frml*) to remain, to stay.
permanencia *sf* (*frml*) stay.
permanente I *adj* permanent. **II** *sf* perm. **III** *sm* (*Méx*) perm.
permisible *adj* permissible.
permisivo, -va *adj* permissive.
permiso *sm* 1. (*gen*) permission: **pidió permiso para salir** she asked permission to leave ● **con permiso** excuse me. 2. (*documento*) permit, licence, (*US*) license. 3. (*Mil*) leave: **estar de permiso** to be on leave.
permiso de conducir *sm* driving licence, (*US*) driver's license. **permiso de trabajo** *sm* work permit.
permitido, -da *adj* [E] permitted, allowed.
permitir *vt* 1. (*gen*) to allow: **les permitió hacerlo** she allowed them to do it ‖ she let them do it. 2. (*posibilitar*) to make possible.
permitirse *v prnl* 1. (*gastos*): **no me lo puedo permitir** I can't afford it. 2. (*en expresiones de cortesía*): **me permito recordarle que...** may I remind you that.... 3. (*tomarse la libertad de*): **¿cómo te permites hablarme así?** how dare you talk to me like that?
permuta *sf* exchange.
pernera *sf* trouser leg.
pernicioso, -sa *adj* pernicious.
pernoctar *vi* (*frml*) to spend the night.
pero I *conj* 1. (*gen*) but. 2. (*al expresar sorpresa, indignación*): **pero, ¿qué sucede?** what on earth is going on? 3. (*para intensificar*): **muy pero muy caro** really expensive. **II** *sm* objection.
peroné *sm* fibula.
perpendicular *adj*, *sf* perpendicular.
perpetrar *vt* (*frml*) to commit, to perpetrate.
perpetuar [⇨ actuar] *vt* to perpetuate.
perpetuo, -tua *adj* perpetual.
perplejo, -ja *adj* perplexed, puzzled.
perra *sf* (*fam*): **estoy sin una perra** I'm broke.

perrera *sf* pound, dog's home.
perrilla *sf* (*Méx*) sty.
perro, -rra *sm/f* (*gen*) dog; (*hembra*) bitch.
perro callejero *sm* stray (dog). **perro faldero** *sm* lapdog. **perro lazarillo** *sm* guide dog. **perro pastor** *sm* sheepdog.
persecución *sf* 1. (*gen*) pursuit. 2. (*Pol, Relig*) persecution.
perseguir [⇨ seguir] *vt* 1. (*seguir*) to chase, to pursue. 2. (*Pol, Relig*) to persecute. 3. (*un fin*) to pursue.
perseverante *adj* persevering.
perseverar *vi* to persevere.
persiana *sf* blind, (*US*) shade.
persignarse *v prnl* to cross oneself.
persigo *etc*. ⇨ **perseguir**.
persistencia *sf* persistence.
persistente *adj* persistent.
persistir *vi* 1. (*en una actitud*) to persist (**en** in). 2. (*continuar*): **el riesgo persiste** there remains the risk.
persona *sf* 1. (*individuo*) person: **tres personas** three people. 2. (*Jur, Ling*) person.
personaje *sm* 1. (*de novela, película*) character. 2. (*persona célebre*) personality.
personal I *adj* 1. (*asunto, vida, carta*) personal, private. 2. (*opinión*) personal. **II** *sm* 1. (*plantilla*) staff, personnel. 2. (*fam: gente*) people *pl*.
personalidad *sf* personality.
personalmente *adv* personally.
personarse *v prnl* 1. to come/attend in person.
personificar [⇨ sacar] *vt* to personify.
perspectiva *sf* 1. (*gen*) perspective. 2. (*de futuro*) prospect: **las perspectivas son alentadoras** the prospects are encouraging.
perspicacia *sf* insight, shrewdness.
perspicaz *adj* perceptive.
persuadir *vt* to persuade: **la persuadí para que fuera** I persuaded her to go.
persuadirse *v prnl* to become convinced.

persuasión *sf* persuasion.

persuasivo, -va *adj* persuasive.

pertenecer [⇨ agradecer] *vi* to belong (**a** to).

pertenencia I *sf*: **todo esto es de su pertenencia** all this is his property ‖ all this belongs to him. **II pertenencias** *sf pl* belongings *pl.*

pértiga *sf* pole.

pertinaz *adj* **1.** (*terco*) stubborn. **2.** (*prolongado*) persistent.

pertinencia *sf* relevance.

pertinente *adj* **1.** [S] (*oportuno*) appropriate; (*que viene al caso*) relevant. **2.** (*referente*): **en lo pertinente a este asunto…** as far as this matter is concerned….

perturbado, -da *adj* **1.** (*alterado*) worried. **2.** (*Med*) (mentally) disturbed.

perturbador, -dora *adj* unsettling, disturbing.

perturbar *vt* **1.** (*el sueño*) to disturb; (*la paz, un proceso*) to disrupt. **2.** (*a una persona*) to disturb, to upset.

Perú *sm* Peru.

peruano, -na *adj, sm/f* Peruvian.

perversidad *sf* wickedness.

perversión *sf* perversion.

perverso, -sa *adj* wicked, evil.

pervertir [⇨ sentir] *vt* (*gen*) to corrupt, to lead astray; (*a menores*) to pervert.

pervertirse *v prnl* to become corrupted.

pesa *sf* weight: **hacer pesas** to do weight training.

pesadez *sf* **1.** (*fam: de algo aburrido, molesto*): **¡qué pesadez!** what a bore ✳ pain! **2.** (*en el estómago*) fullness.

pesadilla *sf* nightmare.

pesado, -da I *adj* **1.** (*gen*) heavy. **2.** (*cansador*) tiring. **3.** (*aburrido*) boring. **4.** (*Meteo*) close. **II** *sm/f* (*pelma*) pain.

pesadumbre *sf* grief.

pésame *sm* condolences *pl*: **le di el pésame** I offered him my condolences.

pesar I *sm* **1.** (*tristeza*) sorrow, regret: **muy a mi pesar** much to my regret. **2.** (*arrepentimiento*) regret. **II a pesar de** *prep* in spite of, despite: **a pesar de estar cansado** in spite of being tired. **III** *vt* **1.** (*tener un peso de*) to weigh: **pesa un kilo** it weighs a kilo; **pesa mucho** it is very heavy. **2.** (*hallar el peso de*) to weigh. ♦ *vi* **1.** (*entristecer*): **ahora me pesa** I regret it now ● **mal que le pese** whether he likes it or not. **2.** (*influir*) to carry a lot of weight.

pesarse *v prnl* to weigh oneself.

pesca *sf* **1.** (*actividad*) fishing: **la pesca submarina** underwater fishing. **2.** (*lo pescado*) catch.

pescadería *sf* fishmonger's (shop).

pescadilla *sf* young hake *n inv.*

pescado *sm* fish *n inv.*

pescado azul/blanco *sm* blue/white fish *n inv.*

pescador, -dora *sm/f* fisherman/ woman.

pescar [⇨ sacar] *vi* to fish. ♦ *vt* **1.** (*peces*) to catch. **2.** (*fam: una enfermedad, un novio, un marido*) to catch. **3.** (*fam: entender*) to get, to understand.

pescuezo *sm* (*fam*) neck.

pese a *prep* in spite of, despite.

pesebre *sm* **1.** (*para animales*) manger. **2.** (*nacimiento*) crib, Nativity scene.

pesera *sf*, **pesero** *sm* (*Méx*) bus, minibus.

peseta *sf* peseta.

pesimismo *sm* pessimism.

pesimista I *adj* pessimistic. **II** *sm/f* pessimist.

pésimo, -ma *adj* dreadful, awful.

peso *sm* **1.** (*gen*) weight ● **de peso** strong ● **me quitas un peso de encima** you've taken a weight off my mind. **2.** (*balanza*) scales *pl.* **3.** (*moneda*) currency of several Latin American countries.

peso bruto/neto *sm* gross/net weight.

pesquero, -ra I *adj* fishing (*apos*). **II** *sm* fishing boat.

pesquisa *sf* inquiry.

pestaña sf 1. (*Anat*) eyelash. 2. (*de papel*) flap, tab.

pestañear vi to blink.

peste sf 1. (*Med*) plague ● **echa pestes de ella** he's always running her down. 2. (*fam: mal olor*) stink.

pesticida sm pesticide.

pestilencia sf (*frml*) stench.

pestillo sm (*cerrojo*) bolt; (*de cerradura*) latch.

petaca sf 1. (*botella*) hip flask. 2. (*Méx: maleta*) suitcase.

pétalo sm petal.

petanca sf pétanque.

petardo sm firecracker, (*GB*) banger.

petición sf 1. (*solicitud*) request (**de** for); (*llamamiento*) appeal (**de** for). 2. (*escrito*) petition.

petiso, **-sa** adj (*RP: fam*) short.

petisú sm éclair.

petizo, **-za** adj (*RP: fam*) ➪ **petiso**.

peto sm 1. (*pieza sobre el pecho*) bib. 2. (*prenda*) dungarees pl, (*US*) (bib) overalls pl.

petrificar [➪ sacar] vt to petrify.

petróleo sm oil, petroleum.

petrolero, **-ra** I adj oil (apos.). II sm oil tanker.

peyorativo, **-va** adj pejorative.

pez I sm fish n inv. II sf (*sustancia*) pitch.

pez de colores sm goldfish n inv. **pez espada** sm swordfish n inv.

pezón sm nipple.

pezuña sf hoof.

piadoso, **-sa** adj pious.

pianista sm/f pianist.

piano sm piano.

piano de cola sm grand piano.

piar [➪ ansiar] vi to cheep, to tweet.

PIB sm (= **producto interior bruto**) GDP.

pibe, **-ba** sm/f (*RP: fam*) kid.

pica I sf (*Tauro*) lance. II **picas** sfpl (*Juegos*) spades pl.

picada sf 1. (*de abeja*) sting; (*de mosquito*) bite. 2. (*Amér L: Av*): **entrar en picada** to go into a dive; **caer en picada** to nose-dive. 3. (*Amér S: Culin*) tapas pl, appetizers pl.

picadero sm riding school.

picado, **-da** I adj 1. (*carne*) minced, (*US*) ground; (*cebolla, nueces*) chopped. 2. (*tabaco*) cut. 3. (*diente*) bad. 4. (*mar*) choppy. 5. (*fam: ofendido*) offended. 6. (*Méx: fam, enganchado*) hooked (**con** on). II sm (*avión, precios*): **caer en picado** to nose-dive.

picador sm picador.

picadura sf 1. (*de abeja, avispa*) sting; (*de mosquito, serpiente*) bite. 2. (*caries*) cavity.

picaflor sm (*Amér L*) 1. (*Zool: colibrí*) hummingbird. 2. (*fam: hombre*) womanizer.

picana sf (*Amér L*) cattle goad ✳ prod.

picante I adj 1. (*comida*) hot. 2. (*chiste, canción*) saucy. II sm (*Culin*) hot spice or sauce.

picaporte sm door handle.

picar [➪ sacar] vt 1. (*carne*) to mince, (*US*) to grind; (*cebollas, nueces*) to chop (up). 2. (*avispa*) to sting; (*mosquito, serpiente*) to bite. 3. (*comer*): **tráenos algo para picar** bring us some tapas ✳ appetizers. 4. (*un billete*) to punch. 5. (*piedras*) to break. ◆ vi 1. (*sol*): **¡cómo pica el sol!** the sun is scorching! 2. (*producir picor*) to itch: **me pica la espalda** my back is itching. 3. (*Culin*) to be hot. 4. (*peces*) to bite. 5. (*fam: dejarse engañar*) to fall for it. 6. (*Amér L: pelota*) to bounce.

picarse v prnl 1. (*dientes*) to decay; (*goma*) to perish. 2. (*vino*) to become vinegary. 3. (*fam: enfadarse*) to get annoyed. 4. (*mar*) to become choppy, to get rough. 5. (*!!: drogarse*) to shoot up.

picardía sf cunning.

pícaro, **-ra** I adj 1. (*astuto*) cunning. 2. (*sonrisa*) cheeky. II sm/f (*niño*) rascal; (*adulto*) rogue.

pichi sf pinafore (dress), (*US*) jumper.

pichí sm (*C Sur: fam*) pee: **hacer pichí** to have a pee.

pichicata sf (*RP: fam*) dope.

pichincha *sf* (*RP*: *fam*) bargain.

pichón *sm* (*de paloma*) young pigeon; (*Amér L*: *de cualquier ave*) chick.

Picio *sm*: **es más feo que Picio** he's as ugly as sin.

picles, **pickles** /'pikles/ *sm pl* (*C Sur*) pickles *pl*.

pico *sm* 1. (*de ave*) beak ● **¡cierra el pico!** shut up! 2. (*de recipiente*) spout. 3. (*parte puntiaguda*) corner. 4. (*montaña, cima*) peak ● **nos cobraron un pico** we were charged a fortune. 5. (*herramienta*) pick. 6. (*con cantidades*): **mil y pico** just over a thousand.

picor *sm* itch.

picoso, -sa *adj* (*Méx*: *Culin*) hot.

picotear *vt* to peck. ♦ *vi* (*fam*: *persona*) to eat between meals, to snack.

picudo, -da *adj* 1. (*puntiagudo*) pointed. 2. (*Méx*: *fam, difícil*) tough; (: *importante*) important; (: *hábil*): **ser picudo para algo** to be good at sthg.

pido *etc*. ⇨ **pedir**.

pie *sm* 1. (*Anat*) foot: **estar de pie** to be standing; **ponerse de pie** to stand up; **a pie** on foot. 2. (*de estatua, lámpara*) base; (*de copa*) stem; (*de página, escalera*) foot ● **la oferta sigue en pie** the offer still stands ● **al pie de la letra** (*con precisión*) to the letter, (*palabra por palabra*) word for word. 3. (*Medidas*) foot. 4. (*ocasión*): **si le das pie...** if you give him the opportunity...; **dio pie a muchas críticas** it gave rise to a lot of criticism. 5. (*C Sur*: *Fin*) deposit.

pie de foto *sm* caption. **pies planos** *sm pl* flat feet *pl*.

piedad *sf* 1. (*compasión*) mercy: **ten piedad de mí** have mercy on me. 2. (*Relig*) piety.

piedra *sf* stone ● **quedarse de piedra** to be stunned.

piedra pómez *sf* pumice (stone). **piedra preciosa** *sf* precious stone.

piel *sf* 1. (*Anat*) skin. 2. (*cuero*) leather; (*con pelo natural*) fur. 3. (*de pera, manzana*) peel.

pienso I *sm* fodder. II *also* ⇨ **pensar**.

pierdo *etc*. ⇨ **perder**.

pierna I *sf* leg. II *adj inv* (*RP*: *fam*): **es pierna para todo** he's a real sport.

pieza *sf* 1. (*gen*) piece ● **quedarse de una pieza** to be left speechless. 2. (*Tec*) part: **una pieza de recambio * repuesto** a spare part. 3. (*habitación*) room.

pigmento *sm* pigment.

pigmeo, -mea *adj*, *sm/f* pygmy.

pijama *sm* pyjamas *pl*, (*US*) pajamas *pl*.

pijo, -ja (*fam*) I *adj* posh. II *sm/f* rich kid.

pila *sf* 1. (*montón*) pile. 2. (*fam*: *gran cantidad*) masses *pl*. 3. (*de fregar*) sink; (*de cuarto de baño*) basin, (*US*) washbowl. 4. (*eléctrica*) battery.

pilar *sm* pillar.

pilchas *sf pl* (*RP*: *fam*) clothes *pl*.

píldora *sf* 1. (*gen*) tablet, pill. 2. **la píldora (anticonceptiva)** the pill.

pileta *sf* 1. (*de fregar*) sink; (*del cuarto de baño*) basin, (*US*) washbowl. 2. (*RP*: *piscina*) swimming pool.

pillado, -da *adj* (*RP*: *fam*) bigheaded.

pillaje *sm* looting.

pillar *vt* 1. (*a una persona, una enfermedad*) to catch. 2. (*atropellar*) to run over. 3. (*referido a distancias*): **me pilla cerca de casa** it's near my house.

pillarse *v prnl* (*un dedo, etc.*) to catch.

pillo, -lla I *adj* crafty. II *sm/f* (*niño*) rascal; (*adulto*) rogue.

piloncillo *sm* (*Méx*) brown sugar.

pilotar *vt* (*Av*, *Náut*) to pilot; (*Auto*) to drive.

piloto I *sm/f* (*Av*) pilot; (*Auto*) driver. II *sm* 1. (*indicador luminoso*: *gen*) pilot light; (: *en vehículo*) tail light. 2. (*RP*: *Indum*) raincoat. III *adj inv* pilot: **un plan piloto** a pilot scheme.

piloto automático *sm* automatic pilot. **piloto de pruebas** *sm/f* (*de coche, moto*) test driver; (*de avión*) test pilot.

pimentón *sm* 1. (*especia: no picante*) paprika; (*: picante*) cayenne pepper. 2. (*Amér S: fruto*) pepper, capsicum.

pimienta *sf* pepper (*spice*).

pimienta blanca/negra *sf* white/black pepper.

pimiento *sm* pepper, capsicum.

pimiento rojo/verde *sm* red/green pepper.

pin *sm* pin, (*GB*) badge.

pinacoteca *sf* art gallery.

pinar *sm* pine forest.

pincel *sm* paintbrush.

pincelada *sf* brush-stroke.

pinchadiscos *sm/f inv* (*fam*) disc jockey.

pinchar *vt* 1. (*con algo punzante*) to prick. 2. (*fam: ponerle una inyección a*): **me pincharon** they gave me an injection. 3. (*fam: molestar*) to pester. 4. (*un teléfono*) to tap. ♦ *vi* 1. (*Auto*) to have a puncture. 2. (*hacer daño*) to be prickly.

pincharse *v prnl* 1. (*con algo punzante*) to prick oneself. 2. (*rueda*) to puncture. 3. (*!!: drogarse*) to inject oneself.

pinchazo *sm* 1. (*de un neumático*) puncture. 2. (*de una inyección*) prick; (*marca*) needle mark. 3. (*de dolor*) stabbing pain.

pinche I *sm/f* (*de cocina: hombre*) kitchen boy; (*: mujer*) kitchen maid. **II** *adj* (*Méx: fam*) damned.

pinchito *sm* appetizer.

pincho *sm* 1. (*punta aguda*) point; (*de flor*) thorn, prickle; (*de animal*) spine, prickle. 2. (*Culin*) appetizer.

pincho de tortilla *sm*: slice of Spanish omelette. **pincho moruno** *sm* pork kebab.

ping-pong /pim'pon/ *sm* ping-pong, table tennis.

pingüino *sm* penguin.

pino *sm* pine ● **en el quinto pino** miles from anywhere.

pinta *sf* 1. (*fam: aspecto*) look: **tiene pinta de gamberro** he looks like a hooligan ● (*Méx*) **irse de pinta** to play truant. 2. (*mancha: gen*) dot, spot; (*: de ciertos animales*) spot. 3. (*Méx: pintada*) piece of graffiti.

pintada *sf* (*gen*) piece of graffiti; (*política*) slogan.

pintado, -da *adj* 1. (*gen*) painted: **pintado de rojo** painted red; **recién pintado** wet paint. 2. (*cara*) made-up.

pintar *vt* 1. (*gen*) to paint ● **¿y esto aquí qué pinta?** what's this doing here? 2. (*fam: dibujar*) to draw; (*: colorear*) to colour in. ♦ *vi* 1. (*pintor*) to paint. 2. (*bolígrafo*) to write.

pintarse *v prnl* 1. (*maquillarse*) to put on one's make-up; (*las uñas*) to paint: **se pintó los labios** she put lipstick on. 2. (*Méx: fam, irse*) to push off.

pintor, -tora *sm/f* painter.

pintoresco, -ca *adj* picturesque.

pintura *sf* 1. (*sustancia*) paint. 2. (*actividad, obra*) painting.

pinza *sf* 1. (*para la ropa*) clothes peg *(US)* pin. 2. (*para el pelo*) hairclip. 3. (*en costura*) dart. 4. (*de cangrejo*) claw, pincer. 5. (*or* **pinzas** *sf pl*) (*para depilar*) tweezers *pl*; (*para el hielo*) tongs *pl*; (*RP: Tec*) pliers *pl*.

piña *sf* 1. (*de pino*) (pine) cone. 2. (*fruta*) pineapple. 3. (*C Sur: fam, puñetazo*) punch. 4. (*grupo*) close-knit group.

piñón *sm* 1. (*Culin*) pine nut. 2. (*de bicicleta*) pinion.

pío, -a *adj* pious.

piojo *sm* louse.

piola I *sf* (*Amér S: cuerda*) (thin) rope; (*: cordel*) string. **II** *adj* (*RP: fam, vivo*) smart; (*: estupendo*) great.

piolet /pjo'let/ *sm* ice-axe, (*US*) ice-ax.

piolín *sm* (*RP*) string.

pionero, -ra *sm/f* pioneer.

pipa *sf* 1. (*para fumar*) pipe. 2. (*de girasol*) sunflower seed. 3. (*Méx: camión cisterna*) tanker.

pipí *sm* (*fam*) pee: **hacer pipí** to have a pee.

pique *sm* 1. (*rivalidad*) rivalry.

2. (*fam: enfado*) squabble. **3. irse a
pique** (*barco*) to sink; (*negocio*) to go
under.

piquete *sm* **1.** (*en huelga*) picket.
2. (*de soldados*) squad. **3.** (*Méx: de
insecto*) sting, bite. **4.** (*Méx: de alcohol*) shot.

pirado, -da *adj* [E] (*fam*) crazy.

piragua *sf* canoe.

piragüismo *sm* canoeing.

pirámide *sf* pyramid.

pirata *adj, sm/f* pirate.

pirata informático -ca *sm/f* hacker.

Pirineo *sm*: **el Pirineo** (*or* **los Pirineos** *sm pl*) the Pyrenees: **El Pirineo Aragonés** the Pyrenees in
Aragon.

pirómano, -na *sm/f* arsonist.

piropear *vt* to make flirtatious remarks to.

piropo *sm* compliment, flirtatious
remark.

pirueta *sf* pirouette.

piruja *sf* (*Méx: fam*) prostitute.

piruleta *sf*, **pirulí** *sm* lollipop.

pis *sm* (*fam*) pee ● **hacer pis** to have
a pee.

pisada *sf* **1.** (*paso*) footstep.
2. (*huella*) footprint.

pisar *vt* **1.** (*un objeto*) to tread on, to
stand on; (*a alguien*): **¿te he pisado?**
did I tread on your foot? **2.** (*el acelerador, el freno*) to put one's foot on.
3. (*avasallar*) to walk all over. **4.** (*ir
a*) to set foot in: **jamás pisó un bar**
he never set foot in a bar. **5.** (*RP:
aplastar*) to mash; (*: atropellar*) to
run over.

piscina *sf* swimming pool.

piscis, Piscis *sm* Pisces.

pisco *sm*: *spirit made from grape
pressings (originally from Peru)*.

piscolabis *sm inv* (*fam*) snack.

piso *sm* **1.** (*suelo*) floor. **2.** (*nivel*)
floor: **en el segundo piso** on the
second floor. **3.** (*apartamento*)
apartment, (*GB*) flat.

piso piloto *sm* show apartment ∗
(*GB*) flat.

pisotear *vt* to trample on.

pisotón *sm*: **me dio un pisotón** he

trod on my foot.

pista *sf* **1.** (*rastro*) track, trail.
2. (*indicio*) clue. **3.** (*de carreras*)
track; (*de tenis, squash*) court; (*de
esquí*) slope.

pista de aterrizaje *sf* runway. **pista
de baile** *sf* dance floor. **pista de
patinaje** *sf* skating rink. **pista de
patinaje sobre hielo** *sf* ice rink.

pistola *sf* **1.** (*arma*) pistol. **2.** (*de
pintar*) spray gun. **3.** (*Méx: secadora
de pelo*) hairdryer.

pistolero *sm* gunman.

pistón *sm* **1.** (*Tec*) piston. **2.** (*de
flauta*) key.

pita *sf* **1.** (*planta*) agave. **2.** (*Amér S:
cordel*) string.

pitada *sf* (*RP*) puff.

pitar *vi* **1.** (*tren, olla*) to whistle; (*con
un pito*) to blow a whistle ● **salió
pitando** he rushed off. **2.** (*tocar el
claxon*) to honk. **3.** (*abuchear*) to
boo. ◆ *vt* (*Dep*): **no pitó la falta** he
didn't give a free kick.

pitido *sm* (*silbido*) whistle; (*con el
claxon*) toot, honk; (*señal*) pip.

pitillera *sf* cigarette case.

pitillo *sm* cigarette.

pito *sm* **1.** (*silbato*) whistle ● **me
importa un pito** I couldn't care
less. **2.** (*fam: claxon*) horn.

pitón *sm* ∗ *sf* python.

pitonisa *sf* fortune teller.

pitorrearse *v prnl* (*fam*): **pitorrearse de algo/alguien** to make
fun of sthg/sbdy.

pituco, -ca *adj* (*C Sur: fam*) posh.

piyama *sm* ∗ *sf* (*Amér L*) pyjamas *pl*,
(*US*) pajamas *pl*.

pizarra *sf* **1.** (*en tejados*) slate. **2.** (*en
un aula*) blackboard.

pizarrón *sm* (*Amér L*) blackboard.

pizca *sf* tiny amount ● **no me hizo
ni pizca de gracia** I didn't find it at
all funny.

pizza /'pitsa/ *sf* pizza.

pizzería /pitse'ria/ *sf* pizzeria.

placa *sf* **1.** (*letrero*) plaque. **2.** (*de
policía*) badge. **3.** (*de cocina eléctrica*) hotplate; (*de energía solar*)
solar panel; (*de calefacción*) radi-

ator. 4. (*or* **placa dental**) plaque.

placa de matrícula *sf* (*Auto*) number ✳ (*US*) license plate.

placaje *sm* tackle.

placar I [⇨ sacar] *vt* (*en rugby*) to tackle. II *sm* (*or* **placard**) (*RP: armario*) built-in cupboard, (*US*) closet.

placenta *sf* placenta.

placentero, -ra *adj* pleasant.

placer I *sm* pleasure. II [⇨ agradecer] *vi* to please.

plácido, -da *adj* 1. (*sueño, tarde*) peaceful. 2. (*persona*) placid.

plaga *sf* 1. (*Agr, Relig*) plague. 2. (*fam: gran número*): **una plaga de turistas** swarms of tourists.

plagado, -da *adj* full (**de** of).

plagiar *vt* 1. (*copiar*) to plagiarize. 2. (*Amér L: secuestrar*) to kidnap.

plagio *sm* 1. (*Lit*) plagiarism. 2. (*secuestro*) kidnapping.

plan *sm* 1. (*proyecto*) plan. 2. (*fam: actitud*): **estuvo en plan estúpido** he behaved stupidly; **si vienes en plan de discutir...** if you've come to argue.... 3. (*fam: ligue*): **le salió un plan en la discoteca** he picked someone up at the disco.

plan de estudios *sm* curriculum.

plan de jubilación ✳ **pensiones** *sm* pension plan ✳ scheme.

plana *sf* page.

plancha *sf* 1. (*utensilio*) iron; (*actividad*) ironing. 2. (*Culin*) griddle: **a la plancha** cooked on the griddle. 3. (*fam: metedura de pata*) blunder. 4. (*lámina*) plate. 5. (*en el agua*): **hacer la plancha** to float.

planchar *vt* (*gen*) to iron; (*unos pantalones, una chaqueta*) to press. ♦ *vi* to do the ironing.

planeador *sm* glider.

planeadora *sf* speedboat.

planear *vt* (*proyectar*) to plan. ♦ *vi* (*Av*) to glide.

planeta *sm* planet.

planetario *sm* planetarium.

planicie *sf* plain.

planificación *sf* planning.

planificación familiar *sf* family planning.

planificar [⇨ sacar] *vt* to plan.

planilla *sf* (*Amér L*) 1. (*nómina*) payroll. 2. (*impreso*) (official) form.

plano, -na I *adj* level, flat. II *sm* 1. (*Mat*) plane ● **lo rechazó de plano** he rejected it outright. 2. (*nivel, aspecto*) level: **en el plano profesional** on a professional level. 3. (*de edificio*) plan; (*de calles*) street map. 4. (*de una película*) shot.

planta *sf* 1. (*Bot*) plant. 2. (*piso*) floor. 3. (*fábrica*) plant.

planta baja *sf* ground floor, (*US*) first floor. **planta del pie** *sf* sole of one's foot.

plantación *sf* plantation.

plantado, -da *adj* 1. (*Bot*) planted (**de** with). 2. (*parado*): **¿qué haces ahí plantado?** what are you doing standing there? ● **me dejó plantado** (*en una cita*) she stood me up, (*en un aprieto*) she left me in the lurch.

plantar *vt* 1. (*Bot*) to plant. 2. (*fam: poner*) to put ● **lo plantaron en la calle** they threw him out. 3. (*fam: un beso, un golpe*) to give. 4. (*fam: a un novio*) to dump.

plantarse *v prnl* 1. (*fam: llegar*) to get there. 2. (*en naipes*) to stick.

planteamiento *sm* 1. (*explicación*) exposition; (*Mat*) set out. 2. (*enfoque*) approach.

plantear *vt* 1. (*presentar*) to outline: **planteó la situación** she outlined the situation; (*sacar a colación*) to raise: **nadie planteó esa cuestión** nobody raised that question. 2. (*crear*) to create: **plantea muchos problemas** it creates a lot of problems.

plantearse *v prnl* to consider.

plantilla *sf* 1. (*de una empresa*) (permanent) staff; (*de un equipo*) players *pl*. 2. (*de zapato*) insole. 3. (*para trazar contornos*) template; (*con figuras en el interior*) stencil.

plantón *sm*: **estuvimos horas de plantón** we stood waiting for hours; **me dio plantón** he stood me up.

plasma *sm* plasma.

plasmar *vt* to express.

plasmarse *v prnl* to be reflected (**en** in).

plasticina® *sf* (*C Sur*) Plasticine®.

plástico, -ca *adj, sm* plastic.

plastificar [⇨ sacar] *vt* to laminate.

plastilina® *sf* Plasticine®.

plata *sf* 1. (*metal*) silver; (*objetos*) silver, silverware. 2. (*Amér L: fam, dinero*) money.

plataforma *sf* platform. **plataforma continental** *sf* continental shelf. **plataforma de lanzamiento** *sf* launch pad. **plataforma petrolífera** *sf* oil rig.

platal *sm* (*Amér S: fam*) fortune.

plátano *sm* 1. (*fruta*) banana; (*para freír*) plantain; (*árbol frutal*) banana tree. 2. (*or* **plátano de sombra**) (*árbol ornamental*) plane tree.

plátano macho *sm* (*Méx*) plantain.

platea *sf* stalls *pl*, (*US*) orchestra.

plateado, -da *adj* 1. (*de color plata*) silver, silvery. 2. (*bañado en plata*) silver-plated.

plática *sf* talk.

platicar [⇨ sacar] *vi* to talk. ♦ *vt* (*Amér C, Méx*) to tell.

platillo *sm* 1. (*para taza*) saucer. 2. (*Méx: Culin*) dish. 3. (*Mús*) cymbal.

platillo volante * (*Amér L*) **volador** *sm* flying saucer.

platino *sm* platinum.

plato *sm* 1. (*recipiente*) plate, dish: **fregar los platos** to do the dishes. 2. (*parte de la comida*) course. 3. (*Culin*) dish. 4. (*de balanza*) pan. 5. (*de tocadiscos*) turntable. 6. (*Amér L: fam, algo gracioso*): **¡qué plato!** how funny!

plato combinado *sm*: meal consisting of several items on the same plate. **plato hondo** *sm* soup plate. **plato llano** * (*Arg*) **playo** *sm* dinner plate.

plató *sm* set.

platudo, -da *adj* (*Amér S: fam*) rich.

playa *sf* beach.

playa de estacionamiento *sf* (*Amér S*) car park, (*US*) parking lot.

playera *sf* 1. (*zapatilla de lona*) plimsoll, (*US*) sneaker. 2. (*Méx:*

camiseta*) T-shirt.

playero, -ra *adj* beach (*apos.*).

plaza *sf* 1. (*espacio abierto*) square: **la plaza mayor** the main square. 2. (*mercado*) market. 3. (*en vehículo*) seat. 4. (*en colegio, curso*) place. 5. (*puesto de trabajo*) post.

plaza de garaje * **parking** *sf* parking space. **plaza de toros** *sf* bullring.

plazo *sm* 1. (*tiempo estipulado*): **en el plazo de una semana** within a week; **mañana acaba el plazo** the deadline is tomorrow ● **a largo/corto plazo** in the long/short term. 2. (*pago*) instalment, (*US*) installment: **comprar a plazos** to buy on hire purchase ‖ (*US*) to buy on an installment plan.

plazoleta, plazuela *sf* (small) square.

pleamar *sf* high tide.

plebe *sf* plebs *pl*, masses *pl*.

plebiscito *sm* plebiscite.

plegable *adj* folding.

plegar [⇨ regar] *vt* to fold.

plegarse *v prnl* to give in (**a** to).

pleito *sm* lawsuit.

plenamente *adv* completely.

plenitud *sf* plenitude.

pleno, -na I *adj* 1. (*completo*) full: **el equipo en pleno** the entire team. 2. (*como intensificador*): **en plena tormenta** in the middle of the storm; **en plena cara** right in the face. **II** *sm* plenary session * meeting.

pliego *sm* sheet of paper.

pliego de condiciones *sm* (contractual) terms and conditions *pl*.

pliegue *sm* (*en papel*) fold; (*en falda*) pleat; (*Méx: en pantalones*) crease.

plisado, -da *adj* pleated.

plomero, -ra *sm/f* (*Amér L: Prof*) plumber.

plomo I *sm* 1. (*metal*) lead. 2. (*fam: persona*) pain in the neck, bore. **II plomos** *sm pl* (*Elec*) fuses *pl*.

pluma *sf* 1. (*de ave*) feather. 2. (*para escribir: de tinta*) (fountain) pen; (*: bolígrafo*) (ballpoint) pen.

pluma estilográfica * (*Amér L*)

fuente *sf* fountain pen.

plumero *sm* feather duster.

plumier *sm* pencil case.

plumón *sm* **1.** (*Zool*) down. **2.** (*Méx: rotulador*) felt-tip (pen).

plural *adj*, *sm* plural.

pluralidad *sf* (*gen*) plurality; (*diversidad*) diversity.

pluriempleo *sm*: *having more than one job.*

plus *sm* bonus.

plusvalía *sf* increase in value, appreciation.

Plutón *sm* Pluto.

plutonio *sm* plutonium.

PNB *sm* (= **producto nacional bruto**) GNP.

PNV *sm* = **Partido Nacionalista Vasco.**

población *sf* **1.** (*habitantes*) population. **2.** (*localidad*) town, city or village.

población activa *sf* working population.

poblado, -da I *adj* **1.** (*lugar*) populated. **2.** (*barba, cejas*) bushy, thick. **II** *sm* (*lugar poblado*) settlement; (*pueblo*) village.

poblador, -dora *sm/f* inhabitant.

poblar [⇨ contar] *vt* **1.** (*con personas*) to populate, to settle; (*con plantas*) to plant. **2.** (*habitar: personas, animales*) to inhabit; (*: plantas*) to grow in.

poblarse *v prnl* (*llenarse*) to fill up.

pobre I *adj* (*gen*) poor; (*escaso*): **pobre en vitaminas** lacking in vitamins. **II** *sm/f* **1.** (*persona sin dinero*) poor person: **los pobres** poor people ‖ the poor. **2.** (*desdichado, infeliz*) poor thing.

pobreza *sf* poverty.

pocho, -cha *adj* (*fam*) **1.** (*fruta*) overripe. **2.** (*ligeramente enfermo*) under the weather, (*GB*) off-colour. **3.** (*Méx: de emigrantes mexicanos en EE. UU.*) Americanized.

pochoclo *sm* (*Arg*) popcorn.

pocilga *sf* pigsty.

pocillo *sm* (small) cup.

pócima *sf* **1.** (*medicamento*) potion.

2. (*brebaje*) concoction.

poción *sf* potion.

poco, -ca I *adj* (+ *sustantivo inglés: en sing*) little, not much: **muy poco dinero** very little money ‖ not much money; **pocos muebles** not much furniture; **hace poco tiempo** not long ago; (*: en pl*) few, not many: **tiene pocos amigos** he has few friends ‖ he doesn't have many friends.

II *pron* **1.** (*referido a sustantivo inglés: en sing*) little, not much; (*: en pl*) few, not many. **2.** (*en expresiones*): **hace poco** not long ago; **poco a poco** little by little; **por poco** nearly.

III un poco *sm* a little: **un poco de queso** a little cheese; **descansa un poco** rest for a while.

IV poco *adv* **1.** (+ *verbo*) not much: **lo he usado poco** I have not used it much; (+ *adj*) not very: **poco profundo** not very deep. **2. a poco** (*Méx*): **¿ya te vas? ¡a poco!** don't tell me you're leaving already!

podadora *sf* (*Col, Méx*) lawn mower.

podar *vt* to prune.

poder I *sm* **1.** (*gen*) power. **2.** (*frml: posesión*): **está en su poder** he has it in his possession. **3.** (*Jur*) power of attorney.

II [⇨ table in appendix 2] *vt* **1.** (*para expresar capacidad*) can, to be able to: **no te puedo ayudar** I can't help you ‖ I'm not able to help you; **no podía entenderlo** I couldn't understand it; **no podrá leerlo** she won't be able to read it. **2.** (*para expresar permiso: gen*) may, can: **¿puedo probármelo?** may I try it on?; **aquí no se puede fumar** smoking is not allowed here; (*: para entrar*): **¿se puede?** may I come in? **3.** (*para hacer conjeturas*): **puede haberse extraviado** it may have got lost; **no puede haber sido él** it can't have been him; **¿quién pudo habérselo dicho?** who could have told her? **4.** (*para expresar un juicio moral*): **por lo menos podría escribirle** he

could * might at least write to her.
♦ *vi* **1.** (*para expresar capacidad*):
no puedo con esta maleta I can't
carry * manage this case ● **gritaba
a más no poder** he was shouting at
the top of his voice ● **no puedo más,
cómetelo tú** I can't eat any more,
you have it. **2.** (*ser más fuerte*):
Miguel les puede a todos Miguel
can beat everybody.
♦ *v impers*. **puede (ser) que lo sepa**
maybe he knows ‖ he may know;
puede que sí, puede que no maybe,
maybe not; **¡no puede ser!** that's
impossible!
poderoso, -sa *adj* powerful.
podio, pódium *sm* [**pódiums**] po-
dium.
podólogo, -ga *sm/f* chiropodist,
(*US*) podiatrist.
podré *etc.* ⇨ **poder**.
podrido, -da I *pp* ⇨ **pudrir**. II *adj*
1. (*materia orgánica*) rotten. **2.** (*personas, instituciones*) corrupt. **3.** (*RP:
fam, aburrido, harto*) fed up.
podrir *vt* ⇨ **pudrir**.
poema *sm* poem.
poesía *sf* **1.** (*composición*) poem.
2. (*arte*) poetry.
poeta *sm/f* poet.
poético, -ca *adj* poetic.
poetisa *sf* (female) poet.
póker *sm* poker.
polaco, -ca I *adj* Polish. II *sm/f*
Pole: **los polacos** the Polish * Poles.
III *sm* (*Ling*) Polish.
polar *adj* polar.
polaridad *sf* polarity.
polarizar [⇨ cazar] *vt* **1.** (*Fís*) to
polarize. **2.** (*la atención, el interés*) to
become the focus of.
polea *sf* pulley.
polémica *sf* controversy.
polémico, -ca *adj* controversial, po-
lemical.
polen *sm* pollen.
polera *sf* (*RP: de cuello alto*) polo
neck (sweater); (*Chi: camiseta*)
T-shirt.
policía I *sf* (*cuerpo*) police *pl*. II *sm/f*
(*agente*) police officer, policeman/

woman.
policiaco, -ca, policíaco, -ca *adj*
crime (*apos.*), detective (*apos.*).
policial *adj* police (*apos.*).
polideportivo *sm* sports centre *
(*US*) center.
poliéster *sm* polyester.
polifacético, -ca *adj* versatile.
poligamia *sf* polygamy.
polilla *sf* moth.
polio, poliomielitis *sf* polio.
política *sf* **1.** (*gen*) politics: **no me
interesa la política** I'm not interested in politics. **2.** (*estrategia*) policy.
política exterior *sf* foreign policy.
político, -ca I *adj* political. II *sm/f*
politician.
póliza *sf* **1.** (*or* **póliza de seguros**)
insurance certificate * policy.
2. (*sello*) (official) stamp.
polizón *sm/f* stowaway.
pollera *sf* (*Amér S*) skirt.
pollería *sf*: *store selling eggs and
poultry*.
pollito *sm* chick.
pollo *sm* (*ave*) chick; (*carne*)
chicken.
polluelo *sm* chick.
polo *sm* **1.** (*Fís, Geog*) pole. **2.** (*Dep*)
polo. **3.** (*jersey*) polo shirt. **4.** **polo®**
(*helado*) ice lolly, (*US*) Popsicle®.
Polo Norte/Sur *sm* North/South
Pole.
pololo, -la *sm/f* (*Chi: fam, chico*)
boyfriend; (*: chica*) girlfriend.
Polonia *sf* Poland.
polución *sf* pollution.
polvareda *sf* cloud of dust.
polvera *sf* (powder) compact.
polvo *sm* **1.** (*suciedad*) dust: **quitar
el polvo de algo** to dust sthg.
2. (*Culin, Med, Quím*) powder
● **estoy hecho polvo** I'm exhausted.
polvo de hornear (*Amér L*)
baking powder. **polvos de talco**
sm pl talcum powder.
pólvora *sf* gunpowder.
polvoriento, -ta *adj* dusty.
polvorón *sm*: *Christmas sweet made
with lard*.
pomada *sf* **1.** (*Med*) ointment.

2. (*RP: para los zapatos*) shoe polish.

pomelo *sm* grapefruit.

pomo *sm* 1. (*de una puerta*) knob, handle. 2. (*RP: tubo*) tube.

pompa *sf* 1. (*suntuosidad*) pomp. 2. (*burbuja*) bubble. 3. (*Méx: fam, nalga*) buttock.

pompas fúnebres *sf pl* 1. (*empresa*) undertaker's, (*US*) mortician's. 2. (*ceremonia*) funeral.

pomposidad *sf* pomposity.

pomposo, -sa *adj* 1. (*ostentoso*) pompous. 2. (*lujoso*) splendid, sumptuous.

pómulo *sm* (*hueso*) cheekbone; (*mejilla*) cheek.

pon *imperative* ⇨ **poner**.

ponchadura *sf* (*Méx*) puncture.

poncharse *v prnl* (*Méx*): **se nos ponchó una llanta** we had a puncture.

ponche *sm* punch.

poncho *sm* poncho.

ponderar *vt* 1. (*elogiar*) to acclaim. 2. (*examinar con cuidado*) to consider, to think over.

pondré *etc.* ⇨ **poner**.

ponencia *sf* paper.

poner [⇨ table in appendix 2] *vt* 1. (*colocar*) to put: **la puse a secar** I put it out to dry. 2. (*aportar*) to give, to contribute. 3. (*en determinado estado anímico*) to make: **me pone nerviosa** she makes me nervous; (*en determinada situación*) to put: **me puso en un aprieto** he put me in an awkward position; (*en determinada condición*): **¡mira cómo lo has puesto!** look what a mess you've made of it! 4. (*la mesa*) to set, to lay; (*un despertador*) to set. 5. (*ropa*) to put on. 6. (*encender*) to turn ✳ switch on. 7. (*instalar: el gas, la calefacción*) to install; (*: el teléfono*) to connect up; (*: una moqueta*) to lay; (*: unos estantes*) to put up. 8. (*Telec*) to put through (**con** to). 9. (*una condición*): **puso como condición que...** he made it a condition that...; (*una multa*): **le pusieron una**

multa he was fined. 10. (*un nombre*): **le pusimos Ana** we named her Ana. 11. (*escribir*) to put down, to write down; (*decir*) to say: **¿qué pone ahí?** what does it say there? 12. (*un negocio*) to open, to set up. 13. (*en cine, TV*): **¿qué ponen hoy?** what's on today? 14. (*servir*): **póngame un kilo** I'll have a kilo, please. 15. (*huevos*) to lay.

ponerse *v prnl* 1. (*colocarse: de pie*) to stand; (*: sentado*) to sit: **ponte ahí** stand/sit over there. 2. (*en determinado estado*) to get: **se puso furioso** he got furious; **ponte cómoda** make yourself comfortable. 3. (*al teléfono*): **dile que se ponga** tell her to come to the phone. 4. (*un vestido, las gafas*) to put on: **no sé qué ponerme** I don't know what to wear. 5. (*el sol*) to set. 6. **ponerse a** (*empezar a*) to start: **se puso a llorar** she started crying.

póney *sm* [**-neys**] pony.

pongo *etc.* ⇨ **poner**.

poni *sm* pony.

poniente *sm* 1. (*oeste*) west. 2. (*viento*) west wind, westerly.

pontevedrés, -dresa *adj* of ✳ from Pontevedra.

pontífice *sm* pope, pontiff.

popa *sf* stern.

popote *sm* (*Méx*) (drinking) straw.

popular *adj* 1. (*cultura*) popular; (*canción, baile*) traditional. 2. (*barrio*) working-class; (*lenguaje, expresión*) colloquial. 3. (*actor, deporte*) popular.

popularidad *sf* popularity.

popularizar [⇨ cazar] *vt* to popularize.

popularizarse *v prnl* to become popular.

por I *prep* 1. (*de lugar*): **por la ventana** through the window; **fuimos por la autopista** we took the motorway; **está por aquí** it is somewhere around here; **paseamos por el parque** we strolled through the park; **por todo el mundo** all over the world; **¿por dónde?** which way?;

por ahí that way. **2.** (*de tiempo*): **por la mañana/la tarde** in the morning/the afternoon; **por la noche** at night; **por ahora** for the time being. **3.** (*indicando el agente*) by: **pintado por ella** painted by her. **4.** (*indicando el medio*) by: **por correo aéreo** by airmail; (*indicando el modo*): **por escrito** in writing; **por la fuerza** by force. **5.** (*al multiplicar*): **dos por dos son cuatro** two times two is four ‖ two twos are four; (*en proporciones*) per: **veinte por hora** twenty per hour; (*en medidas*): **dos metros por tres** two metres by three. **6.** (*indicando causa*): **por el mal tiempo** because of the bad weather; **la castigaron por desobediente** she was punished for being disobedient. **7.** (*a cambio de*) for: **lo compré por dos mil pesetas** I bought it for two thousand pesetas; (*en sustitución de*): **juega por mí** play instead of me. **8.** (*para expresar sucesión*) by: **caso por caso** case by case; **fue casa por casa** she went from house to house. **9.** (*como si fuera*): **dio la respuesta por buena** she counted the answer as being correct; **lo tienen por un genio** they think he's a genius. **10.** (*cuando algo aún no se ha realizado*): **queda esto por revisar** this still has to be checked. **11.** (*en cuanto a*): **por mí, puedes irte** as far as I'm concerned, you can leave. **12.** (*expresando la idea de aunque*): **por extraño que parezca...** strange as it may seem...; **por muy barato que sea...** however cheap it is.... **II por (lo) tanto** *conj* therefore. **III por qué** *pron interrogativo* why. **IV por supuesto** *loc adv* of course.

porcelana *sf* **1.** (*material*) porcelain. **2.** (*figura*) china * porcelain figure.

porcentaje *sm* percentage.

porche, (*RP*) **porch** *sm* porch.

porción *sf* **1.** (*de comida*) portion. **2.** (*parte correspondiente*) share.

pordiosero, -ra *sm/f* beggar.

porfiar [↪ ansiar] *vi* **1.** (*obstinarse*) to argue stubbornly. **2.** (*perseverar*) to persevere.

pormenor *sm* detail.

pornografía *sf* pornography.

pornográfico, -ca *adj* pornographic.

poro *sm* **1.** (*Anat*) pore. **2.** (*Bot*) leek.

poroto *sm* (*C Sur*) bean.

poroto verde *sm* (*Chi*) green bean.

porque *conj* because.

porqué *sm* reason (**de** for).

porquería (*fam*) **I** *sf* **1.** (*suciedad*) filth. **2.** (*birria*): **es una porquería** it's rubbish. **3.** (*algo repugnante*): **es una porquería** it's disgusting. **4.** (*grosería*): **eso es una porquería** that's a disgusting thing to do/say. **II porquerías** *sfpl* (*comida poco nutritiva*) junk food.

porra *sf* **1.** (*palo*) stick; (*de policía*) baton, (*US*) nightstick ● **me mandó a la porra** he told me to go to hell. **2.** (*Culin*) large twist of fried batter. **3.** (*Méx: hinchas*) fans *pl*; (*: canto*) chant.

porrazo *sm* blow.

porro *sm* (*fam*) joint.

porrón *sm* drinking bottle (*with long spout*).

portaaviones *sm inv* aircraft carrier.

portada *sf* (*de libro, revista*) cover; (*de periódico*) front page; (*de disco*) sleeve.

portador, -dora *sm/f* **1.** (*gen*) carrier. **2.** (*de un cheque*) bearer.

portaequipajes *sm inv* **1.** (*compartimento*) boot, (*US*) trunk. **2.** (*en el techo*) roof * luggage rack.

portafolios *sm inv* briefcase.

portal I *sm* entrance (hall). **II portales** *sm pl* arcade.

portal de Belén *sm* Nativity scene.

portarse *v prnl* to behave: **se portó muy mal** he behaved very badly; **pórtate bien** be good ‖ behave yourself; **se portó bien con nosotros** he was good to us.

portátil *adj* portable.

portavoz *sm/f* [**-voces**] spokesperson, spokesman/woman.

portazo sm slam: **dio un portazo** he slammed the door.

porte sm 1. (*transporte*) transport, carriage; (*gastos*) transport charges pl. 2. (*aspecto*) bearing: **de porte distinguido** distinguished-looking. 3. (*tamaño*) size.

portento sm 1. (*suceso*) marvel. 2. (*persona*) genius.

portentoso, -sa adj wonderful.

porteño, -ña adj of ✳ from Buenos Aires.

portería sf 1. (*conserjería*) doorman's desk or room. 2. (*Dep*) goal.

portero, -ra sm/f 1. (*de viviendas*) doorman (*who also does cleaning and maintenance*), (*US*) concierge; (*de edificio público*) doorman. 2. (*Dep*) goalkeeper.

portero automático ✳ (*RP*) **eléctrico** sm intercom, (*GB*) Entryphone®.

pórtico sm 1. (*de iglesia*) portico, porch. 2. (*soportales*) arcade.

portorriqueño, -ña adj, sm/f Puerto Rican.

Portugal sm Portugal.

portugués, -guesa I adj Portuguese. II sm/f Portuguese man/woman: **los portugueses** the Portuguese. III sm (*Ling*) Portuguese.

porvenir sm future.

pos: **en pos de** prep (*frml*) in pursuit of.

posada sf 1. (*establecimiento*) inn. 2. (*refugio*) shelter. 3. (*Méx: fiesta prenavideña*) pre-Christmas party.

posaderas sf pl (*fam*) bottom.

posafuentes sm inv (*RP*) table mat.

posar vi (*para un artista*) to pose. ♦ vt (*poner*) to place, to put.

posarse v prnl 1. (*ave, insecto, avión*) to land. 2. (*sedimento*) to settle.

posdata sf postscript.

pose sf pose.

poseedor, -dora sm/f holder.

poseer [⇨ leer] vt 1. (*bienes materiales*) to own. 2. (*conocimientos*) to have.

posesión sf possession.

posesivo, -va adj possessive.

posgrado sm postgraduate course.

posguerra sf postwar period.

posibilidad I sf 1. (*circunstancia posible*) possibility, chance: **tiene posibilidades de ganar** he has a chance of winning. 2. (*opción*) choice, option. II **posibilidades** sf pl (*recursos*) means pl.

posibilitar vt to make possible.

posible adj possible: **es posible que venga** he may come ● **lo hará lo mejor posible** he'll do the best he can.

posición sf position.

positivo, -va adj positive.

poso sm (*gen*) sediment, dregs pl; (*de café*) grounds pl.

posponer [⇨ poner] vt to postpone, to put off.

posta: **a posta** loc adv (*fam*) on purpose, deliberately.

postal I adj postal. II sf postcard.

postdata sf postscript.

poste sm 1. (*gen*) post; (*de la electricidad*) pole. 2. (*Dep*) goalpost.

póster sm [-ters] poster.

postergar [⇨ pagar] vt 1. (*en el tiempo*) to postpone, to delay. 2. (*en importancia*) to relegate to second place.

posteridad sf posterity.

posterior adj 1. (*años, sucesos*) later: **fue posterior a mi marcha** it was after I left. 2. (*de atrás*) rear, back.

posterioridad: **con posterioridad** loc adv later.

posteriormente adv later.

postgrado sm postgraduate course.

postizo, -za I adj (*dentadura, uñas*) false. II sm (*peluca*) hairpiece.

postor, -tora sm/f bidder.

postrarse v prnl to kneel.

postre sm dessert: **de postre** for dessert.

postrimerías sf pl (*frml*) end.

postular vi 1. (*pedir dinero*) to collect. 2. (*Amér L: presentarse*) to apply (**a** ✳ **para** for). ♦ vt 1. (*frml: una idea, una teoría*) to postulate.

2. (*Amér L: a un candidato*) to propose, to put forward.

postularse *v prnl* (*Amér L*) to put oneself forward, to stand.

póstumo, -ma *adj* posthumous.

postura *sf* **1.** (*física*) position, posture. **2.** (*actitud*) stance, position.

potable *adj* **1.** (*agua*) drinkable. **2.** (*pasable*) reasonable.

potaje *sm* vegetable stew.

pote *sm* **1.** (*vasija*) pot. **2.** (*guiso*) *stew traditional to Galicia and Asturias.*

potencia *sf* power: **en potencia** potential.

potencial **I** *adj* potential. **II** *sm* **1.** (*poder*) potential. **2.** (*Ling*) conditional (tense).

potenciar *vt* (*gen*) to boost; (*el talento, actividades culturales*) to foster.

potente *adj* powerful.

potestad *sf* (*frml*) authority, power.

potito *sm*: *jar of baby food.*

poto *sm* **1.** (*Bot*) *type of ivy.* **2.** (*Chi, Perú: fam, trasero*) bum, (*US*) butt.

potro, -tra **I** *sm/f* (*hasta un año*) foal; (*mayor: macho*) colt; (*: hembra*) filly. **II** *sm* (*de gimnasia*) horse.

poza *sf* pool.

pozo *sm* **1.** (*gen*) well. **2.** (*de una mina*) shaft. **3.** (*RP: hoyo*) hole; (*: bache*) pothole. **4.** (*RP: fondo común*) pool, kitty; (*: en juegos*) jackpot.

PP /pe'pe/ *sm* (*en Esp*) = **Partido Popular.**

práctica **I** *sf* practice, (*US*) practise: **en la práctica** in practice. **II prácticas** *sf pl* practical work/training.

practicable *adj* **1.** (*factible*) feasible. **2.** (*camino*) passable.

practicante **I** *adj* practising, (*US*) practicing. **II** *sm/f* nurse (*who makes home visits to give injections, etc.*).

practicar [⇨ sacar] *vt* **1.** (*gen*) to practise, (*US*) to practice. **2.** (*un deporte*) to play. **3.** (*una profesión*) to practise, (*US*) to practice. **4.** (*llevar a cabo*) to carry out. ♦ *vi* to practise, (*US*) to practice.

práctico, -ca **I** *adj* practical. **II** *sm* (*or* **práctico de puerto**) pilot.

pradera *sf* grassland, prairie.

prado *sm* meadow, field.

pragmático, -ca *adj* pragmatic.

preámbulo *sm* preamble, introduction.

precalentamiento *sm* warm-up.

precalentar [⇨ pensar] *vt* **1.** (*la comida, el horno*) to preheat. **2.** (*un motor*) to warm up.

precario, -ria *adj* precarious.

precaución *sf* **1.** (*prevención*) precaution. **2.** (*cuidado*): **con precaución** carefully.

precaverse *v prnl* to take precautions (**de** against).

precavido, -da *adj*: **es muy precavida** she's always well-prepared.

precedente **I** *adj* preceding. **II** *sm* precedent: **sin precedentes** unprecedented.

preceder *vt*: **preceder (a)** to precede.

preceptivo, -va *adj* [S] compulsory, obligatory.

precepto *sm* precept.

preciado, -da *adj* valuable.

preciarse *v prnl* to pride oneself: **se precia de ser el mejor** he prides himself on being the best.

precintar *vt* **1.** (*un paquete*) to seal (up). **2.** (*un local*) to close down.

precinto *sm* seal.

precio *sm* price • **no tener precio** to be priceless.

precio de coste * (*Amér L*) **costo** *sm* cost price.

preciosidad *sf*: ¡**qué preciosidad de casa/niño!** what a beautiful house/baby!

precioso, -sa *adj* **1.** (*bello*) beautiful, lovely. **2.** (*valioso*) precious.

precipicio *sm* precipice.

precipitación *sf* **1.** (*Meteo*) rain or snow. **2.** (*prisa*) haste.

precipitado, -da **I** *adj* hasty. **II** *sm* precipitate.

precipitar *vt* **1.** (*frml: apresurar*) to

hasten, to precipitate. **2.** (*lanzar*) to throw.

precipitarse *v prnl* **1.** (*apresurarse*) to rush. **2.** (*caer*) to fall; (*lanzarse*) to throw oneself.

precisamente *adv* precisely.

precisar *vt* **1.** (*requerir*) to need, to require. **2.** (*especificar*) to specify.

precisión *sf* precision, accuracy.

preciso, -sa *adj* **1.** [S] (*justo*) precise, exact. **2.** [S] (*necesario*) necessary.

precolombino, -na *adj* pre-Columbian.

preconcebido, -da *adj* preconceived.

precoz *adj* [-coces] **1.** (*diagnóstico*) early. **2.** (*niño*) precocious.

precursor, -sora *sm/f* forerunner, precursor.

predecesor, -sora *sm/f* predecessor.

predecir [⇨ table in appendix 2] *vt* to predict.

predestinado, -da *adj* predestined.

predicado *sm* predicate.

predicador, -dora *sm/f* preacher.

predicar [⇨ sacar] *vt/i* to preach.

predicción *sf* prediction, forecast.

predije *etc.* ⇨ **predecir.**

predilecto, -ta *adj* favourite, (*US*) favorite.

predio *sm* (*Amér L: frml*) **1.** (*terreno*) plot of land. **2.** (*local*) premises *pl.*

predisponer [⇨ poner] *vt* to predispose (**en contra de** against).

predisposición *sf* **1.** (*tendencia*) tendency (**a** to). **2.** (*prejuicio*) prejudice (**contra** against).

predispuesto, -ta I *pp* ⇨ **predisponer. II** *adj* **1.** (*inclinado*) predisposed (**a** to). **2.** (*parcial*) prejudiced, biased.

predominante *adj* predominant.

predominar *vi* to predominate.

predominio *sm* predominance.

preescolar *sm* nursery, preschool.

prefabricado, -da *adj* prefabricated.

prefacio *sm* preface, foreword.

preferencia *sf* **1.** (*gen*) preference (**por** for). **2.** (*Auto*) right of way.

preferente *adj* **1.** (*trato*) preferential. **2.** (*clase: en avión*) club; (*: en tren*) first.

preferible *adj* [S] preferable (**a** to).

preferido, -da *adj, sm/f* favourite, (*US*) favorite.

preferir [⇨ sentir] *vt* to prefer (**a** to).

prefiero *etc.* ⇨ **preferir.**

prefijo *sm* **1.** (*Ling*) prefix. **2.** (*en números de teléfono*) code (**de** for).

pregón *sm* **1.** (*anuncio oficial*) (public) announcement, proclamation. **2.** (*en fiestas*) opening address.

pregonar *vt* to announce publicly, to proclaim.

pregunta *sf* question: **hacer una pregunta** to ask a question.

preguntar *vt* to ask. ♦ *vi* to ask: **preguntó por ti** he asked after you; **pregunta por Manuela** ask for Manuela; **pregunté por vuelos a Roma** I asked about flights to Roma.

preguntarse *v prnl* to wonder.

preguntón, -tona *adj* (*fam*) nosy, inquisitive.

prehispánico, -ca *adj* (*Méx*) pre-Columbian.

prehistórico, -ca *adj* prehistoric.

prejuicio *sm* prejudice.

preliminar I *adj* preliminary. **II preliminares** *sm pl* preliminaries *pl.*

preludio *sm* prelude.

premamá *adj inv* maternity (*apos.*).

prematuro, -ra *adj* premature.

premeditación *sf* premeditation.

premeditado, -da *adj* premeditated.

premiado, -da *adj* (*número*) winning; (*persona, obra*) prize-winning.

premiar *vt* **1.** (*otorgar un premio a*) to award a prize to. **2.** (*recompensar*) to reward (**por** for).

premio *sm* **1.** (*galardón*) prize, award. **2.** (*en sorteo*) prize. **3.** (*recompensa*) reward (**a** for).

premio de consolación ✳ (*C Sur*) **premio consuelo** *sm* (*en concursos*) consolation prize.

premonición *sf* premonition.

prenatal *adj* antenatal, (*US*) prenatal.

prenda *sf* 1. (*de vestir*) garment. 2. (*garantía*) security: **dejar algo en prenda** to leave sthg as security. 3. (*Juegos*) forfeit.

prendedor *sm* brooch.

prender *vt* 1. (*con alfileres*) to pin; (*un broche*) to fasten. 2. (*capturar*) to capture. 3. (*la luz*) to turn on; (*un cigarrillo*) to light; (*Amér L: un aparato*) to turn on, to switch on. ◆ *vi* 1. (*empezar a arder*) to catch fire ✳ light: **prender fuego a algo** to set fire to sthg. 2. (*idea*) to catch on.

prenderse *vprnl* to catch fire.

prensa *sf* 1. (*máquina*) press. 2. (*periodistas*) press.

prensa amarilla *sf* gutter press. **prensa del corazón** *sf* gossip magazines *pl*.

prensar *vt* to press.

preñado, -da *adj* pregnant (**de** with).

preocupación *sf* worry, concern.

preocupado, -da *adj* worried (**por** about), concerned (**por** about).

preocupante *adj* worrying.

preocupar *vi*: **me preocupa que...** it worries ✳ concerns me that.... ◆ *vt* to worry.

preocuparse *vprnl* 1. (*inquietarse*) to worry (**por** about). 2. **preocuparse de** (*encargarse de*) to make sure.

prepa *sf* (*fam*) ⇨ **preparatoria**.

preparación *sf* 1. (*gen*) preparation. 2. (*conocimientos: gen*) education; (*: en una asignatura*) grounding; (*: para un trabajo*) qualifications *pl*.

preparado, -da I *adj* 1. [E] (*listo*) ready. 2. [S] (*instruido*) well-educated; [S] (*para un trabajo*) well-qualified. **II** *sm* (*medicamento*) preparation.

preparar *vt* 1. (*gen*) to prepare, to get ready. 2. (*para una competición*) to train.

prepararse *vprnl* 1. (*gen*) to get ready, to prepare oneself. 2. (*para una competición*) to train. 3. (*avecinarse*) to be brewing.

preparativos *sm pl* preparations *pl*.

preparatoria *sf* (*en Méx*) pre-university course and school.

preponderante *adj* most common.

preposición *sf* preposition.

prepotente *adj* overbearing, domineering.

prerrogativa *sf* prerogative.

presa *sf* 1. (*en caza*) prey: **fue presa del pánico** she was panic-stricken. 2. (*dique, embalse*) dam. 3. (*RP: de ave*) piece.

presagiar *vt* to foreshadow.

presagio *sm* 1. (*indicio*) omen, sign. 2. (*presentimiento*) premonition.

prescindir *vi*: **prescindir de** 1. (*privarse de*) to do without. 2. (*deshacerse de*) to get rid of. 3. (*omitir*) to leave out.

prescribir [*pp* **prescrito**] *vt* (*Med*) to prescribe. ◆ *vi* (*Jur*) to expire.

prescripción *sf* prescription.

presencia *sf* 1. (*gen*) presence. 2. (*apariencia*) appearance: **tiene buena presencia** he is well-groomed.

presenciar *vt* 1. (*ser testigo de*) to witness. 2. (*estar presente en*) to attend.

presentable *adj* presentable.

presentación *sf* 1. (*gen*) presentation; (*de personas*) introduction. 2. (*apariencia*) presentation.

presentador, -dora *sm/f* (*gen*) presenter; (*de informativo*) newsreader.

presentar *vt* 1. (*una idea, una propuesta*) to present, to put forward; (*un producto*) to present; (*a un candidato*) to put forward. 2. (*una queja*) to lodge, to make; (*la dimisión*) to hand in. 3. (*a personas*) to introduce. 4. (*en televisión, radio*) to present. 5. (*tener*) to have. 6. (*causar*) to present.

presentarse *vprnl* 1. (*a uno mismo*) to introduce oneself. 2. (*a unas elecciones*) to run, to stand. 3. (*en un* *sitio*) to turn up; (*Jur*) to appear.

presente I *adj* present • **lo tendré presente** I'll bear it in mind. **II** *sm/f*: **todos los presentes** all those present. **III** *sm* **1.** (*tiempo*) present. **2.** (*frml: regalo*) gift, present.

presentimiento *sm* premonition, feeling.

presentir [⇨ sentir] *vt* to have a feeling (that).

preservar *vt* to preserve.

preservativo *sm* condom.

presidencia *sf* **1.** (*de país*) presidency; (*de compañía*) chairmanship, (*US*) presidency. **2.** (*en un acto*) chairmanship.

presidente, -ta *sm/f* **1.** (*jefe de estado*) president. **2.** (*or* **presidente, -ta del gobierno**) (*primer ministro*) prime minister. **3.** (*de empresa*) chairman/woman, (*US*) president. **4.** (*en un acto*) chairman/woman.

presidiario, -ria *sm/f* convict, prisoner.

presidio *sm* prison.

presidir *vt* **1.** (*un país*) to be president of. **2.** (*un acto, un comité*) to preside over.

presión *sf* **1.** (*gen*) pressure. **2.** (*or* **presión arterial**) (*Med*) blood pressure.

presionar *vt* **1.** (*tratar de influir en*) to put pressure on, to press. **2.** (*un botón*) to press.

preso, -sa I *adj*: **está preso** he's in prison. **II** *sm/f* prisoner.

prestación I *sf* **1.** (*servicio*) service. **2.** (*de la seguridad social*) benefit. **II prestaciones** *sf pl* (*Tec*) features *pl*.

prestación social sustitutoria *sf* community service.

prestado, -da *adj*: **tomar algo prestado** to borrow sthg; **me lo dejó prestado** he lent it to me.

prestamista *sm/f* moneylender.

préstamo *sm* loan.

préstamo bancario *sm* bank loan. **préstamo hipotecario** *sm* mortgage.

prestar *vt* **1.** (*dinero, un coche*) to lend. **2.** (*dar: ayuda*) to give; (*: aten-*

ción): **presta atención** pay attention. **3.** (*Jur: juramento*) to take.

prestarse *v prnl* **1.** (*dar lugar*): **se presta a confusión** it is liable to cause confusion. **2.** (*ofrecerse*) to offer: **prestarse a hacer algo** to offer to do sthg.

prestigio *sm* prestige.

prestigioso, -sa *adj* prestigious.

presumido, -da *adj* vain.

presumir *vi* **1.** (*jactarse*) to boast (**de** about), to brag (**de** about): **presume de listo** he thinks he's very clever. **2.** (*del aspecto físico*): **le gusta presumir** he's so vain. • *vt* (*sospechar*) to suspect.

presunción *sf* **1.** (*conjetura*) assumption. **2.** (*jactancia*) boasting.

presunto, -ta *adj* alleged, suspected (*apos.*).

presuntuoso, -sa *adj* conceited.

presuponer [⇨ poner] *vt* to presuppose.

presupuesto, -ta I *pp* ⇨ **presuponer**. **II** *sm* **1.** (*dinero asignado*) budget. **2.** (*cálculo*) estimate.

pretencioso, -sa *adj* pretentious.

pretender *vt* **1.** (*querer*): **no sé lo que pretende** I don't know what he wants; **pretendía impresionarla** he was trying to impress her. **2.** (*presumir de*): **no pretendo saber mucho del tema** I don't claim to know much about it. **3.** (*cortejar*) to court.

pretendiente, -ta I *sm/f* (*al trono*) pretender. **II** *sm* (*de una mujer*) suitor.

pretensión I *sf* (*intención*) intention. **II pretensiones** *sf pl* (*aspiraciones*): **una película con/sin muchas pretensiones** a very pretentious/unpretentious film.

pretérito *sm* preterite (tense).

pretexto *sm* pretext.

prevalecer [⇨ agradecer] *vi* to prevail (**sobre** over).

prevención *sf* **1.** (*acción*) prevention. **2.** (*precaución*) preventive measure.

prevenir [⇨ venir] *vt* **1.** (*crímenes,*

enfermedades) to prevent. **2.** (*avisar*) to warn.

prevenirse *v prnl* to take precautions (**de** against).

preventivo, -va *adj* preventive, preventative.

prever [⇨ ver] *vt* to foresee.

previo, -via *adj* previous: **sin previo aviso** without prior warning.

previsible *adj* foreseeable.

previsión *sf* **1.** (*pronóstico*) forecast. **2.** (*preparación*) foresight.

previsor, -sora *adj* far-sighted, prudent.

previsto, -ta I *pp* ⇨ **prever. II** *adj* **1.** [E] (*planeado*) planned. **2.** [E] (*pronosticado*) forecast.

PRI /pri/ *sm* (*en Méx*) = **Partido Revolucionario Institucional.**

prieto, -ta *adj* (*apretado*) tight; (*firme*) firm.

prima *sf* **1.** (*de seguro*) (insurance) premium. **2.** (*dinero extra*) bonus.

primacía *sf* primacy, supremacy.

primaria *sf* **1.** (*Educ*) primary * (*US*) elementary education. **2.** (*Pol*) primary (election).

primario, -ria *adj* **1.** (*enseñanza, color*) primary. **2.** (*conocimientos, necesidades*) basic.

primate *sm* primate.

primavera *sf* **1.** (*estación*) spring. **2.** (*flor*) primrose.

primer *adj* ⇨ **primero.**

primera *sf* **1.** (*clase*) first class. **2.** (*Auto*) first (gear).

primero, -ra I *adj, pron* [**primer** before masc. sing. nouns] **1.** (*en orden*) first. **2.** (*en categoría*) leading, foremost ⇨ *apéndice 4.* **II primero** *adv* **1.** (*en el tiempo*) first. **2.** (*al expresar preferencia*): **primero dimito** I would rather resign.

primer, -mera ministro, -tra *sm/f* prime minister. **primer plano** *sm* close-up: **en primer plano** in the foreground.

primicia *sf* scoop.

primitiva *sf* ⇨ **lotería primitiva.**

primitivo, -va *adj* **1.** (*gen*) primitive. **2.** (*originario*) original.

primo, -ma *sm/f* **1.** (*pariente*) cousin. **2.** (*fam: ingenuo*) sucker.

primo, -ma carnal *sm/f* first cousin. **primo, -ma hermano, -na** *sm/f* first cousin. **primo, -ma segundo, -da** *sm/f* second cousin.

primogénito, -ta *adj, sm/f* first-born.

primordial *adj* fundamental.

primoroso, -sa *adj* exquisite.

princesa *sf* princess.

principado *sm* principality.

principal *adj* main, principal.

príncipe *sm* prince.

príncipe azul *sm* Prince Charming. **príncipe heredero** *sm* crown prince.

principiante *sm/f* beginner.

principio *sm* **1.** (*inicio*) beginning: **a principios de mes** at the beginning of the month. **2.** (*concepto básico*) principle. **3.** (*moral*) principle: **un hombre de principios** a man of principle.

pringado, -da *adj* (*fam*) mucky, dirty.

pringarse [⇨ **pagar**] *v prnl* (*fam*) **1.** (*ensuciarse*) to get oneself mucky * dirty. **2.** (*involucrarse*) to get mixed up (**en** in).

prioridad *sf* priority.

prisa *sf* hurry: **tengo prisa** I'm in a hurry; **¡date prisa!** hurry up!; **de prisa** quickly.

prisión *sf* prison, jail.

prisión de alta seguridad *sf* top-security prison. **prisión preventiva** *sf* preventive custody.

prisionero, -ra *sm/f* prisoner.

prismáticos *sm pl* binoculars *pl*.

privación *sf* **1.** (*acción*) deprivation. **2.** (*carencia*) hardship.

privado, -da *adj* private.

privar *vt*: **privar de** (*dejar sin*) to deprive of. ♦ *vi* (*fam: encantar*): **me privan** I'm crazy about them.

privarse *v prnl*: **privarse de** to go without.

privatización *sf* privatization.

privilegiado, -da *adj* **1.** (*persona, situación*) privileged. **2.** (*memoria,* *inteligencia*) exceptional.

privilegio *sm* privilege.

pro I *prep* in aid of, in favour ✱ (*US*) favor of. **II** *sm*: **los pros y los contras** the pros and cons.

proa *sf* bow.

probabilidad *sf* probability, chance.

probable *adj* probable, likely: **es probable que vaya** I'll probably go.

probado, -da *adj* proven.

probador *sm* fitting room.

probar [⇨ contar] *vt* **1.** (*demostrar*) to prove. **2.** (*poner a prueba*) to test. **3.** (*comida, bebida: gen*) to taste; (*: por primera vez*) to try. ♦ *vi* (*hacer algo*) to try: **probó a arreglarlo** he tried to fix it.

probarse *v prnl* (*ropa*) to try (on).

probeta *sf* measuring cylinder.

problema *sm* problem.

procedencia *sf* origin.

procedente *adj* **1.** [S] (*apropiado*) appropriate, correct. **2. procedente de** (*proveniente de*) from.

proceder I *sm* conduct. **II** *vi* **1.** (*provenir*) to come (**de** from). **2.** (*obrar*) to act. **3.** (*continuar*) to proceed. **4.** (*ser apropiado*) to be appropriate.

procedimiento *sm* procedure, method.

prócer *sm* (*gen*) leading light; (*Amér L: héroe nacional*) national hero.

procesado, -da *sm/f* accused, defendant.

procesador *sm* processor.

procesador de textos ✱ **de palabras** *sm* word processor.

procesar *vt* **1.** (*Jur*) to prosecute. **2.** (*Inform, Tec*) to process.

procesión *sf* procession.

proceso *sm* **1.** (*gen*) process. **2.** (*Jur*) proceedings *pl*, trial.

proceso de datos *sm* data processing.

proclamar *vt* to proclaim.

procreación *sf* procreation.

procrear *vi* to procreate.

procurador, -dora *sm/f: legal administrator in court.*

procurar *vt* **1.** (*tratar de*) to try:

procura entender try to understand; **procura que no se entere** try to make sure that he doesn't find out. **2.** (*frml: suministrar*): **les procuró fondos** he obtained funds for them.

Prode *sm* (*Arg*) (football) pools *pl*.

prodigio *sm* **1.** (*maravilla*) miracle. **2.** (*persona*) prodigy.

prodigioso, -sa *adj* **1.** (*estupendo*) wonderful, exceptional. **2.** (*extraño*) extraordinary.

pródigo, -ga *adj* **1.** (*generoso*) lavish, generous. **2.** (*fértil*) bountiful.

producción *sf* production.

producir [⇨ conducir] *vt* **1.** (*gen*) to produce. **2.** (*causar*) to cause.

producirse *v prnl* to take place, to occur.

productividad *sf* productivity.

productivo, -va *adj* **1.** [S] (*gen*) productive. **2.** [S] (*rentable*) profitable.

producto *sm* product.

productor, -tora I *adj*: **un país productor de lana** a wool-producing country. **II** *sm/f* producer.

productora *sf* production company.

produje *etc.* ⇨ **producir**.

proeza *sf* feat.

profanar *vt* to desecrate, to violate.

profano, -na I *adj* lay. **II** *sm/f* layman/woman.

profecía *sf* prophecy.

proferir [⇨ sentir] *vt* to shout.

profesar *vt* **1.** (*Relig*) to profess. **2.** (*amor, respeto*) to have. ♦ *vi* (*Relig*) to take vows.

profesión *sf* profession.

profesional *adj, sm/f* professional.

profesionalidad *sf* professionalism.

profesor, -sora *sm/f* (*gen*) teacher; (*de universidad*) lecturer, (*US*) professor; (*de autoescuela*) instructor.

profesorado *sm* teaching staff.

profeta *sm* prophet.

profético, -ca *adj* prophetic.

profetizar [⇨ cazar] *vt* to prophesy.

profiláctico, -ca I *adj* preventive. **II** *sm* (*condón*) condom.

prófugo, -ga I *adj, sm/f* fugitive. **II**

sm draft dodger.

profundamente *adv* deeply: **profundamente dormido** sound asleep.

profundidad *sf* depth.

profundizar [⇨ cazar] *vi*: **profundizar en algo** to study sthg in greater depth.

profundo, -da *adj* 1. (*fosa, agua*) deep. 2. (*pensamiento, persona*) profound.

profusión *sf* profusion, wealth.

progenitor, -tora *sm/f* (*frml*: padre) father; (: *madre*) mother: **sus progenitores** his parents.

programa *sm* 1. (*gen*) programme, (*US*) program. 2. (*Inform*) program. 3. (*Educ*) syllabus. 4. (*Amér L*: *plan*) plans *pl*.

programa electoral *sm* election manifesto.

programación *sf* 1. (*Inform*) programming. 2. (*de radio, televisión*) programmes *pl*, (*US*) programs *pl*.

programador, -dora *sm/f* programmer.

programar *vt* 1. (*planear*) to plan. 2. (*organizar*) to programme, (*US*) to program. 3. (*un aparato*) to programme, (*US*) to program. ♦ *vi* (*Inform*) to program.

progresar *vi* to progress, to make progress.

progresista *adj, sm/f* progressive.

progresivo, -va *adj* progressive.

progreso *sm* progress.

prohibición *sf* 1. (*acción*) prohibition, banning. 2. (*resultado*) ban.

prohibido, -da *adj* (*gen*) prohibited, forbidden; (*en letreros*): **prohibido el paso** no entry.

prohibir [⇨ table in appendix 2] *vt* (*gen*) to forbid; (*por ley*) to ban.

prohibitivo, -va *adj* [S] prohibitive.

prójimo *sm* fellow man.

proletariado *sm* proletariat.

proletario, -ria *adj, sm/f* proletarian.

proliferación *sf* proliferation.

proliferar *vi* to proliferate.

prolífico, -ca *adj* prolific.

prolijo, -ja *adj* 1. (*explicación*) long-winded. 2. (*RP*: *ordenado*) neat, tidy.

prólogo *sm* prologue, (*US*) prolog.

prolongación *sf* extension.

prolongado, -da *adj* lengthy, prolonged.

prolongar [⇨ pagar] *vt* to prolong, to extend.

prolongarse *v prnl* 1. (*en el tiempo*) to last, to go on. 2. (*en el espacio*) to extend.

promedio *sm* average.

promesa *sf* promise.

prometedor, -dora *adj* promising.

prometer *vt* to promise. ♦ *vi* to show promise.

prometerse *v prnl* to get engaged.

prometido, -da I *adj* 1. (*gen*) promised. 2. [E] (*para casarse*) engaged. **II** *sm/f* (*hombre*) fiancé; (*mujer*) fiancée.

prominente *adj* prominent.

promiscuidad *sf* promiscuity.

promiscuo, -cua *adj* promiscuous.

promoción *sf* 1. (*gen*) promotion. 2. (*propaganda*) (sales) promotion, advertising. 3. (*Educ*) year, class.

promocionar *vt* to promote.

promotor, -tora *sm/f* 1. (*de artista, producto*) promoter. 2. (*instigador*) instigator.

promotor, -tora inmobiliario, -ria I *sm/f* (*persona*) (property) developer. **II** *sf* (*empresa*) (property) company.

promover [⇨ mover] *vt* 1. (*fomentar*) to promote. 2. (*dar lugar a*) to cause.

promulgar [⇨ pagar] *vt* to promulgate, to enact.

pronombre *sm* pronoun.

pronosticar [⇨ sacar] *vt* to forecast, to predict.

pronóstico *sm* 1. (*Meteo*) forecast; (*predicción*) forecast, prediction. 2. (*Med*) prognosis: **lesiones de pronóstico grave** serious injuries.

pronto, -ta I *adj* (*rápido*) prompt. **II pronto** *sm* (*fam*) 1. (*de hacer algo*) urge. 2. (*de mal humor*): **tiene un**

281 **próspero**

pronto... he has such a bad temper.... **III pronto** *adv* **1.** (*en poco tiempo*) soon: ¡**hasta pronto!** see you soon!; **tan pronto como pueda** as soon as I can ● **de pronto** all of a sudden. **2.** (*temprano*) early.

prontuario *sm* (*C Sur*) criminal record.

pronunciación *sf* pronunciation.

pronunciar *vt* **1.** (*gen*) to pronounce. **2.** (*un discurso*) to give.

pronunciarse *v prnl* **1.** (*declararse*): **se pronunció a favor/en contra del aborto** she said she was in favour of/against abortion; (*dar una opinión*) to give one's opinion (**sobre** on). **2.** (*intensificarse*) to become more pronounced.

propagación *sf* spread, propagation.

propaganda *sf* **1.** (*en comercio*) publicity, advertising. **2.** (*Pol*) propaganda.

propagar [⇨ pagar] *vt* to spread, to propagate.

propensión *sf* tendency, propensity.

propenso, -sa *adj* [S] prone (**a** to).

propicio, -cia *adj* propitious.

propiedad *sf* **1.** (*gen*) property. **2.** (*corrección*) correctness.

propiedad inmobiliaria *sf* real estate. **propiedad privada** *sf* private property.

propietario, -ria *sm/f* owner.

propina *sf* tip.

propio, -pia *adj* **1.** (*referido a posesión*) own: **tiene coche propio** she has a car of her own. **2.** (*típico*) characteristic, typical. **3.** (*referido a: él mismo*) himself: **el propio compositor** the composer himself; (*: ella misma*) herself; (*: ellos mismos*) themselves.

proponer [⇨ poner] *vt* (*un brindis, un plan*) to propose: **me propuso ir a medias** she suggested we went halves.

proponerse *v prnl* (*un objetivo*): **se propusieron terminarlo** they set out ✳ resolved to finish it.

proporción I *sf* proportion: **en proporción con** in proportion to. **II proporciones** *sf pl* **1.** (*dimensiones*) size. **2.** (*envergadura, trascendencia*) significance.

proporcionado, -da *adj* well-proportioned.

proporcional *adj* proportional (**a** to).

proporcionar *vt* **1.** (*facilitar*): **proporcionarle algo a alguien** to supply ✳ provide sbdy with sthg. **2.** (*satisfacción*) to give.

proposición *sf* proposal, proposition.

propósito *sm* **1.** (*finalidad*) purpose: **con el propósito de** in order to. **2.** (*intención*) intention. **3. a propósito** (*intencionalmente*) on purpose, deliberately; (*por cierto*) by the way: **a propósito de eso...** speaking of that....

propuesta *sf* proposal.

propuesto *pp* ⇨ **proponer**.

propulsar *vt* to propel.

propulsión *sf* propulsion.

propuse *etc.* ⇨ **proponer**.

prórroga *sf* **1.** (*gen*) extension. **2.** (*Dep*) extra time, (*US*) overtime. **3.** (*Mil*) deferral of military service.

prorrogar [⇨ pagar] *vt* **1.** (*un plazo*) to extend. **2.** (*una decisión*) to postpone.

prorrumpir *vi*: **prorrumpir en aplausos** to burst into applause.

prosa *sf* prose.

proscribir [*pp* proscrito] *vt* to ban.

proseguir [⇨ seguir] *vt* to continue (with), to carry on with. ♦ *vi*: **proseguir con** to continue (with), to carry on with.

prosigo *etc.* ⇨ **proseguir**.

prospección *sf* prospecting.

prospecto *sm* **1.** (*Med*) patient information leaflet. **2.** (*de propaganda*) leaflet.

prosperar *vi* **1.** (*país*) to prosper, to thrive. **2.** (*tener éxito*) to be successful.

prosperidad *sf* prosperity.

próspero, -ra *adj* prosperous.

próstata *sf* prostate.

prostíbulo *sm* brothel.

prostitución *sf* prostitution.

prostituirse [⇨ huir] *v prnl* to prostitute oneself.

prostituta *sf* prostitute.

protagonismo *sm* 1. (*relevancia*) significance, prominence. 2. (*actitud*) : **su afán de protagonismo** his desire to be in the limelight.

protagonista *sm/f* 1. (*personaje*) main character, protagonist; (*actor, actriz*) star. 2. (*de suceso*) protagonist.

protagonizar [⇨ cazar] *vt* 1. (*en cine, teatro*) to star in, to play the lead in. 2. (*un suceso*) to take a leading part in.

protección *sf* protection.

protector, -tora I *adj* protective. II *sm/f* (*gen*) protector; (*Artes*) patron.

protector de pantalla *sm* screen saver.

proteger [⇨ table in appendix 2] *vt* to protect (**de** from).

protegido, -da I *adj* protected. II *sm/f* (*hombre*) protégé; (*mujer*) protégée.

proteína *sf* protein.

protejo *etc*. ⇨ **proteger**.

protesta *sf* protest.

protestante *adj*, *sm/f* Protestant.

protestar *vi* 1. (*quejarse*) to complain (**por** about). 2. (*expresar oposición*) to protest (**por** about * against).

protocolo *sm* protocol.

prototipo *sm* 1. (*primer ejemplar*) prototype. 2. (*modelo*) archetype.

provecho *sm* (*beneficio*) benefit: **sacar provecho de algo** to make the most of sthg; (*a alguien que come*): **¡buen provecho!** enjoy your meal!

provechoso, -sa *adj* beneficial.

proveedor, -dora *sm/f* supplier.

proveer [⇨ leer; *pp* provisto] *vt* to supply (**de** * con with).

proveerse *v prnl* to provide oneself (**de** with).

provenir [⇨ venir] *vi* 1. (*de un lugar*) to come. 2. (*resultar*) to arise (**de** from).

proverbio *sm* proverb.

providencia *sf* providence.

provincia *sf* province.

provincial *adj* provincial.

provinciano, -na *adj* provincial.

provisión I *sf* provision, supply. II **provisiones** *sfpl* provisions *pl*, supplies *pl*.

provisional *adj* provisional.

provisorio, -ria *adj* (*Amér L*) provisional.

provisto, -ta I *pp* ⇨ **proveer**. II *adj* equipped (**de** with).

provocación *sf* provocation.

provocador, -dora *adj* provocative.

provocar [⇨ sacar] *vt* 1. (*a una persona: gen*) to provoke; (*: sexualmente*) to lead on. 2. (*causar: gen*) to cause; (*: intencionadamente*): **el incendio fue provocado** the fire was started deliberately. 3. (*el parto*) to induce. ♦ *vi* (*Amér S: fam*): **me provoca comer pescado** I fancy some fish.

provocativo, -va *adj* provocative.

próximamente *adv* soon.

proximidad I *sf* (*cercanía*) nearness, proximity. II **proximidades** *sfpl* (*alrededores*) vicinity.

próximo, -ma *adj* 1. (*siguiente*) next. 2. (*cercano: en tiempo*) close, near; (*: en espacio*) nearby.

proyectar *vt* 1. (*una película*) to show, to project. 2. (*planear*) to plan. 3. (*un chorro, un rayo*) to send out; (*luz*) to emit, to give out; (*una sombra*) to cast.

proyectil *sm* missile, projectile.

proyecto *sm* 1. (*intención*) plan. 2. (*trabajo*) project. 3. (*Arquit, Tec*) design, plans *pl*.

proyecto de ley *sm* bill.

proyector *sm* 1. (*de cine, diapositivas*) projector. 2. (*foco*) searchlight; (*en teatro*) spotlight.

prudencia *sf* 1. (*sensatez*) prudence, good sense. 2. (*cuidado*) caution, care. 3. (*mesura*) moderation, restraint.

prudente *adj* **1.** (*razonable*) sensible, prudent. **2.** (*cuidadoso*) careful.

prueba *sf* **1.** (*demostración*) proof; (*Jur*) piece of evidence: **no había pruebas** there was no evidence. **2.** (*muestra*) sign. **3.** (*análisis*) test; (*ensayo*) trial: **estar a prueba** to be on trial; **poner algo a prueba** to put sthg to the test; **a prueba de balas** bulletproof. **4.** (*Educ*) test. **5.** (*competición*) event. **6.** (*de ropa*) fitting. **7.** (*circunstancia difícil*) trial.

prueba de aptitud *sf* aptitude test. **prueba de fuego** *sf* acid test. **prueba del embarazo** *sf* pregnancy test.

pruebo *etc.* ⇨ **probar**.

prurito *sm* **1.** (*picazón*) itching. **2.** (*obsesión*) obsession (**de** with).

psicoanálisis *sm* psychoanalysis.

psicología *sf* psychology.

psicológico, -ca *adj* psychological.

psicólogo, -ga *sm/f* psychologist.

psicópata *sm/f* psychopath.

psicosis *sf* psychosis.

psicoterapeuta *sm/f* psychotherapist.

psiquiatra *sm/f* psychiatrist.

psiquiátrico, -ca I *adj* psychiatric. II *sm* psychiatric hospital.

psíquico, -ca *adj* mental, psychic.

PSOE /pe'soe/ *sm* (*en Esp*) = **Partido Socialista Obrero Español**.

pta., ptas. = **pesetas**.

púa *sf* **1.** (*Bot*) thorn; (*Zool*) spine; (*de peine*) tooth. **2.** (*Mús*) plectrum.

pub *sm* [**pubs**] bar with music, open only at night.

pubertad *sf* puberty.

pubis *sm inv* pubis.

publicación *sf* publication.

publicar [⇨ **sacar**] *vt* **1.** (*un libro, una noticia*) to publish. **2.** (*un secreto*) to broadcast.

publicidad *sf* **1.** (*comercial: actividad*) advertising; (*:anuncios*) advertisements *pl*; (*:folletos*) advertising leaflets *pl*. **2.** (*divulgación*) publicity.

publicitario, -ria *adj* advertising (*apos.*), publicity (*apos.*).

público, -ca I *adj* **1.** (*de todos*) public. **2.** (*del estado*): **una escuela pública** a state school, (*US*) a public school. II *sm* (*gen*) public; (*de un espectáculo*) audience; (*Dep*) crowd, spectators *pl*.

puchero *sm* **1.** (*recipiente*) cooking pot; (*guiso*) type of stew. **2.** (*al llorar*) pout: **hacer pucheros** to pout.

puchito *sm* (*Amér S: fam*): **sólo queda un puchito** there's only a little left.

pucho *sm* (*fam*) **1.** (*Amér L: colilla*) (cigarette) butt. **2.** (*Amér S: resto, poco*) ⇨ **puchito**. **3.** (*RP: cigarrillo*) cigarette.

pude *etc.* ⇨ **poder**.

púdico, -ca *adj* modest.

pudiente *adj* wealthy.

pudín *sm* pudding.

pudor *sm* modesty.

pudrir [*pp* **podrido**] *vt* to rot.

pudrirse *v prnl* **1.** (*estropearse*) to rot, to go rotten. **2.** (*RP: fam, aburrirse*) to be bored stiff.

pueblo *sm* **1.** (*población: pequeña*) village; (*:más grande*) town. **2. el pueblo** (*la gente*) the people *pl*. **3.** (*nación*) nation.

puedo *etc.* ⇨ **poder**.

puente *sm* **1.** (*gen*) bridge. **2.** (*por puente de mando*) (*Náut*) bridge. **3.** (*de fiesta*) long weekend: **hacer puente** *to take a day off between a holiday and the weekend*.

puente aéreo *sm* (*servicio*) shuttle service; (*vuelo*) shuttle (flight); (*Mil*) airlift.

puerco, -ca *sm/f* **1.** (*Zool*) pig. **2.** (*fam: persona sucia*) (filthy) pig. **3.** (*fam: persona despreciable*) swine.

puerco espín ✳ **espino** *sm* porcupine.

puericultor, -tora *sm/f* childcare specialist.

pueril *adj* childish, puerile.

puerro *sm* leek.

puerta *sf* **1.** (*gen*) door; (*en verja*) gate. **2.** (*en fútbol*) goal.

puerta corredera ✳ **corrediza** *sf* sliding door. **puerta de embarque** *sf* departure gate. **puerta de servicio** *sf* service entrance. **puerta giratoria** *sf* revolving door.

puerto *sm* 1. (*Náut*) port, harbour, (*US*) harbor. 2. (*or* **puerto de montaña**) (mountain) pass.

puerto deportivo *sm* marina. **puerto franco** *sm* free port. **puerto pesquero** *sm* fishing port.

Puerto Rico *sm* Puerto Rico.

puertorriqueño, -ña *adj, sm/f* Puerto Rican.

pues *conj* 1. (*para expresar consecuencia, conclusión*) then: —Tengo hambre. —¡Pues come algo! "I'm hungry." "Well eat something (then)!" 2. (*cuando se duda o reflexiona*) well. 3. (*frml: porque*) since, as.

puesta *sf* (*de huevos*) laying.

puesta a punto *sf* tuning. **puesta al día** *sf* updating. **puesta de sol** *sf* sunset. **puesta en escena** *sf* staging.

puestero, -ra *sm/f* (*Amér L*) stallholder.

puesto, -ta I *pp* ⇨ **poner**. II *adj* (*mesa*) set, laid; (*prenda*): **con el abrigo puesto** with his coat on. III *sm* 1. (*posición*) place. 2. (*en mercado*) stall. 3. (*cargo*) position, post. IV **puesto que** *conj* as, since.

puesto de socorro *sm* first-aid post.

púgil *sm* (*frml*) boxer.

pugna *sf* struggle.

pugnar *vi* to fight (**por** for).

pujar *vi* 1. (*en subasta*) to bid. 2. (*luchar*) to struggle. 3. (*en el parto*) to push.

pulcro, -cra *adj* neat and tidy.

pulga *sf* flea.

pulgada *sf* inch.

pulgar *sm* thumb.

pulido, -da *adj* polished.

pulir *vt* 1. (*una superficie*) to polish. 2. (*un texto*) to improve.

pulirse *v prnl* (*fam: una bebida*) to down; (*: una comida*) to gobble up; (*: dinero*) to blow.

pulla *sf* jibe, dig.

pulmón *sm* lung.

pulmonía *sf* pneumonia.

pulóver *sm* (*Amér L*) sweater.

pulpa *sf* 1. (*gen*) pulp. 2. (*RP: carne*) cut of meat without bones.

púlpito *sm* pulpit.

pulpo *sm* octopus.

pulque *sm*: drink made from fermented agave juice.

pulsación *sf* 1. (*de las arterias*) pulse. 2. (*al escribir a máquina*) keystroke.

pulsar *vt* to press.

pulseada *sf* (*RP*): **hacer una pulseada** to arm-wrestle.

pulsera *sf* 1. (*adorno*) bracelet. 2. (*de reloj*) strap, (*US*) watchband.

pulso *sm* 1. (*Med*) pulse. 2. (*mano firme*) steady hand ● **a pulso** (*con fuerza física*) by brute force, (*con esfuerzo*) by sheer hard work. 3. (*prueba de fuerza*): **echar un pulso** to arm-wrestle; (*lucha*) struggle.

pulverizador *sm* spray, atomizer.

pulverizar [⇨ cazar] *vt* 1. (*convertir en polvo*) to pulverize. 2. (*un líquido*) to spray.

puna *sf* 1. (*tierra alta*) highland regions of the Andes. 2. (*Amér S: mal de montaña*) mountain sickness.

punga (*C Sur: fam*) I *sf* (*robo*) (petty) thieving. II *sm/f* pickpocket.

punguista *sm/f* (*C Sur: fam*) pickpocket.

punitivo, -va *adj* punitive.

punk /puŋk/, **punki** /'puŋki/ *adj, sm/f* punk.

punta *sf* 1. (*gen*) point, tip; (*de un lápiz*) point: **sácale punta al lápiz** sharpen the pencil; (*de la nariz*) end. 2. (*clavo*) tack. 3. (*Amér L: fam, gran cantidad*): **una punta de** a lot of.

puntada *sf* 1. (*en costura*) stitch. 2. (*C Sur: dolor agudo*) stabbing pain. 3. (*Méx: ocurrencia*) witty remark.

puntaje *sm* (*Amér L*) score.

puntal *sm* prop.

puntapié *sm* kick.

puntera *sf* toecap.

puntería *sf* 1. (*al tirar*) aim. 2. (*al hacer algo*) accuracy.

puntero, -ra I *adj* leading (*apos.*). **II** *sm* (*para indicar*) pointer.

puntiagudo, -da *adj* pointed.

puntilla *sf* 1. (*encaje*) lace edging. 2. (*Tauro*) bullfighter's dagger. 3. **de puntillas** on tiptoes.

puntilloso, -sa *adj* 1. (*meticuloso*) punctilious. 2. (*quisquilloso, susceptible*) touchy.

punto *sm* 1. (*en geometría*) point; (*al final de oración*) full stop, (*US*) period; (*tras abreviatura*) dot, point. 2. (*lugar*) place. 3. (*lazada*) stitch: **hacer punto** to knit. 4. (*Med*) stitch. 5. (*en concursos, deportes*) point; (*en exámenes*) point, mark. 6. (*aspecto, cuestión*) point. 7. (*en expresiones*): **está a punto** it's ready; **está a punto de llegar** he's about to arrive; **a las siete en punto** at exactly seven o'clock; **está en su punto** it's just right; **hasta cierto punto** up to a point.

punto cardinal *sm* cardinal point. **punto de ebullición** *sm* boiling point. **punto de encuentro** *sm* meeting point. **punto de fusión** *sm* melting point. **punto de partida** *sm* starting point. **punto de referencia** *sm* reference point. **punto de vista** *sm* point of view, viewpoint. **punto débil** *sm* weak point. **punto decimal** *sm* (*Col, Méx*) decimal point. **punto final** *sm* end. **punto flaco** *sm* weak point. **punto fuerte** *sm* strong point. **punto muerto** *sm* 1. (*Auto*) neutral. 2. (*en discusiones*) deadlock, impasse. **punto negro** *sm* blackhead. **punto neurálgico** *sm* hub, nerve centre. **punto y aparte** *sm* new paragraph. **punto y coma** *sm* semicolon. **punto y seguido** *sm* full stop, (*US*) period.

puntuación *sf* 1. (*Ling*) punctuation. 2. (*Dep*) score; (*Educ*) mark.

puntual *adj* 1. (*a la hora*) punctual. 2. (*pormenorizado*) detailed; (*exacto*) precise. 3. (*específico*) specific.

puntualidad *sf* punctuality.

puntualizar [⇨ cazar] *vt* to clarify.

puntuar [⇨ actuar] *vt* 1. (*Ling*) to punctuate. 2. (*un examen*) to mark. ♦ *vi* (*en competición, examen*) to score.

punzada *sf* stabbing pain.

punzante *adj* 1. (*dolor, objeto*) sharp. 2. (*comentario*) cutting.

puñado *sm* handful.

puñal *sm* dagger.

puñalada *sf* (*golpe*) stab; (*herida*) stab wound.

puñetazo *sm* punch.

puño *sm* 1. (*Anat*) fist ● **de su puño y letra** in his/her own handwriting. 2. (*de manga*) cuff. 3. (*de bastón, paraguas*) handle.

pupila *sf* pupil.

pupitre *sm* (school) desk.

puré *sm* (*gen*) purée; (*sopa*) soup. **puré de patatas** ✱ (*Amér L*) **de papas** *sm* mashed potatoes *pl*.

pureza *sf* purity.

purga *sf* purge.

purgante *adj, sm* purgative.

purgar [⇨ pagar] *vt* 1. (*gen*) to purge. 2. (*un radiador*) to bleed.

purgatorio *sm* purgatory.

purificación *sf* purification.

purificar [⇨ sacar] *vt* to purify.

puritano, -na I *adj* puritanical. **II** *sm/f* puritan.

puro, -ra I *adj* pure: **la pura verdad** the honest truth; (*Amér L*): **son puras mentiras** it's all lies. **II** *sm* cigar.

púrpura *adj inv, sm* purple.

pus *sm* pus.

puse *etc.* ⇨ poner.

puta *sf* (!!!) whore.

putrefacción *sf* rotting, putrefaction.

putrefacto, -ta *adj* rotten, putrid.

puzzle /ˈpuθle/ *sm* jigsaw (puzzle).

PVP *sm* (= **Precio de Venta al Público**) retail price.

PYME /ˈpime/ *sf inv* = **Pequeña y Mediana Empresa**.

Pza. (= **plaza**) Sq.

que I *pron relativo* 1. (*sujeto: persona*) who: **la (mujer) que vino** the woman who came (·*cosa*) which, that: **el libro que ganó el premio** the book which ∗ that won the prize. **lo que** what: **eso fue lo que dijo** that was what he said. 2. (*complemento: persona*) whom [pero gen omitido]: **la chica con la que sale** the girl he's going out with ‖ the girl with whom he is going out; (·*cosa*) that, which [pero gen omitidos]: **el reloj que compré** the watch (that ∗ which) I bought. II *conj* 1. (*gen*) that [a menudo omitido]: **dijo que vendría** she said (that) she would come; (*al expresar deseo*): **quiero que Pedro lo vea** I want Pedro to see it; **que le lo pases bien** have a good time; **dile que espere** tell him to wait; **que espere** let him wait. 2. (*para introducir: consecuencia*) that [a veces omitido]: **me gustó tanto que pedí otro** I liked it so much (that) I ordered another; (·*razón*): **corre, que es tarde** hurry up, it's late. 3. (*en comparaciones*) than: **es más alto que yo** he's taller than me. 4. (*con ciertos verbos auxiliares*): **tengo que irme** I have to go. 5. **a que...** (*para introducir un reto*): **¿a que no te atreves?** I bet you don't dare.

qué I *adj & pron interrogativo* (*gen*) what: **¿qué quiere?** what does he want?; (*de entre varias posibilidades*) which: **¿qué película viste?** which film did you see? II *adv interrogativo* how: **¿qué tal estás?** how are you? III *adj & pron exclamativo* what: **¡qué pena!** what a shame!; **¡qué ojos más preciosos!** what beautiful eyes! IV *adv exclamativo*: **¡qué tonto eres!** you're so stupid! • **¡qué va!** you must be joking!

quebrada *sf* ravine.

quebradizo, -za *adj* fragile, breakable.

quebrado, -da I *adj* 1. (*partido*) broken. 2. (*terreno*) uneven. 3. (*voz*) faltering. 4. (*línea*) zigzag. 5. (*Méx: pelo*) curly. II *sm* (*Mat*) fraction.

quebrantar *vt* to break.

quebrar [⇨ pensar] *vi* (*Fin*) to go bankrupt. ♦ *vt* (*romper*) to break.

quebrarse *v prnl* 1. (*romperse*) to break. 2. (*voz*) to crack.

quechua I *adj* Quechuan. II *sm/f* Quechua. III *sm* (*Ling*) Quechua.

quedar *vi* 1. (*estéticamente: gen*) to look: **queda mejor así** it looks better like that; (·*ropa*): **te queda bien** it suits you; (*de tamaño*): **te queda corto/grande** it's too short/big for you. 2. (*al expresar resultado, impresión*): **quedó atontado** he was stunned; **¿cómo te quedó el pastel?** how did your cake turn out?; **quedó en ridículo** he made a fool of himself. 3. (*haber*) to be left; (*sobrar*) to be left over; (*faltar*): **quedan dos días para...** there are two days to go before.... 4. (*estar situado*) to be. 5. (*citarse*): **quedamos con ellos en el bar** we arranged to meet them in the bar. 6. **quedar en** ∗ (*Amér L*) **de** (*acordar*) to agree: **quedó en venir** he agreed to come.

quedarse *v prnl* 1. (*en un lugar*) to stay; (*en una posición, actitud*) **me quedé quieto** I kept still; (*en un estado o condición*): **se quedó soltero** he remained single. 2. (*al expresar un resultado*): **se quedó sin dinero** she ran out of money. 3. **quedarse con** (*conservar*) to keep; (*fam: engañar*): **se está quedando con nosotros** he's having us on ∗ pulling our leg.

quedo, -da I *adj* quiet. II **quedo** *adv* quietly.

quehacer *sm* chore, job.

queimada *sf*: *hot alcoholic punch typical of Galicia.*

queja *sf* 1. (*de insatisfacción*) complaint. 2. (*de dolor*) groan.

quejarse *v prnl* to complain (**de** about; **a** to).

quejica *sm/f* (*fam*) moaner, (*GB*) whinger.

quejido *sm* moan, groan.

quejumbroso, -sa *adj* plaintive, whiny.

quemado, -da *adj* 1. (*por el fuego*) burned, burnt; (*por exceso de sol*) sunburned. 2. (*Amér L: bronceado*) tanned. 3. (*descontento*) fed up; (*acabado*) finished.

quemador *sm* burner, jet.

quemadura *sf* burn.

quemaduras del sol *sf pl* sunburn.

quemar *vt* 1. (*gen*) to burn. 2. (*Amér L: broncear*) to tan. 3. (*derrochar*) to squander. ♦ *vi* (*estar caliente: sólido*) to burn; (: *líquido*) to be boiling hot.

quemarse *v prnl* 1. (*persona: gen*) to burn oneself: **me quemé la mano** I burned my hand; (: *por exceso de sol*) to get sunburned; (*comida*) to burn. 2. (*Amér L: broncearse*) to get a suntan. 3. (*fam: en un trabajo*) to burn out. (*RP: fam, quedar mal*) to make a fool of oneself.

quemarropa: a quemarropa *loc adv* (*disparar*) at point-blank range; (*preguntar*) point-blank.

quemazón *sf* (*ardor*) burning; (*picor*) itch.

quena *sf*: *reed pipe used in Andean music.*

quepo *etc.* ⇨ **caber**.

querella *sf* 1. (*conflicto*) dispute. 2. (*Jur*) *document detailing the prosecution's case.*

querellarse *v prnl* to bring a lawsuit (**contra** against).

querer I *sm* love. II [⇨ table in appendix 2] *vt* 1. (*desear*) to want: **quiere salir** he wants to go out; **quiero que me ayudes** I want you to help me ● **lo hizo queriendo/sin querer** he did it on purpose/by accident; (*en peticiones, ofertas*): **qui-**

siera hablar con él I'd like to speak to him; **¿quieres cenar ahora?** would you like to have dinner now? 2. (*amar*) to love. 3. **querer decir** (*significar*) to mean.

querido, -da I *adj* dear. II *sm/f* 1. (*amante*) lover. 2. (*apelativo*) (my) love, darling.

queroseno, (*Amér L*) **querosene** *sm* kerosene, (*GB*) paraffin.

querré *etc.* ⇨ **querer**.

quesadilla *sf* 1. (*tipo de dulce*) *pastry filled with syrup and dried fruit.* 2. (*en Méx*) *soft corn tortilla with cheese and other fillings.*

queso *sm* cheese.

queso de bola *sm*: *cheese similar to Edam.* **queso de cerdo** ✱ (*C Sur*) **de chancho** brawn, (*US*) head cheese. **queso manchego** *sm*: *cheese from La Mancha, usually strong.* **queso rallado** *sm* grated cheese.

quetzal *sm* 1. (*Zool*) quetzal. 2. (*Fin*) currency of Guatemala.

quicio *sm* jamb ● **me saca de quicio** he drives me mad.

quid *sm* crux.

quiebra *sf* bankruptcy.

quien *pron relativo* [**quienes**] 1. (*sujeto*) who: **fue Paco quien me lo dijo** it was Paco who told me; **no hay quien lo aguante** nobody can stand him. 2. (*complemento*): **el señor de quien hablábamos** the man (that ✱ who) we were talking about. 3. (*aquél que*) whoever: **quien quiera ir, que vaya** whoever wants to can go.

quién I *pron interrogativo* [**quiénes**] 1. (*sujeto*) who: **¿quiénes son ésos?** who are those people?; **¿quién era?** who was it?; **¿quiénes estaban?** who was there? 2. (*complemento*) whom, who: **¿a quién viste?** whom ✱ who did you see?; **¿a quién se refería?** who was he referring to? 3. **de quién** whose: **¿de quién es este abrigo?** whose coat is this? ‖ whose is this coat? II *pron exclamativo*: **¡quién lo hubiera dicho!** who ✱ whoever would have said so!

quienquiera *pron indefinido* [**quienesquiera**] whoever.

quiero *etc.* ⇨ **querer**.

quieto, -ta *adj* still: **¡estáte quieto!** keep still!

quietud *sf* 1. (*falta de movimiento*) stillness. 2. (*calma*) calm, peace.

quilate *sm* carat, (*US*) karat.

quilla *sf* keel.

quilombo *sm* (*RP*: !!) 1. (*prostíbulo*) brothel. 2. (*lín*) **esto es un quilombo** this is a shambles.

química *sf* chemistry.

químico, -ca I *adj* chemical. **II** *sm/f* chemist.

quimioterapia *sf* chemotherapy.

quince *adj, pron* (*cardinal*) fifteen; (*ordinal*) fifteenth ⇨ *apéndice 4*.

quinceañero, -ra *sm/f* (*persona de quince años*) fifteen year-old; (*adolescente*) teenager, teenybopper.

quinceavo, -va *adj, sm* fifteenth ⇨ *apéndice 4*.

quincena *sf* 1. (*dos semanas*) two weeks *pl*, (*GB*) fortnight. 2. (*Méx: paga*) (two weeks') pay.

quincha *sf* (*C Sur*): **techo de quincha** thatched roof.

quincuagésimo, -ma *adj, pron* fiftieth ⇨ *apéndice 4*.

quiniela *sf* 1. (*en Esp*) (football) pools *pl*. 2. (*en algunos países latinoamericanos*) type of lottery.

quinientos, -tas *adj, pron* (*cardinal*) five hundred; (*ordinal*) five hundredth ⇨ *apéndice 4*.

quinina *sf* quinine.

quinoto *sm* kumquat.

quinqué *sm* oil lamp.

quinqui *sm/f* 1. (*de raza*) tinker, (*GB*) traveller. 2. (*delincuente*) minor criminal.

quinta *sf* 1. (*Auto*) fifth (gear). 2. (*Mil*) group of conscripts. 3. (*finca*) farm. 4. (*or* **casa quinta** (*Amér S*) country villa used at weekends. 5. (*RP: de árboles frutales*) orchard; (*: de vegetales*) vegetable garden.

quinteto *sm* quintet.

quintillizo, -za *sm/f* quintuplet.

quinto, -ta I *adj, pron* fifth ⇨ *apéndice 4*. **II** *sm* 1. (*parte*) fifth. 2. (*Mil*) conscript. 3. (*de cerveza*) small bottle of beer.

quíntuple *adj, sm/f* quintuple.

quíntuplo, -pla *adj, sm/f* quintuple.

quiosco *sm* (*gen*) kiosk; (*de periódicos*) news stand; (*de música*) bandstand.

quirófano *sm* operating theatre ∗ (*US*) room.

quiromancia *sf* palmistry.

quirúrgico, -ca *adj* surgical.

quise *etc.* ⇨ **querer**.

quisquilla *sf* shrimp.

quisquilloso, -sa *adj* 1. (*susceptible*) touchy. 2. (*puntilloso*) picky, fussy.

quiste *sm* cyst.

quitamanchas *sm inv* stain remover.

quitanieves *sm inv* snowplough, (*US*) snowplow.

quitar *vt* 1. (*retirar: gen*): **lo quitó de la silla** she took ∗ moved it off the chair; (*: una alfombra*) to take up; (*: las cortinas*) to take down; (*: puntos*) to take out; (*: una prenda*) to take off. 2. (*la mesa*) to clear. 3. (*una mancha*) to remove, to get out; (*una sensación*): **quita el hambre** it stops you feeling hungry. 4. (*restar*) to take (away) (**a** from): **le quité importancia** I played it down. 5. (*privar de*): **me quitó el sitio** he took my seat; **le quité el lápiz** I took the pencil away from her; (*robar*) to steal, to take. 6. (*excluir*): **quitando a Juan,...** with the exception of Juan,.... 7. (*impedir*): **eso no quita que...** that doesn't mean that....

quitarse *v prnl* 1. (*una prenda*) to take off. 2. (*apartarse*): **quítate de en medio** get out of the way; **quítate de ahí** get away from there. 3. (*dolor*) to go (away); (*mancha*) to come out.

quiteño, -ña *adj* of ∗ from Quito.

quizá, quizás *adv* maybe, perhaps.

rabadilla *sf* 1. (*Anat*) base of the spine. 2. (*de pollo*) pope's ✱ (*GB*) parson's nose.

rábano *sm* radish.

rabia *sf* 1. (*enfado*): **me dio rabia** it made me angry. 2. (*odio*): **le tengo rabia** I can't stand her. 3. (*Med*) rabies.

rabiar *vi* 1. (*estar furioso*) to be furious. 2. (*de dolor*): **rabiaba de dolor** he was in agony. 3. **rabiar por** (*ansiar*): **rabiaba por ir** she was dying to go.

rabieta *sf* (*fam*) tantrum.

rabino, -na *sm/f* rabbi.

rabioso, -sa *adj* 1. (*furioso*) furious. 2. (*perro*) rabid.

rabo *sm* 1. (*de animal*) tail. 2. (*de fruta*) stalk.

rabona *sf* (*fam*): **hacerse la rabona** to skive off school, (*US*) to play hooky.

rácano, -na (*fam*) **I** *adj* mean, stingy. **II** *sm/f* miser.

racha *sf* 1. (*de viento*) gust. 2. (*periodo*) spell, run.

racimo *sm* bunch.

raciocinio *sm* reason.

ración *sf* (*gen*) helping, portion: **una ración de calamares** a plate of squid; (*Mil*) ration.

racional *adj* rational.

racionalizar [➪ cazar] *vt* to rationalize.

racionar *vt* to ration.

racista *adj*, *sm/f* racist.

radar *sm* radar.

radiación *sf* radiation.

radiactivo, -va *adj* radioactive.

radiador *sm* radiator.

radial *adj* (*Amér S*) radio (*apos.*).

radiante *adj* radiant.

radical *adj*, *sm/f* radical.

radicar [➪ sacar] *vi* to lie (**en** in).

radicarse *v prnl* to settle.

radio **I** *sf* (*sistema, receptor*) radio: **por la radio** on the radio. **II** *sm* 1. (*Mat*) radius. 2. (*de rueda*) spoke. 3. (*Amér L*: *receptor*) radio. 4. (*Quím*) radium.

radioaficionado, -da *sm/f* radio ham.

radiocasete *sm* radio cassette player.

radiodifusión *sf* (radio) broadcasting.

radiofónico, -ca *adj* radio (*apos.*).

radiografía *sf* X-ray.

radiólogo, -ga *sm/f* radiologist.

radioterapia *sf* radiotherapy.

radioyente *sm/f* listener.

RAE /rrae/ *sf* (= **Real Academia Española**) Spanish Royal Academy.

ráfaga *sf* 1. (*de viento*) gust. 2. (*de luz*) flash. 3. (*de ametralladora*) burst.

raído, -da *adj* threadbare, worn.

raíl *sm* rail.

raíz *sf* [**raíces**] root.

raíz cuadrada/cúbica *sf* square/cube root.

raja *sf* 1. (*en plato*) crack; (*en tela: roto*) rip; (: *abertura*) slit; (*en dedo*) cut. 2. (*de melón*) slice.

rajar *vt* 1. (*un plato*) to crack; (*un neumático*) to slash. 2. (*C Sur: fam, criticar*) to pull to pieces. 3. (*RP: fam, echar*) to throw out. ♦ *vi* (*fam*) 1. (*hablar*) to talk. 2. (*C Sur: irse corriendo*): **¡rajen de aquí!** beat it!

rajarse *v prnl* 1. (*plato*) to crack; (*tela, camisa*) to split. 2. (*fam: echarse atrás*) to back out; (: *por miedo*) to chicken out. 3. (*Amér L: fam, huir*) to run away.

rajatabla: a rajatabla *loc adv* to the letter.

rallador *sm* grater.

rallar *vt* to grate.

rama *sf* branch.

rambla *sf* (*paseo*) avenue; (*Amér L: a orillas del mar, de un río*) seafront/riverside esplanade.

ramera *sf* prostitute.

ramificación *sf* ramification.

ramificarse [⇨ sacar] *v prnl* to branch, to divide.

ramillete *sm* posy.

ramo *sm* 1. (*de flores*) bouquet, bunch. 2. (*sector*): **el ramo de la construcción** the construction industry.

rampa *sf* ramp.

ramplón, -plona *adj* dreary, run-of-the-mill.

rana *sf* frog ● **salir rana** to be a disappointment.

ranchera *sf* 1. (*Mús*) traditional Mexican song. 2. (*Auto*) estate (car), (*US*) station wagon.

ranchero, -ra *sm/f* rancher.

rancho *sm* 1. (*finca*) ranch. 2. (*comida*) food. 3. (*Amér L: vivienda pobre*) shack.

rancio, -cia *adj* 1. (*mantequilla*) rancid; (*pan, queso*) stale; (*vino*) vinegary. 2. (*antiguo*): **de rancio abolengo** of ancient lineage. 3. (*fam: antipático*) unpleasant.

rango *sm* 1. (*profesional*) rank; (*social*) standing. 2. (*RP: Juegos*) leapfrog.

ranura *sf* slot.

rapapolvo *sm* (*fam*) telling-off.

rapar *vt* (*la cabeza*) to shave; (*a una persona*): **lo raparon** they cut his hair very short.

rape *sm* 1. (*pez*) monkfish *n inv*. 2. (*referido al pelo*): **al rape** cropped.

rápel *sm* abseiling: **hacer rápel** to abseil.

rapidez *sf* speed: **con rapidez** quickly.

rápido, -da I *adj* (*visita, repaso*) quick; (*coche, comida*) fast. **II rápido** *adv* (*deprisa*) quickly, fast: **¡rápido!** quickly! ‖ hurry up! **III rápido** *sm* (*tren*) express. **IV rápidos** *sm pl* (*de río*) rapids *pl*.

rapiña *sf* looting.

raposa *sf* fox.

raptar *vt* to kidnap.

rapto *sm* 1. (*de persona*) kidnapping. 2. (*de locura*) fit.

raqueta *sf* 1. (*de tenis*) racket; (*de ping-pong*) bat, (*US*) paddle. 2. (*de nieve*) snowshoe.

raquítico, -ca *adj* 1. (*Med*) suffering from rickets. 2. (*fam: delgado*) skinny.

raquitismo *sm* rickets.

rareza *sf* 1. (*cosa extraña*) rare thing. 2. (*manía*) odd way. 3. (*cualidad*) rarity, rareness.

raro, -ra *adj* 1. (*extraño*) strange, odd. 2. (*infrecuente*) rare.

ras *sm*: **cortar algo al ras** to cut sthg very short; **vuelan a ras del suelo** they fly almost at ground level.

rasca *adj inv* (*fam*) 1. (*C Sur: ropa, calzado*) shoddy, poor quality; (*: local*) cheap, tacky. 2. (*Arg: tacaño*) stingy.

rascacielos *sm inv* skyscraper.

rascar [⇨ sacar] *vt* 1. (*una parte del cuerpo*) to scratch. 2. (*la pintura*) to scrape off. ♦ *vi* (*ropa*) to be itchy.

rascarse *v prnl* to scratch.

rasgado, -da *adj* [S] (*ojos*) almond-shaped.

rasgar [⇨ pagar] *vt* to tear, to rip.

rasgo *sm* 1. (*facción*) feature; (*característica*) characteristic, trait. 2. (*línea*) stroke ● **a grandes rasgos** in broad outline.

rasguño *sm* scratch, graze.

raso, -sa I *adj* 1. (*terreno*) flat, level. 2. (*cucharada*) level. **II** *sm* satin.

raspado *sm* (*gen*) scrape; (*en ginecología*) D and C.

raspar *vt* (*con cuchillo*) to scrape. ♦ *vi* (*ropa*) to be scratchy.

rastras: a rastras *loc adv*: **la llevé a rastras** I dragged her there.

rastrear *vt* 1. (*un lugar*) to search. 2. (*huellas*) to follow; (*la presa*) to track.

rastrero, -ra *adj* 1. (*Bot*) creeping. 2. (*vil*) despicable.

rastrillo *sm* 1. (*Agr*) rake. 2. (*Méx: afeitadora*) razor.

rastro *sm* 1. (*pista*) trail. 2. (*vestigio*) trace: **sin dejar rastro** without trace. 3. (*mercado*) flea market.

rasuradora *sf* razor.

rasuradora eléctrica *sf* (*Méx*) electric razor ✻ shaver.

rasurarse *v prnl* to shave.

rata I *sf* (*Zool*) rat ● (*RP*) **hacerse la rata** to skive off school, (*US*) to play hooky. **II** *sm/f* (*fam*) miser, skinflint.

ratero, -ra *sm/f* (petty) thief.

raticida *sm* rat poison.

ratificar [↷ sacar] *vt* (*un tratado*) to ratify; (*declaraciones*) to confirm.

rato *sm* while: **un buen rato** quite a while ● **a ratos** now and then; **dormí a ratos** I slept on and off ● **pasar el rato** to while away the time ● **tenemos para rato** this is going to take some time.

ratón *sm* (*Zool*) mouse; (*Inform*) mouse.

ratón de biblioteca *sm* (*fam*) bookworm.

ratonera *sf* 1. (*trampa*) mousetrap. 2. (*madriguera*) mousehole.

raudales: a raudales *loc adv*: **en la cocina entra el sol a raudales** the kitchen gets lots of sun; **había vino a raudales** there was lashings of wine.

ravioles, raviolis *sm pl* ravioli.

raya I *sf* 1. (*línea*) line ● **los mantiene a raya** she keeps them under control ● **pasarse de la raya** to go too far. 2. (*en diseño*) stripe: **a** ✻ **de rayas** striped. 3. (*en pelo*) parting, (*US*) part. 4. (*en pantalón*) crease. 5. (*pez*) ray, skate. 6. (*Méx: jornal*) wages *pl*, pay.

rayado, -da *adj* 1. [E] (*mueble, disco*) scratched. 2. [S] (*papel*) lined; [S] (*tela*) striped. 3. [E] (*C Sur: fam, chiflado*) crazy, nuts.

rayar *vt* to scratch. ♦ *vi*: **raya en lo grotesco** it borders on the grotesque.

rayarse *v prnl* to get scratched.

rayo *sm* 1. (*de luz*) ray. 2. (*en tormenta*) bolt of lightning. 3. (*Amér L: de una rueda*) spoke.

rayo láser *sm* laser beam. **rayos ultravioleta(s)** *sm pl* ultraviolet rays *pl*. **rayos X** *sm pl* X-rays *pl*.

rayuela *sf* hopscotch.

raza *sf* (*humana*) race; (*de animales*) breed.

razón *sf* 1. (*al expresar acierto*): **tener** ✻ **llevar razón** to be right; **me dio la razón** he said I was right. 2. (*motivo*) reason. 3. (*argumento*): **atender a razones** to see reason. 4. (*información*): **razón en la oficina** enquire at the office. 5. (*raciocinio*) reason; (*cordura*): **perder la razón** to lose one's mind. 6. (*Mat*) ratio; (*cantidad, velocidad*): **a razón de dos por hora** at the rate of two an hour.

razonable *adj* reasonable.

razonamiento *sm* reasoning.

razonar *vi* to reason.

razzia /'rrasja/ *sf* (*RP*) (police) raid.

reacción *sf* reaction.

reacción en cadena *sf* chain reaction.

reaccionar *vi* to react (**ante** to).

reaccionario, -ria *adj*, *sm/f* reactionary.

reacio, -cia *adj* reluctant.

reactivar *vt* to reactivate.

reactivarse *v prnl* to pick up.

reactor *sm* 1. (*motor*) jet engine. 2. (*avión*) jet (plane).

reactor nuclear *sm* nuclear reactor.

reafirmarse *v prnl*: **se reafirmó en su postura** he reaffirmed his position.

reajuste *sm* (*de precios, salarios*) adjustment: **un reajuste de plantilla** a restructuring of staffing levels.

real *adj* 1. (*auténtico*) real. 2. (*de la realeza*) royal.

realce *sm*: **dar realce a un acontecimiento** to give special significance to an occasion.

realeza *sf* royalty.

realidad *sf* reality: **hacerse realidad** to come true; **en realidad** actually ‖ in fact.

realidad virtual *sf* virtual reality.

realista *adj* 1. (*práctico*) realistic. 2. (*Artes, Lit*) realist.

realización *sf* 1. (*de tarea*) execu-

tion. **2.** (*en televisión, radio*) production. **3.** (*de un sueño*) realization.
realizador, -dora *sm/f* producer.
realizar [⇨ *cazar*] *vt* **1.** (*un trabajo*)
to do, to carry out; (*un esfuerzo, un
viaje*) to make. **2.** (*un programa de
televisión, radio*) to produce.
realizarse *v prnl* **1.** (*persona*) to fulfil
✳ (*US*) fulfill oneself. **2.** (*sueño*) to
come true.
realmente *adv* really.
realquilar *vt* to sublet.
realzar [⇨ *cazar*] *vt* to enhance, to
accentuate.
reanimar *vt* (*dar fuerzas a*) to revive; (*psicológicamente*) to cheer up;
(*a un desmayado*) to bring round; (*a
un accidentado*) to resuscitate.
reanimarse *v prnl* (*cobrar fuerzas*) to
feel better; (*psicológicamente*) to
cheer up; (*volver en sí*) to come
round.
reanudar *vt* to resume.
reaparecer [⇨ *agradecer*] *vi* to reappear.
reata *sf* (*Méx*) rope.
rebaja I *sf* discount, reduction. **II
rebajas** *sf pl* sales *pl*.
rebajar *vt* **1.** (*el precio*) to reduce: **me
rebajó diez dólares** he took ten
dollars off; (*un producto*) to cut the
price of. **2.** (*una salsa, pintura*) to
thin; (*un color*) to tone down. **3.** (*una
condena*) to reduce. **4.** (*degradar*) to
humiliate.
rebajarse *v prnl* to lower oneself.
rebanada *sf* slice.
rebañar *vt* (*con pan*) to wipe (clean);
(*con cuchara*) to scrape (clean).
rebaño *sm* (*de ovejas*) flock; (*de
vacas, elefantes*) herd.
rebasar *vt* **1.** (*superar*) to exceed.
2. (*adelantar*) to overtake, to pass.
rebatir *vt* to refute.
rebeca *sf* cardigan.
rebelarse *v prnl* to rebel.
rebelde I *adj* **1.** (*gen*) rebellious;
(*Mil*) rebel (*apos.*). **2.** (*pelo*) unman-
ageable. **II** *sm/f* rebel.
rebeldía *sf* rebelliousness.
rebelión *sf* rebellion.

rebenque *sm* (*Amér S*) whip.
reblandecerse [⇨ *agradecer*]
v prnl **1.** (*material*) to soften.
2. (*RP: fam, persona*) to go gaga.
rebobinar *vt* to rewind.
rebordeadora *sf* Strimmer®, lawn
edger.
rebosante *adj* overflowing (**de**
with).
rebosar *vi* (*líquido, recipiente*) to
overflow: **rebosar de gente** to be
overflowing with people; **rebosar
de alegría** to be brimming with
happiness. ♦ *vt* (*salud*) to exude;
(*sabiduría*) to give an air of.
rebotar *vi* **1.** (*pelota*) to bounce (**en**
off); (*bala*) to ricochet (**en** off).
2. (*RP: fam, cheque*) to bounce; (*: solicitud*) to be turned down.
rebote *sm* (*de pelota*) bounce; (*de
bala*) ricochet ● **me favoreció de
rebote** indirectly I benefited from it.
rebozado, -da *adj*: **pescado rebozado** (*con harina y huevo*) fish
dipped in egg and flour and then
fried, (*con pan rallado*) fish fried in
breadcrumbs.
rebuscado, -da *adj* **1.** (*lenguaje*)
affected. **2.** (*historia*) complicated,
complex.
rebuscar [⇨ *sacar*] *vi* to search
thoroughly.
rebuscarse *v prnl* (*Amér S: fam*) **re-
buscárselas** to get by.
rebuznar *vi* to bray.
recabar *vt* (*apoyo*) to obtain: **recabar fondos** to raise money.
recadero, -ra *sm/f* messenger.
recado *sm* **1.** (*mensaje*) message.
2. (*encargo*) errand.
recaer [⇨ *caer*] *vi* **1.** (*enfermo*) to
relapse, to suffer a relapse. **2.** (*caer*):
las sospechas recayeron en ella
suspicion fell upon her.
recaída *sf* relapse.
recalcar [⇨ *sacar*] *vt* to emphasize,
to stress.
recalentar [⇨ *pensar*] *vt* **1.** (*la
comida*) to reheat. **2.** (*un motor*) to
overheat.
recámara *sf* **1.** (*frml: vestidor*)

dressing room. **2.** (*Amér C, Méx*: *dormitorio*) bedroom. **3.** (*de arma*) chamber.

recambio *sm* (*de bolígrafo*) refill; (*para coche, máquina*) spare (part).

recapacitar *vi* to think again.

recapitular *vt/i* to sum up, to recapitulate.

recargado, -da *adj* overelaborate, overdone.

recargar [➪ pagar] *vt* **1.** (*una pluma, un mechero*) to refill; (*un arma*) to reload; (*una batería*) to recharge. **2.** (*a una persona*): **la recargan de trabajo** they work her too hard. **3.** (*cobrar*) to charge.

recargo *sm* surcharge.

recatado, -da *adj* **1.** (*modesto*) modest. **2.** (*cauto*) cautious.

recauchutar *vt* to retread.

recaudación *sf* **1.** (*dinero*) takings *pl*. **2.** (*acción*) collection.

recaudador, -dora *sm/f* (*Fin*) collector.

recaudar *vt* (*reunir*) to raise; (*cobrar*) to collect.

recelar *vi* to be suspicious (**de** of).

recelo *sm* mistrust, suspicion.

recepción *sf* reception.

recepcionista *sm/f* receptionist.

receptor *sm* (*frml: de televisión*) set; (*: de radio*) receiver.

recesión *sf* recession.

receso *sm* (*Amér L*) recess.

receta *sf* **1.** (*Med*) prescription. **2.** (*Culin*) recipe.

recetar *vt* to prescribe.

rechazar [➪ cazar] *vt* **1.** (*gen*) to reject. **2.** (*un ataque*) to repel.

rechazo *sm* rejection.

rechinar *vi*: **le rechinan los dientes** she grinds her teeth.

rechistar *vi*: **obedeció sin rechistar** he obeyed without a murmur.

rechoncho, -cha *adj* short and chubby, dumpy.

rechupete: de rechupete *loc adj* (*fam*) delicious.

recibidor *sm* hall, hallway.

recibimiento *sm* reception, welcome.

recibir *vt* **1.** (*gen*) to receive. **2.** (*a una persona*) to welcome. ♦ *vi* to receive.

recibirse *v prnl* (*Amér L*) to graduate: **se recibió de arquitecto** he graduated ✳ qualified as an architect.

recibo *sm* (*resguardo*) receipt; (*cuenta*) bill.

reciclaje *sm* **1.** (*de materiales*) recycling. **2.** (*de profesionales*) retraining.

reciclar *vt* to recycle.

recién *adv* **1.** (*referido a acción reciente: con participio*): **café recién hecho** freshly made coffee; **recién pintado** (*en letrero*) wet paint; **un libro recién publicado** a newly ✳ recently published book; (*: con otros tiempos verbales, Amér L*): **recién se fue** he's just left. **2.** (*C Sur*: *sólo*): **me enteré recién en abril** I only found out in April ‖ I didn't find out till April.

recién casado -da *sm/f* newlywed.

recién llegado -da *sm/f* newcomer.

recién nacido -da *sm/f* newborn baby.

reciente *adj* (*suceso*) recent; (*huellas*) fresh.

recinto *sm*: **el recinto de la feria** the exhibition site; **el recinto del hospital** the hospital grounds.

recio, -cia I *adj* strong. **II recio** *adv* hard.

recipiente *sm* container, receptacle.

recíproco, -ca *adj* reciprocal.

recital *sm* recital.

recitar *vt* to recite.

reclamación *sf* **1.** (*demanda*) claim, demand. **2.** (*protesta*) complaint: **presentar una reclamación** to make ✳ lodge a complaint.

reclamar *vt* (*pedir*) to claim; (*exigir*) to demand. ♦ *vi* to complain.

reclame *sm* ✳ *sf* (*Amér L*) commercial, advertisement.

reclamo *sm* **1.** (*de ave*) birdcall. **2.** (*en publicidad*): **un reclamo publicitario** a promotion. **3.** (*Amér S*: *reclamación*) complaint.

reclinar *vt* (*la cabeza*) to rest; (*un asiento*) to recline.

reclinarse *vprnl* (*persona*) to lean back, to recline.

recluir [⇨ huir] *vt* (*gen*) to shut away; (*en la cárcel*) to imprison.

recluirse *vprnl* to shut oneself away.

recluso, -sa *sm/f* prisoner.

recluta *sm* (*voluntario*) recruit; (*forzoso*) conscript, (*US*) draftee.

recobrar *vt* (*gen*) to recover; (*el conocimiento, las esperanzas*) to regain.

recobrarse *vprnl* to recover (**de** from).

recodo *sm* bend, twist.

recogedor *sm* dustpan.

recogepelotas *sm/finv* ball boy/ girl.

recoger [⇨ proteger] *vt* 1. (*algo caído*) to pick up. 2. (*fruta*) to pick; (*mieses*) to gather, to harvest. 3. (*información*) to collect. 4. (*ir a buscar*) to pick up, to collect. 5. (*ordenar*) to tidy up. 6. (*acoger*) to take in.

recogerse *vprnl* 1. (*el pelo: en moño*) to put up; (*: en coleta*) to tie back. 2. (*acostarse*) to go to bed.

recogida *sf* 1. (*de basura, correo*) collection. 2. (*Agr*) harvest.

recogido, -da *adj* 1. (*vida*) quiet. 2. (*lugar: acogedor*) cosy, (*US*) cozy; (*: ordenado*) tidy. 3. (*pelo*): **lo lleva recogido en un moño/una coleta** she wears it up in a bun/tied back in a ponytail.

recolección *sf* harvest, harvesting.

recolectar *vt* 1. (*fruta*) to pick; (*mieses*) to harvest. 2. (*Fin*) to collect.

recomendación *sf* 1. (*consejo*) recommendation. 2. (*influencia*): **es imposible entrar allí sin una recomendación** it is impossible to get a job there without contacts.

recomendado, -da I *adj* 1. (*indicado*) recommended. 2. (*Amér S*: *carta*) registered. **II** *sm/f*: **es un recomendado** he got the job because he had contacts.

recomendar [⇨ pensar] *vt* to recommend.

recomiendo *etc.* ⇨ **recomendar**.

recompensa *sf* reward.

recompensar *vt* to reward.

reconciliación *sf* reconciliation.

reconciliar *vt* to reconcile.

reconciliarse *vprnl* to make (it) up.

recóndito, -ta *adj* (*frml*) hidden.

reconfortante *adj* comforting.

reconfortar *vt* to comfort.

reconocer [⇨ agradecer] *vt* 1. (*identificar*) to recognize. 2. (*admitir*) to admit, to recognize. 3. (*un estado, a un hijo*) to recognize. 4. (*a un paciente*) to examine. 5. (*Mil*: *un territorio*) to reconnoitre, (*US*) to reconnoiter.

reconocimiento *sm* 1. (*Med*) examination. 2. (*de un hecho*) recognition. 3. (*Mil*) reconnaissance.

reconquista *sf* 1. (*de territorio*) recapture. 2. **la Reconquista** (*Hist*) the Reconquest.

reconsiderar *vt* to reconsider.

reconstituyente *sm* tonic.

reconstruir [⇨ huir] *vt* 1. (*un edificio*) to rebuild. 2. (*un suceso, una escena*) to reconstruct.

reconversión *sf* restructuring.

reconversión industrial *sf* rationalization of industry.

recopilar *vt* 1. (*datos*) to gather, to collect. 2. (*Lit, Mús*) to compile.

récord *adj inv, sm* record.

recordar [⇨ contar] *vt* 1. (*acordarse de*) to remember. 2. (*hacer acordarse de*) to remind: **me recuerda a Jorge** he reminds me of Jorge; **recuérdame que la llame** remind me to phone her. ♦ *vi* to remember ● **si mal no recuerdo** if I remember rightly.

recorrer *vt* 1. (*una trayectoria*) to cover; (*un país*) to travel round; (*un museo*) to go round. 2. (*con la vista*) to scan.

recorrido *sm* 1. (*ruta*) route. 2. (*viaje*) journey. 3. (*distancia*) distance.

recortado, -da *adj* jagged.

recortar *vt* 1. (*una foto, un artículo*) to cut out (**de** of). 2. (*los bordes*) to trim. 3. (*Fin*) to cut.

recortarse *v prnl* to be outlined.

recorte *sm* 1. (*de periódico*) cutting, clipping; (*de tela*) offcut. 2. (*de presupuesto*) cut.

recostar [⟿ contar] *vt* (*la cabeza*) to rest, to lean.

recostarse *v prnl* 1. (*acostarse*) to lie down. 2. (*reclinarse: en una cama*) to lie back; (*: en un sillón*) to sit back.

recoveco *sm* 1. (*rincón*) : **tiene muchos recovecos** it has many nooks and crannies. 2. (*en camino, río*) sharp bend.

recrear *vt* to re-create.

recrearse *v prnl* to enjoy oneself.

recreativo, -va *adj* recreational.

recreo *sm* 1. (*en colegio*) break, (*US*) recess. 2. (*diversión*) entertainment: **un viaje de recreo** a pleasure trip.

recriminar *vt* to reproach: **me lo recriminó** he reproached me for it.

recrudecerse [⟿ agradecer] *v prnl* (*situación, tiempo*) to worsen, to get worse; (*combates*) to intensify.

recta *sf* 1. (*línea*) straight line. 2. (*Dep*) straight.

recta final *sf* home straight.

rectángulo *sm* rectangle.

rectificar [⟿ sacar] *vt* 1. (*un error*) to rectify; (*una orden*) to modify; (*el comportamiento*) to change, to reform. 2. (*a una persona*) to correct. 3. (*un motor*) to tune.

recto, -ta I *adj* 1. (*línea*) straight. 2. (*persona*) honest. 3. (*ángulo*) right. II **recto** *adv* (*en línea recta*) straight: **siga todo recto** carry straight on. III **recto** *sm* (*Anat*) rectum.

rector, -tora *sm/f* vice-chancellor, (*US*) president.

recuadro *sm* 1. (*figura*) square. 2. (*en impreso*) box.

recubierto, -ta I *pp* ⟿ **recubrir**. II *adj* covered (**de** * **con** with).

recubrir [*pp* **recubierto**] *vt* to coat (**con** * **de** with).

recuento *sm* (*por primera vez*) count; (*por segunda vez, etc.*) recount.

recuerdo I *sm* 1. (*en la memoria*) memory. 2. (*objeto que recuerda: un lugar*) souvenir; (*: a una persona*) keepsake. II **recuerdos** *sm pl* (*saludos*) regards *pl*; (*en carta*) best wishes *pl*. III *also* ⟿ **recordar**.

recuperación *sf* 1. (*gen*) recovery; (*Inform*) retrieval, recovery. 2. (*de asignatura*) retake, (*GB*) resit.

recuperar *vt* 1. (*gen*) to recover; (*Inform*) to retrieve, to recover. 2. (*tiempo*) to make up. 3. (*a un escritor*) to rediscover. 4. (*una asignatura*) to retake, to resit.

recuperarse *v prnl* to recover: **se recuperó de la operación** he recovered from * got over the operation.

recurrir *vt* (*Jur*) to appeal (against). ♦ *vi*: **recurrir a** (*acudir a*) to turn to; (*hacer uso de*) to resort to.

recurso I *sm* 1. (*salida*) resort. 2. (*método*) method. 3. (*or* **recurso de apelación**) (*Jur*) appeal. II **recursos** *sm pl* resources *pl*: **recursos naturales** natural resources.

red *sf* 1. (*Dep, Indum, Náut*) net. 2. (*Fin, Inform, Transp*) network. 3. (*or* **red eléctrica**) power supply, mains *pl*. 4. (*de establecimientos*) chain.

redacción *sf* 1. (*Educ: composición*) essay, composition. 2. (*acción: gen*) writing; (*: de diccionario*) compilation. 3. (*oficina*) editorial office; (*trabajadores*) editorial staff.

redactar *vt* (*gen*) to write; (*un diccionario*) to compile; (*un contrato*) to draw up.

redactor, -tora *sm/f* editor.

redada *sf* raid.

redención *sf* redemption.

redil *sm* fold, (*US*) pen.

redimir *vt* to redeem.

redistribución *sf* redistribution.

rédito *sm* interest, yield.

redituable *adj* (*Amér L*) profitable.

redoblar *vt* (*esfuerzos*) to redouble:

redoblaron la vigilancia security was stepped up. ♦ *vi* (*Mús*) to give a drumroll.

redoblona *sf* (*en RP*) accumulator (bet), (*US*) parlay.

redomado, -da *adj* absolute, utter.

redonda: a la redonda *loc adv*: **en dos kilómetros a la redonda** within a two kilometre radius.

redondear *vt* 1. (*una cifra: hacia arriba*) to round up; (*: hacia abajo*) to round down. 2. (*curvar*) to make round.

redondel *sm* circle, ring.

redondo, -da *adj* 1. (*circular*) round: **giró en redondo** he turned right round ● **se negó en redondo** she refused point-blank. 2. (*número*) round. 3. (*perfecto*): **fue un negocio redondo** the deal worked out perfectly.

reducción *sf* reduction.

reducido, -da *adj* 1. (*pequeño: espacio, presupuesto*) small, limited: **es de tamaño reducido** it's small. 2. (*convertido*) reduced (**a** to).

reductor, -dora *sm/f* (*Amér S: fam, de objetos robados*) fence.

reducir [⇨ conducir] *vt* 1. (*gen*) to reduce (**a** to). 2. (*Mat, Fís*) to convert (**a** to * into). 3. (*someter*) to subdue. ♦ *vi* (*Auto*) to change down (**a** into).

reducirse *v prnl* 1. (*disminuirse*) to be reduced (**a** to). 2. (*limitarse*) to be limited (**a** to).

reducto *sm* stronghold.

reedificar [⇨ sacar] *vt* to rebuild.

reelegir [⇨ regir] *vt* to re-elect.

reembolsar *vt* to refund, to reimburse.

reembolso *sm* (*de dinero pagado*) refund, reimbursement; (*al recibir algo*): **se paga contra reembolso** you pay cash on delivery.

reemplazar [⇨ cazar] *vt* (*frml*) to replace (**por** * **con** with).

reemprender *vt* to start again.

reencarnación *sf* reincarnation.

reencuentro *sm* reunion.

reengancharse *v prnl* to re-enlist.

reestreno *sm* (*de obra de teatro*) revival; (*de película*) re-release.

reestructuración *sf* restructuring, reorganization.

refacción I *sf* (*Amér S: gen*) repair; (*: de un edificio*) refurbishment. II **refacciones** *sf pl* (*Amér C, Méx: piezas de repuesto*) spare parts *pl*.

refaccionar *vt* (*Amér S: gen*) to repair; (*: un edificio*) to refurbish.

referencia I *sf* (*alusión*) reference: **con referencia a...** with reference to.... II **referencias** *sf pl* (*para trabajo*) references *pl*.

referéndum *sm* [**referéndums** * **referendos**] referendum.

referente *adj*: **referente a** concerning; **en lo referente a** regarding.

referirse [⇨ sentir] *v prnl*: **referirse a** to refer to: **por lo que se refiere a la fecha...** as for the date....

refilón: de refilón *loc adv*: **lo vi de refilón** (*de lado*) I saw him out of the corner of my eye, (*al pasar*) I caught a glimpse of him.

refinado, -da *adj* refined.

refinería *sf* refinery.

reflector *sm* (*para iluminar un edificio*) floodlight; (*Mil*) searchlight.

reflejar *vt/i* to reflect.

reflejarse *v prnl* to be reflected.

reflejo I *sm* 1. (*gen*) reflection. 2. (*Med*) reflex. II **reflejos** *sm pl* (*en pelo*) highlights *pl*.

reflexión *sf* reflection.

reflexionar *vi* to reflect: **reflexionar sobre algo** to reflect on sthg ‖ to think sthg over.

reflujo *sm* ebb tide.

reforestar *vt* to reforest.

reforma *sf* 1. (*de un sistema*) reform. 2. (*en edificio*) alteration: **cerrado por reformas** closed for refurbishment. 3. **la Reforma** (*Hist, Relig*) the Reformation.

reformar *vt* 1. (*un sistema*) to reform. 2. (*Arquit*) to carry out alterations to.

reformarse *v prnl* (*gen*) to mend one's ways; (*delincuente*) to reform.

reformatorio *sm* reformatory.

reforzar [↪ forzar] *vt* **1.** (*hacer más fuerte*) to reinforce, to strengthen. **2.** (*intensificar*): **reforzaron la vigilancia** they stepped up security.

refracción *sf* refraction.

refractario, -ria *adj* fireproof, heat-resistant.

refrán *sm* saying, proverb.

refrenar *vt* to restrain.

refrendar *vt* **1.** (*un documento*) to countersign. **2.** (*una decisión, una ley*) to ratify, to approve.

refrescante *adj* refreshing.

refrescar [↪ sacar] *vt* **1.** (*la memoria*) to refresh. **2.** (*enfriar*) to cool. ♦ *v impers* (*Meteo*) to get cooler.

refrescarse *vprnl* to cool down.

refresco *sm* soft drink.

refriega *sf* **1.** (*combate*) skirmish. **2.** (*pelea*) fight, brawl.

refrigeración *sf* **1.** (*de motor, máquina*) cooling system. **2.** (*aire acondicionado*) air conditioning.

refrigerado, -da *adj* **1.** (*alimentos*) refrigerated. **2.** (*local*) air-conditioned.

refrigerador *sm* refrigerator.

refrigerio *sm* snack, refreshments *pl*.

refrito *sm* **1.** (*libro, película*) rehash. **2.** (*Culin*) chopped onion, fried with garlic and other ingredients.

refuerzo I *sm* **1.** (*acción*) reinforcement, strengthening. **2.** (*Arquit, Tec*) support. **II refuerzos** *sm pl* (*fuerzas*) reinforcements *pl*. **III** *also* ↪ reforzar.

refugiado, -da *adj, sm/f* refugee.

refugiarse *vprnl* to take refuge ✳ shelter (**de** from).

refugio *sm* refuge, shelter.

refugio de montaña *sm* mountain shelter ✳ shelter. **refugio nuclear** *sm* nuclear fallout shelter.

refunfuñar *vi* to grumble.

refutar *vt* to refute.

regadera *sf* **1.** (*para plantas*) watering can. **2.** (*Amér L: ducha*) shower.

regadío *sm* irrigation farming.

regalado, -da *adj* **1.** (*dado*) given as a present. **2.** (*fam: muy barato*) very cheap. **3.** (*vida*) very comfortable.

regalar *vt* **1.** (*dar*) to give: **me lo regaló por mi cumpleaños** she gave it to me for my birthday; (*sin indicar a quién*): **los regalé** I gave them away. **2.** (*fam: vender muy barato*): **los están regalando** they're practically giving them away.

regaliz *sm* liquorice, (*US*) licorice.

regalo *sm* **1.** (*obsequio*) present, gift: **con un disco compacto de regalo** with a free CD. **2.** (*fam: ganga*) bargain.

regañadientes: **a regañadientes** *loc adv* reluctantly.

regañar *vt* (*reñir*) to tell off: **nos regañó por llegar tarde** he told us off because we were late. ♦ *vi* (*discutir*) to argue.

regañina *sf* (*fam*) telling-off.

regar [↪ table in appendix 2] *vt* **1.** (*las plantas*) to water. **2.** (*las calles*) to hose down. **3.** (*esparcir*) to scatter.

regata *sf* (*carrera*) (boat) race; (*conjunto de carreras*) regatta.

regatear *vt* **1.** (*un precio*) to haggle over. **2.** (*escatimar*): **no regateó esfuerzos** he spared no effort. **3.** (*Dep: a un jugador*) to dribble past. ♦ *vi* **1.** (*discutir un precio*) to haggle. **2.** (*Dep*) to dribble.

regazo *sm* lap.

regenerarse *vprnl* **1.** (*persona*) to rehabilitate oneself. **2.** (*células, tejidos*) to regenerate.

regentar *vt* to manage, to run.

regente *sm/f* **1.** (*gobernante*) regent. **2.** (*de negocio*) manager. **3.** (*Méx: alcalde*) mayor.

regidor, -dora *sm/f* **1.** (*en teatro*) stage manager; (*en cine*) assistant director; (*en televisión*) assistant producer. **2.** (*de ayuntamiento*) councillor, (*US*) councilor.

régimen *sm* [**regímenes**] **1.** (*dieta*) diet: **estar a régimen** to be on a diet. **2.** (*Pol*) régime. **3.** (*sistema*) system.

regimiento *sm* regiment.

regio, -gia *adj* **1.** (*de la realeza*) royal. **2.** (*grandioso*) magnificent. **3.** (*Amér S: fam, maravilloso*) fantastic; (*: expresando acuerdo*) great.

región *sf* region.

regir [⇨ table in appendix 2] *vt* to govern. ♦ *vi* **1.** (*ser válido*) to apply. **2.** (*fam: mentalmente*): **no rige muy bien** he's not all there.

registrar *vt* **1.** (*inspeccionar*) to search. **2.** (*inscribir*) to register. **3.** (*indicar*) to record, to register. **4.** (*grabar*) to record. **5.** (*Méx: una carta*) to register.

registrarse *v prnl* (*en hotel*) to check in.

registro *sm* **1.** (*búsqueda*) search. **2.** (*libro*) register; (*oficina pública*) registry. **3.** (*or* **registro de conducir** * **de conductor**) (*Arg*) driving licence, (*US*) driver's license.

registro civil *sm* register office, registry office. **registro de la propiedad** *sm* land registry * (*US*) office.

regla *sf* **1.** (*para trazar líneas*) ruler. **2.** (*precepto*) rule, regulation ● **en regla** in order ● **por regla general** as a rule. **3.** (*fam: menstruación*) period.

reglamentación *sf* **1.** (*acción*) regulation. **2.** (*conjunto de reglas*) regulations *pl*.

reglamentario, -ria *adj* (*uniforme*) regulation (*apos.*); (*Dep*): **el tiempo reglamentario** normal time.

reglamento *sm* regulations *pl*, rules *pl*.

regocijarse *v prnl*: **regocijarse haciendo algo** to take delight in doing sthg.

regocijo *sm* joy, delight.

regodearse *v prnl*: **regodearse haciendo algo** to take great pleasure * to delight in doing sthg.

regresar *vi* (*venir*) to return, to come back; (*ir*) to return, to go back. ♦ *vt* (*Méx: devolver*) to return, to give back.

regresarse *v prnl* (*Amér L: venir*) to return, to come back; (*: ir*) to return, to go back.

regreso *sm* return.

regué ⇨ **regar**.

reguero *sm* **1.** (*de sangre, azúcar*) trail. **2.** (*Agr*) irrigation ditch.

regulable *adj* adjustable.

regular I *adj* **1.** (*ritmo, intervalos*) regular. **2.** (*tamaño, altura*) average: —¿Cómo estás? —**Regular.** "How are you?" "So-so." **3.** (*Ling*) regular. **II** *vt* to regulate.

regularidad *sf* regularity: **con regularidad** regularly.

regularizar [⇨ cazar] *vt* to regularize.

regusto *sm* aftertaste.

rehabilitación *sf* **1.** (*de enfermo, preso*) rehabilitation. **2.** (*de edificio*) restoration. **3.** (*en un puesto*) reinstatement.

rehacer *vt* to redo, to do (over) again: **rehizo su vida** she rebuilt her life.

rehecho *pp* ⇨ **rehacer**.

rehén *sm* hostage.

rehogar [⇨ pagar] *vt* to fry lightly.

rehuir [⇨ huir] *vt* to avoid.

rehusar *vt* to refuse, to turn down.

reina *sf* queen.

reinado *sm* reign.

reinar *vi* (*monarca*) to reign; (*prevalecer*) to prevail, to predominate.

reincidir *vi* to reoffend.

reincorporarse *v prnl* to return, to go back.

reino *sm* **1.** (*gen*) kingdom. **2.** (*ámbito*) world, realm.

Reino Unido *sm* United Kingdom.

reinserción *sf* reintegration (*into society*).

reintegrar *vt* (*dinero*) to refund.

reintegrarse *v prnl*: **reintegrarse al trabajo** to return to work.

reintegro *sm* (*gen*) repayment, refund; (*en lotería*) prize equivalent to refund of stake.

reír [⇨ table in appendix 2] *vi* to laugh. ♦ *vt* to laugh at.

reírse *v prnl* to laugh: **reírse de alguien/algo** to laugh at sbdy/ sthg.

reiterar *vt* to reiterate.

reiterarse *v prnl*: **se reiteró en su postura** he reiterated his position.

reiterativo, -va *adj* repetitive.

reivindicación *sf* (*salarial*) demand; (*de un derecho*) claim.

reivindicar [↪ sacar] *vt* **1.** (*un derecho*) to claim. **2.** (*un atentado*) to claim responsibility for.

reja *sf* grille, iron bars *pl* ● **entre rejas** behind bars.

rejilla *sf* **1.** (*de ventana, máquina*) grille; (*de ventilación*) (air) vent; (*de sumidero*) grating. **2.** (*de silla*) cane. **3.** (*para equipaje*) luggage ✳ (*US*) baggage rack.

rejoneador, -dora *sm/f* mounted bullfighter.

rejuvenecer [↪ agradecer] *vt* to rejuvenate. ◆ *vi* to be rejuvenated.

relación *sf* **1.** (*conexión*) connection, relation. **2.** (*entre personas*) relationship: **mantienen buenas relaciones** they are on good terms. **3.** (*narración*) account. **4.** (*lista: gen*) list; (*: de gastos*) statement. **5. con relación a, en relación con** (*comparado con*) compared to; (*sobre*) with regard to.

relaciones diplomáticas *sf pl* diplomatic relations *pl.* **relaciones públicas I** *sf pl* (*actividad*) public relations *pl.* **II** *sm/f inv* (*persona*) public relations officer. **relaciones sexuales** *sf pl* sexual relations *pl.*

relacionar *vt* to relate, to link.

relacionarse *v prnl* **1.** (*socialmente*): **se sabe relacionar** she's good at making contacts; **se relacionó con gente importante** he got to know some important people. **2. relacionarse con** (*tener conexión con*) to be related to, to be connected to.

relajado, -da *adj* **1.** (*tranquilo*) relaxed. **2.** (*RP: fam, chiste*) rude, dirty.

relajar *vt* to relax.

relajarse *v prnl* **1.** (*persona, músculos, mente*) to relax. **2.** (*costumbres*) to become lax.

relajo *sm* **1.** (*descanso*) relaxation. **2.** (*falta de rigor*) relaxed attitude.

3. (*Amér L: fam, desorden*) mess.

relamerse *v prnl* to lick one's lips.

relámpago I *sm* (*Meteo*) flash of lightning. **II** *adj inv* (*viaje*) lightning (*apos.*).

relatar *vt* to tell, to recount.

relatividad *sf* relativity.

relativo, -va *adj* **1.** (*no absoluto*) relative: **de relativa importancia** relatively important. **2.** (*escaso*) **tiene un interés muy relativo** it's of relatively little interest. **3. relativo a**: **todo lo relativo a...** everything to do with....

relato *sm* **1.** (*acción*) account. **2.** (*historia*) story.

relax *sm* **1.** (*relajamiento*) relaxation. **2.** (*en anuncios*) escort services *pl.*

relegar [↪ pagar] *vt* to relegate (**a** to): **quedaron relegados a un segundo plano** they were pushed into the background.

relente *sm* damp.

relevante *adj* (*importante*) important; (*destacado: personaje*) prominent; (*: trabajo*) outstanding.

relevar *vt* **1.** (*en una tarea*) to take over from; (*a un jugador: entrenador*) to substitute; (*: compañero*) to take the place of; (*a un soldado*) to relieve. **2.** (*destituir*): **fue relevada de su cargo** she was removed from her post.

relevo *sm* **1.** (*acción*) changing, replacement; (*personas*) relief. **2.** (*Dep*) relay.

relieve *sm* relief ● **poner algo de relieve** to underline sthg.

religión *sf* religion.

religiosamente *adv* religiously.

religioso, -sa I *adj* religious. **II** *sm/f* : *member of a holy order.*

relinchar *vi* to neigh.

reliquia *sf* **1.** (*Hist, Relig*) relic. **2.** (*fam: persona*) fossil; (*: cosa*) relic.

rellano *sm* landing.

rellenar *vt* **1.** (*Culin: aves*) to stuff (**de** ✳ **con** with); (*: pasteles*) to fill (**de** ✳ **con** with). **2.** (*un cojín*) to stuff (**de** ✳ **con** with); (*un hueco*) to fill (in) (**de** ✳

con with). 3. (*un impreso*) to fill out. 4. (*volver a llenar*) to refill.

relleno, -na I *adj* 1. (*pimiento, ave*) stuffed; (*pastel*) filled. 2. (*fam: persona*) plump. II *sm* 1. (*de ave*) stuffing; (*de pastel*) filling. 2. (*de cojín*) stuffing. 3. (*acción*) filling. 4. (*fam: en discurso*) waffle; (*: en escrito*) padding.

reloj *sm* (*de pared, de pie*) clock; (*de muñeca, de bolsillo*) watch ● **contra reloj** against the clock.

reloj de arena *sm* hourglass. **reloj de pulsera** *sm* wristwatch.

relojería *sf* clock and watch shop.

relojero, -ra *sm/f* 1. (*fabricante*) clockmaker, watchmaker. 2. (*en tienda*) person who sells and mends clocks and watches.

reluciente *adj* 1. (*brillante: pelo, zapatos*) shining; (*: joyas*) glittering. 2. (*limpio*) spotlessly clean.

remachar *vt* 1. (*un clavo*) to hammer over, to clinch; (*sujetar con remaches*) to rivet. 2. (*insistir en*) to underline, to drive home.

remache *sm* rivet.

remanente *sm* (*lo que sobra*) remainder; (*lo que se reserva*): **dejar un remanente de dinero** to keep some money back.

remangarse [⇨ pagar] *v prnl*: **remangarse las mangas ∗ la camisa** to roll up one's sleeves.

remanso *sm* backwater: **un remanso de paz** a haven of peace.

remar *vi* to row.

remarcar [⇨ sacar] *vt* to emphasize.

rematado, -da *adj* (*fam*) absolute, complete.

rematar *vt* 1. (*gen*) to finish off. 2. (*Amér L: vender en subasta*) to auction; (*: vender barato*) to sell off. ♦ *vi* (*Dep*) to shoot.

remate *sm* 1. (*conclusión*): **le dio remate** he finished it off. 2. (*Dep*) shot. 3. (*Amér L: subasta*) auction.

remedar *vt* (*gen*) to copy; (*para burlarse*) to mimic.

remediar *vt* 1. (*evitar*): **no lo puedo remediar** I can't help it. 2. (*un

problema) to solve; (*un daño*) to put right.

remedio *sm* 1. (*solución*) remedy, solution ● **no hay ∗ no queda más remedio** there's no alternative ‖ we've no choice ● **no tiene remedio** (*persona*) she's hopeless, (*situación*) there's nothing we can do. 2. (*para enfermedad*) remedy (**para ∗ contra** for).

rememorar *vt* to remember.

remendar [⇨ pensar] *vt* (*gen*) to mend; (*un calcetín*) to darn; (*con parche*) to patch.

remera *sf* (*RP: camiseta*) T-shirt; (*: con botones*) polo shirt.

remesa *sf* delivery, consignment.

remiendo *sm* (*parche*) patch; (*zurcido*) darn, mend; (*arreglo provisional*): **es sólo un remiendo** it's just a temporary solution.

remilgado, -da *adj* 1. (*afectado*) affected. 2. (*exigente*) fussy.

remilgo *sm*: **déjate de remilgos** don't be so fussy.

reminiscencia *sf* (*frml*) 1. (*recuerdo*) memory. 2. (*Artes*): **con reminiscencias árabes** with Arabic influences.

remise /rre'mis/ *sm* (*RP*) rented car with driver.

remiso, -sa *adj* reluctant.

remite *sm*: *sender's name and address*.

remitente *sm/f* sender.

remitir *vt* 1. (*enviar*) to send. 2. (*una condena*) to remit. ♦ *vi* 1. (*a obra, texto*) to refer (**a** to); (*en diccionario*) to cross-refer (**a** to). 2. (*Med, Meteo*) to subside.

remitirse *v prnl* (*frml*) to refer (**a** to).

remo *sm* 1. (*largo*) oar; (*corto*) paddle: **atravesaron el río a remo** they rowed across the river. 2. (*actividad*) rowing.

remodelación *sf* 1. (*de un organismo*) reorganization, restructuring; (*de un gabinete*) reshuffle. 2. (*de un edificio*) renovation.

remojo *sm*: **poner algo en ∗ a remojo** to put sth to soak.

remolacha *sf* beetroot, (*US*) beet.

remolacha azucarera *sf* (sugar) beet.

remolcador *sm* tug.

remolcar [⇨ sacar] *vt* to tow.

remolino *sm* 1. (*de agua*) whirlpool; (*de aire*) whirlwind; (*de humo, polvo*) swirl. 2. (*en el pelo*) unruly tuft of hair. 3. (*de personas, ideas*) mass.

remolón, -lona *adj* (*fam*) lazy.

remolque *sm* trailer: **la grúa se llevó el coche a remolque** the breakdown truck towed the car away.

remontar *vt* 1. (*una pendiente*) to go up, to climb; (*un río*) to sail up. 2. (*levantar*): **remontar el vuelo** to take off. 3. (*Dep*): **remontó varias posiciones** he moved up several places. 4. (*RP*: *un barrilete*) to fly.

remontarse *v prnl* 1. (*Av*) to climb. 2. **remontarse a** (*una época*) to go back to; (*una cifra*) to add up to.

remorder [⇨ mover] *vi*: **me remuerde la conciencia** my conscience is troubling me.

remordimiento *sm* remorse.

remoto, -ta *adj* (*lugar, posibilidad*) remote: **en tiempos remotos** long ago.

remover [⇨ mover] *vt* 1. (*un líquido*) to stir. 2. (*la tierra*) to turn over. 3. (*Amér L*: *destituir*): **fue removido de su cargo** he was removed from his post.

removerse *v prnl* to shift, to move around.

remozar [⇨ cazar] *vt* to renovate.

remuneración *sf* payment, remuneration.

renacentista *adj* Renaissance.

renacer [⇨ agradecer] *vi* to be reborn.

renacimiento *sm* 1. (*resurgimiento*) rebirth. 2. **el Renacimiento** the Renaissance.

renacuajo *sm* 1. (*Zool*) tadpole. 2. (*fam*: *niño*) shrimp.

rencilla *sf* quarrel, squabble.

rencor *sm* resentment, ill will: **no le guardo rencor** I bear him no re-

sentment ✳ ill will ‖ I don't bear a grudge against him.

rencoroso, -sa *adj* resentful.

rendición *sf* surrender.

rendido, -da *adj* 1. (*agotado*) exhausted. 2. (*de admiración*): **cayó rendido ante su belleza** he was captivated by her beauty.

rendija *sf* gap.

rendimiento *sm* 1. (*de persona, máquina*) performance. 2. (*de inversión*) yield.

rendir [⇨ pedir] *vt* 1. (*agotar*) to tire out, to exhaust. 2. (*homenaje*): **le rindieron homenaje** they paid tribute to him. 3. (*C Sur*: *Educ*): **rendir examen** to take an exam. ♦ *vi* 1. (*persona*): **rendir mucho** to perform well. 2. (*negocio*) to be profitable. 3. (*Amér L*: *producto, alimento*): **rinde mucho** it goes a long way.

rendirse *v prnl* 1. (*entregarse*) to surrender, to give oneself up. 2. (*desistir*) to give up. 3. (*ceder*) to give way, to back down.

renegado, -da *adj*, *sm/f* renegade.

renegar [⇨ regar] *vi* 1. **renegar de** (*de creencias*) to renounce; (*de una persona*) to disown. 2. (*fam*: *protestar*) to grumble.

Renfe /ˈrrenfe/ *sf* (= **Red Nacional de Ferrocarriles Españoles**) Spanish state railway company.

renglón *sm* line.

rengo, -ga *adj* (*Amér L*) lame.

renguear *vi* (*Amér L*) to limp.

reno *sm* reindeer *n inv*.

renombre *sm* fame, renown.

renovación *sf* 1. (*de documento*) renewal. 2. (*de cocina, edificio*) renovation. 3. (*de organización*) transformation, modernization.

renovar [⇨ contar] *vt* 1. (*un documento, una subscripción*) to renew. 2. (*el vestuario*) to update; (*las existencias*) to renew. 3. (*una cocina, un edificio*) to renovate. 4. (*una organización*) to transform, to modernize.

renovarse *v prnl* to change.

renquear *vi* to limp.

renta *sf* 1. (*gen*) income: **la renta per cápita** the per capita income; **vive de las rentas** he has a private income. 2. (*alquiler*) rent.

rentable *adj* 1. (*Fin*) profitable. 2. (*que vale la pena*) worthwhile.

rentar *vt* 1. (*Fin*) ¿**cuánto le renta?** what return do you get on it? 2. (*Méx: una casa*) to rent; (*: un coche*) to hire, (*US*) to rent.

renuncia *sf* 1. (*gen*) renunciation (**a** of). 2. (*dimisión*) resignation.

renunciar *vi*: **renunciar a** (*un derecho*) to renounce, to give up; (*una actividad, una idea*) to give up; (*un cargo*) to resign.

reñido, -da *adj* 1. (*partido*) hard-fought. 2. (*enemistado*): **están reñidos** they've fallen out.

reñir [⇨ table in appendix 2] *vi* (*pelear*) to quarrel; (*terminar una relación*) to fall out, to break up. ♦ *vt* to tell off.

reo, -a *sm/f* (*acusado*) accused; (*prisionero*) prisoner.

reojo: **de reojo** *loc adv* out of the corner of one's eye.

reorganizar [⇨ cazar] *vt* to reorganize.

reparación *sf* 1. (*arreglo*) repair: **está en reparación** it's under repair. 2. (*por daños*) compensation, reparation. 3. (*frml: por insulto*) redress.

reparar *vt* 1. (*arreglar*) to repair, to fix. 2. (*frml: una falta*) to put right. ♦ *vi*: **reparar en** (*fijarse en*) to notice; (*considerar*): **no repararon en gastos** they spared no expense.

reparo *sm* 1. (*objeción*): **poner reparos** to raise objections. 2. (*apuro*): **me da reparo decírselo** I'm embarrassed to tell him ‖ I feel awkward about telling him.

repartición *sf* 1. (*reparto*) share-out, distribution. 2. (*C Sur: departamento*) department.

repartidor, -dora *sm/f* delivery man/woman.

repartidor, -dora de leche *sm/f* milkman/woman. **repartidor, -dora de periódicos** *sm/f* paperboy/girl.

repartir *vt* 1. (*distribuir: gen*) to hand out; (*: a domicilio*) to deliver: **se reparte a domicilio** home delivery service; (*: naipes*) to deal. 2. (*tareas, papeles*) to allocate, to give out. 3. (*dividir en partes*) to share out, to distribute.

repartirse *v prnl* to share out.

reparto *sm* 1. (*distribución: gen*) distribution; (*: a domicilio*) delivery; (*: de herencia*) share-out. 2. (*de película*) cast.

repasador *sm* (*RP*) tea towel.

repasar *vt* 1. (*para examen*) to revise. 2. (*buscando errores*) to check. 3. (*limpiar*): **repasé la cocina** I gave the kitchen a quick clean.

repaso *sm* 1. (*para examen*) revision. 2. (*buscando errores*) check, revision. 3. (*limpieza*) quick clean.

repatear *vi* (*fam*): **me repatea** it bugs ∗ irritates me.

repatriar [⇨ ansiar] *vt* to repatriate.

repecho *sm* steep slope.

repelente I *adj* revolting, repellent. **II** *sm* 1. (*de insectos*) spray. 2. (*fam: sabelotodo*) know-all.

repeler *vt* to repel.

repelús, repeluzno *sm* (*fam*): **me da repelús** (*miedo*) it scares me, (*asco*) I find it revolting.

repente: **de repente** *loc adv* 1. (*de pronto*) suddenly. 2. (*C Sur: quizás*) maybe.

repentino, -na *adj* sudden.

repercusión *sf* 1. (*consecuencia*) repercussion (**en** on). 2. (*trascendencia*) impact, importance.

repercutir *vi*: **repercutir en** to affect.

repertorio *sm* 1. (*de artista*) repertoire. 2. (*catálogo*) index.

repetición *sf* 1. (*gen*) repetition. 2. (*de imágenes*) (action) replay.

repetido, -da *adj* 1. (*duplicado*): **lo tengo repetido** I have two of these. 2. **repetidos -das** (*numerosos*) numerous: **en repetidas ocasiones** on numerous occasions.

repetidor, -dora I *sm/f (Educ)* pupil repeating a year. **II** *sm* (or **repetidor de televisión**) relay station ∗ transmitter.

repetir [⇨ pedir] *vt* 1. (*decir de nuevo*) to repeat. 2. (*hacer de nuevo: gen*) to do again; (*:un curso*) to repeat. 3. (*un alimento*): **lo repito** it repeats on me. ♦ *vi* 1. (*tomar más comida*) to have a second helping. 2. (*alimento*): **el ajo me repite** garlic repeats on me.

repetirse *v prnl* 1. (*decir lo mismo*) to repeat oneself. 2. (*volver a ocurrir*) to happen (again).

repicar [⇨ sacar] *vi* to ring.

repipi *adj* (*fam: cursi*) affected; (*:sabelotodo*): **es muy repipi** he's a real know-all.

repiquetear *vi* 1. (*campanas*) to ring. 2. (*golpear*) to tap.

repisa *sf* (*estante*) shelf; (*de chimenea*) mantelpiece; (*de ventana*) windowsill.

repito *etc.* ⇨ **repetir**.

replantearse *v prnl* to reconsider, to re-examine.

replegarse [⇨ regar] *v prnl* to withdraw.

repleto, -ta *adj* packed (**de** with), full (**de** of).

réplica *sf* 1. (*copia*) replica. 2. (*frml: respuesta*) reply, answer.

replicar [⇨ sacar] *vi* (*hacer objeciones*) to answer back. ♦ *vt* (*frml: contestar*) to reply, to retort.

repliegue *sm* 1. (*Mil*) withdrawal. 2. (*del terreno*) fold.

repoblación *sf* (*con gente*) repopulation; (*con peces*) restocking.

repoblación forestal *sf* reforestation.

repollito de Bruselas *sm* (*Amér S*) Brussels sprout.

repollo *sm* cabbage.

reponer [⇨ poner] *vt* 1. (*devolver*) to replace. 2. (*existencias, provisiones*) to replenish. 3. (*frml: responder*) to reply. 4. (*una película*) to rerun; (*una obra de teatro*) to put on again; (*una serie televisiva*) to repeat.

reponerse *v prnl* to recover (**de** from).

reportaje *sm* (*artículo*) article; (*en radio, televisión*) report; (*Amér L: entrevista*) interview.

reportar *vt* 1. (*proporcionar: gen*) to bring; (*:Fin*) to earn. 2. (*a un superior*) to report (**a** to). 3. (*Amér L: informar de*) to report.

reportarse *v prnl* (*Amér L: presentarse*) to turn up; (*:ante un superior*) to report (**a** ∗ **ante** to).

reportero, -ra *sm/f* reporter.

reposabrazos *sm inv* armrest.

reposacabezas *sm inv* headrest.

reposar *vi* 1. (*descansar*) to rest. 2. (*frml: estar enterrado*) to be buried, to lie. 3. (*Culin, Quím*) to stand. ♦ *vt* 1. (*apoyar*) to rest. 2. (*dejar asentar*): **reposar la comida** to let one's food go down.

reposera *sf* (*RP*) deck chair.

reposición *sf* (*de película*) rerun; (*de obra de teatro*) revival; (*de serie televisiva*) repeat.

reposo *sm* 1. (*descanso*) rest: **reposo absoluto** complete ∗ absolute rest. 2. (*tranquilidad*) peace. 3. (*Culin, Quím*): **dejar en reposo** leave to stand.

repostar *vi* (*Auto*) to get petrol ∗ (*US*) gas; (*Av, Náut*) to refuel. ♦ *vt*: **repostar gasolina/combustible** to refuel.

repostería *sf*: cakes, desserts and the art of making them.

reprender *vt* to tell off, to scold.

represa *sf* (*Amér S*) dam.

represalia *sf* reprisal: **tomar represalias contra alguien** to take reprisals against sbdy; **en** ∗ **como represalia por algo** in retaliation for sthg.

representación *sf* 1. (*de obra*) performance. 2. (*delegación*) delegation. 3. (*de producto, marca*): **tiene la representación de...** he is the agent ∗ representative for.... 4. **en representación de** as a representative of. 5. (*de idea, sonido*) representation.

representante *sm/f* 1. (*gen*) representative. 2. (*de artista*) agent, manager.

representar *vt* 1. (*a una persona, una institución*) to represent. 2. (*simbolizar*) to stand for, to represent. 3. (*significar*) to represent, to mean. 4. (*un papel*) to play; (*una obra*) to perform. 5. (*cuadro*) to depict.

representativo, **-va** *adj* representative.

represión *sf* repression.

reprimenda *sf* telling-off.

reprimido, **-da** *adj* repressed.

reprimir *vt* 1. (*una emoción*) to repress; (*un bostezo*) to suppress. 2. (*una rebelión*) to put down.

reprobar [⇨ contar] *vt* 1. (*un comportamiento*) to disapprove of. 2. (*Amér L: un examen, a una persona*) to fail. ♦ *vi* (*Amér L*) to fail.

reprochar *vt*: **reprocharle algo a alguien** to reproach sbdy for sthg.

reproche *sm* reproach.

reproducción *sf* reproduction.

reproducir [⇨ conducir] *vt* to reproduce.

reproducirse *v prnl* 1. (*animales, plantas*) to reproduce. 2. (*suceso*) to happen again.

reproductor, **-tora** *adj* reproductive.

reptar *vi* to crawl.

reptil *sm* reptile.

república *sf* republic.

República Checa *sf* Czech Republic.

República Dominicana *sf* Dominican Republic.

republicano, **-na** *adj*, *sm/f* republican.

repudiar *vt* (*frml*) to repudiate.

repuesto, **-ta I** *pp* ⇨ **reponer**. **II** *adj* (*Med*): **está repuesto de su enfermedad** he has recovered from his illness. **III** *sm* (*pieza*) spare part.

repugnancia *sf* disgust, repugnance.

repugnante *adj* disgusting, repugnant.

repugnar *vi* 1. (*dar asco*): **le repugna** she finds it disgusting. 2. (*disgustar*): **me repugna hacerlo** I loathe the idea of doing it.

repulsa *sf* condemnation.

repulsivo, **-va** *adj* repulsive.

reputación *sf* reputation.

reputado, **-da** *adj* famous, renowned.

requerimiento *sm* 1. (*petición*) request: **a requerimiento suyo** at his request. 2. (*or* **requerimiento judicial**) (*Jur*) court order. 3. (*necesidad*) requirement, need.

requerir [⇨ sentir] *vt* 1. (*necesitar*) to require, to need. 2. (*Jur*): **el juez requirió su presencia** the judge summoned him to appear.

requesón *sm* curd cheese.

requete- *pref* (*fam*): **requetebueno** very, very good.

requisar *vt* to requisition.

requisito *sm* requirement.

requisito previo *sm* prerequisite.

res *sf* animal: **mil reses** one thousand head of cattle.

resabio *sm* 1. (*sabor desagradable*) (unpleasant) taste. 2. (*mala costumbre*) bad habit.

resaca *sf* 1. (*del mar*) undertow, undercurrent. 2. (*de alcohol*) hangover.

resaltar *vi* (*destacarse*) to stand out. ♦ *vt* 1. (*hacer destacar*) to set off, to bring out. 2. (*hacer hincapié en*) to stress, to emphasize.

resarcir [⇨ zurcir] *vt* to compensate (**de** for).

resarcirse *v prnl*: **se resarció de su derrota** she made up for her defeat.

resbaladizo, **-za** *adj* 1. (*superficie*) slippery. 2. (*tema*) delicate.

resbalar *vi* 1. (*persona*) to slip; (*vehículo*) to skid. 2. (*superficie*) to be slippery. 3. (*gota, lágrima*) to trickle. 4. (*fam: no importar*): **le resbala** he couldn't care less about it.

resbalarse *v prnl* to slip.

resbalón *sm* slip: **dar un resbalón** to slip.

rescatar *vt* 1. (*de un peligro*) to rescue, to save. 2. (*algo olvidado*) to revive.

rescate *sm* 1. (*acción*) rescue. 2. (*dinero*) ransom.

rescindir *vt* to cancel, to terminate.

rescisión *sf* cancellation, termination.

rescoldo *sm* ember.

resecar [↪ sacar] *vt* to dry out ∗ up.

reseco, -ca *adj* (*terreno*) parched; (*boca, piel*) very dry.

resentido, -da *adj* 1. [E] (*molesto*) resentful. 2. (*Med*): **el codo le ha quedado resentido** he's been left with a problem in his elbow.

resentimiento *sm* resentment.

resentirse [↪ sentir] *vprnl* 1. (*disgustarse*) to get upset. 2. (*salud*) to suffer; (*de herida, dolencia*): **todavía me resiento de la rodilla** I still get trouble with my knee.

reseña *sf* 1. (*crítica*) review. 2. (*resumen*) summary, account.

reserva I *sf* 1. (*de hotel, avión*) reservation, booking. 2. (*de alimentos, combustible*) stock; (*de dinero, petróleo*) reserves *pl*. 3. (*duda*) reservation. 4. (*discreción*) discretion. 5. (*Mil*) reserves *pl*. 6. (*or* **reserva natural**) nature reserve. 7. (*de indígenas*) reservation. II **reservas** *sf pl* (*Biol*) reserve. III *sm/f* (*Dep*) reserve. IV *sm* (*vino*) vintage wine.

reservado, -da I *adj* 1. [S] (*persona*) reserved. 2. [E] (*hotel, billete*) reserved, booked. II *sm* (*en establecimiento*) private room; (*en tren*) private ∗ reserved compartment.

reservar *vt* 1. (*una habitación, una mesa*) to book, to reserve; (*un billete*) to book. 2. (*guardar*) to save, to put aside.

reservarse *vprnl* to save oneself, to save one's strength.

resfriado, -da I *adj*: **estoy resfriada** I have a cold. II *sm* cold.

resfriarse [↪ ansiar] *vprnl* to catch a cold.

resfrío *sm* (*Amér S*) cold.

resguardar *vt* to shelter, to protect.

resguardarse *vprnl* to take shelter.

resguardo *sm* 1. (*de objeto depositado*) ticket, receipt; (*de pago*) receipt; (*de ingreso en banco*) paying-in slip; (*en talonario*) stub. 2. (*refugio*) shelter.

residencia *sf* 1. (*vivienda*) residence. 2. (*tipo de hotel*) guest-house.

residencia de ancianos *sf* old people's home. **residencia de estudiantes** *sf* hall of residence, (*US*) dormitory.

residencial *sm* (*C Sur*) guesthouse.

residir *vi* 1. (*frml: persona*) to live, to reside. 2. (*éxito, secreto*) to lie (**en** in), to reside (**en** in).

residuo I *sm* residue. II **residuos** *sm pl* waste: **residuos radiactivos** radioactive waste.

resignación *sf* resignation.

resignarse *vprnl* to resign oneself (**a** to).

resina *sf* resin.

resistencia *sf* 1. (*de material*) resistance. 2. (*or* **resistencia física**) (*de persona*) endurance, stamina. 3. (*oposición*) resistance. 4. (*elemento no conductor: en física*) resistor; (*: en electrodoméstico*) element. 5. **la Resistencia** the Resistance.

resistente *adj* 1. (*material*) strong, resistant: **resistente al calor** heat-resistant; (*color, tinte*) fast. 2. (*persona*) tough, robust; (*planta*) hardy.

resistir *vt* 1. (*un ataque, la tentación*) to resist. 2. (*un peso*) to withstand, to take. 3. (*el frío, el calor*) to take. ♦ *vi*: **no resisto más** I can't take any more.

resistirse *vprnl* 1. (*ser reacio*): **me resisto a creerlo** I find it hard to believe; **se resiste a dejarla sola** he's reluctant to leave her on her own. 2. (*combatir el deseo*) to resist. 3. (*fam: resultar difícil*) to give trouble.

resolución *sf* 1. (*solución*) solution. 2. (*decisión*) resolution, decision. 3. (*Tec*) resolution.

resolver [↪ volver] *vt* 1. (*solucionar*)

to solve. 2. (*decidir*) to resolve, to decide.

resolverse *v prnl* 1. (*solucionarse*) to be sorted out. 2. (*decidirse*) to make up one's mind, to decide.

resonancia *sf* 1. (*de sonido: reverberación*) resonance; (: *eco*) echo. 2. (*fama*) impact.

resonar [⇨ contar] *vi* to resound.

resoplido *sm* 1. (*de cansancio*) gasp, pant. 2. (*de enfado*) snort.

resorte *sm* 1. (*muelle*) spring. 2. (*mecanismo*): **los resortes del poder** the inner workings of power.

respaldar *vt* to back, to support.

respaldo *sm* 1. (*de asiento*) back. 2. (*apoyo*) support, backing.

respectar *vi*: **en lo que a mí respecta...** as far as I'm concerned....

respectivo, -va *adj* respective: **en lo respectivo a...** as regards....

respecto *sm*: **no tengo información al respecto** I have no information on the subject; **con respecto a...** with regard to....

respetable *adj* respectable.

respetar *vt* 1. (*a una persona*) to respect. 2. (*una norma*) to obey.

respeto *sm* 1. (*consideración*) respect (**a** for): **me faltó al respeto** he was disrespectful to me. 2. (*temor*): **le tengo mucho respeto a su perro** I'm very wary of his dog.

respetuoso, -sa *adj* respectful.

respingado, -da *adj* (*Amér L*) turned-up.

respingo *sm* start.

respingón, -gona *adj* turned-up.

respiración *sf* breathing, respiration: **me quedé sin respiración** I was out of breath.

respiración artificial *sf* artificial respiration. **respiración boca a boca** *sf* kiss of life, mouth-to-mouth resuscitation.

respiradero *sm* (air) vent.

respirar *vi* to breathe: **respira hondo** take a deep breath.

respiratorio, -ria *adj* respiratory.

respiro *sm* 1. (*descanso*) breather. 2. (*alivio*) relief.

resplandecer [⇨ agradecer] *vi* 1. (*brillar*) to shine. 2. (*de felicidad*) to glow (**with**).

resplandeciente *adj* (*por su luminosidad*) shining; (*por su limpieza*) sparkling; (*por su belleza, de felicidad*) radiant.

resplandor *sm* (*de luz*) brightness; (*de fuego*) glow; (*de objeto metálico*) gleam.

responder *vt* to answer. ♦ *vi* 1. (*contestar: gen*) to answer: **respondió a mi carta/pregunta** she answered my letter/question; (: *a un saludo*) to respond (**a** to). 2. (*reaccionar*) to respond (**a** to). 3. (*aceptar responsabilidad*): **responder de sus actos** to take responsibility for one's actions; **yo respondo por él** I'll vouch for him. 4. **responder a** (*una descripción*) to answer.

respondón, -dona *adj* (*fam*): **es muy respondona** she's always answering back.

responsabilidad *sf* (*gen*) responsibility; (*Fin, Jur*) liability.

responsabilizar [⇨ cazar] *vt* to hold responsible (**de** for).

responsabilizarse *v prnl* to take responsibility (**de** for).

responsable I *adj* 1. [S] (*de hacer algo*) responsible (**de** for). 2. [S] (*cumplidor*) responsible, conscientious. **II** *sm/f* (*encargado*) person in charge.

respuesta *sf* 1. (*contestación: gen*) reply, answer; (: *en examen*) answer. 2. (*reacción: gen*) response; (: *a un medicamento*) reaction.

resquebrajarse *v prnl* to crack.

resquemor *sm* resentment.

resquicio *sm* 1. (*abertura*) chink, crack. 2. (*rastro: gen*) trace; (: *de esperanza*) glimmer.

resta *sf* subtraction.

restablecer [⇨ agradecer] *vt* (*relaciones, comunicaciones*) to re-establish, to restore; (*el orden*) to restore.

restablecerse *v prnl* (*Med*) to recover.

restallar *vi* to crack.

restante *adj* remaining: **lo restante** the rest.

restar *vt* 1. (*Mat*) to subtract, to take away. 2. (*quitar*): **le resta autoridad** it undermines his authority; **le restó importancia** she played down its importance. ♦ *vi* 1. (*Mat*) to subtract, to take away. 2. (*quedar*) to remain, to be left.

restauración *sf* 1. (*gen*) restoration. 2. (*hostelería*) catering.

restaurante *sm* restaurant.

restaurar *vt* to restore.

restituir [⇨ huir] *vt* 1. (*a su dueño*) to return, to restore. 2. (*la salud*) to restore.

resto I *sm* 1. (*lo que queda*) rest. 2. (*Mat: de división*) remainder. 3. (*en tenis*) return. II **restos** *sm pl* (*de persona, edificio*) remains *pl*; (*de comida*) leftovers *pl*.

restos mortales *sm pl* (*frml*) mortal remains *pl*.

restregar [⇨ regar] *vt* to scrub, to rub.

restregarse *v prnl* to rub.

restricción *sf* restriction.

restriego *etc*. ⇨ **restregar**.

restringir [⇨ surgir] *vt* (*el consumo*) to restrict, to cut back; (*un número, la libertad*) to limit, to restrict.

resucitar *vi* (*Relig*) to rise from the dead. ♦ *vt* 1. (*Med*) to resuscitate. 2. (*una tradición*) to revive.

resuello *sm* panting: **sin resuello** breathless ✳ out of breath.

resuelto, -ta I *pp* ⇨ **resolver**. II *adj* 1. [E] (*problema*) solved. 2. [S] (*persona*) resolute.

resuelvo *etc*. ⇨ **resolver**.

resultado *sm* 1. (*gen*) result. 2. (*Dep*) result, score. 3. (*de una compra*): **dio muy buen resultado** it was a very good buy; (*de una táctica*): **dio resultado** it worked.

resultar *vi* 1. (*ser*) to be: **resultó herido** he was injured; (*tratándose de precios*) to work out; (+ *inf* o *que*) to turn out. 2. (*dar resultado*) to work. 3. (*ser consecuencia*) to result (**de** from).

restante *adj* remaining: **lo restante** the rest.

resumen *sm* summary: **en resumen** in short.

resumir *vt* to summarize.

resurgimiento *sm* (*de actividad, movimiento*) resurgence; (*de una moda*) revival.

resurgir [⇨ surgir] *vi* to re-emerge.

resurrección *sf* resurrection.

retablo *sm* altarpiece.

retaco *sm* (*fam*) short person.

retaguardia *sf* rearguard.

retahíla *sf* string.

retal *sm* remnant.

retama *sf* broom.

retar *vt* 1. (*desafiar*) to challenge (**a** to). 2. (*C Sur: reñir*) to tell off.

retazo *sm* 1. (*de tela*) remnant. 2. (*de conversación*) snippet.

retén *sm* 1. (*de soldados, bomberos*) (back-up) squad. 2. (*Amér L: en un camino*) checkpoint.

retención *sf* 1. (*de dinero*) deduction. 2. (*en tráfico*) delay, hold-up. 3. (*de persona*) detention. 4. (*Med*) retention.

retener [⇨ tener] *vt* 1. (*a una persona: gen*) to keep; (*: en comisaría*) to detain, to keep in custody; (*: para contenerla*) to restrain, to hold back. 2. (*un impulso*) to restrain, to hold back. 3. (*el tráfico*) to stop, to hold up. 4. (*una suma de dinero*) to deduct. 5. (*quedarse con*) to keep. 6. (*en la memoria*) to remember, to retain. 7. (*Med*) to retain.

retentiva *sf* memory.

reticencia *sf* 1. (*reserva*) reluctance. 2. (*insinuación*): **andarse con reticencias** to make insinuations.

reticente *adj* (*reacio*) reluctant; (*insinuante*) insinuating.

retina *sf* retina.

retintín *sm* sarcastic tone.

retirada *sf* 1. (*gen*) withdrawal. 2. (*Mil*) retreat. 3. (*jubilación*) retirement.

retirado, -da *adj* 1. (*lugar*) remote; (*vida*) secluded. 2. (*jubilado*) retired.

retirar *vt* 1. (*quitar: gen*) to remove, to clear away; (*: un documento*): **le**

retiraron el carnet he had his licence taken away * withdrawn. **2.** (*dinero*) to withdraw. **3.** (*un comentario*) to take back.

retirarse *v prnl* **1.** (*jubilarse*) to retire. **2.** (*de competición*) to withdraw, to pull out. **3.** (*apartarse*) to move back * away. **4.** (*Mil*) to retreat, to withdraw. **5.** (*a un lugar*) to retire, to go away.

retiro *sm* **1.** (*jubilación*) retirement; (*pensión*) (retirement) pension. **2.** (*refugio, aislamiento*) retreat.

reto *sm* **1.** (*desafío*) challenge (**a** to). **2.** (*C Sur: regañina*) telling-off.

retocar [⇨ sacar] *vt* **1.** (*una foto*) to touch up; (*una obra*) to put the finishing touches to. **2.** (*ropa*) to alter.

retoño *sm* **1.** (*Bot*) sprout. **2.** (*niño*) child.

retoque *sm* **1.** (*a una obra*) final touch. **2.** (*a una prenda*) alteration.

retorcer [⇨ cocer] *vt* (*gen*) to twist; (*la ropa*) to wring (out).

retorcerse *v prnl* (*de dolor*) to writhe (**de** with): **retorcerse de risa** to be in stitches.

retorcido, -da *adj* **1.** (*persona, mente*) twisted. **2.** (*lenguaje*) convoluted.

retorcijón *sm* (*Amér L*) stomach cramp.

retórica *sf* **1.** (*Lit*) rhetoric. **2.** (*grandilocuencia*) hot air, empty words *pl*.

retornable *adj* returnable.

retornar *vt/i* (*frml*) to return.

retorno *sm* (*frml*) return.

retortijón *sm* stomach cramp.

retozar [⇨ cazar] *vi* to frolic.

retractarse *v prnl* to retract.

retraído, -da *adj* (*tímido*) shy; (*reservado*) reserved, withdrawn.

retransmisión *sf* transmission, broadcast.

retransmisión en diferido *sf*: broadcast * transmission of pre-recorded programme. **retransmisión en directo** *sf* live broadcast * transmission.

retransmitir *vt* to broadcast.

retrasado, -da *adj* **1.** (*tren, avión*):

va retrasado it is (running) late. **2.** (*con trabajo*): **voy retrasado con el trabajo** I'm behind with my work; (*en los pagos*) in arrears. **3.** (*reloj*): **va retrasado** it's slow. **4.** (*país*) backward. **5.** (*persona*) retarded.

retrasar *vt* **1.** (*posponer*) to delay, to put off. **2.** (*la circulación*) to slow down, to hold up. **3.** (*un reloj*) to put back.

retrasarse *v prnl* **1.** (*llegar tarde*) to be late. **2.** (*en los estudios*) to fall behind. **3.** (*reloj*) to go slow.

retraso *sm* **1.** (*demora*) delay: **con cinco minutos de retraso** five minutes late. **2.** (*en estudios, trabajo*): **llevan un año de retraso** they're a year behind. **3.** (*en desarrollo*) underdevelopment, backwardness.

retratar *vt* **1.** (*pintar*) to paint (a portrait of); (*fotografiar*) to take a picture of. **2.** (*describir*) to portray, to describe.

retrato *sm* **1.** (*pintura*) portrait; (*fotografía*) portrait, photograph
● **es el vivo retrato de su madre** she's the living image of her mother. **2.** (*descripción*) portrayal, depiction.

retrato robot *sm* Identikit® picture.

retreta *sf* **1.** (*Mil*) retreat. **2.** (*Amér L: Mús*) open-air brass band concert.

retrete *sm* toilet, lavatory.

retribución *sf* (*pago*) payment, fee; (*recompensa*) reward.

retro *adj inv* (*fam*) retro.

retroactivo, -va *adj* retrospective.

retroceder *vi* **1.** (*ir hacia atrás*) to move * go back. **2.** (*Mil*) to fall back, to retreat. **3.** (*en clasificación*) to go down.

retroceso *sm* **1.** (*en proceso*) setback. **2.** (*en enfermedad*) worsening, relapse. **3.** (*de arma*) recoil.

retrógrado, -da *adj*, *sm/f* reactionary.

retrospectivo, -va *adj* retrospective.

retrovisor *sm* (*Auto*: *dentro*) rearview mirror; (: *en los lados*) wing mirror.

retumbar *vi* (*voz, pasos*) to resound, to reverberate; (*trueno*) to rumble.

reuma, **reúma** *sm* rheumatism.

reumatismo *sm* rheumatism.

reunión *sf* (*de trabajo*) meeting; (*social, familiar*) gathering; (*de reencuentro*) reunion.

reunir [⇨ table in appendix 2] *vt* **1.** (*datos*) to gather (together), to collect; (*dinero*) to raise; (*a personas*) to gather (together), to call together. **2.** (*requisitos*) to comply with, to satisfy.

reunirse *v prnl* (*personas*) to meet.

revalorizarse [⇨ cazar] *v prnl* to appreciate, to increase in value.

revancha *sf* **1.** (*desquite*) revenge. **2.** (*Dep*) return match.

revelación *sf* revelation.

revelado *sm* developing.

revelar *vt* **1.** (*una información*) to reveal. **2.** (*fotos*) to develop.

reventa *sf* touting, (*US*) scalping.

reventar [⇨ pensar] *vi* **1.** (*neumático*) to burst ● **estoy que reviento** I'm full to bursting. **2.** (*situación*) to explode. **3.** (*fam: fastidiar*): **me revienta** I hate it. **4.** (*fam: morir*) to drop dead. ♦ *vt* **1.** (*un neumático*) to burst. **2.** (*fam: destrozar*) to wreck. **3.** (*fam: matar*) to kill.

reventarse *v prnl* (*neumático*) to burst.

reventón *sm* **1.** (*de cañería*) burst (pipe). **2.** (*de neumático*) blowout.

reverberar *vi* to reverberate.

reverencia *sf* **1.** (*inclinación*) bow. **2.** (*respeto*) reverence.

reverendo, -da *adj, sm/f* Reverend.

reversa *sf* (*Méx*) reverse (gear).

reversible *adj* reversible.

reverso *sm* **1.** (*de moneda*) reverse. **2.** (*de papel*) back: **ver al reverso** see overleaf.

revertir [⇨ sentir] *vi* **1.** (*repercutir*): **revertirá en tu beneficio** it will be to your advantage. **2.** (*volver*) to revert (**a** to).

revés *sm* **1.** (*de prenda, tela*) wrong side. **2. al revés** (*con lo de delante atrás*) back to front; (*con lo de dentro fuera*) inside out; (*boca abajo*) upside down; (*de la otra forma, del otro lado*) the other way round; (*al contrario*) on the contrary. **3. del revés** (*con lo de dentro fuera*) inside out. **4.** (*golpe*) slap. **5.** (*en tenis*) backhand. **6.** (*desgracia*) setback, misfortune.

revestimiento *sm* **1.** (*capa*) coating. **2.** (*en pared: de madera*) panelling; (*: de azulejos*) tiling; (*en suelo*) flooring.

revestir [⇨ pedir] *vt* **1.** (*cubrir*) to cover. **2.** (*tener*): **no reviste gravedad** it is not serious.

revisar *vt* (*gen*) to check; (*una edición*) to revise; (*las tropas*) to review; (*Amér L: a un paciente*) to examine; (*: el equipaje*) to search.

revisión *sf* **1.** (*de vehículo*) service. **2.** (*de edición*) revision. **3.** (*or* **revisión médica**) checkup.

revisor, -sora *sm/f* inspector.

revista *sf* **1.** (*publicación: gen*) magazine: **una revista de modas/del corazón** a fashion/gossip magazine; (*: técnica*) journal. **2. pasar revista a** to review. **3.** (*or* **revista musical**) revue.

revistero *sm* magazine ✳ newspaper rack.

revitalizar [⇨ cazar] *vt* to revitalize.

revocar [⇨ sacar] *vt* **1.** (*un decreto, un reglamento*) to revoke; (*una ley*) to repeal; (*una orden*) to countermand; (*una decisión, una sentencia*) to overturn, to reverse. **2.** (*una pared: interior*) to plaster; (*: exterior*) to render.

revolcar [⇨ trocar] *vt* (*a alguien*) to knock down.

revolcarse *v prnl* (*gen*) to roll around; (*en el barro*) to wallow.

revolotear *vi* to fly about, to flutter.

revoltijo *sm* mess.

revoltoso, -sa *adj* naughty.

revolución *sf* revolution.

revolucionar *vt* to revolutionize.

revolucionario, -ria *adj, sm/f* revolutionary.

revolver [⇨ volver] *vt* **1.** (*remover*) to

stir. 2. (*desordenar*) to turn upside down. 3. (*indignar*) to annoy. ♦ *vi*: **revolver en el pasado** to dig around in the past; **la pillé revolviendo en mi bolso** I caught her going through my bag.

revólver *sm* revolver.

revuelo *sm* stir, to-do.

revuelta *sf* 1. (*alzamiento*) revolt; (*disturbio*) riot. 2. (*curva*) bend, turn.

revuelto, -ta *pp* ⇨ **revolver**. II *adj* 1. (*desordenado*) in a mess. 2. (*alborotado*): **el país está revuelto** people throughout the country are restless. 3. (*Meteo: tiempo*) unsettled; (*: mar*) rough. III *sm*: scrambled eggs with other ingredients.

rey I *sm* king. II **Reyes** *sm pl* (*celebración*) Twelfth Night, Epiphany.

Reyes Magos *sm pl* Three Wise Men * Three Kings.

reyerta *sf* fight, brawl.

rezagado, -da I *adj*: **ir rezagado** to lag behind; **quedarse rezagado** to fall behind. II *sm/f* straggler.

rezagarse [⇨ pagar] *v prnl* to fall behind.

rezar [⇨ cazar] *vi* 1. (*orar*) to pray (**por** for). 2. (*frml: un escrito*) to read. ♦ *vt* (*una oración*) to say.

rezo *sm* (*acción*) praying; (*oración*) prayer.

rezongar [⇨ pagar] *vi* to grumble, to complain.

rezumar *vt* 1. (*un líquido*) to ooze. 2. (*un sentimiento*) to exude. ♦ *vi* (*líquido*) to seep, to ooze.

Rh *sm* rhesus.

ría I *sf* ria (*long narrow inlet*). II *also* ⇨ **reír**.

riachuelo *sm* stream.

riada *sf* 1. (*desbordamiento*) flood. 2. (*inundación*) floods *pl*, flooding.

ribera *sf* 1. (*orilla: de río*) bank; (*: del mar*) shore. 2. (*tierra de cultivo*) flood plain.

ribete *sm* edging.

ricino *sm* castor-oil plant.

rico, -ca I *adj* 1. (*persona, país*) rich: **es rico en vitaminas** it is rich in

vitamins. 2. (*comida*) delicious, tasty. 3. (*fam: guapo*) lovely, cute. 4. (*joya, tela*) sumptuous. II *sm/f* rich person.

rictus *sm inv*: **un rictus de amargura** a bitter smile.

ridiculez *sf* [**-leces**] 1. (*cosa ridícula*) ¡**qué ridiculez!** how ridiculous! 2. (*miseria*) pittance.

ridiculizar [⇨ cazar] *vt* to ridicule.

ridículo, -la I *adj* ridiculous. II *sm* ridicule: **hacer el ridículo** to make a fool of oneself.

ríe *etc.* ⇨ **reír**.

riego I *sm* (*de cultivo*) irrigation; (*de jardín*) watering. II *also* ⇨ **regar**.

rienda *sf* rein ● **dar rienda suelta a algo** to give free rein to sthg ● **llevar las riendas** to be in charge.

riesgo *sm* (*gen*) risk; (*Auto*): **tengo el coche asegurado a todo riesgo** my car insurance is fully comprehensive.

riesgoso, -sa *adj* (*Amér L*) risky.

rifa *sf* raffle.

rifar *vt* to raffle.

rifle *sm* rifle.

rige *etc.* ⇨ **regir**.

rigidez *sf* 1. (*de material*) rigidity. 2. (*de horario, persona*) inflexibility.

rígido, -da *adj* 1. (*material*) rigid. 2. (*horario, persona*) inflexible.

rigor *sm* 1. (*dureza: de castigo*) severity; (*: de clima*) harshness. 2. (*precisión*) rigour, (*US*) rigor ● **en rigor** strictly speaking * technically.

riguroso, -sa *adj* 1. (*orden*) strict; (*estudio, análisis*) rigorous, meticulous. 2. (*clima*) severe, harsh.

rima *sf* 1. (*de sonidos*) rhyme. 2. (*poema*) poem.

rimar *vt/i* to rhyme.

rimbombante *adj* 1. (*ostentoso*) ostentatious. 2. (*altisonante*) grandiloquent, bombastic.

rímel *sm* mascara.

rincón *sm* 1. (*ángulo*) corner. 2. (*lugar*): **mi rincón preferido** my favourite spot. 3. (*espacio pequeño*) small space.

rindo etc. ⇨ **rendir**.

ring /rrin/ sm ring.

rinoceronte sm rhinoceros.

riña sf (pelea: verbal) argument, row; (: física) fight.

riño etc. ⇨ **reñir**.

riñón I sm (Anat, Culin) kidney ● **costar un riñón** to cost an arm and a leg. II **riñones** sm pl (región lumbar) small of the back, kidneys pl.

riñonera sf 1. (para dinero) bumbag, (US) fanny pack. 2. (para proteger riñones) lumbar support.

rió ⇨ **reír**.

río I sm river: **río abajo** downstream; **río arriba** upstream. II also ⇨ **reír**.

Río de la Plata sm River Plate.

rioja sm (vino) rioja.

riojano, -na adj of * from La Rioja.

rioplatense adj of * from the River Plate region.

riqueza sf (en dinero, recursos) wealth, riches pl; (de colorido, vocabulario) richness; (abundancia): **posee gran riqueza en vitaminas** it is very rich in vitamins.

risa sf 1. (acción): **me entró (la) risa** I started to laugh; **oíamos risas** we could hear laughter; **no pude contener la risa** I couldn't keep from laughing. 2. (forma de reír) laugh. 3. (cosa divertida): **¡qué risa!** what a laugh!

risco sm crag.

ristra sf string.

risueño, -ña adj 1. (persona) cheerful. 2. (porvenir) bright, promising.

ritmo sm 1. (Biol, Lit, Mús) rhythm. 2. (marcha) rate, pace.

rito sm 1. (ceremonia) rite. 2. (costumbre) ritual.

ritual adj, sm ritual.

rival adj, sm/f rival.

rivalidad sf rivalry.

rizado, -da adj 1. (pelo) curly. 2. (mar) choppy.

rizar [⇨ cazar] vt 1. (el pelo) to curl. 2. (la superficie del agua) to ripple, to make ripples in.

rizarse v prnl to curl, to go curly.

rizo sm curl.

RNE (= **Radio Nacional de España**) Spanish state radio corporation.

robar vt 1. (dinero, un objeto) to steal (a from). 2. (en naipes) to pick up, to draw. ♦ vi (a una persona, una institución) to rob; (en casa): **entraron a robar en mi casa** my house * I was burgled.

roble sm oak.

robo sm (de dinero, mercancías) theft; (en banco, tienda) robbery; (en casa) burglary; (hablando de precios): **¡es un robo!** it's daylight robbery!

robo a mano armada sm armed robbery.

robot sm [-bots] robot.

robot de cocina sm food processor.

robustecerse [⇨ agradecer] v prnl to gain strength, to become stronger.

robusto, -ta adj (persona) robust, sturdy; (casa, muro) strong, solid.

roca sf rock.

Rocallosas sf pl (Amér L) **las (Montañas) Rocallosas** the Rockies pl.

roce sm 1. (contacto) touch. 2. (fricción) rubbing. 3. (señal: en piel) graze; (: en zapatos) scuff mark; (: en pared, coche) mark. 4. (trato entre personas) contact. 5. (pequeña discusión) brush.

rociar [⇨ ansiar] vt (al regar, planchar) to spray (con with); (Culin) to sprinkle (con with); (de pintura) to spatter (de with); (de gasolina) to douse (de with).

rocín sm nag.

rocío sm dew.

rocola sf (Amér L) jukebox.

Rocosas sf pl: **las (Montañas) Rocosas** the Rockies pl.

rocoso, -sa adj rocky.

rocote, rocoto sm (Amér S) pepper, capsicum.

rodaballo sm turbot n inv.

rodaja sf slice.

rodaje sm 1. (de película) filming, shooting. 2. (de automóvil) running in, (*US*) breaking in. **3.** (*práctica*) experience.

rodapié *sm* skirting board, (*US*) baseboard.

rodar [⇨ contar] *vi* **1.** (*gen*) to roll. **2.** (*andar de un sitio a otro*) to go around. **3.** (*filmar*) to film, to shoot. ♦ *vt* **1.** (*una película*) to film, to shoot. **2.** (*un coche*) to run in, (*US*) to break in.

rodear *vt* to surround. ♦ *vi* (*dar un rodeo*) to make a detour.

rodearse *v prnl* to surround oneself (**de** with).

rodeo *sm* **1.** (*al hablar*): **andarse con rodeos** to beat about the bush. **2.** (*camino más largo*) detour: **di un rodeo por el bosque** I made a detour through the woods. **3.** (*doma de animales*) rodeo.

rodete *sm* (*RP*) bun.

rodilla *sf* knee: **estaba de rodillas** she was on her knees ‖ she was kneeling; **ponerse de rodillas** to kneel down.

rodillera *sf* **1.** (*para proteger*) knee pad. **2.** (*parche*) patch.

rodillo *sm* **1.** (*de máquina*) roller. **2.** (*de cocina*) rolling pin.

Rodríguez, rodríguez *sm inv* (*fam*) grass widower.

roedor *sm* rodent.

roer [⇨ table in appendix 2] *vt* (*un hueso*) to gnaw; (*queso*) to nibble (at).

rogar [⇨ colgar] *vt* (*con humildad*) to beg: **te lo ruego** I beg you; (*Relig*) to pray; (*en fórmulas de cortesía*) to request, to ask: **les rogamos permanezcan sentados** please remain seated; (*en letrero*): **se ruega silencio** silence please. ♦ *vi*: **hacerse de rogar** to play hard to get.

rojizo, -za *adj* reddish.

rojo, -ja **I** *adj, sm* red • **me puse rojo** I went red • **al rojo vivo** red-hot. **II** *sm/f* (*Pol: fam*) red.

rol *sm* **1.** (*función*) role. **2.** (*lista: gen*) roll; (: *de tripulación*) muster roll.

rollizo, -za *adj* plump, chubby.

rollo I *sm* **1.** (*de papel, cuerda*) roll; (*de alambre*) coil; (*de película: cine-*) matográfica) reel; (: *fotográfica*) film, roll; (*de pergamino*) scroll. **2.** (*or* **rollo de grasa**) (*Amér L*) roll of fat. **3.** (*fam: persona o cosa pesada*) bore, drag. **4.** (*fam: cuento*): **no me vengas con ese rollo** don't give me that! **5.** (*fam: asunto*) business. **6.** (*fam: ambiente*) atmosphere. **7.** (*fam: relación*): **tiene un rollo con ella** he has something going with her. **II** *adj inv* (*fam*) boring.

rollo de primavera *sm* spring roll.

Roma *sf* Rome.

romance I *adj* (*Ling*) Romance. **II** *sm* **1.** (*relación amorosa*) romance. **2.** (*Lit*) ballad.

románico, -ca *adj* **1.** (*Arquit, Artes*) Romanesque. **2.** (*lengua*) Romance.

romano, -na *adj, sm/f* Roman.

romántico, -ca *adj, sm/f* romantic.

rombo *sm* (*gen*) diamond; (*en geometría*) rhombus.

romería *sf* **1.** (*peregrinación*) pilgrimage. **2.** (*fiesta*) celebration at a local shrine.

romero, -ra I *sm/f* (*Relig*) pilgrim. **II** *sm* (*Bot*) rosemary.

romo, -ma *adj* blunt.

rompecabezas *sm inv* (*acertijo*) puzzle, brainteaser; (*puzzle*) jigsaw (puzzle).

rompehuelgas *sm/f inv* strikebreaker.

rompeolas *sm inv* breakwater, sea wall.

romper [*pp* **roto**] *vt* **1.** (*un vaso, un aparato*) to break; (*tela, papel*) to tear. **2.** (*una promesa, un acuerdo, el silencio*) to break; (*Mil*): **¡rompan filas!** break ranks! **4.** (*una relación*) to break off. ♦ *vi* **1.** (*cortar relaciones: gen*) to break; (: *novios*) to break up, to split up. **2.** (*frml: empezar*): **rompió a llorar** she burst into tears. **3.** (*olas*) to break. **4.** (*RP*: *!!, fastidiar*) to be a pain.

romperse *v prnl* **1.** (*vaso, aparato*) to break; (*tela, papel*) to tear. **2.** (*un hueso*) to break. **3.** (*RP: fam, esforzarse*) to go to a lot of trouble.

ron *sm* rum.

roncar [⇨ sacar] *vi* to snore.

roncha *sf* itchy spot ✱ bump: **le salieron ronchas** he came out in a rash.

ronco, -ca *adj* 1. [S] (*voz*) husky; [S] (*sonido*) harsh. 2. [E] (*sin voz*) hoarse.

ronda *sf* 1. (*gen*) round; (*Mil*): **hacer la ronda** to be on patrol. 2. (*en naipes*) hand. 3. (*Dep*) cycling race made up of various stages. 4. (*avenida*) avenue. 5. (*C Sur*: *en juegos*) ring, circle.

rondar *vt* 1. (*perseguir*): **lleva un tiempo rondándome** he's been following me around for ages. 2. (*idea*): **la idea me ha estado rondando la cabeza** I've had the idea going round in my head. 3. (*una edad*) to be around. ◆ *vi* (*merodear*) to prowl.

ronquido *sm* snore.

ronronear *vi* to purr.

ronzal *sm* halter.

roña *sf* grime, filth.

roñica (*fam*) I *adj* stingy, tight-fisted. II *sm/f* skinflint.

roñoso, -sa I *adj* 1. [E] (*sucio*) grimy, filthy. 2. [S] (*fam*: *tacaño*) stingy, tightfisted. II *sm/f* (*fam*) skinflint.

ropa *sf* clothes *pl*, clothing. **ropa blanca** *sf* linen. **ropa de abrigo** *sf* warm clothes *pl*. **ropa de cama** *sf* bedclothes *pl*. **ropa interior** *sf* underwear.

ropaje *sm* (sumptuous) robes *pl*.

ropero *sm* wardrobe, (*US*) closet.

roque *adj* (*fam*) sound asleep.

roquero, -ra I *adj* rock (*apos.*). II *sm/f* rock musician.

rosa I *sf* rose. II *adj inv* pink.

rosáceo, -cea *adj* pinkish.

rosado, -da *adj* 1. (*color*) pink, rose-coloured, (*US*) rose-colored. 2. (*vino*) rosé.

rosal *sm* rose bush.

rosaleda *sf* rose garden.

rosario *sm* 1. (*Relig*) rosary. 2. (*serie*) string.

rosbif *sm* roast beef.

rosca *sf* 1. (*Culin*) ring-shaped cake or bread roll. 2. (*de tornillo*) thread.

rosetón *sm* 1. (*ventana*) rose window. 2. (*en el techo*) ceiling rose.

rosquilla *sf*: small ring-shaped cake.

rostícería *sf* (*Méx*) delicatessen.

rostizado, -da *adj* (*Méx*) roast.

rostro *sm* 1. (*cara*) face. 2. (*fam*: *descaro*) cheek, nerve: **¡qué rostro!** what a cheek!

rotación *sf* rotation.

rotar *vi* 1. (*girar*) to rotate, to revolve. 2. (*turnarse*) to take turns. ◆ *vt* (*Agr*) to rotate.

rotativo, -va I *adj* rotary. II *sm* (*frml*: *periódico*) newspaper.

rotisería *sf* (*C Sur*) delicatessen.

roto, -ta I *pp* ⇨ **romper**. II *adj* (*vaso*, *aparato*) broken; (*tela*, *papel*) torn. III *sm/f* 1. (*Chi*: *fam*, *persona*) uncultured person from lower-class background. 2. (*Arg*, *Perú*: *fam*, *chileno*) Chilean. IV *sm* (*rotura*) tear.

rotonda *sf* roundabout, (*US*) traffic circle.

rótula *sf* kneecap.

rotulador *sm* (*gen*) felt-tip (pen); (*de punta gruesa*) marker (pen).

rótulo *sm* (*letrero*) sign; (*etiqueta*) label.

rotundo, -da *adj* 1. (*negativa*) categorical, emphatic; (*éxito*) resounding. 2. (*de formas*) well-rounded.

rotura *sf* 1. (*grieta*) crack; (*agujero*) hole; (*desgarrón*) tear; (*en un hueso*) fracture. 2. (*acción de romperse: un objeto*) breaking; (:*un hueso*) fracturing.

roturar *vt* to plough, (*US*) to plow.

roulotte *sf* caravan, (*US*) trailer.

royó *etc*. ⇨ **roer**.

rozamiento *sm* (*gen*) rubbing; (*Fís*) friction.

rozar [⇨ cazar] *vt* 1. (*tocar*) to touch: **pasó rozándome** he brushed past me. 2. (*herir*) to graze. 3. (*bordear*) to border on. ◆ *vi* (*zapatos*): **me rozan** they're rubbing me.

rozarse *v prnl* 1. (*tocarse*) to touch. 2. (*hacerse daño en*) to graze.

Rte. (= remite ✱ remitente) sender.

RTVE (= **Radio Televisión Espa-**

ñola) *Spanish state broadcasting corporation.*

RU *sm* (= **Reino Unido**) UK.

ruana *sf: type of poncho.*

rubeola, rubéola *sf* rubella, German measles.

rubí *sm* [**-bíes** * **-bís**] ruby.

rubio, -bia *adj* **1.** (*rubio: pelo*) fair, blond(e); (*:persona*) blond(e), fair-haired. **2.** (*tabaco*) Virginia (*apos.*).

rublo *sm* rouble.

rubor *sm* blush.

ruborizarse [▷ cazar] *v prnl* to blush, to go red.

rúbrica *sf* **1.** (*en firma*) flourish. **2.** (*en texto*) heading, title.

rubricar [▷ sacar] *vt* **1.** (*con firma*) to sign. **2.** (*confirmar*) to endorse, to vouch for.

rubro *sm* (*Amér L: apartado*) heading; (*:de un presupuesto*) item; (*:área*) field, area.

rudeza *sf* rudeness.

rudimentario, -ria *adj* rudimentary.

rudimentos *sm pl* rudiments *pl*, basic knowledge.

rudo, -da *adj* **1.** (*duro, difícil*) hard. **2.** (*sin modales*) coarse, uncouth.

rueca *sf* spinning wheel.

rueda *sf* **1.** (*de vehículo*) wheel ● **todo fue sobre ruedas** everything went smoothly; (*de mueble*) caster. **2.** (*rodaja*) slice.

rueda de auxilio *sf* (*Amér L*) spare wheel. **rueda de molino** *sf* millstone. **rueda de prensa** *sf* press conference. **rueda de recambio** * **de repuesto** *sf* spare wheel.

ruedo *sm* **1.** (*Tauro*) bullring. **2.** (*corro*) ring, circle.

ruego I *sm* request. **II** *also* ▷ **rogar**.

rufián *sm* rogue.

rugby *sm* rugby.

rugido *sm* roar.

rugir [▷ surgir] *vi* (*gen*) to roar; (*temporal*) to rage.

rugoso, -sa *adj* **1.** (*áspero*) rough. **2.** (*arrugado*) wrinkled.

ruibarbo *sm* rhubarb.

ruido *sm* noise.

ruidoso, -sa *adj* noisy.

ruin *adj* **1.** (*despreciable*) despicable, contemptible. **2.** (*avaro*) mean.

ruina I *sf* **1.** (*perdición*) downfall, ruin; (*económica*): **está en la ruina** he's ruined ● **está hecho una ruina** it's a wreck. **2.** (*derrumbamiento*): **amenaza ruina** it's about to fall down. **II ruinas** *sf pl* (*de edificio, ciudad*) ruins *pl*.

ruinoso, -sa *adj* **1.** (*negocio*) ruinous. **2.** (*edificio*) dilapidated, tumbledown.

ruiseñor *sm* nightingale.

rulemán *sm* (*RP*) ball bearing.

rulero *sm* (*RP*) curler, roller.

ruleta *sf* roulette.

ruletero, -ra *sm/f* (*Méx: fam*) taxi driver.

rulo *sm* **1.** (*de pelo*) curl. **2.** (*para el pelo*) roller, curler.

Rumanía, Rumania *sf* Romania.

rumano, -na I *adj*, *sm/f* Romanian. **II** *sm* (*Ling*) Romanian.

rumbo *sm* (*gen*) direction; (*Náut*) course: **poner rumbo a** to set a course for; **ir con rumbo a** to be bound for.

rumiante *adj*, *sm* ruminant.

rumiar *vt* **1.** (*reflexionar*) to think about. **2.** (*Zool*) to chew. ♦ *vi* (*Zool*) to chew the cud.

rumor *sm* **1.** (*chisme*) rumour, (*US*) rumor. **2.** (*de mar, voces*) murmur.

rumorearse *v prnl* to be rumoured * (*US*) rumored.

rupestre *adj* cave (*apos.*).

ruptura *sf* (*entre personas*) break-up; (*entre países*) rupture; (*de relaciones*) breaking-off.

rural I *adj* rural. **II** *sf* (*RP*) estate (car), (*US*) station wagon.

Rusia *sf* Russia.

ruso, -sa I *adj*, *sm/f* Russian. **II** *sm* (*Ling*) Russian.

rústica: en rústica *loc adj* paperback (*apos.*).

rústico, -ca *adj* rustic, rural.

ruta *sf* **1.** (*recorrido*) route. **2.** (*RP*: *carretera*) road.

rutina *sf* routine.

rutinario, -ria *adj* **1.** (*sin cambio*) routine. **2.** (*persona*) unadventurous.

Rvdo. (= **reverendo**) Rev.

S. (= **San**) St.

S.A. (= **Sociedad Anónima**) (*in GB*) plc; (*in US*) Inc.

sábado *sm* Saturday ➪ **lunes**.

sábana *sf* sheet.

sabandija **I** *sf* **1.** (*Zool*) creepycrawly. **2.** (*fam: persona despreciable*) louse, rat. **II** *sm/f* (*C Sur: fam, niño*) (little) rascal.

sabañón *sm* chilblain.

sabelotodo *sm /f* know-all.

saber **I** *sm* knowledge, learning. **II** [➪ table in appendix 2] *vt* **1.** (*tener conocimiento de*) to know: **que yo sepa...** as far as I know...; **¡yo qué sé!** how should I know? **2.** (*referido a habilidades*): **¿sabes nadar/conducir?** can you swim/drive? **3.** (*enterarse de*) to hear. ♦ *vi* **1.** (*tener conocimientos*) to know. **2. saber de** (*tener noticias de*): **¿has sabido de él?** (*directamente*) have you heard from him?, (*a través de otras personas*) have you had any news of him? **3.** (*tener sabor*) to taste (**a** of). **4.** (*sentar*): **me supo mal** it upset me.

sabido, -da *adj* [S] well-known.

sabiduría *sf* wisdom, knowledge.

sabiendas: a sabiendas *loc adv* deliberately: **a sabiendas de que...** knowing full well that....

sabio, -bia *adj* wise.

sabor *sm* flavour, (*US*) flavor: **tener sabor a algo** to taste of sthg.

saborear *vt* **1.** (*paladear*) to savour, (*US*) to savor. **2.** (*disfrutar de*) to enjoy, to relish.

sabotaje *sm* sabotage.

saboteador, -dora *sm/f* saboteur.

sabotear *vt* to sabotage.

sabré *etc.* ➪ **saber**.

sabroso, -sa *adj* **1.** (*comida*) tasty. **2.** (*fam: chisme*) juicy; (: *suma*) substantial. **3.** (*Amér C, Méx: agradable*) nice.

sacacorchos *sm inv* corkscrew.

sacapuntas *sm inv* pencil sharpener.

sacar [➪ table in appendix 2] *vt* **1.** (*gen*) to take out: **me sacó la lengua** he stuck his tongue out at me; (*de una situación*): **me sacó de apuros** he got me out of a jam. **2.** (*un premio*) to win; (*una nota*) to get. **3.** (*billetes, entradas*) to buy, to get. **4.** (*una conclusión*) to draw. **5.** (*un problema*) to work out, to solve. **6.** (*una mancha*) to get out. **7.** (*una prenda*) to take off. **8.** (*un tema*) to bring up. **9.** (*un producto, un disco*) to bring out; (*un sello*) to issue. **10.** (*una foto, una fotocopia*) to take. **11.** (*invitar*): **la sacó a bailar** he asked her to dance. **12.** (*Dep: una falta*) to take. ♦ *vi* (*en tenis*) to serve.

sacarse *v prnl* (*Amér L: una prenda*) to take off.

sacarina *sf* saccharin.

sacerdote *sm* priest.

sachet /sa'∫e(t)/ *sm* (*RP*) sachet.

saciar *vt* (*el hambre*) to satisfy; (*la sed*) to quench.

saciarse *v prnl*: **comió hasta saciarse** he ate his fill.

saco *sm* **1.** (*bolsa grande*) sack. **2.** (*Amér L: americana*) jacket; (: *de punto*) cardigan.

saco de dormir *sm* sleeping bag.

saco sport *sm* (*Amér L*) sports jacket.

sacramento *sm* sacrament.

sacrificar [➪ sacar] *vt* **1.** (*gen*) to sacrifice. **2.** (*un animal enfermo*) to

put down.
sacrificarse *v prnl* to make sacrifices.
sacrificio *sm* sacrifice.
sacrilegio *sm* sacrilege.
sacristía *sf* vestry, sacristy.
sacro, -cra *adj* sacred.
sacudida *sf* 1. (*movimiento brusco*) shake. 2. (*impresión*) shock.
sacudir *vt* 1. (*un mantel, un frasco*) to shake. 2. (*impresionar*) to shock. 3. (*fam: pegar le a*) to wallop. 4. (*Amér L: los muebles*) to dust.
sádico, -ca I *adj* sadistic. **II** *sm/f* sadist.
sadismo *sm* sadism.
saeta *sf* 1. (*flecha*) arrow. 2. (*Mús, Relig*) Andalusian Holy Week song.
safari *sm* safari.
sagacidad *sf* shrewdness, astuteness.
sagaz *adj* [**-gaces**] shrewd, astute.
sagitario, Sagitario *sm* Sagittarius.
sagrado, -da *adj* sacred, holy.
Sáhara /ˈsaxara/, **Sahara** /saˈara/ *sm* Sahara (Desert).
sal I *imperative* ⇨ **salir. II** *sf* (*Culin, Quím*) salt. **III sales** *sf pl* (*or* **sales de baño**) bath salts *pl*.
sal fina *sf* table salt. **sal gorda ✱ gruesa** *sf* cooking salt.
sala *sf* 1. (*or* **sala de estar**) living room, sitting room. 2. (*habitación grande*) room, hall. 3. (*de hospital*) ward. 4. (*de cine*) **un cine con dos salas** a two-screen cinema. 5. (*Jur*) court(room).
sala de espera *sf* waiting room. **sala de fiestas** *sf* nightclub. **sala de operaciones** *sf* operating theatre ✱ (*US*) room.
salado, -da *adj* 1. (*con sal*) salted; (*con demasiada sal*) salty. 2. (*no dulce*) savoury, (*US*) savory. 3. (*fam: gracioso*) witty, droll; (*: bonito*) cute. 4. (*C Sur: fam, caro*) expensive, pricey.
salar *vt* (*para conservar*) to salt; (*condimentar*) to add salt to.
salarial *adj* wage (*apos.*), salary (*apos.*).

salario *sm* (*gen*) pay; (*mensual*) salary; (*semanal*) wage, wages *pl*.
salchicha *sf* sausage.
salchichón *sm*: salami-type sausage.
saldar *vt* 1. (*una deuda*) to pay (off); (*una cuenta*) to settle, to pay. 2. (*un asunto*) to settle.
saldo *sm* 1. (*de cuenta bancaria*) balance. 2. (*rebaja*): **a precios de saldo** at bargain prices. 3. (*resultado*) result, outcome.
saldré *etc.* ⇨ **salir.**
salero *sm* 1. (*para sal*) salt cellar. 2. (*gracia*) charm, sparkle.
salgo *etc.* ⇨ **salir.**
salida *sf* 1. (*de un lugar*) exit, way out. 2. (*de una actividad*): **a la salida de clase** after school. 3. (*Transp*) departure. 4. (*Dep*) start. 5. (*paseo*) outing; (*viaje*) trip. 6. (*solución*) solution. 7. (*ocurrencia*) witty remark. 8. (*de un producto*): **no tiene salida** there's no demand for it. 9. (*profesional*) opening, prospect.
salida de baño *sf* (*RP*) bathrobe.
salida de emergencia *sf* emergency exit. **salida de incendios** *sf* fire escape. **salida del sol** *sf* sunrise.
saliente I *adj* 1. (*presidente, etc.*) outgoing. 2. (*rasgo*) prominent. 3. (*Arquit*) projecting. **II** *sm* (*Arquit*) projection; (*en acantilado*) ledge.
salir [⇨ table in appendix 2] *vi* 1. (*ir afuera: gen*) to go out; (*: si el hablante está fuera*) to come out: **¡sal de ahí!** come out of there!; **salir a escena** to go/come on stage. 2. (*calle*): **sale a...** it comes out onto.... 3. (*irse*) to leave. 4. (*Inform*) to exit. 5. (*de una situación*) to get out (**de** of). 6. (*para divertirse, en pareja*) to go out. 7. (*aparecer*) to appear: **me ha salido un grano** I've got a spot. 8. (*revista, libro*) to be published. 9. (*sol*) to rise. 10. (*surgir*): **le salió otro trabajo** she got another job. 11. (*en sorteo*) to come up. 12. (*desaparecer: manchas*) to come out. 13. (*resultar*): **salió caro** it worked

out expensive; **salió muy bien** it turned out very well. **14.** (*fotos*) to come out. **15. salir a** (*tener parecido con*) to take after; (*en una distribución*): **salieron a mil cada uno** it worked out at one thousand each. **16. salir con** (*decir*) to say, to come out with.

salirse *v prnl* **1.** (*gas, líquido*) to leak. **2.** (*soltarse*) to come out. **3.** (*irse*) to leave ● **se salió con la suya** he got his own way.

saliva *sf* saliva.

salmantino, -na *adj* of ✳ from Salamanca.

salmo *sm* psalm.

salmón *sm* salmon *n inv*.

salmonete *sm* red mullet *n inv*.

salmuera *sf* brine.

salón *sm* **1.** (*habitación: en casa*) living room, sitting room; (*: para actos, reuniones*) hall. **2.** (*feria, exposición*) show, exhibition.

salón de actos *sm* hall. **salón de belleza** *sm* beauty salon.

salpicadera *sf* (*Méx: de coche*) wing, (*US*) fender; (*: de bicicleta*) mudguard, (*US*) fender.

salpicadero *sm* instrument panel, dashboard.

salpicar [↪ sacar] *vt* (*con agua*) to splash; (*con sangre, barro*) to spatter.

salpicón *sm*: seafood or poultry salad in vinaigrette dressing.

salsa *sf* **1.** (*Culin*) sauce. **2.** (*Mús*) salsa.

salsa bechamel ✳ **besamel** ✳ **blanca** *sf* white sauce. **salsa rosa** ✳ (*RP*) **golf** *sf*: sauce similar to thousand island dressing.

saltamontes *sm inv* grasshopper.

saltar *vi* **1.** (*gen*) to jump, to leap. **2.** (*aceite*) to spit. **3.** (*tapón*) to pop off. **4.** (*alarma*) to go off. **5.** (*enfadarse*) to lose one's temper. **6.** (*explotar*) to explode, to blow up. ♦ *vt* **1.** (*un muro*) to jump over. **2.** (*RP: Culin*) to sauté.

saltarse *v prnl* **1.** (*una norma*) to ignore, to take no notice of. **2.** (*omi-*

tir: por error) to miss out; (*: a propósito*) to skip.

saltear *vt* to sauté.

salto *sm* **1.** (*gen*) jump, leap: **dar un salto** to jump. **2.** (*or salto de agua*) waterfall.

salto alto *sm* (*Amér L*) high jump.

salto de altura *sm* high jump. **salto de cama** *sm* (*de mujer*) negligee; (*C Sur: bata*) dressing gown. **salto de garrocha** *sm* (*Amér L*) pole vault. **salto de longitud** *sm* long jump. **salto de pértiga** *sm* pole vault. **salto largo** *sm* (*Amér L*) long jump. **salto mortal** *sm* somersault.

saltón, -tona *adj* (*ojos*) bulging.

salud **I** *sf* health. **II** *excl* (*al brindar*) cheers!; (*Amér L: tras un estornudo*) bless you!

saludable *adj* **1.** (*bueno para la salud*) healthy. **2.** (*provechoso*) helpful, beneficial.

saludar *vt* **1.** (*gen*) to say hello to, to greet; (*en cartas*): **Le saluda atentamente** Yours faithfully. **2.** (*Mil*) to salute.

saludarse *v prnl* to say hello (to each other), to greet each other.

saludo *sm* **1.** (*gen*) greeting: **saludos a Ana** give my regards to Ana; (*en cartas*): **un saludo** regards ‖ best wishes. **2.** (*Mil*) salute.

salva *sf* salvo.

salvación *sf* salvation.

salvado *sm* bran.

salvador *sm* **1.** (*Relig*) saviour. **2. Salvador** (*Geog*) ↪ **El Salvador**.

salvadoreño, -ña *adj, sm/f* Salvadorian, Salvadoran.

salvaguardar *vt* to safeguard.

salvajada *sf* atrocity.

salvaje *adj* **1.** (*tribu*) savage. **2.** (*planta, animal*) wild; (*terreno*) uncultivated. **3.** (*cruel*) cruel.

salvamanteles *sm inv* table mat.

salvamento *sm* rescue.

salvar *vt* **1.** (*gen*) to save. **2.** (*un río*) to cross; (*una distancia*) to cover; (*un impedimento*) to overcome. **3.** (*excluir*): **salvando...** except for....

salvarse *v prnl* **1.** (*de la muerte*) to survive. **2.** (*Relig*) to be saved.

salvataje *sm* (*C Sur*) rescue.

salvavidas I *sm inv* (*flotador*) life belt. **II** *sm/f inv* (*Amér L: persona*) lifeguard.

salvo, -va I *adj*: **estar a salvo de** to be safe from; **ponerse a salvo** to take refuge. **II salvo** *adv* **1.** (*excepto*) except (for). **2. salvo que** unless.

san, San *adj* Saint.

sanar *vi* (*herida*) to heal; (*persona*) to get better. ♦ *vt* to cure, to heal.

sanatorio *sm* **1.** (*para convalecientes*) sanatorium, (*US*) sanitarium. **2.** (*RP: clínica*) (private) hospital.

sanción *sf* **1.** (*castigo: gen*) punishment; (*: en deportes, relaciones internacionales*) sanction; (*multa*) fine. **2.** (*aprobación*) sanction, authorization.

sancionar *vt* **1.** (*imponerle una sanción a*) to sanction: **fue sancionado con una multa** he was fined. **2.** (*aprobar*) to sanction.

sancocho *sm*: *meat, plantain and yucca stew eaten in Latin America.*

sandalia *sf* sandal.

sandez *sf* [-deces]: **no digas sandeces** don't talk nonsense.

sandía *sf* watermelon.

sándwich /'saŋgwitʃ/ *sm* [-wichs * -wiches] sandwich.

sanear *vt* **1.** (*la economía, una empresa*) to put on a sound footing. **2.** (*un lugar*) to clean up.

sanfermines *sm pl*: *festival during which bulls are run through the streets of Pamplona.*

sangrar *vi* to bleed. ♦ *vt* **1.** (*un texto*) to indent. **2.** (*fam: aprovecharse de*) to bleed dry.

sangre *sf* blood.

sangre fría *sf* calmness, sangfroid: **a sangre fría** in cold blood.

sangría *sf*: *punch with red wine, fruit, etc.*

sangriento, -ta *adj* bloody.

sanguijuela *sf* **1.** (*Zool*) leech. **2.** (*fam: persona*) bloodsucker,

leech.

sanguinario, -ria *adj* bloodthirsty, cruel.

sanguíneo, -nea *adj* blood (*apos.*).

sanidad *sf* **1.** (*salud*) health. **2.** (*servicios*) public health system.

sanitario, -ria I *adj* (*política*) health (*apos.*); (*condiciones*) sanitary. **II** *sm/f* **1.** (*Med: gen*) health worker; (*: en ambulancias, etc.*) paramedic. **2.** (*RP: plomero*) plumber. **III sanitarios** *sm pl* bathroom fittings *pl*.

sano, -na *adj* **1.** (*persona*) healthy. **2.** [S] (*alimento, clima*) healthy. **3.** [S] (*lectura*) healthy, wholesome. **4.** [E] (*intacto*) undamaged, intact ● **sano y salvo** safe and sound.

santanderino, -na *adj* of * from Santander.

santiagués, -guesa *adj* of * from Santiago de Compostela.

santiaguino, -na *adj* of * from Santiago de Chile.

santiamén *sm* (*fam*): **en un santiamén** in no time.

santidad *sf* holiness, saintliness.

santiguarse [*⇨ averiguar*] *v prnl* to cross oneself, to make the sign of the cross.

santo, -ta I *adj* **1.** (*Relig*) holy: **Santo Tomás** Saint Thomas. **2.** (*fam: para enfatizar*): **haz tu santa voluntad** do exactly as you please. **II** *sm/f* **1.** (*persona*) saint. **2.** (*imagen*) statue or figure of a saint. **III** *sm* saint's day.

Santa Sede *sf* Holy See. **santo y seña** *sm* password.

santuario *sm* sanctuary.

saña *sf* cruelty.

sapo *sm* toad.

saque *sm* (*en fútbol: inicial*) kickoff; (*: con las manos*) throw-in; (*en tenis*) service, serve.

saque de banda *sm* throw-in. **saque de esquina** *sm* corner.

saqué *etc.* ⇨ sacar.

saquear *vt* **1.** (*una población*) to plunder, to sack. **2.** (*una tienda*) to loot.

saqueo *sm* **1.** (*de una población*)

sacking. 2. (*de tienda*) looting.

sarampión *sm* measles.

sarape *sm* (*en Amér C, Méx*) colourful blanket or shawl.

sarcasmo *sm* sarcasm.

sarcástico, -ca *adj* sarcastic.

sardana *sf*: Catalan folk dance and music.

sardina *sf* sardine.

sardinel *sm* (*acera*) pavement, (*US*) sidewalk; (*escalón*) kerb, (*US*) curb.

sargento *sm/f* sergeant.

sarmiento *sm* (*vine*) shoot.

sarna *sf* (*en perros*) mange; (*en humanos*) scabies.

sarpullido *sm* rash.

sarro *sm* 1. (*del agua*) limescale. 2. (*en dientes*) tartar.

sartén *sf* (*Amér L: sm*) frying pan.

sastre *sm* tailor.

sastrería *sf* 1. (*tienda*) tailor's (shop). 2. (*profesión*) tailoring, tailor's trade.

satélite *sm* satellite.

sátira *sf* satire.

satírico, -ca *adj* satirical.

satisfacción *sf* satisfaction.

satisfacer *vt* 1. (*necesidades*) to satisfy. 2. (*requisitos*) to meet, to fulfil, (*US*) to fulfill. 3. (*frml: por pérdida, ofensa*) to compensate. ♦ *vi* 1. (*complacer*) to please. 2. (*convencer*) to satisfy.

satisfactorio, -ria *adj* satisfactory.

satisfecho, -cha I *pp* ⇨ **satisfacer**. II *adj* 1. (*contento, saciado*) satisfied. 2. (*orgulloso*): **está satisfecha de sí misma** she's pleased with herself.

saturar *vt* to saturate (**de** with).

saturarse *v prnl* 1. (*líneas telefónicas*) to become overloaded. 2. (*de gente*) to get jam-packed.

Saturno *sm* Saturn.

sauce *sm* willow.

sauce llorón *sm* weeping willow.

sauna *sf* (*Amér L: sm*) sauna.

savia *sf* sap.

saxofón, saxófono *sm* saxophone.

sazonar *vt* 1. (*condimentar*) to season. 2. (*madurar*) to ripen.

se *pron personal* 1. [used instead of **le** or **les** before another pron] (*a él*) to him; (*a ella*) to her; (*a ellos, ellas*) to them: **se lo di** I gave it to him/to her/to them; (*a usted, ustedes*) to you: **se lo enviaré** I'll send it to you. 2. (*reflexivo, referido a: él*) himself; (*:ella*) herself; (*:usted*) yourself; (*:ustedes*) yourselves; (*:ellos, ellas*) themselves: **se compraron muchas cosas** they bought themselves lots of things. 3. (*recíproco*) each other: **no se vieron** they didn't see each other. 4. (*impersonal o pasivo*): **nunca se sabe** you never know; **se habla español** Spanish spoken.

sé I (*1st pers. sing. of present*) ⇨ **saber**. II (*imperative*) ⇨ **ser**.

sea *etc*. ⇨ **ser**.

sebo *sm* 1. (*grasa*) fat. 2. (*suciedad*) grease.

secador *sm* 1. (*de pelo*) hairdryer, hairdrier. 2. (*RP: de ropa*) (tumble) dryer ✳ drier.

secadora *sf* 1. (*de ropa*) (tumble) dryer ✳ drier. 2. (*or* **secadora de pelo**) (*Méx*) hairdryer, hairdrier.

secano *sm*: **tierra de secano** unirrigated farmland.

secar [⇨ *sacar*] *vt* to dry.

secarse *v prnl* 1. (*pintura, ropa*) to dry; (*persona*): **sécate** dry yourself; **sécate el pelo** dry your hair. 2. (*planta*) to dry up, to wither.

secarropa *sm*, **secarropas** *sm inv* (*RP*) (tumble) dryer ✳ drier.

sección *sf* (*gen*) section; (*de tienda, empresa*) department.

sección amarilla® *sf* (*Méx*) Yellow Pages® *pl*.

seco, -ca *adj* 1. [E] (*ropa*) dry: **hay que limpiarlo en seco** it has to be dry-cleaned. 2. [S] (*piel, clima*) dry. 3. [S] (*vino*) dry; (*fruta*) dried. 4. (*sonido, golpe*) sharp ● **se llama José a secas** he is just called José ● **frenó** ✳ **paró en seco** he stopped dead. 5. (*persona*) cold. 6. [E] (*muy delgado*) skinny.

secretaría *sf* 1. (*oficina*) secretary's office. 2. (*Méx: Pol*) ministry.

secretario, -ria *sm/f* 1. (*gen*) secre-

tary. 2. (*Méx: Pol*) minister.
secreto, -ta *adj*, *sm* secret.
secta *sf* sect.
sectario, -ria *adj*, *sm/f* sectarian.
sector *sm* 1. (*gen*) sector. 2. (*zona*) area.
secuela *sf* consequence.
secuencia *sf* sequence.
secuestrador, -dora *sm/f* (*de persona*) kidnapper; (*de avión*) hijacker.
secuestrar *vt* 1. (*a una persona*) to kidnap, to abduct; (*un avión*) to hijack. 2. (*bienes*) to confiscate, to seize.
secuestro *sm* 1. (*de persona*) kidnapping, abduction; (*de avión*) hijacking. 2. (*de bienes*) confiscation, seizure.
secular *adj* 1. (*seglar*) secular. 2. (*centenario*) age-old.
secundar *vt* to support.
secundaria *sf* secondary education, (*US*) high school (education).
secundario, -ria *adj* secondary.
sed *sf* thirst: **tengo sed** I'm thirsty.
seda *sf* silk.
sedal *sm* fishing line.
sedante *sm* sedative.
sede *sf* 1. (*de una organización*) headquarters *pl*; (*de un gobierno*) seat; (*de un acontecimiento*) venue. 2. (*Relig*) see.
sede social *sf* head office.
sedentario, -ria *adj* sedentary.
sediento, -ta *adj* thirsty.
sedimento *sm* sediment, deposit.
sedoso, -sa *adj* silky.
seducción *sf* seduction.
seducir [⇨ conducir] *vt* 1. (*atraer*) to tempt. 2. (*sexualmente*) to seduce.
seductor, -tora I *adj* 1. (*tentador*) tempting. 2. (*sugerente*) seductive. II *sm/f* (*hombre*) seducer; (*mujer*) seductress.
segar [⇨ regar] *vt* (*la mies*) to reap, to harvest; (*la hierba*) to mow, to cut.
seglar I *adj* lay. II *sm/f* layman/woman.
segoviano, -na *adj* of * from Segovia.

segregación *sf* segregation.
segregar [⇨ pagar] *vt* 1. (*separar*) to segregate. 2. (*Biol*) to secrete.
seguidamente *adv* (*frml*) next.
seguido, -da I *adj* 1. (*consecutivo*) consecutive: **cinco días seguidos** five days running * in a row. 2. (*acompañado*) followed (**de** by). II **en seguida** *loc adv* straight away, immediately. III **seguido** *adv* 1. (*sin torcer*) straight ahead * on. 2. (*Amér L: a menudo*) often.
seguidor, -dora *sm/f* (*simpatizante*) follower; (*en deportes*) supporter, fan.
seguimiento *sm* monitoring.
seguir [⇨ table in appendix 2] *vt* to follow: **siguió la carrera de medicina** she studied to be a doctor. ♦ *vi* to go on, to carry on: **seguí trabajando** I went on * carried on working; **sigue aquí** he's still here.
según I *prep* (*de acuerdo con*) according to. II *conj* 1. (*a medida que*) as. 2. (*tal como*) just as. 3. (*de dependencia*): —¿**Lo harás hoy?** —**Según me encuentre.** "Will you do it today?" "It depends how I feel."
segunda *sf* 1. (*clase*) second class. 2. (*Auto*) second (gear).
segundo, -da I *adj*, *pron* second ⇨ apéndice 4. II *sm* (*unidad de tiempo*) second.
seguramente *adv* (*probablemente*) probably; (*con seguridad*) almost certainly.
seguridad *sf* 1. (*para evitar accidentes*) safety; (*para evitar robos, ataques*) security. 2. (*estabilidad*) security. 3. (*confianza*) confidence. 4. (*certeza*) certainty: **con seguridad** for certain.
Seguridad Social *sf* Social Security.
seguro, -ra I *adj* 1. [E] (*convencido*) sure. 2. [S] (*cierto, definitivo*) definite. 3. (*protegido*) safe. 4. [S] (*estable*) secure. 5. [S] (*fiable*) reliable. II **seguro** *sm* 1. (*contra accidentes, etc.: gen*) insurance; (*: póliza*) insurance policy. 2. (*dispositivo*) safety catch. 3. **el Seguro** (*fam: la Seguridad So-*

cial) the Social Security. **4.** (*Amér C*, *Méx*: *alfiler*) safety pin. **III seguro** *adv*: **seguro que llega tarde** I bet he'll be late.

seguro a terceros *sm* third-party insurance. **seguro a todo riesgo** *sm* fully comprehensive insurance. **seguro contra incendios** *sm* fire insurance. **seguro contra robo** *sm* theft insurance. **seguro de vida** *sm* life insurance.

seis *adj, pron* (*cardinal*) six; (*ordinal*) sixth ➪ apéndice 4.

seiscientos, -tas *adj, pron* (*cardinal*) six hundred; (*ordinal*) six hundredth ➪ apéndice 4.

seísmo *sm* (*terremoto*) earthquake; (*temblor*) tremor.

selección *sf* **1.** (*gen*) selection. **2.** (*Dep*) team.

seleccionar *vt* to select, to choose.

selectividad *sf*: *university entrance examinations*.

selectivo, -va *adj* selective.

selecto, -ta *adj* select.

sellar *vt* to seal.

sello *sm* **1.** (*de correos*) stamp. **2.** (*para marcar: de metal*) seal; (*: de caucho*) rubber stamp. **3.** (*marca: de tinta*) stamp; (*: en cera*) seal.

selva *sf* jungle: **la selva amazónica** the Amazonian rainforest.

selva tropical *sf* tropical rainforest.

semáforo *sm* (*Auto*) traffic lights *pl*; (*para trenes*) semaphore.

semana *sf* week: **entre semana** during the week.

Semana Santa *sf* (*Relig*) Holy Week; (*vacaciones*) Easter.

semanal *adj* weekly.

semántico, -ca *adj* semantic.

semblante *sm* (*frml*) **1.** (*rostro*) face. **2.** (*aspecto*) look.

sembrar [➪ pensar] *vt* **1.** (*Agr*) to sow. **2.** (*cubrir*) to cover. **3.** (*inculcar*) to instil, (*US*) to instill.

semejante I *adj* **1.** (*parecido*) similar (**a** to). **2.** (*para intensificar*): **nunca había visto nada semejante** I had never seen anything like it. **II** *sm*: **tus semejantes** your fel-low men.

semejanza *sf* (*con persona*) resemblance (**con** to); (*con cosa*) similarity (**con** with).

semen *sm* semen.

semental *sm* stud.

semestral *adj* half-yearly.

semestre *sm* (*Educ*) semester; (*Fin*) half-year.

semicírculo *sm* semicircle.

semidesnatado, -da *adj* semi-skimmed.

semifinal *sf* semifinal.

semilla *sf* seed.

seminario *sm* **1.** (*Relig*) seminary. **2.** (*clase*) seminar.

sémola *sf* semolina.

senado *sm* senate.

senador, -dora *sm/f* senator.

sencillez *sf* (*de manejo*) simplicity; (*de aspecto*): **está decorado con sencillez** it is simply decorated; (*de persona*) unassuming nature.

sencillo, -lla I *adj* **1.** (*fácil, sobrio*) simple. **2.** (*persona*) unassuming. **II** *sm* **1.** (*disco*) single. **2.** (*Amér L*: *dinero suelto*) (loose) change.

senda *sf* path.

senderismo *sm* hiking.

sendero *sm* path.

sendos, -das *adj* (*frml*): **llevaban sendas coronas** they each wore a crown.

senil *adj* senile.

seno *sm* **1.** (*pecho*) breast. **2.** (*de organización*) heart; (*de la familia*) bosom.

sensación *sf* **1.** (*impresión*) feeling: **tengo la sensación de que…** I have a feeling that…. **2.** (*efecto fuerte*) sensation.

sensacional *adj* sensational.

sensacionalista *adj, sm/f* sensationalist.

sensatez *sf* good sense.

sensato, -ta *adj* sensible.

sensible *adj* **1.** (*gen*) sensitive. **2.** (*apreciable*) noticeable, appreciable.

sensiblero, -ra *adj* sentimental.

sensitivo, -va *adj* **1.** (*sensorial*)

sensory. **2.** (*sensible*) sensitive.

sensorial *adj* sensory.

sensual *adj* sensual.

sentada *sf* (*de protesta*) sit-in ● **de una sentada** in one go.

sentado, -da *adj* sitting (down), seated ● **lo di por sentado** I took it for granted.

sentar [⇨ pensar] *vi* (*alimentos, descanso*): **no le sienta bien el vino** wine doesn't agree with him; **te sentará bien** it will do you good; (*ropa*): **te sienta bien** it suits you; (*comportamiento, comentario*): **¿cómo le sentó?** how did he take it? ♦ *vt* to sit.

sentarse *v prnl* to sit (down).

sentencia *sf* **1.** (*Jur*) sentence: **dictar sentencia** to pass sentence. **2.** (*proverbio*) maxim.

sentenciar *vt* to sentence.

sentido, -da I *adj*: **mi más sentido pésame** my most sincere condolences. **II** *sm* **1.** (*vista, oído*) sense. **2.** (*conocimiento*) consciousness. **3.** (*lógica*) sense: **no tiene sentido** it's senseless. **4.** (*significado*) meaning: **no tiene sentido** it doesn't make sense. **5.** (*musical, de la orientación*) sense. **6.** (*dirección*) direction: **una calle de sentido único** a one-way street.

sentido común *sm* common sense.

sentido del humor *sm* sense of humour * (*US*) humor.

sentimental *adj* sentimental.

sentimiento *sm* feeling.

sentir I *sm* feeling. **II** [⇨ table in appendix 2] *vt* **1.** (*gen*) to feel. **2.** (*percibir: con el oído*) to hear; (*Amér L: con el olfato*): **sentí olor a comida** I could smell food. **3.** (*lamentar*): **lo siento** I'm sorry.

sentirse *v prnl* to feel: **me siento bien/mal** I feel well/I don't feel well.

senyera *sf*: Catalan flag.

seña I *sf* **1.** (*ademán*) sign, gesture: **le hizo señas para que viniera** she gestured to him to come over. **2.** (*RP: depósito*) deposit.

II señas *sf pl* **1.** (*dirección*) address. **2.** (*descripción*) description.

señal *sf* **1.** (*indicio*) sign. **2.** (*marca: gen*) mark; (*: de pisada, rueda*) track. **3.** (*aviso, seña*) signal, gesture. **4.** (*de tráfico*) sign. **5.** (*Telec*) tone. **6.** (*Fin*) deposit.

señal de ajuste *sf* (*RP*) test card.

señalar *vt* **1.** (*mostrar, indicar*) to point out: **señalar algo con el dedo** to point at sthg. **2.** (*marcar*) to mark: **a la hora señalada** at the appointed time.

señalización *sf* signposting.

señalizar [⇨ cazar] *vt* (*con señales de tráfico*) to sign; (*con intermitente*) to indicate.

señor, -ñora I *sm/f* **1.** (*hombre: gen*) man; (*: más cortés*) gentleman; (*mujer: gen*) woman; (*: más cortés*) lady; (*al dirigirse a un desconocido*): **¿esto es suyo, señor/señora?** excuse me, is this yours?; (*frml: en correspondencia*): **Muy señor mío/ señora mía:...** Dear Sir/Madam,.... **2.** (*con apellido: de un hombre*) Mr; (*: de una mujer*) Mrs. **3.** (*de un criado: amo*) master; (*: ama*) mistress; (*Hist: de un feudo*) lord. **II Señor** *sm* (*Relig*) Lord.

señora *sf* **1.** (*esposa*) wife. **2. Nuestra Señora** (*Relig*) Our Lady.

señorita *sf* **1.** (*chica*) young lady; (*al dirigirse a una desconocida*): **¿esto es suyo, señorita?** excuse me, is this yours? **2.** (*con apellido*) Miss. **3.** (*profesora*) teacher.

señorito *sm*: **el típico señorito andaluz** the typical Andalusian gentleman farmer's son.

señuelo *sm* (*cebo*) lure; (*para aves*) decoy.

sepa etc. ⇨ **saber**.

separación *sf* **1.** (*acción*) separation. **2.** (*distancia*) gap, space.

separado, -da *adj* **1.** (*gen*) separate: **por separado** separately. **2.** (*de estado civil*) separated.

separar *vt* **1.** (*gen*) to separate (**de** from). **2.** (*alejar*) to move away (**de** from). **3.** (*reservar*) to put aside, to keep (back).

separarse *v prnl* (*matrimonio*) to separate; (*grupo musical*) to split up.

separatista *adj, sm/f* separatist.

sepia I *sf* cuttlefish. II *adj inv* sepia.

septentrional *adj* northern.

septiembre *sm* September ⟶ **febrero.**

séptimo, -ma *adj, pron, sm* seventh ⟶ *apéndice 4.*

septuagésimo, -ma *adj, pron* seventieth ⟶ *apéndice 4.*

sepulcro *sm* tomb.

sepultar *vt* to bury.

sepultura *sf* 1. (*fosa*) grave. 2. (*frml*: *acción*) burial.

sequedad *sf* 1. (*del clima*) dryness. 2. (*actitud*) coldness.

sequía *sf* drought.

séquito *sm* retinue, entourage.

ser I [⟶ table in appendix 2] *vi* 1. (*gen*) to be: **mi hermano es abogado** my brother is a lawyer; **es la una/son las ocho** it's one o'clock/eight o'clock; **abre, soy yo** open up, it's me; **hola, soy Ana** (*por teléfono*) hello, this is Ana, (*al presentarse*) hello, my name is Ana ● **es que no puedo** the thing is, I can't ● **¿es que eres tonto?** are you stupid or something? ● **sea lo que sea…** whatever it is… ● **la mayor, o sea tú** the oldest, that is (to say) you ● **a no ser que** unless. 2. (*sumar*): **¿cuánto es?** how much is it?; **éramos/eran cuatro** there were four of us/of them. 3. (*resultar*): **le fue imposible venir** it was impossible for him to come. 4. **ser de** (*estar hecho de*) to be made of; (*de pertenencia*): **es de Marta** it's Marta's; (*de origen*) to be from, to come from; (*en conjeturas*) to become of: **¿qué habrá sido de ella?** I wonder what's become of her.

II *sm* 1. (*ente*) being. 2. (*persona*) person: **un ser querido** a loved one. **ser humano** *sm* human being.

Serbia *sf* Serbia.

serbio, -bia I *adj, sm/f* Serb, Serbian. II *sm* (*Ling*) Serbian.

serbocroata *sm* Serbo-Croat.

serenarse *v prnl* to calm down.

sereno, -na I *adj* calm, serene. II *sm* night watchman.

serial *sm* (*C Sur: sf*) serial.

serie *sf* 1. (*gen*) series *n inv*: **fabricados en serie** mass-produced. 2. (*carrera*) heat. 3. (*de televisión, radio*) series *n inv*. 4. (*gama*) range.

seriedad *sf* 1. (*gen*) seriousness. 2. (*formalidad*) reliability.

serio, -ria *adj* 1. (*no risueño*) serious. 2. [S] (*grave*) serious. 3. [S] (*formal*) reliable. 4. **en serio: no lo dijo en serio** he wasn't serious; **¿en serio?** really?

sermón *sm* 1. (*Relig*) sermon. 2. (*fam: de un padre, profesor*) lecture, talking-to.

seropositivo, -va *adj* (*gen*) seropositive; (*con el VIH*) HIV positive.

serpentear *vi* (*carretera*) to twist and turn, to wind; (*río*) to meander, to wind.

serpentina *sf* streamer.

serpiente *sf* snake, serpent.

serpiente de cascabel *sf* rattlesnake.

serranía *sf* mountain region.

serrar [⟶ pensar] *vt* to saw.

serrín *sm* sawdust.

serrucho *sm* handsaw.

servicial *adj* obliging, helpful.

servicio I *sm* 1. (*gen*) service. 2. (*en hospital*) unit. 3. (*en tenis, voleibol*) serve, service. 4. (*criados*) domestic staff, servants *pl*. 5. (*de platos, tazas, etc.*) service, set. 6. (*retrete*) lavatory, (*GB*) toilet. II **servicios** *sm pl* (*GB*) toilets *pl*, (*US*) rest room.

servicio de habitaciones *sm* room service. **servicio de urgencias** *sm* accident and emergency department, casualty department. **servicio discrecional** *sm* private hire. **servicio militar** *sm* military service.

servidumbre *sf* 1. (*criados*) domestic staff, servants *pl*. 2. (*situación de siervo*) servitude.

servil *adj* servile.

servilleta *sf* napkin, (*GB*) serviette.

servir [⇨ pedir] *vt* **1.** (*comida*) to serve; (*bebida*) to pour. **2.** (*a una causa*) to serve. **3.** (*en un comercio*): **¿en qué puedo servirla?** how can I help you? **4.** (*un pedido*) to deliver. ♦ *vi* **1.** (*ser útil*): **también sirve para eso** you can use it for that too; **no sirve para nada** it's useless. **2.** (*estar capacitado*): **no sirvo para esto** I'm no good at this. **3.** (*trabajar: gen*) to work; (*en las fuerzas armadas*) to serve; (*en una casa*) to serve. **4.** (*en tenis*) to serve.

servirse *v prnl* **1.** (*comida, bebida*): **sírvete (más vino)** help yourself (to more wine); **me serví otra copa** I poured myself another drink. **2.** (*frml: tener a bien*): **sírvase pagar...** please make payment.... **3. servirse de** (*frml: utilizar*) to make use of, to use.

sésamo *sm* sesame.

sesear *vi: to pronounce /θ/ as /s/ in Spanish.*

sesenta *adj, pron* (*cardinal*) sixty; (*ordinal*) sixtieth ⇨ apéndice 4.

sesgado, -da *adj* **1.** (*falda*) cut on the bias. **2.** (*tendencioso*) biased.

sesgo *sm* **1.** (*enfoque*) slant. **2.** (*corte*) bias: **al sesgo** on the bias.

sesión *sf* **1.** (*gen*) session. **2.** (*pase de película*) showing. **sesión continua** *sf* continuous showing. **sesión de noche** *sf* late show. **sesión de tarde** *sf* matinée. **sesión trasnoche** *sf* (*RP*) late show.

seso I *sm* (*fam: juicio*) sense. **II sesos** *sm pl* (*Anat, Culin*) brains *pl* ● **devanarse los sesos** to rack one's brains.

seta *sf* mushroom.

setecientos, -tas *adj, pron* (*cardinal*) seven hundred; (*ordinal*) seven hundredth ⇨ apéndice 4.

setenta *adj, pron* (*cardinal*) seventy; (*ordinal*) seventieth ⇨ apéndice 4.

setiembre *sm* September ⇨ **febrero.**

seudónimo *sm* pseudonym.

severidad *sf* **1.** (*de persona*) strictness. **2.** (*de castigo, tono*) severity. **3.** (*de clima*) harshness.

severo, -ra *adj* **1.** (*persona*) strict, harsh. **2.** (*castigo, tono*) severe. **3.** (*clima*) harsh.

sevillanas *sf pl: traditional music and dance typical of Seville.*

sevillano, -na *adj* of ✳ from Seville.

sexagésimo, -ma *adj, pron* sixtieth ⇨ apéndice 4.

sexi *adj* sexy.

sexista *adj, sm/f* sexist.

sexo *sm* sex.

sexo seguro *sm* safe sex.

sexto, -ta *adj, pron, sm* sixth ⇨ apéndice 4.

sexual *adj* (*características, relaciones*) sexual: **vida sexual** sex life.

sexualidad *sf* sexuality.

short /ʃor/ *sm*, **shorts** /ʃors/ *sm pl* shorts *pl*.

short de baño *sm* (*RP*) swimming trunks *pl*.

show /ʃou/ *sm* **1.** (*espectáculo*) show. **2.** (*fam: escándalo*) fuss, scene.

si *conj* **1.** (*con valor condicional*) if: **si apruebo el examen** if I pass the exam; **como si...** as if...; **si bien...** even though.... **2.** (*para expresar un deseo*) if only; (*para enfatizar*): **¡si te lo dije!** but I told you! **3.** (*en interrogativas indirectas*) whether: **pregúntale si va a ir** ask her whether ✳ if she's going; **no sé si ir o no** I don't know whether to go or not.

sí I *adv* yes: **creo que sí** I think so; **ella no estará pero yo sí** she won't be there but I will. **II** *sm* [**síes**] yes. **III** *pron reflexivo* [always after prep] (*referido: a él*) himself; (*a ella*) herself; (*a uno*) oneself; (*a ellos, ellas*) themselves.

siamés, -mesa *adj* Siamese: **hermanos siameses** Siamese twins.

sibarita *sm/f* sybarite.

Sicilia *sf* Sicily.

siciliano, -na *adj, sm/f* Sicilian.

sico... ⇨ **psico....**

sida, SIDA *sm* (= Síndrome de Inmunodeficiencia Adquirida) AIDS [sin artículo].

siderúrgico, -ca *adj* iron and steel (*apos.*).

sidra *sf* cider.

siembra *sf* sowing.

siembro *etc.* ⇨ **sembrar**.

siempre I *adv* always: **como siempre** as usual. II **siempre que** *conj* 1. (*cada vez*) whenever: **siempre que lo veo** whenever I see him. 2. (*or* **siempre y cuando**) (*condición*) as long as: **iré siempre que me prometas que...** I'll go as long as you promise me that....

sien *sf* temple.

siento *etc.* ⇨ **sentar, sentir**.

sierra *sf* 1. (*Geog*) mountain range. 2. (*Tec*) saw.

siervo, -va *sm/f* serf.

siesta *sf* nap, siesta.

siete I *adj, pron* (*cardinal*) seven; (*ordinal*) seventh ⇨ *apéndice 4*. II *sm* (*roto*) tear.

sífilis *sf* syphilis.

sifón *sm* (*botella*) soda siphon; (*líquido*) soda (water).

sigilo *sm* 1. (*reserva*) secrecy. 2. (*silencio*) stealth.

sigla *sf* abbreviation.

siglo *sm* century: **el siglo XXI** the 21st century.

significación *sf* significance, importance.

significado *sm* meaning.

significar [⇨ *sacar*] *vt* 1. (*gen*) to mean. 2. (*representar*): **significa mucho para mí** it is very important to me. 3. (*frml: expresar*) to express.

significativo, -va *adj* 1. (*representativo*) significant. 2. (*gesto*) meaningful.

signo *sm* 1. (*símbolo*) sign, symbol. 2. (*Astrol*) sign.

signo de admiración ✳ **exclamación** *sm* exclamation mark ✳ (*US*) point. **signo de interrogación** *sm* question mark.

sigo *etc.* ⇨ **seguir**.

sigue *etc.* ⇨ **seguir**.

siguiente I *adj* following, next. II *sm/f*: **¡que pase el siguiente!** next please!

sij *adj, sm/f* Sikh.

sílaba *sf* syllable.

silbar *vt/i* to whistle.

silbato *sm* whistle.

silbido *sm* 1. (*de persona*) whistle. 2. (*del viento*) whistling.

silenciador *sm* 1. (*Auto*) silencer, (*US*) muffler. 2. (*de pistola*) silencer.

silenciar *vt* 1. (*un hecho*) to keep quiet about, to hush up. 2. (*protestas*) to silence.

silencio *sm* silence: **guardar silencio** to keep quiet.

silencioso, -sa *adj* quiet, silent.

silicona *sf* silicone.

silla *sf* 1. (*gen*) chair. 2. (*or* **silla de niño**) stroller, (*GB*) pushchair.

silla de montar *sf* saddle. **silla de ruedas** *sf* wheelchair. **silla eléctrica** *sf* electric chair.

sillín *sm* (*de bicicleta*) seat, saddle; (*de moto*) seat.

sillón *sm* armchair.

silueta *sf* 1. (*contorno*) silhouette, outline. 2. (*figura, tipo*) figure.

silvestre *adj* wild.

simbólico, -ca *adj* symbolic.

simbolismo *sm* symbolism.

simbolizar [⇨ *cazar*] *vt* to symbolize, to be a symbol of.

símbolo *sm* symbol.

simétrico, -ca *adj* symmetrical.

simiente *sf* seed.

símil *sm* (*frml*) parallel.

similar *adj* similar (**a** to).

simio, -mia *sm/f* ape.

simpatía *sf* 1. (*atractivo, encanto*) charm. 2. (*cariño*) affection, fondness: **le tomé simpatía** I became fond of him.

simpático, -ca *adj* 1. (*persona*) nice, likeable: **le cayó muy simpática** he really liked her. 2. (*gracioso*) amusing, entertaining.

simpatizante *sm/f* sympathizer, supporter.

simpatizar [⇨ *cazar*] *vi* 1. (*con una persona*) to get on. 2. (*con una causa*) to sympathize.

simple *adj* 1. (*gen*) simple. 2. (*me-*

ro): **fue una simple caída** it was just a fall. **3.** (*ingenuo*) naive, innocent; (*necio*) simple, half-witted.

simplificar [⇨ sacar] *vt* to simplify.

simposio *sm* symposium.

simular *vt* **1.** (*fingir*) to pretend, to feign. **2.** (*representar*) to represent.

simultáneamente *adv* simultaneously.

simultáneo, -nea *adj* simultaneous.

sin I *prep* without: **está sin trabajo** she's out of work; **se fue sin pagar** she left without paying; **lo dejó sin terminar** he left it unfinished. **II sin embargo** *conj* however, nevertheless.

sinagoga *sf* synagogue.

sinceridad *sf* sincerity.

sincero, -ra *adj* sincere.

sincronizar [⇨ cazar] *vt* to synchronize.

sindical *adj* union (*apos.*).

sindicalista *sm/f* trade ✳ (*US*) labor unionist.

sindicato *sm* union, trade ✳ (*US*) labor union.

síndrome *sm* syndrome.

síndrome de abstinencia *sm* withdrawal symptoms *pl.* **síndrome de inmunodeficiencia adquirida** *sm* acquired immune deficiency syndrome.

sinfín *sm* great number.

sinfonía *sf* symphony.

singular I *adj* **1.** (*Ling*) singular. **2.** (*raro*) peculiar, strange. **3.** (*frml: destacado*) outstanding. **II** *sm* (*Ling*) singular.

singularidad *sf* singularity.

singularizarse [⇨ cazar] *v prnl* to stand out.

siniestro, -tra I *adj* sinister. **II** *sm* (*desastre*) catastrophe, disaster; (*accidente*) accident.

sinnúmero *sm* great number.

sino I *sm* (*frml*) destiny, fate. **II** *conj* **1.** (*de contraposición*) but: **no es martes, sino miércoles** it's not Tuesday, but Wednesday. **2.** (*excepto*) except, but.

sinónimo, -ma I *adj* synonymous. **II** *sm* synonym.

sintaxis *sf* syntax.

síntesis *sf inv* **1.** (*amalgama*) synthesis. **2.** (*resumen*) summary.

sintético, -ca *adj* synthetic.

sintetizador *sm* synthesizer.

sintetizar [⇨ cazar] *vt* **1.** (*amalgamar*) to synthesize. **2.** (*resumir*) to summarize.

sintió *etc.* ⇨ **sentir.**

síntoma *sm* symptom.

sintonía *sf* **1.** (*melodía*) signature ✳ theme tune. **2.** (*Telec*) tuning.

sintonización *sf* tuning.

sintonizar [⇨ cazar] *vt* **1.** (*un receptor*) to tune. **2.** (*una emisora*) to tune in to. ♦ *vi* **1.** (*con emisora*) to tune in (**con** to). **2.** (*con personas*) to be in tune (**con** with).

sinvergüenza *sm/f* **1.** (*canalla*) crook. **2.** (*fresco*) cheeky devil.

siquia... ⇨ **psiquia....**

siquiera *adv* **1.** (*al menos*) at least. **2.** (*en frases negativas*) even: **ni (tan) siquiera se disculparon** they didn't even apologize.

sirena *sf* **1.** (*alarma*) siren. **2.** (*mujer-pez*) mermaid.

Siria *sf* Syria.

sirio, -ria *adj*, *sm/f* Syrian.

sirviente, -ta *sm/f* servant.

sirvo *etc.* ⇨ **servir.**

sisear *vi* to hiss.

sistema *sm* system.

sistema métrico (decimal) *sm* metric system, decimal system. **Sistema Monetario Europeo** *sm* European Monetary System.

sistemático, -ca *adj* systematic.

sitiar *vt* to besiege, to lay siege to.

sitio *sm* **1.** (*espacio*) room, space: **no hay sitio** there's no room. **2.** (*lugar*) place: **en otro sitio** somewhere else. **3.** (*Mil*) siege.

sito, -ta *adj* (*frml*) situated, located.

situación *sf* situation.

situar [⇨ actuar] *vt* **1.** (*colocar*) to place, to put. **2.** (*localizar*) to find, to locate.

situarse *v prnl* **1.** (*colocarse*) to place

oneself, to position oneself. **2.** (*prosperar*) to achieve a good position.

S.L. = Sociedad Limitada.

slip /es'lip/ *sm* underpants *pl*, (*US*) shorts *pl*.

S.M. = Su Majestad.

SME /eseme'e/ *sm* (= **Sistema Monetario Europeo**) EMS.

smoking /ez'mokin/ *sm* ⇨ **esmoquin**.

s/n. = sin número.

snob /ez'noβ/ *adj*, *sm/f* ⇨ **esnob**.

snowboard /es'nouβord/ *sm* snowboarding.

sobaco *sm* armpit.

sobar *vt* **1.** (*manosear: un objeto*) to handle, to touch; (: *a una persona*) to paw. **2.** (*Col: fam, fastidiar*) to pester. ♦ *vi* (*fam: dormir*) to sleep.

soberanía *sf* sovereignty.

soberano, -na I *adj* **1.** (*Pol*) sovereign. **2.** (*fam: grande*) tremendous. II *sm/f* sovereign.

soberbia *sf* pride, arrogance.

soberbio, -bia *adj* **1.** (*orgulloso*) proud, arrogant. **2.** (*magnífico*) superb.

sobornar *vt* to bribe.

soborno *sm* (*delito*) bribery; (*dinero, favor*) bribe.

sobra I *sf*: **de sobra: tengo de sobra** I have more than enough; **lo sabes de sobra** you know perfectly well. II **sobras** *sf pl* leftovers *pl*.

sobrante *adj* remaining, leftover.

sobrar *vi* **1.** (*quedar*): **sobró comida** there was some food left over; **me sobraron diez** I had ten left over. **2.** (*haber de más*): **sobran cuatro** there are four too many. **3.** (*estar de más*): **tú aquí sobras** you're not wanted here.

sobrasada *sf*: spreadable, spicy pork sausage.

sobre I *sm* **1.** (*para cartas*) envelope. **2.** (*de sopa*) packet; (*de azúcar, medicina*) sachet. **3.** (*fam: cama*) bed. II *prep* **1.** (*encima de*) on. **2.** (*por encima de*) over. **3.** (*acerca de*) about, on. **4.** (*alrededor de*) about, around. III **sobre todo** *loc* *adv* above all.

sobrecarga *sf* overload.

sobrecargar [⇨ pagar] *vt* to overload.

sobrecogedor, -dora *adj* **1.** (*aterrador*) frightening, terrifying. **2.** (*impresionante*) shocking, awesome.

sobredosis *sf inv* overdose.

sobreentenderse [⇨ tender] *v prnl* ⇨ **sobrentenderse**.

sobrehumano, -na *adj* superhuman.

sobrellevar *vt* to bear, to endure.

sobremesa I *sf* (*después de una comida*): **estuvimos de sobremesa** we sat round the table after lunch/dinner. II **de sobremesa** *loc adj*: **una lámpara de sobremesa** a table lamp; **una agenda de sobremesa** a desk diary.

sobrenatural *adj* supernatural.

sobrenombre *sm* nickname.

sobrentenderse [⇨ tender] *v prnl*: **se sobrentiende que...** it goes without saying that....

sobrepasar *vt* **1.** (*exceder*) to exceed, to be over. **2.** (*ir más allá de*) to go beyond.

sobrepeso *sm* excess weight.

sobreponerse [⇨ poner] *v prnl*: **sobreponerse a algo** to overcome sthg.

sobresaliente I *adj* outstanding. II *sm* (*Educ*) mark above 85%.

sobresalir [⇨ salir] *vi* **1.** (*en horizontal*) to jut out, to project; (*en vertical*) to rise up. **2.** (*destacar*) to stand out.

sobresaltar *vt* to startle.

sobresaltarse *v prnl* to be startled.

sobresalto *sm* start, jump.

sobrestimar *vt* to overestimate.

sobretodo *sm* overcoat.

sobrevalorar *vt* to overvalue.

sobrevenir [⇨ venir] *vi*: **le sobrevino otro ataque** she had another attack.

sobreviviente *adj*, *sm/f* ⇨ **superviviente**.

sobrevivir *vi* to survive. ♦ *vt* to outlive, to survive.

sobrevolar [↪ contar] *vt* to fly over.

sobriedad *sf* soberness.

sobrino, -na I *sm/f* (*hombre*) nephew; (*mujer*) niece. **II sobrinos** *sm pl* (*hombres y mujeres*) nephews and nieces *pl*.

sobrio, -bria *adj* **1.** [S] (*moderado*) restrained, moderate. **2.** [S] (*color, decoración*) restrained. **3.** [E] (*no ebrio*) sober.

socarrón, -rrona *adj* mocking, sarcastic.

socavar *vt* **1.** (*excavar*) to dig under. **2.** (*minar*) to undermine, to weaken.

socavón *sm* (large) hole.

sociable *adj* sociable.

social *adj* **1.** (*gen*) social. **2.** (*Fin*): **domicilio social** registered address; **capital social** share capital.

socialdemócrata *sm/f* social democrat.

socialismo *sm* socialism.

socialista *adj, sm/f* socialist.

sociedad *sf* **1.** (*gen*) society. **2.** (*empresa*) company.

sociedad anónima *sf* public limited company. **sociedad de consumo** *sf* consumer society. **sociedad limitada** *sf* private limited company.

socio, -cia *sm/f* **1.** (*de asociación*) member. **2.** (*Fin*) partner.

socio, -cia capitalista *sm/f* sleeping partner.

socioeconómico, -ca *adj* socioeconomic.

sociología *sf* sociology.

sociólogo, -ga *sm/f* sociologist.

socorrer *vt* to help, to aid.

socorrista *sm/f* (*en mar, piscina*) lifeguard; (*en la montaña*) mountain rescuer.

socorro I *sm* **1.** (*gen*) help, assistance. **2.** (*medicina, alimentos*) aid. **II** *excl* help!

soda *sf* soda (water).

sofá *sm* sofa, couch.

sofá cama *sm* sofa bed.

sofisticado, -da *adj* sophisticated.

sofocante *adj* stifling.

sofocar [↪ sacar] *vt* (*las llamas*) to

smother; (*una rebelión*) to put down, to crush.

sofocarse *v prnl* **1.** (*sufrir ahogo*) to get out of breath; (*de calor*) to suffocate. **2.** (*sonrojarse*) to blush. **3.** (*disgustarse*) to get upset.

sofoco *sm* **1.** (*sensación de ahogo*): **me produce sofoco** it leaves me out of breath. **2.** (*bochorno*) embarrassment. **3.** (*disgusto*): **le dio un sofoco** she was upset. **4.** (*Med*) hot flush.

sofreír [↪ reír; *pp* sofrito] *vt* to fry lightly.

sofrito, -ta I *pp* ↪ **sofreír**. **II** *sm*: mixture of fried onion, chopped tomato, etc.

soga *sf* (thick) rope.

soja *sf* soya, (*US*) soy.

sojuzgar [↪ pagar] *vt* to subdue, to subjugate.

sol *sm* **1.** (*Astron, Meteo*) sun: **al sol** in the sun; **hacía sol** it was sunny; **tomar el sol** to sunbathe. **2.** (*persona*) treasure. **3.** (*moneda*) currency of Peru.

sol y sombra *sm*: brandy with anisette.

solamente *adv* only.

solapa *sf* **1.** (*de chaqueta*) lapel. **2.** (*de libro, carpeta*) flap.

solapado, -da *adj* **1.** (*acción, intención*) secret. **2.** (*persona*) sly, cunning.

solar I *adj* solar, sun (*apos*.). **II** *sm* plot of land, (*US*) lot.

solaz *sm* (*frml: descanso*) relaxation; (*:esparcimiento*) recreation; (*:placer*) (source of) pleasure.

solazarse [↪ cazar] *v prnl* (*frml*) to amuse oneself.

soldado *sm/f* soldier.

soldado raso *sm/f* private.

soldador, -dora I *sm/f* (*persona*) welder. **II** *sm* (*herramienta*) soldering iron.

soldar [↪ contar] *vt* (*sin estaño*) to weld; (*con estaño*) to solder.

soleado, -da *adj* sunny.

soledad *sf* **1.** (*aislamiento*) solitude. **2.** (*sentimiento*) loneliness.

solemne *adj* **1.** (*acontecimiento*,

celebración) solemn. **2.** (*para intensificar*) downright, absolute.

solemnidad *sf* **1.** (*grandiosidad*) solemnity, formality. **2.** (*seriedad*) seriousness, gravity.

soler [⇨ table in appendix 2] *vi* (*en presente*): **suelo levantarme temprano** I usually get up early; (*en pasado*): **solía hacerlo todos los días** he used to do it every day.

solera *sf* **1.** (*tradición*) traditional character. **2.** (*de un vino*) vintage. **3.** (*C Sur: vestido*) sundress.

solfeo *sm* sol-fa.

solicitante *sm/f* applicant (**de** for).

solicitar *vt* (*permiso, una entrevista*) to request, to ask for; (*un trabajo, una beca*) to apply for.

solícito, -ta *adj* attentive, solicitous.

solicitud *sf* **1.** (*petición: de ayuda*) request (**de** for); (*: de trabajo*) application (**de** for). **2.** (*formulario*) application (form). **3.** (*amabilidad*) attentiveness, care.

solidaridad *sf* solidarity.

solidario, -ria *adj* (*persona*) supportive; (*gesto*) of solidarity.

solidarizarse [⇨ cazar] *v prnl*: **se solidarizaron con nosotros** they gave us their support.

solidez *sf* **1.** (*Fís, Quím*) solidity. **2.** (*de material*) strength; (*de argumento*) soundness, strength.

sólido, -da I *adj* **1.** (*Fís, Quím*) solid. **2.** (*estructura*) solid; (*argumento*) sound, well-founded. II *sm* solid.

soliloquio *sm* soliloquy.

solista *sm/f* soloist.

solitario, -ria I *adj* (*lugar*) lonely; (*vida*) solitary; (*sin compañía*): **triste y solitario** sad and lonely; (*que busca la soledad*): **un hombre solitario** a loner. II *sm/f* loner. III *sm* **1.** (*Juegos*) patience, (*US*) solitaire. **2.** (*sortija*) solitaire.

sollozar [⇨ cazar] *vi* to sob.

sollozo *sm* sob.

solo, -la I *adj* **1.** (*sin compañía*) alone: **estaba sola** she was alone ∗ on her own; (*en soledad no deseada*) lonely. **2.** (*sin ayuda*) on one's own,

by oneself. **3.** (*sin añadidos*): **leche sola** plain milk. **4.** (*único*): **una sola pregunta** just ∗ only one question. II *sm* **1.** (*Mús*) solo. **2.** (*café*) black coffee.

sólo, solo *adv* only.

solomillo *sm* sirloin.

soltar [⇨ contar] *vt* **1.** (*aflojar*) to loosen. **2.** (*a un prisionero*) to set free, to release; (*a un animal: gen*) to release; (*: a un perro*) to let off the leash. **3.** (*dejar de asir*) to let go of; (*fam: dinero*): **no soltó un centavo** he didn't give me a penny. **4.** (*dar*): **soltó un grito** he shouted; **me soltó una torta** he hit me. **5.** (*fam: decir*) to say: **soltar una palabrota** to swear.

soltarse *v prnl* **1.** (*un nudo*) to come undone. **2.** (*desprenderse*) to come off; (*aflojarse*) to work loose. **3.** (*persona: el pelo*) to let down.

soltero, -ra I *adj* single. II *sm/f* (*hombre*) single ∗ unmarried man, bachelor; (*mujer*) single ∗ unmarried woman.

solterón, -rona *sm/f* (*hombre*) confirmed bachelor; (*mujer*) spinster.

soltura *sf* (*gen*) ease; (*para expresarse*) fluency: **con soltura** fluently.

soluble *adj* soluble.

solución *sf* **1.** (*arreglo*) solution (**a** to; **de** to). **2.** (*Quím*) solution.

solucionar *vt* to solve.

solucionarse *v prnl* to be solved.

solventar *vt* **1.** (*solucionar*) to resolve. **2.** (*Fin*) to pay.

solvente *adj* solvent.

sombra *sf* **1.** (*lugar sin sol*) shade: **a la sombra** in the shade. **2.** (*proyectada por un cuerpo*) shadow.

sombra de ojos *sf* eye shadow.

sombrero *sm* hat.

sombrilla *sf* (*gen*) sunshade, parasol; (*para la playa*) beach umbrella.

sombrío, -bría *adj* **1.** (*triste*) gloomy, sad. **2.** (*oscuro*) dark.

somero, -ra *adj* brief.

someter *vt* **1.** (*a pruebas, torturas*) to subject (**a** to): **lo sometieron a votación** they put it to the vote. **2.** (*dominar*) to subjugate.

someterse *v prnl* **1.** (*entregarse*) to submit (**a** to). **2. someterse a: se sometió a una operación** he underwent an operation.

somier *sm* (bed) base.

somnífero *sm* sleeping pill.

somnolencia *sf* drowsiness.

son *sm* sound ● **en son de paz** in peace.

sonajero *sm* (baby's) rattle.

sonámbulo, -la I *adj.* **soy sonámbulo** I walk in my sleep. **II** *sm/f* sleepwalker.

sonar [⟹ contar] *vi* **1.** (*gen*) to sound: **suena a hueco** it sounds hollow; (*teléfono, timbre*) to ring. **2.** (*fam: resultar conocido*): **me suena su cara** his face is familiar. **3.** (*C Sur: fam, fracasar*): **¡sonamos!** we've had it!; (*: morir*) to kick the bucket.

sonarse *v prnl* to blow one's nose.

sonata *sf* sonata.

sonda *sf* **1.** (*Med: gen*) catheter; (*: para exploración*) probe. **2.** (*Náut*) sounding line.

sondear *vt* **1.** (*las aguas*) to sound. **2.** (*a una persona*) to sound out.

sondeo *sm* **1.** (*encuesta*) poll. **2.** (*Náut*) sounding.

sonido *sm* sound.

sonoro, -ra *adj* (*gen*) audible, loud; (*voz*) deep; (*risa*) loud.

sonreír [⟹ reír] *vi* to smile: **me sonrió** she smiled at me.

sonreírse *v prnl* to smile.

sonríe *etc*. ⟹ **sonreír**.

sonriente *adj* smiling.

sonrío ⟹ **sonreír**.

sonrisa *sf* smile.

sonrojarse *v prnl* to blush.

sonsacar [⟹ sacar] *vt*: **le sonsaqué los nombres** I got him to tell me the names.

soñador, -dora I *adj* dreamy. **II** *sm/f* dreamer.

soñar [⟹ contar] *vt* to dream: **soñé contigo** I dreamt about you; **sueña con ser actor** he dreams of being an actor. ♦ *vi* to dream ● **¡ni soñarlo!** no way!

soñoliento, -ta *adj* drowsy, sleepy.

sopa *sf* soup.

sopapa *sf* (*RP*) plunger.

sopesar *vt* to weigh (up).

sopetón: **de sopetón** *loc adv*: **me lo dijo de sopetón** he told me out of the blue.

soplar *vi* to blow. ♦ *vt* **1.** (*la comida, el fuego*) to blow on; (*una vela*) to blow out. **2.** (*fam: decir*): **me sopló la respuesta** he told me the answer; **se lo sopló a la policía** he told the police.

soplo *sm* **1.** (*soplido*) blow, puff ● **en un soplo** in a flash; (*de viento: débil*) puff; (*: fuerte*) gust. **2.** (*fam: denuncia*) tip-off. **3.** (*Med*) (heart) murmur.

soplón, -plona *sm/f* **1.** (*niño*) telltale. **2.** (*de la policía*) informer.

sopor *sm* sleepiness, drowsiness.

soportales *sm pl* arcade.

soportar *vt* **1.** (*un objeto, un peso*) to support. **2.** (*un dolor, a una persona*) to bear, to stand.

soporte *sm* (*gen*) support; (*para estantería*) bracket.

soprano *sm/f* soprano.

soquete *sm* (*C Sur*) (ankle) sock, (*US*) anklet.

sorber *vt* (*gen*) to sip; (*con ruido*) to slurp.

sorbete *sm* sorbet.

sorbo *sm* (*gen*) sip; (*grande*) gulp.

sordera *sf* deafness.

sórdido, -da *adj* sordid.

sordo, -da I *adj* **1.** (*persona*) deaf. **2.** (*dolor, sonido*) dull. **II** *sm/f* deaf person.

sordomudo, -da *adj, sm/f* deafmute.

soriano, -na *adj* of ✻ from Soria.

sorna *sf* sarcasm.

soroche *sm* (*Amér S*) altitude sickness.

sorprendente *adj* surprising.

sorprender *vi* (*extrañar*): **me sorprende que lo sepa** I'm surprised (that) he knows. ♦ *vt* (*pillar*) to surprise.

sorprenderse *v prnl* to be surprised.

sorpresa *sf* surprise.

sorpresivo, -va *adj* (*Amér L*) unexpected, surprise.

sortear *vt* **1.** (*en un sorteo*) to raffle (off); (*echar a suertes*) to draw lots for. **2.** (*un obstáculo*) to find a way around.

sorteo *sm* draw.

sortija *sf* ring.

sosegado, -da *adj* (*carácter*) calm; (*vida*) quiet, tranquil.

sosegar [⇨ regar] *vt* to calm.

sosegarse *v prnl* **1.** (*mar*) to become calm. **2.** (*persona*) to calm down.

sosiego *sm* peace, calm.

soslayo: de soslayo *loc adv* sideways.

soso, -sa *adj* **1.** (*sin sabor*) bland, tasteless; (*con poca sal*): **está soso** it needs more salt. **2.** (*persona, fiesta*) dull, boring.

sospecha *sf* suspicion.

sospechar *vt* to suspect.

sospechoso, -sa I *adj* [S] suspicious. **II** *sm/f* suspect.

sostén *sm* **1.** (*ayuda, soporte*) support. **2.** (*prenda interior*) bra, brassière.

sostener [⇨ tener] *vt* **1.** (*agarrar*) to hold; (*soportar*) to support, to hold up. **2.** (*referido a opiniones*) to maintain, to hold. **3.** (*una conversación*) to have. **4.** (*económicamente*) to support, to provide for.

sostenerse *v prnl* **1.** (*mantenerse de pie*) to stand (up). **2.** (*en el aire*) to stay up.

sota *sf* jack.

sotana *sf* cassock.

sótano *sm* (*gen*) basement; (*para almacenar*) cellar.

soviético, -ca *adj* Soviet.

soy ⇨ **ser**.

spiedo *sm* (*C Sur*) (roasting) spit.

sport /es'por/ *adj*: **ropa de sport** casual clothes.

spot /es'pot/ *sm* [**spots**] (*or* **spot publicitario**) commercial, advertisement.

Sr. (= **Señor**) Mr.

Sra. (= **Señora**) Mrs.

S.R.C. (= **se ruega contestación**) RSVP.

Sres., Srs. (= **Señores**) (*pareja*) Mr and Mrs.

Srta. (= **Señorita**) Miss.

S.S. = **Seguridad Social**.

SS. MM. (= **Sus Majestades**) Their Majesties.

Sta. (= **Santa**) St.

starter /es'tarter/ *sm* choke.

status /es'tatus/ *sm inv* status.

Sto. (= **Santo**) St.

su *adj posesivo* [**sus**] (*de él*) his; (*de ella*) her; (*de usted, ustedes*) your; (*de cosa*) its; (*de ellos, ellas*) their.

suave *adj* **1.** (*piel, tela*) soft; (*superficie, movimiento*) smooth. **2.** (*persona*) gentle; (*voz*) soft. **3.** (*sabor*) mild; (*color*) subdued; (*clima*) mild. **4.** (*brisa*) gentle.

suavidad *sf* **1.** (*de piel, tela*) softness; (*de superficie*) smoothness. **2.** (*de persona*) gentleness; (*de voz*) softness. **3.** (*de sabor, clima*) mildness.

suavizante *sf* **1.** (*de ropa*) fabric conditioner ✳ softener. **2.** (*de pelo*) conditioner.

suavizar [⇨ cazar] *vt* **1.** (*la piel*) to soften; (*el pelo*) to leave soft; (*un sabor*) to make less strong. **2.** (*declaraciones, crítica*) to soften, to tone down.

suavizarse *v prnl* (*carácter*) to mellow.

suba *sf* (*RP*) (price) rise.

subarrendar [⇨ pensar] *vt* to sublet.

subasta *sf* auction.

subastador, -dora *sm/f* auctioneer.

subastar *vt* to auction.

subcampeón, -ona *sm/f* runner-up.

subconsciente *adj, sm* subconscious.

subdesarrollado, -da *adj* underdeveloped.

subdesarrollo *sm* underdevelopment.

subdirector, -tora *sm/f* (*gen*) assistant director; (*de banco, hotel*) assistant manager; (*de periódico*) deputy editor; (*de colegio*) assistant principal, (*GB*) deputy head.

súbdito, -ta *sm/f* subject.

subestimar *vt* to underestimate.

subida *sf* 1. (*aumento*) rise (**de** in), increase (**de** in). 2. (*de montaña*) climb, ascent. 3. (*cuesta*) slope.

subir *vi* 1. (*ir: si el hablante está abajo*) to go up; (*: si el hablante está arriba*) to come up. 2. (*a un coche*) to get in: **sube al coche** get into * in the car; (*a un tren, un avión*) to get on: **subí al tren** I got on the train. 3. (*marea*) to rise. 4. (*precios, temperatura*) to go up, to rise. 5. (*de categoría*) to go up. ◆ *vt* 1. (*una montaña*) to climb; (*una cuesta, las escaleras: si el hablante está abajo*) to go up; (*: si el hablante está arriba*) to come up. 2. (*llevar arriba*) to take up; (*traer arriba*) to bring up. 3. (*mover hacia arriba*) to lift. 4. (*los precios, la temperatura*) to raise; (*el volumen, la radio*) to turn up; (*la voz*) to raise.

subirse *v prnl* 1. (*trepar*): **se subió al árbol** she climbed the tree * she went up the tree. 2. (*en un coche*) to get in: **se subió al coche** she got into * in the car; (*en un avión, un tren*): **me subí al avión** I got on * onto the plane; (*a una bicicleta*): **se subió a la bicicleta** she got on her bicycle. 3. (*los pantalones, los calcetines*) to pull up: **súbete la cremallera** do your zip up.

súbito, -ta *adj* sudden.

subjetivo, -va *adj* subjective.

subjuntivo *sm* subjunctive.

sublevación *sf* uprising.

sublevar *vt* (*enfadar*) to infuriate.

sublevarse *v prnl* (*rebelarse*) to rise up, to revolt.

sublime *adj* sublime.

submarinismo *sm* (*como deporte*) scuba diving; (*con fines científicos, etc.*) skin diving.

submarino, -na I *adj* underwater. II *sm* submarine.

subnormal *adj* (*término médico*) (educationally) subnormal; (*uso pe-*

yorativo) moronic.

subordinado, -da *adj, sm/f* subordinate.

subrayar *vt* 1. (*con una línea*) to underline. 2. (*destacar*) to emphasize, to underline.

subsanar *vt* (*dificultades*) to resolve, to overcome; (*errores*) to correct, to rectify; (*una deficiencia*) to make up for.

subsidio *sm* (*subvención*) subsidy; (*de la Seguridad Social*) benefit, allowance.

subsidio de desempleo * **paro** *sm* unemployment benefit * (*US*) compensation.

subsistencia *sf* subsistence.

subsistir *vi* 1. (*costumbre*) to survive; (*problema*) to remain. 2. (*vivir*) to live.

subte *sm* (*RP: Transp, fam*) underground railway, (*US*) subway.

subterráneo, -nea I *adj* underground, subterranean. II *sm* 1. (*túnel*) subway. 2. (*RP: Transp*) underground (railway), (*US*) subway.

subtítulo *sm* subtitle.

suburbio *sm* (*barrio popular*) working class area; (*zona periférica*) suburb.

subvención *sf* subsidy, subvention.

subvencionar *vt* to subsidize.

subversión *sf* subversion.

subversivo, -va *adj* subversive.

subyugar [↪ pagar] *vt* 1. (*someter*) to subjugate. 2. (*fascinar*) to captivate.

succión *sf* suction.

sucedáneo, -nea I *adj* substitute. II *sm* substitute (**de** for).

suceder *vi* 1. (*acontecer*) to happen. 2. (*ocurrir después*) to follow. ◆ *vt* (*a una persona*) to succeed.

sucesión *sf* 1. (*al trono*) succession. 2. (*serie*) series *n inv*. 3. (*descendencia*) heirs *pl*, issue.

sucesivamente *adv*: **y así sucesivamente** and so on.

sucesivo, -va *adj* successive: **en lo sucesivo** from now on.

suceso I *sm* (*acontecimiento*) event, happening. II **sucesos** *sm pl*: section of newspaper devoted to crimes and accidents.

sucesor, -sora *sm/f* (*en cargo*) successor; (*heredero*) heir.

suciedad *sf* (*mugre*) dirt; (*estado*) dirtiness.

sucinto, -ta *adj* concise, succinct.

sucio, -cia *adj* 1. (*gen*) dirty. 2. (*negocio, asunto*) shady.

sucre *sm*: currency of Ecuador.

sucrense *adj* de ✳ from Sucre.

suculento, -ta *adj* succulent.

sucumbir *vi* to succumb (**a** to).

sucursal *sf* branch.

sudadera *sf* sweatshirt.

Sudáfrica *sf* South Africa.

sudafricano, -na *adj, sm/f* South African.

Sudamérica *sf* South America.

sudamericano, -na *adj, sm/f* South American.

sudar *vi* to sweat.

sudeste I *sm* southeast. II *adj inv* (*gen*) southeast; (*región*) southeastern; (*dirección*) southeasterly.

sudoeste I *sm* southwest. II *adj inv* (*gen*) southwest; (*región*) southwestern; (*dirección*) southwesterly.

sudor *sm* sweat.

sudoroso, -sa *adj* sweaty.

Suecia *sf* Sweden.

sueco, -ca I *adj* Swedish. II *sm/f* Swede: **los suecos** the Swedish ✳ Swedes. III *sm* (*Ling*) Swedish.

suegro, -gra I *sm/f* (*hombre*) father-in-law; (*mujer*) mother-in-law. II **suegros** *sm pl* (*suegro y suegra*) in-laws *pl*.

suela *sf* sole.

sueldo *sm* (*gen*) salary; (*de obrero*) wages *pl*, pay.

suelo I *sm* 1. (*de habitación*) floor. 2. (*tierra*) ground. 3. (*terreno: de cultivo*) soil; (*: edificable*) (building) land. 4. (*de un país*) soil. II *also* ⇨ **soler**.

suelto, -ta I *adj* 1. (*hojas*) loose; (*pelo*): **con el pelo suelto** with her hair down. 2. (*no envasado*) loose;

(*separado*) separate. 3. (*en libertad*) free, at large. II *sm* 1. (*dinero*) loose change. 2. (*artículo*) article. III *pp* ⇨ **soltar**.

suena *etc.* ⇨ **sonar**.

sueño I *sm* 1. (*ganas de dormir*): **tengo sueño** I'm sleepy ✳ tired. 2. (*estado*) sleep: **ocho horas de sueño** eight hours' sleep. 3. (*lo soñado*) dream. II *also* ⇨ **soñar**.

suero *sm* 1. (*de la leche*) whey. 2. (*Med*) serum.

suerte *sf* 1. (*fortuna*) luck: **¡suerte!** good luck!; **tuve suerte** I was lucky; **por suerte** fortunately. 2. (*azar*): **echar algo a suerte(s)** to draw lots to decide sthg. 3. (*sino*) destiny, fate. 4. (*tipo*) sort, kind.

suéter *sm* sweater.

suficiente I *adj* 1. (*bastante*) enough. 2. (*soberbio*) smug. II *sm* (*Educ*) mark between 50% and 60%.

sufragio *sm* (*sistema*) suffrage; (*voto*) vote.

sufrido, -da *adj* 1. (*persona*) long-suffering. 2. (*color*) which doesn't show the dirt; (*prenda*) hard-wearing.

sufrir *vi* to suffer. ♦ *vt* 1. (*una lesión, una derrota*) to suffer; (*un accidente*) to have. 2. (*un cambio*) to undergo, to experience.

sugerencia *sf* suggestion.

sugerir [⇨ sentir] *vt* to suggest: **sugirió que fuéramos** he suggested we should go.

sugestión *sf*: **es pura sugestión** it's all in his mind.

sugestionar *vt*: **lo sugestionaron** they put ideas into his head.

sugestionarse *v prnl*: **se ha sugestionado con la idea de que...** she has got the idea into her head that....

sugestivo, -va *adj* attractive.

sugiero *etc.* ⇨ **sugerir**.

suicida I *adj* suicidal. II *sm/f* (*persona*) suicide.

suicidarse *v prnl* to commit suicide.

suicidio *sm* suicide.

Suiza *sf* Switzerland.

suizo, -za I *adj* Swiss. II *sm/f* Swiss man/woman: **los suizos** the Swiss. III *sm* (*Culin*) bun.

sujeción *sf* 1. (*sometimiento*) subjection. 2. (*atadura*) fastening, bond.

sujetador *sm* bra, brassière.

sujetar *vt* 1. (*asir*) to hold; (*por la fuerza*) to hold down, to restrain. 2. (*asegurar*) to fasten, to fix.

sujeto, -ta I *adj* 1. (*fijo*) fastened (a to). 2. (*expuesto*) subject (a to). II *sm* 1. (*persona*) person, individual. 2. (*Ling*) subject.

suma *sf* 1. (*Mat*) addition, sum. 2. (*de dinero*) amount, sum. 3. (*conjunto*) total • **en suma** in short.

sumamente *adv* extremely.

sumar *vt* 1. (*Mat*) to add, to add up. 2. (*importar*) to come to, to total. ♦ *vi* (*Mat*) to add.

sumarse *v prnl* (*a una protesta*) to subscribe (a to).

sumario, -ria I *adj* 1. (*breve*) brief. 2. (*juicio*) summary. II *sm* 1. (*índice*) contents *pl*. 2. (*compendio*) summary. 3. (*Jur*) pre-trial investigation.

sumergir [⇨ surgir] *vt* to immerse.

sumergirse *v prnl* to submerge.

sumidero *sm* drain.

suministrar *vt*: **suministrarle algo a alguien** to supply sbdy with sthg.

suministro *sm* supply, provision.

sumir *vt* 1. (*en la miseria, etc.*) to plunge (**en** into). 2. (*sumergir*) to sink, to submerge.

sumisión *sf* 1. (*de pueblo, país*) submission. 2. (*docilidad*) submissiveness, meekness.

sumiso, -sa *adj* submissive, docile.

sumo, -ma *adj* 1. (*muy grande*) extreme. 2. (*superior*) supreme.

suntuoso, -sa *adj* sumptuous.

supe *etc.* ⇨ **saber**.

supeditar *vt* to subordinate (**a** to).

súper I *adj inv* (*fam*: *estupendo*) super, fantastic. II *sf* (*gasolina*) four-star (petrol), (*US*) super.

superable *adj* surmountable.

superar *vt* 1. (*ser superior a*) to exceed. 2. (*dificultades, obstáculos*) to overcome; (*pruebas*) to get through.

superarse *v prnl* to improve oneself.

superávit *sm* surplus.

superdotado, -da *adj* highly talented, exceptionally gifted.

superficial *adj* superficial.

superficie *sf* 1. (*capa exterior*) surface. 2. (*extensión*) area.

superfluo, -flua *adj* superfluous.

superior I *adj* 1. (*de arriba*) upper, top. 2. (*muy bueno*) excellent, superior; (*mejor*) superior (**a** to), better (**a** than). 3. (*cifra*) higher (**a** than). 4. (*enseñanza*) higher. II *sm* superior.

superioridad *sf* superiority.

supermercado *sm* supermarket.

superponer [⇨ poner] *vt* (*totalmente*) to superimpose (**a** on); (*parcialmente*) to overlap.

superpotencia *sf* superpower.

superproducción *sf* 1. (*película*) lavish production. 2. (*Fin*) overproduction.

supersónico, -ca *adj* supersonic.

superstición *sf* superstition.

supersticioso, -sa *adj* superstitious.

supervisar *vt* to supervise, to oversee.

supervisor, -sora *sm/f* supervisor.

supervivencia *sf* survival.

superviviente I *adj* surviving. II *sm/f* survivor.

suplantar *vt* 1. (*hacerse pasar por*) to impersonate. 2. (*reemplazar*) to supplant, to replace.

suplemento *sm* 1. (*recargo*) extra charge, surcharge. 2. (*de periódico*) supplement.

suplente I *adj* (*gen*) substitute (*apos.*); (*profesor*) supply (*apos.*). II *sm/f* (*gen*) substitute; (*actor*) understudy; (*médico*) locum; (*profesor*) supply * (*US*) substitute teacher.

supletorio, -ria I *adj* additional, extra. II *sm* extension.

súplica *sf* (*gen*) request, plea; (*Jur*) petition.

suplicar [⇨ sacar] *vt* to beg, to beseech.

suplicio *sm* torture: **es un suplicio aguantarlo** it's murder having to put up with him.

suplir *vt* 1. (*carencias*) to make up for. 2. (*a una persona*) to replace, to substitute.

suponer I *sm* supposition. II [⇨ poner] *vt* 1. (*imaginar*) to suppose: **supongo que sí** I suppose so; **supongamos que no apruebas...** supposing you don't pass...; (*expresando lo que se espera*) to presume: **es de suponer que lo harán** presumably they'll do it; **se supone que la experta es ella** she is supposed to be the expert. 2. (*implicar, conllevar*) to involve, to mean.

suposición *sf* supposition.

supositorio *sm* suppository.

supremacía *sf* supremacy.

supremo, -ma *adj* supreme.

supresión *sf* (*gen*) suppression; (*de leyes, derechos*) abolition; (*de problemas*) elimination.

suprimir *vt* 1. (*omitir*) to leave out, to omit. 2. (*gastos, lujos*) to eliminate, to cut out. 3. (*una ley*) to abolish.

supuesto, -ta *pp* ⇨ **suponer.** II *adj* 1. (*presunto*) alleged, supposed. 2. (*falso*) assumed, false. 3. (*en expresiones*): **dar algo por supuesto** to take sthg for granted; **por supuesto** of course.

supurar *vi* to suppurate, to weep.

supuse *etc.* ⇨ **suponer.**

sur I *sm* south. II *adj inv* (*gen*) south; (*región*) southern; (*dirección*) southerly.

Suráfrica *sf* South Africa.

surafricano, -na *adj, sm/f* South African.

Suramérica *sf* South America.

suramericano, -na *adj, sm/f* South American.

surcar [⇨ sacar] *vt* 1. (*frml: los mares*) to sail. 2. (*el rostro*) to crease, to furrow.

surco *sm* 1. (*en tierra, frente*) furrow. 2. (*en disco*) groove.

sureste *sm, adj inv* ⇨ **sudeste.**

surf /surf/, **surfing** /surfin/ *sm* surfing.

surgir [⇨ table in appendix 2] *vi* to arise, to crop up.

suroeste *sm, adj inv* ⇨ **sudoeste.**

surrealista *adj, sm/f* surrealist.

surtido, -da I *adj* 1. (*abastecido*) stocked (**de** with). 2. **surtidos -das** (*variados*) assorted. II *sm* selection, range.

surtidor *sm* 1. (*de gasolina*) petrol * (*US*) gas pump. 2. (*chorro*) jet.

surtir *vt* 1. (*abastecer*) to supply (**de** with), to provide (**de** with). 2. (*un efecto*) to have, to produce.

susceptible *adj* 1. (*persona*) sensitive, touchy. 2. (*de cambios*): **ser susceptible de cambios** to be liable to alteration.

suscitar *vt* 1. (*críticas*) to attract. 2. (*un escándalo*) to give rise to. 3. (*dudas*) to arouse.

suscribir [*pp* suscrito] *vt* (*solidarizarse con*) to subscribe to, to endorse.

suscribirse *v prnl* (*a una publicación*) to subscribe (**a** to).

suscripción *sf* subscription.

susodicho, -cha *adj, sm/f* aforesaid, aforementioned.

suspender *vt* 1. (*en el aire*) to suspend, to hang. 2. (*cancelar*) to cancel, to call off; (*interrumpir*) to suspend. 3. (*Educ: un examen, a una persona*) to fail. 4. (*de un cargo*) to suspend (**de** from). ◆ *vi* (*no aprobar*) to fail.

suspense *sm* suspense: **una película de suspense** a thriller.

suspensión *sf* 1. (*en el aire*) suspension. 2. (*cancelación*) cancellation; (*interrupción*) suspension. 3. (*de un cargo*) suspension (**de** from). 4. (*Auto, Quím*) suspension.

suspensión de pagos *sf*: protection under bankruptcy laws.

suspenso *sm* 1. (*gen*): **tener a alguien en suspenso** to keep sbdy in suspense. 2. (*Educ*) fail. 3. (*Amér L*) ⇨ **suspense.**

suspensores *sm pl* (*Amér S: para pantalones*) braces *pl*, (*US*) suspenders *pl*.

suspicacia *sf* suspicion, distrust.

suspicaz *adj* [**-caces**] suspicious, distrustful.

suspirar *vi* to sigh.

suspiro *sm* sigh.

sustancia *sf* substance.

sustancioso, -sa *adj* **1.** (*importante*) substantial, considerable. **2.** (*comida*) nourishing.

sustantivo *sm* noun.

sustentar *vt* **1.** (*defender*) to uphold. **2.** (*a una familia*) to support, to maintain. **3.** (*Arquit*) to hold up, to support.

sustento *sm* **1.** (*alimento*) sustenance. **2.** (*apoyo*) support.

sustitución *sf* (*permanente*) replacement; (*temporal*) substitution.

sustituir [↪ huir] *vt* **1.** (*una cosa por otra*) to replace (**por** with): **sustituí el azúcar por miel** I replaced the sugar with honey ‖ I substituted honey for the sugar. **2.** (*en el trabajo: temporalmente*) to stand in for; (*: permanentemente*) to replace; (*Dep*): **lo han sustituido** he has been substituted.

sustituto, -ta *sm/f* (*temporal*) substitute; (*permanente*) replacement.

susto *sm* fright.

sustraer [↪ traer] *vt* (*frml*) **1.** (*restar*) to subtract, to take away. **2.** (*hurtar*) to steal.

susurrar *vt/i* to whisper.

susurro *sm* (*de persona*) whisper; (*del agua, viento*) murmur.

sutil *adj* **1.** (*diferencia*) subtle. **2.** (*perfume*) delicate.

sutileza *sf* subtlety.

suturar *vt* to stitch (up).

suyo, -ya I *adj posesivo* (*de él*) his; (*de ella*) hers; (*de usted o ustedes*) yours; (*de ellos o ellas*) theirs: **es suyo** it's his/hers/yours/theirs; **un amigo suyo** a friend of his/hers/yours/theirs. **II** *pron posesivo*: **el suyo/la suya es mejor** his/hers/

yours/theirs is better.

tabacalera *sf* tobacco company.

tabaco *sm* **1.** (*planta, producto*) tobacco. **2.** (*cigarrillos*) cigarettes *pl*.

tabaco negro *sm* black ✳ dark tobacco. **tabaco rubio** *sm* Virginia tobacco.

tábano *sm* horsefly.

tabaquismo *sm* nicotine poisoning.

tabaquismo pasivo *sm* passive smoking.

taberna *sf* tavern, inn.

tabique *sm* **1.** (*pared*) partition (wall). **2.** (*or* **tabique nasal**) bone of the nose.

tabla I *sf* **1.** (*de madera: gen*) board; (*: basta, gruesa*) plank. **2.** (*para surf*) surfboard; (*para windsurf*) sailboard. **3.** (*en falda*) pleat. **4.** (*lista*) table. **5.** (*Artes*) panel. **II tablas** *sf pl* **1.** (*en ajedrez*): **quedamos en tablas** it was a tie ‖ we drew. **2.** (*escenario*) stage.

tabla de multiplicar *sf* multiplication table. **tabla de planchar** *sf* ironing board. **tabla periódica** *sf* periodic table.

tablado *sm* **1.** (*tarima*) (wooden) platform. **2.** (*de flamenco*) ↪ **tablao**.

tablao *sm* (*local*) flamenco bar; (*espectáculo*) flamenco show.

tableado, -da *adj* pleated.

tablero *sm* **1.** (*de mesa*) top. **2.** (*en juegos*) board. **3.** (*en baloncesto*) backboard. **4.** (*or* **tablero de anuncios**) notice ✳ (*US*) bulletin board. **5.** (*Amér L: Auto*) dashboard.

tablero de instrumentos * **de mandos** sm instrument panel.

tableta sf 1. (Med) tablet. 2. (de chocolate, turrón) bar.

tablón sm 1. (de madera) plank. 2. (or **tablón de anuncios**) notice * (US) bulletin board.

tabú I sm [-búes * -bús] taboo. II adj inv taboo.

tabulador sm tab.

taburete sm stool.

tacaño, -ña I adj mean, stingy. II sm/f miser, skinflint.

tacataca sm 1. (or **tacatá**) (para bebé) baby walker; (para ancianos) zimmer® frame. 2. (or **al tacataca**) (RP: fam): **pagar (al) tacataca** to pay cash.

tacha sf: **sin tacha** (reputación) unblemished, (conducta) impeccable.

tachadura sf deletion, crossing out.

tachar vt 1. (borrar) to cross out. 2. (tildar): **lo tachan de cobarde** he's been branded (as) a coward.

tachero, -ra sm/f (RP: fam) taxi driver, cabbie.

tacho sm 1. (C Sur: lata) (empty) can * (GB) tin. 2. (RP: fam, taxi) taxi, cab.

tacho de la basura sm (C Sur: en casa) rubbish bin, (US) trash can; (: en la calle) dustbin, (US) garbage can.

tachuela sf 1. (en tapicería) tack; (para papeles) drawing pin, (US) thumbtack. 2. (de adorno) stud.

tácito, -ta adj unspoken, tacit.

taciturno, -na adj 1. (triste) glum, gloomy. 2. (reservado) withdrawn.

taco sm 1. (de bota de fútbol) stud, (US) cleat. 2. (C Sur: de zapato) heel: **de taco alto** high-heeled. 3. (de papeles) wad; (de entradas) book. 4. (de jamón, queso) cube. 5. (en la cocina mexicana) taco (filled corn tortilla). 6. (de billar) cue. 7. (palabrota) swearword: **decir** * **soltar tacos** to swear.

tacón sm heel: **de tacón alto** high-heeled.

taconear vi (gen) to tap one's heels;

(más fuerte) to stamp one's heels.

táctica sf (estrategia) tactics pl; (maniobra concreta) tactic.

táctico, -ca adj tactical.

tacto sm 1. (sentido) touch: **suave al tacto** soft to the touch; (cualidad) feel. 2. (delicadeza) tact.

tafetán sm taffeta.

tafilete sm morocco leather.

tahona sf bakery, baker's.

taimado, -da adj cunning, astute.

tajada sf 1. (rodaja) slice. 2. (corte) cut. 3. (fam: borrachera): **coger una tajada** to get drunk.

tajamar sm (Amér S) breakwater, sea wall.

tajante adj categorical.

tajear vt (Amér L) to slash.

Tajo sm Tagus.

tajo sm 1. (corte) cut. 2. (Geog) gorge. 3. (fam: trabajo): **¡vuelta al tajo!** back to work!

tal I adj 1. (semejante) such: **no dije tal cosa** I never said any such thing. 2. (como intensificador): **había tal cantidad de gente que...** there were so many people that.... 3. (con valor indeterminado): **un tal Ramón** someone called Ramón. II adv 1. (en oraciones interrogativas): **¿qué tal estás?** how are you? 2. **tal como: tal como lo explicó ...** the way he explained it ... 3. **tal y como: tal y como me lo indicaste** exactly as you told me. 4. **tal vez** maybe, perhaps. 5. **tal cual: lo dejó tal cual** he left it as it was. III pron: **y con tal... and as such... ● son tal para cual** they're two of a kind.

tala sf (tree) felling.

taladrar vt to drill a hole in.

taladro sm drill.

talante sm 1. (estado de ánimo): **está de buen/mal talante** he's in a good/bad mood. 2. (disposición): **lo hizo de buen/mal talante** he did it willingly/reluctantly.

talar vt to fell, to chop down.

talco sm (mineral) talc; (polvos) talcum powder.

talego sm 1. (bolsa) sack. 2. (fam:

cárcel) jail, slammer.

talento *sm* talent.

talentoso, -sa *adj* (*Amér L*) talented.

Talgo, talgo *sm* (*en Esp*) express train.

talismán *sm* talisman.

talla *sf* 1. (*de ropa*) size: **¿qué talla usas?** what size do you take? 2. (*estatura*) height, stature. 3. (*importancia*) standing. 4. (*escultura*) (wood) carving. 5. (*acción: de la madera*) carving; (*: de diamantes*) cutting.

tallar *vt* 1. (*la madera*) to carve; (*diamantes*) to cut. 2. (*a reclutas*) to measure the height of.

tallarines *sm pl* (*italianos*) tagliatelle; (*chinos*) noodles *pl*.

talle *sm* 1. (*cintura*) waist. 2. (*RP: de una prenda*) size.

taller *sm* 1. (*or taller mecánico* ✳ **de reparaciones**) (*Auto*) garage, repair shop. 2. (*Artes*) studio. 3. (*de trabajo, aprendizaje*) workshop.

tallo *sm* stem, stalk.

talón *sm* 1. (*de pie, calcetín*) heel. 2. (*cheque*) cheque, (*US*) check. 3. (*Amér L: de un cheque*) stub.

talonario *sm* chequebook, (*US*) checkbook.

tamal *sm*: maize paste with meat wrapped in a leaf.

tamaño, -ña I *adj* such. **II** *sm* size: **es del mismo tamaño** it's the same size; **de tamaño natural** life-size.

tamarindo *sm* tamarind.

tambalearse *v prnl* to totter, to teeter.

también *adv* 1. (*gen*) too, as well: **él también fue** he went too ‖ he went as well ‖ he also went. 2. (*en respuesta a una afirmación*): —**Estoy cansado.** —**Yo también.** "I'm tired." "So am I."; —**Pedro lo sabe/ sabía.** —**Lola también.** "Pedro knows/knew." "So does/did Lola."

tambo *sm* (*RP*) dairy farm.

tambor *sm* 1. (*Mús*) drum. 2. (*de detergente*) drum. 3. (*Auto*) (brake) drum. 4. (*Anat*) eardrum.

Támesis *sm* Thames.

tamiz *sm* [**-mices**] sieve.

tamizar [✷ cazar] *vt* to sieve, to sift.

tampoco *adv* 1. (*gen*) not either: **ella tampoco fue** she didn't go either. 2. (*en respuesta a una negación*): —**No estoy seguro.** —**Yo tampoco.** "I'm not sure." "Neither ✳ Nor am I."; —**Pedro no lo sabe/ sabía.** —**Lola tampoco.** "Pedro doesn't/didn't know." "Neither ✳ Nor does/did Lola."

tampón *sm* 1. (*de tinta*) ink pad. 2. (*higiénico*) tampon.

tan *adv* 1. (*con valor consecutivo*) so: **es tan gordo que...** he's so fat that.... 2. (*para intensificar*): **¡es tan guapo!** he's so handsome!; **¡tiene unos ojos tan grandes!** he has such big eyes!; **¡nos hizo tan buen tiempo!** we had such good weather!; **¡es una chica tan buena!** she is such a good girl! 3. (*para comparar*) as: **es tan alto como tú** he is as tall as you. 4. **tan siquiera** ✷ **siquiera**.

tanda *sf* 1. (*serie*) series *n inv*. 2. (*grupo*) batch. 3. (*en una cola*) turn. 4. (*or tanda de avisos*)(*RP: en radio, televisión*) commercial break.

tanda de penaltis *sf* penalty shootout.

tándem *sm* [**-dems** ✳ **-demes**] tandem.

tangente *adj, sf* tangent.

tangible *adj* tangible.

tango *sm* tango.

tano, -na *adj, sm/f* (*RP: fam*) Italian.

tanque *sm* 1. (*gen*) tank. 2. (*Amér L: Auto*) (petrol) ✳ (*US*) gas) tank.

tanque de nafta *sm* (*RP: Auto*) petrol ✳ (*US*) gas tank.

tantear *vt* 1. (*palpar*) to feel. 2. (*a una persona*) to sound out; (*una situación*) to size up.

tanteo *sm* 1. (*de una persona*) sounding out; (*de una situación*) sizing up. 2. (*resultado*) score.

tanto, -ta I *adj, pron* 1. (*cantidad grande, referido a sustantivo inglés: en sing*) so much; (*: en pl*) so many: **no me sirvas tanto arroz** don't give me so much rice; **¡había tanta gente!** there were so many people!; **¡tiene tantos!** he has so many! ● **no es para tanto** it isn't that bad. **2.** (*cantidad sin especificar*): **tiene treinta y tantos (años)** he's thirty-something ● **a las tantas de la madrugada** in the early hours of the morning. **3.** (*en comparaciones, referido a un sustantivo inglés: en sing*) as much; (*: en pl*) as many: **tengo tanto/tantos como él** I have as much/as many as he does. **4. por lo tanto** therefore.

II tanto *adv* **1.** (*tal cantidad*) so much: **no comas tanto/trabajes tanto** don't eat so much/work so hard ● **si es barato, tanto mejor** if it's cheap, so much the better. **2.** (*referido a un tiempo*) so long, such a long time: **¿por qué tarda tanto?** why is he taking so long? **3. tanto... como...** (*y*): **tanto tú como Ana** both you and Ana.

III tanto *sm* **1.** (*de dinero*): **cobra un tanto por libro vendido** he earns a set amount for each book sold. **2.** (*en ciertos juegos*) point; (*en fútbol*) goal. **3. al tanto: ponme al tanto de todo** bring me up to date on everything. **4. un tanto** (*un poco*): **es un tanto extraño** he's rather strange.

tanto por ciento *sm* percentage.

tapa *sf* **1.** (*gen*) lid; (*de libro*) cover; (*de botella*) cap, (*GB*) top. **2.** (*de tacón*) heel. **3.** (*aperitivo*) tapa, appetizer.

tapacubos *sm inv* hubcap.

tapadera *sf* **1.** (*gen*) lid. **2.** (*para encubrir*) cover, front.

tapado, -da *adj* **1.** (*gen*) covered. **2.** (*nariz*) blocked (up). **II** *sm* (*C Sur*) coat.

tapar *vt* **1.** (*cubrir: gen*) to cover (up); (*: una caja*) to put the lid on; (*: una botella*) to put the cap * top on. **2.** (*un agujero*) to plug, to fill. **3.** (*bloquear*) to block. **4.** (*en la cama*) to cover.

taparse *v prnl* **1.** (*ocultarse*) to cover oneself up. **2.** (*los ojos, la boca*) to

cover. **3.** (*en la cama*) to cover one-self up; (*con ropa de abrigo*) to wrap up.

taparrabo *sm*, **taparrabos** *sm inv* loincloth.

tapeo *sm* (*fam*): **ir de tapeo** to go out for tapas and a drink.

tapete *sm* runner.

tapia *sf* wall.

tapiar *vt* (*un espacio*) to wall in; (*una entrada*) to block off, to close up.

tapicería *sf* **1.** (*de sillón, automóvil*) upholstery. **2.** (*taller, tienda*) upholsterer's.

tapiz *sm* [**-pices**] tapestry.

tapizar [⇨ cazar] *vt* to upholster.

tapón *sm* **1.** (*de botella: gen*) cap, (*GB*) top; (*: de corcho*) cork. **2.** (*de fregadero*) plug. **3.** (*para los oídos*) earplug. **4.** (*obstrucción: en una tubería*) blockage, obstruction; (*: en un proceso*) bottleneck; (*: en el tráfico*) traffic jam. **5.** (*en baloncesto*) block. **6.** (*fam: persona baja*) shorty. **7.** (*C Sur: fusible*) fuse. **8.** (*RP: de calzado de fútbol*) stud, (*US*) cleat.

tapón de rosca *sm* screw-on top.

tapujo *sm*: **hablar sin tapujos** to talk openly.

taquería *sf* (*en Méx*) stand or restaurant selling tacos.

taquicardia *sf* tachycardia.

taquigrafía *sf* shorthand.

taquígrafo, -fa *sm/f* shorthand typist, (*US*) stenographer.

taquilla *sf* **1.** (*gen*) ticket office; (*en cine, teatro*) box office. **2.** (*recaudación*) takings *pl*. **3.** (*armario*) locker.

taquillero, -ra I *adj*: **la película más taquillera del año** the box-office hit of the year. **II** *sm/f* ticket clerk.

tara *sf* (*defecto*) defect, fault.

tarado, -da (*fam*) I *adj* stupid. **II** *sm/f* idiot.

tarántula *sf* tarantula.

tararear *vt* to la-la.

tardanza *sf* delay.

tardar *vi*: **tardó en contestar** he took a long time to answer; **no tardó en volver** it wasn't long before he came back ● **mañana a más tardar**

tomorrow at the latest. ♦ *vt* to take: **tardaron tres horas** it took them three hours.

tarde I *sf* (*hasta aprox. las cinco*) afternoon; (*después*) evening: **a las dos/seis de la tarde** at two in the afternoon/six in the evening; **buenas tardes** good afternoon/evening; **por la tarde** in the afternoon/evening ● **de tarde en tarde** very infrequently. **II** *adv* late: **se me hizo tarde** it got late; **tarde o temprano** sooner or later.

tarea *sf* (*gen*) task, job; (*de estudiante*) homework.

tarifa *sf* 1. (*de la luz, del agua*) price, charge; (*en transporte público*) fare. 2. (*tabla de precios*) tariff, price list.

tarifa nocturna/reducida *sf* (*en taxi, autobús*) night/reduced fare; (*en suministros*) night/reduced rate.

tarima *sf* platform.

tarjeta *sf* card ● (*Amér L*) **marcar** ✱ (*Méx*) **checar tarjeta** (*al entrar*) to clock in ✱ on, (*al salir*) to clock out ✱ off.

tarjeta de crédito *sf* credit card. **tarjeta de embarque** *sf* boarding card ✱ pass. **tarjeta postal** *sf* postcard.

tarraconense *adj* of ✱ from Tarragona.

tarrina *sf* tub.

tarro *sm* 1. (*de vidrio, barro*) jar; (*Amér L*: *lata*) can, (GB) tin. 2. (*RP*: *fam, suerte*) luck.

tarta *sf* (*con base de masa*) tart; (*pastel*) cake.

tartamudear *vi* to stammer, to stutter.

tartamudo, -da *sm/f*: person with a stammer.

tasa *sf* 1. (*índice*) rate. 2. (*pago*) fee. 3. (*valoración*) valuation.

tasa de mortalidad/natalidad *sf* death/birth rate. **tasas universitarias** *sf pl* university fees.

tasación *sf* valuation.

tasar *vt* (*valorar*) to value (**en** at). 2. (*limitar*) to put a limit on.

tasca *sf* bar.

tata I *sf* (*fam*: *niñera*) nanny. **II** *sm* (*Amér L*: *fam, abuelo*) grandad.

tatarabuelo, -la I *sm/f* great-great-grandfather/mother. **II tatarabuelos** *sm pl* (*tatarabuelo y tatarabuela*) great-great-grandparents *pl*.

tataranieto, -ta I *sm/f* great-great-grandson/daughter. **II tataranietos** *sm pl* (*tataranieto y tataranieta*) great-great-grandchildren *pl*.

tatú *sm* (*C Sur*) armadillo.

tatuaje *sm* 1. (*dibujo*) tattoo. 2. (*acción*) tattooing.

tatuar [➪ actuar] *vt* to tattoo.

taurino, -na *adj* bullfighting (*apos.*).

tauro, Tauro *sm* Taurus.

tauromaquia *sf* (art of) bullfighting.

taxi *sm* taxi, cab.

taxímetro *sm* 1. (*aparato*) meter, taximeter. 2. (*C Sur*: *vehículo*) taxi, cab.

taxista *sm/f* taxi ✱ cab driver.

taza *sf* 1. (*para beber*) cup: **una taza de café** (*bebida*) a cup of coffee, (*recipiente*) a coffee cup. 2. (*del retrete*) bowl, pan. 3. (*RP*: *Auto*) hub-cap.

tazón *sm* bowl.

te *pron personal* 1. (*objeto directo o indirecto*) you: **te vi** I saw you; **te dije la verdad** I told you the truth. 2. (*reflexivo*): **te harás daño** you will hurt yourself.

té *sm* 1. (*planta, bebida*) tea. 2. (*Amér L*: *merienda*) tea; (: *reunión social*) tea party.

té con limón *sm* lemon tea.

tea *sf* torch.

teatral *adj* 1. (*del teatro*) stage (*apos.*), theatre (*apos.*). 2. (*gesto, actitud*) theatrical.

teatro *sm* 1. (*gen*) theatre, (US) theater. 2. (*fam*: *fingimiento*) show.

tebeo *sm* comic.

techo *sm* 1. (*de habitación*) ceiling. 2. (*de casa, coche*) roof. 3. (*límite*) ceiling.

tecla *sf* key.

teclado *sm* keyboard.

teclear *vi* (*en ordenador*) to key; (*en máquina de escribir*) to type. ♦ *vt* (*datos*) to key.

técnica *sf* **1.** (*método*) technique. **2.** (*tecnología*) technology.

técnico, -ca I *adj* technical. **II** *sm/f* (*en fábrica*) technician; (*de electrodomésticos*) engineer.

técnico, -ca de sonido *sm/f* sound engineer.

tecnócrata *sm/f* technocrat.

tecnología *sf* technology.

tecnología punta *sf* leading-edge technology.

tecnológico, -ca *adj* technological.

tecolote *sm* (*Amér C*, *Méx*) owl.

tedio *sm* boredom, tedium.

tedioso, -sa *adj* boring, tedious.

tegucigalpense *adj* of ✳ from Tegucigalpa.

teja *sf* (roof) tile.

tejado *sm* roof.

tejano, -na I *adj*, *sm/f* Texan. **II tejanos** *sm pl* jeans *pl*.

Tejas *sm* Texas.

tejemaneje *sm* (*fam*) **1.** (*para conseguir algo*) scheme. **2.** (*asunto poco honesto*) shady deal.

tejer *vt* **1.** (*en telar*) to weave; (*con agujas de punto*) to knit. **2.** (*una telaraña*) to spin.

tejido *sm* **1.** (*tela*) material, fabric. **2.** (*Anat*) tissue.

tel. = **teléfono**.

tela *sf* **1.** (*tejido*) material, fabric: **sobra tela** there's more than enough material; **es de tela** it's made of cloth. **2.** (*cuadro*) canvas, painting.

tela de araña *sf* ⇨ **telaraña**. **tela metálica** *sf* wire netting.

telar I *sm* (*máquina*) loom. **II telares** *sm pl* textile mill.

telaraña *sf* (*Zool*) spider's web; (*por no limpiar*) cobweb.

tele *sf* (*fam*) **1. la tele** (*medio*) (the) TV. **2.** (*aparato*) television (set).

telecomunicaciones *sf pl* telecommunications *pl*.

telediario *sm* (television) news.

teledirigido, -da *adj* remote-controlled.

telediscado *sm* (*RP*) direct dialling.

teleférico *sm* cable car.

telefonear *vt/i* to telephone, to phone.

telefónico, -ca *adj* telephone (*apos.*), phone (*apos.*).

telefonillo *sm* intercom, (*GB*) Entryphone®.

telefonista *sm/f* telephonist.

teléfono *sm* telephone, phone: **me llamó por teléfono** she phoned ✳ called me; **estoy hablando por teléfono** I'm on the phone; **dame tu teléfono** give me your telephone number.

teléfono inalámbrico *sm* cordless phone. **teléfono móvil** ✳ **portátil** *sm* mobile phone.

telégrafo *sm* telegraph.

telegrama *sm* telegram.

telenovela *sf* (television) soap opera.

teleobjetivo *sm* telephoto lens.

telepatía *sf* telepathy.

telepático, -ca *adj* telepathic.

telescopio *sm* telescope.

telesilla *sm* chair lift.

telespectador, -dora *sm/f* (television) viewer.

telesquí *sm* ski lift.

teleteatro *sm* (*RP*) (television) soap opera.

teletexto *sm* Teletext®.

teletrabajo *sm* teleworking.

televentas *sf pl* telesales *pl*.

televidente *sm/f* (television) viewer.

televisar *vt* to televise.

televisión *sf* television.

televisión en color *sf* colour ✳ (*US*) color television. **televisión por cable** *sf* cable television. **televisión por satélite** *sf* satellite television.

televisor *sm* television (set).

télex *sm inv* telex.

telón *sm* curtain.

telón de acero *sm* (*Hist*) Iron Curtain. **telón de fondo** *sm* backdrop.

telonero, -ra *sm/f* support singer/band.

tema *sm* **1.** (*asunto: gen*) subject; (*:de conferencia, obra literaria*) temario 342

theme. **2.** (*Mús: parte que se repite*) theme; (*:pieza*) piece. **3.** (*Educ*) topic.

temario *sm* syllabus.

temática *sf* subject matter, themes *pl.*

temático, -ca *adj* thematic.

temblar [⇨ pensar] *vi* **1.** (*de miedo, nervios*) to tremble; (*de frío*) to shiver. **2.** (*voz*) to quiver, to shake. **3.** (*tierra*) to shake.

temblor *sm* **1.** (*de miedo, nervios*) shaking, trembling; (*de frío*) shivering. **2.** (*or* **temblor de tierra**) (earth) tremor.

tembloroso, -sa *adj* trembling.

temer [⇨ table in appendix 2] *vt* **1.** (*a una persona, a algo*) to be afraid of. **2.** (*una posibilidad*): **temo que no queden entradas** I'm afraid there won't be any tickets left. ♦ *vi* to fear: **temía por su vida** he feared for his life.

temerse *v prnl*: **me temo que no puedo ir** I'm afraid I can't go.

temerario, -ria *adj* **1.** (*arriesgado*) reckless. **2.** (*sin fundamento*) rash.

temeridad *sf* **1.** (*falta de cuidado*) recklessness. **2.** (*acto*) act of recklessness.

temeroso, -sa *adj* fearful.

temible *adj* fearsome.

temor *sm* fear: **por temor a** for fear of.

témpano *sm* ice floe.

temperamento *sm* temperament, nature.

temperatura *sf* temperature.

temperatura ambiente *sf* room temperature.

tempestad *sf* storm.

tempestuoso, -sa *adj* stormy.

templado, -da *adj* (*clima*) mild, temperate; (*líquido*) lukewarm.

templar *vt* (*calentar*) to warm (up).

templarse *v prnl* (*calmarse*): **se templaron los ánimos** everyone calmed down.

temple *sm* **1.** (*serenidad*) coolheadedness. **2.** (*pintura*) tempera.

templo *sm* temple.

temporada *sf* **1.** (*periodo*) period. **2.** (*de moda, deporte, turismo*) season.

temporada alta/baja *sf* high/low season.

temporal I *adj* **1.** (*transitorio*) temporary, short-term. **2.** (*Relig*) temporal. **II** *sm* storm.

temporario, -ria *adj* (*Amér L*) temporary.

temporero, -ra *sm/f* seasonal worker.

temprano, -na I *adj* early. **II temprano** *adv* early.

ten *imperative* ⇨ **tener**.

tenacidad *sf* tenacity.

tenacillas *sf pl* tongs *pl.*

tenaz *adj* [**-naces**] (*persona*) tenacious, determined; (*mancha*) stubborn; (*dolor*) persistent.

tenaza *sf*, **tenazas** *sf pl* **1.** (*para sacar clavos*) pincers *pl.* **2.** (*para la chimenea*) tongs *pl.*

tendedero *sm* **1.** (*lugar*) drying area. **2.** (*de cuerdas*) clothesline; (*armazón*) clotheshorse.

tendencia *sf* **1.** (*propensión*) tendency (**a** to). **2.** (*corriente*) trend.

tendencioso, -sa *adj* tendentious.

tender [⇨ table in appendix 2] *vt* **1.** (*la ropa*) to hang out. **2.** (*extender*) to spread. **3.** (*ofrecer*): **le tendí la mano** I offered him my hand. **4.** (*cables*) to run. **5.** (*una trampa*) to set, to lay. **6.** (*Amér L: la cama*) to make; (*:la mesa*) to set, to lay. ♦ *vi*: **tender a** (*tener tendencia a*) to tend to.

tenderse *v prnl* to lie down.

tenderete *sm* market stall.

tendero, -ra *sm/f* shopkeeper, (*US*) storekeeper.

tendido *sm* **1.** (*conjunto de cables*) cables *pl.* **2.** (*Tauro: gradas*) section.

tendón *sm* tendon.

tendón de Aquiles *sm* (*Anat*) Achilles' tendon.

tendré *etc.* ⇨ **tener**.

tenebroso, -sa *adj* **1.** (*oscuro*) dark, gloomy. **2.** (*perverso*) sinister.

tenedor, -dora I *sm/f* (*Fin*) holder.

II *sm* (*cubierto*) fork.

tenencia *sf* 1. (*posesión*) possession. 2. (*Méx: impuesto*) car tax.

tener [⇨ table in appendix 2] *vt* 1. (*gen*) to have: **tienen dos coches** they have two cars ∗ **they've got two cars**. 2. (*referido a : sensaciones*): **tengo hambre/sed** I'm hungry/thirsty; **tengo frío/calor** I'm cold/hot; **tengo miedo** I'm scared; (*:dolores*) to have: **tengo dolor de estómago** I have a stomachache. 3. (*expresando edad*): **¿cuántos años tienes?** how old are you? 4. (*sujetar*) to hold: **ten el cable** hold the cable. 5. (*dar a luz*) to have, to give birth to. 6. (*considerar*): **la tienen por tonta** they think she's a fool. 7. (*mantener*): **nos tiene locos** he's driving us mad. ♦ *v aux* 1. **tener que** (*expresando: obligación, necesidad, recomendación*) must, to have (got) to: **tienes que irte** you have to go ‖ you must go; (*:certeza*) must: **lo tiene que haber visto** she must have seen it. 2. (*haber*): **te lo tengo dicho** I've told you before; **ya la tengo escrita** I've already written it.

tenerse *v prnl* 1. (*sostenerse*): **no podía tenerse en pie** he was ready to drop ‖ he could hardly stand. 2. (*considerarse*): **se tiene por listo** he thinks he's clever.

tengo *etc.* ⇨ **tener.**

tenia *sf* tapeworm.

teniente *sm/f* lieutenant.

teniente de alcalde *sm/f* deputy mayor.

tenis *sm* 1. (*deporte*) tennis. 2. (*zapatilla*) plimsoll, (*US*) sneaker.

tenis de mesa *sm* table tennis.

tenista *sm/f* tennis player.

tenor *sm* 1. (*Mús*) tenor. 2. (*contenido*) contents ● **a tenor de** judging by.

tensar *vt* (*un cable*) to pull taut; (*un arco*) to draw; (*un músculo*) to tense.

tensión *sf* 1. (*de cuerda, cable*) tension, strain. 2. (*eléctrica*) voltage, tension. 3. (*or* **tensión arterial**) blood pressure. 4. (*en ambiente*) tension; (*estado emocional*) strain.

tenso, -sa *adj* 1. (*situación, persona*) tense. 2. (*cuerda*) tight, taut; (*arco*) taut; (*músculo*) tensed.

tentación *sf* temptation.

tentáculo *sm* tentacle.

tentado, -da *adj* tempted: **estoy tentada de hacerlo** I am tempted to do it.

tentador, -dora *adj* tempting.

tentar [⇨ pensar] *vt* 1. (*incitar, atraer*) to tempt. 2. (*tocar*) to feel.

tentativa *sf* attempt, try.

tentempié *sm* snack.

tentetieso *sm* tumbler (toy).

tenue *adj* (*luz*) dim; (*humo, niebla, tela*) thin, light; (*sonido*) faint; (*brisa*) light.

teñir [⇨ reñir] *vt* 1. (*una prenda, el pelo*) to dye: **la tiñó de azul** she dyed it blue. 2. (*de tristeza*) to tinge (**de** with).

teñirse *v prnl* (*el pelo*) to dye: **se tiñó (el pelo) de rubio** she dyed her hair blonde.

teocali, teocalli *sm*: ancient Mexican temple.

teología *sf* theology.

teorema *sm* theorem.

teoría *sf* theory.

teórico, -ca I *adj* theoretical. II *sm/f* theoretician, theorist.

teorizar [⇨ cazar] *vi* to theorize.

tequila *sm* tequila.

terapeuta *sm/f* therapist.

terapéutico, -ca *adj* therapeutic.

terapia *sf* therapy.

tercer *adj* ⇨ **tercero.**

Tercer Mundo *sm* Third World.

tercera *sf* 1. (*clase*) third class. 2. (*Auto*) third (gear).

tercermundista *adj* third-world.

tercero, -ra *adj, pron* [**tercer** before masc. sing. nouns] third ⇨ *apéndice 4.*

tercera edad *sf*: **la tercera edad** old age.

terceto *sm* trio.

terciar *vi* (*en disputa*) to intervene.

terciarse *v prnl* (*darse la oportunidad*) to come up: **si se tercia** if we have the chance.

terciario, -ria *adj* tertiary.

tercio *sm* **1.** (*tercera parte*) third ⇨ *apéndice 4.* **2.** (*Mil*) regiment.

terciopelo *sm* velvet.

terco, -ca *adj* stubborn, obstinate.

tergal® *sm* Tergal®.

tergiversar *vt* to distort.

termal *adj* thermal.

termas *sf pl* (*lugar*) spa; (*manantial*) hot springs *pl.*

térmico, -ca *adj* thermal.

terminación *sf* **1.** (*parte final*) ending. **2.** (*finalización*) completion. **3.** (*de un producto*) finish.

terminal I *adj* terminal. **II** *sm* (*sf en algunos países*) **1.** (*Inform*) terminal. **2.** (*Elec*) terminal. **III** *sf* (*sm en algunos países*) **1.** (*en aeropuerto*) terminal. **2.** (*de tren, autobús, metro*) terminus, end of the line.

terminante *adj* categorical.

terminar *vt* to finish. ♦ *vi* **1.** (*concluir*) to finish: **terminaron por hacerlo** they ended up doing it. **2.** (*estar rematado*) to end: **termina en punta** it ends in a point.

terminarse *v prnl* **1.** (*concluir*) to end, to finish. **2.** (*consumirse*) to run out.

término I *sm* **1.** (*Ling*) term, word. **2.** (*fin*) end ● **en último término** as a last resort. **3.** (*plazo*): **en el término de un mes** within a month. **4.** (*plano*): **en primer término** in the foreground. **II términos** *sm pl* (*condiciones*) conditions *pl*, terms *pl.*

término medio *sm* **1.** (*Mat*) average. **2.** (*algo no extremo*) happy medium.

término municipal *sm* municipal district, (*US*) township.

terminología *sf* terminology.

termo *sm* (vacuum) flask, Thermos® (flask).

termómetro *sm* thermometer.

termostato *sm* thermostat.

ternera *sf* (*carne: de animal joven*) veal; (*: de animal mayor*) beef.

ternero, -ra *sm/f* (*animal*) calf.

terno *sm* (*Amér L*) suit.

ternura *sf* tenderness.

terquedad *sf* stubbornness, obstinacy.

terracota *sf* terracotta.

terrado *sm* (flat) roof.

terraplén *sm* **1.** (*en carretera, vía férrea*) embankment. **2.** (*en terreno*) bank.

terrateniente *sm/f* landowner.

terraza *sf* **1.** (*azotea*) (flat) roof; (*balcón*) (large) balcony. **2.** (*de bar*) terrace. **3.** (*de cultivo*) terrace.

terremoto *sm* earthquake.

terrenal *adj* earthly.

terreno *sm* **1.** (*tierra*) ground, land; (*Geol*) terrain. **2.** (*parcela*) piece of land; (*para construir*) plot (of land), (*US*) lot. **3.** (*or* **terreno de juego**) (*Dep*) field. **4.** (*de una actividad*) field, sphere.

terrestre *adj* **1.** (*de tierra firme*) land (*apos.*). **2.** (*del planeta*): **la corteza terrestre** the earth's crust.

terrible *adj* terrible, awful.

territorio *sm* territory.

terrón *sm* **1.** (*de azúcar*) lump. **2.** (*de tierra*) clod, lump.

terror *sm* terror: **les tengo terror** I am terrified of them; **películas de terror** horror movies.

terrorífico, -ca *adj* terrifying, horrific.

terrorista *adj, sm/f* terrorist.

terruño *sm* **1.** (*tierra natal*) native land ✻ soil. **2.** (*fam: terreno*) plot (of land).

terso, -sa *adj* smooth.

tersura *sf* smoothness.

tertulia *sf* **1.** (*reunión*) gathering. **2.** (*charla*): **hemos estado de tertulia** we've been talking. **3.** (*en TV*) chat show.

tesis *sf inv* **1.** (*idea*) theory. **2.** (*or* **tesis doctoral**) (doctoral) thesis.

tesón *sm* tenacity, persistence.

tesorero, -ra *sm/f* treasurer.

tesoro *sm* **1.** (*gen*) treasure. **2. Tesoro** (*or* **tesoro público**) Treasury.

test *sm* [**tests**] test.

testaferro *sm* front man.

testamento *sm* 1. (*última voluntad*) will. 2. **Testamento** (*en la Biblia*) Testament.

testar *vi* (*frml*) to make one's will.

testarudo, -da *adj* stubborn, obstinate.

testículo *sm* testicle.

testificar [⇨ sacar] *vi* to testify, to give evidence. ♦ *vt* to testify.

testigo I *sm/f* (*Jur*) witness: **fue testigo del accidente** he witnessed the accident. II *sm* (*en carreras*) baton.

testigo de cargo *sm/f* witness for the prosecution. **testigo de Jehová** *sm/f* Jehovah's witness. **testigo ocular ✳ presencial** *sm/f* eyewitness.

testimoniar *vi* to testify, to give evidence. ♦ *vt* to testify.

testimonio *sm* 1. (*Jur*) testimony. 2. (*prueba*) evidence, proof.

teta *sf* 1. (*!!: de mujer*) tit. 2. (*de animal*) teat.

tétano *sm*, **tétanos** *sm* tetanus.

tetera *sf* 1. (*para servir té*) teapot. 2. (*Chi, Méx: para hervir*) kettle.

tetero *sm* (*Amér C, Col, Ven*) (feeding) bottle.

tetina *sf* teat.

tétrico, -ca *adj* bleak, gloomy.

textil *adj, sm* textile.

texto *sm* text.

textual *adj* 1. (*del texto*) textual. 2. (*literal*): **sus palabras textuales** his exact *✳* precise words.

textura *sf* texture.

tez *sf* skin, complexion.

ti *pron personal* [always after prep] 1. (*no reflexivo*) you: **sin ti** without you. 2. (*reflexivo*) yourself: **guárdatelo para ti** keep it for yourself.

tibio, -bia *adj* (*gen*) warm; (*si desagradable*) lukewarm.

tiburón *sm* shark.

tic *sm* [**tics**] 1. (*movimiento involuntario*) tic, twitch. 2. (*movimiento habitual*) mannerism, habit.

ticket /'tiket/ *sm* ⇨ **tique**.

tico, -ca *sm/f* (*fam*) Costa Rican.

tictac, tic-tac *sm* tick-tock.

tiemblo *etc.* ⇨ **temblar**.

tiempo *sm* 1. (*que transcurre*) time: **pasó hace tiempo** it happened a long time ago; **¿cuánto tiempo...?** how long...?; **al mismo tiempo** at the same time; **a tiempo** in time; **con el tiempo** eventually; **en mis tiempos** in my day. 2. (*referido a la edad de un niño*): **¿cuánto tiempo tiene?** how old is he? 3. (*Dep*) half. 4. (*Ling*) tense. 5. (*Meteo*) weather: **hace buen tiempo** the weather is fine.

tiempo de exposición *sm* (*en fotografía*) shutter speed. **tiempo libre** *sm* free ✳ spare time. **tiempo muerto** *sm* (*en baloncesto*) time-out.

tienda *sf* 1. (*comercio*) shop, (*US*) store: **ir de tiendas** to go shopping. 2. (*or tienda de campaña*) tent.

tienda libre de impuestos *sf* dutyfree shop.

tiendo *etc.* ⇨ **tender**.

tiene *etc.* ⇨ **tener**.

tientas: a tientas *loc adv*: **buscó el interruptor a tientas** he felt around for the light switch.

tiento I *sm* tact. II *also* ⇨ **tentar**.

tierno, -na *adj* 1. (*carne*) tender. 2. (*cariñoso: persona*) affectionate; (*: mirada, palabras*) tender.

tierra *sf* 1. (*planeta*) earth. 2. (*superficie, terreno*) land. 3. (*materia*) earth, soil. 4. (*país*): **volvió a su tierra** he went back to his homeland. 5. (*en electricidad*) earth, (*US*) ground.

tierra batida *sf* clay. **tierra firme** *sf* dry land.

tieso, -sa *adj* stiff.

tiesto *sm* flowerpot, plant pot.

tifón *sm* typhoon.

tifus *sm* typhus.

tigre *sm* 1. (*asiático*) tiger. 2. (*Amér L: jaguar*) jaguar.

tijera *sf*, **tijeras** *sf pl* scissors *pl*.

tijereta *sf* earwig.

tijeretazo *sm* snip.

tila *sf* lime (blossom) tea.

tildar *vt*: **lo tildan de cobarde** he's

been branded (as) a coward.

tilde *sf* (*acento*) written accent; (*de la ñ*) tilde.

tilingo, -ga *adj* (*RP: fam*) **1.** (*bobo*) silly. **2.** (*vulgar*) common.

tilo *sm* **1.** (*árbol*) lime tree. **2.** (*Amér L: infusión*) lime (blossom) tea.

timador, -dora *sm/f* swindler.

timar *vt* to swindle, to cheat.

timba *sf* (*fam*) **1.** (*sesión*) gambling session. **2, la timba** (*C Sur: el juego*) gambling.

timbal *sm* kettledrum: **los timbales** the timpani.

timbrar *vt* to stamp.

timbre *sm* **1.** (*para llamar*) bell. **2.** (*de voz*) timbre. **3.** (*en documento*) fiscal stamp. **4.** (*Méx: de correos*) stamp.

timidez *sf* shyness.

tímido, -da *adj* shy.

timo *sm* rip-off, cheat.

timón *sm* rudder.

timonel *sm* helmsman.

tímpano *sm* **1.** (*del oído*) eardrum. **2.** (*Arquit*) tympanum. **3.** (*Mús*) *type of xylophone*.

tina *sf* **1.** (*tinaja*) (large) earthenware jar. **2.** (*Amér L: bañera*) bathtub.

tinaja *sf* (large) earthenware jar.

tincar [⇨ sacar] *vi* (*Chi: fam*): **me tinca que...** I have a feeling that....

tinerfeño, -ña *adj* of * from Tenerife.

tinglado *sm* **1.** (*tarima*) platform. **2.** (*trama*) setup. **3.** (*desorden*) jumble. **4.** (*tumulto*) commotion.

tinieblas *sf pl* darkness.

tino *sm* **1.** (*puntería*) aim. **2.** (*sensatez*) sound judgement.

tinta *sf* ink.

tinta china *sf* Indian ink.

tinte *sm* **1.** (*sustancia*) dye. **2.** (*acción*) dyeing. **3.** (*tienda*) dry cleaner's.

tintero *sm* inkwell ● **se le quedó en el tintero** she failed to mention it.

tintinear *vi* to tinkle, to jingle.

tinto *sm* **1.** (*vino*) red wine. **2.** (*Col: café*) black coffee.

tintorería *sf* dry-cleaner's.

tintura *sf* **1.** (*sustancia*) dye. **2.** (*Med*) tincture.

tiño etc. ⇨ teñir.

tío, -a **I** *sm/f* **1.** (*pariente: hombre*) uncle; (*: mujer*) aunt. **2.** (*fam: hombre*) guy; (*: mujer*) woman. **II tíos** *sm pl* (*tío y tía*) aunt and uncle.

tiovivo *sm* merry-go-round.

típico, -ca *adj* **1.** (*característico*) typical. **2.** (*tradicional*) traditional: **el traje típico** the traditional costume.

tipo, -pa **I** *sm/f* (*fam: hombre*) guy; (*: mujer*) woman. **II** *sm* **1.** (*clase*) type, sort, kind. **2.** (*figura: de hombre*) build; (*: de mujer*) figure. **3.** (*de imprenta*) typeface. **4.** (*Fin*) rate. **III** *adv* (*C Sur: fam*): **vengan tipo ocho** come around eight.

tipo de cambio/interés *sm* exchange/interest rate.

tipografía *sf* typography.

tique, tíquet *sm* **1.** (*comprobante*) receipt. **2.** (*billete*) ticket.

tiquismiquis (*fam*) **I** *sm pl*: **déjate de tiquismiquis** stop being so finicky * fussy. **II** *sm/f inv* fussy person.

tira **I** *sf* **1.** (*de papel, tela*) strip; (*de zapato*) strap. **2.** (*or tira cómica*) (*historieta*) comic strip. **3. la tira** (*fam: mucho*) a lot; (*: muchos*) lots. **4. la tira** (*Méx: fam, la policía*) the cops. **II** *sm/f* (*Amér L: fam, policía*) cop.

tirabuzón *sm* **1.** (*sacacorchos*) corkscrew. **2.** (*en el pelo*) ringlet.

tirachinas *sm inv* catapult, (*US*) slingshot.

tirada *sf* **1.** (*Medios*) print run. **2.** (*fam: distancia*): **hay una buena tirada** it's quite a long way. **3.** (*acción*) throw.

tiradero *sm* (*Méx*) (rubbish) dump.

tirado, -da *adj* **1.** (*en el suelo*): **estaba tirado en el suelo** it was lying on the floor. **2.** (*malgastado*) wasted. **3.** [E] (*fam: barato*) very cheap. **4.** [E] (*fam: fácil*) very easy.

tirador, -dora **I** *sm/f* (*con arma de fuego*) marksman/woman. **II** *sm*

1. (*de cajón, puerta*) knob, handle. **2.** (*RP: de vestido*) strap. **III tiradores** *sm pl* (*RP: para pantalones*) braces *pl*, (*US*) suspenders *pl*.

tiraje *sm* (*RP*) **1.** (*de chimenea*): **tiene buen tiraje** it draws well. **2.** (*de publicación*) print run.

tiranía *sf* tyranny.

tiranizar [⇨ cazar] *vt* to tyrannize.

tirano, -na I *adj* tyrannical. **II** *sm/f* tyrant.

tirante I *adj* **1.** (*cable, cuerda*) tight, taut. **2.** (*situación, relación*) tense. **II** *sm* **1.** (*de vestido*) strap. **2.** (*Arquit, Tec*) brace. **III tirantes** *sm pl* (*para pantalones*) braces *pl*, (*US*) suspenders *pl*.

tirantez *sf* **1.** (*de un cable, una cuerda*) tightness, tautness. **2.** (*de una situación*) tension.

tirar *vt* **1.** (*arrojar*) to throw. **2.** (*desechar*) to throw away * out. **3.** (*dejar caer*) to drop; (*derribar accidentalmente*) to knock over. **4. tirar abajo** (*una pared, una puerta*) to knock down; (*un edificio*) to pull down. **5.** (*malgastar*) to waste, to squander. **6.** (*disparar: una flecha*) to shoot; (*: un tiro, un cañonazo*) to fire; (*: una bomba*) to drop; (*: una granada*) to throw; (*: cohetes*) to let off. **7.** (*imprimir*) to print. ♦ *vi* **1.** (*disparar*) to shoot. **2.** (*en juegos*) to go. **3.** (*atraer hacia uno*) to pull: **no me tires del pelo** don't pull my hair ● **mantuvieron un tira y afloja durante meses** the hard bargaining went on for months. **4. tirar a** (*tender*): **es marrón tirando a rojo** it's a reddish brown; (*parecerse*): **tira a su abuela** she takes after her grandmother. **5.** (*atraer*): **no me tiran los deportes** I'm not very keen on sports. **6.** (*coche*): **el coche no tira** the car isn't pulling; (*una chimenea*) to draw. **7.** (*ir*) to go. **8.** (*fam: subsistir*): **vamos tirando, gracias** we're getting by, thanks. **9.** (*Amér L: !!*) to have sex.

tirarse *v prnl* **1.** (*arrojarse*) to throw oneself, to jump. **2.** (*tumbarse*) to lie

down. **3.** (*fam: pasar*) to spend. **4.** (*!!*) to have sex with.

tirita® *sf* plaster, (*US*) Band-Aid®.

tiritar *vi* to shiver (**de** with).

tiro *sm* **1.** (*disparo*) shot: **oímos tiros** we heard shots ● **me sentó como un tiro** (*comida*) it didn't agree with me at all, (*comentario*) it really upset me ● **le salió el tiro por la culata** it backfired on him ● (*Chi*) **al tiro** immediately. **2.** (*Dep*) shot. **3.** (*de una prenda*) *measurement from the crotch to the waistband*. **4.** (*de chimenea*): **tiene buen tiro** it draws well.

tiro al arco *sm* archery. **tiro al blanco** *sm* target shooting. **tiro al plato** *sm* clay-pigeon shooting, trap-shooting. **tiro con arco** *sm* archery.

tiro libre *sm* (*en fútbol*) free kick; (*en baloncesto*) free throw.

tirón *sm* **1.** (*acción*) tug, pull ● **de un tirón** in one go. **2.** (*para robar*) bag snatching. **3.** (*Med*) pulled muscle.

tirotear *vt* to shoot (*repeatedly*).

tiroteo *sm* shooting, shoot-out.

tísico, -ca *sm/f* TB sufferer.

títere I *sm* (*muñeco, persona*) puppet. **II títeres** *sm pl* (*espectáculo*) puppet show.

titiritero, -ra *sm/f* puppeteer.

titubear *vi* **1.** (*dudar*) to hesitate. **2.** (*balbucear*) to get tongue-tied.

titubeo *sm* hesitation.

titulación *sf* qualifications *pl*.

titulado, -da *adj* qualified.

titular I *adj*: **el médico titular** the permanent doctor; **los jugadores titulares** the regular first-team players. **II** *sm/f* **1.** (*de un cargo*): **el titular de Industria** the Industry Minister. **2.** (*de una cuenta*) holder. **III** *sm* (*de periódico*) headline. **IV** *vt* to title, to call.

titularse *v prnl* **1.** (*libro, película*) to be entitled, to be called. **2.** (*Educ*) to qualify.

título *sm* **1.** (*de libro, campeonato*) title. **2.** (*Educ: gen*) qualification; (*: universitario*) degree.

título de propiedad *sm* title deed.

tiza *sf* chalk.

tiznar vt to blacken.

tizón sm: smouldering piece of wood.

tlapalería sf (Méx) hardware store.

tlf. = **teléfono**.

toalla sf towel.

toalla higiénica sf (Amér S) sanitary towel * (US) napkin.

tobillo sm ankle.

tobogán sm slide.

toca sf headdress.

tocadiscos sm inv record player.

tocado, -da I adj [E] (fam: trastornado) crazy, nuts. II sm headdress.

tocador sm 1. (mesa) dressing table. 2. (cuarto) dressing room.

tocar [⊳ sacar] vt 1. (gen) to touch; (palpar) to feel. 2. (un instrumento) to play; (una campana, una alarma) to ring. 3. (un tema) to touch on. ♦ vi 1. (con las manos) to touch. 2. (sonar) to ring. 3. (corresponder): **te toca a ti** it's your turn; **me tocó el más pequeño** I got the smallest one. 4. (la lotería): **le tocó la lotería** she won the lottery.

tocarse v prnl 1. (estar en contacto) to touch. 2. (una herida, etc.): **no te toques los granos** don't touch your spots.

tocateja: a tocateja loc adv (fam): **pagar a tocateja** to pay cash.

tocayo, -ya sm/f namesake.

tocineta sf (Col) smoked bacon.

tocino sm (fresco) fatty pork; (Amér L: curado) bacon.

tocino de cielo sm: dessert made with eggs and sugar.

tocólogo, -ga sm/f obstetrician.

todavía adv 1. (de tiempo: en oraciones no negativas) still: **todavía dormía cuando llegué** he was still asleep when I arrived; (: en oraciones negativas) yet, still: **todavía no ha llegado** he hasn't arrived yet * he still hasn't arrived. 2. (con valor adversativo o concesivo) still: **lo hago todo y todavía se queja** I do everything and he still complains. 3. (en comparaciones) even: **es todavía más rico que ellos** he's even richer than they are.

todo, -da I adj, pron 1. (para indicar totalidad: en sing): **toda la calle** the whole street; **recorrieron toda Europa** they travelled all over Europe; **lo vi todo** I saw everything; (: en pl) all: **todas sus amigas** all her friends; **todos lo saben** they all know; **por todas partes** everywhere. 2. (cada) every: **todos los meses** every month. 3. **todo un/toda una** (con valor enfático): **es toda una deportista** she's a real sportswoman. 4. (con valor adverbial): **iba todo sucio** I was really dirty. II sm whole: **forman un todo** they form a whole ● **no me convence del todo** I'm not entirely sure about it.

todopoderoso, -sa I adj omnipotent, all-powerful. II **el Todopoderoso** or the Almighty.

todoterreno I adj inv four-wheel drive. II sm four-wheel drive (vehicle).

toga sf gown, robe.

Tokio sm Tokyo.

toldo sm (de terraza, tienda) awning; (en la playa) sunshade; (de camión, carro) tarpaulin, canopy.

toledano, -na adj of * from Toledo.

tolerancia sf tolerance.

tolerante adj tolerant.

tolerar vt 1. (Med, Tec) to tolerate. 2. (aguantar: una situación) to tolerate; (: a una persona): **no la tolero** I can't stand her. 3. (consentir) to put up with.

toma sf 1. (de una ciudad) taking. 2. (dosis) dose. 3. (or **toma de corriente**) socket, power point. 4. (or **toma de agua**) (en tubería) outlet; (para incendios) hydrant. 5. (en cine) take; (en fotografía) shot.

toma de tierra sf 1. (Elec) earth, (US) ground. 2. (Av) landing.

tomacorriente sm (RP) socket, power point.

tomadura de pelo sf: ¡esto es una tomadura de pelo! this is a joke!

tomar vt 1. (un tren, un autobús) to

take, to catch; (*un taxi*) to take.
2. (*agarrar*) to take: **tomó al niño de la mano** he took the child by the hand; **toma las llaves** here are the keys. 3. (*ir por*) to take. 4. (*comer, beber*) to have; (*medicamentos*) to take. 5. (*el fresco, el sol*): **tomar el fresco** to get some fresh air; **tomar el sol** to sunbathe. 6. (*precauciones*) to take. 7. (*referido a reacciones*) to take: **lo toma todo a broma** she takes ✳ treats everything as a joke ● **la ha tomado conmigo** he's got it in for me. 8. (*cariño*): **le tomé cariño** I became very fond of her. 9. **tomar por** (*confundir con*): **la tomé por Ana** I mistook her for Ana; (*considerar*): **¿me tomas por tonto?** do you take me for a fool? 10. (*apuntes*) to take; (*medidas, la temperatura*) to take. 11. (*una foto*) to take. 12. (*Mil*) to take, to seize. ◆ *vi* 1. (*al ofrecer algo*): **toma** here you are. 2. (*ir*) to go. 3. (*Amér L: beber en exceso*) to drink.

tomarse *v prnl* 1. (*comer, beber*) to have. 2. (*referido a reacciones*) to take: **se lo tomó muy mal/en serio** he took it very badly/seriously. 3. (*vacaciones*) to take ● (*RP*) **tomárselas** to clear off.

tomate *sm* tomato.

tomavistas *sm inv* cine ✳ (*US*) movie camera.

tómbola *sf* tombola.

tomillo *sm* thyme.

tomo *sm* volume.

ton: **sin ton ni son** *loc adv* (*sin motivo*) for no reason at all; (*a lo loco*) willy-nilly.

tonada *sf* 1. (*canción*) song. 2. (*melodía*) tune.

tonalidad *sf* tonality.

tonel *sm* cask, barrel.

tonelada *sf* metric ton, tonne.

tonelaje *sm* tonnage.

tónica *sf* 1. (*bebida*) tonic (water). 2. (*de un discurso*) main thrust; (*del mercado*) mood.

tónico, -ca *adj, sm* tonic.

tonificar [➪ sacar] *vt* to invigorate, to refresh.

tonina *sf*: *type of dolphin*.

tono *sm* 1. (*de sonido, voz*) tone ● **fuera de tono** out-of-place. 2. (*en teléfono*) tone. 3. (*de color*) tone, shade. 4. (*cariz*) tone. 5. (*elegancia*) class.

tontear *vi* 1. (*hacer tonterías*) to fool about; (*decir tonterías*) to make stupid remarks. 2. (*fam: coquetear*) to flirt.

tontería *sf* (*acción, dicho*) silly thing; (*nimiedad*) trivial/small thing.

tonto, -ta I *adj* (*gen*) silly; (*más fuerte*) stupid. II *sm/f* fool ● **hacer el tonto** to play the fool ● **hacerse el tonto** to act dumb.

topadora *sf* (*RP*) bulldozer.

toparse *v prnl*: **me topé con él** I ran ✳ bumped into him; **nos topamos con problemas** we hit problems.

tope I *sm* 1. (*de puerta*) doorstop. 2. (*límite*) limit. 3. (*Méx: Auto*) speed bump. II **a tope** *loc adv* 1. (*lleno*) packed out. 2. (*trabajar*) flat out; (*estudiar*) very hard.

tópico, -ca I *adj* (*Med*): **de uso tópico** for external use. II *sm* 1. (*lugar común*) cliché, platitude. 2. (*Amér L: tema*) topic, subject.

topo *sm* mole.

topografía *sf* topography.

topógrafo, -fa *sm/f* topographer, surveyor.

topónimo *sm* place name.

toque *sm* 1. (*golpecito*) tap, rap. 2. (*detalle*) touch: **el toque final** the final touch. 3. (*fam: llamada*) call: **dame un toque** give me a call. 4. (*Méx: descarga*) (electric) shock. 5. (*Méx: fam, cigarrillo*) joint.

toque de queda *sm* curfew.

toquetear *vt* (*fam: una cosa*) to finger, to handle; (*: a una persona*) to paw.

tórax *sm inv* thorax.

torbellino *sm* 1. (*de aire*) whirlwind. 2. (*confusión*) whirl.

torcedura *sf* 1. (*gen*) twisting. 2. (*Med*): **sufrió una torcedura de tobillo** he twisted his ankle.

torcer [⇨ **cocer**] *vt* 1. (*retorcer*) to twist. 2. (*tergiversar*) to distort, to twist. ♦ *vi* (*girar*) to turn.

torcerse *v prnl* 1. (*el tobillo*) to twist. 2. (*curvarse*) to bend. 3. (*salir mal*) to go wrong.

torcido, -da *adj* (*no recto*) crooked; (*doblado*) bent.

tordo, -da I *adj* dapple-grey. II *sm* thrush.

torear *vt* 1. (*Tauro*) to fight. 2. (*fam: tomarle el pelo a*) to mess about. 3. (*Amér L: fam, provocar*) to needle; (: *con bromas*) to tease. ♦ *vi* (*Tauro*) to fight.

toreo *sm* (art of) bullfighting.

torero, -ra *sm/f* bullfighter.

tormenta *sf* storm.

tormenta de arena/nieve *sf* sand/snowstorm.

tormento *sm* torture.

tornado *sm* tornado.

tornar *vt* (*frml*) to make.

tornarse *v prnl* (*frml*) to turn, to become.

torneo *sm* tournament.

tornillo *sm* screw.

torniquete *sm* 1. (*Med*) tourniquet. 2. (*en entrada*) turnstile.

torno I *sm* 1. (*de alfarero*) potter's wheel; (*de carpintero*) lathe; (*de dentista*) drill. 2. (*para levantar pesos*) winch. 3. (*en un convento*) revolving window. II **en torno a** *prep* 1. (*una cifra*) around, about. 2. (*un tema*) about. 3. (*un lugar*) around.

toro I *sm* bull. II **los toros** *sm pl* (*arte*) bullfighting; (*lidia*) bullfight.

toro bravo ∗ **de lidia** *sm* fighting bull.

toronja *sf* (*Amér L*) grapefruit.

torpe *adj* (*gen*) clumsy; (*para una actividad*): **soy torpe en la cocina** I'm not good at cooking; (*de entendimiento*) slow.

torpedo *sm* torpedo.

torpeza *sf* 1. (*física*) clumsiness; (*mental*) slowness. 2. (*acción, dicho*) mistake.

torre *sf* 1. (*de castillo*) tower. 2. (*en ajedrez*) castle, rook. 3. (*casa*) de-

tached house.

torre de control *sf* control tower.

torrefacto, -ta *adj* roasted (*gen with a little sugar*).

torreja *sf* (*Amér S*) ⇨ **torrija**.

torrente *sm* torrent.

torreón *sm* (large) tower.

tórrido, -da *adj* torrid.

torrija *sf*: slice of French toast.

torso *sm* torso.

torta *sf* 1. (*plana*) fried or oven-baked flat cake. 2. (*Amér S: pastel*) cake. 3. (*Méx: sándwich*) sandwich. 4. (*fam: bofetada*) slap; (: *golpe*) bump.

tortícolis *sf* stiff neck.

tortilla *sf* 1. (*de huevos*) omelette, (*US*) omelet. 2. (*en la cocina mexicana*) tortilla, corn cake.

tortilla española ∗ **de patatas** ∗ (*Amér L*) **de papas** *sf* Spanish omelette (*made with potatoes*). **tortilla francesa** *sf* plain omelette.

tórtola *sf* turtledove.

tortuga *sf* (*de tierra*) tortoise; (*de mar*) turtle.

tortuoso, -sa *adj* winding, tortuous.

tortura *sf* torture.

torturar *vt* to torture.

torturarse *v prnl* to torture oneself.

tos *sf* cough: **tiene tos** he has a cough.

tos ferina *sf* whooping cough.

tosco, -ca *adj* rough.

toser *vi* to cough.

tostada *sf* piece of toast: **unas tostadas** some toast.

tostado, -da *adj* 1. (*pan*) toasted; (*café*) roasted. 2. (*marrón*) brown.

tostador *sm*, **tostadora** *sf* toaster.

tostar [⇨ **contar**] *vt* (*pan*) to toast; (*café*) to roast.

tostarse *v prnl* (*broncearse*) to get a tan.

total I *adj* 1. (*completo, general*) total, complete. 2. **en total** altogether. II *sm* 1. (*resultado*) total. 2. (*totalidad*) **el total de los trabajadores** all of the workers. III *adv* 1. (*en resumen*) so: **total, que nos fuimos** so, we left. 2. (*en realidad*):

total, no me apetecía I didn't feel like it, anyway.

totalidad *sf* (*con sustantivos: en sing*) whole: **la totalidad de su obra** the whole of his work; (*: en pl*): **la totalidad de los delegados** all of the delegates.

totalitario, -ria *adj* totalitarian.

tóxico, -ca I *adj* toxic, poisonous. II *sm* toxic substance.

toxicómano, -na *sm/f* drug addict.

toxina *sf* toxin.

tozudo, -da *adj* stubborn, obstinate.

traba *sf* obstacle.

trabajador, -dora I *adj* hard-working. II *sm/f* worker.

trabajador, -dora autónomo, -ma *sm/f* self-employed worker.

trabajar *vi* 1. (*gen*) to work (**de** ◆ **como** as). 2. (*actuar*) to act. ◆ *vt* 1. (*un material*) to work. 2. (*fam: a una persona*) to work on.

trabajo *sm* 1. (*actividad, esfuerzo*) work: **tengo mucho trabajo** I have a lot of work to do; **le costó mucho trabajo** it was hard work. 2. (*empleo*): **estoy buscando trabajo** I'm looking for a job ✳ for work. 3. (*tarea*) job, task. 4. (*redacción*) essay; (*de investigación*) project. 5. (*Artes*) piece of work.

trabajos forzados *sm pl* hard labour ✳ (*US*) labor. **trabajos manuales** *sm pl* crafts *pl*.

trabajoso, -sa *adj* laborious.

trabalenguas *sm inv* tongue twister.

trabar *vt* 1. (*juntar*) to join. 2. (*una puerta*) to fasten, to secure. 3. (*amistad*) to strike up.

trabarse *v prnl* (*al hablar*): **se le traba la lengua** he gets tongue-tied.

traca *sf* series of firecrackers.

tracción *sf* traction.

tracción delantera/trasera *sf* front-wheel/rear-wheel drive.

tractor *sm* tractor.

tradición *sf* tradition.

tradicional *adj* traditional.

traducción *sf* translation.

traducir [⟳ conducir] *vt* to translate

(**a** into).

traducirse *v prnl* to result (**en** in), to translate (**en** into).

traductor, -tora *sm/f* translator.

traer [⟳ table in appendix 2] *vt* 1. (*gen*) to bring. 2. (*ocasionar*) to bring, to cause. 3. (*ropa*) to be wearing. 4. (*contener*) to have.

traerse *v prnl* (*con uno*) to bring ● **no sé qué se traen entre manos** I don't know what they're up to ● **el examen se las trae** the exam is very difficult.

traficante *sm/f* trafficker.

traficante de armas *sm/f* arms dealer. **traficante de drogas** *sm/f* drug dealer ✳ trafficker.

traficar [⟳ sacar] *vi* to traffic (**con** in).

tráfico *sm* traffic.

tráfico de influencias *sm* influence peddling.

tragaluz *sm* [-luces] skylight.

tragaperras *sf inv* slot machine.

tragar [⟳ pagar] *vt* 1. (*comida*) to swallow. 2. (*fam: gasolina*) to guzzle, to use. 3. (*fam: aguantar*) to stand. ◆ *vi* 1. (*al comer, beber*) to swallow. 2. (*fam: comer mucho*) to eat a lot. 3. (*RP: fam, estudiar mucho*) to swot, (*US*) to grind.

tragarse *v prnl* 1. (*comida*) to swallow. 2. (*el orgullo*) to swallow; (*la rabia*) to hold back. 3. (*fam: comer*) to gobble up. 4. (*fam: una conferencia, un discurso*) to sit through. 5. (*fam: creerse*) to fall for.

tragedia *sf* tragedy.

trágico, -ca *adj* tragic.

trago *sm* 1. (*sorbo*) gulp. 2. (*bebida alcohólica*) drink. 3. (*fam: situación difícil*): **pasé muy mal trago** I had a very hard time.

traición *sf* (*gen*) treachery, betrayal: **a traición** treacherously; (*contra el propio país*) treason.

traicionar *vt* to betray.

traicionero, -ra *adj* treacherous.

traidor, -dora I *adj* treacherous. II *sm/f* traitor.

traigo *etc.* ⟳ **traer**.

traje I *sm* **1.** (*de dos piezas*) suit; (*vestido*) dress. **2.** (*regional, de época*) costume. **II** *also* ⇨ **traer**.

traje de baño *sm* (*de caballero*) swimming trunks *pl*; (*de señora*) swimsuit, swimming costume. **traje de chaqueta** *sm* (woman's) suit. **traje de luces** *sm* bullfighter's outfit. **traje de noche** *sm* evening dress. **traje de novia** *sm* wedding dress.

trajín *sm* **1.** (*movimiento*) coming and going. **2.** (*actividad*) ¡**qué trajín se trae!** she doesn't stop!

trajinar *vi* to be on the go.

trama *sf* **1.** (*de novela, película*) plot. **2.** (*de tejido*) weft.

tramar *vt* to plan, to plot.

tramitar *vt* (*ciudadano particular*) to arrange (to obtain); (*administración, oficina*) to process.

trámite *sm* procedure, step.

tramo *sm* **1.** (*de carretera*) stretch, section. **2.** (*de escalera*) flight.

tramoyista *sm/f* scene shifter.

trampa *sf* **1.** (*gen*) trap: **cayó en la trampa** she fell into the trap. **2.** (*argucia*) fiddle; (*en el juego*): **hacer trampas** to cheat. **3.** (*puerta*) trap door.

trampolín *sm* (*en natación*) diving board; (*en gimnasia*) springboard; (*en esquí*) ski jump.

tramposo, -sa *adj, sm/f*: **es un/muy tramposo** he is such a cheat.

tranca *sf* **1.** (*para puerta, ventana*) bar. **2.** (*palo*) club.

trancazo *sm* (*fam: catarro*) heavy cold; (*: gripe*) bad dose of flu.

trance *sm* **1.** (*aprieto, apuro*) critical moment. **2.** (*éxtasis*) trance.

tranquilidad *sf* **1.** (*gen*) tranquillity, (*US*) tranquility. **2.** (*de una persona*) calmness: **respondió con tranquilidad** he answered calmly. **3.** (*de las aguas*) calmness, stillness.

tranquilizador, -dora *adj* reassuring.

tranquilizante *sm* tranquillizer, (*US*) tranquilizer.

tranquilizar [⇨ *cazar*] *vt* **1.** (*sosegar*) to calm down. **2.** (*reconfortar*) to reassure.

tranquilizarse *v prnl* to calm down.

tranquilo, -la *adj* **1.** (*barrio, calle*) quiet; (*mar*) calm. **2.** [E] (*relajado*) calm, relaxed • **se quedó tan tranquilo** he didn't bat an eyelid. **3.** [S] (*pacífico*) easy-going, placid. **4.** (*conciencia*) clear.

transacción *sf* transaction.

transar (*Amér L*) *vi* (*transigir*) to give way. ♦ *vt* (*acciones, valores*) to deal in, to buy and sell.

transatlántico, -ca I *adj* transatlantic. **II** *sm* liner.

transbordador *sm* ferry.

transbordador espacial *sm* (space) shuttle.

transbordo *sm* change: **tengo que hacer dos transbordos** I have to change twice.

transcribir [*pp* **transcrito**] *vt* to transcribe.

transcripción *sf* transcript, transcription.

transcurrir *vi* **1.** (*tiempo*) to elapse, to go by. **2.** (*viaje, acto*) to pass.

transcurso *sm*: **con el transcurso de los años** with the passage of time; **en el transcurso de un mes** within a month.

transeúnte *sm/f* passer-by.

transferencia *sf* transfer.

transferencia bancaria *sf* bank transfer.

transferir [⇨ *sentir*] *vt* to transfer.

transfiero *etc.* ⇨ **transferir**.

transformación *sf* transformation.

transformador *sm* transformer.

transformar *vt* **1.** (*cambiar*) to transform, to change. **2.** (*convertir*) to turn (**en** into).

transformarse *v prnl* **1.** (*cambiar*) to change. **2.** (*convertirse*) to turn (**en** into).

tránsfuga *sm/f* (*desertor*) deserter; (*de partido político*) defector.

transfusión *sf* transfusion.

transfusión de sangre *sf* blood transfusion.

transgredir *vt* (*una ley*) to break.

transgresor, -sora *sm/f* (*de una ley*)

transgressor.

transición *sf* transition.

transigir [↪ surgir] *vi* 1. (*acceder*) to give in. 2. (*consentir*): **transigir con algo** to tolerate * permit sthg.

transistor *sm* transistor.

transitable *adj* passable.

transitar *vi* (*coches*) to travel, to go; (*personas*) to walk.

tránsito *sm* (*de coches*) traffic; (*de personas*) movement.

transitorio, -ria *adj* 1. (*temporal*) temporary. 2. (*momentáneo*) passing.

transmisión *sf* 1. (*gen*) transmission. 2. (*emisión*) broadcasting. 3. (*de propiedades*) transfer. 4. (*Auto*) transmission.

transmitir *vt* 1. (*comunicar: gen*) to pass on; (: *un sentimiento*) to communicate. 2. (*emitir*) to broadcast. 3. (*contagiar*) to transmit, to pass on.

transparencia *sf* transparency.

transparentarse *v prnl* (*ser transparente*): **se transparenta** you can see through it; (*poder verse*) to be visible.

transparente *adj* 1. (*cristal, agua*) transparent; (*tela*) see-through. 2. (*evidente*) obvious, clear.

transpirar *vi* to perspire.

transportar *vt* to transport, to carry.

transporte *sm* transport, (*US*) transportation.

transportista *sm/f* carrier, haulier, (*US*) hauler.

transversal I *adj* transverse. II *sf* side street.

tranvía *sm* tram, (*US*) streetcar.

trapecio *sm* 1. (*de circo*) trapeze. 2. (*Mat*) trapezium, (*US*) trapezoid. 3. (*músculo*) trapezius.

trapecista *sm/f* trapeze artist.

trapo I *sm* (*trozo de tela*) rag; (*para limpiar*) cloth; (*para quitar polvo*) duster ● **me puso como un trapo** she tore me to pieces. II **trapos** *sm pl* (*fam*) clothes *pl*.

trapo de cocina *sm* tea towel * cloth.

tráquea *sf* trachea, windpipe.

traqueteo *sm* rattle.

tras *prep* 1. (*de tiempo*) after. 2. (*de lugar*) behind. 3. (*en busca de*) after.

trascendencia *sf* 1. (*importancia*) significance, importance. 2. (*en filosofía*) transcendence.

trascendental *adj* 1. (*hecho, obra*) extremely important. 2. (*en filosofía*) transcendental.

trascender [↪ tender] *vi* 1. (*divulgarse*) to get out, to be revealed. 2. (*extenderse*) to spread. ♦ *vt* (*ir más allá: gen*) to go beyond; (: *en filosofía*) to transcend.

trasero, -ra I *adj* back, rear. II *sm* (*fam*) bottom, (*GB*) bum.

trasfondo *sm* background.

trasladar *vt* 1. (*de un lugar a otro*) to move. 2. (*a un empleado*) to transfer. 3. (*frml: una reunión, una cita*) to change, to move.

trasladarse *v prnl* to move.

traslado *sm* 1. (*de residencia*) move. 2. (*de un empleado*) transfer.

traslúcido, -da *adj* translucent.

traslucir [↪ lucir] *vt* to reveal, to show.

traslucirse *v prnl* (*ser transparente*): **se trasluce** you can see through it; (*poder verse*) to be visible.

trasluz: **al trasluz** *loc adv* against the light.

trasnochado, -da *adj* outdated.

trasnochar *vi* to stay up late.

trasnoche *sm* (*RP*) late show.

traspapelarse *v prnl* to go astray, to get mislaid.

traspasar *vt* 1. (*un cuerpo, una pared*) to go (right) through; (*una frontera*) to cross, to go over; (*un límite*) to exceed. 2. (*un negocio, a un jugador*) to transfer, to sell.

traspaso *sm* transfer, sale.

traspié *sm* 1. (*tropezón*) trip, slip. 2. (*error*) mistake, blunder.

trasplantar *vt* to transplant.

trasplante *sm* transplant.

trasplante de corazón *sm* heart transplant.

trastada *sf* (*fam: mala pasada*) dirty

trick; (: *travesura*) prank.

traste I *sm* **1.** (*de guitarra*) fret ● **irse al traste** (*negocio*) to fail, (*planes*) to fall through. **2.** (*RP: fam, trasero*) bottom. **3.** (*Col: cosa en general*) thing; (: *cosa vieja, inútil*) piece of junk. **II trastes** *sm pl* (*or* **trastes de cocina**) (*Amér C, Méx*) (kitchen) utensils *pl*: **lavar los trastes** to do the dishes.

trastear *vi* (*Col*) to move (house).

trastero *sm* boxroom, (*US*) lumber room.

trastienda *sf* back room.

trasto *sm* **1.** (*cosa: gen*) thing; (: *vieja, inútil*) piece of junk. **2.** (*fam: niño travieso*) little devil.

trastornado, -da *adj* [E] (mentally) disturbed.

trastornar *vt* **1.** (*los planes*) to upset. **2.** (*mentalmente*): **la trastornó** it left her (mentally) disturbed.

trastornarse *v prnl* to become (mentally) disturbed.

trastorno *sm* **1.** (*molestia*) inconvenience, trouble. **2.** (*de la salud*) disorder.

trasvasar *vt* to transfer.

trasvase *sm* transfer.

tratable *adj* amiable, approachable.

tratado *sm* **1.** (*acuerdo*) treaty. **2.** (*ensayo*) treatise.

tratamiento *sm* **1.** (*Med, Tec*) treatment. **2.** (*forma de dirigirse a alguien*) form of address.

tratamiento de textos *sm* word processing.

tratar *vt* **1.** (*a una persona, un objeto*) to treat. **2.** (*referido al trato social*) to know. **3.** (*referido al tratamiento empleado*): **la trato de usted** I call her "usted" **4.** (*Med*) to treat. **5.** (*Inform: datos*) to process. **6.** (*un problema, un asunto, un tema*) to deal with. ◆ *vi* **1.** (*tener contacto*): **tengo que tratar con el público** I have to deal with the public. **2. tratar de** (*tener como tema*) to be about; (*intentar*) to try to: **trata de entender** try to understand.

tratarse *v prnl* **1.** (*referido al trato social*): **no nos tratamos con ellos** we don't have anything to do with them. **2.** (*referido al tratamiento empleado*): **nos tratamos de tú** we call each other "tú" **3. tratarse de** (*ser el tema*) to be about; (*ser*) to be: **no se trata de eso** that's not the point.

tratativas *sf pl* (*C Sur*) negotiations *pl*.

trato *sm* **1.** (*contacto*) contact; (*forma de ser*) manner; (*forma de tratar*) treatment: **el trato que recibió** the treatment she received. **2.** (*acuerdo*) deal, agreement. **3.** (*tratamiento*): **¿qué trato le da?** how does he address her?

trauma *sm* trauma.

traumático, -ca *adj* traumatic.

traumatizar [⇨ cazar] *vt* to traumatize.

traumatólogo, -ga *sm/f* traumatologist.

través I a través de *prep* (*de lado a lado de: un cuerpo*) through; (: *un espacio*) across; (*por intermedio de*) through. **II al través** *loc adv* diagonally.

travesaño *sm* **1.** (*en construcción*) crosspiece; (*de escalera*) rung. **2.** (*en fútbol*) crossbar.

travesía *sf* **1.** (*por mar*) crossing. **2.** (*calle*) street.

travesti, travestí *sm/f* [-**tíes** ∗ -**tís**] transvestite.

travesura *sf* prank.

traviesa *sf* sleeper, (*US*) crosstie.

travieso, -sa *adj* naughty, mischievous.

trayecto *sm* (*viaje*) journey: **durante el trayecto** on the way; (*ruta*) route.

trayectoria *sf* **1.** (*recorrido*) trajectory, path. **2.** (*evolución*) path, course.

trazado *sm* **1.** (*plano*) plan, design. **2.** (*de una carretera*) route.

trazar [⇨ cazar] *vt* **1.** (*líneas, planos*) to draw. **2.** (*un plan*) to draw up.

trazas *sf pl* **1.** (*aspecto*) appearance. **2.** (*vestigios*) traces *pl*.

trazo *sm* (*línea: gen*) line; (*: de escritura*) stroke.

trébol I *sm* clover. **II tréboles** *sm pl* (*Juegos*) clubs *pl*.

trece *adj, pron* (*cardinal*) thirteen; (*ordinal*) thirteenth ⇨ *apéndice 4*.

treceavo, -va *adj, sm* thirteenth ⇨ *apéndice 4*.

trecho *sm* way, distance.

tregua *sf* 1. (*Mil*) truce. 2. (*descanso*) rest, break.

treinta *adj, pron* (*cardinal*) thirty; (*ordinal*) thirtieth ⇨ *apéndice 4*.

tremendo, -da *adj* 1. (*muy grande*) tremendous, enormous. 2. (*persona: gen*) unbelievable, incredible; (*: niño*) very naughty.

trémulo, -la *adj* (*voz*) quavering, wavering; (*luz*) flickering.

tren *sm* 1. (*gen*) train. 2. (*ritmo*): **no puede permitirse ese tren de vida** he can't afford that lifestyle. **tren de alta velocidad** *sm* high-speed train. **tren de aterrizaje** *sm* undercarriage, landing gear. **tren de cercanías** *sm* local train. **tren de largo recorrido** *sm* long-distance train.

trenca *sf* duffle coat.

trenza *sf* plait, (*US*) braid.

trenzar [⇨ cazar] *vt* to plait, (*US*) to braid.

trepador, -dora *adj* climbing.

trepar *vt/i* to climb.

trepidante *adj* furious.

trepidar *vi* to shake, to vibrate.

tres *adj, pron* (*cardinal*) three; (*ordinal*) third ⇨ *apéndice 4*.

trescientos, -tas *adj, pron* (*cardinal*) three hundred; (*ordinal*) three hundredth ⇨ *apéndice 4*.

tresillo *sm* (*conjunto*) three-piece suite; (*sofá*) three-seater settee.

treta *sf* (*cunning*) ploy, ruse.

trial /trjal/ *sm* cross-country motorbike trial.

triángulo *sm* triangle.

tribu *sf* tribe.

tribuna *sf* 1. (*de orador*) platform, rostrum. 2. (*en estadio*) grandstand; (*para presenciar desfile*) stand, grandstand.

tribunal *sm* 1. (*de justicia*) court. 2. (*de concurso, examen*) examination panel.

tribunal de apelación * casación *sm* court of appeal.

tributar *vt* 1. (*un homenaje*) to pay; (*respeto*) to show. 2. (*pagar*) to pay (*in tax*).

tributo *sm* 1. (*homenaje*) tribute. 2. (*impuesto*) tax.

triciclo *sm* tricycle.

tricotar *vi* to knit.

trienio *sm* 1. (*gen*) three-year period. 2. (*en sueldo*) three-yearly increment.

trigal *sm* wheat field.

trigésimo, -ma *adj, pron* thirtieth ⇨ *apéndice 4*.

trigo *sm* wheat.

trigueño, -ña *adj* (*piel, persona*) dark; (*pelo*) golden brown.

trillado, -da *adj* well-worn, hackneyed.

trilladora *sf* threshing machine.

trillar *vt* to thresh.

trimestral *adj* quarterly, three-monthly.

trimestre *sm* 1. (*gen*) quarter, three months *pl*. 2. (*Educ*) term.

trinar *vi* to trill, to warble.

trincar [⇨ sacar] *vt* (*fam*) 1. (*atrapar*) to catch. 2. (*beber*) to knock back, to drink. 3. (*Méx: estafar*) to swindle.

trinchar *vt* to carve.

trinchera *sf* 1. (*zanja*) trench. 2. (*gabardina*) trench coat.

trineo *sm* sledge.

trinidad *sf* trinity.

trino *sm* trill, warble.

trío *sm* trio.

tripa *sf* (*fam*) 1. (*estómago*) tummy; (*panza*) belly. 2. (*or* **tripas** *sf pl*) (*intestinos*) guts *pl*, insides *pl*.

triple *adj, sm* triple.

triplicado: **por triplicado** *loc adv* in triplicate.

trípode *sm* tripod.

tripulación *sf* crew.

tripulante *sm/f* crew member.

tripular *vt* (*ser miembro de la tri-*

pulación de) to crew, to man; (*conducir: un barco*) to sail; (*: un avión*) to fly.

triquiñuela *sf* (*fam*) ruse, trick.

tris *sm*: **estuvo en un tris de caerse** he came very close to falling.

triste *adj* 1. (*persona, situación*) sad. 2. (*lugar*) gloomy, dismal. 3. (*miserable*) humble.

tristeza *sf* sadness.

triturar *vt* to crush, to grind up.

triunfador, -dora I *adj* triumphant, victorious. **II** *sm/f* winner.

triunfar *vi* 1. (*gen*) to triumph. 2. (*tener éxito*) to succeed, to be successful.

triunfo *sm* victory, triumph.

trivial *adj* trivial, unimportant.

trivialidad *sf* triviality.

trizas *sfpl*: **el jarrón se hizo trizas** the vase smashed into little pieces.

trocar [⟹ table in appendix 2] *vt* (*canjear*) to barter, to trade.

trocarse *v prnl* (*frml*) to turn (**en** into).

trocear *vt* to cut up.

trocha *sf* (*Amér S: camino*) path, track; (*: de ferrocarril*): **de trocha angosta** narrow-gauge.

troche: **a troche y moche** *loc adv* (*fam*) left, right and centre.

trofeo *sm* trophy.

tromba *sf* (*or* **tromba de agua**) cloudburst, sudden downpour.

trombón *sm* trombone.

trombosis *sf* thrombosis.

trompa *sf* 1. (*de elefante*) trunk. 2. (*Amér S: fam, boca*) mouth. 3. (*Anat*) tube. 4. (*instrumento*) horn. 5. (*fam: borrachera*): **agarraron una buena trompa** they got completely drunk.

trompazo *sm* 1. (*golpe*) bump, bang. 2. (*RP: puñetazo*) punch.

trompear *vt* (*Amér L: fam*) to punch.

trompearse *v prnl* to have a fight.

trompeta *sf* trumpet.

trompetista *sm/f* trumpeter, trumpet player.

trompicón *sm* stumble ● **va aprobando a trompicones** he's managing to get through his exams somehow.

trompo *sm* (spinning) top.

tronar [⟹ contar] *v impers* to thunder. ♦ *vi* to thunder, to rumble.

tronchar *vt* to break off.

troncharse *v prnl* to break off ● **troncharse de risa** to fall about laughing.

tronco *sm* 1. (*de árbol*) trunk, (*leño*) log. 2. (*Anat*) trunk. 3. (*ascendencia*) line of descent.

tronera *sf* 1. (*ventana*) small window. 2. (*Mil*) loophole.

trono *sm* throne.

tropa *sf* 1. (*or* **tropas**) (*Mil*) troops *pl*. 2. (*de gente*) troop, group. 3. (*RP: de animales*) herd.

tropel *sm* 1. (*muchedumbre*) mob, crowd: **entraron en tropel** they all poured in together. 2. (*montón*) jumble, heap.

tropezar [⟹ comenzar] *vi* 1. (*pisar mal*) to trip, to stumble. 2. (*con un obstáculo*): **tropecé con un ladrillo** I tripped over a brick. 3. (*con alguien*): (**me**) **tropecé con Luis** I bumped ✳ ran into Luis.

tropezón *sm* 1. (*tropiezo*) stumble, trip. 2. (*Culin*) small piece of ham, bread, etc. added to soup.

tropical *adj* tropical.

trópico *sm* 1. (*círculo*) tropic. 2. **el trópico** (*or* **los trópicos** *sm pl*) (*región*) the tropics *pl*.

tropiezo *sm* 1. (*traspié*) stumble, trip. 2. (*dificultad*) mishap, problem. 3. (*equivocación*) slip, mistake.

trotamundos *sm/f inv* globetrotter.

trotar *vi* to trot.

trote I *sm* (*de caballos*) trot. **II trotes** *sm pl* (*fam: actividades*): **ya no está para esos trotes** she isn't up to it any more.

trozo *sm* piece, bit.

trucado, -da *adj* (*foto*) touched-up; (*coche, motor*) souped-up.

trucha *sf* trout *n inv*.

trucho, -cha *adj* (*RP: fam, documento*) false; (*: brillante*) fake.

truco *sm* 1. (*treta*) trick. 2. (*Juegos*)

popular South American card game.

trueno *sm* clap of thunder: **oí truenos** I heard thunder.

trueque *sm* barter.

trufa *sf* truffle.

truhán, -hana *sm/f* rogue.

truncar [⇨ sacar] *vt* **1.** (*cortar*) to cut off. **2.** (*poner fin a*) to cut short, to put an end to.

truncarse *v prnl* to be cut short.

tu *adj posesivo* [**tus**] your.

tú *pron personal* you.

tuba *sf* tuba.

tubérculo *sm* tuber.

tuberculosis *sf* tuberculosis, TB.

tubería *sf* **1.** (*tubo*) pipe. **2.** (*conjunto de tubos*) pipes *pl.*

tubo *sm* **1.** (*gen*) tube; (*tubería*) pipe. **2.** (*RP: auricular*) receiver.

tubo de ensayo *sm* test tube. **tubo de escape** *sm* exhaust (pipe).

tuco *sm* (*RP*) meat and tomato sauce.

tuerca *sf* nut.

tuerto, -ta *adj* (*con un solo ojo*) one-eyed; (*con un ojo ciego*) blind in one eye.

tuerzo *etc.* ⇨ **torcer**.

tueste *sm* roasting, roast.

tuesto *etc.* ⇨ **tostar**.

tuétano *sm* marrow.

tufo *sm* (*fam*) stink, nasty smell.

tugurio *sm* **1.** (*habitación*) hovel. **2.** (*local público*) dive.

tul *sm* tulle.

tulipa *sf* lampshade.

tulipán *sm* tulip.

tullido, -da *adj* crippled.

tumba *sf* tomb, grave.

tumbar *vt* **1.** (*tirar*) to knock down. **2.** (*fam: a un estudiante*) to fail.

tumbarse *v prnl* to lie down.

tumbo *sm* jerk, jolt.

tumbona *sf* sun lounger.

tumor *sm* tumour, (*US*) tumor.

tumulto *sm* commotion.

tumultuoso, -sa *adj* rowdy, tumultuous.

tuna *sf* **1.** (*Bot*) prickly pear. **2.** (*Mús*) band of student minstrels.

tunante, -ta *sm/f* rascal.

tunda *sf* (*fam*) beating, thrashing.

tunecino, -na *adj*, *sm/f* Tunisian.

túnel *sm* tunnel.

Túnez *sm* Tunisia.

túnica *sf* tunic.

tuno, -na I *adj* (*fam*) naughty. II *sm*: singer or musician who belongs to a ⇨ tuna 2.

tuntún: al (buen) tuntún *loc adv* (*fam: sin pensar*) without thinking; (: *de cualquier manera*) any old how.

tupido, -da *adj* **1.** (*bosque*) thick, dense; (*tela*) closely-woven. **2.** [E] (*Amér S: atascado*) blocked.

turba *sf* **1.** (*multitud*) mob. **2.** (*combustible*) peat.

turbación *sf* **1.** (*aturdimiento*) confusion. **2.** (*vergüenza*) embarrassment.

turbante *sm* turban.

turbar *vt* **1.** (*confundir*) to confuse; (*avergonzar*) to embarrass. **2.** (*la paz*) to disturb.

turbarse *v prnl* (*confundirse*) to become confused; (*por pudor*) to feel embarrassed.

turbina *sf* turbine.

turbio, -bia *adj* **1.** (*agua: gen*) cloudy; (: *con barro*) muddy. **2.** (*negocio*) dubious, shady.

turbulencia *sf* **1.** (*de aguas, aire*) turbulence. **2.** (*alboroto*) upheaval.

turbulento, -ta *adj* **1.** (*aguas, tiempo atmosférico*) turbulent. **2.** (*reunión, relación*) stormy; (*época*) turbulent.

turco, -ca I *adj* Turkish. II *sm/f* **1.** (*de Turquía*) Turk: **los turcos** the Turkish ∗ Turks. **2.** (*RP: fam, árabe*) Arab. III *sm* (*Ling*) Turkish.

turismo *sm* **1.** (*gen*) tourism. **2.** (*frml: automóvil*) (private) car.

turista I *sm/f* (*persona*) tourist. II *sf* (*categoría*) economy (class).

turístico, -ca *adj* tourist (*apos.*).

turnarse *v prnl* to take turns.

turno *sm* **1.** (*en el trabajo*) shift; (*RP: en farmacia*) **estar de turno** to be on duty. **2.** (*en una cola*) turn.

turolense *adj* of ∗ from Teruel.

turquesa *sf*, *adj inv* turquoise.

Turquía *sf* Turkey.

turrón *sm*: traditional Christmas

sweet bars.

tutear *vt: to address as* **tú**.

tutearse *v prnl: to address each other as* **tú**.

tutela *sf* 1. (*autoridad*) guardianship, care. 2. (*supervisión*) supervision.

tutor, -tora *sm/f* 1. (*Jur*) guardian. 2. (*profesor: particular*) private tutor; (*: a cargo de una clase*) form * class teacher.

tuve *etc.* ➪ **tener.**

tuyo, -ya I *adj posesivo* yours: **es tuyo** it's yours; **un amigo tuyo** a friend of yours. II *pron posesivo*: **el tuyo/la tuya es marrón** yours is brown; **los tuyos/las tuyas son mejores** yours are better.

TV (= **televisión**) TV.

TVE = **Televisión Española**.

u *conj* [before words beginning **o-** or **ho-**] or: **uno u otro** one or another.

ubicación *sf* location.

ubicado, -da *adj* 1. (*situado*) situated. 2. (*RP: sensato*) sensible.

ubicar [➪ sacar] *vt* (*Amér L*) 1. (*colocar: gen*) to put, to place; (*: en empleo*): **ubicó a sus dos hijos** he arranged jobs for his two sons. 2. (*localizar*) to locate. 3. (*reconocer, identificar*): **no lo ubico** I can't place him; (*saber dónde está*): **¿ubicas la biblioteca?** do you know where the library is?

ubicarse *v prnl* 1. (*estar situado*) to be (situated). 2. (*Amér L: colocarse*): **se ubicaron en sus puestos** they

took up their positions; (*: en empleo*) to get a job. 3. (*Amér L: orientarse*): **no me ubico** I don't know where I am.

ubre *sf* udder.

UCI /'uθi, 'usi/ *sf* (= **Unidad de Cuidados Intensivos**) ICU.

Ucrania *sf* Ukraine.

ucraniano, -na, ucranio, -nia I *adj, sm/f* Ukrainian. II *sm* (*Ling*) Ukrainian.

Ud. = **usted.**

Uds. = **ustedes.**

UE *sf* (= **Unión Europea**) EU.

ufanarse *v prnl* to boast (**de** about).

ufano, -na *adj* 1. (*engreído*) conceited. 2. (*satisfecho*) proud.

UGT *sf* = **Unión General de Trabajadores.**

ujier *sm* usher.

úlcera *sf* ulcer.

ulcerar *vt* to ulcerate.

ulcerarse *v prnl* to ulcerate.

ulterior *adj* subsequent, later.

últimamente *adv* lately.

ultimar *vt* 1. (*terminar*) to finish, to finalize. 2. (*Amér L: frml, matar*) to kill.

ultimátum *sm* [ultimátums * ultimatos] ultimatum.

último, -ma I *adj* 1. (*en el tiempo*) last. 2. (*más reciente*) latest: **las últimas noticias** the latest news. 3. (*más lejano*) last. 4. (*en una serie: gen*) last; (*: fila*) back; (*: piso*) top. 5. (*concluyente*) last, final. II *sm/f*: **el último/la última** the last one: **llegó el último** he arrived last ● **estar en las últimas** to be at death's door. III **por último** *loc adv* finally.

ultra *sm/f* (*fam*) extreme rightwinger.

ultraderecha *sf* extreme * far right.

ultraderechista I *adj* extreme right-wing. II *sm/f* extreme rightwinger.

ultrajar *vt* (*frml*) to offend (deeply), to insult.

ultraje *sm* (*frml*) insult (**a** to), outrage (**a** against).

ultramar *sm*: **colonias de ultramar**

overseas colonies.

ultramarinos I *sm pl* (*comestibles*) groceries *pl*, foodstuffs *pl*. **II** *sm inv* (*tienda*) grocer's.

ultranza: **a ultranza I** *loc adj* staunch, highly committed. **II** *loc adv* staunchly, with great commitment.

ultrasónico, -ca *adj* ultrasonic.

ultrasonido *sm* ultrasound.

ulular *vi* (*frml*) **1.** (*animal: gen*) to howl; (: *búho*) to hoot. **2.** (*viento*) to howl.

umbral *sm* threshold.

un, una I *art indef* a, [**an** cuando la palabra que sigue empieza con sonido vocálico]: **un francés** a Frenchman; **una casa** a house; **una universidad** a university; **una cebolla** an onion; [**un** is also used before feminine nouns beginning with stressed **a-** or **ha-**]: **un ala** a wing. **II** *adj* (*referido a número*) one: **sólo un año** just one year.

una *pron* (*fam: lío*): **se lió una** there was a tremendous row; (: *gran cantidad*): **¡había una de gente!** there was a huge crowd of people!

unánime *adj* unanimous.

unanimidad *sf* unanimity.

undécimo, -ma *adj, pron* eleventh ▷ *apéndice 4*.

UNED /uˈneθ/ *sf* = Universidad Nacional de Educación a Distancia.

ungir [▷ surgir] *vt* to anoint.

ungüento *sm* ointment.

único, -ca I *adj* **1.** (*solo*) only: **es hija única** she's an only child; **lo único es que...** the only thing is that.... **2.** (*excepcional*) unique. **II** *sm/f*: **el único/la única** the only one.

unidad *sf* **1.** (*Mat*) unit. **2.** (*medida*) unit. **3.** (*elemento*): **un paquete de diez unidades** a pack of ten; **500 pesetas por unidad** 500 pesetas each. **4.** (*parte de una organización*) unit. **5.** (*unión*) unity.

unidad de cuidados intensivos ✱ **vigilancia intensiva** *sf* intensive care unit. **unidad monetaria** *sf* unit

of currency. **unidad móvil** *sf* outside broadcast unit.

unido, -da *adj* **1.** (*familia, pareja*) close. **2.** (*obreros, equipo*) united. **3.** (*piezas*) joined; (*lugares*) linked.

unificar [▷ sacar] *vt* **1.** (*igualar*) to make uniform, to standardize. **2.** (*territorios*) to unify. **3.** (*esfuerzos*) to join.

uniformar *vt* to make uniform, to standardize.

uniforme I *adj* **1.** (*constante*) steady. **2.** (*igual*): **son de tamaño uniforme** they are all the same size. **3.** (*sin irregularidades*) even, smooth. **II** *sm* uniform: **de uniforme** in uniform.

uniformidad *sf* **1.** (*constancia*) steadiness. **2.** (*semejanza*) uniformity. **3.** (*regularidad*) smoothness, evenness.

unilateral *adj* unilateral.

unión *sf* **1.** (*alianza*) union. **2.** (*unidad*) unity. **3.** (*de cañerías, huesos*) joint. **4. la Unión (Americana)** (*Méx*) the USA.

Unión Europea *sf* European Union. **unión monetaria** *sf* monetary union. **Unión Soviética** *sf* Soviet Union.

unir *vt* **1.** (*piezas*) to join. **2.** (*lugares*) to link. **3.** (*en solidaridad*) to unite.

unirse *v prnl* **1.** (*aliarse*) to unite, to join forces. **2.** (*juntarse*) to join.

unísono: **al unísono** *loc adv* in unison.

universal *adj* universal: **de fama universal** world-famous.

universidad *sf* university.

universitario, -ria I *adj* university (*apos.*). **II** *sm/f* (*estudiante*) university student; (*licenciado*) graduate.

universo *sm* universe.

uno, una I *pron* **1.** (*referido a número*) one: **sólo quiero uno** I only want one. **2.** (*persona no especificada*) someone: **una que vivía cerca** someone ✱ a woman who lived nearby; (*la gente en general*) one: **uno nunca sabe** one never

knows. **II uno** *adj*: **en la línea uno**
on line one ⇨ *apéndice 4*.

unos, **unas I** *art indef* some: **trajo
unos libros/unas cintas** he
brought some books/some tapes. **II
adj indefinido**: **unas mil pesetas**
around ✳ about a thousand pesetas. **III** *pron indefinido* some (of them).

untar *vt* 1. (*extender*) to spread.
2. (*fam*: *sobornar*) to bribe.

untarse *v prnl*: **se untó de chocolate**
he got chocolate all over himself.

uña *sf* 1. (*Anat*) nail ● **ser uña y
carne** to be as thick as thieves.
2. (*Zool*: *garra*) claw; (: *de alacrán*)
sting; (: *casco*, *pezuña*) hoof.

uperizado, **-da** *adj* UHT.

uranio *sm* uranium.

Urano *sm* Uranus.

urbanidad *sf* courtesy.

urbanismo *sm* town ✳ (*US*) city
planning.

urbanización *sf* 1. (*zona residencial*) development, estate.
2. (*acción*) urbanization, (urban) development.

urbanizar [⇨ cazar] *vt* to develop.

urbano, **-na** *adj* urban.

urbe *sf* (major) city.

urdir *vt* to devise.

urgencia *sf* 1. (*cualidad*) urgency:
con urgencia urgently. 2. (*caso*)
emergency. 3. **urgencias** (*en hospital*) Accident and Emergency,
casualty, (*US*) emergency room.

urgente *adj* 1. (*recado*, *llamada*)
urgent. 2. (*correo*) express.

urgir [⇨ surgir] *vi* to be urgent: **me
urge verlo** I need to see him urgently.

urinario, **-ria** *adj* urinary.

urna *sf* 1. (*electoral*) ballot box: **acudir a las urnas** to go to the polls.
2. (*para exhibir*) case. 3. (*para cenizas*) urn.

urraca *sf* magpie.

URSS /urs/ *sf* (= **Unión de Repúbli-
cas Socialistas Soviéticas**) USSR.

urticaria *sf* hives *pl*.

Uruguay *sm* Uruguay.

uruguayo, **-ya** *adj*, *sm/f* (*Geog*)
Uruguayan.

usado, **-da** *adj* 1. (*de segunda mano*)
second-hand, used. 2. (*gastado*)
worn.

usanza *sf* way, custom.

usar *vt* 1. (*gen*) to use. 2. (*ropa*) to
wear.

usina *sf* 1. (*Amér L: fábrica*) factory.
2. (*or* **usina eléctrica**) (*RP*) power
station.

uso *sm* 1. (*empleo*) use. 2. (*usanza*)
custom, way.

usted *pron personal* you: **para
usted** for you; **de usted** (*suyo*)
yours: **la mía y la de usted** mine
and yours.

ustedes *pron personal* you: **para
ustedes** for you; **de ustedes** (*suyo*)
yours: **las nuestras y las de
ustedes** ours and yours.

usual *adj* usual, normal.

usuario, **-ria** *sm/f* user.

usufructo *sm* use, right of use.

usura *sf* usury.

usurero, **-ra** *sm/f* usurer.

usurpar *vt* to usurp.

utensilio *sm* (*herramienta*) tool; (*de
cocina*) utensil.

útero *sm* uterus.

útil I *adj* useful. **II** *sm* tool.

utilidad *sf* usefulness.

utilitario, **-ria** *adj* practical.

utilización *sf* use.

utilizar [⇨ cazar] *vt* to use.

utopía *sf* utopia.

uva *sf* grape.

UVI /'uβi/ *sf* (= **Unidad de Vigilancia
Intensiva**) ICU.

v (= **varón**) m.

va *etc.* ⇨ **ir**.

vaca *sf* 1. (*animal*) cow. 2. (*carne*) beef.

vacacionar *vi* (*Méx*) to holiday, (*US*) to vacation.

vacaciones *sfpl* holidays *pl*, (*US*) vacation: **de vacaciones** on holiday ∗ (*US*) vacation.

vacante I *adj* vacant. **II** *sf* vacancy.

vaciar [⇨ ansiar] *vt* 1. (*una botella, un líquido*) to empty. 2. (*Artes, Tec*) to cast.

vaciarse *v prnl* to empty.

vacilación *sf* hesitation.

vacilante *adj* hesitant.

vacilar *vi* 1. (*estar indeciso*) to hesitate. 2. (*fam: presumir*) to show off. 3. (*Amér C, Méx: fam, divertirse*) to have a good time.

vacío, -cía I *adj* empty. **II** *sm* 1. (*Fís*) vacuum: **envasado al vacío** vacuum-packed. 2. (*hueco*) gap, void. 3. **el vacío** (*el abismo*) the void; (*el espacio*) space.

vacuna *sf* vaccine.

vacunar *vt* to vaccinate.

vacunarse *v prnl* to be vaccinated, to have one's vaccination(s).

vacuno, -na *adj*: of/relating to cattle.

vadear *vt* to ford.

vado *sm* 1. (*de río*) ford. 2. (*en acera*) dropped kerb ∗ (*US*) curb; (*en letrero*): **vado permanente** permanent access.

vagabundo, -da *sm/f* tramp, vagrant.

vagamente *adv* vaguely.

vagancia *sf* laziness, idleness.

vagar [⇨ pagar] *vi* to wander, to roam.

vagina *sf* vagina.

vago, -ga I *adj* 1. (*holgazán*) lazy, idle. 2. (*impreciso*) vague. **II** *sm/f* (*holgazán*) layabout.

vagón *sm* (*de pasajeros*) carriage, (*US*) car; (*de mercancías*) wagon, (*US*) car.

vagón restaurante *sm* dining car, (*US*) diner.

vaguear *vi* to loaf ∗ laze around.

vaguedad *sf* vagueness.

vaho *sm* (*aliento*) breath; (*vapor*) steam: **empañados por el vaho** steamed up.

vaina *sf* 1. (*de espada*) sheath, scabbard. 2. (*de guisantes*) pod. 3. (*Amér S: fam, para expresar contrariedad*): **¡qué vaina!** what a drag!; **no me venga con vainas** I don't want any excuses; (*: cacharro*) thing.

vainilla *sf* vanilla.

vaivén I *sm* (*de objeto: gen*) rocking (motion), swaying (motion); (*: suspendido*) swinging (motion). **II vaivenes** *sm pl* (*altibajos*) ups and downs *pl*.

vajilla *sf* (*gen*) dishes *pl*; (*juego*) dinner service.

valdré *etc.* ⇨ **valer**.

vale I *sm* 1. (*para canjear*) voucher. 2. (*Col, Méx, Ven: fam, amigo*) friend, (*GB*) mate, (*US*) buddy. **II** *excl* (*fam*) OK!, all right!

valedero, -ra *adj* [S] valid.

valenciana *sf* (*Méx*) turn-up, (*US*) cuff.

valenciano, -na I *adj* of ∗ from Valencia. **II** *sm* (*Ling*) Valencian.

valentía *sf* bravery.

valer [⇨ table in appendix 2] *vt* 1. (*para expresar: precio*) to cost; (*: valor*) to be worth. 2. (*merecer*) to be worth ● **vale la pena** it's worth it. ◆ *vi* 1. (*servir*): **no vale para eso** you can't use it for that. 2. (*ropa*) to fit. 3. (*ser válido: gen*) to be valid; (*: en juegos*): **no vale mirar** you're not allowed to look. 4. (*tener buenas cualidades*): **vale mucho** he's very good. 5. (*Méx: fam, para expresar indiferencia*): **a mí me vale** I don't give a damn about it.

valerse *v prnl* 1. (*desenvolverse*) to manage. 2. **valerse de** (*servirse de*) to use, to make use of.

valeroso, -sa *adj* brave, valiant.

valgo *etc.* ⇨ **valer**.

valía *sf* worth.

validar *vt* to validate.

validez *sf* validity.

válido, -da *adj* valid.

valiente *adj* brave, courageous.

valija *sf* (*RP*) suitcase.

valioso, -sa *adj* valuable.

valla *sf* 1. (*cerca*) fence. 2. (*en atletismo*) hurdle.

valla publicitaria *sf* billboard.

vallar *vt* to fence in.

valle *sm* valley.

vallisoletano, -na *adj* of ＊ from Valladolid.

valor I *sm* 1. (*económico, sentimental, artístico*) value. 2. (*valentía*) courage, bravery. 3. (*desvergüenza*) nerve, cheek. 4. (*persona*) star. II **valores** *sm pl* 1. (*Fin*) stocks *pl*, securities *pl*. 2. (*principios*) values *pl*.

valoración *sf* valuation.

valorar *vt* to value (**en** at).

vals *sm* waltz.

válvula *sf* valve.

válvula de seguridad *sf* safety valve.

vamos I ⇨ **ir**. II *excl* (*fam*) 1. (*de prisa, ánimo*) come on! 2. (*para tranquilizar*) come on. 3. (*de indignación*) well! 4. (*para aclarar*): **vamos, que es un ladrón** basically, he's a crook.

vampiresa *sf* (*fam*) femme fatale.

vampiro *sm* 1. (*en cuentos*) vampire. 2. (*Zool*) vampire bat.

vanagloriarse *v prnl* to brag (**de** about), to boast (**de** about).

vandalismo *sm* vandalism.

vándalo, -la *sm/f* vandal.

vanguardia *sf* vanguard.

vanidad *sf* vanity.

vanidoso, -sa *adj* vain.

vano, -na *adj* 1. (*esfuerzo, intento*) futile, vain: **en vano** in vain. 2. (*esperanzas*) vain, unrealistic. 3. (*presumido*) vain, conceited.

vapor *sm* 1. (*gen*) steam; (*Culin*): **al**

vapor steamed; (*Fís*) vapour, (*US*) vapor. 2. (*barco*) steamship.

vaporizador *sm* spray, atomizer.

vaporizar [⇨ *cazar*] *vt* to vaporize.

vaporoso, -sa *adj* light, sheer.

vapulear *vt* 1. (*azotar*) to beat. 2. (*criticar: a una persona*) to lay into; (*: una obra*) to slate, to pan.

vaquería *sf* dairy farm.

vaquero, -ra I *adj* (*camisa*) denim (*apos.*). II *sm/f* (*hombre*) cowboy; (*mujer*) cowgirl. III **vaqueros** *sm pl* (*pantalones*) jeans *pl*.

vaquilla *sf* heifer.

vara *sf* stick, rod.

variable I *adj* 1. (*Meteo*) changeable; (*calidad*) variable. 2. (*carácter*) moody. II *sf* (*Mat*) variable.

variación *sf* variation, change.

variado, -da *adj* varied.

variante *sf* 1. (*de modelo*) variant. 2. (*cambio*) change, variation. 3. (*desviación*) relief road, link road.

variar [⇨ *ansiar*] *vt/i* to vary, to change: **para variar** for a change.

varicela *sf* chickenpox.

variedad I *sf* variety. II **variedades** *sf pl* variety show.

varilla *sf* (*gen*) stick, rod; (*de paraguas*) rib; (*del aceite*) dipstick.

vario, -ria I *adj* 1. (*diferente*) varied, different. 2. **varios -rias** (*bastantes*) several. II **varios -rias** *pron indefinido* several.

varita I *sf* (*or* **varita mágica**) magic wand. II *sm/f* (*RP: fam, guardia*) traffic cop.

variz *sf* [-**rices**] varicose vein.

varón I *sm* (*adulto*) male, man; (*niño*) boy. II *adj* male.

varonil *adj* manly.

vasco, -ca I *adj, sm/f* Basque. II *sm* (*Ling*) Basque.

vascuence *sm* (*Ling*) Basque.

vaselina® *sf* Vaseline®, petroleum jelly.

vasija *sf* vessel, container.

vaso *sm* glass: **un vaso de cerveza** (*bebida*) a glass of beer, (*recipiente*) a beer glass.

vaso sanguíneo *sm* blood vessel.

vástago *sm* 1. (*de planta*) shoot. 2. (*frml: descendiente*) offspring *n inv.*

vasto, -ta *adj* vast, huge.

Vaticano *sm* Vatican.

vaticinar *vt* to predict, to forecast.

vaticinio *sm* prediction, forecast.

vatio *sm* watt.

vaya I *etc.* ⇨ **ir.** II *excl* (*fam*) 1. (*para enfatizar*): ¡**vaya enfado que tiene!** he's really annoyed! 2. (*de contrariedad*): ¡**vaya por Dios!** for heaven's sake! 3. (*para aclarar*): **vaya, que es un ladrón** basically, he's a crook.

Vd. = **usted.**

Vds. = **ustedes.**

ve 1. (*imperative*) ⇨ **ir.** 2. (*3rd pers sing. of present*) ⇨ **ver.**

vecindad *sf* 1. (*barrio*) neighbourhood, (*US*) neighborhood. 2. (*conjunto de vecinos*) residents *pl.* 3. (*alrededores*) vicinity. 4. (*Méx: edificio*) tenement.

vecindario *sm* 1. (*barrio*) neighbourhood, (*US*) neighborhood. 2. (*conjunto de vecinos*) residents *pl.*

vecino, -na I *adj* (*al lado*) neighbouring, (*US*) neighboring. II *sm/f* 1. (*con respecto a otra persona*) neighbour, (*US*) neighbor. 2. (*habitante*) resident: **los vecinos del lugar** the people who live there.

veda *sf* close ✳ closed season.

vedar *vt* to prohibit, to ban.

vega *sf* fertile plain.

vegetación I *sf* (*Bot*) vegetation. II **vegetaciones** *sf pl* (*Med*) adenoids *pl.*

vegetal I *adj* (*Culin*) vegetable (*apos.*): **el mundo vegetal** the plant world. II *sm* vegetable.

vegetariano, -na *adj, sm/f* vegetarian.

vehemencia *sf* vehemence.

vehemente *adj* vehement, passionate.

vehículo *sm* vehicle.

veinte *adj, pron* (*cardinal*) twenty; (*ordinal*) twentieth ⇨ apéndice 4.

veinteavo, -va *adj, sm* twentieth

⇨ apéndice 4.

vejación *sf* (*frml*) humiliation.

vejar *vt* (*frml*) to humiliate.

vejez *sf* old age.

vejiga *sf* bladder.

vela *sf* 1. (*de cera*) candle. 2. (*de barco*) sail. 3. (*deporte*) sailing. 4. **en vela: pasó la noche en vela** he was awake all night.

velada *sf* evening.

velador *sm* 1. (*mesita*) pedestal table. 2. (*Amér S: mesita de noche*) bedside table; (: *lámpara*) bedside lamp.

velar *vi* (*preocuparse*): **velar por** to take care of ‖ to look after. ♦ *vt* 1. (*a un enfermo*) to watch over, to sit up with; (*a un difunto*) to hold a wake for. 2. (*en fotografía*) to expose, to fog.

velatorio *sm* wake.

veleidad *sf* 1. (*volubilidad*) inconstancy, fickleness. 2. (*antojo*) passing fancy, whim.

velero *sm* (*grande*) sailing ship; (*pequeño*) sailing boat, (*US*) sailboat.

veleta *sf* weathercock, weather vane.

vello *sm* 1. (*en el cuerpo*) (body) hair. 2. (*en fruta*) bloom.

velo *sm* veil.

velocidad *sf* 1. (*rapidez*) speed; (*Fís*) velocity. 2. (*Auto: marcha*) gear.

velocímetro *sm* speedometer.

velorio *sm* wake.

veloz *adj* [-**loces**] fast, swift.

ven *imperative* ⇨ **venir.**

vena *sf* 1. (*Anat*) vein. 2. (*Geol*) vein, seam.

venado *sm* (*animal*) deer *n inv*; (*carne*) venison.

vencedor, -dora I *adj* (*ejército*) victorious; (*equipo*) winning. II *sm/f* (*en batalla*) victor; (*en competición*) winner.

vencer [⇨ **convencer**] *vt* 1. (*en batalla*) to defeat; (*en competición*) to beat, to defeat. 2. (*sueño, cansancio*) to overcome. ♦ *vi* 1. (*contrato, plazo*) to expire, to ‖ run out; (*deuda*) to fall due. **2.** (*ganar*) to win, to be victorious.

vencido, -da *adj* **1.** (*ejército, equipo*) defeated, beaten ● **darse por vencido -da** to give up. **2.** (*contrato, plazo*) expired; (*deuda*) due.

vencimiento *sm* (*de plazo, deuda*): **el vencimiento del plazo** the closing date; (*de documento oficial*) expiry.

venda *sf* bandage.

vendaje *sm* dressing.

vendar *vt* to bandage: **le vendaron los ojos** he was blindfolded.

vendaval *sm* gale, strong wind.

vendedor, -dora *sm/f* **1.** (*de un bien*) seller, vendor. **2.** (*representante*) salesman/woman; (*en tienda*) sales assistant, salesman/woman.

vendedor, -dora ambulante *sm/f* street vendor.

vender *vt* **1.** (*Fin*) to sell; (*en letrero*): **se vende** for sale. **2.** (*traicionar*) to sell out, to betray. ♦ *vi* to sell.

venderse *v prnl* to sell out.

vendimia *sf* grape harvest, vintage.

vendré *etc*. ⇨ **venir**.

veneno *sm* **1.** (*gen*) poison; (*de serpiente*) venom. **2.** (*sentimiento*) venom, spite.

venenoso, -sa *adj* **1.** (*Biol, Med*) poisonous. **2.** (*palabras, lengua*) venomous, spiteful.

venerable *adj* venerable.

venerar *vt* **1.** (*a una persona*) to worship. **2.** (*Relig*) to venerate.

venéreo, -rea *adj* venereal.

venezolano, -na *adj*, *sm/f* Venezuelan.

Venezuela *sf* Venezuela.

venga I ⇨ **venir**. **II** *excl* (*fam*) **1.** (*para dar prisa, ánimo*) come on! **2.** (*para contradecir*): ¡**venga ya, no exageres!** oh come on, don't exaggerate! **3.** (*para indicar insistencia*): ¡**y venga a repetirlo!** and she just kept repeating it!

venganza *sf* revenge, vengeance.

vengar [⇨ pagar] *vt* to avenge, to get revenge for.

vengarse *v prnl* to get (one's) revenge, to take revenge.

vengativo, -va *adj* vindictive.

vengo *etc*. ⇨ **venir**.

venida *sf* **1.** (*llegada*) arrival. **2.** (*regreso*) return.

venidero, -ra *adj* future.

venir [⇨ table in appendix 2] *vi* **1.** (*gen*) to come: **ven aquí** come here ● **¿a qué viene esto?** what's the meaning of this?; (*provenir*) to come: **viene del francés** it comes from French; (*acudir*): ¡**no me vengas con excusas!** I don't want to hear any excuses! **2.** (*estar*) to be: **venía furioso** he was furious; (*figurar*) to appear, to be: **viene en la guía** it's in the book; (*productos*) to come: **viene en un estuche** it comes in a case. **3.** (*acercarse*): **ya viene tu cumpleaños** your birthday's coming up soon ● **ya me lo veía venir** I could see it coming. **4.** (*en un orden*) to come: **¿qué viene ahora?** what comes next? **5.** (*acometer*): **me vino un mareo** I felt dizzy. **6.** (*quedar*) to be: **me viene grande** it's too big for me. **7.** (*indicando conveniencia, molestia*): **¿te viene bien ahora?** would it suit you now? ♦ *v aux* **1.** (+ *a* + *inf*): **vienen a costar lo mismo** they cost more or less the same. **2.** (+ *gerundio*): **hace meses que lo vengo observando** I've been watching him for months.

venirse *v prnl* to come: **se vino a vivir aquí** he came to live here.

venta *sf* **1.** (*Fin*) sale: **en venta** for sale; **a la venta** on sale. **2.** (*posada*) inn.

venta a plazos *sf* hire purchase, (*US*) installment plan. **venta al por mayor** *sf* wholesale. **venta al por menor** *sf* retail.

ventaja *sf* (*gen*) advantage; (*en una carrera*): **les lleva dos minutos de ventaja** he's two minutes ahead of them; **me dio ventaja** he gave me a headstart ✱ start.

ventajoso, -sa *adj* advantageous, favourable, (*US*) favorable.

ventana *sf* window.

ventanilla *sf* window.

ventilación *sf* ventilation.

ventilador *sm* fan.

ventilar *vt* 1. (*la ropa, una habitación*) to air; (*Tec*) to ventilate. 2. (*resolver*) to clear up, to sort out. 3. (*hacer público*) to reveal, to make known.

ventisca *sf* blizzard.

ventosa *sf* sucker.

ventrílocuo, -cua *sm/f* ventriloquist.

ventura *sf* 1. (*felicidad*) happiness. 2. (*suerte*) luck, fortune.

Venus *sm* Venus.

ver I *sm* (*aspecto*) appearance, looks *pl*. II [⇨ table in appendix 2] *vt* 1. (*gen*) to see; (*la televisión*) to watch; (*una película*) to see. 2. (*comprender*) to see; (*notar*): **se ve que no está seguro** you can tell he isn't sure. 3. (*examinar*) to see: **vamos a ver, ¿qué te pasa?** let's see, what's the matter? 4. (*averiguar, comprobar*) to see: **veré si está** I'll see if she's in. 5. (*considerar, encontrar*) to find: **yo no lo veo feo** I don't find it ugly. 6. (*visitar*) to see, to visit. 7. **tener que ver**: **eso no tiene nada que ver** that has nothing to do with it. ◆ *vi* 1. (*gen*) to see. 2. **ver de** (*tratar de*) to try to.

verse *v prnl* 1. (*encontrarse*) to see each other, to meet. 2. (*hallarse*) to find oneself. 3. (*Amér L: parecer*) to look.

vera *sf* (*de camino*) side, edge; (*de río*) bank.

veracidad *sf* truthfulness, veracity.

veraneante *sm/f* holidaymaker, (*US*) summer vacationist.

veranear *vi* to spend one's summer holidays, (*US*) to vacation.

veraneo *sm* summer holidays *pl*, (*US*) summer vacation.

veraniego, -ga *adj* summery.

verano *sm* summer.

veras: **de veras** I *loc adv* really: **¿lo dices de veras?** are you serious? II *loc adj* real.

veraz *adj* [**-races**] truthful.

verbal *adj* verbal.

verbena *sf* festival (*with dancing, etc.*).

verbo *sm* verb.

verdad I *sf* 1. (*gen*) truth ● **a decir verdad...** to tell you the truth.... 2. (*como coletilla*): **lo ha hecho bien, ¿verdad?** he's done it well, hasn't he?; **no vino, ¿verdad?** she didn't come, did she? II **de verdad** *loc adv*: —**Iré contigo.** —**¿De verdad?** "I'll go with you." "Really?" III **de verdad** *loc adj*: **es un amigo de verdad** he's a real friend.

verdaderamente *adv* really.

verdadero, -ra *adj* 1. (*cierto*) true. 2. (*para énfasis*) real.

verde I *adj* 1. (*gen*) green ● **le puso verde** (*cara a cara*) she had a go at him, (*a sus espaldas*) she ran him down. 2. (*fruta*) green: **estaba verde** it wasn't ripe. 3. (*sin experiencia*) green. 4. (*obsceno*) dirty. 5. (*partido, movimiento*) green. II *sm* (*color*) green. III **los verdes** *sm pl* (*Ecol, Pol*) the greens *pl*.

verdor *sm* greenness.

verdoso, -sa *adj* greenish.

verdugo *sm* 1. (*persona*) executioner. 2. (*pasamontañas*) balaclava.

verdulería *sf* greengrocer's (shop).

verdulero, -ra *sm/f* greengrocer.

verdura *sf* vegetable.

vereda *sf* 1. (*camino*) path. 2. (*C Sur*: *acera*) pavement, (*US*) sidewalk.

veredicto *sm* verdict.

vergonzoso, -sa *adj* 1. (*escandaloso*) shameful, disgraceful. 2. (*tímido*) shy, timid.

vergüenza *sf* 1. (*por sentimiento de culpabilidad*) shame: **¿no te da vergüenza?** aren't you ashamed of yourself? 2. (*por timidez, bochorno*) embarrassment: **me da vergüenza preguntárselo** I'm embarrassed to ask him. 3. (*escándalo*) disgrace. 4. (*dignidad*) shame, self-respect.

verídico, -ca *adj* true.

verificar [⇨ sacar] *vt* to verify, to check.

verja *sf* 1. (*valla*) railings *pl*.
2. (*puerta*) (iron) gate.

vermú, vermut *sm* [-muts] vermouth.

verosímil *adj* plausible, credible.

verruga *sf* (*en mano, cara*) wart; (*en pie*) verruca.

versado, -da *adj* well versed (**en** in).

versátil *adj* versatile.

versión *sf* 1. (*variación*) version.
2. (*traducción*) translation: **versión original** *original-language version of a movie*.

verso *sm* 1. (*género*) verse.
2. (*línea*) line.

vértebra *sf* vertebra.

vertebrado, -da *adj, sm* vertebrate.

vertedero *sm* dump.

verter [⇨ tender] *vt* 1. (*pasar a otro recipiente*) to pour (**en** into); (*derramar*) to spill. 2. (*desechos*) to dump.

vertical *adj* (*línea, pared*) vertical; (*posición, poste*) upright.

vértice *sm* apex, vertex.

vertido *sm* dumping.

vertiente *sf* 1. (*de montaña, tejado*) slope. 2. (*aspecto*) aspect, side. 3. (*C Sur: manantial*) spring.

vertiginoso, -sa *adj*: **a una velocidad vertiginosa** at breakneck speed.

vértigo *sm* vertigo.

vesícula *sf* vesicle.

vesícula biliar *sf* gall bladder.

Vespa® *sf* scooter.

vespertino, -na *adj* evening (*apos.*).

vestíbulo *sm* (*en casa*) hall; (*en hotel*) foyer, lobby.

vestido, -da I *adj* dressed. II *sm* dress.

vestigio *sm* vestige.

vestimenta *sf* clothes *pl*, clothing.

vestir [⇨ pedir] *vt* 1. (*ponerle ropa a*) to dress. 2. (*adquirir ropa para*) to clothe. 3. (*diseñar ropa para*): **la viste un modisto francés** she has her clothes made by a French designer. 4. (*frml: llevar puesto*) to wear. ◆ *vi* 1. (*frml: llevar ropa*): **vestía de negro** she was wearing black. 2. (*referido al gusto*): **viste muy**

bien she dresses very well. 3. (*lucir*) to look smart.

vestirse *v prnl* 1. (*ponerse ropa*) to get dressed, to dress. 2. (*comprarse ropa*) to buy clothes.

vestuario *sm* 1. (*ropa: gen*) clothes *pl*, wardrobe; (: *en teatro, cine*) wardrobe. 2. (*lugar*) changing room, dressing room.

veta *sf* seam, vein.

vetar *vt* to veto.

veterano, -na *adj, sm/f* veteran.

veterinaria *sf* veterinary medicine.

veterinario, -ria *sm/f* vet, (*GB*) veterinary surgeon, (*US*) veterinarian.

veto *sm* veto.

vetusto, -ta *adj* ancient.

vez *sf* [**veces**] 1. (*ocasión*) time: **una vez** once; **dos veces** twice; **tres veces** three times ● **a la vez** at the same time ● **a veces** sometimes ● **de vez en cuando** from time to time ● **en vez de** instead of ● **otra vez** again ● **una y otra vez** time and (time) again. 2. (*turno*) turn. 3. (*función*): **hacer las veces de algo** to serve as sthg.

vía I *sf* 1. (*del ferrocarril*) track, line. 2. (*ruta*) route, way. 3. (*Anat*): **las vías respiratorias** the respiratory tract. 4. **por vía...** (*de modo*): **por vía oficial** through the official channels; (*Transp*): **por vía aérea/terrestre/marítima** by air/land/sea; (*Med*): **por vía oral/intravenosa** orally/intravenously. II *prep* (*gen*) via, by way of; (*Telec*): **vía satélite** by ∗ via satellite.

vía férrea *sf* railway line, (*US*) railroad track. **Vía Láctea** *sf* Milky Way. **vía muerta** *sf* siding.

viable *adj* viable, feasible.

viaducto *sm* viaduct.

viajante *sm/f* (*or* **viajante de comercio**) commercial traveller.

viajar *vi* to travel: **viajar en avión** to travel by air ‖ to fly.

viaje *sm* (*gen*) trip: **¡buen viaje!** have a good trip!; **está de viaje** he's away; (*referido al trayecto*) journey: **es un viaje largo** it's a long journey;

(*a varios lugares*) tour.

viaje de negocios *sm* business trip.

viaje de novios *sm* honeymoon.

viaje organizado *sm* package holiday ✳ tour.

viajero, -ra *sm/f* (*gen*) traveller; (*US*) traveler; (*pasajero*) passenger.

viandante *sm/f* passer-by.

víbora *sf* viper.

vibración *sf* vibration.

vibrar *vi* 1. (*cristal, pared*) to vibrate. 2. (*voz*) to tremble (**de** with).

vicario *sm* vicar.

vicepresidente, -ta *sm/f* 1. (*bajo jefe de estado*) vice president. 2. (*or* **vicepresidente del gobierno**) (*bajo primer ministro*) deputy prime minister. 3. (*de empresa*) vice president, deputy chairman/woman.

viceversa *adv* vice versa.

vichar *vi* (*RP*) to peep.

viciado, -da *adj* (*aire*) stale; (*atmósfera*) stuffy.

viciarse *v prnl* 1. (*persona*) to get into bad habits. 2. (*aire*) to get stale.

vicio *sm* 1. (*moral*) vice. 2. (*adicción*) vice; (*mala costumbre*) bad habit.

vicioso, -sa *adj* (*moralmente*) depraved; (*con malas costumbres*): **no soy nada vicioso** I don't have any vices.

vicisitud *sf* vicissitude.

víctima *sf* victim.

victoria *sf* victory.

victorioso, -sa *adj* victorious.

vicuña *sf* vicuña, vicuna.

vid *sf* vine.

vida *sf* 1. (*gen*) life: **amigos de toda la vida** lifelong friends; **los encontraron con vida** they were found alive. 2. (*sustento*) living: **ganarse la vida** to earn one's living.

vida nocturna *sf* nightlife.

vídeo, (*Amér L*) **video** *sm* video.

videocámara *sf* camcorder, video camera.

videocasetera *sf* (*RP*) video, VCR.

videoclub *sm* video shop.

videojuego *sm* video game.

vidriera *sf* 1. (*de iglesia*) stained-glass window. 2. (*RP: de tienda*) shop window.

vidrio *sm* glass.

vieira *sf* scallop.

viejo, -ja **I** *adj* old. **II** *sm/f* 1. (*anciano*) old person, old man/ woman. 2. (*fam: padre*) dad; (*: madre*) mum, (*US*) mom. 3. (*Méx: fam, marido*) husband, old man; (*: esposa*) wife, old lady.

viene *etc.* ⇨ **venir**.

viento *sm* 1. (*aire*) wind: **hacía viento** it was windy. 2. (*cuerda*) guy rope.

vientre *sm* (*abdomen*) abdomen; (*barriga*) stomach, belly.

viernes *sm inv* Friday ⇨ **lunes**.

Viernes Santo *sm inv* Good Friday.

vierto *etc.* ⇨ **verter**.

viga *sf* beam.

vigencia *sf* (*gen*) relevance, validity; (*de una ley*): **entrar en vigencia** to come into force ✳ effect.

vigente *adj* (*gen*) relevant, valid; (*ley*) in force.

vigésimo, -ma *adj, pron* twentieth ⇨ apéndice 4.

vigía *sm/f* lookout.

vigilancia *sf* 1. (*acción de vigilar*) surveillance. 2. (*frml: acción de cumplir*) observance.

vigilante **I** *adj* vigilant, watchful. **II** *sm/f* (*gen*) guard; (*en museo*) attendant.

vigilar *vt* to watch, to keep watch on. ♦ *vi* (*gen*) to keep watch; (*en examen*) to invigilate, (*US*) to proctor.

vigilia *sf* 1. (*vela*) wakefulness. 2. (*abstinencia*): **días de vigilia** days of abstinence.

vigor *sm* 1. (*fuerza*) vigour, (*US*) vigor. 2. (*Jur*): **entrar en vigor** to come into force ✳ effect.

vigués, -guesa *adj* of ✳ from Vigo.

VIH *sm* (= **virus de la inmunodeficiencia humana**) HIV.

vil *adj* vile.

vileza *sf* (*cualidad*) vileness; (*acción*) despicable act.

vilipendiar *vt* (*frml*) to vilify.

villa *sf* 1. (*población*) town. 2. (*casa*

con jardín) villa.

villa miseria ✳ **de miseria** sf (Arg) shantytown.

villancico sm (Christmas) carol.

vilo: en vilo loc adv on tenterhooks.

vinagre sm vinegar.

vinagrera I sf vinegar bottle. II **vinagreras** sf pl cruet.

vinagreta sf vinaigrette.

vincha sf (Amér S) hairband.

vinculación sf links pl, connections pl.

vincular vt 1. (unir) to link, to connect. 2. (obligar) to bind.

vínculo sm (gen) link, connection; (emocional) bond.

vine etc. ⟿ **venir**.

vinería sf (Amér L) wine shop ✳ (US) store.

vinícola adj wine (apos.).

vinicultor, -tora sm/f wine producer.

vino sm wine.

vino blanco sm white wine. **vino clarete** sm rosé. **vino de la casa** sm house wine. **vino de mesa** sm table wine. **vino espumoso** sm sparkling wine. **vino rosado** sm rosé. **vino tinto** sm red wine.

viña sf vineyard.

viñedo sm vineyard.

viñeta sf cartoon.

viola sf viola.

violación sf 1. (de norma) violation. 2. (sexual) rape.

violador sm rapist.

violar vt 1. (una norma) to break, to violate. 2. (a una persona) to rape.

violencia sf violence.

violentar vt 1. (una puerta) to force. 2. (a una persona) to embarrass.

violento, -ta adj 1. (gen) violent. 2. (incómodo) awkward.

violeta I sf violet. II adj inv violet.

violín sm violin.

violinista sm/f violinist.

violón sm double bass.

violonchelista sm/f cellist.

violonchelo sm cello.

viraje sm 1. (gen) turn; (de barco) change of tack. 2. (de ideas) change.

virar vi (gen) to turn; (barco) to veer.

virgen I adj (aceite, nieve) virgin; (cinta) blank. II sf virgin: **la Virgen (María)** the Virgin (Mary).

virgo, Virgo sm Virgo.

vírico, -ca adj viral.

viril adj virile, manly.

virilidad sf virility, manliness.

virtual adj virtual.

virtud I sf 1. (cualidad positiva) virtue. 2. (capacidad) ability. 3. (poder) property. II **en virtud de** loc adv (frml) by virtue of.

virtuoso, -sa I adj virtuous. II sm/f virtuoso.

viruela sf smallpox.

virulento, -ta adj virulent.

virus sm inv virus.

visa sf (Amér L) visa.

visado sm visa.

visceral adj visceral.

vísceras sf pl entrails pl, viscera pl.

viscoso, -sa adj viscous.

visera sf 1. (de gorra) peak; (con elástico) visor. 2. (Auto) visor.

visibilidad sf visibility.

visible adj visible.

visillo sm net curtain.

visión sf 1. (Med) vision, sight. 2. (alucinación) vision. 3. (capacidad de prever) vision. 4. (opinión) view.

visita sf 1. (gen) visit: **les hicimos una visita** we paid them a visit. 2. (Med): **pasar visita** (en consulta) to hold one's surgery, (en hospital) to do one's ward rounds. 3. (visitante) visitor; (visitantes) visitors pl.

visitante I adj visiting. II sm/f visitor.

visitar vt to visit.

vislumbrar vt 1. (distinguir con la vista) to make out, to discern. 2. (intuir) to begin to see, to glimpse.

viso I sm slip, petticoat. II **visos** sm pl 1. (reflejos) sheen. 2. (apariencia): **tiene visos de ser cierto** it appears to be true.

visón sm mink.

visor sm viewfinder.

víspera I *sf* day before, eve. **II víspe-ras** *sf pl*: **en vísperas de las elecciones** on the eve of ✳ just before the elections.

vista *sf* **1.** (*visión*) eyesight, vision: **a primera vista** at first glance; **se le notaba a simple vista** you could tell just by looking at him; **de vista** by sight; **en vista de** in view of; **¡hasta la vista!** see you! ● **volver la vista atrás** to look back ● **hacer la vista gorda** to turn a blind eye. **2.** (*mirada*): **bajar la vista** to lower one's eyes; **levantar la vista** to look up. **3.** (*instinto*) sense. **4.** (*panorama*) view: **con vista al mar** with a sea view. **5.** (*audiencia*) hearing.

vistazo *sm* quick look, glance: **echarle un vistazo a algo** to have a quick look at sthg.

visto, -ta I *pp* ➪ **ver. II** *also* ➪ **vestir. III** *adj* **1.** (*considerado*): **está mal visto** it's frowned upon. **2.** (*claro*) obvious: **está visto que...** it's obvious that.... **3.** (*común*) common. **4.** **por lo visto** apparently.

visto bueno *sm* approval.

vistoso, -sa *adj* bright, colourful, (*US*) colorful.

visual *adj* visual.

vital *adj* **1.** (*muy importante*) vital, crucial. **2.** (*con mucha vida*) lively, full of life. **3.** (*relativo a la vida*) life (*apos.*).

vitalicio, -cia *adj* life (*apos.*), for life.

vitalidad *sf* vitality.

vitamina *sf* vitamin.

viticultor, -tora *sm/f* vine grower, viticulturist.

viticultura *sf* vine growing, viticulture.

vitorear *vt* to cheer.

vítores *sm pl* cheers *pl*.

vitoriano, -na *adj* of ✳ from Vitoria.

vitral *sm*, (*C Sur*) **vitraux** /bi'tro/ *sm inv* stained-glass window.

vitrina *sf* **1.** (*mueble*) glass cabinet. **2.** (*Amér L: de tienda*) shop window.

vituallas *sf pl* provisions *pl*, supplies *pl*.

vituperar *vt* (*criticar*) to condemn, to criticize.

viudedad, viudez *sf* widowhood.

viudo, -da I *adj*: **quedó viuda** she was widowed. **II** *sm/f* (*hombre*) widower; (*mujer*) widow.

viva I *excl* hurray!: **¡viva el rey!** long live the King! **II** *sm* cheer.

vivacidad *sf* vivacity.

vivar *vt/i* (*Amér L*) to cheer.

vivaracho, -cha *adj* lively, vivacious.

vivaz *adj* [-vaces] vivacious, sharp.

vivencia *sf* experience.

víveres *sm pl* provisions *pl*, supplies *pl*.

vivero *sm* (*de plantas*) nursery; (*de peces*) hatchery, fish farm; (*de moluscos*) bed.

viveza *sf* **1.** (*energía*) energy. **2.** (*perspicacia*) sharpness.

vivienda *sf* **1.** (*alojamiento*) housing. **2.** (*frml: casa, piso*) house, apartment, etc.

vivienda social *sf*: house/housing provided by council, housing association, etc. **vivienda unifamiliar** *sf* house (*for one family*).

viviente *adj* living.

vivir *vi* to live: **vive de su sueldo/de sus padres** she lives on her salary/at her parents' expense. ♦ *vt* to live through, to experience.

vivo, -va I *adj* **1.** (*con vida*): **un animal vivo** a live animal; **un ser vivo** a living being; **estar vivo -va** to be alive. **2.** [S] (*despierto*) bright; [S] (*astuto*) shrewd, sharp. **3.** (*interés*) lively; (*ritmo*) lively; (*color*) bright. **4.** (*Culin*): **a fuego vivo** on high. **II** *sm/f* **1.** (*persona astuta*) shrewd ✳ sharp person. **2.** (*ser viviente*): **los vivos** the living.

vizcaíno, -na *adj* of ✳ from Vizcaya.

vizcaya

vocablo *sm* word, term.

vocabulario *sm* vocabulary.

vocación *sf* vocation.

vocacional *adj* vocational.

vocal I *adj* vocal. **II** *sm/f* (*de consejo*) member. **III** *sf* (*Ling*) vowel.

vocalizar [➪ cazar] *vi* to enunciate.

vocear *vt* **1.** (*gritar*) to shout (out).

2. (*fam: pregonar*) to broadcast. ♦ *vi* to shout.

vocerío *sm* shouting.

vocero, -ra *sm/f* (*Amér L*) spokesperson, spokesman/woman.

vociferar *vi* to shout.

vodka *sm* vodka.

vol. = **volumen**.

volador, -dora *adj* flying.

volandas: en volandas *loc adv* in the air.

volante I *adj* flying. **II** *sm* **1.** (*Auto*) (steering) wheel. **2.** (*de prenda*) frill, flounce. **3.** (*Med*) referral note. **4.** (*en badminton*) shuttlecock. **5.** (*Amér L: folleto*) leaflet, flier.

volar [⇨ contar] *vi* **1.** (*gen*) to fly. **2. volando** (*con prisa*): **irse volando** to rush; **lo hizo volando** he did it in no time. **3.** (*noticias*) to spread quickly. **4.** (*fam: desaparecer*) to go, to disappear. ♦ *vt* (*un edificio*) to blow up; (*una caja fuerte*) to blow open.

volarse *v prnl* **1.** (*hojas, papeles*) to blow away. **2.** (*Amér L: enfadarse*) to get angry. **3.** (*Méx: fam, robar*) to steal, to pinch.

volátil *adj* volatile.

volcán *sm* volcano.

volcánico, -ca *adj* volcanic.

volcar [⇨ trocar] *vt* **1.** (*darle la vuelta a*) to turn over; (*derribar*) to tip over, to knock over. **2.** (*vaciar*) to empty. ♦ *vi* (*vehículo*) to overturn; (*barco*) to capsize.

volcarse *v prnl*: **se vuelca con ellos** she does everything she can for them.

voleibol *sm* volleyball.

voleo: a voleo *loc adv* (*fam*) any old how.

voltaje *sm* voltage.

voltear *vt* **1.** (*por el aire*) to toss. **2.** (*la tierra*) to turn (over). **3.** (*las campanas*) to ring. **4.** (*Amér L: un disco, una tortilla*) to turn over; (*:una prenda*): **voltéalo del revés** turn it inside out; (*:una página*) to turn; (*:una esquina*) to turn. **5.** (*C Sur: volcar, derribar*) to knock

over. ♦ *vi* (*Amér L: girar*): **voltee a la derecha** turn right.

voltearse *v prnl* (*Amér L*) **1.** (*persona*) to turn around. **2.** (*vehículo*) to overturn. **3.** (*Pol*) to defect.

voltereta *sf* somersault.

voltio *sm* volt.

voluble *adj* fickle, unpredictable.

volumen *sm* volume.

voluminoso, -sa *adj* voluminous, large.

voluntad *sf* (*gen*) will; (*deseo*) wish, wishes *pl* ● **lo dije sin voluntad de ofenderte** I didn't mean to offend you.

voluntario, -ria I *adj* voluntary. **II** *sm/f* volunteer.

voluntarioso, -sa *adj* determined.

voluptuoso, -sa *adj* voluptuous.

volver [⇨ table in appendix 2] *vi* **1.** (*regresar: a donde está el hablante*) to come back, to return; (*: a otro lugar*) to go back, to return ● **volver en sí** to come round. **2. volver a** (*para expresar repetición*): **vuelve a empezar** start again. ♦ *vt* **1.** (*un disco, un colchón*) to turn over; (*una prenda*): **vuélvelo del revés** turn it inside out; (*una página*) to turn; (*una esquina*) to turn: **me volvió la espalda** she turned her back on me. **2.** (*para expresar transformación*): **la volvió muy desconfiada** it made her very mistrustful; **me está volviendo loco** it's driving me mad.

volverse *v prnl* **1.** (*darse la vuelta*) to turn around. **2.** (*regresar: a donde está el hablante*) to come back, to return; (*: a otro lugar*) to go back, to return. **3.** (*para expresar transformación*) to become: **volverse loco -ca** to go mad.

vomitar *vt/i* to vomit.

vómito *sm* vomit.

voraz *adj* [**-races**] voracious.

vos *pron personal* (*Amér L*) you [**Vos** is used instead of **tú** in many Latin American regions. It has its own verb forms for the present tense, the imperative and the present subjunctive. In

Argentina, Paraguay, Uruguay and Central America: **vos hablás/ querés/pedís demasiado** *you talk/ want/ask too much*; **sentate/ correte/vestite** *sit down/move over/ get dressed*].

vosear *vt: to address as* ⇨ **vos**.

vosotros, -tras *pron personal* you: **para vosotros** for you.

votación *sf* vote, ballot: **someter algo a votación** to put sthg to the vote.

votar *vt* (*a un candidato*) to vote for; (*una medida*) to vote on. ♦ *vi* to vote.

voto *sm* **1.** (*Pol*) vote. **2.** (*Relig*) vow. **voto de calidad** *sm* casting vote. **voto de confianza** *sm* vote of confidence. **voto nulo** *sm* invalid vote ✳ ballot. **voto secreto** *sm* secret ballot.

voy ⇨ **ir**.

voz *sf* [**voces**] **1.** (*sonido*) voice: **en voz alta** out loud ‖ aloud; **en voz baja** quietly ● **alzar** ✳ **levantar la voz** to raise one's voice. **2.** (*grito*) shout: **me llamó a voces** she shouted to me. **3.** (*rumor*): **corre la voz de que...** there's a rumour ✳ (*US*) rumor going around that.... **4.** (*palabra*) word.

vuelco *sm*: **el coche dio un vuelco** the car overturned.

vuelo **I** *sm* **1.** (*acción de volar*) flight. **2.** (*viaje*) flight. **3.** (*de falda*): **tiene mucho vuelo** it's very full. **II al vuelo** *loc adv*: **lo cogió al vuelo** she got it right away. **III** *also* ⇨ **volar**. **vuelo chárter** *sm* charter flight. **vuelo regular** *sm* scheduled flight. **vuelo sin motor** *sm* gliding.

vuelta *sf* **1.** (*regreso*) return: **a la vuelta nos encontramos con que...** on our return ✳ when we got back we discovered that...; **ya están de vuelta** they're back already; **a vuelta de correo** by return of post ‖ (*US*) by return mail. **2.** (*giro*) turn: **darle la vuelta a algo** ✳ (*C Sur*) **dar vuelta algo** to turn sthg over; **darse la vuelta** ✳ (*C Sur*) **darse vuelta** to turn around; **a la vuelta de la esquina** around the corner ● **no le**

des más vueltas stop worrying about it. **3.** (*ronda*) round. **4.** (*paseo*): **fuimos a dar una vuelta** we went for a walk. **5.** (*dinero*) change. **6.** (*de un pantalón*) turn-up, (*US*) cuff. **7.** (*en una carrera*) lap. **vuelta ciclista** *sf* cycle race.

vuelto, -ta **I** *pp* ⇨ **volver**. **II** *sm* (*Amér L*: *dinero*) change.

vuelva *etc.* ⇨ **volver**.

vuestro, -tra **I** *adj posesivo* yours: **es vuestro** it's yours; **un amigo vuestro** a friend of yours. **II** *pron posesivo*: **el vuestro/la vuestra está allí** yours is there; **los vuestros/las vuestras son mejores** yours are better.

vulcanizadora *sf* (*Amér L*) tyre ✳ (*US*) tire workshop.

vulcanizar [⇨ cazar] *vt* (*Amér L*) to retread.

vulgar *adj* **1.** (*común*) common ● **vulgar y corriente** very ordinary. **2.** (*tosco*) vulgar, crude.

vulgaridad *sf* **1.** (*cualidad*) vulgarity. **2.** (*acción, dicho*) *vulgar act/remark*.

vulgarismo *sm* vulgarism, popular expression.

vulgo *sm* common people *pl*.

vulnerable *adj* vulnerable.

walkie-talkie /wolki'tolki/ *sm* walkie-talkie.

walkman® /'wolkman/ *sm* [**-mans**] Walkman®, personal stereo.

wáter /'bater/ *sm* (*fam*) toilet.

waterpolo /water'polo/ *sm* (*deporte*)

water polo.
whisky /'wiski/ *sm* whisky, whiskey.
windsurf /'winsurf/, **windsurfing** /'winsurfin/ *sm* windsurfing.

xenofobia *sf* xenophobia.
xenófobo, -ba I *adj* xenophobic. **II** *sm/f* xenophobe.
xilófono *sm* xylophone.
Xunta /'ʃunta/ *sf:* autonomous government of Galicia.

y *conj* **1.** (*gen*) and: **el perro y el gato** the dog and the cat; **una casa grande y vieja** a big, old house; **una camisa roja y blanca** a red and white shirt. **2.** (*al dar la hora*): **las dos y diez** ten past * (*US*) after two. **3.** (*entre números*): **treinta y uno** thirty-one. **4.** (*de repetición*): **durante meses y meses** for months on end. **5.** (*para encabezar: una pregunta*): **¿y su familia?** how are your family?; (*: una frase*): **y ahora se pone a llover** (and) now it's

starting to rain.
ya I *adv* **1.** (*referido al pasado o presente*) already: **ya han terminado** they've already finished; **ya nos conocemos** we already know each other. **2.** (*ahora*) now: **ya pueden empezar** you can start now. **3.** (*referido al futuro*): **ya veremos** we'll see; **¡ya voy!** I'm coming! **4.** (*con valor enfático*): **ya lo sé** yes, I know. **5.** (*como respuesta afirmativa*) yes. **6. ya no**: **ya no viven aquí** they don't live here any more ‖ they no longer live here. **7. ya está** that's it. **II** *excl:* **¡ya!** ahora caigo of course, I see now. **III ya que** *conj* since.
yacaré *sm* (*C Sur*) alligator.
yacer [⇨ table in appendix 2] *vi* to lie.
yacimiento *sm* **1.** (*de mineral*) deposit. **2.** (*arqueológico*) site.
yacimiento petrolífero *sm* oil field.
yanqui *adj, sm/f* (*fam*) Yankee.
yapa *sf* (*Amér S: fam*): **me dio uno de yapa** he gave me an extra one free.
yarará *sf:* type of pit viper.
yate *sm* yacht.
yedra *sf* ivy.
yegua *sf* mare.
yema *sf* **1.** (*de huevo*) yolk. **2.** (*dulce*) sweet made with egg yolks and sugar. **3.** (*del dedo*) fingertip. **4.** (*Bot*) bud.
yendo ⇨ **ir**.
yerba *sf* (or **yerba mate**) herb used for brewing tea-like drink. Other uses ⇨ **hierba**.
yermo, -ma I *adj* **1.** (*sin cultivar*) uncultivated. **2.** (*sin poblar*) uninhabited. **II** *sm* wasteland.
yerno *sm* son-in-law.
yerro etc. ⇨ **errar**.
yeso *sm* plaster.
yeta *sf* (*RP: fam*) bad luck.
yo I *pron personal* (*sujeto*) I ● **yo que tú** if I were you; (*tras to be o comparativo*) me: **soy yo** it's me; **más que yo** more than me. **II** *sm* self.
yodo *sm* iodine.
yoga *sm* yoga.
yogur *sm* yoghurt, yogurt.

yoyó *sm* yo-yo.

yuca *sf* (*comestible*) cassava, manioc; (*ornamental*) yucca.

yudo *sm* judo.

yugo *sm* yoke.

yugular *sf* jugular (vein).

yunque *sm* anvil.

yunta I *sf* (*Agr*) pair. II **yuntas** *sf pl* (*Ven: de camisa*) cuff links *pl*.

yuxtaponer [⇨ poner] *vt* to juxtapose.

yuyo *sm* (*RP: mala hierba*) weed; (*: hierba*) herb: **té de yuyos** herbal tea.

zacate *sm* (*Amér C, Méx*) 1. (*forraje*) hay, fodder; (*hierba*) grass. 2. (*estropajo*) scourer.

zafado, -da *adj* (*fam*) 1. (*Amér L: loco*) crazy. 2. (*C Sur: descarado*) cheeky.

zafarse *v prnl* 1. (*escaparse*) to get away (**de** from); (*de una obligación*): **intentó zafarse** he tried to get out of it. 2. (*Amér L: nudo*) to come untied ✱ undone. 3. (*Amér L: dislocarse*) to dislocate.

zafio, -fia *adj* coarse, uncouth.

zafiro *sm* sapphire.

zaga *sf* 1. (*parte trasera*) rear: **a la zaga** behind. 2. (*Dep*) defence, (*US*) defense.

zaguán *sm* (entrance) hall, hallway.

zaherir [⇨ sentir] *vt* to hurt.

zaino, -na *adj* (*caballo*) bay; (*toro*) black.

zalamero, -ra *sm/f*: **tu hermana es una zalamera** your sister is always

buttering people up.

zamarra *sf* sheepskin jacket.

zamba *sf*: folk dance from River Plate region.

zambo, -ba *adj* 1. (*patizambo*) knock-kneed. 2. (*Amér L: en relación a la raza*) of mixed Amerindian and African origin.

zambomba *sf*: drum-type instrument.

zambullida *sf* dive.

zambullirse [⇨ gruñir] *v prnl* to dive.

zamorano, -na *adj* of ✱ from Zamora.

zampabollos *sm/f inv* (*fam*) glutton, greedy guts.

zampar *vi* (*fam*) to stuff oneself.

zamparse *v prnl* (*fam*) to gobble up.

zamuro *sm* (*Col, Ven*) vulture.

zanahoria I *sf* (*Culin*) carrot. II *sm/f* (*RP: fam, bobo*) fool.

zancada *sf* stride.

zancadilla *sf*: **ponerle la zancadilla a alguien** to trip sbdy up.

zanco *sm* stilt.

zancudo, -da I *adj* (*ave*) wading. II *sm* (*Amér L*) mosquito.

zángano, -na I *sm/f* (*fam: gandul*) layabout. II *sm* (*abeja*) drone.

zanja *sf* (*de desagüe, riego*) ditch; (*para cimientos, cables*) trench.

zanjar *vt* to resolve, to settle.

zapallito *sm* (*RP*) type of courgette or zucchini.

zapallo *sm* (*Amér S*) type of pumpkin.

zapata *sf* brake shoe.

zapatería *sf* (*tienda*) shoe shop ✱ (*US*) store; (*para arreglos*) shoe repairer's.

zapatero, -ra *sm/f* (*que fabrica*) shoemaker; (*que arregla*) shoe repairer.

zapatilla *sf* slipper.

zapatilla de ballet *sf* ballet shoe. **zapatilla de deporte** *sf* trainer, (*US*) sneaker.

zapato *sm* shoe: **zapato de tacón** high-heeled shoe.

zapote *sm* sapodilla plum.

zapping *sm*: **hacer zapping** to flick from channel to channel.

zar *sm* tzar.

zaragozano, -na *adj* of * from Saragossa.

zarandear *vt* (*sacudir: gen*) to shake; (*: con actitud violenta*) to shove around.

zarape *sm* ⇨ **sarape**.

zarpa *sf* paw.

zarpar *vi* to set sail.

zarza *sf* blackberry bush, brambles *pl*.

zarzal *sm* blackberry * bramble patch.

zarzamora *sf* (*planta*) blackberry, bush, brambles *pl*; (*fruto*) blackberry.

zarzuela *sf* 1. (*género musical*) type of light opera. 2. (*Culin*) dish with fish and other seafood.

zigzag *sm* [-zags * -zagues] zigzag.

zigzaguear *vi* to zigzag.

zinc *sm* zinc.

zíper *sm* (*Amér C, Méx*) zip, (*US*) zipper.

zócalo *sm* 1. (*rodapié*) skirting board, (*US*) baseboard. 2. (*Méx: plaza*) main square.

zodiaco, zodíaco *sm* zodiac.

zona *sf* (*gen*) area; (*Mil*) zone.

zona catastrófica *sf* disaster area. **zona de guerra** *sf* war zone. **zona neutral** *sf* neutral zone. **zona verde** *sf* green space.

zoncear *vi* (*Amér L: fam*) to fool about.

zonzo, -za (*Amér L: fam*) **I** *adj* dim-witted, stupid. **II** *sm/f* dimwit.

zoo *sm* zoo.

zoología *sf* zoology.

zoológico, -ca **I** *adj* zoological. **II** *sm* zoo.

zoólogo, -ga *sm/f* zoologist.

zoom *sm* zoom lens.

zopilote *sm* (*Amér C, Méx*) vulture.

zoquete **I** *adj* dense, stupid. **II** *sm* blockhead.

zorra *sf* (*fam*) prostitute.

zorro, -rra *sm/f* 1. (*macho*) fox; (*hembra*) vixen. 2. (*fam: astuto*) cunning person.

zozobrar *vi* 1. (*Náut*) to founder. 2. (*negocio*) to fail, to go under.

zueco *sm* clog.

zumba *sf* (*Amér L*) thrashing.

zumbado, -da *adj* [E] (*fam*) crazy, nuts.

zumbar *vi* 1. (*abeja, oídos*) to buzz ● **salió zumbando** he rushed out. 2. (*fam: pegar*): **le zumbó** he thumped her.

zumbido *sm* buzzing, humming.

zumo *sm* juice: **zumo de naranja** orange juice.

zurcido, -da **I** *adj* darned. **II** *sm* darn, mend.

zurcir [⇨ table in appendix 2] *vt* to darn.

zurdo, -da *adj* left-handed.

zurra *sf* (*fam*) thrashing, hiding.

zurrar *vt* (*fam: dar una paliza a*) to beat, to thrash. ♦ *vi* (*Méx: fam, fastidiar*): **me zurra** it bugs me.

zurrón *sm* pouch.

1. The Pronunciation of Spanish

The pronunciation of Spanish is very regular although it varies according to region. The following general information will give an acceptable Spanish pronunciation. Major regional variations are mentioned as appropriate below.

Consonants

b	as "b" in English **bind** when in initial position or after **m**, but pronounced more softly, almost like English "v", in all other cases	balón, hambre cabo, ebrio
c	as hard "c" in English **cake** but when followed by **e** or **i** it is pronounced as English "th" in **thing** (in most parts of Spain) or as English "s" in **sing** (in Latin America and southern Spain) The combination **ch** is pronounced as English "ch" in **church**	casa, cobre, placa centro, aceite chispa, macho
d	as "d" in English **day** in initial position or after **l** or **n** but pronounced more softly in all other cases	dama, mandar, aldea lado, arder, abdicar
f	as English "f" in **foot**	filo, sufrir
g	as hard "g" in English **get** when before **a, o, u, l** or **r** in initial position, or after **n** within a word but similar to "h" in English **house** when before **e** or **i** In all other positions pronounced more softly than English hard "g"	goma, gusano, gramo, gloria, venga general, elegir acelga, mago, mugre
h	always silent as in English **hour**	hacienda, hacha
j	similar to English "h" in **hen**	caja, jota
k	as English "k" in **kind**	kilo
l	as English "l" in **like** The combination **ll** is pronounced as English "y" in most of Latin America and much of Spain, but like the "lli" in **million** in classic Castilian	labio, malo calle, llanto
m	as English "m" in **make**	madre, dama
n	as English "n" in **note** but as English "ng" in **bang** when before **c** or **g**	nada, enfado banco, mango
ñ	as English "ni" in **onion**	caña, niño
p	as English "p" in **paint**	capa, puente
q	always with **u**; as hard "c" in **cake**	que, quien

375

r	similar to English "r" in *rat*	caro, crema
	The combination **rr** is rolled much more strongly than in English, as is **r** in initial position	carro, correo, rata
s	as English "s" in *seat*	sistema, sordo
t	as English "t" in *top*	tanto, techo
v	as "b" in English *bind* when in initial position or after **n**, but pronounced more softly, almost like English "v", in all other cases	vago, verbo, invitar, avance, avenida
x	as English "x" in *taxi* but similar to "h" in English *hen* in some Mexican words	examen, excusa, mexicano
z	as English "th" in *thing* in most parts of Spain; as "s" in *sing* in Latin America and southern Spain	zona, feroz

Vowels

Note that Spanish vowels are pronounced the same whether stressed or unstressed.

a	similar to English "a" in *hat*	pasa, vaca
e	similar to English "e" in *end*	esto, hecho
i	similar to English "ie" in *fiend*	hijo, sin
o	similar to English "o" in *odd*	todo, ombligo
u	similar to English "oo" in *food*	mucho, mundo

Examples of some common diphthongs

ai	as English "ei" in *Eiger, Eiffel*	caiga, fraile
au	as English "ou" in *out*	auto, taurino
ei	as English "ai" in *paint*	peinar, aceite
eu	pronounced as "ei-oo"	deuda, feudal
ie	as English "ye" in *yes*	bien, viento
iu	as English "you" in *youth*	ciudad
oi, oy	as English "oy" in *ahoy*	oigo, hoy
ue	as English "we" in *went*	buen, fuente
	but after **g** the **u** is not pronounced	Miguel
ui	as English "wee" in *week*	Luis, ruido
	but after **g** the **u** is not pronounced	guitarra, guiso

◤ 2. Spanish Verbs

Regular Verbs

Cantar

INDIC.	(Pres.)	canto, -as, a, -amos, -áis, -an
	(Imperf.)	cantaba, -abas, -aba, -ábamos, -abais, -aban
	(Pret.)	canté, -aste, -ó, -amos, -asteis, -aron
	(Fut.)	cantaré, -arás, -ará, -aremos, -aréis, -arán
	(Cond.)	cantaría, -arías, -aría, -aríamos, -aríais, -arían
SUBJ.	(Pres.)	cante, -es, -e, -emos, -éis, -en
	(Imperf.)	cantara, -aras, -ara, -áramos, -arais, -aran
		or cantase, -ases, -ase, -ásemos, -aseis, -asen
IMPER.		canta *(tú)*, cante *(usted)*, cantad *(vos.)*, canten *(ustedes)*
PRES. PART.		cantando
PAST PART.		cantado

Temer

INDIC.	(Pres.)	temo, -es, -e, -emos, -éis, -en
	(Imperf.)	temía, -ías, -ía, -íamos, -íais, -ían
	(Pret.)	temí, -iste, -ió, -imos, -isteis, -ieron
	(Fut.)	temeré, -erás, -erá, -eremos, -eréis, -erán
	(Cond.)	temería, -erías, -ería, -eríamos, -eríais, -erían
SUBJ.	(Pres.)	tema, -as, -a, -amos, -áis, -an
	(Imperf.)	temiera, -ieras, -iera, -iéramos, -ierais, -ieran
		or temiese, -ieses, -iese, -iésemos, -ieseis, -iesen
IMPER.		teme *(tú)*, tema *(usted)*, temed *(vos.)*, teman *(ustedes)*
PRES. PART.		temiendo
PAST PART.		temido

Partir

INDIC.	(Pres.)	parto, -es, -e, -imos, -ís, -en
	(Imperf.)	partía, -ías, -ía, -íamos, -íais, -ían
	(Pret.)	partí, -iste, -ió, -imos, -isteis, -ieron
	(Fut.)	partiré, -irás, -irá, -iremos, -iréis, -irán
	(Cond.)	partiría, -irías, -iría, -iríamos, -iríais, -irían
SUBJ.	(Pres.)	parta, -as, -a, -amos, -áis, -an
	(Imperf.)	partiera, -ieras, -iera, -iéramos, -ierais, -ieran
		or partiese, -ieses, -iese, -iésemos, -ieseis, -iesen
IMPER.		parte *(tú)*, parta *(usted)*, partid *(vos.)*, partan *(ustedes)*
PRES. PART.		partiendo
PAST PART.		partido

Irregular Verbs

Actuar [stem vowel **u → ú** when stressed]

INDIC. (Pres.)   actúo, -úas, -úa, -uamos, -uáis, -úan

SUBJ. (Pres.)   actúe, -úes, -úe, -uemos, -uéis, -úen

IMPER.   actúa *(tú)*, actúe *(usted)*, actuad *(vos.)*, actúen *(ustedes)*

Adquirir [stem vowel **i → ie** when stressed]

INDIC. (Pres.)   adquiero, -ieres, -iere, -irimos, -irís, -ieren

SUBJ. (Pres.)   adquiera, -ieras, -iera, -iramos, -iráis, -ieran

IMPER.   adquiere *(tú)*, adquiera *(usted)*,
adquirid *(vos.)*, adquieran *(ustedes)*

Agradecer [**c → zc** before a,o]

INDIC. (Pres.)   agradezco, agradeces, -ce, -cemos, -céis, -cen

SUBJ. (Pres.)   agradezca, -cas, -ca, -camos, -cáis, -can

IMPER.   agradece *(tú)*, agradezca *(usted)*,
agradeced *(vos.)*, agradezcan *(ustedes)*

Aislar [stem vowel **i → í** when stressed]

INDIC. (Pres.)   aíslo, aíslas, aísla, aislamos, aisláis, aíslan

SUBJ. (Pres.)   aísle, aísles, aísle, aislemos, aisléis, aíslen

IMPER.   aísla *(tú)*, aísle *(usted)*, aislad *(vos.)*, aíslen *(ustedes)*

Andar [irregular stem in some tenses]

INDIC. (Pret.)   anduve, -iste, -o, -imos, -isteis, -ieron

SUBJ. (Imperf.)   anduviera, -ieras, -iera, -iéramos, -ierais, -ieran
or anduviese, -ieses, -iese, -iésemos, -ieseis, -iesen

Ansiar [stem vowel **i → í** when stressed]

INDIC. (Pres.)   ansío, -ías, -ía, -iamos, -iáis, -ían

SUBJ. (Pres.)   ansíe, -íes, -íe, -iemos, -iéis, -íen

IMPER.   ansía *(tú)*, ansíe *(usted)*, ansiad *(vos.)*, ansíen *(ustedes)*

Asir [adds **-g-** before a,o]

INDIC. (Pres.)   asgo, ases, ase, asimos, asís, asen

SUBJ. (Pres.)   asga, -gas, -ga, -gamos, -gáis, -gan

Aunar [stem vowel **u** → **ú** when stressed]

INDIC.	(Pres.)	aúno, aúnas, aúna, aunamos, aunáis, aúnan
SUBJ.	(Pres.)	aúne, aúnes, aúne, aunemos, aunéis, aúnen
IMPER.		aúna *(tú)*, aúne *(usted)*, aunad *(vos.)*, aúnen *(ustedes)*

Averiguar [gu → gü before e,i]

INDIC.	(Pres.)	averiguo, -guas, -gua, -guamos, -guáis, -guan
SUBJ.	(Pres.)	averigüe, -gües, -güe, -güemos, -güéis, -güen
IMPER.		averigua *(tú)*, averigüe *(usted)*, averiguad *(vos.)*, averigüen *(ustedes)*

Bendecir

INDIC.	(Fut.)	bendeciré, -rás, -rá, -remos, -réis, -rán
	(Cond.)	bendeciría, -rías, -ría, -ríamos, -ríais, -rían
IMPER.		bendice *(tú)*, bendiga *(usted)*, bendecid *(vos.)*, bendigan *(ustedes)*
PAST PART.		bendecido For other tenses ⇨ **decir**

Caber [irregular stem in some tenses]

INDIC.	(Pres.)	quepo, cabes, cabe, cabemos, cabéis, caben
	(Pret.)	cupe, -piste, -po, -pimos, -pisteis, -pieron
SUBJ.	(Pres.)	quepa, -pas, -pa, -pamos, -páis, -pan
	(Imperf.)	cupiera, -pieras, -piera, -piéramos, -pierais, -pieran *or* cupiese, -pieses, -piese, -piésemos, -pieseis, -piesen

Caer [adds -ig- before a,o; **ie, ió** → **ye, yó**]

INDIC.	(Pres.)	caigo, caes, cae, caemos, caéis, caen
	(Pret.)	caí, caíste, cayó, caímos, caísteis, cayeron
SUBJ.	(Pres.)	caiga, -gas, -ga, -gamos, -gáis, -gan
	(Imperf.)	cayera, -yeras, -yera, -yéramos, -yerais, -yeran, *or* cayese, -yeses, -yese, -yésemos, -yeseis, -yesen
PRES. PART.		cayendo
PAST PART.		caído

Cazar [z → c before e]

INDIC.	(Pret.)	cacé, cazaste, -zó, -zamos, -zasteis, -zaron
SUBJ.	(Pres.)	cace, -ces, -ce, -cemos, -céis, -cen

Cocer [stem vowel o → ue when stressed]

INDIC. (Pres.)   cuezo, cueces, cuece, cocemos, cocéis, cuecen

SUBJ. (Pres.)   cueza, cuezas, cueza, cozamos, cozáis, cuezan

IMPER.   cuece (tú), cueza (usted), coced (vos.), cuezan (ustedes)

Colgar [stem vowel o → ue when stressed; g → gu before e]

INDIC. (Pres.)   cuelgo, cuelgas, cuelga, colgamos, colgáis, cuelgan

(Pret.)   colgué, -gaste, -gó, -gamos, -gasteis, -garon

SUBJ. (Pres.)   cuelgue, cuelgues, cuelgue, colguemos, colguéis, cuelguen

IMPER.   cuelga (tú), cuelgue (usted), colgad (vos.), cuelguen (ustedes)

Comenzar [stem vowel e → ie when stressed; z → c before e]

INDIC. (Pres.)   comienzo, comienzas, comienza, comenzamos, comenzáis, comienzan

(Pret.)   comencé, comenzaste, -zó, -zamos, -zasteis, -zaron

SUBJ. (Pres.)   comience, comiences, comience, comencemos, comencéis, comiencen

IMPER.   comienza (tú), comience (usted), comenzad (vos.), comiencen (ustedes)

Conducir [c → zc before a,o; irregular stem in some tenses]

INDIC. (Pres.)   conduzco, conduces, -ce, -cimos, -cís, -cen

(Pret.)   conduje, -jiste, -jo, -jimos, -jisteis, -jeron

SUBJ. (Pres.)   conduzca, -cas, -ca, -camos, -cáis, -can

(Imperf.)   condujera, -eras, -era, -éramos, -erais, -eran
or condujese, -eses, -ese, -ésemos, -eseis, -esen

Contar [stem vowel o → ue when stressed]

INDIC. (Pres.)   cuento, cuentas, cuenta, contamos, contáis, cuentan

SUBJ. (Pres.)   cuente, cuentes, cuente, contemos, contéis, cuenten

IMPER.   cuenta (tú), cuente (usted), contad (vos.), cuenten (ustedes)

Convencer [c → z before a,o]

INDIC. (Pres.)   convenzo, convences, -ce, -cemos, -céis, -cen

SUBJ. (Pres.)   convenza, -zas, -za, -zamos, -záis, -zan

Dar

INDIC.	(Pres.)	doy, das, da, damos, dais, dan
	(Pret.)	di, diste, dio, dimos, disteis, dieron
SUBJ.	(Pres.)	dé, des, dé, demos, deis, den
	(Imperf.)	diera, -ieras, -iera, -iéramos, -ierais, -ieran
		or diese, -ieses, -iese, -iésemos, -ieseis, -iesen

Decir [irregular stem in some tenses]

INDIC.	(Pres.)	digo, dices, dice, decimos, decís, dicen
	(Pret.)	dije, -jiste, -jo, -jimos, -jisteis, -jeron
	(Fut.)	diré, -rás, -rá, -remos, -réis, -rán
	(Cond.)	diría, -rías, -ría, -ríamos, -ríais, -rían
SUBJ.	(Pres.)	diga, -gas, -ga, -gamos, -gáis, -gan
	(Imperf.)	dijera, -eras, -era, -éramos, -erais, -eran
		or dijese, -eses, -ese, -ésemos, -eseis, -esen
IMPER.		di *(tú)*, diga *(usted)*, decid *(vos.)*, digan *(ustedes)*
PRES. PART.		diciendo
PAST PART.		dicho

Delinquir [qu → c before a,o]

| INDIC. | (Pres.) | delinco, delinques, -que, -quimos, -quís, -quen |
| SUBJ. | (Pres.) | delinca, -cas, -ca, -camos, -cáis, -can |

Discernir [stem vowel e → ie when stressed]

INDIC.	(Pres.)	discierno, disciernes, discierne, discernimos, discernís, disciernen
SUBJ.	(Pres.)	discierna, disciernas, discierna, discernamos, discernáis, disciernan
IMPER.		discierne *(tú)*, discierna *(usted)*, discernid *(vos.)*, disciernan *(ustedes)*

Distinguir [gu → g before a,o]

INDIC.	(Pres.)	distingo, -gues, -gue, -guimos, -guís, -guen
SUBJ.	(Pres.)	distinga, -gas, -ga, -gamos, -gáis, -gan
IMPER.		distingue *(tú)*, distinga *(usted)*, distinguid *(vos.)*, distingan *(ustedes)*

Dormir [stem vowel **o → ue** when stressed]

INDIC. (Pres.) duermo, duermes, duerme, dormimos, dormís,
duermen

(Pret.) dormí, dormiste, durmió, dormimos, dormisteis,
durmieron

SUBJ. (Pres.) duerma, duermas, duerma, durmamos, durmáis,
duerman

(Imperf.) durmiera, -ieras, -iera, -iéramos, -ierais, -ieran
or durmiese, -ieses, -iese, -iésemos, -ieseis, -iesen

IMPER. duerme *(tú)*, duerma *(usted)*, dormid *(vos.)*,
duerman *(ustedes)*

PRES. PART. durmiendo

Enraizar [stem vowel **i → í** when stressed; **z → c** before e]

INDIC. (Pres.) enraízo, -ízas, -íza, -izamos, -izáis, -izan
(Pret.) enraicé, enraizaste, -izó, -izamos, -izasteis, -izaron

SUBJ. (Pres.) enraíce, -íces, -íce, -icemos, -icéis, -ícen

IMPER. enraíza *(tú)*, enraíce *(usted)*, enraizad *(vos.)*,
enraícen *(ustedes)*

Erguir [irregular stem in some tenses]

INDIC. (Pres.) irgo *or* yergo, irgues *or* yergues, irgue *or* yergue,
erguimos, erguís, irguen *or* yerguen

(Pret.) erguí, erguiste, irguió, erguimos, erguisteis, irguieron

SUBJ. (Pres.) irga, irgas, irga, irgamos, irgáis, irgan
or yerga, yergas, yerga, yergamos, yergáis, yergan

(Imperf.) irguiera, -ieras, -iera, -iéramos, -ierais, -ieran
or irguiese, -ieses, -iese, -iésemos, -ieseis, -iesen

IMPER. irgue *or* yergue *(tú)*, irga *or* yerga *(usted)*,
erguid *(vos.)*, irgan *or* yergan *(ustedes)*

PRES. PART. irguiendo

Errar [irregular stem in some tenses]

INDIC. (Pres.) yerro, yerras, yerra, erramos, erráis, yerran

SUBJ. (Pres.) yerre, yerres, yerre, erremos, erréis, yerren

IMPER. yerra *(tú)*, yerre *(usted)*, errad *(vos.)*, yerren *(ustedes)*

Estar

INDIC.	(Pres.)	estoy, estás, está, estamos, estáis, están
	(Imperf.)	estaba, -abas, -aba, -ábamos, -abais, -aban
	(Pret.)	estuve, -uviste, -uvo, -uvimos, -uvisteis, -uvieron
	(Fut.)	estaré, -rás, -rá, -remos, -réis, -rán
	(Cond.)	estaría, -rías, -ría, -ríamos, -ríais, -rían
SUBJ.	(Pres.)	esté, -tés, -té, -temos, -téis, -tén
	(Imperf.)	estuviera, -ieras, -iera, -iéramos, -ierais, -ieran
		or estuviese, -ieses, -iese, -iésemos, -ieseis, -iesen
IMPER.		está *(tú)*, esté *(usted)*, estad *(vos.)*, estén *(ustedes)*
PRES. PART.		estando
PAST PART.		estado

Forzar [stem vowel o → ue when stressed; z → c before e]

INDIC.	(Pres.)	fuerzo, fuerzas, fuerza, forzamos, forzáis, fuerzan
	(Pret.)	forcé, forzaste, -zó, -zamos, -zasteis, -zaron
SUBJ.	(Pres.)	fuerce, fuerces, fuerce, forcemos, forcéis, fuercen
IMPER.		fuerza *(tú)*, fuerce *(usted)*, forzad *(vos)*, fuercen *(ustedes)*

Gruñir [drops -i- in some forms]

INDIC.	(Pret.)	gruñí, -iste, -ó, -imos, -isteis, -eron
SUBJ.	(Imperf.)	gruñera, -eras, -era, -éramos, -erais, -eran
		or gruñese, -eses, -ese, -ésemos, -eseis, -esen

Haber

INDIC.	(Pres.)	he, has, ha, hemos, habéis, han
	(Imperf.)	había, -ías, -ía, -íamos, -íais, -ían
	(Pret.)	hube, -biste, -bo, -bimos, -bisteis, -bieron
	(Fut.)	habré, -brás, -brá, -bremos, -bréis, -brán
	(Cond.)	habría, -brías, -bría, -bríamos, -bríais, -brían
SUBJ.	(Pres.)	haya, -yas, -ya, -yamos, -yáis, -yan
	(Imperf.)	hubiera, -ieras, -iera, -iéramos, -ierais, -ieran
		or hubiese, -ieses, -iese, -iésemos, -ieseis, -iesen
IMPER.		he *(tú)*, haya *(usted)*, habed *(vos.)*, hayan *(ustedes)*
PRES. PART.		habiendo
PAST PART.		habido

Hacer

INDIC.	(Pres.)	hago, haces, -ce, -cemos, -céis, -cen
	(Imperf.)	hacía, -ías, -ía, -íamos, -íais, -ían
	(Pret.)	hice, -ciste, -zo, -cimos, -cisteis, -cieron
	(Fut.)	haré, -rás, -rá, -remos, -réis, -rán
	(Cond.)	haría, -rías, -ría, -ríamos, -ríais, -rían
SUBJ.	(Pres.)	haga, -gas, -ga, -gamos, -gáis, -gan
	(Imperf.)	hiciera, -cieras, -ciera, -ciéramos, -cierais, -cieran
		or hiciese, -cieses, -ciese, -ciésemos, -cieseis, -ciesen
IMPER.		haz *(tú)*, haga *(usted)*, haced *(vos.)*, hagan *(ustedes)*
PRES. PART.		haciendo
PAST PART.		hecho

Huir [stem vowel i → y when not stressed]

INDIC.	(Pres.)	huyo, huyes, huye, huimos, huís, huyen
	(Pret.)	huí, huiste, huyó, huimos, huisteis, huyeron
SUBJ.	(Pres.)	huya, -yas, -ya, -yamos, -yáis, -yan
	(Imperf.)	huyera, -yeras, -yera, -yéramos, -yerais, -yeran
		or huyese, -yeses, -yese, -yésemos, -yeseis, -yesen
IMPER.		huye *(tú)*, huya *(usted)*, huid *(vos.)*, huyan *(ustedes)*
PRES. PART.		huyendo
PAST PART.		huido

Ir

INDIC.	(Pres.)	voy, vas, va, vamos, vais, van
	(Imperf.)	iba, ibas, iba, íbamos, ibais, iban
	(Pret.)	fui, fuiste, fue, fuimos, fuisteis, fueron
	(Fut.)	iré, irás, irá, iremos, iréis, irán
	(Cond.)	iría, irías, iría, iríamos, iríais, irían
SUBJ.	(Pres.)	vaya, -yas, -ya, -yamos, -yáis, -yan
	(Imperf.)	fuera, -eras, -era, -éramos, -erais, -eran
		or fuese, -eses, -ese, -ésemos, -eseis, -esen
IMPER.		ve *(tú)*, vaya *(usted)*, id *(vos.)*, vayan *(ustedes)*
PRES. PART.		yendo
PAST PART.		ido

Jugar [stem vowel u → ue when stressed; g → gu before e]

INDIC.	(Pres.)	juego, juegas, juega, jugamos, jugáis, juegan
	(Pret.)	jugué, -gaste, -gó, -gamos, -gasteis, -garon
SUBJ.	(Pres.)	juegue, juegues, juegue, juguemos, juguéis, jueguen
IMPER.		juega *(tú)*, juegue *(usted)*, jugad *(vos.)*, jueguen *(ustedes)*

Leer

INDIC.	(Pret.)	leí, leíste, leyó, leímos, leísteis, leyeron
SUBJ.	(Imperf.)	leyera, -yeras, -yera, -yéramos, -yerais, -yeran
		or leyese, -yeses, -yese, -yésemos, -yeseis, -yesen
PAST PART.		leído

Lucir [stem vowel c → cz before a,o]

INDIC.	(Pres.)	luzco, luces, -ce, -cimos, -cís, -cen
SUBJ.	(Pres.)	luzca, -cas, -ca, -camos, -cáis, -can

Mover [stem vowel o → ue when stressed]

INDIC.	(Pres.)	muevo, mueves, mueve, movemos, movéis, mueven
SUBJ..	(Pres.)	mueva, muevas, mueva, movamos, mováis, muevan
IMPER.		mueve *(tú)*, mueva *(usted)*, moved *(vos.)*,
		muevan *(ustedes)*

Oír

INDIC.	(Pres.)	oigo, oyes, oye, oímos, oís, oyen
	(Pret.)	oí, oíste, oyó, oímos, oísteis, oyeron
SUBJ.	(Pres.)	oiga, -gas, -ga, -gamos, -gáis, -gan
IMPER.		oye *(tú)*, oiga *(usted)*, oíd *(vos.)*, oigan *(ustedes)*
PAST PART.		oído

Oler [stem vowel o → hue when stressed]

INDIC.	(Pres.)	huelo, hueles, huele, olemos, oléis, huelen
SUBJ.	(Pres.)	huela, huelas, huela, olamos, oláis, huelan
IMPER.		huele *(tú)*, huela *(usted)*, oled *(vos.)*, huelan *(ustedes)*

Pagar [g → gu before e]

INDIC.	(Pret.)	pagué, -gaste, -gó, -gamos, -gasteis, -garon
SUBJ..	(Pres.)	pague, -gues, -gue, -guemos, -guéis, -guen

Pedir [stem vowel e → i in some forms]

INDIC.	(Pres.)	pido, pides, pide, pedimos, pedís, piden
	(Pret.)	pedí, pediste, pidió, pedimos, pedisteis, pidieron
SUBJ.	(Pres.)	pida, -as, -a, -amos, -áis, -an
	(Imperf.)	pidiera, -ieras, -iera, -iéramos, -ierais, -ieran
		or pidiese, -ieses, -iese, -iésemos, -ieseis, -iesen
IMPER.		pide *(tú)*, pida *(usted)*, pedid *(vos.)*, pidan *(ustedes)*

Pensar [stem vowel **e** → **ie** when stressed]

INDIC.	(Pres.)	pienso, piensas, piensa, pensamos, pensáis, piensan
SUBJ.	(Pres.)	piense, pienses, piense, pensemos, penséis, piensen
IMPER.		piensa *(tú)*, piense *(usted)*, pensad *(vos.)*, piensen *(ustedes)*

Poder [stem vowel **o** → **ue** when stressed]

INDIC.	(Pres.)	puedo, puedes, puede, podemos, podéis, pueden
	(Pret.)	pude, -diste, -do, -dimos, -disteis, -dieron
	(Fut.)	podré, -dras, -drá, -dremos, -dréis, -drán
	(Cond.)	podría, -drías, -dría, -dríamos, -dríais, -drían
SUBJ.	(Pres.)	pueda, puedas, pueda, podamos, podáis, puedan
	(Imperf.)	pudiera, -ieras, -iera, -iéramos, -ierais, -ieran
		or pudiese, -ieses, -iese, -iésemos, -ieseis, -iesen
IMPER.		puede *(tú)*, pueda *(usted)*, poded *(vos.)*, puedan *(ustedes)*

Poner

INDIC.	(Pres.)	pongo, pones, -e, -emos, -éis, -en
	(Pret.)	puse, -siste, -so, -simos, -sisteis, -sieron
	(Fut.)	pondré, -drás, -drá, -dremos, -dréis, -drán
	(Cond.)	pondría, -drías, -dría, -dríamos, -dríais, -drían
SUBJ.	(Pres.)	ponga, -gas, -ga, -gamos, -gáis, -gan
	(Imperf.)	pusiera, -ieras, -iera, -iéramos, -ierais, -ieran
		or pusiese, -ieses, -iese, -iésemos, -ieseis, -iesen
IMPER.		pon *(tú)*, ponga *(usted)*, poned *(vos.)*, pongan *(ustedes)*
PAST PART.		puesto

Predecir

INDIC.	(Fut.)	predeciré, -rás, -rá, -remos, -réis, -rán
	(Cond.)	predeciría, -rías, -ría, -ríamos, -ríais, -rían
IMPER.		predice *(tú)*, prediga *(usted)*, predecid *(vos.)*, predigan *(ustedes)*
PAST PART.		predicho
		For other tenses ⇨ **decir**

Prohibir [stem vowel **i** → **í** when stressed]

INDIC.	(Pres.)	prohíbo, -íbes, -íbe, -ibimos, -ibís, -íben
SUBJ.	(Pres.)	prohíba, -íbas, -íba, -ibamos, -ibáis, -íban
IMPER.		prohíbe *(tú)*, prohíba *(usted)*, prohibid *(vos.)*, prohíban *(ustedes)*

Proteger [g → j before a,o]

INDIC. (Pres.)   protejo, -ges, -ge, -gemos, -géis, -gen
SUBJ. (Pres.)   proteja, -jas, -ja, -jamos, -jáis, -jan

Querer [stem vowel e → ie when stressed]

INDIC. (Pres.)   quiero, quieres, quiere, queremos, queréis, quieren
(Pret.)   quise, -siste, -so, -simos, -sisteis, -sieron
(Fut.)   querré, -rrás, -rrá, -rremos, -rréis, -rrán
(Cond.)   querría, -rrías, -rría, -rríamos, -rríais, -rrían

SUBJ. (Pres.)   quiera, quieras, quiera, queramos, queráis, quieran
(Imperf.)   quisiera, -ieras, -iera, -iéramos, -ierais, -ieran
or quisiese, -ieses, -iese, -iésemos, -ieseis, -iesen

IMPER.   quiere *(tú)*, quiera *(usted)*, quered *(vos.)*,
quieran *(ustedes)*

Regar [stem vowel e → ie when stressed; g → gu before e]

INDIC. (Pres.)   riego, riegas, riega, regamos, regáis, riegan
(Pret.)   regué, -gaste, -gó, -gamos, -gasteis, -garon

SUBJ. (Pres.)   riegue, riegues, riegue, reguemos, reguéis, rieguen

IMPER.   riega *(tú)*, riegue *(usted)*, regad *(vos.)*,
rieguen *(ustedes)*

Regir [g → j before a,o; stem vowel e → i in some forms]

INDIC. (Pres.)   rijo, riges, rige, regimos, regís, rigen

SUBJ. (Pres.)   rija, -jas, -ja, -jamos, -jáis, -jan
(Imperf.)   rigiera, -ieras, -iera, -iéramos, -ierais, -ieran
or rigiese, -ieses, -iese, -iésemos, -ieseis, -iesen

IMPER.   rige *(tú)*, rija *(usted)*, regid *(vos.)*, rijan *(ustedes)*

Reír

INDIC. (Pres.)   río, ríes, ríe, reímos, reís, ríen
(Pret.)   reí, reíste, rió, reímos, reísteis, rieron

SUBJ. (Pres.)   ría, rías, ría, riamos, riáis, rían
(Imperf.)   riera, -eras, -era, -éramos, -erais, -eran
or riese, -eses, -ese, -ésemos, -eseis, -esen

IMPER.   ríe *(tú)*, ría *(usted)*, reíd *(vos.)*, rían *(ustedes)*
PAST PART.   reído

Reñir [stem vowel **e → i** in some forms]

INDIC. (Pres.)   riño, riñes, riñe, reñimos, reñís, riñen
(Pret.)   reñí, reñiste, riñó, reñimos, reñisteis, riñeron

SUBJ. (Pres.)   riña, -as, -a, -amos, -áis, -an
(Imperf.)   riñera, -eras, -era, -éramos, -erais, -eran
or riñese, -eses, -ese, -ésemos, -eseis, -esen

IMPER.   riñe *(tú)*, riña *(usted)*, reñid *(vos.)*, riñan *(ustedes)*

PRES. PART.   riñendo

Reunir [stem vowel **u → ú** when stressed]

INDIC. (Pres.)   reúno, reúnes, reúne, reunimos, reunís, reúnen

SUBJ. (Pres.)   reúna, reúnas, reúna, reunamos, reunáis, reúnan

IMPER.   reúne *(tú)*, reúna *(usted)*, reunid *(vos.)*,
reúnan *(ustedes)*

Roer [ie, ió → ye, yó]

INDIC. (Pret.)   roí, roíste, royó, roímos, roísteis, royeron

SUBJ. (Imperf.)   royera, -yeras, -yera, -yéramos, -yerais, -yeran,
or royese, -yeses, -yese, -yésemos, -yeseis, -yesen

PRES. PART.   royendo

PAST PART.   roído

Saber

INDIC. (Pres.)   sé, sabes, sabe, sabemos, sabéis, saben
(Pret.)   supe, -piste, -po, -pimos, -pisteis, -pieron
(Fut.)   sabré, -brás, -brá, -bremos, -bréis, -brán
(Cond.)   sabría, -brías, -bría, -bríamos, -bríais, -brían

SUBJ. (Pres.)   sepa, -pas, -pa, -pamos, -páis, -pan
(Imperf.)   supiera, -ieras, -iera, -iéramos, -ierais, -ieran
or supiese, -ieses, -iese, -iésemos, -ieseis, -iesen

Sacar [c → qu before e]

INDIC. (Pret.)   saqué, sacaste, -có, -camos, -casteis, -caron

SUBJ. (Pres.)   saque, -ques, -que, -quemos, -quéis, -quen

Salir

INDIC. (Pres.)   salgo, sales, -le, -limos, -lís, -len
(Fut.)   saldré, -drás, -drá, -dremos, -dréis, -drán
(Cond.)   saldría, -drías, -dría, -dríamos, -dríais, -drían

SUBJ. (Pres.)   salga, -gas, -ga, -gamos, -gáis, -gan

Seguir [stem vowel **e** → **i** when stressed; **gu** → **g** before a,o]

INDIC.	(Pres.)	sigo, sigues, sigue, seguimos, seguís, siguen
	(Pret.)	seguí, seguiste, siguió, seguimos, seguisteis, siguieron
SUBJ.	(Pres.)	siga, -gas, -ga, -gamos, -gáis, -gan
	(Imperf.)	siguiera, -ieras, -iera, -iéramos, -ierais, -ieran
		or siguiese, -ieses, -iese, -iésemos, -ieseis, -iesen
IMPER.		sigue *(tú)*, siga *(usted)*, seguid *(vos.)*, sigan *(ustedes)*
PRES. PART.		siguiendo

Sentir [stem vowel **e** → **ie** when stressed; stem vowel **e** → **i** when not stressed in Pres. & Imperf. Subj.]

INDIC.	(Pres.)	siento, sientes, siente, sentimos, sentís, sienten
	(Pret.)	sentí, sentiste, sintió, sentimos, sentisteis, sintieron
SUBJ.	(Pres.)	sienta, sientas, sienta, sintamos, sintáis, sientan
	(Imperf.)	sintiera, -ieras, -iera, -iéramos, -ierais, -ieran
		or sintiese, -ieses, -iese, -iésemos, -ieseis, -iesen
IMPER.		siente *(tú)*, sienta *(usted)*, sentid *(vos.)*,
		sientan *(ustedes)*
PRES. PART.		sintiendo

Ser

INDIC.	(Pres.)	soy, eres, es, somos, sois, son
	(Imperf.)	era, eras, era, éramos, erais, eran
	(Pret.)	fui, fuiste, fue, fuimos, fuisteis, fueron
	(Fut.)	seré, -rás, -rá, -remos, -réis, -rán
	(Cond.)	sería, -rías, -ría, -ríamos, -ríais, -rían
SUBJ.	(Pres.)	sea, seas, sea, seamos, seáis, sean
	(Imperf.)	fuera, -eras, -era, -éramos, -erais, -eran
		or fuese, -eses, -ese, -ésemos, -eseis, -esen
IMPER.		sé *(tú)*, sea *(usted)*, sed *(vos.)*, sean *(ustedes)*
PRES. PART.		siendo
PAST PART.		sido

Soler [stem vowel **o** → **ue** when stressed]

INDIC.	(Pres.)	suelo, sueles, suele, solemos, soléis, suelen
	(Imperf.)	solía, -ías, -ía, -íamos, -íais, -ían
	(Pret.)	solí, -iste, -ió, -imos, -isteis, -ieron
SUBJ.	(Pres.)	suela, suelas, suela, solamos, soláis, suelan
	(Imperf.)	soliera, -ieras, -iera, -iéramos, -ierais, -ieran
		or soliese, -ieses, -iese, -iésemos, -ieseis, -iesen

Surgir [g → j before a,o]

| INDIC. | (Pres.) | surjo, -ges, -ge, -gimos, -gís, -gen |
| SUBJ. | (Pres.) | surja, -jas, -ja, -jamos, -jáis, -jan |

Tender [stem vowel e → ie when stressed]

INDIC.	(Pres.)	tiendo, tiendes, tiende, tendemos, tendéis, tienden
SUBJ.	(Pres.)	tienda, tiendas, tienda, tendamos, tendáis, tiendan
IMPER.		tiende *(tú)*, tienda *(usted)*, tended *(vos.)*, tiendan *(ustedes)*

Tener

INDIC.	(Pres.)	tengo, tienes, tiene, tenemos, tenéis, tienen
	(Pret.)	tuve, -viste, -vo, -vimos, -visteis, -vieron
	(Fut.)	tendré, -drás, -drá, -dremos, -dréis, -drán
	(Cond.)	tendría, -drías, -dría, -dríamos, -dríais, -drían
SUBJ.	(Pres.)	tenga, -gas, -ga, -gamos, -gáis, -gan
	(Imperf.)	tuviera, -ieras, -iera, -iéramos, -ierais, -ieran *or* tuviese, -ieses, -iese, -iésemos, -ieseis, -iesen
IMPER.		ten *(tú)*, tenga *(usted)*, tened *(vos.)*, tengan *(ustedes)*

Traer

INDIC.	(Pres.)	traigo, traes, trae, traemos, traéis, traen
	(Pret.)	traje, -jiste, -jo, -jimos, -jisteis, -jeron
SUBJ.	(Pres.)	traiga, -gas, -ga, -gamos, -gáis, -gan
	(Imperf.)	trajera, -eras, -era, -éramos, -erais, -eran *or* trajese, -eses, -ese, -ésemos, -eseis, -esen
PRES. PART.		trayendo
PAST PART.		traído

Trocar [stem vowel o → ue when stressed]

INDIC.	(Pres.)	trueco, truecas, trueca, trocamos, trocáis, truecan
	(Pret.)	troqué, -caste, -có, -camos, -casteis, -caron
SUBJ.	(Pres.)	trueque, trueques, trueque, troquemos, troquéis, truequen
IMPER.		trueca *(tú)*, trueque *(usted)*, trocad *(vos.)*, truequen *(ustedes)*

Valer

INDIC.	(Pres.)	valgo, vales, -e, -emos, -éis, -en
	(Fut.)	valdré, -drás, -drá, -dremos, -dréis, -drán
	(Cond.)	valdría, -drías, -dría, -dríamos, -dríais, -drían
SUBJ.	(Pres.)	valga, -gas, -ga, -gamos, -gáis, -gan

Venir

INDIC.	(Pres.)	vengo, vienes, viene, venimos, venís, vienen
	(Pret.)	vine, -niste, -no, -nimos, -nisteis, -nieron
	(Fut.)	vendré, -drás, -drá, -dremos, -dréis, -drán
	(Cond.)	vendría, -drías, -dría, -dríamos, -dríais, -drían
SUBJ.	(Pres.)	venga, -gas, -ga, -gamos, -gáis, -gan
	(Imperf.)	viniera, -ieras, -iera, -iéramos, -ierais, -ieran, or viniese, -ieses, -iese, -iésemos, -ieseis, -iesen
IMPER.		ven *(tú)*, venga *(usted)*, venid *(vos.)*, vengan *(ustedes)*
PRES. PART.		viniendo

Ver

INDIC.	(Pres.)	veo, ves, ve, vemos, veis, ven
	(Imperf.)	veía, -ías, -ía, -íamos, -íais, -ían
SUBJ.	(Pres.)	vea, -as, -a, -amos, -áis, -an
	(Imperf.)	viera, -eras, -era, -éramos, -erais, -eran or viese, -eses, -ese, -ésemos, -eseis, -esen
IMPER.		ve *(tú)*, vea *(usted)*, ved *(vos.)*, vean *(ustedes)*
PAST PART.		visto

Volver [stem vowel o → ue when stressed]

INDIC.	(Pres.)	vuelvo, vuelves, vuelve, volvemos, volvéis, vuelven
SUBJ.	(Pres.)	vuelva, vuelvas, vuelva, volvamos, volváis, vuelvan
IMPER.		vuelve *(tú)*, vuelva *(usted)*, volved *(vos.)*, vuelvan *(ustedes)*
PAST PART.		vuelto

Yacer

INDIC.	(Pres.)	yazco, yazgo or yago, yaces, yace, yacemos, yacéis, yacen
SUBJ.	(Pres.)	yazca, -cas, -ca, -camos, -cáis, -can or yazga, yazgas, yazga, yazgamos, yazgáis, yazgan or yaga, yagas, yaga, yagamos, yagáis, yagan
IMPER.		yace, yaz *(tú)*, yazca, yazga or yaga *(usted)*, yaced *(vos.)*, yazcan, yazgan or yagan *(ustedes)*

Zurcir [c → z before a,o]

INDIC.	(Pres.)	zurzo, zurces, -ce, -cimos, -cís, -cen
SUBJ.	(Pres.)	zurza, -zas, -za, -zamos, -záis, -zan

A /eɪ/ n (Educ) nota más alta.

a /ə/ indef art [**an** cuando la palabra que sigue empieza con sonido vocálico] 1. (gen) un, una: **a cup and saucer** una taza y un platillo; **an unhappy man** un hombre desgraciado; **a university** una universidad. 2. (omitted in Spanish): **she's a teacher** es profesora; **a thousand years** mil años. 3. (per): **ten dollars an hour** diez dólares a la * por hora.

aback /ə'bæk/ adv: **to be taken aback** quedarse sorprendido -da.

abandon /ə'bændən/ vt 1. (a person) abandonar; (a job) dejar. 2. (a match) suspender.

abate /ə'beɪt/ vi (frml) 1. (noise) disminuir. 2. (storm) amainar.

abattoir /'æbətwɑː/ n matadero m.

abbey /'æbɪ/ n abadía f.

abbreviate /ə'briːvɪeɪt/ vt abreviar.

abbreviation /əbriːvɪ'eɪʃən/ n abreviatura f.

abdicate /'æbdɪkeɪt/ vi abdicar (**in favour of** en). ♦ vt (responsibilities) eludir.

abdication /æbdɪ'keɪʃən/ n abdicación f.

abdomen /'æbdəmən/ n abdomen m.

abdominal /æb'dɒmɪnəl/ adj abdominal.

abduct /æb'dʌkt/ vt secuestrar.

abhor /əb'hɔː/ vt [-hors, -horring, -horred] (frml) aborrecer.

abide /ə'baɪd/ vt (to tolerate) soportar.

to **abide by** vt (a rule) acatar.

ability /ə'bɪlətɪ/ n [-ties] 1. (capacity) capacidad f ● **I did it to the best of my ability** lo hice lo mejor que

pude. 2. (talent) talento m.

ablaze /ə'bleɪz/ adj: **to be ablaze** estar ardiendo.

able /'eɪbəl/ adj 1. **to be able to** poder. 2. (competent) capaz.

abnormal /æb'nɔːməl/ adj anormal.

aboard /ə'bɔːd/ I adv a bordo. II prep a bordo de.

abolish /ə'bɒlɪʃ/ vt abolir.

abolition /æbə'lɪʃən/ n abolición f.

Aborigine /æbə'rɪdʒɪnɪ/ n aborigen m/f australiano -na.

abort /ə'bɔːt/ vi (Med) abortar. ♦ vt (a mission) cancelar.

abortion /ə'bɔːʃən/ n aborto m (intencionado): **to have an abortion** abortar.

abortive /ə'bɔːtɪv/ adj fallido -da.

about /ə'baʊt/ I adv 1. (approximately) aproximadamente. 2. (here and there): **to run about** correr de aquí para allá. 3. (nearby, around) por aquí: **there are a lot of tourists about** hay muchos turistas por aquí. II prep 1. (on the subject of): **a documentary about penguins** un documental acerca de * sobre los pingüinos; **what's your book about?** ¿de qué trata tu libro? 2. (here and there in) por: **they were running about the garden** estaban corriendo por el jardín. 3. **to be about to** estar a punto de.

above /ə'bʌv/ I prep 1. (in space) encima de ● **he thinks he's above us** se cree superior a nosotros ● **above suspicion** por encima de toda sospecha. 2. (in number, quantity) por encima de. 3. **above all** sobre todo. II adv 1. (higher): **in the room above** en el cuarto de arriba; **anyone aged sixty and above** cualquier persona de sesenta años o mayor. 2. (on a page): **the diagram above** el diagrama de arriba.

above board adj legal. **above-mentioned** adj mencionado -da más arriba.

abrasive /ə'breɪsɪv/ adj 1. (surface) abrasivo -va. 2. (manner) brusco -ca.

abridge /ə'brɪdʒ/ vt resumir.

abroad /ə'brɔːd/ *adv* en el/al extranjero.

abrupt /ə'brʌpt/ *adj* 1. (*sudden*) repentino -na. 2. (*impolite*) brusco -ca.

abscess /'æbses/ *n* [**-scesses**] absceso *m*.

abscond /əb'skɒnd/ *vi* fugarse.

abseil /'æbseɪl/ *vi* hacer rápel.

absence /'æbsəns/ *n* 1. (*of a person*) ausencia *f* (**from** en). 2. (*of something*) falta *f*.

absent /'æbsənt/ *adj* ausente (**from** de).

absent-minded *adj* despistado -da.

absentee /æbsən'tiː/ *n*: **the absentees** los que no han asistido.

absolute /'æbsəluːt/ *adj* total, absoluto -ta.

absolutely /æbsə'luːtlɪ/ *adv* absolutamente.

absolve /əb'zɒlv/ *vt* (*of sins, blame*) absolver (**of** de); (*of responsibility*) eximir (**of ✱ from** de).

absorb /əb'zɔːb/ *vt* 1. (*a liquid, time*) absorber. 2. (*information*) asimilar. 3. (*a blow*) amortiguar.

absorbed /əb'zɔːbd/ *adj* absorto -ta (**in** en).

absorbent /əb'zɔːbənt/ *adj* absorbente.

abstain /æb'steɪn/ *vi* abstenerse (**from** de).

abstention /æb'stenʃən/ *n* abstención *f*.

abstinence /'æbstɪnəns/ *n* abstinencia *f*.

abstract /'æbstrækt/ *adj* abstracto -ta.

absurd /əb'sɜːd/ *adj* absurdo -da.

abundance /ə'bʌndəns/ *n* abundancia *f*.

abundant /ə'bʌndənt/ *adj* abundante.

abuse I /ə'bjuːs/ *n* 1. (*of power*) abuso *m*. 2. (*of person*): **physical abuse** malos tratos; **sexual abuse** abusos deshonestos. 3. (*insults*) insultos *m pl*. II /ə'bjuːz/ *vt* 1. (*physically*) maltratar. 2. (*power*) abusar de. 3. (*to insult*) insultar.

abusive /ə'bjuːsɪv/ *adj* ofensivo -va.

abysmal /ə'bɪzməl/ *adj* pésimo -ma.

abyss /ə'bɪs/ *n* abismo *m*.

AC /eɪ'siː/ = **alternating current**.

a/c /ə'kaʊnt/ (= **account**) c/.

academic /ækə'demɪk/ I *adj* 1. (*Educ*) académico -ca. 2. (*theoretical*) teórico -ca. II *n* profesor -sora *m/f* de universidad.

academy /ə'kædəmɪ/ *n* [**-mies**] academia *f*.

accede /æk'siːd/ *vi* (*frml*) acceder (**to** a).

accelerate /ək'seləreɪt/ *vi* acelerar.

acceleration /ækselə'reɪʃən/ *n* aceleración *f*.

accelerator /æk'seləreɪtə/ *n* acelerador *m*.

accent /'æksənt/ *n* 1. (*Ling*) acento *m*. 2. (*emphasis*) énfasis *m* (**on** en).

accentuate /æk'sentjʊeɪt/ *vt* acentuar.

accept /ək'sept/ *vt* 1. (*gen*) aceptar. 2. (*to recognize*) reconocer.

acceptable /ək'septəbəl/ *adj* aceptable.

acceptance /ək'septəns/ *n* aceptación *f*.

access /'ækses/ *n* acceso *m*.

accessible /ək'sesəbəl/ *adj* accesible.

accessory /æk'sesərɪ/ *n* [**-ries**] 1. (*for bike, home, etc.*) accesorio *m*; (*Clothing*) complemento *m*. 2. (*Law*) cómplice *m/f*.

accident /'æksɪdənt/ *n* accidente *m*: **by accident** (*by mishap*) sin querer, (*by chance*) por casualidad.

Accident and Emergency *n* urgencias *f*. **accident-prone** *adj* propenso -sa a los accidentes.

accidental /æksɪ'dentəl/ *adj* (*death, drowning*) producido -da por accidente; (*discovery, encounter*) fortuito -ta.

accidentally /æksɪ'dentlɪ/ *adv* (*by mishap*) sin querer; (*by chance*) por casualidad.

acclaim /ə'kleɪm/ I *vt* aclamar. II *n* alabanzas *f pl*.

acclimate /ə'klaɪmeɪt/ *vi* (*US*) aclimatarse.

acclimatize /əˈklaɪmətaɪz/ *vi* aclimatarse.

accolade /ˈækələɪd/ *n* elogio *m*.

accommodate /əˈkɒmədeɪt/ *vt* **1.** (*to find lodgings for*) alojar. **2.** (*to have space for*) tener capacidad para.

accommodating /əˈkɒmədeɪtɪŋ/ *adj* complaciente.

accommodation /əˌkɒməˈdeɪʃən/ *n* (*o US* **accommodations** *npl*) alojamiento *m*.

accompany /əˈkʌmpənɪ/ *vt* [**-nies, -nying, -nied**] acompañar.

accomplice /əˈkʌmplɪs/ *n* cómplice *m/f*.

accomplish /əˈkʌmplɪʃ/ *vt* **1.** (*an ambition*) hacer realidad. **2.** (*a task*) llevar a cabo. **3.** (*an aim*) conseguir, lograr.

accomplished /əˈkʌmplɪʃt/ *adj* consumado -da.

accomplishment /əˈkʌmplɪʃmənt/ *n* **1.** (*achievement*) logro *m*. **2.** (*skill*) talento *m*.

accord /əˈkɔːd/ *n* acuerdo *m* ● **he went of his own accord** se fue por su propia voluntad.

accordingly /əˈkɔːdɪŋlɪ/ *adv* **1.** (*in an appropriate manner*) en consecuencia. **2.** (*thus*) por consiguiente.

according to /əˈkɔːdɪŋ tʊ/ *prep* según.

accordion /əˈkɔːdɪən/ *n* acordeón *m*.

accost /əˈkɒst/ *vt* abordar.

account /əˈkaʊnt/ I *n* **1.** (*report*) relato *m*; (*explanation*) explicación *f*. **2.** (*in a bank*) cuenta *f*. **3.** (*behalf*): **don't do it on my account** no lo hagas por mí. **4.** (*consideration, basis*): **on account of his health** por razones de salud; **on no account** bajo ningún concepto; **to take sthg into account** tener algo en cuenta. **5. accounts** (*department*) contabilidad *f*. II **accounts** *npl* (*financial records*) cuentas *fpl*.

to **account for** *vt* (*an event*) explicar; (*money*) justificar; (*passengers*): **all of them are accounted for** ya se

sabe qué ha sido de todos ellos.

accountable /əˈkaʊntəbəl/ *adj* responsable.

accountancy /əˈkaʊntənsɪ/ *n* contabilidad *f*.

accountant /əˈkaʊntənt/ *n* contable *m/f*.

accumulate /əˈkjuːmjʊleɪt/ *vt* acumular. ♦ *vi* acumularse.

accuracy /ˈækjʊrəsɪ/ *n* exactitud *f*.

accurate /ˈækjʊrət/ *adj* (*information*) exacto -ta; (*instrument*) preciso -sa; (*shot*) certero -ra.

accurately /ˈækjʊrətlɪ/ *adv* con exactitud.

accusation /ækjuːˈzeɪʃən/ *n* acusación *f*.

accuse /əˈkjuːz/ *vt* acusar.

accused /əˈkjuːzd/ **the accused** I *n* el acusado/la acusada. II *npl* los acusados/las acusadas.

accustomed /əˈkʌstəmd/ *adj* acostumbrado -da (**to** a).

ace /eɪs/ I *n* **1.** (*in cards*) as *m*. **2.** (*in tennis*) saque *m* ganador.

ache /eɪk/ I *vi* doler. II *n* dolor *m*.

achieve /əˈtʃiːv/ *vt* (*an aim*) conseguir, lograr; (*a result*) obtener.

achievement /əˈtʃiːvmənt/ *n* **1.** (*thing achieved*) logro *m*. **2.** (*action*) realización *f*.

acid /ˈæsɪd/ I *adj* ácido -da. II *n* ácido *m*.

acid rain *n* lluvia *f* ácida.

acidity /əˈsɪdətɪ/ *n* acidez *f*.

acknowledge /əkˈnɒlɪdʒ/ *vt* **1.** (*a mistake*) reconocer. **2.** (*a letter*) acusar recibo de. **3.** (*to greet*) saludar.

acknowledgement /əkˈnɒlɪdʒmənt/ I *n* **1.** (*of a fact*) reconocimiento *m*. **2.** (*of a letter*) acuse *m* de recibo. II **acknowledgements** *npl* (*in a book*) agradecimientos *mpl*.

acne /ˈæknɪ/ *n* acné *m*.

acorn /ˈeɪkɔːn/ *n* bellota *f*.

acoustic /əˈkuːstɪk/ I *adj* acústico -ca. II **acoustics** *npl* (*of a room*) acústica *f*.

acquaint /əˈkweɪnt/ *vt* informar

(**with** de).

acquaintance /ə'kweɪntəns/ n conocido -da m/f ● **to make sbdy's acquaintance** conocer a alguien.

acquainted /ə'kweɪntɪd/ adj: **to be acquainted with sbdy** conocer a alguien.

acquiesce /ækwɪ'es/ vi (frml) acceder (**to** a).

acquire /ə'kwaɪə/ vt adquirir.

acquisition /ækwɪ'zɪʃən/ n adquisición f.

acquit /ə'kwɪt/ vt [**aquits, aquitting, aquitted**] absolver (**of** de).

acquittal /ə'kwɪtl/ n absolución f.

acre /'eɪkə/ n acre m (0,405 Ha).

acrid /'ækrɪd/ adj acre.

acrimonious /ækrɪ'məʊnɪəs/ adj amargo -ga.

acrobat /'ækrəbæt/ n acróbata m/f.

acronym /'ækrənɪm/ n acrónimo m.

across /ə'krɒs/ I adv: **we swam across** lo atravesamos a nado; **it's four metres across** tiene cuatro metros de ancho. II prep: **we walked across the field** cruzamos el campo; **it's across the square** está al otro lado de la plaza.

act /ækt/ I n 1. (deed) acto m. 2. (in a play) acto m. 3. (performance) número m. 4. (Law, Pol) ley f. II vi 1. (to do sthg) actuar: **she acted as my guide** hizo de guía para mí. 2. (in a play) actuar. 3. (to behave) comportarse. ♦ vt hacer el papel de.

acting /'æktɪŋ/ I n (performance) interpretación f; (as career) el teatro. II adj en funciones.

action /'ækʃən/ n 1. (gen) acción f. 2. (Law) demanda f.

action-packed adj (film) de mucha acción; (holiday) con muchas actividades. **action replay** n repetición f de la jugada.

activate /'æktɪveɪt/ vt activar.

active /'æktɪv/ adj activo -va.

activist /'æktɪvɪst/ n activista m/f.

activity /æk'tɪvəti/ n [**-ties**] actividad f.

actor /'æktə/ n actor m.

actress /'æktrəs/ n [**-ses**] actriz f.

actual /'æktʃʊəl/ adj 1. (real) verdadero -ra. 2. (specific: words) exacto -ta; (: document, weapon) mismo -ma.

actually /'æktʃʊəli/ adv 1. (really, as a matter of fact) en realidad. 2. (precisely) exactamente. 3. (even) hasta.

acumen /'ækjʊmən/ n perspicacia f.

acupuncture /'ækjʊpʌŋktʃə/ n acupuntura f.

acute /ə'kjuːt/ adj (gen) agudo -da; (shortage, crisis) grave.

AD /eɪ'diː/ (= anno Domini) d. de C.

ad /æd/ n anuncio m.

adamant /'ædəmənt/ adj inflexible [S].

Adam's apple /ædəmz 'æpəl/ n nuez f (de Adán).

adapt /ə'dæpt/ vi adaptarse. ♦ vt adaptar.

adaptable /ə'dæptəbəl/ adj adaptable.

adaptation /ædæp'teɪʃən/ n adaptación f.

adaptor /ə'dæptə/ n adaptador m.

add /æd/ vt (gen) añadir, agregar; (Maths) sumar.

to add on vt (gen) agregar; (an extension) construir. **to add to** vt aumentar. **to add up** vt sumar. ♦ vi 1. (Maths) sumar. 2. (to make sense) tener sentido.

added /'ædɪd/ adj adicional.

adder /'ædə/ n víbora f.

addict /'ædɪkt/ n adicto -ta m/f.

addicted /ə'dɪktɪd/ adj adicto -ta [S] (**to** a).

addiction /ə'dɪkʃən/ n adicción f.

addictive /ə'dɪktɪv/ adj que crea adicción.

addition /ə'dɪʃən/ n 1. (Maths) adición f, suma f: **in addition to** además de. 2. (extra item, person): **a useful addition to the group** una adquisición muy útil para el grupo.

additional /ə'dɪʃənəl/ adj adicional.

additive /'ædɪtɪv/ n aditivo m.

address /ə'dres/ I vt 1. (an envelope) poner la dirección en. 2. (a person, meeting) dirigirse a. 3. (an issue) tratar. **II** *n* [-dresses] **1.** (*of house*) dirección *f.* **2.** (*speech*) discurso *m.*

adenoids /ˈædənɔɪdz/ *n pl* vegetaciones *fpl.*

adept /əˈdept/ *adj* hábil (**at** para).

adequate /ˈædɪkwət/ *adj* (*sufficient*) suficiente; (*satisfactory*) adecuado -da.

adhere /ədˈhɪə/ *vi* **1.** (*to stick*) adherirse (**to** a). **2.** (*to stand by*): **they adhere to their principles** se mantienen fieles a sus principios.

adhesive /ədˈhiːsɪv/ **I** *adj* adhesivo -va. **II** *n* adhesivo *m.*

adhesive tape *n* (*for paper, etc.*) cinta *f* adhesiva; (*US: Med*) esparadrapo *m.*

adjacent /əˈdʒeɪsənt/ *adj* contiguo -gua (**to** a).

adjective /ˈædʒektɪv/ *n* adjetivo *m.*

adjoining /əˈdʒɔɪnɪŋ/ *adj* de al lado.

adjourn /əˈdʒɜːn/ *vt* (*Law: a session*) levantar; (*: a trial*) aplazar; (*a meeting*) interrumpir.

adjudicate /əˈdʒuːdɪkeɪt/ *vi* ser juez.

adjust /əˈdʒʌst/ *vt* **1.** (*a machine*) ajustar; (*volume, temperature*) regular. **2.** (*to modify*) modificar. ♦ *vi* adaptarse.

adjustable /əˈdʒʌstəbəl/ *adj* regulable.

adjustment /əˈdʒʌstmənt/ *n* **1.** (*to a machine*) ajuste *m.* **2.** (*to circumstances*) adaptación *f.*

ad-lib /ˈædlɪb/ *vi* [-libs, -libbing, -libbed] improvisar.

administer /ədˈmɪnɪstə/ *vt* administrar.

administration /ədmɪnɪˈstreɪʃən/ *n* **1.** (*management*) administración *f.* **2.** (*US: Pol*) gobierno *m.*

administrative /ədˈmɪnɪstrətɪv/ *adj* administrativo -va.

administrator /ədˈmɪnɪstreɪtə/ *n* administrador -dora *m/f.*

admiral /ˈædmərəl/ *n* almirante *m.*

admiration /ædmɪˈreɪʃən/ *n* admiración *f.*

admire /ədˈmaɪə/ *vt* admirar.

admirer /ədˈmaɪrə/ *n* admirador -dora *m/f.*

admissible /ədˈmɪsəbəl/ *adj* admisible.

admission /ədˈmɪʃən/ *n* **1.** (*fee*) entrada *f.* **2.** (*to club, museum*) admisión *f.* **3.** (*to hospital, university*) ingreso *m* (**to** en). **4.** (*confession*) confesión *f.*

admit /ədˈmɪt/ *vt* [-mits, -mitting, -mitted] **1.** (*to confess, recognize*) admitir; (*a mistake*) reconocer. **2.** (*a person: to club*) permitirle la entrada a; (*: to hospital*) ingresar (**to** en).

admittance /ədˈmɪtəns/ *n*: **no admittance** prohibida la entrada.

ado /əˈduː/ *n*: **without further ado** sin más dilación.

adolescence /ædəˈlesəns/ *n* adolescencia *f.*

adolescent /ædəˈlesənt/ *adj, n* adolescente *adj, m/f.*

adopt /əˈdɒpt/ *vt* adoptar.

adoption /əˈdɒpʃən/ *n* adopción *f.*

adoptive /əˈdɒptɪv/ *adj* adoptivo -va.

adorable /əˈdɔːrəbəl/ *adj* adorable.

adore /əˈdɔː/ *vt* adorar.

adrenalin /əˈdrenəlɪn/ *n* adrenalina *f.*

Adriatic /eɪdrɪˈætɪk/ *n*: **the Adriatic (Sea)** el (mar) Adriático.

adrift /əˈdrɪft/ *adj, adv*: **to be adrift** ir a la deriva.

adult /ˈædʌlt, əˈdʌlt/ *adj, n* adulto -ta *adj, m/f.*

adulterous /əˈdʌltərəs/ *adj* adúltero -ra.

adultery /əˈdʌltəri/ *n* adulterio *m.*

advance /ədˈvɑːns/ **I** *vi* avanzar. ♦ *vt* **1.** (*an idea*) proponer. **2.** (*money*) adelantar. **II** *n* **1.** (*Mil*) avance *m.* **2.** (*progress*) adelanto *m.* **3.** (*Fin*) anticipo *m.* **4. in advance: to pay in advance** pagar por adelantado; **he bought it in advance** lo compró con antelación. **III** *adj* (*warning*) previo -via; (*booking*) por adelantado.

advanced /ədˈvɑːnst/ *adj* (*course, country*) avanzado -da; (*of person, work*) adelantado -da.

advantage /ədˈvɑːntɪdʒ/ *n* ventaja *f*: **we took advantage of the situ-**

ation aprovechamos la situación; **to take advantage of sbdy** aprovecharse de alguien.

advent /'ædvent/ n llegada f.

adventure /əd'ventʃə/ n aventura f.

adventurous /əd'ventʃərəs/ adj 1. (person) aventurero -ra. 2. (project, design) atrevido -da.

adverb /'ædvɜːb/ n adverbio m.

adversary /'ædvəsəri/ n [-ries] (Mil) adversario -ria m/f; (Sport) contrincante m/f.

adverse /'ædvɜːs/ adj adverso -sa.

adversity /æd'vɜːsəti/ n [-ties] adversidad f.

advert /'ædvɜːt/ n anuncio m.

advertise /'ædvətaiz/ vt anunciar. ♦ vi anunciarse: **she advertised for a nanny** puso un anuncio para buscar niñera.

advertisement /əd'vɜːtismənt/ n anuncio m.

advertising /'ædvətaiziŋ/ n publicidad f.

advice /əd'vais/ n consejos m pl: **he took my advice** siguió mis consejos * mi consejo; **seek medical advice** consulte a su médico.

advisable /əd'vaizəbəl/ adj aconsejable.

advise /əd'vaiz/ vt 1. (to recommend) aconsejar; (professionally) asesorar. 2. (to inform) informar.

adviser /əd'vaizə/, **advisor** /əd'vaizə/ n asesor -sora m/f.

advocate I /'ædvəkeit/ vt abogar por. II /'ædvəkət/ n 1. (Law) abogado -da m/f. 2. (supporter) defensor -sora m/f.

Aegean /iːˈdʒiːən/ n: **the Aegean (Sea)** el (mar) Egeo.

aerial /'eəriəl/ I n antena f. II adj aéreo -rea.

aerobics /eə'rəubiks/ n aerobic m.

aerodynamic /eərəudai'næmik/ adj aerodinámico -ca.

aeroplane /'eərəplein/ n avión m.

aerosol /'eərəsɒl/ n aerosol m.

aesthetic /iːs'θetik/ adj estético -ca.

afar /ə'fɑː/ adv (frml) lejos.

affable /'æfəbəl/ adj afable.

affair /ə'feə/ I n 1. (case, business) asunto m; (social event) acontecimiento m. 2. (extramarital) aventura f (amorosa). II **affairs** n pl asuntos m pl.

affect /ə'fekt/ vt (gen) afectar; (a decision) influir en.

affected /ə'fektid/ adj afectado -da, amanerado -da.

affection /ə'fekʃən/ n cariño m, afecto m.

affectionate /ə'fekʃənət/ adj cariñoso -sa, afectuoso -sa.

affiliate /ə'filieit/ vi asociarse.

affinity /ə'finəti/ n [-ties] 1. (similarity) parecido m (with con). 2. (sympathy) simpatía f (for/with por).

affirmative /ə'fɜːmətiv/ adj afirmativo -va.

afflicted /ə'fliktid/ adj: **to be afflicted with an illness** padecer una enfermedad.

affliction /ə'flikʃən/ n (frml) 1. (illness) mal m. 2. (cause of grief) desgracia f.

affluence /'æfluəns/ n prosperidad f, riqueza f.

affluent /'æfluənt/ adj acomodado -da, adinerado -da.

afford /ə'fɔːd/ vt 1. (Fin): **we can't afford it** no nos lo podemos permitir. 2. (to allow oneself) permitirse. 3. (frml: to provide) proporcionar.

affront /ə'frʌnt/ n (frml) afrenta f.

AFL-CIO /eiefelsiːaiˈəu/ n (in US) federación de sindicatos estadounidenses.

afloat /ə'fləut/ adj a flote.

afoot /ə'fut/ adj: **there is a campaign afoot to ban it** se ha puesto en marcha una campaña para prohibirlo.

aforementioned /ə'fɔːmenʃənd/, **aforesaid** /ə'fɔːsed/ adj (frml) anteriormente citado -da.

afraid /ə'freid/ adj 1. (scared): **don't be afraid** no tengas miedo; **he's afraid of bats** le dan miedo los murciélagos. 2. (regretful): **I'm afraid it's impossible** me temo que es imposible.

afresh /əˈfreʃ/ adv (frml) de nuevo.

Africa /ˈæfrɪkə/ n África f★.

African /ˈæfrɪkən/ adj, n africano -na adj, m/f.

aft /ɑːft/ adv a popa.

after /ˈɑːftə/ I prep 1. (following in time) después de: **after the concert** después del concierto; **after that I went home** después me fui a casa ● **I didn't go after all** al final no fui ● **after all, it's not my fault** después de todo, no es culpa mía. 2. (at the end of) al cabo de. 3. (following in order, pursuing) detrás de. 4. (US: when telling the time): **it's five after two** son las dos y cinco. II conj después de que: **he left after we spoke** se fue después de que habláramos. III adv después: **the day after** al día siguiente. IV **afters** n pl (fam) postre m.

after-effect n consecuencia f. **aftermath** n (consequences) secuelas f pl; (period): **in the aftermath of the war** en el periodo que siguió a la guerra. **aftershave (lotion)** n loción f para después del afeitado. **aftertaste** n regusto m. **afterthought** n ocurrencia f de última hora.

afternoon /ɑːftəˈnuːn/ n tarde f: **in the afternoon** por la tarde; **on Saturday afternoon** el sábado por la tarde; **good afternoon** buenas tardes.

afterward /ˈɑːftəwəd/, **afterwards** /ˈɑːftəwədz/ adv después.

again /əˈgen, əˈgeɪn/ adv de nuevo, otra vez: **don't do it again** no vuelvas a hacerlo; **again and again** una y otra vez.

against /əˈgenst, əˈgeɪnst/ prep 1. (opposed to: ideologically) en contra de; (: physically) contra. 2. (on, touching) contra.

age /eɪdʒ/ I n 1. (of person, animal) edad f. 2. (period) era f. II vt/i envejecer.

age group n: **in the same age group** de la misma edad. **age limit** n límite m de edad.

aged I /eɪdʒd/ adj: **a man aged twenty** un hombre de veinte años. II /ˈeɪdʒɪd/ **the aged** n pl los ancianos.

agency /ˈeɪdʒənsɪ/ n [-cies] agencia f.

agenda /əˈdʒendə/ n orden m del día.

agent /ˈeɪdʒənt/ n 1. (Chem) agente m. 2. (person) agente m/f.

aggravate /ˈægrəveɪt/ vt 1. (to make worse) agravar. 2. (to annoy) molestar.

aggravating /ˈægrəveɪtɪŋ/ adj irritante.

aggregate /ˈægrɪgət/ n total m.

aggression /əˈgreʃən/ n agresión f.

aggressive /əˈgresɪv/ adj agresivo -va.

aggressor /əˈgresə/ n agresor -sora m/f.

aghast /əˈgɑːst/ adj horrorizado -da (at por).

agile /ˈædʒaɪl/ adj ágil.

agility /əˈdʒɪlətɪ/ n agilidad f.

agitate /ˈædʒɪteɪt/ vi (Pol) hacer campaña. ♦ vt (to upset) perturbar.

agitated /ˈædʒɪteɪtɪd/ adj nervioso -sa.

agitation /ædʒɪˈteɪʃən/ n 1. (Pol) agitación f. 2. (nervousness) nerviosismo m.

AGM /eɪdʒiːˈem/ n = **annual general meeting**.

agnostic /ægˈnɒstɪk/ adj, n agnóstico -ca adj, m/f.

ago /əˈgəʊ/ adv: **a week ago** hace una semana; **how long ago did he leave?** ¿cuánto hace que se fue?

agog /əˈgɒg/ adj: **to be agog with curiosity** estar muerto -ta de curiosidad.

agonize /ˈægənaɪz/ vi angustiarse.

agonizing /ˈægənaɪzɪŋ/ adj 1. (decision, wait) angustioso -sa. 2. (pain) atroz.

agony /ˈægənɪ/ n [-nies] 1. (physical) dolor m (muy intenso). 2. (mental) angustia f.

agony aunt n: persona responsable de un consultorio sentimental.

agrarian /ə'greərɪən/ adj agrario -ria.

agree /ə'gri:/ vi 1. (to be in agreement) estar de acuerdo. 2. (to come to an agreement): **we agreed on a date** acordamos una fecha; **to agree to sthg** (a suggestion) aceptar algo, (a request) acceder a algo. 3. (to coincide) coincidir. 4. (Ling) concordar. ♦ vt acordar.

agreeable /ə'gri:əbəl/ adj agradable.

agreement /ə'gri:mənt/ n acuerdo m.

agricultural /ægrɪ'kʌltʃərəl/ adj agrícola.

agriculture /'ægrɪkʌltʃə/ n agricultura f.

aground /ə'graʊnd/ adv: **it ran aground** encalló.

ahead /ə'hed/ adv, adj 1. (forwards) adelante. 2. (in front) delante: **the other team is ahead** el otro equipo va ganando. 3. (in the future): **there are difficult times ahead** vienen tiempos difíciles; **to think ahead** pensar en el futuro. 4. **ahead of** (before): **he arrived ahead of me** llegó antes que yo; **ahead of the meeting** antes de la reunión.

aid /eɪd/ I n ayuda f: **in aid of** a beneficio de. II vt ayudar.

aide /eɪd/ n ayudante m/f.

AIDS /eɪdz/ n sida m.

ailing /'eɪlɪŋ/ adj enfermo -ma.

ailment /'eɪlmənt/ n enfermedad f.

aim /eɪm/ I vt 1. (a weapon): **I aimed the gun at him** le apunté con la pistola. 2. (a campaign) dirigir. ♦ vi 1. (with weapon) apuntar (**at** a). 2. (to intend): **I aim to finish today** me propongo acabar hoy. II n 1. (objective) meta f, objetivo m. 2. (with weapon) puntería f.

aimless /'eɪmləs/ adj sin propósito.

ain't /eɪnt/ (fam) contracción de **am not, have not**, etc.

air /eə/ I n 1. (gen) aire m: **to travel by air** viajar en avión; **on (the) air** en antena ‖ en el aire ● **it's still up in the air** está todavía en el aire

● **he vanished into thin air** se esfumó. 2. (appearance) aire m. II **airs** n pl: **to put on airs** darse aires. III vt airear.

air bag n bolsa f de aire. **air base** n base f aérea. **air bed** n colchón m hinchable. **airborne** adj (aircraft) en vuelo. **air-conditioned** adj climatizado -da. **air conditioning** n aire m acondicionado. **aircraft** n inv avión m. **aircraft carrier** n portaaviones m inv. **airfield** n aeródromo m. **air force** n fuerza f aérea. **air freshener** n ambientador m. **air hostess** n azafata f, (Amér L) aeromoza f. **airlift** n (Mil) puente m aéreo. **airline** n línea f aérea, aerolínea f. **airliner** n avión m de pasajeros. **airlock** n esclusa f de aire. **airmail** n correo m aéreo. **airplane** n (US) avión m. **airport** n aeropuerto m. **air raid** n ataque m aéreo. **airspace** n espacio m aéreo. **air strike** n ataque m aéreo. **airstrip** n pista f de aterrizaje. **airtight** adj hermético -ca. **air-traffic controller** n controlador -dora m/f aéreo -rea.

airy /'eərɪ/ adj [-rier, -riest] 1. (room) espacioso -sa. 2. (manner) desenfadado -da.

aisle /aɪl/ n pasillo m.

ajar /ə'dʒɑː/ adj entreabierto -ta.

aka /eɪkeɪ'eɪ/ = **also known as**.

alacrity /ə'lækrətɪ/ n presteza f.

alarm /ə'lɑːm/ I vt alarmar. II n alarma f.

alarm clock n despertador m. **alarming** /ə'lɑːmɪŋ/ adj alarmante.

Albania /æl'beɪnɪə/ n Albania f.

Albanian /æl'beɪnɪən/ I adj albanés -nesa. II n albanés -nesa m/f, (Ling) albanés m.

albatross /'ælbətrɒs/ n [-trosses] albatros m inv.

albino /æl'bi:nəʊ/ n albino -na m/f.

album /'ælbəm/ n álbum m.

alcohol /'ælkəhɒl/ n alcohol m.

alcoholic /ælkə'hɒlɪk/ adj, n alcohólico -ca adj, m/f.

alcoholism /'ælkəhɒlɪzm/ n alcoholismo m.

alcove /ˈælkəʊv/ n hueco m, nicho m.

ale /eɪl/ n cerveza f.

alert /əˈlɜːt/ I vt alertar. II adj (attentive, ready) alerta; (bright, aware) despierto -ta. III n alerta f.

A level /ˈeɪ levəl/ n (in GB) examen del último curso de secundaria.

algae /ˈælgiː/ n pl algas f pl.

algebra /ˈældʒɪbrə/ n álgebra f★.

Algeria /ælˈdʒɪərɪə/ n Argelia f.

Algerian /ælˈdʒɪərɪən/ adj, n argelino -na adj, m/f.

alias /ˈeɪlɪəs/ I adv alias. II n [aliases] alias m inv.

alibi /ˈælɪbaɪ/ n coartada f.

alien /ˈeɪlɪən/ I n 1. (extraterrestrial) extraterrestre m/f. 2. (foreigner) extranjero -ra m/f. II adj (strange) extraño -ña (to para).

alienate /ˈeɪlɪəneɪt/ vt alejar.

alienation /ˌeɪlɪəˈneɪʃən/ n alienación f.

alight /əˈlaɪt/ I vi (frml) bajar. II adj: to be alight estar ardiendo.

align /əˈlaɪn/ I vt alinear.

alike /əˈlaɪk/ I adj parecido -da [S]: to look alike parecerse. II adv igual.

alimony /ˈælɪmənɪ/ n pensión f de alimentos.

alive /əˈlaɪv/ adj vivo -va [E].

alkaline /ˈælkəlaɪn/ adj alcalino -na.

all /ɔːl/ I adj, pron todo -da: all the chocolates todos los bombones; we are all going vamos a ir todos; all in all en general; forty guests in all cuarenta invitados en total; we didn't like it at all no nos gustó en absoluto. II adv 1. (totally) totalmente ● I knew all along siempre lo supe ● he's not all there le falta un tornillo. 2. (in scores: in football): three all tres a tres; (: in tennis): fifteen all quince iguales.

all-in adj: the all-in price el precio total. **all-night** adj (event) que dura toda la noche; (shop) abierto -ta toda la noche. **all-out** adj (effort) supremo -ma; (war) total. **all right** adj, adv (gen) bien: are you all right? ¿te encuentras bien?; (as reply) vale.

all-time adj histórico -ca.

Allah /ˈælə/ n Alá m.

allegation /ˌælɪˈgeɪʃən/ n afirmación f, acusación f.

allege /əˈledʒ/ vt afirmar.

alleged /əˈledʒd/ adj presunto -ta, supuesto -ta.

allegedly /əˈledʒədlɪ/ adv supuestamente.

allegiance /əˈliːdʒəns/ n lealtad f (to a).

allegory /ˈælɪgərɪ/ n [-ries] alegoría f.

allergic /əˈlɜːdʒɪk/ adj alérgico -ca [S] (to a).

allergy /ˈælədʒɪ/ n [-gies] alergia f (to a).

alleviate /əˈliːvɪeɪt/ vt aliviar.

alley /ˈælɪ/ n callejón m.

alliance /əˈlaɪəns/ n alianza f.

allied /ˈælaɪd/ adj aliado -da.

alligator /ˈælɪgeɪtə/ n caimán m.

allocate /ˈæləkeɪt/ vt destinar, asignar.

allocation /ˌæləˈkeɪʃən/ n 1. (action) reparto m, asignación f. 2. (share) cuota f.

allot /əˈlɒt/ vt [allots, allotting, allotted] destinar, asignar.

allotment /əˈlɒtmənt/ n 1. (action) distribución f, asignación f. 2. (share) cuota f. 3. (for vegetables) parcela f.

allow /əˈlaʊ/ vt 1. (to permit) permitir, dejar: he allowed me to use it me permitió usarlo. 2. (time, space) dejar.
to allow for vt tener en cuenta.

allowance /əˈlaʊəns/ n 1. (limit) límite m permitido. 2. (pocket money) paga f. 3. (tax relief) desgravación f; (state benefit) prestación f. 4. (part of salary) plus m.

alloy /ˈælɔɪ/ n aleación f.

allude /əˈluːd/ vi aludir (to a).

alluring /əˈljʊərɪŋ/ adj seductor -tora.

allusion /əˈluːʒən/ n referencia f (to a).

ally /ˈælaɪ/ n [-lies] aliado -da m/f.

almighty /ɔːlˈmaɪtɪ/ adj 1. (Relig)

todopoderoso -sa. **2.** (*very big*) tremendo -da.

almond /'ɑːmənd/ *n* almendra *f*.

almost /'ɔːlməʊst/ *adv* casi.

alms /ɑːmz/ *n pl* limosna *f*.

alone /ə'ləʊn/ **I** *adj* solo -la ● **leave me alone!** ¡déjame en paz! **II** *adv* sólo, solamente.

along /ə'lɒŋ/ **I** *prep* (*from one end to other*) por; (*beside*) a lo largo de. **II** *adv*: **as we walked along** según íbamos andando; **he was going to the movies so I went along too** iba al cine así que fui con él; **along with** junto con.

alongside /əlɒŋ'saɪd/ **I** *prep* al lado de. **II** *adv* al lado.

aloof /ə'luːf/ *adj* distante.

aloud /ə'laʊd/ *adv* en voz alta.

alphabet /'ælfəbet/ *n* alfabeto *m*.

alphabetical /ælfə'betɪkəl/ *adj* alfabético -ca.

alpine /'ælpaɪn/ *adj* alpino -na.

Alps /ælps/ *n pl*: **the Alps** los Alpes.

already /ɔːl'redɪ/ *adv* ya.

alright /ɔːl'raɪt/ *adj*, *adv* ⇨ **all right**.

Alsatian /æl'seɪʃən/ *n* pastor *m* alemán.

also /'ɔːlsəʊ/ *adv* también.

altar /'ɔːltə/ *n* altar *m*.

alter /'ɔːltə/ *vt* (*gen*) cambiar; (*clothes*) arreglar. ♦ *vi* cambiar.

alteration /ɔːltə'reɪʃən/ *n* (*to machine*) modificación *f*; (*to clothing*) arreglo *m*; (*to building*) reforma *f*.

alternate I /ɔːl'tɜːnət/, (*US*) /'ɔːltɜːnət/ *adj* alterno -na. **II** /'ɔːltɜːneɪt/ *vi* alternar.

alternative /ɔːl'tɜːnətɪv/ **I** *adj* **1.** (*medicine*, *theatre*) alternativo -va. **2.** (*plan*, *solution*) otro -tra. **II** *n* alternativa *f*.

alternatively /ɔːl'tɜːnətɪvlɪ/ *adv* si no.

alternator /'ɔːltɜːneɪtə/ *n* alternador *m*.

although /ɔːl'ðəʊ/ *conj* aunque.

altitude /' æltɪtjuːd/ *n* altitud *f*.

altogether /ɔːltə'ɡeðə/ *adv* **1.** (*completely*) completamente. **2.** (*on the whole*) en general. **3.** (*in total*, *sum*) en total.

altruistic /æltrʊ'ɪstɪk/ *adj* altruista.

aluminium /æljuˈmɪnjəm/, (*US*) **aluminum** /ə'luːmɪnəm/ *n* aluminio *m*.

aluminium foil *n* papel *m* de aluminio.

always /'ɔːlweɪz/ *adv* siempre.

AM /eɪ'em/ (= **amplitude modulation**) AM.

am /æm/ ⇨ **be**.

a.m. /eɪ'em/ de la mañana.

amalgamate /ə'mælɡəmeɪt/ *vi* fusionarse.

amass /ə'mæs/ *vt* acumular.

amateur /'æmətə/ *adj*, *n* aficionado -da *adj*, *m/f*, amateur *adj*, *m/f*.

amateurish /'æmətərɪʃ/ *adj* chapucero -ra.

amaze /ə'meɪz/ *vt* asombrar.

amazed /ə'meɪzd/ *adj*: **she was amazed at the result** se asombró mucho del resultado.

amazement /ə'meɪzmənt/ *n* gran asombro *m*.

amazing /ə'meɪzɪŋ/ *adj* asombroso -sa, increíble.

Amazon /'æməzən/ *n* Amazonas *m*.

Amazonian /æmə'zəʊnɪən/ *adj* amazónico -ca.

ambassador /æm'bæsədə/ *n* embajador -dora *m/f*.

amber /'æmbə/ *n* (*colour*, *substance*) ámbar *m*; (*on traffic lights*) amarillo *m*.

ambiance /'æmbɪəns/ *n* (*US*) ambiente *m*.

ambience /'æmbɪəns/ *n* ambiente *m*.

ambiguity /æmbɪ'ɡjuːətɪ/ *n* [**-ties**] ambigüedad *f*.

ambiguous /æm'bɪɡjʊəs/ *adj* ambiguo -gua.

ambition /æm'bɪʃən/ *n* ambición *f*.

ambitious /æm'bɪʃəs/ *adj* ambicioso -sa.

ambivalent /æm'bɪvələnt/ *adj* ambivalente.

amble /'æmbəl/ *vi* deambular.

ambulance /'æmbjʊləns/ *n* ambulancia *f*.

ambush /'æmbʊʃ/ I vt tenderle una emboscada a. II n [**-shes**] emboscada f.

ameba /ə'mi:bə/ n (US) ameba f.

amen /ɑ:'men, eɪ'men/ excl ¡amén!

amend /ə'mend/ I vt enmendar. II **amends** npl: **to make amends to sbdy for sthg** compensar a alguien por algo.

amendment /ə'mendmənt/ n enmienda f.

amenity /ə'mi:nətɪ/ n [**-ties**] servicio m.

America /ə'merɪkə/ n 1. (United States) Estados Unidos m. 2. (continent) América f.

American /ə'merɪkən/ adj, n estadounidense adj, m/f, americano -na adj, m/f.

American football n fútbol m americano. **American Indian** n indio -dia m/f americano -na.

amiable /'eɪmɪəbəl/ adj amable, simpático -ca.

amicable /'æmɪkəbəl/ adj amigable, amistoso -sa.

amid /ə'mɪd/, **amidst** /ə'mɪdst/ prep (frml) en medio de.

ammonia /ə'məʊnɪə/ n amoníaco m.

ammunition /æmjʊ'nɪʃən/ n municiones fpl.

amnesia /æm'ni:ʒə/ n amnesia f.

amnesty /'æmnəstɪ/ n [**-ties**] amnistía f.

amoeba /ə'mi:bə/ n [**-bas ∗ -bae**] ameba f.

amok /ə'mʌk/ adv: **to run amok** volverse loco -ca (causando daños).

among /ə'mʌŋ/, **amongst** /ə'mʌŋst/ prep entre.

amorous /'æmərəs/ adj apasionado -da.

amount /ə'maʊnt/ n cantidad f.

to amount to vt 1. (Fin) ascender a. 2. (to equal) equivaler a.

amp /æmp/ n amperio m.

amphetamine /æm'fetəmɪn/ n anfetamina f.

amphibian /æm'fɪbɪən/ n anfibio m.

amphibious /æm'fɪbɪəs/ adj anfibio -bia.

amphitheatre, (US) **amphitheater** /'æmfɪθɪətə/ n anfiteatro m.

ample /'æmpəl/ adj 1. (time, food) más que suficiente. 2. (large) amplio -plia.

amplifier /'æmplɪfaɪə/ n amplificador m.

amplify /'æmplɪfaɪ/ vt [**-fies, -fying, -fied**] amplificar.

amputate /'æmpjʊteɪt/ vt amputar.

amuse /ə'mju:z/ vt 1. (to cause to laugh) divertir. 2. (to entertain) entretener.

amusement /ə'mju:zmənt/ I n diversión f: **to our amusement** para regocijo nuestro. II **amusements** npl atracciones fpl.

amusement arcade n salón m de juegos recreativos. **amusement park** n parque m de atracciones.

amusing /ə'mju:zɪŋ/ adj gracioso -sa, divertido -da.

an /ən/ indef art un, una ⇨ **a**.

anachronism /ə'nækrənɪzəm/ n anacronismo m.

anaemia /ə'ni:mɪə/ n anemia f.

anaemic /ə'ni:mɪk/ adj anémico -ca.

anaesthetic /ænəs'θetɪk/ n anestésico m: **without an anaesthetic** sin anestesia.

anaesthetist /ə'ni:sθətɪst/ n anestesista m/f.

anagram /'ænəgræm/ n anagrama m.

analogue, (US) **analog** /'ænəlɒg/ adj analógico -ca.

analogy /ə'nælədʒɪ/ n [**-gies**] analogía f.

analyse /'ænəlaɪz/ vt analizar.

analysis /ə'næləsɪs/ n [**-lyses**] análisis m inv.

analyst /'ænəlɪst/ n analista m/f.

analytic /ænə'lɪtɪk/, **analytical** /ænə'lɪtɪkəl/ adj analítico -ca.

analyze /'ænəlaɪz/ vt (US) analizar.

anarchic /æ'nɑ:kɪk/ adj anárquico -ca.

anarchist /'ænəkɪst/ n anarquista m/f.

anarchy /'ænəkɪ/ n anarquía f.

anatomy /ə'nætəmɪ/ n anatomía f.

ancestor /'ænsestə/ n antepasado -da m/f.

ancestry /'ænsestrɪ/ n ascendencia f.

anchor /'æŋkə/ I n ancla f★. II vi (Naut) anclar. ♦ vt (to fix) sujetar.

anchorman/woman n presentador -dora m/f.

anchovy /'æntʃəvɪ/ n [-vies] anchoa f.

ancient /'eɪnʃənt/ adj 1. (culture) antiguo -gua. 2. (fam: car, coat) viejísimo -ma.

ancillary /æn'sɪlərɪ/ adj auxiliar.

and /ænd/ conj 1. (gen) y [e before words beginning with i sound: **literatura e historia**]. 2. (+ inf): **try and eat something** intenta comer algo.

Andalusia /ændə'lu:zɪə/ n Andalucía f.

Andalusian /ændə'lu:zɪən/ adj, n andaluz -luza adj, m/f.

Andean /æn'di:ən/ adj, n andino -na adj, m/f.

Andes /'ændi:z/ n pl: **the Andes** los Andes.

Andorran /æn'dɔ:rən/ adj, n andorrano -na adj, m/f.

anecdote /'ænɪkdəʊt/ n anécdota f.

anemia /ə'ni:mɪə/ n (US) anemia f.

anemic /ə'ni:mɪk/ adj (US) anémico -ca.

anesthetic /ænəs'θetɪk/ n (US) ⇨ **anaesthetic**.

anesthetist /ə'ni:sθətɪst/ n (US) anestesista m/f.

angel /'eɪndʒəl/ n ángel m.

angelic /æn'dʒelɪk/ adj angelical.

anger /'æŋgə/ I n enfado m. II vt enfadar, enojar.

angina /æn'dʒaɪnə/ n angina f (de pecho).

angle /'æŋgəl/ n ángulo m.

angler /'æŋglə/ n pescador -dora m/f (de caña).

Anglican /'æŋglɪkən/ adj, n anglicano -na adj, m/f.

angling /'æŋglɪŋ/ n pesca f (con caña).

Anglo-Saxon /æŋgləʊ'sæksən/ adj, n anglosajón -jona adj, m/f.

angrily /'æŋgrəlɪ/ adv: **shut up! she shouted angrily** ¡cállense!, gritó enfadada.

angry /'æŋgrɪ/ adj [-grier, -griest] enfadado -da, enojado -da: **to get angry** enfadarse ‖ enojarse.

anguish /'æŋgwɪʃ/ n (mental) angustia f; (physical) sufrimiento m.

angular /'æŋgjʊlə/ adj (building) (de forma) angular; (features) anguloso -sa.

animal /'ænɪməl/ adj, n animal adj, m.

animal rights n pl derechos m pl de los animales.

animated /'ænɪmeɪtɪd/ adj animado -da.

animation /ænɪ'meɪʃən/ n animación f.

animosity /ænɪ'mɒsətɪ/ n animadversión f.

aniseed /'ænəsi:d/ n anís m.

ankle /'æŋkəl/ n tobillo m.

ankle sock n calcetín m corto.

anklet /'æŋklɪt/ n (US) calcetín m corto.

annex I /ə'neks/ vt anexionar. II /'æneks/ n (US) anexo m.

annexe /'æneks/ n anexo m.

annihilate /ə'naɪəleɪt/ vt aniquilar.

anniversary /ænɪ'vɜ:sərɪ/ n [-ries] aniversario m.

announce /ə'naʊns/ vt anunciar.

announcement /ə'naʊnsmənt/ n anuncio m.

announcer /ə'naʊnsə/ n locutor -tora m/f.

annoy /ə'nɔɪ/ vt fastidiar: **you're annoying me** me estás haciendo enfadar.

annoyance /ə'nɔɪəns/ n enfado m.

annoyed /ə'nɔɪd/ adj enfadado -da.

annoying /ə'nɔɪɪŋ/ adj (habit) irritante; (noise) muy molesto -ta; (person) pesado -da.

annual /'ænjʊəl/ adj anual.

annul /ə'nʌl/ vt [annuls, annulling, annulled] anular.

anomaly /ə'nɒməlɪ/ n [-lies] anomalía f.

anonymity /ˌænəˈnɪmətɪ/ n anonimato m.

anonymous /əˈnɒnɪməs/ adj anónimo -ma.

anorak /ˈænəræk/ n anorak m.

anorexia /ˌænəˈreksɪə/ n (o **anorexia nervosa**) anorexia f (nerviosa).

anorexic /ˌænəˈreksɪk/ adj anoréxico -ca [S].

another /əˈnʌðə/ adj, pron otro -tra: **another one** otro -tra.

answer /ˈɑːnsə/ I n 1. (to question, letter) respuesta f: **there was no answer** (on phone) no contestaron, (at door) no abrió nadie. 2. (to problem) solución f. II vt 1. (a question, letter, phone) contestar; (a person) contestarle a; (the door) abrir. 2. (a description) corresponder a, responder a. ♦ vi contestar.
to **answer back** vi contestar. to **answer for** vt (one's actions) responder de.

answerphone n contestador m automático.

answerable /ˈɑːnsərəbəl/ adj: **I'm not answerable to you for anything** yo no tengo que darte cuentas de nada.

answering machine /ˈɑːnsərɪŋ məʃiːn/ n contestador m automático.

ant /ænt/ n hormiga f.

anthill n hormiguero m.

antagonistic /ænˌtægəˈnɪstɪk/ adj hostil.

antagonize /ænˈtægənaɪz/ vt (to irritate) contrariar; (to make an enemy of) provocar la hostilidad de.

Antarctic /ænˈtɑːktɪk/ I adj antártico -ca: **the Antarctic Ocean** el océano (Glacial) Antártico. II n: **the Antarctic** la región antártica.

Antarctica /ænˈtɑːktɪkə/ n la Antártida.

antelope /ˈæntɪləʊp/ n antílope m.

antenatal /ˌæntɪˈneɪtəl/ adj prenatal.

antenna /ænˈtenə/ n 1. [-nae] (Zool) antena f. 2. [-nas] (Telec) antena f.

anthology /ænˈθɒlədʒɪ/ n [-gies] antología f.

anthropologist /ˌænθrəˈpɒlədʒɪst/ n antropólogo -ga m/f.

anthropology /ˌænθrəˈpɒlədʒɪ/ n antropología f.

anti-aircraft /ˌæntɪˈeəkrɑːft/ adj antiaéreo -rea.

antibiotic /ˌæntɪbaɪˈɒtɪk/ n antibiótico m.

antibody /ˈæntɪbɒdɪ/ n [-dies] anticuerpo m.

anticipate /ænˈtɪsɪpeɪt/ vt 1. (to expect) esperar. 2. (a reaction, an objection) prever; (a movement, action) anticiparse a.

anticipation /ænˌtɪsɪˈpeɪʃən/ n 1. (expectation): **in anticipation of** a la ✻ en espera de; **they waited with anticipation** esperaban impacientes. 2. (forestalment) previsión f.

anticlimax /ˌæntɪˈklaɪmæks/ n [-xes] decepción f.

anticlockwise /ˌæntɪˈklɒkwaɪz/ adj, adv en el sentido contrario al de las agujas del reloj.

antics /ˈæntɪks/ n pl payasadas f pl.

anticyclone /ˌæntɪˈsaɪkləʊn/ n anticiclón m.

antidote /ˈæntɪdəʊt/ n antídoto m (**to** ✻ **for** contra ✻ de).

antifreeze /ˈæntɪfriːz/ n anticongelante m.

antihistamine /ˌæntɪˈhɪstəmɪn/ n antihistamínico m.

antipathy /ænˈtɪpəθɪ/ n antipatía f.

antiperspirant /ˌæntɪˈpɜːspɪrənt/ n antitranspirante m.

Antipodes /ænˈtɪpədiːz/ n pl: **the Antipodes** Australia y Nueva Zelanda.

antiquated /ˈæntɪkweɪtɪd/ adj anticuado -da.

antique /ænˈtiːk/ I n antigüedad f. II adj antiguo -gua.

antique dealer n anticuario -ria m/f.

antique shop n tienda f de antigüedades.

anti-Semitic /ˌæntɪsɪˈmɪtɪk/ adj antisemita.

antiseptic /ˌæntɪˈseptɪk/ I adj antiséptico -ca. II n antiséptico m.

antisocial /ˌæntɪˈsəʊʃəl/ adj (*destructive, offensive*) antisocial; (*unsociable*) insociable.

antler /ˈæntlə/ I n cuerno m. II **antlers** n pl cornamenta f.

anvil /ˈænvɪl/ n yunque m.

anxiety /ɑŋˈzaɪətɪ/ n [**-ties**] (*worry*) inquietud f; (*Med*) ansiedad f.

anxious /ˈæŋkʃəs/ adj 1. (*concerned*) preocupado -da (**about** por). 2. (*keen*) deseoso -sa, ansioso -sa.

any /ˈenɪ/ I adj 1. (*in questions or after if*) algún -guna [but gen. not translated]: **do you have any ink/nails?** ¿tienes tinta/clavos? 2. (*in negatives*): **I didn't buy any sugar/apples** no compré azúcar/manzanas. 3. (+ *hardly, without*): **without any money** sin dinero; **there was hardly any noise** apenas había ruido. 4. (*whichever*) cualquier: **any one of those** cualquiera de ésos. II pron 1. (*in questions or after if*) alguno -na: **if any of you is interested** si alguno de ustedes está interesado. 2. (*in negatives*) ninguno -na: **we didn't like any of them** no nos gustó ninguno. 3. (+ *hardly*): **hardly any** muy poco/poca/pocos/pocas. 4. (*whichever*) cualquiera. III adv 1. (+ *adj*): **is she any better?** ¿está mejor?; **are there any more?** ¿hay más?; **he doesn't do it any more** ya no lo hace. 2. **any longer** más (tiempo).

anybody /ˈenɪbɒdɪ/ pron 1. (*in questions or after if*) alguien: **if anybody calls, let me know** si llama alguien, avísame. 2. (*in negatives or comparatives*) nadie: **I didn't see anybody** no vi a nadie. 3. (*whoever*) cualquiera.

anyhow /ˈenɪhaʊ/ adv 1. (*anyway*) de todos modos. 2. (*without care*) de cualquier manera.

anyone /ˈenɪwʌn/ pron ⇨ **anybody**.

anything /ˈenɪθɪŋ/ pron 1. (*in questions or after if*) algo: **do you have anything to say?** ¿tienes algo que decir? 2. (*in negatives*) nada: **we didn't see anything** no vimos nada.

3. (*whatever*) cualquier cosa.

anyway /ˈenɪweɪ/ adv de todos modos, de todas maneras.

anywhere /ˈenɪweə/ I adv 1. (*in questions or after if*) a/en algún sitio. 2. (*in negatives*) a/en ningún sitio ● **that won't get us anywhere** con eso no vamos a conseguir nada. 3. (*no matter where*) a/en cualquier sitio. II pron 1. (*in questions or after if*) algún sitio. 2. (*in negatives*) ningún sitio.

apart /əˈpɑːt/ adv 1. (*with distances*): **they are two metres apart** están a dos metros el uno del otro. 2. (*separated*): **they live apart** viven separados. 3. (*into pieces*): **he ripped it apart** lo destrozó. 4. **apart from** aparte de.

apartment /əˈpɑːtmənt/ n (*in city*) piso m, (*Amér L*) departamento m; (*at seaside*) apartamento m.

apartment building ✱ **house** n (*US*) casa f de pisos.

apathetic /æpəˈθetɪk/ adj apático -ca.

apathy /ˈæpəθɪ/ n apatía f.

ape /eɪp/ I n simio m, mono m. II vt imitar.

aperitif /əperɪˈtiːf/ n aperitivo m.

aperture /ˈæpətʃʊə/ n abertura f.

APEX /ˈeɪpeks/ adj, n (= **Advance Purchase Excursion**) APEX adj, m inv.

apex /ˈeɪpeks/ n [**apexes** ✱ **apices**] ápice m.

aphrodisiac /æfrəʊˈdɪzɪæk/ n afrodisíaco m.

apiece /əˈpiːs/ adv cada uno/una.

aplomb /əˈplɒm/ n (*frml*) aplomo m.

apologetic /əpɒləˈdʒetɪk/ adj de disculpa: **she was very apologetic** se deshizo en disculpas.

apologetically /əpɒləˈdʒetɪkəlɪ/ adv: **she said it apologetically** lo dijo en tono de disculpa.

apologize /əˈpɒlədʒaɪz/ vi pedir perdón (**for** por), disculparse (**for** por): **he apologized to her** le pidió perdón ‖ se disculpó.

apology /ə'pɒlədʒɪ/ n [-gies] disculpa f.

apostle /ə'pɒsəl/ n apóstol m.

apostrophe /ə'pɒstrəfɪ/ n apóstrofo m.

appal /ə'pɔ:l/ vt [appals, appalling, appalled] horrorizar.

appalling /ə'pɔ:lɪŋ/ adj (cruelty) atroz; (conduct) pésimo -ma.

apparatus /æpə'reɪtəs/ n aparatos m pl.

apparent /ə'pærənt/ adj 1. (obvious) evidente. 2. (seeming) aparente.

apparently /ə'pærəntlɪ/ adv por lo visto, según parece.

appeal /ə'pi:l/ I n 1. (call, plea) llamamiento m. 2. (attraction) atractivo m. 3. (Law) recurso m de apelación. II vi 1. (to make a plea) rogar. 2. (to attract) atraer. 3. (Law) apelar.

appealing /ə'pi:lɪŋ/ adj atractivo -va.

appear /ə'pɪə/ vi 1. (to become visible) aparecer. 2. (to seem) parecer. 3. (in court) comparecer. 4. (in play, film) actuar; (on television) salir.

appearance /ə'pɪərəns/ I n 1. (action) aparición f. 2. (look) aspecto m. 3. (in court) comparecencia f. II **appearances** n pl apariencias f pl.

appease /ə'pi:z/ vt apaciguar.

appendicitis /əpendɪ'saɪtɪs/ n apendicitis f.

appendix /ə'pendɪks/ n [-dixes * -dices] apéndice m.

appetite /'æpɪtaɪt/ n apetito m.

appetizer /'æpɪtaɪzə/ n aperitivo m.

appetizing /'æpɪtaɪzɪŋ/ adj apetitoso -sa.

applaud /ə'plɔ:d/ vt/i aplaudir.

applause /ə'plɔ:z/ n aplausos m pl.

apple /'æpəl/ n manzana f.

apple pie n tarta f de manzana. **apple tree** n manzano m.

appliance /ə'plaɪəns/ n aparato m.

applicant /'æplɪkənt/ n (for job) candidato -ta m/f (for a * para), aspirante m/f (for a); (for grant, benefit) solicitante m/f (for de).

application /æplɪ'keɪʃən/ n 1. (gen)

aplicación f. 2. (for job) solicitud f.

application form n solicitud f.

apply /ə'plaɪ/ vi [applies, applying, applied] 1. (for job, licence): I applied for the job solicité el trabajo. 2. (rule, law) regir (to para). ♦ vt aplicar.

appoint /ə'pɔɪnt/ vt (a person) nombrar; (a time, place) fijar.

appointment /ə'pɔɪntmənt/ n 1. (with sbdy) cita f. 2. (to a post) nombramiento m; (job) puesto m.

appraisal /ə'preɪzəl/ n (assessment: gen) evaluación f; (: of value) valoración f.

appreciable /ə'pri:ʃəbəl/ adj apreciable.

appreciate /ə'pri:ʃɪeɪt/ vt 1. (to be grateful for) agradecer. 2. (to understand) comprender. 3. (to value) apreciar. ♦ vi (Fin) revalorizarse.

appreciation /əpri:ʃɪ'eɪʃən/ n 1. (gratitude) agradecimiento m. 2. (of art, literature): to show appreciation of sthg mostrar ser capaz de apreciar algo. 3. (Fin) revalorización f.

apprehend /æprɪ'hend/ vt detener, apresar.

apprehension /æprɪ'henʃən/ n aprensión f.

apprehensive /æprɪ'hensɪv/ adj preocupado -da (about por).

apprentice /ə'prentɪs/ n aprendiz -diza m/f.

approach /ə'prəʊtʃ/ I vi acercarse. ♦ vt 1. (to draw near to) acercarse a. 2. (to tackle) abordar. 3. (to contact) ponerse en contacto con. II n [-ches] 1. (action) acercamiento m. 2. (way in) acceso m (to a). 3. (to subject) enfoque m (to de).

appropriate I /ə'prəʊprɪət/ adj apropiado -da (for para), adecuado -da (for para). II /ə'prəʊprɪeɪt/ vt (frml) apropiarse de.

appropriately /ə'prəʊprɪətlɪ/ adv de manera apropiada.

approval /ə'pru:vəl/ n aprobación f.

approve /ə'pru:v/ vi: she doesn't approve of me no le gusto; he

doesn't approve of me smoking no le parece bien que yo fume. ♦ *vt* aprobar.

approving /ə'pruːvɪŋ/ *adj* de aprobación.

approx. /ə'prɒksɪmətlɪ/ = **approximately.**

approximate I /ə'prɒksɪmət/ *adj* aproximado -da. II /ə'prɒksɪmeɪt/ *vi* aproximarse.

approximately /ə'prɒksɪmətlɪ/ *adv* aproximadamente.

APR /eɪpiː'ɑː/ *n* (= **annual percentage rate**) TAE *f.*

apricot /'eɪprɪkɒt/ *n* albaricoque *m,* (*C Sur*) damasco *m.*

April /'eɪprəl/ *n* abril *m* ⇨ **June.**

April Fools' Day *n*: *el primero de abril, equivalente del Día de los Inocentes.*

apron /'eɪprən/ *n* delantal *m.*

apt /æpt/ *adj* 1. (*comment*) acertado -da; (*name*) apropiado -da. 2. (*inclined*): **he's apt to lose his temper** se enfada con facilidad.

aptitude /'æptɪtjuːd/ *n* aptitud *f* (**for** para).

aquarium /ə'kweərɪəm/ *n* [**-riums** * **-ria**] acuario *m.*

Aquarius /ə'kweərɪəs/ *n* Acuario *m.*

aquatic /ə'kwætɪk/ *adj* acuático -ca.

aqueduct /'ækwɪdʌkt/ *n* acueducto *m.*

Arab /'ærəb/ *adj, n* árabe *adj, m/f.*

Arabian /ə'reɪbɪən/ *adj* árabe.

Arabic /'ærəbɪk/ *adj, n* árabe *adj, m.*

arable /'ærəbəl/ *adj* de cultivo, cultivable.

arbitrary /'ɑːbɪtrərɪ/ *adj* arbitrario -ria.

arbitrate /'ɑːbɪtreɪt/ *vi* arbitrar.

arbitration /ɑːbɪ'treɪʃən/ *n* arbitraje *m.*

arc /ɑːk/ *n* arco *m.*

arcade /ɑː'keɪd/ *n* 1. (*for shopping*) galería *f* (comercial). 2. (*set of arches*) arcada *f.*

arch /ɑːtʃ/ *n* [**-ches**] arco *m.*

archaeologist /ɑːkɪ'ɒlədʒɪst/ *n* arqueólogo -ga *m/f.*

archaeology /ɑːkɪ'ɒlədʒɪ/ *n* arqueo-

logía *f.*

archaic /ɑː'keɪɪk/ *adj* arcaico -ca.

archbishop /ɑːtʃ'bɪʃəp/ *n* arzobispo *m.*

archery /'ɑːtʃərɪ/ *n* tiro *m* al * con arco.

archipelago /ɑːkɪ'peləgəʊ/ *n* [**-gos** * **-goes**] archipiélago *m.*

architect /'ɑːkɪtekt/ *n* arquitecto -ta *m/f.*

architecture /'ɑːkɪtektʃə/ *n* arquitectura *f.*

archives /'ɑːkaɪvz/ *n pl* archivos *m pl.*

Arctic /'ɑːktɪk/ I *adj* ártico -ca: **the Arctic Ocean** el océano (Glacial) Ártico. II *n*: **the Arctic** la región Ártica.

ardent /'ɑːdənt/ *adj* ferviente.

arduous /'ɑːdjʊəs/ *adj* arduo -dua.

are /ɑː/ ⇨ **be.**

area /'eərɪə/ *n* 1. (*size*) área *f*★, superficie *f.* 2. (*region*) zona *f.* 3. (*of research*) campo *m.*

area code *n* prefijo *m.*

arena /ə'riːnə/ *n* (*for sport*) estadio *m*; (*Hist*) arena *f.*

aren't /ɑːnt/ *contracción de* **are not**

Argentina /ɑːdʒən'tiːnə/ *n* Argentina *f.*

Argentinian /ɑːdʒən'tɪnɪən/ *adj, n* argentino -na *adj, m/f.*

arguable /'ɑːgjʊəbəl/ *adj* discutible.

arguably /'ɑːgjʊəblɪ/ *adv*: **this is arguably the worst** podría decirse que ésta es la peor.

argue /'ɑːgjuː/ *vi* 1. (*to disagree*) discutir; (*to row*) pelearse. 2. (*to make a case*): **to argue for sthg** presentar argumentos a favor de algo. ♦ *vt* (*to propose*) alegar, argüir.

argument /'ɑːgjʊmənt/ *n* 1. (*disagreement*) discusión *f* (**about** * **over** sobre); (*row*) pelea *f* (**about** * **over** por). 2. (*line of reasoning*) razonamiento *m*; (*reason*) argumento *m.*

argumentative /ɑːgjʊ'mentətɪv/ *adj* discutidor -dora.

arid /'ærɪd/ *adj* árido -da.

Aries /'eəriːz/ *n* Aries *m.*

arise /ə'raɪz/ *vi* [**arises, arising,**

arose, *pp* **arisen**] (*problem*) surgir; (*occasion*) presentarse.

arisen /əˈrɪzən/ *pp* ⇨ **arise**.

aristocracy /ærɪsˈtɒkrəsɪ/ *n* [**-cies**] aristocracia *f*.

aristocrat /ˈærɪstəkræt/ *n* aristócrata *m/f*.

arithmetic /əˈrɪθmətɪk/ *n* aritmética *f*.

arm /ɑːm/ **I** *n* (*of person, chair*) brazo *m*; (*of spectacles*) patilla *f*. **II arms** *n pl* (*weapons*) armas *f pl*. **III** *vt* armar.

armband *n* (*of cloth*) brazal *m*; (*for swimming*) flotador *m*. **armchair** *n* sillón *m*. **armrest** *n* reposabrazos *m inv*. **arms race** *n* carrera *f* armamentista.

armaments /ˈɑːməmənts/ *n pl* armamentos *m pl*.

armed /ɑːmd/ *adj* armado -da.

armed forces *n pl* fuerzas *f pl* armadas. **armed robbery** *n* robo *m* a mano armada.

armistice /ˈɑːmɪstɪs/ *n* armisticio *m*.

armour, (*US*) **armor** /ˈɑːmə/ *n* armadura *f*.

armour-plated *adj* blindado -da, acorazado -da.

armoured, (*US*) **armored** /ˈɑːməd/ *adj* blindado -da, acorazado -da.

armoured car *n* tanqueta *f*.

armpit /ˈɑːmpɪt/ *n* axila *f*, sobaco *m*.

army /ˈɑːmɪ/ *n* [**-mies**] ejército *m*.

A road /ˈeɪ ˌrəʊd/ *n* carretera *f* nacional.

aroma /əˈrəʊmə/ *n* aroma *m*.

arose /əˈrəʊz/ *pret* ⇨ **arise**.

around /əˈraʊnd/ **I** *adv* 1. (*about a place*): **to have a look around** echar un vistazo; **she's around somewhere** anda por aquí; **pass the photos around** ve pasando las fotos. 2. (*to sbdy's house*): **he asked me around for coffee** me invitó a su casa a tomar café. **II** *prep* 1. (*in a circle*) alrededor de: **we stood around the piano** nos pusimos alrededor del piano; **it's around the corner** está a la vuelta de la esquina. 2. (*in a country, place*) por:

around here por aquí. 3. (*with numbers*) alrededor de.

arouse /əˈraʊz/ *vt* (*gen*) despertar; (*sexually*) excitar.

arrange /əˈreɪndʒ/ *vt* 1. (*a meeting, trip*) organizar; (*an appointment*) concertar. 2. (*furniture, papers*) arreglar, ordenar.

arranged marriage /əreɪndʒd ˈmærɪdʒ/ *n* boda *f* concertada.

arrangement /əˈreɪndʒmənt/ *n* 1. (*plan*) plan *m*: **I made the arrangements** lo organicé yo. 2. (*agreement*) acuerdo *m*, arreglo *m*. 3. (*positioning*) disposición *f*. 4. (*of flowers, music*) arreglo *m*.

array /əˈreɪ/ *n* selección *f*.

arrears /əˈrɪəz/ *n pl* atrasos *m pl*: **I'm in arrears with the rent** voy atrasado en el pago del alquiler.

arrest /əˈrest/ **I** *vt* detener. **II** *n* detención *f*: **he is under arrest** está detenido.

arrival /əˈraɪvəl/ *n* llegada *f*.

arrive /əˈraɪv/ *vi* llegar: **I arrived at the hotel/in Paris** llegué al hotel/a París.

arrogance /ˈærəgəns/ *n* arrogancia *f*.

arrogant /ˈærəgənt/ *adj* arrogante.

arrow /ˈærəʊ/ *n* flecha *f*.

arsenal /ˈɑːsənəl/ *n* arsenal *m*.

arson /ˈɑːsən/ *n*: **arson is suspected** se sospecha que el incendio fue provocado.

art /ɑːt/ **I** *n* arte *m* [usually feminine in plural]. **II arts** *n pl* (*Educ*) letras *f pl*.

art gallery *n* (*commercial*) galería *f* de arte; (*public*) museo *m* de arte.

artefact /ˈɑːtɪfækt/ *n* objeto *m*.

artery /ˈɑːtərɪ/ *n* [**-ries**] arteria *f*.

artful /ˈɑːtfʊl/ *adj* astuto -ta.

arthritis /ɑːˈθraɪtəs/ *n* artritis *f*.

artichoke /ˈɑːtɪtʃəʊk/ *n* alcachofa *f*, (*RP*) alcaucil *m*.

article /ˈɑːtɪkəl/ *n* artículo *m*.

articulate I /ɑːˈtɪkjʊlət/ *adj*: **to be articulate** saber expresarse bien. **II** /ɑːˈtɪkjʊleɪt/ *vt* (*a sound*) articular; (*feelings*) expresar.

articulated lorry /ɑːˈtɪkjʊleɪtɪd ˈlɒrɪ/

n camión *m* articulado.

artificial /ɑ:tɪˈfɪʃəl/ *adj* (*flowers, silk*) artificial; (*smile*) falso -sa.

artificial limb *n* miembro *m* ortopédico. **artificial respiration** *n* respiración *f* artificial.

artillery /ɑ:ˈtɪlərɪ/ *n* artillería *f*.

artist /ˈɑ:tɪst/ *n* artista *m/f*.

artiste /ɑ:ˈti:st/ *n* (*musician, dancer*) artista *m/f*.

artistic /ɑ:ˈtɪstɪk/ *adj* artístico -ca.

as /æz/ I *conj* 1. (*at the moment when*) cuando; (*while*) mientras. 2. (*because, since*) como. 3. (*like*) como. 4. (*in expressions*): **as for** en cuanto a; **as from** a partir de; **as if** ‖ **as though** como si; **as well** también; **as well as** además de; **as yet** hasta ahora. **as it is**: I'm tired enough as it is yo ya estoy bastante cansado. II *prep* (*in the role of, being*) como: **as your friend** como amigo; **as a child** de niño. III *adv*: **as...as** tan...como: **he's as tall as me** es tan alto como yo.

a.s.a.p. /eɪeseɪˈpi:/ = **as soon as possible**.

asbestos /æsˈbestɒs/ *n* amianto *m*.

ascend /əˈsend/ *vt* (*frml: the throne*) ascender a, subir a. ♦ *vi* (*to go up*) ascender, subir.

ascent /əˈsent/ *n* 1. (*of a mountain*) ascenso *m*. 2. (*slope*) cuesta *f*.

ascertain /æsəˈteɪn/ *vt* (*frml*) establecer.

ascribe /əˈskraɪb/ *vt* atribuir (**to** a).

ash /æʃ/ *n* [**ashes**] ceniza *f*.

ashtray /ˈæʃtreɪ/ *n* cenicero *m*.

ashamed /əˈʃeɪmd/ *adj* avergonzado -da (**of** de).

ashore /əˈʃɔ:/ *adv* en tierra: **to go ashore** desembarcar.

Asia /ˈeɪʃə/ *n* Asia *f*★.

Asian /ˈeɪʃən/ *adj, n* asiático -ca *adj, m/f*.

aside /əˈsaɪd/ *adv* 1. (*to one side*) a un lado. 2. **aside from** (*except*) aparte de.

ask /ɑ:sk/ *vt* 1. (*to enquire*) preguntar: **ask how much it is** pregunta cuánto cuesta; **ask Nick** pregúntale

a Nick; **to ask a question** hacer una pregunta. 2. (*to invite*) invitar. 3. (*to request: gen*) pedir: I asked his opinion le pedí su opinión; (*: a person*) pedirle a: I asked Paul to help me le pedí a Paul que me ayudara; **ask him for advice** pídele consejo. ♦ *vi* (*to enquire*) preguntar: **he asked about you** preguntó por ti; I asked about flights to Rome pregunté por los vuelos a Roma.

to ask after *vt* preguntar por. **to ask for** *vt* (*something*) pedir: she asked me for the key me pidió la llave; (*a person*) preguntar por. **to ask out** *vt* invitar a salir.

askew /əˈskju:/ *adj* torcido -da.

asleep /əˈsli:p/ *adj* dormido -da: **to fall asleep** dormirse.

asparagus /əˈspærəgəs/ *n* espárrago *m*.

aspect /ˈæspekt/ *n* aspecto *m*.

aspersion /əˈspɜ:ʃən/ *n*: **to cast aspersions on sthg** poner algo en entredicho.

asphalt /ˈæsfælt/ *n* asfalto *m*.

asphyxiate /æsˈfɪksɪeɪt/ *vt* asfixiar. ♦ *vi* asfixiarse.

asphyxiation /æsfɪksɪˈeɪʃən/ *n* asfixia *f*.

aspiration /æspɪˈreɪʃən/ *n* aspiración *f*.

aspire /əˈspaɪə/ *vi* aspirar (**to** a).

aspirin /ˈæsprɪn/ *n* aspirina *f*.

ass /æs/ *n* [**asses**] 1. (*animal*) asno *m*. 2. (*fam: fool*) imbécil *m/f*. 3. (*US: Anat, !!*) culo *m*.

assailant /əˈseɪlənt/ *n* agresor -sora *m/f*.

assassin /əˈsæsɪn/ *n* asesino -na *m/f*.

assassinate /əˈsæsɪneɪt/ *vt* asesinar.

assassination /əsæsɪˈneɪʃən/ *n* asesinato *m*.

assault /əˈsɔ:lt/ I *n* 1. (*Law*) agresión *f* (**on** a). 2. (*Mil*) asalto *m* (**on** a ✳ contra). II *vt* (*Law*) agredir.

assemble /əˈsembəl/ *vi* (*to gather together*) reunirse. ♦ *vt* 1. (*a kit*) montar, armar; (*Tec*) ensamblar.

2. (*people, data*) reunir.

assembly /ə'semblı/ *n* [-blies]
1. (*meeting*) reunión *f*; (*Educ*)
reunión de todo el alumnado y profesorado; (*Pol*) asamblea *f*. 2. (*of machine*) montaje *m*.

assembly line *n* cadena *f* de montaje.

assent /ə'sent/ I *vi* asentir. II *n* asentimiento *m*.

assert /ə'sɜːt/ *vt* 1. (*to state*) afirmar. 2. (*authority, rights*) hacer valer.

assertion /ə'sɜːʃən/ *n* afirmación *f*.

assertive /ə'sɜːtɪv/ *adj* enérgico -ca, firme.

assess /ə'ses/ *vt* 1. (*a situation*) evaluar. 2. (*value*) calcular; (*property*) tasar.

assessment /ə'sesmənt/ *n* 1. (*of situation*) evaluación *f*. 2. (*of value*) valoración *f*; (*of property*) tasación *f*.

asset /'æset/ I *n* (*benefit*) ventaja *f*; (*Fin*) bien *m*. II **assets** *n pl* (*Fin*) activo *m*.

assiduous /ə'sɪdjʊəs/ *adj* diligente.

assign /ə'saɪn/ *vt* asignar.

assignment /ə'saɪnmənt/ *n* 1. (*Educ*) trabajo *m*. 2. (*mission*) misión *f*.

assimilate /ə'sɪmɪleɪt/ *vt* asimilar.

assist /ə'sɪst/ *vt* ayudar.

assistance /ə'sɪstəns/ *n* ayuda *f*.

assistant /ə'sɪstənt/ *n* 1. (*gen*) ayudante *m/f*; (*in shop*) dependiente -ta *m/f*. 2. (*o* **language assistant**) (*Educ*) lector -tora *m/f*.

associate I /ə'səʊʃɪeɪt/ *vt* asociar: **to be associated with** estar relacionado -da con. ♦ *vi*: **to associate with sbdy** relacionarse con alguien. II /ə'səʊʃɪət/ *n* (*partner*) socio -cia *m/f*; (*colleague*) colega *m/f*.

association /əsəʊsɪ'eɪʃən/ *n* (*gen*) asociación *f*; (*connection*) conexión *f*.

assorted /ə'sɔːtɪd/ *adj* surtido -da.

assortment /ə'sɔːtmənt/ *n* (*of sweets*) surtido *m*; (*of ideas*) variedad *f*.

assume /ə'sjuːm/ *vt* 1. (*to suppose*) suponer. 2. (*power*) tomar; (*responsibility*) asumir.

assumption /ə'sʌmpʃən/ *n* suposición *f*.

assurance /ə'ʃʊərəns/ *n* 1. (*pledge*) garantía *f*. 2. (*confidence*) seguridad *f* en sí mismo -ma. 3. (*insurance*) seguro *m*.

assure /ə'ʃʊə/ *vt* asegurar.

assured /ə'ʃʊəd/ *adj* 1. (*confident*) seguro -ra de sí mismo -ma. 2. (*definite*) seguro -ra.

asterisk /'æstərɪsk/ *n* asterisco *m*.

asteroid /'æstərɔɪd/ *n* asteroide *m*.

asthma /'æsmə/ *n* asma *f*★.

asthmatic /æs'mætɪk/ *adj* asmático -ca.

astonish /ə'stɒnɪʃ/ *vt* dejar helado -da ✱ pasmado -da.

astonished /ə'stɒnɪʃt/ *adj* helado -da, pasmado -da.

astonishing /ə'stɒnɪʃɪŋ/ *adj* asombroso -sa.

astonishment /ə'stɒnɪʃmənt/ *n* gran asombro *m*.

astound /ə'staʊnd/ *vt* dejar pasmado -da.

astounded /ə'staʊndɪd/ *adj* pasmado -da.

astounding /ə'staʊndɪŋ/ *adj* pasmoso -sa.

astray /ə'streɪ/ *adv*: **to go astray** extraviarse; **to lead sbdy astray** llevar a alguien por el mal camino.

astrologer /ə'strɒlədʒə/ *n* astrólogo -ga *m/f*.

astrology /ə'strɒlədʒɪ/ *n* astrología *f*.

astronaut /'æstrənɔːt/ *n* astronauta *m/f*.

astronomer /ə'strɒnəmə/ *n* astrónomo -ma *m/f*.

astronomical /æstrə'nɒmɪkəl/ *adj* astronómico -ca.

astronomy /ə'strɒnəmɪ/ *n* astronomía *f*.

astute /ə'stjuːt/ *adj* listo -ta, inteligente.

asylum /ə'saɪləm/ *n* 1. (*Pol*) asilo *m*. 2. (*hospital*) manicomio *m*.

at /ət/ *prep* 1. (*with places*) en: **at the station** en la estación; **at home** en casa. 2. (*showing time*) a: **at seven o'clock** a las siete. 3. (*with specific* *dates*): **we met at Easter** nos vimos en Semana Santa. **4.** (*with activities*): **they were at lunch** estaban almorzando. **5.** (*with prices, rates*) a: **at five pounds each** a cinco libras cada uno; **at full speed** a toda velocidad; **four at a time** de cuatro en cuatro. **6.** (*with ages*) a: **at eighteen** a los dieciocho años. **7.** (*in the direction of*) a: **she threw a stone at me** me tiró una piedra. **8.** (*because of*): **she was angry at their behaviour** estaba enfadada por su comportamiento.

ate /et, eɪt/ *pret* ⇨ **eat**.

atheist /'eɪθɪɪst/ *n* ateo -tea *m/f*.

Athens /'æθɪnz/ *n* Atenas *f*.

athlete /'æθliːt/ *n* atleta *m/f*.

athlete's foot *n* hongos *m pl*.

athletic /æθ'letɪk/ **I** *adj* atlético -ca. **II athletics** *n* atletismo *m*.

Atlantic /ət'læntɪk/ **I** *adj* del Atlántico, atlántico. **II** *n*: **the Atlantic (Ocean)** el (océano) Atlántico.

atlas /'ætləs/ *n* **[-lases]** atlas *m inv*.

ATM /eɪtiː'em/ *n* (*US*) (= **automated teller machine**) cajero *m* automático.

atmosphere /'ætməsfɪə/ *n* **1.** (*of planet*) atmósfera *f*. **2.** (*of place*) ambiente *m*.

atom /'ætəm/ *n* átomo *m*.

atom bomb *n* bomba *f* atómica.

atomic /ə'tɒmɪk/ *adj* atómico -ca.

A to Z /eɪ tə 'zed/ *n* callejero *m*.

atrocious /ə'trəʊʃəs/ *adj* atroz.

atrocity /ə'trɒsəti/ *n* **[-ties]** atrocidad *f*.

atrophy /'ætrəfi/ *vi* **[atrophies, atrophying, atrophied]** atrofiarse.

attach /ə'tætʃ/ *vt* (*to fasten*) poner; (*with a clip*) sujetar: **the attached form** el formulario adjunto.

attached /ə'tætʃt/ *adj*: **he's very attached to you** te tiene mucho cariño.

attachment /ə'tætʃmənt/ *n* **1.** (*fitting*) accesorio *m*. **2.** (*emotional*) cariño *m*.

attack /ə'tæk/ **I** *vt* (*gen*) atacar; (*to assault*) agredir. **II** *n* **1.** (*gen*) ataque

m (**on** a * contra); (*by terrorists*) atentado *m* (**on** a * contra). **2.** (*Med*) ataque *m*.

attacker /ə'tækə/ *n* agresor -sora *m/f*.

attain /ə'teɪn/ *vt* conseguir.

attempt /ə'tempt/ **I** *vt* intentar. **II** *n* intento *m*.

attempted /ə'temptɪd/ *adj*: **attempted murder** intento de asesinato.

attend /ə'tend/ *vt* asistir a. ♦ *vi* asistir.

to **attend to** *vt* atender a.

attendance /ə'tendəns/ *n* asistencia *f* (**at** a).

attendant /ə'tendənt/ *n* (*at museum*) guarda *m/f*; (*at pool*) encargado -da *m/f*; (*at petrol station*) empleado -da *m/f*.

attention /ə'tenʃən/ *n* atención *f*.

attentive /ə'tentɪv/ *adj* atento -ta.

attentively /ə'tentɪvli/ *adv* con atención.

attest /ə'test/ *vi* (*frml*) dar fe (**to** de).

attic /'ætɪk/ *n* (*for storage*) desván *m*; (*for living in*) buhardilla *f*.

attitude /'ætɪtjuːd/ *n* actitud *f* (**to** * **towards** hacia).

attorney /ə'tɜːni/ *n* abogado -da *m/f*.

attorney general *n*: máximo asesor jurídico del gobierno.

attract /ə'trækt/ *vt* (*gen*) atraer; (*criticism*) suscitar.

attraction /ə'trækʃən/ *n* **1.** (*feeling*) atracción *f*. **2.** (*advantage*) atractivo *m*. **3.** (*at fairground*) atracción *f*.

attractive /ə'træktɪv/ *adj* atractivo -va.

attribute I /ə'trɪbjuːt/ *vt* atribuir (**to** a). **II** /'ætrɪbjuːt/ *n* atributo *m*.

aubergine /'əʊbəʒiːn/ *n* berenjena *f*.

auburn /'ɔːbən/ *adj* color caoba.

auction /'ɔːkʃən/ **I** *n* subasta *f*. **II** *vt* subastar.

auctioneer /ɔːkʃə'nɪə/ *n* subastador -dora *m/f*.

audacious /ɔː'deɪʃəs/ *adj* atrevido -da, audaz.

audacity /ɔː'dæsəti/ *n* **1.** (*bravery*) audacia *f*. **2.** (*cheek*) descaro *m*.

audience /ˈɔːdɪəns/ n 1. (*at play, concert*) público m; (*for TV, radio*) audiencia f. 2. (*meeting*) audiencia f.

audit /ˈɔːdɪt/ I vt auditar. II n auditoría f.

audition /ɔːˈdɪʃən/ I n prueba f. II vi hacer una prueba.

auditor /ˈɔːdɪtə/ n auditor -tora m/f.

auditorium /ɔːdɪˈtɔːrɪəm/ n [-riums * -ria] auditorio m.

augment /ɔːɡˈment/ vt (*frml*) incrementar.

August /ˈɔːɡəst/ n agosto m ⇨ **June.**

aunt /ɑːnt/ n tía f.

auntie, aunty /ˈɑːntɪ/ n (*fam*) tía f.

au pair /əʊ ˈpeə/ n au pair m/f.

auspices /ˈɔːspɪsɪz/ n pl: **under the auspices of** bajo el auspicio de.

auspicious /ɔːˈspɪʃəs/ adj prometedor -dora.

Aussie /ˈɒzɪ/ adj, n (*fam*) australiano -na adj, m/f.

austere /ɔːˈstɪə/ adj austero -ra.

austerity /ɒˈsterətɪ/ n austeridad f.

Australasia /ɒstrəˈleɪzɪə/ n Australasia f.

Australia /ɒˈstreɪlɪə/ n Australia f.

Australian /ɒˈstreɪlɪən/ adj, n australiano -na adj, m/f.

Austria /ˈɒstrɪə/ n Austria f.

Austrian /ˈɒstrɪən/ adj, n austriaco -ca adj, m/f.

authentic /ɔːˈθentɪk/ adj auténtico -ca.

author /ˈɔːθə/ n autor -tora m/f, escritor -tora m/f.

authoritarian /ɔːθɒrɪˈteərɪən/ adj autoritario -ria.

authoritative /ɔːˈθɒrɪtətɪv/ adj autoritario -ria.

authority /ɔːˈθɒrɪtɪ/ I n [-ties] autoridad f. II **authorities** n pl autoridades f pl.

authorize /ˈɔːθəraɪz/ vt autorizar.

autobiography /ɔːtəʊbaɪˈɒɡrəfɪ/ n [-phies] autobiografía f.

autocratic /ɔːtəʊˈkrætɪk/ adj autocrático -ca.

autograph /ˈɔːtəɡrɑːf/ I n autógrafo m. II vt firmar.

automatic /ɔːtəˈmætɪk/ I adj auto-

mático -ca. II n 1. (*car*) coche m automático. 2. (*gun*) pistola f automática.

automation /ɔːtəˈmeɪʃən/ n automatización f.

automobile /ˈɔːtəməʊbiːl/ n (*US*) automóvil m.

autonomous /ɔːˈtɒnəməs/ adj autónomo -ma.

autonomy /ɔːˈtɒnəmɪ/ n autonomía f.

autopsy /ˈɔːtɒpsɪ/ n [-sies] autopsia f.

autumn /ˈɔːtəm/ n otoño m.

auxiliary /ɔːɡˈzɪlɪərɪ/ adj auxiliar.

avail /əˈveɪl/ (*frml*) I vt: **to avail oneself of sthg** aprovechar algo. II n: **it was to no avail** fue inútil * en vano.

availability /əveɪləˈbɪlətɪ/ n disponibilidad f.

available /əˈveɪləbəl/ adj 1. (*able to be used*) disponible. 2. (*free*) libre.

avalanche /ˈævəlɑːnʃ/ n avalancha f, alud m.

avant-garde /ævɒŋˈɡɑːd/ adj de vanguardia.

avarice /ˈævərɪs/ n avaricia f.

Ave /ˈævənjuː/ n (= **Avenue**) Avda.

avenge /əˈvendʒ/ vt vengar.

avenue /ˈævənjuː/ n 1. (*street*) avenida f; (*with trees*) paseo m. 2. (*possibility*) posibilidad f.

average /ˈævərɪdʒ/ I adj 1. (*number*) medio -dia. 2. (*ordinary*) regular. II n media f, promedio m: **above/below average** por encima de/por debajo de la media; **on average** como promedio. III vt: **we averaged thirty miles a day** hicimos una media de treinta millas por día.

aversion /əˈvɜːʃən/ n aversión f.

avert /əˈvɜːt/ vt 1. (*to prevent*) evitar. 2. (*a gaze, eyes*) apartar.

aviary /ˈeɪvɪərɪ/ n [-ries] pajarera f.

aviation /eɪvɪˈeɪʃən/ n aviación f.

avid /ˈævɪd/ adj ávido -da.

avidly /ˈævɪdlɪ/ adv con avidez.

avocado /ævəˈkɑːdəʊ/ n (*o* **avocado pear**) aguacate m, (*Amér S*) palta f.

avoid /əˈvɔɪd/ vt (*gen*) evitar; (*to*

dodge) esquivar.

await /əˈweɪt/ *vt* esperar.

awake /əˈweɪk/ I *adj* despierto -ta. II *vi* [**awakes, awaking, awoke,** *pp* **awoken**] despertar.

award /əˈwɔːd/ I *n* 1. (*prize*) premio *m*, galardón *m*. 2. (*Law*) indemnización *f*. II *vt* (*a prize, medal*) conceder; (*a contract, damages*) adjudicar.

aware /əˈweə/ *adj* (*conscious*) consciente (**of** de); (*informed*): **people became aware of the problem** la gente tomó una mayor conciencia del problema.

awareness /əˈweənəs/ *n* conciencia *f*.

away /əˈweɪ/ *adv* 1. (*with verbs of movement*): **she moved away from him** se alejó de él; **he walked away** se alejó. 2. (*not at home, work*) fuera; (*Sport*) fuera (de casa). 3. (*in time*): **the competition is still a month away** todavía falta un mes para el concurso. 4. (*in distance*): **it's six miles away** está ✳ queda a seis millas. 5. (*to the end*): **the candle burned away** la vela se consumió. 6. (*continuously*): **we chatted away all night** no dejamos de hablar en toda la noche.

awe /ɔː/ *n* (*wonder*) admiración *f*; (*fear*) sobrecogimiento *m*.

awe-inspiring *adj* impresionante.

awesome /ˈɔːsəm/ *adj* impresionante.

awful /ˈɔːfʊl/ *adj* 1. (*weather, experience*) espantoso -sa. 2. (*very great*): **an awful lot of money** muchísimo dinero.

awfully /ˈɔːfʊli/ *adv* muy.

awkward /ˈɔːkwəd/ *adj* 1. (*uncomfortable*) violento -ta, incómodo -da: **he felt awkward** se sentía incómodo. 2. (*difficult: person, situation*) difícil; (:*place to reach*) incómodo -da. 3. (*shy*) vergonzoso -sa.

awning /ˈɔːnɪŋ/ *n* toldo *m*.

awoke /əˈwəʊk/ *pret* ⇨ **awake.**

awoken /əˈwəʊkən/ *pp* ⇨ **awake.**

awry /əˈraɪ/ I *adj* torcido -da. II *adv*:

to go awry salir mal.

axe, (*US*) **ax** /æks/ I *n* hacha *f* ★. II *vt* 1. (*to reduce*) recortar. 2. (*to eliminate*) suprimir.

axis /ˈæksɪs/ *n* [**axes**] (*Maths*) eje *m*.

axle /ˈæksəl/ *n* (*of car*) eje *m*.

aye /aɪ/ *adv* (*frml*) sí.

Aztec /ˈæztek/ *adj, n* azteca *adj, m/f.*

B /biː/ *n* (*Educ*) segunda nota (*siendo la A la más alta*).

BA /biːˈeɪ/ *n* = **Bachelor of Arts.**

babble /ˈbæbəl/ *vi* (*gen*) farfullar; (*baby*) balbucear.

baboon /bəˈbuːn/ *n* babuino *m*.

baby /ˈbeɪbi/ *n* [**-bies**] 1. (*child*) bebé *m*, niño -ña *m/f.* 2. (*youngest person*) benjamín -mina *m/f.* 3. (*Zool*) cría *f*.

baby carriage *n* (*US*) cochecito *m* (de niño). **baby-sit** *vi* [**-sits, -sitting, -sat**] hacer de canguro, cuidar niños. **baby-sitter** *n* canguro *m/f.*

babyish /ˈbeɪbɪʃ/ *adj* infantil.

bachelor /ˈbætʃələ/ *n* soltero *m*.

Bachelor of Arts/Science *n* licenciado -da *m/f* en Filosofía y Letras/en Ciencias.

back /bæk/ I *n* 1. (*of person*) espalda *f* ● **behind my back** a mis espaldas. 2. (*Zool*) lomo *m*. 3. (*of object*) parte *f* de atrás; (*of hand, cheque*) dorso *m* ● **back to front** al revés. 4. (*of house, room, bus*) fondo *m*; (*in car*): **to sit in the back** sentarse atrás ✳ en el asiento trasero. 5. (*of chair*) respaldo *m*. 6. (*of book*) final *m*. 7. (*Sport*) zaguero -ra *m/f.* II *adv*

1. (*backwards*) hacia atrás. 2. (*indicating returning*): **are you back already?** ¿ya estás de vuelta? 3. (*in turn*): **I hit her back** le devolví el golpe. 4. (*with dates*): **back in the sixties** allá por los (años) sesenta. **III** *adj* de atrás: **the back seat** el asiento de atrás; **the back door** la puerta trasera ✳ de atrás. **IV in back of** *prep* (*US*) detrás de ⇨ **behind I,1. V** *vt* **1.** (*a car*): **she backed the car into the garage** entró al garaje dando marcha atrás. **2.** (*in betting*) apostar por. **3.** (*to support: gen*) respaldar, apoyar; (:*financially*) financiar.

to **back away** *vi* retroceder. *to* **back down** *vi* ceder. *to* **back off** *vi* retroceder. *to* **back out** *vi* echarse atrás. *to* **back up** *vi* **1.** (*in car*) dar marcha atrás. **2.** (*Inform*) hacer una copia de seguridad. ♦ *vt* apoyar, respaldar.

backache *n* dolor *m* de espalda. **backbencher** *n* diputado -da *m/f* (*sin ningún cargo en el gobierno ni en el gabinete fantasma*). **backbone** *n* columna *f* vertebral. **backdrop** *n* telón *m* de fondo. **backfire** *vi* **1.** (*car*) petardear. **2.** (*plan*): **it backfired on him** le salió el tiro por la culata. **backhand** *n* revés *m*. **backlash** *n* reacción *f* violenta. **backlog** *n* trabajo *m* atrasado. **backpack** *n* mochila *f*. **back pay** *n* atrasos *m pl*. **backside** *n* (*fam*) trasero *m*. **backstage** *adv* entre bastidores. **backstreet** *n* calle *f* poco importante. **backstroke** *n* (estilo *m*) espalda *f*. **backtrack** *vi* dar marcha atrás. **backup** *n* **1.** (*Inform*) copia *f* de seguridad. **2.** (*support*) respaldo *m*. **backyard** *n* (*paved*) patio *m* (trasero); (*US: with lawn*) jardín *m* (trasero).

backer /'bækə/ *n* **1.** (*Fin*) patrocinador -dora *m/f*. **2.** (*of policy*) partidario -ria *m/f*.

background /'bækgraʊnd/ *n* **1.** (*of picture*) fondo *m*. **2.** (*to events*) antecedentes *m pl*. **3.** (*of person*) orígenes *m pl*. **4.** (*Educ*) formación *f*.

background information *n* información *f* general. **background music** *n* música *f* de fondo.

backing /'bækɪŋ/ *n* (*gen*) respaldo *m*, apoyo *m*; (*Fin*) respaldo *m* económico.

backing group *n* acompañantes *m pl*.

backward /'bækwəd/ **I** *adj* **1.** (*glance, movement*) hacia atrás. **2.** (*place*) atrasado -da. **3.** (*person*) retrasado -da. **II** *adv* (*o* **backwards**) **1.** (*back to front*) al revés. **2.** (*to move*) hacia atrás.

bacon /'beɪkən/ *n* bacon *m*, (*Amér L*) tocino *m*.

bacteria /bæk'tɪərɪə/ *n pl* bacterias *f pl*.

bad /bæd/ *adj* [**worse, worst**] **1.** (*gen*) malo -la [**mal** before masc. sing. nouns]: **a bad book** un libro malo ✳ un mal libro; **a bad film** una mala película; **the movie/trip wasn't bad** la película/el viaje no estuvo mal ● **too bad** mala suerte. **2.** (*unskilful*): **he's bad at French** se le da mal el francés. **3.** (*severe*): **a bad attack of flu** una gripe bastante fuerte. **4.** (*rotten*) podrido -da.

bad debt *n* deuda *f* incobrable. **bad-mannered** *adj* maleducado -da. **bad-tempered** *adj* **1.** (*in a bad mood*) de mal humor. **2.** (*easily angered*): **he's very bad-tempered** tiene muy mal genio.

baddy /'bædɪ/ *n* [**-dies**] (*fam*) malo *m*.

badge /bædʒ/ *n* (*of school, society*) insignia *f*; (*round, metal*) chapa *f*.

badger /'bædʒə/ **I** *n* tejón *m*. **II** *vt* darle la lata con (**about** con).

badly /'bædlɪ/ *adv* [**worse, worst**] **1.** (*poorly, unsuccessfully*) mal. **2.** (*seriously*) gravemente. **3.** (*a lot*): **she badly needs the money** le hace mucha falta el dinero.

badminton /'bædmɪntən/ *n* bádminton *m*.

baffle /'bæfəl/ *vt* desconcertar.

bag /bæg/ **I** *n* **1.** (*gen*) bolsa *f*; (*handbag*) bolso *m*, (*Amér S*) cartera *f*,

(*Méx*) bolsa *f* • **she packed her bags** hizo las maletas. **2.** (*fam: woman*) bruja *f*. **II bags** *n pl* (*under eyes*) bolsas *f pl*.

baggage /'bægɪdʒ/ *n* equipaje *m*.

baggage rack *n* rejilla *f*. **baggage room** *n* (*US*) consigna *f*.

baggy /'bægɪ/ *adj* [**-gier, -giest**] ancho -cha.

bagpipes /'bægpaɪps/ *n pl* gaita *f*.

bail /beɪl/ *n* fianza *f* • **on bail** bajo fianza.

to bail out *vt* (*Law*) pagarle la fianza a; (*of problem*) sacar de apuros. Otros usos ➪ **bale out**.

bait /beɪt/ **I** *n* cebo *m*, carnada *f*. **II** *vt* provocar.

bake /beɪk/ *vt* hacer (*al horno*). ♦ *vi* cocerse (*al horno*).

baked beans /beɪkt 'biːnz/ *n pl* alubias *f pl* en salsa de tomate.

baked potato /beɪkt pə'teɪtəʊ/ *n* patata *f* ✳ (*Amér L*) papa *f* asada.

baker /'beɪkə/ *n* panadero -ra *m/f*: **at the baker's** en la panadería.

bakery /'beɪkərɪ/ *n* [**-ries**] panadería *f*.

baking /'beɪkɪŋ/ *adj*: **it's baking hot** hace un calor achicharrante.

baking powder *n* polvo *m* Royal®.

balaclava /bælə'klɑːvə/ *n* pasamontañas *m inv*.

balance /'bæləns/ **I** *n* **1.** (*stability*) equilibrio *m*. **2.** (*Fin*) saldo *m*. **II** *vi* **1.** (*person*) mantenerse en equilibrio. **2.** (*Fin*) cuadrar. ♦ *vt* **1.** (*an object*) mantener en equilibrio. **2.** (*Fin*): **to balance the books** hacer balance (de cuentas).

balanced /'bælənst/ *adj* (*diet*) equilibrado -da; (*view*) imparcial.

balcony /'bælkənɪ/ *n* [**-nies**] **1.** (*in house*) balcón *m*. **2.** (*in theatre: upper floor*) galería *f*; (*US : circle*) anfiteatro *m*.

bald /bɔːld/ *adj* **1.** (*person*) calvo -va. **2.** (*tyre*) desgastado -da. **3.** (*statement*) sucinto -ta.

bald patch *n* calva *f*.

baldness /'bɔːldnəs/ *n* calvicie *f*.

bale /beɪl/ *n* bala *f*.

to bale out *vt* (*water*) achicar. ♦ *vi* **1.** (*in boat*) achicar el agua. **2.** (*from plane*) lanzarse en paracaídas.

Balearics /bælɪ'ærɪks/ *n pl* (*o* **Balearic Islands**) (islas *f pl*) Baleares *f pl*.

Balkan /'bɔːlkən/ **I** *adj* balcánico -ca. **II the Balkans** *n pl* (*o* **the Balkan States**) los Balcanes.

ball /bɔːl/ **I** *n* **1.** (*gen*) pelota *f*; (*for football*) balón *m*, pelota *f*; (*for snooker*) bola *f* • **on the ball** espabilado -da. **2.** (*of wool*) ovillo *m*. **3.** (*dance*) baile *m*. **II balls** *n pl* (*!!!: testicles*) huevos *m pl*, (*Amér L*) bolas *f pl*.

ballad /'bæləd/ *n* balada *f*.

ballerina /bælə'riːnə/ *n* bailarina *f* (*de ballet*).

ballet /'bæleɪ/ *n* ballet *m*.

ballet dancer *n* bailarín -rina *m/f* (de ballet).

balloon /bə'luːn/ *n* globo *m*.

ballot /'bælət/ *n* votación *f*.

ballot box *n* urna *f* electoral. **ballot paper** *n* papeleta *f*.

ballpoint /'bɔːlpɔɪnt/ *n* bolígrafo *m*, (*RP*) birome *f*.

ballroom /'bɔːlrʊm/ *n* salón *m* de baile.

ballroom dancing *n* baile *m* de salón.

Baltic /'bɔːltɪk/ **I** *adj* báltico -ca. **II the Baltic (Sea)** *n* el (mar) Báltico.

bamboo /bæm'buː/ *n* bambú *m*.

ban /bæn/ **I** *vt* [**bans, banning, banned**] prohibir: **he was banned from the club** le prohibieron la entrada al club. **II** *n* prohibición *f*.

banal /bə'nɑːl/ *adj* banal.

banana /bə'nɑːnə/ *n* plátano *m*, banana *f*.

band /bænd/ *n* **1.** (*of criminals*) banda *f*. **2.** (*Mus*) banda *f*. **3.** (*stripe*) franja *f*. **4.** (*of fabric*) tira *f*, banda *f*. **5.** (*on radio*) frecuencia *f*.

bandstand *n*: quiosco para actuaciones musicales. **bandwagon** *n*: **to jump on the bandwagon** subirse al carro.

bandage /'bændɪdʒ/ **I** *n* venda *f*. **II** *vt* vendar.

BandAid® /'bændeɪd/ n tirita® f, (*Amér L*) curita® f.

bandit /'bændɪt/ n bandido -da m/f.

bandy /'bændɪ/ adj [**-dier, -diest**] patizambo -ba.

bane /beɪn/ n: **it's the bane of my life** es mi cruz.

bang /bæŋ/ I vt 1. (*to make a noise*): **she banged the door** dio un portazo; **he banged his fist on the desk** dio un puñetazo en la mesa. 2. (*one's head*) darse un golpe en. ♦ vi dar golpes (**on** a): **to bang into sthg** chocar con * contra algo. II n 1. (*noise: gen*): **it fell over with a bang** ¡pum! cayó al suelo; (*:explosion*) estallido m. 2. (*blow*) golpe m. III **bangs** n pl (*US: fringe*) flequillo m.

banger /'bæŋə/ n 1. (*firework*) petardo m. 2. (*fam: sausage*) salchicha f. 3. (*fam: car*) carraca f.

bangle /'bæŋgəl/ n brazalete m.

banish /'bænɪʃ/ vt (*a person*) desterrar; (*a thought*) borrar.

banister /'bænɪstə/ n, **banisters** /'bænɪstəz/ n pl barandilla f, pasamanos m inv.

banjo /'bændʒəʊ/ n banjo m.

bank /bæŋk/ n 1. (*Fin*) banco m. 2. (*of river*) orilla f. 3. (*of earth*) terraplén m.

to **bank on** vt contar con.

bank account n cuenta f bancaria. **bank draft** n cheque m bancario. **bank holiday** n día m festivo. **bank manager** n director -tora m/f de banco. **banknote** n billete m de banco. **bank statement** n extracto m * estado m de cuenta.

banker /'bæŋkə/ n banquero -ra m/f.

bankrupt /'bæŋkrʌpt/ I adj en bancarrota: **to go bankrupt** quebrar. II vt (*a company*) hacer quebrar; (*a person*) arruinar.

bankruptcy /'bæŋkrʌptsɪ/ n [**-cies**] (*of company*) quiebra f; (*of person*) bancarrota f.

banner /'bænə/ n estandarte m.

banns /bænz/ n pl amonestaciones f pl.

banquet /'bæŋkwɪt/ n banquete m.

banter /'bæntə/ n bromas f pl.

baptism /'bæptɪzəm/ n (*sacrament*) bautismo m; (*occasion*) bautizo m.

baptize /bæp'taɪz/ vt bautizar.

bar /bɑː/ I n 1. (*place*) bar m; (*counter*) barra f. 2. (*of chocolate*) tableta f; (*of soap*) pastilla f. 3. (*of cage*) barrote m; (*on door*) tranca f ● **to be behind bars** estar entre rejas. 4. (*in gymnastics*) barra f; (*in high jump*) listón m. 5. (*in music*) compás m. 6. **the Bar** (*profession*) la abogacía; (*lawyers*) el cuerpo de abogados. II vt [**bars, barring, barred**] 1. (*to prohibit*) prohibir. 2. (*a door*) atrancar. 3. (*to obstruct*): **he barred my way** me impidió el paso. III prep excepto, salvo.

bar code n código m de barras. **barmaid** n camarera f. **barman** n camarero m, barman m.

barbarian /bɑː'beərɪən/ n bárbaro -ra m/f.

barbaric /bɑː'bærɪk/ adj brutal, bárbaro -ra.

barbecue /'bɑːbɪkjuː/ I n barbacoa f. II vt asar a la parrilla.

barbed /bɑːbd/ adj (*remark*) mordaz.

barbed wire n alambre m de púa * de espino.

barber /'bɑːbə/ n barbero m: **at the barber's** en la barbería.

barbershop n (*US*) barbería f.

bare /beə/ adj 1. (*person, walls*) desnudo -da; (*wire*) pelado -da. 2. (*empty*) vacío -cía.

bareback adv a pelo. **barefoot** adj descalzo -za.

barely /'beəlɪ/ adv apenas.

bargain /'bɑːgən/ I n 1. (*deal*) trato m. 2. (*cheap buy*) ganga f. II vi (*to negotiate*) negociar; (*to haggle*) regatear.

barge /bɑːdʒ/ n gabarra f.

to **barge in** vi irrumpir.

bark /bɑːk/ I vi ladrar. II n 1. (*of dog*) ladrido m. 2. (*of tree*) corteza f.

barking /'bɑːkɪŋ/ n ladridos m pl.

barley /'bɑːlɪ/ n cebada f.

barn /bɑːn/ n (for hay, grain) granero m; (for animals) establo m.

barnacle /'bɑːnəkəl/ n percebe m.

barometer /bə'rɒmɪtə/ n barómetro m.

baron /'bærən/ n (nobleman) barón m; (Fin) magnate m.

baroness /'bærənes/ n [-nesses] baronesa f.

baroque /bə'rɒk/ adj barroco -ca.

barracks /'bærəks/ n inv cuartel m.

barrage /'bærɑːdʒ/ n 1. (dam) presa f. 2. (Mil) descarga f de artillería. 3. (of complaints) aluvión m.

barrel /'bærəl/ n 1. (for beer, oil) barril m; (for wine) tonel m. 2. (of gun) cañón m.

barren /'bærən/ adj estéril.

barrette /bə'ret/ n pasador m.

barricade /'bærɪ'keɪd/ n barricada f.

barrier /'bærɪə/ n barrera f.

barring /'bɑːrɪŋ/ prep salvo.

barrister /'bærɪstə/ n abogado -da m/f.

barrow /'bærəu/ n carretilla f.

bartender /'bɑːtendə/ n (US: man) camarero m, barman m; (: woman) camarera f.

barter /'bɑːtə/ vt canjear, trocar. ♦ vi hacer trueque.

base /beɪs/ I n base f. II vt 1. (firm): **they are based in Japan** tienen su sede en Japón. 2. (to use as basis) basar (**on** en).

baseboard n (US) zócalo m, rodapié m.

baseball /'beɪsbɔːl/ n (game) béisbol m; (ball) pelota f de béisbol.

basement /'beɪsmənt/ n sótano m.

bash /bæʃ/ (fam) I vt golpear. ♦ vi: **to bash into sthg** chocar con ✳ contra algo. II n [-shes] mamporro m.

bashful /'bæʃful/ adj tímido -da.

basic /'beɪsɪk/ I adj 1. (fundamental) básico -ca. 2. (hotel, room) sin ningún tipo de lujos. II **basics** n pl lo básico, lo elemental: **you need to know the basics** necesitas unos conocimientos básicos.

basil /'bæzəl/ n albahaca f.

basin /'beɪsən/ n 1. (sink) lavabo m. 2. (bowl) cuenco m, tazón m. 3. (Geog) cuenca f.

basis /'beɪsɪs/ n [bases] 1. (foundation) base f, fundamento m. 2. (system): **on an hourly basis** por horas; **on a regular basis** regularmente.

basket /'bɑːskɪt/ n (gen) cesta f, (Amér L) canasta f; (for laundry) cesto m, (Amér L) canasto m.

basketball /'bɑːskɪtbɔːl/ n (game) baloncesto m, (Amér L) básquetbol m; (ball) pelota f de baloncesto ✳ (Amér L) básquetbol.

Basque /bɑːsk/ I adj vasco -ca: **the Basque Country** Euskadi ‖ el País Vasco. II n vasco -ca m/f; (Ling) vasco m, euskera m.

bass I /beɪs/ adj de bajo. II n [basses] 1. /beɪs/ (guitar, voice) bajo m; (o double bass) contrabajo m; (on hi-fi) graves m pl. 2. /bæs/ (Zool) lubina f.

bassoon /bə'suːn/ n fagot m.

bastard /'bɑːstəd/ n 1. (illegitimate child) bastardo -da m/f. 2. (!!!: as insult) cabrón m.

baste /beɪst/ vt: rociar con su propio jugo durante la cocción.

bastion /'bæstɪən/ n bastión m.

bat /bæt/ I n 1. (in baseball, cricket) bate m; (for table tennis) pala f, paleta f. 2. (animal) murciélago m. II vi [bats, batting, batted] batear.

batch /bætʃ/ n [-ches] (of products) lote m; (of bread, cakes) hornada f; (of people) grupo m, tanda f.

bated /'beɪtɪd/ adj: **he waited with bated breath** esperaba ansioso.

bath /bɑːθ/ I n 1. (process) baño m: **to have a bath** bañarse. 2. (tub) bañera f, (Amér L) tina f, (RP) bañadera f. II **baths** n pl piscina f (pública), (Méx) alberca f (pública), (RP) pileta f (pública). III vt bañar. ♦ vi bañarse.

bathrobe n albornoz m. **bathtub** n (US) ⇨ **bath 1,2**

bathe /beɪð/ vi 1. (to swim) bañarse. 2. (US: to have a bath) bañarse. ♦ vt (to clean) lavar.

bathroom /'bɑ:θrʊm/ n 1. (*room with bath*) (cuarto m de) baño m. 2. (*US: toilet*) baño m.

baton /'bætən/ n (*Mus*) batuta f; (*truncheon*) (cachi)porra f; (*Sport*) testigo m.

batsman /'bætsmən/ n bateador -dora m/f.

battalion /bə'tælɪən/ n batallón m.

batter /'bætə/ I vt/i golpear: **we battered the door down** tiramos la puerta abajo. II n 1. (*for pancakes*) masa f; (*for fish*) pasta f (para rebozar). 2. (*in baseball*) bateador -dora m/f.

battered /'bætəd/ adj 1. (*person*) maltratado -da. 2. (*object*) estropeado -da. 3. (*food*) rebozado -da.

battery /'bætərɪ/ n [-ries] (*for torch, radio*) pila f; (*for car*) batería f.

battery hen n gallina f de batería.

battle /'bætəl/ I n (*Mil*) batalla f; (*struggle*) lucha f (**for** por). II vi luchar (**against** contra; **for** por).

battlefield, **battleground** n campo m de batalla. **battleship** n acorazado m.

battlements /'bætəlmənts/ n pl almenas f pl.

bawdy /'bɔːdɪ/ adj [-dier, -diest] subido -da de tono.

bawl /bɔːl/ vi (*to shout*) gritar, chillar: **he bawled at me** me gritó; (*to cry*) llorar. ◆ vt gritar.

bay /beɪ/ n bahía f.

bay leaf n hoja f de laurel. **Bay of Biscay** n golfo m de Vizcaya. **bay window** n ventana f salediza.

bayonet /'beɪənet/ n bayoneta f.

bazaar /bə'zɑː/ n (*market*) bazar m; (*fête*) venta f benéfica.

B & B /bi: ənd 'bi:/ n = **bed and breakfast**.

BBC /bi:bi:'si:/ n = **British Broadcasting Corporation**.

BC /bi:'si:/ (= **before Christ**) a. de C.

be /bi/ [*presente* I am, you/we/they **are**, he/she/it **is**; *gerundio* **being**; *pret* I/he/she/it **was**, you/we/they **were**; *pp* **been**] I vi 1. (*with time*) ser: **it is 3 o'clock** son las tres.

2. (*with location*) estar: **it's on the table** está en la mesa. 3. (*after have*) I **have never been to Bath** nunca he estado en Bath. 4. (*with health*) estar: **how are you?** ¿cómo estás? 5. (*with age*): **how old are you?** ¿cuántos años tienes? 6. (*with hunger, thirst*) tener: **I'm hungry** tengo hambre. 7. (*with emotions*): **she was furious/sad** estaba furiosa/triste; **it was very sad** fue muy triste. 8. (*with characteristics, origin, occupation*) ser: **isn't he tall!** ¡qué alto es!; **she's American** es americana; **it's from Peru** es de Perú; **she's a surgeon** es cirujana. 9. (*with material*) ser de: **it's plastic** es de plástico. 10. (*with states*) estar: **the box was empty** la caja estaba vacía; **I'm tired** estoy cansada. 11. (*with weather*): **it's hot/cold today** hace calor/frío hoy; **it's windy** hace viento. 12. (*with marital status: gen*) estar: **she's married to my cousin** está casada con mi primo; (: *in official context*) ser: **are you married or single?** ¿es usted casado o soltero? 13. (*with cost*): **how much is that dress?** ¿cuánto cuesta ese vestido?; **they are 90p a kilo** están a 90p el kilo. 14. (*to exist*) haber: **there is a park near here** hay un parque cerca de aquí.

II v aux 1. (*in the continuous*) estar: **he was painting** estaba pintando; (*referring to the future*): **are you going out tonight?** ¿vas a salir esta noche? 2. (*in passive*) [Spanish avoids passives with *ser*] ser: **it was built in 1899** se construyó en 1899; **my bed hasn't been made** no me han hecho la cama. 3. (*with arrangements*): **they were to leave the next day** al día siguiente se iban. 4. (*expressing obligation*) deber, tener que: **you are to go now** tienes que ∗ debes irte ahora mismo. 5. (*in questions*): **you're Ann, aren't you?** eres Ann, ¿no? ∗ ¿verdad?

beach /bi:tʃ/ n [-ches] playa f.

beacon /'bi:kən/ n aerofaro m.

bead /biːd/ n (on necklace) cuenta f; (of sweat) gota f.

beak /biːk/ n pico m.

beaker /'biːkə/ n vaso m (alto).

beam /biːm/ I n 1. (of wood) viga f. 2. (of light) rayo m; (on car): **full ∗ main beam** las luces largas. 3. (in gymnastics) barra f fija. II vi 1. (to smile) sonreír abiertamente: **he beamed at us** nos miró con una sonrisa radiante. 2. (to shine) brillar. ♦ vt transmitir.

bean /biːn/ n 1. (pulse) alubia f, judía f, (Amér L) frijol m, fríjol m, (Sur) poroto m; (green bean) judía f verde, (Amér C, Méx) ejote m, (RP) chaucha f. 2. (of coffee, cocoa) grano m.

bear /beə/ I n (animal) oso m. II vt [bears, bearing, bore, pp borne] 1. (to carry) portar, llevar. 2. (to show) llevar. 3. (a resemblance, relation) guardar, tener. 4. (a weight) aguantar, resistir. 5. (cost) correr con. 6. (to endure) soportar: **I can't bear him** no lo soporto. ♦ vi (to turn) torcer, girar.

to bear out vt corroborar, confirmar.

to bear up vi: **he's bearing up well** lo lleva bien. **to bear with** vt tener paciencia con.

beard /biəd/ n barba f.

bearer /'beərə/ n (gen) portador -dora m/f, (of passport) titular m/f.

bearing /'beəriŋ/ I n 1. (of person) porte m. 2. (relationship) relación f. II **bearings** n pl (direction) orientación f.

beast /biːst/ n bestia f.

beat /biːt/ I vt [beats, beating, beat, pp beaten] 1. (to defeat) ganarle a; (a record) batir ● **it beats me!** no logro entenderlo. 2. (to hit) pegarle a; (a drum) tocar. 3. (to whisk) batir. ♦ vi (heart) latir. II n 1. (of heart) latido m; (of music) ritmo m; (of drum) redoble m. 2. (of police) ronda f.

to beat down vi (sun) caer a plomo; (rain) caer con fuerza. ♦ vt (a door) tirar abajo. **to beat off** vt rechazar. **to beat up** vt darle una paliza a.

beaten /'biːtən/ pp ⇨ **beat**.

beating /'biːtiŋ/ n paliza f.

beautician /bjuː'tiʃən/ n esteticista m/f.

beautiful /'bjuːtəful/ adj (gen) precioso -sa; (child) guapísimo -ma: **a beautiful woman** una mujer hermosa.

beauty /'bjuːti/ n [-ties] belleza f.

beauty contest ∗ (US) **pageant** n concurso m de belleza. **beauty spot** n lugar m pintoresco.

beaver /'biːvə/ n castor m.

became /bi'keim/ pret ⇨ **become**.

because /bi'kɒz/ I conj porque. II **because of** prep debido a, a causa de.

beck /bek/ n: **he is at their beck and call** está siempre a su disposición.

beckon /'bekən/ vi hacer señas.

become /bi'kʌm/ vi [becomes, becoming, became, pp become] 1. (+ noun) hacerse: **he became a journalist** se hizo periodista; **she became leader of the party** se convirtió en el líder del partido. 2. (+ adj) ponerse: **she became very angry** se puso furiosa; **they became rich** se enriquecieron. ♦ vt (frml: colours, clothes) favorecer.

to become of vt: **I wonder what became of him** me pregunto qué habrá sido de él.

bed /bed/ n 1. (for sleeping) cama f. 2. (of river) lecho m; (of sea) fondo m. 3. (layer) capa f. 4. (in garden) macizo m.

bed and breakfast n: alojamiento con desayuno. **bedclothes** n pl ropa f de cama. **bedsit, bedsitter** n: alojamiento de una habitación, generalmente compartiendo la cocina y el cuarto de baño. **bedspread** n colcha f, cubrecama m. **bedtime** n hora f de acostarse.

bedding /'bediŋ/ n ropa f de cama.

bedlam /'bedləm/ n: **it was bedlam** había una confusión total.

bedroom /'bedrum/ n dormitorio m, habitación f.

bedside /'bedsaɪd/ n: **he stayed at her bedside** permaneció junto a su lecho.

bedside table n mesilla f de noche.

bee /biː/ n abeja f.

beehive n colmena f. **beeline** n: **he made a beeline for the bar** se fue derecho a la barra.

beech /biːtʃ/ n [-ches] haya f.

beef /biːf/ n (carne f de) ternera f, (Méx) carne f de vaca, (RP) carne f de res.

beefburger n hamburguesa f.

been /biːn/ pp ⇨ **be**.

beer /bɪə/ n cerveza f.

beeswax /'biːzwæks/ n cera f de abeja.

beet /biːt/ n 1. (sugar beet) remolacha f azucarera. 2. (US: beetroot) remolacha f.

beetle /'biːtəl/ n escarabajo m.

beetroot /'biːtruːt/ n remolacha f.

before /bɪ'fɔː/ I prep 1. (previous to) antes de: **before the party** antes de la fiesta; **before swimming** antes de bañarse; **the month before last** hace dos meses; (+ pronoun) antes que: **they arrived before me** llegaron antes que yo. 2. (frml: in front of) ante. II conj (same subject in subord clauses) antes de [+ inf]: **he wrote to us before he died** nos escribió antes de morir; (different subject) antes de que [+ subj]: **I'll call her before she goes out** la voy a llamar antes de que salga. III adv antes.

beforehand /bɪ'fɔːhænd/ adv de antemano, antes.

befriend /bɪ'frend/ vt (frml) hacerse amigo -ga de.

beg /beg/ vi [begs, begging, begged] (to plead): **I begged for their help** les rogué que me ayudaran; **they begged for mercy** imploraron clemencia; (for money) pedir limosna, mendigar. ♦ vt rogarle a, suplicarle a.

began /bɪ'gæn/ pret ⇨ **begin**.

beggar /'begə/ n mendigo -ga m/f.

begin /bɪ'gɪn/ vt/i [begins, beginning, began, pp begun] empezar,

comenzar: **to begin reading** ‖ **to begin to read** empezar a leer.

beginner /bɪ'gɪnə/ n principiante -ta m/f.

beginning /bɪ'gɪnɪŋ/ n principio m, comienzo m: **at the beginning of May** a principios de mayo.

begonia /bɪ'gəʊnjə/ n begonia f.

begrudge /bɪ'grʌdʒ/ vt: **I begrudged him his success** le envidiaba su éxito; **he begrudged paying for it** le molestaba tener que pagarlo.

begun /bɪ'gʌn/ pp ⇨ **begin**.

behalf /bɪ'hɑːf/ n: **on behalf of**, (US) **in behalf of** en nombre de.

behave /bɪ'heɪv/ vi 1. (to act: gen) actuar; (:child) portarse. 2. (to be good) portarse bien. ♦ vt: **to behave oneself** portarse bien.

behaviour, (US) **behavior** /bɪ'heɪvjə/ n comportamiento m, conducta f.

behead /bɪ'hed/ vt decapitar.

behind /bɪ'haɪnd/ I prep 1. (to the rear of) detrás de. 2. (supporting): **I'm behind you** yo te apoyo. 3. (responsible for) detrás de. 4. (inferior to) por debajo de. 5. (after): **an hour behind British time** una hora de retraso con respecto a la hora británica. II adv 1. (at the rear) detrás. 2. (in previous location): **to leave sthg behind** dejarse algo; **I'll stay behind** yo me quedo atrás. 3. (late) atrasado -da. III n (fam) trasero m.

beige /beɪʒ/ adj, n beige adj inv, m.

being /'biːɪŋ/ n 1. (living thing) ser m. 2. (existence) existencia f: **to come into being** nacer.

Belarus /belæ'ruːs/ n Belarus f, Bielorrusia f.

Belarussian /belæ'rʌʃən/ I adj bielorruso -sa. II n bielorruso -sa m/f; (Ling) bielorruso m.

belated /bɪ'leɪtɪd/ adj tardío -día.

belch /beltʃ/ I vi eructar. ♦ vt (o **belch out**) arrojar, echar. II n [-ches] eructo m.

belfry /'belfrɪ/ n [-fries] campanario m.

Belgian /'beldʒən/ *adj, n* belga *adj, m/f.*

Belgium /'beldʒəm/ *n* Bélgica *f.*

belief /bɪ'li:f/ *n* (*in a fact*) creencia *f*; (*faith*) fe *f.*

believe /bɪ'li:v/ *vt* creer.

to **believe in** *vt* 1. (*to accept*) creer en. 2. (*to favour*) ser partidario -ria de.

believer /bɪ'li:və/ *n* 1. (*Relig*) creyente *m/f.* 2. (*supporter*) partidario -ria *m/f* (in de).

belittle /bɪ'lɪtəl/ *vt* despreciar.

Belize /be'li:z/ *n* Belice *m.*

Belizean /be'li:zɪən/ *adj, n* beliceño -ña *adj, m/f.*

bell /bel/ *n* 1. (*in tower*) campana *f*; (*hand-held*) campanilla *f* ● **it rings a bell** me suena. 2. (*on door, bicycle*) timbre *m.*

bell tower *n* campanario *m.*

belligerent /bɪ'lɪdʒərənt/ *adj* agresivo -va.

bellow /'beləʊ/ I *vi* bramar. II **bellows** *n pl* fuelle *m.*

belly /'belɪ/ *n* [**-lies**] 1. (*of person*) vientre *m*, barriga *f.* 2. (*of animal*) panza *f.*

belly button *n* (*fam*) ombligo *m.*

belong /bɪ'lɒŋ/ *vi*: **leave it where it belongs** déjalo en su sitio.

to **belong to** *vt* (*object*) pertenecer a: **that shirt belongs to me** esa camisa es mía; (*a club, society*) ser socio de.

belongings /bɪ'lɒŋɪŋz/ *n pl* pertenencias *f pl.*

beloved /bɪ'lʌvɪd/ *adj, n* amado -da *adj, m/f.*

below /bɪ'ləʊ/ I *prep* 1. (*underneath*) debajo de: **below street level** por debajo del nivel de la calle. 2. (*less than*) inferior a: **at below cost price** a un precio inferior al de coste; **five degrees below zero** cinco grados bajo cero. II *adv* 1. (*underneath*) abajo. 2. (*later in the text*) más abajo.

belt /belt/ I *n* 1. (*Clothing*) cinturón *m.* 2. (*in machine*) correa *f*, cinta *f.* 3. (*of land*) cinturón *m*, zona *f.* II *vt* (*fam: to hit*) pegarle a.

beltway *n* (*US*) (carretera *f* de) circunvalación *f.*

bemused /bɪ'mju:zd/ *adj* confuso -sa.

bench /bentʃ/ *n* [**-ches**] 1. (*seat, work surface*) banco *m.* 2. (*in parliament*) escaño *m.*

bend /bend/ I *n* (*in road, river*) curva *f*; (*in pipe*) codo *m*, ángulo *m* ● **to go round the bend** volverse loco -ca. II *vt* [**bends, bending, bent**] (*gen*) doblar; (*one's head*) inclinar. ♦ *vi* 1. (*road*) desviarse; (*river, metal*) curvarse. 2. (*person*) inclinarse.

to **bend down** *vi* inclinarse, agacharse. to **bend over** *vi* inclinarse.

beneath /bɪ'ni:θ/ I *prep* 1. (*unworthy of*): **it would be beneath him** sería indigno de él. 2. (*underneath*) bajo, debajo de. II *adv* abajo.

benefactor /'benɪfæktə/ *n* benefactor -tora *m/f.*

beneficial /benɪ'fɪʃəl/ *adj* beneficioso -sa.

beneficiary /benɪ'fɪʃərɪ/ *n* [**-ries**] beneficiario -ria *m/f.*

benefit /'benɪfɪt/ I *n* 1. (*advantage*) ventaja *f.* 2. (*gain*) beneficio *m.* 3. (*allowance*) prestación *f* (social), subsidio *m.* II *vt* beneficiar. ♦ *vi* beneficiar(se), sacar provecho.

benevolent /bɪ'nevələnt/ *adj* benévolo -la.

benign /bɪ'naɪn/ *adj* (*Med*) benigno -na; (*kind*) bondadoso -sa.

bent /bent/ I *pret y pp* ⇨ **bend**. II *adj* 1. (*twisted*) doblado -da, torcido -da. 2. (*intent*) empeñado -da (**on** en).

bequeath /bɪ'kwi:ð/ *vt* legar.

bequest /bɪ'kwest/ *n* legado *m.*

bereaved /bɪ'ri:vd/ *adj*: **the bereaved** los que han perdido a un ser querido.

bereavement /bɪ'ri:vmənt/ *n* pérdida *f* (de un ser querido).

beret /'bereɪ/ *n* boina *f.*

berm /'bɜːm/ *n* (*US*) arcén *m.*

Bermuda /bɜː'mju:də/ *n* (islas *f pl*) Bermudas *f pl.*

berry /'berɪ/ *n* [**-ries**] baya *f.*

berserk /bəˈzɜːk/ *adj*: **to go berserk** volverse loco -ca.

berth /bɜːθ/ **I** *n* **1**. (*on train, ship*) litera *f*. **2**. (*Naut*) atracadero *m*. **II** *vt/i* atracar.

beset /brˈset/ *vt* [**-sets, -setting, -set**] (*frml*) acosar, asaltar.

beside /brˈsaɪd/ *prep* **1**. (*alongside*) junto a, al lado de ● **to be beside oneself** (*with anger*) estar fuera de sí; (*with joy*) no caber en sí. **2**. (*compared to*) comparado con.

besides /brˈsaɪdz/ **I** *adv* además. **II** *prep* **1**. (*as well as*) además de. **2**. (*except*) aparte de.

besiege /brˈsiːdʒ/ *vt* sitiar, asediar.

besotted /brˈsɒtɪd/ *adj*: **she's besotted with him** está loca por él.

best /best/ **I** *adj* mejor: **the best swimmer in the team** la mejor nadadora del equipo. **II** *adv* mejor. **III** *n*: **the best** lo mejor ● **to do one's best** hacer todo lo posible ● **all the best** que te vaya bien.

best man *n*: pariente o amigo que acompaña al novio durante la boda.

best seller *n* éxito *m* de ventas, best-seller *m*.

bestial /ˈbestɪəl/ *adj* bestial.

bet /bet/ *vt/i* [**bets, betting, bet ∗ betted**] apostar: **to bet on a horse** apostar por un caballo; **I bet he's forgotten** apuesto a que se ha olvidado. **II** *n* apuesta *f*.

betray /brˈtreɪ/ *vt* **1**. (*a country, cause*) traicionar. **2**. (*to reveal*) revelar, delatar.

betrayal /brˈtreɪəl/ *n* **1**. (*of country, cause*) traición *f*. **2**. (*disloyalty*) engaño *m*.

better /ˈbetə/ **I** *adj* mejor: **it is better than mine** es mejor que la mía. **II** *adv* **1**. (*gen*) mejor. **2**. (*after had*): **you had better go** más vale que te vayas. **III** *vt* superar. **IV** *n*: **which is the better of the two?** ¿cuál de los dos es el mejor?

better off *adj* **1**. (*Fin*): **to be better off** tener más dinero. **2**. (*in a better situation*): **she'd be better off without him** estaría mejor sin él.

betting shop /ˈbetɪŋ ʃɒp/ *n* agencia *f* de apuestas.

between /brˈtwiːn/ **I** *prep* entre ● **between you and me** entre nosotros. **II** *adv* (*o* **in between**) entre medio.

beverage /ˈbevərɪdʒ/ *n* (*frml*) bebida *f*.

beware /brˈweə/ *vi* tener cuidado (**of** con); (*on sign*): **beware of the dog** cuidado con el perro.

bewilder /brˈwɪldə/ *vt* dejar perplejo -ja, desconcertar.

bewildering /brˈwɪldərɪŋ/ *adj* desconcertante.

bewitching /brˈwɪtʃɪŋ/ *adj* encantador -dora.

beyond /brˈjɒnd/ **I** *prep* **1**. (*further than*) más allá de ● **it's beyond me** es algo que no puedo entender. **2**. (*after*) después de, a partir de. **3**. (*other than*) aparte de. **II** *adv* más allá.

bias /ˈbaɪəs/ *n* **1**. (*prejudice*) prejuicio *m* (**against** contra). **2**. (*preference*) preferencia *f* (**towards** por). **3**. (*leaning*) tendencia *f*, inclinación *f*.

biased, biassed /ˈbaɪəst/ *adj* parcial: **to be biased towards sbdy** estar a favor de alguien; **to be biased against sbdy** tener prejuicios contra alguien.

bib /bɪb/ *n* babero *m*.

bible /ˈbaɪbəl/ *n* biblia *f*.

biblical /ˈbɪblɪkəl/ *adj* bíblico -ca.

bibliography /ˌbɪblrˈɒɡrəfɪ/ *n* [**-phies**] bibliografía *f*.

bicentenary /ˌbaɪsenˈtiːnərɪ/ *n* [**-ries**] bicentenario *m*.

bicentennial /ˌbaɪsenˈtenɪəl/ *n* (*US*) bicentenario *m*.

biceps /ˈbaɪseps/ *n inv* bíceps *m inv*.

bicker /ˈbɪkə/ *vi* discutir.

bicycle /ˈbaɪsɪkəl/ *n* bicicleta *f*.

bid /bɪd/ **I** *n* **1**. (*Fin*) oferta *f* (**for** por). **2**. (*attempt*) tentativa *f*, intento *m*. **II** *vi* [**bids, bidding, bid**] hacer una oferta (**for** por), pujar (**for** por). ♦ *vt* ofrecer (**for** por).

bidder /ˈbɪdə/ *n* postor -tora *m/f*.

bide /baɪd/ *vt*: **to bide one's time**

esperar el momento propicio.
bidet /'bi:deɪ/ n bidé m.
biennial /baɪ'enɪəl/ adj bienal.
bifocals /baɪ'fəʊkəlz/ n pl gafas f pl bifocales.
big /bɪg/ adj [bigger, biggest] 1. (in size) grande: **a big car** un coche grande; **a big surprise** una gran sorpresa; **how big is it?** ¿cómo es de grande? 2. (in importance) importante, grande: **a big mistake** un gran error. 3. (fam: sister, brother) mayor.
big business n los grandes negocios.
big dipper n montaña f rusa. **big-head** n (fam) creído -da m/f. **big-headed** adj (fam) creído -da.
bigmouth n (fam) bocazas m/f inv.
big toe n dedo m gordo (del pie). **big top** n carpa f. **big wheel** n noria f.
bigamist /'bɪgəmɪst/ n bígamo -ma m/f.
bigamy /'bɪgəmɪ/ n bigamia f.
bigot /'bɪgət/ n intolerante m/f, fanático -ca m/f.
bigoted /'bɪgətəd/ adj intolerante, fanático -ca.
bike /baɪk/ I n bicicleta f, bici f. II vi ir en bicicleta ✳ bici.
biker /'baɪkə/ n motorista m/f.
bikini /bɪ'ki:nɪ/ n biquini m.
bilateral /baɪ'lætərəl/ adj bilateral.
bile /baɪl/ n bilis f, hiel f.
bilingual /baɪ'lɪŋgwəl/ adj bilingüe.
bill /bɪl/ I n 1. (in restaurant, hotel) cuenta f: **could I have the bill, please?** ¿me trae la cuenta, por favor?; (for gas, water) recibo m; (for repairs) factura f. 2. (Pol) proyecto m de ley. 3. (beak) pico m. 4. (US: bank note) billete m. 5. (programme) programa m. II vt 1. (to advertise) anunciar. 2. (Fin) pasarle factura a.
billboard n valla f publicitaria. **billfold** n (US) cartera f, billetero m.
billiards /'bɪlɪədz/ n billar m.
billion /'bɪlɪən/ n (a thousand million) mil m millones ⇨ appendix 4.
bin /bɪn/ n (for rubbish) cubo m de la basura; (for wastepaper) papelera f.

binary /'baɪnərɪ/ adj binario -ria.
bind /baɪnd/ I vt [binds, binding, bound] 1. (to tie) atar. 2. (Law) obligar, comprometer. 3. (a book) encuadernar. II n (fam: bore) lata f.
binder /'baɪndə/ n carpeta f.
binding /'baɪndɪŋ/ adj obligatorio -ria: **legally binding** con validez legal.
binge /bɪndʒ/ n (fam: on drink): **we went on a binge** pillamos una borrachera; (: on food) atracón m.
bingo /'bɪŋgəʊ/ n bingo m.
binoculars /bɪ'nɒkjʊləz/ n pl gemelos m pl, prismáticos m pl.
biochemistry /baɪəʊ'kemɪstrɪ/ n bioquímica f.
biodegradable /baɪəʊdɪ'greɪdəbəl/ adj biodegradable.
biography /baɪ'ɒgrəfɪ/ n [-phies] biografía f.
biological /baɪə'lɒdʒɪkəl/ adj biológico -ca.
biologist /baɪ'ɒlədʒɪst/ n biólogo -ga m/f.
biology /baɪ'ɒlədʒɪ/ n biología f.
biopsy /'baɪɒpsɪ/ n [-sies] biopsia f.
birch /bɜːtʃ/ n [-ches] abedul m.
bird /bɜːd/ n 1. pájaro m, ave f✳. 2. (fam: woman) chica f.
birdcage n jaula f. **bird of prey** n ave f✳ rapaz ✳ de rapiña. **birdseed** n alpiste m. **bird-watching** n ornitología f.
Biro®, biro® /'baɪrəʊ/ n bolígrafo m, boli m.
birth /bɜːθ/ n nacimiento m: **she gave birth to a baby boy** dio a luz a un niño.
birth certificate n partida f de nacimiento. **birth control** n control m de natalidad. **birth control methods** n pl métodos m pl anticonceptivos. **birthmark** n marca f de nacimiento. **birthplace** n lugar m de nacimiento. **birth rate** n índice m de natalidad.
birthday /'bɜːθdeɪ/ n cumpleaños m inv.
birthday party n fiesta f de cumpleaños.
biscuit /'bɪskɪt/ n galleta f.

bisexual /baɪ'seksjʊəl/ *adj*, *n* bisexual *adj*, *m/f*.

bishop /'bɪʃəp/ *n* **1.** (*Relig*) obispo *m*. **2.** (*in chess*) alfil *m*.

bison /'baɪsən/ *n inv* bisonte *m*.

bistro /'bi:strəʊ/ *n* restaurante *m* pequeño.

bit /bɪt/ **I** *pret* ⇨ **bite**. **II** *n* **1.** (*small piece*) trocito *m*; (*of film, book*) parte *f*. **2. a bit** (*a little*) un poco: **it's a bit dirty** está un poco sucio; (*a short time*) un ratito ● **bit by bit** poco a poco ● **it's falling to bits** se está cayendo a pedazos. **3.** (*for drill*) broca *f*. **4.** (*Inform*) bit *m*. **5.** (*in horse's mouth*) bocado *m*, freno *m*.

bitch /bɪtʃ/ *n* **[-ches] 1.** (*Zool*) perra *f*. **2.** (*!!: woman*) cerda *f*.

bitchy /'bɪtʃɪ/ *adj* **[-chier, -chiest]** (*fam: person*) maldiciente; (*: comment*) malintencionado -da.

bite /baɪt/ **I** *n* **1.** (*by animal: gen*) mordedura *f*; (*: by insect, snake*) picadura *f*. **2.** (*of food: mouthful*) mordisco *m*; (*: snack*) bocado *m*. **II** *vt/i* **[bites, biting, bit, pp bitten]** (*gen*) morder: **to bite one's nails** comerse * morderse las uñas; (*insect*) picar.

to **bite into** *vt* morder.

biting /'baɪtɪŋ/ *adj* mordaz.

bitten /'bɪtən/ *pp* ⇨ **bite**.

bitter /'bɪtə/ **I** *adj* **1.** (*taste, memory*) amargo -ga; (*person*) amargado -da. **2.** (*struggle*) encarnizado -da; (*enemy*) acérrimo -ma. **3.** (*wind*) cortante. **II** *n* cerveza *f* amarga.

bitterly /'bɪtəlɪ/ *adv* **1.** (*to cry, to speak*) amargamente. **2.** (*of weather*): **it was bitterly cold** hacía un frío glacial.

bitterness /'bɪtənəs/ *n* **1.** (*of taste, memory, wind*) amargura *f*. **2.** (*resentment*) rencor *m*.

bizarre /bɪ'zɑː/ *adj* rarísimo -ma.

blab /blæb/ *vi* **[blabs, blabbing, blabbed]** (*fam*) irse de la lengua.

black /blæk/ **I** *adj* **1.** (*in colour*) negro -gra ● **he's black and blue** está cubierto de cardenales. **2.** (*coffee*) solo. **II** *n* **1.** (*colour*) negro *m*.

2. (*person*) negro -gra *m/f*. **3.** (*Fin*): **I'm in the black** soy solvente.

to **black out** *vi* desmayarse.

black belt *n* cinturón *m* negro. **blackberry** *n* zarzamora *f*. **blackbird** *n* mirlo *m*. **blackboard** *n* pizarra *f*. **blackcurrant** *n* grosella *f* negra. **black eye** *n* ojo *m* morado. **blackhead** *n* espinilla *f*, punto *m* negro. **black hole** *n* agujero *m* negro. **black ice** *n* hielo *m* (*que no se ve*). **blackleg** *n* esquirol *m/f*. **blacklist I** *vt* poner en la lista negra a. **II** *n* lista *f* negra. **black magic** *n* magia *f* negra. **black market** *n* mercado *m* negro. **blackout** *n* **1.** (*power failure*) apagón *m*. **2.** (*Med*) desmayo *m*. **black pepper** *n* pimienta *f* negra. **black pudding** *n* morcilla *f*. **Black Sea** *n* mar *m* Negro. **black tie** *adj* de etiqueta.

blacken /'blækən/ *vt* **1.** (*to make black*) ennegrecer. **2.** (*sbdy's name*) manchar.

blackish /'blækɪʃ/ *adj* negruzco -ca.

blackmail /'blækmeɪl/ **I** *vt* chantajear. **II** *n* chantaje *m*.

blackmailer /'blækmeɪlə/ *n* chantajista *m/f*.

blacksmith /'blæksmɪθ/ *n* herrero -ra *m/f*.

bladder /'blædə/ *n* vejiga *f*.

blade /bleɪd/ *n* **1.** (*of knife*) hoja *f*; (*of lawn mower*) cuchilla *f*. **2.** (*of grass*) brizna *f*. **3.** (*of oar, propeller*) pala *f*.

blame /bleɪm/ **I** *vt* echarle la culpa a (**for** * por), culpar (**for** * por). **II** *n* culpa *f*: **to put the blame on sbdy** echarle la culpa a alguien; **to take the blame for sthg** asumir la responsabilidad de algo.

blameless /'bleɪmləs/ *adj* inocente.

blanch /blɑːntʃ/ *vi* (*to turn pale*) palidecer. ◆ *vt* (*Culin*) escaldar, darle un hervor a.

blancmange /blə'mɒnʒ/ *n*: postre gelatinoso de leche y azúcar.

bland /blænd/ *adj* soso -sa.

blank /blæŋk/ **I** *adj* **1.** (*paper, cheque*) en blanco; (*tape, cassette*) virgen ● **my mind went blank** me quedé en blanco. **2.** (*face*) sin expresión. **II** *n* **1.** (*on form*) espacio *m* en blanco. **2.** (*cartridge*) cartucho *m* de fogueo.

blanket /'blæŋkɪt/ **I** *n* manta *f*, (*Amér L*) cobija *f*, frazada *f*. **II** *adj* general.

blare /bleə/ *vi* sonar muy alto.

blasé /'blɑːzeɪ/ *adj* indiferente.

blaspheme /blæs'fiːm/ *vi* blasfemar.

blasphemous /'blæsfəməs/ *adj* blasfemo -ma.

blasphemy /'blæsfəmɪ/ *n* [**-mies**] blasfemia *f*.

blast /blɑːst/ **I** *n* **1.** (*explosion*) explosión *f*; (*explosive shock*) onda *f* expansiva. **2.** (*of wind*) ráfaga *f*. **3.** (*from trumpet*) toque *m*. **II** *excl* ¡porras! **III** *vt* volar.

blast furnace *n* alto horno *m*. **blast-off** *n* lanzamiento *m*.

blatant /'bleɪtənt/ *adj* descarado -da.

blaze /bleɪz/ **I** *vi* (*fire*) arder; (*light*) brillar. **II** *n* **1.** (*large fire*) incendio *m*. **2.** (*of lights*) resplandor *m*.

blazer /'bleɪzə/ *n* blazer *m*, americana *f*.

bleach /bliːtʃ/ **I** *vt* (*clothes*) blanquear; (*hair*) aclarar. **II** *n* lejía *f*.

bleak /bliːk/ *adj* **1.** (*landscape*) inhóspito -ta. **2.** (*weather*) desapacible. **3.** (*outlook*) sombrío -bría.

bleary /'blɪərɪ/ *adj* [**-rier, -riest**] (*eyes*) cansado -da.

bleary-eyed *adj* con ojos de cansancio.

bleat /bliːt/ *vi* balar.

bled /bled/ *pret y pp* ⇨ **bleed**.

bleed /bliːd/ *vi* [**bleeds, bleeding, bled**] sangrar: **to bleed to death** morir desangrado -da.

bleeding /'bliːdɪŋ/ **I** *n* hemorragia *f*. **II** *adj* sangrante.

bleep /bliːp/ **I** *vi* pitar. **II** *n* pitido *m*.

bleeper /'bliːpə/ *n* buscapersonas *m inv*, busca *m inv*.

blemish /'blemɪʃ/ **I** *n* [**-shes**] mancha *f*. **II** *vt* manchar.

blend /blend/ **I** *n* mezcla *f*. **II** *vt* (*gen*) mezclar; (*colours*) armonizar. ♦ *vi* (*gen*) mezclarse; (*colours, shades*) armonizar.

to blend in *vi* armonizar.

blender /'blendə/ *n* (*hand-held*) minipimer® *m* ✳ *f*; (*food processor*) batidora *f*.

bless /bles/ *vt* (*gen*) bendecir; (*when sbdy sneezes*): **bless you!** ¡Jesús! ✳ (*Amér L*) ¡salud!

blessed /'blesɪd/ *adj* bendito -ta.

blessing /'blesɪŋ/ *n* **1.** (*Relig*) bendición *f*. **2.** (*approval*) consentimiento *m*.

blew /bluː/ *pret* ⇨ **blow**.

blight /blaɪt/ *vt* arruinar.

blimey /'blaɪmɪ/ *excl* (*fam*) ¡jo!, ¡jobar!

blind /blaɪnd/ **I** *adj* ciego -ga. **II** *vt* **1.** (*Med*) dejar ciego. **2.** (*to dazzle*) deslumbrar. **III** *n* persiana *f*.

blind alley *n* callejón *m* sin salida. **blind date** *n* cita *f* a ciegas. **blindfold** **I** *vt* vendarle los ojos a. **II** *n* venda *f* (*en los ojos*). **III** *adv* (o **blindfolded**) con los ojos vendados. **blind spot** *n* ángulo *m* muerto.

blinding /'blaɪndɪŋ/ *adj* cegador -dora.

blindly /'blaɪndlɪ/ *adv* a ciegas.

blindness /'blaɪndnəs/ *n* ceguera *f*.

blink /blɪŋk/ *vi* (*eyes*) parpadear, pestañear; (*light*) parpadear.

blinkers /'blɪŋkəz/ *n pl* anteojeras *f pl*.

bliss /blɪs/ *n* dicha *f*, felicidad *f*.

blissful /'blɪsfʊl/ *adj* dichoso -sa, feliz.

blister /'blɪstə/ *n* ampolla *f*. *vi* ampollarse.

blistering /'blɪstərɪŋ/ *adj* abrasador -dora.

blithe /blaɪð/ *adj* hecho -cha a la ligera.

blitz /blɪts/ *n* [**-zes**] bombardeo *m* aéreo.

blizzard /'blɪzəd/ *n* ventisca *f*.

bloated /'bləʊtɪd/ *adj* hinchado -da.

blob /blɒb/ *n* gota *f*.

bloc /blɒk/ *n* bloque *m*.

block /blɒk/ **I** *n* **1.** (*of wood*) bloque *m*. **2.** (*of flats*) bloque *m*; (*of offices*) edificio *m*. **3.** (*of buildings*) manzana *f.* **4.** (*blockage*) obstrucción *f.* ‖ *vt* (*gen*) bloquear, obstruir; (*a pipe, sink*) atascar; (*a plan*) obstruir.

to **block in** *vt* encajonar. to **block off** *vt* cortar. to **block up** *vt* **1.** (*to clog*) atascar. **2.** (*to close off*) tapar.

block capitals *n pl* mayúsculas *f pl*.
block letters *n pl* mayúsculas *f pl*.
block vote *n* voto *m* por delegación.

blockade /blɒˈkeɪd/ **I** *n* bloqueo *m*. ‖ *vt* bloquear.

blockage /ˈblɒkɪdʒ/ *n* tapón *m*, obstrucción *f*.

blockbuster /ˈblɒkbʌstə/ *n* (*movie*) éxito *m* de taquilla; (*book*) éxito *m* de ventas.

bloke /bləʊk/ *n* (*fam*) tío *m*.

blond, blonde /blɒnd/ *adj, n* rubio -bia *adj, m/f*.

blood /blʌd/ *n* sangre *f* ● **in cold blood** a sangre fría.

blood cell *n* célula *f* sanguínea. **blood donor** *n* donante *m/f* de sangre. **blood group** *n* grupo *m* sanguíneo. **bloodhound** *n* sabueso *m*. **blood poisoning** *n* septicemia *f*. **blood pressure** *n* tensión *f* ✳ presión *f* arterial. **bloodshed** *n* derramamiento *m* de sangre. **bloodshot** *adj* inyectado -da en sangre. **blood sports** *n pl*: deportes que conllevan la muerte de animales. **bloodstained** *adj* manchado -da de sangre. **bloodstream** *n* torrente *m* sanguíneo. **blood test** *n* análisis *m invu* de sangre. **bloodthirsty** *adj* sanguinario -ria. **blood transfusion** *n* transfusión *f* de sangre. **blood type** *n* grupo *m* sanguíneo. **blood vessel** *n* vaso *m* sanguíneo.

bloody /ˈblʌdɪ/ *adj* [-dier, -diest] **1.** (*bloodstained*) manchado -da de sangre. **2.** (*war*) sangriento -ta. **3.** (*!!: blasted*) puñetero -ra.

bloody-minded *adj* (*fam*) testarudo -da.

bloom /bluːm/ **I** *n* flor *f*. ‖ *vi* florecer.

blossom /ˈblɒsəm/ **I** *n* (*single flower*) flor *f*; (*flowers*) flores *f pl*. ‖ *vi* florecer.

blot /blɒt/ **I** *n* (*gen*) mancha *f*; (*of ink*) borrón *m*. ‖ *vt* [**blots, blotting, blotted**] manchar.

to **blot out** *vt* **1.** (*to obscure*) ocultar. **2.** (*to erase*) borrar.

blotch /blɒtʃ/ *n* [-ches] mancha *f*.

blotchy /ˈblɒtʃɪ/ *adj* [-chier, -chiest] enrojecido -da.

blotter /ˈblɒtə/, **blotting paper** /ˈblɒtɪŋ peɪpə/ *n* papel *m* secante.

blouse /blaʊz/ *n* blusa *f*.

blow /bləʊ/ **I** *n* (*gen*) golpe *m*; (*with the fist*) puñetazo *m*. ‖ *vi* [**blows, blowing, blew**, *pp* **blown**] **1.** (*wind, person*) soplar. **2.** (*siren, whistle*) sonar. **3.** (*fuse*) fundirse. ♦ *vt* **1.** (*wind, person*) soplar. **2.** (*one's nose*) sonarse. **3.** (*a car horn, whistle*) tocar.

to **blow away** *vi* volarse. ♦ *vt* llevarse (volando). to **blow down** *vt* derribar. to **blow off** *vt*: **the wind blew his hat off** el viento se le llevó el sombrero. ♦ *vi* salir volando. to **blow out** *vt* apagar. to **blow over** *vt* volcar. ♦ *vi* **1.** (*in wind*) volcarse. **2.** (*storm*) amainar. to **blow up** *vt* **1.** (*with explosive*) volar. **2.** (*a balloon, dinghy*) inflar. **3.** (*a photo*) ampliar. ♦ *vi* explotar.

blow-dry *n* secado *m* a mano. **blowfly** *n* moscardón *m*. **blowlamp** *n* soplete *m*. **blowout** *n* reventón *m*. **blowtorch** *n* soplete *m*. **blow-up** *adj* inflable.

blown /bləʊn/ *pp* ⇨ **blow**.

blubber /ˈblʌbə/ *n* grasa *f* de ballena.

bludgeon /ˈblʌdʒən/ *vt* apalear.

blue /bluː/ **I** *adj* **1.** (*in colour*) azul; (*with cold*) amoratado -da. **2.** (*depressed*) deprimido -da, triste. **3.** (*rude*) verde. ‖ *n* azul *m* ● **out of the blue** de repente. **III blues** *n pl* blues *m pl*.

bluebell *n* campanilla *f*. **blue beret** ✳ **helmet** *n* casco *m* azul. **blueberry** *n* arándano *m*. **bluebottle** *n* moscardón *m*. **blue cheese** *n* queso *m* azul. **blue-collar worker** *n* obrero -ra *m/f*, trabajador -dora *m/f* manual. **blue**

movie n película f porno.

blueprint /'blu:prɪnt/ n 1. (project, idea) anteproyecto m. 2. (Archit) cianotipo m.

bluff /blʌf/ I vi echarse faroles. II n farol m.

bluish /'blu:ɪʃ/ adj azulado -da.

blunder /'blʌndə/ I n (error) error m; (gaffe) metedura f de pata. II vi 1. (to stumble): **he blundered into a table** tropezó con una mesa. 2. (socially) meter la pata.

blunt /blʌnt/ I adj 1. (knife) desafilado -da; (pencil) sin punta. 2. (person) abrupto -ta; (remark) directo -ta. II vt (knife) desafilar.

bluntly /'blʌntlɪ/ adv francamente.

blur /blɜ:/ I n: **everything's a blur** lo veo todo borroso. II vt [blurs, blurring, blurred] (an image) hacer borroso -sa; (a distinction) distorsionar.

blurred /blɜ:d/ adj borroso -sa.

blurt out /blɜ:t aʊt/ vt soltar.

blush /blʌʃ/ I vi ruborizarse, ponerse rojo -ja. II n [-shes] rubor m.

blusher /'blʌʃə/ n colorete m.

blustery /'blʌstərɪ/ adj muy ventoso -sa.

BO /biː'əʊ/ n (= body odour * US odor) olor m corporal.

boar /bɔ:/ n (for breeding) verraco m; (wild) jabalí m.

board /bɔ:d/ I n 1. (flat wood) tabla f. 2. (Games) tablero m. 3. (blackboard) pizarra f. 4. (notice board) tablón m de anuncios. 5. (committee) consejo m, junta f. 6. (food) comida f. 7. (Naut): **on board** a bordo ● **to take on board** asimilar. II vt (a plane, boat): **we boarded the vessel** embarcamos. ♦ vi 1. (Av, Naut) embarcar. 2. (to lodge) alojarse; (Educ) estar interno -na.

to board up vt tapar (con maderos).

boardgame n juego m de mesa. **board of directors** n junta f directiva. **boardroom** n sala f de juntas. **boardwalk** n (US) paseo de tablones en la playa.

boarder /'bɔ:də/ n 1. (lodger) huésped m/f. 2. (Educ) interno -na m/f.

boarding /'bɔ:dɪŋ/ n embarque m.

boarding card n tarjeta f de embarque. **boarding house** n casa f de huéspedes. **boarding school** n internado m. **boarding pass** n tarjeta f de embarque.

boast /bəʊst/ I vi presumir (**about** de). ♦ vt (frml) tener. II n fanfarronada f.

boastful /'bəʊstful/ adj jactancioso -sa, fanfarrón -rrona.

boat /bəʊt/ n (gen) barco m: **by boat** en barco; (small) barca f.

boat trip n excursión f en barco. **boatyard** n astillero m.

bob /bɒb/ I vi [bobs, bobbing, bobbed] balancearse. II n melena f corta.

bobbin /'bɒbɪn/ n bobina f.

bobble /'bɒbəl/ n pompón m.

bobby /'bɒbɪ/ n [-bies] (fam) policía m.

bobsleigh /'bɒbsleɪ/ n trineo m.

bode /bəʊd/ vi (frml) augurar.

bodily /'bɒdɪlɪ/ I adv: **they threw him out bodily** lo sacaron a la fuerza. II adj físico -ca.

body /'bɒdɪ/ n [-dies] 1. (Anat, Astron) cuerpo m. 2. (corpse) cadáver m. 3. (organization) organización f. 4. (Auto) carrocería f. 5. (Clothing) body m.

body-building n culturismo m. **bodyguard** n guardaespaldas m/f inv. **body odour** * (US) **odor** n olor m corporal. **bodywork** n carrocería f.

bog /bɒg/ n ciénaga f.

bogeyman /'bəʊgɪmæn/ n hombre m del saco, coco m.

bogged down /bɒgd 'daʊn/ adj (in mud, sand) atascado -da; (process) estancado -da.

boggle /'bɒgəl/ vi: **the mind boggles!** ¡uno se queda atónito!

boggy /'bɒgɪ/ adj [-gier, -giest] pantanoso -sa.

bogus /'bəʊgəs/ adj falso -sa.

boil /bɔɪl/ I n 1. **the boil** (referring to temperature): **it came to the boil** empezó a hervir. 2. (Med) furúnculo m. II vt (a liquid) hervir; (vegetables, rice) cocer. ♦ vi hervir: **the saucepan boiled dry** se evaporó toda el agua del cazo.

to **boil down** vi reducirse (**to** a). to **boil over** vi salirse.

boiler /ˈbɔɪlə/ n caldera f.

boiler suit n mono m.

boiling /ˈbɔɪlɪŋ/ adj 1. (liquid): **boiling water** agua hirviendo. 2. (fam: of person) asado -da; (: of room, day): **it's boiling** hace un calor abrasador; (: food) hirviendo.

boiling point n punto m de ebullición.

boisterous /ˈbɔɪstərəs/ adj bullicioso -sa.

bold /bəʊld/ I adj 1. (person) atrevido -da, osado -da. 2. (colour) fuerte. II n negrita f.

boldness /ˈbəʊldnəs/ n (courage) valor m; (effrontery) osadía f.

Bolivia /bəˈlɪvɪə/ n Bolivia f.

Bolivian /bəˈlɪvɪən/ adj, n boliviano -na adj, m/f.

bollard /ˈbɒlɑːd/ n poste m.

bolster /ˈbəʊlstə/ I n almohada f. II vt reforzar.

bolt /bəʊlt/ I n 1. (on door, window) cerrojo m. 2. (screw) perno m, tornillo m. 3. (flash): **a bolt of lightning** un rayo. 4. (sudden movement): **he made a bolt for the door** se abalanzó hacia la puerta. II vt 1. (a door, window) cerrar con cerrojo. 2. (to fix) anclar. 3. (food) zamparse. ♦ vi (horse) desbocarse; (person) salir disparado -da. III adv: **he sat bolt upright** se sentó muy derecho.

bomb /bɒm/ I n bomba f. II vt bombardear. ♦ vi (fam: in vehicle) ir muy rápido.

bomb disposal expert n artificiero m. **bomb disposal squad** n brigada f de artificieros. **bomb scare** n amenaza f de bomba. **bombshell** n bombazo m.

bombard /bɒmˈbɑːd/ vt bombardear.

bombardment /bɒmˈbɑːdmənt/ n bombardeo m.

bomber /ˈbɒmə/ n 1. (plane) bombardero m. 2. (person) persona f que pone bombas.

bona fide /ˌbəʊnə ˈfaɪdɪ/ adj (frml) auténtico -ca.

bond /bɒnd/ I n 1. (attachment) lazo m. 2. (Fin) bono m. 3. (Law) contrato m. II vt pegar.

bondage /ˈbɒndɪdʒ/ n esclavitud f.

bone /bəʊn/ I n (of animal, person) hueso m; (of fish) espina f. II vt (meat) deshuesar; (fish) quitar las espinas a.

to **bone up on** vt (fam) empollar.

bone china n porcelana f fina. **bone dry** adj completamente seco -ca. **bone idle** adj vago -ga. **bone marrow** n médula f ósea.

bonfire /ˈbɒnfaɪə/ n hoguera f, fogata f.

Bonfire Night n: noche del 5 de noviembre, aniversario de la conspiración de 1605 para volar el parlamento inglés.

bonnet /ˈbɒnɪt/ n 1. (of car) capó m. 2. (for baby) gorro m.

bonny /ˈbɒnɪ/ adj [-nier, -niest] hermoso -sa.

bonus /ˈbəʊnəs/ n [-nuses] 1. (extra money) prima f. 2. (extra benefit) ventaja f adicional.

bony /ˈbəʊnɪ/ adj [-nier, -niest] 1. (Anat) huesudo -da. 2. (meat) lleno -na de huesos; (fish) lleno -na de espinas.

boo /buː/ I vt abuchear. ♦ vi armar una rechifla. II excl ¡uh! III n abucheo m.

boob /buːb/ n (fam) 1. (mistake) metedura f de pata. 2. (breast) teta f.

booby prize /ˈbuːbɪ praɪz/ n: premio de poco valor para el perdedor de un concurso.

booby trap /ˈbuːbɪ træp/ n (explosive) trampa f explosiva; (practical joke) trampa concebida como una broma.

book /bʊk/ I n 1. (gen) libro m. 2. (of tickets) taco m; (of stamps) sobrecito que contiene sellos. II **books** n pl (accounts) libros m pl. III vt 1. (a room, table) reservar; (a holiday) hacer la reserva para. 2. (fam: for an offence) multar. 3. (in football) amonestar. ♦ vi hacer una reserva.

to **book in** vi (to register) registrarse.

bookcase n estantería f, librería f. **book-keeper** n contable m/f. **book-keeping** n contabilidad f. **bookmaker** n corredor -dora m/f de apuestas. **bookmaker's** n agencia f de apuestas. **bookmark** n registro m (de libro). **bookseller** n librero -ra m/f. **bookshelf** n estante m. **bookshop**, (US) **bookstore** n librería f. **book token** n cheque regalo m (canjeable por libros). **bookworm** n ratón m de biblioteca.

bookie /bʊkɪ/ n (fam) corredor -dora m/f de apuestas: **at the bookie's** en la agencia de apuestas.

booking /bʊkɪŋ/ n reserva f.

booking office n taquilla f.

booklet /bʊklɪt/ n folleto m.

boom /buːm/ I n 1. (noise) estruendo m. 2. (Fin) boom m. II vi 1. (noise) retumbar. 2. (Fin) estar en auge.

boomerang /buːməræŋ/ n bumerán m.

boon /buːn/ n ventaja f.

boost /buːst/ I vt 1. (prices) aumentar; (exports) impulsar. 2. (morale) levantar: **it boosted her confidence** le dio más confianza. II n estímulo m.

boot /buːt/ I n 1. (Clothing) bota f. 2. (Auto) maletero m. II vt/i (Inform) arrancar.

bootlace n cordón m de bota.

booth /buːð/ n 1. (phone box) cabina f. 2. (at fair) puesto m; (at exhibition) caseta f.

booze /buːz/ n (fam) bebida f (alcohólica).

border /bɔːdə/ I n 1. (Geog) frontera f. 2. (of flowers) arriate m. 3. (of page) margen m. II vt 1. (a country) limitar con. 2. (to surround) rodear; (to line) bordear.

to **border on** vt 1. (country) limitar con. 2. (to verge on) rayar en.

borderline I n 1. (Geog) frontera f. 2. (division) línea f divisoria. II adj dudoso -sa.

bore /bɔː/ I pret ⇨ **bear**. II n 1. (person) pesado -da m/f, pelmazo -za m/f; (activity) rollo m, pesadez f. 2. (of gun) calibre m. III vt 1. (not to interest) aburrir. 2. (to drill): to **bore a hole in the wall** taladrar la pared.

bored /bɔːd/ adj aburrido -da [E] (of ∗ with de).

boredom /bɔːdəm/ n aburrimiento m.

boring /bɔːrɪŋ/ adj aburrido -da [S].

born /bɔːn/ I to be **born** nacer: **she was born in 1984** nació en 1984. II adj nato -ta: **an Irish-born writer** un escritor nacido en Irlanda.

borne /bɔːn/ pp ⇨ **bear**.

borough /bʌrə/ n municipio m; (district) distrito m; (town) ciudad f.

borrow /bɒrəʊ/ vt tomar prestado -da: **I borrowed his car** tomé prestado su coche; **she borrowed money from them** le prestaron dinero.

borrower /bɒrəʊə/ n prestatario -ria m/f.

Bosnia /bɒznɪə/ n (o Bosnia-Hercegovina) Bosnia (Herzegovina) f.

Bosnian /bɒznɪən/ adj, n bosnio -nia adj, m/f.

bosom /bʊzəm/ n pecho m.

boss /bɒs/ n [bosses] jefe -fa m/f.

to **boss about** ∗ **around** vt darle órdenes a.

bossy /bɒsɪ/ adj [-sier, -siest] mandón -dona.

botanic /bətænɪk/, **botanical** /bətænɪkəl/ adj botánico -ca.

botanic(al) gardens n pl jardín m botánico.

botanist /bɒtənɪst/ n botánico -ca m/f.

botany /ˈbɒtənɪ/ n botánica f.

botch /bɒtʃ/ vt (o **botch up**) (fam) hacer mal.

both /bəʊθ/ I adj, pron los/las dos, ambos -bas: **both girls** las dos chicas ‖ ambas chicas; **both of us went** los dos fuimos. II adv: **both he and his girlfriend** tanto él como su novia.

bother /ˈbɒðə/ I vi molestarse, tomarse la molestia. ◆ vt 1. (to annoy) molestar ● **I can't be bothered to go** no voy porque me da pereza. 2. (to worry) preocupar. II n (difficulty) problemas m pl; (nuisance) molestia f. III excl ¡demonio!

bottle /ˈbɒtəl/ I n 1. (of wine, milk) botella f; (of medicine, scent) frasco m. 2. (for baby) biberón m. II vt (a liquid) embotellar; (fruit, pickles) envasar.

to **bottle up** vt reprimir.

bottle bank n contenedor m para vidrio. **bottleneck** n: lugar donde se producen frecuentes embotellamientos. **bottle opener** n abrebotellas m inv.

bottom /ˈbɒtəm/ I n 1. (of cup, box: inside) fondo m; (: underneath) parte f de abajo. 2. (of river, garden) fondo m. 3. (of stairs, page) pie m; (of list) final m. 4. (of class, group): **he's at the bottom of his class** es el último de la clase. 5. (Anat) trasero m. II adj (shelf, drawer) de más abajo, último -ma; (step, rung) primero -ra.

bottomless /ˈbɒtəmləs/ adj sin fondo.

bough /baʊ/ n rama f.

bought /bɔːt/ pret y pp ⇨ **buy**.

boulder /ˈbəʊldə/ n pedrusco m, roca f grande.

bounce /baʊns/ I n bote m. II vi 1. (ball) botar. 2. (cheque) ser devuelto -ta. ◆ vt (a ball) botar.

bouncer /ˈbaʊnsə/ n (fam) matón m (para evitar disturbios).

bound /baʊnd/ I pret y pp ⇨ **bind**. II adj 1. (obliged) obligado -da (**by** por). 2. (almost certain): **he's bound to forget** seguro que se le olvida.

3. **bound for** con destino a. III vi saltar. IV n salto m. V **bounds** n pl: **this classroom is out of bounds** está prohibido entrar en esta aula.

boundary /ˈbaʊndərɪ/ n [-ries] 1. (limit) límite m. 2. (border) frontera f.

boundless /ˈbaʊndləs/ adj ilimitado -da.

bouquet /buˈkeɪ/ n 1. (of flowers) ramo m. 2. (of wine) buqué m.

bourgeois /ˈbʊəʒwɑː/ adj, n burgués -guesa adj, m/f.

bourgeoisie /ˌbʊəʒwɑːˈziː/ n burguesía f.

bout /baʊt/ n 1. (of flu) ataque m. 2. (of activity) periodo m. 3. (in boxing) combate m.

bow I n 1. /bəʊ/ (of ribbon, shoelace) lazo m. 2. /bəʊ/ (in archery, for violin) arco m. 3. /baʊ/ (to audience, king) reverencia f. 4. (o **bows** n pl) /baʊ(z)/ (Naut) proa f. II /baʊ/ vi (to king) inclinarse; (to audience) saludar. ◆ vt (one's head) agachar.

bow-legged /ˈbəʊlegd/ adj patizambo -ba. **bow tie** /bəʊ taɪ/ n pajarita f.

bowel /ˈbaʊəl/ n (o **bowels** n pl) intestino m.

bowl /bəʊl/ I n 1. (for food) tazón m, bol m. 2. (for washing up) palangana f. 3. (of toilet) taza f. 4. (ball) bola f. 5. **bowls** (game) juego parecido a la petanca. II vi lanzar la pelota. ◆ vt lanzar.

bowler /ˈbəʊlə/ n 1. (in cricket) lanzador -dora m/f. 2. (o **bowler hat**) bombín m.

bowling /ˈbəʊlɪŋ/ n bolos m pl.

bowling alley n bolera f.

box /bɒks/ I n [-xes] 1. (container) caja f. 2. (on a form) casilla f. 3. (in theatre) palco m. II vt meter en una caja. ◆ vi (Sport) boxear.

to **box in** vt encajonar.

box number n apartado m de correos. **box office** n taquilla f. **boxroom** n trastero m.

boxer /ˈbɒksə/ I n boxeador m. II **boxers** n pl (o **boxer shorts**) calzoncillos *m pl.*

boxing /'bɒksɪŋ/ *n* boxeo *m.*

boxing gloves *n pl* guantes *m pl* de boxeo. **boxing match** *n* encuentro *m* de boxeo. **boxing ring** *n* cuadrilátero *m.*

Boxing Day /'bɒksɪŋ deɪ/ *n*: 26 de diciembre.

boy /bɔɪ/ I *n* 1. (*child*) niño *m*; (*young man*) chico *m*, muchacho *m*. 2. (*son*) hijo *m*. II *excl* (*US*): **oh boy!** ¡vaya!

boyfriend *n* novio *m.*

boycott /'bɔɪkɒt/ I *n* boicot *m.* II *vt* boicotear.

boyish /'bɔɪɪʃ/ *adj* de chico.

BR /biː'ɑː/ *n* (= British Rail) compañía de ferrocarriles.

bra /brɑː/ *n* sujetador *m*, sostén *m.*

brace /breɪs/ I *n* 1. (*Tec*) tirante *m*. 2. (*for teeth*) aparato *m*. II **braces** *n pl* (*for trousers*) tirantes *m pl.* III *vt* (*a structure*) reforzar: **to brace oneself for sthg** prepararse para algo.

bracelet /'breɪslɪt/ *n* pulsera *f.*

bracing /'breɪsɪŋ/ *adj* vigorizante.

bracket /'brækɪt/ I *n* 1. (*parenthesis: round*) paréntesis *m inv*: **in brackets** entre paréntesis; (*: square*) corchete *m*. 2. (*support*) soporte *m*. 3. (*division*) grupo *m*; (*range*) banda *f.* II *vt* poner entre paréntesis.

brag /bræg/ *vi* [**brags, bragging, bragged**] presumir (**about** de).

braid /breɪd/ I *n* 1. (*decoration*) galón *m*. 2. (*US: of hair*) trenza *f.* II *vt* (*US*) trenzar.

brain /breɪn/ I *n* 1. (*organ*) cerebro *m*. 2. **brains** (*person*) cerebro *m.* II **brains** *n pl* sesos *m pl.*

brainchild *n* creación *f.* **brain damage** *n* lesión *f* cerebral. **braindead** *adj* clínicamente muerto -ta. **brain scan** *n* electroencefalograma *m.* **brain-teaser** *n* rompecabezas *m inv.* **brainwash** *vt* lavarle el cerebro a. **brainwashing** *n* lavado *m* de cerebro. **brain wave** *n* idea *f* genial.

brainless /'breɪnləs/ *adj* (*fam*) estú-

pido -da, tonto -ta.

brainy /'breɪnɪ/ *adj* [**-nier, -niest**] (*fam*) listo -ta.

braise /breɪz/ *vt* estofar.

brake /breɪk/ I *n* freno *m.* II *vi* frenar.

brake fluid *n* líquido *m* de frenos. **brake lights** *n* luces *f pl* de freno ✶ frenado.

bramble /'bræmbəl/ *n* zarza *f.*

bran /bræn/ *n* salvado *m.*

branch /brɑːntʃ/ I *n* [**-ches**] 1. (*of tree, subject*) rama *f*. 2. (*Fin*) sucursal *f.* II *vi* (*in two*) bifurcarse; (*in more than two*) ramificarse.

to **branch out** *vi* diversificarse.

brand /brænd/ I *n* 1. (*commercial*) marca *f*. 2. (*for cattle*) hierro *m*. 3. (*sort*) tipo *m.* II *vt* 1. (*Agr*) marcar (al hierro). 2. (*a person*) tildar de.

brandish /'brændɪʃ/ *vt* blandir.

brand-new /'brænd'njuː/ *adj* nuevo -va.

brandy /'brændɪ/ *n* [**-dies**] coñac *m.*

brash /bræʃ/ *adj* avasallador -dora.

brass /brɑːs/ *n* 1. (*metal*) latón *m*. 2. **the brass** (*Mus*) los metales.

brass band *n* banda *f* (*de instrumentos de metal*).

brassière /'bræsɪə/ *n* sujetador *m*, sostén *m.*

brat /bræt/ *n* (*fam*) bicho *m.*

bravado /brə'vɑːdəʊ/ *n* bravuconería *f.*

brave /breɪv/ I *adj* valiente. II *vt* hacer frente a.

bravely /'breɪvlɪ/ *adv* valientemente.

bravery /'breɪvərɪ/ *n* valentía *f*, valor *m.*

brawl /brɔːl/ *n* bronca *f*, pelea *f.*

bray /breɪ/ *vi* rebuznar.

brazen /'breɪzən/ *adj* descarado -da.

Brazil /brə'zɪl/ *n* Brasil *m.*

brazil nut *n* nuez *f* del Brasil.

Brazilian /brə'zɪlɪən/ *adj, n* brasileño -ña *adj, m/f.*

breach /briːtʃ/ I *n* [**-ches**] 1. (*Law*) incumplimiento *m*. 2. (*gap*) brecha *f*, grieta *f.* II *vt* (*Law*) contravenir.

bread /bred/ *n* pan *m.*

breadbin *n* panera *f*. **breadcrumbs** *n pl* pan *m* rallado. **breadline** *n*: **they're on the breadline** apenas tienen para vivir. **breadwinner** *n* el/la que gana el sustento.

breadth /bredθ/ *n* **1**. (*width*) ancho *m*. **2**. (*range*) amplitud *f*.

break /breɪk/ **I** *n* **1**. (*of a bone, in a pipe*) rotura *f*. **2**. (*at school*) recreo *m*; (*from work*) descanso *m*. **3**. (*on TV*) intermedio *m*. **4**. (*holiday*) vacaciones *fpl*. **5**. (*chance*) oportunidad *f*.
II *vt* [**breaks, breaking, broke, pp broken**] **1**. (*gen*) romper: **she's broken her arm** se ha roto el brazo. **2**. (*the law, a rule*) infringir; (*a promise*) no cumplir. **3**. (*the news*) dar. **4**. (*a code*) descifrar. **5**. (*a record*) batir. ♦ *vi* **1**. (*gen*) romperse; (*waves*) romper. **2**. (*to stop*) parar. **3**. (*to begin: day*): **dawn * day was breaking** amanecía; (*: storm*) desatarse. **4**. (*news*) hacerse público -ca. **5**. (*voice*): **his voice is breaking** le está cambiando la voz.
to **break away** *vi* **1**. (*from a country*) separarse; (*from political party*) escindirse. **2**. (*from captors*) escapar(se). *to* **break down** *vi* **1**. (*car, machine*) estropearse, (*Amér L*) descomponerse; (*talks*) fracasar. **2**. (*person*) venirse abajo. ♦ *vt* **1**. (*results, data*) dividir. **2**. (*a door*) echar abajo. *to* **break free** *vi* soltarse. *to* **break in** *vt* **1**. (*shoes*) domar. **2**. (*US: Auto*) rodar. ♦ *vi* **1**. (*to enter illegally*) forzar la entrada. **2**. (*to interrupt*) interrumpir. *to* **break into** *vt* **1**. (*a house*) forzar la entrada en: **the house had been broken into** habían entrado ladrones en la casa. **2**. (*to begin*): **the horse broke into a trot** el caballo empezó a trotar. *to* **break loose** *vi* soltarse. *to* **break off** *vi* **1**. (*to come off*) romperse, partirse. **2**. (*to stop speaking*) interrumpirse. ♦ *vt* **1**. (*to remove*) partir. **2**. (*a relationship*) romper. *to* **break out** *vi* **1**. (*to begin: fight*) iniciarse; (*: war, fire*) estallar.

2. (*to escape*) fugarse. *to* **break through** *vt* (*a barrier*) atravesar. *to* **break up** *vi* **1**. (*to disintegrate*) desintegrarse. **2**. (*to end*) terminar. **3**. (*from school*) empezar las vacaciones. **4**. (*couple*) dejarse. ♦ *vt* (*into pieces*) partir; (*a crowd*) disolver.

breakdown *n* **1**. (*of machine, car*) avería *f*. **2**. (*analysis*) desglose *m*. **3**. (*collapse: of person*) crisis *f* nerviosa; (*: of talks*) fracaso *m*. **breakdown truck * van** *n* grúa *f*. **break-in** *n*: **we had a break-in** entraron ladrones en nuestra casa. **breakthrough** *n* avance *m*. **break-up** *n* (*of marriage*) fracaso *m*; (*of country*) desintegración *f*. **breakwater** *n* rompeolas *m inv*. **breakable** /'breɪkəbəl/ *adj* frágil. **breakage** /'breɪkɪdʒ/ *n*: **all breakages must be paid for** deberá pagarse todo lo que se rompa. **breakfast** /'brekfəst/ *n* desayuno *m*: **to have breakfast** desayunar. **breast** /brest/ *n* **1**. (*Anat*) pecho *m*, seno *m*. **2**. (*of poultry*) pechuga *f*. **breast-feed** *vt* [**-feeds, -feeding, -fed**] amamantar. **breaststroke** *n* braza *f*. **breath** /breθ/ *n* (*air breathed in or out*) aliento *m*: **out of breath** sin aliento; (*breathing*) respiración *f*: **she took a deep breath** respiró hondo. **breathalyze** /'breθəlaɪz/ *vt* hacerle la prueba del alcohol a. **Breathalyzer®** /'breθəlaɪzə/ *n* alcoholímetro *m*. **breathe** /briːð/ *vt/i* respirar. *to* **breathe in** *vi* aspirar. *to* **breathe out** *vi* espirar. **breather** /'briːðə/ *n* (*fam*) respiro *m*. **breathing** /'briːðɪŋ/ *n* respiración *f*. **breathing space** *n* respiro *m*. **breathless** /'breθləs/ *adj* jadeante. **breathtaking** /'breθteɪkɪŋ/ *adj* imponente. **bred** /bred/ *pret y pp* ⇨ **breed**. **breed** /briːd/ **I** *vt* [**breeds, breeding, bred**] **1**. (*animals*) criar. **2**. (*to give rise to*) engendrar. ♦ *vi* (*an-*

imals) reproducirse. **II** *n* raza *f*.

breeding /'bri:dɪŋ/ *n* (*refinement*) educación *f*.

breeding ground *n* (*for ideas*) caldo *m* de cultivo.

breeze /bri:z/ *n* brisa *f*.

brevity /'brevəti/ *n* brevedad *f*.

brew /bru:/ *vt* (*tea*) preparar, hacer; (*beer*) elaborar. ♦ *vi* (*storm, trouble*) prepararse.

brewery /'bru:əri/ *n* [**-ries**] cervecería *f*, fábrica *f* de cerveza.

bribe /braɪb/ **I** *n* soborno *m*. **II** *vt* sobornar.

bribery /'braɪbəri/ *n* soborno *m*.

brick /brɪk/ *n* ladrillo *m*.

bricklayer /'brɪkleɪə/ *n* albañil *m/f*.

bridal /'braɪdəl/ *adj* nupcial.

bride /braɪd/ *n* novia *f*: **the bride and groom** los novios.

bridegroom /'braɪdgru:m/ *n* novio *m*.

bridesmaid /'braɪdzmeɪd/ *n* dama *f* de honor.

bridge /brɪdʒ/ **I** *n* 1. (*over road, river*) puente *m*. 2. (*of nose*) caballete *m*. 3. (*on ship*) puente *m* (de mando). 4. (*card game*) bridge *m*. **II** *vt*: **to bridge the gap between them** acortar las distancias entre ellos.

bridle /'braɪdəl/ *n* brida *f*.

bridle path *n* camino *m* de herradura.

brief /bri:f/ **I** *adj* breve, corto -ta. **II** *n* (*for task*) instrucciones *f pl*. **III briefs** *n pl* (*for men*) calzoncillos *m pl*; (*for women*) bragas *f pl*. **IV** *vt* informar.

briefcase /'bri:fkeɪs/ *n* maletín *m*, portafolios *m inv*.

briefly /'bri:flɪ/ *adv* brevemente.

brigade /brɪ'geɪd/ *n* brigada *f*.

brigadier /brɪgə'dɪə/ *n* general *m* de brigada.

bright /braɪt/ *adj* 1. (*light, star*) brillante; (*day*) soleado -da. 2. (*colour*) vivo -va, fuerte. 3. (*clever*) inteligente. 4. (*cheerful*) alegre.

brighten /'braɪtən/ (*o* **brighten up**) *vi* 1. (*expression*) iluminarse. 2. (*weather*) aclarar. ♦ *vt* 1. (*to make*

lighter) iluminar. 2. (*to cheer up*) alegrar.

brilliance /'brɪlɪəns/ *n* brillantez *f*.

brilliant /'brɪlɪənt/ *adj* 1. (*bright*) brillante. 2. (*very clever*) brillante. 3. (*great*) estupendo -da.

brim /brɪm/ **I** *n* (*of container*) borde *m*; (*of hat*) ala *f*★. **II** *vi* [**brims, brimming, brimmed**] (*o* **brim over**) rebosar.

brine /braɪn/ *n* salmuera *f*.

bring /brɪŋ/ *vt* [**brings, bringing, brought**] 1. (*to fetch*) traer. 2. (*to come with*) traer; (*to go with, take*) llevar. 3. (*to cause to come*) traer: **what brings you here?** ¿qué te trae por aquí? 4. (*Law: a charge*) formular.

to **bring about** *vt* dar lugar a. *to* **bring back** *vt* 1. (*to fetch*) traer. 2. (*to return*) devolver. 3. (*to reintroduce*) volver a introducir. 4. (*to evoke*) traer. *to* **bring down** *vt* 1. (*prices*) bajar; (*a tree, plane*) derribar. 2. (*a dictator*) derrocar. *to* **bring forward** *vt* adelantar. *to* **bring in** *vt* 1. (*a system, law*) introducir. 2. (*money*) reportar. *to* **bring off** *vt* llevar a cabo. *to* **bring on** *vt* 1. (*a fit*) provocar, producir. 2. (*a player*) hacer salir. *to* **bring out** *vt* 1. (*to get out*) sacar. 2. (*a record, book*) sacar. 3. (*a feature*) realzar. *to* **bring round** *vt* hacer volver en sí. *to* **bring together** *vt* (*objects*) juntar; (*people*) unir. *to* **bring up** *vt* 1. (*a child*) criar. 2. (*a subject*) sacar; (*a problem*) plantear. 3. (*to vomit*) devolver.

brink /brɪŋk/ *n* borde *m*: **on the brink of** al borde de.

brisk /brɪsk/ *adj* 1. (*pace*) enérgico -ca. 2. (*business*): **business was brisk** había mucha actividad en los negocios. 3. (*manner*) dinámico -ca y eficiente.

bristle /'brɪsəl/ *n* cerda *f*.

to **bristle with** *vt*: **she bristled with rage** se puso enfadadísima.

Brit /brɪt/ *n* (*fam*) británico -ca *m/f*.

Britain /'brɪtən/ *n* Gran Bretaña *f*.

British /'brɪtɪʃ/ **I** *adj* británico -ca:

the British Isles las Islas Británicas. **II the British** n pl los británicos.

Briton /'brɪtən/ n (frml) británico -ca m/f.

brittle /'brɪtəl/ adj quebradizo -za, frágil.

broach /brəʊtʃ/ vt abordar.

broad /brɔːd/ adj **1.** (street, shoulders) ancho -cha. **2.** (range) amplio -plia. **3.** (accent) cerrado -da. **4.** (general) general.

broad bean n haba f. **broadminded** adj de mentalidad abierta.

B road /'biː rəʊd/ n carretera f secundaria.

broadcast /'brɔːdkɑːst/ **I** n emisión f. **II** vt [-casts, -casting, -cast] emitir, transmitir.

broadcaster /'brɔːdkɑːstə/ n locutor -tora m/f.

broadcasting /'brɔːdkɑːstɪŋ/ n (by radio) radiodifusión f; (by television) televisión f.

broaden /'brɔːdən/ vt (a path, river) ensanchar; (coverage, range) ampliar. ♦ vi (o **broaden out**) ensancharse.

broadly /'brɔːdlɪ/ adv en términos generales.

broccoli /'brɒkəlɪ/ n brécol m, brócoli m.

brochure /'brəʊʃə/ n folleto m.

broil /brɔɪl/ vt (US) hacer al grill/ asar a la parrilla.

broiler /'brɔɪlə/ n (US: heat from above) grill m; (: heat from below) parrilla f.

broke /brəʊk/ **I** pret ⇨ **break**. **II** adj (fam) sin un duro, pelado -da.

broken /'brəʊkən/ **I** pp ⇨ **break**. **II** adj **1.** (gen) roto -ta; (machine) averiado -da, (Amér L) descompuesto -ta. **2.** (home, marriage) deshecho -cha.

broken-down adj (machine, car) averiado -da, (Amér L) descompuesto -ta. **broken-hearted** adj con el corazón destrozado.

broker /'brəʊkə/ n **1.** (on stock exchange) corredor -dora m/f de bolsa.

2. (for insurance) agente m/f ∗ corredor -dora m/f de seguros.

brolly /'brɒlɪ/ n [-lies] (fam) paraguas m inv.

bronchitis /brɒŋ'kaɪtɪs/ n bronquitis f.

bronze /brɒnz/ **I** n bronce m. **II** adj (made of bronze) de bronce; (in colour: gen) color bronce; (: skin) bronceado -da.

brooch /brəʊtʃ/ n [-ches] broche m.

brood /bruːd/ **I** n (of chicks) pollada f. **II** vi: **to brood on** ∗ **over sthg** darle vueltas a algo.

brook /brʊk/ n arroyo m.

broom /bruːm/ n escoba f.

broth /brɒθ/ n caldo m.

brothel /'brɒθəl/ n burdel m.

brother /'brʌðə/ n hermano m.

brother-in-law n [brothers-in-law] cuñado m.

brotherhood /'brʌðəhʊd/ n hermandad f.

brotherly /'brʌðəlɪ/ adj fraternal.

brought /brɔːt/ pret y pp ⇨ **bring**.

brow /braʊ/ n **1.** (forehead) frente f; (eyebrow) ceja f. **2.** (of hill) cima f.

brown /braʊn/ **I** adj **1.** (in colour: gen) marrón; (: hair) castaño -ña. **2.** (suntanned) moreno -na, bronceado -da. **3.** (bread, rice) integral. **II** n (colour) marrón m; (of hair) castaño m. **III** vt dorar.

brown paper n papel m de estraza. **brown sugar** n azúcar m moreno.

browse /braʊz/ vi mirar: **to browse through sthg** hojear algo.

bruise /bruːz/ **I** n morado m, cardenal m. **II** vt magullar: **I bruised my arm** me magullé el brazo.

brunch /brʌntʃ/ n [-ches] comida que combina el desayuno y el almuerzo.

brunette, (US) **brunet** /bruː'net/ n morena f.

brush /brʌʃ/ **I** n [-shes] **1.** (for clothes, hair, scrubbing) cepillo m; (for sweeping) escoba f, cepillo m. **2.** (for art) pincel m; (for decorating) brocha f. **II** vt **1.** (clothes, sbdy's hair) cepillar: **I brushed my hair** me cepillé el pelo; **to brush one's teeth** lavarse * cepillarse los dientes. **2.** (*to touch*) rozar.

to **brush aside** *vt* hacer caso omiso de. to **brush up on** *vt* mejorar.

brusque /brʊsk/ *adj* brusco -ca.

Brussels /'brʌsəlz/ *n* Bruselas *f*.

Brussels sprout /'brʌsəl 'spraʊt/ *n* col *f* de Bruselas, (*Amér S*) repollito *m* de Bruselas.

brutal /'bruːtəl/ *adj* brutal.

brute /bruːt/ *n* bestia *f*.

brutish /'bruːtɪʃ/ *adj* bruto -ta.

BSc /biːesˈsiː/, (*US*) **BS** /biːˈes/ *n* = Bachelor of Science.

bubble /'bʌbəl/ I *n* (*in liquid*) burbuja *f*; (*in air*) pompa *f*. II *vi* (*champagne, liquid*) burbujear; (*spring*) borbotear.

bubble bath *n* espuma *f* de baño. **bubble gum** *n* chicle *m* (*que hace globos*).

bubbly /'bʌblɪ/ *adj* [-blier, -bliest] alegre, lleno -na de vida.

buck /bʌk/ *n* **1.** (*US: fam, dollar*) dólar *m*. **2.** (*male animal*) macho *m* ● **to pass the buck** pasar la pelota.

bucket /'bʌkɪt/ *n* cubo *m* ● **to kick the bucket** estirar la pata.

bucket shop *n* agencia *f* de viajes (*que vende billetes de avión a bajo precio*).

buckle /'bʌkəl/ I *n* hebilla *f*. II *vt* **1.** (*to fasten*) abrochar. **2.** (*to bend*) torcer. ♦ *vi* torcerse.

bud /bʌd/ I *n* (*of leaf*) brote *m*; (*of flower*) capullo *m*. II *vi* [**buds, budding, budded**] echar brotes.

Buddhist /'bʊdɪst/ *adj, n* budista *adj, m/f*.

budding /'bʌdɪŋ/ *adj* en ciernes.

buddy /'bʌdɪ/ *n* [-**dies**] (*fam*) **1.** (*friend*) compinche *m*. **2.** (*US: as form of address*) amigo, tío.

budge /bʌdʒ/ *vi* **1.** (*to move*) moverse. **2.** (*to give in*) ceder. ♦ *vt* mover.

budgerigar /'bʌdʒərɪgɑː/ *n* periquito *m*.

budget /'bʌdʒɪt/ *n* presupuesto *m*.

to **budget for** *vt* (*Fin*) incluir en el presupuesto.

budgie /'bʌdʒɪ/ *n* (*fam*) periquito *m*.

buff /bʌf/ I *adj* beige *adj inv*. II *n* (*fam*) aficionado -da *m/f*.

buffalo /'bʌfələʊ/ *n* [-**loes** * -**lo**] (*African*) búfalo *m*; (*American bison*) bisonte *m*.

buffer /'bʌfə/ *n* **1.** (*gen*) amortiguador *m*; (*on train*) tope *m*. **2.** (*in computing*) memoria *f* intermedia.

buffet I /'bʌfɪt/ *vt* azotar. II /'bʊfeɪ/ *n* **1.** (*meal*) bufé *m*. **2.** (*place*) cafetería *f*.

buffet car *n* vagón *m* del bar.

bug /bʌg/ I *n* **1.** (*insect*) bicho *m*, insecto *m*. (*Inform*) error *m*. **3.** (*fam: germ*) microbio *m*. **4.** (*fam: interest*) fiebre *f*. **5.** (*microphone*) micrófono *m* oculto. II *vt* [**bugs, bugging, bugged**] **1.** (*a phone*) pinchar; (*a room*) poner un micrófono en. **2.** (*fam: to irritate*) fastidiar.

buggy /'bʌgɪ/ *n* [-**gies**] (*GB: pushchair*) sillita *f* (de paseo); (*US: baby carriage*) cochecito *m* (de niño).

bugle /'bjuːgəl/ *n* clarín *m*, corneta *f*.

build /bɪld/ I *n* complexión *f*. II *vt* [**builds, building, built**] **1.** (*a house, ship*) construir. **2.** (*to develop*) desarrollar. ♦ *vi* construir.

to **build up** *vt* (*to accumulate: gen*) acumular; (*: speed*) coger, (*Amér L*) agarrar; (*: confidence*) desarrollar ● **to build one's hopes up** hacerse ilusiones. ♦ *vi* (*dirt, washing, work*) acumularse; (*tension, pressure*) aumentar.

build-up *n* (*accumulation*) acumulación *f*; (*increase*) aumento *m*; (*to an event*): **the build-up to the elections** la actividad que precedió a las elecciones.

builder /'bɪldə/ *n* (*worker*) albañil *m/f*, (*owner of company*) constructor -tora *m/f*.

building /'bɪldɪŋ/ *n* **1.** (*place*) edificio *m*. **2.** (*industry*) construcción *f*.

building site *n* obra *f*. **building society** *n* sociedad *f* de crédito hipotecario.

built /bɪlt/ *pret y pp* ⇨ build.

built-in *adj* 1. (*furniture*) empotrado -da. 2. (*feature*) incorporado -da.

built-up *adj* urbanizado -da.

bulb /bʌlb/ *n* 1. (*o light bulb*) bombilla *f*, (*Amér L*) foco *m*, (*RP*) bombita *f*, lamparita *f*, (*Chi*) ampolleta *f*, (*Amér C, Col, Ven*) bombillo *m*. 2. (*of plant*) bulbo *m*.

Bulgaria /bʌl'geərɪə/ *n* Bulgaria *f*.

Bulgarian /bʌl'geərɪən/ I *adj* búlgaro -ra. II *n* búlgaro -ra *m/f*; (*Ling*) búlgaro *m*.

bulge /bʌldʒ/ I *vi* estar repleto -ta (**with** de). II *n* bulto *m*.

bulk /bʌlk/ *n* 1. (*mass*) volumen *m*; (*majority*) mayoría *f*. 2. **in bulk** (*in large quantities*) al por mayor; (*not packaged*) a granel.

bulky /'bʌlkɪ/ *adj* [**-kier, -kiest**] voluminoso -sa.

bull /bʊl/ *n* toro *m*.

bullfight *n* corrida *f* de toros. **bullfighter** *n* torero -ra *m/f*. **bullfighting** *n* los toros. **bullring** *n* plaza *f* de toros.

bulldog /'bʊldɒg/ *n* bulldog *m*.

bulldoze /'bʊldəʊz/ *vt* (*a building*) derribar; (*land*) nivelar.

bulldozer /'bʊldəʊzə/ *n* buldozer *m*.

bullet /'bʊlɪt/ *n* bala *f*.

bulletproof *adj* antibalas *adj inv*.

bulletin /'bʊlɪtɪn/ *n* boletín *m*.

bulletin board *n* tablón *m* de anuncios.

bullion /'bʊlɪən/ *n* lingotes *m pl* (*de oro/plata*).

bullock /'bʊlək/ *n* buey *m* (joven).

bull's-eye /'bʊlzaɪ/ *n* diana *f*.

bully /'bʊlɪ/ I *n* [**-lies**] matón -tona *m/f*. II *vt* [**-lies, -lying, -lied**] amedrentar.

bum /bʌm/ *n* (*fam*) 1. (*bottom*) trasero *m*. 2. (*US: tramp*) vagabundo -da *m/f*; (*: layabout*) vago -ga *m/f*.

bumbag *n* riñonera *f*.

bumblebee /'bʌmbəlbiː/ *n* abejorro *m*.

bump /bʌmp/ I *n* 1. (*action, noise*) golpe *m*. 2. (*on head*) chichón *m*; (*on body*) bulto *m*. 3. (*in road*) bache *m*.

II *vt* (*one's head*) darse un golpe en.

to bump into *vt* 1. (*to hit*) chocar con * contra. 2. (*to meet*) encontrarse con.

bumper /'bʌmpə/ I *n* (*Auto*) parachoques *m inv*. II *adj* (*crop*) récord.

bumpy /'bʌmpɪ/ *adj* [**-pier, -piest**] lleno -na de baches.

bun /bʌn/ *n* 1. (*cake*) bollo *m*; (*bread roll*) panecillo *m*. 2. (*in hair*) moño *m*.

bunch /bʌntʃ/ *n* [**-ches**] (*of flowers*) ramo *m*; (*of grapes*) racimo *m*; (*of keys*) manojo *m*; (*of people*) grupo *m*.

to bunch together * **up** *vi* apiñarse.

bundle /'bʌndəl/ *n* (*of newspapers*) atado *m*; (*of documents*) fajo *m*; (*of clothes*) fardo *m*; (*of firewood*) haz *m*.

to bundle into *vt* meter aprisa en. **to bundle up** *vt* liar, atar.

bung /bʌŋ/ I *n* tapón *m*. II *vt* (*fam*) poner.

bungalow /'bʌŋgələʊ/ *n* chalé *m* (de una planta), bungalow *m*.

bungle /'bʌŋgəl/ *vt* (*fam*) echar a perder.

bunion /'bʌnjən/ *n* juanete *m*.

bunk /bʌŋk/ *n* litera *f*.

bunk bed *n* litera *f*.

bunker /'bʌŋkə/ *n* 1. (*for coal*) carbonera *f*. 2. (*Mil*) búnker *m*. 3. (*in golf*) búnker *m*.

bunting /'bʌntɪŋ/ *n* banderines *m pl*.

buoy /bɔɪ/, (*US*) /'buːɪ/ *n* boya *f*.

to buoy up *vt* 1. (*to cheer up*) animar. 2. (*a currency*) fortalecer.

buoyant /'bɔɪənt/ *adj* 1. (*floating*) flotante. 2. (*Fin*) alcista. 3. (*person, mood*) optimista.

burden /'bɜːdən/ I *n* carga *f* (**on** para). II *vt* cargar.

bureau /'bjʊərəʊ/ *n* [**-reaus** * **-reaux**] 1. (*GB: desk*) escritorio *m*, buró *m*; (*US: chest of drawers*) cómoda *f*; 2. (*office*) oficina *f*.

bureaucracy /bjʊə'rɒkrəsɪ/ *n* [**-cies**] burocracia *f*.

bureaucrat /'bjʊərəkræt/ *n* burócrata *m/f*.

burger /'bɜːgə/ *n* hamburguesa *f*.

burglar /'bɜːglə/ *n* (*Law*) ladrón

ladrona *m/f*.

burglar alarm *n* alarma *f* antirrobo.

burglarize /'bɜːɡləraɪz/ *vt* (*US*) ⇨ **burgle**.

burglary /'bɜːɡlərɪ/ *n* [**-ries**] robo *m* (*en una casa*).

burgle /'bɜːɡəl/ *vt* (*a building*) entrar a robar en: **he was burgled** entraron a robar en su casa.

burial /'berɪəl/ *n* entierro *m*.

burly /'bɜːlɪ/ *adj* [**-lier, -liest**] fornido -da.

burn /bɜːn/ **I** *n* quemadura *f*. **II** *vt* [**burns, burning, burned** * **burnt**] quemar: **he burned his hand** se quemó la mano. ♦ *vi* 1. (*building, fire*) arder. 2. (*food*) quemarse. 3. (*to sting*) escocer. 4. (*light*) estar encendido -da.

to **burn down** *vi* incendiarse. ♦ *vt* incendiar.

burner /'bɜːnə/ *n* quemador *m*.

burning /'bɜːnɪŋ/ *adj* 1. (*building*) en llamas. 2. (*hot*) ardiente. 3. (*ambition*) ardiente; (*issue*) candente.

burnt /bɜːnt/ *pret y pp* ⇨ **burn**.

burnt-out /'bɜːntaʊt/ *adj* calcinado -da.

burp /bɜːp/ **I** *vi* eructar. ♦ *vt* (*a baby*) hacer eructar. **II** *n* eructo *m*.

burrow /'bʌrəʊ/ **I** *n* madriguera *f*. **II** *vi* cavar.

bursar /'bɜːsə/ *n* administrador -dora *m/f*.

bursary /'bɜːsərɪ/ *n* [**-ries**] beca *f*.

burst /bɜːst/ **I** *n* 1. (*in pipe*) reventón *m*. 2. (*of activity, speed*) arranque *m*; (*of applause*) salva *f*; (*of gunfire*) ráfaga *f*. **II** *vi* [**bursts, bursting, burst**] 1. (*balloon, tyre*) reventar(se) ● **to burst open** abrirse de repente. 2. (*person*): **he was bursting to tell them** se moría por contárselo. 3. (*place*): **to be bursting with** estar hasta los topes de. ♦ *vt* (*a balloon, tyre*) reventar; (*river*): **the river burst its banks** el río se desbordó ● **he burst out laughing** se echó a reír.

to **burst in** *vi* irrumpir.

bury /'berɪ/ *vt* [**-ries, -rying, -ried**] enterrar.

bus /bʌs/ *n* [**buses**] autobús *m*, (*Amér L*) bus *m*, ómnibus *m*, (*Méx*) camión *m*.

bus conductor *n* cobrador -dora *m/f*.

bus driver *n* conductor -tora *m/f* de autobús. **bus station** *n* estación *f* de autobuses. **bus stop** *n* parada *f*, (*Amér L*) paradero *m*.

bush /bʊʃ/ *n* [**-shes**] arbusto *m* ● **to beat about the bush** andarse con rodeos.

bushy /'bʊʃɪ/ *adj* [**-shier, -shiest**] (*beard*) poblado -da; (*tail*) peludo -da.

busily /'bɪzəlɪ/ *adv* con diligencia.

business /'bɪznɪs/ *n* [**-nesses**] 1. (*company*) negocio *m*; (*trade*) negocios *m pl*: **business is bad** los negocios andan mal; **she's in the antiques business** se dedica a la compra y venta de antigüedades ● **on business** en viaje de negocios. 2. (*concern*) asunto *m* ● **mind your own business!** ¡no te metas en lo que no te importa! 3. (*matter*) asunto *m*.

business hours *n pl* horas *f pl* de oficina. **businesslike** *adj* eficiente. **businessman** *n* hombre *m* de negocios. **business trip** *n* viaje *m* de negocios. **businesswoman** *n* mujer *f* de negocios.

busker /'bʌskə/ *n* músico -ca *m/f* callejero -ra.

bust /bʌst/ **I** *n* (*of woman*) busto *m*, pecho *m*; (*sculpture*) busto *m*. **II** *adj* (*fam*) 1. (*broken*) estropeado -da. 2. (*bankrupt*): **to go bust** quebrar. **III** *vt* [**busts, busting, bust** * **busted**] (*fam*) romper, estropear.

bustle /'bʌsəl/ **I** *vi* (*person*) ir y venir muy ocupado; (*place*) bullir (**with** de). **II** *n* bullicio *m*.

busy /'bɪzɪ/ *adj* [**-sier, -siest**] 1. (*person*) ocupado -da, atareado -da; (*day, month*) ajetreado -da. 2. (*place*) animado -da; (*road*) de mucho tráfico. 3. (*phone line*): **the line was busy** estaba comunicando.

busybody /'bɪzɪbɒdɪ/ *n* [**-dies**]

metomentodo *m/f*.

but /bʌt/ **I** *conj* **1.** (*yet, however*) pero. **2.** (*rather, instead*) sino: **he ate not one but three cakes!** ¡se comió no uno, sino tres pasteles! **II** *prep* menos, excepto: **I ate all but one** me comí todos menos uno; **he told nothing but lies** no dijo más que mentiras.

butcher /'bʊtʃə/ *n* carnicero -ra *m/f*: **at the butcher's** en la carnicería.

butler /'bʌtlə/ *n* mayordomo *m*.

butt /bʌt/ **I** *n* **1.** (*of rifle*) culata *f*. **2.** (*of cigarette*) colilla *f*. **3.** (*of joke*) blanco *m*. **4.** (*US: fam, bottom*) trasero *m*. **II** *vt* topetear.

to **butt in** *vi* interrumpir.

butter /'bʌtə/ **I** *n* mantequilla *f*, (*RP*) manteca *f*. **II** *vt* ponerle mantequilla * (*RP*) manteca a.

butter bean *n* judía *f* blanca, (*Amér L*) frijol *m* blanco, (*RP*) poroto *m* de manteca.

buttercup /'bʌtəkʌp/ *n* botón *m* de oro.

butterfly /'bʌtəflaɪ/ *n* [**-flies**] **1.** (*insect*) mariposa *f*. **2.** (*in swimming*) (estilo *m*) mariposa *f*.

buttock /'bʌtək/ *n* nalga *f*.

button /'bʌtən/ **I** *n* **1.** (*on clothes, machine*) botón *m*. **2.** (*US: badge*) pin *m*. **II** *vt* (*o* **button up**) abrochar.

buttonhole *n* ojal *m*.

buy /baɪ/ **I** *n* compra *f*. **II** *vt/i* [**buys, buying, bought**] comprar: **he bought a book for his mother** compró un libro para su madre ‖ le compró un libro a su madre; **I bought it from * off a friend** se lo compré a un amigo.

buyer /'baɪə/ *n* comprador -dora *m/f*.

buzz /bʌz/ **I** *n* [**buzzes**] zumbido *m*. **II** *vi* zumbar.

buzzard /'bʌzəd/ *n* (*European*) águila *f*★ ratonera; (*American*) aura *f*★.

buzzer /'bʌzə/ *n* timbre *m*, chicharra *f*.

by /baɪ/ **I** *prep* **1.** (*indicating agent, cause*) por: **designed by Wren** dise-

ñado por Wren. **2.** (*indicating means, route*) por: **by post** por correo; **he travelled by land** viajó por tierra; (*indicating means of transport*) en: **by train** en tren. **3.** (+ *-ing*): **you should begin by reading this** deberías empezar por leer esto. **4.** (*near*) junto a, al lado de: **sitting by the fire** sentado junto al fuego; (*past*): **she walked by the church** pasó por la iglesia. **5.** (*with expressions of time*) para, antes de: **I need it by four o'clock** lo necesito para las cuatro. **6.** (*in measurements, sums, rates*) por: **two metres by three** dos metros por tres; **by the hour** por hora. **7.** (*according to*) según, de acuerdo con: **we went by the regulations** lo hicimos según el reglamento ● **it's all right by me** no tengo inconveniente. **II** *adv*: **a bird flew by** pasó un pájaro volando.

by-election *n*: elecciones para cubrir un escaño vacante. **bylaw** *n* ordenanza *f* municipal. **bypass** **I** *n* [**-passes**] **1.** (*road*) carretera *f* de circunvalación. **2.** (*for heart*) bypass *m*. **II** *vt* evitar. **by-product** *n* producto *m* secundario.

bye /baɪ/, **bye-bye** /'baɪbaɪ/ *excl* (*fam*) ¡adiós!, (*Amér L*) ¡chau!

bygone /'baɪgɒn/ *adj* (*frml*) pasado -da.

byte /baɪt/ *n* byte *m*.

C /si:/ n (*Educ*) tercera nota (siendo la A la más alta).

C /si:/ (= **Centigrade** * **Celsius**) C.

c. 1. /sent/ = **cent**. 2. /'sɜːkə/ = **circa**. 3. /'sentʃʊrɪ/ (= **century**) s.

cab /kæb/ n 1. (*taxi*) taxi m. 2. (*of truck*) cabina f.

cabaret /'kæbəreɪ/ n cabaré m.

cabbage /'kæbɪdʒ/ n col f, repollo m.

cabin /'kæbɪn/ n 1. (*hut*) cabaña f. 2. (*Naut*) camarote m. 3. (*Av*) cabina f.

cabin crew n auxiliares m pl de vuelo.

cabinet /'kæbɪnət/ n 1. (*gen*) armario m; (*for china*) vitrina f. 2. (*Pol*) gabinete m.

cabinet meeting n consejo m de ministros.

cable /'keɪbəl/ n cable m.

cable car n teleférico m. **cable television** n televisión f por cable.

cache /kæʃ/ n (*of drugs*) alijo m; (*of arms*) arsenal m.

cackle /'kækəl/ vi (*hen*) cacarear; (*person*) soltar grandes risotadas.

cactus /'kæktəs/ n [**-tuses** * **-ti**] cactus m inv, cacto m.

cadge /kædʒ/ vt (*fam*) gorronear.

Caesarean /sɪ'zeərɪən/ n (o **Caesarean section**) cesárea f.

cafe, café /'kæfeɪ/ n café m.

cafeteria /kæfə'tɪərɪə/ n cafetería f.

caffeine /'kæfiːn/ n cafeína f.

cage /keɪdʒ/ n jaula f.

cagey /'keɪdʒɪ/ adj [**-gier, -giest**] (*fam*) reservado -da [S].

cagoule /kə'guːl/ n chubasquero m.

cajole /kə'dʒəʊl/ vt engatusar: **he cajoled me into going** me engatusó para que fuera.

cake /keɪk/ n 1. (*Culin: gen*) pastel m; (*: large*) tarta f; (*: sponge*) bizcocho m. 2. (*of soap*) pastilla f.

cake shop n pastelería f.

caked /keɪkt/ adj: **caked with mud** cubierto -ta de barro solidificado.

calcium /'kælsɪəm/ n calcio m.

calculate /'kælkjʊleɪt/ vt calcular.

calculated /'kælkjʊleɪtɪd/ adj premeditado -da.

calculating /'kælkjʊleɪtɪŋ/ adj calculador -dora.

calculation /kælkjʊ'leɪʃən/ n cálculo m.

calculator /'kælkjʊleɪtə/ n calculadora f.

calendar /'kæləndə/ n calendario m: **calendar month/year** mes/año del calendario.

calf /kɑːf/ n [**-ves**] 1. (*of cow*) becerro m, ternero m; (*of other animals*) cría f. 2. (*Anat*) pantorrilla f.

calibre, (*US*) **caliber** /'kælɪbə/ n calibre m.

Californian /kælɪ'fɔːnjən/ adj, n californiano -na m/f.

call /kɔːl/ **I** n 1. (*on phone*) llamada f: **give her a call** llámala. 2. (*of bird*) canto m. 3. (*visit*) visita f. 4. (*Med*): **to be on call** estar de guardia. 5. (*need*) demanda f (**for** de). 6. (*appeal*) llamamiento m. **II** vt 1. (*gen*) llamar: **she called him over** lo llamó para que se acercara; **to be called** llamarse. 2. (*a meeting*) convocar. ♦ vi 1. (*gen*) llamar: **who's calling?** ¿de parte de quién? 2. (*to visit*): **I called to see him** pasé a verlo. 3. (*train, bus*) tener parada (**at** en); (*Av, Naut*) hacer escala (**at** en).

to **call back** vt 1. (*to a place*) hacer volver. 2. (*Telec*) volver a llamar. ♦ vi 1. (*to return*) volver. 2. (*Telec*) volver a llamar. *to* **call for** vt 1. (*to collect*) pasar a buscar * recoger. 2. (*to demand*) exigir. *to* **call off** vt (*a game, talks*) suspender; (*a deal*) anular; (*a strike*) desconvocar. *to* **call on** vt 1. (*gen*) pasar a ver. 2. (*to make a demand on*): **he called on her to resign** pidió su dimisión.

to **call out** *vt* **1.** (*to shout*) gritar. **2.** (*firemen, police*) hacer venir. **3.** (*strikers*) llamar a la huelga. *to* **call up** *vt* (*Mil*) llamar a filas.

call box *n* cabina *f* telefónica.

caller /'kɔ:lə/ *n* (*visitor*) visitante *m/f*; (*Telec*) comunicante *m/f*.

calling /'kɔ:lɪŋ/ *n* vocación *f*.

callous /'kæləs/ *adj* desalmado -da.

callus /'kæləs/ *n* [-luses] callo *m*.

calm /kɑ:m/ **I** *adj* **1.** (*person*) tranquilo -la. **2.** (*sea*) en calma. **II** *n* **1.** (*of person*) tranquilidad *f*. **2.** (*of sea*) calma *f*. **III** *vt* calmar, tranquilizar.

to **calm down** *vt* tranquilizar. ♦ *vi* tranquilizarse.

calmly /'kɑ:mlɪ/ *adv* con calma.

calorie /'kælərɪ/ *n* caloría *f*.

calves /kɑ:vz/ *pl* ⇨ **calf**.

camcorder /'kæmkɔ:də/ *n* videocámara *f*.

came /keɪm/ *pret* ⇨ **come**.

camel /'kæməl/ *n* camello -lla *m/f*.

cameo /'kæmɪəʊ/ *n* camafeo *m*.

camera /'kæmərə/ *n* **1.** (*for film*) cámara *f*. **2.** (*Law*): **in camera** a puerta cerrada.

cameraman *n* cámara *m/f*.

camomile /'kæməmaɪl/ *n* manzanilla *f*: **camomile tea** manzanilla *f*.

camouflage /'kæmʊflɑ:ʒ/ **I** *n* camuflaje *m*. **II** *vt* camuflar.

camp /kæmp/ **I** *n* **1.** (*tents*) campamento *m*. **2.** (*Pol*) facción *f*. **II** *adj* afeminado -da. **III** *vi* acampar.

camp bed *n* catre *m*. **campfire** *n* fogata *f*. **campground** *n* (*US*) camping *m*. **camp site** *n* (*GB: for tents*) camping *m*; (*US: for one tent*) lote *m*.

campaign /kæm'peɪn/ **I** *n* campaña *f* (**for** en pro de ∗ a favor de; **against** en contra de). **II** *vi* hacer una campaña (**for** en pro de ∗ a favor de; **against** en contra de).

camper /'kæmpə/ *n* **1.** (*person*) campista *m/f*. **2.** (*Auto*) caravana *f*.

camping /'kæmpɪŋ/ *n* camping *m*: **to go camping** ir de camping.

camping stove *n* hornillo *m* de camping.

campus /'kæmpəs/ *n* [-puses] ciudad *f* universitaria.

can /kæn/ **I** *n* lata *f*. **II** *vt* [**cans, canning, canned**] enlatar. **III** *v aux* **1.** (*expressing possibility*) poder: **he can help you** él te puede ayudar; **where can he be?** ¿dónde estará? **2.** (*expressing permission, in requests*) poder: **you can go now** puedes irte ahora; **can you carry this for me?** ¿me puedes llevar esto? **3.** (*expressing ability*) saber: **I can skate** sé patinar. **4.** (*with senses*): **he can't hear/see me** no me oye/ve.

can-opener *n* abrelatas *m inv*.

Canada /'kænədə/ *n* Canadá *m*.

Canadian /kə'neɪdɪən/ *adj, n* canadiense *adj, m/f*.

canal /kə'næl/ *n* canal *m*.

Canaries /kə'neərɪz/ *n pl* (o **Canary Islands**) (islas *f pl*) Canarias *f pl*.

canary /kə'neərɪ/ *n* [-ries] canario *m*.

cancel /'kænsəl/ *vt* [-cels, -celling, -celled] (*gen*) cancelar; (*an event*) suspender.

to **cancel out** *vt* anular.

cancellation /kænsə'leɪʃən/ *n* cancelación *f*.

Cancer /'kænsə/ *n* Cáncer *m*.

cancer /'kænsə/ *n* cáncer *m*.

candid /'kændɪd/ *adj* franco -ca.

candidate /'kændɪdət/ *n* candidato -ta *m/f* (**for** a ∗ para).

candle /'kændəl/ *n* vela *f*.

candlelight *n* luz *f* de vela. **candlestick** *n* candelabro *m*.

candour, (*US*) **candor** /'kændə/ *n* franqueza *f*.

candy /'kændɪ/ *n* [-dies] (*US: sweet*) caramelo *m*; (: *sweets*) caramelos *m pl*.

candyfloss *n* algodón *m* de azúcar. **candy store** *n* (*US*) confitería *f*.

cane /keɪn/ **I** *n* **1.** (*gen*) caña *f*; (*for furniture*): **a cane chair** una silla de mimbre. **2.** (*for walking*) bastón *m*. **3.** (*for punishment*) vara *f*. **II** *vt* azotar con la vara.

canine /'keɪnaɪn/ **I** *adj* canino -na. **II** *n* (o **canine tooth**) colmillo *m*.

canister /'kænɪstə/ n bote m.

cannabis /'kænəbɪs/ n cannabis m.

canned /kænd/ adj enlatado -da.

cannibal /'kænɪbəl/ n caníbal m/f.

cannon /'kænən/ n [-nons ∗ -non] cañón m.

cannot /'kænɒt/ ⇨ **can III**.

canny /'kænɪ/ adj [-nier, -niest] astuto -ta.

canoe /kə'nu:/ n (gen) canoa f; (Sport) piragua f.

canoeing /kə'nu:ɪŋ/ n piragüismo m.

canon /'kænən/ n 1. (norm) canon m. 2. (priest) canónigo m.

canopy /'kænəpɪ/ n [-pies] toldo m, dosel m.

can't /ka:nt/ contracción de **cannot**

Cantabrian /kæn'teɪbrɪən/ adj cantábrico -ca.

canteen /kæn'ti:n/ n 1. (place) comedor m. 2. (cutlery) cubertería f. 3. (flask) cantimplora f.

canter /'kæntə/ vi ir a medio galope.

canvas /'kænvəs/ n [-vases] 1. (cloth) lona f. 2. (Art) lienzo m.

canvass /'kænvəs/ vi hacer propaganda electoral. ♦ vt (voters) hacer campaña entre; (opinion) hacer un sondeo de.

canyon /'kænjən/ n cañón m.

cap /kæp/ I n 1. (hat) gorra f. 2. (of bottle, tank) tapón m; (of pen) capuchón m. 3. (Med) diafragma m. II vt [**caps, capping, capped**] 1. (a performance) superar. 2. (spending) limitar.

capability /keɪpə'bɪlətɪ/ n [-ties] capacidad f.

capable /'keɪpəbəl/ adj 1. (skilled) competente. 2. (of a task) capaz: **he's capable of walking by himself** es capaz de andar sólo.

capacity /kə'pæsətɪ/ n 1. (gen) capacidad f. 2. (function) calidad f: **in her capacity as** en su calidad de.

cape /keɪp/ n 1. (cloak) capa f. 2. (Geog) cabo m.

caper /'keɪpə/ n 1. (Culin) alcaparra f. 2. (escapade) travesura f.

capital /'kæpɪtəl/ n 1. (city) capital f.

2. (letter) mayúscula f. 3. (Fin) capital m.

capital gains tax n impuesto m sobre plusvalías. **capital punishment** n pena f capital.

capitalist /'kæpɪtəlɪst/ adj, n capitalista adj, m/f.

capitalize /'kæpɪtəlaɪz/ vt (investment) capitalizar. ♦ vi: **to capitalize on sthg** sacar provecho de algo.

capitulate /kə'pɪtjʊleɪt/ vi capitular.

cappuccino /kæpʊ'tʃi:nəu/ n capuchino m.

Capricorn /'kæprɪkɔ:n/ n Capricornio m.

capsize /kæp'saɪz/ vi volcar.

capsule /'kæpsju:l/ n cápsula f.

captain /'kæptɪn/ I n capitán -tana m/f. II vt capitanear.

caption /'kæpʃən/ n 1. (under photo) pie m de foto; (under cartoon) leyenda f. 2. (heading) título m; (subtitle) subtítulo m.

captivate /'kæptɪveɪt/ vt cautivar.

captive /'kæptɪv/ adj, n cautivo -va adj, m/f.

captivity /kæp'tɪvətɪ/ n (for person) cautiverio m; (for animal) cautividad f.

captor /'kæptə/ n captor -tora m/f.

capture /'kæptʃə/ I vt 1. (a person) capturar; (a place) tomar. 2. (Art, Lit) captar. II n (of person) captura f; (of place) toma f.

car /ka:/ n 1. (Auto) coche m, (Amér L) carro m, (C Sur) auto m. 2. (of train) vagón m.

car hire n alquiler m de automóviles. **car park** n aparcamiento m, (Amér L) estacionamiento m.

carafe /kə'ræf/ n: botella de boca ancha para servir vino.

caramel /'kærəməl/ n caramelo m.

carat /'kærət/ n quilate m.

caravan /'kærəvæn/ n caravana f.

caravan site n camping m para caravanas.

carbohydrate /ka:bəʊ'haɪdreɪt/ n hidrato m de carbono.

carbon /'ka:bən/ n carbono m.

carbon dioxide n (Chem) dióxido m

de carbono.

carbonated /'kɑːbəneɪtɪd/ *adj* con gas.

carburettor, (*US*) **carburetor** /kɑːbjʊˈretə/ *n* carburador *m*.

carcass /'kɑːkəs/ *n* [-casses] res *f* muerta.

carcinogenic /kɑːsɪnəˈdʒenɪk/ *adj* cancerígeno -na.

card /kɑːd/ *n* 1. (*material*) cartulina *f*. 2. (*greetings, credit, cheque*) tarjeta *f*. 3. (*Games*) naipe *m*, carta *f*. 4. (*for identification*) carné *m*, carnet *m*.

card index *n* fichero *m*.

cardboard /'kɑːdbɔːd/ *n* cartón *m*.

cardiac /'kɑːdiæk/ *adj* cardiaco: a **cardiac arrest** un paro cardiaco.

cardigan /'kɑːdɪgən/ *n* chaqueta *f* (de punto).

cardinal /'kɑːdɪnəl/ I *n* (*Relig*) cardenal *m*. II *adj* 1. (*number*) cardinal. 2. (*sin*) mortal.

cardiologist /kɑːdɪˈɒlədʒɪst/ *n* cardiólogo -ga *m/f*.

care /keə/ I *n* 1. (*caution*) cuidado *m*: **take care not to lose it** ten cuidado de no perderlo; **handle with care** frágil. 2. (*social, medical*): **take care of him** cuídalo. 3. (*charge, control*) cargo *m*: **I took care of the shopping** me hice cargo de las compras; (*on letter*): **Mr Kay, care of Mr Hall** Sr. Hall, para entregar al Sr. Kay. 4. (*anxiety*) preocupación *f*. II *vi*: **he cares about you se** preocupa por ti.♦ *vt* **I don't care what he says** no me importa lo que diga.

to **care for** *vt* 1. (*to look after*) cuidar. 2. (*to like*): **I don't care for garlic** no me gusta el ajo; (*to feel affection for*): **he cares for her** le tiene cariño.

career /kəˈrɪə/ I *n* carrera *f*: **his career in engineering** su carrera como ingeniero. II *vi* ir a toda velocidad.

carefree /'keəfriː/ *adj* despreocupado -da.

careful /'keəfʊl/ *adj* cuidadoso -sa [S]: **be careful!** ¡(ten) cuidado!

carefully /'keəfʊlɪ/ *adv* con cuidado.

careless /'keələs/ *adj* (*person*) descuidado -da [S]; (*work*) poco esmerado -da: **a careless mistake** un error cometido por falta de cuidado.

carelessness /'keəlɪsnəs/ *n* falta *f* de cuidado.

caress /kəˈres/ I *n* [-resses] caricia *f*. II *vt* acariciar.

caretaker /'keəteɪkə/ *n* portero -ra *m/f*, conserje *m/f*.

cargo /'kɑːgəʊ/ *n* [-gos ∗ -goes] carga *f*.

Caribbean /kærɪˈbiːən/, (*US*) /kəˈrɪbɪən/ I *adj* caribeño -ña. II *n* Caribe *m*.

caricature /'kærɪkətjʊə/ I *n* caricatura *f*. II *vt* caricaturizar.

caring /'keərɪŋ/ *adj* bondadoso -sa.

carnation /kɑːˈneɪʃən/ *n* clavel *m*.

carnival /'kɑːnɪvəl/ *n* carnaval *m*.

carnivore /'kɑːnɪvɔː/ *n* carnívoro *m*.

carol /'kærəl/ *n* villancico *m*.

carousel /kærʊˈsel/ *n* 1. (*in fair*) caballitos *m pl*. 2. (*for luggage*) cinta *f* de equipajes.

carp /kɑːp/ I *n inv* carpa *f*. II *vi* (*fam*) quejarse (**at** ∗ **about** de).

carpenter /'kɑːpəntə/ *n* carpintero -ra *m/f*.

carpentry /'kɑːpəntrɪ/ *n* carpintería *f*.

carpet /'kɑːpɪt/ I *n* (*fitted*) moqueta *f*, (*Amér L*) alfombra *f*; (*rug*) alfombra *f*. II *vt* enmoquetar, alfombrar.

carriage /'kærɪdʒ/ *n* 1. (*of train*) vagón *m*. 2. (*Hist: vehicle*) coche *m* de caballos. 3. (*of freight*) porte *m*.

carriageway *n* calzada *f*.

carrier /'kærɪə/ *n* 1. (*Transp*) transportista *m/f*. 2. (*of disease*) portador -dora *m/f*.

carrier bag *n* bolsa *f*.

carrot /'kærət/ *n* zanahoria *f*.

carry /'kærɪ/ *vt* [-ries, -rying, -ried] 1. (*gen*) llevar; (*freight*) transportar. 2. (*Media: a story*) publicar. 3. (*a penalty*) conllevar. 4. (*a disease*) ser portador -dora de. 5. (*Pol: a*

motion) aprobar. ♦ *vi* (*sound*) llegar.
to **carry away** *vt*: **I got carried away** (*with enthusiasm*) me entusiasmé, (*with anger*) me exalté. *to* **carry on** *vt/i* seguir, continuar. *to* **carry out** *vt* (*gen*) llevar a cabo; (*an order*) cumplir.

carrycot *n*: cestillo portátil de coche-cito de niño. **carry-on** *n* jaleo *m*. **carry-out** *n* comida *f* para llevar.

cart /kɑːt/ **I** *n* carro *m*. **II** *vt* (*fam*) cargar con.

carthorse *n* caballo *m* de tiro.

cartilage /'kɑːtɪlɪdʒ/ *n* (*gen*) cartí-lago *m*; (*in knee*) menisco *m*.

carton /'kɑːtən/ *n* (*box*) caja *f*; (*of milk*) cartón *m*.

cartoon /kɑː'tuːn/ *n* **1.** (*political*) viñeta *f*; (*comic strip*) tira *f* cómica. **2.** (*film*) dibujos *mpl* animados.

cartoonist /kɑː'tuːnɪst/ *n* dibujante *m/f* (*de tiras cómicas o viñetas*).

cartridge /'kɑːtrɪdʒ/ *n* cartucho *m*.

cartwheel /'kɑːtwiːl/ *n* **1.** (*Sport*) voltereta *f* lateral. **2.** (*Transp*) rue-da *f* de carro.

carve /kɑːv/ *vt* **1.** (*a figure*) tallar. **2.** (*meat*) trinchar.
to **carve up** *vt* dividir (**into** en).

carving /'kɑːvɪŋ/ *n* (*Art*) talla *f*.

carving knife *n* cuchillo *m* de trin-char.

case /keɪs/ *n* **1.** (*medical, legal*) caso *m*: **in case of emergency** en caso de urgencia ● **just in case** por si acaso ● **in any case** de todas formas. **2.** (*reasoning*) argumentos *mpl*. **3.** (*suitcase*) maleta *f*, (*Méx*) petaca *f*, (*RP*) valija *f*. **4.** (*for instruments: soft*) funda *f*, (*:hard*) estuche *m*. **5.** (*of wine*) caja *f*.

case history *n* historial *m* clínico.

cash /kæʃ/ **I** *n* dinero *m* (*en metá-lico*): **I paid (in) cash** pagué en metá-lico. **II** *vt* (*a cheque*) cobrar.
to **cash in** *vi* sacar provecho (**on** de).

cash desk *n* caja *f*. **cash dispenser ∗ machine** *n* cajero *m* automático. **cash register** *n* caja *f* registradora.

cashew /'kæʃuː/ *n* (*o* **cashew nut**) anacardo *m*.

cashier /kæ'ʃɪə/ *n* cajero -ra *m/f*.

cashmere /'kæʃmɪə/ *n* cachemir *m*.

casing /'keɪsɪŋ/ *n* cubierta *f* pro-tectora.

casino /kə'siːnəʊ/ *n* casino *m*.

cask /kɑːsk/ *n* tonel *m*, barril *m*.

casket /'kɑːskɪt/ *n* **1.** (*for gems*) cofre *m*. **2.** (*coffin*) ataúd *m*.

casserole /'kæsərəʊl/ *n* (*pot*) cazuela *f*; (*stew*) guiso *m*.

cassette /kə'set/ *n* cinta *f*, casete *f*.

cassette player *n* casete *m*, (*Amér L*) casetera *f*.

cast /kɑːst/ **I** *n* **1.** (*of play*) reparto *m*. **2.** (*Med*) escayola *f*. **3.** (*mould*) molde *m*. **II** *vt* [**casts, casting, cast**] **1.** (*gen*) echar. **2.** (*an actor*): **he was cast as Romeo** le dieron el papel de Romeo. **3.** (*a vote*) emitir.
to **cast aside** *vt* (*an object*) desechar; (*a person*) rechazar. *to* **cast off** *vi* (*Naut*) soltar las amarras.

cast iron *n* hierro *m* colado.

castanets /kæstə'nets/ *npl* casta-ñuelas *fpl*.

castaway /'kɑːstəweɪ/ *n* náufrago -ga *m/f*.

caste /kɑːst/ *n* casta *f*.

caster /'kɑːstə/ *n* rueda *f*.

Castile /kæ'stiːl/ *n* Castilla *f*.

Castilian /kæ'stɪlɪən/ **I** *adj* caste-llano -na. **II** *n* castellano -na *m/f*; (*Ling*) castellano *m*.

casting /'kɑːstɪŋ/ *n* reparto *m* de papeles.

casting vote *n* voto *m* de calidad.

castle /'kɑːsəl/ *n* **1.** (*building*) castillo *m*. **2.** (*in chess*) torre *f*.

castor /'kɑːstə/ *n* ⇨ **caster**.

castor oil *n* aceite *m* de ricino.

castrate /kæ'streɪt/ *vt* castrar.

casual /'kæʒʊəl/ *adj* **1.** (*dress*) de sport, informal. **2.** (*work*) temporal. **3.** (*attitude*) despreocupado -da.

casually /'kæʒʊəlɪ/ *adv* (*to dress*) de sport; (*to behave*) de manera in-formal; (*to mention*) sin darle im-portancia.

casualty /'kæʒʊəltɪ/ *n* [**-ties**] **1.** (*wounded*) herido -da *m/f*; (*dead*) baja *f.* **2.** (*department*) urgencias *f.*

cat /kæt/ *n* gato -ta *m/f.*

Catalan /'kætələn/ **I** *adj* catalán -lana. **II** *n* catalán -lana *m/f,* (*Ling*) catalán *m.*

catalogue, (*US*) **catalog** /'kætəlɒg/ **I** *n* catálogo *m.* **II** *vt* catalogar.

Catalonia /kætə'ləʊnɪə/ *n* Cataluña *f.*

catalyst /'kætəlɪst/ *n* catalizador *m.*

catalytic converter /kætə'lɪtɪk kən'vɜ:tə/ *n* catalizador *m.*

catapult /'kætəpʌlt/ *n* tirachinas *m inv.*

cataract /'kætərækt/ *n* catarata *f.*

catarrh /kə'tɑ:/ *n* catarro *m.*

catastrophe /kə'tæstrəfɪ/ *n* catástrofe *f.*

catch /kætʃ/ **I** *n* [**-ches**] **1.** (*by goalkeeper*) parada *f.* **2.** (*fish*) captura *f.* **3.** (*on door*) pestillo *m.* **4.** (*drawback*) pega *f.* **II** *vt* [**catches, catching, caught**] **1.** (*a ball*) coger, (*Amér L*) atajar; (*a fish*) coger, pescar; (*a thief*) coger, capturar; (*a bus, train*) coger, tomar; (*an illness*) pillar. **2.** (*to take by surprise*) pillar: **I caught him smoking** lo pillé fumando. **3.** (*to hear*) oír; (*to understand*) entender. **4.** (*to hit*): **I caught my elbow on the desk** me di con el codo en la mesa. ♦ *vi* (*to snag*) engancharse (**on** en).

to **catch on** *vi* **1.** (*custom*) hacerse popular. **2.** (*to realize*) caer en la cuenta. *to* **catch out** *vt* coger en falta. *to* **catch up** *vt* alcanzar. ♦ *vi* (*with sbdy*): **I caught up with him** lo alcancé; (*with work, events*) ponerse al día (**on** con).

catch phrase *n* frase *f* de moda.

catcher /'kætʃə/ *n* receptor -tora *m/f.*

catching /'kætʃɪŋ/ *adj* (*fam*) contagioso -sa.

catchment area /'kætʃmənt eərɪə/ *n* zona *f* de captación.

catchy /'kætʃɪ/ *adj* [**-chier, -chiest**] pegadizo -za.

categorical /kætə'gɒrɪkəl/ *adj* categórico -ca.

categorize /'kætɪgəraɪz/ *vt* clasificar.

category /'kætɪgərɪ/ *n* [**-ries**] categoría *f.*

cater /'keɪtə/ *vi*: **they cater for * at weddings** se encargan de la provisión de comida y bebida para banquetes nupciales.

to **cater for** *vt* (*clients, needs*) atender; (*viewpoints*) tener en cuenta. *to* **cater to** *vt* satisfacer.

caterer /'keɪtərə/ *n* proveedor -dora *m/f.*

catering /'keɪtərɪŋ/ *n* **1.** (*trade*) hostelería *f.* **2.** (*at an event*) restauración *f.*

caterpillar /'kætəpɪlə/ *n* (*Zool*) oruga *f.*

caterpillar track *n* oruga *f.*

cathedral /kə'θi:drəl/ *n* catedral *f.*

Catholic /'kæθəlɪk/ **I** *n* católico -ca *m/f.* **II** *adj* **1.** (*Relig*) católico -ca. **2. catholic** (*universal*): **he has catholic tastes** es muy ecléctico en sus gustos.

Cat's-eye® /'kætsaɪ/ *n* catafaros *m inv.*

catsup /'ketʃʌp/ *n* (*US*) ketchup *m,* catchup *m.*

cattle /'kætəl/ *npl* ganado *m* (vacuno).

catty /'kætɪ/ *adj* [**-tier, -tiest**] (*fam*) malicioso -sa.

catwalk /'kætwɔ:k/ *n* pasarela *f.*

caught /kɔ:t/ *pret y pp* ⇨ **catch**.

cauliflower /'kɒlɪflaʊə/ *n* coliflor *f.*

cause /kɔ:z/ **I** *n* **1.** (*of problem*) causa *f.* **2.** (*for concern, anxiety*) motivo *m.* **3.** (*Pol*) causa *f.* **II** *vt* causar.

caustic /'kɔ:stɪk/ *adj* **1.** (*Chem*) cáustico -ca. **2.** (*comment*) mordaz.

caution /'kɔ:ʃən/ **I** *n* **1.** (*care*) cautela *f,* prudencia *f.* **2.** (*warning*) amonestación *f.* **II** *vt* (*gen*) advertir; (*Law*) amonestar.

cautious /'kɔ:ʃəs/ *adj* cauteloso -sa.

cavalry /'kævəlrɪ/ *n* caballería *f.*

cave /keɪv/ *n* cueva *f,* caverna *f.*

to **cave in** *vi* **1.** (*roof*) derrumbarse.

2. (*fam: person*) ceder.

caveman *n* cavernícola *m*. **cave painting** *n* pintura *f* rupestre.

cavern /'kævən/ *n* caverna *f*.

caving /'keɪvɪŋ/ *n* espeleología *f*.

cavity /'kævətɪ/ *n* [**-ties**] **1.** (*space*) cavidad *f*. **2.** (*in teeth*) caries *f inv*.

CB /si:'bi:/ (= Citizens' Band Radio) radio *f* de banda ciudadana.

CBI /si:bi:'aɪ/ *n* = **Confederation of British Industry**.

cc /si:'si:/ (= cubic centimetre) c.c.

CD /si:'di:/ *n* (= compact disc) CD *m*.

cease /si:s/ *vi* cesar. ♦ *vt*: **he ceased working** dejó de trabajar.

cease-fire *n* alto *m* el fuego.

ceaseless /'si:sləs/ *adj* incesante.

cedar /'si:də/ *n* cedro *m*.

cede /si:d/ *vt* (*frml*) ceder.

ceiling /'si:lɪŋ/ *n* **1.** (*in room*) techo *m*, cielo *m* raso. **2.** (*limit*) tope *m*.

celebrate /'selɪbreɪt/ *vt* celebrar.

celebrated /'selɪbreɪtɪd/ *adj* célebre.

celebration /selɪ'breɪʃən/ *n* festejo *m*.

celery /'selərɪ/ *n* apio *m*.

celibacy /'selɪbəsɪ/ *n* celibato *m*.

celibate /'selɪbət/ *adj, n* célibe *adj, m/f*.

cell /sel/ *n* **1.** (*Biol, Pol*) célula *f*. **2.** (*room*) celda *f*. **3.** (*Elec*) elemento *m*.

cellar /'selə/ *n* (*basement*) sótano *m*; (*wine store*) bodega *f*.

cello /'tʃeləʊ/ *n* chelo *m*, violonchelo *m*.

Cellophane® /'seləfeɪn/ *n* celofán *m*.

cellular phone /seljʊlə 'fəʊn/ *n* teléfono *m* celular.

Celt /kelt/ *n* celta *m/f*.

Celtic /'keltɪk, 'seltɪk/ **I** *adj* celta, céltico -ca. **II** *n* (*Ling*) celta *m*.

cement /sɪ'ment/ **I** *n* cemento *m*. **II** *vt* (*a path*) revestir de cemento; (*bricks*) colocar con cemento.

cement mixer *n* hormigonera *f*.

cemetery /'semətrɪ/ *n* [**-ries**] cementerio *m*.

censor /'sensə/ **I** *vt* censurar. **II** *n* censor *m*.

censorship /'sensəʃɪp/ *n* censura *f*.

censure /'senʃə/ *vt* (*frml*) censurar.

census /'sensəs/ *n* [**-suses**] censo *m*.

cent /sent/ *n* centavo *m*.

centenary /sen'ti:nərɪ/ *n* [**-ries**] centenario *m*.

centennial /sen'tenɪəl/ *n* (*US*) centenario *m*.

center /'sentə/ *n, vt y palabras compuestas* (*US*) ⇨ **centre**.

centigrade /'sentɪgreɪd/ *adj* centígrado -da.

centimetre, (*US*) **centimeter** /'sentɪmi:tə/ *n* centímetro *m*.

centipede /'sentɪpi:d/ *n* ciempiés *m inv*.

central /'sentrəl/ *adj* **1.** (*government, area*) central: **the apartment is very central** el piso es muy céntrico. **2.** (*role*) primordial. **3.** (*character*) principal.

Central America *n* Centroamérica *f*, América *f* Central. **Central American** *adj*, *n* centroamericano -na *adj, m/f*. **central heating** *n* calefacción *f*. **central reservation** *n* mediana *f*.

centralize /'sentrəlaɪz/ *vt* centralizar.

centre /'sentə/ **I** *n* centro *m*. **II** *vt* centrar.

to **centre around** * **round** *vt* girar en torno a.

centre forward *n* delantero -ra *m/f* centro.

century /'sentʃʊrɪ/ *n* [**-ries**] siglo *m*: **the 21st century** el siglo XXI.

ceramic /sə'ræmɪk/ **I** *adj* de cerámica. **II ceramics** *n* cerámica *f*.

cereal /'sɪərɪəl/ *n* (*Bot*) cereal *m*; (*Culin*) cereales *m pl*.

cerebral /'serəbrəl/ *adj* cerebral.

cerebral palsy *n* parálisis *f* cerebral.

ceremony /'serɪmənɪ/ *n* [**-nies**] ceremonia *f*.

certain /'sɜ:tən/ *adj* **1.** (*convinced, definite*) seguro -ra: **make certain he's there** asegúrate de que está allí; **for certain** con seguridad ‖ a ciencia cierta. **2.** (*particular, some*) cierto -ta: **a certain house** cierta casa; **a certain Mr Kay** un tal señor Kay.

certainly /'sɜ:tənlɪ/ *adv* **1.** (*admittedly*) ciertamente. **2.** (*of course*) por supuesto, desde luego: **certainly not!** ¡ni hablar!

certainty /'sɜ:təntɪ/ *n* [**-ties**] seguridad *f*, certeza *f*.

certificate /sə'tɪfɪkət/ *n* certificado *m*.

certify /'sɜ:tɪfaɪ/ *vt* [**-fies, -fying, -fied**] **1.** (*Law*) certificar. **2.** (*Med*) declarar demente.

cervical smear /sɜ:'vɪkəl 'smɪə/ *n* citología *f* (*del útero*).

cervix /'sɜ:vɪks/ *n* cuello *m* del útero.

Cesarean /sɪ'zeərɪən/ *n* (*US*) ⇨ **Caesarean**.

cesspit /'sespɪt/ *n* pozo *m* negro ∗ séptico.

cf. /si:'ef/ cf., cfr.

ch. /'tʃæptə/ (= *chapter*) cap.

chafe /tʃeɪf/ *vt/i* rozar.

chaffinch /'tʃæfɪntʃ/ *n* [**-ches**] pinzón *m*.

chain /tʃeɪn/ **I** *n* **1.** (*gen*) cadena *f*. **2.** (*of events*) sucesión *f*. **II** *vt* encadenar.

chain reaction *n* reacción *f* en cadena. **chain saw** *n* motosierra *f*. **chain-smoke** *vi* fumar un cigarrillo tras otro.

chair /tʃeə/ **I** *n* **1.** (*gen*) silla *f*; (*armchair*) sillón *m*, butaca *f*. **2.** (*at meeting*) presidencia *f*. **3.** (*in university*) cátedra *f*. **II** *vt* presidir.

chair lift *n* telesilla *m*. **chairman/ woman** *n* presidente -ta *m/f*. **chairperson** *n* presidente -ta *m/f*.

chalet /'ʃæleɪ/ *n* chalé *m*, chalet *m*.

chalk /tʃɔ:k/ *n* **1.** (*rock*) creta *f*. **2.** (*for writing*) tiza *f*.

challenge /'tʃælɪndʒ/ **I** *n* desafío *m*, reto *m*. **II** *vt* **1.** (*to do sthg*) desafiar, retar: **he challenged me to try it** me desafió a que lo intentara. **2.** (*to test*) poner a prueba. **3.** (*authority,*

an idea) cuestionar.

challenging /'tʃælɪndʒɪŋ/ *adj* (*provocative*) desafiante; (*difficult*): **it was a challenging experience** fue un verdadero reto.

chamber /'tʃeɪmbə/ **I** *n* (*gen*) cámara *f*. **II chambers** *n pl* (*Law*) bufete *m*.

chambermaid *n* camarera *f*.

chameleon /kə'mi:lɪən/ *n* camaleón *m*.

champagne /ʃæm'peɪn/ *n* champán *m*, champaña *m*.

champion /'tʃæmpɪən/ **I** *n* **1.** (*Sport*) campeón -ona *m/f*. **2.** (*of cause*) defensor -sora *m/f*. **II** *vt* defender.

championship /'tʃæmpɪənʃɪp/ *n* campeonato *m*.

chance /tʃɑ:ns/ **I** *n* **1.** (*fate*) casualidad *f*: **by chance** por casualidad; **a chance meeting** un encuentro casual. **2.** (*opportunity*) oportunidad *f*; (*possibility*) posibilidad *f*; (*risk*) riesgo *m*: **to take a chance** arriesgarse. **II** *vt* arriesgar.

chancellor /'tʃɑ:nsələ/ *n* **1.** (*head of state*) canciller *m/f*. **2.** (*Educ: in GB*) rector -tora *m/f* (honorario -ria).

Chancellor of the Exchequer *n* (*in GB*) ministro -tra *m/f* de Economía y Hacienda.

chandelier /ʃændə'lɪə/ *n* (lámpara *f* de) araña *f*.

change /tʃeɪndʒ/ **I** *n* **1.** (*gen*) cambio *m*; (*of clothes*) muda *f*. **2.** (*Transp*) transbordo *m*. **3.** (*Fin: gen*) cambio *m*: **do you have change for a twenty-pound note?** ¿tiene cambio de veinte libras?; (*: coins*) dinero *m* suelto; (*: money returned*) vuelta *f*.

II *vt* **1.** (*gen*) cambiar (**for** por): **to change dollars into pounds** cambiar dólares en ∗ a libras. **2.** (*job, shoes*) cambiar de: **to change gear** cambiar de marcha; **I changed my mind/the subject** cambié de idea/tema; **to change one's clothes** cambiarse de ropa. **3.** (*Transp*): **we changed trains at Leeds** hicimos transbordo de tren en Leeds. ♦ *vi* 1. (*gen*) cambiar; (*Clothing*) cambiarse. 2. (*Transp*) hacer transbordo.

to **change into** *vt* convertirse en.

changeover *n* cambio *m*.

changeable /'tʃeɪndʒəbəl/ *adj* 1. (*Meteo*) variable. 2. (*mood*) cambiante.

changing room /'tʃeɪndʒɪŋ rʊm/ *n* (*in shop*) probador *m*; (*Sport*) vestuario *m*.

channel /'tʃænəl/ I *n* 1. (*on TV*) canal *m*. 2. (*Geog*) canal *m*: **the (English) Channel** el Canal de la Mancha. 3. (*for drainage*) cauce *m* ● **through the offical channels** por los conductos oficiales. II *vt* [**-nels, -nelling, -nelled**] canalizar.

Channel Islands *n pl* islas *f pl* del Canal de la Mancha, islas *f pl* Normandas ✳ Anglonormandas.

chant /tʃɑːnt/ I *n* 1. (*Mus*) canto *m*. 2. (*Sport: by victorious fans*) alirón *m*. II *vt* 1. (*Mus*) cantar. 2. (*crowd*) corear.

chaos /'keɪɒs/ *n* caos *m*.

chap /tʃæp/ *n* (*fam*) tipo *m*, tío *m*.

chapel /'tʃæpəl/ *n* capilla *f*.

chaperone, chaperon /'ʃæpərəʊn/ *n* acompañante *f*.

chaplain /'tʃæplɪn/ *n* capellán *m*.

chapped /tʃæpt/ *adj* agrietado -da.

chapter /'tʃæptə/ *n* capítulo *m*.

character /'kærəktə/ *n* 1. (*gen*) carácter *m*. 2. (*in book, movie*) personaje *m*.

characteristic /kærəktə'rɪstɪk/ I *n* característica *f*. II *adj* característico -ca.

characterize /'kærəktəraɪz/ *vt* caracterizar.

charcoal /'tʃɑːkəʊl/ *n* 1. (*fuel*) carbón *m* (vegetal). 2. (*Art*) carboncillo *m*.

charge /tʃɑːdʒ/ I *n* 1. (*Fin*): **there is a charge to get in** hay que pagar para entrar; (*Telec*): **I reversed the charges** llamé a cobro revertido. 2. (*responsibility*) cargo *m*: **he's in charge of the money** está a cargo del dinero; **who is in charge?**

¿quién manda? ‖ ¿quién es el responsable?; **he took charge** se hizo cargo. 3. (*Law*) acusación *f*, cargo *m*. 4. (*electrical, explosive*) carga *f*. 5. (*attack*) carga *f*.

II *vt* 1. (*Fin*) cobrar (**for** por): **he charged me £20** me cobró 20 libras. 2. (*Law*) acusar (**with** de). 3. (*a battery*) cargar. ♦ *vi* 1. (*Fin*) cobrar. 2. (*Mil*) cargar. 3. (*to dash*): **he charged out** salió como un loco.

charge card *n* tarjeta *f* de crédito.

charisma /kə'rɪzmə/ *n* carisma *m*.

charitable /'tʃærɪtəbəl/ *adj* 1. (*organization*) benéfico -ca. 2. (*person, remark*) generoso -sa.

charity /'tʃærɪti/ *n* [**-ties**] 1. (*organization*) organización *f* benéfica; (*work for poor*) beneficencia *f*. 2. (*kindness*) caridad *f*.

charm /tʃɑːm/ I *n* 1. (*quality*) encanto *m*. 2. (*object*) amuleto *m*. II *vt* deleitar.

charming /'tʃɑːmɪŋ/ *adj* encantador -dora.

charred /tʃɑːd/ *adj* carbonizado -da.

chart /tʃɑːt/ I *n* 1. (*table*) tabla *f*, cuadro *m*; (*graph*) gráfico *m*, gráfica *f*. 2. (*Meteo, Naut*) carta *f*. II **the charts** *n pl* (*Mus*) la lista de éxitos. III *vt* (*a route*) trazar; (*progress*) seguir.

charter /'tʃɑːtə/ I *n* (*of aims*) estatutos *m pl*; (*of rights*) carta *f* de derechos. II *vt* fletar.

charter flight *n* (vuelo *m*) chárter *m inv*.

chartered accountant /'tʃɑːtəd ə'kaʊntənt/ *n* auditor -tora *m/f* de cuentas.

chary /'tʃeərɪ/ *adj* [**-rier, -riest**] reacio -cia (**about** ✳ **of** a).

chase /tʃeɪs/ I *n* persecución *f*. II *vt* perseguir.

to **chase away** ✳ **off** *vt* ahuyentar.

chasm /'kæzəm/ *n* sima *f*.

chassis /'ʃæsɪ/ *n inv* chasis *m inv*.

chaste /tʃeɪst/ *adj* casto -ta.

chat /tʃæt/ I *n* charla *f*, (*Amér C, Méx*) plática *f*: **we had a chat about it** estuvimos charlando sobre eso. II *vi* [**chats, chatting, chatted**] charlar, (*Amér C, Méx*) platicar.

to **chat up** *vt* tratar de ligar con.

chat show *n* tertulia *f*.

chatter /'tʃætə/ I *vi* 1. (*people*) charlar; (*birds*) hacer ruido. 2. (*teeth*) castañetear. II *n* (*of people*) cháchara *f*; (*of birds*) ruido *m*.

chatterbox *n* (*fam*) cotorra *f*.

chatty /'tʃætɪ/ *adj* [**-tier, -tiest**] (*person*) hablador -dora, conversador -dora; (*style*) informal, coloquial.

chauffeur /'ʃəʊfə/ *n* chófer *m*, (*Amér L*) chofer *m*.

chauvinist /'ʃəʊvɪnɪst/ *n* 1. (*Pol*) chovinista *m/f*. 2. (*o male chauvinist*) machista *m/f*.

cheap /tʃiːp/ I *adj* 1. (*Fin*) barato -ta; (*low quality*) hacer de mala calidad. 2. (*joke*) de mal gusto. II *adv* barato.

cheaply /'tʃiːplɪ/ *adv* barato.

cheat /tʃiːt/ I *n* tramposo -sa *m/f*. II *vi* (*in game*) hacer trampas; (*in exam*) copiar. ♦ *vt*: **he cheated me out of my money** me estafó quedándose con mi dinero.

check /tʃek/ I *n* 1. (*inspection, watch*) control *m*: **to keep a check on sthg** controlar algo. 2. (*restraint*) freno *m* (**on** a): **to keep sthg/sbdy in check** controlar algo/a alguien. 3. (*in chess*) jaque *m*. 4. (*pattern*): **a check skirt** una falda a cuadros. 5. (*US: method of payment*) ⇨ **cheque**. 6. (*US: bill*) cuenta *f*.

II *vt* 1. (*to examine, look at*) revisar, (*Amér L*) chequear. 2. (*to make sure*) asegurarse de, (*Amér L*) chequear. 3. (*to test*) comprobar. 4. (*to control, restrain*) controlar. ♦ *vi* asegurarse, (*Amér L*) chequear.

to **check in** *vi* (*at hotel*) registrarse; (*at airport*) facturar (el equipaje). ♦ *vt* facturar. *to* **check out** *vi* (*of hotel*) irse. ♦ *vt* (*a fact*) comprobar. *to* **check up on** *vt* (*a person*) investigar; (*a fact*) comprobar.

check-in *n* (*act*) facturación *f*, (*place*) punto *m* de facturación. **checkmate** *n* jaque *m* mate. **checkout** *n* caja *f*. **checkpoint** *n* control *m*. **checkup** *n*

revisión *f* médica, chequeo *m*.

checked /tʃekt/ *adj* a cuadros.

checkered /'tʃekəd/ *adj* (*US*) ⇨ **chequered**.

checkers /'tʃekəz/ *n* (*US: game*) damas *f pl*.

cheek /tʃiːk/ *n* 1. (*Anat*) mejilla *f*. 2. (*rudeness*) descaro *m*, caradura *f*.

cheekbone *n* pómulo *m*.

cheeky /'tʃiːkɪ/ *adj* [**-kier, -kiest**] descarado -da (**to** con), fresco -ca (**to** con).

cheep /tʃiːp/ I *n* pío *m*. II *vi* piar.

cheer /tʃɪə/ I *n* viva *m*. II **cheers** *excl* 1. (*as a toast*) ¡salud! 2. (*fam: thank you*) ¡gracias! III *vi* dar vítores. ♦ *vt* vitorear.

to **cheer on** *vt* alentar. *to* **cheer up** *vi* animarse. ♦ *vt* animar.

cheerful /'tʃɪəfʊl/ *adj* alegre.

cheerio /tʃɪərɪ'əʊ/ *excl* (*fam*) ¡adiós!

cheery /'tʃɪərɪ/ *adj* [**-rier, -riest**] alegre.

cheese /tʃiːz/ *n* queso *m*.

cheeseburger *n* hamburguesa *f* con queso. **cheesecake** *n* tarta *f* de queso.

cheetah /'tʃiːtə/ *n* guepardo *m*.

chef /ʃef/ *n* chef *m/f*, jefe -fa *m/f* de cocina.

chemical /'kemɪkəl/ I *n* producto *m* químico. II *adj* químico -ca.

chemist /'kemɪst/ *n* 1. (*scientist*) químico -ca *m/f*. 2. (*pharmacist*) farmacéutico -ca *m/f*: **at the chemist's** en la farmacia.

chemistry /'kemɪstrɪ/ *n* química *f*.

chemotherapy /kiːməʊ'θerəpɪ/ *n* quimioterapia *f*.

cheque /tʃek/ *n* cheque *m*.

chequebook *n* talonario *m* de cheques, (*Amér L*) chequera *f*. **cheque card** *n* tarjeta *f* de identificación bancaria.

chequered /'tʃekəd/ *adj* 1. (*cloth*) a cuadros. 2. (*career, past*) con altibajos.

cherish /'tʃerɪʃ/ *vt* 1. (*to value: gen*) valorar; (*: a person*) querer. 2. (*hopes*) abrigar.

cherry /'tʃerɪ/ *n* [**-ries**] (*fruit*) cereza

f; (*tree, wood*) cerezo *m*.
chess /tʃes/ *n* ajedrez *m*.
chessboard *n* tablero *m* de ajedrez.
chest /tʃest/ *n* 1. (*Anat*) pecho *m*.
2. (*box, trunk*) cofre *m*.
chest of drawers *n* cómoda *f*.
chestnut /ˈtʃesnʌt/ *n* (*nut*) castaña *f*;
(*tree, wood*) castaño *m*.
chew /tʃuː/ *vt* masticar, mascar.
chewing gum /ˈtʃuːɪŋ gʌm/ *n* chicle
m.
chewy /ˈtʃuːɪ/ *adj* [**-wier, -wiest**]
masticable.
chic /ʃiːk/ *adj* elegante.
chick /tʃɪk/ *n* polluelo *m*.
chicken /ˈtʃɪkɪn/ *n* 1. (*meat*) pollo *m*;
(*bird: gen*) gallina *f*; (*: young*) pollo
m. 2. (*fam: coward*) gallina *m/f*.
to chicken out *vi* (*fam*) rajarse.
chickenpox *n* varicela *f*.
chickpea /ˈtʃɪkpiː/ *n* garbanzo *m*.
chicory /ˈtʃɪkəri/ *n* (*for salad*) endibia *f*; (*in coffee*) achicoria *f*.
chief /tʃiːf/ **I** *n* jefe -fa *m/f*. **II** *adj*
1. (*main*) principal, más impor-
tante. 2. (*most senior*): **the chief
architect** el arquitecto jefe.
chiefly /ˈtʃiːflɪ/ *adv* principalmente.
chieftain /ˈtʃiːftən/ *n* cacique *m*.
chiffon /ˈʃɪfɒn/ *n* gasa *f*.
chilblain /ˈtʃɪlbleɪn/ *n* sabañón *m*.
child /tʃaɪld/ *n* [**children**] (*young
person*) niño -ña *m/f*; (*son, daughter*)
hijo -ja *m/f*.
child abuse *n* (*physical*) malos
tratos *m pl* (*a un niño*); (*sexual*)
abusos *m pl* deshonestos (*a un niño*).
childbirth *n* parto *m*. **child minder**
n: persona que cuida niños mientras
los padres trabajan. **child-proof** *adj*
a prueba de niños.
childhood /ˈtʃaɪldhʊd/ *n* infancia *f*,
niñez *f*.
childish /ˈtʃaɪldɪʃ/ *adj* infantil,
pueril.
childlike /ˈtʃaɪldlaɪk/ *adj* de niño,
infantil.
children /ˈtʃɪldrən/ *pl* ⇨ **child**.
Chile /ˈtʃɪlɪ/ *n* Chile *m*.
Chilean /ˈtʃɪlɪən/, (*US*) /tʃɪˈleɪən/
adj, n chileno -na *adj, m/f*.

chill /tʃɪl/ **I** *n* 1. (*Med*) resfriado *m*.
2. (*Meteo*) frío *m*. **II** *vt* (*wine*) enfriar;
(*food*) refrigerar.
chilli /ˈtʃɪlɪ/ *n* [**-lies**] chile *m*, (*Amér
L*) ají *m* (*picante*).
chilling /ˈtʃɪlɪŋ/ *adj* escalofriante.
chilly /ˈtʃɪlɪ/ *adj* [**-lier, -liest**] frío -a.
chime /tʃaɪm/ **I** *vi* (*clock*) sonar;
(*bell*) repicar. **II** *n* (*of clock*) campanada *f*; (*of bell*) repique *m*.
chimney /ˈtʃɪmnɪ/ *n* chimenea *f*.
chimney pot *n* sombrerete *m* de
chimenea. **chimney sweep** *n* deshollinador -dora *m/f*.
chimpanzee /tʃɪmpænˈziː/ *n* chimpancé *m*.
chin /tʃɪn/ *n* barbilla *f*, mentón *m*.
China /ˈtʃaɪnə/ *n* China *f*.
china /ˈtʃaɪnə/ *n* 1. (*material*) loza *f*,
porcelana *f*. 2. (*crockery*) vajilla *f*.
Chinese /tʃaɪˈniːz/ **I** *adj* chino -na. **II**
n (*Ling*) chino *m*. **III the Chinese**
n pl los chinos.
chink /tʃɪŋk/ *n* 1. (*crack*) grieta *f*.
2. (*sound*) tintineo *m*.
chip /tʃɪp/ **I** *n* 1. (*GB: French fry*)
patata *f* frita, (*Amér L*) papa *f* frita.
2. (*US: snack*) patata *f* frita (*en
bolsa*), (*Amér L*) papa *f* frita (*en
bolsa*). 3. (*Inform*) chip *m*. 4. (*of
wood*) astilla *f*. 5. (*in china*) desco-
chado *m*. 6. (*in casino*) ficha *f*. **II** *vt*
[**chips, chipping, chipped**] descon-
char, desportillar. ◆ *vi* desconcharse, desportillarse.
to chip in *vi* (*fam*) 1. (*with money*)
contribuir. 2. (*to speak*) meter baza.
chiropodist /kɪˈrɒpədɪst/ *n* podólogo -ga *m/f*.
chirp /tʃɜːp/ *vi* (*bird*) gorjear; (*insect*) chirriar.
chirpy /ˈtʃɜːpɪ/ *adj* [**-pier, -piest**]
(*fam*) animado -da.
chisel /ˈtʃɪzəl/ **I** *n* (*gen*) formón *m*,
escoplo *m*; (*for stone*) cincel *m*. **II** *vt*
[**-sels, -selling, -selled**] cincelar.
chitchat /ˈtʃɪtʃæt/ *n* (*fam*) cháchara
f.
chivalry /ˈʃɪvəlrɪ/ *n* caballerosidad *f*.
chives /tʃaɪvz/ *n pl* cebollinos *m pl*.
chlorine /ˈklɔːriːn/ *n* cloro *m*.

chock /tʃɒk/ n calzo m, cuña f.

chock-a-block /tʃɒkə'blɒk/ adj (fam) abarrotado -da (**with** de).

chocolate /'tʃɒkələt/ n (gen) chocolate m; (single sweet) bombón m.

chocolate bar n chocolatina f.

choice /tʃɔɪs/ I n 1. (act of choosing) elección f: **to have a choice** poder elegir; **I had no choice** no tuve más remedio. 2. (option, possibility) opción f, posibilidad f; (thing chosen): **her choice of colours** los colores que escogió. 3. (range) selección f. II adj de primera calidad.

choir /'kwaɪə/ n coro m.

choirboy n niño m de coro.

choke /tʃəʊk/ I n estárter m. II vt ahogar. ♦ vi asfixiarse: **to choke on sthg** atragantarse con sthg.

cholera /'kɒlərə/ n cólera m.

cholesterol /kə'lestərɒl/ n colesterol m.

choose /tʃuːz/ vt [**chooses, choosing, chose,** pp **chosen**] 1. (to select: gen) elegir, escoger; (: a team, player) seleccionar. 2. (to decide) decidir. ♦ vi 1. (to make a choice) elegir, escoger. 2. (to want) querer.

choosy /'tʃuːzɪ/ adj [**-sier, -siest**] exigente.

chop /tʃɒp/ I n chuleta f. II vt [**chops, chopping, chopped**] (o **to chop up**) 1. (wood) cortar. 2. (an onion) picar; (meat) cortar en trocitos.

to chop down vt talar, cortar.

chopper /'tʃɒpə/ n 1. (knife) cuchillo m de carnicero. 2. (Av: fam) helicóptero m.

choppy /'tʃɒpɪ/ adj [**-pier, -piest**] picado -da.

chopsticks /'tʃɒpstɪks/ n pl palillos m pl.

chord /kɔːd/ n acorde m.

chore /tʃɔː/ n tarea f, faena f.

chortle /'tʃɔːtəl/ vi reírse.

chorus /'kɔːrəs/ n [**-ruses**] 1. (refrain) estribillo m. 2. (group) coro m.

chose /tʃəʊz/ pret ⇨ **choose**.

chosen /'tʃəʊzən/ pp ⇨ **choose**.

Christ /kraɪst/ n Cristo m.

christen /'krɪsən/ vt bautizar.

christening /'krɪsənɪŋ/ n bautizo m.

Christian /'krɪstɪən/ adj, n cristiano -na adj, m/f.

Christian name n nombre m de pila.

Christianity /krɪstɪ'ænətɪ/ n cristianismo m.

Christmas /'krɪsməs/ n [**-mases**] Navidad f.

Christmas card n tarjeta f de Navidad, christmas m inv. **Christmas Day** n día m de Navidad. **Christmas Eve** n Nochebuena f. **Christmas pudding** n pudding m de Navidad. **Christmas tree** n árbol m de Navidad.

chrome /krəʊm/, **chromium** /'krəʊmɪəm/ n cromo m.

chromosome /'krəʊməsəʊm/ n cromosoma m.

chronic /'krɒnɪk/ adj crónico -ca.

chronicle /'krɒnɪkəl/ n crónica f.

chronological /krɒnə'lɒdʒɪkəl/ adj cronológico -ca.

chrysalis /'krɪsəlɪs/ n [**-lises**] crisálida f.

chrysanthemum /krɪ'sænθəməm/ n crisantemo m.

chubby /'tʃʌbɪ/ adj [**-bier, -biest**] gordinflón -flona, regordete -ta.

chuck /tʃʌk/ vt (fam) tirar, lanzar.

to chuck away vt (fam) tirar. **to chuck in** vt (fam) abandonar, dejar. **to chuck out** vt (fam: people) echar; (: things) tirar, (Amér) botar.

chuckle /'tʃʌkəl/ I vi reírse (en voz baja). II n risita f.

chug /tʃʌg/ vi [**chugs, chugging, chugged**]: **the truck chugged up the hill** el camión subió la colina dando resoplidos.

chum /tʃʌm/ n (fam) compinche m/f, amigo -ga m/f.

chunk /tʃʌŋk/ n pedazo m, trozo m.

chunky /'tʃʌŋkɪ/ adj [**-kier, -kiest**] (jewellery) grueso -sa; (person) fornido -da.

church /tʃɜːtʃ/ n [**-ches**] iglesia f.

churchgoer n practicante m/f. **Church of England** n Iglesia f Anglicana. **churchyard** n cementerio m, camposanto m.

churlish /'tʃɜ:lɪʃ/ adj grosero -ra.

churn /tʃɜ:n/ I n (for milk) lechera f; (to make butter) mantequera f. II vi: **my stomach was churning** tenía el estómago revuelto.

to **churn out** vt (fam): **he churns out an essay a week** escribe una composición cada semana, como si tal cosa.

chute /ʃu:t/ n conducto m.

chutney /'tʃʌtnɪ/ n: conserva agridulce.

CIA /si:aɪˈeɪ/ n (in US) = **Central Intelligence Agency**.

CID /si:aɪˈdi:/ n (in GB) = **Criminal Investigation Department**.

cider /'saɪdə/ n sidra f.

cigar /sɪˈgɑ:/ n puro m, cigarro m.

cigarette /sɪgəˈret/ n cigarrillo m, cigarro m.

cigarette butt * end n colilla f. **cigarette lighter** n encendedor m, mechero m.

cinders /'sɪndəz/ n pl cenizas f pl.

cinema /'sɪnəmə/ n cine m.

cinnamon /'sɪnəmən/ n canela f.

cipher /'saɪfə/ n clave f.

circa /'sɜ:kə/ prep hacia.

circle /'sɜ:kəl/ I n 1. (shape) círculo m; (of people) corro m. 2. (in theatre) anfiteatro m. II vt 1. (to move around) dar vueltas alrededor de. 2. (to surround) rodear. 3. (with pen) trazar un círculo alrededor de. ♦ vi dar vueltas.

circuit /'sɜ:kɪt/ n 1. (Elec) circuito m. 2. (racing track) circuito m; (lap) vuelta f. 3. (round trip) recorrido m.

circuitous /səˈkjuːtəs/ adj indirecto -ta.

circular /'sɜ:kjʊlə/ adj, n circular adj, f.

circulate /'sɜ:kjʊleɪt/ vt hacer circular. ♦ vi circular.

circulation /sɜ:kjʊˈleɪʃən/ n 1. (of blood) circulación f. 2. (of magazine) tirada f.

circumcise /'sɜ:kəmsaɪz/ vt circuncidar.

circumference /sɜ:ˈkʌmfərəns/ n circunferencia f.

circumspect /'sɜ:kəmspekt/ adj cauto -ta, prudente.

circumstance /'sɜ:kəmstæns/ I n circunstancia f. II **circumstances** n pl (Fin) situación f económica.

circumstantial evidence /sɜ:-kəmstænʃəl 'evɪdəns/ n pruebas f pl circunstanciales.

circumvent /sɜ:kəmˈvent/ vt (frml: a rule) burlar; (: an obstacle) salvar.

circus /'sɜ:kəs/ n [-cuses] circo m.

cistern /'sɪstən/ n (water tank: gen) depósito m; (: for WC) cisterna f.

citadel /'sɪtədəl/ n ciudadela f.

cite /saɪt/ vt citar.

citizen /'sɪtɪzən/ n (of country) ciudadano -na m/f; (of city) habitante m/f.

citizenship /'sɪtɪzənʃɪp/ n ciudadanía f.

citrus fruit /'sɪtrəs fru:t/ n cítrico m.

city /'sɪtɪ/ n [-ties] 1. (gen) ciudad f. 2. **the City** (Fin) el centro financiero de Londres.

city council n municipio m. **city hall** n ayuntamiento m.

civic /'sɪvɪk/ adj (duties) cívico -ca; (authorities) municipal.

civic centre n: zona de un centro urbano donde se encuentran los edificios municipales.

civil /'sɪvəl/ adj 1. (gen) civil. 2. (polite) educado -da, cortés.

civil engineer n ingeniero -ra m/f de caminos, canales y puertos, ingeniero -ra m/f civil. **civil servant** n funcionario -ria m/f. **civil service** n administración f pública.

civilian /sɪˈvɪlɪən/ adj, n civil adj, m/f.

civilization /sɪvɪlaɪˈzeɪʃən/ n civilización f.

civilized /'sɪvɪlaɪzd/ adj civilizado -da.

clad /klæd/ adj (frml) vestido -da (in de).

claim /kleɪm/ I vt 1. (a prize, an inheritance) reclamar; (a right) reivindicar. 2. (a benefit: to apply for) solicitar; (: to receive) cobrar.

3. (*to assert*) afirmar, sostener. ♦ *vi* (*on insurance*) reclamar. **II** *n* **1.** (*for compensation, raise*) demanda *f*: **to lay claim to sthg** reclamar algo; (*on insurance*) reclamación *f*. **2.** (*assertion*) afirmación *f*.

claimant /'kleɪmənt/ *n* solicitante *m/f*.

clairvoyant /kleə'vɔɪənt/ *n* clarividente *m/f*.

clam /klæm/ *n* almeja *f*.

clamber /'klæmbə/ *vi*: **he clambered onto the rock** se subió a la roca con dificultad.

clammy /'klæmɪ/ *adj* [-**mier**, -**miest**] (*hand*) frío -a y húmedo -da; (*weather*) húmedo -da.

clamour, (*US*) **clamor** /'klæmə/ *n* clamor *m*.

to clamour for *vt* clamar (por), pedir a voces.

clamp /klæmp/ **I** *n* **1.** (*gen*) abrazadera *f*. **2.** (*o wheel clamp*) cepo *m*. **II** *vt* **1.** (*gen*) sujetar (*con abrazaderas*). **2.** (*a car*) ponerle el cepo a.

to clamp down on *vt* tomar medidas drásticas contra.

clang /klæŋ/ *vi* sonar.

clap /klæp/ **I** *vi* [**claps, clapping, clapped**] (*to applaud*) aplaudir; (*rhythmically, in time*) dar palmadas. ♦ *vt* aplaudir. **II** *n* **1.** (*round of applause*) aplauso *m*. **2.** (*of thunder*): **a clap of thunder** un trueno.

clapping /'klæpɪŋ/ *n* (*applause*) aplausos *m pl*; (*rhythmical*) palmadas *f pl*.

claptrap /'klæptræp/ *n* (*fam*) paparruchas *f pl*.

clarification /klærɪfɪ'keɪʃən/ *n* aclaración *f*.

clarify /'klærɪfaɪ/ *vt* [-**fies**, -**fying**, -**fied**] aclarar.

clarinet /klærɪ'net/ *n* clarinete *m*.

clash /klæʃ/ **I** *vi* **1.** (*demonstrators, soldiers*) enfrentarse. **2.** (*to disagree*) estar en conflicto. **3.** (*colours*) desentonar, no pegar. **4.** (*dates*) coincidir. **II** *n* [-**shes**] **1.** (*between demonstrators, soldiers*) enfrentamiento *m*, choque *m*. **2.** (*of interests*) conflicto *m*. **3.** (*of dates*) coincidencia *f*.

clasp /klɑːsp/ **I** *vt* (*to hold tightly*) apretar; (*to take hold of*) agarrarse de. **II** *n* (*on handbag*) cierre *m*; (*on necklace*) broche *m*.

class /klɑːs/ **I** *n* [**classes**] clase *f*. **II** *vt* clasificar.

classmate *n* compañero -ra *m/f* de clase. **classroom** *n* aula *f*★, clase *f*.

classic /'klæsɪk/ **I** *adj* clásico -ca. **II** *n* clásico *m*.

classical /'klæsɪkəl/ *adj* clásico -ca.

classified /'klæsɪfaɪd/ *adj* (*information*) secreto -ta.

classified advertisements *n pl* anuncios *m pl* por palabras.

classify /'klæsɪfaɪ/ *vt* [-**fies**, -**fying**, -**fied**] clasificar.

classy /'klɑːsɪ/ *adj* [-**sier**, -**siest**] (*fam*) elegante, con clase.

clatter /'klætə/ **I** *n* estrépito *m*. **II** *vi* hacer ruido.

clause /klɔːz/ *n* cláusula *f*.

claustrophobia /klɒstrə'fəʊbɪə/ *n* claustrofobia *f*.

claw /klɔː/ **I** *n* (*of tiger, bird*) garra *f*; (*of cat*) uña *f*; (*of crab*) pinza *f*. **II** *vt* (*o* **claw at**) arañar.

clay /kleɪ/ *n* arcilla *f*.

clean /kliːn/ **I** *adj* **1.** (*hands, clothes*) limpio -pia; (*page*) nuevo -va. **2.** (*joke*) decente. **II** *n* limpieza *f*: **I gave it a clean** lo limpié. **III** *vt* **1.** (*a room, shoes, etc.*) limpiar; (*a blackboard*) borrar; (*hands, vegetables*) lavar. **2.** (*to dry-clean*) limpiar en seco.

to clean off *vt* quitar. **to clean out** *vt* limpiar a fondo. **to clean up** *vt/i* limpiar.

cleaner /'kliːnə/ *n* **1.** (*person*) limpiador -dora *m/f*. **2. cleaner's** (*shop*) tintorería *f*.

cleaning /'kliːnɪŋ/ *n* limpieza *f*.

cleanliness /'klenlɪnəs/ *n* limpieza *f*.

cleanse /klenz/ *vt* limpiar.

cleanser /'klenzə/ *n* (*o* **cleansing lotion**) loción *f* limpiadora.

clear /klɪə/ **I** *adj* **1.** (*obvious*) claro -ra [E]. **2.** (*photo, water, explanation*) claro -ra; (*skin*) sin impurezas;

(*day, sky*) despejado -da. 3. (*road*) despejado -da. 4. (*mind*) lúcido -da; (*conscience*) tranquilo -la. II *adv*: **keep ∗ stand clear of the track** no te acerques a la vía. III *vt* 1. (*an area, a building*) evacuar; (*a road, a desk*) despejar; (*a space*) hacer; (*a way*) abrir; (*the table*) quitar. 2. (*to remove*) quitar. 3. (*an obstacle, a fence*) salvar. 4. (*a cheque*) compensar. 5. (*a defendant*) absolver (**of** de). ♦ *vi* despejarse.

to clear off *vi* (*fam*) largarse. **to clear out** *vt* (*a room*) vaciar; (*rubbish*) tirar. **to clear up** *vt* 1. (*toys, glasses*) recoger. 2. (*a problem*) aclarar; (*a mystery*) resolver. ♦ *vi* 1. (*to tidy up*) recoger. 2. (*Meteo*) despejarse. 3. (*illness*) irse, quitarse.

clear-cut *adj* bien definido -da.

clearance /'klɪərəns/ *n* 1. (*permission*) autorización *f*. 2. (*of stock*) liquidación *f*.

clearing /'klɪərɪŋ/ *n* claro *m*.

clearly /'klɪəlɪ/ *adv* 1. (*in a clear way*) claramente. 2. (*obviously*) evidentemente.

cleat /kliːt/ *n* (*US*) taco *m*.

clef /klef/ *n* clave *f*.

cleft /kleft/ *n* grieta *f*, hendidura *f*.

cleft palate *n* fisura *f* palatina.

clench /klenʃ/ *vt* apretar.

clergy /'klɜːdʒɪ/ *n* clero *m*.

clergyman/woman *n* clérigo -ga *m/f*.

clerical /'klerɪkəl/ *adj* 1. (*Relig*) clerical. 2. (*job*) de oficina.

clerk /klɑːk/, (*US*) /klɜːk/ *n* 1. (*in bank, office*) empleado -da *m/f*. 2. (*US: in shop*) dependiente -ta *m/f*; (*: in hotel*) recepcionista *m/f*.

clever /'klevə/ *adj* 1. (*intelligent*) listo -ta, inteligente; (*skilful*) hábil. 2. (*idea, device*) ingenioso -sa.

cleverness /'klevənəs/ *n* (*intelligence*) inteligencia *f*; (*skill*) habilidad *f*.

cliché /'kliːʃeɪ/ *n* lugar *m* común.

click /klɪk/ I *vi* hacer clic. ♦ *vt* (*one's fingers, tongue*) chasquear. II *n* (*of camera, switch*) clic *m*; (*of fingers, tongue*) chasquido *m*.

client /'klaɪənt/ *n* cliente -ta *m/f*.

clientele /ˌkliːɒn'tel/ *n* clientela *f*.

cliff /klɪf/ *n* acantilado *m*.

cliffhanger *n* situación *f* de gran tensión.

climate /'klaɪmɪt/ *n* clima *m*.

climax /'klaɪmæks/ *n* [**-xes**] (*gen*) punto *m* culminante; (*of drama, book*) clímax *m*.

climb /klaɪm/ I *n* subida *f*. II *vt* (*a tree*) trepar a; (*a wall*) trepar por; (*a mountain*) escalar; (*stairs*) subir. ♦ *vi* 1. (*gen*) subir; (*plant*) trepar. 2. (*Sport*) hacer alpinismo ∗ montañismo.

climb-down *n* marcha *f* atrás.

climber /'klaɪmə/ *n* alpinista *m/f*.

climbing /'klaɪmɪŋ/ *n* alpinismo *m*, montañismo *m*.

climbing plant *n* enredadera *f*.

clinch /klɪntʃ/ *vt* (*fam: an argument*) resolver, poner fin a; (*: a deal*) cerrar.

cling /klɪŋ/ *vi* [**clings, clinging, clung**] 1. (*to grasp*) agarrarse. 2. (*to stick*) pegarse.

clinic /'klɪnɪk/ *n* 1. (*private hospital*) clínica *f*; (*specialized hospital*) hospital especializado. 2. (*for outpatients*) consulta *f*.

clinical /'klɪnɪkəl/ *adj* 1. (*Med*) clínico -ca. 2. (*cold*) frío -a.

clink /klɪŋk/ I *vi* tintinear. II *n* tintineo *m*.

clip /klɪp/ I *vt* [**clips, clipping, clipped**] 1. (*hair, nails*) cortar; (*a hedge*) podar. 2. (*to fasten*) sujetar (*con un clip*). II *n* clip *m*.

clippers /'klɪpəz/ *n pl* (*for nails*) cortaúñas *m inv*; (*for hair*) maquinilla *f*; (*for hedge*) tijeras *f pl* de podar.

clipping /'klɪpɪŋ/ *n* recorte *m*.

clique /kliːk/ *n* camarilla *f*.

cloak /kləʊk/ I *n* (*garment*) capa *f*; (*cover*) manto *m*. II *vt* encubrir.

cloakroom *n* 1. (*for coats*) guardarropa *m*. 2. (*WC: in home*) lavabo *m*, baño *m*; (*: in theatre, etc.*) aseos *m pl*.

clock /klɒk/ *n* reloj *m*.

to clock in ∗ **on** *vi* fichar, marcar

tarjeta (*al entrar*). **to clock off** * **out** *vi* fichar, marcar tarjeta (*al salir*).

clock radio *n* radiodespertador *m*.

clockwise *adj, adv* en el sentido de las agujas del reloj. **clockwork** *adj* de cuerda ● **to go like clockwork** marchar sobre ruedas.

clog /klɒg/ **I** *n* zueco *m*. **II** *vt* [**clogs, clogging, clogged**] (*o* **clog up**) atascar. ♦ *vi* atascarse.

cloister /ˈklɔɪstə/ *n* claustro *m*.

clone /kləʊn/ **I** *n* clon *m*. **II** *vt* clonar.

close I /kləʊs/ *adv* cerca (**to** de): **to get closer** acercarse; **she was close to tears** estaba a punto de echarse a llorar; **close to** * **up** de cerca; **close on** casi. **II** /kləʊs/ *adj* **1**. (*in space*): **the closest village** el pueblo más cercano. **2**. (*friend*) íntimo -ma; (*relative*) cercano -na; (*relationship, link*) estrecho -cha: **they are very close** están muy unidos. **3**. (*fight*) reñido -da; (*examination*) minucioso -sa. **4**. (*Meteo*) bochornoso -sa. **III** /kləʊz/ *n* final *m*. **IV** /kləʊz/ *vt* (*gen*) cerrar; (*a meeting*) poner fin a, clausurar. ♦ *vi* **1**. (*gen*) cerrarse; (*shop*) cerrar. **2**. (*to end*) acabar, terminar.

to close down *vt/i* cerrar (*definitivamente*).

close-fitting /kləʊsˈfɪtɪŋ/ *adj* ajustado -da, ceñido -da. **close-knit** /kləʊsˈnɪt/ *adj* unido -da. **close season** /ˈkləʊz siːzən/ *n* veda *f*. **close-up** /ˈkləʊsʌp/ *n* primer plano *m*.

closed /kləʊzd/ *adj* cerrado -da.

closed-circuit television *n* televisión *f* por circuito cerrado. **closed season** *n* veda *f*.

closely /ˈkləʊslɪ/ *adv* (*to follow, examine*) de cerca; (*to resemble*) mucho.

closet /ˈklɒzɪt/ **I** *n* armario *m*. **II** *adj* no declarado -da.

closure /ˈkləʊʒə/ *n* cierre *m*.

clot /klɒt/ **I** *vi* [**clots, clotting, clotted**] (*cream*) cuajar; (*blood*) coagularse. **II** *n* coágulo *m*.

cloth /klɒθ/ *n* [**cloths**] **1**. (*fabric*) tela *f*. **2**. (*for cleaning*) trapo *m*.

clothe /kləʊð/ *vt* vestir (**in** de).

clothes /kləʊðz/ *n pl* ropa *f*.

clothes brush *n* cepillo *m* de la ropa. **clothes hanger** *n* percha *f*. **clotheshorse** *n* tendedero *m*. **clothesline** *n* cuerda *f* para tender la ropa. **clothes peg** * (*US*) **pin** *n* pinza *f*, (*RP*) broche *m*.

clothing /ˈkləʊðɪŋ/ *n* ropa *f*.

cloud /klaʊd/ **I** *n* nube *f*. **II** *vt* enturbiar.

to cloud over *vi* nublarse.

cloudburst *n* chaparrón *m*.

cloudy /ˈklaʊdɪ/ *adj* [**-dier, -diest**] (*sky*) nublado -da; (*liquid*) turbio -bia.

clout /klaʊt/ *vt* (*fam*) darle un tortazo a.

clove /kləʊv/ *n* **1**. (*spice*) clavo *m*. **2**. (*of garlic*) diente *m*.

clover /ˈkləʊvə/ *n* trébol *m*.

clown /klaʊn/ *n* payaso -sa *m/f*.

to clown about * **around** *vi* hacer el payaso.

cloying /ˈklɔɪɪŋ/ *adj* empalagoso -sa.

club /klʌb/ **I** *n* **1**. (*association*) club *m*. **2**. (*in golf*) palo *m*. **3**. (*weapon*) garrote *m*. **II clubs** *n pl* (*in cards*) tréboles *m pl*. **III** *vt* [**clubs, clubbing, clubbed**] aporrear.

to club together *vi*: **we clubbed together to buy this** contribuimos todos para comprar esto.

clubhouse *n*: local de un club.

cluck /klʌk/ *vi* cloquear.

clue /kluː/ *n* **1**. (*evidence*) pista *f*: **I haven't a clue** no tengo la menor idea. **2**. (*to crossword*) clave *f*.

clump /klʌmp/ *n* **1**. (*of trees*) grupo *m*; (*of flowers*) mata *f*.

clumsy /ˈklʌmzɪ/ *adj* [**-sier, -siest**] torpe, patoso -sa.

clung /klʌŋ/ *pret* y *pp* ⇨ **cling**.

cluster /ˈklʌstə/ **I** *n* (*gen*) grupo *m*; (*of grapes*) racimo *m*. **II** *vi* agruparse, apiñarse.

clutch /klʌtʃ/ **I** *n* [**-ches**] embrague *m* ● **she fell into his clutches** cayó en sus garras. **II** *vt* (*to hold tightly*) apretar; (*to take hold of*) agarrarse de.

clutter /ˈklʌtə/ vt (o **clutter up**) abarrotar (**with** de).

cm /ˈsentimiːtə/ (= **centimetre**, (US) **centimeter**) cm.

CND /siːenˈdiː/ n (in GB) = **Campaign for Nuclear Disarmament**.

Co. 1. /kəʊ/ (= **Company**) Cía. 2. /ˈkaʊntɪ/ = **County**.

c/o /ˈkeərɒv/ = **care of**.

coach /kəʊtʃ/ I n [-ches] 1. (bus) autocar m; (horse-drawn) carruaje m. 2. (of train) vagón m. 3. (Sport) entrenador -dora m/f; (Educ) profesor -sora m/f particular. II vt 1. (Sport) entrenar. 2. (for exam) preparar; (to teach) darle clases a.

coal /kəʊl/ n carbón m.

coalfield n yacimiento m de carbón. **coalman** n carbonero m. **coal mine** n mina f de carbón.

coalition /kəʊəˈlɪʃən/ n coalición f.

coarse /kɔːs/ adj 1. (material) basto -ta. 2. (behaviour) basto -ta, ordinario -ria.

coast /kəʊst/ I n costa f, litoral m. II vi: ir en punto muerto.

coastguard n guardacostas m/f inv. **coastline** n costa f.

coastal /ˈkəʊstəl/ adj costero -ra.

coaster /ˈkəʊstə/ n posavasos m inv.

coat /kəʊt/ I n 1. (long) abrigo m; (short) chaquetón m. 2. (of animal) pelaje m. 3. (of paint) mano f, capa f. II vt cubrir (**with** de).

coat hanger n percha f. **coat of arms** n escudo m de armas.

coating /ˈkəʊtɪŋ/ n capa f, revestimiento m.

coax /kəʊks/ vt convencer (con paciencia): **I coaxed her into going** logré convencerla para que fuera.

cobble /ˈkɒbəl/ n (o **cobblestone**) adoquín m.

cobbled /ˈkɒbəld/ adj adoquinado -da.

cobbler /ˈkɒblə/ n zapatero m.

cobweb /ˈkɒbweb/ n telaraña f.

cocaine /kəˈkeɪn/ n cocaína f.

cock /kɒk/ I n (rooster) gallo m; (male bird) macho m. II vt 1. (a gun) amartillar. 2. (one's head) inclinar.

cock-and-bull story n cuento m chino.

cockerel /ˈkɒkərəl/ n gallo m joven.

cockeyed /kɒˈkaɪd/ adj (fam) 1. (not straight) torcido -da. 2. (idea) disparatado -da.

cockle /ˈkɒkel/ n berberecho m.

cockney, Cockney /ˈkɒknɪ/ n: habitante del East End londinense.

cockpit /ˈkɒkpɪt/ n cabina f (de mando).

cockroach /ˈkɒkrəʊtʃ/ n [-ches] cucaracha f.

cocktail /ˈkɒkteɪl/ n cóctel m, coctel m.

cocktail party n cóctel m, coctel m.

cocoa /ˈkəʊkəʊ/ n cacao m.

coconut /ˈkəʊkənʌt/ n coco m. **coconut palm** n cocotero m.

cocoon /kəˈkuːn/ n capullo m.

COD /siːəʊˈdiː/ = **cash on delivery**.

cod /kɒd/ n inv bacalao m.

code /kəʊd/ n 1. (gen) código m. 2. (secret) clave f. 3. (Telec) prefijo m.

co-driver /ˈkəʊdraɪvə/ n copiloto m/f.

co-educational /kəʊedjʊˈkeɪʃənəl/ adj (o **co-ed**) (school) mixto -ta.

coerce /kəʊˈɜːs/ vt coaccionar.

coercion /kəʊˈɜːʃən/ n coacción f.

C of E /siː ɒv ˈiː/ = **Church of England**.

coffee /ˈkɒfɪ/ n café m.

coffee bean n grano m de café. **coffee break** n descanso m. **coffeepot** n cafetera f. **coffee shop** n cafetería f.

coffin /ˈkɒfɪn/ n ataúd m, féretro m.

cog /kɒg/ n (wheel) rueda f dentada; (part of a wheel) diente m.

cogent /ˈkəʊdʒənt/ adj (frml) muy convincente.

cognac /ˈkɒnjæk/ n coñac m.

coherent /kəʊˈhɪərənt/ adj coherente.

coil /kɔɪl/ I n 1. (of rope) rollo m. 2. (Auto, Tec) bobina f. 3. (contraceptive) espiral f (intrauterina), diu m inv. II vt (o **coil up**) enrollar.

coin /kɔɪn/ I n moneda f • **we tossed a coin for it** lo echamos a cara o cruz. II vt acuñar.

coincide /kəʊɪnˈsaɪd/ vi coincidir.

coincidence /kəʊˈɪnsɪdəns/ n coincidencia f, casualidad f.

coincidental /kəʊɪnsɪˈdentəl/ adj casual.

coke /kəʊk/ n coque m.

cola /ˈkəʊlə/ n cola f.

colander /ˈkʌləndə/ n escurridor m, colador m.

cold /kəʊld/ I adj frío -a: it's cold hace frío; I'm cold tengo frío; to go * get cold enfriarse. II n 1. (weather) frío m. 2. (Med) resfriado m, constipado m, (Amér S) resfrío m.

cold sore n pupa f, (Amér S) fuego m.

coldly /ˈkəʊldlɪ/ adv con frialdad.

coldness /ˈkəʊldnəs/ n 1. (Meteo) frío m. 2. (of person) frialdad f.

coleslaw /ˈkəʊlslɔː/ n ensalada f de col.

colic /ˈkɒlɪk/ n cólico m.

collaborate /kəˈlæbəreɪt/ vi colaborar (on en).

collaborator /kəˈlæbəreɪtə/ n 1. (Pol) colaboracionista m/f. 2. (colleague) colaborador -dora m/f.

collapse /kəˈlæps/ I vi 1. (building) derrumbarse; (roof) hundirse; (table, shelf) venirse abajo. 2. (Med) perder el sentido. 3. (company) venirse abajo. II n 1. (of building) derrumbamiento m. (Med) colapso m.

collapsible /kəˈlæpsəbəl/ adj plegable.

collar /ˈkɒlə/ I n (of coat, shirt) cuello m; (for pet) collar m. II vt (fam) detener.

collarbone n clavícula f.

collateral /kɒˈlætərəl/ n garantía f (crediticia).

colleague /ˈkɒliːg/ n colega m/f.

collect /kəˈlekt/ I vt 1. (to pick up, get) recoger. 2. (to gather together: gen) reunir; (: as hobby) coleccionar. 3. (money) recolectar. ♦ vi 1. (people) reunirse; (things) amontonarse; (dust) acumularse. 2. (for charity) recolectar dinero. II adv (US: Telec) to call collect llamar a

cobro revertido * (Méx) por cobrar.

collected /kəˈlektɪd/ adj tranquilo -la.

collection /kəˈlekʃən/ n 1. (action) recogida f. 2. (of stamps, books) colección f. 3. (of money) colecta f.

collective /kəˈlektɪv/ I adj colectivo -va. II n cooperativa f.

collector /kəˈlektə/ n coleccionista m/f.

college /ˈkɒlɪdʒ/ n 1. (for training) escuela f. 2. (part of a university) colegio m universitario.

collide /kəˈlaɪd/ vi chocar.

colliery /ˈkɒlɪərɪ/ n [-ries] mina f (de carbón).

collision /kəˈlɪʒən/ n choque m, colisión f.

colloquial /kəˈləʊkwɪəl/ adj coloquial.

collusion /kəˈluːʒən/ n confabulación f.

cologne /kəˈləʊn/ n colonia f.

Colombia /kəˈlɒmbɪə/ n Colombia f.

Colombian /kəˈlɒmbɪən/ adj, n colombiano -na adj, m/f.

colon /ˈkəʊlən/ n 1. (Ling) dos puntos m pl. 2. (Anat) colon m.

colonel /ˈkɜːnəl/ n coronel m.

colonial /kəˈləʊnɪəl/ adj colonial.

colonist /ˈkɒlənɪst/ n colonizador -dora m/f, colono m.

colony /ˈkɒlənɪ/ n [-nies] colonia f.

color /ˈkʌlə/ n, vt/i y palabras compuestas (US) ⇨ **colour**.

colored /ˈkʌləd/ adj (US) ⇨ **coloured**.

colorful /ˈkʌləfʊl/ adj (US) ⇨ **colourful**.

coloring /ˈkʌlərɪŋ/ n (US) ⇨ **colouring**.

colorless /ˈkʌlələs/ adj (US) ⇨ **colourless**.

colour /ˈkʌlə/ I n color m. II vt 1. (Art) colorear. 2. (to influence) influir en. ♦ vi ponerse rojo -ja.

to colour in vt colorear.

colour bar n discriminación f racial. **colour-blind** adj daltónico -ca. **colour blindness** n daltonismo m. **colour film** n carrete m en color. **colour**

scheme n combinación f de colores.
colour television n televisión f en color.
coloured /'kʌləd/ adj (object) de colores: **a coffee-coloured blouse** una blusa de color café; (person) de color.
colourful /'kʌləfʊl/ adj 1. (brightly coloured) con mucho colorido. 2. (eccentric) pintoresco -ca.
colouring /'kʌlərɪŋ/ n 1. (of person) color m. 2. (dye) colorante m.
colourless /'kʌlələs/ adj incoloro -ra.
colt /kəʊlt/ n potro m.
column /'kɒləm/ n columna f.
columnist /'kɒləmɪst/ n columnista m/f.
coma /'kəʊmə/ n coma m.
comb /kəʊm/ I n peine m. II vt 1. (sbdy's hair) peinar: **comb your hair** péinate. 2. (to search) registrar minuciosamente.
combat /'kɒmbæt/ I n combate m. II vt [-bats, -batting, -batted] combatir.
combination /kɒmbɪ'neɪʃən/ n combinación f.
combine I /kəm'baɪn/ vt combinar. ♦ vi combinarse. II /'kɒmbaɪn/ n 1. (Fin) asociación f. 2. (o **combine harvester**) cosechadora f.
come /kʌm/ vi [comes, coming, came, pp come] 1. (gen) venir: **she came to help us** vino a ayudarnos. 2. (to arrive) llegar: **what time does she come home?** ¿a qué hora llega a casa? 3. (in order) venir: **May comes before June** mayo viene antes de junio. 4. (to reach) llegar: **we came to a bridge** llegamos a un puente. 5. (to become): **the knot came undone** se desató ✳ deshizo el nudo; **his dream came true** su sueño se hizo realidad. 6. (to begin): **she came to see he was right** alcanzó a ver que tenía razón.
to **come about** vi ocurrir. to **come across** vt (an object) encontrar; (a person) encontrarse con. to **come along** vi venir. to **come apart** vi

deshacerse. to **come away** vi 1. (to leave) salir. 2. (to become detached) desprenderse. to **come back** vi volver. to **come by** vt conseguir. to **come down** vi 1. (to drop, descend) bajar. 2. (to reach) llegar. ♦ vt bajar. to **come down with** vt caer enfermo -ma de. to **come forward** vi (as witness) presentarse; (as volunteer) ofrecerse. to **come from** vt (person) ser de. to **come in** vi 1. (to enter) entrar: **come in!** ¡pase!; (to arrive) llegar. 2. (tide) subir. to **come in for** vt ser objeto de. to **come into** vt 1. (to enter) entrar en. 2. (a fortune) heredar. to **come off** vi (stain) quitarse; (handle, button) caerse. ♦ vt (to become detached from) caerse de. to **come on** vi 1. (to progress) progresar: **how's the work coming on?** ¿qué tal marcha el trabajo?; **come on!** (to hurry) ¡date prisa!, (to encourage) ¡ánimo! 2. (appliance) encenderse. to **come out** vi 1. (gen) salir. 2. (as result of investigation) revelarse, salir a la luz. 3. (stain) quitarse. to **come round** vi 1. (visitor) venir. 2. (Med) volver en sí. to **come to** vi (Med) volver en sí. ♦ vt 1. (idea, thought): **another idea came to him** se le ocurrió otra idea. 2. (bill) ascender a. to **come under** vt estar clasificado -da bajo. to **come up** vi 1. (to approach) acercarse (**to** a). 2. (sun) salir. 3. (subject, problem) surgir. 4. (event): **her birthday is coming up soon** pronto es su cumpleaños. ♦ vt subir. to **come up against** vt toparse con. to **come up to** vt (to reach) llegar a. to **come up with** vt sugerir.
comeback n: **he made a comeback** volvió a la escena/volvió a jugar.
comedian /kə'miːdɪən/ n humorista m/f.
comedienne /kəmi:dɪ'en/ n humorista f.
comedy /'kɒmɪdɪ/ n [-dies] (film, play) comedia f; (humour) humor m.
comet /'kɒmɪt/ n cometa m.
comfort /'kʌmfət/ I n (physical)

comodidad f; (*consolation*) consuelo m. II vt consolar.

comfort station n (*US*) servicios m pl.

comfortable /ˈkʌmfətəbəl/ adj 1. (*gen*) cómodo -da. 2. (*well-off*) acomodado -da.

comfortably /ˈkʌmfətəblɪ/ adv cómodamente ● **he's comfortably off** vive con holgura.

comic /ˈkɒmɪk/ I n 1. (*magazine*) tebeo m, cómic m. 2. (*person*) humorista m/f, cómico -ca m/f. II adj cómico -ca.

comic strip n tira f (cómica), historieta f.

comical /ˈkɒmɪkəl/ adj cómico -ca.

coming /ˈkʌmɪŋ/ I n: **comings and goings** idas y venidas. II adj próximo -ma.

comma /ˈkɒmə/ n coma f.

command /kəˈmɑːnd/ I vt 1. (*to order*) ordenar. 2. (*a regiment, etc.*) estar al mando de. 3. (*respect*) infundir. II n 1. (*order*) orden f; (*Inform*) instrucción f, comando m. 2. (*of regiment, etc.*) mando m: **to be in command** estar al mando. 3. (*grasp*) dominio m.

commandant /ˈkɒməndænt/ n comandante m.

commandeer /kɒmənˈdɪə/ vt requisar.

commander /kəˈmɑːndə/ n (*Mil*) comandante m; (*Naut*) capitán -tana m/f de fragata.

commandment /kəˈmɑːndmənt/ n mandamiento m.

commemorate /kəˈmeməreɪt/ vt conmemorar.

commence /kəˈmens/ vt/i (*frml*) comenzar, empezar.

commend /kəˈmend/ vt (*to praise*) elogiar; (*to recommend*) recomendar.

commendable /kəˈmendəbəl/ adj encomiable, loable.

commensurate /kəˈmenʃərət/ adj (*frml*) proporcional (**with** a).

comment /ˈkɒment/ I n comentario m, observación f: **no comment!** sin

comentarios. II vi hacer un comentario (**on** sobre).

commentary /ˈkɒməntərɪ/ n [**-ries**] comentarios m pl.

commentate /ˈkɒmənteɪt/ vi hacer los comentarios (**on** de).

commentator /ˈkɒmənteɪtə/ n comentarista m/f.

commerce /ˈkɒmɜːs/ n comercio m.

commercial /kəˈmɜːʃəl/ I n anuncio m, spot m (publicitario). II adj comercial.

commercial traveller n viajante m/f (de comercio).

commiserate /kəˈmɪzəreɪt/ vi: **he commiserated with me** me dijo lo mucho que lo sentía.

commission /kəˈmɪʃən/ I n 1. (*Fin*) comisión f. 2. (*contract*) encargo m. 3. (*committee*) comisión f. II vt 1. (*a play, work*) encargar. 2. (*Mil*) nombrar (oficial).

commissioner /kəˈmɪʃənə/ n comisario -ria m/f.

commit /kəˈmɪt/ vt [**-mits, -mitting, -mitted**] 1. (*a crime*) cometer. 2. (*resources*) destinar. 3. (*to oblige*) comprometer: **to commit oneself** comprometerse.

commitment /kəˈmɪtmənt/ n 1. (*obligation*) obligación f, compromiso m. 2. (*devotion*) dedicación f.

committed /kəˈmɪtɪd/ adj comprometido -da.

committee /kəˈmɪtɪ/ n comité m, comisión f.

commodity /kəˈmɒdɪtɪ/ n [**-ties**] (*raw material*) mercancía f genérica; (*manufactured product*) mercancía f, artículo m.

common /ˈkɒmən/ I adj (*normal, shared*) común; (*pejorative*) ordinario -ria. II n campo m comunal. III **Commons** n pl (*in GB*) Cámara f de los Comunes.

common law n derecho m consuetudinario. **common-law husband/ wife** n: hombre/mujer que vive con otra persona sin estar los dos casados. **common room** n (*Educ*) sala destinada al uso de estu-

diantes o profesores. **common sense** *n* sentido *m* común.

commoner /'kɒmənə/ *n* plebeyo -ya *m/f*.

commonly /'kɒmənlɪ/ *adv* comúnmente.

commonplace /'kɒmənpleɪs/ *adj* corriente.

Commonwealth /'kɒmənwelθ/ *n* Commonwealth *f*.

commotion /kə'məʊʃən/ *n* confusión *f*, revuelo *m*.

communal /'kɒmjʊnəl/ *adj* comunitario -ria.

commune /'kɒmju:n/ *n* comuna *f*.

communicate /kə'mju:nɪkeɪt/ *vi* comunicarse. ♦ *vt* comunicar.

communication /kəmju:nɪ'keɪʃən/ *n* comunicación *f*.

communion /kə'mju:nɪən/ *n* comunión *f*.

communiqué /kə'mju:nɪkeɪ/ *n* comunicado *m*.

communism /'kɒmjʊnɪzəm/ *n* comunismo *m*.

communist /'kɒmjʊnɪst/ *adj, n* comunista *adj, m/f*.

community /kə'mju:nɪtɪ/ I *n* [**-ties**] comunidad *f*. II *adj* comunitario -ria.

community centre *n* centro *m* social.

commute /kə'mju:t/ *vi: desplazarse a diario para ir a trabajar.*

commuter /kə'mju:tə/ *n: persona que se desplaza a diario para ir a trabajar.*

compact I /kəm'pækt/ *adj* compacto -ta. II /'kɒmpækt/ *n* polvera *f*.

compact disc /kɒmpækt 'dɪsk/ *n* compact disc *m*, disco *m* compacto.

compact disc player *n* reproductor *m* de discos compactos.

companion /kəm'pænjən/ *n* acompañante *m/f*.

companionship /kəm'pænjənʃɪp/ *n* compañerismo *m*.

company /'kʌmpənɪ/ *n* [**-nies**] 1. (*gen*) compañía *f* ● **I'll keep you company** yo te haré compañía. 2. (*business*) compañía *f*, empresa *f*.

comparative /kəm'pærətɪv/ I *adj*

(*relative*) relativo -va; (*Ling, Lit*) comparativo -va. II *n* comparativo *m*.

comparatively /kəm'pærətɪvlɪ/ *adv* relativamente.

compare /kəm'peə/ *vt* comparar (**with** ✽ **to** con). ♦ *vi*: **it can't compare with ours** no se puede comparar con el nuestro.

comparison /kəm'pærɪsən/ *n* comparación *f*: **in comparison with** en comparación con.

compartment /kəm'pɑ:tmənt/ *n* compartimento *m*, compartimiento *m*.

compass /'kʌmpəs/ *n* 1. (*Naut*) brújula *f*. 2. (*o* **compasses** *n pl*) (*Maths*) compás *m*.

compassion /kəm'pæʃən/ *n* compasión *f*.

compassionate /kəm'pæʃənət/ *adj* compasivo -va.

compatible /kəm'pætəbəl/ *adj* compatible.

compel /kəm'pel/ *vt* [**-pels, -pelling, -pelled**] obligar.

compelling /kəm'pelɪŋ/ *adj* 1. (*persuasive*) convincente. 2. (*exciting*) cautivador -dora.

compensate /'kɒmpenseɪt/ *vt* indemnizar (**for** por), compensar (**for** por). ♦ *vi*: **to compensate for the losses** para compensar las pérdidas.

compensation /kɒmpen'seɪʃən/ *n* indemnización *f*.

compere, compère /'kɒmpeə/ *n* presentador -dora *m/f*.

compete /kəm'pi:t/ *vi* competir.

competence /'kɒmpɪtəns/ *n* competencia *f*.

competent /'kɒmpɪtənt/ *adj* competente [S], bueno -na [S].

competition /kɒmpɪ'tɪʃən/ *n* 1. (*event: gen*) concurso *m*; (: *in sport*) competición *f*. 2. (*rivalry*) competencia *f*.

competitive /kəm'petɪtɪv/ *adj* competitivo -va.

competitor /kəm'petɪtə/ *n* (*Fin, Sport*) competidor -dora *m/f*; (*in* *non-sporting contest)* concursante *m/f*.

compile /kəm'paɪl/ *vt* (*a dictionary*) redactar, compilar; (*information*) recopilar.

complacency /kəm'pleɪsənsɪ/ *n* autocomplacencia *f*.

complacent /kəm'pleɪsənt/ *adj* satisfecho -cha con uno mismo/una misma.

complain /kəm'pleɪn/ *vi* quejarse (**about** de * por).

complaint /kəm'pleɪnt/ *n* 1. (*gen*) queja *f*. 2. (*Med*) dolencia *f*.

complement /'kɒmplɪmənt/ I *n* complemento *m* (**to** de). II *vt* complementar.

complementary /kɒmplɪ'mentərɪ/ *adj* complementario -ria.

complete /kəm'pli:t/ I *adj* 1. (*with nothing missing*) completo -ta. 2. (*finished*) terminado -da. 3. (*total*) total. II *vt* (*to finish*) completar; (*to fill in*) rellenar.

completely /kəm'pli:tlɪ/ *adv* por completo, completamente.

completion /kəm'pli:ʃən/ *n* finalización *f*.

complex /'kɒmpleks/ I *adj* complejo -ja. II *n* [**-xes**] complejo *m*.

complexion /kəm'plekʃən/ *n* cutis *m*, tez *f*.

compliance /kəm'plaɪəns/ *n* conformidad *f*: **in compliance with the regulations** tal y como dictan las normas.

complicate /'kɒmplɪkeɪt/ *vt* complicar.

complicated /'kɒmplɪkeɪtɪd/ *adj* complicado -da [S].

complication /kɒmplɪ'keɪʃən/ *n* complicación *f*.

complicity /kəm'plɪsətɪ/ *n* complicidad *f*.

compliment /'kɒmplɪmənt/ I *n* cumplido *m*: **he paid her a compliment** le hizo un cumplido. II **compliments** *n pl* saludos *m pl*. III *vt* felicitar (**on** por).

complimentary /kɒmplɪ'mentərɪ/ *adj* 1. (*remark*) halagador -dora.

2. (*free*) de regalo, gratis.

comply /kəm'plaɪ/ *vi* [**-plies, -plying, -plied**] cumplir (**with** con): **she refused to comply** se negó a obedecer.

component /kəm'pəʊnənt/ *n* componente *m*.

compose /kəm'pəʊz/ *vt* 1. (*Lit, Mus*) componer. 2. (*to form*): **it's composed of two groups** se compone de dos grupos. 3. (*to control*): **I composed myself** me tranquilicé.

composed /kəm'pəʊzd/ *adj* tranquilo -la.

composer /kəm'pəʊzə/ *n* compositor -tora *m/f*.

composition /kɒmpə'zɪʃən/ *n* 1. (*gen*) composición *f*. 2. (*essay*) redacción *f*, composición *f*.

compost /'kɒmpɒst/ *n* abono *m* orgánico.

composure /kəm'pəʊʒə/ *n* serenidad *f*, calma *f*.

compound I /'kɒmpaʊnd/ *n* 1. (*area*) recinto *m*. 2. (*Chem*) compuesto *m*; (*Ling*) nombre *m* compuesto. II /'kɒmpaʊnd/ *adj* (*gen*) compuesto -ta; (*fracture*) abierto -ta. III /kəm'paʊnd/ *vt* (*a problem*) agravar.

comprehend /kɒmprɪ'hend/ *vt* comprender.

comprehension /kɒmprɪ'henʃən/ *n* comprensión *f*.

comprehensive /kɒmprɪ'hensɪv/ I *adj* 1. (*range*) extenso -sa, amplio -plia; (*report*) exhaustivo -va. 2. (*insurance*) a todo riesgo. II *n* (**o comprehensive school**) instituto *m* de enseñanza secundaria (*sin examen de ingreso*).

compress /kəm'pres/ *vt* (*gen*) comprimir; (*text*) condensar.

comprise /kəm'praɪz/ *vt* 1. (*to consist of*) comprender. 2. (*to form*) constituir.

compromise /'kɒmprəmaɪz/ I *n* acuerdo *m*, compromiso *m*. II *vi* (*to meet half way*) llegar a un acuerdo * un compromiso; (*to give way*) transigir. ♦ *vt* comprometer.

compulsion /kəm'pʌlʃən/ *n* 1. (*desire*) tendencia *f* obsesiva. 2. (*obligation*) obligación *f*.

compulsive /kəm'pʌlsɪv/ *adj* 1. (*desire*) compulsivo -va; (*gambler*) empedernido -da. 2. (*absorbing*): **it makes compulsive viewing** es un programa que te absorbe.

compulsory /kəm'pʌlsəri/ *adj* obligatorio -ria.

computer /kəm'pju:tə/ *n* ordenador *m*, computadora *f*.

computer game *n* videojuego *m*.

computer program *n* programa *m* informático.

computerize /kəm'pju:təraɪz/ *vt* (*data*) computerizar; (*an office*) informatizar.

computing /kəm'pju:tɪŋ/ *n* informática *f*.

comrade /'kɒmreɪd/, (*US*) /'kɒmræd/ *n* 1. (*Pol*) camarada *m/f*. 2. (*friend*) compañero -ra *m/f*.

comradeship /'kɒmreɪdʃɪp/, (*US*) /'kɒmrədʃɪp/ *n* camaradería *f*.

con /kɒn/ (*fam*) **I** *vt* [**cons, conning, conned**] estafar. **II** *n* estafa *f*.

concave /'kɒnkeɪv/ *adj* cóncavo -va.

conceal /kən'si:l/ *vt* (*a fact, weapon*) ocultar; (*a feeling*) disimular.

concede /kən'si:d/ *vt* 1. (*to admit*) admitir. 2. (*to give away*) conceder.

conceit /kən'si:t/ *n* engreimiento *m*, presunción *f*.

conceited /kən'si:tɪd/ *adj* engreído -da, presuntuoso -sa.

conceivable /kən'si:vəbəl/ *adj* concebible.

conceive /kən'si:v/ *vi* 1. (*to become pregnant*) concebir. 2. (*to imagine*) imaginarse. ♦ *vt* concebir.

concentrate /'kɒnsəntreɪt/ *vi* concentrarse (**on** en). ♦ *vt* concentrar.

concentration /kɒnsən'treɪʃən/ *n* concentración *f*.

concept /'kɒnsəpt/ *n* concepto *m*.

conception /kən'sepʃən/ *n* 1. (*Biol*) concepción *f*. 2. (*understanding*)

idea *f*, concepto *m*.

concern /kən'sɜ:n/ **I** *vt* 1. (*to affect*) concernir. 2. (*to worry*) preocupar. **II** *n* 1. (*worry*) preocupación *f*; (*responsibility, affair*) asunto *m*. 2. (*Fin*) empresa *f*.

concerned /kən'sɜ:nd/ *adj* 1. (*worried*) preocupado -da (**about** por). 2. (*involved*): **all those concerned** todos los interesados; **as far as I'm concerned** por lo que a mí respecta.

concerning /kən'sɜ:nɪŋ/ *prep* en relación con, acerca de.

concert /'kɒnsɜ:t/ *n* (*event*) concierto *m*.

concerted /kən'sɜ:tɪd/ *adj* concertado -da.

concerto /kən'tʃɜ:təʊ/ *n* (*piece of music*) concierto *m*.

concession /kən'seʃən/ *n* concesión *f*.

concise /kən'saɪs/ *adj* conciso -sa.

conclude /kən'klu:d/ *vi* concluir. ♦ *vt* 1. (*to end*) concluir. 2. (*to decide*) concluir. 3. (*a treaty*) firmar.

concluding /kən'klu:dɪŋ/ *adj* final.

conclusion /kən'klu:ʒən/ *n* conclusión *f*.

conclusive /kən'klu:sɪv/ *adj* concluyente, indiscutible.

concoct /kən'kɒkt/ *vt* 1. (*a tale*) inventarse. 2. (*a drink, meal*) preparar.

concoction /kən'kɒkʃən/ *n* mejunje *m*.

concourse /'kɒnkɔ:s/ *n* vestíbulo *m*.

concrete /'kɒnkri:t/ **I** *adj* 1. (*material*) de hormigón. 2. (*plan, idea*) concreto -ta. **II** *n* hormigón *m*.

concur /kən'kɜ:/ *vi* [**-curs, -curring, -curred**] estar de acuerdo.

concurrently /kən'kʌrəntlɪ/ *adv* simultáneamente, al mismo tiempo.

concussion /kən'kʌʃən/ *n* conmoción *f* cerebral.

condemn /kən'dem/ *vt* 1. (*a criminal, an attack*) condenar. 2. (*a building*) declarar inhabitable.

condemnation /kɒndem'neɪʃən/ *n* condena *f*.

condensation /kɒndenˈseɪʃən/ n (gen) condensación f; (on glass) vaho m.

condense /kənˈdens/ vt 1. (Phys) condensar. 2. (Lit) resumir. ♦ vi condensarse.

condescend /kɒndɪˈsend/ vi dignarse (**to** a).

condescending /kɒndɪˈsendɪŋ/ adj: she gave him a condescending smile le sonrió con aire de superioridad.

condiment /ˈkɒndɪmənt/ n condimento m.

condition /kənˈdɪʃən/ I n 1. (proviso) condición f: on condition that he stays a condición de que se quede. 2. (state) condiciones f pl, estado m; (Sport): he's out of condition no está en forma. 3. (illness) afección f. II vt condicionar.

conditional /kənˈdɪʃənəl/ adj condicional.

conditioner /kənˈdɪʃənə/ n acondicionador m, suavizante m.

condolence /kənˈdəʊləns/ n pésame m ● please accept my condolences le acompaño en el sentimiento.

condom /ˈkɒndəm/ n preservativo m, condón m.

condominium /kɒndəˈmɪnɪəm/ n (US: apartment) piso m, (Amér L) departamento m; (: block) bloque m de pisos ✲ (Amér L) departamentos.

condone /kənˈdəʊn/ vt justificar, consentir.

conducive /kənˈdjuːsɪv/ adj: it is not conducive to working no es propicio para trabajar.

conduct I /kənˈdʌkt/ vt 1. (a survey) llevar a cabo. 2. (Mus) dirigir. 3. (electricity) conducir. II /ˈkɒndʌkt/ n comportamiento m, conducta f.

conducted tour /kəndʌktɪd ˈtʊə/ n visita f con guía.

conductor -tora /kənˈdʌktə/ n 1. (Mus) director -tora m/f. 2. (on train) revisor -sora m/f; (on bus) cobrador -dora m/f. 3. (Elec) conductor m.

cone /kəʊn/ n 1. (shape) cono m. 2. (Bot) piña f. 3. (for ice cream) cucurucho m (de barquillo).

confectionery /kənˈfekʃənərɪ/ n dulces m pl.

confer /kənˈfɜː/ vt [-fers, -ferring, -ferred] conferir (**on** a), otorgar (**on** a). ♦ vi consultar.

conference /ˈkɒnfərəns/ n congreso m, conferencia f.

confess /kənˈfes/ vt confesar. ♦ vi (to admit): I confessed to having seen her confesé que la había visto; (Relig) confesarse.

confession /kənˈfeʃən/ n confesión f.

confetti /kənˈfetɪ/ n confeti m.

confide /kənˈfaɪd/ vt confiar (**to** a). ♦ vi: he confided in me se me confió.

confidence /ˈkɒnfɪdəns/ n 1. (in self, others) confianza f (**in** en): a vote of no confidence un voto de censura. 2. (secret) confidencia f ● in confidence en secreto.

confident /ˈkɒnfɪdənt/ adj seguro -ra (**of** de).

confidential /kɒnfɪˈdenʃəl/ adj confidencial.

confine /kənˈfaɪn/ vt 1. (to shut in) encerrar (**to** en). 2. (to limit) limitar (**to** a).

confined /kənˈfaɪnd/ adj (space) reducido -da.

confinement /kənˈfaɪnmənt/ n reclusión f.

confines /ˈkɒnfaɪnz/ n pl límites m pl.

confirm /kənˈfɜːm/ vt confirmar.

confirmation /kɒnfəˈmeɪʃən/ n confirmación f.

confirmed /kənˈfɜːmd/ adj (gen) convencido -da; (bachelor) empedernido -da.

confiscate /ˈkɒnfɪskeɪt/ vt confiscar, decomisar.

confiscation /kɒnfɪˈskeɪʃən/ n decomiso m.

conflict I /ˈkɒnflɪkt/ n conflicto m. II /kənˈflɪkt/ vi no coincidir.

conflicting /kənˈflɪktɪŋ/ adj contradictorio -ria.

conform /kən'fɔ:m/ *vi* (*in society*): she always refused to conform siempre fue muy inconformista; (*to comply*) ajustarse (**to** a).

confound /kən'faʊnd/ *vt* confundir.

confront /kən'frʌnt/ *vt* 1. (*to deal with*) hacerle frente a. 2. (*to face*): I was confronted by a difficult choice me vi ante una elección difícil. 3. (*to present*): confront him with the proof preséntale las pruebas.

confrontation /kɒnfrʌn'teɪʃən/ *n* confrontación *f*.

confuse /kən'fju:z/ *vt* 1. (*to mix up*) confundir (**with** con); (*to fluster*) confundir, liar. 2. (*an issue*) complicar.

confused /kən'fju:zd/ *adj* (*person*) confundido -da: I got confused me confundí; (*ideas*) confuso -sa.

confusing /kən'fju:zɪŋ/ *adj* confuso -sa.

confusion /kən'fju:ʒən/ *n* confusión *f*.

congeal /kən'dʒi:l/ *vi* coagularse.

congenial /kən'dʒi:nɪəl/ *adj* (*frml*) agradable.

congenital /kən'dʒenɪtəl/ *adj* congénito -ta.

conger eel /kɒŋgər 'i:l/ *n* congrio *m*.

congested /kən'dʒestɪd/ *adj* congestionado -da.

congestion /kən'dʒestʃən/ *n* congestión *f*.

conglomerate /kən'glɒmərət/ *n* conglomerado *m*.

congratulate /kən'grætjʊleɪt/ *vt* felicitar (**on** por).

congratulation /kəngrætjʊ'leɪʃən/ *n* felicitación *f*: congratulations! ¡enhorabuena!

congregate /'kɒŋgrɪgeɪt/ *vi* congregarse, juntarse.

congregation /kɒŋgrɪ'geɪʃən/ *n* fieles *m pl*.

congress /'kɒŋgres/ *n* [**-gresses**] 1. (*conference*) congreso *m*. 2. **Congress** (*Pol: in US*) el Congreso.

congressman/woman *n* (*US*) congresista *m/f*.

conifer /'kɒnɪfə/ *n* conífera *f*.

coniferous /kə'nɪfərəs/ *adj* conífero -ra.

conjecture /kən'dʒektʃə/ *n* conjetura *f*.

conjugal /'kɒndʒʊgəl/ *adj* (*frml*) conyugal.

conjugate /'kɒndʒʊgeɪt/ *vt* conjugar.

conjure /'kʌndʒə/ *vi* hacer juegos de manos.

to **conjure up** *vt* 1. (*to evoke*) evocar. 2. (*to produce*) sacar.

conjurer, conjuror /'kʌndʒərə/ *n* prestidigitador -dora *m/f*.

connect /kə'nekt/ *vt* 1. (*gen*) conectar (**to** a); (*ideas*) asociar: the events are not connected los sucesos no están relacionados. 2. (*Transp: places*) unir. 3. (*on phone*) poner en comunicación. ♦ *vi* 1. (*to join*) estar conectado -da. 2. (*train*) enlazar.

connection /kə'nekʃən/ *n* 1. (*Tec, Telec*) conexión *f*. 2. (*relationship*) relación *f* ● in connection with a propósito de. 3. (*with train, bus*) enlace *m*; (*Av*) conexión *f*.

connive /kə'naɪv/ *vi* 1. (*Law*) ser cómplice (**with** de). 2. (*to overlook*) hacer la vista gorda (**at** a).

connoisseur /kɒnə'sɜ:/ *n* entendido -da *m/f* (**of** en), experto -ta *m/f* (**of** en).

conquer /'kɒŋkə/ *vt* (*an emotion, enemy*) vencer; (*a place*) conquistar.

conqueror /'kɒŋkərə/ *n* conquistador -dora *m/f*.

conquest /'kɒŋkwest/ *n* conquista *f*.

conscience /'kɒnʃəns/ *n* conciencia *f*: I have a guilty conscience me remuerde la conciencia.

conscientious /kɒnʃi'enʃəs/ *adj* concienzudo -da.

conscientious objector *n* objetor -tora *m/f* de conciencia.

conscious /'kɒnʃəs/ *adj* 1. (*Med*) consciente; (*aware*) consciente (**of** de). 2. (*intentional*) deliberado -da.

consciousness /'kɒnʃəsnəs/ *n* (*Med*) conocimiento *m*; (*awareness*) conciencia *f*, consciencia *f*.

conscript I /kən'skrɪpt/ vt reclutar. II /'kɒnskrɪpt/ n recluta m/f.

conscription /kən'skrɪpʃən/ n servicio m militar obligatorio.

consensus /kən'sensəs/ n consenso m.

consent /kən'sent/ I vi consentir: I consented to her going consentí en que fuera. II n consentimiento m (to a).

consequence /'kɒnsɪkwəns/ n consecuencia f.

consequently /'kɒnsɪkwəntlɪ/ adv por consiguiente.

conservation /kɒnsə'veɪʃən/ n conservación f.

conservationist /kɒnsə'veɪʃənɪst/ n ecologista m/f.

conservative /kən'sɜːvətɪv/ I adj 1. (gen) conservador -dora. 2. (estimate) moderado -da. II **Conservative** n conservador -dora m/f.

conservatory /kən'sɜːvətrɪ/ n [-ries] 1. (room) habitación acristalada adosada a una casa. 2. (Mus) conservatorio m.

conserve /kən'sɜːv/ vt conservar.

consider /kən'sɪdə/ vt (gen) considerar; (needs) tener en cuenta; (+ -ing): I considered leaving pensé en irme.

considerable /kən'sɪdərəbəl/ adj considerable.

considerably /kən'sɪdərəblɪ/ adv bastante.

considerate /kən'sɪdərət/ adj considerado -da, amable.

considerately /kən'sɪdərətlɪ/ adv con consideración.

consideration /kənsɪdə'reɪʃən/ n 1. (kindness) consideración f: out of consideration for sbdy por consideración hacia alguien. 2. (factor) factor m.

considering /kən'sɪdərɪŋ/ prep teniendo en cuenta.

consign /kən'saɪn/ vt consignar.

consignment /kən'saɪnmənt/ n remesa f.

consist /kən'sɪst/ vi consistir (of en).

consistency /kən'sɪstənsɪ/ n 1. (of substance) consistencia f. 2. (of aims) coherencia f.

consistent /kən'sɪstənt/ adj (gen) constante; (in agreement) coherente: it isn't consistent with my beliefs no es coherente con mis ideas.

consolation /kɒnsə'leɪʃən/ n consuelo m.

console I /kən'səʊl/ vt consolar. II /'kɒnsəʊl/ n consola f.

consonant /'kɒnsənənt/ n consonante f.

consortium /kən'sɔːtɪəm/ n [-tiums * -tia] consorcio m.

conspicuous /kən'spɪkjʊəs/ adj 1. (easily seen) visible. 2. (obvious) notable.

conspiracy /kən'spɪrəsɪ/ n [-cies] conspiración f.

conspire /kən'spaɪə/ vi conspirar.

constable /'kʌnstəbəl/ n policía m/f, guardia m/f.

constabulary /kən'stæbjʊlərɪ/ n [-ries] cuerpo m de policía.

constant /'kɒnstənt/ adj 1. (unchanging) constante. 2. (incessant) continuo -nua.

constipated /'kɒnstɪpeɪtɪd/ adj estreñido -da.

constipation /kɒnstɪ'peɪʃən/ n estreñimiento m.

constituency /kən'stɪtjʊənsɪ/ n [-cies] circunscripción f electoral.

constituent /kən'stɪtjʊənt/ n 1. (Pol) elector -tora m/f. 2. (part) (elemento m) constituyente m.

constitute /'kɒnstɪtjuːt/ vt constituir.

constitution /kɒnstɪ'tjuːʃən/ n constitución f.

constitutional /kɒnstɪ'tjuːʃənəl/ adj constitucional.

constrain /kən'streɪn/ vt (frml) obligar, forzar.

constraint /kən'streɪnt/ n 1. (limit) limitación f. 2. (pressure) coacción f.

constrict /kən'strɪkt/ vt 1. (to squeeze) apretar. 2. (to restrict) restringir.

construct /kən'strʌkt/ vt construir.

construction /kən'strʌkʃən/ n construcción f.

constructive /kən'strʌktɪv/ adj constructivo -va.

construe /kən'stru:/ vt (frml) interpretar.

consul /'kɒnsəl/ n cónsul m/f.

consulate /'kɒnsjʊlət/ n consulado m.

consult /kən'sʌlt/ vt/i consultar.

consultancy /kən'sʌltənsi/ n [-cies] asesoría f.

consultant /kən'sʌltənt/ n 1. (Med) especialista m/f. 2. (Fin) asesor -sora m/f.

consultation /kɒnsəl'teɪʃən/ n consulta f.

consulting room /kən'sʌltɪŋ rʊm/ n consulta f, consultorio m.

consume /kən'sju:m/ vt consumir.

consumer /kən'sju:mə/ n consumidor -dora m/f.

consumer goods n pl bienes m pl de consumo.

consumerism /kən'sju:mərɪzəm/ n consumismo m.

consummate I /'kɒnsəmeɪt/ vt consumar. II /'kɒnsəmɪt/ adj consumado -da.

consumption /kən'sʌmpʃən/ n 1. (gen) consumo m. 2. (Med) tisis f.

cont. /'kɒntɪnju:d/ (= **continued**) sigue.

contact /'kɒntækt/ I n (gen) contacto m: **to make contact with** establecer contacto con. II vt ponerse en contacto con, contactar con.

contact lens n lente f de contacto, lentilla f.

contagious /kən'teɪdʒəs/ adj contagioso -sa.

contain /kən'teɪn/ vt contener.

container /kən'teɪnə/ n 1. (gen) recipiente m; (as packaging) envase m. 2. (Transp) contenedor m, container m.

contaminate /kən'tæmɪneɪt/ vt contaminar.

contd. /kən'tɪnju:d/ (= **continued**) sigue.

contemplate /'kɒntəmpleɪt/ vt 1. (to consider) considerar. 2. (to look at) contemplar.

contemporary /kən'tempərəri/ I n [-ries] contemporáneo -nea m/f. II adj contemporáneo -nea.

contempt /kən'tempt/ n desprecio m (for por).

contempt of court n desacato m al tribunal.

contemptible /kən'temptəbəl/ adj despreciable.

contemptuous /kən'temptjʊəs/ adj despectivo -va.

contend /kən'tend/ vi 1. (with problems) lidiar (with con). 2. (to compete) contender (for por), competir (for por). ♦ vt (frml: to maintain) mantener.

contender /kən'tendə/ n contendiente m/f.

content I /'kɒntent/ n contenido m. II **contents** /'kɒntents/ n pl 1. (gen) contenido m. 2. (in book) índice m de materias. III /kən'tent/ adj contento -ta (with con), satisfecho -cha (with con). IV /kən'tent/ vt contentar, satisfacer.

contented /kən'tentɪd/ adj contento -ta, satisfecho -cha.

contention /kən'tenʃən/ n 1. (disagreement) controversia f. 2. (opinion) opinión f.

contentment /kən'tentmənt/ n satisfacción f.

contest I /'kɒntest/ n 1. (gen) concurso m; (Sport) competición f. 2. (struggle) lucha f (for por). II /kən'test/ vt 1. (a title) luchar por; (an election) presentarse como candidato -ta a. 2. (a decision) impugnar.

contestant /kən'testənt/ n concursante m/f, participante m/f.

context /'kɒntekst/ n contexto m.

continent /'kɒntɪnənt/ n 1. (gen) continente m. 2. **the Continent** Europa f: **on the Continent** en Europa.

continental /kɒntɪ'nentəl/ adj continental.

continental quilt n edredón m.

contingency /kən'tɪndʒənsɪ/ n [-cies] contingencia f, eventualidad f.

contingent /kən'tɪndʒənt/ n (gen) grupo m; (Mil) contingente m.

continual /kən'tɪnjʊəl/ adj continuo -nua, constante.

continually /kən'tɪnjʊəlɪ/ adv constantemente.

continuation /kəntɪnjʊ'eɪʃən/ n continuación f.

continue /kən'tɪnju:/ vt/i continuar, seguir: **to be continued** continuará.

continuous /kən'tɪnjʊəs/ adj continuo -nua.

continuous assessment n evaluación f continua.

continuously /kən'tɪnjʊəslɪ/ adv continuamente, sin parar.

contort /kən'tɔ:t/ vt retorcer.

contortion /kən'tɔ:ʃən/ n contorsión f.

contour /'kɒntʊə/ n 1. (outline) contorno m. 2. (on map) curva f de nivel.

contraband /'kɒntrəbænd/ n contrabando m.

contraception /kɒntrə'sepʃən/ n anticoncepción f.

contraceptive /kɒntrə'septɪv/ I adj anticonceptivo -va. II n anticonceptivo m.

contract I /'kɒntrækt/ n contrato m. II vi /kən'trækt/ 1. (Med, Phys) contraerse. 2. (Fin) hacer un contrato. ♦ vt 1. (Med) contraer. 2. (Fin) contratar.

to **contract out** /'kɒntrækt/ vt (work) subcontratar.

contraction /kən'trækʃən/ n contracción f.

contractor /kən'træktə/ n contratista m/f.

contradict /kɒntrə'dɪkt/ vt contradecir.

contradiction /kɒntrə'dɪkʃən/ n contradicción f (**between** entre).

contradictory /kɒntrə'dɪktərɪ/ adj contradictorio -ria.

contraption /kən'træpʃən/ n artilu-

gio m, cacharro m.

contrary I /'kɒntrərɪ/ adv: **contrary to** en contra de, contrariamente a. II /'kɒntrərɪ/ n: **has he heard to the contrary?** ¿le han informado de ∗ dicho lo contrario?; **on the contrary** al contrario. III adj 1. /'kɒntrərɪ/ (opposing) opuesto -ta, contrario -ria. 2. /kən'treərɪ/ (person) que siempre lleva la contraria.

contrast I /'kɒntrɑ:st/ n contraste m: **in contrast to the rest** a diferencia de los demás. II /kən'trɑ:st/ vt comparar. ♦ vi contrastar.

contrasting /kən'trɑ:stɪŋ/ adj que hace contraste.

contravene /kɒntrə'vi:n/ vt contravenir.

contribute /kən'trɪbju:t/ vt 1. (money, ideas) contribuir con. 2. (Media: articles) escribir. ♦ vi 1. (to give money) contribuir (**to** a). 2. (to discussion) participar (**to** en), intervenir (**to** en). 3. (Media) escribir (**to** para), colaborar (**to** en).

contribution /kɒntrɪ'bju:ʃən/ n 1. (gen) aportación f (**to** a). 2. (Fin: gen) contribución f (**to** a); (: to charity) donación f (**to** a). 3. (Media) colaboración f (**to** en).

contributor /kən'trɪbjʊtə/ n 1. (gen) contribuyente m/f. 2. (Media) colaborador -dora m/f.

contrive /kən'traɪv/ vt inventarse. ♦ vi ingeniárselas (**to** para).

contrived /kən'traɪvd/ adj artificial.

control /kən'trəʊl/ I n 1. (gen) control m: **to be under control** estar bajo control; **to get out of control** descontrolarse; **beyond my control** fuera de mi control; **to take control of sthg** hacerse con el control de algo. 2. (charge) mando m: **she's in control of the ship** está al mando del barco. 3. (knob) botón m. II **controls** n pl mandos m pl. III vt [-trols, -trolling, -trolled] controlar.

control panel n tablero m de mandos. **control room** n sala f de control. **control tower** n torre f de control.

controversial /kɒntrə'vɜ:ʃəl/ *adj* polémico -ca, controvertido -da.

controversy /kən'trɒvəsɪ/ *n* [**-sies**] polémica *f*, controversia *f*.

convalesce /kɒnvə'les/ *vi* convalecer.

convene /kən'vi:n/ *vt* convocar. ♦ *vi* reunirse.

convenience /kən'vi:nɪəns/ I *n* conveniencia *f* ● do it at your convenience hágalo cuando le venga bien. II **conveniences** *n pl* 1. (*in hotel*): **all modern conveniences** totalmente equipado -da. 2. (*frml: toilets*) servicios *m pl.*

convenience food *n* comida *f* preparada.

convenient /kən'vi:nɪənt/ *adj* 1. (*time*) conveniente, oportuno -na: **would two o'clock be convenient?** ¿le vendría bien a las dos? 2. (*handy: gen*) práctico -ca; (: *location*): **it's convenient for the market** está bien situado para ir al mercado.

convent /'kɒnvənt/ *n* convento *m.*

convention /kən'venʃən/ *n* convención *f.*

conventional /kən'venʃənəl/ *adj* convencional.

converge /kən'vɜ:dʒ/ *vi* (*roads*) converger (**on** en); (*crowd*) reunirse (**on** en).

conversant /kən'vɜ:sənt/ *adj* (*frml*) versado -da (**with** en), familiarizado -da (**with** con).

conversation /kɒnvə'seɪʃən/ *n* conversación *f.*

conversational /kɒnvə'seɪʃənəl/ *adj* coloquial.

converse I /kən'vɜ:s/ *vi* hablar, conversar. II /'kɒnvɜ:s/ *n* inverso *m.*

conversely /kɒn'vɜ:slɪ/ *adv* a la inversa.

conversion /kən'vɜ:ʃən/ *n* 1. (*gen*) conversión *f.* 2. (*in rugby*) transformación *f.*

convert I /'kɒnvɜ:t/ *n* converso -sa *m/f.* II /kən'vɜ:t/ *vt* 1. (*gen*) convertir. 2. (*a building*) transformar. 3. (*Sport*): **to convert a try** conseguir la transformación después de

un ensayo. ♦ *vi* convertirse.

convertible /kən'vɜ:təbəl/ I *n* descapotable *m.* II *adj* convertible.

convex /'kɒnveks/ *adj* convexo -xa.

convey /kən'veɪ/ *vt* 1. (*ideas, gratitude*) expresar. 2. (*goods*) transportar.

conveyor belt /kən'veɪə belt/ *n* cinta *f* transportadora.

convict I /'kɒnvɪkt/ *n* presidiario -ria *m/f.* II /kən'vɪkt/ *vt* declarar culpable (**of** de).

conviction /kən'vɪkʃən/ *n* 1. (*Law*) condena *f.* 2. (*belief*) convicción *f.*

convince /kən'vɪns/ *vt* convencer: **I'm convinced (that) he'll come** estoy convencido de que vendrá.

convincing /kən'vɪnsɪŋ/ *adj* convincente.

convoy /'kɒnvɔɪ/ *n* convoy *m.*

convulsion /kən'vʌlʃən/ *n* convulsión *f.*

cook /kʊk/ I *n* cocinero -ra *m/f.* II *vi* (*person*) cocinar, guisar; (*food*) hacerse, cocerse. ♦ *vt* (*to prepare: a meal*) hacer, preparar; (*to heat*) cocer.

cookbook *n* libro *m* de cocina.

cooker /'kʊkə/ *n* cocina *f.*

cookery /'kʊkərɪ/ *n* cocina *f.*

cookie /'kʊkɪ/ *n* galleta *f.*

cooking /'kʊkɪŋ/ *n* cocina *f.*

cool /ku:l/ I *adj* 1. (*Meteo*) fresco -ca: **it's cooler inside** se está más fresco dentro. 2. (*unfriendly*) frío -a (**to** ∗ **towards** con). 3. (*calm*) tranquilo -la. 4. (*fam: great*) guay. II *n* (*composure*) calma *f.* III *vi* enfriarse. ♦ *vt* poner a enfriar.

to cool down *vi* 1. (*to get cool*) enfriarse. 2. (*to calm down*) tranquilizarse. **to cool off** *vi* refrescarse.

coolness /'ku:lnəs/ *n* 1. (*Meteo*) frescura *f*, frescor *m.* 2. (*calmness*) tranquilidad *f.* 3. (*unfriendliness*) frialdad *f.*

coop /ku:p/ *n* gallinero *m.*

to coop up *vt* encerrar.

cooperate /kəʊ'ɒpəreɪt/ *vi* cooperar.

cooperation /kəʊɒpə'reɪʃən/ *n*

cooperación f, colaboración f.

cooperative /kəʊ'ɒpərətɪv/ I *adj* 1. (*willing*) cooperativo -va. 2. (*Agr*) cooperativista. II *n* (*Agr*) cooperativa f.

coordinate I /kəʊ'ɔrdɪnət/ *n* coordenada f. II /kəʊ'ɔ:dɪneɪt/ *vt* coordinar. ♦ *vi* hacer juego.

coordination /kəʊɔ:dɪ'neɪʃən/ *n* coordinación f.

coot /ku:t/ *n* focha f.

cop /kɒp/ *n* (*fam*) poli m.

cope /kəʊp/ *vi* arreglárselas: **I can't cope with all this work** no puedo con tanto trabajo.

copious /'kəʊpɪəs/ *adj* abundante.

copper /'kɒpə/ *n* 1. (*Chem*) cobre m. 2. (*fam: coin*) moneda f de poco valor. 3. (*fam: policeman*) poli m.

copper beech *n* haya f★ roja.

copse /kɒps/ *n* bosquecillo m.

copy /'kɒpɪ/ I *n* [-**pies**] (*gen*) copia f; (*of book*) ejemplar m. II *vt/i* [-**pies**, -**pying**, -**pied**] copiar.

copycat *n* (*fam*) copión -piona m/f.

copyright /'kɒpɪraɪt/ *n* copyright m, derechos m pl de propiedad intelectual.

coral /'kɒrəl/ *n* coral m.

cord /kɔ:d/ *n* 1. (*rope*) cuerda f. 2. (*of phone*) cordón m. 3. (*cloth*) pana f.

cordial /'kɔ:dɪəl/ I *adj* cordial. II *n* refresco m (*con esencia de frutas*).

cordless /'kɔ:dləs/ *adj* (*phone*) inalámbrico -ca; (*shaver*) sin cordón.

cordon /'kɔ:dən/ *n* cordón m.

to cordon off *vt* acordonar.

corduroy /'kɔ:dərɔɪ/ *n* pana f.

core /kɔ:/ *n* 1. (*of fruit*) corazón m. 2. (*Geol, Tec*) núcleo m. 3. (*essence*) núcleo m.

coriander /kɒrɪ'ændə/ *n* cilantro m, culantro m.

cork /kɔ:k/ I *n* corcho m. II *vt* ponerle el corcho ✳ tapón a.

corkscrew /'kɔ:kskru:/ *n* sacacorchos m inv.

cormorant /'kɔ:mərənt/ *n* cormorán m.

corn /kɔ:n/ *n* 1. (*Bot: gen*) cereales m pl; (: *wheat*) trigo m; (*US: maize*) maíz m, (*Amér S*) choclo m, (*Méx*) elote m. 2. (*Med*) callo m.

cornflakes *n* copos m pl de maíz.

cornflour *n* maicena® f. **corn on the cob** *n* mazorca f de maíz. **cornstarch** *n* (*US*) maicena® f.

corned beef /kɔ:nd 'bi:f/ *n* corned beef m (*carne enlatada*).

corner /'kɔ:nə/ I *n* 1. (*of street, table*) esquina f; (*of room*) rincón m; (*of page*) ángulo m: **out of the corner of one's eye** por el rabillo del ojo. 2. (*bend*) curva f. 3. (*Sport*) córner m, saque m de esquina. II *vt* 1. (*a person*) acorralar. 2. (*a market*) monopolizar, acaparar. ♦ *vi* tomar una curva.

cornet /'kɔ:nɪt/ *n* 1. (*Mus*) corneta f. 2. (*for ice cream*) cucurucho m.

Cornish pasty /kɔ:nɪʃ 'pæstɪ/ *n*: empanada de carne y legumbres.

corny /'kɔ:nɪ/ *adj* [-**nier**, -**niest**] (*fam: joke*) gastado -da; (: *song, behaviour*) sensiblero -ra.

coronary /'kɒrənərɪ/ I *adj* coronario -ria. II *n* [-**ries**] (*o* **coronary thrombosis**) trombosis f (*coronaria*).

coronation /kɒrə'neɪʃən/ *n* coronación f.

coroner /'kɒrənə/ *n* juez m/f de instrucción.

corporal /'kɔ:pərəl/ I *n* cabo m/f. II *adj* corporal.

corporate /'kɔ:pərət/ *adj* (*relating to business*) de la empresa, corporativo -va; (*joint*) colectivo -va.

corporation /kɔ:pə'reɪʃən/ *n* 1. (*Fin*) empresa f. 2. (*council*) corporación f municipal, ayuntamiento m.

corps /kɔ:/ *n inv* cuerpo m.

corpse /kɔ:ps/ *n* cadáver m.

corral /kɒ'ra:l/ *n* corral m.

correct /kə'rekt/ I *adj* correcto -ta: **that is correct** eso es correcto; **you're correct** tienes razón. II *vt* corregir.

correction /kə'rekʃən/ *n* corrección f.

correspond /kɒrɪ'spɒnd/ *vi* **1.** (*to match*) corresponder (**with** con); (*to be equivalent*) equivaler (**to** a). **2.** (*by letter*) mantener correspondencia.

correspondence /kɒrɪ'spɒndəns/ *n* correspondencia *f*.

correspondence course *n* curso *m* por correspondencia.

correspondent /kɒrɪ'spɒndənt/ *n* corresponsal *m/f*.

corridor /'kɒrɪdɔ:/ *n* pasillo *m*.

corroborate /kə'rɒbəreɪt/ *vt* corroborar.

corrode /kə'rəʊd/ *vt* corroer. ♦ *vi* corroerse.

corrosion /kə'rəʊʒən/ *n* corrosión *f*.

corrugated /'kɒrʊgeɪtɪd/ *adj* ondulado -da.

corrupt /kə'rʌpt/ **I** *adj* corrupto -ta. **II** *vt* corromper.

corruption /kə'rʌpʃən/ *n* corrupción *f*.

corset /'kɔ:sɪt/ *n* faja *f*, corsé *m*.

Corsica /'kɔ:sɪkə/ *n* Córcega *f*.

Corsican /'kɔ:sɪkən/ *adj*, *n* corso -sa *adj*, *m/f*.

cortege, **cortège** /kɔ:'teʒ/ *n* cortejo *m* (fúnebre).

cosmetic /kɒz'metɪk/ **I** *adj* cosmético -ca. **II** *n* cosmético *m*.

cosmetic surgery *n* cirugía *f* estética.

cosmopolitan /kɒzmə'pɒlɪtən/ *adj* cosmopolita.

cosmos /'kɒzmɒs/ *n* cosmos *m inv*.

cosset /'kɒsɪt/ *vt* mimar.

cost /kɒst/ **I** *n* coste *m* ● **at all costs** a toda costa. **II costs** *n pl* (*Law*) costas *f pl*. **III** *vt* **1.** [**costs, costing, cost**] (*gen*) costar: **it cost me my licence** me costó el carné. **2.** [**costs, costing, costed**] (*to price*) presupuestar.

cost-effective *adj* económico -ca. **cost of living** *n* coste *m* de la vida. **cost price** *n* precio *m* de coste.

co-star /'kəʊstɑ:/ *n* coprotagonista *m/f*.

Costa Rica /kɒstə 'ri:kə/ *n* Costa Rica *f*.

Costa Rican /kɒstə 'ri:kən/ *adj*, *n* costarricense *adj*, *m/f*.

costly /'kɒstlɪ/ *adj* [**-lier, -liest**] costoso -sa.

costume /'kɒstju:m/ *n* (*for a play, traditional dress*) traje *m*; (*for fancy dress*) disfraz *m*; (*for swimming*) traje *m* de baño, bañador *m*.

costume jewellery ∗ (*US*) **jewelry** *n* bisutería *f*.

cosy /'kəʊzɪ/ *adj* [**-sier, -siest**] acogedor -dora.

cot /kɒt/ *n* cuna *f*.

cottage /'kɒtɪdʒ/ *n*: casa pequeña, generalmente antigua.

cottage cheese *n* requesón *m*.

cotton /'kɒtən/ *n* **1.** (*cloth*) algodón *m*. **2.** (*thread*) hilo *m*.

to cotton on *vi* percatarse (**to** de).

cotton candy *n* (*US*) algodón *m* de azúcar. **cotton wool** *n* (*Med*) algodón *m*.

couch /kaʊtʃ/ **I** *n* [**-ches**] (*at home*) sofá *m*; (*psychiatrist's*) diván *m*; (*doctor's*) camilla *f*. **II** *vt* expresar (**in** en).

couchette /ku:'ʃet/ *n* litera *f*.

cough /kɒf/ **I** *n* tos *f*: **he has a cough** tiene tos. **II** *vi* toser.

to cough up *vi* (*fam: to pay money*) apoquinar.

cough medicine ∗ **mixture** *n* jarabe *m* para la tos.

could /kʊd/ *v aux* **1.** (*expressing possibility, permission, in requests*) poder: **you could go by train** podrías ir en tren; **prisoners could not leave their cells** los prisioneros no podían salir de las celdas; **could you repeat it?** ¿podrías repetirlo? **2.** (*expressing ability*) saber: **I could read when I was four** a los cuatro años sabía leer. **3.** (*with senses*): **I couldn't see it** no lo veía.

couldn't /'kʊdənt/ *contracción de* **could not**

council /'kaʊnsəl/ *n* **1.** (*assembly*) consejo *m*. **2.** (*municipal*) ayuntamiento *m*.

council house *n* vivienda *f* social (del ayuntamiento). **council tax** *n* impuesto *m* municipal.

councillor, (*US*) **councilor** /'kaʊnsələ/ *n* concejal -jala *m/f*.

counsel /'kaʊnsəl/ **I** *n* 1. (*Law*) abogado -da *m/f*. 2. (*frml: advice*) consejo *m*. **II** *vt* [**-sels, -selling, -selled**] 1. (*frml: to advise*) aconsejar. 2. (*a victim, a couple*) prestarle ayuda psicológica a.

counselling, (*US*) **counseling** /'kaʊnsəlɪŋ/ *n* (*gen*) asesoramiento *m*, orientación *f*; (*psychological*) terapia *f* (de apoyo).

counsellor, (*US*) **counselor** /'kaʊnsələ/ *n* 1. (*for victims, couples*) persona que presta apoyo psicológico. 2. (*US: Law*) abogado -da *m/f*.

count /kaʊnt/ **I** *n* 1. (*gen*) cuenta *f*: I lost count perdí la cuenta; (*of votes*) recuento *m*. 2. (*noble*) conde *m*. **II** *vt* 1. (*gen*) contar: **six, not counting Jim** seis, sin contar a Jim; (*to consider*): **I count myself lucky** me considero afortunado. 2. (*votes*) escrutar. ♦ *vi* 1. (*gen*) contar. 2. (*to qualify*) contar, valer.

to **count on** *vt* contar con.

countdown *n* cuenta *f* atrás.

countenance /'kaʊntənəns/ *n* (*frml*) semblante *m*.

counter /'kaʊntə/ **I** *n* 1. (*in shop*) mostrador *m*; (*in bank*) ventanilla *f*. 2. (*Games*) ficha *f*. 3. (*meter*) contador *m*. **II** *adv* en contra (**to** de). **III** *vi* contestar. ♦ *vt* rebatir.

counteract *vt* contrarrestar. **counterclockwise** *adj, adv* (*US*) en el sentido contrario al de las agujas del reloj. **counterintelligence** *n* contraespionaje *m*. **counterpart** *n* homólogo -ga *m/f*. **counterproductive** *adj* contraproducente. **countersign** *vt* refrendar.

counterfeit /'kaʊntəfɪt/ **I** *adj* falso -sa, falsificado -da. **II** *vt* falsificar.

counterfoil /'kaʊntəfɔɪl/ *n* matriz *f*, resguardo *m*.

countermand /'kaʊntəmɑːnd/ *vt* revocar.

countess /'kaʊntes/ *n* [**-tesses**] condesa *f*.

countless /'kaʊntləs/ *adj* innumerable, incontable.

country /'kʌntri/ *n* [**-tries**] 1. (*nation*) país *m*. 2. (*not urban area*) campo *m*.

country dancing *n* baile *m* regional.

countryman /'kʌntrimən/ *n* compatriota *m*.

countryside /'kʌntrisaɪd/ *n* (*area*) campo *m*; (*landscape*) paisaje *m*.

county /'kaʊnti/ *n* [**-ties**] condado *m*.

coup /kuː/ *n* 1. (*o* **coup d'état**) (*Mil, Pol*) golpe *m* (de estado). 2. (*success*) éxito *m*.

couple /'kʌpəl/ **I** *n* 1. (*of things, times*) par *m*. 2. (*two people*) pareja *f*. **II** *vt* 1. (*Transp*) enganchar. 2. (*to relate*) relacionar: **coupled with** junto con.

coupon /'kuːpɒn/ *n* 1. (*Fin*) cupón *m*. 2. (*for football pools*) boleto *m*.

courage /'kʌrɪdʒ/ *n* valor *m*, coraje *m*.

courageous /kə'reɪdʒəs/ *adj* valiente, valeroso -sa.

courgette /kʊə'ʒet/ *n* calabacín *m*.

courier /'kʊrɪə/ *n* 1. (*messenger*) mensajero -ra *m/f*. 2. (*in tourism*) guía *m/f*.

course /kɔːs/ *n* 1. (*of study, river, time*) curso *m*: **a course of injections** una serie de inyecciones. 2. (*of ship*) rumbo *m*. 3. (*Sport: surface*) pista *f*; (*place: for horse-racing*) hipódromo *m*; (*: for golf*) campo *m*. 4. (*Culin*) plato *m*. 5. **of course** claro, por supuesto.

court /kɔːt/ **I** *n* 1. (*Law*) tribunal *m*. 2. (*for tennis, squash*) pista *f*, (*Amér L*) cancha *f*; (*for basketball*) cancha *f*. 3. (*royal*) corte *f*. **II** *vt* cortejar.

court of appeal *n* tribunal *m* de apelación * casación. **court order** *n* orden *f* judicial. **courtroom** *n* sala *f* de justicia.

courteous /'kɜːtɪəs/ *adj* cortés.

courtesy /'kɜːtəsi/ *n* cortesía *f*.

court martial /kɔːt 'mɑːʃəl/ *n* [**courts martial** * **court martials**] consejo *m* de guerra.

courtyard /'kɔ:tja:d/ n patio m.

cousin /'kʌzən/ n primo -ma m/f: **we're first/second cousins** somos primos hermanos/segundos.

cove /kəʊv/ n ensenada f, cala f.

covenant /'kʌvənənt/ n pacto m, convenio m.

cover /'kʌvə/ I n 1. (gen) cubierta f. 2. (of magazine) portada f; (of book) tapa f, cubierta f ● **from cover to cover** de cabo a rabo. 3. (for duvet, computer) funda f. 4. (shelter): **I took cover** me puse a cubierto. 5. (when posting sthg): **I sent it under separate cover** lo mandé por separado. 6. (insurance) cobertura f. 7. (Mil) cobertura f. II **covers** n pl (for bed) mantas f pl.
III vt 1. (gen) cubrir: **covered with ✳ in paint** cubierto -ta de pintura. 2. (a book) forrar; (a container) tapar. 3. (a distance) recorrer, cubrir; (a subject, a topic) cubrir. 4. (to insure): **I'm not covered against theft** no estoy asegurada contra robo.
to **cover up** vt 1. (gen) cubrir, tapar. 2. (a mistake, a scandal) ocultar. ♦ vi: **they covered up for one another** se encubrieron entre ellos.

cover charge n suplemento m fijo.

cover-up n encubrimiento m.

coverage /'kʌvərɪdʒ/ n cobertura f.

coveralls /'kʌvərɔ:lz/ n pl (US) mono m.

covering /'kʌvərɪŋ/ n (for sthg) cubierta f; (of snow, etc.) capa f.

covering letter n carta f adjunta.

covert /'kʌvət/ adj secreto -ta.

covet /'kʌvɪt/ vt codiciar.

cow /kaʊ/ I n 1. (Zool) vaca f. 2. (!!: woman) cerda f: **silly cow** imbécil.
II vt intimidar.

cowpat n boñiga f. **cowshed** n establo m.

coward /'kaʊwəd/ n cobarde m/f.

cowardice /'kaʊwədɪs/ n cobardía f.

cowardly /'kaʊwədlɪ/ adj cobarde.

cowboy /'kaʊbɔɪ/ n vaquero m.

cowboy boots n pl camperas f pl.

cower /'kaʊə/ vi encogerse (de miedo).

coy /kɔɪ/ adj (smile) tímido -da; (not forthcoming) reservado -da.

coyote /kɔɪ'əʊtɪ/ n coyote m.

cozy /'kəʊzɪ/ adj [-zier, -ziest] (US) acogedor -dora.

crab /kræb/ n cangrejo m.

crack /kræk/ I n 1. (in wall) grieta f; (in cup) raja f. 2. (sound) chasquido m. 3. (drug) crack m. II vi 1. (wall) agrietarse; (cup) rajarse. 2. (to make noise) crujir. ♦ vt 1. (a cup, plate) rajar; (an egg, a nut) cascar. 2. (to make sound: gen) hacer crujir; (: a whip) chasquear. 3. (a code) descifrar. 4. (a joke) contar.
to **crack down** vi tomar medidas enérgicas (on contra). to **crack up** vi (fam) desquiciarse.

crackdown /'krækdaʊn/ n medidas f pl enérgicas (on contra).

cracker /'krækə/ n 1. (Culin) galleta f. 2. (party toy) paquete sorpresa que produce un chasquido al abrirlo.

crackers /'krækəz/ adj (fam) chiflado -da [E], pirado -da [E].

crackle /'krækəl/ vi (fire) crepitar, chisporrotear; (radio) chirriar.

crackling /'kræklɪŋ/ n: piel crujiente del cerdo asado.

cradle /'kreɪdəl/ I n cuna f. II vt: **she cradled the baby in her arms** tenía al niño entre los brazos.

craft /krɑ:ft/ I n 1. (trade) oficio m; (art) arte m, forma f de artesanía. 2. (skill) destreza f. II n inv (Naut) barco m.

craftsman /'krɑ:ftsmən/ n artesano -na m/f.

craftsmanship /'krɑ:ftsmənʃɪp/ n destreza f.

crafty /'krɑ:ftɪ/ adj [-tier, -tiest] astuto -ta.

crag /kræg/ n peñasco m.

cram /kræm/ vt [crams, cramming, crammed] embutir (into en; with de): **the house is crammed with furniture** la casa está atiborrada de muebles. ♦ vi (fam: for exam) empollar.

cramp /kræmp/ n calambre m:

stomach cramps retortijones de estómago.

cramped /kræmpt/ *adj* reducido -da.

cranberry /ˈkrænbərɪ/ *n* [-ries] arándano *m* rojo.

crane /kreɪn/ *n* 1. (*machine*) grúa *f*. 2. (*bird*) grulla *f*.

crank /kræŋk/ *n* 1. (*Tec*) manivela *f*. 2. (*fam: person*) raro -ra *m/f*.

cranny /ˈkrænɪ/ *n* [-nies] ⇨ **nook**.

crap /kræp/ *n* (*!!*): **it was crap** fue una porquería ✳ una mierda.

crash /kræʃ/ I *n* [-shes] 1. (*Auto*) accidente *m*, choque *m*; (*Av*) accidente *m*. 2. (*noise*) estrépito *m*, estruendo *m*. 3. (*Fin*) crac *m*. II *vi* (*Auto*) chocar (**into** contra), estrellarse (**into** contra); (*Av*) estrellarse (**into** contra). ♦ *vt* (*Auto*): **she crashed her car into the wall** chocó con el muro.

crash course *n* curso *m* intensivo.

crash helmet *n* casco *m* protector.

crash-landing *n* aterrizaje *m* forzoso.

crass /kræs/ *adj* 1. (*remark*) de poco tacto. 2. (*ignorance*) supino -na.

crate /kreɪt/ *n* (*for packing*) cajón *m*; (*of beer*) caja *f*.

crater /ˈkreɪtə/ *n* cráter *m*.

cravat /krəˈvæt/ *n* chalina *f* (*de hombre*).

crave /kreɪv/ *vt* (*food*): **she craved a coffee** se moría por un café; (*attention*) ansiar.

craving /ˈkreɪvɪŋ/ *n* (*for food, during pregnancy*) antojo *m* (**for** de); (*for affection*) ansias *f pl* (**for** de).

crawl /krɔ:l/ I *vi* 1. (*child*) gatear; (*injured person*) arrastrarse; (*insect*): **a spider was crawling up the wall** una araña trepaba por la pared; (*traffic*) ir a paso de tortuga. 2. (*fam: to grovel*): **to crawl to sbdy** hacerle la pelota a alguien. II *n* (*Sport*) crol *m*.

crayfish /ˈkreɪfɪʃ/ *n inv* (*in river*) cangrejo *m*; (*in sea*) cigala *f*.

crayon /ˈkreɪən/ *n* (*pencil*) lápiz *m* de color; (*of wax*) lápiz *m* de cera.

craze /kreɪz/ *n* moda *f* (**for** de), furor *m* (**for** de).

crazy /ˈkreɪzɪ/ *adj* [-zier, -ziest] 1. (*mad*) loco -ca [E]. 2. (*idea*) descabellado -da [S]. 3. (*keen*): **he's crazy about them** le gustan con locura.

creak /kri:k/ I *vi* (*furniture*) crujir; (*door*) chirriar. II *n* (*of furniture*) crujido *m*; (*of door*) chirrido *m*.

cream /kri:m/ I *n* 1. (*Culin*) nata *f*, (*Amér L*) crema *f*. 2. (*cosmetic*) crema *f*; (*medicine*) pomada *f*. II *adj* (*de color*) crema *adj inv*.

cream cheese *n* queso *m* crema.

cream tea *n*: té con bollos, nata y mermelada.

creamy /ˈkri:mɪ/ *adj* [-mier, -miest] cremoso -sa.

crease /kri:s/ I *vi* arrugarse. ♦ *vt* arrugar. II *n* 1. (*unwanted wrinkle*) arruga *f*. 2. (*in trousers*) raya *f*.

create /kri:ˈeɪt/ *vt* crear.

creation /kri:ˈeɪʃən/ *n* creación *f*.

creative /kri:ˈeɪtɪv/ *adj* creativo -va.

creator /kri:ˈeɪtə/ *n* creador -dora *m/f*.

creature /ˈkri:tʃə/ *n* (*gen*) criatura *f*; (*animal*) animal *m*.

crèche /kreʃ/ *n* guardería *f*.

credence /ˈkri:dəns/ *n* (*frml*) crédito *m*.

credentials /krɪˈdenʃəlz/ *n pl* documentos *m pl* de identidad.

credible /ˈkredəbəl/ *adj* creíble.

credit /ˈkredɪt/ I *n* 1. (*for purchases*) crédito *m*: **on credit** a crédito; (*in account*) haber *m*: **my account's in credit** mi cuenta tiene saldo positivo. 2. (*praise, recognition*) reconocimiento *m* ● **he's a credit to the school** es un orgullo para el colegio. II **credits** *n pl* (*of movie*) créditos *m pl*. III *vt* 1. (*to believe*) dar crédito a ● **he is credited with the discovery** se le atribuye el descubrimiento. 2. (*Fin*): **they credited my account with the interest** abonaron los intereses en mi cuenta.

credit card *n* tarjeta *f* de crédito.

creditable /ˈkredɪtəbəl/ *adj* encomiable.

creditor /ˈkredɪtə/ n acreedor -dora m/f.

credulous /ˈkredjʊləs/ adj crédulo -la.

creed /kriːd/ n credo m.

creek /kriːk/ n 1. (GB: inlet) ensenada f. 2. (US: stream) riachuelo m, arroyo m.

creep /kriːp/ vi [**creeps, creeping, crept**] (quietly): **he crept in** entró sigilosamente; (slowly): **time crept by** las horas pasaban lentamente.

to **creep up on** vt acercarse sigilosamente a.

creeper /ˈkriːpə/ n trepadora f, enredadera f.

creepy /ˈkriːpɪ/ adj [-**pier, -piest**] (story) espeluznante; (person) repelente.

cremate /krɪˈmeɪt/ vt incinerar.

crematorium /kreməˈtɔːrɪəm/ n [-**riums** ✳ -**ria**] crematorio m.

crematory /ˈkremətərɪ/ n [-**ries**] (US) crematorio m.

crepe, crêpe /kreɪp/ n crepé m.

crept /krept/ pret y pp ⇨ **creep**.

crescent /ˈkresənt/ n medialuna f.

cress /kres/ n mastuerzo m.

crest /krest/ n 1. (of wave) cresta f; (of hill) cima f. 2. (of bird) cresta f. 3. (insignia) blasón m.

crestfallen /ˈkrestfɔːlən/ adj alicaído -da.

Cretan /ˈkriːtən/ adj, n cretense adj, m/f.

Crete /kriːt/ n Creta f.

cretin /ˈkretɪn/ n cretino -na m/f.

crevasse /krəˈvæs/ n grieta f.

crevice /ˈkrevɪs/ n grieta f.

crew /kruː/ n 1. (Av, Naut) tripulación f. 2. (film, TV) equipo m.

crew cut n corte m al rape. **crew member** n tripulante m/f.

crib /krɪb/ I n cuna f. II vt/i [**cribs, cribbing, cribbed**] copiar.

crick /krɪk/ I n: **I've got a crick in my neck** tengo tortícolis. II vt: **I cricked my neck** me dio tortícolis.

cricket /ˈkrɪkɪt/ n 1. (game) críquet m. 2. (Zool) grillo m.

cried /kraɪd/ pret y pp ⇨ **cry**.

crime /kraɪm/ n 1. (offence: gen) delito m; (: of serious nature) crimen m. 2. (criminal acts) delincuencia f.

criminal /ˈkrɪmɪnəl/ I n (gen) delincuente m/f; (serious offender) criminal m/f. II adj (organization) criminal; (act) delictivo -va.

criminal law n derecho m penal.

criminal record n antecedentes m pl penales.

crimson /ˈkrɪmzən/ adj, n carmesí adj, m.

cringe /krɪndʒ/ vi encogerse.

crinkle /ˈkrɪŋkəl/ vt arrugar. ♦ vi arrugarse.

crinkly /ˈkrɪŋkəlɪ/ adj arrugado -da.

cripple /ˈkrɪpəl/ I vt 1. (Med) lisiar. 2. (a business) paralizar. II n lisiado -da m/f.

crisis /ˈkraɪsɪs/ n [**crises**] crisis f inv.

crisp /krɪsp/ I n patata f frita (de bolsa), (Amér L) papa f frita (de bolsa). II adj 1. (lettuce) fresco -ca; (biscuit) crujiente. 2. (reply) seco -ca.

crispy /ˈkrɪspɪ/ adj [-**pier, -piest**] crujiente.

crisscross /ˈkrɪskrɒs/ vt entrecruzar.

criterion /kraɪˈtɪərɪən/ n [-**ria**] criterio m.

critic /ˈkrɪtɪk/ n 1. (reviewer) crítico -ca m/f. 2. (detractor) detractor -tora m/f.

critical /ˈkrɪtɪkəl/ adj crítico -ca.

critically /ˈkrɪtɪkəlɪ/ adv 1. (Med): **critically ill** en estado crítico. 2. (to speak) con actitud crítica.

criticism /ˈkrɪtɪsɪzəm/ n crítica f.

criticize /ˈkrɪtɪsaɪz/ vt/i criticar.

croak /krəʊk/ vi (person) hablar con voz ronca; (frog) croar.

Croat /ˈkrəʊæt/ adj, n croata adj, m/f.

Croatia /krəʊˈeɪʃə/ n Croacia f.

Croatian /krəʊˈeɪʃən/ adj, n croata adj, m/f.

crochet /ˈkrəʊʃeɪ/ I n ganchillo m. II vt hacer a ganchillo.

crockery /ˈkrɒkərɪ/ n vajilla f, loza f.

crocodile /'krɒkədaɪl/ *n* cocodrilo *m*.

crocus /'krəʊkəs/ *n* [**-cuses**] azafrán *m* (de primavera).

croissant /'krwɑːsɑːŋ/ *n* cruasán *m*, (*RP*) medialuna *f*.

crony /'krəʊnɪ/ *n* [**-nies**] (*fam*) amigote *m/f*, compinche *m/f*.

crook /krʊk/ I *n* (*fam*) delincuente *m/f* ladrón -drona *m/f*. II *vt* doblar.

crooked /'krʊkɪd/ *adj* 1. (*twisted*) torcido -da. 2. (*fam: deal*) sucio -cia; (*: person*) deshonesto -ta.

crop /krɒp/ I *n* 1. (*Agr: produce*) cultivo *m*, (*: harvest*) cosecha *f*. 2. (*whip*) fusta *f*. II *vt* [**crops, cropping, cropped**] cortar muy corto.

to **crop up** *vi* surgir.

croquet /'krəʊkeɪ/ *n* croquet *m*.

croquette /krɒ'ket/ *n* croqueta *f*.

cross /krɒs/ I *adj* enfadado -da, enojado -da. II *n* [**crosses**] 1. (*shape*) cruz *f*. 2. (*Bot, Zool*) cruce *m* (**between** de * entre). III *vt* 1. (*gen*) cruzar. 2. (*to oppose*) contrariar. 3. (*Relig*): **to cross oneself** santiguarse. ♦ *vi* cruzar.

to **cross off** * **out** *vt* tachar. *to* **cross over** *vt/i* cruzar.

crossbar *n* travesaño *m*. **crossbow** *n* ballesta *f*. **cross-country** I *adj* a campo través * traviesa. II *n* cross *m*. **cross-examine** *vt* interrogar, repreguntar. **cross-eyed** *adj* bizco -ca. **crossfire** *n* fuego *m* cruzado. **cross-legged** *adj, adv* con las piernas cruzadas. **cross-purposes** *n pl* ● **they're talking at cross-purposes** están hablando de cosas distintas. **cross-refer** *vt/i* remitir. **crossroads** *n* cruce *m*, (*Méx*) crucero *m*. **cross-section** *n* 1. (*of people*) muestra *f* (representativa). 2. (*Tec*) sección *f* transversal. **crosswalk** *n* (*US*) paso *m* de peatones. **crossword** *n* (*o* **crossword puzzle**) crucigrama *m*.

crossing /'krɒsɪŋ/ *n* 1. (*of roads*) cruce *m*, (*Méx*) crucero *m*. 2. (*for pedestrians*) paso *m* de peatones. 3. (*by sea*) travesía *f*.

crotch /krɒtʃ/ *n* [**-ches**] entrepierna *f*.

crouch /kraʊtʃ/ *vi* agacharse, ponerse en cuclillas.

crouton /'kruːtɒn/ *n* crutón *m*, picatoste *m*.

crow /krəʊ/ I *n* cuervo *m*. II *vi* (*cock*) cantar, cacarear.

crowbar *n* palanqueta *f*.

crowd /kraʊd/ I *n* (*gen*) multitud *f*, muchedumbre *f*; (*at concert, event*) público *m*. II *vi* apiñarse, aglomerarse. ♦ *vt* abarrotar.

crowded /'kraʊdɪd/ *adj* abarrotado -da de gente.

crown /kraʊn/ I *n* 1. (*of king, on tooth*) corona *f*. 2. (*of head*) coronilla *f*. II *vt* 1. (*a king*) coronar ● **to crown it all** como remate. 2. (*a tooth*) ponerle una corona a.

crown jewels *n pl* joyas *f pl* de la corona. **crown prince** *n* príncipe *m* heredero.

crucial /'kruːʃəl/ *adj* crucial.

crucifix /'kruːsɪfɪks/ *n* [**-xes**] crucifijo *m*.

crucifixion /kruːsɪ'fɪkʃən/ *n* crucifixión *f*.

crucify /'kruːsɪfaɪ/ *vt* [**-fies, -fying, -fied**] crucificar.

crude /kruːd/ I *adj* 1. (*uncouth*) grosero -ra, ordinario -ria. 2. (*substance*) crudo -da. 3. (*basic*) rudimentario -ria. II *n* (*o* **crude oil**) crudo *m*.

cruel /'kruːəl/ *adj* [**crueller, cruellest**] cruel (**to** con).

cruelty /'kruːəltɪ/ *n* [**-ties**] crueldad *f* (**to** para con).

cruise /kruːz/ I *n* crucero *m*. II *vi* (*Av*) (a la) velocidad de crucero.

cruiser /'kruːzə/ *n* 1. (*motor boat*) yate *m*. 2. (*Mil*) crucero *m*.

crumb /krʌm/ *n* miga *f*.

crumble /'krʌmbl/ *vi* 1. (*food*) desmenuzarse, deshacerse. 2. (*system, building*) desmoronarse.

crumbly /'krʌmblɪ/ *adj* [**-lier, -liest**] que se desmenuza con facilidad.

crumpet /'krʌmpɪt/ *n*: *tipo de bollo para tostar*.

crumple /'krʌmpəl/ vt (paper) estrujar; (fabric) arrugar. ♦ vi 1. (fabric) arrugarse. 2. (structure) venirse abajo.

crunch /krʌntʃ/ I vi (snow, gravel) crujir. ♦ vt (food) mascar ruidosamente. II n crujido m.

crunchy /'krʌntʃi/ adj [-chier, -chiest] crujiente.

crusade /kru:'seɪd/ n cruzada f.

crush /krʌʃ/ I vt 1. (to squash) aplastar. 2. (garlic) machacar. 3. (fabric) arrugar. 4. (an enemy) derrotar, aplastar. ♦ vi: they all crushed into the lift se metieron todos apretujados en el ascensor. II n 1. (crowd) aglomeración f. 2. (Culin) refresco m (de frutas). 3. (fam: attraction): she has a crush on him está loca por él.

crust /krʌst/ n corteza f.

crustacean /krʌ'steɪʃən/ n crustáceo m.

crutch /krʌtʃ/ n [-ches] 1. (Med) muleta f. 2. (Anat, Clothing) entrepierna f.

crux /krʌks/ n: the crux of the matter el quid del asunto.

cry /kraɪ/ I n [cries] 1. (shout) grito m. 2. (of bird, animal) chillido m. 3. (weep): she had a good cry se desahogó llorando. II vt/i [cries, crying, cried] 1. (to weep) llorar. 2. (to shout) gritar.

crypt /krɪpt/ n cripta f.

cryptic /'krɪptɪk/ adj enigmático -ca, críptico -ca.

crystal /'krɪstəl/ n cristal m.

crystal clear adj 1. (water) cristalino -na. 2. (meaning) más claro -ra que el agua.

crystallize /'krɪstəlaɪz/ vi cristalizarse.

cu. /'kju:bɪk/ = cubic.

cub /kʌb/ n cachorro m.

Cuba /'kju:bə/ n Cuba f.

Cuban /'kju:bən/ adj, n cubano -na adj, m/f.

cube /kju:b/ I n 1. (Maths) cubo m. 2. (of sugar) terrón m. II vt elevar al cubo.

cubic /'kju:bɪk/ adj cúbico -ca.

cubicle /'kju:bɪkəl/ n (gen) cubículo m; (in shop) probador m.

cuckoo /'kuku:/ n cuco m, cucú m.

cucumber /'kju:kʌmbə/ n pepino m.

cuddle /'kʌdəl/ I n abrazo m. II vi hacerse mimos. ♦ vt abrazar, hacerle mimos a.

to **cuddle up** vi acurrucarse (to junto a).

cue /kju:/ n 1. (actor's) pie m; (musician's) entrada f. 2. (snooker) taco m.

cuff /kʌf/ I n (on sleeve) puño m; (US: on trousers) vuelta f ● an off-the-cuff reply/speech una respuesta espontánea/un discurso improvisado. II vt abofetear.

cuff links n pl gemelos m pl.

cuisine /kwi:'zi:n/ n cocina f.

cul-de-sac /'kʌldəsæk/ n calle f sin salida.

culinary /'kʌlɪnəri/ adj culinario -ria.

cull /kʌl/ I vt 1. (animals) sacrificar. 2. (data) obtener, sacar. II n: matanza selectiva de animales.

cullender /'kʌlɪndə/ n ⇨ colander.

culminate in /'kʌlmɪneɪt ɪn/ vt culminar * terminar en.

culmination /kʌlmɪ'neɪʃən/ n culminación f.

culottes /kju:'lɒts/ n pl falda f pantalón.

culprit /'kʌlprɪt/ n culpable m/f, responsable m/f.

cult /kʌlt/ n culto m.

cultivate /'kʌltɪveɪt/ vt cultivar.

cultivated /'kʌltɪveɪtɪd/ adj (person) culto -ta.

cultural /'kʌltʃərəl/ adj cultural.

culture /'kʌltʃə/ n 1. (gen) cultura f. 2. (Biol) cultivo m.

cultured /'kʌltʃəd/ adj 1. (person) culto -ta. 2. (pearl) de cultivo.

cumbersome /'kʌmbəsəm/ adj 1. (bag, parcel) voluminoso -sa y difícil de llevar. 2. (system) poco práctico -ca.

cunning /'kʌnɪŋ/ I adj (person) astuto -ta; (plan) ingenioso -sa. II n astucia f.

cup /kʌp/ n 1. (*for drink*) taza *f*. 2. (*trophy*) copa *f*.

Cup Final n final *f* de copa.

cupboard /ˈkʌbəd/ n armario *m*.

curate /ˈkjʊərət/ n coadjutor *m*.

curator /kjʊˈreɪtə/ n conservador -dora *m/f*.

curb /kɜːb/ I vt (*anger*) controlar; (*spending*) frenar. II n 1. (*restraint*) freno *m*. 2. (*US: in street*) ⇨ **kerb**.

curdle /ˈkɜːdəl/ vi cortarse.

cure /kjʊə/ I vt curar. II n cura *f* (**for** para).

curfew /ˈkɜːfjuː/ n toque *m* de queda.

curiosity /kjʊərɪˈɒsɪtɪ/ n curiosidad *f*.

curious /ˈkjʊərɪəs/ adj curioso -sa: **to be curious about sthg** sentir curiosidad por algo.

curiously /ˈkjʊərɪəslɪ/ adv 1. (*strangely*) curiosamente. 2. (*with curiosity*) con curiosidad.

curl /kɜːl/ I n rizo *m*, rulo *m*. II vt (*hair*) rizar, ondular. ♦ vi rizarse, ondularse.

to curl up vi 1. (*person*) hacerse una bola ✱ un ovillo. 2. (*papers*) enrollarse.

curler /ˈkɜːlə/ n rulo *m*.

curly /ˈkɜːlɪ/ adj [-lier, -liest] rizado -da, ondulado -da.

currant /ˈkʌrənt/ n 1. (*Culin*) pasa *f* de Corinto. 2. (*Bot*) grosella *f*.

currency /ˈkʌrənsɪ/ n [-cies] 1. (*Fin*) moneda *f*. 2. (*acceptance*) **the idea is gaining currency** la idea está ganando cada vez más adeptos.

current /ˈkʌrənt/ I n (*of water, electricity*) corriente *f*. II adj (*contemporary*) actual; (*in use*) de uso corriente.

current account n cuenta *f* corriente. **current affairs** n pl actualidades *f pl*.

currently /ˈkʌrəntlɪ/ adv actualmente.

curriculum /kəˈrɪkjʊləm/ n [-lums ✱ -la] programa *m* (de estudios).

curriculum vitae n currículum *m* (vitae).

curry /ˈkʌrɪ/ I n [-ries] curry *m*. II vt [-ries, -rying, -ried] hacer al curry.

curse /kɜːs/ I vt maldecir. ♦ vi decir palabrotas. II n 1. (*spell*) maldición *f*, maleficio *m*. 2. (*swearword*) palabrota *f*.

cursor /ˈkɜːsə/ n cursor *m*.

cursory /ˈkɜːsərɪ/ adj superficial.

curt /kɜːt/ adj brusco -ca, cortante.

curtail /kɜːˈteɪl/ vt (*spending*) reducir; (*a stay*) acortar; (*rights*) cercenar.

curtain /ˈkɜːtən/ n (*gen*) cortina *f*; (*in theatre*) telón *m*.

curtsey /ˈkɜːtsɪ/ vi ⇨ **curtsy**.

curtsy /ˈkɜːtsɪ/ vi [-sies, -sying, -sied] hacer una reverencia (**to** ante).

curve /kɜːv/ I n curva *f*. II vi describir una curva. ♦ vt curvar.

cushion /ˈkʊʃən/ I n cojín *m*, almohadón *m*. II vt (*a blow*) amortiguar; (*an effect*) mitigar.

custard /ˈkʌstəd/ n: crema de natillas.

custodian /kʌˈstəʊdɪən/ n conservador -dora *m/f*.

custody /ˈkʌstədɪ/ n 1. (*of children*) custodia *f*. 2. (*arrest*): **he was remanded in custody** el juez dictó la prisión preventiva.

custom /ˈkʌstəm/ n 1. (*tradition, routine*) costumbre *f*. 2. (*customers*) clientes *m pl*. 3. **customs**, **Customs** aduana *f*.

customary /ˈkʌstəmərɪ/ adj habitual.

customer /ˈkʌstəmə/ n cliente -ta *m/f*.

customized /ˈkʌstəmaɪzd/ adj hecho -cha de encargo.

cut /kʌt/ I n 1. (*gen*) corte *m*: **a cut on the hand** un corte en la mano. 2. (*reduction*) recorte *m*: **a cut in wages** un recorte de salarios. 3. (*of meat*) corte *m*. II vt [**cuts, cutting, cut**] 1. (*gen*) cortar. 2. (*a text*) acortar; (*part of a film, text*) cortar. 3. (*services*) recortar; (*prices*) bajar; (*taxes*) reducir. ♦ vi cortar.

to cut across vt cortar camino por. **to cut down** vt 1. (*trees*) talar. 2. (*to* *reduce*) reducir. **to cut in** *vi* 1. (*in a car*): **he cut in in front of me** se me puso justo delante. 2. (*to interrupt*) interrumpir. **to cut off** *vt* 1. (*gen*) cortar; (*Telec*): **I got cut off** se cortó la llamada. 2. (*to isolate*) aislar. **to cut out** *vt* 1. (*shapes*) recortar. 2. (*to stop*): **he cut out cigarettes** dejó de fumar; **cut that out!** ¡basta ya! ♦ *vi* (*engine*) pararse. **to cut short** *vt* (*a visit*) acortar. **to cut up** *vt* cortar (en trozos).

cutback *n* recorte *m* (**in** de). **cut glass** *n* cristal *m* tallado. **cut-price** *adj* rebajado -da.

cute /kju:t/ *adj* mono -na, rico -ca.

cuticle /ˈkjuːtɪkəl/ *n* cutícula *f*.

cutlery /ˈkʌtlərɪ/ *n* cubiertos *m pl*.

cutlet /ˈkʌtlɪt/ *n* chuleta *f*.

cutting /ˈkʌtɪŋ/ **I** *n* 1. (*Bot*) esqueje *m*. 2. (*news*) recorte *m*. 3. (*on railway*) zanja *f*. **II** *adj* mordaz.

CV /siːˈviː/ *n* = **curriculum vitae**.

cwt /ˈhʌndrədweɪt/ = **hundred-weight**.

cyanide /ˈsaɪənaɪd/ *n* cianuro *m*.

cycle /ˈsaɪkəl/ **I** *n* 1. (*of events, process*) ciclo *m*. 2. (*Transp*) bicicleta *f*. **II** *vi* ir en bicicleta.

cycle lane ∗ track *n* carril *m* para bicicletas.

cycling /ˈsaɪklɪŋ/ *n* ciclismo *m*.

cyclist /ˈsaɪklɪst/ *n* ciclista *m/f*.

cyclone /ˈsaɪkləʊn/ *n* ciclón *m*.

cygnet /ˈsɪgnɪt/ *n* pollo *m* de cisne.

cylinder /ˈsɪlɪndə/ *n* 1. (*shape*) cilindro *m*. 2. (*of gas*) bombona *f*.

cymbal /ˈsɪmbəl/ *n* platillo *m*, címbalo *m*.

cynic /ˈsɪnɪk/ *n* cínico -ca *m/f*.

cynical /ˈsɪnɪkəl/ *adj* cínico -ca.

cynicism /ˈsɪnɪsɪzəm/ *n* cinismo *m*.

cypher /ˈsaɪfə/ *n* clave *f*.

cypress /ˈsaɪprəs/ *n* [**-presses**] ciprés *m*.

Cypriot /ˈsɪprɪət/ *adj, n* chipriota *adj, m/f*.

Cyprus /ˈsaɪprəs/ *n* Chipre *m*.

cyst /sɪst/ *n* quiste *m*.

czar /zɑː/ *n* zar *m*.

Czech /tʃek/ **I** *adj* checo -ca. **II** *n*

checo -ca *m/f*; (*Ling*) checo *m*.

Czech Republic /tʃek rɪpʌblɪk/ *n* República *f* Checa.

D /diː/ *n* (*Educ*) cuarta nota (*siendo la A la más alta*).

dab /dæb/ *n* toque *m*.

dabble /ˈdæbəl/ *vi*: **to dabble in sthg** interesarse superficialmente por algo.

dad /dæd/ *n* (*gen*) padre *m*; (*as form of address*) papá *m*.

daddy /ˈdædɪ/ *n* [**-dies**] (*fam*) papá *m*, papi *m*.

daddy-longlegs /dædɪˈlɒŋlegz/ *n* típula *f*.

daffodil /ˈdæfədɪl/ *n* narciso *m*.

daft /dɑːft/ *adj* (*fam*) tonto -ta.

dagger /ˈdægə/ *n* puñal *m*, daga *f*.

daily /ˈdeɪlɪ/ **I** *adj* diario -ria. **II** *adv* diariamente, todos los días. **III** *n* [**-lies**] diario *m*.

dainty /ˈdeɪntɪ/ *adj* [**-tier, -tiest**] delicado -da.

dairy /ˈdeərɪ/ *n* [**-ries**] central *f* lechera.

dairy cow *n* vaca *f* lechera. **dairy farm** *n* granja *f* lechera. **dairy produce** *n* (*o* **dairy products** *n pl*) productos *m pl* lácteos.

dais /ˈdeɪɪs/ *n* estrado *m*.

daisy /ˈdeɪzɪ/ *n* [**-sies**] margarita *f*.

dam /dæm/ **I** *n* presa *f*, (*Amér S*) represa *f*. **II** *vt* [**dams, damming, dammed**] construir una presa ∗ (*Amér S*) represa en.

damage /ˈdæmɪdʒ/ **I** *n* (*gen*) daño *m*; (*from accident, storm*) daños *m pl*. **II**

damages *n pl* (*Law*) daños y perjuicios *m pl*. **II** *vt* **1**. (*gen*) dañar. **2**. (*reputation*, *health*) perjudicar.

damn /dæm/ **I** *n* (*fam*): **I don't give a damn** me importa un comino * un bledo. **II** *excl* (!!) ¡maldita sea! **III** *adj* (*o* **damned**) (!!) condenado -da, maldito -ta.

damning /'dæmɪŋ/ *adj* crítico -ca.

damp /dæmp/ **I** *adj* húmedo -da. **II** *n* humedad *f*. **III** *vt* **1**. (*enthusiasm*) hacer perder. **2**. (*o* **damp down**) (*a fire*) sofocar.

dampen /'dæmpən/ *vt* **1**. (*to wet*) humedecer. **2**. (*enthusiasm*) hacer perder.

dance /dɑ:ns/ **I** *vt/i* bailar. **II** *n* baile *m*.

dance floor *n* pista *f* de baile.

dancer /'dɑ:nsə/ *n* bailarín -rina *m/f*.

D and C /di: ən 'si:/ *n* (*Med*) legrado *m*.

dandelion /'dændɪlaɪən/ *n* diente *m* de león.

dandruff /'dændrəf/ *n* caspa *f*.

Dane /deɪn/ *n* danés -nesa *m/f*.

danger /'deɪndʒə/ *n* peligro *m*.

dangerous /'deɪndʒərəs/ *adj* peligroso -sa.

dangle /'dæŋɡəl/ *vi* pender, colgar. ♦ *vt* hacer oscilar.

Danish /'deɪnɪʃ/ **I** *adj* danés -nesa. **II** *n* (*Ling*) danés *m*. **III the Danish** *n pl* los daneses.

dapper /'dæpə/ *adj* atildado -da.

dare /deə/ **I** *vt* **1**. (*to challenge*) retar, desafiar. **2**. (*to attempt*) atreverse a: **nobody dared (to) speak** nadie se atrevió a hablar ● **I dare say he'll come** me imagino que vendrá. **II** *n* desafío *m*.

daredevil /'deədevəl/ *n* temerario -ria *m/f*.

daren't /deənt/ *contracción de* **dare not**

daring /'deərɪŋ/ **I** *adj* audaz, osado -da. **II** *n* audacia *f*.

dark /dɑ:k/ **I** *adj* **1**. (*room*, *colour*) oscuro -ra: **it got dark** anocheció; (*skin*, *hair*) moreno -na. **II** *n*

1. (*nightfall*): **before/after dark** antes/después del anochecer. **2**. **the dark** (*darkness*) la oscuridad.

dark glasses *n pl* gafas *f pl* oscuras.

darkroom *n* cuarto *m* oscuro.

darken /'dɑ:kən/ *vt* oscurecer.

darkness /'dɑ:knəs/ *n* oscuridad *f*.

darling /'dɑ:lɪŋ/ **I** *n* cariño. **II** *adj* querido -da.

darn /dɑ:n/ **I** *vt/i* zurcir. **II** *n* zurcido *m*.

dart /dɑ:t/ **I** *n* **1**. (*object*) dardo *m*. **2**. **darts** (*game*) dardos *m pl*. **3**. (*in sewing*) pinza *f*. **II** *vi*: **to dart in/out** entrar/salir rápidamente.

dash /dæʃ/ **I** *n* [**-shes**] **1**. (*of pepper*) pizca *f*: **a dash of wine** un chorrito de vino. **2**. (*hyphen*) guión *m*. **II** *vi*: **to dash in/out** entrar/salir precipitadamente.

to **dash off** *vi* irse a toda prisa. ♦ *vt* escribir deprisa.

dashboard /'dæʃbɔ:d/ *n* salpicadero *m*, (*Amér L*) tablero *m*.

dashing /'dæʃɪŋ/ *adj* gallardo -da, apuesto -ta.

data /'deɪtə/ *n* datos *m pl*.

database *n* base *f* de datos. **data processing** *n* proceso *m* de datos.

date /deɪt/ **I** *n* **1**. (*day*) fecha *f* ● **to be up to date** (*with news*) estar al corriente, (*with work*) estar al día. **2**. (*meeting*) cita *f*. **3**. (*fruit*) dátil *m*. **II** *vt* **1**. (*a letter*) fechar; (*a fossil*) datar. **2**. (*a person*) salir con. ♦ *vi* (*building*) datar (**from** de).

date of birth *n* fecha *f* de nacimiento. **date stamp** *n* matasellos *m inv*.

dated /'deɪtɪd/ *adj* anticuado -da.

daub /dɔ:b/ *vt* embadurnar (**with** de).

daughter /'dɔ:tə/ *n* hija *f*.

daughter-in-law *n* [**daughters-in-law**] nuera *f*.

daunting /'dɔ:ntɪŋ/ *adj* desalentador -dora.

dawdle /'dɔ:dəl/ *vi* perder el tiempo.

dawn /dɔ:n/ **I** *n* **1**. (*gen*) amanecer *m*, alba *f* ★. **2**. (*of era*) albores *m pl*. **II** *vi* **1**. (*day*) amanecer. **2**. (*idea*): **it dawned on me that...** caí en la cuenta de que....

day /deɪ/ n día m ● **these days...** hoy en día... ● **in those days...** en aquella época....

daybreak n amanecer m, alba f★.

daydream vi soñar despierto -ta.

daylight n luz f del día: **in broad daylight** en pleno día. **day off** n día m libre. **day return** n: billete de ida y vuelta el mismo día. **daytime** n día m.

daze /deɪz/ I vt aturdir. II n: **in a daze** aturdido -da.

dazzle /'dæzəl/ vt deslumbrar.

dazzling /'dæzəlɪŋ/ adj deslumbrante.

DC /di:'si:/ 1. (Elec) = **direct current**. 2. (in US) = **District of Columbia**.

dead /ded/ I adj 1. (person) muerto -ta [E]. 2. (battery) gastado -da [E]; (phone): **the phone's dead** no hay línea. 3. (numb): **my foot went dead** se me durmió el pie. II adv (fam) 1. (totally) completamente: **dead tired** muerto -ta de cansancio; **I stopped dead** paré en seco. 2. (exactly): **I was dead right** di en el clavo; **dead on six o'clock** a las seis en punto. III n pl: **there were five dead** hubo cinco muertos.

dead end n callejón m sin salida. **deadline** n fecha f límite * tope. **deadlock** n punto m muerto. **deadpan** adj inexpresivo -va. **Dead Sea** n mar m Muerto.

deaden /'dedən/ vt (a blow) amortiguar; (a pain) aliviar.

deadly /'dedlɪ/ adj [-lier, -liest] (disease) mortal; (weapon) mortífero -ra.

deaf /def/ adj sordo -da.

deaf-and-dumb adj sordomudo -da.

deafen /'defən/ vt ensordecer.

deafness /'defnəs/ n sordera f.

deal /di:l/ I n 1. (Pol) acuerdo m (**on** en cuanto a); (Fin) trato m. 2. (amount): **a great deal of** mucho -cha. II vt/i [**deals, dealing, dealt**] (at cards) dar.

to **deal in** vt comprar y vender. to **deal with** vt 1. (a problem) ocuparse de. 2. (a topic) tratar. 3. (a person)

tratar con.

dealer /'di:lə/ n 1. (in a commodity) comerciante m/f; (in drugs, weapons) traficante m/f; (manufacturer's representative) representante m/f. 2. (at cards) persona que da las cartas.

dealt /delt/ pret y pp ⇨ **deal**.

dean /di:n/ n decano -na m/f.

dear /dɪə/ I adj 1. (beloved) querido -da. 2. (in correspondence): **Dear Ana** Querida Ana; **Dear Sir** Estimado Señor. 3. (Fin) caro -ra. II n (term of affection) cariño. III excl: **oh dear!** ¡Dios mío!

dearly /'dɪəlɪ/ adv (to love) mucho; (to pay) caro.

dearth /dɜ:θ/ n escasez f.

death /deθ/ n muerte f.

death duties n pl derechos m pl de sucesión, impuesto m de sucesiones. **death rate** n índice m de mortalidad. **death sentence** n condena f a muerte.

deathly /'deθlɪ/ adj sepulcral.

debase /dɪ'beɪs/ vt degradar.

debatable /dɪ'beɪtəbəl/ adj discutible.

debate /dɪ'beɪt/ I vt (to discuss) discutir; (to think about) tratar de decidir. II n debate m.

debauchery /dɪ'bɔ:tʃərɪ/ n libertinaje m.

debilitate /dɪ'bɪlɪteɪt/ vt debilitar.

debit /'debɪt/ I n débito m. II vt cargar (**to * from** a).

debris /'debrɪ/ n escombros m pl.

debt /det/ n deuda f: **to get into debt** endeudarse.

debtor /'detə/ n deudor -dora m/f.

debunk /di:'bʌŋk/ vt desacreditar.

debut /'deɪbju:/ n debut m.

decade /'dekeɪd/ n década f.

decadence /'dekədəns/ n decadencia f.

decadent /'dekədənt/ adj decadente.

decaffeinated /di:'kæfɪneɪtɪd/ adj descafeinado -da.

decanter /dɪ'kæntə/ n licorera f.

decay /dɪ'keɪ/ I n (rotting) descomposición *f*; (*dental*) caries *f*; (*of building*) deterioro *m*. **II** *vi* (*gen*) descomponerse; (*teeth*) cariarse.

deceased /dɪˈsiːst/ *adj, n* difunto -ta *adj, m/f*.

deceit /dɪˈsiːt/ *n* engaño *m*.

deceitful /dɪˈsiːtfʊl/ *adj* embustero -ra, mentiroso -sa.

deceive /dɪˈsiːv/ *vt* engañar.

December /dɪˈsembə/ *n* diciembre *m* ⇨ **June**.

decency /ˈdiːsənsɪ/ *n* decencia *f*.

decent /ˈdiːsənt/ *adj* decente.

deception /dɪˈsepʃən/ *n* engaño *m*.

deceptive /dɪˈseptɪv/ *adj* engañoso -sa.

decibel /ˈdesɪbel/ *n* decibelio *m*.

decide /dɪˈsaɪd/ *vt/i* decidir: **he decided to leave** decidió marcharse; **to decide on** decidirse por.

decidedly /dɪˈsaɪdɪdlɪ/ *adv* decididamente.

deciduous /dɪˈsɪdjʊəs/ *adj* de hoja caduca.

decimal /ˈdesɪməl/ *adj, n* decimal *adj, m*.

decimal point *n* coma *f* decimal.

decimal system *n* sistema *m* métrico decimal.

decimate /ˈdesɪmeɪt/ *vt* diezmar.

decipher /dɪˈsaɪfə/ *vt* descifrar.

decision /dɪˈsɪʒən/ *n* decisión *f*: **to make ∗ take a decision** tomar una decisión.

decisive /dɪˈsaɪsɪv/ *adj* **1.** (*factor*) decisivo -va. **2.** (*person*) decidido -da [S].

deck /dek/ *n* **1.** (*Naut*) cubierta *f*; (*of bus*) piso *m*. **2.** (*of cards*) baraja *f*, mazo *m*.

deck chair /ˈdek tʃeə/ *n* tumbona *f*, (*RP*) reposera *f*.

declare /dɪˈkleə/ *vt* declarar.

decline /dɪˈklaɪn/ **I** *n* **1.** (*decrease*) descenso *m* (**in** en ∗ de). **2.** (*weakening*) declive *m*. **II** *vi* **1.** (*health*) empeorar; (*standard*) decaer. **2.** (*number*) disminuir. ♦ *vt* (*to refuse*) no aceptar.

decode /diːˈkəʊd/ *vt* descodificar, descifrar.

decompose /diːkəmˈpəʊz/ *vi* descomponerse.

décor /ˈdeɪkɔː/ *n* decoración *f*.

decorate /ˈdekəreɪt/ *vt* **1.** (*gen*) decorar; (*with paint*) pintar; (*with wallpaper*) empapelar. **2.** (*Mil*) condecorar.

decoration /dekəˈreɪʃən/ *n* (*action*) decoración *f*, (*object*) adorno *m*.

decorative /ˈdekərətɪv/ *adj* decorativo -va.

decorator /ˈdekəreɪtə/ *n* pintor -tora *m/f*.

decorum /dɪˈkɔːrəm/ *n* decoro *m*.

decoy /ˈdiːkɔɪ/ *n* señuelo *m*.

decrease /dɪˈkriːs/ **I** *vt* reducir. ♦ *vi* (*gen*) disminuir; (*interest*) decaer. **II** *n* disminución *f* (**in** de).

decree /dɪˈkriː/ **I** *n* decreto *m*. **II** *vt* decretar.

dedicate /ˈdedɪkeɪt/ *vt* dedicar.

dedication /dedɪˈkeɪʃən/ *n* **1.** (*commitment*) dedicación *f*. **2.** (*in book*) dedicatoria *f*.

deduce /dɪˈdjuːs/ *vt* deducir (**from** de).

deduct /dɪˈdʌkt/ *vt* descontar (**from** de).

deduction /dɪˈdʌkʃən/ *n* **1.** (*reasoning*) deducción *f*. **2.** (*Fin*) retención *f*.

deed /diːd/ *n* **1.** (*act*) obra *f*; (*feat*) hazaña *f*. **2.** (*document*) escritura *f*.

deem /diːm/ *vt* considerar, juzgar.

deep /diːp/ **I** *adj* **1.** (*gen*) profundo -da: **it's one metre deep** tiene un metro de profundidad; **take a deep breath** respira hondo. **2.** (*sound*) grave, bajo -ja. **3.** (*colour*) intenso -sa, fuerte. **4.** (*profound*) profundo -da. **II** *adv*: **to dig down deep** excavar hondo.

deepfreeze *n* congelador *m*, (*Amér L*) freezer *m*. **deep-rooted** *adj* muy arraigado -da. **deep-sea** *adj* de altura. **deep-seated** *adj* muy arraigado -da.

deer /dɪə/ *n inv* ciervo *m*.

deface /dɪˈfeɪs/ *vt* estropear (*pintarrajeando*).

default /dɪˈfɔːlt/ **I** *vi* (*Fin*): **to de-**

fault on sthg no pagar algo. II *n*
1. (*Sport*): **to win by default** ganar
por incomparecencia del contrario.
2. (*Inform*): **the default setting** la
opción por defecto.

defeat /dɪˈfiːt/ I *n* derrota *f*. II *vt*
derrotar.

defeatist /dɪˈfiːtɪst/ *adj, n* derrotista
adj, m/f.

defect I /ˈdiːfekt/ *n* defecto *m*. II
/dɪˈfekt/ *vi* pasarse al bando contrario.

defective /dɪˈfektɪv/ *adj* defectuoso
-sa.

defence /dɪˈfens/ *n* defensa *f*.

defenceless /dɪˈfensləs/ *adj* indefenso -sa.

defend /dɪˈfend/ *vt/i* defender.

defendant /dɪˈfendənt/ *n* acusado
-da *m/f*.

defense /dɪˈfens/ *n* (US) defensa *f*.

defenseless /dɪˈfensləs/ *adj* (US)
indefenso -sa.

defensive /dɪˈfensɪv/ I *adj* defensivo -va. II *n*: **to be on the defensive**
estar a la defensiva.

defer /dɪˈfɜː/ *vt* [**-fers, -ferring,
-ferred**] aplazar, posponer. ♦ *vi*: **to
defer to sthg** acatar algo.

defiance /dɪˈfaɪəns/ *n* actitud *f* desafiante.

defiant /dɪˈfaɪənt/ *adj* (*child*) insolente; (*tone*) desafiante.

deficiency /dɪˈfɪʃənsɪ/ *n* [**-cies**]
1. (*lack*) insuficiencia *f*. 2. (*fault*)
defecto *m*.

deficient /dɪˈfɪʃənt/ *adj* deficiente
(**in** en).

deficit /ˈdefɪsɪt/ *n* déficit *m*.

defile /dɪˈfaɪl/ *vt* profanar.

define /dɪˈfaɪn/ *vt* definir.

definite /ˈdefɪnɪt/ *adj* 1. (*certain*)
seguro -ra: **I'm quite definite** estoy
totalmente seguro; **it's definite
that he's leaving** es seguro que se
marcha. 2. (*final*) definitivo -va.
3. (*appreciable*) sensible.

definite article *n* artículo *m* definido.

definitely /ˈdefɪnɪtlɪ/ *adv*: **he's definitely going** es seguro que va.

definition /defɪˈnɪʃən/ *n* definición *f*.

deflate /dɪˈfleɪt/ *vt* desinflar. ♦ *vi*
desinflarse.

deflect /dɪˈflekt/ *vt* desviar.

deforestation /diːfɒrəˈsteɪʃən/ *n* deforestación *f*.

deformity /dɪˈfɔːmɪtɪ/ *n* [**-ties**] de-
formidad *f*.

defraud /dɪˈfrɔːd/ *vt*: **he defrauded
them of £1,000** les estafó mil libras.

defrost /diːˈfrɒst/ *vt* descongelar.
♦ *vi* descongelarse.

deft /deft/ *adj* hábil, diestro -tra.

defunct /dɪˈfʌŋkt/ *adj* desaparecido
-da.

defuse /diːˈfjuːz/ *vt* desactivar.

defy /dɪˈfaɪ/ *vt* [**-fies, -fying, -fied**]
1. (*an order*) desacatar, desobe-
decer. 2. (*a person*) desafiar. 3. (*to
resist*): **it defies comparison** no ad-
mite comparación.

degenerate I /dɪˈdʒenəreɪt/ *vi*
degenerar (**into** en). II /dɪˈdʒenərət/
adj degenerado -da.

degrading /dɪˈɡreɪdɪŋ/ *adj* degra-
dante.

degree /dɪˈɡriː/ *n* 1. (*in measurements*) grado *m* ● **to a certain degree** hasta cierto punto. 2. (*Educ*)
título *m* universitario, licenciatura
f.

dehydrate /diːˈhaɪdreɪt/ *vi* deshi-
dratar(se). ♦ *vt* deshidratar.

deign /deɪn/ *vi* dignarse.

deity /ˈdeɪɪtɪ/ *n* [**-ties**] deidad *f*.

dejected /dɪˈdʒektɪd/ *adj* desanimado -da, abatido -da.

delay /dɪˈleɪ/ I *vt* 1. (*an event*)
posponer. 2. (*to make late*) retrasar,
demorar: **I was delayed in the traffic** me retrasó el tráfico. ♦ *vi* tardar,
demorar. II *n* retraso *m*, demora *f*.

delegate I /ˈdelɪɡət/ *n* delegado -da
m/f. II /ˈdelɪɡeɪt/ *vt* delegar: **to delegate sthg to sbdy** delegar algo en
alguien.

delegation /delɪˈɡeɪʃən/ *n* delegación *f*.

delete /dɪˈliːt/ *vt* suprimir, borrar.

deliberate I /dɪˈlɪbərət/ *adj* 1. (*intentional*) deliberado -da, premeditado
-da. 2. (*unhurried*) pausado -da. II

/drˈlɪbəreɪt/ *vi* deliberar.

delicacy /ˈdelɪkəsɪ/ *n* [**-cies**] manjar *m*.

delicate /ˈdelɪkət/ *adj* delicado -da.

delicatessen /delɪkəˈtesən/ *n* charcutería *f*.

delicious /dɪˈlɪʃəs/ *adj* delicioso -sa.

delight /dɪˈlaɪt/ **I** *n* placer *m*: **to take delight in** disfrutar con. **II** *vt*: **the news delighted them** quedaron encantados con la noticia. ♦ *vi*: **he delights in it** le encanta.

delighted /dɪˈlaɪtɪd/ *adj* encantado -da.

delightful /dɪˈlaɪtfʊl/ *adj* encantador -dora.

delinquent /dɪˈlɪŋkwənt/ *n* delincuente *m/f*.

delirious /dɪˈlɪrɪəs/ *adj* delirante: **to be delirious** delirar.

deliver /dɪˈlɪvə/ *vt* 1. (*goods, a package*) entregar; (*mail*) repartir. 2. (*a speech*) pronunciar. 3. (*Med*): **he delivered the baby** la atendió en el parto.

delivery /dɪˈlɪvərɪ/ *n* [**-ries**] 1. (*of goods, a package*) entrega *f*; (*of mail*) reparto *m*. 2. (*Med*) parto *m*.

delta /ˈdeltə/ *n* delta *m*.

delude /dɪˈluːd/ *vt* engañar.

deluge /ˈdeljuːdʒ/ **I** *n* diluvio *m*. **II** *vt*: **he was deluged with letters** recibió un aluvión de cartas.

delusion /dɪˈluːʒən/ *n* ilusión *f*.

delusions of grandeur *n pl* delirios *m pl* de grandeza.

deluxe /dəˈlʌks/ *adj* de lujo.

delve /delv/ *vi* hurgar (**into** en).

demand /dɪˈmɑːnd/ **I** *vt* exigir. **II** *n* 1. (*for product*) demanda *f* (**for** de): **it is in great demand** está muy solicitado. 2. (*claim*) exigencia *f*. 3. (*Pol*) reivindicación *f* (**for** de).

demanding /dɪˈmɑːndɪŋ/ *adj* exigente.

demean /dɪˈmiːn/ *vt*: **to demean oneself** rebajarse.

demeanour, (*US*) **demeanor** /dɪˈmiːnə/ *n* comportamiento *m*.

demented /dɪˈmentɪd/ *adj* demente.

demise /dɪˈmaɪz/ *n* (*frml*) muerte *f*.

demo /ˈdeməʊ/ *n* (*fam*) ⇨ **demonstration**.

democracy /dɪˈmɒkrəsɪ/ *n* [**-cies**] democracia *f*.

democrat /ˈdeməkræt/ *n* demócrata *m/f*.

democratic /deməˈkrætɪk/ *adj* democrático -ca.

demolish /dɪˈmɒlɪʃ/ *vt* 1. (*a house*) derribar, demoler. 2. (*a theory*) echar por tierra.

demolition /deməˈlɪʃən/ *n* demolición *f*, derribo *m*.

demon /ˈdiːmən/ *n* demonio *m*.

demonstrate /ˈdemənstreɪt/ *vt* (*a device, method*) demostrar. ♦ *vi* (*Pol*) manifestarse.

demonstration /demənˈstreɪʃən/ *n* 1. (*of device, method*) demostración *f*. 2. (*Pol*) manifestación *f*.

demonstrator /ˈdemənstreɪtə/ *n* manifestante *m/f*.

demoralize /dɪˈmɒrəlaɪz/ *vt* desmoralizar.

demote /dɪˈməʊt/ *vt* (*an employee*) rebajar de categoría; (*Mil*) degradar.

demure /dɪˈmjʊə/ *adj* recatado -da.

den /den/ *n* 1. (*Zool*) guarida *f*. 2. (*of thieves*) antro *m*. 3. (*room*) estudio *m*.

denial /dɪˈnaɪəl/ *n* desmentido *m*.

denim /ˈdenɪm/ **I** *n* (*cloth*) tela *f* vaquera, (*Amér L*) mezclilla *f*. **II** **denims** *n pl* vaqueros *m pl*, tejanos *m pl*.

Denmark /ˈdenmɑːk/ *n* Dinamarca *f*.

denomination /dɪnɒmɪˈneɪʃən/ *n* 1. (*Relig*) confesión *f*. 2. (*Fin*) valor *m*.

denote /dɪˈnəʊt/ *vt* 1. (*to show*) indicar. 2. (*to mean*) significar.

denounce /dɪˈnaʊns/ *vt* (*an act*) denunciar; (*a person*): **he was denounced as a traitor** lo acusaron de ser un traidor.

dense /dens/ *adj* denso -sa.

density /ˈdensɪtɪ/ *n* [**-ties**] densidad *f*.

dent /dent/ **I** *n* abolladura *f* (**in** en),

bollo *m* (**in** en). **II** *vt* abollar.

dental /'dentəl/ *adj* dental.

dental floss *n* seda *f* dental. **dental surgeon** *n* odontólogo -ga *m/f*.

dentist /'dentɪst/ *n* dentista *m/f*.

dentures /'dentʃəz/ *n pl* dentadura *f* postiza.

denunciation /dɪnʌnsɪ'eɪʃən/ *n* denuncia *f*.

deny /dɪ'naɪ/ *vt* [**-nies, -nying, -nied**] (*a fact*) negar; (*a rumour*) desmentir; (*an accusation*) rechazar.

deodorant /di:'əʊdərənt/ *n* desodorante *m*.

depart /dɪ'pɑ:t/ *vi* (*person*) marcharse; (*plane, train*) salir.

to **depart from** *vt* (*a tradition*) apartarse de.

departed /dɪ'pɑ:tɪd/ *adj* difunto -ta.

department /dɪ'pɑ:tmənt/ *n* (*in shop, office*) sección *f*; (*Educ*) departamento *m*; (*Pol*) ministerio *m*.

department store *n* grandes almacenes *m pl*.

departure /dɪ'pɑ:tʃə/ *n* (*of person*) partida *f* (**for** hacia); (*of plane, train*) salida *f*.

depend /dɪ'pend/ *vi* depender.

to **depend on** *vt* 1. (*to count on*) contar con. 2. (*to need, to be decided by*) depender de.

dependable /dɪ'pendəbəl/ *adj* 1. (*person*) formal, responsable. 2. (*car, device*) fiable.

dependant /dɪ'pendənt/ *n: persona que depende económicamente de otra*.

dependence /dɪ'pendəns/, (*US*) **dependency** /dɪ'pendənsɪ/ *n* dependencia *f* (**on** de).

dependent /dɪ'pendənt/ **I** *adj*: **to be dependent on** depender de. **II** *n* (*US*) ⇨ **dependant**.

depict /dɪ'pɪkt/ *vt* representar, pintar.

deplete /dɪ'pli:t/ *vt* reducir.

deplorable /dɪ'plɔ:rəbəl/ *adj* lamentable, deplorable.

deplore /dɪ'plɔ:/ *vt* deplorar.

deploy /dɪ'plɔɪ/ *vt* (*resources*) emplear; (*Mil*) desplegar.

deployment /dɪ'plɔɪmənt/ *n* (*of resources*) empleo *m*; (*Mil*) despliegue *m*.

depopulation /dɪpɒpjʊ'leɪʃən/ *n* despoblación *f*.

deport /dɪ'pɔ:t/ *vt* deportar.

depose /dɪ'pəʊz/ *vt* deponer, destituir.

deposit /dɪ'pɒzɪt/ **I** *vt* 1. (*Chem, Geol*) depositar. 2. (*in safe place*) depositar; (*in account*) ingresar. **II** *n* 1. (*Chem*) depósito *m*; (*Geol*) yacimiento *m*. 2. (*in bank*) ingreso *m*. 3. (*Fin: on house, car*) entrada *f*: **to put a deposit on** dar una entrada para; (*: on small item*) señal *f*; (*: returnable*) fianza *f*.

depot /'depəʊ/, (*US*) /'di:pəʊ/ *n* 1. (*warehouse*) almacén *m*; (*Mil*) depósito *m*. 2. (*Transp*) cochera *f*. 3. (*US: station*) estación *f*, terminal *f*.

depraved /dɪ'preɪvd/ *adj* depravado -da.

depreciation /dɪpri:ʃɪ'eɪʃən/ *n* depreciación *f*.

depress /dɪ'pres/ *vt* 1. (*to sadden*) deprimir. 2. (*prices*) hacer bajar. 3. (*frml: a pedal*) presionar.

depressed /dɪ'prest/ *adj* deprimido -da (**about** por).

depressing /dɪ'presɪŋ/ *adj* deprimente.

depression /dɪ'preʃən/ *n* (*gen*) depresión *f*; (*Fin*) crisis *f inv* económica.

deprive /dɪ'praɪv/ *vt* privar (**of** de).

deprived /dɪ'praɪvd/ *adj* pobre.

depth /depθ/ *n* profundidad *f* ● **to be out of one's depth** (*in water*) perder pie, (*in situation*) estar perdido -da ● **in depth** a fondo ● **in the depths of despair** totalmente desesperado -da.

deputize /'depjʊtaɪz/ *vi*: **I deputized for her** la sustituí.

deputy /'depjʊtɪ/ *n* [**-ties**] 1. (*assistant*) ayudante *m/f*; (*in hierarchy*): **the deputy chairman** el vicepresidente; **the deputy headmistress** la subdirectora (del colegio). 2. (*in* *parliament*) diputado -da *m/f*.

derail /dɪˈreɪl/ *vt*: **to be derailed** descarrilar.

derailment /dɪˈreɪlmənt/ *n* descarrilamiento *m*.

deranged /dɪˈreɪndʒd/ *adj* perturbado -da, trastornado -da.

derelict /ˈderəlɪkt/ *adj* abandonado -da.

derisive /dɪˈraɪsɪv/ *adj* burlón -lona.

derisory /dɪˈraɪzəri/ *adj* 1. (*offer*) irrisorio -ria. 2. (*remark*) desdeñoso -sa.

derivative /dɪˈrɪvətɪv/ *n* derivado *m*.

derive /dɪˈraɪv/ *vt* obtener. ♦ *vi* derivar.

derogatory /dɪˈrɒɡətəri/ *adj* despectivo -va.

descend /dɪˈsend/ *vi* bajar, descender.

descendant /dɪˈsendənt/ *n* descendiente *m/f*.

descent /dɪˈsent/ *n* 1. (*from height*) descenso *m*, bajada *f*. 2. (*from ancestors*) ascendencia *f*.

describe /dɪˈskraɪb/ *vt* describir.

description /dɪˈskrɪpʃən/ *n* 1. (*account*) descripción *f*. 2. (*type*) clase *f*.

desecrate /ˈdesɪkreɪt/ *vt* profanar.

desert I /ˈdezət/ *n* desierto *m*. II /dɪˈzɜːt/ *vt* abandonar. ♦ *vi* desertar.

desert island /dezət ˈaɪlənd/ *n* isla *f* desierta.

deserter /dɪˈzɜːtə/ *n* desertor -tora *m/f*.

desertification /dɪzɜːtɪfɪˈkeɪʃən/ *n* desertización *f*.

desertion /dɪˈzɜːʃən/ *n* (*gen*) abandono *m*; (*Mil*) deserción *f*.

deserts /dɪˈzɜːts/ *n pl*: **he got his just deserts** se llevó su merecido.

deserve /dɪˈzɜːv/ *vt* merecer(se).

design /dɪˈzaɪn/ I *n* 1. (*gen*) diseño *m*; (*plan*) plano *m*. 2. (*pattern*) dibujo *m*. II *vt* diseñar.

designate I /ˈdezɪɡneɪt/ *vt* nombrar, designar. II /ˈdezɪɡnət/ *adj* recién nombrado -da.

designer /dɪˈzaɪnə/ I *n* diseñador -dora *m/f*. II *adj* de diseño.

desirable /dɪˈzaɪərəbəl/ *adj* (*object*)

atractivo -va.

desire /dɪˈzaɪə/ I *vt* desear. II *n* deseo *m*.

desk /desk/ *n* 1. (*in office*) escritorio *m*, mesa *f*; (*Educ*) pupitre *m*. 2. (*in hotel*): **at the desk** en recepción. 3. (*in shop*) caja *f*.

desktop publishing *n* autoedición *f*.

desolate /ˈdesələt/ *adj* desolado -da.

desolation /desəˈleɪʃən/ *n* desolación *f*.

despair /dɪˈspeə/ I *vi* desesperar (**of** de), perder la esperanza (**of** de). II *n* desesperación *f*.

despairing /dɪˈspeərɪŋ/ *adj* desesperado -da.

despatch /dɪˈspætʃ/ *n, vt* ⇨ **dispatch**.

desperate /ˈdespərət/ *adj* 1. (*without hope*) desesperado -da. 2. (*in need*): **to be desperate for sthg** necesitar algo urgentemente.

desperately /ˈdespərətli/ *adv* (*hopelessly*) desesperadamente: **desperately ill** gravemente enfermo -ma.

desperation /despəˈreɪʃən/ *n* desesperación *f*.

despicable /dɪˈspɪkəbəl/ *adj* despreciable.

despise /dɪˈspaɪz/ *vt* despreciar.

despite /dɪˈspaɪt/ *prep* a pesar de.

despondent /dɪˈspɒndənt/ *adj* abatido -da.

dessert /dɪˈzɜːt/ *n* postre *m*.

dessertspoon *n* (*object*) cuchara *f* (de postre); (*measurement*) cucharada *f*.

destination /destɪˈneɪʃən/ *n* destino *m*.

destined /ˈdestɪnd/ *adj* 1. (*fated*) destinado -da: **destined to fail** condenado al fracaso. 2. (*Transp*) con destino (**for** a).

destiny /ˈdestɪni/ *n* [**-nies**] destino *m*.

destitute /ˈdestɪtjuːt/ *adj* en la miseria.

destroy /dɪˈstrɔɪ/ *vt* 1. (*gen*) destruir. 2. (*an animal*) sacrificar.

destroyer /dɪˈstrɔɪə/ *n* destructor *m*.

destruction /dɪˈstrʌkʃən/ *n* (*gen*)

destrucción f.

destructive /dɪ'strʌktɪv/ adj (force) destructor -tora; (child) destrozón -zona.

detach /dɪ'tætʃ/ vt separar, quitar.

detachable /dɪ'tætʃəbəl/ adj de quita y pon.

detached /dɪ'tætʃt/ adj 1. (objects) separado -da, suelto -ta. 2. (uninvolved) indiferente.

detached house n casa f (no adosada), chalé m.

detachment /dɪ'tætʃmənt/ n 1. (lack of concern) indiferencia f; (neutrality) imparcialidad f. 2. (Mil) destacamento m.

detail /'di:teɪl/ I n detalle m: in detail con todo detalle; to go into detail entrar en detalles. II vt detallar, enumerar.

detailed /'di:teɪld/ adj detallado -da.

detain /dɪ'teɪn/ vt 1. (Law) detener. 2. (to delay) entretener, retener.

detect /dɪ'tekt/ vt detectar.

detection /dɪ'tekʃən/ n (Tec) detección f; (of crime) descubrimiento m.

detective /dɪ'tektɪv/ n detective m/f.

detective novel * story n novela f policíaca.

detector /dɪ'tektə/ n detector m.

détente /deɪ'tɑ:nt/ n distensión f.

detention /dɪ'tenʃən/ n 1. (Law) detención f, arresto m. 2. (Educ): I was given detention me castigaron a quedarme después de clase.

deter /dɪ'tɜ:/ vt [-ters, -terring, -terred] disuadir.

detergent /dɪ'tɜ:dʒənt/ n detergente m.

deteriorate /dɪ'tɪərɪəreɪt/ vi deteriorarse, empeorar.

deterioration /dɪtɪərɪə'reɪʃən/ n deterioro m (in de).

determination /dɪtɜ:mɪ'neɪʃən/ n determinación f.

determine /dɪ'tɜ:mɪn/ vt determinar.

determined /dɪ'tɜ:mɪnd/ adj 1. (person) resuelto -ta: he's determined to go está resuelto a ir. 2. (ef-

fort) denodado -da.

deterrent /dɪ'terənt/ n elemento m disuasorio.

detest /dɪ'test/ vt odiar, detestar.

detonate /'detəneɪt/ vt hacer detonar * explotar. ♦ vi detonar, explotar.

detour /'di:tʊə/ n 1. (indirect route) rodeo m. 2. (US: around roadworks) desvío m.

detract /dɪ'trækt/ vi: to detract from quitarle mérito a.

detrimental /detrɪ'mentəl/ adj perjudicial (to para).

devaluation /di:vælju:'eɪʃən/ n devaluación f.

devastate /'devəsteɪt/ vt 1. (a place) devastar, asolar. 2. (a person) dejar destrozado -da.

devastating /'devəsteɪtɪŋ/ adj 1. (destructive) devastador -dora. 2. (emphatic) abrumador -dora.

develop /dɪ'veləp/ vt 1. (gen) desarrollar; (land) urbanizar. 2. (to acquire): to develop an interest in aficionarse a; to develop a fear of cogerle miedo a. 3. (an illness) empezar a sufrir de. 4. (a photo) revelar. ♦ vi 1. (gen) desarrollarse (from a partir de). 2. (to occur) producirse. 3. (to change) convertirse (into en).

developer /dɪ'veləpə/ n (firm) (promotora f) inmobiliaria f; (person) promotor -tora m/f inmobiliario -ria.

development /dɪ'veləpmənt/ n 1. (gen) desarrollo m. 2. (event) novedad f. 3. (in town) urbanización f.

deviate /'di:vɪeɪt/ vi desviarse.

deviation /di:vɪ'eɪʃən/ n desviación f.

device /dɪ'vaɪs/ n 1. (Tec) dispositivo m, aparato m. 2. (scheme) ardid m.

devil /'devəl/ n diablo m, demonio m.

devilish /'devəlɪʃ/ adj diabólico -ca.

devious /'di:vɪəs/ adj taimado -da.

devise /dɪ'vaɪz/ vt (a plan) elaborar; (a machine) inventar.

devoid /dɪˈvɔɪd/ *adj* desprovisto -ta (**of** de).

devolution /diːvəˈluːʃən/ *n* transferencia *f* de competencias.

devote /dɪˈvəʊt/ *vt* dedicar (**to** a).

devoted /dɪˈvəʊtɪd/ *adj* 1. (*to person*): **he's devoted to her** la adora. 2. (*to subject*) dedicado -da.

devotee /devəˈtiː/ *n* adepto -ta *m/f* (**of** a).

devotion /dɪˈvəʊʃən/ *n* dedicación *f*.

devour /dɪˈvaʊə/ *vt* devorar.

devout /dɪˈvaʊt/ *adj* devoto -ta.

dew /djuː/ *n* rocío *m*.

dexterity /dekˈsterətɪ/ *n* destreza *f*.

DfEE /diːefiːˈiː/ *n* (*in GB*) = **Department for Education and Employment**.

diabetes /daɪəˈbiːtiːz/ *n* diabetes *f*.

diabetic /daɪəˈbetɪk/ *adj, n* diabético -ca *adj, m/f*.

diabolical /daɪəˈbɒlɪkəl/ *adj* (*fam*) espantoso -sa.

diagnose /ˈdaɪəgnəʊz/ *vt* diagnosticar.

diagnosis /daɪəgˈnəʊsɪs/ *n* [**-noses**] diagnóstico *m*.

diagonal /daɪˈægənəl/ *adj, n* diagonal *adj, f*.

diagram /ˈdaɪəgræm/ *n* diagrama *m*.

dial /ˈdaɪəl/ I *n* (*of radio*) dial *m*; (*on phone*) disco *m*. II *vt/i* [**dials, dialling, dialled**] marcar.

dialect /ˈdaɪəlekt/ *n* dialecto *m*.

dialling tone /ˈdaɪəlɪŋ təʊn/ *n* señal *f* (de marcar).

dialogue, (*US*) **dialog** /ˈdaɪəlɒg/ *n* diálogo *m*.

dialysis /daɪˈæləsɪs/ *n* diálisis *f*.

diameter /daɪˈæmɪtə/ *n* diámetro *m*.

diamond /ˈdaɪəmənd/ I *n* 1. (*stone*) diamante *m*. 2. (*shape*) rombo *m*. II **diamonds** *n pl* (*in cards*) diamantes *m pl*.

diaper /ˈdaɪəpə/ *n* (*US*) pañal *m*.

diaphragm /ˈdaɪəfræm/ *n* diafragma *m*.

diarrhoea, (*US*) **diarrhea** /daɪəˈrɪə/ *n* diarrea *f*.

diary /ˈdaɪərɪ/ *n* [**-ries**] (*personal*) diario *m*; (*for business appoint-*

ments) agenda *f*.

dice /daɪs/ I *n inv* (*object*) dado *m*. II *n* (*game*) dados *m pl*. III *vt* (*Culin*) cortar en forma de dados.

dicey /ˈdaɪsɪ/ *adj* [**-cier, -ciest**] (*fam*: *risky*) arriesgado -da; (*: uncertain*) incierto -ta.

Dictaphone® /ˈdɪktəfəʊn/ *n* dictáfono® *m*.

dictate /dɪkˈteɪt/ *vt* 1. (*a letter*) dictar. 2. (*to impose*) imponer. ♦ *vi*: **to dictate to** dar órdenes a.

dictation /dɪkˈteɪʃən/ *n* dictado *m*.

dictator /dɪkˈteɪtə/ *n* dictador -dora *m/f*.

dictatorship /dɪkˈteɪtəʃɪp/ *n* dictadura *f*.

dictionary /ˈdɪkʃənrɪ/ *n* [**-ries**] diccionario *m*.

did /dɪd/ *pret* ⇨ **do**.

diddle /ˈdɪdəl/ *vt* (*fam*) timar.

didn't /ˈdɪdənt/ *contracción de* **did not**

die /daɪ/ *vi* [**dies, dying, died**] morir ● **I'm dying to see her** me muero de ganas de verla.

to die down *vi* (*fuss*) disminuir; (*storm*) amainar; (*fire*) apagarse. **to die out** *vi* (*species*) extinguirse; (*tradition*) desaparecer.

die-hard *adj* intransigente.

diesel /ˈdiːzəl/ *n* 1. (*fuel*) gasoil *m*, gasóleo *m*. 2. (*car*) diesel *m*.

diesel engine *n* motor *m* diesel.

diet /ˈdaɪət/ I *n* (*usual*) dieta *f*, alimentación *f*; (*to lose weight*) régimen *m*, dieta *f*: **I went on a diet** me puse a régimen. II *vi* estar a régimen.

dietician /daɪəˈtɪʃən/ *n* especialista *m/f* en dietética.

differ /ˈdɪfə/ *vi* 1. (*to vary*) diferenciarse (**from** de), ser distinto -ta (**from** de). 2. (*to disagree*) discrepar (**with** de).

difference /ˈdɪfrəns/ *n* diferencia *f*: **to tell the difference between** distinguir entre ● **it makes no difference** da igual.

different /ˈdɪfrənt/ *adj* 1. (*not same*) diferente (**from** de), distinto -ta (**from** de). 2. (*various*) varios -rias.

differentiate /dɪfə'renʃɪeɪt/ vt 1. (*to make different*) diferenciar (**from** de). 2. (*to tell apart*) distinguir (**from** de). ♦ vi (*to see difference*) distinguir (**between** entre).

differently /'dɪfrəntlɪ/ adv de otra manera, de forma distinta.

difficult /'dɪfɪkəlt/ adj difícil.

difficulty /'dɪfɪkəltɪ/ n [-ties] 1. (*problem*) problema m. 2. (*of task*) dificultad f.

diffident /'dɪfɪdənt/ adj falto -ta de confianza en sí mismo -ma.

diffuse /dɪ'fju:z/ vt difundir. ♦ vi difundirse.

dig /dɪg/ I n 1. (*archaeological*) excavación f. 2. (*with elbow*) codazo m. 3. (*comment*) pulla f. II vt [**digs, digging, dug**] 1. (*a hole*) cavar; (*a tunnel*) excavar. 2. (*one's nails*) clavar (**into** en).

to **dig out** vt desenterrar, sacar. *to* **dig up** vt (*an object*) desenterrar; (*information*) sacar.

digest /daɪ'dʒest/ vt 1. (*food*) digerir. 2. (*information*) asimilar.

digestion /daɪ'dʒestʃən/ n digestión f.

digestive /daɪ'dʒestɪv/ adj digestivo -va.

digestive system n aparato m digestivo.

digger /'dɪgə/ n excavadora f.

digit /'dɪdʒɪt/ n dígito m, cifra f.

digital /'dɪdʒɪtəl/ adj digital.

dignified /'dɪgnɪfaɪd/ adj digno -na.

dignity /'dɪgnətɪ/ n dignidad f.

digress /daɪ'gres/ vi apartarse del tema.

dike /daɪk/ n dique m.

dilapidated /dɪ'læpɪdeɪtɪd/ adj (*house*) ruinoso -sa; (*car*) destartalado -da; (*furniture*) desvencijado -da.

dilate /daɪ'leɪt/ vi dilatarse. ♦ vt dilatar.

dilemma /daɪ'lemə/ n dilema m.

diligent /'dɪlɪdʒənt/ adj diligente, concienzudo -da.

dilly-dally /'dɪlɪdælɪ/ vi [-dallies,

-dallying, -dallied] (*fam*) perder tiempo.

dilute /daɪ'lu:t/ vt diluir.

dim /dɪm/ I adj [**dimmer, dimmest**] 1. (*light*) tenue. 2. (*fam: stupid*) corto -ta. II vt [**dims, dimming, dimmed**] (*lights*) bajar.

dime /daɪm/ n (US) moneda f de diez centavos.

dimension /daɪ'menʃən/ n dimensión f.

diminish /dɪ'mɪnɪʃ/ vi disminuir.

diminutive /dɪ'mɪnjʊtɪv/ I adj (*small*) diminuto -ta. II n (Ling) diminutivo m.

dimple /'dɪmpəl/ n hoyuelo m.

dimwitted /dɪm'wɪtəd/ adj (*fam*) de pocas luces.

din /dɪn/ n estruendo m.

dine /daɪn/ vi (*frml*) cenar.

to **dine on** vt (*frml*) cenar.

diner /'daɪnə/ n 1. (*person*) comensal m/f. 2. (US: *restaurant*) cafetería f, (Amér L) lonchería f; (: *on train*) coche m restaurante.

dinghy /'dɪŋgɪ/ n [-hies] bote m.

dingy /'dɪndʒɪ/ adj [-gier, -giest] (*dark*) sórdido -da; (*dirty*) sucio -cia.

dining car /'daɪnɪŋ kɑ:/ n coche m restaurante.

dining room /'daɪnɪŋ rʊm/ n comedor m.

dinner /'dɪnə/ n 1. (*evening*) cena f, (Amér L) comida f. 2. (*midday*) comida f, almuerzo m. 3. (*formal*) cena f, banquete m.

dinner jacket n esmoquin m. **dinner party** n cena f, (Amér L) comida f. **dinner plate** n plato m llano.

dinosaur /'daɪnəsɔ:/ n dinosaurio m.

dint /dɪnt/ n: **by dint of** a fuerza de.

diocese /'daɪəsɪs/ n diócesis f inv.

dip /dɪp/ I n 1. (*hollow*) depresión f. 2. (*swim*) chapuzón m: **to go for a dip** darse un chapuzón. 3. (*in temperature, sales*) descenso m. 4. (*Culin*) salsa f. II vt [**dips, dipping, dipped**] 1. (*into liquid*) meter, mojar. 2. (*Auto*): **dip your headlights** cambie a las luces de cruce. ♦ *vi* (*to go down*) bajar.

to dip into *vt* echar mano de.

dipstick ∗ (*US*) **diprod** *n* varilla *f* (del aceite).

Dip. = **Diploma.**

diphtheria /dɪfˈθɪərɪə/ *n* difteria *f*.

diphthong /ˈdɪfθɒŋ/ *n* diptongo *m*.

diploma /dɪˈpləʊmə/ *n* diploma *m*.

diplomat /ˈdɪpləmæt/ *n* diplomático -ca *m*/*f*.

diplomatic /dɪpləˈmætɪk/ *adj* diplomático -ca.

dire /ˈdaɪə/ *adj* calamitoso -sa.

direct /daɪˈrekt/ **I** *adj* directo -ta ● **the direct opposite** todo lo contrario. **II** *vt* **1.** (*to guide*): **can you direct me to the cathedral?** ¿me puede decir cómo se llega a la catedral? **2.** (*a film*) dirigir. **3.** (*to aim*) dirigir. **4.** (*to order*) mandar. **III** *adv* (*to go*) directamente.

direct current *n* corriente *f* continua.

direct debit *n* domiciliación *f* bancaria.

direction /daɪˈrekʃən/ **I** *n* dirección *f*. **II** **directions** *n pl* **1.** (*to place*): **I asked him for directions to...** le pregunté por dónde se iba a.... **2.** (*for use*) instrucciones *f pl* de uso, modo *m* de empleo.

directly /daɪˈrektlɪ/ *adv* directamente: **directly opposite** justo en frente.

director /daɪˈrektə/ *n* director -tora *m*/*f*.

directory /daɪˈrektərɪ/ *n* [-**ries**] **1.** (*gen*) directorio *m*. **2.** (*o telephone directory*) guía *f* telefónica.

directory assistance *n* (*US*) información *f*. **directory enquiries** *n* información *f*.

dirt /dɜːt/ *n* **1.** (*gen*) suciedad *f*. **2.** (*earth*) tierra *f*.

dirt-cheap *adj* (*fam*) baratísimo -ma, regalado -da. **dirt road** ∗ **track** *n* pista *f* de tierra.

dirty /ˈdɜːtɪ/ *adj* [-**tier, -tiest**] **1.** (*hands, house*) sucio -cia: **he made it dirty** lo ensució. **2.** (*obscene*) verde.

dirty trick *n* mala jugada *f*. **dirty word**

n palabrota *f*.

disability /dɪsəˈbɪlətɪ/ *n* [-**ties**] discapacidad *f*.

disabled /dɪsˈeɪbəld/ *adj* minusválido -da, discapacitado -da.

disadvantage /dɪsədˈvɑːntɪdʒ/ *n* desventaja *f*, inconveniente *m*.

disadvantaged /dɪsədˈvɑːntɪdʒd/ *adj* desfavorecido -da.

disaffection /dɪsəˈfekʃən/ *n* desafección *f*, descontento *m*.

disagree /dɪsəˈgriː/ *vi* **1.** (*person*) no estar de acuerdo (**with** con), discrepar (**with** de). **2.** (*food*): **cheese disagrees with me** el queso me sienta mal.

disagreement /dɪsəˈgriːmənt/ *n* desacuerdo *m*.

disallow /dɪsəˈlaʊ/ *vt* **1.** (*a goal*) anular. **2.** (*a claim*) rechazar.

disappear /dɪsəˈpɪə/ *vi* desaparecer.

disappearance /dɪsəˈpɪərəns/ *n* desaparición *f*.

disappoint /dɪsəˈpɔɪnt/ *vt* decepcionar.

disappointed /dɪsəˈpɔɪntɪd/ *adj* decepcionado -da (**by** ∗ **with** con).

disappointing /dɪsəˈpɔɪntɪŋ/ *adj* decepcionante.

disappointment /dɪsəˈpɔɪntmənt/ *n* decepción *f*, desilusión *f*.

disapproval /dɪsəˈpruːvəl/ *n* desaprobación *f*.

disapprove /dɪsəˈpruːv/ *vi*: **I disapprove of it** no lo apruebo; **she disapproves of me** no le gusto.

disapproving /dɪsəˈpruːvɪŋ/ *adj* de desaprobación.

disarm /dɪsˈɑːm/ *vi* desarmarse. ♦ *vt* desarmar.

disarmament /dɪsˈɑːməmənt/ *n* desarme *m*.

disarray /dɪsəˈreɪ/ *n* desorden *m*: **in disarray** (*room*) desordenado -da, (*group*) desorganizado -da.

disassociate /dɪsəˈsəʊʃɪeɪt/ *vt* ⇨ **dissociate**.

disaster /dɪˈzɑːstə/ *n* desastre *m*.

disastrous /dɪˈzɑːstrəs/ *adj* desastroso -sa.

disband /dɪsˈbænd/ *vt* disolver. ♦ *vi*

disolverse.

disbelief /dɪsbɪˈliːf/ *n* incredulidad *f*.

disc /dɪsk/ *n* disco *m*.

discard /dɪsˈkɑːd/ *vt* desechar.

discern /dɪˈsɜːn/ *vt* discernir.

discerning /dɪˈsɜːnɪŋ/ *adj* exigente.

discharge I /dɪsˈtʃɑːdʒ/ *vt* 1. (*a gas*) emitir (*into* a); (*sewage*) verter (*into* a). 2. (*Elec*) descargar. 3. (*from hospital*) dar de alta; (*from prison*) poner en libertad; (*from army*) licenciar. 4. (*a debt*) saldar; (*a duty*) desempeñar, cumplir. II /ˈdɪstʃɑːdʒ/ *n* 1. (*of gas*) emisión *f*; (*of liquid*) vertido *m*. 2. (*Elec*) descarga *f*. 3. (*Med*) supuración *f*. 4. (*from hospital*) alta *f*★; (*from prison*) puesta *f* en libertad; (*from army*) baja *f*.

disciple /dɪˈsaɪpəl/ *n* discípulo -la *m/f*.

discipline /ˈdɪsɪplɪn/ I *n* disciplina *f*. II *vt* 1. (*to train*) disciplinar. 2. (*an employee*) sancionar; (*a child*) disciplinar.

disc jockey /ˈdɪsk dʒɒkɪ/ *n* disc-jockey *m/f*, pinchadiscos *m/f inv*.

disclaim /dɪsˈkleɪm/ *vt* negar.

disclose /dɪsˈkləʊz/ *vt* revelar.

disclosure /dɪsˈkləʊʒə/ *n* revelación *f*.

disco /ˈdɪskəʊ/ *n* discoteca *f*.

discolour, (*US*) **discolor** /dɪsˈkʌlə/ *vt* (*to fade*) descolorir; (*to stain*) manchar.

discomfort /dɪsˈkʌmfət/ *n* 1. (*Med*) molestia *f*. 2. (*embarrassment*) vergüenza *f*. 3. (*of place, activity*) incomodidad *f*.

disconcerting /dɪskənˈsɜːtɪŋ/ *adj* desconcertante.

disconnect /dɪskəˈnekt/ *vt* desconectar.

disconnected /dɪskəˈnektɪd/ *adj* (*words*) inconexo -xa.

discontent /dɪskənˈtent/ *n* descontento *m*.

discontented /dɪskənˈtentɪd/ *adj* descontento -ta.

discontinue /dɪskənˈtɪnjuː/ *vt*: **dis-**

continued models modelos que ya no se fabrican/venden.

discordant /dɪsˈkɔːdənt/ *adj* discordante.

discotheque /ˈdɪskətek/ *n* discoteca *f*.

discount I /ˈdɪskaʊnt/ *n* (*Fin*) descuento *m*. II /dɪsˈkaʊnt/ *vt* (*a theory*) descartar.

discourage /dɪsˈkʌrɪdʒ/ *vt* 1. (*to disappoint*) desanimar. 2. (*to advise against*) disuadir: **I discouraged him from buying it** le aconsejé que no lo comprara.

discouraging /dɪsˈkʌrɪdʒɪŋ/ *adj* desalentador -dora.

discover /dɪsˈkʌvə/ *vt* 1. (*for first time*) descubrir. 2. (*to find*) encontrar.

discovery /dɪsˈkʌvərɪ/ *n* [**-ries**] descubrimiento *m*.

discredit /dɪsˈkredɪt/ I *vt* desacreditar. II *n* descrédito *m*.

discreet /dɪsˈkriːt/ *adj* discreto -ta.

discrepancy /dɪsˈkrepənsɪ/ *n* [**-cies**] discrepancia *f*.

discretion /dɪsˈkreʃən/ *n* discreción *f*.

discriminate /dɪsˈkrɪmɪneɪt/ *vi*: **to discriminate against sbdy** discriminar a alguien.

discrimination /dɪskrɪmɪˈneɪʃən/ *n* discriminación *f*.

discus /ˈdɪskəs/ *n* [**-cuses**] disco *m*.

discuss /dɪsˈkʌs/ *vt* discutir, hablar de.

discussion /dɪsˈkʌʃən/ *n* discusión *f*.

disdain /dɪsˈdeɪn/ I *n* desdén *m*. II *vt* desdeñar.

disdainful /dɪsˈdeɪnfʊl/ *adj* desdeñoso -sa.

disease /dɪˈziːz/ *n* enfermedad *f*.

disembark /dɪsɪmˈbɑːk/ *vi* desembarcar.

disenchanted /dɪsɪnˈtʃɑːntɪd/ *adj* desilusionado -da, desencantado -da.

disengage /dɪsɪnˈgeɪdʒ/ *vt* 1. (*to free*) soltar. 2. (*Tec*) desconectar, desacoplar.

disentangle /dɪsɪnˈtæŋgəl/ vt desenredar.

disfigure /dɪsˈfɪgə/ vt desfigurar.

disgrace /dɪsˈgreɪs/ I n 1. (shame) vergüenza f. 2. (disfavour) desgracia f: **he's in disgrace** estamos enfadados con él. II vt deshonrar.

disgraceful /dɪsˈgreɪsfʊl/ adj vergonzoso -sa.

disgruntled /dɪsˈgrʌntəld/ adj descontento -ta.

disguise /dɪsˈgaɪz/ I n disfraz m: **to be in disguise** ir disfrazado -da. II vt 1. (one's voice, writing) cambiar: **to disguise oneself as** disfrazarse de. 2. (an emotion) disimular.

disgust /dɪsˈgʌst/ I n 1. (revulsion) asco m, repugnancia f. 2. (outrage) indignación f: **I left in disgust** indignado, me fui. II vt 1. (to repel) darle asco a. 2. (to outrage) indignar.

disgusted /dɪsˈgʌstɪd/ adj 1. (by something repulsive) asqueado -da. 2. (outraged) indignado -da.

disgusting /dɪsˈgʌstɪŋ/ adj 1. (repulsive) repugnante, asqueroso -sa. 2. (outrageous) vergonzoso -sa.

dish /dɪʃ/ n [-shes] 1. (individual) plato m (hondo); (for serving) fuente f ● **who did ✻ washed the dishes?** ¿quién fregó los platos? 2. (recipe, food) plato m.

to dish out vt (money, gifts) repartir; (food) servir. **to dish up** vt servir.

dishcloth n (para fregar platos, secar encimeras). **dishwasher** n (machine) lavavajillas m inv; (person) lavaplatos m/f inv.

disheartening /dɪsˈhɑːtənɪŋ/ adj descorazonador -dora.

dishevelled /dɪˈʃevəld/ adj (hair) despeinado -da; (appearance) desaliñado -da.

dishonest /dɪsˈɒnɪst/ adj deshonesto -ta, poco honesto -ta.

dishonesty /dɪsˈɒnɪstɪ/ n falta f de honradez.

dishonour, (US) **dishonor** /dɪsˈɒnə/ n deshonra f.

dishonourable, (US) **dishonorable** /dɪsˈɒnərəbəl/ adj deshonroso -sa.

disillusion /dɪsɪˈluːʒən/ vt desilusionar.

disinclined /dɪsɪnˈklaɪnd/ adj poco dispuesto -ta.

disinfect /dɪsɪnˈfekt/ vt desinfectar.

disinfectant /dɪsɪnˈfektənt/ n desinfectante m.

disinherit /dɪsɪnˈherɪt/ vt desheredar.

disintegrate /dɪsˈɪntɪgreɪt/ vi desintegrarse.

disinterested /dɪsˈɪntrɪstɪd/ adj imparcial.

disjointed /dɪsˈdʒɔɪntɪd/ adj inconexo -xa.

disk /dɪsk/ n disco m.

disk drive n disquetera f.

diskette /dɪsˈket/ n disquete m, diskette m.

dislike /dɪsˈlaɪk/ I n antipatía f II vt: **I dislike flying** no me gusta volar; **I disliked him at once** me cayó mal desde el principio.

dislocate /dɪsləˈkeɪt/ vt dislocar.

dislodge /dɪsˈlɒdʒ/ vt sacar.

disloyal /dɪsˈlɔɪəl/ adj desleal [S] (**to** a).

dismal /ˈdɪzməl/ adj 1. (place) deprimente. 2. (weather, result) pésimo -ma.

dismantle /dɪsˈmæntəl/ vt desmontar.

dismay /dɪsˈmeɪ/ I vt consternar. II n consternación f.

dismiss /dɪsˈmɪs/ vt 1. (from job) despedir. 2. (frml: to send away) dejar/mandar salir. 3. (an idea) descartar; (a proposal) rechazar. 4. (an appeal) desestimar; (a case) sobreseer.

dismissal /dɪsˈmɪsəl/ n 1. (from job) despido m. 2. (of proposal) rechazo m.

dismount /dɪsˈmaʊnt/ vi desmontar, bajarse.

disobedient /dɪsəʊˈbiːdɪənt/ adj desobediente.

disobey /dɪsəʊˈbeɪ/ vt/i desobedecer.

disorder /dɪsˈɔːdə/ n 1. (*confusion*) desorden m: **civil disorder** disturbios callejeros. 2. (*Med*) afección f.

disorderly /dɪsˈɔːdəlɪ/ adj 1. (*untidy*) desordenado -da. 2. (*crowd*) alborotado -da.

disorganized /dɪsˈɔːgənaɪzd/ adj desorganizado -da.

disorientate /dɪsˈɔːrɪənteɪt/ vt desorientar.

disown /dɪsˈəʊn/ vt repudiar, renegar de.

disparaging /dɪsˈpærɪdʒɪŋ/ adj despreciativo -va.

disparate /ˈdɪspərət/ adj (*frml*) dispar, diferente.

disparity /dɪsˈpærətɪ/ n [-ties] disparidad f (in; **between** entre).

dispassionate /dɪsˈpæʃənət/ adj desapasionado -da.

dispatch /dɪsˈpætʃ/ I vt 1. (to send) enviar. 2. (a task) despachar. II n [-ches] 1. (sending) envío m. 2. (report) informe m; (Mil) parte m.

dispel /dɪsˈpel/ vt [-pels, -pelling, -pelled] disipar.

dispensable /dɪsˈpensəbəl/ adj innecesario -ria.

dispensary /dɪsˈpensərɪ/ n [-ries] farmacia f.

dispense /dɪsˈpens/ vt (to give) repartir (to entre); (medicines) preparar y expender.

to **dispense with** vt prescindir de.

dispenser /dɪsˈpensə/ n máquina f expendedora.

disperse /dɪsˈpɜːs/ vt dispersar. ♦ vi dispersarse.

dispirited /dɪsˈpɪrɪtɪd/ adj desesperanzado -da.

displace /dɪsˈpleɪs/ vt desplazar.

displaced person n desplazado -da m/f.

display /dɪsˈpleɪ/ I vt (goods, pictures) mostrar; (an emotion) manifestar. II n 1. (of goods) exposición f. 2. (of emotion) manifestación f; (of skill) exhibición f.

displease /dɪsˈpliːz/ vt disgustar.

displeasure /dɪsˈpleʒə/ n desagrado m.

disposable /dɪsˈpəʊzəbəl/ adj (syringe, razor) desechable.

disposable income n ingresos m pl disponibles.

disposal /dɪsˈpəʊzəl/ n 1. (of rubbish) eliminación f. 2. (sale) traspaso m ● **we are at your disposal** estamos a su disposición.

disposed /dɪsˈpəʊzd/ adj dispuesto -ta.

dispose of /dɪsˈpəʊz ɒv/ vt (gen) deshacerse de; (waste) eliminar.

disposition /dɪspəˈzɪʃən/ n carácter m.

dispossess /dɪspəˈzes/ vt desposeer (**of** de).

disproportionate /dɪsprəˈpɔːʃənət/ adj desproporcionado -da.

disprove /dɪsˈpruːv/ vt refutar.

dispute /dɪsˈpjuːt/ I vt 1. (a fact) negar, discutir. 2. (territory) disputarse. II n 1. (argument) disputa f. 2. (industrial) conflicto m.

disqualify /dɪsˈkwɒlɪfaɪ/ vt [-fies, -fying, -fied] 1. (Sport) descalificar. 2. (from profession, activity) incapacitar.

disquiet /dɪsˈkwaɪət/ n (frml) intranquilidad f.

disregard /dɪsrɪˈgɑːd/ I n indiferencia f (for por). II vt hacer caso omiso de.

disrepair /dɪsrɪˈpeə/ n deterioro m.

disreputable /dɪsˈrepjʊtəbəl/ adj de mala reputación.

disrespect /dɪsrɪˈspekt/ n falta f de respeto (for hacia).

disrespectful /dɪsrɪˈspektfʊl/ adj irrespetuoso -sa (**towards** con).

disrupt /dɪsˈrʌpt/ vt trastornar.

disruption /dɪsˈrʌpʃən/ n trastornos m pl.

disruptive /dɪsˈrʌptɪv/ adj (pupil) problemático -ca; (influence) negativo -va.

dissatisfaction /dɪsætɪsˈfækʃən/ n descontento m.

dissatisfied /dɪsˈsætɪsfaɪd/ adj descontento -ta, insatisfecho -cha.

dissect /daɪˈsekt/ vt (Med) diseccionar; (a text, results) analizar minuciosamente.

disseminate /dɪˈsemɪneɪt/ vt (frml) diseminar.

dissent /dɪˈsent/ I n disensión f. II vi disentir (**from** de).

dissertation /dɪsəˈteɪʃən/ n tesina f.

disservice /dɪsˈsɜːvɪs/ n: **he did me a disservice** me perjudicó.

dissident /ˈdɪsɪdənt/ n disidente m/f.

dissimilar /dɪˈsɪmɪlə/ adj distinto -ta (**to** ∗ a).

dissipate /ˈdɪsɪpeɪt/ vt disipar. ♦ vi disiparse.

dissociate /dɪˈsəʊʃɪeɪt/ vt disociar.

dissolute /ˈdɪsəluːt/ adj disoluto -ta.

dissolve /dɪˈzɒlv/ vt disolver. ♦ vi 1. (substance) disolverse. 2. (fears) desvanecerse.

dissuade /dɪˈsweɪd/ vt disuadir: **I tried to dissuade her from going** intenté disuadirla de ir.

distance /ˈdɪstəns/ I n distancia f • **in the distance** a lo lejos • **from a distance** de lejos. II vt distanciar.

distant /ˈdɪstənt/ adj 1. (place, relative) lejano -na. 2. (cold) distante.

distaste /dɪsˈteɪst/ n aversión f (**for** a).

distasteful /dɪsˈteɪstful/ adj 1. (unpleasant) desagradable. 2. (in bad taste) de mal gusto.

distended /dɪˈstendɪd/ adj (frml) hinchado -da.

distil /dɪˈstɪl/ vt [-tils, -tilling, -tilled] destilar.

distillery /dɪˈstɪləri/ n [-ries] destilería f.

distinct /dɪˈstɪŋkt/ adj 1. (different) distinto -ta. 2. (accent) marcado -da; (chance) claro -ra.

distinction /dɪˈstɪŋkʃən/ n (gen) distinción f; (Educ) matrícula f de honor.

distinctive /dɪˈstɪŋktɪv/ adj distintivo -va.

distinguish /dɪˈstɪŋgwɪʃ/ vt distinguir (**from** de). ♦ vi distinguir (**between** entre).

distinguished /dɪˈstɪŋgwɪʃt/ adj distinguido -da.

distinguishing /dɪˈstɪŋgwɪʃɪŋ/ adj distintivo -va, característico -ca.

distort /dɪˈstɔːt/ vt 1. (facts) distorsionar. 2. (an object) deformar.

distortion /dɪˈstɔːʃən/ n 1. (of facts) distorsión f. 2. (of object) deformación f.

distract /dɪˈstrækt/ vt distraer.

distraction /dɪˈstrækʃən/ n distracción f • **it drives me to distraction** me saca de quicio.

distraught /dɪˈstrɔːt/ adj angustiado -da.

distress /dɪˈstres/ I n 1. (unhappiness) angustia f. 2. (danger): **a boat in distress** un barco en peligro. II vt afectar.

distress signal n señal f de socorro.

distressing /dɪˈstresɪŋ/ adj angustioso -sa.

distribute /dɪˈstrɪbjuːt/ vt distribuir.

distribution /dɪstrɪˈbjuːʃən/ n distribución f.

distributor /dɪˈstrɪbjuːtə/ n 1. (Fin) distribuidor -dora m/f. 2. (Auto) delco m.

district /ˈdɪstrɪkt/ n (gen) región f; (in town) distrito m.

district attorney n (US) fiscal m/f.

district nurse n: enfermero -ra que hace visitas a domicilio.

distrust /dɪsˈtrʌst/ I vt desconfiar de. II n desconfianza f: **distrust of sbdy** falta de confianza en alguien.

disturb /dɪsˈtɜːb/ vt 1. (to interrupt) molestar; (to wake) despertar. 2. (to upset) inquietar. 3. (objects) desordenar.

disturbance /dɪsˈtɜːbəns/ n 1. (interruption) molestia f; (noisy) alboroto m. 2. (Law) disturbio m.

disturbed /dɪsˈtɜːbd/ adj 1. (upset) inquieto -ta. 2. (Med) perturbado -da.

disturbing /dɪsˈtɜːbɪŋ/ adj inquietante.

disuse /dɪsˈjuːs/ n desuso m: **to fall into disuse** caer en desuso.

disused /dɪsˈjuːzd/ adj abandonado -da.

ditch /dɪtʃ/ I n [-ches] (for drain-

age) zanja *f*; (*at roadside*) cuneta *f*; (*Hist, Mil*) foso *m*. **II** *vt* (*fam*) abandonar, deshacerse de.

dither /'dɪðə/ *vi* (*fam*) vacilar.

ditto /'dɪtəʊ/ *adv* ídem.

divan /dɪ'væn/ *n* **1**. (*bed*) cama *f* turca. **2**. (*sofa*) diván *m*.

dive /daɪv/ **I** *n* **1**. (*into water*) salto *m*. **2**. (*Av*) picado *m*. **3**. (*fam: place*) antro *m*. **II** *vi* **1**. (*into water*) tirarse de cabeza (**into** a); (*to swim underwater*) bucear. **2**. (*Av*) descender en picado. **3**. (*submarine*) sumergirse. **4**. (*to hide*) esconderse rápidamente.

diver /'daɪvə/ *n* **1**. (*professional*) buzo *m*. **2**. (*Sport*) submarinista *m/f*, buceador -dora *m/f*.

diverge /daɪ'vɜːdʒ/ *vi* divergir.

diverse /daɪ'vɜːs/ *adj* diverso -sa.

diversify /daɪ'vɜːsɪfaɪ/ *vi* [-fies, -fying, -fied] diversificarse.

diversion /daɪ'vɜːʃən/ *n* **1**. (*Auto*) desvío *m*. **2**. (*distraction*) distracción *f*.

divert /daɪ'vɜːt/ *vt* desviar.

divide /dɪ'vaɪd/ *vt* (*gen*) dividir (**into** en; **by** entre * por); (*to split*) separar (**from** de). ◆ *vi* (*group*) dividirse (**into** en); (*road*) bifurcarse.

divided highway /dɪ'vaɪdɪd 'haɪweɪ/ *n* (*US*) autovía *f*.

dividend /'dɪvɪdend/ *n* dividendo *m* ● **to pay dividends** reportar beneficios.

divine /dɪ'vaɪn/ *adj* divino -na.

diving /'daɪvɪŋ/ *n* **1**. (*underwater*) buceo *m*, submarinismo *m*. **2**. (*into pool*) saltos *m pl* de trampolín.

diving board *n* trampolín *m*.

divinity /dɪ'vɪnəti/ *n* [-ties] **1**. (*Relig*) divinidad *f*. **2**. (*Educ*) teología *f*.

division /dɪ'vɪʒən/ *n* división *f*.

divorce /dɪ'vɔːs/ **I** *n* divorcio *m*: **to get a divorce** divorciarse. **II** *vt* divorciarse de. ◆ *vi* divorciarse.

divorced /dɪ'vɔːst/ *adj* divorciado -da.

divorcee /dɪvɔː'siː/ *n* divorciado -da *m/f*.

divulge /daɪ'vʌldʒ/ *vt* divulgar.

DIY /diːaɪ'waɪ/ *n* (= **do-it-yourself**)

bricolaje *m*.

dizziness /'dɪzɪnəs/ *n* mareo *m*.

dizzy /'dɪzɪ/ *adj* [-zier, -ziest] mareado -da: **to get * feel dizzy** marearse.

DJ /'diːdʒeɪ/ *n* = **disc jockey**.

DNA /diːen'eɪ/ *n* ADN *m*.

do /duː/ **I** *n* (**do's, dos**) (*fam: party*) fiesta *f*.

II *vt* [**does, doing, did**, *pp* **done**] **1**. (*gen*) hacer: **who did it?** ¿quién lo hizo?; **what do you do for a living?** ¿en qué trabajas? ● **what can I do for you?** ¿en qué puedo servirla? ● **I've been done!** ¡me han timado! **2**. (*to study*) estudiar. **3**. (*Transp*): **he was doing 90** iba a 90; **we did 500 miles** hicimos 500 millas. ◆ *vi* **1**. (*to act*): **do as you're told!** ¡haz lo que te dicen! **2**. (*to progress*): **to do well in the test** le fue bien en la prueba; **how's the roast doing?** ¿qué tal va el asado? **3**. (*in greetings*): **how are you doing?** ¿qué tal estás? ● **how do you do?** mucho gusto. **4**. (*to be good enough*) servir: **will plastic ones do?** ¿te sirven de plástico?; (*to suffice*): **£5 should do** con 5 libras alcanza ● **that'll do!** ¡basta ya!

III *v aux* [**does, did**] **1**. (*in questions*): **do you speak English?** ¿hablas inglés?; **did he pay?** ¿pagó?; **don't they live here?** ¿no viven aquí? **2**. (*in negatives*): **I don't smoke** no fumo; **she didn't like it** no le gustó; **don't touch it!** ¡no lo toques! **3**. (*replacing a previous verb*): **he dances better than I do** baila mejor que yo; **"Who sent it?" "I did."** —¿Quién lo envió? —Yo.; **"I hate it." "So do I."** —Lo odio. —Yo también.; **"Can I use this?" "Please do."** —¿Puedo usar esto? —Por supuesto. **4**. (*in question tags*): **you come from Bath, don't you?** eres de Bath, ¿verdad? * **he didn't see it, did he?** no lo vio, ¿verdad? **5**. (*for emphasis*): **I did call her** la llamé, de veras; **do sit down** siéntese, por favor.

to do away with vt (gen) eliminar; (an institution) abolir; (fam: a person) cargarse. **to do in** vt (fam) cargarse. **to do out of** vt (fam) estafar. **to do up** vt **1.** (a button) abrochar; (a lace) atar. **2.** (a house) renovar; (furniture) restaurar. **3.** (to wrap) envolver. **to do with** vt **1.** (to be linked with): **it has nothing to do with that** no tiene nada que ver con eso; **what has it got to do with you?** ¿y a ti qué te importa? **2.** (+ could: expressing need): **I could do with a rest** me vendría bien un descanso. **to do without** vt arreglárselas sin.

docile /ˈdəʊsaɪl/ adj dócil.

dock /dɒk/ I n **1.** (Naut) muelle m: **the docks** el puerto. **2.** (Law) banquillo m (de los acusados). II vi atracar.

dockyard n astillero m.

docker /ˈdɒkə/ n estibador -dora m/f.

doctor /ˈdɒktə/ n **1.** (Med) médico -ca m/f, doctor -tora m/f: **I went to the doctor's** fui al médico. **2.** (Educ) doctor -tora m/f.

doctrine /ˈdɒktrɪn/ n doctrina f.

document /ˈdɒkjʊmənt/ I n documento m. II vt documentar.

documentary /dɒkjʊˈmentərɪ/ adj, n [-ries] documental adj, m.

doddle /ˈdɒdəl/ n (fam): **it was a doddle!** ¡fue pan comido!

dodge /dɒdʒ/ I vt (a blow) esquivar; (a responsibility) eludir. ♦ vi (to hide) esconderse rápidamente. II n: **a tax dodge** un truco para evadir impuestos.

dodgy /ˈdɒdʒɪ/ adj [-gier, -giest] (fam) **1.** (situation) arriesgado -da. **2.** (deal) turbio -bia.

does /dʌz/ ⇨ **do**.

doesn't /ˈdʌzənt/ contracción de **does not**

dog /dɒg/ I n perro -rra m/f. II vt [dogs, dogging, dogged] seguir.

dog-eared adj sobado -da. **doghouse** n (US) caseta f del perro.

dogsbody n (fam: person) burro m

de carga.

dogged /ˈdɒgɪd/ adj tenaz.

dogma /ˈdɒgmə/ n dogma m.

dogmatic /dɒgˈmætɪk/ adj dogmático -ca.

doing /ˈduːɪŋ/ I n: **is this your doing?** ¿eres tú el responsable de esto? II **doings** n pl actividades f pl.

do-it-yourself /duːɪtjəˈself/ n bricolaje m.

doldrums /ˈdɒldrəmz/ n pl: **in the doldrums** (person) deprimido -da, (economy) estancado -da.

dole /dəʊl/ n (fam) subsidio m de paro ✱ desempleo: **to be on the dole** cobrar el paro.

to dole out vt repartir (**to** entre).

doleful /ˈdəʊlful/ adj lastimero -ra.

doll /dɒl/ n muñeca f.

dollar /ˈdɒlə/ n dólar m.

dolled-up /dɒldʌp/ adj acicalado -da, arreglado -da.

dolphin /ˈdɒlfɪn/ n delfín m.

domain /dəˈmeɪn/ n campo m.

dome /dəʊm/ n cúpula f.

domestic /dəˈmestɪk/ adj **1.** (appliances, use) doméstico -ca. **2.** (produce, flight) nacional; (market) interno -na.

domesticated /dəˈmestɪkeɪtɪd/ adj **1.** (animal) domesticado -da. **2.** (person) hogareño -ña, de su casa.

dominant /ˈdɒmɪnənt/ adj dominante.

dominate /ˈdɒmɪneɪt/ vt/i dominar.

domineering /dɒmɪˈnɪərɪŋ/ adj dominante.

Dominican /dəˈmɪnɪkən/ adj, n **1.** (Geog) dominicano -na adj, m/f. **2.** (Relig) dominico -ca adj, m/f, (Amér L) dominico -ca adj, m/f.

Dominican Republic /dəˈmɪnɪkən rɪˈpʌblɪk/ n República f Dominicana.

domino /ˈdɒmɪnəʊ/ n [-noes] **1.** (piece) ficha f de dominó. **2.** **dominoes** (game) dominó m.

don /dɒn/ n profesor -sora m/f universitario -ria.

donate /dəʊˈneɪt/ vt donar.

donation /dəʊˈneɪʃən/ n **1.** (gift) donativo m. **2.** (act) donación f.

done /dʌn/ pp ⇨ **do.**

done for adj (in trouble) perdido -da; (exhausted) agotado -da, rendido -da.

donkey /ˈdɒŋkɪ/ n burro m.

donor /ˈdəʊnə/ n donante m/f.

don't /dəʊnt/ contracción de **do not**

donut /ˈdəʊnʌt/ n (US) dónut m, rosquilla f.

doodle /ˈduːdəl/ vi hacer garabatos.

doom /duːm/ n muerte f.

doomed /duːmd/ adj (to fail) condenado -da al fracaso; (to die): **we're doomed** vamos a morir.

door /dɔː/ n puerta f.

doorbell n timbre m. **doorknob** n pomo m de la puerta. **doorman** n portero m. **doormat** n felpudo m. **doorstep** n umbral m. **door-to-door** adj de puerta en ∗ a puerta. **doorway** n puerta f, entrada f.

dope /dəʊp/ I n 1. (fam: fool) bobo -ba m/f. 2. (!!: drugs) droga f. II vt dopar, drogar.

dopey /ˈdəʊpɪ/ adj [-pier, -piest] 1. (Med) grogui, atontado -da. 2. (fam: stupid) bobo -ba.

dormant /ˈdɔːmənt/ adj inactivo -va.

dormitory /ˈdɔːmɪtrɪ/ n [-ries] 1. (bedroom) dormitorio m (en un internado, etc.). 2. (US: accommodation) residencia f de estudiantes.

dormouse /ˈdɔːmaʊs/ n [-mice] lirón m.

dosage /ˈdəʊsɪdʒ/ n dosis f inv.

dose /dəʊs/ n dosis f inv.

dossier /ˈdɒsɪeɪ/ n expediente m.

dot /dɒt/ I n punto m ● **ten on the dot** las diez en punto. II vt [dots, dotting, dotted]: **dotted about** desperdigado -da por; **dotted with** salpicado -da de.

dot-matrix printer n impresora f matricial.

dote on /ˈdəʊt ɒn/ vt adorar.

double /ˈdʌbəl/ I adj doble. II adv (to see) doble; (to fold) por la mitad. III n (person) doble m/f. (Sport): **mixed doubles** dobles mixtos ● **at ∗ on the double** rápidamente. IV vi (in number) duplicarse, doblarse ● **it**

doubles as... sirve también de.... ♦ vt duplicar, doblar.

to **double back** vi volver sobre sus pasos.

double-barrelled adj de dos cañones. **double bass** n contrabajo m. **double bed** n cama f de matrimonio. **double-book** vt reservar por partida doble. **double-breasted** adj cruzado -da. **double-check** vi asegurarse. ♦ vt verificar dos veces. **double chin** n papada f. **double-decker** adj de dos pisos. **double glazing** n doble acristalamiento m. **double room** n habitación f doble.

doubt /daʊt/ I vt 1. (to find unlikely) dudar. 2. (to mistrust) dudar de. II n duda f: **there is no doubt that...** no cabe duda de que....

doubtful /ˈdaʊtfʊl/ adj 1. (unlikely): **it's doubtful he'll win** es poco probable que gane. 2. (uncertain): **I'm doubtful about it** tengo mis dudas al respecto. 3. (deal, reputation) dudoso -sa.

doubtless /ˈdaʊtləs/ adv seguramente, sin duda.

dough /dəʊ/ n 1. (Culin) masa f. 2. (fam: money) pasta f.

doughnut /ˈdəʊnʌt/ n dónut m, rosquilla f.

douse /daʊs/ vt 1. (a fire) apagar (con agua). 2. (to soak: gen) empapar; (: with petrol) rociar.

dove I /dʌv/ n paloma f. II /dəʊv/ (US) pret ⇨ **dive.**

dovetail /ˈdʌvteɪl/ vi encajar (**with** con).

dowdy /ˈdaʊdɪ/ adj [-dier, -diest] poco atractivo -va.

down /daʊn/ I prep (indicating downward movement): **he came down the stairs/the street** bajó las escaleras/la calle; (it fell down the crack se cayó por la grieta; (along): **I drove down the new road** fui por la carretera nueva. II adv 1. (downwards): **he looked down** miró hacia abajo; **pull the blind down** baja la persiana; **get down from there** bájate de ahí. 2. (indicating position) abajo. **III** n (*feathers*) plumón m. **IV** vt (*a drink*) beber de un trago.

down-and-out n vagabundo -da m/f.

downcast /daʊnkɑːst/ adj alicaído -da. **downfall** n ruina f. **downhearted** adj descorazonado -da. **down payment** n pago m inicial. **downpour** n aguacero m.

down-river adv ⇨ **downstream**.

downstairs **I** adv abajo: **he's downstairs** está abajo; **to go downstairs** bajar (la escalera). **II** adj de abajo.

downstream adv aguas ✲ río abajo.

down-to-earth adj sensato -ta y práctico -ca. **downtown** (*US*) **I** adj céntrico -ca. **II** adv al/en el centro.

downtrodden adj oprimido -da.

down under n (*fam*) Australia o Nueva Zelanda. **downwind** adv en la dirección del viento.

downgrade /daʊnɡreɪd/ vt bajar de categoría.

downhill /daʊnhɪl/ adv, adj cuesta abajo • **to go downhill** venirse abajo.

downright /daʊnraɪt/ adj total, puro -ra.

Down's syndrome /daʊnz sɪndrəʊm/ n síndrome m de Down.

downward /daʊnwəd/ adj, adv hacia abajo.

dowry /daʊərɪ/ n [-ries] dote f.

doze /dəʊz/ **I** n sueñecito m. **II** vi dormitar.

to **doze off** vi quedarse dormido -da, dormirse.

dozen /dʌzən/ n docena f.

DPW /diːpiːdʌbəljuː/ n (*in US*) = **Department of Public Works**.

Dr /dɒktə/ = **Doctor**.

drab /dræb/ adj [**drabber, drabbest**] **1.** (*colour*) apagado -da [S]. **2.** (*life*) aburrido -da [S].

draft /drɑːft/ **I** n **1.** (*copy*) versión f: **a rough draft** un borrador. **2.** (*Fin*) cheque m ✲ giro m bancario. **3.** (*US: Mil*) llamada f a filas. *Otros usos* ⇨ **draught**. **II** vt **1.** (*a document*) redactar. **2.** (*US: Mil*) llamar a filas.

drag /dræɡ/ **I** n **1.** (*Av, Naut*) resistencia f. **2.** (*fam: bore*) lata f, rollo m. **3.** (*fam: clothes*): **in drag** vestido

de mujer. **II** vt [**drags, dragging, dragged**] **1.** (*gen*) arrastrar. **2.** (*to dredge*) dragar. ♦ vi (o **drag on**) hacerse eterno -na.

to **drag out** vt prolongar. to **drag up** vt sacar a relucir.

dragon /dræɡən/ n dragón m.

dragonfly /dræɡənflaɪ/ n [-flies] libélula f.

drain /dreɪn/ **I** n (*in house*) desagüe m; (*in street*) alcantarilla f. **II** vt **1.** (*Agr, Med*) drenar. **2.** (*vegetables*) escurrir. **3.** (*resources*) agotar. ♦ vi escurrirse.

to **drain away** vi irse.

drainpipe n bajante f.

drainage /dreɪnɪdʒ/ n **1.** (*Agr, Med*) drenaje m. **2.** (*in town*) alcantarillado m; (*in house*) desagüe m.

drained /dreɪnd/ adj exhausto -ta, agotado -da.

draining board /dreɪnɪŋ bɔːd/ n escurridero m.

drake /dreɪk/ n pato m (*macho*).

drama /drɑːmə/ n **1.** (*genre*) teatro m. **2.** (*play, crisis*) drama m. **3.** (*excitement*) dramatismo m.

dramatic /drəmætɪk/ adj dramático -ca.

dramatist /drɑːmətɪst/ n dramaturgo -ga m/f.

dramatization /dræmətaɪzeɪʃən/ n adaptación f teatral, dramatización f.

dramatize /dræmətaɪz/ vt **1.** (*for stage*) dramatizar, adaptar al teatro. **2.** (*to exaggerate*) exagerar.

drank /dræŋk/ pret ⇨ **drink**.

drape /dreɪp/ **I** vt (*furniture*) cubrir (**with** con); (*a sheet, coat*) poner (**over** sobre ✲ en). **II** n (*US: curtain*) cortina f.

drastic /dræstɪk/ adj drástico -ca.

draught /drɑːft/ n **1.** (*of air*) corriente f. **2.** (*of liquid*) trago m. **3.** draughts (*game*) damas fpl.

draught beer n cerveza f de barril.

draught excluder n burlete m.

draughtsman n delineante m, dibujante m.

draw /drɔː/ **I** n **1.** (*Sport*) empate m.

2. (*raffle*) sorteo *m*. II *vi* [**draws, drawing, drew,** *pp* **drawn**] 1. (*Sport*) empatar. 2. (*to move*): I **drew nearer** me acerqué; **he drew back** retrocedió. ♦ *vt* 1. (*Art: gen*) dibujar; (: *a line*) trazar. 2. (*to pull out*) sacar. 3. (*curtains*) correr. 4. (*to attract*) atraer.

to **draw on** ∗ **upon** *vt* utilizar. *to* **draw out** *vt* retirar. *to* **draw up** *vt* 1. (*a plan*) preparar. 2. (*a chair*) acercar. ♦ *vi* (*car*) detenerse.

drawback *n* desventaja *f*. **drawbridge** *n* puente *m* levadizo.

drawer /drɔ:/ *n* cajón *m*.

drawing /drɔ:ɪŋ/ *n* dibujo *m*.

drawing board *n* tablero *m* de dibujo. **drawing pin** *n* chincheta *f*. **drawing room** *n* salón *m*.

drawl /drɔ:l/ *vi* hablar arrastrando las palabras.

drawn /drɔ:n/ I *pp* ⇨ **draw**. II *adj* demacrado -da.

dread /dred/ I *n* temor *m*, pavor *m*. II *vt* tenerle terror a ● I **dread to think where he is** no quiero ni pensar dónde estará.

dreadful /dredful/ *adj* espantoso -sa, atroz.

dream /dri:m/ I *n* sueño *m*. II *adj*: **a dream holiday** un viaje de ensueño. III *vt* [**dreams, dreaming, dreamed** ∗ **dreamt**] soñar. ♦ *vi* soñar (**about** ∗ **of** con).

to **dream up** *vt* idear.

dreamer /dri:mə/ *n* soñador -dora *m/f*, romántico -ca *m/f*.

dreamt /dremt/ *pret y pp* ⇨ **dream**.

dreary /drɪərɪ/ *adj* [**-rier, -riest**] (*room, day*) deprimente; (*life*) monótono -na.

dredge /dredʒ/ *vt* dragar.

dregs /dregz/ *n pl* (*sediment*) posos *m pl*; (*of society*) escoria *f*.

drench /drentʃ/ *vt* empapar (**with** de).

dress /dres/ I *n* [**dresses**] 1. (*woman's*) vestido *m*. 2. (*type of clothes*) ropa *f*: **casual dress** ropa de sport. II *vt* 1. (*Clothing*) vestir: **to get dressed** vestirse. 2. (*a wound*)

vendar. 3. (*a salad*) aliñar. ♦ *vi* vestirse.

to **dress up** *vi* 1. (*smartly*) ponerse elegante. 2. (*for fun*) disfrazarse (**as** de).

dress circle *n* primer piso *m*. **dressmaker** *n* modisto -ta *m/f*. **dress rehearsal** *n* ensayo *m* general.

dresser /dresə/ *n* 1. (*in kitchen*) aparador *m*. 2. (*US: in bedroom*) tocador *m*.

dressing /dresɪŋ/ *n* 1. (*Culin*) aliño *m*. 2. (*Med*) vendaje *m*.

dressing-down *n* reprimenda *f*. **dressing gown** *n* bata *f*. **dressing room** *n* (*in theatre*) camerino *m*; (*Sport*) vestuario *m*. **dressing table** *n* tocador *m*.

drew /dru:/ *pret* ⇨ **draw**.

dribble /drɪbəl/ *vi* 1. (*liquid*) gotear; (*person*) babear. 2. (*Sport*) driblar.

dried /draɪd/ I *pret y pp* ⇨ **dry**. II *adj* seco -ca: **dried milk** leche en polvo.

drier /draɪə/ I *comparativo de* ⇨ **dry**. II *n* (*for washing*) secadora *f*; (*for hair*) secador *m*.

drift /drɪft/ I *n* 1. (*of snow*) montón *m*. 2. (*meaning*): I **get your drift** entiendo lo que quieres decir. II *vi* 1. (*snow*) amontonarse. 2. (*Naut*) ir a la deriva.

driftwood *n* madera *f* que flota a la deriva.

drill /drɪl/ I *vi* taladrar: **to drill for oil** perforar en busca de petróleo. ♦ *vt* 1. (*a wall*) taladrar: I **drilled a hole** hice un agujero con el taladro. 2. (*Mil*) entrenar. II *n* 1. (*tool*) taladro *m*; (*dentist's*) fresa *f*. 2. (*Mil*) instrucción *f*; (*Educ*) ejercicio *m*.

drink /drɪŋk/ I *n* (*gen*) bebida *f*; (*alcoholic*) copa *f*: **have a drink of water** bebe agua; **would you like a drink?** ¿quieres beber algo? II *vt/i* [**drinks, drinking, drank,** *pp* **drunk**] beber, (*Amér L*) tomar ● **we drank to John** brindamos por John.

to **drink in** *vt* absorber. *to* **drink up** *vt* beberse.

drinker /drɪŋkə/ *n*: **a heavy**

drinker un bebedor empedernido.

drinking water /'drɪŋkɪŋ wɔ:tə/ n agua f ★ potable.

drip /drɪp/ I vi [**drips, dripping, dripped**] gotear. II n 1. (action) goteo m. 2. (Med) gota a gota m inv. 3. (fam: person) ñoño -ña m/f.

drip-dry adj (garment) que no requiere planchado.

dripping /'drɪpɪŋ/ adj empapado -da.

drive /draɪv/ I n 1. (Auto: outing) vuelta f ∗ paseo m en coche; (: journey) viaje m. 2. (o **driveway**) entrada f (para coches). 3. (Inform) disquetera f. 4. (dynamism) empuje m. 5. (instinct) instinto m.
II vi [**drives, driving, drove**, pp **driven**] conducir, (Amér L) manejar. ◆ vt 1. (people) llevar (en coche, etc.); (a car) conducir, (Amér L) manejar. 2. (Tec) mover, impulsar. 3. (to push): **it drove him to drink** lo llevó a la bebida ● **it's driving me mad** me está volviendo loca. 4. (to hammer) clavar (**into** en). 5. (cattle) arrear.

drivel /'drɪvəl/ n tonterías f pl.

driven /'drɪvən/ pp ⇨ **drive**.

driver /'draɪvə/ n 1. (Auto) conductor -tora m/f. 2. (of train) maquinista m/f.

driver's license n (US) carné m de conducir, (Amér L) licencia f ∗ carné m de manejar.

driving /'draɪvɪŋ/ I n: **to share the driving** turnarse para conducir ∗ (Amér L) manejar. II adj (rain) torrencial.
driving instructor n profesor -sora m/f de autoescuela. **driving lesson** n clase f de conducir ∗ (Amér L) manejar. **driving licence** n carné m ∗ permiso m de conducir, (Amér L) licencia f ∗ carné m de manejar. **driving school** n autoescuela f, (Amér L) academia f (de choferes ∗ de manejo). **driving test** n examen m de conducir ∗ (Amér L) manejar.

drizzle /'drɪzəl/ I n llovizna f. II vi lloviznar.

drone /drəʊn/ n zumbido m.

drool /dru:l/ vi babear.

droop /dru:p/ vi marchitarse.

drop /drɒp/ I n 1. (of liquid) gota f. 2. (in temperature) descenso m (**in** de); (in price, level) caída f (**in** de). II vt [**drops, dropping, dropped**] 1. (accidentally): **I dropped my key** se me cayó la llave; (on purpose) dejar caer. 2. (a passenger) dejar. 3. (to omit) omitir. 4. (to give up) abandonar. ◆ vi 1. (object) caerse ● **I was fit to drop** estaba que me caía. 2. (level, prices) bajar. 3. (wind) amainar.
to drop by ∗ **in** vi: **he dropped by** ∗ **in for coffee** pasó a tomar café. **to drop off** vi 1. (to fall off) caerse. 2. (to fall asleep) quedarse dormido -da. ◆ vt (a passenger) dejar. **to drop out** vi (of race) retirarse; (Educ) dejar los estudios.

dropout n (from society) marginado -da m/f; (Educ) persona que ha dejado los estudios.

dropper /'drɒpə/ n cuentagotas m inv.

droppings /'drɒpɪŋz/ n pl excremento m.

drought /draʊt/ n sequía f.

drove /drəʊv/ pret ⇨ **drive**.

drown /draʊn/ vt ahogar. ◆ vi ahogarse.

drowsiness /'draʊzɪnəs/ n somnolencia f, modorra f.

drowsy /'draʊzɪ/ adj [**-sier, -siest**] somnoliento -ta, soñoliento -ta.

drudgery /'drʌdʒərɪ/ n monotonía f, pesadez f.

drug /drʌg/ I n 1. (Med) fármaco m. 2. (narcotic) droga f: **he takes drugs** se droga. II vt [**drugs, drugging, drugged**] drogar.

drug addict n drogadicto -ta m/f, toxicómano -na m/f. **drug dealer** n traficante m/f de drogas. **drugstore** n (US) farmacia f (que también vende periódicos, comestibles, etc.).

druggist /'drʌgɪst/ n (US) farmacéutico -ca m/f.

drum /drʌm/ I n 1. (Mus, Tec) tambor m: **he plays the drums** toca la batería. **2.** (*for oil*) bidón *m*. **II** *vi* [**drums, drumming, drummed**] (*with fingers*) tamborilear.

drummer /'drʌmə/ *n* (*Mus*) batería *m/f*; (*Mil*) tambor *m/f*.

drunk /drʌŋk/ I *pp* ⇨ **drink**. **II** *adj* borracho -cha: **to get drunk** emborracharse. **III** *n* borracho *m/f*.

drunkard /'drʌŋkəd/ *n* borracho -cha *m/f*.

drunken /'drʌŋkən/ *adj* (*person*) borracho -cha; (*conduct*) de borracho -cha.

drunkometer /drʌŋ'kɒmɪtə/ *n* (*US*) alcoholímetro *m*.

dry /draɪ/ I *adj* [**drier, driest**] **1.** (*gen*) seco -ca. **2.** (*humour*) mordaz. **II** *vt* [**dries, drying, dried**] secar. ♦ *vi* secarse.

to dry up *vi* **1.** (*river*) secarse; (*supply*) agotarse. **2.** (*in speech*) quedarse en blanco.

dry-clean *vt* limpiar en seco. **dry-cleaner's** *n* tintorería *f*. **dry run** *n* ensayo *m*.

dryer /'draɪə/ *n* (*for washing*) secadora *f*; (*for hair*) secador *m*.

dryness /'draɪnəs/ *n* sequedad *f*.

DSS /di:es'es/ *n* (*in GB*) (= **Department of Social Security**) Seguridad *f* Social.

DTI /di:ti:'aɪ/ *n* (*in GB*) (= **Department of Trade and Industry**).

dual /'djʊəl/ *adj* doble.

dual carriageway *n* autovía *f*.

dub /dʌb/ *vt* [**dubs, dubbing, dubbed**] **1.** (*a film*) doblar (**into** a). **2.** (*a person*) apodar.

dubious /'dju:bɪəs/ *adj* **1.** (*deal, reputation*) sospechoso -sa. **2.** (*unsure*): **I'm dubious about it** tengo mis dudas al respecto.

duchess /'dʌtʃes/ *n* [**-chesses**] duquesa *f*.

duck /dʌk/ I *n* (*Zool*) pato -ta *m/f*; (*Culin*) pato *m*. **II** *vi* (*to crouch down*) agacharse; (*to hide*) esconderse rápidamente. ♦ *vt* (*a question*) eludir.

duckling /'dʌklɪŋ/ *n* patito *m*.

duct /dʌkt/ *n* conducto *m*.

dud /dʌd/ I *n*: **it's a dud** no

funciona. **II** *adj* (*money*) falso -sa; (*battery*) que no funciona.

dud cheque *n* cheque *m* sin fondos.

due /dju:/ I *adj* **1.** (*scheduled, expected*): **he's due to leave today** se marcha hoy; **when's the baby due?** ¿para cuándo espera el niño? **2.** (*Fin*): **the money due to me** el dinero que se me debe; **the rent is due today** hay que pagar el alquiler hoy. **3.** (*indicating cause*): **it was due to a breakdown** se debió a una avería. **4.** (*frml: appropriate*) debido -da: **in due course** a su debido tiempo. **II** *adv* (*Geog*) directamente al sur de Londres. **III** *n*: **to give him his due...** para ser justo con él, hay que reconocer que.... **IV dues** *n pl* (*Fin*) cuota *f*.

duet /dju:'et/ *n* dúo *m*.

duffel coat, duffle coat /'dʌfel kəʊt/ *n* trenca *f*.

dug /dʌg/ *pret y pp* ⇨ **dig**.

duke /dju:k/ *n* duque *m*.

dull /dʌl/ I *adj* **1.** (*boring*) aburrido -da [S], pesado -da [S]. **2.** (*day*) gris. **3.** (*colour*) apagado -da [S]. **4.** (*pain, sound*) sordo -da. **5.** (*stupid*) corto -ta [S]. **II** *vt* (*the senses*) entorpecer; (*a sound*) amortiguar; (*pain*) aliviar.

duly /'dju:lɪ/ *adv* (*properly*) debidamente; (*as expected*) como estaba previsto.

dumb /dʌm/ *adj* **1.** (*Med*) mudo -da. **2.** (*fam: stupid*) tonto -ta.

dumbfounded /dʌm'faʊndɪd/ *adj* pasmado -da.

dummy /'dʌmɪ/ *n* [**-mies**] **1.** (*baby's*) chupete *m*. **2.** (*in shop*) maniquí *m*. **3.** (*ventriloquist's*) muñeco *m*.

dump /dʌmp/ I *vt* **1.** (*rubbish*) tirar (**in** a); (*toxic waste*) verter (**in** a). **2.** (*fam: a boyfriend*) plantar. **3.** (*goods*) inundar el mercado de. **II** *n* (*for rubbish*) vertedero *m*.

dumper truck /'dʌmpə trʌk/ *n* volquete *m*.

dumpling /'dʌmplɪŋ/ *n* bola *f* de masa (*en un guiso*).

dumpster, Dumpster® /'dʌmp-stə/ *n* (*US*) contenedor *m*.

dumpy /'dʌmpi/ *adj* [**-pier, -piest**] rechoncho -cha.

dunce /dʌns/ *n* burro -rra *m/f*.

dune /dju:n/ *n* duna *f*.

dung /dʌŋ/ *n* (*excrement*) bosta *f*; (*as manure*) estiércol *m*.

dungarees /dʌŋgə'ri:z/ *n pl* (pantalón *m* de) peto *m*.

dungeon /'dʌndʒən/ *n* calabozo *m*, mazmorra *f*.

dunk /dʌŋk/ *vt* mojar.

duo /'dju:əʊ/ *n* dúo *m*.

dupe /dju:p/ **I** *n* (*person*) inocentón -tona *m/f*. **II** *vt* embaucar.

duplex /'dju:pleks/ *n* [**-xes**] (*US*) dúplex *m*.

duplicate I /'dju:plɪkeɪt/ *vt* (*papers*) hacer un duplicado de, duplicar; (*work*) hacer dos veces. **II** /'dju:-plɪkət/ *n* duplicado *m*, copia *f*: **in duplicate** por duplicado.

durable /'djʊərəbəl/ *adj* duradero -ra.

duration /djʊə'reɪʃən/ *n* duración *f*.

duress /djʊə'res/ *n*: **under duress** bajo presión.

during /'djʊərɪŋ/ *prep* durante.

dusk /dʌsk/ *n* anochecer *m*, crepúsculo *m*.

dusky /'dʌski/ *adj* [**-kier, -kiest**] moreno -na.

dust /dʌst/ **I** *n* polvo *m*. **II** *vt* **1.** (*to clean*) quitar el polvo de. **2.** (*to cover lightly*) espolvorear.

dustbin *n* cubo *m* ∗ (*Méx*) bote *m* ∗ (*C Sur*) tacho *m* de la basura. **dustman** *n* basurero *m*. **dustpan** *n* recogedor *m*.

duster /'dʌstə/ *n* (*gen*) paño *m*, trapo *m*; (*for blackboard*) borrador *m*.

dusty /'dʌsti/ *adj* [**-tier, -tiest**] cubierto -ta de polvo.

Dutch /dʌtʃ/ **I** *adj* holandés -desa ● **we went Dutch** pagamos a escote. **II** *n* (*Ling*) holandés *m*. **III the Dutch** *n pl* los holandeses.

Dutchman/woman *n* holandés -desa *m/f*.

dutiful /'dju:tɪfʊl/ *adj* consciente de

sus obligaciones.

duty /'dju:ti/ *n* [**-ties**] **1.** (*moral*) deber *m*. **2.** (*job*) obligación *f* ● **to be on duty** (*doctor, nurse*) estar de guardia, (*policeman*) estar de servicio ● **I'm off duty** no estoy de guardia/de servicio. **3.** (*tax*) impuesto *m*: **duty-free** libre de impuestos.

duvet /'du:veɪ/ *n* edredón *m* (nórdico).

DVLA /di:vi:el'eɪ/ *n* (*in GB*) = **Driver and Vehicle Licensing Agency**.

dwarf /dwɔ:f/ **I** *n* [**dwarfs ∗ dwarves**] enano -na *m/f*. **II** *vt* (*an achievement*) eclipsar; (*in size*): **they were dwarfed by it** los hizo parecer muy pequeños.

dwarves /dwɔ:vz/ *pl* ⇨ **dwarf**.

dwell /dwel/ *vi* [**dwells, dwelling, dwelled ∗ dwelt**] (*frml*) morar. **to dwell on ∗ upon** *vt* detenerse en.

dwelling /'dwelɪŋ/ *n* (*frml*) morada *f*, vivienda *f*.

dwelt /dwelt/ *pret y pp* ⇨ **dwell**.

dwindle /'dwɪndəl/ *vi* reducirse.

dye /daɪ/ **I** *n* tinte *m*. **II** *vt* [**dyes, dyeing, dyed**] teñir.

dyed-in-the-wool /'daɪdɪndəwʊl/ *adj* recalcitrante.

dying /'daɪɪŋ/ **I** *gerundio de* ⇨ **die**. **II** *adj* (*person*) moribundo -da; (*tradition*) en vías de extinción.

dyke /daɪk/ *n* dique *m*.

dynamic /daɪ'næmɪk/ *adj* dinámico -ca.

dynamite /'daɪnəmaɪt/ **I** *n* dinamita *f*. **II** *vt* dinamitar.

dynamo /'daɪnəməʊ/ *n* dinamo *f*, dínamo *f*.

dynasty /'dɪnəsti/, (*US*) /'daɪnəsti/ *n* [**-ties**] dinastía *f*.

dysentery /'dɪsəntri/ *n* disentería *f*.

dyslexic /dɪs'leksɪk/ *adj, n* disléxico -ca *adj, m/f*.

E /iː/ *n* (*Educ*) quinta nota (siendo la A la más alta).

each /iːtʃ/ **I** *adj* cada: **each day** cada día ∗ **todos los días. II** *pron* cada uno/una. **III** *adv*: **they were carrying a bag each** llevaban una bolsa cada uno.

each other *pron*: **we love each other** nos queremos; **they still write to each other** siguen escribiéndose.

eager /iːgə/ *adj* deseoso -sa (**for** de): **they were eager to start** tenían muchas ganas de empezar.

eagerly /iːgəlɪ/ *adv* (*enthusiastically*) con entusiasmo; (*impatiently*) con impaciencia.

eagle /iːgəl/ *n* águila *f*★.

ear /ɪə/ *n* **1.** (*Anat: outer*) oreja *f*; (*:inner*) oído *m*. **2.** (*sense*) oído *m*. **3.** (*of cereal*) espiga *f*.

earache *n* dolor *m* de oídos. **eardrum** *n* tímpano *m*. **ear lobe** *n* lóbulo *m* de la oreja. **earphones** *n pl* auriculares *m pl*. **earring** *n* pendiente *m*, (*Amér L*) arete *m*.

earl /ɜːl/ *n* conde *m*.

early /ɜːlɪ/ [**-lier, -liest**] **I** *adj* **1.** (*rains, crop*) temprano -na: **in early August** a principios de agosto; **the early train** el tren que sale por la mañana temprano. **2.** (*before expected*): **they were early** llegaron temprano; **I was 20 minutes early** llegué con 20 minutos de adelanto. **II** *adv* (*before expected*) temprano, pronto.

earmark /ɪəmɑːk/ *vt* destinar (**for** a).

earn /ɜːn/ *vt* **1.** (*a wage*) ganar. **2.** (*approval*) ganarse. **3.** (*interest*) devengar.

earnest /ɜːnɪst/ *adj* serio -ria.

earnings /ɜːnɪŋz/ *n pl* ingresos *m pl*.

earth /ɜːθ/ **I** *n* **1.** (*soil, planet*) tierra *f* ● **to cost the earth** costar una fortuna ● **what/how on earth...?** ¿qué/cómo demonios...? **2.** (*Elec*) toma *f* de tierra. **3.** (*of fox*) madriguera *f*. **II** *vt* (*Elec*) conectar a tierra.

earthquake *n* terremoto *m*.

earthenware /ɜːθənweə/ *adj* de barro (cocido).

earwig /ɪəwɪg/ *n* tijereta *f*.

ease /iːz/ **I** *n* facilidad *f*. **II** *vt* **1.** (*a pain*) aliviar; (*stress*) reducir. **2.** (*to move carefully*) mover despacio y con cuidado. ♦ *vi* (*pain*) aliviarse.

to **ease off** *vi* (*pain*) aliviarse; (*winds*) amainar.

easel /iːzəl/ *n* caballete *m*.

easily /iːzəlɪ/ *adv* **1.** (*without difficulty*) fácilmente, con facilidad. **2.** (*by far*) con mucho: **she's easily the best** es con mucho la mejor.

east /iːst/ **I** *n* este *m*. **II** *adj* este *adj inv*, oriental. **III** *adv* (*indicating movement*) hacia el este; (*indicating position*) al este (**of** de).

Easter /iːstə/ *n* (*gen*) Pascua *f*; (*as holiday period*) Semana *f* Santa.

Easter egg *n* huevo *m* de Pascua. **Easter Sunday** *n* Domingo *m* de Pascua.

easterly /iːstəlɪ/ *adj* (*wind*) del este; (*direction*) este *adj inv*; (*location*) al este, oriental.

eastern /iːstən/ *adj* (*gen*) del este; (*coast, region*) este *adj inv*: **eastern France** el este de Francia; (*of the Far East*) oriental.

eastward /iːstwəd/ *adv* (*o* **eastwards**) hacia el este.

easy /iːzɪ/ [**-sier, -siest**] **I** *adj* fácil. **II** *adv*: **take it easy!** ¡tómatelo con calma!

easy chair *n* sillón *m*. **easy-going** *adj* poco exigente.

eat /iːt/ *vt/i* [**eats, eating, ate,** *pp* **eaten**] comer.

to **eat away** *vt* (*acid*) corroer; (*termites*) carcomer. *to* **eat up** *vt* (*one's food*) comerse.

eaten /'i:tən/ *pp* ⇨ eat.

eau de Cologne /əʊ də kə'ləʊn/ *n* colonia *f.*

eavesdrop /'i:vzdrɒp/ *vi* [**-drops, -dropping, -dropped**] escuchar (*subrepticiamente*): **we eavesdropped on their conversation** escuchamos su conversación.

ebb /eb/ **I** *n* reflujo *m.* **II** *vi* (*water*) bajar; (*enthusiasm*) disminuir.

ebony /'ebənɪ/ **I** *n* ébano *m.* **II** *adj* de ébano.

EC /i:'si:/ *n* (= European Community) CE *f.*

eccentric /ɪk'sentrɪk/ *adj, n* excéntrico -ca *adj, m/f.*

eccentricity /eksen'trɪsətɪ/ *n* [**-ties**] excentricidad *f.*

ecclesiastical /ɪkli:zɪ'æstɪkəl/ *adj* eclesiástico -ca.

ECG /i:si:'dʒi:/ *n* = electrocardiogram.

echo /'ekəʊ/ **I** *vi* [**echoes, echoing, echoed**] (*voice*) resonar, hacer eco. ♦ *vt* (*an opinion*) hacerse eco de. **II** *n* [**echoes**] eco *m.*

echo chamber *n* cámara *f* acústica.

éclair /eɪ'kleə/ *n* petisú *m.*

eclipse /ɪ'klɪps/ **I** *n* eclipse *m.* **II** *vt* eclipsar.

ecological /i:kə'lɒdʒɪkəl/ *adj* ecológico -ca.

ecologist /i:'kɒlədʒɪst/ *n* ecologista *m/f.*

ecology /i:'kɒlədʒɪ/ *n* ecología *f.*

economic /i:kə'nɒmɪk/ **I** *adj* 1. (*relating to economics*) económico -ca. 2. (*profitable*) rentable. **II** **economics** *n* (*Educ*) economía *f.*

economical /i:kə'nɒmɪkəl/ *adj* económico -ca.

economist /ɪ'kɒnəmɪst/ *n* economista *m/f.*

economize /ɪ'kɒnəmaɪz/ *vi* economizar: **to economize on** economizar.

economy /ɪ'kɒnəmɪ/ *n* [**-mies**] 1. (*of country*) economía *f.* 2. (*saving*) ahorro *m.*

economy class *n* clase *f* turista.

ecosystem /'i:kəʊsɪstəm/ *n* ecosistema *m.*

ecstasy /'ekstəsɪ/ *n* [**-sies**] éxtasis *m.*

ecstatic /ɪk'stætɪk/ *adj* extático -ca.

ECU, ecu /'eɪkju:/ *n* (= European Currency Unit) ECU *m*, ecu *m.*

Ecuador /'ekwədɔ:/ *n* Ecuador *m.*

Ecuadorean /ekwə'dɔ:rɪən/ *adj, n* ecuatoriano -na *adj, m/f.*

eczema /'eksɪmə/ *n* eccema *m.*

eddy /'edɪ/ *n* [**-dies**] arremolinamiento *m.*

edge /edʒ/ **I** *n* borde *m* ● **he's on edge** tiene los nervios de punta. **II** *vi*: **to edge forward/away** avanzar/alejarse poco a poco.

edgeways /'edʒweɪz/, (*US*) **edgewise** /'edʒwaɪz/ *adv* de lado.

edgy /'edʒɪ/ *adj* [**-ier, -iest**] con los nervios de punta.

edible /'edəbəl/ *adj* comestible.

edifying /'edɪfaɪɪŋ/ *adj* edificante.

Edinburgh /'edɪnbərə/ *n* Edimburgo *m.*

edit /'edɪt/ *vt* 1. (*a text*) corregir; (*Inform*) editar; (*a film, tape*) editar. 2. (*a newspaper*) dirigir.

to **edit out** *vt* suprimir.

edition /ɪ'dɪʃən/ *n* edición *f.*

editor /'edɪtə/ *n* 1. (*of newspaper*) director -tora *m/f.* 2. (*of text*) redactor -tora *m/f*; (*of book*) editor -tora *m/f.*

editorial /edɪ'tɔ:rɪəl/ *adj, n* editorial *adj, m.*

educate /'edjuːkeɪt/ *vt* educar.

educated /'edjuːkeɪtɪd/ *adj* culto -ta.

education /edjuː'keɪʃən/ *n* enseñanza *f*, educación *f.*

educational /edjuː'keɪʃənəl/ *adj* educativo -va.

eel /i:l/ *n* anguila *f.*

eerie /'ɪərɪ/ *adj* (*silence*) sobrecogedor -dora; (*light*) misterioso -sa.

effect /ɪ'fekt/ **I** *n* 1. (*result*) efecto *m*: **it had no effect** no surtió efecto ● **to take effect** (*drink, medicine*) surtir efecto, (*ban, measure*) entrar en vigor. 2. (*impact*) impresión *f*: **it had an effect on prices** afectó (a) los precios. **II** *vt* llevar a cabo.

effective /ɪˈfektɪv/ *adj* **1.** (*useful*) eficaz. **2.** (*real*) efectivo -va. *n* eficacia *f*.

effectiveness /ɪˈfektɪvnəs/ *n* eficacia *f*.

effeminate /ɪˈfemɪnət/ *adj* afeminado -da.

effervesce /efəˈves/ *vi* hacer efervescencia.

effervescent /efəˈvesənt/ *adj* efervescente.

efficacy /ˈefɪkəsi/ *n* eficacia *f*.

efficiency /ɪˈfɪʃnsi/ *n* eficiencia *f*.

efficient /ɪˈfɪʃənt/ *adj* eficiente.

effigy /ˈefədʒi/ *n* [-gies] efigie *f*.

effluent /ˈefluənt/ *n* aguas *f pl* residuales.

effort /ˈefət/ *n* esfuerzo *m*.

effortlessly /ˈefətlɪsli/ *adv* sin esfuerzo.

effrontery /ɪˈfrʌntəri/ *n* (*frml*) osadía *f*.

effusive /ɪˈfjuːsɪv/ *adj* efusivo -va.

EFL /iːefˈel/ *n* = **English as a Foreign Language**.

e.g. /iːˈdʒiː/ p. ej., por ejemplo.

egalitarian /ɪgælɪˈteəriən/ *adj* igualitario -ria.

egg /eg/ *n* huevo *m*.

to **egg on** *vt* incitar.

egg cup *n* huevera *f*. **eggshell** *n* cáscara *f* de huevo. **egg timer** *n* reloj *m* de arena. **egg white** *n* clara *f* de huevo. **egg yolk** *n* yema *f* de huevo.

eggplant /ˈegplɑːnt/ *n* berenjena *f*.

ego /ˈiːgəʊ/ *n* ego *m* • **it's an ego trip** lo hace para satisfacer su ego.

Egypt /ˈiːdʒɪpt/ *n* Egipto *m*.

Egyptian /ɪˈdʒɪpʃən/ *adj, n* egipcio -cia *adj, m/f*.

eiderdown /ˈaɪdədaʊn/ *n* edredón *m*.

eight /eɪt/ *adj, pron, n* ocho ⇨ *appendix 4*.

eighteen /eɪˈtiːn/ *adj, pron, n* dieciocho ⇨ *appendix 4*.

eighteenth /eɪˈtiːnθ/ *adj, pron* decimoctavo -va ⇨ *appendix 4*.

eighth /eɪtθ/ *adj, pron* octavo -va ⇨ *appendix 4*.

eightieth /ˈeɪtiɪθ/ *adj, pron* octogé-

simo -ma, ochenta ⇨ *appendix 4*.

eighty /ˈeɪti/ *adj, pron, n* [-ties] ochenta ⇨ *appendix 4*.

either /ˈaɪðə, ˈiːðə/ **I** *conj* o: **it was either green or blue** era o verde o azul. **II** *pron* **1.** (*in affirmative sentences*) cualquiera (de los/las dos). **2.** (*in negative sentences*): **she doesn't wear either of them** no se pone ninguna de las dos. **3.** (*in questions*): **is either of them a vegetarian?** ¿alguno de los dos es vegetariano? **III** *adj* **1.** (*each*) cada: **on either side** a cada lado. **2.** (*one or the other: affirmative*) cualquiera (de los/las dos); (*: negative*): **he didn't read either article** no leyó ninguno de los dos artículos; (*: in questions*): **do you like either design?** ¿te gusta alguno de los dos diseños? **IV** *adv* tampoco.

ejaculation /ɪdʒækjʊˈleɪʃən/ *n* eyaculación *f*.

eject /ɪˈdʒekt/ *vt* echar. ♦ *vi* (*Av*) eyectarse.

ejector seat /ɪˈdʒektə siːt/ *n* asiento *m* eyectable.

eke out /iːk aʊt/ *vt* (*supplies, money*) estirar, hacer rendir: **he barely eked out a living** apenas ganaba para vivir.

elaborate I /ɪˈlæbərət/ *adj* (*design*) muy trabajado -da; (*plan*) detallado -da. **II** /ɪˈlæbəreɪt/ *vi* dar más detalles (**on** de).

elapse /ɪˈlæps/ *vi* transcurrir.

elastic /ɪˈlæstɪk/ **I** *adj* elástico -ca. **II** *n* elástico *m*.

elastic band *n* goma *f* (elástica).

elated /ɪˈleɪtɪd/ *adj* eufórico -ca (**by** * **at** por).

elation /ɪˈleɪʃən/ *n* euforia *f* (**at** por).

elbow /ˈelbəʊ/ **I** *n* codo *m*. **II** *vt* darle un codazo a.

elder /ˈeldə/ **I** *adj* mayor (*de dos personas*). **II** *n* **1.** (*respected person*) mayor *m/f*. **2. the elder** (*of two people*) el/la mayor. **3.** (*tree*) saúco *m*.

elderly /ˈeldəli/ *adj* anciano -na: **the elderly** los ancianos.

eldest /'eldɪst/ I *adj* mayor (*de tres o más personas*). II *n*: **the eldest** el/la mayor (*de tres o más personas*).

elect /ɪ'lekt/ I *vt* (*Pol*) elegir; (*to decide*): **he elected to stay** optó por quedarse. II *adj* (*Pol*) electo -ta.

election /ɪ'lekʃən/ *n* (*choice*) elección *f*; (*event*) elecciones *f pl*.

election campaign *n* campaña *f* electoral.

electoral /ɪ'lektərəl/ *adj* electoral.

electoral register ∗ roll *n* censo *m* electoral.

electorate /ɪ'lektərət/ *n* electorado *m*.

electric /ɪ'lektrɪk/ *adj* eléctrico -ca.

electric blanket *n* manta *f* eléctrica, (*Amér L*) frazada *f* ∗ cobija *f* eléctrica. **electric guitar** *n* guitarra *f* eléctrica. **electric razor** *n* máquina *f* de afeitar (eléctrica). **electric shock** *n* descarga *f* eléctrica.

electrical /ɪ'lektrɪkəl/ *adj* eléctrico -ca.

electrical engineer *n* (*technician*) técnico -ca *m/f* electricista; (*graduate*) ingeniero -ra *m/f* electricista.

electrician /elek'trɪʃən/ *n* electricista *m/f*.

electricity /elek'trɪsəti/ *n* electricidad *f*.

electricity meter *n* contador *m* de la luz.

electrify /ɪ'lektrɪfaɪ/ *vt* [-**fies**, -**fying**, -**fied**] 1. (*Tec*) electrificar. 2. (*to excite*) electrizar.

electrocardiogram /ɪlektrəʊ'ka:dɪəgræm/ *n* (*Med*) electrocardiograma *m*.

electrocute /ɪ'lektrəkju:t/ *vt* electrocutar.

electrocution /ɪlektrə'kju:ʃən/ *n* electrocución *f*.

electrode /ɪ'lektrəʊd/ *n* electrodo *m*.

electrolysis /elek'trɒləsɪs/ *n* electrólisis *f*.

electrolyte /ɪ'lektrəʊlaɪt/ *n* electrólito *m*.

electromagnet /ɪlektrəʊ'mægnɪt/ *n* electroimán *m*.

electromagnetic /ɪlektrəʊmag-'netɪk/ *adj* electromagnético -ca.

electron /ɪ'lektrɒn/ *n* electrón *m*.

electronic /elek'trɒnɪk/ I *adj* electrónico -ca. II **electronics** *n* (*Educ*) electrónica *f*. III **electronics** *n pl* (*components*) sistema *m* electrónico.

electronic(s) engineer *n* ingeniero -ra *m/f* electrónico -ca. **electronic mail** *n* correo *m* electrónico.

elegance /'elɪgəns/ *n* elegancia *f*.

elegant /'elɪgənt/ *adj* elegante.

elegy /'eladʒi/ *n* [-**gies**] elegía *f*.

element /'elɪmənt/ *n* 1. (*gen*) elemento *m*. 2. (*of kettle*) resistencia *f*.

elementary /elɪ'mentəri/ *adj* 1. (*basic*) elemental, básico -ca. 2. (*simple*) sencillo -lla.

elementary school *n* (*US*) escuela *f* (de enseñanza) primaria.

elephant /'elɪfənt/ *n* elefante *m*.

elevate /'elɪveɪt/ *vt* elevar.

elevation /elɪ'veɪʃən/ *n* 1. (*raising*) elevación *f*. 2. (*height*) altitud *f*, altura *f*.

elevator /'elɪveɪtə/ *n* (*US*) ascensor *m*.

eleven /ɪ'levən/ *adj, pron, n* once ⇨ *appendix 4*.

elevenses /ɪ'levənzɪz/ *n* (*fam*) refrigerio que se toma a media mañana.

eleventh /ɪ'levənθ/ *adj, pron* undécimo -ma ⇨ *appendix 4*.

elf /elf/ *n* [-**ves**] elfo *m*.

elicit /ɪ'lɪsɪt/ *vt* (*information*) obtener (**from** de); (*a reaction*) provocar (**from** en).

eligible /'elɪdʒəbəl/ *adj*: **is he eligible to attend?** ¿tiene derecho a asistir?; **I am eligible for a pension** tengo derecho a una pensión.

eliminate /ɪ'lɪmɪneɪt/ *vt* (*gen*) eliminar; (*a possibility*) descartar.

elimination /ɪlɪmɪ'neɪʃən/ *n* eliminación *f*.

elite, élite /e'li:t/ *n* élite *f*.

elitist, élitist /e'li:tɪst/ *adj* elitista.

Elizabethan /ɪlɪzə'bi:θən/ *adj, n* isabelino -na *adj, m/f*.

elk /elk/ *n* [**elk ∗ elks**] alce *m*.

ellipse /ɪ'lɪps/ *n* elipse *f*.

elliptical /ɪ'lɪptɪkəl/ *adj* elíptico -ca.

elm /elm/ *n* olmo *m*.

elocution /eləˈkjuːʃən/ *n* dicción *f*, elocución *f*.

elongate /ˈiːlɒŋgeɪt/ *vt* alargar.

elope /rˈləʊp/ *vi* fugarse (*con el/la amante*).

eloquence /ˈeləkwəns/ *n* elocuencia *f*.

eloquent /ˈeləkwənt/ *adj* elocuente.

El Salvador /el ˈsælvədɔː/ *n* El Salvador *m*.

else /els/ *adv* **1**. (*other*): **anything else?** ¿algo más?; **what else did he say?** ¿qué más dijo?; **did you go anywhere else?** ¿fuiste a algún otro sitio? **2. or else** (*otherwise*) si no.

elsewhere /elsˈweə/ *adv* en/a otra parte.

ELT /iːelˈtiː/ *n* = **English Language Teaching**.

elude /rˈluːd/ *vt* eludir.

elusive /rˈluːsɪv/ *adj* (*person*) escurridizo -za; (*solution*) evasivo -va.

elves /elvz/ *pl* ⇨ **elf**.

emaciated /rˈmeɪsɪeɪtɪd/ *adj* escuálido -da.

E-mail /ˈiːmeɪl/ *n* correo *m* electrónico.

emanate /ˈeməneɪt/ *vi* emanar (**from** de).

emancipation /ɪmænsɪˈpeɪʃən/ *n* emancipación *f*.

embalm /ɪmˈbɑːm/ *vt* embalsamar.

embankment /ɪmˈbæŋkmənt/ *n* terraplén *m*.

embargo /ɪmˈbɑːgəʊ/ *n* [**-goes**] embargo *m*.

embark /ɪmˈbɑːk/ *vi* embarcar(se). **to embark on** *vt* emprender.

embarkation /embɑːˈkeɪʃən/ *n* embarque *m*.

embarrass /ɪmˈbærəs/ *vt* hacer pasar vergüenza.

embarrassed /ɪmˈbærəst/ *adj*: **I was so embarrassed** me dio tanta vergüenza.

embarrassing /ɪmˈbærəsɪŋ/ *adj* embarazoso -sa, violento -ta.

embarrassment /ɪmˈbærəsmənt/ *n* vergüenza *f*, bochorno *m*.

embassy /ˈembəsɪ/ *n* [**-sies**] (*Pol*) embajada *f*.

embedded /ɪmˈbedɪd/ *adj* incrustado -da (**in** en).

embellish /ɪmˈbelɪʃ/ *vt* adornar.

ember /ˈembə/ *n* brasa *f*, ascua *f* ★.

embezzle /ɪmˈbezəl/ *vt* malversar, desfalcar.

embezzlement /ɪmˈbezəlmənt/ *n* malversación *f* (de fondos), desfalco *m*.

embittered /ɪmˈbɪtəd/ *adj* amargado -da [E], resentido -da [E].

emblem /ˈembləm/ *n* emblema *m*.

embodiment /ɪmˈbɒdɪmənt/ *n* personificación *f*.

embody /ɪmˈbɒdɪ/ *vt* [**-dies, -dying, -died**] personificar, encarnar.

embolism /ˈembəlɪzəm/ *n* embolia *f*.

emboss /ɪmˈbɒs/ *vt* repujar, estampar en relieve.

embrace /ɪmˈbreɪs/ **I** *n* abrazo *m*. **II** *vi* abrazarse. ♦ *vt* **1**. (*a person, faith*) abrazar. **2**. (*to include*) abarcar.

embroider /ɪmˈbrɔɪdə/ *vt* **1**. (*to sew*) bordar. **2**. (*a story*) adornar.

embroidery /ɪmˈbrɔɪdərɪ/ *n* bordado *m*.

embroiled /ɪmˈbrɔɪld/ *adj* envuelto -ta (**in** en).

embryo /ˈembrɪəʊ/ *n* embrión *m*.

emerald /ˈemərəld/ *n* esmeralda *f*.

emerge /rˈmɜːdʒ/ *vi* **1**. (*to come out*) salir (**into** a). **2**. (*from investigation*) surgir.

emergence /rˈmɜːdʒəns/ *n* aparición *f*.

emergency /rˈmɜːdʒənsɪ/ *n* [**-cies**] (*gen*) emergencia *f*; (*Med*) urgencia *f*.

emergency exit *n* salida *f* de emergencia. **emergency landing** *n* aterrizaje *m* forzoso. **emergency room** *n* (*US*) urgencias *f*.

emergent /rˈmɜːdʒənt/ *adj* emergente.

emigrant /ˈemɪgrənt/ *adj*, *n* emigrante *adj*, *m/f*.

emigrate /ˈemɪgreɪt/ *vi* emigrar.

emigration /emɪˈgreɪʃən/ *n* emigración *f*.

émigré /'emɪgreɪ/ n refugiado -da m/f político -ca.

eminent /'emɪnənt/ adj eminente.

eminently /'emɪnəntlɪ/ adv sumamente.

emission /ɪ'mɪʃən/ n emisión f.

emit /ɪ'mɪt/ vt [**emits, emitting, emitted**] (light) emitir; (fumes) despedir.

emotion /ɪ'məʊʃən/ n emoción f.

emotional /ɪ'məʊʃənəl/ adj 1. (moment, film) conmovedor -dora. 2. (person) emotivo -va; (problem) afectivo -va.

empathy /'empəθɪ/ n empatía f.

emperor /'empərə/ n emperador m.

emphasis /'emfəsɪs/ n énfasis m (**on** en).

emphasize /'emfəsaɪz/ vt hacer hincapié en, enfatizar.

emphatic /ɪm'fætɪk/ adj enfático -ca.

empire /'empaɪə/ n imperio m.

empiricism /em'pɪrɪsɪzəm/ n empirismo m.

employ /ɪm'plɔɪ/ vt emplear.

employee /emplɔ'i:/ n empleado -da m/f.

employer /ɪm'plɔɪə/ n (company): **my last employer** la última empresa donde trabajé; (of servant) patrón -trona m/f.

employment /ɪm'plɔɪmənt/ n empleo m: **is he in employment?** ¿tiene trabajo?

employment agency n agencia f de trabajo.

empower /ɪm'paʊə/ vt autorizar.

empress /'empres/ n [**-presses**] emperatriz f.

empty /'emptɪ/ I adj [**-tier, -tiest**] vacío -cía. II vt [**-ties, -tying, -tied**] vaciar. ◆ vi vaciarse.

EMS /i:em'es/ n (= European Monetary System) SME m.

EMU /i:em'ju:/ n (= European Monetary Union) UME f.

emulate /'emjʊleɪt/ vt emular.

emulation /emjʊ'leɪʃən/ n emulación f.

emulsion /ɪ'mʌlʃən/ n (gen) emul-

sión f; (paint) pintura f de emulsión.

enable /ɪ'neɪbəl/ vt permitir.

enact /ɪ'nækt/ vt 1. (a law) promulgar. 2. (a play) representar.

enamel /ɪ'næməl/ n esmalte m.

en bloc /ɒn 'blɒk/ adv en bloque.

encampment /ɪn'kæmpmənt/ n campamento m.

encase /ɪn'keɪs/ vt recubrir (**in** de).

enchanted /ɪn'tʃɑ:ntɪd/ adj encantado -da.

enchanting /ɪn'tʃɑ:ntɪŋ/ adj encantador -dora.

encircle /ɪn'sɜ:kəl/ vt rodear.

enclave /'enkleɪv/ n enclave m.

enclose /ɪn'kləʊz/ vt 1. (with letter) adjuntar. 2. (land) cercar.

enclosure /ɪn'kləʊʒə/ n 1. (in letter) documento m adjunto, anexo m. 2. (Agr) cercado m.

encore /'ɒŋkɔ:/ excl ¡otra!

encounter /ɪn'kaʊntə/ I n encuentro m. II vt tropezar con.

encourage /ɪn'kʌrɪdʒ/ vt 1. (a person) animar, alentar. 2. (an activity) fomentar.

encouragement /ɪn'kʌrɪdʒmənt/ n (to a person) ánimo m; (of an activity) fomento m.

encouraging /ɪn'kʌrɪdʒɪŋ/ adj alentador -dora.

encroach /ɪn'krəʊtʃ/ vi: **to encroach on** (land) invadir, (time) robar.

encrusted /ɪn'krʌstɪd/ adj incrustado -da (**with** de).

encumbered /ɪn'kʌmbəd/ adj cargado -da (**with** de).

encumbrance /ɪn'kʌmbrəns/ n estorbo m.

encyclopedia, **encyclopaedia** /ensaɪkləʊ'pi:dɪə/ n enciclopedia f.

end /end/ I n 1. (of street, story, period) final m; (of rope) extremo m; (of stick, nose) punta f ● **for weeks on end** semana tras semana ● **in the end** al final ● **to put an end to sthg** poner fin a algo ● **to get the wrong end of the stick** entender algo al revés ● **to be at a loose end** no tener nada que hacer ● **I'm at the end of**

my tether ya no puedo más ● **to make ends meet** llegar a fin de mes. 2. (*purpose*) fin *m*. II *vi* terminar. ♦ *vt* poner fin a.

to **end up** *vi* acabar, terminar.

endanger /ɪnˈdeɪndʒə/ *vt* poner en peligro.

endearing /ɪnˈdɪərɪŋ/ *adj* simpático -ca.

endeavour, (*US*) **endeavor** /ɪnˈdevə/ I *vt* procurar. II *n* esfuerzo *m*.

endemic /ɪnˈdemɪk/ *adj* endémico -ca.

ending /ˈendɪŋ/ *n* 1. (*of story*) final *m*. 2. (*Ling*) desinencia *f*.

endive /ˈendaɪv/ *n* 1. (*GB*: *curly lettuce*) escarola *f*. 2. (*US*: *chicory*) endibia *f*.

endless /ˈendləs/ *adj* interminable.

endocrinologist /endəʊkraɪˈnɒlədʒɪst/ *n* endocrinólogo -ga *m/f*.

endorse /ɪnˈdɔːs/ *vt* 1. (*a cheque*) endosar. 2. (*an opinion*) respaldar.

endorsement /ɪnˈdɔːsmənt/ *n* 1. (*of cheque*) endoso *m*. 2. (*of opinion*) aprobación *f*. 3. (*Auto*) anotación *f* de infracción.

endow /ɪnˈdaʊ/ *vt* dotar (**with** de).

endurance /ɪnˈdjʊərəns/ *n* resistencia *f*, aguante *m*.

endure /ɪnˈdjʊə/ *vt* soportar, aguantar.

enduring /ɪnˈdjʊərɪŋ/ *adj* duradero -ra.

enema /ˈenɪmə/ *n* enema *m*.

enemy /ˈenəmi/ I *n* [**-mies**] enemigo -ga *m/f*. II *adj* enemigo -ga.

energetic /enəˈdʒetɪk/ *adj* enérgico -ca.

energy /ˈenədʒi/ *n* energía *f*.

enforce /ɪnˈfɔːs/ *vt* hacer cumplir, hacer respetar.

engage /enˈgeɪdʒ/ *vt* (*for work*) contratar. ♦ *vi*: **to engage in conversation with sbdy** entablar conversación con alguien.

engaged /enˈgeɪdʒd/ *adj* 1. (*to be married*) prometido -da (**to** ∗ con): **we got engaged** nos prometimos. 2. (*Telec*): **the line's engaged** está

comunicando. 3. (*toilet*) ocupado -da. 4. (*busy*) ocupado -da.

engagement /enˈgeɪdʒmənt/ *n* 1. (*appointment*) compromiso *m*. 2. (*to be married*: *agreement*) compromiso *m*; (:*period*) noviazgo *m*.

engagement ring *n* anillo *m* de compromiso.

engaging /enˈgeɪdʒɪŋ/ *adj* atractivo -va.

engender /ɪnˈdʒendə/ *vt* engendrar.

engine /ˈendʒɪn/ *n* 1. (*gen*) motor *m*. 2. (*of train*) locomotora *f*.

engine driver *n* maquinista *m/f*. **engine room** *n* sala *f* de máquinas.

engineer /endʒɪˈnɪə/ I *n* (*graduate*) ingeniero -ra *m/f*; (*technician*) técnico -ca *m/f*. II *vt* tramar.

engineering /endʒɪˈnɪərɪŋ/ *n* ingeniería *f*.

England /ˈɪŋglənd/ *n* Inglaterra *f*.

English /ˈɪŋglɪʃ/ I *adj* inglés -glesa. II *n* (*Ling*) inglés *m*. III **the English** *n pl* los ingleses.

Englishman *n* inglés *m*. **English-speaking** *adj* de habla inglesa. **Englishwoman** *n* inglesa *f*.

engrave /ɪnˈgreɪv/ *vt* grabar (**on** en).

engraving /ɪnˈgreɪvɪŋ/ *n* grabado *m*.

engrossed /ɪnˈgrəʊst/ *adj* absorto -ta (**in** en).

engulf /ɪnˈgʌlf/ *vt* (*flood*) cubrir; (*flames*) envolver.

enhance /ɪnˈhɑːns/ *vt* (*a quality*) realzar; (*a value*) aumentar; (*a performance*) mejorar.

enigma /eˈnɪgmə/ *n* enigma *m*.

enigmatic /enɪgˈmætɪk/ *adj* enigmático -ca.

enjoy /ɪnˈdʒɔɪ/ *vt* 1. (*to gain pleasure from*) disfrutar de: **he didn't enjoy it at all** no le gustó nada; **enjoy yourselves!** ¡que os divertáis!; **did she enjoy herself?** ¿(se) lo pasó bien? 2. (*to possess*) gozar de.

enjoyable /ɪnˈdʒɔɪəbəl/ *adj* (*visit*, *evening*) agradable [S]; (*film*) entretenido -da [S].

enjoyment /ɪnˈdʒɔɪmənt/ *n* gusto *m*, placer *m*.

enlarge /ɪn'lɑːdʒ/ vt ampliar. ♦ vi: to enlarge on ampliar.

enlighten /ɪn'laɪtən/ vt informar.

enlightened /ɪn'laɪtənd/ adj progresista.

enlightening /ɪn'laɪtənɪŋ/ adj informativo -va.

enlist /ɪn'lɪst/ vi (Mil) alistarse (in en). ♦ vt 1. (help) conseguir. 2. (Mil) reclutar.

enliven /ɪn'laɪvən/ vt animar.

en masse /ɒn'mæs/ adv en masa.

enmity /'enmɪtɪ/ n enemistad f.

enormous /ɪ'nɔːməs/ adj enorme.

enough /ɪ'nʌf/ I adj, pron suficiente, bastante: **enough water** suficiente ✱ bastante agua; **there aren't enough chairs** no hay suficientes sillas; **I've seen enough** he visto bastante; **he took enough for two days** llevó lo suficiente para dos días ● **I've had enough of your complaints** estoy harto de tus quejas. II adv: **is it long enough?** ¿es suficientemente largo? ● **funnily enough** por extraño que parezca.

enquire /ɪn'kwaɪə/ vt/i preguntar.
to **enquire after** vt preguntar por. to **enquire into** vt investigar.

enquiring /ɪn'kwaɪərɪŋ/ adj (mind) curioso -sa; (look) de curiosidad.

enquiry /ɪn'kwaɪərɪ/ n [-ries] 1. (question) pregunta f: **to make enquiries** pedir información; (about sobre). 2. (Law) investigación f. 3. **Enquiries** (office) Información f.

enrage /ɪn'reɪdʒ/ vt enfurecer.

enrich /ɪn'rɪtʃ/ vt enriquecer.

enrol /ɪn'rəʊl/ vi [-rols, -rolling, -rolled] (o **enroll**) matricularse (on en), inscribirse (on en).

enrolment, enrollment /ɪn'rəʊlmənt/ n inscripción f.

en route /ɒn'ruːt/ adv de camino (to hacia): **they were en route for Lima** iban camino de Lima.

ensemble /ɒn'sɒmbəl/ n conjunto m.

enslave /ɪn'sleɪv/ vt esclavizar.

ensue /ɪn'sjuː/ vi seguir, venir a continuación.

ensuing /ɪn'sjuːɪŋ/ adj siguiente, resultante.

ensure /ɪn'ʃʊə/ vt 1. (to make sure of) asegurarse de. 2. (to guarantee) asegurar.

entail /ɪn'teɪl/ vt implicar.

entangle /ɪn'tæŋgəl/ vt enredar.

enter /'entə/ vt 1. (a place) entrar en. 2. (a competition: to register for) inscribirse en; (: to take part in) tomar parte en, participar en. 3. (data) introducir. ♦ vi 1. (to go inside) entrar. 2. (in competition) inscribirse (for en).
to **enter into** vt 1. (an agreement) aceptar; (talks) entablar. 2. (to be relevant): **that doesn't enter into it** eso no tiene nada que ver.

enterprise /'entəpraɪz/ n 1. (company, project) empresa f. 2. (initiative) iniciativa f.

enterprising /'entəpraɪzɪŋ/ adj emprendedor -dora.

entertain /entə'teɪn/ vt 1. (to amuse) entretener, divertir. 2. (to provide hospitality for): **I was entertaining a few friends** había invitado a unos amigos. 3. (to consider) contemplar.

entertainer /entə'teɪnə/ n artista m/f.

entertaining /entə'teɪnɪŋ/ adj entretenido -da [S], divertido -da [S].

entertainment /entə'teɪnmənt/ n diversión f.

enthral /ɪn'θrɔːl/ vt [-thrals, -thralling, -thralled] (o **enthrall**) cautivar.

enthusiasm /ɪn'θjuːzɪæzəm/ n entusiasmo m (for por).

enthusiast /ɪn'θjuːzɪæst/ n entusiasta m/f.

enthusiastic /ɪnθjuːzɪ'æstɪk/ adj (player, attitude) entusiasta [S]; (about an idea) entusiasmado -da [E] (about con).

enthusiastically /ɪnθjuːzɪ'æstɪklɪ/ adv con entusiasmo.

entice /ɪn'taɪs/ vt atraer.

enticing /ɪn'taɪsɪŋ/ adj (offer)

tentador -dora.

entire /ɪnˈtaɪə/ *adj* entero -ra.

entirely /ɪnˈtaɪəlɪ/ *adv* totalmente, completamente.

entitle /ɪnˈtaɪtəl/ *vt* 1. (*to authorize*) darle derecho (**to** a). 2. (*to call*) titular.

entity /ˈentɪtɪ/ *n* [**-ties**] entidad *f*.

entomology /entəˈmɒlədʒɪ/ *n* entomología *f*.

entourage /ˈɒntʊrɑ:ʒ/ *n* séquito *m*.

entrails /ˈentreɪlz/ *n pl* entrañas *f pl*.

entrance I /ɪnˈtrɑ:ns/ *vt* cautivar. **II** /ˈentrəns/ *n* (*gate, door*) entrada *f* (**to** a * de); (*action*) entrada *m* (**into** en).

entrance exam *n* examen *m* de ingreso.

entrant /ˈentrənt/ *n* (*for competition*) participante *m/f*; (*for exam*) candidato -ta *m/f*.

entrée /ˈɒntreɪ/ *n* (*first course*) entrada *f*; (*main course*) plato *m* principal.

entrepreneur /ɒntrəprəˈnɜ:/ *n* empresario -ria *m/f*.

entrust /ɪnˈtrʌst/ *vt* confiar.

entry /ˈentrɪ/ *n* [**-tries**] 1. (*entrance*) entrada *f* (**to** a; **into** en): **no entry** prohibido el paso ‖ prohibida la entrada. 2. (*for a competition*): **send your entry to...** envía tu carta/dibujo a.... 3. (*in dictionary*) entrada *f*; (*in diary*) anotación *f*.

entry form *n* impreso *m* de inscripción.

Entryphone® /ˈentrɪfəʊn/ *n* portero *m* automático.

entwine /ɪnˈtwaɪn/ *vt* entrelazar.

enunciate /ɪˈnʌnsɪeɪt/ *vt* (*words*) articular; (*ideas*) enunciar.

envelop /ɪnˈveləp/ *vt* envolver.

envelope /ˈenvələʊp, ˈɒnvələʊp/ *n* sobre *m*.

enviable /ˈenvɪəbəl/ *adj* envidiable.

envious /ˈenvɪəs/ *adj*: **he's envious of you** te envidia.

environment /ɪnˈvaɪrənmənt/ *n* 1. (*gen*) entorno *m*. 2. **the environment** (*Ecol*) el medio ambiente.

environmental /ɪnvaɪrənˈmentəl/ *adj* medioambiental.

environmentalist /ɪnvaɪrənˈmentəlɪst/ *n* ecologista *m/f*.

environmentally /ɪnvaɪrənˈmentəlɪ/ *adv* ecológicamente.

envisage /ɪnˈvɪzɪdʒ/ *vt* 1. (*to foresee*) prever. 2. (*to imagine*) imaginar.

envision /ɪnˈvɪʒən/ *vt* (*US*) ⇨ **envisage**.

envoy /ˈenvɔɪ/ *n* enviado -da *m/f*.

envy /ˈenvɪ/ **I** *n* envidia *f*. **II** *vt* [**-vies, -vying, -vied**] envidiar.

enzyme /ˈenzaɪm/ *n* enzima *f*.

epic /ˈepɪk/ *adj* épico -ca.

epidemic /epɪˈdemɪk/ *n* epidemia *f*.

epidural /epɪˈdjʊərəl/ *n* epidural *f*, peridural *f*.

epilepsy /ˈepɪlepsɪ/ *n* epilepsia *f*.

epileptic /epɪˈleptɪk/ *adj* epiléptico -ca: **an epileptic fit** un ataque epiléptico.

epilogue, (*US*) **epilog** /ˈepɪlɒg/ *n* epílogo *m*.

episode /ˈepɪsəʊd/ *n* episodio *m*.

epitaph /ˈepɪtɑːf/ *n* epitafio *m*.

epitomize /ɪˈpɪtəmaɪz/ *vt* ser el perfecto ejemplo de.

equal /ˈiːkwəl/ **I** *adj* igual [S]: **it's equal to two of those** equivale a dos de aquéllos ● **to be equal to the task** estar a la altura de la tarea ● **on equal terms** en igualdad de condiciones. **II** *n* igual *m/f*. **III** *vt* [**equals, equalling, equalled**] 1. (*Maths*): **39 minus 16 equals 23** 39 menos 16 son 23. 2. (*in ability*) igualar.

equal(s) sign *n* signo *m* de igualdad.

equality /ɪˈkwɒlətɪ/ *n* igualdad *f*.

equalize /ˈiːkwəlaɪz/ *vi* empatar.

equally /ˈiːkwəlɪ/ *adv* 1. (*similarly*) igual de: **it is equally useful** es igual de útil. 2. (*in equal parts*) equitativamente.

equate /ɪˈkweɪt/ *vt* equiparar (**with** con).

equation /ɪˈkweɪʒən/ *n* ecuación *f*.

equator /ɪˈkweɪtə/ *n* ecuador *m*.

equatorial /ekwəˈtɔːrɪəl/ *adj* ecuatorial.

equestrian /ɪˈkwestrɪən/ *adj* ecuestre.

equinox /ˈekwɪnɒks/ *n* [**-xes**]

(*Meteo*) equinoccio *m*.

equip /rˈkwɪp/ *vt* [**equips, equipping, equipped**] equipar (**with** con).

equipment /rˈkwɪpmənt/ *n* (*gen*) equipo *m*; (*machinery*) maquinaria *f*.

equitable /ˈekwɪtəbəl/ *adj* equitativo -va.

equities /ˈekwətɪz/ *n pl* acciones *f pl*.

equivalent /rˈkwɪvələnt/ **I** *adj* equivalente (**to** a). **II** *n* equivalente *m* (**of** de).

era /ˈɪərə/ *n* era *f*, época *f*.

eradicate /rˈrædɪkeɪt/ *vt* erradicar.

erase /rˈreɪz/ *vt* borrar.

eraser /rˈreɪzə/ *n* goma *f* (de borrar).

erect /rˈrekt/ *vt* (*a monument*) levantar, erigir; (*a tent*) montar.

erection /rˈrekʃən/ *n* erección *f*.

ermine /ˈɜːmɪn/ *n* armiño *m*.

erode /rˈrəʊd/ *vt* 1. (*Geol*) erosionar. 2. (*power*) debilitar, minar. ♦ *vi* erosionarse.

erosion /rˈrəʊʒən/ *n* 1. (*Geol*) erosión *f*. 2. (*of standards*) deterioro *m*.

erotic /rˈrɒtɪk/ *adj* erótico -ca.

err /ɜː/ *vi* (*frml*) equivocarse.

errand /ˈerənd/ *n* recado *m*, mandado *m*: **to run an errand** hacer un recado ✳ mandado.

erratic /rˈrætɪk/ *adj* irregular.

erroneous /rˈrəʊnɪəs/ *adj* (*frml*) erróneo -nea.

error /ˈerə/ *n* error *m*, equivocación *f*.

erudite /ˈeruːdaɪt/ *adj* erudito -ta.

erupt /rˈrʌpt/ *vi* 1. (*volcano*) entrar en erupción. 2. (*conflict*) estallar.

eruption /rˈrʌpʃən/ *n* 1. (*of volcano*) erupción *f*. 2. (*of violence*) estallido *m*.

escalate /ˈeskəleɪt/ *vi* (*problem*) intensificarse; (*prices*) aumentar.

escalation /eskəˈleɪʃən/ *n* (*of problem*) intensificación *f*; (*of violence*) escalada *f*; (*of prices*) aumento *m*.

escalator /ˈeskəleɪtə/ *n* escalera *f* mecánica.

escapade /ˈeskəpeɪd/ *n* aventura *f*.

escape /rˈskeɪp/ **I** *vi* 1. (*to run away*) fugarse. 2. (*from an accident*): **they escaped unharmed** salieron ilesos. ♦ *vt*: **he escaped punishment** se libró del castigo ● **his name escapes me** no recuerdo su nombre. **II** *n* 1. (*from prison*) fuga *f*. 2. (*in accident*): **I had a narrow escape** me libré por los pelos.

escort I /ɪsˈkɔːt/ *vt* (*gen*) acompañar; (*Mil*) escoltar. **II** /ˈeskɔːt/ *n* (*gen*) acompañante *m/f*; (*Mil*) escolta *f*.

Eskimo /ˈeskɪməʊ/ *adj, n* esquimal *adj, m/f*.

esophagus /iːˈsɒfəgəs/ *n* (*US*) esófago *m*.

especially /ɪˈspeʃəlɪ/ *adv* especialmente.

espionage /ˈespɪənɑːʒ/ *n* espionaje *m*.

esplanade /espləˈneɪd/ *n* paseo *m* marítimo, (*Amér L*) malecón *m*.

essay /ˈeseɪ/ *n* 1. (*in school*) composición *f*, redacción *f* (**on** sobre). 2. (*Lit*) ensayo *m* (**on** sobre).

essence /ˈesəns/ *n* esencia *f*.

essential /rˈsenʃəl/ *adj* esencial.

establish /rˈstæblɪʃ/ *vt* establecer.

establishment /rˈstæblɪʃmənt/ *n* 1. (*action, business*) establecimiento *m*. 2. **the establishment** (*of a country*) el establishment: **he's now a member of the establishment** ahora es parte del sistema; (*of an organization*): **the financial establishment** la élite del mundo financiero.

estate /rˈsteɪt/ *n* 1. (*rural property*) finca *f*. 2. (*inheritance*) bienes *m pl*. 3. (*o* **housing estate**) urbanización *f*. 4. (*o* **estate car**) ranchera *f*.

estate agent *n* agente *m/f* inmobiliario -ria: **the estate agent's** la agencia inmobiliaria.

esteem /rˈstiːm/ *n* estima *f*.

esthetic /iːsˈθetɪk/ *adj* (*US*) estético -ca.

estimate I /ˈestɪmət/ *n* 1. (*for job*) presupuesto *m* (**for** para). 2. (*rough calculation*) cálculo *m* aproximado (**of** de). **II** /ˈestɪmeɪt/ *vt* calcular.

estimation /estɪˈmeɪʃən/ n
1. (*judgement*) opinión f. 2. (*Maths*)
cálculo m.

Estonia /eˈstəʊnɪə/ n Estonia f.

Estonian /eˈstəʊnɪən/ adj, n estonio
-nia adj, m/f.

estranged /ɪˈstreɪndʒd/ adj separado -da.

estuary /ˈestjʊərɪ/ n [-ries] estuario
m.

ETA /iːtiːˈeɪ/ = **estimated time of
arrival**.

etc. /etˈsetərə/ etc.

etch /etʃ/ vt grabar (*al aguafuerte*).

etching /ˈetʃɪŋ/ n aguafuerte m.

eternal /ɪˈtɜːnəl/ adj eterno -na.

eternally /ɪˈtɜːnəlɪ/ adv eterna-
mente, siempre.

eternity /ɪˈtɜːnətɪ/ n eternidad f.

ethical /ˈeθɪkəl/ adj ético -ca.

ethics /ˈeθɪks/ n pl ética f.

ethnic /ˈeθnɪk/ adj étnico -ca.

ethos /ˈiːθɒs/ n valores m pl.

etiquette /ˈetɪket/ n etiqueta f.

EU /iːˈjuː/ n (= **European Union**) UE
f.

eucalyptus /juːkəˈlɪptəs/ n [-tuses
∗ -ti] eucalipto m.

Eucharist /ˈjuːkərɪst/ n Eucaristía f.

euphemistic /juːfəˈmɪstɪk/ adj eufe-
místico -ca.

euphoric /juːˈfɒrɪk/ adj eufórico -ca.

Euro, euro /ˈjʊərəʊ/ n euro m.

Euro-MP /ˈjʊərəʊempiː/ n eurodiputado -da m/f.

Europe /ˈjʊərəp/ n Europa f.

European /jʊərəˈpiːən/ adj, n europeo -pea adj, m/f.

European Monetary System n
Sistema m Monetario Europeo.

European Union n Unión f Europea.

euthanasia /juːθəˈneɪzɪə/ n eutanasia f.

evacuate /ɪˈvækjʊeɪt/ vt evacuar.

evacuation /ɪvækjʊˈeɪʃən/ n
evacuación f.

evade /ɪˈveɪd/ vt 1. (*a question, task*)
eludir. 2. (*taxes*) evadir.

evaluate /ɪˈvæljʊeɪt/ vt evaluar.

evangelist /ɪˈvændʒəlɪst/ n (*Relig*)

evangelista m/f.

evaporate /ɪˈvæpəreɪt/ vi evaporarse. ♦ vt evaporar.

evasion /ɪˈveɪʒən/ n evasión f.

evasive /ɪˈveɪsɪv/ adj evasivo -va.

eve /iːv/ n víspera f.

even /ˈiːvən/ **I** adj 1. (*smooth*) liso
-sa. 2. (*level*) nivelado -da, (*Amér L*)
parejo -ja. 3. (*in game*) igualado -da,
(*Amér L*) parejo -ja ● **I'll get even
with him!** ¡me las pagará! 4. (*temperature, pace*) constante, uniforme;
(*colour*) uniforme. 5. (*Maths*) par. **II**
adv 1. (*gen*) hasta, incluso: **even
Ana knows** hasta Ana lo sabe; **even
when he's asleep** incluso cuando
duerme; (*in expressions*): **even if I
wanted** aunque quisiera; **even so**
aún así; **even though** a pesar de
que. 2. (*with comparative*) aún, todavía: **even better** aún mejor. 3. (*with
negative*): **he didn't even say hello**
ni siquiera me saludó.

to **even out** vt igualar.

even-tempered adj sereno -na.

evening /ˈiːvnɪŋ/ n (*early*) tarde f;
(*after dark*) noche f: **in the evening**
por la tarde/noche; **on Monday
evening** el lunes por la tarde/
noche; **good evening** buenas
tardes/noches.

evening class n clase f nocturna.

evening dress n (*man's*) traje m de
etiqueta; (*woman's*) traje m de
noche.

evenly /ˈiːvənlɪ/ adv (*to spread,
pour*) uniformemente; (*to share*)
equitativamente ● **they are evenly
matched** son del mismo nivel.

event /ɪˈvent/ n (*gen*) acontecimiento m; (*Sport*) prueba f.

eventful /ɪˈventfʊl/ adj lleno -na de
incidentes.

eventual /ɪˈventʃʊəl/ adj: **on his
eventual arrival** cuando final-
mente llegó.

eventually /ɪˈventʃʊəlɪ/ adv final-
mente.

ever /ˈevə/ adv 1. (*at any time*):
more than ever más que nunca; **the
biggest you've ever seen** el más

grande que jamás hayas visto ● **ever since she left** desde que se fue ● **for ever and ever** por siempre jamás. **2.** (*with negative*) nunca: **don't (you) ever say that again** ¡nunca vuelvas a decir eso!; **I hardly ever see her** casi nunca la veo. **3.** (*in questions*) alguna vez: **have you ever been to France?** ¿has estado alguna vez en Francia? **4.** (*for emphasis*): **they were ever so friendly** eran simpatiquísimos.

evergreen /'evəgriːn/ *adj* de hoja perenne.

everlasting /evə'lɑːstɪŋ/ *adj* eterno -na.

every /'evrɪ/ *adj* **1.** (*each*): **every night** todas las noches; **every one was broken** todos estaban rotos; **every time** cada vez. **2.** (*with periods of time*): **every six months** cada seis meses ● **every other day** cada dos días ‖ un día sí y otro no ● **every now and then** de vez en cuando. **3.** (*for emphasis*): **she has every reason to be angry** tiene sobradas razones para estar enfadada.

everybody /'evrɪbɒdɪ/ *pron* todo el mundo, todos -das.

everyday /'evrɪdeɪ/ *adj* (*gen*) de todos los días; (*clothes*) de diario.

everyone /'evrɪwʌn/ *pron* ⇨ **everybody**.

everything /'evrɪθɪŋ/ *pron* todo.

everywhere /'evrɪweə/ *adv*: **I go everywhere by car** voy a todas partes en coche; **I've looked everywhere** he buscado por todas partes; **it's raining everywhere** está lloviendo en todas partes.

evict /ɪ'vɪkt/ *vt* desahuciar, desalojar.

eviction /ɪ'vɪkʃən/ *n* desahucio *m*, desalojo *m*.

evidence /'evɪdəns/ *n* **1.** (*proof*) pruebas *f pl*; (*of witness*) declaración *f*: **to give evidence** prestar declaración. **2.** (*signs*) indicios *m pl*.

evident /'evɪdənt/ *adj* evidente [S], claro -ra [E].

evil /'iːvəl/ **I** *adj* malo -la. **II** *n* mal *m*.

evocative /ɪ'vɒkətɪv/ *adj* evocador -dora.

evoke /ɪ'vəʊk/ *vt* evocar.

evolution /iːvə'luːʃən/ *n* evolución *f*.

evolve /ɪ'vɒlv/ *vi* (*Biol*) evolucionar; (*to develop*) desarrollarse. ♦ *vt* desarrollar.

ewe /juː/ *n* oveja *f*.

ex- /eks/ *pref* ex: **my ex-husband** mi ex marido.

exacerbate /ɪg'zæsəbeɪt/ *vt* exacerbar.

exact /ɪg'zækt/ **I** *adj* exacto -ta. **II** *vt* exigir.

exacting /ɪg'zæktɪŋ/ *adj* (*employer, supervisor*) exigente; (*task*) que exige mucho; (*standards*) riguroso -sa.

exactly /ɪg'zæktlɪ/ *adv* exactamente.

exactness /ɪg'zæktnəs/ *n* exactitud *f*.

exaggerate /ɪg'zædʒəreɪt/ *vt/i* exagerar.

exaggeration /ɪgzædʒə'reɪʃən/ *n* exageración *f*.

exam /ɪg'zæm/ *n* examen *m* (**in** de): **to take an exam** presentarse a un examen.

examination /ɪgzæmɪ'neɪʃən/ *n* **1.** (*Educ*) examen *m* (**in** de). **2.** (*Med*) reconocimiento *m*.

examine /ɪg'zæmɪn/ *vt* (*gen*) examinar; (*Med*) reconocer.

examiner /ɪg'zæmɪnə/ *n* examinador -dora *m/f*.

example /ɪg'zɑːmpəl/ *n* ejemplo *m*: **for example** por ejemplo; **to set an example** dar ejemplo.

exasperate /ɪg'zɑːspəreɪt/ *vt* exasperar.

excavate /'ekskəveɪt/ *vt/i* excavar.

excavation /ekskə'veɪʃən/ *n* excavación *f*.

excavator /'ekskəveɪtə/ *n* excavadora *f*.

exceed /ɪk'siːd/ *vt* (*an amount*) exceder; (*a limit*) sobrepasar.

exceedingly /ɪk'siːdɪŋlɪ/ *adv* extremadamente.

excel /ek'sel/ *vi* [**-cels, celling,**

-celled] sobresalir (**at ✳ in** en), destacar (**at ✳ in** en). ♦ *vt:* **to excel oneself** lucirse.

excellence /'eksələns/ *n* excelencia *f.*

excellent /'eksələnt/ *adj* excelente.

except /ɪk'sept/ *prep, conj* menos, excepto.

exception /ɪk'sepʃən/ *n* excepción *f:* **with the exception of** a excepción de ● **to take exception to sthg** ofenderse por algo.

exceptional /ɪk'sepʃənəl/ *adj* excepcional.

excerpt /'eksɜ:pt/ *n* pasaje *m.*

excess I /ɪk'ses/ *n* [**-cesses**] **1.** (*surplus*) exceso *m:* **in excess of** más de; **to excess** en exceso. **2.** (*abuse*) exceso *m.* **II** /'ekses/ *adj* excedente.

excess baggage *n* exceso *m* de equipaje.

excessive /ɪk'sesɪv/ *adj* excesivo -va.

exchange /ɪks'tʃeɪndʒ/ **I** *n* **1.** (*swap*) intercambio *m.* **2.** (*of currency*) cambio *m.* **3.** (*Educ*) intercambio *m.* **4.** (*Telec*) central *f* telefónica. **II** *vt* cambiar (**for** por).

Exchequer /ɪks'tʃekə/ *n* Hacienda *f* Pública, tesoro *m* público.

excite /ɪk'saɪt/ *vt* **1.** (*to make enthusiastic*) entusiasmar, emocionar. **2.** (*to make nervous*) excitar, poner nervioso -sa.

excitement /ɪk'saɪtmənt/ *n* (*enthusiasm*) entusiasmo *m;* (*nervousness*) excitación *f.*

exciting /ɪk'saɪtɪŋ/ *adj* (*adventure*) emocionante; (*discovery*) interesante.

exclaim /ɪk'skleɪm/ *vt* exclamar.

exclamation /eksklə'meɪʃən/ *n* exclamación *f.*

exclamation mark ✳ (*US*) **point** *n* signo *m* de admiración.

exclude /ɪk'sklu:d/ *vt* excluir (**from** de).

excluding /ɪk'sklu:dɪŋ/ *prep* **1.** (*except*) excepto. **2.** (*without including*) sin contar.

exclusion /ɪk'sklu:ʒən/ *n* (*prohibi-* *tion*) exclusión *f.*

exclusive /ɪk'sklu:sɪv/ **I** *adj* **1.** (*club, rights*) exclusivo -va. **2.** **exclusive of** (*not including*) sin incluir. **II** *n* exclusiva *f.*

excommunicate /ekskə'mju:nɪ- keɪt/ *vt* excomulgar.

excommunication /ekskəmju:- nɪ'keɪʃən/ *n* excomunión *f.*

excruciating /ɪk'skru:ʃɪeɪtɪŋ/ *adj* insoportable.

excursion /ɪk'skɜ:ʃən/ *n* excursión *f.*

excusable /ɪk'skju:zəbəl/ *adj* perdonable.

excuse I /ɪk'skju:s/ *n* (*justification*) excusa *f.* **II excuses** *n pl* (*apologies*) disculpas *fpl:* **he made his excuses** se disculpó. **III** /ɪk'skju:z/ *vt* **1.** (*to forgive*) perdonar: **excuse me** perdón. **2.** (*to justify*) justificar. **3.** (*to exempt*) eximir (**from** de).

execute /'eksɪkju:t/ *vt* **1.** (*a person*) ejecutar. **2.** (*a plan*) ejecutar; (*an order*) cumplir.

execution /eksɪ'kju:ʃən/ *n* ejecución *f.*

executioner /eksɪ'kju:ʃənə/ *n* verdugo *m.*

executive /eg'zekjutɪv/ *adj, n* ejecutivo -va *adj, m/f.*

exemplify /ɪg'zemplɪfaɪ/ *vt* [**-fies, -fying, -fied**] ejemplificar.

exempt /ɪg'zempt/ **I** *adj* exento -ta (**from** de). **II** *vt* eximir (**from** de).

exemption /ɪg'zempʃən/ *n* exención *f* (**from** de).

exercise /'eksəsaɪz/ **I** *n* ejercicio *m.* **II** *vt* **1.** (*a right*) ejercer. **2.** (*a muscle, dogs*) ejercitar. ♦ *vi* hacer ejercicio.

exercise book *n* cuaderno *m.*

exert /ɪg'zɜ:t/ *vt* **1.** (*pressure*) ejercer (**on** sobre). **2.** (*to make an effort*): **to exert oneself** esforzarse.

exertion /ɪg'zɜ:ʃən/ *n* esfuerzo *m.*

exhale /eks'heɪl/ *vi* espirar.

exhaust /ɪg'zɔ:st/ *n* (*o* **exhaust pipe**) tubo *m* de escape, (*RP*) caño *m* de escape.

exhausted /ɪg'zɔ:stɪd/ *adj* agotado -da.

exhausting /ɪgˈzɔːstɪŋ/ *adj* agotador -dora.

exhaustion /ɪgˈzɔːstʃən/ *n* agotamiento *m*.

exhibit /ɪgˈzɪbɪt/ **I** *n* (*object*) pieza en exposición; (*US: exhibition*) exposición *f*. **II** *vt* **1.** (*Art*) exponer. **2.** (*a symptom*) presentar; (*a feeling*) dar muestras de.

exhibition /eksɪˈbɪʃən/ *n* exposición *f*.

exhilarating /ɪgˈzɪləreɪtɪŋ/ *adj* excitante.

exile /ˈeksaɪl/ *n* **1.** (*situation*) exilio *m*: **in exile** en el exilio; **to go into exile** exiliarse. **2.** (*person*) exiliado -da *m/f*.

exist /ɪgˈzɪst/ *vi* existir.

existence /ɪgˈzɪstəns/ *n* existencia *f*.

existing /ɪgˈzɪstɪŋ/ *adj* existente.

exit /ˈeksɪt/ **I** *n* salida *f*. **II** *vi* salir.

exodus /ˈeksədəs/ *n* éxodo *m*.

exonerate /ɪgˈzɒnəreɪt/ *vt* exonerar (**from** de).

exotic /ɪgˈzɒtɪk/ *adj* exótico -ca.

expand /ɪkˈspænd/ *vi* **1.** (*gen*) crecer, expandirse. **2.** (*Phys: solid*) dilatarse; (*: gas*) expandirse.

to expand on *vt* ampliar, extenderse sobre.

expandable /ɪkˈspændəbəl/ *adj* extensible.

expanse /ɪkˈspæns/ *n* extensión *f*.

expansion /ɪkˈspænʃən/ *n* (*gen*) expansión *f*; (*of solid*) dilatación *f*.

expect /ɪkˈspekt/ *vt* **1.** (*to anticipate*) esperar: **I didn't expect so many** no me esperaba tantos; **he didn't expect me to read it** no esperaba que lo leyera yo; **I'm expecting a call** estoy esperando una llamada. **2.** (*to imagine*) suponer, imaginarse: **I expect he'll be back** me imagino que volverá. **3.** (*to require*): **we expect you to arrive on time** esperamos que sea usted puntual. ♦ *vi*: **she's expecting** está embarazada.

expectancy /ɪkˈspektənsɪ/ *n* expectación *f*.

expectant /ɪkˈspektənt/ *adj* **1.** (*hopeful*) expectante. **2.** (*mother*) embarazada.

expectantly /ɪkˈspektəntlɪ/ *adv* con expectación.

expectation /ekspekˈteɪʃən/ *n* expectativa *f*.

expediency /ɪkˈspiːdɪənsɪ/ *n* conveniencia *f*.

expedient /ɪkˈspiːdɪənt/ *adj* conveniente.

expedition /ekspɪˈdɪʃən/ *n* expedición *f*.

expel /ɪkˈspel/ *vt* [**-pels, -pelling, -pelled**] expulsar.

expendable /ɪkˈspendəbəl/ *adj* prescindible.

expenditure /ɪkˈspendɪtʃə/ *n* (*action*) gasto *m*; (*amount*) gastos *m pl*.

expense /ɪkˈspens/ *n* gasto *m*: **travelling expenses** gastos de viaje; **at her own expense** de su propio bolsillo ● **a joke at my expense** una broma a costa mía.

expensive /ɪkˈspensɪv/ *adj* caro -ra.

experience /ɪkˈspɪərɪəns/ **I** *n* experiencia *f*. **II** *vt* (*a pain, feeling*) sufrir, experimentar; (*a delay*) sufrir.

experienced /ɪkˈspɪərɪənst/ *adj* experimentado -da.

experiment /ɪkˈsperɪmənt/ **I** *n* experimento *m*. **II** *vi* experimentar (**with** con; **on** con).

experimental /ɪksperɪˈmentəl/ *adj* experimental.

expert /ˈekspɜːt/ *adj*, *n* experto -ta *adj*, *m/f* (**on/in** en).

expertise /ekspɜːˈtiːz/ *n* pericia *f*.

expire /ɪkˈspaɪə/ *vi* caducar.

expiry /ɪkˈspaɪərɪ/ *n* caducidad *f*: **expiry date** fecha de vencimiento * caducidad.

explain /ɪkˈspleɪn/ *vt* explicar.

to explain away *vt* justificar.

explanation /ekspləˈneɪʃən/ *n* explicación *f*.

explanatory /ɪkˈsplænətərɪ/ *adj* explicativo -va.

explicit /ɪkˈsplɪsɪt/ *adj* explícito -ta.

explode /ɪkˈspləʊd/ *vi* estallar, explotar.

exploit I /ˈeksplɔɪt/ *n* hazaña *f*. **II** /ɪkˈsplɔɪt/ *vt* explotar.

exploitation /eksplɔɪˈteɪʃən/ n explotación f.

exploration /ekspləˈreɪʃən/ n exploración f.

exploratory /ɪkˈsplɒrətərɪ/ adj exploratorio -ria.

explore /ɪkˈsplɔː/ vt explorar.

explorer /ɪkˈsplɔːrə/ n explorador -dora m/f.

explosion /ɪkˈspləʊʒən/ n explosión f.

explosive /ɪkˈspləʊsɪv/ I adj explosivo -va. II n explosivo m.

export I /ekˈspɔːt/ vt exportar. II /ˈekspɔːt/ n 1. (trade) exportación f. 2. (item) producto m de exportación.

exporter /ekˈspɔːtə/ n exportador -dora m/f.

expose /ɪkˈspəʊz/ vt 1. (to light, radiation) exponer (to a). 2. (a person) desenmascarar; (a secret) descubrir.

exposé /ɪkˈspəʊzeɪ/ n revelación f.

exposure /ɪkˈspəʊʒə/ n 1. (to light, radiation) exposición f (to a). 2. (Med): **he died of exposure** murió de frío. 3. (of secret) revelación f.

expound /ɪkˈspaʊnd/ vt (frml) exponer.

express /ɪkˈspres/ I n [-presses] (train) expreso m, rápido m. II adv (to send) por correo urgente. III adj (train, bus) rápido -da, expreso -sa. IV vt expresar.

expression /ɪkˈspreʃən/ n expresión f.

expressionless /ɪkˈspreʃənləs/ adj inexpresivo -va.

expressway /ɪkˈspresweɪ/ n (US) autopista f.

expropriate /eksˈprəʊprɪeɪt/ vt expropiar.

expulsion /ɪkˈspʌlʃən/ n expulsión f.

exquisite /ˈekskwɪzɪt/ adj exquisito -ta.

extend /ɪkˈstend/ vi 1. (in space) extenderse. 2. (in time) prolongarse. ♦ vt 1. (a house) ampliar; (a road) prolongar. 2. (a visit) prolongar.

3. (an arm) extender. 4. (to offer): **to extend an invitation to** invitar a.

extension /ɪkˈstenʃən/ n 1. (Telec) extensión f, (Chi) anexo m. 2. (to building) anexo m. 3. (more time) prórroga f.

extension cable * **lead** n alargadera f.

extensive /ɪkˈstensɪv/ adj 1. (coverage) amplio -plia; (damage) de consideración, importante. 2. (area) extenso -sa. 3. (search) exhaustivo -va.

extent /ɪkˈstent/ n 1. (of problem) alcance m. 2. (amount) punto m: **to some extent** hasta cierto punto.

extenuating circumstances /eksˈtenjʊeɪtɪŋ ˈsɜːkəmstænsɪz/ n pl circunstancias f pl atenuantes.

exterior /ɪkˈstɪərɪə/ I n (of building) exterior m; (of person): **underneath that calm exterior** tras esa apariencia de calma. II adj exterior, externo -na.

exterminate /ɪkˈstɜːmɪneɪt/ vt exterminar.

extermination /ɪkstɜːmɪˈneɪʃən/ n exterminio m.

external /ekˈstɜːnəl/ adj externo -na.

externally /ekˈstɜːnəlɪ/ adv por fuera.

extinct /ekˈstɪŋkt/ adj extinto -ta [E].

extinction /ɪkˈstɪŋkʃən/ n extinción f.

extinguish /ɪkˈstɪŋgwɪʃ/ vt extinguir.

extinguisher /ɪkˈstɪŋgwɪʃə/ n extintor m (de incendios).

extol /ɪkˈstəʊl/ vt [-tols, -tolling, -tolled] (US) **extoll** encomiar.

extort /ɪkˈstɔːt/ vt sacar (from a).

extortion /ɪkˈstɔːʃən/ n extorsión f.

extortionate /ɪkˈstɔːʃənət/ adj abusivo -va.

extra /ˈekstrə/ I adj (additional): **the extra work** el trabajo adicional; I **bought an extra onion** compré una cebolla de más; **at no extra charge** sin recargo; (unused): **the extra apples** las manzanas que sobran. II *adv*: **extra fast** rapidísimo; **it costs extra** hay que pagarlo aparte. III *n* 1. (*item*) extra *m*. 2. (*in film*) extra *m/f*.

extra time *n* prórroga *f*.

extract I /'ekstrækt/ *n* 1. (*from text*) fragmento *m*. 2. (*Culin, Chem*) extracto *m*. II /ɪk'strækt/ *vt* extraer, sacar.

extraction /ɪk'strækʃən/ *n* 1. (*removal*) extracción *f*. 2. (*descent*) origen *m*.

extractor fan /ɪk'stræktə fæn/ *n* extractor *m* (de aire).

extradite /'ekstrədaɪt/ *vt* extraditar.

extramarital /ekstrə'mærɪtəl/ *adj* extramatrimonial.

extraordinary /ɪk'strɔːdənrɪ/ *adj* extraordinario -ria, increíble.

extrapolate /ek'stræpəleɪt/ *vt* extrapolar.

extraterrestrial /ekstrətə'restrɪəl/ *adj, n* extraterrestre *adj, m/f*.

extravagance /ɪk'strævəgəns/ *n* derroche *m*.

extravagant /ɪk'strævəgənt/ *adj* 1. (*with money*) derrochador -dora. 2. (*costume*) extravagante.

extreme /ɪk'striːm/ I *adj* (*measures*) extremo -ma; (*Pol*): **the extreme left** la extrema izquierda; (*ideas*) extremado -da. II *n* extremo *m*.

extremely /ɪk'striːmlɪ/ *adv* sumamente.

extremist /ɪk'striːmɪst/ *adj, n* extremista *adj, m/f*.

extremity /ɪk'stremətɪ/ I *n* [**-ties**] (*end*) extremo *m*. II **extremities** *n pl* (*Anat*) extremidades *f pl*.

extricate /'ekstrɪkeɪt/ *vt* sacar (*con dificultad*): **to extricate oneself from a situation** salir con dificultad de una situación.

extrovert /'ekstrəvɜːt/ *adj, n* extrovertido -da *adj, m/f*.

exuberant /ɪg'zjuːbərənt/ *adj* eufórico -ca.

exude /ɪg'zjuːd/ *vt* 1. (*a fluid*) exudar. 2. (*confidence*) rebosar.

eye /aɪ/ I *n* ojo *m* ● **I couldn't believe my eyes** no daba crédito a mis ojos ● **keep an eye on him** vigílalo ● **I turned a blind eye to it** hice la vista gorda ● **with the naked eye** a simple vista ● **it caught my eye** me llamó la atención ● **they don't see eye to eye** no son de la misma opinión ● **I'm up to my eyes in work** estoy hasta arriba de trabajo. II *vt* [**eyes, eyeing, eyed**] mirar (*de soslayo*).

eyeball *n* globo *m* ocular. **eyebrow** *n* ceja *f*. **eye-catching** *adj* llamativo -va. **eyelash** *n* pestaña *f*. **eyelid** *n* párpado *m*. **eyeliner** *n* lápiz *m* de ojos. **eye-opener** *n* revelación *f*. **eye shadow** *n* sombra *f* de ojos. **eyesight** *n* vista *f*. **eyestrain** *n* vista *f* cansada. **eyewitness** *n* testigo *m/f* presencial * ocular.

eyrie /'ɪərɪ/ *n* aguilera *f*.

F (= **Fahrenheit**) F.

f /fiː/ *n* (/ (= **female**) m (= mujer).

FA /efeɪ/ *n* = **Football Association**.

fable /'feɪbəl/ *n* fábula *f*.

fabric /'fæbrɪk/ *n* 1. (*cloth*) tela *f*, tejido *m*. 2. (*of building*) estructura *f*.

fabrication /fæbrɪ'keɪʃən/ *n* 1. (*manufacture*) fabricación *f*. 2. (*lie*) invención *f*.

fabulous /'fæbjʊləs/ *adj* fabuloso -sa.

façade, facade /fə'sɑːd/ *n* fachada *f*.

face /feɪs/ I *n* 1. (*Anat*) cara *f*; (*expression*) expresión *f*: **to make * pull faces** hacer muecas ● **face down/up** boca abajo/arriba ● **in**

the face of criticism/danger ante las críticas/frente al peligro ● **to save face** guardar las apariencias. 2. (of clock) esfera f; (of coin) cara f ● **to disappear off the face of the earth** desaparecer de la faz de la tierra. II vt 1. (building): **it faces south** da al sur. 2. (to confront) enfrentarse a.

to **face up to** vt (to confront) hacer frente a; (to accept) aceptar.

face cloth n toallita f (para lavarse).

face-lift n (cosmetic) lifting m; (Archit) remozamiento m. **face value** n valor m nominal ● **he took it at face value** lo creyó sin más.

facet /ˈfæsɪt/ n faceta f.

facetious /fəˈsiːʃəs/ adj: **don't be facetious!** ¡no te hagas el gracioso!

facial /ˈfeɪʃəl/ adj facial.

facile /ˈfæsaɪl/ adj superficial.

facilitate /fəˈsɪlɪteɪt/ vt facilitar.

facility /fəˈsɪləti/ I n [-ties] 1. (skill) facilidad f (for para). 2. (Inform) función f. II **facilities** n pl 1. (Mil, Sport) instalaciones f pl. 2. (Fin) facilidades f pl.

facing /ˈfeɪsɪŋ/ prep frente a.

facsimile /fækˈsɪməli/ n facsímil m.

fact /fækt/ n hecho m ● **in fact** de hecho ● **to know for a fact** saber a ciencia cierta.

faction /ˈfækʃən/ n facción f.

factor /ˈfæktə/ n factor m.

factory /ˈfæktəri/ n [-ries] fábrica f.

factory farming n ganadería f intensiva.

factual /ˈfæktʃʊəl/ adj que se ciñe a los hechos.

faculty /ˈfækəlti/ n [-ties] facultad f.

fad /fæd/ n (fashion) moda f pasajera; (personal whim) manía f.

fade /feɪd/ vi 1. (cloth) descolorarse, desteñir. 2. (sound, hope) desvanecerse.

faded /ˈfeɪdɪd/ adj (clothes) descolorido -da, desteñido -da; (flowers) marchito -ta.

faeces /ˈfiːsiːz/ n pl heces f pl.

fag /fæg/ n (fam: cigarette) pitillo m.

fail /feɪl/ I n (Educ) suspenso m (in en), (Amér L) reprobado m (in en) ● **without fail** sin falta. II vt 1. (a test, student) suspender, (Amér L) reprobar. 2. (to let down) fallar. ♦ vi 1. (Educ) suspender (in en), (Amér L) reprobar (in en). 2. (person, venture) fracasar (in en). 3. (brakes) fallar. 4. **to fail to: he failed to reply** no contestó.

failing /ˈfeɪlɪŋ/ n defecto m.

failure /ˈfeɪljə/ n 1. (of plan, venture) fracaso m; (person) fracasado -da m/f. 2. (Tec) fallo m.

faint /feɪnt/ I adj 1. (sound, light) débil; (smell, resemblance) ligero -ra; (chance) remoto -ta. 2. (Med): **to feel faint** estar mareado -da. II n desmayo m. III vi desmayarse.

fair /feə/ I n feria f. II adv: **to play fair** jugar limpio. III adj 1. (just) justo -ta. 2. (hair) rubio -bia; (skin) blanco -ca. 3. (considerable) considerable. 4. (weather) bueno -na.

fairground n recinto m ferial.

fairly /ˈfeəli/ adv 1. (quite) bastante. 2. (justly) con justicia.

fairness /ˈfeənəs/ n justicia f.

fairy /ˈfeəri/ n [-ries] hada f★.

fairytale n cuento m de hadas.

faith /feɪθ/ n (in person, plan) confianza f (in en); (Relig) fe f (in en).

faithful /ˈfeɪθfʊl/ adj 1. (friend) leal [S]; (spouse) fiel [S] (to a). 2. (copy, account) fiel [S].

faithfully /ˈfeɪθfʊli/ adv 1. (to serve) fielmente. 2. (in letter): **Yours faithfully** Le saluda atentamente.

fake /feɪk/ I adj falso -sa. II n (person) impostor -tora m/f; (painting) falsificación f. III vt 1. (a document) falsificar. 2. (a pain): **I faked a headache** fingí tener dolor de cabeza. ♦ vi fingir.

falcon /ˈfɔːlkən/ n halcón m.

Falklands /ˈfɔːlkləndz/ n pl (o **Falkland Islands**) (islas f pl) Malvinas f pl.

fall /fɔːl/ I n 1. (of person) caída f; (of snow) nevada f. 2. (of temperature, speed) descenso m (in de); (of price) caída f (in de). 3. (US: season) otoño *m*. **II** *falls n pl* (*Geog*) cataratas *f pl*. **III** *vi* [**falls, falling, fell,** *pp* **fallen**] **1.** (*person, object*) caerse; (*price*) caer, bajar; (*temperature*) bajar. **2.** (*government*) caer. **3.** (*to become*): **to fall asleep** quedarse dormido -da; **to fall ill** enfermar.

to **fall apart** *vi* caerse a pedazos. *to* **fall back on** *vt* recurrir a. *to* **fall behind** *vi* atrasarse. *to* **fall down** *vi* (*person*) caerse; (*building*) derrumbarse. *to* **fall for** *vt* **1.** (*a trick*) tragarse. **2.** (*a person*) enamorarse de. *to* **fall in with** *vt* juntarse con. *to* **fall off** *vi* **1.** (*person, object*) caerse. **2.** (*demand*) disminuir. ♦ *vt* caerse de. *to* **fall out** *vi* **1.** (*gen*) caerse. **2.** (*with friend*) reñir. *to* **fall over** *vi* caerse. *to* **fall through** *vi* no llegar a nada.

fallacy /ˈfæləsɪ/ *n* [**-cies**] falacia *f*.

fallen /ˈfæləbəl/ *pp* ⇨ **fall**.

fallible /ˈfæləbəl/ *adj* falible.

fallout /ˈfɔːlaʊt/ *n* lluvia *f* radiactiva.

fallout shelter *n* refugio *m* antiatómico.

fallow /ˈfæləʊ/ *adj* en barbecho.

false /fɔːls/ *adj* **1.** (*untrue*) falso -sa. **2.** (*artificial*) postizo -za.

false alarm *n* falsa alarma *f*. **false teeth** *n pl* dentadura *f* postiza.

falsify /ˈfɔːlsɪfaɪ/ *vt* [**-fies, -fying, -fied**] falsificar.

falter /ˈfɔːltə/ *vi* flaquear.

fame /feɪm/ *n* fama *f*.

familiar /fəˈmɪlɪə/ *adj* **1.** (*recognizable*) familiar; (*well-known*) conocido -da. **2.** (*with facts*) familiarizado -da.

familiarize /fəˈmɪlɪəraɪz/ *vt* familiarizar.

family /ˈfæməlɪ/ **I** *n* [**-lies**] familia *f*. **II** *adj* familiar.

family doctor *n* médico -ca *m/f* de cabecera. **family planning** *n* planificación *f* familiar. **family tree** *n* árbol *m* genealógico.

famine /ˈfæmɪn/ *n* hambruna *f*.

famished /ˈfæmɪʃt/ *adj* (*fam*) muerto -ta de hambre.

famous /ˈfeɪməs/ *adj* famoso -sa

(**for** por).

fan /fæn/ **I** *n* **1.** (*hand-held*) abanico *m*; (*electric*) ventilador *m*. **2.** (*of singer*) admirador -ra *m/f*; (*of team*) hincha *m/f*. **II** *vt* [**fans, fanning, fanned**] (*a person*) abanicar; (*a fire, feelings*) avivar.

to **fan out** *vi* desplegarse.

fan belt *n* correa *f* del ventilador.

fanatic /fəˈnætɪk/ *n* fanático -ca *m/f*.

fanatical /fəˈnætɪkəl/ *adj* fanático -ca.

fanaticism /fəˈnætɪsɪzəm/ *n* fanatismo *m*.

fanciful /ˈfænsɪfʊl/ *adj* descabellado -da, extravagante.

fancy /ˈfænsɪ/ **I** *vt* [**-cies, -cying, -cied**] **1.** (*a drink, walk*): **I fancy a coffee** me apetece un café; (*fam: a person*): **he fancies you** le gustas. **2.** (*in exclamations*): **fancy losing it!** ¡mira que perderlo! **II** *n*: **to take a fancy to** (*a person*) tomarle cariño a, (*a thing*) encapricharse de. **III** *adj* (*expensive*) de lujo; (*elaborate*) elaborado -da.

fancy dress *n* disfraz *m*.

fanfare /ˈfænfeə/ *n* fanfarria *f*.

fang /fæŋ/ *n* colmillo *m*.

fanny pack /ˈfænɪ pæk/ *n* (*US*) riñonera *f*.

fantasize /ˈfæntəsaɪz/ *vi* fantasear, soñar (**about** con).

fantastic /fænˈtæstɪk/ *adj* fantástico -ca.

fantasy /ˈfæntəsɪ/ *n* [**-sies**] fantasía *f*.

far /fɑː/ [**farther ∗ further, farthest ∗ furthest**] **I** *adv* **1.** (*a long way*) lejos: **is it far from here to Bath?** ¿Bath está lejos de aquí?; **how far did he get?** ¿hasta dónde llegó?; **as far as my house** hasta mi casa; **far away** lejos ● **not as far as I know** que yo sepa, no. **2.** (+ *to go*): **that boy will go far** ese chico llegará lejos; **one bottle won't go far** una botella no va a dar para mucho ● **to go too far** ir demasiado lejos. **3.** (*in time*): **so far** hasta ahora. **4.** (*with comparatives*) mucho: **it's far shorter** es mucho más corto; (*with super-*

latives): **it's by far the longest** es el más largo, y con mucho.

II *adj* **1**. (*distant*): **on the far side** en el otro lado; **in the far north** en el extremo norte. **2**. (*Pol*): **the far right** la extrema derecha.

faraway *adj* **1**. (*place*) lejano -na. **2**. (*expression*) ausente. **Far East** *n* Extremo * Lejano Oriente *m*. **far-fetched** *adj* inverosímil. **far-flung** *adj* remoto -ta. **far-reaching** *adj* de mucha envergadura. **far-sighted** *adj* precavido -da [S].

farce /fɑ:s/ *n* farsa *f*.

farcical /ˈfɑ:sɪkəl/ *adj* absurdo -da.

fare /feə/ *n* **1**. (*Transp*) (precio *m* del) billete *m*. **2**. (*food*) comida *f*.

farewell /feəˈwel/ **I** *excl* ¡adiós! **II** *n* despedida *f*.

farm /fɑ:m/ **I** *n* (*gen*) granja *f*; (*large*) hacienda *f*, (*RP*) estancia *f*. **II** *vi* trabajar la tierra. ♦ *vt* (*a crop*) cultivar; (*cattle*) criar.

farm hand *n* peón *m*. **farmhouse** *n* casa *f* de labranza. **farmyard** *n* patio *m* de granja.

farmer /ˈfɑ:mə/ *n* granjero -ra *m/f*.

farming /ˈfɑ:mɪŋ/ **I** *n* (*of crops*) agricultura *f*; (*of stock*) ganadería *f*. **II** *adj* agrícola.

fart /fɑ:t/ *vi* (*fam*) tirarse un pedo.

farther /ˈfɑ:ðə/ *adv* más lejos.

farthest /ˈfɑ:ðest/ **I** *adj* el más lejano, la más lejana. **II** *adv* más lejos.

fascinate /ˈfæsɪneɪt/ *vt* fascinar.

fascinating /ˈfæsɪneɪtɪŋ/ *adj* fascinante.

fascism /ˈfæʃɪzəm/ *n* fascismo *m*.

fascist /ˈfæʃɪst/ *adj*, *n* fascista *adj*, *m/f*.

fashion /ˈfæʃən/ *n* **1**. (*Clothing*) moda *f*: **to come into fashion** ponerse de moda; **to go out of fashion** pasar de moda. **2**. (*way*) modo *m*.

fashion parade * **show** *n* desfile *m* * pase *m* de modelos.

fashionable /ˈfæʃənəbəl/ *adj* de moda.

fast /fɑ:st/ **I** *adj* **1**. (*car, runner*) rápido -da. **2**. (*clock*) adelantado -da.

3. (*dye*) que no destiñe. **II** *adv* **1**. (*quickly*) rápido, rápidamente. **2**. (*for emphasis*): **he's fast asleep** está profundamente dormido; **it's stuck fast** está atascado. **III** *vi* ayunar.

fasten /ˈfɑ:sən/ *vt* **1**. (*papers*) sujetar. **2**. (*a seat belt*) abrochar. **3**. (*to shut*) cerrar.

fastener /ˈfɑ:sənə/ *n* cierre *m*.

fastidious /fæˈstɪdɪəs/ *adj* **1**. (*over detail*) meticuloso -sa. **2**. (*demanding*) exigente.

fat /fæt/ **I** *adj* [**fatter, fattest**] **1**. (*person, animal*) gordo -da; (*book*) grueso -sa. **2**. (*profit*) pingüe, grande. **II** *n* (*Anat*) grasa *f*; (*Culin: in food*) materia *f* grasa; (: *on meat*) grasa *f*.

fatal /ˈfeɪtl/ *adj* **1**. (*Med*) mortal. **2**. (*mistake*) gravísimo -ma.

fatality /fəˈtælɪtɪ/ *n* [**-ties**] víctima *f* (mortal).

fate /feɪt/ *n* destino *m*.

fated /ˈfeɪtɪd/ *adj* predestinado -da.

fateful /ˈfeɪtful/ *adj* fatídico -ca.

father /ˈfɑ:ðə/ **I** *n* padre *m*. **II** *vt* engendrar.

Father Christmas *n* Papá *m* Noel. **father-in-law** *n* [**fathers-in-law**] suegro *m*. **fatherland** *n* patria *f*.

fatherhood /ˈfɑ:ðəhud/ *n* paternidad *f*.

fatherly /ˈfɑ:ðəlɪ/ *adj* paternal.

fathom /ˈfæðəm/ **I** *n* (*Naut*) braza *f*. **II** *vt* (*o* **fathom out**) descifrar.

fatigue /fəˈti:g/ *n* cansancio *m*, fatiga *f*.

fatten /ˈfætən/, **fatten up** *vt* engordar.

fatty /ˈfætɪ/ *adj* [**-tier, -tiest**] graso -sa.

fatuous /ˈfætjʊəs/ *adj* fatuo -tua.

faucet /ˈfɔ:sɪt/ *n* (*US*) grifo *m*, (*Amér L*) llave *f*, (*RP*) canilla *f*.

fault /fɔ:lt/ *n* **1**. (*of character*) defecto *m*. **2**. (*in goods*) defecto *m*. **3**. (*for mistake*) culpa *f*. **4**. (*Geol*) falla *f*. **5**. (*in tennis*) falta *f*.

faulty /ˈfɔ:ltɪ/ *adj* [**-tier, -tiest**] defectuoso -sa.

fauna /ˈfɔːnə/ n fauna f.

faux pas /fəʊ ˈpɑː/ n inv metedura f de pata.

favour, (US) **favor** /ˈfeɪvə/ I n 1. (kind act) favor m: **can you do me a favour?** ¿puedes hacerme un favor? 2. (approval): **he's out of favour** ha caído en desgracia. 3. **in favour of** a favor de. II vt 1. (to benefit) favorecer. 2. (to prefer) estar a favor de.

favourable, (US) **favorable** /ˈfeɪvərəbəl/ adj favorable.

favourite, (US) **favorite** /ˈfeɪvərɪt/ adj, n favorito -ta adj, m/f, preferido -da adj, m/f.

fawn /fɔːn/ n 1. (Zool) cervato m. 2. (colour) marrón m claro.

to fawn on vt adular.

fax /fæks/ n I [-xes] fax m. II vt enviar por fax.

FBI /ɛfbiːˈaɪ/ n (in US) = **Federal Bureau of Investigation**.

fear /fɪə/ I n miedo m: **he has a fear of bats** los murciélagos le dan miedo ● **there's no fear of that** no hay peligro de eso. II vt temer. ♦ vi temer (**for** por).

fearful /ˈfɪəfʊl/ adj 1. (terrible) espantoso -sa. 2. (afraid) temeroso -sa.

fearless /ˈfɪələs/ adj valeroso -sa.

fearlessly /ˈfɪələslɪ/ adv sin temor.

fearsome /ˈfɪəsəm/ adj terrible, pavoroso -sa.

feasibility /fiːzəˈbɪlɪtɪ/ n viabilidad f.

feasible /ˈfiːzəbəl/ adj viable, factible.

feast /fiːst/ n banquete m.

feat /fiːt/ n hazaña f.

feather /ˈfeðə/ n pluma f.

feature /ˈfiːtʃə/ I n 1. (detail) característica f. 2. (Media) artículo m. 3. (Anat) facción f. II vt (movie, programme): **the movie features Joe Bloggs** en el reparto de la película figura Joe Bloggs. ♦ vi (to appear) figurar (**among** entre).

feature film n largometraje m.

February /ˈfebruərɪ/ n febrero m ⇨ **June**.

feces /ˈfiːsiːz/ n pl (US) heces f pl.

fed /fed/ pret y pp ⇨ **feed**.

federal /ˈfedərəl/ adj federal.

federation /fedəˈreɪʃən/ n federación f.

fed up /fed ˈʌp/ adj harto -ta (**of ∗ with** de).

fee /fiː/ I n (gen): **the entrance fee** el precio de entrada; (professional) honorarios m pl. II **fees** n pl (for university) tasas f pl; (for school, club) cuota f.

feeble /ˈfiːbəl/ adj 1. (person) débil, enclenque. 2. (excuse) poco convincente; (attempt) poco entusiasta.

feed /fiːd/ I vt [**feeds, feeding, fed**] 1. (an animal) alimentar (**on** con); (a child) darle de comer a. 2. (to supply) suministrar (**to** a). ♦ vi 1. (for animals) pienso m. 2. (for baby): **I gave him his feed** le di de comer.

to feed in vt introducir. **to feed up** vt engordar.

feedback /ˈfiːdbæk/ n 1. (Tec) retroalimentación f. 2. (reactions) reacciones f pl (**on** a).

feel /fiːl/ I vt [**feels, feeling, felt**] 1. (pain, an emotion) sentir. 2. (to touch) tocar. 3. (to think) creer. ♦ vi 1. (gen) sentirse: **I felt exhausted** me sentía agotado; **he felt hungry** tenía hambre. 2. (to think): **how do you feel about it?** ¿qué te parece? 3. (to the touch): **it felt sticky** era pegajoso (al tacto). II n tacto m.

to feel like vt: **I feel like singing** tengo ganas de cantar; **I feel like a coffee** me apetece un café.

feeling /ˈfiːlɪŋ/ I n 1. (physical) sensación f. 2. (sentiment) sentimiento m. 3. (intuition) impresión f. 4. (in arm, leg) sensibilidad f (**in** en). II **feelings** n pl 1. (emotions) sentimientos m pl: **you hurt his feelings** heriste sus sentimientos. 2. (attitude) opinión f (**on ∗ about** sobre).

feet /fiːt/ n pl ⇨ **foot**.

feign /feɪn/ vt: **she feigned ignorance of the rules** fingió no conocer las reglas.

fell /fel/ I pret ⇨ **fall**. II vt (a tree) talar.

fellow /'feləʊ/ I n 1. (man) tipo m. 2. (of academy) socio -cia m/f numerario -ria. II adj: **his fellow workers** sus compañeros de trabajo; **a fellow countrywoman** una compatriota.

fellowship /'feləʊʃɪp/ n 1. (feeling) camaradería f. 2. (Educ) beca f de investigación.

felony /'feləni/ n [-nies] delito m (grave).

felt /felt/ pret y pp ⇨ **feel**.

felt-tip /'felttɪp/ n rotulador m.

female /'fi:meɪl/ I n hembra f. II adj 1. (person): **the female students** las estudiantes; **the female sex** el sexo femenino. 2. (animal) hembra.

feminine /'femɪnɪn/ adj femenino -na.

feminism /'femɪnɪzəm/ n feminismo m.

feminist /'femɪnɪst/ adj, n feminista adj, m/f.

fence /fens/ I n cerca f, valla f. II vi (Sport) hacer esgrima.

to **fence in** ∗ **off** vt (Agr) cercar.

fencing /'fensɪŋ/ n 1. (Sport) esgrima f. 2. (barrier) cercado m.

fend /fend/ vi: **to fend for oneself** valerse por sí mismo -ma.

to **fend off** vt (an attack) rechazar; (questions) eludir.

fender /'fendə/ n (US) guardabarros m inv.

fennel /'fenəl/ n hinojo m.

ferment /fɜ:'ment/ vt/i fermentar.

fern /fɜ:n/ n helecho m.

ferocious /fə'rəʊʃəs/ adj feroz.

ferocity /fə'rɒsəti/ n ferocidad f.

ferret /'ferɪt/ n hurón m.

to **ferret about** vi husmear. to **ferret out** vt descubrir.

ferry /'feri/ I n [-ries] transbordador m. II vt [-ries, -rying, -ried] transportar, llevar.

fertile /'fɜ:taɪl/ adj fértil, fecundo -da.

fertility /fɜ:'tɪləti/ n fertilidad f.

fertilize /'fɜ:tɪlaɪz/ vt 1. (Agr) abonar, fertilizar. 2. (Biol) fecundar.

fertilizer /'fɜ:tɪlaɪzə/ n fertilizante m.

fervent /'fɜ:vənt/ adj ferviente.

fervour, (US) **fervor** /'fɜ:və/ n fervor m.

fester /'festə/ vi supurar.

festival /'festɪvəl/ n (gen) festival m; (Relig) fiesta f.

festive /'festɪv/ adj festivo -va.

festivity /fe'stɪvəti/ n [-ties] fiesta f.

festoon /fe'stu:n/ vt adornar.

fetal /'fi:təl/ adj (US) fetal.

fetch /fetʃ/ vt 1. (to get) (ir a) buscar; (to bring) traer. 2. (Fin) venderse por.

fetching /'fetʃɪŋ/ adj (fam) atractivo -va.

fête /feɪt/ I n fiesta f benéfica (al aire libre). II vt festejar.

fetid /'fetɪd/ adj fétido -da.

fetish /'fetɪʃ/ n [-shes] fetiche m.

fetus /'fi:təs/ n [-tuses] (US) feto m.

feud /fju:d/ n enfrentamiento m (duradero).

feudal /'fju:dəl/ adj feudal.

fever /'fi:və/ n fiebre f.

feverish /'fi:vərɪʃ/ adj febril.

few /fju:/ I adj 1. (not many) pocos -cas. 2. **a few** (several) algunos -nas. II pron 1. (not many) pocos -cas: **fewer than a hundred** menos de cien. 2. **a few** (several) algunos -nas.

fiancé /fɪ'ɒnseɪ/ n prometido m.

fiancée /fɪ'ɒnseɪ/ n prometida f.

fiasco /fɪ'æskəʊ/ n fiasco m.

fib /fɪb/ (fam) I n trola f. II vi [fibs, fibbing, fibbed] mentir.

fibber /'fɪbə/ n (fam) trolero -ra m/f.

fibre, (US) **fiber** /'faɪbə/ n fibra f.

fibreglass, (US) **fiberglass** n fibra f de vidrio.

fickle /'fɪkəl/ adj voluble.

fiction /'fɪkʃən/ n ficción f.

fictional /'fɪkʃənəl/ adj ficticio -cia.

fictitious /fɪk'tɪʃəs/ adj ficticio -cia.

fiddle /'fɪdəl/ I n 1. (Mus) violín m. 2. (fam: deception) chanchullo m. II vt (fam: accounts) amañar. ♦ vi (to *play*) juguetear (**with** con).

fiddler /ˈfɪdələ/ *n* violinista *m/f*.

fiddly /ˈfɪdəlɪ/ *adj* [**-lier, -liest**] complicado -da.

fidget /ˈfɪdʒɪt/ *vi* moverse (*por nerviosismo, etc.*).

field /fiːld/ *n* 1. (*Agr*) campo *m*. 2. (*Sport*) campo *m*, (*Amér L*) cancha *f*. 3. (*of study, work*) campo *m*.

field trip *n* viaje *m* de estudios.

fiendish /ˈfiːndɪʃ/ *adj* diabólico -ca.

fierce /fɪəs/ *adj* 1. (*dog*) fiero -ra. 2. (*competition, hatred*) intenso -sa; (*battle*) encarnizado -da.

fiery /ˈfaɪərɪ/ *adj* (*temperament*) fogoso -sa; (*outburst*) acalorado -da.

fifteen /fɪfˈtiːn/ *adj, pron, n* quince ⮑ *appendix 4*.

fifteenth /fɪfˈtiːnθ/ *adj, pron* decimo-quinto -ta ⮑ *appendix 4*.

fifth /fɪfθ/ I *adj, pron* quinto -ta ⮑ *appendix 4*. II *n* (*Auto*) quinta *f*.

fiftieth /ˈfɪftɪɪθ/ *adj, pron* quincuagé-simo -ma, cincuenta ⮑ *appendix 4*.

fifty /ˈfɪftɪ/ *adj, pron, n* [**-ties**] cincuenta ⮑ *appendix 4*.

fifty-fifty *adj*: **he has a fifty-fifty chance** tiene un cincuenta por ciento de posibilidades.

fig /fɪg/ *n* higo *m*.

fight /faɪt/ I *vt* [**fights, fighting, fought**] 1. (*a person*) pelearse con; (*Mil, Pol*) combatir, luchar contra. 2. (*an election*) presentarse a; (*a decision*) oponerse a. ♦ *vi* (*gen*) luchar (**for** por; **against** contra); (*to use violence*) pelearse; (*to argue*) pelearse. II *n* 1. (*gen*) lucha *f* (**for** por; **against** contra); (*physical*) pelea *f*. 2. (*Sport*) combate *m*. 3. (*spirit*) ánimo *m*.

fighter /ˈfaɪtə/ *n* 1. (*boxer*) boxeador *m*. 2. (*Av*) caza *m*.

figment /ˈfɪgmənt/ *n*: **a figment of your imagination** un producto de tu imaginación.

figurative /ˈfɪgərətɪv/ *adj* (*Art*) figu-rativo -va; (*Ling*) figurado -da.

figure /ˈfɪgə/ I *n* 1. (*number*) cifra *f*. 2. (*shape*) figura *f*. 3. (*body*) tipo *m*. 4. (*celebrity*) figura *f*. II *vt* (*to calcu-*

late) figurarse. ♦ *vi* (*to appear*) figu-rar (**in** en; **on** en).

to figure out *vt* comprender.

figurehead /ˈfɪgəhed/ *n* 1. (*Pol*) figura *f* decorativa. 2. (*Naut*) masca-rón *m* de proa.

filament /ˈfɪləmənt/ *n* filamento *m*.

filch /fɪltʃ/ *vt* (*fam*) sisar.

file /faɪl/ I *n* 1. (*tool*) lima *f*. 2. (*line*) fila *f*: **in single file** en fila india. 3. (*folder*) carpeta *f*; (*documents*) ex-pediente *m* (**on** de); (*Law*) ficha *f*. 4. (*Inform*) archivo *m*. II *vt* 1. (*Tec*) limar. 2. (*data*) archivar (**under** bajo).

to file in/out *vi* entrar/salir en fila.

filet /ˈfɪleɪ/ *n* (*US*) filete *m*.

filing cabinet /ˈfaɪlɪŋ kæbɪnət/ *n* archivador *m*.

Filipino /fɪlɪˈpiːnəʊ/ *adj, m* filipino -na *adj, m/f*.

fill /fɪl/ *vi* llenarse (**with** de). ♦ *vt* 1. (*gen*) llenar (**with** de). 2. (*a tooth*) empastar.

to fill in *vt* rellenar (**with** con ∗ de). **to fill in for** *vt* sustituir. **to fill up** *vi* llenarse (**with** de). ♦ *vt* llenar (**with** de).

fillet /ˈfɪlɪt/ *n* filete *m*.

filling /ˈfɪlɪŋ/ *n* 1. (*in tooth*) empaste *m*. 2. (*Culin*) relleno *m*.

filling station *n* gasolinera *f*.

film /fɪlm/ I *n* 1. (*movie*) película *f*. 2. (*in camera*) carrete *m*. II *vt* (*an event*) filmar; (*a scene*) rodar. ♦ *vi* (*for cinema*) rodar.

filter /ˈfɪltə/ I *n* filtro *m*. II *vt* filtrar.

to filter out *vt* eliminar.

filth /fɪlθ/ *n* porquería *f*.

filthy /ˈfɪlθɪ/ *adj* [**-thier, -thiest**] 1. (*dirty*) sucísimo -ma [E]. 2. (*offen-sive*) obsceno -na [S].

fin /fɪn/ *n* aleta *f*.

final /ˈfaɪnəl/ I *adj* (*last*) último -ma, final; (*definitive*) definitivo -va. II *n* (*Sport*) final *f*. III **finals** *n pl* (*Educ*) exámenes *m pl* finales.

finale /fɪˈnɑːlɪ/ *n* (*of show*) escena *f* final; (*Mus*) final *m*.

finalist /ˈfaɪnəlɪst/ *n* finalista *m/f*.

finalize /ˈfaɪnəlaɪz/ *vt* ultimar.

finally /ˈfaɪnəlɪ/ adv **1.** (at last) por fin. **2.** (lastly) por último.

finance /ˈfaɪnæns/ **I** n **1.** (business) finanzas f pl. **2.** (money) fondos m pl. **II** vt financiar.

financial /faɪˈnænʃəl/ adj financiero -ra.

financier /faɪˈnænsɪə/ n financiero -ra m/f.

finch /fɪntʃ/ n [-ches] pinzón m.

find /faɪnd/ **I** vt [finds, finding, found] encontrar, hallar. **II** n hallazgo m.

to **find out** vt descubrir. ♦ vi enterarse (**about** de).

fine /faɪn/ **I** n (Law) multa f. **II** vt (Law) multar. **III** adj **1.** (superb) magnífico -ca; (Meteo) bueno -na. **2.** (in good health) bien. **3.** (acceptable): yes, that's fine sí, está bien. **4.** (hair, powder) fino -na. **IV** adv (well) bien.

fine arts n pl bellas artes f pl.

finely /ˈfaɪnlɪ/ adv (delicately) minuciosamente: to chop finely picar fino.

finesse /fɪˈnes/ n delicadeza f.

finger /ˈfɪŋɡə/ **I** n dedo m. **II** vt tocar, manosear.

fingernail n uña f. **fingerprint** n huella f dactilar ✳ digital. **fingertip** n punta f del dedo.

finicky /ˈfɪnɪkɪ/ adj melindroso -sa.

finish /ˈfɪnɪʃ/ **I** n [-shes] **1.** (end) fin m; (of race) final m. **2.** (Tec) acabado m. **II** vi (to end) terminar, acabar. ♦ vt **1.** (a book, job) acabar, terminar. **2.** (fam: to tire out) acabar con. **3.** (to destroy) acabar con.

to **finish off** vt rematar. to **finish up** vi acabar. to **finish with** vt terminar con.

finishing line /ˈfɪnɪʃɪŋ laɪn/ n línea f de meta.

finishing school /ˈfɪnɪʃɪŋ skuːl/ n escuela f privada (para señoritas).

Finland /ˈfɪnlənd/ n Finlandia f.

Finn /fɪn/ n finlandés -desa m/f.

Finnish /ˈfɪnɪʃ/ **I** adj finlandés -desa. **II** n (Ling) finlandés m. **III the Finnish** n pl los finlandeses.

fir /fɜː/ n abeto m.

fire /faɪə/ **I** n **1.** (gen) fuego m; (uncontrolled) incendio m: it caught fire empezó a arder; it's on fire está ardiendo; I set fire to it le prendí fuego. **2.** (heater) estufa f. **3.** (Mil) fuego m: to open fire on abrir fuego contra. **II** vt **1.** (a shot) disparar. **2.** (a worker) despedir. ♦ vi (to shoot) disparar (**at** contra).

fire alarm n alarma f de incendios. **firearm** n arma f ★ de fuego. **fire brigade** ✳ (US) **department** n cuerpo m de bomberos. **fire engine** n camión m de bomberos. **fire escape** n escalera f de incendios. **fire extinguisher** n extintor m. **firefighter** n bombero -ra m/f. **fire hydrant** n boca f de incendios. **fireman** n bombero m. **fireplace** n chimenea f. **fireplug** n (US) boca f de incendios. **fireproof** adj (material) incombustible; (container) a prueba de incendios. **fire station** n parque m ✳ cuartel m de bomberos. **fire truck** n (US) camión m de bomberos. **firewood** n leña f. **fireworks** n pl fuegos m pl artificiales.

firing squad /ˈfaɪərɪŋ skwɒd/ n pelotón m de fusilamiento.

firm /fɜːm/ **I** adj **1.** (base, material) firme, fuerte. **2.** (offer) en firme; (evidence) contundente. **3.** (strict) firme, enérgico -ca. **II** n empresa f.

first /fɜːst/ **I** adj, pron primero -ra [primer before masc. sing. nouns] ⇨ appendix 4. **II** adv **1.** (before all else) primero, en primer lugar ● at first al principio ● first of all primero. **2.** (for the first time) por primera vez. **3.** (most important): work comes first for him el trabajo es lo primero para él. **III** n **1.** (Auto) primera f. **2.** (of first-class degree) título universitario con la nota más alta.

first aid n primeros auxilios m pl. **first-aid kit** n botiquín m. **first class I** n primera clase f. **II** adj (Transp) de primera clase; (best) de primera. **III** adv en primera (clase). **first-class post** n: servicio de correos que *generalmente ofrece el reparto de las cartas al día siguiente.* **first cousin** *n* primo -ma *m/f* hermano -na. **firsthand I** *adj* de primera mano. **II** *adv* directamente. **first name** *n* nombre *m* (de pila). **first-rate** *adj* de primera calidad.

firstly /'fɜːstlɪ/ *adv* en primer lugar.

fish /fɪʃ/ **I** *n inv* (*Zool*) pez *m*; (*Culin*) pescado *m*. **II** *vi* pescar: **to fish for** pescar.

fish and chips *n* pescado *m* rebozado con patatas fritas. **fish farm** *n* piscifactoría *f*. **fishfingers** *n pl* palitos *m pl* de pescado rebozados. **fishmonger** *n* pescadero -ra *m/f*: **the fishmonger's** la pescadería.

fisherman /'fɪʃəmən/ *n* pescador *m*.

fishing /'fɪʃɪŋ/ *n* pesca *f*.

fishing line *n* sedal *m*. **fishing rod** *n* caña *f* de pescar.

fishy /'fɪʃɪ/ *adj* [-shier, -shiest] (*fam*) sospechoso -sa.

fission /'fɪʃən/ *n* fisión *f*.

fissure /'fɪʃə/ *n* grieta *f*.

fist /fɪst/ *n* puño *m*.

fistful /'fɪstfʊl/ *n* puñado *m*.

fit /fɪt/ **I** *vt* [**fits, fitting, fitted**] 1. (*clothes*) estarle * quedarle bien a. 2. (*to install*) instalar. 3. (*a description*) responder a. ♦ *vi* 1. (*clothes*): **does it fit?** ¿te está bien? 2. (*into a space*) caber. 3. (*component*) encajar (**into** en). **II** *n* 1. (*of clothes*): **it's a good fit** te queda bien. 2. (*Med*) ataque *m*; (*of anger*) arranque *m*. **III** *adj* [**fitter, fittest**] 1. (*in good health*) sano -na; (*Sport*) en forma: **he is not fit to drive** no está en condiciones de conducir. 2. (*suitable*) apropiado -da (**for** para), adecuado -da (**for** para). 3. (*prepared*) capacitado -da (**for** para). 4. (*worthy*) digno -na (**for** de).

to **fit in** *vt* 1. (*in a space*) hacer sitio para. 2. (*in a timetable*): **can you fit me in today?** ¿puedes hacerme un hueco hoy? ♦ *vi* (*with facts*) cuadrar; (*with people*) integrarse. *to* **fit out** *vt* (*a building*) habilitar (**as** como); (*Naut*) equipar (**with** con).

fitful /'fɪtfʊl/ *adj* intermitente.

fitness /'fɪtnəs/ *n* (*Med*) salud *f*; (*Sport*) forma *f* (física).

fitted /'fɪtɪd/ *adj* (*jacket*) entallado -da.

fitted carpet *n* moqueta *f*, alfombra *f* (*de pared a pared*). **fitted cupboard** *n* armario *m* empotrado. **fitted kitchen** *n* cocina *f* con armarios empotrados.

fitting /'fɪtɪŋ/ *adj* apropiado -da [S].

five /faɪv/ *adj, pron, n* cinco ⇨ *appendix 4.*

five-a-side (football) *n* fútbol-sala *m*.

fiver /'faɪvə/ *n* (*fam*) billete *m* de cinco libras/dólares.

fix /fɪks/ **I** *n* [**-xes**] 1. (*difficult situation*) aprieto *m*, apuro *m*. 2. (*fraud*) tongo *m*. **II** *vt* 1. (*to secure*) sujetar (**to** a), fijar (**to** a). 2. (*to agree*) fijar. 3. (*a result*) amañar. 4. (*to mend*) arreglar.

to **fix up** *vt* 1. (*a meeting*) organizar. 2. (*a light*) poner, instalar.

fixed /fɪkst/ *adj* 1. (*interest, price*) fijo -ja [S]. 2. (*game, fight*) amañado -da [E].

fixture /'fɪkstʃə/ *n* 1. (*Sport*) encuentro *m*. 2. (*in building*) accesorio *m* fijo.

fizzle out /fɪzəl 'aʊt/ *vi* acabar.

fizzy /'fɪzɪ/ *adj* [-zier, -ziest] con gas.

flabbergasted /'flæbəgɑːstɪd/ *adj* atónito -ta, asombrado -da.

flabby /'flæbɪ/ *adj* [-bier, -biest] fofo -fa.

flag /flæg/ **I** *n* 1. (*of country, etc.*) bandera *f*. 2. (*o* **flagstone**) losa *f*. **II** *vi* [**flags, flagging, flagged**] decaer. *to* **flag down** *vt*: **he flagged me down** me hizo señales para que me detuviera.

flagpole *n* asta *f*★ de bandera. **flagship** *n* buque *m* insignia.

flair /fleə/ *n* 1. (*talent*) don *m* (**for** para). 2. (*style*) estilo *m*.

flake /fleɪk/ **I** *n* (*of paint*) lámina *f* (*desprendida*); (*of snow*) copo *m*. **II** *vi* descascarillarse.

flamboyant /flæm'bɔɪənt/ *adj* extravagante.

flame /fleɪm/ n llama f: **it burst into flames** estalló en llamas.

flameproof adj incombustible.

flamingo /fləˈmɪŋgəʊ/ n flamenco m.

flammable /ˈflæməbəl/ adj inflamable.

flan /flæn/ n tarta f.

flank /flæŋk/ n flanco m.

flannel /ˈflænəl/ n 1. (for washing) toallita f. 2. (material) franela f.

flap /flæp/ I n (of envelope) solapa f; (of table) hoja f abatible. II vt [**flaps, flapping, flapped**] (wings) batir; (arms) agitar. ◆ vi agitarse.

flapjack /ˈflæpdʒæk/ n (GB: of oats) galleta dulce hecha con avena; (US: pancake) crêpe f, (Amér L) panqueque m.

flare /fleə/ n (Naut) bengala f.

to **flare up** vi estallar.

flash /flæʃ/ I vt 1. (a light) dirigir (rápidamente): **he flashed his headlights at them** les hizo señales con los faros. 2. (a look) lanzar. ◆ vi (to shine) destellar. II n [**-shes**] 1. (of light) destello m: **a flash of lightning** un relámpago. 2. (for camera) flash m.

flashlight n linterna f.

flashy /ˈflæʃi/ adj [**-shier, -shiest**] (fam) ostentoso -sa, charro -rra.

flask /flɑːsk/ n (Tec) frasco m; (for drinks) termo m.

flat /flæt/ I adj [**flatter, flattest**] 1. (land) llano -na; (surface) plano -na. 2. (feet) plano -na. 3. (tyre) desinflado -da. 4. (battery) descargado -da. 5. (beer) que ha perdido el gas. 6. (out of tune) desafinado -da. 7. (rate) fijo -ja. II adv 1. (out of tune) desafinadamente. 2. (exactly): **in two hours flat** en dos horas justas. III n 1. (apartment) piso m, apartamento m, (Amér L) departamento m. 2. (Mus) bemol m. 3. (Auto: fam) pinchazo m.

flatly /ˈflætli/ adv categóricamente.

flatten /ˈflætən/ vt 1. (a surface) aplanar, allanar. 2. (to crush) aplastar; (to demolish) derribar.

flatter /ˈflætə/ vt halagar.

flattering /ˈflætərɪŋ/ adj 1. (clothes) favorecedor -dora. 2. (remarks) halagador -dora.

flattery /ˈflætəri/ n halagos m pl, adulación f.

flaunt /flɔːnt/ vt hacer ostentación de.

flautist /ˈflɔːtɪst/ n flautista m/f.

flavour, (US) **flavor** /ˈfleɪvə/ n sabor m (of a).

flavoured /ˈfleɪvəd/ adj: **coffee-flavoured ice cream** helado con sabor a café.

flavouring, (US) **flavoring** /ˈfleɪvərɪŋ/ n aromatizante m.

flaw /flɔː/ n defecto m.

flawed /flɔːd/ adj (design) defectuoso -sa; (theory) erróneo -nea.

flawless /ˈflɔːləs/ adj perfecto -ta.

flea /fliː/ n pulga f.

flea market n rastro m, mercadillo m.

fleck /flek/ n mota f.

fled /fled/ pret y pp ⇨ **flee**.

flee /fliː/ vi [**flees, fleeing, fled**] huir.

fleece /fliːs/ I n (wool) lana f; (shorn wool) vellón m. II vt (fam) timar.

fleet /fliːt/ n flota f.

fleeting /ˈfliːtɪŋ/ adj (visit) breve; (glance) fugaz.

Flemish /ˈflemɪʃ/ I adj flamenco -ca. II n (Ling) flamenco m.

flesh /fleʃ/ n 1. (Anat) carne f. 2. (of fruit) pulpa f.

flew /fluː/ pret ⇨ **fly**.

flex /fleks/ I vt flexionar. II n [**-xes**] cable m.

flexibility /fleksəˈbɪləti/ n flexibilidad f.

flexible /ˈfleksəbəl/ adj flexible.

flick /flɪk/ I n (with fingers) papirotazo m; (of whip) latigazo m. II vt 1. (to remove): **I flicked it off the table** lo sacudí de la mesa. 2. (a switch) darle a.

to **flick through** vt (a magazine) hojear.

flicker /ˈflɪkə/ I vi parpadear. II n parpadeo m.

flier /ˈflaɪə/ n 1. (Av) aviador -dora m/f. 2. (leaflet) folleto m.

flies /flaɪz/ n pl (Clothing) bragueta f.

flight /flaɪt/ n 1. (Av) vuelo m. 2. (escape) huida f. 3. (of steps) tramo m.

flight attendant n auxiliar m/f de vuelo.

flighty /'flaɪti/ adj [-tier, -tiest] frívolo -la.

flimsy /'flɪmzi/ adj [-sier, -siest] 1. (structure) frágil; (garment) ligero -ra. 2. (excuse) poco convincente.

flinch /flɪntʃ/ vi estremecerse.

fling /flɪŋ/ I n (fam) aventura f (amorosa). II vt [**flings, flinging, flung**] lanzar, tirar.

flint /flɪnt/ n 1. (tool, rock) sílex m. 2. (in lighter) piedra f.

flip /flɪp/ vt [**flips, flipping, flipped**]: **flip it over** dale la vuelta.

to **flip through** vt hojear.

flippant /'flɪpənt/ adj poco serio -ria, frívolo -la.

flipper /'flɪpə/ n aleta f.

flirt /flɜːt/ I vi coquetear. II n coqueto -ta m/f.

flit /flɪt/ vi [**flits, flitting, flitted**] revolotear.

float /fləʊt/ I vi flotar. ♦ vt poner a flote. II n 1. (for fishing) flotador m. 2. (in carnival) carroza f.

floating /'fləʊtɪŋ/ adj flotante.

flock /flɒk/ I n (of sheep) rebaño m; (of birds) bandada f. II vi acudir.

flog /flɒg/ vt [**flogs, flogging, flogged**] 1. (to beat) azotar. 2. (fam: to sell) vender.

flood /flʌd/ I n inundación f ● a **flood of postcards** una avalancha de postales. II vt inundar. ♦ vi 1. (river) desbordarse. 2. (people): **we flooded in** entramos en tropel.

floodlight n foco m.

flooding /'flʌdɪŋ/ n inundaciones f pl.

floor /flɔː/ I n (surface) suelo m; (storey, level) piso m, planta f. II vt derribar.

floorboard n tabla f.

flop /flɒp/ I vi [**flops, flopping, flopped**] 1. (to drop down) dejarse

caer (**onto/into** en). 2. (fam: to fail) fracasar. II n (fam: failure) fracaso m.

floppy /'flɒpi/ adj [-pier, -piest] blando -da.

floppy disk n disquete m.

flora /'flɔːrə/ n flora f.

florid /'flɒrɪd/ adj (frml) florido -da.

florist /'flɒrɪst/ n florista m/f: **at the florist's** en la floristería.

flounder /'flaʊndə/ vi 1. (in water) intentar mantenerse a flote. 2. (in confusion) no saber qué contestar.

flour /'flaʊə/ n harina f.

flourish /'flʌrɪʃ/ I vi florecer. ♦ vt blandir. II n [-**shes**] gesto m exagerado.

flourishing /'flʌrɪʃɪŋ/ adj floreciente.

flout /flaʊt/ vt (a tradition) no hacer caso de; (a law) desacatar.

flow /fləʊ/ I vi fluir. II n (gen) flujo m; (of river) corriente f.

flower /'flaʊə/ I n flor f. II vi florecer.

flowerbed n macizo m (de flores).

flowerpot n maceta f.

flowery /'flaʊəri/ adj 1. (with flowers) floreado -da. 2. (elaborate) florido -da.

flowing /'fləʊɪŋ/ adj 1. (clothes) suelto -ta. 2. (style) fluido -da.

flown /fləʊn/ pp ⇨ **fly**.

flu /fluː/ n gripe f.

fluctuate /'flʌktjʊeɪt/ vi fluctuar.

fluctuation /ˌflʌktjʊ'eɪʃən/ n fluctuación f.

flue /fluː/ n (of chimney) cañón m; (of boiler) tubo m de extracción.

fluency /'fluːənsi/ n fluidez f.

fluent /'fluːənt/ adj: **he's fluent in French** habla francés con mucha soltura ✳ fluidez.

fluently /'fluːəntli/ adv con fluidez.

fluff /flʌf/ n pelusa f.

fluffy /'flʌfi/ adj [-fier, -fiest] 1. (wool) esponjoso -sa; (hair) hueco -ca. 2. (toy) de peluche.

fluid /'fluːɪd/ n fluido m.

fluke /fluːk/ n (fam) chiripa f.

flummoxed /'flʌməkst/ adj (fam) desconcertado -da.

flung /flʌŋ/ pret y pp ⇨ **fling**.

fluorescent /fluəˈresənt/ adj fluorescente.

fluoride /ˈfluəraɪd/ n flúor m.

flurry /ˈflʌrɪ/ n [-ries] (of snow) ráfaga f: **there was a flurry of activity** hubo mucha actividad.

flush /flʌʃ/ I adj (level) al mismo nivel (**with** que). II n [-shes] cisterna f. III vt: **did you flush the toilet?** ¿tiraste de la cadena?

to flush out vt 1. (to clean) limpiar con un chorro de agua. 2. (prey) hacer salir.

flushed /flʌʃt/ adj sonrojado -da.

flustered /ˈflʌstəd/ adj nervioso -sa [E].

flute /fluːt/ n flauta f.

flutist /ˈfluːtɪst/ n (US) flautista m/f.

flutter /ˈflʌtə/ vi (bird) revolotear; (flag) ondear (**in** a).

flux /flʌks/ n (Phys) flujo m ● **it's in a state of flux** está cambiando constantemente.

fly /flaɪ/ I n [flies] 1. (Zool) mosca f. 2. (zip) bragueta f. II vi [flies, flying, flew, pp flown] 1. (bird) volar; (person) viajar en avión. 2. (to move quickly) ir volando. 3. (flag, hair) ondear (**in** a), flotar (**in** a). ◆ vt (a plane) pilotar; (a cargo) transportar (en avión); (people) llevar (en avión).

to fly away vi (bird) irse volando. **to fly off** vi (cover) salir volando; (bird) volar.

flyover n paso m elevado.

flyer /ˈflaɪə/ n ⇨ **flier**.

flying saucer /flaɪɪŋ ˈsɔːsə/ n platillo m volante.

FM /efˈem/ n (= **frequency modulation**) FM f.

foal /fəʊl/ n potro m.

foam /fəʊm/ I n espuma f. II vi hacer espuma.

foam rubber n gomaespuma f.

fob off /fɒb ˈɒf/ vt [fobs, fobbing, fobbed]: **I fobbed him off with £20** me lo quité de encima dándole 20 libras.

focal point /ˈfəʊkəl pɔɪnt/ n centro m, elemento m central.

focus /ˈfəʊkəs/ I n [-cuses ∗ -ci] 1. (Phys) foco m: **it's out of focus/in focus** está desenfocado/bien enfocado. 2. (of interest) centro m. II vt [-cus(s)es, -cus(s)ing, -cus(s)ed] 1. (a camera) enfocar (**on** en). 2. (one's attention) centrar (**on** en). ◆ vi (to concentrate) centrarse (**on** en).

fodder /ˈfɒdə/ n forraje m.

foe /fəʊ/ n enemigo -ga m/f.

foetal /ˈfiːtəl/ adj fetal.

foetus /ˈfiːtəs/ n [-tuses] feto m.

fog /fɒg/ n niebla f.

fogbound adj cerrado -da por la niebla. **fog lamp** n faro m antiniebla.

foggy /ˈfɒgɪ/ adj [-gier, -giest]: **a foggy day** un día de niebla; **it's foggy** hay niebla.

fogy, fogey /ˈfəʊgɪ/ n [-gies ∗ -geys] (fam) carroza m/f.

foible /ˈfɔɪbəl/ n manía f.

foil /fɔɪl/ I n 1. (tinfoil) papel m de aluminio. 2. (contrast) contrapunto m (**for** de). 3. (sword) florete m. II vt frustrar.

foist /fɔɪst/ vt: **he foisted it onto me** me lo endilgó.

fold /fəʊld/ I n 1. (in material) pliegue m. 2. (Agr) redil m. II vt (clothes, paper) doblar; (a chair) plegar; (one's arms) cruzar. ◆ vi 1. (chair) plegarse. 2. (company) quebrar.

folder /ˈfəʊldə/ n carpeta f.

folding /ˈfəʊldɪŋ/ adj plegable.

foliage /ˈfəʊlɪdʒ/ n follaje m.

folk /fəʊk/ I n pl (people) gente f. II **folks** n pl (family) familia f. III adj (Art, Mus) folclórico -ca.

folk song n canción f tradicional.

folklore /ˈfəʊklɔː/ n folklore m.

follow /ˈfɒləʊ/ vt 1. (gen) seguir. 2. (an explanation) entender.

to follow up vt (a complaint) investigar.

follow-up n continuación f (**to** de).

follower /ˈfɒləʊə/ n seguidor -dora m/f.

following /'fɒləʊɪŋ/ **I** adj siguiente. **II** n partidarios m pl. **III** prep después de.

folly /'fɒlɪ/ n [-lies] locura f.

fond /fɒnd/ adj **1.** (look) tierno -na, cariñoso -sa: **I'm fond of her** le tengo cariño. **2.** (keen): **he's fond of dancing** le gusta bailar.

fondle /'fɒndəl/ vt acariciar.

fondly /'fɒndlɪ/ adv con cariño.

fondness /'fɒndnəs/ n **1.** (for a person) cariño m (**for** por). **2.** (for an activity) afición f (**for** a).

font /fɒnt/ n **1.** (Relig) pila f bautismal. **2.** (Inform) tipo m (de letra).

food /fuːd/ n comida f.

food poisoning n intoxicación f (alimenticia). **food processor** n robot m de cocina. **foodstuffs** n pl alimentos m pl.

fool /fuːl/ **I** n **1.** (idiot) tonto -ta m/f. **2.** (Culin) mousse f (de fruta). **II** vt engañar.

to **fool about** ✳ **around** vi hacer el tonto.

foolproof adj infalible.

foolhardy /'fuːlhɑːdɪ/ adj temerario -ria.

foolish /'fuːlɪʃ/ adj tonto -ta.

foot /fʊt/ **I** n [**feet**] **1.** (of person) pie m: **on foot** a pie; (of animal) pata f ● **I put my foot in it** metí la pata ● to **get cold feet** echarse atrás. **2.** (of stairs) pie m. **3.** (measurement) pie m (0,304 m). **II** vt: to **foot the bill** pagar.

footbridge n puente m para peatones. **foothills** n pl estribaciones f pl. **foothold** n lugar m para apoyar el pie. **footlights** n pl candilejas f pl. **footnote** n nota f a pie de página. **footpath** n sendero m. **footprint** n pisada f. **footstep** n paso m. **footwear** n calzado m.

football /'fʊtbɔːl/ n (game) fútbol m, (Amér C, Méx) futbol m; (ball) balón m, pelota f.

football field n campo m ✳ (Amér L) cancha f de fútbol. **football ground** n estadio m. **football pools** n pl quiniela f, quinielas f pl.

footballer /'fʊtbɔːlə/ n futbolista m/f.

footing /'fʊtɪŋ/ n **1.** (while walking, climbing): **I lost my footing** se me fue el pie. **2.** (basis): **on an equal footing** en igualdad de condiciones.

for /fɔː/ **I** prep **1.** (indicating purpose, destination) para: **is it for me?** ¿es para mí?; **what's it for?** ¿para qué sirve?; **she left for Cork** salió para Cork; **he works for me** trabaja para mí. **2.** (indicating a reason) por: **he told me off for laughing** me riñó por haberme reído. **3.** (for the sake of) por: **I did it for you** lo hice por ti; **I'll take it for you** yo te lo llevo ● **as for your friend...** en cuanto a tu amigo.... **4.** (representing): **E for Eva** E de Eva; **what's the French for "pin"?** ¿cómo se dice "pin" en francés? **5.** (with prices, in exchange for) por. **6.** (towards) por: **my love for him** mi amor por él. **7.** (with distances): **I walked for two miles** caminé dos millas; **the only one for 15 miles** el único en 15 millas. **8.** (in time expressions: specifying period): **I lived here for a year** viví aquí un año; **he's been here for an hour** hace una hora que está aquí ‖ lleva una hora aquí; **she's worked with him for six months** trabaja con él desde hace seis meses ‖ hace seis meses que trabaja con él; **I won't see her for a month** no la veré durante un mes; (: specifying time or date): **I planned it for today** lo planeé para hoy. **9.** (in favour of) a favor de. **10.** (after adjective): **it's hard for him** le resulta difícil; (+ inf): **it's time for me to go** es hora de que me vaya. **II** conj ya que.

forage /'fɒrɪdʒ/ vi: to **forage for** buscar.

foray /'fɒreɪ/ n incursión f (**into** en).

forbade /fə'bæd/ pret ⇨ **forbid**.

forbid /fə'bɪd/ vt [-**bids**, -**bidding**, -**bade**, pp -**bidden**] prohibir.

forbidden /fə'bɪdn/ pp ⇨ **forbid**.

forbidding /fə'bɪdɪŋ/ adj (person) severo -ra; (place, landscape) amenazador -dora.

force /fɔ:s/ I n fuerza f: **by force** a la fuerza; **the law came into force** la ley entró en vigor. II vt 1. (to oblige) forzar, obligar. 2. (to press): **I forced it in** lo metí a la fuerza. 3. (a lock) forzar.

force-feed vt [-feeds, -feeding, -fed] alimentar a la fuerza.

forced /fɔ:st/ adj 1. (smile) forzado -da. 2. (landing) forzoso -sa.

forceful /ˈfɔ:sful/ adj (person) enérgico -ca; (argument) convincente.

forcibly /ˈfɔ:səblɪ/ adv 1. (to enter, remove) a la fuerza. 2. (to argue) enérgicamente.

ford /fɔ:d/ I n vado m. II vt vadear.

fore /fɔ:/ n: **to come to the fore** pasar a un primer plano.

forearm /ˈfɔ:rɑ:m/ n antebrazo m.

forecast /ˈfɔ:kɑ:st/ I n pronóstico m. II vt pronosticar.

forefather /ˈfɔ:fɑ:ðə/ n antepasado m.

forefinger /ˈfɔ:fɪŋɡə/ n dedo m índice.

forefront /ˈfɔ:frʌnt/ n vanguardia f.

forego /fɔ:ˈɡəʊ/ vt [-goes, -going, -went, pp -gone] renunciar a.

foregone /fɔ:ˈɡɒn/ I pp ⇨ **forego**. II adj: **it was a foregone conclusion** era inevitable.

foreground /ˈfɔ:ɡraʊnd/ n primer plano m.

forehand /ˈfɔ:hænd/ n golpe m de derecho.

forehead /ˈfɔ:hed/ n frente f.

foreign /ˈfɒrən/ adj 1. (from another country) extranjero -ra: **the foreign debt** la deuda externa. 2. (strange) ajeno -na (**to** a).

foreign currency n divisas f pl. **Foreign Minister** ∗ (GB) **Secretary** n ministro -tra m/f de Asuntos Exteriores, (Amér L) canciller m/f. **Foreign Office** (in GB) Ministerio m de Asuntos Exteriores.

foreigner /ˈfɒrənə/ n extranjero -ra m/f.

foreman /ˈfɔ:mən/ n capataz m.

foremost /ˈfɔ:məʊst/ I adj principal. II adv: **first and foremost** ante todo.

forensic /fəˈrenzɪk/ adj forense.

forensic scientist n forense m/f.

forerunner /ˈfɔ:rʌnə/ n precursor -sora m/f.

foresee /fɔ:ˈsi:/ vt [-sees, -seeing, -saw, pp -seen] prever.

foreseeable /fɔ:ˈsi:əbəl/ adj previsible.

foreshadow /fɔ:ˈʃædəʊ/ vt presagiar.

foresight /ˈfɔ:saɪt/ n previsión f.

forest /ˈfɒrɪst/ I n (wood) bosque m; (jungle) selva f. II adj forestal.

forestall /fɔ:ˈstɔ:l/ vt prevenir.

forestry /ˈfɒrɪstrɪ/ n silvicultura f.

foretaste /ˈfɔ:teɪst/ n anticipo m.

foretell /fɔ:ˈtel/ vt [-tells, -telling, -told] predecir.

forever /fəˈrevə/ adv 1. (for all time) para siempre ● **he took forever** tardó una eternidad. 2. (always) siempre: **he's forever eating** siempre está comiendo.

foreword /ˈfɔ:wɜ:d/ n prefacio m.

forfeit /ˈfɔ:fɪt/ vt perder.

forgave /fəˈɡeɪv/ pret ⇨ **forgive**.

forge /fɔ:dʒ/ I n (workshop) forja f; (furnace) fragua f. II vt 1. (banknotes, a signature) falsificar. 2. (Eng) fraguar. 3. (a link) formar. **to forge ahead** vi progresar rápidamente.

forger /ˈfɔ:dʒə/ n falsificador -dora m/f.

forgery /ˈfɔ:dʒərɪ/ n [-ries] falsificación f.

forget /fəˈɡet/ vi [-gets, -getting, -got, pp -gotten]: sorry, **I forgot** lo siento, se me olvidó; **to forget about sthg** olvidarse de algo. ◆ vt olvidarse de: **he forgot my birthday** se olvidó de mi cumpleaños ‖ se le olvidó mi cumpleaños; **I forgot that he was coming today** se me olvidó que venía hoy ‖ me olvidé de que venía hoy; **I forgot to call** se me olvidó llamar ‖ me olvidé de llamar.

forgetful /fəˈɡetful/ adj despistado -da [S], olvidadizo -za [S].

forgive /fə'gɪv/ vt [-**gives, -giving, -gave,** pp -**given**] perdonar: they never forgave him for leaving nunca le perdonaron que se fuera.

forgiven /fə'gɪvən/ pp ⇨ **forgive**.

forgiveness /fə'gɪvnəs/ n perdón m (for por).

forgiving /fə'gɪvɪŋ/ adj compasivo -va.

forgot /fə'gɒt/ pret ⇨ **forget**.

forgotten /fə'gɒtən/ pp ⇨ **forget**.

fork /fɔːk/ I n 1. (for eating) tenedor m. 2. (Agr) horca f. 3. (in road) bifurcación f. II vi bifurcarse.

to **fork out** vt (fam) desembolsar.

forked /fɔːkt/ adj bífido -da.

fork-lift truck /fɔːklɪft 'trʌk/ n carretilla f elevadora.

forlorn /fə'lɔːn/ adj 1. (person) desolado -da. 2. (hope) vano -na.

form /fɔːm/ I n 1. (shape, figure) forma f. 2. (document) formulario m. 3. (Sport) forma f: to **be on form/off form** estar en forma/en baja forma. 4. (Educ: class) grupo m; (:year) curso m. II vt formar. ♦ vi formarse.

formal /'fɔːməl/ adj (request, language) formal; (dinner) de etiqueta; (manner) ceremonioso -sa.

formality /fɔː'mælətɪ/ n [-ties] formalidad f.

format /'fɔːmæt/ I n formato m. II vt [-**mats, -matting, -matted**] formatear.

formation /fɔː'meɪʃən/ n formación f.

formative /'fɔːmətɪv/ adj formativo -va.

former /'fɔːmə/ I adj 1. (from earlier times) antiguo -gua. 2. (first mentioned) primer -mera: the former option la primera opción. II the **former** n (singular) el primero, la primera; (plural) los primeros, las primeras.

formerly /'fɔːməlɪ/ adv anteriormente.

formidable /'fɔːmɪdəbəl/ adj imponente.

formula /'fɔːmjʊlə/ n [-**las** ∗ -**lae**] fórmula f.

formulate /'fɔːmjʊleɪt/ vt formular.

forsake /fɔː'seɪk/ vt [-**sakes, -saking, -sook,** pp -**saken**] abandonar.

fort /fɔːt/ n (Archit) fuerte m.

forte /'fɔːteɪ/ n (strength) fuerte m.

forthcoming /fɔː'θʌmɪŋ/ adj 1. (event) próximo -ma. 2. (ready to talk) comunicativo -va.

forthright /'fɔːθraɪt/ adj directo -ta.

forthwith /fɔːθ'wɪθ/ adv (frml) inmediatamente.

fortieth /'fɔːtɪəθ/ adj, pron cuadragésimo -ma, cuarenta ⇨ appendix 4.

fortify /'fɔːtɪfaɪ/ vt [-**fies, -fying, -fied**] 1. (Mil) fortificar. 2. (Med) fortalecer.

fortitude /'fɔːtɪtjuːd/ n fortaleza f.

fortnight /'fɔːtnaɪt/ n quince días m pl, quincena f.

fortnightly /'fɔːtnaɪtlɪ/ I adv cada quince días. II adj quincenal.

fortress /'fɔːtrəs/ n [-**tresses**] fortaleza f.

fortunate /'fɔːtʃənət/ adj afortunado -da [S].

fortune /'fɔːtʃuːn/ n 1. (Fin) fortuna f. 2. (luck) suerte f.

fortune teller n adivino -na m/f.

forty /'fɔːtɪ/ adj, pron, n [-**ties**] cuarenta ⇨ appendix 4.

forum /'fɔːrəm/ n [-**rums** ∗ -**ra**] foro m.

forward /'fɔːwəd/ I adj 1. (movement) hacia adelante. 2. (behaviour) atrevido -da. II adv (o **forwards**) 1. (in space) hacia adelante. 2. (in time) en adelante. III n (Sport) delantero -ra m/f. IV vt (mail) remitir.

fossil /'fɒsəl/ n fósil m.

foster /'fɒstə/ vt 1. (an idea) fomentar, promover. 2. (a child) acoger (temporalmente).

fought /fɔːt/ pret y pp ⇨ **fight**.

foul /faʊl/ I adj 1. (taste, smell) horrible. 2. (language) grosero -ra. II n falta f. III vt hacerle falta a.

foul play n juego m sucio.

found /faʊnd/ I pret y pp ⇨ **find**. II vt fundar.

foundation /faun'deɪʃən/ I n 1. (action) fundación f. 2. (basis) base f. 3. (make-up) base f. II **foundations** n pl cimientos m pl.

founder /'faundə/ I n fundador -dora m/f. II vi 1. (ship) hundirse. 2. (scheme) fracasar.

foundry /'faundrɪ/ n [-dries] fundición f.

fountain /'fauntɪn/ n fuente f.

fountain pen n (pluma f) estilográfica f.

four /fɔː/ adj, pron, n cuatro ● **on all fours** a gatas ⇨ appendix 4.

four-wheel drive n (system) tracción f integral; (car) todoterreno m.

fourteen /fɔː'tiːn/ adj, pron, n catorce ⇨ appendix 4.

fourteenth /fɔː'tiːnθ/ adj, pron decimocuarto -ta ⇨ appendix 4.

fourth /fɔːθ/ I adj, pron cuarto -ta ⇨ appendix 4. II n (Auto) cuarta f.

fowl /faul/ n inv ave f★ de corral.

fox /fɒks/ I n [-xes] zorro m. II vt confundir.

foyer /'fɔɪeɪ/ n vestíbulo m.

fracas /'fræka:/ n inv reyerta f.

fraction /'frækʃən/ n fracción f, quebrado m.

fractionally /'frækʃənəlɪ/ adv ligeramente.

fracture /'fræktʃə/ I n fractura f. II vt fracturar. ♦ vi fracturarse.

fragile /'frædʒaɪl/ adj (object) frágil; (person) débil.

fragment I /'frægmənt/ n fragmento m. II /fræg'ment/ vi fragmentarse.

fragrance /'freɪgrəns/ n fragancia f.

fragrant /'freɪgrənt/ adj fragante.

frail /freɪl/ adj 1. (person) débil. 2. (object) frágil.

frame /freɪm/ I n (of door) marco m; (of glasses) montura f; (of tent) armazón m ∗ f; (of bicycle) cuadro m. II vt (a picture) enmarcar.

framework n (structure) armazón m ∗ f; (for talks) marco m.

franc /fræŋk/ n franco m.

France /fra:ns/ n Francia f.

franchise /'fræntʃaɪz/ n concesión f.

frank /fræŋk/ I adj franco -ca [S],

sincero -ra [S]: **to be quite frank with you...** si he de serte sincero.... II vt franquear.

frankly /'fræŋklɪ/ adv francamente.

frankness /'fræŋknəs/ n franqueza f.

frantic /'fræntɪk/ adj 1. (busy) frenético -ca. 2. (distraught) desesperado -da.

fraternity /frə'tɜːnɪtɪ/ n fraternidad f.

fraternize /'frætənaɪz/ vi confraternizar.

fraud /frɔːd/ n 1. (Law) fraude m. 2. (person) farsante m/f.

fraught /frɔːt/ adj 1. (full): **it is fraught with danger/difficulties** es muy peligroso/difícil. 2. (fam: anxious) tenso -sa.

fray /freɪ/ I vi (fabric) deshilacharse. II **the fray** n: **to return to the fray** volver al ataque; **to enter the fray** entrar en liza.

frayed /freɪd/ adj deshilachado -da ● **her nerves were frayed** estaba nerviosa.

freak /friːk/ I n 1. (creature) monstruo m. 2. (event) suceso m anormal. II adj anormal.

freckle /'frekəl/ n peca f.

free /friː/ adj [freer, freest] 1. (at liberty, unoccupied) libre (**from** de): **you are free to leave** eres libre de irte; **they set him free** lo pusieron en libertad. 2. (Fin) gratuito -ta [S], gratis adj inv [S] ● **free of charge** ∗ **for free** gratis. II adv 1. (Fin) gratis. 2. (unrestrained) libremente. III vt 1. (a prisoner) poner en libertad. 2. (from oppression, obligation) liberar. 3. (an animal, a trapped object) soltar.

free-for-all n pelea f. **free kick** n falta f. **free-range** adj de granja. **free speech** n libertad f de expresión. **freestyle** n estilo m libre. **free will** n: **he did it of his own free will** lo hizo por voluntad propia.

freedom /'friːdəm/ n libertad f.

freelance /'friːlɑːns/ adj, adv por cuenta propia.

freely /'fri:lɪ/ adv 1. (unrestrained) libremente. 2. (easily): **they are freely available** se consiguen con facilidad. 3. (openly) abiertamente.

freemason /'fri:meɪsən/ n francmasón -sona m/f.

freeway /'fri:weɪ/ n (US) autopista f.

freeze /fri:z/ vi [-zes, -zing, froze, pp frozen] (person, water) helarse, congelarse; (food) congelarse; (Meteo) helar. ♦ vt 1. (food) congelar. 2. (Fin) congelar.

freeze-dried adj liofilizado -da.

freezer /'fri:zə/ n congelador m, (Amér L) freezer m.

freezing /'fri:zɪŋ/ adj (wind) glacial: **I'm freezing** me estoy helando de frío.

freezing point n punto m de congelación.

freight /freɪt/ n (cargo) carga f; (cost) flete m.

freight train n tren m de mercancías.

freighter /'freɪtə/ n buque m de carga.

French /frentʃ/ I adj francés -cesa. II n (Ling) francés m. III **the French** n pl los franceses.

French bean n judía f verde. **French fries** n pl patatas f pl fritas, (Amér L) papas f pl fritas. **Frenchman** n francés m. **French-speaking** adj francófono -na, de habla francesa. **French windows** n pl puerta f vidriera. **Frenchwoman** n francesa f.

frenetic /frə'netɪk/ adj frenético -ca.

frenzied /'frenzɪd/ adj frenético -ca.

frenzy /'frenzɪ/ n [-zies] frenesí m.

frequency /'fri:kwənsɪ/ n [-cies] frecuencia f.

frequent /'fri:kwənt/ adj frecuente [S]. II /frɪ'kwent/ vt frecuentar.

frequently /'fri:kwəntlɪ/ adv con frecuencia, frecuentemente.

fresco /'freskəʊ/ n [-coes] fresco m.

fresh /freʃ/ adj 1. (food: gen) fresco -ca [S]; (: bread) del día [S]. 2. (new) nuevo -va: **to make a fresh start** empezar de nuevo. 3. (shirt, towel) limpio -pia [E]. 4. (weather) fresco

-ca ● **out in the fresh air** al aire libre. 5. (awake) fresco -ca [E]. 6. (cheeky) fresco -ca [S].

freshman n estudiante m/f de primer año. **freshwater** adj de agua dulce.

freshen /'freʃən/ vi (wind) arreciar. **to freshen up** vi (to wash) asearse.

fresher /'freʃə/ n estudiante m/f de primer año.

freshly /'freʃlɪ/ adv recién: **it's freshly made** está recién hecho.

freshness /'freʃnəs/ n frescura f.

fret /fret/ vi [frets, fretting, fretted] preocuparse (over * about por).

Fri. /'fraɪdeɪ/ = **Friday**.

friar /'fraɪə/ n fraile m.

friction /'frɪkʃən/ n fricción f.

Friday /'fraɪdeɪ/ n viernes m inv ⇨ **Thursday**.

fridge /frɪdʒ/ n nevera f, frigorífico m, refrigerador m, (RP) heladera f.

fried /fraɪd/ I pret y pp ⇨ **fry**. II adj frito -ta.

friend /frend/ n amigo -ga m/f: **I made friends with her** me hice amigo suyo.

friendliness /'frendlɪnəs/ n amabilidad f.

friendly /'frendlɪ/ I adj [-lier, -liest] (person) simpático -ca (**to** con): **are you friendly with them?** ¿son amigos tuyos?; (place) acogedor -dora; (animal) cariñoso -sa. II n [-lies] (Sport) partido m amistoso.

friendship /'frendʃɪp/ n amistad f.

frieze /fri:z/ n friso m.

frigate /'frɪgɪt/ n fragata f.

fright /fraɪt/ n susto m: **I got a fright** me pegué un susto.

frighten /'fraɪtən/ vt asustar. **to frighten away** vt ahuyentar.

frightened /'fraɪtənd/ adj asustado -da: **he's frightened of dogs** les tiene miedo a los perros ‖ los perros le dan miedo.

frightening /'fraɪtənɪŋ/ adj que da miedo.

frightful /'fraɪtfʊl/ adj espantoso -sa, horroroso -sa.

frightfully /'fraɪtfʊlɪ/ adv tremendamente.

frigid /'frɪdʒɪd/ adj 1. (manner, climate) glacial. 2. (sexually) frígido -da.

frill /frɪl/ I n (Clothing) volante m. II **frills** n pl (refinements) extras m pl.

fringe /frɪndʒ/ n (on material) fleco m; (hair) flequillo m ● **on the fringes of** al margen de.

fringe theatre n teatro m alternativo.

frisk /frɪsk/ vt (fam) cachear.

frisky /'frɪskɪ/ adj [-kier, -kiest] juguetón -tona.

fritter /'frɪtə/ n: trozo de patata, fruta, etc. rebozado y frito.

to fritter away vt malgastar.

frivolous /'frɪvələs/ adj frívolo -la.

frizzy /'frɪzɪ/ adj [-zier, -ziest] crespo -pa, rizado -da.

fro /frəʊ/ adv: **to and fro** de un lado para otro.

frock /frɒk/ n vestido m.

frog /frɒg/ n rana f.

frogman n hombre m rana.

frolic /'frɒlɪk/ vi [-lics, -licking, -licked] retozar, juguetear.

from /frɒm/ prep 1. (indicating origin) de: **where's he from?** ¿de dónde es?; **the plane from Toronto** el avión (procedente) de Toronto; **she drank from the bottle** bebió de la botella; **she took some letters from the drawer** sacó unas cartas del cajón; **he translated it from Welsh** lo tradujo del galés. 2. (indicating distance, position) de, desde: **it's two miles from Dover** está a dos millas de Dover; **from there it took me an hour** me llevó una hora desde allí. 3. (with times, dates) desde: **from March to the end of April** desde marzo hasta finales de abril; **from today** a partir de hoy. 4. (indicating a range) desde: **compact discs from £5** discos compactos desde ∗ a partir de 5 libras. 5. (indicating removal) a: **I took it from your brother** se lo quité a tu hermano. 6. (Maths): **two from five is three** de dos a cinco van tres. 7. (because of) por: **my eyes were**

stinging from the smoke me picaban los ojos por el humo; **he suffers from gout** padece (de) gota. 8. (based on): **from her letter, I'd say so** a juzgar por su carta, diría que sí.

front /frʌnt/ I n 1. (gen) parte f de delante: **at the front** delante. 2. (of building) fachada f. 3. (pretence) fachada f. 4. (Meteo, Mil) frente m. 5. (o **seafront**) paseo m marítimo. II adj delante, delantero -ra: **the front row** la primera fila. III **in front** adv delante (**of** de).

front cover n portada f. **front door** n puerta f principal. **front page** n primera plana f. **front room** n salón m. **front-wheel drive** n tracción f delantera.

frontage /'frʌntɪdʒ/ n fachada f.

frontier /'frʌntɪə/ n frontera f.

frost /frɒst/ n 1. (freezing conditions) helada f. 2. (on ground) escarcha f.

frostbite n (Med) congelación f.

frosted /'frɒstɪd/ adj esmerilado -da.

frosty /'frɒstɪ/ adj [-tier, -tiest] 1. (day) de helada. 2. (reception) glacial.

froth /frɒθ/ n espuma f.

frothy /'frɒθɪ/ adj [-thier, -thiest] espumoso -sa.

frown /fraʊn/ I n ceño m. II vi fruncir el ceño.

to frown on ∗ **upon** vt desaprobar.

froze /frəʊz/ pret ⇨ **freeze**.

frozen /'frəʊzən/ I pp ⇨ **freeze**. II adj 1. (very cold) helado -da ● **she was frozen stiff** estaba tiesa de frío. 2. (food) congelado -da.

frugal /'fruːgəl/ adj frugal.

fruit /fruːt/ n 1. (for eating) fruta f; (Bot) fruto m. 2. (result) fruto m.

fruit juice n zumo m ∗ (Amér L) jugo m de fruta. **fruit machine** n máquina f tragaperras. **fruit salad** n macedonia f (de frutas). **fruit tree** n árbol m frutal.

fruitful /'fruːtful/ adj fructífero -ra.

fruition /fruː'ɪʃən/ n: **to come to fruition** llevarse a cabo.

fruitless /'fru:tləs/ *adj* inútil, infructuoso -sa.

fruity /'fru:tɪ/ *adj* [-tier, -tiest] afrutado -da.

frustrate /frʌ'streɪt/ *vt* frustrar.

frustrating /frʌ'streɪtɪŋ/ *adj* frustrante.

frustration /frʌ'streɪʃən/ *n* frustración *f*.

fry /fraɪ/ I *vt* [**fries, frying, fried**] freír. II *n pl* (*fish*) alevines *m pl*.

frypan *n* (*US*) sartén *f*.

frying pan /'fraɪŋ pæn/ *n* sartén *f*.

ft. /fʊt/ ✳ /fi:t/ = foot ✳ feet.

fuchsia /'fju:ʃə/ *n* fucsia *f*.

fuddy-duddy /'fʌdɪdʌdɪ/ *n* [-dies] (*fam*) carroza *m/f*.

fudge /fʌdʒ/ I *n*: caramelo hecho de azúcar, leche y mantequilla. II *vt* (*fam: an issue*) eludir.

fuel /fjʊəl/ *n* combustible *m*.

fuel tank *n* depósito *m* de combustible.

fugitive /'fju:dʒɪtɪv/ *adj, n* fugitivo -va *adj, m/f*.

fulfil /fʊl'fɪl/ *vt* [-fils, -filling, -filled] (*US*) **fulfill** 1. (*an ambition*) hacer realidad. 2. (*a promise*) cumplir; (*a requirement*) satisfacer; (*an obligation*) cumplir con.

fulfilment, (*US*) **fulfillment** /fʊl'fɪlmənt/ *n*: **he felt a great sense of fulfilment** se sentía realizado.

full /fʊl/ I *adj* 1. (*glass, theatre, box*) lleno -na (**of** de); (*bus, hotel*) completo -ta: **I'm full (up)** estoy lleno ● **he's full of himself** es muy creído. 2. (*text, price*) íntegro -gra: **a full month** un mes entero. 3. (*report*) detallado -da. 4. (*schedule*) apretado -da. II *adv*: **you knew full well** lo sabías perfectamente; **it was full on** estaba puesto al máximo. III *n*: **I paid the debt in full** pagué la deuda en su totalidad; **we used it to the full** lo aprovechamos al máximo.

full board *n* pensión *f* completa. **full house** *n* lleno *m*. **full moon** *n* luna *f* llena. **full name** *n* nombre y apellidos. **full-scale** *adj* (*Art*) de tamaño natural; (*investigation*) exhaustivo -va. **full stop** *n* punto *m*. **full-time** *adj* de jornada completa.

fully /'fʊlɪ/ *adv* completamente.

fully comprehensive *adj* a todo riesgo. **fully grown** *adj* (*Zool*) adulto -ta; (*Bot*) crecido -da.

fumble /'fʌmbəl/ *vi*: **to fumble for sthg** buscar algo a tientas.

fume /fju:m/ I *vi*: **he's fuming** está que echa chispas. II **fumes** *n pl* gases *m pl*.

fumigate /'fju:mɪgeɪt/ *vt* fumigar.

fun /fʌn/ I *n* diversión *f*: **he paints for fun** pinta por diversión; **to have fun** divertirse ● **to make fun of sbdy** burlarse de alguien. II *adj* (*fam*) divertido -da [S].

funfair *n* parque *m* de atracciones.

function /'fʌŋkʃən/ I *n* 1. (*gen*) función *f*. 2. (*event*) recepción *f*. II *vi* funcionar.

functional /'fʌŋkʃənəl/ *adj* práctico -ca, funcional.

fund /fʌnd/ I *n* fondo *m*. II *vt* financiar.

fund-raising *n* recaudación *f* de fondos.

fundamental /fʌndə'mentəl/ *adj* fundamental.

fundamentalist /fʌndə'mentəlɪst/ *adj, n* integrista *adj, m/f*.

funeral /'fju:nərəl/ *n* (*service*) funerales *m pl*; (*burial*) entierro *m*.

funeral parlour *n* funeraria *f*. **funeral procession** *n* cortejo *m* fúnebre.

funereal /fju:'nɪərɪəl/ *adj* fúnebre.

fungus /'fʌŋgəs/ *n* [-guses ✳ -gi] hongo *m*.

funnel /'fʌnəl/ *n* 1. (*for liquids*) embudo *m*. 2. (*Naut*) chimenea *f*.

funny /'fʌnɪ/ *adj* [-nier, -niest] 1. (*amusing*) gracioso -sa, divertido -da. 2. (*strange*) raro -ra, curioso -sa.

fur /fɜ:/ *n* 1. (*Zool*) pelo *m*, pelaje *m*; (*Clothing*) piel *f*. 2. (*in kettle, on tongue*) sarro *m*.

fur coat *n* abrigo *m* de pieles.

furious /'fjʊərɪəs/ *adj* furioso -sa (**at** por).

furiously /ˈfjʊərɪəslɪ/ adv con furia.

furlong /ˈfɜːlɒŋ/ n: unidad de longitud equivalente a 201 metros.

furnace /ˈfɜːnɪs/ n horno m.

furnish /ˈfɜːnɪʃ/ vt 1. (a house) amueblar. 2. (to supply): **we furnished them with weapons** les suministramos armas.

furnishings /ˈfɜːnɪʃɪŋz/ n pl: muebles, cortinas y alfombras.

furniture /ˈfɜːnɪtʃə/ n muebles m pl.

furrow /ˈfʌrəʊ/ n surco m.

furry /ˈfɜːrɪ/ adj [-rier, -riest] peludo -da.

further /ˈfɜːðə/ I adv 1. (more distant) más lejos: **further down/up the street** más allá (por la calle); **further on** más adelante. 2. (more) más: **he said nothing further** no dijo nada más. 3. **further to** (in letter) con referencia a. II adj (additional) adicional, nuevo -va: **until further notice** hasta nuevo aviso. III vt promover.

further education n: educación para adultos.

furthermore /fɜːðəˈmɔː/ adv además.

furthest /ˈfɜːðɪst/ I adj más lejano -na. II adv más lejos.

furtive /ˈfɜːtɪv/ adj furtivo -va.

fury /ˈfjʊərɪ/ n [-ries] furia f.

fuse /fjuːz/ I n 1. (Elec) fusible m. 2. (Mil: wick) mecha f; (: detonator) espoleta f. II vi fundirse.

fuse box n caja f de fusibles.

fusion /ˈfjuːʒən/ n fusión f.

fuss /fʌs/ I n 1. (commotion) alboroto m, lío m ● **to make a fuss about sthg** armar un escándalo por algo ● **to make a fuss of sbdy** mimar a alguien. 2. (complaint): **stop making such a fuss** deja de quejarte tanto. II vi (to worry) preocuparse (about por).

to fuss over vt (details) preocuparse demasiado por; (a person) mimar.

fussy /ˈfʌsɪ/ adj [-sier, -siest] 1. (demanding) quisquilloso -sa (about para). 2. (ornate) recargado -da.

futile /ˈfjuːtaɪl/ adj vano -na.

future /ˈfjuːtʃə/ I n futuro m, porvenir m. II adj futuro -ra.

fuzzy /ˈfʌzɪ/ adj [-zier, -ziest] 1. (hair) muy rizado -da. 2. (memory, photo) borroso -sa.

g /græm/ (= **gram**) g.

gabble /ˈgæbəl/ vt/i farfullar.

gadget /ˈgædʒɪt/ n artilugio m.

gaffe /gæf/ n metedura f de pata.

gag /gæg/ I n 1. (for mouth) mordaza f. 2. (joke) chiste m. II vt [**gags, gagging, gagged**] amordazar. ◆ vi hacer arcadas.

gaga /ˈgaːgaː/ adj (fam) chocho -cha.

gain /geɪn/ I n 1. (increase) aumento m (in de). 2. (profit) beneficio m. II vt 1. (to obtain: gen) conseguir; (: experience) adquirir. 2. (speed) cobrar: **he gained two kilos** engordó dos kilos. 3. (clock) adelantarse. ◆ vi (to benefit) beneficiarse (**from** con ✱ de).

to gain on vt ganarle terreno a.

gait /geɪt/ n manera f de andar.

gala /ˈgaːlə/ n gala f, fiesta f.

galaxy /ˈgæləksɪ/ n [-laxies] galaxia f.

gale /geɪl/ n temporal m.

Galician /gəˈlɪsɪən/ I adj gallego -ga. II n gallego -ga m/f; (Ling) gallego m.

gall /gɔːl/ n descaro m.

gall bladder n vesícula f biliar. **gallstone** n cálculo m biliar.

gallant /ˈgælənt/ adj gallardo -da.

galleon /ˈgælɪən/ n galeón m.

gallery /ˈgælərɪ/ n [-ries] 1. (large)

museo *m* (*de arte*); (*small, commercial*) galería *f* de arte. **2.** (*passage, balcony*) galería *f*.

galley /ˈgælɪ/ *n* **1.** (*kitchen*) cocina *f*. **2.** (*ship*) galera *f*.

gallon /ˈgælən/ *n* galón *m* (*en GB 4,55 l; en EE.UU. 3,79 l*).

gallop /ˈgæləp/ **I** *n* galope *m*: **at a gallop** al galope. **II** *vi* galopar.

gallows /ˈgæləʊz/ *n inv* horca *f*.

galore /gəˈlɔː/ *adj* (*fam*) en cantidad.

galvanize /ˈgælvənaɪz/ *vt* **1.** (*metal*) galvanizar. **2.** (*people*) hacer reaccionar.

gambit /ˈgæmbɪt/ *n* maniobra *f*.

gamble /ˈgæmbəl/ **I** *n* **1.** (*bet*) apuesta *f*. **2.** (*risk*) riesgo *m*. **II** *vi* **1.** (*to bet*) jugar. **2.** (*to take a risk*) arriesgarse.

gambler /ˈgæmblə/ *n* jugador -dora *m/f*.

gambling /ˈgæmblɪŋ/ *n* juego *m* (*por dinero*).

game /geɪm/ **I** *n* **1.** (*gen*) juego *m*; (*of football, tennis*) partido *m*; (*of cards*) partida *f*. **2.** (*part of tennis match*) juego *m*. **3.** (*Culin, Zool*) caza *f*: **big game** caza mayor. **II games** *n pl* (*Sport*) juegos *m pl*; (*Educ*) educación *f* física. **III** *adj*: **he's game for anything** está dispuesto a todo.

gamekeeper *n* guardabosques *m/f inv*.

gammon /ˈgæmən/ *n*: *tipo de jamón*.

gamut /ˈgæmət/ *n* gama *f*.

gander /ˈgændə/ *n* ganso *m* macho.

gang /gæŋ/ *n* (*of criminals*) banda *f*; (*of friends*) pandilla *f*; (*of workers*) cuadrilla *f*.

to **gang up** *vi* conchabarse (**on** contra).

gangplank /ˈgæŋplæŋk/ *n* pasarela *f*.

gangster /ˈgæŋstə/ *n* gángster *m*.

gangway /ˈgæŋweɪ/ *n* (*aisle*) pasillo *m*; (*to ship*) pasarela *f*.

gaol /dʒeɪl/ *n, vt* ⇨ **jail**.

gap /gæp/ *n* **1.** (*gen*) hueco *m*; (*in text*) espacio *m* en blanco; (*in fence*) abertura *f*. **2.** (*omission*) laguna *f*.

3. (*in age*) diferencia *f*.

gape /geɪp/ *vi* **1.** (*to stare*) mirar boquiabierto: **to gape at sthg** mirar algo boquiabierto. **2.** (*to open wide*) abrirse.

gaping /ˈgeɪpɪŋ/ *adj* enorme.

garage /ˈgærɑːdʒ/ *n* (*for parking*) garaje *m*; (*for fuel*) gasolinera *f*; (*for repairs*) taller *m* mecánico.

garbage /ˈgɑːbɪdʒ/ *n* basura *f*
● **don't talk garbage** no digas tonterías.

garbage can *n* (*US*) ⇨ **dustbin**. **garbage collector** *n* (*US*) basurero -ra *m/f*. **garbage truck** *n* (*US*) camión *m* de la basura.

garbled /ˈgɑːbəld/ *adj* confuso -sa, embrollado -da.

garden /ˈgɑːdən/ *n* jardín *m*.

garden centre *n* centro *m* de jardinería.

gardener /ˈgɑːdənə/ *n* jardinero -ra *m/f*.

gardening /ˈgɑːdənɪŋ/ *n* jardinería *f*.

gargle /ˈgɑːgəl/ *vi* hacer gárgaras.

garish /ˈgeərɪʃ/ *adj* chillón -llona.

garland /ˈgɑːlənd/ *n* guirnalda *f*.

garlic /ˈgɑːlɪk/ *n* ajo *m*.

garment /ˈgɑːmənt/ *n* prenda *f* (*de vestir*).

garnish /ˈgɑːnɪʃ/ **I** *n* [**-shes**] (*decoration*) adorno *m*; (*accompaniment*) guarnición *f*. **II** *vt* adornar.

garrison /ˈgærɪsən/ **I** *n* guarnición *f*. **II** *vt* acantonar.

garrulous /ˈgærʊləs/ *adj* parlanchín -china, hablador -dora.

garter /ˈgɑːtə/ *n* liga *f*.

gas /gæs/ **I** *n* **1.** (*gen*) gas *m*. **2.** (*US: Auto*) gasolina *f*, (*Chi*) bencina *f*, (*RP*) nafta *f*. **3.** (*US: Med*) gases *m pl*. **II** *vt* [**gases ∗ gasses, gassing, gassed**] asfixiar con gas.

gas mask *n* máscara *f* antigás. **gas meter** *n* contador *m* del gas. **gas station** *n* (*US*) gasolinera *f*. **gas tank** *n* (*US*) depósito *m* de gasolina.

gash /gæʃ/ *n* [**-shes**] tajo *m*, corte *m* profundo.

gasket /ˈgæskɪt/ *n* junta *f*.

gasoline /'gæsəli:n/ n (US) ⇨ **gas** I,2.

gasp /gɑ:sp/ I n grito m sofocado. II vi 1. (to pant) jadear. 2. (in surprise) quedarse boquiabierto.

gassy /'gæsɪ/ adj [-sier, -siest] gaseoso -sa.

gastric /'gæstrɪk/ adj gástrico -ca.

gastroenteritis /gæstrəʊentə'raɪtɪs/ n gastroenteritis f inv.

gate /geɪt/ n (gen) puerta f; (of metal) verja f.

gatecrash vt colarse en. **gatecrasher** n colado -da m/f. **gateway** n entrada f, puerta f.

gateau /'gætəʊ/ n [-teaux] tarta f.

gather /'gæðə/ vt 1. (gen) juntar; (fruit) recoger, coger. 2. (speed) cobrar. 3. (to understand): **I gather he's left** según tengo entendido se ha ido. 4. (in sewing) fruncir. ♦ vi (to collect) juntarse.

gathering /'gæðərɪŋ/ n reunión f.

gauche /gəʊʃ/ adj torpe.

gaudy /'gɔ:dɪ/ adj [-dier, -diest] chillón -llona.

gauge /geɪdʒ/ I n 1. (gen) indicador m. 2. (of railway) ancho m. II vt 1. (Tec) medir. 2. (to judge) determinar.

gaunt /gɔ:nt/ adj demacrado -da.

gauntlet /'gɔ:ntlɪt/ n (motorcyclist's) guante m; (Hist) guantelete m ● **he threw down the gauntlet to us** nos desafió.

gauze /gɔ:z/ n gasa f.

gave /geɪv/ pret ⇨ **give**.

gawky /'gɔ:kɪ/ adj [-kier, -kiest] desgarbado -da.

gay /geɪ/ I adj 1. (homosexual) gay. 2. (happy) alegre. II n gay m.

gaze /geɪz/ I n mirada f fija. II vi mirar (fijamente o durante largo rato).

gazelle /gə'zel/ n gacela f.

GB /dʒi:'bi:/ (= Great Britain) Gran Bretaña f.

GCE /dʒi:si:'i:/ n (in GB) = **General Certificate of Education**.

GCSE /dʒi:si:es'i:/ n (in GB) (= General Certificate of Secondary Edu-

cation) examen del quinto curso de secundaria.

GDP /dʒi:di:'pi:/ n (= **gross domestic product**) PIB m.

gear /gɪə/ I n 1. (Tec) engranaje m; (Auto) velocidad f, marcha f. 2. (equipment) equipo m. 3. (belongings) cosas f pl. II vt (to adapt) dirigir (**to ∗ towards** a).

gearbox n caja f de cambios. **gear lever** n palanca f de cambios. **gearstick**, (US) **gearshift** n palanca f de cambios.

geese /gi:s/ pl ⇨ **goose**.

gel /dʒel/ I n gel m. II vi [**gels, gelling, gelled**] (people) congeniar; (idea) tomar forma.

gem /dʒem/ n gema f.

Gemini /'dʒemɪnaɪ/ n Géminis m.

gender /'dʒendə/ n (Ling) género m; (sex) sexo m.

gene /dʒi:n/ n gen m.

general /'dʒenərəl/ adj, n general adj, m/f.

general election n elecciones f pl generales. **general knowledge** n cultura f general. **general practice** n medicina f general. **general store** n almacén m.

generalize /'dʒenərəlaɪz/ vi generalizar.

generally /'dʒenrəlɪ/ adv generalmente.

generate /'dʒenəreɪt/ vt generar.

generation /dʒenə'reɪʃən/ n generación f.

generation gap n brecha f generacional.

generator /'dʒenəreɪtə/ n generador m.

generic /dʒɪ'nerɪk/ adj genérico -ca.

generosity /dʒenə'rɒsɪtɪ/ n generosidad f.

generous /'dʒenərəs/ adj generoso -sa.

genetic /dʒə'netɪk/ I adj genético -ca. II **genetics** n genética f.

genial /'dʒi:nɪəl/ adj cordial, amable.

genitals /'dʒenɪtəlz/ n pl genitales m pl.

genius /'dʒi:nɪəs/ n [-niuses] genio m.

genre /'ʒɑ:nrə/ n género m.

gent /dʒent/ n (fam) 1. (man) ⇨ **gentleman**. 2. **the gents** (toilet) el servicio de caballeros.

genteel /dʒen'ti:l/ adj refinado -da.

gentle /'dʒentəl/ adj (person) dulce, tierno -na; (breeze) suave.

gentleman /'dʒentəlmən/ n caballero m, señor m.

gentleness /'dʒentəlnəs/ n (of person) dulzura f; (of breeze) suavidad f.

gently /'dʒentlɪ/ adv (to speak) con dulzura; (to touch) con suavidad.

genuine /'dʒenjʊɪn/ adj auténtico -ca, genuino -na.

genuinely /'dʒenjʊɪnlɪ/ adv de verdad.

geography /dʒɪ'ɒgrəfɪ/ n geografía f.

geologist /dʒɪ'ɒlədʒɪst/ n geólogo -ga m/f.

geology /dʒɪ'ɒlədʒɪ/ n geología f.

geometric /dʒɪə'metrɪk/ adj geométrico -ca.

geometry /dʒɪ'ɒmətrɪ/ n geometría f.

geranium /dʒə'reɪnɪəm/ n geranio m.

geriatric /dʒerɪ'ætrɪk/ adj geriátrico -ca.

germ /dʒɜ:m/ n germen m.

German /'dʒɜ:mən/ I adj alemán -mana. II n alemán -mana m/f; (Ling) alemán m.

German measles n rubeola f.

Germany /'dʒɜ:mənɪ/ n Alemania f.

germinate /'dʒɜ:mɪneɪt/ vi germinar.

gesture /'dʒestʃə/ n gesto m.

get /get/ vt [**gets, getting, got, pp got** ✱ (US) **gotten**] 1. (gen) conseguir, obtener. 2. (to buy) comprar. 3. (a letter, gift) recibir. 4. (to catch: a person) atrapar, coger; (: an illness) pillar, coger. 5. (a bus, train) tomar, coger. 6. (to take): **get her home** llévala a casa. 7. (to fetch) buscar. 8. (dinner, lunch) preparar. 9. (to cause to be, to make: + adj): **get it**

ready prepáralo; **I got it dirty** se me ensució; **he got her drunk** la emborrachó; (: + pp): **he got it fixed** lo hizo arreglar; **I got my hair cut** me corté el pelo; (: + inf): **I got the car to start** logré que arrancara el coche; **get her to call us** dile que nos llame; (: + -ing): **I got it going** logré ponerlo en marcha. 10. **to have got** ⇨ **have** II,1. 11. (to understand) entender.

♦ vi 1. (to a place) llegar (**to** a). 2. (to manage): **I never got to see it** nunca llegué a verlo. 3. (to become): **he got hysterical** se puso histérico; **to get old** envejecer; **to get lost** perderse. 4. (in passive constructions): **he got fired** lo despidieron; **did you get paid?** ¿cobraste? 5. (to start): **we got talking** entablamos conversación. 6. **to have got to** ⇨ **have** II,10.

to **get about** ✱ **around** vi 1. (news) difundirse. 2. (to go out) salir; (to travel) viajar. to **get across** vt 1. (to cross) cruzar. 2. (to explain) hacer entender. to **get along** vi (with person) llevarse (bien); (with task): **how are you getting along?** ¿qué tal te va? to **get around** vi ✱ to **get about**. to **get at** vt 1. (to reach) alcanzar. 2. (to taunt) meterse con. 3. (to mean): **what's he getting at?** ¿qué es lo que quiere decir? to **get away** vi (to leave) irse; (to escape) escaparse. to **get away with** vt: **he won't get away with it** no se saldrá con la suya. to **get back** vi 1. (to return) volver. 2. (to move away): **get back from the edge!** ¡aléjate del borde! ♦ vt (to recover) recuperar: **I got it back from him** me lo devolvió. to **get back at** vt vengarse de. to **get by** vi arreglárselas. to **get down** vi bajar. ♦ vt 1. (to lower) bajar. 2. (to depress) deprimir. to **get down to** vt: **I got down to work** me puse a trabajar. to **get in** vi 1. (to enter) entrar. 2. (to arrive: gen) llegar; (: home) llegar a casa. ♦ vt (to insert) meter. to **get into** vt (to reach) llegar

a; (*to enter*) meterse en. **to get off** *vi*
1. (*to descend*) bajarse. 2. (*fam: to
depart*) irse; (:*from work*) salir (de
trabajar). ♦ *vt* 1. (*a bus*) bajar(se) de.
2. (*to remove*) quitarse. **to get off
with** *vt* (*fam*) ligar con. **to get on** *vi*
1. (*Transp*) subir. 2. (*with person*):
we get on well no llevamos bien.
3. (*to progress*): **how's he getting
on?** ¿qué tal le va? 4. (*to continue*)
continuar. ♦ *vt* (*a bus*) subir(se) a. **to
get out** *vi* salir (**of** de). ♦ *vt* sacar (**of**
de). **to get out of** *vt* (*a situation*)
librarse de. **to get over** *vt* (*to recover
from*) recuperarse de ● **I can't get
over** how much he has grown no
puedo creer cómo ha crecido. **to get
round** *vt* 1. (*to avoid*): **he got round
the rules** consiguió saltarse las
reglas; **to get round a problem**
sortear un obstáculo. 2. (*to persuade*) convencer. **to get through** *vt*:
he got through £500 se gastó 500
libras. ♦ *vi* (*Telec*): **I couldn't get
through to him** no me pude comunicar con él. **to get together** *vi*
reunirse. **to get up** *vi* levantarse.
♦ *vt* (*to climb*) subirse a. **to get up to**
vt 1. (*to reach*) llegar a. 2. (*to do*):
what did he get up to? ¿qué hizo?

get-together *n* reunión *f*.
geyser /ˈgiːzə/, (*US*) /ˈgaɪzə/ *n*
géiser *m*.
ghastly /ˈgɑːstlɪ/ *adj* [**-lier, -liest**]
espantoso -sa.
gherkin /ˈgɜːkɪn/ *n* pepinillo *m*.
ghetto /ˈgetəʊ/ *n* [**-tos** * **-toes**] gueto
m.
ghetto blaster *n* (*fam*) radiocasete *m*
(*grande*).
ghost /gəʊst/ *n* fantasma *m*.
ghost town *n* ciudad *f* fantasma.
giant /ˈdʒaɪənt/ I *n* gigante -ta *m/f*. II
adj gigante, gigantesco -ca.
gibberish /ˈdʒɪbərɪʃ/ *n* galimatías
m inv.
gibe /dʒaɪb/ *n* pulla *f*.
giblets /ˈdʒɪblɪts/ *n pl* menudillos
m pl.
Gibraltar /dʒɪˈbrɔːltə/ *n* Gibraltar *m*.
Gibraltarian /dʒɪbrɔːˈteərɪən/ *adj, n*

gibraltareño -ña *adj, m/f*.
giddy /ˈgɪdɪ/ *adj* [**-dier, -diest**]
mareado -da.
gift /gɪft/ *n* 1. (*present*) regalo *m*.
2. (*talent*) don *m*.
gift token * **voucher** *n* cheque *m*
regalo. **giftwrapped** *adj* envuelto -ta
para regalo.
gifted /ˈgɪftɪd/ *adj* con mucho talento.
gig /gɪg/ *n* (*fam*) actuación *f*.
gigantic /dʒaɪˈgæntɪk/ *adj* gigantesco -ca.
giggle /ˈgɪgəl/ I *n* risita *f*. II *vi* reírse.
gill *n* 1. /gɪl/ (*of fish*) branquia *f*,
agalla *f*. 2. /dʒɪl/ (*of liquid*) *unidad
de volumen equivalente a 0,142 l*.
gilt /gɪlt/ *adj* dorado -da.
gimmick /ˈgɪmɪk/ *n* ardid *m*.
gin /dʒɪn/ *n* ginebra *f*.
ginger /ˈdʒɪndʒə/ I *n* jengibre *m*. II
adj: **she has ginger hair** es pelirroja.
ginger ale * **beer** *n*: *refresco de
jengibre*. **gingerbread** *n*: *bizcocho o
galleta de jengibre*.
gingerly /ˈdʒɪndʒəlɪ/ *adv* cautelosamente.
gipsy /ˈdʒɪpsɪ/ *n* [**-sies**] gitano -na
m/f.
giraffe /dʒɪˈrɑːf/ *n* jirafa *f*.
girder /ˈgɜːdə/ *n* viga *f* (*de metal*).
girdle /ˈgɜːdəl/ *n* faja *f*.
girl /gɜːl/ *n* 1. (*child*) niña *f*; (*young
woman*) chica *f*, joven *f*. 2. (*daughter*) hija *f*.
girlfriend *n* (*partner*) novia *f*;
(*friend*) amiga *f*.
girlish /ˈgɜːlɪʃ/ *adj* de niña.
giro /ˈdʒaɪrəʊ/ *n* transferencia *f*.
girth /gɜːθ/ *n* 1. (*circumference*)
circunferencia *f*. 2. (*of saddle*)
cincha *f*.
gist /dʒɪst/ *n* esencia *f*.
give /gɪv/ I *n* (*elasticity*) elasticidad
f. II *vt* [**gives, giving, gave,** *pp*
given] 1. (*gen*) dar; (*as a present*)
regalar. 2. **to give way** (*to collapse,
concede*) ceder (**to** a); (*Auto*) ceder el
paso. ♦ *vi* (*to stretch*) dar de sí.
to give away *vt* 1. (*gen*) dar, regalar.

2. (*a secret*) revelar; (*a person*): **he gave himself away** se delató. **to give back** *vt* devolver. **to give in** *vi* entregar. ♦ *vi* (*to yield*) ceder; (*to admit defeat*) rendirse. **to give off** *vt* (*fumes*) despedir. **to give out** *vt* repartir. ♦ *vi* fallar. **to give up** *vt* (*to abandon*) abandonar: **I gave up smoking** dejé de fumar; **to give oneself up** entregarse. ♦ *vi* darse por vencido -da.

give-and-take *n* toma y daca *m*.

given /'gɪvən/ **I** *pp* ⇨ **give. II** *adj* (*particular*) dado -da ● **he's given to lying** es muy dado a mentir. **III** *prep* (*considering*) teniendo en cuenta.

glacier /'glæsɪə/ *n* glaciar *m*.

glad /glæd/ *adj* [**gladder, gladdest**] contento -ta: **I'll be glad to do it** lo haré con mucho gusto.

gladly /'glædlɪ/ *adv* con mucho gusto.

glamor /'glæmə/ *n* (*US*) glamour *m*.

glamorize /'glæməraɪz/ *vt* hacer atractivo -va.

glamorous /'glæmərəs/ *adj* (*woman, job*) con mucho glamour; (*outfit*) elegante (y llamativo -va); (*resort*) de postín.

glamour /'glæmə/ *n* glamour *m*.

glance /glɑːns/ **I** *n* mirada *f*, vistazo *m*: **to take a glance at** echar un vistazo a ● **at first glance** a primera vista. **II** *vi* echar un vistazo (**at** a).

to glance off *vt* rebotar en.

glancing /'glɑːnsɪŋ/ *adj* de refilón.

gland /glænd/ *n* glándula *f*.

glandular /'glændjʊlə/ *adj* glandular.

glandular fever *n* mononucleosis *f* infecciosa.

glare /gleə/ **I** *n* **1.** (*look*) mirada *f* furiosa. **2.** (*harsh light*) brillo *m*. **II** *vi* (*to look*): **she glared at him** lo miró enfurecida.

glaring /'gleərɪŋ/ *adj* **1.** (*obvious*) manifiesto -ta. **2.** (*bright*) deslumbrante.

glass /glɑːs/ **I** *n* [**glasses**] **1.** (*material*) cristal *m*, vidrio *m*: **broken glass** cristales rotos. **2.**

(*tumbler*) vaso *m*; (*with stem*) copa *f*. **II glasses** *n pl* (*spectacles*) gafas *f pl*, anteojos *m pl*.

glassware *n* cristalería *f*.

glassy /'glɑːsɪ/ *adj* [**-sier, -siest**] **1.** (*like glass*) vítreo -trea. **2.** (*stare*) vidrioso -sa.

glaze /gleɪz/ *vt* **1.** (*pots*) vidriar. **2.** (*Culin*) glasear.

glazier /'gleɪzɪə/ *n* cristalero -ra *m/f*.

gleam /gliːm/ **I** *n* brillo *m*. **II** *vi* brillar, relucir.

glean /gliːn/ *vt* obtener.

glee /gliː/ *n* regocijo *m*.

glen /glen/ *n* valle *m* (*estrecho y profundo*).

glib /glɪb/ *adj* [**glibber, glibbest**] que tiene mucha labia.

glide /glaɪd/ *vi* **1.** (*to slide*) deslizarse. **2.** (*bird, plane*) planear.

glider /'glaɪdə/ *n* planeador *m*.

gliding /'glaɪdɪŋ/ *n* vuelo *m* sin motor.

glimmer /'glɪmə/ *n* **1.** (*light*) luz *f* tenue. **2.** (*small amount*) resquicio *m*.

glimpse /glɪmps/ **I** *n*: **I caught a glimpse of him** alcancé a verlo fugazmente. **II** *vt* alcanzar a ver.

glint /glɪnt/ **I** *n* destello *m*. **II** *vi* refulgir.

glisten /'glɪsən/ *vi* brillar.

glitter /'glɪtə/ **I** *n* **1.** (*sparkle*) brillo *m*. **2.** (*for decoration*) purpurina *f*. **II** *vi* centellear.

glittering /'glɪtərɪŋ/ *adj* brillante, refulgente.

gloat /gləʊt/ *vi* regodearse (**over** con).

global /'gləʊbəl/ *adj* **1.** (*Geog*) mundial. **2.** (*comprehensive*) global.

global warming *n* calentamiento *m* de la atmósfera.

globe /gləʊb/ *n* **1.** (*sphere*) esfera *f*; (*map*) globo *m* terráqueo. **2.** (*world*) mundo *m*.

gloom /gluːm/ *n* **1.** (*darkness*) oscuridad *f*, penumbra *f*. **2.** (*feeling*) tristeza *f*.

gloomy /'gluːmɪ/ *adj* [**-mier, -miest**] **1.** (*place*) lúgubre. **2.** (*depressed*) deprimido -da; (*pessimistic*) pesimista.

glorify /ˈglɔːrɪfaɪ/ *vt* [-fies, -fying, -fied] glorificar.

glorious /ˈglɔːrɪəs/ *adj* 1. (*illustrious*) glorioso -sa. 2. (*wonderful*) maravilloso -sa.

glory /ˈglɔːrɪ/ I *n* gloria *f*. II *vi* [-ries, -rying, -ried] enorgullecerse (**in** de).

gloss /glɒs/ *n* [**glosses**] 1. (*shine*) brillo *m*. 2. (*o* **gloss paint**) pintura *f* esmalte.

to **gloss over** *vt* pasar por alto.

glossary /ˈglɒsərɪ/ *n* [-ries] glosario *m*.

glossy /ˈglɒsɪ/ *adj* [-sier, -siest] lustroso -sa, brillante.

glossy magazine *n* revista *f* ilustrada.

glove /glʌv/ *n* guante *m*.

glove compartment *n* guantera *f*.

glow /gləʊ/ I *n* brillo *m*. II *vi* brillar.

glow-worm *n* luciérnaga *f*.

glowing /ˈgləʊɪŋ/ *adj* (*colour*) intenso -sa; (*cheeks*) encendido -da.

glue /gluː/ I *n* pegamento *m*, cola *f*. II *vt* pegar.

glum /glʌm/ *adj* [**glummer, glummest**] desanimado -da.

glut /glʌt/ *n* superabundancia *f*, exceso *m*.

glutton /ˈglʌtən/ *n* glotón -tona *m/f* ● you're a glutton for punishment eres masoquista.

GMT /dʒiːemˈtiː/ = **Greenwich Mean Time**.

gnarled /nɑːld/ *adj* nudoso -sa.

gnat /næt/ *n* mosquito *m*.

gnaw /nɔː/ *vt/i* roer.

gnome /nəʊm/ *n* gnomo *m*.

GNP /dʒiːenˈpiː/ *n* (= **gross national product**) PNB *m*.

go /gəʊ/ I *n* [**goes**] 1. (*try*) intento *m*: have a go inténtalo. 2. (*turn*): it's your go te toca a ti ● he's always on the go no para ● she had a go at me se metió conmigo. II *vi* [**goes, going, went,** *pp* **gone**] 1. (*gen*) ir: we went by bus fuimos en autobús; (*to leave*): she went early se fue temprano. 2. (*with activities*): to go

shopping ir de compras; to go for a walk (ir a) dar un paseo. 3. (*with future meaning*): I'm going to buy it voy a comprarlo. 4. (*time*) pasar: the year went really quickly el año pasó muy rápido; there's a month to go falta un mes. 5. (*to work*) funcionar. 6. (*to turn out*) salir: it went very well salió muy bien ● how's it going? ¿qué tal? 7. (*to match*): it doesn't go with that tie no queda bien ∗ no pega con esa corbata. 8. (*to fit*) caber. 9. (*to become*): to go mad volverse loco -ca; he went deaf se quedó sordo. 10. (*to be sold*) venderse (**for** por).

to **go after** *vt* 1. (*to follow*) seguir. 2. (*to pursue*) perseguir. *to* **go ahead** *vi* seguir adelante ● "May I?" "Yes, go ahead!" —¿Puedo? —¡Sí, por supuesto! *to* **go along** *vt* ir por. ◆ *vi* 1. (*to proceed*): I'll learn as I go along lo aprenderé sobre la marcha. 2. (*to agree*): he went along with my idea aceptó mi idea. *to* **go away** *vi* irse. *to* **go back** *vi* volver, regresar. *to* **go by** *vi* pasar. ◆ *vt* pasar por. *to* **go down** *vi* 1. (*boat*) hundirse; (*prices*) bajar; (*sun*) ponerse. 2. (*tyre*) desinflarse. ◆ *vt* (*a slope*) bajar. *to* **go for** *vt* 1. (*to attack*) atacar. 2. (*fam: to like*): he didn't go for it no le gustó. 3. (*to apply to*) ir por, valer para. *to* **go in** *vi* entrar. *to* **go in for** *vt* (*a contest*) presentarse a. *to* **go into** *vt* (*gen*) entrar en; (*a profession*) empezar a trabajar en; (*a subject*) entrar en. *to* **go off** *vi* 1. (*to leave*) irse. 2. (*alarm*) sonar. 3. (*bomb*) estallar. 4. (*food*) estropearse. ◆ *vt*: he's gone off the idea ya no lo atrae la idea; I've gone off him ya no me cae bien. *to* **go on** *vi* 1. (*to happen*) pasar; (*to continue*) seguir: I went on writing seguí escribiendo ● go on, eat it anda, cómetelo. 2. (*lights*) encenderse. *to* **go out** *vi* 1. (*gen*) salir: he's going out with Liz sale con Liz. 2. (*fire*) apagarse. 3. (*tide*) bajar. *to* **go over** *vt* (*work*) repasar. *to* **go through** *vt*

1. (*a door*) pasar por; (*a city*) atravesar. 2. (*hardship*) pasar. **to go up** *vi* 1. (*gen*) subir. 2. (*to approach*) acercarse (**to** a). ♦ *vt* (*a slope*) subir. **to go without** *vt* arreglárselas sin.

goad /gəʊd/ *vt* provocar.

go-ahead /ˈgəʊəhed/ **I** *n* luz *f* verde. **II** *adj* (*fam*) emprendedor -dora.

goal /gəʊl/ *n* 1. (*point*) gol *m*; (*area*) portería *f*. 2. (*aim*) objetivo *m*.

goalkeeper *n* portero -ra *m/f*, (*Amér L*) arquero -ra *m/f*.

goat /gəʊt/ *n* cabra *f*.

gobble /ˈgɒbəl/ *vt* (*o* **gobble up ∗ down**) zamparse.

go-between /ˈgəʊbɪtwiːn/ *n* intermediario -ria *m/f*.

god /gɒd/ *n* dios *m*.

godchild *n* [**-children**] ahijado -da *m/f*. **goddaughter** *n* ahijada *f*. **godfather** *n* padrino *m*. **god-fearing** *adj* piadoso -sa. **godforsaken** *adj* dejado -da de la mano de Dios. **godmother** *n* madrina *f*. **godsend** *n* don *m* del cielo. **godson** *n* ahijado *m*.

goddess /ˈgɒdes/ *n* [**-desses**] diosa *f*.

goes /gəʊz/ ⇨ **go**.

goggles /ˈgɒgəlz/ *npl* gafas *fpl*, anteojos *mpl*.

going /ˈgəʊɪŋ/ *adj* (*rate*) vigente. **going-over** *n* (*check*) revisión *f*.

gold /gəʊld/ **I** *n* oro *m*. **II** *adj* (*made of gold*) de oro; (*in colour*) dorado -da.

gold mine *n* mina *f* de oro. **gold-plated** *adj* chapado -da en oro. **golden** /ˈgəʊldən/ *adj* de oro.

golden eagle *n* águila *f*★ real. **golden wedding (anniversary)** *n* bodas *fpl* de oro.

goldfinch /ˈgəʊldfɪntʃ/ *n* [**-ches**] jilguero *m*.

goldfish /ˈgəʊldfɪʃ/ *n inv* pez *m* de colores.

goldfish bowl *n* pecera *f*.

golf /gɒlf/ *n* golf *m*.

golf ball *n* pelota *f* de golf. **golf club** *n* (*place*) club *m* de golf; (*implement*) palo *m* de golf. **golf course** *n* (*Sport*)

campo *m* de golf.

golfer /ˈgɒlfə/ *n* golfista *m/f*.

gone /gɒn/ *pp* ⇨ **go**.

good /gʊd/ **I** *adj* [**better, best**] 1. (*gen*) bueno -na [**buen** before masc. sing. nouns]: **a good book** un buen libro; **it's good for you** es bueno para la salud; **be good** pórtate bien ‖ sé bueno; **I had a good time** lo pasé muy bien ● **a good number of people** bastante gente ● **to make good** the damage reparar los daños. 2. (*skilful*): **he's good at science** se le dan muy bien las ciencias; **she's good at golf** juega muy bien al golf. 3. (*kind*) amable: **that's very good of you** es muy amable de su parte.

II *n* 1. (*gen*) bien *m*: **for her own good** por su propio bien; **good and evil** el bien y el mal; **it'll do you good** te hará bien ● **what's the good of asking?** ¿de qué sirve preguntar? ● **this one's no good** éste no sirve. 2. **for good** para siempre. **III goods** *npl* (*possessions*) bienes *mpl*; (*merchandise: gen*) mercancías *fpl*; (*: in shop*) artículos *mpl*.

good-for-nothing *adj, n* (*fam*) inútil *adj, m/f*. **Good Friday** *n* Viernes *m inv* Santo. **good-looking** *adj* guapo -pa. **good-natured** *adj* bondadoso -sa. **goods train** *n* tren *m* de mercancías. **goodwill** *n* buena voluntad *f*.

goodbye /gʊdˈbaɪ/ *excl* (*gen*) ¡adiós!; (*expecting to meet later*) ¡hasta luego!: **to say goodbye to sbdy** despedirse de alguien.

goodness /ˈgʊdnəs/ *n* 1. (*human*) bondad *f* ● **thank goodness!** ¡gracias a Dios! 2. (*in food*) sustancia *f*.

goody /ˈgʊdɪ/ *n* [**-dies**] (*fam*) bueno *m*.

goose /guːs/ *n* [**geese**] ganso *m*.

gooseflesh *n*, **goose pimples** *npl* carne *f* de gallina.

gooseberry /ˈgʊzbərɪ/ *n* [**-ries**] 1. (*Bot*) grosella *f* espinosa. 2. (*fam:*

on date) carabina *f*.

gore /gɔː/ *vt* cornear.

gorge /gɔːdʒ/ **I** *n* quebrada *f*. **II** *vt*: **to gorge oneself on sthg** atiborrarse de algo.

gorgeous /ˈgɔːdʒəs/ *adj* (*baby, dress*) precioso -sa; (*day*) estupendo -da.

gorilla /gəˈrɪlə/ *n* gorila *m*.

gorse /gɔːs/ *n* aulaga *f*, tojo *m*.

gory /ˈgɔːrɪ/ *adj* [-rier, -riest] sangriento -ta.

gosh /gɒʃ/ *excl* ¡caramba!

go-slow /ˈgəʊsləʊ/ *n* huelga *f* de celo.

gospel /ˈgɒspəl/ *n* 1. (*Relig*) evangelio *m*. 2. (o **gospel music**) música *f* espiritual negra.

gossip /ˈgɒsɪp/ **I** *vi* chismorrear (**about** de), cotillear (**about** de). **II** *n* 1. (*stories*) chismes *m pl*. 2. (*person*) chismoso -sa *m/f*.

got /gɒt/ *pret y pp* ⇨ **get**.

gotten /ˈgɒtən/ (*US*) *pp* ⇨ **get**.

gourd /gʊəd/ *n* calabaza *f*.

gout /gaʊt/ *n* gota *f*.

govern /ˈgʌvən/ *vt/i* gobernar.

governess /ˈgʌvənəs/ *n* [-nesses] institutriz *f*.

government /ˈgʌvənmənt/ *n* gobierno *m*.

governor /ˈgʌvənə/ *n* 1. (*of state, bank*) gobernador -dora *m/f*. 2. (*of prison*) director -tora *m/f*. 3. (*of school*) miembro del consejo rector.

gown /gaʊn/ *n* (*woman's*) traje *m* de noche; (*in hospital*) bata *f*; (*judge's*) toga *f*.

GP /dʒiːˈpiː/ *n* (= **general practitioner**) médico -ca *m/f* de medicina general.

grab /græb/ *vt* [**grabs, grabbing, grabbed**] (*to take hold of*) agarrar, coger; (*a chance*) aprovechar. ♦ *vi*: **to grab at sthg** tratar de agarrar algo.

grace /greɪs/ *n* 1. (*gen*) gracia *f*. 2. (*extension*): **two days' grace** un plazo de dos días.

graceful /ˈgreɪsful/ *adj* grácil.

gracious /ˈgreɪʃəs/ *adj* cortés
• **good gracious!** ¡Dios mío!

grade /greɪd/ **I** *vt* clasificar. **II** *n* 1. (*quality*) calidad *f*. 2. (*on scale*) grado *m*. 3. (*US: at school*) curso *m*. 4. (*mark*) nota *f*.

grade crossing *n* (*US*) paso *m* a nivel, (*Méx*) crucero *m*. **grade school** *n* (*US*) escuela *f* primaria.

gradient /ˈgreɪdɪənt/ *n* pendiente *f*.

gradual /ˈgrædjʊəl/ *adj* gradual, paulatino -na.

graduate I /ˈgrædjʊət/ *n* 1. (*from university*) licenciado -da *m/f*. 2. (*US: from high school*) bachiller *m/f*. **II** /ˈgrædjʊeɪt/ *vi* (*from university*) licenciarse (**in** en); (*US: from high school*) terminar el bachillerato.

graduation /grædjʊˈeɪʃən/ *n* (*Educ*) ceremonia de entrega de títulos.

graffiti /grəˈfiːtiː/ *n* graffiti *m inv*.

graft /grɑːft/ **I** *n* 1. (*Bot, Med*) injerto *m*. 2. (*corruption*) corrupción *f*. 3. (*fam: work*): **to get sthg by hard graft** conseguir algo trabajando muy duro. **II** *vt* injertar.

grain /greɪn/ *n* 1. (*cereals*) cereal *m*. 2. (*of sand, rice*) grano *m*. 3. (*in wood*) veta *f*.

gram /græm/ *n* gramo *m*.

grammar /ˈgræmə/ *n* 1. (*Ling*) gramática *f*. 2. (*book*) libro *m* de gramática.

grammar school *n* (*in GB*) instituto *m* de enseñanza secundaria (*con examen de ingreso*).

gramme /græm/ *n* gramo *m*.

gramophone /ˈgræməfəʊn/ *n* gramófono *m*.

gran /græn/ *n* (*fam*) abuela *f*.

granary /ˈgrænərɪ/ *n* [-ries] granero *m*.

Granary® bread *n* pan *m* con granos de trigo enteros.

grand /grænd/ **I** *adj* 1. (*palace*) espléndido -da; (*person, job*) importante. 2. (*fam: very good*) estupendo -da. **II** *n* (o **grand piano**) piano *m* de cola. **III** *n inv* (*fam: thousand*) mil *m*.

grandad, **granddad** /ˈgrændæd/ *n* (*fam*) abuelo *m*.

grandchild /'grænt∫aɪld/ n [**-children**] nieto -ta m/f.

granddaughter /'grændɔ:tə/ n nieta f.

grandeur /'grændʒə/ n grandeza f.

grandfather /'grænfɑːðə/ n abuelo m.

grandfather clock n reloj m de pie.

grandma /'grænmɑ:/ n (fam) abuela f.

grandmother /'grænmʌðə/ n abuela f.

grandpa /'grænpɑ:/ n (fam) abuelo m.

grandparent /'grænpeərənt/ n abuelo -la m/f.

grandson /'grænsʌn/ n nieto m.

grandstand /'grænstænd/ n tribuna f.

granite /'grænɪt/ n granito m.

granny /'grænɪ/ n [**-nies**] (fam) abuela f.

grant /grɑ:nt/ I n (gen) subvención f, ayuda f económica; (Educ) beca f. II vt conceder ● **to take sthg for granted** dar algo por sentado ● **he takes her for granted** no la valora.

granulated /'grænjuleɪtɪd/ adj granulado -da.

granule /'grænjuːl/ n gránulo m.

grape /greɪp/ n uva f.

grape harvest n vendimia f.

grapefruit /'greɪpfruːt/ n pomelo m, (Amér L) toronja f.

grapevine /'greɪpvaɪn/ n parra f.

graph /grɑ:f/ n gráfico m.

graphic /'græfɪk/ I adj gráfico -ca. II **graphics** n pl 1. (in book) parte f gráfica. 2. (Inform) gráficos m pl.

graphically /'græfɪklɪ/ adv gráficamente.

grapple with /'græpəl wɪð/ vt (a person) luchar con; (a problem) tratar de resolver.

grasp /grɑ:sp/ I vt 1. (to take hold of) asir, agarrar. 2. (an idea) captar, comprender. II n 1. (grip): **to tighten/loosen one's grasp on sthg** agarrar algo más/menos fuerte. 2. (reach): **within his grasp** a su alcance. 3. (of a concept, subject) comprensión f.

grasping /'grɑːspɪŋ/ adj codicioso -sa.

grass /grɑːs/ n hierba f, (Amér L) pasto m, (Amér C, Méx) zacate m.

grass roots n pl (Pol) bases f pl.

grasshopper /'grɑːshɒpə/ n saltamontes m inv.

grate /greɪt/ I vt (food) rallar. ♦ vi (to scrape) rechinar. II n (in fireplace) parrilla f.

grateful /'greɪtful/ adj agradecido -da: **I'm very grateful to you** le estoy muy agradecido; **I'd be grateful if you'd let me know** le agradecería que me avisara.

grater /'greɪtə/ n rallador m.

gratifying /'grætɪfaɪɪŋ/ adj gratificante.

grating /'greɪtɪŋ/ n reja f.

gratitude /'grætɪtjuːd/ n gratitud f, agradecimiento m.

gratuitous /grə'tjuːɪtəs/ adj innecesario -ria, gratuito -ta.

gratuity /grə'tjuːɪtɪ/ n [**-ties**] propina f.

grave /greɪv/ I n sepultura f, tumba f. II adj (tone, face) serio -ria; (situation) grave.

gravestone n lápida f. **graveyard** n cementerio m.

gravel /'grævəl/ n (gen) grava f, (fine) gravilla f.

gravity /'grævətɪ/ n gravedad f.

gravy /'greɪvɪ/ n [**-vies**] salsa f (hecha con jugo del asado).

gray /greɪ/ adj, n ⇨ **grey**.

graze /greɪz/ I vi (Agr) pastar. ♦ vt (Med) rasguñar, arañar. II n rasguño m.

grease /griːs/ I n grasa f. II vt engrasar.

greasy /'griːsɪ/ adj [**-sier, -siest**] (hair) graso -sa; (food) con mucha grasa; (rag) grasiento -ta.

great /greɪt/ adj 1. (gen) grande [**gran** before sing. nouns]. 2. (fam: excellent) estupendo -da.

Great Britain n Gran Bretaña f.

great-grandfather n bisabuelo m.

great-grandmother n bisabuela f.

greatly /ˈɡreɪtlɪ/ *adv* (+ *verb*) mucho; (+ *adj*) muy.

greatness /ˈɡreɪtnəs/ *n* grandeza *f*.

Greece /ɡriːs/ *n* Grecia *f*.

greed /ɡriːd/ *n* (*for money*) codicia *f*, avaricia *f*; (*for food*) glotonería *f*.

greediness /ˈɡriːdɪnəs/ *n* ⇨ **greed**.

greedy /ˈɡriːdɪ/ *adj* [**-dier, -diest**] (*for money*) codicioso -sa; (*for food*) glotón -tona; (*for power, knowledge*) ávido -da (**for** de).

Greek /ɡriːk/ **I** *adj* griego -ga. **II** *n* griego -ga *m/f*; (*Ling*) griego *m*.

green /ɡriːn/ **I** *adj* **1**. (*in colour*) verde. **2**. (*inexperienced*) inexperto -ta. **3**. (*Pol*) verde; (*issue*) ecológico -ca. **II** *n* **1**. (*colour*) verde *m*. **2**. (*in golf*) green *m*. **3**. (*Pol*) verde *m*. **III greens** *npl* (*Culin*) verduras *fpl*.

green bean *n* judía *f* verde. **green belt** *n* zona *f* verde. **green card** *n* **1**. (*in Europe: for car insurance*) carta *f* verde. **2**. (*in US: for immigration*) permiso *m* de trabajo.

greenery /ˈɡriːnərɪ/ *n* follaje *m*.

greengrocer /ˈɡriːnɡrəʊsə/ *n* verdulero -ra *m/f*: **at the greengrocer's** en la verdulería.

greenhouse /ˈɡriːnhaʊs/ *n* invernadero *m*.

greenhouse effect *n* efecto *m* invernadero.

greenish /ˈɡriːnɪʃ/ *adj* verdoso -sa.

Greenland /ˈɡriːnlənd/ *n* Groenlandia *f*.

Greenlander /ˈɡriːnləndə/ *n* groenlandés -desa *m/f*.

Greenwich Mean Time /ˈɡrenɪtʃ ˈmiːn taɪm/ *n* hora *f* de Greenwich.

greet /ɡriːt/ *vt* **1**. (*to receive*) recibir. **2**. (*to welcome*) dar la bienvenida a; (*to say hello to*) saludar.

greeting /ˈɡriːtɪŋ/ *n* saludo *m*.

greetings card *n* tarjeta *f* de felicitación.

grenade /ɡrɪˈneɪd/ *n* granada *f*.

grew /ɡruː/ *pret* ⇨ **grow**.

grey /ɡreɪ/ **I** *adj* (*gen*) gris; (*hair*) cano -na. **II** *n* gris *m*.

grey-haired *adj* canoso -sa.

greyhound /ˈɡreɪhaʊnd/ *n* galgo *m*.

greyish /ˈɡreɪʃ/ *adj* grisáceo -cea.

grid /ɡrɪd/ *n* **1**. (*grating*) reja *f*. **2**. (*on map*) cuadrícula *f*. **3**. (*Elec*) red *f* de suministro.

griddle /ˈɡrɪdəl/ *n* plancha *f*.

grief /ɡriːf/ *n* dolor *m*, pena *f*.

grievance /ˈɡriːvəns/ *n*: **to have a grievance against** estar resentido -da con.

grieve /ɡriːv/ *vt* apenar. ♦ *vi*: **to grieve for sbdy** llorar la muerte de alguien.

grill /ɡrɪl/ **I** *n* (*with heat: from above*) grill *m*; (: *from below*) parrilla *f*. **II** *vt* **1**. (*Culin*) hacer al grill/asar a la parrilla. **2**. (*fam: to interrogate*) acribillar a preguntas.

grille, grill /ɡrɪl/ *n* (*on window*) reja *f*; (*on machine, car*) rejilla *f*.

grim /ɡrɪm/ *adj* [**grimmer, grimmest**] **1**. (*severe*) adusto -ta. **2**. (*bad*) horroroso -sa.

grimace /ˈɡrɪməs/ **I** *n* mueca *f*. **II** *vi* hacer una mueca.

grime /ɡraɪm/ *n* mugre *f*, roña *f*.

grin /ɡrɪn/ **I** *n* sonrisa *f*. **II** *vi* [**grins, grinning, grinned**] sonreír.

grind /ɡraɪnd/ **I** *n* **1**. (*work*) trabajo *m* pesado. **2**. (*US: fam, student*) empollón -llona *m/f*. **II** *vt* [**grinds, grinding, ground**] (*Culin, Tec*) moler. ♦ *vi* (*US: to study*) empollar.

to grind down *vt* (*a person*) oprimir.

to grind up *vt* (*rubbish*) triturar.

grinder /ˈɡraɪndə/ *n* molinillo *m*.

grip /ɡrɪp/ **I** *n* **1**. (*with hands*): **to get a grip on sthg** agarrar algo ● **to get to grips with sthg** afrontar algo. **2**. (*of tyre*) agarre *m*. **3**. (*control*) control *m* (**on** de). **4**. (*US: bag*) bolsa *f* de viaje. **II** *vt* [**grips, gripping, gripped**] **1**. (*to hold*) agarrar. **2**. (*to fascinate*) cautivar.

gripping /ˈɡrɪpɪŋ/ *adj* apasionante.

grisly /ˈɡrɪzlɪ/ *adj* [**-lier, -liest**] horripilante, espeluznante.

gristle /ˈɡrɪsəl/ *n* cartílago *m*.

gristly /ˈɡrɪslɪ/ *adj* [**-lier, -liest**] cartilaginoso -sa.

grit /ɡrɪt/ **I** *n* **1**. (*gravel*) gravilla *f*. **2**. (*courage*) valor *m*. **II** *vt* [**grits,**

gritting, gritted] 1. (*a road*) esparcir gravilla sobre. 2. (*teeth*) apretar.

grizzle /ˈgrɪzəl/ *vi* lloriquear.

groan /grəʊn/ **I** *n* gemido *m*, quejido *m*. **II** *vi* (*with pain*) gemir (**with** de); (*in complaint*) quejarse (**about** de).

grocer /ˈgrəʊsə/ *n* tendero -ra *m/f*: **at the grocer's** en la tienda de comestibles.

groceries /ˈgrəʊsərɪz/ *n pl* comestibles *m pl*, (*Amér L*) abarrotes *m pl*.

groggy /ˈgrɒgɪ/ *adj* [**-gier, -giest**] (*fam*) grogui.

groin /grɔɪn/ *n* ingle *f*.

groom /gruːm/ **I** *n* 1. (*bridegroom*) novio *m*. 2. (*in stable*) mozo *m* de cuadra. **II** *vt* 1. (*horses*) cepillar. 2. (*to train*) preparar.

groove /gruːv/ *n* (*gen*) ranura *f*; (*of record*) surco *m*.

grope /grəʊp/ *vi* andar a tientas: **to grope for** buscar a tientas.

gross /grəʊs/ **I** *adj* 1. (*profit, weight*) bruto -ta. 2. (*unacceptable*) flagrante. 3. (*disgusting*) grosero -ra. 4. (*obese*) muy gordo -da. **II** *vt* ingresar.

gross domestic/national product *n* producto *m* interno/nacional bruto.

grossly /ˈgrəʊslɪ/ *adv* enormemente.

grotesque /grəʊˈtesk/ *adj* grotesco -ca.

grotto /ˈgrɒtəʊ/ *n* [**-toes** * **-tos**] gruta *f*.

grotty /ˈgrɒtɪ/ *adj* [**-tier, -tiest**] (*fam*) de mala muerte.

ground /graʊnd/ **I** *pret y pp* ⇨ **grind**. **II** *adj* (*coffee*) molido -da; (*US: meat*) picado -da. **III** *n* 1. (*surface, earth*) suelo *m*, tierra *f*. 2. (*territory*) terreno *m*: **to lose ground** perder terreno. 3. (*Sport*) campo *m*. 4. (*US: Elec*) toma *f* de tierra. **IV grounds** *n pl* 1. (*reason*) motivos *m pl*: **on medical grounds** por motivos de salud. 2. (*land*) terreno *m*; (*gardens*) parque *m*. 3. (*of coffee*) poso *m*. **V** *vt* 1. (*Av*) no permitir el despegue de. 2. (*US: Elec*) conectar a tierra. 3. (*a child*) castigar (sin salir). 4. (*a*

conclusion) basar (**in** * **on** en).

ground floor *n* planta *f* baja. **groundsheet** *n* lona *f* impermeable. **groundsman** *n* (*Sport*) cuidador *m* del campo. **ground staff** *n* personal *m* de tierra. **ground swell** *n* 1. (*Naut*) mar *m* de fondo. 2. (*increase*) aumento *m* (repentino).

groundwork *n* trabajo *m* preparatorio.

grounding /ˈgraʊndɪŋ/ *n* base *f* (**in** en).

groundless /ˈgraʊndləs/ *adj* infundado -da.

group /gruːp/ **I** *n* (*gen*) grupo *m*; (*Mus*) conjunto *m*. **II** *vt* agrupar, juntar.

to group together *vi* juntarse. ♦ *vt* agrupar, juntar.

grouse /graʊs/ **I** *n inv* (*bird*) urogallo *m*. **II** *n* (*fam: complaint*) queja *f*. **III** *vi* (*fam*) quejarse.

grove /grəʊv/ *n* arboleda *f*: **an olive grove** un olivar.

grovel /ˈgrɒvəl/ *vi* [**-vels, -velling, -velled**] humillarse, rebajarse.

grow /grəʊ/ *vt* [**grows, growing, grew, pp grown**] 1. (*plants*) cultivar. 2. (*hair*) dejarse crecer. ♦ *vi* 1. (*person, plant*) crecer; (*population*) aumentar. 2. (*to become: gen*) ponerse; (*:permanently*) hacerse, volverse: **to grow old** envejecer.

to grow up *vi* (*to get older*) crecer, hacerse mayor; (*to spend one's childhood*) criarse.

grower /ˈgrəʊə/ *n* cultivador -dora *m/f*.

growing /ˈgrəʊɪŋ/ *adj* creciente.

growl /graʊl/ **I** *n* gruñido *m*. **II** *vi* gruñir.

grown /grəʊn/ **I** *pp* ⇨ **grow**. **II** *adj* adulto -ta.

grown-up /ˈgrəʊnʌp/ *n* adulto -ta *m/f*.

growth /grəʊθ/ *n* 1. (*in size*) crecimiento *m*; (*in number*) aumento *m*. 2. (*Med*) tumor *m*.

grub /grʌb/ *n* 1. (*Zool*) larva *f*. 2. (*fam: food*) comida *f*.

grubby /ˈgrʌbɪ/ *adj* [**-bier, -biest**]

(*hands, clothes*) sucio -cia; (*book*) manoseado -da.

grudge /grʌdʒ/ *n*: **to bear a grudge against** guardarle rencor a.

grudgingly /'grʌdʒɪŋlɪ/ *adv* de mala gana.

gruelling, (*US*) **grueling** /'gru:əlɪŋ/ *adj* duro -ra, agotador -dora.

gruesome /'gru:səm/ *adj* espantoso -sa, horripilante.

gruff /grʌf/ *adj* (*voice*) áspero -ra; (*manner*) brusco -ca.

grumble /'grʌmbəl/ *vi* quejarse, refunfuñar.

grumpy /'grʌmpɪ/ *adj* [-pier, -piest] gruñón -ñona.

grunt /grʌnt/ I *n* gruñido *m*. II *vi* gruñir.

guarantee /gærən'ti:/ I *n* garantía *f*. II *vt* garantizar.

guard /gɑ:d/ I *n* 1. (*state*) guardia *f*: **to be on guard** estar de guardia ● **to be on one's guard** estar en guardia ● **he caught me off guard** me pilló desprevenido. 2. (*person: for security*) guardia *m/f*; (*: in basketball*) base *m/f*; (*: on train*) jefe *m/f* de tren. 3. (*on machine*) cubierta *f* (de seguridad). II *vt* 1. (*gen*) defender (**against** de), proteger (**against** de * **contra**). 2. (*a prisoner*) vigilar. **to guard against** *vt* protegerse contra.

guard dog *n* perro *m* guardián.

guard's van *n* furgón *m* de cola.

guarded /gɑ:dɪd/ *adj* cauteloso -sa.

guardian /'gɑ:dɪən/ *n* (*protector*) guardián -diana *m/f*; (*of child*) tutor -tora *m/f*.

Guatemala /gwɑ:tɪ'mɑ:lə/ *n* Guatemala *f*.

Guatemalan /gwɑ:tɪ'mɑ:lən/ *adj, n* guatemalteco -ca *adj, m/f*.

guava /'gwɑ:və/ *n* guayaba *f*.

guerrilla, guerilla /gə'rɪlə/ *n* guerrillero -ra *m/f*.

guerrilla warfare *n* guerra *f* de guerrillas.

guess /ges/ I *n* [**guesses**] conjetura *f*, suposición *f*: **have a guess!** ¡adivina! II *vt* 1. (*gen*) adivinar.

2. (*fam: to suppose*) suponer. ♦ *vi* adivinar.

guesswork *n* conjeturas *fpl*.

guest /gest/ *n* (*gen*) invitado -da *m/f*; (*at hotel*) huésped *m/f*.

guesthouse *n* pensión *f*. **guest room** *n* cuarto *m* de los invitados.

guffaw /gʌ'fɔ:/ *vi* reírse a carcajadas.

guidance /'gaɪdəns/ *n* orientación *f*, consejos *m pl*.

guide /gaɪd/ I *n* 1. (*person*) guía *m/f*. 2. (*o* **guidebook**) guía *f*. 3. (*instruction book*) manual *m*. 4. **Guide** guía *f* (*en el movimiento scout*). II *vt* guiar.

guide dog *n* perro *m* lazarillo. **guideline** *n* directriz *f*, pauta *f*.

guided /'gaɪdɪd/ *adj* dirigido -da.

guided tour *n* visita *f* con guía.

guild /gɪld/ *n* gremio *m*.

guile /gaɪl/ *n* astucia *f*.

guillotine /'gɪləti:n/ I *n* guillotina *f*. II *vt* guillotinar.

guilt /gɪlt/ *n* culpabilidad *f*.

guilty /'gɪltɪ/ *adj* [-tier, -tiest] culpable: **to plead not guilty** declararse inocente.

guinea pig /'gɪnɪ pɪg/ *n* conejillo *m* de Indias, cobaya *m * f*.

guise /gaɪz/ *n* aspecto *m*, apariencia *f*.

guitar /gɪ'tɑ:/ *n* guitarra *f*.

guitarist /gɪ'tɑ:rɪst/ *n* guitarrista *m/f*.

gulf /gʌlf/ *n* 1. (*Geog*) golfo *m*. 2. (*in relationship*) abismo *m*.

Gulf of Mexico *n* golfo *m* de México. **Gulf Stream** *n* corriente *f* del Golfo.

gull /gʌl/ *n* gaviota *f*.

gullet /'gʌlɪt/ *n* esófago *m*.

gullible /'gʌləbəl/ *adj* crédulo -la.

gully /'gʌlɪ/ *n* [-lies] barranco *m*.

gulp /gʌlp/ I *n* trago *m*. II *vi* tragar saliva. ♦ *vt* tomarse a grandes tragos.

gum /gʌm/ I *n* 1. (*Anat*) encía *f*. 2. (*o* **chewing gum**) chicle *m*. 3. (*glue*) goma *f*. II *vt* [**gums, gumming, gummed**] pegar con goma.

gumboil *n* flemón *m*. **gumboots** *n pl*

botas *f pl* de agua.

gumption /'gʌmpʃən/ *n* (*fam: courage*) agallas *f pl*; (: *initiative*) iniciativa *f*.

gun /gʌn/ *n* 1. (*handgun*) pistola *f*, revólver *m*; (*shotgun*) escopeta *f*; (*rifle*) fusil *m*. 2. (*cannon*) cañón *m*.

to **gun down** *vt* [**guns, gunning, gunned**] matar a tiros.

gun dog *n* perro *m* de caza. **gunfire** *n* tiros *m pl*. **gunman** *n* hombre *m* armado. **gunpoint** *n*: **at gunpoint** a punta de pistola. **gunpowder** *n* pólvora *f*. **gunrunning** *n* tráfico *m* de armas. **gunshot** *n* disparo *m*.

gurgle /'gɜ:gəl/ *vi* (*liquid*) gorgotear; (*baby*) gorjear.

guru /'guru:/ *n* gurú *m*.

gush /gʌʃ/ *vi* 1. (*liquid*) salir a borbotones. 2. (*person*) hablar efusivamente.

gust /gʌst/ *n* ráfaga *f*.

gusto /'gʌstəu/ *n* entusiasmo *m*.

gut /gʌt/ **I** *n* (*Anat*) intestino *m*. **II guts** *n pl* 1. (*entrails*) tripas *f pl*. 2. (*fam: courage*) coraje *m*. **III** *vt* [**guts, gutting, gutted**] (*a fish*) limpiar.

gutter /'gʌtə/ *n* 1. (*in road*) alcantarilla *f*. 2. (*on roof*) canalón *m*.

gutter press *n* prensa *f* amarilla.

guy /gaɪ/ *n* 1. (*fam: man*) tipo *m*, tío *m*. 2. (*o* **guy rope**) viento *m*.

Guyana /gaɪ'ɑ:nə/ *n* Guyana *f*.

Guyanese /gaɪə'ni:z/, **Guyanese** /gaɪə'ni:z/ *adj, n* guyanés -nesa *adj, m/f*.

guzzle /'gʌzəl/ *vt* (*fam*) engullir, tragar.

gym /dʒɪm/ *n* (*place*) gimnasio *m*; (*activity*) gimnasia *f*.

gymkhana /dʒɪm'kɑ:nə/ *n*: *competición ecuestre*.

gymnasium /dʒɪm'neɪzɪəm/ *n* [**-siums ∗ -sia**] gimnasio *m*.

gymnast /'dʒɪmnæst/ *n* gimnasta *m/f*.

gymnastics /dʒɪm'næstɪks/ *n* gimnasia *f*.

gynaecologist, (*US*) **gynecologist** /gaɪnə'kɒlədʒɪst/ *n* (*Med*) gine-

cólogo -ga *m/f*.

gypsy /'dʒɪpsɪ/ *n* [**-sies**] gitano -na *m/f*.

gyrate /dʒaɪ'reɪt/ *vi* dar vueltas, girar.

haberdashery /'hæbə'dæʃərɪ/ *n* 1. (*GB: sewing materials*) artículos *m pl* de mercería; (: *shop*) mercería *f*. 2. (*US: clothes*) ropa *f* de hombre; (: *department*) sección *f* de caballeros.

habit /'hæbɪt/ *n* 1. (*custom*) hábito *m*, costumbre *f*. 2. (*garment*) hábito *m*.

habitat /'hæbɪtæt/ *n* hábitat *m*.

habitual /hə'bɪtjuəl/ *adj* habitual, acostumbrado -da.

hack /hæk/ **I** *n* 1. (*journalist*) gacetillero -ra *m/f*. 2. (*Pol*) politicastro -tra *m/f*. 3. (*horse*) jamelgo *m*. **II** *vt*: **he hacked it to pieces** lo hizo trizas.

hacker /'hækə/ *n* pirata *m/f* informático -ca.

hackneyed /'hæknɪd/ *adj* trillado -da.

hacksaw /'hæksɔ:/ *n* sierra *f* para metales.

had /hæd/ *pret y pp* ⇨ **have**.

haddock /'hædək/ *n inv*: pez parecido al bacalao.

hadn't /'hædənt/ *contracción de* **had not**

haemophilia /hi:mə'fɪlɪə/ *n* hemofilia *f*.

haemorrhage /'hemərɪdʒ/ **I** *n* (*Med*) hemorragia *f*. **II** *vi* tener una hemorragia.

haemorrhoids /'heməroɪdz/ *n pl* hemorroides *f pl*.

haggard /'hægəd/ *adj* ojeroso -sa.

haggle /'hægəl/ *vi* regatear.

Hague /heɪg/ *n*: **the Hague** La Haya.

hail /heɪl/ **I** *n* (*Meteo*) granizo *m*. **II** *vt* **1.** (*a taxi*) parar. **2.** (*to honour*) aclamar (**as** como). ♦ *vi* (*Meteo*) granizar.

to **hail from** *vt* ser natural de.

Hail Mary *n* avemaría *f* ★. **hailstone** *n* piedra *f* de granizo.

hair /heə/ *n* **1.** (*on head*) pelo *m*, cabello *m*. **2.** (*on legs*) vello *m*.

hairband *n* cinta *f* para el pelo. **hairbrush** *n* cepillo *m* (para el pelo). **haircut** *n* corte *m* de pelo: **to have a haircut** cortarse el pelo. **hairdo** *n* (*fam*) peinado *m*. **hairdresser** *n* peluquero -ra *m/f*: **at the hairdresser's** en la peluquería. **hairdrier**, **hairdryer** *n* secador *m* de pelo. **hair gel** *n* gomina *f*, fijador *m*. **hairgrip** *n* horquilla *f*. **hairline** **I** *n* nacimiento *m* del pelo. **II** *adj* (*crack*) casi imperceptible. **hairnet** *n* redecilla *f*. **hairpiece** *n* postizo *m*. **hairpin** *n* horquilla *f*. **hairpin bend** *n* curva *f* muy cerrada. **hair-raising** *adj* espeluznante. **hair spray** *n* laca *f*. **hairstyle** *n* peinado *m*.

hairy /'heəri/ *adj* [**-rier, -riest**] **1.** (*arms*) peludo -da, velludo -da. **2.** (*fam: experience*) espantoso -sa.

hake /heɪk/ *n inv* merluza *f*.

half /hɑːf/ **I** *n* [**-ves**] **1.** (*gen*) mitad *f*: **I cut it in half** lo corté por la mitad; (*after a number*) **two and a half years** dos años y medio. **2.** (*Sport: of match*) tiempo *m*. **3.** (*of beer*) media pinta *f*. **II** *adj* (+ *noun*) medio -dia: **half a litre** medio litro; **a half bottle** media botella; (+ *def art or possessive*) la mitad de. **III** *pron* la mitad: **half of those are mine** la mitad de ésos son míos. **IV** *adv* **1.** (+ *adj*) medio. **2.** (*telling the time*): **at half past two** a las dos y media.

half-baked *adj* mal concebido -da.

half board *n* media pensión *f*. **half-**

brother *n* hermanastro *m*. **half-caste** *adj*, *n* mestizo -za *adj*, *m/f*.

half-hearted *adj* poco entusiasta.

half-mast *n*: **at half-mast** a media asta. **half-price** *adv*, *adj* a mitad de precio. **half-sister** *n* hermanastra *f*. **half term** *n*: *vacaciones a mitad del trimestre*. **half time** *n* descanso *m*.

halfway *adv* **1.** (*between places*) a medio camino. **2.** (*in time*): **he's halfway through it** va por la mitad.

half year *n* semestre *m*.

halibut /'hælɪbət/ *n inv* mero *m*.

hall /hɔːl/ *n* **1.** (*entrance*) vestíbulo *m*, entrada *f*. **2.** (*large room*) sala *f*.

hall of residence *n* residencia *f* universitaria, colegio *m* mayor.

hallmark /'hɔːlmɑːk/ *n* **1.** (*Tec*) contraste *m*. **2.** (*sign*) distintivo *m*.

hallo /həˈləʊ/ *excl* ⇨ **hello**.

Hallowe'en /hæləʊˈiːn/ *n* víspera *f* de Todos los Santos.

hallucination /həluːsɪˈneɪʃən/ *n* alucinación *f*.

hallway /'hɔːlweɪ/ *n* vestíbulo *m*.

halo /'heɪləʊ/ *n* [**-los ✳ -loes**] aureola *f*, halo *m*.

halt /hɔːlt/ **I** *n* alto *m*, parada *f*: **to come to a halt** detenerse. **II** *vt* detener. ♦ *vi* detenerse.

halve /hɑːv/ *vt* **1.** (*to divide*) partir por la mitad. **2.** (*to reduce*) reducir a la mitad.

halves /hɑːvz/ *pl* ⇨ **half**.

ham /hæm/ *n* **1.** (*meat*) jamón *m*. **2.** (*Telec*) radioaficionado -da *m/f*.

hamburger /'hæmbɜːgə/ *n* hamburguesa *f*.

hamlet /'hæmlɪt/ *n* aldea *f*.

hammer /'hæmə/ **I** *n* martillo *m*. **II** *vt* **1.** (*to hit*) martillear; (*a nail*) clavar (**into** en). **2.** (*fam: to defeat*) darle una paliza a. ♦ *vi* martillear.

hammock /'hæmək/ *n* hamaca *f*.

hamper /'hæmpə/ **I** *n* cesta *f*. **II** *vt* estorbar.

hamster /'hæmstə/ *n* hámster *m*.

hamstring /'hæmstrɪŋ/ *n* tendón *m* de la corva.

hand /hænd/ **I** *n* **1.** (*Anat*) mano *f*: **hold my hand** dame la mano ● **lend**

* **give her a hand** échale una mano ● **do you have it to hand?** ¿lo tienes a mano? ● **to have sthg in hand** tener algo entre manos. **2.** (*of clock*) aguja *f*, manecilla *f*. **II** *vt* pasar, dar. *to* **hand down** *vt* transmitir, pasar. *to* **hand in** *vt* entregar. *to* **hand out** *vt* distribuir. *to* **hand over** *vt* entregar. *to* **hand round** *vt* repartir.

handbag *n* bolso *m*, (*Amér S*) cartera *f*, (*Méx*) bolsa *f*. **handbook** *n* manual *m*. **handbrake** *n* freno *m* de mano. **handcuffs** *n pl* esposas *f pl*. **hand luggage** *n* equipaje *m* de mano. **handmade** *adj* hecho -cha a mano. **handrail** *n* pasamanos *m inv*. **handshake** *n* apretón *m* de manos.

handful /'hændfʊl/ *n* puñado *m*.

handicap /'hændɪkæp/ **I** *n* **1.** (*Med*) discapacidad *f*. **2.** (*disadvantage*) desventaja *f*. **3.** (*Sport*) hándicap *m*. **II** *vt* [**-caps, -capping, -capped**] poner en desventaja.

handicapped /'hændɪkæpt/ *adj* (*physically*) discapacitado -da; (*mentally*) disminuido -da psíquico -ca.

handicrafts /'hændɪkrɑːfts/ *n pl* artesanía *f*.

handiwork /'hændɪwɜːk/ *n* trabajo *m*.

handkerchief /'hæŋkətʃɪf/ *n* pañuelo *m*.

handle /'hændəl/ **I** *n* (*of door: round*) pomo *m*; (*: long*) manilla *f*; (*of drawer*) tirador *m*; (*of cup, bag*) asa *f* ★; (*of pan, knife*) mango *m*; (*of umbrella*) puño *m*; (*of mangle*) manivela *f* ● **to fly off the handle** perder los estribos. **II** *vt* **1.** (*gen*) tocar; (*a tool*) manejar. **2.** (*a situation*) manejar; (*people*) tratar.

handlebars /'hændəlbɑːz/ *n pl* manillar *m*.

handout /'hændaʊt/ *n* **1.** (*financial*) ayuda *f* económica. **2.** (*leaflet*) hoja *f* informativa.

handsome /'hændsəm/ *adj* **1.** (*person*) guapo -pa, (*Amér L*) buenmozo, buenamoza. **2.** (*profit*) considerable.

handwriting /'hændraɪtɪŋ/ *n* letra *f*.

handy /'hændɪ/ *adj* [**-dier, -diest**] (*fam*) **1.** (*useful*) útil, práctico -ca. **2.** (*close*): **to be handy for** estar cerca de; **to keep handy** tener a mano. **3.** (*skilled*) mañoso -sa.

handyman /'hændɪmæn/ *n* manitas *m inv*.

hang /hæŋ/ **I** *vt* [**hangs, hanging, hung**] **1.** (*a picture, coat*) colgar. **2.** (*Law*) [*pret y pp* **hanged**] ahorcar. ◆ *vi* (*gen*) colgar; (*threat*) pender (**over** sobre). **II** *n*: **to get the hang of sthg** cogerle el tranquillo a algo.

to **hang about** * **around** *vi* (*to wait*) esperar; (*to loiter*) rondar. *to* **hang on** *vi* **1.** (*fam: to wait*) esperar. **2.** (*to endure*) aguantar. *to* **hang onto** *vt* **1.** (*to grip*) aferrarse a. **2.** (*to keep*): **hang onto it** quédatelo. *to* **hang out** *vt* tender. *to* **hang up** *vi* colgar.

hang-glider *n* ala *f* ★ delta. **hangover** *n* resaca *f*. **hang-up** *n* complejo *m*.

hanger /'hæŋə/ *n* percha *f*.

hanger-on /'hæŋərɒn/ *n* [**hangers-on**] parásito *m*.

hanker /'hæŋkə/ *vi*: **to hanker for** * **after sthg** ansiar algo.

hankie, hanky /'hæŋkɪ/ *n* [**-kies**] pañuelo *m*.

haphazard /hæp'hæzəd/ *adj* poco científico -ca.

happen /'hæpən/ *vi* pasar, ocurrir ● **it so happens that...** da la casualidad que... ● **I happened to see her** la vi por casualidad.

happening /'hæpənɪŋ/ *n* acontecimiento *m*, suceso *m*.

happily /'hæpəlɪ/ *adv* **1.** (*joyfully*) alegremente. **2.** (*luckily*) afortunadamente.

happiness /'hæpɪnəs/ *n* felicidad *f*.

happy /'hæpɪ/ *adj* [**-pier, -piest**] **1.** (*gen*) feliz [S]; (*satisfied*) contento -ta [E]: **I'll be happy to help** ayudaré con mucho gusto. **2.** (*cheerful*) alegre.

happy-go-lucky *adj* despreocupado -da. **happy hour** *n*: en los bares, hora con precios reducidos.

harangue /həˈræŋ/ **I** *n* (*speech*)

arenga f. **II** vt arengar.

harass /'hærəs, hə'ræs/ vt acosar.

harassed /'hærəst, hə'ræst/ adj agobiado -da.

harassment /'hærəsmənt, hə'ræsmənt/ n acoso m.

harbour, (US) **harbor** /'ha:bə/ **I** n puerto m. **II** vt 1. (a feeling) albergar, abrigar. 2. (a fugitive) darle refugio a.

hard /ha:d/ **I** adj 1. (gen) duro -ra; (difficult) difícil; (tiring) agotador -dora. 2. (blow) fuerte. **II** adv: **to study/work hard** estudiar/trabajar mucho; **I pushed hard** empujé con fuerza; **he hit it hard** le pegó fuerte; **I tried hard to convince her** me esforcé para convencerla ● **he feels hard done by** cree que lo han tratado injustamente.

hardback n libro m de tapas duras. **hard-boiled** adj duro -ra. **hard cash** n dinero m contante y sonante. **hard disk** n disco m duro. **hard-headed** adj realista. **hard-hearted** adj insensible. **hard labour** ✱ (US) **labor** n trabajos m pl forzados. **hard of hearing** adj duro -ra de oído. **hard shoulder** n arcén m. **hard up** adj mal de dinero. **hard-wearing** adj duradero -ra [S], resistente [S]. **hard-working** adj trabajador -dora.

harden /'ha:dən/ vt endurecer. ♦ vi endurecerse.

hardly /'ha:dlɪ/ adv apenas: **he could hardly walk** apenas podía andar; **hardly anybody/anything** casi nadie/nada; **hardly ever** casi nunca.

hardness /'ha:dnəs/ n (gen) dureza f; (difficulty) dificultad f.

hardship /'ha:dʃɪp/ n privación f.

hardware /'ha:dweə/ n 1. (household equipment, machinery) (artículos m pl de) ferretería f. 2. (Inform) hardware m.

hardware shop ✱ (US) **store** n ferretería f.

hardy /'ha:dɪ/ adj [-dier, -diest] (person) robusto -ta; (plant) resistente.

hare /heə/ n liebre f.

harebrained /'heəbreɪnd/ adj absurdo -da, ridículo -la.

harelip /'heəlɪp/ n labio m leporino.

harem /'ha:ri:m/ n harén m.

haricot bean /'hærɪkəʊ bi:n/ n judía f blanca, (Amér L) frijol m blanco, (C Sur) poroto m blanco.

harm /ha:m/ **I** n daño m, perjuicio m: **out of harm's way** a salvo; **he came to no harm** no le pasó nada. **II** vt (a person) hacerle daño a; (a mechanism) dañar; (prospects, health) perjudicar.

harmful /'ha:mfʊl/ adj nocivo -va, perjudicial.

harmless /'ha:mləs/ adj inofensivo -va, inocuo -cua.

harmony /'ha:mənɪ/ n [-nies] armonía f.

harness /'ha:nɪs/ **I** n [-nesses] (for horse) arreos m pl; (for climber) arnés m. **II** vt 1. (a horse) enjaezar. 2. (a resource) utilizar.

harp /ha:p/ n arpa f★.

to **harp on** vi hablar sin parar (**about** de).

harpoon /ha:'pu:n/ **I** n arpón m. **II** vt arponear.

harrowing /'hærəʊɪŋ/ adj terrible.

harsh /ha:ʃ/ adj 1. (treatment) duro -ra. 2. (weather) severo -ra. 3. (tone) áspero -ra.

harvest /'ha:vɪst/ **I** n cosecha f. **II** vt cosechar, recoger.

has /hæz/ ⇨ **have**.

hash /hæʃ/ n 1. (Culin) sofrito m de carne. 2. (fam: poor job) chapuza f.

hashish /'hæʃiʃ/ n hachís m.

hasn't /'hæzənt/ contracción de **has not**

hassle /'hæsəl/ (fam) **I** n rollo m. **II** vt fastidiar.

haste /heɪst/ n prisa f.

hasten /'heɪsən/ vt precipitar. ♦ vi apresurarse.

hasty /'heɪstɪ/ adj [-tier, -tiest] (fast) apresurado -da; (rash) precipitado -da.

hat /hæt/ n (gen) sombrero m; (fur, wool) gorro m.

hatch /hætʃ/ I n [-ches] 1. (*Av, Naut*) escotilla f. 2. (*for food*) ventanilla f. II vt 1. (*eggs*) incubar. 2. (*a scheme*) urdir. ♦ vi (*chick*) romper el cascarón.

hatchback /'hætʃbæk/ n coche m de cinco/tres puertas.

hatchet /'hætʃɪt/ n hacha f★.

hate /heɪt/ I vt odiar. II n odio m.

hateful /'heɪtful/ adj odioso -sa.

hatred /'heɪtrɪd/ n odio m.

haughty /'hɔːtɪ/ adj [-tier, -tiest] arrogante, soberbio -bia.

haul /hɔːl/ I n 1. (*of fish*) redada f. 2. (*loot*) botín m. 3. (*journey*) viaje m. II vt 1. (*to drag*) arrastrar. 2. (*Transp*) transportar.

haulage /'hɔːlɪdʒ/ n transporte m.

haulage contractor n (*person*) transportista m/f; (*firm*) empresa f de transportes.

haunch /hɔːntʃ/ n [-ches] anca f★.

haunt /hɔːnt/ I n: my old haunts los lugares que frecuentaba. II vt 1. (*ghost*) aparecerse en. 2. (*memory*) perseguir.

haunted /'hɔːntɪd/ adj embrujado -da.

Havana /hə'vænə/ n La Habana.

have /hæv/ [has, having, had] v aux 1. (*in perfect and pluperfect tenses*) haber: I haven't told him no se lo he dicho; she has gone, hasn't she? se ha ido, ¿verdad?; I hadn't seen it no lo había visto. 2. (+ *just*) ⇨ just II,2
II vt 1. (*to own, possess*) [have got es más normal en Gran Bretaña] tener: I don't have any ‖ I haven't got any no tengo. 2. (*to receive*): can I have that knife? ¿me pasas ese cuchillo?; he must have it today lo necesita para hoy; let me have your address déme su dirección. 3. (*to experience*): he had a good time lo pasó muy bien; I had a relapse sufrí una recaída. 4. (*with activities*): I'm having a bath estoy bañándome; he had a rest se tomó un descanso; have a go ∗ a try inténtalo. 5. (*food, drink*): to have breakfast/lunch/

dinner desayunar/almorzar/cenar; have some more sírvete un poco más. 6. (*to tolerate*) permitir: I won't have it! ¡no lo consentiré! 7. (*to cause to be done*): she had it mended lo hizo arreglar; I had my hair cut me corté el pelo; have him call me dígale que me llame. 8. (*fam: to trick*): you've been had! ¡te han timado! 9. (*a baby*) tener. 10. to have to, to have got to (*expressing obligation*) tener que. 11. to have to do with tener que ver con.

to have on vt (*clothes*) llevar.

haven /'heɪvən/ n refugio m.

haven't /'hævənt/ contracción de have not

haversack /'hævəsæk/ n mochila f.

havoc /'hævək/ n estragos m pl ● to play havoc with sthg desbaratar algo.

Hawaii /hə'wɑɪi:/ n Hawai m.

hawk /hɔːk/ I n halcón m. II vt vender (en la calle).

hawker /'hɔːkə/ n vendedor -dora m/f ambulante.

hawthorn /'hɔːθɔːn/ n espino m.

hay /heɪ/ n heno m.

hay fever n fiebre f del heno.

haywire /'heɪwaɪə/ adj: to go haywire volverse loco -ca.

hazard /'hæzəd/ n riesgo m.

hazard warning lights n pl luces f pl de emergencia.

hazardous /'hæzədəs/ adj peligroso -sa.

haze /heɪz/ n neblina f.

hazel /'heɪzəl/ n avellano m.

hazelnut n avellana f.

hazy /'heɪzɪ/ adj [-zier, -ziest] 1. (*misty*) brumoso -sa. 2. (*vague*) vago -ga.

he /hi:/ pron él.

head /hed/ I n 1. (*gen*) cabeza f: he shook/nodded his head negó/asintió con la cabeza ● it went to his head se le subió a la cabeza ● heads or tails? ¿cara o cruz? 2. (*in computer, region*) cabezal m. 3. (*of school, firm*) director -tora m/f. II adj principal. III vt 1. (*a firm*) dirigir. **2.** (*to lead*) encabezar. **3.** (*Sport*) cabecear. ♦ *vi* (*to go*) dirigirse, ir: **he was heading for London** se dirigía hacia Londres.

to head off *vt* desviar.

headache *n* dolor *m* de cabeza. **headdress** *n* tocado *m*. **headhunter** *n* cazatalentos *m/f inv*. **headlamp** *n* faro *m*. **headland** *n* cabo *m*. **headlight** *n* faro *m*. **headline** *n* titular *m*. **headmaster** *n* director *m*. **headmistress** *n* directora *f*. **head office** *n* oficina *f* central. **head-on** **I** *adj* frontal. **II** *adv* de frente. **headphones** *n pl* auriculares *m pl*. **headquarters** *n pl* (*of organization*) sede *f*; (*Mil*) cuartel *m* general. **headrest** *n* reposacabezas *m inv*. **headroom** *n* altura *f* libre. **headscarf** *n* pañuelo *m*. **head start** *n* ventaja *f*. **headstone** *n* lápida *f*. **headstrong** *adj* testarudo -da. **head teacher** *n* director -tora *m/f*. **head waiter** *n* maître *m*. **headway** *n*: **to make headway** hacer progresos. **headwind** *n* viento *m* de proa.

headed /ˈhedəd/ *adj*: **headed paper** papel con membrete.

headfirst /hedˈfɜːst/ *adv* de cabeza, de bruces.

heading /ˈhedɪŋ/ *n* encabezamiento *m*, título *m*.

headlong /ˈhedlɒŋ/ *adv* de cabeza.

heady /ˈhedi/ *adj* [-dier, -diest] **1.** (*drink*) fuerte. **2.** (*exciting*) apasionante.

heal /hiːl/ *vi* cicatrizar. ♦ *vt* curar.

health /helθ/ *n* salud *f*.

health farm *n* clínica *f* de adelgazamiento. **health foods** *n pl* alimentos *m pl* naturales.

healthy /ˈhelθi/ *adj* [-thier, -thiest] **1.** (*person, lifestyle*) sano -na. **2.** (*climate*) saludable.

heap /hiːp/ **I** *n* montón *m* ● **heaps of presents** un montón de regalos. **II** *vt* amontonar: **a heaped spoonful** una cucharada colmada.

hear /hɪə/ *vt* [**hears, hearing, heard**] **1.** (*gen*) oír. **2.** (*to learn of*): **I heard it on the radio** me enteré * lo

oí por la radio. ♦ *vi* oír.

to hear about *vt*: **have you heard about Robert** ¿has oído lo de Robert? **to hear from** *vt* tener noticias de. **to hear of** *vt*: **I've never heard of him** nunca he oído hablar de él.

heard /hɜːd/ *pret y pp* ⇨ **hear**.

hearing /ˈhɪərɪŋ/ *n* **1.** (*sense*) oído *m*. **2.** (*Law*) audiencia *f*.

hearing aid *n* audífono *m*.

hearsay /ˈhɪəseɪ/ *n* rumores *m pl*.

hearse /hɜːs/ *n* coche *m* fúnebre.

heart /hɑːt/ **I** *n* **1.** (*gen*) corazón *m* ● **at heart** en el fondo ● **I know it by heart** me lo sé de memoria. **2.** (*bravery*): **he hasn't the heart to tell her** no se atreve a decírselo; (*enthusiasm*): **I took heart from her letter** su carta me dio ánimos ● **he lost heart** se descorazonó ● **her heart isn't in her work** no tiene interés por el trabajo. **3.** (*of lettuce*) cogollo *m*. **II hearts** *n pl* (*in cards*) corazones *m pl*.

heart attack *n* ataque *m* al corazón. **heartbreaking** *adj* desgarrador -dora. **heartbroken** *adj* inconsolable. **heartburn** *n* acidez *m* de estómago. **heart failure** *n* paro *m* cardiaco. **heartfelt** *adj* sincero -ra.

heartening /ˈhɑːtənɪŋ/ *adj* alentador -dora.

hearth /hɑːθ/ *n* chimenea *f*, hogar *m*.

heartless /ˈhɑːtləs/ *adj* cruel, insensible.

hearty /ˈhɑːti/ *adj* [-tier, -tiest] **1.** (*person*) campechano -na. **2.** (*meal*) abundante; (*appetite*) bueno -na.

heat /hiːt/ **I** *n* **1.** (*warmth*) calor *m*: **cook on a low heat** cocer a fuego lento. **2.** (*Sport*) eliminatoria *f*. **II** *vt* calentar.

to heat up *vt* calentar. ♦ *vi* calentarse.

heat rash *n* sarpullido *m*. **heatstroke** *n* insolación *f*.

heated /ˈhiːtɪd/ *adj* **1.** (*room*) con calefacción; (*pool*) climatizado -da. **2.** (*argument*) acalorado -da.

heater /ˈhiːtə/ n calentador m.

heath /hiːθ/ n: campo de brezos y otros arbustos.

heathen /ˈhiːðən/ adj, n pagano -na adj, m/f.

heather /ˈheðə/ n brezo m.

heating /ˈhiːtɪŋ/ n calefacción f.

heave /ˈhiːv/ I n (tug) tirón m; (push) empujón m. II vt (to tug) tirar; (to lift) levantar; (to push) empujar.

heaven /hevən/ n cielo m ● **heaven knows...** sabe Dios....

heavenly /ˈhevənlɪ/ adj **1.** (Relig) celestial. **2.** (delightful) estupendo -da.

heavily /ˈhevɪlɪ/ adv **1.** (to fall) pesadamente. **2.** (to smoke) con exceso. **3.** (greatly): **to depend heavily on** depender mucho de; **heavily in debt** muy endeudado -da.

heavily-built adj corpulento -ta.

heavy /ˈhevɪ/ adj [-vier, -viest] **1.** (in weight) pesado -da; (rain) torrencial. **2.** (in volume): **the traffic's heavy** hay mucho tráfico; **he's a heavy drinker** bebe mucho. **3.** (loss, fine) cuantioso -sa. **4.** (sleep) profundo -da; (cold) fuerte; (blow) fuerte; (work) pesado -da. **5.** (busy) cargado -da, apretado -da.

heavy-duty adj (equipment, machinery) de gran potencia y/o resistencia; (battery) de larga duración. **heavy goods vehicle** n camión m de gran tonelaje. **heavy-handed** adj autoritario -ria. **heavyweight** n peso m pesado.

Hebrew /ˈhiːbruː/ I adj hebreo -brea. II n hebreo -brea m/f; (Ling) hebreo m.

heckle /ˈhekəl/ vt/i interrumpir (con abucheos).

hectare /ˈhekteə/ n hectárea f.

hectic /ˈhektɪk/ adj ajetreado -da.

he'd /hiːd/ contracción de **he had** o de **he would**

hedge /hedʒ/ I n seto m vivo. II vi contestar con evasivas.

hedgehog /ˈhedʒhɒg/ n erizo m.

hedgerow /ˈhedʒrəʊ/ n seto m vivo.

heed /hiːd/ vt (frml) prestar atención a, hacer caso de.

heel /hiːl/ n **1.** (Anat) talón m. **2.** (of shoe) tacón m.

hefty /ˈheftɪ/ adj [-tier, -tiest] **1.** (person) fornido -da; (object) pesado -da. **2.** (sum) grande.

height /haɪt/ n **1.** (gen) altura f: **it's two metres in height** tiene dos metros de altura ● **the height of bad manners** el colmo de la mala educación. **2.** (of person) estatura f. **3.** (climax) apogeo m ● **at the height of summer** en pleno verano.

heighten /ˈhaɪtən/ vt (tension) aumentar; (an effect) acentuar.

heir /eə/ n heredero -ra m/f (**to** de).

heiress /ˈeəres/ n [-resses] heredera f (**to** de).

heirloom /ˈeəluːm/ n reliquia f (de familia).

held /held/ pret y pp ⇨ **hold**.

helicopter /ˈhelɪkɒptə/ n helicóptero m.

helium /ˈhiːlɪəm/ n helio m.

hell /hel/ I n infierno m. II excl ¡demonio! ● **what the hell...!** ¡qué demonios...!

he'll /hiːl/ contracción de **he will**

hello /həˈləʊ/ excl **1.** (greeting) ¡hola!; (when passing by) ¡adiós! **2.** (on telephone) ¡diga!, (Méx) ¡bueno!, (Amér S) ¡aló!, (RP) ¡olá!

helm /helm/ n timón m.

helmet /ˈhelmɪt/ n casco m.

help /help/ I n ayuda f. II excl ¡socorro! III vt **1.** (to assist) ayudar. **2.** (to avoid): **I couldn't help smiling** no pude evitar sonreír ● **I can't help it if it rains** yo no tengo la culpa de que llueva. **3. to help oneself to** servirse.

helper /ˈhelpə/ n ayudante m/f.

helpful /ˈhelpfʊl/ adj **1.** (person) servicial. **2.** (device) práctico -ca; (advice) útil.

helping /ˈhelpɪŋ/ n porción f, ración f.

helpless /ˈhelpləs/ adj **1.** (vulnerable) desamparado -da, indefenso

-sa. **2.** (*powerless*) impotente.
hem /hem/ **I** *n* dobladillo *m*. **II** *vt*
[**hems, hemming, hemmed**]
hacerle el dobladillo a.
to hem in *vt* bloquear.
hemline *n* bajo *m*.
hemisphere /'hemɪsfɪə/ *n* hemisferio *m*.
hemophilia /hi:mə'fɪlɪə/ *n* (*US*)
hemofilia *f*.
hemorrhage /'hemərɪdʒ/ *n, vi* (*US*)
⇨ **haemorrhage**.
hemorrhoids /'hemərɔɪdz/ *n pl*
(*US*) hemorroides *f pl*.
hen /hen/ *n* (*chicken*) gallina *f*; (*female bird*) hembra *f*.
hen party *n* despedida *f* de soltera.
hence /hens/ *adv* (*frml*) **1.** (*therefore*) de ahí, por lo tanto. **2.** (*from now*): **five months hence** de aquí a
cinco meses.
henceforth /hens'fɔ:θ/ *adv* (*frml*)
de ahora en adelante.
henchman /'hentʃmən/ *n* secuaz *m*.
henpecked /'henpekt/ *adj* (*fam*): **a
henpecked husband** un calzonazos.
hepatitis /hepə'taɪtɪs/ *n* hepatitis *f*.
her /hɜ:/ **I** *adj* (*singular*) su;
(*plural*) sus: **her aunt** su tía; **her
books** sus libros; **she cut her knee**
se cortó la rodilla. **II** *pron* **1.** (*direct
object*) la. **2.** (*indirect object*) le; (+
another pron) se: **I gave it to her** se
lo di; (*after prep*) ella: **for her** para
ella. **3.** (*in comparisons or after to
be*): **it's her!** ¡es ella!
herald /'herəld/ *vt* anunciar.
heraldry /'herəldrɪ/ *n* heráldica *f*.
herb /hɜ:b/, (*US*) /ɜ:rb/ *n* hierba *f*.
herb tea *n* infusión *f* de hierbas.
herbivorous /hɜ:'bɪvərəs/ *adj*
herbívoro -ra.
herd /hɜ:d/ *n* (*of cattle*) manada *f*; (*of
goats*) rebaño *m*.
here /hɪə/ *adv* aquí: **here's the key**
aquí tienes la llave; **in here** aquí
dentro.
hereafter /hɪər'ɑ:ftə/ *n*: **the hereafter** el más allá.
hereby /hɪə'baɪ/ *adv* (*frml*) por la

presente.
hereditary /hɪ'redɪtərɪ/ *adj* hereditario -ria.
heredity /hɪ'redɪtɪ/ *n* herencia *f*.
heresy /'herəsɪ/ *n* [**-sies**] herejía *f*.
heretic /'herətɪk/ *n* hereje *m/f*.
heritage /'herɪtɪdʒ/ *n* patrimonio *m*.
hermit /'hɜ:mɪt/ *n* ermitaño -ña *m/f*,
eremita *m*.
hernia /'hɜ:nɪə/ *n* hernia *f*.
hero /'hɪərəʊ/ *n* [**-roes**] **1.** (*brave
person*) héroe *m*. **2.** (*in novel, film*)
protagonista *m*.
heroic /he'rəʊɪk/ *adj* heroico -ca.
heroin /'herəʊɪn/ *n* heroína *f*.
heroin addict *n* heroinómano -na
m/f.
heroine /'herəʊɪn/ *n* **1.** (*brave woman*) heroína *f*. **2.** (*in novel, film*)
protagonista *f*.
heron /'herən/ *n* garza *f* real.
herring /'herɪŋ/ *n inv* arenque *m*.
hers /hɜ:z/ *pron* (*singular*) (el) suyo,
(la) suya; (*plural*) (los) suyos, (las)
suyas: **this one is hers** éste es suyo;
a friend of hers un amigo suyo.
herself /hə'self/ *pron* **1.** (*reflexive*)
se. **2.** (*emphatic*) ella misma. **3.** (*after prep*) sí misma, ella (misma) ● **by
herself** sola.
he's /hi:z/ *contracción de* **he is** *o de*
he has
hesitant /'hezɪtənt/ *adj* indeciso -sa,
vacilante.
hesitate /'hezɪteɪt/ *vi* vacilar
● **don't hesitate to ask for help** no
dudes en pedir ayuda.
hesitation /hezɪ'teɪʃən/ *n* indecisión *f*, vacilación *f*.
heterosexual /hetərəʊ'seksjʊəl/
adj, n heterosexual *m, f*.
het up /het ʌp/ *adj* (*fam*) nervioso
-sa [E] (**about** por).
hew /hju:/ *vt* [**hews, hewing,
hewed**, *pp* **hewn**] tallar.
hewn /hju:n/ *pp* ⇨ **hew**.
hexagon /'heksəgən/ *n* hexágono *m*.
hey /heɪ/ *excl* (*gen*) ¡oiga!; (*to a
friend, child*) ¡oye!
heyday /'heɪdeɪ/ *n* apogeo *m*.
HGV /eɪtʃdʒɜ:'vi:/ *n* (*Transp*)

hi /haɪ/ *excl* (*fam*) ¡hola!

hiatus /haɪˈeɪtəs/ *n* pausa *f*.

hibernate /ˈhaɪbəneɪt/ *vi* hibernar, invernar.

hiccup, hiccough /ˈhɪkʌp/ *n* 1. (*Med*): **I had hiccups** tenía hipo. 2. (*problem*) contratiempo *m*.

hid /hɪd/ *pret* ⇨ **hide**.

hidden /ˈhɪdən/ *pp* ⇨ **hide**.

hide /haɪd/ I *vi* [**hides, hiding, hid, pp hidden**] esconderse, ocultarse. ♦ *vt* (*an object, a person*) esconder; (*emotions*) ocultar, disimular. II *n* (*skin*) piel *f*.

hide-and-seek *n* escondite *m*. **hide-out** *n* escondrijo *m*.

hideous /ˈhɪdɪəs/ *adj* 1. (*monster, colour*) espantoso -sa. 2. (*crime*) atroz.

hiding /ˈhaɪdɪŋ/ *n* 1. (*concealment*): **to go into hiding** esconderse. 2. (*fam: beating*) paliza *f*.

hierarchy /ˈhaɪərɑːkɪ/ *n* [**-chies**] jerarquía *f*.

hi-fi /ˈhaɪfaɪ/ I *n* equipo *m* de música. II *adj* de alta fidelidad.

high /haɪ/ I *adj* 1. (*gen*) alto -ta: **how high is it?** ¿qué altura tiene?; **it's a metre high** tiene un metro de altura. 2. (*price, cost*) alto -ta, elevado -da. 3. (*wind*) fuerte. 4. (*grade, opinion*) (muy) bueno -na. II *adv* alto, a gran altura. III *n* (*maximum*) punto *m* máximo.

highbrow *adj* culto -ta. **highchair** *n* silla *f* alta. **High Court** *n* Tribunal *m* Supremo (*para casos civiles*). **high-handed** *adj* despótico -ca. **high-heeled** *adj* de tacones altos. **high jump** *n* salto *m* de altura. **high-pitched** *adj* agudo -da. **high-ranking** *adj* de alto rango. **high-rise** *adj* de muchas plantas. **high school** *n* instituto *m* de enseñanza secundaria. **high season** *n* temporada *f* alta. **high street** *n* calle *f* mayor. **high-tech** *adj* (*fam*) de tecnología punta. **high tide** *n* marea *f* alta, pleamar *f*.

higher /ˈhaɪə/ *adj* (*authority, value*) superior.

higher education *n* enseñanza *f* superior.

highland /ˈhaɪlənd/ I *adj* montañoso -sa. II **the Highlands** *n pl* las tierras altas (*de Escocia*).

highlight /ˈhaɪlaɪt/ I *n* (*best point*) mejor momento *m*. II **highlights** *n pl* (*in hair*) reflejos *m pl*. III *vt* 1. (*to stress*) destacar. 2. (*text*) marcar.

highly /ˈhaɪlɪ/ *adv* 1. (*greatly, very*) muy, altamente. 2. (*positively*): **to think highly of** tener buena opinión de; **to speak highly of** hablar bien de.

highly strung *adj* muy nervioso -sa.

Highness /ˈhaɪnəs/ *n* [**-nesses**] alteza *f*.

highway /ˈhaɪweɪ/ *n* carretera *f* (nacional).

highway code *n* código *m* de circulación. **highwayman** *n* salteador *m* (de caminos).

hijack /ˈhaɪdʒæk/ I *vt* secuestrar. II *n* secuestro *m*.

hijacker /ˈhaɪdʒækə/ *n* secuestrador -dora *m/f*.

hike /haɪk/ I *n* 1. (*walk*) caminata *f*. 2. (*US: fam, rise*) aumento *m*. II *vi* andar.

hiker /ˈhaɪkə/ *n* senderista *m/f*.

hilarious /hɪˈleərɪəs/ *adj* graciosísimo -ma.

hill /hɪl/ *n* colina *f*.

hillside /ˈhɪlsaɪd/ *n* ladera *f*.

hilltop /ˈhɪltɒp/ *n* cumbre *f*, cima *f*.

hilly /ˈhɪlɪ/ *adj* [**-lier, -liest**] con muchas colinas.

hilt /hɪlt/ *n* empuñadura *f*.

him /hɪm/ *pron* 1. (*direct object*) lo, (*Esp*) le. 2. (*indirect object*) le; (+ *another pron*) se: **I gave it to him** se lo di; (*after prep*) él: **for him** para él. 3. (*in comparisons or after to be*) él: **that's him!** ¡es él!

Himalayas /hɪməˈleɪəz/ *n pl*: **the Himalayas** el Himalaya.

himself /hɪmˈself/ *pron* 1. (*reflexive*) se. 2. (*emphatic*) él mismo. 3. (*after prep*) sí mismo, él (mismo) ● **by himself** solo.

hind /haɪnd/ I *adj* (*leg*) trasero -ra. II *n* (*Zool*) cierva *f*.

hinder /'hɪndə/ *vt* (*progress*) dificultar; (*a person, an effort*) estorbar.

hindrance /'hɪndrəns/ *n* estorbo *m*, obstáculo *m*.

hindsight /'haɪndsaɪt/ *n*: **with hindsight**... en retrospectiva....

Hindu /'hɪndu:/ *adj, n* hindú *adj, m/f*.

hinge /hɪndʒ/ I *n* bisagra *f*, gozne *m*. II *vi* (*to depend*) depender (**on** de).

hint /hɪnt/ I *n* 1. (*suggestion*) indirecta *f*: **to drop a hint** lanzar una indirecta ● **he took the hint** se dio por aludido. 2. (*clue*) pista *f*. 3. (*advice*) consejo *m*. 4. (*trace*) indicio *m*. II *vi*: **to hint at** dar a entender. ♦ *vt* insinuar.

hip /hɪp/ *n* cadera *f*.

hippo /'hɪpəʊ/ *n* hipopótamo *m*.

hippopotamus /hɪpə'pɒtəməs/ *n* [-muses ∗ -mi] hipopótamo *m*.

hire /'haɪə/ I *n* (*gen*) alquiler *m*; (*taxi*): **for hire** libre. II *vt* 1. (*a car*) alquilar. 2. (*a person*) contratar.

hire purchase *n* compra *f* a plazos.

his /hɪz/ I *adj* (*singular*) su; (*plural*) sus: **his aunt** su tía; **his books** sus libros; **he cut his knee** se cortó la rodilla. II *pron* (*singular*) (el) suyo, (la) suya; (*plural*) (los) suyos, (las) suyas: **this one is his** éste es suyo; **a friend of his** un amigo suyo.

Hispanic /hɪ'spænɪk/ I *adj* 1. (*gen*) hispánico -ca. 2. (*US: of Latin American origin*) hispano -na. II *n* (*US*) hispano -na *m/f*.

hiss /hɪs/ I *vi* silbar. II *n* silbido *m*.

historian /hɪ'stɔ:rɪən/ *n* historiador -dora *m/f*.

historic /hɪ'stɒrɪk/ *adj* histórico -ca.

historical /hɪ'stɒrɪkəl/ *adj* histórico -ca.

history /'hɪstərɪ/ *n* historia *f*.

hit /hɪt/ I *n* 1. (*blow*) golpe *m*. 2. (*success*) éxito *m*. II *vt* [**hits, hitting, hit**] 1. (*a person*) pegarle a, golpear; (*a ball*) darle a; (*a target*) dar en: **hit my elbow on the table** me di con el codo en la mesa; **the car hit the tree** el coche chocó contra el árbol ● **to hit it off** hacer buenas migas. 2. (*to affect*) afectar.

to **hit on** ∗ **upon** *vt* dar con.

hit-and-run *n*: *accidente en el que el conductor se da a la fuga*.

hitch /hɪtʃ/ I *n* [**-ches**] (*problem*) contratiempo *m*. II *vt* 1. (*to tie*) atar. 2. (*Auto: fam*): **I hitched a lift** hice autostop ‖ (*Méx*) fui de aventón.

hitchhike /'hɪtʃhaɪk/ *vi* hacer autostop, ir a dedo, (*Méx*) ir de aventón.

hitch-hiker /'hɪtʃhaɪkə/ *n* autoestopista *m/f*.

hitherto /hɪðə'tu:/ *adv* (*frml*) hasta ahora.

HIV /eɪtʃaɪ'vi:/ *n* VIH *m*.

hive /haɪv/ *n* colmena *f*: **a hive of activity** un hervidero de actividad.

to **hive off** *vt* vender.

HMS /eɪtʃem'es/ = Her/His Majesty's Ship.

HND /eɪtʃen'di:/ *n* (*in GB*) = Higher National Diploma.

hoard /hɔ:d/ I *n* (*of food*) reserva *f* secreta; (*treasure*) tesoro *m*. II *vt* (*to buy and store*) acaparar; (*to keep*) amontonar.

hoarding /'hɔ:dɪŋ/ *n* valla *f* publicitaria.

hoarse /hɔ:s/ *adj* ronco -ca.

hoax /həʊks/ *n* [-xes] engaño *m*.

hob /hɒb/ *n*: *unidad de quemadores*.

hobble /'hɒbəl/ *vi* andar cojeando.

hobby /'hɒbɪ/ *n* [-bies] pasatiempo *m*, hobby *m*.

hobbyhorse /'hɒbɪhɔ:s/ *n* 1. (*toy*) caballito *m* de madera. 2. (*subject*) tema *m* preferido.

hobo /'həʊbəʊ/ *n* [-bos ∗ -boes] (*US: fam*) vagabundo -da *m/f*.

hockey /'hɒkɪ/ *n* hockey *m*.

hoe /həʊ/ *n* azada *f*.

hog /hɒg/ I *n* cerdo *m*. II *vt* [**hogs, hogging, hogged**] (*fam*) monopolizar.

hoist /hɔɪst/ I *vt* (*to raise*) subir, alzar; (*a flag, sail*) izar. II *n* montacargas *m inv*.

hold /həʊld/ I *n* 1. (*of ship, plane*) bodega *f*. 2. (*power*) dominio *m*.

3. (*grip*): **to take hold of** agarrar.
4. **to get hold of** (*to grab*) agarrar;
(*to obtain*) conseguir; (*to contact*)
localizar.

II *vt* [**holds, holding, held**] 1. (*in
hands, arms*) tener; (*to grasp*) agarrar ● **to hold one's own** defenderse
● **hold it!** ¡para el carro! 2. (*in a
position*) mantener. 3. (*a weight*)
aguantar. 4. (*a prisoner*) retener.
5. (*container, building*) tener capacidad para. 6. (*a passport, record*)
tener; (*a belief*) sostener. 7. (*a meeting*) celebrar. ♦ *vi* 1. (*structure, repair*) aguantar. 2. (*to be valid*) valer.
to **hold back** *vt* 1. (*tears, people*)
contener. 2. (*a fact*) ocultar, no revelar. *to* **hold down** *vt* mantener. *to*
hold forth *vi* hablar largo y tendido.
to **hold off** *vi:* **the rain held off** no
llovió. *to* **hold on** *vi* 1. (*to grip*)
agarrarse. 2. (*fam: to wait*) esperar.
to **hold onto** *vt* 1. (*to grip*) agarrarse
a. 2. (*to retain*) guardar. *to* **hold out**
vt (*to offer*) ofrecer. ♦ *vi* (*to survive*)
aguantar, resistir. *to* **hold up** *vt*
1. (*to lift*) levantar. 2. (*to delay*)
retrasar. 3. (*to rob*) atracar. *to* **hold
with** *vt* estar de acuerdo con.

holdall *n* bolsa *f* de viaje. **hold-up** *n*
1. (*delay*) retraso *m*; (*of traffic*)
atasco *m*. 2. (*robbery*) atraco *m*.

holder /ˈhəʊldə/ *n* (*of ticket*) poseedor -dora *m/f*; (*of job, passport*) titular *m/f*: **the title holders** los
campeones.

hole /həʊl/ *n* (*in bucket, clothes*)
agujero *m*; (*in ground*) hoyo *m*; (*in
road*) bache *m*; (*in golf*) hoyo *m*.

holiday /ˈhɒlɪdeɪ/ *n* (*one day*) día *m*
festivo * de fiesta; (*longer*) vacaciones *f pl*: **he's on holiday** está de
vacaciones.

holidaymaker *n* (*gen*) turista *m/f*;
(*in summer*) veraneante *m/f*.

holiness /ˈhəʊlɪnəs/ *n* santidad *f*.
Holland /ˈhɒlənd/ *n* Holanda *f*.

hollow /ˈhɒləʊ/ **I** *adj* 1. (*tree*) hueco
-ca. 2. (*promise*) falso -sa. **II** *n*
hondonada *f*.

to **hollow out** *vt* ahuecar.

holly /ˈhɒlɪ/ *n* acebo *m*.

holocaust /ˈhɒləkɔːst/ *n* holocausto
m.

holy /ˈhəʊlɪ/ *adj* [**-lier, -liest**] santo
-ta, sagrado -da.

Holy See *n* Santa Sede *f*. **holy water** *n*
agua *f* * bendita. **Holy Week** *n*
Semana *f* Santa.

homage /ˈhɒmɪdʒ/ *n* homenaje *m*: **to
pay homage to** rendir homenaje a.

home /həʊm/ **I** *n* 1. (*house*) casa *f*,
hogar *m*; (*native land*) tierra *f*
(natal). 2. **at home** (*in house*) en
casa; (*Sport*) en casa, en campo
propio; (*relaxed*) a gusto ● **make
yourself at home** haz como si estu-
vieras en tu casa. 3. (*institution*)
residencia *f*. **II** *adv* (*homewards*) a
casa; (*at home*) en casa. **III** *adj*
1. (*comforts*) en * del hogar. 2. (*cooking*) casero -ra. 3. (*national*)
nacional.

home address *n* domicilio *m* (particular). **homecoming** *n* regreso *m*
a casa. **home economics** *n* economía *f* doméstica. **homeland** *n* patria
f. **home-loving** *adj* hogareño -ña.
home-made *adj* casero -ra. **Home
Office** *n* (*in GB*) Ministerio *m* del
Interior. **home rule** *n* autonomía *f*.
Home Secretary *n* (*in GB*) ministro
-tra *m/f* del Interior. **homesick** *adj*:
he's homesick echa de menos su
país/a su familia. **home team** *n*
equipo *m* local. **home town** *n* ciudad
f natal. **homework** *n* deberes *m pl*,
tarea *f*.

homeless /ˈhəʊmləs/ *adj* sin hogar.

homely /ˈhəʊmlɪ/ *adj* [**-lier, -liest**]
1. (*simple*) sencillo -lla. 2. (*welcoming*) acogedor -dora. 3. (*US: ugly*) feo
-a.

homeopathic /ˌhəʊmɪəˈpæθɪk/ *adj*
(*practitioner*) homeópata; (*medicine*) homeopático -ca.

homeward /ˈhəʊmwəd/ **I** *adj* (*journey*) de regreso. **II** *adv* (*o* **homewards**) hacia casa.

homicide /ˈhɒmɪsaɪd/ *n* homicidio
m.

homogenous /həˈmɒdʒɪnəs/ *adj*

homogéneo -nea.

homosexual /ˌhəʊməˈseksjʊəl/ *adj*, *n* homosexual *adj*, *m/f*.

Hon. /ˈɒnərəbəl/ (= **Honourable**) ilustre.

Honduran /hɒnˈdjʊərən/ *adj*, *n* hondureño -ña *adj*, *m/f*.

Honduras /hɒnˈdjʊərəs/ *n* Honduras *m*.

honest /ˈɒnɪst/ *adj* **1.** (*trustworthy*) honrado -da, honesto -ta. **2.** (*frank*) sincero -ra.

honesty /ˈɒnɪstɪ/ *n* **1.** (*integrity*) honradez *f*, honestidad *f*. **2.** (*sincerity*) franqueza *f* ● **in all honesty** sinceramente.

honey /ˈhʌnɪ/ *n* miel *f*.

honeycomb /ˈhʌnɪkəʊm/ *n* panal *m*.

honeymoon /ˈhʌnɪmuːn/ *n* luna *f* de miel, viaje *m* de novios.

honeysuckle /ˈhʌnɪsʌkəl/ *n* madreselva *f*.

honk /hɒŋk/ *vi* **1.** (*goose*) graznar. **2.** (*Auto*) tocar la bocina.

honor /ˈɒnə/ *n*, *vt* (*US*) ▷ **honour**.

honorable /ˈɒnərəbəl/ *adj* (*US*) ▷ **honourable**.

honorary /ˈɒnərərɪ/ *adj* **1.** (*unpaid*) honorario -ria. **2.** (*title*) honorífico -ca.

honorary degree *n* doctorado *m* honoris causa.

honour /ˈɒnə/ **I** *n* honor *m*. **II** *vt* **1.** (*a person*) honrar: **I feel honoured me** siento honrado. **2.** (*an obligation*) cumplir con. **3.** (*a debt*) pagar.

honourable /ˈɒnərəbəl/ *adj* (*act*) honroso -sa; (*person*) de honor.

hood /hʊd/ *n* **1.** (*Clothing*) capucha *f*. **2.** (*of pram*) capota *f*. **3.** (*car roof*) capota *f*; (*US*: *engine cover*) capó *m*.

hoodwink /ˈhʊdwɪŋk/ *vt* engañar.

hoof /huːf/ *n* [**hoofs ✱ hooves**] (*of horse*) casco *m*; (*of cow, deer*) pezuña *f*.

hook /hʊk/ **I** *n* (*gen*) gancho *m*; (*for fishing*) anzuelo *m*; (*Clothing*) corchete *m*. **II** *vt* (*gen*) enganchar; (*fish*) pescar, coger.

to **hook up** *vt* conectar.

hooligan /ˈhuːlɪgən/ *n* gamberro -rra *m/f*, vándalo -la *m/f*.

hoop /huːp/ *n* aro *m*.

hooray /huːˈreɪ/ *excl* ¡viva!

hoot /huːt/ *vi* (*owl*) ulular; (*train*) pitar; (*car*) dar un bocinazo.

hooter /ˈhuːtə/ *n* (*Auto*) bocina *f*, claxon *m*; (*of factory*) sirena *f*.

hoover /ˈhuːvə/ *n* (*o* **Hoover®**) aspiradora *f*, aspirador *m*.

hooves /huːvz/ *pl* ▷ **hoof**.

hop /hɒp/ **I** *n* (*jump*) saltito *m*; (*on one leg*) salto *m* a la pata coja. **II** *vi* [**hops, hopping, hopped**] (*to jump*) brincar; (*on one leg*) saltar a la pata coja.

hope /həʊp/ **I** *n* esperanza *f*. **II** *vt* esperar: **I hope he passes** espero que apruebe; **I hope so/not** espero que sí/no.

hopeful /ˈhəʊpfʊl/ *adj* **1.** (*person*) esperanzado -da [E]. **2.** (*encouraging*) esperanzador -dora [S].

hopefully /ˈhəʊpfʊlɪ/ *adv* **1.** (*in hope*) con ilusión. **2.** (*with luck*) con suerte.

hopeless /ˈhəʊpləs/ *adj* **1.** (*attempt, situation*) sin esperanza. **2.** (*useless*): **he's hopeless at golf** es negado para el golf.

horde /hɔːd/ *n* **1.** (*crowd*) multitud *f*. **2.** (*Hist*) horda *f*.

horizon /həˈraɪzən/ *n* horizonte *m*.

horizontal /ˌhɒrɪˈzɒntəl/ *adj* horizontal.

hormone /ˈhɔːməʊn/ *n* hormona *f*.

horn /hɔːn/ *n* **1.** (*Zool*) cuerno *m*. **2.** (*Auto*) bocina *f*, claxon *m*. **3.** (*Mus*) cuerno *m*, trompa *f*.

hornet /ˈhɔːnɪt/ *n* avispón *m*.

horoscope /ˈhɒrəskəʊp/ *n* horóscopo *m*.

horrendous /həˈrendəs/ *adj* horroroso -sa, horrendo -da.

horrible /ˈhɒrəbəl/ *adj* **1.** (*weather, food*) horrible, espantoso -sa. **2.** (*person*) (muy) antipático -ca.

horrid /ˈhɒrɪd/ *adj* **1.** (*weather, food*) horrible. **2.** (*person*) (muy) antipático -ca.

horrify /ˈhɒrɪfaɪ/ *vt* [**-fies, -fying**,

-fied] horrorizar.

horrifying /'hɒrɪfaɪɪŋ/ *adj* horroroso -sa.

horror /'hɒrə/ *n* horror *m*.

horror film ∗ movie *n* película *f* de terror ∗ de miedo.

hors d'oeuvres /ɔː'dɜːvrə/ *n pl* entremeses *m pl*.

horse /hɔːs/ *n* **1.** (*Zool*) caballo *m*: **on horseback** a caballo. **2.** (*in gymnastics*) potro *m*.

horseback riding *n* (*US*) equitación *f*. **horse-drawn** *adj* tirado -da por caballo(s). **horsefly** *n* tábano *m*. **horseman** *n* jinete *m*. **horsepower** *n inv* caballo *m* (de vapor ∗ de fuerza). **horse racing** *n* carreras *f pl* de caballos. **horseradish** *n* rábano *m* picante. **horse-riding** *n* equitación *f*. **horseshoe** *n* herradura *f*. **horsewoman** *n* amazona *f*.

hose /həʊz/ *n* manguera *f*.

hospice /'hɒspɪs/ *n* residencia *f* para enfermos terminales.

hospitable /hɒ'spɪtəbəl/ *adj* hospitalario -ria, acogedor -dora.

hospital /'hɒspɪtəl/ *n* hospital *m*.

hospitality /hɒspɪ'tælətɪ/ *n* hospitalidad *f*.

host /həʊst/ *n* **1.** (*at party*) anfitrión -triona *m/f*; (*on TV*) presentador -dora *m/f*. **2.** (*Relig*) hostia *f*. **3.** (*of people*) grupo *m* numeroso; (*of things*) montón *m*. **4.** (*Biol*) huésped *m*.

hostage /'hɒstɪdʒ/ *n* rehén *m*.

hostel /'hɒstəl/ *n* (*for homeless*) albergue *m*; (*for students*) residencia *f*.

hostess /'həʊstes/ *n* **[-tesses] 1.** (*at party*) anfitriona *f*; (*on TV*) presentadora *f*. **2.** (*Av*) azafata *f*.

hostile /'hɒstaɪl/ *adj* hostil.

hot /hɒt/ *adj* **[hotter, hottest] 1.** (*surface, water*) caliente. **2.** (*climate*) cálido -da; (*weather*) caluroso -sa: **it's hot** hace calor; **I'm hot** tengo calor. **3.** (*food: in temperature*) caliente; (*: spicy*) picante.

hotbed *n* hervidero *m*. **hot-blooded** *adj* apasionado -da. **hot dog** *n*

perrito *m* caliente. **hot-headed** *adj* irreflexivo -va. **hothouse** *n* invernadero *m*. **hotline** *n* línea *f* directa.

hot-water bottle *n* bolsa *f* de agua caliente.

hotel /həʊ'tel/ *n* hotel *m*.

hotelier /həʊ'telɪə/ *n* hotelero -ra *m/f*.

hound /haʊnd/ **I** *n* perro *m* de caza. **II** *vt* acosar.

hour /'aʊə/ *n* hora *f*.

hourly /'aʊəlɪ/ *adj*, *adv* (*every hour*) cada hora; (*per hour*) por hora.

house I /haʊs/ *n* **1.** (*building, home*) casa *f*. **2.** (*o* **House**) (*Pol*) cámara *f*. **3.** (*audience*) público *m*. **II** /haʊz/ *vt* **1.** (*people*) alojar. **2.** (*to contain*) albergar.

house arrest *n* arresto *m* domiciliario. **house boat** *n* casa *f* flotante. **housebound** *adj*: **he's housebound** no puede salir de casa. **housecoat** *n* bata *f*. **household I** *n* familia *f*. **II** *adj* de la casa. **housekeeper** *n* ama *f* ★ de llaves. **housekeeping** *n* (*administration*) administración *f* de la casa; (*money*) dinero *m* para los gastos de la casa. **House of Commons/Lords** *n* (*in GB*) Cámara *f* de los Comunes/ Lores. **House of Representatives** *n* (*in US*) Cámara *f* de Representantes. **housewarming** *n* fiesta *f* (*para estrenar casa*). **housewife** *n* ama *f* ★ de casa. **housework** *n* quehaceres *m pl* domésticos.

housing /'haʊzɪŋ/ *n* vivienda *f*, alojamiento *m*.

housing association *n* (*in GB*) asociación a cargo de viviendas de bajo alquiler. **housing estate** *n* urbanización *f*.

hovel /'hɒvəl/ *n* casucha *f*.

hover /'hɒvə/ *vi* permanecer inmóvil en el aire.

hovercraft *n* aerodeslizador *m*.

how /haʊ/ *adv* **1.** (*gen*) cómo: **how are you?** ¿cómo estás?; **how did she get on?** ¿qué tal le fue? ● **how do you do?** encantado -da ● **how boring!** ¡qué aburrido! **2.** (*with quanti-*

ties, measurements): **how much is it?** ¿cuánto vale * es?; **how long is it?** ¿cuánto mide de largo?; **how many times?** ¿cuántas veces?

however /haʊˈevə/ *adv* sin embargo.

howl /haʊl/ I *vi* (*dog*) aullar; (*wind*) rugir; (*baby*) berrear. II *n* (*of dog*) aullido *m*; (*of wind*) rugido *m*.

HP /eɪtʃˈpiː/ *n* **1.** (*Fin*) = **hire purchase. 2.** (*Auto*) = **horsepower.**

HQ /eɪtʃˈkjuː/ *n* = **headquarters.**

hub /hʌb/ *n* **1.** (*Auto*) cubo *m*. **2.** (*of area*) centro *m*.

hubbub /ˈhʌbʌb/ *n* alboroto *m*.

huddle /ˈhʌdəl/ *vi* apiñarse.

hue /hjuː/ *n* (*colour*) color *m*; (*shade*) tono *m*.

huff /hʌf/ *n* (*fam*): **he's in a huff with me** está enfadado conmigo.

hug /hʌg/ I *vt* [**hugs, hugging, hugged**] abrazar. II *n* abrazo *m*.

huge /hjuːdʒ/ *adj* enorme.

hulk /hʌlk/ *n* (*person*) mole *f*; (*thing*) armatoste *m*.

hull /hʌl/ *n* casco *m*.

hullo /həˈləʊ/ *excl* ⇨ **hello.**

hum /hʌm/ *vi* [**hums, humming, hummed**] (*person*) canturrear; (*bees, machinery*) zumbar. ◆ *vt* (*a song*) tararear, canturrear.

human /ˈhjuːmən/ I *adj* humano -na. II *n* (o **human being**) ser *m* humano.

human rights *n pl* derechos *m pl* humanos.

humane /hjuːˈmeɪn/ *adj* humano -na, compasivo -va.

humanitarian /hjuːmænɪˈteərɪən/ *adj* humanitario -ria.

humanity /hjuːˈmænətɪ/ *n* humanidad *f*.

humble /ˈhʌmbəl/ I *adj* humilde. II *vt* humillar.

humbug /ˈhʌmbʌg/ *n* **1.** (*nonsense*) tonterías *f pl*. **2.** (*sweet*) caramelo *m* de menta.

humdrum /ˈhʌmdrʌm/ *adj* monótono -na, aburrido -da.

humid /ˈhjuːmɪd/ *adj* húmedo -da.

humidity /hjuːˈmɪdətɪ/ *n* humedad *f*.

humiliate /hjuːˈmɪlɪeɪt/ *vt* humillar.

humiliating /hjuːˈmɪlɪeɪtɪŋ/ *adj* humillante.

humility /hjuːˈmɪlətɪ/ *n* humildad *f*.

humor /ˈhjuːmə/ *n*, *vt* (*US*) ⇨ **humour.**

humorous /ˈhjuːmərəs/ *adj* (*remark, person*) gracioso -sa; (*novel*) humorístico -ca.

humour /ˈhjuːmə/ I *n* humor *m*. II *vt* complacer.

hump /hʌmp/ *n* **1.** (*on camel*) giba *f*. **2.** (*bump*) montículo *m*; (*for traffic*) guardia *m* acostado * tumbado.

humpback bridge /ˈhʌmpbæk brɪdʒ/ *n* puente *m* de marcada pendiente.

hunch /hʌntʃ/ *n* [**-ches**] corazonada *f*.

hunchback *n* jorobado -da *m/f*.

hundred /ˈhʌndrəd/ *adj, pron, n* cien: **a hundred years** cien años; **hundreds of fish** cientos de peces; **a hundred and nine** ciento nueve ⇨ *appendix 4.*

hundredweight *n inv* (*in GB*) 50,8 *kg*; (*in US*) 45,4 *kg*.

hundredth /ˈhʌndrədθ/ *adj, pron* centésimo -ma ⇨ *appendix 4.*

hung /hʌŋ/ *pret y pp* ⇨ **hang.**

Hungarian /hʌŋˈgeərɪən/ I *adj* húngaro -ra. II *n* húngaro -ra *m/f*; (*Ling*) húngaro *m*.

Hungary /ˈhʌŋgərɪ/ *n* Hungría *f*.

hunger /ˈhʌŋgə/ *n* (*gen*) hambre *f**; (*for knowledge*) sed *f* (**for** de).

to **hunger after** * **for** *vt* ansiar.

hunger strike *n* huelga *f* de hambre.

hungry /ˈhʌŋgrɪ/ *adj* [**-grier, -griest**] hambriento -ta: **I'm hungry** tengo hambre; **hungry for revenge** sediento -ta de venganza.

hunk /hʌŋk/ *n* trozo *m*, pedazo *m*.

hunt /hʌnt/ I *n* **1.** (*for animals, fugitives*) caza *f* (**for** de). **2.** (*search*) búsqueda *f* (**for** de). II *vt* **1.** (*an animal*) cazar. **2.** (*a criminal*) perseguir. ◆ *vi* **1.** (*for sport, food*) cazar. **2.** (*to search*): **to hunt for sthg** buscar algo.

hunter /ˈhʌntə/ *n* cazador -dora *m/f*.

hunting /ˈhʌntɪŋ/ *n* caza *f*.

hurdle /'hɜːdəl/ n 1. (Sport) valla f.
2. (obstacle) obstáculo m.

hurl /hɜːl/ vt arrojar, lanzar.

hurray /hʊ'reɪ/, **hurrah** /hʊ'rɑː/ excl
¡viva!

hurricane /'hʌrɪkən/ n huracán m.

hurried /'hʌrɪd/ adj apresurado -da.

hurry /'hʌrɪ/ I n prisa f: **I'm in a
hurry** tengo prisa. II vi [-ries,
-rying, -ried] apresurarse, darse
prisa: **I hurried back** volví a toda
prisa. ♦ vt (a person) apurar; (a process) apresurar.

to **hurry up** vi darse prisa, apresurarse.

hurt /hɜːt/ I vi [hurts, hurting, hurt]
1. (arm, leg): **my leg hurts** me duele
la pierna. 2. (blow, shoe): **did it
hurt?** ¿te hizo daño? ♦ vt 1. (physically): **he hurt me** me hizo daño; **I
hurt my foot** me hice daño en el pie.
2. (emotionally). herir. II adj
1. (physically) herido -da. 2. (emotionally) dolido -da.

hurtful /'hɜːtful/ adj hiriente.

hurtle /'hɜːtəl/ vi precipitarse.

husband /'hʌzbənd/ n esposo m,
marido m.

hush /hʌʃ/ I n silencio m. II excl
¡chitón!, ¡silencio!

to **hush up** vt encubrir.

husk /hʌsk/ n cáscara f.

husky /'hʌskɪ/ I adj [-kier, -kiest]
(voice) ronco -ca. II n [-kies] (Zool)
perro m esquimal.

hustle /'hʌsəl/ vt: **they hustled him
out of the building** lo sacaron del
edificio a toda prisa.

hustle and bustle n bullicio m.

hut /hʌt/ n choza f.

hutch /hʌtʃ/ n [-ches] conejera f.

hyacinth /'haɪəsɪnθ/ n jacinto m.

hydrant /'haɪdrənt/ n (o **fire hydrant**) boca f de incendios.

hydraulic /haɪ'drɔːlɪk/ adj hidráulico -ca.

hydroelectric /haɪdrəʊ'lektrɪk/ adj
hidroeléctrico -ca.

hydrofoil /'haɪdrəʊfɔɪl/ n hidropla-
neador m, hidrofoil m, (RP) aliscafo
m.

hydrogen /'haɪdrədʒən/ n hidrógeno m.

hygiene /'haɪdʒiːn/ n higiene f.

hygienic /haɪ'dʒiːnɪk/ adj higiénico
-ca.

hymn /hɪm/ n himno m.

hype /haɪp/ (fam) I n propaganda f
exagerada. II vt dar mucho bombo a.

hyperactive /haɪpər'æktɪv/ adj
hiperactivo -va.

hypermarket /'haɪpəmɑːkɪt/ n
hipermercado m.

hyphen /'haɪfən/ n guión m.

hyphenate /'haɪfəneɪt/ vt unir con
guión.

hypnosis /hɪp'nəʊsis/ n hipnosis f.

hypnotize /'hɪpnətaɪz/ vt hipnotizar.

hypochondriac /haɪpə'kɒndriæk/
adj, n hipocondríaco -ca adj, m/f.

hypocrisy /hɪ'pɒkrəsi/ n [-sies]
hipocresía f.

hypocrite /'hɪpəkrɪt/ n hipócrita
m/f.

hypocritical /hɪpə'krɪtɪkəl/ adj
hipócrita.

hypodermic /haɪpə'dɜːmɪk/ adj
hipodérmico -ca.

hypothesis /haɪ'pɒθəsɪs/ n
[-theses] hipótesis f inv.

hysteria /hɪ'stɪərɪə/ n histeria f.

hysterical /hɪ'sterɪkəl/ adj 1. (out of
control) histérico -ca. 2. (fam:
funny) graciosísimo -ma.

hysterics /hɪ'sterɪks/ n pl 1. (Med)
ataque m de nervios. 2. (fam: laughter) ataque m de risa.

I /aɪ/ *pron* yo.

IBA /aɪbiːˈeɪ/ *n* (*in GB*) = **Independent Broadcasting Authority**.

Iberian /aɪˈbɪərɪən/ *adj* ibérico -ca.

ice /aɪs/ **I** *n* hielo *m*. **II** *vt* (*a cake*) glasear.

to ice over ∗ up *vi* helarse.

Ice Age *n* era *f* glacial. **iceberg** *n* iceberg *m*. **icebox** *n* **1.** (*GB: freezer*) congelador *m*. **2.** (*US*) ⇨ **refrigerator**. **icebreaker** *n* rompehielos *m inv*. **ice cream** *n* helado *m*. **ice lolly** *n* (*Culin*) polo® *m*, (*Amér L*) paleta *f*. **ice rink** *n* pista *f* de patinaje sobre hielo. **ice-skating** *n* patinaje *m* sobre hielo.

iced /aɪst/ *adj* **1.** (*cake*) con azúcar glaseado. **2.** (*coffee*) con hielo.

Iceland /ˈaɪslənd/ *n* Islandia *f*.

Icelander /ˈaɪsləndə/ *n* islandés -desa *m/f*.

Icelandic /aɪsˈlændɪk/ **I** *adj* islandés -desa. **II** *n* (*Ling*) islandés *m*.

icicle /ˈaɪsɪkəl/ *n* carámbano *m*.

icing /ˈaɪsɪŋ/ *n* (*hard*) azúcar *m* glaseado, (*soft*) baño *m* de fondant.

icing sugar *n* azúcar *m* glas.

icon /ˈaɪkɒn/ *n* icono *m*.

icy /ˈaɪsɪ/ *adj* [**icier, iciest**] **1.** (*road*) cubierto -ta de hielo, helado -da; (*wind*) glacial; (*hands*) helado -da. **2.** (*reception*) glacial.

I'd /aɪd/ *contracción de* **I had** *o de* **I would**

idea /aɪˈdɪə/ *n* idea *f*.

ideal /aɪˈdɪəl/ *adj, n* ideal *adj, m*.

idealist /aɪˈdɪəlɪst/ *n* idealista *m/f*.

identical /aɪˈdentɪkəl/ *adj* idéntico -ca.

identification /aɪdentɪfɪˈkeɪʃən/ *n* **1.** (*papers*) documentación *f*. **2.** (*process*) identificación *f*.

identify /aɪˈdentɪfaɪ/ *vt* [**-fies, -fying, -fied**] identificar.

Identikit® /aɪˈdentɪkɪt/ *n*: **identikit picture** retrato robot.

identity /aɪˈdentətɪ/ *n* [**-ties**] identidad *f*.

identity card *n* carnet *m* ∗ (*Amér L*) cédula *f* de identidad. **identity parade** *n* rueda *f* de reconocimiento.

ideology /aɪdɪˈɒlədʒɪ/ *n* [**-gies**] ideología *f*.

idiom /ˈɪdɪəm/ *n* modismo *m*, locución *f*.

idiomatic /ɪdɪəˈmætɪk/ *adj* idiomático -ca.

idiosyncrasy /ɪdɪəʊˈsɪŋkrəsɪ/ *n* [**-sies**] manía *f*, particularidad *f*.

idiot /ˈɪdɪət/ *n* idiota *m/f*, imbécil *m/f*.

idiotic /ɪdɪˈɒtɪk/ *adj* tonto -ta, idiota.

idle /ˈaɪdəl/ **I** *adj* **1.** (*lazy*) perezoso -sa [S]. **2.** (*unoccupied*) ocioso -sa [E]. **3.** (*workforce*) sin poder trabajar; (*machinery*) parado -da. **4.** (*chatter*) frívolo -la: **idle curiosity** pura curiosidad. **II** *vi* (*Auto*) funcionar al ralentí.

to idle away *vt* pasar.

idol /ˈaɪdəl/ *n* ídolo *m*.

idolize /ˈaɪdəlaɪz/ *vt* idolatrar.

idyllic /ɪˈdɪlɪk/ *adj* idílico -ca.

i.e. /aɪˈiː/ es decir.

if /ɪf/ *conj* si: **if necessary** si hace falta; **if not, let me know** si no, avísame; **if so,...** de ser así,... ● **if I were you...** yo que tú... ● **if only I'd gone...** si hubiera ido... ● **if only he were here!** ¡ojalá estuviera aquí!

igloo /ˈɪgluː/ *n* iglú *m*.

ignite /ɪgˈnaɪt/ *vt* prenderle fuego a. ◆ *vi* prenderse.

ignition /ɪgˈnɪʃən/ *n* **1.** (*Phys*) ignición *f*. **2.** (*Auto*) encendido *m*: **to turn on the ignition** hacer girar la llave de contacto.

ignition key *n* llave *f* de contacto.

ignorance /ˈɪgnərəns/ *n* ignorancia *f*.

ignorant /ˈɪgnərənt/ *adj* **1.** (*without knowledge*) ignorante: **we were ignorant of this fact** no sabíamos nada de * desconocíamos este hecho. 2. (*impolite*) grosero -ra.

ignore /ɪɡ'nɔ:/ *vt* (*advice*) no hacer caso de; (*a person*) ignorar.

ill /ɪl/ **I** *adj* [**worse, worst**] 1. (*Med*) enfermo -ma: **he fell ill** se puso enfermo. 2. (*bad*): **ill health** problemas de salud; **ill feeling** resentimiento. **II ills** *n pl* (*problems*) desgracias *f pl*; (*evils*) males *m pl*.

ill-advised *adj* imprudente. **ill-fated** *adj* funesto -ta. **ill-timed** *adj* inoportuno -na. **ill-treat** *vt* maltratar.

I'll /aɪl/ *contracción de* **I will** *o de* **I shall**

illegal /ɪ'li:ɡəl/ *adj* ilegal, ilícito -ta.

illegible /ɪ'ledʒəbəl/ *adj* ilegible.

illegitimate /ɪlɪ'dʒɪtɪmət/ *adj* ilegítimo -ma.

illicit /ɪ'lɪsɪt/ *adj* ilícito -ta.

illiteracy /ɪ'lɪtərəsɪ/ *n* analfabetismo *m*.

illiterate /ɪ'lɪtərət/ *adj* analfabeto -ta.

illness /'ɪlnəs/ *n* [**-nesses**] enfermedad *f*.

illogical /ɪ'lɒdʒɪkəl/ *adj* ilógico -ca.

illuminate /ɪ'lu:mɪneɪt/ *vt* iluminar, alumbrar.

illumination /ɪlu:mɪ'neɪʃən/ *n* iluminación *f*.

illusion /ɪ'lu:ʒən/ *n* ilusión *f*.

illusionist /ɪ'lu:ʒənɪst/ *n* ilusionista *m/f*.

illustrate /'ɪləstreɪt/ *vt* ilustrar.

illustration /ɪlə'streɪʃən/ *n* ilustración *f*.

illustrious /ɪ'lʌstrɪəs/ *adj* ilustre.

I'm /aɪm/ *contracción de* **I am**

image /'ɪmɪdʒ/ *n* imagen *f*.

imagery /'ɪmɪdʒərɪ/ *n* imágenes *f pl*.

imaginary /ɪ'mædʒɪnərɪ/ *adj* imaginario -ria.

imagination /ɪmædʒɪ'neɪʃən/ *n* imaginación *f*.

imaginative /ɪ'mædʒɪnətɪv/ *adj* imaginativo -va.

imagine /ɪ'mædʒɪn/ *vt* imaginarse.

imbalance /ɪm'bæləns/ *n* desequilibrio *m*.

imbecile /'ɪmbɪsi:l/ *n* imbécil *m/f*.

IMF /aɪem'ef/ *n* (= **International Monetary Fund**) FMI *m*.

imitate /'ɪmɪteɪt/ *vt* imitar.

imitation /ɪmɪ'teɪʃən/ *n* imitación *f*.

immaculate /ɪ'mækjʊlət/ *adj* 1. (*clean*) impecablemente limpio -pia. 2. (*faultless*) impecable, perfecto -ta.

Immaculate Conception *n* Inmaculada Concepción *f*.

immaterial /ɪmə'tɪərɪəl/ *adj* irrelevante.

immature /ɪmə'tʃʊə/ *adj* inmaduro -ra.

immediate /ɪ'mi:dɪət/ *adj* 1. (*reply, future*) inmediato -ta [S]. 2. (*concern*) más urgente [S]. 3. (*in space*): **the immediate vicinity** las inmediaciones.

immediately /ɪ'mi:dɪətlɪ/ *adv* 1. (*instantly*) inmediatamente. 2. (*in space*) directamente.

immense /ɪ'mens/ *adj* inmenso -sa, enorme.

immensely /ɪ'menslɪ/ *adv* sumamente.

immerse /ɪ'mɜ:s/ *vt* 1. (*in liquid*) sumergir. 2. (*in activity*): **to be immersed in sthg** estar absorto -ta en algo.

immersion /ɪ'mɜ:ʃən/ *n* inmersión *f*.

immersion heater *n* calentador *m* eléctrico.

immigrant /'ɪmɪɡrənt/ *adj, n* inmigrante *adj, m/f*.

immigration /ɪmɪ'ɡreɪʃən/ *n* inmigración *f*.

imminent /'ɪmɪnənt/ *adj* inminente [S].

immobile /ɪ'məʊbaɪl/ *adj* inmóvil.

immobilize /ɪ'məʊbɪlaɪz/ *vt* inmovilizar.

immoral /ɪ'mɒrəl/ *adj* inmoral.

immortal /ɪ'mɔ:təl/ *adj* inmortal.

immune /ɪ'mju:n/ *adj* inmune [S].

immune system *n* sistema *m* inmunológico.

immunity /ɪ'mju:nətɪ/ *n* inmunidad *f*.

immunize /'ɪmjʊnaɪz/ *vt* inmunizar.

imp /ɪmp/ *n* 1. (*naughty child*)

diablillo *m*. **2.** (*in stories*) duende-cillo *m*.

impact /'ɪmpækt/ *n* impacto *m*.

impair /ɪm'peə/ *vt* (*sight, judgement*) afectar; (*flavour*) estropear.

impart /ɪm'pɑːt/ *vt* (*frml*) **1.** (*to communicate*) comunicar. **2.** (*to give*) proporcionar.

impartial /ɪm'pɑːʃəl/ *adj* imparcial.

impassable /ɪm'pɑːsəbəl/ *adj* **1.** (*road*) impracticable, intransitable. **2.** (*barrier*) infranqueable.

impassioned /ɪm'pæʃənd/ *adj* apasionado -da.

impassive /ɪm'pæsɪv/ *adj* impasible.

impatience /ɪm'peɪʃəns/ *n* impaciencia *f*.

impatient /ɪm'peɪʃənt/ *adj* impaciente (**for** por): **to get impatient** perder la paciencia.

impeccable /ɪm'pekəbəl/ *adj* impecable.

impede /ɪm'piːd/ *vt* impedir.

impediment /ɪm'pedɪmənt/ *n* **1.** (*obstacle*) impedimento *m*. **2.** (*in speech*) defecto *m*.

impending /ɪm'pendɪŋ/ *adj* inminente.

impenetrable /ɪm'penɪtrəbəl/ *adj* **1.** (*jungle*) impenetrable. **2.** (*text*) incomprensible.

imperative /ɪm'perətɪv/ **I** *adj* imprescindible. **II** *n* imperativo *m*.

imperfect /ɪm'pɜːfɪkt/ **I** *adj* imperfecto -ta. **II** *n* imperfecto *m*.

imperfection /ɪmpə'fekʃən/ *n* desperfecto *m*.

imperial /ɪm'pɪərɪəl/ *adj* **1.** (*of empire*) imperial. **2.** (*unit*) británico -ca.

imperialist /ɪm'pɪərɪəlɪst/ *adj, n* imperialista *adj, m/f*.

impersonal /ɪm'pɜːsənəl/ *adj* impersonal.

impersonate /ɪm'pɜːsəneɪt/ *vt* **1.** (*Law*) hacerse pasar por. **2.** (*for entertainment*) imitar.

impertinent /ɪm'pɜːtɪnənt/ *adj* impertinente.

impervious /ɪm'pɜːvɪəs/ *adj* **1.** (*to liquid*) impermeable. **2.** (*to comments*) insensible.

impetuous /ɪm'petjʊəs/ *adj* impetuoso -sa, impulsivo -va.

impetus /'ɪmpɪtəs/ *n* ímpetu *m*.

impinge /ɪm'pɪndʒ/ *vi* repercutir (**on** en).

implacable /ɪm'plækəbl/ *adj* implacable.

implant **I** /'ɪmplɑːnt/ *n* implante *m*. **II** /ɪm'plɑːnt/ *vt* implantar.

implausible /ɪm'plɔːzəbəl/ *adj* inverosímil.

implement **I** /'ɪmplɪmənt/ *n* (*for cooking*) utensilio *m*; (*tool*) herramienta *f*. **II** /'ɪmpləmənt/ *vt* (*a plan*) llevar a cabo, implementar; (*an instruction*) poner en práctica; (*a law*) aplicar.

implicate /'ɪmplɪkeɪt/ *vt* implicar.

implication /ɪmplɪ'keɪʃən/ *n* **1.** (*suggestion*) insinuación *f*. **2.** (*outcome*) consecuencia *f*.

implicit /ɪm'plɪsɪt/ *adj* **1.** (*faith*) absoluto -ta. **2.** (*criticism*) implícito -ta.

implore /ɪm'plɔː/ *vt* implorar, suplicar.

imply /ɪm'plaɪ/ *vt* [**-plies, -plying, -plied**] **1.** (*to suggest*) dar a entender. **2.** (*to involve*) implicar, suponer.

impolite /ɪmpə'laɪt/ *adj* (*person*) maleducado -da; (*remark*) de mala educación.

import **I** /'ɪmpɔːt/ *n* importación *f*. **II** /ɪm'pɔːt/ *vt* importar.

importance /ɪm'pɔːtəns/ *n* importancia *f*.

important /ɪm'pɔːtənt/ *adj* importante: **it's not important** no tiene importancia ‖ no importa.

importer /ɪm'pɔːtə/ *n* importador -dora *m/f*.

impose /ɪm'pəʊz/ *vt* (*a punishment, restriction*) imponer (**on** a). ♦ *vi* (*to cause problems*): **to impose on** abusar de.

imposing /ɪm'pəʊzɪŋ/ *adj* imponente.

imposition /ɪmpə'zɪʃən/ *n* **1.** (*of punishment*) imposición *f*. **2.** (*un-*

reasonable demand) abuso *m*.

impossible /ɪmˈpɒsəbəl/ *adj*
1. (*task*) imposible. 2. (*unbearable*)
insoportable.

impostor /ɪmˈpɒstə/ *n* impostor
-tora *m/f*.

impotence /ˈɪmpətəns/ *n* impotencia *f*.

impotent /ˈɪmpətənt/ *adj* impotente.

impound /ɪmˈpaʊnd/ *vt* embargar,
incautarse de.

impoverished /ɪmˈpɒvərɪʃt/ *adj*
1. (*people*) necesitado -da. 2. (*land*)
agotado -da.

impracticable /ɪmˈpræktɪkəbəl/ *adj*
impracticable, imposible de poner
en práctica.

impractical /ɪmˈpræktɪkəl/ *adj* poco
práctico -ca.

imprecise /ɪmprɪˈsaɪs/ *adj* impreciso -a.

impregnable /ɪmˈpregnəbəl/ *adj*
inexpugnable.

impregnate /ˈɪmpregneɪt/ *vt* 1. (*to
saturate*) impregnar (**with** de).
2. (*Biol: frml*) fecundar.

impresario /ɪmprəˈsɑːrɪəʊ/ *n* empresario -ria *m/f* teatral.

impress /ɪmˈpres/ *vt* 1. (*to inspire
admiration in*) impresionar. 2. (*to
convey*): **they impressed this on us**
nos recalcaron la importancia de
esto.

impression /ɪmˈpreʃən/ *n* 1. (*mark*)
impresión *f*. 2. (*idea*) impresión *f*: **I
was under the impression that...**
pensaba que.... 3. (*imitation*) imitación *f*.

impressionable /ɪmˈpreʃənəbəl/
adj impresionable.

impressionist /ɪmˈpreʃənɪst/ *adj, n*
impresionista *adj, m/f*.

impressive /ɪmˈpresɪv/ *adj* impresionante.

imprint /ˈɪmprɪnt/ *n* huella *f*.

imprison /ɪmˈprɪzən/ *vt* encarcelar.

imprisonment /ɪmˈprɪzənmənt/ *n*
encarcelamiento *m*.

improbable /ɪmˈprɒbəbəl/ *adj*
1. (*unlikely*) improbable. 2. (*excuse*)
inverosímil.

impromptu /ɪmˈprɒmptjuː/ *adj*
improvisado -da, sin preparación.

improper /ɪmˈprɒpə/ *adj* 1. (*manner, use*) incorrecto -ta. 2. (*dishonest*) deshonesto -ta. 3. (*indecent*)
indecente.

impropriety /ɪmprəˈpraɪətɪ/ *n* [**-ties**]
(*frml*) irregularidad *f*.

improve /ɪmˈpruːv/ *vt* (*quality, a
situation*) mejorar; (*sales*) aumentar. ♦ *vi* (*quality, situation*) mejorar;
(*sales*) aumentar.

improvement /ɪmˈpruːvmənt/ *n*
1. (*in quality, situation*) mejora *f*;
(*Med*) mejoría *f*. 2. (*to house*) reforma *f*.

improvise /ˈɪmprəvaɪz/ *vt/i* improvisar.

imprudent /ɪmˈpruːdənt/ *adj* imprudente.

impudent /ˈɪmpjʊdənt/ *adj* insolente, descarado -da.

impulse /ˈɪmpʌls/ *n* impulso *m*: **on
impulse** sin reflexionar.

impulsive /ɪmˈpʌlsɪv/ *adj* impulsivo
-va.

impunity /ɪmˈpjuːnətɪ/ *n* impunidad
f.

impure /ɪmˈpjʊə/ *adj* impuro -ra.

impurity /ɪmˈpjʊərɪtɪ/ *n* [**-ties**] impureza *f*.

in /ɪn/ **I** *prep* 1. (*with places*): **he's in
France/the kitchen** está en Fran-
cia/la cocina; **he arrived in Lima**
llegó a Lima; **in bed** en la cama; **in
hospital** en el hospital; **in there** ahí
dentro; **the biggest in the world** el
más grande del mundo ● **I'm in
computers** trabajo en la informática ● **the ins and outs of sthg** los
detalles de algo. 2. (*with expressions
of time*): **in 1985/summer/May** en
1985/verano/mayo; **at two in the
afternoon** a las dos de la tarde; **I'll
be there in two hours** llegaré
dentro de dos horas; **he did it in an
hour** lo hizo en una hora. 3. (*wearing*): **in pyjamas** en pijama; **the girl
in the bikini** la chica del bikini.
4. (*showing manner, means*): **in a
loud voice** en voz alta; **written in**

pencil/in German escrito a lápiz/en alemán. **5.** (*with emotions*): **in a good mood** de buen humor; **in tears** llorando. **6.** (*with surroundings*): **in the rain** bajo la lluvia; **in the sun** al sol; **in darkness** a oscuras; **in daylight** de día. **7.** (*with measurements*): **it's two metres in height** mide dos metros de alto. **8.** (*with numbers, ratios*): **in threes** de tres en tres; **one in (every) five** uno de cada cinco.

II *adv* **1.** (*present*): **is he in?** ¿está en casa?; **there's nobody in** no hay nadie; **he asked me in** me invitó a pasar. **2.** (*tide*): **the tide's in** la marea está alta. **3.** (*fashionable*) de moda. **4. in for**: **you don't know what you're in for!** ¡no sabes lo que te espera! **5. in on**: **is he in on the plan?** ¿está al tanto del plan? **6. in so far as** en la medida que.

III *adj* (*fam*) **1.** (*private*: **an in joke** una broma entre ellos/nosotros. **2.** (*fashionable*) de moda.

in-laws *n pl* suegros *m pl*.

in. /ɪntʃ/ = **inch**.

inability /ɪnəˈbɪlətɪ/ *n* incapacidad *f*.

inaccessible /ɪnækˈsesəbəl/ *adj* **1.** (*place*) inaccesible. **2.** (*ideas*) poco accesible.

inaccuracy /ɪnˈækjʊrəsɪ/ *n* [-**cies**] **1.** (*mistake*) error *m*. **2.** (*lack of precision*) falta *f* de exactitud.

inaccurate /ɪnˈækjʊrət/ *adj* (*not precise*) inexacto -ta; (*not correct*) incorrecto -ta.

inactive /ɪnˈæktɪv/ *adj* inactivo -va.

inadequate /ɪnˈædɪkwət/ *adj* **1.** (*not enough*) insuficiente; (*not good enough*) inadecuado -da. **2.** (*person*): **she felt inadequate** se sentía incapaz de hacer frente a la situación.

inadmissible /ɪnədˈmɪsəbl/ *adj* inadmisible.

inadvertently /ɪnədˈvɜːtəntlɪ/ *adv* por descuido, sin querer.

inadvisable /ɪnədˈvaɪzəbəl/ *adj* poco aconsejable.

inane /ɪnˈeɪn/ *adj* tonto -ta.

inanimate /ɪnˈænɪmət/ *adj* (*object*) inanimado -da.

inappropriate /ɪnəˈprəʊprɪət/ *adj* (*moment*) inoportuno -na; (*dress*) poco apropiado -da; (*behaviour*) impropio -pia.

inarticulate /ɪnɑːˈtɪkjʊlət/ *adj* incapaz de expresarse.

inasmuch as /ɪnəzˈmʌtʃ æz/ *conj* (*frml*) en la medida que.

inaudible /ɪnˈɔːdəbəl/ *adj* inaudible.

inaugurate /ɪnˈɔːgjʊreɪt/ *vt* inaugurar.

inauguration /ɪnɔːgjʊˈreɪʃən/ *n* inauguración *f*.

inborn /ɪnˈbɔːn/ *adj* innato -ta.

Inc. /ɪŋk/ = **Incorporated**.

Inca /ˈɪŋkə/ **I** *adj* incaico -ca, inca. **II** *n* inca *m/f*.

incalculable /ɪnˈkælkjʊləbəl/ *adj* (*wealth, risk*) incalculable.

incapable /ɪnˈkeɪpəbəl/ *adj* incapaz [S].

incapacitate /ɪnkəˈpæsɪteɪt/ *vt* incapacitar.

incapacity /ɪnkəˈpæsətɪ/ *n* incapacidad *f*.

incarcerate /ɪnˈkɑːsəreɪt/ *vt* (*frml*) encarcelar.

incarnation /ɪnkɑːˈneɪʃən/ *n* encarnación *f*.

incendiary /ɪnˈsendɪərɪ/ **I** *n* [-**ries**] bomba *f* incendiaria. **II** *adj* incendiario -ria.

incense **I** /ˈɪnsens/ *n* incienso *m*. **II** /ɪnˈsens/ *vt* enfurecer, indignar.

incentive /ɪnˈsentɪv/ *n* incentivo *m*, aliciente *m*.

incessant /ɪnˈsesənt/ *adj* ininterrumpido -da, incesante.

incessantly /ɪnˈsesəntlɪ/ *adv* sin cesar ✱ parar.

incest /ˈɪnsest/ *n* incesto *m*.

inch /ɪntʃ/ **I** *n* [-**ches**] pulgada *f* (*2,54 cm*) ● **I was within an inch of leaving** estuve a punto de irme ● **he didn't budge an inch** no cedió ni lo más mínimo. **II** *vi* avanzar lentamente.

incidence /ˈɪnsɪdəns/ *n* incidencia *f*.

incident /ˈɪnsɪdənt/ *n* incidente *m*.

incidental /ɪnsɪ'dentəl/ *adj* 1. (*minor*) secundario -ria. 2. (*connected*) inherente (**to** a).

incidentally /ɪnsɪ'dentəlɪ/ *adv* por cierto, a propósito.

incinerator /ɪn'sɪnəreɪtə/ *n* incinerador *m*.

incipient /ɪn'sɪpɪənt/ *adj* (*frml*) incipiente.

incision /ɪn'sɪʒən/ *n* incisión *f*.

incisive /ɪn'saɪsɪv/ *adj* (*remark*) mordaz; (*analysis*) penetrante, incisivo -va.

incisor /ɪn'saɪzə/ *n* incisivo *m*.

incite /ɪn'saɪt/ *vt* incitar.

inclination /ɪnklɪ'neɪʃən/ *n* 1. (*slope*) pendiente *f*. 2. (*wish*): **I have no inclination to go** no tengo ganas de ir. 3. (*tendency*) tendencia *f*.

incline /'ɪnklaɪn/ *n* pendiente *f*.

inclined /ɪn'klaɪnd/ *adj* 1. (*willing*): **I'm inclined to believe her** me inclino a creerla. 2. (*likely*): **it's inclined to jam** tiene tendencia a atascarse.

include /ɪn'klu:d/ *vt* incluir.

including /ɪn'klu:dɪŋ/ *prep* incluyendo.

inclusive /ɪn'klu:sɪv/ *adj* 1. (*in time*) inclusive. 2. (*with prices*): **that's inclusive of meals** eso incluye las comidas.

incognito /ɪnkɒg'ni:təʊ/ *adv* de incógnito.

incoherent /ɪnkəʊ'hɪərənt/ *adj* incoherente.

income /'ɪnkʌm/ *n* ingresos *m pl*.

income tax *n* impuesto *m* sobre la renta.

incoming /'ɪnkʌmɪŋ/ *adj* 1. (*Transp*) que llega. 2. (*tide*) que sube. 3. (*president*) entrante.

incomparable /ɪn'kɒmpərəbəl/ *adj* incomparable.

incompatible /ɪnkəm'pætəbəl/ *adj* incompatible.

incompetent /ɪn'kɒmpɪtənt/ *adj* incompetente, inepto -ta.

incomplete /ɪnkəm'pli:t/ *adj* 1. (*unfinished*) sin terminar. 2. (*not whole*) incompleto -ta.

incomprehensible /ɪnkɒmprɪ'hensəbəl/ *adj* incomprensible.

inconceivable /ɪnkən'si:vəbəl/ *adj* inconcebible.

inconclusive /ɪnkən'klu:sɪv/ *adj* (*investigation*) no concluyente; (*talks*) sin resultado.

incongruous /ɪn'kɒŋgrʊəs/ *adj* fuera de lugar.

inconsiderate /ɪnkən'sɪdərət/ *adj* inconsiderado -da, desconsiderado -da.

inconsistency /ɪnkən'sɪstənsɪ/ *n* [**-cies**] 1. (*contradiction*) contradicción *f*. 2. (*variability*) irregularidad *f*, falta *f* de uniformidad.

inconsistent /ɪnkən'sɪstənt/ *adj* 1. (*contradictory*) contradictorio -ria: **to be inconsistent with...** no concordar con.... 2. (*variable*) irregular.

inconspicuous /ɪnkən'spɪkjʊəs/ *adj* que no llama la atención.

incontinence /ɪn'kɒntɪnəns/ *n* incontinencia *f*.

inconvenience /ɪnkən'vi:nɪəns/ **I** *n* molestia *f*. **II** *vt* causarle molestia a.

inconvenient /ɪnkən'vi:nɪənt/ *adj* 1. (*time*) inoportuno -na ● **if it's not inconvenient** si no es mucha molestia. 2. (*place, situation*) incómodo -da.

incorporate /ɪn'kɔ:pəreɪt/ *vt* 1. (*to contain*) incluir. 2. (*to add*) incluir (**into** en), incorporar (**into** a).

incorporated /ɪn'kɔ:pəreɪtəd/ *adj*: **Multifab Incorporated** Multifab S.A.

incorrect /ɪnkə'rekt/ *adj* incorrecto -ta.

incorrigible /ɪn'kɒrɪdʒəbəl/ *adj* incorregible.

incorruptible /ɪnkə'rʌptəbəl/ *adj* insobornable.

increase **I** /'ɪnkri:s/ *n* (*gen*) aumento *m* (**in** en * **de**); (*in price*) subida *f* (**in** de). **II** /ɪn'kri:s/ *vt/i* (*gen*) aumentar; (*price*) subir.

increasingly /ɪn'kri:sɪŋlɪ/ *adv* cada vez más.

incredible /ın'kredəbəl/ *adj* increíble.

incredulous /ın'kredjυləs/ *adj*
incrédulo -la.

increment /'ınkrımənt/ *n* incremento *m*, aumento *m*.

incriminate /ın'krımıneıt/ *vt* incri-
minar.

incubate /'ınkjυbeıt/ *vt* incubar.

incubator /'ınkjυbeıtə/ *n* incubadora *f*.

incur /ın'kɜ:/ *vt* [**-curs, -curring,
-curred**] 1. (*anger*) provocar. 2. (*a
debt*) contraer; (*a loss*) sufrir.

incurable /ın'kjυərəbəl/ *adj*
1. (*Med*) incurable. 2. (*liar, romantic*) incorregible.

indebted /ın'detıd/ *adj* en deuda [E]
(**to** con).

indecent /ın'di:sənt/ *adj* indecente.

indecent assault *n* abusos *m pl* deshonestos. **indecent exposure** *n*
exhibicionismo *m*.

indecisive /ındı'saısıv/ *adj* 1. (*person*) indeciso -sa. 2. (*outcome*) no
decisivo -va.

indeed /ın'di:d/ *adv* 1. (*for emphasis: gen*): **I'm very sorry indeed**
lo siento muchísimo; (: *in replies*):
yes indeed! ¡claro que sí! 2. (*in fact*)
de hecho.

indefensible /ındı'fensəbəl/ *adj*
1. (*argument*) insostenible. 2. (*behaviour*) imperdonable.

indefinable /ındı'faınəbəl/ *adj* indefinible.

indefinite /ın'defınət/ *adj* indefinido
-da.

indefinitely /ın'defınətlı/ *adv* indefi-
nidamente.

indelible /ın'deləbəl/ *adj* indeleble.

indemnity /ın'demnətı/ *n* [**-ties**]
indemnización *f*.

indent /ın'dent/ *vt* sangrar.

independence /ındı'pendəns/ *n*
independencia *f*.

independent /ındı'pendənt/ *adj*
independiente.

index /'ındeks/ *n* [**-dexes** * **-dices**]
1. (*in book*) índice *m*; (*in library*)
catálogo *m*. 2. (*Fin*) índice *m*.

3. (*Maths*) exponente *m*.

index card *n* ficha *f*. **index finger** *n*
dedo *m* índice. **index-linked**, (*US*)
indexed *adj* indexado -da.

India /'ındıə/ *n* (la) India.

Indian /'ındıən/ *adj, n* indio -dia *adj,
m/f*.

Indian Ocean *n* océano *m* Índico.

indicate /'ındıkeıt/ *vt* 1. (*to mention*)
manifestar. 2. (*to show*) indicar. ♦ *vi*
(*Auto*) poner el intermitente * (*Méx*)
direccional.

indication /ındı'keıʃən/ *n* indicio *m*.

indicative /ın'dıkətıv/ I *adj* indicativo -va: **to be indicative of** dar idea
de. II *n* indicativo *m*.

indicator /'ındıkeıtə/ *n* 1. (*sign*)
indicador *m*. 2. (*Auto*) intermitente
m, (*Méx*) direccional *m*.

indices /'ındısi:z/ *pl* ⇨ **index**.

indict /ın'daıt/ *vt* presentar cargos
contra.

indictment /ın'daıtmənt/ *n* 1. (*Law*)
cargos *m pl*. 2. (*criticism*) crítica *f*.

indifferent /ın'dıfərənt/ *adj*
1. (*uncaring*) indiferente. 2. (*mediocre*) mediocre.

indigenous /ın'dıdʒınəs/ *adj*
(*people*) indígena; (*Bot, Zool*) autóctono -na.

indigestion /ındı'dʒestʃən/ *n* indigestión *f*.

indignant /ın'dıgnənt/ *adj* indignado -da.

indigo /'ındıgəυ/ I *n* añil *m*. II *adj* de
color añil.

indirect /ındaı'rekt/ *adj* indirecto
-ta.

indirectly /ındaı'rektlı/ *adv* indi-
rectamente, de forma indirecta.

indiscreet /ındı'skri:t/ *adj* indiscreto -ta, poco discreto -ta.

indiscriminate /ındı'skrımınət/ *adj*
indiscriminado -da.

indispensable /ındı'spensəbəl/ *adj*
indispensable, imprescindible.

indisposed /ındı'spəυzd/ *adj*
(*frml*) indispuesto -ta.

indisputable /ındı'spju:təbəl/ *adj*
indiscutible.

indisputably /ındı'spju:təblı/ *adv*

indistinct /ɪndɪ'stɪŋkt/ *adj* borroso -sa.

individual /ɪndɪ'vɪdʒuəl/ **I** *adj* **1.** (*of/for one*) individual. **2.** (*single, separate*): **each individual part** (todas y) cada una de las piezas. **3.** (*style*) particular. **II** *n* individuo *m*.

individually /ɪndɪ'vɪdʒuəli/ *adv* individualmente, por separado.

indoctrinate /ɪn'dɒktrɪneɪt/ *vt* adoctrinar.

indolent /'ɪndələnt/ *adj* (*frml*) indolente.

indomitable /ɪn'dɒmɪtəbəl/ *adj* (*frml*) indomable.

indoor **I** /'ɪndɔ:/ *adj* (*plant, photography*) de interior; (*athletics*) en pista cubierta; (*pool*) cubierto -ta. **II** **indoors** /ɪn'dɔ:z/ *adv*: **stay indoors** quédate en casa.

induce /ɪn'dju:s/ *vt* **1.** (*to persuade*) persuadir. **2.** (*an effect*) producir, causar. **3.** (*childbirth*) provocar, inducir.

inducement /ɪn'dju:smənt/ *n* incentivo *m*, estímulo *m*.

induction /ɪn'dʌkʃən/ *n* **1.** (*into company*) iniciación *f*. **2.** (*Elec*) inducción *f*.

indulge /ɪn'dʌldʒ/ *vt* **1.** (*to spoil*) mimar, consentir. **2.** (*a desire*) satisfacer. ♦ *vi*: **I indulged in a beer** me di el gusto de tomarme una cerveza.

indulgence /ɪn'dʌldʒəns/ *n* **1.** (*tolerance*) indulgencia *f*, tolerancia *f*. **2.** (*treat*) gusto *m*.

industrial /ɪn'dʌstrɪəl/ *adj* industrial.

industrial accident *n* accidente *m* laboral. **industrial estate** ✱ (*US*) **park** *n* polígono *m* ✱ zona *f* industrial.

industrialist /ɪn'dʌstrɪəlɪst/ *n* industrial *m/f*.

industrialize /ɪn'dʌstrɪəlaɪz/ *vt* industrializar.

industrious /ɪn'dʌstrɪəs/ *adj* trabajador -dora.

industry /'ɪndəstrɪ/ *n* [-tries] **1.** (*activity*) industria *f*. **2.** (*frml: hard*

inebriated /ɪn'i:brɪeɪtɪd/ *adj* (*frml*) ebrio -bria.

inedible /ɪn'edəbəl/ *adj* incomestible, incomible.

ineffective /ɪnɪ'fektɪv/ *adj* ineficaz, inútil.

ineffectual /ɪnɪ'fektjuəl/ *adj* ineficaz, inútil.

inefficiency /ɪnɪ'fɪʃənsɪ/ *n* (*of machine, system*) ineficacia *f*; (*of worker*) poca eficiencia *f*.

inefficient /ɪnɪ'fɪʃənt/ *adj* (*machine, system*) ineficaz; (*person*) poco eficiente.

ineligible /ɪn'elɪdʒəbəl/ *adj*: **to be ineligible for sthg** no tener derecho a algo.

inept /ɪn'ept/ *adj* inepto -ta.

inequality /ɪnɪ'kwɒlətɪ/ *n* [-ties] desigualdad *f*.

inert /ɪn'ɜ:t/ *adj* **1.** (*Chem*) inerte. **2.** (*person*) inmóvil.

inertia /ɪn'ɜ:ʃə/ *n* inercia *f*.

inescapable /ɪnɪ'skeɪpəbəl/ *adj* inevitable.

inevitable /ɪn'evɪtəbəl/ *adj* inevitable.

inexcusable /ɪnɪk'skju:zəbəl/ *adj* imperdonable.

inexhaustible /ɪnɪg'zɔ:stəbəl/ *adj* inagotable.

inexpensive /ɪnɪk'spensɪv/ *adj* económico -ca, barato -ta.

inexperience /ɪnɪk'spɪərɪəns/ *n* inexperiencia *f*.

inexperienced /ɪnɪk'spɪərɪənst/ *adj* sin experiencia, inexperto -ta.

inexplicable /ɪnɪk'splɪkəbəl/ *adj* inexplicable.

infallible /ɪn'fæləbəl/ *adj* infalible.

infamous /'ɪnfəməs/ *adj* tristemente célebre.

infancy /'ɪnfənsɪ/ *n* infancia *f*, niñez *f*.

infant /'ɪnfənt/ *n* bebé *m*, niño -ña *m/f* pequeño -ña.

infant mortality *n* mortalidad *f* infantil. **infant school** *n* (*in GB*) escuela para niños de cinco a siete años.

infantile /'ɪnfəntaɪl/ *adj* infantil.

infantry /'ɪnfəntrɪ/ *n* infantería *f*.

infatuated /ɪn'fætjʊeɪtɪd/ *adj* encaprichado -da.

infect /ɪn'fekt/ *vt* infectar: **to become infected with a disease** contraer una enfermedad.

infection /ɪn'fekʃən/ *n* infección *f*.

infectious /ɪn'fekʃəs/ *adj* infeccioso -sa, contagioso -sa.

infer /ɪn'fɜː/ *vt* [**-fers, -ferring, -ferred**] deducir, inferir.

inference /'ɪnfərəns/ *n* deducción *f*.

inferior /ɪn'fɪərɪə/ *adj*, *n* inferior *adj*, *m/f*.

inferiority /ɪnfɪərɪ'ɒrətɪ/ *n* inferioridad *f*.

inferno /ɪn'fɜːnəʊ/ *n* incendio *m*.

infertile /ɪn'fɜːtaɪl/ *adj* estéril.

infertility /ɪnfə'tɪlətɪ/ *n* esterilidad *f*.

infest /ɪn'fest/ *vt* infestar.

infidelity /ɪnfɪ'delətɪ/ *n* infidelidad *f*.

infiltrate /'ɪnfɪltreɪt/ *vt* infiltrar(se) en.

infinite /'ɪnfɪnət/ *adj* infinito -ta.

infinitive /ɪn'fɪnətɪv/ *n* infinitivo *m*.

infinity /ɪn'fɪnətɪ/ *n* **1**. (*Maths, Phys*) infinito *m*: **to infinity** hasta el infinito. **2**. (*large number*) infinidad *f*.

infirm /ɪn'fɜːm/ *adj* (*frml: weak*) débil; (*: ill*) enfermo -ma.

infirmary /ɪn'fɜːmərɪ/ *n* [**-ries**] enfermería *f*.

infirmity /ɪn'fɜːmətɪ/ *n* [**-ties**] (*frml: weakness*) debilidad *f*; (*: illness*) dolencia *f*.

inflamed /ɪn'fleɪmd/ *adj* inflamado -da.

inflammable /ɪn'flæməbəl/ *adj* inflamable.

inflammation /ɪnflə'meɪʃən/ *n* inflamación *f*.

inflammatory /ɪn'flæmətərɪ/ *adj* **1**. (*Med*) inflamatorio -ria. **2**. (*Pol*) incendiario -ria.

inflatable /ɪn'fleɪtəbəl/ *adj* inflable, hinchable.

inflate /ɪn'fleɪt/ *vt* inflar. ♦ *vi* inflarse.

inflated /ɪn'fleɪtɪd/ *adj* **1**. (*Tec*) inflado -da. **2**. (*price*) excesivo -va.

3. (*exaggerated*) exagerado -da.

inflation /ɪn'fleɪʃən/ *n* inflación *f*.

inflexible /ɪn'fleksəbəl/ *adj* **1**. (*outlook*) inflexible [S]. **2**. (*material*) rígido -da.

inflict /ɪn'flɪkt/ *vt* (*pain*) causar (**on** a); (*punishment*) infligir (**on** a).

influence /'ɪnflʊəns/ **I** *n* influencia *f* (**on ∗ over** sobre). **II** *vt* influir en.

influential /ɪnflʊ'enʃəl/ *adj* influyente.

influenza /ɪnflʊ'enzə/ *n* gripe *f*.

influx /'ɪnflʌks/ *n* [**-xes**] afluencia *f*.

info /'ɪnfəʊ/ *n* (*fam*) información *f*.

inform /ɪn'fɔːm/ *vt* informar. ♦ *vi*: **to inform on sbdy** delatar a alguien.

informal /ɪn'fɔːməl/ *adj* **1**. (*casual*) informal. **2**. (*unofficial*) extraoficial.

informant /ɪn'fɔːmənt/ *n* informante *m/f*.

information /ɪnfə'meɪʃən/ *n* información *f*: **a useful piece of information** un dato útil.

information desk *n* mostrador *m* de información. **information science ∗ technology** *n* informática *f*. **information superhighway** *n* superautopista *f* de la información.

informative /ɪn'fɔːmətɪv/ *adj* informativo -va.

informer /ɪn'fɔːmə/ *n* informador -dora *m/f*, confidente *m/f*.

infrared /ɪnfrə'red/ *adj* infrarrojo -ja.

infrastructure /'ɪnfrəstrʌktʃə/ *n* infraestructura *f*.

infrequent /ɪn'friːkwənt/ *adj* poco frecuente, infrecuente.

infringe /ɪn'frɪndʒ/ *vt* infringir, violar. ♦ *vi* atentar (**on** contra).

infringement /ɪn'frɪndʒmənt/ *n* (*of rule*) infracción *f*, violación *f*; (*of privacy*) invasión *f*.

infuriate /ɪn'fjʊərɪeɪt/ *vt* enfurecer.

infuriating /ɪn'fjʊərɪeɪtɪŋ/ *adj* exasperante.

infusion /ɪn'fjuːʒən/ *n* infusión *f*.

ingenious /ɪn'dʒiːnɪəs/ *adj* ingenioso -sa.

ingenuity /ɪndʒɪnjuː'ətɪ/ *n* ingenio

m, inventiva *f*.

ingenuous /ɪnˈdʒenjʊəs/ *adj* ingenuo -nua.

ingot /ˈɪŋgət/ *n* lingote *m*.

ingrained /ɪnˈgreɪnd/ *adj* **1**. (*dirt*) incrustado -da. **2**. (*habit*) muy arraigado -da.

ingratiate /ɪnˈgreɪʃɪeɪt/ *vt*: **to ingratiate oneself with sbdy** congraciarse con alguien.

ingratitude /ɪnˈgrætɪtjuːd/ *n* ingratitud *f*.

ingredient /ɪnˈgriːdɪənt/ *n* ingrediente *m*.

inhabit /ɪnˈhæbɪt/ *vt* habitar, vivir en.

inhabitant /ɪnˈhæbɪtənt/ *n* habitante *m/f*.

inhale /ɪnˈheɪl/ *vt* inhalar. ♦ *vi* aspirar.

inhaler /ɪnˈheɪlə/ *n* inhalador *m*.

inherent /ɪnˈherənt/ *adj* inherente (**to * in** a).

inherit /ɪnˈherɪt/ *vt* heredar.

inheritance /ɪnˈherɪtəns/ *n* (*money, land*) herencia *f*; (*heritage*) patrimonio *m*.

inhibit /ɪnˈhɪbɪt/ *vt* inhibir.

inhibited /ɪnˈhɪbɪtɪd/ *adj* cohibido -da, inhibido -da.

inhibition /ɪnhɪˈbɪʃən/ *n* inhibición *f*.

inhospitable /ɪnhɒsˈpɪtəbəl/ *adj* (*people*) poco hospitalario -ria; (*place*) inhóspito -ta.

inhuman /ɪnˈhjuːmən/ *adj* inhumano -na.

inhumane /ɪnhjuːˈmeɪn/ *adj* inhumano -na, cruel.

inhumanity /ɪnhjuːˈmænɪti/ *n* falta *f* de humanidad, crueldad *f*.

iniquity /ɪˈnɪkwəti/ *n* [**-ties**] (*frml*) injusticia *f*.

initial /ɪˈnɪʃəl/ **I** *adj* inicial, primero -ra. **II** *n* (*first letter*) inicial *f*; (*in abbreviations*): **the party's initials** las siglas del partido. **III** *vt* [**-tials, -tialling, -tialled**] firmar con las iniciales.

initially /ɪˈnɪʃəli/ *adv* al principio.

initiate /ɪˈnɪʃɪeɪt/ *vt* iniciar.

initiation /ɪnɪʃɪˈeɪʃən/ *n* **1**. (*beginning*) comienzo *m*. **2**. (*introduction*) iniciación *f*.

initiative /ɪˈnɪʃətɪv/ *n* iniciativa *f*.

inject /ɪnˈdʒekt/ *vt* (*a drug*) inyectar: **to inject sbdy with sthg** inyectarle algo a alguien.

injection /ɪnˈdʒekʃən/ *n* inyección *f*.

injunction /ɪnˈdʒʌŋkʃən/ *n* requerimiento *m* judicial.

injure /ˈɪndʒə/ *vt* **1**. (*Med: a person*) herir; (*:one's arm, leg*) lesionarse. **2**. (*emotionally*) herir.

injured /ˈɪndʒəd/ *adj* **1**. (*Med: externally*) herido -da; (*:internally*) lesionado -da: **the injured leg** la pierna lesionada. **2**. (*emotionally*) herido -da.

injury /ˈɪndʒəri/ *n* [**-ries**] lesión *f*.

injury time *n* (tiempo *m* de) descuento *m*.

injustice /ɪnˈdʒʌstɪs/ *n* injusticia *f*.

ink /ɪŋk/ *n* tinta *f*.

ink-jet printer *n* impresora *f* de inyección de tinta.

inkling /ˈɪŋklɪŋ/ *n* idea *f*, noción *f*.

inlaid /ˈɪnleɪd/ *adj*: **inlaid with pearls** con incrustaciones de perlas.

inland I /ˈɪnlənd/ *adj* del interior. **II** /ɪnˈlænd/ *adv* tierra adentro.

Inland Revenue *n* (*in GB*) Hacienda *f* [no article].

inlet /ˈɪnlet/ *n* **1**. (*Tec*) entrada *f*. **2**. (*Geog*) ensenada *f*.

inmate /ˈɪnmeɪt/ *n* **1**. (*of jail*) preso -sa *m/f*, interno -na *m/f*. **2**. (*of psychiatric hospital*) paciente *m/f*.

inn /ɪn/ *n* posada *f*, mesón *m*.

innate /ɪˈneɪt/ *adj* innato -ta.

inner /ˈɪnə/ *adj* interior.

inner city *n*: barrios pobres del centro de una ciudad. **inner tube** *n* cámara *f*.

inning /ˈɪnɪŋ/ *n* (*US*) turno *m* de batear.

innings /ˈɪnɪŋz/ *n inv* turno *m* de batear.

innocence /ˈɪnəsəns/ *n* inocencia *f*.

innocent /ˈɪnəsənt/ *adj* inocente.

innocuous /ɪˈnɒkjʊəs/ *adj* inocuo -cua.

innovation /ɪnəˈveɪʃən/ *n* innovación f.

innovative /ˈɪnəvətɪv/ adj innovador -dora.

innuendo /ˌɪnjʊˈendəʊ/ n [-does * -dos] insinuación f.

inoculate /ɪˈnɒkjʊleɪt/ vt vacunar (**against** contra).

inordinate /ɪˈnɔːdɪnət/ adj (frml: ambition) desmesurado -da; (: amount) desorbitado -da.

input /ˈɪnpʊt/ **I** n **1.** (contribution) aportación f. **2.** (Inform) entrada f. **II** vt [**-puts, -putting, -put**] (Inform) introducir, entrar.

inquest /ˈɪnkwest/ n (into death) investigación f judicial (**into** sobre); (into other event) investigación f (**into** sobre).

inquire /ɪnˈkwaɪə/ vt/i ⇨ enquire.

inquiring /ɪnˈkwaɪərɪŋ/ adj ⇨ enquiring.

inquiry /ɪnˈkwaɪərɪ/, (US) /ˈɪnkwərɪ/ n [**-ries**] ⇨ enquiry.

inquisition /ˌɪnkwɪˈzɪʃən/ n **1.** (questioning) interrogatorio m. **2. the (Spanish) Inquisition** (Relig) el Santo Oficio.

inquisitive /ɪnˈkwɪzətɪv/ adj (mind) inquisidor -dora; (person) curioso -sa.

inroads /ˈɪnrəʊdz/ n pl: **to make inroads into sthg** hacer avances en algo.

insane /ɪnˈseɪn/ adj loco -ca, demente.

insanitary /ɪnˈsænɪtərɪ/ adj insalubre, poco higiénico -ca.

insanity /ɪnˈsænətɪ/ n demencia f, enajenación f mental.

insatiable /ɪnˈseɪʃəbəl/ adj insaciable.

inscription /ɪnˈskrɪpʃən/ n inscripción f.

inscrutable /ɪnˈskruːtəbəl/ adj inescrutable.

insect /ˈɪnsekt/ n insecto m.

insect repellent n loción f contra insectos.

insecticide /ɪnˈsektɪsaɪd/ n insecticida m.

insecure /ˌɪnsɪˈkjʊə/ adj (person)

inseguro -ra; (fixture) poco seguro -ra.

insemination /ɪnˌsemɪˈneɪʃən/ n inseminación f.

insensitive /ɪnˈsensətɪv/ adj insensible.

inseparable /ɪnˈsepərəbəl/ adj inseparable.

insert /ɪnˈsɜːt/ vt introducir (**into** en), insertar (**into** en).

inshore /ɪnˈʃɔː/ **I** adv hacia la costa. **II** adj costero -ra.

inside /ɪnˈsaɪd/ **I** n **1.** (inner part) interior m. **2. inside out** al * del revés (con lo de dentro fuera) ● **he knows it inside out** se lo conoce como la palma de la mano. **II insides** n pl tripas f pl. **III** prep **1.** (a place) dentro de. **2.** (a period of time) en menos de. **IV** adv dentro: **let's go inside** vamos adentro. **V** adj (walls, pocket) interior.

inside information n información f confidencial.

insidious /ɪnˈsɪdɪəs/ adj insidioso -sa.

insight /ˈɪnsaɪt/ n (perceptiveness) perspicacia f; (view): **it gave me an insight into...** me dio una idea de....

insignia /ɪnˈsɪgnɪə/ n insignia f.

insignificant /ˌɪnsɪgˈnɪfɪkənt/ adj insignificante.

insincere /ˌɪnsɪnˈsɪə/ adj poco sincero -ra, insincero -ra.

insinuate /ɪnˈsɪnjʊeɪt/ vt insinuar.

insinuation /ɪnˌsɪnjʊˈeɪʃən/ n insinuación f.

insipid /ɪnˈsɪpɪd/ adj (meal) insípido -da; (character) soso -sa, insulso -sa.

insist /ɪnˈsɪst/ vi insistir. ♦ vt insistir en.

insistent /ɪnˈsɪstənt/ adj **1.** (person) insistente. **2.** (noise) persistente.

insofar as /ˌɪnsəʊˈfɑː æz/ conj en la medida que.

insolent /ˈɪnsələnt/ adj insolente.

insolvent /ɪnˈsɒlvənt/ adj insolvente.

insomnia /ɪnˈsɒmnɪə/ n insomnio m.

inspect /ɪnˈspekt/ vt inspeccionar,

examinar.

inspection /ɪn'spekʃən/ n inspección f.

inspector /ɪn'spektə/ n (gen) inspector -tora m/f; (Transp) revisor -sora m/f.

inspiration /ɪnspə'reɪʃən/ n inspiración f.

inspire /ɪn'spaɪə/ vt (gen) inspirar; (to encourage) animar, estimular.

instability /ɪnstə'bɪlətɪ/ n inestabilidad f.

install, **instal** /ɪn'stɔːl/ vt instalar.

instalment, (US) **installment** /ɪn'stɔːlmənt/ n 1. (of story) entrega f; (of serial) episodio m. 2. (Fin) plazo m: **to pay by instalments** pagar a plazos.

instance /'ɪnstəns/ n caso m ● **for instance** por ejemplo.

instant /'ɪnstənt/ I n instante m, momento m. II adj (effect, profit) inmediato -ta; (coffee) instantáneo -nea.

instantly /'ɪnstəntlɪ/ adv al instante, inmediatamente.

instead /ɪn'sted/ I adv en vez de eso. II **instead of** prep en lugar de, en vez de.

instep /'ɪnstep/ n empeine m.

instigate /'ɪnstɪgeɪt/ vt iniciar, promover.

instil /ɪn'stɪl/ vt [-stils, -stilling, -stilled] (US) **instill** 1. (ideas) inculcar (**in** a). 2. (courage) infundir (**in** a).

instinct /'ɪnstɪŋkt/ n instinto m.

instinctive /ɪn'stɪŋktɪv/ adj instintivo -va.

institute /'ɪnstɪtjuːt/ I n (centre) instituto m. II vt (frml) 1. (a reform) introducir; (proceedings) entablar. 2. (a process) iniciar; (a system) establecer.

institution /ɪnstɪ'tjuːʃən/ n 1. (organization, tradition) institución f. 2. (Med) hospital m psiquiátrico. 3. (of reforms) introducción f; (of a practice) iniciación f.

instruct /ɪn'strʌkt/ vt 1. (to order) darle instrucciones a. 2. (Educ)

instruir (**in** en).

instruction /ɪn'strʌkʃən/ n (order) instrucción f; (teaching) enseñanza f.

instructions for use n pl modo m de empleo.

instructive /ɪn'strʌktɪv/ adj instructivo -va.

instructor /ɪn'strʌktə/ n instructor -tora m/f.

instrument /'ɪnstrəmənt/ n instrumento m.

instrument panel n tablero m de instrumentos.

instrumental /ɪnstrə'mentəl/ adj 1. (Mus) instrumental. 2. (important): **to be instrumental in** jugar un papel decisivo en.

insubordination /ɪnsəbɔː'dɪ'neɪʃən/ n insubordinación f.

insufferable /ɪn'sʌfərəbəl/ adj insoportable.

insufficient /ɪnsə'fɪʃənt/ adj insuficiente.

insular /'ɪnsjʊlə/ adj estrecho -cha de miras.

insulate /'ɪnsjʊleɪt/ vt aislar.

insulating tape /'ɪnsjʊleɪtɪŋ teɪp/ n cinta f aislante.

insulation /ɪnsjʊ'leɪʃən/ n aislamiento m.

insulin /'ɪnsjʊlɪn/ n insulina f.

insult I /'ɪnsʌlt/ n insulto m. II /ɪn'sʌlt/ vt insultar.

insulting /ɪn'sʌltɪŋ/ adj (remark) insultante; (conduct) ofensivo -va.

insurance /ɪn'ʃʊərəns/ n seguro m.

insurance broker n agente m/f ∗ corredor -dora m/f de seguros. **insurance policy** n póliza f de seguros.

insure /ɪn'ʃʊə/ vt 1. (Fin) asegurar (**against** contra). 2. (US) ⇨ **ensure**.

insurmountable /ɪnsə'maʊntəbəl/ adj insuperable, infranqueable.

insurrection /ɪnsə'rekʃən/ n insurrección f.

intact /ɪn'tækt/ adj intacto -ta [E].

intake /'ɪnteɪk/ n 1. (Tec) toma f. 2. (of food) consumo m.

integral /'ɪntɪgrəl/ adj 1. (essential)

esencial. 2. (*built-in*) incorporado -da.

integrate /'ɪntɪɡreɪt/ *vt* integrar. ♦ *vi* integrarse.

integrity /ɪn'teɡrəti/ *n* integridad *f.*

intellect /'ɪntɪlekt/ *n* intelecto *m.*

intellectual /ɪntɪ'lektjʊəl/ *adj, n* intelectual *adj, m/f.*

intelligence /ɪn'telidʒəns/ *n* 1. (*mental ability*) inteligencia *f.* 2. (*information*) información *f.*

intelligent /ɪn'telidʒənt/ *adj* inteligente.

intelligible /ɪn'telidʒəbəl/ *adj* inteligible.

intend /ɪn'tend/ *vt* 1. (*to propose*) pensar, tener intención de. 2. **to be intended for** ir dirigido -da a.

intended /ɪn'tendɪd/ *adj*: **the intended result** el resultado deseado * que se buscaba.

intense /ɪn'tens/ *adj* 1. (*pain, heat*) intenso -sa. 2. (*person*) serio -ria.

intensify /ɪn'tensɪfaɪ/ *vt* [**-fies, -fying, -fied**] intensificar. ♦ *vi* intensificarse.

intensity /ɪn'tensəti/ *n* intensidad *f.*

intensive /ɪn'tensɪv/ *adj* intensivo -va.

intensive care unit *n* unidad *f* de cuidados intensivos * de vigilancia intensiva.

intent /ɪn'tent/ I *n* intención *f.* II *adj* 1. (*concentrating*) absorto -ta [E] (**on** en). 2. (*determined*): **he's intent on leaving** está decidido * resuelto a irse.

intention /ɪn'tenʃən/ *n* intención *f.*

intentional /ɪn'tenʃənəl/ *adj* intencionado -da [S], deliberado -da [S].

intentionally /ɪn'tenʃənəli/ *adv* a propósito, adrede.

intently /ɪn'tentli/ *adv* (*to listen*) atentamente; (*to stare*) fijamente.

inter /ɪn'tɜ:/ *vt* [**-ters, -terring, -terred**] (*frml*) sepultar.

interact /ɪntər'ækt/ *vi* 1. (*people*) relacionarse. 2. (*Chem*) reaccionar.

interaction /ɪntər'ækʃən/ *n* 1. (*between people*) relación *f.* 2. (*Chem*) interacción *f.*

interactive /ɪntər'æktɪv/ *adj* interactivo -va.

interactive compact disc *n* disco *m* compacto interactivo.

intercede /ɪntə'si:d/ *vi* (*frml*) interceder (**with** ante; **for** por).

intercept /ɪntə'sept/ *vt* interceptar.

interchange /'ɪntətʃeɪndʒ/ *n* 1. (*of ideas*) intercambio *m.* 2. (*on highway*) intersección *f,* enlace *m.*

intercom /'ɪntəkɒm/ *n* interfono *m.*

intercourse /'ɪntəkɔ:s/ *n* 1. (*sexual*) relaciones *fpl* sexuales. 2. (*social*) trato *m.*

interest /'ɪntrest/ I *vt* interesar. II *n* 1. (*in activity, news*) interés *m* (**in** en * por). 2. (*hobby*) afición *f.* 3. (*Fin*) interés *m.*

interest rate *n* tipo *m* de interés.

interested /'ɪntrestɪd/ *adj* interesado -da: **are you interested in it?** ¿te interesa?; **to get interested in** interesarse por.

interesting /'ɪntrestɪŋ/ *adj* interesante.

interface /'ɪntəfeɪs/ *n* interfaz *m* * *f.*

interfere /ɪntə'fɪə/ *vi* 1. (*to meddle*) inmiscuirse (**in** en), meterse (**in** en). 2. (*to conflict*) afectar (**with** a).

interference /ɪntə'fɪərəns/ *n* 1. (*meddling*) intromisión *f.* 2. (*Tec*) interferencia *f.*

interfering /ɪntə'fɪərɪŋ/ *adj* entrometido -da.

interim /'ɪntərɪm/ I *adj* provisional. II *n* interín *m.*

interior /ɪn'tɪərɪə/ *adj, n* interior *adj, m.*

interior designer *n* interiorista *m/f.*

interlude /'ɪntəlu:d/ *n* 1. (*Mus*) interludio *m;* (*in theatre*) intermedio *m.* 2. (*in talks*) pausa *f.*

intermarriage /ɪntə'mærɪdʒ/ *n* (*between groups*) matrimonio *m* mixto; (*within same group*) matrimonio *m* endogámico.

intermediary /ɪntə'mi:dɪəri/ *n* [**-ries**] intermediario -ria *m/f.*

intermediate /ɪntə'mi:dɪət/ *adj* intermedio -dia.

interminable /ɪn'tɜ:mɪnəbəl/ *adj*

interminable.

intermission /ɪntəˈmɪʃən/ n intervalo m, intermedio m.

intermittent /ɪntəˈmɪtənt/ adj intermitente.

intern I /ɪnˈtɜːn/ vt internar. II /ˈɪntɜːn/ n (US) médico -ca m/f interno -na.

internal /ɪnˈtɜːnəl/ adj (gen) interno -na; (flight) nacional; (trade, design) interior.

internal combustion engine n motor m de explosión. **Internal Revenue Service** n (US) Hacienda f [no article].

international /ɪntəˈnæʃənəl/ I adj internacional. II n (game) partido m internacional; (player) internacional m/f.

International Monetary Fund n Fondo m Monetario Internacional.

Internet /ˈɪntənet/ n Internet m: **to connect to the Internet** conectar a Internet.

interpret /ɪnˈtɜːprɪt/ vt interpretar. ♦ vi hacer de intérprete.

interpretation /ɪntɜːprɪˈteɪʃən/ n interpretación f.

interpreter /ɪnˈtɜːprɪtə/ n intérprete m/f.

interrogate /ɪnˈterəgeɪt/ vt interrogar.

interrogation /ɪnterəˈgeɪʃən/ n interrogatorio m.

interrogative /ɪntəˈrɒgətɪv/ adj interrogativo -va.

interrupt /ɪntəˈrʌpt/ vt/i interrumpir.

interruption /ɪntəˈrʌpʃən/ n interrupción f.

intersect /ɪntəˈsekt/ vt cruzar. ♦ vi cruzarse.

intersection /ˈɪntəsekʃən/ n intersección f.

intersperse /ɪntəˈspɜːs/ vt entremezclar.

interstate /ˈɪntəsteɪt/ n (US) carretera f nacional.

intertwine /ɪntəˈtwaɪn/ vt entrelazar. ♦ vi entrelazarse.

interval /ˈɪntəvəl/ n 1. (period, dis-

tance) intervalo m; (pause) pausa f. 2. (at event, game) descanso m; (in theatre, cinema) intervalo m, intermedio m.

intervene /ɪntəˈviːn/ vi 1. (person) intervenir. 2. (an event) interponerse.

intervention /ɪntəˈvenʃən/ n intervención f.

interview /ˈɪntəvjuː/ I n entrevista f. II vt entrevistar.

interviewer /ˈɪntəvjuːə/ n entrevistador -dora m/f.

intestine /ɪnˈtestɪn/ n intestino m.

intimacy /ˈɪntɪməsɪ/ n 1. (privacy) intimidad f. 2. (sexual) relaciones f pl sexuales * íntimas.

intimate I /ˈɪntɪmət/ adj íntimo -ma. II /ˈɪntɪmeɪt/ vt (frml) dar a entender.

intimidate /ɪnˈtɪmɪdeɪt/ vt intimidar.

into /ˈɪntuː/ prep 1. (showing movement): **I went into the cave** entré en la cueva; **he threw it into the river** lo tiró al río. 2. (showing transformation): **it broke into four** se partió en cuatro trozos; **to change pounds into pesos** cambiar libras a pesos; **translate it into Russian** tradúcelo al ruso.

intolerable /ɪnˈtɒlərəbəl/ adj intolerable.

intolerant /ɪnˈtɒlərənt/ adj intolerante.

intonation /ɪntəʊˈneɪʃən/ n entonación f.

intoxicated /ɪnˈtɒksɪkeɪtɪd/ adj 1. (drunk) ebrio -bria. 2. (elated) embriagado -da (by * with por).

intoxication /ɪntɒksɪˈkeɪʃən/ n embriaguez f.

intractable /ɪnˈtræktəbəl/ adj (frml) difícil de solucionar.

intransigent /ɪnˈtrænsɪdʒənt/ adj intransigente.

intravenous /ɪntrəˈviːnəs/ adj intravenoso -sa.

intricacy /ˈɪntrɪkəsɪ/ n [-cies] complejidad f.

intricate /ˈɪntrɪkət/ adj (pattern)

intrincado -da; (*reasoning*) complejo -ja.

intrigue I /'ɪntriːg/ *n* intriga *f*. II /ɪn'triːg/ *vt* intrigar.

intriguing /ɪn'triːgɪŋ/ *adj* fascinante.

intrinsic /ɪn'trɪnsɪk/ *adj* intrínseco -ca.

introduce /ɪntrə'djuːs/ *vt* 1. (*to present*) presentar. 2. (*to an activity*) iniciar (**to** en). 3. (*a product, system*) introducir. 4. (*frml: to insert*) meter, introducir.

introduction /ɪntrə'dʌkʃən/ *n* 1. (*in book*) introducción *f*. 2. (*to person*) presentación *f*. 3. (*to an activity*) iniciación *f* (**to** en). 4. (*of product, system*) introducción *f*.

introductory /ɪntrə'dʌktərɪ/ *adj* introductorio -ria.

introvert /'ɪntrəvɜːt/ *n* introvertido -da *m/f*.

introverted /'ɪntrəvɜːtɪd/ *adj* introvertido -da.

intrude /ɪn'truːd/ *vi* importunar.

intruder /ɪn'truːdə/ *n* intruso -sa *m/f*.

intrusion /ɪn'truːʒən/ *n* intromisión *f*.

intuition /ɪntjʊ'ɪʃən/ *n* intuición *f*.

inundate /'ɪnʌndeɪt/ *vt* inundar (**with** de).

invade /ɪn'veɪd/ *vt* invadir.

invader /ɪn'veɪdə/ *n* invasor -sora *m/f*.

invalid I /ɪn'vælɪd/ *adj* (*argument, ticket*) no válido -da. II /'ɪnvəlɪd/ *n* inválido -da *m/f*.

invaluable /ɪn'væljʊəbəl/ *adj* inestimable.

invariable /ɪn'veərɪəbəl/ *adj* invariable.

invariably /ɪn'veərɪəblɪ/ *adv* siempre.

invasion /ɪn'veɪʒən/ *n* invasión *f*.

invent /ɪn'vent/ *vt* inventar.

invention /ɪn'venʃən/ *n* 1. (*Tec*) invento *m*. 2. (*lie*) invención *f*.

inventive /ɪn'ventɪv/ *adj* (*person*) ingenioso -sa; (*design*) original.

inventor /ɪn'ventə/ *n* inventor -tora

m/f (**of** de).

inventory /'ɪnvəntərɪ/ *n* [**-ries**] inventario *m*.

invert /ɪn'vɜːt/ *vt* invertir.

invertebrate /ɪn'vɜːtɪbrət/ *n* invertebrado *m*.

inverted commas /ɪnvɜːtɪd 'kɒməz/ *n pl* comillas *f pl*.

invest /ɪn'vest/ *vt/i* invertir.

investigate /ɪn'vestɪgeɪt/ *vt/i* investigar.

investigation /ɪnvestɪ'geɪʃən/ *n* investigación *f*.

investigator /ɪn'vestɪgeɪtə/ *n* investigador -dora *m/f*.

investment /ɪn'vestmənt/ *n* inversión *f*.

investor /ɪn'vestə/ *n* inversor -sora *m/f*, inversionista *m/f*.

inveterate /ɪn'vetərət/ *adj* (*frml*) redomado -da.

invidious /ɪn'vɪdɪəs/ *adj* ingrato -ta.

invigilator /ɪn'vɪdʒɪleɪtə/ *n: persona encargada de supervisar un examen*.

invigorating /ɪn'vɪgəreɪtɪŋ/ *adj* estimulante.

invincible /ɪn'vɪnsəbəl/ *adj* invencible.

invisible /ɪn'vɪzəbəl/ *adj* invisible.

invitation /ɪnvɪ'teɪʃən/ *n* invitación *f*.

invite /ɪn'vaɪt/ *vt* 1. (*to party, dinner*) invitar. 2. (*to request*) pedir.

inviting /ɪn'vaɪtɪŋ/ *adj* (*offer, sight*) atractivo -va; (*food*) apetitoso -sa.

invoice /'ɪnvɔɪs/ I *n* factura *f*. II *vt* pasarle factura a.

invoke /ɪn'vəʊk/ *vt* (*frml*) invocar.

involuntary /ɪn'vɒləntərɪ/ *adj* involuntario -ria.

involve /ɪn'vɒlv/ *vt* 1. (*to entail*) suponer, conllevar. 2. (*to entangle*) involucrar, meter. 3. (*to affect*) afectar.

involved /ɪn'vɒlvd/ *adj* 1. (*complex*) complicado -da. 2. (*implicated*) involucrado -da: **to get involved in sthg** involucrarse * meterse en algo. 3. (*concerned*) afectado -da (**in** por). 4. (*entailed*): **tell me what's involved in the test** dime en qué consiste la prueba.

involvement /ɪn'vɒlvmənt/ n participación f.

inward /'ɪnwəd/ I adj 1. (movement, pressure) hacia adentro. 2. (feelings) íntimo -ma. II adv (o **inwards**) hacia adentro.

inwardly /'ɪnwədlɪ/ adv por dentro.

iodine /'aɪədi:n/ n yodo m.

iota /aɪ'əʊtə/ n pizca f.

IOU /aɪəʊ'ju:/ n (= **I owe you**) pagaré m.

IQ /aɪ'kju:/ n coeficiente m intelectual.

Iran /ɪ'rɑ:n/ n Irán m.

Iranian /ɪ'reɪnɪən/ adj, n iraní adj, m/f.

Iraq /ɪ'rɑ:k/ n Irak m.

Iraqi /ɪ'rɑ:kɪ/ adj, n iraquí adj, m/f.

irate /aɪ'reɪt/ adj airado -da.

Ireland /'aɪələnd/ n Irlanda f.

iris /'aɪrɪs/ n [**irises**] 1. (Anat) iris m. 2. (Bot) lirio m.

Irish /'aɪrɪʃ/ I adj irlandés -desa. II n (Ling) irlandés m. III **the Irish** n pl los irlandeses.

Irishman n irlandés m. **Irishwoman** n irlandesa f.

irk /ɜ:k/ vt irritar.

iron /'aɪən/ I n 1. (metal) hierro m, (Amér L) fierro m. 2. (for clothes) plancha f. 3. (in golf) hierro m. II **irons** n pl (chains) grilletes m pl. III vt (clothes) planchar.

to iron out vt (a problem) solucionar.

Iron Curtain n telón m de acero, (Amér L) cortina f de hierro.

ironic /aɪ'rɒnɪk/ adj irónico -ca.

ironing /'aɪənɪŋ/ n (unironed clothes) ropa f por planchar: **to do the ironing** planchar.

ironing board n tabla f de planchar.

ironmonger /'aɪənmʌŋgə/ n ferretero -ra m/f: **at the ironmonger's** en la ferretería.

irony /'aɪrənɪ/ n [**-nies**] ironía f.

irrational /ɪ'ræʃənəl/ adj irracional.

irreconcilable /ɪrekən'saɪləbəl/ adj (frml) irreconciliable.

irregular /ɪ'regjʊlə/ adj 1. (shape, intervals) irregular. 2. (inadmiss-

ible) inadmisible.

irrelevant /ɪ'reləvənt/ adj irrelevante.

irreparable /ɪ'repərəbəl/ adj irreparable.

irrepressible /ɪrɪ'presəbəl/ adj irreprimible.

irresistible /ɪrɪ'zɪstəbəl/ adj irresistible.

irrespective /ɪrɪ'spektɪv/ adj: **irrespective of nationality** sin distinción de nacionalidad.

irresponsible /ɪrɪ'spɒnsəbəl/ adj irresponsable.

irretrievable /ɪrɪ'tri:vəbəl/ adj irrecuperable.

irreversible /ɪrɪ'vɜ:səbəl/ adj irreversible.

irrevocable /ɪ'revəkəbəl/ adj irrevocable.

irrigate /'ɪrɪgeɪt/ vt regar, irrigar.

irrigation /ɪrɪ'geɪʃən/ n riego m.

irrigation channel n acequia f.

irritable /'ɪrɪtəbəl/ adj irritable.

irritate /'ɪrɪteɪt/ vt irritar.

irritating /'ɪrɪteɪtɪŋ/ adj irritante, molesto -ta.

irritation /ɪrɪ'teɪʃən/ n irritación f.

IRS /aɪɑ:'res/ n (in US) (= **Internal Revenue Service**) Hacienda f [no article].

is /ɪz/ ⇨ **be**.

Islam /'ɪzlɑ:m/ n Islam m.

Islamic /ɪz'læmɪk/ adj islámico -ca.

island /'aɪlənd/ n (Geog) isla f; (Auto) isla f peatonal.

islander /'aɪləndə/ n isleño -ña m/f.

isle /aɪl/ n isla f.

isn't /'ɪzənt/ contracción de **is not**

isolate /'aɪsəleɪt/ vt aislar.

isolated /'aɪsəleɪtɪd/ adj aislado -da.

isolation /aɪsə'leɪʃən/ n aislamiento m.

Israel /'ɪzreɪəl/ n Israel m.

Israeli /ɪz'reɪlɪ/ adj, n israelí adj, m/f.

issue /'ɪʃu:/ I n 1. (subject) cuestión f, tema m: **that's not the issue** no se trata de eso ● **don't make an issue of it** no le des importancia. 2. (of magazine) número m. 3. (of pass-

isthmus **188**

port) expedición *f*; (*of tickets*) venta *f*; (*of banknotes*) emisión *f*. **II** *vt* **1.** (*a passport*) expedir; (*banknotes*) emitir; (*a ticket*) vender; (*a cheque*) extender. **2.** (*food, blankets*) distribuir. **3.** (*an order*) dar: **they issued a statement** hicieron pública una declaración.

isthmus /'ɪsməs/ *n* [**-muses**] istmo *m*.

IT /aɪ'tiː/ *n* = **information technology**.

it /ɪt/ *pron* **I** (*personal*) **1.** (*subject*) él, ella, ello [usually omitted in Spanish]: **where is it?** ¿dónde está? **2.** (*object: direct*) lo, la: **he's done it** lo ha hecho; (*: indirect*) le: **give it a check** hazle una revisión; (*: after prep*) él, ella, ello: **they never talk about it** nunca hablan de ello. **3.** (*referring to people*): **who is it?** ¿quién es? **II** (*impersonal*): **it is snowing** está nevando; **it's two o'clock** son las dos; **it's Monday** hoy es lunes.

Italian /ɪ'tælɪən/ **I** *adj* italiano -na. **II** *n* italiano -na *m/f*; (*Ling*) italiano *m*.

italic /ɪ'tælɪk/ *n* cursiva *f*, itálica *f*.

Italy /'ɪtəli/ *n* Italia *f*.

itch /ɪtʃ/ **I** *n* [**-ches**] picor *m*, picazón *f*. **II** *vi* picar: **my back was itching** me picaba la espalda ● **she's itching to dance** se muere por bailar.

itchy /'ɪtʃi/ *adj* [**-chier, -chiest**]: **I've got an itchy leg** me pica la pierna.

it'd /'ɪtəd/ *contracción de* **it had** *o de* **it would**

item /'aɪtəm/ *n* **1.** (*object*) artículo *m*. **2.** (*for discussion*) punto *m*: **a news item** una noticia.

itemize /'aɪtəmaɪz/ *vt* desglosar, detallar.

itinerant /aɪ'tɪnərənt/ *adj* (*frml*) itinerante, ambulante.

itinerary /aɪ'tɪnərəri/ *n* [**-ries**] itinerario *m*.

it'll /'ɪtəl/ *contracción de* **it will**

its /ɪts/ *adj* (*singular*) su; (*plural*) sus.

it's /ɪts/ *contracción de* **it is** *o de* **it has**

itself /ɪt'self/ *pron* **1.** (*reflexive*) se

● **it shuts by itself** se cierra solo ✱ automáticamente. **2.** (*emphatic*): **the church itself is small** la iglesia en sí es pequeña.

ITV /aɪtiː'viː/ *n* (*in GB*) = **Independent Television**.

IUD /aɪjuː'diː/ *n* (= **intrauterine device**) diu *m inv*.

I've /aɪv/ *contracción de* **I have**

IVF /aɪviː'ef/ *n* = **in vitro fertilization**.

ivory /'aɪvəri/ **I** *n* [**-ries**] marfil *m*. **II** *adj* (de color) marfil.

ivy /'aɪvi/ *n* hiedra *f*, yedra *f*.

jab /dʒæb/ **I** *n* **1.** (*Med: fam*) inyección *f*. **2.** (*with elbow*) codazo *m*. **II** *vt* [**jabs, jabbing, jabbed**] pinchar (**with** con), clavar (**into** en).

jack /dʒæk/ *n* **1.** (*Auto*) gato *m*. **2.** (*in cards*) jota *f*.

to **jack up** *vt* levantar con un gato.

jacket /'dʒækɪt/ *n* **1.** (*gen*) chaqueta *f*; (*man's*) americana *f*, (*Amér L*) saco *m* (sport). **2.** (*of book*) sobrecubierta *f*.

jackknife /'dʒæknaɪf/ *vi* plegarse.

jackpot /'dʒækpɒt/ *n* (*biggest prize*) gordo *m*: **he hit** ✱ **won the jackpot** le tocó el gordo; (*accumulated prize*) bote *m*.

jaded /'dʒeɪdɪd/ *adj* hastiado -da, falto -ta de entusiasmo.

jagged /'dʒægɪd/ *adj* dentado -da (e irregular).

jaguar /'dʒægjʊə/ *n* jaguar *m*.

jail /dʒeɪl/ **I** *n* cárcel *f*: **in jail** en la cárcel. **II** *vt* encarcelar.

jam /dʒæm/ I n 1. (*Culin*) mermelada f, (*RP*) dulce m. 2. (*Auto*) atasco m. 3. (*problem*) aprieto m. II vt [**jams, jamming, jammed**] 1. (*to force*) meter (*a la fuerza*) (**into** en). 2. (*a mechanism*) atascar. ♦ vi atascarse.

jam-packed adj hasta los topes.

jangle /ˈdʒæŋɡl/ vi sonar (con sonido metálico). ♦ vt hacer sonar.

janitor /ˈdʒænɪtə/ n (*in apartment block*) portero -ra m/f, (*in school*) bedel m.

January /ˈdʒænjʊərɪ/ n enero m ➪ **June**.

Japan /dʒəˈpæn/ n Japón m.

Japanese /dʒæpəˈniːz/ I adj japonés -nesa. II n (*Ling*) japonés m. III **the Japanese** n pl los japoneses.

jar /dʒaː/ I n tarro m, bote m. II vi [**jars, jarring, jarred**] 1. (*to shake*) sacudirse. 2. (*colours*) desentonar. ♦ vt sacudir.

jargon /ˈdʒaːɡən/ n jerga f.

jasmine /ˈdʒæzmɪn/ n jazmín m.

jaundice /ˈdʒɔːndɪs/ n ictericia f.

jaundiced /ˈdʒɔːndɪst/ adj negativo -va.

jaunt /dʒɔːnt/ n (*fam*) excursión f.

jaunty /ˈdʒɔːntɪ/ adj [**-tier, -tiest**] desenfadado -da.

javelin /ˈdʒævəlɪn/ n jabalina f.

jaw /dʒɔː/ I n (*Anat*) mandíbula f. II **jaws** n pl (*of lion*) fauces f pl.

jay /dʒeɪ/ n arrendajo m (común).

jaywalker /ˈdʒeɪwɔːkə/ n: peatón que cruza la calle de manera imprudente.

jazz /dʒæz/ n jazz m.

to jazz up vt (*fam*) darle más vida a, alegrar.

jealous /ˈdʒeləs/ adj 1. (*wife, child*) celoso -sa: **to be jealous of sbdy** tener celos de alguien. 2. (*envious*) envidioso -sa: **to be jealous of sthg** tener envidia de algo.

jealousy /ˈdʒeləsɪ/ n [**-sies**] 1. (*towards a person*) celos m pl. 2. (*of success*) envidia f.

jeans /dʒiːnz/ n pl vaqueros m pl, tejanos m pl.

jeep, Jeep® /dʒiːp/ n jeep m.

jeer /dʒɪə/ vi armar una rechifla: **to jeer at sbdy** burlarse de alguien. ♦ vt abuchear.

Jell-o® /ˈdʒeləʊ/ n (*US*) gelatina f.

jelly /ˈdʒelɪ/ n [**-lies**] 1. (*dessert*) gelatina f. 2. (*jam*) jalea f.

jellyfish n inv medusa f.

jeopardize /ˈdʒepədaɪz/ vt poner en peligro.

jerk /dʒɜːk/ I n 1. (*on rope*) tirón m. 2. (!!: *idiot*) gilipollas m/f inv, (*Amér L*) huevón -vona m/f. II vt tirar bruscamente de. ♦ vi moverse a tirones.

jersey /ˈdʒɜːzɪ/ n jersey m.

jest /dʒest/ n: **in jest** de ＊ en broma.

Jesuit /ˈdʒezjʊɪt/ adj, n jesuita adj, m.

Jesus /ˈdʒiːzəs/ n Jesús m.

jet /dʒet/ n 1. (*of air, water*) chorro m. 2. (*Av*) reactor m, jet m.

jet-black adj negro -gra como el azabache. **jet engine** n reactor m. **jet lag** n desfase m horario.

jettison /ˈdʒetɪsən/ vt (*from ship*) echar por la borda; (*to get rid of*) deshacerse de.

jetty /ˈdʒetɪ/ n [**-ties**] embarcadero m.

Jew /dʒuː/ n judío -día m/f.

jewel /ˈdʒuːəl/ n (*stone*) piedra f preciosa; (*item of jewellery*) joya f.

jeweller, (US) jeweler /ˈdʒuːələ/ n joyero -ra m/f.

jewellery, (US) jewelry /ˈdʒuːəlrɪ/ n joyas f pl, alhajas f pl.

Jewish /ˈdʒuːɪʃ/ adj judío -día.

jibe /dʒaɪb/ n burla f, pulla f.

jiffy /ˈdʒɪfɪ/ n (*fam*): **in a jiffy** en un santiamén.

jigsaw /ˈdʒɪɡsɔː/ n (o **jigsaw puzzle**) puzzle m, rompecabezas m inv.

jilt /dʒɪlt/ vt dejar.

jingle /ˈdʒɪŋɡəl/ I n tintineo m. II vi tintinear.

jinx /dʒɪŋks/ n [**-xes**] mala suerte f: **he put a jinx on it** le echó un maleficio.

jitters /ˈdʒɪtəz/ n pl (*fam*): **I got the jitters** me puse nervioso.

job /dʒɒb/ n 1. (*post*) trabajo m. 2. (*task*) tarea f • **it's just the job** es ideal • **it's a good job I saw it!** ¡menos mal que lo vi!

jobcentre n oficina f de empleo.

jobless /dʒɒbləs/ adj desempleado -da, sin empleo.

jockey /dʒɒki/ I n jockey m/f. II vi: **they jockeyed for position** maniobraban para situarse en una buena posición.

jocular /dʒɒkjʊlə/ adj jocoso -sa.

jog /dʒɒg/ vt [**jogs, jogging, jogged**] empujar • **that jogged my memory** aquello me refrescó la memoria. ♦ vi hacer footing ✳ jogging.

jogging /dʒɒgɪŋ/ n footing m, jogging m.

join /dʒɔɪn/ I n unión f. II vt 1. (*objects*) juntar; (*pieces*) unir. 2. (*Auto*): **it joins the road here** empalma con la carretera aquí. 3. (*a person*) reunirse con. 4. (*a club*) hacerse socio -cia de; (*a party*) afiliarse a; (*a queue*) ponerse en.

to **join in** vt tomar parte en, participar en. to **join up** vt unir. ♦ vi (*Mil*) alistarse.

joiner /dʒɔɪnə/ n carpintero -ra m/f.

joint /dʒɔɪnt/ I adj (*action*) conjunto -ta. II n 1. (*Anat*) articulación f. 2. (*Tec*) unión f, junta f. 3. (*Culin: raw*) corte de carne para asar; (*: cooked*) asado m. 4. (*fam: place*) antro m. 5. (*!!: for smoking*) porro m.

joint account n cuenta f conjunta. **joint owner** n copropietario -ria m/f.

joist /dʒɔɪst/ n viga f.

joke /dʒəʊk/ I n (*story*) chiste m; (*act*) broma f: **I played a joke on him** le gasté una broma. II vi bromear.

joker /dʒəʊkə/ n 1. (*in cards*) comodín m. 2. (*person*) gracioso -sa m/f.

jolly /dʒɒli/ I adj [-lier, -liest] alegre. II adv (*fam*): **it's jolly big** es muy grande.

jolt /dʒəʊlt/ I vt sacudir. II n 1. (*movement*) sacudida f. 2. (*shock*) susto m.

Jordan /dʒɔːdən/ n Jordania f.

Jordanian /dʒɔːdeɪnɪən/ adj, n jordano -na adj, m/f.

jostle /dʒɒsəl/ vt empujar, darle empujones a.

jot /dʒɒt/ I n (*fam*): **not a jot** ni pizca. II vt [**jots, jotting, jotted**] (o **jot down**) apuntar.

jotter /dʒɒtə/ n cuaderno m, bloc m.

journal /dʒɜːnəl/ n 1. (*publication*) boletín m. 2. (*diary*) diario m.

journalism /dʒɜːnəlɪzəm/ n periodismo m.

journalist /dʒɜːnəlɪst/ n periodista m/f.

journey /dʒɜːni/ n (*gen*) viaje m; (*distance*) recorrido m.

jovial /dʒəʊvɪəl/ adj jovial, alegre.

joy /dʒɔɪ/ n alegría f, dicha f.

joyful /dʒɔɪfʊl/ adj feliz.

joyrider /dʒɔɪraɪdə/ n: persona que roba un coche para dar una vuelta.

jubilant /dʒuːbɪlənt/ adj jubiloso -sa.

jubilee /dʒuːbɪliː/ n festejos m pl conmemorativos (*de un aniversario*).

judge /dʒʌdʒ/ I n juez m/f, jueza f. II vt 1. (*Law*) juzgar. 2. (*to consider*) considerar; (*to estimate*) calcular.

judgement, judgment /dʒʌdʒmənt/ n 1. (*Law*) fallo m. 2. (*opinion*) juicio m.

judiciary /dʒuːdɪʃərɪ/ n judicatura f.

judicious /dʒuːdɪʃəs/ adj sensato -ta.

judo /dʒuːdəʊ/ n judo m.

jug /dʒʌg/ n jarra f, jarro m.

juggernaut /dʒʌgənɔːt/ n camión m pesado.

juggle /dʒʌgəl/ vi hacer malabarismos.

juggler /dʒʌglə/ n malabarista m/f.

jugular /dʒʌgjʊlə/ n (o **jugular vein**) yugular f.

juice /dʒuːs/ n 1. (*of fruit*) zumo m, jugo m. 2. (*of meat*) jugo m.

juicy /dʒuːsi/ adj [-cier, -ciest] jugoso -sa.

jukebox /dʒuːkbɒks/ n [-xes] máquina f de discos.

July /dʒuːˈlaɪ/ n julio m ⇨ **June.**

jumble /ˈdʒʌmbəl/ **I** n revoltijo m. **II** vt (o **jumble up**) revolver.

jumble sale n venta f de objetos usados (con fines benéficos).

jumbo /ˈdʒʌmbəʊ/ adj (fam) gigante.

jump /dʒʌmp/ **I** vi saltar, brincar ● **it made me jump!** ¡qué susto me dio! ◆ vt saltar. **II** n salto m.

jump leads n pl cables m pl puente.

jumper /ˈdʒʌmpə/ n (pullover) suéter m; (US: dress) pichi m * f, (Amér L) jumper f.

jumpy /ˈdʒʌmpɪ/ adj [-pier, -piest] (fam) nervioso -sa [E].

junction /ˈdʒʌŋkʃən/ n (of roads) cruce m; (of railways) empalme m.

juncture /ˈdʒʌŋktʃə/ n: **at this juncture** en este momento.

June /dʒuːn/ n junio m: **on the tenth of June** el diez de junio; **early in June** a principios de junio; **in late June** a finales de junio.

jungle /ˈdʒʌŋgəl/ n jungla f, selva f.

junior /ˈdʒuːnɪə/ **I** adj 1. (in rank) subalterno -na. 2. (in age) menor. **II** n 1. (in rank) subalterno -na m/f. 2. (in age): **he's two years my junior** tiene dos años menos que yo.

junior high school n (in US) instituto m de enseñanza media (de 12 a 15 años). **junior school** n (in GB) escuela f primaria.

junk /dʒʌŋk/ n (things) trastos m pl; (rubbish) basura f.

junk food n comida f basura. **junk shop** n tienda f de artículos de segunda mano.

junkie /ˈdʒʌŋkɪ/ n (fam) yonqui m/f.

Jupiter /ˈdʒuːpɪtə/ n Júpiter m.

jurisdiction /dʒʊərəsˈdɪkʃən/ n jurisdicción f.

juror /ˈdʒʊərə/ n miembro m del jurado.

jury /ˈdʒʊərɪ/ n [-ries] jurado m.

just /dʒʌst/ **I** adj (fair) justo -ta [S]. **II** adv 1. (exactly) justo, precisamente: **it's just right** es perfecto ● **I'm just about to leave** estoy a punto de salir. 2. (shortly before): he has/had just called acaba/acababa de llamar. 3. (only) sólo: **he's just a child** no es más que un niño. 4. (by small margin): **he just missed it** lo perdió por muy poco.

justice /ˈdʒʌstɪs/ n justicia f.

justify /ˈdʒʌstɪfaɪ/ vt [-fies, -fying, -fied] justificar.

jut /dʒʌt/ vi [juts, jutting, jutted] (o **jut out**) sobresalir.

juvenile /ˈdʒuːvənaɪl/ adj (young) juvenil; (childish) infantil.

K /keɪ/ 1. (thousand): **$25K** 25.000 dólares. 2. (Inform) = **kilobyte.**

kagoule /kəˈguːl/ n chubasquero m.

kangaroo /kæŋgəˈruː/ n canguro m.

karat /ˈkærət/ n (US) quilate m.

karate /kəˈrɑːtɪ/ n kárate m.

kebab /kəˈbæb/ n brocheta f.

keel /kiːl/ n quilla f.

to keel over vi (fam) caerse en redondo.

keen /kiːn/ adj 1. (desire) vivo -va. 2. (mind) agudo -da. 3. (wind) penetrante. 4. (enthusiastic): **he's a keen skier** es muy aficionado al esquí; **he's keen on Ann** le gusta Ann.

keep /kiːp/ **I** n 1. (upkeep) sustento m. 2. (of castle) torreón m. **II** vt [**keeps, keeping, kept**] 1. (to retain) conservar: **he kept his job** conservó el trabajo; **keep the change** quédese con la vuelta. 2. (to store) guardar. 3. (information): **I kept it from her** no se lo dije. 4. (to preserve) mantener: **keep them clean** manténlos limpios. 5. (a promise) cumplir (con). **6.** (*to make stay*): he was kept in hospital tuvo que quedarse en el hospital; **don't keep me waiting** no me hagas esperar. **7.** (*a diary*) llevar. ♦ *vi* **1.** (*food*) conservarse. **2.** (*to continue*) seguir, continuar: **keep talking** sigue hablando. **3.** (*to remain*) permanecer: **keep still!** ¡no te muevas!; **keep off the grass** no pisar el césped.

to **keep back** *vi* mantenerse alejado -da. to **keep on** *vi* **1.** (*to continue*) continuar, seguir. **2.** (*at sbdy*) insistir: **don't keep on at me** déjame en paz; (*about sthg*): he kept on about his house no dejó de hablar de su casa. to **keep out** *vi* (*of a place*) permanecer fuera; (*on signs*): **keep out** prohibida la entrada ● **keep out of it** no te metas. to **keep to** *vt* seguir. to **keep up** *vi* mantenerse al nivel/ritmo (**with** de).

keeper /'kiːpə/ *n* (*in zoo*) cuidador -dora *m/f*; (*in park*) guarda *m/f*.

keeping /'kiːpɪŋ/ *n* **1.** (*accord*): to be in keeping with sthg estar en consonancia con algo. **2.** (*care*): it's in safe keeping está en buenas manos.

keepsake /'kiːpseɪk/ *n* recuerdo *m*.

keg /keg/ *n* barril *m*.

kennel /'kenəl/ I *n* **1.** (*hut*) caseta *f*. **2.** (*US*) ⇨ **kennels**. II **kennels** *n pl* (*establishment*) residencia *f* canina.

kept /kept/ *pret y pp* ⇨ **keep**.

kerb /kɜːb/ *n* bordillo *m*.

kernel /'kɜːnəl/ *n* (*of nut*) semilla *f*; (*of grain*) grano *m*.

kerosene /'kerəsiːn/ *n* queroseno *m*.

kestrel /'kestrəl/ *n* cernícalo *m*.

ketchup /'ketʃʌp/ *n* ketchup *m*, catchup *m*.

kettle /'ketəl/ *n* pava *f* (*para hervir agua*).

key /kiː/ I *n* **1.** (*for door, car*) llave *f*. **2.** (*of computer, piano*) tecla *f*. **3.** (*Mus*): **in the key of C** en clave de do. **4.** (*to map*) clave *f* (**to** de). II *adj* (*person, issue*) clave *adj inv*. III *vt* (*data*) introducir.

keyboard *n* teclado *m*. **keyhole** *n* ojo *m* de la cerradura. **keynote** *n* **1.** (*main idea*) tema *m* dominante. **2.** (*Mus*) tónica *f*. **keyring** *n* llavero *m*.

kg /'kɪləɡræm/ (= **kilogram**) kg.

khaki /'kɑːkɪ/ *adj*, *n* caqui *adj inv*, *m*.

kick /kɪk/ I *n* (*with foot*) patada *f*, puntapié *m*; (*by animal*) coz *f* ● **for kicks** sólo para divertirse. II *vt* (*person*) darle una patada * un puntapié a; (*mule*) darle una coz a.

to **kick off** *vi* hacer el saque inicial. to **kick out** *vt* echar (**of** de).

kick-start *n* pedal *m* de arranque.

kid /kɪd/ I *n* **1.** (*fam: child*) chiquillo -lla *m/f*; (: *young adult*) chaval -vala *m/f*. **2.** (*goat*) cabrito *m*. II *vi* (*fam*) bromear.

kidnap /'kɪdnæp/ *vt* [-naps, -napping, -napped] secuestrar.

kidnapper /'kɪdnæpə/ *n* secuestra-dor -dora *m/f*.

kidnapping /'kɪdnæpɪŋ/ *n* secuestro *m*, rapto *m*.

kidney /'kɪdnɪ/ *n* riñón *m*.

kidney stone *n* cálculo *m* renal.

kill /kɪl/ *vt* matar.

to **kill off** *vt* acabar con.

killjoy *n* aguafiestas *m/f inv*.

killer /'kɪlə/ *n* asesino -na *m/f*.

killer whale *n* orca *f*.

killing /'kɪlɪŋ/ I *n* (*Law*) asesinato *m*; (*Fin*): to make a killing ganar una fortuna. II *adj* (*tiring*) agotador -dora.

kiln /kɪln/ *n* horno *m* (*para porce-lana*).

kilo /'kiːləʊ/ *n* kilo *m*.

kilobyte /'kɪləbaɪt/ *n* kilobyte *m*.

kilogram /'kɪləɡræm/ *n* kilogramo *m*.

kilometre, (*US*) **kilometer** /kɪ'lɒ-mɪtə/ *n* kilómetro *m*.

kilowatt /'kɪləwɒt/ *n* kilovatio *m*.

kilt /kɪlt/ *n* falda *f* escocesa.

kin /kɪn/ *n*: his next of kin sus parientes más cercanos.

kind /kaɪnd/ I *n* **1.** (*sort*) clase *f*, tipo *m*; (*in descriptions*): a kind of cart una especie de carreta ● they're

two of a kind son tal para cual.
2. (*Fin*): **I'm paid in kind** me pagan en especie. **II kind of** *adv* (*fam*): **he's kind of ugly** es algo feo. **III** *adj* amable [S].

kind-hearted *adj* bondadoso -sa, de buen corazón.

kindergarten /'kɪndəgɑːtən/ *n* jardín *m* de infancia, parvulario *m*.

kindle /'kɪndəl/ *vt* **1.** (*a fire*) encender. **2.** (*passions*) despertar.

kindly /'kaɪndlɪ/ **I** *adv* amablemente, con amabilidad. **II** *adj* (**-lier, -liest**) bondadoso -sa, amable.

kindness /'kaɪndnəs/ *n* (**-nesses**) **1.** (*quality*) amabilidad *f*, bondad *f*. **2.** (*act*) favor *m*.

king /kɪŋ/ *n* rey *m*.

king-size *adj* (*packet*) de tamaño familiar; (*cigarette*) extralargo -ga.

kingdom /'kɪŋdəm/ *n* reino *m*.

kingfisher /'kɪŋfɪʃə/ *n* martín *m* pescador.

kiosk /'kiːɒsk/ *n* **1.** (*stall*) quiosco *m*. **2.** (o **telephone kiosk**) cabina *f* telefónica.

kipper /'kɪpə/ *n* arenque *m* ahumado.

kiss /kɪs/ **I** *n* (**kisses**) beso *m*. **II** *vt* besar. ◆ *vi* besarse.

kiss of life *n* boca a boca *m*.

kit /kɪt/ *n* **1.** (*equipment*) equipo *m*. **2.** (*clothes*) ropa *f*. **3.** (*for assembly*) kit *m*.

kitbag *n* petate *m*.

kitchen /'kɪtʃɪn/ *n* cocina *f*.

kitchen sink *n* fregadero *m*.

kite /kaɪt/ *n* **1.** (*toy*) cometa *f*. **2.** (*bird*) milano *m*.

kitten /'kɪtən/ *n* gatito -ta *m/f*.

kitty /'kɪtɪ/ *n* (**-ties**) bote *m*.

kleptomaniac /kleptəʊ'meɪnɪæk/ *n* cleptómano -na *m/f*.

km /kɪ'lɒmɪtə/ (= **kilometre**, (*US*) **kilometer**) km.

knack /næk/ *n*: **to get the knack of sthg** cogerle el tranquillo a algo.

knackered /'nækəd/ *adj* (*GB*: *!!*) hecho -cha polvo.

knapsack /'næpsæk/ *n* mochila *f*.

knead /niːd/ *vt* amasar.

knee /niː/ *n* rodilla *f*.

kneecap *n* rótula *f*. **knee-deep** *adj*: **knee-deep in water** con el agua hasta las rodillas.

kneel /niːl/ *vi* [**kneels, kneeling, knelt** ✳ **kneeled**] arrodillarse, ponerse de rodillas.

knelt /nelt/ *pret y pp* ⇨ **kneel**.

knew /njuː/ *pret* ⇨ **know**.

knickers /'nɪkəz/ *n pl* bragas *f pl*, braga *f*.

knife /naɪf/ **I** *n* [**-ves**] cuchillo *m*. **II** *vt* acuchillar, apuñalar.

knight /naɪt/ **I** *n* **1.** (*Hist*) caballero *m*. **2.** (*in chess*) caballo *m*. **II** *vt* (*Hist*) armar caballero; (*in modern times*) darle el título de *Sir* a.

knighthood /'naɪthʊd/ *n* título *m* de *Sir*.

knit /nɪt/ *vi* [**knits, knitting, knitted** ✳ (*US*) **knit**] hacer punto, tejer. ◆ *vt* tejer.

knitwear *n* géneros *m pl* de punto.

knitted /'nɪtɪd/ *adj* de punto.

knitting /'nɪtɪŋ/ *n* labor *f*.

knitting machine *n* tricotosa *f*. **knitting needle** *n* aguja *f* de hacer punto.

knives /naɪvz/ *pl* ⇨ **knife**.

knob /nɒb/ *n* (*of door*) tirador *m*; (*of radio*) botón *m*.

knock /nɒk/ **I** *n* golpe *m*. **II** *vt* **1.** (*to hit*): **I knocked my arm** me di un golpe en el brazo. **2.** (*fam*: *to criticize*) criticar. ◆ *vi* (*on door*) llamar (**at** ✳ **on** a).

to knock down *vt* **1.** (*a house*) derribar. **2.** (*to push over*) tirar al suelo; (*Auto*) atropellar. **to knock off** *vt* tirar. **to knock out** *vt* (*to render unconscious*) dejar sin sentido; (*of competition*) eliminar.

knock-kneed *adj* patizambo -ba. **knock-on effect** *n* repercusiones *f pl*. **knockout I** *n* K.O. *m*. **II** *adj* eliminatorio -ria.

knocker /'nɒkə/ *n* aldaba *f*.

knot /nɒt/ **I** *n* nudo *m*. **II** *vt* [**knots, knotting, knotted**] anudar, atar.

knotty /'nɒtɪ/ *adj* [**-tier, -tiest**] **1.** (*hair*) enredado -da. **2.** (*problem*) complicado -da.

know /nəʊ/ vt [**knows, knowing, knew,** pp **known**] 1. (a fact, language) saber. 2. (a person, place) conocer. 3. (to recognize) reconocer. ♦ vi saber (**about** de).

know-all n (fam) sabelotodo m/f.

know-how n conocimientos m pl.

knowing /'nəʊɪŋ/ adj de complicidad.

knowingly /'nəʊɪŋlɪ/ adv a sabiendas.

knowledge /'nɒlɪdʒ/ n conocimientos m pl ● **to my knowledge** que yo sepa ● **it's common knowledge** es del dominio público.

known /nəʊn/ I pp ⇨ **know**. II adj conocido -da.

knuckle /'nʌkəl/ n nudillo m.

koala /kəʊˈɑːlə/ n (o **koala bear**) koala m.

Koran /kɔːˈrɑːn/ n Corán m.

Korea /kəˈrɪə/ n Corea f.

Korean /kəˈrɪən/ I adj coreano -na. II n coreano -na m/f, (Ling) coreano m.

kosher /'kəʊʃə/ adj: conforme a la ley judía.

kph /keɪpiːˈeɪtʃ/ (= **kilometres per hour**) km/h.

kudos /'kjuːdɒs/ n prestigio m.

l /'liːtə/ (= **litre**, (US) **liter**) l.

lab /læb/ n laboratorio m.

lab coat n bata f (de laboratorio).

label /'leɪbəl/ I n etiqueta f. II vt [**-bels, -belling, -belled**] etiquetar.

labor /'leɪbə/ n, vt/i (US) ⇨ **labour**.

laboratory /ləˈbɒrətərɪ/, (US)

/'læbrətɔːrɪ/ n [**-ries**] laboratorio m.

labored /'leɪbəd/ adj (US) ⇨ **laboured**.

laborer /'leɪbərə/ n (US) ⇨ **labourer**.

laborious /ləˈbɔːrɪəs/ adj laborioso -sa.

labour /'leɪbə/ I n 1. (work) trabajo m. 2. (workforce) mano f de obra. 3. (Med): **to go into labour** ponerse de parto. 4. **Labour** (Pol) el Partido Laborista. II vi trabajar. ♦ vt: **he really laboured the point** insistió mucho sobre esto.

laboured /'leɪbəd/ adj (breathing) trabajoso -sa [S]; (style) forzado -da [S].

labourer /'leɪbərə/ n peón m, obrero -ra m/f.

labyrinth /'læbərɪnθ/ n laberinto m.

lace /leɪs/ n 1. (cloth) encaje m. 2. (of shoe) cordón m.

lack /læk/ I n falta f. II vt carecer de: **they lacked enthusiasm** les faltaba entusiasmo ‖ carecían de entusiasmo.

lacquer /'lækə/ n laca f.

lad /læd/ n (fam) chico m.

ladder /'lædə/ n 1. (gen) escalera f (de mano). 2. (in stocking) carrera f.

laden /'leɪdən/ adj cargado -da (**with** de).

ladle /'leɪdəl/ n cucharón m.

lady /'leɪdɪ/ n [**-dies**] 1. (woman) señora f: **a young lady** una señorita. 2. **Ladies** (toilet) servicios m pl (de señoras).

ladybird /'leɪdɪbɜːd/, (US) **ladybug** /'leɪdɪbʌg/ n mariquita f.

ladylike /'leɪdɪlaɪk/ adj refinado -da [S].

ladyship /'leɪdɪʃɪp/ n señoría f.

lag /læg/ I vt [**lags, lagging, lagged**] aislar. ♦ vi (o **lag behind**) rezagarse. II n intervalo m.

lager /'lɑːgə/ n cerveza f (rubia).

lagoon /ləˈguːn/ n laguna f.

laid /leɪd/ pret y pp ⇨ **lay**.

laid-back /leɪdˈbæk/ adj (fam) tranquilo -la [S].

lain /leɪn/ pp ⇨ **lie**.

lair /leə/ n guarida f.

lake /leɪk/ n lago m.

lamb /læm/ n (animal) cordero m; (meat) (carne f de) cordero m.

lamb chop n chuleta f de cordero. **lambswool** n lana f.

lame /leɪm/ adj 1. (Med) cojo -ja. 2. (excuse) poco convincente.

lament /lə'ment/ I vt lamentarse de. II n lamento m.

laminated /'læmɪneɪtɪd/ adj 1. (plastic-covered) plastificado -da. 2. (in thin sheets) laminado -da.

lamp /læmp/ n lámpara f.

lamppost n farola f. **lampshade** n pantalla f.

lampoon /læm'pu:n/ vt satirizar.

lance /lɑ:ns/ I vt (Med) sajar. II n (Mil) lanza f.

land /lænd/ I n (gen) tierra f; (property) tierras f pl; (country) país m. II vi 1. (from fall) caer. II desembarcar; (Av) aterrizar. ♦ vt 1. (cargo) desembarcar. 2. (fam: a person) I got landed with it me lo encasquetaron a mí ● he landed me in it me metió en una buena.

to **land up** vi acabar.

landlocked adj sin acceso al mar.

landmark n 1. (Geog) punto m de referencia; (in a city) edificio o monumento muy conocido. 2. (moment) hito m. **landslide** n 1. (Geol) corrimiento m de tierras. 2. (Pol) victoria f arrolladora.

landing /'lændɪŋ/ n 1. (Av) aterrizaje m. 2. (on stairs) rellano m.

landing card n tarjeta f de inmigración.

landlady /'lændleɪdɪ/ n [-dies] (of house) dueña f; (of guesthouse) patrona f; (of pub) encargada f.

landlord /'lændlɔ:d/ n (of house) dueño m; (of pub) encargado m.

landscape /'lændskeɪp/ I n paisaje m. II vt (urban areas) ajardinar; (gardens) diseñar.

landscape gardener n jardinero -ra m/f paisajista. **landscape format** n formato m apaisado.

lane /leɪn/ n 1. (rural) camino m; (urban) callejón m. 2. (part of road) carril m. 3. (Sport) calle f.

language /'læŋgwɪdʒ/ n 1. (speech, style) lenguaje m: **bad language** palabrotas. 2. (of a nation) idioma m, lengua f.

language school n academia f de idiomas.

languid /'læŋgwɪd/ adj lánguido -da.

lank /læŋk/ adj largo -ga y desaliñado -da.

lanky /'læŋkɪ/ adj [-kier, -kiest] (fam) larguirucho -cha.

lantern /'læntən/ n farol m.

lap /læp/ I n 1. (Anat) regazo m. 2. (Sport) vuelta f. II vt [laps, lapping, lapped] 1. (Sport) doblar. 2. (o **lap up**) (to drink) beber (a lengüetazos).

to **lap up** vt escuchar extasiado -da.

lapel /lə'pel/ n solapa f.

lapse /læps/ I n 1. (failure) fallo m; (mistake) lapsus m inv. 2. (of time) lapso m. II vi 1. (to expire) caducar. 2. (time) pasar.

larceny /'lɑ:sənɪ/ n robo m.

lard /lɑ:d/ n manteca f (de cerdo).

larder /'lɑ:də/ n despensa f.

large /lɑ:dʒ/ adj 1. (in size) grande. 2. (in number): **a large family** una familia numerosa. 3. **at large** (in general) en general; (on the run) en libertad.

large-scale adj a gran escala.

largely /'lɑ:dʒlɪ/ adv en gran parte.

largesse /lɑ:'ʒes/ n generosidad f.

lark /lɑ:k/ n 1. (bird) alondra f. 2. (fam: joke) broma f.

to **lark about** * **around** vi (fam) hacer el tonto.

larva /'lɑ:və/ n [-vae] larva f.

laryngitis /lærɪn'dʒaɪtɪs/ n laringitis f.

larynx /'lærɪŋks/ n [-xes] laringe f.

lasagne /lə'sænjə/ n lasaña f.

laser /'leɪzə/ n láser m.

laser printer n impresora f (de) láser.

lash /læʃ/ n [-shes] 1. (Anat) pestaña f. 2. (with whip) latigazo m.

to **lash out** *vi*: he lashed out at her arremetió contra ella.

lass /læs/ *n* [**lasses**] (*fam*) chica *f*.

lasso /læˈsuː/ I *n* [**-soes ∗ -sos**] lazo *m*. II *vt* [**-soes, -soing, -soed**] echarle el lazo a.

last /lɑːst/ I *adj* **1**. (*week, year*) pasado -da: **last Monday** el lunes pasado; **last night** anoche. **2**. (*final*) último -ma: **the last house but one** la penúltima casa. II *n, pron*: **I was the last to arrive** llegué el último; **the last of the bread** lo que quedaba del pan ● **at last!** ¡por fin! III *adv* **1**. (*most recently*) por última vez. **2**. (*in a series*) en último lugar. IV *vi* durar.

to **last out** *vi* resistir.

last-ditch *adj* desesperado -da. **last-minute** *adj* de última hora.

lasting /ˈlɑːstɪŋ/ *adj* duradero -ra [S].

lastly /ˈlɑːstlɪ/ *adv* por último.

latch /lætʃ/ *n* [**-ches**] pestillo *m*.

late /leɪt/ I *adv* tarde: **it's running late** lleva retraso; **it came a day late** llegó con un día de retraso. II *adj* **1**. (*in time*): **he was late** llegó tarde. **2**. (*deceased*) difunto -ta.

latecomer *n*: persona que llega tarde.

lately /ˈleɪtlɪ/ *adv* últimamente.

later /ˈleɪtə/ I *adv* más tarde, después. II *adj*: **a later flight** un vuelo posterior.

lateral /ˈlætərəl/ *adj* lateral.

latest /ˈleɪtɪst/ I *adj* último -ma. II **the latest** *n* **1**. (*development*) lo último. **2**. (*in time*): **by two at the latest** como muy tarde a las dos.

lathe /leɪð/ *n* torno *m*.

lather /ˈlɑːðə/ I *n* espuma *f*. II *vt* enjabonar.

Latin /ˈlætɪn/ I *adj* latino -na. II *n* latín *m*.

Latin America /ˌlætɪn əˈmerɪkə/ *n* Latinoamérica *f*, América *f* Latina.

Latin American /ˌlætɪn əˈmerɪkən/ *adj, n* latinoamericano -na *adj, m/f*.

latitude /ˈlætɪtjuːd/ *n* **1**. (*Geog*) latitud *f*. **2**. (*frml: freedom*) libertad *f*.

latrine /ləˈtriːn/ *n* letrina *f*.

latter /ˈlætə/ I *adj* **1**. (*last men-*tioned*) último -ma. **2**. (*second of two*) segundo -da. II *pron* (*last mentioned: singular*) éste -ta; (*: plural*) éstos -tas.

latterly /ˈlætəlɪ/ *adv* últimamente.

lattice /ˈlætɪs/ *n* enrejado *m*, celosía *f*.

Latvia /ˈlætvɪə/ *n* Letonia *f*.

Latvian /ˈlætvɪən/ I *adj* letón -tona. II *n* letón -tona *m/f*; (*Ling*) letón *m*.

laudable /ˈlɔːdəbəl/ *adj* elogiable [S].

laugh /lɑːf/ I *n* risa *f* ● **for a laugh** para divertirse. II *vi* reírse (**at** de).

to **laugh off** *vt* tomarse a risa.

laughable /ˈlɑːfəbəl/ *adj* irrisorio -ria.

laughter /ˈlɑːftə/ *n* risas *f pl*.

launch /lɔːntʃ/ I *vt* (*a missile, product*) lanzar; (*a ship*) botar. II *n* [**-ches**] **1**. (*of product, rocket*) lanzamiento *m*; (*of ship*) botadura *f*; (*of film*) estreno *m*. **2**. (*boat*) lancha *f*.

launch pad *n* plataforma *f* de lanzamiento.

launder /ˈlɔːndə/ *vt* **1**. (*clothes*) lavar y planchar. **2**. (*money*) blanquear.

Launderette® /ˌlɔːndəˈret/, (*US*) **Laundromat®** /ˈlɔːndrəmat/ *n* lavandería *f*.

laundry /ˈlɔːndrɪ/ *n* [**-dries**] **1**. (*place*) lavandería *f*. **2**. (*clothes: dirty*) ropa *f* sucia; (*: washed*) colada *f*.

laurel /ˈlɒrəl/ *n* laurel *m*.

lava /ˈlɑːvə/ *n* lava *f*.

lavatory /ˈlævətrɪ/ *n* [**-ries**] wáter *m*.

lavender /ˈlævəndə/ *n* lavanda *f*.

lavish /ˈlævɪʃ/ *adj* **1**. (*generous*) generoso -sa. **2**. (*extravagant*) lujoso -sa.

law /lɔː/ *n* **1**. (*gen*) ley *f*: **to break the law** cometer un delito; **law and order** el orden público. **2**. (*Educ*) Derecho *m*.

law-abiding *adj* que respeta la ley. **lawbreaker** *n* delincuente *m/f*. **law school** *n* facultad *f* de Derecho. **lawsuit** *n* pleito *m*.

lawful /ˈlɔːfʊl/ *adj* legítimo -ma.

lawn /lɔːn/ *n* césped *m*, (*Amér L*)

pasto m.

lawn mower n cortacésped m.

lawyer /'lɔɪə/ n abogado -da m/f.

lax /læks/ adj (discipline) poco estricto -ta; (morals) relajado -da.

laxative /'læksətɪv/ adj, n laxante adj, m.

lay /leɪ/ I pret ➪ lie. II adj (Relig) laico -ca. III vt [lays, laying, laid] (to place) colocar, poner; (the table) poner; (an egg) poner.

to **lay aside** vt dejar a un lado. to **lay down** vt (arms) deponer; (rules) sentar. to **lay in** vt proveerse de. to **lay off** vt 1. (workers) despedir. 2. (fam: to stop) dejar de. to **lay on** vt proporcionar. to **lay out** vt exponer.

layabout n vago -ga m/f, holgazán -zana m/f. **lay-by** n área f ★ de descanso. **layman** n (Relig) laico -ca m/f; (non-specialist) profano -na m/f.

layout n (of page) diseño m; (of building) distribución f.

layer /'leɪə/ n capa f.

laze /leɪz/ vi holgazanear.

laziness /'leɪzɪnəs/ n pereza f.

lazy /'leɪzɪ/ adj [-zier, -ziest] 1. (person) perezoso -sa, vago -ga. 2. (movement) lento -ta.

lb /paʊnd/ (= pound(s)) libra(s) f.

lead I n 1. /led/ (Chem) plomo m; (in pencil) mina f. 2. /li:d/ (Sport): **he's in the lead** va en cabeza. 3. /li:d/ (clue) pista f. 4. /li:d/ (in film) papel m principal. 5. /li:d/ (for dog) correa f; (electrical) cable m. II /li:d/ vt [leads, leading, led] 1. (to take) conducir, llevar. 2. (a party) dirigir; (a parade) encabezar. 3. (a life) llevar. ♦ vi 1. (path, decision) llevar. 2. (in race) ir en cabeza.

to **lead on** vt engañar. to **lead up to** vt conducir a.

lead-free /led'fri:/ adj sin plomo.

leader /'li:də/ n 1. (of group, organization) líder m/f, dirigente m/f. 2. (Sport) líder m/f. 3. (article) editorial m.

leadership /'li:dəʃɪp/ n liderazgo m.

leading /'li:dɪŋ/ adj 1. (important) destacado -da. 2. (actor, actress, role)

principal.

leaf /li:f/ n [-ves] hoja f.

to **leaf through** vt hojear.

leaflet /'li:flɪt/ n folleto m.

leafy /'li:fɪ/ adj [-fier, -fiest] 1. (tree) frondoso -sa. 2. (place) con muchos árboles.

league /li:g/ n 1. (Sport) liga f ● **she's in league with them** está confabulada con ellos. 2. (measurement) legua f.

leak /li:k/ I n 1. (in roof) gotera f; (in container) agujero m; (of gas) escape m; (in boat) vía f de agua. 2. (of news) filtración f. II vi (liquid) salirse; (gas) escaparse; (roof) gotear; (boat) hacer agua: **the top leaks** se sale por el tapón. ♦ vt 1. (water, oil) perder. 2. (news) filtrar.

to **leak out** vi (news) filtrarse.

lean /li:n/ I adj 1. (meat) magro -gra. 2. (person) delgado -da. II vi [leans, leaning, leant * leaned] 1. (person) apoyarse (**on** en; **against** en ★ contra). 2. (to one side) inclinarse. ♦ vt apoyar (**against** en ★ contra).

to **lean back** vi recostarse. to **lean down** vi agacharse. to **lean on** vt (to pressurize) presionar. to **lean out** vi asomarse.

leaning /'li:nɪŋ/ n tendencia f.

leant /lent/ pret y pp ➪ lean.

leap /li:p/ I vi [leaps, leaping, leapt * leaped] saltar. II n salto m.

leapfrog n pídola f. **leap year** n año m bisiesto.

leapt /lept/ pret y pp ➪ leap.

learn /lɜ:n/ vt [learns, learning, learnt * learned] 1. (Educ) aprender. 2. (to find out about) enterarse de. ♦ vi 1. (Educ) aprender. 2. (to find out) enterarse (**about** de).

learned /'lɜ:nɪd/ adj culto -ta.

learner /'lɜ:nə/ n: **learners of English** estudiantes de inglés; **he's a learner (driver)** está aprendiendo a conducir.

learning /'lɜ:nɪŋ/ n conocimientos m pl, erudición f.

learnt /lɜ:nt/ pret y pp ➪ learn.

lease /li:s/ I n contrato m de arrendamiento. **II** vt arrendar.

leash /liːʃ/ n [**-shes**] correa f.

least /liːst/ **I** adv menos: **the least spicy dish** el plato menos picante. **II** adj: **he does (the) least work** es el que menos trabajo hace. **III** pron: **the least** lo menos ● **at least** por lo menos ● **at the very least** como mínimo ● **not in the least** en absoluto.

leather /'leðə/ n cuero m, piel f.

leave /liːv/ **I** n 1. (holiday) vacaciones f pl; (Mil) permiso m: **on leave** de permiso. 2. (permission) permiso m. **II** vi [**leaves, leaving, left**] (person) irse (**for** a); (train) salir. ◆ vt 1. (a town, country) irse de; (work, a building) salir de. 2. (an object, a person, food) dejar ● **leave me alone!** ¡déjame en paz! ● **leave it alone** no lo toques ● **leave that to me** deja que me encargue yo de eso. 3. **to be left** quedar.

to **leave behind** vt (to forget) dejarse; (in race) dejar atrás. to **leave out** vt (to exclude) excluir; (to omit) omitir.

leaves /liːvz/ ⇨ **leaf**.

Lebanese /lebə'niːz/ **I** adj libanés -nesa. **II the Lebanese** n pl los libaneses.

Lebanon /'lebənən/ n el Líbano.

lecture /'lektʃə/ **I** n (talk) conferencia f; (at university) clase f. **II** vi (at university) dar clases. ◆ vt (to scold) sermonear.

lecturer /'lektʃərə/ n 1. (at university) profesor -sora m/f. 2. (at conference) conferenciante m/f.

led /led/ pret y pp ⇨ **lead**.

ledge /ledʒ/ n 1. (of window) alféizar m. 2. (on cliff) saliente m.

ledger /'ledʒə/ n libro m (de contabilidad).

lee /liː/ n: **in the lee of sthg** al abrigo de algo.

leech /liːtʃ/ n [**-ches**] sanguijuela f.

leek /liːk/ n puerro m.

leer /lɪə/ vi mirar con lascivia (**at** a).

leeway /'liːweɪ/ n flexibilidad f.

left /left/ **I** pret y pp ⇨ **leave**. **II** adj izquierdo -da. **III** adv a la izquierda.

IV n 1. (side, direction) izquierda f: **on the left** a mano izquierda. 2. **the Left** (Pol) la izquierda.

left-hand adj izquierdo -da. **left-handed** adj zurdo -da. **left-wing** adj (Pol) izquierdista, de izquierdas.

left-luggage office /left'lʌgɪdʒ ˌɒfɪs/ n consigna f.

leftover /'leftəʊvə/ **I** adj que sobra. **II leftovers** n pl sobras f pl.

leg /leg/ n 1. (Anat) pierna f ● **to pull sbdy's leg** tomarle el pelo a alguien. 2. (of chair, animal) pata f. 3. (Culin: of chicken) muslo m; (: of lamb) pierna f. 4. (Clothing) pernera f. 5. (of journey) etapa f.

legroom n sitio m para las piernas.

legacy /'legəsɪ/ n [**-cies**] legado m.

legal /'liːgəl/ adj legal.

legal tender n moneda f de curso legal.

legalize /'liːgəlaɪz/ vt legalizar.

legend /'ledʒənd/ n leyenda f.

leggings /'legɪŋz/ n pl mallas f pl, leggings m pl, (C Sur) calzas f pl.

legislation /ledʒɪ'sleɪʃən/ n legislación f.

legislature /'ledʒɪslətʃə/ n asamblea f legislativa.

legitimate /lə'dʒɪtɪmət/ adj legítimo -ma.

leisure /'leʒə/, (US) /'liːʒər/ n ocio m ● **I'll do it at my leisure** lo haré cuando me venga bien.

leisure centre n centro m deportivo y cultural. **leisure wear** n ropa f deportiva * informal.

leisurely /'leʒəlɪ/, (US) /'liːʒərlɪ/ adj sin prisa.

lemon /'lemən/ n limón m.

lemon tea n té m con limón. **lemon tree** n limonero m.

lemonade /lemə'neɪd/ n (traditional) limonada f; (clear, fizzy) gaseosa f.

lend /lend/ vt [**lends, lending, lent**] prestar, dejar.

length /leŋθ/ n 1. (measurement) largo m, longitud f; (of pool, fabric) largo m ● **to talk at length** hablar largo y tendido. 2. (duration) duración *f*. **3. at length** (*finally*) por fin.

lengthen /'leŋθən/ *vt* alargar.

lengthways /'leŋθweɪz/ *adv* a lo largo.

lengthy /'leŋθɪ/ *adj* [-thier, -thiest] largo -ga.

lenient /'li:nɪənt/ *adj* indulgente.

lens /lenz/ *n* [**lenses**] (*Phys*, *Tec*) lente *f*; (*in camera*) objetivo *m*; (*in glasses*) cristal *m*.

lent /lent/ **I** *pret y pp* ⇨ **lend**. **II Lent** *n* cuaresma *f*.

lentil /'lentəl/ *n* lenteja *f*.

Leo /'li:əʊ/ *n* Leo *m*.

leopard /'lepəd/ *n* leopardo *m*.

leotard /'li:əta:d/ *n* malla *f*.

leper /'lepə/ *n* **1**. (*Med*) leproso -sa *m/f*. **2**. (*outcast*) paria *m/f*.

leprosy /'leprəsɪ/ *n* lepra *f*.

lesbian /'lezbɪən/ *n* lesbiana *f*.

less /les/ *adj*, *pron*, *adv*, *prep* menos: **less expensive than** menos caro que ● **less and less** cada vez menos.

lessen /'lesən/ *vt* disminuir, reducir. ♦ *vi* disminuir, reducirse.

lesson /'lesən/ *n* (*class*) clase *f*; (*in book*) lección *f* ● **it taught me a lesson** me sirvió de lección.

lest /lest/ *prep* (*frml*) para que no.

let /let/ **I** *vt* [**lets, letting, let**] **1**. (*a house*) alquilar. **2**. (*to allow to*) dejar: **let him speak** deja que hable ● **to let sbdy know sthg** avisar a alguien de algo ● **to let go of** soltar. **II** *v aux* **1**. (*expressing commands, wishes*): **let that be a lesson to you** que eso te sirva de lección. **2. let us** * **let's** (*1st person pl imperative*): **let's wait a while** esperemos un rato; **let's go** vámonos.

to **let down** *vt* **1**. (*to lower*) bajar. **2**. (*clothes*) alargar. **3**. (*a tyre*) desinflar. **4**. (*to fail*) fallar. *to* **let off** *vt* **1**. (*to excuse*) perdonar. **2**. (*fireworks*) lanzar, encender. *to* **let on** *vi* (*fam*): **don't let on** no digas nada. *to* **let out** *vt* **1**. (*to allow out*) dejar salir. **2**. (*clothes*) agrandar. *to* **let up** *vi* (*wind, rain*) amainar.

letdown *n* decepción *f*. **let-up** *n*

descanso *m*.

lethal /'li:θəl/ *adj* letal, mortal.

lethargic /ləˈθɑːdʒɪk/ *adj* letárgico -ca.

lethargy /'leθədʒɪ/ *n* letargo *m*.

let's /lets/ *contracción de* **let us**

letter /'letə/ *n* **1**. (*message*) carta *f*. **2**. (*of alphabet*) letra *f*.

letter bomb *n* carta *f* bomba. **letter box** *n* buzón *m*. **letterhead** *n* membrete *m*.

lettuce /'letɪs/ *n* lechuga *f*.

leukaemia, (*US*) **leukemia** /lu:-'ki:mɪə/ *n* leucemia *f*.

level /'levəl/ **I** *adj* **1**. (*flat: surface*) llano -na; (: *shelf*) horizontal; (: *spoonful*) raso -sa. **2**. (*at same height*) a la misma altura (**with** que), al nivel (**with** de). **II** *n* nivel *m* ● **to be on the level** ser honrado -da. **IV** *vt* [**-vels, -velling, -velled**] **1**. (*ground*) nivelar, allanar. **2**. (*buildings*) arrasar.

to **level off** * **out** *vi* **1**. (*ground*) nivelarse. **2**. (*prices*) estabilizarse.

level crossing *n* paso *m* a nivel, (*Méx*) crucero *m*. **level-headed** *adj* sensato -ta.

lever /'li:və/ **I** *n* palanca *f*. **II** *vt*: **I levered it off/open** lo quité/abrí haciendo palanca.

levity /'levətɪ/ *n* ligereza *f*.

levy /'levɪ/ **I** *n* [**-vies**] impuesto *m*. **II** *vt* [**-vies, -vying, -vied**] imponer.

lewd /lu:d/ *adj* lascivo -va.

liability /laɪəˈbɪlətɪ/ **I** *n* [**-ties**] **1**. (*Law*) responsabilidad *f*. **2**. (*nuisance*) peligro *m*. **II liabilities** *n pl* (*Fin*) pasivo *m*.

liable /'laɪəbəl/ *adj* **1**. (*Law: responsible*) responsable [S] (**for** de); (: *subject to*) sujeto -ta [E] (**to** * **for** a). **2**. (*likely*): **to be liable to** tener tendencia a.

liaise /li:'eɪz/ *vi*: **to liaise with sbdy** mantener en contacto con alguien.

liaison /li:'eɪzɒn/ *n* **1**. (*communication*) coordinación *f*, cooperación *f*. **2**. (*affair*) relación *f* (*amorosa*).

liar /'laɪə/ n mentiroso -sa m/f.

libel /'laɪbəl/ vt [-bels, -belling, -belled] difamar (*por escrito*).

liberal /'lɪbərəl/ adj 1. (*views, regime*) liberal. 2. (*quantity*) abundante; (*selection*) amplio -plia.

liberate /'lɪbəreɪt/ vt liberar.

liberty /'lɪbətɪ/ n [-ties] libertad f: **he's at liberty to leave** es libre de irse; **I took the liberty of opening it** me tomé la libertad de abrirlo.

Libra /'li:brə/ n Libra f.

librarian /laɪ'breərɪən/ n bibliotecario -ria m/f.

library /'laɪbrərɪ/ n [-ries] biblioteca f.

Libya /'lɪbɪə/ n Libia f.

Libyan /'lɪbɪən/ adj, n libio -bia adj, m/f.

lice /laɪs/ pl ➪ **louse**

licence /'laɪsəns/ n licencia f, permiso m.

license /'laɪsəns/ I vt autorizar. II n (*US*) ➪ **licence**.

license plate n (*US*) matrícula f.

licensed /'laɪsənst/ adj autorizado -da [E]: **a licensed restaurant** un restaurante con licencia para vender bebidas alcohólicas.

lichen /'lɪtʃɪn/ n liquen m.

lick /lɪk/ vt lamer.

licorice /'lɪkərɪs/ n regaliz m.

lid /lɪd/ n tapa f, tapadera f.

lie /laɪ/ I n mentira f. II vi [lies, lying, lied] (*to tell lies*) mentir. III vi [lies, lying, lay, pp lain] 1. (*to be horizontal*) estar tumbado -da. 2. (*to become horizontal*) echarse, tumbarse. 3. (*to be*) estar, encontrarse. 4. (*to stay*) permanecer • **to lie low** no dejarse ver.

to lie about ∗ *around* vi: **don't leave it lying around** no lo dejes tirado por ahí. *to lie back* vi recostarse. *to lie down* vi echarse, tumbarse.

lie-in n: **to have a lie-in** levantarse tarde.

lieu /lju:/ n: **in lieu of sthg** en lugar de algo.

lieutenant /leftenənt/, (*US*) /lu:'tenənt/ n teniente m/f.

life /laɪf/ n [-ves] vida f • **he's the life and soul of the party** es el alma de la fiesta.

life belt n salvavidas m inv. **lifeboat** n (*on ship*) bote m salvavidas; (*for rescue*) lancha f de socorro. **life buoy** n flotador m salvavidas. **lifeguard** n socorrista m/f. **life imprisonment** n cadena f perpetua. **life insurance** n seguro m de vida. **life jacket** n chaleco m salvavidas. **lifelike** adj realista. **lifeline** n cuerda f de salvamento. **lifelong** adj de toda la vida. **life preserver** n (*US*) chaleco m salvavidas. **life sentence** n cadena f perpetua. **life-size** adj a ∗ de tamaño natural. **lifestyle** n estilo m de vida. **life-support machine** n máquina f de vida artificial. **lifetime** n vida f.

lifeless /'laɪfləs/ adj 1. (*dead*) sin vida, inerte. 2. (*not lively*) apagado -da.

lift /lɪft/ I n 1. (*elevator*) ascensor m. 2. (*Auto*): **he gave me a lift to Bala** me llevó a Bala. II vt levantar. ♦ vi disiparse.

liftoff n despegue m.

light /laɪt/ I n 1. (*gen*) luz f • **in the light of** a la luz de • **to come to light** salir a la luz. 2. (*fire*): **he set light to it** le prendió fuego; (*match*): **I gave him a light** le di fuego. II adj 1. (*not heavy*) ligero -ra. 2. (*room*) luminoso -sa. 3. (*breeze*) suave; (*rain*) fino -na. 4. (*of colour*) claro -ra. III adv: **I travel light** voy ligero de equipaje. IV vt [lights, lighting, lit ∗ lighted] 1. (*a fire, stove*) encender. 2. (*a room*) iluminar. ♦ vi encenderse.

to light up vi (*face*) iluminarse. ♦ vt (*a room*) iluminar.

light bulb n ➪ **bulb 1. light-headed** adj (*giddy*) mareado -da; (*excited*) exaltado -da. **light-hearted** adj (*film*) de puro entretenimiento: **a light-hearted remark** un comentario en tono desenfadado. **lighthouse** n faro m. **lightweight** n peso m ligero. **light year** n año m luz.

lighten /'laɪtən/ vi aclararse. ♦ vt aligerar.

lighter /ˈlaɪtə/ *n* encendedor *m*, mechero *m*.

lighting /ˈlaɪtɪŋ/ *n* (*lamps*) alumbrado *m*; (*illumination*) iluminación *f*.

lightly /ˈlaɪtlɪ/ *adv* 1. (*not heavily*) ligeramente. 2. (*not seriously*) a la ligera ● **I got off lightly** me libré con poco.

lightning /ˈlaɪtnɪŋ/ I *n* (*bolt*) rayo *m*; (*flash*) relámpago *m*. II *adj*: **a lightning visit** una visita relámpago.

lightning conductor ∗ (*US*) **rod** *n* pararrayos *m inv*.

like /laɪk/ I *vt*: **I like Rita/painting/coffee** me gusta Rita/pintar/el café; **I'd like you to see it** me gustaría que lo vieras; **would you like a biscuit?** ¿quieres una galleta?; **he'd like to see you** quiere verte ● **whether he likes it or not** le guste o no. II *prep* como: **a watch like this** un reloj como éste; **it's like mine** se parece al mío; **what's he like?** ¿cómo es?; **like this/that** así. III *n* 1. (*preference*): **her likes and dislikes** lo que le gusta y lo que no le gusta. 2. (*similar thing*): **flies, wasps and the like** moscas, avispas y cosas por el estilo ● **the likes of him** gente como él.

likeable, likable /ˈlaɪkəbəl/ *adj* simpático -ca, agradable.

likelihood /ˈlaɪklɪhʊd/ *n* probabilidad *f*.

likely /ˈlaɪklɪ/ I *adj* [**-lier, -liest**] probable [S]: **I'm likely to lose it** es probable que lo pierda. II *adv*: **very likely** probablemente ● **not likely!** ¡ni hablar!

liken /ˈlaɪkən/ *vt* comparar (**to** con).

likeness /ˈlaɪknəs/ *n* [**-nesses**] parecido *m*.

likewise /ˈlaɪkwaɪz/ *adv*: **she did likewise** ella hizo lo mismo.

liking /ˈlaɪkɪŋ/ *n* gusto *m*: **he has a liking for these things** le gustan estas cosas; **to take a liking to sbdy** tomarle simpatía a alguien.

lilac /ˈlaɪlək/ I *n* (*flower*) lila *f*; (*colour*) lila *m*. II *adj* lila *adj inv*.

lily /ˈlɪlɪ/ *n* [**-lies**] lirio *m*, azucena *f*.

lily of the valley *n* lirio *m* de los valles.

limb /lɪm/ *n* 1. (*Anat*) miembro *m*. 2. (*of tree*) rama *f*.

limber up /ˈlɪmbər ˈʌp/ *vi* hacer precalentamiento.

limbo /ˈlɪmbəʊ/ *n* limbo *m*.

lime /laɪm/ *n* 1. (*fruit*) lima *f*; (*fruit tree*) limero *m*; (*linden tree*) tilo *m*. 2. (*Chem*) cal *f*.

limestone *n* piedra *f* caliza.

limelight /ˈlaɪmlaɪt/ *n* ● **to be in the limelight** estar en el candelero.

limerick /ˈlɪmərɪk/ *n* quintilla *f* humorística.

limit /ˈlɪmɪt/ I *n* límite *m*. II *vt* limitar.

limitation /lɪmɪˈteɪʃən/ *n* 1. (*restriction*) restricción *f*. 2. (*weakness*) limitación *f*.

limited /ˈlɪmɪtɪd/ *adj* limitado -da.

limited company *n* sociedad *f* de responsabilidad limitada.

limousine /ˈlɪməziːn/ *n* limusina *f*.

limp /lɪmp/ I *n* cojera *f*. II *vi* cojear. III *adj* 1. (*flowers*) mustio -tia. 2. (*weak*) débil.

limpet /ˈlɪmpɪt/ *n* lapa *f*.

limply /ˈlɪmplɪ/ *adv* sin fuerza.

line /laɪn/ I *n* 1. (*gen*) línea *f*: **to draw a line** trazar una línea ● **in line with current policy** de acuerdo con la política actual. 2. (*on skin*) arruga *f*. 3. (*of writing*) renglón *m*, línea *f*; (*of poem*) verso *m*. 4. (*rope*) cuerda *f*; (*wire*) cable *m*; (*for fishing*) sedal *m*. 5. (*Transp: track*) vía *f*; (*: route*) línea *f*. 6. (*Telec*) línea *f*. 7. (*Inform*): **on line** conectado -da. 8. (*row*) hilera *f*, fila *f*; (*US: queue*) cola *f*: **to stand in line** hacer cola. II *vt* 1. (*a box*) revestir; (*clothes*) forrar. 2. (*a route*) bordear.
to line up vi (*in queue*) hacer cola; (*in row*) ponerse en fila. ♦ *vt* 1. (*in row*) poner en fila. 2. (*to plan*) planear.

line-out *n* saque *m*. **linesman** *n* juez *m* de línea. **line-up** *n* 1. (*Sport: team*) alineación *f*. 2. (*in film*) reparto *m*. 3. (*of suspects*) rueda *f* de reconocimiento.

linear /'lɪnɪə/ *adj* lineal.

lined /laɪnd/ *adj* **1.** (*paper*) rayado -da; (*face*) arrugado -da. **2.** (*coat*) forrado -da.

linen /'lɪnɪn/ *n* **1.** (*cloth*) lino *m*. **2.** (*sheets*) ropa *f* blanca.

liner /'laɪnə/ *n* transatlántico *m*.

linger /'lɪŋgə/ *vi* **1.** (*person*) entretenerse. **2.** (*smell*) tardar en desaparecer.

lingerie /'lænʒərɪ/ *n* lencería *f*.

linguist /'lɪŋgwɪst/ *n* lingüista *m/f*.

linguistic /lɪŋ'gwɪstɪk/ **I** *adj* lingüístico -ca. **II linguistics** *n* lingüística *f*.

lining /'laɪnɪŋ/ *n* **1.** (*Clothing*) forro *m*. **2.** (*Tec*) revestimiento *m*.

link /lɪŋk/ **I** *n* **1.** (*in chain*) eslabón *m*. **2.** (*connection, tie*) conexión *f*. **3.** (*Transp*) enlace *m*. **II** *vt* **1.** (*to associate*) vincular (**with** a). **2.** (*to connect*) unir (**to** con).

to **link up** *vt* unir. ♦ *vi* unirse.

linkup *n* conexión *f*.

lino /'laɪnəʊ/, **linoleum** /lɪ'nəʊlɪəm/ *n* linóleo *m*.

lint /lɪnt/ *n* **1.** (*Med*) gasa *f*. **2.** (*fluff*) pelusa *f*.

lintel /'lɪntəl/ *n* dintel *m*.

lion /'laɪən/ *n* león *m*.

lioness /'laɪənes/ *n* [**-nesses**] leona *f*.

lip /lɪp/ *n* labio *m*.

lip-read *vi* [**lip-reads, lip-reading, lip-read** /'lɪpred/] leer los labios.

lipstick *n* barra *f* de labios.

liqueur /lɪ'kjʊə/ *n* licor *m*.

liquid /'lɪkwɪd/ *n* líquido *m*.

liquidize /'lɪkwɪdaɪz/ *vt* licuar.

liquidizer /'lɪkwɪdaɪzə/ *n* licuadora *f*.

liquor /'lɪkə/ *n* alcohol *m*, bebidas *f pl* alcohólicas.

liquorice /'lɪkərɪs/ *n* regaliz *m*.

Lisbon /'lɪzbən/ *n* Lisboa *f*.

lisp /lɪsp/ **I** *n* ceceo *m*. **II** *vi* cecear.

list /lɪst/ **I** *n* lista *f*. **II** *vt* **1.** (*in writing*) hacer una lista de. **2.** (*verbally*) enumerar.

listed /'lɪstɪd/ *adj* protegido -da (*por interés histórico o artístico*).

listen /'lɪsən/ *vi* escuchar: **listen to it** escúchalo.

listener /'lɪsənə/ *n* **1.** (*to radio*) oyente *m/f*, radioyente *m/f*. **2.** (*to problems*): **he's a good listener** sabe escuchar.

listings /'lɪstɪŋz/ *n pl* guía *f* del ocio.

listless /'lɪstləs/ *adj* lánguido -da.

lit /lɪt/ *pret y pp* ⇨ **light**.

litany /'lɪtənɪ/ *n* [**-nies**] letanía *f*.

liter /'liːtə/ *n* (*US*) litro *m*.

literacy /'lɪtərəsɪ/ *n* alfabetización *f*.

literal /'lɪtərəl/ *adj* literal.

literary /'lɪtərərɪ/ *adj* literario -ria.

literate /'lɪtərət/ *adj* **1.** (*able to read*) que sabe leer y escribir, alfabetizado -da. **2.** (*learned*) culto -ta.

literature /'lɪtrətʃə/ *n* **1.** (*Lit*) literatura *f*. **2.** (*documents, leaflets*) información *f*, documentación *f*.

Lithuania /lɪθjʊ'eɪnɪə/ *n* Lituania *f*.

Lithuanian /lɪθjʊ'eɪnɪə/ **I** *adj* lituano -na. **II** *n* lituano -na *m/f*; (*Ling*) lituano *m*.

litigate /'lɪtɪgeɪt/ *vi* litigar.

litigation /lɪtɪ'geɪʃən/ *n* litigación *f*.

litmus paper /'lɪtməs peɪpə/ *n* papel *m* de tornasol.

litre /'liːtə/ *n* litro *m*.

litter /'lɪtə/ **I** *n* **1.** (*waste*) basura *f*. **2.** (*Zool*) camada *f*. **II** *vt*: **the floor was littered with papers** el suelo estaba lleno de papeles.

litter bin *n* papelera *f*.

little /'lɪtəl/ **I** *adj* **1.** (*small, young*) pequeño -ña: **just a little bit** sólo un poquito. **2.** [**less, least**] (*in amount*) poco -ca. **II** *pron*: **have a little of this** toma un poco de esto. **III** *adv* [**less, least**] poco ● **little by little** poco a poco.

little finger *n* (dedo *m*) meñique *m*.

liturgy /'lɪtədʒɪ/ *n* [**-gies**] liturgia *f*.

live **I** /laɪv/ *adj* **1.** (*animal, person*) vivo -va. **2.** (*wire*) con corriente. **3.** (*broadcast*) en directo. **II** /laɪv/ *adv* en directo. **III** /lɪv/ *vt* vivir ● **to live it up** darse la gran vida. ♦ *vi* vivir.

to **live down** *vt*: **he'll never live it down** nunca van a dejar que lo olvide. to **live on** vt (to eat) alimentarse de. ♦ vi (memory) persistir. to **live up to** vt: **it didn't live up to my expectations** no fue lo que esperaba.

livelihood /'laɪvlɪhʊd/ n sustento m.

lively /'laɪvlɪ/ adj [-lier, -liest] 1. (person) lleno -na de vida. 2. (performance) animado -da.

liven up /laɪvən 'ʌp/ vt animar. ♦ vi animarse.

liver /'lɪvə/ n hígado m.

lives /laɪvz/ pl ⇨ **life**.

livestock /'laɪvstɒk/ n ganado m.

livid /'lɪvɪd/ adj furioso -sa.

living /'lɪvɪŋ/ I adj vivo -va. II n: to **earn a living** ganarse la vida.

living room n sala f de estar. **living standards** n pl nivel m de vida.

lizard /'lɪzəd/ n (large) lagarto m; (small) lagartija f.

llama /'lɑːmə/ n llama f.

load /ləʊd/ I n (gen) carga f; (of washing) tanda f ● **it took a load off my mind** me quitó un peso de encima ● **loads of** ∗ **a load of friends** montones de ∗ muchísimos amigos. II vt cargar (**with** con; **into/onto** en).

loaded /'ləʊdɪd/ adj 1. (gun, camera, truck) cargado -da (**with** de). 2. (question) tendencioso -sa. 3. (fam: rich) forrado -da [E].

loaf /ləʊf/ n [-ves] (gen) pan m (de molde); (big, thick) hogaza f.

to **loaf about** ∗ **around** vi gandulear.

loan /ləʊn/ I n préstamo m: **it's on loan** me lo han prestado. II vt prestar.

loathe /ləʊð/ vt odiar.

loathing /'ləʊðɪŋ/ n odio m.

loaves /ləʊvz/ pl ⇨ **loaf**.

lobby /'lɒbɪ/ I n [-bies] 1. (foyer) vestíbulo m. 2. (Pol) grupo m de presión. II vt/i [-bies, -bying, -bied] presionar.

lobe /ləʊb/ n lóbulo m.

lobster /'lɒbstə/ n bogavante m, langosta f.

local /'ləʊkəl/ I adj (of town, area) local, del pueblo/de la zona; (of neighbourhood) del barrio. II n 1. (person): **the locals** la gente del lugar. 2. (fam: bar): **my local** el bar que tengo cerca de casa.

local anaesthetic n anestesia f local.

local authority n municipio m, ayuntamiento m. **local call** n llamada f urbana. **local government** n (of town) gobierno m municipal; (of larger area) gobierno m regional.

locality /ləʊ'kælətɪ/ n [-ties] zona f.

locally /'ləʊkəlɪ/ adv en la zona/el barrio.

locate /ləʊ'keɪt/ vt 1. (to find) localizar. 2. (to place) situar, ubicar: **it's located nearby** está situado cerca de aquí.

location /ləʊ'keɪʃən/ n 1. (place) lugar m. 2. (for film): **it was shot on location in Oban** la rodaron en Oban. 3. (positioning) ubicación f.

loch /lɒx/ n lago m.

lock /lɒk/ I n 1. (of door) cerradura f; (padlock) candado m. 2. (of hair) mechón m. 3. (on canal) esclusa f. II vt cerrar (con llave): **lock it away** guárdalo bajo llave. ♦ vi 1. (door) cerrarse (con llave). 2. (wheels) bloquearse.

to **lock in** vt encerrar. to **lock out** vt: **he locked me out** me cerró la puerta con llave; **I locked myself out** me quedé fuera sin llaves. to **lock up** vt (a place) cerrar; (a person) encerrar.

lockout n cierre m patronal. **locksmith** n cerrajero -ra m/f.

locker /'lɒkə/ n taquilla f, armario m.

locker room n vestuario m.

locket /'lɒkɪt/ n relicario m.

locomotive /ləʊkə'məʊtɪv/ n locomotora f.

locum /'ləʊkəm/ n suplente m/f.

locust /'ləʊkəst/ n langosta f.

lodge /lɒdʒ/ I n 1. (porter's) conserjería f; (gatehouse) casa f del guarda. 2. (masonic) logia f. II vt (a complaint) presentar; (money, jewels) depositar. ♦ vi alojarse.

lodger /'lɒdʒə/ n huésped m/f.

lodging /'lɒdʒɪŋ/ I n alojamiento m. II **lodgings** n pl: I live in lodgings estoy de huésped en una casa particular.

loft /lɒft/ n desván m, altillo m.

lofty /'lɒftɪ/ adj [-tier, -tiest] 1. (tall) alto -ta. 2. (noble) elevado -da. 3. (arrogant) arrogante.

log /lɒg/ I n 1. (wood) tronco m. 2. (record) registro m; (Naut) diario m de a bordo. II vt [logs, logging, logged] (to record) registrar.

to **log in** ∗ **on** vi entrar (en el sistema). to **log out** ∗ **off** vi salir (del sistema).

loggerheads /'lɒgəhedz/ n pl: at loggerheads with enfrentado -da a.

logic /'lɒdʒɪk/ n lógica f.

logical /'lɒdʒɪkəl/ adj lógico -ca.

logo /'ləʊgəʊ/ n logotipo m.

loin /lɔɪn/ n (of pork) lomo m; (of beef) solomillo m.

loiter /'lɔɪtə/ vi (to delay) entretenerse; (Law) merodear.

loll /lɒl/ vi 1. (head) colgar. 2. (person): to loll about ∗ around estar repantigado -da.

lollipop /'lɒlɪpɒp/ n pirulí m, chupa-chups® m.

lollipop lady/man n: persona que detiene el tráfico para que crucen los niños.

London /'lʌndən/ n Londres m.

Londoner /'lʌndənə/ n londinense m/f.

lone /ləʊn/ adj (building, person) solitario -ria; (parent) único -ca.

loneliness /'ləʊnlɪnəs/ n soledad f.

lonely /'ləʊnlɪ/ adj [-lier, -liest] 1. (person) solo -la [E]; (life) solitario -ria [S]. 2. (place) aislado -da [E].

long /lɒŋ/ I adj largo -ga: it's ten pages long tiene diez páginas; how long is this bed? ¿cuánto mide esta cama (de largo)?; it's two hours long dura dos horas ● at long last por fin. II n: before long dentro de poco. III adv: don't be too long no tardes mucho; long after he'd gone mucho después de que se fuera ● all day long todo el santo día ● as ∗ so long as I'm here mientras esté aquí ● as long as he brings it con tal de que lo traiga ● I no longer see him ya no lo veo. IV vi: to long for sthg añorar algo; to long to do sthg anhelar hacer algo.

long-distance adj de larga distancia.

long-distance call n conferencia f.

long-distance race n carrera f de fondo. **long-haired** adj de pelo largo. **longhand** n: in longhand escrito -ta a mano. **long jump** n salto m de longitud. **long-life** adj (gen) de larga duración; (milk) uperizado -da. **long-lost** adj: que no se ve desde hace mucho tiempo. **long-range** adj (missile) de largo alcance; (forecast) a largo plazo. **long-sighted** adj hipermétrope. **long-standing** adj que viene de tiempo atrás. **long-suffering** adj sufrido -da [S]. **long-term** adj a largo plazo. **long wave** n onda f larga. **long-winded** adj prolijo -ja.

longing /'lɒŋɪŋ/ n 1. (desire) deseo m (for de). 2. (nostalgia) añoranza f (for de), nostalgia f (for de).

longingly /'lɒŋɪŋlɪ/ adv 1. (with desire) con deseo, con ansia. 2. (with nostalgia) con añoranza.

longitude /'lɒŋgɪtjuːd/ n longitud f.

longways /'lɒŋweɪz/ adv a lo largo.

loo /luː/ n (fam) wáter m.

look /lʊk/ I n 1. (glance) mirada f: have ∗ take a look at this mira esto. 2. (appearance) aspecto m, pinta f. 3. (expression) cara f. II **looks** n pl (beauty) belleza f. III vi 1. (gen) mirar: I looked on (when) alcé/bajé la vista. 2. (room): it looks east da al este. 3. (to seem) parecer: it looks as if he's gone parece que se ha ido; to look like sbdy parecerse a alguien. 4. (to search) buscar.

to **look after** vt (books, a child) cuidar; (a client) atender. to **look around** vt (to visit) ver. to **look at** vt (gen) mirar; (to consider) considerar. to **look back** vi mirar (hacia) atrás. to **look down on** vt mirar por encima del hombro a, despreciar. to **look for** vt buscar. to **look forward to** vt: I'm looking forward to my birthday/to seeing you tengo muchas ganas de que llegue mi cumpleaños/de verte. to **look into** vt examinar, estudiar. to **look on** vt: I look on it as an investment lo veo como una inversión. to **look out** vi: look out, he's coming! ¡ojo * cuidado, que viene! to **look out for** vt: look out for him estáte al tanto a ver si lo ves. to **look over** vt (a place) inspeccionar; (a document) estudiar. to **look round** vi (to turn round) volverse. ♦ vt (to visit) ver. to **look through** vt 1. (a hole) mirar por. 2. (a book) hojear. to **look up** vi (to improve) mejorar. ♦ vt (a word) buscar. to **look up to** vt admirar.

lookout /'lʊkaʊt/ n 1. (Mil) centinela m/f; (Naut) vigía m/f. 2. (place) atalaya f.

loom /lu:m/ I n telar m. II vi 1. (object) surgir. 2. (threat) cernirse (**over** sobre).

loony /'lu:nɪ/ (fam) I adj chiflado -da [E]. II n [-nies] chiflado -da m/f.

loop /lu:p/ I n lazo m. II vt: I looped it round my arm me lo pasé alrededor del brazo.

loophole n laguna f.

loose /lu:s/ I adj 1. (untied, separate) suelto -ta: loose change dinero suelto. 2. (screw, knot) flojo -ja. 3. (clothes) holgado -da. II n: the criminal is on the loose el criminal anda suelto.

loosely /'lu:slɪ/ adv 1. (not tightly) sin apretar. 2. (approximately) libremente.

loosen /'lu:sən/ vt aflojar.

to **loosen up** vi (to relax) relajarse; (for sport) hacer el precalentamiento.

loot /lu:t/ I n botín m. II vt/i saquear.

lop off /lɒp 'ɒf/ vt [lops, lopping, lopped] cortar.

lopsided /lɒp'saɪdəd/ adj torcido -da.

lord /lɔːd/ n 1. (master) señor m. 2. (Pol: in GB) lord m: the Lords la Cámara de los Lores. 3. Lord (Relig) Señor m ● Good Lord! ¡Dios mío!

Lord's Prayer n padrenuestro m.

lordship /'lɔːdʃɪp/ n (judge) señoría f; (bishop) Ilustrísima f; (noble) señor m.

lore /lɔː/ n tradición f.

lorry /'lɒrɪ/ n [-ries] camión m.

lorry driver n camionero -ra m/f.

lose /lu:z/ vt/i [loses, losing, lost] 1. (money, a game, possessions) perder: to lose one's way perderse. 2. (watch) atrasarse.

to **lose out** vi salir perdiendo.

loser /'lu:zə/ n perdedor -dora m/f.

loss /lɒs/ n [losses] pérdida f ● to cut one's losses cortar por lo sano ● to be at a loss for words no encontrar palabras para expresarse.

lost /lɒst/ I pret y pp ⇨ lose. II adj perdido -da.

lost property office * (US) lost and found department n oficina f de objetos perdidos.

lot /lɒt/ I n 1. a lot, (fam) lots (in number): there are a lot * lots here hay muchos aquí; a lot of books muchos libros; lots of houses muchas casas; (in amount): a lot of wine mucho vino; lots of salt mucha sal. 2. the lot (everything): he ate the lot se lo comió todo. 3. (destiny) suerte f ● we drew lots lo echamos a suertes. 4. (at auction) lote m. 5. (US: of land) parcela f. II a lot adv mucho.

lotion /'ləʊʃən/ n loción f.

lottery /'lɒtərɪ/ n [-ries] lotería f.

loud /laʊd/ I adj 1. (sound) fuerte; (voices) alto -ta; (event) ruidoso -sa. 2. (colour) chillón -llona. 3. (character) basto -ta. II adv fuerte ● out loud en voz alta.

loud-hailer n megáfono m. **loud-mouth** n (fam) bocazas m/f inv.

loudspeaker n altavoz m, (Amér L) altoparlante m.

lounge /laʊndʒ/ I n 1. (in house)

sala f de estar; (in hotel) salón m.
2. (o **lounge bar**) (in GB) en un pub,
sala más lujosa y más cara. II vi: I
lounged about all day estuve todo
el día sin hacer nada.

louse /laʊs/ n [**lice**] 1. (insect) piojo
m. 2. (fam: person) canalla m/f.

lousy /ˈlaʊzi/ adj [-sier, -siest]
(fam) malísimo -ma: **to feel lousy**
encontrarse fatal.

lout /laʊt/ n (fam) gamberro m.

lovable /ˈlʌvəbəl/ adj adorable.

love /lʌv/ I n 1. (romantic) amor m
(**for** por) ● **she fell in love with him**
se enamoró de él ● **to make love**
hacer el amor. 2. (affection) cariño
m: **he sends you his love** te envía
un abrazo; (in letter): **Love, Dave** Un
abrazo, Dave. 3. (term of endear-
ment): **yes, love** sí, cariño. 4. (in
tennis): **fifteen love** quince a nada.
II vt 1. (a person) querer. 2. (a food,
an activity): **I love cheese** me
encanta el queso.

love affair n lío m amoroso. **love
letter** n carta f de amor. **love life** n
vida f sentimental.

lovely /ˈlʌvli/ adj [-lier, -liest]
1. (beautiful) precioso -sa. 2. (in
character) encantador -dora. 3. (enjoyable): **I had a lovely time** lo pasé
muy bien. 4. (food) delicioso -sa.

lover /ˈlʌvə/ n 1. (in romance)
amante m/f. 2. (fan) aficionado -da
m/f (**of** a).

loving /ˈlʌvɪŋ/ adj cariñoso -sa.

low /ləʊ/ I adj 1. (gen) bajo -ja.
2. (depressed) deprimido -da. II adv
(to fly, aim) bajo ● **to run low on
sthg** estar bajo de algo. III n
1. (Meteo) borrasca f. 2. (Fin)
mínimo m.

low-cost adj económico -ca. **low-key**
adj discreto -ta. **lowlands** n pl tierras f pl bajas. **low tide** n marea f
baja, bajamar f.

lower /ˈləʊə/ I comparativo de ⇨ **low**.
II adj (jaw) inferior: **the lower
floors** los pisos de más abajo. III vt
bajar ● **to lower oneself** rebajarse.

lowly /ˈləʊli/ adj [-lier, -liest]

(status) humilde.

loyal /ˈlɔɪəl/ adj leal.

loyalty /ˈlɔɪəlti/ n [-ties] lealtad f (**to**
a).

lozenge /ˈlɒzɪndʒ/ n pastilla f.

LP /ˌel'piː/ n (= **long-playing record**) elepé m.

L-plate /ˈelpleɪt/ n L f (que indica que
se está aprendiendo a conducir).

Ltd. /ˈlɪmɪtɪd/ = **Limited**.

lubricate /ˈluːbrɪkeɪt/ vt lubricar.

lucid /ˈluːsɪd/ adj lúcido -da.

luck /lʌk/ n suerte f: **good luck!**
¡suerte! ‖ ¡buena suerte! ● **I'm in
luck** estoy de suerte ● **tough luck!**
¡mala suerte!

luckily /ˈlʌkɪli/ adv afortunadamente, por suerte.

lucky /ˈlʌki/ adj [-kier, -kiest] (person) afortunado -da [S]: **it's lucky I
saw you** menos mal que te vi.

ludicrous /ˈluːdɪkrəs/ adj absurdo
-da.

ludo /ˈluːdəʊ/ n parchís m.

lug /lʌg/ vt [**lugs, lugging, lugged**]
cargar con.

luggage /ˈlʌgɪdʒ/ n equipaje m.

luggage rack n (in train) portaequipajes m inv; (on car) baca f.

lukewarm /ˌluːk'wɔːm/ adj tibio
-bia.

lull /lʌl/ I vt: **to lull to sleep** adormecer; **I was lulled into a false
sense of security** me infundió una
falsa sensación de seguridad. II n
(Meteo) calma f; (Mil) tregua f.

lullaby /ˈlʌləbaɪ/ n [-bies] canción f
de cuna, nana f.

lumbago /lʌm'beɪgəʊ/ n lumbago
m.

lumber /ˈlʌmbə/ I vi moverse pesadamente. ♦ vt: **to get lumbered
with sthg** tener que cargar con algo.
II n 1. (junk) trastos m pl. 2. (US:
timber) madera f.

lumberjack /ˈlʌmbədʒæk/ n leñador
-dora m/f.

luminous /ˈluːmɪnəs/ adj luminoso
-sa.

lump /lʌmp/ I n 1. (piece) trozo m.
2. (of sugar) terrón m. 3. (Med)

bulto *m*. **II** *vt* (*o* **lump together**) juntar.

lump sum *n*: **in a lump sum** todo el dinero de una vez.

lumpy /'lʌmpɪ/ *adj* [**-pier, -piest**] (*cushion*) lleno -na de bultos; (*sauce*) lleno -na de grumos.

lunacy /'lu:nəsɪ/ *n* locura *f*.

lunar /'lu:nə/ *adj* lunar.

lunatic /'lu:nətɪk/ *adj, n* lunático -ca *adj, m/f*.

lunch /lʌntʃ/ *n* [**-ches**] almuerzo *m*, comida *f*: **to have lunch** almorzar ‖ comer; **we had fish for lunch** almorzamos ✳ comimos pescado.

lunch box *n* fiambrera *f*. **lunch break** ✳ **hour, lunchtime** *n* hora *f* de la comida ✳ del almuerzo.

luncheon /'lʌntʃən/ *n* (*frml*) almuerzo *m*, comida *f*.

lung /lʌŋ/ *n* pulmón *m*.

lunge /lʌndʒ/ **I** *vi* abalanzarse (**at** sobre). **II** *n* embestida *f*.

lurch /lɜ:tʃ/ **I** *n* [**-ches**] sacudida *m* ● **he left us in the lurch** nos dejó plantados. **II** *vi* (*car*) dar sacudidas; (*person*) dar tumbos.

lure /'lʊə/ **I** *vt* atraer. **II** *n* señuelo *m*.

lurid /'lʊərɪd/ *adj* **1**. (*colour*) chillón -llona. **2**. (*narrative*) escabroso -sa.

lurk /lɜ:k/ *vi* acechar.

luscious /'lʌʃəs/ *adj* delicioso -sa.

lush /lʌʃ/ *adj* exuberante.

lust /lʌst/ *n* (*sexual*) lujuria *f*; (*for power*) ansia *f*★ (**for** de).

luster /'lʌstə/ *n* (*US*) lustre *m*.

lustful /'lʌstfʊl/ *adj* lujurioso -sa.

lustre /'lʌstə/ *n* lustre *m*.

Luxembourg /'lʌksəmbɜ:g/ *n* Luxemburgo *m*.

Luxembourger /'lʌksəmbɜ:gə/ *n* luxemburgués -guesa *m/f*.

luxurious /lʌg'zjʊərɪəs/ *adj* lujoso -sa.

luxury /'lʌkʃərɪ/ **I** *n* [**-ries**] lujo *m*. **II** *adj* de lujo.

LW /'lɒŋ weɪv/ = **long wave**.

lying /'laɪɪŋ/ **I** *gerundio de* ⇨ **lie**. **II** *adj* mentiroso -sa.

lynx /lɪŋks/ *n* [**-xes**] lince *m*.

lyric /'lɪrɪk/ **I** *adj* lírico -ca. **II lyrics**

n pl letra *f*.

lyrical /'lɪrɪkəl/ *adj* lírico -ca.

lyricist /'lɪrɪsɪst/ *n* letrista *m/f*.

m 1. /'mi:tə/ (= **metre**, (*US*) **meter**) m. **2**. /maɪl/ = **mile**. **3**. /meɪl/ (= **male**) v (= varón).

MA /em'eɪ/ *n* = **Master of Arts**.

mac /mæk/ *n* (*fam*) impermeable *m*.

macaroni /mækə'rəʊnɪ/ *n* macarrones *m pl*.

Macedonia /mæsɪ'dəʊnɪə/ *n* Macedonia *f*.

Macedonian /mæsɪ'dəʊnɪən/ **I** *adj* macedonio -nia. **II** *n* macedonio -nia *m/f*; (*Ling*) macedonio *m*.

machine /mə'ʃi:n/ *n* máquina *f*.

machine gun *n* (*light*) metralleta *f*; (*heavy*) ametralladora *f*.

machinery /mə'ʃi:nərɪ/ *n* maquinaria *f*.

macho /'mætʃəʊ/ *adj* (*virile*) macho; (*chauvinist*) machista.

mackerel /'mækrəl/ *n inv* caballa *f*.

mackintosh /'mækɪntɒʃ/ *n* [**-shes**] impermeable *m*.

mad /mæd/ *adj* [**madder, maddest**] **1**. (*insane*) loco -ca [E]. **2**. (*idea*) descabellado -da [S]. **3**. (*angry*) furioso -sa [E] (**at** con). **4**. (*keen*): **he's mad about surfing** el surf lo vuelve loco.

madman/woman *n* loco -ca *m/f*.

madam /'mædəm/ *n* (*frml*) señora *f*.

madden /'mædən/ *vt* enfurecer, exasperar.

made /meɪd/ *pret y pp* ⇨ **make**.

made-to-measure *adj* hecho -cha a

medida. **made-to-order** *adj* hecho -cha por encargo.

madly /ˈmædlɪ/ *adv* **1.** (*passionately*) locamente. **2.** (*to rush*) como loco -ca.

madness /ˈmædnəs/ *n* locura *f.*

Madonna /məˈdɒnə/ *n* Virgen *f.*

mafia /ˈmæfɪə/ *n* mafia *f.*

magazine /mægəˈziːn/ *n* revista *f.*

maggot /ˈmægət/ *n* gusano *m.*

magic /ˈmædʒɪk/ **I** *n* magia *f.* **II** *adj* mágico -ca.

magically /ˈmædʒɪkəlɪ/ *adv* como por arte de magia.

magician /məˈdʒɪʃən/ *n* (*entertainer*) prestidigitador -dora *m/f*; (*in stories*) mago -ga *m/f.*

magic wand *n* varita *f* mágica.

magistrate /ˈmædʒɪstreɪt/ *n* juez *m/f* de paz.

magistrate's court *n* juzgado *m* de instrucción.

magnate /ˈmægneɪt/ *n* magnate *m.*

magnesium /mægˈniːzɪəm/ *n* magnesio *m.*

magnet /ˈmægnɪt/ *n* imán *m.*

magnetic /mægˈnetɪk/ *adj* **1.** (*Phys*) magnético -ca. **2.** (*personality*) carismático -ca.

magnification /mægnɪfɪˈkeɪʃən/ *n* aumento *m.*

magnificent /mægˈnɪfɪsənt/ *adj* magnífico -ca.

magnify /ˈmægnɪfaɪ/ *vt* [**-fies**, **-fying**, **-fied**] agrandar, aumentar de tamaño.

magnifying glass /ˈmægnɪfaɪɪŋ glɑːs/ *n* lupa *f.*

magpie /ˈmægpaɪ/ *n* urraca *f.*

mahogany /məˈhɒgənɪ/ *n* caoba *f.*

maid /meɪd/ *n* criada *f*, chica *f* de servicio, (*Amér L*) mucama *f.*

maiden /ˈmeɪdən/ **I** *n* (*frml*) doncella *f.* **II** *adj* (*speech*) inaugural.

maiden name *n* apellido *m* de soltera.

mail /meɪl/ **I** *n* correo *m.* **II** *vt* mandar ✳ enviar por correo.

mailbox *n* (*US*) buzón *m.* **mailman** *n* (*US*) cartero *m.* **mail order** *n* compra *f* por correo. **mailwoman** *n*

(*US*) cartera *f.*

mailing list /ˈmeɪlɪŋ lɪst/ *n* lista *f* de direcciones.

maim /meɪm/ *vt* lisiar.

main /meɪn/ **I** *adj* principal. **II** *n* **1.** (*for gas, water*) tubería *f* de suministro: **connected to the mains** conectado a la red (de suministro). **2. in the main** (*generally*) por lo general.

main course *n* plato *m* principal, segundo plato *m.* **mainframe (computer)** *n* ordenador *m* central. **main road** *n* carretera *f* principal. **mainstream** *n* tendencia *f* general (*de opinión*). **main street** *n* calle *f* mayor.

mainland /ˈmeɪnlənd/ *n* (*Esp*): **from Ibiza to the mainland** de Ibiza a la Península; (*Amér L*): **from Chiloé to the mainland** de Chiloé al continente.

mainly /ˈmeɪnlɪ/ *adv* principalmente, sobre todo.

maintain /meɪnˈteɪn/ *vt* mantener.

maintenance /ˈmeɪntənəns/ *n* **1.** (*care*) mantenimiento *m.* **2.** (*Law: for ex-wife*) pensión *f*; (*: for children*) manutención *f.*

maisonette /meɪzəˈnet/ *n* dúplex *m.*

maize /meɪz/ *n* maíz *m*, (*Amér S*) choclo *m*, (*Méx*) elote *m.*

majestic /məˈdʒestɪk/ *adj* majestuoso -sa.

majesty /ˈmædʒəstɪ/ *n* [**-ties**] majestad *f.*

major /ˈmeɪdʒə/ **I** *adj* **1.** (*important*) importante. **2.** (*Mus*) mayor. **II** *n* **1.** (*Mil*) comandante *m/f.* **2.** (*US: Educ*) especialidad *f.*

Majorca /məˈjɔːkə/ *n* Mallorca *f.*

Majorcan /məˈjɔːkən/ *adj*, *n* mallorquín -quina *adj*, *m/f.*

majority /məˈdʒɒrɪtɪ/ **I** *n* [**-ties**] mayoría *f.* **II** *adj* mayoritario -ria.

make /meɪk/ **I** *n* marca *f.* **II** *vt* [**makes**, **making**, **made**] **1.** (*gen*) hacer: **it made a noise** hizo un ruido; **I made coffee** hice ✳ preparé café; **to make the bed** hacer la cama; (*to manufacture*) hacer, fabricar: **it's made of silk** es de seda. **2.** (*a speech*) pronunciar; (*a decision*) tomar. **3.** (*to earn*) ganar: **to make a loss/a profit** sufrir pérdidas/ obtener beneficios. **4.** (*to cause to be*): **it makes him bad-tempered** lo pone de mal humor; **it makes me thirsty/dizzy/furious** me da sed/ vértigo/rabia; (*to cause, oblige to*): **he made her cry/wait** la hizo llorar/esperar; **make him apologize** haz que se disculpe ● **I had to make do without the car** me las tuve que arreglar sin el coche. **5.** (*Maths*): **two and four make six** dos más cuatro son seis ● **what time do you make it?** ¿qué hora tienes? **6.** (*to appoint*) nombrar.

to **make for** *vt* (*a place*) dirigirse a. *to* **make off with** *vt* llevarse. *to* **make out** *vt* **1.** (*to see*) distinguir; (*to read*) descifrar; (*to hear*) entender. **2.** (*a cheque*) extender. **3.** (*to pretend*) fingir; (*to imply*) dar a entender. *to* **make up** *vt* **1.** (*to compose*) formar. **2.** (*to invent*) inventarse. **3.** (*with cosmetics*) maquillar. ♦ *vi* (*after quarrel*) reconciliarse. *to* **make up for** *vt* compensar.

make-believe *n* fantasía *f.* **make-shift** *adj* improvisado -da. **make-up** *n* **1.** (*cosmetics*) maquillaje *m.* **2.** (*character*) carácter *m*; (*composition*) composición *f.*

maker /ˈmeɪkə/ *n* fabricante *m/f.*

making /ˈmeɪkɪŋ/ **I** *n* (*gen*) fabricación *f*; (*of clothes*) confección *f*; (*of film*) rodaje *m.* **II makings** *n pl*: **he has the makings of an actor** tiene madera de actor.

malaise /mælˈeɪz/ *n* malestar *m.*

malaria /məˈleərɪə/ *n* malaria *f*, paludismo *m.*

male /meɪl/ **I** *n* (*person*) varón *m*; (*Zool*) macho *m.* **II** *adj* **1.** (*person*): **a male student** un estudiante; **the male sex** el sexo masculino. **2.** (*animal*) macho.

male chauvinist *n* machista *m.*

malevolent /məˈlevələnt/ *adj* malévolo -la.

malfunction /mælˈfʌŋkʃən/ **I** *vi* funcionar mal, fallar. **II** *n* fallo *m.*

malice /ˈmælɪs/ *n* mala intención *f*, maldad *f.*

malicious /məˈlɪʃəs/ *adj* malicioso -sa.

malign /məˈlaɪn/ **I** *vt* difamar, calumniar. **II** *adj* malévolo -la.

malignant /məˈlɪgnənt/ *adj* maligno -na.

malinger /məˈlɪŋɡə/ *vi* fingir estar enfermo -ma.

mall /mæl, mɔːl/ *n* centro *m* comercial.

mallet /ˈmælɪt/ *n* mazo *m.*

malnourished /mælˈnʌrɪʃt/ *adj* desnutrido -da.

malnutrition /mælnjuːˈtrɪʃən/ *n* desnutrición *f.*

malpractice /mælˈpræktɪs/ *n* conducta *f* incorrecta.

malt /mɔːlt/ *n* malta *f.*

malt whisky *n* whisky *m* de malta.

maltreat /mælˈtriːt/ *vt* maltratar.

mammal /ˈmæməl/ *n* mamífero *m.*

mammoth /ˈmæməθ/ **I** *adj* gigantesco -ca. **II** *n* mamut *m.*

man /mæn/ **I** *n* [men] **1.** (*gen*) hombre *m*: **a young man** un (chico) joven; **an old man** un anciano. **2.** (*humanity*) el hombre. **II** *vt* [**mans, manning, manned**] **1.** (*to staff*) atender. **2.** (*a ship*) tripular; (*a gun*) manejar.

man-made *adj* (*lake, structure*) artificial; (*fabric*) sintético -ca.

manage /ˈmænɪdʒ/ *vt* **1.** (*to be able*) poder. **2.** (*a business*) dirigir, ser el/la gerente de; (*property*) administrar. **3.** (*money*) manejar. ♦ *vi* (*to cope*): **I can manage, thanks** puedo solo, gracias.

manageable /ˈmænɪdʒəbəl/ *adj* manejable.

management /ˈmænɪdʒmənt/ *n* dirección *f.*

manager /ˈmænɪdʒə/ *n* (*of business: gen*) gerente *m/f*, director -tora *m/f*; (*: small*) encargado -da *m/f*, (*Sport*) manager *m/f.*

manageress /mænɪdʒəˈres/ *n*

[-resses] encargada f.

managerial /mænɪˈdʒɪərɪəl/ adj directivo -va.

managing director /ˈmænədʒɪŋ daɪˈrektə/ n director -tora m/f ejecutivo -va.

Mandarin /ˈmændərɪn/ n mandarín m.

mandarin /ˈmændərɪn/ n (o **mandarin orange**) mandarina f.

mandate /ˈmændeɪt/ n mandato m.

mandatory /ˈmændətərɪ/ adj obligatorio -ria.

mane /meɪn/ n (of horse) crin f; (of lion, person) melena f.

maneuver /məˈnuːvə/ vt/i, n (US) ⇨ manoeuvre.

manfully /ˈmænfʊlɪ/ adv valientemente.

mangle /ˈmæŋgəl/ vt destrozar.

mango /ˈmæŋgəʊ/ n [-goes] mango m.

mangy /ˈmeɪndʒɪ/ adj [-gier, -giest] sarnoso -sa.

manhandle /ˈmænhændəl/ vt maltratar.

manhole /ˈmænhəʊl/ n boca f de acceso.

manhunt /ˈmænhʌnt/ n búsqueda f.

mania /ˈmeɪnɪə/ n manía f.

maniac /ˈmeɪnɪæk/ n maníaco -ca m/f.

manic /ˈmænɪk/ adj maníaco -ca.

manic-depressive adj, n maníaco -ca depresivo -va adj, m/f.

manicure /ˈmænɪkjʊə/ n manicura f.

manicurist /ˈmænɪkjʊərɪst/ n manicuro -ra m/f.

manifest /ˈmænɪfest/ I adj evidente. II vt manifestar.

manifesto /mænɪˈfestəʊ/ n manifiesto m.

manipulate /məˈnɪpjʊleɪt/ vt manipular.

mankind /mænˈkaɪnd/ n el género humano, la humanidad.

manly /ˈmænlɪ/ adj [-lier, -liest] varonil, viril.

manner /ˈmænə/ I n 1. (mode) manera f, modo m. 2. (bearing) aire m. 3. (type) clase f. II **manners** n pl modales m pl.

mannerism /ˈmænərɪzəm/ n gesto m peculiar.

manoeuvre /məˈnuːvə/ I vi maniobrar. ♦ vt: **they manoeuvred it into position** hicieron maniobras para ponerlo en su sitio. II n maniobra f.

manor /ˈmænə/ n casa f solariega.

manpower /ˈmænpaʊə/ n mano f de obra.

mansion /ˈmænʃən/ n mansión f.

manslaughter /ˈmænslɔːtə/ n homicidio m (involuntario).

mantelpiece /ˈmæntəlpiːs/ n repisa f (de chimenea).

manual /ˈmænjʊəl/ adj, n manual adj, m.

manual labour ✳ (US) **labor** n trabajo m físico.

manufacture /mænjʊˈfæktʃə/ I n fabricación f. II vt fabricar.

manufacturer /mænjʊˈfæktʃərə/ n fabricante m/f.

manure /məˈnjʊə/ n estiércol m.

manuscript /ˈmænjʊskrɪpt/ n manuscrito m.

many /ˈmenɪ/ adj, pron [more, most] muchos -chas: **as many as you like** tantos como quieras. También ⇨ how, so, too.

map /mæp/ I n (gen) mapa m; (of bus routes, streets) plano m. II vt [maps, mapping, mapped] trazar un mapa ✳ un plano de.

to **map out** vt planificar.

maple /ˈmeɪpəl/ n arce m.

mar /mɑː/ vt [mars, marring, marred] deslucir.

marathon /ˈmærəθən/ n maratón m ✳ f.

marble /ˈmɑːbəl/ n 1. (stone) mármol m. 2. (Games) canica f.

March /mɑːtʃ/ n marzo m ⇨ June.

march /mɑːtʃ/ I n [-ches] marcha f. II vi marchar ● to **march for peace** manifestarse por la paz.

to **march in/out** vi entrar/salir con determinación.

mare /meə/ n yegua f.

margarine /mɑːdʒəˈriːn/ n (Culin)

margarina f.

margin /'mɑ:dʒɪn/ n margen m ● **on the margins of society** al margen de la sociedad.

marginal /'mɑ:dʒɪnəl/ adj secunda-rio -ria, marginal.

marginal constituency n: escaño conseguido con mayoría pequeña.

marginally /'mɑ:dʒɪnəlɪ/ adv ligera-mente.

marigold /'mærɪgəʊld/ n caléndula f.

marijuana, marihuana /mærɪ-'hwɑːnə/ n (Bot) marihuana f, mari-guana f.

marina /məˈriːnə/ n puerto m de-portivo.

marinade /mærɪ'neɪd/ I n adobo m. II vt adobar.

marinate /'mærɪneɪt/ vt adobar.

marine /məˈriːn/ I n infante m de marina. II adj marino -na.

marital /'mærɪtəl/ adj conyugal.

marital status n estado m civil.

maritime /'mærɪtaɪm/ adj marítimo -ma.

marjoram /'mɑ:dʒərəm/ n mejorana f.

mark /mɑ:k/ I n 1. (on a surface) marca f, señal f; (stain) mancha f. 2. (sign) señal f. 3. (Educ) nota f. 4. (currency) marco m. II vt 1. (to stain) manchar; (to scratch) rayar. 2. (in writing) marcar: **mark it with your name** márcalo con tu nombre. 3. (to indicate, show) marcar, seña-lar. 4. (homework) corregir.

to **mark out** or delimitar.

marked /mɑ:kt/ adj marcado -da.

marker /'mɑ:kə/ n 1. (on path) señal f; (in book) registro m. 2. (o **marker pen**) rotulador m (grueso).

market /'mɑ:kɪt/ I n mercado m. II vt (to sell) comercializar; (to promote) promocionar.

market garden n huerta f (de pro-ductos para vender). **market place** n (plaza f del) mercado m. **market research** n estudios m pl de mercado.

marketing /'mɑ:kɪtɪŋ/ n márketing m, mercadotecnia f.

marksman /'mɑ:ksmən/ n tirador m.

marksmanship /'mɑ:ksmənʃɪp/ n puntería f.

marmalade /'mɑ:məleɪd/ n merme-lada f (de cítricos).

maroon /məˈruːn/ I adj, n granate adj, m. II vt: **to be marooned** quedar aislado -da.

marquee /mɑ:'kiː/ n carpa f, entol-dado m.

marquess /'mɑ:kwɪs/ n [-quesses] marqués m.

marquis /'mɑ:kwɪs/ n [-quises ✻ -quis] marqués m.

marriage /'mærɪdʒ/ n 1. (state, rela-tionship) matrimonio m. 2. (wed-ding) boda f, casamiento m.

married /'mærɪd/ adj casado -da: **how's married life?** ¿cómo te va la vida de casado?; **he got married** se casó.

married name n apellido m de casada.

marrow /'mærəʊ/ n 1. (Anat) médula f. 2. (Bot, Culin) tipo de calabaza alargada y de color verde.

marry /'mærɪ/ vt [-ries, -rying, -ried] (bride, groom) casarse con; (priest) casar. ♦ vi casarse.

Mars /mɑ:z/ n Marte m.

marsh /mɑːʃ/ n [-shes] pantano m.

marshal /'mɑ:ʃəl/ I n 1. (Mil) maris-cal m. 2. (steward) persona que ayuda a organizar a los especta-dores, manifestantes, etc. 3. (US: of police or fire department) jefe -fa m/f de policía o de bomberos. II vt [-shals, -shalling, -shalled] 1. (Mil) formar. 2. (a crowd) or-ganizar; (one's ideas) ordenar.

marshy /'mɑːʃɪ/ adj [-shier, -shiest] pantanoso -sa.

martial /'mɑːʃəl/ adj marcial.

martial arts n pl artes f pl marciales. **martial law** n la ley marcial.

martyr /'mɑːtə/ I n mártir m/f. II vt martirizar.

martyrdom /'mɑːtədəm/ n martirio m.

marvel /'mɑːvəl/ I n maravilla f. II vi [**-vels, -velling, -velled**] maravillarse (**at** de).

marvellous, (US) **marvelous** /'mɑːvələs/ adj maravilloso -sa.

Marxist /'mɑːksɪst/ adj, n marxista adj, m/f.

marzipan /'mɑːzɪpæn/ n mazapán m.

mascara /mæs'kɑːrə/ n rímel m.

mascot /'mæskɒt/ n mascota f.

masculine /'mæskjʊlɪn/ adj masculino -na.

mashed potato /mæʃd pə'teɪtəʊ/ n puré m de patatas * (Amér L) de papas.

mask /mɑːsk/ I n (gen) máscara f; (for fancy dress) antifaz m; (in hospital) mascarilla f. II vt (to disguise) disfrazar; (to hide) ocultar.

masochist /'mæsəkɪst/ n masoquista m/f.

mason /'meɪsən/ n 1. (stonecutter) cantero -ra m/f. 2. (freemason) masón -sona m/f.

masonry /'meɪsənrɪ/ n mampostería f.

masquerade /mæskə'reɪd/ I n mascarada f. II vi: **to masquerade as** hacerse pasar por.

mass /mæs/ I n [masses] 1. (Phys) masa f. 2. (Relig) misa f. II **masses** n pl 1. (large quantity) montones m pl. 2. **the masses** (Pol) las masas, el pueblo. III adj: **mass hysteria** histeria colectiva; **a mass demonstration** una manifestación multitudinaria. IV vi congregarse, concentrarse.

mass media n pl medios m pl de comunicación. **mass production** n fabricación f en serie.

massacre /'mæsəkə/ I n masacre f. II vt masacrar.

massage /'mæsɑːʒ/ I n masaje m. II vt dar masajes a.

masseur /mæ'sɜː/ n masajista m.

masseuse /mæ'sɜːz/ n masajista f.

massive /'mæsɪv/ adj enorme.

mast /mɑːst/ n 1. (Naut) mástil m. 2. (Telec) torre f.

master /'mɑːstə/ I n 1. (of animal) dueño m; (of slave) amo m. 2. (Educ) profesor m. 3. (expert) maestro m. II vt llegar a dominar.

master baker/builder n maestro m panadero/de obras. **master class** n clase f magistral. **master copy** n original m. **master key** n llave f maestra. **mastermind** vt ser el cerebro de. **Master of Arts/Science** n: licenciado en Letras/Ciencias con estudios de posgrado. **masterpiece** n obra f maestra.

masterful /'mɑːstəfʊl/ adj 1. (powerful) dominante. 2. (skilful) magistral.

mastery /'mɑːstərɪ/ n 1. (Tec) maestría f, pericia f. 2. (power) dominio m.

mastiff /'mæstɪf/ n mastín m.

mat /mæt/ n 1. (gen) estera f; (at door) felpudo m; (in bathroom) alfombrilla f. 2. (for serving dishes) salvamanteles m inv; (for plate) mantel m individual.

match /mætʃ/ I n [-ches] 1. (Sport) partido m. 2. (for fire) fósforo m, cerilla f, (Amér C, Méx) cerillo m. 3. (equal): **he's no match for Eva** no puede competir con Eva ● **he's met his match in Tim** Tim es la horma de su zapato. II vt 1. (colours) hacer juego con. 2. (to equal) igualar. 3. (a description) encajar con. ♦ vi hacer juego.

matchbox n caja f de fósforos.

matching /'mætʃɪŋ/ adj que hace juego.

mate /meɪt/ I n 1. (friend) amigo -ga m/f. 2. (animal) pareja f. 3. (Naut) oficial m/f de cubierta. II vi aparearse.

material /mə'tɪərɪəl/ I n 1. (substance) material m. 2. (cloth) tejido m, tela f. 3. (information) material m. II **materials** n pl (equipment) material m. III adj material.

materialistic /mətɪərɪə'lɪstɪk/ adj materialista.

materialize /mə'tɪərɪəlaɪz/ vi 1. (to become reality) materializarse. 2. (to *appear*) aparecer.

maternal /mə'tɜ:nəl/ *adj* 1. (*instinct*) maternal. 2. (*relative*) materno -na.

maternity /mə'tɜ:nɪtɪ/ *n* maternidad *f*.

maternity dress *n* vestido *m* premamá. **maternity leave** *n* baja *f* * (*Amér L*) licencia *f* por maternidad. **maternity ward** *n* (sala *f* de) maternidad *f*.

math /mæθ/ *n* (*US*) ⇨ **maths**

mathematical /mæθə'mætɪkəl/ *adj* matemático -ca.

mathematician /mæθəmə'tɪʃən/ *n* matemático -ca *m/f*.

mathematics /mæθə'mætɪks/ *n* matemáticas *f pl*.

maths /mæθs/ *n* matemáticas *f pl*, mates *f pl*.

matinée /'mætɪneɪ/ *n* matiné *f*.

mating /'meɪtɪŋ/ *n* apareamiento *m*.

mating season *n* época *f* de celo.

matriarch /'meɪtrɪɑ:k/ *n* matriarca *f*.

matriculate /mə'trɪkjʊleɪt/ *vi* matricularse.

matriculation /mətrɪkjʊ'leɪʃən/ *n* matrícula *f*.

matrimony /'mætrɪmənɪ/ *n* matrimonio *m*.

matrix /'meɪtrɪks/ *n* [**-trixes** * **-trices**] matriz *f*.

matron /'meɪtrən/ *n* 1. (*Med*) enfermera *f* jefa. 2. (*Educ*) ama *f*★ de llaves.

matt /mæt/ *adj* mate.

matted /'mætɪd/ *adj* enredado -da, enmarañado -da.

matter /'mætə/ **I** *n* 1. (*Phys*) materia *f*. 2. (*material*) material *m*. 3. (*affair*) cuestión *f*, asunto *m*: **money matters** asuntos de dinero ● **as a matter of fact** de hecho ● **what's the matter (with you)?** ¿qué (te) pasa? ● **no matter how big it is...** por muy grande que sea... ● **no matter what he says...** diga lo que diga.... **II** *vi* importar.

matter-of-fact *adj* (*manner*) sin emoción, frío -a.

mattress /'mætrəs/ *n* [**-tresses**] colchón *m*.

mature /mə'tjʊə/ **I** *adj* (*gen*) maduro -ra; (*Culin*) añejo -ja. **II** *vi* madurar.

maturity /mə'tjʊərətɪ/ *n* madurez *f*.

maudlin /'mɔ:dlɪn/ *adj* sentimentaloide.

maul /mɔ:l/ *vt* 1. (*lion*) atacar. 2. (*person*) manosear.

mauve /məʊv/ *adj, n* malva *adj inv*, *m*.

maverick /'mævərɪk/ *n*: persona independiente y, a menudo, rebelde.

maxim /'mæksɪm/ *n* máxima *f*.

maximum /'mæksɪməm/ **I** *adj* máximo -ma. **II** *n* [**-mums** * **-ma**] máximo *m*.

May /meɪ/ *n* mayo *m* ⇨ **June**.

May Day *n* el primero * uno de mayo.

may /meɪ/ *v aux* 1. (*seeking or giving permission*): **may I see it?** ¿puedo * me permite verlo?; **you may leave** puedes irte. 2. (*showing possibility*): **it may (not) work** puede que (no) funcione; **he may have left** puede * es posible que se haya ido ● **I may as well leave** más vale que me vaya. 3. (*expressing wish*): **may you be very happy** que seas muy feliz.

maybe /'meɪbi:/ *adv* quizá(s), a lo mejor.

mayhem /'meɪhem/ *n* desbarajuste *m*.

mayonnaise /meɪə'neɪz/ *n* mayonesa *f*, mahonesa *f*.

mayor /meə/ *n* alcalde -desa *m/f*.

mayoress /'meərəs/ *n* [**-resses**] alcaldesa *f*.

maypole /'meɪpəʊl/ *n* mayo *m*.

maze /meɪz/ *n* laberinto *m*.

MB /em'bi:/ *n* = **Bachelor of Medicine**.

MD /em'di:/ *n* 1. = **Managing Director**. 2. = **Doctor of Medicine**.

me /mi:/ *pron* 1. (*direct or indirect object*) me: **he sent me a copy** me mandó una copia; (*after prep*) mí: **for me** para mí. 2. (*in comparisons or after to be*) yo: **it was me** fui yo.

meadow /'medəʊ/ *n* prado *m*.

meagre, (US) **meager** /'mi:gə/ adj
exiguo -gua, escaso -sa.

meal /mi:l/ n 1. (Culin) comida f.
2. (flour) harina f; (animal feed)
pienso m.

mealtime n hora f de comer.

mean /mi:n/ n I vt [means, meaning,
meant] 1. (to signify) significar; (to
imply) querer decir ● he didn't
mean it no lo decía en serio ● three,
I mean, four tres, digo, cuatro.
2. (to intend): he means to buy it
piensa comprarlo; I didn't mean to
shut it la cerré sin querer; it was
meant for all of you era para todos;
you're meant to choose se supone
que debes escoger. 3. (to refer to): I
meant this one me refería a éste.
4. (to entail) conllevar. II adj
1. (with money) tacaño -ña. 2. (unkind) malo -la. 3. (vicious) cruel.
4. (average) medio -dia. III n promedio m. IV means n inv (way) modo
m: by means of a trick mediante *
por medio de un truco ● by all
means por supuesto. V means n pl
(financial) recursos m pl econó-
micos.

meander /mɪˈændə/ vi serpentear.

meaning /'mi:nɪŋ/ n 1. (of word, act)
significado m. 2. (value, sense)
sentido m.

meaningful /'mi:nɪŋfʊl/ adj significativo -va.

meaningless /'mi:nɪŋləs/ adj que
carece de sentido, sin sentido.

meanness /'mi:nnəs/ n 1. (with
money) tacañería f. 2. (evil nature)
maldad f, mezquindad f.

meant /ment/ pret y pp ⇨ **mean**.

meantime /'mi:ntaɪm/ n: for * in
the meantime mientras tanto.

meanwhile /'mi:nwaɪl/ adv mientras tanto.

measles /'mi:zəlz/ n sarampión m.

measly /'mi:zlɪ/ adj (fam) miserable.

measure /'meʒə/ I vt medir. II n
medida f.

measured /'meʒəd/ adj 1. (movement) acompasado -da. 2. (words)

comedido -da.

measurement /'meʒəmənt/ n
medida f.

measuring tape /'meʒərɪŋ teɪp/ n
metro m, cinta f métrica.

meat /mi:t/ n carne f.

meatball n albóndiga f. **meatloaf** n
pan m de carne.

meaty /'mi:tɪ/ adj [-tier, -tiest]
(Culin) con mucha carne; (essay, article) con mucha miga, sustancioso
-sa.

mechanic /məˈkænɪk/ n mecánico
-ca m/f.

mechanical /məˈkænɪkəl/ adj
mecánico -ca.

mechanics /məˈkænɪks/ I n mecánica f. II n pl mecanismo m.

mechanism /'mekənɪzəm/ n
mecanismo m.

medal /'medəl/ n medalla f.

medalist /'medəlɪst/ n (US) medallista m/f.

medallion /məˈdælɪən/ n medallón
m.

medallist /'medəlɪst/ n medallista
m/f.

meddle /'medəl/ vi 1. (to interfere)
entrometerse (in en). 2. (to tamper):
don't meddle with the controls no
toques los mandos.

media /'mi:dɪə/ I pl ⇨ **medium** II,1.
II the media n pl los medios de
comunicación.

mediaeval /medi:vəl/ adj medieval.

median strip /'mi:dɪən strɪp/ n (US)
mediana f.

mediate /'mi:dɪeɪt/ vi mediar (between entre).

mediator /'mi:dɪeɪtə/ n mediador
-dora m/f.

Medicaid /'medɪkeɪd/ n (in US) asistencia médica para personas con
pocos ingresos.

medical /'medɪkəl/ I adj médico -ca.
II n reconocimiento m médico.

medical record n historial m clínico.

Medicare /'medɪkeər/ n (in US) asistencia médica para ancianos.

medicated /'medɪkeɪtɪd/ adj (sham-

poo) medicinal.

medication /medɪˈkeɪʃən/ *n* medicación *f*.

medicine /ˈmedɪsɪn/ *n* 1. (*science*) medicina *f*. 2. (*remedy*) medicina *f*, medicamento *m*.

medicine cabinet *n* botiquín *m*.

medieval /medɪˈivəl/ *adj* medieval.

mediocre /miːˈdrəʊkə/ *adj* mediocre.

meditate /ˈmedɪteɪt/ *vi* 1. (*Relig*) meditar. 2. (*to think*) reflexionar (**on** sobre).

Mediterranean /medɪtəˈreɪnɪən/ **I** *adj* mediterráneo -nea. **II the Mediterranean** (**Sea**) *n* el (mar) Mediterráneo.

medium /ˈmiːdɪəm/ **I** *adj* medio -dia. **II** *n* 1. [**-dia**] (*means, environment*) medio *m*. 2. [**-diums**] (*spiritualist*) médium *m/f*.

medium wave *n* onda *f* media.

meek /miːk/ *adj* manso -sa, dócil.

meet /miːt/ *vt* [**meets, meeting, met**] 1. (*for first time*) conocer. 2. (*by chance*) encontrarse con; (*by arrangement: a friend*) encontrarse con; (*:for business*) reunirse con. 3. (*sbdy travelling*) ir a buscar. 4. (*resistance, dangers*) enfrentarse a. 5. (*a requirement*) satisfacer. ♦ *vi* 1. (*for first time*) conocerse. 2. (*by chance*) encontrarse; (*by arrangement: friends*) verse, encontrarse; (*:for business*) reunirse. 3. (*roads*) juntarse. 4. (*opponents*) enfrentarse.

to **meet with** *vt* 1. (*to experience*): **to meet with a setback** sufrir un revés; **he met with success** tuvo éxito. 2. (*for business*) reunirse con; (*US: a friend*) encontrarse con.

meeting /ˈmiːtɪŋ/ *n* 1. (*encounter*) encuentro *m*. 2. (*formal*) reunión *f*. 3. (*Pol*) mitin *m*.

megabyte /ˈmegəbaɪt/ *n* megabyte *m*.

megaphone /ˈmegəfəʊn/ *n* megáfono *m*.

melancholy /ˈmelənkəlɪ/ *n* melancolía *f*.

mellow /ˈmeləʊ/ **I** *adj* 1. (*wine*) añejo -ja. 2. (*colour*) suave; (*sound*) melodioso -sa. **II** *vi* dulcificarse.

melodrama /ˈmelədrɑːmə/ *n* melodrama *m*.

melody /ˈmelədɪ/ *n* [**-dies**] melodía *f*.

melon /ˈmelən/ *n* melón *m*.

melt /melt/ *vi* (*ice, wax*) derretirse; (*metal*) fundirse. ♦ *vt* derretir.

to **melt away** *vi* (*crowd*) esfumarse. *to* **melt down** *vt* fundir.

member /ˈmembə/ *n* (*of group, class*) miembro *m*; (*of club*) socio -cia *m/f*; (*of party*) afiliado -da *m/f*.

Member of Parliament *n* diputado -da *m/f*.

membership /ˈmembəʃɪp/ *n*: **it had a membership of twenty** tenía veinte socios; **to apply for membership of** solicitar el ingreso en.

membrane /ˈmembreɪn/ *n* membrana *f*.

memento /mɪˈmentəʊ/ *n* [**-tos** * **-toes**] recuerdo *m*.

memo /ˈmeməʊ/ *n* memorando *m*, memorándum *m*.

memoirs /ˈmemwɑːz/ *n pl* memorias *f pl*.

memorandum /meməˈrændəm/ *n* [**-dums** * **-da**] memorando *m*, memorándum *m*.

memorial /mɪˈmɔːrɪəl/ **I** *n* monumento *m* conmemorativo. **II** *adj* conmemorativo -va.

memorial service *n* misa *f* de difuntos.

memorize /ˈmeməraɪz/ *vt* memorizar.

memory /ˈmemrɪ/ *n* [**-ries**] 1. (*thing recalled*) recuerdo *m*; (*faculty*) memoria *f*. 2. (*Inform*) memoria *f*.

men /men/ *pl* ⇨ **man**.

menace /ˈmenɪs/ *n* amenaza *f*.

menacing /ˈmenəsɪŋ/ *adj* amenazador -dora.

mend /mend/ **I** *vt* 1. (*to repair*) reparar, arreglar. 2. (*a shoe*) arreglar; (*clothes*) coser. **II** *n*: **she's on the mend** se está recuperando.

menial /'miːnɪəl/ adj de poca categoría.

meningitis /menɪn'dʒaɪtɪs/ n meningitis f.

menopause /'menəpɔːz/ n menopausia f.

menstruate /'menstrʊeɪt/ vi menstruar.

mental /'mentəl/ adj mental.

mental hospital n hospital m psiquiátrico.

mentality /men'tælətɪ/ n [-ties] mentalidad f.

mentally /'mentəlɪ/ adv mentalmente.

mentally handicapped adj disminuido -da psíquico -ca.

mention /'menʃən/ I vt mencionar ● don't mention it de nada ∗ no hay de qué. II n mención f.

mentor /'mentɔː/ n mentor -tora m/f, consejero -ra m/f.

menu /'menjuː/ n 1. (Culin) menú m, carta f. 2. (Inform) menú m.

MEP /emi'piː/ n (= Member of the European Parliament) eurodiputado -da m/f.

mercenary /'mɜːsɪnərɪ/ I n [-ries] mercenario -ria m/f. II adj 1. (grasping) interesado -da [S]. 2. (Mil) mercenario -ria.

merchandise /'mɜːtʃəndaɪs/ n mercancía f.

merchant /'mɜːtʃənt/ n comerciante m/f.

merchant bank n banco m comercial ∗ mercantil. **merchant navy** n marina f mercante.

merciful /'mɜːsɪfʊl/ adj misericordioso -sa, compasivo -va.

merciless /'mɜːsɪləs/ adj despiadado -da.

Mercury /'mɜːkjʊrɪ/ n Mercurio m.

mercury /'mɜːkjʊrɪ/ n mercurio m.

mercy /'mɜːsɪ/ n compasión f, clemencia f: **I am at your mercy** estoy en tus manos.

mercy killing n eutanasia f.

mere /mɪə/ adj mero -ra: **it was mere coincidence** fue mera casualidad; **he's a mere child** no es

más que un niño.

merely /'mɪəlɪ/ adv sólo, solamente.

merest /'mɪərɪst/ adj menor.

merge /mɜːdʒ/ vi 1. (organizations) fusionarse (**with** con). 2. (rivers, roads) confluir (**with** con). 3. (to blend) fundirse (**into** con).

merger /'mɜːdʒə/ n fusión f.

meringue /mə'ræŋ/ n merengue m.

merit /'merɪt/ I n mérito m: **to judge sthg on its merits** juzgar algo por sus cualidades. II vt merecer.

mermaid /'mɜːmeɪd/ n sirena f.

merry /'merɪ/ adj [-rier, -riest] 1. (happy) alegre, feliz. 2. (slightly drunk): **to get merry** ponerse alegre.

merry-go-round n tiovivo m.

mesh /meʃ/ n malla f: **wire mesh** tela metálica.

mesmerize /'mezməraɪz/ vt: **to be mesmerized by sthg** quedarse fascinado -da con algo.

mess /mes/ n [messes] 1. (dirt): **he made a mess on the floor** ensució el suelo. 2. (untidy state) desorden m. 3. (predicament) lío m. 4. (Mil) comedor m.

to mess about ∗ **around** (fam) vi 1. (to act silly) hacer el tonto. 2. (to waste time): **I messed about all day** me pasé todo el día sin hacer nada; (to amuse oneself): **he's always messing about with engines** siempre anda arreglando motores. ♦ vt jorobar: **don't mess me about** no me jorobes. **to mess up** vt (fam) estropear.

message /'mesɪdʒ/ n (gen) mensaje m; (on phone) recado m.

messenger /'mesɪndʒə/ n mensajero -ra m/f.

messiah /mə'saɪə/ n mesías m inv.

messy /'mesɪ/ adj [-sier, -siest] (dirty) sucio -cia; (untidy) desordenado -da.

met /met/ pret y pp ⇨ **meet**.

metabolism /me'tæbəlɪzəm/ n metabolismo m.

metal /'metəl/ n metal m.

metal detector n detector m de

metales. **metalwork** n metalistería f.
metallic /mɪˈtælɪk/ adj metálico -ca.
metaphor /ˈmetəfɔː/ n metáfora f.
mete out /miːt ˈaʊt/ vt imponer.
meteor /ˈmiːtɪə/ n meteoro m.
meteorite /ˈmiːtɪəraɪt/ n meteorito m.
meteorologist /miːtɪəˈrɒlədʒɪst/ n meteorólogo -ga m/f.
meter /ˈmiːtə/ n 1. (gauge) contador m. 2. (US) ⇨ **metre**.
method /ˈmeθəd/ n método m.
methodical /məˈθɒdɪkəl/ adj metódico -ca.
Methodist /ˈmeθədɪst/ adj, n metodista adj, m/f.
meths /meθs/ n, **methylated spirits** /ˈmeθəleɪtɪd ˈspɪrɪts/ n pl alcohol m desnaturalizado.
meticulous /məˈtɪkjʊləs/ adj meticuloso -sa.
metre /ˈmiːtə/ n metro m.
metric /ˈmetrɪk/ adj métrico -ca.
metropolis /məˈtrɒpəlɪs/ n [-lises] metrópoli f.
metropolitan /metrəˈpɒlɪtən/ adj metropolitano -na.
mew /mjuː/ vi maullar.
Mexican /ˈmeksɪkən/ adj, n mexicano -na adj, m/f.
Mexico /ˈmeksɪkəʊ/ n México m.
Mexico City n Ciudad f de México.
mg /ˈmɪlɪɡræm/ (= **milligram**) mg.
MI5 /emaɪˈfaɪv/ n (in GB) el departamento de contraespionaje.
MI6 /emaɪˈsɪks/ n (in GB) el departamento de espionaje.
miaow /mɪˈaʊ/ vi maullar.
mice /maɪs/ pl ⇨ **mouse**.
microbe /ˈmaɪkrəʊb/ n microbio m.
microchip /ˈmaɪkrəʊtʃɪp/ n microchip m.
microcomputer /ˈmaɪkrəʊkəmˌpjuːtə/ n microordenador m.
microfiche /ˈmaɪkrəʊfiːʃ/ n microficha f.
microfilm /ˈmaɪkrəʊfɪlm/ n microfilm m.
microphone /ˈmaɪkrəfəʊn/ n micrófono m.
microprocessor /maɪkrəʊˈprəʊ-

sesə/ n (Inform) microprocesador m.
microscope /ˈmaɪkrəskəʊp/ n microscopio m.
microwave /ˈmaɪkrəʊweɪv/ n (o **microwave oven**) (horno m) microondas m inv.
mid- /mɪd/ pref: in **mid-March** a mediados de marzo; by **mid-morning** a media mañana; in **mid-air** en el aire.
midday /mɪdˈdeɪ/ n mediodía m.
middle /ˈmɪdəl/ I n 1. (gen) medio m: in the **middle of the road/my speech** en medio de la calle/mi discurso. 2. (fam: waist) cintura f. II adj: the **middle house** la casa de en medio.
middle-aged adj de mediana edad.
Middle Ages n pl Edad f Media.
middle class I n clase f media. II adj (o **middle-class**) de clase media.
Middle East n Oriente m Medio.
middle finger n dedo m corazón.
middleman n intermediario -ria m/f. **middle name** n: segundo nombre de pila. **middle-of-the-road** adj moderado -da. **middleweight** n peso m medio.
midge /mɪdʒ/ n: insecto pequeño de picadura muy irritante.
midget /ˈmɪdʒɪt/ n enano -na m/f.
Midlands /ˈmɪdləndz/ n pl: condados centrales de Inglaterra.
midnight /ˈmɪdnaɪt/ n medianoche f.
midriff /ˈmɪdrɪf/ n (diaphragm) diafragma m; (stomach) estómago m.
midst /mɪdst/ n: in **our midst** entre nosotros; in the **midst of the fighting** en medio de la batalla.
midway /ˈmɪdweɪ/ adv a medio camino: **midway through the lesson** a mitad de la clase.
midweek I /ˈmɪdwiːk/ adj de entre semana. II /mɪdˈwiːk/ adv entre semana.
midwife /ˈmɪdwaɪf/ n [-ves] partera f, comadrona f.
might /maɪt/ I v aux 1. (frml: in requests, suggestions): **might I try**

it? ¿podría probarlo? 2. (*indicating possibility*): he might know a lo mejor lo sabe. 3. (*expressing anger, regret*): he might have said so! ¡podría haberlo dicho! ● I might have known you would be late debería haber imaginado que llegarías tarde ● I might as well leave más vale que me vaya. II *n* (*frml*) fuerza *f*.

mightn't /'maɪtənt/ contracción de **might not**

mighty /'maɪti/ I *adj* [-tier, -tiest] poderoso -sa. II *adv* (*fam*) muy.

migraine /'mi:greɪn/ *n* jaqueca *f*, migraña *f*.

migrant /'maɪgrənt/ I *adj* (*worker*) itinerante. II *n* (*bird*) ave *f* ★ migratoria.

migrate /maɪ'greɪt/ *vi* (*birds*) migrar; (*people*) trasladarse.

mike /maɪk/ *n* (*fam*) micro *m*.

mild /maɪld/ *adj* 1. (*person*) apacible. 2. (*Meteo*): it's mild today hoy hace un tiempo agradable; a mild climate un clima templado. 3. (*punishment*) poco severo -ra; (*discomfort*) leve. 4. (*flavour*) suave.

mildew /'mɪldju:/ *n* (*from damp*) moho *m*; (*on vines*) mildiu *m*.

mildly /'maɪldli/ *adv* 1. (*gently*) suavemente. 2. (*slightly*) ligeramente ● to put it mildly por no decir otra cosa.

mile /maɪl/ *n* milla *f* (1,6 *km*).

mileage /'maɪlɪdʒ/ *n*: what's the mileage on this car? ¿cuántas millas ha hecho este coche?

mileometer /maɪ'lɒmɪtə/ *n* cuentakilómetros *m inv*.

milestone /'maɪlstəʊn/ *n* 1. (*Auto*) mojón *m*. 2. (*event*) hito *m*, jalón *m*.

milieu /'mi:ljɜ:/ *n* [-lieus ∗ -lieux] entorno *m*, ámbito *m* social.

militant /'mɪlɪtənt/ *adj*, *n* militante *adj*, *m/f*.

military /'mɪlɪtəri/ I *adj* militar. II **the military** *n pl* los militares.

military service *n* servicio *m* militar.

militia /mɪ'lɪʃə/ *n* milicia *f*.

militiaman *n* miliciano *m*.

milk /mɪlk/ I *n* leche *f*. II *vt* 1. (*Agr*) ordeñar. 2. (*to exploit*) explotar.

milk chocolate *n* chocolate *m* con leche. **milkman** *n* lechero *m*. **milk shake** *n* batido *m* (de leche).

milky /'mɪlki/ *adj* [-kier, -kiest] 1. (*Culin*) con mucha leche. 2. (*milk-like*) lechoso -sa; (*whitish*) blanquecino -na.

Milky Way *n* Vía *f* Láctea.

mill /mɪl/ I *n* 1. (*for cereals*) molino *m*; (*for pepper, coffee*) molinillo *m*. 2. (*factory*) fábrica *f*. II *vt* moler.

to **mill about ∗ around** *vt*: they milled about the stadium se quedaron dando vueltas por el estadio.

millennium /mɪ'leniəm/ *n* [-niums ∗ -nia] milenio *m*.

miller /'mɪlə/ *n* molinero -ra *m/f*.

millet /'mɪlɪt/ *n* mijo *m*.

milligram, milligramme /'mɪligræm/ *n* miligramo *m*.

millilitre, (*US*) **milliliter** /'mɪlili:tə/ *n* mililitro *m*.

millimetre, (*US*) **millimeter** /'mɪlimi:tə/ *n* milímetro *m*.

million /'mɪljən/ *n* millón *m* ⇨ appendix 4.

millionaire /mɪljə'neə/ *n* millonario -ria *m/f*.

millionth /'mɪljənθ/ *adj*, *pron* millonésimo -ma ⇨ appendix 4.

millipede /'mɪlipi:d/ *n* milpiés *m inv*.

milometer /maɪ'lɒmɪtə/ *n* cuentakilómetros *m inv*.

mime /maɪm/ I *n* (*genre*) mimo *m*; (*performance*) representación *f* de mimo: a mime artist un mimo. II *vi* 1. (*to act*) actuar de mimo. 2. (*to sing*) cantar con playback.

mimic /'mɪmɪk/ I *vt* [-mics, -micking, -micked] imitar. II *n* imitador -dora *m/f*.

min. /'mɪnɪt/ (= **minute**) min.

minaret /mɪnə'ret/ *n* alminar *m*, minarete *m*.

mince /mɪns/ I *vt* picar. ♦ *vi* andar con amaneramiento. II *n* carne *f* picada.

mincemeat /'mɪnsmi:t/ *n* 1. (*GB*:

sweet) conserva de fruta picada con especias. **2.** (*US*: *minced meat*) carne *f* picada.

mincer /'mɪnsə/ *n* picadora *f*.

mind /maɪnd/ **I** *n* mente *f* ● **to change one's mind** cambiar de parecer ✻ de opinión ● **bear it in mind** tenlo en cuenta ● **make up your mind** decídete ● **what's on your mind?** ¿qué es lo que te preocupa? ● **he's out of his mind** está loco. **II** *vt* **1.** (*to look after*) cuidar. **2.** (*to be careful with*): **mind the door** ten cuidado con la puerta ● **mind you, he's deaf** te advierto que está sordo. **3.** (*to object to*): **do you mind me reading it?** ¿te importa que lo lea?; **I don't mind the cold** no me molesta el frío. ◆ *vi*: **never mind** no importa ✻ no te preocupes; **I don't mind** no me importa.

mindful /'maɪndfʊl/ *adj* consciente [S] (**of** de).

mindless /'maɪndləs/ *adj* **1.** (*thoughtless*) estúpido -da, sin sentido. **2.** (*monotonous*) aburrido -da.

mine /maɪn/ **I** *pron* (*singular*) (el) mío, (la) mía; (*plural*) (los) míos, (las) mías: **this one is mine** éste es mío; **a friend of mine** un amigo mío. **II** *n* (*Geol*, *Mil*) mina *f*. **III** *vt* **1.** (*coal*) extraer. **2.** (*Mil*) minar.

minefield *n* campo *m* de minas.

miner /'maɪnə/ *n* minero -ra *m/f*.

mineral /'mɪnərəl/ *adj*, *n* mineral *adj*, *m*.

mineral water *n* agua *f*★ mineral.

mingle /'mɪŋgəl/ *vi* mezclarse.

miniature /'mɪnətʃə/ **I** *adj* en miniatura. **II** *n* miniatura *f*.

minibus /'mɪnɪbʌs/ *n* [**-buses**] microbús *m*.

minimal /'mɪnɪməl/ *adj* mínimo -ma.

minimize /'mɪnɪmaɪz/ *vt* reducir al mínimo, minimizar.

minimum /'mɪnɪməm/ **I** *adj* mínimo -ma. **II** *n* [**-mums** ✻ **-ma**] mínimo *m*.

mining /'maɪnɪŋ/ *n* la industria minera.

miniskirt /'mɪniskɜːt/ *n* minifalda *f*.

minister /'mɪnɪstə/ **I** *n* **1.** (*Pol*) ministro -tra *m/f*. **2.** (*Relig*) pastor -tora *m/f*. **II** *vi* (*frml*) atender (**to** a).

ministry /'mɪnɪstrɪ/ *n* [**-tries**] **1.** (*Pol*) ministerio *m*. **2.** (*Relig*) sacerdocio *m*.

mink /mɪŋk/ *n* visón *m*.

minnow /'mɪnəʊ/ *n* pez *m* pequeño.

minor /'maɪnə/ **I** *adj* **1.** (*unimportant*) de poca importancia: **a minor composer** un compositor menor. **2.** (*Mus*) menor. **II** *n* menor *m/f* de edad.

Minorca /mɪ'nɔːkə/ *n* (*Geog*) Menorca *f*.

Minorcan /mɪ'nɔːkən/ *adj*, *n* menorquín -quina *adj*, *m*.

minority /maɪ'nɒrɪtɪ/ **I** *n* [**-ties**] minoría *f*. **II** *adj* minoritario -ria.

mint /mɪnt/ **I** *n* **1.** (*herb*) menta *f*, hierbabuena *f*. **2.** (*sweet*) caramelo *m* de menta. **3.** (*Fin*) casa *f* de la moneda ● **it's in mint condition** está en perfecto estado. **II** *vt* acuñar.

minus /'maɪnəs/ **I** *n* (*o* **minus sign**) (signo *m* de) menos *m*. **II** *prep* **1.** (*less*) menos. **2.** (*Meteo*): **it's minus ten degrees** estamos a diez grados bajo cero. **3.** (*without*) sin.

minute I /'mɪnɪt/ *n* **1.** (*on clock*) minuto *m*. **2.** (*moment*) momento *m*: **at the last minute** en el último momento. **II minutes** /'mɪnɪts/ *n pl* (*of meeting*) acta *f*★. **III** /maɪ'njuːt/ *adj* **1.** (*tiny*) minúsculo -ta. **2.** (*examination*) minucioso -sa.

miracle /'mɪrəkəl/ *n* milagro *m*.

mirage /'mɪrɑːʒ/ *n* espejismo *m*.

mirror /'mɪrə/ **I** *n* (*gen*) espejo *m*; (*Auto*) retrovisor *m*. **II** *vt* reflejar.

mirth /mɜːθ/ *n* regocijo *m*, alegría *f*.

misadventure /mɪsəd'ventʃə/ *n*: **death by misadventure** muerte accidental.

misapprehension /mɪsæprɪ'henʃən/ *n* (*frml*) malentendido *m*.

misappropriation /mɪsəprəʊprɪ'eɪʃən/ *n* (*frml*) apropiación *m* indebido.

misbehave /mɪsbɪ'heɪv/ *vi* (*child*)

portarse mal.

miscalculate /mɪsˈkælkjʊleɪt/ vt/i calcular mal.

miscalculation /mɪskælkjʊˈleɪʃən/ n error m de cálculo.

miscarriage /ˈmɪskærɪdʒ/ n aborto m (espontáneo).

miscarriage of justice n error m judicial.

miscarry /mɪsˈkærɪ/ vi [-ries, -rying, -ried] 1. (Med) abortar (espontáneamente). 2. (plan) fracasar.

miscellaneous /mɪsəˈleɪnɪəs/ adj diverso -sa.

mischief /ˈmɪstʃɪf/ n travesuras f pl: to get into mischief hacer travesuras.

mischievous /ˈmɪstʃɪvəs/ adj travieso -sa.

misconception /mɪskənˈsepʃən/ n idea f equivocada.

misconduct /mɪsˈkɒndʌkt/ n mala conducta f.

misconstrue /mɪskənˈstruː/ vt (frml) interpretar mal.

misdemeanour, (US) **misdemeanor** /mɪsdɪˈmiːnə/ n delito m menor, infracción f.

miser /ˈmaɪzə/ n (in stories) avaro -ra m/f, (fam) tacaño -ña m/f.

miserable /ˈmɪzərəbəl/ adj 1. (person) abatido -da. 2. (wage, figure) miserable. 3. (weather) fatal.

misery /ˈmɪzərɪ/ n [-ries] 1. (unhappiness) desdicha f. 2. (poverty) miseria f.

misfire /mɪsˈfaɪə/ vi fallar.

misfit /ˈmɪsfɪt/ n inadaptado -da m/f.

misfortune /mɪsˈfɔːtʃən/ n desgracia f, infortunio m.

misgiving /mɪsˈɡɪvɪŋ/ n 1. (suspicion) recelo m. 2. (doubt) duda f.

misguided /mɪsˈɡaɪdɪd/ adj equivocado -da.

mishandle /mɪsˈhændəl/ vt llevar mal.

mishap /ˈmɪshæp/ n percance m.

misinform /mɪsɪnˈfɔːm/ vt informar mal.

misinterpret /mɪsɪnˈtɜːprɪt/ vt (a

text, speech) interpretar mal.

misjudge /mɪsˈdʒʌdʒ/ vt juzgar mal.

mislay /mɪsˈleɪ/ vt [-lays, -laying, -laid] perder.

mislead /mɪsˈliːd/ vt [-leads, -leading, -led] (gen) confundir; (deliberately) engañar: don't be misled by... no te dejes engañar por....

misleading /mɪsˈliːdɪŋ/ adj engañoso -sa, que confunde.

misled /mɪsˈled/ pret y pp ⇨ mislead.

mismanage /mɪsˈmænɪdʒ/ vt administrar mal.

misnomer /mɪsˈnəʊmə/ n nombre m inapropiado.

misogynist /mɪˈsɒdʒɪnɪst/ n misógino m.

misplace /mɪsˈpleɪs/ vt extraviar.

misprint /ˈmɪsprɪnt/ n errata f.

mispronounce /mɪsprəˈnaʊns/ vt pronunciar mal.

misquote /mɪsˈkwəʊt/ vt citar incorrectamente.

misrepresent /mɪsreprɪˈzent/ vt tergiversar.

Miss /mɪs/ (gen) señorita: is Miss Lee in? ¿está la señorita Lee?; (in correspondence) Srta.: Miss J. Carter Srta. J. Carter.

miss /mɪs/ I n [misses] fallo m. II vt 1. (Sport): to miss the target no dar en el blanco ● the taxi just missed me por poco me atropella el taxi. 2. (a bus, train) perder; (an opportunity, programme) perderse. 3. (to fail to see): I missed her in the fog con la niebla no la vi; it's on the left, you can't miss it está a mano izquierda, no tiene pérdida. 4. (a lost object) echar en falta. 5. (an absent person) echar de menos. ♦ vi fallar.

to miss out vt saltarse.

misshapen /mɪsˈʃeɪpən/ adj deformado -da.

missile /ˈmɪsaɪl/, (US) /ˈmɪsəl/ n (Mil) misil m; (stone, bottle) proyectil m.

missing /ˈmɪsɪŋ/ adj 1. (lost: object) perdido -da; (: person) desaparecido

-da. 2. (*absent*): my name is missing from the list falta mi nombre en la lista.

mission /ˈmɪʃən/ n misión f.

missionary /ˈmɪʃənərɪ/ n [-ries] misionero -ra m/f.

misspelt /mɪsˈspelt/ adj mal escrito -ta.

misspend /mɪsˈspend/ vt [-spends, -spending, -spent] 1. (*time*) desaprovechar. 2. (*money*) malgastar.

mist /mɪst/ n neblina f, bruma f.

to **mist over ∗ up** vi empañarse.

mistake /mɪsˈteɪk/ I n error m, equivocación f: he made a mistake se equivocó; by mistake por equivocación. II vt [-takes, -taking, -took, pp -taken] 1. (*to identify wrongly*): I mistook him for Jim lo confundí con Jim. 2. (*to misinterpret*) interpretar mal.

mistaken /mɪsˈteɪkən/ I pp ⇨ mistake. II adj equivocado -da.

mistletoe /ˈmɪsəltəʊ/ n muérdago m.

mistook /mɪsˈtʊk/ pret ⇨ mistake.

mistress /ˈmɪstrəs/ n [-resses] 1. (*of house*) señora f. (*of pet*) dueña f. 2. (*lover*) amante f. 3. (*Educ*) profesora f.

mistrust /mɪsˈtrʌst/ I vt desconfiar de. II n recelo m.

misty /ˈmɪstɪ/ adj [-tier, -tiest] 1. (*Meteo*): a misty day un día de niebla. 2. (*eyes, glass*) empañado -da.

misunderstand /mɪsʌndəˈstænd/ vt/i [-stands, -standing, -stood] entender mal.

misunderstanding /mɪsʌndəˈstændɪŋ/ n malentendido m.

misunderstood /mɪsʌndəˈstʊd/ pret y pp ⇨ misunderstand.

misuse I /mɪsˈjuːz/ vt 1. (*a word, tool*) emplear ∗ usar mal. 2. (*funds*) malversar. 3. (*power*) abusar de. II /mɪsˈjuːs/ n 1. (*of word*) uso m incorrecto. 2. (*of funds*) malversación f. 3. (*of power*) abuso m.

mitigate /ˈmɪtɪɡeɪt/ vt (*frml*) mitigar, atenuar.

mitten /ˈmɪtən/ n manopla f.

mix /mɪks/ I n [-xes] mezcla f. II vt mezclar. ♦ vi 1. (*gen*) mezclarse. 2. (*socially*) relacionarse.

to **mix in** vt añadir. to **mix up** vt 1. (*to confuse*) confundir (with con). 2. (*to involve*): to get mixed up in sthg meterse en algo.

mix-up n confusión f, malentendido m.

mixed /mɪkst/ adj 1. (*varied*): mixed sweets caramelos surtidos; a mixed salad una ensalada mixta ● mixed feelings sentimientos encontrados. 2. (*Educ, Sport*) mixto -ta.

mixed grill n parrillada f. **mixed-up** adj confuso -sa.

mixer /ˈmɪksə/ n batidora f.

mixing bowl /ˈmɪksɪŋ bəʊl/ n bol m, cuenco m (*grande, para mezclar ingredientes*).

mixture /ˈmɪkstʃə/ n mezcla f.

mm /ˈmɪlɪmiːtə/ (= millimetre, (*US*) millimeter) mm.

moan /məʊn/ I vi 1. (*in pain*) gemir. 2. (*fam: to complain*) quejarse (about de). II n 1. (*of pain*) gemido m. 2. (*fam: complaint*) queja f.

moat /məʊt/ n foso m.

mob /mɒb/ I n muchedumbre f, multitud f. II vt [mobs, mobbing, mobbed] acosar.

mobile /ˈməʊbaɪl/ I adj (*library*) ambulante; (*of person*): she isn't very mobile tiene problemas de movilidad. II n 1. (*decoration*) móvil m. 2. (o mobile phone) (teléfono) m móvil.

mobile home n caravana f (*como vivienda permanente*).

mock /mɒk/ I vt burlarse de. II adj 1. (*simulated*) simulado -da. 2. (*Educ*): mock exams exámenes de prueba.

mockery /ˈmɒkərɪ/ n [-ries] 1. (*ridicule*) burla f. 2. (*travesty*) farsa f ● to make a mockery of sthg ridiculizar algo.

mocking /ˈmɒkɪŋ/ adj burlón -lona.

MOD /eməʊˈdiː/ n (*in GB*) = Ministry of Defence.

mod cons /mɒd 'kɒnz/ *n pl* = **modern conveniences**.

mode /məʊd/ *n* (*gen*) modo *m*; (*Inform*) modalidad *f*.

model /'mɒdəl/ **I** *n* 1. (*example*) modelo *m*. 2. (*of car, ship*) maqueta *f*. 3. (*person*) modelo *m/f*. **II** *adj* 1. (*ship, building*) en miniatura. 2. (*student*) ejemplar. **III** *vt* [-**dels, -delling, -delled**] 1. (*to base*): **to model oneself on sbdy** tomar a alguien como modelo. 2. (*to sculpt*) modelar. 3. (*a dress*) llevar (*en pase de modelos, etc.*). ♦ *vi* 1. (*Clothing*) trabajar de modelo. 2. (*for artist*) posar.

modem /'məʊdem/ *n* módem *m*.

moderate I /'mɒdərət/ *adj* moderado -da. **II** /'mɒdəreɪt/ *vt* (*to reduce*) moderar; (*to control*) controlar.

modern /'mɒdən/ *adj* moderno -na.

modernize /'mɒdənaɪz/ *vt* modernizar.

modest /'mɒdɪst/ *adj* 1. (*person, house*) modesto -ta. 2. (*amount*) pequeño -ña.

modesty /'mɒdɪsti/ *n* modestia *f*.

modicum /'mɒdɪkəm/ *n* (*frml*) mínimo *m*.

modify /'mɒdɪfaɪ/ *vt* [-**fies, -fying, -fied**] modificar.

module /'mɒdjuːl/ *n* módulo *m*.

mogul /'məʊɡəl/ *n* magnate *m/f*.

mohair /'məʊheə/ *n* mohair *m*.

moist /mɔɪst/ *adj* húmedo -da.

moisten /'mɔɪsən/ *vt* humedecer.

moisture /'mɔɪstʃə/ *n* humedad *f*.

moisturize /'mɔɪstʃəraɪz/ *vt* hidratar.

moisturizer /'mɔɪstʃəraɪzə/ *n* crema *f* hidratante.

molar /'məʊlə/ *n* muela *f*.

mold /məʊld/ *n, vt* (*US*) ⇨ **mould**.

Moldavia /mɒl'deɪvɪə/ *n* Moldavia *f*.

Moldavian /mɒl'deɪvɪən/ **I** *adj* moldavo -va. **II** *n* moldavo -va *m/f*; (*Ling*) moldavo *m*.

moldy /'məʊldɪ/ *adj* [-**dier, -diest**] (*US*) ⇨ **mouldy**.

mole /məʊl/ *n* 1. (*Med*) lunar *m*. 2. (*Pol, Zool*) topo *m*.

molecule /'mɒlɪkjuːl/ *n* molécula *f*.

molest /mə'lest/ *vt* abusar de.

mollify /'mɒlɪfaɪ/ *vt* [-**fies, -fying, -fied**] apaciguar.

molt /məʊlt/ *vi* (*US*) ⇨ **moult**.

molten /'məʊltən/ *adj* (*metal*) fundido -da; (*lava*) líquido -da.

mom /mɒm/ *n* (*US*) ⇨ **mum**.

moment /'məʊmənt/ *n* momento *m*: **at the moment** en este momento; **at any moment** en cualquier momento.

momentary /'məʊməntəri/ *adj* momentáneo -nea.

momentous /məʊ'mentəs/ *adj* trascendental.

momentum /məʊ'mentəm/ *n* 1. (*speed*) velocidad *f*: **to gain ∗ gather momentum** cobrar velocidad. 2. (*driving force*) impulso *m*, ímpetu *m*.

mommy /'mɒmɪ/ *n* [-**mies**] (*US: fam*) mamá *f*.

Mon. /'mʌndeɪ/ = **Monday**.

monarch /'mɒnək/ *n* monarca *m/f*.

monarchy /'mɒnəki/ *n* [-**chies**] monarquía *f*.

monastery /'mɒnəstəri/ *n* [-**ries**] monasterio *m*.

Monday /'mʌndeɪ/ *n* lunes *m inv* ⇨ **Thursday**.

monetary /'mʌnɪtəri/ *adj* monetario -ria.

money /'mʌni/ *n* dinero *m*.

money box *n* hucha *f*. **moneylender** *n* prestamista *m/f*. **money order** *n* giro *m* postal. **money-spinner** *n* mina *f* de oro.

mongrel /'mʌŋɡrəl/ *n* perro *m* mestizo.

monitor /'mɒnɪtə/ **I** *vt* (*to watch*) vigilar; (*a broadcast*) escuchar. **II** *n* 1. (*Inform*) monitor *m*. 2. (*Educ*) alumno que ayuda con ciertas tareas.

monk /mʌŋk/ *n* monje *m*.

monkfish *n inv* rape *m*.

monkey /'mʌŋki/ *n* mono -na *m/f*.

monkey nut *n* cacahuete *m*. **monkey wrench** *n* llave *f* inglesa.

mono /'mɒnəʊ/ *adj* en mono.

monopolize /mə'nɒpəlaɪz/ *vt* (*a*

market, conversation) monopolizar.

monopoly /mə'nɒpəlɪ/ *n* [**-lies**] monopolio *m* (**of** de; **on** de).

monotone /'mɒnətəʊn/ *n*: **in a monotone** (siempre) con el mismo tono.

monotonous /mə'nɒtənəs/ *adj* monótono -na.

monsoon /mɒn'suːn/ *n* (*season, wind*) monzón *m*; (*rains*) lluvias *f pl* monzónicas.

monster /'mɒnstə/ **I** *n* monstruo *m*. **II** *adj* (*fam*) gigantesco -ca.

monstrosity /mɒn'strɒsətɪ/ *n* [**-ties**] monstruosidad *f*.

monstrous /'mɒnstrəs/ *adj* **1.** (*atrocious*) atroz; (*shameful*) vergonzoso -sa. **2.** (*huge*) gigantesco -ca.

Montenegrin /mɒntɪ'niːgrɪn/ *adj, n* montenegrino -na *adj, m/f*.

Montenegro /mɒntɪ'niːgrəʊ/ *n* Montenegro *m*.

month /mʌnθ/ *n* mes *m*: **in a month's time** dentro de un mes; **last/next month** el mes pasado/ que viene.

monthly /'mʌnθlɪ/ **I** *adj* mensual. **II** *adv* mensualmente.

monument /'mɒnjʊmənt/ *n* monumento *m* (**to** a).

monumental /mɒnjʊ'mentəl/ *adj* monumental.

moo /muː/ **I** *vi* mugir. **II** *n* mugido *m*.

mood /muːd/ *n* humor *m*: **he's in a bad/good mood** está de mal/buen humor.

moody /'muːdɪ/ *adj* [**-dier, -diest**] **1.** (*grumpy*) malhumorado -da. **2.** (*unpredictable*) de humor cambiante.

moon /muːn/ *n* luna *f* ● **she was over the moon** estaba loca de contenta ● **once in a blue moon** de Pascuas a Ramos.

moonlight *n* luz *f* de la luna. **moonlighting** *n* (*fam*) pluriempleo *m* (*que no se declara a Hacienda*). **moonlit** *adj*: **a moonlit night** una noche de luna.

Moor /mɔː/ *n* (*Hist*) moro -ra *m/f*.

moor /mɔː/ **I** *vt* (*Naut*) amarrar. **II** *n* (*Geog*) páramo *m*.

moorland *n* páramo *m*.

moorhen /'mɔːhen/ *n* polla *f* de agua.

mooring /'mɔːrɪŋ/ **I** *n* (*berth*) amarradero *m*. **II moorings** *n pl* (*ropes*) amarras *f pl*.

Moorish /'mʊərɪʃ/ *adj* árabe.

moose /muːs/ *n inv* alce *m*.

moot /muːt/ **I** *adj*: **it's a moot point** es un tema a debatir. **II** *vt* proponer.

mop /mɒp/ **I** *n* **1.** (*for floor*) fregona *f*. **2.** (*of hair*) greñas *f pl*. **II** *vt* [**mops, mopping, mopped**] fregar.

to **mop up** *vt* secar, enjugar.

mope /məʊp/ *vi* estar deprimido -da.

to **mope about** ∗ **around** *vi* andar deprimido -da.

moped /'məʊped/ *n* ciclomotor *m*, velomotor *m*.

moral /'mɒrəl/ **I** *n* (*of story*) moraleja *f*. **II morals** *n pl* (*standards*) moral *f*, moralidad *f*. **III** *adj* (*ethical*) moral, ético -ca.

morale /mɒ'rɑːl/ *n* (*spirits*) moral *f*.

morality /mɒ'rælətɪ/ *n* moralidad *f*.

morass /mə'ræs/ *n* ciénaga *f*.

morbid /'mɔːbɪd/ *adj* morboso -sa.

more /mɔː/ *adv, adj, pron* más: **more tired/slowly than you** más cansado/despacio que tú; **more clouds than yesterday** más nubes que ayer; **more than he thinks** más de lo que piensa; **I ate more than you** comí más que tú; **a few more days** unos días más ● **more and more complicated** cada vez más complicado ● **more or less** más o menos.

moreover /mɔː'rəʊvə/ *adv* además.

morgue /mɔːg/ *n* depósito *m* de cadáveres.

Mormon /'mɔːmən/ *adj, n* mormón -mona *adj, m/f*.

morning /'mɔːnɪŋ/ *n* mañana *f*: **in the morning** por la mañana; **on Monday morning** el lunes por la mañana; **good morning!** ¡buenos días!; **at two in the morning** a las dos de la madrugada.

morning sickness n náuseas f pl del embarazo.

Moroccan /məˈrɒkən/ adj, n marroquí adj, m/f.

Morocco /məˈrɒkəʊ/ n Marruecos m.

moron /ˈmɔːrɒn/ n (fam) idiota m/f.

morose /məˈrəʊs/ adj deprimido -da.

morphine /ˈmɔːfiːn/ n morfina f.

morris dance /ˈmɒrɪs dɑːns/ n: baile tradicional inglés.

Morse /mɔːs/ n (o **Morse code**) (alfabeto m) morse m.

morsel /ˈmɔːsəl/ n pedacito m.

mortal /ˈmɔːtəl/ adj, n mortal adj, m/f.

mortar /ˈmɔːtə/ n mortero m.

mortgage /ˈmɔːgɪdʒ/ I n hipoteca f. II vt hipotecar.

mortician /mɔːˈtɪʃən/ n (US) director -tora m/f de pompas fúnebres.

mortify /ˈmɔːtɪfaɪ/ vt [-fies, -fying, -fied] avergonzar.

mortuary /ˈmɔːtʃʊərɪ/ n [-ries] depósito m de cadáveres.

mosaic /məʊˈzeɪɪk/ n mosaico m.

Moscow /ˈmɒskəʊ/, (US) /ˈmɒskaʊ/ n Moscú m.

Moslem /ˈmʊzləm/ adj, n musulmán -mana adj, m/f.

mosque /mɒsk/ n mezquita f.

mosquito /mɒˈskiːtəʊ/ n [-toes] mosquito m, (Amér L) zancudo m.

mosquito net n mosquitera f, mosquitero m.

moss /mɒs/ n [mosses] musgo m.

most /məʊst/ I adv 1. (in superlatives) más: **the most expensive dish** el plato más caro. 2. (very): **I think it most unlikely** me parece muy poco probable. II adj: **most people liked it** a la mayoría de la gente le gustó. III pron: **most of the book** la mayor parte del libro; **most of them left** la mayoría se fue ● **make the most of it** aprovéchalo al máximo ● **at (the) most** como máximo.

mostly /ˈməʊstlɪ/ adv 1. (mainly): **they are mostly girls** hay mayoría

de chicas. 2. (usually) generalmente.

MOT /eməʊˈtiː/ n (in GB) (= **Ministry of Transport (test)**) ITV f.

motel /məʊˈtel/ n motel m.

moth /mɒθ/ n polilla f.

mothball n bola f de naftalina. **moth-eaten** adj apolillado -da.

mother /ˈmʌðə/ I n madre f. II vt mimar.

mother-in-law n [mothers-in-law] suegra f. **mother-of-pearl** n nácar m, madreperla f. **mother-to-be** n futura madre f. **mother tongue** n lengua f materna.

motherhood /ˈmʌðəhʊd/ n maternidad f.

motherly /ˈmʌðəlɪ/ adj maternal.

motif /məʊˈtiːf/ n motivo m.

motion /ˈməʊʃən/ I n 1. (movement) movimiento m: **the ball is in motion** la pelota está en movimiento. 2. (gesture) gesto m. 3. (Pol) moción f. II vi hacer señas: **he motioned to me to sit down** me hizo señas para que me sentara.

motion picture n película f. **motion sickness** n mareo m.

motionless /ˈməʊʃənləs/ adj inmóvil.

motivate /ˈməʊtɪveɪt/ vt motivar.

motive /ˈməʊtɪv/ n motivo m (**for** de), móvil m (**for** de).

motley /ˈmɒtlɪ/ adj variopinto -ta.

motor /ˈməʊtə/ I n motor m. II adj a ∗ de motor.

motorbike n motocicleta f, moto f. **motorboat** n motora f. **motorcar** n (frml) coche m, automóvil m. **motorcycle** n motocicleta f. **motorcyclist** n motorista m/f, motociclista m/f. **motor racing** n carreras f pl de coches. **motorway** n autopista f.

motoring /ˈməʊtərɪŋ/ n automovilismo m.

motorist /ˈməʊtərɪst/ n conductor -tora m/f, automovilista m/f.

mottled /ˈmɒtəld/ adj moteado -da.

motto /ˈmɒtəʊ/ n lema m.

mould /məʊld/ I n 1. (fungus) moho m. 2. (for making shapes) molde m.

II *vt* (*gen*) moldear; (*clay*) modelar.

mouldy /ˈməʊldɪ/ *adj* [-dier, -diest] mohoso -sa: **it went mouldy** se enmoheció.

moult /məʊlt/ *vi* (*dog*) mudar el pelo; (*bird*) mudar el plumaje. ●

mound /maʊnd/ *n* 1. (*Geog*) montículo *m*. 2. (*heap*) pila *f*.

mount /maʊnt/ **I** *n* 1. (*horse*) montura *f*. 2. **Mount** (*Geog*): **Mount Kenya** el Monte Kenia. **II** *vt* 1. (*a horse*) montar. 2. (*a picture*) montar; (*a gem*) engarzar. 3. (*a show, display*) montar; (*a protest*) organizar. ♦ *vt* (*to increase*) aumentar.
to **mount up** *vi* acumularse.

mountain /ˈmaʊntɪn/ *n* montaña *f*.

mountain bike *n* bicicleta *f* de montaña. **mountain range** *n* sierra *f*, cordillera *f*.

mountaineer /maʊntɪˈnɪə/ *n* alpinista *m/f*, montañero -ra *m/f*.

mountaineering /maʊntɪˈnɪərɪŋ/ *n* alpinismo *m*, montañismo *m*.

mountainous /ˈmaʊntɪnəs/ *adj* montañoso -sa.

mourn /mɔːn/ *vt* llorar (la muerte de). ♦ *vi*: **to mourn for sbdy** llorar la muerte de alguien.

mourner /ˈmɔːnə/ *n*: **the mourners** los asistentes al entierro.

mournful /ˈmɔːnfʊl/ *adj* apenado -da, triste.

mourning /ˈmɔːnɪŋ/ *n* luto *m*: **he's in mourning** está de luto.

mouse /maʊs/ *n* [**mice**] ratón *m*.

mousetrap *n* ratonera *f*.

mousse /muːs/ *n* 1. (*Culin*) mousse *f*. 2. (*for hair*) espuma *f* moldeadora.

moustache /məˈstɑːʃ/ *n* bigote *m*.

mousy /ˈmaʊsɪ/ *adj* [-sier, -siest] 1. (*hair*) (de color) castaño claro. 2. (*timid*) tímido -da.

mouth /maʊθ/ *n* (*gen*) boca *f*; (*of river*) desembocadura *f* ● **shut your mouth!** ¡cállate!

mouth organ *n* armónica *f*. **mouthpiece** *n* 1. (*Mus*) boquilla *f*; (*Telec*) micrófono *m*. 2. (*Pol*) portavoz *m/f*.

mouth-to-mouth resuscitation *n* boca a boca *m*. **mouthwash** *n*

enjuague *m* bucal. **mouth-watering** *adj* apetitoso -sa.

mouthful /ˈmaʊθfʊl/ *n* (*of drink*) trago *m*; (*of food*) bocado *m*.

move /muːv/ **I** *n* 1. (*movement*) movimiento *m* ● **to be on the move** (*person*) andar de un sitio para otro; (*vehicle*) estar en marcha ● **get a move on!** ¡date prisa! 2. (*to new house*) mudanza *f*; (*to new job*) traslado *m*. 3. (*Games*) jugada *f*: **it's my move** me toca a mí.
II *vi* 1. (*gen*) moverse; (*traffic*) circular. 2. (*to new house*) mudarse (de casa). ♦ *vt* 1. (*gen*) mover. 2. (*house*): **he moved house** se mudó (de casa). 3. (*to motivate*): **I felt moved to complain** pensé que debía presentar una queja. 4. (*emotionally*) conmover ● **it moved me to tears** me hizo llorar. 5. (*to propose*) proponer.
to **move about ✳ around** *vi* 1. (*gen*) moverse. 2. (*to travel*) viajar de aquí para allá. *to* **move along** *vi* (*to progress*) avanzar; (*to keep going*) circular; (*to make room*) correrse. *to* **move in** *vi* (*to approach*) acercarse (**on** a); (*to a house*) mudarse (**to** a). *to* **move off** *vi* ponerse en marcha. *to* **move on** *vi* irse a otro sitio. *to* **move out** *vi* mudarse (**of** de). *to* **move over** *vi* correrse. *to* **move up** *vi* (*in ranking*) subir; (*to make space*) correrse.

movement /ˈmuːvmənt/ *n* movimiento *m*.

movie /ˈmuːvɪ/ *n* película *f*: **we went to the movies** fuimos al cine.

movie theater *n* (*US*) cine *m*.

moving /ˈmuːvɪŋ/ *adj* 1. (*emotional*) conmovedor -dora. 2. (*vehicle*) en movimiento ✳ marcha. 3. (*designed to move*) móvil.

mow /məʊ/ *vt* [**mows, mowing, mowed**, *pp* **mown**] (*a lawn*) cortar; (*hay*) segar.
to **mow down** *vt* (*in car*) atropellar; (*with gun*) acribillar a balazos.

mower /ˈməʊə/ *n* cortacésped *m*.

mown /məʊn/ *pp* ⇨ **mow**.

MP /emˈpiː/ *n* = **Member of**

Parliament diputado -da.

mpg /empiː'dʒiː/ = **miles per gallon**.

mph /empiː'eɪtʃ/ = **miles per hour**.

MPhil /em'fɪl/ n = **Master of Philosophy**.

Mr /'mɪstə/ (gen) señor: **that's Mr Brown** ése es el señor Brown; (in correspondence) Don, Sr.: **Mr H. Jones** Don ∗ Sr. H. Jones.

Mrs /'mɪsɪz/ (gen) Señora: **Mrs Christie is here** la señora Christie está aquí; (in correspondence) Dña., Sra.: **Mrs F. Lee** Dña. ∗ Sra. F. Lee.

Ms /məz/ Sra. (título que no indica el estado civil): **Ms Lucy Giles** Sra. Lucy Giles.

MSc /emes'siː/, (US) **MS** /em'es/ n = **Master of Science**.

Mt. /maʊnt/ = **mount**.

much /mʌtʃ/ [**more, most**] I adv mucho: **he doesn't eat much** no come mucho ● **much as I like it...** por mucho que me guste... ● **I thought as much** ya me lo imaginaba. II adj, pron mucho -cha: **there isn't much milk** no hay mucha leche; **is there much to do?** ¿hay mucho que hacer?; **I know as much as you** sé tanto como tú. También ⇨ **how, so, too**.

muck /mʌk/ n (fam: dirt) suciedad f, (: Agr) estiércol m.

to **muck about** ∗ **around** vi (fam) hacer el mono. to **muck in** vi (fam) echar una mano. to **muck up** vt (fam) estropear.

mucus /'mjuːkəs/ n mucosidad f.

mud /mʌd/ n barro m, lodo m.

mud flat n marisma f (en un estuario).

mudguard n guardabarros m inv.

muddle /'mʌdəl/ I n 1. (untidiness) desorden m: **it was all in a muddle** estaba todo en desorden. 2. (confusion): **to get into a muddle** hacerse un lío. II vt (o **muddle up**) 1. (papers) desordenar. 2. (to confuse) confundir: **he tried to muddle me up** intentó confundirme; **I'm getting muddled** me estoy haciendo un lío.

to **muddle along** vi apañárselas.

muddy /'mʌdɪ/ adj [**-dier, -diest**] (place) embarrado -da; (river) fangoso -sa; (clothes) lleno -na de barro.

muffin /'mʌfɪn/ n 1. (GB: roll) bollo m (que se toma tostado). 2. (US: cake) pastelito m (parecido a una magdalena).

muffle /'mʌfəl/ vt amortiguar.

muffled /'mʌfəld/ adj (sound) sordo -da.

muffler /'mʌflə/ n (US) silenciador m, (Amér C, Méx) mofle(r) m.

mug /mʌg/ I n 1. (for hot drinks) taza f (grande y cilíndrica). 2. (fam: fool) bobo -ba m/f. 3. (fam: face) jeta f. II vt [**mugs, mugging, mugged**] atracar.

mugger /'mʌgə/ n atracador -dora m/f.

mugging /'mʌgɪŋ/ n atraco m (a una persona).

muggy /'mʌgɪ/ adj [**-gier, -giest**] bochornoso -sa.

mule /mjuːl/ n mula f.

mull /mʌl/ vt (wine) calentar (con azúcar y especias).

to **mull over** vt (an idea) darle vueltas a.

multicoloured, (US) **multicolored** /'mʌltɪkʌləd/ adj multicolor.

multilingual /mʌltɪ'lɪŋgwəl/ adj plurilingüe, multilingüe.

multinational /mʌltɪ'næʃənəl/ adj, n multinacional adj, f.

multiple /'mʌltɪpəl/ I adj múltiple. II n múltiplo m.

multiple sclerosis n esclerosis f múltiple.

multiplication /mʌltɪplɪ'keɪʃən/ n multiplicación f.

multiply /'mʌltɪplaɪ/ vt [**-plies, -plying, -plied**] multiplicar. ♦ vi multiplicarse.

multiracial /mʌltɪ'reɪʃəl/ adj multirracial.

multistorey, (US) **multistory** /mʌltɪ'stɔːrɪ/ adj de varias plantas.

multitude /'mʌltɪtjuːd/ n multitud f.

mum /mʌm/ n (gen) madre f, (: as form of address) mamá f ● **I kept**

mum no dije ni mu.

mumble /ˈmʌmbəl/ *vt/i* farfullar.

mummy /ˈmʌmi/ *n* [-mies] **1.** (*fam: mother*) mamá *f.* **2.** (*preserved body*) momia *f.*

mumps /mʌmps/ *n* paperas *f pl.*

munch /mʌntʃ/ *vt/i* mascar ruidosamente.

mundane /mʌnˈdeɪn/ *adj* (*routine*) rutinario -ria; (*dull*) anodino -na.

municipal /mjuːˈnɪsɪpəl/ *adj* municipal.

municipality /mjuːnɪsɪˈpælɪti/ *n* [-ties] municipio *m.*

munitions /mjuːˈnɪʃənz/ *n pl* municiones *f pl.*

mural /ˈmjuːrəl/ *n* mural *m.*

murder /ˈmɜːdə/ **I** *n* asesinato *m.* **II** *vt* asesinar.

murderer /ˈmɜːdərə/ *n* asesino -na *m/f.*

murderous /ˈmɜːdərəs/ *adj* asesino -na.

murky /ˈmɜːki/ *adj* [-kier, -kiest] **1.** (*room, sky*) oscuro -ra. **2.** (*water*) turbio -bia. **3.** (*past*) turbio -bia.

murmur /ˈmɜːmə/ **I** *vt/i* murmurar. **II** *n* murmullo *m.*

muscle /ˈmʌsəl/ *n* músculo *m.*
to muscle in *vi* entrometerse (**on** en).

muscular /ˈmʌskjʊlə/ *adj* (*build*) musculoso -sa; (*pain, problem*) muscular.

muscular distrophy /ˈmʌskjʊlə ˈdɪstrəfɪ/ *n* distrofia *f* muscular.

muse /mjuːz/ **I** *n* musa *f.* **II** *vi* meditar (**on** sobre).

museum /mjuːˈziːəm/ *n* museo *m.*

mushroom /ˈmʌʃrʊm/ **I** *n* (*gen*) seta *f*; (*small, white*) champiñón *m.* **II** *vi* extenderse muy rápido.

mushy /ˈmʌʃi/ *adj* [-shier, -shiest] **1.** (*food*) hecho -cha puré. **2.** (*fam: movie*) sensiblero -ra.

music /ˈmjuːzɪk/ *n* **1.** (*gen*) música *f.* **2.** (*score*) partitura *f.*

music-lover *n* melómano -na *m/f.*
music stand *n* atril *m.*

musical /ˈmjuːzɪkəl/ *adj, n* musical *adj, m.*

musical chairs *n* juego *m* de las sillas.

musician /mjuːˈzɪʃən/ *n* músico -ca *m/f.*

musk /mʌsk/ *n* almizcle *m.*

Muslim /ˈmʊzləm/ *adj, n* musulmán -mana *adj, m/f.*

mussel /ˈmʌsəl/ *n* mejillón *m.*

must /mʌst/ **I** *v aux* **1.** (*expressing obligation*) deber: **you mustn't do that** no debes hacer eso; **you must tell me** debes decírmelo ‖ **tienes que** decírmelo. **2.** (*expressing supposition*) deber (de): **he must be very lonely** debe (de) estar muy solo; **he must have got lost** debe (de) haberse perdido. **II** *n*: **they're a must** son imprescindibles.

mustache /ˈmʌstæʃ/ *n* (*US*) bigote *m.*

mustard /ˈmʌstəd/ *n* mostaza *f.*

muster /ˈmʌstə/ *vt* reunir.

mustn't /ˈmʌsənt/ *contracción de* **must not**

musty /ˈmʌsti/ *adj* [-tier, -tiest] que huele a humedad.

mutant /ˈmjuːtənt/ *adj, n* mutante *adj, m/f.*

mutate /mjuːˈteɪt/ *vt* mutar. ♦ *vi* mutarse.

mute /mjuːt/ *adj, n* mudo -da *adj, m/f.*

muted /ˈmjuːtɪd/ *adj* (*reaction*) acallado -da; (*applause*) no muy fuerte; (*colour*) apagado -da.

mutilate /ˈmjuːtɪleɪt/ *vt* mutilar.

mutineer /mjuːtɪˈnɪə/ *n* amotinado -da *m/f.*

mutiny /ˈmjuːtəni/ **I** *n* [-nies] motín *m.* **II** *vi* [-nies, -nying, -nied] amotinarse.

mutter /ˈmʌtə/ *vt/i* murmurar.

mutton /ˈmʌtən/ *n* carne *f* de oveja.

mutual /ˈmjuːtʃʊəl/ *adj* **1.** (*agreement, feeling*) mutuo -tua. **2.** (*friend, interest*) común.

mutually /ˈmjuːtʃʊəli/ *adv* mutuamente.

muzzle /ˈmʌzəl/ *n* **1.** (*of animal*) hocico *m.* **2.** (*for dog*) bozal *m.* **3.** (*of gun*) boca *f.*

MW /ˈmiːdɪəm weɪv/ = **medium**

wave onda media.

my /maɪ/ *adj* (*singular*) mi; (*plural*) mis: **my aunt** mi tía; **my books** mis libros; **I cut my knee** me corté la rodilla.

myself /maɪˈself/ *pron* 1. (*reflexive*) me. 2. (*emphatic*) yo mismo -ma. 3. (*after prep*) mí (mismo -ma) ● **by myself** solo -la.

mysterious /mɪsˈtɪərɪəs/ *adj* misterioso -sa.

mystery /ˈmɪstərɪ/ *n* [**-ries**] misterio *m*.

mystify /ˈmɪstɪfaɪ/ *vt* [**-fies, -fying, -fied**] dejar perplejo -ja.

mystique /mɪˈstiːk/ *n* 1. (*awe*) fascinación *f*. 2. (*mystery*) misterio *m*.

myth /mɪθ/ *n* mito *m*.

mythology /mɪˈθɒlədʒɪ/ *n* [**-gies**] mitología *f*.

NAFTA /ˈnæftə/ *n* (= **North American Free Trade Area**) NAFTA.

nag /næg/ *vt* [**nags, nagging, nagged**] regañar, reñir (*una y otra vez*). ♦ *vi* quejarse.

nagging /ˈnægɪŋ/ *adj* persistente.

nail /neɪl/ I *n* 1. (*Tec*) clavo *m*. 2. (*Anat*) uña *f*. II *vt* clavar (**to** en).

to **nail down** *vt* (*a board*) sujetar con clavos ● **I nailed him down to a date** logré que se comprometiera a una fecha.

nailbrush *n* cepillo *m* de uñas. **nail clippers** *n pl* cortaúñas *m inv*. **nail file** *n* lima *f* de uñas. **nail polish** ∗ **varnish** *n* laca *f* ∗ esmalte *m* de uñas.

naive /naˈiːv/ *adj* ingenuo -nua, inocente.

naked /ˈneɪkɪd/ *adj* desnudo -da ● **a naked flame** una llama (al descubierto).

name /neɪm/ I *n* 1. (*gen*) nombre *m*: **what's her name?** ¿cómo se llama? ● **put my name down** apúntame. 2. (*reputation*) fama *f*. II *vt* 1. (*a child*) llamar. 2. (*to identify*) identificar. 3. (*to appoint*) nombrar. 4. (*to fix*) fijar.

nameless /ˈneɪmləs/ *adj* anónimo -ma.

namely /ˈneɪmlɪ/ *adv* a saber, es decir.

namesake /ˈneɪmseɪk/ *n* tocayo -ya *m/f*.

nanny /ˈnænɪ/ *n* [**-nies**] niñera *f*.

nap /næp/ I *n* siesta *f*. II *vi* [**naps, napping, napped**] dormir la siesta ● **he caught me napping** me pilló desprevenido.

nape /neɪp/ *n* (*o* **nape of the neck**) nuca *f*, cogote *m*.

napkin /ˈnæpkɪn/ *n* servilleta *f*.

nappy /ˈnæpɪ/ *n* [**-pies**] pañal *m*.

narcotic /nɑːˈkɒtɪk/ I *adj* narcótico -ca. II *n* narcótico *m*.

narrate /nəˈreɪt/ *vt* narrar, contar.

narrative /ˈnærətɪv/ I *n* narrativa *f*. II *adj* narrativo -va.

narrator /nəˈreɪtə/ *n* narrador -dora *m/f*.

narrow /ˈnærəʊ/ I *adj* 1. (*gen*) estrecho -cha, angosto -ta. 2. (*majority*) escaso -sa 3. (*view*) restringido -da; (*mind*) cerrado -da. II *vi* estrecharse.

to **narrow down** *vt* reducir (**to** a).

narrow-gauge *adj* de vía estrecha. **narrow-minded** *adj* (*person*) de mentalidad cerrada; (*attitude*) estrecho -cha de miras.

narrowly /ˈnærəʊlɪ/ *adv* por poco.

nasty /ˈnɑːstɪ/ *adj* [**-tier, -tiest**] 1. (*smell, person, remark*) muy desagradable: **don't be so nasty to her** no seas tan malo con ella ● **things are turning nasty** la cosa se está poniendo fea. 2. (*accident, injury*) grave; (*bruise*) de mal aspecto. 3. (*habit*) feo -a.

nation /ˈneɪʃən/ n nación f.

national /ˈnæʃənəl/ I adj nacional. II n ciudadano -na m/f.

national anthem n himno m nacional. **National Health Service** n (in GB) sanidad f pública. **National Insurance** n (in GB) Seguridad f Social. **national park** n parque m nacional.

nationalist /ˈnæʃənəlɪst/ adj, n nacionalista adj, m/f.

nationality /næʃəˈnælɪti/ n [-ties] nacionalidad f.

nationalize /ˈnæʃənəlaɪz/ vt nacionalizar.

nationwide /ˈneɪʃənwaɪd/ I adj nacional. II adv en * por todo el país.

native /ˈneɪtɪv/ I adj (*person*) indígena; (*land*) natal; (*species*) autóctono -na; (*language*) materno -na. II n (*referring to birthplace*) nativo -va m/f, natural m/f; (*of a country*) indígena m/f.

native speaker n (hablante m/f) nativo -va m/f.

Nativity /nəˈtɪvəti/ n natividad f.

NATO /ˈneɪtəʊ/ n (= **North Atlantic Treaty Organization**) la OTAN.

natter /ˈnætə/ (*fam*) I vi charlar. II n charla f.

natural /ˈnætʃərəl/ adj 1. (*gen*) natural. 2. (*ability*) innato -ta. 3. (*logical*) lógico -ca.

naturalization /nætʃərəlaɪˈzeɪʃən/ n nacionalización f.

naturalize /ˈnætʃərəlaɪz/ vt: **to be naturalized** nacionalizarse.

naturally /ˈnætʃərəli/ adv 1. (*not artificially*) naturalmente. 2. (*unaffectedly*) con naturalidad. 3. (*of course*) desde luego.

nature /ˈneɪtʃə/ n 1. (*gen*) naturaleza f. 2. (*type*) tipo m, índole f.

naught /nɔːt/ n cero m.

naughty /ˈnɔːti/ adj [-tier, -tiest] (*child*) travieso -sa, revoltoso -sa: **to be naughty** portarse mal.

nausea /ˈnɔːzɪə/ n náuseas f pl.

nauseate /ˈnɔːzɪeɪt/ vt 1. (*Med*): the

smell nauseates me el olor me produce náuseas. 2. (*to disgust*) repugnar.

nauseating /ˈnɔːzɪeɪtɪŋ/ adj (*gen*) repugnante; (*smell*) nauseabundo -da.

nauseous /ˈnɔːzɪəs/ adj: I feel nauseous tengo náuseas.

nautical /ˈnɔːtɪkəl/ adj náutico -ca.

nautical mile n milla f marina.

naval /ˈneɪvəl/ adj naval: **a naval officer** un oficial de marina.

Navarre /nəˈvɑː/ n Navarra f.

nave /neɪv/ n nave f.

navel /ˈneɪvəl/ n ombligo m.

navigable /ˈnævɪgəbəl/ adj navegable.

navigate /ˈnævɪgeɪt/ vi navegar. ♦ vt (*a ship*) gobernar.

navigation /nævɪˈgeɪʃən/ n navegación f.

navigator /ˈnævɪgeɪtə/ n (*Av*, *Naut*) navegante m/f; (*Auto*) copiloto m/f.

navvy /ˈnævi/ n [-vies] peón m caminero.

navy /ˈneɪvi/ n [-vies] 1. (*Mil*) armada f, marina f de guerra. 2. (o **navy blue**) azul m marino.

NB /ɛnˈbiː/ N.B. (*obsérvese*).

near /nɪə/ I adv 1. (*in space*) cerca. 2. (*in time*): the big day is drawing near se acerca el gran día. II prep 1. (*in space*) cerca de. 2. (*in time*): near Christmas poco antes de Navidad; near the end of May hacia fines de mayo. III adj 1. (*in space*): the nearest village el pueblo más cercano. 2. (*relative*) cercano -na. 3. (*future*) próximo -ma. IV vt acercarse a.

near-sighted /nɪəˈsaɪtɪd/ adj miope.

nearby I /ˈnɪəbaɪ/ adj cercano -na. II /nɪəˈbaɪ/ adv cerca.

nearly /ˈnɪəli/ adv casi: he nearly killed me por poco me mata.

neat /niːt/ adj 1. (*room*) ordenado -da; (*handwriting*) claro -ra. 2. (*appearance*) pulcro -cra. 3. (*plan*) ingenioso -sa. 4. (*whisky*) solo -la.

neatly /ˈniːtli/ adv (*to write, arrange*) con esmero; (*to dress*) pulcramente.

necessarily /nesə'serɪlɪ/ *adv* necesariamente.

necessary /'nesɪsərɪ/ *adj* necesario -ria [S], preciso -sa [S].

necessitate /nɪ'sesɪteɪt/ *vt* (*frml*) hacer necesario -ria.

necessity /nɪ'sesətɪ/ *n* [-ties] 1. (*need*) necesidad *f*. 2. (*essential item*): **it's a necessity** es imprescindible.

neck /nek/ I *n* (*of person, bottle, shirt*) cuello *m* ● **they're neck and neck** van parejos; (*of animal*) pescuezo *m*, cuello *m*. II *vi* (*fam*) besuquearse.

necklace /'neklɪs/ *n* collar *m*.

neckline /'neklaɪn/ *n* escote *m*.

necktie /'nektaɪ/ *n* (*US*) corbata *f*.

nectar /'nektə/ *n* néctar *m*.

nectarine /'nektəri:n/ *n* nectarina *f*, (*RP*) pelón *m*.

née /neɪ/ *adj* de soltera.

need /ni:d/ I *n* necesidad *f*: **to be in need of sthg** necesitar algo ● **people in need** gente necesitada. II *vt* necesitar. III *v aux*: **he needn't come** no hace falta que venga.

needle /'ni:dəl/ *n* aguja *f*.

needlework *n* (*gen*) costura *f*; (*embroidery*) bordado *m*.

needless /'ni:dləs/ *adj* innecesario -ria, inútil ● **needless to say, he didn't come** huelga decir que no vino.

needn't /'ni:dənt/ *contracción de* **need not**

needy /'ni:dɪ/ *adj* [-dier, -diest] necesitado -da.

negative /'negətɪv/ I *adj* negativo -va. II *n* 1. (*of photo*) negativo *m*. 2. (*Ling*) negación *f*.

neglect /nɪ'glekt/ I *vt* 1. (*a responsibility*) descuidar; (*a person*): **he neglects his son** no se ocupa de su hijo. 2. (*to fail*): **he neglected to tell her** omitió decírselo. II *n* 1. (*lack of action*) negligencia *f*. 2. (*state*) abandono *m*.

neglected /nɪ'glektɪd/ *adj* (*garden*) descuidado -da, abandonado -da; (*child*) desatendido -da.

negligee /'neglɪʒeɪ/ *n* salto *m* de cama.

negligence /'neglɪdʒəns/ *n* negligencia *f*.

negligible /'neglɪdʒəbəl/ *adj* insignificante.

negotiable /nɪ'gəʊʃɪəbəl/ *adj* 1. (*for discussion*) negociable. 2. (*road*) transitable.

negotiate /nɪ'gəʊʃɪeɪt/ *vi* negociar. ♦ *vt* 1. (*an agreement*) negociar; (*a loan*) gestionar. 2. (*an obstacle*) franquear.

negotiation /nɪgəʊʃɪ'eɪʃən/ *n* negociación *f*.

neigh /neɪ/ *vi* relinchar.

neighbour, (*US*) **neighbor** /'neɪbə/ *n* vecino -na *m/f*.

neighbourhood, (*US*) **neighborhood** /'neɪbəhʊd/ *n* (*area*) barrio *m*, vecindad *f*; (*people*) vecindario *m*.

neighbouring, (*US*) **neighboring** /'neɪbərɪŋ/ *adj* vecino -na.

neighbourly, (*US*) **neighborly** /'neɪbəlɪ/ *adj* amable.

neither /'naɪðə, 'ni:ðə/ I *adv, conj*: **neither he nor I** ni él ni yo; **"I didn't hear it." "Neither did I."** —Yo no lo oí. —Yo tampoco. II *adj, pron* ninguno (de los dos), ninguna (de las dos).

neon /'ni:ɒn/ *n* neón *m*.

neon light *n* lámpara *f* de neón. **neon sign** *n* letrero *m* luminoso.

nephew /'nefju:/ *n* sobrino *m*.

Neptune /'neptju:n/ *n* Neptuno *m*.

nerve /nɜ:v/ *n* 1. (*Anat*) nervio *m* ● **it gets on my nerves** me crispa los nervios. 2. (*courage*) valor *m*. 3. (*insolence*) descaro *m*, caradura *f*.

nerve-racking *adj* angustioso -sa.

nervous /'nɜ:vəs/ *adj* nervioso -sa.

nervous breakdown *n* crisis *f inv* nerviosa.

nest /nest/ I *n* (*gen*) nido *m*; (*of ants*) hormiguero *m*; (*of wasps*) avispero *m*. II *vi* anidar.

nest egg *n* (*savings*) ahorros *m pl*.

nestle /'nesəl/ *vi*: **to nestle into an armchair** arrellanarse en una butaca; **she nestled against his**

shoulder recostó la cabeza sobre su hombro.

net /net/ I n red f. II vt [**nets, netting, netted**] (a fish) pescar. III adj neto -ta.

net curtain n visillo m.

netball /'netbɔ:l/ n: deporte femenino parecido al baloncesto.

Netherlands /'neðələndz/ n pl Países m pl Bajos.

nett /net/ adj neto -ta.

netting /'netɪŋ/ n malla f, redes f pl.

nettle /'netəl/ n ortiga f.

network /'netwɜ:k/ n red f.

neurosis /njʊə'rəʊsɪs/ n [-roses] neurosis f inv.

neurotic /njʊə'rɒtɪk/ adj, n neurótico -ca adj, m/f.

neuter /'nju:tə/ I adj (Ling) neutro -tra. II vt (a cat, dog) esterilizar.

neutral /'nju:trəl/ I adj 1. (country) neutral. 2. (colour, in chemistry) neutro -tra. II n (Auto) punto m muerto.

neutralize /'nju:trəlaɪz/ vt neutralizar.

never /'nevə/ adv nunca, jamás.

never-ending adj interminable.

nevertheless /nevəðə'les/ adv no obstante, sin embargo.

new /nju:/, (US) /nu:/ adj 1. (gen) nuevo -va. 2. (different): her new job su nuevo trabajo; I bought a new car me compré otro coche.

New Year's Day n día m de Año Nuevo. **New Year's Eve** n Nochevieja f.

newborn /'nju:bɔ:n/ adj recién nacido -da.

newcomer /'nju:kʌmə/ n recién llegado -da m/f.

newfangled /'nju:fæŋɡəld/ adj: all these newfangled ideas todas estas ideas tan modernas.

newfound /'nju:faʊnd/ adj (skill) recién adquirido -da; (friend) nuevo -va.

newly /'nju:lɪ/ adv recientemente, recién.

newlywed /'nju:lɪwed/ n recién casado -da m/f.

New Mexico /nju: 'meksɪkəʊ/ n Nuevo México m.

news /nju:z/ n (information, programme) noticias f pl; (an item) noticia f: **the news of her death** la noticia de su muerte.

news agency n agencia f de noticias.

newsagent's n: tienda en la que se venden periódicos, revistas, tabaco y golosinas. **newscaster** n ⇨ newsreader. **newsflash** n avance m informativo. **newsletter** n boletín m, hoja f informativa. **newsprint** n papel m de periódico. **newsreader** n presentador -dora m/f (de un informativo). **news stand** n quiosco m de prensa, puesto m de periódicos.

newspaper /'nju:zpeɪpə/ n 1. (gen) periódico m, diario m. 2. (material) papel m de periódico.

newt /nju:t/ n tritón m.

New York /nju: 'jɔ:k/ n Nueva York f.

New Yorker /nju: 'jɔ:kə/ n neoyorquino -na m/f.

New Zealand /nju: 'zi:lənd/ n Nueva Zelanda f.

New Zealander /nju: 'zi:ləndə/ n neozelandés -desa m/f.

next /nekst/ I adj 1. (referring to future, sequence) próximo -ma: **next Monday** el lunes que viene; **who's next?** ¿a quién le toca?; (referring to past) siguiente: **the next day** al día siguiente. 2. (room, building) de al lado. II adv después, luego. III **next to** adv, prep (beside) al lado de, junto a; (almost) casi.

next door I adv al lado. II **next-door** adj de al lado. **next of kin** n inv pariente m/f más cercano -na.

NGO /endʒi:'əʊ/ n (= Non-Governmental Organization) ONG f.

NHS /eniːtʃes/ n (in GB) = National Health Service.

nib /nɪb/ n plumilla f.

nibble /'nɪbəl/ vt/i mordisquear.

Nicaragua /nɪkə'ræɡjʊə/ n Nicaragua f.

Nicaraguan /nɪkə'ræɡjʊən/ adj, n nicaragüense adj, m/f.

nice /naɪs/ *adj* **1.** (*good-natured*) simpático -ca: **that's very nice of you** es usted muy amable. **2.** (*pleasant*) agradable: **nice weather** buen tiempo; (*for emphasis*): **a nice cold beer** una cerveza bien fría. **3.** (*attractive: person*) guapo -pa; (*: place, object*) bonito -ta.

nicely /ˈnaɪslɪ/ *adv* **1.** (*kindly*) amablemente. **2.** (*well*) bien.

niche /niːʃ/ *n* **1.** (*in wall*) hornacina *f*. **2.** (*Ecol, Fin*) hueco *m*.

nick /nɪk/ **I** *n* muesca *f*, mella *f*. **II** *vt* **1.** (*to mark*) hacer muescas en, mellar. **2.** (*fam: to steal*) birlar.

nickel /ˈnɪkəl/ *n* **1.** (*metal*) níquel *m*. **2.** (*US: coin*) moneda *f* de cinco centavos.

nickname /ˈnɪkneɪm/ **I** *n* mote *m*, apodo *m*. **II** *vt* apodar.

nicotine /ˈnɪkətiːn/ *n* nicotina *f*.

niece /niːs/ *n* sobrina *f*.

nifty /ˈnɪftɪ/ *adj* [**-tier, -tiest**] (*fam*) ingenioso -sa.

niggling /ˈnɪɡəlɪŋ/ *adj* **1.** (*feeling, pain*) molesto -ta. **2.** (*details*) engorroso -sa.

night /naɪt/ **I** *n* noche *f*: **at night** por la noche; **last night** anoche; **on Friday night** el viernes por la noche; **good night** buenas noches ● **the play's first night** el estreno de la obra. **II** *adj* nocturno -na.

nightcap *n*: *bebida (generalmente alcohólica) que se toma antes de acostarse*. **nightclub** *n* sala *f* de fiestas. **nightdress** *n* camisón *m*. **nightfall** *n* anochecer *m*. **nightgown** *n* camisón *m*. **night owl** *n* noctámbulo -la *m/f*. **night school** *n* escuela *f* nocturna. **nightstick** *n* (*US*) porra *f*. **nighttime** *n* noche *f*.

nightie, **nighty** /ˈnaɪtɪ/ *n* (*fam*) camisón *m*.

nightingale /ˈnaɪtɪŋɡeɪl/ *n* ruiseñor *m*.

nightly /ˈnaɪtlɪ/ **I** *adv* cada noche. **II** *adj* de cada noche.

nightmare /ˈnaɪtmeə/ *n* pesadilla *f*.

nil /nɪl/ *n* (*Sport*) cero *m*.

Nile /naɪl/ *n* Nilo *m*.

nimble /ˈnɪmbəl/ *adj* ágil.

nine /naɪn/ *adj, pron, n* nueve ➪ *appendix 4*.

nineteen /naɪnˈtiːn/ *adj, pron, n* diecinueve ➪ *appendix 4*.

nineteenth /naɪnˈtiːnθ/ *adj, pron* decimonoveno -na ➪ *appendix 4*.

ninetieth /ˈnaɪntɪɪθ/ *adj, pron* nonagésimo -ma, noventa ➪ *appendix 4*.

ninety /ˈnaɪntɪ/ *adj, pron, n* [**-ties**] noventa ➪ *appendix 4*.

ninth /naɪnθ/ *adj, pron* noveno -na ➪ *appendix 4*.

nip /nɪp/ *vt* [**nips, nipping, nipped**] (*to bite*) morder; (*to pinch*) pellizcar.

nipple /ˈnɪpəl/ *n* (*female*) pezón *m*; (*male*) tetilla *f*.

nippy /ˈnɪpɪ/ *adj* [**-pier, -piest**] (*Meteo: fam*): **it's nippy** hace fresco.

nit /nɪt/ *n* **1.** (*Zool*) liendre *f*. **2.** (*fam: idiot*) memo -ma *m/f*.

nitrogen /ˈnaɪtrədʒən/ *n* nitrógeno *m*.

no /nəʊ/ **I** *adv* no: **no, thank you** no, gracias; **"Did he leave?" "No, he didn't."** —¿Se fue? —No. **II** *adj*: **no child would say that** ningún niño diría eso; **there's no tea** no hay té; **with no money** sin dinero; **no smoking/entry** prohibido fumar/el paso. **III** *n* no *m*.

No. /ˈnʌmbə/ (= **number**) núm.

nobility /nəʊˈbɪlətɪ/ *n* nobleza *f*.

noble /ˈnəʊbəl/ *adj* noble.

nobody /ˈnəʊbədɪ/ **I** *pron* nadie. **II** *n* [**-dies**] don *m* inv nadie.

nocturnal /nɒkˈtɜːnəl/ *adj* nocturno -na.

nod /nɒd/ **I** *n* (*of agreement*) asentimiento *m* con la cabeza; (*greeting*) saludo *m* con la cabeza. **II** *vi* [**nods, nodding, nodded**] (*agreeing*) asentir con la cabeza; (*greeting*) saludar con un movimiento de la cabeza; (*when tired*) dar cabezadas.

to **nod off** *vi* quedarse dormido -da.

noise /nɔɪz/ *n* ruido *m*.

noisy /ˈnɔɪzɪ/ *adj* [**-sier, -siest**] ruidoso -sa.

nomad /ˈnəʊmæd/ *n* nómada *m/f*.

nominate /ˈnɒmɪneɪt/ *vt* (*to propose*)

proponer; (*to appoint*) nombrar.

nomination /nɒmɪˈneɪʃən/ *n* (*of candidate*) nominación *f*; (*to post*) nombramiento *m*.

nominee /nɒmɪˈniː/ *n* (*candidate*) candidato -ta *m/f*; (*to post*) persona *f* nombrada.

non-alcoholic /nɒnælkəˈhɒlɪk/ *adj* no alcohólico -ca, sin alcohol.

nonchalant /ˈnɒnʃələnt/ *adj* despreocupado -da.

noncommittal /nɒnkəˈmɪtəl/ *adj* evasivo -va.

nondescript /ˈnɒndɪskrɪpt/ *adj* anodino -na.

none /nʌn/ **I** *pron* ninguno -na: **none of my friends** ningún amigo mío; **there's none left** no queda (nada) ● **none other than Elvis** nada menos que Elvis. **II** *adv*: **she's none the worse for it** no le ha afectado.

nonentity /nɒnˈentətɪ/ *n* [**-ties**] cero *m* a la izquierda, persona *f* insignificante.

nonetheless /nʌnðəˈles/ *adv* ⇨ **nevertheless**.

non-event /nɒnɪˈvent/ *n* decepción *f*.

non-existent /nɒnɪɡˈzɪstənt/ *adj* inexistente.

non-fiction /nɒnˈfɪkʃən/ *n* no ficción *f*.

no-nonsense /nəʊˈnɒnsəns/ *adj* sensato -ta.

non-payment /nɒnˈpeɪmənt/ *n* impago *m*.

nonplussed /nɒnˈplʌst/ *adj* perplejo -ja.

non-profit-making /nɒnˈprɒfɪtmeɪkɪŋ/ *adj* sin ánimo de lucro.

nonsense /ˈnɒnsəns/ *n* tonterías *f pl*.

non sequitur /nɒn ˈsekwɪtə/ *n* incongruencia *f*.

non-smoker /nɒnˈsməʊkə/ *n* no fumador -dora *m/f*.

non-smoking /nɒnˈsməʊkɪŋ/ *adj*: **the non-smoking section** la parte de no fumadores.

non-stick /nɒnˈstɪk/ *adj* antiadherente.

non-stop /nɒnˈstɒp/ **I** *adj* (*flight*) sin escalas; (*train journey*) sin paradas. **II** *adv* sin parar.

non-transferable /nɒntrænsˈfɜːrəbəl/ *adj* intransferible.

noodles /ˈnuːdəlz/ *n pl* fideos *m pl*.

nook /nʊk/ *n* rincón *m* ● **in every nook and cranny** por todos los rincones.

noon /nuːn/ *n* mediodía *m*.

no one, no-one /ˈnəʊwʌn/ *pron* nadie.

noose /nuːs/ *n* lazo *m* (*en una cuerda, como los de la horca*).

Nordic /ˈnɔːdɪk/ *adj* nórdico -ca.

norm /nɔːm/ *n* norma *f*.

normal /ˈnɔːməl/ *adj* normal.

normally /ˈnɔːməlɪ/ *adv* **1.** (*usually*) normalmente. **2.** (*as expected*) con normalidad.

Norman /ˈnɔːmən/ *adj*, *n* normando -da *adj*, *m/f*.

north /nɔːθ/ **I** *n* norte *m*. **II** *adj* norte *adj inv*. **III** *adv* (*indicating movement*) hacia el norte; (*indicating position*) al norte (**of** de).

North America *n* Norteamérica *f*, América *f* del Norte. **North American** *adj*, *n* norteamericano -na *adj*, *m/f*. **North Pole** *n* Polo *m* Norte. **North Sea** *n* mar *m* del Norte.

northeast /nɔːθˈiːst/ **I** *n* noreste *m*. **II** *adj* noreste *adj inv*. **III** *adv* (*indicating movement*) hacia el noreste; (*indicating position*) al noreste (**of** de).

northeastern /nɔːθˈiːstən/ *adj* (*gen*) del noreste; (*coast, region*) noreste *adj inv*: **northeastern France** el noreste de Francia.

northerly /ˈnɔːðəlɪ/ *adj* (*wind*) del norte; (*direction*) norte *adj inv*; (*location*) al norte.

northern /ˈnɔːðən/ *adj* (*gen*) del norte; (*coast, region, hemisphere*) norte *adj inv*: **northern Italy** el norte de Italia.

Northern Ireland n Irlanda f del Norte.

northward /ˈnɔːθwəd/ adv (o **northwards**) hacia el norte.

northwest /nɔːθˈwest/ I n noroeste m. II adj noroeste adj inv. III adv (indicating movement) hacia el noroeste; (indicating position) al noroeste (of de).

northwestern /nɔːθˈwestən/ adj (gen) del noroeste; (coast, region) noroeste adj inv: **northwestern France** el noroeste de Francia.

Norway /ˈnɔːwei/ n Noruega f.

Norwegian /nɔːˈwiːdʒən/ I adj noruego -ga. II n noruego -ga m/f; (Ling) noruego m.

nose /nəʊz/ I n 1. (Anat) nariz f • **to stick one's nose into sthg** meter las narices en algo. 2. (sense of smell) olfato m. 3. (of vehicle) morro m. II vi avanzar poco a poco.

to nose about ∗ around vi curiosear.

nosebleed n hemorragia f nasal.

nose-dive vi caer en picado.

nostalgia /nɒˈstældʒə/ n nostalgia f.

nostril /ˈnɒstrəl/ n fosa f nasal.

nosy, nosey /ˈnəʊzi/ adj [-sier, -siest] curioso -sa.

not /nɒt/ adv no: **she is not here** no está; **I hope not** espero que no; **he's here, isn't he?** está aquí, ¿verdad?; **not now** ahora no; **not me** yo no; **he told me not to come** me dijo que no viniera • **"Do you mind?" "Not at all."** —¿Te importa? —En absoluto.

notably /ˈnəʊtəbli/ adv en particular.

notary /ˈnəʊtəri/ n [-ries] notario -ria m/f.

notch /nɒtʃ/ n [-ches] muesca f.

to notch up vt apuntarse.

note /nəʊt/ I n 1. (in writing) nota f • **to make a note of sthg** tomar nota de algo. 2. (Mus) nota f. 3. (Fin) billete m. II vt 1. (to write) apuntar, anotar. 2. (to notice) notar.

notebook n cuaderno m, libreta f. **notepad** n bloc m de notas. **notepaper** n papel m de carta.

noted /ˈnəʊtid/ adj célebre.

noteworthy /ˈnəʊtwɜːðɪ/ adj digno -na de mención.

nothing /ˈnʌθɪŋ/ pron nada: **there's nothing** no hay nada; **nothing but complaints** nada más que quejas; **I got it for nothing** no me costó nada • **I've nothing on** estoy desnuda.

notice /ˈnəʊtis/ I n 1. (sign) letrero m. 2. (attention): **the problem was brought to my notice** me advirtieron del problema; **take no notice of him** no le hagas caso. 3. (warning) aviso m: **at short notice** con muy poco tiempo de aviso. 4. (when resigning): **to hand in one's notice** presentar la dimisión. 5. (in press) anuncio m. II vi darse cuenta. ♦ vt darse cuenta de.

notice board n tablón m de anuncios.

noticeable /ˈnəʊtisəbəl/ adj notable.

notify /ˈnəʊtifai/ vt [-fies, -fying, -fied] (the police) informar, avisar: **I was notified of it** me lo notificaron.

notion /ˈnəʊʃən/ n idea f.

notions store n (US) mercería f.

notoriety /nəʊtəˈraiəti/ n (mala) fama f.

notorious /nəʊˈtɔːriəs/ adj que tiene mala fama.

notwithstanding /nɒtwiθˈstændɪŋ/ (frml) I prep a pesar de. II adv no obstante.

nougat /ˈnuːgɑː, ˈnʌgət/ n: dulce parecido al turrón duro.

nought /nɔːt/ n cero m.

noughts and crosses n tres m en raya.

noun /naʊn/ n sustantivo m, nombre m.

nourish /ˈnʌrɪʃ/ vt alimentar, nutrir.

nourishing /ˈnʌrɪʃɪŋ/ adj nutritivo -va.

nourishment /ˈnʌrɪʃmənt/ n alimentación f, nutrición f.

novel /ˈnɒvəl/ I n novela f. II adj novedoso -sa.

novelist /ˈnɒvəlist/ n novelista m/f.

novelty /ˈnɒvəlti/ n [-ties] novedad f.

November /nəʊˈvembə/ n

noviembre *m* ⇨ June.

novice /'nɒvɪs/ *n* 1. (*gen*) novato -ta *m/f*, principiante *m/f*. 2. (*Relig*) novicio -cia *m/f*.

now /naʊ/ I *adv* (*at present*) ahora: **by now** ya; **from now on** de ahora en adelante; **(every) now and then** de vez en cuando; **I saw her just now** la acabo de ver ‖ la he visto hace un momento; **a year from now** dentro de un año; (*nowadays*) hoy en día. II *conj* ahora que: **now (that) he has gone** ahora que se ha ido.

nowadays /'naʊədeɪz/ *adv* actualmente, hoy en día.

nowhere /'nəʊweə/ *adv* (*in no place*) por ningún sitio, por ninguna parte; (*to no place*) a ningún sitio, a ninguna parte.

nozzle /'nɒzəl/ *n* boquilla *f*.

nuance /'njuːɑːns/ *n* matiz *m*.

nuclear /'njuːklɪə/ *adj* nuclear.

nuclear power station *n* central *f* nuclear. **nuclear weapons** *n pl* armas *f pl* nucleares.

nucleus /'njuːklɪəs/ *n* [**-clei**] núcleo *m*.

nude /njuːd/ I *adj* desnudo -da. II *n* desnudo *m* ● **in the nude** desnudo -da.

nudge /nʌdʒ/ *vt* dar un codazo a.

nudist /'njuːdɪst/ *adj*, *n* nudista *adj*, *m/f*.

nudity /'njuːdətɪ/ *n* desnudez *f*.

nuisance /'njuːsəns/ *n* (*situation*) fastidio *m*, molestia *f*; (*person*) pesado -da *m/f*: **to make a nuisance of oneself** dar la lata.

null /nʌl/ *adj*: **null and void** nulo y sin valor.

numb /nʌm/ *adj* (*with cold*) entumecido -da; (*with fear*) paralizado -da.

number /'nʌmbə/ I *n* número *m*: **a number of people** varias personas; **we were six in number** éramos seis; **I got the wrong number** me equivoqué de número. II *vt* 1. (*to put numbers on*) numerar. 2. (*to total*): **the casualties numbered ten** hubo diez heridos en total. 3. (*to include*): **she's numbered among our great-**

est poets es considerada como una de nuestros mejores poetas.

number plate *n* matrícula *f*.

numeral /'njuːmərəl/ *n* número *m*.

numerate /'njuːmərət/ *adj* con facilidad para las matemáticas.

numerous /'njuːmərəs/ *adj* numeroso -sa.

nun /nʌn/ *n* monja *f*.

nurse /nɜːs/ I *n* 1. (*Med*) enfermero -ra *m/f*. 2. (*o* **nursemaid**) (*nanny*) niñera *f*. II *vt* 1. (*gen*) cuidar. 2. (*to breast-feed*) amamantar.

nursery /'nɜːsərɪ/ *n* [**-ries**] 1. (*pre-school*) guardería *f*. 2. (*room*) cuarto *m* de los niños. 3. (*Bot*) vivero *m*.

nursery rhyme *n* canción *f* infantil. **nursery school** *n* parvulario *m*, jardín *m* de infancia. **nursery slopes** *n pl* (*for skiing*) pistas *f pl* para principiantes.

nursing /'nɜːsɪŋ/ *n* 1. (*occupation*) enfermería *f*. 2. (*care*) cuidado *m*, asistencia *f*.

nursing home *n* residencia *f* de ancianos.

nurture /'nɜːtʃə/ *vt* (*frml*) criar, cuidar.

nut /nʌt/ *n* 1. (*Culin*) fruto *m* seco. 2. (*Tec*) tuerca *f*.

nutcase *n* (*fam*) chiflado -da *m/f*. **nutcracker** *n*, **nutcrackers** *n pl* cascanueces *m inv*. **nutmeg** *n* nuez *f* moscada. **nutshell** *n* cáscara *f* (*de avellana, etc.*) ● **that's it in a nutshell** en pocas palabras es así.

nutrition /njuː'trɪʃən/ *n* nutrición *f*.

nutritious /njuː'trɪʃəs/ *adj* nutritivo -va.

nuts /nʌts/ *adj* (*fam*) chalado -da, loco -ca.

nylon /'naɪlɒn/ *n* nailon *m*, nylon *m*.

O

oak /əʊk/ n roble m.

OAP /əʊeɪˈpiː/ n = **old age pensioner.**

oar /ɔː/ n remo m.

OAS /əʊeɪˈes/ n (= **Organization of American States**) OEA f.

oasis /əʊˈeɪsɪs/ n [**oases**] oasis m inv.

oath /əʊθ/ n juramento m: **under * on oath** bajo juramento; **to swear an oath** prestar juramento.

oatmeal /ˈəʊtmiːl/ n harina f de avena.

oats /əʊts/ n pl avena f.

obedient /əʊˈbiːdɪənt/ adj obediente.

obey /əʊˈbeɪ/ vt (a person, an order) obedecer; (a law) cumplir. ♦ vi obedecer.

obituary /əˈbɪtjʊərɪ/ n [-**ries**] nota f necrológica.

object I /əbˈdʒekt/ vi oponerse (**to** a). ♦ vt objetar. II /ˈɒbdʒekt/ n 1. (thing) objeto m. 2. (aim) objeto m, objetivo m. 3. (obstacle): **money's no object** el dinero no es problema. 4. (Ling) complemento m.

objection /əbˈdʒekʃən/ n objeción f: **he has no objection to your going** no tiene inconveniente en que vayas.

objectionable /əbˈdʒekʃənəbəl/ adj (person) insoportable; (behaviour) censurable.

objective /əbˈdʒektɪv/ I adj objetivo -va. II n objetivo m.

obligation /ˌɒblɪˈɡeɪʃən/ n obligación f.

obligatory /əˈblɪɡətərɪ/ adj obligatorio -ria.

oblige /əˈblaɪdʒ/ vt 1. (to force) obligar (**to** a). 2. **to be obliged**: **I'd be obliged if you'd call him** le agradecería que lo llamara; **I'm much obliged to you for your help** le agradezco mucho su ayuda.

obliging /əˈblaɪdʒɪŋ/ adj complaciente, servicial.

oblique /əˈbliːk/ adj 1. (angle) oblicuo -cua. 2. (indirect) indirecto -ta.

obliterate /əˈblɪtəreɪt/ vt 1. (to destroy) arrasar. 2. (to erase) borrar.

oblivion /əˈblɪvɪən/ n olvido m.

oblivious /əˈblɪvɪəs/ adj ajeno -na [S] (**to** a).

oblong /ˈɒblɒŋ/ I adj rectangular. II n rectángulo m.

obnoxious /əbˈnɒkʃəs/ adj (person) odioso -sa; (smell) repugnante.

oboe /ˈəʊbəʊ/ n oboe m.

obscene /əbˈsiːn/ adj obsceno -na.

obscure /əbˈskjʊə/ I adj oscuro -ra. II vt ocultar.

obsequious /əbˈsiːkwɪəs/ adj servil.

observant /əbˈzɜːvənt/ adj observador -dora.

observation /ˌɒbzəˈveɪʃən/ n observación f: **to keep sthg/sbdy under observation** vigilar algo/a alguien.

observatory /əbˈzɜːvətərɪ/ n [-**ries**] observatorio m.

observe /əbˈzɜːv/ vt observar.

observer /əbˈzɜːvə/ n observador -dora m/f.

obsess /əbˈses/ vt obsesionar.

obsession /əbˈseʃən/ n obsesión f.

obsessive /əbˈsesɪv/ adj obsesivo -va.

obsolete /ˈɒbsəliːt/ adj obsoleto -ta.

obstacle /ˈɒbstəkəl/ n obstáculo m, estorbo m.

obstacle race n carrera f de obstáculos.

obstetric /ɒbˈstetrɪk/ I adj obstétrico -ca. II **obstetrics** n obstetricia f.

obstetrician /ˌɒbsteˈtrɪʃən/ n obstetra m/f, tocólogo -ga m/f.

obstinate /ˈɒbstɪnət/ adj testarudo -da, obstinado -da.

obstruct /əbˈstrʌkt/ vt 1. (a pipe) obstruir; (a path) bloquear. 2. (an *investigation*) entorpecer.

obstruction /əbˈstrʌkʃən/ n obstrucción f.

obtain /əbˈteɪn/ vt obtener, conseguir.

obtainable /əbˈteɪnəbəl/ adj: **obtainable at pharmacies** de venta en farmacias; **it's no longer obtainable** ya no se vende.

obtuse /əbˈtjuːs/ adj obtuso -sa.

obvious /ˈɒbvɪəs/ adj obvio -via, evidente.

obviously /ˈɒbvɪəslɪ/ adv obviamente, evidentemente.

occasion /əˈkeɪʒən/ n (*event: gen*) ocasión f; (: *special*) acontecimiento m.

occasional /əˈkeɪʒənəl/ adj: **I have an occasional cigarette** fumo un cigarrillo de vez en cuando.

occasionally /əˈkeɪʒənəlɪ/ adv de vez en cuando.

occult /ɒˈkʌlt/ n: **the occult** el ocultismo.

occupant /ˈɒkjʊpənt/ n ocupante m/f.

occupation /ɒkjʊˈpeɪʃən/ n ocupación f.

occupational /ɒkjʊˈpeɪʃənəl/ adj profesional: **occupational hazards** gajes del oficio.

occupier /ˈɒkjʊpaɪə/ n ocupante m/f.

occupy /ˈɒkjʊpaɪ/ vt [**-pies, -pying, -pied**] ocupar.

occur /əˈkɜː/ vi [**-curs, -curring, -curred**] 1. (*event*) ocurrir, producirse. 2. (*idea*) **it occurred to me that...** se me ocurrió que....

occurrence /əˈkʌrəns/ n (*of disease*) caso m: **it's an everyday occurrence** es algo que ocurre todos los días.

ocean /ˈəʊʃən/ n océano m.

ocean-going adj de alta mar.

Oceania /əʊʃɪˈɑːnɪə/ n Oceanía f.

o'clock /əˈklɒk/ adv: **it's two o'clock** son las dos.

octave /ˈɒktɪv/ n octava f.

October /ɒkˈtəʊbə/ n octubre m ⇨ **June**.

octopus /ˈɒktəpəs/ n [**-puses**] pulpo m.

odd /ɒd/ I adj 1. (*strange*) raro -ra, extraño -ña. 2. (*sock. glove*) desparejado -da. 3. (*Maths*) impar. 4. (*occasional*): **I read the odd book** leo algún que otro libro. 5. (*approximate*): **twenty odd** veinte y pico. II **odds** n pl 1. (*probability*) probabilidades f pl; (*in betting*): **the odds are ten to one** se ofrece diez contra uno. 2. (*difference*): **it makes no odds** es igual.

odds and ends n pl cosas f pl.

oddity /ˈɒdɪtɪ/ n [**-ties**] 1. (*thing*) curiosidad f. 2. (*of behaviour*) excentricidad f.

oddly /ˈɒdlɪ/ adv de una manera rara ● **oddly enough...** por extraño que parezca....

oddments /ˈɒdmənts/ n pl retales m pl.

odour, (*US*) **odor** /ˈəʊdə/ n olor m.

oesophagus /iːˈsɒfəgəs/ n esófago m.

of /ɒv/ prep 1. (*gen*) de: **made of steel** (hecho -cha) de acero; **the third of May** el tres de mayo; **a bottle of wine** una botella de vino; **an aunt of his** una tía suya; **there are five of us** somos cinco ● **it was stupid of him** fue una estupidez de su parte. 2. (*with emotions, senses*) a: **my love of opera** mi afición a la ópera; **a smell of gas** un olor a gas.

off /ɒf/ I adv 1. (*away: gen*): **we're off to the beach** nos vamos a la playa; **the meeting's a month off** falta un mes para la reunión; (: *from work*): **I took the day off** me tomé el día libre; **he's off sick** está de baja. 2. (*power*): **the light was off** la luz estaba apagada. 3. (*Fin*): **I got ten per cent off** me hizo un descuento del diez por ciento. 4. (*not occurring*): **the party is off** la fiesta se ha suspendido. II prep 1. (*away from*) de: **take it off the wall** quítalo de la pared. 2. (*near*): **just off the main street** cerca de la calle principal. 3. (*food*): **he's off his food** ha perdido el apetito. **III** *adj* **1.** (*fish, meat*) pasado -da; (*milk*) cortado -da. **2.** (*bad*): **an off day** un mal día.

off chance *n*: **on the off chance** por si acaso. **off-colour**, (*US*) **off-color** *adj* (*Med: fam*) indispuesto -ta. **offhand I** *adj* brusco -ca. **II** *adv*: **I can't think of anything offhand** así, de pronto, no se me ocurre nada. **off-licence** *n*: *tienda en la que se venden bebidas alcohólicas.* **off-peak** *adj*: *fuera de las horas de mayor consumo/afluencia.* **offshoot** *n* **1.** (*Bot*) retoño *m*, brote. *m*. **2.** (*Fin*) filial *f*. **offshore** *adj* **1.** (*at sea*) de altura: **offshore winds** vientos que soplan desde la costa hacia fuera. **2.** (*Fin*) en un paraíso fiscal. **offside** *adv* (en) fuera de juego. **offstage** *adv*: **to go offstage** salir del escenario. **off-the-peg** *adj* confeccionado -da. **off the record** *adj* extraoficial. **off-white** *adj* blancuzco -ca.

offal /'ɒfəl/ *n* asadura *f*, despojos *m pl*.

offence /ə'fens/ *n* **1.** (*Law*) delito *m*. **2.** (*affront*): **to take offence at sthg** ofenderse por algo.

offend /ə'fend/ *vt* ofender.

offender /ə'fendə/ *n* delincuente *m/f*.

offense /ə'fens/ *n* (*US*) ⇨ **offence**.

offensive /ə'fensɪv/ **I** *adj* ofensivo -va. **II** *n* ofensiva *f*.

offer /'ɒfə/ **I** *vt* ofrecer: **to offer to do sthg** ofrecerse a hacer algo. **II** *n* oferta *f*: **on offer** de oferta.

offering /'ɒfərɪŋ/ *n* ofrenda *f*.

office /'ɒfɪs/ *n* **1.** (*workplace*) oficina *f*; (*room*) despacho *m*, oficina *f*. **2.** (*post*) cargo *m*: **to take office** (*person*) tomar posesión; (*party*) llegar al poder.

office worker *n* oficinista *m/f*.

officer /'ɒfɪsə/ *n* **1.** (*Mil*) oficial *m/f*. **2.** (*in police*) agente *m/f* de policía. **3.** (*civil servant*) funcionario -ria *m/f*; (*of company*) ejecutivo -va *m/f*.

official /ə'fɪʃəl/ **I** *adj* oficial. **II** *n* (*civil servant*) funcionario -ria *m/f*; (*of company*) representante *m/f*.

officious /ə'fɪʃəs/ *adj* mandón -dona.

offing /'ɒfɪŋ/ *n*: **in the offing** en perspectiva.

offset /'ɒfset/ *vt* [**-sets, -setting, -set**] compensar.

offspring /'ɒfsprɪŋ/ *n inv* (*Zool*) cría *f*; (*child*) crío -a *m/f*, retoño *m*.

often /'ɒftən/ *adv* a menudo, con frecuencia: **how often does he come?** ¿cada cuánto ✳ con qué frecuencia viene?

ogle /'əʊgəl/ *vt* comerse con los ojos.

oh /əʊ/ *excl* ¡oh!, ¡ah!

oil /ɔɪl/ **I** *n* **1.** (*Auto, Culin*) aceite *m*. **2.** (*mineral*) petróleo *m*. **II** *vt* lubricar.

oilcan *n* aceitera *f*. **oil field** *n* yacimiento *m* petrolífero. **oil lamp** *n* quinqué *m*. **oil painting** *n* pintura *f* al óleo. **oil rig** *n* plataforma *f* petrolífera. **oilskins** *n pl* ropa *f* impermeable. **oil slick** *n* marea *f* negra. **oil tanker** *n* petrolero *m*. **oil well** *n* pozo *m* de petróleo.

oily /'ɔɪlɪ/ *adj* [**-lier, -liest**] (*food*) aceitoso -sa; (*hands*) grasiento -ta.

ointment /'ɔɪntmənt/ *n* ungüento *m*, pomada *f*.

OK, okay /əʊ'keɪ/ (*fam*) **I** *adj*, *adv* (*gen*) bien: **are you OK?** ¿te encuentras bien?; (*as reply*) vale. **II** *vt* [**okays, okaying, okayed**] dar el visto bueno a.

old /əʊld/ *adj* **1.** (*gen*) viejo -ja ● **the same old thing** lo mismo de siempre. **2.** (*with ages*): **I'm six years old** tengo seis años; **how old are you?** ¿cuántos años tienes?; **he's older than me** es mayor que yo. **3.** (*former*) antiguo -gua.

old age *n* vejez *f*. **old age pension** *n* jubilación *f*. **old age pensioner** *n* jubilado -da *m/f*. **old-fashioned** *adj* anticuado -da. **old wives' tale** *n* cuento *m* de viejas.

olive /'ɒlɪv/ *n* **1.** (*fruit*) aceituna *f*. **2.** (*colour*) verde *m* oliva.

olive oil *n* aceite *m* de oliva. **olive tree** *n* olivo *m*.

Olympic /ə'lɪmpɪk/ **I** *adj* olímpico

-ca. II **Olympics** *n pl* (o **Olympic Games**) *n pl* Olímpicos, Olimpiadas *f pl*.

ombudsman /ˈɒmbʊdzmən/ *n* defensor -sora *m/f* del pueblo, ombudsman *m*.

omelette, (*US*) **omelet** /ˈɒmlɪt/ *n* tortilla *f* (francesa).

omen /ˈəʊmən/ *n* presagio *m*.

ominous /ˈɒmɪnəs/ *adj*: **an ominous noise** un ruido inquietante.

omit /əʊˈmɪt/ *vt* [**-mits, -mitting, -mitted**] 1. (*to exclude*) omitir. 2. (*to forget*): **I omitted to tell him** se me olvidó decírselo.

on /ɒn/ I *prep* 1. (*describing location*) en, sobre: **on the floor** en el suelo; **on the bus** en el autobús ● **I've no money on me** no llevo dinero (encima). 2. (*with directions*) a: **on the left** a la izquierda. 3. (*using*): **on the phone** por teléfono; (*taking*): **he's on painkillers** está tomando analgésicos. 4. (*referring to TV*) en. 5. (*with days, dates*): **on Monday** el lunes; **on Tuesdays** los martes; **on my birthday** el día de mi cumpleaños; **on the third of May** el tres de mayo. 6. (*about, concerning*) sobre, acerca de. 7. (+ *-ing*): **on seeing her, I shouted** grité al verla. II *adv* 1. (*in use, working*): **the light's on** la luz está encendida; **put the brake on** echa el freno. 2. (*happening, showing*): **there's a film on** dan una película; **is the party still on?** ¿sigue en pie lo de la fiesta? ● **that's not on** eso no se hace. 3. (*clothes*): **he has a tie on** lleva corbata. 4. (*forwards: in space*): **further on** más allá; (: *in time*): **from today on** a partir de hoy; **ten years on** diez años más tarde.

oncoming *adj*: **oncoming cars** los coches que vienen en dirección contraria. **ongoing** *adj* (*problem*) que continúa: **the ongoing debate** el debate que está teniendo lugar. **on-line** *adj*, *adv* en línea. **onlooker** *n* espectador -dora *m/f*. **onset** *n*

principio *m*. **onshore** *adj* litoral: **onshore winds** vientos que soplan hacia la costa. **onside** *adv* en posición reglamentaria. **onstage** *adv*: **to go onstage** salir al escenario.

once /wʌns/ I *adv* 1. (*one time*) una vez: **once a day** una vez al día ● **once and for all** de una vez (para siempre); ● **at once** (*immediately*) enseguida; (*at the same time*) a la vez. 2. (*in the past*) antes ● **once upon a time there was...** érase una vez.... II *conj* una vez que: **once he arrives** una vez que llegue.

one /wʌn/ I *n* uno *m* ⇨ *appendix 4*. II *adj* 1. (*gen*) un, una: **one day he died** un día murió; **one day I'll leave** algún día me iré. 2. (*sole*) único -ca. 3. (*same*) mismo -ma: **all in one house** todos en la misma casa. III *pron* 1. (*gen*) uno, una: **the/a black one** el/uno negro; **one of these** uno de éstos ✳ una de éstas; **some new ones** unos nuevos; **the one I saw** el que vi ● **we entered one by one** entramos de uno en uno. 2. (*impersonal*) uno, una: **what one has to do is...** lo que uno debe hacer es....

one another *pron*: **to love one another** quererse (el uno al otro); **we (all) help one another** nos ayudamos mutuamente. **one-man band** *n* hombre *m* orquesta. **one-off** *n* (*fam*) cosa *f* excepcional. **one-parent family** *n* familia *f* monoparental. **one-sided** *adj* 1. (*biased*) parcial. 2. (*unequal*) desigual. **one-time** *adj* antiguo -gua. **one-way** *adj* 1. (*Auto*) de sentido único. 2. (*ticket*) de ida. **oneself** /wʌnˈself/ *pron* 1. (*reflexive*) se. 2. (*after prep*) sí mismo -ma ● **by oneself** solo -la.

onion /ˈʌnjən/ *n* cebolla *f*.

only /ˈəʊnlɪ/ I *adj* único -ca. II *adv* 1. (*merely, solely*) sólo, solamente: **he's only a child** no es más que un niño. 2. **only just**: **I only just caught the train** cogí el tren por los pelos; **he has only just died** acaba de morir. III *conj* (*but*) pero.

onslaught /ˈɒnslɔːt/ *n* ataque *m* violento.

onto /ˈɒntʊ/ *prep* en, sobre.

onus /ˈəʊnəs/ *n* responsabilidad *f*.

onward /ˈɒnwəd/ *adv* (o **onwards**) **1.** (*to move, walk*) hacia adelante. **2.** (*in time*): **from May onwards** a partir de mayo.

ooze /uːz/ *vi* rezumar.

opaque /əʊˈpeɪk/ *adj* opaco -ca.

OPEC /ˈəʊpek/ *n* (= **Organization of Petroleum Exporting Countries**) la OPEP.

open /ˈəʊpən/ **I** *adj* **1.** (*gen*) abierto -ta. **2.** (*meeting*) público -ca. **3.** (*honest*) franco -ca. **4.** (*dislike*) manifiesto -ta. **II** *n*: **in the open** al aire libre. **III** *vt* **1.** (*gen*) abrir. **2.** (*to inaugurate*) inaugurar. ♦ *vi* **1.** (*gen*) abrirse. **2.** (*show*) estrenarse.

to **open onto** *vt* dar a. *to* **open up** *vt*: **it opened up new opportunities** creó nuevas oportunidades. ♦ *vi* abrirse.

open-air *adj* al aire libre. **open-ended** *adj* (*contract*) sin plazo ∗ término fijo. **open-minded** *adj* (*person*) sin prejuicios; (*attitude*) abierto -ta. **open-plan** *adj* abierto -ta [S] (*sin tabiques*). **Open University** *n* universidad *f* a distancia.

opener /ˈəʊpənə/ *n* abridor *m*.

opening /ˈəʊpənɪŋ/ *n* **1.** (*hole*) abertura *f*. **2.** (*of building*) apertura *f*, inauguración *f*. **3.** (*of play*) estreno *m*. **4.** (*chance*) oportunidad *f*.

opera /ˈɒpərə/ *n* ópera *f*.

operate /ˈɒpəreɪt/ *vt* (*person*) manejar; (*lever, button*) hacer funcionar. ♦ *vi* **1.** (*to function*) funcionar; (*to do business*) operar. **2.** (*Med*) operar: **she operated on my hand** me operó de la mano.

operatic /ɒpəˈrætɪk/ *adj* de ópera.

operating theatre /ˈɒpəreɪtɪŋ θɪətə/, (*US*) **operating room** *n* quirófano *m*, sala *f* de operaciones.

operation /ɒpəˈreɪʃən/ *n* **1.** (*Med*) intervención *f* (quirúrgica), operación *f*: **he had an operation** lo operaron. **2.** (*Maths, Mil*) operación *f*. **3.** (*working*) funcionamiento *m*. **4.** (*of a machine*) manejo *m*.

operational /ɒpəˈreɪʃənəl/ *adj*: **it's fully operational** está en pleno funcionamiento.

operative /ˈɒpərətɪv/ *adj* en vigor.

operator /ˈɒpəreɪtə/ *n* **1.** (*Telec*) operador -dora *m/f*, telefonista *m/f*. **2.** (*of machine*) operario -ria *m/f*.

opinion /əˈpɪnjən/ *n* opinión *f*: **in my opinion** a mi juicio ∗ en mi opinión.

opinion poll *n* sondeo *m* de opinión, encuesta *f*.

opinionated /əˈpɪnjəneɪtɪd/ *adj* dogmático -ca, categórico -ca.

opponent /əˈpəʊnənt/ *n* (*Sport*) adversario -ria *m/f*, oponente *m/f*; (*of regime*) opositor -tora *m/f*.

opportunist /ɒpəˈtjuːnɪst/ *adj*, *n* oportunista *adj*, *m/f*.

opportunity /ɒpəˈtjuːnətɪ/ *n* [**-ties**] oportunidad *f*, ocasión *f*: **I took the opportunity to call her** aproveché la oportunidad para llamarla.

oppose /əˈpəʊz/ *vt* oponerse a.

opposed /əˈpəʊzd/ *adj* (*opinions*) opuesto -ta: **to be opposed to sthg** estar en contra de algo.

opposing /əˈpəʊzɪŋ/ *adj* **1.** (*Sport*) adversario -ria. **2.** (*conflicting*) opuesto -ta.

opposite /ˈɒpəzɪt/ **I** *adj* **1.** (*facing*) de enfrente. **2.** (*different*) contrario -ria, opuesto -ta. **II** *prep* enfrente de, frente a. **III** *adv* enfrente. **IV** **the opposite** lo contrario.

opposite number *n* homólogo -ga *m/f*.

opposition /ɒpəˈzɪʃən/ *n* oposición *f*.

oppress /əˈpres/ *vt* oprimir.

oppression /əˈpreʃən/ *n* opresión *f*.

oppressive /əˈpresɪv/ *adj* **1.** (*regime*) opresivo -va. **2.** (*heat*) sofocante.

opt /ɒpt/ *vi* optar (**for** por): **I opted to stay** opté por quedarme.

to **opt out** *vi*: **he opted out of the pension scheme** dejó el plan de pensiones.

optic /ˈɒptɪk/ **I** *adj* óptico -ca.

II **optics** *n* óptica *f*.

optical /'ɒptɪkəl/ *adj* óptico -ca.

optician /ɒp'tɪʃən/ *n* óptico -ca *m/f*:
at the optician's en la óptica.

optimist /'ɒptɪmɪst/ *n* optimista *m/f*.

optimistic /ɒptɪ'mɪstɪk/ *adj* optimista.

optimum /'ɒptɪməm/ *adj* óptimo -ma.

option /'ɒpʃən/ *n* opción *f*.

optional /'ɒpʃənəl/ *adj* opcional, optativo -va.

opulent /'ɒpjʊlənt/ *adj* opulento -ta.

or /ɔː/ *conj* **1.** (*gen*) o [*u* before **o-** or **ho-**]; (*after negative*) ni: **I didn't see any bears or wolves** no vi ni osos ni lobos. **2.** (*otherwise*) si no.

oral /'ɔːrəl/ **I** *adj* oral. **II** *n* examen *m* oral.

orally /'ɔːrəlɪ/ *adv* **1.** (*Med*) por vía oral. **2.** (*Ling*) oralmente.

orange /'ɒrɪndʒ/ *adj, n* naranja *adj inv, f*.

orange tree *n* naranjo *m*.

orator /'ɒrətə/ *n* orador -dora *m/f*.

orbit /'ɔːbɪt/ **I** *n* órbita *f*. **II** *vt* girar alrededor de.

orchard /'ɔːtʃəd/ *n* huerto *m*.

orchestra /'ɔːkɪstrə/ *n* **1.** (*Mus*) orquesta *f*. **2.** (*US: seats*) platea *f*.

orchid /'ɔːkɪd/ *n* orquídea *f*.

ordain /ɔː'deɪn/ *vt* **1.** (*Relig*) ordenar. **2.** (*to decree*) decretar.

ordeal /ɔː'diːl/ *n* experiencia *f* muy dura.

order /'ɔːdə/ **I** *n* **1.** (*arrangement, stability*) orden *m*: **in alphabetical order** por orden alfabético. **2.** (*proper condition*): **it's in working order** funciona bien; **to be out of order** no funcionar; **his passport is in order** su pasaporte está en regla. **3.** (*command*) orden *f*. **4.** (*Fin*) pedido *m*: **the part is on order** la pieza está pedida. **II in order to** *prep* para. **III** *vt* **1.** (*to command*) mandar, ordenar: **I ordered him to stop** le ordené que parase. **2.** (*a product*) encargar; (*in restaurant*) pedir. **3.** (*to arrange*) poner en orden, organizar.

orderly /'ɔːdəlɪ/ *adj* **1.** (*tidy*) ordenado -da. **2.** (*crowd*) disciplinado -da.

ordinary /'ɔːdɪnrɪ/ *adj* corriente, normal: **the meal was very ordinary** la comida estuvo regular ● **out of the ordinary** fuera de lo común.

ore /ɔː/ *n* mineral *m*.

oregano /ɒre'gɑːnəʊ/ *n* orégano *m*.

organ /'ɔːgən/ *n* órgano *m*.

organic /ɔː'gænɪk/ *adj* orgánico -ca.

organism /'ɔːgənɪzəm/ *n* organismo *m*.

organization /ɔːgənaɪ'zeɪʃən/ *n* organización *f*.

organize /'ɔːgənaɪz/ *vt* organizar.

orgasm /'ɔːgæzəm/ *n* orgasmo *m*.

orgy /'ɔːdʒɪ/ *n* [**-gies**] orgía *f*.

orient /'ɔːrɪənt/ *vt* orientar.

oriental /ɔːrɪ'entəl/ *adj* oriental.

orientate /'ɔːrɪənteɪt/ *vt* ⇨ **orient**.

orientated /'ɔːrɪənteɪtɪd/, **oriented** /'ɔːrɪəntɪd/ *adj* orientado -da.

origin /'ɒrɪdʒɪn/ *n* origen *m*.

original /ə'rɪdʒənəl/ **I** *adj* (*not copied, different*) original; (*first*) primero -ra. **II** *n* original *m*.

originality /ərɪdʒə'nælətɪ/ *n* originalidad *f*.

originally /ə'rɪdʒənəlɪ/ *adv* **1.** (*at first*) en un principio. **2.** (*to come, to be*) originariamente.

originate /ə'rɪdʒəneɪt/ *vi* originarse.

ornament /'ɔːnəmənt/ *n* ornamento *m*, adorno *m*.

ornamental /ɔːnə'mentəl/ *adj* ornamental, de adorno.

ornate /ɔː'neɪt/ *adj* (*gen*) elaborado -da; (*excessively*) recargado -da.

ornithologist /ɔːnɪ'θɒlədʒɪst/ *n* ornitólogo -ga *m/f*.

orphan /'ɔːfən/ **I** *n* huérfano -na *m/f*. **II** *vt*: **to be orphaned** quedarse huérfano.

orphanage /'ɔːfənɪdʒ/ *n* orfanato *m*.

orthodox /'ɔːθədɒks/ *adj* ortodoxo -xa.

orthopaedic, (*US*) **orthopedic** /ɔːθə'piːdɪk/ **I** *adj* ortopédico -ca. **II orthopaedics**, (*US*) **orthopedics** *n* ortopedia *f*.

oscillate /ˈɒsɪleɪt/ vi oscilar.

ostensible /ɒsˈtensəbəl/ adj aparente, supuesto -ta.

ostentatious /ɒstenˈteɪʃəs/ adj ostentoso -sa.

ostracize /ˈɒstrəsaɪz/ vt (gen) condenar al ostracismo; (friends, colleagues) hacerle el vacío a.

ostrich /ˈɒstrɪtʃ/ n [-ches] avestruz m.

other /ˈʌðə/ I adj, pron otro -tra: **the other one** el otro; **one after the other** uno tras otro. II **other than** prep aparte de.

otherwise /ˈʌðəwaɪz/ I conj si no. II adv **1.** (in other respects) aparte de eso. **2.** (in a different way) de otra manera.

otter /ˈɒtə/ n nutria f.

ouch /aʊtʃ/ excl ¡ay!

ought /ɔːt/ v aux: **I ought to see it** tendría que verlo; **you ought to write to her** deberías escribirle; **he ought to have arrived** debería haber llegado.

oughtn't /ˈɔːtənt/ contracción de **ought not**

ounce /aʊns/ n onza f (28,35 g).

our /ɑː, ˈaʊə/ adj (singular) nuestro -tra; (plural) nuestros -tras: **our house** nuestra casa; **our books** nuestros libros; **we washed our hands** nos lavamos las manos.

ours /ˈaʊəz/ pron (singular) (el) nuestro, (la) nuestra; (plural) (los) nuestros, (las) nuestras: **this one is ours** éste es nuestro; **a friend of ours** un amigo nuestro.

ourselves /aʊəˈselvz/ pron **1.** (reflexive) nos. **2.** (emphatic or after prep) nosotros -tras mismos -mas ● **by ourselves** solos -las.

oust /aʊst/ vt desbancar (**from** de).

out /aʊt/ I adv **1.** (gen) fuera: **I'm out here** estoy aquí fuera; (tide): **the tide's out** la marea está baja. **2.** (not at home): **she's out** no está. **3.** (not lit): **the fire was out** el fuego estaba apagado ● **he's out cold** ✻ **out for the count** está inconsciente. **4.** (away): **she lives a long way out**

vive bastante lejos. **5.** (eliminated): **you're out!** ¡quedas eliminado! **6.** (wrong): **you're miles out** estás muy equivocado. II **out of** prep **1.** (from inside) de. **2.** (with numbers): **nine out of ten people** nueve de cada diez personas. **3.** (showing material): **made out of wood** hecho -cha de madera. **4.** (because of) por. **5.** (lacking) sin.

out-and-out adj redomado -da. **out-of-date** adj (clothes) anticuado -da, pasado -da de moda; (ticket) caducado -da. **out-of-the-way** adj remoto -ta.

outage /ˈaʊtɪdʒ/ n (US) apagón m.

outback /ˈaʊtbæk/ n interior m.

outbid /aʊtˈbɪd/ vt [-bids, -bidding, -bid] pujar más alto que.

outboard motor /aʊtbɔːd ˈməʊtə/ n (motor m) fueraborda m.

outbreak /ˈaʊtbreɪk/ n (of war) estallido m; (of illness, violence) brote m.

outburst /ˈaʊtbɜːst/ n arrebato m.

outcast /ˈaʊtkɑːst/ n marginado -da m/f.

outcome /ˈaʊtkʌm/ n resultado m.

outcrop /ˈaʊtkrɒp/ n afloramiento m.

outcry /ˈaʊtkraɪ/ n [-cries] protesta f.

outdated /aʊtˈdeɪtɪd/ adj anticuado -da.

outdo /aʊtˈduː/ vt [-does, -doing, -did, pp **outdone**] superar.

outdoor I /ˈaʊtdɔː/ adj (activity) al aire libre; (plant) de exterior; (pool) descubierto -ta. II **outdoors** /aʊtˈdɔːz/ adv (gen) al aire libre; (outside house) afuera.

outer /ˈaʊtə/ adj exterior.

outer space n espacio m.

outfit /ˈaʊtfɪt/ n conjunto m.

outgoing /aʊtˈgəʊɪŋ/ I adj **1.** (extrovert) extrovertido -da. **2.** (mail) a despachar. **3.** (president) saliente. II **outgoings** n pl gastos m pl.

outgrow /aʊtˈgrəʊ/ vt [-grows, -growing, -grew, pp -grown] hacerse demasiado grande para.

outing /ˈaʊtɪŋ/ n excursión f.

outlandish /aʊtˈlændɪʃ/ adj estrafalario -ria, extravagante.

outlast /aʊtˈlɑːst/ vt durar más que.

outlaw /ˈaʊtlɔː/ I n proscrito -ta m/f. II vt declarar ilegal.

outlay /ˈaʊtleɪ/ n desembolso m.

outlet /ˈaʊtlet/ n 1. (shop) punto m de venta. 2. (for water) desagüe m. 3. (emotional) válvula f de escape.

outline /ˈaʊtlaɪn/ I n 1. (shape) contorno m, silueta f. 2. (summary) esbozo m. II vt esbozar.

outlive /aʊtˈlɪv/ vt sobrevivir a.

outlook /ˈaʊtlʊk/ n 1. (prospect) perspectivas f pl. 2. (attitude) actitud f.

outlying /ˈaʊtlaɪɪŋ/ adj (distant) alejado -da; (outside town, city) periférico -ca.

outmoded /aʊtˈməʊdɪd/ adj pasado -da de moda.

outnumber /aʊtˈnʌmbə/ vt superar en número.

outpatient /ˈaʊtpeɪʃənt/ n 1. (person) paciente m/f externo -na. 2. outpatients' (department) departamento m de consultas externas.

outpost /ˈaʊtpəʊst/ n puesto m de avanzada.

output /ˈaʊtpʊt/ n 1. (production) producción f. 2. (Inform) salida f, output m. 3. (Phys) potencia f.

outrage /ˈaʊtreɪdʒ/ I n 1. (anger) indignación f. 2. (activity) atrocidad f. 3. (scandal) escándalo m. II vt (to anger) indignar; (to shock) escandalizar.

outrageous /aʊtˈreɪdʒəs/ adj (shocking) escandaloso -sa; (clothes) extravagante.

outright I /ˈaʊtraɪt/ adj (refusal) categórico -ca. II /aʊtˈraɪt/ adv 1. (to refuse) rotundamente: **I rejected it outright** lo rechacé de plano; (to win) claramente. 2. (to say, ask) directamente. 3. (instantly) en el acto.

outset /ˈaʊtset/ n: **from the outset** desde el principio.

outshine /aʊtˈʃaɪn/ vt [-shines, -shining, -shone] eclipsar.

outside /aʊtˈsaɪd/ I prep (gen) fuera de; (in front of) delante de. II adv fuera, afuera: **go outside** vete afuera ∗ sal. III adj, n exterior adj, m • **ten days at the outside** diez días como máximo.

outsider /aʊtˈsaɪdə/ n 1. (stranger) extraño -ña m/f. 2. (Sport) caballo/deportista con pocas probabilidades de ganar.

outsize /ˈaʊtsaɪz/ adj de tallas más grandes.

outskirts /ˈaʊtskɜːts/ n pl: **the outskirts** las afueras.

outspoken /aʊtˈspəʊkən/ adj franco -ca.

outstanding /aʊtˈstændɪŋ/ adj 1. (excellent) sobresaliente. 2. (notable) destacado -da. 3. (pending) pendiente.

outstay /aʊtˈsteɪ/ vt: **he outstayed his welcome** abusó de su hospitalidad.

outstretched /aʊtˈstretʃt/ adj extendido -da.

outstrip /aʊtˈstrɪp/ vt [-strips, -stripping, -stripped] (a competitor) adelantar; (to become greater than) superar.

outward /ˈaʊtwəd/ I adj 1. (journey) de ida. 2. (external) externo -na. 3. (pressure) hacia fuera. II adv (o **outwards**) hacia fuera.

outwardly /ˈaʊtwədlɪ/ adv por fuera.

outweigh /aʊtˈweɪ/ vt tener mayor peso que.

outwit /aʊtˈwɪt/ vt [-wits, -witting, -witted] burlar.

oval /ˈəʊvəl/ I n óvalo m. II adj ovalado -da.

ovary /ˈəʊvərɪ/ n [-ries] ovario m.

ovation /əʊˈveɪʃən/ n ovación f.

oven /ˈʌvən/ n horno m.

oven glove n manopla f (para el horno).

over /ˈəʊvə/ I prep 1. (above) encima de, sobre. 2. (across) por encima de. 3. (covering) encima de. 4. (on) en: **he hung his coat over the chair** puso el abrigo en la silla. 5. (during) durante. 6. (on the other side of) al otro lado de. **7.** (*with numbers*) más de. **8.** (*about, by means of*) por. **9. all over** (*a place*) por todo -da. **II** *adv* **1.** (*above*) por encima; (*with numbers*): **they cost ten pounds and over** cuestan de diez libras para arriba. **2.** (*to or in a place*): **over here/there** (por) aquí/allí; **ask her over** invítala a casa. **3.** (*left*): **there was no food over** no sobró comida. **4.** (*finished*): **is it over? ¿se** ha acabado? **5. all over** (*everywhere*) por todas partes. **6. over and over again** una y otra vez.

overall I /'əʊvərɔ:l/ *adj* (*cost*) total; (*impression*) general. **II** /əʊvər'ɔ:l/ *adv* en general. **III** /'əʊvərɔ:l/ *n* guardapolvo *m*. **IV** /'əʊvərɔ:ls/ **overalls** *n pl* mono *m*.

overawed /əʊvər'ɔ:d/ *adj* intimidado -da.

overbalance /əʊvə'bæləns/ *vi* perder el equilibrio.

overbearing /əʊvə'beərɪŋ/ *adj* dominante.

overboard /əʊvə'bɔ:d/ *adv* por la borda ● **man overboard!** ¡hombre al agua!

overcast /'əʊvəkɑ:st/ *adj* nublado -da.

overcharge /əʊvə'tʃɑ:dʒ/ *vt*: **he overcharged me by ten dollars** me cobró diez dólares de más.

overcoat /'əʊvəkəʊt/ *n* abrigo *m*, sobretodo *m*.

overcome /əʊvə'kʌm/ *vt* [**-comes, -coming, -came,** *pp* **-come**] **1.** (*an enemy*) vencer. **2.** (*a problem*) superar.

overcrowded /əʊvə'kraʊdɪd/ *adj* atestado -da ✻ abarrotado -da (de gente).

overcrowding /əʊvə'kraʊdɪŋ/ *n* (*gen*) hacinamiento *m*; (*in classrooms*) masificación *f*.

overdo /əʊvə'du:/ *vt* [**-does, -doing, -did,** *pp* **-done**] exagerar ● **I overdid it with the salt** se me fue la mano con la sal ● **don't overdo it if you're tired** no te excedas si estás cansado.

overdone /əʊvə'dʌn/ **I** *pp* ⇨ **overdo. II** *adj* demasiado hecho -cha.

overdose /'əʊvədəʊs/ *n* sobredosis *f inv*.

overdraft /'əʊvədrɑ:ft/ *n* descubierto *m*, saldo *m* deudor.

overdrawn /əʊvə'drɔ:n/ *adj*: **I'm a thousand overdrawn** tengo un descubierto de mil.

overdue /əʊvə'dju:/ *adj*: *que llega, se devuelve, etc. con retraso.*

overestimate /əʊvər'estɪmeɪt/ *vt* sobrestimar.

overflow I /əʊvəfləʊ/ *n* rebosadero *m*. **II** /əʊvə'fləʊ/ *vi* desbordarse.

overgrown /əʊvə'grəʊn/ *adj* lleno -na de maleza.

overhang /əʊvə'hæŋ/ *vt* [**-hangs, -hanging, -hung**] colgar por encima de.

overhaul I /əʊvəhɔ:l/ *n* revisión *f*. **II** /əʊvə'hɔ:l/ *vt* revisar.

overhead I /əʊvəhed/ *adv* por encima. **II** /əʊvəhed/ *adj* aéreo -rea. **III overheads** /'əʊvəhedz/ *n pl* gastos *m pl* generales.

overhead projector *n* retroproyector *m*.

overhear /əʊvə'hɪə/ *vt* oír por casualidad.

overheat /əʊvə'hi:t/ *vi* recalentarse.

overjoyed /əʊvə'dʒɔɪd/ *adj* encantado -da.

overkill /'əʊvəkɪl/ *n* exceso *m*.

overland /əʊvə'lænd/ *adv* por tierra.

overlap /əʊvə'læp/ *vi* [**-laps, -lapping, -lapped**] **1.** (*tiles*) superponerse parcialmente. **2.** (*areas of responsibility*) coincidir en parte.

overleaf /əʊvə'li:f/ *adv* al dorso.

overload /əʊvə'ləʊd/ *vt* sobrecargar.

overlook /əʊvə'lʊk/ *vt* **1.** (*to fail to see*): **I overlooked it** se me pasó por alto. **2.** (*to disregard*) pasar por alto, dejar pasar. **3.** (*building*) dar a.

overnight /əʊvə'naɪt/ **I** *adv* **1.** (*gen*): **we travelled overnight** viajamos durante la noche; **I stayed over-**

night me quedé a dormir. 2. (*quickly*) de la noche a la mañana. II *adj* de noche.

overnight bag *n* neceser *m*.

overpass /'əʊvəpɑ:s/ *n* [**-passes**] (*US*) paso *m* elevado.

overpower /əʊvə'paʊə/ *vt* 1. (*gen*) reducir. 2. (*emotion*) apoderarse de.

overpowering /əʊvə'paʊərɪŋ/ *adj* (*emotion*) abrumador -dora; (*smell*) muy fuerte; (*heat*) agobiante.

overrated /əʊvə'reɪtəd/ *adj* sobrevalorado -da.

overreact /əʊvərɪ'ækt/ *vi* reaccionar de manera exagerada.

override /əʊvə'raɪd/ *vt* [**-rides, -riding, -rode,** *pp* **-ridden**] anular.

overriding /əʊvə'raɪdɪŋ/ *adj* primordial.

overrule /əʊvə'ru:l/ *vt* (*an objection*) desestimar; (*a decision*) anular.

overrun /əʊvə'rʌn/ *vi* [**-runs, -running, -ran,** *pp* **-run**] durar más de lo previsto. ♦ *vt* invadir.

overseas /əʊvə'si:z/ I *adj* extranjero -ra. II *adv* en el/al extranjero.

oversee /əʊvə'si:/ *vt* [**-sees, -seeing, -saw,** *pp* **-seen**] supervisar.

overshadow /əʊvə'ʃædəʊ/ *vt* 1. (*to spoil*) empañar. 2. (*to dwarf*) eclipsar.

overshoot /əʊvə'ʃu:t/ *vt* [**-shoots, -shooting, -shot**] pasarse de.

oversight /'əʊvəsaɪt/ *n* descuido *m*.

oversleep /əʊvə'sli:p/ *vi* [**-sleeps, -sleeping, -slept**] quedarse dormido -da.

overstate /əʊvə'steɪt/ *vt* exagerar.

overstep /əʊvə'step/ *vt* [**-steps, -stepping, -stepped**]: **to overstep the mark** pasarse de la raya.

overt /əʊ'vɜ:t/ *adj* abierto -ta, manifiesto -ta.

overtake /əʊvə'teɪk/ *vt* [**-takes, -taking, -took,** *pp* **-taken**] ● **tiredness overtook him** el cansancio lo venció.

overthrow /əʊvə'θrəʊ/ *vt* [**-throws, -throwing, -threw,** *pp* **-thrown**] derrocar.

overtime /'əʊvətaɪm/ *n* 1. (*at work*) horas *f pl* extra. 2. (*US : Sport*) prórroga *f*.

overtone /'əʊvətəʊn/ *n* connotación *f*.

overture /'əʊvətjʊə/ *n* obertura *f*.

overturn /əʊvə'tɜ:n/ *vt* 1. (*an object*) volcar. 2. (*a decision*) revocar. ♦ *vi* volcar.

overweight /əʊvə'weɪt/ *adj*: **he's overweight** está demasiado gordo.

overwhelm /əʊvə'welm/ *vt* 1. (*an opponent*) aplastar. 2. (*with gifts, feelings*) abrumar.

overwhelming /əʊvə'welmɪŋ/ *adj* 1. (*feeling*) abrumador -dora. 2. (*majority, victory*) aplastante.

overwork /əʊvə'wɜ:k/ *vi* trabajar demasiado.

overwrought /əʊvə'rɔ:t/ *adj* alterado -da.

owe /əʊ/ *vt* deber.

owing /'əʊɪŋ/ I *adj*: **ten pounds is still owing** quedan diez libras por pagar. II **owing to** *prep* a causa de, debido a.

owl /aʊl/ *n* búho *m*, lechuza *f*.

own /əʊn/ I *adj* propio -pia. II *pron* 1. (*referring to possessions*): **he has a car of his own** tiene coche propio; **this one is my own** ésta es mía ● **she got her own back on him** se vengó de él. 2. **on one's own** (*alone*) solo -la. III *vt* poseer: **she owns a house here** tiene una casa aquí; **he owns the building** es el dueño del edificio.

to **own up** *vi* admitir.

owner /'əʊnə/ *n* propietario -ria *m/f*, dueño -ña *m/f*.

ownership /'əʊnəʃɪp/ *n* propiedad *f*.

ox /ɒks/ *n* [**oxen**] buey *m*.

oxtail soup /ɒksteɪl 'su:p/ *n* sopa *f* de rabo de buey.

oxygen /'ɒksɪdʒən/ *n* oxígeno *m*.

oyster /'ɔɪstə/ *n* ostra *f*.

oz /aʊns/ = **ounce**.

ozone /'əʊzəʊn/ *n* ozono *m*.

ozone-friendly *adj* que no daña la capa de ozono. **ozone layer** *n* capa *f* de ozono.

p /piː/ = **penny/pence**.
p. /peɪdʒ/ = **page**.
PA /piːˈeɪ/ n 1. = **personal assistant**. 2. = **public address system**.
p.a. /pɜːˈrænəm/ = **per annum**.
pace /peɪs/ I n 1. (*speed*) ritmo m ● **to keep pace with** sthg mantenerse al corriente de algo. 2. (*step*) paso m. II vi: **he paced up and down** daba vueltas (como un animal enjaulado).
pacemaker /ˈpeɪsmeɪkə/ n 1. (*Med*) marcapasos m inv. 2. (*athlete*) liebre f.
Pacific /pəˈsɪfɪk/ n: **the Pacific (Ocean)** el (océano) Pacífico.
pacifier /ˈpæsɪfaɪə/ n (*US*) chupete m.
pacifist /ˈpæsɪfɪst/ adj, n pacifista adj, m/f.
pacify /ˈpæsɪfaɪ/ vt [-fies, -fying, -fied] tranquilizar.
pack /pæk/ I n 1. (*of goods for sale*) paquete m; (*US: of cigarettes*) paquete m. 2. (*of cards*) baraja f. 3. (*of animals*) manada f. 4. (*rucksack*) mochila f. II vt 1. (*a bag*): **pack your suitcase** haz la maleta. 2. (*for transport*) embalar. 3. (*to place*): **I packed it in ice** lo cubrí de hielo. 4. (*to fill*) llenar (**with** de). ♦ vi (*for a trip*) hacer las maletas, (*Amér L*) empacar.
to pack in vt (*fam*): **pack it in!** ¡ya basta! **to pack off** vt mandar. **to pack up** vt recoger.
package /ˈpækɪdʒ/ n paquete m.
package holiday * **tour** n viaje m organizado.
packaging /ˈpækɪdʒɪŋ/ n (*material*) envoltorio m; (*presentation*) presentación f.

packed /pækt/ adj (*fam*) abarrotado -da de gente.
packed lunch n: comida que se lleva de casa al colegio, trabajo, etc.
packet /ˈpækɪt/ n (*gen*) paquete m; (*of crisps*) bolsa f.
packing /ˈpækɪŋ/ n embalaje m.
packing case n caja f de embalar.
pact /pækt/ n pacto m.
pad /pæd/ I n 1. (*cushion*) almohadilla f. 2. (*notebook*) bloc m. II vt [**pads, padding, padded**] acolchar.
padded /ˈpædɪd/ adj acolchado -da.
padding /ˈpædɪŋ/ n relleno m.
paddle /ˈpædəl/ I n 1. (*oar*) pala f. 2. (*US: for table tennis*) paleta f. II vi 1. (*to walk in water*) chapotear. 2. (*in boat*) remar.
paddle steamer n vapor m de ruedas.
paddling pool /ˈpædəlɪŋ puːl/ n: piscina para niños.
paddock /ˈpædək/ n (*on farm*) potrero m; (*at racecourse*) paseadero m.
paddy field /ˈpædɪ fiːld/ n arrozal m.
padlock /ˈpædlɒk/ I n candado m. II vt cerrar con candado.
paediatrician /piːdɪəˈtrɪʃən/ n pediatra m/f.
paediatrics /piːdɪˈætrɪks/ n pediatría f.
pagan /ˈpeɪɡən/ adj, n pagano -na adj, m/f.
page /peɪdʒ/ I n 1. (*of paper*) página f. 2. (o **page boy**) paje m. II vt (*over PA*) llamar por megafonía; (*on a pager*) localizar con el busca.
pageantry /ˈpædʒəntrɪ/ n boato m.
pager /ˈpeɪdʒə/ n busca m, buscapersonas m inv.
paid /peɪd/ pret y pp ⇨ **pay**.
pail /peɪl/ n cubo m.
pain /peɪn/ n dolor m: **is he in pain?** ¿le duele? ● **he's a pain (in the neck)!** ¡es un pesado! ● **I took great pains over my essay** me esforcé mucho en la redacción.
painkiller n analgésico m.
pained /peɪnd/ adj de sufrimiento.
painful /ˈpeɪnfʊl/ adj doloroso -sa.

painfully /ˈpeɪnfʊli/ *adv*: **I'm painfully aware of his faults** soy muy consciente de sus defectos.

painless /ˈpeɪnləs/ *adj*: **it was almost painless** apenas me dolió.

painlessly /ˈpeɪnlɪsli/ *adv* sin causar dolor.

painstaking /ˈpeɪnzteɪkɪŋ/ *adj* 1. (*person*) meticuloso -sa. 2. (*process*) minucioso -sa.

paint /peɪnt/ I *n* pintura *f*. II *vt* pintar: **he painted it white** la pintó de blanco.

paintbrush *n* (*for art*) pincel *m*; (*for decorating*) brocha *f*. **paintwork** *n* pintura *f*.

painter /ˈpeɪntə/ *n* pintor -tora *m/f*.

painting /ˈpeɪntɪŋ/ *n* 1. (*picture*) pintura *f*, cuadro *m*. 2. (*activity*) pintura *f*.

pair /peə/ *n* 1. (*gen*) par *m*. 2. (*of people*) pareja *f*.

pajamas /pəˈdʒɑːməz/ *n pl* (*US*) pijama *m*, (*Amér L*) piyama *m* ∗*f*.

Pakistan /pɑːkɪˈstɑːn/ *n* Pakistán *m*.

Pakistani /pɑːkɪˈstɑːni/ *adj, n* pakistaní *adj, m/f*.

pal /pæl/ *n* (*fam*) compinche *m/f*, amigo -ga *m/f*.

palace /ˈpælɪs/ *n* palacio *m*.

palatable /ˈpælətəbəl/ *adj* agradable al paladar.

palate /ˈpælət/ *n* paladar *m*.

palatial /pəˈleɪʃəl/ *adj* palaciego -ga.

pale /peɪl/ *adj* (*face*) pálido -da: **he turned pale** se puso pálido; (*colours*) claro -ra.

Palestine /ˈpæləstaɪn/ *n* Palestina *f*.

Palestinian /pæləˈstɪniən/ *adj, n* palestino -na *adj, m/f*.

palette /ˈpælɪt/ *n* paleta *f*.

pall /pɔːl/ *vi*: **it began to pall on me** empezó a cansarme.

pallet /ˈpælɪt/ *n* bandeja *f* de carga.

pallid /ˈpælɪd/ *adj* pálido -da.

pallor /ˈpælə/ *n* palidez *f*.

palm /pɑːm/ *n* 1. (*Anat*) palma *f*. 2. (*o palm tree*) palmera *f*.

to **palm off** *vt* (*fam*): **I palmed him off with £20** me lo quité de encima dándole 20 libras.

Palm Sunday *n* Domingo *m* de Ramos.

palpable /ˈpælpəbəl/ *adj* palpable.

palpably /ˈpælpəbli/ *adv* evidentemente.

paltry /ˈpɔːltri/ *adj* irrisorio -ria.

pamper /ˈpæmpə/ *vt* mimar.

pamphlet /ˈpæmflɪt/ *n* folleto *m*.

pan /pæn/ *n* (*saucepan*) cacerola *f*; (*frying pan*) sartén *f*.

panache /pəˈnæʃ/ *n* garbo *m*, estilo *m*.

Panama /ˈpænəmɑː/ *n* Panamá *m*.

Panama Canal *n* Canal *m* de Panamá.

Panamanian /pænəˈmeɪniən/ *adj, n* panameño -ña *adj, m/f*.

pancake /ˈpænkeɪk/ *n* crêpe *f*, (*Amér L*) panqueque *m*.

Pancake Day *n* martes *m inv* de carnaval.

pancreas /ˈpæŋkriəs/ *n* [**-creases**] páncreas *m inv*.

panda /ˈpændə/ *n* panda *m*.

pandemonium /pændɪˈməʊniəm/ *n* caos *m*.

pander to /ˈpændə tuː/ *vt* consentir.

pane /peɪn/ *n* cristal *m*.

panel /ˈpænəl/ *n* panel *m*.

pang /pæŋ/ *n* punzada *f*.

panic /ˈpænɪk/ I *n* pánico *m*. II *vi* [**-nics, -nicking, -nicked**] *I* **panicked** me entró el pánico; **don't panic!** ¡que no cunda el pánico!

panic-stricken *adj* preso -sa del pánico.

panorama /pænəˈrɑːmə/ *n* panorama *m*, panorámica *f*.

pansy /ˈpænzi/ *n* [**-sies**] pensamiento *m*.

pant /pænt/ *vi* jadear, resollar.

panther /ˈpænθə/ *n* pantera *f*.

panties /ˈpæntiz/ *n pl* bragas *f pl*.

pantomime /ˈpæntəmaɪm/ *n*: representación musical cómica que se hace en Navidad.

pantry /ˈpæntri/ *n* [**-ries**] despensa *f*.

pants /pænts/ *n pl* 1. (*underwear: women's*) bragas *f pl*; (*: men's*) calzoncillos *m pl*. 2. (*US: trousers*) pantalones *m pl*, pantalón *m*.

panty hose /ˈpæntɪ həʊz/ n pl (US) pantis m pl.

papal /ˈpeɪpəl/ adj papal.

paper /ˈpeɪpə/ I n 1. (gen) papel m: **a piece of paper** un papel. 2. (newspaper) periódico m. 3. (part of exam) parte f. 4. (for publication) artículo m; (at conference) ponencia f. II **papers** n pl documentación f. III vt empapelar.

paperback n libro m en rústica. **paperclip** n clip m. **paperknife** n abrecartas m inv. **paper shop** n tienda f de periódicos. **paperweight** n pisapapeles m inv. **paperwork** n papeleo m.

papier-mâché /ˈpæpjeɪˈmæʃeɪ/ n cartón m piedra.

paprika /ˈpæprɪkə/ n pimentón m (dulce).

par /pɑː/ n 1. (in golf) par m ● **it's par for the course** es lo normal. 2. (level): **to be on a par with sthg/ sbdy** igualar a algo/alguien.

parable /ˈpærəbəl/ n parábola f.

parachute /ˈpærəʃuːt/ I n paracaídas m inv. II vi tirarse en paracaídas.

parade /pəˈreɪd/ I n desfile m. II vi desfilar.

paradise /ˈpærədaɪs/ n paraíso m.

paradox /ˈpærədɒks/ n [-xes] paradoja f.

paraffin /ˈpærəfɪn/ n queroseno m.

paragon /ˈpærəgən/ n dechado m.

paragraph /ˈpærəgrɑːf/ n párrafo m.

Paraguay /ˈpærəgwaɪ/ n Paraguay m.

Paraguayan /ˌpærəˈgwaɪən/ adj, n paraguayo -ya adj, m/f.

parallel /ˈpærəlel/ I adj paralelo -la (**to** a). II n paralelo m.

parallel line n paralela f.

paralyse /ˈpærəlaɪz/ vt paralizar.

paralysis /pəˈræləsɪs/ n parálisis f.

paralyze /ˈpærəlaɪz/ vt (US) paralizar.

paramedic /ˌpærəˈmedɪk/ n: persona que trabaja en una ambulancia y está capacitada para prestar primeros auxilios.

paramount /ˈpærəmaʊnt/ adj de suma importancia.

paranoid /ˈpærənɔɪd/ adj paranoico -ca.

parapet /ˈpærəpɪt/ n parapeto m, pretil m.

paraphrase /ˈpærəfreɪz/ I vt parafrasear. II n paráfrasis f inv.

parasite /ˈpærəsaɪt/ n parásito m.

parasol /ˈpærəsɒl/ n sombrilla f, parasol m.

paratrooper /ˈpærətruːpə/ n paracaidista m/f.

parcel /ˈpɑːsəl/ n paquete m.

to parcel up vt [-cels, -celling, -celled] empaquetar.

parched /pɑːtʃt/ adj 1. (land) reseco -ca. 2. (fam: thirsty) muerto -ta de sed.

parchment /ˈpɑːtʃmənt/ n pergamino m.

pardon /ˈpɑːdən/ I n 1. (forgiveness) perdón m ● **(I beg your) pardon?** ¿perdone? * ¿cómo? 2. (Law) indulto m. II vt perdonar.

parent /ˈpeərənt/ n: **my parents** mis padres; **one of your parents must sign it** tiene que firmarlo tu padre o tu madre.

parental /pəˈrentəl/ adj de los padres.

parenthesis /pəˈrenθəsɪs/ n [-theses] paréntesis m inv.

Paris /ˈpærɪs/ n París m.

parish /ˈpærɪʃ/ n [-shes] parroquia f.

parishioner /pəˈrɪʃənə/ n feligrés -gresa m/f.

Parisian /pəˈrɪziən/ n parisino -na m/f, parisiense m/f.

parity /ˈpærɪtɪ/ n (frml) 1. (equality) igualdad f. 2. (Fin) paridad f.

park /pɑːk/ I n parque m. II vt/i aparcar, estacionar.

parking /ˈpɑːkɪŋ/ n estacionamiento m.

parking garage n (US) parking m (en un edificio). **parking lot** n (US) aparcamiento m, (Amér L) estacionamiento m. **parking meter** n parquímetro m. **parking ticket** n multa f por aparcamiento ✳ estacionamiento indebido.

parliament /'pɑːləmənt/ n parlamento m.

parliamentary /pɑːlə'mentərɪ/ adj parlamentario -ria.

parlour, (US) **parlor** /'pɑːlə/ n salón m.

parody /'pærədɪ/ I n [-dies] parodia f. II vt [-dies, -dying, -died] parodiar.

parole /pə'rəʊl/ n: he's on parole está en libertad condicional.

parquet /'pɑːkeɪ/ n parqué m, parquet m.

parrot /'pærət/ n loro m.

parry /'pærɪ/ vt [-ries, -rying, -ried] parar.

parsimonious /pɑːsɪ'məʊnɪəs/ adj (frml) mezquino -na.

parsley /'pɑːslɪ/ n perejil m.

parsnip /'pɑːsnɪp/ n chirivía f.

parson /'pɑːsən/ n pastor -tora m/f, clérigo -ga m/f.

part /pɑːt/ I n 1. (gen) parte f: in part en parte • it was cold for the most part hizo frío casi todo el tiempo. 2. (role) papel m • to take part in sthg participar ✳ tomar parte en algo • it was a mistake on my part fue un error de mi parte. 3. (component) pieza f. 4. (US: in hair) raya f. II adv: it is part finished está parcialmente terminado; I'm part Danish soy mitad danés. III vi separarse. ♦ vt (gen) separar; (one's hair): I part my hair on the side me hago la raya a un lado.

to **part with** vt deshacerse de.

part exchange n: in part exchange for the new one como parte del pago del nuevo. **part-time** adj a tiempo parcial.

partial /'pɑːʃəl/ adj 1. (incomplete, biased) parcial. 2. (fond): I'm partial to cheese tengo debilidad por el queso.

participant /pɑː'tɪsɪpənt/ n participante m/f.

participate /pɑː'tɪsɪpeɪt/ vi participar (in en).

participation /pɑːtɪsɪ'peɪʃən/ n participación f.

participle /'pɑːtɪsɪpəl/ n participio m.

particle /'pɑːtɪkəl/ n partícula f.

particular /pə'tɪkjʊlə/ I adj 1. (specific) particular • in particular en particular. 2. (choosy) exigente [S] (about con). II **particulars** n pl detalles m pl.

particularly /pə'tɪkjʊləlɪ/ adv particularmente • "Do you like it?" "Not particularly." —¿Te gusta? —No mucho.

parting /'pɑːtɪŋ/ n 1. (of people) separación f. 2. (in hair) raya f.

partisan /pɑːtɪ'zæn/ I adj parcial. II n partidario -ria m/f.

partition /pɑː'tɪʃən/ I n 1. (wall) tabique m. 2. (Pol) partición f. II vt dividir.

partly /'pɑːtlɪ/ adv en parte.

partner /'pɑːtnə/ n 1. (in sport, game) pareja f. 2. (in relationship) compañero -ra m/f. 3. (Fin) socio -cia m/f.

partnership /'pɑːtnəʃɪp/ n 1. (Fin) sociedad f. 2. (relationship) asociación f.

partridge /'pɑːtrɪdʒ/ n perdiz f.

party /'pɑːtɪ/ n [-ties] 1. (celebration) fiesta f. 2. (Pol) partido m. 3. (group) grupo m. 4. (Law) parte f.

pass /pɑːs/ I n [passes] 1. (permit: gen) pase m; (: for bus) abono m. 2. (Sport) pase m. 3. (in exam) aprobado m. 4. (in mountains) puerto m (de montaña). 5. (fam: advance): he made a pass at her intentó ligar con ella. II vt 1. (to go past: a person) cruzarse con; (: a place) pasar por; (: a car) adelantar. 2. (to give, put) pasar. 3. (time) pasar. 4. (a test) aprobar. 5. (a law) aprobar. ♦ vi 1. (gen) pasar. 2. (in exam) aprobar. 3. (to end) pasarse: his anger soon passed pronto se le pasó el enfado.

to **pass away** vi fallecer. *to* **pass by** vi pasar. *to* **pass down** vt transmitir. *to* **pass for** vt pasar por. *to* **pass on** vt pasar. *to* **pass out** vi desmayarse. **to pass round** *vt* hacer circular. **to pass up** *vt* dejar pasar.

passable /ˈpɑːsəbəl/ *adj* 1. (*reasonable*) pasable. 2. (*road*) transitable.

passage /ˈpæsɪdʒ/ *n* 1. (*o passageway*) (*corridor*) pasillo *m*; (*alley*) pasaje *m*. 2. (*Lit, Mus*) pasaje *m*. 3. (*journey*) viaje *m*. 4. (*Anat*) conducto *m*.

passenger /ˈpæsɪndʒə/ *n* pasajero -ra *m/f*.

passer-by /ˈpɑːsəˈbaɪ/ *n* [**passers-by**] transeúnte *m/f*.

passing /ˈpɑːsɪŋ/ *adj* pasajero -ra ● **I mentioned it in passing** lo mencioné de pasada.

passion /ˈpæʃən/ *n* pasión *f*.

passion fruit *n* granadilla *f*.

passionate /ˈpæʃənət/ *adj* apasionado -da.

passive /ˈpæsɪv/ I *adj* pasivo -va. II *n* pasiva *f*.

passport /ˈpɑːspɔːt/ *n* pasaporte *m*.

password /ˈpɑːswɜːd/ *n* contraseña *f*.

past /pɑːst/ I *n* pasado *m*. II *adj* 1. (*previous*) anterior. 2. (*last*) último -ma. III *adv, prep* 1. (*showing position, motion*): **go past the shop** pasa la tienda; **the bank is past the square** el banco está más allá de la plaza. 2. (*telling time*): **it is five past four** son las cuatro y cinco.

pasta /ˈpæstə/ *n* pasta *f*.

paste /peɪst/ I *n* 1. (*mixture*) pasta *f*. 2. (*spread*) paté *m*. 3. (*glue*) cola *f*. II *vt* pegar.

pastel /ˈpæstəl/ *n* pastel *m*.

pasteurized /ˈpɑːstjəraɪzd/ *adj* pasteurizado -da.

pastime /ˈpɑːstaɪm/ *n* pasatiempo *m*.

pastry /ˈpeɪstrɪ/ *n* [**-tries**] 1. (*mixture*) masa *f*. 2. (*cake*) bollo *m*.

pasture /ˈpɑːstʃə/ *n* pasto *m*.

pasty I /ˈpæstɪ/ *n* [**-ties**] empanada *f*. II /ˈpeɪstɪ/ *adj* pálido -da.

pat /pæt/ I *n* palmadita *f*. II *vt* [**pats, patting, patted**] darle palmaditas a.

patch /pætʃ/ I *n* [**-ches**] 1. (*on garment, tyre, eye*) parche *m*. 2. (*of colour*) mancha *f*. 3. (*area*): **a damp patch** una mancha de humedad; **an icy patch** una placa de hielo ● **he went through a bad patch** pasó por una mala racha. II *vt* ponerle un parche a.

to patch up *vt* remendar ● **to patch up a relationship** solucionar los problemas en una relación.

patchwork quilt *n* edredón *m* de retales.

patchy /ˈpætʃɪ/ *adj* [**-chier, -chiest**] 1. (*fog, cloud*) en algunas zonas. 2. (*uneven*) desigual.

pâté /ˈpæteɪ/ *n* paté *m*.

patent /ˈpeɪtənt/ I *n* patente *f*. II *vt* patentar. III *adj* patente.

patent leather *n* charol *m*.

paternal /pəˈtɜːnəl/ *adj* 1. (*attitude*) paternal. 2. (*relative*) paterno -na.

paternity /pəˈtɜːnɪtɪ/ *n* paternidad *f*.

path /pɑːθ/ *n* 1. (*track*) camino *m*, sendero *m*. 2. (*route*) trayectoria *f*.

pathway *n* camino *m*.

pathetic /pəˈθetɪk/ *adj* 1. (*pitiful*) patético -ca. 2. (*very bad*) lamentable.

pathological /pæθəˈlɒdʒɪkəl/ *adj* patológico -ca.

pathologist /pəˈθɒlədʒɪst/ *n* patólogo -ga *m/f*.

pathos /ˈpeɪθɒs/ *n* patetismo *m*.

patience /ˈpeɪʃəns/ *n* 1. (*tolerance*) paciencia *f*. 2. (*Games*) solitario *m*.

patient /ˈpeɪʃənt/ I *adj* paciente. II *n* paciente *m/f*, enfermo -ma *m/f*.

patiently /ˈpeɪʃəntlɪ/ *adv* con paciencia.

patio /ˈpætɪəʊ/ *n*: parte pavimentada de un jardín.

patriot /ˈpeɪtrɪət/ *n* patriota *m/f*.

patriotic /pætrɪˈɒtɪk/ *adj* (*person*) patriota; (*act*) patriótico -ca.

patrol /pəˈtrəʊl/ I *n* patrulla *f*. II *vt/i* [**-trols, -trolling, -trolled**] patrullar.

patrol car *n* coche *m* patrulla. **patrolman** *n* (*US*) policía *m*.

patron /ˈpeɪtrən/ *n* 1. (*of a charity*) presidente -ta *m/f* honorífico -ca. 2. (*of artist*) mecenas *m/f inv*. 3. (*customer*) cliente -ta *m/f*.

patron saint n (santo -ta m/f) patrón -trona m/f.

patronage /'pætrənɪdʒ/ n (of event) patrocinio m; (of artist) mecenazgo m.

patronize /'pætrənaɪz/ vt 1. (a person) tratar de manera condescendiente. 2. (frml: a shop) ser cliente de.

patronizing /'pætrənaɪzɪŋ/ adj condescendiente.

patter /'pætə/ I vi golpetear. II n 1. (noise) ruido de pasos, golpecitos, etc. 2. (talk): he gave me the usual patter me soltó el discurso de marras.

pattern /'pætən/ n 1. (on fabric) dibujo m, estampado m. 2. (for sewing) patrón m.

paunch /pɔːntʃ/ n [-ches] barriga f, panza f.

pauper /'pɔːpə/ n pobre m/f.

pause /pɔːz/ I n pausa f. II vi hacer una pausa.

pave /peɪv/ vt pavimentar.

pavement /'peɪvmənt/ n 1. (GB: footpath) acera f, (C Sur) vereda f. 2. (US: road surface) firme m, pavimento m.

pavilion /pə'vɪlɪən/ n pabellón m.

paving /'peɪvɪŋ/ n pavimento m.

paving stone n losa f.

paw /pɔː/ n pata f.

pawn /pɔːn/ I n peón m. II vt empeñar.

pawnshop n casa f de empeños.

pay /peɪ/ I n sueldo m. II vt [pays, paying, paid] 1. (a bill, an amount) pagar; (a person) pagarle a. 2. (to render): I paid her a visit le hice una visita; pay attention presta atención. ♦ vi 1. (Fin) pagar. 2. (to be advantageous) convenir.
to **pay back** vt 1. (money) devolver. 2. (to take revenge on): I'll pay you back for this! ¡esto me lo vas a pagar! *to* **pay in** vt ingresar. *to* **pay off** vt terminar de pagar. ♦ vi valer la pena. *to* **pay up** vi pagar (a regañadientes).

pay claim n reivindicación f salarial.

payday n día m de paga. **pay phone** ∗ (US) **station** n teléfono m público.

payroll n nómina f. **payslip** n nómina f.

payable /'peɪəbəl/ adj pagadero -ra: **make the cheque payable to S. Lee** extienda el cheque a nombre de S. Lee.

PAYE /piːeɪwɑːˈiː/ (= **pay as you earn**) sistema de retención de impuestos.

payee /peɪˈiː/ n (recipient of payment) beneficiario -ria m/f; (of cheque) persona a nombre de la cual se extiende un cheque.

payment /'peɪmənt/ n pago m.

PC /piːˈsiː/ I n 1. = **personal computer**. 2. (in GB) = **Police Constable**. II adj = **politically correct**.

PE /piːˈiː/ n (= **physical education**) educación f física.

pea /piː/ n guisante m, (Amér C, Méx) chícharo m, (Amér S) arveja f.

peace /piːs/ n paz f: **a bit of peace and quiet** un poco de tranquilidad.

peaceful /'piːsful/ adj 1. (not violent) pacífico -ca. 2. (quiet) tranquilo -la.

peach /piːtʃ/ n [-ches] melocotón m, (Amér L) durazno m.

peacock /'piːkɒk/ n pavo m real.

peak /piːk/ n 1. (Geog) cumbre f, pico m. 2. (of cap) visera f. 3. (of career, process) apogeo m.

peak rate n tarifa f máxima. **peak times** n pl horas f pl punta.

peal /piːl/ n (of bells) repique m; (of laughter): **a peal of laughter** una carcajada.

peanut /'piːnʌt/ n cacahuete m, (Amér S) maní m, (Méx) cacahuate m.

peanut butter n manteca f de cacahuete.

pear /peə/ n pera f.

pear tree n peral m.

pearl /pɜːl/ n perla f.

peasant /'pezənt/ n campesino -na m/f.

peat /piːt/ n turba f.

pebble /'pebəl/ n guijarro m.

peck /pek/ I n 1. (by bird) picotazo m. 2. (fam: kiss) beso m. II vt picotear.

peckish /'pekɪʃ/ adj (fam): **I'm peckish** tengo hambre.

peculiar /pɪ'kjuːlɪə/ adj 1. (odd) extraño -ña. 2. (unique): **peculiar to** exclusivo -va de.

peculiarity /pɪkjuːlɪ'ærətɪ/ n [-ties] 1. (strangeness) rareza f. 2. (characteristic) peculiaridad f.

pedal /'pedəl/ I n pedal m. II vi [-dals, -dalling, -dalled] pedalear.

pedantic /pɪ'dæntɪk/ adj pedante.

pedestal /'pedɪstəl/ n pedestal m.

pedestrian /pɪ'destrɪən/ n peatón -tona m/f.

pedestrian crossing n paso m de peatones.

pediatrician /piːdɪə'trɪʃən/ n (US) pediatra m/f.

pediatrics /piːdɪ'ætrɪks/ n (US) pediatría f.

pedigree /'pedɪgriː/ I n pedigrí m. II adj de raza.

pedlar /'pedlə/ n vendedor -dora m/f ambulante.

pee /piː/ (fam) I n: **to have a pee** hacer pis. II vi hacer pis, mear.

peek /piːk/ vi mirar (a hurtadillas).

peel /piːl/ I n (of orange, lemon) cáscara f; (of apple, pear) piel f. II vt (an apple) pelar. ◆ vi 1. (person) pelarse. 2. (paint) desconcharse; (wallpaper) despegarse.

to peel away ∗ off vt (a label) despegar.

peep /piːp/ vi 1. (to look) mirar (a hurtadillas). 2. (to show, appear) asomarse.

peephole n mirilla f.

peer /pɪə/ I vi: **she peered at him** lo miró detenidamente; **he peered at the letter** escudriñó la carta. II n 1. (noble) par m/f. 2. (equal) par m/f; (contemporary) coetáneo -nea m/f: **he gave in to peer pressure** cedió ante la presión de sus compañeros.

peerage /'pɪərɪdʒ/ n (title) título m nobiliario; (group) nobleza f.

peeved /piːvd/ adj (fam) molesto -ta, picado -da.

peevish /'piːvɪʃ/ adj malhumorado -da.

peg /peg/ n 1. (for washing) pinza f, (RP) broche m. 2. (for hanging coats) gancho m. 3. (for tent) estaca f; (in woodwork) clavija f.

pelican /'pelɪkən/ n pelicano m.

pelican crossing n paso m de peatones (con semáforo operado por el peatón).

pellet /'pelɪt/ n 1. (gen) bolita f. 2. (for air rifle) perdigón m.

pelt /pelt/ I n piel f. II vt: **to pelt sbdy with sthg** tirarle algo a alguien. ◆ vi: **he pelted past** pasó como un bólido.

to pelt down vi llover a cántaros.

pelvis /'pelvɪs/ n [-vises] pelvis f inv.

pen /pen/ n 1. (ink) pluma f, estilográfica f, (Amér S) lapicera f; (ballpoint) bolígrafo m, (RP) birome f. 2. (for cattle) corral m; (for sheep) redil m.

pen friend ∗ pal n amigo -ga m/f por correspondencia. **penknife** n navaja f. **pen name** n seudónimo m.

penal /'piːnəl/ adj (system) penal; (institution) penitenciario -ria.

penalize /'piːnəlaɪz/ vt 1. (to punish) penalizar. 2. (to disadvantage) perjudicar.

penalty /'penəltɪ/ n [-ties] 1. (punishment) pena f; (fine) multa f. 2. (o **penalty kick**) penalti m. 3. (in US football) castigo m.

penance /'penəns/ n penitencia f.

pence /pens/ pl ⇨ **penny** 1.

pencil /'pensəl/ n lápiz m.

pencil case n estuche m (para lápices). **pencil sharpener** n sacapuntas m inv.

pendant /'pendənt/ n colgante m.

pending /'pendɪŋ/ (frml) I adj pendiente. II prep a la espera de.

pendulum /'pendjʊləm/ n péndulo m.

penetrate /'penɪtreɪt/ *vt/i* penetrar.

penetrating /'penɪtreɪtɪŋ/ *adj* penetrante.

penguin /'peŋgwɪn/ *n* pingüino *m*.

penicillin /penɪ'sɪlɪn/ *n* penicilina *f*.

peninsula /pə'nɪnsjʊlə/ *n* península *f*.

penis /'piːnɪs/ *n* [-nises] pene *m*.

penitent /'penɪtənt/ *adj* penitente.

penitentiary /penɪ'tenʃərɪ/ *n* [-ries] (*US*) penitenciaría *f*, prisión *f*.

penniless /'penɪləs/ *adj* pobre, sin un céntimo.

penny /'penɪ/ *n* 1. [**pence**] (*value*) penique *m*. 2. [**pennies**] (*coin: in GB*) penique *m*; (*: in US*) centavo *m*.

pension /'penʃən/ *n* (*of retired person*) jubilación *f*; (*of widow*) pensión *f*.

pensioner /'penʃənə/ *n* jubilado -da *m/f*.

pensive /'pensɪv/ *adj* pensativo -va.

pentagon /'pentəgən/ *n* 1. (*Maths*) pentágono *m*. 2. **Pentagon** (*Mil*) Pentágono *m*.

penthouse /'penthaʊs/ *n* ático *m* (*lujoso*).

pent-up /pent'ʌp/ *adj* reprimido -da.

people /'piːpəl/ **I** *n pl* (*as a group*) gente *f*: **many people came** acudió mucha gente; **the people of Paris** los habitantes de París; (*individuals*) personas *f pl*. **II** *n* pueblo *m*.

pep /pep/ *n* vigor *m*, vida *f*.

to **pep up** *vt* [**peps, pepping, pepped**] animar.

pep talk *n* palabras *f pl* de ánimo.

pepper /'pepə/ *n* 1. (*spice*) pimienta *f*. 2. (*vegetable*) pimiento *m*, (*Amér S*) pimentón *m*, (*Méx*) chile *m*, (*RP*) ají *m*.

pepper pot *n* pimentero *m*.

peppermint /'pepəmɪnt/ *n* 1. (*Bot*) menta *f*. 2. (*sweet*) caramelo *m* de menta.

per /pɜː/ *prep* por.

per annum *adv* al año, por año. **per capita** *adj*, *adv* per cápita.

perceive /pə'siːv/ *vt* (*frml*) percibir.

per cent, (*US*) **percent** /pə'sent/ *adv*

por ciento: **ten per cent** el diez por ciento.

percentage /pə'sentɪdʒ/ *n* porcentaje *m*.

perceptibly /pə'septəblɪ/ *adv* de manera apreciable, sensiblemente.

perception /pə'sepʃən/ *n* 1. (*ability to see*) percepción *f*. 2. (*view*) visión *f*. 3. (*insight*) perspicacia *f*.

perceptive /pə'septɪv/ *adj* perspicaz.

perch /pɜːtʃ/ **I** *n* [-ches] 1. (*for bird*) percha *f*. 2. (*fish*) perca *f*. **II** *vi* 1. (*bird: to land*) posarse; (*: to be sitting*) estar posado -da. 2. (*person*) sentarse.

percolator /'pɜːkəleɪtə/ *n* cafetera *f* (*eléctrica*).

percussion /pə'kʌʃən/ *n* percusión *f*.

peremptory /pə'remptərɪ/ *adj* (*frml*) 1. (*manner, person*) imperioso -sa. 2. (*order*) perentorio -ria.

perennial /pə'renɪəl/ *adj* perenne.

perfect I /'pɜːfɪkt/ *adj* perfecto -ta. **II** /'pɜːfɪkt/ *n* perfecto *m*. **III** /pə'fekt/ *vt* perfeccionar.

perforate /'pɜːfəreɪt/ *vt* perforar.

perform /pə'fɔːm/ *vi* 1. (*actor, band*) actuar. 2. (*machine*) funcionar; (*person*): **he performed well** (*at work*) tuvo buen rendimiento, (*in sport*) jugó bien. ♦ *vt* 1. (*a play*) representar; (*music*) interpretar. 2. (*a task*) llevar a cabo; (*an operation*) practicar.

performance /pə'fɔːməns/ *n* 1. (*show*) función *f*; (*acting*) interpretación *f*. 2. (*in sport*) actuación *f*; (*at work, school*) rendimiento *m*; (*in exams*) resultados *m pl*. 3. (*of car*) rendimiento *m*. 4. (*of task*) realización *f*.

performer /pə'fɔːmə/ *n* (*actor, musician*) intérprete *m/f*; (*in circus*) artista *m/f*.

perfume /'pɜːfjuːm/ *n* perfume *m*.

perfunctory /pə'fʌŋktərɪ/ *adj* (*frml: search*) superficial.

perhaps /pə'hæps/ *adv* quizás, tal vez.

peril /'perəl/ n (frml) peligro m.

perimeter /pə'rımıtə/ n perímetro m.

period /'pıərıəd/ n 1. (length of time) periodo m; (era) época f; (of weather) intervalo m. 2. (lesson) clase f. 3. (US: full stop) punto m. 4. (menstruation) regla f.

periodic /pıərı'ɒdık/ adj periódico -ca.

periodical /pıərı'ɒdıkəl/ n publicación f, revista f.

peripheral /pə'rıfərəl/ adj 1. (gen) periférico -ca. 2. (secondary) de importancia secundaria.

perish /'perıʃ/ vi 1. (frml: to die) perecer. 2. (rubber) picarse.

perishable /'perıʃəbəl/ adj perecedero -ra.

perjury /'pɜːdʒərı/ n perjurio m.

perk /pɜːk/ n (fam) beneficio m (extra).

to perk up vi (fam) animarse.

perm /pɜːm/ I n permanente f, (Méx) permanente m. II vt: **I'm going to have my hair permed** me voy a hacer la permanente.

permanent /'pɜːmənənt/ adj permanente.

permeate /'pɜːmıeıt/ vt extenderse por. ♦ vi extenderse.

permissible /pə'mısəbəl/ adj permisible.

permission /pə'mıʃən/ n permiso m.

permissive /pə'mısıv/ adj permisivo -va.

permit I /pə'mıt/ vt [-mits, -mitting, -mitted] permitir. II /'pɜːmıt/ n permiso m.

pernicious /pə'nıʃəs/ adj (frml) pernicioso -sa.

perpetrate /'pɜːpıtreıt/ vt (frml) perpetrar, cometer.

perpetrator /'pɜːpıtreıtə/ n autor -tora m/f.

perpetual /pə'petʃʊəl/ adj 1. (eternal) perpetuo -tua. 2. (constant) constante.

perpetuate /pə'petʃʊeıt/ vt perpetuar.

perplex /pə'pleks/ vt dejar perplejo -ja.

persecute /'pɜːsıkjuːt/ vt perseguir.

perseverance /pɜːsı'vıərəns/ n perseverancia f.

persevere /pɜːsı'vıə/ vi perseverar.

persist /pə'sıst/ vi 1. (to persevere) persistir. 2. (to insist) empeñarse. 3. (to continue) seguir.

persistence /pə'sıstəns/ n persistencia f.

persistent /pə'sıstənt/ adj (gen) persistente; (rain) continuo -nua.

person /'pɜːsən/ n [people] persona f: **in person** en persona.

personal /'pɜːsənəl/ adj 1. (gen) personal. 2. (private) privado -da.

personal assistant n secretario -ria m/f personal. **personal column** n anuncios m pl personales. **personal computer** n ordenador m ✳ computadora f personal. **personal stereo** n walkman® m.

personality /pɜːsə'nælıtı/ n [-ties] personalidad f.

personally /'pɜːsənəlı/ adv personalmente: **he took it personally** se lo tomó como una crítica personal.

personify /pɜː'sɒnıfaı/ vt [-fies, -fying, -fied] personificar.

personnel /pɜːsə'nel/ n personal m.

perspective /pə'spektıv/ n perspectiva f.

Perspex® /'pɜːspeks/ n plexiglás m.

perspiration /pɜːspə'reıʃən/ n transpiración f.

perspire /pə'spaıə/ vi transpirar.

persuade /pə'sweıd/ vt persuadir: **I persuaded her to go** la persuadí para que fuera.

persuasion /pə'sweıʒən/ n persuasión f.

persuasive /pə'sweısıv/ adj persuasivo -va.

pertain /pə'teın/ vi (frml): **pertaining to sthg** relacionado -da con algo.

pertinent /'pɜːtınənt/ adj (frml) pertinente.

Peru /pə'ruː/ n Perú m.

peruse /pə'ru:z/ vt (frml) leer (detenidamente).

Peruvian /pə'ru:vɪən/ adj, n peruano -na adj, m/f.

pervade /pə'veɪd/ vt: **the smell of garlic pervaded the house** toda la casa olía a ajo.

perverse /pə'vɜ:s/ adj (difficult) difícil; (contrary): **he did it to be perverse** lo hizo por llevar la contraria.

perversion /pə'vɜ:ʃən/ n 1. (sexual) perversión f. 2. (of facts) tergiversación f.

pervert I /pə'vɜ:t/ vt 1. (to corrupt) pervertir. 2. (Law): **to pervert the course of justice** obstaculizar la acción de la justicia. II /'pɜ:vɜ:t/ n pervertido -da m/f.

pessimist /'pesɪmɪst/ n pesimista m/f.

pessimistic /pesɪ'mɪstɪk/ adj pesimista.

pest /pest/ n 1. (Zool) insecto o animal dañino. 2. (fam: nuisance) pesado -da m/f, pelma m/f.

pester /'pestə/ vt darle la lata a.

pesticide /'pestɪsaɪd/ n pesticida m.

pet /pet/ I n 1. (Zool) mascota f. 2. (favourite) preferido -da m/f. II vt [**pets, petting, petted**] acariciar. ♦ vi tocarse y besuquearse.

petal /'petəl/ n pétalo m.

peter out /pi:tə 'aʊt/ vi (track) perderse; (rain) parar (poco a poco): **her voice petered out** su voz se fue apagando.

petite /pə'ti:t/ adj menuda.

petition /pə'tɪʃən/ n (gen) petición f; (Law) demanda f.

petrify /'petrɪfaɪ/ vt [**-fies, -fying, -fied**] 1. (Geol) petrificar. 2. (to terrify): **I'm petrified of falling** me da pánico caerme.

petrol /'petrəl/ n gasolina f, (Chi) bencina f, (RP) nafta f.

petrol bomb n cóctel m Molotov. **petrol pump** n surtidor m de gasolina. **petrol station** n gasolinera f. **petrol tank** n depósito m de gasolina.

petroleum /pə'trəʊlɪəm/ n petróleo m.

petticoat /'petɪkəʊt/ n enagua f.

petty /'petɪ/ adj [**-tier, -tiest**] 1. (trivial) insignificante. 2. (small-minded) mezquino -na.

petty cash n dinero m para gastos menores. **petty officer** n suboficial m/f. **petty thief** n ladrón -drona m/f de poca monta.

petulant /'petjʊlənt/ adj (child) con tendencia a enfurruñarse: **his petulant behaviour** su comportamiento de niño caprichoso.

pew /pju:/ n banco m.

pewter /'pju:tə/ n peltre m.

phantom /'fæntəm/ n fantasma m.

pharmacist /'fɑ:məsɪst/ n farmacéutico -ca m/f.

pharmacy /'fɑ:məsɪ/ n [**-cies**] farmacia f.

phase /feɪz/ n fase f.

to phase in/out vt introducir/retirar poco a poco.

PhD /pi:eɪtʃ'di:/ n = **Doctor of Philosophy.**

pheasant /'fezənt/ n faisán m.

phenomena /fɪ'nɒmɪnə/ pl ⇨ **phenomenon.**

phenomenal /fə'nɒmɪnəl/ adj (remarkable) extraordinario -ria; (huge) astronómico -ca.

phenomenon /fɪ'nɒmɪnən/ n [**-mena**] fenómeno m.

philanthropist /fɪ'lænθrəpɪst/ n filántropo -pa m/f.

Philippines /'fɪlɪpi:nz/ n pl Filipinas f pl.

philosopher /fɪ'lɒsəfə/ n filósofo -fa m/f.

philosophy /fɪ'lɒsəfɪ/ n [**-phies**] filosofía f.

phlegm /flem/ n flema f.

phlegmatic /fleg'mætɪk/ adj flemático -ca.

phobia /'fəʊbɪə/ n fobia f.

phone /fəʊn/ I n teléfono m: **to be on the phone** (to be talking) estar hablando por teléfono, (to have a telephone) tener teléfono. II vt llamar (por teléfono) a, telefonear.

♦ *vi* llamar (por teléfono), telefonear.

to **phone back** *vt/i* (*to return a call*) llamar; (*to call again*) volver a llamar. *to* **phone up** *vt/i* llamar (por teléfono), telefonear.

phone book *n* guía *f* telefónica, (*Méx*) directorio *m* telefónico. **phone box** ∗ **booth** *n* cabina *f* telefónica. **phone call** *n* llamada *f* telefónica. **phonecard** *n* tarjeta *f* telefónica. **phone number** *n* número *m* de teléfono.

phonetic /fəˈnetɪk/ I *adj* fonético -ca. II **phonetics** *n* fonética *f*.

phoney /ˈfəʊnɪ/ *adj* (*fam: name, person*) falso -sa; (*: accent, concern*) fingido -da.

photo /ˈfəʊtəʊ/ *n* (*fam*) foto *f*.

photo booth *n* fotomatón *m*.

photocopier /ˈfəʊtəʊkɒpɪə/ *n* fotocopiadora *f*.

photocopy /ˈfəʊtəʊkɒpɪ/ I *n* [**-pies**] fotocopia *f*. II *vt* [**-pies, -pying, -pied**] fotocopiar.

photograph /ˈfəʊtəɡrɑːf/ I *n* fotografía *f*, foto *f*. II *vt* fotografiar, sacarle una foto a.

photographer /fəˈtɒɡrəfə/ *n* fotógrafo -fa *m/f*.

photography /fəˈtɒɡrəfɪ/ *n* fotografía *f*.

phrase /freɪz/ I *n* (*part of sentence*) frase *f*; (*expression*) expresión *f* ● **to coin a phrase** por así decirlo. II *vt* expresar, formular.

phrase book *n* guía *f* de conversación.

physical /ˈfɪzɪkəl/ *adj* físico -ca.

physically /ˈfɪzɪkəlɪ/ *adv* físicamente.

physically handicapped *adj* minusválido -da, discapacitado -da físico -ca.

physician /fɪˈzɪʃən/ *n* médico -ca *m/f*, clínico -ca *m/f*.

physicist /ˈfɪzɪsɪst/ *n* físico -ca *m/f*.

physics /ˈfɪzɪks/ *n* física *f*.

physiotherapist /ˌfɪzɪəʊˈθerəpɪst/ *n* fisioterapeuta *m/f*.

physique /fɪˈziːk/ *n* físico *m*.

pianist /ˈpɪənɪst/ *n* pianista *m/f*.

piano /ˈpɪænəʊ/ *n* piano *m*.

piccolo /ˈpɪkələʊ/ *n* flautín *m*.

pick /pɪk/ I *n* 1. (*pickaxe*) pico *m*. 2. (*choice*): **take your pick** elige el que quieras. II *vt* 1. (*to choose*) elegir, escoger. 2. (*fruit*) recoger, coger; (*flowers*) cortar. 3. (*with one's finger*) escarbar: **to pick one's nose** hurgarse la nariz. 4. (*to remove*) quitar. 5. (*a lock*) abrir con ganzúa.

to **pick at** *vt* (*to touch*) tocar; (*food*): **he picked at his food** comía sin ganas. *to* **pick on** *vt* (*to choose*) elegir; (*to bully*) meterse con. *to* **pick out** *vt* 1. (*to choose*) elegir. 2. (*to distinguish*) distinguir. *to* **pick up** *vt* 1. (*to lift: gen*) coger; (*: a child*) coger en brazos. 2. (*to gather up*) recoger. 3. (*a phone*) contestar. 4. (*to collect: a person*) recoger. 5. (*fam: a member of opposite sex*) ligarse. 6. (*a skill*) aprender; (*a habit*) adquirir. 7. (*a disease*) contagiarse de. 8. (*a signal*) captar, (*C Sur*) agarrar. 9. (*speed*) cobrar. 10. (*police*) detener. ♦ *vi* (*health*) mejorar; (*economy*) repuntar.

pickaxe, (*US*) **pickax** *n* pico *m*. **pickpocket** *n* carterista *m/f*. **pick-up** *n* (*a member of opposite sex*) furgoneta *f*, camioneta *f*.

picket /ˈpɪkɪt/ I *n* (*worker*) miembro *m* de un piquete; (*group*) piquete *m*. II *vt* organizar piquetes en.

pickle /ˈpɪkəl/ I *n* 1. (*Culin*) conserva *agridulce*. 2. (*fam: mess*) lío *m*, apuro *m*. II **pickles** *n pl* encurtidos *m pl*. III *vt* encurtir.

picnic /ˈpɪknɪk/ I *n* picnic *m*. II *vi* [**-nics, -nicking, -nicked**] hacer un picnic.

picture /ˈpɪktʃə/ I *n* 1. (*drawing*) dibujo *m*; (*in book*) ilustración *f*; (*painting*) cuadro *m*; (*photo*) fotografía *f*. 2. (*on TV*) imagen *f*. 3. (*situation*) situación *f*. II **the pictures** *n pl* el cine. III *vt* imaginarse.

picturesque /ˌpɪktʃəˈresk/ *adj* pintoresco -ca.

pie /paɪ/ *n* (*of fruit*) pastel *m*, tarta *f*;

(*of meat*) pastel *m*, empanada *f*.

pie chart *n* gráfico *m* de sectores ✳ de tarta.

piece /pi:s/ *n* **1.** (*gen*) pedazo *m*, trozo *m*: **to fall to pieces** deshacerse; **to take sth to pieces** desmontar algo ● **it was a piece of cake** fue pan comido. **2.** (*coin*) moneda *f*. **3.** (*item*): **a piece of news** una noticia; **a piece of advice** un consejo; **a piece of furniture** un mueble.

to **piece together** *vt* reconstruir.

piecemeal *adv* poco a poco.

pier /pɪə/ *n* muelle *m*, embarcadero *m*.

pierce /pɪəs/ *vt* perforar.

piercing /ˈpɪəsɪŋ/ *adj* (*look*) penetrante; (*scream*) agudo -da.

piety /ˈpaɪətɪ/ *n* piedad *f*.

pig /pɪg/ *n* **1.** (*Zool*) cerdo -da *m/f*, puerco -ca *m/f*, (*Amér L*) chancho -cha *m/f*. **2.** (*fam: greedy person*) tragón -gona *m/f*.

pigheaded *adj* terco -ca, cabezota.

pigskin *n* piel *f* de cerdo, (*Amér L*) cuero *m* de chancho. **pigsty** *n* [**-sties**] pocilga *f*, (*Amér L*) chiquero *m*. **pigtail** *n* coleta *f*.

pigeon /ˈpɪdʒɪn/ *n* (*Zool*) paloma *f*; (*Culin*) pichón *m*.

pigeonhole /ˈpɪdʒɪnhəʊl/ *n* casillero *m*.

piggyback /ˈpɪgɪbæk/ *n* (*fam*): **give me a piggyback** llévame a cuestas.

piggy bank /ˈpɪgɪ bæŋk/ *n* hucha *f*.

piglet /ˈpɪglɪt/ *n* cerdito *m*.

pike /paɪk/ *n inv* lucio *m*.

pilchard /ˈpɪltʃəd/ *n* sardina *f*.

pile /paɪl/ **I** *n* **1.** (*heap*) montón *m*, pila *f*: **piles of things to do** un montón de cosas que hacer. **2.** (*of carpet*) pelo *m*. **II piles** *n pl* (*Med*) hemorroides *f pl*. **III** *vt* amontonar.

to **pile up** *vt* amontonar. ◆ *vi* acumularse.

pile-up *n* choque *m* múltiple.

pilfer /ˈpɪlfə/ *vt* robar, hurtar. ◆ *vi* robar (*artículos de poco valor*).

pilgrim /ˈpɪlgrɪm/ *n* peregrino -na *m/f*.

pilgrimage /ˈpɪlgrɪmɪdʒ/ *n* (*lengthy*) peregrinación *f*; (*short*) romería *f*.

pill /pɪl/ *n* **1.** (*Med*) píldora *f*, pastilla *f*. **2. the pill** (*contraceptive*) la píldora (anticonceptiva).

pillage /ˈpɪlɪdʒ/ **I** *vt/i* saquear. **II** *n* saqueo *m*.

pillar /ˈpɪlə/ *n* pilar *m*, columna *f*.

pillar box *n* buzón *m*.

pillion /ˈpɪlɪən/ *n* asiento *m* trasero.

pillow /ˈpɪləʊ/ *n* almohada *f*.

pillowcase, pillowslip *n* funda *f*.

pilot /ˈpaɪlət/ **I** *n* (*Av*) piloto *m/f*; (*Naut*) práctico *m/f* (de puerto). **II** *adj* piloto *adj inv*. **III** *vt* (*Av*) pilotar; (*Naut*) guiar.

pilot light *n* piloto *m*.

pimento /prˈmentəʊ/ *n* pimiento *m* morrón, (*Amér S*) pimentón *m* rojo, (*Méx*) chile *m* colorado, (*RP*) ají *m* colorado, morrón *m* colorado.

pimp /pɪmp/ *n* (*fam*) chulo *m*.

pimple /ˈpɪmpəl/ *n* grano *m*.

PIN /pɪn/ *n* (*o* **PIN number**) (= **personal identification number**) número *m* secreto.

pin /pɪn/ **I** *n* **1.** (*in sewing*) alfiler *m* ● **I've got pins and needles** siento un hormigueo. **2.** (*small nail*) puntilla *f*. **II** *vt* [**pins, pinning, pinned**] **1.** (*to attach*) prender ● **he tried to pin the hold-up on me** trató de culparme a mí del atraco. **2.** (*to trap*) inmovilizar.

to **pin down** *vt* **1.** (*to trap*) inmovilizar. **2.** (*to a decision*): **try to pin him down to a date** trata de que concrete la fecha.

pin-up *n* foto *f* (de un ídolo, una chica atractiva, etc.).

pinafore /ˈpɪnəfɔː/ *n* delantal *m* (con peto).

pinball /ˈpɪnbɔːl/ *n* flipper *m*, millón *m*.

pincers /ˈpɪnsəz/ *n pl* **1.** (*tool*) tenaza *f*, tenazas *f pl*. **2.** (*of crab*) pinzas *f pl*.

pinch /pɪntʃ/ **I** *vt* **1.** (*to squeeze*) pellizcar. **2.** (*fam: to steal*) birlar. ◆ *vi* apretar. **II** *n* [**-ches**] **1.** (*squeeze*) pellizco *m*. **2.** (*of salt*) pizca *f*.

pine /paɪn/ *n* pino *m*.

to **pine away** *vi* morirse de pena. *to* **pine for** *vt* echar mucho de menos, suspirar por.

pine cone *n* piña *f*. **pine forest** *n* pinar *m*. **pine kernel** *n* piñón *m*.

pineapple /ˈpaɪnæpəl/ *n* piña *f*, (*RP*) ananá *m*.

ping-pong, Ping-Pong® /ˈpɪŋpɒŋ/ *n* (*fam*) ping-pong *m*, tenis *m* de mesa.

pink /pɪŋk/ **I** *adj* rosa *adj inv*, rosado -da. **II** *n* (*color m*) rosa *m*.

pinkie, pinky /ˈpɪŋkɪ/ *n* (*dedo m*) meñique *m*.

pinnacle /ˈpɪnəkəl/ *n* cumbre *f*.

pinpoint /ˈpɪnpɔɪnt/ *vt* determinar con precisión.

pint /paɪnt/ *n* 1. (*gen*) pinta *f* (*GB: 0,57 l; EE. UU.: 0,47 l*). 2. (*fam: of beer*) pinta de cerveza.

pioneer /paɪəˈnɪə/ **I** *n* pionero -ra *m/f*. **II** *vt* estar en la vanguardia de.

pious /ˈpaɪəs/ *adj* piadoso -sa.

pip /pɪp/ *n* 1. (*seed*) pepita *f*, semilla *f*. 2. (*sound*) pitido *m*.

pipe /paɪp/ **I** *n* 1. (*gen*) tubo *m*; (*for water, gas*) cañería *f*. 2. (*for smoking*) pipa *f*. **II** *vt* llevar por cañería.

to **pipe down** *vi* (*fam*) callarse.

pipe dream *n* quimera *f*. **pipeline** *n* (*for oil*) oleoducto *m*; (*for gas*) gasoducto *m*.

piper /ˈpaɪpə/ *n* gaitero -ra *m/f*.

piping /ˈpaɪpɪŋ/ *n* cañerías *f pl*.

piping hot *adj* bien caliente.

piquant /ˈpiːkənt/ *adj* (*frml*) con mucha sazón.

pique /piːk/ **I** *vt* herir. **II** *n* despecho *m*.

pirate /ˈpaɪrət/ **I** *adj*, *n* pirata *adj*, *m/f*. **II** *vt* piratear.

pirouette /pɪrʊˈet/ *n* pirueta *f*.

Pisces /ˈpaɪsiːz/ *n* Piscis *m*.

piss /pɪs/ (*!!!*) **I** *vi* mear. **II** *n* (*act*) meada *f*.

pissed /pɪst/ *adj* (*!!*) 1. (*GB: drunk*) borracho -cha. 2. (*US: annoyed*) cabreado -da.

pissed off *adj* (*!!*) cabreado -da.

pistol /ˈpɪstəl/ *n* pistola *f*.

piston /ˈpɪstən/ *n* émbolo *m*, pistón *m*.

pit /pɪt/ **I** *n* 1. (*in ground, for orchestra, in garage*) foso *m*. 2. (*mine*) mina *f*. 3. (*in theatre*) platea *f*. 4. (*Auto*) box *m*. **III** *vt* [**pits, pitting, pitted**]: **he pitted his wits against the champion** midió su ingenio contra el del campeón.

pitfall *n* escollo *m*.

pitch /pɪtʃ/ **I** *n* [**-ches**] 1. (*field*) terreno *m* * campo *m* (de juego), (*Amér L*) cancha *f*. 2. (*Mus*) tono *m*. 3. (*intensity*) extremo *m*. 4. (*tar*) brea *f*. 5. (*in baseball*) lanzamiento *m*. **II** *vt* 1. (*to throw*) lanzar, arrojar. 2. (*a tent*) montar. ◆ *vi* 1. (*to fall*) caerse. 2. (*Naut*) cabecear.

pitch-black *adj* (*object*) muy negro -gra; (*place*) muy oscuro -ra.

pitched battle /pɪtʃt ˈbætəl/ *n* batalla *f* campal.

pitcher /ˈpɪtʃə/ *n* 1. (*in baseball*) lanzador -dora *m/f*. 2. (*US: jug*) jarra *f*.

pitchfork /ˈpɪtʃfɔːk/ *n* horca *f*, horquilla *f*.

piteous /ˈpɪtɪəs/ *adj* lastimoso -sa.

pith /pɪθ/ *n* corteza *f* blanca.

pithy /ˈpɪθɪ/ *adj* [**-thier, -thiest**] sucinto -ta.

pitiful /ˈpɪtɪfʊl/ *adj* lastimoso -sa, conmovedor -dora.

pitiless /ˈpɪtɪləs/ *adj* despiadado -da.

pittance /ˈpɪtəns/ *n* miseria *f*.

pity /ˈpɪtɪ/ **I** *vt* [**-ties, -tying, -tied**] compadecer. **II** *n* compasión *f*, piedad *f* ● **what a pity!** ¡qué lástima! ● **it's a pity he can't go** ¡qué pena que no pueda ir!

pivot /ˈpɪvət/ *n* pivote *m*.

pizza /ˈpiːtsə/ *n* pizza *f*.

placard /ˈplækɑːd/ *n* pancarta *f*.

placate /pləˈkeɪt/ *vt* aplacar, apaciguar.

place /pleɪs/ **I** *n* 1. (*gen*) sitio *m*, lugar *m* ● **in place of sbdy** en lugar de alguien ● **to take place** tener lugar ● **in the first place...** en primer lugar.... 2. (*position, role*) lugar *m* ● **out of place** fuera de lugar. 3. (*seat*) asiento *m*. 4. (*setting at table*) cubierto *m*. 5. (*on a course*) plaza *f*. **6**. (*fam: home*): **to/at Eva's place** a/en casa de Eva. **II** *vt* **1**. (*to put*) poner, colocar. **2**. (*in competition*): **she was placed fifth** se clasificó en quinto lugar. **3**. (*to identify*): **I can't place him** lo conozco pero no sé de qué.

place name *n* topónimo *m*.

placenta /plə'sentə/ *n* placenta *f*.

placid /'plæsɪd/ *adj* apacible, tranquilo -la.

plagiarism /'pleɪdʒərɪzəm/ *n* plagio *m*.

plagiarize /'pleɪdʒəraɪz/ *vt* plagiar.

plague /pleɪg/ **I** *n* **1**. (*Med*) peste *f*. **2**. (*Relig*) plaga *f*. **II** *vt* acosar.

plaice /pleɪs/ *n inv* platija *f*.

plaid /plæd/ *n* tela *f* escocesa.

plain /pleɪn/ **I** *n* llanura *f*, llano *m*. **II** *adj* **1**. (*unadorned*) sencillo -lla; (*not patterned*) liso -sa; (*unlined*) sin renglones. **2**. (*obvious*) claro -ra, evidente. **3**. (*unattractive*) poco atractivo -va.

plain chocolate *n* chocolate *m* amargo. **plain-clothes** *adj* de paisano. **plain flour** *n* harina *f* sin levadura.

plainly /'pleɪnli/ *adv* evidentemente.

plaintiff /'pleɪntɪf/ *n* demandante *m/f*.

plaintive /'pleɪntɪv/ *adj* lastimero -ra.

plait /plæt/ **I** *vt* trenzar. **II** *n* trenza *f*.

plan /plæn/ **I** *n* **1**. (*project*) plan *m*. **2**. (*design, map*) plano *m*. **II** *vt* [**plans, planning, planned**] **1**. (*to intend*) pensar. **2**. (*an activity*) planear. ♦ *vi* hacer planes.

plane /pleɪn/ **I** *n* **1**. (*Av*) avión *m*. **2**. (*Maths*) plano *m*. **3**. (*tool*) cepillo *m* (de carpintero). **4**. (*o* **plane tree**) plátano *m* (de sombra). **II** *vt* cepillar.

planet /'plænɪt/ *n* planeta *m*.

plank /plæŋk/ *n* tablón *m*, tabla *f*.

planner /'plænə/ *n* planificador -dora *m/f*.

planning /'plænɪŋ/ *n* planificación *f*. **planning permission** *n* permiso *m* de obras.

plant /plɑːnt/ **I** *n* **1**. (*Bot*) planta *f*.

2. (*factory*) fábrica *f*. **3**. (*machinery*) maquinaria *f*. **II** *vt* **1**. (*Bot: gen*) plantar; (*: seeds*) sembrar. **2**. (*a bomb*) colocar; (*a spy*) infiltrar.

plantain /'plæntɪn/ *n* plátano *m* (*que se come frito, etc.*).

plantation /plɑː'n'teɪʃən/ *n* plantación *f*, hacienda *f*.

plaque /plɑːk/ *n* **1**. (*sign*) placa *f*. **2**. (*on teeth*) placa *f* dental.

plaster /'plɑːstə/ **I** *vt* **1**. (*a wall*) enlucir. **2**. (*fam: to cover*) cubrir (**with** de). **II** *n* **1**. (*powder*) yeso *m*; (*finish*) revoque *m*. **2**. (*cast*) yeso *m*, escayola *f*. **3**. (*for cuts*) tirita® *f*, (*Amér L*) curita® *f*.

plaster of Paris *n* yeso *m*, escayola *f*.

plastered /'plɑːstəd/ *adj* (*fam*) como una cuba, borracho -cha.

plasterer /'plɑːstərə/ *n* yesero -ra *m/f*.

plastic /'plæstɪk/ **I** *adj* de plástico. **II** *n* plástico *m*.

plastic surgery *n* cirugía *f* plástica.

Plasticine® /'plæstəsiːn/ *n* plastilina® *f*.

plate /pleɪt/ *n* **1**. (*for food*) plato *m*. **2**. (*of metal*) chapa *f*. **3**. (*illustration*) lámina *f*.

plate glass *n* vidrio *m* ✶ cristal *m* cilindrado. **plate rack** *n* escurreplatos *m inv*.

plateau /'plætəʊ/ *n* [**-teaus** ✶ **-teaux**] meseta *f*.

platform /'plætfɔːm/ *n* **1**. (*gen*) plataforma *f*; (*at meeting*) tribuna *f*. **2**. (*in station*) andén *m*.

platinum /'plætɪnəm/ *n* platino *m*.

platitude /'plætɪtjuːd/ *n* tópico *m*, perogrullada *f*.

platoon /plə'tuːn/ *n* (*Mil*) sección *f*.

platter /'plætə/ *n* fuente *f*.

plausible /'plɔːzəbəl/ *adj* verosímil.

play /pleɪ/ **I** *n* **1**. (*drama*) obra *f* (de teatro). **2**. (*in sport, of children*) juego *m*. **II** *vi* **1**. (*child*) jugar. **2**. (*musician*) tocar; (*hi-fi*): **a radio was playing** se oía una radio. **3**. (*actor*) actuar. ♦ *vt* **1**. (*an instrument*) tocar; (*a CD, a tape*) poner. **2**. (*a game*) jugar a; (*a team*) jugar contra.

3. (*a character*) representar el papel de.

to **play down** *vt* quitarle importancia a. *to* **play up** *vi* (*fam*) **1.** (*machine*) marchar mal. **2.** (*child*) dar guerra.

playground *n* patio *m* de recreo.

playgroup *n* jardín *m* de infancia.

playmate *n* compañero -ra *m/f* de juegos. **play-off** *n* desempate *m*.

playpen *n* parque *m* (*para niños*), (*Amér L*) corral *m*. **plaything** *n* juguete *m*. **playtime** *n* recreo *m*.

player /'pleɪə/ *n* **1.** (*of game*) jugador -dora *m/f*. **2.** (*in theatre*) actor *m*, actriz *f*. **3.** (*Mus*) músico -ca *m/f*.

playful /'pleɪfʊl/ *adj* juguetón -tona.

playing card /'pleɪɪŋ kɑːd/ *n* naipe *m*, carta *f*.

playing field /'pleɪɪŋ fiːld/ *n* campo *m* de deportes.

playwright /'pleɪraɪt/ *n* dramaturgo -ga *m/f*.

PLC, plc /piː'el'siː/ *n* = **Public Limited Company.**

plea /pliː/ *n* **1.** (*frml: appeal*) petición *f*. **2.** (*Law*) alegato *m*.

plead /pliːd/ *vi* [**pleads, pleading, pleaded** * (US) **pled**] **1.** (*to beg*): **he pleaded with her to stay** le rogó * suplicó que se quedara. **2.** (*Law*): **to plead guilty/not guilty** declararse culpable/inocente. ♦ *vt* **1.** (*to offer as excuse*): **he pleaded ignorance** alegó que no sabía nada. **2.** (*Law*) alegar: **to plead sbdy's case** defender a alguien.

pleasant /'plezənt/ *adj* (*experience*) agradable; (*person*) simpático -ca.

pleasantry /'plezəntrɪ/ *n* [**-tries**] cumplido *m*.

please /pliːz/ **I** *adv* por favor: **please do not smoke** se ruega no fumar. **II** *vt* complacer ● **please yourself** haz lo que quieras. ♦ *vi* **1.** (*to give pleasure*) complacer. **2.** (*to wish*) querer ● **do as you please** haz como te parezca.

pleased /pliːzd/ *adj* **1.** (*happy*) contento -ta: **I'm pleased to hear it** me alegra saberlo. **2.** (*satisfied*) satisfecho -cha [E] (**with** con) ● **pleased**

to meet you encantado * mucho gusto.

pleasing /'pliːzɪŋ/ *adj* (*pleasant*) agradable; (*satisfying*) gratificante.

pleasure /'pleʒə/ *n* placer *m*, gusto *m* ● **"Thank you." "It's a pleasure."** —Gracias. —No hay de qué.

pleasure boat *n* barco *m* de recreo.

pleat /pliːt/ *n* (*gen*) pliegue *m*; (*in skirt*) tabla *f*.

pled /pled/ (*US*) *pret y pp* ⇨ **plead.**

pledge /pledʒ/ **I** *vt* prometer. **II** *n* promesa *f* solemne.

plentiful /'plentɪfʊl/ *adj* abundante.

plenty /'plentɪ/ *pron* (*many*) muchos -chas: **plenty of hotels** muchos hoteles; (*much*) mucho -cha.

pliable /'plaɪəbəl/ *adj* flexible.

pliers /'plaɪəz/ *n pl* alicate *m*, alicates *m pl*.

plight /plaɪt/ *n* situación *f* difícil.

plimsoll /'plɪmsəl/ *n* zapatilla *f* de tenis, tenis *m inv*.

plinth /plɪnθ/ *n* plinto *m*.

PLO /piː'el'əʊ/ *n* (= **Palestine Liberation Organization**) OLP *f*.

plod /plɒd/ *vi* [**plods, plodding, plodded**] caminar lenta y pesadamente.

plonk /plɒnk/ (*fam*) **I** *n* (*wine*) morapio *m*. **II** *vt* (*to drop*) dejar caer.

plop /plɒp/ (*fam*) **I** *n* plaf *m*. **II** *vi* [**plops, plopping, plopped**] caer haciendo plaf.

plot /plɒt/ **I** *vt* [**plots, plotting, plotted**] **1.** (*an activity*) tramar. **2.** (*a graph*) trazar. ♦ *vi* conspirar. **II** *n* **1.** (*of play, book*) argumento *m*. **2.** (*plan*) compló *m*, conspiración *f*. **3.** (*of land: gen*) parcela *f*; (: *for building*) solar *m*.

plough /plaʊ/, (*US*) **plow** /plaʊ/ **I** *n* arado *m*. **II** *vt* arar. ♦ *vi* **1.** (*Agr*) arar la tierra. **2.** (*to crash, charge*) estrellarse, chocar.

to **plough back** *vt* (*funds*) reinvertir.

to **plough on** *vi* (*fam*) perseverar.

ploughman's lunch *n*: pan con queso y encurtidos.

ploy /plɔɪ/ *n* estratagema *f*, ardid *m*.

pluck /plʌk/ *vt* **1.** (*to pull off*) arrancar • **to pluck up courage** armarse de valor. **2.** (*poultry*) desplumar. **3.** (*eyebrows*) depilar. **4.** (*Mus*) puntear.

plug /plʌg/ **I** n **1.** (*for sink*) tapón m. **2.** (*Elec*) enchufe m. **3.** (o **spark plug**) bujía f. **II** vt [**plugs, plugging, plugged**] **1.** (*to fill*) tapar. **2.** (*fam: to advertise*) hacerle propaganda a.

to **plug in** vt enchufar.

plughole n desagüe m.

plum /plʌm/ n ciruela f • **a plum job** un chollo de trabajo.

plum tree n ciruelo m.

plumb /plʌm/ vt sondar.

to **plumb in** vt conectar.

plumber /ˈplʌmə/ n fontanero -ra m/f, (*Amér L*) plomero -ra m/f.

plumbing /ˈplʌmɪŋ/ n **1.** (*pipes*) instalación f del agua. **2.** (*occupation*) fontanería f, (*Amér L*) plomería f.

plume /pluːm/ n **1.** (*feather*) pluma f. **2.** (*of smoke*) columna f.

plummet /ˈplʌmɪt/ vi caer en picado.

plump /plʌmp/ adj (*person, hands*) regordete -ta; (*chicken*) gordo -da.

to **plump for** vt (*fam*) optar por, decidirse por. *to* **plump up** vt ahuecar.

plunder /ˈplʌndə/ **I** vt saquear. **II** n **1.** (*act*) saqueo m. **2.** (*stolen goods*) botín m.

plunge /plʌndʒ/ **I** vi **1.** (*to fall*) caer. **2.** (*to dive*) zambullirse. ♦ vt **1.** (*a knife*) clavar (**into** en). **2.** (*to submerge*) meter. **II** n **1.** (*fall*) caída f. **2.** (*dive*) zambullida f.

plunger /ˈplʌndʒə/ n **1.** (*for drains*) desatascador m. **2.** (*of syringe*) émbolo m.

plunging /ˈplʌndʒɪŋ/ adj: **a plunging neckline** un escote muy profundo.

pluperfect /pluːˈpɜːfɪkt/ n pluscuamperfecto m.

plural /ˈplʊərəl/ adj, n plural adj, m.

plus /plʌs/ **I** n **1.** (o **plus sign**) (signo m) más m. **2.** (*fam: advantage*) ventaja f. **II** prep más.

plush /plʌʃ/ adj (*fam*) lujoso -sa.

Pluto /ˈpluːtəʊ/ n Plutón m.

plutonium /pluːˈtəʊnɪəm/ n plutonio m.

ply /plaɪ/ **I** vt [**plies, plying, plied**] **1.** (*a trade*) ejercer. **2.** (*to pester*): **to ply sbdy with questions** acosar a alguien a preguntas; **he plied her with drinks** le sirvió una copa tras otra. ♦ vi (*between places*) hacer la ruta (**between** entre). **II** n (*of wool*) cabo m.

plywood n contrachapado m.

PM /piːˈem/ n = **Prime Minister**.

p.m. /piːˈem/ de la tarde/noche.

PMT /piːemˈtiː/ n = **premenstrual tension**.

pneumatic /njuːˈmætɪk/ adj neumático -ca.

pneumatic drill n taladro m * martillo m neumático.

pneumonia /njuːˈməʊnɪə/ n pulmonía f, neumonía f.

PO /ˈpəʊst ˈɒfɪs/ (*in GB*) (= **Post Office**) Correos.

PO Box /piːˈəʊ ˈbɒks/ n aptdo. de correos.

p.o. /ˈpəʊstəl ˈɔːdə/ = **postal order**.

poach /pəʊtʃ/ vt **1.** (*eggs*) escalfar. **2.** (*game, fish*) cazar/pescar furtivamente * en vedado. ♦ vi cazar/pescar furtivamente.

poacher /ˈpəʊtʃə/ n: *cazador o pescador furtivo.*

pocket /ˈpɒkɪt/ **I** n **1.** (*gen*) bolsillo m. **2.** (*small area*) bolsa f. **II** adj de bolsillo. **III** vt **1.** (*gen*) meterse en el bolsillo. **2.** (*to pilfer*) embolsarse.

pocketbook n **1.** (*GB: notebook*) libreta o manual de bolsillo. **2.** (*US*) ▷ **handbag. pocket money** n paga f.

pod /pɒd/ n vaina f.

podgy /ˈpɒdʒi/ adj [**-gier, -giest**] (*fam*) gordinflón -flona.

podiatrist /pəˈdaɪətrɪst/ n (*US*) podólogo -ga m/f.

poem /ˈpəʊɪm/ n poema m, poesía f.

poet /ˈpəʊɪt/ n poeta m/f.

poet laureate n poeta m/f laureado -da.

poetic /pəʊˈetɪk/ adj poético -ca.

poetry /ˈpəʊɪtri/ n poesía f.

poignant /ˈpɔɪnjənt/ *adj* conmovedor -dora, patético -ca.

point /pɔɪnt/ **I** *n* 1. (*tip*) punta *f*. 2. (*place*) punto *m*; (*moment*) momento *m* ● **he's on the point of leaving** está a punto de irse. 3. (*Maths*): **four point two** cuatro coma dos, (*in some Latin American countries*) cuatro punto dos. 4. (*purpose*): **what's the point?** ¿qué sentido tiene?; **there's no point in going** no hay razón para ir ● **to make a point of sthg** poner empeño en algo. 5. (*meaning*) significado *m* ● **he's missed the point** no ha entendido. 6. (*characteristic*): **my weak/strong point** mi punto flaco/fuerte. 7. (*argument*): **the main point** lo esencial ● **he has a point** tiene cierta razón ● **get to the point** ve al grano ● **it's beside the point** no viene al caso.
II points *n pl* 1. (*on railway*) agujas *f pl.* 2. (*Auto*) platinos *m pl.*
III *vi* señalar: **to point to ∗ at sbdy** señalar a alguien. ♦ *vt* 1. (*the way*) señalar, indicar. 2. (*a gun*): **I pointed the pistol at him** le apunté con la pistola.
to **point out** *vt* señalar.
point of view *n* punto *m* de vista.
point-blank /ˌpɔɪntˈblæŋk/ **I** *adv* 1. (*to refuse*) rotundamente; (*to ask*) a bocajarro. 2. (*to shoot*) a quemarropa, a bocajarro. **II** *adj* 1. (*refusal*) rotundo -da. 2. (*of shot*): **at point-blank range** a quemarropa ∗ a bocajarro.
pointed /ˈpɔɪntɪd/ *adj* 1. (*object*) puntiagudo -da. 2. (*remark*) mordaz; (*reference*) significativo -va.
pointer /ˈpɔɪntə/ *n* 1. (*stick*) puntero *m*. 2. (*on dial*) aguja *f*.
pointless /ˈpɔɪntləs/ *adj* sin sentido, inútil.
poise /pɔɪz/ *n* 1. (*physical*) porte *m*. 2. (*mental*) aplomo *m*.
poison /ˈpɔɪzən/ **I** *vt* envenenar. **II** *n* veneno *m*.
poisoning /ˈpɔɪzənɪŋ/ *n* envenenamiento *m*.

poisonous /ˈpɔɪzənəs/ *adj* (*gen*) venenoso -sa; (*fumes, drugs*) tóxico -ca.
poke /pəʊk/ *vt* 1. (*to jab*): **he poked me in the back** me dio (con el dedo) en la espalda; **I poked it into the crack** lo metí en la grieta. 2. (*a fire*) atizar.
to **poke about** ∗ **around** *vi* (*fam*) fisgonear.
poker /ˈpəʊkə/ *n* 1. (*for fire*) atizador *m*. 2. (*Games*) póker *m*.
poker-faced *adj* con cara impasible ∗ inmutable.
poky /ˈpəʊkɪ/ *adj* [-kier, -kiest] (*fam: place*) diminuto y de aspecto pobre.
Poland /ˈpəʊlənd/ *n* Polonia *f*.
polar /ˈpəʊlə/ *adj* polar.
polar bear *n* oso *m* polar ∗ blanco.
polarize /ˈpəʊləraɪz/ *vt* polarizar. ♦ *vi* polarizarse.
Pole /pəʊl/ *n* polaco -ca *m/f*.
pole /pəʊl/ *n* 1. (*gen*) palo *m*; (*Telec*) poste *m*. 2. (*Geog*) polo *m*.
pole vault ∗ **vaulting** *n* salto *m* con ∗ de pértiga.
polecat /ˈpəʊlkæt/ *n* 1. (*GB: weasel-like animal*) turón *m*. 2. (*US: skunk*) mofeta *f*.
police /pəˈliːs/ **I** *n pl* (*force*) policía *f*; (*members*) policías *m pl.* **II** *vt* patrullar, vigilar.
police car *n* coche *m* patrulla. **police constable** *n* policía *m/f*. **police dog** *n* perro *m* policía. **police force** *n* cuerpo *m* de policía. **policeman** *n* policía *m*. **police state** *n* estado *m* policial. **police station** *n* comisaría *f*. **policewoman** *n* (mujer *f*) policía *f*.
policy /ˈpɒləsɪ/ *n* [-cies] 1. (*Pol*) política *f*. 2. (*for insurance*) póliza *f*.
polio /ˈpəʊlɪəʊ/ *n* polio *f*.
Polish /ˈpəʊlɪʃ/ **I** *adj* polaco -ca. **II** *n* (*Ling*) polaco *m*. **III the Polish** *n pl* los polacos.
polish /ˈpɒlɪʃ/ **I** *n* [-shes] 1. (*for furniture*) cera *f*; (*for shoes*) betún *m*; (*for floor*) abrillantador *m*. 2. (*sophistication*) refinamiento *m*. **II** *vt*

1. (*furniture*) encerar; (*shoes*) lustrar. **2.** (*to perfect*) perfeccionar.
to polish off *vt* (*fam*) **1.** (*to eat*) zamparse. **2.** (*a task*) despachar.

polished /'pɒlɪʃt/ *adj* (*manners*) refinado -da; (*style*) pulido -da.

polite /pə'laɪt/ *adj* cortés, atento -ta.

politeness /pə'laɪtnəs/ *n* cortesía *f*, educación *f*.

politic /'pɒlətɪk/ **I** *adj* (*frml*) diplomático -ca. **II politics** *n* (*activity, study*) política *f*. **III politics** *n pl* (*beliefs*) postura *f* política.

political /pə'lɪtɪkəl/ *adj* político -ca.

politically /pə'lɪtɪkəli/ *adv* políticamente.

politician /pɒlɪ'tɪʃən/ *n* político -ca *m/f*.

poll /pəʊl/ **I** *n* **1.** (*Pol*) votación *f*: **at the polls** en las elecciones. **2.** (*survey*) sondeo *m*, encuesta *f*. **II** *vt* (*votes*) obtener.

pollen /'pɒlən/ *n* polen *m*.

pollen count *n* índice *m* de polen.

pollinate /'pɒlɪneɪt/ *vt* polinizar.

polling /'pəʊlɪŋ/ *n* votación *f*.

polling booth *n* cabina *f* electoral.
polling day *n* día *m* de las elecciones. **polling station** *n* colegio *m* electoral.

pollute /pə'luːt/ *vt* contaminar.

pollution /pə'luːʃən/ *n* contaminación *f*, polución *f*.

polo /'pəʊləʊ/ *n* polo *m*.

polo neck /'pəʊləʊ nek/ *n* jersey *m* de cuello cisne.

polyester /pɒlɪ'estə/ *n* poliéster *m*.

polystyrene /pɒlɪ'staɪriːn/ *n* poliestireno *m*.

polytechnic /pɒlɪ'teknɪk/ *n* (*in GB*) *institución universitaria de orientación práctica.*

polythene /'pɒlɪθiːn/ *n* polietileno *m*, politeno *m*.

pomegranate /'pɒmɪɡrænɪt/ *n* granada *f*.

pomp /pɒmp/ *n* pompa *f*, boato *m*.

pompous /'pɒmpəs/ *adj* presuntuoso -sa, pomposo -sa.

pond /pɒnd/ *n* (*natural*) charca *f*; (*man-made*) estanque *m*.

ponder /'pɒndə/ *vt* ponderar. ♦ *vi* reflexionar.

pong /pɒŋ/ *n* (*fam*) tufo *m*.

pony /'pəʊni/ *n* [**-nies**] poney *m*.

ponytail *n* cola *f* de caballo, coleta *f*.
pony trekking *n* excursionismo *m* en poney.

poodle /'puːdəl/ *n* caniche *m/f*.

pool /puːl/ **I** *n* **1.** (*pond: natural*) charca *f*, (*: man-made*) estanque *m*. **2.** (*of blood*) charco *m*. **3.** (*swimming pool*) piscina *f*, (*Méx*) alberca *f*, (*RP*) pileta *f*. **4.** (*game*) billar *m* americano. **II the pools** *n pl* la quiniela, las quinielas. **III** *vt* juntar.

poor /pʊə/ *adj* pobre ● **you/the poor thing!** ¡pobrecito!

poorly /'pʊəli/ **I** *adv* mal. **II** *adj* indispuesto -ta, pachucho -cha.

pop /pɒp/ **I** *n* **1.** (*noise*): **it went "pop"!** hizo ¡pum! **2.** (*Mus*) refresco con gas. **3.** (*drink*) refresco con gas. **4.** (*US: fam, dad*) papá *m.* **II** *vt* [**pops, popping, popped**] **1.** (*to burst*) reventar. **2.** (*fam: to place*): **pop it in the oven** métalo en el horno. ♦ *vi* reventar.

to pop in/out *vi* entrar/salir un rato.
to pop up *vi* aparecer.

popcorn /'pɒpkɔːn/ *n* palomitas *f pl* de maíz.

pope /pəʊp/ *n* (*o* **Pope**) papa *m*.

poplar /'pɒplə/ *n* álamo *m*, chopo *m*.

poppy /'pɒpi/ *n* [**-pies**] amapola *f*.

Popsicle® /'pɒpsɪkəl/ *n* (*US*) polo® *m*, (*Amér L*) paleta *f*.

populace /'pɒpjʊləs/ *n* (*frml*) pueblo *m*.

popular /'pɒpjʊlə/ *adj* popular.

popularize /'pɒpjʊləraɪz/ *vt* popularizar.

populate /'pɒpjʊleɪt/ *vt* poblar.

population /pɒpjʊ'leɪʃən/ *n* población *f*.

population explosion *n* explosión *f* demográfica.

porcelain /'pɔːsəlɪn/ *n* porcelana *f*.

porch /pɔːtʃ/ *n* [**-ches**] porche *m*.

porcupine /'pɔːkjʊpaɪn/ *n* puerco *m* espín.

pore /pɔː/ *n* poro *m*.

to **pore over** *vt* leer y releer.

pork /pɔ:k/ *n* (carne *f* de) cerdo *m*.

pornography /pɔ:'nɒgrəfɪ/ *n* pornografía *f*.

porpoise /'pɔ:pəs/ *n* marsopa *f*.

porridge /'pɒrɪdʒ/ *n* gachas *f pl* de avena.

port /pɔ:t/ *n* **1.** (*harbour*) puerto *m*. **2.** (*left-hand side*) babor *m*. **3.** (*wine*) oporto *m*.

port of call *n* puerto *m* de escala.

portable /'pɔ:təbəl/ *adj* portátil.

porter /'pɔ:tə/ *n* **1.** (*at airport, station*) maletero -ra *m/f*, mozo -za *m/f*. **2.** (*in hospital*) camillero *m*. **3.** (*concierge*) portero -ra *m/f*.

portfolio /pɔ:t'fəʊlɪəʊ/ *n* cartera *f*.

porthole /'pɔ:thəʊl/ *n* portilla *f*, ojo *m* de buey.

portion /'pɔ:ʃən/ *n* (*gen*) porción *f*; (*of food*) ración *f*.

portly /'pɔ:tlɪ/ *adj* corpulento -ta, grueso -sa.

portrait /'pɔ:trɪt/ *n* retrato *m*.

portray /pɔ:'treɪ/ *vt* **1.** (*to depict: in painting*) representar: **it portrays a child** es el retrato de un niño; (*: in book*) presentar. **2.** (*in a play*) interpretar.

portrayal /pɔ:'treɪəl/ *n* **1.** (*in book*) descripción *f*. **2.** (*performance*) interpretación *f*.

Portugal /'pɔ:tjʊgəl/ *n* Portugal *m*.

Portuguese /pɔ:tjʊ'gi:z/ **I** *adj* portugués -guesa. **II** *n* (*Ling*) portugués *m*. **III** **the Portuguese** *n pl* los portugueses.

pose /pəʊz/ **I** *n* pose *f*. **II** *vi* **1.** (*for picture*) posar. **2.** (*to masquerade*) hacerse pasar (**as** por). ♦ *vt* **1.** (*a threat*) suponer. **2.** (*frml: a problem, question*) plantear: **this poses the question of...** esto plantea la cuestión de....

posh /pɒʃ/ *adj* (*fam*) **1.** (*person*) de clase alta. **2.** (*place, outfit*) elegante.

position /pə'zɪʃən/ **I** *n* **1.** (*place, stance*) posición *f*. **2.** (*situation*) situación *f*. **3.** (*job*) puesto *m*. **II** *vt* colocar, situar.

positive /'pɒzətɪv/ *adj* **1.** (*affirmative*) positivo -va. **2.** (*sure*) seguro -ra. **3.** (*definite*) definitivo -va.

possess /pə'zes/ *vt* poseer.

possession /pə'zeʃən/ *n* posesión *f*.

possibility /pɒsə'bɪlətɪ/ *n* [**-ties**] posibilidad *f*.

possible /'pɒsəbəl/ *adj* posible: **as soon as possible** lo antes posible; **if possible** si es posible.

possibly /'pɒsəblɪ/ *adv* posiblemente, quizás ● **I couldn't possibly do it** me es imposible hacerlo.

post /pəʊst/ **I** *n* **1.** (*letters, postal system*) correo *m*. **2.** (*wooden, metal*) poste *m*. **3.** (*job*) puesto *m*. **II** *vt* **1.** (*to mail*) echar al correo. **2.** (*to a job*) destinar.

postbox *n* buzón *m*. **postcard** *n* (tarjeta *f*) postal *f*. **postcode** *n* código *m* postal. **postman** *n* cartero *m*. **postmark** *n* matasellos *m inv*.

post office *n* **1.** (*building, office*) oficina *f* de Correos. **2.** **the Post Office** la Administración General de Correos. **post office box** *n* apartado *m* de correos. **postwoman** *n* cartera *f*.

postage /'pəʊstɪdʒ/ *n* franqueo *m*, gastos *m pl* de envío.

postage stamp *n* sello *m*, (*Amér S*) estampilla *f*.

postal /'pəʊstəl/ *adj* postal.

postal order *n* giro *m* postal.

poster /'pəʊstə/ *n* cartel *m*, póster *m*.

posterity /pɒ'sterətɪ/ *n* posteridad *f*.

postgraduate /pəʊst'grædjʊət/ *n* posgraduado -da *m/f*.

posthumous /'pɒstjʊməs/ *adj* póstumo -ma.

postmortem /pəʊst'mɔ:təm/ *n* autopsia *f*.

postpone /pəʊst'pəʊn/ *vt* aplazar, posponer.

postscript /'pəʊsskrɪpt/ *n* posdata *f*.

posture /'pɒstʃə/ *n* postura *f*.

postwar /'pəʊstwɔ:/ *adj* de la posguerra.

posy /'pəʊzɪ/ *n* [**-sies**] ramillete *m*.

pot /pɒt/ **I** *n* **1.** (*for cooking*) olla *f*, puchero *m*. **2.** (*for jam*) tarro *m*; (*in pottery*) vasija *f* ● **I'll take pot luck**

me conformaré con lo que haya
● **he's really gone to pot** se ha
echado a perder mucho. **3.** (*for
plants*) tiesto *m*, maceta *f*. **4.** (*for tea*)
tetera *f*; (*for coffee*) cafetera *f*.
5. (*fam: marijuana*) marihuana *f*. **II**
vt [**pots, potting, potted**] poner en
un tiesto.

potato /pəˈteɪtəʊ/ *n* [**-toes**] patata *f*,
(*Amér L*) papa *f*.

potato chip *n* (*US*) patata *f* frita (*de
bolsa*), (*Amér L*) papa *f* frita (*de
bolsa*). **potato peeler** *n* pelador *m*
(*de patatas*), (*Amér L*) pelapapas
m inv.

potbelly /ˈpɒtbelɪ/ *n* [**-lies**] barriga *f*,
panza *f*.

potent /ˈpəʊtənt/ *adj* potente, fuerte.

potential /pəˈtenʃəl/ **I** *adj* potencial,
en potencia. **II** *n* potencial *m*.

pothole /ˈpɒthəʊl/ *n* **1.** (*in road*)
bache *m*. **2.** (*cave*) sima *f*.

potholing /ˈpɒthəʊlɪŋ/ *n* espeleología *f*.

potion /ˈpəʊʃən/ *n* poción *f*.

potted /ˈpɒtɪd/ *adj* **1.** (*Culin*) en
conserva. **2.** (*plant*) en maceta, en
tiesto.

potter /ˈpɒtə/ *n* alfarero -ra *m/f*.

to **potter about** *vi* ocuparse en tareas
sin importancia.

pottery /ˈpɒtərɪ/ *n* cerámica *f*, alfarería *f*.

potty /ˈpɒtɪ/ **I** *adj* (*fam*) chiflado -da.
II *n* [**-ties**] orinal *m* (*de niño*).

pouch /paʊtʃ/ *n* [**-ches**] bolsa *f*.

poultice /ˈpəʊltɪs/ *n* cataplasma *f*,
emplasto *m*.

poultry /ˈpəʊltrɪ/ *n* (*alive*) aves *f pl* de
corral; (*as meat*) carne *f* de ave.

pounce /paʊns/ *vi* arrojarse (**on**
sobre), abalanzarse (**on** sobre).

pound /paʊnd/ **I** *n* (*money*) libra *f*;
(*weight*) libra *f* (*0,45 kg*). **II** *vt* **1.** (*to
crush*) machacar. **2.** (*to hit*) apo-
rrear. ◆ *vi* (*heart*) latir.

pour /pɔː/ *vt* (*to tip*) echar, verter; (*to
serve*) servir. ◆ *vi* (*o to* **pour down**)
llover a cántaros.

to **pour out** *vt* (*to tip*) verter; (*to serve*)
servir. ◆ *vi* salir en tropel.

pout /paʊt/ *vi* hacer pucheros.

poverty /ˈpɒvətɪ/ *n* pobreza *f*.

poverty-stricken *adj* pobre, necesitado -da.

powder /ˈpaʊdə/ *n* **1.** (*gen*) polvo *m*.
2. (*o* **washing powder**) detergente
m.

powder room *n* (*US*) aseo *m*.

powdered milk /ˈpaʊdəd ˈmɪlk/ *n*
leche *f* en polvo.

power /ˈpaʊə/ *n* **1.** (*control*) poder
m. **2.** (*strength*) fuerza *f*. **3.** (*to run
machine*) energía *f*; (*electricity*) luz *f*,
electricidad *f*. **4.** (*country*) potencia
f.

power cut *n* apagón *m*. **power point**
n toma *f* de corriente. **power station**
n central *f* eléctrica. **power steering**
n dirección *f* asistida.

powered /ˈpaʊəd/ *adj*: **it's solar-
powered** funciona con energía
solar.

powerful /ˈpaʊəfʊl/ *adj* **1.** (*influential*) poderoso -sa. **2.** (*physically*)
fuerte. **3.** (*machine, drug*) potente.
4. (*speech*) lleno -na de fuerza.

powerless /ˈpaʊələs/ *adj* impotente: **they were powerless to help**
no podían hacer nada.

pp /piːˈpiː/ *n* p.a., por autorización.

pp. /ˈpeɪdʒɪz/ = **pages**.

p & p /piː ənd ˈpiː/ = **postage and
packing**.

PR /piːˈɑː/ *n* = **public relations**.

practicable /ˈpræktɪkəbəl/ *adj* factible, realizable.

practical /ˈpræktɪkəl/ *adj* práctico
-ca.

practical joke *n* broma *f*.

practicality /præktɪˈkælətɪ/ *n* [**-ties**]
aspecto *m* práctico.

practically /ˈpræktɪkəlɪ/ *adv* prácticamente.

practice /ˈpræktɪs/ **I** *n* [en EE. UU.
también **practise**] **1.** (*exercise, preparation*) práctica *f*: **I'm out of
practice** me falta práctica; (*session*)
ensayo *m*. **2.** (*custom*) costumbre *f*
● **in practice** en la práctica.
3. (*Med*) consulta *f*; (*Law*) bufete *m*.
II *vt/i* (*US*) ⇨ **practise**.

practise /'præktɪs/ *vt/i* [en EE. UU. también **practice**] **1.** (*gen*) practicar. **2.** (*a profession*) ejercer.

practising /'præktɪsɪŋ/ *adj* [en EE. UU. también **practicing**] **1.** (*Relig*) practicante. **2.** (*doctor, lawyer*) en ejercicio.

pragmatic /præg'mætɪk/ *adj* pragmático -ca.

prairie /'preərɪ/ *n* llanura *f*.

praise /preɪz/ **I** *vt* alabar, elogiar. **II** *n* elogios *m pl*.

praiseworthy /'preɪzwɜːðɪ/ *adj* (*frml*) loable.

pram /præm/ *n* cochecito *m* (de niño).

prance /prɑːns/ *vi* hacer cabriolas.

prank /præŋk/ *n* travesura *f*.

prawn /prɔːn/ *n* gamba *f*, (*Amér L*) camarón *m*.

pray /preɪ/ *vt/i* rezar.

prayer /preə/ *n* oración *f*, rezo *m*.

preach /priːtʃ/ *vi* predicar. ♦ *vt* (*the gospel*) predicar; (*a sermon*) dar.

preacher /'priːtʃə/ *n* predicador -dora *m/f*.

preamble /priː'æmbəl/ *n* preámbulo *m*.

precarious /prɪ'keərɪəs/ *adj* precario -ria.

precaution /prɪ'kɔːʃən/ *n* precaución *f*.

precede /priː'siːd/ *vt* preceder a.

precedence /'presɪdəns/ *n* prioridad *f*, precedencia *f*.

precedent /'presɪdənt/ *n* precedente *m*.

precinct /'priːsɪŋkt/ *n* **1.** (*GB: shopping area*) zona *f* comercial. **2.** (*US: administrative area*) distrito *m*.

precious /'preʃəs/ **I** *adj* **1.** (*metal, gem*) precioso -sa. **2.** (*important*) querido -da. **II** *adv*: **precious little** muy poco -ca.

precipice /'presɪpɪs/ *n* precipicio *m*.

precipitate /prɪ'sɪpɪteɪt/ *vt* (*frml*) precipitar.

précis /'preɪsiː/ *n inv* resumen *m*.

precise /prɪ'saɪs/ *adj* **1.** (*exact*) preciso -sa. **2.** (*painstaking*) meticuloso -sa.

precisely /prɪ'saɪslɪ/ *adv* exactamente.

precision /prɪ'sɪʒən/ *n* precisión *f*.

preclude /prɪ'kluːd/ *vt* (*frml: a possibility*) excluir: **it precludes us from attending** nos impide asistir.

precocious /prɪ'kəʊʃəs/ *adj* precoz.

preconceived /priːkən'siːvd/ *adj* preconcebido -da.

preconception /priːkən'sepʃən/ *n* idea *f* preconcebida.

precondition /priːkən'dɪʃən/ *n* condición *f* previa.

predator /'predətə/ *n* depredador *m*.

predecessor /'priːdɪsesə/ *n* predecesor -sora *m/f*.

predicament /prɪ'dɪkəmənt/ *n* aprieto *m*, apuro *m*.

predict /prɪ'dɪkt/ *vt* predecir.

predictable /prɪ'dɪktəbəl/ *adj* previsible.

prediction /prɪ'dɪkʃən/ *n* predicción *f*.

predominant /prɪ'dɒmɪnənt/ *adj* predominante.

predominate /prɪ'dɒmɪneɪt/ *vi* predominar.

pre-empt /priː'empt/ *vt* adelantarse a.

preen /priːn/ *vi* limpiarse con el pico.

prefab /'priːfæb/ *n* (*fam*) casa *f* prefabricada.

preface /'prefɪs/ *n* prefacio *m*.

prefect /'priːfekt/ *n: alumno de los de más edad de un colegio que ayuda a mantener la disciplina*.

prefer /prɪ'fɜː/ *vt* [**-fers, -ferring, -ferred**] preferir: **I prefer tea to coffee** prefiero el té al café.

preferable /'prefərəbəl/ *adj* preferible.

preferably /'prefərəblɪ/ *adv* de ser posible.

preference /'prefərəns/ *n* preferencia *f*.

preferential /prefə'renʃəl/ *adj* preferente.

prefix /'priːfɪks/ *n* [**-xes**] prefijo *m*.

pregnancy /'pregnənsɪ/ *n* [**-cies**] embarazo *m*.

pregnant /'pregnənt/ adj (woman) embarazada; (animal) preñado -da.

prehistoric /ˌpri:hɪ'stɒrɪk/ adj prehistórico -ca.

prejudice /'predʒʊdɪs/ I n prejuicio m. II vt 1. (to bias) predisponer. 2. (to harm) afectar.

prejudiced /'predʒʊdɪst/ adj: to be prejudiced tener prejuicios.

preliminary /prɪ'lɪmɪnəri/ I adj preliminar. II **preliminaries** n pl preliminares m pl.

prelude /'prelju:d/ n preludio m.

premarital /pri:'mærɪtəl/ adj prematrimonial.

premature /premə'tjʊə/ adj prematuro -ra.

premenstrual /pri:'menstrʊəl/ adj premenstrual.

premenstrual tension n tensión f premenstrual.

premier /'premjə/ I n primer -mera ministro -tra m/f. II adj principal.

premiere /'premjeə/ n estreno m.

premise /'premɪs/ I n premisa f. II **premises** n pl (shop, restaurant) local m; (offices) oficinas f pl.

premium /'pri:mɪəm/ n prima f ● **tickets are at a premium** las entradas están muy solicitadas.

premium bond n (in GB) bono del estado que da derecho a participar en sorteos.

premonition /premə'nɪʃən/ n premonición f.

prenatal /pri:'neɪtəl/ adj (US) prenatal.

preoccupation /pri:ɒkjʊ'peɪʃən/ n preocupación f.

preoccupied /pri:'ɒkjʊpaɪd/ adj absorto -ta.

prep /prep/ n (fam) deberes m pl.

preparation /prepə'reɪʃən/ I n preparación f. II **preparations** n pl preparativos m pl.

preparatory /prɪ'pærətəri/ adj preparatorio -ria.

preparatory school n (o **prep school**) (in GB) escuela f privada.

prepare /prɪ'peə/ vt preparar. ♦ vi prepararse.

prepared /prɪ'peəd/ adj 1. (ready) preparado -da (**for** para). 2. (willing) dispuesto -ta (**to** a).

preponderance /prɪ'pɒndərəns/ n preponderancia f.

preposition /prepə'zɪʃən/ n preposición f.

preposterous /prɪ'pɒstərəs/ adj absurdo -da, descabellado -da.

prerequisite /pri:'rekwɪzɪt/ n (frml) requisito m previo.

prerogative /prɪ'rɒgətɪv/ n prerrogativa f.

Presbyterian /prezbɪ'tɪərɪən/ adj, n presbiteriano -na adj, m previo.

prescribe /prɪ'skraɪb/ vt recetar.

prescription /prɪ'skrɪpʃən/ n receta f.

presence /'prezəns/ n presencia f: **in her presence** delante de ella.

presence of mind n presencia f de ánimo.

present I /'prezənt/ n 1. (gift) regalo m. 2. (time) presente m: **at present** de momento. 3. (Ling) presente m. II /'prezənt/ adj 1. (current) actual. 2. (attending) presente. III /prɪ'zent/ vt 1. (to give): **she presented me with a watch** me obsequió con un reloj; **he presented the prize** hizo entrega del premio. 2. (to introduce, show) presentar.

present-day /'prezəntdeɪ/ adj actual, contemporáneo -nea.

presentable /prɪ'zentəbəl/ adj presentable.

presentation /prezən'teɪʃən/ n (gen) presentación f; (of prizes) entrega f.

presenter /prɪ'zentə/ n presentador -dora m/f.

presently /'prezəntli/ adv 1. (soon) pronto. 2. (now) actualmente.

preservation /prezə'veɪʃən/ n conservación f.

preservative /prɪ'zɜ:vətɪv/ n conservante m.

preserve /prɪ'zɜ:v/ I vt 1. (gen) conservar. 2. (standards) mantener. II n 1. (jam) mermelada f. 2. (US: for animals) reserva f.

preside /prɪ'zaɪd/ *vi*: **to preside over sthg** presidir algo.

president /'prezɪdənt/ *n* presidente -ta *m/f*.

presidential /prezɪ'denʃəl/ *adj* presidencial.

press /pres/ I *n* [**presses**] **1.** (*machine*) prensa *f*. **2. the press** (*Media*) la prensa. II *vt* **1.** (*to squeeze, push*) apretar. **2.** (*clothes*) planchar. **3.** (*fruit*) prensar. **4.** (*to pressurize*) presionar ● **I'm pressed for time** ando apurado de tiempo ● **he pressed the money on me** insistió en que aceptara el dinero. ◆ *vi* **1.** (*with hand, body*) apretar. **2.** (*for change, decision*): **he's pressing for a decision** está presionando para que se tome una decisión.

to **press ahead** *vi* seguir adelante. *to* **press on** *vi* continuar.

press conference *n* rueda *f* de prensa. **press release** *n* comunicado *m* de prensa. **press stud** *n* broche *m* de presión, automático *m*. **press-up** *n* flexión *f*.

pressing /'presɪŋ/ *adj* urgente, apremiante.

pressure /'preʃə/ I *n* presión *f*: **to put pressure on sbdy** presionar a alguien. II *vt* presionar.

pressure cooker *n* olla *f* a presión. **pressure gauge** *n* manómetro *m*. **pressure group** *n* grupo *m* de presión.

prestige /pre'stiːʒ/ *n* prestigio *m*.

presumably /prɪ'zjuːməblɪ/ *adv*: **presumably you saw it** supongo que lo viste.

presume /prɪ'zjuːm/ *vt* suponer.

presumption /prɪ'zʌmpʃən/ *n* suposición *f*.

presumptuous /prɪ'zʌmpʃəs/ *adj* atrevido -da.

presuppose /priːsə'pəʊz/ *vt* presuponer.

pretence /prɪ'tens/ *n*: **it was all a pretence** todo era fingido ● **under false pretences** por medio de engaños.

pretend /prɪ'tend/ *vt/i* fingir: **I pre-**

tended to be Swiss me hice pasar por suizo.

pretense /prɪ'tens/ *n* (*US*) ⇨ **pretence**.

pretentious /prɪ'tenʃəs/ *adj* pretencioso -sa.

pretext /'priːtekst/ *n* pretexto *m*.

pretty /'prɪtɪ/ I *adj* [**-tier, -tiest**] (*place, object*) bonito -ta, lindo -da; (*woman, face*) guapo -pa. II *adv* bastante.

prevail /prɪ'veɪl/ *vi* prevalecer.

prevailing /prɪ'veɪlɪŋ/ *adj* predominante.

prevalent /'prevələnt/ *adj* (*frml*: *opinion*) general; (:*illness*) extendido -da.

prevent /prɪ'vent/ *vt* **1.** (*gen*): **it prevents us from working** nos impide trabajar; **we must prevent it happening** hay que impedir que suceda. **2.** (*an accident*) prevenir.

preventative /prɪ'ventətɪv/ *adj* preventivo -va.

prevention /prɪ'venʃən/ *n* prevención *f*.

preventive /prɪ'ventɪv/ *adj* preventivo -va.

preview /'priːvjuː/ *n* (*of movie*) preestreno *m*.

previous /'priːvɪəs/ *adj* (*week, occasion*) anterior; (*experience*) previo -via.

previously /'priːvɪəslɪ/ *adv* antes.

prewar /'priːwɔː/ *adj* de antes de la guerra.

prey /preɪ/ *n* presa *f*.

to **prey on** *vt* **1.** (*to feed on*) alimentarse de. **2.** (*to exploit*) aprovecharse de ● **it's preying on my mind** me tiene preocupado.

price /praɪs/ I *n* precio *m*. II *vt* poner un precio a.

price tag *n* etiqueta *f*.

priceless /'praɪsləs/ *adj* de inestimable valor.

pricey /'praɪsɪ/ *adj* [**-cier, -ciest**] (*fam*) caro -ra.

prick /prɪk/ I *n* pinchazo *m*. II *vt* (*gen*) pinchar; (*oneself*) pincharse.

to **prick up** *vt*: **I pricked up my ears** agucé el oído.

prickle /'prɪkəl/ *n* **1.** (*of plant*) espina *f*; (*of animal*) púa *f*. **2.** (*sensation*) picor *m*.

prickly /'prɪklɪ/ *adj* [**-lier, -liest**] **1.** (*plant*) espinoso -sa; (*animal*) con púas. **2.** (*grumpy*) de mal humor.

prickly heat *n* sarpullido *m* (*causado por el calor*). **prickly pear** *n* higo *m* chumbo, tuna *f*.

pride /praɪd/ **I** *n* orgullo *m*: **to take pride in sthg** estar orgulloso -sa de algo. **II** *vt*: **to pride oneself on sthg** preciarse de algo.

priest /priːst/ *n* (*man*) sacerdote *m*, cura *m*; (*woman*) sacerdote *f*, clériga *f*.

priestess /'priːstes/ *n* [**-tesses**] sacerdotisa *f*.

priesthood /'priːsthʊd/ *n* sacerdocio *m*.

prim /prɪm/ *adj* [**primmer, primmest**] **1.** (*prudish*) remilgado -da. **2.** (*demure*) recatado -da.

primarily /praɪˈmerəlɪ/ *adv* principalmente.

primary /'praɪmərɪ/ **I** *adj* **1.** (*colour, education*) primario -ria. **2.** (*main*) principal. **II** *n* [**-ries**] (*in US*) (elección *f*) primaria *f*.

primary school *n* escuela *f* primaria.

primate /'praɪmeɪt/ *n* **1.** (*Zool*) primate *m*. **2.** (*Relig*) primado *m*.

prime /praɪm/ **I** *n* mejor momento *m* ● **in the prime of life** en la flor de la vida. **II** *adj* **1.** (*main*) primordial. **2.** (*superior*) de primera calidad. **3.** (*typical*) perfecto -ta. **III** *vt* preparar.

prime minister *n* primer -mera ministro -tra *m/f*. **prime number** *n* número *m* primo.

primitive /'prɪmɪtɪv/ *adj* **1.** (*society*) primitivo -va. **2.** (*conditions*) rudimentario -ria.

primrose /'prɪmrəʊz/ *n* primavera *f*.

prince /prɪns/ *n* príncipe *m*.

Prince Charming *n* príncipe *m* azul.

princess /'prɪnses/ *n* [**-cesses**] princesa *f*.

principal /'prɪnsɪpəl/ **I** *n* (*of school*) director -tora *m/f*; (*of university*) rector -tora *m/f*. **II** *adj* principal.

principality /prɪnsɪˈpælətɪ/ *n* [**-ties**] principado *m*.

principle /'prɪnsɪpəl/ *n* principio *m*: **in principle** en principio; **on principle** por cuestión de principios.

print /prɪnt/ **I** *n* **1.** (*picture*) grabado *m*, lámina *f*. **2.** (*photo*) foto *f*; (*copy of photo*) copia *f*. **3.** (*of foot, tyre*) huella *f*. **4.** (*on fabric*) estampado *m*. **5.** (*on page*) letra *f* ● **out of print** agotado. **II** *vt* **1.** (*a book, document*) imprimir. **2.** (*in a newspaper*) publicar. **3.** (*when writing*) escribir en letra de imprenta.

print-out *n* copia *f* impresa. **print run** *n* tirada *f*.

printer /'prɪntə/ *n* impresora *f*.

printing /'prɪntɪŋ/ *n* **1.** (*industry*) imprenta *f*. **2.** (*act*) impresión *f*.

prior /'praɪə/ **I** *adj* previo -via. **II prior to** *prep* antes de. **III** *n* prior *m*.

prioress /'praɪəres/ *n* [**-resses**] priora *f*.

priority /praɪˈɒrətɪ/ *n* [**-ties**] prioridad *f*: **this takes priority over the rest** esto tiene prioridad sobre lo demás.

prise /praɪz/ *vt*: **to prise sthg off/ open** quitar/abrir algo haciendo palanca.

prison /'prɪzən/ *n* cárcel *f*, prisión *f*.

prisoner /'prɪzənə/ *n* (*during war*) prisionero -ra *m/f*; (*in jail*) preso -sa *m/f*.

prisoner of war *n* prisionero -ra *m/f* de guerra.

pristine /'prɪstiːn/ *adj* impecable.

privacy /'prɪvəsɪ/ *n* intimidad *f*.

private /'praɪvɪt/ **I** *adj* **1.** (*gen*) privado -da; (*lessons*) particular. **2.** (*intimate, personal*) privado -da: **in private** en privado. **3.** (*reserved*) reservado -da. **II** *n* soldado *m/f* raso.

private enterprise *n* iniciativa *f* privada. **private eye** *n* (*fam*) detective *m/f* privado -da. **private parts** *n pl* partes *fpl* pudendas.

privately /'praɪvɪtlɪ/ *adv* **1.** (*to talk*)

en privado. **2.** (*Fin*): **it's a privately owned firm** es una empresa privada. **3.** (*inwardly*): **privately, she was concerned** en su fuero interno, estaba preocupada.

privatization /praɪvɪtaɪˈzeɪʃən/ *n* privatización *f*.

privatize /ˈpraɪvɪtaɪz/ *vt* privatizar.

privilege /ˈprɪvɪlɪdʒ/ *n* privilegio *m*.

privileged /ˈprɪvɪlɪdʒd/ *adj* privilegiado -da.

privy /ˈprɪvɪ/ *adj* (*frml*): **I'm not privy to her plans** no me tiene al corriente de sus planes.

prize /praɪz/ **I** *n* premio *m*. **II** *adj* premiado -da. **III** *vt* apreciar, valorar.

prize draw *n* sorteo *m*. **prize-giving** *n* (ceremonia *f* de) entrega *f* de premios. **prizewinner** *n* ganador -dora *m/f* del premio. **prize-winning** *adj* premiado -da.

pro /prəʊ/ *n* **1.** (*advantage*): **the pros and cons** los pros y los contras. **2.** (*fam: professional*) profesional *m/f*.

probability /probəˈbɪlətɪ/ *n* [**-ties**] probabilidad *f* ● **in all probability he'll win** tiene muchas probabilidades de ganar.

probable /ˈprobəbəl/ *adj* probable.

probably /ˈprobəblɪ/ *adv* probablemente.

probation /prəˈbeɪʃən/ *n* **1.** (*Law*): **she's on probation** está en libertad condicional. **2.** (*in a job*) periodo *m* de prueba.

probe /prəʊb/ **I** *n* **1.** (*instrument*) sonda *f*. **2.** (*enquiry*) investigación *f*. **II** *vt* **1.** (*Med*) sondar. **2.** (*to investigate*) investigar. ◆ *vi* investigar.

problem /ˈprobləm/ *n* problema *m*.

procedure /prəˈsiːdʒə/ *n* **1.** (*method, routine*) procedimiento *m*. **2.** (*administrative process*) trámites *m pl*.

proceed I /prəʊˈsiːd/ *vi* (*frml*) **1.** (*to go forward*) proceder. **2.** (*to continue*) continuar, seguir adelante; (*indicating next action*): **she then proceeded to hit him** entonces fue

y le pegó. **II proceeds** /ˈprəʊsiːdz/ *n pl* recaudación *f*.

proceedings /prəˈsiːdɪŋz/ *n pl* **1.** (*Law*) proceso *m*. **2.** (*events*) actos *m pl*.

process /ˈprəʊses/ **I** *n* [**-cesses**] proceso *m*. **II** *vt* **1.** (*data*) procesar. **2.** (*an application*) tramitar. **3.** (*food*) tratar.

procession /prəˈseʃən/ *n* (*in carnival*) desfile *m*; (*Relig*) procesión *f*.

proclaim /prəˈkleɪm/ *vt* proclamar.

proclamation /prokləˈmeɪʃən/ *n* proclamación *f*.

procrastinate /prəʊˈkræstɪneɪt/ *vi* (*frml*): **stop procrastinating** no lo aplaces más.

procure /prəˈkjʊə/ *vt* (*frml*) conseguir, obtener.

prod /prod/ **I** *n* (*with finger, stick*) pinchazo *m*. **II** *vt* [**prods, prodding, prodded**] pinchar.

prodigal /ˈprodɪgəl/ *adj* (*frml*) pródigo -ga.

prodigy /ˈprodədʒɪ/ *n* [**-gies**] prodigio *m*.

produce I /ˈprodjuːs/ *n* productos *m pl* (agrícolas). **II** /prəˈdjuːs/ *vt* **1.** (*gen*) producir. **2.** (*to bring out*) sacar. **3.** (*a film, TV programme*) producir.

producer /prəˈdjuːsə/ *n* productor -tora *m/f*.

product /ˈprodʌkt/ *n* producto *m*.

production /prəˈdʌkʃən/ *n* **1.** (*in industry, agriculture*) producción *f*. **2.** (*of a film, programme*) producción *f*; (*of a play: gen*) producción *f*; (*: staging*) puesta *f* en escena.

production line *n* cadena *f* de fabricación.

productive /prəˈdʌktɪv/ *adj* productivo -va.

productivity /prodʌkˈtɪvətɪ/ *n* productividad *f*.

profane /prəˈfeɪn/ **I** *adj* profano -na. **II** *vt* profanar.

profession /prəˈfeʃən/ *n* profesión *f*.

professional /prəˈfeʃənəl/ *adj, n* profesional *adj, m/f*.

professor /prə'fesə/ n 1. (*university department head*) catedrático -ca m/f. 2. (*US: university teacher*) profesor -sora m/f.

proficient /prə'fɪʃənt/ adj (*gen*) competente; (*in a language*): **he's proficient in German** domina el alemán.

profile /'prəʊfaɪl/ n perfil m.

profit /'profɪt/ I n beneficio m, ganancia f. II vi beneficiarse (**from** de).

profitable /'profɪtəbəl/ adj 1. (*Fin*) rentable. 2. (*beneficial*) provechoso -sa.

profound /prə'faʊnd/ adj profundo -da.

profusely /prə'fju:slɪ/ adv (*to thank*) efusivamente; (*to bleed*) copiosamente.

profusion /prə'fju:ʒən/ n profusión f.

prognosis /prog'nəʊsɪs/ n [**-noses**] (*Med*) pronóstico m.

program /'prəʊgræm/ I n 1. (*Inform*) programa m. 2. (*US*) ⇨ **programme**. II vt [**-grams, -gramming, -grammed**] 1. (*Inform*) programar. 2. (*US*) ⇨ **programme**.

programme /'prəʊgræm/ I n (*on TV/radio, for concert, schedule*) programa m. II vt [**-grammes, -gramming, -grammed**] (*to schedule, set*) programar.

programmer, (*US*) **programer** /'prəʊgræmə/ n programador -dora m/f.

progress I /'prəʊgres/ n (*gen*) progreso m: **to make progress** hacer progresos; **there's an exam in progress** se está realizando un examen; (*development*) desarrollo m. II /prəʊ'gres/ vi 1. (*to advance*) avanzar. 2. (*to improve*) progresar.

progressive /prə'gresɪv/ adj 1. (*gen*) progresivo -va. 2. (*Pol*) progresista.

prohibit /prə'hɪbɪt/ vt prohibir: **it prohibits them from working** les prohíbe trabajar.

prohibition /prəʊ'bɪʃən/ n 1. (*banning*) prohibición f. 2. **Prohibition** (*in US*) la ley seca.

project I /'prodʒekt/ n (*gen*) proyecto m; (*at school*) trabajo m. II /prə'dʒekt/ vt proyectar. ♦ vi (*to stick out*) sobresalir.

projectile /prə'dʒektaɪl/ n proyectil m.

projection /prə'dʒekʃən/ n 1. (*of film, sales*) proyección f. 2. (*of rock*) saliente m.

projector /prə'dʒektə/ n proyector m.

proletarian /prəʊlɪ'teərɪən/ adj, n proletario -ria adj, m/f.

proletariat /prəʊlɪ'teərɪət/ n proletariado m.

proliferate /prə'lɪfəreɪt/ vi proliferar.

prolific /prə'lɪfɪk/ adj prolífico -ca.

prologue, (*US*) **prolog** /'prəʊlog/ n prólogo m.

prolong /prə'loŋ/ vt prolongar, alargar.

prom /prom/ n 1. (*on seafront*) paseo m marítimo. 2. (*Mus*) concierto londinense de música clásica. 3. (*US: dance*) baile m.

promenade /promə'nɑ:d/ n paseo m marítimo.

prominence /'prominəns/ n importancia f, prominencia f.

prominent /'prominənt/ adj prominente.

promiscuous /prə'mɪskjuːəs/ adj promiscuo -cua.

promise /'promɪs/ I n promesa f. II vt/i prometer.

promising /'promɪsɪŋ/ adj prometedor -dora.

promote /prə'məʊt/ vt 1. (*a person, team*) ascender. 2. (*a product*) promocionar. 3. (*to foster*) fomentar.

promoter /prə'məʊtə/ n promotor -tora m/f.

promotion /prə'məʊʃən/ n 1. (*in work, sport*) ascenso m. 2. (*publicity*) promoción f.

prompt /prompt/ I adj rápido -da. II adv: **at ten o'clock prompt** a las diez en punto. **III** vt **1.** (a response) provocar: **it prompted me to return** me indujo a volver. **2.** (in theatre) apuntarle. **IV** n (Inform) aviso m.

prone /prəun/ adj **1.** (liable) propenso -sa (**to** a). **2.** (frml: face downwards) boca abajo.

prong /prɒŋ/ n punta f, púa f.

pronoun /ˈprəunaun/ n pronombre m.

pronounce /prəˈnauns/ vt pronunciar.

pronounced /prəˈnaunst/ adj marcado -da.

pronunciation /prənʌnsɪˈeɪʃən/ n pronunciación f.

proof /pru:f/ **I** n prueba f. **II** adj resistente (**against** a).

prop /prɒp/ **I** n **1.** (for roof, wall) puntal m. **2.** (support, help) apoyo m. **3.** (in theatre) accesorio m. **II** vt [**props, propping, propped**] apoyar (**against** contra).

propaganda /prɒpəˈgændə/ n propaganda f.

propagate /ˈprɒpəgeɪt/ vt propagar.

propel /prəˈpel/ vt [**-pels, -pelling, -pelled**] propulsar.

propeller /prəˈpelə/ n hélice f.

propensity /prəˈpensɪti/ n [**-ties**] propensión f (**for** a).

proper /ˈprɒpə/ adj **1.** (correct) correcto -ta; (appropriate) adecuado -da. **2.** (real) verdadero -ra. **3.** (itself): **the town proper** la ciudad propiamente dicha.

properly /ˈprɒpəli/ adv (correctly) bien, correctamente; (appropriately) adecuadamente.

property /ˈprɒpəti/ n [**-ties**] **1.** (possession) propiedad f. **2.** (real estate) propiedad f inmobiliaria. **3.** (building) inmueble m. **4.** (quality) propiedad f.

prophecy /ˈprɒfɪsi/ n [**-cies**] profecía f.

prophesy /ˈprɒfɪsaɪ/ vt [**-sies, -sying, -sied**] (gen) predecir; (Relig) profetizar.

prophet /ˈprɒfɪt/ n profeta -tisa m/f.

proportion /prəˈpɔːʃən/ n **1.** (gen) proporción f. **2.** (percentage) parte f: **a large proportion of my work** gran parte de mi trabajo.

proportional /prəˈpɔːʃənəl/ adj proporcional.

proportional representation n representación f proporcional.

proportionate /prəˈpɔːʃənɪt/ adj proporcional.

proposal /prəˈpəuzəl/ n **1.** (gen) propuesta f. **2.** (of marriage) proposición f de matrimonio.

propose /prəˈpəuz/ vt **1.** (to suggest) proponer, sugerir. **2.** (to intend) pensar, tener intención de. ♦ vi: **he proposed to her** le pidió que se casara con él.

proposition /prɒpəˈzɪʃən/ n proposición f, propuesta f.

proprietor /prəˈpraɪətə/ n dueño -ña m/f, propietario -ria m/f.

propriety /prəˈpraɪəti/ n (frml) decoro m.

prose /prəuz/ n prosa f.

prosecute /ˈprɒsɪkjuːt/ vt procesar.

prosecution /prɒsɪˈkjuːʃən/ n **1.** (act) juicio m. **2.** (lawyers) acusación f.

prosecutor /ˈprɒsɪkjuːtə/ n (public) fiscal m/f; (private) abogado -da m/f de la acusación.

prospect I /ˈprɒspekt/ n perspectiva f: **he has good prospects** tiene buenas perspectivas. **II** /prəˈspekt/ vi realizar prospecciones: **he was prospecting for gold** estaba buscando oro.

prospective /prəˈspektɪv/ adj **1.** (possible) posible. **2.** (future) futuro -ra.

prospectus /prəˈspektəs/ n [**-tuses**] **1.** (Fin) prospecto m. **2.** (Educ) folleto m informativo.

prosper /ˈprɒspə/ vi prosperar.

prosperity /prɒˈsperɪti/ n prosperidad f.

prosperous /ˈprɒspərəs/ adj próspero -ra.

prostate /ˈprɒsteɪt/ n (o **prostate gland**) próstata f.

prostitute /'prɒstɪtjuːt/ I *n* prostituta *f.* II *vt* prostituir.

prostitution /prɒstɪ'tjuːʃən/ *n* prostitución *f.*

prostrate /'prɒstreɪt/ I *adj* postrado -da. II *vt* postrar.

protagonist /prə'tægənɪst/ *n* protagonista *m/f.*

protect /prə'tekt/ *vt* proteger (**from** de).

protection /prə'tekʃən/ *n* protección *f.*

protective /prə'tektɪv/ *adj* protector -tora.

protégé /'prəʊtəʒeɪ/ *n* protegido *m.*

protégée /'prəʊtəʒeɪ/ *n* protegida *f.*

protein /'prəʊtiːn/ *n* proteína *f.*

protest I /'prəʊtest/ *n* protesta *f.* II /prə'test/ *vt* 1. (*to declare*): **I protested my innocence** insistí en que era inocente. 2. (*US: to oppose*) protestar *or* ✳ contra. ◆ *vi* protestar (**about** por).

Protestant /'prɒtɪstənt/ *adj, n* protestante *adj, m/f.*

protester /prə'testə/ *n* manifestante *m/f.*

protocol /'prəʊtəkɒl/ *n* protocolo *m.*

protracted /prə'træktɪd/ *adj* prolongado -da.

protrude /prə'truːd/ *vi* sobresalir.

proud /praʊd/ *adj* orgulloso -sa.

proudly /'praʊdlɪ/ *adv* con orgullo.

prove /pruːv/ *vt* (*with facts*) probar. ◆ *vi* (*to turn out*) resultar.

proven /'pruːvən/ *adj* probado -da.

proverb /'prɒvɜːb/ *n* proverbio *m.*

provide /prə'vaɪd/ *vt* (*goods, equipment*) proveer, suministrar: **I provided him with money** le proporcioné dinero ● **provided** ✳ **providing it doesn't rain** siempre y cuando no llueva.

to **provide for** *vt* mantener.

province /'prɒvɪns/ *n* provincia *f.*

provincial /prə'vɪnʃəl/ *adj* 1. (*of a province*) provincial. 2. (*parochial*) provinciano -na.

provision /prə'vɪʒən/ I *n* 1. (*supply*) provisión *f.* 2. (*of agreement*) condición *f*; (*of law*) disposición *f.* II provisions *n pl* (*supplies*) provisiones *f pl.*

provisional /prə'vɪʒənəl/ *adj* provisional.

proviso /prə'vaɪzəʊ/ *n* condición *f.*

provocation /prɒvə'keɪʃən/ *n* provocación *f.*

provocative /prə'vɒkətɪv/ *adj* (*seductive*) provocativo -va; (*belligerent*) provocador -dora.

provoke /prə'vəʊk/ *vt* provocar.

prow /praʊ/ *n* proa *f.*

prowess /'praʊes/ *n* habilidad *f.*

prowl /praʊl/ I *vi* merodear. II *n*: **he was on the prowl last night** anoche estuvo merodeando por allí.

prowler /'praʊlə/ *n* merodeador -dora *m/f.*

proxy /'prɒksɪ/ *n* poder *m*: **by proxy** por poderes.

prude /pruːd/ *n* mojigato -ta *m/f.*

prudence /'pruːdəns/ *n* prudencia *f.*

prudent /'pruːdənt/ *adj* prudente.

prudish /'pruːdɪʃ/ *adj* mojigato -ta.

prune /pruːn/ I *n* ciruela *f* pasa. II *vt* (*Bot*) podar; (*costs*) recortar.

pry /praɪ/ *vi* [**pries, prying, pried**] entrometerse (**into** en).

PS /piː'es/ *n* (= **postscript**) PD.

psalm /sɑːm/ *n* salmo *m.*

pseudonym /'sjuːdənɪm/ *n* seudónimo *m.*

psyched up /saɪkd 'ʌp/ *adj* mentalizado -da.

psychiatric /saɪkɪ'ætrɪk/ *adj* psiquiátrico -ca.

psychiatrist /saɪ'kaɪətrɪst/ *n* psiquiatra *m/f.*

psychiatry /saɪ'kaɪətrɪ/ *n* psiquiatría *f.*

psychic /'saɪkɪk/ I *adj* psíquico -ca. II *n* médium *m/f.*

psychoanalysis /saɪkəʊə'næləsɪs/ *n* psicoanálisis *m.*

psychological /saɪkə'lɒdʒɪkəl/ *adj* psicológico -ca.

psychologist /saɪ'kɒlədʒɪst/ *n* psicólogo -ga *m/f.*

psychology /saɪ'kɒlədʒɪ/ *n* psicología *f.*

psychopath /'saɪkəʊpæθ/ *n* (*Med*)

psicópata *m/f*.

psychotherapist /saɪkəʊˈθerəpɪst/ *n* psicoterapeuta *m/f*.

PTO /piːtiːˈəʊ/ (= **please turn over**) sigue al dorso.

pub /pʌb/ *n* pub *m*, bar *m*.

puberty /ˈpjuːbəti/ *n* pubertad *f*.

pubic /ˈpjuːbɪk/ *adj* púbico -ca.

public /ˈpʌblɪk/ I *adj* público -ca. II *n* público *m*: **in public** en público.

public address system *n* megafonía *f*. **public convenience** *n* servicios *m pl*. **public holiday** *n* día *m* de fiesta, (*Amér L*) feriado *m*. **public house** *n* (*frml*) pub *m*, bar *m*. **public limited company** *n* sociedad *f* anónima. **public relations** *n pl* relaciones *f pl* públicas. **public school** *n* (*in GB: private school*) colegio *m* privado, (*in US: state school*) escuela *f* pública.

publican /ˈpʌblɪkən/ *n* tabernero -ra *m/f*.

publication /pʌblɪˈkeɪʃən/ *n* publicación *f*.

publicity /pʌbˈlɪsəti/ *n* publicidad *f*.

publicize /ˈpʌblɪsaɪz/ *vt* 1. (*to make known*) dar publicidad a. 2. (*to promote*) promocionar.

publish /ˈpʌblɪʃ/ *vt* publicar.

publisher /ˈpʌblɪʃə/ *n* editor -tora *m/f*: **the publisher's** la editorial.

publishing /ˈpʌblɪʃɪŋ/ *n* el mundo editorial: **a publishing house** una editorial.

pucker /ˈpʌkə/ *vt* (*lips*) fruncir. ♦ *vi* (*fabric*) arrugarse; (*face*): **his face puckered** hizo pucheros.

pudding /ˈpʊdɪŋ/ *n* 1. (*dessert*) postre *m*. 2. (*steamed cake*) pudín *m*, budín *m*.

puddle /ˈpʌdəl/ *n* charco *m*.

Puerto Rican /pwɜːtəʊ ˈriːkən/ *adj, n* portorriqueño -ña *adj, m/f*, puertorriqueño -ña *adj, m/f*.

Puerto Rico /pwɜːtəʊ ˈriːkəʊ/ *n* Puerto Rico *m*.

puff /pʌf/ I *n* 1. (*of smoke*) nube *f*. 2. (*of a cigarette*) calada *f*. II *vi* resoplar. ♦ *vt* (*a pipe*) dar chupadas a.

to **puff out** *vt* (*one's chest, cheeks*)

inflar.

puff pastry *n* hojaldre *m*.

puffin /ˈpʌfɪn/ *n* frailecillo *m*.

puffy /ˈpʌfi/ *adj* [**-fier, -fiest**] hinchado -da.

puke /pjuːk/ (*fam*) I *n* vómito *m*. II *vt/i* vomitar.

pull /pʊl/ I *n* tirón *m*. II *vt* 1. (*to tug*) tirar de, (*Amér L*) jalar ● **pull yourself together!** ¡contrólate! 2. (*to take out*) sacar. 3. (*the trigger*) apretar. 4. (*to strain*): **he pulled a muscle** se dio un tirón en un músculo. 5. (*the curtains*) correr. ♦ *vi* tirar, (*Amér L*) jalar.

to **pull apart** *vt* 1. (*to separate*) separar. 2. (*to dismantle*) desarmar. *to* **pull away** *vt* (*one's hand*) apartar, retirar. ♦ *vi* (*car*) salir. *to* **pull down** *vt* 1. (*a building*) derribar. 2. (*a blind*) bajar. *to* **pull in** *vi* 1. (*to stop*) parar. 2. (*train*) llegar. *to* **pull off** *vt* 1. (*to remove: gen*) quitar; (*: clothes*) quitarse. 2. (*fam: to achieve*) lograr. *to* **pull on** *vt* (*clothes*) ponerse. *to* **pull out** *vi* 1. (*to depart*) salir. 2. (*to withdraw*) retirarse. ♦ *vt* sacar. *to* **pull over** *vi* (*car: to move over*) hacerse a un lado; (*: to stop*) detenerse. *to* **pull through** *vi* (*Med*) recuperarse. *to* **pull up** *vi* detenerse. ♦ *vt* 1. (*to lift*) levantar. 2. (*a chair*) acercar.

pulley /ˈpʊli/ *n* polea *f*.

pullover /ˈpʊləʊvə/ *n* jersey *m*, suéter *m*, (*Amér L*) pulóver *m*.

pulp /pʌlp/ *n* 1. (*of fruit*) pulpa *f*. 2. (*of paper, wood*) pasta *f*.

pulpit /ˈpʊlpɪt/ *n* púlpito *m*.

pulsate /pʌlˈseɪt/ *vi* vibrar, palpitar.

pulse /pʌls/ I *n* 1. (*Med*) pulso *m*. 2. (*rhythm*) ritmo *m*. II **pulses** *n pl* legumbres *f pl*.

pummel /ˈpʌməl/ *vt* [**-mels, -melling, -melled**] aporrear.

pump /pʌmp/ I *n* (*for air, water*) bomba *f*; (*for petrol*) surtidor *m*. II *vt* bombear.

to **pump up** *vt* inflar.

pumpkin /ˈpʌmpkɪn/ *n* calabaza *f*.

pun /pʌn/ *n* juego *m* de palabras.

punch /pʌntʃ/ I vt 1. (to hit) darle un puñetazo a. 2. (a ticket) picar. II n [-ches] 1. (with fist) puñetazo m. 2. (for paper, metal) perforadora f. 3. (drink) ponche m.

Punch and Judy show n (teatro m de) títeres m pl. **punchbag** n saco m de arena. **punch line** n remate m. **punch-up** n (fam) pelea f.

punctual /ˈpʌŋktjʊəl/ adj puntual.

punctuate /ˈpʌŋktjʊeɪt/ vt puntuar.

punctuation /pʌŋktjʊˈeɪʃən/ n puntuación f.

puncture /ˈpʊŋktʃə/ I n pinchazo m. II vt pinchar.

pundit /ˈpʌndɪt/ n experto -ta m/f.

pungent /ˈpʌndʒənt/ adj acre.

punish /ˈpʌnɪʃ/ vt castigar.

punishing /ˈpʌnɪʃɪŋ/ adj agotador -dora.

punishment /ˈpʌnɪʃmənt/ n castigo m.

punk /pʌŋk/ n 1. (music) música f punk; (fan of punk music) punk m/f. 2. (US: youth) gamberro -rra m/f.

punt /pʌnt/ I n batea f. II vi ir en batea.

punter /ˈpʌntə/ n 1. (person who bets) apostante m/f. 2. (fam: customer) cliente m/f.

puny /ˈpjuːnɪ/ adj [-nier, -niest] canijo -ja.

pup /pʌp/ n perrito -ta m/f, cachorro -rra m/f.

pupil /ˈpjuːpəl/ n 1. (Educ) alumno -na m/f. 2. (Anat) pupila f.

puppet /ˈpʌpɪt/ n títere m, marioneta f.

puppy /ˈpʌpɪ/ n [-pies] perrito -ta m/f, cachorro -rra m/f.

purchase /ˈpɜːtʃɪs/ I vt comprar. II n compra f.

purchaser /ˈpɜːtʃɪsə/ n comprador -dora m/f.

pure /pjʊə/ adj puro -ra.

purée /ˈpjʊəreɪ/ n puré m.

purely /ˈpjʊəlɪ/ adv: **purely by chance** por pura casualidad.

purge /pɜːdʒ/ (frml) I vt purgar. II n purga f.

purify /ˈpjʊərɪfaɪ/ vt [-fies, -fying, -fied] purificar.

puritan /ˈpjʊərɪtən/ n puritano -na m/f.

purity /ˈpjʊərətɪ/ n pureza f.

purple /ˈpɜːpəl/ adj morado -da, púrpura adj inv.

purport /pɜːˈpɔːt/ vi (frml) pretender.

purpose /ˈpɜːpəs/ n 1. (intention) propósito m: **on purpose** a propósito. 2. (use, end) fin m.

purposeful /ˈpɜːpəsfʊl/ adj decidido -da, resuelto -ta.

purr /pɜː/ vi ronronear.

purse /pɜːs/ I n 1. (for money) monedero m. 2. (US: handbag) bolso m, (Amér S) cartera f, (Méx) bolsa f. II vt: **to purse one's lips** fruncir la boca.

purser /ˈpɜːsə/ n sobrecargo m/f.

pursue /pəˈsjuː/ vt perseguir.

pursuer /pəˈsjuːə/ n perseguidor -dora m/f.

pursuit /pəˈsjuːt/ n 1. (chase) persecución f: **in pursuit of sthg** en busca de algo. 2. (pastime) actividad f.

pus /pʌs/ n pus m.

push /pʊʃ/ I n [-shes] 1. (thrust) empujón m. 2. (of switch): **at the push of a button** con sólo apretar un botón. II vt 1. (to shove) empujar: **we pushed our way forward** nos abrimos paso a empujones. 2. (a button) apretar, pulsar. 3. (to urge) presionar. 4. (fam: to promote) promocionar. ♦ vi 1. (to shove) empujar. 2. (to thrust forward): **he pushed past me** pasó por mi lado empujando.

to **push away** vt apartar de un empujón. *to* **push down** vt apretar (hacia abajo). *to* **push in** vi (fam) colarse. *to* **push off** vi (fam: to leave) largarse. ♦ vt: **he pushed me off the wall** me tiró del muro de un empujón. *to* **push on** vi seguir (adelante). *to* **push over** vt: **he pushed me over** me empujó y me hizo caer. *to* **push through** vt (legislation) hacer aprobar. *to* **push up** vt hacer subir.

push-bike n bicicleta f. **pushchair** n sillita f de paseo. **pushover** n (fam): **it was a pushover** fue pan comido. **push-up** n (US) flexión f.

pushed /pʊʃt/ adj (fam) apurado -da (**for** de).

pusher /'pʊʃə/ n (fam) traficante m/f (de drogas), camello m/f.

pushy /'pʊʃɪ/ adj [-shier, -shiest] (fam) agresivo -va, prepotente.

pussycat /'pʊsɪkæt/ n (fam) minino -na m/f.

put /pʊt/ vt [**puts, putting, put**] 1. (to place: gen) poner: **you put me in a difficult situation** me pusiste en una situación difícil; (: in order) colocar; (: inside sthg) meter. 2. (to express) decir. 3. (to write) poner. to **put across** vt comunicar, hacer entender. to **put aside** vt apartar, guardar. to **put away** vt guardar. to **put back** vt 1. (to replace) volver a su sitio. 2. (to delay) posponer. 3. (a clock) atrasar. to **put by** vt ahorrar. to **put down** vt 1. (to place) poner. 2. (an animal) sacrificar. 3. (to write down) anotar, apuntar. 4. (a revolt) sofocar. 5. (to criticize) criticar: **don't put yourself down** no te subestimes. to **put down to** vt atribuir a. to **put forward** vt 1. (a clock) adelantar. 2. (an idea, a person) proponer. to **put in** vt 1. (to install) instalar. 2. (to submit) presentar. to **put off** vt 1. (to postpone) posponer, aplazar. 2. (a meal, food): **the smell put him off his food** el olor le quitó las ganas de comer; (to distract) distraer. to **put on** vt 1. (clothes, glasses) ponerse: **to put make-up on** maquillarse. 2. (a light) encender; (the TV, a record) poner. 3. (to gain): **to put on weight** engordar. 4. (to feign) fingir. to **put out** vt 1. (to lay out) poner. 2. (to extinguish) apagar. 3. (to offend): **I was put out when he didn't call** me molestó que no llamara. to **put over** vt ⇨ to **put across**. to **put through** vt 1. (on phone) poner (**to** con). 2. (to subject to): **he put her through a lot**

le hizo pasar muy malos ratos. to **put together** vt 1. (hands, feet) juntar. 2. (to assemble) montar. to **put up** vt 1. (a tent) montar; (a building) construir; (an umbrella) abrir; (a hand) levantar. 2. (a notice) poner. 3. (to increase) subir. 4. (to accommodate) alojar. to **put up with** vt soportar, aguantar.

putrid /'pju:trɪd/ adj putrefacto -ta.

putt /pʌt/ n tiro m al hoyo.

putting green /'pʌtɪŋ gri:n/ n green m.

putty /'pʌtɪ/ n masilla f.

puzzle /'pʌzəl/ I n 1. (game) rompecabezas m inv. 2. (mystery) misterio m. II vt dejar perplejo -ja. ♦ vi devanarse los sesos (**over** con).

puzzled /'pʌzəld/ adj confuso -sa, perplejo -ja.

puzzling /'pʌzəlɪŋ/ adj desconcertante.

pygmy /'pɪgmɪ/ n [-mies] pigmeo -mea m/f.

pyjamas /pə'dʒɑːməz/ n pl pijama m, (Amér L) piyama m ✳ f.

pylon /'paɪlən/ n torre f (de conducción eléctrica).

pyramid /'pɪrəmɪd/ n pirámide f.

Pyrenees /pɪrə'niːz/ n pl: the **Pyrenees** los Pirineos, el Pirineo.

python /'paɪθən/ n pitón m ✳ f.

quack /kwæk/ I n graznido m. II vi graznar.

quad /kwɒd/ n 1. = **quadrangle**. 2. = **quadruplet**.

quadrangle /'kwɒdræŋgəl/ n patio m interior.

quadrilateral /kwɒdrɪ'lætərəl/ n cuadrilátero m.

quadruplet /kwɒ'dru:plɪt/ n cuatrillizo -za m/f.

quagmire /'kwɒgmaɪə/ n cenagal m, barrizal m.

quail /kweɪl/ n [quails ✻ quail] codorniz f.

quaint /kweɪnt/ adj pintoresco -ca.

quake /kweɪk/ I vi temblar. II n (fam) terremoto m.

Quaker /'kweɪkə/ n cuáquero -ra m/f.

qualification /kwɒlɪfɪ'keɪʃən/ n 1. (title, award) título m. 2. (requisite) requisito m. 3. (reservation) reserva f.

qualified /'kwɒlɪfaɪd/ adj 1. (Educ) titulado -da. 2. (suited) capacitado -da [E] (for para): she's qualified for the job reúne todos los requisitos para el puesto.

qualify /'kwɒlɪfaɪ/ vi [-fies, -fying, -fied] 1. (to be eligible) tener derecho (for a). 2. (Educ) obtener el título (as de). 3. (Sport) clasificarse (for para). ♦ vt matizar.

quality /'kwɒlətɪ/ n [-ties] 1. (standard) calidad f. 2. (characteristic) cualidad f.

qualm /kwɑːm/ n duda f: I had no qualms about leaving no tuve reparos en irme.

quandary /'kwɒndrɪ/ n dilema m.

quantify /'kwɒntɪfaɪ/ vt [-fies, -fying, -fied] cuantificar.

quantity /'kwɒntɪtɪ/ n [-ties] cantidad f.

quantity surveyor n aparejador -dora m/f.

quarantine /'kwɒrəntiːn/ n cuarentena f.

quarrel /'kwɒrəl/ I n riña f. II vi [-rels, -relling, -relled] reñir, pelearse.

quarrelsome /'kwɒrəlsəm/ adj pendenciero -ra.

quarry /'kwɒrɪ/ I n [-ries] 1. (for stone) cantera f. 2. (prey) presa f. II

vt [-ries, -rying, -ried] extraer.

quart /kwɔːt/ n cuarto m de galón.

quarter /'kwɔːtə/ I n 1. (gen) cuarta parte f; (Maths) cuarto m: a quarter of an hour un cuarto de hora. 2. (three months) trimestre m. 3. (US: coin) moneda f de veinticinco centavos. 4. (district) barrio m. II quarters n pl alojamiento m. III vt dividir en cuartos.

quarterfinal n partido m de cuartos de final.

quarterly /'kwɔːtəlɪ/ adj trimestral.

quartet /kwɔː'tet/ n cuarteto m.

quartz /kwɔːts/ n cuarzo m.

quash /kwɒʃ/ vt 1. (a verdict) anular. 2. (a revolt) sofocar.

quaver /'kweɪvə/ vi temblar.

quay /kiː/ n muelle m.

queasy /'kwiːzɪ/ adj [-sier, -siest] mareado -da.

queen /kwiːn/ n reina f.

queer /kwɪə/ I adj (odd) raro -ra; (!!: homosexual) marica. II n (!!) marica m.

quell /kwel/ vt 1. (a fear) hacer desvanecer. 2. (a revolt) sofocar.

quench /kwentʃ/ vt (one's thirst) quitar.

query /'kwɪərɪ/ I n [-ries] pregunta f. II vt [-ries, -rying, -ried] cuestionar.

quest /kwest/ n búsqueda f (for de).

question /'kwestʃən/ I n 1. (gen) pregunta f. 2. (doubt) duda f ● to be beyond question estar fuera de toda duda ● to call sthg into question poner algo en entredicho. 3. (matter) cuestión f. 4. (possibility): it is out of the question es imposible. II vt 1. (to interrogate) interrogar. 2. (to doubt) cuestionar.

question mark n signo m de interrogación.

questionable /'kwestʃənəbəl/ adj discutible, cuestionable.

questionnaire /kwestʃə'neə/ n cuestionario m.

queue /kjuː/ I n cola f. II vi hacer cola.

quibble /'kwɪbəl/ vi discutir.

quick /kwɪk/ I adj 1. (fast) rápido

-da. **2.** (*clever*) listo -ta. **II** *adv* rápido.
III *n*: **it cut me to the quick** me hirió mucho.

quicksand *n* arenas *f pl* movedizas.
quick-witted *adj* espabilado -da.
quicken /ˈkwɪkən/ *vt* acelerar. ♦ *vi* acelerarse.
quickly /ˈkwɪklɪ/ *adv* rápidamente, rápido.
quid /kwɪd/ *n inv* (*fam*) libra *f*.
quiet /ˈkwaɪət/ **I** *adj* **1.** (*person*) callado -da: **be quiet!** ¡silencio!; (*sound*) bajo -ja. **2.** (*peaceful*) tranquilo -la. **3.** (*discreet*): **a quiet wedding** una boda íntima. **II** *n* **1.** (*silence*) silencio *m*. **2.** (*peace*) tranquilidad *f*.
III *vt/i* (*US*) ⇨ **quieten.**
quieten /ˈkwaɪətən/ (*o* **quieten down**) *vt* (*to silence*) hacer callar; (*to calm down*) calmar. ♦ *vi* (*to stop talking*) callarse; (*to calm down*) calmarse.
quietly /ˈkwaɪətlɪ/ *adv* **1.** (*softly*) en voz baja. **2.** (*silently*) sin hacer ruido. **3.** (*discreetly*) discretamente.
quilt /kwɪlt/ *n* edredón *m*.
quilted /ˈkwɪltɪd/ *adj* acolchado -da.
quince /kwɪns/ *n* membrillo *m*.
quinine /ˈkwɪniːn/ *n* quinina *f*.
quintet /kwɪnˈtet/ *n* quinteto *m*.
quintuplet /kwɪnˈtjuːplɪt/ *n* quintillizo -za *m/f*.
quip /kwɪp/ **I** *n* ocurrencia *f*. **II** *vt* [**quips, quipping, quipped**] decir bromeando.
quirk /kwɜːk/ *n* **1.** (*trait*) rareza *f*. **2.** (*event*): **by a strange quirk of fate** por una extraña jugada del destino.
quit /kwɪt/ **I** *vt* [**quits, quitting, quit ∗ quitted**] **1.** (*a job*) dejar; (*a place*) abandonar. **2.** (*fam: to stop*) dejar de. ♦ *vi* (*to leave*) marcharse. **II** **quits** *adj* : **we're quits** estamos en paz.
quite /kwaɪt/ **I** *adv* **1.** (*fairly*) bastante: **quite a few people** bastante gente. **2.** (*absolutely*) totalmente: **I'm not quite sure** no estoy totalmente segura; **you're quite right** tienes toda la razón. **3.** (*with quantities*): **there isn't quite**

enough milk va a faltar un poco de leche; **there isn't quite a kilo** no llega al kilo. **II** *excl* (*when agreeing*) ¡cierto!

quiver /ˈkwɪvə/ **I** *vi* temblar. **II** *n* carcaj *m*.
quiz /kwɪz/ **I** *n* [**quizzes**] concurso *m* (*de preguntas y respuestas*). **II** *vt* [**quizzes, quizzing, quizzed**] hacerle preguntas a.
quizzical /ˈkwɪzɪkəl/ *adj* burlón -lona.
quota /ˈkwəʊtə/ *n* cuota *f*.
quotation /kwəʊˈteɪʃən/ *n* **1.** (*Lit*) cita *f*. **2.** (*Fin*) presupuesto *m*.
quotation marks *n pl* comillas *f pl*.
quote /kwəʊt/ **I** *vt* **1.** (*Lit*) citar. **2.** (*Fin*): **he quoted me a lower figure** me dio un presupuesto más bajo. ♦ *vi* citar (**from** de). **II** *n* (*fam*) **1.** (*Lit*) cita *f*. **2.** (*Fin*) presupuesto *m*.
III **quotes** *n pl* (*fam*) comillas *f pl*.

rabbi /ˈræbaɪ/ *n* rabino -na *m/f*.
rabbit /ˈræbɪt/ *n* conejo -ja *m/f*.
rabble /ˈræbəl/ *n* multitud *f*.
rabid /ˈræbɪd/ *adj* rabioso -sa.
rabies /ˈreɪbiːz/ *n* rabia *f*.
race /reɪs/ **I** *n* **1.** (*Sport*) carrera *f*. **2.** (*of people*) raza *f*. **II** *vi* **1.** (*Sport*) competir, correr. **2.** (*to move quickly*) correr: **the time raced by** el tiempo pasó volando. ♦ *vt* competir con: **I'll race you!** ¡te echo una carrera!
racecourse *n* hipódromo *m*. **racehorse** *n* caballo *m* de carreras. **racetrack** *n* (*Auto*) circuito *m*; (*for*

athletics) pista *f*; (*US*: *for horses*) hipódromo *m*.

racial /ˈreɪʃəl/ *adj* racial.

racing /ˈreɪsɪŋ/ *n* (*on horses*) carreras *f pl* de caballos; (*in cars*) carreras *f pl* de coches.

racing car *n* coche *m* de carreras. **racing driver** *n* piloto *m/f* de carreras.

racism /ˈreɪsɪzəm/ *n* racismo *m*.

racist /ˈreɪsɪst/ *adj, n* racista *adj, m/f*.

rack /ræk/ *n* (*for hanging clothes*) perchero *m*; (*for luggage*) portaequipajes *m inv*.

racket /ˈrækɪt/ *n* 1. (*Sport*) raqueta *f*. 2. (*fam: noise*) jaleo *m*, ruido *m*. 3. (*fam: fraud*): **an insurance racket** un fraude a la compañía de seguros.

racquet /ˈrækɪt/ *n* raqueta *f*.

racy /ˈreɪsɪ/ *adj* [-cier, -ciest] picante.

radar /ˈreɪdɑː/ *n* radar *m*.

radiance /ˈreɪdɪəns/ *n* resplandor *m*, brillantez *f*.

radiant /ˈreɪdɪənt/ *adj* resplandeciente.

radiate /ˈreɪdɪeɪt/ *vt* irradiar. ♦ *vi* (*roads, lines*) salir.

radiation /reɪdɪˈeɪʃən/ *n* radiación *f*.

radiator /ˈreɪdɪeɪtə/ *n* radiador *m*.

radical /ˈrædɪkəl/ *adj, n* radical *adj, m/f*.

radii /ˈreɪdɪaɪ/ *pl* ⇨ **radius**.

radio /ˈreɪdɪəʊ/ I *n* radio *f*, (*Amér L*) radio *m*. II *vt* [-dios, -dioing, -dioed] enviar un mensaje por radio a.

radio-controlled *adj* teledirigido -da. **radio station** *n* emisora *f*.

radioactive /reɪdɪəʊˈæktɪv/ *adj* radiactivo -va.

radiography /reɪdɪˈɒgrəfɪ/ *n* radiografía *f*.

radiotherapy /reɪdɪəʊˈθerəpɪ/ *n* radioterapia *f*.

radish /ˈrædɪʃ/ *n* [-shes] rábano *m*.

radius /ˈreɪdɪəs/ *n* [-diuses ∗ -dii] radio *m*.

RAF /ɑːreɪˈef/ *n* (*in GB*) = **Royal Air Force**.

raffle /ˈræfəl/ I *n* rifa *f*, sorteo *m*. II *vt* rifar, sortear.

raft /rɑːft/ *n* balsa *f*.

rafter /ˈrɑːftə/ *n* viga *f*.

rag /ræg/ I *n* trapo *m*. II **rags** *n pl* harapos *m pl*.

rag week *n* (*in GB*) semana *f* en la que los estudiantes universitarios recaudan dinero con fines benéficos.

rage /reɪdʒ/ I *n* 1. (*anger*) ira *f*, furia *f*: **to be in a rage** estar furioso -a. 2. (*fashion*): **to be all the rage** estar muy de moda. II *vi* bramar.

ragged /ˈrægɪd/ *adj* 1. (*clothes*) andrajoso -sa. 2. (*uneven*) desigual.

raid /reɪd/ I *n* 1. (*Mil*) incursión *f*; (*by police*) redada *f*. 2. (*robbery*) atraco *m*. II *vt* 1. (*Mil*) hacer una incursión en; (*police*) registrar. 2. (*criminals*) atracar.

rail /reɪl/ *n* 1. (*on stairs, ship*) barandilla *f*; (*for towels*) toallero *m*. 2. (*for train*) raíl *m*: **by rail** por ferrocarril.

railroad *n* (*US*: *track*) vía *f* férrea; (: *system*) ferrocarril *m*.

railings /ˈreɪlɪŋz/ *n pl* verja *f*.

railway /ˈreɪlweɪ/ *n* 1. (*o* **railway line**) vía *f* férrea. 2. (*system*) ferrocarril *m*.

railway station *n* estación *f* de trenes.

rain /reɪn/ I *n* lluvia *f*: **in the rain** bajo la lluvia. II *vi* llover.

rainbow *n* arco *m* iris. **raincoat** *n* impermeable *m*. **raindrop** *n* gota *f* de lluvia. **rainfall** *n* precipitaciones *f pl*. **rainforest** *n* selva *f* tropical.

rainy /ˈreɪnɪ/ *adj* [-nier, -niest] lluvioso -sa.

raise /reɪz/ I *vt* 1. (*gen*) levantar; (*a flag*) izar. 2. (*to increase*) aumentar, subir. 3. (*to improve*) mejorar. 4. (*money*) reunir. 5. (*a child, an animal*) criar. 6. (*a question*) plantear. II *n* (*US*: *in pay*) aumento *m* (de sueldo).

raisin /ˈreɪzən/ *n* pasa *f*.

rake /reɪk/ I *n* rastrillo *m*. II *vt* rastrillar.

to **rake up** *vt* 1. (*leaves*) recoger con el

rastrillo. 2. (*the past*) remover.

rally /'rælɪ/ I *n* [**-lies**] 1. (*meeting: gen*) reunión *f*; (*:Pol*) mitin *m*. 2. (*Auto*) rally *m*. 3. (*in tennis*) punto *m*. II *vi* [**-lies, -lying, -lied**] 1. (*to unite*): **they rallied to my defence** me defendieron. 2. (*Med*) recuperarse.

RAM /ræm/ *n* (= **random access memory**) RAM *f*.

ram /ræm/ I *n* carnero *m*. II *vt* [**rams, ramming, rammed**] 1. (*to crash into*) chocar con * contra. 2. (*to force*) empujar con fuerza.

ramble /'ræmbəl/ I *n* paseo *m* largo, excursión *f* a pie. II *vi* divagar.

rambler /'ræmblə/ *n* excursionista *m/f*.

rambling /'ræmblɪŋ/ I *n* excursionismo *m*. II *adj* 1. (*house*) con muchos recovecos. 2. (*speech*) incoherente. 3. (*plant*) trepador -dora.

ramification /ræmɪfɪ'keɪʃən/ *n* ramificación *f*.

ramp /ræmp/ *n* 1. (*for access*) rampa *f*. 2. (*on road surface*) desnivel *m*.

rampage I /'ræmpeɪdʒ/ *n*: **they went on the rampage** se desmandaron. II /ræm'peɪdʒ/ *vi*: **they rampaged through the town looting shops** fueron por el pueblo saqueando las tiendas.

rampant /'ræmpənt/ *adj*: **to be rampant** (*disease*) propagarse, (*crime*) proliferar.

rampart /'ræmpɑːt/ *n* (o **ramparts** *n pl*) muralla *f*.

ramshackle /'ræmʃækəl/ *adj* destartalado -da.

ran /ræn/ *pret* ⇨ run.

ranch /rɑːntʃ/ *n* [**-ches**] hacienda *f*, rancho *m*.

rancher /'rɑːntʃə/ *n* hacendado -da *m/f*, ranchero -ra *m/f*.

rancid /'rænsɪd/ *adj* rancio -cia.

rancour, (*US*) **rancor** /'ræŋkə/ *n* (*frml*) rencor *m*.

random /'rændəm/ I *adj* (*selection*) hecho -cha al azar; (*sample*) aleatorio -ria. II *n*: **at random** al azar.

random access memory *n* memoria

f de acceso directo.

randy /'rændɪ/ *adj* [**-dier, -diest**] (*fam*) cachondo -da.

rang /ræŋ/ *pret* ⇨ ring.

range /reɪndʒ/ I *n* 1. (*of products, opinions*) gama *f*: **a range of possibilities** un abanico de posibilidades. 2. (*of weapon*) alcance *m*; (*of voice*) registro *m*. 3. (*of mountains*) sierra *f*, cordillera *f*. 4. (*for shooting*) campo *m* de tiro. 5. (*cooker*) fogón *m*. 6. (*US: grasslands*) pradera *f*. II *vi* oscilar: **prices range from fifty to a hundred pounds** los precios oscilan entre las cincuenta y las cien libras. ♦ *vt* (*to place*) colocar.

ranger /'reɪndʒə/ *n* 1. (*in forest*) guardabosques *m/f inv*. 2. (*US: police officer*) policía *m/f* (*rural*).

rank /ræŋk/ I *n* 1. (*Mil*) rango *m*. 2. (*status*) categoría *f*. 3. (*row*) fila *f*. II *vi* figurar (con * among entre). ♦ *vt*: **he is ranked fourth in the world** es cuarto en el ránking mundial. III *adj* (*frml: smell*) fétido -da.

rank and file *n* (*Pol*) militantes *m pl* de base.

rankle /'ræŋkəl/ *vi* doler.

ransack /'rænsæk/ *vt* 1. (*to search*) registrar. 2. (*to pillage*) saquear.

ransom /'rænsəm/ *n* rescate *m*: **to hold sbdy to ransom** (*for money*) pedir un rescate por alguien, (*making other demands*) hacerle chantaje a alguien.

rant /rænt/ *vi*: **stop ranting at her** basta ya de gritarle ● **he was ranting and raving about the traffic jams** estaba despotricando contra los atascos.

rap /ræp/ I *n* 1. (*knock*) golpe *m*. 2. (*Mus*) rap *m*. II *vi* [**raps, rapping, rapped**] dar golpes.

rape /reɪp/ I *n* 1. (*Law*) violación *f*. 2. (*Bot*) colza *f*. II *vt* violar.

rapid /'ræpɪd/ I *adj* rápido -da. II **rapids** *n pl* rápidos *m pl*.

rapidity /rə'pɪdətɪ/ *n* rapidez *f*.

rapist /'reɪpɪst/ *n* violador *m*.

rapport /ræ'pɔː/ *n* entendimiento *m*:

they have a good rapport están muy compenetrados.

rapture /ˈræptʃə/ n éxtasis m.

rapturous /ˈræptʃərəs/ adj (feeling) extático -ca; (response) muy entusiasta.

rare /reə/ adj 1. (uncommon) raro -ra. 2. (meat) poco hecho -cha.

rarely /ˈreəlɪ/ adv rara vez.

raring /ˈreərɪŋ/ adj (fam): he's raring to go está deseando empezar.

rarity /ˈreərətɪ/ n rareza f.

rascal /ˈrɑːskəl/ n pillo -lla m/f.

rash /ræʃ/ I n [-shes] sarpullido m. II adj (unwise) imprudente; (rushed) precipitado -da.

rasher /ˈræʃə/ n loncha f.

raspberry /ˈrɑːzbərɪ/ n [-ries] frambuesa f.

rat /ræt/ n rata f.

rat poison n raticida m. **rat race** n: competitividad de la vida moderna.

rate /reɪt/ I n 1. (pace) ritmo m. 2. (in statistics: gen) índice m, tasa f: at the rate of five a week a razón de cinco por semana; (: of exchange, interest) tipo m. 3. (price) tarifa f. II vt 1. (to consider) considerar. 2. (to merit) merecer.

rather /ˈrɑːðə/ adv 1. (somewhat) algo ● France, or rather Italy Francia, o mejor dicho Italia. 2. (very) muy. 3. rather than: I'll have coffee rather than tea tomaré café en vez de té. 4. would rather: I would rather stay preferiría quedarme.

ratify /ˈrætɪfaɪ/ vt [-fies, -fying, -fied] ratificar.

rating /ˈreɪtɪŋ/ I n clasificación f. II **ratings** n pl (Media) índice m de audiencia.

ratio /ˈreɪʃɪəʊ/ n proporción f.

ration /ˈræʃən/ I n ración f: we are on rations los alimentos están racionados. II vt racionar.

rational /ˈræʃənəl/ adj 1. (thought) racional. 2. (explanation) lógico -ca. 3. (behaviour) sensato -ta, razonable.

rationale /ˌræʃəˈnɑːl/ n razón f:

what's the rationale behind it? ¿en qué se basa?

rationalize /ˈræʃənəlaɪz/ vt racionalizar.

rattle /ˈrætəl/ I n 1. (for baby) sonajero m. 2. (noise) ruido m (producido por una vibración, una pieza suelta). II vi: the window rattled in the wind la ventana hacía ruido al vibrar con el viento. ♦ vt: the wind rattled the door el viento agitaba la puerta.

rattlesnake n serpiente f de cascabel.

ratty /ˈrætɪ/ adj [-tier, -tiest] (fam) de mal humor.

raucous /ˈrɔːkəs/ adj: raucous laughter risas escandalosas.

raunchy /ˈrɔːntʃɪ/ adj [-chier, -chiest] (fam: person) sexy; (: novel) subido -da de tono.

ravage /ˈrævɪdʒ/ I vt devastar. II **ravages** n pl estragos m pl.

rave /reɪv/ I vi (to rant, talk nonsense) delirar; (fam: to talk enthusiastically) hablar de forma entusiasta. II n: fiesta multitudinaria que suele durar toda la noche en la que se baila 'bakalao'.

raven /ˈreɪvən/ n cuervo m.

ravenous /ˈrævənəs/ adj (appetite) voraz: I'm ravenous tengo mucha hambre.

ravine /rəˈviːn/ n barranco m.

raving /ˈreɪvɪŋ/ I adj: he's a raving lunatic está loco perdido. II **ravings** n pl desvaríos m pl.

ravishing /ˈrævɪʃɪŋ/ adj embelesador -dora.

raw /rɔː/ adj 1. (meat, vegetable) crudo -da. 2. (sugar) sin refinar. 3. (Med): my elbow was raw tenía el codo en carne viva; a raw wound una herida abierta.

raw deal n (fam): he gave you a raw deal te trató de forma muy injusta. **raw material** n materia f prima.

ray /reɪ/ n 1. (of light, hope) rayo m. 2. (fish) raya f.

raze /reɪz/ vt arrasar.

razor /ˈreɪzə/ n (electric, with razor blade) maquinilla f de afeitar; (with *open blade*) navaja *f* de afeitar.

razor blade *n* hoja *f* ∗ cuchilla *f* de afeitar.

Rd /rəʊd/ (= **Road**) c/.

R & D /ɑːr ənd 'diː/ *n* (= **research and development**) I+D (= investigación y desarrollo).

RE /ɑːr'iː/ *n* (= **religious education**) religión *f*.

re /riː/ *prep* (*frml*) con referencia a.

reach /riːtʃ/ I *vt* 1. (*a place, a speed, an agreement*) llegar a. 2. (*by stretching*): **I can't reach the top shelf** no alcanzo ∗ llego al estante de arriba. 3. (*to contact*) localizar. ♦ *vi*: **I can't reach** no alcanzo ∗ llego; **he reached out for the rope** estiró el brazo para coger la cuerda. II *n* alcance *m*: **the gun was within reach** la pistola estaba a mi alcance; **the beach is in easy reach of here** la playa está cerca de aquí.

react /ri'ækt/ *vi* reaccionar (**to** ante).

reaction /ri'ækʃən/ *n* reacción *f*.

reactionary /ri'ækʃənəri/ I *adj* reaccionario -ria. II *n* [**-ries**] reaccionario -ria *m/f*.

read /riːd/ *vt* [**reads, reading, read** /red/] 1. (*a book, music*) leer; (*handwriting*) entender. 2. (*to show: sign*) poner, decir; (*: meter*) marcar. 3. (*to study*) estudiar. ♦ *vi* leer. *to* **read out** *vt* leer en voz alta. *to* **read over** *vt* repasar.

readable /'riːdəbəl/ *adj* 1. (*legible*) legible. 2. (*enjoyable*) ameno -na.

reader /'riːdə/ *n* lector -tora *m/f*.

readership /'riːdəʃɪp/ *n* lectores *m pl*.

readily /'redɪli/ *adv* 1. (*willingly*) de buena gana. 2. (*easily*) fácilmente.

readiness /'redɪnəs/ *n* 1. (*preparation*): **in readiness for her arrival** para cuando llegue/llegara. 2. (*willingness*) buena disposición *f*.

reading /'riːdɪŋ/ *n* lectura *f*.

readjust /riːə'dʒʌst/ *vi* readaptarse (**to** a). ♦ *vt* reajustar.

ready /'redi/ *adj* [**-dier, -diest**] 1. (*prepared*) listo -ta, preparado -da: **get ready** prepárate ● **he had**

his gun at the ready tenía el arma preparada. 2. (*willing*) dispuesto -ta. 3. (*available*) disponible: **ready cash** dinero en efectivo.

ready-made *adj* hecho -cha.

real /rɪəl/ *adj* 1. (*not imaginary*) real. 2. (*genuine*) auténtico -ca. 3. (*for emphasis*) verdadero -ra. II *adv* (*US: fam*) muy.

real estate *n* bienes *m pl* inmuebles.

real estate agent *n* (*US*) agente *m/f* inmobiliario -ria.

realistic /rɪə'lɪstɪk/ *adj* realista.

reality /ri'æləti/ *n* [**-ties**] realidad *f*.

realization /rɪəlaɪ'zeɪʃən/ *n* 1. (*understanding*) comprensión *f*. 2. (*of a dream*) realización *f*.

realize /'rɪəlaɪz/ *vt* 1. (*to notice, understand*) darse cuenta de. 2. (*to fulfil*) realizar. 3. (*Fin: to sell*) vender; (*: to fetch*) reportar.

really /'rɪəli/ *adv* 1. (*actually*) realmente: **I don't really know** la verdad, no lo sé. 2. (*for emphasis*): **it was really hard** fue muy difícil. 3. (*expressing surprise, interest*): **really?** ¿de veras? ∗ ¿en serio?; (*expressing disapproval*): **well, really!** ¡por favor!

realm /relm/ *n* (*frml*) 1. (*Pol*) reino *m*. 2. (*sphere*) campo *m*, mundo *m*.

reap /riːp/ *vt* cosechar, segar.

reappear /riːə'pɪə/ *vi* reaparecer.

rear /rɪə/ I *n* parte *f* trasera ∗ de atrás. II *adj* de atrás, trasero -ra. III *vt* (*a child, an animal*) criar. ♦ *vi* (*horse*) encabritarse.

rearguard *n* (*Mil*) retaguardia *f*.

rear-view mirror *n* espejo *m* retrovisor.

rearrange /riːə'reɪndʒ/ *vt* 1. (*furniture*) colocar de otra manera. 2. (*a meeting*) cambiar; (*a holiday*) cambiar la fecha de.

reason /'riːzən/ I *n* 1. (*cause*) razón *f*, motivo *m*. 2. (*good sense*) sentido *m* común ● **it stands to reason** es evidente. II *vi* razonar. ♦ *vt* llegar a la conclusión de. *to* **reason with** *vt*: **he tried to reason with her** intentó hacerle entender.

reasonable /'ri:zənəbəl/ *adj* **1.** (*person*) razonable. **2.** (*quite good*): **the weather was reasonable** hizo un tiempo bastante bueno.

reasonably /'ri:zənəblɪ/ *adv* **1.** (*sensibly*) razonablemente. **2.** (*quite*) bastante.

reasoning /'ri:zənɪŋ/ *n* razonamiento *m*.

reassurance /ri:ə'ʃʊərəns/ *n* (*action*): **he needs constant reassurance** necesita que lo estés tranquilizando constantemente; (*words*) promesa *f*.

reassure /ri:ə'ʃʊə/ *vt* (*to comfort*) tranquilizar; (*to assure*) asegurar.

reassuring /ri:ə'ʃʊərɪŋ/ *adj* tranquilizador -dora.

rebate /'ri:beɪt/ *n* devolución *f*, reembolso *m*.

rebel I /'rebəl/ *n* rebelde *m/f*. **II** /rɪ'bel/ *vi* [**-bels, -belling, -belled**] rebelarse.

rebellion /rɪ'belɪən/ *n* rebelión *f*.

rebellious /rɪ'belɪəs/ *adj* rebelde.

rebirth /ri:'bɜ:θ/ *n* renacimiento *m*.

rebound I /'ri:baʊnd/ *n* rebote *m* ● **she married him on the rebound** se casó con él tras un desengaño. **II** /rɪ'baʊnd/ *vi* (*ball*) rebotar.

rebuff /rɪ'bʌf/ **I** *n* rechazo *m*. **II** *vt* rechazar.

rebuild /ri:'bɪld/ *vt* [**-builds, -building, -built**] reconstruir.

rebuke /rɪ'bju:k/ **I** *n* reprimenda *f*. **II** *vt* reprender.

recalcitrant /rɪ'kælsɪtrənt/ *adj* (*frml*) recalcitrante, terco -ca.

recall I /rɪ'kɔ:l/ *vt* **1.** (*to remember*) recordar. **2.** (*to withdraw*) retirar. **II** /'ri:kɔ:l/ *n* **1.** (*memory*) memoria *f*. **2.** (*withdrawal*) retirada *f*.

recant /rɪ'kænt/ *vi* (*frml*) retractarse.

recap /'ri:kæp/ *vt/i* [**-caps, -capping, -capped**] resumir.

recapitulate /ri:kə'pɪtjuleɪt/ *vt/i* (*frml*) recapitular.

recapture /ri:'kæptʃə/ *vt* (*a person*) volver a detener; (*a place*) retomar.

recede /rɪ'si:d/ *vi* **1.** (*frml: to move*

---

back) retroceder, retirarse. **2.** (*frml: memory*) desaparecer. **3.** (*hair, chin*): **his hair is receding** tiene entradas; **he has a receding chin** tiene la barbilla hundida.

receipt /rɪ'si:t/ *n* **1.** (*paper*) recibo *m*. **2.** (*frml: receiving*): **on receipt of the parcel** al recibir el paquete; **I am in receipt of your letter** acuso recibo de su carta. **II receipts** *n pl* recaudación *f*, ingresos *m pl*.

receive /rɪ'si:v/ *vt* **1.** (*a letter, gift*) recibir. **2.** (*an injury*) sufrir. **3.** (*a broadcast*) recibir, captar.

receiver /rɪ'si:və/ *n* **1.** (*of phone*) auricular *m*. **2.** (*radio*) receptor *m* (de radio). **3.** (*of stolen goods*) perista *m/f*. **4.** (*o* **Official Receiver**) (*Fin: in GB*) síndico *m* (*de una quiebra*).

recent /'ri:sənt/ *adj* reciente.

recently /'ri:səntlɪ/ *adv* **1.** (*lately*) últimamente, recientemente. **2.** (*not long ago*) hace poco: **recently painted** recién pintado.

receptacle /rɪ'septəkəl/ *n* receptáculo *m*, recipiente *m*.

reception /rɪ'sepʃən/ *n* **1.** (*o* **reception desk**) recepción *f*. **2.** (*welcome*) acogida *f*. **3.** (*of radio, TV signal*) recepción *f*. **4.** (*formal party*) recepción *f*.

receptionist /rɪ'sepʃənɪst/ *n* recepcionista *m/f*.

recess /rɪ'ses, 'ri:ses/ *n* [**-cesses**] **1.** (*Pol*) descanso *m* ✳ (*Amér L*) receso *m* (parlamentario). **2.** (*US: between classes*) recreo *m*. **3.** (*alcove*) hueco *m*.

recession /rɪ'seʃən/ *n* recesión *f*.

recharge /ri:'tʃɑ:dʒ/ *vt* recargar.

rechargeable /ri:'tʃɑ:dʒəbəl/ *adj* recargable.

recipe /'resɪpɪ/ *n* receta *f* ● **it would be a recipe for disaster** sería tentar a la suerte.

recipient /rɪ'sɪpɪənt/ *n* (*gen*) persona *f* que recibe; (*of mail*) destinatario -ria *m/f*.

reciprocal /rɪ'sɪprəkəl/ *adj* recíproco -ca.

reciprocate /rɪ'sɪprəkeɪt/ *vt* (*smile,*

greeting) devolver; (*love, kindness*) corresponder a. ♦ *vi* (*with a smile, greeting*): **I smiled but she didn't reciprocate** sonreí pero ella no me devolvió la sonrisa; (*with kindness*) corresponder.

recital /rɪ'saɪtəl/ *n* recital *m*.

recite /rɪ'saɪt/ *vt* 1. (*a poem*) recitar. 2. (*a list*) enumerar.

reckless /'rekləs/ *adj* insensato -ta, imprudente.

reckon /'rekən/ *vt* 1. (*to estimate*) calcular. 2. (*fam: to think*) creer. 3. (*to consider*) considerar.

to **reckon on** *vt* contar con. *to* **reckon with** *vt* tener en cuenta.

reckoning /'rekənɪŋ/ *n* cálculo *m*.

reclaim /rɪ'kleɪm/ *vt* 1. (*lost property*) recuperar; (*expenses*): **I reclaimed the fare** pedí que me abonaran el pasaje. 2. (*land: gen*) recuperar; (*: from sea*) ganar al mar.

recline /rɪ'klaɪn/ *vi* reclinarse. ♦ *vt* reclinar.

reclining /rɪ'klaɪnɪŋ/ *adj* reclinable.

recluse /rɪ'klu:s/ *n* persona *f* que vive recluida.

recognition /rekəg'nɪʃən/ *n* reconocimiento *m*: **it has changed beyond recognition** ha cambiado tanto que está irreconocible.

recognizable /rekəg'naɪzəbəl/ *adj* reconocible.

recognize /'rekəgnaɪz/ *vt* reconocer.

recoil I /rɪ'kɔɪl/ *vi* dar un paso atrás. II /'ri:kɔɪl/ *n* (*of gun*) retroceso *m*, culatazo *m*.

recollect /rekə'lekt/ *vt* recordar, acordarse de.

recollection /rekə'lekʃən/ *n* recuerdo *m*.

recommend /rekə'mend/ *vt* 1. (*a place, a person*) recomendar. 2. (*to advise*) aconsejar, recomendar.

recommendation /rekəmen'deɪʃən/ *n* (*advice, words of approval*) recomendación *f*.

recompense /'rekəmpens/ (*frml*) I *vt* indemnizar. II *n* indemnización *f*.

reconcile /'rekənsaɪl/ *vt* 1. (*two people, groups*) reconciliar. 2. (*ideas*) conciliar, compaginar: **to reconcile oneself to sthg** resignarse a algo.

recondition /ri:kən'dɪʃən/ *vt*: **a reconditioned engine** un motor de segunda mano (puesto a punto).

reconnaissance /rɪ'kɒnɪsəns/ *n* reconocimiento *m*.

reconnoitre, (*US*) **reconnoiter** /rekə'nɔɪtə/ *vt* reconocer, hacer un reconocimiento de.

reconsider /ri:kən'sɪdə/ *vt* reconsiderar. ♦ *vi* recapacitar.

reconstruct /ri:kən'strʌkt/ *vt* reconstruir.

record I /rɪ'kɔ:d/ *vt* 1. (*on tape*) grabar. 2. (*information: on computer*) registrar; (*: in writing*) anotar. 3. (*gauge*) registrar. II /'rekɔ:d/ *n* 1. (*Mus*) disco *m*. 2. (*Sport*) récord *m*. 3. (*of facts, events*): **our records show...** nuestros datos muestran...; **there is no record of the sale** no hay constancia de la venta; **he kept a record of his expenses** anotaba sus gastos; (*of a meeting, trial*) acta *f*★. 4. (*of a student, worker*) expediente *m*; (*Med*) historial *m*; (*Law*) antecedentes *m pl* (penales).

record-breaking *adj* récord *adj inv*. **record card** *n* ficha *f*. **record holder** *n* plusmarquista *m/f*. **record player** *n* tocadiscos *m inv*.

recorded /rɪ'kɔ:dɪd/ *adj* grabado -da.

recorded delivery *n* correo *m* certificado.

recorder /rɪ'kɔ:də/ *n* flauta *f* dulce ✳ de pico.

recording /rɪ'kɔ:dɪŋ/ *n* grabación *f*.

recount /rɪ'kaʊnt/ *vt* (*frml: a story*) contar.

re-count I /ri:'kaʊnt/ *vt* volver a contar. II /'ri:kaʊnt/ *n* (*of votes*) nuevo recuento *m*.

recoup /rɪ'ku:p/ *vt* recuperar.

recourse /rɪ'kɔ:s/ *n* (*frml*) recurso *m*: **to have recourse to sthg** recurrir a algo.

recover /rɪˈkʌvə/ vt (health, appetite) recobrar; (property, stolen goods) recuperar. ♦ vi recuperarse, reponerse.

recovery /rɪˈkʌvərɪ/ n [-ries] recuperación f.

recreation /rekrɪˈeɪʃən/ n (leisure) esparcimiento m; (pastime) pasatiempo m.

recreational /rekrɪˈeɪʃənəl/ adj recreativo -va.

recruit /rɪˈkruːt/ I vt 1. (Mil) reclutar. 2. (a worker) contratar. II n recluta m/f.

recruitment /rɪˈkruːtmənt/ n 1. (Mil) reclutamiento m. 2. (of workers) contratación f.

rectangle /ˈrektæŋgəl/ n rectángulo m.

rectangular /rekˈtæŋgjʊlə/ adj rectangular.

rectify /ˈrektɪfaɪ/ vt [-fies, -fying, -fied] rectificar.

rector /ˈrektər/ n párroco m.

rectory /ˈrektərɪ/ n [-ries] casa f del párroco.

recuperate /rɪˈkuːpəreɪt/ vi recuperarse, reponerse. ♦ vt recuperar.

recur /rɪˈkɜː/ vi [-curs, -curring, -curred] (dream, problem) repetirse; (illness) reaparecer, reproducirse.

recurrence /rɪˈkʌrəns/ n (of dream, problem) repetición f; (of illness) reaparición f.

recurrent /rɪˈkʌrənt/ adj (dream, problem) que se repite, recurrente; (illness) recurrente.

recurring /rɪˈkɜːrɪŋ/ adj (Maths): six point six recurring seis coma seis periódico; (dream) recurrente.

recycle /riːˈsaɪkl/ vt reciclar.

recycling /riːˈsaɪklɪŋ/ n reciclaje m.

red /red/ I adj [redder, reddest] 1. (in colour: gen) rojo -ja: **to go ✳ turn red** ponerse rojo -ja: (: hair): **she has red hair** es pelirroja. 2. (wine) tinto. II n rojo m ● **he saw red** se puso furioso ● **I'm in the red** estoy en números rojos.

red carpet n ● **they rolled out the**

red carpet for me me recibieron con todos los honores. **Red Cross** n Cruz f Roja. **redcurrant** n grosella f. **red-haired** adj pelirrojo -ja. **red-handed** adj (fam) con las manos en la masa. **redhead** n pelirrojo -ja m/f. **red-headed** adj pelirrojo -ja. **red herring** n pista f falsa. **red-hot** adj candente, al rojo vivo. **red-light district** n barrio m de prostíbulos. **Red Sea** n mar m Rojo. **redskin** n piel roja m/f. **red tape** n papeleo m.

redden /ˈredən/ vi ponerse rojo -ja ✳ colorado -da.

reddish /ˈredɪʃ/ adj rojizo -za.

redeem /rɪˈdiːm/ vt 1. (Relig) redimir. 2. (pawned goods) desempeñar; (a debt) cancelar. 3. (a defect) compensar.

redeeming /rɪˈdiːmɪŋ/ adj: **a redeeming feature** un rasgo positivo.

redeploy /riːdɪˈplɔɪ/ vt trasladar.

redevelop /riːdɪˈveləp/ vt renovar, modernizar.

redirect /riːdaɪˈrekt/ vt 1. (mail) remitir (a la nueva dirección). 2. (traffic) desviar.

redo /riːˈduː/ vt [-does, -doing, -did, pp -done] volver a hacer, rehacer.

redouble /riːˈdʌbl/ vt redoblar.

redress /rɪˈdres/ (frml) I vt reparar: **to redress the balance** subsanar la desigualdad. II n reparación f.

reduce /rɪˈdjuːs/ vt 1. (a rate, quantity) reducir; (in price) rebajar. 2. (to a state) reducir ● **he reduced her to tears** la hizo llorar ● **I was reduced to selling it** no me quedó más remedio que venderlo.

reduction /rɪˈdʌkʃən/ n 1. (in size, number) reducción f. 2. (in price) rebaja f.

redundancy /rɪˈdʌndənsɪ/ n [-cies] despido m.

redundancy pay ✳ payment n indemnización f por despido.

redundant /rɪˈdʌndənt/ adj 1. (unwanted) superfluo -flua. 2. (unemployed): **she was made redundant** la despidieron.

reed /riːd/ n 1. (Bot) junco m. 2. (of

instrument) lengüeta *f*.
reef /riːf/ *n* arrecife *m*.
reek /riːk/ **I** *vi* apestar (**of** a). **II** peste *f*.
reel /riːl/ **I** *n* **1.** (*of thread, for photos*) carrete *m*; (*of movie, cable*) rollo *m*. **2.** (*Mus*) baile de Irlanda y Escocia. **II** *vi* tambalearse.
to **reel in** *vt* sacar del agua. *to* **reel off** *vt* recitar.
ref /ref/ *n* (*fam*) árbitro -tra *m/f*.
ref. /ref/ = **reference**.
refectory /rɪˈfektərɪ/ *n* [**-ries**] comedor *m*.
refer to /rɪˈfɜː/ *vt* [**-fers, -ferring, -ferred**] **1.** (*to consult*) consultar. **2.** (*to allude to*): **it referred to his past** hacía referencia a su pasado; **are you referring to me?** ¿te refieres a mí?; **she referred to him as a terrorist** lo calificó de terrorista. **3.** (*to send to: a person*) mandar a; (*: an article, a source*) remitir a.
referee /refəˈriː/ **I** *n* **1.** (*Sport*) árbitro -tra *m/f*. **2.** (*for job application*) persona que da las referencias personales. **II** *vt/i* arbitrar.
reference /ˈrefərəns/ *n* **1.** (*mention*) referencia *f*: **with reference to** con referencia a algo. **2.** (*for a job*) referencias *fpl*.
reference book *n* libro *m* de consulta. **reference number** *n* número *m* de referencia.
referendum /refəˈrendəm/ *n* [**-dums ∗ -da**] referéndum *m*.
refill I /ˈriːfɪl/ *vt* (*a pen, container*) volver a llenar, rellenar; (*a lighter*) recargar. **II** /ˈriːfɪl/ *n* (*for ballpoint pen*) recambio *m*.
refine /rɪˈfaɪn/ *vt* refinar.
refined /rɪˈfaɪnd/ *adj* fino -na, refinado -da.
refinement /rɪˈfaɪnmənt/ *n* **1.** (*improvement*) perfeccionamiento *m*. **2.** (*quality*) refinamiento *m*.
refinery /rɪˈfaɪnərɪ/ *n* [**-ries**] refinería *f*.
reflect /rɪˈflekt/ *vt* reflejar. ♦ *vi* **1.** (*to think*) reflexionar. **2.** (*to have an effect*): **it reflects badly on us** nos

perjudica; **it reflects well on his coach** dice mucho de su entrenador.
reflection /rɪˈflekʃən/ *n* **1.** (*of light, a situation*) reflejo *m*. **2.** (*consideration*) reflexión *f*: **on reflection...** pensándolo bien.... **3.** (*discredit*) crítica *f* (**on** de).
reflex /ˈriːfleks/ *n* [**-xes**] reflejo *m*.
reflexive /rɪˈfleksɪv/ *adj* reflexivo -va.
reform /rɪˈfɔːm/ **I** *n* reforma *f*. **II** *vt* reformar. ♦ *vi* reformarse.
Reformation /refəˈmeɪʃən/ *n* Reforma *f*.
reformatory /rɪˈfɔːmətərɪ/ *n* [**-ries**] reformatorio *m*.
refrain /rɪˈfreɪn/ **I** *vi*: **to refrain from doing sthg** abstenerse de hacer algo. **II** *n* estribillo *m*.
refresh /rɪˈfreʃ/ *vt* refrescar.
refresher course /rɪˈfreʃə kɔːs/ *n* cursillo *m* de reciclaje.
refreshing /rɪˈfreʃɪŋ/ *adj* refrescante.
refreshments /rɪˈfreʃmənts/ *npl*: bebidas y alimentos ligeros como bocadillos, patatas fritas, etc.
refrigerator /rɪˈfrɪdʒəreɪtə/ *n* nevera *f*, frigorífico *m*, refrigerador *m*, (*RP*) heladera *f*.
refuel /riːˈfjuːəl/ *vi* [**-fuels, -fuelling, -fuelled**] repostar. ♦ *vt* ponerle combustible a.
refuge /ˈrefjuːdʒ/ *n* refugio *m*, cobijo *m*: **to take refuge** refugiarse.
refugee /refjʊˈdʒiː/ *n* refugiado -da *m/f*.
refund I /rɪˈfʌnd/ *vt* (*a deposit*) devolver; (*expenses*) reembolsar. **II** /ˈriːfʌnd/ *n* devolución *f*.
refurbish /riːˈfɜːbɪʃ/ *vt* remozar, restaurar.
refusal /rɪˈfjuːzəl/ *n* (*of a request*) negativa *f*; (*of an invitation*) respuesta *f* negativa.
refuse /rɪˈfjuːz/ *vt* **1.** (*a licence, permission*) negar. **2.** (*an offer*) rechazar. ♦ *vi* negarse: **he refused to come** se negó a venir. **II** /ˈrefjuːs/ *n* basura *f*, desperdicios *mpl*.
refuse collection /ˈrefjuːs kəlekʃən/

n recogida *f* de basuras.

regain /rɪˈgeɪn/ *vt* recobrar, recuperar.

regal /ˈriːgəl/ *adj* regio -gia.

regalia /rɪˈgeɪlɪə/ *n* galas *f pl*.

regard /rɪˈgɑːd/ I *vt* considerar: **he regards us with contempt** nos mira con desprecio ● **as regards his work...** por lo que respecta a su trabajo.... II *n* 1. (*consideration*) consideración *f*; (*respect*) respeto *m*. 2. **with regard to** acerca de. III **regards** *n pl* recuerdos *m pl*: **give her my regards** dale recuerdos de mi parte.

regarding /rɪˈgɑːdɪŋ/ *prep* en relación con.

regardless /rɪˈgɑːdləs/ I *adv* a pesar de todo. II **regardless of** *prep* a pesar de.

regime, régime /reɪˈʒiːm/ *n* régimen *m*.

regiment /ˈredʒɪmənt/ *n* regimiento *m*.

regimental /redʒɪˈmentəl/ *adj* del regimiento.

regimented /ˈredʒɪməntɪd/ *adj* estrictamente ordenado -da.

region /ˈriːdʒən/ *n* región *f* ● **in the region of a hundred** alrededor de cien.

regional /ˈriːdʒənəl/ *adj* regional.

register /ˈredʒɪstə/ I *vt* 1. (*a purchase, death*) registrar; (*a birth, marriage*) inscribir. 2. (*a letter*) certificar. 3. (*gauge*) registrar. ♦ *vi* 1. (*with doctor, organization*) apuntarse, inscribirse; (*for a course*) matricularse, inscribirse; (*at hotel*) registrarse. 2. (*to be noted*): **what I said didn't register with him** no pareció entender lo que dije. II *n* 1. (*of births, etc.*) registro *m*; (*of pupils*) lista *f*. 2. (*Mus*) registro *m*.

register office *n* registro *m* civil.

registered /ˈredʒɪstəd/ *adj* (*letter*) certificado -da.

registered post *n* correo *m* certificado. **registered trademark** *n* marca *f* registrada.

registrar /redʒɪˈstrɑː/ *n* secretario

-ria *m/f* del registro civil.

registration /redʒɪˈstreɪʃən/ *n* 1. (*of birth, death, etc.*) inscripción *f*. 2. (*Educ: at start of course*) matrícula *f*; (*: daily*): **we missed registration** ya habían pasado lista cuando llegamos. 3. (*o* **registration number**) (*Auto*) matrícula *f*.

registry /ˈredʒɪstrɪ/ *n* [**-tries**] registro *m*.

registry office *n* registro *m* civil: **to get married in a registry office** casarse por lo civil.

regret /rɪˈgret/ I *vt* [**-grets, -gretting, -gretted**] 1. (*a decision*) arrepentirse de. 2. (*to be sorry*): **I regret to inform you...** lamento decirle.... II *n* 1. (*remorse*): **he has no regrets** no se arrepiente de nada. 2. (*sorrow*) pesar *m*.

regretfully /rɪˈgretfʊlɪ/ *adv* con pesar.

regrettable /rɪˈgretəbəl/ *adj* lamentable.

regular /ˈregjʊlə/ I *adj* 1. (*rhythm, pattern*) regular. 2. (*customer*) habitual, asiduo -dua; (*reader*) asiduo -dua. 3. (*in size*) de tamaño mediano. 4. (*usual*) usual, normal. 5. (*US: gasoline*) normal. II *n* asiduo -dua *m/f*, cliente *m/f* habitual.

regularity /regjʊˈlærətɪ/ *n* regularidad *f*.

regularly /ˈregjʊləlɪ/ *adv* con regularidad.

regulate /ˈregjʊleɪt/ *vt* controlar, regular.

regulation /regjʊˈleɪʃən/ I *adj* reglamentario -ria. II *n* regla *f*. III **regulations** *n pl* reglamento *m*.

rehabilitation /riːəbɪlɪˈteɪʃən/ *n* rehabilitación *f*.

rehearsal /rɪˈhɜːsəl/ *n* ensayo *m*.

rehearse /rɪˈhɜːs/ *vt/i* ensayar.

reign /reɪn/ I *vi* reinar. II *n* reinado *m*.

reimburse /riːɪmˈbɜːs/ *vt*: **they reimbursed me for it** me lo reembolsaron.

rein /reɪn/ *n* rienda *f*.

reincarnation /riːɪnkɑːˈneɪʃən/ *n*

reencarnación *f*.

reindeer /'reɪndɪə/ *n inv* reno *m*.

reinforce /riːɪnˈfɔːs/ *vt* reforzar.

reinforcements /riːɪnˈfɔːsmənts/ *n pl* refuerzos *m pl*.

reinstate /riːɪnˈsteɪt/ *vt* readmitir.

reiterate /riːˈɪtəreɪt/ *vt* reiterar, repetir.

reject I /rɪˈdʒekt/ *vt* 1. (*gen*) rechazar, no aceptar. 2. (*Law: an appeal*) desestimar. II /ˈriːdʒekt/ *n* artículo *m* defectuoso.

rejection /rɪˈdʒekʃən/ *n* (*gen*) rechazo *m*; (*of application*) respuesta *f* negativa.

rejoice /rɪˈdʒɔɪs/ *vi* alegrarse (**at** de).

rejuvenate /rɪˈdʒuːvɪneɪt/ *vt* rejuvenecer.

relapse /rɪˈlæps/ *n* recaída *f*.

relate /rɪˈleɪt/ *vt* 1. (*frml: to tell*) relatar, contar. 2. (*to connect*) relacionar. ♦ *vi* tener que ver (**to** con): **everything relating to the case** todo lo relacionado con el caso.

related /rɪˈleɪtɪd/ *adj* (*people*): **are you two related?** ¿vosotros dos estáis emparentados?; **I'm related to her** es pariente mía; (*topics*) relacionado -da.

relation /rɪˈleɪʃən/ *n* 1. (*family member*) pariente *m/f*, familiar *m/f*. 2. (*connection*) relación *f*.

relationship /rɪˈleɪʃənʃɪp/ *n* 1. (*gen*) relación *f*. 2. (*family link*) parentesco *m*.

relative /ˈrelətɪv/ I *adj* relativo -va. II *n* pariente *m/f*, familiar *m/f*.

relatively /ˈrelətɪvlɪ/ *adv* relativamente.

relax /rɪˈlæks/ *vi* relajarse. ♦ *vt* (*gen*) relajar; (*one's grip*) aflojar.

relaxation /riːlækˈseɪʃən/ *n* 1. (*leisure*) esparcimiento *m*; (*rest*) descanso *m*. 2. (*of muscles, rules*) relajación *f*.

relaxing /rɪˈlæksɪŋ/ *adj* relajante.

relay I /rɪˈleɪ/ *vt* (*a message*) transmitir, dar; (*a broadcast*) retransmitir. II /ˈriːleɪ/ *n* (o **relay race**) carrera *f* de relevos.

release /rɪˈliːs/ I *vt* 1. (*a captive*) poner en libertad. 2. (*to let go of*) soltar. 3. (*to disengage*) quitar. 4. (*a movie*) estrenar; (*a record, video*) sacar (a la venta). 5. (*to make public*) hacer público -ca. 6. (*to emit*) despedir. II *n* 1. (*of captive*) liberación *f*. 2. (*of movie*) estreno *m*; (*of record, video*) lanzamiento *m*; (*record*) disco *m*. 3. (*leak*) escape *m*.

relegate /ˈrelɪgeɪt/ *vt* 1. (*to demote*) relegar. 2. (*Sport*): **we were relegated to the fourth division** bajamos a cuarta división.

relent /rɪˈlent/ *vi* ceder, ablandarse.

relentless /rɪˈlentləs/ *adj* implacable.

relevant /ˈreləvənt/ *adj* (*related*) pertinente: **facts relevant to the case** datos relacionados con el caso; (*important*) importante.

reliability /rɪlaɪəˈbɪlətɪ/ *n* fiabilidad *f*.

reliable /rɪˈlaɪəbəl/ *adj* (*information, machinery*) fiable: **reliable sources** fuentes fidedignas; (*person*) formal, de confianza.

reliably /rɪˈlaɪəblɪ/ *adv*: **I'm reliably informed that...** sé de buena tinta que....

reliance /rɪˈlaɪəns/ *n* dependencia *f* (**on** de).

reliant /rɪˈlaɪənt/ *adj*: **he's completely reliant on me** depende totalmente de mí.

relic /ˈrelɪk/ *n* reliquia *f*.

relief /rɪˈliːf/ *n* 1. (*from pain, anxiety*) alivio *m*. 2. (*assistance*) ayuda *f*. 3. (*Art, Geog*) relieve *m*. 4. (*Mil*) relevo *m*.

relieve /rɪˈliːv/ *vt* 1. (*pain, anxiety*) aliviar, calmar. 2. (*Mil*) relevar. 3. (*to unburden*): **I relieved her of her case** le llevé la maleta.

religion /rɪˈlɪdʒən/ *n* religión *f*.

religious /rɪˈlɪdʒəs/ *adj* religioso -sa.

relinquish /rɪˈlɪŋkwɪʃ/ *vt* (*frml*) renunciar a.

relish /ˈrelɪʃ/ I *n* [-shes] 1. (*Culin*) salsa *f*. 2. (*enjoyment*) deleite *m*. II *vt*: **I don't relish the thought of the journey** la idea del viaje no me hace ninguna gracia.

relocate /riːləʊˈkeɪt/ vt trasladar.
♦ vi trasladarse.

reluctance /rɪˈlʌktəns/ n reticencia f: **she showed great reluctance** se mostró muy reacia.

reluctant /rɪˈlʌktənt/ adj reacio -cia [S].

reluctantly /rɪˈlʌktəntlɪ/ adv a regañadientes.

rely on /rɪˈlaɪ ɒn/ vt [-lies, -lying, -lied] 1. (to have confidence in) confiar en. 2. (to be dependent on) depender de.

remain /rɪˈmeɪn/ I vi 1. (to continue) permanecer. 2. (in a place) quedarse. 3. (to be left) quedar. II **remains** n pl restos m pl.

remainder /rɪˈmeɪndə/ n resto m.

remaining /rɪˈmeɪnɪŋ/ adj restante.

remand /rɪˈmɑːnd/ I vt: **he was remanded in custody** permaneció en prisión preventiva. II n: **she's on remand** está en prisión preventiva.

remark /rɪˈmɑːk/ I n comentario m. II vt comentar.

remarkable /rɪˈmɑːkəbəl/ adj notable, extraordinario -ria.

remarry /riːˈmærɪ/ vi [-ries, -rying, -ried] volver a casarse.

remedial /rɪˈmiːdɪəl/ adj (classes) de recuperación.

remedy /ˈremədɪ/ I n [-dies] remedio m. II vt [-dies, -dying, -died] remediar.

remember /rɪˈmembə/ vt acordarse de, recordar: **remember to phone him** acuérdate de llamarle ● **remember me to her** dale recuerdos de mi parte. ♦ vi acordarse, recordar.

remembrance /rɪˈmembrəns/ n (frml) recuerdo m.

remind /rɪˈmaɪnd/ vt recordar: **remind me to call him** recuérdame que lo llame; **you remind me of your aunt** me recuerdas a tu tía.

reminder /rɪˈmaɪndə/ n 1. (memento) recuerdo m. 2. (to do sthg): **he did it as a reminder** lo hizo para que no se le olvidara; (of payment

due) aviso de factura no pagada.

reminisce /remɪˈnɪs/ vi: **to reminisce about sthg** rememorar algo.

reminiscent /remɪˈnɪsənt/ adj: **a smell reminiscent of cinnamon** un olor que me recuerda la canela.

remiss /rɪˈmɪs/ adj descuidado -da, negligente: **it was remiss of me not to phone** fue un descuido de mi parte no llamar.

remission /rɪˈmɪʃən/ n 1. (Law) disminución f (de la pena). 2. (Med) remisión f.

remit I /rɪˈmɪt/ vt [-mits, -mitting, -mitted] (frml) enviar, remitir. II /ˈriːmɪt/ n atribuciones f pl.

remittance /rɪˈmɪtəns/ n envío m.

remnant /ˈremnənt/ n (gen) resto m; (of cloth) retal m.

remold /ˈriːməʊld/ n (US) ⇨ **remould**.

remorse /rɪˈmɔːs/ n remordimiento m.

remorseless /rɪˈmɔːsləs/ adj despiadado -da, implacable.

remote /rɪˈməʊt/ adj 1. (place) remoto -ta. 2. (person) distante.

remote control n (system) control m remoto; (device) mando m a distancia.

remould /ˈriːməʊld/ n neumático m recauchutado, (Amér L) llanta f recauchutada.

removable /rɪˈmuːvəbəl/ adj (gen) que se puede quitar; (hood) de quita y pon.

removal /rɪˈmuːvəl/ n 1. (of cover, stain): **on removal of the cover…** al quitar la tapa… 2. (Med) extirpación f. 3. (from post) destitución f. 4. (to new home) mudanza f.

removal van n camión m de mudanzas.

remove /rɪˈmuːv/ vt 1. (to take away) quitar; (to take out) sacar. 2. (a stain) quitar. 3. (Med) extirpar. 4. (clothes) quitarse. 5. (from post) destituir.

Renaissance /rəˈneɪsəns/, (US) /ˈrenəsɒns/ I n Renacimiento m. II adj renacentista.

render /'rendə/ vt 1. (frml: help, a service) prestar. 2. (to make) hacer. 3. (to plaster) revocar.

rendering /'rendərıŋ/ n interpretación f.

rendezvous /'rɒndɪvu:/ n inv encuentro m.

rendition /ren'dıʃən/ n interpretación f.

renegade /'renıgeıd/ n renegado -da m/f.

renew /rı'nju:/ vt 1. (to resume) reanudar. 2. (a passport, subscription) renovar; (a contract) prorrogar.

renewal /rı'nju:əl/ n 1. (resumption) reanudación f. 2. (of passport, subscription) renovación f.

renounce /rı'naʊns/ vt renunciar a.

renovate /'renəveıt/ vt renovar.

renovation /renə'veıʃən/ n renovación f.

renown /rı'naʊn/ n renombre m.

renowned /rı'naʊnd/ adj renombrado -da.

rent /rent/ I n alquiler m. II vt alquilar (to a; from a).

to rent out vt alquilar (to a).

rental /'rentəl/ n alquiler m.

renunciation /rınʌnsı'eıʃən/ n renuncia f.

rep /rep/ n representante m/f.

repair /rı'peə/ I vt (gen) reparar; (clothes, shoes) arreglar. II n reparación f: it's under repair está en reparación.

repatriate /ri:'pætrıeıt/ vt repatriar.

repay /ri:'peı/ vt [-pays, -paying, -paid] 1. (a sum of money) pagar, devolver; (a person) devolverle el dinero a; (a debt) liquidar, saldar. 2. (for a kindness): how can I ever repay you? nunca podré devolverte el favor.

repayment /ri:'peımənt/ n pago m.

repeal /rı'pi:l/ vt derogar, revocar.

repeat /rı'pi:t/ I vt repetir. II n repetición f.

repeatedly /rı'pi:tıdlı/ adv repetidas veces.

repel /rı'pel/ vt [-pels, -pelling,

-pelled] repeler.

repellent /rı'pelənt/ adj repelente, repulsivo -va.

repent /rı'pent/ vi arrepentirse.

repentance /rı'pentəns/ n arrepentimiento m.

repercussion /ri:pə'kʌʃən/ n repercusión f.

repertoire /'repətwɑ:/ n repertorio m.

repetition /repə'tıʃən/ n repetición f.

repetitive /rı'petətıv/ adj repetitivo -va.

rephrase /ri:'freız/ vt expresar de otra manera.

replace /rı'pleıs/ vt 1. (a worn or broken part) cambiar (with por). 2. (with another person) reemplazar (with por); (to take the place of) sustituir. 3. (to put back) volver a poner.

replacement /rı'pleısmənt/ n 1. (person) sustituto -ta m/f. 2. (component) recambio m; (alternative): we need a replacement for the old one hay que reemplazar el viejo por uno nuevo. 3. (act) sustitución f, reemplazo m.

replay /'ri:pleı/ n 1. (game) partido m de desempate. 2. (of goal, incident) repetición f.

replenish /rı'plenıʃ/ vt reponer.

replete /rı'pli:t/ adj (frml) lleno -na.

replica /'replıkə/ n réplica f.

reply /rı'plaı/ I n [-plies] respuesta f: I phoned but there was no reply llamé pero no contestó nadie. II vi [-plies, -plying, -plied] contestar, responder.

report /rı'pɔ:t/ I n 1. (gen) informe m. 2. (news story) reportaje m. 3. (Educ) boletín m de notas. II vi 1. (to give a report) presentar un informe; (to give news) informar (on de). 2. (to go) presentarse. ♦ vt (a fact) informar de; (a crime) denunciar; (an accident) dar parte de.

reported speech /rı'pɔ:təd spi:tʃ/ n estilo m indirecto.

reporter /rı'pɔ:tə/ n reportero -ra

m/f, periodista *m/f*.

repose /rɪ'pəʊz/ *n* (*frml*) reposo *m*.

reprehensible /reprɪ'hensəbəl/ *adj* (*frml*) reprensible.

represent /reprɪ'zent/ *vt* representar.

representation /reprɪzen'teɪʃən/ **I** *n* representación *f*. **II representations** *n pl* (*frml*) protestas *f pl*.

representative /reprɪ'zentətɪv/ **I** *adj* representativo -va. **II** *n* **1.** (*gen*) representante *m/f*. **2.** (*Pol: in US*) diputado -da *m/f*.

repress /rɪ'pres/ *vt* reprimir.

repression /rɪ'preʃən/ *n* represión *f*.

reprieve /rɪ'pri:v/ *n* **1.** (*Law: temporary*) aplazamiento de ejecución; (*:permanent*) indulto *m*. **2.** (*respite*) respiro *m*.

reprimand /'reprɪmɑ:nd/ **I** *vt* reprender. **II** *n* reprimenda *f*.

reprint I /'ri:prɪnt/ *n* reimpresión *f*. **II** /rɪ'prɪnt/ *vt* reimprimir.

reprisal /rɪ'praɪzəl/ *n* represalia *f*.

reproach /rɪ'prəʊtʃ/ **I** *vt* reprochar: **to reproach sbdy for sthg** reprocharle algo a alguien. **II** *n* [**-ches**] reproche *m*.

reproachful /rɪ'prəʊtʃfʊl/ *adj* de reproche.

reproduce /ri:prə'dju:s/ *vi* reproducirse. ♦ *vt* reproducir.

reproduction /ri:prə'dʌkʃən/ *n* reproducción *f*.

reproof /rɪ'pru:f/ *n* reprobación *f*.

reprove /rɪ'pru:v/ *vt* (*frml*): **I reproved him for breaking it** lo reprendí por haberlo roto.

reptile /'reptaɪl/ *n* reptil *m*.

republic /rɪ'pʌblɪk/ *n* república *f*.

republican /rɪ'pʌblɪkən/ *adj, n* republicano -na *adj, m/f*.

repudiate /rɪ'pju:dɪeɪt/ *vt* (*frml*) **1.** (*to deny*) negar. **2.** (*to reject, disown*) repudiar.

repulse /rɪ'pʌls/ *vt* **1.** (*to reject*) rechazar. **2.** (*Mil*) repeler.

repulsive /rɪ'pʌlsɪv/ *adj* repulsivo -va.

reputable /'repjʊtəbəl/ *adj* de confianza, prestigioso -sa.

reputation /repjʊ'teɪʃən/ *n* reputación *f*.

reputed /rɪ'pju:tɪd/ *adj*: **he is reputed to be the best** está considerado el mejor.

reputedly /rɪ'pju:tɪdlɪ/ *adv* según se dice.

request /rɪ'kwest/ **I** *n* petición *f* (**for** de). **II** *vt* (*to ask for*) pedir, solicitar; (*to ask*) rogar.

request stop *n* parada *f* discrecional.

require /rɪ'kwaɪə/ *vt* **1.** (*to need: task*) requerir; (*:person*) necesitar. **2.** (*to demand*) exigir, requerir.

requirement /rɪ'kwaɪəmənt/ *n* requisito *m*.

requisite /'rekwɪzɪt/ (*frml*) **I** *n* requisito *m*. **II** *adj* necesario -ria.

requisition /rekwɪ'zɪʃən/ *vt* requisar.

rescue /'reskju:/ **I** *vt* rescatar, salvar. **II** *n* rescate *m*.

research /rɪ'sɜ:tʃ/ **I** *n* investigación *f*. **II** *vt* investigar.

researcher /rɪ'sɜ:tʃə/ *n* investigador -dora *m/f*.

resemblance /rɪ'zembləns/ *n* semejanza *f* (**to** con), parecido *m* (**to** con).

resemble /rɪ'zembəl/ *vt* parecerse a.

resent /rɪ'zent/ *vt*: **he resents being told what to do** le molesta que le den órdenes.

resentful /rɪ'zentfʊl/ *adj* resentido -da.

resentment /rɪ'zentmənt/ *n* resentimiento *m*.

reservation /rezə'veɪʃən/ *n* reserva *f*.

reserve /rɪ'zɜ:v/ **I** *vt* reservar. **II** *n* reserva *f*: **I kept two in reserve** reservé dos.

reserved /rɪ'zɜ:vd/ *adj* reservado -da.

reservoir /'rezəvwɑ:/ *n* embalse *m*, pantano *m*.

reset /ri:'set/ *vt* [**-sets, -setting, -set**] **1.** (*a timer*) reajustar. **2.** (*Inform*) reiniciar.

reshuffle /'ri:ʃʌfəl/ *n* reorganización *f* del gobierno/gabinete.

reside /rɪ'zaɪd/ *vi* (*frml*) residir.

residence /'rezɪdəns/ n 1. (place) residencia f. 2. (stay) permanencia f.

residence permit n permiso m de residencia.

resident /'rezɪdənt/ I n (of country) residente m/f; (of town, area) vecino -na m/f; (at hotel) huésped m/f. II adj residente.

residential /rezɪ'denʃəl/ adj residencial.

residue /'rezɪdju:/ n residuo m.

resign /rɪ'zaɪn/ vi dimitir (from de). ♦ vt dimitir de: to resign oneself to sthg resignarse a algo.

resignation /rezɪg'neɪʃən/ n 1. (from job) dimisión f. 2. (acceptance) resignación f.

resilience /rɪ'zɪlɪəns/ n (of a material) elasticidad f; (of person) aguante m.

resilient /rɪ'zɪlɪənt/ adj (material) elástico -ca; (person) resistente.

resin /'rezɪn/ n resina f.

resist /rɪ'zɪst/ vt 1. (gen) resistir. 2. (a change) resistirse a.

resistance /rɪ'zɪstəns/ n resistencia f.

resistant /rɪ'zɪstənt/ adj resistente.

resit /'ri:sɪt/ n examen m de recuperación. II /ri:'sɪt/ vt [-sits, -sitting, -sat] (an exam) volver a presentarse a; (a subject) volver a examinarse de.

resolute /'rezəlu:t/ adj resuelto -ta.

resolution /rezə'lu:ʃən/ n 1. (gen) resolución f. 2. (decision) decisión f.

resolve /rɪ'zɒlv/ I vt resolver: he resolved to tell her resolvió decírselo. II n resolución f.

resort /rɪ'zɔ:t/ n 1. (place) lugar m (de vacaciones). 2. (measure): as a last resort como último recurso.

to resort to vt recurrir a.

resound /rɪ'zaʊnd/ vi resonar, retumbar.

resounding /rɪ'zaʊndɪŋ/ adj 1. (voice) retumbante. 2. (victory) rotundo -da.

resource /rɪ'zɔ:s/ n recurso m.

resourceful /rɪ'zɔ:sfʊl/ adj ingenioso -sa.

respect /rɪ'spekt/ I n 1. (gen)

respeto m. 2. (reference): with respect to sthg con respecto a algo; in this respect... en lo que a esto se refiere.... II respects n pl respetos m pl. III vt respetar.

respectable /rɪ'spektəbəl/ adj 1. (worthy of respect) respetable. 2. (in appearance) decente.

respectably /rɪ'spektəblɪ/ adv de forma decorosa.

respectful /rɪ'spektfʊl/ adj respetuoso -sa.

respective /rɪ'spektɪv/ adj respectivo -va.

respectively /rɪ'spektɪvlɪ/ adv respectivamente.

respiratory /re'spɪrətərɪ/ adj respiratorio -ria.

respite /'respaɪt/ n respiro m.

resplendent /rɪ'splendənt/ adj deslumbrante, resplandeciente.

respond /rɪ'spɒnd/ vi responder (to a).

response /rɪ'spɒns/ n 1. (answer) respuesta f. 2. (reaction) reacción f.

responsibility /rɪspɒnsə'bɪlətɪ/ n [-ties] responsabilidad f.

responsible /rɪ'spɒnsəbəl/ adj 1. (for actions) responsable (for de). 2. (in charge) encargado -da. 3. (trustworthy) responsable, serio -ria.

responsive /rɪ'spɒnsɪv/ adj que responde bien.

rest /rest/ I n 1. (break, relaxation) descanso m. 2. (Mus) silencio m. 3. the rest (remains of sthg) el resto; (other people) los demás. II vi 1. (to relax) descansar. 2. (to lie): the decision rests with you la decisión es tuya. 3. (Archit) descansar. ♦ vt apoyar.

to rest on vt estar puesto -ta en.

rest home n residencia f de la tercera edad. **rest room** n (US) servicios m pl.

restaurant /'restərɒn/ n restaurante m.

restful /'restfʊl/ adj relajante.

restive /'restɪv/ adj inquieto -ta.

restless /'restləs/ adj inquieto -ta.

restoration /restə'reɪʃən/ *n* 1. (*gen*) restauración *f*. 2. (*return*) devolución *f*.

restore /rɪ'stɔ:/ *vt* 1. (*a building, monarch*) restaurar; (*order*) restablecer. 2. (*to return*) devolver.

restrain /rɪ'streɪn/ *vt* 1. (*an impulse*) contener: **to restrain oneself from doing sthg** contenerse para no hacer algo. 2. (*an animal, crowd*) controlar, contener.

restrained /rɪ'streɪnd/ *adj* comedido -da.

restraint /rɪ'streɪnt/ *n* 1. (*moderation*) moderación *f*. 2. (*restriction*) restricción *f*.

restrict /rɪ'strɪkt/ *vt* limitar, restringir.

restriction /rɪ'strɪkʃən/ *n* restricción *f*.

restrictive /rɪ'strɪktɪv/ *adj* restrictivo -va.

result /rɪ'zʌlt/ I *n* resultado *m*: **as a result...** como consecuencia.... II *vi* resultar (**from** de), ser resultado (**from** de).

to **result in** *vt* tener como resultado.

resume /rɪ'zju:m/ *vt* reanudar. ♦ *vi* continuar.

résumé /'rezjəmeɪ/ *n* 1. (*summary*) resumen *m*. 2. (*US: for job*) currículum *m* (vitae).

resumption /rɪ'zʌmpʃən/ *n* reanudación *f*.

resurgence /rɪ'sɜ:dʒəns/ *n* resurgimiento *m*.

resurrection /rezə'rekʃən/ *n* resurrección *f*.

resuscitate /rɪ'sʌsɪteɪt/ *vt* resucitar, reanimar.

retail /'ri:teɪl/ I *adv* al por menor. II *vt* vender al por menor.

retail price *n* precio *m* de venta al público.

retailer /'ri:teɪlə/ *n* detallista *m/f*.

retain /rɪ'teɪn/ *vt* retener.

retaliate /rɪ'tælɪeɪt/ *vi* (*Mil*) tomar represalias; (*to respond*) responder.

retaliation /rɪtælɪ'eɪʃən/ *n* represalia *f*.

retarded /rɪ'tɑ:dɪd/ *adj* retrasado

-da.

retch /retʃ/ *vi*: **it made me retch** me produjo arcadas.

retentive /rɪ'tentɪv/ *adj* retentivo -va.

rethink /ri:'θɪŋk/ *vt* [-thinks, -thinking, -thought] volver a pensar, reconsiderar.

reticent /'retɪsənt/ *adj* reticente.

retina /'retɪnə/ *n* [-nas * -nae] retina *f*.

retire /rɪ'taɪə/ *vi* 1. (*from work*) jubilarse. 2. (*to withdraw*) retirarse.

retired /rɪ'taɪəd/ *adj* jubilado -da.

retiree /rɪtaɪ'ri:/ *n* jubilado -da *m/f*.

retirement /rɪ'taɪəmənt/ *n* jubilación *f*.

retiring /rɪ'taɪərɪŋ/ *adj* retraído -da.

retort /rɪ'tɔ:t/ I *n* réplica *f*. II *vt* replicar.

retrace /ri:'treɪs/ *vt*: **I retraced my steps** volví sobre mis pasos.

retract /rɪ'trækt/ *vt* 1. (*claws*) retraer. 2. (*a statement*) retractarse de.

retreat /rɪ'tri:t/ I *vi* (*Mil*) retirarse. II *n* 1. (*Mil*) retirada *f*. 2. (*Relig: place*) retiro *m*.

retribution /retrɪ'bju:ʃən/ *n* castigo *m*.

retrieval /rɪ'tri:vəl/ *n* recuperación *f*.

retrieve /rɪ'tri:v/ *vt* 1. (*to recover: gen*) recuperar, recobrar; (: *data*) recuperar. 2. (*a situation*) salvar.

retriever /rɪ'tri:və/ *n* perro *m* cobrador.

retrograde /'retrəʊgreɪd/ *adj* retrógrado -da.

retrospect /'retrəʊspekt/ *n*: **in retrospect, it was a mistake** visto ahora, fue un error.

retrospective /retrəʊ'spektɪv/ *adj* 1. (*Art*) retrospectivo -va. 2. (*Law*) retroactivo -va.

return /rɪ'tɜ:n/ I *n* 1. (*coming or going back*) regreso *m*, vuelta *f* ● **many happy returns!** ¡feliz cumpleaños! 2. (o **return ticket**) billete *m* de ida y vuelta. 3. (*giving back*) devolución *f*: **by return of post** a vuelta de correo. 4. (*ex-*

change): **in return for sthg**
a cambio de algo. **5.** (*Inform*: *key*)
retorno *m*. **6.** (*Fin*) ganancia *f*,
beneficio *m*. **II** *vi* (*to come or go back*)
regresar, volver; (*fever*) reaparecer.
♦ *vt* **1.** (*an object, a favour*) devolver.
2. (*a candidate*) elegir.

return journey *n* viaje *m* de vuelta.

return match *n* partido *m* de vuelta.

reunion /riːˈjuːnɪən/ *n* (*act of meeting again*) reencuentro *m*; (*organized gathering*) reunión *f*.

reunite /riːjuːˈnaɪt/ *vt*: **to be re-united with sbdy** volver a reunirse con alguien.

rev /rev/ (*fam*) **I** *n* revolución *f*. **II** *vt* [**revs, revving, revved**] (*o* **rev up**) acelerar.

Rev. /ˈrevərənd/ = **Reverend**.

reveal /rɪˈviːl/ *vt* **1.** (*a secret*) revelar. **2.** (*to make visible*) descubrir.

revealing /rɪˈviːlɪŋ/ *adj* (*clothes*) atrevido -da; (*comment, action*) revelador -dora.

revel /ˈrevəl/ *vi*: **he revels in teas-ing her** le encanta tomarle el pelo.

revelry /ˈrevəlrɪ/ *n* (*frml*) juerga *f*.

revenge /rɪˈvendʒ/ *n* venganza *f*: **to take revenge on sbdy** vengarse de alguien.

revenue /ˈrevənjuː/ *n* (*gen*) ingresos *m pl*; (*of nation*) rentas *f pl* (públicas).

reverberate /rɪˈvɜːbəreɪt/ *vi* retumbar, resonar.

reverberation /rɪvɜːbəˈreɪʃən/ *n* resonancia *f*.

revere /rɪˈvɪə/ *vt* reverenciar.

reverence /ˈrevərəns/ *n* reverencia *f*.

Reverend /ˈrevərənd/ *adj*: **(the) Reverend Tom Lewis** el Reverendo Tom Lewis.

reverie /ˈrevərɪ/ *n* ensueño *m*.

reversal /rɪˈvɜːsəl/ *n* **1.** (*of sequence, roles*) inversión *f*; (*of tactics*) cambio *m*. **2.** (*of decision*) revocación *f*.

reverse /rɪˈvɜːs/ **I** *vi* (*Auto*) dar marcha atrás. ♦ *vt* **1.** (*Auto*): **I re-versed the car into the garage** entré en el garaje dando marcha

atrás. **2.** (*a sequence, roles*) invertir. **3.** (*a decision*) revocar. **II** *n* **1.** (*of a coin*) reverso *m*; (*of page*) dorso *m*. **2. the reverse** (*the opposite*) lo contrario. **3.** (*o* **reverse gear**) marcha *f* atrás. **III** *adj* inverso -sa: **a reverse charge call** una llamada a cobro revertido.

revert /rɪˈvɜːt/ *vi* volver (**to** a).

review /rɪˈvjuː/ **I** *n* **1.** (*of book, film*) crítica *f*. **2.** (*reconsideration*) estudio *m*. **3.** (*Mil*) revista *f*. **II** *vt* **1.** (*a book, film*) hacer una crítica de. **2.** (*a decision*) volver a considerar; (*a pro-cedure*) volver a examinar. **3.** (*Mil*) pasar revista a.

reviewer /rɪˈvjuːə/ *n* crítico -ca *m/f*.

revise /rɪˈvaɪz/ *vt* **1.** (*to update*) revisar. **2.** (*to modify*) modificar. **3.** (*Educ*) repasar. ♦ *vi* repasar.

revision /rɪˈvɪʒən/ *n* **1.** (*updating*) revisión *f*. **2.** (*modification*) modificación *f*. **3.** (*Educ*) repaso *m*.

revitalize /riːˈvaɪtəlaɪz/ *vt* revitalizar.

revival /rɪˈvaɪvəl/ *n* **1.** (*of interest, trend*) resurgimiento *m*. **2.** (*of a play*) reestreno *m*.

revive /rɪˈvaɪv/ *vi* revivir. ♦ *vt* **1.** (*Med*) reanimar. **2.** (*an interest*) reavivar; (*a tradition*) restablecer. **3.** (*a play*) reestrenar.

revolt /rɪˈvəʊlt/ **I** *n* revuelta *f*. **II** *vi* rebelarse. ♦ *vt* repugnar.

revolting /rɪˈvəʊltɪŋ/ *adj* asqueroso -sa, repugnante.

revolution /revəˈluːʃən/ *n* revolución *f*.

revolutionary /revəˈluːʃənərɪ/ **I** *adj* revolucionario -ria. **II** *n* [**-ries**] revolucionario -ria *m/f*.

revolutionize /revəˈluːʃənaɪz/ *vt* revolucionar.

revolve /rɪˈvɒlv/ *vi* (*to turn*) girar (**around** alrededor de): **his life re-volves around tennis** su vida gira en torno al tenis.

revolver /rɪˈvɒlvə/ *n* revólver *m*.

revolving door /rɪvɒlvɪŋ ˈdɔː/ *n* puerta *f* giratoria.

revue /rɪˈvjuː/ *n* revista *f* (musical).

revulsion /rɪ'vʌlʃən/ n asco m, repulsión f.

reward /rɪ'wɔ:d/ I n recompensa f. II vt recompensar.

rewarding /rɪ'wɔ:dɪŋ/ adj gratificante.

rewind /ri:'waɪnd/ vt [-winds, -winding, -wound] rebobinar.

rewire /ri:'waɪə/ vt cambiar la instalación eléctrica de.

rhapsody /'ræpsədɪ/ n [-dies] rapsodia f.

rhetorical /rɪ'tɒrɪkəl/ adj retórico -ca.

rheumatism /'ru:mətɪzəm/ n reumatismo m.

rhino /'raɪnəʊ/ n [-no ✱ -nos] rinoceronte m.

rhinoceros /raɪ'nɒsərəs/ n [-ros ✱ -roses] rinoceronte m.

rhododendron /rəʊdə'dendrən/ n rododendro m.

rhubarb /'ru:bɑ:b/ n ruibarbo m.

rhyme /raɪm/ I vi rimar. II n (poem) rima f; (form): **it's written in rhyme** está escrito en verso.

rhythm /'rɪðəm/ n ritmo m.

rib /rɪb/ I n costilla f. II vt [ribs, ribbing, ribbed] (fam) mofarse de.

ribcage n caja f torácica.

ribbon /'rɪbən/ n cinta f.

rice /raɪs/ n arroz m.

rice pudding n arroz m con leche.

rich /rɪtʃ/ adj 1. (person, soil) rico -ca: **the area is rich in minerals** la región es rica en minerales. 2. (food) rico en materia grasa, huevos y/o azúcar.

riches /'rɪtʃɪz/ n pl riqueza f.

richly /'rɪtʃlɪ/ adv 1. (plentifully) generosamente. 2. (luxuriously) lujosamente.

rickets /'rɪkɪts/ n raquitismo m.

rickety /'rɪkətɪ/ adj desvencijado -da.

rickshaw /'rɪkʃɔ:/ n carrito m arrastrado por una persona.

ricochet /'rɪkəʃeɪ/ vi rebotar.

rid /rɪd/ vt [rids, ridding, rid]: **it rid the garden of weeds** eliminó las malas hierbas del jardín; **to get rid of** deshacerse de; **we were finally rid of them** por fin nos habíamos librado de ellos.

ridden /'rɪdən/ pp ⇨ ride.

riddle /'rɪdəl/ n adivinanza f.

riddled /'rɪdəld/ adj: **the body was riddled with bullets** lo habían acribillado a balazos; **to be riddled with disease** estar plagado -da de enfermedades.

ride /raɪd/ I n 1. (on horse) paseo m; (on bicycle, in vehicle) paseo m, vuelta f: **a short bus ride** un corto viaje en autobús ● **he was taken for a ride** lo engañaron. 2. (at fairground) atracción f. II vi [rides, riding, rode, pp ridden] (on horse) montar a caballo; (on bicycle) ir en bicicleta. ♦ vt 1. (a horse) montar; (a bicycle, motorbike) montar en. 2. (US: a train, bus) viajar en.

rider /'raɪdə/ n (on horse: man) jinete m; (: woman) amazona f; (on motorbike) motociclista m/f; (on bicycle) ciclista m/f.

ridge /rɪdʒ/ n 1. (Geog) cresta f. 2. (Meteo): **a ridge of high pressure** una cuña anticiclónica.

ridicule /'rɪdɪkju:l/ I n ridículo m. II vt ridiculizar, burlarse de.

ridiculous /rɪ'dɪkjʊləs/ adj ridículo -la.

riding /'raɪdɪŋ/ n equitación f.

riding boots n pl botas f pl de montar. **riding hat** n casco m de montar. **riding stables** n pl caballerizas f pl, cuadras f pl.

rife /raɪf/ adj extendido -da, abundante: **corruption is rife** abundan los casos de corrupción.

riffraff /'rɪfræf/ n (fam) chusma f.

rifle /'raɪfəl/ I n rifle m, fusil m. II vi hurgar (**through** en). ♦ vt revolver.

rift /rɪft/ n 1. (Geol) grieta f. 2. (discord) división f.

rig /rɪg/ I n 1. (Naut) aparejo m. 2. (o **oil rig**) (at sea) plataforma f petrolífera; (on land) torre f de perforación. II vt [rigs, rigging, rigged] amañar.

to rig up vt improvisar.

rigging /'rɪgɪŋ/ n jarcias f pl.

right /raɪt/ I *adj* 1. (*not left*) derecho -cha. 2. (*correct*) correcto -ta: **what's the right time?** ¿qué hora es exactamente?; **the right money** el dinero exacto; **he's right** tiene razón; **he was right to complain** hizo bien en quejarse. 3. (*most suitable*) apropiado -da; (*opportune*) oportuno -na. 4. (*fair, just*) **it's not right to do this** no está bien hacer esto. II *adv* 1. (*not left*) a la derecha. 2. (*exactly*) justo: **right behind me** justo detras de mí; **right now** ahora mismo; **right away** enseguida. 3. (*correctly*) bien. 4. (*used to punctuate dialogue*) bueno: **right, shall we go?** bueno, ¿nos vamos? III *n* 1. (*side, direction*) derecha *f*: **on the right** a la derecha. 2. (*opposite of wrong*) bien *m*: **who's in the right?** ¿quién tiene la razón? 3. (*entitlement*) derecho *m*. 4. **the Right** (*Pol*) la derecha. IV *vt* 1. (*to balance*) enderezar. 2. (*to correct*) enmendar.

right angle *n* ángulo *m* recto. **right-hand** *adj* derecho -cha. **right-handed** *adj* diestro -tra. **right-hand man/woman** *n* brazo *m* derecho. **right of way** *n* (*on path*) derecho *m* de paso; (*Auto*) preferencia *f*. **right-wing** *adj* derechista, de derechas.

rightful /ˈraɪtful/ *adj* legítimo -ma.

rightly /ˈraɪtli/ *adv* (*correctly*) correctamente; (*with justification*) con razón.

rigid /ˈrɪdʒɪd/ *adj* 1. (*stiff*) rígido -da, duro. 2. (*severe*) estricto -ta.

rigmarole /ˈrɪgmərəʊl/ *n* follón *m*.

rigor /ˈrɪgə/ *n* (*US*) rigor *m*.

rigorous /ˈrɪgərəs/ *adj* riguroso -sa.

rigour /ˈrɪgə/ *n* rigor *m*.

rile /raɪl/ *vt* (*fam*) irritar.

rim /rɪm/ *n* 1. (*of cup*) borde *m*. 2. (*of spectacles*) montura *f*. 3. (*o wheel rim*) (*Auto*) llanta *f*.

rind /raɪnd/ *n* corteza *f*.

ring /rɪŋ/ I *n* 1. (*of metal: gen*) aro *m*; (*: jewellery*) anillo *m*. 2. (*shape*) círculo *m*. 3. (*of people*) corro *m*, círculo *m*. 4. (*of criminals*) red *f*. 5. (*at circus*) pista *f*; (*for boxing*)

ring *m*, cuadrilátero *m*. 6. (*o bullring*) ruedo *m*. 7. (*of bell*) toque *m*. 8. (*call*): **to give sbdy a ring** llamar a alguien. II *vt* [**rings, ringing, rang, pp rung**] (*a bell*) tocar; (*to call*) llamar. ♦ *vi* 1. (*doorbell, phone*) sonar. 2. (*to call*) llamar. 3. (*ears*) zumbar.

to **ring back** *vt/i* (*to return a call*) llamar; (*to call again*) volver a llamar. *to* **ring off** *vi* colgar. *to* **ring up** *vt/i* llamar.

ring finger *n* dedo *m* anular. **ringleader** *n* cabecilla *m/f*. **ring road** *n* carretera *f* de circunvalación.

ringlet /ˈrɪŋlɪt/ *n* tirabuzón *m*, bucle *m*.

rink /rɪŋk/ *n* pista *f* (*de hielo o patinaje*).

rinse /rɪns/ I *vt* enjuagar. II *n* 1. (*in water*) enjuague *m*. 2. (*for hair*) tinte *m*.

riot /ˈraɪət/ I *n* (*gen*) disturbios *m pl*: **to run riot** provocar disturbios; (*in prison*) motín *m*. II *vi* causar disturbios.

riot police *n* policía *f* antidisturbios.

riotous /ˈraɪətəs/ *adj* 1. (*crowd*) desmandado -da; (*conduct*) revoltoso -sa. 2. (*boisterous*) bullicioso -sa.

RIP /aːraɪˈpiː/ = **rest in peace**.

rip /rɪp/ I *n* desgarrón *m*, rasgón *m*. II *vt* [**rips, ripping, ripped**] rasgar. ♦ *vi* rasgarse.

to **rip up** *vt* romper en pedazos.

ripcord *n* cordón *m* de apertura. **rip-off** *n* (*fam*) timo *m*, estafa *f*.

ripe /raɪp/ *adj* maduro -ra.

ripen /ˈraɪpən/ *vt/i* madurar.

ripple /ˈrɪpəl/ I *n* (*in water*) onda *f*: **a ripple of applause** un breve aplauso. II *vi* rizarse.

rise /raɪz/ I *n* 1. (*increase: gen*) aumento *m*, incremento *m*; (*: in prices*) aumento *m*, subida *f*. 2. (*pay increase*) aumento *m* (de sueldo). 3. (*slope*) elevación *f* del terreno. 4. (*emergence*) surgimiento *m*; (*in career*) ascenso *m* ● **to give rise to sthg** dar origen ∗ lugar a algo. II *vi*

[rises, rising, rose, pp **risen]**
1. (*level, water, cake*) subir. 2. (*temperature, number*) aumentar; (*price*) subir. 3. (*in career*) ascender. 4. (*sun*) salir. 5. (*to rebel*) alzarse. 6. (*frml: to stand*) ponerse de pie; (*:from bed*) levantarse.

risen /'rɪzən/ pp ⇨ **rise**.

rising /'raɪzɪŋ/ adj 1. (*increasing*) en aumento, en alza. 2. (*tide*) creciente; (*sun*) naciente.

risk /rɪsk/ I n riesgo m: **I won't take ∗ run that risk** no quiero correr ese riesgo; **at risk** en peligro. II vt (*to endanger*) arriesgar; (*to run the risk of*) arriesgarse a.

risky /'rɪskɪ/ adj [**-kier, -kiest**] (*gen*) arriesgado -da; (*dangerous*) peligroso -sa.

risqué /'rɪskeɪ/ adj (*joke*) picante; (*dress*) atrevido -da.

rite /raɪt/ n rito m: **the last rites** la extremaunción.

ritual /'rɪtjʊəl/ adj, n ritual adj, m.

rival /'raɪvəl/ I adj rival. II n rival m/f, adversario -ria m/f. III vt [**-vals, -valling, -valled**] competir con.

rivalry /'raɪvəlrɪ/ n [**-ries**] rivalidad f.

river /'rɪvə/ n río m.

river bank n ribera f. **riverbed** n lecho m.

River Plate /rɪvə 'pleɪt/ n Río m de la Plata.

rivet /'rɪvɪt/ I n remache m. II vt 1. (*Eng*) remachar. 2. (*to fascinate*) fascinar.

riveting /'rɪvɪtɪŋ/ adj fascinante.

roach /rəʊtʃ/ n [**-ches**] (*US: fam*) cucaracha f.

road /rəʊd/ n (*highway*) carretera f; (*street*) calle f.

road accident n accidente m de tráfico. **roadblock** n control m policial. **road hog** n (*fam*) conductor -tora m/f desconsiderado -da. **road safety** n seguridad f en carretera. **roadside** n borde m de la carretera. **road surface** n firme m, pavimento m. **road tax** n impuesto m de circula-

ción. **road works** n pl obras f pl.

roadworthy adj en condiciones de circular.

roam /rəʊm/ vt vagar por, deambular por.

roar /rɔː/ I vi (*lion*) rugir; (*person, sea*) bramar, rugir: **to roar with laughter** reírse a carcajadas. II n (*of lion, engine*) rugido m; (*of traffic*) estruendo m; (*of anger, pain*) bramido m.

roaring /'rɔːrɪŋ/ adj crepitante ● **it was a roaring success** tuvo un éxito clamoroso.

roast /rəʊst/ I vt (*meat*) asar; (*coffee*) tostar. II adj asado -da. III n asado m, carne f asada.

roast beef n rosbif m. **roast potatoes** n pl patatas f pl ∗ (*Amér L*) papas f pl al horno.

rob /rɒb/ vt [**robs, robbing, robbed**] (*a place: in a hold-up*) atracar; (*: by breaking in*): **two shops were robbed** robaron en dos tiendas; (*a person*) robarle a.

robber /'rɒbə/ n ladrón -drona m/f.

robbery /'rɒbərɪ/ n [**-ries**] (*gen*) robo m; (*hold-up*) atraco m.

robe /rəʊb/ n 1. (*o bathrobe*) albornoz m. 2. (*of monarch*) manto m; (*of academic, judge*) toga f.

robin /'rɒbɪn/ n petirrojo m.

robot /'rəʊbɒt/ n robot m.

robust /rəʊ'bʌst/ adj (*person*) robusto -ta, fuerte; (*material*) resistente.

rock /rɒk/ I n 1. (*material, boulder*) roca f ● **a vodka on the rocks** un vodka con hielo ● **their marriage is on the rocks** su matrimonio anda mal. 2. (*Mus*) rock m. 3. (*Culin*) caramelo m en forma de barra. II vt (*gently*) mecer; (*violently*) sacudir. ◆ vi (*gently*) mecerse; (*violently*) sacudirse.

rock and roll n rocanrol m. **rock bottom** n: **to hit rock bottom** tocar fondo; **rock-bottom prices** precios imbatibles. **rock climbing** n escalada f en roca.

rockery /'rɒkərɪ/ n [**-ries**] jardín con

rocas y plantas pequeñas.

rocket /ˈrɒkɪt/ *n* cohete *m*.

Rockies /ˈrɒkɪz/ *n pl*: **the Rockies** las (Montañas) Rocosas ✳ (*Amér L*) Rocallosas.

rocking chair /ˈrɒkɪŋ tʃeə/ *n* mecedora *f*.

rocking horse /ˈrɒkɪŋ hɔːs/ *n* caballo *m* de balancín.

rocky /ˈrɒkɪ/ *adj* [-kier, -kiest] **1.** (*ground*) rocoso -sa. **2.** (*start*) incierto -ta.

rod /rɒd/ *n* **1.** (*gen*) barra *f*; (*pliable*) vara *f*, varilla *f*. **2.** (*o* **fishing rod**) caña *f* (de pescar).

rode /rəʊd/ *pret* ⇨ **ride**.

rodent /ˈrəʊdənt/ *n* roedor *m*.

rodeo /ˈrəʊdɪəʊ/ *n* rodeo *m*.

roe /rəʊ/ *n* **1.** (*fish eggs*) hueva *f*. **2.** (*o* **roe deer**) corzo -za *m/f*.

rogue /rəʊg/ *n* pillo -lla *m/f*.

role /rəʊl/ *n* papel *m*.

roll /rəʊl/ **I** *n* **1.** (*gen*) rollo *m*; (*of film*) rollo *m*, carrete *m*. **2.** (*bread*) panecillo *m*: **a ham roll** un bocadillo de jamón. **3.** (*of drums*) redoble *m*. **4.** (*of names*) lista *f*. **II** *vi* **1.** (*gen*) rodar. **2.** (*in mud, in pain*) revolcarse. **3.** (*to curl*): **to roll into a ball** hacerse una bola. ♦ *vt* **1.** (*a ball*) hacer rodar. **2.** (*a map, string*) enrollar. **3.** (*a cigarette*) liar. **4.** (*o* **roll out**) (*pastry*) estirar.

to **roll about** *vi* rodar. *to* **roll over** *vi* darse la vuelta. ♦ *vt* darle la vuelta a. *to* **roll up** *vt* (*a carpet*) enrollar; (*one's sleeves*) remangarse.

roll call *n*: **I took a roll call** pasé lista. **roll-on** *n* desodorante *m* de bola.

roller /ˈrəʊlə/ *n* **1.** (*for hair*) rulo *m*. **2.** (*in machinery, for painting*) rodillo *m*.

roller coaster *n* montaña *f* rusa. **roller skate** *n* patín *m* (*de ruedas*). **roller-skating** *n* patinaje *m* sobre ruedas.

Rollerblades® /ˈrəʊləbleɪdz/ *n pl* patines *m pl* en línea.

rolling /ˈrəʊlɪŋ/ *adj* ondulado -da.

rolling pin *n* rodillo *m*. **rolling stock**

n parque *m* rodante.

ROM /rɒm/ *n* (= **read only memory**) ROM *f*.

Roman /ˈrəʊmən/ *adj*, *n* romano -na *adj*, *m/f*.

Roman Catholic /rəʊmən ˈkæθəlɪk/ *adj*, *n* católico -ca *adj*, *m/f*.

romance /rəˈmæns/ *n* **1.** (*story*) historia *f* de amor; (*novel*) novela *f* romántica. **2.** (*relationship*) romance *m*, idilio *m*. **3.** (*feeling*) romanticismo *m*.

romance language *n* lengua *f* románica ✳ romance.

Romania /rʊˈmeɪnɪə/ *n* Rumanía *f*.

Romanian /rʊˈmeɪnɪən/ **I** *adj* rumano -na. **II** *n* rumano -na *m/f*; (*Ling*) rumano *m*.

romantic /rəʊˈmæntɪk/ *adj*, *n* romántico -ca *adj*, *m/f*.

romanticize /rəʊˈmæntɪsaɪz/ *vt* idealizar.

Rome /rəʊm/ *n* Roma *f*.

romp /rɒmp/ *vi* jugar, retozar.

roof /ruːf/ *n* **1.** (*of building*) tejado *m*, techo *m*; (*of car*) techo *m*. **2.** (*Anat*): **the roof of the mouth** el paladar.

roof rack *n* baca *f*, portaequipajes *m inv*.

rook /rʊk/ *n* **1.** (*bird*) grajo -ja *m/f*. **2.** (*in chess*) torre *f*.

room /rʊm/ **I** *n* **1.** (*in house: gen*) habitación *f*, (*Amér L*) pieza *f*; (*: bedroom*) habitación *f*, cuarto *m*; (*in hotel*) habitación *f*. **2.** (*space*) sitio *m*. **II** *vi* (*US*: *to lodge*) alojarse; (*: to share a room*) compartir habitación.

roommate *n* compañero -ra *m/f* de habitación. **room service** *n* servicio *m* de habitaciones. **room temperature** *n* temperatura *f* ambiente.

roomy /ˈrʊmɪ/ *adj* [-mier, -miest] espacioso -sa, amplio -plia.

roost /ruːst/ *vi* posarse.

rooster /ˈruːstə/ *n* gallo *m*.

root /ruːt/ *n* raíz *f*.

to **root about** ✳ **around** *vi* hurgar (**for** en busca de). *to* **root for** *vt* alentar. *to* **root out** *vt* erradicar.

root vegetable n tubérculo m.

rope /rəʊp/ I n (gen) cuerda f; (thick) soga f ● I showed him the ropes le enseñé lo que tenía que hacer. II vt atar con una cuerda.

to **rope into** vt: he roped me into going me enganchó para que fuera.

rosary /'rəʊzəri/ n [-ries] rosario m.

rose /rəʊz/ I pret ⇨ rise. II n rosa f.

rosebud n capullo m de rosa. **rose bush** n rosal m.

rosé /'rəʊzeɪ/ n (vino m) rosado m.

rosemary /'rəʊzmərɪ/ n romero m.

rosette /rəʊ'zet/ n escarapela f.

roster /'rɒstə/ n lista f (de turnos).

rostrum /'rɒstrəm/ n [-trums ∗ -tra] tribuna f, estrado m.

rosy /'rəʊzɪ/ adj [-sier, -siest] 1. (in colour) sonrosado -da. 2. (prospects) halagüeño -ña.

rot /rɒt/ I n 1. (decay) putrefacción f. 2. (fam: rubbish) tonterías fpl. II (rots, rotting, rotted) (gen) pudrir; (teeth) cariar. ◆ vi pudrirse.

rota /'rəʊtə/ n lista f (de turnos).

rotary /'rəʊtərɪ/ adj rotatorio -ria.

rotate /rəʊ'teɪt/ vi 1. (to revolve) girar, rotar. 2. (in a job) rotar. ◆ vt 1. (to turn) hacer girar. 2. (crops) rotar.

rotation /rəʊ'teɪʃən/ n rotación f.

rotten /'rɒtən/ adj 1. (fruit) podrido -da. 2. (fam: very bad) terrible, espantoso -sa; (: of person) malo -la.

rotund /rəʊ'tʌnd/ adj (frml) voluminoso -sa.

rouble /'ruːbəl/ n rublo m.

rough /rʌf/ I adj 1. (approximate) aproximado -da: **a rough copy** ∗ **draft** un borrador. 2. (uneven: surface) desigual; (: road) con baches; (: terrain) agreste. 3. (skin) áspero -ra. 4. (sea) agitado -da. 5. (treatment) severo -ra. 6. (difficult) duro -ra ● **to take the rough with the smooth** estar a las duras y a las maduras. 7. (violent) peligroso -sa. 8. (not gentle) brusco -ca. 9. (Med: fam): **I feel rough** me siento fatal. II adv: **he plays rough** juega duro ● **he had to sleep rough** no tenía un

lugar estable donde dormir. III n (in golf) rough m. IV vt: **I had to rough it** tuve que vivir sin muchas comodidades.

to **rough up** vt (fam) darle una paliza a.

rough-and-ready adj improvisado -da.

roughage /'rʌfɪdʒ/ n fibra f.

roughen /'rʌfən/ vt poner áspero -ra.

roughly /'rʌflɪ/ adv 1. (approximately) aproximadamente. 2. (violently) bruscamente. 3. (to draw, make): **it was roughly drawn** estaba esbozado; **a roughly carved figure** una estatuilla toscamente tallada.

roulette /ruː'let/ n ruleta f.

round /raʊnd/ I adj redondo -da. II adv 1. (in a circle): **he went round to the back** se dirigió a la parte trasera ● **all year round** todo el año ● **round about an hour** alrededor de una hora. 2. (in the opposite direction): **he turned round** se dio la vuelta. 3. (at/to sbdy's house): **he's round at Amy's** está en casa de Amy; **ask her round** invítala a casa. III prep: **they sat round the tree** se sentaron alrededor del árbol; **he went round the corner** dobló la esquina; **he's not from round here** no es de por aquí ● **it's open round the clock** está abierto las veinticuatro horas. IV n 1. (of drinks, talks) ronda f: **a round of applause** un aplauso. 2. (of visits: by doctor) visitas fpl a domicilio; (: by postman) ronda f. 3. (in competition) vuelta f; (in golf) recorrido m; (in boxing) asalto m. 4. (of bread) rebanada f. 5. (of ammunition) cartucho m. V vt (a corner) doblar.

to **round off** vt acabar. to **round up** vt 1. (to gather) juntar. 2. (Maths) redondear.

round-shouldered adj cargado -da de espaldas. **round trip** n viaje m de ida y vuelta. **roundup** n (of news) resumen m.

roundabout /'raʊndəbaʊt/ I n
1. (Auto) rotonda f. 2. (in playground) tiovivo m. II adj indirecto
-ta.

rounders /'raʊndəz/ n: juego parecido al béisbol.

rouse /raʊz/ vt (frml) 1. (to wake)
despertar. 2. (feelings) suscitar.

rousing /'raʊzɪŋ/ adj enardecedor
-dora.

rout /raʊt/ I vt derrotar de forma
aplastante. II n derrota f aplastante.

route /ru:t/, (US) /raʊt/ n (gen) ruta
f, camino m; (of bus) ruta f, recorrido
m.

routine /ru:'ti:n/ I n 1. (gen) rutina f.
2. (performance) número m. II adj
1. (normal) de rutina. 2. (boring)
rutinario -ria.

rove /rəʊv/ (frml) vi vagar. ♦ vt
recorrer.

row /rəʊ/ I vi 1. /rəʊ/ (Naut) remar.
2. /raʊ/ (to argue) reñir. II n 1. /rəʊ/
(of seats, people) fila f; (of trees,
houses) hilera f; (in knitting) pasada
f ● **three times in a row** tres veces
seguidas. 2. /raʊ/ (argument) riña f,
pelea f. 3. /raʊ/ (loud noise) jaleo m.

rowboat /'rəʊbəʊt/ n (US) barca f de
remos.

rowdy /'raʊdɪ/ adj [-dier, -diest]
escandaloso -sa, ruidoso -sa.

rowing /'rəʊɪŋ/ n remo m.

rowing boat n barca f de remos.

royal /'rɔɪəl/ adj real.

Royal Air Force n: fuerza aérea
británica. **royal blue** n azulón m.
Royal Navy n: marina de guerra
británica.

royalty /'rɔɪəltɪ/ I n realeza f. II
royalties n pl (to author) derechos
m pl de autor, royalties m pl.

rpm /a:pi:'em/ = **revolutions per
minute**.

RRP /a:ra:'pi:/ n (= **Recommended
Retail Price**) PVP m.

RSVP /a:resvi:'pi:/ (= **répondez s'il
vous plaît**) S.R.C.

rub /rʌb/ I n: **I gave it a rub** lo froté.
II vt [**rubs, rubbing, rubbed**]
1. (gen) frotar; (one's arm, leg)

frotarse. 2. (to scrub) restregar. ♦ vi
rozar (**against** con).

to rub off vt quitar (frotando o restre-
gando). ♦ vi: **it rubbed off** se quitó
con el roce ● **her enthusiasm
rubbed off on us** se nos fue pegando
su entusiasmo. **to rub out** vt borrar.

rubber /'rʌbə/ n 1. (substance) goma
f, caucho m. 2. (eraser) goma f (de
borrar).

rubber band n goma f (elástica).
rubber plant n ficus m inv.

rubbery /'rʌbərɪ/ adj (gen) gomoso
-sa; (meat) correoso -sa.

rubbish /'rʌbɪʃ/ n 1. (refuse) basura
f. 2. (nonsense) tonterías f pl.

rubbish bin n cubo m * (Méx) bote m
* (C Sur) tacho m de la basura.
rubbish dump n vertedero m,
basurero m.

rubble /'rʌbəl/ n escombros m pl.

ruby /'ru:bɪ/ n [-**bies**] rubí m.

rucksack /'rʌksæk/ n mochila f.

rudder /'rʌdə/ n timón m.

ruddy /'rʌdɪ/ adj [-**dier, -diest**] rubi-
cundo -da.

rude /ru:d/ adj 1. (person) maleducado -da, grosero -ra; (behaviour,
gesture) grosero -ra. 2. (joke) grosero -ra; (expression) malsonante: **a
rude word** una palabrota.

rudeness /'ru:dnəs/ n grosería f,
mala educación f.

rueful /'ru:fʊl/ adj compungido -da.

ruffle /'rʌfəl/ vt 1. (hair) alborotar.
2. (to upset) alterar.

rug /rʌg/ n 1. (for floor) alfombra f;
(blanket) manta f (de viaje).

rugby /'rʌgbɪ/ n rugby m.

rugged /'rʌgɪd/ adj 1. (terrain) accidentado -da. 2. (features) duro -ra.

ruin /'ru:ɪn/ I n ruina f. II vt (to spoil)
estropear, arruinar; (health, a company) arruinar.

ruinous /'ru:ɪnəs/ adj ruinoso -sa.

rule /ru:l/ I n 1. (regulation) regla f,
norma f: **as a general rule** por regla
general. 2. (of a government)
gobierno m; (of a monarch) reinado
m. 3. (control) dominio m. 4. (for
measuring) regla f. II vt (gen) gober-

nar; (*monarch*) reinar en. ♦ *vi* (*gen*) gobernar; (*monarch*) reinar.

to rule out *vt* descartar.

ruler /ˈruːlə/ *n* **1.** (*for measuring*) regla *f*. **2.** (*president, dictator*) gobernante *m/f*; (*monarch*) soberano -na *m/f*.

ruling /ˈruːlɪŋ/ **I** *adj* gobernante. **II** *n* fallo *m*.

rum /rʌm/ *n* ron *m*.

Rumania /ruːˈmeɪnɪə/ *n* ⇨ **Romania**.

Rumanian /ruːˈmeɪnɪən/ *adj, n* ⇨ **Romanian**.

rumble /ˈrʌmbəl/ **I** *n* ruido *m* sordo. **II** *vi* retumbar: **my stomach is rumbling** me suenan las tripas.

rummage /ˈrʌmɪdʒ/ *vi* revolver.

rumour, (*US*) **rumor** /ˈruːmə/ **I** *n* rumor *m*. **II** *vt*: **it's rumoured he's left** se rumorea que se ha ido.

rump /rʌmp/ *n* (*of horse*) ancas *fpl*, grupa *f*.

rump steak *n* filete *m* de ternera (*del cuarto trasero*).

rumple /ˈrʌmpəl/ *vt* arrugar.

rumpus /ˈrʌmpəs/ *n* escándalo *m*, jaleo *m*.

run /rʌn/ **I** *n* **1.** (*act of running*): **he went for a run** fue a correr; (*sports event*) carrera *f* ● **he's on the run from the police** está huyendo de la policía ● **in the long run** a la larga. **2.** (*in a car*) vuelta *f*, paseo *m*. **3.** (*in cricket, baseball*) carrera *f*. **4.** (*of a play*) temporada *f*; (*of luck*) racha *f*. **5.** (*period of demand*): **there was a run on sunglasses** hubo mucha demanda de gafas de sol. **6.** (*in stockings*) carrera *f*.

II *vt* [**runs, running, ran**, *pp* **run**] **1.** (*gen*) correr; (*a race*) participar ∗ correr en. **2.** (*to pass, move*): **he ran his hand through his hair** se pasó la mano por el pelo. **3.** (*to transport*) llevar. **4.** (*a business, company*) llevar; (*a course, class*) organizar. **5.** (*a bath*) preparar. **6.** (*Inform*) ejecutar. ♦ *vi* **1.** (*person, road, water*) correr ● **asthma runs in my family** el asma es muy común en mi

familia. **2.** (*Transp*): **the trains run every hour** hay trenes cada hora; **it's running late** lleva retraso. **3.** (*to work*) funcionar; (*to use, operate*): **it's cheap to run** es económico. **4.** (*contract*): **it runs until May** sigue vigente hasta mayo; (*play*): **it's still running** sigue en cartelera. **5.** (*for election*) presentarse. **6.** (*colour, dye*) correrse. **7.** (*nose*): **his nose is running** está moqueando.

to run along *vi* irse. **to run away** *vi* irse corriendo ● **she ran away from home** se fue de casa. **to run down** *vt* **1.** (*Auto*) atropellar. **2.** (*to reduce*) reducir. **3.** (*to disparage*) hablar mal de. **to run in** *vt* (*Auto*) rodar. **to run into** *vt* **1.** (*a person*) encontrarse con; (*a problem*) tropezar con. **2.** (*to collide with*) chocar contra. **to run off** *vt* (*to print*) imprimir. ♦ *vi* irse corriendo. **to run out** *vi* **1.** (*to be used up*) acabarse; (*to be left without*): **I ran out of tea** se me acabó el té. **2.** (*to expire*) caducar. **to run over** *vt* atropellar. **to run through** *vt* (*to read through*) hojear; (*to go through*) repasar. **to run up** *vt* acumular. **to run up against** *vt* tropezar con.

runaway *adj* **1.** (*prisoner*) fugitivo -va; (*child*) escapado -da. **2.** (*train*) fuera de control. **rundown I** *n* resumen *m*. **II run-down** *adj* **1.** (*place*) venido -da a menos. **2.** (*person*) bajo -ja de defensas. **run-of-the-mill** *adj* normal y corriente. **run-up** *n*: **the run-up to the match** el periodo que precedió al partido.

rung /rʌŋ/ **I** *pp* ⇨ **ring**. **II** *n* travesaño *m*, peldaño *m*.

runner /ˈrʌnə/ *n* **1.** (*Sport*) corredor -dora *m/f*. **2.** (*for drawer*) guía *f*.

runner bean /ˈrʌnə biːn/ *n* judía *f* (*verde*), (*RP*) chaucha *f*, (*Chi*) poroto *m* verde, (*Amér C, Méx*) ejote *m*.

runner-up /rʌnəˈrʌp/ *n* [**runners-up**] subcampeón -ona *m/f*.

running /ˈrʌnɪŋ/ **I** *n* **1.** (*in competitions*): **running is one of my hobbies** correr es uno de mis hobbies; (*jogging*) footing *m*, jogging *m* ● **he's out of the running** ha quedado eliminado ● **I'm still in the running for the job** aún tengo posibilidades de conseguir el puesto. 2. (*management*) dirección *f*. **II** *adj* 1. (*water*) corriente. 2. (*consecutive*) seguido -da, consecutivo -va: **five days running** cinco días seguidos.

running costs *n pl* gastos *m pl* de operación.

runny /'rʌni/ *adj* [-nier, -niest] (*sauce*) aguado -da: **he has a runny nose** está moqueando.

runt /rʌnt/ *n*: animal más pequeño y débil de una camada.

runway /'rʌnwei/ *n* pista *f* (*de aterrizaje y despegue*).

rupture /'rʌptʃə/ **I** *n* hernia *f*. **II** *vt/i* reventar.

rural /'rʊərəl/ *adj* rural.

ruse /ru:z/ *n* treta *f*, ardid *m*.

rush /rʌʃ/ **I** *n* [-shes] 1. (*hurry*) prisa *f*: **I'm in a rush** tengo prisa. 2. (*sudden movement*): **he made a rush for the door** se precipitó hacia la puerta. 3. (*Bot*) junco *m*. **II** *vi* correr, apresurarse. ♦ *vt* (*a person*) meterle prisa a; (*a task*) hacer a toda prisa.

to **rush off** *vi* irse corriendo.

rush hour *n* hora *f* punta ✳ (*Amér L*) pico.

rusk /rʌsk/ *n* galleta *f* (*para bebés*).

Russia /'rʌʃə/ *n* Rusia *f*.

Russian /'rʌʃən/ **I** *adj* ruso -sa. **II** *n* ruso -sa *m/f*; (*Ling*) ruso *m*.

rust /rʌst/ **I** *n* óxido *m*, herrumbre *f*. **II** *vi* oxidarse.

rustproof *adj* inoxidable.

rustic /'rʌstik/ *adj* rústico -ca.

rustle /'rʌsəl/ *vi* (*leaves, paper*) crujir; (*trees*) susurrar. ♦ *vt* 1. (*paper*) hacer crujir. 2. (*cattle*) robar.

rusty /'rʌsti/ *adj* [-tier, -tiest] oxidado -da, herrumbroso -sa.

rut /rʌt/ *n* surco *m* ● **to be stuck in a rut** estancarse en una rutina.

ruthless /'ru:θləs/ *adj* despiadado -da.

rye /rai/ *n* centeno *m*.

S

Sabbath, **sabbath** /'sæbəθ/ *n* (*Christian*) domingo *m*; (*Jewish*) sábado *m*.

sabotage /'sæbəta:ʒ/ **I** *n* sabotaje *m*. **II** *vt* sabotear.

saccharin /'sækərin/ *n* sacarina *f*.

sachet /'sæʃei/ *n* sobrecito *m*.

sack /sæk/ **I** *n* saco *m* ● **he got the sack** lo despidieron. **II** *vt* 1. (*to dismiss*) echar, despedir. 2. (*Mil*) saquear.

sacking /'sækiŋ/ *n* despido *m*.

sacred /'seikrid/ *adj* sagrado -da.

sacrifice /'sækrifais/ **I** *n* sacrificio *m*. **II** *vt* sacrificar.

sacrilege /'sækrilidʒ/ *n* sacrilegio *m*.

sacrosanct /'sækrəʊsæŋkt/ *adj* sacrosanto -ta.

sad /sæd/ *adj* [sadder, saddest] 1. (*unhappy*) triste. 2. (*deplorable*) lamentable.

saddle /'sædəl/ **I** *n* 1. (*for horse*) silla *f* (de montar). 2. (*of bicycle*) sillín *m*. **II** *vt* (*a horse*) ensillar ● **I got saddled with the bill** me endosaron la factura.

saddlebag *n* alforja *f*.

sadist /'seidist/ *n* sádico -ca *m/f*.

sadistic /sə'distik/ *adj* sádico -ca.

sadly /'sædli/ *adv* 1. (*to talk, look*) con tristeza, tristemente. 2. (*regrettably*) desgraciadamente.

sadness /'sædnəs/ *n* tristeza *f*.

s.a.e. /eseri:/ *n* (= **stamped addressed envelope**) *sobre fran-*

queado y con la dirección de uno mismo.

safari /səˈfɑːrɪ/ n safari m: **to go on safari** ir de safari.

safe /seɪf/ I adj **1.** (out of danger) a salvo [E] (**from** de) ● **she's safe and sound** está sana y salva. **2.** (substance) inocuo -cua [S]; (object, machine) seguro -ra [S]. **3.** (secure) seguro -ra. II n caja f fuerte.

safekeeping n: **I left it with him for safekeeping** se lo dejé para que estuviera a salvo. **safe sex** n sexo m seguro.

safeguard /ˈseɪfɡɑːd/ I n salvaguardia f. II vt salvaguardar.

safely /ˈseɪflɪ/ adv: **he arrived safely** llegó sin problemas; **put it away safely** guárdalo en un lugar seguro ● **I can safely say it's over** puedo afirmar con seguridad que se ha acabado.

safety /ˈseɪftɪ/ n seguridad f. **safety belt** n cinturón m de seguridad. **safety catch** n seguro m. **safety island** n (US) isleta f, isla f peatonal. **safety pin** n imperdible m. **safety valve** n (Tec) válvula f de seguridad; (fig) válvula f de escape.

saffron /ˈsæfrən/ n azafrán m.

sag /sæɡ/ vi [**sags, sagging, sagged**] (bed) hundirse; (shelf) combarse.

sage /seɪdʒ/ n salvia f.

Sagittarius /sædʒɪˈteərɪəs/ n Sagitario m.

Sahara /səˈhɑːrə/ n: **the Sahara (Desert)** el Sáhara.

said /sed/ pret y pp ⇨ **say**.

sail /seɪl/ I n **1.** (of boat) vela f. **2.** (activity): **to go for a sail** ir a navegar ✳ a hacer vela. II vi **1.** (person) navegar. **2.** (ship: to depart) zarpar; (: to travel) navegar. ♦ vt (a boat) pilotar.

to sail through vt: **I sailed through the exam** el examen fue pan comido.

sailboat n (US) velero m.

sailing /ˈseɪlɪŋ/ n **1.** (activity) vela f: **I gave up sailing** dejé de hacer vela.

2. (departure) salida f.

sailing ship n barco m de vela.

sailor /ˈseɪlə/ n (gen) marinero m; (officer) marino m.

saint /seɪnt/ n santo -ta m/f.

saint's day n santo m.

sake /seɪk/ n: **for the children's sake** por el bien de los niños; **for old times' sake** por los viejos tiempos.

salad /ˈsæləd/ n ensalada f.

salad bowl n ensaladera f. **salad cream** n salsa f para ensalada (parecida a la mayonesa). **salad dressing** n aliño m.

salami /səˈlɑːmɪ/ n salami m.

salary /ˈsælərɪ/ n [**-ries**] sueldo m, salario m.

sale /seɪl/ n (gen) venta f: **it's for sale** está en venta; (with reduced prices) liquidación f, rebajas f pl.

sale price n precio m rebajado. **sales assistant** ✳ (US) **clerk** n dependiente -ta m/f. **salesman/woman** n (in shop) dependiente -ta m/f, vendedor -dora m/f; (representative) representante f m/f, vendedor-dora m/f.

salient /ˈseɪlɪənt/ adj (frml) principal, destacado -da.

saliva /səˈlaɪvə/ n saliva f.

salmon /ˈsæmən/ n inv salmón m.

salmonella /sælməˈnelə/ n salmonella f.

salon /ˈsælɒn/ n salón m.

saloon /səˈluːn/ n **1.** (o **saloon bar**) (in GB) en un pub, sala más lujosa y más cara. **2.** (US: bar) bar m. **3.** (Auto) turismo m.

salt /sɔːlt/ I n sal f. II vt **1.** (for flavour) ponerle sal a. **2.** (to preserve) salar.

salt cellar n salero m. **saltwater** adj (de) agua salada.

salty /ˈsɔːltɪ/ adj [**-tier, -tiest**] salado -da.

salute /səˈluːt/ I n saludo m. II vt/i saludar.

Salvadorian /sælvəˈdɔːrɪən/, **Salvadoran** adj, n salvadoreño -ña adj, m/f.

salvage /ˈsælvɪdʒ/ I n **1.** (action) salvamento m. **2.** (objects) objetos *m pl* recuperados. II *vt* salvar.

salvation /sæl'veɪʃən/ *n* salvación *f*.
Salvation Army *n* Ejército *m* de Salvación.

salvo /'sælvəʊ/ *n* [**-vos** ∗ **-voes**] salva *f*.

Samaritan /sə'mærɪtən/ I *n* samaritano -na *m/f*. II **the Samaritans** *n pl* el Teléfono de la Esperanza.

same /seɪm/ I *adj* mismo -ma: it was the same colour as mine era del mismo color que el mío; **at the same time** al mismo tiempo. II *pron*: he ate the same as Ann comió lo mismo que Ann; **they're the same** son iguales ● "Congratulations!" "And the same to you!" —¡Felicidades! —¡Igualmente! ● **all the same, I'd better check** aun así, mejor será que lo compruebe.

sample /'sɑ:mpəl/ I *n* muestra *f*. II *vt* probar.

sanatorium /sænə'tɔ:rɪəm/ *n* [**-riums** ∗ **-ria**] sanatorio *m*.

sanctimonious /sæŋktɪ'məʊnɪəs/ *adj* moralista.

sanction /'sæŋkʃən/ I *n* 1. (*punishment*) sanción *f*. 2. (*frml: approval*) autorización *f*. II *vt* (*to authorize*) sancionar.

sanctity /'sæŋktɪtɪ/ *n* 1. (*holiness*) santidad *f*. 2. (*of an oath*) inviolabilidad *f*.

sanctuary /'sæŋktjʊərɪ/ *n* [**-ries**] 1. (*Relig*) santuario *m*. 2. (*refuge*) asilo *m*. 3. (*Ecol*) reserva *f*.

sand /sænd/ I *n* arena *f*. II *vt* (*o sand down*) lijar.
sandbank *n* banco *m* de arena. **sand castle** *n* castillo *m* de arena. **sand dune** *n* duna *f*, médano *m*. **sandpaper** *n* papel *m* de lija. **sandpit** *n* cajón *m* de arena (*para juegos infantiles*). **sandstone** *n* piedra *f* arenisca.

sandal /'sændəl/ *n* sandalia *f*.

sandwich /'sænwɪdʒ/ I *n* [**-ches**] (*on sliced bread*) sándwich *m*, emparedado *m*; (*on French bread*) bocadillo *m*, (*Amér L*) sándwich *m*, (*Méx*) torta *f*. II *vt* encajonar.

sandwich course *n*: curso en el que se alternan periodos de clases y de prácticas.

sandy /'sændɪ/ *adj* [**-dier, -diest**] 1. (*soil*) arenoso -sa; (*beach*) de arena. 2. (*hair*) rubio -bia rojizo -za.

sane /seɪn/ *adj* cuerdo -da, en su sano juicio.

sang /sæŋ/ *pret* ⇨ **sing**.

sanitarium /sænɪ'teərɪəm/ *n* [**-riums** ∗ **-ria**] (*US*) sanatorio *m*.

sanitary /'sænɪtərɪ/ *adj* 1. (*Med*) sanitario -ria. 2. (*clean, hygienic*) higiénico -ca.

sanitary towel ∗ (*US*) **napkin** *n* compresa *f*, paño *m* higiénico.

sanitation /sænɪ'teɪʃən/ *n* 1. (*public health*) sanidad *f*. 2. (*disposal system*) servicios *m pl* sanitarios.

sanity /'sænɪtɪ/ *n* 1. (*Med*) cordura *f*. 2. (*good sense*) sensatez *f*.

sank /sæŋk/ *pret* ⇨ **sink**.

Santa Claus /'sæntə klɔ:z/ *n* Papá *m* Noel.

sap /sæp/ I *n* (*Bot*) savia *f*. II *vt* (*one's strength*) debilitar, minar.

sapling /'sæplɪŋ/ *n* árbol *m* joven.

sapphire /'sæfaɪə/ *n* zafiro *m*.

sarcasm /'sɑ:kæzəm/ *n* sarcasmo *m*.

sarcastic /sɑ:'kæstɪk/ *adj* sarcástico -ca.

sardine /sɑ:'di:n/ *n* sardina *f*.

sash /sæʃ/ *n* [**-shes**] faja *f*.

sash window *n* ventana *f* de guillotina.

sat /sæt/ *pret y pp* ⇨ **sit**.

Sat. /'sætədeɪ/ = **Saturday**.

Satan /'seɪtən/ *n* Satanás *m*.

satchel /'sætʃəl/ *n* cartera *f* (*de colegial*).

satellite /'sætəlaɪt/ *n* satélite *m*.

satellite dish *n* antena *f* parabólica.

satin /'sætɪn/ *n* satén *m*, raso *m*.

satire /'sætaɪə/ *n* sátira *f*.

satirist /'sætərɪst/ *n* escritor -tora *m/f* satírico -ca.

satisfaction /sætɪs'fækʃən/ *n* satisfacción *f*.

satisfactory /sætɪs'fæktərɪ/ *adj* satisfactorio -ria.

satisfy /'sætɪsfaɪ/ vt [**-fies, -fying, -fied**] 1. (*to please*) satisfacer. 2. (*to convince*) convencer.

satisfying /'sætɪsfaɪɪŋ/ adj 1. (*result*) gratificante. 2. (*meal*) que deja satisfecho -cha.

saturate /'sætʃəreɪt/ vt saturar (**with** de).

Saturday /'sætədeɪ/ n sábado m ⇨ **Thursday**.

Saturn /'sætɜːn/ n Saturno m.

sauce /sɔːs/ n salsa f.

saucepan /'sɔːspən/ n cacerola f, cazo m.

saucer /'sɔːsə/ n platito m, platillo m.

saucy /'sɔːsɪ/ adj [**-cier, -ciest**] (*fam*) pícaro -ra, fresco -ca.

sauna /'sɔːnə/ n sauna f.

saunter /'sɔːntə/ vi (*fam*): he sauntered out salió tranquilamente.

sausage /'sɒsɪdʒ/ n salchicha f.

sausage dog n (*fam*) perro m salchicha. **sausage roll** n: salchicha envuelta en masa de hojaldre.

sauté /'səʊteɪ/ I adj salteado -da. II vt [**-tés, -téing, -téed**] saltear.

savage /'sævɪdʒ/ I n salvaje m/f. II adj 1. (*ferocious*) feroz; (*cruel*) cruel. 2. (*primitive*) salvaje. III vt atacar salvajemente.

savagery /'sævɪdʒərɪ/ n violencia f, ferocidad f.

save /seɪv/ I vt 1. (*money, time*) ahorrar. 2. (*to put aside*) guardar. 3. (*a life, person*) salvar. 4. (*trouble, a journey*) evitar. 5. (*Sport: a shot*) parar. 6. (*Inform*) guardar. ◆ vi (*Fin*) ahorrar. II n (*Sport*) parada f.

to **save up** vt/i ahorrar.

saving /'seɪvɪŋ/ I n ahorro m. II **savings** n pl ahorros m pl.

savings account n cuenta f de ahorros. **savings bank** n caja f de ahorros.

saviour, (*US*) **savior** /'seɪvjə/ n salvador m.

savour, (*US*) **savor** /'seɪvə/ vt saborear, paladear.

savoury, (*US*) **savory** /'seɪvərɪ/ adj 1. (*not sweet*) salado -da. 2. (*tasty*)

sabroso -sa.

saw /sɔː/ I pret ⇨ **see**. II n (*gen*) sierra f; (*carpenter's*) serrucho m. III vt [**saws, sawing, sawed**, pp **sawn** * **sawed**] serrar.

to **saw off/up** vt cortar (con una sierra).

sawdust n serrín m. **sawmill** n aserradero m. **sawn-off shotgun** n escopeta f de cañones recortados.

sawn /sɔːn/ pp ⇨ **saw**.

sax /sæks/ n (*fam*) saxo m.

saxophone /'sæksəfəʊn/ n saxofón m.

say /seɪ/ I vt [**says, saying, said**] 1. (*person*) decir: he said yes dijo que sí; I won't say it again no voy a repetirlo; how do you say that in French? ¿cómo se dice en francés? ● it goes without saying that he won't know ni que decir tiene que no lo sabrá. 2. (*sign*) decir, poner. II n: let me have my say déjame hablar a mí; I had no say in the matter no tuve ni voz ni voto en el asunto.

saying /'seɪɪŋ/ n refrán m, dicho m.

scab /skæb/ n 1. (*Med*) costra f. 2. (*Pol: fam*) esquirol m/f.

scaffold /'skæfəʊld/ n cadalso m.

scaffolding /'skæfəldɪŋ/ n andamiaje m.

scald /skɔːld/ vt escaldar.

scale /skeɪl/ I n 1. (*gen*) escala f: on a large scale a gran escala; (*of charges*) tarifa f; (*hierarchy*) escalafón m. 2. (*on fish, lizard*) escama f. II **scales** n pl (*in kitchen*) balanza f; (*in bathroom, for larger things*) báscula f. III vt (*a mountain*) escalar.

to **scale down/up** vt (*a map, model*) reducir/ampliar la escala de.

scallion /'skæljən/ n (*US*) cebolleta f.

scallop /'skɒləp/ n vieira f.

scalp /skælp/ I n cuero m cabelludo. II vt 1. (*a person*) arrancarle el cuero cabelludo a. 2. (*US: tickets*) revender.

scalpel /'skælpəl/ n bisturí m.

scalper /'skælpə/ n (US) revendedor -dora m/f.

scamper /'skæmpə/ vi: **to scamper off** irse * alejarse corriendo.

scampi /'skæmpi/ n gambas f pl.

scan /skæn/ I vt [**scans, scanning, scanned**] (: to look at: with care) escudriñar; (: briefly) echar un vistazo a. II n (Med: gen) escáner m; (: ultrasound) ecografía f.

scandal /'skændəl/ n 1. (affair) escándalo m. 2. (fam: gossip) chismes m pl.

Scandinavia /skændɪ'neɪvɪə/ n Escandinavia f.

Scandinavian /skændɪ'neɪvɪən/ adj, n escandinavo -va adj, m/f.

scant /skænt/ adj escaso -sa.

scanty /'skænti/ adj [**-tier, -tiest**] (information) escaso -sa; (meal) frugal; (swimsuit) breve.

scapegoat /'skeɪpgəut/ n chivo m expiatorio, cabeza m/f de turco.

scar /skɑː/ I n cicatriz f. II vt [**scars, scarring, scarred**]: **his arms were scarred** tenía cicatrices en los brazos.

scarce /skeəs/ adj escaso -sa • **I made myself scarce** desaparecí ‖ me largué.

scarcely /'skeəsli/ adv apenas.

scarcity /'skeəsəti/ n [**-ties**] escasez f.

scare /skeə/ I n 1. (fright) susto m. 2. (general alarm) pánico m. II vt asustar.

to scare away * off vt ahuyentar.

scarecrow /'skeəkrəu/ n espantapájaros m inv.

scared /skeəd/ adj asustado -da: **don't be scared** no te asustes • **we were scared stiff** estábamos muertos de miedo.

scarf /skɑːf/ n [**scarfs * scarves**] (woollen) bufanda f; (decorative) pañuelo m.

scarlet /'skɑːlət/ adj, n escarlata adj inv, m.

scarlet fever n escarlatina f.

scarves /skɑːvz/ pl ⇨ **scarf**.

scary /'skeəri/ adj [**-rier, -riest**] (fam): **a really scary film** una película que da mucho miedo; **it's scary** da miedo.

scathing /'skeɪðɪŋ/ adj (criticism) acerbo -ba; (comments) cáustico -ca.

scatter /'skætə/ vt 1. (gen) desparramar; (seeds, ashes) esparcir. 2. (people) dispersar. ♦ vi 1. (gen) desparramarse; (seeds) esparcirse. 2. (people) dispersarse.

scatterbrain /'skætəbreɪn/ n (fam) cabeza m/f de chorlito.

scatterbrained /'skætəbreɪnd/ adj (fam) despistado -da [S].

scavenger /'skævɪndʒə/ n 1. (Zool) animal o ave de carroña. 2. (person) persona que vive de lo que encuentra entre los desperdicios.

scenario /sɪ'nɑːrɪəu/ n 1. (of film) guión m. 2. (possibility) posibilidad f.

scene /siːn/ n 1. (in play, movie) escena f • **to make a scene** armar un número * escándalo. 2. (view) panorama m. 3. (place) lugar m. 4. (sphere): **on the political scene** en el ámbito político.

scenery /'siːnəri/ n 1. (in theatre) decorados m pl. 2. (countryside) paisaje m.

scenic /'siːnɪk/ adj (views) panorámico -ca; (countryside) pintoresco -ca.

scent /sent/ n 1. (smell) olor m, perfume m. 2. (perfume) perfume m. 3. (trail) rastro m.

sceptic /'skeptɪk/ n escéptico -ca m/f.

sceptical /'skeptɪkəl/ adj escéptico -ca.

scepticism /'skeptɪsɪzəm/ n escepticismo m.

schedule /'ʃedjuːl, 'skedjuːl/ I n 1. (of meetings) programa m; (of work) calendario m (de trabajo): **the project is ahead of/behind schedule** vamos adelantados/atrasados con el proyecto; **it left on schedule** partió puntualmente. 2. (US: timetable) horario m. II vt programar.

scheduled flight /'ʃedjuːld o 'skedjuːld flaɪt/ n vuelo m regular.

scheme /skiːm/ I n 1. (plan) plan

m. **2.** (*trick*) ardid *m.* **3.** (*combination*): **the colour scheme** la combinación de colores. II *vi* intrigar.

scheming /'ski:mɪŋ/ *adj* maquinador -ra.

schism /'sɪzəm, 'skɪzəm/ *n* cisma *m.*

schizophrenic /skɪtsəʊfrenɪk/ *adj, n* esquizofrénico -ca *adj, m/f.*

scholar /'skɒlə/ *n* **1.** (*academic*) estudioso -sa *m/f.* **2.** (*student*) estudiante *m/f*; (*recipient of scholarship*) becario -ria *m/f.*

scholarly /'skɒləlɪ/ *adj* erudito -ta.

scholarship /'skɒləʃɪp/ *n* **1.** (*award*) beca *f.* **2.** (*erudition*) erudición *f.*

school /sku:l/ *n* **1.** (*gen*) escuela *f*, colegio *m*; (*faculty*) facultad *f.* **2.** (*of fish*) banco *m.*

school age *n* edad *f* escolar. **schoolbook** *n* libro *m* de texto. **schoolboy** *n* colegial *m.* **schooldays** *n pl* años *m pl* de colegio. **schoolfriend** *n* compañero -ra *m/f* del colegio. **schoolgirl** *n* colegiala *f.* **schoolteacher** (*o* **schoolmaster/mistress**) *n* (*primary*) maestro -tra *m/f*; (*secondary*) profesor -sora *m/f.* **school year** *n* año *m* escolar.

schooling /'sku:lɪŋ/ *n* estudios *m pl.*

schooner /'sku:nə/ *n* **1.** (*ship*) goleta *f.* **2.** (*for sherry*) copa *f* (*grande*).

sciatica /saɪˈætɪkə/ *n* ciática *f.*

science /'saɪəns/ *n* ciencia *f.*

science fiction *n* ciencia *f* ficción. **science park** *n* parque *m* tecnológico.

scientific /saɪənˈtɪfɪk/ *adj* científico -ca.

scientist /'saɪəntɪst/ *n* científico -ca *m/f.*

sci-fi /'saɪfaɪ/ *n* ciencia *f* ficción.

scintillating /'sɪntɪleɪtɪŋ/ *adj* fascinante, brillante.

scissors /'sɪzəz/ *n pl* (*o* **pair of scissors**) tijera *f*, tijeras *f pl.*

scoff /skɒf/ *vi* (*to laugh*) burlarse (**at** de). ♦ *vt* (*fam: to eat*) zamparse.

scold /skəʊld/ *vt* reprender, regañar.

scone /skɒn/ *n* bollo *m* (*que se come con mantequilla o con mermelada y nata*).

scoop /sku:p/ I *n* **1.** (*for flour, rice*) pala *f.* **2.** (*exclusive*) primicia *f* (*informativa*). II *vt*: **he scooped up the coins** recogió las monedas; **scoop out the seeds** saca las semillas.

scooter /'sku:tə/ *n* **1.** (*Transp*) escúter *m*, Vespa® *f.* **2.** (*toy*) patinete *m.*

scope /skəʊp/ *n* **1.** (*of investigation*) campo *m*; (*of course*) alcance *m.* **2.** (*opportunities*) oportunidades *f pl* (**for** para).

scorch /skɔ:tʃ/ *vt* chamuscar.

scorching /'skɔ:tʃɪŋ/ *adj* (*weather*) muy caluroso -sa; (*heat*) abrasador -dora.

score /skɔ:/ I *n* **1.** (*points*) puntuación *f*, (*Amér L*) puntaje *m*: **he got top score** obtuvo la puntuación más alta; **I'm keeping score** yo llevo la cuenta; **what's the score?** ¿cómo van?; **the final score** el resultado final. **2.** (*twenty*) veintena *f* ● **scores of people** montones de gente. **3.** (*Mus: gen*) partitura *f*; (: *of film*) música *f.* II *vi* (*gen*) anotar un punto; (*in football, hockey*) marcar un gol; (*in basketball*) encestar. ♦ *vt* **1.** (*a goal*) marcar; (*a point*) obtener, anotar. **2.** (*to scratch*) rayar.

to **score out** ✳ **through** *vt* tachar.

scoreboard *n* marcador *m.*

scorn /skɔ:n/ I *n* desprecio *m.* II *vt* desdeñar, despreciar.

scornful /'skɔ:nfʊl/ *adj* desdeñoso -sa.

Scorpio /'skɔ:pɪəʊ/ *n* Escorpión *m.*

scorpion /'skɔ:pɪən/ *n* escorpión *m*, alacrán *m.*

Scot /skɒt/ I *n* escocés -cesa *m/f.* II **Scots** *adj* escocés -cesa.

Scotsman/woman *n* escocés -cesa *m/f.*

scotch /skɒtʃ/ I *vt* (*frml*) **1.** (*a rumour*) desmentir. **2.** (*a plan*) frustrar. II **Scotch** *n* [-ches] (*whisky*) whisky *m* escocés.

Scotch® tape *n* (*US*) celo *m*, cinta *f* adhesiva.

scot-free /skɒtˈfriː/ *adv*: **he got off scot-free** quedó impune.

Scotland /ˈskɒtlənd/ *n* Escocia *f*.

Scottish /ˈskɒtɪʃ/ **I** *adj* escocés -cesa. **II the Scottish** *n pl* los escoceses.

scoundrel /ˈskaʊndrəl/ *n* sinvergüenza *m/f*.

scour /ˈskaʊə/ *vt* **1.** (*to scrub*) restregar. **2.** (*to search: an area*) peinar, registrar a fondo; (*:documents*) leer con cuidado.

scourge /skɜːdʒ/ *n* azote *m* (**of** de).

scout /skaʊt/ **I** *n* **1.** (*Mil*) miembro *m* de la patrulla de reconocimiento. **2. Scout** (*member of youth organization*) boy scout *m*. **II** *vi*: **to scout around for sthg** ir en busca de algo.

scowl /skaʊl/ *vi* fruncir el ceño: **he scowled at me** me miró con el ceño fruncido.

scrabble /ˈskræbəl/ *vi* (*in soil*) escarbar: **he scrabbled around on the floor, picking them up** rebuscó por el suelo desesperado, recogiéndolas.

scraggy /ˈskrægɪ/ *adj* [-gier, -giest] flaco -ca, esquelético -ca.

scramble /ˈskræmbəl/ **I** *vi* **1.** (*to jostle*) pelearse (**for** por). **2.** (*to move with difficulty*): **he scrambled out** logró salir con dificultad; **I scrambled up the hill** subí la pendiente con dificultad. **II** *n* (*struggle*): **there was a mad scramble to get in** todos se atropellaban para entrar.

scrambled eggs *n pl* huevos *m pl* revueltos.

scrap /skræp/ **I** *n* **1.** (*metal*) chatarra *f*. **2.** (*piece*) pedacito *m* ● **not a scrap** ni pizca. **3.** (*fam: fight*) pelea *f*. **II scraps** *n pl* (*of food*) sobras *f pl*. **III** *vt* [**scraps, scrapping, scrapped**] **1.** (*an idea*) desechar, abandonar. **2.** (*a vehicle*) desguazar. ♦ *vi* (*fam*) pelearse.

scrapbook *n* álbum *m* de recortes.

scrap heap *n* (*fam*): **they ended up on the scrap heap** acabaron siendo descartados ∗ desechados. **scrap merchant** *n* chatarrero -ra *m/f*. **scrap paper** *n* papel *m* borrador.

scrap yard *n* desguace *m*, cementerio *m* de coches.

scrape /skreɪp/ **I** *n* **1.** (*on surface*) raya *f*. **2.** (*fam: predicament*) lío *m*. **II** *vt* raspar. ♦ *vi* rozar: **I scraped past it** lo pasé rozando.

to scrape through *vt/i* (*an exam*) aprobar raspando ∗ por los pelos. **to scrape together** *vt* (*money*) lograr juntar.

scrappy /ˈskræpɪ/ *adj* [-pier, -piest] (*knowledge*) rudimentario -ria; (*work*) pobre.

scratch /skrætʃ/ **I** *n* [-ches] **1.** (*on surface*) raya *f* ● **to start from scratch** empezar desde cero ● **it's not up to scratch** no está a la altura de lo que se requiere. **2.** (*Med*) rasguño *m*. **II** *vt* **1.** (*a surface*) rayar. **2.** (*to relieve itching*) rascar; (*to graze*) arañar. ♦ *vi* rascarse.

to scratch around *vi* escarbar.

scrawl /skrɔːl/ *vt* garabatear.

scrawny /ˈskrɔːnɪ/ *adj* [-nier, -niest] flaco -ca, escuchimizado -da.

scream /skriːm/ **I** *vt/i* chillar, gritar. **II** *n* chillido *m*.

scree /skriː/ *n* pedregal *m*.

screech /skriːtʃ/ **I** *n* [-ches] **1.** (*scream*) chillido *m*. **2.** (*of brakes*) chirrido *m*. **II** *vi* **1.** (*to scream*) chillar. **2.** (*brakes*) chirriar.

screen /skriːn/ **I** *n* **1.** (*of television, computer, at a cinema*) pantalla *f*. **2.** (*partition: gen*) mampara *f*; (*:folding*) biombo *m*. **II** *vt* **1.** (*a film*) proyectar. **2.** (*candidates*) someter a una investigación de antecedentes; (*patients, donors*) hacerle pruebas a. **3.** (*to hide*) ocultar.

screenplay *n* guión *m*. **screen saver** *n* protector *m* de pantalla.

screening /ˈskriːnɪŋ/ *n* **1.** (*of film*) proyección *f*. **2.** (*of candidates*) investigación *f*; (*Med*) chequeo *m*.

screw /skruː/ **I** *n* tornillo *m*. **II** *vt* atornillar.

to screw off *vt* desenroscar. **to screw on** *vt* enroscar. **to screw up** *vt* arrugar.

screwdriver *n* destornillador *m*.

scribble /'skrɪbəl/ I *vt* escribir a toda prisa. ♦ *vi* hacer garabatos. II *n* garabatos *m pl*.

scrimp /skrɪmp/ *vi*: **he scrimped and saved for years** vivió gastando lo menos posible durante años.

script /skrɪpt/ *n* guión *m*.

scripture /'skrɪptʃə/ *n* escritura *f*.

scroll /skrəʊl/ *n* rollo *m*.

to scroll down/up *vi* (*Inform*) desplazarse hacia abajo/arriba.

scrounge /skraʊndʒ/ *vt/i* gorrear, gorronear.

scrounger /'skraʊndʒə/ *n* gorrón -rrona *m/f*.

scrub /skrʌb/ I *n* (*Bot*) maleza *f*. II *vt* [**scrubs, scrubbing, scrubbed**] 1. (*to clean*) fregar, restregar. 2. (*fam: an idea*) descartar.

scruff /skrʌf/ *n*: **by the scruff of the neck** por el pescuezo.

scruffy /'skrʌfɪ/ *adj* [**-fier, -fiest**] (*person*) desaliñado -da; (*clothes*) viejo -ja y gastado -da.

scrum /skrʌm/ *n* melé *f*.

scruple /'skru:pəl/ *n* escrúpulo *m*.

scrupulous /'skru:pjʊləs/ *adj* escrupuloso -sa.

scrutinize /'skru:tɪnaɪz/ *vt* examinar minuciosamente, escudriñar.

scrutiny /'skru:tɪnɪ/ *n* examen *m*, análisis *m inv*.

scuba diving /'sku:bə daɪvɪŋ/ *n* submarinismo *m*.

scuff /skʌf/ *vt* rozar.

scuffle /'skʌfəl/ *n* refriega *f*.

sculpt /skʌlpt/ *vt/i* esculpir.

sculptor /'skʌlptə/ *n* escultor -tora *m/f*.

sculptress /'skʌlptres/ *n* [**-tresses**] escultora *f*.

sculpture /'skʌlptʃə/ *n* escultura *f*.

scum /skʌm/ *n* 1. (*grease, dirt*) capa *f* de suciedad. 2. (*fam: people*) escoria *f*.

scurrilous /'skʌrɪləs/ *adj* difamatorio -ria.

scurry /'skʌrɪ/ *vi* [**-ries, -rying, -ried**]: **he scurried away** se fue a toda prisa.

scuttle /'skʌtəl/ *vi*: **she scuttled**

away se fue a toda prisa.

scythe /saɪð/ *n* guadaña *f*.

sea /si:/ *n* mar *m* [sometimes *f*]: **by the sea** a orillas del mar; **I went by sea** viajé en barco; **they headed out to sea** se hicieron a la mar; **on the high seas** en alta mar ● **I'm all at sea** estoy completamente perdido.

seafaring *adj* marinero -ra. **seafood** *n* mariscos *m pl*. **seafront** *n* paseo *m* marítimo, (*Amér L*) malecón *m*. **seagoing** *adj* de altura. **seagull** *n* gaviota *f*. **sea horse** *n* caballito *m* de mar. **sea level** *n* nivel *m* del mar. **sea lion** *n* león *m* marino. **seaman** *n* marinero *m*. **seaplane** *n* hidroavión *m*. **seaport** *n* puerto *m* de mar. **seashell** *n* concha *f* marina. **seashore** *n* orilla *f* del mar. **seasick** *adj* mareado -da. **seaside** *n* costa *f*. **sea urchin** *n* erizo *m* de mar. **sea wall** *n* rompeolas *m inv*. **seaweed** *n* algas *f pl* marinas. **seaworthy** *adj* en condiciones de navegar.

seal /si:l/ *n* 1. (*Zool*) foca *f*. 2. (*to prevent opening*) sello *m*; (*to prevent leaks*) goma *f*. II *vt* (*gen*) cerrar; (*to prevent opening*) sellar; (*to prevent leaks*) cerrar herméticamente.

to seal off *vt* (*an area*) acordonar.

seam /si:m/ *n* 1. (*Clothing*) costura *f*. 2. (*Tec*) juntura *f*. 3. (*Geol*) veta *f*, filón *m*.

seance, séance /'seɪɑːns/ *n* sesión *f* de espiritismo.

search /sɜ:tʃ/ I *vi* buscar: **I searched for her** la busqué. ♦ *vt* (*a person*) cachear; (*an area*) peinar, rastrear; (*luggage, a building*) registrar. II *n* [**-ches**] (*gen*) búsqueda *f* (**for** de): **in search of work** en busca de trabajo; (*of building*) registro *m*.

searchlight *n* reflector *m*. **search party** *n* patrulla *f* de búsqueda. **search warrant** *n* orden *f* de registro.

searching /'sɜ:tʃɪŋ/ *adj* (*look*) penetrante; (*question*) sagaz.

season /'si:zən/ I *n* 1. (*of year*) estación *f*. 2. (*for activity, fruit*) temporada *f*: **cherries aren't in season** no es temporada de cerezas. **II** *vt* sazonar.

season ticket *n* abono *m*.

seasonal /'si:zənəl/ *adj* (*worker*) temporero -ra; (*work, fruit*) de temporada.

seasoned /'si:zənd/ *adj* 1. (*veteran, worker*) con experiencia, experimentado -da. 2. (*wood*) seco -ca.

seasoning /'si:zəniŋ/ *n* condimento *m*, aderezo *m*.

seat /si:t/ **I** *n* 1. (*gen*) asiento *m*; (*on bicycle*) sillín *m*. 2. (*of trousers*) fondillos *mpl*; (*Anat*) trasero *m*. 3. (*Pol*) escaño *m*. **II** *vt* 1. (*hall*): **it seats two thousand** tiene un aforo de dos mil sentados. 2. (*to sit down*) sentar: **please be seated** por favor, siéntense.

seat belt *n* cinturón *m* de seguridad.

sec. /'sekənd/ = **second**.

secluded /sɪ'klu:dɪd/ *adj* retirado -da, apartado -da.

seclusion /sɪ'klu:ʒən/ *n* aislamiento *m*.

second /'sekənd/ **I** *adj, pron* segundo -da ⇨ *appendix 4*. **II** *adv* en segundo lugar. **III** *n* 1. (*Auto*) segunda *f*. 2. (*unit of time*) segundo *m*. 3. (*o* **second-class degree**) título universitario con una nota intermedia. **IV** **seconds** *n pl* (*in shop*) artículos *mpl* con defectos de fábrica. **V** *vt* (*a motion*) secundar. **VI** /sɪ'kɒnd/ *vt* trasladar (en comisión).

second-best *adj* inferior. **second class** **I** *adj* (*o* **second-class**) (*seat*) de segunda (clase). **II** *adv* en segunda (clase). **second-class post** *n: servicio de correos más lento que first-class post*. **second hand** (*on clock*) segundero *m*. **second-hand** *adj* (*objects*) de segunda mano; (*bookshop*) de viejo. **second-rate** *adj* mediocre.

secondary /'sekəndərɪ/ *adj* secundario -ria.

secondary school *n* instituto *m* de enseñanza secundaria.

secondly /'sekəndlɪ/ *adv* en segundo lugar.

secrecy /'si:krəsɪ/ *n* secreto *m*.

secret /'si:krət/ **I** *adj* secreto -ta. **II** *n* secreto *m*: **in secret** en secreto; **to keep a secret** guardar un secreto; **an open secret** un secreto a voces.

secretarial /sekrə'teərɪəl/ *adj* de oficina, de secretario -ria.

secretarial college *n* escuela *f* de secretariado.

secretariat /sekrə'teərɪət/ *n* secretaría *f*.

secretary /'sekrɪtrɪ/ *n* [-**ries**] secretario -ria *m/f*.

Secretary of State *n* 1. (*in GB: minister*) ministro -tra *m/f* (con cartera). 2. (*in US: Foreign Minister*) secretario -ria *m/f* de Estado.

secrete /sɪ'kri:t/ *vt* 1. (*Biol*) segregar, secretar. 2. (*to hide*) esconder.

secretion /sɪ'kri:ʃən/ *n* (*Biol*) secreción *f*.

secretive /'si:krətɪv/ *adj* reservado -da [S] (**about** con respecto a).

secretly /'si:krətlɪ/ *adv* en secreto.

sect /sekt/ *n* secta *f*.

sectarian /sek'teərɪən/ *adj* sectario -ria.

section /'sekʃən/ *n* 1. (*gen*) parte *f*; (*of orchestra, newspaper*) sección *f*; (*of population*) sector *m*. 2. (*of road*) tramo *m*. 3. (*of document*) apartado *m*.

sector /'sektə/ *n* sector *m*.

secular /'sekjʊlə/ *adj* (*education*) laico -ca; (*society*) secular.

secure /sɪ'kjʊə/ **I** *adj* 1. (*safe*) seguro -ra. 2. (*fastened*) bien sujeto -ta; (*firm*) firme. **II** *vt* 1. (*to fix firmly*) sujetar. 2. (*to obtain*) conseguir.

security /sɪ'kjʊərətɪ/ *n* [-**ties**] 1. (*gen*) seguridad *f*. 2. (*Fin*) fianza *f*.

security guard *n* guarda *m/f* jurado.

sedan /sɪ'dæn/ *n* (*US*) turismo *m*.

sedate /sɪ'deɪt/ **I** *vt* (*Med*) administrar un sedante a. **II** *adj* reposado -da.

sedative /'sedətɪv/ *adj, n* sedante *adj, m*.

sediment /'sedɪmənt/ *n* 1. (*Geol*) sedimento *m*. 2. (*in wine*) poso *m*, posos *mpl*.

seduce /sɪˈdjuːs/ vt seducir.

seduction /sɪˈdʌkʃən/ n seducción f.

seductive /sɪˈdʌktɪv/ adj (smile, voice) seductor -tora; (offer) tentador -dora.

see /siː/ vt [**sees, seeing, saw,** pp **seen**] 1. (gen) ver ● **see you later!** ¡hasta luego! ● **I saw her home/to the door** la acompañé a casa/a la puerta. 2. (to make sure): **see he gets it** asegúrate de que lo reciba. ♦ vi 1. (gen) ver. 2. (to find out) ver: **I'll phone to see if he's in** llamaré a ver si está.

to **see about** vt: **to see about doing sthg** encargarse de hacer algo. to **see off** vt despedirse de, despedir. to **see through** vt 1. (a project) llevar a buen término. 2. (deceit): **she saw through his lies** se dio cuenta de que le mentía. to **see to** vt 1. (to look after) ocuparse de. 2. (to fix) arreglar.

see-through adj transparente.

seed /siːd/ n 1. (gen) semilla f; (of melon, grape) pepita f: **to go to seed** (plant) granar, (person) abandonarse. 2. (in tennis) cabeza m/f de serie.

seedy /ˈsiːdɪ/ adj [**-dier, -diest**] sórdido -da.

seeing /ˈsiːɪŋ/ conj (o **seeing that** * (fam) **seeing as**) en vista de que.

seek /siːk/ vt [**seeks, seeking, sought**] 1. (gen) buscar. 2. (advice) pedir.

seem /siːm/ vi parecer: **it seems to me you were right** me parece que tenías razón; **I seem to remember that...** creo recordar que....

seemingly /ˈsiːmɪŋlɪ/ adv aparentemente.

seen /siːn/ pp ⇨ **see**.

seep /siːp/ vi filtrarse.

seesaw /ˈsiːsɔː/ n balancín m.

seethe /siːð/ vi 1. (to be full): **the square was seething (with people)** la plaza era un hervidero (de gente). 2. (with anger) estar furioso -sa.

segment /ˈsegmənt/ n 1. (Maths)

segmento m. 2. (of orange) gajo m.

segregate /ˈsegrɪgeɪt/ vt segregar (**from** de).

seize /siːz/ vt 1. (to take hold of) agarrar; (power) hacerse con; (a chance) aprovechar. 2. (Law: property) confiscar; (:drugs) incautarse de.

to **seize on** * **upon** vt (a chance, mistake) aprovechar. to **seize up** vi (Tec) agarrotarse.

seizure /ˈsiːʒə/ n 1. (Med) ataque m. 2. (of property) confiscación f; (of drugs) incautación f; (of contraband) decomiso m.

seldom /ˈseldəm/ adv rara vez, pocas veces.

select /sɪˈlekt/ I vt 1. (gen) escoger (**from** de entre), elegir (**from** de entre). 2. (Sport) seleccionar. II adj selecto -ta.

selection /sɪˈlekʃən/ n 1. (range) selección f, surtido m. 2. (choosing) elección f.

self /self/ n [**-ves**]: **he's not his usual lively self** no está tan animado como de costumbre; **I'll soon be back to my normal self** pronto volveré a ser la de antes.

self-assured adj seguro -ra de sí mismo -ma. **self-catering** adj sin servicio de comidas. **self-centred**, (US) **self-centered** adj egocéntrico -ca. **self-confessed** adj confeso -sa. **self-confidence** n confianza f en sí mismo -ma. **self-conscious** adj cohibido -da, tímido -da. **self-contained** adj con entrada, cocina y baño propios. **self-control** n autodominio m. **self-defeating** adj contraproducente. **self-defence**, (US) **self-defense** n (Law) defensa f propia; (Sport) defensa f personal. **self-disciplined** adj autodisciplinado -da. **self-drive** adj sin chófer. **self-employed** adj autónomo -ma. **self-esteem** n amor m propio. **self-evident** adj patente. **self-governing** adj autónomo -ma. **self-important** adj engreído -da. **self-indulgent** adj muy indulgente consigo mismo -ma.

self-interest n interés m personal.
self-made adj que ha llegado a su posición por esfuerzo propio. **self-pity** n autocompasión f. **self-portrait** n autorretrato m. **self-preservation** n supervivencia f. **self-respecting** adj digno -na. **self-righteous** adj con aires de superioridad moral. **self-sacrifice** n abnegación f. **self-satisfied** adj satisfecho -cha de sí mismo -ma. **self-seeking** adj interesado -da. **self-service** adj self-service, de autoservicio. **self-styled** adj sedicente. **self-sufficient** adj autosuficiente. **self-taught** adj autodidacta.

selfish /'selfɪʃ/ adj egoísta.

selfishness /'selfɪʃnəs/ n egoísmo m.

selfless /'selfləs/ adj desinteresado -da.

sell /sel/ vt [**sells, selling, sold**] vender (**for** en * por). ♦ vi venderse (**at** * **for** a).

to **sell off** vt liquidar. to **sell out** vi 1. (Fin): **the tickets have sold out** se han agotado las entradas. 2. (Pol) venderse.

sell-by date n fecha f límite de venta.

seller /'selə/ n vendedor -dora m/f.

Sellotape® /'seləteɪp/ n celo m, cinta f adhesiva.

sellout, sell-out /'selaʊt/ n 1. (show): **it was a sell-out** se agotaron todas las entradas. 2. (betrayal) traición f.

selves /selvz/ pl ⇨ **self**.

semblance /'sembləns/ n (frml) apariencia f.

semen /'si:mən/ n semen m.

semester /sɪ'mestə/ n semestre m.

semi /'semɪ/ n (fam) ⇨ **semi-detached house**.

semicircle /'semɪsɜ:kəl/ n semicírculo m.

semicolon /semɪ'kəʊlən/ n punto y coma m.

semiconductor /semɪkən'dʌktə/ n semiconductor m.

semidetached house /semɪdɪ-'tætʃt haʊs/ n (Archit) casa f pareada,

chalé m pareado.

semifinal /semɪ'faɪnəl/ n semifinal f.

seminar /'semɪnɑ:/ n (Educ) seminario m.

seminary /'semɪnəri/ n [**-ries**] (Relig) seminario m.

semiskilled /semɪ'skɪld/ adj semicualificado -da.

semiskimmed /semɪ'skɪmd/ adj semidesnatado -da, semidescremado -da.

semolina /semə'li:nə/ n sémola f.

senate /'senət/ n (o **Senate**) senado m.

senator /'senətə/ n senador -dora m/f.

send /send/ vt [**sends, sending, sent**] mandar, enviar.

to **send away** vt: **he sent me away** me dijo que me fuera. ♦ vi: to **send away for sthg** escribir pidiendo algo. to **send back** vt devolver. to **send for** vt: **I sent for him** lo hice llamar. to **send in** vt 1. (by post) mandar, enviar. 2. (troops) enviar. 3. (into a room) hacer pasar. to **send off** vt 1. (to dispatch) mandar. 2. (Sport) expulsar. to **send on** vt (mail) hacer seguir. to **send out** vt (a signal) emitir; (an invitation) enviar. to **send up** vt (fam: to ridicule) parodiar.

sendoff n (fam) despedida f.

sender /'sendə/ n remitente m/f.

senior /'si:nɪə/ adj (with longer service) de mayor antigüedad; (in rank): **she's senior to me** está por encima de mí.

senior citizen n persona f mayor * de la tercera edad. **senior high school** n (US) instituto donde se cursan los últimos años de la enseñanza secundaria.

seniority /si:nɪ'ɒrəti/ n (in length of service) antigüedad f; (in rank) (superior) jerarquía f.

sensation /sen'seɪʃən/ n sensación f.

sensational /sen'seɪʃənəl/ adj sensacional.

sensationalist /sen'seɪʃənəlɪst/ *adj, n* sensacionalista *adj, m/f.*

sense /sens/ I *n* 1. (*reason, meaning, faculty*) sentido *m*: **it doesn't make sense** no tiene sentido; **her sense of direction** su sentido de la orientación. 2. (*sensible attitude*) sentido *m* común ● **to see sense** entrar en razón. 3. (*feeling*) sensación *f.* II *vt* sentir, darse cuenta de.

sense of humour ∗ (*US*) **humor** *n* sentido *m* del humor.

senseless /'sensləs/ *adj* 1. (*irrational*) absurdo -da [S]. 2. (*Med*) inconsciente [E].

sensible /'sensəbəl/ *adj* (*gen*) sensato -ta; (*clothes*) práctico -ca.

sensitive /'sensɪtɪv/ *adj* 1. (*gen*) sensible (**to** a). 2. (*touchy*) susceptible. 3. (*issue*) delicado -da.

sensual /'sensjʊəl/ *adj* sensual.

sensuous /'sensjʊəs/ *adj* sensual.

sent /sent/ *pret y pp* ⇨ **send**.

sentence /'sentəns/ I *n* 1. (*Ling*) oración *f*, frase *f.* 2. (*Law*) sentencia *f*: **to pass sentence** dictar sentencia. II *vt* condenar (**to** a).

sentimental /sentɪ'mentəl/ *adj* sentimental.

sentry /'sentri/ *n* [**-tries**] centinela *m/f.*

separate I /'sepərət/ *adj* 1. (*apart*) separado -da (**from** de). 2. (*different*) distinto -ta (**from** de). II **separates** /'sepərəts/ *n pl* (*Clothing*) prendas *f pl* para conjuntar. III /'sepəreɪt/ *vt* separar (**from** de). ♦ *vi* separarse.

separately /'sepərətli/ *adv* por separado.

separation /sepə'reɪʃən/ *n* separación *f.*

separatist /'sepərətɪst/ *n* separatista *m/f.*

September /sep'tembə/ *n* se(p)tiembre *m* ⇨ **June.**

septic /'septɪk/ *adj*: **my finger went septic** se me infectó el dedo.

septic tank *n* fosa *f* séptica.

sequel /'si:kwəl/ *n* continuación *f* (**to** de).

sequence /'si:kwəns/ *n* secuencia *f.*

sequin /'si:kwɪn/ *n* lentejuela *f.*

Serb /sɜ:b/ *adj, n* serbio -bia *adj, m/f.*

Serbia /'sɜ:bɪə/ *n* Serbia *f.*

Serbian /'sɜ:bɪən/ *adj, n* serbio -bia *adj, m/f.*

Serbo-Croat /sɜ:bəʊ'krəʊæt/ *n* serbocroata *m.*

serene /sə'ri:n/ *adj* sereno -na.

sergeant /'sɑ:dʒənt/ *n* 1. (*Mil*) sargento *m/f.* 2. (*in police*) cabo *m/f.*

serial /'sɪərɪəl/ *n* serie *f.*

serial killer *n* asesino -na *m/f* en serie. **serial number** *n* número *m* de serie.

serialize /'sɪərɪəlaɪz/ *vt* serializar.

series /'sɪərɪz/ *n inv* serie *f.*

serious /'sɪərɪəs/ *adj* (*illness, error*) grave; (*person, character*) serio -ria.

seriously /'sɪərɪəsli/ *adv* 1. (*ill*) gravemente. 2. (*not as a joke*) en serio.

seriousness /'sɪərɪəsnəs/ *n* 1. (*of illness, situation*) gravedad *f.* 2. (*of person, remark*) seriedad *f.*

sermon /'sɜ:mən/ *n* sermón *m.*

serrated /sə'reɪtɪd/ *adj* serrado -da, dentado -da.

serum /'sɪərəm/ *n* suero *m.*

servant /'sɜ:vənt/ *n* sirviente -ta *m/f*, criado -da *m/f.*

serve /sɜ:v/ I *n* (*Sport*) saque *m.* II *vt* 1. (*food*) servir. 2. (*in a shop*) atender. 3. (*a cause, company*) servir a ● **it serves you right** te lo tienes bien merecido. 4. (*a sentence*): **I served five years** cumplí cinco años de condena. ♦ *vi* 1. (*at table, in a post, etc.*) servir. 2. (*to function*) servir (**as** de). 3. (*in tennis*) sacar.

to **serve up** *vt* (*food*) servir.

service /'sɜ:vɪs/ I *n* 1. (*gen*) servicio *m.* 2. (*use*): **it's not in service** no está en uso ∗ servicio; **they took it out of service** lo retiraron de servicio. 3. (*Auto*) revisión *f.* 4. (*Relig*) oficio *m* (religioso). II **the Services** *n pl* (*Mil*) las Fuerzas Armadas. III *vt* (*Auto, Tec*) hacerle una revisión a.

service area *n* (*Transp*) área *f*★ de servicio. **service charge** *n* servicio *m*. **service industry** *n* industria *f* del sector servicios. **serviceman** *n* militar *m*. **service station** *n* estación *f* de servicio. **servicewoman** *n* militar *f*.

serviceable /'sɜ:vɪsəbəl/ *adj*: **it's still serviceable** todavía sirve.

serviette /sɜ:'vɪet/ *n* servilleta *f*.

serving /'sɜ:vɪŋ/ *n* ración *f*.

serving dish *n* fuente *f*.

sesame /'sesəmɪ/ *n* sésamo *m*, ajonjolí *m*.

session /'seʃən/ *n* sesión *f*.

set /set/ I *adj* 1. (*price*) fijo -ja: **the set menu ✳ meal** el menú del día. 2. (*determined*): **he was all set to resign** estaba decidido a dimitir. II *n* 1. (*of objects*) juego *m*; (*of books*) colección *f*. 2. (*in tennis*) set *m*, manga *f*. 3. (*in theatre*) decorado *m*; (*for movie, TV*) plató *m*. 4. (*receiver*) aparato *m*. III *vt* [**sets, setting, set**] 1. (*to establish*) fijar. 2. (*to place*) poner: **they set him free** lo pusieron en libertad. 3. (*a task*) poner. 4. (*an alarm*) poner, conectar; (*a clock*) poner en hora. 5. (*to start off*): **to set sthg going/in motion** poner algo en marcha/en movimiento ● **it set me thinking** me hizo pensar. ◆ *vi* 1. (*food*) cuajar; (*concrete*) fraguar. 2. (*bone*) soldarse. 3. (*sun*) ponerse.

to **set about** *vt*: **I set about cleaning it** me puse a limpiarlo. *to* **set against** *vt* poner en contra de. *to* **set apart** *vt* distinguir (**from** de). *to* **set aside** *vt* 1. (*to save*) guardar. 2. (*to reserve*) reservar. 3. (*to disregard*) dejar a un lado. *to* **set back** *vt* 1. (*to delay*) retrasar. 2. (*fam: to cost*): **it set me back £100** me costó cien libras. *to* **set in** *vi* empezar. *to* **set off** *vt* 1. (*a firework*) encender; (*a bomb*) hacer detonar. 2. (*a feature*) realzar. ◆ *vi* ponerse en camino. *to* **set out** *vt* 1. (*to arrange*) disponer. 2. (*to explain*) exponer. ◆ *vi* 1. (*to depart*) salir. 2. (*to intend*) proponerse. *to* **set up** *vt* (*gen*) establecer; (*a business*) montar.

setback *n* revés *m*. **set square** *n*

cartабón *m*. **setup** *n*: **it's an impressive setup** está muy bien montado.

settee /se'ti:/ *n* sofá *m*.

setting /'setɪŋ/ *n* 1. (*on gauge*) posición *f*. 2. (*for an event*) escenario *m*. 3. (*for a jewel*) montura *f*.

settle /'setəl/ *vi* 1. (*to take up residence*) afincarse (**in** en). 2. (*bird, butterfly*) posarse (**on** sobre ✳ en). 3. (*dust*) asentarse. ◆ *vt* 1. (*a problem*) resolver. 2. (*a bill*) pagar. 3. (*to calm*) calmar. 4. (*a territory*) colonizar.

to **settle down** *vi* 1. (*to become more sensible*) sentar la cabeza. 2. (*to calm down*) calmarse. *to* **settle for** *vt* conformarse con. *to* **settle on** *vt* (*to choose*) decidirse por; (*to fix*) fijar. *to* **settle up** *vi* arreglar cuentas.

settlement /'setəlmənt/ *n* 1. (*of problem*) acuerdo *m*. 2. (*of debt*) liquidación *f*. 3. (*community*) asentamiento *m*.

settler /'setlə/ *n* colono *m*, colonizador -dora *m/f*.

seven /'sevən/ *adj, pron, n* siete ⇨ *appendix 4*.

seventeen /sevən'ti:n/ *adj, pron, n* diecisiete ⇨ *appendix 4*.

seventeenth /sevən'ti:nθ/ *adj, pron* decimoséptimo -ma ⇨ *appendix 4*.

seventh /'sevənθ/ *adj, pron* séptimo -ma ⇨ *appendix 4*.

seventieth /'sevəntɪθ/ *adj, pron* septuagésimo -ma, setenta ⇨ *appendix 4*.

seventy /'sevəntɪ/ *adj, pron, n* [**-ties**] setenta ⇨ *appendix 4*.

sever /'sevə/ *vt* (*frml*) 1. (*a limb, cable*) cortar. 2. (*connections*) romper.

several /'sevərəl/ *pron, adj* varios -rias.

severance /'sevərəns/ *n* (*frml: of a link*) ruptura *f*.

severance pay *n* indemnización *f* por cese.

severe /sɪ'vɪə/ *adj* (*measures*) severo -ra; (*winter*) severo -ra; (*pain*) intenso -sa.

severity /sɪˈverətɪ/ n (gen) severidad f; (of pain) intensidad f.

sew /səʊ/ vt/i [**sews, sewing, sewed,** pp **sewed** ∗ **sewn**] coser.

sewage /ˈsuːɪdʒ/ n aguas fpl residuales.

sewage works n estación f depuradora.

sewer /ˈsuːə/ I n cloaca f, alcantarilla f. II **sewers** n pl alcantarillado m.

sewing /ˈsəʊɪŋ/ n costura f.

sewing machine n máquina f de coser.

sewn /səʊn/ pp ➪ **sew**.

sex /seks/ n [-**es**] (gen) sexo m; (intercourse) relaciones fpl sexuales.

sexist /ˈseksɪst/ adj, n sexista adj, m/f.

sexual /ˈseksjʊəl/ adj sexual.

sexy /ˈseksɪ/ adj [-**xier, -xiest**] sexy, sexi.

Sgt /ˈsɑːdʒənt/ (= **sergeant**) Sgto.

shabby /ˈʃæbɪ/ adj [-**bier, -biest**] 1. (clothes) viejo -ja y gastado -da. 2. (behaviour) mezquino -na.

shack /ʃæk/ n choza f, chabola f.

shackles /ˈʃækəlz/ n pl grilletes m pl.

shade /ʃeɪd/ I n 1. (shadow) sombra f. 2. (for lamp) pantalla f. 3. (of colour) tono m. 4. (fam: little) poquito m. II vt (tree, awning) dar sombra a: I **shaded** my eyes from the sun me protegí los ojos del sol.

shadow /ˈʃædəʊ/ I n sombra f. II vt (fam) seguir de cerca.

shadow cabinet n gabinete m fantasma (gabinete de la oposición parlamentaria).

shadowy /ˈʃædəʊɪ/ adj 1. (character) enigmático -ca. 2. (shape) borroso -sa.

shady /ˈʃeɪdɪ/ adj [-**dier, -diest**] 1. (place) sombreado -da. 2. (fam: deal, past) turbio -bia; (: character) sospechoso -sa.

shaft /ʃɑːft/ n 1. (of mine) pozo m; (for lift) hueco m. 2. (Auto) eje m, árbol m. 3. (of tool) mango m. 4. (of light) rayo m.

shaggy /ˈʃægɪ/ adj [-**gier, -giest**] peludo -da.

shake /ʃeɪk/ I n sacudida f. II vt [**shakes, shaking, shook,** pp **shaken**] 1. (gen) sacudir; (a bottle, dice) agitar: he **shook** hands with me me estrechó la mano. 2. (to upset) conmocionar. ♦ vi temblar.

to **shake off** vt quitarse de encima. to **shake up** vt 1. (an organization) reorganizar totalmente. 2. (to upset) conmocionar.

shaken /ˈʃeɪkən/ pp ➪ **shake**.

shaky /ˈʃeɪkɪ/ adj [-**kier, -kiest**] (voice, hand) tembloroso -sa: she still felt a little **shaky** aún se sentía un poco débil.

shall /ʃæl/ v aux 1. (in future tense): I **shan't** have time no tendré tiempo. 2. (in suggestions): **shall** we sit here? ¿nos sentamos aquí?

shallow /ˈʃæləʊ/ adj 1. (water, hole) poco profundo -da. 2. (character) superficial.

sham /ʃæm/ I vt/i [**shams, shamming, shammed**] fingir. II n simulacro m, farsa f.

shambles /ˈʃæmbəlz/ n (fam) desastre m.

shame /ʃeɪm/ I n 1. (guilt, embarrassment) vergüenza f. 2. (pity) lástima f: it's a **shame** he didn't come es una lástima que no viniera. II vt avergonzar.

shamefaced adj avergonzado -da.

shameful /ˈʃeɪmfʊl/ adj vergonzoso -sa.

shampoo /ʃæmˈpuː/ I n champú m. II vt lavar.

shamrock /ˈʃæmrɒk/ n trébol m.

shandy /ˈʃændɪ/ n [-**dies**] clara f, shandy m.

shan't /ʃɑːnt/ contracción de **shall not**

shanty /ˈʃæntɪ/ n [-**ties**] choza f, chabola f.

shantytown n barrio m de chabolas.

shape /ʃeɪp/ I n forma f: to take **shape** tomar forma. II vt 1. (gen) dar forma a. 2. (the future, develop-

ments) determinar.

to **shape up** *vi* (*fam*): **he's shaping up well** está progresando bien; **things are shaping up** las cosas están tomando buen cariz.

shaped /ʃeɪpt/ *adj*: **it's shaped like a star** tiene forma de estrella; **a mushroom-shaped cloud** una nube en forma de hongo.

shapeless /'ʃeɪpləs/ *adj* sin forma.

shapely /'ʃeɪplɪ/ *adj* [**-lier, -liest**] (*gen*) bien proporcionado -da; (*woman*) de muy buen tipo.

share /ʃeə/ I *n* **1.** (*part*) parte *f*. **2.** (*Fin*) acción *f*. II *vt* **1.** (*to hold in common*) compartir (**with** con). **2.** (*to divide*) dividir.

to **share out** *vt* repartir.

shareholder *n* accionista *m/f*.

shark /ʃɑːk/ *n* tiburón *m*.

sharp /ʃɑːp/ I *adj* **1.** (*blade, point*) afilado -da; (*nose*) puntiagudo -da. **2.** (*bend*) cerrado -da. **3.** (*taste, smell*) ácido -da; (*pain*) agudo -da. **4.** (*wind*) cortante. **5.** (*voice*) estridente. **6.** (*Mus*) sostenido -da. **7.** (*image*) nítido -da; (*outline*) bien definido -da; (*contrast*) marcado -da. **8.** (*alert*) perspicaz. **9.** (*brusque*) brusco -ca. II *n* (*Mus*) sostenido *m*. III *adv*: **at six o'clock sharp** a las seis en punto.

sharpen /'ʃɑːpən/ *vt* **1.** (*a blade*) afilar. **2.** (*a pencil*) sacarle punta a. **3.** (*a feeling*) agudizar.

sharpener /'ʃɑːpənə/ *n* sacapuntas *m inv*.

sharply /'ʃɑːplɪ/ *adv* **1.** (*suddenly*) de repente; (*abruptly*) bruscamente. **2.** (*to speak*) con aspereza ✳ dureza.

shatter /'ʃætə/ *vt* **1.** (*glass*) hacer añicos. **2.** (*to ruin: one's health*) destrozar; (: *a hope*) echar por tierra. ♦ *vi* hacerse añicos.

shattered /'ʃætəd/ *adj* (*fam*) **1.** (*tired*) molido -da. **2.** (*upset*) destrozado -da.

shave /ʃeɪv/ I *vi* afeitarse, rasurarse. ♦ *vt* (*one's head*) rapar. II *n*: **I had a shave** me afeité ● **it was a close shave** faltó el canto de un

duro.

shaver /ʃeɪvə/ *n* máquina *f* de afeitar (eléctrica).

shaving /ʃeɪvɪŋ/ I *n* afeitado *m*, (*Méx*) rasurado *m*. II **shavings** *n pl* virutas *f pl*.

shaving brush *n* brocha *f* de afeitar.

shaving cream *n* crema *f* de afeitar.

shaving foam *n* espuma *f* de afeitar.

shawl /ʃɔːl/ *n* chal *m*.

she /ʃiː/ *pron* ella.

sheaf /ʃiːf/ *n* [**-ves**] **1.** (*of papers*) fajo *m*. **2.** (*of corn*) gavilla *f*.

shear /ʃɪə/ *vt* [**shears, shearing, sheared,** *pp* **shorn**] (*a sheep*) esquilar, trasquilar.

to **shear off** *vi* [**shears, shearing, sheared**] (*pin, bolt*) romperse.

shears /ʃɪəz/ *n pl* tijeras *f pl* (*para jardinería, etc.*).

sheath /ʃiːθ/ *n* **1.** (*for knife*) funda *f*; (*for sword*) vaina *f*. **2.** (*contraceptive*) preservativo *m*.

sheaves /ʃiːvz/ *pl* ⇨ **sheaf.**

shed /ʃed/ I *vt* [**sheds, shedding, shed**] **1.** (*leaves*) perder. **2.** (*skin*) mudar. **3.** (*blood, tears*) derramar. **4.** (*to lose*) perder. II *n* cobertizo *m*.

she'd /ʃiːd/ contracción de **she had** o de **she would**

sheen /ʃiːn/ *n* brillo *m*.

sheep /ʃiːp/ *n inv* oveja *f*.

sheepdog *n* perro *m* pastor. **sheepskin** *n* piel *f* de borrego.

sheepish /'ʃiːpɪʃ/ *adj* avergonzado -da.

sheer /ʃɪə/ *adj* **1.** (*complete*) puro -ra. **2.** (*cliff*) escarpado -da. **3.** (*fabric*) transparente.

sheet /ʃiːt/ *n* **1.** (*for bed*) sábana *f*. **2.** (*of paper*) hoja *f*; (*of metal*) chapa *f*, lámina *f*.

sheikh, sheik /ʃeɪk/ *n* jeque *m*.

shelf /ʃelf/ *n* [**-ves**] (*gen*) estante *m*; (*in oven*) parrilla *f*.

shell /ʃel/ I *n* **1.** (*of snail*) concha *f*; (*of tortoise, crab*) caparazón *m*. **2.** (*of nut, egg*) cáscara *f*. **3.** (*of building*) armazón *m* ✳ *f*. **4.** (*Mil*) proyectil *m*, obús *m*. II *vt* **1.** (*nuts*) cascar; (*prawns*) pelar. **2.** (*Mil: a target*) bombardear.

shellfish *n pl* mariscos *m pl*.

she'll /ʃiːl/ contracción de **she will**

shelter /'ʃeltə/ I *vt* (*from weather, danger*) proteger; (*from persecution*) amparar. ♦ *vi* (*from weather*) guarecerse; (*from danger*) refugiarse. II *n* 1. (*gen*) refugio *m*. 2. (*accommodation*) albergue *m*.

sheltered /'ʃeltəd/ *adj* (*place*) abrigado -da ● **he led a sheltered life** vivió muy protegido.

sheltered accommodation ✻ **housing** *n*: viviendas para ancianos o minusválidos atendidas por personal especializado.

shelve /ʃelv/ *vt* dar carpetazo a.

shelves /ʃelvz/ *pl* ⇨ **shelf**.

shelving /'ʃelvɪŋ/ *n* estantes *m pl*.

shepherd /'ʃepəd/ I *n* pastor -tora *m/f*. II *vt* guiar.

shepherd's pie *n*: carne picada cubierta de puré de patatas.

sherry /'ʃeri/ *n* [**-ries**] jerez *m*.

she's /ʃiːz/ contracción de **she is** o de **she has**

shield /ʃiːld/ I *n* 1. (*Mil*) escudo *m*. 2. (*Tec*) pantalla *f* protectora. II *vt* proteger (**from** de).

shift /ʃɪft/ I *vt* (*to move*) mover: **shift that out of the way** quita eso de en medio. ♦ *vi* 1. (*to move*) moverse. 2. (*to alter*) cambiar. 3. (*Auto*): **shift into third** mete tercera. II *n* 1. (*at work*) turno *m*. 2. (*alteration*) cambio *m* (**in** de). 3. (*Inform*) (o **shift key**) tecla *f* de las mayúsculas.

shift work *n* trabajo *m* por turnos.

shifty /'ʃɪfti/ *adj* [**-tier, -tiest**] (*person*) con pinta sospechosa; (*behaviour*) sospechoso -sa.

shilling /'ʃɪlɪŋ/ *n* chelín *m*.

shimmer /'ʃɪmə/ *n* (*gen*) brillo *m*; (*of light on water*) resplandor *m* trémulo.

shin /ʃɪn/ *n* 1. (*Anat*) espinilla *f*. 2. (*of beef*) jarrete *m*.

shinbone *n* tibia *f*. **shin pad** *n* espinillera *f*.

shine /ʃaɪn/ I *vi* [**shines, shining, shone**] (*light, surface*) brillar. ♦ *vt*

1. (*a light*): **shine the torch on it** enfócalo con la linterna. 2. (*shoes*) lustrar, limpiar. II *n* brillo *m*.

shingle /'ʃɪŋgəl/ I *n* (*stones*) guijarros *m pl*. II **shingles** *n* (*Med*) culebrilla *f*, herpes *m* zóster.

shining /'ʃaɪnɪŋ/ *adj* brillante, reluciente.

shiny /'ʃaɪni/ *adj* [**-nier, -niest**] brillante.

ship /ʃɪp/ I *n* buque *m*, barco *m*. II *vt* [**ships, shipping, shipped**] (*to send*) mandar, enviar.

shipbuilding *n* construcción *f* naval. **shipowner** *n* naviero -ra *m/f*, armador -dora *m/f*. **shipshape** *adj* (*fam*) ordenado -da. **shipwreck** I *n* naufragio *m*. II *vt*: **we were shipwrecked** naufragamos. **shipyard** *n* astillero *m*.

shipment /'ʃɪpmənt/ *n* cargamento *m*, remesa *f*.

shipper /'ʃɪpə/ *n* (*sender*) consignador -dora *m/f*; (*exporter*) exportador -dora *m/f*.

shipping /'ʃɪpɪŋ/ *n* 1. (*traffic*) tráfico *m* marítimo, embarcaciones *f pl*. 2. (*transport*) transporte *m*.

shirk /ʃɜːk/ *vt* eludir. ♦ *vi* gandulear.

shirt /ʃɜːt/ *n* (*gen*) camisa *f*; (*Sport*) camiseta *f*.

shit /ʃɪt/ *n* (!!!) mierda *f*.

shiver /'ʃɪvə/ I *vi* (*gen*) temblar (**with** de); (*with cold*) tiritar (**with** de). II *n* escalofrío *m*.

shoal /ʃəʊl/ *n* banco *m*.

shock /ʃɒk/ I *n* 1. (*Med*) shock *m*: **he is in shock** esta en estado de shock. 2. (*upset*) conmoción *f*, trauma *m*; (*fright*) susto *m*; (*surprise*) sorpresa *f*: **it came as a shock** me tomó por sorpresa. 3. (*blow*) impacto *m*. 4. (o **electric shock**) (*Med*) descarga *f* (eléctrica). II *vt* (*to offend*) escandalizar; (*to upset*) conmocionar.

shock absorber *n* amortiguador *m*. **shock wave** *n* onda *f* expansiva.

shocking /'ʃɒkɪŋ/ *adj* 1. (*behaviour*) escandaloso -sa. 2. (*result,* *news*) espantoso -sa, terrible.

shod /ʃɒd/ *pret y pp* ⇨ **shoe**.

shoddy /ˈʃɒdɪ/ *adj* [**-dier, -diest**] **1.** (*work*) chapucero -ra. **2.** (*goods*) de pacotilla.

shoe /ʃuː/ I *n* zapato *m*. II *vt* [**shoes, shoeing, shod**] (*a horse*) herrar.

shoe brush *n* cepillo *m* para los zapatos. **shoelace** *n* cordón *m* (de zapato). **shoe polish** *n* betún *m*. **shoe shop** ✱ (*US*) **store** *n* zapatería *f*, tienda *f* de calzado. **shoestring** *n* (*US*) cordón *m* de zapato ● **on a shoestring** con poquísimo dinero.

shone /ʃɒn/ *pret y pp* ⇨ **shine**.

shoo /ʃuː/ I *excl* ¡fuera!, ¡zape! II *vt* (*o* **shoo away**) espantar.

shook /ʃʊk/ *pret* ⇨ **shake**.

shoot /ʃuːt/ I *n* (*Bot*) brote *m*, renuevo *m*. II *vt* [**shoots, shooting, shot**] (*a person, an animal*) pegarle un tiro ✱ un balazo a; (*to execute*) fusilar. **2.** (*an arrow*) disparar. **3.** (*a film, scene*) rodar, filmar. ◆ *vi* **1.** (*Sport*) tirar, disparar. **2.** (*to rush*): **he shot out of the house** salió disparado de la casa; **she shot past** pasó como un bólido.

to **shoot down** *vt* (*an aircraft*) derribar; (*a person*) matar a tiros. *to* **shoot up** *vi* **1.** (*to grow*) dar ✱ pegar un estirón, crecer mucho. **2.** (*prices*) dispararse.

shooting /ˈʃuːtɪŋ/ *n* **1.** (*exchange of fire*) tiroteo *m*. **2.** (*Sport: at targets*) tiro *m* al blanco; (*: hunting*) caza *f*.

shooting star *n* estrella *f* fugaz.

shop /ʃɒp/ I *n* **1.** (*gen*) tienda *f* ● **to talk shop** hablar del trabajo. **2.** (*US: workshop*) taller *m*. II *vi* [**shops, shopping, shopped**] hacer compras: **he's gone shopping** ha salido de compras.

shop assistant *n* dependiente -ta *m/f*. **shopkeeper** *n* comerciante *m/f*, tendero -ra *m/f*. **shoplifter** *n* ladrón -drona *m/f* (*que roba en tiendas*). **shoplifting** *n* hurto *m* en tiendas. **shopsoiled** *adj*: deteriorado o sucio. **shop steward** *n* enlace *m/f* ✱ representante *m/f* sindical. **shop**

window *n* escaparate *m*, (*Amér S*) vitrina *f*, (*Méx*) aparador *m*, (*RP*) vidriera *f*. **shopworn** *adj* (*US*) ⇨ **shopsoiled**.

shopper /ˈʃɒpə/ *n*: **the area was crowded with shoppers** la zona estaba llena de gente comprando.

shopping /ˈʃɒpɪŋ/ *n* **1.** (*goods*) compras *f pl*. **2.** (*action*): **to do the shopping** hacer la compra ✱ las compras.

shopping bag *n* bolsa *f* de la compra. **shopping centre** ✱ (*US*) **center** *n* centro *m* comercial. **shopping list** *n* lista *f* de la compra. **shopping mall** *n* galería *f* comercial, multicentro *m* comercial. **shopping precinct** *n* zona *f* comercial.

shore /ʃɔː/ *n* orilla *f*.

to **shore up** *vt* apuntalar.

shorn /ʃɔːn/ *pp* ⇨ **shear**.

short /ʃɔːt/ I *adj* **1.** (*hair, story, route*) corto -ta ● **to be short for** ser el diminutivo/la abreviatura de. **2.** (*person*) bajo -ja. **3.** (*period, visit*) corto -ta, breve ● **in short** en resumen. **4.** (*lacking*): **I'm short of money** ando escaso de dinero. **5.** (*impolite*) brusco -ca. II *adv* **1.** (*in supply*): **water is running short** se está acabando el agua; **he goes short of food to buy books** se priva de comida para comprar libros. **2.** (*in extent*): **the meeting was cut short** interrumpieron la reunión ● **it fell short of what I'd expected** no fue lo que yo esperaba ● **he stopped short of naming them** no llegó a identificarlos ● **short of going myself, what can I do?** a no ser que vaya yo, ¿qué puedo hacer? III **shorts** *n pl* **1.** (*gen*) short *m*. **2.** (*US: underpants*) calzoncillos *m pl*.

shortbread *n*: galleta *hecha con mantequilla*. **short-change** *vt*: **he short-changed me** me dio de menos en el cambio. **short circuit** *n* cortocircuito *m*. **short cut** *n* atajo *m*. **shortfall** *n* déficit *m*. **shorthand** *n* taquigrafía *f*. **short-handed** *adj* falto -ta de personal. **shorthand typ-**

ist *n* taquimecanógrafo -fa *m/f*.
short list *n* lista *f* (*de candidatos preseleccionados*). **short-lived** *adj* efímero -ra. **short-sighted** *adj* (*Med*) miope: **a short-sighted decision** una decisión tomada con poca visión de futuro. **short-staffed** *adj* falto -ta de personal. **short story** *n* cuento *m*. **short-tempered** *adj* de mal genio. **short-term** *adj* a corto plazo. **short wave** *n* onda *f* corta.

shortage /ˈʃɔːtɪdʒ/ *n* escasez *f*.

shortcoming /ˈʃɔːtkʌmɪŋ/ *n* (*of system*) deficiencia *f*; (*of person*) defecto *m*.

shorten /ˈʃɔːtən/ *vt* acortar.

shortly /ˈʃɔːtlɪ/ *adv* dentro de poco: **shortly afterwards** poco después.

shot /ʃɒt/ I *pret y pp* ⇨ **shoot**. II *n* 1. (*from gun*) disparo *m*, tiro *m* ● **she's a better shot than you** tiene más puntería que tú ● **he was off like a shot** salió disparado. 2. (*in a film*) toma *f*; (*photo*) foto *f*. 3. (*fam: attempt*) intento *m*: **have a shot at it!** ¡inténtalo! 4. (*fam: injection*) inyección *f*.

shotgun *n* escopeta *f*. **shot-putter** *n* lanzador -dora *m/f* de peso.

should /ʃʊd/ *v aux* (*indicating what is expected*): **your application should be typed** su solicitud debe estar mecanografiada; (*indicating likelihood*): **he should be in Pisa by now** ya debe de estar en Pisa; (*giving or asking advice*): **you should see a doctor** deberías ir al médico; (*indicating regret*): **I should have bought it** debería haberlo comprado.

shoulder /ˈʃəʊldə/ I *n* 1. (*Anat*) hombro *m* ● **to give sbdy the cold shoulder** volverle la espalda a alguien. 2. (*Culin*) paletilla *f*. II *vt* (*a weight, responsibility*) cargar con.

shoulder bag *n* bolso *m* (*que se lleva al hombro*). **shoulder blade** *n* omoplato *m*. **shoulder strap** *n* (*for camera*) correa *f*; (*on garment*) tirante *m*.

shouldn't /ˈʃʊdənt/ *contracción de*

should not

shout /ʃaʊt/ I *n* grito *m*. II *vt/i* gritar: **don't shout at me** no me grites; **I shouted to her to wait** le grité que esperara.

to **shout down** *vt* abuchear y hacer callar. *to* **shout out** *vt/i* gritar.

shouting /ˈʃaʊtɪŋ/ *n* griterío *m*, vocerío *m*.

shove /ʃʌv/ I *n* empujón *m*. II *vt/i* empujar.

to **shove off** *vi* (*fam*) largarse.

shovel /ˈʃʌvəl/ I *n* pala *f*. II *vt* [**-vels, -velling, -velled**]: **I shovelled it into the hole** lo eché al hoyo con una pala.

show /ʃəʊ/ I *n* 1. (*at a theatre*) espectáculo *m*; (*on TV, radio*) programa *m*. 2. (*exhibition*) exposición *f*. 3. (*display*): **a great show of affection** grandes muestras de cariño; **the statue will be on show today** la estatua se expondrá hoy ● **all this is just for show** todo esto no es más que para aparentar. II *vt* [**shows, showing, showed**, *pp* **shown**] 1. (*gen*) enseñar, mostrar. 2. (*to exhibit*) exponer. 3. (*a movie, TV programme*) dar, poner. 4. (*to make clear*) demostrar. ◆ *vi* 1. (*to be apparent*) notarse. 2. (*US: to arrive*) aparecer.

to **show in** *vt* hacer pasar. *to* **show off** *vi* fardar, lucirse. ◆ *vt* (*knowledge*) hacer alarde de; (*a car, watch*) fardar con. *to* **show out** *vt* acompañar hasta la puerta. *to* **show up** *vt* (*fam: to embarrass*) poner en evidencia, hacer pasar vergüenza a. ◆ *vi* 1. (*to be visible*) verse. 2. (*fam: to turn up*) aparecer.

show business *n* el mundo del espectáculo, la farándula. **showdown** *n* enfrentamiento *m*. **showjumping** *n* concursos *m pl* hípicos. **show-off** *n* (*fam*) fanfarrón -rrona *m/f*. **showpiece** *n*: **the showpiece of the exhibition** la joya de la exposición. **showroom** *n* salón *m* de exposición y ventas.

shower /ˈʃaʊə/ I *n* 1. (*Meteo*)

chubasco *m*, chaparrón *m*. 2. (*in bathroom*) ducha *f*, (*Amér L*) regadera *f*: I had ✱ took a shower me duché ✱ (*Amér L*) me di una ducha. 3. (*of protests, missiles*) lluvia *f*. II *vt*: they showered me with gifts me colmaron de regalos.

showerproof *adj* impermeable.

showing /'ʃəʊɪŋ/ *n* 1. (*of film*) proyección *f*. 2. (*Art*) exposición *f*.

shown /ʃəʊn/ *pp* ⇨ **show**.

shrank /ʃræŋk/ *pret* ⇨ **shrink**.

shrapnel /'ʃræpnəl/ *n* metralla *f*.

shred /ʃred/ I *n* 1. (*of material*): it was in shreds estaba hecho jirones; he tore it to shreds lo hizo trizas. 2. (*of evidence, kindness*) pizca *f*. II *vt* [shreds, shredding, shredded] (*documents*) triturar; (*Culin*) cortar en tiras delgadas.

shredder /'ʃredə/ *n* trituradora *f*.

shrewd /ʃruːd/ *adj* astuto -ta, sagaz.

shriek /ʃriːk/ I *vt/i* chillar. II *n* chillido *m*.

shrill /ʃrɪl/ *adj* (*sound*) agudo -da; (*voice*) chillón -llona.

shrimp /ʃrɪmp/ *n* camarón *m*, quisquilla *f*.

shrine /ʃraɪn/ *n* (*place of worship*) santuario *m*; (*tomb*) sepulcro *m*.

shrink /ʃrɪŋk/ I *vi* [shrinks, shrinking, shrank, *pp* shrunk] (*clothes*) encoger(se), (*profits, figure*) verse reducido -da ● I shrink from violence me horroriza la violencia. ◆ *vt* encoger. II *n* (*fam*) psiquiatra *m/f*, (*Amér L*) loquero -ra *m/f*.

shrinkage /'ʃrɪŋkɪdʒ/ *n* 1. (*of garment*) encogimiento *m*. 2. (*in numbers*) reducción *f*.

shrivel /'ʃrɪvəl/ *vi* [-vels, -velling, -velled] (*o* shrivel up) secarse, marchitarse.

shroud /ʃraʊd/ I *n* sudario *m*, mortaja *f*. II *vt* envolver (in en).

Shrove Tuesday /ʃrəʊv 'tjuːzdeɪ/ *n* martes *m inv* de carnaval.

shrub /ʃrʌb/ *n* arbusto *m*, mata *f*.

shrug /ʃrʌɡ/ *vi* [shrugs, shrugging, shrugged] encogerse de hombros. ◆ *vt*: he shrugged his shoulders se encogió de hombros. to shrug off *vt* no darle importancia a.

shrunk /ʃrʌŋk/ *pp* ⇨ **shrink**.

shudder /'ʃʌdə/ I *n* sacudida *f*. II *vi* estremecerse.

shuffle /'ʃʌfəl/ *vt* barajar. ◆ *vi* caminar ✱ andar arrastrando los pies.

shun /ʃʌn/ *vt* [shuns, shunning, shunned] rehuir.

shunt /ʃʌnt/ *vt* 1. (*Transp*) cambiar de vía. 2. (*to push*) empujar.

shut /ʃʌt/ I *adj* cerrado -da. II *vt* [shuts, shutting, shut] cerrar. ◆ *vi* (*door*) cerrar(se); (*shop*) cerrar. to shut away *vt* encerrar. to shut down *vt/i* cerrar. to shut off *vt* (*power, water*) cortar. to shut up *vi* (*fam*) callarse. ◆ *vt* 1. (*fam: to silence*) hacer callar. 2. (*to lock away*) encerrar.

shutter /'ʃʌtə/ *n* 1. (*for window*) postigo *m*, contraventana *f*. 2. (*of camera*) obturador *m*.

shuttle /'ʃʌtəl/ *n* I 1. (*Transp*) servicio regular de enlace entre dos lugares; (*Av*) puente *m* aéreo. 2. (*Astron*) transbordador *m* espacial. 3. (*for weaving*) lanzadera *f*. II *vt* (*to take*) trasladar.

shuttlecock /'ʃʌtəlkɒk/ *n* plumilla *f*, volante *m*.

shy /ʃaɪ/ *adj* tímido -da.

shyness /'ʃaɪnəs/ *n* timidez *f*.

Siamese /saɪə'miːz/ *adj* siamés -mesa.

Siamese twin *n* hermano -na siamés -mesa *m/f*.

sibling /'sɪblɪŋ/ *n* (*frml*) hermano -na *m/f*.

Sicilian /sɪ'sɪlɪən/ *adj*, *n* siciliano -na *adj*, *m/f*.

Sicily /'sɪsɪlɪ/ *n* Sicilia *f*.

sick /sɪk/ *adj* 1. (*ill*) enfermo -ma. 2. (*queasy*): I feel sick estoy mareado; he has been sick twice ha vomitado dos veces. 3. (*fam: tired*): I got sick of reading me harté de leer; I'm sick (and tired) of your complaints estoy harta de tus quejas. 4. (*mind*) morboso -sa,

(*joke*) de muy mal gusto.

sickbay *n* enfermería *f*. **sick leave** *n* baja *f* por enfermedad.

sicken /'sɪkən/ *vt* darle asco a.

sickening /'sɪkənɪŋ/ *adj* (*smell*) asqueroso -sa; (*behaviour*, *actions*) asqueante.

sickle /'sɪkl/ *n* hoz *f*.

sickly /'sɪklɪ/ *adj* [**-lier**, **-liest**] 1. (*person*) enfermizo -za. 2. (*too sweet*) empalagoso -sa.

sickness /'sɪknəs/ *n* [**-nesses**] 1. (*illness*) enfermedad *f*. 2. (*queasiness*) náuseas *f pl*.

sickness benefit *n* subsidio *m* por enfermedad.

side /saɪd/ *n* 1. (*gen*) lado *m*: **at the side of the house/the road** a un lado de la casa/la carretera; **from side to side** de un lado para otro. 2. (*of body*) costado *m*. 3. (*of coin*, *paper*) cara *f*. 4. (*of mountain*) ladera *f*. 5. (*Pol*): **whose side is he on?** ¿de qué parte está?; **to take sides with sbdy** tomar partido por alguien.

to **side with** *vt* ponerse de parte de, tomar partido por.

sideboard *n* aparador *m*. **sideboards**, **sideburns** *n pl* patillas *f pl*. **side dish** *n* acompañamiento *m*.

side effect *n* efecto *m* secundario. **sidelight**, (*US*) **side lamp** *n* luz *f* de posición. **sideline** *n* 1. (*job*) trabajo *m* suplementario. 2. (*Sport*) línea *f* de banda. **sidelong** *adj*: **he gave me a sidelong glance** me miró de reojo. **side road** ∗ **street** *n* calle *f* lateral, transversal *f*. **sideshow** *n* puesto *m*, barraca *f*. **sidestep** *vt* [**-steps**, **-stepping**, **-stepped**] esquivar. **sidetrack** *vt*: **I got sidetracked** me distraje haciendo otras cosas. **sidewalk** *n* (*US*) acera *f*, (*C Sur*) vereda *f*. **sideways** *adv* de lado.

siding /'saɪdɪŋ/ *n* vía *f* muerta.

sidle /'saɪdl/ *vi*: **he sidled up to me** se me acercó sigilosamente.

siege /si:dʒ/ *n* sitio *m*, asedio *m*.

sieve /sɪv/ I *n* tamiz *m*, cernidor *f*. II *vt* tamizar, cerner.

sift /sɪft/ *vt* (*flour*, *cement*) tamizar,

cerner: **I sifted (through) the data** examiné y seleccioné los datos con mucho cuidado.

sigh /saɪ/ I *n* suspiro *m*. II *vi* (*person*) suspirar; (*wind*) susurrar.

sight /saɪt/ I *n* 1. (*faculty*) vista *f*: **in sight** a la vista; **the jetty was out of sight** no se veía el muelle; **I lost sight of her** la perdí de vista; **to catch sight of sthg** divisar algo. 2. (*spectacle*) espectáculo *m*. 3. (*of a gun*) mira *f*. II *vt* divisar.

sightseeing /'saɪtsi:ɪŋ/ *n*: **to go sightseeing** recorrer los lugares de interés turístico.

sightseer /'saɪtsi:ə/ *n* turista *m/f*.

sign /saɪn/ I *n* 1. (*symbol*) signo *m*. 2. (*indication*, *gesture*) señal *f*. 3. (*notice*) letrero *m*; (*Auto*) señal *f* (*de tráfico*). 4. (*trace*) rastro *m*. II *vt/i* firmar.

to **sign away** ∗ **over** *vt* ceder. *to* **sign on** *vi* 1. (*Mil*, *Educ*) ⭢ *to* **sign up**. 2. (*when unemployed*) firmar (*para poder recibir el subsidio de desempleo*). *to* **sign up** *vi* (*Mil*) alistarse; (*Educ*) matricularse; (*Sport*) fichar. ♦ *vt* (*Sport*) fichar.

sign language *n* lenguaje *m* gestual. **signpost** I *n* señal *f*. II *vt* señalizar.

signal /'sɪgnəl/ I *n* señal *f*. II *vi* [**-nals**, **-nalling**, **-nalled**] (*with hands*) hacer señas: **he signalled to me to stop** me hizo señas para que parara; (*Auto*) indicar.

signal box *n* garita *f* de señales.

signature /'sɪgnətʃə/ *n* firma *f*.

significance /sɪg'nɪfɪkəns/ *n* trascendencia *f*.

significant /sɪg'nɪfɪkənt/ *adj* (*important*) trascendente; (*meaningful*) significativo -va.

signify /'sɪgnɪfaɪ/ *vt* [**-fies**, **-fying**, **-fied**] (*frml*) significar.

Sikh /si:k/ *adj*, *n* sij *adj*, *m/f*.

silence /'saɪləns/ I *n* silencio *m*. II *vt* (*a person*) hacer callar; (*a protest*) acallar.

silencer /'saɪlənsə/ *n* silenciador *m*, (*Amér C*, *Méx*) mofle(r) *m*.

silent /'saɪlənt/ *adj* (*person*) callado

-da; (*place*) silencioso -sa.

silent film ∗ movie *n* película *f* muda.

silently /'saɪləntlɪ/ *adv* (*quietly*) silenciosamente; (*without talking*) en silencio.

silhouette /sɪlu:'et/ *n* silueta *f*.

silicon /'sɪlɪkən/ *n* silicio *m*.

silicon chip *n* chip *m* de silicio.

silk /sɪlk/ *n* seda *f*.

silky /'sɪlkɪ/ *adj* [-**kier, -kiest**] (*material*) sedoso -sa; (*skin, voice*) aterciopelado -da.

sill /sɪl/ *n* alféizar *m*.

silly /'sɪlɪ/ *adj* [-**lier, -liest**] (*gen*) tonto -ta; (*ridiculous*) ridículo -la.

silo /'saɪləʊ/ *n* silo *m*.

silt /sɪlt/ *n* cieno *m*, limo *m*.

silver /'sɪlvə/ **I** *n* **1.** (*metal*) plata *f*. **2.** (*coins*) monedas *fpl* (*de plata o níquel*). **II** *adj* (*made of silver*) de plata; (*in colour: gen*) plateado -da; (*: hair*) canoso -sa.

silver foil *n* papel *m* de aluminio ∗ plata. **silver-plated** *adj* con baño de plata. **silversmith** *n* platero -ra *m/f*. **silverware** *n* plata *f*, platería *f*.

silvery /'sɪlvərɪ/ *adj* plateado -da.

similar /'sɪmɪlə/ *adj* parecido -da (**to** a), similar (**to** a).

similarity /sɪmɪ'lærətɪ/ *n* [-**ties**] parecido *m* (**to** con; **between** entre), semejanza *f* (**to** con; **between** entre).

similarly /'sɪmɪləlɪ/ *adv* de modo parecido.

simile /'sɪmɪlɪ/ *n* símil *m*.

simmer /'sɪmə/ *vt/i* hervir a fuego lento.

to **simmer down** *vi* tranquilizarse.

simple /'sɪmpəl/ *adj* **1.** (*not difficult*) sencillo -lla. **2.** (*foolish*) simple, corto -ta.

simple-minded *adj* ingenuo -nua.

simplicity /sɪm'plɪsətɪ/ *n* sencillez *f*, simplicidad *f*.

simplify /'sɪmplɪfaɪ/ *vt* [-**fies, -fying, -fied**] simplificar.

simply /'sɪmplɪ/ *adv* **1.** (*in a simple way*) de manera sencilla. **2.** (*only*) sólo. **3.** (*for emphasis*) realmente.

simulate /'sɪmjʊleɪt/ *vt* simular.

simultaneous /sɪməl'teɪnɪəs/, (*US*)

/saɪməl'teɪnɪəs/ *adj* simultáneo -nea.

simultaneously /sɪməl'teɪnɪəslɪ/, (*US*) /saɪməl'teɪnɪəslɪ/ *adv* simultáneamente, al mismo tiempo.

sin /sɪn/ **I** *n* pecado *m*. **II** *vi* [**sins, sinning, sinned**] pecar.

since /sɪns/ **I** *prep* desde. **II** *conj* **1.** (*in time*) desde que: **he's phoned twice since he went** ha llamado dos veces desde que se fue; **it's years since I've seen them** hace años que no los veo. **2.** (*because*) puesto que, ya que. **III** *adv* desde entonces.

sincere /sɪn'sɪə/ *adj* sincero -ra.

sincerely /sɪn'sɪəlɪ/ *adv* sinceramente; (*in letter*): **Yours sincerely, Ann Lee** Atentamente, Ann Lee.

sincerity /sɪn'serətɪ/ *n* sinceridad *f*.

sinful /'sɪnfʊl/ *adj* (*person*) pecador -dora; (*act*) pecaminoso -sa.

sing /sɪŋ/ *vt/i* [**sings, singing, sang, pp sung**] cantar.

singe /sɪndʒ/ *vt* [**singes, singing, singed**] chamuscar.

singer /'sɪŋə/ *n* cantante *m/f*.

singer-songwriter *n* cantautor -tora *m/f*.

singing /'sɪŋɪŋ/ *n* canto *m*.

single /'sɪŋɡəl/ **I** *adj* **1.** (*unmarried*) soltero -ra. **2.** (*only one*) solo -la, único -ca. **II** *n* **1.** (*ticket*) billete *m* de ida. **2.** (*record*) sencillo *m*, single *m*. **III** **singles** *n pl* (*Sport*) individuales *m pl*.

to **single out** *vt*: **he was singled out as the ringleader** lo señalaron a él como cabecilla.

single bed *n* cama *f* individual. **single-handed** *adv* sin ayuda. **single-minded** *adj* (*person*) resuelto -ta [S]: **with single-minded determination** con inquebrantable determinación. **single room** *n* habitación *f* individual.

singly /'sɪŋɡlɪ/ *adv* individualmente, uno por uno.

singular /'sɪŋɡjʊlə/ **I** *adj* **1.** (*frml: exceptional*) excepcional. **2.** (*Ling*) singular. **II** *n* (*Ling*) singular *m*.

sinister /'sɪnɪstə/ *adj* siniestro -tra.

sink /sɪŋk/ **I** *n* (*in kitchen*) fregadero

m; (*US*: *in bathroom*) lavabo *m*. II *vi* [**sinks, sinking, sank,** *pp* **sunk**] hundirse. ♦ *vt* **1.** (*a ship*) hundir. **2.** (*a knife*) clavar (**into** en).

to **sink in** *vi* (*idea, fact*): **it still hasn't sunk in** aún no lo he asimilado.

sinner /'sɪnə/ *n* pecador -dora *m/f.*

sinus /'saɪnəs/ *n* [**-nuses**] seno *m.*

sip /sɪp/ I *n* sorbo *m*. II *vt* [**sips, sipping, sipped**] beber a sorbos.

siphon /'saɪfən/ I *n* sifón *m*. II *vt* trasvasar con sifón.

sir /sɜː/ *n* **1.** (*gen*) señor *m*. **2. Sir** (*title*) sir *m.*

siren /'saɪrən/ *n* sirena *f.*

sirloin /'sɜːlɔɪn/ *n* solomillo *m.*

sissy /'sɪsɪ/ *n* [**-sies**] (*fam*) mariquita *m.*

sister /'sɪstə/ *n* **1.** (*relative*) hermana *f*. **2.** (*nurse*) enfermera *f* jefa. **3.** (*Relig*) hermana *f.*

sister-in-law *n* [**sisters-in-law**] cuñada *f.*

sit /sɪt/ *vi* [**sits, sitting, sat**] (*to sit down*) sentarse; (*to be seated*) estar sentado -da. ♦ *vt* (*an exam*): **I didn't sit the exam** no me presenté al examen ‖ no me examiné.

to **sit back** *vi* (*in a chair*) recostarse. *to* **sit down** *vi* sentarse. *to* **sit up** *vi* (*in bed*) incorporarse; (*not to go to bed*) quedarse levantado -da.

sitcom /'sɪtkɒm/ *n* ⇨ **situation comedy.**

site /saɪt/ I *n* **1.** (*position*) emplazamiento *m*, ubicación *f*. **2.** (*piece of land*) terreno *m*. II *vt* situar, emplazar.

sit-in /'sɪtɪn/ *n* (*in street*) sentada *f*; (*in building*) encierro *m.*

sitting /'sɪtɪŋ/ *n* **1.** (*for meals*) turno *m*. **2.** (*of council*) sesión *f.*

sitting room *n* salón *m*, living *m.*

situated /'sɪtjʊeɪtɪd/ *adj* situado -da.

situation /sɪtjʊ'eɪʃən/ *n* situación *f.*

situation comedy *n* serie *f* cómica (*en torno a situaciones de la vida diaria*). **situations vacant** *n pl* ofertas *fpl* de trabajo.

six /sɪks/ *adj, pron, n* [**-xes**] seis ⇨ *appendix 4.*

sixteen /sɪks'tiːn/ *adj, pron, n* dieciséis ⇨ *appendix 4.*

sixteenth /sɪks'tiːnθ/ *adj, pron* decimosexto -ta ⇨ *appendix 4.*

sixth /sɪksθ/ *adj, pron* sexto -ta ⇨ *appendix 4.*

sixth form *n* (*in GB*) dos últimos años de la enseñanza secundaria. **sixth sense** *n* sexto sentido *m.*

sixtieth /'sɪkstɪəθ/ *adj, pron* sexagésimo -ma, sesenta ⇨ *appendix 4.*

sixty /'sɪkstɪ/ *adj, pron, n* [**-ties**] sesenta ⇨ *appendix 4.*

sizable, sizeable /'saɪzəbəl/ *adj* considerable.

size /saɪz/ *n* **1.** (*gen*) tamaño *m*. **2.** (*of shoes*) número *m*: **what size do you take?** ¿qué número calzas?; (*of dress, jacket*) talla *f.*

to **size up** *vt* evaluar.

sizzle /'sɪzəl/ *vi* crepitar.

skate /skeɪt/ I *n* **1.** (*Sport*) patín *m*. **2.** (*fish*) raya *f*. II *vi* patinar.

skateboard *n* monopatín *m.*

skater /'skeɪtə/ *n* patinador -dora *m/f.*

skating /'skeɪtɪŋ/ *n* patinaje *m.*

skating rink *n* pista *f* de patinaje.

skeleton /'skelɪtən/ *n* (*Anat*) esqueleto *m*; (*of building*) armazón *m* * *f*; (*of plan*) esquema *m.*

skeleton key *n* llave *f* maestra. **skeleton staff** *n* plantilla *f* reducida.

skeptic /'skeptɪk/ *n* (*US*) escéptico -ca *m/f.*

skeptical /'skeptɪkəl/ *adj* (*US*) escéptico -ca.

sketch /sketʃ/ I *n* [**-ches**] **1.** (*Art*) dibujo *m*; (*draft*) esbozo *m*, bosquejo *m*. **2.** (*on TV, in theatre*) sketch *m*. II *vt* (*to draw: gen*) dibujar; (: *in rough*) esbozar.

sketch pad *n* bloc *m* de dibujo.

sketchy /'sketʃɪ/ *adj* [**-chier, -chiest**] (*description*) poco preciso -sa; (*knowledge*) poco sólido -da.

skewer /'skjuːə/ *n* pincho *m*, brocheta *f.*

ski /skiː/ I *n* esquí *m*. II *vi* [**skis, skiing, skied**] esquiar.

ski jump *n* trampolín *m*. **ski lift** *n*

telesquí *m*. **ski resort** *n* estación *f* de esquí.

skid /skɪd/ *vi* [**skids, skidding, skidded**] derrapar, patinar.

skier /'skiːə/ *n* esquiador -dora *m/f*.

skiing /'skiːɪŋ/ *n* esquí *m*.

skilful /'skɪlful/ *adj* hábil, diestro -tra.

skill /skɪl/ *n* 1. (*ability: gen*) habilidad *f*; (*: practical*) destreza *f*. 2. (*technique*) técnica *f*.

skilled /skɪld/ *adj* (*person: gen*) hábil; (*: at practical things*) diestro -tra; (*work*) especializado -da.

skillful /'skɪlful/ *adj* (*US*) ⇨ **skilful**.

skim /skɪm/ *vt* [**skims, skimming, skimmed**] 1. (*milk*) desnatar. 2. (*to touch*) rozar.

to **skim through** *vt* echarle un vistazo a.

skimmed milk /'skɪmd mɪlk/ *n* leche *f* desnatada ∗ descremada.

skimp /skɪmp/; (*o* **skimp on**) *vt* escatimar.

skimpy /'skɪmpɪ/ *adj* [**-pier, -piest**] (*skirt*) corto -ta; (*portion*) mezquino -na.

skin /skɪn/ I *n* (*gen*) piel *f*; (*on face*) cutis *m*. II *vt* [**skins, skinning, skinned**] (*an animal*) despellejar.

skin-deep *adj* superficial. **skin-diver** *n* submarinista *m/f*. **skinhead** *n* cabeza *m/f* rapada. **skintight** *adj* muy ceñido -da.

skinny /'skɪnɪ/ *adj* [**-nier, -niest**] (*fam*) flaco -ca.

skip /skɪp/ I *n* 1. (*jump*) brinco *m*, saltito *m*. 2. (*container*) contenedor *m* (*para escombros*). II *vi* [**skips, skipping, skipped**] (*to jump*) brincar; (*with rope*) saltar a la comba. ♦ *vt* (*to omit*) saltarse.

skipper /'skɪpə/ *n* (*fam*) capitán -tana *m/f*.

skipping-rope /'skɪpɪŋrəup/ *n* comba *f*.

skirmish /'skɜːmɪʃ/ *n* [**-shes**] escaramuza *f*.

skirt /skɜːt/ I *n* falda *f*, (*Amér S*) pollera *f*. II *vt* (*to go around*) bordear.

skirting board /'skɜːtɪŋ bɔːd/ *n* zócalo *m*, rodapié *m*.

skittle /'skɪtəl/ *n* 1. (*pin*) bolo *m*. 2. **skittles** (*game*) bolos *m pl*.

skive /skaɪv/ *vi* (*fam*) 1. (*to be lazy*) holgazanear. 2. (*to miss school*) hacer novillos.

skulk /skʌlk/ *vi* (*to prowl*) merodear; (*to hide*) estar escondido -da.

skull /skʌl/ *n* (*Anat*) cráneo *m*; (*symbol*) calavera *f*.

skunk /skʌŋk/ *n* mofeta *f*.

sky /skaɪ/ *n* [**skies**] cielo *m*.

sky blue *n* (azul *m*) celeste *m*.

skylark *n* alondra *f*. **skylight** *n* tragaluz *m*. **skyscraper** *n* rascacielos *m inv*.

slab /slæb/ *n* (*of concrete*) bloque *m*; (*of stone*) losa *f*.

slack /slæk/ I *adj* 1. (*loose*) flojo -ja. 2. (*discipline*) laxo -xa. 3. (*not busy*): **a slack month** un mes de poco movimiento. II *n* (*of rope*): **to take up the slack** tensar la cuerda. III **slacks** *n pl* pantalones *m pl*.

slacken /'slækən/ *vt* (*one's pace*) aminorar. ♦ *vi* 1. (*rope*) aflojarse. 2. (*o* **slacken off**) (*demand*) disminuir.

slag /slæg/ *n* escoria *f*.

slag heap *n* escorial *m*.

slam /slæm/ *vt* [**slams, slamming, slammed**] 1. (*to close*): **to slam the door** dar un portazo. 2. (*to put down*): **he slammed it down on the table** lo plantó sobre la mesa dando un golpe. 3. (*to attack*) criticar duramente. ♦ *vi* (*door*) cerrarse de golpe.

slander /'slɑːndə/ I *n* calumnia *f*, difamación *f*. II *vt* calumniar, difamar.

slang /slæŋ/ *n* argot *m*.

slant /slɑːnt/ I *n* 1. (*slope*) inclinación *f*. 2. (*perspective*) sesgo *m*. II *vt* inclinar. ♦ *vi* inclinarse.

slap /slæp/ I *n* (*gen*) palmada *f*; (*on the cheek*) bofetada *f*. II *adv* (*o* **slap-bang**): **slap in the middle** justo en medio. III *vt* [**slaps, slapping, slapped**] (*gen*) darle una palmada a; (*on the cheek, face*) abofetear, darle

una bofetada a.
to **slap on** *vt* aplicar (*sin cuidado*).
slapdash /'slæpdæ∫/ *adj* (*fam*)
hecho -cha de cualquier manera.
slapstick /'slæpstɪk/ *n* comedia *f* de
golpe y porrazo.
slap-up meal /'slæpʌp mi:l/ *n* (*fam*)
comilona *f*.
slash /slæ∫/ *vt* **1.** (*with a knife*)
hacer un tajo * corte en. **2.** (*a price*)
reducir drásticamente.
slat /slæt/ *n* listón *m*.
slate /sleɪt/ **I** *n* pizarra *f*. **II** *vt* **1.** (*to
criticize*) criticar duramente.
2. (*US: to schedule*) programar (**for**
para).
slaughter /'slɔ:tə/ **I** *n* matanza *f*. **II**
vt (*an animal*) matar; (*people*)
masacrar.
slaughterhouse *n* matadero *m*.
slave /sleɪv/ **I** *n* esclavo -va *m/f*. **II** *vi*
(*o* **slave away**) trabajar como un
burro.
slavery /'sleɪvərɪ/ *n* esclavitud *f*.
sleazy /'sli:zɪ/ *adj* [**-zier, -ziest**]
sórdido -da (*y de mal ambiente*).
sledge /sledʒ/, **sled** /sled/ *n* trineo
m.
sledgehammer /'sledʒhæmə/ *n*
mazo *m*.
sleek /sli:k/ *adj* **1.** (*glossy*) lustroso
-sa. **2.** (*stylish*) elegante.
sleep /sli:p/ **I** *n* (*gen*) sueño *m*: **he
went to sleep** se durmió. **II** *vi*
[**sleeps, sleeping, slept**] dormir.
to **sleep in** *vi* dormir hasta tarde. *to*
sleep off *vt*: **he's sleeping it off** está
durmiendo la mona. *to* **sleep with** *vt*
acostarse con.
sleeper /'sli:pə/ *n* **1.** (*person*): **she's
a heavy/light sleeper** tiene el
sueño profundo/ligero. **2.** (*on train*)
coche *m* cama. **3.** (*on track*) traviesa
f.
sleeping bag /'sli:pɪŋ bæg/ *n* saco *m*
de dormir.
sleeping pill /'sli:pɪŋ pɪl/ *n* somnífero *m*.
sleeping policeman /'sli:pɪŋ
pə'li:smən/ *n* guardia *m* acostado *
tumbado.

sleepless /'sli:pləs/ *adj*: **to have a
sleepless night** pasar una noche en
vela.
sleepwalk /'sli:pwɔ:k/ *vi* caminar
dormido -da, ser sonámbulo -la.
sleepwalker /'sli:pwɔ:kə/ *n* sonámbulo -la *m/f*.
sleepy /'sli:pɪ/ *adj* [**-pier, -piest**]
(*person*) somnoliento -ta; (*place*)
dormido -da.
sleet /sli:t/ *n* aguanieve *f* ★.
sleeve /sli:v/ *n* **1.** (*Clothing, Tec*)
manga *f*. **2.** (*for record*) funda *f*.
sleeveless /'sli:vləs/ *adj* sin
mangas.
sleigh /sleɪ/ *n* trineo *m*.
sleight of hand /slaɪt əv 'hænd/ *n*
prestidigitación *f*.
slender /'slendə/ *adj* **1.** (*person*)
esbelto -ta. **2.** (*margin*) estrecho
-cha.
slept /slept/ *pret y pp* ⇨ **sleep**.
slice /slaɪs/ **I** *n* (*of bread*) rebanada
f; (*of lemon*) rodaja *f*; (*of beef*) tajada
f; (*of ham*) loncha *f*. **II** *vt* (*gen*)
cortar; (*bread*) rebanar.
slick /slɪk/ **I** *adj* pulido -da (*a veces
sólo superficialmente*). **II** *n* (*o* **oil
slick**) marea *f* negra.
slid /slɪd/ *pret y pp* ⇨ **slide**.
slide /slaɪd/ **I** *n* **1.** (*in playground*)
tobogán *m*. **2.** (*photo*) diapositiva *f*.
3. (*for hair*) pasador *m*. **II** *vt* [**slides,
sliding, slid**] deslizar. ♦ *vi* (*unintentionally*) resbalarse; (*deliberately*)
deslizarse.
slide rule *n* regla *f* de cálculo.
sliding door /slaɪdɪŋ 'dɔ:/ *n* puerta *f*
corredera.
sliding scale /'slaɪdɪŋ skeɪl/ *n*
escala *f* móvil.
slight /slaɪt/ **I** *adj* **1.** (*injury, improvement*) leve; (*mark*) ligero -ra
● **"Do you mind?" "Not in the
slightest."** —¿Te importa? —En
absoluto. **2.** (*person*) delgado -da,
menudo -da. **II** *vt* desairar, hacerle
un desaire a.
slightly /'slaɪtlɪ/ *adv* un poco.
slim /slɪm/ **I** *adj* [**slimmer, slim-
mest**] **1.** (*figure*) delgado -da,

esbelto -ta. **2.** (*hope*) escaso -sa. II *vi* [**slims, slimming, slimmed**] adelgazar.

slime /slaɪm/ *n* (*mud*) cieno *m*; (*of snail*) baba *f*.

slimming /'slɪmɪŋ/ *n* adelgazamiento *m*.

slimy /'slaɪmɪ/ *adj* [**-mier, -miest**] **1.** (*substance*) viscoso -sa. **2.** (*fam: person*) falso -sa.

sling /slɪŋ/ I *n* **1.** (*Med*) cabestrillo *m*. **2.** (*weapon*) honda *f*. II *vt* [**slings, slinging, slung**] **1.** (*to throw*) tirar. **2.** (*to hang*) colgar.

slip /slɪp/ I *n* **1.** (*error*) desliz *m*, error *m* ◆ **he gave me the slip** se me escapó. **2.** (**o slip of the tongue**) lapsus *m inv* (linguae). **3.** (*Clothing*) combinación *f*. II *vi* [**slips, slipping, slipped**] **1.** (*to slide: unintentionally*) resbalarse; (: *intentionally*) deslizarse. **2.** (*standards*) decaer. **3.** (*to move*): **he slipped in/out** entró/salió sigilosamente; **to slip away** escabullirse. ◆ *vt*: **she slipped it to him** se lo pasó disimuladamente.

to **slip off** *vt* quitarse. *to* **slip on** *vt* ponerse. *to* **slip up** *vi* equivocarse.

slip road *n* vía *f* de acceso.

slipped disc /slɪpt 'dɪsk/ *n* hernia *f* discal ✳ de disco.

slipper /'slɪpə/ *n* zapatilla *f*, pantufla *f*.

slippery /'slɪpərɪ/ *adj* (*surface*) resbaladizo -za; (*object*) escurridizo -za.

slipshod /'slɪpʃɒd/ *adj* poco esmerado -da.

slit /slɪt/ I *n* raja *f*. II *vt* [**slits, slitting, slit**] cortar, hacer un tajo en.

slither /'slɪðə/ *vi* deslizarse.

sliver /'slɪvə/ *n* (*of wood, glass*) astilla *f*; (*of meat*) loncha *f* fina.

slob /slɒb/ *n* (*fam*) dejado -da *m/f*.

slog /slɒg/ I *vi* [**slogs, slogging, slogged**] sudar la gota gorda. II *n* paliza *f*.

slogan /'sləʊgən/ *n* **1.** (*in advertising*) eslogan *m*. **2.** (*of party*) lema

m; (*at demonstration*) consigna *f*.

slop /slɒp/ *vt* [**slops, slopping, slopped**] derramar. ◆ *vi* derramarse.

slope /sləʊp/ I *n* (*gen*) pendiente *f*, cuesta *f*; (*of mountain*) vertiente *f*, ladera *f*. II *vi*: **the track slopes steeply** el camino tiene una pendiente pronunciada.

sloping /'sləʊpɪŋ/ *adj* (*surface*) en pendiente; (*handwriting*) inclinado -da.

sloppy /'slɒpɪ/ *adj* [**-pier, -piest**] **1.** (*appearance*) desaseado -da; (*work*) poco esmerado -da. **2.** (*song*) sensiblero -ra.

slot /slɒt/ I *n* **1.** (*gen*) ranura *f*. **2.** (*Media*) espacio *m*. II *vt* [**slots, slotting, slotted**] encajar (**into** en).

slot machine *n* máquina *f* tragaperras ✳ tragamonedas.

slouch /slaʊtʃ/ *vi*: **don't slouch!** ¡ponte derecho!; **to slouch along** andar con los hombros caídos.

Slovak /'sləʊvæk/ I *adj* eslovaco -ca. II *n* eslovaco -ca *m/f*; (*Ling*) eslovaco *m*.

Slovakia /sləʊ'vækɪə/ *n* Eslovaquia *f*.

Slovene /sləʊ'viːn/ I *adj* esloveno -na. II *n* esloveno -na *m/f*; (*Ling*) esloveno *m*.

Slovenia /sləʊ'viːnɪə/ *n* Eslovenia *f*.

slovenly /'slʌvənlɪ/ *adj* desaliñado -da.

slow /sləʊ/ I *adj* **1.** (*gen*) lento -ta: **in slow motion** a ✳ en cámara lenta. **2.** (*stupid*) corto -ta de entenderas. **3.** (*clock*) atrasado -da. II *adv* lentamente, despacio. III (**o slow down**) *vi* aminorar la marcha.

slowly /'sləʊlɪ/ *adv* despacio.

sludge /slʌdʒ/ *n* (*mud*) lodo *m*; (*sediment*) sedimento *m*.

slug /slʌg/ *n* **1.** (*Zool*) babosa *f*. **2.** (*US: bullet*) bala *f*.

sluggish /'slʌgɪʃ/ *adj* lento -ta.

sluice /sluːs/ *n* (*gate*) compuerta *f*; (*channel*) canal *m*.

slum /slʌm/ *n* barrio *m* bajo.

slump /slʌmp/ I *n* (*in economy*)

profunda depresión *f*; (*in demand*) descenso *m* brusco (**in** de). II *vi* (*person*) desplomarse; (*price*) caer en picado.

slung /slʌŋ/ *pret y pp* ⇨ **sling**.

slur /slɜː/ I *n* (*offending remark*) difamación *f*: **he cast a slur on her** la difamó. II *vt* [**slurs, slurring, slurred**] (*one's words*) arrastrar.

slush /slʌʃ/ *n* (*Meteo*) nieve *f* derretida.

slush fund *n* (*Pol*) fondo *m* de reptiles.

sly /slaɪ/ *adj* [**slier** * **slyer, sliest** * **slyest**] astuto -ta, taimado -da.

smack /smæk/ I *vt*: **I'll smack you!** ¡mira que te voy a dar! ♦ *vi*: **this smacks of deceit** esto huele a engaño. II *n*: **I gave her a smack on the bottom** le di en el trasero.

small /smɔːl/ *adj* pequeño -ña, chico -ca.

small ads *n pl* anuncios *m pl* por palabras. **small change** *n* suelto *m*, cambio *m*. **smallholding** *n* granja *f* pequeña. **small hours** *n pl*: **in the small hours** de madrugada. **smallpox** *n* viruela *f*. **small-scale** *adj* a escala reducida. **small talk** *n*: **to make small talk** hablar de trivialidades. **small-town** *adj* de pueblo.

smarmy /ˈsmɑːmɪ/ *adj* [**-mier, -miest**] (*fam*) adulador -dora.

smart /smɑːt/ I *adj* **1**. (*in appearance*) elegante. **2**. (*clever*) listo -ta, inteligente. **3**. (*quick*) rápido -da. II *vi* (*Med*) escocer.

smarten up /smɑːtən ˈʌp/ *vt* arreglar. ♦ *vi* arreglarse.

smash /smæʃ/ I *n* [**-shes**] **1**. (*accident*) choque *m*. **2**. (*o* **smash hit**) (*fam: success*) exitazo *m*. II *vi* **1**. (*to break*) hacerse pedazos * añicos. **2**. (*to crash*) estrellarse (**into** contra). ♦ *vt* (*to break*) romper.

to **smash up** *vt* destrozar.

smashing /ˈsmæʃɪŋ/ *adj* (*fam*) estupendo -da, fantástico -ca.

smattering /ˈsmætərɪŋ/ *n* nociones *f pl* básicas (**of** de).

smear /smɪə/ I *vt* (*to mark*) manchar

(**with** de); (*to cover*) embadurnar (**with** de). II *n* mancha *f*.

smear campaign *n* campaña *f* difamatoria. **smear test** *n* citología *f*, frotis *m* cervical.

smell /smel/ I *n* **1**. (*gen*) olor *m*. **2**. (*sense*) olfato *m*. II *vt/i* [**smells, smelling, smelt** * **smelled**] oler (**of** a).

smelly /ˈsmelɪ/ *adj* [**-lier, -liest**] apestoso -sa.

smelt /smelt/ I *pret y pp* ⇨ **smell**. II *vt* (*Tec*) fundir.

smile /smaɪl/ I *n* sonrisa *f*. II *vi* sonreír.

smirk /smɜːk/ *n* sonrisa *f* (*desdeñosa o de suficiencia*).

smock /smɒk/ *n* (*for pregnant woman*) blusón *m* (de) premamá; (*for artist*) blusón *m*; (*for child*) babi *m*.

smog /smɒg/ *n* smog *m*.

smoke /sməʊk/ I *n* humo *m* ● **to have a smoke** fumarse un cigarrillo. II *vi* (*person*) fumar; (*chimney*) echar humo. ♦ *vt* (*a cigarette*) fumar; (*a pipe*) fumar en.

smoke alarm *n* detector *m* de humo. **smoke screen** *n* cortina *f* de humo.

smoked /sməʊkt/ *adj* ahumado -da.

smoker /ˈsməʊkə/ *n* fumador -dora *m/f*.

smoking /ˈsməʊkɪŋ/ *n*: **to give up smoking** dejar de fumar; **no smoking** prohibido fumar.

smoky /ˈsməʊkɪ/ *adj* [**-kier, -kiest**] **1**. (*place*) lleno -na de humo. **2**. (*Culin*) ahumado -da.

smolder /ˈsməʊldə/ *vi* (*US*) ⇨ **smoulder**.

smooth /smuːð/ I *adj* **1**. (*skin, taste*) suave. **2**. (*surface*) liso -sa. **3**. (*movement*) fluido -da. **4**. (*mixture*) sin grumos. **5**. (*trouble-free*) sin problemas. **6**. (*fam: person*) desenvuelto y con mucha labia. II *vt* alisar.

to **smooth out** *vt* (*material*) alisar; (*a problem*) allanar, solucionar. *to* **smooth over** *vt* (*a problem*) allanar.

smother /ˈsmʌðə/ *vt* **1**. (*flames*) sofocar. **2**. (*a person*) asfixiar. **3**. (*to suppress*) contener.

smoulder /'sməuldə/ *vi* arder (*sin llama*).

smudge /smʌdʒ/ I *n* mancha *f*. II *vt* (*gen*) manchar; (*ink*) hacer correr.

smug /smʌg/ *adj* [**smugger, smuggest**] satisfecho -cha consigo mismo -ma.

smuggle /'smʌgəl/ *vt* pasar de contrabando.

smuggler /'smʌglə/ *n* contrabandista *m/f*.

smuggling /'smʌgəlɪŋ/ *n* contrabando *m*.

smutty /'smʌtɪ/ *adj* [**-tier, -tiest**] (*language*) soez; (*book*) indecente.

snack /snæk/ *n* tentempié *m*.

snack bar *n* cafetería *f*.

snag /snæg/ *n* inconveniente *m*, pega *f*.

snail /sneɪl/ *n* caracol *m*.

snake /sneɪk/ *n* serpiente *f*, culebra *f*.

snakes and ladders *n* (el juego de) la oca.

snap /snæp/ I *n* 1. (*noise*) chasquido *m*. 2. (*fam: photo*) foto *f*. II *vi* [**snaps, snapping, snapped**] 1. (*to break*) partirse, romperse. 2. (*to speak angrily*) hablar bruscamente (**at** a). 3. (*to lose one's temper*) explotar. 4. (*dog*): **it snapped at me** intentó morderme. 5. (*to close*): **snapped shut** se cerró de golpe. ◆ *vt* 1. (*to break*) partir, romper. 2. (*one's fingers*) chasquear. III *adj* (*decision*) tomado -da en el momento.

to **snap off** *vi* partirse (*y desprenderse*). *to* **snap up** *vt*: **I snapped them up** me apresuré a comprarlos.

snappy /'snæpɪ/ *adj* [**-pier, -piest**] 1. (*irritable*) de mal humor. 2. (*fam: smart*) con mucho estilo. 3. (*quick*): **make it snappy!** ¡rápido!

snapshot /'snæpʃɒt/ *n* foto *f*, instantánea *f*.

snare /sneə/ I *n* trampa *f*. II *vt* atrapar.

snarl /snɑːl/ *vi* gruñir.

snatch /snætʃ/ I *vt* arrebatar. II *n* [**-ches**] fragmento *m*.

sneak /sniːk/ I *n* (*fam*) acusón -sona

m/f, chivato -ta *m/f*. II *vi*: **I sneaked out** salí a hurtadillas; **he sneaked up on her** se le acercó sigilosamente.

sneaker /'sniːkə/ *n* (*US*) zapatilla *f* de tenis, tenis *m inv*.

sneer /snɪə/ *vi* hacer una mueca de desprecio: **to sneer at sthg** burlarse de algo.

sneeze /sniːz/ I *n* estornudo *m*. II *vi* estornudar.

snide /snaɪd/ *adj* malicioso -sa.

sniff /snɪf/ *vi* sorberse los mocos. ◆ *vt* 1. (*dog*) olfatear; (*person*) oler. 2. (*a drug*) esnifar.

snigger /'snɪgə/ I *n* risita *f*. II *vi* reírse (*burlándose*) (**at** de).

snip /snɪp/ I *vt* [**snips, snipping, snipped**] cortar (*con tijeras*). II *n* 1. (*action, sound*) tijeretazo *m*. 2. (*fam: bargain*) ganga *f*.

sniper /'snaɪpə/ *n* francotirador -dora *m/f*.

snippet /'snɪpɪt/ *n* (*of paper*) trocito *m*: **a snippet of news** una pequeña noticia.

snivel /'snɪvəl/ *vi* [**-vels, -velling, -velled**] lloriquear.

snob /snɒb/ *n* esnob *m/f*.

snobbery /'snɒbərɪ/ *n* esnobismo *m*.

snobbish /'snɒbɪʃ/ *adj* esnob.

snog /snɒg/ (*fam*) I *n* beso *m*. II *vt* [**snogs, snogging, snogged**] besuquear. ◆ *vi* besuquearse.

snooker /'snuːkə/ *n*: *modalidad de juego de billar*.

snoop /snuːp/ *vi* (*o* **snoop around**) husmear.

snooty /'snuːtɪ/ *adj* [**-tier, -tiest**] estirado -da.

snooze /snuːz/ I *n* sueñecito *m*. II *vi* echarse un sueñecito.

snore /snɔː/ I *vi* roncar. II *n* ronquido *m*.

snorkel /'snɔːkəl/ *n* tubo *m* de respiración, esnórquel *m*.

snort /snɔːt/ I *n* (*of pig*) gruñido *m*; (*of person*) resoplido *m*. II *vi* (*pig*) gruñir; (*person*) resoplar.

snout /snaʊt/ *n* hocico *m*, morro *m*.

snow /snəʊ/ I *n* nieve *f*. II *vi* nevar.

snowball I *n* bola *f* de nieve. II *vi* crecer rápidamente. **snowboarding** *n* snowboard *m*. **snowbound** *adj* (*place*) incomunicado -da por la nieve; (*vehicle*) atascado -da en la nieve. **snowdrift** *n* acumulación *f* de nieve (*a causa del viento*). **snowdrop** *n* campanilla *f* de invierno. **snowflake** *n* copo *m* de nieve. **snowman** *n* muñeco *m* de nieve. **snowplough**, (*US*) **snowplow** *n* quitanieves *m inv*. **snowshoe** *n* raqueta *f* (para la nieve). **snowstorm** *n* nevasca *f*.

snub /snʌb/ I *vt* [**snubs, snubbing, snubbed**] desairar. II *n* desaire *m*.

snub-nosed /ˈsnʌbnəʊzd/ *adj* de nariz respingona.

snuff /snʌf/ *n* rapé *m*.

to **snuff out** *vt* apagar.

snuffle /ˈsnʌfəl/ *vi* moquear.

snug /snʌg/ *adj* [**snugger, snuggest**] 1. (*cosy*): **a snug little house** una casita acogedora; **I was warm and snug** estaba bien calentito y cómodo. 2. (*close-fitting*) ajustado -da.

snuggle /ˈsnʌgəl/ *vi* acurrucarse: **to snuggle up to sbdy** arrimarse a alguien.

so /səʊ/ I *adv* 1. (*to such an extent*) tan: **so slowly that...** tan despacio que...; **it's not so big as mine** no es tan grande como el mío; **he's so busy!** ¡está ocupadísimo! 2. (*thereabouts*): **sixty or so** unos sesenta; **a month or so** un mes más o menos. 3. (*also*) [+ v aux]: "**I'm leaving.**" "**So am I.**" —Me voy. —Yo también; "**I love wine.**" "**So does Pat.**" —Me encanta el vino. —A Pat también. 4. (*indeed*) [+ v aux]: "**It's raining.**" "**So it is.**" —Está lloviendo. —Es cierto. 5. (*as stated*) así: **if so, I'll call you** si es así * de ser así, te llamaré; **I think/expect so** creo/me imagino que sí; **so he knew all along!** ¡así que lo sabía desde el principio! ● **so long!** ¡hasta pronto! 6. **so much**: **so much paperwork** tanto papeleo ● **so much the better**

tanto mejor. 7. **so many** tantos -tas. II *conj* 1. (*indicating purpose*): **so (that) he won't see it** para que no lo vea; **so as to buy it** para comprarlo. 2. (*indicating result*) así que: **I left early, so I didn't see him** salí temprano, así que no lo vi ● **so what?** ¿y qué?

so-called *adj* llamado -da. **so-so** *adv* (*fam*) así así, regular.

soak /səʊk/ *vt* 1. (*clothes, beans*) poner en remojo. 2. (*to drench*) empapar: **I got soaked** me empapé. ♦ *vi* 1. (*clothes, beans*) estar en remojo. 2. (*to seep*): **to soak through/into sthg** calar algo.

to **soak up** *vt* absorber.

soaking /ˈsəʊkɪŋ/ *adj* empapado -da.

soap /səʊp/ I *n* 1. (*for washing*) jabón *m*. 2. (*o* **soap opera**) culebrón *m*. II *vt* enjabonar.

soapy /ˈsəʊpɪ/ *adj* [**-pier, -piest**] (*hands*) enjabonado -da; (*water*) jabonoso -sa.

soar /sɔ:/ *vi* 1. (*to rise*) subir; (*to glide*) planear. 2. (*prices*) dispararse. 3. (*building*) elevarse.

sob /sɒb/ I *vi* [**sobs, sobbing, sobbed**] sollozar. II *n* sollozo *m*.

sober /ˈsəʊbə/ *adj* 1. (*not drunk*) sobrio -bria. 2. (*subdued*) sobrio -bria. 3. (*solemn*) serio -ria.

to **sober up** *vi* despejarse (*tras una borrachera*).

soccer /ˈsɒkə/ *n* fútbol *m*.

sociable /ˈsəʊʃəbəl/ *adj* sociable.

social /ˈsəʊʃəl/ I *adj* social. II *n* reunión *f* social.

social climber *n* arribista *m/f*. **social security** *n* seguridad *f* social. **social worker** *n* asistente -ta *m/f* social.

socialism /ˈsəʊʃəlɪzəm/ *n* socialismo *m*.

socialist /ˈsəʊʃəlɪst/ *adj, n* socialista *adj, m/f*.

socialize /ˈsəʊʃəlaɪz/ *vi* alternar.

society /səˈsaɪətɪ/ *n* [**-ties**] 1. (*gen*) sociedad *f*; (*upper classes*) (alta) sociedad *f*. 2. (*association*) asociación *f*.

sociologist /ˌsəʊsɪˈɒlədʒɪst/ n sociólogo -ga m/f.

sociology /ˌsəʊsɪˈɒlədʒɪ/ n sociología f.

sock /sɒk/ n calcetín m, (Amér L) media f.

socket /ˈsɒkɪt/ n 1. (electrical) toma f de corriente. 2. (Anat) cuenca f, cavidad f.

sod /sɒd/ n 1. (of earth) terrón m. 2. (fam: person): **you're a selfish sod** eres un egoísta asqueroso.

soda /ˈsəʊdə/ n 1. (Chem) sosa f. 2. (o **soda water**) (carbonated water) soda f, sifón m. 3. (US: flavoured drink) refresco m (con gas).

sodium /ˈsəʊdɪəm/ n sodio m.

sofa /ˈsəʊfə/ n sofá m.

soft /sɒft/ adj 1. (pillow, brush, ground, water) blando -da; (skin, hair, voice, light) suave. 2. (lenient) indulgente [S].

soft-boiled adj pasado -da por agua. **soft drink** n refresco m. **soft-hearted** adj bondadoso -sa. **soft-soap** vt (fam) darle coba a. **soft toy** n muñeco m de peluche ✳ trapo.

software n software m.

soften /ˈsɒfən/ vt (butter, leather) ablandar; (skin) suavizar. ◆ vi 1. (butter, leather) ablandarse; (skin) suavizarse. 2. (person): **she softened when she saw him** se ablandó al verlo.

softly /ˈsɒftlɪ/ adv 1. (gently) suavemente. 2. (to speak) bajito.

softness /ˈsɒftnəs/ n (of brush, pillow) lo blando; (of skin, voice) suavidad f.

softy /ˈsɒftɪ/ n [-ties] (fam) blandengue m/f.

soggy /ˈsɒgɪ/ adj [-gier, -giest] empapado -da.

soil /sɔɪl/ I n tierra f. II vt (frml) ensuciar.

solace /ˈsɒlɪs/ n (frml) consuelo m.

solar /ˈsəʊlə/ adj solar.

solar plexus n plexo m solar. **solar panel** n panel m solar. **solar power** n energía f solar. **solar system** n sistema m solar.

sold /səʊld/ pret y pp ⇨ **sell**.

solder /ˈsəʊldə/ I vt soldar. II n soldadura f.

soldering iron /ˈsəʊldərɪŋ aɪən/ n soldador m.

soldier /ˈsəʊldʒə/ n soldado m/f.

to **soldier on** vi seguir adelante.

sole /səʊl/ I n 1. (of foot) planta f; (of shoe) suela f. 2. (fish) lenguado m. II adj 1. (only) único -ca. 2. (exclusive) exclusivo -va.

solemn /ˈsɒləm/ adj 1. (face) serio -ria. 2. (promise) solemne.

solicit /səˈlɪsɪt/ vi (frml: prostitute) abordar una prostituta a un posible cliente.

solicitor /səˈlɪsɪtə/ n (in GB) abogado -da m/f.

solid /ˈsɒlɪd/ I n (gen) sólido m. II **solids** n pl (Med) alimentos m pl sólidos. III adj 1. (gen) sólido -da. 2. (of one material) macizo -za.

solidarity /ˌsɒlɪˈdærətɪ/ n solidaridad f.

solitaire /ˌsɒlɪˈteə/ n (US) solitario m: **to play solitaire** hacer solitarios.

solitary /ˈsɒlɪtərɪ/ adj 1. (only) solo -la. 2. (alone, isolated) solitario -ria: **to be in solitary confinement** estar incomunicado -da.

solitude /ˈsɒlɪtjuːd/ n soledad f.

solo /ˈsəʊləʊ/ I n (Mus) solo m. II adv (to fly) en solitario.

soloist /ˈsəʊləʊɪst/ n solista m/f.

soluble /ˈsɒljʊbəl/ adj soluble.

solution /səˈluːʃən/ n solución f (to a).

solve /sɒlv/ vt solucionar, resolver.

solvent /ˈsɒlvənt/ I adj (Fin) solvente. II n (Chem) disolvente m, solvente m.

sombre, (US) **somber** /ˈsɒmbə/ adj sombrío -bría.

some /sʌm/ I adj 1. (unspecified amount) un poco de, algo de [but often not translated]: **bring some wine** trae vino; (unspecified number) unos -nas: **I bought some books** compré unos ✳ algunos libros; **she ate some more** comió más. **2.** (*unspecified person or thing*) algún -guna: **some day** algún día; **some people deny it** hay quien lo niega. **3.** (*expressing surprise, approval*): **that was some speech!** ¡vaya discurso! **II** *adv*: **some five hundred people** unas quinientas personas. **III** *pron* (*unspecified amount*) un poco, parte: **some of my pizza** un poco de mi pizza; **some of what he said** parte de lo que dijo [but often not translated]: **can I have some?** ¿puedo tomar yo?; (*unspecified number*) algunos -nas.

somebody /'sʌmbədɪ/ *pron* alguien.

somehow /'sʌmhaʊ/ *adv* **1.** (*in some way*) de alguna manera. **2.** (*for some reason*): **somehow, I never liked it** no sé por qué, pero nunca me gustó.

someone /'sʌmwʌn/ *pron* alguien.

someplace /'sʌmpleɪs/ *adv* (*US: fam*) ⟿ **somewhere**.

somersault /'sʌməsɔːlt/ *n* (*in gymnastics*) salto *m* mortal; (*by child*) voltereta *f*.

something /'sʌmθɪŋ/ *pron* algo.

sometime /'sʌmtaɪm/ *adv*: **I'll do it sometime** lo haré algún día; **sometime last year** el año pasado, no recuerdo cuándo.

sometimes /'sʌmtaɪmz/ *adv* a veces.

somewhat /'sʌmwɒt/ *adv* (*frml*) algo, un tanto.

somewhere /'sʌmweə/ *adv* (*in an unspecified place*) en algún sitio ✻ lado, en alguna parte; (*to an unspecified place*) a algún sitio ✻ lado, a alguna parte: **they live somewhere else** viven en otra parte ✻ en otro lado.

son /sʌn/ *n* hijo *m*.

son-in-law *n* [**sons-in-law**] yerno *m*.

song /sɒŋ/ *n* (*gen*) canción *f*; (*of bird*) canto *m*.

sonic /'sɒnɪk/ *adj* sónico -ca.

sonnet /'sɒnɪt/ *n* soneto *m*.

soon /suːn/ *adv* (*from now*) pronto, dentro de poco ● **as soon as he arrives** en cuanto llegue ● **sooner**

or later tarde o temprano; (*after a specified moment*): **she left soon after me** se fue poco después que yo ● **I'd sooner stay** prefiero quedarme.

soot /sʊt/ *n* hollín *m*.

soothe /suːð/ *vt* **1.** (*a pain*) aliviar. **2.** (*a person*) tranquilizar.

sophisticated /sə'fɪstɪkeɪtɪd/ *adj* sofisticado -da.

sophomore /'sɒfəmɔː/ *n* (*US*) estudiante *m/f* de segundo año.

sopping /'sɒpɪŋ/ *adj* empapado -da.

soppy /'sɒpɪ/ *adj* [**-pier, -piest**] sensiblero -ra.

soprano /sə'prɑːnəʊ/ *n* soprano *f*.

sorbet /'sɔːbeɪ/ *n* sorbete *m*.

sorcerer /'sɔːsərə/ *n* hechicero *m*.

sorceress /'sɔːsərəs/ *n* [**-resses**] hechicera *f*.

sordid /'sɔːdɪd/ *adj* **1.** (*squalid*) sórdido -da. **2.** (*unpleasant*) desagradable.

sore /sɔː/ **I** *adj* dolorido -da: **my arm's sore** tengo el brazo dolorido ‖ **me duele el brazo. II** *n* llaga *f*.

sorely /'sɔːlɪ/ *adv*: **I was sorely tempted to tell him** estuve muy tentada de decírselo.

sorrow /'sɒrəʊ/ *n* pesar *m*, pena *f*.

sorry /'sɒrɪ/ *adj* [**-rier, -riest**] **1.** (*expressing regret*): **(I'm) sorry!** ¡perdón! ✻ lo siento; **he's sorry he went** lamenta haber ido ● **sorry, what did you say?** perdone, ¿qué ha dicho? **2.** (*expressing compassion*): **I feel sorry for her** me da lástima. **3.** (*pitiful*) lamentable.

sort /sɔːt/ **I** *n* tipo *m*, clase *f*. **II** *vt* (*letters*) clasificar.

to **sort out** *vt* **1.** (*to solve*) resolver, solucionar. **2.** (*to organize*) organizar.

sorting office /'sɔːtɪŋ ɒfɪs/ *n* sala *f* de clasificación del correo.

SOS /esəʊes/ *n* SOS *m* (*mensaje de socorro*).

soufflé /'suːfleɪ/ *n* suflé *m*.

sought /sɔːt/ *pret y pp* ⟿ **seek**.

soul /səʊl/ *n* **1.** (*Relig*) alma *f*★. **2.** (*person*) persona *f*: **not a soul**

came no vino nadie.

soul-destroying *adj* desmoralizador -dora.

soulful /'səʊlfʊl/ *adj* lleno -na de sentimiento.

sound /saʊnd/ **I** *n* sonido *m*, ruido *m*: **turn the sound up** sube el volumen. **II** *adj* **1.** (*argument*) sólido -da; (*advice*) sensato -ta. **2.** (*structure*) sólido -da. **3.** (*investment*) seguro -ra. **III** *adv*: **sound asleep** profundamente dormida. **IV** *vt* (*a horn, an alarm*) tocar. ♦ *vi* **1.** (*horn, alarm*) sonar. **2.** (*to seem*) parecer: **it may sound stupid** puede parecer estúpido; **it sounds like ∗ as if he's finished** parece que ha terminado.
to sound out *vt* tantear, sondear.

sound barrier *n* barrera *f* del sonido.
sound effect *n* efecto *m* sonoro.
soundproof *adj* insonorizado -da.
soundtrack *n* banda *f* sonora.

soup /su:p/ *n* (*Culin: gen*) sopa *f*; (*: clear*) caldo *m* ● **to be in the soup** estar en un aprieto.

soup kitchen *n* comedor *m* de beneficencia. **soup plate** *n* plato *m* sopero ∗ hondo. **soup spoon** *n* cuchara *f* sopera ∗ de sopa.

sour /saʊə/ *adj* **1.** (*fruit*) agrio -gria, ácido -da: **the milk went sour** la leche se cortó. **2.** (*look, comment*) amargado -da.

source /sɔ:s/ *n* (*gen*) fuente *f*; (*of river*) nacimiento *m*.

south /saʊθ/ **I** *n* sur *m*. **II** *adj* (*gen*) sur *adj inv*. **III** *adv* (*indicating movement*) hacia el sur; (*indicating position*) al sur (*of* de).

South Africa *n* Sudáfrica *f*. **South African** *adj, n* sudafricano -na *adj, m/f*. **South America** *n* Sudamérica *f*, América *f* del Sur. **South American** *adj, n* sudamericano -na *adj, m/f*. **South Pole** *n* Polo *m* Sur.

southeast /saʊθi:st/ **I** *n* sudeste *m*. **II** *adj* sudeste *adj inv*. **III** *adv* (*indicating movement*) hacia el sudeste; (*indicating position*) al sudeste (*of* de).

southeastern /saʊθi:stən/ *adj* (*gen*) del sudeste; (*coast, region*) sudeste *adj inv*: **southeastern France** el sudeste de Francia.

southerly /'sʌðəlɪ/ *adj* (*wind*) del sur; (*direction*) sur *adj inv*; (*location*) al sur.

southern /'sʌðən/ *adj* (*gen*) del sur; (*coast, region, hemisphere*) sur *adj inv*: **southern France** el sur de Francia.

southward /'saʊθwəd/ *adv* (o **southwards**) hacia el sur.

southwest /saʊθwest/ **I** *n* sudoeste *m*. **II** *adj* sudoeste *adj inv*. **III** *adv* (*indicating movement*) hacia el sudoeste; (*indicating position*) al sudoeste (*of* de).

southwestern /saʊθwestən/ *adj* (*gen*) del sudoeste; (*coast, region*) sudoeste *adj inv*: **southwestern France** el sudoeste de Francia.

souvenir /su:və'nɪə/ *n* recuerdo *m*.

sovereign /'sɒvrɪn/ *adj, n* soberano -na *adj, m/f*.

sovereignty /'sɒvrəntɪ/ *n* soberanía *f*.

Soviet /'səʊvɪət, 'sɒvɪət/ *adj* soviético -ca.

Soviet Union *n* Unión *f* Soviética.

sow **I** /saʊ/ *n* cerda *f*. **II** /səʊ/ *vt* [**sows**, **sowing**, **sowed**, *pp* **sown** ∗ **sowed**] sembrar.

sown /səʊn/ *pp* ⇨ **sow**.

soya /'sɔɪə/, (*US*) **soy** /sɔɪ/ *n* soja *f*.

soya ∗ (*US*) **soy bean** *n* semilla *f* de soja.

soy sauce /sɔɪ 'sɔ:s/ *n* salsa *f* de soja.

spa /spɑ:/ *n* balneario *m*.

space /speɪs/ *n* (*gen*) espacio *m*; (*room*) sitio *m* (*for* para).
to space out *vt* (*text*) espaciar.

space-bar *n* espaciador *m*. **spacecraft** *n inv* nave *f* espacial. **spaceship** *n* nave *f* espacial. **space shuttle** *n* transbordador *m* espacial. **space station** *n* estación *f* espacial. **spacesuit** *n* traje *m* espacial.

spaced out /speɪst 'aʊt/ *adj* (*fam: on drugs*) colocado -da; (*: from tiredness*) atontado -da.

spacious /'speɪʃəs/ *adj* espacioso -sa, amplio -plia.

spade /speɪd/ I *n* (*for digging*) pala *f*. II **spades** *n pl* (*in cards*) picas *f pl*.

spaghetti /spə'getɪ/ *n* espaguetis *m pl*.

Spain /speɪn/ *n* España *f*.

span /spæn/ I *n* 1. (*of wing*) envergadura *f*; (*of hand*) palmo *m*. 2. (*of time*) espacio *m*. 3. (*of bridge*) luz *f*. II *vt* [**spans, spanning, spanned**] 1. (*in time*) abarcar. 2. (*bridge*) cruzar.

Spaniard /'spænjəd/ *n* español -ñola *m/f*.

spaniel /'spænjəl/ *n* spaniel *m*.

Spanish /'spænɪʃ/ I *adj* español -ñola. II *n* (*Ling*) español *m*, castellano *m*. III **the Spanish** *n pl* los españoles.

spank /spæŋk/ *vt* darle unos azotes a.

spanner /'spænə/ *n* llave *f*: **an adjustable spanner** una llave inglesa.

spar /spɑː/ I *n* palo *m*. II *vi* [**spars, sparring, sparred**] entrenarse (*con un spárring*).

spare /speə/ I *adj* 1. (*wheel, part*) de repuesto. 2. (*surplus*) de más: **that one is spare** ése sobra. 3. (*time*) libre. 4. (*fam: crazy*): **he went spare** se puso como loco. II *n* (*part*) (*pieza f de*) repuesto *m*, (*pieza f de*) recambio *m*. III *vt* 1. (*time, money, food*): **can you spare a moment?** ¿tienes un momento?; **spare a thought for us** piensa en nosotros; **I haven't got any to spare** no me sobra ninguno. 2. (*a prisoner*) perdonar.

spare ribs *n pl* costillas *f pl* (*de cerdo*). **spare room** *n* cuarto *m* de huéspedes. **spare tyre** *n* (*fam: on waist*) michelín *m*. **spare wheel** *n* (*Auto*) rueda *f* de repuesto ✴ recambio.

sparing /'speərɪŋ/ *adj*: **be sparing with the milk** no gastes demasiada leche.

sparingly /'speərɪŋlɪ/ *adv* con moderación.

spark /spɑːk/ I *n* chispa *f* ● **not a**

spark of imagination ni pizca de imaginación. II *vt* (*o* **spark off**) provocar.

spark plug *n* bujía *f*.

sparkle /'spɑːkəl/ I *n* destello *m*, brillo *m*. II *vi* centellear, brillar.

sparkling /'spɑːklɪŋ/ *adj* 1. (*jewellery*) centelleante, brillante. 2. (*clean*) reluciente.

sparkling mineral water *n* agua *f* ★ mineral con gas. **sparkling wine** *n* vino *m* espumoso.

sparrow /'spærəʊ/ *n* gorrión *m*.

sparse /spɑːs/ *adj* escaso -sa.

spartan /'spɑːtən/ *adj* espartano -na.

spasm /'spæzəm/ *n* espasmo *m*.

spat /spæt/ *pret y pp* ⇨ **spit**.

spate /speɪt/ *n* serie *f*.

spatter /'spætə/ *vt* salpicar (**with** de).

spawn /spɔːn/ I *n* (*of fish*) huevas *f pl*; (*of frog*) huevos *m pl*. II *vi* desovar. ◆ *vt* (*to produce*) producir, generar.

speak /spiːk/ *vi* [**speaks, speaking, spoke, pp spoken**] 1. (*gen*) hablar (**to** con; **about** sobre ✴ de). 2. (*to give a speech*) pronunciar un discurso (**on** ✴ **about** sobre). ◆ *vt* (*a language*) hablar; (*the truth*) decir.

to **speak for** *vt* hablar por, hablar en nombre de. *to* **speak out** *vi*: **she spoke out against the plan** habló en contra del plan; **I spoke out for you** te defendí. *to* **speak up** *vi* hablar más alto.

speaker /'spiːkə/ *n* 1. (*of a language*) hablante *m/f*. 2. (*for announcements*) altavoz *m*; (*for music*) bafle *m*. 3. (*speechmaker*) orador -dora *m/f*. 4. (*Pol*) presidente de la cámara baja.

spear /spɪə/ *n* (*weapon*) lanza *f*; (*for hunting*) arpón *m*.

spearhead /'spɪəhed/ *vt* encabezar.

spearmint /'spɪəmɪnt/ *n* menta *f* verde.

special /'speʃəl/ *adj* especial.

special delivery *n* correo *m* urgente ✴ expreso.

specialist /'speʃəlɪst/ *n* especialista *m/f*.

speciality /ˌspeʃɪˈælətɪ/ *n* [**-ties**] especialidad *f*.

specialize /ˈspeʃəlaɪz/ *vi* especializarse (**in** en).

specially /ˈspeʃlɪ/ *adv* especialmente.

specialty /ˈspeʃəltɪ/ *n* [**-ties**] especialidad *f*.

species /ˈspiːʃiːz/ *n inv* especie *f*.

specific /spəˈsɪfɪk/ *adj* 1. (*particular*) específico -ca. 2. (*exact*) preciso -sa.

specifically /spəˈsɪfɪkəlɪ/ *adv* expresamente.

specify /ˈspesɪfaɪ/ *vt* [**-fies, -fying, -fied**] especificar.

specimen /ˈspesɪmɪn/ *n* 1. (*example*) ejemplar *m*. 2. (*of blood, urine*) muestra *f*.

speck /spek/ *n* (*of dust*) mota *f*; (*of mud*) manchita *f*.

speckled /ˈspekəld/ *adj* moteado -da.

specs /speks/ *n pl* (*fam*) gafas *f pl*, anteojos *m pl*.

spectacle /ˈspektəkəl/ **I** *n* espectáculo *m*. **II spectacles** *n pl* (*frml*) gafas *f pl*, anteojos *m pl*.

spectacular /spekˈtækjʊlə/ *adj* (*gen*) espectacular; (*failure*) estrepitoso -sa.

spectator /spəkˈteɪtə/ *n* espectador -dora *m/f*.

spectre, (*US*) **specter** /ˈspektə/ *n* espectro *m*, fantasma *m*.

spectrum /ˈspektrəm/ *n* [**-tra**] espectro *m*.

speculate /ˈspekjʊleɪt/ *vi* especular (**on** * **about** sobre).

speculation /ˌspekjʊˈleɪʃən/ *n* especulación *f*.

sped /sped/ *pret y pp* ⇨ **speed**.

speech /spiːtʃ/ *n* [**-ches**] 1. (*formal address*) discurso *m*: **to give * make a speech** pronunciar un discurso. 2. (*faculty*) habla *f*★. 3. (*language*) lenguaje *m*.

speech impediment *n* defecto *m* del habla. **speech therapist** *n* logopeda *m/f*, foniatra *m/f*. **speech therapy** *n*

logopedia *f*, foniatría *f*.

speechless /ˈspiːtʃləs/ *adj*: **I was (left) speechless** me quedé estupefacto.

speed /spiːd/ **I** *n* 1. (*gen*) velocidad *f*: **at top * full speed** a toda velocidad. 2. (*of an action*) rapidez *f*. **II** *vi* [**speeds, speeding, sped**] 1. (*to move fast*): **he sped past** pasó a gran velocidad. 2. [*pret y pp* **speeded**] (*Law*) conducir con exceso de velocidad.

to **speed up** *vi* [*pret y pp* **speeded**] (*car*) acelerar; (*person*) ir más rápido. ♦ *vt* acelerar.

speedboat *n* planeadora *f*. **speed bump** *n* guardia *m* acostado * tumbado. **speed limit** límite *m* de velocidad. **speedway** *n* carreras *f* de moto (*en pista cerrada*).

speedily /ˈspiːdəlɪ/ *adv* rápidamente.

speedometer /spiˈdɒmɪtə/ *n* velocímetro *m*.

speedy /ˈspiːdɪ/ *adj* [**-dier, -diest**] rápido -da.

spell /spel/ **I** *n* 1. (*magic: gen*) hechizo *m*: **she put a spell on him** lo hechizó; (*: harmful*) maleficio *m*. 2. (*period*) rato *m*: **a cold spell** una racha de frío. **II** *vt* [**spells, spelling, spelt * spelled**] 1. (*orally*) deletrear; (*in writing*): **it's spelt with a j** se escribe con jota. 2. (*to indicate*) significar.

to **spell out** *vt* explicar en detalle.

spellbound /ˈspelbaʊnd/ *adj* embelesado -da.

spelling /ˈspelɪŋ/ *n* ortografía *f*: **spelling mistake** falta de ortografía.

spelt /spelt/ *pret y pp* ⇨ **spell**.

spend /spend/ *vt* [**spends, spending, spent**] 1. (*money*) gastar (**on** en). 2. (*time*) pasar.

spendthrift *n* derrochador -dora *m/f*, gastador -dora *m/f*.

spent /spent/ **I** *pret y pp* ⇨ **spend**. **II** *adj* (*frml: fuel, ammunition*) usado -da.

sperm /spɜːm/ *n inv* esperma *m*.

spew /spju:/ *vt/i* vomitar.

sphere /sfɪə/ *n* esfera *f*.

sphinx /sfɪŋks/ *n* esfinge *f*.

spice /spaɪs/ *n* especia *f*.

to **spice up** *vt* darle más interés a.

spick-and-span /spɪkənd'spæn/ *adj* limpísimo -ma.

spicy /'spaɪsɪ/ *adj* [**-cier, -ciest**] picante.

spider /'spaɪdə/ *n* araña *f*.

spider's web *n* telaraña *f*.

spike /spaɪk/ **I** *n* 1. (*point*) punta *f*. 2. (*Bot*) espiga *f*. **II spikes** *npl* (*shoes*) zapatillas *fpl* de clavos.

spiky /'spaɪkɪ/ *adj* [**-kier, -kiest**] (*gen*) puntiagudo -da; (*hair*) de punta.

spill /spɪl/ *vt* [**spills, spilling, spilt** * **spilled**] derramar.

to **spill over** *vi* rebosar.

spilt /spɪlt/ *pret y pp* ⇨ **spill**.

spin /spɪn/ **I** *n* 1. (*trip*) vuelta *f*. 2. (*on ball*) efecto *m*. 3. (*rotation: in car*) trompo *m*; (*: in plane*) barrena *f*. **II** *vt* [**spins, spinning, spun**] 1. (*to rotate: gen*) hacer girar; (*: a ball*) darle efecto a. 2. (*washing*) centrifugar. 3. (*fibres*) hilar. ♦ *vi* girar, dar vueltas.

to **spin out** *vt* (*a story*) alargar; (*money*) estirar.

spin doctor *n* relaciones públicas *m/f inv* (*de un partido político*). **spin drier** * **dryer** *n* centrifugadora *f*. **spin-off** *n* producto *m* derivado.

spinach /'spɪnɪdʒ/ *n* (*Bot*) espinaca *f*; (*Culin*) espinacas *fpl*.

spinal /'spaɪnəl/ *adj* de la columna vertebral.

spinal column *n* columna *f* vertebral. **spinal cord** *n* médula *f* espinal.

spindly /'spɪndlɪ/ *adj* delgaducho -cha.

spine /spaɪn/ *n* 1. (*Anat*) espina *f* dorsal. 2. (*prickle: on animal*) púa *f*; (*: on plant*) espina *f*.

spineless /'spaɪnləs/ *adj* pusilánime.

spinning wheel /'spɪnɪŋ wi:l/ *n* rueca *f*.

spinster /'spɪnstə/ *n* (*gen*) soltera *f*; (*derogatory*) solterona *f*.

spiral /'spaɪrəl/ **I** *n* espiral *f*. **II** *vi* [**-rals, -ralling, -ralled**] (*price: upwards*) dispararse; (*: downwards*) caer vertiginosamente.

spiral staircase *n* escalera *f* de caracol.

spire /spaɪə/ *n* chapitel *m*, aguja *f*.

spirit /'spɪrɪt/ **I** *n* 1. (*soul*) espíritu *m*; (*ghost*) fantasma *m*, espíritu *m*. 2. (*essence, attitude*) espíritu *m*; (*energy*) brío *m*. **II spirits** *npl* 1. (*alcohol*) bebidas *fpl* alcohólicas fuertes. 2. (*mood*): **he's in high/low spirits** está muy animado/desanimado.

spirit level *n* nivel *m* de burbuja * de aire.

spirited /'spɪrɪtɪd/ *adj* (*attitude*) enérgico -ca; (*discussion*) animado -da.

spiritual /'spɪrɪtjʊəl/ **I** *adj* (*Relig*) espiritual. **II** *n* (*Mus*) espiritual *m*.

spit /spɪt/ **I** *n* 1. (*saliva*) saliva *f*. 2. (*for roasting*) asador *m*. **II** *vi* [**spits, spitting, spat**] 1. (*person*) escupir. 2. (*Meteo*) chispear.

spite /spaɪt/ **I** *n* (*resentment*) rencor *m*; (*malice*) maldad *f*. **II in spite of** *prep* a pesar de. **III** *vt* fastidiar.

spiteful /'spaɪtfʊl/ *adj* (*remark*) malicioso -sa; (*person*) malo -la.

splash /splæʃ/ **I** *n* [**-shes**] 1. (*sound*): **I heard a splash** oí el ruido de algo al caer al agua. 2. (*small amount*) poco *m*. 3. (*of colour*) toque *m*. **II** *vt* salpicar (**with** de). ♦ *vi* chapotear.

to **splash out** *vi* tirar la casa por la ventana: **to splash out on sthg** gastar mucho dinero en algo.

spleen /spli:n/ *n* bazo *m*.

splendid /'splendɪd/ *adj* espléndido -da, estupendo -da.

splint /splɪnt/ *n* tablilla *f*.

splinter /'splɪntə/ **I** *n* (*of wood*) astilla *f*; (*of glass, bone*) fragmento *m*. **II** *vi* astillarse.

split /splɪt/ **I** *n* 1. (*gen*) raja *f*. 2. (*Pol*) división *f*, escisión *f*. **II** *vt* [**splits, splitting, split**] 1. (*to break apart*) partir (**into** en). 2. (*to divide:*

gen) dividir (*into* en); (*: winnings*) repartir. ♦ *vi* **1.** (*wood, fabric*) rajarse; (*seam*) abrirse. **2.** (*Pol*) escindirse (*from* de; *into* en).

to **split up** *vi* (*couple*) separarse; (*group*) dividirse.

splutter /'splʌtə/ *vi* **1.** (*person*) farfullar. **2.** (*hot oil*) chisporrotear.

spoil /spɔɪl/ I *vt* [**spoils, spoiling, spoilt * spoiled**] **1.** (*a plan, view*) estropear; (*one's appetite*) quitar. **2.** (*a child*) malcriar, mimar demasiado. ♦ *vi* (*food*) echarse a perder. II *n* spoil *n pl* botín *m*.

spoilsport *n* aguafiestas *m/f inv*.

spoilt /spɔɪlt/ *pret y pp* ⇨ **spoil**.

spoke /spəʊk/ I *pret* ⇨ **speak**. II *n* radio *m*.

spoken /'spəʊkən/ *pp* ⇨ **speak**.

spokesman /'spəʊksmən/ *n* portavoz *m*.

spokesperson /'spəʊkspɜːsən/ *n* [**-persons * -people**] portavoz *m/f*.

spokeswoman /'spəʊkswʊmən/ *n* portavoz *f*.

sponge /spʌndʒ/ I *n* **1.** (*Home, Zool*) esponja *f*. **2.** (*o* **sponge cake**) bizcocho *m*. II *vt* limpiar con una esponja.

to **sponge off * on** *vt* vivir a costa de.

sponge bag *n* bolsa *f* de aseo.

sponsor /'spɒnsə/ I *n* patrocinador -dora *m/f*. II *vt* patrocinar.

sponsored walk /spɒnsəd 'wɔːk/ *n* marcha *f* (*con fines benéficos*).

sponsorship /'spɒnsəʃɪp/ *n* patrocinio *m*.

spontaneous /spɒn'teɪnɪəs/ *adj* espontáneo -nea.

spooky /'spuːkɪ/ *adj* [**-kier, -kiest**] (*fam*) que da miedo.

spool /spuːl/ *n* (*gen*) bobina *f*; (*for film*) carrete *m*.

spoon /spuːn/ *n* **1.** (*gen*) cuchara *f*; (*for tea, coffee*) cucharita *f*. **2.** (*o* **spoonful**) (*gen*) cucharada *f*; (*small*) cucharadita *f*.

spoon-feed *vt* [**-feeds, -feeding, -fed**] **1.** (*a baby*) dar de comer con cuchara a. **2.** (*fam: students*) dárselo todo mascado a.

spoonful /'spuːnfʊl/ *n* [**spoonfuls ***

spoonful] cucharada *f*.

sport /spɔːt/ I *n* **1.** (*gen*) deporte *m*. **2.** (*person*) buena persona *f*: **go on, be a sport!** ¡anda, sé bueno! II *vt* (*a garment*) lucir.

sports car *n* (coche *m*) deportivo *m*.

sports centre * ** (*US*) **center *n* polideportivo *m*. **sports coat * jacket** *n* chaqueta *f* sport. **sportsman** *n* deportista *m*. **sportsmanship** *n* deportividad *f*. **sportswear** *n* ropa *f* de deporte. **sportswoman** *n* deportista *f*.

sporting /'spɔːtɪŋ/ *adj* deportivo -va.

spot /spɒt/ I *n* **1.** (*in design*) lunar *m*; (*on skin*) grano *m*; (*stain*) mancha *f*. **2.** (*place*) lugar *m*, sitio *m*: **we were right on the spot** estábamos allí mismo; **I bought it on the spot** lo compré en el acto ● **to put sbdy on the spot** poner a alguien en un aprieto ● **she has a soft spot for him** tiene debilidad por él. **3.** (*small quantity*) poco *m*: **shall we have a spot of lunch?** ¿comemos algo? II *vt* [**spots, spotting, spotted**] (*a person*) ver, divisar; (*a detail*) descubrir.

spot check *n* control *m* (*sin previo aviso*). **spotlight** *n* (*gen*) foco *m*; (*Auto*) faro *m* auxiliar. **spot-on** *adj* exacto -ta.

spotless /'spɒtləs/ *adj* impecable.

spotted /'spɒtɪd/ *adj* (*material*) de lunares.

spotty /'spɒtɪ/ *adj* [**-tier, -tiest**] (*skin, person*) con granos.

spouse /spaʊz/ *n* cónyuge *m/f*.

spout /spaʊt/ I *n* **1.** (*of jug*) pico *m*; (*of hose*) caño *m*. **2.** (*jet*) chorro *m*. II *vi* (*water*) salir a chorros. ♦ *vt* (*nonsense*) soltar.

sprain /spreɪn/ *vt*: **I sprained my ankle** me hice un esguince en el tobillo.

sprang /spræŋ/ *pret* ⇨ **spring**.

sprawl /sprɔːl/ *vi* (*person*) estar tumbado -da; (*city*) extenderse.

spray /spreɪ/ I *n* **1.** (*atomizer, aerosol*) atomizador *m*, spray *m*. **2.** (*action*) rociada *f*. **3.** (*from sea*) espuma *f*. 4. (*of flowers*) ramillete *m*. II *vt* 1. (*gen*) rociar (**with** de); (*crops*) fumigar (**with** con). 2. (*paint*) aplicar (*con pistola pulverizadora*) (**onto** a).

spread /spred/ I *vt* [**spreads, spreading, spread**] 1. (*wings*) desplegar; (*a map*) extender. 2. (*butter*) untar; (*glue*) extender. 3. (*a disease*) propagar. ♦ *vi* 1. (*fire, stain*) extenderse. 2. (*news*) difundirse. II *n* 1. (*of disease*) propagación *f*. 2. (*for sandwich*) paté *m*.

to **spread out** *vi* separarse, desplegarse. ♦ *vt* extender.

spread-eagled *adj* con los brazos y piernas extendidos. **spreadsheet** *n* hoja *f* de cálculo.

spree /spriː/ *n*: **to go on a spree** irse de juerga.

sprightly /ˈspraɪtlɪ/ *adj* [**-lier, -liest**] ágil y activo -va.

spring /sprɪŋ/ I *n* 1. (*season*) primavera *f*. 2. (*Tec*) resorte *m*, muelle *m*. 3. (*of water*) manantial *m*. 4. (*jump*) brinco *m*. II *vi* [**springs, springing, sprang,** *pp* **sprung**] saltar.

to **spring up** *vi* surgir.

springboard *n* trampolín *m*. **spring-clean** *n* limpieza *f* general. **spring onion** *n* cebolleta *f*. **spring roll** *n* rollo *m* de primavera.

sprinkle /ˈsprɪŋkəl/ *vt*: **he sprinkled water on it** lo roció con agua; **sprinkle sugar on it** espolvorea con azúcar.

sprinkler /ˈsprɪŋklə/ *n* (*Agr*) aspersor *m*; (*for fires*) extintor *m* automático.

sprint /sprɪnt/ I *vi* (*to run fast*) correr a toda velocidad; (*athlete, cyclist*) esprintar. II *n* sprint *m*.

sprout /spraʊt/ I *n* 1. (*Bot*) brote *m*. 2. (*o* **Brussels sprout**) col *f* de Bruselas, (*Amér S*) repollito *m* de Bruselas. II *vi* (*plant*) retoñar; (*seed*) germinar.

spruce /spruːs/ *n* picea *f*.

sprung /sprʌŋ/ *pp* ⇨ **spring**.

spun /spʌn/ *pret y pp* ⇨ **spin**.

spur /spɜː/ *n* 1. (*on boot*) espuela *f*. 2. (*stimulus*) estímulo *m*, acicate *m* ● **on the spur of the moment** de improviso. 3. (*Transp*) ramal *m*.

to **spur on** *vt* [**spurs, spurring, spurred**] espolear, animar.

spurious /ˈspjʊərɪəs/ *adj* falso -sa, espúreo -rea.

spurn /spɜːn/ *vt* desdeñar, rechazar.

spurt /spɜːt/ I *n* 1. (*gush*) chorro *m*. 2. (*of activity*) esfuerzo *m*. II *vi* 1. (*water*) salir a chorros. 2. (*runner*) acelerar.

spy /spaɪ/ *n* [**spies**] espía *m/f*.

to **spy on** *vt* [**spies, spying, spied**] espiar, vigilar.

Sq. /skweə/ (= **Square**) Pza.

sq. /skweə/ (= **square**) cuadrado *m*.

squabble /ˈskwɒbəl/ I *vi* reñir (**over** por). II *n* riña *f*.

squad /skwɒd/ *n* (*Mil*) pelotón *m*; (*of police*) brigada *f*; (*Sport*) selección *f*.

squadron /ˈskwɒdrən/ *n* (*naval*) escuadra *f*; (*in army, air force*) escuadrón *m*.

squalid /ˈskwɒlɪd/ *adj* sórdido -da, miserable.

squall /skwɔːl/ *n* borrasca *f*.

squalor /ˈskwɒlə/ *n* miseria *f*, sordidez *f*.

squander /ˈskwɒndə/ *vt* despilfarrar, derrochar.

square /skweə/ I *n* 1. (*gen*) cuadrado *m*; (*on chessboard*) casilla *f*. 2. (*in town*) plaza *f*. 3. (*person*) carroza *m/f*. II *adj* (*shape*) cuadrado -da: **six square metres** seis metros cuadrados; (*corners, edges*) en ángulo recto. III *adv* (*o* **squarely**) (*directly*) de lleno, directamente. IV *vt* 1. (*Maths*) elevar al cuadrado. 2. (*an account*) saldar. ♦ *vi* (*to coincide*) cuadrar.

to **square up** *vi* ajustar las cuentas.

square meal *n* comida *f* decente. **square root** *n* raíz *f* cuadrada.

squash /skwɒʃ/ I *n* [**-shes**] 1. (*squeeze*): **it was a squash** íbamos apretujados.

2. (*Sport*) squash *m*. **3.** (*drink*) refresco *m* (*con esencia de frutas*). **4.** (*Culin*) tipo de calabaza.

squat /skwɒt/ I *vi* [**squats, squatting, squatted**] agacharse, ponerse en cuclillas. II *adj* achaparrado -da. III *n*: inmueble ocupado sin permiso.

squatter /'skwɒtə/ *n* okupa *m/f*, ocupante *m/f* ilegal.

squawk /skwɔ:k/ I *vi* graznar. II *n* graznido *m*.

squeak /skwi:k/ I *vi* (*door*) chirriar; (*mouse*) chillar. II *n* (*of door*) chirrido *m*; (*of mouse*) chillido *m*.

squeal /skwi:l/ I *vi* chillar. II *n* chillido *m*.

squeamish /'skwi:mɪʃ/ *adj* impresionable, delicado -da.

squeeze /skwi:z/ I *vt* (*gen*) apretar; (*a lemon*) exprimir. II *n* **1.** (*gen*) apretón *m*. **2.** (*crush*): **it was a tight squeeze** íbamos muy apretados.

squelch /skweltʃ/ *vi* (*shoes*) hacer ruido (*cuando están mojados*).

squid /skwɪd/ *n inv* calamar *m*.

squiggle /'skwɪgəl/ *n* (*fam*) garabato *m*.

squint /skwɪnt/ I *vi* (*Med*): **he squints** es bizco; **to squint at sthg** mirar algo con los ojos entrecerrados. II *n*: **to have a squint** tener estrabismo.

squirm /skwɜ:m/ *vi* retorcerse ● **he squirmed with embarrassment** se quería morir de la vergüenza.

squirrel /'skwɪrəl/ *n* ardilla *f*.

squirt /skwɜ:t/ *vt* echar un chorro de. ◆ *vi* (*o* **squirt out**) salir a chorros.

St /'stri:t/ (= **Street**) c/. **2.** /seɪnt/ = **Saint**.

stab /stæb/ I *n* **1.** (*with knife*) puñalada *f*. **2.** (*of pain*) punzada *f*. **3.** (*fam: attempt*) intento *m*: **he had a stab at it** lo intentó. II *vt* [**stabs, stabbing, stabbed**] apuñalar.

stabilize /'steɪbəlaɪz/ *vt* estabilizar. ◆ *vi* estabilizarse.

stable /'steɪbəl/ I *adj* estable. II *n* caballeriza *f*, cuadra *f*.

stack /stæk/ I *vt* amontonar, apilar. II *n* montón *m*, pila *f*.

stadium /'steɪdɪəm/ *n* estadio *m*.

staff /stɑ:f/ I *n* personal *m*. II *vt* (*an office*) prestar servicio en.

stag /stæg/ *n* ciervo *m*.

stag night ✽ **party** *n* despedida *f* de soltero.

stage /steɪdʒ/ I *n* **1.** (*phase*) etapa *f*. **2.** (*in theatre*) escenario *m*. **3.** **the stage** (*Prof*) el teatro, las tablas. II *vt* (*a play*) poner en escena; (*a demonstration*) organizar, hacer.

stagecoach *n* diligencia *f*. **stage manager** *n* director -tora *m/f* de escena.

stagger /'stægə/ *vi* tambalearse. ◆ *vt* (*holidays*) escalonar.

staggered /'stægəd/ *adj* **1.** (*dumbfounded*) pasmado -da. **2.** (*payments*) escalonado -da.

staggering /'stægərɪŋ/ *adj* asombroso -sa.

stagnant /'stægnənt/ *adj* estancado -da.

stagnate /stæg'neɪt/ *vi* estancarse.

staid /steɪd/ *adj* (*person*) tradicional; (*clothes*) aburrido -da.

stain /steɪn/ I *n* **1.** (*mark*) mancha *f*. **2.** (*for wood*) tintura *f*. II *vt* **1.** (*to mark*) manchar. **2.** (*wood*) teñir.

stain remover *n* quitamanchas *m inv*.

stained glass /steɪnd 'glɑ:s/ *n* vidrio *m* de colores.

stained-glass window *n* vidriera *f*.

stainless steel /steɪnləs 'sti:l/ *n* acero *m* inoxidable.

stair /steə/ I *n* (*step*) escalón *m*, peldaño *m*. II **stairs** *n pl* escalera *f*.

staircase, stairway *n* escalera *f*.

stake /steɪk/ I *n* **1.** (*share, interest*) participación *f* (**in** en). **2.** (*bet*) apuesta *f* ● **to be at stake** estar en juego. **3.** (*post*) estaca *f*. II *vt* (*to risk*) jugarse.

stale /steɪl/ *adj* **1.** (*bread*) duro -ra, no fresco -ca; (*cake, biscuits*) no fresco -ca, pasado -da. **2.** (*atmosphere*): **it smells stale in here** aquí huele a cerrado.

stalemate /'steɪlmeɪt/ *n* **1.** (*in chess*) tablas *f pl* (*con rey ahogado*). **2.** (*im-*

passe) punto *m* muerto, impasse *m*.

stalk /stɔːk/ I *n* (*of flower*) tallo *m*; (*of fruit*) rabo *m*. II *vt* acechar.

to **stalk off** *vi* irse encolerizado -da.

stall /stɔːl/ I *n* 1. (*in stable*) compartimiento *m*. 2. (*at market*) puesto *m*. II **stalls** *n pl* (*in theatre*) platea *f*. III *vi* 1. (*Auto*) calarse, pararse. 2. (*to delay*) usar maniobras dilatorias. ♦ *vt*: **I stalled the engine** se me caló el motor.

stallion /ˈstælɪən/ *n* semental *m*.

stalwart /ˈstɔːlwət/ I *adj* leal. II *n* incondicional *m/f*.

stamina /ˈstæmɪnə/ *n* resistencia *f*, energía *f*.

stammer /ˈstæmə/ *vi* tartamudear. ♦ *vt* farfullar.

stamp /stæmp/ I *n* 1. (*on letter*) sello *m*, (*Amér S*) estampilla *f*. 2. (*o fiscal stamp*) timbre *m*. 3. (*o rubber stamp*) sello *m* (de goma). 4. (*distinguishing feature*) impronta *f*, marca *f*. II *vt* (*a letter*) franquear; (*a passport*) sellar. ♦ *vi*: **to stamp about** pisar fuerte; **he stamped out of the house** salió airado de la casa.

stamp collector *n* coleccionista *m/f* de sellos ✶ (*Amér L*) estampillas, filatelista *m/f*.

stampede /stæmˈpiːd/ *n* estampida *f*.

stance /stɑːns/ *n* postura *f* (**on** con respecto a).

stand /stænd/ I *n* 1. (*at an exhibition*) stand *m*; (*in a market*) puesto *m*. 2. (*for hats, coats*) perchero *m*. 3. (*Sport*) tribuna *f*. 4. (*attitude*) postura *f*: **to take a stand on/against sthg** adoptar una postura respecto a/frente a algo. II *vi* [**stands, standing, stood**] 1. (*to be on one's feet*) estar de pie, (*Amér L*) estar parado -da; (*to get up*) ponerse de pie, (*Amér L*) pararse: **stand over there** ponte allí. 2. (*to be*) estar: **it stands on top of the hill** está en lo alto de la colina. 3. (*in an election*) presentarse (**for** a). ♦ *vt* 1. (*to position*) poner, colocar. 2. (*to bear*) soportar, aguantar.

to **stand back** *vi* apartarse. *to* **stand by** *vt* (*a person*) apoyar; (*a decision*) atenerse a. ♦ *vi* 1. (*to be alert*) estar preparado -da. 2. (*to take no action*) cruzarse de brazos. *to* **stand down** *vi* (*Prof*) dejar el cargo. *to* **stand for** *vt* 1. (*to signify*) significar. 2. (*to suffer*) tolerar. *to* **stand in** *vi*: **to stand in for sbdy** sustituir a alguien. *to* **stand out** *vi* destacarse. *to* **stand up** *vi* ponerse de pie, (*Amér L*) pararse ● **to stand up for sbdy** defender a alguien ● **to stand up to sbdy** hacerle frente a alguien. ♦ *vt* (*a person*) dejar plantado -da.

stand-in *n* (*gen*) suplente *m/f*; (*in movie*) doble *m/f*. **standpoint** *n* punto *m* de vista.

standard /ˈstændəd/ I *n* 1. (*benchmark*) nivel *m* ● **up to standard** del nivel requerido. 2. (*flag*) estandarte *m*. II **standards** *n pl* (*of behaviour*) principios *m pl*, valores *m pl*. III *adj* (*size, model*) estándar, normal.

standard lamp *n* lámpara *f* de pie. **standard of living** *n* nivel *m* de vida.

standardize /ˈstændədaɪz/ *vt* estandarizar.

stand-by /ˈstændbaɪ/ *n* (*emergency resource*): **we keep it as a stand-by** lo tenemos para casos de emergencia, (*Mil*): **on stand-by** en estado de alerta.

stand-by passenger *n*: pasajero en lista de espera. **stand-by ticket** *n* billete *m* standby.

standing /ˈstændɪŋ/ I *adj* 1. (*not seated*) de pie, (*Amér L*) parado -da. 2. (*permanent*): **he has a standing invitation** está invitado cuando quiera. II *n* 1. (*reputation*) prestigio *m*. 2. (*duration*): **employees of many years' standing** empleados de muchos años.

standing order *n* orden *f* permanente de pago.

standoffish /stændˈɒfɪʃ/ *adj* poco simpático -ca, distante.

standstill /ˈstændstɪl/ *n*: **to come to a standstill** (*car*) detenerse, (*discussion*) llegar a un punto muerto; **it**

brought the town to a standstill
paralizó al pueblo.

stank /stæŋk/ *pret* ⇨ **stink.**

staple /'steɪpəl/ **I** *n* 1. (*for paper*)
grapa *f.* 2. (*food*) alimento *m* básico.
II *adj* básico -ca, principal. **III** *vt*
grapar.

stapler /'steɪplə/ *n* grapadora *f.*

star /stɑː/ **I** *n* 1. (*Astron*) estrella *f.*
2. (*celebrity*) estrella *f.* **II stars** *n pl*
(*Astrol: fam*) horóscopo *m.* **III** *vi*
[**stars, starring, starred**]: **he
starred in the film** protagonizó la
película. ◆ *vt:* **starring Robert de
Niro** con la actuación estelar de
Robert de Niro.

starfish *n inv* estrella *f* de mar.

starboard /'stɑːbəd/ *n* estribor *m.*

starch /stɑːtʃ/ *n* 1. (*Culin*) fécula *f.*
2. (*for clothes*) almidón *m.*

stardom /'stɑːdəm/ *n* estrellato *m.*

stare /steə/ **I** *n* mirada *f* fija. **II** *vi:* **he
was staring at her** la miraba fija-
mente.

stark /stɑːk/ **I** *adj* (*contrast*)
marcado -da. **II** *adv* (*completely*):
stark naked en cueros; **stark raving mad** loco -ca de atar.

starling /'stɑːlɪŋ/ *n* estornino *m.*

starry /'stɑːrɪ/ *adj* [**-rier, -riest**] (*sky*)
estrellado -da.

starry-eyed *adj* (*person*) soñador
-dora.

start /stɑːt/ **I** *n* 1. (*gen*) principio *m*,
comienzo *m*; (*departure*): **I made an
early start** salí temprano. 2. (*nervous movement*): **she woke with a
start** se despertó sobresaltada.
3. (*advantage*) ventaja *f.* **II** *vt* 1. (*to
begin*) empezar, comenzar: **to start
reading** ‖ **to start to read** empezar
a leer. 2. (*a business*) montar. 3. (*an
argument*) provocar, causar. 4. (*an
engine*) poner en marcha. ◆ *vi* 1. (*to
begin*) empezar, comenzar. 2. (*to depart*) salir. 3. (*engine, car*) arrancar.
4. (*to be startled*) sobresaltarse.

to start off ✻ **out** *vi* 1. (*to begin*)
empezar (**as** de). 2. (*to depart*) salir,
ponerse en camino. **to start over** *vt/i*
(*US*) volver a empezar. **to start up**

(*Auto*) *vt.* poner en marcha. ◆ *vi*
ponerse en marcha.

starter /'stɑːtə/ *n* 1. (*Culin*) entrada
f. 2. (*Sport*) juez *m/f* de salida. 3. (*o
starter motor) (*Auto*) motor *m* de
arranque.

startle /'stɑːtəl/ *vt* asustar, sobresaltar.

startling /'stɑːtəlɪŋ/ *adj* 1. (*surprising*) asombroso -sa. 2. (*alarming*)
alarmante.

starvation /stɑː'veɪʃən/ *n* hambre
f✱, inanición *f.*

starve /stɑːv/ *vi* pasar hambre: **he
starved to death** murió de hambre.
◆ *vt* hacer pasar hambre a.

starving /'stɑːvɪŋ/ *adj* (*refugee,
masses*) hambriento -ta; (*fam*): **I'm
starving** estoy muerto de hambre.

state /steɪt/ **I** *n* 1. (*condition*) estado
m ● **to get into a state** ponerse
nervioso -sa ● **he's in no state to
drive** no está en condiciones de
conducir. 2. (*Geog, Pol*) estado *m.* **II
the States** *n pl* (*fam*) los Estados
Unidos. **III** *adj* (*Pol*) estatal. **IV** *vt*
1. (*to declare*) afirmar. 2. (*a fact*)
exponer; (*a problem*) plantear.

State Department *n* (*in US*) Ministerio *m* de Asuntos Exteriores. **state
of emergency** *n* estado *m* de emergencia. **state of mind** *n* estado *m* de
ánimo. **state-of-the-art** *adj*: **state-
of-the-art computers** lo último en
ordenadores; **state-of-the-art technology** tecnología punta.

stately home /steɪtlɪ 'həʊm/ *n* casa *f*
solariega.

statement /'steɪtmənt/ *n* 1. (*gen*)
declaración *f.* 2. (*Fin*) extracto *m* ✱
estado *m* de cuenta.

statesman /'steɪtsmən/ *n* estadista
m.

stateswoman /'steɪtswʊmən/ *n*
estadista *f.*

static /'stætɪk/ *adj* estático -ca.

station /'steɪʃən/ **I** *n* 1. (*Transp*)
estación *f.* 2. (*o **radio station**) emisora *f.* 3. (*frml: social rank*) condición *f* (social). **II** *vt* (*Mil*) apostar.

stationmaster *n* jefe -fa *m/f* de estación. **station wagon** n (US) ranchera f.

stationary /'steɪʃənərɪ/ adj estacionario -ria.

stationery /'steɪʃənərɪ/ n artículos m pl de papelería.

statistic /stə'tɪstɪk/ I n (figure) estadística f. II **statistics** n (science) estadística f.

statistical /stə'tɪstɪkəl/ adj estadístico -ca.

statue /'stætjuː/ n estatua f.

stature /'stætʃə/ n estatura f.

status /'steɪtəs/ n 1. (social standing) estatus m inv. 2. (position): **the status of women** la condición de la mujer.

status symbol n símbolo m de prestigio ✳ de estatus.

statute /'stætjuːt/ n estatuto m.

statutory /'stætjʊtərɪ/ adj (penalty) reglamentario -ria; (right) legal.

staunch /stɔːntʃ/ adj incondicional, acérrimo -ma.

stave /steɪv/ n (Mus) pentagrama m. to **stave off** vt 1. (hunger) calmar. 2. (a disaster) evitar; (a blow) parar.

stay /steɪ/ I n estancia f. II vi 1. (to remain) quedarse. 2. (as guest) alojarse (**at** en): **to stay overnight** pasar la noche.

to **stay away** vi no acudir (**from** a). to **stay in** vi quedarse en casa. to **stay on** vi quedarse. to **stay out** vi (of house): **he stayed out until dawn** no volvió hasta el amanecer; (on strike) continuar la huelga. to **stay put** vi (fam) no moverse. to **stay up** vi no acostarse.

STD /estiː'diː/ n (= **sexually transmitted disease**) enfermedad f de transmisión sexual.

stead /sted/ n: **in my/his stead** en mi/su lugar ● **it has stood me in good stead** me ha sido de gran utilidad.

steadfast /'stedfɑːst/ adj (support) leal y sólido -da; (resistance) tenaz.

steadily /'stedɪlɪ/ adv 1. (to move, work) a ritmo constante. 2. (to stare) fijamente. 3. (to speak) firmemente.

steady /'stedɪ/ I adj [-dier, -diest] 1. (stable, unchanging: pace) regular; (: work): **a steady job** un empleo fijo; (: price) estable; (: relationship) estable: **her first steady boyfriend** el primer chico con el que sale en serio. 2. (gaze) fijo -ja. 3. (hard-working) aplicado -da [S]; (reliable) de fiar [S]. 4. (continuous) continuo -nua, constante. II vt [-dies, -dying, -died] 1. (to hold firm) sujetar; (to stabilize) estabilizar. 2. (one's nerves) calmar.

steak /steɪk/ n (gen) filete m; (beef) bistec m.

steal /stiːl/ vt [steals, stealing, stole, pp stolen] robar. ♦ vi 1. (to commit theft) robar. 2. (to move quietly): **to steal in/out** entrar/ salir a hurtadillas.

stealth /stelθ/ n sigilo m: **by stealth** sigilosamente.

stealthy /'stelθɪ/ adj [-thier, -thiest] sigiloso -sa.

steam /stiːm/ I n vapor m. II vi (pot, soup) humear; (machine) echar vapor. ♦ vt (vegetables) cocer al vapor. to **steam up** vi (glass) empañarse.

steam engine n locomotora f a ✳ de vapor. **steamroller** n apisonadora f.

steamy /'stiːmɪ/ adj [-mier, -miest] 1. (place) lleno -na de vapor; (window) empañado -da. 2. (novel) erótico -ca.

steel /stiːl/ I n acero m. II vt: **to steel oneself** armarse de valor.

steel wool n viruta f de acero. **steelworks** n inv acerería f, altos hornos m pl.

steep /stiːp/ I adj 1. (cliff) escarpado -da; (stairs) empinado -da. 2. (increase) brusco -ca. 3. (price) excesivo -va. II vt (gen) remojar; (in wine) macerar.

steeple /'stiːpəl/ n (spire) aguja f; (tower) campanario m.

steeplechase n carrera f de obstáculos.

steer /stɪə/ vt 1. (Auto) conducir, (Amér L) manejar. 2. (to guide) llevar, conducir.

steering /ˈstɪərɪŋ/ n dirección f.

steering wheel n volante m.

stem /stem/ I n 1. (Bot) tallo m. 2. (Ling) raíz f. 3. (of glass) pie m. II vt [**stems, stemming, stemmed**] (a process) frenar; (a flow) contener.

to **stem from** vt ser consecuencia de.

stench /stentʃ/ n hedor m, peste f.

stencil /ˈstensəl/ I n plantilla f. II vt [**-cils, -cilling, -cilled**] pintar/dibujar con plantilla.

stenographer /stəˈnɒgrəfə/ n (US) taquimecanógrafo -fa m/f.

step /step/ I n 1. (stair) escalón m, peldaño m. 2. (pace) paso m. II **steps** n pl (stepladder) escalera f de tijera; (up to building) escalinata f. III vi [**steps, stepping, stepped**]: to **step back** dar un paso atrás; to **step aside** hacerse a un lado.

to **step down** vi dejar el cargo. to **step in** vi intervenir. to **step on** vt pisar. to **step up** vt aumentar.

stepladder escalera f de tijera.

stepbrother /ˈstepbrʌðə/ n hermanastro m.

stepdaughter /ˈstepdɔːtə/ n hijastra f.

stepfather /ˈstepfɑːðə/ n padrastro m.

stepmother /ˈstepmʌðə/ n madrastra f.

stepping stone /ˈstepɪŋ stəʊn/ n pasadera f.

stepsister /ˈstepsɪstə/ n hermanastra f.

stepson /ˈstepsʌn/ n hijastro m.

stereo /ˈsterɪəʊ/ I n estéreo m. II adj estereofónico -ca.

stereotype /ˈsterɪəʊtaɪp/ I n estereotipo m. II vt estereotipar.

sterile /ˈsteraɪl/ adj estéril.

sterilize /ˈsterəlaɪz/ vt esterilizar.

sterling /ˈstɜːlɪŋ/ I n: to **pay in sterling** pagar en libras esterlinas. II adj: ten **pounds sterling** diez libras esterlinas.

sterling silver n plata f de ley.

stern /stɜːn/ I adj (severe) severo -ra. II n (Naut) popa f.

stethoscope /ˈsteθəskəʊp/ n (Med)

estetoscopio m.

stew /stjuː/ I n guiso m, estofado m. II vt (meat) estofar, guisar; (fruit) hacer compota de.

steward /ˈstjʊəd/ n (Av) auxiliar m de vuelo.

stewardess /ˈstjʊədes/ n [**-desses**] auxiliar f de vuelo, azafata f, (Amér L) aeromoza f.

stick /stɪk/ I n 1. (gen) palo m; (twig) ramita f. 2. (o **walking stick**) bastón m. 3. (of dynamite) cartucho m. 4. (of celery) rama f; (of rhubarb) tallo m. II vt [**sticks, sticking, stuck**] 1. (to insert) clavar (**into** en). 2. (to glue) pegar (**to** a). 3. (fam: to place) poner. 4. (fam: to bear) aguantar, soportar. ♦ vi 1. (to adhere) pegarse (**to** a). 2. (to jam) atascarse. 3. (to remain): it **stuck in her mind** se le quedó grabado en la memoria; we **stuck together** permanecimos unidos.

to **stick by** vt mantenerse fiel a. to **stick out** vi sobresalir. to **stick to** vt (a principle) atenerse a; (a rule) ceñirse a. to **stick up** vi sobresalir. to **stick up for** vt defender.

stick-up n (fam) atraco m.

sticker /ˈstɪkə/ n (label) etiqueta f (engomada); (for publicity) pegatina f.

sticking plaster /ˈstɪkɪŋ plɑːstə/ n (pre-cut) tirita® f, (Amér L) curita® f; (on roll) esparadrapo m.

stickler /ˈstɪklə/ n: he's a **stickler for punctuality** insiste mucho en la puntualidad.

sticky /ˈstɪkɪ/ adj [**-kier, -kiest**] 1. (tape, label) adhesivo -va. 2. (hands) pegajoso -sa. 3. (situation) peliagudo -da.

stiff /stɪf/ I adj 1. (material) rígido -da, duro -ra; (brush) duro -ra. 2. (door, window) difícil de abrir/cerrar. 3. (joints) agarrotado -da: I'm **stiff** tengo agujetas; I have a **stiff neck** tengo tortícolis. 4. (person: awkward) tieso -sa; (: stern) severo -ra. 5. (breeze) fuerte. II adv: he's **worried stiff** está preocupadísimo; **bored stiff** aburrido como una ostra.

stiffen /'stɪfən/ vi 1. (*material*) ponerse tieso -sa ∗ rígido -da. 2. (*muscles*) agarrotarse.

stiffness /'stɪfnəs/ n 1. (*gen*) rigidez f. 2. (*in joints*) agarrotamiento m.

stifle /'staɪfəl/ vt (*a person*) ahogar; (*a protest*) sofocar.

stifling /'staɪflɪŋ/ adj sofocante, agobiante.

stigma /'stɪgmə/ n estigma m.

stile /staɪl/ n escalón m (*para pasar una cerca*).

stiletto /stɪ'letəʊ/ n zapato m con tacón de aguja.

still /stɪl/ I adv 1. (*so far*) aún, todavía. 2. (*even*): hers is older still el suyo es aún más viejo ∗ es más viejo todavía. 3. (*even so*) aun así. II adj 1. (*calm*) tranquilo -la; (*silent*) silencioso -sa; (*without movement*) quieto -ta: keep still! ¡no te muevas! 2. (*not fizzy*) sin gas.

stillborn adj nacido -da muerto -ta. **still life** n naturaleza f muerta, bodegón m.

stilt /stɪlt/ n 1. (*for house*) pilote m. 2. (*for walking*) zanco m.

stilted /'stɪltɪd/ adj afectado -da, rebuscado -da.

stimulant /'stɪmjʊlənt/ n estimulante m.

stimulate /'stɪmjʊleɪt/ vt estimular.

stimulus /'stɪmjʊləs/ n [-li] estímulo m.

sting /stɪŋ/ I vt [stings, stinging, stung] picar. ♦ vi 1. (*insect, plant*) picar. 2. (*eyes, wound*) escocer; (*antiseptic*) escocer. II n 1. (*sensation*) escozor m. 2. (*by bee, nettle*) picadura f. (*organ*) aguijón m.

stingy /'stɪndʒɪ/ adj [-gier, -giest] 1. (*mean*) tacaño -ña. 2. (*sparse*) mezquino -na.

stink /stɪŋk/ I vi [stinks, stinking, stank, pp stunk] apestar (of a). II n hedor m, tufo m.

stinking /'stɪŋkɪŋ/ adj 1. (*smelly*) hediondo -da, apestoso -sa. 2. (*fam: terrible*) horroroso -sa.

stint /stɪnt/ n temporada f.

stipulate /'stɪpjʊleɪt/ vt estipular.

stir /stɜː/ I vt [stirs, stirring, stirred] 1. (*a liquid*) remover. 2. (*to rouse*) enardecer; (*to move*) conmover. ♦ vi moverse. II n (*commotion*) revuelo m.

to stir up vt (*hatred*) fomentar.

stirrup /'stɪrəp/ n estribo m.

stitch /stɪtʃ/ I n [-ches] 1. (*in knitting*) punto m; (*in sewing*) puntada f. 2. (*Med*) punto m (de sutura). 3. (*pain*) punzada f. II vt (o stitch up) 1. (*Clothing*) coser. 2. (*Med*) suturar ● the police stitched me up la policía me preparó una encerrona para inculparme.

stoat /stəʊt/ n armiño m (de pelaje pardo).

stock /stɒk/ I n 1. (*goods*) existencias fpl, stock m: it's out of stock está agotado ● to take stock of the situation evaluar la situación. 2. (*range*) surtido m (of de). 3. (*Culin*) caldo m. 4. (*Agr*) ganado m. 5. (*lineage: of animal*) raza f; (:of person*) estirpe f. 6. (*shares*) acciones fpl. II stocks npl (*Fin*) valores m pl. III adj (*answer*) de costumbre. IV vt (*to sell*) vender.

to stock up vi abastecerse (on ∗ with de).

stockbroker n corredor -dora m/f de bolsa ∗ de valores. **stock cube** n cubito m ∗ pastilla f de caldo. **stock exchange** ∗ **market** n bolsa f (de valores). **stock farming** ∗ **raising** n ganadería f. **stockpile** I n reservas fpl. II vt hacer acopio de. **stocktaking** n inventario m.

stocking /'stɒkɪŋ/ n media f.

stockist /'stɒkɪst/ n distribuidor -dora m/f, proveedor -dora m/f.

stocky /'stɒkɪ/ adj [-kier, -kiest] fornido -da y achaparrado -da.

stodgy /'stɒdʒɪ/ adj [-gier, -giest] pesado -da.

stoke /stəʊk/ vt echar leña/carbón a.

stole /stəʊl/ I pret ⇨ **steal**. II n estola f.

stolen /'stəʊlən/ I pp ⇨ **steal**. II adj

robado -da.

stomach /'stʌmək/ I n (Anat) estómago m; (belly) vientre m. II vt: I **can't stomach him** no lo aguanto ∗ trago.

stomach ache n dolor m de estómago/de barriga. **stomach upset** n trastorno m gástrico.

stone /stəʊn/ I n 1. (material, piece) piedra f: **stone walls** muros de piedra. 2. (of fruit) hueso m. 3. (Med: in kidney) cálculo m. 4. [**stone** ∗ **stones**] unidad de peso equivalente a 6,35 kg. II vt 1. (a person) apedrear. 2. (fruit) deshuesar.

stone-cold adj helado -da. **stone-deaf** adj sordo -da como una tapia. **stonework** n mampostería f.

stony /'stəʊni/ adj [-nier, -niest] 1. (path, area) pedregoso -sa. 2. (look) glacial; (silence) sepulcral.

stood /stʊd/ pret y pp ⇨ **stand**.

stool /stu:l/ n taburete m.

stoop /stu:p/ I vi inclinarse, agacharse. II n: **he walks with a stoop** camina encorvado.

stop /stɒp/ I n 1. (gen): **it came to a stop** se detuvo; **to put a stop to sthg** poner fin a algo. 2. (o bus stop) parada f, (Amér L) paradero m. II vi [**stops**, **stopping**, **stopped**] (vehicle, activity) parar; (clock) pararse. ♦ vt 1. (a vehicle, person) parar. 2. (an activity: temporarily) interrumpir; (: permanently): **to stop smoking** dejar de fumar. 3. (to prevent): **he stopped me (from) leaving** impidió que me fuera. 4. (a cheque) dar orden de no pagar.

to **stop by** vi pasar. to **stop off** vi hacer un alto (en el camino). to **stop up** vt taponar.

stopcock n llave f de paso. **stopgap** n 1. (person) interino -na m/f. 2. (action) medida f provisional. **stoplight** n luz f de frenado. **stopover** n (gen) parada f; (Av) escala f. **stop press** n noticias fpl de última hora. **stop sign** n stop m. **stopwatch** n cronómetro m. **stoppage** /'stɒpɪdʒ/ I n 1. (in fact-

ory) paro m. 2. (in pipe) obstrucción f. II **stoppages** npl (from pay) retenciones fpl.

stopper /'stɒpə/ n tapón m.

storage /'stɔ:rɪdʒ/ n (gen) almacenaje m; (Inform) almacenamiento m.

storage heater n radiador m (acumulador del calor).

store /stɔ:/ I n 1. (GB: large shop) almacenes mpl, tienda f (grande). 2. (US: shop: gen) tienda f. 3. (warehouse) almacén m. 4. (stock) reserva f ● **he has a surprise in store for him** lo espera una sorpresa. II **stores** npl (supplies: gen) provisiones fpl; (: of food) víveres mpl. III vt almacenar.

to **store up** vt acumular.

storekeeper n (US) comerciante m/f, tendero -ra m/f.

storey /'stɔ:ri/ n piso m, planta f.

stork /stɔ:k/ n cigüeña f.

storm /stɔ:m/ I n 1. (Meteo) tormenta f ● **a storm of protests** un torrente de protestas. 2. (controversy) escándalo m. II vt tomar por asalto. ♦ vi: **she stormed out** salió furiosa.

stormy /'stɔ:mi/ adj [-mier, -miest] (Meteo) tormentoso -sa; (relationship) tempestuoso -sa.

story /'stɔ:ri/ n [-ries] 1. (Lit) historia f, cuento m; (Media) noticia f. 2. (US: floor) ⇨ **storey**.

storybook n libro m de cuentos.

stout /staʊt/ I adj 1. (fat) corpulento -ta. 2. (resistance) firme, tenaz. II n cerveza f negra.

stove /stəʊv/ n 1. (cooker) cocina f. 2. (heater) estufa f.

stow /stəʊ/ vt colocar.

to **stow away** vi colarse de polizón.

straddle /'strædəl/ vt 1. (a chair, fence) sentarse a horcajadas en. 2. (a road, border) extenderse a ambos lados de.

straggle /'strægəl/ vi 1. (town, village) extenderse desordenadamente. 2. (person) ir rezagado -da.

straggly /'strægli/ adj [-lier, -liest] desgreñado -da.

straight /streɪt/ I adj 1. (line, edge) recto -ta; (hair) lacio -cia. 2. (aligned correctly) derecho -cha. 3. (sincere) franco -ca, sincero -ra. 4. (answer) claro -ra ● **let me get this straight...** a ver si me aclaro.... 5. (gin, whisky) solo -la. II adv (without turning) recto, derecho; (without stopping) directamente. III n recta f.

straight away adv enseguida.

straight-faced adj serio -ria.

straighten /streɪtən/ vt 1. (a pipe, wire) enderezar. 2. (a picture) poner derecho -cha.

to straighten out vt (a problem) resolver; (a misunderstanding) aclarar.

straightforward /streɪtˈfɔːwəd/ adj 1. (process) sencillo -lla. 2. (person) franco -ca.

strain /streɪn/ I n 1. (anxiety) tensión f. 2. (Med) tirón m. 3. (Tec) tensión f. 4. (of animal) raza f; (of plant, virus) cepa f. II **strains** n pl (Mus: frml) compases m pl. III vt 1. (one's eyes) forzar; (a relationship) crear tirantez en. 2. (a muscle) hacerse un tirón en. 3. (Culin) colar.

♦ vi (to strive) esforzarse.

strained /streɪnd/ adj 1. (relationship) tenso -sa. 2. (stressed) estresado -da. 3. (Med): **a strained muscle** un esguince.

strainer /streɪnə/ n colador m.

strait /streɪt/ n, **straits** /streɪts/ n pl (Geog) estrecho m ● **to be in dire straits** estar en serios apuros.

straitjacket /streɪtdʒækɪt/ n camisa f de fuerza.

strait-laced /streɪtˈleɪst/ adj puritano -na.

strand /strænd/ I n 1. (thread) hebra f. 2. (of plot) hilo m conductor. II vt: **she was left stranded** la dejaron colgada.

strange /streɪndʒ/ adj 1. (unusual) extraño -ña, raro -ra. 2. (unknown) desconocido -da.

strangely /streɪndʒlɪ/ adv de manera extraña ● **strangely enough** por extraño que parezca.

stranger /streɪndʒə/ n desconocido -da m/f● **a stranger to the city** uno que no conoce la ciudad.

strangle /stræŋgəl/ vt estrangular.

stranglehold /stræŋgəlhəʊld/ n 1. (Sport) llave f al cuello. 2. (Fin, Pol) dominio m completo (**on** de).

strap /stræp/ n (gen) correa f; (on dress) tirante m.

strapping /stræpɪŋ/ adj fornido -da, robusto -ta.

Strasbourg /stræzbɜːg/ n Estrasburgo m.

stratagem /strætədʒəm/ n estratagema f.

strategic /strəˈtiːdʒɪk/ adj estratégico -ca.

strategy /strætədʒɪ/ n [-gies] estrategia f.

straw /strɔː/ n 1. (Agr) paja f ● **this is the last straw!** ¡esto es el colmo! 2. (for drinking) pajita f.

strawberry /strɔːbərɪ/ n [-ries] fresa f, (C Sur) frutilla f.

stray /streɪ/ I vi (from path) apartarse; (from topic, purpose) desviarse. II adj (sheep) extraviado -da; (dog) callejero -ra; (bullet) perdido -da.

streak /striːk/ I n (gen) raya f; (in hair) mecha f. II vi: **he streaked past** pasó como un rayo.

stream /striːm/ I n 1. (river) arroyo m, riachuelo m. 2. (of liquid) chorro m. 3. (flow): **a stream of people** riadas de gente; **a stream of cars** una caravana de coches. II vi 1. (water): **to stream out** salir a chorros. 2. (people): **people were streaming into the hall** entraban riadas de gente en la sala. ♦ vt (pupils) dividir en grupos (según nivel de aptitud).

streamer /striːmə/ n serpentina f.

streamlined /striːmlaɪnd/ adj 1. (vehicle) de líneas aerodinámicas. 2. (organization) racionalizado -da.

street /striːt/ I n calle f. II adj callejero -ra.

streetcar n (US) tranvía m. **streetlamp**, **streetlight** n farol m. **street**

map ∗ plan n callejero m, plano m (de calles). **street sweeper** n barrendero -ra m/f. **streetwise** adj espabilado -da.

strength /streŋθ/ n 1. (of person, wind) fuerza f; (of material) resistencia f; (of drug) potencia f. 2. (spiritual) fortaleza f.

strengthen /streŋθən/ vt (muscles) fortalecer; (a material) reforzar; (a relationship) consolidar.

strenuous /strenjʊəs/ adj 1. (activity) extenuante. 2. (protest) vehemente.

stress /stres/ I n [**stresses**] 1. (Med) estrés m. 2. (Tec) tensión f. 3. (Ling) acento m (tónico). II vt 1. (to emphasize) subrayar, hacer hincapié en. 2. (Ling) acentuar.

stressful /stresfʊl/ adj estresante.

stretch /stretʃ/ I n [**-ches**] 1. (of time) periodo m. 2. (of road) tramo m. II vt 1. (gen) estirar; (to extend) extender. 2. (to challenge) exigirle (esfuerzo) a. ♦ vi 1. (garment) dar de sí. 2. (person) estirarse; (from tiredness) desperezarse. 3. (to extend) extenderse.

stretcher /stretʃə/ n camilla f.

strew /stru:/ vt [**strews, strewing, strewed**, pp **strewn**] esparcir (around por).

strewn /stru:n/ pp ⇨ strew.

stricken /strɪkən/ adj (with illness) aquejado -da (with de); (with famine, drought) asolado -da (with de): I was **stricken with remorse** me remordía la conciencia.

strict /strɪkt/ adj 1. (severe) estricto -ta, severo -ra. 2. (exact) estricto -ta. 3. (total) absoluto -ta.

strictly /strɪktlɪ/ adv 1. (severely) de manera estricta. 2. (absolutely) estrictamente.

stridden /strɪdən/ pp ⇨ stride.

stride /straɪd/ I n zancada f. II vi [**strides, striding, strode**, pp **stridden**] caminar dando zancadas.

strident /straɪdənt/ adj estridente.

strife /straɪf/ n luchas f pl.

strike /straɪk/ I n 1. (Pol) huelga f:

on strike en huelga. 2. (attack) ataque m. 3. (of oil, gold) descubrimiento m. II vt [**strikes, striking, struck**] 1. (to hit: gen) golpear; (: a person) pegarle a. 2. (a match) encender. 3. (clock) dar. 4. (oil, gold) encontrar. ♦ vi 1. (Pol) hacer huelga. 2. (clock) dar la hora. 3. (to attack) atacar.

to strike down vt derribar. **to strike out** vt tachar. **to strike up** vi (band) empezar a tocar. ♦ vt (a conversation) entablar.

strikebreaker n rompehuelgas m/f inv.

striker /straɪkə/ n 1. (Pol) huelguista m/f. 2. (Sport) delantero -ra m/f.

striking /straɪkɪŋ/ adj 1. (remarkable) asombroso -sa. 2. (eye-catching) llamativo -va.

string /strɪŋ/ I vt [**strings, stringing, strung**] 1. (a guitar, racket) encordar; (beads) ensartar. II n 1. (gen) cordel m, cuerda f; (for guitar) cuerda f ● **he pulled some strings to get it** tocó unas cuantas teclas para conseguirlo ● **with no strings attached** sin compromiso. 2. (of beads) sarta f; (of onions) ristra f; (of events) serie f. III **the strings** n pl (Mus) los instrumentos de cuerda.

string bean n judía f verde.

stringent /strɪndʒənt/ adj (frml) estricto -ta.

strip /strɪp/ I n 1. (of land) franja f. 2. (of paper, plastic) tira f. II vt [**strips, stripping, stripped**] 1. (a person) desnudar. 2. (a door, table) quitarle la pintura a; (paint, wallpaper) quitar. 3. (of title, possessions) despojar (of de). 4. (o **strip down**) (an engine) desmontar. ♦ vi desnudarse.

strip cartoon n historieta f, tira f cómica. **strip mine** n (US) mina f a cielo abierto.

stripe /straɪp/ n 1. (gen) raya f, lista f. 2. (Mil) galón m.

striped /straɪpt/ adj (material) a

rayas, rayado -da.

stripper /'strɪpə/ n artista m/f de striptease.

strive /straɪv/ vi [**strives, striving, strove,** pp **striven**] (frml) esforzarse: **to strive for sthg** esforzarse por conseguir algo.

striven /'strɪvən/ pp ⇨ **strive**.

strode /strəʊd/ pret ⇨ **stride**.

stroke /strəʊk/ I n 1. (with a brush) pincelada f ● **at a stroke** de un golpe. 2. (in golf, tennis) golpe m; (swimming style) estilo m. 3. (in punctuation) barra f oblicua. 4. (Med) ataque m de apoplejía. II vt acariciar.

stroll /strəʊl/ I n paseo m. II vi pasear.

stroller /'strəʊlə/ n sillita f (de paseo).

strong /strɒŋ/ adj fuerte.

strongbox n caja f fuerte. **stronghold** n baluarte m. **strongroom** n cámara f acorazada.

strongly /'strɒŋlɪ/ adv: **we strongly recommend that...** recomendamos enfáticamente que....

stroppy /'strɒpɪ/ adj [-pier, -piest] (fam) borde, grosero -ra y malhumorado -da.

strove /strəʊv/ pret ⇨ **strive**.

struck /strʌk/ pret y pp ⇨ **strike**.

structure /'strʌktʃə/ n estructura f.

struggle /'strʌgəl/ I n (gen) lucha f (for por); (physical) forcejeo m. II vi 1. (to fight: gen) luchar; (: physically) forcejear. 2. (to move with difficulty): **he struggled down the stairs** bajó la escalera con dificultad.

strum /strʌm/ vt [**strums, strumming, strummed**] rasguear.

strung /strʌŋ/ pret y pp ⇨ **string**.

strut /strʌt/ I n puntal m. II vi [**struts, strutting, strutted**] (to walk): **he strutted in/out** entró/salió pavoneándose.

stub /stʌb/ I n 1. (of ticket, cheque) matriz f. 2. (of cigarette) colilla f. II vt [**stubs, stubbing, stubbed**]: **I stubbed my toe on a rock** me di con el dedo del pie contra una piedra.

to **stub out** vt apagar.

stubble /'stʌbəl/ n 1. (Agr) rastrojo m. 2. (whiskers) barba f (incipiente).

stubborn /'stʌbən/ adj terco -ca, testarudo -da.

stuck /stʌk/ I pret y pp ⇨ **stick**. II adj 1. (jammed) atascado -da. 2. (fam: on a question) atascado -da; (: in trouble) en un aprieto.

stuck-up adj (fam) estirado -da.

stud /stʌd/ n 1. (on belt) tachuela f; (on boot) taco m. 2. (earring) (pendiente m de) bolita f. 3. (horse) semental m.

stud farm n criadero m de caballos.

studded /'stʌdɪd/ adj: **studded with stars** tachonado de estrellas.

student /'stjʊdənt/ n estudiante m/f.

students' union n federación f de estudiantes.

studio /'stju:dɪəʊ/ n (Art, Media) estudio m.

studio flat ✱ (US) **apartment** n estudio m.

studious /'stju:dɪəs/ adj estudioso -sa.

study /'stʌdɪ/ I n [-dies] estudio m. II vi [-dies, -dying, -died] estudiar. ♦ vt 1. (Educ) estudiar. 2. (to examine) estudiar (detenidamente), examinar.

stuff /stʌf/ I n (fam) 1. (substance): **some sticky stuff** una sustancia ✱ cosa pegajosa. 2. (things) cosas f pl. II vt 1. (Culin) rellenar: **stuffed tomatoes** tomates rellenos. 2. (an animal) disecar. 3. (a bag, box) llenar (**with** de): **I stuffed it into my pocket** lo metí en el bolsillo.

stuffing /'stʌfɪŋ/ n relleno m.

stuffy /'stʌfɪ/ adj [-fier, -fiest] 1. (airless): **it's very stuffy in here** hay un ambiente muy cargado aquí. 2. (ideas) anticuado -da; (person) estirado -da.

stumble /'stʌmbəl/ vi tropezar.

to **stumble across** ✱ **on** vt dar con.

stumbling block /'stʌmblɪŋ blɒk/ n escollo m.

stump /stʌmp/ I n 1. (of limb) muñón m. 2. (of tree) tocón m. II vt (*fam*) dejar perplejo -ja.

stun /stʌn/ *vt* [**stuns, stunning, stunned**] 1. (*Med*) aturdir. 2. (*to amaze*) dejar pasmado -da.

stung /stʌŋ/ *pret y pp* ⇨ **sting**.

stunk /stʌŋk/ *pp* ⇨ **stink**.

stunning /'stʌnɪŋ/ *adj* (*fam*) 1. (*performance*) sensacional. 2. (*person*) despampanante.

stunt /stʌnt/ I *n* 1. (*in movie*) escena *f* peligrosa. 2. (*to get attention*) maniobra *f*, truco *m*. II *vt* atrofiar.

stunt man *n* especialista *m*, doble *m*.

stupefied /'stju:pɪfaɪd/ *adj* pasmado -da.

stupendous /stju:'pendəs/ *adj* (*fam*) magnífico -ca, estupendo -da.

stupid /'stju:pɪd/ *adj* tonto -ta, estúpido -da.

stupidity /stju:'pɪdətɪ/ *n* estupidez *f*.

sturdy /'stɜ:dɪ/ *adj* [**-dier, -diest**] fuerte.

stutter /'stʌtə/ *vi* tartamudear. ♦ *vt* balbucear.

sty /staɪ/ *n* [**sties**] 1. (*for pigs*) pocilga *f*. 2. (*o* **stye**) (*Med*) orzuelo *m*.

style /staɪl/ I *n* estilo *m*. II *vt* peinar.

stylish /'staɪlɪʃ/ *adj* elegante.

stylus /'staɪləs/ *n* [**-luses ∗ -li**] aguja *f*.

suave /swɑ:v/ *adj* cumplido -da, cortés.

sub /sʌb/ *n* 1. (*Naut*) submarino *m*. 2. (*Sport*) sustituto -ta *m/f*, suplente *m/f*.

subconscious /sʌb'kɒnʃəs/ *adj, n* subconsciente *adj, m*.

subcontract /sʌbkən'trækt/ *vt* subcontratar.

subdivide /sʌbdɪ'vaɪd/ *vt* subdividir.

subdue /səb'dju:/ *vt* someter, sojuzgar.

subdued /səb'dju:d/ *adj* 1. (*person*) apagado -da. 2. (*lighting*) tenue.

subject I /'sʌbdʒɪkt/ *n* 1. (*topic*) tema *m*. 2. (*Educ*) asignatura *f*. 3. (*Ling*) sujeto *m*. 4. (*Pol*) súbdito -ta *m/f*. II /səb'dʒekt/ *vt* someter (**to** a). III /'sʌbdʒɪkt/ *adj* 1. (*liable*)

propenso -sa [S] (**to** a). 2. (*conditional*) supeditado -da [E] (**to** a).

subject matter /'sʌbdʒɪkt mætə/ *n* tema *m*.

subjective /sʌb'dʒektɪv/ *adj* subjetivo -va.

subjunctive /sʌb'dʒʌŋktɪv/ *n* subjuntivo *m*.

sublet /sʌb'let/ *vt* [**-lets, -letting, -let**] subarrendar.

sub-machine-gun /sʌbmə'ʃi:ŋgʌn/ *n* metralleta *f*.

submarine /'sʌbməri:n/ *n* submarino *m*.

submerge /səb'mɜ:dʒ/ *vt* sumergir. ♦ *vi* sumergirse.

submissive /səb'mɪsɪv/ *adj* sumiso -sa, dócil.

submit /səb'mɪt/ *vi* [**-mits, -mitting, -mitted**] (*gen*) rendirse; (*to a demand*) acceder (**to** a). ♦ *vt* (*to present*) presentar.

subnormal /sʌb'nɔ:məl/ *adj* subnormal.

subordinate /sə'bɔ:dɪnət/ *adj, n* subordinado -da *adj, m/f*.

subpoena /səb'pi:nə/ I *n* citación *f*. II *vt* citar.

sub-post office /sʌb'pəʊst ɒfɪs/ *n* estafeta *f* (de correos).

subscribe /səb'skraɪb/ *vi* 1. (*to a magazine*) estar suscrito -ta (**to** a). 2. (*frml: to agree*) estar de acuerdo (**to** con).

subscription /səb'skrɪpʃən/ *n* 1. (*to a magazine*) suscripción *f* (**to** a). 2. (*membership fee*) cuota *f*.

subsequent /'sʌbsɪkwənt/ *adj* posterior, subsiguiente.

subsequently /'sʌbsɪkwəntlɪ/ *adv* posteriormente.

subside /səb'saɪd/ *vi* 1. (*house, road*) hundirse. 2. (*wind*) amainar: **the waters subsided** descendió el nivel de las aguas.

subsidence /səb'saɪdəns/ *n* hundimiento *m*.

subsidiary /səb'sɪdɪərɪ/ I *adj* 1. (*issue*) secundario -ria. 2. (*Educ: subject*) complementario -ria. II *n* [**-ries**] (*of company*) filial *f*.

subsidize /ˈsʌbsɪdaɪz/ vt subvencionar.

subsidy /ˈsʌbsɪdɪ/ n [**-dies**] subvención f, subsidio m.

subsistence /səbˈsɪstəns/ n subsistencia f.

subsistence farming n agricultura f de subsistencia.

substance /ˈsʌbstəns/ n sustancia f.

substantial /səbˈstænʃəl/ adj 1. (meal) abundante. 2. (amount, increase) importante. 3. (structure) sólido -da.

substantiate /səbˈstænʃɪeɪt/ vt probar.

substitute /ˈsʌbstɪtjuːt/ I n 1. (person) suplente m/f, sustituto -ta m/f. 2. (item) sucedáneo m (**for** de). II vt sustituir: **we substituted onions for the leeks** sustituimos los puerros por cebollas.

subtitle /ˈsʌbtaɪtəl/ n subtítulo m.

subtle /ˈsʌtəl/ adj sutil.

subtlety /ˈsʌtəltɪ/ n [**-ties**] 1. (fine difference) sutileza f. 2. (tact) delicadeza f.

subtotal /ˈsʌbtəʊtəl/ n subtotal m.

subtract /səbˈtrækt/ vt restar, sustraer: **if you subtract two from six** si le restas dos a seis.

subtraction /səbˈtrækʃən/ n resta f.

suburb /ˈsʌbɜːb/ n barrio m residencial (de las afueras).

suburban /səˈbɜːbən/ adj de las afueras.

suburbia /səˈbɜːbɪə/ n las afueras de la ciudad.

subversive /səbˈvɜːsɪv/ adj, n subversivo -va adj, m/f.

subway /ˈsʌbweɪ/ n 1. (under road) paso m subterráneo. 2. (US: rail system) metro m, (RP) subterráneo m.

succeed /səkˈsiːd/ vi 1. (to do well) tener éxito (**in** en). 2. (to manage): **he succeeded in opening it** logró ✳ consiguió abrirlo. ♦ vt (a person) suceder.

succeeding /səkˈsiːdɪŋ/ adj sucesivo -va.

success /səkˈses/ n [**-cesses**] (achievement, event, etc.) éxito m.

successful /səkˈsesfʊl/ adj (book, record) de éxito; (business) próspero -ra: **the successful candidate** el candidato seleccionado; **I was successful in preventing it** logré impedirlo.

successfully /səkˈsesfəlɪ/ adv con éxito.

succession /səkˈseʃən/ n serie f, sucesión f.

successive /səkˈsesɪv/ adj seguido -da, consecutivo -va.

succinct /səkˈsɪŋkt/ adj sucinto -ta.

succulent /ˈsʌkjʊlənt/ adj suculento -ta.

succumb /səˈkʌm/ vi (frml) sucumbir (**to** a).

such /sʌtʃ/ I adj 1. (of specified kind) tal: **in such cases** en tales casos; **there's no such place** tal sitio no existe; **it's not a cactus as such** no es un cacto propiamente dicho. 2. (for emphasis): **I had such a headache that...** tenía tal dolor de cabeza que...; **he has such energy!** ¡tiene tanta energía! 3. **such as** tal como: **towns such as Bala** pueblos tales como Bala. II adv: **such a boring book** un libro tan aburrido; **such a lot of work** tanto trabajo.

such-and-such adj: **at such-and-such a time** a tal o cual hora.

suck /sʌk/ vt (gen) chupar; (a liquid) sorber.

sucker /ˈsʌkə/ n 1. (Zool) ventosa f. 2. (Bot) mamón m. 3. (fam: fool) bobo -ba m/f.

suckle /ˈsʌkəl/ vt amamantar. ♦ vi mamar.

suction /ˈsʌkʃən/ n succión f.

sudden /ˈsʌdən/ adj repentino -na, súbito -ta ● **all of a sudden** de repente.

suddenly /ˈsʌdənlɪ/ adv de repente.

suds /sʌdz/ n pl espuma f.

sue /suː/ vt demandar (**for** por).

suede /sweɪd/ n ante m, gamuza f.

suet /ˈsuːɪt/ n grasa f de la riñonada.

suffer /ˈsʌfə/ vi sufrir. ♦ vt sufrir.

to suffer from vt (an attack, a pain)

sufrir (de); (*an illness*) padecer.

sufferer /'sʌfərə/ *n*: **migraine sufferers** los que sufren de jaquecas.

suffering /'sʌfərɪŋ/ *n* sufrimiento *m*.

suffice /sə'faɪs/ *vi* (*frml*) alcanzar, ser suficiente.

sufficient /sə'fɪʃənt/ *adj* suficiente, bastante.

sufficiently /sə'fɪʃəntlɪ/ *adv* suficientemente.

suffix /'sʌfɪks/ *n* [**-xes**] sufijo *m*.

suffocate /'sʌfəkeɪt/ *vi* asfixiarse.
♦ *vt* asfixiar.

suffrage /'sʌfrɪdʒ/ *n* sufragio *m*.

sugar /'ʃʊgə/ *n* azúcar *m* ∗ *f*: **I don't take sugar** no tomo azúcar.

sugar beet *n* remolacha *f* azucarera. **sugar cane** *n* caña *f* de azúcar. **sugar-free** *adj* sin azúcar. **sugar lump** *n* terrón *m* de azúcar.

suggest /sə'dʒest/ *vt* sugerir.

suggestion /sə'dʒestʃən/ *n* sugerencia *f*.

suggestive /sə'dʒestɪv/ *adj* insinuante, sugestivo -va.

suicide /'su:ɪsaɪd/ *n* suicidio *m*: **to commit suicide** suicidarse.

suit /su:t/ **I** *n* **1.** (*Clothing*) traje *m*. **2.** (*in cards*) palo *m*. **3.** (*Law*) pleito *m*. **II** *vt* **1.** (*style, clothes*): **it suits you** te queda bien. **2.** (*to be convenient for*) venirle bien a: **does Monday suit you?** ¿te viene bien el lunes? ● **suit yourself!** ¡haz lo que te parezca! **3.** (*to adapt*) adaptar (**to** a).

suitable /'su:təbəl/ *adj* **1.** (*appropriate*) indicado -da (**for** para), adecuado -da (**for** para). **2.** (*acceptable*) apropiado -da (**for** para).

suitably /'su:təblɪ/ *adv* de manera apropiada.

suitcase /'su:tkeɪs/ *n* maleta *f*, (*Méx*) petaca *f*, (*RP*) valija *f*.

suite /swi:t/ *n* **1.** (*of furniture*) juego *m*. **2.** (*in a hotel*) suite *f*. **3.** (*Mus*) suite *f*.

suited /'su:tɪd/ *adj* apropiado -da (**to** para): **they are ideally suited** son la pareja ideal.

suitor /'su:tə/ *n* (*frml*) pretendiente

m (*de una mujer*).

sulfur /'sʌlfə/ *n* (*US*) azufre *m*.

sulk /sʌlk/ *vi* enfurruñarse: **she's sulking** está enfurruñada.

sullen /'sʌlən/ *adj* (*person*) hosco -ca; (*face*) adusto -ta.

sulphur /'sʌlfə/ *n* azufre *m*.

sultana /sʌl'tɑːnə/ *n* pasa *f* de Esmirna.

sultry /'sʌltrɪ/ *adj* [**-trier**, **-triest**] **1.** (*Meteo*) bochornoso -sa. **2.** (*sensual*) sensual.

sum /sʌm/ *n* **1.** (*of money*) cantidad *f*. **2.** (*Maths: gen*) cuenta *f*; (*: addition*) suma *f*. **3.** (*total*) total *m*.

to **sum up** *vt/i* [**sums, summing, summed**] (*to summarize*) resumir.

summarize /'sʌməraɪz/ *vt/i* resumir.

summary /'sʌmərɪ/ **I** *n* [**-ries**] resumen *m*. **II** *adj* (*frml*) sumario -ria.

summer /'sʌmə/ *n* verano *m*.

summerhouse *n* glorieta *f*. **summer time** *n* hora *f* de verano. **summertime** *n* verano *m*.

summit /'sʌmɪt/ *n* **1.** (*peak*) cumbre *f*, cima *f*. **2.** (*o* **summit meeting**) cumbre *f*.

summon /'sʌmən/ *vt* **1.** (*to call*) llamar (**to** a), convocar (**to** a). **2.** (*Law*) citar.

to **summon up** *vt* (*strength*) reunir; (*courage*) armarse de.

summons /'sʌmənz/ **I** *n* [**-monses**] **1.** (*Law*) citación *f* judicial. **2.** (*call*): **I got a summons from the boss** el jefe me llamó a su despacho. **II** *vt* (*Law*) citar.

sumptuous /'sʌmptjʊəs/ *adj* suntuoso -sa.

sun /sʌn/ *n* sol *m*.

sunbathe *vi* tomar el sol. **sun block** *n* filtro *m* solar. **sunburn** *n* quemaduras *fpl* (del sol). **sunburnt** *adj* quemado -da. **sundial** *n* reloj *m* de sol. **sunflower** *n* girasol *m*. **sunglasses** *npl* gafas *fpl* de sol. **sunlight** *n* luz *f* del sol. **sunlit** *adj* soleado -da. **sunrise** *n* amanecer *m*. **sun roof** *n* techo *m* corredizo. **sunset** *n* puesta *f* de sol. **sunshade**

n sombrilla *f*. **sunshine** *n* sol *m*.
sunspot *n* mancha *f* solar.
sunstroke *n* insolación *f*. **suntan** *n*
bronceado *m*. **suntan lotion** *n* bronceador *m*. **suntanned** *adj* bronceado -da.

Sun. /'sʌndeɪ/ = Sunday.

sundae /'sʌndeɪ/ *n*: helado con *fruta, almendras, etc.*

Sunday /'sʌndeɪ/ *n* domingo *m*
⇨ **Thursday**.

Sunday driver *n* dominguero -ra
m/f. **Sunday school** *n* catequesis *f*.

sundry /'sʌndrɪ/ **I** *adj* (*items*) varios
-rias, diversos -sas ● **all and sundry**
todo el mundo. **II sundries** *n pl* (*expenses*) gastos *m pl* diversos; (*goods*)
artículos *m pl* diversos.

sung /sʌŋ/ *pp* ⇨ **sing**.

sunk /sʌŋk/ *pp* ⇨ **sink**.

sunken /'sʌŋkən/ *adj* hundido -da.

sunny /'sʌnɪ/ *adj* [**-nier, -niest**]
1. (*place*) soleado -da; (*day*) de sol.
2. (*happy*) alegre.

super /'su:pə/ *adj* (*fam*) fenomenal.

superannuation /su:pərænjʊ'eɪʃən/ *n* jubilación *f*.

superb /su:'pɜ:b/ *adj* magnífico -ca.

supercilious /su:pə'sɪlɪəs/ *adj*
desdeñoso -sa, altanero -ra.

superfluous /su:'pɜ:fluəs/ *adj* superfluo -flua.

superhuman /su:pə'hju:mən/ *adj*
sobrehumano -na.

superimpose /su:pərɪm'pəʊz/ *vt*
sobreponer (**on** a).

superintendent /su:pərɪn'tendənt/
n 1. (*of police: in GB*) comisario -ria
m/f de policía; (*: in US*) superintendente *m/f* de policía. 2. (*US: of
building*) conserje *m/f*.

superior /su:'pɪərɪə/ **I** *n* superior *m*.
II *adj* 1. (*higher, better*) superior (**to**
a). 2. (*attitude*) de superioridad.

superiority /su:pɪərɪ'ɒrɪtɪ/ *n* superioridad *f*.

superlative /su:'pɜ:lətɪv/ **I** *adj* superlativo -va. **II** *n* superlativo *m*.

superman /'su:pəmæn/ *n* superhombre *m*.

supermarket /'su:pəmɑ:kɪt/ *n* supermercado *m*, autoservicio *m*.

supernatural /su:pə'nætʃərəl/ **I** *adj*
sobrenatural. **II the supernatural** *n*
lo sobrenatural.

superpower /'su:pəpaʊə/ *n* superpotencia *f*.

supersede /su:pə'si:d/ *vt* reemplazar, suplantar.

supersonic /su:pə'sɒnɪk/ *adj* supersónico -ca.

superstar /'su:pəstɑ:/ *n* superestrella *f*.

superstition /su:pə'stɪʃən/ *n* superstición *f*.

superstitious /su:pə'stɪʃəs/ *adj* supersticioso -sa.

superstore /'su:pəstɔ:/ *n* hipermercado *m*.

supervise /'su:pəvaɪz/ *vt* supervisar.

supervision /su:pə'vɪʒən/ *n* supervisión *f*.

supervisor /'su:pəvaɪzə/ *n* supervisor -sora *m/f*.

supper /'sʌpə/ *n* cena *f*: **to have
supper** cenar; **we had soup for
supper** cenamos sopa.

supple /'sʌpəl/ *adj* (*person*) ágil;
(*material*) flexible.

supplement **I** /'sʌplɪmənt/ *n* 1. (*Lit,
Media*) suplemento *m*. 2. (*dietary*)
complemento *m*. **II** /'sʌplɪment/ *vt* (*a
diet*) complementar.

supplementary /sʌplɪ'mentərɪ/ *adj*
suplementario -ria.

supplier /sə'plaɪə/ *n* proveedor
-dora *m/f*.

supply /sə'plaɪ/ **I** *n* [**-lies**] (*action*)
suministro *m*. **II supplies** *n pl*
1. (*stock*) existencias *f pl*. 2. (*food*)
víveres *m pl*. **III** *vt* [**-lies, -lying,
-lied**] 1. (*goods*) suministrar (**to** a).
2. (*a person, firm*): **he supplies me
with ink** me abastece de tinta; **she
supplied us with his address** nos
facilitó sus señas.

supply teacher *n* profesor -sora *m/f*
suplente.

support /sə'pɔ:t/ **I** *n* 1. (*gen*) apoyo
m. 2. (*Tec*) soporte *m*. **II** *vt* 1. (*gen*)
apoyar. 2. (*Tec*) sostener. 3. (*Fin*)

mantener.

supporter /səˈpɔːtə/ n (Pol) partidario -ria m/f; (Sport) hincha m/f.

suppose /səˈpəʊz/ vt suponer: **I suppose you're hungry** supongo ✳ me imagino que tendrás hambre ● **(just) supposing he'd seen you,** ... pongamos por caso que te hubiera visto, ...

supposed /səˈpəʊst/ adj: **he's not supposed to smoke** no debería fumar; **it's supposed to be a very funny book** tiene fama de ser un libro muy divertido.

supposedly /səˈpəʊzɪdlɪ/ adv supuestamente.

suppository /səˈpɒzɪtərɪ/ n [-ries] supositorio m.

suppress /səˈpres/ vt 1. (a yawn) reprimir; (news) suprimir. 2. (a revolt) aplastar.

supreme /suˈpriːm/ adj supremo -ma.

surcharge /ˈsɜːtʃɑːdʒ/ n recargo m.

sure /ʃʊə/ I adj seguro -ra [E]: **I'm not sure whether to go** no sé si ir o no; **make sure it's full** asegúrate de que esté lleno ● **sure enough,** he lost it efectivamente, lo perdió. II adv (yes) claro (que sí), por supuesto.

surely /ˈʃʊəlɪ/ adv 1. (expressing surprise): **surely he was joking!** lo debe de haber dicho en broma, seguro. 2. (doubtless) sin duda.

surf /sɜːf/ I n olas fpl (que rompen). II vi hacer surfing ✳ surf. ◆ vt (Inform): **to surf the net** navegar el Internet.

surfboard n tabla f de surf.

surface /ˈsɜːfɪs/ I n superficie f: **the road surface** la calzada ‖ el firme. II vi (in water) salir a la superficie; (problem) aflorar. ◆ vt (a road) asfaltar.

surface mail n: correo por vía terrestre o marítima.

surfeit /ˈsɜːfɪt/ n (frml) exceso m.

surfer /ˈsɜːfə/ n surfista m/f.

surge /sɜːdʒ/ I n 1. (rise) aumento m (rápido). 2. (wave) oleada f. II vi: **to**

surge forward avanzar en tropel.

surgeon /ˈsɜːdʒən/ n cirujano -na m/f.

surgery /ˈsɜːdʒərɪ/ n [-ries] 1. (place) consultorio m; (period) consulta f. 2. (treatment) cirugía f. 3. (operating theatre) el quirófano, la sala de operaciones.

surgical /ˈsɜːdʒɪkəl/ adj (gen) quirúrgico -ca; (appliance) ortopédico -ca.

surgical spirit n alcohol m.

surly /ˈsɜːlɪ/ adj [-lier, -liest] hosco -ca.

surmount /sɜːˈmaʊnt/ vt (frml) superar.

surname /ˈsɜːneɪm/ n apellido m.

surpass /sɜːˈpɑːs/ vt superar.

surplus /ˈsɜːpləs/ I n [-pluses] (gen) excedente m; (Fin) superávit m. II adj excedente, sobrante.

surprise /səˈpraɪz/ I n sorpresa f ● **it took me by surprise** me pilló desprevenido. II vt sorprender.

surprising /səˈpraɪzɪŋ/ adj sorprendente.

surrealist /səˈrɪəlɪst/ adj, n surrealista adj, m/f.

surrender /səˈrendə/ I vi (Mil) rendirse; (to police) entregarse (**to** a). ◆ vt (a weapon) entregar. II n (of people) rendición f; (of weapons) entrega f.

surreptitious /ˌsʌrəpˈtɪʃəs/ adj furtivo -va, subrepticio -cia.

surrogate /ˈsʌrəgət/ adj, n sustituto -ta adj, m/f.

surrogate mother n madre f de alquiler.

surround /səˈraʊnd/ vt rodear.

surrounding /səˈraʊndɪŋ/ I adj circundante. II **surroundings** n pl (of town) alrededores m pl; (environment) entorno m.

surveillance /sɜːˈveɪləns/ n vigilancia f.

survey I /ˈsɜːveɪ/ n 1. (of house) peritaje m, inspección f; (of land) reconocimiento m topográfico. 2. (poll) encuesta f. II /sɜːˈveɪ/ vt 1. (to look at) contemplar. 2. (land) medir. 3. (*a house*) inspeccionar, hacer el peritaje de.

surveyor /sɜ'veɪə/ n (*of houses*) perito -ta m/f; (*of land*) agrimensor -sora m/f.

survival /sə'vaɪvəl/ n supervivencia f.

survive /sə'vaɪv/ vi sobrevivir. ◆ vt sobrevivir a.

survivor /sə'vaɪvə/ n superviviente m/f, sobreviviente m/f.

susceptible /sə'septəbl/ adj 1. (*impressionable*) sensible. 2. (*to illness*) propenso -sa (**to** a).

suspect I /sə'spekt/ vt 1. (*to imagine*) sospechar. 2. (*a person*) sospechar de: **they suspect Tom** sospechan de Tom; **he suspects me of having told them** sospecha que se lo he dicho yo. II /'sʌspekt/ adj, n sospechoso -sa adj, m/f.

suspend /sə'spend/ vt suspender.

suspender /sə'spendə/ I n (*for stocking*) liga f. II **suspenders** n pl (*US: for trousers*) tirantes m pl.

suspender belt n portaligas m inv.

suspense /sə'spens/ n 1. (*in film, book*) suspense m. 2. (*doubt*) incertidumbre f.

suspension /sə'spenʃən/ n 1. (*gen*) suspensión f. 2. (*from school*) expulsión f temporaria.

suspension bridge n puente m colgante.

suspicion /sə'spɪʃən/ n 1. (*doubt, thought*) sospecha f. 2. (*mistrust*) recelo m.

suspicious /sə'spɪʃəs/ adj 1. (*arousing suspicion*) sospechoso -sa. 2. (*feeling suspicion*): **I'm suspicious of his motives** desconfío de sus motivos.

sustain /sə'steɪn/ vt 1. (*to keep up*) mantener. 2. (*frml: to suffer*) sufrir.

sustenance /'sʌstɪnəns/ n alimento m, sustento m.

SW /'ʃɔːt weɪv/ = **short wave**.

swab /swɒb/ n 1. (*material*) trozo de algodón o gasa. 2. (*sample*) frotis m inv.

swagger /'swægə/ vi pavonearse.

swallow /'swɒləʊ/ I vt 1. (*food*) tragar; (*one's pride*) tragarse. 2. (*to believe*) tragarse. II n (*bird*) golondrina f.

swam /swæm/ pret ⇨ **swim**.

swamp /swɒmp/ I n pantano m, ciénaga f. II vt inundar (**with** de).

swan /swɒn/ n cisne m.

swap /swɒp/ I vt [**swaps, swapping, swapped**] cambiar (**for** por). II n cambio m.

swarm /swɔːm/ I n (*of bees*) enjambre m; (*of people*) multitud f. II vi (*people*) pulular; (*place*): **it is swarming with police** está plagado de policías.

swarthy /'swɔːðɪ/ adj [**-thier, -thiest**] de tez oscura.

swastika /'swɒstɪkə/ n esvástica f, cruz f gamada.

swat /swɒt/ vt [**swats, swatting, swatted**] aplastar, matar.

sway /sweɪ/ I vi (*to swing*) balancearse, mecerse. ◆ vt (*to influence*) influenciar. II n: **to hold sway** tener mucha influencia.

swear /sweə/ vt [**swears, swearing, swore, pp sworn**] jurar. ◆ vi 1. (*to promise*) jurar. 2. (*to curse*) decir palabrotas.

swearword n palabrota f, taco m.

sweat /swet/ I vi sudar. II n sudor m.

sweatshirt n sudadera f.

sweater /'swetə/ n suéter m, jersey m.

sweaty /'swetɪ/ adj [**-tier, -tiest**] (*clothes*) sudado -da; (*person*) sudoroso -sa.

Swede /swiːd/ n sueco -ca m/f.

swede /swiːd/ n nabo m sueco.

Sweden /'swiːdən/ n Suecia f.

Swedish /'swiːdɪʃ/ I adj sueco -ca. II n (*Ling*) sueco m. III the Swedish n pl los suecos.

sweep /swiːp/ I n 1. (*with broom*) barrido m. 2. (*o* chimney sweep) deshollinador -dora m/f. II vt [**sweeps, sweeping, swept**] 1. (*a room*) barrer. 2. (*to carry*) arrastrar. ◆ vi 1. (*with broom*) barrer. 2. (*to* *move*): **she swept out** salió con aire majestuoso.

to **sweep away** *vt* arrasar con. to **sweep up** *vt/i* barrer.

sweet /swiːt/ I *adj* (*food, person*) dulce; (*smell, sound*) agradable. II *n* 1. (*toffee, mint, etc.*) caramelo *m*, golosina *f*. 2. (*dessert*) postre *m*.

sweet-and-sour *adj* agridulce.

sweet corn *n* maíz *m*, (*Amér S*) choclo *m*, (*Méx*) elote *m*. **sweetpea** *n* guisante *m* de olor. **sweet potato** *n* boniato *m*, batata *f*.

sweeten /ˈswiːtən/ *vt* endulzar.

to **sweeten up** *vt* (*fam*) ablandar.

sweetener /ˈswiːtənə/ *n* edulcorante *m*.

sweetheart /ˈswiːthɑːt/ *n* novio -via *m/f*.

sweetness /ˈswiːtnəs/ *n* (*Culin*) dulzor *m*; (*of person*) dulzura *f*.

swell /swel/ I *vi* [**swells, swelling, swelled,** *pp* **swollen ∗ swelled**] 1. (*Med*) hincharse. 2. (*river*) crecer. 3. (*number, group*) aumentar. ◆ *vt* (*in number*) aumentar. II *n* (*Naut*) oleaje *m*, marejada *f*. III *adj* (*US*: *fam*) estupendo -da.

swelling /ˈswelɪŋ/ *n* hinchazón *f*.

sweltering /ˈsweltərɪŋ/ *adj* asfixiante.

swept /swept/ *pret y pp* ⇨ **sweep.**

swerve /swɜːv/ *vi* virar bruscamente.

swift /swɪft/ I *adj* rápido -da. II *n* vencejo *m*.

swiftly /ˈswɪftlɪ/ *adv* rápidamente.

swig /swɪɡ/ (*fam*) I *vt* [**swigs, swigging, swigged**] beber. II *n* trago *m*.

swill /swɪl/ *vt* enjuagar: **I swilled my mouth out** me enjuagué la boca.

swim /swɪm/ I *vi* [**swims, swimming, swam,** *pp* **swum**] 1. (*in water*) nadar. 2. (*to spin*) dar vueltas. ◆ *vt* nadar. II *n*: **to go for a swim** ir a nadar; **to have a swim** bañarse ∗ darse un baño.

swimsuit *n* traje *m* de baño, bañador *m*.

swimmer /ˈswɪmə/ *n* nadador -dora *m/f*.

swimming /ˈswɪmɪŋ/ *n* natación *f*.

swimming cap *n* gorro *m* de baño. **swimming costume** *n* traje *m* de baño, bañador *m*. **swimming pool** *n* piscina *f*, (*Méx*) alberca *f*, (*RP*) pileta *f*. **swimming trunks** *n pl* traje *m* de baño, bañador *m* (*de hombre*), (*RP*) short *m* de baño.

swindle /ˈswɪndəl/ I *vt* estafar. II *n* estafa *f*.

swine /swaɪn/ *n* (*fam*) canalla *m/f*.

swing /swɪŋ/ I *n* 1. (*in playground*) columpio *m*. 2. (*of pendulum*) oscilación *f* ◆ **to be in full swing** estar en marcha. 3. (*in opinion*) giro *m*. 4. (*punch*): **he took a swing at me** intentó pegarme. II *vi* [**swings, swinging, swung**] 1. (*pendulum, light*) oscilar. 2. (*to turn*) girar: **to swing round** darse la vuelta. ◆ *vt* 1. (*from side to side*) balancear. 2. (*to turn*) girar.

swipe /swaɪp/ *vt* (*fam*) afanar, birlar.

swirl /swɜːl/ I *n* remolino *m*. II *vi* arremolinarse.

swish /swɪʃ/ *vi* hacer frufrú.

Swiss /swɪs/ I *adj* suizo -za. II **the Swiss** *n pl* los suizos.

switch /swɪtʃ/ I *n* [**-ches**] 1. (*Tec*) interruptor *m*. 2. (*US*: *on railroad*) agujas *fpl*. 3. (*change*) cambio *m* (*in de*). II *vt* (*to change*) cambiar de.

to **switch off** *vt* apagar. to **switch on** *vt* encender, (*Amér L*) prender.

switchboard *n* centralita *f*.

Switzerland /ˈswɪtsələnd/ *n* Suiza *f*.

swivel /ˈswɪvəl/ *vt/i* [**-vels, -velling, -velled**] girar.

swollen /ˈswəʊlən/ I *pp* ⇨ **swell. II** *adj* hinchado -da.

swoon /swuːn/ *vi* (*frml*) desmayarse.

swoop /swuːp/ *vi* 1. (*plane*) bajar en picado: **to swoop down on sth** abatirse sobre algo. 2. (*police*) hacer una redada.

swop /swɒp/ *n, vt* ⇨ **swap.**

sword /sɔːd/ *n* espada *f*.

swordsman *n* espadachín *m*.

swordfish /ˈsɔːdfɪʃ/ *n inv* (*Zool*)

pez *m* espada.

swore /swɔ:/ *pret* ⇨ **swear**.

sworn /swɔ:n/ *pp* ⇨ **swear**.

swot /swɒt/ **I** *n* empollón -llona *m/f*. **II** *vi* [**swots, swotting, swotted**] empollar.

swum /swʌm/ *pp* ⇨ **swim**.

swung /swʌŋ/ *pret y pp* ⇨ **swing**.

sycamore /'sɪkəmɔ:/ *n* plátano *m* falso.

syllable /'sɪləbəl/ *n* sílaba *f*.

syllabus /'sɪləbəs/ *n* [**-buses**] programa *m* (de estudios).

symbol /'sɪmbəl/ *n* símbolo *m*.

symbolic /sɪm'bɒlɪk/ *adj* simbólico -ca.

symmetry /'sɪmətrɪ/ *n* simetría *f*.

sympathetic /sɪmpə'θetɪk/ *adj* **1**. (*understanding*) comprensivo -va (**towards** con). **2**. (*approving*): **to be sympathetic to sthg** simpatizar con algo.

sympathize /'sɪmpəθaɪz/ *vi* **1**. (*to feel compassion*) compadecerse (**with** de). **2**. (*to understand*): **to sympathize with sthg/sbdy** comprender algo/a alguien. **3**. (*Pol*) simpatizar (**with** con).

sympathy /'sɪmpəθɪ/ *n* [**-thies**] **1**. (*pity*) compasión *f*, lástima *f*. **2**. (*after bereavement*): **I offered her my sympathies** le di el pésame. **3**. (*Pol*): **in sympathy with the miners** en solidaridad con los mineros; **her left-wing sympathies** sus simpatías izquierdistas.

symphony /'sɪmfənɪ/ *n* [**-nies**] sinfonía *f*.

symptom /'sɪmptəm/ *n* síntoma *m*.

synagogue /'sɪnəgɒg/ *n* sinagoga *f*.

synchronize /'sɪŋkrənaɪz/ *vt* sincronizar.

synchronized swimming /sɪŋkrə-naɪzd 'swɪmɪŋ/ *n* natación *f* sincronizada.

syndicate /'sɪndɪkət/ *n* consorcio *m*.

syndrome /'sɪndrəum/ *n* síndrome *m*.

synonym /'sɪnənɪm/ *n* sinónimo *m*.

synopsis /sɪ'nɒpsɪs/ *n* [**-nopses**] sinopsis *f inv*.

syntax /'sɪntæks/ *n* sintaxis *f*.

synthesis /'sɪnθəsɪs/ *n* [**-theses**] síntesis *f inv*.

synthesizer /'sɪnθəsaɪzə/ *n* sintetizador *m*.

synthetic /sɪn'θetɪk/ *adj* sintético -ca.

syphilis /'sɪfəlɪs/ *n* sífilis *f*.

syphon /'saɪfən/ *n*, *vt* ⇨ **siphon**.

Syria /'sɪrɪə/ *n* Siria *f*.

Syrian /'sɪrɪən/ *adj*, *n* sirio -ria *adj*, *m/f*.

syringe /sə'rɪndʒ/ *n* jeringuilla *f*, jeringa *f*.

syrup /'sɪrəp/ *n* **1**. (*Med*) jarabe *m*. **2**. (*Culin*: *gen*) almíbar *m*; (*:flavoured*) jarabe *m*.

system /'sɪstəm/ *n* sistema *m*.

systems analyst *n* analista *m/f* de sistemas.

systematic /sɪstə'mætɪk/ *adj* sistemático -ca.

ta /tɑ:/ *excl* (*fam*) ¡gracias!

tab /tæb/ *n* **1**. (*flap, tag*) lengüeta *f*; (*on can*) anilla *f* ● **to keep tabs on sbdy** vigilar a alguien. **2**. (*US*: *in restaurant*) cuenta *f*.

tabby /'tæbɪ/ *n* [**-bies**] gato -ta *m/f* atigrado -da.

table /'teɪbl/ **I** *n* **1**. (*furniture*) mesa *f*: **to lay the table** poner la mesa; **to clear the table** quitar ✴ (*Amér L*) levantar la mesa. **2**. (*Maths*) tabla *f*. **3**. (*Sport*) clasificación *f*. **II** *vt* (*a motion*) presentar.

tablecloth *n* mantel *m*. **table football** *n* futbolín *m*. **table lamp** *n* lámpara *f* de mesa. **table mat** n salvamanteles m inv. **tablespoon** n 1. (implement) cuchara f de servir. 2. (o **table-spoonful**) cucharada f grande. **table tennis** n tenis m de mesa. **table wine** n vino m de mesa.

tablet /'tæblɪt/ n 1. (Med) pastilla f, comprimido m. 2. (of stone) lápida f.

tabloid /'tæblɔɪd/ n tabloide m (formato utilizado sobre todo por la prensa popular y sensacionalista).

taboo /təˈbuː/ adj, n tabú adj inv, m.

tack /tæk/ I n 1. (nail) tachuela f. 2. (Naut) bordada f • to try a different **tack** cambiar de táctica. II vt 1. (in sewing) hilvanar. 2. (to nail) clavar (con tachuelas).

tackle /'tækəl/ I vt 1. (a problem) abordar. 2. (to confront): I tackled her about it le planteé el problema. 3. (in soccer) entrarle a; (in rugby) placar. II n 1. (for fishing) aparejos m pl de pesca. 2. (in soccer) entrada f; (in rugby) placaje m.

tacky /'tæki/ adj [-kier, -kiest] 1. (surface) pegajoso -sa. 2. (fam: tasteless) chabacano -na.

tact /tækt/ n tacto m.

tactful /'tæktfʊl/ adj diplomático -ca, discreto -ta.

tactic /'tæktɪk/ n táctica f.

tactless /'tæktləs/ adj poco diplomático -ca.

tadpole /'tædpəʊl/ n renacuajo m.

tag /tæg/ n etiqueta f.

to **tag along** vi: he tagged along with us vino con nosotros. to **tag on** vt añadir.

tail /teɪl/ I n (of fish, horse, bird) cola f; (of dog, cow, cat) rabo m. II **tails** n pl (suit) frac m. III vt (to follow) seguir.

to **tail off** vi 1. (number) ir disminuyendo. 2. (voice) irse apagando.

tailback n cola f (de tráfico). **tail end** n final m. **tailgate** n (Auto) puerta f de atrás. **taillamp**, **taillight** n (US) luz f trasera.

tailor /'teɪlə/ n sastre m.

tailor-made adj hecho -cha a la medida.

taint /teɪnt/ vt 1. (to pollute) contaminar. 2. (a reputation) manchar.

take /teɪk/ vt [takes, taking, took, pp taken] 1. (to transport) llevar. 2. (to grasp) coger, tomar; (to remove: from place) llevarse; (:from person): they took his wallet le quitaron la cartera. 3. (to buy) llevarse. 4. (medicine) tomar. 5. (a bus, taxi) coger, tomar. 6. (notes) tomar; (a name) anotar; (a measurement) tomar. 7. (a holiday) tomarse 8. (a road) coger, tomar. 9. (a photo) sacar, hacer. 10. (with time expressions): I took an hour to do it tardé una hora en hacerlo; it took him two days le llevó dos días. 11. (to require): it takes courage hace falta ✳ se necesita valor. 12. (to react to): tomarse. 13. (to suppose): I take it he knows supongo que lo sabe. 14. (to accept) aceptar. 15. (a weight) aguantar; (the strain, pain) soportar. 16. (Educ: a subject) estudiar (: an exam) presentarse a, hacer.

to **take after** vt parecerse a. to **take apart** vt desmontar. to **take away** vt 1. (Maths) restar (from a). 2. (to remove: from place) llevarse (from de); (:from person) quitar (from a) 3. (to alleviate) quitar. to **take back** vt 1. (to retract): I take that back retiro lo dicho. 2. (to return) de volver. to **take down** vt 1. (to write) anotar. 2. (to dismantle) desmontar to **take in** vt 1. (to deceive) engañar 2. (information) asimilar. 3. (to shelter) acoger, recoger. 4. (clothes) meterle a. to **take off** vt (to remove: clothes, label, cover) quitar; (:one's clothes) quitarse. ♦ vi (Av) despegar. to **take on** vt 1. (a responsibility) asumir; (a job) aceptar. 2. (a rival) enfrentarse a. to **take out** vt sacar. to **take over** vt 1. (Fin) absorber. 2. (to take control of): it took over my life llegó a dominar mi vida. ♦ vi hacerse cargo to **take to** vt 1. (to become fond of) encariñarse con. 2. (a situation) adaptarse a. 3. (to start) empezar a to **take up** vt 1. (space, time) ocupar

2. (*to start*): **she took up a golf** empezó a jugar al golf. **3.** (*a skirt*) acortar. *to* **take up on** *vt*: **I took him up on his offer** acepté su oferta.

takeaway * (*US*) **take-out** 1. (*meal*) comida *f* para llevar. **2.** (*place*) tienda *f* de comida para llevar. **takeoff** *n* despegue *m*. **takeover** *n* absorción *f*. **takeover bid** *n* OPA *f*.

taken /ˈteɪkən/ *pp* ⇨ **take**.

takings /ˈteɪkɪŋz/ *n pl* recaudación *f*.

talcum powder /ˈtælkəm paʊdə/ *n* polvos *m pl* de talco, talco *m*.

tale /teɪl/ *n* 1. (*story*) historia *f*; (*fairy story*) cuento *m* ● **to tell tales** chivarse. **2.** (*lie*) cuento *m*.

talent /ˈtælənt/ *n* talento *m*.

talent scout *n* cazatalentos *m/f inv*.

talented /ˈtæləntɪd/ *adj* de talento.

talk /tɔːk/ I *vi* hablar (**about** de). ♦ *vt*: **to talk French** hablar (en) francés ● **he talked me into going me** convenció para que fuera ● **I talked her out of it** la disuadí. II *n* 1. (*conversation*) conversación *f*, charla *f*; (*to audience*) charla *f*. **2.** (*gossip*) habladurías *f pl*. III **talks** *n pl* (*Pol*) conversaciones *f pl*.

talkative /ˈtɔːkətɪv/ *adj* conversador -dora, parlanchín -china.

tall /tɔːl/ *adj* alto -ta: **how tall are you?** ¿cuánto mides?

tally /ˈtælɪ/ I *n* [**-lies**] cuenta *f*. II *vi* [**-lies, -lying, -lied**] concordar.

talon /ˈtælən/ *n* garra *f*.

tambourine /ˌtæmbəˈriːn/ *n* pandereta *f*.

tame /teɪm/ I *adj* 1. (*animal*) manso -sa. **2.** (*unexciting*) insulso -sa. II *vt* domar.

tamper with /ˈtæmpə wɪθ/ *vt* (*controls*): **somebody has been tampering with it** alguien ha estado tocándolo * enredando con él; (*a document*) alterar.

tampon /ˈtæmpɒn/ *n* tampón *m*.

tan /tæn/ I *n* (*suntan*) bronceado *m*. II *adj* marrón claro *adj inv*. III *vi* [**tans, tanning, tanned**] broncearse, ponerse moreno -na.

tang /tæŋ/ *n* sabor *m* ácido.

tangent /ˈtændʒənt/ *n* tangente *f* ● **to go off at a tangent** irse por las ramas.

tangerine /ˌtændʒəˈriːn/ *n* mandarina *f*.

tangle /ˈtæŋgəl/ I *n* enredo *m*: **to get into a tangle** enredarse. II *vt* enredar.

tank /tæŋk/ *n* 1. (*Mil*) tanque *m*. **2.** (*for liquids*) depósito *m*, tanque *m*.

tanker /ˈtæŋkə/ *n* 1. (*truck*) camión *m* cisterna. **2.** (*o* **oil tanker**) petrolero *m*.

Tannoy® /ˈtænɔɪ/ *n* altavoces *m pl*, (*Amér L*) altoparlantes *m pl*.

tantalizing /ˈtæntəlaɪzɪŋ/ *adj* tentador -dora.

tantamount /ˈtæntəmaʊnt/ *adj*: **to be tantamount to** equivaler a.

tantrum /ˈtæntrəm/ *n* rabieta *f*.

tap /tæp/ I *n* 1. (*for water*) grifo *m*, (*Amér L*) llave *f*, (*RP*) canilla *f*. **2.** (*for gas*) llave *f*. **3.** (*knock*) golpecito *m*. II *vt* [**taps, tapping, tapped**] 1. (*to hit gently*) darle un golpecito a. **2.** (*a resource*) explotar. **3.** (*a telephone*) intervenir, pinchar.

tap dancing *n* claqué *m*.

tape /teɪp/ I *n* 1. (*gen*) cinta *f*. **2.** (*adhesive*) cinta *f* adhesiva. **3.** (*for recording*) cinta *f*. II *vt* 1. (*to record*) grabar. **2.** (*to fasten*) pegar con cinta (adhesiva).

tape deck *n* platina *f*. **tape measure** *n* cinta *f* métrica. **tape recorder** *n* magnetófono *m*, (*Amér L*) grabador *m*.

taper /ˈteɪpə/ *vi* estrecharse.

tapestry /ˈtæpɪstrɪ/ *n* [**-ries**] tapiz *m*.

tar /tɑː/ *n* alquitrán *m*.

target /ˈtɑːgɪt/ *n* 1. (*Sport*) blanco *m*. **2.** (*objective*) objetivo *m*.

tariff /ˈtærɪf/ *n* 1. (*price list*) tarifa *f*. **2.** (*tax*) arancel *m*.

Tarmac® /ˈtɑːmæk/ *n* 1. (*material*) asfalto *m*. **2.** (*Av*) pista *f*.

tarnish /ˈtɑːnɪʃ/ *vi* (*silver*) ponerse negro -gra. ♦ *vt* 1. (*silver*) poner negro -gra. **2.** (*a reputation*) empañar.

tarpaulin /tɑːˈpɔːlɪn/ n lona f impermeable.

tarragon /ˈtærəgən/ n estragón m.

tart /tɑːt/ I n 1. (*Culin*) tarta f (*con base de masa*). 2. (*!!: woman*) fulana f. II adj (*taste*) agrio -gria, ácido -da. **to tart up** vt (*fam*) emperifollar.

tartan /ˈtɑːtən/ n tela f escocesa.

tartar /ˈtɑːtə/ n sarro m.

tartar(e) sauce n salsa f tártara.

task /tɑːsk/ n tarea f ● **I took him to task** lo reprendí.

task force n destacamento m especial.

taste /teɪst/ I n 1. (*flavour*) sabor m; (*act*): **can I have a taste?** ¿puedo probarlo? 2. (*sense, preference*) gusto m: **in bad taste** de mal gusto; **to acquire a taste for sthg** tomarle el gusto a algo. II vi (*food*) saber (**of** a). ♦ vt 1. (*to try*) probar. 2. (*to detect the flavour of*): **all I can taste is chilli** sólo me sabe a chile.

tasteful /ˈteɪstful/ adj de buen gusto.

tasteless /ˈteɪstləs/ adj 1. (*food*) insípido -da. 2. (*comment*) de mal gusto.

tasty /ˈteɪstɪ/ adj [**-tier, -tiest**] sabroso -sa, rico -ca.

tattered /ˈtætəd/ adj hecho -cha jirones.

tatters /ˈtætəz/ n pl: **in tatters** hecho -cha jirones.

tattoo /tæˈtuː/ I n 1. (*on body*) tatuaje m. 2. (*show*) espectáculo m militar. II vt tatuar.

tatty /ˈtætɪ/ adj [**-tier, -tiest**] estropeado -da.

taught /tɔːt/ pret y pp ⇨ **teach**.

taunt /tɔːnt/ I vt provocar (*con burlas*). II n pulla f.

Taurus /ˈtɔːrəs/ n Tauro m.

taut /tɔːt/ adj tenso -sa, tirante.

tawdry /ˈtɔːdrɪ/ adj chabacano -na.

tax /tæks/ I n [**-xes**] impuesto m. II vt 1. (*earnings, a product*) gravar (con un impuesto). 2. (*to challenge*) poner a prueba.

tax allowance n desgravación f fiscal. **tax evasion** n evasión f de impuestos. **tax-free** adj, adv libre de

impuestos. **tax haven** n paraíso m fiscal. **tax inspector** n inspector -tora m/f de Hacienda. **taxpayer** n contribuyente m/f. **tax relief** n desgravación f fiscal. **tax return** n declaración f de la renta.

taxable /ˈtæksəbəl/ adj sujeto -ta a impuestos.

taxation /tækˈseɪʃən/ n impuestos m pl.

taxi /ˈtæksɪ/ I n taxi m. II vi [**-xis, -xiing, -xied**] (*Av*) rodar.

taxi driver n taxista m/f. **taxi rank** *, (*US*) **stand** n parada f de taxis.

TB /tiːˈbiː/ n = **tuberculosis**.

tea /tiː/ n 1. (*drink, plant*) té m. 2. (*afternoon snack*) merienda f (*Amér L*) té m; (*evening meal*) cena f (*que se toma temprano*).

tea bag n bolsita f de té. **tea break** n descanso m. **tea cloth** n paño m de cocina. **tea cosy** n cubretetera f. **teacup** n taza f de té. **teapot** n tetera f. **tearoom** n salón m de té. **tea service** * **set** n juego m de té. **teaspoon** n 1. (*implement*) cucharita f. 2. (o **teaspoonful**) cucharadita f. **teatime** n hora f de la merienda * del té. **tea towel** n paño m (de cocina).

teach /tiːtʃ/ vt [**teaches, teaching taught**] (*a subject, skill*) enseñar; (*a person*) darle clase a: **he taught me (how) to swim** me enseñó a nadar. ♦ vi dar clases.

teacher /ˈtiːtʃə/ n (*gen*) profesor -sora m/f; (*primary*) maestro -tra m/f.

teaching /ˈtiːtʃɪŋ/ n enseñanza f.

teaching hospital n hospital m universitario. **teaching methods** n pl métodos m pl pedagógicos. **teaching staff** n personal m docente.

teak /tiːk/ n teca f.

team /tiːm/ n 1. (*in sport, at work*) equipo m. 2. (*of horses*) tiro m.

teamwork n trabajo m de equipo.

tear I n 1. /tɪə/ (*from eye*) lágrima f: **he was in tears** estaba llorando. 2. /teə/ (*rip*) desgarrón m, rasgón m

II /teə/ vt [**tears, tearing, tore,** pp **torn**] rasgar, romper. ♦ vi 1. (to rip) rasgarse. 2. (to rush) ir a toda velocidad.

to **tear apart** vt desgarrar. to **tear down** vt derribar. to **tear off** vt arrancar. to **tear out** vt arrancar. to **tear up** vt hacer pedazos.

tearaway /'teərəweı/ n gamberro -rra m/f. **tear gas** /'tɪə gæs/ n gas m lacrimógeno.

tearful /'tɪəfʊl/ adj lloroso -sa.

tease /tiːz/ vt tomarle el pelo a, burlarse de.

teat /tiːt/ n tetina f.

tech /tek/ n (fam) escuela f de formación profesional.

technical /'teknɪkəl/ adj técnico -ca.

technical college n escuela f de formación profesional.

technicality /teknɪ'kælətɪ/ n [**-ties**] 1. (Tec) detalle m técnico. 2. (Law) cuestión f de forma.

technically /teknɪkəlɪ/ adv 1. (Tec) técnicamente. 2. (strictly speaking) en rigor.

technician /tek'nɪʃən/ n técnico -ca m/f.

technique /tek'niːk/ n técnica f.

technology /tek'nɒlədʒɪ/ n [**-gies**] tecnología f.

teddy bear /'tedɪ beə/ n oso m ∗ osito m de peluche.

tedious /'tiːdɪəs/ adj tedioso -sa.

teem /tiːm/ vi rebosar (**with** de) ● **it was teeming down** llovía a cántaros.

teenage /'tiːneɪdʒ/ adj (child) adolescente; (activity) de adolescentes.

teenager /'tiːneɪdʒə/ n adolescente m/f.

teens /tiːnz/ n pl: **a boy in his teens** un adolescente.

tee shirt /'tiː ʃɜːt/ n camiseta f.

teeter /'tiːtə/ vi tambalearse.

teeth /tiːθ/ pl ⇨ **tooth**.

teethe /tiːð/ vi echar los dientes.

teething /'tiːðɪŋ/ n dentición f. **teething ring** n mordedor m. **teething troubles** n pl dificultades f pl iniciales.

teetotal /tiː'təʊtəl/ adj abstemio -mia.

TEFL /'tefəl/ n = Teaching of English as a Foreign Language.

telecommunications /telɪkəmjuː-nɪ'keɪʃənz/ n pl telecomunicaciones f pl.

telegram /'telɪgræm/ n telegrama m.

telegraph /'telɪgrɑːf/ n telégrafo m. **telegraph pole** n poste m telegráfico.

telepathic /telɪ'pæθɪk/ adj telepático -ca.

telepathy /tə'lepəθɪ/ n telepatía f.

telephone /'telɪfəʊn/ I n teléfono m: **to be on the telephone** (to be talking) estar hablando por teléfono, (to have a phone) tener teléfono. II vt llamar (por teléfono) a, telefonear. ♦ vi llamar (por teléfono), telefonear.

telephone box ∗ **booth** n cabina f telefónica. **telephone call** n llamada f telefónica. **telephone directory** n guía f telefónica, (Méx) directorio m telefónico. **telephone exchange** n central f telefónica. **telephone number** n número m de teléfono.

telephonist /tə'lefənɪst/ n telefonista m/f.

telephoto lens /telɪfəʊtəʊ 'lenz/ n teleobjetivo m.

telescope /'telɪskəʊp/ n telescopio m.

television /'telɪvɪʒən/ n 1. (system) televisión f. 2. (o **television set**) televisor m.

teleworker /'telɪwɔːkə/ n teletrabajador -dora m/f.

telex /'teleks/ n [**-xes**] télex m inv.

tell /tel/ vt [**tells, telling, told**] 1. (gen) decir: **tell him to eat it** dile que se lo coma; **they told me he was coming** me dijeron ∗ me avisaron que venía. 2. (a story) contar. 3. (to identify, ascertain): **I can't tell one from the other** no distingo el uno del otro; **how can you tell it's broken?** ¿cómo sabes que está roto? ♦ vi 1. (to disclose secrets) hablar: **he told on us** se chivó. 2. (to be notice-

able) notarse.

to tell off *vt* regañar.

telltale I *n* acusón -sona *m/f.* **II** *adj* revelador -dora.

teller /'telə/ *n* **1.** (*cashier*) cajero -ra *m/f.* **2.** (*narrator*) narrador -dora *m/f.*

telling /'telɪŋ/ *adj* **1.** (*revealing*) revelador -dora. **2.** (*blow, argument*) contundente.

telly /'telɪ/ *n* [**-lies**] (*fam*) tele *f.*

temp /temp/ *n* empleado -da *m/f* eventual.

temper /'tempə/ **I** *n* (*trait*) genio *m:* **he has a bad temper** tiene mal genio; (*temporary state*): **he's in a temper** está de mal humor ● **I lost my temper** perdí los estribos. **II** *vt* (*a criticism*) suavizar.

temperament /'tempərəmənt/ *n* temperamento *m.*

temperate /'tempərət/ *adj* **1.** (*climate*) templado -da. **2.** (*behaviour*) moderado -da.

temperature /'temprətʃə/ *n* temperatura *f* ● **he has a temperature** tiene fiebre.

template /'templɪt/ *n* plantilla *f.*

temple /'tempəl/ *n* **1.** (*Relig*) templo *m.* **2.** (*Anat*) sien *f.*

tempo /'tempəʊ/ *n* [**-pos** * **-pi**] tempo *m.*

temporarily /'tempərərəlɪ/ *adv* temporalmente.

temporary /'tempərərɪ/ *adj* temporal, (*Amér L*) temporario -ria.

tempt /tempt/ *vt* tentar.

temptation /temp'teɪʃən/ *n* tentación *f.*

tempting /'temptɪŋ/ *adj* (*idea*) tentador -dora; (*food*) apetecible.

ten /ten/ *adj, pron, n* diez ⇨ appendix 4.

tenacity /tɪ'næsətɪ/ *n* tenacidad *f.*

tenancy /'tenənsɪ/ *n* [**-cies**] periodo *o* contrato de alquiler.

tenant /'tenənt/ *n* inquilino -na *m/f,* arrendatario -ria *m/f.*

tend /tend/ *vi:* **he tends to repeat himself** tiene tendencia a repetirse. ♦ *vt* (*a patient*) cuidar de; (*fields,*

animals) ocuparse de.

tendency /'tendənsɪ/ *n* [**-cies**] tendencia *f.*

tender /'tendə/ **I** *adj* **1.** (*smile, look*) cariñoso -sa, tierno -na. **2.** (*meat*) tierno -na. **3.** (*arm, ankle*) dolorido -da. **II** *n* **1.** (*currency*): **this note is not legal tender** este billete no es de curso legal. **2.** (*for contract*) propuesta *f.* **III** *vt* (*frml: resignation*) presentar, ofrecer. ♦ *vi:* **to tender for** presentarse a la licitación para.

tenderness /'tendənəs/ *n* ternura *f.*

tenement /'tenəmənt/ *n* casa *f* de vecinos.

tenet /'tenɪt/ *n* principio *m.*

tenner /'tenə/ *n* (*fam*) billete *m* de diez libras/dólares.

tennis /'tenɪs/ *n* tenis *m.* **tennis ball** *n* pelota *f* de tenis. **tennis court** *n* pista *f* * (*Amér L*) cancha *f* de tenis. **tennis player** *n* tenista *m/f.* **tennis racket** * **racquet** *n* raqueta *f* de tenis.

tenor /'tenə/ *n* tenor *m.*

tenpin bowling /tenpɪn 'bəʊlɪŋ/ *n* bolos *m pl,* bowling *m.*

tense /tens/ **I** *adj* tenso -sa. **II** *n* (*Ling*) tiempo *m.*

tension /'tenʃən/ *n* tensión *f.*

tent /tent/ *n* tienda *f* (de campaña) (*Amér L*) carpa *f.*

tentative /'tentətɪv/ *adj* **1.** (*provisional*) provisional, (*Amér L*) provisorio -ria. **2.** (*hesitant*) indeciso -sa, vacilante.

tenterhooks /'tentəhʊks/ *n pl* ● **to be on tenterhooks** estar sobre ascuas.

tenth /tenθ/ *adj, pron* décimo -ma ⇨ appendix 4.

tenuous /'tenjʊəs/ *adj* (*argument*) poco convincente; (*link*) vago -ga.

tenure /'tenjə/ *n* tenencia *f.*

tepid /'tepɪd/ *adj* tibio -bia.

term /tɜːm/ **I** *n* **1.** (*Educ*) trimestre *m.* **2.** (*period*) periodo *m* ● **in the long/short term** a largo/corto plazo. **3.** (*Ling*) término *m.* **II terms** *n pl* **1.** (*relationship*): **to be on good**

terms with sbdy tener buenas relaciones con alguien ● **to come to terms with sthg** asumir ∗ aceptar algo. **2.** (*conditions*) condiciones *f pl*. **III** *vt* llamar, denominar.

terminal /'tɜ:mɪnəl/ **I** *adj* (*Med*) terminal. **II** *n* **1.** (*Transp*) terminal *f*. **2.** (*Elec, Inform*) terminal *m*.

terminate /'tɜ:mɪneɪt/ *vt* **1.** (*a relationship*) poner fin a; (*a contract*) rescindir. **2.** (*a pregnancy*) interrumpir. ♦ *vi*: **this train terminates at Richmond** Richmond es el final de trayecto de este tren.

terminus /'tɜ:mɪnəs/ *n* [**-nuses** o **-ni**] (estación *f*) terminal *f*.

terrace /'terəs/ **I** *n* **1.** (*area outside*) terraza *f*. **2.** (*row of houses*) hilera *f* de casas (adosadas). **3.** (*Agr: on hillside*) bancal *m*. **II terraces** *n pl* (*Sport*) gradas *f pl*.

terraced /'terəst/ *adj* **1.** (*houses*) adosado -da. **2.** (*hillside*) escalonado -da.

terrain /tə'reɪn/ *n* terreno *m*.

terrible /'terəbəl/ *adj* **1.** (*horrible*) espantoso -sa, terrible. **2.** (*great*): **I'm in a terrible hurry** tengo muchísima prisa.

terribly /'terəbli/ *adv* **1.** (*to play, perform*) muy mal, fatal. **2.** (*very*): **she's terribly disappointed** está muy decepcionada.

terrier /'teriə/ *n* terrier *m inv*.

terrific /tə'rɪfɪk/ *adj* **1.** (*very good*) estupendo -da. **2.** (*very large*) tremendo -da.

terrified /'terɪfaɪd/ *adj* aterrorizado -da: **I'm terrified of him** le tengo terror.

terrify /'terɪfaɪ/ *vt* [**-fies, -fying, -fied**] aterrorizar.

terrifying /'terɪfaɪɪŋ/ *adj* aterrador -dora.

territorial /terɪ'tɔ:rɪəl/ *adj* territorial.

territorial waters *n pl* aguas *f pl* jurisdiccionales ∗ territoriales.

territory /'terɪtəri/ *n* [**-ries**] territorio *m*.

terror /'terə/ *n* **1.** (*fear*) terror *m*.

2. (*child*) diablillo *m*.

terrorism /'terərɪzəm/ *n* terrorismo *m*.

terrorist /'terərɪst/ *adj, n* terrorista *adj, m/f*.

terrorize /'terəraɪz/ *vt* aterrorizar.

terse /tɜ:s/ *adj* seco -ca y escueto -ta.

tertiary /'tɜ:ʃəri/ *adj* terciario -ria.

TESL /'tesəl/ *n* = **Teaching (of) English as a Second Language**.

TESOL /'tesɒl/ *n* = **Teaching (of) English to Speakers of Other Languages**.

test /test/ **I** *n* **1.** (*gen*) prueba *f*; (*Educ*) prueba *f*, examen *m*. **2.** (*analysis*) análisis *m inv*. **II** *vt* **1.** (*a product, machine*) probar; (*patience, loyalty*) poner a prueba. **2.** (*Educ: a student*) someter a una prueba; (*: knowledge*) evaluar. **3.** (*blood*) analizar.

test drive *n* prueba *f* (de carretera). **test driver** *n* piloto *m/f* de pruebas. **test match** *n* partido *m* internacional. **test pilot** *n* piloto *m/f* de pruebas. **test tube** *n* tubo *m* de ensayo. **test-tube baby** *n* niño -ña *m/f* probeta.

testament /'testəmənt/ *n* testamento *m*.

testicle /'testɪkəl/ *n* testículo *m*.

testify /'testɪfaɪ/ *vi* [**-fies, -fying, -fied**] prestar declaración, testificar. ♦ *vt* declarar, testificar.

testimony /'testɪməni/ *n* [**-nies**] testimonio *m*.

testing /'testɪŋ/ *adj* difícil, arduo -dua.

tetanus /'tetənəs/ *n* tétanos *m*: **tetanus jab** inyección antitetánica.

tether /'teðə/ **I** *n* cuerda *f*. **II** *vt* atar.

Texan /'teksən/ *adj, n* tejano -na *adj, m/f*.

Texas /'teksəs/ *n* Tejas *m*.

text /tekst/ *n* texto *m*.

textbook *n* libro *m* de texto.

textile /'tekstaɪl/ *n* textil *m*: **the textile industry** la industria textil.

texture /'tekstʃə/ *n* textura *f*.

Thames /temz/ *n* Támesis *m*.

than /ðæn/ *conj* **1.** (*in simple com-*

parisons) que: **he has more than me** él tiene más que yo; **it's bigger than mine** es más grande que el mío. **2.** (*before numbers*) de: **more than sixty** más de sesenta. **3.** (*before a clause*) de: **it's easier than it looks** es más fácil de lo que parece.

thank /θæŋk/ I *vt* darle las gracias a: **to thank sbdy for sthg** agradecerle algo a alguien. II **thanks** *n pl* **1.** (*gratitude*) agradecimiento *m*. **2.** (*as response*) ⇨ **thank you**. **3. thanks to** gracias a.

thank you *excl* ¡gracias! (**for** por): **thank you very much** muchas gracias. **Thanksgiving** *n* (*in US*) día *m* de acción de gracias.

thankful /'θæŋkful/ *adj* agradecido -da (**for** por).

thankfully /'θæŋkfuli/ *adv* afortunadamente.

thankless /'θæŋkləs/ *adj* ingrato -ta.

that /ðæt/ I *conj* que: **he said (that) you'd gone out** dijo que habías salido. II *adj* **1.** (*close*) ese, esa; (*distant*) aquel, aquella. **2. that one** (*close*) ése, ésa; (*distant*) aquél, aquélla. III *demonstrative pron* **1.** (*close*) ése, ésa, eso: **that's his uncle** ése es su tío; **what's that?** ¿qué es eso?; (*distant*) aquél, aquélla, aquello. **2.** (*on phone*) **is that the manager?** ¿es (usted) la directora? IV *relative pron* que: **a poem/some poems (that) I read** un poema/ unos poemas que leí; (+ *prep in Spanish*) el que, la que: **the photo (that) he talked about** la foto de la que habló; **the girls (that) I spoke to** las chicas con quienes hablé o con las que hablé. V *adv* **1.** (+ *adj*) tan. **2. that much** tanto -ta. **3. that many** tantos -tas.

thatch /θætʃ/ *vt* poner un techo de paja a.

thaw /θɔː/ I *vi* (*snow*) derretirse; (*food*) descongelarse. ♦ *vt* (*food*) descongelar. II *n* deshielo *m*.

the /ðə/ I *def art* **1.** (*singular: masculine*) el; (*:feminine*) la; (*plural: mas-*culine) los; (*:feminine*) las: **the boss** el jefe; **the keys** las llaves; (*before Spanish feminine singular nouns beginning with stressed a- or ha-*) el: **the water** el agua. **2.** (*often not translated*): **Monday the fifth of May** lunes cinco de mayo; **Lima, the capital of Peru** Lima, la capital del Perú; **Philip the Second** Felipe Segundo. II *adv* (*with comparatives*): **the sooner he goes, the better** cuanto antes vaya, mejor; **the more you have, the more you want** cuanto más se tiene, más se quiere.

theatre, (*US*) **theater** /'θɪətə/ *n* **1.** (*for plays*) teatro *m*. **2.** (*Med*) quirófano *m*.

theatregoer, (*US*) **theatergoer** *n* asistente *m/f* al teatro.

theatrical /θɪ'ætrɪkəl/ *adj* teatral.

theft /θeft/ *n* robo *m*.

their /ðeə/ *adj* (*singular*) su; (*plural*) sus: **their aunt** su tía; **their books** sus libros; **they washed their hands** se lavaron las manos.

theirs /ðeəz/ *pron* (*singular*) (el) suyo, (la) suya; (*plural*) (los) suyos, (las) suyas: **this one is theirs** éste es suyo; **a friend of theirs** un amigo suyo.

them /ðem/ *pron* **1.** (*direct object*) los, las. **2.** (*indirect object*) les; (+ *another pron*) se: **I want you to tell them** quiero que se lo digas; (*after prep*) ellos, ellas: **for them** para ellos. **3.** (*in comparisons or after to be*) ellos, ellas: **it's them!** ¡son ellas/ ellos!

theme /θiːm/ *n* tema *m*.

theme song * **tune** *n* (*of film*) tema *m* musical; (*of programme*) sintonía *f*.

themselves /ðəm'selvz/ *pron* **1.** (*reflexive*) se. **2.** (*emphatic*) ellos mismos, ellas mismas. **3.** (*after prep*) sí mismos -mas, ellos (mismos), ellas (mismas) ● **by themselves** solos -las.

then /ðen/ I *adv* **1.** (*next*) luego. **2.** (*at that time*) entonces: **until then** hasta entonces; **from then on** a

partir de entonces. 3. (*therefore*)
entonces, así que. II *adj*: **the then
director** el entonces director.

theological /θɪə'lɒdʒɪkəl/ *adj*
teológico -ca.

theological college *n* seminario *m*.

theology /θɪ'ɒlədʒɪ/ *n* teología *f*.

theorem /'θɪərəm/ *n* teorema *m*.

theoretical /θɪə'retɪkəl/ *adj* teórico
-ca.

theory /'θɪərɪ/ *n* [**-ries**] teoría *f*.

therapist /'θerəpɪst/ *n* terapeuta
m/f.

therapy /'θerəpɪ/ *n* [**-pies**] terapia *f*.

there /ðeə/ I *adv* 1. (*relatively close*)
ahí; (*further away*) allí; (*still further
away*) allá: **in there** ahí dentro; **I
left it over there** lo dejé por ahí;
there she is ahí está; **hello, is Ian
there?** hola, ¿está Ian there? ● **I'm not
going, so there!** yo no voy, ¡para
que te enteres! 2. **there is/are/was/
were**, etc.: **there isn't any milk** no
hay leche; **there will be lots of
people** habrá mucha gente; **there
were two on the floor** había dos en
el suelo; **there were two accidents**
hubo dos accidentes; **there were
five of us** éramos cinco. II *excl*:
there, there... ya está, ya está....

thereabouts /'ðeərəbaʊts/, (*US*)
thereabout *adv* por allí.

thereafter /ðeər'ɑːftə/ *adv* (*frml*)
después de eso.

thereby /ðeə'baɪ/ *adv* (*frml*) por
ello.

therefore /'ðeəfɔː/ *adv* por (lo)
tanto, por consiguiente.

thermal /'θɜːməl/ I *adj* térmico -ca.
II *n* corriente *f* térmica.

thermometer /θə'mɒmɪtə/ *n* termómetro *m*.

Thermos® /'θɜːməs/ *n* (*o* **Ther-
mos® flask**) termo *m*.

thermostat /'θɜːməstæt/ *n* termostato *m*.

thesaurus /θɪ'sɔːrəs/ *n* [**-ruses**]
diccionario *m* de sinónimos.

these /ðiːz/ I *adj* estos, estas. II *pron*
éstos, éstas.

thesis /'θiːsɪs/ *n* [**theses**] tesis *f inv*.

they /ðeɪ/ *pron* 1. (*specific people*)
ellos, ellas. 2. (*impersonal*): **they
say that...** dicen que... ‖ se dice
que....

they'd /ðeɪd/ *contracción de* **they
had** *o de* **they would**

they'll /ðeɪl/ *contracción de* **they
will**

they're /ðeɪə/ *contracción de* **they
are**

they've /ðeɪv/ *contracción de* **they
have**

thick /θɪk/ I *adj* 1. (*soup, fog, vegetation*) espeso -sa; (*book*) gordo -da;
(*hair*) tupido -da; (*board*) grueso -sa:
it's a metre thick tiene un metro de
grosor. 2. (*fam: stupid*) corto -ta [S].
II *n*: **in the thick of the fighting** en
lo más reñido de la pelea.

thickset *adj* fornido -da. **thick-
skinned** *adj* insensible.

thicken /'θɪkən/ *vi* 1. (*sauce*) espesarse; (*fog, vegetation*) hacerse más
espeso -sa. 2. (*plot*) complicarse.
♦ *vt* espesar.

thickness /'θɪknəs/ *n* (*of wood*)
grosor *m*: **the thickness of the
sauce** lo espesa que está la salsa.

thief /θiːf/ *n* [**-ves**] ladrón -drona
m/f.

thieves /θiːvz/ *pl* ⟡ **thief**.

thigh /θaɪ/ *n* muslo *m*.

thighbone *n* fémur *m*.

thimble /'θɪmbəl/ *n* dedal *m*.

thin /θɪn/ I *adj* (*thinner, thinnest*)
(*person*) delgado -da, flaco -ca; (*wire,
slice*) delgado -da, fino -na; (*sauce*)
poco espeso -sa. II *vt* [**thins, thin-
ning, thinned**] (*paint*) diluir; (*a
sauce*) hacer menos espeso -sa, aclarar. ♦ *vi* (*crowd*) hacerse menos
denso -sa.

to **thin down** *vi* adelgazar. *to* **thin out**
vt entresacar.

thing /θɪŋ/ *n* cosa *f*: **I can't see a
thing** no veo nada; **you can leave
your things here** puedes dejar las
cosas aquí ● **the last thing I want** lo
último que quiero ● **the best thing
would be to wait** lo mejor sería
esperar ● **how are things?** ¿cómo te

va? ● he has a thing about slugs le dan asco las babosas ● all things being equal si no surge ningún imprevisto.

think /θɪŋk/ vi [**thinks, thinking, thought**] 1. (to reflect) pensar: **what are you thinking about?** ¿en qué piensas?; **he thought of resigning** pensó en dimitir; **let me think about it** deja que me lo piense. 2. (to have an opinion): **she thinks a lot of you** tiene muy buena opinión de ti. ♦ vt (to believe) creer: **I don't think I can** no creo que pueda; **I think so** creo que sí; (referring to opinions): **what do you think of it?** ¿qué te parece?

to **think over** vt pensar, reflexionar sobre. to **think up** vt idear.

think-tank n grupo m de expertos.

thinner /ˈθɪnə/ n disolvente m.

third /θɜːd/ I adj, pron tercero -ra [tercer before masc. sing. nouns] ➪ appendix 4. II adv en tercer lugar. III n 1. (Auto) tercera f. 2. (o **third-class degree**) título universitario con la nota más baja.

third party n tercero -ra m/f. **third-party insurance** n seguro m a terceros. **third-rate** adj de poca calidad ✳ categoría. **Third World** I n Tercer Mundo m. II **third-world** adj tercermundista, del Tercer Mundo.

thirdly /ˈθɜːdlɪ/ adv en tercer lugar.

thirst /θɜːst/ n sed f.

thirsty /ˈθɜːstɪ/ adj [-**tier, -tiest**] sediento -ta: **I'm thirsty** tengo sed ● **it's thirsty work** es un trabajo que da sed.

thirteen /θɜːˈtiːn/ adj, pron, n trece ➪ appendix 4.

thirteenth /θɜːˈtiːnθ/ adj, pron decimotercero -ra [decimotercer before masc. sing. nouns] ➪ appendix 4.

thirtieth /ˈθɜːtɪɪθ/ adj, pron trigésimo -ma, treinta ➪ appendix 4.

thirty /ˈθɜːtɪ/ adj, pron, n [-**ties**] treinta ➪ appendix 4.

this /ðɪs/ I adj 1. (gen) este, esta. 2. **this one** éste, ésta: **I like this one** me gusta éste. II pron éste, ésta, esto:

turn it like this dale la vuelta así; **this is my aunt** le presento a mi tía. III adv (before adj) así de: **he got this far** llegó hasta aquí.

thistle /ˈθɪsəl/ n cardo m.

thong /θɒŋ/ n correa f.

thorn /θɔːn/ n espina f.

thorny /ˈθɔːnɪ/ adj [-**nier, -niest**] espinoso -sa.

thorough /ˈθʌrə/ adj 1. (study, search) minucioso -sa. 2. (worker) concienzudo -da.

thoroughbred /ˈθʌrəbred/ adj (gen) de raza; (horse) de pura sangre.

thoroughfare /ˈθʌrəfeə/ n (frml) calle f; (on sign): **no thoroughfare** prohibido el paso.

thoroughly /ˈθʌrəlɪ/ adv 1. (to clean) a fondo; (to examine) meticulosamente. 2. (completely) totalmente, completamente.

those /ðəʊz/ I adj (close) esos, esas; (distant) aquellos, aquellas. II pron (close) ésos, ésas; (distant) aquéllos, aquéllas.

though /ðəʊ/ I conj aunque. II adv sin embargo.

thought /θɔːt/ I pret & pp ➪ think. II n 1. (idea) idea f: **do you have any thoughts?** ¿tienes alguna opinión? 2. (thinking) pensamiento m.

thoughtful /ˈθɔːtful/ adj 1. (considerate) atento -ta [S]. 2. (pensive) pensativo -va [E].

thoughtless /ˈθɔːtləs/ adj 1. (inconsiderate) desconsiderado -da. 2. (careless) descuidado -da.

thousand /ˈθaʊzənd/ adj, pron, n mil: **six thousand pounds** seis mil libras ➪ appendix 4.

thousandth /ˈθaʊzəndθ/ adj, pron milésimo -ma, mil ➪ appendix 4.

thrash /θræʃ/ vt darle una paliza a. to **thrash about** ✳ **around** vi bracear (convulsivamente). to **thrash out** vt discutir a fondo.

thread /θred/ I n 1. (for sewing) hilo m. 2. (of screw) rosca f. II vt (a needle) enhebrar.

threadbare /ˈθredbeə/ adj raído -da.

threat /θret/ n amenaza f.

threaten /'θretən/ vt amenazar: **threatened with closure** amenazado de cierre; **he threatened to kill her** amenazó con matarla.

three /θri:/ adj, pron, n tres ➪ appendix 4.

three-dimensional adj tridimensional. **Three Kings** n pl Reyes m pl Magos. **three-piece suit** n traje m (con chaleco), terno m. **three-piece suite** n tresillo m. **three-ply** n contrachapado m de tres capas. **Three Wise Men** n pl Reyes m pl Magos.

thresh /θreʃ/ vt/i trillar.

threshold /'θreʃhəʊld/ n umbral m.

threw /θru:/ pret ➪ throw.

thrifty /'θrɪftɪ/ adj [-tier, -tiest] ahorrador -dora.

thrill /θrɪl/ I vt 1. (to excite) emocionar. 2. (to delight) hacerle mucha ilusión a: **she was thrilled with the picture** quedó encantada con el cuadro. II n emoción f.

thriller /'θrɪlə/ n 1. (movie) película f de suspense. 2. (novel) novela f de suspense.

thrilling /'θrɪlɪŋ/ adj emocionante.

thrive /θraɪv/ vi (plant) crecer muy bien; (business, town) prosperar ● **he thrives on praise** le encanta que lo elogien.

thriving /'θraɪvɪŋ/ adj próspero -ra.

throat /θrəʊt/ n garganta f: **he has a sore throat** le duele la garganta.

throb /θrɒb/ I vi [throbs, throbbing, throbbed] 1. (pulse) latir; (with pain) dar punzadas. 2. (engine) vibrar. II n 1. (of pulse) latido m. 2. (of engine) vibración f.

throes /θrəʊz/ n pl: **to be in the throes of** estar en medio de.

throne /θrəʊn/ n trono m.

throng /θrɒŋ/ I n gentío m, muchedumbre f. II vi apelotonarse. ◆ vt atestar.

throttle /'θrɒtəl/ I n (Auto) acelerador m. II vt (a person) estrangular.

through /θru:/ I prep 1. (indicating movement) por, a través de: **it went right through the door** atravesó la puerta. 2. (among) entre: **to rummage through** rebuscar entre. 3. (during) durante; (US: till the end of): **from May through July** desde mayo hasta (finales de) julio. 4. (by means of) por medio de. 5. (because of) a * por causa de. II adv 1. (across): **let him through** déjenlo pasar. 2. (finished): **I'm through here** ya he terminado aquí. III adj (Auto: on sign): **no through road** calle sin salida.

through train n tren m directo.

throughout /θru:'aʊt/ I prep 1. (time) durante todo -da: **throughout the day** (durante) todo el día. 2. (a place) por/en todo -da: **throughout the world** por/en todo el mundo. II adv 1. (of time) todo el tiempo. 2. (of place) en todas partes.

throw /θrəʊ/ I n lanzamiento m. II vt [throws, throwing, threw, pp thrown] 1. (gen) tirar; (at target, in sport) lanzar: **he threw a stone at me** me tiró * arrojó una piedra; **he threw the ball to me** me tiró * lanzó la pelota; **he threw water over me** me echó agua. 2. (to confuse) desconcertar.

to throw away vt (clothes, paper) tirar, (Amér L) botar; (a chance) desperdiciar. **to throw in** vt (to include) incluir (de regalo). **to throw off** vt (to get rid of) deshacerse de. **to throw out** vt 1. (a person) expulsar, echar. 2. (clothes, paper) tirar, (Amér L) botar. **to throw up** vi (fam: to be sick) vomitar.

throwaway adj desechable.

thrown /θrəʊn/ pp ➪ throw.

thrush /θrʌʃ/ n [-shes] tordo m.

thrust /θrʌst/ I vt [thrusts, thrusting, thrust] (gen) empujar (con fuerza); (a knife) clavar (into en). II n (Phys) empuje m.

thud /θʌd/ n ruido m sordo.

thug /θʌg/ n (criminal) matón m; (violent person) bruto m.

thumb /θʌm/ I n (dedo m) pulgar m.

II vt (*pages*) hojear ● **to thumb a lift** hacer autostop.

thumbnail sketch n descripción f concisa. **thumbtack** n (*US*) chincheta f.

thump /θʌmp/ **I** vt (*to hit*) darle un golpe a; (*with fist*) darle un puñetazo a. ♦ vi (*gen*) golpear; (*heart*) palpitar. **II** n **1**. (*blow*) golpe m. **2**. (*noise*) ruido m sordo.

thunder /ˈθʌndə/ **I** n **1**. (*Meteo*) truenos m pl. **2**. (*loud noise*) estruendo m. **II** vi (*Meteo*) tronar ● **the truck thundered past** el camión pasó con gran estruendo.

thunderbolt n rayo m. **thunderclap** n trueno m. **thunderstorm** n tormenta f. **thunderstruck** adj atónito -ta, pasmado -da.

thundery /ˈθʌndəri/ adj tormentoso -sa.

Thurs. /ˈθɜːzdeɪ/ = **Thursday**.

Thursday /ˈθɜːzdeɪ/ n jueves m inv: **on Thursday** el jueves; **on Thursday morning** el jueves por la mañana; **every Thursday** todos los jueves.

thus /ðʌs/ adv (*frml*) **1**. (*like this*) así, de esta manera ● **thus far** hasta ahora. **2**. (*consequently*) así que.

thwart /θwɔːt/ vt frustrar.

thyme /taɪm/ n tomillo m.

thyroid /ˈθaɪrɔɪd/ n (o **thyroid gland**) tiroides m inv.

tic /tɪk/ n tic m.

tick /tɪk/ **I** vi hacer tictac. ♦ vt marcar con una señal. **II** n **1**. (*mark*) marca f. **2**. (*of clock*) tic m. **3**. (*fam: moment*) momento m. **4**. (*Zool*) garrapata f.

to **tick away** vi pasar. to **tick off** vt **1**. (*items*) marcar con una señal. **2**. (*fam: to scold*) reñir. to **tick over** vi (*Auto*) funcionar al ralentí.

ticket /ˈtɪkɪt/ n **1**. (*Transp*) billete m, (*Amér L*) boleto m. **2**. (*for concert, theatre*) entrada f, (*Amér L*) boleto m. **3**. (*for library*) carné m. **4**. (*price label*) etiqueta f. **5**. (*fam: fine*) multa f. **6**. (*US: Pol*) lista f de candidatos.

ticket collector n revisor -sora m/f.

ticket office n **1**. (*in cinema, theatre*) taquilla f. **2**. (*Transp*) despacho m de billetes ✳ (*Amér L*) boletos. **ticket tout** n revendedor -dora m/f.

tickle /ˈtɪkəl/ vt hacerle cosquillas a. ♦ vi hacer cosquillas.

ticklish /ˈtɪkəlɪʃ/ adj **1**. (*person*): **she's very ticklish** tiene muchas cosquillas. **2**. (*cough*) irritante. **3**. (*situation*) peliagudo -da.

tidal /ˈtaɪdəl/ adj de marea.

tidal wave n maremoto m, ola f gigante.

tidbit /ˈtɪdbɪt/ n (*US*) bocado m.

tiddlywinks /ˈtɪdliwɪŋks/ n: juego en el que se hace saltar unas fichas de plástico.

tide /taɪd/ n **1**. (*Naut*) marea f. **2**. (*trend*) corriente f.

to **tide over** vt: **this will tide me over** con esto me las arreglo.

tidy /ˈtaɪdi/ **I** adj [**-dier, -diest**] (*room, person*) ordenado -da; (*in one's appearance*) bien arreglado -da. **II** vt [**-dies, -dying, -died**] (o **tidy up**) ordenar, arreglar.

to **tidy away** vt guardar.

tie /taɪ/ **I** n **1**. (*Clothing*) corbata f. **2**. (*Sport*) empate m. **II** ties n pl (*links*) lazos m pl, vínculos m pl. **III** vt [**ties, tying, tied**] (*string, a parcel*) atar, amarrar: **tie a knot in it** hazle un nudo. ♦ vi (*Sport*) empatar.

to **tie down** vt atar, sujetar. to **tie in** vi concordar. to **tie up** vt **1**. (*to fasten*) atar. **2**. (*to occupy*) ocupar. **3**. (*a deal*) cerrar.

tier /tɪə/ n **1**. (*of cake*) piso m. **2**. (*in stadium*) grada f.

tiger /ˈtaɪgə/ n tigre m.

tight /taɪt/ **I** adj **1**. (*clothes*) ajustado -da: **my boots are too tight** me aprietan mucho las botas. **2**. (*knot*) apretado -da; (*rope*) tirante. **3**. (*schedule*) apretado -da. **4**. (*strict*) estricto -ta. **5**. (*fam: drunk*) borracho -cha. **6**. (*fam: mean*) tacaño -ña. **II** adv: **shut it tight** ciérralo bien. **III** tights n pl pantis m pl.

tightfisted adj (*fam*) tacaño -ña. **tight-fitting** adj (*lid*) hermético -ca;

(*clothes*) ajustado -da, ceñido -da.
 tightrope *n* cuerda *f* floja.
tighten /ˈtaɪtən/ *vt* (*a screw*) apretar; (*a rope*) tensar.
to **tighten up** *vt* (*security*) intensificar.
tightly /ˈtaɪtlɪ/ *adv* firmemente.
tigress /ˈtaɪgres/ *n* [**-gresses**] tigresa *f*.
tile /taɪl/ **I** *n* (*on floor*) baldosa *f*; (*on wall*) azulejo *m*; (*on roof*) teja *f*. **II** *vt* (*a floor*) embaldosar; (*a wall*) alicatar; (*a roof*) poner las tejas en.
till /tɪl/ **I** *prep*, *conj* ⇨ **until**. **II** *n* caja *f* registradora. **III** *vt* labrar.
tiller /ˈtɪlə/ *n* caña *f* del timón.
tilt /tɪlt/ *vt* inclinar. ♦ *vi* inclinarse.
timber /ˈtɪmbə/ *n* madera *f*.
time /taɪm/ **I** *n* **1.** (*gen*) tiempo *m*: **all the time** todo el tiempo; **he arrived in time to see her** llegó a tiempo de verla; **to waste time** perder tiempo ● **in no time** enseguida. **2.** (*on clock*) hora *f*: **what time is it?** ✳ (*US*) **what time do you have?** ¿qué hora es?; **it was on time** llegó a su ✳ la hora. **3.** (*period*) periodo *m*: **at this time of year** en esta época del año; **in a month's time** dentro de un mes ● **to have a good time** pasarlo bien. **4.** (*era*) época *f*. **5.** (*occasion*) vez *f*: **three at a time** de tres en tres ● **at times** a veces ● **from time to time** de vez en cuando. **6.** (*moment*) momento *m* ● **any time you like** cuando quieras ● **for the time being** por el momento. **7.** (*Mus*): **in time to the music** al compás de la música.
II *vt* **1.** (*to choose time of*) elegir el momento para. **2.** (*a process*) calcular la duración de; (*Sport*) cronometrar.
III *times prep* (*Maths*): **six times two** seis por dos; **he has five times as much as me** tiene cinco veces más que yo.
time bomb *n* bomba *f* de relojería.
time lag *n* retraso *m*. **time limit** *n* límite *m* de tiempo. **time-share** *n*: *sistema de multipropiedad y aparta-*

mento que se tiene bajo este sistema.
timetable *n* horario *m*. **time zone** *n* huso *m* horario.
timeless /ˈtaɪmləs/ *adj* eterno -na.
timely /ˈtaɪmlɪ/ *adj* [**-lier, -liest**] oportuno -na.
timer /ˈtaɪmə/ *n* temporizador *m*, programador *m*.
timid /ˈtɪmɪd/ *adj* tímido -da.
timing /ˈtaɪmɪŋ/ *n* **1.** (*of event*): **the timing of the announcement** el momento que eligieron para anunciarlo. **2.** (*of race*) cronometraje *m*. **3.** (*Auto*) regulación *f* (*del encendido*). **4.** (*coordination*) coordinación *f*.
tin /tɪn/ **I** *n* **1.** (*metal*) estaño *m*. **2.** (*can*) lata *f*. **II** *vt* [**tins, tinning, tinned**] enlatar: **tinned pears** peras en lata ✳ en conserva.
tinfoil *n* papel *m* de aluminio. **tin-opener** *n* abrelatas *m inv*.
tinge /tɪndʒ/ **I** *vt* teñir (**with** de). **II** *n* matiz *m*.
tingle /ˈtɪŋgəl/ **I** *n* hormigueo *m*. **II** *vi*: **my arm was tingling** tenía un hormigueo en el brazo.
tinker /ˈtɪŋkə/ *vi*: **to tinker with sthg** hacerle unos ajustes a.
tinkle /ˈtɪŋkəl/ **I** *n* tintineo *m*. **II** *vi* tintinear.
tinsel /ˈtɪnsəl/ *n* espumillón *m*.
tint /tɪnt/ **I** *vt* (*hair*) teñir: **tinted glass** cristal ahumado. **II** *n* tinte *m*.
tiny /ˈtaɪnɪ/ *adj* [**-nier, -niest**] minúsculo -la, muy pequeño -ña.
tip /tɪp/ **I** *n* **1.** (*end, point*) punta *f*. **2.** (*to waiter*) propina *f*. **3.** (*dump*) vertedero *m*. **4.** (*advice*) consejo *m*. **5.** (*in gambling*) pronóstico *m*. **II** *vt* [**tips, tipping, tipped**] **1.** (*to pour, throw*) tirar. **2.** (*a waiter*) darle una propina a.
to **tip off** *vt* dar el chivatazo a. *to* **tip over** *vt* volcar. ♦ *vi* volcarse.
tipped /tɪpt/ *adj* con filtro.
tipsy /ˈtɪpsɪ/ *adj* [**-sier, -siest**] (*fam*) achispado -da.
tiptoe /ˈtɪptəʊ/ *vi* [**-toes, -toeing, -toed**] andar de puntillas.
tire /ˈtaɪə/ **I** *n* (*US*) ⇨ **tyre**. **II** *vt*

cansar. ♦ *vi* cansarse.
to **tire out** *vt* agotar.

tired /ˈtaɪəd/ *adj* **1.** (*weary*) cansado
-da [E]. **2.** (*fed up*) harto -ta [E] (*of* ✽
with de).

tiredness /ˈtaɪədnəs/ *n* cansancio *m*.

tireless /ˈtaɪələs/ *adj* infatigable.

tiresome /ˈtaɪəsəm/ *adj* pesado -da.

tiring /ˈtaɪərɪŋ/ *adj* cansado -da [S].

tissue /ˈtɪʃuː/ *n* **1.** (*Biol*) tejido *m*.
2. (*handkerchief*) pañuelo *m* de
papel.

tit /tɪt/ *n* **1.** (*bird*) paro *m*, herrerillo
m. **2.** (*!!: breast*) teta *f*.

tit for tat *n* (*fam*): **that's tit for tat!**
¡donde las dan las toman!

titbit /ˈtɪtbɪt/ *n* bocado *m*.

titillate /ˈtɪtɪleɪt/ *vt* excitar.

title /ˈtaɪtl/ **I** *n* título *m*. **II** *vt* titular.

title deed *n* título *m* de propiedad.

titter /ˈtɪtə/ *vi* reírse (*de forma
nerviosa o tonta*).

T-junction /ˈtiːdʒʌŋkʃən/ *n* cruce *m*
(*en forma de T*).

TM /ˈtreɪdmɑːk/ = **trade mark**.

to /tuː/ **I** *prep* **1.** (*with direction,
place*): **the train to Bath** el tren a
Bath; **to work/school** al trabajo/
colegio; **from here to Nice** de aquí a
Niza. **2.** (*until*): **open from nine to
six** abierto de nueve a seis ✽ desde
las nueve hasta las seis. **3.** (*telling
time*): **at ten to six** a las seis menos
diez. **4.** (*before indirect object*) a: **I
gave the key to Pat** le di la llave a
Pat; **to be kind to sbdy** ser amable
con alguien. **5.** (*Sport*): **by four
points to three** por cuatro puntos a
tres. **6.** (*belonging to*) de: **the key to
the shed** la llave del cobertizo. **7.** (*in
prices, rates*) por: **forty-five miles
to the gallon** cuarenta y cinco
millas por galón. **8.** (*indicating reaction*): **to her amazement** para su
asombro. **II** (*with infinitives*): **he
wants to leave** quiere irse; **I want
you to come** quiero que vengas; **he
was slow to reply** tardó en contestar; **I came to help you** vine a
ayudarte; **you don't have to if you
don't want to** no tienes que hacerlo

si no quieres. **III** *adv*: **pull the door
to** cierra la puerta.

toad /təʊd/ *n* sapo *m*.

toadstool /ˈtəʊdstuːl/ *n* seta *f* no
comestible.

toast /təʊst/ **I** *n* **1.** (*Culin*) pan *m*
tostado: **a piece of toast** una
tostada. **2.** (*before drink*) brindis
m inv. **II** *vt* **1.** (*bread*) tostar. **2.** (*to
drink to*) brindar por.

toaster /ˈtəʊstə/ *n* tostador *m*,
tostadora *f*.

tobacco /təˈbækəʊ/ *n* tabaco *m*.

tobacconist's /təˈbækənɪsts/ *n*
estanco *m*.

toboggan /təˈbɒgən/ *n* tobogán *m*.

today /təˈdeɪ/ *adv* (*this day*) hoy;
(*nowadays*) hoy (en día).

toddler /ˈtɒdlə/ *n* niño -ña *m/f*.

to-do /təˈduː/ *n* (*fam*) lío *m*.

toe /təʊ/ *n* dedo *m* (del pie).

toecap *n* puntera *f*. **toenail** *n* uña *f*.

toffee /ˈtɒfɪ/ *n* tofe *m*, caramelo *m*
blando.

together /təˈgeðə/ **I** *adv* **1.** (*gen*)
juntos -tas. **2.** (*at the same time*) al
mismo tiempo. **II together with**
prep junto con.

toil /tɔɪl/ (*frml*) **I** *vi* trabajar duro. **II**
n trabajo *m* agotador.

toilet /ˈtɔɪlɪt/ *n* (*appliance*) wáter *m*,
inodoro *m*; (*room: in house*) lavabo
m, baño *m*; (*: in public place*) servicio
m.

toilet bag *n* neceser *m*. **toilet paper** *n*
papel *m* higiénico. **toilet roll** *n* rollo
m de papel higiénico. **toilet soap** *n*
jabón *m* de tocador. **toilet water** *n*
agua *f* ✽ de colonia.

toiletries /ˈtɔɪlɪtrɪz/ *n pl* artículos
m pl de aseo.

token /ˈtəʊkən/ **I** *n* **1.** (*symbol*)
prueba *f*, señal *f*. **2.** (*coin*) ficha *f*;
(*voucher*) vale *m*. **II** *adj* simbólico
-ca.

Tokyo /ˈtəʊkɪəʊ/ *n* Tokio *m*.

told /təʊld/ *pret y pp* ⇨ **tell**.

tolerable /ˈtɒlərəbəl/ *adj* **1.** (*endur-
able*) tolerable. **2.** (*in quality*) pasable.

tolerance /ˈtɒlərəns/ *n* tolerancia *f*.

tolerant /'tɒlərənt/ *adj* tolerante.

tolerate /'tɒləreɪt/ *vt* tolerar.

toll /təʊl/ I *vi* (*bells*) doblar. II *n* 1. (*on road*) peaje *m*. 2. (*number*): **the death toll** el número de víctimas mortales.

tomato /tə'mɑːtəʊ/, (*US*) /tə'meɪtəʊ/ *n* [**-toes**] tomate *m*.

tomb /tuːm/ *n* tumba *f*.

tombstone *n* lápida *f*.

tomboy /'tɒmbɔɪ/ *n* marimacho *m*.

tomcat /'tɒmkæt/ *n* gato *m* macho.

tomorrow /tə'mɒrəʊ/ *adv* mañana: **tomorrow morning** mañana por la mañana; **the day after tomorrow** pasado mañana; **see you tomorrow!** ¡hasta mañana!

ton /tʌn/ *n* 1. (*in GB*) 1016 *kg*; (*in US*) 907 *kg*. 2. (o **metric ton**) (*1000 kg*) tonelada *f* (métrica) ● **he has tons of clothes** tiene ropa a montones.

tone /təʊn/ *n* (*gen*) tono *m*; (*on phone*) señal *f*.

to **tone down** *vt* (*to moderate*) suavizar. *to* **tone up** *vt* (*muscles*) tonificar.

tone-deaf *adj*: **I'm tone-deaf** no tengo oído musical.

tongs /tɒŋz/ *n pl* pinzas *f pl*.

tongue /tʌŋ/ *n* 1. (*Anat*) lengua *f*. 2. (*of shoe*) lengüeta *f*.

tongue-in-cheek *adj* irónico -ca.
tongue-tied *adj* cortado -da. **tongue twister** *n* trabalenguas *m inv*.

tonic /'tɒnɪk/ *n* 1. (o **tonic water**) tónica *f*. 2. (*Med*) tónico *m*.

tonight /tə'naɪt/ *adv* esta noche.

tonnage /'tʌnɪdʒ/ *n* tonelaje *m*.

tonne /tʌn/ *n* tonelada *f* métrica.

tonsil /'tɒnsəl/ *n* amígdala *f*.

tonsillitis /tɒnsɪ'laɪtɪs/ *n* amigdalitis *f*.

too /tuː/ *adv* 1. (*excessively*) demasiado. 2. (*as well*) también. 3. **too much** (+ *verb*) demasiado; (+ *noun*) demasiado -da. 4. **too many** demasiados -das.

took /tʊk/ *pret* ⇨ **take**.

tool /tuːl/ *n* herramienta *f*.

tool box *n* caja *f* de herramientas.
tool kit *n* juego *m* de herramientas.

toot /tuːt/ I *vi* tocar la bocina. II *n*

bocinazo *m*.

tooth /tuːθ/ *n* [**teeth**] 1. (*Anat: front*) diente *m*; (*: back*) muela *f*. 2. (*of comb*) púa *f*; (*of gear*) diente *m*.

toothache *n* dolor *m* de muelas.
toothbrush *n* cepillo *m* de dientes.
toothpaste *n* pasta *f* de dientes.
toothpick *n* mondadientes *m inv*.

top /tɒp/ *n* I n 1. (*of table, box*) parte *f* de arriba; (*of page*) parte *f* superior: **from the top of the stairs** desde lo alto de la escalera ● **from top to bottom** de arriba abajo. 2. (*of tree*) copa *f*; (*of hill*) cima *f*, cumbre *f*. 3. (*of head*) coronilla *f*. 4. (*of group*): **he's top of the class** es el primero de la clase. 5. (*of bottle*) tapón *m*; (*of jar*) tapa *f*; (*of pen*) capuchón *m*. 6. (*blouse*) blusa *f*; (*T-shirt*) camiseta *f*. 7. (*toy*) peonza *f*. II **on top** *adv* (*referring to position*) encima (**of** de) ● **I don't let it get on top of me** no dejo que me afecte. 2. (*in addition*) además (**of** de). III *adj* 1. (*shelf, drawer*) de más arriba, primero -ra; (*bunk*) de arriba; (*step, floor*) último -ma. 2. (*score, mark*) mejor, más alto -ta. IV *vt* [**tops, topping, topped**] 1. (*to cover*): **topped with cheese** con queso por encima. 2. (*a figure*) pasar de. 3. (*a league*) estar a la cabeza de.

to **top up** *vt* llenar.

top brass *n pl* peces *m pl* gordos. **top hat** *n* chistera *f*. **top-heavy** *adj* demasiado pesado -da en la parte superior. **top-secret** *adj* de alto secreto.

topic /'tɒpɪk/ *n* tema *m*.

topical /'tɒpɪkəl/ *adj* de actualidad.

topless /'tɒpləs/ *adv* en topless.

topmost /'tɒpməʊst/ *adj* más alto -ta.

topping /'tɒpɪŋ/ *n* ingrediente *m* (*que se pone encima*).

topple /'tɒpəl/ *vi* (*person*) perder el equilibrio; (*structure*) caerse. ◆ *vt* derribar.

topsy-turvy /tɒpsɪ'tɜːvɪ/ *adj* (*fam*) patas arriba.

torch /tɔːtʃ/ *n* [**-ches**] (*with flame*)

antorcha f; (with batteries) linterna f.
tore /tɔː/ pret ➪ **tear**.
torment I /'tɔːment/ n tormento m.
II /tɔː'ment/ vt atormentar.
torn /tɔːn/ pp ➪ **tear**.
tornado /tɔː'neɪdəʊ/ n [-does] tornado m.
torpedo /tɔː'piːdəʊ/ n [-does] torpedo m.
torrent /'tɒrənt/ n torrente m.
torrid /'tɒrɪd/ adj apasionado -da.
torso /'tɔːsəʊ/ n torso m.
tortoise /'tɔːtəs/ n tortuga f.
tortoiseshell n carey m.
torture /'tɔːtʃə/ I n tortura f. II vt torturar.
Tory /'tɔːrɪ/ adj, n [-ries] conservador -dora adj, m/f.
toss /tɒs/ vt 1. (to throw) tirar. 2. (vegetables) darle vueltas a. 3. (to move roughly) agitar. ♦ vi: **I was tossing and turning all night** estuve toda la noche dando vueltas.
tot /tɒt/ n 1. (of spirits) copita f. 2. (fam: child) niñito -ta m/f.
total /'təʊtəl/ I n total m. II adj total. III vt [-tals, -talling, -talled] 1. (to add up) sumar. 2. (to amount to) ascender a. 3. (US: a car) destruir.
totalitarian /təʊtælɪ'teərɪən/ adj totalitario -ria.
totally /'təʊtəlɪ/ adv totalmente.
totter /'tɒtə/ vi tambalearse.
toucan /'tuːkən/ n tucán m.
touch /tʌtʃ/ I n [-ches] 1. (sense) tacto m: **cold to the touch** frío al tacto. 2. (physical contact) contacto m. 3. (detail) toque m. 4. (small amount) pizca f. 5. (communication) contacto m: **to get/to keep in touch with sbdy** ponerse/mantenerse en contacto con alguien. II vt (physically) tocar; (emotionally) conmover.
to **touch on** vt mencionar. to **touch up** vt 1. (paintwork) retocar. 2. (fam: a person) meterle mano a.
touch-and-go adj (fam): **we did it, but it was touch-and-go** lo conseguimos, pero por muy poco. **touchdown** n 1. (Av) aterrizaje m.

2. (Sport) ensayo m. **touchline** n (Sport) línea f de banda.
touching /'tʌtʃɪŋ/ adj conmovedor -dora.
touchy /'tʌtʃɪ/ adj [-chier, -chiest] (person) susceptible; (subject) delicado -da.
tough /tʌf/ adj 1. (steak) duro -ra. 2. (material) resistente. 3. (discipline, law) severo -ra. 4. (exam) difícil. 5. (person) fuerte.
toughen /'tʌfən/ vt endurecer.
toupee /'tuːpeɪ/ n peluquín m.
tour /tʊə/ I n 1. (of area) viaje m (of por); (of palace, museum) visita f (of a). 2. (by band, team) gira f (of por). II vt 1. (an area) viajar por; (a palace, museum) visitar. 2. (band, team) estar de gira por.
tour operator n tour operador m.
tourism /'tʊərɪzəm/ n turismo m.
tourist /'tʊərɪst/ I n turista m/f. II adj turístico -ca.
tourist board n oficina f de turismo. **tourist information office** n oficina f de (información y) turismo.
tournament /'tʊənəmənt/ n torneo m.
tourniquet /'tʊənɪkeɪ/ n torniquete m.
tousled /'taʊzəld/ adj despeinado -da.
tout /taʊt/ I n revendedor -dora m/f. II vt (goods, information) tratar de vender; (tickets) revender. ♦ vi: to **tout for business** buscar clientes.
tow /təʊ/ I vt remolcar. II n: **they gave us a tow** nos remolcaron.
towpath n camino m de sirga. **tow rope** n soga f de remolque. **tow truck** n (US) grúa f.
towards /tə'wɔːdz/, **toward** /tə'wɔːd/ prep 1. (in time, direction) hacia. 2. (contributing to) para. 3. (concerning) con respecto a.
towel /'taʊəl/ n toalla f.
towel rail n toallero m.
towelling, (US) **toweling** /'taʊəlɪŋ/ n felpa f.
tower /'taʊə/ n torre f.
tower block n (Archit) bloque m de

pisos/oficinas.

towering /'tauərɪŋ/ adj altísimo -ma.

town /taun/ n (large) ciudad f; (small) pueblo m; (commercial centre) centro m: **to go into town** ir al centro ● **she really went to town** tiró la casa por la ventana.

town hall n ayuntamiento m. **town planning** n urbanismo m. **township** n municipio m.

toxic /'tɒksɪk/ adj tóxico -ca.

toxic waste n residuos m pl tóxicos.

toy /tɔɪ/ I n juguete m. II adj de juguete.

to toy with vt 1. (to play with) jugar con. 2. (to consider) considerar.

toyshop n juguetería f.

trace /treɪs/ I n 1. (tiny amount) vestigio m. 2. (sign) rastro m. II vt 1. (to find) localizar. 2. (to follow) seguir. 3. (to sketch) trazar. 4. (with transparent paper) calcar.

trace element n oligoelemento m.

track /træk/ I n 1. (path) camino m. 2. (of animal) huellas f pl; (of person) pista f ● **to lose track of sbdy** perderle la pista a alguien. 3. (of railway) vía f. 4. (on CD: song) canción f; (: instrumental) tema m. 5. (stadium: for motor racing) circuito m; (: for horse racing) hipódromo m; (: for athletics) estadio m; (surface) pista f. II vt seguirle la pista a.

to track down vt localizar.

track record n historial m. **tracksuit** n chándal m.

tract /trækt/ n 1. (frml: of land) extensión f. 2. (article) tratado m.

traction /'trækʃən/ n tracción f.

tractor /'træktə/ n tractor m.

trade /treɪd/ I n 1. (in goods) comercio m. 2. (sector, business) negocio m. 3. (job) oficio m. II vi comerciar. ◆ vt (for por).

to trade in vt dar como parte del pago.

trade fair n feria f de muestras. **trade gap** n déficit m comercial. **trademark** n marca f registrada. **trade union** n sindicato m. **trade unionist** n sindicalista m/f. **trade winds** n pl

vientos m pl alisios.

trading /'treɪdɪŋ/ n (gen) actividad f comercial; (in a commodity) comercio m.

trading estate n polígono m industrial.

tradition /trə'dɪʃən/ n tradición f.

traditional /trə'dɪʃənəl/ adj tradicional.

traffic /'træfɪk/ I n 1. (Auto) tráfico m, circulación f. 2. (Av, Naut) tráfico m. 3. (in drugs) tráfico m. II vi [-fics, -ficking, -ficked] traficar (in en).

traffic circle n (US) rotonda f. **traffic island** n isla f peatonal. **traffic jam** n atasco m. **traffic light** n semáforo m. **traffic warden** n guardia m/f (responsable del tráfico y del estacionamiento).

trafficker /'træfɪkə/ n traficante m/f.

tragedy /'trædʒədɪ/ n [-dies] tragedia f.

tragic /'trædʒɪk/ adj trágico -ca.

trail /treɪl/ I n 1. (path) sendero m. 2. (of animal, person) rastro m. II vt 1. (to follow) seguirle la pista ∗ el rastro a. 2. (to drag) arrastrar. ◆ vi 1. (in race) ir rezagado -da; (in game) ir perdiendo. 2. (to be dragged) arrastrar.

to trail away ∗ **off** vi (voice) irse apagando.

trailer /'treɪlə/ n 1. (vehicle) remolque m. 2. (US: for holidays, living in) caravana f. 3. (for movie) avance m.

train /treɪn/ I n 1. (Transp) tren m. 2. (sequence) serie f ● **I lost my train of thought** se me olvidó lo que estaba diciendo. 3. (of gown) cola f. II vt 1. (Educ) formar. 2. (Sport) entrenar. 3. (a dog) enseñar, amaestrar; (a racehorse) preparar. 4. (the voice, ear) educar. 5. (a camera) dirigir (on hacia): **he trained his gun on me** me apuntó con la pistola. ◆ vi 1. (Educ): **I trained as a dentist** estudié odontología ∗ para ser dentista. 2. (Sport) entrenarse.

train driver n maquinista m/f.

trainee /treɪ'niː/ n (hairdresser,

builder) aprendiz -diza *m/f*.

trainer /'treɪnə/ *n* **1**. (*Sport*) entrenador -dora *m/f*. **2**. (*of dog*) amaestrador -dora *m/f*; (*of racehorse*) preparador -dora *m/f*. **3**. (*shoe*) zapatilla *f* (de deporte).

training /'treɪnɪŋ/ *n* **1**. (*Educ*, *Prof*) formación *f*. **2**. (*Sport*) entrenamiento *m*: **he's in training** está entrenando.

traipse /treɪps/ *vi* (*fam*) andar, ir.

trait /treɪt/ *n* rasgo *m*, característica *f*.

traitor /'treɪtə/ *n* traidor -dora *m/f*.

tram /træm/ *n* tranvía *m*.

tramp /træmp/ **I** *n* **1**. (*person*) vagabundo -da *m/f*. **2**. (*walk*) caminata *f*. **II** *vi* (*to walk*) andar.

trample /'træmpəl/ *vt* pisotear. *to* **trample on** *vt* pisotear.

trampoline /'træmpəli:n/ *n* cama *f* elástica.

trance /trɑ:ns/ *n* trance *m*.

tranquil /'træŋkwɪl/ *adj* tranquilo -la.

tranquillizer, (*US*) **tranquilizer** /'træŋkwɪlaɪzə/ *n* tranquilizante *m*.

transaction /træn'zækʃən/ *n* transacción *f*.

transcend /træn'send/ *vt* (*frml*) trascender.

transcribe /træn'skraɪb/ *vt* transcribir.

transcript /'trænskrɪpt/ *n* transcripción *f*.

transfer I /'trænsfɜ:/ *n* **1**. (*of money*) transferencia *f*. **2**. (*of employee*) traslado *m*; (*of footballer*) traspaso *m*. **3**. (*Transp*) transbordo *m*. **4**. (*sticker*) calcomanía *f*. **II** /træns'fɜ:/ *vt* [**-fers, -ferring, -ferred**] **1**. (*money*) transferir. **2**. (*an employee*) trasladar; (*a footballer*) traspasar. ♦ *vi* **1**. (*employee*) trasladarse. **2**. (*Transp*) hacer transbordo.

transform /træns'fɔ:m/ *vt* transformar.

transfusion /træns'fju:ʒən/ *n* transfusión *f*.

transient /'trænzɪənt/ *adj* (*not lasting*) pasajero -ra.

transistor /træn'zɪstə/ *n* **1**. (*component*) transistor *m*. **2**. (*o* **transistor radio**) transistor *m*.

transit /'trænzɪt/ *n* tránsito *m*.

transit lounge *n* sala *f* de tránsito.

transition /træn'zɪʃən/ *n* transición *f*.

transitive /'trænzɪtɪv/ *adj* transitivo -va.

translate /træns'leɪt/ *vt* traducir.

translation /træns'leɪʃən/ *n* traducción *f*.

translator /træns'leɪtə/ *n* traductor -tora *m/f*.

transmit /trænz'mɪt/ *vt* [**-mits, -mitting, -mitted**] transmitir.

transmitter /trænz'mɪtə/ *n* transmisor *m*.

transparency /træns'pærənsɪ/ *n* [**-cies**] **1**. (*quality*) transparencia *f*. **2**. (*slide*) diapositiva *f*.

transparent /træns'pærənt/ *adj* transparente.

transpire /træn'spaɪə/ *vi* **1**. (*to turn out*) resultar. **2**. (*Biol*) transpirar.

transplant I /'trænsplɑ:nt/ *n* trasplante *m*. **II** /træns'plɑ:nt/ *vt* trasplantar.

transport I /'trænspɔ:t/, (*US*) **transportation** /trænspɔ:'teɪʃən/ *n* transporte *m*. **II** /træns'pɔ:t/ *vt* transportar.

transport cafe *n* bar *m* de carretera.

transpose /træns'pəʊz/ *vt* **1**. (*letters, words*) transponer, trasponer. **2**. (*Mus*) transportar.

transvestite /trænz'vestaɪt/ *n* travesti *m/f*, travestí *m/f*.

trap /træp/ **I** *n* trampa *f*. **II** *vt* [**traps, trapping, trapped**] **1**. (*to catch*) atrapar. **2**. (*to shut in*) encerrar. **3**. (*a finger*) pillar. **4**. (*to trick*) engañar.

trap door *n* trampilla *f*.

trapeze /trə'pi:z/ *n* trapecio *m*.

trappings /'træpɪŋz/ *n pl*: **all the trappings of fame** todo lo que la fama conlleva.

trash /træʃ/ *n* **1**. (*fam*: *worthless things*) porquería *f*. **2**. (*US*: *garbage*) basura f.

trash can n (US) ⇨ **dustbin**.

trauma /ˈtrɔːmə/ n trauma m.

traumatic /trɔːˈmætɪk/ adj traumático -ca.

travel /ˈtrævəl/ vi [-vels, -velling, -velled] viajar. ♦ vt (an area) viajar por; (a distance) recorrer.

travel agent n agente m/f de viajes. **travel-sickness** n mareo m (en coche, avión, etc.).

traveller, (US) **traveler** /ˈtrævələ/ n viajero -ra m/f.

traveller's ∗ (US) **traveler's cheque** n cheque m de viaje.

travelling, (US) **traveling** /ˈtrævəlɪŋ/ I adj (expenses) de viaje; (salesman) ambulante. II n (el) viajar.

travesty /ˈtrævəstɪ/ n [-ties] (frml) parodia f.

trawler /ˈtrɔːlə/ n pesquero m de arrastre.

tray /treɪ/ n bandeja f.

treacherous /ˈtretʃərəs/ adj (person) traidor -dora; (conditions) peligroso -sa.

treacle /ˈtriːkəl/ n melaza f.

tread /tred/ I n (on tyre, shoe) dibujo m. II vi [treads, treading, trod, pp trodden] andar. ♦ vt: **he trod it into the carpet** lo pisó aplastándolo contra la alfombra; **to tread water** mantenerse a flote moviendo los pies.

to **tread on** vt pisar.

treason /ˈtriːzən/ n traición f.

treasure /ˈtreʒə/ I n tesoro m. II vt: **she treasures it** le tiene mucho cariño.

treasurer /ˈtreʒərə/ n tesorero -ra m/f.

treasury /ˈtreʒərɪ/ n [-ries] 1. (store) tesorería f. 2. **the Treasury** (in GB) el Ministerio de Economía y Hacienda.

Treasury Department n (in US) Ministerio m de Economía y Hacienda.

treat /triːt/ I n: **I bought it for him as a treat** se lo compré para darle gusto. II vt 1. (to act towards, to handle) tratar. 2. (Med) tratar (for

de). 3. (to a meal, an outing): **he treated me to lunch** me invitó a almorzar.

treatment /ˈtriːtmənt/ n 1. (gen) trato m. 2. (Med) tratamiento m.

treaty /ˈtriːtɪ/ n [-ties] tratado m.

treble /ˈtrebəl/ I n (Mus) tiple m/f. II vt triplicar. ♦ vi triplicarse. III adj 1. (Mus) tiple. 2. (triple) triple.

tree /triː/ n árbol m.

tree trunk n tronco m.

trek /trek/ I n caminata f. II vi [treks, trekking, trekked] andar.

trellis /ˈtrelɪs/ n [-lises] enrejado m.

tremble /ˈtrembəl/ vi temblar (**with** de).

tremendous /trɪˈmendəs/ adj 1. (big, great) tremendo -da. 2. (fam: fantastic) fabuloso -sa.

tremor /ˈtremə/ n temblor m.

trench /trentʃ/ n [-ches] (gen) zanja f; (Mil) trinchera f.

trend /trend/ n 1. (tendency) tendencia f. 2. (fashion) moda f.

trendy /ˈtrendɪ/ adj [-dier, -diest] (fam) a la moda, moderno -na.

trepidation /trepɪˈdeɪʃən/ n agitación f.

trespass /ˈtrespəs/ vi entrar sin permiso (**on** en).

trestle table /ˈtresəl teɪbəl/ n mesa f de caballete.

trial /ˈtraɪəl/ n 1. (Law) juicio m. 2. (test) prueba f. 3. (annoyance) dificultad f.

trial and error n (el método de) prueba y error.

triangle /ˈtraɪæŋgəl/ n triángulo m.

tribe /traɪb/ n tribu f.

tribunal /traɪˈbjuːnəl/ n tribunal m.

tributary /ˈtrɪbjutərɪ/ n [-ries] afluente m.

tribute /ˈtrɪbjuːt/ n tributo m, homenaje m: **to pay tribute to sbdy** rendir tributo a alguien.

trice /traɪs/ n momento m.

trick /trɪk/ I n 1. (using magic, skill) truco m ● **this will do the trick** con esto se resuelve. 2. (fraud) engaño m, trampa f. 3. (joke) broma f: **I played a trick on her** le gasté una broma. **4.** (*in cards*) baza *f.* **II** *vt* engañar.

trickery /'trɪkərɪ/ *n* engaño *m.*

trickle /'trɪkəl/ **I** *n* hilo *m.* **II** *vi* gotear.

tricky /'trɪkɪ/ *adj* **[-kier, -kiest]** (*problem*) difícil; (*situation*) delicado -da.

tricycle /'traɪsɪkəl/ *n* triciclo *m.*

tried /traɪd/ *pret y pp* ⇨ **try.**

trifle /'traɪfəl/ **I** *n* **1.** (*Culin*) postre a base de bizcocho, fruta y crema. **2.** (*minor thing*) nimiedad *f.* **vi** jugar (**with** con).

trifling /'traɪfəlɪŋ/ *adj* insignificante.

trigger /'trɪgə/ **I** *n* gatillo *m.* **II** *vt* desencadenar.

trill /trɪl/ *n* gorjeo *m.*

trillion /'trɪlɪən/ *n* (*a million million*) billón *m* ⇨ *appendix 4.*

trim /trɪm/ **I** *adj* **1.** (*orderly*) cuidado -da. **2.** (*physique*): **to have a trim figure** tener buen tipo. **II** *n* (*of hair*) corte *m*: **I gave the hedge a trim** recorté un poco el seto ● **to get into trim** ponerse en forma. **III** *vt* **[trims, trimming, trimmed] 1.** (*hair, paper*) cortar; (*a hedge*) podar. **2.** (*to decorate*) adornar.

trimming /'trɪmɪŋ/ **I** *n* (*decoration*) adorno *m.* **II trimmings** *n pl* (*Culin*) guarnición *f.*

trinket /'trɪŋkɪt/ *n* baratija *f.*

trip /trɪp/ **I** *n* (*journey*) viaje *m*; (*excursion*) excursión *f.* **II** *vt* **[trips, tripping, tripped]** ponerle la zancadilla a. **♦** *vi* **1.** (*to fall*) tropezar (**over** con). **2.** (*to skip*) brincar.

tripe /traɪp/ *n* **1.** (*Culin*) callos *m pl.* **2.** (*fam: nonsense*) tonterías *f pl.*

triple /'trɪpəl/ **I** *adj* triple. **II** *vt* triplicar. **♦** *vi* triplicarse.

triplet /'trɪplɪt/ *n* trillizo -za *m/f.*

triplicate /'trɪplɪkət/ *n*: **in triplicate** por triplicado.

tripod /'traɪpɒd/ *n* trípode *m.*

trite /traɪt/ *adj* manido -da.

triumph /'traɪəmf/ **I** *n* triunfo *m.* **II** *vi* triunfar (**over** sobre).

triumphant /traɪˈʌmfənt/ *adj* (*team*) triunfador -dora; (*gesture, cheer*)

de triunfo.

trivia /'trɪvɪə/ *n pl* trivialidades *f pl.*

trivial /'trɪvɪəl/ *adj* insignificante.

trod /trɒd/ *pret* ⇨ **tread.**

trodden /'trɒdən/ *pp* ⇨ **tread.**

trolley /'trɒlɪ/ *n* **1.** (*GB: for shopping, luggage*) carrito *m.* **2.** (*o* **trolley car**) (*US*) tranvía *m.*

trolleybus *n* trolebús *m.*

trombone /trɒmˈbəʊn/ *n* trombón *m.*

troop /tru:p/ **I** *n* (*group*) grupo *m.* **II troops** *n pl* (*Mil*) tropas *f pl.* **III** *vi*: **we trooped in/out** entramos/salimos todos.

Trooping the Colour /tru:pɪŋ ðə ˈkʌlə/ *n* (*in GB*) desfile con banderas de los regimientos.

trophy /'trəʊfɪ/ *n* **[-phies]** trofeo *m.*

tropic /'trɒpɪk/ **I** *n* trópico *m.* **II the tropics** *n pl* los trópicos * el trópico.

tropical /'trɒpɪkəl/ *adj* tropical.

trot /trɒt/ **I** *n* trote *m* ● **for ten days on the trot** durante diez días seguidos. **II** *vi* **[trots, trotting, trotted]** (*athlete, dog*) trotar; (*horse, rider*) cabalgar al trote.

trouble /'trʌbəl/ **I** *n* **1.** (*difficulty*) problemas *m pl*: **to get into trouble** meterse en un lío. **2.** (*inconvenience*) molestias *f pl* ● **to take the trouble to do sthg** tomarse la molestia de hacer algo. **3.** (*Med*): **heart trouble** un problema cardiaco. **II troubles** *n pl.* **1.** (*personal*) problemas *m pl.* **2.** (*Pol*) conflictos *m pl.* **III** *vt* **1.** (*to worry*) preocupar. **2.** (*to bother*) molestar. **3.** (*Med*) darle problemas a.

troublemaker *n* alborotador -dora *m/f.* **troubleshooter** *n* mediador -dora *m/f.*

troublesome /'trʌbəlsəm/ *adj* problemático -ca.

trough /trɒf/ *n* **1.** (*Agr: for water*) abrevadero *m*; (*: for feed*) pesebre *m.* **2.** (*depression*) depresión *f.*

troupe /tru:p/ *n* compañía *f.*

trousers /'traʊzəz/ *n pl* pantalones *m pl*, pantalón *m.*

trousseau /'tru:səʊ/ *n* **[-seaus * -seaux]** ajuar *m.*

trout /traʊt/ n inv trucha f.

trowel /traʊəl/ n (for cement) paleta f, (for gardening) desplantador m.

truant /truːənt/ n: **to play truant** hacer novillos.

truce /truːs/ n tregua f.

truck /trʌk/ n camión m.

truck driver n camionero -ra m/f.
truck farm n (US) huerta f.

trudge /trʌdʒ/ vi andar.

true /truː/ adj 1. (factual): **a true story** una historia real ✱ verídica; **is it true that...?** ¿es cierto que...? ● **to come true** hacerse realidad. 2. (genuine) verdadero -ra. 3. (faithful) fiel [S] (**to** a).

truffle /trʌfəl/ n 1. (Bot) trufa f. 2. (chocolate) trufa f (de chocolate).

truly /truːlɪ/ adv 1. (really) verdaderamente. 2. (honestly) sinceramente. 3. (faithfully) fielmente.

trump /trʌmp/ n triunfo m.

trumped-up /trʌmptʌp/ adj falso -sa.

trumpet /trʌmpɪt/ n trompeta f.

truncheon /trʌntʃən/ n porra f.

trundle /trʌndəl/ vi: **to trundle along/past** avanzar/pasar lentamente.

trunk /trʌŋk/ I n 1. (Anat, Bot) tronco m. 2. (of elephant) trompa f. 3. (for clothes) baúl m. 4. (US: Auto) maletero m. II **trunks** n pl bañador m.

trust /trʌst/ I n 1. (in person, system) confianza f. 2. (foundation) fundación f. 3. (Fin) fondo m de inversión. II vt 1. (a person) confiar en, fiarse de: **to trust sbdy with sthg** confiarle algo a alguien. 2. (to expect) esperar.

trustee /trʌstiː/ n (of inheritance) fideicomisario -ria m/f, (of charity) miembro m del consejo de administración.

trusting /trʌstɪŋ/ adj confiado -da.

trustworthy /trʌstwɜːðɪ/ adj digno -na de confianza.

trusty /trʌstɪ/ adj [-tier, -tiest] fiel.

truth /truːθ/ n verdad f.

truthful /truːθʊl/ adj veraz.

try /traɪ/ I n [tries] 1. (attempt) tentativa f: **I had a try** lo intenté. 2. (in rugby) ensayo m. II vt [tries, trying, tried] 1. (to attempt) intentar: **I tried to open it** intenté abrirlo ‖ traté de abrirlo. 2. (food, a machine, an activity) probar. 3. (Law) juzgar, procesar. ♦ vi: **I'll keep trying** seguiré intentando.

to try on vt (clothes) probarse.

trying /traɪɪŋ/ adj pesado -da.

tsar /zɑː/ n zar m.

T-shirt /tiːʃɜːt/ n camiseta f.

tub /tʌb/ n 1. (for food) tarrina f. 2. (US: bath) bañera f, (Amér L) tina f, (RP) bañadera f.

tuba /tjuːbə/ n tuba f.

tubby /tʌbɪ/ adj [-bier, -biest] rechoncho -cha, regordete.

tube /tjuːb/ n 1. (gen) tubo m. 2. **the Tube** (fam: in London) el metro, (RP) el subte.

tuberculosis /tjʊbɜːkjuːləʊsɪs/ n tuberculosis f.

tubular /tjuːbjʊlə/ adj tubular.

TUC /tiːjuːsiː/ n (in GB) = **Trades Union Congress**.

tuck /tʌk/ I n (in garment) pliegue m. II vt: **tuck your shirt in** métete la camisa.

to tuck away vt 1. (to hide) esconder. 2. (to store) guardar. **to tuck in** vi (fam: to eat) comer. ♦ vt (o **tuck up**) (in bed) arropar.

tuck shop n (fam) puesto de chucherías (en un colegio).

Tues. /tjuːzdeɪ/ = **Tuesday**.

Tuesday /tjuːzdeɪ/ n martes m inv ⇨ **Thursday**.

tug /tʌɡ/ I n 1. (pull) tirón m. 2. (o **tugboat**) remolcador m. II vt [tugs, tugging, tugged] tirar de.

tug of war n 1. (Sport) juego en el que dos equipos tiran de los extremos de una cuerda. 2. (struggle) tira y afloja m.

tuition /tjuːɪʃən/ n: **private tuition** clases particulares.

tulip /tjuːlɪp/ n tulipán m.

tumble /tʌmbəl/ I n (fall) caída f. II vi caerse.

to **tumble to** *vt* (*fam*) caer en la cuenta de.

tumbledown *adj* destartalado -da. **tumble dryer** *n* secadora *f.*

tumbler /'tʌmblə/ *n* vaso *m.*

tummy /'tʌmɪ/ *n* [**-mies**] (*fam*) barriga *f*, tripa *f.*

tumour, (*US*) **tumor** /'tju:mə/ *n* tumor *m.*

tumultuous /tju:'mʌltjʊəs/ *adj* (*gen*) tumultoso -sa; (*applause*) estrepitoso -sa.

tuna /'tju:nə/ *n* atún *m.*

tune /tju:n/ **I** *n* melodía *f*: **to sing out of tune** desafinar al cantar. **II** *vt* **1.** (*an instrument*) afinar. **2.** (*a radio*) sintonizar. **3.** (*an engine*) poner a punto.

to **tune in** *vi* sintonizar (**to** con). *to* **tune up** *vi* afinar.

tuner /'tju:nə/ *n* sintonizador *m.*

tunic /'tju:nɪk/ *n* túnica *f.*

Tunisia /tju:'nɪzɪə/ *n* Túnez *m.*

Tunisian /tju:'nɪzɪən/ *adj*, *n* tunecino -na *adj*, *m/f.*

tunnel /'tʌnəl/ **I** *n* (*gen*) túnel *m*; (*in mine*) galería *f.* **II** *vi* [**-nels, -nelling, -nelled**] hacer un túnel.

turban /'tɜ:bən/ *n* turbante *m.*

turbine /'tɜ:baɪn/ *n* turbina *f.*

turbot /'tɜ:bət/ *n inv* rodaballo *m.*

turbulent /'tɜ:bjʊlənt/ *adj* turbulento -ta.

tureen /təˈri:n/ *n* sopera *f.*

turf /tɜ:f/ **I** *n* (*area*) césped *m*; (*piece*) tepe *m.* **II** *vt* cubrir con césped.

to **turf out** *vt* (*fam*) echar.

turf accountant *n* corredor-dora *m/f* de apuestas.

Turk /tɜ:k/ *n* turco -ca *m/f.*

Turkey /'tɜ:kɪ/ *n* Turquía *f.*

turkey /'tɜ:kɪ/ *n* pavo *m.*

Turkish /'tɜ:kɪʃ/ **I** *adj* turco -ca. **II** *n* (*Ling*) turco *m.* **III the Turkish** *n pl* los turcos.

Turkish delight *n* delicias *f pl* turcas.

turmoil /'tɜ:mɔɪl/ *n* confusión *f.*

turn /tɜ:n/ **I** *n* **1.** (*action*) vuelta *f.* **2.** (*road, entrance*) calle *f*, bocacalle *f.* **3.** (*chance, go*) turno *m*: **we take turns to do it** nos turnamos para

hacerlo; **it's my turn!** ¡me toca a mí! **4.** (*kind act*): **he did me a good turn** me hizo un gran favor. **5.** (*performance*) número *m.* **6.** (*fam: attack*) ataque *m*; (: *shock*) susto *m.* **II** *vt* **1.** (*to change*) convertir (**into** en). **2.** (*to invert*) darle la vuelta a, (*Amér L*) voltear, (*C Sur*) dar vuelta: **turn it upside down** ponlo boca abajo; (*a page*) pasar, (*Amér L*) dar vuelta. **3.** (*to rotate*) darle vueltas a, hacer girar. **4.** (*a corner*) dar la vuelta a, (*Amér L*) voltear, (*C Sur*) dar vuelta. ♦ *vi* **1.** (*to revolve*) girar. **2.** (*to change direction*): **he turned into the park** giró y entró en el parque. **3.** (*to become*) ponerse, volverse: **it turned red** se puso rojo; **to turn into sthg** convertirse en algo ● **he's turned eighty** ha cumplido los ochenta.

to **turn around ∗ round** *vi* volverse, (*Amér L*) voltearse, (*C Sur*) darse vuelta. *to* **turn away** *vt* no dejar entrar. *to* **turn back** *vi* volverse atrás. ♦ *vt* hacer volver atrás. *to* **turn down** *vt* **1.** (*volume, heating*) bajar. **2.** (*an offer*) rechazar; (*a request*) denegar. *to* **turn in** *vt* (*fam: to hand over*) entregar. ♦ *vi* (*fam: to go to bed*) acostarse. *to* **turn off** *vt* (*a light, the gas, an engine*) apagar; (*a tap, faucet*) cerrar. *to* **turn on** *vt* **1.** (*an appliance*) encender, (*Amér L*) prender; (*an engine*) poner en marcha; (*a tap, faucet*) abrir. **2.** (*to attack*) arremeter contra. *to* **turn out** *vt* **1.** (*a light*) apagar. **2.** (*to produce*) producir. ♦ *vi* (*to prove*) resultar. *to* **turn over** *vi* (*person*) darse la vuelta, (*Amér L*) voltearse, (*C Sur*) darse vuelta. *to* **turn to** *vt* (*for help*) acudir a. *to* **turn up** *vt* (*volume, heating*) subir. ♦ *vi* (*to appear*) aparecer.

turn-off *n* (*Auto*) salida *f* (**for** de).

turnout *n* (*attendance*) asistencia *f.*

turnover *n* **1.** (*sales*) facturación *f.* **2.** (*of employees*) movimiento *m.* **3.** (*of stock*) rotación *f.* **turnstile** *n* torniquete *m.* **turntable** *n* plato *m.*

turn-up *n* (*Clothing*) vuelta *f.*

turning /'tɜ:nɪŋ/ *n* (*along route*)

bocacalle *f*, calle *f*.

turning point *n* momento *m* decisivo.

turnip /'tɜ:nɪp/ *n* nabo *m*.

turpentine /'tɜ:pəntaɪn/, (*fam*) **turps** /tɜ:ps/ *n* aguarrás *m*.

turquoise /'tɜ:kwɔɪz/ *adj* azul turquesa *adj inv*.

turret /'tʌrɪt/ *n* torre *f* (pequeña).

turtle /'tɜ:təl/ *n* tortuga *f* marina.

turtleneck *n* cuello *m* alto.

tusk /tʌsk/ *n* colmillo *m*.

tussle /'tʌsəl/ I *n* lucha *f*. II *vi* pelear.

tutor /'tju:tə/ *n* profesor -sora *m/f*.

tuxedo /tʌk'si:dəʊ/ *n* [**-dos** ✱ **-does**] (*US*) esmoquin *m*, smoking *m*.

TV /ti:'vi:/ *n* = **television**.

twang /twæŋ/ *n* tañido *m* desafinado.

tweezers /'twi:zəz/ *n pl* pinzas *f pl* (de depilar).

twelfth /twelfθ/ *adj, pron* duodécimo -ma ⇨ appendix 4.

Twelfth Night *n* la Noche de Reyes.

twelve /twelv/ *adj, pron, n* doce ⇨ appendix 4.

twentieth /'twentɪɪθ/ *adj, pron* vigésimo -ma ⇨ appendix 4.

twenty /'twentɪ/ *adj, pron, n* [**-ties**] veinte ⇨ appendix 4.

twice /twaɪs/ *adv* dos veces: **twice as much** el doble.

twiddle /'twɪdəl/ *vt* girar. ♦ *vi* juguetear.

twig /twɪg/ I *n* ramita *f*. II *vi* [**twigs, twigging, twigged**] (*fam*) caer en la cuenta.

twilight /'twaɪlaɪt/ *n* crepúsculo *m*.

twin /twɪn/ *n* gemelo -la *m/f*, mellizo -za *m/f*.

twin-bedded *adj* de dos camas. **twin town** *n* ciudad *f* hermanada.

twine /twaɪn/ *n* cuerda *f*.

twinge /twɪndʒ/ *n* punzada *f*.

twinkle /'twɪŋkəl/ *vi* (*lights*) centellear; (*eyes*) brillar.

twirl /twɜ:l/ *vt* girar, dar vueltas a. ♦ *vi* girar, dar vueltas.

twist /twɪst/ I *n* 1. (*turn*) giro *m*. 2. (*in road*) recodo *m*. II *vt* (*an ankle, a piece of metal*) torcer ● **to twist sbdy's words** tergiversar las pala-

bras de alguien. ♦ *vi* 1. (*to turn*) girarse. 2. (*road, river*) serpentear. 3. (*metal*) retorcerse.

twisted /'twɪstɪd/ *adj* retorcido -da.

twit /twɪt/ *n* (*fam*) imbécil *m/f*.

twitch /twɪtʃ/ I *n* [**-ches**] tic *m* (nervioso). II *vi* palpitar.

two /tu:/ *adj, pron, n* dos ● **to put two and two together** atar cabos ⇨ appendix 4.

two-faced *adj* falso -sa. **two-way** *adj*: **a two-way street** una calle de doble sentido; **a two-way radio** un aparato de radio transmisor-receptor.

twosome /'tu:səm/ *n* pareja *f*.

tycoon /taɪ'ku:n/ *n* magnate *m*.

tying /'taɪɪŋ/ *gerundio de* ⇨ **tie**.

type /taɪp/ I *n* tipo *m*, clase *f*. II *vt/i* escribir a máquina.

to **type up** *vt* pasar a máquina.

typecast *vt* encasillar. **typeface** *n* tipo *m* (de letra). **typesetter** *n* tipógrafo -fa *m/f*. **typewriter** *n* máquina *f* de escribir. **typewritten** *adj* escrito -ta a máquina, mecanografiado -da.

typhoid /'taɪfɔɪd/ *n* fiebre *f* tifoidea.

typhoon /taɪ'fu:n/ *n* tifón *m*.

typhus /'taɪfəs/ *n* tifus *m*.

typical /'tɪpɪkəl/ *adj* típico -ca.

typing /'taɪpɪŋ/ *n* mecanografía *f*.

typist /'taɪpɪst/ *n* mecanógrafo -fa *m/f*.

tyranny /'tɪrənɪ/ *n* tiranía *f*.

tyrant /'taɪrənt/ *n* tirano -na *m/f*.

tyre /'taɪə/ *n* neumático *m*, (*Amér L*) llanta *f*.

tzar /zɑ:/ *n* zar *m*.

UB40 /juːbiːˈfɔːtɪ/ n (in GB) carnet de desempleo.

U-bend /ˈjuːbend/ n sifón m, codo m.

udder /ˈʌdə/ n ubre f.

UFO /juːefˈəʊ/ n (= **unidentified flying object**) OVNI * ovni m.

ugly /ˈʌglɪ/ adj [-lier, -liest] 1. (gen) feo -a. 2. (unpleasant) desagradable.

UHT /juːeɪtʃˈtiː/ adj (= **ultra heat treated**) uperizado -da.

UK /juːˈkeɪ/ n (= **United Kingdom**) Reino m Unido.

Ukraine /juːˈkreɪn/ n Ucrania f.

Ukrainian /juːˈkreɪnɪən/ I adj ucraniano -na, ucranio -nia. II n ucraniano -na m/f, ucranio -nia m/f; (Ling) ucraniano m, ucranio m.

ulcer /ˈʌlsə/ n (in stomach) úlcera f; (in mouth) llaga f.

ulterior /ʌlˈtɪərɪə/ adj (motive) oculto -ta.

ultimate /ˈʌltɪmət/ I adj 1. (last) final. 2. (most important) fundamental. II the ultimate n el no va más.

ultimately /ˈʌltɪmətlɪ/ adv 1. (essentially) en el fondo. 2. (in the end) al final.

ultimatum /ʌltɪˈmeɪtəm/ n ultimátum m.

ultrasound /ˈʌltrəsaʊnd/ n ultrasonido m.

ultrasound scan n ecografía f.

umbilical cord /ʌmˈbɪlɪkəl kɔːd/ n cordón m umbilical.

umbrella /ʌmˈbrelə/ n (for rain) paraguas m inv; (sunshade) sombrilla f.

umpire /ˈʌmpaɪə/ I n árbitro -tra m/f. II vt/i arbitrar.

umpteen /ʌmpˈtiːn/ adj, pron (fam) muchísimos -mas.

umpteenth /ʌmpˈtiːnθ/ adj, pron (fam) enésimo -ma.

UN /juːˈen/ n (= **United Nations**) ONU f.

unable /ʌnˈeɪbəl/ adj: he is unable to walk no puede caminar.

unabridged /ʌnəˈbrɪdʒd/ adj íntegro -gra.

unacceptable /ʌnəkˈseptəbəl/ adj inaceptable.

unaccompanied /ʌnəˈkʌmpənɪd/ adj 1. (Mus) sin acompañamiento. 2. (person) solo -la, no acompañado -da.

unaccountably /ʌnəˈkaʊntəblɪ/ adv inexplicablemente.

unaccustomed /ʌnəˈkʌstəmd/ adj: I am unaccustomed to this no estoy acostumbrado a esto.

unanimous /juːˈnænɪməs/ adj unánime.

unanimously /juːˈnænɪməslɪ/ adv por unanimidad.

unappetizing /ʌnˈæpətaɪzɪŋ/ adj poco apetitoso -sa.

unarmed /ʌnˈɑːmd/ adj desarmado -da.

unashamed /ʌnəˈʃeɪmd/ adj: I'm unashamed of it no me avergüenzo de ello; with unashamed curiosity con una curiosidad sin disimulos.

unassuming /ʌnəˈsjuːmɪŋ/ adj sin pretensiones, modesto -ta.

unattached /ʌnəˈtætʃt/ adj 1. (unmarried) soltero -ra (y sin compromiso). 2. (unfixed) suelto -ta.

unattended /ʌnəˈtendɪd/ adj desatendido -da.

unattractive /ʌnəˈtræktɪv/ adj poco atractivo -va.

unauthorized /ʌnˈɔːθəraɪzd/ adj no autorizado -da.

unavailable /ʌnəˈveɪləbəl/ adj: he is unavailable no está libre.

unavoidable /ʌnəˈvɔɪdəbəl/ adj inevitable.

unaware /ʌnəˈweə/ I adj: I was unaware of that no era consciente de eso. II unawares adv: I caught her unawares la cogí desprevenida.

unbalanced /ʌnˈbælənst/ *adj*
1. (*unfair*) poco imparcial. 2. (*Med*)
desequilibrado -da.

unbearable /ʌnˈbeərəbəl/ *adj* insoportable.

unbeatable /ʌnˈbiːtəbəl/ *adj*
1. (*team*) invencible; (*time, score*) insuperable. 2. (*quality, price*) inmejorable.

unbelievable /ʌnbrˈliːvəbəl/ *adj*
increíble.

unbiased /ʌnˈbaɪəst/ *adj* imparcial.

unblock /ʌnˈblɒk/ *vt* desatascar.

unborn /ʌnˈbɔːn/ *adj* no nacido -da
todavía.

unbreakable /ʌnˈbreɪkəbəl/ *adj*
irrompible.

unbroken /ʌnˈbrəʊkən/ *adj* 1. (*not interrupted*) ininterrumpido -da;
(*Sport*): **their record is unbroken**
nadie ha batido su récord. 2. (*horse*)
sin domar.

unbutton /ʌnˈbʌtən/ *vt* desabrochar.

uncalled-for /ʌnˈkɔːldfɔː/ *adj* fuera
de lugar.

uncanny /ʌnˈkænɪ/ *adj* extraordinario -ria.

unceremoniously /ʌnserəˈməʊnɪəslɪ/ *adv* sin miramientos.

uncertain /ʌnˈsɜːtən/ *adj* 1. (*undecided*) incierto -ta. 2. (*hesitant*) indeciso -sa.

uncertainty /ʌnˈsɜːtəntɪ/ *n* incertidumbre *f*.

unchanged /ʌnˈtʃeɪndʒd/ *adj* sin
cambios.

unchecked /ʌnˈtʃekt/ *adj* sin freno.

uncivilized /ʌnˈsɪvɪlaɪzd/ *adj*
1. (*primitive*) salvaje. 2. (*ignorant*)
inculto -ta.

uncle /ˈʌŋkəl/ *n* tío *m*.

unclear /ʌnˈklɪə/ *adj* poco claro -ra:
to be unclear about sthg no tener
claro algo.

uncomfortable /ʌnˈkʌmfətəbəl/
adj incómodo -da.

uncommon /ʌnˈkɒmən/ *adj* poco
común, poco corriente.

uncompromising /ʌnˈkɒmprəmaɪzɪŋ/ *adj* intransigente.

unconcerned /ʌnkənˈsɜːnd/ *adj*
indiferente, despreocupado -da.

unconditional /ʌnkənˈdɪʃənəl/ *adj*
incondicional.

unconscious /ʌnˈkɒnʃəs/ *adj*
1. (*Med*) inconsciente, sin sentido.
2. (*unaware*): **to be unconscious of
sthg** no ser consciente de algo.
3. (*reaction*) inconsciente.

uncontrollable /ʌnkənˈtrəʊləbəl/
adj incontrolable.

unconventional /ʌnkənˈvenʃənəl/
adj poco convencional.

uncooperative /ʌnkəʊˈɒpərətɪv/
adj poco dispuesto -ta a cooperar.

uncork /ʌnˈkɔːk/ *vt* descorchar.

uncouth /ʌnˈkuːθ/ *adj* grosero -ra,
ordinario -ria.

uncover /ʌnˈkʌvə/ *vt* 1. (*to discover*)
descubrir. 2. (*to take cover off*)
destapar.

undecided /ʌndrˈsaɪdɪd/ *adj*
1. (*unresolved*) no resuelto -ta. 2. (*in
doubt*) indeciso -sa.

undeniable /ʌndrˈnaɪəbəl/ *adj* (*gen*)
innegable; (*Law*) irrefutable.

under /ˈʌndə/ **I** *prep* 1. (*below*)
debajo de ● **under Louis X** debajo
Luis X ● **I studied under Dr Rix**
estudié con el Dr Rix. 2. (*less than*)
menos de. 3. (*oath, supervision*)
bajo. 4. (*in accordance with*) conforme a. **II** *adv* (*underneath*) debajo;
(*less*) menos.

underage *adj* menor de edad. **underarm** *n* axila *f*, sobaco *m*. **undercarriage** *n* tren *m* de aterrizaje.
underclothes *n pl* ropa *f* interior.
undercoat *n* pintura *f* de base. **undercover** *adj* clandestino -na. **undercurrent** *n* 1. (*Naut*) corriente *f*
submarina. 2. (*suppressed emotion*)
tendencia *f* no manifiesta. **undercut**
vt [-cuts, -cutting, -cut] vender a
menos precio que. **underdeveloped**
adj subdesarrollado -da. **underdog**
n 1. (*gen*) desvalido -da *m/f*.
2. (*Sport*) no favorito -ta *m/f*. **underdone** *adj* medio crudo -da. **underestimate** *vt* infravalorar, subestimar.
underexposed *adj* subexpuesto -ta.

underfed *adj* desnutrido -da.
underfoot *adv* bajo los pies. **undergraduate** *n* estudiante *m/f* universitario -ria (*aún no licenciado -da*).
underground I *adj* 1. (*below ground*) subterráneo -nea. 2. (*Pol*) clandestino -na. II *adv* 1. (*under the soil*) bajo tierra. 2. (*Pol*): **they went underground** se hicieron clandestinos. III *n*: **the Underground** (*in London*) el metro, (*RP*) el subterráneo. **undergrowth** *n* maleza *f*.
underhand, **underhanded** *adj* (*methods*) poco limpio -pia; (*person*) taimado -da. **underlie** *vt* [**-lies, -lying, -lay,** *pp* **-lain**] subyacer.
underline *vt* subrayar. **undermine** *vt* socavar. **undernourished** *adj* desnutrido -da. **underpaid** *adj* mal pagado -da. **underpants** *n pl* (*man's*) calzoncillos *m pl*; (*woman's*) bragas *f pl*. **underpass** *n* paso *m* subterráneo. **underprivileged** *adj* desfavorecido -da (*económicamente*).
underrate *vt* subestimar. **undershirt** *n* (*US*) camiseta *f*. **underside** *n* cara *f* inferior. **undersigned** *n inv* abajo firmante *m/f*. **underskirt** *n* combinación *f*. **understaffed** *adj* falto -ta de personal. **understatement** *n*: **to say he's fat would be an understatement** decir que es gordo sería quedarse corto. **undertone** *n* 1. (*low voice*) voz *f* baja. 2. (*intimation*) connotación *f*. **underwater** I *adj* submarino -na. II *adv* bajo el agua. **underwear** *n* ropa *f* interior. **underworld** *n* bajos fondos *m pl*.
undergo /ʌndəˈɡəʊ/ *vt* [**-goes, -going, -went,** *pp* **-gone**] (*gen*) sufrir; (*treatment*) recibir.
underneath /ʌndəˈniːθ/ I *prep* debajo de. II *adv* (*below*) debajo; (*on the underside*) por debajo; (*deep down*) por dentro. III *n* parte *f* inferior.
understand /ʌndəˈstænd/ *vt/i* [**-stands, -standing, -stood**] 1. (*gen*) comprender, entender. 2. (*to believe*): **I understand he's left** tengo entendido que se ha ido.

understandable /ʌndəˈstændəbəl/ *adj* comprensible.
understanding /ʌndəˈstændɪŋ/ I *adj* comprensivo -va. II *n* 1. (*comprehension*) comprensión *f*, entendimiento *m*. 2. (*agreement*) acuerdo *m*. 3. (*sympathy*) comprensión *f* mutua.
understudy /ˈʌndəstʌdɪ/ *n* [**-dies**] suplente *m/f*.
undertake /ʌndəˈteɪk/ *vt* [**-takes, -taking, -took,** *pp* **-taken**] 1. (*to promise*): **he undertook to train every day** se comprometió a entrenar todos los días. 2. (*a task*) emprender.
undertaker /ˈʌndəteɪkə/ *n* director -tora *m/f* de pompas fúnebres: **the undertaker's** la funeraria.
undertaking /ʌndəˈteɪkɪŋ/ *n* 1. (*commitment*) compromiso *m*. 2. (*venture*) empresa *f*.
underwriter /ˈʌndəraɪtə/ *n* asegurador -dora *m/f*.
undesirable /ʌndɪˈzaɪrəbəl/ *adj* (*person*) indeseable; (*side effect*) no deseado -da.
undies /ˈʌndɪz/ *n pl* (*fam*) ropa *f* interior.
undisputed /ʌndɪˈspjuːtɪd/ *adj* indiscutible.
undo /ʌnˈduː/ *vt* [**-does, -doing, -did,** *pp* **-done**] 1. (*a parcel, knot*) deshacer; (*clothes*) desabrochar. 2. (*damage*) enmendar.
undoing /ʌnˈduːɪŋ/ *n* ruina *f*, perdición *f*.
undone /ʌnˈdʌn/ I *pp* ⇨ **undo**. II *adj* desabrochado -da: **to come undone** (*buttons*) desabrocharse, (*shoelaces*) desatarse.
undoubted /ʌnˈdaʊtɪd/ *adj* indudable.
undress /ʌnˈdres/ *vi* desvestirse.
♦ *vt* desvestir.
undue /ʌnˈdjuː/ *adj* (*frml*) excesivo -va.
undulating /ˈʌndjʊleɪtɪŋ/ *adj* ondulante.
unduly /ʌnˈdjuːlɪ/ *adv* (*frml*) excesivamente.
unearth /ʌnˈɜːθ/ *vt* 1. (*to dig up*)

desenterrar. 2. (*to discover*) sacar a la luz.

unearthly /ʌnˈɜːθlɪ/ *adj* sobrenatural ● **at some unearthly hour** a una hora intempestiva.

uneasiness /ʌnˈiːzɪnəs/ *n* inquietud *f*.

uneasy /ʌnˈiːzɪ/ *adj* 1. (*anxious*) nervioso -sa. 2. (*uncomfortable*) incómodo -da. 3. (*precarious*) frágil.

uneconomic /ʌniːkəˈnɒmɪk/ *adj* poco rentable.

uneconomical /ʌniːkəˈnɒmɪkəl/ *adj* poco económico -ca.

uneducated /ʌnˈedjʊkeɪtɪd/ *adj* inculto -ta.

unemployed /ʌnɪmˈplɔɪd/ *adj* desempleado -da, parado -da.

unemployment /ʌnɪmˈplɔɪmənt/ *n* desempleo *m*, paro *m*.

unemployment benefit ✳ (*US*) **compensation** *n* subsidio *m* de desempleo.

unending /ʌnˈendɪŋ/ *adj* interminable.

unequal /ʌnˈiːkwəl/ *adj* desigual.

unerring /ʌnˈɜːrɪŋ/ *adj* infalible.

UNESCO /juːˈneskəʊ/ *n* (= **United Nations Educational, Scientific and Cultural Organization**) la Unesco, la UNESCO.

uneven /ʌnˈiːvən/ *adj* 1. (*surface*) desigual, irregular. 2. (*terrain*) accidentado -da. 3. (*contest*) desigual.

unexpected /ʌnɪkˈspektɪd/ *adj* inesperado -da.

unexpectedly /ʌnɪkˈspektɪdlɪ/ *adv* inesperadamente.

unfailing /ʌnˈfeɪlɪŋ/ *adj* (*punctuality*) infalible; (*support*) constante.

unfair /ʌnˈfeə/ *adj* (*gen*) injusto -ta [S] (**to** con); (*competition*) desleal [S].

unfaithful /ʌnˈfeɪθfʊl/ *adj* infiel [S] (**to** a).

unfamiliar /ʌnfəˈmɪlɪə/ *adj* 1. (*unacquainted*) no familiarizado -da: **he's unfamiliar with it** no lo conoce. 2. (*face, voice*) desconocido -da.

unfashionable /ʌnˈfæʃənəbəl/ *adj* pasado -da de moda.

unfasten /ʌnˈfɑːsən/ *vt* (*a rope, knot*) desatar; (*clothes*) desabrochar.

unfavourable, (*US*) **unfavorable** /ʌnˈfeɪvərəbəl/ *adj* desfavorable.

unfeeling /ʌnˈfiːlɪŋ/ *adj* insensible.

unfinished /ʌnˈfɪnɪʃt/ *adj* (*gen*) inacabado -da; (*business*) pendiente.

unfit /ʌnˈfɪt/ *adj* 1. (*Med*) incapacitado -da; (*Sport*): **I'm very unfit** no estoy en forma. 2. (*unsuitable*): **he's unfit to be a teacher** no es la persona idónea para ser profesor; **the house is unfit to live in** la casa no está en condiciones de ser habitada.

unflappable /ʌnˈflæpəbəl/ *adj* imperturbable [S].

unflattering /ʌnˈflætərɪŋ/ *adj* poco favorecedor -dora.

unfold /ʌnˈfəʊld/ *vt* (*paper*) desdoblar; (*a map, newspaper*) desplegar. ♦ *vi* extenderse.

unforeseen /ʌnfəˈsiːn/ *adj* imprevisto -ta.

unforgettable /ʌnfəˈgetəbəl/ *adj* inolvidable [E].

unforgivable /ʌnfəˈgɪvəbəl/ *adj* imperdonable.

unfortunate /ʌnˈfɔːtʃənɪt/ *adj* 1. (*unlucky*) desgraciado -da. 2. (*inopportune*) inoportuno -na.

unfortunately /ʌnˈfɔːtʃənɪtlɪ/ *adv* desgraciadamente.

unfounded /ʌnˈfaʊndɪd/ *adj* (*gossip*) infundado -da; (*criticism*) injustificado -da.

unfriendly /ʌnˈfrendlɪ/ *adj* [**-lier, -liest**] antipático -ca, poco amistoso -sa.

ungainly /ʌnˈgeɪnlɪ/ *adj* desgarbado -da.

ungodly /ʌnˈgɒdlɪ/ *adj* impío -pía ● **at some ungodly hour** a una hora intempestiva.

ungrateful /ʌnˈgreɪtfʊl/ *adj* desagradecido -da, ingrato -ta.

unhappiness /ʌnˈhæpɪnəs/ *n* tristeza *f*.

unhappy /ʌnˈhæpɪ/ *adj* [**-pier, -piest**] 1. (*person: sad*) triste; (: *unfortunate*): **an unhappy man** un hombre desdichado. 2. (*life, childhood*) infeliz. 3. (*dissatisfied*) descontento -ta (**about** con).

unharmed /ʌn'hɑ:md/ *adj* ileso -sa.

unhealthy /ʌn'helθɪ/ *adj* [**-thier, -thiest**] **1.** (*place*) insalubre; (*diet*) poco saludable; (*person*) de mala salud. **2.** (*attitude*) morboso -sa.

unheard-of /ʌn'hɜ:dɒv/ *adj* inaudito -ta.

unhurt /ʌn'hɜ:t/ *adj* ileso -sa.

unhygienic /ʌnhar'dʒi:nɪk/ *adj* antihigiénico -ca.

UNICEF /'ju:nɪsef/ *n* (= **United Nations Children's Fund**) el Unicef, el UNICEF.

unidentified /ʌnaɪ'dentɪfaɪd/ *adj* no identificado -da.

uniform /'ju:nɪfɔ:m/ *adj, n* uniforme *adj, m*.

unify /'ju:nɪfaɪ/ *vt* [**-fies, -fying, -fied**] unificar.

unimportant /ʌnɪm'pɔ:tənt/ *adj* poco importante, sin importancia.

uninhabited /ʌnɪn'hæbɪtɪd/ *adj* deshabitado -da.

uninhibited /ʌnɪn'hɪbɪtɪd/ *adj* desinhibido -da, sin inhibición.

unintentional /ʌnɪn'tenʃənəl/ *adj* involuntario -ria.

uninteresting /ʌn'ɪntərestɪŋ/ *adj* sin interés, poco interesante.

union /'ju:nɪən/ **I** *n* **1.** (*frml: alliance, marriage*) unión *f*. **2.** (o **trade union**) sindicato *m*. **II** *adj* sindical.

Union Jack *n*: bandera de Gran Bretaña.

Unionist /'ju:nɪənɪst/ *adj, n* (o **Ulster Unionist**) unionista *adj, m/f* (*partidario del vínculo político entre el Ulster y Gran Bretaña*).

unique /ju:'ni:k/ *adj* (*exceptional*) único -ca; (*unusual*) especial; (*exclusive*): **it's unique to Ireland** es exclusiva de Irlanda.

unison /'ju:nɪsən/ *n*: **in unison** al unísono.

unit /'ju:nɪt/ *n* **1.** (*of measurement: gen*) unidad *f*; (*: on meter*) paso *m*. **2.** (*team*) equipo *m*. **3.** (*piece of furniture*) módulo *m*; (*machine*) aparato *m*.

unit trust *n* fondo *m* de inversiones.

unite /ju:'naɪt/ *vt* unir. ♦ *vi* unirse, juntarse.

united /ju:'naɪtɪd/ *adj* unido -da.

United Kingdom /ju:'naɪtɪd 'kɪŋdəm/ *n* Reino *m* Unido.

United Nations /ju:'naɪtɪd 'neɪʃəns/ *n ✻ n pl* Naciones *f pl* Unidas.

United States /ju:'naɪtɪd 'steɪts/ *n ✻ n pl* Estados Unidos *m*.

unity /'ju:nətɪ/ *n* unidad *f*.

universal /ju:nɪ'vɜ:səl/ *adj* universal.

universe /'ju:nɪvɜ:s/ *n* universo *m*.

university /ju:nɪ'vɜ:sətɪ/ **I** *n* [**-ties**] universidad *f*. **II** *adj* universitario -ria.

unjust /ʌn'dʒʌst/ *adj* injusto -ta.

unkempt /ʌn'kempt/ *adj* (*appearance*) descuidado -da; (*hair*) despeinado -da.

unkind /ʌn'kaɪnd/ *adj* poco amable: **don't be unkind to him** no seas desagradable con él.

unknown /ʌn'nəʊn/ *adj* desconocido -da.

unlawful /ʌn'lɔ:fʊl/ *adj* ilegal, ilícito -ta.

unleaded /ʌn'ledɪd/ *adj* sin plomo.

unleash /ʌn'li:ʃ/ *vt* desatar.

unless /ʌn'les/ *conj* a no ser que, a menos que: **unless he comes** a no ser que venga.

unlike /ʌn'laɪk/ *prep* **1.** (*different from*) diferente a. **2.** (*in contrast to*) a diferencia de. **3.** (*untypical of*): **it's unlike him to be late** no es normal que él llegue tarde.

unlikely /ʌn'laɪklɪ/ *adj* [**-lier, -liest**] (*gen*) improbable; (*story*) inverosímil.

unlimited /ʌn'lɪmɪtɪd/ *adj* ilimitado -da.

unload /ʌn'ləʊd/ *vt/i* descargar.

unlock /ʌn'lɒk/ *vt* abrir (*con llave*).

unlucky /ʌn'lʌkɪ/ *adj* [**-kier, -kiest**] **1.** (*person, coincidence*) desafortunado -da [S]: **to be unlucky** tener mala suerte. **2.** (*causing bad luck*) que trae mala suerte.

unmarried /ʌn'mærɪd/ *adj* soltero -ra.

unmistakable /ˌʌnmɪsˈteɪkəbəl/ *adj* inconfundible.

unnatural /ʌnˈnætʃərəl/ *adj* 1. (*behaviour, reaction*) poco natural. 2. (*artificial*) no natural.

unnecessary /ʌnˈnesɪsəri/ *adj* innecesario -ria [S].

unnoticed /ʌnˈnəʊtɪst/ *adj* inadvertido -da, desapercibido -da.

UNO /ˈjuːenˈəʊ/ *n* (= **United Nations Organization**) ONU *f.*

unobtrusive /ˌʌnəbˈtruːsɪv/ *adj* discreto -ta.

unoccupied /ʌnˈɒkjʊpaɪd/ *adj* desocupado -da.

unofficial /ˌʌnəˈfɪʃəl/ *adj* extraoficial, oficioso -sa.

unorthodox /ʌnˈɔːθədɒks/ *adj* poco ortodoxo -xa.

unpack /ʌnˈpæk/ *vi* deshacer las maletas, (*Amér L*) desempacar. ♦ *vt* (*a case, bag*) deshacer, (*Amér L*) desempacar; (*goods*) desempaquetar; (*a box*) vaciar.

unpaid /ʌnˈpeɪd/ *adj* 1. (*work*) no remunerado -da; (*holiday*) sin sueldo. 2. (*debt*) sin pagar.

unpalatable /ʌnˈpælɪtəbəl/ *adj* desagradable.

unparalleled /ʌnˈpærəleld/ *adj* (*unheard-of*) sin precedentes; (*without equal*) incomparable.

unperturbed /ˌʌnpəˈtɜːbd/ *adj* imperturbable.

unpleasant /ʌnˈplezənt/ *adj* (*situation, feeling*) desagradable; (*person*) antipático -ca, desagradable.

unplug /ʌnˈplʌg/ *vt* [**-plugs, -plugging, -plugged**] desenchufar.

unpopular /ʌnˈpɒpjʊlə/ *adj* impopular, poco popular.

unprecedented /ʌnˈpresɪdentɪd/ *adj* sin precedentes.

unpredictable /ˌʌnprɪˈdɪktəbəl/ *adj* (*event*) imprevisible; (*person*) de reacciones imprevisibles.

unprofessional /ˌʌnprəˈfeʃənəl/ *adj* poco profesional.

unpublished /ʌnˈpʌblɪʃt/ *adj* inédito -ta.

unpunished /ʌnˈpʌnɪʃt/ *adj* (*Law*) impune.

unqualified /ʌnˈkwɒlɪfaɪd/ *adj* 1. (*Educ*) sin título. 2. (*success*) total.

unquestionable /ʌnˈkwestʃənəbəl/ *adj* indiscutible, indudable.

unquestionably /ʌnˈkwestʃənəbli/ *adv* indiscutiblemente.

unquestioning /ʌnˈkwestʃənɪŋ/ *adj* ciego -ga.

unravel /ʌnˈrævəl/ *vt* [**-vels, -velling, -velled**] (*gen*) desenmarañar; (*knitting*) deshacer.

unreal /ʌnˈrɪəl/ *adj* irreal.

unrealistic /ˌʌnrɪəˈlɪstɪk/ *adj* poco realista.

unreasonable /ʌnˈriːzənəbəl/ *adj* (*behaviour*) poco razonable; (*price*) excesivo -va.

unrelated /ˌʌnrɪˈleɪtɪd/ *adj* no relacionado -da.

unrelenting /ˌʌnrɪˈlentɪŋ/ *adj* (*continuous*) inexorable; (*merciless*) implacable.

unreliable /ˌʌnrɪˈlaɪəbəl/ *adj* (*mechanism, information*) poco fiable; (*person*) informal.

unremitting /ˌʌnrɪˈmɪtɪŋ/ *adj* constante, incesante.

unreservedly /ˌʌnrɪˈzɜːvɪdli/ *adv* sin reserva, incondicionalmente.

unrest /ʌnˈrest/ *n* 1. (*discontent*) malestar *m.* 2. (*agitation*) disturbios *m pl.*

unripe /ʌnˈraɪp/ *adj* inmaduro -ra, verde.

unroll /ʌnˈrəʊl/ *vt* desenrollar.

unruly /ʌnˈruːli/ *adj* [**-lier, -liest**] (*mob*) incontrolado -da; (*child*) revoltoso -sa.

unsafe /ʌnˈseɪf/ *adj* peligroso -sa.

unsaid /ʌnˈsed/ *adj* sin decir.

unsatisfactory /ˌʌnsætɪsˈfæktəri/ *adj* insatisfactorio -ria, poco satisfactorio -ria.

unsavoury, (*US*) **unsavory** /ʌnˈseɪvəri/ *adj* (*habits, character*) desagradable; (*person*): **he looked unsavoury** tenía pinta de ser un indeseable.

unscathed /ʌnˈskeɪðd/ *adj* ileso -sa.

unscrew /ʌnˈskruː/ *vt* (*with screw-*

driver) desatornillar; (*a lid, top*) desenroscar.

unscrupulous /ʌnˈskruːpjʊləs/ *adj* sin escrúpulos, desaprensivo -va.

unselfish /ʌnˈselfɪʃ/ *adj* desinteresado -da, abnegado -da.

unsettled /ʌnˈsetəld/ *adj* 1. (*weather, situation*) inestable. 2. (*restless*) intranquilo -la. 3. (*unresolved*) no resuelto -ta.

unshaven /ʌnˈʃeɪvən/ *adj* sin afeitar.

unsightly /ʌnˈsaɪtli/ *adj* feo -a, antiestético -ca.

unskilled /ʌnˈskɪld/ *adj* (*person*) no cualificado -da; (*work*) no especializado -da.

unspeakable /ʌnˈspiːkəbəl/ *adj* (*indescribable*) indecible; (*horrible*) atroz.

unspoken /ʌnˈspəʊkən/ *adj* tácito -ta.

unstable /ʌnˈsteɪbəl/ *adj* inestable.

unsteady /ʌnˈstedi/ *adj* [**-dier, -diest**] 1. (*when walking*): **his legs were unsteady** le flaqueaban las piernas. 2. (*hand, voice*) tembloroso -sa.

unstuck /ʌnˈstʌk/ *adj* despegado -da: **to come unstuck** despegarse ● **his plan came unstuck** su proyecto se desmoronó.

unsuccessful /ʌnsəkˈsesfʊl/ *adj* (*attempt*) infructuoso -sa; (*person*): **he was unsuccessful as an actor** no tuvo éxito como actor.

unsuccessfully /ʌnsəkˈsesfʊli/ *adv* sin éxito.

unsuitable /ʌnˈsuːtəbəl/ *adj* 1. (*inappropriate*) inadecuado -da. 2. (*unacceptable*) no apropiado -da. 3. (*inconvenient*) inoportuno -na.

unsure /ʌnˈʃʊə/ *adj* poco seguro -ra.

unsuspecting /ʌnsəˈspektɪŋ/ *adj* confiado -da.

unsympathetic /ʌnsɪmpəˈθetɪk/ *adj* poco comprensivo -va (**towards** con).

untangle /ʌnˈtæŋgəl/ *vt* desenredar.

unthinkable /ʌnˈθɪŋkəbəl/ *adj* impensable, inconcebible.

untidy /ʌnˈtaɪdi/ *adj* [**-dier, -diest**] (*place*) desordenado -da; (*appearance*) desaliñado -da.

untie /ʌnˈtaɪ/ *vt* [**-ties, -tying, -tied**] desatar.

until /ʌnˈtɪl/ **I** *prep* hasta: **until then** hasta entonces. **II** *conj* hasta que: **wait until she calls** espera hasta que llame; **I stayed until he arrived** me quedé hasta que llegó.

untimely /ʌnˈtaɪmli/ *adj* (*badly timed*) inoportuno -na; (*premature*) prematuro -ra.

untiring /ʌnˈtaɪərɪŋ/ *adj* infatigable, incansable.

untold /ʌnˈtəʊld/ *adj* (*riches*) incalculable; (*pain*) indecible.

untoward /ʌntəˈwɔːd/ *adj*: **nothing untoward happened** no pasó nada malo.

untrue /ʌnˈtruː/ *adj* falso -sa.

untying /ʌnˈtaɪɪŋ/ *gerundio de* ⇨ **untie**.

unused *adj* 1. /ʌnˈjuːzd/ (*new*) nuevo -va. 2. /ʌnˈjuːst/ (*unaccustomed*) no acostumbrado -da (**to** a).

unusual /ʌnˈjuːʒəl/ *adj* 1. (*unexpected*) raro -ra, poco común. 2. (*exceptional*) excepcional, fuera de lo común.

unveil /ʌnˈveɪl/ *vt* (*a plaque*) descubrir; (*a plan*) dar a conocer, revelar.

unwaged /ʌnˈweɪdʒd/ *adj* desempleado -da.

unwanted /ʌnˈwɒntɪd/ *adj* no deseado -da.

unwavering /ʌnˈweɪvərɪŋ/ *adj* inquebrantable.

unwelcome /ʌnˈwelkəm/ *adj* (*person*) importuno -na; (*news*) desagradable.

unwell /ʌnˈwel/ *adj* indispuesto -ta.

unwieldy /ʌnˈwiːldi/ *adj* difícil de manejar.

unwilling /ʌnˈwɪlɪŋ/ *adj*: **he's unwilling to go** no está dispuesto a ir.

unwillingly /ʌnˈwɪlɪŋli/ *adv* de mala gana.

unwind /ʌnˈwaɪnd/ *vt* [**-winds, -winding, -wound**] desenrollar. ♦ *vi* (*fam: to relax*) relajarse.

unwise /ʌn'waɪz/ adj imprudente.

unwitting /ʌn'wɪtɪŋ/ adj involunta-rio -ria.

unworkable /ʌn'wɜ:kəbəl/ adj im-practicable.

unworthy /ʌn'wɜ:ðɪ/ adj indigno -na (**of** de).

unwrap /ʌn'ræp/ vt [**-wraps, -wrapping, -wrapped**] desenvolver.

unzip /ʌn'zɪp/ vt [**-zips, -zipping, -zipped**] bajar la cremallera de.

up /ʌp/ **I** prep **1**. (*indicating upward movement*): **he went up the hill/stairs** subió la cuesta/las escaleras; (*along*): **he was walking up the road** caminaba por la calle. **2**. (*indicating position*): **up a tree** en un árbol; **halfway up the hill** a mitad de la cuesta. **II** adv **1**. (*upwards*): **he looked up** miró hacia arriba; **the lift went up** el ascensor subió. **2**. (*indicating position*) arriba. **3**. (*out of bed*): **to be up** estar levantado -da. **III up to** prep **1**. (*until, as many as*) hasta. **2**. (*doing*): **what's she up to?** ¿qué está tramando? **3**. (*a level, an activity*): **he's not up to the required standard** no está al nivel requerido; **I don't feel up to walking back** no me siento capaz de volver a pie. **4**. (*responsibility of*): **it's up to him** depende de él.

upriver adv ⇨ **upstream**. **ups and downs** n pl altibajos m pl. **upstairs I** adv arriba: **he's upstairs** está arriba; **to go upstairs** subir (la escalera). **II** adj de arriba. **upstream** adv río ✳ aguas arriba.

up-to-date adj (o **up to date**) **1**. (*method, system*) moderno -na; (*clothes*) a la moda; (*information*): **I need up-to-date information** necesito información que esté al día. **2**. (*informed*): **to be up to date on sthg** estar al tanto de algo. **uptown** (*US*) **I** adj de las afueras. **II** adv a/en las afueras.

upbringing /'ʌpbrɪŋɪŋ/ n educación f.

upcoming /'ʌpkʌmɪŋ/ adj próximo -ma.

update /ʌp'deɪt/ vt poner al día, actualizar.

upgrade /ʌp'greɪd/ vt **1**. (*to improve*) mejorar. **2**. (*to promote*) ascender. ◆ vi (*Inform*) instalar una versión mas potente.

upheaval /ʌp'hi:vəl/ n (*gen*) trastorno m; (*political, social*) agitación f.

uphill /ʌp'hɪl/ adv, adj cuesta arriba
● **an uphill struggle** una lucha ardua.

uphold /ʌp'həʊld/ vt [**-holds, -holding, -held**] defender.

upholster /ʌp'həʊlstə/ vt tapizar.

upholstery /ʌp'həʊlstərɪ/ n tapicería f.

upkeep /'ʌpki:p/ n (*maintenance*) mantenimiento m; (*costs*) gastos m pl de mantenimiento.

upon /ə'pɒn/ prep (*frml*) sobre, encima de.

upper /'ʌpə/ **I** adj (*jaw*) superior: **the upper floors** los pisos de arriba. **II** n (*of shoe*) pala f.

upper class n clase f alta.

uppermost /'ʌpəməʊst/ adj más alto -ta ● **it's what's uppermost in her mind** es lo que más la preocupa.

upright /'ʌpraɪt/ **I** adj **1**. (*vertical*) vertical. **2**. (*honourable*) honrado -da. **II** adv en posición vertical.

uprising /'ʌpraɪzɪŋ/ n alzamiento m, sublevación f.

uproar /'ʌprɔ:/ n alboroto m, tumulto m.

uproot /ʌp'ru:t/ vt **1**. (*a person*) desarraigar. **2**. (*a plant*) arrancar (*de raíz*).

upset I /ʌp'set/ adj **1**. (*distressed*) afectado -da, apenado -da; (*disappointed, hurt*) disgustado -da: **to get upset** disgustarse. **2**. (*stomach*): **I have an upset stomach** estoy mal del estómago. **II** /'ʌpset/ n trastorno m. **III** /ʌp'set/ vt [**-sets, -setting, -set**] **1**. (*to sadden*) afectar, apenar; (*to disappoint, hurt*) disgustar. **2**. (*to tip over*) volcar. **3**. (*plans*) desbaratar.

upshot /'ʌpʃɒt/ n resultado m.

upside down /ʌpsaɪd 'daʊn/ adv, adj: **it's upside down** (picture) está al revés, (cup) está boca bajo • **they turned the house upside down** dejaron la casa patas arriba.

upstart /'ʌpstɑːt/ n advenedizo -za m/f.

upsurge /'ʌpsɜːdʒ/ n aumento m (súbito y dramático).

uptake /'ʌpteɪk/ n: **he's very quick on the uptake** las pilla al vuelo.

uptight /ʌp'taɪt/ adj (fam) tenso -sa.

upturn /'ʌptɜːn/ n mejora f, recuperación f.

upward /'ʌpwəd/ **I** adj (direction) hacia arriba; (path) ascendente. **II** adv (o **upwards**) **1.** (up) hacia arriba. **2.** (with numbers): **from twelve upward** de doce años para arriba; **upwards of twenty branches** más de veinte sucursales.

uranium /jʊˈreɪnɪəm/ n uranio m.

Uranus /jʊˈreɪnəs/ n Urano m.

urban /'ɜːbən/ adj urbano -na.

urchin /'ɜːtʃɪn/ n **1.** (child) golfillo -lla m/f. **2.** (Zool) erizo m de mar.

urge /ɜːdʒ/ **I** n impulso m, ganas f pl. **II** vt animar.
to **urge on** vt animar.

urgent /'ɜːdʒənt/ adj urgente.

urinal /jʊˈraɪnəl/ n (receptacle) urinario m.

urinate /'jʊrɪneɪt/ vi orinar.

urine /'jʊrɪn/ n orina f.

urn /ɜːn/ n **1.** (for ashes, etc.) urna f. **2.** (for making tea) recipiente muy grande para hervir agua.

Uruguay /'jʊərəgwaɪ/ n Uruguay m.

Uruguayan /jʊərəˈgwaɪən/ adj, n uruguayo -ya adj, m/f.

US /juːˈes/ n (= **United States**) Estados Unidos m.

us /ʌs/ pron **1.** (direct or indirect object) nos: **they hate us** nos odian; (after prep) nosotros -tras: **for us** para nosotros. **2.** (in comparisons or after to be) nosotros -tras: **it's us** somos nosotros.

USA /juːesˈeɪ/ n (= **United States of America**) EE.UU. m pl.

usage /'juːsɪdʒ/ n uso m.

use I /juːs/ n **1.** (of equipment, facility, etc.) uso m, empleo m: **it's in use** lo están utilizando; **it's out of use** ya no se usa; **to make use of sthg** hacer uso de algo; (function) aplicación f. **2.** (ability to use): **she has lost the use of her left hand** tiene la mano izquierda inutilizada. **3.** (value): **was it of use to you?** ¿te sirvió para algo?; **this one's no use** éste no sirve (para nada); **it's no use complaining** es inútil que te quejes. **II** /juːz/ vt **1.** (to employ) usar, utilizar. **2.** (to consume) consumir, gastar. **3.** use to ⇨ used to.
to **use up** vt terminar.

used adj **1.** /juːst/ (accustomed) acostumbrado -da (**to** a): **to get used to sthg** acostumbrarse a algo. **2.** /juːzd/ (not new) usado -da, de segunda mano.

used to /'juːst tuː/ v aux: **he used to come every day** solía venir todos los días; **where did she use ∗ used to live?** ¿dónde vivía antes?

useful /'juːsfʊl/ adj útil.

usefulness /'juːsfʊlnəs/ n utilidad f.

useless /'juːsləs/ adj inútil: **I'm useless at tennis** soy negado para el tenis.

user /'juːzə/ n usuario -ria m/f.

user-friendly adj fácil de manejar.

usher /'ʌʃə/ n (in cinema) acomodador -dora m/f; (in court, church) ujier m.

usherette /ʌʃəˈret/ n acomodadora f.

USS /juːesˈes/ = **United States Ship**.

USSR /juːesesˈɑː/ n (= **Union of Soviet Socialist Republics**) URSS f.

usual /'juːʒʊəl/ adj (time, place) de siempre; (commonplace) normal: **more than usual** más que de costumbre • **as usual** como de costumbre.

usually /'juːʒʊəlɪ/ adv normalmente.

utensil /juːˈtensəl/ n utensilio m.

uterus /'juːtərəs/ n [**-ruses** ∗ **-ri**] útero m.

utility /ju:'tɪləti/ *n* [**-ties**] **1.** (*usefulness*) utilidad *f*. **2.** (*o public utility*) empresa *f* de servicio público.

utility room *n* lavadero *m*.

utilize /'ju:tɪlaɪz/ *vt* (*frml*) utilizar.

utmost /'ʌtməʊst/ (*frml*) **I** *adj* sumo -ma, máximo -ma. **II** *n*: **I did my utmost** hice todo lo que pude.

utter /'ʌtə/ **I** *vt* (*gen*) pronunciar; (*a cry*) dar. **II** *adj* total, absoluto -ta.

utterly /'ʌtəli/ *adv* totalmente, completamente.

U-turn /ju:'tɜ:n/ *n* **1.** (*Auto*) cambio *m* de sentido. **2.** (*Pol*) giro *m* de ciento ochenta grados.

V /vəʊlt/ = **volt**.

v. /'vɜ:səs/ = **versus**.

vacancy /'veɪkənsi/ *n* [**-cies**] **1.** (*job*) vacante *f*. **2.** (*room*) habitación *f* libre.

vacant /'veɪkənt/ *adj* **1.** (*not in use*) libre, desocupado -da; (*post*) vacante. **2.** (*gaze*) ausente.

vacate /ver'keɪt/ *vt* (*premises*) desocupar; (*a post*) dejar.

vacation /ver'keɪʃən/ **I** *n* vacaciones *f pl*. **II** *vi* (*US*: *gen*) pasar las vacaciones; (: *in summer*) veranear.

vaccinate /'væksɪneɪt/ *vt* vacunar.

vaccine /'væksi:n/ *n* vacuna *f*.

vacuum /'vækju:m/ **I** *n* vacío *m*. **II** *vt* pasar la aspiradora en ＊ por.

vacuum cleaner *n* aspiradora *f*. **vacuum flask** *n* termo *m*. **vacuum-packed** *adj* envasado -da al vacío.

vagina /və'dʒaɪnə/ *n* vagina *f*.

vagrant /'veɪgrənt/ *n* (*frml*) vaga-

vague /veɪg/ *adj* **1.** (*idea*) vago -ga. **2.** (*instructions*) impreciso -sa. **3.** (*resemblance*) ligero -ra.

vaguely /'veɪgli/ *adv* vagamente.

vain /veɪn/ *adj* **1.** (*conceited*) vanidoso -sa. **2.** (*fruitless*) vano -na, inútil: **in vain** en vano.

valentine /'væləntaɪn/ *n* (*o valentine card*) tarjeta que se envía el día de los enamorados.

valet /'væleɪ/ *n* ayuda *m* de cámara.

valid /'vælɪd/ *adj* válido -da.

valley /'væli/ *n* valle *m*.

valour, (*US*) **valor** /'vælə/ *n* valor *m*, valentía *f*.

valuable /'væljʊəbəl/ **I** *adj* (*objects*) de valor; (*advice*) valioso -sa; (*time*) precioso -sa. **II** **valuables** *n pl* objetos *m pl* de valor.

valuation /væljʊ'eɪʃən/ *n* tasación *f*, valoración *f*.

value /'vælju:/ **I** *n* valor *m*. **II** **values** *n pl* (*principles*) valores *m pl* (morales). **III** *vt* **1.** (*Fin*) valorar, tasar. **2.** (*to appreciate*) apreciar, valorar.

value-added tax *n* ⇨ **VAT**.

valve /vælv/ *n* válvula *f*.

vampire /'væmpaɪə/ *n* vampiro *m*.

van /væn/ *n* **1.** (*Auto*) furgoneta *f*, camioneta *f*. **2.** (*on railway*) furgón *m*.

vandal /'vændəl/ *n* vándalo -la *m/f*, gamberro -rra *m/f*.

vandalism /'vændəlɪzəm/ *n* vandalismo *m*.

vandalize /'vændəlaɪz/ *vt* dañar, estropear.

vanguard /'vængɑːd/ *n* vanguardia *f*.

vanilla /və'nɪlə/ *n* vainilla *f*.

vanish /'vænɪʃ/ *vi* desaparecer.

vanity /'vænəti/ *n* vanidad *f*.

vantage point /'vɑːntɪdʒ pɔɪnt/ *n* posición *f* estratégica, atalaya *f*.

vapour, (*US*) **vapor** /'veɪpə/ *n* vapor *m*.

variable /'veərɪəbəl/ *adj* (*gen*) variable; (*quality*) desigual.

variance /'veərɪəns/ *n*: **it is at variance with what he said** no concuerda con lo que dijo.

variation /veər'eɪʃən/ n variación f.

varicose vein /'værɪkəs 'veɪn/ n variz f.

varied /'veərɪd/ adj variado -da.

variety /və'raɪətɪ/ n [-ties] 1. (diversity) variedad f, diversidad f. 2. (type, choice) variedad f.

variety show n espectáculo m de variedades.

various /'veərɪəs/ adj (several) varios -rias; (different) diversos -sas.

varnish /'vɑːnɪʃ/ I n [-shes] barniz m. II vt (gen) barnizar; (fingernails) pintar.

vary /'veərɪ/ vt/i [-ries, -rying, -ried] variar.

vase /vɑːz/ n florero m, jarrón m.

Vaseline® /'væsəliːn/ n vaselina® f.

vast /vɑːst/ adj (area) vasto -ta; (amount) enorme; (majority) inmenso -sa.

VAT /viːeɪ'tiː, væt/ n (= value-added tax) IVA m.

vat /væt/ n tanque m.

Vatican /'vætɪkən/ n Vaticano m.

vault /vɔːlt/ I n 1. (roof) bóveda f. 2. (under church) cripta f. 3. (strong-room) cámara f acorazada. II vt/i saltar (con pértiga, etc.).

VCR /viːsiː'ɑː/ n = video cassette recorder.

VD /viː'diː/ n = venereal disease.

VDU /viːdiː'juː/ n (= visual display unit) unidad f de representación visual, monitor m.

veal /viːl/ n ternera f.

veer /vɪə/ vi (vehicle) virar; (road) torcer.

vegan /'viːgən/ n: vegetariano estricto que no come huevos, pescado ni productos lácteos.

vegetable /'vedʒtəbəl/ I n 1. (Culin) verdura f. 2. (Agr) hortaliza f. 3. (Bot) vegetal m. II adj vegetal.

vegetarian /vedʒɪ'teərɪən/ adj, n vegetariano -na adj, m/f.

vegetation /vedʒɪ'teɪʃən/ n vegetación f.

vehemence /'viːɪməns/ n vehemencia f.

vehement /'viːɪmənt/ adj (attack) vehemente; (dislike) intenso -sa.

vehicle /'viːɪkəl/ n 1. (Transp) vehículo m. 2. (means) medio m.

veil /veɪl/ n velo m.

veiled /veɪld/ adj 1. (face) velado -da. 2. (threat) disimulado -da.

vein /veɪn/ n 1. (Anat, Bot) vena f. 2. (Geol) veta f.

velocity /vɪ'lɒsətɪ/ n velocidad f.

velvet /'velvɪt/ n terciopelo m.

velvety /'velvɪtɪ/ adj aterciopelado -da.

vending machine /'vendɪŋ məʃiːn/ n distribuidor m automático.

vendor /'vendə/ n vendedor -dora m/f.

veneer /vɪ'nɪə/ n 1. (Tec) chapa f. 2. (semblance) barniz m.

venereal disease /vɪ'nɪərɪəl dɪziːz/ n enfermedad f venérea.

Venetian blind /vɪniː'ʃən 'blaɪnd/ n persiana f (de lamas).

Venezuela /venɪ'zweɪlə/ n Venezuela f.

Venezuelan /venɪ'zweɪlən/ adj, n venezolano -na adj, m/f.

vengeance /'vendʒəns/ n venganza f ● winter arrived with a vengeance el invierno llegó con todo su rigor.

venison /'venɪsn/ n (carne f de) venado m.

venom /'venəm/ n 1. (of snake) veneno m. 2. (spite) ponzoña f.

venomous /'venəməs/ adj 1. (snake) venenoso -sa. 2. (spiteful) ponzoñoso -sa.

vent /vent/ I n 1. (grille) rejilla f de ventilación. 2. (Clothing) abertura f. II vt (frustration) descargar (on sobre).

ventilation /ventɪ'leɪʃən/ n ventilación f.

ventilator /'ventɪleɪtə/ n 1. (gen) ventilador m. 2. (Med) respirador m (artificial).

ventriloquist /ven'trɪləkwɪst/ n ventrílocuo -cua m/f.

venture /'ventʃə/ I n (gen) empresa f; (Fin) operación f. II vt: she didn't

venture an opinion no expresó su opinión; **he ventured a guess** se aventuró a hacer una conjetura.
♦ *vi*: **I ventured out** me aventuré a salir.

venue /'venju:/ *n* (*gen*) lugar *m*; (*Sport*) campo *m*.

Venus /'vi:nəs/ *n* Venus *m*.

veranda, **verandah** /və'rændə/ *n* veranda *f*, porche *m*.

verb /vɜ:b/ *n* verbo *m*.

verbal /'vɜ:bəl/ *adj* verbal.

verbatim /vɜ:'beɪtɪm/ **I** *adv* textualmente. **II** *adj* literal.

verbose /vɜ:'bəʊs/ *adj* prolijo -ja.

verdict /'vɜ:dɪkt/ *n* 1. (*Law*) veredicto *m*. 2. (*opinion*) opinión *f*, juicio *m*.

verge /vɜ:dʒ/ *n* 1. (*edge*) borde *m*
● **he's on the verge of tears** está a punto de echarse a llorar. 2. (*of road*) arcén *m*.
to **verge on** *vt* rayar en.

verify /'verɪfaɪ/ *vt* [**-fies, -fying, -fied**] (*to check*) verificar; (*to bear out*) corroborar.

veritable /'verɪtəbəl/ *adj* auténtico -ca.

vermin /'vɜ:mɪn/ *n pl*: *cualquier insecto o animal dañino*: **mice are vermin** los ratones son alimañas.

vermouth /'vɜ:məθ/ *n* vermú *m*.

vernacular /və'nækjʊlə/ *n* lengua *f* vernácula.

verruca /və'ru:kə/ *n* verruga *f*.

versatile /'vɜ:sətaɪl/ *adj* (*person*) polifacético -ca; (*utensil*) versátil.

verse /vɜ:s/ *n* 1. (*poetry*) verso *m*. 2. (*of poem, song*) estrofa *f*. 3. (*in bible*) versículo *m*.

versed /vɜ:st/ *adj*: **to be well versed in sthg** ser muy versado -da en algo.

version /'vɜ:ʃən/ *n* versión *f*.

versus /'vɜ:səs/ *prep* contra.

vertebra /'vɜ:tɪbrə/ *n* [**-brae**] vértebra *f*.

vertebrate /'vɜ:tɪbrət/ *n* vertebrado *m*.

vertical /'vɜ:tɪkəl/ **I** *adj* vertical. **II** *n* línea *f* vertical.

very /'verɪ/ **I** *adv* muy: **very much** muchísimo ● **noon at the very latest** mediodía a más tardar. **II** *adj*: **in this very house** en esta mismísima casa; **at the very end** justo al final.

vessel /'vesəl/ *n* 1. (*ship*) nave *f*. 2. (*receptacle*) vasija *f*.

vest /vest/ *n* 1. (*GB: underwear*) camiseta *f*. 2. (*US: waistcoat*) chaleco *m*.

vested interest /vestɪd 'ɪntrest/ *n* interés *m* personal.

vestige /'vestɪdʒ/ *n* vestigio *m*.

vet /vet/ **I** *n* veterinario -ria *m/f*. **II** *vt* [**vets, vetting, vetted**] (*a candidate*) investigar los antecedentes de.

veteran /'vetərən/ *adj, n* veterano -na *adj, m/f*.

veterinarian /vetərɪ'neərɪən/ *n* (*US*) veterinario -ria *m/f*.

veterinary /'vetɪnrɪ/ *adj* veterinario -ria.

veterinary surgeon *n* (*frml*) veterinario -ria *m/f*.

veto /'vi:təʊ/ **I** *n* [**-toes**] veto *m*. **II** *vt* [**-toes, -toing, -toed**] vetar.

vexed /vekst/ *adj* 1. (*person*) molesto -ta. 2. (*issue*) controvertido -da.

VHF /vi:eɪtʃ'ef/ = **very high frequency**.

via /'vaɪə/ *prep*: **to Pisa via Rome** a Pisa vía Roma; **I replied via Ana** contesté por medio de Ana.

viaduct /'vaɪədʌkt/ *n* viaducto *m*.

vibrant /'vaɪbrənt/ *adj* 1. (*voice, atmosphere*) vibrante. 2. (*colour*) brillante.

vibrate /vaɪ'breɪt/ *vi* vibrar.

vicar /'vɪkə/ *n* (*Anglican priest*) párroco *m*; (*Catholic official*) vicario *m*.

vicarage /'vɪkərɪdʒ/ *n* casa *f* del párroco.

vice /vaɪs/ *n* 1. (*bad habit*) vicio *m*. 2. (*Tec*) torno *m* de banco.

vice squad *n* brigada *f* antivicio.

vice chancellor /vaɪs 'tʃɑ:nsələ/ *n* rector -tora *m/f*.

vice president /vaɪs 'prezɪdənt/ *n* vicepresidente -ta *m/f*.

vice versa /ˌvaɪsə 'vɜ:sə/ adv vice-versa.

vicinity /vɪ'sɪnətɪ/ n inmediaciones f pl, alrededores m pl.

vicious /'vɪʃəs/ adj (attack) brutal; (comment) despiadado -da; (murder) sanguinario -ria.

vicious circle n círculo m vicioso.

victim /'vɪktɪm/ n víctima f.

victimize /'vɪktɪmaɪz/ vt discriminar, tratar injustamente.

victor /'vɪktə/ n triunfador -dora m/f.

victorious /vɪk'tɔ:rɪəs/ adj victorioso -sa.

victory /'vɪktərɪ/ n [-ries] victoria f, triunfo m.

video /'vɪdɪəʊ/ I n vídeo m, (Amér L) video m. II vt (a programme) grabar; (an event) hacer un vídeo * (Amér L) video de.

video camera n cámara f de vídeo * (Amér L) video. **video cassette** * **tape** n cinta f de vídeo * (Amér L) video. **video game** n videojuego m. **video recorder** n vídeo m, (Amér L) video m.

vie /vaɪ/ vi [vies, vying, vied] competir (for por).

view /vju:/ I n 1. (gen) panorama m, vista f: **a house with a view of the sea** una casa con vista al mar • **with a view to buying it** con miras a comprarlo. 2. (vision): **he's blocking my view** no me deja ver; **in full view of everyone** delante de todos; **it's on view at the museum** está expuesto en el museo • **in view of his behaviour** en vista de su conducta. 3. (belief) opinión f, parecer m: **in my view** en mi opinión. II vt (to look at, consider) ver.

viewfinder n visor m de imagen. **viewpoint** n punto m de vista.

viewer /'vju:ə/ n televidente m/f, telespectador -dora m/f.

vigil /'vɪdʒɪl/ n vela f, vigilia f.

vigorous /'vɪgərəs/ adj (growth) vigoroso -sa; (activity) enérgico -ca.

vigour, (US) **vigor** /'vɪgə/ n vigor m, energía f.

vile /vaɪl/ adj 1. (despicable) vil. 2. (fam: ugly) horroroso -sa; (: day, mood) pésimo -ma.

villa /'vɪlə/ n casa f de campo, villa f.

village /'vɪlɪdʒ/ n (small) aldea f; (larger) pueblo m.

villager /'vɪlɪdʒə/ n (gen) habitante m/f del pueblo; (of small village) aldeano -na m/f.

villain /'vɪlən/ n 1. (gen) malvado -da m/f; (criminal) maleante m/f. 2. (in book, play) malo -la m/f.

vinaigrette /ˌvɪnɪ'gret/ n vinagreta f.

vindicate /'vɪndɪkeɪt/ vt reivindicar.

vindictive /vɪn'dɪktɪv/ adj vengativo -va.

vine /vaɪn/ n (gen) vid f; (on trellis) parra f.

vinegar /'vɪnɪgə/ n vinagre m.

vineyard /'vɪnjə:d/ n viña f, viñedo m.

vintage /'vɪntɪdʒ/ I n (harvest) vendimia f, cosecha f. II adj 1. (wine) añejo -ja. 2. (book, film) clásico -ca.

vintage car n coche m antiguo.

vinyl /'vaɪnɪl/ n vinilo m.

viola /vɪ'əʊlə/ n viola f.

violate /'vaɪəleɪt/ vt violar.

violence /'vaɪələns/ n violencia f.

violent /'vaɪələnt/ adj 1. (gen) violento -ta. 2. (dislike, pain) intenso -sa.

violet /'vaɪəlɪt/ I n violeta f. II adj violeta adj inv.

violin /ˌvaɪə'lɪn/ n violín m.

violinist /ˌvaɪə'lɪnɪst/ n violinista m/f, violín m/f.

VIP /ˌvi:aɪ'pi:/ n (= **very important person**) vip m/f.

viper /'vaɪpə/ n víbora f.

virgin /'vɜ:dʒɪn/ n 1. (gen) virgen m/f. 2. **the Virgin (Mary)** la Virgen (María).

Virgo /'vɜ:gəʊ/ n Virgo m.

virtual /'vɜ:tʃʊəl/ adj: **he's a virtual slave** es prácticamente un esclavo.

virtual reality n realidad f virtual.

virtually /'vɜ:tʃʊəlɪ/ adv prácticamente.

virtue /'vɜ:tʃu:/ n (quality) virtud f;

(*advantage*) ventaja *f* ● **by virtue of sthg** en virtud de algo.

virtuous /'vɜ:tʃʊəs/ *adj* virtuoso -sa.

virus /'vaɪrəs/ *n* [**-ruses**] virus *m inv*.

visa /'vi:zə/ *n* visado *m*, (*Amér L*) visa *f*.

vis-à-vis /ˌvɪzɑː'vi:/ *prep* (*frml*) **1.** (*regarding*) (con) respecto a. **2.** (*compared with*) en relación con.

vise /vaɪs/ *n* (*US*) torno *m* de banco.

visible /'vɪzəbəl/ *adj* (*gen*) visible; (*obvious*) obvio -via, evidente.

vision /'vɪʒən/ *n* **1.** (*Med*) vista *f*. **2.** (*insight, dream*) visión *f*.

visit /'vɪzɪt/ **I** *n* visita *f*. **II** *vt* **1.** (*a place*) visitar. **2.** (*o US* **visit with**) (*a person*) visitar, ir a ver.

visiting /'vɪzɪtɪŋ/ *adj* (*team*) visitante; (*lecturer*) invitado -da.

visiting hours *n pl* horas *f pl* de visita.

visitor /'vɪzɪtə/ *n* (*gen*) visita *f*; (*to social event*) invitado -da *m/f*; (*to exhibition*) visitante *m/f*.

visor /'vaɪzə/ *n* visera *f*.

vista /'vɪstə/ *n* vista *f*, panorama *m*.

visual /'vɪʒʊəl/ *adj* visual.

visual aid *n* medio *m* visual. **visual arts** *n pl* artes *f pl* plásticas.

visualize /'vɪʒʊəlaɪz/ *vt* imaginar (se), visualizar.

vital /'vaɪtəl/ *adj* **1.** (*factor*) (de importancia) vital; (*moment*) crítico -ca. **2.** (*supplies*) esencial; (*organ*) vital.

vital statistics *n pl* **1.** (*of population*) estadísticas *f pl* demográficas. **2.** (*fam: woman's*) medidas *f pl*.

vitally /'vaɪtəlɪ/ *adv*: **it is vitally important** es de vital importancia.

vitamin /'vɪtəmɪn/ *n* vitamina *f*.

vivacious /vɪ'veɪʃəs/ *adj* vivaz.

vivid /'vɪvɪd/ *adj* **1.** (*colour*) vivo -va. **2.** (*description, memory*) vívido -da. **3.** (*imagination*) fértil.

vixen /'vɪksən/ *n* zorra *f*.

V-neck /'vi:nek/ *n* jersey *m* de cuello en pico.

vocabulary /vəʊ'kæbjʊlərɪ/ *n* [**-ries**] vocabulario *m*.

vocal /'vəʊkəl/ *adj* **1.** (*Anat*) vocal. **2.** (*outspoken*) vehemente.

vocal cords *n pl* cuerdas *f pl* vocales.

vocalist /'vəʊkəlɪst/ *n* cantante *m/f*, vocalista *m/f*.

vocation /vəʊ'keɪʃən/ *n* vocación *f*.

vocational /vəʊ'keɪʃənəl/ *adj* vocacional.

vocational training *n* formación *f* profesional.

vociferous /vəʊ'sɪfərəs/ *adj* vociferante.

vodka /'vɒdkə/ *n* vodka *m*.

vogue /vəʊg/ *n* moda *f*: **it's in vogue** está de moda ✳ en boga.

voice /vɔɪs/ **I** *n* voz *f*. **II** *vt* expresar.

voice mail *n* correo *m* vocal.

void /vɔɪd/ **I** *adj* **1.** (*Law*) nulo -la, inválido -da. **2.** (*frml: empty*): **it's void of all meaning** carece de sentido. **II** *n* vacío *m*.

volatile /'vɒlətaɪl/ *adj* **1.** (*Chem*) volátil. **2.** (*personality*) voluble.

volcano /vɒl'keɪnəʊ/ *n* [**-noes**] volcán *m*.

volition /vɒ'lɪʃən/ *n* (*frml*): **of her own volition** de su propia voluntad.

volley /'vɒlɪ/ *n* **1.** (*of shots*) descarga *f* (cerrada). **2.** (*in tennis*) volea *f*. **3.** (*of insults*) sarta *f*.

volleyball /'vɒlɪbɔ:l/ *n* voleibol *m*.

volt /vəʊlt/ *n* voltio *m*.

voltage /'vəʊltɪdʒ/ *n* voltaje *m*.

voluble /'vɒljʊbəl/ *adj* locuaz.

volume /'vɒlju:m/ *n* **1.** (*gen*) volumen *m*. **2.** (*book*) tomo *m*.

voluminous /və'lu:mɪnəs/ *adj* voluminoso -sa.

voluntary /'vɒləntərɪ/ *adj* voluntario -ria.

voluntary organization *n* organización *f* benéfica.

volunteer /ˌvɒlən'tɪə/ **I** *n* voluntario -ria *m/f*. **II** *vi* ofrecerse: **I volunteered to mend it** me ofrecí a repararlo.

vomit /'vɒmɪt/ **I** *n* vómito *m*. **II** *vt/i* vomitar.

vote /vəʊt/ **I** *vi* votar: **to vote for sbdy** votar a ✳ por alguien. ◆ *vt* votar a * por: **he voted Labour** votó a * por los laboristas. II *n* 1. (*gen*) voto *m*. 2. (*act, votes cast*) votación *f*. 3. (*right*) derecho *m* al voto, sufragio *m*.

voter /'vəʊtə/ *n* votante *m/f*.

voter list *n* (*US*) censo *m* electoral.

vouch for /'vaʊtʃ fɔː/ *vt* (*a person*) responder por; (*a fact*) dar fe de.

voucher /'vaʊtʃə/ *n* vale *m*.

vow /vaʊ/ **I** *n* voto *m*. **II** *vt* jurar.

vowel /'vaʊəl/ *n* vocal *f*.

voyage /'vɔɪɪdʒ/ *n* viaje *m*, travesía *f*.

vs /'vɜːsəs/ = **versus**.

vulgar /'vʌlgə/ *adj* 1. (*rude*) ordinario -ria, grosero -ra. 2. (*tasteless*) de mal gusto.

vulgarity /vʌl'gærəti/ *n* 1. (*of behaviour*) ordinariez *f*, grosería *f*. 2. (*of taste*) mal gusto *m*.

vulnerable /'vʌlnərəbəl/ *adj* vulnerable.

vulture /'vʌltʃə/ *n* 1. (*European*) buitre *m*. 2. (*American*) aura *f*★.

vying /'vaɪɪŋ/ *gerundio de* ⇨ **vie**.

wad /wɒd/ *n* 1. (*of cotton wool*) trozo *m*. 2. (*of notes*) fajo *m*; (*of papers*) taco *m*.

waddle /'wɒdəl/ *vi* andar como un pato.

wade /weɪd/ *vi* 1. (*through water*): **he waded across the river** vadeó el río. 2. (*through work*): **I waded through the report** me costó leer el informe.

wafer /'weɪfə/ *n* barquillo *m*.

waffle /'wɒfəl/ **I** *n* (*Culin*) especie de barquillo. **II** *vi* (*fam*) meter paja.

waft /wɒft/ *vi*: **a lovely smell wafted in** llegaba un delicioso aroma. ♦ *vt* llevar (*por el aire*).

wag /wæg/ *vt* [**wags, wagging, wagged**] menear.

wage /weɪdʒ/ **I** *vt* (*frml*): **to wage war on sbdy** hacerle la guerra a alguien. **II** *n* (*o* **wages** *n pl*) sueldo *m*, salario *m*.

wage claim *n* reivindicación *f* salarial. **wage earner** *n* asalariado -da *m/f*.

wager /'weɪdʒə/ *n* apuesta *f*.

waggle /'wægəl/ *vt* mover. ♦ *vi* moverse.

waggon, wagon /'wægən/ *n* 1. (*on railway*) vagón *m*. 2. (*horse-drawn*) carro *m*.

wail /weɪl/ **I** *vi* llorar. **II** *n* gemido *m*.

waist /weɪst/ *n* cintura *f*, talle *m*.

waistline *n* cintura *f*, talle *m*.

waistcoat /'weɪstkəʊt/ *n* chaleco *m*.

wait /weɪt/ **I** *n* espera *f* ● **he was lying in wait for me** me acechaba. **II** *vi* esperar: **to wait for sth/sbdy** esperar algo/a alguien; **he can't wait to go home** no ve la hora de irse a casa; **no waiting** prohibido estacionar.

to **wait on** *vt* atender. *to* **wait up** *vi* esperar levantado -da.

waiter /'weɪtə/ *n* camarero *m*, (*Amér C, Col, Méx*) mesero *m*, (*RP*) mozo *m*.

waiting /'weɪtɪŋ/ *n* espera *f*.

waiting list *n* lista *f* de espera. **waiting room** *n* sala *f* de espera.

waitress /'weɪtrəs/ *n* [**-tresses**] camarera *f*, (*Amér C, Méx, Col*) mesera *f*, (*RP*) moza *f*.

waive /weɪv/ *vt* (*frml: a rule*) no aplicar; (*: a right*) renunciar a.

wake /weɪk/ **I** *n* 1. (*Naut*) estela *f*. 2. (*for the dead*) velatorio *m*. **II** *vt/i* [**wakes, waking, woke,** *pp* **woken**] despertar.

to **wake up** *vi* despertarse. ♦ *vt* despertar.

waken /'weɪkən/ *vt/i* (*frml*) despertar.

Wales /weɪlz/ n (el País de) Gales m.

walk /wɔːk/ I n 1. (activity: leisurely) paseo m: **to go for a walk** dar un paseo; (: long, tiring) caminata f. 2. (gait) forma f de andar, andares m pl. 3. (path) paseo m. II vi andar. ◆ vt 1. (a distance) andar. 2. (a dog) pasear.

to **walk into** vt llevarse por delante. to **walk off** vi irse, marcharse. to **walk out** vi 1. (of a place) salirse, irse; (on a person): **she walked out on him** lo abandonó. 2. (to strike) declararse en huelga. to **walk up to** vt acercarse a.

walk of life n: profesión y condición social. **walkout** n abandono m del trabajo. **walkover** n (fam): **it was a walkover** fue pan comido.

walker /wɔːkə/ n (gen) caminante m/f; (hiker) excursionista m/f.

walkie-talkie /wɔːkɪˈtɔːkɪ/ n walkie-talkie m.

walking /wɔːkɪŋ/ n: **he does a lot of walking** anda mucho; **to go walking** hacer senderismo.

walking stick n bastón m.

Walkman® /wɔːkmən/ n [-mans] walkman® m.

wall /wɔːl/ n (of house, room) pared f; (in garden, field) muro m; (of city) muralla f ● **she's driving me up the wall!** ¡me está volviendo loco!

wallflower n alhelí m. **wallpaper** I n papel m pintado. II vt empapelar. **wallplug** n taco m.

walled /wɔːld/ adj (city) amurallado -da; (garden) tapiado -da.

wallet /wɒlɪt/ n cartera f, billetero m.

wallop /wɒləp/ vt (fam) pegarle fuerte a.

wallow /wɒləʊ/ vi revolcarse.

wally /wɒlɪ/ n [-lies] (fam) imbécil m/f.

walnut /wɔːlnʌt/ n (nut) nuez f; (wood, tree) nogal m.

walrus /wɔːlrəs/ n [-ruses ∗ -rus] morsa f.

waltz /wɔːls/ I n [-zes] vals m. II vi bailar el vals.

wan /wɒn/ adj pálido -da.

wand /wɒnd/ n varita f mágica.

wander /wɒndə/ vi (to stroll) dar vueltas; (to walk aimlessly) deambular ● **his mind's wandering** está divagando. ◆ vt deambular por.

to **wander off** vi irse.

wane /weɪn/ vi (moon) menguar; (popularity) decaer.

wangle /wæŋgəl/ vt (fam) agenciarse.

want /wɒnt/ I vt 1. (to desire) querer: **I want to see it** quiero verlo; **I want him to see it** quiero que lo vea. 2. (to seek) buscar: **he's wanted by the police** lo busca la policía; **you're wanted downstairs** te buscan abajo. 3. (fam: to need): **it wants a clean** le hace falta una limpieza. II n: **for want of water** por falta de agua. III **wants** n pl necesidades f pl.

wanting /wɒntɪŋ/ adj: **he was found wanting** no daba la talla.

wanton /wɒntən/ adj 1. (violence) gratuito -ta. 2. (frml: behaviour) disipado -da.

war /wɔː/ n guerra f: **they declared war on us** nos declararon la guerra; **to be at war** estar en guerra.

warfare n guerra f. **warhead** n ojiva f. **warlike** adj belicoso -sa, guerrero -ra. **warship** n buque m de guerra. **wartime** n tiempos m pl de guerra.

ward /wɔːd/ n 1. (in hospital) sala f. 2. (Pol: in GB) circunscripción f electoral de un municipio. 3. (Law) pupilo -la m/f: **I was made a ward of court** quedé bajo tutela judicial.

to **ward off** vt rechazar.

warden /wɔːdən/ n 1. (of residence) encargado -da m/f. 2. (US: of prison) alcaide m/f.

warder /wɔːdə/ n celador -dora m/f.

wardrobe /wɔːdrəʊb/ n 1. (closet) armario m. 2. (clothes) guardarropa f, vestuario m.

warehouse /weəhaʊs/ n almacén m, depósito m.

wares /weəz/ n pl mercancía f, mercancías f pl.

warily /weərəlɪ/ adv (cautiously)

cautelosamente.

warm /wɔːm/ I *adj* 1. (*quite hot:
food, water*) caliente; (*: breeze, day*)
cálido -da: **it's/I'm warm** hace/
tengo calor. 2. (*tepid*) tibio -bia.
3. (*clothes*) de abrigo. 4. (*smile, letter*) afectuoso -sa; (*welcome*) cálido
-da, caluroso -sa. II *vt* calentar.

to **warm up** *vi* 1. (*room, radiator*)
calentarse; (*person*) entrar en calor.
2. (*before sport*) hacer ejercicios de
calentamiento.

warm-hearted *adj* afectuoso -sa,
cariñoso -sa. **warm-up** *n* ejercicios
m pl de calentamiento.

warmly /'wɔːmlɪ/ *adv* (*affection-
ately*) cariñosamente; (*enthusiastically*) con entusiasmo.

warmth /wɔːmθ/ *n* 1. (*heat*) calor *m*.
2. (*of person*) calor *m* humano; (*of
welcome*) calidez *f*, cordialidad *f*.

warn /wɔːn/ *vt* advertir (**of** ✶ **about**
sobre).

warning /'wɔːnɪŋ/ *n* 1. (*advice*) advertencia *f*. 2. (*advance information*): **without warning** sin previo
aviso. 3. (*Law*) amonestación *f*.
warning light *n* luz *f* indicadora.

warp /wɔːp/ *vt*: **he has a warped
mind** es muy retorcido. ♦ *vi*
combarse.

warrant /'wɒrənt/ *n* (*gen*) orden *f* ✶
mandamiento *m* judicial; (*for arrest*) orden *f* de detención; (*for a
search*) orden *f* de registro.

warranty /'wɒrəntɪ/ *n* [-ties] garantía *f*.

warren /'wɒrən/ *n* (*for rabbits*)
conejera *f*; (*maze*) laberinto *m*.

warrior /'wɒrɪə/ *n* guerrero -ra *m/f*.

wart /wɔːt/ *n* verruga *f*.

wary /'weərɪ/ *adj* [-rier, -riest] cauteloso -sa: **to be wary of sbdy** no
fiarse de alguien.

was /wɒz/ ➪ **be**.

wash /wɒʃ/ I *n* [-shes] 1. (*act of
cleaning*): **I had a wash** me lavé; **he
gave it a wash** lo lavó; **your skirt is
in the wash** (*in washing machine*)
tu falda se está lavando, (*in washing
basket*) tu falda está para lavar.

2. (*Naut*) estela *f*. II *vt* 1. (*a car,
clothes*) lavar; (*dishes*) fregar. 2. (*to
carry*) arrastrar. ♦ *vi* 1. (*person*)
lavarse. 2. (*water*): **the waves
washed over the pier** las olas
barrían el muelle.

to **wash away** *vt* 1. (*a stain*) quitar.
2. (*to carry away*) llevarse. *to* **wash
up** *vt* 1. (*GB: to clean dishes*) fregar
(los platos). 2. (*US: to have a wash*)
lavarse.

washbasin, (*US*) **washbowl** *n*
lavabo *m*. **washcloth** *n* (*US*) toallita
f. **washout** *n* (*fam*) fracaso *m*. **washroom** *n* (*US*) servicios *m pl*, baño *m*.

washable /'wɒʃəbəl/ *adj* lavable.

washed-out /wɒʃd'aʊt/ *adj*
1. (*faded*) descolorido -da. 2. (*fam:
exhausted*) rendido -da, agotado -da.

washer /'wɒʃə/ *n* 1. (*Tec: metal*)
arandela *f*; (*: rubber, fibre*) juntura *f*.
2. (*machine*) lavadora *f*.

washing /'wɒʃɪŋ/ *n* (*clean clothes*)
ropa *f* lavada, colada *f*; (*dirty clothes*)
ropa *f* sucia: **to do the washing**
hacer la colada ‖ lavar la ropa.

washing line *n* cuerda *f* para tender
la ropa. **washing machine** *n* lavadora *f*, (*RP*) lavarropas *m inv*. **washing powder** *n* detergente *m* (en
polvo). **washing-up** *n*: **to do the
washing-up** fregar (los platos).
washing-up liquid *n* (detergente *m*)
lavavajillas *m inv*.

wasn't /'wɒzənt/ *contracción de* **was
not**

wasp /wɒsp/ *n* avispa *f*.

wastage /'weɪstɪdʒ/ *n* desperdicio
m, derroche *m*.

waste /weɪst/ I *n* 1. (*refuse*) desechos *m pl*. 2. (*of time*) pérdida *f*; (*of
resources*) derroche *m*, despilfarro
m: **to go to waste** desperdiciarse. II
adj 1. (*product, material*) de desecho; (*water*) residual. 2. (*land*)
baldío -día. III *vt* (*time*) perder;
(*money, resources*) derrochar,
despilfarrar; (*an opportunity*)
desperdiciar.

to **waste away** *vi* consumirse.

wastebasket *n* papelera *f*. **waste dis-**

posal (unit) n trituradora f de desperdicios. **wasteland** n yermo m.
wastepaper basket n papelera f.
waste pipe n desagüe m, desaguadero m.

wasteful /'weɪstfʊl/ adj (person) derrochador -dora; (method) antieconómico -ca.

watch /wɒtʃ/ I n [-ches] **1.** (for telling time) reloj m. **2.** (guard duty) guardia f: **to be on watch** estar de guardia; (person) centinela m/f; (patrol) guardia f. II vt **1.** (gen) mirar; (closely) observar; (TV) ver. **2.** (a suspect, child) vigilar. **3.** (to look after) cuidar. **4.** (to be careful of): **watch the nail** ten cuidado con el clavo; **watch it doesn't fall** ten cuidado de que no se caiga. ♦ vi mirar.

to **watch out** vi tener cuidado (for con): **watch out!** ¡cuidado! ∗ ¡ojo!

watchband n (US) correa f de reloj.
watchdog n (Zool) perro m guardián; (authority) organismo m de control. **watchman** n vigilante m/f.
watchstrap n correa f de reloj.
watchtower n atalaya f.

watchful /'wɒtʃfʊl/ adj atento -ta, alerta.

water /'wɔːtə/ I n agua f★. II vt (a plant) regar. ♦ vi: **my eyes were watering** me lloraban los ojos; **my mouth was watering** se me hacía la boca agua.

to **water down** vt aguar.

water bottle n cantimplora f. **watercolour, (US) watercolor** n acuarela f. **watercress** n berro m.
waterfall n (in large river) catarata f; (in stream) cascada f. **water lily** n nenúfar m. **waterlogged** adj anegado -da. **water main** n cañería f (principal) del agua. **watermelon** n sandía f. **waterproof** adj (jacket) impermeable; (watch, camera) sumergible. **watershed** n momento m decisivo. **water-skiing** n esquí m acuático. **water sports** n pl deportes m pl acuáticos. **watertight** adj hermético -ca. **waterway** n vía f navegable. **water wheel** n rueda f hidráulica.

watering can /'wɔːtərɪŋ kæn/ n regadera f.

watery /'wɔːtərɪ/ adj **1.** (drink) aguado -da. **2.** (eyes) lloroso -sa.

watt /wɒt/ n vatio m.

wave /weɪv/ I n **1.** (in water) ola f. **2.** (for radio) onda f. **3.** (greeting) saludo m con la mano. **4.** (of riots, people) oleada f. **5.** (in hair) onda f. II vi **1.** (in greeting) saludar con la mano. **2.** (flag) ondear. ♦ vt agitar.

wavelength n longitud f de onda.

waver /'weɪvə/ vi **1.** (to vacillate) vacilar, titubear. **2.** (to falter) flaquear.

wavy /'weɪvɪ/ adj [-vier, -viest] ondulado -da.

wax /wæks/ I n cera f. II vt **1.** (furniture) encerar. **2.** (one's legs): **to have one's legs waxed** depilarse las piernas. ♦ vi (moon) crecer.

waxworks n inv museo m de cera.

way /weɪ/ n **1.** (route, path) camino m: **the way back** el camino de regreso; **he's on his way to Derby** va camino a Derby; **she ate on the way** comió en el camino; **it's on the way to Leeds** está de camino a Leeds; **I lost my way** me perdí; **it's in my way** me estorba; **don't get in the way** no te pongas ahí en medio ● **he went out of his way to help me** se desvivió para ayudarme ● **by the way** a propósito; (on road sign): **give way** ceda el paso. **2.** (distance): **it's a long way from here** queda lejos de aquí; **he walked all the way** hizo todo el camino a pie. **3.** (direction): **I'm going the other way** voy en dirección contraria; **which way did he go?** ¿por dónde se fue?; **I put it the right way round** lo puse bien; **the other/wrong way round** al revés. **4.** (method, manner) manera f, forma f: **the best way to do it** la mejor manera ∗ forma de hacerlo ● **she always gets her own way** siempre se sale con la suya. **5.** (aspect) sentido m, aspecto m: **in a way**

en cierto modo ● **no way!** ¡ni hablar!
6. (*habit*) costumbre *f* ● **to mend
one's ways** enmendarse. 7. (*Naut*):
under way en marcha.

way in *n* entrada *f*. **way out** *n* salida *f*.

waylay /'weɪleɪ/ *vt* [**-lays, -laying,
-laid**] abordar: **I got waylaid** me
entretuvieron.

wayward /'weɪwəd/ *adj* rebelde,
díscolo -la.

WC /dʌbəlju:'si:/ *n* retrete *m*, wáter *m*.

we /wi:/ *pron* nosotros -tras.

weak /wi:k/ *adj* (*person, character*)
débil; (*student, work, coffee*) flojo -ja;
(*material*) poco resistente.

weaken /'wi:kən/ *vi* 1. (*Med*) debilitarse. 2. (*to give in*) ceder. ♦ *vt* debilitar.

weakling /'wi:klɪŋ/ *n* debilucho -cha
m/f, alfeñique *m*.

weakness /'wi:knəs/ *n* [**-nesses**]
debilidad *f*.

wealth /welθ/ *n* riqueza *f* ● **a
wealth of information** una gran
abundancia de información.

wealthy /'welθi/ *adj* [**-thier, -thiest**]
rico -ca, adinerado -da.

wean /wi:n/ *vt* destetar.

weapon /'wepən/ *n* arma *f* ★.

wear /weə/ **I** *n* 1. (*effect of use*)
desgaste *m*, deterioro *m* ● **ten years'
wear and tear** diez años de uso
continuo. 2. (*use of clothes*): **a shirt
for everyday wear** una camisa de
diario. 3. (*clothes*) ropa *f*: **ladies'
wear** ropa de señora. **II** *vt* [**wears,
wearing, wore,** *pp* **worn**] 1. (*to have
on*) llevar. 2. (*to put on*) ponerse.
3. (*through use*) **I wore a hole in
my sock** se me hizo un agujero en el
calcetín (con el uso). ♦ *vi* 1. (*to be
resistent*): **it wears well** es muy
resistente. 2. (*to deteriorate*) desgastarse.

to wear away *vt* desgastar. **to wear
down** *vt* 1. (*a heel, component*)
gastar. 2. (*a person*) agotar. **to wear
off** *vi* (*effect*) pasarse; (*pain*)
calmarse, aliviarse. **to wear out** *vt*
1. (*with use*) gastar. 2. (*Med*) agotar,
dejar rendido -da.

weary /'wɪərɪ/ *adj* [**-rier, -riest**]
cansado -da (**of** de).

weasel /'wi:zəl/ *n* comadreja *f*.

weather /'weðə/ **I** *n* tiempo *m*
● **she's feeling under the weather**
está un poco pachucha. **II** *vt* capear.

weather-beaten *adj* curtido -da.
weathercock *n* veleta *f*. **weather
forecast** *n* pronóstico *m* del tiempo.
weather forecaster *n* meteorólogo
-ga *m/f*. **weather vane** *n* veleta *f*.

weave /wi:v/ *vt/i* [**weaves, weaving, wove,** *pp* **woven**] tejer.

web /web/ *n* 1. (*spider's*) telaraña *f*
● **a web of deceit** una red de
embustes. 2. (*on foot*) membrana *f*
interdigital.

web-footed *adj* palmípedo -da.

wed /wed/ (*frml*) *vt* [**weds, wedding, wed** ✻ **wedded**] contraer
matrimonio con. ♦ *vi* contraer
matrimonio.

Wed. /'wenzdeɪ/ = **Wednesday**.

we'd /wi:d/ *contracción de* **we had** *o
de* **we would**

wedding /'wedɪŋ/ *n* boda *f*.

wedding annniversary *n* aniversario *m* de boda: **their golden wedding anniversary** sus bodas de oro.
wedding band *n* (*US*) ⇨ **wedding
ring**. **wedding cake** *n* pastel *m* de
boda, tarta *f* nupcial. **wedding
dress** *n* traje *m* de novia. **wedding
present** *n* regalo *m* de boda. **wedding reception** *n* banquete *m* de
boda. **wedding ring** *n* alianza *f*,
anillo *m* de boda.

wedge /wedʒ/ **I** *n* (*gen*) cuña *f*; (*of
cheese*) trozo *m*. **II** *vt* 1. (*into position*): **I wedged the door open**
mantuve la puerta abierta ponién-
dole una cuña. 2. (*to squeeze in*)
apretar.

Wednesday /'wenzdeɪ/ *n* miércoles
m inv ⇨ **Thursday**.

wee /wi:/ (*fam*) **I** *n*: **to have a wee**
hacer pis. **II** *vi* hacer pis. **III** *adj*
pequeñito -ta, chiquito -ta.

weed /wi:d/ **I** *n* mala hierba *f*. **II** *vt*
quitar las malas hierbas de. ♦ *vi*
quitar las malas hierbas.

to **weed out** *vt* eliminar.

weedkiller *n* herbicida *m*.

weedy /'wi:dɪ/ *adj* [-dier, -diest] (*fam*) debilucho -cha, enclenque.

week /wi:k/ *n* semana *f*: **a week today** de hoy en una semana; **a week tomorrow** dentro de una semana a partir de mañana; **Monday week** ‖ **a week on Monday** no este lunes, sino el siguiente.

weekday *n* día *m* de entre semana.

weekend /'wi:kend/ *n* fin *m* de semana.

weekly /'wi:klɪ/ I *adj* semanal. II *adv* semanalmente.

weep /wi:p/ *vt/i* [weeps, weeping, wept] (*frml*) llorar.

weeping willow /wi:pɪŋ 'wɪləʊ/ *n* sauce *m* llorón.

weigh /weɪ/ *vt* pesar. ♦ *vi*: **it's weighing on my mind** me tiene muy preocupado.

to **weigh down** *vt* cargar (**with** de) ● **I'm weighed down by responsibilities** me abruman las responsabilidades. *to* **weigh up** *vt* evaluar.

weight /weɪt/ *n* 1. (*of person, object*) peso *m*: **to lose weight** adelgazar ‖ perder peso. 2. (*in clock, for weightlifting*) pesa *f*.

weightlifter *n* levantador -dora *m/f* de pesas. **weightlifting** *n* halterofilia *f*, levantamiento *m* de pesas.

weighting /'weɪtɪŋ/ *n* plus *m* salarial: **to receive London weighting** cobrar un plus salarial por trabajar en Londres.

weighty /'weɪtɪ/ *adj* [-tier, -tiest] 1. (*heavy*) pesado -da. 2. (*matter*) importante.

weir /wɪə/ *n* presa *f*.

weird /wɪəd/ *adj* extraño -ña, raro -ra.

welcome /'welkəm/ I *n* bienvenida *f*. II *adj* bienvenido -da [S]: **welcome home!** ¡bienvenido a casa! ● **"Thanks." "You're welcome."** —Gracias. —De nada. III *vt* 1. (*a person*) darle la bienvenida a. 2. (*news, a change*): **we welcomed the news** recibimos la noticia con agrado.

welcoming /'welkəmɪŋ/ *adj* acogedor -dora.

weld /weld/ *vt* soldar.

welder /'weldə/ *n* soldador -dora *m/f*.

welfare /'welfeə/ *n* 1. (*well-being*) bienestar *m*. 2. (*aid*) asistencia *f* social. 3. (*payment*) prestaciones *f pl* de la seguridad social.

welfare state *n* estado *m* de(l) bienestar. **welfare worker** *n* asistente -ta *m/f* social.

well /wel/ I *adj* [better, best] bien: **he isn't well** no se encuentra bien; **get well soon!** ¡que te mejores! II *adv* [better, best] 1. (*gen*) bien: **he's doing well at school** le va bien en el colegio ● **well done!** ¡muy bien! 2. (*for emphasis*): **well over a thousand pounds** bastante más de mil libras. III *excl*: **well, I think so** bueno, creo que sí; **well! what a cheek!** ¡vaya! ¡qué descaro! IV *n* pozo *m*.

to **well up** *vi*: **tears welled up in her eyes** se le llenaron los ojos de lágrimas.

well-balanced *adj* equilibrado -da. **well-behaved** *adj* (*child*) formal. **well-being** *n* bienestar *m*. **well-built** *adj* fornido -da. **well-deserved** *adj* bien merecido -da. **well-done** *adj* (*Culin*) muy hecho -cha. **well-dressed** *adj* bien vestido -da. **well-educated** *adj* instruido -da, culto -ta. **well-founded** *adj* (*suspicions*) fundado -da. **well-groomed** *adj* bien arreglado -da. **well-heeled** *adj* (*fam*) acomodado -da. **well-known** *adj* conocido -da [S]: **it is a well-known fact that...** es sabido que.... **well-mannered** *adj* formal, educado -da. **well-meaning** *adj* bienintencionado -da. **well-off** *adj* [better-off, most well-off] acomodado -da. **well-read** *adj* leído -da. **well-timed** *adj* oportuno -na. **well-to-do** *adj* pudiente. **well-wisher** *n*: persona que envía a alguien un mensaje de apoyo, etc. **well-worn** *adj* (*idea,* *phrase*) trillado -da.

we'll /'wiːl/ *contracción de* **we will** *o de* **we shall**

wellington /'welɪŋtən/ *n* bota *f* de goma.

Welsh /welʃ/ **I** *adj* galés -lesa. **II** *n* (*Ling*) galés *m*. **III the Welsh** *n pl* los galeses.

Welshman *n* galés *m*. **Welsh rarebit** *n*: *mezcla de queso derretido con cerveza y cebolla sobre pan tostado.* **Welshwoman** *n* galesa *f*.

went /went/ *pret* ⇨ **go**.

wept /wept/ *pret y pp* ⇨ **weep**.

were /wɜː/ ⇨ **be**.

we're /wɪə/ *contracción de* **we are**

weren't /wɜːnt/ *contracción de* **were not**

west /west/ **I** *n* oeste *m*. **II** *adj* oeste *adj inv*, occidental. **III** *adv* (*indicating movement*) hacia el oeste; (*indicating position*) al oeste (**of** de).

West Country *n*: *condados del sudoeste de Inglaterra.* **West Indian** *adj*, *n* antillano -na *adj*, *m/f*. **West Indies** *n pl* Antillas *f pl*.

westerly /'westəlɪ/ *adj* (*wind*) del oeste; (*direction*) oeste *adj inv*; (*location*) al oeste, occidental.

western /'westən/ **I** *adj* (*gen*) del oeste; (*coast, region*) oeste *adj inv*, occidental: **western France** el oeste de Francia. **II** *n* (*film*) película *f* del oeste.

westward /'westwəd/ *adv* (*o* **westwards**) hacia el oeste.

wet /wet/ **I** *adj* [**wetter, wettest**] 1. (*soaked*) mojado -da: **I got very wet** me calé hasta los huesos. 2. (*ink, paint*) fresco -ca; (*on sign*): **wet paint** recién pintado. 3. (*Meteo*) lluvioso -sa. **II** *n* 1. **the wet** la lluvia. 2. (*Pol*) *político conservador moderado.* **III** *vt* [**wets, wetting, wet ✱ wetted**] mojar.

wetback *n* espalda mojada *m/f*. **wet blanket** *n* (*fam*) aguafiestas *m/f inv*. **wet suit** *n* traje *m* isotérmico.

we've /wiːv/ *contracción de* **we have**

whack /wæk/ *vt* (*fam*) 1. (*a person*) pegarle a. 2. (*a ball*) golpear con mucha fuerza.

whale /weɪl/ *n* ballena *f*.

wharf /wɔːf/ *n* [**wharfs ✱ wharves**] embarcadero *m*, muelle *m*.

what /wɒt/ **I** *pron* 1. (*in direct or indirect questions*) qué: **what happened?** ¿qué pasó?; **what did it cost you?** ¿cuánto te costó?; **what's her name?** ¿cómo se llama?; **what did he do that for?** ¿por qué hizo eso?; **what's this for?** ¿para qué sirve esto?; **"Come here!" "What?"** —¡Ven acá! —¿Cómo?; **"Fred!" "What?"** —¡Fred! —¿Qué? ● **what about me?** ¿y yo qué? ● **what about going today?** ¿qué tal si vamos hoy? ● **what if he sees you?** ¿y si te ve? 2. (*the thing that*) lo que: **do what you like** haz lo que quieras. **II** *adj* 1. (*in direct or indirect questions*) qué: **what book did he read?** ¿qué libro leyó?; **what colour was it?** ¿de qué color era? 2. (*in exclamations*): **what a disaster!** ¡qué desastre!; **what a big cat!** ¡qué gato más grande!

whatever /wɒt'evə/ **I** *pron* (*anything*): **he does whatever I tell him** hace todo lo que le digo; **whatever you like** lo que quieras; (*no matter what*): **whatever he may think** piense lo que piense; **Toby, or whatever he's called** Toby, o cómo se llame. **II** *adj*: **whatever day suits you** el día que te convenga; **whatever doubts she may have...** sean cuales sean las dudas que tenga... **III** *adv*: **nothing whatever** nada en absoluto.

whatsoever /wɒtsəʊ'evə/ *adv* ⇨ **whatever III**.

wheat /wiːt/ *n* trigo *m*.

wheedle /'wiːdəl/ *vt*: **he wheedled me into going** me engatusó para que fuera; **I wheedled ten pounds out of him** le sonsaqué diez libras.

wheel /wiːl/ **I** *n* 1. (*gen*) rueda *f*. 2. (*for steering*) volante *m*; (*Naut*) timón *m*. **II** *vi* (*person*): **he wheeled**

round giró sobre sus talones; (*bird*) revolotear. ♦ *vt* (*a bike*) empujar; (*a person, equipment*) llevar (*en algo con ruedas*).

wheelbarrow *n* carretilla *f*. **wheelchair** *n* silla *f* de ruedas. **wheel clamp** *n* cepo *m*.

wheeze /wiːz/ *vi*: producir un silbido en el pecho al respirar con dificultad.

when /wen/ I *conj* 1. (*gen*) cuando: **I'll tell you when I see you** te lo diré cuando te vea. 2. (*given that*): **how can he when he's ill?** ¿cómo puede, si está enfermo? II *adv* 1. (*in direct or indirect questions*) cuándo: **when do you start?** ¿cuándo empiezas?; **I know when she left** yo sé cuándo se fue. 2. (*used relatively*): **a day when nothing happens** un día cuando * en el que no pasa nada; **that was when he saw it** fue entonces que lo vio.

whenever /wen'evə/ I *conj* 1. (*any time*) cuando: **whenever you like** cuando quieras. 2. (*every time*) siempre que: **whenever I see her** siempre que la veo. II *adv*: **on Monday or whenever** el lunes o cuando sea.

where /weə/ I *adv* 1. (*in direct or indirect questions*) dónde: **where is it?** ¿dónde está?; **where did he go (to)?** ¿adónde fue? 2. (*used relatively*): **the street where I live** la calle donde * en la que vivo. II *conj* donde.

whereabouts /'weərəbauts/ I *n pl* paradero *m*. II *adv* dónde.

whereas /weər'æz/ *conj* mientras que.

whereby /weə'baɪ/ *adv* por el/la/lo cual.

whereupon /weərə'pɒn/ *conj* (*fml*) después de lo cual, con lo cual.

wherever /weər'evə/ I *conj* dondequiera que. II *adv* dónde: **wherever can it be?** ¿dónde puede estar?; **wherever did he go?** ¿adónde fue?

wherewithal /'weəwɪðɔːl/ *n* (*fml*)

medios *m pl*.

whet /wet/ *vt* [**whets, whetting, whetted**] estimular.

whether /'weðə/ *conj* si: **I asked her whether she'd been** le pregunté si había estado; **whether he comes or not** venga o no venga.

which /wɪtʃ/ I *adj* qué: **which book does he want?** ¿qué libro * cuál de los libros quiere?; **which one?** ¿cuál? II *pron* 1. (*in direct or indirect questions*) cuál *n* (*pl* cuáles): **which is your desk?** ¿cuál es tu mesa? 2. (*in relative clauses: gen*): **the book which won the prize** el libro que ganó el premio; **the company for which I work** la compañía para la que * la cual trabajo; **some keys, two of which are mine** unas llaves, dos de las cuales son mías; (*:referring to whole sentence*) lo cual: **I lost it, which is a shame** lo perdí, lo cual es una lástima.

whichever /wɪtʃ'evə/ *adj, pron* 1. (*any one*): **take whichever (one) you want** coge el/la que quieras. 2. (*no matter which*): **whichever day you go** vayas el día que vayas.

whiff /wɪf/ *n* 1. (*faint smell*) olor *m*. 2. (*fam: bad smell*) tufo *m*.

while /waɪl/ I *conj* 1. (*during the time that*) mientras. 2. (*whereas*) mientras que. 3. (*although*) a pesar de que. II *n* (*short*) rato *m*; (*long*) tiempo *m*.

to while away *vt* pasar.

whilst /waɪlst/ *conj* ⇨ **while** I.

whim /wɪm/ *n* capricho *m*.

whimper /'wɪmpə/ I *n* quejido *m*. II *vi* lloriquear.

whimsical /'wɪmzɪkəl/ *adj* (*nature, idea*) fantasioso -sa; (*smile*) enigmático -ca.

whine /waɪn/ I *n* (*of child*) gimoteo *m*; (*of engine*) ruido *m* estridente. II *vi* 1. (*child*) gimotear; (*dog*) gemir. 2. (*to complain*) quejarse (*de manera irritante*).

whinny /'wɪnɪ/ *vi* [**-nies, -nying, -nied**] relinchar.

whip /wɪp/ I *n* 1. (*gen*) látigo *m*;

(*used by rider*) fusta *f*. 2. (*Pol*) en un partido político, encargado de mantener la disciplina de voto de sus parlamentarios. **II** *vt* [**whips, whipping, whipped**] 1. (*to hit with whip*) azotar. 2. (*to move*): **I whipped it off the table** lo quité rápidamente de la mesa. 3. (*Culin*) batir: **whipped cream** nata montada ∗ batida.

to **whip up** *vt* 1. (*feelings*) avivar. 2. (*fam: a meal*) preparar rápidamente.

whiplash *n* (*blow*) latigazo *m*; (*Med*) traumatismo *m* cervical. **whipround** *n* (*fam*) colecta *f*.

whirl /wɜ:l/ **I** *n* 1. (*of dust*) remolino *m*. 2. (*of activity*) torbellino *m*. **II** *vi* 1. (*dust*) arremolinarse. 2. (*mind*) dar vueltas. ♦ *vt* hacer girar.

whirlpool *n* remolino *m*. **whirlwind I** *n* torbellino *m*. **II** *adj* (*romance*) relámpago *adj inv*.

whirr, whir /wɜ:/ **I** *n* zumbido *m*. **II** *vi* producir un zumbido.

whisk /wɪsk/ **I** *n* (*manual*) batidor *m*; (*electric*) batidora *f*. **II** *vt* 1. (*Culin*) batir. 2. (*to take*): **he was whisked away ∗ off in a taxi** se lo llevaron en un taxi.

whisker /'wɪskə/ **I** *n* pelo *m*. **II whiskers** *n pl* 1. (*sideburns*) patillas *f pl*. 2. (*cat's*) bigote *m*.

whiskey /'wɪskɪ/ *n* whisky *m* (*norteamericano o irlandés*).

whisky /'wɪskɪ/ *n* [**-kies**] whisky *m* (*escocés*).

whisper /'wɪspə/ **I** *n* susurro *m*. **II** *vt/i* susurrar.

whistle /'wɪsəl/ **I** *n* 1. (*sound*) silbido *m*. 2. (*instrument*) silbato *m*. **II** *vi* 1. (*person*) silbar. 2. (*kettle, train*) pitar.

white /waɪt/ **I** *adj* 1. (*in colour*) blanco -ca. 2. (*coffee*) con leche. **II** *n* 1. (*colour*) blanco *m*. 2. (*person*) blanco -ca *m/f*. 3. (*of egg*) clara *f*.

whitebait *n inv* chanquete *m*. **whiteboard** *n* pizarra *f* Vileda®. **white-collar worker** *n* empleado -da *m/f* de oficina. **white elephant** *n*: *cosa poco práctica*. **white lie** *n*

mentira *f* piadosa. **White Paper** *n* (*Pol*) libro *m* blanco. **white sauce** *n* bechamel *f*. **white spirit** *n* aguarrás *m*. **whitewash I** *n* cal *f*. **II** *vt* 1. (*a wall*) encalar. 2. (*to conceal*) encubrir.

Whitehall /'waɪthɔ:l/ *n* el gobierno británico.

whiting /'waɪtɪŋ/ *n inv* pescadilla *f*.

whitish /'waɪtɪʃ/ *adj* blancuzco -ca, blanquecino -na.

Whitsun /'wɪtsən/ *n* Pentecostés *m*.

whittle /'wɪtəl/ *vt* (*wood*) tallar.

to **whittle away** *vt* ir usando. *to* **whittle down** *vt* ir reduciendo.

whizz, whiz /wɪz/ **I** *n* (*o* **whizz kid**) (*fam: genius*) genio *m*. **II** *vi* zumbar: *to* **whizz past** pasar zumbando.

WHO /dʌbljuːeɪtʃˈəʊ/ *n* (= **World Health Organization**) OMS *f*.

who /hu:/ *pron* 1. (*in direct or indirect questions*) quién (*pl* quiénes): **I know who they are** sé quiénes son; **who did he give it to?** ¿a quién se lo dio? 2. (*used relatively*) que: **the lady who sold it** la señora que lo vendió; **those of us who live here** los que vivimos aquí; **the girls who she lives with** las chicas con las que ∗ con quienes vive.

who'd /hu:d/ *contracción de* **who had** *o de* **who would**

whodunnit, whodunit /hu:'dʌnɪt/ *n* (*fam*) novela *f* de suspense.

whoever /hu:'evə/ *pron* 1. (*the one who*): **whoever wants to can go** quien quiera ir, que vaya. 2. (*no matter who*): **whoever wins, it won't be me** gane quien gane, no seré yo.

whole /həʊl/ **I** *n* todo *m*: **the whole of Tuesday** todo el martes ● **on the whole** en general. **II** *adj* 1. (*full*) entero -ra, todo -da. 2. (*in one piece*) entero -ra.

wholefood *n* comida *f* naturista. **wholemeal** *adj* integral.

wholehearted /həʊl'hɑ:tɪd/ *adj* (*support*) incondicional; (*sympathy*) sincero -ra.

wholesale /'həʊlseɪl/ **I** *n* venta *f* al

por mayor. **II** *adv* al por mayor. **III** *adj* **1.** (*Fin*) al por mayor. **2.** (*slaughter, fraud*) en gran escala.

wholesaler /'həʊlseɪlə/ *n* mayorista *m/f*.

wholesome /'həʊlsəm/ *adj* sano -na.

who'll /huːl/ *contracción de* **who will**

wholly /'həʊlli/ *adv* completamente, enteramente.

whom /huːm/ *pron* (*frml*) **1.** (*in direct or indirect questions*) a quién (*pl* a quiénes): **whom did he ask?** ¿a quién le preguntó? **2.** (*used relatively*): **his son, whom he adores** su hijo, a quien adora; **the woman with whom he arrived** la mujer con quien ✳ con la que llegó; **the boys, none of whom returned** los niños, ninguno de los cuales regresó.

whooping cough /'huːpɪŋ kɒf/ *n* tos *f* ferina.

whore /hɔː/ *n* (!!) puta *f*.

who's /huːz/ *contracción de* **who is** *o de* **who has**

whose /huːz/ **I** *pron* de quién (*pl* de quiénes): **whose are these?** ¿de quién son estos? **II** *adj* **1.** (*in direct or indirect questions*) de quién (*pl* de quiénes): **ask her whose coat it was** pregúntale de quién era el abrigo. **2.** (*used relatively*) cuyo -ya (*pl* cuyos -yas): **Jan, whose mother you met** Jan, a cuya madre conociste; **the lady whose house I bought** la señora a la que le compré la casa.

who've /huːv/ *contracción de* **who have**

why /waɪ/ **I** *adv* **1.** (*in direct or indirect questions*) por qué ● **why (ever) not?** ¿por qué no? **2.** (*used relatively*): **that's (the reason) why she left** ésa es la razón por la que se marchó. **II** *excl* ¡vaya!: **why, look who it is!** ¡vaya, mira quién es!

wick /wɪk/ *n* mecha *f*.

wicked /'wɪkɪd/ *adj* **1.** (*evil*) malvado -da; (*naughty*) muy malo -la [S]. **2.** (*fam: excellent*) estupendo -da [S].

wicker /'wɪkə/ *n* mimbre *m*.

wickerwork *n* (*art*) cestería *f*; (*furniture*) artículos *m pl* de mimbre.

wicket /'wɪkɪt/ *n* (*in cricket: target*) palos *m pl*; (*: area*) parte del terreno de juego entre los dos grupos de palos.

wide /waɪd/ **I** *adj* **1.** (*gen*) ancho -cha: **how wide is it?** ¿qué anchura tiene?; **it is a metre wide** tiene un metro de ancho. **2.** (*experience, range*) amplio -plia; (*choice*) gran. **II** *adv* **1.** (*fully*): **she was wide awake** estaba completamente despierta; **the door is wide open** la puerta está abierta de par en par. **2.** (*off target*): **the ball went wide** la pelota salió desviada.

wide-angle lens *n* objetivo *m* gran angular. **wide-ranging** *adj* de gran alcance.

widely /'waɪdlɪ/ *adv* **1.** (*in extent*) extensamente: **he travelled widely in Asia** viajó por muchos países de Asia. **2.** (*by many people*): **he's widely assumed to be dead** la opinión generalizada es que ha muerto.

widen /'waɪdən/ *vi* ensancharse. ♦ *vt* ampliar.

widespread /'waɪdspred/ *adj* general, extendido -da.

widow /'wɪdəʊ/ *n* viuda *f*.

widowed /'wɪdəʊd/ *adj* viudo -da.

widower /'wɪdəʊə/ *n* viudo *m*.

width /wɪdθ/ *n* ancho *m*.

wield /wiːld/ *vt* **1.** (*a weapon*) empuñar. **2.** (*power*) ejercer.

wife /waɪf/ *n* [**-ves**] mujer *f*, esposa *f*.

wig /wɪg/ *n* peluca *f*.

wiggle /'wɪgəl/ **I** *vt* mover. **II** *n* meneo *m*.

wild /waɪld/ **I** *adj* **1.** (*animal*) salvaje; (*plant*) silvestre. **2.** (*landscape*) agreste. **3.** (*crazy*): **the fans went wild** los fans enloquecieron; **she's wild about him** está loca por él; **to be wild with rage** estar fuera de sí de rabia; (*irrational*): **wild theories** teorías descabelladas; **I had a wild guess** dije algo al azar. **4.** (*Meteo*) muy inclemente. **II the**

wilds *n pl* las tierras vírgenes.

wildcat *n* gato *m* montés ● **a wildcat strike** una huelga no oficial. **wild-goose chase** *n* búsqueda *f* inútil. **wildlife** *n* fauna y flora *f*.

wilderness /'wɪldənəs/ *n* [**-nesses**] (*wasteland*) páramo *m*; (*unexplored land*) tierra *f* virgen.

wildly /'waɪldlɪ/ *adv* 1. (*to shout*) desaforadamente; (*to kick, lash out*) frenéticamente. 2. (*very*): **wildly exaggerated** sumamente exagerado -da; **wildly in love** locamente enamorado -da.

wilful, (*US*) **willful** /'wɪlful/ *adj* 1. (*deliberate*) intencionado -da. 2. (*headstrong*) testarudo -da.

will /wɪl/ I *n* 1. (*gen*) voluntad *f*. 2. (*Law*) testamento *m*.
II *vt*: **he willed her to return** deseó fervientemente que volviera; **I willed myself to carry on** me forcé a continuar.
III *v aux* 1. (*with future sense*): **he will arrive today** llegará hoy; **will she notice?** ¿se dará cuenta? 2. (*predicting*): **she'll be there by now** ya debe de haber llegado; **you won't have met** no creo que se hayan conocido. 3. (*in offers, requests*): **will you have some?** ¿quieres un poco?; **be quiet, will you!** ¡cállate, por favor! 4. (*refusing*): **he just won't come** no hay manera de que venga; **it won't open** no hay forma de abrirlo; **"I won't go." "Oh yes you will!"** —No voy a ir. —¡Sí que irás!; **"Come here." "No, I won't."** —Ven acá. —No quiero.

willing /'wɪlɪŋ/ *adj* 1. (*prepared*) dispuesto -ta: **she's willing to go** está dispuesta a ir. 2. (*eager*) bien dispuesto -ta, servicial.

willingly /'wɪlɪŋlɪ/ *adv* de buena gana.

willingness /'wɪlɪŋnəs/ *n* buena voluntad *f*.

willow /'wɪləʊ/ *n* sauce *m*.

willpower /'wɪlpaʊə/ *n* fuerza *f* de voluntad.

willy-nilly /ˌwɪlɪ'nɪlɪ/ *adv* (*without choice*) quiera o no quiera; (*haphazardly*) a diestro y siniestro.

wilt /wɪlt/ *vi* marchitarse.

wily /'waɪlɪ/ *adj* [**-lier, -liest**] astuto -ta.

win /wɪn/ I *n* victoria *f*. II *vt* [**wins, winning, won**] 1. (*gen*) ganar. 2. (*support, confidence*) ganarse, conseguir. ♦ *vi* ganar.
to **win over** * **round** *vt* convencer. *to* **win through** *vi* imponerse.

wince /wɪns/ *vi* 1. (*at pain*) hacer una mueca de dolor. 2. (*in embarrassment*): **I winced at what he said** sentí vergüenza ajena por lo que dijo.

winch /wɪntʃ/ *n* [**-ches**] cabrestante *m*, torno *m*.

wind I /wɪnd/ *n* 1. (*gen*) viento *m*. 2. (*Med*) gases *m pl*. II /wɪnd/ *vt* [**winds, winding, winded**] dejar sin aliento. III /waɪnd/ *vt* [**winds, winding, wound**] 1. (*a watch*) darle cuerda a. 2. (*wool, thread*) enrollar. ♦ *vi* (*path*) serpentear.
to **wind up** /waɪnd ʌp/ *vt* 1. (*a watch*) darle cuerda a. 2. (*to conclude*) terminar.

windfall /'wɪndfɔːl/ *n* 1. (*fruit*) fruta *f* caída. 2. (*Fin*) ganancia *f* inesperada. **wind instrument** /'wɪnd ɪnstrəmənt/ *n* instrumento *m* de viento. **windmill** /'wɪndmɪl/ *n* molino *m* de viento. **windpipe** /'wɪndpaɪp/ *n* tráquea *f*. **wind power** /'wɪnd paʊə/ *n* energía *f* eólica. **windscreen** /'wɪndskriːn/, (*US*) **windshield** /'wɪndʃiːld/ *n* parabrisas *m inv*. **windswept** /'wɪndswept/ *adj* azotado -da por el viento.

winding /'waɪndɪŋ/ *adj* tortuoso -sa.

window /'wɪndəʊ/ *n* 1. (*gen*) ventana *f*; (*in box office, vehicle*) ventanilla *f*; (*of shop*) ➪ **shop window**. 2. (*Inform*) ventana *f*.

window box *n* jardinera *f*. **window cleaner** *n* limpiacristales *m/f inv*. **window-dresser** *n* escaparatista *m/f*. **window ledge** *n* alféizar *m*. **windowpane** *n* cristal *m*. **window-**

shop *vi* [**-shops, -shopping, -shopped**] ir a mirar escaparates.
windowsill *n* alféizar *m*.

windward /'wɪndwəd/ *adj* de barlovento.

windy /'wɪndɪ/ *adj* [**-dier, -diest**] **1.** (*weather, day*) ventoso -sa: **it's windy** hace viento. **2.** (*place*) expuesto -ta al viento.

wine /waɪn/ *n* vino *m*.

wine bar *n*: *bar cuya especialidad son los vinos*. **wine cellar** *n* bodega *f*. **wineglass** *n* copa *f* de vino. **wine-tasting** *n* degustación *f* de vinos.

wing /wɪŋ/ **I** *n* **1.** (*gen*) ala *f*★. **2.** (*Auto*) guardabarros *m inv*. **3.** (*Sport: area*) flanco *m*; (*: player*) extremo *m/f*. **II wings** *n pl* (*in theatre*) bastidores *m pl*.

wing mirror *n* espejo *m* lateral. **wing nut** *n* (tuerca *f*) mariposa *f*. **wing span** *n* envergadura *f*.

winger /'wɪŋə/ *n* extremo *m/f*.

wink /wɪŋk/ **I** *n* guiño *m* ● **I didn't sleep a wink** no pegué ojo. **II** *vi* guiñar un ojo: **she winked at him** le guiñó un ojo.

winner /'wɪnə/ *n* ganador -dora *m/f*.

winning /'wɪnɪŋ/ **I** *adj* **1.** (*team*) ganador -dora, vencedor -dora; (*ticket*) premiado -da. **2.** (*smile*) encantador -dora. **II winnings** *n pl* ganancias *f pl*.

winter /'wɪntə/ *n* invierno *m*.

wintry /'wɪntrɪ/ *adj* [**-trier, -triest**] (*weather*) invernal.

wipe /waɪp/ **I** *n*: **I gave it a wipe** le pasé un trapo. **II** *vt* **1.** (*to clean*) limpiar; (*to dry*) secar. **2.** (*a tape*) borrar.

to **wipe out** *vt* (*people*) aniquilar; (*a disease, custom*) erradicar; (*a memory*) borrar. *to* **wipe up** *vt* limpiar.

wiper /'waɪpə/ *n* limpiaparabrisas *m inv*.

wire /'waɪə/ **I** *n* **1.** (*material*) alambre *m*. **2.** (*electric*) cable *m*. **3.** (*US: Telec, fam*) telegrama *m*. **II** *vt* **1.** (*a building*) cablear. **2.** (*US: Telec, fam*) enviar un telegrama a.

to **wire up** *vt* (*an appliance*) conectar.

wireless /'waɪələs/ *n* [**-lesses**] radio *f*.

wiring /'waɪərɪŋ/ *n* instalación *f* eléctrica.

wiry /'waɪərɪ/ *adj* [**-rier, -riest**] **1.** (*person*) nervudo -da. **2.** (*hair*) estropajoso -sa.

wisdom /'wɪzdəm/ *n* (*knowledge*) sabiduría *f*; (*good sense*) buen juicio *m*.

wisdom tooth *n* muela *f* del juicio.

wise /waɪz/ *adj* (*erudite*) sabio -bia; (*sensible*) sensato -ta.

to **wise up** *vi* (*fam*) enterarse (**to** de).

wisecrack *n* (*fam*) gracia *f*.

-wise /waɪz/ *suf*: **weather-wise** por lo que respecta al tiempo.

wish /wɪʃ/ **I** *n* [**-shes**] deseo *m*. **II wishes** *n pl*: **with best wishes for a happy birthday** con mis mejores deseos de que pases un feliz cumpleaños; **give her my best wishes** salúdala de mi parte. **III** *vi*: **I have everything I could wish for** tengo todo cuanto pudiera desear.
♦ *vt* desear: **he wished me a happy birthday** me deseó un feliz cumpleaños; **I wished them goodnight** les di las buenas noches; **I wish I could go** ¡ojalá pudiera ir!; **he wished he hadn't come** se arrepentía de haber asistido.

wishbone *n* espoleta *f*.

wishful /'wɪʃfʊl/ *adj*: **"I've lost weight!" "That's just wishful thinking."** —¡He adelgazado! —No te hagas ilusiones.

wishy-washy /'wɪʃɪwɒʃɪ/ *adj* (*ideas*) sin carácter; (*colour*) soso -sa.

wisp /wɪsp/ *n* (*of smoke*) espiral *f*; (*of cloud*) jirón *m*; (*of hair*) mechón *m*.

wistful /'wɪstfʊl/ *adj* melancólico -ca.

wit /wɪt/ **I** *n* **1.** (*humour*) ingenio *m*, agudeza *f*. **2.** (*person*) ingenioso -sa *m/f*. **II wits** *n pl*: **you have to keep your wits about you** hay que tener mucho ojo; **it frightened him out of his wits** le dio un susto de muerte.

witch /wɪtʃ/ *n* [**-ches**] bruja *f*.

witchcraft n brujería f. **witch-hunt** n caza f de brujas.

with /wɪð/ prep 1. (in the company of) con: **with a friend** con un amigo; **with me** conmigo; **with you** contigo; **with him/her/them** consigo; **put it with the others** ponlo con los otros ● **are you with me?** ¿me sigues? ● **I'm not with it today** hoy ando un poco despistado. 2. (having, using) con: **a house with ten rooms** una casa con diez habitaciones; **I cut it with a knife** lo corté con un cuchillo; **the woman with black hair** la mujer del pelo negro; **I filled it with water** lo llené de agua. 3. (because of) con: **he is happy with the gift** está contento con el regalo. 4. (concerning) con: **a problem with the engine** un problema con el motor.

withdraw /wɪð'drɔː/ vt [-draws, -drawing, -drew, pp -drawn] 1. (troops, an offer) retirar. 2. (money) sacar, retirar. ♦ vi (gen) retirarse; (Mil) replegarse.

withdrawal /wɪð'drɔːəl/ n 1. (Mil) retirada f. 2. (Fin) retirada f de fondos.

withdrawal symptoms n pl síndrome m de abstinencia.

withdrawn /wɪð'drɔːn/ I pp ⇨ withdraw. II adj retraído -da.

wither /'wɪðə/ vi marchitarse.

withhold /wɪð'həʊld/ vt [-holds, -holding, -held] (information) ocultar: **he withheld his permission** se negó a darme el permiso.

within /wɪð'ɪn/ prep 1. (an area) dentro de; (a distance): **it's within a mile of Bude** está a menos de una milla de Bude. 2. (a time): **he'll be here within an hour** estará aquí en menos de una hora; **within a month he was dead** antes de que pasara un mes ya había muerto.

without /wɪð'aʊt/ prep sin.

withstand /wɪð'stænd/ vt [-stands, -standing, -stood] aguantar, resistir.

witness /'wɪtnəs/ I n [-nesses]

testigo m/f ● **this bears witness to her honesty** esto da (buena) fe de su honradez. II vt 1. (an incident) presenciar. 2. (a signature): **he witnessed my statement** firmó como testigo en mi declaración.

witness box ∗ **stand** n estrado m.

witty /'wɪtɪ/ adj [-tier, -tiest] (person) ingenioso -sa, ocurrente; (speech) gracioso -sa.

wives /waɪvz/ pl ⇨ wife.

wizard /'wɪzəd/ n brujo m, mago m.

wobble /'wɒbəl/ vi (voice, jelly) temblar; (chair) cojear.

woe /wəʊ/ (frml) I n aflicción f. II **woes** n pl males m pl.

wok /wɒk/ n: sartén muy honda usada en la cocina china.

woke /wəʊk/ pret ⇨ wake.

woken /'wəʊkən/ pp ⇨ wake.

wolf /wʊlf/ n [-ves] lobo -ba m/f.

wolves /wʊlvz/ pl ⇨ wolf.

woman /'wʊmən/ n [women] mujer f: **a young woman** una joven; **an old woman** una anciana.

womb /wuːm/ n matriz f, útero m.

women /'wɪmɪn/ pl ⇨ woman.

women's liberation movement, (fam) **women's lib** n movimiento m de liberación de la mujer.

won /wʌn/ pret y pp ⇨ win.

wonder /'wʌndə/ I n 1. (astonishment) asombro m. 2. (thing, person) maravilla f ● **it's a wonder he remembered** es increíble que se haya acordado ● **no wonder you're thirsty** no me extraña que tengas sed. II vi: **to wonder about doing sthg** plantearse la posibilidad de hacer algo. ♦ vt (to ask oneself) preguntarse: **I wonder if he'll come** me pregunto si vendrá; (in requests, invitations): **I was wondering if you'd like to come** ¿te gustaría venir?

wonderful /'wʌndəfʊl/ adj maravilloso -sa.

won't /wəʊnt/ contracción de will not

wood /wʊd/ n 1. (o **woods** n pl) (trees) bosque m. 2. (material) madera f.

woodcarving n (craft) talla f de la madera; (object) talla f (de madera).

woodlouse n [-lice] cochinilla f.

woodpecker n pájaro m carpintero.

woodwind n instrumentos m pl de viento de madera. **woodwork** n 1. (part of house) maderamen m. 2. (skill) carpintería f. **woodworm** n carcoma f.

wooded /'wʊdɪd/ adj arbolado -da.

wooden /'wʊdən/ adj 1. (of wood) de madera. 2. (acting, expression) inexpresivo -va.

wooden spoon n cuchara f de madera * de palo ● he got the wooden spoon quedó el último.

wool /wʊl/ n lana f ● he tried to pull the wool over my eyes intentó darme gato por liebre.

woollen, (US) **woolen** /'wʊlən/ I adj de lana. II **woollens** n pl prendas f pl de lana.

woolly, (US) **wooly** /'wʊlɪ/ adj 1. (clothes) de lana. 2. (ideas) confuso -sa.

word /wɜːd/ I n 1. (gen) palabra f ● in other words o sea. 2. (promise) palabra f: take my word for it créeme. II **words** n pl (of a song) letra f. III vt (in speech) expresar; (in writing) redactar.

word processing n procesamiento m * tratamiento m de textos. **word processor** n procesador m de textos.

wording /'wɜːdɪŋ/ n texto m: I changed the wording lo redacté de nuevo.

wore /wɔː/ pret ⇨ wear.

work /wɜːk/ I n 1. (gen) trabajo m: I'm out of work no tengo trabajo. 2. (of art, literature) obra f. 3. **works** (factory) fábrica f. II vi 1. (gen) trabajar. 2. (to function) funcionar. 3. (to succeed) resultar. 4. (to become): the screw worked loose el tornillo se aflojó. ♦ vt 1. (a person) hacer trabajar. 2. (to operate) usar.

to **work out** vt 1. (to calculate) calcular. 2. (to understand) entender.

3. (to devise): I worked out a way to stop him se me ocurrió un plan para detenerlo. ♦ vi salir: it works out at seven pounds each sale a siete libras por cabeza; **everything worked out well** todo salió bien.

workday n (hours worked) jornada f laboral; (day at work) día m hábil * laborable. **workforce** n personal m. **workload** n (cantidad f de) trabajo m. **workman** n obrero m. **workmanship** n trabajo m. **work of art** n obra f de arte. **workout** n sesión f de gimnasia. **workshop** n taller m. **work station** n terminal m, estación f de trabajo. **worktop** n encimera f. **work-to-rule** n huelga f de celo.

workable /'wɜːkəbəl/ adj factible, viable.

workaholic /wɜːkə'hɒlɪk/ n (fam) obseso -sa m/f del trabajo.

worked up /wɜːkt 'ʌp/ adj: he gets worked up about exams se pone nervioso con los exámenes.

worker /'wɜːkə/ n (gen) trabajador -dora m/f; (in manual job) obrero -ra m/f.

working /'wɜːkɪŋ/ I adj 1. (employ) : the working population la población activa. 2. (conditions, clothes) de trabajo. 3. (Tec): the car is in good working order el coche funciona bien. II **workings** n pl funcionamiento m.

working class I n clase f obrera. II **working-class** adj obrero -ra. **working day** n (hours worked) jornada f laboral; (day at work) día m hábil * laborable.

world /wɜːld/ n mundo m: all over the world por/en todo el mundo; the world record el récord mundial.

World Cup n mundial m (de fútbol). **world war** n guerra f mundial. **worldwide** I adj mundial. II adv en * por todo el mundo.

worldly /'wɜːldlɪ/ adj mundano -na.

worm /wɜːm/ n gusano m.

worn /wɔːn/ I pp ⇨ wear. II adj gastado -da.

worn-out adj 1. (person) agotado -da.
2. (clothes) desgastado -da.

worried /ˈwʌrɪd/ adj preocupado -da
(about por).

worry /ˈwʌrɪ/ I vi [-ries, -rying,
-ried] preocuparse. ♦ vt preocupar.
II n [-ries] (cause of concern): **my
main worry is...** lo que más me
preocupa es...; (anxiety) preocupación f.

worrying /ˈwʌrɪɪŋ/ adj preocupante
[S].

worse /wɜːs/ I adj peor: **it's worse
than the other one** es peor que el
otro; **to get worse** empeorar. II adv
peor: **he is playing worse than
before** juega peor que antes. III n:
worse is still to come lo peor aún
está por venir.

worse off adj 1. (in a worse situation)
(todavía) peor. 2. (Fin) peor de
dinero.

worsen /ˈwɜːsən/ vi empeorar.

worship /ˈwɜːʃɪp/ I vt [-ships,
-shipping, -shipped] (Relig)
adorar; (material things) rendir
culto a. II n culto m.

worst /wɜːst/ I adj peor: **he is the
worst player** es el peor jugador;
these two are the worst estos dos
son los peores. II adv peor. III n lo
peor ● **at worst** ‖ **if the worst comes
to the worst** en el peor de los casos.

worth /wɜːθ/ I adj: **to be worth**
(Fin) valer; (time, effort): **it's not
worth the effort** no vale ∗ merece
la pena ● **it isn't worth it** no vale ∗
merece la pena. II n (Fin) valor m;
(referring to time): **two days' worth
of food** comida para dos días.

worthless /ˈwɜːθləs/ adj que no
vale nada, que no tiene ningún valor.

worthwhile /wɜːθˈwaɪl/ adj que
vale la pena.

worthy /ˈwɜːðɪ/ adj [-thier, -thiest]
1. (cause) bueno -na. 2. (deserving):
to be worthy of sthg ser digno -na
de algo.

would /wʊd/ v aux 1. (in conditional
clauses): **I would help you if I**

could te ayudaría si pudiera; **I'd
love to see you** me encantaría
verte. 2. (in indirect speech): **he said
he would be late** dijo que llegaría
tarde. 3. (in requests, offers): **would
you mind closing the door?** ¿le
importaría cerrar la puerta?; **would
you like some coffee?** (to a friend)
¿quieres café?, (in a restaurant)
¿tomará café? 4. (+ **to wish**): **I wish
he would shut up** ojalá se callara.
5. (used to): **he would wait for me
here** me esperaba aquí ‖ solía esperarme aquí. 6. (indicating typical
behaviour): **"He forgot." "He
would."** —Se le olvidó. —Era de
esperar.

wouldn't /ˈwʊdənt/ contracción de
would not

wound I /waʊnd/ pret y pp ⟹ **wind**
III. II /wuːnd/ vt herir. III /wuːnd/
n herida f.

wove /wəʊv/ pret ⟹ **weave**.

woven /ˈwəʊvən/ pp ⟹ **weave**.

wrangle /ˈræŋgəl/ I n disputa f. II vi
discutir (over por).

wrap /ræp/ I n chal m. II vt [wraps,
wrapping, wrapped] (a gift) envolver; (to wind) enrollar.

to wrap up vt (a gift) envolver; (in
warm clothes) abrigar. ♦ vi (in warm
clothes) abrigarse.

wrapper /ˈræpə/ n envoltorio m.

wrapping /ˈræpɪŋ/ n envoltorio m.

wrapping paper n (for gift) papel m
de regalo; (for parcel) papel m de
envolver.

wrath /rɒθ/ n (frml) ira f.

wreak /riːk/ vt (frml): **to wreak
havoc on** ∗ **with sthg** causar
muchos daños en algo.

wreath /riːθ/ n corona f.

wreck /rek/ I n 1. (boat) barco m que
ha naufragado. 2. (of vehicle) restos
m pl. 3. (fam: old vehicle) carraca f,
cacharro m. II vt 1. (Naut): **the
yacht was wrecked near here** el
yate naufragó cerca de aquí. 2. (to
destroy: gen) destrozar; (: an engine)
estropear; (: a plan) echar por tierra.

wreckage /ˈrekɪdʒ/ n (of vehicle)

restos *m pl*; (*of house*) ruinas *f pl*.

wren /ren/ *n* chochín *m*.

wrench /rentʃ/ I *n* [**-ches**] **1.** (*Tec*) llave *f* inglesa. **2.** (*pull*) tirón *m* ● **it was a real wrench when I had to leave** me costó muchísimo tener que marcharme. II *vt*: **she wrenched it open** lo abrió de un tirón; **he wrenched it from me** me lo arrancó de las manos.

wrestle /resəl/ *vi* **1.** (*Sport*) luchar. **2.** (*to struggle*) batallar.

wrestler /resələ/ *n* luchador -dora *m/f*.

wrestling /resəlɪŋ/ *n* lucha *f*.

wretched /retʃɪd/ *adj* (*conditions, poverty*) lamentable; (*expression*) de tristeza.

wriggle /rɪgəl/ *vi* **1.** (*to fidget*) revolverse, moverse. **2.** (*to manoeuvre oneself*): **I wriggled through the gap** me colé con dificultad por el hueco.

wring /rɪŋ/ *vt* [**wrings, wringing, wrung**] escurrir.

to **wring out** *vt* **1.** (*a cloth*) escurrir. **2.** (*information, money*) sacar (**of** a).

wrinkle /rɪŋkəl/ I *n* arruga *f*. II *vt* arrugar. ◆ *vi* arrugarse.

wrist /rɪst/ *n* muñeca *f*.

wristwatch *n* reloj *m* de pulsera.

writ /rɪt/ *n* orden *f* judicial.

write /raɪt/ *vi* [**writes, writing, wrote,** *pp* **written**] escribir. ◆ *vt* **1.** (*gen*) escribir. **2.** (*a cheque*) extender.

to **write back** *vi* contestar. *to* **write down** *vt* apuntar. *to* **write off** *vi* escribir. ◆ *vt* (*a car*) destruir. *to* **write out** *vt*: **write your name out in full** escriba su nombre completo. *to* **write up** *vt* redactar.

write-off *n*: **the car was a write-off** el coche fue declarado siniestro total. **write-up** *n* crítica *f*.

writer /raɪtə/ *n* escritor -tora *m/f*.

writhe /raɪð/ *vi* retorcerse.

writing /raɪtɪŋ/ *n* **1.** (*form of communication*) escritura *f*: **there's writing on the box** hay algo escrito en la caja; **in writing** por escrito.

2. (*activity*): **writing is one of my hobbies** escribir es uno de mis hobbies. **3.** (*handwriting*) letra *f*.

writing paper *n* papel *m* de carta.

written /rɪtən/ I *pp* ⇨ **write**. II *adj* escrito -ta.

wrong /rɒŋ/ I *adj* **1.** (*incorrect*) equivocado -da, incorrecto -ta: **this is the wrong one** no es éste; (*referring to person*): **he's wrong** se equivoca ‖ está equivocado. **2.** (*inopportune*) inoportuno -na. **3.** (*referring to a problem*): **what's wrong (with you)?** ¿qué te pasa?; **there's something wrong with it** no funciona bien. **4.** (*unacceptable*): **it was wrong of her to leave** hizo mal en marcharse; **there's nothing wrong in that** no hay nada malo en eso. II *adv* mal: **he got my name wrong** se equivocó con mi nombre; **to go wrong** (*plan*) salir mal, (*machine*) estropearse, (*person*) equivocarse. III *n* **1.** (*evil*) mal *m*: **you were in the wrong** la culpa fue tuya. **2.** (*injustice*) injusticia *f*. IV *vt* (*frml*) ser injusto -ta con.

wrongful /rɒŋfʊl/ *adj* (*frml: arrest*) ilegal; (*:dismissal*) improcedente; (*:use*) indebido -da.

wrongly /rɒŋlɪ/ *adv* (*by mistake*) erróneamente; (*unfairly*) injustamente.

wrote /rəʊt/ *pret* ⇨ **write**.

wrought iron /rɔːt aɪən/ *n* hierro *m* forjado.

wrung /rʌŋ/ *pret y pp* ⇨ **wring**.

wry /raɪ/ *adj* sardónico -ca.

wt. /weɪt/ = **weight**.

xenophobic /zenə'fəʊbɪk/ *adj* xenófobo -ba.

Xmas /'krɪsməs/ *n* (*fam*) Navidad *f*.

X-ray /'eksreɪ/ **I** *n* **1.** (*radiation*) rayos X *m pl*. **2.** (*procedure, image*) radiografía *f*. **II** *vt* (*a part of body*) hacer una radiografía de.

xylophone /'zaɪləfəʊn/ *n* xilófono *m*.

yacht /jɒt/ *n* (*with sails*) velero *m*; (*motorized*) yate *m*.

yacht club *n* club *m* náutico. **yachtsman/woman** *n*: deportista *que practica la vela*.

yachting /'jɒtɪŋ/ *n* vela *f*.

yam /jæm/ *n* **1.** (*gen*) ñame *m*. **2.** (*US: sweet potato*) batata *f*, boniato *m*.

yank /jæŋk/ (*fam*) **I** *n* tirón *m*. **II** *vt* tirar (*de repente y con fuerza*).

Yankee /'jæŋki:/ *adj*, *n* (*fam*) yanqui *adj*, *m/f*.

yap /jæp/ *vi* [**yaps, yapping, yapped**] ladrar (*un perro pequeño o un cachorro*).

yard /jɑ:d/ *n* **1.** (*measurement*) yarda *f* (0,91 m). **2.** (*open court*) patio *m*. **3.** (*US: back garden*) jardín *m*.

yardstick *n*: **my yardstick for success** el criterio por el que mido el éxito.

yarn /jɑ:n/ *n* **1.** (*wool*) lana *f*; (*cotton*) hilo *m*. **2.** (*tale*) cuento *m* chino.

yawn /jɔ:n/ **I** *vi* bostezar. **II** *n* bostezo *m*.

yawning /'jɔ:nɪŋ/ *adj* (*hole, gap*) muy grande.

yd /jɑ:d/ (= **yard**) yarda *f* (0,91 m).

yeah /jeə/ *adv* (*fam*) sí.

year /jɪə/ *n* **1.** (*gen*) año *m*: **a five-year old girl** una niña de cinco años. **2.** (*Educ*) curso *m*.

yearly /'jɪəlɪ/ **I** *adj* anual. **II** *adv* anualmente.

yearn /jɜ:n/ *vi* (*frml*): **he yearned for her to return** anhelaba que volviera; **he yearned to see her** anhelaba verla.

yearning /'jɜ:nɪŋ/ *n* (*frml*) anhelo *m* (**for** de).

yeast /ji:st/ *n* levadura *f*.

yell /jel/ **I** *vt/i* gritar. **II** *n* grito *m*.

yellow /'jeləʊ/ **I** *n* amarillo *m*. **II** *adj* amarillo -lla.

yellowish /'jeləʊɪʃ/ *adj* amarillento -ta.

Yellow Pages® /jeləʊ 'peɪdʒɪz/ *n pl* páginas *f pl* amarillas.

yelp /jelp/ **I** *vi* gañir. **II** *n* gañido *m*.

yes /jes/ **I** *adv* sí: **he said yes** dijo que sí; **"Dad!" "Yes?"** —¡Papá! —¿Dime? **II** *n* sí *m*.

yesterday /'jestədeɪ/ *adv* ayer: **yesterday morning** ayer por la mañana; **the day before yesterday** anteayer.

yet /jet/ **I** *adv* **1.** (*still*) todavía, aún: **I don't know yet** aún no sé ∗ no sé todavía; **not yet** aún no ∗ todavía no. **2.** (*in questions*) ya. **3.** (*so far*) hasta ahora: **my best mark yet** mi mejor nota hasta la fecha. **4.** (*but*) pero. **5.** (*for emphasis*): **yet more work** aún más trabajo; **yet again** una vez más. **II** *conj* sin embargo.

yew /ju:/ *n* (*Bot*) tejo *m*.

YHA /waɪeɪtʃ'eɪ/ *n* (*in GB*) = **Youth Hostel Association**.

yield /ji:ld/ **I** *vt* producir. ♦ *vi*

1. (*gen*) ceder. **2.** (*on road sign*): **yield** ceda el paso. **II** n **1.** (*Agr*) cosecha f. **2.** (*Fin*) rédito m, beneficio m.

YMCA /waɪemsiːˈeɪ/ n (= **Young Men's Christian Association**) asociación de jóvenes cristianos o albergue de esta asociación.

yoga /ˈjəʊɡə/ n yoga m.

yoghurt, **yogurt** /ˈjɒɡət/ n yogur m.

yoke /jəʊk/ n yugo m.

yolk /jəʊk/ n yema f.

you /juː/ pron **I** (*as subject*) **1.** (*familiar: singular*) tú; (*:plural*) (*Esp*) vosotros -tras, (*Amér L*) ustedes. **2.** (*polite: singular*) usted; (*:plural*) ustedes. **3.** (*impersonal*): **you can see it from here** se ve desde aquí; **you're not allowed to smoke in here** está prohibido fumar aquí dentro.
II (*as object*) **1.** (*familiar singular*) te [ti after prep]: **she loves you** te quiere; **for you** para ti. **2.** (*familiar plural: in Spain*) os [**vosotros -tras** after prep]: **I hate you** os odio; **without you** sin vosotros; (*:in Latin America*) los, las [**les** as indirect object; **se** with another pron; **ustedes** after prep]: **I can't see you** no las veo; **he sent you five** les envió cinco; **I gave it to you** se lo di; **for you** para ustedes. **3.** (*polite singular*) lo, la [**le** as indirect object; **se** with another pron; **usted** after prep]. **4.** (*polite plural*) los, las [**les** as indirect object; **se** with another pron; **ustedes** after prep]. **5.** (*impersonal*): **beer makes you fat** la cerveza engorda.

you'd /juːd/ contracción de **you had** o de **you would**

you'll /juːl/ contracción de **you will**

young /jʌŋ/ **I** adj joven: **he is younger than me** es menor que yo. **II** n pl **1.** (*Zool*) crías f pl. **2. the young** los jóvenes.

young lady n señorita f. **young man** n joven m.

youngster /ˈjʌŋstə/ n joven m/f.

your /jɔː/ adj **1.** (*for tú form: singular*) tu; (*:plural*) tus: **your house** tu casa; **your books** tus libros; **you've left your bag** te has dejado la bolsa. **2.** (*for vosotros: singular*) vuestro -tra; (*:plural*) vuestros -tras. **3.** (*for usted, ustedes: singular*) su; (*:plural*) sus. **4.** (*impersonal*): **sweets rot your teeth** los caramelos producen caries.

you're /jɔː/ contracción de **you are**

yours /jɔːz/ pron **1.** (*for tú form: singular*) (el) tuyo, (la) tuya; (*:plural*) (los) tuyos, (las) tuyas: **this one is yours** éste es tuyo; **a friend of yours** un amigo tuyo. **2.** (*for vosotros: singular*) (el) vuestro, (la) vuestra; (*:plural*) (los) vuestros, (las) vuestras. **3.** (*for usted, ustedes: singular*) (el) suyo, (la) suya; (*:plural*) (los) suyos, (las) suyas. **4.** (*in letters*) ⇨ **faithfully, sincerely.**

yourself /jɔːˈself/ pron **1.** (*for tú form: reflexive*) te; (*:emphatic*) tú mismo -ma; (*:after prep*) ti mismo -ma. **2.** (*for usted form: reflexive*) se; (*:emphatic or after prep*) usted mismo -ma. **3. by yourself** solo -la. **4.** (*impersonal*) uno -na mismo -ma.

yourselves /jɔːˈselvz/ pron **1.** (*for vosotros form: reflexive*) os; (*:emphatic or after prep*) vosotros -tras mismos -mas. **2.** (*for ustedes form: reflexive*) se; (*:emphatic or after prep*) ustedes mismos -mas. **3. by yourselves** solos -las.

youth /juːθ/ n **1.** (*adolescence, adolescents*) juventud f. **2.** (*person*) joven m.

youth club n club m juvenil. **youth hostel** n albergue m juvenil.

youthful /ˈjuːθfʊl/ adj joven.

you've /juːv/ contracción de **you have**

YWCA /waɪdʌbəljuːsiːˈeɪ/ n (= **Young Women's Christian Association**) asociación de jóvenes cristianas o albergue de esta asociación.

Z

velocidad.

to **zoom in** *vi*: **the camera zoomed in on the boat** la cámara enfocó el bote de cerca.

zoom lens *n* teleobjetivo *m*, zoom *m*.

zucchini /zuːˈkiːnɪ/ *n* [-nis ∗ -ni] (*US*) calabacín *m*.

zany /ˈzeɪnɪ/ *adj* [-nier, -niest] (*idea, person*) excéntrico -ca; (*hairstyle*) estrafalario -ria.

zap /zæp/ *vt* [**zaps, zapping, zapped**] (*fam*) **1.** (*to destroy*) cargarse. **2.** (*to delete*) suprimir.

zeal /ziːl/ *n* celo *m*, entusiasmo *m*.

zealous /ˈzeləs/ *adj* (*keen*) celoso -sa; (*enthusiastic*) entusiasta.

zebra /ˈzebrə/ *n* cebra *f*.

zebra crossing *n* paso *m* de cebra.

zenith /ˈzenɪθ/ *n* cenit *m*.

zero /ˈzɪərəʊ/ *n* cero *m*.

zest /zest/ *n* **1.** (*spirit*) entusiasmo *m* (**for** por). **2.** (*rind*) corteza *f*.

zigzag /ˈzɪgzæg/ **I** *vi* [-**zags, -zagging, -zagged**] zigzaguear. **II** *n* zigzag *m*.

zimmer® frame /ˈzɪmə freɪm/ *n* andador *m*.

zinc /zɪŋk/ *n* cinc *m*, zinc *m*.

zip /zɪp/ **I** *n* cremallera *f*. **II** *vi* [**zips, zipping, zipped**] (*fam*) ir muy rápido.

to **zip up** *vt* (*clothes*) subir la cremallera de.

zip code *n* (*US*) código *m* postal.

zipper /ˈzɪpə/ *n* (*US*) cremallera *f*.

zodiac /ˈzəʊdɪæk/ *n* zodiaco *m*, zodíaco *m*.

zone /zəʊn/ *n* zona *f*.

zoo /zuː/ *n* zoo *m*.

zoologist /zuˈɒlədʒɪst/ *n* zoólogo -ga *m/f*.

zoology /zuˈɒlədʒɪ/ *n* zoología *f*.

zoom /zuːm/ *vi* (*fam*) ir a toda

◤ 3. La pronunciación del inglés

Consonantes

/p/	pay, pool	/θ/	thick, thin, three
/b/	bin, beetle	/ð/	their, there
/t/	tent, tin	/tʃ/	cheese, chip
/d/	dad, decent	/dʒ/	jeans, joke
/k/	catch, keep	/s/	silent, silver
/g/	goal, groan	/z/	zoom, zebra
/m/	make, me, smile	/ʃ/	shake, she, shiver,
/n/	noble, noon	/ʒ/	measure, treasure
/ŋ/	bring, fling	/h/	house, how
/f/	fail, food, phone	/l/	lake, load
/v/	vain, very	/r/	arrow, river, run

Semivocales

/j/	yellow, yet
/w/	wet, wind

Vocales y diptongos

/iː/	he, sheep, seen	/ɜː/	bird, burn, term
/ɪ/	ship, sit, tin	/ə/	absent, father
/e/	red, ten, test	/eɪ/	day, make
/æ/	bank, hat	/aɪ/	dine, mine, why
/ɒ/	not, tot, Tom	/ɔɪ/	boy, boil, soil
/aː/	far, father	/əʊ/	go, no, so
/ɔː/	sport, torn	/aʊ/	how, now
/uː/	boot, do, shoe	/ɪə/	here, spear, beer
/ʌ/	but, curry, pub	/eə/	fair, pear, where
/ʊ/	foot, put	/ʊə/	moor, tour

El acento tónico se representa mediante el símbolo /ˈ/, que va delante de la sílaba que se acentúa.

◪ 4. Números y fechas, Numbers and Dates

Cardinales, Cardinals

0	zero/nought	cero
1	one	uno, una
2	two	dos
3	three	tres
4	four	cuatro
5	five	cinco
6	six	seis
7	seven	siete
8	eight	ocho
9	nine	nueve
10	ten	diez
11	eleven	once
12	twelve	doce
13	thirteen	trece
14	fourteen	catorce
15	fifteen	quince
16	sixteen	dieciséis
17	seventeen	diecisiete
18	eighteen	dieciocho
19	nineteen	diecinueve
20	twenty	veinte
21	twenty-one	veintiuno/a
22	twenty-two	veintidós
23	twenty-three	veintitrés
30	thirty	treinta
40	forty	cuarenta
50	fifty	cincuenta
60	sixty	sesenta
70	seventy	setenta
80	eighty	ochenta
90	ninety	noventa
100	one hundred	cien, ciento
101	one hundred and one	ciento uno/a
200	two hundred	doscientos/as
300	three hundred	trescientos/as

400	four hundred		cuatrocientos/as
500	five hundred		quinientos/as
600	six hundred		seiscientos/as
700	seven hundred		setecientos/as
800	eight hundred		ochocientos/as
900	nine hundred		novecientos/as
1 000	one thousand		mil
1 001	one thousand and one		mil uno/a
100 000	one hundred thousand		cien mil
1 000 000	one million		un millón
1 000 000 000	one billion		mil millones
1 000 000 000 000	one trillion		un billón

Ordinales, Ordinals

1st	first	1º/1ª	primero/a
2nd	second	2º/2ª	segundo/a
3rd	third	3º/3ª	tercero/a
4th	fourth	4º/4ª	cuarto/a
5th	fifth	5º/5ª	quinto/a
6th	sixth	6º/6ª	sexto/a
7th	seventh	7º/7ª	séptimo/a
8th	eighth	8º/8ª	octavo/a
9th	ninth	9º/9ª	noveno/a
10th	tenth	10º/10ª	décimo/a
11th	eleventh	11º/11ª	undécimo/a
12th	twelfth	12º/12ª	duodécimo/a
13th	thirteenth	13º/13ª	decimotercero/a
14th	fourteenth	14º/14ª	decimocuarto/a
15th	fifteenth	15º/15ª	decimoquinto/a
16th	sixteenth	16º/16ª	decimosexto/a
17th	seventeenth	17º/17ª	decimoséptimo/a
18th	eighteenth	18º/18ª	decimoctavo/a
19th	nineteenth	19º/19ª	decimonoveno/a
20th	twentieth	20º/20ª	vigésimo/a
21st	twenty-first	21º/21ª	vigésimo primero/a
22nd	twenty-second	22º/22ª	vigésimo segundo/a
23rd	twenty-third	23º/23ª	vigésimo tercero/a ...

30th	thirtieth	30º/30ª	trigésimo/a
40th	fortieth	♦	
50th	fiftieth	♦	
60th	sixtieth	♦	
70th	seventieth	♦	
80th	eightieth	♦	
90th	ninetieth	♦	
100th	hundredth	♦	
101st	one hundred and first	♦	
200th	two hundredth	♦	
300th	three hundredth	♦	
1 000th	one thousandth	1 000º/1 000ª	milésimo/a

♦ For numbers above ten, cardinal numbers are often preferred to ordinals in Spanish and ordinals over thirty are very rarely used:

> soy **el quince** en la lista de espera
> **el cuarenta** aniversario

En inglés siempre se utilizan los números ordinales al expresar la idea de posición en una serie; sería, por consiguiente, incorrecto utilizar los cardinales en cualquiera de los dos ejemplos anteriores:

> I'm **fifteenth** on the waiting list
> the **fortieth** anniversary

Quebrados, Fractions

$1/2$	a half	un medio
$1/3$	a third	un tercio
$1/4$	a quarter	un cuarto
$1/5$	a fifth	un quinto
$1/6$	a sixth	un sexto
$1/7$	a seventh	un séptimo
$1/8$	an eighth	un octavo
$1/9$	a ninth	un noveno
$1/10$	a tenth	un décimo
$1/11$	an eleventh	un onceavo
$1/12$	a twelfth	un doceavo
$1/13$	a thirteenth	un treceavo
$2/3$	two thirds	dos tercios
$3/4$	three quarters	tres cuartos
$3/5$	three fifths	tres quintos

Cómo se leen los números, How to read numbers

31	thirty-one	treinta y uno
44	forty-four	cuarenta y cuatro
102	one hundred and two	ciento dos
125	one hundred and twenty-five	ciento veinticinco
1,000	one thousand	1.000 mil
2.5	two point five	2,5 dos coma cinco*

* In the area from Mexico to Colombia the use of points and commas in numbers is the same as in English.

La fecha, Dates

12th June *o* 12 June (*twelfth of June*) — 12 de junio (*doce de junio*)

June 12th *o* June 12 (*June the twelfth o (US) June twelfth*) — 12 de junio (*doce de junio*)

6th August 1996 (*sixth of August 1996*) — 6 de agosto de 1996 (*seis de agosto de 1996*)

1996 (*nineteen ninety-six*) — 1996 (*mil novecientos noventa y seis*)

in the fifties — en los años cincuenta

*En los Estados Unidos la fecha se suele escribir en el orden siguiente: mes-día-año. De modo que en los Estados Unidos, **6-8-98** se interpreta como ocho de junio de 1998 y en Gran Bretaña como seis de agosto de 1998.

Edades, Ages

| he is five (years old) | tiene cinco años |
| she was in her fifties | tenía cincuenta y tantos años |

La hora, Time

it's one o'clock	es la una
it's two o'clock	son las dos
it's five past *o* (*US*) after three	son las tres y cinco
it's (a) quarter past *o* (*US*) after four	son las cuatro y cuarto
it's half past *o* (*US*) after six	son las seis y media .
it's twenty to seven	son las siete menos veinte
it's (a) quarter to eight	son las ocho menos cuarto